湖北省学术著作
Hubei Special Funds for Academic Publications 出版专项资金

湖北省学术著作出版专项资金资助项目
国家社会科学基金重点项目（2013）
国家社会科学基金一般项目（2009）
教育部高校古委会直接资助项目（2005）

辨伪研究书系

《经解入门》整理与研究

（上）

司马朝军　撰

WUHAN UNIVERSITY PRESS
武汉大学出版社

图书在版编目(CIP)数据

《经解入门》整理与研究. 上/司马朝军撰 .—武汉: 武汉大学出版社, 2017.4(2024.3 重印)
辨伪研究书系
ISBN 978-7-307-18174-8

Ⅰ.经… Ⅱ.司… Ⅲ.经学—研究 Ⅳ.Z126.27

中国版本图书馆 CIP 数据核字(2016)第 136093 号

责任编辑:朱凌云　　责任校对:汪欣怡　　版式设计:马　佳

出版发行: **武汉大学出版社** (430072 武昌 珞珈山)
(电子邮箱: cbs22@ whu.edu.cn 网址: www.wdp. com.cn)
印刷:武汉邮科印务有限公司
开本:787×1092 1/16 印张:29 字数:706 千字 插页:2
版次:2017 年 4 月第 1 版 2024 年 3 月第 2 次印刷
ISBN 978-7-307-18174-8 定价:188. 00 元(共三册)

有　感

不觉虚龄呼艾老，微躯虽在鬓如霜。
鲰生意气屯膏泽，教授功名困遽忙。
病里无闻蚁寇暴，樽前何论旅葵狂。
寒窗冷凳燕闲度，辨伪存真墨两行。

重有感

万卷瑶编入眼空，衡庐玄圃旧家风。
疏狂我尚求经阙，诈伪神犹叹术穷。
秋菊春兰槐馆月，竹丝贝叶漆园虫。
人间沴孽当戡定，斩尽繁枝莫论功。

序

漆永祥

今年十月底,司马朝军教授专程自武汉来访,甫一见面,他便从包中拿出厚厚的三册书稿,郑重交到我手上,然后抱拳躬腰说:“此书缘兄而起,当初整理《经解入门》时,亦曾留话请兄将来作序,今书稿已成,兄当捉笔以践前言。”

这可让我好生犯难,原因有二:一是以我的学问与资历,尚未到动不动就给人撰序,说几句不疼不痒话的程度;二是我昔年曾严斥俞樾抄袭江藩《经解入门》而成《古书疑义举例》,惹出轩然大波,一时箭镞四至,而司马兄正是射箭者之一。这就像脸上有个大疮疤,我尽量想涂脂抹粉遮盖,却被他又一次无情地刮开。但思来想去,我似乎也还有话可说,因为我与司马兄正是缘于这场学术争鸣而相识并成为挚友,所以就让我来讲讲这个五味杂陈的故事吧。

1996年春,我正在焦头烂额撰写博士学位论文《乾嘉考据学研究》,写到有关“古书通例归纳法”的问题时,曾参考过旧题清江藩所纂《经解入门》一书。让我极感兴趣的是,《经解入门》卷一“古书疑例”条,竟然与俞樾《古书疑义举例》之大纲细目有着惊人的相似:称名相同、著录条例次序基本相同、条例细目名称雷同、条例数目相当,而且江藩过逝时,俞樾仅为十岁之学童,势不能独造一书,然则《古书疑义举例》为全袭江书而成,当无可疑。

我认为自己有惊天的发现,兴奋莫名,用一夜时间撰成短文,投寄《中国语文》杂志。此后即倾全力于《全宋诗》的整理,那时尚不用电脑,所写稿件,多不自留底稿,此后大约有两年的时间,因久无音讯,投稿一事,就忘得一干二净了。

到了1999年年初,本专业硕士生谷建小师妹撰成《〈经解入门〉辨伪》一文,论此书是伪书。不久《中国语文》发表我的《俞樾〈古书疑义举例〉系袭江藩〈经解入门〉而成》谬作,当时感觉可以用惶恐莫名来形容!旋不久,西北师范大学伏俊琏教授也大札赐教,论拙文之谬悠。此后在参加中国台湾“中央研究院”文哲所主办的“乾嘉经学研讨会”上,我特就此文做了解释并向学界致歉!又不久,就在《中国语文》上拜读到了武汉大学司马朝军兄驳正拙文的大作。我感觉就像被反复地啪啪抽脸,此正所谓“吾将长见笑于大方之家”了!

按理来说,我的专业是古典文献,研究的方向是清代考据学,无论如何也不该犯如此莽撞的错误。那么,我怎么会如此糊涂而脆生生地上了大当而厚诬前贤呢?

首先当然是我学力不逮,用心不细,未认真推敲,发言太易。因为《经解入门》之伪,前人已多有提及,我并未留意,也没深究书中本身存在诸多矛盾。其次,是受误本之害。我所持据的版本,是天津古籍书店1990年影印出版的方国瑜点校本,是书删去了原书末冯德材《跋》等相关信息,而冯跋已“决其非先生(江藩)真本”。假设我读的是光绪十四年鸿宝斋石印本或其他版本的话,相信就不会有此大误。这当然有推托责任之嫌,世上无有后悔药,但也充分说明了选择好的版本,对于一个研究者来说是多么地重要!

此后在参加扬州大学举办的“清代扬州学派研讨会”,以及在中国人民大学召开的“纪念马建忠诞辰百年纪念会”上,我再二再三郑重地向学界道歉,并且草成《读书不谨的一次教训——关于拙文〈俞樾古书疑义举例系袭江藩经解入门而成〉之误》,对自己的荒谬表示深刻的反省。当时参会的老前辈徐教授通锵先生、胡教授明扬先生对我进行了劝慰,说年轻人敢于认错,不加回护,值得肯定,别背包袱。现两位先生已归道山,每每想到他们的温语励勖,仍令我心存感恩。

这场学术争鸣消歇后,我以为此案也就结了。但后来司马兄说他正为《经解入门》做进一步的辨伪与整理工作,在经过前后十余年的艰辛梳理别辨后,终于形成了今日的《〈经解入门〉整理与研究》三册大作。

司马兄将这件辨伪官司掀了个底儿朝天,他将《经解入门》书中所有条目,搜根导委,一一注明抄袭来源。他先将全书之伪分成十类:即版本来历不明,阮序不足为凭,徐德材跋多不实之词,书中多记江藩身后人事,多与江氏殁后著述雷同,与江藩《汉学师承记》多相矛盾,与《古书疑义举例》条例不尽相同,卷八附选之文皆伪,其书盛行于清末,学术分类思想与乾嘉时代不合等。在此基础上逐条发其伪踪,指出或抄自前代典籍如《经典释文序录》、《困学纪闻》、《直斋书录解题》等,或抄自清朝诸家书籍若《日知录》、《四库全书总目》、《潜研堂文集》、《经义述闻》、《汉学师承记》、《经师经义目录》、《古书疑义举例》、《辅轩语》、《书目答问》、《皇清经解》、《学海堂集》等。作伪者前后抄撮之书达四十余种,但辨伪者所搜检之范围,必十倍不止,由此可知司马兄花费了多大的心力!

关于《经解入门》究竟是谁伪作,向有崔适、章太炎、缪荃孙三种说法,然均属臆测。司马兄以是书编者应为《皇朝五经汇解》的编纂者——“抉经心室主人”凌赓飏。从前举抄袭文章的材料来源看,《经解入门》的编纂者绝非一知半解的平平之辈,而是对清代经学有非常深入的了解,且谨守汉学,不杂他说,“耕余主人”在刻《皇朝五经汇解》时,后附有《经解入门》。又《皇朝五经汇解》卷首有俞樾序,《经解入门》又抄自《古书疑义举例》。所有这些同时出现,绝非偶然。经过缜密考证,司马兄揭开了一个惊天黑幕——“抉经心室主人”的真实身份竟然就是鸿文书局主人凌赓飏。为了瞒天过海,故嫁名江藩以达促销其书的目的。

司马兄在做完《经解入门》的辨伪工作后,对于此书的史料来源,已了然于心,接下来为该书进行笺注,便水到渠成。他认为这是一部内容充实的伪书,其材料的主要来源是清代学术名著,“将清初至晚清汉学诸大师的代表作冶于一炉,又作了若干改造加工,非常便于当时的初学者”。也就是说,《经解入门》固非江藩所纂,可是一旦辨清其为伪书,也就瞬间翻身,证成其是一部真书,更是一部好书,这也是司马兄耗以时日笺注此书的美意良图吧。

辨伪与笺注完成，司马兄尚不罢手，而是将《经解入门》卷三《国朝治经诸儒》一节中所列举的202位清代学者，上起顾炎武，下迄苗夔，先撰写生平事迹，再择其经学研究相关资料与评论，本着知人论世的宗旨，仿《清儒学案》之例，编为《〈国朝治经诸儒〉研究资料汇纂》（下简称《研究资料汇纂》），所谓“于主楼（指《经解入门》）之外，别建裙楼（指《研究资料汇纂》）”。此既为著述体例之创新，亦为作者将来“编纂具有自家面貌的‘经学学案’”储材备料，对于研究清代学术的初学者而言，一册在握，既便检核，又有发踪指示之功用。

司马兄全书的创获已揭示如上，其精义妙筌，读者自可揣磨。捧读之余，求备贤者，尚略有吹索：一是关于《经解入门》的作伪者，司马兄已指出可能为凌赓飏所纂，但并未完全落实，如所谓“耕余主人”究为谁何？其与凌赓飏是什么关系？似有进一步探究的必要。二是关于全稿的笺注，稍有过求其详之嫌，一些常见词汇似不必一一注出。三是《研究资料汇纂》部分，司马兄于《检论》、《清儒学案新编》征引甚多，而上世纪至今百余年来，清代学术研究已是硕果累累，但书中很少称引，是所憾焉。

以上是我捧读司马兄《〈经解入门〉整理与研究》书稿的一些感触，实际上不过是再翻翻我当年贻笑学界的故事，讲讲乐有诤友的感荷之情而已，何敢撰序也哉！

陇右漆永祥匆草于燕园人文学苑研究室，时丙申（2016）冬十月朔

前 言

自1999年来，围绕江藩《经解入门》的真伪问题曾展开过一场学术争鸣。北京大学古文献研究中心漆永祥先生率先发表《俞樾〈古书疑义举例〉系袭江藩〈经解入门〉而成》① 一文，将《经解入门》卷一《古书疑例第七》与《古书疑义举例》中之通例从称名、著录之条例次序、条例细目之内容、名称以及条例数目作了比较，认为“俞樾之条例与江氏之说有着惊人的相似，甚至可以说是完全雷同”，进而断定“《古书疑义举例》是袭江藩之条例而成”，“当时的俞樾仅为10岁之学童，势不能独造一书，然则《古书疑义举例》之大纲细目全袭江书而成定无可疑”。漆永祥所用版本为天津市古籍书店1990年出版的《经解入门》方国瑜校点本，而该本明确将作者标为江藩。方氏为史学名家②，不但没有将此书版本来源交代清楚，反而把光绪十九年（1893）广西书局所刻重印本所附的冯德材跋割掉，原跋对于此书的真伪已有所质疑③，客观上给后学造成了很大的误导作用。漆永祥当时即震于方氏大名。1999年，笔者提出了与漆永祥先生观点相左的意见④，文章发表后引起了学术界的重视和讨论。随后，傅杰教授、伏俊琏教授、谷建博士等人先后发表文章，对《经解入门》的真伪问题进行了不同侧面的探讨，但他们均未见到

① 漆永祥：《俞樾〈古书疑义举例〉系袭江藩〈经解入门〉而成》，《中国语文》1999年第1期。

② 方国瑜（1903—1983），字瑞臣，云南丽江人。1933年毕业于北京大学研究所国学门。曾任云南大学教授。著有《纳西象形文字谱》等。他是云南地方史、西南民族史的奠基者，被誉为“南中泰斗”、“滇史巨擘”。

③ 闵尔昌的《江子屏先生年谱》、恒慕义主编的《清代名人传略》“江藩”条也都有所质疑，但是语焉不详。闵尔昌《江子屏先生年谱》：“《经解入门》八卷，署甘泉江藩纂，前有阮文达序，光绪中上海石印，十九年癸巳复刻于广西书局，冯德材跋已决其非先生真本矣。”（北京图书馆编《北京图书馆藏珍本年谱丛刊》第122册第626页）

④ 司马朝军等：《俞樾〈古书疑义举例〉系袭江藩〈经解入门〉而成吗?》，《中国语文》1999年第3期。

《经解入门》的初印本，对此问题未能作出圆满的解答，甚至还存在一些误解。① 最近，学术界仍有一些学者将《经解入门》视为江藩之作，并在此基础上作出种种错误的推论。

鉴于《经解入门》一书的影响之大，误解之深，笔者认为有必要彻底澄清其真伪问题，以免以讹传讹。当时因为时间关系，商榷文章写得极为简略，很多地方没有展开论述。近年来，笔者又多方搜集资料，通过对《经解入门》的版本、序跋、传播源流、思想内容、时代特征等方面综合考察，深入论证了"《经解入门》出于伪撰"的结论。

（一）版本来历不明

有人认为阮元在1832年即已刊刻《经解入门》，可是谁也没有见过这个版本。且阮序也只字未提刊刻之事。我们遍考清代官、私目录，均不见有此书著录。直到民国时期孙殿起《贩书偶记》才有著录："《经解入门》八卷，甘泉江藩撰，光绪戊子鸿宝斋石印袖珍本。"② 稍后《续修四库全书总目提要》也著录了这个本子，并认为这是《经解入门》最早版本，其时为1888年③。而俞樾《古书疑义举例》④ 早在1871年就收入了《春在堂全书》，1888年再次收入《皇清经解续编》，并被张之洞《书目答问》1876年初刻本著录。

近年，沈乃文主编《中国古籍总目·经部》群经总义类传说之属详细著录了《经解入门》一书的版本情况⑤：

> 经 21111606
> 经解入门八卷　题清江藩撰⑥
> 清光绪十四年鸿宝斋石印本　中科院、北大、天津、南京
> 清光绪十六年槐荫书屋刻本　北大、上海
> 清光绪十六年上海凌云阁石印本　浙江、湖北
> 清光绪十九年桂垣书局刻本　国图、北大
> 清光绪十九年上海书局石印本　北大
> 清光绪二十年上海文林书局石印袖珍本　国图、南京、浙江

（二）阮序不足为凭

伦明先生指出：阮元序"作于道光十二年壬辰，衔题协办大学士两广总督。按元于道光十二年九月以云贵总督，授协办大学士，此题两广总督，误也。而《揅经室文集》

---

① 伏俊琏：《俞樾〈古书疑义举例〉不是袭江藩〈经解入门〉而成》，《古汉语研究》2000年第2期；谷建：《经解入门辨伪》，《北京大学中国古文献研究中心集刊》第1辑，北京燕山出版社1999年版，第406~420页。傅杰教授考证出《古书疑义举例》袭《经解入门》说的始作俑者为刘声木，详见《〈古书疑义举例〉袭〈经解入门〉说的始作俑者》，《聆嘉声而响和》，华东师范大学出版社2001年版，第86~90页。

② 孙殿起：《贩书偶记》，上海古籍出版社1982年版。

③ 《续修四库全书总目提要》，中华书局1993年版，第1423页。

④ 俞樾：《古书疑义举例》，《古书疑义举例五种》，中华书局1956年版。

⑤ 沈乃文主编：《中国古籍总目·经部》，中华书局2012年版，第969页。

⑥ 清光绪十四年鸿宝斋石印本题"江藩纂"。

中，亦无此序。又据近人所撰《江子屏年谱》，藩实卒于道光十一年辛卯，年七十一。而序作于其后一年，若不知其已死者。就序断之，书为赝作，殆无疑也”。①

此外，笔者反复比较《经解入门·叙言》与《国朝汉学师承记》阮元序，发现前者系模仿、抄袭后者而成。为了便于比较，现将两序列表抄录如下（见表1）：

表1

《经解入门·叙言》	《国朝汉学师承记》阮元序
往者，余尝语顾君千里曰："治经不难，通经亦不难；虽然，道则高矣！美矣！不得其门而入，而欲登堂奥之府，窥室家之好，则束发抱经，有皓首不究其旨者矣。即幸而得焉，而单词只义，百投而一中，出主入奴，始合终歧，又往往流于异端曲学，而不自知，岂不悲哉。以吾子之才之学，其能提挈纲领，指究得失，约其文，详其旨，作为一书，以为经训之陈途，吾道之津逮乎？"千里诺之而未有作也。居无何，甘泉江君子屏出其所著《经解入门》以示余；余读之，瞿然而起，曰："是固吾畴曩所望于千里者，而今得之子，信乎海内博雅君子，能以文章为来世诵法，舍此二三学友无属也。而元之不揣其愚，思有撰述，以益后学，亦差幸胸臆之私，抑得此为不孤耳。"子屏得师承于研溪惠先生，博闻强记，于学无所不通，而研贯群经，根本两汉，尤其所长。元少时与君同里同学，接其议论者，垂三十年。曩居余广州节院时，元尝刻其所纂《国朝汉学师承记》八卷，昭代经学之渊源，与近儒之微言大义，赖以不坠；今又得此，子屏之于经学，其真可谓语大而不外，语小而不遗，俾学者浅深求之，而各得其致者矣。是书之大旨，约分三端：首言群经之源流与经学之师承，端其本也；次言读经之法与解经之体，审其业也；终言说经之弊与末学之失，防其惑也。学者得此而读之，循其途，践其迹，避其所短，求其所长，则可以不误于趋向；优而游之，扩而充之，则可以跻许、郑之堂，抗孔、陆之席。子屏不自侈其业，以是为初学计也；顾岂仅为初学计哉，吾愿后之学者，执此而终身焉可耳。道光十二年岁次壬辰九月协办大学士两广总督阮元序。	两汉经学所以当尊行者，为其去圣贤最近，而二氏之说尚未起也。老庄之说盛于两晋，然《道德》、《庄》、《列》本书具在，其义止于此而已……吾固曰：两汉之学纯粹以精者，在二氏未起之前也。我朝儒学笃实，务为其难，务求其是，是以通儒硕学有束发研经，白首而不能究者，岂如朝立一旨，暮即成宗者哉！ 甘泉江君子屏得师传于红豆惠氏，博闻强记，无所不通，心贯群经，折衷两汉。元幼与君同里同学，窃闻论说三十余年。江君所纂《国朝汉学师承记》八卷，嘉庆二十三年元居广州节院时刻之，读此可知汉世儒林家法之承授，国朝学者经学之渊源，大义微旨，不乖不绝，而二氏之说亦不攻自破矣。元又尝思国朝诸儒说经之书甚多，以及文集说部，皆有可采，窃欲析缕分条，加以剪截，引系于群经各章句之下。譬如休宁戴氏解《尚书》"光被四表"为"横被"，则系之《尧典》；宝应刘氏解《论语》"哀而不伤"即《诗》"惟以不永伤"之"伤"，则系之《论语·八佾》篇，而互见《周南》。如此勒成一书，名曰《大清经解》。徒以学力日荒，政事无暇，而能总此事，审是非，定去取者，海内学友惟江君与顾君千里二三人。他年各家所著之书，或不尽传，奥义单辞，沦替可惜，若之何哉！ 岁戊寅除夕，阮元序于桂林行馆。

从上可知，两序要点雷同者至少有三：其一，"束发抱经，有皓首不究其旨者矣"与

① 《续修四库全书总目提要》，中华书局1993年版，第1423页。

“是以通儒硕学有束发研经，白首而不能究者”相近；其二，“信乎海内博雅君子，能以文章为来世诵法，舍此二三学友无属也”与“海内学友惟江君与顾君千里二三人”相近；其三，“子屏得师承于研溪惠先生，博闻强记，于学无所不通，而研贯群经，根本两汉，尤其所长。元少时与君同里同学，接其议论者，垂三十年。曩居余广州节院时，元尝刻其所纂《国朝汉学师承记》八卷，昭代经学之渊源，与近儒之微言大义，赖以不坠”与“甘泉江君子屏得师传于红豆惠氏，博闻强记，无所不通，心贯群经，折衷两汉。元幼与君同里同学，窃闻论说三十余年。江君所纂《国朝汉学师承记》八卷，嘉庆二十三年元居广州节院时刻之，读此可知汉世儒林家法之承授，国朝学者经学之渊源，大义微旨，不乖不绝”相似。而《经解入门·叙言》正是在此基础上敷衍成文。阮元为乾嘉学问大家，文章亦足以自立，有《揅经室文集》传世。为同一作者的不同著作作序，他决不会才窘到合二而一。

（三）徐跋多不实之词

光绪戊子夏鸿宝斋石印本有于越徐仪吉跋，因天津市古籍书店方国瑜标点本未收此跋，一般读者鲜能寓目，特照录如下：

> 是书为甘泉江子屏先生藩所著，其有功经训与裨益后学，仪征相国原序已言之详矣。惟是书初刻于江氏家塾，工未峻而先生遽捐馆舍，以故世无传本。仪吉闻其副本尚在江右，因不惜殚数年心力，以重金购得之，爰为斠雠，付之石印，以公同好。方今国家右文稽古，京师国子监南学专以经训课士，海内之士闻风兴起，无不以研精古训、讲求朴学为宗。惟初学入门之始，苟无所指引，则汉、宋门径既虑其不清，而许、郑绪言终莫能有得。得子屏此书，诵而法之，则浅之可以应明经取士之科，深之即可以为立说著书之本，则其所以嘉惠来学者又岂浅鲜哉？于越徐仪吉跋。

对于此书来源，徐跋言之凿凿，既无实物，亦无旁证，未免孤证不信。前面已经证明所谓“仪征相国原序”已属赝鼎，此跋疑亦虚构其词。所谓“副本尚在江右，因不惜殚数年心力，以重金购得之”云云，遮遮掩掩，闪烁其词，正防后人之疑。

（四）多记江氏身后人事

《经解入门》卷三《国朝治经诸儒》条列“阮元谥文达”。按：阮元卒于1849年，比江藩晚死18年，江藩何以预知阮元谥号？同卷又云：“遵义郑珍字子尹是也。”郑珍系1837年才中举，其最早所作的《说文新附考》初稿草成于1833年，1852年才第一次出版著作《巢经巢诗抄》及《经说》，此前名声不逾乡里，江氏又何从得知其人？顾颉刚先生也指出：“予少时翻览，深疑《入门》题江藩著，而文中提及陈澧《东塾读书记》，两人时代不相及，何以提到？”① 诸如此类，《经解入门》中还有不少。后面还要提到，此不赘述。

---

① 顾颉刚：《记崔适先生》，《顾颉刚学术文化随笔》，中国青年出版社1998年版，第321~322页。

（五）多与江氏殁后著述雷同

《经解入门》除了与《古书疑义举例》雷同外，与《书目答问》雷同处更多，如卷三《国朝治经诸儒》条与《书目答问》附列《经学家》雷同，《小学家》亦然。又如《经与史相表里》条："如《逸周书》、《国语》、《国策》、《山海经》、《竹书纪年》、《穆天子传》、《晏子春秋》、《越绝书》、《吴越春秋》、《列女传》、《新序》、《说苑》、《东观汉记》之属，皆可归入史部。"按：《山海经》、《穆天子传》、《新序》、《说苑》在《四库总目》中皆列入子部，《书目答问》方移入史部。《经解入门》云："《四库提要》为读群书之门径，提要较多，未必人人能置一编，别有《四库简明目录》，乃将提要约撮而成，书止一帙，大抵初学须先将经史子集四种分清何书应入何类，于此憭然，则购书读书皆有头绪，然《简明目录》太略，书之得失亦未详说。且四库未收提要尚列存目于后，《简明目录》无之，不得误认为世间所无也，略一翻阅，然后可读提要。"① 这些话说得相当在行。既然该书对于《四库提要》的认识如此深刻，为何其分类与《四库提要》截然不同，而反与后出之《书目答问》雷同呢？

再如《有校勘之学》条所列清代校勘名家与《书目答问》附列《校勘之学家》亦大致相同。详见表2：

表2

人名	《经解入门》	《书目答问》	人名	《经解入门》	《书目答问》	人名	《经解入门》	《书目答问》
惠栋	有	有	李文藻	有	有	阮元	有	有
何焯	有	有	戴震	有	有	顾广圻	有	有
卢见曾	有	有	王念孙	有	有	赵怀玉	有	有
全祖望	有	有	张敦仁	有	有	鲍廷博	有	有
卢文弨	有	有	丁杰	有	有	袁廷梼	有	有
钱大昕	有	有	孙星衍	有	有	吴骞	有	有
沈炳震	无	有	沈廷芳	无	有	谢墉	无	有
姚范	无	有	钱东垣	无	有	彭元瑞	无	有
周永年	无	有	黄丕烈	无	有	秦恩复	无	有
陈鳣	无	有	钱泰吉	无	有	曾钊	无	有
汪远	无	有						

（六）与《国朝汉学师承记》多相矛盾

《经解入门》所列《国朝治经诸儒》与《国朝汉学师承记》② 所列数量上过于悬殊。

① 《经解入门》卷六"门径不可不清第四十五"。
② 江藩：《国朝汉学师承记》，中华书局1983年版。

后者去取甚严，而前者几乎囊括有清一代经学名家。详见表3：

表3

人名	《经解入门》	《国朝汉学师承记》	人名	《经解入门》	《国朝汉学师承记》	人名	《经解入门》	《国朝汉学师承记》
顾炎武	有	有	李惇	有	有	胡世琦	有	无
阎若璩	有	有	李赓芸	有	无	俞正燮	有	无
张尔岐	有	有	金榜	有	有	臧寿恭	有	无
陈启源	有	无	金梧	有	无	周中孚	有	无
马骕	有	有	汪莱	有	无	李锐	有	无
王尔膂	有	有	凌廷堪	有	有	徐养源	有	无
毛奇龄	有	无	汪龙	有	无	方观旭	有	无
朱彝尊	有	无	顾九苞	有	有	刘履恂	有	无
胡渭	有	有	金曰追	有	有	陈瑑	有	无
徐善	有	无	丁杰	有	无	李黼平	有	无
臧琳	有	有	周广业	有	无	李富孙	有	无
臧镛堂	有	无	梁玉绳	有	无	冯登府	有	无
臧礼堂	有	无	梁履绳	有	无	钟文烝	有	无
惠士奇	有	有	武亿	有	有	薛传均	有	无
惠栋	有	有	汪中	有	有	张宗泰	有	无
诸锦	有	无	汪喜孙	有	无	侯康	有	无
汪师韩	有	无	程际泰	有	无	魏源	有	无
杭世骏	有	无	许鸿盘	有	无	郑珍	有	无
齐召南	有	无	孙星衍	有	无	黄宗羲	有	有
秦蕙田	有	无	洪亮吉	有	有	黄宗炎	有	无
庄存与	有	无	许珩	有	无	王夫之	有	无
庄述祖	有	无	阮元	有	无	钱澄之	有	无
庄绶甲	有	无	刘文淇	有	无	徐璈	有	无
褚寅亮	有	有	刘毓崧	有	无	朱鹤龄	有	无
卢文弨	有	有	桂馥	有	有	沈彤	有	有
江声	有	有	钟裦	有	有	陈景云	有	无
余萧客	有	有	焦循	有	无	张尚瑗	有	无
王鸣盛	有	有	赵曦明	有	无	万斯大	有	无
钱大昕	有	有	严可均	有	无	万斯同	有	无

续表

人名	《经解入门》	《国朝汉学师承记》	人名	《经解入门》	《国朝汉学师承记》	人名	《经解入门》	《国朝汉学师承记》
钱大昭	有	无	凌堃	有	无	万经	有	无
钱塘	有	有	马宗梿	有	无	全祖望	有	无
钱坫	有	有	马瑞辰	有	无	徐乾学	有	无
翁方纲	有	无	毕珦	有	无	陆元辅	有	无
朱筠	有	有	姚文田	有	无	徐嘉炎	有	无
纪昀	有	有	郝懿行	有	无	惠周惕	有	有
王昶	有	有	张惠言	有	有	王叔琳	有	无
范家相	有	无	陈寿祺	有	无	方苞	有	无
翟灏	有	无	陈乔枞	有	无	陈厚耀	有	有
周春	有	无	张澍	有	无	吴廷华	有	无
盛百二	有	无	朱兰坡	有	无	胡煦	有	无
毕沅	有	无	周用锡	有	无	王懋竑	有	无
孙志祖	有	无	李钟泗	有	有	顾栋高	有	无
任大椿	有	有	朱彬	有	无	蔡德晋	有	无
孔继涵	有	无	刘玉麐	有	无	陈祖范	有	无
孔广森	有	有	刘宝楠	有	无	任启运	有	无
孔广林	有	无	李贻德	有	无	江永	有	有
邵晋涵	有	有	崔应榴	有	无	汪绂	有	无
金榜	有	有	刘逢禄	有	无	王坦	有	无
程瑶田	有	无	宋翔凤	有	无	徐文靖	有	无
戴震	有	有	陈奂	有	无	程廷祚	有	无
段玉裁	有	无	沈钦韩	有	无	车文	有	无
胡匡衷	有	无	柳兴宗	有	无	吴鼒	有	无
胡培翚	有	无	许桂林	有	无	吴鼎	有	无
胡秉虔	有	无	赵坦	有	无	赵佑	有	无
胡承珙	有	无	洪颐煊	有	无	顾镇	有	无
周炳中	有	无	洪震煊	有	无	许宗彦	有	无
刘台拱	有	有	金鹗	有	无	黄式三	有	无
王念孙	有	无	宋世荦	有	无	陈澧	有	无
王引之	有	无	戚学标	有	无			
宋绵初	有	无	凌曙	有	无			

《国朝汉学师承记》中有黄仪、顾祖禹、汪元亮、程晋芳、江德亮、徐复、汪光爔等7人不见于《经解入门》，而《经解入门》说："《师承记》所已见，亦备录焉。"《国朝汉学师承记》将顾炎武列为最后一人，"以不纯宗汉儒也"，《经解入门》则列顾氏为第一人。另外，金榜在《金角入门》中重出，亦为一失。《经解入门》有而《国朝汉学师承记》无的多达135人，其中一部分人是因为学术观点相左而见绌，另一部分人则是同辈乃至后辈，如魏源（1794—1857）、侯康（1798—1837）、郑珍（1806—1864）、陈澧（1810—1882）等皆为后辈，时代不相及。古人著书，一般不著录、不引用生存人的著作，古人特别重视盖棺之定论，对于未定之论大都不置可否。江藩门户之见甚深，想必传统成见也不会没有。但无论如何，魏源等人与他之间毕竟异代不同时。我们可以根据江藩之子江钧《国朝经师经义目录跋》得到旁证："著录之意，大凡有四：一，言不关乎经义小学，意不纯乎汉儒古训者，固不著录已；一，书虽存其名而实未成者，不著录；一，书已行于世而未及见者者，不著录；一，其人尚存，著述仅附见于前人传后者，不著录。凡在此例，不欲滥登，固非以意为弃取也。"① 至于王夫之，有人认为："终江藩之世，他是不可能了解甚至闻知王夫之其人的。"② 这种说法显然过于武断。因为王夫之的著作《周易稗疏》、《书经稗疏》、《诗经稗疏》、《春秋稗疏》已被收入《四库全书》，且被《四库全书总目》著录，并给予较高评价。另外，《尚书引义》、《春秋家说》也被列入存目。江藩云："《四库全书提要》、《简明目录》皆出公手。大而经、史、子、集，以及医、卜、词曲之类，其评论抉奥阐幽，词明理正，识力在王仲宝、阮孝绪之上，可谓通儒矣。"又称："公一生精力，萃于《提要》一书。"③ 江藩对纪昀推崇备至，如果连《四库全书总目》都没有翻读一遍，他是不会轻易下此结论的。退一万步讲，即使江藩见不到《四库全书》与《四库全书总目》，《四库全书简明目录》总是可以见到的。因此，他就完全有可能闻知王夫之其人。

（七）与《古书疑义举例》条例不尽相同

有人认为，《经解入门》与《古书疑义举例》条例基本一致，只是次序略有不同。经仔细核对，《经解入门》有而《古书疑义举例》无的条例有8条；《经解入门》无而《古书疑义举例》有者共10条。详见表4：

表4

条例	《经解入门》	《古书疑义举例》	条例	《经解入门》	《古书疑义举例》
复有以反言而见意，不可以偏见拘也	有	无	以旁记字入正文例	无	有
有因误衍而误读者	有	无	字句错乱例	无	有
有因注文而误者	有	无	简策借乱例	无	有

① 漆永祥：《汉学师承记笺释》，上海古籍出版社2006年版，第890页。

② 谷建：《经解入门辨伪》，《北京大学中国古文献研究中心集刊》第1辑，北京燕山出版社1999年版，第417页。

③ 江藩：《国朝汉学师承记》，中华书局1993年版，第92页。

续表

条例	《经解入门》	《古书疑义举例》	条例	《经解入门》	《古书疑义举例》
有两字平列而误易者	有	无	文随义变而加偏旁例	无	有
两句相同而误倒者	有	无	字固上下相涉而加偏旁例	无	有
有因误字而误改者	有	无	误读夫字例	无	有
有因误补而误删者	有	无	误增不字例	无	有
有因误删而误增者	有	无	句尾用故字例	无	有
以注误改正文例	无	有	句首用焉字例	无	有

《经解入门》有而《古书疑义举例》无的条例凡8条，完全可以视为是对《古书疑义举例》的补充与完善，也是对校勘条例的新发展。《古书疑义举例》被人称为"实千古奇作，发凡起例，祛惑释疑，裨益士林为最大"①。《经解入门》在校勘学上的价值也应该实事求是地予以评价。

（八）卷八附选之文皆伪

《经解入门》所附十五篇考证文章，天津市古籍书店本均无主名，容易误会为全是江藩之作。其中《易伐鬼方解》引用惠栋之说时直呼其名，江藩为惠栋再传弟子，在《国朝汉学师承记》中称松崖先生，若直呼其名则有悖常理。《格物说》有云："夫程、朱为理学正宗，则《或问》所载二程之说一十六条，乃格物之正义，其余曲说，固可一扫而空之矣，惟郑氏旧注，立学校者已向千载，虽精研未若闽、洛，而训诂具有师承。"江藩重汉学轻宋学，而此说似不出其口。

2001年春，笔者在上海图书馆查到光绪戊子夏鸿宝斋石印本（即初印本）《经解入门》②，始知此类文章全系他人之作，且为清代汉学名家的各种不同类型的考据范文，其目详列如表5：

表5

篇　名	作　者	类　别
箕子明夷解	周中孚	解类
易伐鬼方解	李方湛	解类
考工记五材解	黄明宏	解类
五霸考	蒋炯	考类
周初洛邑宗庙考	吴文起	考类
深衣考	周以贞	考类

① 张舜徽：《清人文集别录》，中华书局1963年版，第526页。

② 封面有逊敏轩主人题签，钤"黄丙寿"印。

续表

篇　　名	作　　者	类　　别
八卦方位辨	吴傧	辨类
文王称王辨	邹伯奇	辨类
纬候不起于哀平辨	李富孙	辨类
辟雍太学说	孙同元	说类
八蜡说	金锡龄	说类
格物说	徐养原	说类
释能	段玉裁	释类
释贯	金鹗	释类
释祊	侯度	释类

上述考据文章，各有其主，本非伪作，后出之本将姓名全部删去，在大题“经解入门卷八”之下全部改小题为“甘泉江藩纂”，移花接木，可谓拙于作伪。另外，天津市古籍书店本又删去第五十二篇“科场解经程式”，更是伪中之伪。

（九）盛行于清末

有人认为，《经解入门》成书后“从未引起学术界的注意”，“蒙尘插架，无人问津，黯然寂闻”。其实不然，该书出版后“备各省举子携入贡院之用”①，几乎人手一册，“在清末风行最广也”②。另外，还传到了日本③。如果真是江藩所作，以江藩“吴派嫡传”的学术威望，加上《经解入门》本身内容充实，极有可能在清代中叶就会流行开来，为何偏偏要等到清末才一纸风行、洛阳纸贵呢?

（十）学术分类思想与乾嘉时代不合

漆永祥先生在《乾嘉考据学研究》一书中对于乾嘉时代的考据学思想作了极有意义的探讨，对戴震、王鸣盛、卢文弨、钱大昕、段玉裁、焦循、顾广圻、江藩、孙星衍、阮元等考据学家的学术分类一一作了发掘，并制成《乾嘉学者学术分类简表》④（见表6）。

① 顾颉刚：《记崔适先生》，《顾颉刚学术文化随笔》，中国青年出版社1998年版，第321~322页。

② 顾颉刚：《记崔适先生》，《顾颉刚学术文化随笔》，中国青年出版社1998年版，第321~322页。刘声木《苌楚斋四笔》五卷亦称《经解入门》“虽系石印本，转瞬间以石印二次，是当时学林重视其书可知。予于十六七岁时，即得见此书。当时慕经师之名，颇欲有志于经学，宝此不啻珍秘，无异得一导师”。转引自傅杰《〈古书疑义举例〉袭〈经解入门〉说的始作俑者》，《聆嘉声而响和》，华东师范大学出版社2001年版，第88页。今按：刘氏此说虽不辨真伪，但是从中可以看出，《经解入门》问世之初即产生了较大的影响。

③ 顾颉刚：《记崔适先生》，《顾颉刚学术文化随笔》，中国青年出版社1998年版，第321~322页。

④ 漆永祥：《乾嘉考据学研究》，中国社会科学出版社1998年版，第219页。

原表内列有龚自珍，但龚氏自称："我有心灵动鬼神，却无福见乾隆春。席中亦复无知音，谁是乾隆全盛人？"可见其时代较晚，并非"乾隆全盛人"。况且其学术分类思想与乾嘉诸老也有所不同，详见其《阮尚书年谱第一跋》①，故删去不录。

表 6

<table>
<tr><th>人名
分类名</th><th>戴震</th><th>王鸣盛</th><th>卢文弨</th><th>钱大昕</th><th>段玉裁</th><th>焦循</th><th>顾广圻</th><th>孙星衍</th><th colspan="2">江藩</th><th colspan="2">阮元</th><th>姚鼐</th><th>章学诚</th></tr>
<tr><td rowspan="4">诸家分类名称</td><td>义理</td><td>义理</td><td>理学</td><td rowspan="2">通儒之学</td><td rowspan="4">考核学</td><td rowspan="4">经学</td><td>宋学</td><td rowspan="4">考据学</td><td colspan="2"></td><td colspan="2">心性</td><td>义理</td><td>义理</td></tr>
<tr><td rowspan="2">考核</td><td rowspan="2">考据</td><td rowspan="2">经学博综抄撮校勘</td><td rowspan="2">汉学</td><td rowspan="2">汉学</td><td rowspan="2">目录校勘训诂考据</td><td rowspan="2">考据</td><td>浩博之考据</td><td rowspan="2">考证</td><td rowspan="2">考据</td></tr>
<tr><td rowspan="2">俗儒之学</td><td>精核之考据</td></tr>
<tr><td>文章</td><td>词章</td><td>词章</td><td>俗学</td><td colspan="2"></td><td colspan="2">才人之学</td><td>文章</td><td>词章</td></tr>
</table>

表中所引江藩的学术分类则根据《经解入门》卷五"有目录之学"第三十二、"有校勘之学"第三十三、"有训诂之学"第三十四、"有考据之学"第三十五。漆永祥先生制表的前提是将《经解入门》视为江藩之作，这一点显然有误。可贵的是，他在当时已经发现《经解入门》的学术分类思想与乾嘉时代不合，他说："江藩的汉学或经学同前后诸人所论并不相同，一是在纯学术的范围之内；二是其论考据学较段玉裁、孙星衍等人所指内涵要小得多，是指乾嘉学术之一端而非全体甚明。躬行实践、发为经济，则是他认为在学术有成的情形下，才能视各人天资的高低来求取。"为什么江藩一个人的学术分类思想与整个乾嘉时代格格不入？反而会与晚清的张之洞如出一辙？只要将《经解入门》与江藩脱钩，就很容易解释清楚。因为《经解入门》的学术分类思想本来就只会出现在晚清而不是乾嘉时代。漆文又引《经解入门》云："余列目录之学，示人以读书之门径；列校勘之学，示读书之当细心；由是而通训诂，精考据，则经学之事尽矣，即凡为学之事亦尽矣。"这段话与张之洞所论有着惊人的相似之处。当时漆永祥先生未及留意，难免智者千虑，或有一失。

（十一）关于《经解入门》的编者

关于《经解入门》的真实作者，就笔者所见，有三种说法：一是"崔适所作说"。顾

① 龚自珍：《龚定庵全集类编》卷 2，中国书店 1991 年版，第 29~31 页。

颉刚持此说：

> 予于1918年考入北京大学哲学系，其时讲“春秋公羊学”者为崔适（1852—1924），字怀瑾，浙江吴兴人，孑然一身，寄居校中。谈次询其生平，始知其少年时肄业杭州诂经精舍，为俞曲园高第弟子。至1920年，予在北大研究所任职，始与钱玄同先生相识，乃知崔老壮年在上海某书店佣工，《皇朝五经汇解》一书是其所编，卷首《经解入门》则是其所作。汇解一书将阮刻经解逐条剪开，分入各经各章之下，用极小字印出……予少时翻览，深疑《入门》题江藩著，而文中提及陈澧《东塾读书记》，两人时代不相及，何以提到？闻钱氏语，乃知崔氏实作于光绪中叶也。①

二是“章太炎所作说”。刘白村在给《经解入门》写提要时径直署“章炳麟撰”，其说如下：

> 按是书乃章氏早年之作。以当时人微言轻，恐不见重于世，遂伪托江藩之名。至今通行各本，仍署江藩编著。②

三是“缪荃孙所作说”。周予同在介绍江藩的《经解入门》时又说：

> 根据顾颉刚的意见，《经解入门》实际上是缪荃孙编撰的，供初学者使用。③

笔者以为，上述说法均难以成立。首先，“缪荃孙所作说”可能是一种讹传，应该予以排除。缪荃孙曾为张之洞捉刀编纂《书目答问》，后来追悔莫及，成为学界公案，至今尚未论定。周予同极有可能将两事弄混淆了。其次，“章太炎所作说”也不知有何根据。章太炎早年桀骜不驯，不可一世，日后成为革命先驱、国学宗师，岂肯将“早年之作”拱手让与他人？从文本分析来看，《群经缘始第一》阴主“专名说”，是今文经学，而章太炎为古文经学派之代表，向主“通名说”，认为“经”是古代书籍的通称，并不是孔子的“所能专有”，据此可证《经解入门》不会出自章太炎之手。复次，“崔适所作说”也是扑朔迷离，顾颉刚闻于钱玄同，周予同又根据顾颉刚，辗转相传，但又传闻异辞。而伏俊琏根据顾颉刚的前一种说法，当即作出“仲裁”：“据此，则是非俱清。《经解入门》卷一《古书疑例第七》一节实崔适据其师俞樾《古书疑义举例》而成。因其主要章节是依据江藩的著作改写而成，同时为了促销作为‘高考复习资料’的《五经汇解》一书，故署名曾参加编撰《皇清经解》的汉学名家江藩著。”④ 既然崔适为俞曲园高第弟子，又为

---

① 顾颉刚：《记崔适先生》，《顾颉刚学术文化随笔》，中国青年出版社1998年版，第321~322页。

② 《续修四库全书总目提要》，中华书局1993年版，第1423页。

③ 周予同：《中国经学史讲义》，上海文艺出版社1999年版，第5页。

④ 伏俊琏：《俞樾〈古书疑义举例〉不是袭江藩〈经解入门〉而成》，《古汉语研究》2000年第2期。今按：此说失之不考，其主要章节并不是依据江藩的著作改写而成，详细情况见本书下编。

何要编造伪书使其师蒙受不白之冤？伏俊琏又云："崔适在诂经精舍时已有《古书疑例》之作，其师俞樾《古书疑义举例》即据此而成。"① 一会说《古书疑例》一节是崔适据其师俞樾《古书疑义举例》而成，一会又反口说不能完全排除俞樾《古书疑义举例》即据《古书疑例》而成，前后如此矛盾，又怎能将《经解入门》的真实作者定为崔适？

总之，上述三说不能成立的根本原因在于，他们都错误地认为《经解入门》出自一人之手，是某位作者的个人专著。其实，《经解入门》并非什么专著，而是一部资料汇编，准确地说，它没有真正作者，只有编者。笔者以为，此书的真实编者极有可能就是《皇朝五经汇解》的编纂者——"抉经心室主人"。《皇朝五经汇解》② 一书卷首有俞樾光绪十四年（1888）序，其文曰：

> 我国家正教昌明，巨儒辈出，经学之盛，直接汉、唐。《学海堂经解》之刻，实集大成。近又得王益吾祭酒之《续编》，国朝诸家之说，采撷无遗矣。然篇帙繁富，记诵为难，检寻亦复不易。每思略仿阮文达《经郛》之意，依经编次，集成一书，而精力衰颓，未能卒业。今年夏，有以抉经心室主人所辑《五经汇解》见示者，自《周易》至《小戴礼记》，凡二百七十卷，所采书凡一百四十一家二百八十七种，举经文而具列诸说于下。如乾元亨利贞，先书此五字，又分出乾字、元字、亨字、利字、贞字，即此一条，可见其搜罗之富、诠释之详矣。主人原稿曰《群经汇解》，非止五经，因文逾亿万，写定需时，故先以五经行世……

"抉经心室主人"的身份，至时人杨岘为《五经汇解》作序时已"不知何许人"③。归安朱镜清④《五经汇解序》曰："近有友人自海上来，出抉经心室所辑《群经汇解》见视，其大旨分经甄录，先列经文为经，然后取国朝诸老之说都一百四十一家，得书二百八十七种，最粹排比，件系其下，以为纬，左右采获，莫便于此，只以卷牍浩繁，先取其五经汇解二百七十卷，用泰西石印法，代为问世。"范希曾在《书目答问补正》中认为"出于坊贾之手"⑤。伦明在撰写《五经汇解》提要时指出，抉经心室主人为赵贤，贤字子进，浙江钱塘人。光绪丙子（1876）进士，授庶吉士，散馆改刑部主事，又改知县，分发江苏⑥。伦氏此说，未明何据，却为学术界普遍接受，不少论著均采纳了这一结论，如王绍曾著《清史稿艺术志拾遗》，虞万里撰《正续清经解编纂考》，舒大刚著《儒学文献

① 伏俊琏：《俞樾〈古书疑义举例〉不是袭江藩〈经解入门〉而成》，《古汉语研究》2000 年第 2 期。

② 扉页有"五经卷首增五经正文卷末附江氏经解入门"一行字。今检光绪癸巳季夏耕余书屋付上海蜚英馆石印本，卷末并无《经解入门》，未审其故。

③ 杨岘：《与凌霞书》，参见朱关田：《初果集：朱关田论书文集》，荣宝斋出版社 2008 年版，第 252 页。

④ 朱镜清，浙江归安人。张之洞的学生。光绪二年（1876 年）参加丙子恩科会试，得贡士第 27 名。殿试登进士二甲第 75 名。改庶吉士。散馆，著以六部部属用。

⑤ 张之洞编撰，范希曾补正，孙文泱增订：《增订书目答问补正》，中华书局 2011 年版，第 549 页。今按：此说虽然说得比较含糊，但对编者的职业身份的判断还是比较准确的。

⑥ 《续修四库全书总目提要·经部》，中华书局 1993 年版，第 1397 页。

通论》等皆是如此。何以如此？盖因其为朱镜清《五经汇解序》代为抄录，遂被误认为作者。据王应宪博士考证，“抉经心室主人”也非伦明所说的赵贤，而是另有其人。① 光绪三十年癸卯（1904）鸿文书局石印刊行《皇朝四书汇解》，题署抉经心室主人纂辑。抉经心室主人光绪壬寅夏至日《皇朝四书汇解序》曰：“曩余索处多暇，壹志经学，尝荟萃国初以来至咸同间诸老先生之撰著，略师阮文达《经郛》之意，排次众说，件系章句之下，粗具草稿，题曰《群经汇解》，燕石自珍，未敢问世。光绪岁戊子，好事者先取余所辑《易》、《书》、《诗》、《礼》、《春秋》五经景石成书，谬承同学不弃覆瓿，张许一辞。庚子之变，两宫西狩，锐意维新，复举考试用四书义、五经义之令。向学之士咸以余前书有《五经汇解》而无《四书汇解》为憾……”又称《四书汇解》系与仁和王尊甫、钱塘朱董甫合作编辑而成。卷首俞樾光绪二十九年（1903）序文云：“钱唐凌君陛卿著《五经汇解》，余已为序而行之矣。今年夏，《四书汇解》成，又问序于余。”② 据俞序可知，“抉经心室主人”的真实身份，是鸿文书局主人凌赓飏。凌赓飏，字陛卿，一云佩卿，浙江钱塘人。光绪十一年（1885）乙酉科举人，光绪十七年（1891）七月任浙江浦江县学训导。③ 凌氏家世丝商，资本雄厚，光绪十三年（1887）于上海四马路胡家宅西首创办鸿文书局，自办石印《御纂七经》、《四库全书提要》、《正续资治通鉴》、《皇朝正续经世文编》等经史图书，同时承办代印业务。④ 鸿文书局为近代民办出版机构之一。初与点石斋、同文书局等齐名，垄断一时，开石印风气之先，所出书籍以科举考试类用书为大宗，后因科举废除，渐趋衰落。陈伯熙记其事云：“惟所出者多科举时代考场所用之书，如《五经戛造》、《五经汇解》、《大题文府》、《小题十万选》等类，不下数百种，当时非不风行，士子辄手一编，迨科举既废，不值一钱。”又言其人“学问渊博，性情坦白，待友接物颇能相见以诚，绝非狡猾之书贾可比”⑤。在经营书局之外，凌赓飏还从事实业。光绪二十二年（1896）在杭州创立有恒农桑公司，自任经理，在震泽、南翔置地数顷，开辟种植实验场，推介西方农业科学技术⑥。又“营开垦于安徽郎溪县，至老而精神不衰，偕其妻子且读且耕，自以为人生之大乐，虽南面王不易也”⑦。

上述王应宪博士考据较为准确。而笔者曾经以之为欧景岱别号⑧。清潘衍桐《两浙輶轩续录》卷四十九载：

---

① 王应宪：《经解入门三题》，《传统中国研究集刊》第十四辑，上海社会科学院出版社 2016 年版，第 205~206 页。

② 《皇朝四书汇解》，光绪三十年鸿文书局石印本。

③ 光绪《浦江县志稿》卷七，1916 年黄志瑶再增补铅印本，第 75~76 页；《震泽镇志续稿》卷八，广陵书社 2009 年版，第 171 页。

④ 《新开鸿文书局》，《申报》1887 年 2 月 21 日；《鸿文书局书籍告白》，《申报》1887 年 3 月 16 日。

⑤ 陈伯熙编著：《上海轶事大观》，上海书店出版社 2000 年版，第 180 页。

⑥ 凌赓飏：《有恒农桑公司章程》，《富强报》1897 年第 1 期。

⑦ 陈伯熙编著：《上海轶事大观》，上海书店出版社 2000 年版，第 180 页。

⑧ 杨廷福、杨同甫编：《清人室名别称字号索引》增补本上册，上海古籍出版社 2001 年版，第 207 页。

欧景岱，字仲真，一字仲贞，象山人。候选员外郎。董沛曰：仲真生平服膺姚姬传，所作古文不失桐城家法。尽五年之力，诵《十三经注疏》，点勘“二十四史”，故学有本原，通非礴贩，余事为诗，亦骎骎入古。

欧景岱（道光至光绪间），浙江岱山（象山）人，字仲真，一字仲贞。贡生。授候选员外郎。为学服膺姚鼐，所作古文不失桐城家法。曾尽五年之力，读毕《十三经注疏》，点勘《二十四史》。著有《无名指斋诗集》。其诗亦骎骎入古。曾让产助兄举办各项义举。兄景辰。① 今按：欧景岱之室名为“扶经心室”，而非“抉经心室”，一字之差，谬以千里，特此更正。王应宪博士为之指谬，匡我不逮，谨此鸣谢！但王应宪坚持认为《经解入门》的作者为崔适，也是失察。

光绪癸巳年上海积山局石印本《纂印五经汇解举例》有云：

本朝经学之盛，追踪汉唐，非前代空谈义理者比。此书编纂以国朝人为断，不复泛滥旁及。

是书以汉学为宗，笔削去取间，不侈阿附，不习调人，其为造作异说，反唇汉儒者，一字不敢羼入。

国朝诸老中，如中吴惠氏、高邮王氏、江都焦氏、嘉定钱氏、阳湖孙氏、武进张氏、金坛段氏、长洲陈氏，近人德清俞氏之属，皆笃守汉儒家法，语不离宗，只字可宝，甄辑尤伙。其他各家，间或不免汉、宋兼采，弃莹录瑜，端在识者。

扶经心室主人穷十数年之力，成《群经汇解》一书，卷帙浩繁，无力授梓，今索得其“五经”各种，用泰西石印法，代为问世。学者欲窥全豹，有《群经汇解》之原稿在。

是书耕余主人于癸巳年精校付印，每经前增“五经”正文，后附《经解入门》，俾研经者易于检阅，区区之心，于诸君子不无小补云。②

由此可见《五经汇解》编纂宗旨与《经解入门》一致，以东汉之学为宗，而崔适为西汉今文经学，二者实际上完全相反。可能凌赓飏考虑到自己的知名度不太高，只好将《经解入门》嫁名于“甘泉江子屏先生藩”。江藩是清代中叶一位重要的经学家，他在当时即有“通儒”之目③，所撰《国朝汉学师承记》、《国朝宋学渊源记》对清代学术加以总结，影响较大，后人嫁名于他，可能也是出于促销的目的。《经解入门》开卷即载俞樾序，书中又抄袭其《古书疑义举例》，异哉！

《经解入门》的真正编者可以确定为晚清之凌赓飏，当然，也不能完全排除崔适也参

① 陈玉堂：《中国近现代人物名号大辞典》续编，浙江古籍出版社2001年版，第184页。

② 光绪十四年鸿文书局石印本无此条。

③ 江藩（1761—1831），字子屏，号郑堂，晚号节甫，江苏甘泉人。著有《周易述补》四卷、《尔雅小笺》三卷、《乐悬考》二卷、《国朝汉学师承记》七卷、《国朝宋学渊源记》二卷，其他现存诗文见《江藩集》（上海古籍出版社2006年版）。今按：清人吴兰修在给江藩《隶经文》作跋时说：“先生受学元和惠氏，博综群经，尤深汉诂……有翼辅马、郑之功，今日通儒，舍先生其谁哉？”

与书局的编辑事务（类似现在的责任编辑），须知责编与原编完全是两码事，岂能混为一谈？要之，《经解入门》的成书时代在俞樾《古书疑义举例》之后，因此决非俞樾袭用了江藩之说，而只能是《经解入门》抄袭了《古书疑义举例》。

（十二）结论

尽管《经解入门》是一部伪书，但是它仍然有其存在的价值。因为它的主要来源是清代特别是乾嘉以降的几部学术名著，即《日知录》、《经义述闻》、《汉学师承记》、《国朝经师经义目录》、《石经考异》、《古书疑义举例》、《书目答问》、《輶轩语》等等。虽然《经解入门》抄袭他作，但也颇费心力。如果不是认真研究，也很难发现其中的纰漏。全书篇幅不大，文字通俗易懂，条目秩如，将清初至晚清汉学诸大师的代表作冶于一炉，又作了一点点改造加工，非常便于当时的初学者。

无论如何，《经解入门》是一部内容充实的伪书。天津市古籍书店 1990 年出版的《经解入门》在黑色的封面上衬托出八个极为醒目的红字："读史必备，读经必备。"虽有商家广告之嫌，但也不是毫无道理。只要我们善于辨别真伪，去伪存真，《经解入门》仍不失为值得一读的入门之作①。但是，如果不辨真赝，仍然坚持将它视为江藩之作，那么，所做的结论无论看起来多么精致，其实都不过是沙上建塔而已。

① 《续修四库全书总目提要》，中华书局 1993 年版，第 1423 页。

目　　录

上编《经解入门》笺注

叙言……3
凡例……5
经解入门卷一……7
　群经缘始第一……7
　群经源流第二……11
　群经辨异第三……14
　群经辨伪第四……16
　群经古文今文第五……20
　注家有得有失第六……21
　古书疑例第七……28
　群经佚文第八……31
经解入门卷二……35
　历代经学兴废第九……35
　历代石经源流第十……42
　历代书籍制度第十一……47
　两汉传经诸儒第十二……48
　两汉通经诸儒第十三……55
经解入门卷三……59
　南北经术流派第十四……59
　汉宋门户异同第十五……66
　国朝治经诸儒第十六……68
　近儒说经得失第十七……104

经解入门卷四……………………………………………………………………… 119
经与经相表里第十八……………………………………………………………… 119
经与纬相表里第十九……………………………………………………………… 123
经与子相表里第二十……………………………………………………………… 128
经与史相表里第二十一…………………………………………………………… 140
说经必先识文字第二十二………………………………………………………… 141
说经必先通训诂第二十三………………………………………………………… 142
说经必先明假借第二十四………………………………………………………… 144
说经必先知音韵第二十五………………………………………………………… 146
说经必先审句读第二十六………………………………………………………… 149
说经必先明家法第二十七………………………………………………………… 151
经解入门卷五……………………………………………………………………… 154
字学源流第二十八………………………………………………………………… 154
音韵源流第二十九………………………………………………………………… 155
古有六书第三十…………………………………………………………………… 159
古无四声第三十一………………………………………………………………… 161
有目录之学第三十二……………………………………………………………… 162
有校勘之学第三十三……………………………………………………………… 164
有训诂之学第三十四……………………………………………………………… 165
有考据之学第三十五……………………………………………………………… 167
经解入门卷六……………………………………………………………………… 170
解经不尚新奇第三十六…………………………………………………………… 170
解经不可虚造第三十七…………………………………………………………… 172
不可望文生训第三十八…………………………………………………………… 173
不可妄诋古训第三十九…………………………………………………………… 173
不可剽窃旧说第四十……………………………………………………………… 174
不可穿凿无理第四十一…………………………………………………………… 175
不可附会无据第四十二…………………………………………………………… 175
不可有骑墙之见第四十三………………………………………………………… 176
不可作固执之谈第四十四………………………………………………………… 176
门径不可不清第四十五…………………………………………………………… 177
体例不可不熟第四十六…………………………………………………………… 178
经解入门卷七……………………………………………………………………… 181
不可增字解经第四十七…………………………………………………………… 181
不可妄改经文第四十八…………………………………………………………… 187
方音异同不可不晓第四十九……………………………………………………… 193
制度沿革不可不知第五十………………………………………………………… 195
平日读书课程第五十一…………………………………………………………… 196
科场解经程式第五十二…………………………………………………………… 198

经解入门卷八　附选……200
解类……200
箕子明夷解……200
《易》“伐鬼方”解……201
考工记五材解……204
考类……205
五霸考……205
周初洛邑宗庙考……206
深衣考……208
辨类……210
八卦方位辨……210
文王称王辨……211
纬候不起于哀平辨……215
说类……217
辟雍太学说……217
八蜡说……219
格物说……221
释类……225
释能……225
释贯……226
释祊……227
原跋……230

下编《经解入门》辨伪

《群经缘始》抄自《礼记》、《初学记》、《考古类编》、《困学纪闻》、《日知录》、《经典释文序录》……233
《群经源流》抄自《经典释文序录》、《直斋书录解题》……237
《群经辨异》抄袭《经典释文》……242
《群经辨伪》抄自《辅轩语》、《四库全书总目》……244
《群经古文今文》抄自《经典释文序录》、《经义杂记》……246
《注家有得有失》抄自《四库全书总目》……249
《古书疑例》抄自《古书疑义举例》……251
《古经佚文》抄自《经义考》……267
《历代经学兴废》抄自《国朝汉学师承记自序》……270
《历代石经源流》抄自《石经补考》、《困学纪闻》、《榆墩集》、《古今释疑》……273
《历代书籍制度》抄自《江村销夏录序》、《汉唐以来书籍制度考》……277
《两汉传经诸儒》抄自《经典释文序录》、《国朝经师经义目录》……280
《两汉通经诸儒》抄自《通经表》……295
《南北经术流派》抄自《六朝经术流派论》……303

《国朝治经诸儒》抄自《书目答问》 …… 308
《近儒说经得失》抄自《国朝经师经义目录》 …… 313
《经与经相表里》抄自《輶轩语》 …… 318
《经与纬相表里》抄自《纬候不起于哀平辨》 …… 320
《经与子相表里》抄自《輶轩语》 …… 323
《经与史相表里》抄自《輶轩语》、《书目答问》 …… 326
《说经必先识文字》抄自《輶轩语》 …… 328
《说经必先通训诂》抄自《经籍纂诂序》、《尔雅注疏》、《说略》、《焦氏笔乘》 …… 330
《说经必先明假借》抄自《经义述闻》 …… 337
《说经必先知音韵》抄自《尚书古文疏证》、《音论》、《輶轩语》 …… 341
《说经必先审句读》抄自《经读考异》 …… 347
《说经必先明家法》抄自《两汉经师家法考》、《汉经师家法考》 …… 356
《字学源流》抄自《说文解字叙》 …… 358
《音韵源流》抄自《日知录》、《六书音韵表序》 …… 362
《古有六书》抄自《说文释例》 …… 365
《古无四声》抄自《潜研堂文集》、《音论》 …… 372
《有目录之学》抄自《书目答问》 …… 375
《有校勘之学》抄自《经典释文序录》、《书目答问》 …… 377
《有训诂之学》抄自《輶轩语》 …… 379
《有考据之学》抄自《輶轩语》 …… 381
《解经不可虚造》抄自《輶轩语》、《说文叙》 …… 383
《不可望文生训》抄自《輶轩语》、《鹤林玉露》、《升庵集》 …… 384
《不可穿凿无理》抄自《六经奥论》、《輶轩语》 …… 386
《不可附会无据》抄自《輶轩语》 …… 388
《不可作固执之谈》抄自《輶轩语》 …… 389
《门径不可不清》抄自《輶轩语》 …… 390
《体例不可不熟》抄自《輶轩语》 …… 392
《不可增字解经》抄自《经义述闻》 …… 394
《不可妄改经文》抄自《经义述闻》 …… 399
《方音异同不可不晓》抄自《经义述闻序》、《困学纪闻》 …… 402
《制度沿革不可不知》抄自《輶轩语》 …… 403
《平日读书课程》抄自《輶轩语》 …… 405
《箕子明夷解》抄自《皇清经解》 …… 409
《易伐鬼方解》抄自《皇清经解》 …… 410
《考工记五材解》抄自《学海堂三集》 …… 411
《五霸考》抄自《皇清经解》 …… 413
《周初洛邑宗庙考》抄自《学海堂二集》 …… 414
《深衣考》抄自《学海堂三集》 …… 416
《八卦方位辨》抄自《学海堂二集》 …… 418

《文王称王辨》抄自《学海堂三集》……………………………………………… 419
《纬候不起于哀平辨》抄自《皇清经解》………………………………………… 421
《辟雍太学说》抄自《皇清经解》………………………………………………… 422
《八蜡说》抄自《学海堂三集》…………………………………………………… 423
《格物说》抄自《皇清经解》……………………………………………………… 425
《释能》抄自《诂经精舍文集》…………………………………………………… 426
《释贯》抄自《皇清经解》………………………………………………………… 427
《释祊》抄自《学海堂三集》……………………………………………………… 428
附录　《经解入门》待质录………………………………………………………… 430

上编 《经解入门》笺注

叙　言

往者①，余尝语顾君千里②曰："治经③不难，通经④亦不难；虽然，道则高矣！美矣！不得其门而入，而欲登堂奥⑤之府，窥室家之好⑥，则束发抱经，有皓首不究其旨者矣。即幸而得焉，而单词只义，百投而一中，出主入奴⑦，始合终歧，又往往流于异端曲学⑧，而不自知，岂不悲哉！以吾子⑨之才之学，其能提挈纲领⑩，指究得失，约其文，

① 往者：过去，从前。

② 顾广圻：（1766—1835），字千里，号涧蘋，又号鉴平，又号思适居士，又号无闷子，又号一元散人，元和（今江苏苏州）人。吴中自惠氏父子后，江声继之，后进翕然多好古穷经之士。广圻读惠氏书，尽通其义。经史、训诂、天算、舆地靡不贯通，至于目录之学，尤为专门。兼工校雠，被称为"清代校勘学第一人"。按姚光《顾千里先生年谱跋》："目录之学为读书之津梁，而校雠之学又书籍之药石。"同时孙星衍、张敦仁、黄丕烈、胡克家延校宋本《说文》、《礼记》、《仪礼》、《国语》、《国策》、《文选》诸书，皆为之札记，考定文字，有益后学。著有《顾千里集》二十四卷（中华书局王欣夫辑本）。事迹详见李庆《顾千里研究》（上海古籍出版社 1989 年版）。日本神田喜一郎原著、孙世伟译《顾千里先生年谱》："乾隆三十一年丙戌，先生生。道光十五年乙未，先生七十岁，二月十九日先生卒。"赵诒琛编《顾千里先生年谱》亦同。

③ 治经：研究经学。《晋书·食货志》："天之所贵者人也，明之所求者学也，治经入官，则君子之道焉。"

④ 通经：通晓经学。《后汉书·儒林传序》："东京学者猥众，难以详载，今但录其能通经名家者，以为《儒林篇》。"

⑤ 堂奥：厅堂和内室。奥，室的西南隅。此处喻深奥的义理。

⑥ 叔孙武叔语大夫于朝，曰："子贡贤于仲尼。"子服景伯以告子贡。子贡曰："譬之宫墙，赐之墙也及肩，窥见室家之好。夫子之墙数仞，不得其门而入，不见宗庙之美，百官之富。得其门者，或寡矣。夫子之云，不亦宜乎！"（《论语》卷十《子张第十九》）

⑦ "出主入奴"，广文本刊语云："疑当作'入主出奴'。"

⑧ 曲学：犹邪说。王阳明《传习录》卷中："虽千经万典，无不昭合，异端曲学，一勘尽破矣。"

⑨ 吾子：对对方的敬爱之称。一般用于男子之间。

⑩ 提挈纲领：即"提纲挈领"，比喻抓住事物的关键，或把问题扼要地提示出来。

详其旨，作为一书，以为经训之陈途，吾道之津逮乎？”千里诺之，而未有作也。

居无何①，甘泉江君子屏②出其所著《经解入门》以示余。余读之，瞿然③而起，曰：“是固吾畴曩④所望于千里者，而今得之子。信乎海内博雅⑤君子，能以文章为来世诵法⑥，舍此二三学友无属也。而元之不揣其愚，思有撰述，以益后学，亦差幸胸臆之私，抑得此为不孤耳。”子屏得师承于研溪惠先生⑦，博闻强记，于学无所不通，而研贯群经⑧，根本两汉，尤其所长。元少时与君同里同学，接其议论者垂三十年。曩居余广州节院⑨时，元尝刻其所纂《国朝汉学师承记》八卷，昭代⑩经学之渊源，与近儒之微言大义⑪，赖以不坠。今又得此，子屏之于经学，其真可谓语大而不外，语小而不遗，俾学者浅深求之，而各得其致者矣。

是书之大旨，约分三端：首言群经之源流与经学之师承，端其本也；次言读经之法与解经之体，审其业也；终言说经之弊与末学之失，防其惑也。学者得此而读之，循其途，践其迹，避其所短，求其所长，则可以不误于趋向；优而游之⑫，扩而充之，则可以跻许、郑⑬之堂，抗孔、陆之席⑭。子屏不自侈⑮其业，以是为初学计也，顾岂仅为初学计哉！吾愿后之学者，执此而终身焉可耳。

道光十二年岁次壬辰九月

协办大学士两广总督阮元序

---

① 无何：不多时；不久。

② 江君子屏：即江藩，子屏为其字。

③ 瞿然：惊喜貌。

④ 畴曩：往日；旧时。

⑤ 博雅：谓学识渊博，品行端正。

⑥ 诵法：称颂并效法。

⑦ 研溪惠先生：即惠栋。今按：“子屏得师承于研溪惠先生”，不是直接拜惠栋为师，因为他们时代不相及，惠栋逝世两年后江藩才出生。江藩四岁开始师从惠栋弟子余萧客，可谓惠栋再传弟子。

⑧ 研贯群经：此种说法罕见。检电子版《四库全书》有“该贯群经”、“学贯群经”、“博贯群经”、“淹贯群经”等，却没有“研贯群经”。

⑨ 节院：唐代节度使官衙的庭院。

⑩ 昭代：政治清明的时代。常用以称颂本朝或当今时代。

⑪ 微言：精深微妙的言辞；大义，旧指有关《诗》、《书》、《礼》、《乐》诸经的要义。后用以指精微的语言中所包含的深奥意义。

⑫ 优而游之：谓从容致力于某事。

⑬ 指许慎、郑玄，二人为汉学宗师。跻，升也。

⑭ 指孔颖达、陆德明，均为唐代经学大家。抗席：并立，抗衡。

⑮ 自侈：自夸；自炫阔绰。

凡　例

一、是编为初学治经起见，故类分各篇，以清眉目。其中语皆浅显，使学者一览而知。

一、是编专为治经者开其先路，故所列各书皆为于经有用之书，所举各事皆为治经极要之事。此外，史学各家之说不敢滥入。

一、是编皆靠实①立说，无一虚语，使学者知治经一道，入门便不可以凭空臆说。且所举各条，俱鉴前人得失，裁酌②尽善。由此而入，万不致有歧途之悔。

一、今人名经学③为汉学④，盖以秦火而后，汉始昌明⑤其学，魏、晋以降，渐亦颓废，而国朝则直追两京⑥，斯为极盛。故书中于汉人书及国朝人说经各书，皆详述之。于唐以下之书从略，以精者罕也。

一、是编分卷八，分篇五十有二。本为初学治经苦无师传而作。然即以此为师，则胜千里负笈⑦者多矣。《孟子》曰："夫道若大路然，岂难知哉?"⑧ 此则经学之先路也。

---

① 靠实：切实；实在。《朱子语类》卷一三九："作文字，须是靠实，说得有条理乃好，不可架空细巧。"

② 裁酌：裁量斟酌。唐李渤《上封事表》："以王道为尺，以大中为刀，度时之宜，裁酌古今，引知荡宽，驱末还本。"

③ 经学：以儒家经典为研究对象的学问。

④ 汉学：汉代经学中注重训诂考据之学。清代乾隆、嘉庆年间的学者崇尚其风，形成与"宋学"相对的"乾嘉学派"，也称"汉学"。清代汉学治学严谨，对文字训诂、古籍整理、辑佚辨伪、考据注释等，有较大的贡献。

⑤ 昌明：谓发扬光大。

⑥ 两京：长安和洛阳，为西汉与东汉之都城，此处借指两汉。

⑦ 负笈：背着书箱。指游学外地。《后汉书·李固传》"常步行寻师"李贤注引三国吴谢承《后汉书》："固改易姓名，杖策驱驴，负笈追师三辅，学'五经'，积十余年。"

⑧ 《孟子·告子下》。

一、说经家引用群籍书名，皆宜标明。其书多者，尤宜标明篇目。如引《易》则当云其卦，引《左传》当云某公某年，引周秦诸子亦当云某子某篇，引汉以下各注则当云某某某书某篇注（又《周礼》六官缺《冬官》，汉人以《考工记》补入，引《考工记》不得称《冬官》）之类，所以昭征实。是编引各说亦然，学者不宜忽过。

一、治经首重家法。家法不明，即为俗学①。故《汉书·儒林传》诸经师，必详所出。其所出不明者，不录。国朝诸老亦然。余所以有《汉学师承》之作，初学切宜确守。

一、说经，文法只求明白晓畅，说尽而止，篇幅长短皆所不论。不宜雕琢字句，及闲说空话。读末卷所附各篇，自无不可三反②矣。

江藩子屏氏识③

---

① 俗学：世俗流行之学。《庄子·缮性》："缮性于俗学，以求复其初；滑欲于俗思，以求致其明：谓之蔽蒙之民。"苏轼《送人序》："士之不能自成，其患在于俗学。俗学之患，枉人之材，窒人之耳目。"通常认为"显学必俗"。

② 三反：犹"举一反三"。《论语·述而》："举一隅，不以三隅反，则不复也。"后以"举一反三"谓触类旁通。

③ "江藩子屏氏识"，此处乃假冒江藩之名，不足为凭。

经解入门卷一①

群经缘始第一②

上古无“经”名[一]。《礼记》以“经解”名篇，实为“经”名所自始[二]。其云：“孔子曰：‘温柔敦厚，《诗》教也；疏通知远，《书》教也；广博易良，《乐》教也；絜静精微，《易》教也；恭俭庄敬，《礼》教也；属辞比事，《春秋》教也。’”[三]③案：即以《诗》、《书》、《易》④、《礼》、《春秋》为经，尚无“五经”、“六经”诸名目。“六经”之名始见于《庄子·天运》篇：“孔子谓老聃曰：‘吾治《诗》、《书》、《易》、《礼》、《乐》、《春秋》六经，以为（文）[久]。’”[四]又云：“孔子见聃不许，于是翻十二经以说老聃。”[五]

【笺注】

[一]清姜宸英《湛园集》卷四策问第一问（癸酉乡试）：古无“经”名也。“六经”之说见于《庄子》，自后戴圣记《礼》，遂有《经解》之篇。汉当秦灭经之后，诸儒掇拾于煨烬之余，各相传说，使圣人之道不泯于后世，而有宋诸大儒因得以寻流而溯源，厥功伟矣。郑氏夹漈至谓“汉穷经而经亡”，不亦过欤？

[二]龚向农《群经通论》卷一《群经名义·一总释经名》：《周易》曰：“云雷屯，君子以经纶。”郑玄注曰：“谓论撰《诗》、《书》、《礼》、《乐》施政事。”（陆德明《周易释文》）此经名所由昉。……

---

① 底本另起一行有“甘泉江藩纂”字样，其他各卷同，今一概删除。

② 原注：“附群经分合次第。”

③ 关于此段之解说，可参考林庆彰主编《民国时期经学丛书》第二辑第1册伍宪子《经学通论》第5~9页。

④ 广文本刊语云：“易”上疑脱“乐”字。

自儒学统一，学者乃尊严经名，而不敢僭。①

［三］《礼记》第二十六篇《经解》。原文为：孔子曰："入其国，其教可知也：其为人也，温柔敦厚，《诗》教也；疏通知远，《书》教也；广博易良，《乐》教也；絜静精微，《易》教也；恭俭庄敬，《礼》教也；属辞比事，《春秋》教也。故《诗》之失，愚；《书》之失，诬；《乐》之失，奢；《易》之失，贼；《礼》之失，烦；《春秋》之失，乱。其为人也，温柔敦厚而不愚，则深于《诗》者也；疏通知远而不诬，则深于《书》者也。广博易良而不奢，则深于《乐》者也；絜静精微而不贼，则深于《易》者也；恭俭庄敬而不烦，则深于《礼》者也；属辞比事而不乱，则深于《春秋》者也。"

［四］《庄子》外篇第十四即《天运》。原文为：孔子谓老聃曰："丘治《诗》、《书》、《礼》、《乐》、《易》、《春秋》六经，自以为久矣，孰知其故矣；以奸者七十二君，论先王之道而明周、召之迹，一君无所钩用。甚矣夫！人之难说也，道之难明邪？"老子曰："幸矣，子之不遇治世之君也！夫六经，先王之陈迹也，岂其所以迹哉！今子之所言，犹迹也。夫迹，履之所出，而迹岂履哉！"

［五］《庄子》外篇第十三即《天道》。原文为：孔子西藏书于周室。子路谋曰："由闻周之征藏史有老聃者，免而归居，夫子欲藏书，则试往因焉。"孔子曰："善。"往见老聃，而老聃不许，于是翻十二经以说。老聃中其说，曰："大谩，愿闻其要。"孔子曰："要在仁义。"老聃曰："请问仁义，人之性邪？"孔子曰："然。君子不仁则不成，不义而不生。仁义，真人之性也，又将奚为矣？"老聃曰："请问，何谓仁义？"孔子曰："中心物恺，兼爱无私，此仁义之情也。"

至汉，则《乐经》亡，而"五经"仅存。徐氏②《初学记》云："古者以《易》、《书》、《诗》、《礼》、《乐》、《春秋》为六经。至秦焚书，《乐经》亡。今以《易》、《书》、《诗》、《礼》、《春秋》为五经。"③

汉武帝建元五年，初置五经博士[一]。"五经"之名始于此，而其后则或离或合，各有不同。

【笺注】

［一］《汉书》卷十九："博士，秦官，掌通古今，秩比六百石，员多至数十人。武帝建元五年，初置五经博士。宣帝黄龙元年，稍增员十二人。"《汉纪》卷十："五年春正月己巳朔，日有食之，行半两钱，罢三铢钱。初置五经博士。博士本秦官，掌通古今，员至数十人，汉置五经而已。"《通典》卷二十七："国子博士，班固云：按六国时往往有博士，掌通古今（又曰：博士，秦官，汉因之）。汉博士多至数十人，冠两梁。武帝建元五年，初置五经博士。宣帝、成帝之代，五经家法稍增置博士一人。"

《考古类编》[一]云：有称"七经"[二]者，"五经"之外，兼《周礼》、《仪礼》也；有称"九经"[三]者，"七经"之外，兼《孝经》、《论语》也；有称"十经"[四]者，《易》、《诗》、《书》、"三礼"、《春秋左传》、《公羊》、《穀梁》、《论语》、《孝经》是也④；有称"十二经"[五]者，"六经""六纬"[六]是也；有称"十三经"者，《易》、

① 见林庆彰主编《民国时期经学丛书》第二辑第1册龚向农《群经通论》第1~2页。今按：此说前半较为牵强，经纶当为经之引申义。

② 徐氏，即唐人徐坚（659—729），字元固，湖州人。官集贤院学士，封东海郡公。

③ 唐徐坚《初学记》卷二十一文部经典第一。

④ 此处实际上有"十一经"。另外一说，《经义考》卷二百四十六引杨士奇曰："此书（何氏异孙《十一经问对》）为小学设。所谓十一经者，《书》、《诗》、《春秋》、《仪礼》、《周礼》、《礼记》、《论语》、《孝经》、《大学》、《中庸》、《孟子》，不及于《易》者，非小学所及也。"

《书》、《诗》、“三礼”、《春秋左传》、《公羊》、《穀梁》、《孝经》、《论语》、《孟子》、《尔雅》是也。

【笺注】

[一]《考古类编》十二卷，清柴绍炳撰。绍炳字虎臣，仁和人。陈子龙为登楼社，与陆圻、丁澎、毛先舒、孙治、张丹、吴百朋、沈谦、虞黄昊等齐名，世号“西泠十子”。事迹见《清史稿·文苑传》及杭世骏《道古堂全集》文集卷三十八《移志局理学名儒柴先生状》。是书分三十三门，凡有关于典章制度者，皆摘其指要，贯串成篇。盖为举业后场设也。(《四库全书总目》类书类存目三) 今按：柴绍炳（1616—1670)，字虎臣，号省轩、翼望山人。浙江仁和人。著有《省轩文钞》十卷、《省轩诗钞》二十卷、《白石轩杂稿》八卷、《柴氏古韵通》八卷、《省过纪年录》二卷、《通考辑略》等。

[二]七经：汉以来历代封建王朝所推崇的七部儒家经典。七经名目，历来说法不一。东汉《一字石经》作《易》、《诗》、《书》、《仪礼》、《春秋》、《公羊》、《论语》；《后汉书·张纯传》唐李贤注作《诗》、《书》、《礼》、《乐》、《易》、《春秋》、《论语》；宋刘敞《七经小传》作《书》、《诗》、《周礼》、《仪礼》、《礼记》、《公羊》、《论语》；康熙《御纂七经》作《易》、《书》、《诗》、《春秋》、《周礼》、《仪礼》、《礼记》。

[三]九经：九部儒家经典。名目相传不一。《汉书·艺文志》指《易》、《书》、《诗》、《礼》、《乐》、《春秋》、《论语》、《孝经》及小学。陆德明《经典释文录》指《易》、《书》、《诗》、《周礼》、《仪礼》、《礼记》、《春秋》、《孝经》、《论语》。《初学记》卷二一所引九经与《经典释文》略异，有《左传》、《公羊》、《穀梁》，无《春秋》、《孝经》、《论语》。

[四]十经：十部儒家经典。《宋书·百官志上》：“国子祭酒一人，国子博士二人，国子助教十人。《周易》、《尚书》、《毛诗》、《礼记》、《周官》、《仪礼》、《春秋左氏传》、《公羊》、《穀梁》各为一经，《论语》、《孝经》为一经，合十经。助教分掌。”或指五经五纬，即《诗》、《书》、《礼》、《易》、《春秋》五经及《诗纬》、《书纬》、《礼纬》、《易纬》、《春秋纬》五纬。

[五]十二经：唐文宗时在国子学立石，刻《易》、《诗》、《书》、《周礼》、《仪礼》、《礼记》、《左传》、《公羊传》、《穀梁传》、《论语》、《孝经》、《尔雅》十二经。

[六]六纬：六种纬书。即《易纬》、《尚书纬》、《诗纬》、《礼纬》、《春秋纬》、《乐纬》。《汉书·李寻传》：“太微四门，广开大道，五经六纬，尊术显士。”颜师古注：“孟康曰：‘六纬，五经与《乐纬》也。’张晏曰：‘六纬，五经就《孝经》纬也。’六纬者，五经之纬及《乐纬》也。孟说是也。”

《困学纪闻》云：“以《礼》、《乐》、《诗》、《书》、《易》、《春秋》为六艺，始见于太史公《滑稽列传》(原注：孔子曰：“六艺于治一也。”)。或云七经（原注：后汉赵典[一]学孔子七经，蜀秦宓[二]谓文翁遣相如东受七经)，或以‘六经’、‘六纬’为‘十二经’[三]（原注：《庄子》天道纪数略十二经，一说《易》上下经、《十翼》，一说《春秋》十二公经)，或以‘五经’、‘五纬’为‘十经’（原注：《南史·周续[之][四]传》)，或云‘九经’(原注：《释文序录》：《易》、《书》、《诗》、《周礼》、《仪礼》、《礼记》、《春秋》、《孝经》、《论语》，《唐·谷那律[五]传》“九经库”，始有“九经”之名)。”①

【笺注】

[一]赵典，字仲经，蜀郡成都人也。博学经书，弟子自远方至。《谢承书》曰：“典学孔子《七经》、《河图》、《洛书》，内外艺术，靡不贯综，受业者百有余人。”(《后汉书》卷二七)

---

① 见宋王应麟《困学纪闻》卷八。

［二］秦宓，字子敕，广汉绵竹人也。原话为："蜀本无学士，文翁遣相如东受七经，还教吏民，于是蜀学比于齐、鲁。故《地理志》曰：'文翁倡其教，相如为之师。'汉家得士，盛于其世；仲舒之徒，不达封禅，相如制其礼。夫能制礼造乐，移风易俗，非礼所秩有益于世者乎！"（《三国志》卷三八《蜀书》八）

［三］"十二经"，《经典释文》云："说者云：《诗》、《书》、《礼》、《乐》、《易》、《春秋》六经，又加六纬，合为十二经也。一说云：《易》上、下经并《十翼》为十二。又一云：《春秋》十二公经也。"

［四］周续之，字道祖，雁门广武人也。其先过江，居豫章建昌县。续之八岁丧母，哀戚过于成人，奉兄如事父。豫章太守范宁于郡立学，招集生徒，远方至者甚众。续之年十二，诣宁受业。居学数年，通"五经"、"五纬"，号曰"十经"，名冠同门，称为颜子。（《南史》卷七五）

［五］谷那律，魏州昌乐人也。贞观中，累补国子博士。黄门侍郎褚遂良称为"九经库"。《旧唐书》卷一八九、《新唐书》卷一九八均有传。

《读书记》[一]云："自汉以来，儒者相传，但言'五经'，而唐时立之学（宫）［官］，则云'九经'者，'三礼'、'三传'分而习之，故为'九经'也，其刻石国子学云'九经'，并《孝经》、《论语》、《尔雅》在内。本朝增以《孟子》，十三之名以立。"

【笺注】

［一］此处《读书记》为《日知录》之讹误。顾炎武《日知录》卷十八"十三经注疏"条云："自汉以来，儒者相传，但言'五经'，而唐时立之学官，则云'九经'者，'三礼'、'三传'分而习之，故为九也。其刻石国子学，则云'九经'，并《孝经》、《论语》、《尔雅》。宋时程、朱诸大儒出，始取《礼记》中之《大学》、《中庸》，及进《孟子》以配《论语》，谓之'四书'。本朝因之，而'十三经'之名始立。"按：王鸣盛《蛾术编》卷二、盛百二《柚堂笔谈》卷一皆称引顾氏此说。

其前后次第，《释文序录》云："如《礼记·经解》之说，以《诗》为首；《七略》、《艺文志》所记，用《易》居前；阮孝绪《七录》亦同此次；而王俭《七志》，《孝经》为初。原其后前，义各有（指）［旨］。"而陆氏《释文》所次，则《周易》为先，次《尚书》，次《毛诗》，次"三礼"：《周礼》、《礼记》、《仪礼》，次《春秋》、《左氏》、《公羊》、《穀梁》，次《孝经》，次《论语》，次《尔雅》，共"十二经"。

本朝所定，则始《周易》，次《尚书》，次《毛诗》，次"三礼"，次《春秋》，次《孝经》，次《论语》，次《孟子》，次《尔雅》。至所行《四子书》[一]，则宋程、朱诸儒取《礼记》、《大学》、《中庸》二篇而配合之者也。所行"五经"，则用《易》、《书》、《诗》、《礼记》、《春秋》。所行"七经"，则"五经"之外，加《周礼》、《仪礼》而已。

【笺注】

［一］《四子书》：指《论语》、《大学》、《中庸》、《孟子》四部儒家的经典。此四书是孔子、曾子、子思、孟子的言行录，故合称"四子书"。清邵懿辰《仪宋堂后记》："明太祖既一海内，与其佐刘基，以《四子书》章义试士。行之五百年不改，以至于今。"亦省作"四子"。《朱子语类》卷一〇五："'四子'，'六经'之阶梯；《近思录》，'四子'之阶梯。"

群经源流第二①

凡习经而不知经之源流，是溯典②而忘其祖[一]，乌呼可也！兹故依经之次而分叙之，俾学者知所宗焉。

【笺注】

[一]溯典而忘其祖：犹“数典忘祖”。春秋时晋大夫籍谈出使周朝，周景王问谈：“晋国何以没有贡物？”谈答以晋国从来没有受到周王室器物的赏赐，所以无器物可献。周王指出从晋的始祖唐叔开始，就不断受到王室的赏赐，责备籍谈身为晋国司典的后裔，竟不知道这些史实，说他是“数典而忘其祖”。事见《左传·昭公十五年》。后用以比喻忘本。现也用以比喻对祖国历史文化的极度无知。

《易》之源，起于伏牺[一]，文王、周公、孔子因之。卦，伏牺之所画也；卦辞[二]，文王之所作也；爻辞[三]，周公之所作也；《十翼》，孔子之所作也。何谓《十翼》？《上彖》、《下彖》[四]、《上象》、《下象》[五]、《上系》、《下系》、《文言》、《说卦》、《序卦》、《杂卦》是也。文王、周公所作，古谓之《系辞》，即为经；孔子所作，皆为传。传者，释经之辞。班固云：“孔子晚而好《易》……而为之传。”[六]传即《十翼》也。

【笺注】

[一]伏牺，与神农、黄帝并为三皇。通常写作“伏羲”。清吴玉搢《别雅》：“虙戏、伏戏、宓戏、宓羲、庖牺、包牺、炮羲，伏羲也。”《周易·系辞下》：“古者包牺氏之王天下也，仰则观象于天，俯则观法于地，观鸟兽之文与地之宜。”注：“圣人之作《易》，无大不极，无微不究，大则取象天地，细则观鸟兽之文与地之宜也，近取诸身，远取诸物，于是始作八卦，以通神明之德，以类万物之情。”

[二]卦辞：说明《易》六十四卦每卦要义的筮辞。即各卦卦形、卦名之后为卦辞。

[三]爻辞：指说明《易》六十四卦各爻象的文辞。如“初九：潜龙勿用。”“初九”是爻题；“潜龙勿用”就是《乾》卦初爻的爻辞。

[四]彖传分《上彖》、《下彖》两篇，内容为论断六十四卦卦名、卦辞的意义。本自成篇，列于经后，今通行注疏本分列于六十四卦，凡卦内“《彖》曰”即是。与《象》、《文言》、《系辞》、《说卦》、《序卦》、《杂卦》统称为《易》之《十翼》。旧说为孔子撰述。今人考定谓非一人所作。参阅高亨《周易大传今注》。

[五]象辞分《上象》、《下象》，内容为《周易》解释卦象与爻象之辞。

[六]《汉书·儒林传序》：“（孔子）晚而好《易》，读之韦编三绝，而为之传。”

陆氏《释文·序录》云：自鲁商瞿子木[一]受《易》于孔子，以授鲁桥庇子庸，子庸授江东馯臂子弓，子弓授燕周丑子家，子家授东武孙虞子乘，子乘授齐田何子庄。及秦焚书，《易》为卜筮之书，独不禁，故传授不绝。”[二]其立学，汉初立《易》杨氏博士，宣帝时重立施、孟、梁丘之《易》，元帝又立京氏《易》。费、高二家不得立，民间传之。后汉费氏兴，高氏遂微。永嘉之乱，施氏、梁丘之《易》亡，孟、京、费之《易》人无传者，惟郑康成、王辅嗣所注行于世，而王氏为世所重。唐以王注为主，其《系辞》以

① 原注：“与《两汉传经诸儒》参（考）[看]。”

② 广文本刊语云：“溯典”疑当作“数典”。

下王不注，相承以韩康伯注续之。本朝因之，上下经王注，《系辞》以下韩注，疏用孔颖达等正义。

【笺注】

[一]商瞿，字子木，春秋末年鲁国人，孔子弟子。

[二]《汉书》云："商瞿授东鲁桥庇子庸，子庸授江东馯臂子弓，子弓授燕周丑子家，子家授东武孙虞子乘，子乘授何。"六代也。《仲尼弟子传》作"瞿传馯臂子弘，弘传江东人矫子庸疵，疵传燕人周子家竖，竖传淳于人光子乘羽，羽传齐人田子庄何"，此处与《汉书》不同。

《书》之源，与文字俱起，孔子删为百篇。陆氏《释文》云：《书》者，本王之号令，右史所记，孔子删录，断自唐虞，下讫秦穆，典、谟、训、诰、誓、命之文，凡百篇，而为之序。及秦禁学，孔子之末孙惠壁藏之[一]。然秦火之后，惟《书》篡乱尤甚。其立学，汉始立欧阳、夏侯《尚书》，宣帝复立大、小夏侯博士，平帝欲立古文。永嘉之乱，诸家之书并灭亡，而《古文孔传》始兴，置博士，郑氏亦置博士一人。唐时惟崇尚古书，马、郑、王注遂废。本朝注疏本孔安国传、孔颖达等正义，而伪乱之迹，详《古今文》及《辨伪》诸篇。

【笺注】

[一]孔壁，孔子故宅的墙壁。据传古文经出于壁中，故称。《汉书·鲁恭王余传》："恭王初好宫室，坏孔子旧宅以广其宫，闻钟磬琴瑟之声，遂不敢复坏。于其壁中得古文经传。"

《诗》之源，起于中古。虞之《赓歌》、夏《五子之歌》[一]，即《三百篇》之权舆[二]。古诗本三千余篇，孔子最先删录，既取周诗，上兼商颂，凡三百一十一篇，以授子夏，子夏遂作序焉。皆口以相传，未有章句[三]。战国时，几为郑、卫所乱。遭秦焚书而得全者，亦以其人所讽诵[四]，而不专在竹帛之故。汉时传有四家：曰鲁，曰齐，曰韩，曰毛，详见《传经篇》。其立学，前汉惟鲁、齐、韩三家。平帝时，《毛诗》始立。《齐诗》久亡，《鲁诗》不过江东，《韩诗》亦无传者。唐惟《毛诗》郑笺立国学[五]。今注疏本，遵用毛传、郑笺、孔颖达等正义。

【笺注】

[一]《尚书·五子之歌序》："太康失邦，昆弟五人，须于洛汭，作《五子之歌》。"孔安国曰："太康五弟与其母待太康于洛水之北，怨其不反，故作歌。"《五子之歌》，《墨子》述其遗文，《周书》载其逸事，与内外传所称无殊。且孔氏逸书本有是篇。汉儒习闻其事，故韦昭注《国语》，王符撰《潜夫论》，皆依以为说。

[二]权舆：起始。

[三]章句：经学家解说经义的一种方式。亦泛指书籍注释。

[四]讽诵：背诵。《周礼·春官·瞽蒙》："讽诵诗，世奠系。"郑玄注："讽诵诗，谓暗读之不依咏也。"《汉书·艺文志》："孔子纯取周诗，上采殷，下取鲁，凡三百五篇。遭秦而全者，以其讽诵，不独在竹帛故也。"

[五]国学：古代指国家设立的学校。

《礼》之源，起于伏牺。孔疏云："自伏牺以后至黄帝，五礼始具。""帝王质文，世有损益。周公［代］时转浮①而居摄，乃曲为之制，故曰经礼三百，威仪三千。周衰，诸侯始僭，皆去其籍，至孔子而已不具矣。返鲁后，乃始删定。后值战国交争，秦氏坑焚，礼经崩坏特甚。汉世所传，仅存《周礼》、《仪礼》、《礼记》三书而已，然皆无全书。《周礼》本名《周官》，《冬官》独阙，《考工》乃其后补。《仪礼》一名《士礼》，《丧服》一篇，子夏实先传之。《礼记》戴德从子圣删《大戴记》为四十六篇，旧又名《小戴记》。其《月令》、《明堂位》、《乐记》三篇，马融所加也。《周礼》、《仪礼》皆周公作，而相为表里。《礼记》则即以记为经。”② 其立学，汉初立高堂生③礼博士，后又立大小戴、庆氏三家[一]，新莽又立《周礼》，后汉“三礼”皆立博士，至唐则《曲台记》亡，大戴无传，学者惟郑康成注《周礼》、《仪礼》、《礼记》并列，而《丧服》一篇别行。今注疏本合于《仪礼》，注皆用郑，疏则《周礼》、《仪礼》皆唐贾公彦，《礼记》则孔颖达也。

【笺注】

［一］陆氏德明《经典释文·序录》：汉兴，有鲁高堂生传《士礼》十七篇，即今之《仪礼》也。而鲁徐生善为容，孝文时为礼官大夫。景帝时，河间献王好古，得古礼，献之。或曰，河间献王开献书之路。时有李氏上《周官》五篇，失《冬官》一篇，乃购，千金不得，取《考工记》以补之。瑕丘萧奋以礼至淮阳太守，授东海孟卿，卿授同郡后苍及鲁闾丘卿，其古礼经五十六篇，苍传十七篇，所余三十九篇，宣付书馆，名为《逸礼》。苍说礼数万言，号曰《后苍曲台记》。孝宣之世，苍为最明。苍授沛闻人通汉及梁戴德、戴圣、沛庆普，由是礼有大小戴、庆氏之学。

《春秋》本鲁史记之名，错举四时④而记⑤之。昭二年，韩起聘鲁，见《鲁春秋》是也。古王者，左史记言，右史记事。言为《尚书》，事为《春秋》，而诸侯之国亦有之。惟《鲁春秋》，则孔子手定之。公羊家说，则谓孔子得百十二国⑥之宝书⑦，乃修《春秋》。左丘明⑧作传。陆氏《释文序录》云：“孔子……作《春秋》……授弟子，弟子退有异言，丘明恐弟子各安其意，以失其真，故论本事而为传。”而公羊高⑨则受经子夏，

① 原文“时”上有“代”字。代时转浮：意谓随时代而发生变迁。

② 陆德明《经典释文·序录》：安上治民，莫善于礼。郑子太叔云：夫礼，天之经，地之义，民之行也。左传云：礼，所以经国家，定社稷，序民人，利后嗣者也。礼教之设，其源远哉！帝王质文，世有损益，至于周公代时转浮，周公居摄，曲为之制，故曰经礼三百，威仪三千。及周之衰，诸侯始僭，将逾法度，恶其害己，皆灭去其籍，自孔子时而不具矣。孔子反鲁，乃始删定。值战国交争，秦氏坑焚，惟故礼经崩坏为甚。

③ 高堂生：复姓高堂，名伯。西汉鲁（山东新泰龙廷）人，专治古代礼制。《礼》经秦火，而书不传。汉兴，生传《士礼》十七篇，即今本《仪礼》，为当时今文礼学最早传授者。

④ 孔颖达曰：“错举春秋，以明冬夏。”

⑤ “记”，广文本刊语云：疑当作“名”。

⑥ 广文本刊语云：原本“百二十国”误“百十二国”。百二十国，指东周春秋时分封的一百二十余个国家。

⑦ 宝书：指周代的官修的史书。《公羊传经传解诂·隐公第一》唐徐彦疏：“昔孔子受端门之命，制《春秋》之义，使子夏等十四人求周史记，得百二十国宝书……周史而言宝书者，宝者保也，以其可世世传保以为戒，故云宝书。”

⑧ 左丘明：春秋时鲁国史官，著《春秋左氏传》。

⑨ 公羊高：战国齐人，为《春秋公羊传》作者。

榖梁赤①则子夏门人，皆传《春秋》（高，齐人，赤，鲁人。麋信云，赤与秦孝公同时）。又有邹氏、夹氏之传，不行于世。公羊、榖梁皆传经，左氏则为记事之书而已。秦火之后，左氏传最先出。其立学，公羊最先，榖梁次之，左氏最后（陆氏《序录》云："汉初立公羊，宣帝又立榖梁，平帝始立左氏。"）。唐则左氏行而二传渐微。至宋胡氏传出，而"三传"皆束高阁矣。今注疏本：《左氏传》，晋杜预注、孔氏《正义》；《公羊》，汉何休注、唐徐彦疏；《榖梁》，晋范宁注、唐杨士勋疏。

《孝经》者，陆氏《序录》云："孔子为弟子曾参说孝道，因明天子庶人五等之孝。"何休称："孔子曰'吾志在《春秋》，行在《孝经》'"是也。遭秦焚烬，而汉乃有古今二家之学。唐初犹行孔安国、郑康成之注。明皇于先儒注中，采其允当者为注解，至天宝二年注成，颁行天下。今注疏本即用明皇注，宋邢昺疏。

《论语》者，孔子应答弟子及时人所言，或弟子相与言，而接闻于夫子之语也。当时弟子各有所说②，夫子既终，微言已绝，弟子恐后生各生异见，而圣言永灭，故相与论撰，因辑时贤及古明王之语，合成一书，谓之《论语》。郑康成谓仲弓、子夏等所撰定。汉世有《齐论语》、《鲁论语》、《古论语》三家，而《鲁论语》并有章句，列于学官。至魏，何晏乃为集解，正始中上之，后盛行于世。今注疏本注用何氏，疏用宋邢昺。

《孟子》七篇，古本列于诸子，自陈氏《书录解题》始以《语》、《孟》入经类，而为之说曰："韩文公称，孔子传之孟轲，轲死，不得其传。天下学者盛曰孔、孟。"今国家设科，《语》、《孟》并重，而又列《十三经》之中。注疏本用汉赵岐注，宋孙奭疏。

《尔雅》兴于中古，隆于汉代，其初不详撰述名氏。陆氏《序录》云："《尔雅》者，所以训释'五经'，辨章同异，实九流之通路，百氏之指南……《释诂》一篇，盖周公所作。《释言》以下或言仲尼所增，子夏所足，叔孙通所益，梁文所补。"古之注者十余家。今注疏本用晋郭璞注，宋邢昺疏。

群经辨异第三

古者传经多以口相授，故异者滋多。在汉白虎观讲五经同异[一]，后许慎[二]著《五经异义》[三]，郑康成[四]有《驳异义》[五]，此即辨异之所始也。习经者当知其同，尤不可不辨其异。约举异例，厥有数端：曰文异[六]，曰义异，曰篇异。

【笺注】

[一]在汉白虎观讲五经同异：永平元年，下太常、将、大夫、博士、议郎、郎官及诸生、诸儒会白虎观，讲议"五经"同异，使五官中郎将魏应承制问，侍中淳于恭奏，帝亲称制临决，如孝宣甘露石渠故事，作《白虎议奏》。（《后汉书》卷三）

[二]许慎，字叔重，汝南召陵（今河南郾城东）人。性淳笃，少博学经籍，马融常推敬之。时人为之语曰："五经无双许叔重。"为郡功曹，举孝廉，再迁除洨长。卒于家。初，慎以"五经"传说臧否不同，于是撰为《五经异义》。又作《说文解字》十四篇，皆传于世。事迹见《后汉书》本传。

[三]《后汉书·许慎传》称许慎以"五经"传说臧否不同，于是撰为《五经异义》。清陈寿祺撰

---

① 榖梁赤：战国时鲁国人，为《春秋榖梁传》的作者。

② 广文本刊语云："所说"疑当作"所记"。

《五经异义疏证》，收入《续修四库全书》第171册。

[四]郑玄（127—200），字康成，北海高密（今属山东）人。凡玄所注《周易》、《尚书》、《毛诗》、《仪礼》、《礼记》、《论语》、《孝经》、《尚书大传》、《中候》、《乾象历》，又著《天文七政论》、《鲁礼禘祫义》、《六艺论》、《毛诗谱》、《驳许慎五经异义》、《答临孝存周礼难》，凡百余万言。括囊大典，网罗众家，删裁繁芜，刊改漏失，自是学者略知所归。事迹见《后汉书》卷六五。龚向农《群经通论》卷三："兼用今古两家而会通为一者，郑玄是也。"

[五]《驳五经异义》一卷《补遗》一卷，汉郑玄所驳许慎《五经异义》之文。《郑玄传》载郑玄所著百余万言，亦有驳许慎《五经异义》之名。《隋书·经籍志》有《五经异义》十卷，后汉太尉祭酒许慎撰，而不及郑玄之驳议。《旧唐书·经籍志》："《五经异义》十卷，许慎撰，郑玄驳。"《新唐书·艺文志》并同。盖郑玄所驳之文，即附见于许慎原本之内，非别为一书，故史志所载亦互有详略。《宋史·艺文志》遂无此书之名，则自唐以来久已失传。晚清皮锡瑞撰《驳五经异义疏证》，已收入《续修四库全书》第171册。

[六]文异：文字相异。晋杜预《〈春秋〉序》："或曰：《春秋》以错文见义，若如所论，则经当有事同文异而无其义也，先儒所传皆不其然。"清王引之《经传释词》卷十："下文'其所厚者薄，而其所薄者厚，未之有也'，与此文异义同。"

何谓文异？如《易》"体仁足以长人"[一]，京氏作"体信"；"圣人作而万物睹"[二]，马氏作"圣人起"；"君子以经纶天下"[三]，郑氏作"经论"[四]；"射鲋"[五]，荀氏作"取鲋"；"其惟圣人乎"[六]，王氏作"愚人"；"明辨晳也"，陆绩[七]作"明辨逝也"[八]；"利用侵伐"，王廙[九]作"寝伐"[十]；"官有渝"[十一]，蜀本作"官有馆①"；"嫌于无阳"，李鼎祚作"兼于无阳"之类[十二]。推之《尚书》之今古文，《诗》之齐、鲁、韩与毛四家，《周礼》、《仪礼》之古书、今本，《春秋》之左氏、公、穀"三传"，《孝经》、《论语》、《孟子》、《尔雅》诸书之各本不同，而此外诸子、《史》、《汉》所引各经之略，又不可以枚举，此文之异也（又如施、孟、梁丘三家之《易》，无"无咎悔亡"句，亦属异文之例）。

【笺注】

[一]体仁足以长人：《经典释文》卷二"体仁"条："如字。京房、荀爽、董遇本作体信。"

[二]圣人作而万物睹：《经典释文》卷二"圣人作"条："如字。郑云起也，马融作起。"

[三]君子以经纶天下：《屯·大象》曰："云雷屯，君子以经纶。"广文本刊语云："天下"二字疑衍。

[四]经论：《经典释文》卷二"经论"条："音伦，郑如字，谓论撰书礼乐施政事。黄颖云：经论，匡济也，本亦作纶。"

[五]射鲋：《经典释文》卷二"射"："食亦反。注同。徐食夜反，郑、王肃皆音亦云厌也。荀作取。"

[六]《经典释文》卷二"其唯圣人乎"条："王肃本作愚人。后结始作圣人。"

[七]陆绩（187—219），字公纪，吴郡吴（今江苏苏州）人。虽有军事，著述不废，作《浑天图》，注《易》释《玄》，皆传于世。预自知亡日，乃为辞曰："有汉志士，吴郡陆绩，幼敦《诗》、《书》，长玩《礼》、《易》，受命南征，遘疾遇厄，遭命不幸，呜呼悲隔！"又曰："从今已去，六十年之外，车同轨，书同文，恨不及见也。"年三十二卒。事迹见《三国志》卷五七。

---

① 广文本刊语云："官有馆"疑当作"馆有渝"。

［八］《经典释文》卷二大有卦“晢”条：“章舌反。王廙作晣，同音。徐李之世反，又作哲字。郑本作遰，云读如明星晢晢。陆本作逝。虞作折。”

［九］王廙（274—322），字世将，丞相王导从弟。少能属文，多所通涉，工书画，善音乐、射御、博弈、杂伎。事迹见《晋书》卷七六。

［十］《经典释文》卷二谦卦“用侵”条：“王廙作寖。”

［十一］《经典释文》卷二随卦“官有”条：“蜀才作‘馆有’。”

［十二］毛奇龄《仲氏易》卷四：“阴动则不知有阳，若不言龙战，则几于无阳矣，故特以战归龙焉。荀氏以嫌作兼，谓阴兼阳，故称龙，则当言兼于阳，不当言兼于无阳矣。郑玄以嫌作慊，谓快于无阳，又作溓，溓，杂也，谓阴蛇气杂似龙，皆非正义。”

何谓义异？即如“周易”二字，《易纬》云：“因代以名周。”则以周为周家之周。郑康成云：“《周易》者，《易》道周普，无所不备。”① 则以周为周遍。［一］纬书云：“日月为易。”［二］郑康成云：“易一名而含三义，简易一，变易二，不易三。”［三］虞翻云：“字从日下月。”［四］所说不同，即其例。而经中一篇一章一句一字之异者，尤不可以缕述，此义之异也。

【笺注】

［一］《经典释文》卷二：“周，代名也。周，至也，遍也，备也。今名书，义取周普。”

［二］惠栋《九经古义》卷一《周易古义》引《说文》曰：“秘书说：‘日月为易，象阴阳也。’”

［三］《周易注疏·卷首》：郑玄依此义，作《易赞》及《易论》，云：《易》一名而含三义，易简一也，变易二也，不易三也。

［四］《经典释文》卷二：“易，盈只反。此经名也。虞翻注《参同契》云：‘字从日下月。’”

何谓篇异？如《尚书》伏生所传今文二十九篇，孔安国所传多二十五篇；《孝经》十八篇，古文别有《闺门》一篇，总为二十二篇；《论语齐论》别有《问王》、《知道》二篇，为二十二篇，《古论语》凡二十一篇；《尔雅》一云十九篇，一云二十篇之类，此篇之异也。

知其所异，而考其所通，是在学者之善会其微也。

群经辨伪第四　附辨诸子之伪

秦火而后，群经散亡，而伪者始出，其尤甚者，莫若《尚书》之古文。古书凡百篇，秦燔后，伏生仅口诵二十九篇，曰“今文尚书”。鲁恭王坏孔子宅，于壁中得科斗文书，孔安国较伏生所诵，增多二十五篇，曰《古文尚书》。其所增多，盖即于篇目中，一合计之，一分计之，非别有多篇也。安国书本自为传，值武帝末，巫蛊事［一］起，不得奏，藏，乃遂散佚。东晋豫章内史［二］梅颐所上《古文尚书》，有《大禹谟》、《五子之歌》、《胤征》、《仲虺之诰》、《汤诰》、《伊训》、《太甲上》、《太甲中》、《太甲下》、《咸有一德》、《说命上》、《说命中》、《说命下》、《泰誓上》、《泰誓中》、《泰誓下》、《武成》、《旅獒》、《微子之命》、《蔡仲之命》、《周官》、《君陈》、《毕命》、《君牙》、《冏命》二十五篇，皆

① 宋王应麟编《周易郑康成注》。

伪书也。其《舜典》本亡，则分《尧典》之半为一篇。《益稷》本无，则分《皋陶谟》之后为一篇。而作伪之人，或谓王肃，实即梅赜。疑之者始于宋吴才老、朱子诸儒。近今诸大儒且群起而攻之，抉其伪迹，使无遁形。而其伪者，说经诸家直置不道，此例之最严。而河中①之《伪泰誓》，张霸之《百两篇》，汉已不行，固无容议。若乃《金縢》诸篇，则信无可疑者也。

【笺注】

［一］巫蛊事：指巫蛊之祸。《汉书·武帝纪》："诸邑公主、阳石公主皆坐巫蛊死。"晋潘岳《西征赋》："吊戾园于湖邑，谅遭世之巫蛊。"

［二］内史：官名。西汉初，诸侯王国置内史，掌民政。历代沿置，隋始废。钱大昕《十驾斋养新录》卷六："汉制，诸侯王国以相治民事，若郡之有太守也。晋则以内史行太守事，国除为郡，则复称太守，然二名往往混淆，史家亦互称之。"

《尚书》而外，《易》于秦火独全，得不伪。而《子夏易传》[一]、《关朗易传》[二]皆伪托不足据。《诗》不伪，而《小序》亦有疑者，然经学家则犹尊信。

【笺注】

［一］《子夏易传》，旧本题卜子夏撰。说《易》之家，最古者莫若是书。其伪中生伪，至一至再而未已者，亦莫若是书。《唐会要》载开元七年诏："《子夏易传》，近无习者，令儒官详定。"刘知幾议曰："《汉志》《易》有十三家，而无子夏作传者。至梁阮氏《七录》，始有《子夏易》六卷，或云韩婴作，或云丁宽作。然据《汉书》，《韩易》十二篇，《丁易》八篇，求其符合，事殊隳刺，必欲行用，深以为疑。"司马贞议亦曰"案刘向《七略》有《子夏易传》，但此书不行已久，今所存多失真本。荀勖《中经簿》云：《子夏传》四卷，或云丁宽。是先达疑非子夏矣。又《隋书·经籍志》云：《子夏传》残阙，梁六卷，今二卷。知其书错缪多矣。又王俭《七志》引刘向《七略》云：《易传》子夏，韩氏婴也。今题不称韩氏而载薛虞记，其质粗略，旨趣非远，无益后学云云"。是唐以前所谓《子夏传》，已为伪本。晁说之《传易堂记》又称："今号为《子夏传》者，乃唐张弧之《易》。"是唐时又一伪本并行。故宋《国史志》以假托《子夏易传》与真《子夏易传》两列其目，而《崇文总目》亦称此书篇第，略依王氏，决非卜子夏之文也。朱彝尊《经义考》，证以陆德明《经典释文》、李鼎祚《周易集解》、王应麟《困学纪闻》所引，皆今本所无。德明、鼎祚犹曰在张弧以前，应麟乃南宋末人，何以当日所见与今本又异？然则今本又出伪托，不但非子夏书，亦并非张弧书。(《四库全书总目》卷一)

【附录】

清惠栋《九经古义》卷二认为《周易举正》为伪书：唐时有苏州司户郭京撰《周易举正》三卷，家无是书。据洪氏《随笔》所载二十余则，皆因王辅嗣、韩康伯之注，谬加增损。今以李氏所录汉《易》考之，乃知其妄。如云《屯》六二象曰："即鹿无虞何？以从禽也。今本脱何字。"案：从本古纵字，故郑康成、黄颖皆音于用反（古踪字作纵，见《隶释》）不容阑入何字，**其妄一也**。《师》六五："田有禽，利执之，无咎。"元本之字行书，向下引脚，稍类言字，转写相仍，故误作言。观注义亦全不作言字释。案：虞翻曰："田为二，阳称禽，震为言五失位，变之正艮为执，故利执，言无咎。"荀爽曰："田，猎也，谓二帅师禽五之利，度二之命，执行其言，故无咎。"以言为之，信注而不信经，**其妄二也**。《比》九五象曰："失前禽，舍逆以顺也。今本误倒其句。"案：虞翻曰："背上六，故舍逆，据三阴，故取顺，不及初，故失前禽。"二句各有取义。以失前禽为舍逆取顺，**其妄三也**。《贲》："亨，不利有攸往。"今本"不"字误作"小"。案：郑康成曰："卦互体坎艮，艮止于上，坎险止于下，夹震在

① 广文本刊语云："河中"疑当作"河内"。

中，故不利大行，小有所之则可矣。”虞翻曰：“小谓五，五失正动得位，体离以刚文柔，故小利有攸往。”改“小利”为“不利”，**其妄四也**。“刚柔交错，天文也。文明以止，人文也。”注云：“刚柔交错而成文焉，天之文也。今本脱刚柔交错一句。”案：此四字是王氏释天文也一句之义，非经文也。虞翻注谓五利变之正成巽体，离艮为星离日坎月巽为高，五天位，离为文明，日月星辰高丽于上，故称天之文。玩虞义，全无以刚柔交错为天文之意，**其妄五也**。《蹇》九三：“往蹇来正，今本作来反。”案：虞翻曰：“应正历险，故往蹇反身，据二，故来反，二在下，故云反。”改“反”为“正”，**其妄六也**。《困》初六象曰：“入于幽谷，不明也。”今本“谷”下多“幽”字。案：荀爽曰：“为阴所掩，故不明。”删去“幽”字，**其妄七也**。《鼎·彖》：“圣人亨，以享上帝，以养圣贤。”注云：“圣人用之，上以享上帝，而下以养圣贤。今本正文多而大亨三字，故注文亦误增而大亨三字。”案：虞翻曰：“大亨谓天地养万物，圣人养贤以及万民。”此正释“大亨”之义，以为误增，**其妄八也**。《丰》九四象：“遇其夷主，吉，志行也。”今文脱志字。案：虞翻曰：“动体明夷，震为行，故曰吉行。”若云志行，不容不注，**其妄九也**。《小过》六五象曰：“密云不雨，已止也。”注：“阳已止下故也，今本正文作已上，故注亦误作阳，已上故止也。”案：虞翻曰：“谓三坎水已之上，上六故已上也。”郑本作尚。尚与上通，上与长亢协，改为止，**其妄十也**。《杂卦》：“蒙稚而著。今本稚误作杂。”案：虞翻曰：蒙二阳在阴位，故杂初杂而交，故著改杂为稚，**其妄十一也**。京云：“曾得王辅嗣、韩康伯手写注定传授真本。”今所举正皆谬悠荒唐若此，不待阅全书而知其赝矣。中惟“履霜阴始凝也”，“君子以居贤德善风俗”，一见《魏文帝纪注》，一见王肃《易》，前人固已言之，又《姤》九四“包失鱼”，因王注《震·彖》出可以守宗庙社稷，上添不丧七鬯四字，《中孚·彖》“豚鱼信及也”，《小过·彖》“柔得中，是以可小事也”，《既济》“亨小，小者亨也”，皆望文为义，亦无足取。《系辞》二多誉，四多惧，注云：“惧，近也。”尤为诞妄。京创为是书，后儒晁昭德、郑渔仲之辈多有信而从之者，不可以不辨。《隋·经籍志》有卜子夏《周易传》二卷，残缺，梁有六卷。《七略》云：汉兴，韩婴传。《中经簿录》云丁宽所作。张璠云：或馯臂子弓所作，薛虞记。今所传《子夏易传》十一卷，以《释文》及李氏《集解》校之，无一字相合者。案其文又浅近。或曰唐人张弧伪作，非也。此书与郭氏《易举正》皆宋人伪撰，托之子夏、郭京者。唐时汉《易》尚存，子夏书虽残缺，李鼎祚犹及采之，宋以来经典散亡，无可考证，故令二伪书传于世，遗误至今。有志于经学者，急须辞而辟之。

[二]《关朗易传》，一作《关氏易传》，一卷，旧本题北魏关朗撰。关朗字子明，河东人。是书《隋志》、《唐志》皆不著录。晁公武《读书志》谓李淑《邯郸图书志》始有之。《中兴书目》亦载其名，云“阮逸诠次刊正”。陈师道《后山谈丛》、何薳《春渚纪闻》及邵博《闻见后录》皆云，阮逸尝以伪撰之稿示苏洵，则出自逸手，更无疑义。逸与李淑同为神宗时人，故李氏书目始有也。《吴莱集》有此书后序，乃据《文中子》之说力辨其真。文士好奇，未之深考耳。

《春秋》“三传”无伪，而“三礼”则惟《仪礼》[一]独完。《周礼》五官云出周末，《考工》一记，明是补亡。《礼记》之作，或谓俗儒，其中谬者不可不察。马融所益，不过三篇，其非古书，早有议者，淆乱难信莫甚。明堂古乐久亡，安有《乐记》？《月令》之托周公，实出《吕览》[二]。《王制》虽言殷制，半是汉仪。《祭法》取《国语》，错乱无稽。《中庸》本秦人，言犹近理。《儒行》非孔子之言[三]，《缁衣》为公孙尼子之笔[四]。此礼之大略也。

【笺注】

[一]《仪礼》：清江永《群经补义》卷四：“说者谓周末文胜，今未见其然。如《仪礼》诸篇，皆是周初制作，委曲繁重，非周末也。”

[二]《月令》之托周公，实出《吕览》：此说甚为颠倒。清江永《群经补义》卷三：“《月令》本是周时之书，《汲冢周书》存其目，末篇有序，吕不韦因之，作十二月纪，杂入秦时官名、制度，而秦

实未尝用也（如唐之六典）。”

［三］《儒行》非孔子之言：《山堂考索》续集卷九经籍门记儒行：《儒行》非孔子之言也。盖战国时豪士所以高世之节耳。考一篇之内，虽时与圣人合，其称说多过其施于父子兄弟夫妇，若家若国，若天下粹美之道，则无见矣。圣人之行如斯而已乎？或谓哀公轻儒孔子有为而言也。曰：多自夸大，以授其君，岂所谓孔子哉？

［四］《缁衣》公孙尼子之笔：清徐文靖《管城硕记》卷十三：“《缁衣》，刘瓛云：公孙尼子之所作也。孔氏疏云：按郑目录曰：名曰缁衣，善其好贤者厚也。”〇钱大昕《潜研堂集》文集卷八《答问五》：问：“《缁衣》一篇，其文大似《论语》。其云：‘教之以德，齐之以礼，则民有格心’；‘教之以政，齐之以刑，则民有遯心’；‘下之事上也，不从其所令，从其所行’；‘谨于言而慎于行’；‘生则不可夺志’；‘多闻，质而守之；多志，质而亲之’；‘南人有言曰：人而无恒，不可以为卜筮。古之遗言与’；‘《易》曰：不恒其德，或承之羞’，皆与《论语》同。刘瓛以为公孙尼子所作。公孙氏殆七十子之徒，故得闻孔子之绪言欤？”曰：“愚尝读《旧唐书》载沈约之言云：‘《中庸》、《表记》、《坊记》、《缁衣》皆取子思子，其词纯粹平易，非子思子不能作也。’郑康成注《论语》‘不可以作巫医’，云巫医不能治无常之人也，其注不占而已句，云‘《易》所以占吉凶，无常之人，《易》所不占’也。皆依《缁衣》为说，以经解经，信而有征。卫瓘云：‘无恒之人，不可以为巫医，巫医则疑误人也。’此朱注所本，然于下文不占之义终难通矣。”〇明金瀚《读礼日知》卷下：“《缁衣》一篇，多依仿圣贤之言而为之修饰，间有文理不足处，学者择其可而从之可也。”〇清翁方纲《礼记附记》卷八：“陆氏《释文序录》云：‘《缁衣》是公孙尼子所制。《汉书·艺文志·儒家》：《公孙尼子》二十八篇，注云：七十子之弟子。’《缁衣》一篇每段‘子曰’一条，则引诗书以证之。惟‘下之事上，禹立三年’一段，两引子言，下乃引诗书以证之，又‘下之事上言有物’一段，两引子言，下引诗书证之，篇首为上易事好贤如缁衣，亦是两引子言，而下引大雅证之，此盖两引子言同在一节，故以《缁衣》名篇，不应分作二节也。即以刑不烦、刑不试语义一类，亦可见尔。”

若乃《孝经》、《论语》，本无可疑。《尔雅》一经，大都参杂[一]。惟在学者，善为择焉。

【笺注】

［一］《尔雅》一经大都参杂：清王鸣盛《蛾术编》卷八“《尔雅》撰人”条曰：《尔雅》或云周公作，或云子夏作。今按：“‘如切如磋’，道学也。‘如琢如磨’，自修也。‘瑟兮僩兮’，恂栗也。‘赫兮喧兮’威仪也。‘有斐君子，终不可谖兮’，道盛德至善，民之不能忘也。”此《大学》释《诗》之文，而《诗》则卫人所以美武公也，其文见于《尔雅》，武公在厉王之世，去周公远甚。今按诸诗皆作于周公后远甚，则谓《尔雅》为周公、孔子、子夏合作，当矣。

经既难信，外此何言？纬书云伪，识者不韪。《家语》之言，实出王肃[一]。旁及诸子，犹有是非。《管子》述身后之事[二]，附益何疑？《阴符》非黄帝之遗[三]，庭坚始发。《老子》、《关尹》，半属虚造。《列子》[四]、《文中》[五]，间得其真。《鬼谷》伪书，犹有辨者[六]。《丛子》所陈，子雍谬托[七]。

【笺注】

［一］《孔子家语》之言实出王肃：现在王承略等人已提出不同意见。详参黄怀信《汉晋孔氏家学与“伪书”公案》。

［二］《管子》述身后之事：《管子》究为何人所作，自古以来众说纷纭，有的说是管仲本人所著，有的说是战国以及秦汉时好事者为之，甚至有的说是魏、晋以后的伪作。《管子》旧本题为“战国管仲著”。管仲是春秋初期时人，而题作战国，由此可见此书不是管仲所作。而且，书中常有“管子曰”、

“管子云”或“桓公谓管子曰”等话，不像作者的口气。更可疑的是，书中多处提及管仲病危及其身后多年的事，例如《形势解》篇中有“古者三王五伯，皆人主之利天下者也”的话。“五伯”乃自齐桓公起直至吴王夫差与越王勾践止，前后共历经了两百余年才形成的。管仲之时，哪有“五伯”？又如《小称》篇中有“毛嫱西施，天下之美人也”之句，考西施、毛嫱皆越国之美人，一为范蠡之妾，一为勾践之姬，皆管仲身后之事。详参张固也《管子研究》（齐鲁书社，2006 年）。

［三］鲍本《汉志》有《阴符经》。《索隐》云：“《阴符》是太公兵法。”

［四］关于《列子》的真伪问题，历来争论不已，迄今尚未定案。

［五］关于文中子其人其书，可参见李小成《文中子考论》（上海古籍出版社，2008 年）。

［六］《鬼谷子》并非伪书，参见许富宏《鬼谷子研究》（上海古籍出版社，2008 年）。

［七］《孔丛子》所陈是否“子雍谬托”，今人也有不同看法。参见孙少华《孔丛子研究》（中国社会科学出版社，2011 年）。

今举其隅，惟贵三反。辨伪之事，近人最详。即《四库提要》已具大略［一］。姚际恒《古今伪书考》，亦简便可读［二］。

【笺注】

［一］详见司马朝军《四库全书总目研究》之附录（社会科学文献出版社，2004 年）。

［二］详见司马朝军《文献辨伪学研究》（武汉大学出版社，2008 年）。

群经古文今文第五

古文、今文者何［一］？在汉，以科斗［二］、篆文为古，隶书为今；在唐，以汉之隶书为古，以其时之楷书为今。盖自唐一变，古文之存仅矣。郑樵云：“《易》、《诗》、《书》、《春秋》皆古文。”陆氏《序录》云：“鲁恭王坏孔子宅，得古文《尚书》、《礼记①》、《孟子》、《老子》之属。”

【笺注】

［一］汉代称当时通行的隶书为今文，以别于籀书的古文。

［二］科斗：指科斗文字。

《汉书·十三王传》称：“献王所得［书］，皆古文先秦旧书②：《周官》、《尚书》、《礼》、《礼记》③、《孟子》、《老子》之属。”夫汉得古文在后，而诸儒所传今文在前。

《易》惟费氏习古文（费直，字长翁，东莱人，为单父令），施、孟、梁丘诸家皆今文。成帝时，刘向以中古文《易经》较诸家，或脱去“无咎悔亡”，惟费氏经与古文同。是费氏治古文，而诸家皆今文也。

《尚书》以伏生所习为今文，孔安国所习为古文。文帝时，伏生以二十九篇授掌故晁错，今文也。安国于孔壁得之，写以隶古，增多二十五篇，古文也。

《诗》有壁中科斗，即古文。而壁中未出之前，汉所诵习皆为今文。武进臧氏琳云：

① 广文本刊语云：《释文序录》“礼记”作“礼”，无“记”字。

② 颜师古曰：先秦犹言秦先，谓未焚书之前。

③ 颜师古曰：礼者，礼经也；《礼记》者，诸儒记礼之说也。

"《毛诗》为古文，《鲁》、《齐》、《韩》为今文。古文多假借，故毛公作《训诂传》① 以正字释之，若今文，则经直作正字，如《毛诗·芄兰》：'能不我甲。'《传》云：'甲，狎。'《韩诗》即作狎字（见《释文》）。《毛诗·鸳鸯》：'摧之抹②之。'《传》云：'摧，莝也。'《韩诗》即作莝之类，是今文皆以训诂代经也。"③

《礼》则《周礼》古文多奇字，郑康成所云故书者是今文，即康成所据本也。王氏《困学纪闻》则云："《周礼》刘向未校之前为古文，校后为今文。"④《仪礼》古文，即淹中古经，今文即高堂生所传。贾公彦云："《汉书》：鲁人高堂生为汉博士，传《仪礼》十七篇，是今文也。至武帝末，鲁恭王坏孔子宅，得亡《仪礼》五十六篇，其字皆以篆书，是为古文。"⑤ 盖即淹中古经也。《礼记》古文，即康成《六艺论》云："记百三十一篇，河间献王所得者。"今文即小戴所传也。陆氏《序录》云："郑玄本治小戴礼，后以古经校之，取其于义长者、顺者为郑氏学。"是也。

《春秋》则以左氏所传为古文，公、穀所传为今文。许君《五经异义》，于左氏称《古春秋左氏说》，于公、穀则称《今春秋公羊说》、《今春秋穀梁说》也。

《孝经》古文，即别有《闺门》一章，马融、郑康成为之注者，唐时已不传。今文，即今本《五经异义》所称《今孝经说》是也。

《论语》以孔安国、马融所传分两子张者为古文，齐、鲁两家为今文。

《孟子》亦以献王所得为古文，以赵岐所注者为今文。或云赵氏注《孟子》未见古文所传本，且⑥中多俗字，则为今文无疑。

《尔雅》后人羼乱，《释诂篇》当有古文。《汉书·十三王传》称孔壁所得《孟子》、《老子》之属，则《尔雅》安⑦必不在其内，特增益者多，则其文有不足辨者耳。

注家有得有失第六

经非注不明，故治经必须研求古注。云注家者，举凡释经之书，若传、若笺、若疏而赅言之也。[一]然注家之得失不知，则胸中之去取无据，平日无所致力，临时无所折衷。兹就古注之见存者，稍分优劣，以定趋向。

---

① 广文本刊语云："训诂传"疑当作"故训传"。

② 广文本刊语云："抹"当作"秣"。

③ 臧琳《经义杂记》卷二一"《诗》古文今文"条。

④ 《困学纪闻》卷四：《周礼》，刘向未校之前有古文，校后为今文，古今不同。郑据今文注，故云"故书"。朱子曰：八法、八则、三易、三兆之类，各有书。属民读法，其法不可知，如战之陈，其陈法不可见矣。

⑤ 《仪礼注疏》卷一：秦燔灭典籍，汉兴，求录遗文之后，有古文、今文。《汉书》云：鲁人高堂生为汉博士，传《仪礼》十七篇，是今文也。至武帝之末，鲁恭王坏孔子宅，得亡《仪礼》五十六篇，其字皆以篆书，是为古文也。古文十七篇，与高堂生所传者同，而字多不同，其余三十九篇绝无师说，秘在于馆，郑注礼之时以今古二字并之，若从今文，不从古文。

⑥ 广文本刊语云："且"疑"其"之讹。

⑦ 广文本刊语云："安"疑"未"之讹。

【笺注】

［一］徐敬修《经学常识》第四章《治经之方法》第一节《古人治经之方法》："当知体例。何谓体例？曰注，曰疏。注之属：有传，有记，有笺，有注，有诂训，有解诂，有章句，有章指，有集解；疏之属：有义疏，有正义。大抵注不破经，疏不破注；注或迂曲，疏必繁称博引以明之。"（《民国时期经学丛书》第一辑第四册第156页）

《周易》注疏本[一]王、韩二注，空言说理，失汉家法。孔疏依注敷衍，毫无足据。外如马、郑逸注，及唐李氏鼎祚《集解》[二]中所采者，皆有师传。王肃说经，好与郑难，皆不免于支离。惟言《易》则本诸父朗，多同郑说，其不同者亦与马融相合，则非难郑可知。康成言《易》皆有本，言爻辰则就嫌穿凿。虞翻五世传《孟氏易》，长于通变，其纳甲则大为无理，且好议郑学，是其短也。自唐而下，多近王辅嗣一派，言汉学者，不取居多。

【笺注】

［一］《周易正义》十卷，魏王弼、晋韩康伯注，唐孔颖达疏。《易》本卜筮之书，故末派寖流于谶纬，王弼乘其极敝而攻之，遂能排弃汉儒，自标新学。至颖达等奉诏作疏，始专崇王注，而众说皆废。是虽弼所未注者，亦委曲旁引以就之。然疏家之体主于诠解注文，不欲有所出入，故皇侃《礼疏》或乖郑义，颖达至斥为狐不首丘，叶不归根，其墨守专门，固通例然也。至于诠释文句，多用空言，不能如诸经正义根据典籍，源委粲然，则由王注扫弃旧文，无古义之可引，亦非考证之疏矣。（《文渊阁四库全书》卷首提要）

［二］《周易集解》十七卷，唐李鼎祚撰。鼎祚《唐书》无传，始末未详，惟据序末结衔，知其官为秘书省著作郎。

【附录】

清卢文弨《龙城札记》卷一《王肃解经故与郑康成异》：王肃不好郑氏学。人之所见不同，亦何害？乃必有意与郑乖异，甚且不惮改经，改古人相传之故训，以伸其所独见，前人固已有觉之者。近武进臧玉林著《经义杂记》，摘辨尤多。其玄孙镛堂从予学，为予校《毛诗释文》，多本其祖之说，而其自为说，别白是非，亦甚明确。《陈风·衡门》："泌之洋洋，可以乐饥。"毛传有"乐道忘饥"之语。郑笺作疗饥，谓经文必本是疗字，故郑不云乐当为疗。正义云定本作乐饥，知孔颖达本所载经文亦必是疗饥矣。唐石经初刻乐，后觉其误，而改为疗。又证之《文选》王元长《永明十一年策秀才文》注，日本足利古本皆是疗饥，《韩诗外传》二引《诗》可以療饥，"療"与"𤻲"一也。正义引王肃、孙毓皆云可以乐道忘饥。是传中乐道忘饥，乃肃所私撰，而孙毓从之。乐饥二字本相连成文，今乃截乐字为乐道，截饥字为忘饥，毛公必不如是之支离也。又《豳风·东山》"勿士行枚"，经文本作行，毛音衡，横之于口中也。郑就行字读为衔，义亦与毛无异。今笺则云初无行陈衔枚之事，行读为杭，亦肃所改。《释文》于经但云郑音衔，于笺始音户刚反，则郑本不读行为杭明甚。行枚二字亦相连，今又破行为行陈，枚为衔枚，与乐道忘饥语极相似，甚不可通，乃以之诬毛、郑，不亦异乎！

《尚书》孔安国传，真伪错乱，《辨伪篇》[一]所举二十五篇之传，则枚氏作也。治《尚书》者固所不取。孔氏正义不知其伪，从而附之，其失孰甚。就其所引，则较《易》疏为富。[二]此外，伏生《大传》，郑、王之佚注，皆如散珠可宝[三]。司马迁从安国问故，而《史记》多古文家说，贾逵、范宁、杜预诸人，亦得《书》传。其他注之于《书》者，皆（是）［足］援据。所行蔡《传》[四]，则取宋人之说为多。

【笺注】

[一]《辨伪篇》，指《群经辨伪》，为本书之第四篇。

[二]《尚书注疏》十九卷，汉孔安国传，唐孔颖达疏。汉初惟传伏生《今文尚书》二十八篇，后安国得壁中书，较多于伏生所传，又其字体与汉隶异，是为古文。永嘉之乱，古文中绝。晋梅赜乃上《古文尚书》四十五篇，并安国所作传识者疑之。颖达作《正义》，专主安国，翻疑康成等所见古文为伪书，何也？晁公武谓其因梁费甝疏广之，盖六朝诸家《尚书》义疏世多不传，惟是书犹存其崖略云。(《文渊阁四库全书》卷首提要)

[三]按《汉书·艺文志》，伏生所传经二十九卷，传四十一篇。《隋志》作《尚书大传》三卷，郑康成序谓章句之外别撰大义。自明代以来，仅留《大传》，残本脱略漫漶，殆不可读之。其注乃郑康成作，今残本尚题其名。新、旧《唐书》并作伏生注《大传》，盖史文之误也。(《尚书大传》文渊阁卷首提要)

[四]《书集传》六卷，宋蔡沈撰。沈字仲默，号九峰，建阳人。元定之子也。事迹附载《宋史》元定传。庆元己未，朱子属沈作《书传》，至嘉定己巳书成。其疏通证明，较为简易，且渊源有自，大体终醇。

【附录】

清卢文弨《龙城札记》卷一"《伪尚书古文》不可废"条曰：《尚书》伪古文东晋时始出，宋、元以来疑者众矣，近世诸儒攻之尤不遗余力。然虽知其伪，而不可去也。善乎白田王氏之言曰："东晋所上之书，疑为王肃、束皙、皇甫谧辈所拟作。其时未经永嘉之乱，古书多在，采摭缀缉，无一字无所本，特其文气缓弱，又辞意不相连属，时事不相对，值有以识其非真，而古圣贤之格言大训往往在焉，有断断不可以废者。至于姚方兴之二十八字，昔人已明言其伪，直当黜之无疑。"案：此为持平之论。后人可不必更置喙矣。王氏名懋竑，字予中，宝应人，进士，由教授特召授翰林院编修。其文已梓者仅九卷，考证经史，极明确，闻所著尚多，惜无由尽见之。

《诗》惟毛公独得古义，三家异同，足资考订。郑玄笺《诗》，实以宗毛为主，即下己意，亦有识别。人以郑好易毛议之，则孔疏莫辞其咎，何也？郑君申毛之处，疏有未达，即以郑为异，则疏之咎也。王肃述毛意在难郑，往往大背毛意，毛传所引仲梁子、孟仲子、高子之类，则引师说解经，并非别出异义。荀子说《诗》，本得《诗》传，其义较精，三家、孙毓[一]、陆玑[二]得失相参，元朗《释文》、《音义》尽善。其最古者：《尔雅》所释，《左氏》所引，《论语》、《孟子》之所述。至唐以后，惟王应麟[三]《诗地理考》[四]为可。朱子之废《诗序》，则其误有不待言。

【笺注】

[一]孙毓，字休朗，西晋北海平昌（今山东诸城西北）人，官至长沙太守，撰《毛诗异同评》十卷。

[二]陆玑，字符恪，三国吴郡（今江苏苏州）人。吴太子中庶子，乌程令。著有《草本鸟兽鱼虫疏》二卷。

[三]王应麟（1223—1296)，字伯厚，号厚斋，鄞县（今浙江宁波）人。九岁通六经，淳祐元年举进士。初，应麟登第，言曰："今之事举子业者，沽名誉，得则一切委弃，制度典故漫不省，非国家所望于通儒。"于是闭门发愤，誓以博学宏辞科自见，假馆阁书读之。宝祐四年中是科。官至礼部尚书兼给事中。著有《深宁集》、《困学纪闻》、《玉海》等。事迹见《宋史》本传。

[四]《诗地理考》六卷，宋王应麟撰。其书全录郑氏《诗谱》，又旁采《尔雅》、《说文》、《地志》、《水经》以及先儒之言，凡涉于诗中川谷地名者荟萃成编，然皆兼采诸书，案而不断，故得失往往并存。

"三礼"惟康成为折衷，故礼学先儒即称"郑学"，讥其改字，议其引纬，皆不知者之谈。公彦二疏，不及《礼记正义》之详核，《仪礼疏》则不在孔下。杜子春[一]、郑司农[二]、郑大夫[三]、卢植[四]、射慈[五]、马融[六]诸儒之散见于注疏者，虽存异义，亦多有合于郑。王肃之说，则本以难郑。郊祀[七]、朝庙[八]诸议，皆为后世之制。自唐而下，惟宋卫湜《礼记集说》[九]为长。祥道《礼书》[十]、陈澔《集说》[十一]，其原本汉儒者则得，其依据宋人者则失。盖《礼》不能以宋儒之臆度而得也。

【笺注】

[一]杜子春（约前30—约58），河南缑氏（今河南偃师南）人。西汉末向刘歆学习《周礼》，东汉儒者郑众、贾逵并从受业。自此，《周礼》之学始传。按：钟裒《考古录》卷三"缑氏"条云："《隋书·经籍志》谓河南缑氏及杜子春受业于刘歆。裒按：误分缑氏、杜子春为二人，不知杜子春乃河南缑氏人也。缑氏，县名，见《郡国志》，今《通志》《通考》并相沿不改，未免贻误后学。"

[二]郑司农，即郑众（？—83），字仲师，河南开封人。郑兴子。幼从父受《左氏春秋》，明《三统历》，作《春秋难记条例》，兼通《易》、《诗》，知名于世。永平初辟司空府，以明经给事中，再迁越骑司马，复留给事中。是时北匈奴遣使求和亲，八年显宗遣众持节使匈奴，众至北庭，虏欲令拜，众不为屈。及归，召众为军司马，使与虎贲中郎将马廖击车师，至敦煌拜为中郎将，迁武威太守。汉章帝建初六年（81）为大司农。事迹见《后汉书》卷六十六、孙星衍所撰《郑司农年谱》。

[三]郑大夫，即郑兴，字少赣，河南开封人。东汉初学者。少学《公羊春秋》，晚善《左氏传》。王莽天凤中（14—19），从刘歆讲正大义，歆美兴才，使撰条例、章句、训诂及校《三统历》。更始立，以司直李松行丞相事先入长安，松以兴为长史。好古学，尤明《左氏》、《周官》，长于历数。自杜林、桓谭、卫宏之属莫不斟酌焉。世言左氏者多祖兴，而贾逵自传其父业，故有郑贾之学。事迹见《后汉书》卷六十六。

[四]卢植（？—190），字子干，涿郡（今属河北）人。少与郑玄俱事马融，能通古今学，好研精而不守章句。性刚毅有大节，常怀济世志，不好辞赋。作《尚书章句》、《三礼解诂》。建安中，曹操北讨柳城，过涿郡，告守令曰："故北中郎将卢植，名著海内，学为儒宗，士之楷模，国之桢干也。"事迹见《后汉书》本传。

[五]射慈，吴齐王傅，撰《丧服变除图》五卷。

[六]马融（79—166），字季长，扶风茂陵（今陕西兴平东北）人。从京兆挚恂游学，博通经籍。四年，拜为校书郎中，诣东观典校秘书。尝欲训《左氏春秋》，及见贾逵、郑众注，乃曰："贾君精而不博，郑君博而不精。既精既博，吾何加焉！"但著《三传异同说》，注《孝经》、《论语》、《诗》、《易》、"三礼"、《尚书》、《列女传》、《老子》、《淮南子》、《离骚》。事迹见《后汉书》本传。

[七]郊祀：古代于郊外祭祀天地，南郊祭天，北郊祭地。郊谓大祀，祀为群祀。《汉书·郊祀志下》："帝王之事莫大乎承天之序，承天之序莫重于郊祀……祭天于南郊，就阳之义也；瘗地于北郊，即阴之象也。"

[八]朝庙：祭奠于宗庙。

[九]《礼记集说》一百六十卷，宋卫湜撰。湜字正叔，吴郡人。其书始作于开禧、嘉定间。首尾阅三十余载，故采摭群言，最为赅博，去取亦最为精审。自郑注而下，所取凡一百四十四家，其他书之涉于《礼记》者所采录不在此数焉，亦可云礼家之渊海矣。(《四库全书总目》卷二十一)

[十]《礼书》一百五十卷，宋陈祥道撰。祥道字用之，福州人。官至秘书省正字。其中多掊击郑学……盖祥道与陆佃皆王安石客。安石说经，既创造新义，务异先儒，故祥道与佃亦皆排斥旧说。然宗其大致，则贯通经传，缕析条分，前图后说，考订详悉。公武亦称其书甚精博，廌亦称其礼学通博，一时少及，则其书固甚为当世所推重，不以安石之故废之矣。

[十一]《礼记集说》十卷，元陈澔撰。澔字可大，都昌人。宋亡不仕，教授乡里，学者称云庄先

生。其书衍绎旧闻，附以己见，欲以坦明之说取便初学，而于度数品节择焉不精，语焉不详，后人病之。

《春秋公羊》：何（邱）［劭］公[一]深得大义，确守师说，以为谬诞者非是。徐疏则微嫌冗沓[二]。《穀梁》：范注亦慎且密[三]，杨［疏］则与徐不相高下[四]。《左氏》：杜注名为“集解”[五]，实则多弃古说。贾逵、服虔之注间存正义，则孔氏之功多也[六]。至其回护杜注，疏例当然，不可以此为责。杜预《释例》则颇有功左氏[七]。而自唐而下，其掊击“三传”、妄立己意者，皆可以得罪《春秋》论。《春秋》之义固具于《公》、《穀》，《春秋》之事固具于《左氏》，而束“三传”于高阁，可乎哉？

【笺注】

［一］何劭公，即何休（129—182），字劭公，任城樊（今山东曲阜）人。休为人质朴讷口，而雅有心思，精研六经，世儒无及者。以列卿子诏拜郎中。进退必以礼，太傅陈蕃辟之，与参政事，蕃败，休坐废锢，乃作《春秋公羊解诂》，但释传而不释经，与杜注异例。又注训《孝经》、《论语》。休善历算，与其师博士羊弼追述李育意，以难二传，作《公羊墨守》、《左氏膏肓》、《穀梁废疾》。党禁解，又辟司徒，乃拜议郎，屡陈忠言，再迁谏议大夫。

［二］徐彦，不知时代，一说当属北朝学者，参见赵伯雄《春秋学史》第四章（山东教育出版社2004年版）。徐彦疏中多自设问答，文繁语复。

［三］晋范宁《集解》，《晋书》本传称宁此书为世所重，既而徐邈复为之注，世亦称之。今考书中乃多引邈注，未详其故。

［四］唐杨士勋，始末不可考。孔颖达《左传正义序》称与故四门博士杨士勋参定，则亦贞观中人。其书不及颖达书之赅洽，然诸儒言《左传》者多，言《公》、《穀》者少，既乏凭借之资，又《左传》成于众手，此书出于一人，复鲜佐助之力，详略殊观，固其宜也。

［五］《春秋左氏传注疏》六十卷，晋杜预注。《左氏传》出于汉初，而立于学官最晚，其于释经则义略而事详，预为经传集解，世称左氏功臣，而清儒多有非议。如惠栋《春秋左传补注自序》云：“栋曾王父朴庵先生幼通《左氏春秋》，至耄不衰。尝因杜氏之未备者，作《补注》一卷，传序相授，于今四世矣。窃谓《春秋》‘三传’，左氏先著竹帛，名为古学，故所载古文为多。晋、宋以来，郑、贾之学渐微，而服、杜盛行。及孔颖达奉敕为《春秋正义》，又专为杜氏一家之学。值五代之乱，服氏遂亡。尝见郑康成之《周礼》、韦宏嗣之《国语》纯采先儒之说，末乃下以己意，令读者可以考得失而审异同。自杜元凯为《春秋集解》，虽根本前修，而不著其说，又其持论间与诸儒相违。于是乐逊《序义》、刘炫《规过》之书出焉。栋少习是书，长闻庭训，每谓杜氏解经，颇多违误。因刺取经传，附以先世遗闻，广为《补注》六卷，用以博异说，祛俗议，宗韦、郑之遗，前修不掩，效乐、刘之意，有失必规，其中于古今文之同异者，尤悉焉。”马宗梿《春秋左传补注自序》亦云：“贾、服之注《左传》，犹康成之注六艺，精确不可移易矣。其地名有京相璠为之注释，郦元《水经注》引之，于三家说融洽贯通，《左传》学思过半矣。元凯《集解》于汉、晋诸儒解未能择善而从，其地理又未能揆度远近，妄为影附，此刘光伯《规过》之书所由作也。东吴惠先生栋遵四代之家学，广搜贾、服、京君之注，援引秦、汉子书为证，继先儒之绝学，为左氏之功臣。余服膺廿载，于惠君《补注》间有遗漏，复妄参末议焉。效子慎之作解谊，家法是守；鄙冲远之为疏证，曲说鲜通。”

［六］唐孔颖达疏。其后沈文阿、苏宽、刘炫皆据杜说，沈氏义例粗可，苏氏惟攻贾服，刘氏好规杜失。颖达参取沈、刘之说，两义俱违，则断以己意，务引经稽传，以曲畅《集解》之旨，盖又杜氏之功臣也。

［七］《春秋释例》十五卷，晋杜预撰。是书以经之条贯必出于传，传之义例总归于凡。《左传》称凡者五十，其别四十有九，皆周公之垂法、史书之旧章，仲尼因而修之，以成一经之通体，诸称书、不

书、先书、故书、不言、不称书曰之类，皆所以起新旧，发大义，谓之变例，亦有旧史所不书，适合仲尼之意者，仲尼即以为义。非互相比较，则褒贬不明，故别集诸例及地名、谱第、历数相与为部，先列经传数条，以包通其余，而传所述之凡系焉，更以己意申之，名曰《释例》。《春秋》以《左传》为根本，《左传》以杜解为门径；《集解》又以是书为羽翼。缘是以求笔削之旨，亦可云考古之津梁，穷经之渊薮矣。(《四库全书总目》卷二十六)

《孝经》：玄宗注遵用今文，而古文后乃渐微，是其罪也[一]。邢疏[二]无足长短，所遗郑小同注，古义存焉。司马光之《指解》[三]，朱子之《刊误》[四]，窃不取也。

【笺注】

[一]《孝经》有今文、古文二本：今文称郑玄注，其说传自荀昶，而《郑志》不载其名；古文称孔安国注，其书出自刘炫，而《隋书》已言其伪。至唐开元七年三月，诏令群儒质定，右庶子刘知幾主古文，立十二验以驳郑；国子祭酒司马贞主今文，摘《闺门章》文句凡鄙、《庶人章》割制旧文，妄加子曰字及注中脱衣就功诸语以驳孔，其文具载《唐会要》中。厥后今文行而古文废。

[二]邢昺《孝经注疏序》：《孝经》者，百行之宗，五教之要。自昔孔子述作，垂范将来，奥旨微言，已备解乎注疏，尚以辞高旨远，后学难尽讨论，今特剪截元疏，旁引诸书，分义错经，会合归趣，一依讲说，次第解释，号之为讲义也。

[三]《古文孝经指解》一卷，宋司马光撰，范祖禹又续为之说。《宋中兴艺文志》曰："自唐明皇时排毁古文，以闺门一章为鄙俗，而古文遂废。至司马光始取古文为《指解》。"又范祖禹《进孝经说札子》曰："仁宗朝司马光在馆阁为《古文指解》表上之。臣妄以所见，又为之说。"光所解及祖禹所说读者，观其宏旨，以求天经地义之原足矣，其今文古文之争，直谓贤者之过可也。(《四库全书总目》卷三十二)

[四]《孝经刊误》一卷，宋朱子撰，书成于淳熙十三年，朱子年五十七，主管华州云台观时作也。取《古文孝经》，分为经一章传十四章，删旧文二百二十三字。(《四库全书总目》卷三十二)

【附录】

清冯景《解春集诗文抄》文抄卷十《读孝经》：何休述孔子曰："吾志在《春秋》，行在《孝经》。"(此本《钩命决》之文）而汪端明以为此书多出后人附会，朱子亦作《孝经刊误》，盖以其书非复孔氏之旧也。善乎归震川之言曰：宋、元大儒卓然独见，其所去者是矣，而所存者又未必纯乎孔氏之旧也，则莫若俱存之。夫《孝经》十八章，河间颜芝所藏，芝子贞之所出也，而《古文孝经》多《闺门》一章，则孔氏壁中所藏鲁三老之所献也，正宜并存以待学者之自择，则真伪不可掩，奈何卒以颜本为定也。唐开元中，史官刘知幾议宜行孔传，废郑注，证其非康成者十有二，司马贞等排之，卒行郑学。后明皇自注，元行冲造疏，颁于天下，遂以十八章为定，今《石台孝经》是也。则《古孝经》之废自此始矣。桓谭《新论》云：《古孝经》千八百七十二字，今异者四百余字，唯是《闺门》一章，既出孔壁古文，流传汉魏，未之有改。司马贞独以为隋刘炫伪作而黜之，岂非有见于唐朝闺门不肃而为国讳邪？所谓逢君之恶，其罪大者也。于是乎马嵬之祸不旋踵。王安石谓《春秋》断烂朝报，不列学官，而宋遂北辕。呜呼，唐则闺门之教废，宋则复雠之义亡也。小人侮圣人之言，而祸及家国，悲夫！惟司马君实确信古文，以谓《孝经》、《尚书》俱出壁中，今人皆知《尚书》之真，而疑《孝经》之伪，何异信脍可啖，而疑炙之不可食也。顾吾所望于学者，岂徒诵读云尔哉？

《论语》：何注本[一]集安国、包咸、马、郑、王诸家之成，间参己意，而古意犹备。邢氏之疏[二]则尚不如皇侃之善。退之《笔解》[三]，伪托无疑，祥道《全解》[四]，驳杂奚似？

【笺注】

［一］《论语集解》十卷，魏何晏撰。何晏字平叔，南阳人。官魏尚书驸马都尉。

［二］宋邢昺疏。昺初擢九经及第，咸平二年始置翰林侍讲学士，以昺为之，受诏与杜镐、舒雅等校定群经义疏。盖唐人止为五经疏而不及《孝经》、《论语》，至是始成之。晏所采孔安国而下凡若干家，皆古训。昺复因皇侃所采诸儒之说为之疏，于章句、训诂、名器、事物之际详矣。朱子《集注》出，义理更为精深，亦实始基于此。自谓凡见于注疏者不复更详是也。（文渊阁四库本《论语注疏》卷首提要）

［三］《论语笔解》二卷，旧本题唐韩愈、李翱同撰。中间所注以"韩曰"、"李曰"为别。（《四库全书总目》卷三十五）○《全唐文》卷六百二十二许勃《论语笔解序》：昌黎文公著《笔解论语》一十卷，其间"翱曰"者，盖李习之同与切磨，世所传率多讹舛，始愈笔大义，则示翱，翱从而交相明辨，非独韩制此书也。噫，齐、鲁之门人所记善言既有同异，汉、魏学者注集繁阔，罕造其精，今观韩、李二学勤拳渊微，可谓窥圣人之堂奥矣，岂章句之技所可究极其旨哉？予缮校旧本数家，得其纯粹，欲以广传，故序以发之。○清方成珪《韩集笺正》卷首："今所传《论语笔解》出后人伪托。愚按：世传《笔解》止二卷，晁氏《读书附志》云：今本'李曰'原本实作'翱曰'，或即习之所编次，而附以己说与？"○清程大中《四书逸笺》卷二"宰予昼寝"条："《论语笔解》一卷，托名昌黎，文义甚粗浅。昼寝章读寝为寝室之寝，昼，胡卦反，言宰予绘画寝室，故夫子叹其不可雕，不可杇。考梁武帝解此章已是如此，不始于《笔解》也。"

［四］《论语全解》十卷，宋陈祥道撰。祥道字用之，福州人。元祐中为太常博士、秘书省正字。李廌《师友谈》记载其本末甚详。祥道长于"三礼"之学，所作《礼书》，世多称其精博，故诠释《论语》，亦于礼制最为明晰。惟其学术本宗信王氏，故往往杂据庄子之说以作证佐，殊非解经之体，然其间征引详核，可取者多，固不容以一眚掩也。（《四库全书总目》卷三十五）

《孟子》：赵注[一]可称完善，孙奭之疏[二]则陋甚也。

【笺注】

［一］赵注，即《孟子正义》，十四卷，汉赵岐注。岐字邠卿，京兆长陵人。遭党锢十余岁，中平元年征拜议郎，举敦煌太守，后迁太仆终太常。事迹见《后汉书》本传。是注即岐避难北海时在孙宾家夹柱中所作。汉儒注经多明训诂名物，惟此注笺释文句，乃似后世之口义，与古学稍殊。（《四库全书总目》卷三十五）

［二］孙奭之疏，旧本题宋孙奭撰《孟子疏》。孙奭字宗古，博平人。太宗端拱中九经及第。仁宗时官至兵部侍郎龙图阁学士。事迹见《宋史》本传。其疏虽亦称奭作，而《朱子语录》则谓邵武士人假托，蔡季通识其人。今考《宋史·邢昺传》，称昺于咸平二年受诏，与杜镐、舒雅、孙奭、李慕清、崔偓佺等校定《周礼》、《仪礼》、《公羊》、《穀梁》、《春秋传》、《孝经》、《论语》、《尔雅义疏》，不云有《孟子正义》。《涑水纪闻》载奭所定著，有《论语》、《孝经》、《尔雅正义》，亦不云有《孟子正义》，其不出奭手确然可信。其疏皆敷衍语气，如乡塾讲章，故《朱子语录》谓其全不似疏体，不曾解出名物制度，只绕缠赵岐之说。至岐注好用古事为比，疏多不得其根据。至于单豹养其内而虎食其外，事出《庄子》，亦不能举，则弇陋太甚。（《四库全书总目》卷三十五）

《尔雅》：郭注[一]去古未远，其所不知，善在能阙。疏[二]亦就范，间采樊、李诸家，尤为有得。郑樵之注[三]，无足算也。

【笺注】

［一］《尔雅注疏》十一卷，晋郭璞注。治《尔雅》者，自犍为文学而下共十余家，璞荟萃为注，陆德明谓其洽闻强识，为世所重，自是以后为解义者甚多，《释文》而外，传者甚少。（文渊阁四库本《尔雅注疏》卷首提要）

［二］宋邢昺等疏。晁公武曰：旧有孙炎、高琏疏，以其浅略，命昺等别著此书。其后若陆佃之《埤雅》、罗愿之《尔雅翼》，又因邢疏而广之者也。（文渊阁四库本《尔雅注疏》卷首提要）

［三］《尔雅郑注》，一作《尔雅注》，三卷，宋郑樵撰。樵字渔仲，莆田人。居夹漈山中，因以为号。又自称西溪逸民。绍兴间，入为枢密院编修。樵以博洽傲睨一时，遂至肆作聪明，诋祺毛、郑，其《诗辨妄》一书，开数百年杜撰说经之捷径，为通儒之所深非。惟作是书，乃通其所可通，阙其所不可通，文似简略，而绝无穿凿附会之失，于说《尔雅》家为善本。中间驳正旧文，如后序中所列馆糊、讯言、禰袍、衮黼四条，峩峩、丁丁、嘤嘤三条，注中所列《释诂》台、朕、阳之予为我，赉、畀、卜之予为与一条，阋阋、嚾嚾当入《释训》一条，《释亲》据《左传》辨正娣姒一条，《释天》谓景风句上脱文一条，星名脱实沈、鹑首、鹑尾三次一条，《释水》天子造舟一条，《释鱼》鲤鳣一条，《释虫》食根蟊一条，蝮虺首大如臂一条，皆极精确。惟鱼谓之丁一条，务牵引假借，以就其《六书略》之说，据湅雨二字，谓《尔雅》作于《离骚》后。又坚执作《尔雅》者江南人，凡郭璞所云蜀语、河中语者，悉驳辨之，是则偏僻之过，习气犹未尽除，别白观之可矣。（《四库全书总目》卷四十）

外此，总释群经，班氏之《白虎通义》［一］，扬子之《方言》，许氏之《说文解字》、《五经异义》，《郑志》，陆氏之《释文》，古义咸在，精核靡遗。

【笺注】

［一］《白虎通义》二卷，汉班固撰。宣帝博征群儒，论定“五经”于石渠阁，方今天下少事，学者得成其业，而章句之徒破坏大体，宜如石渠故事，永为世则，于是诏诸儒于白虎观，论考同异焉，会终坐事系狱，博士赵博、校书郎班固、贾逵等以终深晓《春秋》学，多异闻，表请之。（《四库全书总目》卷一百十八）

若乃智者百密，不无一疏，愚者千虑，必有一得。诸家之善，未必无疵。其不纯者，融有得当，则在善学者之详审焉。

古书疑例第七

读书求信也，而求信必自求疑始。古书之疑不可不明，即古书之例不可不审。今为约举可疑之例如左①：

（1）古书有倒句例。

【笺注】

“其唯圣人乎！公天下之身，公天下之物，其唯至人矣！”按：“其唯圣人乎”当连下读之，乃倒句也。“其唯圣人乎，公天下之身，公天下之物，其唯至人矣！”盖既叹其圣，又许以至也。《易·乾卦·文言》：“其唯圣人乎！知进退存亡而不失其正者，其唯圣人乎！”句法正同。（《列子集释》卷七）

（2）有倒序例。

（3）有错综成文例。

【笺注】

参伍以变，错综其数，通其变，遂成天下之文。（《周易·系辞上》）

① 文中阿拉伯数字编号为笔者所加。

(4) 有参互见文例。

(5) 有上下文异字同义例。

【笺注】

夫至人者，相与交食乎地而交乐乎天。俞云：“《徐无鬼》篇曰：‘吾与之邀乐于天，吾与之邀食于地。’与此文异义同。(《庄子集解》卷六) 人之游也，观其所见；我之游也，观其所变。”［注］世德堂本作“观之所变”。注“惟观”藏本、世德堂本作“惟睹”。俞樾曰：之即其也。《吕氏春秋·音初》篇：“之子是必大吉。”高诱训之为其是也。《孟子·公孙丑》篇：“皆悦而愿为之氓矣。”《周官》载师注引作“皆悦而愿为其民矣”，是之其同义。上言“观其所见”，下言“观之所变”，文异义同。古书多有此例。作“其”者，乃不达古书义例而改之。(《列子集释》卷第四)

(6) 有上下文同字异义例。

(7) 有两事连类并称例。

【笺注】

收粟米、布帛、钱金。旧本“收”误“牧”，又脱帛字，王云“牧”字义不可通，“牧”当为“收”字之误也，收粟米即承上文令民自占五种数而言，布帛钱金，则连类而及之耳。(《墨子间诂》卷十五)

(8) 有两事传疑并存例。

(9) 有两语似平实侧例。

(10) 有两句似异实同例。

(11) 有以重言释一言例。

(12) 有以一字作两读例。

(13) 有语急例。

(14) 有语缓例。

(15) 有倒文就韵例。

(16) 有变文协韵例。

(17) 有蒙上文而省例。

(18) 有探下文而省例。

(19) 有因彼见此例。

(20) 有因此见彼例。

(21) 有一人之辞自加“曰”字例。

(22) 有两人之辞反省“曰”字例。

(23) 有文具于前而略于后例。

(24) 有文没于前而见于后例。

(25) 古人行文不避重复，不可以重复而疑古书。

(26) 传述每有异同，不可以其异同而疑古人。

(27) 引书每有所增损，不可以其增损而疑古人。

(28) 称谓与今人不同，不可据今以疑古。

(29) 古书称名常有寄寓，不可以假而疑真。

(30) 古有以双声叠韵代本字，不可以其代而妄改。

（31）古有以读若字代本字，不可以其代而疑歧。
（32）古有以大名冠小名。
（33）复有以小名代大名，不可以执一论也。
（34）古有美恶而同词。
（35）又有以高下而相形。
（36）复有以反言而见意，不可以偏见拘也。
（37）若乃有以叙论并行者，皆以为叙则失矣。
（38）有以实字活用者，皆以为实则失矣。
（39）有以语词叠用者，误易焉则失矣。
（40）有以语词复用者，误改焉则失矣。
（41）有于句中用虚字者，倒易之则失矣。
（42）有于上下文变换虚字者，妄疑为误则失矣。
（43）有反言而省“乎”，增之则失。
（44）有助语则用“不”字，删之则失。
（45）古书“邪”、“也”通用，
（46）“虽”、“唯”通用，分之则失。
（47）古书发端之词不同。
（48）连及之词不同，泥之则失。
（49）又有衍之一例——有因两字义同而衍。
（50）有因两字形同而衍。
（51）有涉上下文而衍。
（52）有涉注文而衍。
（53）有衍即有误——有因误衍而误删者。
（54）有因误衍而误倒者。
（55）有因误衍而误改者。
（56）有因误衍而误读者，此因衍而误者也。
（57）又有一字而误为两字者。
（58）有重文作二画而致误者。
（59）有重文不省而致误者。
（60）有因注文而误者。
（61）有因阙文而误者。
（62）有因阙文作空围而误者。
（63）有本无阙文而误加空围者。
（64）有上下两句而倒误①者。
（65）有上下两字而互误者。
（66）有两字平列而误易者。
（67）有两句相因而误倒者。

① 广文本刊语云：“倒误”疑当作“误倒”。

（68）有字以两句相连而误叠者。

（69）有文以两句相连而误脱者。

（70）有因误夺而误补者。

（71）有因误字而误改者。

（72）有因误补而误删者。

（73）有因误删而误增者。

（74）有不识古字而误改者。

（75）有不达古义而误解者。

（76）有两字一义而两解者。

（77）有两字对文而误解者。

（78）有两字平列而误倒者。

（79）有两文误复而误删者。

（80）有据他书误改者。

（81）有据他书误解者。

（82）有分章错误者。

（83）有分篇错误者。

以上各条，王伯申[一]尝为我略言之，其《经义述闻·通说中》间亦说及。余因推广其说，以示有志于经者。[二]

【笺注】

[一]王引之（1766—1834），字伯申，号曼卿，江苏高邮人。王念孙之子。嘉庆四年（1799）进士，授编修。引之因推广庭训，成《经义述闻》十五卷、《经传释辞》十卷。论者谓有清经术独绝千古，高邮王氏一家之学，三世相承，与长洲惠氏相埒。

[二]此段系模拟江藩口气，其实是伪造的。王引之何时何地对江藩“略言之”？何以没有留下任何证据？

群经①佚文第八

凡累代典制[一]，积久必多散佚，经何独不然。况祖龙[二]一炬，为古今经籍之一大厄。赖汉儒出而讲明之，经乃不坠。其所已佚，散存各书，或为前人所引，或为后人所述，一句一字，皆可借订本经，辨别同异，诚习经各者所宜博考而旁搜也。兹为约举数端。

【笺注】

[一]典制：典章制度。

[二]祖龙，指秦始皇。《史记》卷六《秦始皇本纪》云：“今年祖龙死。”

《易》有逸象[一]，后汉荀爽[二]所得共三十有二，如“坎为狐”之类。又前人或以

① “群经”，本书目录原作“古经”。

《盐铁论》“初登于天，后入于地”[三]、陆贾《新书》“天出善道，圣人得之”[四]之类为《易》逸文，疑当出于《易纬》也。《易纬》九篇，康成作注，后乃散逸，在汉皆行，故各书所引，或出其中。又有《尚书》、《诗》、《春秋》、《孝经》、《论语》诸纬书皆逸。或谓“纬书乃哀平时人伪托”，非也。

【笺注】

[一]逸象：指《周易》未收录的象辞。唐李鼎祚《〈周易集解〉序》：“刊辅嗣（王弼）之野文，补康成（郑玄）之逸象。”清人臧琳《经义杂记·易逸象注》曰：宋朱震子发撰《周易集传》十一卷，今本题为《汉上易传》，其《说卦传》有曰：秦、汉之际，《易》亡《说卦》。孝宣帝时，河内女子发屋得《说卦》古文。至后汉荀爽《集解》，又得八卦逸象三十有一。《集解》坎为狐，《子夏传》曰：“坎称小狐。”孟喜曰：“坎，穴也，狐穴居。”王肃曰：“坎为水，为险，为隐伏。物之在险、穴居隐伏、往来水间者，狐也。”子夏时坎为狐，孟喜、王肃止随传解释，不见全书，盖秦、汉之际亡之矣。案：荀爽九家逸象具陆氏《释文》，坎后有八，六为狐，兑后有二，一为常，陆氏引旧注云：“常，西方神也。”余不详。唐李氏《集解》于未济“小狐汔济”引虞翻曰“艮为小狐”，又曰“艮为尾”。狐，兽之长尾者也。引干宝曰“坎为狐”，又曰“狐，野兽之妖者”。而无子夏、孟喜、王肃之言。据朱氏此条，则宋时犹存古义也。然九家中有马、郑、虞翻，无子夏、孟喜、王肃。（见《续修四库全书》第172册第66页）

[二]荀爽（128—190），字慈明，东汉颍阴（今河南许昌市）人。汉桓帝延熹九年（166），太常赵典举荀爽至孝，拜郎中，对策上奏见解后，弃官离去。避党锢之祸，隐遁汉水滨十余年，专以著述为事，著有《礼》、《易传》、《诗传》等。事迹见《后汉书》卷六十二《荀韩钟陈列传》。

[三]文学曰：“君子多闻阙疑，述而不作，圣达而谋大，睿智而事寡。是以功成而不隳，名立而不顿。小人智浅而谋大，羸弱而任重，故中道而废，苏秦、商鞅是也。无先王之法，非圣人之道，而因于己，故亡。《易》曰：‘小人处盛位，虽高必崩。不盈其道，不恒其德，而能以善终身，未之有也。是以初登于天，后入于地。’禹之治水也，民知其利，莫不劝其功。商鞅之立法，民知其害，莫不畏其刑。故夏后功立而王，商鞅法行而亡。商鞅有独智之虑，世乏独见之证。文学不足与权当世，亦无负累蒙殃也。”（《盐铁论》卷第五《遵道》第二十三）

[四]圣人承天之明，正日月之行，录星辰之度，因天地之利，等高下之宜，设山川之便，平四海，分九州，同好恶，一风俗。《易》曰：“天垂象，见吉凶，圣人则之；天出善道，圣人得之。”（《新语·明诫第十一》）王利器《新语校注》卷下云：“由前引《系辞》之文，则《新语》与《易》不合；由后引《郊特牲》之文，则‘天垂象’云云，实为天下之公言，故《系辞》、《礼记》相率而从同也。然此实不足以说明陆氏引《易》之本柢；盖汉人引经说，习惯率称本经也。”

《尚书》则有逸篇、逸句：其逸篇之见于序者可不论，他书所引如《左传》有《伯禽之命》[一]、《唐诰》[二]；《大传》有《掩诰》之篇[三]，又有《逸周书》七十一篇，今尚可考。其逸句，如“民可近也，而不可上也”[四]，见《国语》；“恃德者昌，恃力者亡”[五]，见《史记》之类皆是。

【笺注】

[一]昔武王克商，成王定之。选建明德，以藩屏周，故周公相王室以尹天下……因商奄之民，命以伯禽，而封于少皞之虚。（《春秋左氏传·定公》）顾炎武《左传杜解补正》卷下引孙宝侗曰：“于书当有《伯禽之命》，而今逸之。”

[二]命以唐诰，而封于夏虚。注：《唐诰》，诰命篇名也。（《春秋左氏传注疏》卷五十四）

[三]《大传》即《尚书大传》。《四库全书总目》卷十二《尚书大传提要》：“《九共》、《帝告》、《归禾》、《掩诰》，皆逸书，而此书亦皆有传。盖伏生毕世业书，不容二十八篇之外全不记忆，特举其

有完篇者传于世，其零章断句，则偶然附记于传中，亦事理所有，固不足以为异矣。”《经义考》卷七十三朱彝尊按云：“伯禽、唐诰，王伯厚云：皆策命篇名。《大传》之序有《掩诰》，《史记·殷本纪》有《太戊》一篇，《孟子》注云逸书，俱不入百篇之目，是则书名尚多，其篇目偶逸者与？”

[四]襄公曰：“人有言曰：‘兵在其颈。’其郄至之谓乎！君子不自称也，非以让也，恶其盖人也。夫人性，陵上者也，不可盖也。求盖人，其抑下滋甚，故圣人贵让。且谚曰：‘兽恶其网，民恶其上。’《书》曰：‘民可近也，而不可上也。’”注云：“《书》，《逸书》。”（《国语》卷第二《周语》中）

[五]《书》曰：“恃德者昌，恃力者亡。”《史记索隐》曰：“此是《周书》之言，孔子所删之余。”（《史记》卷六八）朱右曾《逸周书逸文十一》亦收此句。

《诗》亦有逸篇逸句，其逸篇如《狸首》见于“三礼”[一]，《采齐》见于《周官》[二]之类；逸句如《论语》“素以为绚”[三]、“唐棣之华”[四]及《孟子》“畜君何尤”[五]之类皆是。

【笺注】

[一]《礼记》曰：“原壤之母死，孔子助之沐椁。原壤登木而歌曰：‘狸首之班然，执女手不卷然。’从者曰：‘子未可以已乎？’夫子曰：‘亲者无失其为亲，故者无失其为故。’”（《后汉书》卷四三注引）

[二]《周礼》乐师云：“趋以采齐。”而《夏官》复有齐右之官，是采荠为行车之音也。盖航为大舟，冲为行军之高车，此言大舟不必恃橹棹之用，兵车不必合采荠之音也。故或以“大器不周于小”为问，即言大器于小者有所不备也。采荠单称为荠，与《周礼》钟师“齐夏”一律。（《法言义疏》附录二刘师培《法言补释》）

[三]“巧笑倩兮，美目盼兮，素以为绚兮。”（《论语·八佾第三》）马融曰：“倩，笑貌。盼，动目貌。绚，文貌。此上二句在《卫风·硕人》之二章，其下一句逸诗。”（《史记》卷六七注引）

[四]“唐棣之华，偏其反而。岂不尔思？室是远而。”（《论语》卷五《子罕第九》）

[五]其诗曰：‘畜君何尤？’畜君者，好君也。（《孟子》卷二《梁惠王下》）于省吾云：“按‘蓄’‘畜’通用，古籍习见，不烦举证。‘畜’、‘好’古音同隶幽部，乃音训字也。”（《晏子春秋集释》卷第一注引）

《周礼》本逸《冬官》。

《仪礼》逸三十九篇，陆氏《序录》云：“古经五十六篇，后苍传十七篇，所余三十九篇，遂为《逸礼》。”[一]

【笺注】

[一]及鲁恭王坏孔子宅，欲以为宫，而得古文于坏壁之中，《逸礼》有三十九。（《汉书》卷三六）

《礼记》亦有逸篇。《困学纪闻》云：“《春秋正义》引《辨名记》，《白虎通》引《别名记》，辨、别音义俱同，盖即《礼记》逸篇。”

《孝经》古文之《闺门篇》，《论语》之《问王》、《知道》二篇[一]，其逸固久，而《说文》王部“璠”、“瑮”二字下所引《逸论语》，殆其逸句，汉时已仅存矣。

【笺注】

[一]《论语》，《古》二十一篇。《齐》二十二篇，多《问王》、《知道》。如淳曰：“《问王》、《知道》，皆篇名也。”（《汉书》卷三〇）

《孟子》有“孟子曰诸侯有王”之语[一]，见《大行人》“诸侯之王事”注，今本无之，姜仁英以为逸篇。

【笺注】

[一]《周礼注疏》卷三十七郑玄注：“王事，以王之事来也。《诗》云：‘莫敢不来王。’孟子曰：‘诸侯有王。’”

《尔雅》本后人增续[一]，其逸亦无可考。

【笺注】

[一]清朱彝尊《经义考》卷二百三十七：扬雄曰：“孔子门徒游、夏之俦所记，以解释六艺者也。”郭威曰：“《尔雅》，周公所制，而文有张仲孝友。张仲，宣王时人，非周公之制明矣。”○张揖曰：“昔在周公，缵述唐虞，宗翼文武，克定四海，勤相成王，六年制礼，以导天下，著《尔雅》一篇，以释其义。今俗所传三篇，或言仲尼所增，或言子夏所益，或言叔孙通所补，或言沛郡梁文所考，皆解家所说，先师口传，疑莫能明也。”○欧阳修曰：“《尔雅》非圣人之书，不能无失，考其文理，乃是秦、汉之间学《诗》者纂集说《诗》博士解诂。”○叶梦得曰：“《尔雅》训释最为近古。世言周公作，妄矣。其言多是《诗》类中语，而取毛氏说为正。予意此但汉人所作耳。”○朱翼曰：“《尔雅》非周公书也。郭璞序云：‘兴于中古，隆于汉氏。’未尝指为周公，盖是汉儒所作，亦非中古也。”○杨士奇曰：“《尔雅》古小学书，初无深义。世谓周公作，非也。”

总之，各经之逸，而散见者，固当采辑；然亦不可举其逸而附会之，如以《易纬》为《易》文之误也。

经解入门卷二

历代经学兴废第九

先王经国之制，井田与学校相维。里有序，乡有庠[一]。八岁入小学，学六甲[二]、五方、书计[三]之事，始知室家长幼之节。十五入大学[四]，学先圣礼乐，而知朝廷君臣之礼。此三代学术之隆也。

【笺注】

[一]庠者，养也；校者，教也；序者，射也。夏曰校，殷曰序，周曰庠，学则三代共之，皆所以明人伦也。人伦明于上，小民亲于下。有王者起，必来取法，是为王者师也。(《孟子·滕文公上》)在野曰庐，在邑曰里。五家为邻，五邻为里，四里为族，五族为党，五党为州，五州为乡。乡，万二千五百户也。邻长位下士，自此以上，稍登一级，至乡而为卿也。于是里有序而乡有庠。序以明教，庠则行礼而视化焉。(《汉书》卷二四上)

[二]六甲：用天干地支相配计算时日，其中有甲子、甲戌、甲申、甲午、甲辰、甲寅，故称。《汉书·食货志上》："八岁入小学，学六甲五方书计之事，始知室家长幼之节。"王先谦《汉书补注》引顾炎武曰："六甲者，四时六十甲子之类。"又引周寿昌曰："犹言学数干支也。"

[三]书计：文字与筹算。六艺中六书九数之学。

[四]大学：太学。《礼记·王制》："小学在公宫南之左，大学在郊。"《大戴礼记·保傅》："束发而就大学，学大艺焉，履大节焉。"卢辩注："大学，王宫之东者。束发，谓成童。"《汉书·礼乐志》："古之王者莫不以教化为大务，立大学以教于国，设庠序以化于邑。"

秦并天下，燔《诗》、《书》，杀术士[一]，经学废矣。然士隐山泽岩壁之间者，抱遗经，传口说，不绝于世，汉兴乃出。言《易》，淄川田生；言《书》，济南伏生；言《诗》，于鲁则申培公[二]，于齐则辕固生[三]，于燕则韩太傅[四]；言《礼》，鲁高堂生；言《春秋》，于齐则胡毋生，于赵则董仲舒。[五]自兹以后，专门之学兴，教授[六]之儒起。六经五典[七]，各信师承，嗣守[八]章句，期乎勿失。西都儒士[九]，开横舍[十]，延学徒，诵

先王之书，被儒者之服，彬彬然有洙泗[十一]之风，斯经学之隆也。[十二]

【笺注】

[一]术士：《史记・淮南衡山列传》："昔秦绝圣人之道，杀术士，燔《诗》、《书》，弃礼义，尚诈力，任刑罚，转负海之粟致之西河。"汉王符《潜夫论・贤难》："故德薄者，恶闻美行；政乱者，恶闻治言。此亡秦之所以诛偶语而坑术士也。"焦竑《焦氏笔乘》续集卷三"秦不绝儒学"条引郑樵曰："秦时未尝废儒，而始皇所坑者，盖一时议论不合者耳。"（中华书局2008年版第327页）黄焯先生也认为术士并非儒生。

[二]申培公：姓申名培，亦称申公，"公"乃尊称，西汉时鲁（郡治在今山东曲阜一带）人，其生卒年月已难详考，约当在公元前三世纪至前二世纪之间。西汉初期儒家学者，经学家，西汉今文《诗》学中"鲁诗学"之开创者。武帝封为太中大夫。后因崇尚黄老之学的窦太后之干预，王臧、赵绾下狱死，申培公病免归，数年后卒。事迹见《汉书・楚元传》及《汉书・儒林传》。

[三]辕固生：西汉齐（今桓台县田庄镇辕固村）人，早年是清河王刘乘的太傅，景帝时为《诗经》博士。辕固是西汉《诗经》的《齐诗》诗派。史料记载辕固生曾与黄生在景帝面前争论"汤武非受命"的问题，最后被汉景帝制止。窦太后好《老子》，辕固生说"此是家人言耳"，窦太后听后大怒，将辕固生投入猪圈里去与猪搏斗。景帝暗中给辕固生一把利刃，辕固生才把猪刺死。事迹见《汉书・儒林传》。

[四]韩太傅：即韩婴。颜师古曰："名婴也。"

[五]汉兴，言《易》自淄川田生；言《书》自济南伏生；言《诗》，于鲁则申培公，于齐则辕固生，燕则韩太傅；言《礼》，则鲁高堂生；言《春秋》，于齐则胡毋生，于赵则董仲舒。及窦太后崩，武安君田蚡为丞相，黜黄老、刑名百家之言，延文学儒者以百数，而公孙弘以治《春秋》为丞相封侯，天下学士靡然乡风矣。(《汉书》卷八八)

[六]教授：学官名。宋代除宗学、律学、医学、武学等置教授传授学业外，各路的州、县学均置教授，掌管学校课试等事，位居提督学事司之下。元代诸路散府及中州学校和明清的府学亦置教授。

[七]五典：指《诗》、《书》、《易》、《礼》、《春秋》五经。泛指古代典籍。

[八]嗣守：继承遵守。

[九]儒士：崇奉孔子学说的人。汉以后亦泛称读书人、学者。

[十]横舍：学舍。横，通"黉"。《后汉书・朱浮传》："宫室未饰，干戈未休，而先建太学，进立横舍。"李贤注："横，学也。或作'黉'。义亦同。"

[十一]洙泗：洙水和泗水。古时二水自今山东省泗水县北合流而下，至曲阜北，又分为二水，洙水在北，泗水在南。春秋时属鲁国地。孔子在洙泗之间聚徒讲学。《礼记・檀弓上》："吾与女事夫子于洙泗之间。"后因以"洙泗"代称孔子及儒家。

[十二]此段隐括自《南齐书・刘瓛传》："儒风在世，立人之正道；圣哲微言，百代之通训。洙泗既往，义乖七十；稷下横论，屈服千人。自后专门之学兴，命氏之儒起，石渠朋党之事，白虎同异之说，六经五典，各信师言，嗣守章句，期乎勿失。西京儒士，莫有独擅。"

爰及东京[一]，硕学大儒，贾逵、服虔外，咸推高密[二]。郑君生炎汉[三]之季，守孔子之学，训义优洽，博综[四]群经，故老[五]以为前修[六]，后生未之敢异。王肃自谓辨理依经，逞其私说，伪作《家语》，妄造《圣证》，以外戚之专，盛行晋代。王弼[七]宗老、庄而注《周易》，杜预废贾、服而释《春秋》，梅氏上伪《书》，费氏为义疏。于是，宋齐以降，师承陵替[八]，江左[九]儒门，参差互出矣。[十]

【笺注】

[一]东京：即洛阳，代指东汉。《后汉书・皇后纪序》："汉仍其谬，知患莫改，东京皇统屡绝，权

归女主。”《晋书·儒林传序》：“逮于孝武，崇尚文儒，爰及东京，斯风不坠。”

[二]高密指郑玄。

[三]炎汉：汉自称以火德王，故称炎汉。

[四]博综：犹博通。

[五]故老：年高而见识多的人。

[六]前修：犹前贤。

[七]王弼（226—249），字辅嗣，三国时代曹魏山阳郡（今山东济宁、鱼台、金乡一带）人。好论儒道，辞才逸辩，注《易》及《老子》，为尚书郎。《三国志》卷二八有传。

[八]陵替：衰落；衰败。

[九]江左：东晋及南朝宋、齐、梁、陈各代的基业都在江左，故当时人又称这五朝及其统治下的全部地区为江左，南朝人则专称东晋为江左。

[十]此段隐括自《南齐书·刘瓛传》：“东都学术，郑、贾先行。康成生炎汉之季，训义优洽，一世孔门，褒成并轨，故老以为前修，后生未之敢异。而王肃依经辩理，与硕相非，爰兴《圣证》，据用《家语》，外戚之尊，多行晋代。江左儒门，参差互出，虽于时不绝，而罕复专家。晋世以玄言方道，宋氏以文章闲业，服膺典艺，斯风不纯，二代以来，为教衰矣。建元肇运，戎警未夷，天子少为诸生，端拱以思儒业，载戢干戈，遽诏庠序。永明纂袭，克隆均校，王俭为辅，长于经礼，朝廷仰其风，胄子观其则，由是家寻孔教，人诵儒书，执卷欣欣，此焉弥盛。建武继立，因循旧绪，时不好文，辅相无术，学校虽设，前轨难追。”

然河洛[一]尚知服古，不改旧章[二]。《左传》则服子慎[三]，《尚书》则郑康成，《诗》则并主于毛，《礼》则同遵于郑。若辅嗣之《易》，惟河南、青、齐间有讲习之者，而王肃《易》亦间行焉。元凯之《左氏》但行齐地。《伪孔传》惟刘光伯[四]、刘士元[五]信为古文，皆不为当世所尚。《隋书》云：“南人约简，得其英华；北学深芜，穷其枝叶。”[六]岂知言者哉！

【笺注】

[一]河洛：指黄河与洛水两水之间的地区。

[二]旧章：昔日的典章。《书·蔡仲之命》：“无作聪明乱旧章。”孔传：“无敢为小聪明，作异辩以变乱旧典文章。”

[三]服虔，字子慎，初名重，又名只，后改为虔，河南荥阳人也。作《春秋左氏传解》，行之至今。又以《左传》驳何休之所驳汉事六十条。(《后汉书》卷七九下)

[四]刘炫（约546—约613），字光伯，隋河间景城（今河北献县东北）人。事迹见《北史·儒林传》。

[五]刘焯（544—610），字士元，信都昌亭（今河北冀县）人。隋代天文学家。著有《稽极》、《历书》。事迹见《北史·儒林传》。

[六]《隋书·儒林传序》：“南人约简，得其英华；北学深芜，穷其枝叶。”约简：俭约简易。深芜：芜杂。《世说新语·文学》云：“褚季野语孙安国云：‘北人学问，渊综广博。’孙答曰：‘南人学问，清通简要。’支道林闻之曰：‘圣贤固所忘言。自中人以还，北人看书，如显处视月；南人学问，如牖中窥日。’”针对这段对话，唐长孺先生解释说：“从来引这一段来说明南北学风的都以为褚裒、孙盛和支道林所说的南北就相当于以后南北朝的界限。我觉得在东晋时可能范围有些出入。褚裒（季野）为阳翟人，孙盛（安国）是太原人，所谓南北应指河南北。东迁侨人并不放弃原来籍贯，孙、褚二人的对话只是河南北侨人彼此推重，与《隋书·儒林传序》所云：‘南人约简，得其英华；北学深芜，穷其枝叶。’虽同是南北，而界限是不一致的。”（《读〈抱朴子〉推论南北学风的异同》，载《魏晋南北朝史论

丛》，生活·读书·新知三联书店1955年版，第361页）

唐太宗创业干戈[一]之中，不废《诗》、《书》之业。即位后，雠校[二]"五经"，颁行天下，命儒臣为义疏[三]。惜乎孔冲远[四]、朱子奢[五]之徒，妄出己意，去取失当：《易》用辅嗣而废康成，《书》去马、郑而信伪孔，《穀梁》退麋氏而进范宁，《论语》则专主平叔（何晏字），弃尊彝[六]而宝康瓠[七]，舍珠玉而收瓦砾，不亦傎[八]乎！

【笺注】

［一］干戈：干和戈是冷兵器时代的常用武器，因以"干戈"用作兵器的通称。此处指战争。

［二］雠校：校勘。刘向《别录》："雠校，一人读书，校其上下，得缪误，为校。一人持本，一人读书，若怨家相对。"

［三］义疏：疏解经义的书。其名源于六朝佛家解释佛典。后泛指补充和解释旧注的疏证。如南朝梁皇侃的《论语义疏》、清郝懿行的《尔雅义疏》等。清孙诒让《刘恭甫墓表》："群经义疏之学，莫盛于六朝，皇、熊、沈、刘之伦，著录繁夥。"

［四］孔颖达（574—648），字冲远。曾从刘焯问学。隋大业初，选为明经，授河内郡博士，补太学助教。隋末大乱，避地虎牢。入唐，任国子监祭酒。曾奉命编纂《五经正义》，融合南北经学家的见解，是集魏、晋南北朝以来经学大成的著作。

［五］朱子奢（？—641），隋唐苏州人。善言辞，通《春秋》。隋大业中，为直秘书学士。天下乱，辞疾还乡里。武德四年（621年）随杜伏威入唐，授国子助教。贞观时，累官谏议大夫、弘文馆学士。为人乐易，能剧谈，以经义缘饰。每侍宴，帝令与群臣论难，皆莫能及。

［六］尊彝：尊、彝均为古代酒器，金文中每连用为各类酒器的统称。因祭祀、朝聘、宴享之礼多用之，亦以泛指礼器。

［七］康瓠：空壶，破瓦壶。多用以喻庸才。《尔雅·释器》："康瓠谓之甈。"郝懿行《尔雅义疏》引《说文》："康瓠，破瓠。"《史记·屈原贾生列传》："斡弃周鼎兮宝康瓠。"

［八］傎：颠倒；错乱。

宋初承唐之弊，而邪说诡言[一]，乱经非圣，殆有甚焉。如欧阳修之《诗》[二]、孙明复之《春秋》[三]、王安石之《新义》[四]是已。至于濂、洛、关、闽之学，不究礼乐之源，独标性命[五]之旨，义疏诸书，束置高阁，而经学一废。

【笺注】

［一］诡言：诡诈不正之言；诈骗不实之言。

［二］欧阳修之《诗》：《诗本义》十六卷，宋欧阳修撰。是书凡为说一百十有四篇。自唐以来，说《诗》者莫敢议毛、郑。虽老师宿儒，亦谨守《小序》。至宋而新义日增，旧说俱废。推原所始，实发于修。然修之言曰："后之学者，因迹先世之所传而较得失，或有之矣。使徒抱焚余残脱之经，伥伥于去圣人千百年后，不见先儒中间之说，而欲特立一家之学者，果有能哉？吾未之信也。"又曰："先儒于经不能无失，而所得固已多矣。尽其说而理有不通，然后以论正之。"是修作是书，本出于和气平心，以意逆志。故其立论未尝轻议二家，而亦不曲徇二家。其所训释，往往得诗人之本志。（《四库全书总目》卷十五）

［三］《春秋尊王发微》十二卷，宋孙复撰。复字明复，平阳人。事迹详《宋史·儒林传》。孙复之论，上祖陆淳，而下开胡安国，谓《春秋》有贬无褒，大抵以深刻为主。晁公武《读书志》载常秩之言曰："明复为《春秋》，犹商鞅之法，弃灰于道者有刑，步过六尺者有诛。"盖笃论也。而宋代诸儒，喜为苛议。顾相与推之，沿波不返，遂使孔庭笔削变为罗织之经。过于深求而反失《春秋》之本旨者，实自复始。虽其间辨名分，别嫌疑，于兴亡治乱之机亦时有所发明。统而核之，究所谓功不补患者也。以

后来说《春秋》者，深文锻炼之学大抵用此书为根柢。(《四库全书总目》卷二十六)

[四]《周官新义》提要：晁公武《读书志》曰："熙宁中置经义局，撰《三经义》，皆本王安石《经说》。'三经'，《书》、《诗》、《周礼》也。"新经《毛诗义》凡二十卷，《尚书义》凡十三卷，今并佚。《周礼新义》本二十二卷，明以来内阁旧籍亦实无此书，惟《永乐大典》中所载最夥。《三经义》中惟《周礼》为安石手著。安石以《周礼》乱宋，学者类能言之。然《周礼》之不可行于后世，微特人人知之，安石亦未尝不知也。安石之意，本以宋当积弱之后，而欲济之以富强。又惧富强之说必为儒者所排击，于是附会经义以钳儒者之口，实非真信《周礼》为可行。迨其后用之不得其人，行之不得其道，百弊丛生，而宋以大坏。其弊亦非真缘《周礼》以致误。(《四库全书总目》卷十九)

[五]性命：中国古代哲学范畴。指万物的天赋和禀受。

元、明之际，以制义[一]取士，古学益绝，而有明三百年，四方俊秀，困于帖括[二]，以讲章[三]为经学，以类书[四]为博闻，经义之晦，直同长夜。

【笺注】

[一]制义：即八股文。《明史·选举志二》："其文略仿宋经义，然代古人语气为之，体用排偶，谓之八股，通谓之制义。"

[二]帖括：唐制，明经科以帖经试士。把经文贴去若干字，令应试者对答。后考生因帖经难记，乃总括经文编成歌诀，便于记诵应时，称"帖括"。

[三]讲章：为学习科举文或经筵进讲而编写的四书五经的讲义。

[四]类书：辑录各门类或某一门类的资料，并依内容或字、韵分门别类编排供寻检、征引的工具书。以门类分的类书有二：兼收各类的综合性类书，如《艺文类聚》、《太平御览》、《玉海》、《渊鉴类函》等；专收一类的专科性类书，如《小名录》、《职官分记》等。以字分的类书，亦有二：齐句尾之字，如《韵海镜源》、《佩文韵府》等；齐句首之字，如《骈字类编》。

惟我世祖章皇帝，治昭千古，顺治十三年，敕大学士傅以渐撰《易经通注》[一]，以《永乐大全》繁冗芜陋，刊其舛讹，补其阙漏，勒为是书，颁之学宫。[二]圣祖仁皇帝，万幾之暇，栖神坟典，阐五音、六律之微，稽八线、九章之术。康熙十九年，敕大学士库勒纳等编《日讲四书解义》[三]，二十二年敕编《日讲易经解义》[四]，三十八年敕撰《春秋传说汇纂》[五]，五十四年敕撰《周易折中》[六]，六十年敕撰《书经传说汇纂》[七]、《诗经传说汇纂》[八]。凡御纂群经，皆兼汉、宋之说，参考异同，务求至当，绍千载之薪传，为万（士未）［世］必刊之巨典焉。世宗宪皇帝即位后即刊行圣祖钦定《诗经传说汇纂》[九]、《书经传说汇纂》[十]，皆御制序文，弁于卷首。又编定《圣祖日讲春秋解义》[十一]。雍正五年御纂《孝经集注》[十二]，折衷群言，勒为大训[十三]。至高宗纯皇帝，乾隆元年诏排纂圣祖《日讲礼记解义》[十四]，十三年钦定《周官义疏》[十五]、《仪礼义疏》[十六]，二十五年敕撰《周易述义》[十七]、《诗（经）［义］折中》[十八]，三十年敕撰《春秋直解》[十九]。于《易》则不涉虚渺之说与术数之学，观象则取互体[二十]以发明古义，于《诗》则依据毛、郑，于《礼》则以康成为宗，于《春秋》则采"三传"之精华，斥安国[二十一]之迂谬。经学之外，考石鼓[二十二]，辨大昌[二十三]、用修[二十四]之非；刊石经[二十五]，湔开成[二十六]、广（顺）［政］[二十七]之陋。又刻《御制说①文》于太学，皆治经

① 广文本刊语云："说"下疑脱"经"字。

之津梁、论古之枢要，所谓悬诸日月，焕若丹青者也。盖惟列圣相承，崇尚实学，故古义聿明，而谈经之儒辈出，凡数千年之沉晦者，至今日而焕然若新，自汉而后，盖于斯为极盛欤！

【笺注】

［一］《易经通注》九卷，清朝大学士傅以渐、左庶子曹本荣奉敕撰。首载顺治十三年十二月十五日谕旨，次载顺治十五年十月以渐等《进书表》，次为以渐恭撰序文。(《四库全书总目》卷六)

［二］敕大学士傅以渐、日讲官曹本荣：朕览《易经》一书，义精而用博，范围天地万物之理，自魏王弼、唐孔颖达有注与正义，宋程颐有传，朱熹《本义》出，学者宗之。明永乐间，命儒臣合元以前诸儒之说汇为《大全》，皆于《易》理多所发明，但其中同异互存，不无繁而可删，华而寡要，且迄今几三百年，儒生学士发挥经义者亦不乏人，当并加采择，折衷诸论，简切洞达，辑成一编，昭示来兹。尔等殚心研究，融会贯通，析理精深，敷辞显易，务约而能该，详而不复，使羲经奥旨炳若日星，以称朕阐明四圣作述至意。钦哉故敕。顺治十三年十二月十五日。(《易经通注》卷首)

［三］《日讲四书解义》二十六卷，康熙十六年圣祖仁皇帝御定。(《四库全书总目》卷三十六)

［四］《日讲易经解义》十八卷，康熙二十二年御定。其大旨在即阴阳、往来、刚柔、进退，明治乱之倚伏，君子、小人之消长，以示人事之宜，于帝王之学最为切要。御制序文所谓“以经学为治法”者，实括是书之枢要。(《四库全书总目》卷六)

［五］《钦定春秋传说汇纂》三十八卷，康熙三十八年奉敕撰。指授儒臣，详为考证，凡其中有乖经义者，一一驳正，多所刊除。至于先儒旧说，世以不合胡《传》摈弃弗习者，亦一一采录。(《四库全书总目》卷二十九)

［六］《御纂周易折中》二十二卷，康熙五十四年圣祖仁皇帝御纂。其诸家训解或不合于伊川、紫阳，而实足发明经义者，皆兼收并采，不病异同。惟一切支离幻渺之说，咸斥不录。(《四库全书总目》卷六)

［七］《钦定书经传说汇纂》二十四卷，康熙末圣祖仁皇帝敕撰。以蔡《传》居前，众说列后，而参稽得失，辨别瑕瑜，于其可从者发明证佐，不似袁仁等之有意抨弹，于其不可从者辨订讹舛，亦不似陈栎等之违心回护。(《四库全书总目》卷十二)

［八］《钦定诗经传说汇纂》二十卷序二卷，康熙末圣祖仁皇帝御定。刻成于雍正五年，世宗宪皇帝制序颁行。以《集传》为纲，而古义之不可磨灭者，一一附录以补阙遗。(《四库全书总目》卷十六)

［九］世宗宪皇帝《御制诗经传说汇纂序》：朕惟《诗》之为教，所以成孝敬，厚人伦，美教化，移风俗，其用远矣。自说《诗》者以其学行世，释解纷纭，而经旨渐晦。朱子起而正之，《集传》一书，参考众说，探求古始，独得精意，而先王之诗教藉之以明。国家列在学官，著之功令，家有其书，人人传习，四始六义晓然知所宗尚。我皇考圣祖仁皇帝右文稽古，表章圣经，《御纂周易折中》既一以《本义》为正，于《春秋》、《诗经》，复命儒臣次第纂辑，皆以朱子之说为宗。故是书首列《集传》，而采汉、唐以来诸儒讲解训释之与传合者存之，其义异而理长者别为附录，折中同异，间出己见，乙夜披览，亲加正定。书成，凡若干卷，名曰《诗经传说汇纂》。朕惟《诗》三百篇，先王所以明劝惩而行黜陟，盖治世之大经，而后世文人学士乃以风云月露之辞，自托风雅，学经者又溺于训诂、词章之陋习，乌在其能明先王之道也？我皇考指授儒臣，勒为是编，期以阐先王垂教之意，与孔子删《诗》之旨，学于是者有得于兴观群怨之微，而深明于事父事君之道，从政专对，无所不能，则经学之实用著，而所谓用之乡人，用之邦国，以化天下者亦于是乎行焉。刊校既竣，敬述圣意，序之简端。雍正五年春三月朔。

［十］世宗宪皇帝《御制书经传说汇纂序》：朕思六经皆治世之书，而帝王之大经大法昭垂万古者，惟《尚书》为最备。盖自继天立极，精一执中，二帝三王之心法递相授受，而治法亦因之以传。今观书所载成天平地、经国造邦、建官立教、礼乐兵刑之弘纲大用，与夫赓扬都俞之休风，嘉谟嘉猷之陈告，

凡所为永膺天命而致时雍协和之效者，虽相去数千年，尚可于方策中想见其钦明寅畏之衷、敷布经纶之迹。后之君臣得奉为模楷，以追踪于唐虞三代之隆，讵不于书是赖哉？我皇考圣祖仁皇帝，圣学渊深，治功弘远，存于中者二帝三王之心，发于外者二帝三王之治，而稽古好学，于典谟训诰之篇，沉潜研究，融会贯通，初命讲官分日进讲，著有《解义》一编，颁示海内，复指授儒臣荟萃汉、唐、宋、元、明诸家之说，参考折中，亲加正定，广大悉备，于地理山川援今据古，靡不精核，为《书经传说汇纂》，凡二十有四卷。兹值刊校告竣，与《易》、《诗》、《春秋》诸经次第传布，敬制序文，勒之卷首。夫后世之天下，唐虞三代之天下也，而治法之垂为典章，心法之原于性命者，先后同揆，百世之圣君贤辅未能易也。故为君者必思比德于尧、舜、禹、汤、文、武，而后无忝乎为君。为臣者必思媲休于皋、夔、伊、傅、周、召，而后无忝乎为臣。朕夙夜兢兢，冀克守主敬存诚之道，以遂觐光扬烈之怀，尤冀卿尹百执事共体元首股肱之谊，殚协恭励翼之忱，寅亮天工，诚和民志，俾薄海内外永底乂安，于以远宗圣哲，而仰承皇考尊崇经学、启牖万世之盛心，顾不美欤？是为序。雍正八年仲春十二日。

［十一］《日讲春秋解义》六十四卷，是书为圣祖仁皇帝经筵旧稿，世宗宪皇帝复加考论，乃编次成帙。每条先列《左氏》之事迹，而不取其浮夸；次明《公》、《穀》之义例，而不取其穿凿。反复演绎大旨，归本于王道。(《四库全书总目》卷二十九)

［十二］《御纂孝经集注》一卷，雍正五年世宗宪皇帝御定。仿朱子《论语》、《孟子集注》之体，纂辑此编。衡鉴众论，得所折衷。(《四库全书总目》卷三十二)

［十三］大训：先王圣哲的教言。

［十四］《日讲礼记解义》六十四卷，是书为圣祖仁皇帝经筵所讲，皆经御定而未及编次成帙。大旨归于谨小慎微，皇自敬德，以纳民于轨物。(《四库全书总目》卷二十一)

［十五］《周官义疏》四十八卷，乾隆十三年鄂尔泰等奉敕撰。(《四库全书总目》卷十九)

［十六］《钦定仪礼义疏》四十八卷，此为乾隆十三年《御定三礼义疏》之第二部。是编大旨以元敖继公《仪礼集说》所说为宗，而参核诸家，以补正其舛漏。(《四库全书总目》卷二十)

［十七］《御纂周易述义》十卷，乾隆二十年奉敕撰。以多推阐御纂《周易折中》之蕴，故赐名曰《述义》。大旨以切于实用为本。(《四库全书总目》卷六)

［十八］《钦定诗义折中》二十卷，乾隆二十年皇上御纂。镕铸众说，演阐经义，体例与《周易述义》同。训释多参稽古义，大旨亦同。于《诗经集传》之外，多附录旧说。(《四库全书总目》卷十六)

［十九］《御纂春秋直解》十五卷，乾隆二十三年奉敕撰。大旨在发明尼山本义，而铲除种种迂曲之说。(《四库全书总目》卷二十九)

［二十］互体：《易》卦上下两体相互交错取象而成之新卦，又叫“互卦”。如“观”为“坤”下“巽”上，取其二至四爻则为“艮”，三至五爻则为“坤”。

［二十一］胡安国（1074—1138），字康侯，谥号文定，宋建宁崇安（今福建武夷山市）人。绍圣四年（1097）进士，为太学博士，旋提举湖南学事。后迁居衡阳南岳，创办碧泉、文定书院，著有《春秋传》。

［二十二］石鼓文，东周初年秦国刻石文字。在十块鼓形石上，用籀文分刻十首四言韵文，述游猎之况。原石今存北京故宫博物院。乾隆五十五年春正月丙申，御定重排石鼓文十章，刻石鼓于太学及热河文庙。

［二十三］程大昌（1123—1195），字泰之，徽州休宁人。绍兴二十一年进士，以龙图阁直学士致仕。事迹见《宋史》本传。程大昌认为，《石鼓文》乃周成王时作。

［二十四］杨慎（1488—1559），字用修，号升庵，四川新都人。撰《石鼓文音释》三卷。《金石古文》亦言升庵得唐人拓本，凡七百二字，乃其全文，冯惟讷《诗纪》亦据以载入《古逸诗》中。当时盖颇有信之者。后陆深作《金台纪闻》，始疑其以补缀为奇。至朱彝尊《日下旧闻考》证古本以“六辔”下“沃若”二字、“灵雨”上“我来自东”四字，皆慎所强增。第六鼓、第七鼓多所附益，咸与《小雅》同文。(《四库全书总目》卷四十三)

[二十五]乾隆五十六年，刻石经于辟雍，命为正总裁。时总裁八人，尚书彭元瑞独任校勘，敕编《石经考文提要》，事竣，元瑞被优赍。和珅嫉之，毁元瑞所编不善，且言非天子不考文。上曰："书为御定，何得目为私书耶?"和珅乃使人撰《考文提要举正》以攻之，冒为己作进上，訾《提要》不便士子，请销毁，上不许。馆臣疏请颁行，为和珅所阻，中止，复私使人磨碑字，凡从古者尽改之。(《清史稿》卷三一九)

[二十六]《开成石经》，又称唐石经，始刻于唐文宗大和七年（833），开成二年（837）完成，共刻《周易》、《尚书》等十二经。今藏于西安碑林。

[二十七]广政石经，又称蜀石经、成都石经、益都石经。五代后蜀孟昶广政十四年镌《周易》，至宋仁宗皇祐元年《公羊传》工毕，是为"石室十三经"。

历代石经源流第十

以经书石，名曰石经。而累代石经，其文或科斗，或大篆，或隶，或楷，其经或五，或七，或十三，各有异同[一]，皆足以资校订，治经者不可不讲。

【笺注】

[一]后汉镌刻七经，著于石碑，皆蔡邕所书。魏正始中，又立一字石经，相承以为七经正字。后魏之末，齐神武执政，自洛阳徙于邺都，行至河阳，值岸崩，遂没于水。其得至邺者，不盈太半。至隋开皇六年，又自邺京载入长安，置于秘书内省，议欲补缉，立于国学。寻属隋乱，事遂寝废，营造之司，因用为柱础。贞观初，秘书监臣魏征，始收聚之，十不存一。其相承传拓之本，犹在秘府。(《隋书·经籍志》)

【附录】

孙海波《魏三字石经集录》云："石经之经数为《尚书》、《春秋》二经，见于记载者——《西征记》:《春秋经》、《尚书》二部。《洛阳伽蓝记》:《春秋》、《尚书》二部。《隋书·经籍志》:《三字石经尚书》九卷，梁有十三卷，《三字石经尚书》五卷，《三字石经春秋》三卷，梁有十二卷。《旧唐书·艺文志》:《三字石经尚书古篆》三卷，《三字石经左传古篆》十三卷。《唐书·艺文志》:《三字石经尚书古篆》三卷，《三字石经左传古篆书》十二卷。《通志·艺文略》:《三字石经尚书古篆》三卷，《三字石经尚书》九卷，《三字石经左传古篆书》十二卷。此皆言魏三字石经之只刊《尚书》、《春秋》也。其分卷与《汉志》不同。"

冯氏登府著《石经考异》，曰汉，曰魏，曰唐，曰蜀，曰南北宋，曰国朝，凡有七刻。[一]汉即熹平石经[二]，《易》、《尚书》、《鲁诗》、《仪礼》、《公羊》、《论语》，凡六经，蔡中郎以八分书丹。魏即三字石经，《尚书》、《春秋》，写以篆、隶、科斗三体之字。唐即开成刻《易》、《书》、《诗》、"三礼"、"三传"、《论语》、《尔雅》诸经。蜀刻经凡十三。北宋即嘉祐中所刻九经，有篆有真[三]。南宋即绍兴所刻[四]，书以小楷，各经皆非足本。国朝乾隆五十八年诏刻十三经于太学，嘉庆八年复命磨改尽善。此就其文之可考者言也。而《困学纪闻》已云："石经有七，汉熹平则蔡邕[五]，魏正始则邯郸淳[六]，晋裴頠[七]，唐开成中唐玄度，后蜀孙逢吉[八]等，本朝嘉祐中杨南仲[九]等，中兴高庙[十]御书。"

【笺注】

[一]汉、魏、唐、蜀、两宋皆有石经，而专为考订之书，有顾炎武《石经考》一卷、张尔岐《石经正误》一卷、万斯同《汉魏石经考》一卷、《唐、宋石经考》一卷、杭世骏《石经考异》二卷、翁方

纲《汉石经残字考》一卷、王昶《魏石经毛诗残字》一卷、陈鳝《蜀石经毛诗考异》二卷、彭元瑞《石经考文提要》十三卷、孙星衍《魏三体石经残字考》二卷、阮元《石经仪礼校勘记》四卷、孔广牧《汉石经残字证异》二卷、严可均《唐石经校文》十卷和冯登府《石经补考》十二卷。此外，还有丁晏《北宋汴学篆隶二体石经记》一卷、魏锡曾《唐开成石经图考》一卷、瞿中溶《汉魏蜀石经考异辨正》、冯世瀛《石经考辨》二卷、徐嵩《石经备考》一卷等。张国淦《历代石经考》专考源流，以朝代为次，又有《历代石经一览表》，博引史传中有关记载。

[二]范晔《后汉书·儒林传序》："熹平四年，灵帝乃诏诸儒正定五经，刊于石碑，为古文、篆、隶三体书法以相参检，树之学门，使天下咸取则焉。"胡三省曰："《雒阳记》：太学在雒阳城南开阳门外，讲堂长十丈，广二丈，堂前石经四部，本碑凡四十六枚。西行，《尚书》、《周易》、《公羊传》十六碑存，十三碑毁。南行，《礼记》十五碑悉崩坏。东行，《论语》三碑毁。《礼记》碑上有谏议大夫马日磾、议郎蔡邕名。又赵明诚《金石录》曰：石经，盖汉灵帝熹平四年所立，其字则蔡邕小字八分书也。《后汉书·儒林传叙》云'为古文、篆、隶三体'者，非也。盖邕所书乃八分，而三体石经乃魏时所建也。"

[三]宋仁宗庆历初命刻篆、隶二体石经，后仅《孝经》、《尚书》、《论语》毕工，是为嘉祐石经。

[四]宋高宗绍兴间亲书《易》、《书》、《诗》、《左氏传》、《论语》、《孟子》及《礼记》五篇刊石，孝宗淳熙四年诏建阁以覆之，是为绍兴御书石经。

[五]熹平四年，灵帝乃诏诸儒正定"五经"，刊于石碑，为古文，篆、隶三体书法以相参检，树之学门，使天下咸取则焉。(《后汉书》卷七九上)

[六]陈留邯郸淳亦与揖同时，博古开艺，特善《仓》、《雅》，许氏字指，八体六书精究闲理，有名于揖，以书教诸皇子。又建《三字石经》于汉碑之西，其文蔚炳，三体复宣。

[七]裴頠（267—300），字逸民，河东闻喜（今属山西）人。玄学家。

[八]开成二年八月国子监奏：得覆定石经字体官翰林待诏唐玄度状：伏准太和七年二月五日敕。覆九经字体者。今所详覆，多依司业张参《五经字》为准，其旧字样，岁月将久，画点参差，传写相承，渐致乖误。今并依字书与较勘，同商较是非，取其适中，纂录为《新加九经字样》一卷，请附于《五经样》之末，用证缪误。敕旨："依奏。"(《唐会要》卷六十六)

[九]孙逢吉，字彦同，富春人。宋隆兴元年（1163）进士。著有《职官分纪》。事迹见《宋史》本传。

[十]杨南仲，宋代学者，生平事迹不详。撰《石经》七十五卷。

[十一]中兴高庙，指宋高宗。

然《榆墩集》[一]云："孝平元始元年[二]，王莽命甄丰[三]摹古文《易》、《诗》、《书》、《左传》于石，此石经初刻也。章帝命杜操[四]增摹《公羊》、《论语》古文，而释以章草[五]，此石经再刻也。灵帝光和六年[六]，命胡母敬[七]、崔琼[八]、张昶[九]、师宜官[十]以古文八分刻《易》、《书》、《鲁诗》、《仪礼》、《左传》于太学讲堂，此石经三刻也。熹平四年，诸儒以《左传》立于刘歆，当废，《公羊》兴于孝武，《周礼》、《尔雅》传于周公，《鲁诗》、《论语》出于孔子，当与《易》、《书》并刻，又诏蔡邕[十一]、杨赐[十二]、堂溪典[十三]、马日磾[十四]等，纯以八分书之，此石经四刻也。魏虞喜[十五]惜古文不传，言于邵陵厉公[十六]，自摹古文于石，陈留邯郸淳[十七]以小篆释之，钟会[十八]注以小楷，刻于鸿都学宫，此五刻石也。晋惠帝永熙武库火，梁武帝得汉拓本三种，诏萧子云[十九]等以小楷刻之金陵，《易》用费直，《书》用姚方兴[二十]，《诗》用毛，《礼》用小戴，《春秋》用"三传"，此六刻也。北魏太武神龟元年[二十一]，从崔光[二十二]之请，以汉魏石经，在洛邺者遭王弥、刘曜之乱[二十三]，命元晖、于烈、韩毅等补之，此七刻也。周大象之沈，齐高澄之炮，又残阙矣。隋大业中，取其遗书于秘书省。贞观六年，魏徵请发而传之，诏欧阳询[二十四]补以八分，此八刻也。时孔颖达为疏义，请以王弼《易》、孔安国《书》、《毛诗》、'三礼'、'三传'、《论语》、《尔雅》、《孟子》、《孝经》颁行天下，为《十三经》。开元四年，张说[二十五]请补《古易》、《鲁诗》，诏礼部郎中殷（伸）［仲］容摹古文于石，此九刻也。天宝九年，从李林甫请，诏侍书徐浩[二十六]等以小楷刻九经于长安，此十刻也。蜀孟昶命李仁罕、毋昭裔楷书刻《易》、《诗》、'三礼'、'三传'、《论语》、《孟子》十一经，此十一刻也。南唐升元以楷书刻十一经，增《孝经》、《尔雅》，此十二刻也。宋淳化六年，翻刻蜀十一经于汴，此十三刻也。高宗御书'五经'于临安府学，才人吴氏续之，此十四刻也。洪适摹鸿都遗字于利州，此十五刻也。范成大摹于少城，十六刻也。天章阁待制胡元质复摹于成都学宫，并三（礼）［体］刻之，十七刻也。明宣德六年，靖江王又摹于本府，十八刻也。天顺元年，秦府又摹刻，而《古易》、《鲁诗》复完，此十九刻也。"

【笺注】

［一］《榆墩集》，清徐世溥撰。徐世溥（1607—1658），字巨源，江西新建（今南昌）人。明诸生。幼随父任，学殖日富，年十六补博士弟子员。时东乡艾南英以时文奔走一世，闻世溥名，与约为兄弟。江南若陈子龙、姚希孟，里中若万时华、康小范辈，无不以杓斗归之。世溥才雄气盛，一往自遂，兼工书法，户外屦常满，继而屡困锁闱，旋值沧桑之变，匿景杜门，绝意进取。顺治辛卯、壬辰，溧阳柄政，欲修征辟故事，直指使者亲式其间，又作手书，遣司理持礼币往山中致之，坚拒不纳。司理去后，盗乘夜入室，索其礼币，不知初未尝受也，盗不之信，以火炙之，至死乃去。世溥好读书，为诗古文，潜思论撰。所著《易诗解》、《夏小正》、《洪范正义》、《禹贡图说》、《榆溪集》等书。

［二］孝平元始元年，即公元1年。

［三］王莽时，刘歆、甄丰皆为上公，莽既以符命自立，即位之后，欲绝其原，以神前事，而丰子寻、歆子棻复献之，莽诛丰父子，投棻四裔。(《汉书》卷八七下)

［四］杜操，字伯度，京兆杜陵（今陕西西安）人。及魏代避讳，易为杜度。梁庾肩吾《书品》云："草势起于汉时，解散隶法，用以赴急，本因草创之义，故曰草书。建初中，京兆杜操始以善草知名，今之草书是也。"又云："杜度滥觞于草书，取奇于汉帝，诏使奏事，皆作草书。"将杜操列名上之中，与王献之等人齐名。

［五］宋黄伯思《法帖刊误》卷上："凡草书分波磔者名章草，非此者但谓之草，犹古隶之生今正书，故章草当在草书先。然本无章名，因汉建初中杜操伯度善此书，章帝称之，故后世目焉。"

［六］灵帝光和六年，即183年。

［七］胡母敬，一作"胡毋敬"，秦始皇时太史令，作《博学篇》。汉兴，闾里书师合《苍颉》、《爰历》、《博学》三篇，断六十字以为一章，凡五十五章，并为《苍颉篇》。胡母敬不可能活到灵帝时，此处疑有误。

［八］宋潘自牧《记纂渊海》卷八十二"草书"条曰："汉兴而有草书，至章帝而齐相杜度号善作篇，崔琼、崔寔亦皆称工。杜氏投字甚安，而书体微瘦。崔氏甚得笔势，而结字小疏。弘农张伯英因而精转甚巧，至今犹宝其书，韦仲将谓之草圣。"清倪涛《六艺之一录》卷二百九十九曰："崔琼善章草，师于杜度，而媚辄过之。点画精微，神变无碍，王隐谓之草贤。张伯英尤善章草，韦仲将谓之草圣。张旭章草类伯英，时人谓之亚圣。"章帝去灵帝甚远，此处"崔琼"疑当作崔瑗。

［九］张昶（？—206），字文舒，敦煌酒泉（今甘肃酒泉）人。张伯英季弟，为黄门侍郎。尤善章草，家风不坠。奕叶清华，书类伯英，时人谓之亚圣。至如筋骨天姿，实所未逮。若华实兼美，可以继

之。(唐张怀瓘《书断》卷中)

[十]师宜官，南阳人。灵帝好书，征天下工书于鸿都门，至数百人。八分称宜官为最，大则一字径丈，小乃方寸千言，甚矜其能。性嗜酒，或时空，至酒家书其壁以售之，观者云集，酤酒多售则铲去之。(唐张怀瓘《书断》卷中) 袁昂《古今书评》:"师宜官书如鹏羽未息，翩翩自逝。"

[十一]蔡邕（133—192)，字伯喈，陈留圉（今河南杞县南）人。召拜郎中，校书东观。迁议郎。邕以经籍去圣久远，文字多谬，俗儒穿凿，疑误后学，熹平四年，乃与五官中郎将堂溪典、光禄大夫杨赐、谏议大夫马日磾、议郎张驯、韩说、太史令单飏等奏求正定六经文字，灵帝许之。邕乃自书册于碑，使工镌刻，立于太学门外。于是后儒晚学，咸取正焉。及碑始立，其观礼及摹写者，车乘日千余两，填塞街陌。(《后汉书》卷六〇下)

[十二]杨赐，字伯献，杨秉之子，《后汉书》卷五四有传。

[十三]堂溪典，堂溪姓也，《先贤行状》曰：典字子度，颍川人。为西鄂长。

[十四]马日磾，字翁叔，陕西扶风人。马融族叔。

[十五]虞喜，字仲宁，会稽余姚人。专心经传，兼览谶纬，乃著《安天论》以难浑盖，又释《毛诗略》，注《孝经》，为《志林》三十篇。凡所注述数十万言，行于世。年七十六卒。

[十六]邵陵厉公，即魏齐王曹芳。阎若璩曰："汉灵帝熹平四年，蔡邕书六经于碑，使工镌刻，立于太学门外，此所谓一字石经也。魏邵陵厉公正始中，邯郸淳书石经，亦立于太学，此所谓三字石经也。"

[十七]颍川邯郸淳，汉武时，鲁恭王坏孔子宅，得《尚书》、《春秋》、《论语》、《孝经》。时人以不复知有古文，谓之科斗书。汉世秘藏，希得见之。魏初传古文者，出于邯郸淳。恒祖敬侯写淳《尚书》，后以示淳，而淳不别。至正始中，立三字石经，转失淳法，因科斗之名，遂效其形。(《晋书》卷三六) 陈留邯郸淳亦与揖同时，博古开艺，特善《仓》、《雅》，许氏字指，八体六书，精究闲理，有名于揖，以书教诸皇子。又建《三字石经》于汉碑之西，其文蔚炳，三体复宣。(《魏书》卷九一)

[十八]钟会（225—264)，字士季，颍川长社（今河南长葛）人。太傅繇幼子。及壮，有才数技艺，而博学精练名理，以夜续昼，由是获声誉。正始中，以为秘书郎，迁尚书中书侍郎。

[十九]萧子云（486—548)，字景乔，陵郡（今江苏常州）人。《唐会要》卷三十五云："太宗尝于晋史右军传后论之曰：钟书布纤浓，分疏密，霞舒云卷，无所间然；但其体古而不今，字长而逾制。献之虽有异风，殊俗新巧，疏瘦如凌冬之枯树。萧子云无丈夫之气，行行如萦春蚓，步步如绾秋蛇，卧王蒙于纸中，坐徐偃于笔下，以兹播美，岂滥名耶？所以详察古今，研精篆素，尽善尽美，其惟王逸少乎？"

[二十]姚方兴，南齐吴兴（今浙江温州）人。孔安国以古文开其篇第，成五十八篇。晋世秘府所存，永嘉之乱并亡。至东晋，豫章内史梅赜始得安国之传奏之，又阙《舜典》一篇。齐建武中，吴姚方兴于大桁市得其书，奏上，多二十八篇，于是始列国学。

[二十一]北魏太武无神龟元年，此处当作孝明帝神龟元年，即公元518年。

[二十二]崔光（451—523)，本名孝伯，字长仁，东清河鄃（今河北清河）人。神龟元年（518）夏，光表曰："经石弥减，文字增缺。职忝胄教，参掌经训，不能缮修颓坠，兴复生业，倍深惭耻。今求遣国子博士一人，堪任干事者，专主周视，驱禁田牧，制其践秽，料阅碑牒所失次弟，量厥补缀。"诏曰："此乃学者之根源，不朽之永格，垂范将来，宪章之本，便可一依公表。"光乃令国子博士李郁与助教韩神固、刘燮等勘校石经，其残缺者，计料石功，并字多少，欲补治之。于后灵太后幸后废，遂寝。(《魏书》卷六七) 初，洛阳有汉所立三字石经，虽屡经丧乱而初无损失。及魏冯熙、常伯夫相继为洛州刺史，毁取以建浮图精舍，遂大致颓落，所存者委于榛莽，道俗随意取之。侍中领国子祭酒崔光请遣官守视，命国子博士李郁等补其残缺，胡太后许之。会元乂、刘腾作乱，事遂寝。(《资治通鉴》卷一四八)

[二十三]怀帝永嘉五年六月，刘曜、王弥入京都，焚烧宫庙，执帝归平阳。

[二十四]欧阳询（557—641），字信本，潭州临湘（今湖南长沙）人。询初仿王羲之书，后险劲过之，因自名其体。尺牍所传，人以为法。贞观初，历太子率更令、弘文馆学士，封渤海男。

[二十五]张说（667—730），字道济，其先范阳人，代居河东，徙家洛阳。官至尚书左丞相。

[二十六]徐浩（703—782），字季海，越州（今浙江绍兴）人。少举明经，工草隶，以文学为张说所器重，肃宗即位，召拜中书舍人，时天下事殷，诏令多出于浩。浩属词赡给，又工楷隶，肃宗悦其能，加兼尚书右丞。玄宗传位诰册，皆浩为之，参两宫文翰，宠遇罕与为比。建中三年，以疾卒，年八十，赠太子少师。

方中履[一]云："十九刻叙最明，独不及郑覃自刻，何耶？"按《新唐书·郑覃传》：覃以经籍刓谬[二]，博士陋浅，不能正，建言愿与巨学鸿生，共力雠刊，准（演）［汉］故事，镂石太学，示万世法。诏可。乃表周墀、崔球、张次宗、孔温业等足正文字，刻于石。[三]此唐文宗开成二年事[四]，又在天宝石刻之后者。然则石经之刻，自汉迄明，凡二十刻矣，合之我朝[五]，共二十一刻云。

【笺注】

[一]方中履（1638—1688），字素北，号合山，别号小愚，安徽桐城人。方以智之子。著《汗青阁集》、《古今释疑》。

[二]刓缪：损坏错乱。

[三]癸卯，宰臣判国子祭酒郑覃进《石壁九经》一百六十卷。时上好文，郑覃以经义启导，稍折文章之士，遂奏置五经博士，依后汉蔡伯喈刊碑列于太学，创立《石壁九经》，诸儒校正讹谬。上又令翰林勒字官唐玄度复校字体，又乖师法，故石经立后数十年，名儒皆不窥之，以为芜累甚矣。（《旧唐书》卷一七下）

[四]覃清正退约，与人未尝串狎。位相国，所居第不加饰，内无妾媵。女孙适崔皋，官裁九品卫佐，帝重其不昏权家。覃之侍讲，每以厚风俗、黜朋比再三为天子言，故终为相。然疾恶多所不容，世以为太过，惮之。始，覃以经籍刓缪，博士陋浅不能正，建言："原与巨学鸿生共力雠刊，准汉旧事，镂石太学，示万世法。"诏可。覃乃表周墀、崔球、张次宗、孔温业等是正其文，刻于石。（《新唐书》卷一六五）按：开成二年，即公元837年。

[五]江瀚云："清石经刊于乾隆五十八年，即长洲蒋衡所书，勘定立石，依《开成石经》，参以各善本，多所订正。"（《续修四库全书总目提要》第1313页）

【附录】

清桂馥《历代石经略》上卷：学使翁覃溪先生《两汉金石记》云："近日杭堇浦论鸿都非太学一条云：'张怀瓘《书断》、黄伯思《东观余论》、晁公武《石经考异》皆称鸿都一字石经，非也。按《后汉·灵帝纪》：光和元年，始置鸿都门学生。《蔡邕传》：初，帝好学，自造《皇羲篇》五十章，因引诸生能为文赋者，本颇以经学相招，后诸为尺牍及工书鸟篆者皆加引召，遂至数十人。侍中、祭酒乐松、贾护多引无行趣势之徒，并待制鸿都门下。《阳球传》：拜尚书令，奏罢鸿都文学，曰：伏承有诏敕中尚方为鸿都文学，乐松江览等三十二人图象立赞，以劝学者。又曰：今太学东观足以宣明圣化，愿罢鸿都之选，以消天下之谤。按《水经注》：谷水又东，径开阳门南，又东径国子太学。则太学在开阳门，与鸿都远矣。独怪当时待诏鸿都门下者，若师宜官，若梁鹄八分皆极一时之选，何以光和六年立石不令写经？乃知二人特工隶、篆小技，五经所以正天下讹谬，偏傍增损之间，度非一二俗生可了，故曰邕自书丹，使工镌刻，诚慎之也。'全祖望《鲒埼亭集·偶记》云：'《北魏书·江式表》谓蔡邕刻石太学，后开鸿都，诸方献篆无出邕者。则鸿都固非太学，而又可见师宜官诸人之尽逊于邕也。邕以刻鸿都学生被谴，而谓石经出于鸿都，真大舛也。'归安丁小雅杰曰：'以汉太学石经称鸿都石经者，误始于唐张怀瓘《书断》，而宋黄长睿《东观余论》、晁公武《石经考异》等书因之。今参考《灵帝纪》、《蔡邕传》、

《阳球传》及《雒阳伽蓝记》、《水经》谷水注、《魏书》、《北史·江式传》，汉之待制鸿都与刻石太学判然两事，亦判然两地。且蔡邕以劾鸿都学生被谴，尤不容以邕正字书丹之碑归之鸿都也。昌黎《石鼓歌》、洪景卢《汉隶字原序》皆误，未经核正尔。’方纲按：光和二年二月，始置鸿都门学，而蔡邕诸人书石经在鸿都未立学之前三年，后人以熹平石经目曰鸿都者，当以丁君此论正之也。”馥案：诸书多称汉石经为鸿都石经，其误已久，得此一条，可证旧说之诬。

清刘传莹《汉魏石经考》上篇：自《书断》误称熹平石经为鸿都石经，黄伯思、董逌皆沿其误，万季野辨之，全谢山又据式此疏，谓鸿都固非大学，邕以劾鸿都学生被谴，而谓石经出于鸿都，真为大舛，其辨尤为明晰。

历代书籍制度第十一

朱氏竹垞云：“善读书者，匪直晰文义而已，其于简策之尺寸必详焉。”① 诚以书籍制度，代有不同，不知其制，无以考简册之长短，文字之得失。

三代之际，皆用方策，郑康成《中庸注》云：“方，版，策简也。”是也。策简，竹为之；方，木为之也。其长短之度，郑《论语序》云：“《易》、《书》、《诗》、《礼》、《乐》、《春秋》策皆尺二寸[一]，《孝经》谦半之，《论语》八寸策者，三分居一，又谦焉。”服虔传《春秋》，称古文篆书，一简八字，而说《书》者谓每行十三字。”“简二十二字，脱亦二十二字。”据此，则简有长短，字亦有多寡者也。而自汉而下则不然。汉因周制，仍用简册，而帛亦并用。

【笺注】

[一]叶德辉《书林清话·书之称册》：“当依《左传疏》引作二尺四寸。”

戴氏宏[一]云：“《公羊》传至景帝时，公羊寿乃共弟子胡毋子都著于竹帛。”又《书籍考》云：“灵帝西迁，缣帛散为帏囊。”[二]②皆可见汉时竹帛并用也。至蔡伦造纸，而书籍始用纸。然其初，帛与纸亦并用，后则专用纸，而不用帛。当汉、唐时，尚无印版[三]，故其书皆以纸素[四]传写。《抱朴子》所写，反复有字。《金楼子》谓细书《史》、《庄》、《老》、《离骚》等六百三十四卷。南齐沈麟士[五]年过八十，手写细书，后周裴汉[六]借异书，躬自录本，盖其时书籍难得，而其制度不作册而为卷轴。胡应麟云：“卷必重装一纸，表里常兼数番，每读一卷，或每检一事，细阅展舒，甚为烦数。”[七]《唐·经籍志》云：“藏书四库，经库书绿牙轴，朱带，白牙签；子库书紫带，雕紫檀轴，碧牙签。”[八]其余皆大略如此。至唐末，益州始有版本术数字学小书。后唐长兴三年，始依石经文字，刻九经，印版流布天下。[九]命马缟、田敏等详勘《宋史》，谓始于周显德，非是。宋庆历中，有布衣毕昇又为活版[十]，其法用漆泥刻字，薄如钱，印极神速。镂板之地，蜀最善，吴次之，越次之，闽又次之，其本初以梓，后以梨，或以枣，唐以后之制度大率如此。

---

① 朱彝尊《曝书亭集》卷第三十五《江村销夏录序》。详见本书下编。朱彝尊号竹垞。

② 清金鹗《求古录礼说》卷十五《汉唐以来书籍制度考》。《书籍考》，即《汉唐以来书籍制度考》，其文详见本书下编。

【笺注】

[一]汉戴宏撰《解疑论》一卷。戴宏，东汉学者，官至酒泉太守。事迹详见《后汉书》。

[二]缣帛，作书写用。帏囊，佩带的香囊。《后汉书·宦者传·蔡伦》：“自古书契多编以竹简，其用缣帛者谓之纸。”宋赵彦卫《云麓漫抄》卷七：“故有刀笔铅椠之说，秦汉末用缣帛。”

[三]“当汉、唐时，尚无印版”之说不确，据业师曹之先生考证，唐中期已经发明雕版印刷术，详见《中国印刷术的起源》。

[四]纸素：供书写或绘画用的纸张或绢帛。南朝齐王琰《冥祥记》：“里中小屋，有经像者，亦多不烧。或屋虽焚毁，而于煨尽之中，时得全经，纸素如故。”唐李节《赠释疏言还道林寺诗序》：“容貌于土木者沉诸水，言词于纸素者烈诸火。”

[五]沈麟士（416？—501？），字云祯，吴兴武康（今浙江德清）人。麟士尝苦无书，因游都下，历观四部毕。麟士无所营求，以笃学为务。守操终老，读书不倦。著《周易两系》、《庄子内篇训》。注《易经》、《礼记》、《春秋》、《尚书》、《论语》、《孝经》、《丧服》、《老子要略》数十卷。事迹见《南史》卷七六。

[六]裴汉，字仲霄。操尚弘雅，聪敏好学，尝见人作百字诗，一览便诵。魏孝武初解褐员外散骑侍郎，大统五年除大丞相府士曹行参军，补墨曹参军。汉善尺牍，尤便簿领，理识明赡，决断如流，相府为之语曰：“日下粲烂有裴汉。”至借人异书，必躬自录本。至于疹疾弥年，亦未尝释卷。（《周书》卷三十四）

[七]见明胡应麟《少室山房笔丛》卷四《经籍会通四》。

[八]见《旧唐书·经籍志》。

[九]《旧五代史》卷一百二十六：“冯道字可道，瀛州景城人。时以诸经舛缪，与同列李愚委学官田敏等，取西京郑覃所刊石经雕为印版，流布天下，后进赖之。”后唐长兴二年，即公元931年。

[十]活版：亦作“活板”。用活字排成的印刷板。宋代毕昇发明。宋沈括《梦溪笔谈·技艺》：“庆历中，有布衣毕昇，又为活版。其法用胶泥刻字，薄如钱唇，每字为一印，火烧令坚。先设一铁版，其上以松脂蜡和纸灰之类冒之。欲印则以一铁范置铁板上，乃密布字印。满铁范为一板，持就火炀之，药稍镕，则以一平板按其面，则字平如砥。”

两汉传经诸儒第十二

秦火[一]一炬，群籍荡然[二]，而今日犹得读三代之书者，两汉经师之力也。爰列群经，次两汉之传经者。

【笺注】

[一]秦火：指秦始皇焚书事。

[二]荡然：毁坏；消失。

《易》自商瞿[一]五传而至田何[二]，汉兴，何以齐田徙杜陵[三]，号杜田生，授东武[四]王同（字子中[五]），及洛阳周王孙，梁人丁宽[六]（字子襄，又从周王孙受古义），齐服生[七]，皆著《易传》。汉初言《易》者，本之田生。王同授淄川杨何、孟但、主父偃、即墨、成周、霸衡胡。丁宽授同郡砀田王孙。杨何授司马谈、京房。田王孙授施雠[八]及孟喜[九]、梁丘贺[十]。由是有施、孟、梁丘之学。张禹、鲁伯授施氏《易》，盖宽饶、翟牧、白光受孟氏《易》，梁临受梁丘及施氏。彭宣、戴同受张禹。毛莫如、邴丹受鲁伯。王骏、五鹿充宗[十一]受梁临。戴宾受戴崇、邓彭、祖士孙、张衡咸。冯商受充宗。

刘昆[十二]受戴宾。刘轶受刘昆。后汉范升传梁丘《易》及孟氏《易》，升又传杨政[十三]。张兴[十四]传梁丘《易》，兴又传张鲂[十五]。洼丹[十六]、鲑阳鸿[十七]、任安[十八]皆传孟氏《易》。虞光、虞成、虞凤、虞翻自言五世传孟氏《易》。袁良、袁安、袁京、袁敞、袁彭、袁汤、袁闳亦五世传孟氏《易》。东郡京房（字君明）受《易》焦延寿，延寿尝从孟喜问《易》，房以延寿《易》即孟氏学，翟牧、白生非是。[十九]房授段嘉[二十]及姚平乘弘，由是多京氏学，孙期[二十一]、魏满[二十二]并传之。费直[二十三]授琅玡王璜。成帝时刘向考《易》说，以为诸家皆祖田何，杨叔元、丁将军大义略同，唯京氏为异。《后汉书》云："京兆陈元、扶风马融、河南郑众、北海郑玄、颍川荀爽，并传费氏《易》。沛人高相[二十四]治《易》，与费直同时，自言出于丁将军，传至相，相授子康及兰陵毋将永。"此《易》学之传也。其治《易》而不详所出者，不载，下仿此。[二十五]

【笺注】

[一]商瞿：鲁人，字子木。小孔子二十九岁。孔子传《易》于瞿，瞿传楚人馯臂子弘。

[二]田何：齐人，字子庄。《汉书》云："商瞿授东鲁桥庇子庸，子庸授江东馯臂子弓，子弓授燕周丑子家，子家授东武孙虞子乘，子乘授何。"而《仲尼弟子传》作："瞿传馯臂子弘，弘传江东人矫子庸疵，疵传燕人周子家竖，竖传淳于人光子乘羽，羽传齐人田子庄何。"

[三]杜陵：地名。在今陕西省西安市东南。古为杜伯国。秦置杜县，汉宣帝筑陵于东原上，因名杜陵。并改杜县为杜陵县。晋曰杜城县，北魏曰杜县，北周废。

[四]东武：齐地名。

[五]"子中"，应为"子仲"。

[六]丁宽：字子襄，梁人。事迹见《汉书》卷八八。

[七]齐服生：刘向《别录》云："齐人，号服光。"（《周易注解传述人》）

[八]施雠：字长卿，沛人。事迹见《汉书》卷八八。

[九]孟喜：字长卿，东海兰陵人。事迹见《汉书》卷八八。

[十]梁丘贺：字长翁，琅玡诸人。事迹见《汉书》卷八八。

[十一]五鹿充宗：字君孟，代郡人。官尚书令、玄菟太守。

[十二]刘昆：字桓公，陈留东昏人，梁孝王之胤。少习容礼。平帝时，受《施氏易》于沛人戴宾。

[十三]杨政：字子行，京兆人。少好学，从代郡范升受《梁丘易》，善说经书。京师为之语曰："说经铿铿杨子行。"教授数百人。

[十四]张兴：字君上，颍川鄢陵人。习《梁丘易》以教授。建武中，举孝廉为郎，谢病去，复归聚徒。后辟司徒冯勤府，勤举为孝廉，稍迁博士。永平初，迁侍中祭酒。十年，拜太子少傅。显宗数访问经术，既而声称著闻，弟子自远至者，著录且万人，为梁丘家宗。十四年，卒于官。

[十五]张子鲂：传张兴之业，位至张掖属国都尉。

[十六]洼丹：字子玉，南阳育阳人。世传《孟氏易》。王莽时，常避世教授，专志不仕，徒众数百人。建武初，为博士，稍迁，十一年，为大鸿胪。作《易通论》七篇，世号洼君通。丹学义研深，《易》家宗之，称为大儒。十七年，卒于官，年七十。（《后汉书》卷一百九上）

[十七]鲑阳鸿：字孟孙，亦以《孟氏易》教授，有名称，永平中为少府。

[十八]任安：字定祖，广汉绵竹人。少游太学，受《孟氏易》，兼通数经。又从同郡杨厚学图谶，究极其术。年七十九，建安七年，卒于家。（《后汉书》卷一〇九上）

[十九]京房受《易》梁人焦延寿。延寿云尝从孟喜问《易》。会喜死，房以为延寿《易》即孟氏学，翟牧、白生不肯，皆曰非也。至成帝时，刘向校书，考《易》说，以为诸《易》家说皆祖田何、杨叔、丁将军，大谊略同，唯京氏为异党，焦延寿独得隐士之说，托之孟氏，不相与同。房以明灾异得幸，为石显所谮诛，自有传。房授东海殷嘉、河东姚平、河南乘弘，皆为郎、博士。由是《易》有京氏

之学。(《汉书》卷八八)

[二十]段嘉：《汉书·儒林传》作“殷嘉”。

[二十一]孙期：字仲彧，济阴成武人。少为诸生，习《京氏易》、《古文尚书》。远人从其学者，皆执经垄畔以追之，里落化其仁让。(《后汉书》卷一〇九上)

[二十二]南阳魏满字叔牙，亦习《京氏易》，教授。永平中，至弘农太守。(《后汉书》卷一〇九上)

[二十三]费直：字长翁，东莱人。治《易》为郎，至单父令。长于卦筮，亡章句，徒以彖象系辞十篇文言解说上下经。琅邪王璜平中能传之。(《汉书》卷八八)

[二十四]高相，沛人。治《易》与费公同时，其学亦亡章句，专说阴阳灾异，自言出于丁将军。传至相，相授子康及兰陵毋将永。康以明《易》为郎，永至豫章都尉。及王莽居摄，东郡太守翟谊举兵诛莽，事未发，康候知东郡有兵，私语门人，门人上书言之。后数月，翟谊兵起，莽召问，对受师高康。莽恶之，以为惑众，斩康。由是《易》有高氏学。高、费皆未尝立于学官。(《汉书》卷八八)

[二十五]此段引文与《汉书·儒林传》原文略有出入。

汉兴，传《今文尚书》者始于济南伏胜[一]，传《古文尚书》者始于孔安国[二]。伏生授济南张生、千乘欧阳生[三]，生授同郡兒宽[四]，宽又从孔安国受业，以授欧阳生之子，欧阳氏世传其业，至曾孙高作《尚书章句》，为欧阳氏学。高孙地余[五]以书授元帝，传至欧阳歙[六]，歙以上八世皆为博士。济南林尊受《尚书》于欧阳高，以授平当及陈翁生，翁生授殷崇及龚胜，当授朱普及鲍宣。后汉济阴曹曾受业于欧阳歙，传长子祉。又陈留陈弇乐、安弁长并传欧阳《尚书》。沛国桓荣受《尚书》于朱普，以授汉明帝，遂世相传，东京最盛。张生授夏侯都尉，都尉传族子始昌，始昌传族子胜，胜从始昌受《尚书》及《洪范五行传》[七]，说灾异，又事同郡简卿。卿者，兒宽门人。又从欧阳氏问，为学精熟，所问非一师，受诏撰《尚书说》，号为大夏侯氏学。传齐人周堪及鲁国孔霸，霸传子光，堪授鲁国弁卿及长安许商，商授沛人唐林及平陆吴章、重泉王吉、齐炔钦。后汉北海牟融亦传大夏侯《尚书》。夏侯建师事夏侯胜及欧阳高，左右采获，又从“五经”诸儒问与《尚书》相出入者，牵引以次章句，为小夏侯氏学。传平陵张山拊，山拊授同县李寻及郑宽中、山阳张无故、信都秦恭、陈留假仓。宽中授东郡赵玄，无故授沛人唐尊，恭授鲁冯宾。后汉东海王良亦传小夏侯《尚书》。安国献《尚书传》，遭巫蛊事，未列于学官，藏之私家，以授都尉朝。司马迁亦从安国问故，故迁书多古文说。都尉朝授胶东庸生，庸生授清河胡常，常授虢徐敖，敖授琅邪王璜及平陵涂恽，恽授河南乘钦。王莽时诸学皆立，恽、璜等贵显。范晔《后汉书》云：“中兴，扶风杜林传《古文尚书》，贾逵为之作诵，马融作传，郑玄注解，由是，《古文尚书》遂显于世。”① 按：今马、郑所注，并伏生所诵，非古文也。孔氏之本绝，是以马、郑皆谓之逸书。王肃亦注今文，而解大与古文相类，或肃私见《孔传》而秘之，亦未可知也。

【笺注】

[一]伏生，济南人。故为秦博士。孝文时，求能治《尚书》者，天下亡有。闻伏生治之，欲召。时伏生年九十余，老不能行，于是诏太常，使掌故晁错往受之。秦时禁书，伏生壁藏之，其后大兵起，流亡。汉定，伏生求其书，亡数十篇，独得二十九篇，即以教于齐、鲁之间。齐学者由此颇能言《尚书》，

---

① 《后汉书》卷七九上。

山东大师亡不涉《尚书》以教。伏生教济南张生及欧阳生，张生为博士，而伏生孙以治《尚书》征，弗能明定。(《汉书》卷八八)

[二]孔氏有古文《尚书》，孔安国以今文字读之，因以起其家逸《书》，得十余篇，盖《尚书》兹多于是矣。(《汉书》卷八八)

[三]欧阳生，字和伯，千乘人。事伏生，授兒宽。(《汉书》卷八八)

[四]兒宽，千乘人。治《尚书》，事欧阳生。以郡国选诣博士，受业孔安国。贫无资用，当为弟子都养。时行赁作，带经而锄，休息辄读诵，其精如此。(《汉书》卷八八)

[五]地余字长宾，欧阳生六世孙。

[六]欧阳歙，字正思，乐安千乘人。自欧阳生传伏生《尚书》，至翕八世，皆为博士。(《后汉书》卷一〇九上)

[七]《尚书大传》第三卷即为《洪范五行传》。

汉兴，传《诗》者四家：《鲁诗》始于鲁人申培公，《齐诗》始于齐人辕固生，《韩诗》始于燕人韩婴，《毛诗》始于大、小毛公[一]。鲁人申公受《诗》于浮丘伯，[二]以《诗经》为训故以教，无传，疑者则阙不传，号曰《鲁诗》。弟子为博士者十余人：郎中令王臧、御史大夫赵绾、临淮太守孔安国、胶西内史周霸、城阳内史夏宽、东海太守鲁赐、长沙内史缪生、胶西中尉徐偃、胶东内史阙门庆忌，皆申公弟子。申公本以《诗》、《春秋》授瑕邱江公，尽能传之，徒众最盛。鲁许生、免中徐公皆守学教授。丞相韦贤受《诗》于江公及许生，传子玄成。又王式受《诗》于免中徐公及许生，以授张生长安及唐长寅、褚少孙[三]。张生兄子游卿以《诗》授元帝，传王扶，扶授许晏。又薛广德受《诗》于王式，授龚舍。齐人辕固生[四]作《诗传》，号《齐诗》。传夏侯始昌，始昌授后苍[五]，苍授翼奉及萧望之、匡衡，衡授师丹及伏理满昌，昌授张邯及皮容，皆至大官，徒众尤盛。后汉陈元方亦传《齐诗》。燕人韩婴[六]推诗意作内外传数万言，号曰《韩诗》。淮南贲生受之。武帝时婴与董仲舒论于上前，仲舒不能难。其孙商为博士，孝宣时涿韩生其后也。[七]河内赵子事燕齐王，授同郡蔡谊，谊授同郡食子公及琅玡王吉，子公授太山栗丰，吉授淄川长孙顺，丰授山阳张就，顺授东海发福，并至大官。《艺文志》云："齐、韩《诗》或取《春秋》，采杂说，咸非其本义，鲁最为近之。"《毛诗》者，出自毛公，河间献王好之。徐整云："子夏授河间人大毛公，毛公为《诗诂训》传于家，以授赵人小毛公[八]，小毛公为河间献王博士，以不在汉朝，故不列于学。"一云："子夏传曾申，申传魏人李克，克传鲁人孟仲子。孟仲子传根牟子，根牟子传赵人（宋）[孙]卿子，（宋）[孙]卿子传鲁人大毛公。"《汉书·儒林传》云："毛公，赵人，治《诗》，为河间献王博士，授同国贯长卿，长卿授解延年，延年授虢徐敖，敖授九江陈侠。"或云陈侠传谢曼卿。元始五年，公车征说《诗》。后汉郑众、贾逵传《毛诗》，马融作《毛诗注》，郑玄作《毛诗笺》，申明毛义，难三家，于是三家遂废。

【笺注】

[一]大毛公为毛亨，小毛公为毛苌。

[二]申公，鲁人。少与楚元王交俱事齐人浮丘伯受《诗》。汉兴，高祖过鲁，申公以弟子从师入见于鲁南宫。吕太后时，浮丘伯在长安，楚元王遣子郢与申公俱卒学。归鲁退居家教，终身不出门，复谢宾客，独王命召之乃往。弟子自远方至受业者千余人，申公独以《诗经》为训故以教，亡传，疑者则阙弗传。弟子为博士十余人，孔安国至临淮太守，周霸胶西公内史，夏宽城阳内史，砀鲁赐东海太守，兰

陵缪生长沙内史，徐偃胶西中尉，邹人阙门庆忌胶东内史，其治官民皆有廉节称。其学官弟子行虽不备，而至于大夫、郎、掌故以百数。申公卒以《诗》、《春秋》授，而瑕丘江公尽能传之，徒众最盛。及鲁许生、免中徐公，皆守学教授。韦贤治《诗》，事大江公及许生，又治《礼》，至丞相。传子玄成，以淮阳中尉论石渠，后亦至丞相。玄成及兄子赏以《诗》授哀帝，至大司马车骑将军。由是《鲁诗》有韦氏学。(《汉书》卷八八)

[三]褚少孙，西汉史学家、文学家。颍川（今河南许昌）人。为宣帝时大儒王式弟子，习《春秋》、《鲁诗》，为博士。补《史记》十篇。

[四]辕固，齐人。以治《诗》，孝景时为博士。武帝初即位，复以贤良征。诸儒多嫉毁曰固老，罢归之。时固已九十余矣。公孙弘亦征，仄目而事固。固曰："公孙子，务正学以言，无曲学以阿世！"(《汉书》卷八八)

[五]后苍字近君，东海郯人。事夏侯始昌。始昌通"五经"，苍亦通《诗》、《礼》，为博士，至少府，授翼奉、萧望之、匡衡。(《汉书》卷八八)

[六]韩婴，燕人。孝文时为博士，景帝时至常山太傅。婴推诗人之意，而作《外传》数万言，其语颇与齐、鲁间殊，然归一也。淮南贲生受之。燕、赵间言《诗》者由韩生。韩生亦以《易》授人，推《易》意而为之传。燕赵间好《诗》，故其《易》微，唯韩氏自传之。(《汉书》卷八八)

[七]武帝时，婴尝与董仲舒论于上前，其人精悍，处事分明，仲舒不能难也。后其孙商为博士。孝宣时，涿郡韩生其后也，以《易》征待诏殿中，曰："所受《易》即先太傅所传也。尝受《韩诗》，不如韩氏《易》深，太傅故专传之。"司隶校尉盖宽饶本受《易》于孟喜，见涿韩生说《易》而好之，即更从受焉。(《汉书》卷八八)

[八]小毛公，赵人。治《诗》，为河间献王博士，授同国贯长卿。长卿授解延年。延年为阿武令，授徐敖。敖授九江陈侠，为王莽讲学大夫。由是言《毛诗》者，本之徐敖。(《汉书》卷八八)

汉兴，传《礼》者始于高堂生，传《士礼》十七篇，即今之《仪礼》，而鲁徐生善为颂，孝文时为礼官大夫。[一]景帝时河间献王得古《礼》献之。瑕丘萧奋以《礼》至淮阳太守，授东海孟卿，卿授同郡后苍及鲁间邱卿。其古礼五十六篇，苍传十七篇，说数万言，号《后苍曲台记》。苍授沛闻人通汉及梁戴德、戴圣、沛庆普，由是《礼》有大小戴、庆氏之学。[二]普授鲁夏侯敬，又传族子咸。大戴授琅琊徐良，小戴授梁人桥仁及杨荣。[三]王莽时，刘歆为国师，始建立《周官经》，以为《周礼》。河南缑氏杜子春受业于歆，郑兴父子等多往师之。贾徽、贾逵、马融、郑玄、卢植皆传《礼》云。

【笺注】

[一]汉兴，鲁高堂生传《士礼》十七篇，而鲁徐生善为颂。孝文时，徐生以颂为礼官大夫，传子至孙延、襄。襄其资性善为颂，不能通经；延颇能，未善也。襄亦以颂为大夫，至广陵内史。延及徐氏弟子公户满意、桓生、单次皆为礼官大夫。而瑕丘萧奋以礼至淮阳太守。诸言《礼》为颂者由徐氏。(《汉书》卷八八)

[二]孟卿，东海人。事萧奋，以授后仓、鲁闾丘卿。仓说《礼》数万言，号曰《后氏曲台记》，授沛闻人通汉子方、梁戴德延君、戴圣次君、沛庆普孝公。孝公为东平太傅。德号大戴，为信都太傅。圣号小戴，以博士论石渠，至九江太守。由是《礼》有大戴、小戴、庆氏之学。(《汉书》卷八八)

[三]通汉以太子舍人论石渠，至中山中尉。普授鲁夏侯敬，又传族子咸，为豫章太守。大戴授琅琊徐良斿卿，为博士、州牧、郡守，家世传业。小戴授梁人桥仁季卿、杨荣子孙。仁为大鸿胪，家世传业。荣琅琊太守。由是大戴有徐氏，小戴有桥、杨氏之学。(《汉书》卷八八)

汉兴，传《公羊春秋》者，始于齐人胡毋生、赵人董仲舒。[一]兰陵褚大、东平嬴公、广川段仲温、吕步舒皆仲舒弟子。嬴公守学，不失师法，授东海孟卿及鲁眭弘，弘授彭祖及颜安乐，由是《公羊》有严、颜之学。[二]弘弟子八百余人，常曰："《春秋》之意，在二子矣。"彭祖授琅玡王中，中授同郡公孙文及东门云。安乐授淮阳泠丰及淄川任翁，丰授大司徒马宫及琅玡左咸。始贡禹事嬴公而成于眭孟，以授颍川堂溪惠，惠授泰山冥都，又疏广事孟卿，以授琅玡筦路，筦路及冥都又事颜安乐，路授大司农孙宝。瑕邱江公受《穀梁春秋》及《诗》于鲁申公，武帝时为博士，使与董仲舒论，江公呐于口，而丞相公孙弘本为《公羊》学，比辑其义，终用董生。于是上因尊《公羊》家，诏太子受。[三]卫太子复私问《穀梁》而善之，其后浸微，唯鲁荣广、浩星公二人受焉。广能尽传其《诗》、《春秋》。蔡千秋、梁周庆、丁姓皆从广受，千秋又事浩星公，为学最笃。宣帝即位，闻卫太子好《穀梁》，乃诏千秋与《公羊》家并说，上善《穀梁》说。后又选郎十人，从千秋受。会千秋病死，征江公孙为博士。[四]诏刘向受《穀梁》，欲就助之。江博士复死，乃征周庆、丁姓待诏，使卒授十人。十余岁，皆明习。乃召"五经"名儒、太子太傅萧望之等，大议殿中，平《公羊》、《穀梁》同异。望之等多从《穀梁》，由是大盛，庆、姓皆为博士。[五]姓授楚申章昌曼君。初尹更始事蔡千秋，又受《左氏传》，取其变理合者，以为章句，传子咸及翟方进、房凤。[六]始江博士授胡常，常授梁萧秉，王莽时为讲学大夫。

【笺注】

[一]江藩《隶经文》卷四《公羊先师考》驳斥此说："西京大儒传习渊原，《史记》、《汉书·儒林传》序之綦详，嗣后序录家亦无异论。惟公羊传则后人有胡毋生、董仲舒为公羊高五传弟子之说，大谬不然矣。其说本之戴宏，徐彦疏引宏序云：'子夏传与公羊高，高传与子平，平传其子地，地传其子敢，敢传其子寿。至汉景帝时，寿乃与弟子齐人胡毋子都，著于竹帛，与董仲舒皆见于图谶。'徐彦又曰：'胡毋生本虽以公羊经传授董氏，犹自别作条例。其言不可信也。太史公亲见仲舒，故曰吾闻之董生。'其作儒林传，不言子都、仲舒之师为何人，盖不可得而闻矣。若子都、仲舒为寿之弟子，太史公岂有不知者哉？即班书《儒林传》亦不言子都、仲舒之师为寿，第云胡毋生与董仲舒同业，仲舒著书称其德，年老归教于齐而已。同业者，同治公羊之学，未尝云以经传授董子也。陆元朗《经典释文》序录亦无是说也。戴宏解疑论本之图谶，乃无稽之谈，而《隋书·经籍志》、《公羊疏》、《玉海》皆引以为说，不信经史，而信图谶，何哉？公羊之学，兴于汉初，最著者为胡毋生、董子。子都归老于齐，齐之言《春秋》者不显。董子之弟子遂之者众，故其说大行于世，如兰陵褚大、东平嬴公、广川段仲温、吕少舒，皆通显至大官。嬴公授东海孟卿及鲁眭宏，宏授严彭祖、颜安乐，由是公羊有严、颜之学。彭祖授琅玡王中，中授同郡公孙文及东门云。安乐授淮阳泠丰及淄川任翁。丰授大司徒马宫及琅玡左咸。贡禹亦事嬴公而成于眭孟，授颍川堂溪惠，惠授泰山冥都及疏广。广事孟卿以授琅玡筦路。路及冥都又事颜安乐，授大司农孙宝。《释文序录》之说如此。是前汉时严、颜之学盛行，皆仲舒之学也。胡毋生之弟子，惟公孙宏一人，余无闻焉。爰及东京，多治《严氏春秋》，见于范书《儒林传》者，别有丁恭、周泽、钟兴、甄宇、楼望、程曾六人。治《颜氏春秋》者，惟张君夏一人，张氏兼说严氏、冥氏，亦非专治颜氏之学者。至于李育，虽习《公羊》，然不知其为严氏之学欤？颜氏之学欤？何休之师，则博士羊弼也。传称休兴弼追述李育意以难二传，作《公羊墨守》，则休之学出于李育，无所谓严氏、颜氏矣。其为《解诂》，依胡毋生《条例》，自言多得其正，至于严、颜之学，则谓之'时加酿嘲辞'。又曰：'甚可闵笑。'然则休之学出于育，育之学本之子都矣。今之公羊，乃齐之公羊，非赵之公羊也。董子书散失已久，传于世者仅存残阙之《繁露》，而其说往往与休说不合，《繁露》之言'二端十指'，亦与条例之'三科九旨'迥异，仲舒推五行灾异之说，《汉书·五行志》备载焉。休之《解诂》，不用董子之说，取京房之占，其不师仲舒可知矣，则其所称先师者，为胡毋生、李育之徒，非仲舒、彭祖、安乐也。是董

子之学，盛行于前汉，寖微于后汉，至晋时其学绝矣。若夫晋之刘兆、王接父子，绝无师法，合‘三传’而别一尊，不特非胡毋生、董子之学，并非公羊高之学也。”①

[二]严彭祖，字公子，东海下邳人。与颜安乐俱事眭孟。孟弟子百余人，唯彭祖、安乐为明，质问疑谊，各持所见。孟曰：“《春秋》之意，在二子矣！”孟死，彭祖、安乐各颛门教授。由是《公羊春秋》有颜、严之学。

[三]瑕丘江公受《穀梁春秋》及《诗》于鲁申公，传子至孙为博士。武帝时，江公与董仲舒并。仲舒通“五经”，能持论，善属文。江公呐于口，上使与仲舒议，不如仲舒。而丞相公孙弘本为《公羊》学，比辑其议，卒用董生。于是上因尊《公羊》家，诏太子受《公羊春秋》，由是《公羊》大兴。

[四]《汉书·儒林传》：太子既通，复私问《穀梁》而善之。其后寖微，唯鲁荣广王孙、皓星公二人受焉。广尽能传其《诗》、《春秋》，高材捷敏，与《公羊》大师眭孟等论，数困之，故好学者颇复受《穀梁》。沛蔡千秋少君、梁周庆幼君、丁姓子孙皆从广受。千秋又事皓星公，为学最笃。宣帝即位，闻卫太子好《穀梁春秋》，以问丞相韦贤、长信少府夏侯胜及侍中乐陵侯史高，皆鲁人也，言穀梁子本鲁学，公羊氏乃齐学也，宜兴《穀梁》。时千秋为郎，召见，与《公羊》家并说，上善《穀梁》说，擢千秋为谏大夫给事中，后有过，左迁平陵令。复求能为《穀梁》者，莫及千秋，上愍其学且绝，乃以千秋为郎中户将，选郎十人从受。汝南尹更始翁君本自事千秋，能说矣。会千秋病死，征江公孙为博士。

[五]刘向以故谏大夫通达待诏，受《穀梁》，欲令助之。江博士复死，乃征周庆、丁姓待诏保宫，使卒授十人。自元康中始讲，至甘露元年，积十余岁，皆明习。乃召“五经”名儒、太子太傅萧望之等大议殿中，平《公羊》、《穀梁》同异，各以经处是非。时《公羊》博士严彭祖、侍郎申挽、伊推、宋显，《穀梁》议郎尹更始、待诏刘向、周庆、丁姓并论。《公羊》家多不见从，愿请内侍郎许广，使者亦并内《穀梁》家中郎王亥，各五人，议三十余事。望之等十一人各以经谊对，多从《穀梁》。由是《穀梁》之学大盛。庆、姓皆为博士（师古曰：“周庆、丁姓，二人也。”）。

[六]姓至中山太傅，授楚申章昌曼君，为博士，至长沙太傅，徒众尤盛。尹更始为谏大夫、长乐户将，又受《左氏传》，取其变理合者以为章句，传子咸及翟方进、琅邪房凤。咸至大司农，方进丞相。

《左氏传》本左丘明作，以授曾申，申传卫人吴起，起传其子期，期传楚人铎椒，椒传赵人虞卿，卿传同郡荀卿名况，况传武威张苍，苍传洛阳贾谊，谊传至其孙嘉，嘉传赵人贯公，贯公传其少子长卿，长卿传京兆张敞及侍御史张禹，禹数为御史大夫萧望之言左氏，望之善之，荐禹征待诏。未及问，会病死。禹传尹更始，更始传其子咸及翟方进、胡常，常授黎羊、贾护，护授苍梧陈钦。《汉书·儒林传》云：“汉兴，北平侯张苍及梁太傅贾谊、京兆尹张敞、(大)［太］中大夫刘公子皆修《春秋左氏传》。”始刘歆从尹咸及翟方进受《左氏》，由是言《左氏》者，本之固护、刘歆。歆授扶风贾徽，徽传子逵，逵受诏，列《公羊》、《穀梁》不如《左氏》四十事奏之，名曰《左氏长义》。章帝善之，逵又作《左氏训诂》。司空南阁、祭酒陈元作《左氏同异》，大司农郑众作《左氏条例章句》，南郡太守马融为三家同异之说。京兆尹延笃受《左氏》于贾逵之孙伯升，因而注之，汝南彭汪记先师奇说及旧注，（大）［太］中大夫许淑、九江太守服虔、侍中孔嘉、魏司徒王朗、荆州刺史王基、大司农董遇、征士敦煌周生烈，并注解《左氏传》。梓潼李仲钦著《左氏指归》，陈郡（颖）［颍］容作《春秋条例》，又何休作《左氏膏肓》、《春秋墨守》、《穀梁废疾》，郑康成作《针膏肓》、《发墨守》、《起废疾》，自是《左氏》

① 见《续修四库全书》第173册第581～582页，又见《江藩集》上海古籍出版社2006年版第68～70页。

大兴。

汉兴，颜芝[一]子贞传《孝经》，是为今文。长孙氏博士江翁、少府后苍、谏大夫翼奉、安昌侯张禹传之，各自名家，凡十八章。又有古文出于孔氏壁中，孔安国作传，刘向校书，定为十八。后汉马融亦作《古文孝经传》，而世不传。世所行郑注，相承以为郑玄。按《郑志》及《中经簿》无，唯中朝穆帝[二]集讲《孝经》云："以郑玄为主。"检《孝经注》，与康成注"五经"不同，未详是非。窃按《孝经注》盖出郑小同[三]。

【笺注】

[一]颜芝，秦末汉初河间（今河北献县）人。

[二]指东晋穆帝司马聃。

[三]郑小同，郑玄之孙。底本脱"小"字。

汉兴，传《论语》者有三家：《鲁论语》者，鲁人所传，即今所行篇次是也。常山都尉龚奋、长信少府夏侯胜[一]、丞相韦贤[二]及次子玄成[三]、鲁扶卿[四]、太子少傅夏侯建[五]、前将军萧望之[六]并传之，各自名家。《齐论语》者，齐人所传，昌邑中尉王吉、少府宋畸、琅玡王卿、御史大夫贡禹、尚书令五鹿充宗、胶东庸生并传之，唯王阳名家。《古论语》者，出自孔氏壁中，孔安国为传，后汉马融亦注之。安昌侯张禹受《鲁论》于夏侯建，又从庸生、王吉受《齐论》，择善而从，号曰《张侯论》，最后而行于汉世。禹以《论》授成帝。后汉包咸、周氏并为章句，王肃亦有注。

【笺注】

[一]夏侯胜，字长公，宁阳侯国（今山东宁阳）人。初，鲁共王分鲁西宁乡以封子节侯，别属大河，大河后更名东平，故胜为东平人。胜少孤，好学，从始昌受《尚书》及《洪范五行传》，说灾异。后事简卿，又从欧阳氏问。为学精孰，所问非一师也。善说礼服。征为博士、光禄大夫。迁长信少府，赐爵关内侯，以与谋废立，定策安宗庙，益千户。事迹见《汉书》本传。夏侯胜有《尚书大小夏侯章句》二十九卷、《大小夏侯解故》二十九篇，均佚。清儒陈乔枞有《尚书欧阳夏侯遗说考》，收在《皇清经解续编》中。

[二]韦贤（约前148—前67），字长孺，鲁国邹（今邹城东南）人。其先韦孟，家本彭城，为楚元王傅，傅子夷王及孙王戊。戊荒淫不遵道，孟作诗风谏。后遂去位，徙家于邹。贤为人质朴少欲，笃志于学，兼能《礼》、《尚书》，以《诗》教授，号称邹鲁大儒。征为博士，给事中，进授昭帝《诗》，稍迁光禄大夫、詹事，至大鸿胪。昭帝崩，无嗣，大将军霍光与公卿共尊立孝宣帝。帝初即位，贤以与谋议，安宗庙，赐爵关内侯，食邑。徙为长信少府，以先帝师，甚见尊重。本始三年（前71年），代蔡义为丞相，封扶阳侯，食邑七百户。年八十二薨，谥曰节侯。事迹见《汉书》本传。

[三]玄成：字少翁，以父任为郎，常侍骑。少好学，修父业，尤谦逊下士。出遇知识步行，辄下从者，与载送之，以为常。其接人，贫贱者益加敬，繇是名誉日广。以明经擢为谏大夫，迁大河都尉。事迹见《汉书》本传。

[四]鲁扶卿：荆州刺史。

[五]夏侯建：字长卿，胜从父兄子，为博士议郎、太子少傅。

[六]萧望之：字长倩，东海兰陵人。御史大夫，前将军，兼传《论语》。

两汉通经诸儒第十三

毕氏秋帆作《传经表》，并作《通经表》，自通一经以上至十数经者皆录焉。其尊汉经师，盖不言而喻矣。予既遵陆氏元朗录传经诸儒以明家法，因又录通经者以示博约。

汉承秦火而后，经籍尽亡，治一经为难，故田、齐之《易》，伏生之《书》，毛公之《诗》，高堂生之《礼》，公、穀之《春秋》，皆止一经。

而通二经者则有：鲁人申培公治《鲁诗》及《穀梁》，东海孟卿治《春秋》、《礼》，燕人韩婴治《诗》、《易》，司马迁治《易》、《古文尚书》，博士江生治《鲁诗》、《孝经》，夏侯建治《尚书》、《论语》，虢人徐敖治《古文尚书》、《毛诗》，琅琊王璜治《易》、《古文尚书》，洛阳贾嘉治《尚书》、《左氏》，鲁人荣广治《诗》、《穀梁》，临淄主父偃治《易》、《春秋》，丙吉治《诗》、《礼》，贡禹治《公羊》、《论语》，王骏治《易》、《论语》，翼奉治《诗》、《孝经》，汝南尹更始治《左氏》、《穀梁》，尹咸、朱云治《易》、《论语》，寿春梅福治《尚书》、《穀梁》，高阳王尊治《书》、《论语》，五鹿充宗治《易》、《论语》，琅玡房凤治《左氏》、《穀梁》，翟方进治《左氏》、《穀梁》，刘嘉治《尚书》、《春秋》，东昏刘昆治《施氏易》、《徐氏容礼》，宛人卓茂治《鲁诗》、《礼》，无锡虞俊治《公羊》、《左氏》，冯豹治《诗》、《春秋》，西平郅恽治《韩诗》、《严氏春秋》，京兆第五元［先］治《京氏易》、《公羊》，成武孙期治《京氏易》、《古文尚书》，定陶张驯治《大夏侯尚书》、《左氏》，扶风李育治《左氏》、《公羊》，鲁人孔子建治《古文尚书》、《毛诗》，长安右师细君治《鲁诗》、《论语》，会稽包咸治《鲁诗》、《论语》，济南徐巡治《古文尚书》、《毛诗》，成都张楷治《古文尚书》、《严氏春秋》，安众宋均治《诗》、《礼》，弘农杨秉治《京氏易》、《古文尚书》，定阴①刘陶治《古文尚书》、《春秋》，新野邓宏治《易》、《欧阳尚书》，邓德甫所治同，朝那皇甫规治《易》、《诗》，杨赐治《尚书》、《左氏》，蒙人夏恭治《孟氏易》、《韩诗》，阆中樵元治《易》、《春秋》，平舆廖扶治《欧阳尚书》、《毛诗》，胶东公沙穆治《韩诗》、《公羊》，长陵乐恢治《齐诗》、《春秋》，赵牧所治同，宜春陈重、鄱阳雷义皆治《鲁诗》、《严氏春秋》，郭恩治《周易》、《春秋》，许人陈纪治《齐诗》、《左氏》，冠军贾复治《易》、《尚书》，宛人孔乔治《古文尚书》、《左氏》，京兆韦著治《京氏易》、《韩诗》，(郑)［鄭］人李昺治《京氏易》、《鲁诗》，南阳宗资治《孟氏易》、《欧阳尚书》，绵竹杜真治《周易》、《春秋》，茂陵耿弇治《诗》、《礼》，祝睦治《韩诗》、《公羊严氏春秋》，南阳韩歆治《费易》、《左氏》，绵竹任安治《孟氏易》、《夏侯尚书》，李孟元治《易》、《论语》，绵竹董扶治《易》、《欧阳尚书》，韩宗治《京氏易》、《欧阳尚书》，东平阳田君治《京氏易》、《韩诗》，夏承治《尚书》、《诗》，鲁峻治《鲁诗》、《颜氏春秋》，卫宏治《古文尚书》、《毛诗》，魏郡许淑治《费氏易》、《左氏》，成都杜琼治《尚书》、《韩诗》，广信士燮治《尚书》、《左氏》，高诱治《礼》、《孝经》，弘农董遇治《费氏易》、《左氏》，敦煌周生烈治《左氏》、《古论语》，高密郑小同治《小戴记》、《孝经》，河南征崇治《易》、《左氏》，丹阳唐固治《公羊》、《穀梁》，余姚虞翻治《易》、《论语》，杜陵杜宽治《礼记》、《左氏》，钟繇治《易》、《左氏》，利漕郭恩治《易》、《春秋》，南阳何晏治《易》、《论语》，彭城张昭治《左氏》、《论语》，山阳王弼治《易》、《论语》。

其通三经者则有：郯人后苍治《齐诗》、《礼》、《孝经》，瑕邱江公治《鲁诗》、《穀梁》、《论语》，鲁人周霸治《易》、《尚书》、《鲁诗》，清河胡常治《古文尚书》、《左

① 广文本刊语云：原本“颍阴”误“定阴”。

氏》、《穀梁》，兰陵萧望之治《齐诗》、《礼服》、《论语》，邹人韦元成治《鲁诗》、《礼》、《论语》，扶风班伯治《齐诗》、《尚书》、《论语》，代郡范升治《梁丘易》、《论语》、《孝经》，安成①周磐治《古文尚书》、《诗》、《左氏》，安平崔骃治《易》、《诗》、《春秋》，鲁人孔僖治《古文尚书》、《毛诗》、《春秋》，茂陵马续治《尚书》、《诗》、《论语》，梓潼景鸾治《施氏易》、《齐诗》、《礼》，南昌唐檀治《京氏易》、《韩诗》、《颜氏春秋》，崔瑗治《京氏易》、《诗》、《春秋》，濮阳闿泽治《韩诗》、《左氏》、《礼记》，宛人任延治《易》、《诗》、《春秋》，华阴刘宽治《京氏易》、《欧阳尚书》、《韩诗外传》，中山刘祐治《古文尚书》、《严氏春秋》、《小戴礼》，南昌徐稺治《京氏易》、《欧阳尚书》、《严氏春秋》，林虑杜乔治《京氏易》、《欧阳尚书》、《韩诗》，阳都诸葛瑾治《尚书》、《毛诗》、《左氏》，南阳樊安治《韩诗》、《论语》、《孝经》，武荣治《鲁诗韦君章句》、《孝经》、《论语》，扶乐袁准治《易》、《书》、《周官经》，云阳韦昭治《毛诗》、《孝经》、《鲁论》，弘农辛（僐）［缮］治《易》、《诗》、《春秋》。

其治四经者则有：鲁人孔安国治《诗》、《尚书》、《古文孝经》、《古文论语》，胶东庸谭治《古文尚书》、《左氏》、《穀梁》、《论语》，东平夏侯胜治《尚书》、《礼》、《穀梁》、《论语》，河内张禹治《易》、《论语》、《孝经》、《左氏》，河南郑兴治《漆书古文》、《周官经》、《左氏》、《公羊》，郑众治《费氏易》、《［毛］诗》、《周官》、《左氏》，延笃治《易》、《尚书》、《左氏》、《礼》，贾徽治《古文尚书》、《毛诗》、《周官经》、《左氏》，卢植治《尚书》、“三礼”，徐淑治《孟氏易》、《周官经》、《公羊》、《礼记》，巴郡文立治《毛诗》、“三礼”。

其治五经者则有：董仲舒、刘向、兰陵褚大、琅玡王吉、楚人龚胜、龚舍、鲁人夏侯始昌、平陵鲁丕、沛国桓谭、堵阳尹敏、平陵贾逵、成都张霸、东（都）［郡］张恭祖、广戚姜肱②、西鄂张衡、外黄申屠蟠、召陵许慎、河间刘淑、南顿蔡元、南郑李（合）［郃］、鲁阳樊英、会稽韩说、郿人井丹、法真、京兆玉况、华容胡广、蕲县施延、宛人朱穆、郯人刘虞、武德王奂、南郑李固、西平李咸、涪人尹默、广陵张（弦）［紘］、彭城严畯、南顿程秉、东海王朗、乐安任嘏。

其治六经者则有：刘歆、何休。

其治七经者则有：张宽、汝阴③荀爽、成都赵典、梓潼杨克、涪人李撰、南阳许慈。

其治八经者则有：乐安孙炎。

其治九经者则有：王肃（朗子）④。

其治十经者则有：高密郑康成。

其治十一经者则有：茂陵马融。

又帝王通经则有：孝武帝、孝昭帝、汉宣帝、孝元帝、孝成帝、孝哀帝、光武帝、孝明帝、孝章帝、孝和帝、孝安帝、孝顺帝、孝桓帝、孝灵帝、蜀先主、蜀后主。

又皇后通经则有：孝昭上官后、孝成赵后、班婕妤、明德马后、和熹邓后、顺烈

---

① 广文本刊语云：原本“安成”误倒。安成，今河南汝南县。

② 广文本刊语云：“肱”疑当作“纮”。

③ 广文本刊语云：“汝阴”疑当作“颍阴”。

④ 《经解入门》误作“王朗、子肃”，据《通经表》改正。

梁后。

又诸王通经则有：楚元王交、夷王郢客、梁襄王揖、淮南王安、河间王德、燕刺王旦、淮阳宪王钦、广川王去、齐武王缜、千乘王伉、东海王彊、东平献王苍、沛（献）［宪］王辅、北海敬王睦、陈敬王羡、济南孝王香、琅邪孝王京。

又列女通经则有：伏胜女[一]、曹宫[二]、文季姜[三]、崔发（贯）［母］师氏[四]、崔（实）［寔］母[五]、张雨[六]、班昭[七]。

又宦官通经则有：赵祐[八]。

【笺注】

[一]伏胜女，即伏生之女，能传家学，以《今文尚书》口授晁错。

[二]曹宫，成帝宠姬，赵皇后传：宫属中宫，为学事史，通《诗经》，授皇后。

[三]文季姜，穆彰阿《（嘉庆）大清一统志》卷四百十四列女：汉文季姜，梓潼人，将作大匠王敬伯之妻。少读《诗》、《礼》，前后八子，爱育亲继如一堂，子孙虽二千石犹杖之，内门相化，服姑之教。

[四]崔发母师氏，据《后汉书》卷八十二《崔骃传》载：（崔）舒小子篆，王莽时为郡文学，以明经征，诣公车太保，甄丰举为步兵校尉……莽嫌诸不附己者，多以法中伤之。时篆兄发以佞巧幸于莽，位至大司空。母师氏能通经学百家之言，莽宠以殊礼，赐号义成夫人，金印紫绶，文轩丹毂，显于新世。后以篆为建新大尹。

[五]崔寔母，据《后汉书》卷八十二《崔骃传》载：崔寔，字子真，一名台，字符始。少沉静，好典籍。桓帝初诏公卿郡国举至孝独行之士，寔以郡举征，诣公车，病不对策，除为郎。明于政体，吏才有余，论当世便事数十条，名曰《政论》，指切时要，言辩而确，当世称之。……时鲜卑数犯边，诏三公举威武谋略之士，司空黄琼荐寔，拜辽东太守。行道，母刘氏病卒，上疏求归葬行丧。母有母仪淑德，博览书传。初，寔在五原，常训以临民之政，寔之善绩，母有其助焉。服竟，召拜尚书。寔以世方阻乱，称疾不视事，数月免归。

[六]张雨，寿张县女子，据姚之骃《后汉书补逸》卷九“谢夷吾”条：“夷吾为寿张令。县人女子张雨早丧父母，年五十，不肯嫁，留养孤弟二人，教其学问，各得通经，雨皆为聘娶，皆成善士。夷吾荐于州府，使各选举，表复雨门户。”姚之骃案：“雨以贞女抚弟，使二亲虽殁犹存，千古奇媛也，范删之何居？”

[七]班昭，一名姬，字惠班。扶风安陵（今陕西咸阳）人。曹世叔之妻，班彪之女。世叔早卒，有节行法度。博学高才。班固著《汉书》，其八表及天文志未及竟而卒，和帝诏昭就东观藏书阁踵而成之。帝数召入宫，令皇后诸贵人师事焉，号曰大家。时《汉书》始出，多未能通者，同郡马融伏于阁下，从昭受读，后又诏融兄续继昭成之。作《女诫》七篇，有助内训。事迹见《后汉书·列女传》。

[八]《后汉书·吕强传》：“时宦者济阴丁肃、下邳徐衍、南阳郭耽、汝阳李巡、北海赵祐等五人称为清忠，皆在里巷，不争威权。巡以为诸博士试甲乙科争第高下，更相告言，至有行赂定兰台漆书经字以合其私文者，乃白帝，与诸儒共刻‘五经’文于石。于是诏蔡邕等正其文字，自后‘五经’一定，争者用息。赵祐博学多览，著作校书，诸儒称之。”

经解入门卷三

南北经术流派第十四

六朝经术流派，见于《北史·儒林传序》[一]者甚详。而宗法[二]所在，孰得孰失，学者不可不知。

【笺注】

[一]《北史·儒林传序》云：儒者，其为教也大矣，其利物也博矣！以笃父子，以正君臣。开政化之本原，凿生灵之耳目，百王损益，一以贯之。虽世或污隆，而斯文不坠。自永嘉之后，宇内分崩，礼乐文章，扫地将尽。魏道武初定中原，虽日不暇给，始建都邑，便以经术为先。立太学，置五经博士生员千有余人。天兴二年春，增国子太学生员至三千人。岂不以天下可马上取之，不可以马上临之？圣达经猷，盖为远矣。四年春，命乐师入学习舞，释菜于先师。明元时，改国子为中书学，立教授博士。太武始光三年春，起太学于城东。后征卢玄、高允等，而令州郡各举才学。于是人多砥尚，儒术转兴。献文天安初，诏立乡学，郡置博士二人，助教二人，学生六十人。后诏大郡立博士二人，助教四人，学生一百人；次郡立博士二人，助教二人，学生八十人；中郡立博士一人，助教二人，学生六十人；下郡立博士一人，助教一人，学生四十人。太和中，改中书学为国子学，建明堂、辟雍，尊三老五更，又开皇子之学。及迁都洛邑，诏立国子、太学、四门小学。孝文钦明稽古，笃好坟籍，坐舆据鞍，不忘讲道。刘芳、李彪诸人以经书进，崔光、邢峦之徒以文史达。其余涉猎典章，闲集词翰，莫不縻以好爵，动贻赏眷。于是斯文郁然，比隆周、汉。宣武时，复诏营国学。树小学于四门，大选儒生以为小学博士，员四十人。虽黉宇未立，而经术弥显。时天下承平，学业大盛，故燕、齐、赵、魏之间，横经著录，不可胜数。大者千余人，小者犹数百。州举茂异，郡贡孝廉，对扬王庭，每年逾众。神龟中，将立国学，诏以三品以上，及五品清官之子以充生选。未及简置，仍复停寝。正光三年，乃释奠于国学，命祭酒崔光讲《孝经》，始置国子生三十六人。暨孝昌之后，海内淆乱，四方校学，所存无几……大抵南北所为章句，好尚互有不同。江左，《周易》则王辅嗣，《尚书》则孔安国，《左传》则杜元凯。河洛，《左传》则服子慎，《尚书》、《周易》则郑康成。《诗》则并主于毛公，《礼》则同遵于郑氏。南人约简，得其英华；北学深芜，穷其枝叶。考其终始，要其会归，其立身成名，殊方同致矣。

[二]宗法：指学术上某一宗派递相传授的法度规矩。

王弼，名士也，非经师[一]也；杜预，名将也，亦非经师。非经师，则学无所授，信心而谈，空疏滉漾[二]，游衍[三]无归，拨弃[四]旧诂，竞标新说，何足称专门之业？若孔安国，则真经师矣。使果为真孔氏，虽康成亦应俯首，而无如其伪也。今习古文，是率天下而伪也，乌乎可？

【笺注】

[一]经师：本指汉代讲授经书的学官。《汉书·平帝纪》："郡国曰学，县、道、邑、侯国曰校。校、学置经师一人。"后泛指传授经书的大师或师长。

[二]空疏滉漾：空疏浅薄，轻浮如水。

[三]游衍：恣意游逛。

[四]拨弃：摒弃；摒除。

然而揆[一]其所始，厥由东晋。方晋氏渡江而东，修学校，简省[二]博士，置《周易》王氏，《尚书》郑氏，《古文尚书》孔氏，《毛诗》郑氏，《周官》、《礼记》、《春秋左传》杜氏、服氏，《论语》、《孝经》郑氏，博士各一人。太常荀崧上疏请增置郑《易》、《仪礼》及《春秋》、《公羊》、《穀梁》博士各一人，会王敦[三]之难，不果行。盖郑《易》之废，实始于此。故张璠[四]所集二十二家仅依向秀[五]之本，而谢万[六]等各注《系辞》，以续王弼之书，玄风[七]大畅，古义遂湮。陆澄[八]贻王俭书云："《易》自商瞿之后，虽有异家之学，同以象数为宗，后乃有王弼之说。"

【笺注】

[一]揆：度量；揣度。

[二]简省：犹检视。

[三]王敦（266—324），晋武帝时权臣，曾于322年举兵发难。据《晋书》卷七十五《荀崧传》载：时方修学校，简省博士，置《周易》王氏，《尚书》郑氏，《古文尚书》孔氏，《毛诗》郑氏，《周官》、《礼记》郑氏，《春秋左传》杜氏、服氏，《论语》、《孝经》郑氏博士各一人，凡九人，其《仪礼》、《公羊》、《穀梁》及郑《易》皆省不置。崧以为不可，乃上疏……世祖武皇帝应运登禅，崇儒兴学。经始明堂，营建辟雍，告朔班政，乡饮大射。西阁东序，河图秘书禁籍。台省有宗庙太府金墉故事，太学有石经古文先儒典训。贾、马、郑、杜、服、孔、王、何、颜、尹之徒，章句传注众家之学，置博士十九人。九州之中，师徒相传，学士如林，犹选张华、刘寔居太常之官，以重儒教。……伏闻节省之制，皆三分置二。博士旧置十九人，今"五经"合九人，准古计今，犹未能半，宜及节省之制，以时施行。今九人以外，犹宜增四。愿陛下万机余暇，时垂省览。宜为郑《易》置博士一人，郑《仪礼》博士一人，《春秋公羊》博士一人，《穀梁》博士一人。昔周之衰，下陵上替，上无天子，下无方伯，善者谁赏，恶者谁罚，孔子惧而作《春秋》。诸侯讳妒，惧犯时禁，是以微辞妙旨，义不显明，故曰"知我者其惟《春秋》，罪我者其惟《春秋》"。时左丘明、子夏造膝亲受，无不精究。孔子既没，微言将绝，于是丘明退撰所闻，而为之传。其书善礼，多膏腴美辞，张本继末，以发明经意，信多奇伟，学者好之。称公羊高亲受子夏，立于汉朝，辞义清隽，断决明审，董仲舒之所善也。穀梁赤师徒相传，暂立于汉世。向、歆，汉之硕儒，犹父子各执一家，莫肯相从。其书文清义约，诸所发明，或是《左氏》、《公羊》所不载，亦足有所订正。是以'三传'并行于先代，通才未能孤废。今去圣久远，其文将堕，与其过废，宁与过立。臣以为'三传'虽同曰《春秋》，而发端异趣，案如三家异同之说，此乃义则战争之场，辞亦剑戟之锋，于理不可得共。博士宜各置一人，以博其学。元帝诏曰："崧表如此，皆经国之务。为政所由。息马投戈，犹可讲艺，今虽日不暇给，岂忘本而遗存邪！可共博议者详之。"议者多请从崧所奏。诏曰："《穀梁》肤浅，不足置博士，余如奏。"会王敦之难，不行。

[四]《魏志·三少帝纪》裴松之注载张璠事略：案张璠、虞溥、郭颁皆晋之令史。璠撰《后汉纪》，虽似未成，辞藻可观。

[五]向秀（？—约275），字子期，河内怀县（今河南武陟）人。清悟有远识，少为山涛所知，雅好老庄之学。庄周著内外数十篇，历世才士虽有观者，莫适论其旨统也，秀乃为之隐解，发明奇趣，振起玄风。始，秀欲注，嵇康曰："此书讵复须注，正是妨人作乐耳。"及成，示康曰："殊复胜不？"著有《向秀易义》、《庄子注》、《思旧赋》。事迹见《晋书》卷四九。

[六]谢万（320—361），字万石，陈郡阳夏（今河南太康）人，谢安弟，东晋豫州刺史。韩伯，字康伯，颍川人，东晋太常卿。袁悦之，字符礼，陈郡人，东晋骠骑咨议参军。

[七]玄风：玄谈的风尚。

[八]陆澄（425—494），字彦渊，吴郡吴（今江苏苏州）人。澄少好学，博览无所不知，行坐眠食，手不释卷。起家太学博士，中军卫军府行佐，太宰参军，补太常丞，郡主簿，北中郎行参军。武帝永明元年（483），转度支尚书，领国子博士。事迹见《南齐书》卷三九。

王济[一]云："弼所误者多，何必能顿废前儒？"是郑氏之不可行①，南人固有知之矣。犹幸河北学者习郑《易》，故其书至唐犹存，陆氏《释文》、李氏《集解》间述一二，而王注传习既久，终不能夺，竟至失传，岂不深可惜哉？[二]然晋时郑《易》虽废，而《尚书》犹兼习郑、孔，《春秋》犹兼习服、杜，其后乃废郑、服而专用孔、杜。[三]

【笺注】

[一]王济（247？—292？），字武子，太原晋阳（今山西太原）人，王浑子。少有逸才，风姿英爽，善《易》及《庄》、《老》，文词俊茂，伎艺过人，有名当世。累迁侍中，与侍中孔恂、王恂、杨济同列，为一时秀彦。济善于清言，修饰辞令，讽议将顺，朝臣莫能尚焉。帝益亲贵之。仕进虽速，论者不以主婿之故，咸谓才能致之。然外虽弘雅，而内多忌刻，好以言伤物，侪类以此少之。以其父之故，每排王浚，时议讥焉。事迹见《晋书》卷四十二。其诗开玄言诗风，《诗品》列入下品，称"永嘉以来，清虚在俗，王武子辈诗贵道家之言"。

[二]《南齐书》卷三十九：时国学置郑王《易》，杜服《春秋》，何氏《公羊》，麋氏《穀梁》，郑玄《孝经》。（陆）澄谓尚书令王俭曰："《孝经》，小学之类，不宜列在帝典。"乃与俭书论之曰："《易》近取诸身，远取诸物，弥天地之道，通万物之情。自商瞿至田何，其间五传。年未为远，无讹杂之失；秦所不焚，无崩坏之弊。虽有异家之学，同以象数为宗。数百年后，乃有王弼。王济云弼所悟者多，何必能顿废前儒。若谓《易》道尽于王弼，方须大论，意者无乃仁智殊见。且《易》道无体不可以一体求，屡迁不可以一迁执也。晋太兴四年，太常荀崧请置《周易》郑玄注博士，行乎前代，于时政由王、庾，皆俊神清识，能言玄远，舍辅嗣而用康成，岂其妄然。太元立王肃《易》，当以在玄、弼之间。元嘉建学之始，玄、弼两立。逮颜延之为祭酒，黜郑置王，意在贵玄，事成败儒。今若不大弘儒风，则无所立学。众经皆儒，惟《易》独玄，玄不可弃，儒不可缺。谓宜并存，所以合无体之义。且弼于注经中已举《系辞》，故不复别注。今若专取弼《易》，则《系》说无注。"

[三]宋王应麟《周易郑康成注跋》：康成注《易》九卷，多论互体，江左与王辅嗣学并立。荀崧谓其书根源。颜延之为祭酒，黜郑置王。齐陆澄诒王俭书云："《易》自商瞿之后，虽有异家之学，同以象数为宗，数年后乃有王弼之说。"王济云：弼所误者多，何必能顿废前儒？河北诸儒专主郑氏，隋兴，学者慕弼之学，遂为中原之师，唐因之。今郑注不传，此景迂晁氏所慨叹也。李鼎祚云：郑多参天象，王全释人事。《易》道岂偏滞于天人者哉？合彖象于经，盖自康成始。其说间见于鼎祚《集解》及《释文》、《易》、《诗》、"三礼"、《春秋义疏》、《后汉书》、《文选注》。应麟读《易》之暇，辑为此编，庶

① 广文本刊语云："行"疑当作"废"。

几先儒象数之学犹有考焉。癸酉季夏哉生明汲古堂书。

《释文》云："江左中兴，（梅颐）［枚赜］奏上孔传，学徒遂盛。后范宁变为今文集注，俗间或取《舜典》篇以续孔氏。"[一]夫范宁[二]固号为能遵守郑学[三]者，而古文孔传则（梅颐）［枚赜］之徒伪撰者[四]，乃笃信不疑，且为之集注，是表章孔传，偏自遵守郑学者为之倡始，异哉！而一时趋向亦于此可卜矣。然刘宋时郑氏犹未废绝，故裴骃《史记集解》兼采郑、孔两家，无所偏立。《释文》又云："近惟崇尚古文，马、郑、王注遂废。"《释文》之作，在于陈末，而曰"近"，则崇孔废郑实在齐、梁之后矣。

【笺注】

［一］唐陆德明《经典释文·序录》。此处引文与原文稍有不同。枚赜，字仲真，汝南（今湖北武昌）人。

［二］范宁，东晋经学家。字武子。南阳顺阳（今河南南阳）人。曾任豫章太守。撰《春秋穀梁传集解》十二卷，是今存最早的《穀梁传》注解，阮元收入《十三经注疏》。

［三］郑学：指经学中的东汉郑玄学派。《隋书·经籍志》："梁、陈，郑玄、王弼二注，列于国学，齐代，唯传郑义，至隋，王注盛行，郑学寖微。"陈澧《东塾读书记·郑学》："郑君尽注'三礼'，发挥旁通，遂使'三礼'之书合为一家之学，故直断之曰：'《礼》是郑学。'"

［四］枚赜。献《古文尚书》及《尚书孔氏传》，立为官学，但二书被宋以来的考据家指为伪书。

其《春秋》服氏之废，不知始于何时。裴骃注《史记》，引解颇多，梁、陈间未有习服氏《春秋》者。李延寿[一]曰："晋世，杜预注《左氏》。预玄孙坦，坦弟骥，于宋朝并为青州刺史，传其家业，故齐地多习之。"① 是预之子孙多贵显，故其学且流入北方，宜服氏之不能与争。崔灵恩[二]申服难杜，虞僧诞[三]申杜难服，莫能相胜。而小刘[四]规杜过至三百余事，则公论不可诬也。夫江左儒风，渊源典午[五]，专尚浮华，务析名理[六]，其去繁就简，理固宜然。若谓经籍英华尽在于是，是以汉学为糟粕也，盖已隐然开驾空立说之端矣。

【笺注】

［一］李延寿，字遐龄，唐相州（今河南安阳）人。延寿承其父大师之志，撰《北史》、《南史》。事迹附载《新唐书·令狐德棻传》。

［二］崔灵恩，清河东武城（今属山东）人。南朝梁学者。少笃学，从师遍通"五经"，尤精"三礼"、"三传"。先在北仕为太常博士。天监十三年归国，高祖以其儒术擢拜员外散骑侍郎，累迁步兵校尉，兼国子博士。出为长沙内史，还除国子博士，讲众尤盛。出为明威将军、桂州刺史，卒官。灵恩集注《毛诗》二十二卷，集注《周礼》四十卷，制《三礼义宗》四十七卷、《左氏经传义》二十二卷、《左氏条例》十卷、《公羊穀梁文句义》十卷。事迹见《梁书》卷四八。

［三］虞僧诞，会稽余姚人。为国子助教，以左氏讲授，听者常数百人。时博士崔灵恩先习《左传》服解，不为江东所行，乃改说杜义，每文句常申服难杜。僧诞最精杜学，作《申杜难服》，以答灵恩，世并传焉。事迹见宋施宿《会稽志》卷十四。

［四］小刘，指刘炫（约 546—613），字光伯，河间景城人。时牛弘奏请购求天下遗逸之书，炫遂伪造书百余卷，题为《连山易》、《鲁史记》等，录上送官，取赏而去。后有人讼之，经赦免死，坐除名，归于家，以教授为务。事迹见《隋书》卷七五。著有《论语述议》、《春秋攻昧》、《五经正

---

① 《北史·儒林传》。

名》等。

[五]典午，“司马”的隐语。胡应麟《少室山房笔丛·史书占毕四》：“典午为晋，世率知之，而意义出处，或未明了。典，司也；午，马也。”在传统的十二生肖中，午为马。晋朝君主姓司马，故以“典午”指代晋朝。

[六]名理：特指魏、晋及其后清谈家辨析事物名和理的是非同异。《三国志·魏志·钟会传》：“及壮，有才数技艺，而博学精练名理。”《晋书·范汪传》：“博学多通，善谈名理。”

案《隋书·经籍志》于《易》云：“梁、陈，郑玄、王弼二注列于国学，齐代唯传郑义。至隋，王注盛行，郑学寖微。”于《书》云：“梁、陈所讲，有孔、郑二家，齐代唯传郑谊。至隋，孔、郑并行，而郑氏甚微。”于《春秋》云：“《左传》唯传服谊，至隋，杜氏盛行，服谊①寖微。”是梁、陈间非不言郑学，但甚微耳。其谓《左传》唯传服谊者，指北朝也。独惜隋氏起北方，混一区夏[一]，而《易》、《书》、《春秋》徇南人之浮夸，损北学[二]之精实，甚至以姚方兴之《舜典》窜入《孔传》，于伪之中又有伪焉。唐贞观中奉诏撰《五经正谊》，因循不革。案：康成闻服虔解《左传》多与己同，遂以所注畀[三]之，是服学即郑学。行郑、服，则学出于一；行王、杜、伪孔，则学分为三。故有两经之疏同为一人所作，而互相矛盾，使学者茫然不知真是之归，此宋儒所以乘间而起也。

【笺注】

[一]区夏：诸夏之地，指华夏、中国。《书·康诰》：“用肇造我区夏。”伪孔传：“始为政于我区域诸夏。”

[二]北学：指南北朝时北朝的经学。《北史·儒林传序》：“大抵南北所为章句，好尚互有不同……南人约简，得其英华；北学深芜，穷其枝叶。”清许宗彦《记南北学》：“经学自东晋后，分为南北。自唐以后，则有南学而无北学。”

[三]畀：给予；付与。

要之，儒林之卓绝者，南北各有人。以南言之，如雷次宗[一]礼服与康成并称，号为“雷、郑”。释慧远[二]遁迹沙门，周续之[三]事之，作《诗义谊》，独得毛、郑微旨。庾蔚之《丧服要记》[四]，载在《通典》②，最为详核。何承天[五]《礼论》多至三百卷，至孔子祛[六]又续成一百五十卷。崔灵恩《三礼义宗》[七]，说《礼》之总龟[八]也。其以浑盖[九]为一，在僧一行前，[十]可谓卓识。或谓其书当于零陵、桂阳间求之。稽古之士，曷留意焉。他若沈麟士、沈峻[十一]、沈文阿[十二]、太史叔明[十三]，博通“五经”，非其彰彰者乎？北则刘献之[十四]、徐遵明[十五]，蔚为名儒，刘焯、刘炫，后来之秀。至如释《论语》八寸策为八十宗[十六]，撰《孝经·闺门章》，目为古文，虽有小疵，无伤大体。且卢广[十七]以北人而光价[十八]江南，沈重[十九]以南人而胜芳河朔[二十]，杰出之才又可以地限哉？抑犹有可憾者，施雠、梁丘之《易》亡矣，孟、京不存乎？欧阳、夏侯之书亡矣，马融不尚存乎？《齐诗》久亡，《鲁诗》不至江左，不有《韩诗》薛君章句乎？《左氏》之外，犹有《公羊》、《穀梁》。服虔之外，犹有贾逵。《礼记》有卢氏，与郑氏同师。若

① 原文此下有“及《公羊》、《穀梁》”五字。

② 《通典》引庾蔚之注甚多。

此之类，南人既未暇及，北学亦寂寂无闻，徒守一先生之言，斤然唯恐失之。经术之不逮魏、晋，亦奚足怪？

【笺注】

［一］雷次宗，字仲伦，豫章南昌人。少入庐山，事沙门释慧远。事迹见《宋书》卷九三。

［二］慧远（334—416），一作惠远，东晋高僧，雁门楼烦（今山西宁武）人。事迹见《高僧传》本传。

［三］周续之（377—423），字道祖，雁门广武（今山西代县）人。年十二，诣范宁受业，居学数年，通“五经”并纬候，名冠同门。通《毛诗》六义。事迹见《宋书》卷九三。

［四］《丧服要纪》十卷，贺循撰，庾蔚之注。(《旧唐书》卷四六)

［五］何承天（370—447），东海郯（今山东郯城）人。从祖伦，晋右卫将军。事迹见《宋书》卷六四。

［六］孔子袪，会稽山阴人。事迹见《梁书》卷四八。

［七］《三礼义宗》，《隋志》著录三十卷，《经义考》注曰佚。陈振孙曰：“凡一百四十九条，其说推本‘三礼’，参取诸儒之论，博而核矣。”

［八］总龟：用以称内容博大的典籍。

［九］浑盖：浑天说与盖天说的并称。《南史·儒林传·崔灵恩》：“先是儒者论天，互执浑盖二义。”

［十］《梁书》卷四八：“先是，儒者论天，互执浑、盖二义，论盖不合于浑，论浑不合于盖。灵恩立义，以浑、盖为一焉。”僧一行（683—727），邢州巨鹿人（今河北省邢台市），唐代高僧、天文学家，首次测出子午线。

［十一］沈峻，字士嵩，吴兴武康人。事迹见《梁书》卷四八。

［十二］沈文阿，沈峻子，传父业，尤明《左氏传》。太清中，自国子助教为五经博士。传峻业者，又有吴郡张及、会稽孔子云，官皆至五经博士、尚书祠部郎。事迹见《梁书》卷四八。

［十三］太史叔明，吴兴乌程人，吴太史慈后裔。尤精三玄，当世冠绝。事迹见《梁书》卷四八。

［十四］刘献之，博陵饶阳人。善《春秋》、《毛诗》，号曰儒宗。魏承丧乱之后，“五经”大义虽有师说，而海内诸生多有疑滞，咸决于献之。事迹见《魏书》卷八四。

［十五］徐遵明（475—529），字子判，华阴（今属陕西）人。事迹见《魏书》卷八四。撰《春秋义章》，今亡佚。

［十六］《北史》卷八十一：“遵明见郑玄《论语序》云‘书以八寸策’，误作‘八十宗’，因曲为之说。”

［十七］卢广，范阳涿人。广少明经，有儒术。兼国子博士，遍讲“五经”。时北来人儒学者，有崔灵恩、孙详、蒋显，并聚徒讲说，而音辞鄙拙；惟广言论清雅，不类北人。仆射徐勉，兼通经术，深相赏好。事迹见《梁书》卷四八。

［十八］光价：显扬其身阶。《北史·序传·李仲俊》：“凡所交游，皆一时名士。汲引后生，为其光价。”

［十九］沈重，字德厚，吴兴武康人。重学业该博，为当世儒宗。至于阴阳图纬，道经释典靡不毕综。又多所撰述，咸得其指要。事迹见《周书》卷四五。

［二十］河朔：古代泛指黄河以北的地区。

谊疏之学[一]，自为一派，惟六朝为最盛。宋明帝之《周易》[二]，雷肃之之《礼记》[三]，其尤著者。《易》则褚仲都[四]，《书》则费甝[五]、（三）［二］刘、顾彪，《诗》与《春秋》则刘炫[六]，《礼》则黄庆、李孟悊[七]，《礼记》则皇侃[八]、熊安生[九]、贺玚[十]。凡所发明，俱有可观。其确守一家，不使稍有出入，亦古来释经之通例，非其弊也。唯自二刘、熊安生之外，率皆南人，故未有为郑氏《书》、《易》、服氏《春秋》作疏者。唐之《正义》，不能改用郑、服，殆亦以前无所承，难于倡造故与？

【笺注】

[一]谊疏之学：即义疏之学。义疏，疏解经义的书。其名源于六朝佛家解释佛典。后泛指补充和解释旧注的疏证。

[二]《周易义疏》十九卷，宋明帝集群臣讲。(《隋志》)

[三]《礼记新义疏》二十卷，贺玚撰。梁有《义疏》三卷，宋豫章郡丞雷肃之撰，亡。(《隋志》)

[四]《周易讲疏》十六卷，梁五经博士褚仲都撰。(《隋志》)

[五]费甝：梁国子助教。撰《尚书义疏》十卷。

[六]刘炫著有《毛诗述义》四十卷、《注诗序》一卷、《毛诗谱》二卷；《春秋述义》三十七卷、《春秋攻昧》十二卷、《春秋规过》三卷。

[七]贾公彦据齐黄庆、隋李孟悊二家之疏，定为今本《仪礼注疏》。

[八]皇侃（488—545），吴郡（今江苏苏州）人。侃少好学，师事贺玚，精力专门，尽通其业，尤明三《礼》、《孝经》、《论语》。撰《礼记讲疏》五十卷、《论语义》十卷。事迹见《梁书·儒林传》。

[九]熊安生，字植之，长乐阜城（今属河北）人。撰《周礼义疏》二十卷、《礼记义疏》四十卷、《孝经义疏》一卷，并行于世。事迹见《周书》卷四五。

[十]贺玚，字德琏，会稽山阴人。所著《礼》、《易》、《老》、《庄》讲疏，《朝廷博议》数百篇，《宾礼仪注》一百四十五卷。玚于《礼》尤精，撰《礼记新义疏》二十卷。

六朝经学之书，散佚略尽，惟《经典释文》岿然独存。前此止作音，惟陆氏兼释经义；前此止音经，惟陆氏兼音注。体例独别于诸家，而能集诸家之成，故为不刊[一]之典。其中《周易音义》最为精博，虽以王为主，特采子夏、京房、孟喜、马、郑、刘表、荀爽、虞翻、陆绩、王肃、董遇、姚信、王廙、干宝、蜀才、黄颖，旁及《九家易》、张璠《集解》，萃十数家于两卷之中，视李鼎祚尤简而该。窥其微意，似嫌王注空疏，故博征古训以弥缝之。余如《书》之马融，《诗》之韩婴，亦存其概。不幸生于南国，故郑、服之学不得赖以流传。然音训之详，无逾于此，非徐爰[二]、沈重[三]、戚衮[四]、王元规[五]辈所可同年而语矣！皇侃《论语义疏》虽非正经，亦经解之类。窃谓何晏本清谈[六]之祖，而《论语集解》[七]独能存汉学之什一，其体例谨严，迥非王弼《易注》可比。而皇侃乃取江熙《集解》以为之疏，制度、名物略而不详，惟以清言[八]取胜，似欲补平叔所未及者，与所作《礼记疏》大相径庭。只以秘籍流传，罕而见珍，故不以空谈废云。崔氏《义宗》，王伯厚[九]、周草窗[十]俱征引及之，则宋末尚存，今去宋世不过四百余年，故以为不应遽佚。两汉传业，各有专家，故三史作《儒林传》，分经叙述，于授受源流载之特详。魏、晋以降，稍涣散矣。盖经术既不如古，而史才又不逮前，故记载有所未详，要其师友渊源，初未尝绝。读《北史》所序，居然有两汉遗风。胜国[十一]西亭王孙[十二]著《授经图》，因章氏《考索》[十三]而加详焉。然止述两汉，不及魏、晋以降，未为赅备。且南北区分，风尚不一，苟非支分派别，兼综条贯，则承学之士何由考其异同，定其得失耶？试取朱氏之书[十四]，次第缵续[十五]，必更有可观者。

【笺注】

[一]不刊：古代文书书于竹简，有误，即削除，谓之刊。不刊谓不容更动和改变。

［二］徐爰（394—475），字长玉，本名瑗，后以与傅亮父同名，改为爰，南琅玡开阳人。除中散大夫。撰《礼记音》二卷，注《系辞》二卷。事迹见《宋书》卷九四。

［三］沈重（500—583），字德厚，吴兴武康人。博览群书，尤明《诗》、《礼》及《左氏春秋》。凡所解释，咸为诸儒所推。授骠骑大将军。著有《周礼义》、《仪礼义》、《礼记义》、《毛诗义》、《丧服经义》、《周礼音》、《仪礼音》、《礼记音》、《毛诗音》。事迹见《周书·儒林传》。

［四］近有戚衮作《周礼音》，梁国子助教皇侃撰《礼记义疏》五十卷，又传《丧服义疏》，并行于世。(《经典释文》卷一)

［五］王元规，字正范，太原晋阳人。陈东宫学士，祯明三年入隋为秦王府东阁祭酒。年七十四卒于广陵。著《春秋发题辞》及《义记》、《续经典大义》、《孝经义记》、《左传音》、《礼记音》。事迹见《陈书·儒林传》。

［六］清谈：谓魏、晋时期崇尚老庄，空谈玄理的风气。亦称玄谈。清谈重心集中在有无、本末之辨。始于三国魏何晏、夏侯玄、王弼等，至晋王衍辈而益盛，延及齐梁不衰。

［七］《集解论语》十卷，晋衮州别驾江熙解。据《中兴书目》称，皇侃以何晏《集解》去取为疏十卷，又列晋卫瓘、缪播、栾肇、郭象、蔡谟、袁宏、江淳、蔡系、李充、孙绰、周瑰、范宁、王珉等十三人爵里于前，云此十三家是江熙所集。

［八］清言：指魏、晋时期何晏、王衍等崇尚《老》、《庄》，摈弃世务，竞谈玄理的风气。犹清谈，重心集中在有无、本末之辨。

［九］王应麟（1223—1296），字伯厚，号厚斋，南宋庆元府人。淳祐元年进士。著有《困学纪闻》、《小学绀珠》、《玉海》等。事迹见《宋史》卷四三八。

［十］周密（1232—1298），字公谨，号草窗，又号四水潜夫、弁阳老人、华不注山人，祖籍济南，流寓吴兴（今浙江湖州）。宋德祐间为义乌县令，入元不仕。著有《齐东野语》、《武林旧事》、《癸辛杂识》等。事迹见《吴兴备志》卷二十五。

［十一］胜国：被灭亡的国家。亡国谓已亡之国，为今国所胜，故称“胜国”。后因以指前朝。此处指明朝。

［十二］朱睦㮮，字灌甫，号西亭，明代周定王六世孙。于书无所不窥，尤精于《易》、《春秋》。家有万卷堂，访购图籍，雠校精细。万历五年举宗正，领宗学事。著有《授经图》、《五经考疑》、《中州人物志》等书。事迹附见《明史·周王橚传》。

［十三］《群书考索》二百十二卷，宋章如愚撰。如愚字俊卿，号山堂，婺州金华人。庆元中登进士第，初授国子博士，改知贵州，开禧初被召，疏陈时政，忤韩侂胄，罢归，结草堂山中，与士子讲学。卒，门人谥为山堂先生。事迹见《宋史·儒林传》。史称所著有文集行世，今已散佚，惟此书独存。凡分四集，前集六十六卷，分六经、诸子、百家、诸经、诸史、圣讳、书目、文章、礼乐、律吕、历数、天文、地理十三门；后集六十五卷，分官制、学制、贡举、兵制、食货、财用、刑法七门；续集五十六卷，分经籍、诸史、文章、韩墨、律历、五行、礼乐、封建、官制、兵制、财用、诸路、君道、圣贤十五门；别集二十五卷，分图书、经籍、诸史、文章、律历、人臣、经艺、财用、兵制、四裔、边防十一门。允称博洽，考证亦有心得。(《四库全书总目》卷一百三十五)

［十四］朱氏之书指《授经图》。

［十五］缵续：继续。

汉宋门户异同第十五

何谓汉学[一]？许、郑诸儒之学也。何谓宋学[二]？程、朱诸儒之学也。二学何以异？汉儒释经皆有师法[三]，如郑之笺《诗》则宗毛为主，许氏著《说文解字》，则“博采通人，至于小大，信而有证”①，即其中今人所视为极迂且曲之义，亦必确有所受，不同臆造。宋儒不然，凡事皆决于理，理有不合，即舍古训而妄出以己意，如《论语》“正名”注，则易“名，字也”之训，而指卫父子之名[四]；子路问“闻斯行诸”，则易包咸“振穷救乏”之说[五]，而以言学问。其说礼制，且有据后世之说释三代之书之弊。此汉、宋二家之所以异，而经学之所以不取宋儒也。至辨《尚书》古文之伪，发于宋儒[六]，实为巨功。学者治经宗汉儒，立身宗宋儒，[七]则两得矣。

【笺注】

[一]汉学：汉代经学中注重训诂考据之学。清代乾隆、嘉庆年间的学者崇尚其风，形成与“宋学”相对的“乾嘉学派”，也称“汉学”。清代汉学治学比较严谨，对文字训诂、古籍整理、辑佚辨伪、考据注释等，均有一定的贡献，但同时存在泥古、繁琐、见木不见林等流弊。

[二]宋学：主要指宋儒理学，同“汉学”相对。汉学专重训诂、考据，宋学以义理为主，亦称理学。《宋史》为周敦颐、程颐、朱熹等人特立道学传，故又称“道学”。后来元、明、清的理学也称宋学。宋学以“理”为天地万物的本源。其代表人物有周敦颐、程颐、程颢、邵雍、张载、朱熹等。

[三]师法：老师传授的学问和技艺。皮锡瑞《经学历史·经学昌明时代》：“汉人最重师法，师之所传，弟之所受，一字毋敢出入。”

[四]宋赵顺孙《论语纂疏》卷七“子曰必也正名乎”条注曰：“是时，出公不父其父而祢其祖，名实紊矣，故孔子以正名为先。谢氏曰：正名虽为卫君而言，然为政之道皆当以此为先。”

[五]《论语注疏》卷十一：“子路问闻斯行诸注，包曰：赈穷救乏之事。”

[六]《四库全书总目》卷十二《古文尚书疏证提要》：“唐以来，虽疑经惑古如刘知幾之流，亦以《尚书》一家列之《史通》，未言古文之伪。自吴棫始有异议，朱子亦稍稍疑之。吴澄诸人本朱子之说，相继抉摘，其伪益彰，然亦未能条分缕析，以抉其罅漏。”

[七]江藩《国朝汉学师承记》卷八：“（黄）宗羲之学出于蕺山，虽姚江之派，然以慎独为宗，实践为主，不恣言心性，堕入禅门，乃姚江之诤子也。又以南宋以后讲学家空谈性命，不论训诂，教学者说经则宗汉儒，立身则宗宋学。”

【今按】徐敬修《经学常识》第四章《治经之方法》第二节《今后吾人治经之方法》之第二条：“知经学之派别。明经学之派别，而后治经学乃可得其纲领，否则家派不明，书籍之研求，亦将无从采择。如两汉有今古文之分：今文家言，多以经术饰吏治，又详于礼制，喜言灾异五行；古文家言，详于训诂，穷声音文字之原，各有偏长也。南北朝时：北儒学崇实际，喜以汉儒之训说经，或直质寡文；南儒学尚浮夸，多以魏、晋之注说经，故新义日出。唐人作义疏，黜北学而崇南学，故汉训多亡。宋、明说经者，喜空言义理，不遵古训；或以史事说经，或以义理说经。清儒说经，崇尚汉学，‘吴中学派’掇拾故籍，训诂昭明；‘徽州学派’详于名物典章，复好深思，心知其意；‘常州学派’宣究微言大义，或推经致用，学者于此，苟能知其源委，则其究经也，必有真实之心得；否则迷离惝恍，令人莫知所从也。”（《民国时期经学丛书》第一辑第四册第163页）

【又按】江瑔《新体经学讲义》第六章《古今经学流派之大别》第四节《汉学宋学之别》：“经学上之竞争最烈，而门户之见最深者，则汉学、宋学之别是也。汉、宋二派，势不相容。然由汉以迄于宋，凡几经变迁而后成，非骤然致也。汉儒说经，谨守家法，一变而为魏晋之玄理，再变而为南北朝之角立，三变而为隋、唐之正义。唐人之经学，实为汉、宋二派之枢纽，然皆未能特立一代之名，而与汉学相敌也。及宋儒说经，专言义理，废弃传注，以为接孔、孟之心传，由是“宋学”之名屹然以立，与汉学相背而驰。厥后，二派之学，互相诋諆，治汉学者则斥宋学为空疏，治宋学者则讥汉学为破碎，彼此交攻，势成水火。大氐元、明二代皆宗宋学，甚至变本而加厉。迄于明季，渐又舍宋而趋汉。清代功

① 许慎：《说文解字序》。

命，汉、宋并重，然学者咸崇汉黜宋，汉学因以大昌。纵有一二宋学之士，亦咸非汉敌（观江藩所撰之《汉学师承记》及《宋学溯源记》，可以详二派之盛衰）。然二派之争持亦日进未已。近儒陈澧则为调停之说，以为汉儒莫过于郑君，宋儒莫尊于朱子，朱子未尝不言考据，郑君亦未尝不言义理，乃条举郑、朱之学，以为二派之折衷，然终不能平二派之争也。窃平心论之。二派虽不相同，而其有功于六经则一。汉儒之学，以考据为宗，而学者不思"多闻阙疑"之义，而务碎义逃难，便辞巧说，破坏形体。说五字之文，至于二三万言（本《汉书·艺文志》），说《尧典》篇目二字至十余万言（本师古注引桓谭《新论》），一经说至百余万言（本《汉书·儒林传赞》）。后进弥以驰逐，故幼童而守一艺，白首而后能言。以云破碎，诚不能免。然承暴秦焚书之后，使断编残简获以勿坠，而古人之制度名物复昌明于后代，不可谓非汉儒之功也。宋儒之学，以义理为宗，而各逞己说，师心自用，舍经而言义，而去经益远，甚至始而攻注，继而攻传，终且攻经，卤莽灭裂，猖狂自恣，以云空疏，诚所难辞。然承五季礼崩乐坏、廉耻道丧之后，使气节复昌于天下，人类不沦于禽兽，而古人身心性命之哲理亦得以相延于一线，不可谓非宋儒之功也。二代之儒，处地不同，故操术亦异。使宋儒生于汉，未必不崇考据；汉儒生于宋，亦未必不崇义理。况汉人之学，派别多端，考据而外，有以灾异说经者，如京房之《易》、翼奉之《诗》、董仲舒之《公羊春秋》是也；有以大义说经者，如丁宽作《易说》三万言，"训故举大义而已"是也；有以经世说经者，如以《禹贡》治水、以《春秋》决狱、以《三百篇》当谏书是也（按汉儒每言通经可以致用，故多引经以治事。宋人袭其说，遂谓"半部《论语》可以治天下"）。宋儒虽崇义理，然亦有以史事说经者，有以图像说经者，有以心学说经者。至若王应麟等，则博综百学，精于考据，殊不让于汉人，是又未可以考据限汉儒、以义理限宋儒矣。夫考据、义理，二者相须，不可偏废。舍考据而专言义理，则义理皆虚；舍义理而专事考据，则考据亦将奚用（故近儒戴震之《孟子字义疏证》、阮元之《论语孟子论仁论》，皆以考据言义理）？学者治经，当融会而贯通之，否亦以一派为主，而参以他派之所长。徒纷纷角立门户，攘臂诟詈，是即韩愈所谓"辩生于末学"，甚无谓也。窃又考之。《周礼》司徒所职，师、儒分途，师所以明道，儒所以传业。孔门之后，亦分二派。孟子，师也（故孟子书多言师道）；荀子，儒也（故荀子书多言儒效）。孟子，传六经之微言者也（故孟子长于《春秋》）；荀子，传六经之大义者也（故荀子长于《礼》）。汉儒之学，近接荀子大义之传者也（详见前）。宋儒之学，遥承孟子微言之绪者也（故宋儒极力表章孟子，并称"孔、孟"，尊之为经，而于《荀子》则痛辟之，盖宋儒所持身心性命之说皆脱胎于《孟子》者）。是则汉学出于荀，宋学出于孟，汉、宋之异派，即由于孟、荀之殊学。而溯其要归，何一非孔门之正脉耶？"（《民国时期经学丛书》第一辑第四册第 59~62 页）

国朝治经诸儒第十六

穷经之士，莫盛于我朝。其专门汉学，确守师法者，自昆山顾氏、太原阎氏倡之于前，而诸儒继之于后，魏、晋以下无匹焉。余是以有《国朝汉学师承记》之作。兹于《师承记》外，记录诸儒姓氏，俾学①易于寻检，而《师承记》所已见，亦备录焉。虽于经无益，要亦睹记之一道也。

昆山顾炎武号亭林，

【笺注】

顾炎武（1613—1682），字宁人，号亭林，江苏昆山人。少承祖训，注重实学，主张经世致用，开

---

① 广文本刊语云："学"下疑脱"者"字。

清代朴学之风。著有《天下郡国利病书》、《日知录》、《音学五书》等。事迹见《清史稿·儒林》、吴映奎《顾亭林先生年谱》。

太原阎若璩字百诗，

【笺注】

阎若璩（1636—1704），字百诗，号潜丘，山西太原人。尝集陶贞白、皇甫士安语题其柱云："一物不知，以为深耻；遭人而问，少有宁日。"年二十，读《尚书》至古文二十五篇，即疑其伪。沉潜三十余年，乃尽得其症结所在。著有《古文尚书疏证》、《潜丘札记》等。事迹见《清史稿·儒林》。

济阳张尔岐字稷若，

【笺注】

张尔岐（1612—1677），字稷若，号蒿庵居士，济阳（今属山东）人。性好沉思，喜论著，贫贱以终其身。著有《夏小正传注》、《吴氏仪礼考注订误》、《蒿庵集》、《蒿庵闲话》等书。其学深于汉儒之经，而不沿训诂；邃于宋儒之理，而不袭语录。事迹见《儒林传稿》卷三、《国朝汉学师承记》卷一、《学案小识》卷三、《（道光）济南府志》卷五十六、《国朝先正事略》卷二十七。

陈启源字长发，

【笺注】

陈启源（？—1689），字长发，别号见桃居士，江南吴江（今江苏苏州）人。康熙时诸生。著有《毛诗稽古编》，其诠释经旨，一准毛传，而郑笺佐之。训诂声音以《尔雅》为主，草木虫鱼以陆疏为则，于汉学可谓专门。又有《尚书辨略》、《读书偶笔》、《存耕堂稿》。事迹见《清史稿·儒林》、《清史列传·儒林传》。

邹平马骕字宛斯，

【笺注】

马骕（1621—1673），字聪御，一字宛斯，山东邹平人。顺治十六年进士。康熙间，官淮安推官，寻奉裁改灵璧知县，有善政，四年而卒于官。曾充顺天乡试同考官。于书无不精研，而尤癖《左氏春秋》。著有《左传事纬》、《绎史》。其书最精，时人称为"马三代"。事迹见《清史列传·儒林传》。

掖县王尔膂（字）[号] 止庵，

【笺注】

王尔膂，字襄哉，号止庵，一号泡斋，掖县诸生。江藩《国朝汉学师承记》卷一称其读经宗汉学，以为穷经当以毛、何、郑为主，然后参以六朝、唐、宋、元、明诸儒，择其善而折衷焉；其论读史以正史为主，而旁证以外史。事迹见《国朝汉学师承记》卷一、《国朝先正事略》卷三十二。

萧山毛奇龄字大可，

【笺注】

毛奇龄（1623—1716），原名甡，字大可，又字于一、齐于，号初晴，又号秋晴，另有僧弥、僧开、初晴、秋晴、晚晴、春庄、春迟诸号，学者称西河先生，浙江萧山人。明末廪生，康熙十八年举博学鸿儒，中式授翰林院检讨，与修《明史》。二十四年引疾归里，专事著述。毛奇龄少年即负才纵横，以长于说经傲睨当世，挟博纵辩，务欲胜人，持论尤好与宋儒牴牾。晚年撰《四书改错》，抨击《四书集注》。阮元推崇他对乾嘉学术有开山之功，全祖望则肆笔讥弹为“以狡狯行其暴横”。有《西河全集》行世。事迹见《清史列传》、《清史稿》。

秀水朱彝尊字竹垞，

【笺注】

朱彝尊（1629—1709），字锡鬯，号竹垞，晚号小长芦钓鱼师，又号金风亭长，浙江秀水（今嘉兴）人。康熙十八年试博学鸿词科，除翰林院检讨，充《明史》纂修官。二十年充日讲官，知起居注，典试江南，称得士。二十二年入值南书房，赐紫禁城骑马。二十三年以违例携书手入内廷抄书，被劾降一级，二十九年复原官，三十一年再度被罢，遂赋归，著述以终。康熙南巡，迎驾无锡，御书“研经博物”匾额赐之。当时王士禛工诗，汪琬工文，毛奇龄工考据，独彝尊兼有众长，号为“通才”。著有《经义考》、《日下旧闻》、《曝书亭集》、《明诗综》等书。事迹见《清史稿·文苑》、《清史列传·文苑传》、杨谦《朱竹垞先生年谱》。

德清胡渭字朏明，

【笺注】

胡渭（1633—1714），初名渭生，字朏明，号东樵，浙江德清人。十五为县学生，试高等，充增生，屡赴行省试不售，乃入太学。徐乾学奉诏修《一统志》，开局洞庭山，延渭分纂，因得纵观天下郡国之书。康熙三十八年，游京师，以老病归。四十三年，康熙南巡，赐诗扇及“耆年笃学”匾额。研经绩学，工于考证，尤精舆地。著有《禹贡锥指》、《易图明辨》、《洪范正论》等。事迹见《清史稿·儒林》、《清史列传·儒林传》、夏廷域《胡朏明年谱》。

秀水徐善字敬可，

【笺注】

徐善（1634—1693），字敬可，号藟谷，又号泠然子，浙江秀水人。诸生。不事科举，好学不倦。清查继佐《罪惟录》志卷之二称其慧性绝，所著《分野辩》可谓奇辟。著有《春秋地名考》、《徐氏四易》、《易论》、《庄子注》。事迹见《清史列传·儒林传》。

武进臧琳字玉林，

【笺注】

臧琳（1649—1713），字玉林，江苏武进人。康熙间补县学生。其学谓不通训诂无以明经，治经当以汉、唐注疏为主，教人先以《尔雅》、《说文》。著有《尚书集解》、《经义杂记》、《郑氏六艺论》等书。事迹见《清史稿·儒林》。

玄孙镛堂字在东，

【笺注】

臧庸（1767—1811），本名镛堂，字在东，号拜经，江苏武进人。与弟礼堂俱事卢文弨。沉默朴厚，学术精审。辑《子夏易传》，辨此传为汉韩婴作，非卜子夏。阮元编《经籍纂诂》、《十三经注疏校刊记》，多赖其力。著有《拜经日记》、《拜经文集》、《月令杂说》、《乐记二十三篇注》、《孝经孝异》、《子夏易传》、《诗考异》、《韩诗遗说》等书。事迹见《清史稿·儒林》、《清史列传·儒林传》。

弟礼堂字和贵，

【笺注】

臧礼堂（1776—1805），字和贵，江苏武进人。精小学，善雠校，师事钱大昕，业益进。撰《说文引经考》十三卷、《尚书集解案》六卷、《三礼注校字》六卷、《春秋注疏校正》六卷。助阮元编《经籍纂诂》。事迹见《清史稿·儒林》。

吴县惠士奇字天牧，

【笺注】

惠士奇（1671—1741），字天牧，一字仲孺，号半农居士，学者称红豆先生，江苏吴县人。康熙四十八年进士，选庶吉士，散馆授翰林院编修。五十九年，主湖广乡试。冬，奉命督学广东，在任迁侍读学士。雍正四年任满还都。乾隆二年，补侍读。三年，以病告归。唐鉴《学案小识》卷十二称其学专宗汉学。著有《易说》、《礼说》、《春秋说》等。事迹见《清史稿·儒林》、《清史列传·儒林传》。

子栋字定宇，

【笺注】

惠栋（1697—1758），字定宇，号松崖，江苏吴县人。惠周惕孙，惠士奇子。初为吴江学生员，复改归元和籍。乾隆九年，乡试为考官所黜，遂无意进取。十五年，诏举经明行修之士，陕甘总督尹继善、两江总督黄廷桂交章论荐，会大学士、九卿索所著书，未及进呈而罢归。著有《古文尚书考》、《周易述》、《九经古义》等书。事迹见《清史稿·儒林》、《清史列传·儒林传》。

秀水诸锦字襄七，

【笺注】

诸锦（1686—1769），字襄七，号草庐，浙江秀水（今嘉兴）人。雍正二年进士，改翰林院庶吉士，散馆外补知县，就教职，迁金华府教授。乾隆元年，试鸿博，授编修，充三礼馆纂修官，充福建、山西乡试正、副考官，后官至左春坊左赞善。性耿介，在京师居官时，闭门撰述，志节皦然，甘守寂寞，足不履权贵门。著有《毛诗说》、《飨礼补亡》、《夏小正注》、《绛跗阁集》等。事迹见《清史稿·文苑》、《清史列传·儒林传》。

钱塘汪师韩字韩门，

【笺注】

汪师韩（1707—1780），字抒怀，号韩门，又号上湖，浙江钱塘（今杭州）人。雍正十一年（1733）进士。本为汉儒之学，后乃归于程、朱。散馆，授翰林院编修，奏直起居注。闻母病假归。尚书张照为武英殿总裁，上疏荐举师韩校勘经史。后又受大学士傅恒推荐，入直上书房，复授编修官。未几，落职。客游畿辅，直隶总督方观承延请主讲莲花池书院讲席。会奉旨查核天下书院山长（院长），观承因以入奏。乾隆帝犹记忆，以“好学问”称之。师韩闻而感涕，作诗四章纪其事。中年以后，一意穷经，诸经皆有著述，于《易》尤邃。著有《韩门缀学》、《文选理学权舆》、《上湖纪岁诗编》等书。事迹见《清史列传》、《杭州府志·文苑传》。

仁和杭世骏字大宗，

【笺注】

杭世骏（1696—1773，一作1695—1772），字大宗，号堇浦（一作堇甫），晚号秦亭老民，浙江仁和（今杭州）人。乾隆元年召试博学鸿词，授翰林院编修。校勘武英十三经、《二十四史》，纂修《三礼义疏》。二十八年，以编修保举御史，例试保和殿，条陈四事，下吏议，寻放还。罢归后，杜门奉母。三十一年，主讲扬州安定书院，继主广东粤秀书院。后迎高宗于西湖，赐复原官。著有《续礼记集说》、《礼经质疑》、《石经考异》、《续方言》、《史记考证》、《三国志补注》、《道古堂集》等书。事迹见《清史列传·文苑传》。

天台齐召南字次风，

【笺注】

齐召南（1703—1768），字次风，号琼台，晚号息园，浙江天台人。幼称神童，十二岁登巾子山作诗，识者即以公辅器目之。乾隆元年，举博学鸿词，改庶吉士，授检讨。大考一等一名，迁内阁学士兼礼部侍郎，以博识能诗为高宗知。十四年夏自圆明园归，堕马，触巨石破脑，乞归养。后因族子牵累，削职放归，旋卒。精地舆之学。著有《注疏考证》、《水道提纲》、《历代帝王年表》、《宝纶堂集》等书。事迹见《清史稿》卷三〇五、《清史列传·文苑传》。

金匮秦蕙田谥文恭，

【笺注】

秦蕙田（1702—1764），字树峰，号味经，谥文恭，江南金匮（今无锡）人。乾隆元年进士，授翰林院编修，历官礼部侍郎、工部、刑部尚书，加太子太保。立朝三十年，领西曹最久，执法称平。二十九年因病乞休，南归就医，卒于途中。以穷经为主，而不居讲学之名。通经能文，尤精于“三礼”、《周易》。著有《五礼通考》、《观象授时》、《味经窝诗文类稿》等书。事迹见《清史稿》卷二〇四、《清史列传》卷二〇、《大臣画一传档正编》十七。

阳湖庄存与字方耕，

【笺注】

庄存与（1719—1788），字方耕，江苏武进人。乾隆十年进士，授编修，官礼部左侍郎。著有《春秋正辞》、《尚书既见》、《周官记》等，总名之为《味经斋遗书》。事迹见臧庸《礼部侍郎少宗伯庄公小傅》。

弟述祖字葆琛，

【笺注】

庄述祖（1750—1816），字葆琛，一字珍艺，江苏武进人。乾隆四十五年进士。选山东昌乐县知县，调潍县明畅吏。五十九年以政绩卓异引见，授桃源同知。不一月，乞养归。著有《珍艺宧丛书》。事迹见《清史稿》、《清史列传》。

孙绶甲字卿珊，

【笺注】

庄绶甲（1774—1828），字卿珊，存与孙，江苏阳湖人。家尽通家学，好深湛之思，尤为述祖所爱重。著有《尚书考异》、《周官礼郑氏注笺》、《释书名》、《拾遗补艺斋集》等书。事迹见李兆洛《附监生考取州吏目庄君行状》。

长洲褚寅亮字搢升，

【笺注】

褚寅亮（1715—1790），字搢升，一字宗郑，号鹤侣，江苏长洲人。乾隆十六年召试举人，授内阁中书，官至刑部员外郎。著有《仪礼管见》、《公羊释例》、《十三经笔记》、《诸史笔记》、《诸子笔记》等书。事迹见《国朝汉学师承记》卷二。

余姚卢文弨字绍弓，

【笺注】

卢文弨（1717—1795），字绍弓，一字召弓，晚号弓父，学者称抱经先生，浙江余姚人。乾隆十七年进士，授翰林院编修。历官左春坊左中允、翰林院侍读学士、广东乡试正考官、提督湖南学政。三十三年，乞养归。主讲江浙各书院二十余年。所校《逸周书》、《孟子音义》、《荀子》、《吕氏春秋》、《贾谊新书》、《韩诗外传》、《春秋繁露》、《方言》、《白虎通》、《独断》、《经典释文》诸善本，嘉惠学林。又合三十八种而名之曰《群书拾补》。汇刻《抱经堂丛书》。著有《抱经堂集》、《仪礼注疏详校》、《钟山札记》、《龙城札记》。事迹见《清史稿》、《清史列传·儒林传》。

吴县江声字艮庭，

【笺注】

江声（1721—1799），字叔沄，元和（今江苏苏州）人。晚年因不谐俗，动与时违，取《周易》艮背之义，自号艮庭，学者称为艮庭先生。少与兄筠同学，不事帖括。嘉庆元年，诏开孝廉方正科，江苏巡抚费淳首举江声，赐六品顶戴。著有《尚书集注音疏》、《艮庭文集》、《艮庭词》等书。事迹见《清史稿·儒林》、《清史列传·儒林传》。

余萧客字古农，

【笺注】

余萧客（1732—1778，一作1729—1777），字仲林，一字古农，江苏长洲（今苏州）人。早岁撰《注雅别钞》八卷，就正于惠栋，遂著弟子籍。直隶总督方观承聘修《畿辅通志》，以目疾归，教授乡里，终老布衣。著有《古经解钩沈》、《文选音义》等。事迹见《清史稿·儒林》、《清史列传·儒林传》。

嘉定王鸣盛字凤喈，

【笺注】

王鸣盛（1722—1797），字凤喈，一字礼堂，号西庄，晚号西沚，学者称西庄先生，嘉定（今属上海市）人。乾隆十九年进士，授翰林院编修。二十三年，擢侍讲学士。二十四年，充福建乡试正考官。寻擢内阁学士，兼礼部侍郎。因滥用驿马，左迁光禄寺卿。丁内艰，遂不复出。居苏州三十年，闭户读书，不与当事交接。著有《尚书后案》①、《十七史商榷》、《蛾术编》② 等书。今有《嘉定王鸣盛全集》

---

① 臧庸《拜经堂文集》卷三《上王凤喈光禄书》：自束发受书以来，亦沉溺于俗学，而无以自振。读《尚书后案》，初骇其博辨，心怦怦然有动，后反复推考，始识其精确，心焉爱之。知研究经学必以汉儒为宗，汉儒之中尤必折中于郑氏。试操此以参考诸家之言，遇郑氏与诸家异者，毕竟郑氏胜之。八年以来，微有所知，以殊异于俗学者，皆阁下教也，其敢忘所自哉！

② 文廷式《纯常子枝语》卷六：阅王西庄《蛾术篇》八十三卷，心得甚稀，而谬误处不可胜乙，又出所撰《十七史商榷》之下矣。至谓顾亭林为鄙俗，谓戴东原为不知家法，皆失之轻诋。其论小学，则谓栖字始于隋，是娄寿碑亦未之检；谓称人才为人物始于宋，是忘魏刘劭有《人物志》也。其他类此者甚多，不必悉为之辩。

行世。事迹见《清史稿·儒林》、《清史列传·儒林传》。

钱大昕字晓征，

【笺注】

钱大昕（1728—1804），字晓征，一字辛楣，号竹汀，嘉定（今属上海市）人。年十五，补博士弟子，有神童之目。乾隆十六年召试举人，授内阁中书。十九年进士，选庶吉士，授翰林院编修，擢右春坊右赞善，历官侍讲学士、詹事府少詹事、广东提学使，充山东、湖南、浙江、河南乡试考官。乾隆四十年父母相继亡故，丁忧归，不出。归田三十余年，历主钟山、娄东、紫阳三书院。为学沉博，通晓经术、天文、数学、历法，他如文字、音韵、训诂、历史、金石、典章，均所精通，唯不喜佛、道两家。今有《嘉定钱大昕全集》行世。事迹见《清史稿·儒林》、《清史列传·儒林传》。

弟大昭字晦之，

【笺注】

钱大昭（1744—1813），字晦之，一字竹庐，号可庐，嘉定（今属上海市）人。大昕弟。监生。嘉庆元年应孝廉方正科，赐六品顶戴。好读书，不汲汲于名利，其读书之所曰可庐，取随寓自足之义。著有《两汉书辨疑》、《三国志辨疑》、《后汉书补表》、《诗古训》、《经说》、《补续汉书·艺文志》、《后汉郡国令长考》、《迩言》等书。事迹见《清史稿·儒林》、《清史列传·儒林传》。

大昭从子塘字学渊，

【笺注】

钱塘（1735—1790），字学渊，一字禹美，号溉亭，嘉定（今属上海市）人。乾隆四十四年举江南乡试，明年成进士，授江宁府学教授。公暇专志著述，于音律、文字、音乐、度量、历法等学研究甚精，大昕称之为“群从之白眉”。著有《律吕古义》、《史记三书释疑》、《说文声系》、《淮南天文训补注》、《溉亭述古录》等书。事迹见《清史稿·儒林》、《清史列传·儒林传》。

塘弟坫字献之，

【笺注】

钱坫（1741—1806），字献之，号十兰，又号篆秋，别署泉坫，嘉定（今属上海市）人。乾隆三十九年（1774）副榜贡生，游学京师，朱筠引为上客。以直隶州州判衔入巡抚毕沅幕，与洪亮吉、孙星衍诸名士切磋训诂、地理之学，时人以为博学不如钱大昕，而专精则过之。著有《诗音表》、《九经通借字考》、《说文解字斠诠》、《史记补注》、《汉书十表注》等书。事迹见《清史稿·儒林》、《清史列传·儒林传》。今人陈鸿森先生撰《钱坫年谱》，信而有征。

大兴翁方纲（字）［号］覃溪，

【笺注】

翁方纲（1733—1818），字正三，号覃溪，晚号苏斋，直隶大兴（今属北京）人。乾隆十七年进士，选庶吉士，授翰林院编修，二十九年督广东学政，五十五年官内阁学士，明年督山东学政。嘉庆四年迁鸿胪卿，十二年重预鹿鸣筵宴，得旨赐三品衔，十九年重预琼林宴，赐二品卿衔。其学无所不通，而尤邃于金石文字。著有《经义考补正》、《两汉金石记》、《复初斋全集》等书。事迹见《清史稿·文苑》、《清史列传·儒林传》、《国史馆儒林传稿·翁方纲传》（《碑传集三编》卷三十六）。

朱筠号笥河，

【笺注】

朱筠（1729—1781），字竹君，又字美叔，号笥河，直隶大兴（今属北京）人。乾隆十九年进士，授翰林院编修。三十二年授赞善，三十三年擢侍读学士，充日讲起居注官。三十五年，充福建乡试正考官。三十六年，提督安徽学政。三十八年，诏求遗书，奏言翰林院藏《永乐大典》内多古书，请开局校辑。以过降级，复为编修，参与编纂《四库全书》。四十四年提督福建学政。著有《笥河集》。事迹见《清史稿》卷六八、《国朝耆献类征》初编卷一二八。姚名达、罗继祖均撰有《朱筠年谱》。

献县纪昀谥文达，

【笺注】

纪昀（1724—1805），字晓岚，一字春帆，晚年自号白云，谥文达，直隶献县（今属河北）人。乾隆十九年进士，改庶吉士，散馆授翰林院编修。三十三年，擢侍读学士。坐事戍乌鲁木齐，三十五年，释还，复授编修。三十八年，开《四库全书》馆，大学士刘统勋举为总纂。历任侍读学士、日讲起居注官、内阁学士、礼部尚书、左都御史。嘉庆中充《高宗纯皇帝实》馆副总裁，擢协办大学士，加太子太保，管国子监事。主撰《四库全书总目》，著有《纪晓岚文集》。事迹见《清史稿》卷三二〇、《清史列传》卷二八。贺治起等撰《纪晓岚年谱》（书目文献出版社 1993 年版）。

青浦王昶字德甫，

【笺注】

王昶（1725—1806），字德甫，又字琴德，号兰泉，晚号述庵，青浦（今属上海市）人。乾隆十九年进士。官至刑部侍郎。以诗鸣世，与王鸣盛、钱大昕、吴泰来、曹仁虎、赵文哲、黄文莲称“江南七子”。著有《春融堂集》、《湖海诗传》、《金石粹编》等书。事迹见《清史稿》卷三〇五、《清史列传》卷二六、阮元《诰授光禄大夫刑部右侍郎王公昶神遭碑》（《揅经室集》二集卷三）、秦瀛《刑部侍郎兰泉王公墓志铭》（《小岘山人集》文集卷五）、清管同《资政大夫刑部右侍郎致仕王公行状》（《因寄轩文集》初集卷八）。凌耕撰《王昶传》（学林出版社 2002 年版）。

会稽范家相字蘅洲，

【笺注】

范家相，字左南，号蘅洲，浙江会稽（今绍兴）人。乾隆十九年进士，授刑部主事，洊升郎中。三十三年，出知广西柳州知府，仅岁余，以疾告归，寻卒。著有《诗渖》、《三家诗拾遗》、《古趣亭未定稿》、《家语证伪》。事迹见《清史列传・儒林传》。

仁和翟灏字晴江，

【笺注】

翟灏（1736—1788），字大川，改字晴江，浙江仁和（今杭州）人。乾隆十九年进士，官金华、衢州府学教授。性简讷，好读书，工诗文。著有《尔雅补郭》、《四书考异》、《通俗编》、《家语发覆》、《周书考证》等。事迹见《清史稿》卷四八一、《清史列传・儒林传》。

海宁周春（字）［号］松霭，

【笺注】

周春（1729—1815），字芚兮，号松霭，晚号黍谷居士，浙江海宁人。乾隆十九年进士。官广西岑溪县知县。嘉庆十五年重赴鹿鸣宴，赐加六品衔。著有《十三经音略》、《古文尚书冤词补正》等。事迹见《清史稿》卷四八四邵远平传附传、《清史列传》卷六八丁杰传附传。

秀水盛百二字（抽）［柚］堂，

【笺注】

盛百二（1720—?），字秦川，号柚堂，浙江秀水（今嘉兴）人。乾隆二十一年举人。官山东淄川知县。在官一年，以忧去，遂不仕。晚年久居齐鲁间，主讲山枣、藁城书院十数年，多所造就。所著《尚书释天》、《问水漫录》、《柚堂笔谈》。有《柚堂全集》行世。事迹见《畴人传》卷四十二、《（道光）济南府志》卷三十八、《（同治）苏州府志》卷一百十二、王培荀辑《乡园忆旧录》卷三。

镇洋毕沅字秋帆，

【笺注】

毕沅（1730—1797），字湘蘅，一字秋帆，自号灵岩山人，江苏镇洋（今太仓）人。乾隆二十年以举人补内阁中书，入直军机处。二十年会试，名在第二，皇上亲擢第一，授修翰林院撰，累迁至左春坊左庶子，出为甘肃巩秦阶道，历陕西按察布政诸使，寻升任巡抚。五十三年擢湖广总督，左迁山东巡抚。嘉庆元年，督剿白莲教；二年七月，病卒于辰州官舍。有旨加太子太保，赐祭葬。著有《传经表》、《经典文字书》、《续资治通鉴》等。事迹见《清史稿》卷三三二、王昶《兵部尚书都察院右都御史湖广总督赠太子太保毕公神道碑》（《春融堂集》卷五十二）、史善长所撰《弇山毕公年谱》。

仁和孙志祖字颐谷，

【笺注】

孙志祖（1737—1801），字诒谷，或作颐谷，号约斋，世居余姚，五世祖迁浙江仁和（今杭州）人。乾隆三十一年进士，分刑部，补山东司主事，由员外郎升云南司郎中，钦差通州，坐粮厅，擢江南道监察御史，乞养父母，归里，复少宦情，不复出，以著书为事。性情潇澹，清修自好。中年后留心经史，必释其疑而后已，于《文选》致力尤深。著《家语疏证》、《文选考异》。事迹见《清史稿·儒林》、《清史列传·儒林传》。

兴化任大椿字幼植，

【笺注】

任大椿（1738—1789），字幼植，一字子田，江苏兴化人。乾隆三十四年进士，授礼部仪制司主事，荐《四库全书》纂修官，历员外郎、郎中、陕西道监察御史，未莅任而病卒。久官京师，不谒权贵，唯闭门读书。而覃精经术，尤熟于《尔雅》、《说文》、《广韵》诸书。著《小学钩沉》、《字林考逸》、《列子释文》、《子田初集》。事迹见《清史稿·儒林》。

曲阜孔继涵字荭谷，

【笺注】

孔继涵（1739—1784），字体生，一字补孟，号荭谷，山东曲阜人。衍圣公毓圻父。乾隆三十六年进士，官户部河南司主事，兼理军需局事，充《日下旧闻》纂修官，诰授朝议大夫。以母病乞养归。笃于学，凡天文、地理、经学、小学，数学等，无不研治。著有《九经字样疑》、《五经文字疑》、《水经释地》、《红榈书屋文稿》、《诗集》等。事迹见《清史列传·儒林传》。

孔广森（字）［号］巽轩，

【笺注】

孔广森（1752—1786，一作1753—1787），字众仲，一字抝约，号巽轩，山东曲阜人。衍圣公传铎之孙。乾隆三十六年成进士，官翰林院检讨。丁内艰，陈情归养，筑仪郑堂，读书其间，盖心仪郑氏学。著有《经学卮言》、《礼学卮言》等，合称为《巽轩所著书》。事迹见《清史稿·儒林》、《清史列传·儒林传》。

弟广林字丛伯，

【笺注】

孔广林（1736—1814后），字丛伯，号幼髯，山东曲阜人。廪贡生，署太常寺博士。博雅好古，治经专治郑学。又工曲学，精元剧，且及南北散套小令。著有《周礼臆测》、《仪礼臆测》等。事迹见《清代学者像传》第二集、《全清散曲》小传。

余姚邵晋涵字二云，

【笺注】

邵晋涵（1743—1796），字与桐，一字二云，浙江余姚人。乾隆三十六年进士，选庶吉士，授编修，历官广西乡试正考官、侍讲学士，充文渊阁直阁事、日讲起居注官。著有《尔雅正义》、《旧五代史考异》、《南江札记》等。事迹见《清史稿·儒林》、《清史列传·儒林传》。黄云眉撰《邵二云先生年谱》。

歙县金榜字辅之，

【笺注】

金榜（1735—1801），字辅之，一字蘂中，号檠斋，安徽歙县人。乾隆二十七年，召试举人，授内阁中书。三十七年以一甲一名成进士，授翰林院修撰。尝出为山西副考官，以父丧归，遂不出。研究经籍，尤精“三礼”之学。著有《周易考占》、《礼笺》等。事迹见《清史稿·儒林》、《清史列传·儒林传》。

程瑶田字易畴，

【笺注】

程瑶田（1725—1814），字易田，又字易畴，安徽歙县人。乾隆三十五年举人，选太仓州校官。嘉庆元年，举孝廉方正。学于江永，深于经术。著有《通艺录》、《九谷考》等。今有《程瑶田全集》行世。事迹见《清史稿·儒林》、《清史列传·儒林传》。朱芳圃撰《程瑶田先生年谱初稿》。

休宁戴震字东原，

【笺注】

戴震（1723—1777），字东原，号慎修，一号杲溪，江南休宁（今属安徽）人。少从婺源江慎修游，讲贯礼经制度名物及推步天象，皆洞彻其原本，既乃研精汉儒传注及《方言》、《说文》诸书，由声音文字以求训诂，由训诂以寻义理，实事求是，不偏主一家。乾隆二十七年中举。三十八年，充四库馆纂修官。四十年，特命与殿试，成进士，改翰林院庶吉士。四十二年五月，以积劳卒于官。著述斐然，总名《戴氏遗书》，凡三十余种。今有《戴震全集》、《戴震全书》行世。事迹见《清史稿·儒林》、《清史列传·儒林传》、段玉裁《戴东原先生年谱》。

金坛段玉裁字懋堂，

【笺注】

段玉裁（1734—1815），字若膺，号懋堂，江苏金坛人。乾隆二十五年举人，以教习得贵州玉屏县知县，旋调四川，署富顺及南溪县事，又办理化林坪站务，寻任巫山知县。年四十六，以父老引疾归，卜居苏州枫桥，键户不问世事者三十余年。平生究心小学，与王念孙齐名，世称“段王之学”，代表乾嘉学术之最高水准。著有《说文解字注》、《古文尚书撰异》、《毛诗小学》、《周礼汉读考》等。事迹见《清史稿·儒林》、《清史列传·儒林传》、刘盼遂《段玉裁先生年谱》。

绩溪胡匡衷（字）［号］朴斋，

【笺注】

胡匡衷（1728—1801），字寅臣，号朴斋，安徽绩溪人。岁贡生。候补训导，赠承德郎，官户部广东司主事，累赠资政大夫。著有《仪礼释官》、《三礼札记》、《周礼井田图考》、《井田出赋考》、《畿内授田考》、《郑氏仪礼目录校证》、《礼记官职考》、《侯国官职考》、《周易传义疑参》、《左传翼服》、《论语古本证异》、《论语补笺》、《庄子集评》、《离骚集注》及《朴斋诗文集》。事迹见《清史列传》卷六八、钱林《文献征存录》卷五。

匡衷孙培翚字竹村，

【笺注】

胡培翚（1782—1849），字载平，一字载屏，号竹村，安徽绩溪人。胡匡衷之孙，胡秉钦之子。嘉庆二十四年（1819）进士。官至内阁中书，转户部广东司主事。后罢官归里，主讲钟山、泾川诸书院。著有《仪礼正义》、《研六室文抄》。事迹见《清史稿·儒林》、《清史列传·儒林传》。

胡秉（更）［虔］（字）［号］春乔，

【笺注】

胡秉虔，字伯敬，号春乔，安徽绩溪人。嘉庆四年进士，用主事分刑部，官至甘肃丹噶尔同知。其学具有根源，尤精于训诂音韵。著《古韵论》、《说文管见》、《周易小识》、《尚书小识》、《论语小识》、《卦本图考》、《汉西京博士考》等。事迹见《清史稿·儒林》、《清史列传·儒林传》、俞樾《胡春乔先生遗书记》。

泾县胡承珙（字）［号］墨庄，

【笺注】

胡承珙（1776—1832），字景孟，号丹溪，又号墨庄，安徽泾县人。嘉庆十年进士，授翰林院编修。十五年，充广东乡试副考官，迁御史，转给事中。二十四年，授福建延建邵道，寻调补台湾道。在台三年，乞假归里。道光十二年卒。究心经术，精研小学。著有《毛诗后笺》、《仪礼古今文疏证》、《尔雅古义》、《小尔雅义证》、《求是堂诗文集》等。事迹见《清史稿·儒林》、《清史列传·儒林传》。

溧阳周炳中字烛斋，

【笺注】

周炳中（1738—1801），字理衷，号烛斋，江苏溧阳人。著有《四书典故辩正》、《续编》。事迹见《清续文献通考》卷二百五十九。

宝应刘台拱字端临，

【笺注】

刘台拱（1751—1805），字端临，号子阶，江苏宝应人。乾隆三十五年举人，屡试礼部不第，铨授丹徒县训导。台拱为学，自六书以至天文、律吕，莫不穷极奥妙。著有《刘端临先生遗书》。事迹见《清史稿·儒林》、《清史列传·儒林传》。

高邮王念孙字石臞，子引之字伯申，

【笺注】

王念孙（1744—1832），字怀祖，学者称石臞先生，江苏高邮人。八岁读十三经毕，旁涉史鉴。高宗南巡，以大臣子迎銮，献文册，赐举人。乾隆四十年进士，选翰林院庶吉士，散馆，改工部主事。升郎中，擢陕西道御史，转吏科给事中。嘉庆四年，仁宗亲政，念孙陈剿贼六事，首劾大学士和珅，疏语援据经义，大契圣心。是年授直隶永定河道。寻授山东运河道，在任六年，调永定河道。会东河总督与山东巡抚以引黄利运异议，召入都决其是非。念孙奏引黄入湖，不能不少淤，然暂行无害，诏许之。已而永定河水复异涨，如六年之溢，念孙自引罪，得旨休致。既罢官，日以著述自娱。著有《读书杂志》、《广雅疏证》。事迹见《清史稿·儒林》、闵尔昌编《王石臞先生年谱》、刘盼遂编《（高邮）王氏父子年谱》。王引之（1766—1834），字伯申，号曼卿，江苏高邮人。嘉庆四年进士，授翰林院编修，历任贵州乡试正考官、侍讲、《皇朝词林典故》纂修官、侍讲学士、侍读学士、大理寺卿、山东学政、礼部左侍郎，浙江乡试正考官、会试副考官、国史馆总裁、经筵讲官、礼部尚书、工部尚书、吏部尚书、武英殿总裁。谥文简。著有《经义述闻》、《经传释词》。事迹见《清史稿·儒林》、《清史列传》卷三四、汤金钊《诰授光禄大夫经筵讲官工部尚书加二级谥文简伯申王公墓志铭》。

宋绵初字守端，

【笺注】

宋绵初，字守端，号瓞园，江苏高邮人。乾隆四十二年拔贡生，曾官五河、清河县学训导。邃深经籍，尤长于《诗》。著有《韩诗内传征》。事迹见《清史稿·儒林》、《清史列传·儒林传》。

李惇（字）［号］孝臣，

【笺注】

李惇（1734—1784），字成裕，号孝臣，江苏高邮人。乾隆四十五年进士，选知县不就，主讲暨阳书院。著有《群经识小》、《左传通释》、《浑天图说》等。江藩好诋诃前人，李惇谓之曰："王子雍若不作《圣证论》以攻康成，岂非醇儒？"事迹见《清史稿·儒林》、《国朝汉学师承记》卷七。

李赓芸（字）［号］许斋，

【笺注】

李赓芸（1754—1817），字生甫，又字许斋，号书田，嘉定（今属上海）人。乾隆五十五年进士。官至福建布政使。寻被诬以贪污，逼令自承，不肯诬服，虑遭辱，自缢而死。著有《稻香吟馆集》、《炳烛编》、《汉书艺文志考误》。事迹见《清史稿》卷四七八、《清史列传》卷七五。

歙县（金）［洪］榜（字）［号］初堂，

【笺注】

洪榜，字汝登，号初堂，安徽歙县人。年十五，补邑庠生。乾隆三十三年举人。四十一年，应天津召试第一，授内阁中书。年仅三十五而卒。粹于经学，与同郡戴震、金榜交厚。著有《初堂遗稿》、《四书韵和表》。事迹见《清史稿·儒林》、《清史列传·儒林传》。

榜弟梧字桐生，

【笺注】

洪梧（1750—1817），字桐生，安徽歙县人。乾隆四十五年（1780）举人，召试中书，乾隆五十五年（1790）考取进士，授为翰林院庶吉士，散馆授编修，官至沂州（今山东临沂）府知府。博古通今，兼工词翰，亦邃于经学。事迹见《国朝汉学师承记》卷六。

汪莱字孝婴，

【笺注】

汪莱（1768—1813），字孝婴，号衡斋，安徽歙县人。年十五补博士弟子。嘉庆十二年以优贡生，选石埭县训导。十八年应省试，得疾归，卒于官。深于经学，尤善历算，通中西之术。与焦循、李锐考论天文算法，时称“谈天三友”。著有《说文声类》、《十三经注疏正误》、《衡斋遗书》等。事迹见《清史稿》卷五〇七。

凌廷堪字次仲，

【笺注】

凌廷堪（1755—1809），字次仲，号仲子，安徽歙县人。乾隆四十六年游扬州，慕其乡江永、戴震之学。四十八年至京师，始多交游。五十四年应乡试中式，五十五年成进士，官宁国府教授。于六书、历算及古今疆域之沿革、职官之异同皆有研究，尤长于考辨。著有《礼经释例》、《校礼堂文集》、《燕乐考原》等。事迹见《清史稿·儒林》、《清史列传·儒林传》。

汪龙字蛰泉，

【笺注】

汪龙（1742—1823），字叔辰，蜇泉，安徽歙县人。乾隆五十一年举人，拣选知县。著有《毛诗异义》、《毛诗申成》。事迹见胡培翚《汪叔辰先生别传》（《研六室文钞》卷十）。

兴化顾九苞字文子，

【笺注】

顾九苞，字文子，兴化人。博闻强记，长于《毛诗》、“三礼”。母任大椿之祖姑，通经达史。文子之学，母之教也。乾隆四十六年辛丑成进士，未几卒。子凤毛。事迹见《文献征存录》卷七、《国朝汉学师承记》卷七。

嘉定金曰追（字）［号］璞园，

【笺注】

金曰追（1737—1780），字对扬，号璞园，江苏嘉定（今属上海）人。诸生。师事王鸣盛。闭门校书，不求闻达，《十三经》皆有校本，而《仪礼》尤精。著有《十三经考异》、《仪礼经注疏正讹》、《经说》。阮元奉诏校勘《仪礼石经》，多采其说。曹元弼《礼经学》流别第七：“其为校勘者：卢氏文弨有《仪礼详校》，金氏曰追有《仪礼经注疏正讹》。而阮氏元遍校《十三经注疏》，于《仪礼》尤详，集诸本异同，以唐石经宋严州本注景德本疏为主，综核诸家，校勘以阮氏为宗，解谊以胡氏为备。但阮书有校雠而无发正，胡书《士》、《昏》及《乡饮》以下四篇未成，余亦大纯，不免小疵。”事迹见《清史稿·儒林》、《练川名人画像续编》。

归安丁杰（字）［号］小雅，

【笺注】

丁杰（1738—1807），原名锦鸿，字小山，一字升衢，号小雅，浙江归安（今吴兴）人。乾隆四十六年进士，官宁波府学教授。张之洞谓于诸校勘学家中，“戴（震）、卢（文弨）、丁（杰）、顾（广圻）为最”（《书目答问》）。著有《周易郑注后定》、《大戴礼记绎》、《小西山房文集》等。事迹见《清史稿·儒林》、《清史列传·儒林传》。

海宁周广业（字）［号］耕崖，

【笺注】

周广业（1730—1798），字勤补，号耕崖，浙江海宁人。乾隆四十八年举人。终身教徒授业，且教且学。其学根柢六经，以子史百家为枝叶。少时即通训诂，辨音切。深研古学，尤邃于经。著有《孟子四考》、《经史避名汇考》、《蓬庐诗文抄》等。事迹见《清史列传·儒林传·翟灏传》附传。

钱塘梁玉绳字曜北，

【笺注】

梁玉绳（1744—1819），字曜北，号谏庵，浙江钱塘（今杭州）人。同书嗣子，家世贵显，玉绳不志富贵，自号清白士。增贡生。九试九黜，年未四十，即弃举子业，潜心著述。与弟履绳以学问相勉，相互切磋，时有二难之目。尤精乙部书，与同时杭世骏、钱大昕、卢文弨诸人游，相与切磋。著有《瞥记》、《清白士集》、《史记志疑》、《古今人表考》等。事迹见《清史稿·儒林》、《清史列传·儒林传》。

弟履绳字处素，

【笺注】

梁履绳（1748—1793），字处素，号夬庵，浙江钱塘（今杭州）人。乾隆五十三年举人。再试进士不第，遂不求仕进。生性淡泊，温良忠厚。于诸经中尤精《左传》，尝镌小印文曰“臣有《左传》癖”。著有《左通补释》、《澹足轩集》等。事迹见《清史稿·儒林》、《清史列传·儒林传》。

偃师武亿字虚谷，

【笺注】

武亿（1745—1799），字虚谷，一字小石，号授堂，自号半石山人，河南偃师人。乾隆四十五年进士，授山东博山县知县，创范泉书院。和坤密遣番役以踪迹王伦为名横行州县，乃悉执之，被劾罢职。博通经籍，蕴蓄宏富，考证诸作皆审核精详。著有《群经义证》、《经读考异》、《金石三跋》、《金石文字续跋》、《偃师金石记》、《安阳金石录》、《三礼义证》等。事迹见《清史稿·儒林》、《清史列传·儒林传》、江藩《汉学师承记》卷四。

江都汪中字容甫，

【笺注】

汪中（1744—1794），字容甫，其先歙人，后迁扬州，遂占籍江都。少孤，性至孝，奉母以居，天资高迈，好谩骂，人多忌而恶之。为诸生十余年，屡试于乡，不售。乾隆四十二年拔贡生。以母老不赴朝考，绝意仕进。禀性耿直，疾恶如仇，尤其能不固时俗，敢于标新立异，当世目为狂徒。所服膺者，昆山顾宁人、德清胡朏明、宣城梅定九、太原阎百诗、元和惠定宇、休宁戴东原。著有《述学内外篇》、《大戴礼记正误》、《经义知新记》等。事迹见《清史稿·儒林》、《清史列传·儒林传》。

子喜孙字孟慈，

【笺注】

汪喜孙（1786—1847），字孟慈，号荀叔，后更名喜荀，江苏扬州人。汪中之子，少长，能读父书，溺志于学。嘉庆十二年举人，援例为内阁中书，开户部员外郎。乙巳，补河南怀庆府知府。著有《大戴礼记补》、《且住庵诗文稿》、《汪孟慈文集》。事迹见《清史列传·儒林传》。

长洲程际（泰）［盛］字焕若，

【笺注】

程际盛（1739—1796），字焕若，号东冶，江苏长洲（今苏州）人。乾隆四十五年成进士，授内阁中书，累官至湖广道监察御史。由舍人游历兰台，奉职三十余年，退食而归，惟以汲古穷经为务，尤深研郑玄之学。著有《说文古语考》、《礼记古训考》、《周礼故书考》、《仪礼古文今文考》、《骈字分笺》、《续方言补》、《清河偶抄》、《稻香楼集》等。事迹见《清史列传·儒林传》、《国朝耆献类征》卷一三七。

（海）［济］宁许鸿磐字渐逵，

【笺注】

许鸿磐（1757—1837），字渐逵，号云峤，别号雪帆、六观楼主人，山东济宁人。乾隆四十六年进士。历官指挥，安徽府同知，泗州知州。著有《读史方舆考证》、《六观楼文集》、《尚书札记》等。事迹见《清史列传·儒林传》。《国朝汉学师承记》卷六称："又有济宁进士许君鸿磐，字渐逵者，安徽候补同知，深于舆地之学。亡友凌君次仲亟称之。后见所著《雪帆杂著》一册，皆辨驳地理之说，不在朏明、祖禹之下。其论内地及外裔山川，了如指掌，盖四方经纬洞彻胸中，故不为皮傅之言也。在京师，与戴君金溪谈其《雪帆杂著》，金溪曰：'许君曾官指挥，当时以俗吏目之，失许君矣。'"

阳湖孙星衍字伯渊，

【笺注】

孙星衍（1753—1818），字伯渊，一字渊如，号征隐，江苏阳湖（今武进）人。乾隆五十二年（1787）进士，授翰林院编修，改刑部主事，出为山东兖沂曹济道，兼管黄河兵备道、山东督粮道，权山东布政使，清廉有绩。去官后先后主讲扬州安定书院、绍兴戢山书院。一生劬学，好藏书，勤于著述，精于校刊。著有《尚书今古文注疏》、《周易集解》、《平津馆金石粹编》等。事迹见《清史稿·儒林》、《清史列传·儒林传》、张绍南《孙渊如先生年谱》。

洪亮吉字稚存，

【笺注】

洪亮吉（1746—1809），字稚存，号北江，晚号更生，江苏阳湖（今武进）人。乾隆五十五年（1790）进士，授翰林院编修，充国史馆纂修官。在京供职外，曾出任贵州学政。嘉庆四年八月，经成亲王转上《极言时政启》千言，痛陈时弊，遭落职发戍伊犁。翌年赐还东返，归居里门，以著述、游历遗其余生。著有《六书转注录》、《比雅》、《卷施阁集》等。事迹见《清史稿》卷三五六、《清史列传·儒林传》、吕培《洪北江先生年谱》。

仪征许珩字楚生，

【笺注】

许珩，字楚生，江苏仪征人。许谦子。著有《周礼注疏献疑》、《周礼经注节抄》。事迹见《国朝汉学师承记》卷七。

阮元谥文达，

【笺注】

阮元（1754—1849），字伯元，号芸台，晚自号颐性老人，江苏仪征人。乾隆五十四年进士，选庶吉士，授编修，擢少詹事，历官山东、浙江学政，兵、礼、户部侍郎，浙江、江西巡抚，湖广、两广、云贵总督，道光朝拜体仁阁大学士，致仕，加太傅，谥文达。主盟文坛数十年，学者奉为山斗。博学贯通，精穷经谊。主编《十三经校勘记》、《经籍籑诂》、《皇清经解》、《畴人传》，刊当代名宿著述数十家为《文选楼丛书》，自著曰《揅经室集》。事迹见《清史稿》卷三六四、《清史列传》卷三六。王章涛撰《阮元年谱》、《阮元传》。

刘文淇字孟瞻，

【笺注】

刘文淇（1789—1854），字孟瞻，江苏仪征人。嘉庆二十四年优贡生。官候选训导。少时家贫，舅父凌曙亲授之学。及长，以博通经史闻，与宝应刘宝楠有"扬州二刘"之目。道光中，尝与宝楠、梅植之、包慎言、柳兴恩、陈立同赴省试，相约各治一经，为之疏证，文淇拈阄得《左传》。为学实事求是，精研群经，尤长《左传》。辑《左传旧注疏证》一书，先取贾、服、郑三君之注，疏通证明。草创四十年，长编已具，然后依次排比成书，为《左氏旧注疏证》，成《左传旧疏考正》。又有《青溪旧屋文集》。事迹见《清史稿·儒林》、《清史列传·儒林传》。

子毓崧字伯山，

【笺注】

刘毓崧（1818—1867），字伯山，一字松崖，江苏仪征人。道光二十年举优贡生。从父刘文淇受经，治《左氏》缵述先业，成《春秋左氏传大义》。校书取材广博，采用活校方法，订讹补阙，于《王船山遗书》及《汉书》用力最勤。又曾替杜文澜编辑《古谣谚》一百卷。著有《史乘》、《诸子通义》、《经传通义》、《通义堂文集》等。事迹见《清史稿·儒林》。

曲阜桂馥（字）［号］未谷，

【笺注】

桂馥（1736—1805，一说卒于1802），字冬卉，又字天香，号未谷，山东曲阜人。乾隆五十五年进士，选云南永平知县。嘉庆十年卒于任。为学尚实，尤邃于《说文》之学。著有《说文义证》、《晚学集》、《札朴》。事迹见《清史稿·儒林》、《清史列传·儒林传》、《国朝先正事略》卷三十六、庄一拂《古典戏曲存目汇考》。

甘泉钟褱字葴崖，

【笺注】

钟褱（1761—1805），字保其（一作保岐），一字葴崖（一作葴厓），江苏甘泉（今江都）人。嘉庆甲子优贡生。与阮元、焦循相友善，共研经学，旦夕讨论，务求于是。钟氏淡然无欲，以读书为乐，生平笃实，敦善行，交游中称为君子。著有《考古录》、《汉儒考》等。事迹见《国朝汉学师承记》卷七。

焦循字里堂，

【笺注】

焦循（1763—1820），字里堂，一作理堂，晚号里堂老人，江苏甘泉（今江都）人。嘉庆六年举人。一应会试不第，遂绝意仕途，构雕菰楼，读书著述其中，不入城市者十余年。性恬淡寡欲，不干仕禄。于书无所不窥，邃于经史、历算、声音、训诂，尤精于《易》学。著有《易通释》、《孟子正义》、《雕菰楼集》等。事迹见《清史稿·儒林》、《清史列传·儒林传》、王永祥《焦里堂先生年谱》。

江阴赵曦明字敬夫，

【笺注】

赵曦明（1705—1787），字敬夫，号瞰江山人，江阴人。诸生。博览强识，佐卢抱经校勘群籍，世称精审。著有《颜氏家训注》、《读书一得》等。事迹见卢文弨《瞰江山人传》。

乌程严可均（字）［号］铁桥，

【笺注】

严可均（1762—1843），字景文，号铁桥，浙江乌程（今吴兴）人。嘉庆五年举人，官建德教谕。引疾归，以著书为事。著有《唐石经校文》、《说文校议》、《石经总纂》、《铁桥漫稿》等，辑《全上古三代秦汉三国六朝全文》。事迹见《清史稿·儒林》、《清史列传·儒林传》。

凌堃（字）［号］厚堂，

【笺注】

凌堃（1795—1861），字仲讷，号厚堂，自号德舆子，浙江乌程人。道光十一年举人。与黟县俞孝廉正燮友，并长推步算术，高材绩学，侯官林文忠公尝目以国士，著撰等身。其最致力者为《学春秋理辨》五十余卷，未写定。咸丰十一年，骂贼死。又著《周易翼》。事迹见诸可宝《畴人传三编》卷三。

桐城马宗梿（字）［号］鲁陈，

【笺注】

马宗梿（？—1802），一作宗琏，字器之，号鲁陈，安徽桐城人。嘉庆六年进士，官东流县教谕。少从舅父姚鼐学为诗古文词，有声于时。后从邵晋涵、王念孙游，遂精通训诂、地理之学。尝以治经学必先通训诂，而载籍极博，未有汇成一编者，乃偕孙星衍、阮元、朱锡庚分韵编录，未竟。体例为阮元《经籍纂诂》所仍。著有《春秋左氏补注》、《毛郑诗诂训考证》、《周礼郑注疏证》、《穀梁传疏证》、《说文字义广证》、《战国策地理考》。事迹见《清史稿·儒林》、《清史列传·儒林传》。

马瑞辰字文登，

【笺注】

马瑞辰（1782—1853），字献生，号元伯，桐城人。马宗琏子。嘉庆十年进士，选翰林院庶吉士，官工部都水司郎中。历主江西白鹿、山东绎山、安徽庐阳书院。乡居数十年，以著述自娱。闻乱，命二子团练乡兵。家人以其老，避之山中。咸丰二年，桐城陷，仲子死焉。太平军搜山，围其宅，见一老人倨上坐，拽之起，怒诘为谁，植立大言曰："吾前工部员外郎马某也!"劝之降，不屈，骂且厉，遂遇害。少传父业，为训诂之学。著有《毛诗传笺通释》。事迹见马其昶《赠道衔原任工部员外郎马公墓表》(文载《抱润轩文集》卷六)。

毕［以］珣（字）［号］九水，

【笺注】

毕以珣，改名以田，又名亨，字恬溪，号九水，山东文登人。嘉庆十二年举人。道光六年，以大挑知县，分发江西，署安义县，后补崇义县。以积劳卒于官，年且八十。生平爱即墨劳山九水之胜，因名所居曰九水山房。戴震弟子，长于朴学。杨以增尝谓孙星衍生平著述多出其手。著有《九水山房文存》。事迹见《清史稿・儒林》、《清史列传・儒林传》。

归安姚文田谥文僖，

【笺注】

姚文田（1758—1827），字秋农，号社畬，别号经田、梅漪老人，浙江归安（今吴兴）人。嘉庆四年以一甲第一人成进士，授翰林院修撰，官至礼部尚书。著有《春秋经传朔闰表》、《说文声系》、《说文校议》、《求是斋自订稿》、《邃雅堂集》。事迹见《清史稿》卷三七四、《清史列传》卷三四《大臣传次编》九。

栖霞郝懿行字兰皋，

【笺注】

郝懿行（1757—1825），字恂九，号兰皋，山东栖霞人。嘉庆四年进士，授户部主事。二十五年，补江南司主事。好谈论经义，于《尔雅》用力最久。著有《尔雅义疏》、《晒书堂集》。事迹见《清史稿・儒林》、《清史列传・儒林传》、许维遹《郝兰皋夫妇年谱》。

武进张惠言字皋文，

【笺注】

张惠言（1761—1802），字皋文，江苏武进人。嘉庆四年进士，改庶吉士，授翰林院编修，充实录馆纂修官、武英殿协修官，辛酉散馆授编修，卒于官。其学要归六经，尤深《易》、《仪礼》。著有《周易虞氏义》、《虞氏易言》、《周易郑氏义》、《易纬略义》、《易图条辨》、《谐声谱》、《茗柯文》、《茗柯词》等。事迹见《清史稿・儒林》、《清史列传・儒林传》。

侯官陈寿祺字恭甫，

【笺注】

陈寿祺（1771—1834），字恭甫，号左海，晚号隐屏山人，福建闽县人。嘉庆四年进士，改庶吉士，授编修。历充广东、河南副考官，会试同考官。十四年，奔丧归，不复出仕，主讲泉州清源、鳌峰两书院凡二十一年，卒于家。陈寿祺书院凡二十一年，卒于家。著有《五经异义疏证》、《尚书大传笺》、《礼记郑读考》、《左海经辨》、《左海文集》、《绛跌堂诗集》。事迹见《清史稿・儒林》、《清史列传・儒林传》。

子乔枞（字）［号］（樸）［樸］园，

【笺注】

陈乔枞（1809—1869），字树滋，号樸园，福建侯官人。道光五年举人。曾七赴京试不第。二十四年以举人大挑分发江西，历官分宜、弋阳、德化、南城诸县，署袁州、临江、等府知府。以经术饬吏，居官有声。同治八年卒于抚州官舍。著有《礼堂经说》、《齐诗翼氏学疏证》、《诗纬集证》、《诗经四家异文考》、《毛诗郑笺改字说》、《礼堂遗集》等。事迹见《清史稿·儒林》、《清史列传·儒林传》。

武威张澍（字）［号］介白，

【笺注】

张澍（1781—1847），字介侯，一字时霖，号介白，甘肃武威人。嘉庆四年进士。官江西泸溪县知县。后主讲兰州，晚岁定居于西安，锐意于著述及辑佚，尤致意于关陇文献。性亢直，病恶如仇。著有《养素堂集》、《诗小序翼》、《叠韵谱》、《姓氏五书》等。事迹见《清史稿·文苑》、《清史列传·文苑传》、冯国瑞《张介侯先生年谱》。

歙县朱珔（字）［号］兰坡，

【笺注】

朱珔（1769—1850），字玉存，一字玉成，号兰坡，安徽泾县人。嘉庆七年进士，选翰林院庶吉士，散馆授编修，擢至侍读。与修《明鉴》，坐承纂官累，降编修。道光元年直上书房，屡受嘉奖，升右春坊右赞善，告养归。历主钟山、正谊、紫阳书院。学博才赡，早官禁近，晚主吴中坛坫。著有《说文假借义证》、《经文广异》、《文选集释》、《小万卷斋诗文集》等。辑有《国朝古文汇抄》、《诂经文抄》。事迹见《清史稿·儒林》、《清史列传·儒林传》。清李元度《天岳山馆文抄》卷十二有《右春坊右赞善前翰林院侍讲朱兰坡先生传》。

平湖周用锡字晋园，

【笺注】

周用锡，字晋园，浙江平湖人。生活于乾嘉时期。著有《尚书证义》二十八卷。所作《百花图》题识曰："乾隆辛酉六月天贶节拟王西室笔。周用锡。"乾隆辛酉为1741年。焦循《孟子正义》书末参考文献提及其人。李赓芸《稻香吟馆集》诗稿卷六《王竹坡通守凤生假平湖少司寇小岘先生访之游弄珠楼赋断句八章中及鄙人通守以石刻拓赠因亦赋六章将以呈司寇并柬通守》："鸳鸯湖畔送还迎，多谢当湖旧雨情。"自注："余此次往来，黄太公菊坪、张孝廉扐庵、周明经晋园、钱吉士毅庵、冯秀才湛园俱至嘉，未相晤。"

李钟泗字滨石，

【笺注】

李钟泗（1771—1809），字滨石，江苏甘泉（今江都）人。嘉庆六年举人。明年下第归，丁母忧，服除，入京师，拣选知县。岁己巳，卒于京邸。尝从藩问丧礼，往复问难，发人所未发，赴礼部试不第，殁于京师。精《左氏春秋》，撰《规规过》，抑刘伸杜，焦循服其精博。著有《鹤阴书屋集》。事迹见《清史稿·儒林》、江藩《国朝汉学师承记》卷七、李元度《国朝先正事略》卷三十五。焦循《雕菰集》卷二十三有《拣选知县李君滨石事状》。

宝应朱彬，

【笺注】

朱彬（1753—1834），字郁甫，一字武曹，江苏宝应人。乾隆六十年举人。幼有至行，年十一丧母，哀戚如成人，长，丁父忧，敛葬尽礼，三年蔬食居外。自少至老，好学不厌。承其乡王懋竑经法，与外兄刘台拱互相切磋，每有所得，辄以书札往来辨难，必求其是而后已。于训诂声音文字之学用力尤深。著有《经传考证》、《礼记训纂》、《游道堂诗文集》。事迹见《清史稿·儒林》、《清史列传·儒林传》。朱为弼撰《赠吏部尚书郁甫朱公墓志铭》（载《碑传集补》卷三九）。

刘玉麐，

【笺注】

刘玉麐（1738—1797），字又徐，号甓斋，又号春圃，江苏宝应人。乾隆四十二年拔贡，以直隶州州判分发广西。历官郁林州州判，象州、龙门、北流等县知县。嘉庆二年，贵州兴义府苗民起事，延及泗城。玉麐襄理军需，病瘴，殁于百色舟中。博通经史，尤精考据。著有《甓斋遗稿》、《尔雅校议》、《尔雅补注残本》等。事迹见《清史列传·儒林传》、阮元《淮海英灵续集》庚集卷二。

刘宝楠，

【笺注】

刘宝楠（1791—1855），字楚桢，号念楼，又号秋槎，江苏宝应人。履恂子。道光二十年进士，历官直隶文安、元氏、三河等县知县。长于经学。初治《毛诗》、《郑礼》，后攻《论语》。著有《论语正义》、《释穀》、《汉石例》、《念楼集》等。事迹见《清史稿·儒林》、《清史列传·儒林传》。戴望《谪麐堂遗集》文二有《故三河县知县刘君事状》。

嘉兴李贻德（字）［号］次白，

【笺注】

李贻德（1783—1832），字天贻（一作天彝），号次白，又号杏村、净缘居士，浙江嘉兴人。嘉庆二十三年举人。屡试进士不中。道光十二年壬辰恩科，又入试，报罢。卒于京师。邃于经史，尤善小学，孙渊如剧赏之。孙氏晚年所著书（如《周礼剩义》、《左传集解》），多得贻德之助。著有《春秋左氏解贾服注辑述》、《诗考异》、《诗经名物考》、《十七史考异》、《揽青阁诗抄》、《梦春庐词》。事迹见《清史列传》卷六九、《清史稿》卷四八一、潘衍桐《两浙辅轩续录》卷二十九。钱仪吉《衎石斋记事稿》卷十有《李次白墓志铭》。

海盐崔应榴，

【笺注】

崔应榴（1749—1815），字秋谷、星洲，浙江海盐人。增生。应榴少颖悟，究心四部之学，老而弥笃。著有《吾亦庐稿》、《殷水遗闻》、《横山纪略》、《岁时藻玉》、《广孝编》、《广慈编》等书。事迹见潘衍桐《两浙辅轩续录》卷十三、《（民国）杭州府志》卷一七〇。

阳湖刘逢禄字申受，

【笺注】

刘逢禄（1776—1829），字申受，号申甫，又号思误居士，江苏武进人。祖纶，大学士。外王父庄存与、舅庄述祖并以经术名世，逢禄尽传其学。嘉庆十九年进士，改翰林院庶吉士，散馆授礼部主事。道光四年，补仪制司主事。于礼部十余年未迁，卒于官。为学务通大义，不专章句。曾授龚自珍《公羊春秋》之学，自珍《己亥杂诗》有“东南绝学在毗陵”之句。著有《公羊春秋何氏释例》、《申何难郑》、《刘礼部集》等。事迹见《清史稿·儒林》、《清史列传·儒林传》。戴望《谪麐堂遗集》文一有《故礼部仪制司主事刘先生行状》，刘逢禄《刘礼部集》卷十一附有其子刘承宽撰《先府君行述》。

长洲宋翔凤字于庭，

【笺注】

宋翔凤（1776，一作1779—1860），字虞庭，一字于庭，江苏长洲（今苏州）人。亦庄述祖之甥。嘉庆五年举人，官湖南宝庆府周知。翔凤通训诂名物，志在西汉家法、微言大义，得庄氏之真传。著有《周易考异》、《论语说义》、《论语郑注》、《大学古义说》、《孟子赵注补正》、《尚书说》、《尚书谱》、《小尔雅训纂》、《五经要义》、《五经通义》、《过庭录》等。事迹见《清史稿·儒林》、《清史列传·儒林传》。

陈奂（字）［号］硕甫，

【笺注】

陈奂（1786—1863），字倬云，号硕甫，晚号南园老人，江苏长洲人。咸丰元年举孝廉方正。著有《诗毛氏传疏》、《毛诗音》、《义类》、《郑氏笺考征》、《诗语助义》、《宋本集韵校勘记》、《三百堂文集》等。事迹见《清史稿·儒林》、《（同治）苏州府志》卷八九。

吴县沈钦韩字文起，

【笺注】

沈钦韩（1775—1831），字文起，号小宛，江苏吴县人。嘉庆十二年举人，道光三年选授安徽宁国府训导。著有《汉书疏证》、《后汉书疏证》、《三国志补注》、《水经注疏证》、《昌黎集补注》、《荆公文集注》、《孙文志疑》、《苏诗查注补正》、《石湖诗集注》、《幼学堂诗集》、《文集》。事迹见《清史稿·儒林》、《清史列传·儒林传》。

丹徒柳兴宗字（宝）［宾］叔，

【笺注】

柳兴宗（1793—1878，一作1795—1880），又名兴恩，字宾叔，江苏丹徒人。道光十二年举人。受业于阮元。著有《穀梁大义述》、《周易卦气辅》、《虞氏逸象考》、《毛诗注疏纠补》、《续王应麟诗地考》、《群经异义》、《刘向年谱》、《仪礼释宫考辨》、《宿壹斋诗文集》等。事迹见《清史稿·儒林》、《清史列传·儒林传》。

海州许桂林字月南，

【笺注】

许桂林（1779—1821），字同叔，号月南，江苏海州（今连云港）人。嘉庆二十一年举人。好学深思，至性醇粹，躬行践履，博综群书，以诂经为事，于诸经皆有发明。尤笃信《穀梁》之学。著有《春秋穀梁传时日月书法释例》、《易确》、《毛诗后笺》、《春秋三传地名考证》、《汉世别本礼记长义》、《大学中庸讲义》、《四书因论》、《许氏说音》、《算牖》、《宣西通》、《太玄后知》、《擢对》、《参同契金堤大义》。事迹见《清史稿·儒林》、《清史列传·儒林传》。

仁和赵坦字宽夫，

【笺注】

赵坦（1765—1828），字宽夫，号石侣，又号保甓居士，浙江仁和（今属杭州）人。道光元年举人，奏给六品顶带。入诂经精舍，为著籍弟子。著有《周易郑注引义》、《春秋异文笺》、《石经考》、《保甓斋札记》、《保甓斋文录》等。事迹见《清史列传》卷六九、《（民国）杭州府志》卷一三八。

临海洪颐煊（字）［号］筠轩，

【笺注】

洪颐煊（1765—1833），字旌贤，号筠轩，晚自号倦舫老人，浙江临海人。苦志力学，与兄坤煊、弟震煊合称“三洪”。嘉庆六年拔贡生。入赀为直隶州州判，署广东新兴县事。适阮元督粤，知颐煊学优，非吏才，延致幕府，相与咨诹经史。著有《礼经宫室答问》、《礼记宫室答问》、《孝经郑注补证》、《孔子三朝记》、《管子义证》、《汉志水道疏证》、《诸史考异》、《校正竹书纪年》、《平津馆读碑记・续记・再续・三续》、《读书丛录》、《台州札记》、《筠轩诗文集》，辑有《经典集林》、《刘向五经通义》。事迹见《清史稿・文苑》、《清史列传・儒林传》。

弟震煊（字）［号］檞堂，

【笺注】

洪震煊（1770—1815），字百里，号檞堂，浙江临海人。阮元修《经籍纂诂》、《十三经校勘记》，皆任其役。精于研究天文、地理。著有《夏小正疏义》、《附释音异字记》、《石鼓文考异》。性孤介，尝曰：“读书贵自得，何以名为！”是以撰述颇寡。事迹见《清史稿》卷四八六。

金鹗（字）［号］诚斋，

【笺注】

金鹗（1771—1819），字风荐，号诚斋，浙江临海人。年十七补弟子员。阮元抚浙，建诂经精舍，延孙星衍主讲席，金鹗与洪颐煊、震煊同肄业其中。嘉庆二十一年（1816）优贡生。二十四年，客死京师。博闻强识，精“三礼”之学。受知于山阳汪廷珍。著有《求古录礼说》、《四书正义》，辑《论语乡党注》。事迹见《清史稿・儒林》、《清史列传・儒林传》。

宋世荦（字）［号］确山，

【笺注】

宋世荦（1765—1821），字卣勋，号确山，浙江临海人。乾隆五十三年举人，以教习官陕西扶风知县。罢归，居家研求经训，熟于谐声假借之例。著有《周礼故书疏证》、《仪礼古今文疏证》、《红杏轩诗钞》等。尝刊乡先进著作为《台州丛书》，仅成甲乙两集而殁。事迹见《清史稿・儒林》、《清史列传・儒林传》。

太平戚学标（字）［号］鹤泉，

【笺注】

戚学标（1742—1825），字翰芳，号鹤泉，别号南墅居士，浙江太平（今温岭）人。幼从天台齐召南游，及馆曲阜孔氏，师友极一时之盛。乾隆四十六年进士，历官河南涉县、林县知县，以忤上官罢，后改宁波府学教授，不久辞归，著述以终。治学长于考证，于《说文》、《毛诗》研究有成。著有《汉学谐声》、《说文补考又考》、《毛诗证读》、《读诗或问》、《诗声辨定阴阳谱》、《四书偶谈》、《内外篇》、

《字易》、《景文堂集》、《鹤泉文抄》等。事迹见《清史稿·儒林》、《清史列传·儒林传》。

江都凌曙字晓楼，

【笺注】

凌曙（1775—1829），字晓楼，一字子升，江苏江都（今扬州）人。国子监生。年二十为童子师，问学于包世臣。世臣曰："治经必守家法，专法一家，以立其基，则诸家渐通。"曙乃稽典礼，考古训，为《四书典故核》六卷。既治郑氏学，得其要领。又从沈钦韩问疑义，益贯串精审。后闻武进刘逢禄论何氏《公羊春秋》而好之。及入都，为阮元校辑《经郛》，尽见魏、晋以来诸家《春秋》之说。著有《春秋公羊礼疏》、《公羊礼说》、《春秋公羊问答》、《春秋繁露注》等。事迹见《清史稿·儒林》、《清史列传·儒林传》。

泾县胡世琦字玉樵，

【笺注】

胡世琦（1775—1829），字玮臣，号玉樵，安徽泾县人。嘉庆十九年进士，改翰林院庶吉士。散馆，以知县用，得山东之费县。后复历摄平原、即墨、沂水，寻补曹县。究缘负气不肯事上官，又勇于任事，犯同僚忌，复挂吏议失职，始浩然决意引退。著有《小尔雅义证》、《三家诗辑》、《学论》、《立经堂诗抄》等。包世臣《艺舟双楫》卷四《清故文学薛君之碑》称同邑胡世琦玉樵，墨守郑氏，有缀残补缺之勤。事迹见《（道光）济南府志》卷三二。

黟县俞正燮字理初，

【笺注】

俞正燮（1775—1840），字理初，安徽黟县人。道光元年举人。年二十余，负其所业，北走兖州，谒孙星衍。时星衍为伏生建立博士，复访求左氏后裔。正燮因作《丘明子孙姓氏论》、《左山考》、《左墓考》，星衍多据以折衷群议，由是名大起。正燮读书，置巨册数十，分题疏记，积岁月，乃排比为文，断以己意。著有《癸巳类稿》、《癸巳存稿》等。另著有《说文部纬校补》、《校补海国纪文》等。又有《钦定左传读本》、《续行水金鉴》，皆助他人编撰，不署己名。其学主于求是，其文典重。事迹见《清史稿·文苑》、《清史列传·儒林传》、《（光绪）重修安徽通志》卷二一九。

长兴臧寿恭（字）［号］梅溪，

【笺注】

臧寿恭（1788—1846），原名耀，字眉卿，号梅溪，浙江长兴人。嘉庆丁卯举人。长于《春秋》之学，尤负史才。著有《春秋左氏古义》、《天步证验》、《南史事略》。事迹见诸可宝《畴人传三编》卷二、《两浙輶轩续录》卷二四。

乌程周中孚字信之，

【笺注】

周中孚（1768—1831），字信之，号郑堂，浙江乌县人。嘉庆十五年（1810）拔贡。后入崇文书院与诂经精舍，为阮元、孙星衍门下高第。稍长，见《四库书提要》，谓为学之途径在是，于是遍求诸史艺文志，考自汉迄唐存佚各书，以备搜辑古籍。阮元《定香亭笔谈》称："乌程周中孚博闻强记，而文笔甚拙；其弟联奎能诗文，而疏于经术。然亦可谓'二难'矣。"著有《郑堂读书记》、《郑堂札记》、《孝经集解》、《逸周书注补正》、《顾职方年谱》、《子书考》、《金石识小录》等。事迹见戴望《外王父周先生述》(《谪麐堂遗集》文二)。

元和李锐字尚之,

【笺注】

李锐(1768,一作1769—1817),字尚之,号四香,江苏元和(今苏州)人。生员。受业于钱大昕。后入阮元、张敦仁幕,整理古代数学典籍,与焦循、汪莱、李潢等交最密。曾参与《畴人传》的编纂工作,并校释《测圆海镜》、《益古演段》、《缉古算经》、《数书九章》、《九章算术》、《孙子算经》、《张丘建算经》、《杨辉算法》、《四元玉鉴》等古代算学名著。曾从顾千里借得《九章算经》,昼夜穷探不息,乃知天元一术与借根方异,著论畅郭守敬、李冶之旨,兼补宣城梅文鼎所未备。著有《周易虞氏略例》等,以《李氏遗书》行世。事迹见《清史稿》卷五〇七、《畴人传》卷五十、钱林《文献征存录》卷三。

德清徐(春源)[养原],

【笺注】

徐养原(1758—1825),字新田,号饴庵,浙江德清人。嘉庆六年(1801)副贡生。为诂经精舍高材生,出阮元门下。阮元校勘《十三经注疏》,养原任《尚书》、《仪礼》,错简较他经尤多,而所校特精,为他人所不及。著有《仪礼今古文异同疏证》、《周官故书考》、《论语鲁读考》、《顽石庐经说》等。国家图书馆善本部藏有《徐饴盦先生遗书》稿本十册。事迹见《畴人传三编》卷二、《两浙輶轩续录》卷二十。

桐城方观旭,

【笺注】

方观旭,安徽桐城(一作浙江仁和)人。嘉庆十六年(1811)进士。官广西武绿县知县。著有《论语偶记》(收入《皇清经解》)。事迹见《(民国)杭州府志》卷一一三。

宝应刘履恂,

【笺注】

刘履恂(1738—1795),字迪九,号凫乡,江苏宝应人。宝楠之父。年十八补扬州附学生,试高等,补廪膳生中式,乾隆五十一年举人,累赴礼部试不第,大挑二等,录用教谕,改国子监典簿,旋以疾卒于京师。著有《秋槎札记》、《义迹山房诗稿》。事迹见阮元《淮海英灵集》乙集卷一。

嘉定陈瑑,

【笺注】

陈瑑,字聘侯,号恬生,一号小莲,自署六九学人,嘉定人。道光二十四年举人。卒年五十九。长于训诂、历算。著《说文举例》、《说文引经考证》、《说文引经互异说》、《群经属句举例》、《国语翼解》、《六九斋撰述稿》。事迹见《畴人传三编》卷六。

嘉应李黼平字子黼,

【笺注】

李黼平(1770—1832),字贞甫,又字绣子,号贞子,又号花庵、著光庵,广东嘉应州(今梅县)人。嘉庆十年进士,改翰林院庶吉士。假归,主讲越华书院。戊辰入都,散馆,出为江苏昭文县知县。

以亏空挪用落职，系狱八年。阮元延入节署，授诸公子经，会开学海堂，以经史诗赋课士。后主讲东莞宝安书院。著有《毛诗细义》、《易刊误》、《文选异义》、《读杜韩笔记》、《绣子集》等。事迹见《清史稿》卷四八二、《清史列传》卷六九、《（光绪）广州府志》卷一一一。

嘉兴李富孙字（杏）［香］子，

【笺注】

李富孙（1764—1843），字既汸，号芗沚，一号香子，晚号校经叟，浙江嘉兴人。嘉庆六年拔贡生。富孙学有原本，与伯兄超孙、从弟遇孙有“后三李”之目。长游四方，从卢文弨、钱大昕、王昶、孙星衍等问学。阮元为浙江巡抚时，肄业于诂经精舍。其学受阮元启迪颇多，尤深于经学，兼长金石文字，能诗古文词。著有《李氏易解剩义》、《李氏集解校异》、《七经异文释》等，以《校经庼全集》行世。事迹见《清史稿·儒林》、《清史列传·儒林传》及《校经叟自订年谱》。

冯登府（字）［号］柳东，

【笺注】

冯登府（1783—1841，一作1780—1840），字云伯，号柳东，自号小长庐旧史，浙江嘉兴人。嘉庆二十五年进士，改翰林院庶吉士，散馆授江西将乐县知县。不久以亲病辞官，服阕，官宁波府教授。告归，得咯血疾，及闻英人陷宁波，病剧而卒。生平嗜书勤学，著述等身。著有《三家诗异文疏证》、《三家诗遗说翼证》、《论语异文考证》、《十三经诂答问》、《石经补考》、《金石综例》、《石经阁文集》等。事迹见《清史列传·儒林传》、史铨《冯柳东先生年谱》。

嘉（定）［善］钟文烝字伯，

【笺注】

钟文烝（1818—1877），字殿子，号子勤，浙江嘉善人。道光二十六年举人，候选知县。于学无所不通，尤精《春秋》。著有《春秋穀梁经传补注》、《论语序详正》。事迹见《清史稿·儒林》、《清史列传·儒林传》、《嘉善县志》第三十五编。

甘泉薛传均字子韵，

【笺注】

薛传均（1788—1829），字子韵，江苏甘泉人。嘉庆十二年诸生。十赴乡试，皆报罢。早肄业于梅花书院。博览群籍，强记精识，就福建学政陈用光聘，用光见所著书，恨相见晚，旋以疾卒于汀州试院。于《十三经注疏》功力最深，大端尤在小学，于许慎《说文》一书，钩稽贯串，洞其义而熟其辞。著有《说文答问疏证》、《文选古字通疏证》。事迹见《清史稿·儒林》、《清史列传·儒林传》。

张宗泰字登封，

【笺注】

张宗泰（1750—1832），字鲁岩，一字登封，号筠岩，江苏甘泉（今扬州）人。乾隆五十四年，由廪膳生选拔贡生，明年朝考二等叶名，交部以知县用。己意愿就教职，引见时准改，选授泗州天长县复设教谕。后迁庐州合肥县教谕。著有《周官礼经注正误》、《孟子七篇诸侯年表》、《尔雅注疏本正误》、《竹书纪年校补》、《质疑删存》。阮元赠联云：“力学不随流俗转，著书须及老年成。”事迹见薛寿《张登封先生家传》、徐世昌《晚晴簃诗汇》卷一一九。

番禺侯康字君（谟）[模]，

【笺注】

侯康（1798—1837），原名廷楷，字君模，广东番禺人。道光十五年举人。会试归，发病，逾年卒。幼孤，喜读史家。及长，精研注疏，湛深经术。仿裴松之注《三国志》例注史，为《后汉书补注续》、《三国志补注》。补《后汉》、《三国艺文志》，各成经、史、子四卷。又著《春秋古经说》、《穀梁礼证》、《说文假借例举》。事迹见《清史稿·儒林》、《清史列传·儒林传》、《（光绪）广州府志》卷一三一。

邵阳魏源字默深，

【笺注】

魏源（1794—1857），字默深，湖南邵阳金潭（今属隆回）人。道光二十四年（1844）进士。先后从胡承珙问汉学，从姚学塽问宋学，受公羊学于刘逢禄。治今文经学，主通经致用。著有《海国图志》、《元史新编》、《古微堂诗文集》等，岳麓书社编有《魏源全集》。事迹见《清史稿·儒林》、《清史列传·儒林传》。熊焰撰《魏源年谱新编》。

遵义郑珍字子尹是也。

【笺注】

郑珍（1806—1864），字子尹，号柴翁，又号巢经巢主，贵州遵义人。道光十七年（1837）举人，以大挑二等选荔波县训导。咸丰五年，苗民起义，攻荔波，知县蒋嘉谷病，郑珍率兵拒战。次年归隐子午山。十一年主讲湘川书院。同治二年大学士祁寯藻荐于朝，特旨以知县分发江苏补用，卒不出。治经宗汉，析理尊宋。著有《说文逸字》、《说文新附考》、《汗简笺正》、《巢经巢经说》、《说隶》等。事迹见《清史稿·儒林》、《清史列传·儒林传》、赵恺《郑子尹先生年谱》（《巢经巢全集》附录）、凌惕安《郑子尹年谱》（商务印书馆1941年版）。黄万机撰《郑珍评传》（巴蜀书社1989年版）。

其汉、宋兼采、确有心得者：余姚黄宗羲号南雷，

【笺注】

黄宗羲（1610—1695），字太冲，号南雷，浙江余姚人。学者称梨洲先生。宗羲之学，出于刘宗周，闻诚意慎独之说，缜密平实。尝谓明人讲学，袭语录之糟粕，不以六经为根柢，束书而从事于游谈。故问学者必先穷经，经术所以经世，不为迂儒，必兼读史。读史不多，无以证理之变化。多而不求于心，则为俗学。故上下古今，穿穴群言，自天官、地志、九流百家之教，无不精研。生平著作多至63种1320卷，今人编为《黄宗羲全集》。事迹见《清史列传·儒林传》、钱实甫《黄宗羲传》，清人黄炳垕、近人谢国桢均有《黄梨洲年谱》。徐定宝撰《黄宗羲评传》（南京大学出版社2011年版）

弟宗炎字晦木，

【笺注】

黄宗炎（1616—1686），字晦木，世称立溪先生，又称鹧鸪先生，浙江余姚人。黄宗羲弟。明崇祯中，以明经贡太学。明亡，与宗族弟子共组织“世忠营”抗清。与兄宗羲、弟宗会俱从刘宗周游，学术大略与宗羲相近。著有《周易象辞》、《寻门余论》、《图书辨惑》、《六书会通》。事迹见《清史稿·儒林》、《清史列传·儒林传》。

衡阳王夫之字船山，

【笺注】

王夫之（1619—1692），字而农，号姜斋，学者称船山先生，湖南衡阳人。崇祯壬午举人。明亡之时曾在衡山举兵抗清，败走肇庆。经瞿式耜荐为南明桂王朝行人司行人，继续抗清。瞿氏殉难后，王夫之知事不可为，隐遁湘西一带，四十年间潜心著述以终。归衡阳之石船山，筑土室曰观生居。著有《周易稗疏》、《尚书稗疏》、《诗广传》等，以《船山全集》行世。事迹见《清史稿》卷四八〇、《清史列传》卷六六、王之春《王夫之年谱》。许苏民撰《王夫之评传》（南京大学出版社2007年版）。

桐城钱澄之字饮光，

【笺注】

钱澄之（1612—1693），字饮光，原名秉灯，字幼光，自号田间老人，安徽桐城人。明末诸生。南明唐王时，授彰州府推官，桂王时授礼部仪制司主事。永历三年，考授翰林院庶吉士，知制诰。曾在吴江起兵抗清，又因避南明党祸，先后出亡吴、越、闽、粤，削发为僧，改名幻光。后还俗归隐故乡，又改名澄之，不再出仕。钱澄之博学多才，诗文尤负重名。著有《田间诗学》、《田间易学》、《庄屈合诂》等。事迹见《清史稿·遗逸》、《清史列传·儒林传》、钱扬禄《田间府君年谱》。

徐璈字六（襄）[穰]，

【笺注】

徐璈（1779—1841），字六穰，安徽桐城人。嘉庆十九年进士，由户部主事改知县，历浙江寿昌、山西阳城。著有《诗经广诂》、《牖景录》、《河防类要》、《黄山纪胜》、《樗亭诗文集》。事迹见《（光绪）重修安徽通志》卷二百十八。

吴江朱鹤龄字长孺，

【笺注】

朱鹤龄（1606—1683），字长孺，号愚庵，江苏吴江人。晚明诸生，入清不仕，屏居著述。晨夕一编，行不识路途，坐不知寒暑。长于笺疏之学。撰《毛诗通义》、《尚书埤传》、《读左日抄》、《春秋集说》、《愚庵小集》。事迹见《清史稿·儒林》、《清史列传·儒林传》。

沈彤字果堂，

【笺注】

沈彤（1688—1752），字冠云，号果堂，江苏吴江人。诸生。自少力学，以穷经为事。初从何焯学，继游张伯行、杨名时之门。与编“三礼”及《一统志》。书成，授九品官。以亲老归养。晚年居家，授徒自给，著述不辍。治学长于“三礼”。及卒，门人私谥文孝先生。著有《周官禄田考》、《尚书小疏》、《春秋左传小疏》、《果堂集》等。事迹见《清史稿·儒林》、《清史列传·儒林传》、惠栋《沈君彤墓志铭》、沈廷芳《征士文孝沈先生墓志铭》。

陈景云字少章，

【笺注】

陈景云（1670—1747），字少章，私谥文道先生，江苏吴县人。少从何焯游，博通经史，淹贯群籍，长于考订。康熙二十五年，汤斌抚吴试士拔第一。父丧，服除，补吴江县学生。性孤介，游京师，屡试不售。年甫四十，以母老，遂不复出。藩邸及大吏以礼敦聘，俱不赴。穷老杜门，手不释卷。著有《纲目订误》、《通鉴胡注举正》、《读书纪闻》、《两汉订误》、《纪元要略》、《韩集点勘》等。其子黄中辑为《文道十种》。事迹见《清史稿·文苑》、《清史列传·文苑传》、《（同治）苏州府志》卷八八。

张尚瑗（字）［号］损持，

【笺注】

张尚瑗（1656—1731），字宏蘧，号损持，江苏吴江人。康熙二十七年进士，选庶吉士，改兴国知县。罢官后曾主豫章书院讲席，不再出仕。初，从朱鹤龄讲《春秋》之学，朱氏作《读左日抄》，尚瑗亦究心《春秋三传》及《国语》、《国策》，于注解多所补正。生平以书卷为行厨，出入必载与俱，学博识强，一时鲜匹。著有《三传折诸》、《石里文集》等。事迹见《（同治）苏州府志》卷一〇八。

鄞县万斯大字充宗，

【笺注】

万斯大（1633—1683），字充宗，晚号跛翁，浙江鄞县（今属宁波）人。万泰第六子。生逢丧乱，不事举业，慨然以穷经自任。万斯大自康熙六年偕同学十余人就学于黄宗羲，曾在宁波创建讲经会。斯大治经，以为非通诸经不能通一经，非悟传注之失，则不能通经；非以经释经，则亦无由悟传注之失。其为学尤精《春秋》、“三礼”。著有《学春秋随笔》、《学礼质疑》、《仪礼商》、《礼记偶笺》、《周官辨非》等。事迹见《清史稿·儒林》、《清史列传·儒林传》、万经《先考充宗府君行状》、郑梁《跛翁传》。方祖猷撰《万斯大评传》。

弟斯同字季野，

【笺注】

万斯同（1638—1702），字季野，号石园，浙江鄞县（今属宁波）人。万泰第八子。康熙十七年举博学鸿儒，力辞不就。卒后门人私谥曰贞文。从黄宗羲游，得闻蕺山刘氏学说，以慎独为宗，以读书励名节，与同志相劘切，月有会讲，博通诸史，尤熟明代掌故。著有《儒林宗派》、《石经考》、《群书疑辨》等。事迹见《清史稿·文苑》、《清史列传·儒林传》。方祖猷撰《万斯同评传》（南京大学出版社1996年版）。

斯大子经字九沙，

【笺注】

万经（1659—1741），字授一，别字九沙，斯大子，浙江鄞县（今属宁波）人。康熙四十二年成进士，选翰林院庶吉士，散馆授编修。五十年充山西乡试副考官，五十三年提督贵州学政。传父叔及兄言之学。著有《分隶偶存》。事迹见《清史稿》。

全祖望字谢山，

【笺注】

全祖望（1705—1755），字绍衣，号谢山，自署鲒埼亭长，浙江鄞县（今属宁波）人。乾隆元年进士，选翰林院庶吉士，散馆，以知县候选，遂不出。主蕺山、端溪书院讲席。生平服膺黄宗羲。宗羲《宋元学案》甫创草稿，祖望博采诸书为之补辑，编成百卷。又七校《水经注》，三笺《困学纪闻》，皆足见其汲古之深。又为《经史问答》。晚年定文稿，删为《鲒埼亭文集》。事迹见《清史稿·儒林》、《清史列传·儒林传》、刘光汉《全祖望传》、董秉纯《全谢山年谱》、蒋天枢《全谢山先生年谱》、王永健《全祖望评传》。

昆山徐乾学字健庵，

【笺注】

徐乾学（1631—1694），字原一，号健庵，江苏昆山人。顾炎武甥。康熙九年一甲三名进士，授编修。历任礼部侍郎、左都御史、内阁学士、刑部尚书，居朝以奖掖士林为己任。奉敕编纂《明史》、《大清一统志》、《大清会典》。著有《读礼通考》、《资治通鉴后编》等。事迹见《清史稿》卷二七七、《清史列传·大臣传》。

嘉定陆元辅字翼王，

【笺注】

陆元辅（1617—1691），字翼王，号菊隐，嘉定（今属上海）人。著《十三经注疏类抄》、《续经籍考》、《菊隐文集》。事迹见《（乾隆）江南通志》卷一六四。

秀水徐嘉炎字胜力，

【笺注】

徐嘉炎（1631—1703），字胜力，号华隐，初名炎，浙江秀水（今嘉兴）人。康熙己未召试鸿博，授检讨。累擢内阁学士，兼礼部侍郎，充三朝国史及《会典》、《一统志》副总裁。著有《抱经斋集》二十卷。事迹见《清史稿》卷四八九、《清史列传·文苑传》。

吴县惠周惕字符龙，士奇父，

【笺注】

惠周惕（1641—1697），原名恕，字而行，后改今名，字元龙，一字符龙，号研溪，自号红豆主人，江苏吴县人。少传家学，又从徐枋、汪琬游，工诗古文词。既壮，遍游四方，广交名士，朱彝尊亟称之，文名益著。康熙三十年成进士，选庶吉士，因不习国书，改密云知县，卒于官。著有《易传》、《春秋问》、《三礼问》、《诗说》及《研溪先生集》。事迹见《清史稿·儒林》、《清史列传·儒林传》。

大兴（王）［黄］叔琳（字）［号］昆圃，

【笺注】

黄叔琳（1672—1756），字宏献，号昆圃，学者称北平先生，顺天大兴（今属北京）人。康熙三十年进士，授翰林院编修。雍正元年，以刑部侍郎典试江南。迁吏部左侍郎，出抚两浙。乾隆十六年，重赴琼林宴。一生笃学，通经义，勤著述。著有《砚北易抄》、《诗经通说》、《周礼节训》、《夏小正注》、《宋元春秋解提要》、《砚北杂录》、《砚北丛录》、《文心雕龙辑注》、《史通训诂补》等。事迹见《清史稿》卷二九〇、《清史列传》卷一四《大臣画一传档正编》十一、顾镇《黄昆圃先生年谱》。

桐城方苞（字）［号］望溪，

【笺注】

方苞（1668—1749），字凤九，号灵皋，晚号望溪，安徽桐城人。康熙三十八年举人。四十五年会试中式成进士，以母病未与殿试。五十年，为戴名世《南山集》案所株入狱。赦出后隶汉军旗籍，入直南书房。六十一年，充武英殿修书总裁。雍正时，仍归汉籍，累官翰林院侍讲学士、内阁学士兼礼部侍郎。乾隆元年，再入南书房，累擢礼部侍郎，为文颖馆、经史馆、三礼馆总裁。四年，落职，仍修三礼。后辞归。为学宗程、朱，尤究心《春秋》、“三礼”。其为文，严于义法，一以阐明义理为主，而旁及于人情物态，为古文正宗，号“桐城派”。事迹见《清史稿》卷二九〇、《清史列传》卷一九《大臣画一传档正编一六》。孟醒仁撰《桐城派三祖年谱》，即为方苞、刘大櫆、姚鼐而作。

泰州陈厚耀字泗源，

【笺注】

陈厚耀（1648—1722），字泗源，号曙峰，江苏泰州人。康熙四十五年进士。初官苏州府教授，未逾年召入南书房，旋授中书科中书、翰林院编修，晋国子监司业，转左谕德。五十七年充会试同考官，明年以老疾致仕。以汉、宋兼采经学名家，所治博综众说，自有心得。厚耀以天算之法治《春秋》，尝补杜预《长历》为《春秋长历》，又撰《春秋战国异辞》、《通表》、《摭遗》、《春秋世族谱》、《续增新法比例》。事迹见《清史稿·儒林》、《清史列传·儒林传》。

钱塘吴廷华字中林，

【笺注】

吴廷华（1682—1755），初名兰芳，字中林，号东壁，浙江仁和人。康熙五十三年（1714）举人。乾隆初尝荐修“三礼”。著有《仪礼章句》、《周礼疑义》、《仪礼疑义》、《礼记疑义》、《九经韵证》、《曲台小录》、《东壁书庄集》。事迹见《（民国）杭州府志》卷一百三十八。

光山胡煦谥文良，

【笺注】

胡煦（1655—1736），字沧晓，号紫弦，河南光山人。康熙五十一年进士，改庶吉士，授检讨。雍正初，擢礼部侍郎。九年褫归，乾隆元年复官，同年病故于北京，赠尚书，谥文良。唐鉴《学案小识》卷十二称其持论酌于汉学、宋学之间，与朱子颇有异同。著有《周易函书约存》、《卜法详考》、《葆璞堂诗集》。事迹见《清史稿》卷二百九十。

宝应王懋竑字白田，

【笺注】

王懋竑（1668—1741），字与中，号白田，江苏宝应人。康熙五十七年进士，在吏部乞就教职，授安庆府学教授。雍正元年，特召直内庭，改翰林院编修，在上书房行走。二年，以母忧去官，明年入都谢恩毕，遂以老病辞归，杜门著书，不闻外事。懋竑性恬淡，少尝谓友人曰：“老屋三间，破书万卷，平生志愿足矣。”精研朱子之学，身体力行。校定《朱子年谱》，大旨在辨为学次序，以攻姚江之说。又著《白田草堂集》、《白田杂著》。事迹见《清史稿·儒林》、《清史列传·儒林传》。

无锡顾栋高字震沧，

【笺注】

顾栋高（1679—1759），字复初，一字震沧，号左畬，江苏无锡人。康熙六十年进士，授内阁中书。雍正时，以奏对越次罢官，不复出山。乾隆二十二年，高宗南巡召见行在，加祭酒衔。越二年，卒于家。生平以穷经为事，尤精研《诗》、《书》、《春秋》，曾得高宗御赐“传经耆硕”四字匾额。所学合宋、元、明诸儒门径而一之，援新安以合金溪，为调停之说。著有《春秋大事表》、《春秋舆图解》、《毛诗类释》、《毛诗订诂》、《大儒粹语》等，发明经义，颇为谨严。其《尚书质疑》，多据臆断。事迹见《清史稿·儒林》、《清史列传·儒林传》。

蔡德晋字仁锡，

【笺注】

蔡德晋，字仁锡，江苏无锡人。雍正四年举人，乾隆初授国子监学正，迁工部司务。德晋尝谓横渠以礼教人，最得孔门博约之旨，故其律身甚严。其论“三礼”，多前人所未发。著有《礼经本义》、《礼传本义》、《通礼》等。事迹见《清史稿·儒林》、《国朝先正事略》。

常熟陈祖范字亦韩，

【笺注】

陈祖范（1675—1754），字亦韩，号见复，江苏常熟人。雍正元年举人，乾隆十六年荐举经学，以年老不任职，赐司业衔。历主紫阳、云龙、敬敷、安定诸书院讲席垂三十年。陈祖范能文工诗，尤以经学名家。其学汉、宋兼采，博综众说，务求心得，尤耻剿袭成言以为己有。著有《经咫》、《见复文集》、《诗集》、《掌录》。事迹见《清史稿·儒林》、《清史列传·儒林传》、顾镇《司业陈先生传》。

宜兴任启运（字）［号］钓台，

【笺注】

任启运（1670—1744），字翼圣，号钓台，江苏宜兴人。雍正十一年进士，授翰林院检讨。高宗即位，兼日讲起居注官，历任侍讲学士、都察院左佥都御史、三礼馆副总裁官、宗人府府丞。启运学宗朱子。著有《尚书内外篇章句》、《尚书约注》、《肆献祼馈食礼》、《周易洗心》、《四书约指》、《孝经章句》、《夏小正注》、《竹书纪年考》、《逸书补》、《孟子时事考》、《清芬楼文集》等。事迹见《清史稿·儒林》、《清史列传·儒林传》。

婺源江永字慎修，

【笺注】

江永（1681—1762），字慎修，安徽婺源人。年二十一，为县学生。三十四，补廪膳生。六十二岁成岁贡生。好学深思，博通古今，而于“三礼”功力尤深。著有《礼书纲目》、《周礼疑义举要》、《仪礼释例》、《礼记训义择言》、《深衣考误》、《律吕阐微》、《律吕新论》、《春秋地理考实》、《乡党图考》、《读书随笔》、《古韵标准》、《四声切韵表》、《音学辨微》、《河洛精蕴》、《推步法解》、《七政衍》、《金水二星发微》、《冬至权度》、《恒气注历辨》、《岁实消长辨》、《历学补论》、《中西合法拟草》、《近思录集注》等。事迹见《清史稿·儒林》、《清史列传·儒林传》。

汪绂（字）［号］双池，

【笺注】

汪绂（1692—1759），初名烜，字灿人，号双池，安徽婺源（今属江西）人。诸生。自六经下逮乐律、天文、地舆、阵法、术数，无不究畅，而一以宋五子之学为归。著有《易经诠义》、《尚书诠义》、《诗经诠义》、《四书诠义》、《诗韵析》、《春秋集传》、《礼记章句》、《礼记或问》、《参读礼志疑》、《乐经律吕通解》、《乐经或问》、《孝经章句》等。事迹见《清史稿·儒林》、《清史列传·儒林传》。

通州王坦字吉途，

【笺注】

王坦，字吉途，南通州（今属江苏南通）人。撰《琴旨》三卷，有《四库全书》本。

当涂徐文靖（字）［号］位山，

【笺注】

徐文靖（1667—1756），字容尊，一字禺尊，号位山，安徽当涂人。乾隆十七年荐举经学，特授翰林院检讨。考据经史，讲求实用。著有《经言拾遗》、《禹贡会笺》①、《竹书纪年统笺》、《天下山河两戒考》②、《管城硕记》、《皇极经世考》、《天文考异》、《志宁堂稿》等。事迹见《清史稿·文苑》、《清史列传·儒林传》、钱林《文献征存录》卷五、阮元《儒林传稿》卷三。

上元程廷祚（字）［号］绵庄，

【笺注】

程廷祚（1691—1767），字启生，号绵庄，晚号清溪居士，江南上元（今江苏南京）人。诸生。乾隆元年应博学鸿词落选，从此不应乡举，闭门穷经。著有《易通》、《大易择言》、《尚书通议》、《晚书订疑》、《青溪诗说》、《春秋识小录》、《礼说》、《鲁论说》、《禘祫辨误》、《青溪诗文集》等。法式善《槐厅载笔》卷八称其尤能研深《易》理。凌扬藻《蠡勺编》卷三五“治《易》当主象数”条称其治《易》，乃专主义理，而力排象数。事迹见《清史稿·儒林》、《清史列传·儒林传》。

太康车文字彬若，

【笺注】

车文，字彬若，河南太康人。

金匮吴鼐（字）［号］岱岩，

【笺注】

吴鼐（1696—1747），字大年，号岱岩、拙庵、容斋，江南金匮（今江苏无锡）人。乾隆元年进士，官工部主事。著有《易象约言》、《周易大衍辨》、《三正考》。事迹见诸可宝《畴人传三编》卷一，称《三正考》援据亦博。

弟鼎字尊彝，

【笺注】

吴鼎（1700—1768），字尊彝，号易堂，江南金匮（今江苏无锡）人。乾隆九年举人，官至翰林院侍讲。著有《易例举要》、《易堂问目》、《十家易象集说》。其《东莞学案》，则专攻陈建《学蔀通辨》而作。事迹见《清史稿·儒林》、《文献征存录》卷五。

仁和赵佑（字）［号］鹿泉，

【笺注】

赵佑（1727—1800），字启人，号鹿泉，浙江仁和（今杭州）人。乾隆十七年进士，改翰林院庶吉士，散馆授编修。累任京畿、湖广、江南诸道御史、户科给事中、福建道御史、工科给事中、鸿胪寺少

---

① 朱一新《无邪堂答问》卷三：问：《禹贡会笺》说颇简略，其得失若何？诸儒说《禹贡》之书及古今地理之学，求详示。《水经注》若何治法？旁参者何书为要？答：徐氏《会笺》简而甚疏，其依胡氏《锥指》以立义者，与近时桂氏文灿之书体例略同，其偶改胡氏者，多有罅漏。《锥指》体大思精，错误亦须时有，不足为病也。

② 阮元《文选楼藏书记》卷二：《天下山河两界考》十四卷，国朝徐文靖辑。当涂人。刊本。是书详考南北北南河两戒山河分野之次。前八卷系专取《唐书·天文志》为之注释，后六卷系参取隋、宋三史加以补订。卷首给列二十四图。

卿、光禄寺少卿、通政司参议、太常寺少禄寺少卿、通政司参议、太常寺少卿、大理事少卿、太仆寺卿、山东学政、太常寺卿、大理寺卿、江西学政、学政、工部侍郎、吏部侍郎、顺天学政、都察院左都御史等职。著有《尚书质疑》、《尚书异读考》、《诗细》、《毛诗草木鸟兽虫鱼疏校正》、《春秋三传杂案》、《读春秋存稿》、《四书温故录》、《清献堂集》。事迹见《清史列传》卷二八、《（嘉庆）大清一统志》。

常熟顾镇（字）［号］古湫，

【笺注】

顾镇（1720—1792），字备九，号古湫，又号虞东，江苏常熟人。乾隆十九年进士，官至宗人府主事。以年老乞归，主讲金台、白鹿、钟山书院。卒于家。深于《诗》、《礼》。著有《虞东学诗》、《虞东诗文集》。事迹见《清史列传·儒林传》、《（同治）苏州府志》。

德清许宗彦（字）［号］周生，

【笺注】

许宗彦（1768—1818），字积卿，号周生，浙江德清人。嘉庆四年进士，授兵部主事，就官两月，以亲老遽引疾归。居杭州，杜门著书为事。于经史皆有考究，兼善文字训诂。著有《礼论》、《治论》、《鉴止水斋集》。事迹见《清史稿·儒林》、《清史列传·儒林传》、叶德均《〈再生缘续〉作者许宗彦、梁德绳夫妇年谱》。

定海黄式三字薇香，

【笺注】

黄式三（1789—1862），字薇香，浙江定海人。道光十二年岁贡生。尝赴乡试，母暴疾卒于家，誓不再应试。博综群言，尤长于“三礼”。著有《易释》、《论语后案》、《书启蒙》、《诗丛说》、《诗序说通》、《诗传笺考》、《春秋释》、《周季编略》、《儆居集》。事迹见《清史稿·儒林》、《清史列传·儒林传》。

番禺陈澧字兰甫是也。

【笺注】

陈澧（1810—1882），字兰甫，号东塾，广东番禺人。少时入粤秀书院肄业。尝从张维屏问诗法，复问经学于侯康。道光十二年（1832）举人。六应会试不第，大挑选授河源县训导，旋告归。选知县，不仕，毕生致力于学。掌广东学海堂长数十年，晚为菊坡精舍山长。著有《声律通考》、《切韵考》、《汉儒通义》、《东塾读书记》、《说文声表》、《水经注提纲》、《水经注西南诸水考》、《三统术详说》、《弧三角平视法》、《琴律谱》、《申范》、《摹印述》、《东塾集》。事迹见《清史稿》、《畴人传四编》等。事迹见《清史稿》卷四八二、《清史列传》卷六九、汪宗衍《陈东塾先生年谱稿》（《岭南学报》第四卷第一号）。

治经学必先治小学，以上诸老皆然。而小学之尤深者：顾炎武，臧琳，臧镛堂，江永，江声，江沅（字子兰，声孙），

【笺注】

江沅（1767—1838），字子兰，号铁君，江苏吴县人。江声之孙。最精《说文》，段玉裁作《说文解字注》，多所商榷。著有《染香庵集》、《说文释义》、《说文解字音韵表》等。事迹见《清史列传》卷六八、《（同治）苏州府志》卷八四。

朱筠，翟灏，钱大昕，钱坫，钱绎（大昕弟子，字小庐），

【笺注】

钱绎（1770—1855），字子乐，号小庐居士，江苏嘉定（今属上海）人，钱大昕从子。少承家学，与其兄东垣、弟侗潜研经史、金石，俱有成就，时人称为“三凤”（《清史稿·钱大昭传》）。一生居乡不仕，以著述终老。著有《十三经断句考》、《说文解字读若考》及《阙疑考》、《九经补韵考正》、《释大》、《释小》、《释曲》、《训诂类纂》等。晚年在弟钱侗笺疏《方言》的基础上，补其未尽，删其重复，详其未及，辨其未安，完成《方言笺疏》十三卷。

钱侗，

【笺注】

钱侗（1778—1815），字同人，号赵堂，江苏嘉定（今属上海）人。大昭子。嘉庆十五年举人，充文颖馆校录，议叙知县。精于历算之学，亦能究其原本。大昕撰《宋辽金元四史朔闰考》，未竟而卒，侗证以群书、金石文字，增辑一千三百余条。日夕检阅推算，几寝食，卒因是感疾而殁。事迹见《清史稿·儒林》、《清史列传·儒林传》。

毕沅，谢启昆，

【笺注】

谢启昆（1737—1802），字蕴山，号苏潭，江西南康府（今星子）人。乾隆二十六年（1761）进士，选翰林院庶吉士，授编修，出任江苏镇江知府，迁浙江按察使、山西布政使，官至广西巡抚。为翁方纲入室弟子，笃信师说。著有《树经堂集》、《西魏书》、《小学考》、《广西通志》、《粤西金石志》等。事迹见《清史稿》卷三五九、《清史列传》卷三一。

任大椿，济南刘淇，

【笺注】

刘淇，字武仲（一作式仲），一字龙田、卫园，号南泉，确山（今属河南）人，寓居济宁。著有《周易通说》、《禹贡说》、《助字辨略》、《卫园集》等。《清史稿》卷四八四、《清史列传》卷二七一有传，附见阿什坦之下。

山阳张弨、

【笺注】

张弨（1624—?），字力臣，号亟斋，江苏山阳（今海安）人。博学嗜古，尤究心金石之文，后以聋废，而考证弥勤。著有《昭陵六骏赞辨》、《瘗鹤铭辨》。丁晏辑其诗文为《张力臣遗集》。事迹见《清史列传·儒林传》。

吴玉（晋）[搢]，

【笺注】

吴玉搢（1698—1773），字藉五，号山夫，晚号顿研，或称钝根，江苏山阳人。廪贡生，官凤阳府训导。笃古嗜金石，精于考据。著有《山阳志遗》、《金石存》、《说文引经考》、《六书述部叙考》、《别雅》等。事迹见段朝端《吴山夫先生年谱》、江藩《国朝汉学师承记》卷一。

吴江潘耒，

【笺注】

潘耒（1646—1708），字次耕，号稼堂，晚号止止居士，江苏吴江人。康熙十八年，以布衣举博学鸿儒，授翰林院检讨，参与修纂《明史》，寻充日讲起居注官。二十三年降调，遂归。四十二年起复，越三年将有荐起，谢止，不复出。受业于顾炎武之门，顾炎武身后为刻《亭林遗书》及《日知录》。著有《遂初堂集》、《类音》等。事迹见《清史稿・文苑》、《清史列传・儒林传》。

兴化任兆麟，

【笺注】

任兆麟，原名廷麟，字文田，号心斋，江苏兴化人。与族兄大椿、振基有“三任”之目。嘉庆元年举孝廉方正，以侍养归。幼承家学，博闻敦行，复从褚寅亮、彭绍升游。创立莲泾精舍，立教规，课授生徒。著有《毛诗通说》、《声音表》、《纲目通论》、《历代通论》、《弦歌古乐谱》、《箫谱》、《有竹居集》等。事迹见《清史列传・儒林传》。

安邑宋鉴，

【笺注】

宋鉴（1727—1790），字元衡，号半塘，安邑（今山西运城）人。乾隆十三年进士。授浙江常山县知县三年，调鄞县。莅鄞七年，以廉能升广东南雄府通判，署连州，又署澳门同知。湛深经术，尤精小学。著有《尚书考辨》（在《山右丛书》中）、《尚书今古文考辨》（稿本，见台湾《“国立中央图书馆”善本书目》经部著录）、《说文解字疏》（未见传本）、《易见》、《尚书汇抄》、《汉书地理考》等。事迹见江藩《国朝汉学师承记》卷一。

邵晋涵，戴震，段玉裁，仁和朱文藻，

【笺注】

朱文藻（1735—1806），字映漘，号朗斋，浙江仁和（今杭州）人。乾隆时诸生。精六书，通史学。曾佐校《四库全书》。著有《碧溪草堂诗文集》、《碧溪诗话》、《碧溪丛抄》、《东轩随录》、《东城小志》、《东皋小志》、《青乌考原》、《金箔考》、《苔谱》、《萍谱》、《续礼记集说》、《说文系传考异》等。事迹见《清史列传》卷七二、《国朝耆献类征》初编卷四二〇。

吴颖芳，

【笺注】

吴颖芳（1702—1781），字西林，自号临江乡人，浙江仁和（今杭州）人。年十五，赴童子试，为隶所呵辱，自是终身不复仕进。一意读书，博览群籍。著有《说文理董》、《金石文释》、《临江乡人诗》等。事迹见《清史列传》卷七一。

胡秉虔，阳湖庄炘，

【笺注】

庄炘（1735—1818），字景炎，号虚庵，江苏武进人。乾隆三十三年中顺天乡试副榜贡生，出大兴朱筠之门。乾隆五十五年至五十九年，先后任咸宁县知县、兴安府汉阴通判、乾州直隶州知州、兴安府知府。深于声音训诂之学，校刻《淮南子》，为之注。著有《宝绘堂集》、《小濠梁吟草》、《师尚斋诗集》等。事迹见《清史列传》卷七二、《国朝耆献类征》初编卷二四〇、李元度《国朝先正事略》卷三五。

王念孙，王引之，洪榜，洪梧，程际盛，龙溪李威，

【笺注】

李威，字畏吾，又字述堂，号凤冈，福建龙溪人。乾隆四十三年进士。著有《说文解字定本》、《岭云轩笔记》、《岭云轩琐记》、《岭云轩琐记续选》等。

诸暨叶敬，孙星衍，阮元，桂馥，洪亮吉，严可均，吴县钮（玉树）［树玉］，龙岩魏茂林，

【笺注】

魏茂林（1772—？），字宾门，号笛生，晚号兰怀老人，福建龙岩人。嘉庆十四年进士。官至通永河道道台。晚年客居江苏泰州，专心编纂《骈雅训纂》，至道光十二年始告成书。另有《覃雅广腋》、《天部类腋》、《有不为斋文稿》，均已亡佚。事迹见《（光绪）广州府志》卷四五、《龙岩县志》。

兴化顾凤毛，

【笺注】

顾凤毛（1762—1788），字超宗，江苏兴化人。著有《楚辞韵考》、《入声韵考》、《毛诗韵考》、《毛诗集解》、《董子求雨考》、《三代田制考》等。

歙县程敦，

【笺注】

程敦，字彝斋，安徽歙县人。著有《秦汉瓦当文字》。武亿《授堂文抄》卷二有是书跋尾，称："歙程君彝斋著《秦汉瓦当文字记》一卷，由同时数君子所搜缉，恐其众之易于亡佚，乃各录所从，并附以旧闻，其说多可依。然程君于八风寿存当谓八字笔画疏少，故与风字合为一，见古人缪篆分布之妙。岁戊申冬十有一月某日。"

戚学标，王熙，姚文田，郝懿行，胡世琦，薛传均，秀水（湖）［胡］重，

【笺注】

胡重，字菊圃，浙江秀水人。著有《说文字原韵表》。

胡祥麟，

【笺注】

胡祥麟（？—1823），字仁圃，浙江秀水人。嘉庆十八年（1813）举人。著《虞氏易消息图说》，另有《胡祥麟手稿》，抄本藏北京师范大学图书馆。少游吴江陆耀幕，讲求实学。性硬直，自名其斋曰省过。钱泰吉目为诤友。

严元照，

【笺注】

严元照（1773—1817），字修能，号久能，浙江归安（今吴兴）人。嘉庆四年，阮元巡抚浙江，立诂经精舍，招之往。其治经务实学，尤熟于小学。性倜傥，工诗词。著有《尔雅匡名》、《悔庵学文》、《娱亲雅言》等。事迹见《清史稿》卷四八二、《清史列传》卷六九、《国朝耆献类征》卷四二二。

海宁钱馥，

【笺注】

钱馥（1754—1796），字广伯，号绿窗，浙江海宁人。善校书，曾校正《字鉴》、《汗简》、《广韵》等，著有《小学庵遗书》。阮元《定香亭笔谈》卷二："海宁钱馥，布衣也，精于六书小学，年四十矣，余欲以弟子员，屈之不就，试旋卒。其友邵右庵志纯拾其余论，为书一卷。右庵，余所举孝廉方正士也，古文有法。秦小岘观察深于古文，于右庵有深契焉。"事迹见阮元《两浙輶轩录》卷三四。

陈瑑，郑珍，鄞县沈道宽，

【笺注】

沈道宽（1772—1853），字栗仲，直隶大兴（今属北京）籍，浙江鄞县（今宁波）人。嘉庆二十五年（1820）进士，以知县分发湖南，历知宁乡、道州、茶陵、酃县、耒阳、桃源诸县，所至有惠政。后以事去官，卒于泰州。著有《六书穅秕》、《论语比》、《话山草堂遗集》等。事迹见《（光绪）顺天府志》卷一〇三。

苗夔是也。

【笺注】

苗夔（1783—1857），字先路，一字仙簏（一作仙露），直隶肃宁（今属河北）人。道光十一年优贡生。不好制举之文，嗜六书形声之学。著有《苗氏说文四种》，即《说文声订》、《说文声读表》、《说文建首字读》、《毛诗均订》。章太炎《太炎文录》卷一《说林下》称："苗夔稍知声音，亦肤浅，无心得。"事迹见《清史稿·儒林》。

近儒说经得失第十七

予既录治经诸儒，以明国朝经学之盛；乃复就诸儒著述之行世者，略分轩轾[一]，俾学者知所率从[二]。

【笺注】

[一]轩轾：车前高后低叫轩，前低后高叫轾。引申为高低、轻重、优劣。

[二]率从：顺从；遵循。

国朝治《易》诸老，亦有攻王弼之注、击陈抟之图者，如黄宗羲之《易学象数论》[一]，虽辟陈抟[二]、康节[三]之学，而以纳甲[四]、动爻为假象[五]，又称辅嗣注简当无浮词，失之。

【笺注】

[一]黄宗羲《易学象数论自序》云："《易》广大无所不备，自九流百家借之以行其说，而《易》之本义反晦。世儒过视象数，以为绝学，故为所欺。今一一疏通之，知其于《易》本了无干涉，而后反求程《传》，亦廓清之一端。"又称"王辅嗣注简当而无浮义"，而病朱子添入康节"先天"之学，为"添一障"。盖《易》至京房、焦延寿而流为方术，至陈抟而岐入道家。学者失其初旨，弥推衍而缪辐弥增。宗羲病其末派之支离，纠其本原之依托。

[二]陈抟（871—989），字图南，亳州真源人。事迹见《宋史》本传。陈抟之图，即太极图。

[三]邵雍（1011—1077），字尧夫，谥号康节，范阳（今河北涿州）人。著有《皇极经世观物内外

篇》等。

［四］纳甲：谓天干分纳于八卦。即乾纳甲、壬，坤纳乙、癸，震纳庚，巽纳辛，坎纳戊，离纳己，艮纳丙，兑纳丁。相传出于《京氏易传》，后代卜筮家以干支与卦爻，五行、五方相配，本此。沈括《梦溪笔谈·象数一》："《易》有纳甲之法，未知起于何时，予尝考之，可以推见天地胎育之理。乾纳甲、壬，坤纳乙、癸者，上下包之也，震、巽、坎、离、艮、兑纳庚、辛、戊、己、丙、丁者，六子生于乾坤之包中，如物之处胎甲者。"恽敬《答姚秋农书》："汉人纳甲之说，以月之升降方位配八卦，虽可比附，乃术家之一端，假《易》以传，不知卦气之自然。"

［五］假象：原文作"伪象"。黄宗羲《易学象数论》卷三《原象》："圣人以象示人，有八卦之象，六画之象，象形之象，爻位之象，反对之象，方位之象，互体之象，七者而象穷矣。后儒之为伪象者，纳甲也，动爻也，卦变也，先天也。四者杂而七者晦矣。吾观圣人之系辞，六爻必有总象，以为之纲纪，而后一爻有一爻之分象，以为之脉络。学《易》者详分象而略总象，则象先之旨亦晦矣。"

黄宗炎之《周易象（数）［辞］》[一]、《图书辨惑》[二]，亦力辟宋人图书之说。

【笺注】

［一］《周易象辞》二十一卷，黄宗炎撰。其说《易》力辟陈抟之学，故其解释爻象，一以义理为主，如释《坤·象》曰："乾既大矣，坤能配乎？乾而与之齐，是乾之大，坤亦至焉，故曰'至哉'，盖乾以元施，而坤受之，即为坤之元，非别有元也。"其义为前人所未发，而于承天时行之旨，无成有终之道，皆分明融洽。他如解《豫》六二"介于石"，谓"处地之中，得土之坚"，取象极为精确。（《四库全书总目》卷六）

［二］《图书辨惑》一卷，黄宗炎撰。是书专为辨定图书而作。初，陈抟推阐《易》理，衍为诸图，其图本准《易》而生，故以卦、爻反复研求，无不符合。传者务神其说，遂归其图于伏羲，谓《易》反由图而作，又因《系辞》河图、洛书之文，取大衍算数作五十五点之图，以当河图，取《乾凿度》太乙行九宫法，造四十五点之图，以当洛书。其阴阳奇偶，亦一一与《易》相应。传者益神其说，又真以为龙马、神龟之所负，谓伏羲由此而有先天之图。实则唐以前书绝无一字之符验，而突出于北宋之初。元陈应润作《爻变义蕴》，始指先天诸图为道家假借《易》理以为修炼之术。吴澄、归有光诸人亦相继排击，各有论述。毛奇龄作《图书原舛编》，黄宗羲作《易学象数论》，黄宗炎作《图书辨惑》，争之尤力。然皆各据所见，抵其罅隙，尚未能穷溯本末，一一抉所自来。谓此书卷一辨河图洛书，卷二辨五行九宫，卷三辨《周易参同》、先天太极，卷四辨《龙图》、《易数钩隐图》，卷五辨《启蒙》图书，卷六、卷七辨先天古《易》，卷八辨后天之学，卷九辨卦变，卷十辨象数流弊，皆引据旧文，互相参证，以钳依托者之口，使学者知图书之说，虽言之有故，执之成理，乃修炼、术数二家旁分《易》学之支流，而非作《易》之根柢，视所作《禹贡锥指》尤为有功于经学矣。《图书辨惑》谓陈抟之图书乃道家养生之术。（《四库全书总目》卷六）

然不宗汉学，皆非笃信之儒。毛奇龄《仲氏易》[一]、《推易始末》[二]、《春秋占筮书》[三]、《易小帖》[四]四书，颇宗旧旨，不杂芜词，然以交易为伏羲之《易》，"反易"、"对易"之外又增"移易"，为文王、周公之《易》。牵合附会，不顾义理，务求胜词。

【笺注】

［一］《仲氏易》，毛奇龄撰。大旨谓："《易》兼五义：一曰'变易'。一曰'交易'，是为伏羲之《易》，犹前人之所知。一曰'反易'，谓相其顺逆，审其向背而反见之，如《屯》转为《蒙》、《咸》转为《恒》之类。一曰'对易'，谓比其阴阳，絜其刚柔而对观之，如上经《需》、《讼》与下经《晋》、《明夷》对，上经《同人》、《大有》与下经《夬》、《姤》对之类。一曰'移易'，谓审其分聚，计其往来而推移上下之，如《泰》为阴阳类聚之卦，移三爻为上爻，三阳往而上阴来，则为《损》；

《否》为阴阳类聚之卦，移四爻为初爻，四阳来而初阴往，则为《益》之类。是为文王、周公之《易》，实汉、晋以来所未知，故以序卦为用‘反易’，以分篇为用‘对易’，以演《易·系辞》为用‘移易’。(《四库全书总目》卷六)

[二]《推易始末》，毛奇龄撰。取汉、唐、宋以来言《易》之及于卦变者，别加综核，以为是书。其名“推易”，盖本《系辞传》“刚柔相推”一语，仍《仲氏易》“移易”义也。大旨谓朱子《本义》虽载《卦变图》于卷首，而止以为孔子之《易》，未著其为文、周之《易》，因上稽干宝、荀爽、虞翻诸家，凡有卦变、卦综之说，与宋以后相生、反对诸图，具列于卷，而以《推易》、《折衷》之图系于后。(《四库全书总目》卷六)

[三]《春秋占筮书》，毛奇龄撰。自汉以来，言占筮者不一家，而取象玩占，存于世而可验者，莫先于《春秋传》。奇龄既于所著《仲氏易》、《推易始末》诸书发明其义，因复举《春秋内、外传》中，凡有得于筮占者，汇记成书。《易》本卜筮之书，圣人推究天下之理，而即数以立象，后人推究《周易》之象，而即数以明理。羲、文、周、孔之本旨如是而已。厥后象、数、理歧为三家，而数又歧为数派。孟喜、焦赣、京房以下，其法不可殚举，而《易》于是乎愈杂。奇龄因《春秋》诸占以推三代之筮法，可谓能探其本，而足关诸家之喙者矣。(《四库全书总目》卷六)

[四]《易小帖》，毛奇龄撰。凡一百四十三条，皆讲《易》之杂说，与《仲氏易》相为引伸。其书征引前人之训诂以纠近代说《易》之失，于王弼、陈抟二派攻击尤力。其间虽不免有强词漫衍、以博济辨之处，而自明以来，申明汉儒之学，使儒者不敢以空言说经，实奇龄开其先路。其论《子夏易传》及《连山》、《归藏》，尤为详核。(《四库全书总目》卷六)

凡此诸书，皆不取。惟胡渭《易图明辨》，惠士奇《易说》[一]，惠定宇《易汉学》[二]、《易例》[三]、《周易本义辨证》[四]，洪榜《易述赞》，张惠言《周易虞氏学》、《虞氏消息》[五]，顾炎武《易音》[六]为善。

【笺注】

[一]惠士奇《易说》：杂释卦爻，专宗汉学，以象为主。然有意矫王弼以来空言说经之弊，故征引极博，而不免稍失之杂。(《四库全书总目》卷六)

[二]惠定宇《易汉学》：追考汉儒《易》学，掇拾绪论，以见大凡，凡《孟长卿易》二卷，《虞仲翔易》一卷，《京君明易》二卷，《郑康成易》一卷，《荀慈明易》一卷，其末一卷则惠栋发明汉《易》之理，以辨正“河图”、“洛书”、“先天”、“太极”之学。其以虞翻次孟喜者，以翻别传自称“五世传孟氏易”；以郑玄次京房者，以《后汉书》称玄通京氏《易》也。荀爽别为一卷，则费氏《易》之流派矣。(《四库全书总目》卷六)

[三]《易例》：是书皆考究汉儒之传，以发明《易》之本例，凡九十类，其中有录无书者十三类，原跋称为未成之本。(惠)栋欲镕铸旧说，作为《易例》，先创草本，采摭汉儒《易》说，随手题识，笔之于册，以储作论之材。(《四库全书总目》卷六)

[四]《周易本义辨证》五卷，惠栋撰。翁方纲《复初斋文集》卷三十四《题惠定宇像后》：“愚十六年前题惠松厓小像云：‘紫阳旧说证如新，不独功臣又争臣。’盖因惠氏《周易本义辨证》一书为读《本义》者足资考订云尔。惠氏于诸经，硁硁守师法，其所著诸书具在也。至其《禘说》、《明堂大道录》则泥于郑说而过甚者。”(《续修四库全书》第1455册)

[五]张惠言《周易虞氏学》九卷、《虞氏消息》二卷。自序曰：“自汉武帝时，刘向校书，考《易》说，以为诸《易》家皆祖田何、杨叔、丁将军，大义略同，惟京氏为异。而孟喜受《易》家阴阳，其说《易》本于气，而后以人事明之。八卦六十四象，四正七十二候，变通消息，诸儒祖述之，莫能具。当汉之季年，扶风马融作《易传》，授郑康成作《易注》。而荆州牧刘表、会稽太守王朗、颍川荀爽、南阳宋忠皆以《易》名家，各有所述，唯翻传孟氏学，既作《易注》，奏上之献帝。翻之言《易》，以阴阳

消息六爻，发挥旁通升降上下，归于乾元用九而天下治。依物取类，贯穿比附，始若琐碎，及其沈深解剥，离根散叶，畅茂条理，遂于大道，后儒罕能通之。自魏王弼以虚空之言解《易》，唐立之学官，而汉世诸儒之说微，独资州李鼎祚作《周易集解》，颇采古《易》家言，而翻注为多。其后古书尽亡，而宋道士陈抟以意造为《龙图》，其徒刘牧以为《易》之河图、洛书也，河南邵雍又为先天、后天之图，宋之说《易》者翕然宗之，以至于今，牢不可拔，而《易》阴阳之大义，盖尽晦矣。大清有天下元和征士惠栋始考古义孟、京、荀、郑、虞氏，作《易汉学》，又自为辞释，曰《周易述》。然掇拾于亡废之后，左右采获，十无二三，其所述大氐宗祢虞氏，而未能尽通，则旁征他说以合之。盖从唐、五代、宋、元、明朽壊散乳千有余年，区区修补收拾，欲一旦而其道复明，斯固难也。翻之学既邃，又具见马、郑、荀、宋氏书，考其是否，故其义为精。又古书亡，而汉、魏师说可见者十余家，然唯郑、荀、虞三家略有梗概可指说，而虞尤较备。然则求七十子之微言，田何、杨叔、丁将军之传者，舍虞氏之注，其何所自焉？故求其条贯，明其统例，释其疑滞，信其亡阙，为《虞氏义》九卷，又表其大旨，为《消息》二卷。”

[六]顾炎武《易音》：其书即《周易》以求古音。上卷为《彖辞》、《爻辞》，中卷为《彖传》、《象传》，下卷为《系辞》、《文言》、《说卦》、《杂卦》。其音往往与《诗》不同，又或往往不韵。故炎武所注，凡与《诗》音不同者，皆以为偶用方音；而不韵者，则阙焉。考《春秋传》所载繇词，无不有韵，说者以为《连山》、《归藏》之文。然汉儒所传，不过《周易》，而《史记》载大横之兆，其繇亦然。意卜筮家别有其书，如焦赣《易林》之类，非《易》之本书。而《易》之本书，则如周、秦诸子之书，或韵、或不韵，本无定体。其韵或杂方音，亦不能尽求其读。故《彖辞》、《爻辞》不韵者多，韵者亦间有；《十翼》则韵者固多，而不韵者亦错出其间，非如《诗》三百篇协咏歌，被管弦，非韵不可以成章也。炎武于不可韵者，如《乾》之九二、九四，中隔一爻，谓义相承则韵亦相承之类，未免穿凿。又如六十四卦《彖辞》，惟四卦有韵，殆出偶合。标以为例，亦未免附会。然其考核精确者，则于古音亦多有裨，固可存为旁证焉。(《四库全书总目》卷四二)

国朝阎氏、惠氏出，而伪古文寖微，马、郑之学复显，其余注《尚书》者十有余家，然不知“伪古文”、“伪孔传”者，概无足取。毛西河、胡朏明虽知古文之伪，而一作《冤词》[一]，一作《洪范正论》[二]，《正论》辟汉学五行、灾异之说，而不知夏侯始昌[三]之《洪范五行传》亦出伏生，皆误也。惟阎若璩《古文尚书疏证》[四]、胡渭《禹贡锥指》[五]、惠定宇《古文尚书考》[六]、宋鉴《尚书考辨》、王鸣盛《尚书后案》[七]、江艮庭[八]《尚书集注音疏》、《尚书经师表系》、段玉裁《尚书撰异》[九]为善。[十]

【笺注】

[一]《冤词》，即《古文尚书冤词》，八卷，毛奇龄撰。《古文尚书》自吴棫、朱子以来皆疑其伪，及阎若璩作《古文尚书疏证》，毛奇龄又力辨以为真。知孔安国传中有安国以后地名，必不可掩，于是别遁其辞，摭《隋书·经籍志》之文，以为梅赜所上者乃孔传而非《古文尚书》，其《古文尚书》本传习人间，而贾、马诸儒未之见。其目一曰总论，二曰《今文尚书》，三曰《古文尚书》，四曰古文之冤始于朱氏，五曰古文之冤成于吴氏，六曰《书》篇题之冤，七曰《书序》之冤，八曰《书小序》之冤，九曰《书》词之冤，十曰《书》字之冤。考《隋书·经籍志》云：“晋世秘府存有《古文尚书》经文，今无有传者。及永嘉之乱，欧阳、大小夏侯《尚书》并亡。至东晋，豫章内史梅赜始得安国之传奏之。”其叙述偶未分明，故为奇龄所假借。然《隋志》作于《尚书正义》之后，其时古文方盛行而云无有传者，知东晋古文非指今本。且先云古文不传，而后云始得安国之传，知今本古文与安国传俱出，非即东晋之古文，奇龄安得离析其文以就己说乎！至若璩所引马融《书序》云逸十六篇，绝无师说，又引郑玄所注十六篇之名为《舜典》、《汨作》、《九共》、《大禹谟》、《益稷》、《五子之歌》、《胤征》、《汤诰》、《咸有一德》、《典宝》、《伊训》、《肆命》、《原命》、《武成》、《旅獒》、《冏命》，明与古文二十五篇截

然不同，奇龄不以今本不合马、郑为伪作古文之征，反以马、郑不合今本为未见古文之征，亦颇巧于颠倒。然考《伪孔传序》，未及献者，乃其传，若其经，则史云安国献之，故《艺文志》著录。贾逵尝校理秘书，不应不见。又司马迁为安国弟子，刘歆尝校《七略》，班固亦为兰台令史，典校艺文，而迁《史记·儒林传》云孔氏有《古文尚书》，安国以今文读之，逸书得多十余篇，歆《移太常博士书》称鲁恭王坏孔子宅，得古文于坏壁之中，逸书十六篇，班固《汉书·艺文志》亦称以考二十九篇，得多十六篇，则孔壁古文有十六篇，无二十五篇，凿凿显证，安得以晋人所上之古文合之孔壁欤？且奇龄所借口者，不过以《隋志》称马、郑所注二十九篇，乃杜林西州古文，非孔壁古文，不知杜林所传实孔氏之本，故马、郑等去其无师说者十六篇，正得二十九篇。《经典释文》所引，尚可复验，徒以修《隋志》时梅赜之书已行，故《志》据后出伪本，谓其不尽孔氏之书。奇龄舍《史记·汉书》不据，而据唐人之误说，岂长孙无忌等所见反确于司马迁、班固、刘歆乎？（《四库全书总目》卷十二）

［二］《洪范正论》五卷，胡渭撰。大旨以禹之治水平于九畴，故首言鲧堙洪水，继言禹乃嗣兴，终言天乃锡禹，则《洪范》为体，而《禹贡》为用，互相推阐，其义乃彰。然主于发明奉若天道之理，非郑樵"《禹贡》、《洪》范相为表里"之说，惟以九州次序分配五行者比也。（《四库全书总目》卷十二）

［三］夏侯始昌：孝武时，夏侯始昌通"五经"，善推《五行传》，以传族子夏侯胜，下及许商，皆以教所贤弟子。其传与刘向同，唯刘歆传独异。（《汉书》卷二七中之上）

［四］《古文尚书疏证》八卷，阎若璩撰。《古文尚书》较今文多十六篇，晋、魏以来绝无师说，故左氏所引，杜预皆注曰逸书。东晋之初，其书始出，乃增多二十五篇。初犹与今文并立，自陆德明据以作《释文》，孔颖达据以作《正义》，遂与伏生二十九篇混合为一。未言古文之伪，自吴棫始有异议，朱子亦稍稍疑之。吴澄诸人本朱子之说，相继抉摘，其伪益彰，然亦未能条分缕析，以抉其罅漏。明梅鷟始参考诸书，证其剽剟，而见闻较狭，搜采未周。至若璩乃引经据古，一一陈其矛盾之故，古文之伪乃大明。（《四库全书总目》卷十二）

［五］《禹贡锥指》二十卷，胡渭撰。原本标题二十卷，实共为二十六卷。其图凡四十有七，如《禹贡》河初徙再徙，及汉、唐、宋、元、明河图，尤考究精密。书中体例，亚经文一字为集解，又亚一字为辨证。历代义疏及方志舆图搜采殆遍，于九州分域、山水脉络、古今同异之故，一一讨论详明。宋以来傅寅、程大昌、毛晃而下，注《禹贡》者数十家，精核典赡，此为冠矣。（《四库全书总目》卷十二）

［六］《古文尚书考》二卷，惠定宇撰。辨郑康成所传之二十四篇为孔壁真古文，东晋晚出之二十五篇为伪。（《清史稿》卷四八一）

［七］《尚书后案》三十卷，王鸣盛撰，专述郑康成之学，若《郑注》亡逸，采马、王注补之。《孔传》虽出东晋，其训诂犹有传授，间一取焉。又谓东晋所献之《太誓》伪，而唐人所斥之《太誓》非伪，故附书今文《太誓》一篇，存古之功，自谓不减惠氏《周易述》也。（《清史稿》卷四八一）

［八］江艮庭即江声。年三十五，师事同郡通儒惠栋，得读所著《古文尚书考》及阎若璩《古文尚书疏证》，乃知古文及孔《传》皆晋时人伪，作于是集汉儒之说，以注二十九篇，汉注不备，则旁考他书。精研古训，成《尚书集注音疏》十二卷。经文注疏，皆以古篆书之。疑伪古文者，始于宋之吴才老，朱子以后，吴草庐、郝京山、梅鷟皆不能得其要领。至本朝阎、惠两征君所著之书，乃能发其作伪之迹。若刊正经文，疏明古注，则皆未之及，及江声出而集其大成。江声晚年因性不谐俗，动与时违，取《周易》艮背之义，自号艮庭，学者称为艮庭先生。江藩少从古农先生学，先生没后，江藩泛滥诸子百家，如涉大海，茫无涯涘。艮庭先生教之读七经、三史及许氏《说文》，乃从先生受惠氏《易》，读书有疑义，质之先生，指画口授，每至漏四下犹讲论不已。事迹见《国朝汉学师承记》卷二。

［九］段玉裁以诸经惟《尚书》离厄最甚，古文几亡，贾逵分别古今，刘陶是正文字，其书皆不存，乃广搜补阙，正晋、唐之妄改，存周、汉之驳文，著《古文尚书撰异》三十二卷。（《清史稿·儒林》）

［十］方东树《汉学商兑》卷下：按“伪孔古文书”，至阎、惠诸家书出，举世皆知已有定论。晋郑冲所得五传以授梅赜，乃奏上，列于学官。梁、隋间诸儒为作义疏，唐孔氏本之作正义，唐代大行，今所传是也。然如“若药弗瞑眩”，则谓因于《孟子》，“人心惟危”二句则据《荀子》，以为出于道经，是亦强为周内，以全抹杀之耳。至于马、郑之注存于他书者，王氏所辑《后案》，具有成书。以愚观之，岂必能得二帝三王之意乎？第以为存古书可也。

国朝治《诗》诸老，莫不黜朱子而宗毛、郑。然朱鹤龄之《通义》[一]，虽力驳废《序》之非，而又采欧阳修、苏辙、吕祖谦之说，盖好博而不纯者也。鹤龄与陈启源商榷《毛诗》[二]，启源著《稽古编》三十卷，惠定宇亟称之。其书宗毛、郑，训诂声音以《尔雅》为主，草木虫鱼以陆疏为则，可谓专门名家矣。然其解“西方美人”，则盛称佛教东流始于周代，至谓孔子抑藐三皇而独圣西方；解“捕鱼诸器”，谓广杀物命，绝不知怪，非大觉缘异①之文，莫能救之，妄下断语，谓庖牺必不作网罟，殊为诞怪。顾震沧之《毛诗类释》[三]亦多凿空之言，非专门之学。惟惠周惕《诗说》[四]、戴震《毛郑诗考正》[五]、顾炎武《诗本音》[六]、钱坫《诗音表》[七]、陈奂《毛诗疏》[八]、马瑞辰《毛诗传笺通释》[九]为善。

【笺注】

［一］朱鹤龄之《通义》，即《诗经通义》，十二卷。是书专主《小序》，而力驳废《序》之非。所采诸家，于汉用毛、郑，唐用孔颖达，宋用欧阳修、苏辙、吕祖谦、严粲，国朝用陈启源。其释音明用陈第，国朝用顾炎武。其凡例九条，及考定郑氏《诗谱》，皆具有条理。惟鹤龄学问淹洽，往往嗜博好奇，爱不能割，故引据繁富，而伤于芜杂者有之，亦所谓武库之兵，利钝互陈者也。(《四库全书总目》卷十六)

［二］鹤龄与陈启源商榷《毛诗》：鹤龄与陈启源同里，据其自序，此书盖与启源商榷而成。又称启源《毛诗稽古编》专崇古义，此书则参停于今古之间，稍稍不同。然《稽古编》中屡称“已见《通义》，兹不具论”，则二书固相足而成也。鹤龄作《毛诗通义》，启源实与之参正。然《通义》兼权众说；启源此编，则训诂一准诸《尔雅》，篇义一准诸《小序》，而诠释经旨则一准诸毛传，而郑笺佐之，其名物则多以陆玑疏为主。题曰“毛诗”，明所宗也，曰“稽古编”，明为唐以前专门之学也。所辨正者，惟朱子《集传》为多，欧阳修《诗本义》、吕祖谦《读诗记》次之，严粲《诗缉》又次之；所掊击者，惟刘瑾《诗集传通释》为甚，辅广《诗童子问》次之，其余偶然一及，率从略焉。至于附录中“西方美人”一条，牵及杂说，盛称佛教东流始于周代，至谓孔子抑三王，卑五帝，藐三皇，独归圣于西方。“捕鱼诸器”一条，称广杀物命，恬不知怪，非大觉缘果之文，莫能救之。至谓庖羲必不作网罟，是则于经义之外，横滋异学，非惟宋儒无此说，即汉儒亦岂有是论哉？白璧之瑕，固不必为之曲讳矣。(《四库全书总目》卷十六)

［三］《毛诗类释》二十一卷，顾震沧撰。“禘及大享明堂”一条，“司徒司空司马”一条，皆与序文不相应，未喻何故。其“邶墉卫”一条，为顾炎武说。“崧高”一条，为阎若璩说。“漆沮”一条，为许谦说。“公刘用子正”一条，为毛亨说。“古甲用革”一条，为陈祥道说。“麻有二种”一条，为蔡卞说。“桑扈二种”一条，为陆佃说。“丘甸不出车马”一条，为李廉说。惟“君子阳阳”一条，以《楚茨》之文证《小序》，自出新意耳。然诸家说诗中，名物多泛滥以炫博，此书则采录旧说，颇为谨严。又往往因以发明经义，与但征故实，体同类书者有殊，于说《诗》亦不为无裨也。(《四库全书总目》卷十六)

---

① 广文本刊语云：“异”疑当作“果”。

[四]《诗说》三卷，惠周惕撰。是书于毛传、郑笺、朱传无所专主，多自以己意考证。其大旨谓大、小雅以音别，不以政别；谓正雅、变雅美刺错陈，不必分《六月》以上为正，《六月》以下为变；《文王》以下为正，《民劳》以下为变；谓二南二十六篇皆疑为房中之乐，不必泥其所指何人；谓周、召之公，郑笺误以为文王。谓天子诸侯均得有颂；鲁颂非僭，其言皆有依据。(《四库全书总目》卷十六)

[五]《毛郑诗考正》四卷，戴震撰。《郑堂读书记》卷八："是书于毛传、郑笺无所专主，多自以己意考证，或兼摘传笺考正之，或专摘一家考正之，或止摘经文考正之，大都俱本古训古义，推求其是，而仍以辅翼传笺为主。"

[六]《诗本音》，顾炎武撰。其书主陈第《诗》无叶韵之说，不与吴棫《补音》争，而亦全不用棫之例。但即本经所用之音互相参考，证以他书，明古音原作是读，非由迁就，故曰"本音"。每诗皆全列经文，而注其音于下。今韵合者，注曰："《广韵》某部。"与今音异者，即注曰："古音某。"大抵密于陈第，而疏于江永，故永作《古韵标准》，驳正此书者颇多。然合者十九，不合者十一。南宋以来，隋意叶读之谬论，至此始一一廓清，厥功甚巨。当以永书辅此书，不能以永书废此书也。(《四库全书总目》卷四二)

[七]《诗音表》一卷，钱坫撰。《郑堂读书记》卷十四称其精研六书，于假借、转注尤探窔奥，因为《诗》音，创作是表。凡入声第一、出声第二、送声第三、收声第四、影喻通出声第五、晓谕通送声第六、晓影通收声第七、影喻同声第八、本类第九、来首声第十、来归声第十一，各为一篇，并为一帙。其论古音正变方语异同，颇为简要，由其说可以读经，可以读秦、汉骚赋，否则必至于谬悠紊错，求其说而不得，又将乱文字之偏旁、训诂之交第矣。前有自述，后有乾隆丁酉徐书受跋。有《音韵学丛书》本、《钱氏四种》本。

[八]《毛诗疏》，一作《诗毛氏传疏》，三十卷，陈奂撰。剖析同异，订证阙讹，有功于毛氏，然学者亦病其失之胶固。陈奂尝言大毛公《诂训传》言简意赅，遂殚精竭虑，专攻毛传。以毛传一切礼数名物，自汉以来无人称引，韬晦不彰，乃博征古书，发明其义。大抵用西汉以前旧说，而与东汉人说《诗》者不苟同。又以毛氏之学，源出荀子，而善承毛氏者，惟郑仲师、许叔重两家，故于《周礼注》、《说文解字》多所取说，又著《郑氏笺考征》一卷、《释毛诗音》四卷、《毛诗说》一卷、《毛诗传义类》一卷。

[九]马瑞辰尝谓："《诗》自齐、鲁、韩三家既亡，说《诗》者以《毛诗》为最古。据《郑志》答张逸云：'注《诗》宗毛为主，毛义隐略，则更表明。'是郑君大旨，本以述毛，其笺《诗》改读，非尽易传。而正义或误以为毛、郑异义。郑君先从张恭祖受韩，凡笺训异毛者，多本韩说。其答张逸亦云：'如有不同，即下己意。'而正义又或误合传、笺为一。《毛诗》周古文，其经字多假借，类皆本于双声、叠韵，而正义或有未达。"于是乃撰《毛诗传笺通释》三十二卷，以三家辨其异同，以全经明其义例，以古音、古义证其讹互，以双声、叠韵别其通借。笃守家法，义据通深。

国朝治"三礼"者，万斯大、蔡德晋、盛百二诸人皆致力甚深，然或取古注，或参妄说，吾不取焉。方苞辈更无足道。其善者：沈彤《周官禄田考》[一]、惠定宇《禘祫[二]说》、江永《周礼疑义举要》[三]、戴震《考工记图》[四]、任大椿《弁服释例》[五]、钱坫《车制考》[六]、张尔岐《仪礼郑注句读》[七]、《监本正误》、《石经正误》、沈彤《仪礼小疏》[八]、江永《仪礼释官谱增注》、胡培翚《仪礼正义》[九]、金曰追《仪礼正讹》[十]、褚寅亮《仪礼管见》[十一]、张惠言《仪礼图》[十二]、凌廷堪《礼经释例》[十三]、黄宗羲《深衣考》[十四]、惠定宇《明堂大道录》[十五]、江永《礼记训义择言》[十六]、《深衣考误》[十七]、任大椿《深衣释例》[十八]、惠士奇《礼说》[十九]、江永《礼书纲目》[二十]、金榜《礼笺》[二十一]。

【笺注】

［一］《周官禄田考》三卷，沈彤撰。自欧阳修有《周礼》官多田少，禄且不给之疑，后人多从其说。即有辨者，不过以摄官为词。沈彤详究周制，以与之辨，因撰是书，分《官爵数》、《公田数》、《禄田数》三篇。凡田、爵、禄之数不见于经者，或求诸注；不见于注者，则据经起例，推阐旁通，补经所无，乃适如经之所有。其说精密淹通，于郑、贾注疏以后，可云特出。(《四库全书总目》卷十九)

［二］禘祫：古代帝王祭祀始祖的一种隆重仪礼。或禘祫分称而别义，或禘祫合称而义同，历代经传，说解不一。章太炎以为："禘祫之言，讻讻争论既二千年。若以禘、祫同为殷祭，祫名大事，禘名有事，是为禘小于祫，何大祭之云？故知周之庙祭有大尝、大烝，有秋尝、冬烝。禘祫者大尝、大烝之异语。"详《国故论衡·明解故下》。《后汉书·章帝纪》："其四时禘祫于光武之堂。"李贤注引《续汉书》："五年再殷祭，三年一祫，五年一禘。"钱大昕《廿二史考异·魏书三·礼志二》："而天子诸侯享庙之祭、禘祫之礼尽亡。"

［三］《周礼疑义举要》七卷，江永撰。《四库全书总目》卷十九称是书融会郑注，参以新说，于经义多所阐发。其解《考工记》二卷，尤为精核云云。

［四］《考工记图》二卷，戴震撰。东原以《考工记》非精究少广旁要，断不能推其制度，以尽文之奥曲，因取经文及郑氏注分列于前，各为之图，以翼赞郑学，择其正论，补所未逮。前后俱有自序，又有纪晓岚后序。(《郑堂读书记》卷三)

［五］《弁服释例》八卷，任大椿撰。考释弁服所用之例，分爵弁服、韦弁服、皮弁服、朝弁服、玄端等门，共一百四十余事。阮元《揅经室集》一集卷十一《任子田侍御弁服释例序》："丁未、戊申间，元在京师见任侍御，相问难为尤多。侍御卒后，所著《弁服释例》，传之弟子山阳汪祭酒瑟庵廷珍、萧山王进士畹馨绍兰。从祭酒手录以归。其兄进士谷塍宗炎亦邃于经，为吴会宿儒，乃手校讹舛，写以付梓，问序于元。元谓侍御早年以词学名世，继乃专研经史，与修四库书，书之提要多出其手。兹袟释弁服，所用之例，以五礼区之，凡百四十余事，综览经疏史志，发微订讹，灿然经纬毕著矣。"今按：周中孚《郑堂读书记》卷六同名提要多袭自此序。

［六］《车制考》一卷，钱坫撰。《郑堂读书记》卷五十五称群书言车制者甚夥，而尚未有合，而考之归于一是者。十兰因创为之，仿《尔雅》之文，为之提纲，而系其说于下，如李如圭《仪礼释宫》之例，而援引之富，考证之精，则非李氏所可几及也。凡轮第一，盖第二，舆第三，辀第四，马第五，器第六，各为一篇，合为一帙，视阮云台《车制图解》专就《考工记》经文解释者，此则较为赅博矣。

［七］《仪礼郑注句读》，张尔岐撰。《四库提要》称是书全录《仪礼》郑康成注，摘取贾公彦疏，而略以己意断之。因其文古奥难通，故并为之句读。至于字句同异，考证尤详。

［八］《仪礼小疏》一卷，沈彤撰。《四库全书总目》卷二十称是书取《仪礼》、《士冠礼》、《士昏礼》、《公食大夫礼》、《丧服》、《士丧礼》五篇，为之疏笺，各数十条。每篇后又各为监本刊误。卷末附《左右异尚考》一篇，考证颇为精核。《郑堂读书记》卷四云："《四库全书》著录作十一卷，是本不分卷数，只分十一篇，凡士冠礼疏一、士冠礼笺二、士冠礼郑注监本刊误三、士昏礼疏四、士昏礼郑注监本刊误五、公食大夫礼疏六、丧服疏七、士丧礼疏八、士丧礼笺九、士丧礼郑注监本刊误十、左右异尚考十一。而总目之曰《仪礼小疏》。有疏，复有笺者，笺所以补疏之未及也。大抵援据淹通，考证精核，中多订正万充宗《仪礼商》之讹。"

［九］《仪礼正义》四十卷，胡培翚撰。培翚涵濡先泽，又学于歙凌廷堪，邃精"三礼"。既为《仪礼正义》，其旨见《与顺德罗惇衍书》，曰："培翚撰《正义》，约有四例：一曰疏经以补注，二曰通疏以申注，三曰汇各家之说以附注，四曰采他说以订注，书凡四十卷。至贾氏公彦之疏，或解经而违经旨，或申注而失注意，不可无辨。"《士昏礼》、《乡饮酒礼》、《乡射礼》、《燕礼》、《大射仪》五篇未卒业而殁。门人江宁杨大堉从学《礼》，为补成之。(《清史稿》卷四八二)

［十］金曰追深于《九经正义》，每有疑讹，随条辄录，先成《仪礼注疏正伪》十七卷。阮元奉诏校勘《仪礼石经》，多采其说。

［十一］《仪礼管见》十七卷，褚寅亮撰。此书摘录《仪礼注疏》中之经文及郑玄注、贾公彦疏中可疑或难懂之处，采集诸家之说，加以辨析。敖继公《集说》多巧窜经文，阴就己说。此书于敖氏洞见其症结，驱豁其雺雾。书末附有“笙诗有声无词辨”、“拜下解”、“旅酬考”、“宫室广修考”四篇论文。有《皇清经解续编》本。

［十二］《仪礼图》六卷，《读仪礼记》二卷，张惠言撰。是书以治《仪礼》者当先明宫室，故兼采唐、宋、元及清朝诸儒之义，断以经注，首述宫室图，而后依图比事，案而读之，又详考吉凶冠服之制，图所不尽者，复为之表以明之。(《郑堂读书记》卷四)

［十三］《礼经释例》十三卷，凌廷堪撰。廷堪之学，尤专礼学，谓：“礼仪委曲繁重，必须会通其例。如乡饮酒、乡射、燕礼、大射不同，而其为献酢酬旅、酬无算爵之例则同；聘礼、觐礼不同，而其为郊劳执玉、行享庭实之例则同，特牲馈食、少牢馈食不同，而其为尸饭主人初献、主妇亚献、宾长三献、祭毕饮酒之例则同。”乃区为八例，以明同中之异，异中之同：曰通例，曰饮食例，曰宾客例，曰射例，曰变例，曰祭例，曰器服例，曰杂例。《礼经》第十一篇，自汉以来说者虽多，由不明尊尊之旨，故罕得经意，乃为《封建尊尊服制考》一篇，附于变例之后。

［十四］黄宗羲《深衣考》：是书前列己说，后附《深衣》经文，并列朱子、吴澄、朱右、黄润玉、王廷相五家图说，而各辟其谬。其说大抵排斥前人，务生新义。如谓衣二幅，各二尺二寸，屈之为前后四幅，自掖而下杀之，各留一尺二寸，加衽二幅。内衽连于前右之衣，外衽连于前左之衣。亦各一尺二寸。其要缝与裳同七尺二寸，盖衣每一幅属裳狭头二幅也，今以其说推之，前后四幅下属裳八幅外，右衽及内左衽亦各下属裳二幅，则裳之属乎外右衽者，势必掩前右裳。裳之属乎内左衽者，势必受掩于前左裳。故其图止画裳四幅。盖其后四幅统于前图，其内掩之四幅，则不能画也。考深衣之裳十二幅，前后各六，自汉、唐诸儒沿为定说。宗羲忽改创四幅之图，殊为臆撰。……宗羲经学淹贯，著述多有可传，而此书则变乱旧诂，多所乖谬。(《四库全书总目》卷二一)

［十五］《明堂大道录》八卷、《禘说》二卷，惠栋撰。《湖海文传》卷二十三有诸锦《明堂大道录序》，称著述莫难于经，“三礼”尤难之难也。二书辨四庙、七庙之制。凡先秦古书、宋雕未误之本，靡不钩赜索隐，抉心执权，贯串奥博精深。

［十六］《礼记训义择言》八卷，江永撰。是书自《檀弓》至《杂记》，于注家异同之说，择其一是，为之折衷，然持论多为精核。《四库全书总目》卷二十一称是书与陈澔注颇有出入，然持论多为精核。

［十七］《深衣考误》一卷，江永撰。深衣之制，众说纠纷。江永据《玉藻》“深衣三祛，缝齐倍要，衽当旁”云：“如裳前后当中者，为襟为裾，皆不名衽。惟当旁而斜杀者乃名衽。”今以永说求之训诂诸书，虽有合有不合，而衷诸经文，其义最当。其说亦考证精核，胜前人多矣。(《四库全书总目》卷二一)

［十八］《深衣释例》三卷，任大椿撰。又撰《弁服释例》八卷。

［十九］惠士奇《礼说》：是编不载《周礼》经文，惟依经文次序编之。凡《天官》二卷，《地官》三卷，《春官》四卷，《夏官》二卷，《秋官》二卷，《考工记》一卷。此书于古音、古字皆为之分别疏通，使无疑似，复援引诸史百家之文，或以证明周制，或以参考郑氏所引之汉制，以递求周制，而各阐其制作之深意。在近时说礼之家，持论最有根柢。(《四库全书总目》卷二〇)

［二十］江永《礼书纲目》：其书虽仿《仪礼经传通解》之例，而参考群经，洞悉条理，实多能补所未及。(《四库全书总目》卷二二)

［二十一］金榜师事江永、友戴震，著《礼笺》十卷，刺取其大者数十事为三卷，寄朱珪，珪序之，以为词精义核。榜治《礼》最尊康成，然博稽而精思，慎求而能断。尝援《郑志》答赵商云：“不信亦非，悉信亦非。”“斯言也，敢以为治经之大法。故郑义所未衷者必纠正之，于郑氏家法不敢诬也。”

国朝为《公羊》之学者，阮君伯元、孔君广森最深，凌曙次之，其余不名家法者不取。《穀梁》之学，钟文烝颇有得。《左氏》则吴江朱氏、无锡顾氏[一]皆为之，而鹤龄杂取邵宝、王樵之说，不采贾、服；震沧《大事表》[二]虽精，然实以马宛斯之书为蓝本，且不知著书之体，有不必表者亦表之，是其短也。

【笺注】

[一]吴江朱氏指朱鹤龄，无锡顾氏指顾栋高。

[二]震沧《大事表》，即《春秋大事表》。是书以《春秋》列国诸事比而为表，曰时令、曰朔闰、曰长历拾遗、曰疆域、曰爵姓存灭、曰列国地理犬牙相错、曰都邑、曰山川、曰险要、曰官制、曰姓氏、曰世系、曰刑赏、曰田赋、曰吉礼、曰凶礼、曰宾礼、曰军礼、曰嘉礼、曰王迹拾遗、曰鲁政下逮、曰晋中军、曰楚令尹、曰宋执政、曰郑执政、曰争盟、曰交兵、曰城筑、曰四裔、曰天文、曰五行、曰"三传"异同、曰阙文、曰吞灭、曰乱贼、曰兵谋、曰引据、曰杜注正讹、曰人物、曰列女。其《险要表》后附以地形口号，《五礼表》后附以五礼源流口号。《舆图》则用朱字、墨字以分别古、今地名。《附录》则皆诸表序并表中所未及者。又为《辨论》以订旧说之讹，凡百三十一篇。考宋程公说作《春秋分纪》，以传文类聚区分，极为精密，刊版久佚，抄本流传亦罕。栋高盖未见其书，故体例之间，往往互相出入。又表之为体，昉于周谱，旁行斜上，经纬成文，使参错者归于条贯。若其首尾一事，可以循次而书者，原可无庸立表，栋高事事表之，亦未免繁碎。至参以七言歌括，于著书之体亦乖。然条理详明，考证典核，较公说书实为过之。其《辨论》诸篇，皆引据博洽，议论精确，多发前人所未发，亦非公说所可及。其《朔闰》一表，用杜预"隐公元年正月起辛巳朔"之说，与陈厚耀所推《长历》退一闰者不合。盖厚耀之书，栋高亦未之见，故稍有异同云。(《四库全书总目》卷二九)

其善者：孔广森《公羊通义》[一]、凌曙《公羊礼疏》[二]、钟文烝《穀梁补注》[三]、侯康《穀梁礼征》[四]、顾炎武《左传杜解补正》[五]、马骕《左传事纬》[六]并附录、陈厚耀《春秋长历》[七]、《春秋世族谱》[八]、惠定宇《左传补注》[九]、沈彤《左传小疏》[十]、江永《春秋地理考实》[十一]、惠士奇《春秋说》[十二]。

【笺注】

[一]孔广森所学在《公羊春秋》，尝以《左氏》旧学湮于征南，《穀梁》本义汩于武子。王祖游谓何休志通《公羊》，往往为《公羊》疚疾。其余啖助、赵匡之徒，又横生义例，无当于经，唯赵汸最为近正。何氏体大思精，然不无承讹率臆。于是旁通诸家，兼采《左》、《穀》，择善而从。著《春秋公羊通义》十一卷，《序》一卷。凡诸经籍义有可通于《公羊》者，多著录之。

[二]《公羊礼疏》十一卷，凌曙撰。深念《春秋》之义存于《公羊》，又病宋、元以来学者空言无补，惟实事求是，庶几近之，而事之切实无过于礼。又著《公羊礼说》一卷。事迹见包世臣《小倦游阁集》卷二七《清故国子监生凌君墓表》。

[三]《穀梁经传补注》二十四卷，钟文烝撰。文烝字子勤，嘉善人。于学无所不通，而其全力尤在《春秋》。沉潜反复三十余年，网罗众家，折衷一是，撰成此书。其未经人道者，自比于梅鷟之辨伪书、陈第之谈古韵，略引其绪，以待后贤。文烝兼究宋、元诸儒书，书中若释禘祫、祖祢谥法以及心志不通、仁不胜道以道、受命等，皆能提要挈纲，实事求是。(《清史稿》卷四八二)

[四]侯康《穀梁礼证》，未成之书，详见陈澧《东塾集》卷三《穀梁礼证序》。

【附录】

徐珂《清稗类抄·经术类》"经有六证"条：

叶奂彬深于经学，尝谓经有六证，可以经证经，以史证经，以子证经，以汉人文赋证经，以《说文解字》证经，以汉碑证经。今录其证经之言如下。

一、以经证经。如以《礼》证《易》，则有张惠言《虞氏易礼》。以《春秋》证《易》，则有毛奇龄《春秋占筮书》。以《春秋》证《礼》，则有宋张大亨《春秋五礼例宗》。以《公羊》证《礼》，则有凌曙《公羊礼疏》、《公羊礼说》，陈奂《公羊逸礼考征》。以《穀梁》证《礼》，则有侯康《穀梁礼征》。以《礼》证《诗》，则有包世荣《毛诗礼征》。以《公羊》证《论语》，则有刘逢禄《论语述何》。昔人云，不通群经，不能治一经，此解经第一要义也。

一、以史证经。司马迁受经于孔安国，故言汉学者，推为古文家，不尽然也。《史记》一书，《五帝本纪》、《夏本纪》、《殷本纪》、《周本纪》可以证《尚书》，春秋列国《世家》可以证《尚书》，亦可证《左传》，《孔子世家》、《仲尼弟子列传》可以证《论语》，《荀孟列传》可以证《孟子》。自余前汉诸人，其列传中引用经文，多与今本殊异，缪佑孙有《两汉书引经考》，最为详洽，可以参观。《史》、《汉》以外，则《三国志》、《南北史》，不独经师遗说时有异同，即其授受源流，亦足以资考索。至《国语》、《国策》、《逸周书》，本属经类，或与《春秋》相表里，或与《尚书》相贯通，虽纯驳不同，而参考必备，《四库全书》均入于史部杂史，非知三书源流者也。

一、以子证经。诸子皆六艺之支流，其学多出于七十子。周、秦、两汉九流分驰，诸儒往往摭其书之遗言，以发明诸经之古学，今试举其书论之。如京氏《易传》［《隋书·经籍志·五行家》京《易占》即此书也。］为孟喜《易》义，焦赣《易林》［翟云升考定为崔篆撰。］为京房《易》义，《韩诗外传》为《韩诗》义，班固《列女传》为《鲁诗》义，《韩非子》、《淮南子》为《春秋左氏》义，《白虎通德论》为《春秋》礼义，《荀子》、蔡邕《独断》为《礼》义，此其彰明较著者。至《墨子》有《古尚书》，有《百国春秋》，《管子》有《周礼》遗法，《淮南子》有九师《易》义，是又在读者之善为沟通，而无用其比较已。

一、以汉人文赋证经。王逸《离骚注》、《蔡中郎集》有《鲁诗》义，阮元辑《三家诗》，陈寿祺《三家遗说考》，已详举靡遗。其他《两汉书》中诸人封事、文赋，或释经有异义，或引经有异文，大抵诸儒各治一经，无不贯澈源流，搜采遗佚。其书见于前续两《经解》中者，可以按目求之。即小有出入异同，亦无损其全书之例。乾、嘉两朝，江、浙间诸经师，不得不推为经苑之功臣矣。

一、以《说文解字》证经。许为古文学而兼采众家之言，故其书同一引经，往往先后异字，解义亦不相同。陈瑑《说文引经考证》、吴玉搢《说文引经考》、柳荣宗《说文引经考异》，皆有专书，可取而细绎之也。

一、以汉碑证经。汉儒治经，最重师说，凡流传碑本，其引经与他本异者，家法皆各殊。皮锡瑞有《汉碑引经考》一书，疏证详明，真伟作也。

［五］顾炎武《左传杜解补正》，是书以杜预《左传集解》时有阙失，贾逵、服虔之注、乐逊之《春秋序义》今又不传，于是博稽载籍，作为此书。至邵宝《左觿》等书，苟有合者，亦皆采辑。昔隋刘炫作《杜解规过》，其书不传，惟散见孔颖达《正义》中。然孔疏之例，务主一家，故凡炫所规，皆遭排斥，一字一句无不刘曲而杜直，未协至公。炎武甚重杜解，而又能弥缝其阙失。可谓扫除门户，能持是非之平矣。(《四库全书总目》卷二九)

［六］《左传事纬》十二卷，马骕撰。是书取《左传》事类分为百有八篇，篇加论断。首载晋杜预、唐孔颖达《序论》及自《作丘明小传》一卷，《辨例》三卷，《图表》一卷，《览左随笔》一卷，《名氏谱》一卷，《左传字奇》一卷，合《事纬》为二十卷。内《地舆》有说无图，盖未成也。(《四库全书总目》卷二九)

［七］《春秋长历》，陈厚耀撰。是书补杜预《长历》而作。原本不分卷帙，今约略篇页，厘为十卷。其凡有四：一曰“历证”，二曰“古历”，三曰“历编”，四曰“历存”。厚耀明于历法，故所推较杜预为密。盖非惟补其阙佚，并能正其讹舛，于考证之学极为有裨，治《春秋》者固不可少此编。(《四库全书总目》卷二九)

［八］《春秋世族谱》一卷，陈厚耀撰。此书搜采颇为赅洽。近时顾栋高作《春秋大事表》，有《世

系表》二卷，其义例与此相近，而考证互有异同。如周卿大夫之周公忌父、召庄公诸人，此书征引不及顾本之备，又脱漏王叔氏世系不载，亦为逊于顾本。然顾氏于有世系者叙次较详，其无可考者概阙而不录，此书则于经传所载之人，只称官爵及字者，悉胪采无遗，实为顾本所未及。读《春秋》者以此二书互相考证，则《春秋》氏族之学几乎备矣。(《四库全书总目》卷二九)

[九]《左传补注》六卷，惠定宇撰。是书皆授引旧训，以补杜预《左传集解》之遗，本所作《九经古义》之一。(《四库全书总目》卷二九)

[十]《春秋左氏传小疏》一卷，沈彤撰。是编以赵汸、顾炎武所补《左传杜注》为未尽，更为订正，其中得失互见。(《四库全书总目》卷二九)

[十一]《春秋地理考实》四卷，江永撰。是编所列《春秋》山川、国邑、地名，悉从经传之次。凡杜预以下旧说已得者仍之，其未得者始加辨证，皆确指今为何地，俾学者按现在之舆图，即可以验当时列国之疆域及会盟、侵伐之迹，悉得其方向道里。意主简明，不事旁摭远引，故名曰“考实”。于名同地异，注家牵合混淆者，辨证尤详。其订讹补阙，多有可取，虽卷帙不及高士奇《春秋左传地名考》之富，而精核则较胜之矣。(《四库全书总目》卷二九)

[十二]《半农春秋说》十五卷，惠士奇撰。是书以礼为纲，而纬以《春秋》之事，比类相从，约取“三传”附于下，亦间以《史记》诸书佐之。大抵事实多据《左氏》，而论断多采《公》、《穀》。每条之下多附辨诸儒之说，每类之后又各以己意为总论。大致出于宋张大亨《春秋五礼例宗》、沈棐《春秋比事》，而不立门目，不设凡例，其引据证佐则尤较二家为典核。(《四库全书总目》卷二九)

《论语》、《孟子》、《大学》[一]、《中庸》，至宋而后大行。国朝作注者：阎若璩《四书释地》、《续》、《又续》、《三续》、《释地余论》[二]、江永《乡党图考》[三]、戴震《孟子字义疏证》[四]、焦循《孟子正义》[五]、宋翔凤《孟子赵注补正》[六]，皆善。

【笺注】

[一]《大学》：清江永《群经补义》卷四“大学”条曰：“《大学》成于曾子之门人，疑亦是子思所作。曾子门人之高者，无过子思，次则乐正子春、公明仪。《大学》、《中庸》相表里，要非子思不能作。”

【附录】

钱大昕《潜研堂集》文集卷二《大学论上》：昔孔子告曾子“一以贯之”之道，后世尊之，以曾氏为得孔子之传。《礼记·大学》一篇，汉、唐诸儒皆不详何人所作，朱子疑其出自曾氏，第于古无所考，学者犹疑信参半。然予读《大学》书，与“忠恕”、“一以贯之”之旨，何其若合符节也。孔子曰：“其身正，不令而行；其身不正，虽令不从。”又曰：“苟正其身矣，于从政乎何有？不能正其身，如正人何！”孟子曰：“天下之本在国，国之本在家，家之本在身。”又曰：“爱人不亲反其仁，治人不治反其智，礼人不答反其敬。行有不答者，皆反求诸己，其身正而天下归之。”古之治天下国家者，未有不先治其身者也。身之不治而求治于民，所谓“其所令反其所好而民不从”者也，非忠恕之道也。天子以至庶人，其分不同而各有其身，即各致其修身之功，故不曰治天下，而曰明明德于天下。德者，人之所同有也。以一人治天下，不若使天下各自治其身，故曰“与国人交”，天子之视庶人，犹友朋也，忠恕之至也。天子修其身于上，庶人修其身于下，不敢尊己而卑人，不敢责人而宽己，不以己之所难者强诸人，不以己之所恶者加诸人。夫然，故施之于家，而亲爱贱恶畏敬哀矜敖惰无辟也；施之于国与天下，而上下前后左右无拂也。五寸之矩，尽天下之方；一人之身，尽天下之情。絜矩之道，即修身之道也。由身推之而至于家，由家推之而至于国，由国推之而至于天下，吾道一以贯之而已矣，忠恕而已矣。《大学》之功，始于致知格物，物有本末，格物者，格此物也；致知者，知本之谓也。自忠恕之道不讲，而治与道分，本乱而求末之治，所由与唐虞三代之治异矣。

清唐仲冕《陶山文录》卷三《大学论》：“《大学》一书，曾子一贯之传。中有‘曾子曰’者，犹孟子自作七篇而有‘孟子曰’也。其书本一篇，无经与传，亦无纲领、条目之分。明明德、亲民、止至善，总以诚意为主。致知、格物、诚意之先事格物，即于春诵、夏弦、秋学、礼冬，读书日用彝伦之事，由粗入精，而较然于好好色、恶恶臭之真，本末始终，先后之义，即知本而为知之至也。所谓云云者，自申其说，行文之眉目也。格致外功在未入大学，已习其内功，则必归之诚意。意非慎独不诚，特称‘曾子曰’，以明道脉相传之心法。慎独则明亲之全体，止至善之实境，各造其极，夫是之谓知本，由是而正心、修身、齐家、治国、平天下，循序渐进，悉由诚意以明明德于天下也。格物者，矩也，物格知至，而后能絜之以亲民，亦即恕也。不诚无物，一篇之中，一气贯注，其惟诚意慎独乎？非特无格致，传并不云所谓诚意在先致其知者，亦不云所谓正其心在先诚其意者，可晓然于《大学》之真谛矣。《中庸》承戒惧慎独之端、忠恕一贯之要，而阐发诚明，至于上天之绛，孟子承以义为利，不以利为利之戒，首辟言利之害，而得集义养气之功，各因时而立教，而岂有殊乎《大学》之宗旨哉!”

［二］《四书释地》一卷、《四书释地续》一卷、《四书释地又续》二卷、《四书释地三续》二卷，阎若璩撰。是编因解《四书》者昧于地理，往往致乖经义，遂撰《释地》一卷，凡五十七条。复摭所未尽为《释地续》一卷，因牵连而及人名凡八十条。复因地理、人名而及物类、训诂、典制，得一百六十三条，谓之《又续》，其他解释经义者又得一百二十六条，谓之《三续》。总以《释地》为名，从其朔也。大抵事必求其根柢，言必求其依据，旁参互证，多所贯通。四百二十一条之中，可据者十之七八。(《四库全书总目》卷三六)

［三］《乡党图考》十卷，江永撰。是书取经传中制度名物有涉于《乡党》者，分为九类：曰图谱，曰圣迹，曰朝聘，曰宫室，曰衣服，曰饮食，曰器用，曰容貌，曰杂典。考核最为精密。其中若深衣、车制及宫室制度，尤为专门，非诸家之所及。(《四库全书总目》卷三六)

［四］《孟子字义疏证》三卷，戴震撰。《郑堂读书记》卷十三称，东原因今人无论正邪，尽以意见名之曰理，而祸斯民，故作是书以正人心。上卷理十五条，中卷天道四条、性九条，下卷才三条、道四条、仁义礼智二条、诚二条、权五条，而以《答彭尺木绍升书》附之。前有自序一篇，述其书用《孟子》字义为目之故，而用韩子“求观圣人之道必自孟子始”之语为归宿，其隐然以道自任，上接孟子，意可见矣。近儒之讲心性者，不知反而求之“六经“、《论》、《孟》，而尚以宋、明人语录是从焉，即当以是书为先路之导，可也。

［五］《孟子正义》三十卷，焦循撰。《郑堂读书记》卷十二称理堂以古之精通《易》理、深得羲、文、周、孔之指者，莫如孟子；生孟子后，而能深知其学者，莫如赵氏。惜伪疏舛驳乖舛，文义鄙俚，未能发明其万一。于是博采经史传注，以及本朝通人之书，凡有关于孟子者一一纂出，次为长编，复讨论群书，删烦补缺，裁成是疏。

［六］《孟子赵注补正》六卷，宋翔凤撰。成于道光二十年。大旨补正赵岐《孟子章句》，博征《诗经》、《尚书》、《说文》、《广韵》等书，考证名物、制度、地名、史实等，于赵注之失有所匡正。

【附录】

俞樾《春在堂随笔》卷三：江浙之开书局也，余曾有续刻《皇清经解》之议，因博访通人，搜罗众籍，戴子高望以书目一纸见示，采撷略备，乃当事诸君子莫有从畲议者。余穷老且病，此志终不果矣。而子高所诒书目犹在箧中，因录于此，竢后之君子。《周易》则有若庄氏存与之《彖传论》、《象传论》、《系辞传论》、《说卦传论》、《卦气解》、《八卦观象解》，张氏惠言之《虞氏易》（言虞氏易事），刘氏申受之《虞氏易言》、《补易虞氏五述》，李氏锐之《周易虞氏略例》，胡氏祥麐之《虞氏易消易图说》，姚氏配中之《周易姚氏学》；《尚书》则有若庄氏存与之《尚书既见》、《［尚］书说》，庄氏述祖之《尚书考证》、《尚书记》，刘氏申受之《书序述闻》，宋氏于廷之《书谱》，龚氏自珍之《尚书序大义》、《尚书马氏家法》、《大誓答问》，魏氏源之《书古微》，周氏用锡之《尚书证义》，焦氏循之《禹贡郑注释》，朱氏右曾之《逸周书补注》；《诗》则有若庄氏存与之《毛诗说》，庄氏述祖之《毛诗考证》、《周颂口义》，汪氏龙之《毛诗异义》，陈氏奂之《诗毛氏传疏》、《毛诗说音义类》，胡氏承珙之《毛诗后笺》，马氏瑞辰之《毛诗传笺通释》，朱氏右曾之《诗地理考实》，魏氏源之《诗古微》；《仪礼》则有若褚氏寅亮之《仪礼管见》，张氏惠言之《仪礼图》，胡氏承珙之《仪礼古今文疏义》，胡氏培翚之《仪礼正义》、《仪礼宫室定制考》，吴氏卓信之《丧礼经传约》，吴氏嘉宾之《丧服会通》，董氏蠡舟之《释祀》，徐氏养原之《仪礼古今文疏证》、《饮食考》，郑氏珍之《礼经小记》；《周官》则有若庄氏存与之《周官记》、《周官说》，庄氏绶甲之《周官礼郑氏注笺》，庄氏有可之《周官指掌》，沈氏梦兰之《周官学》、《沟洫图说》，徐氏养原之《周礼故书考》，郑氏珍之《轮舆私笺》，钱氏坫之《车制考》；《礼记》则有若王氏聘珍之《大戴礼记解诂》，庄氏述祖之《夏时说义》、《夏时等例》、《夏小正文句音释》，刘氏申受之《夏时经传笺》，黄氏模之《夏小正分笺》、《夏小正异义》，魏氏源之《曾子章句》、《子思子章句》，金氏鹗之《礼说》；《春秋》则有若龚氏自珍之《春秋决事比》，魏氏源之《春秋公羊古微》，柳氏兴宗之《穀梁大义述》，洪氏亮吉之《春秋左传诂》，梁氏处素之《左通补释》，臧氏寿恭之《春秋左氏古义》，朱氏右曾之《春秋左氏传疏》，董氏斯垣之《国语正义》，黄氏模之《国语补韦》，汪氏远孙之《国语古注辑存》、《国语韦注补正》、《国语明道本考异》；《论语》则有若江氏声之《论语竢质》，程氏廷祚之《论语说》，钱氏坫之《论语后录》，宋氏于廷之《论语发微》，徐氏养原之《论语鲁读考》，包氏慎言之《论语温故录》；《孟子》则有若宋氏于廷之《孟子赵注补正》；《孝经》则有若周氏仲孚之《孝经集解》；《尔雅》则有若戴氏鍙之《尔雅郭注补正》，丁氏传之《尔雅叙篇》，钱氏坫之《尔雅释地以下四篇注》；小学则有若钮氏树玉之《说文段氏注订》，桂氏馥之《说文义证》，王氏筠之《说文解字句读》，严氏可均之《说文翼》。以上共九十四种。此外若毛氏奇龄之《尚书广听录》、《舜典补亡》、《孝经问》、《四书改错》、《圣门释非录》，阮氏学海堂本未刻，宜补刻。刘氏逢禄之《公羊何氏释例》、《公羊何氏解诂笺》，学海堂本多脱误，宜重刻。又阮刻体例未免杂乱，续刻者宜以经归经，而别为《经义文抄》一书附后，以采辑诸家文集及说部书中之有涉经义者。均子高说。

《孝经》惟阮福《义疏》[一]有据。

【笺注】

[一]《孝经义疏补》十卷，阮福撰。阮福（1802—?），字赐卿，号喜斋，江苏仪征人。阮元第三子。候选郎中。《郑堂读书记》卷一："云台师所注《曾子》十篇，与《孝经》相表里，因命喜斋撰是书，全载注疏音义原文，而以《曾子》十篇中凡可以发明《孝经》，可以见孔、曾授受大义者，悉分补于各章各句之下。既博且精，得未曾有。虽曰补疏，而实与疏全经者无异矣。即此可见家学渊源有自矣。书成于道光己丑，自为之序。"

《尔雅》：邵氏《正义》[一]、郝氏《义疏》[二]皆博大。

【笺注】

[一]《尔雅正义》，邵晋涵撰。邵氏自序曰："《尔雅》为'五经'之管辖，而世所传本文字异同，不免讹舛，郭注亦多脱落，俗说流行，古义浸晦。爰据唐石经暨宋椠本及诸书所征引者，审定经文，增校郭注，仿唐人正义。"是书以郭氏为主，兼采诸家分疏于下，凡郭注不详明者，又考三家《诗》、马融、郑玄之《易》注、《书》注及诸经、先秦诸子、汉人撰注之书，与郭注相为证明，采证广博，已断多可信。凡"声近之字，义存乎声"，旁推交通，申明其说，阐扬古训，辨认古文。凡草木虫鱼鸟兽之名，详其形状之殊，辨诸家沿袭之误，未得实见者，择从旧说，征引近古为证，不作臆创之说。清朝治《尔雅》者，当以此书及郝懿行《尔雅疏证》、王念孙《广雅疏证》最为精博，而邵氏此书则用工最为久勤。钱大昭叹其书之精，不特与邢疏优劣判若天渊，即较之唐人《诗》、《礼》正义也有过之而无不及。此书搜辑较广，然于声音训诂之原尚多壅阂，鲜有发明。

[二]《尔雅义疏》，郝懿行撰。二十卷（一本十九卷）。始撰于嘉庆四年，八年草成初稿《尔雅略义》，道光二年始为定本。每类标目之下，各有解题，阐明《尔雅》义例。每字之下，先列本字，转注假借，依次以声同、近、通、转四科相联系，以声音串训诂。主张"凡声同、声近、声转之字，其义多

存乎声”。考释名物，注重目验。广征博引，明辨是非。然著者于音学不精，颇有失误。王念孙《义疏刊误》、沈锡祚《义疏校补》力加驳正，罗振玉辑为《尔雅郝注刊误》一书。黄侃有手批本，亦多所匡正。道光六年《皇清经解》本及三十年陆建瀛刊单行本均为删节本。同治四年《郝氏遗书》本为足本，1982年上海古籍出版社据以影印。

其释群经总义者：朱彝尊《经义考》[一]、翁方纲《经义考补正》[二]、吴陈琰《五经古今文考》[三]、冯登府《十三经诂答问》[四]、陈澧《东塾读书记》，其余尽荟萃于《皇清经解》中，此尽阮氏伯元所辑，为说经家一大统宗，学者不可不读。[五]

【笺注】

[一]《经义考》，朱彝尊撰。是编统考历朝经义之目，分例曰存、曰阙、曰佚、曰未见。凡御注敕撰一卷，《易》七十卷，《书》二十六卷，《诗》二十二卷，《周礼》十卷，《仪礼》八卷，《礼记》二十五卷，通礼四卷，乐一卷，《春秋》四十三卷，《论语》十一卷，《孝经》九卷，《孟子》六卷，《尔雅》二卷，群经十三卷，“四书”八卷，逸经三卷，毖纬五卷，拟经十三卷，承师五卷，宣讲、立学共一卷，刊石五卷，书壁、镂版、著录各一卷，通说四卷，家学、自述各一卷。其宣讲、立学、家学、自述三卷，皆有录无书，盖撰辑未竟也。每一书前列撰人姓氏、书名、卷数，其卷数有异同者，则注某书作几卷。次列存、佚、阙、未见字。次列原书序跋、诸儒论说及其人之爵里。(《四库全书总目》卷八五)

[二]翁方纲读群经，有《书》、《礼》、《论语》、《孟子附记》，并为《经义考补正》十二卷。尤精金石之学，所著《两汉金石记》，剖析毫芒，参以《说文》，考证至精。

[三]《五经古今文考》，吴陈琬撰。陈琬字宝崖，钱塘（今浙江杭州）人。又有《春秋三传异同考》、《旷园杂志》。

[四]《十三经诂答问》六卷，冯登府撰。是书为讲学家言，以问答形式疏解经义。全书不列目，卷一为《易经》、《书经》，卷二为《诗经》，卷三为《春秋》、《仪礼》、《周礼》、《大戴礼记》，卷四为《大学》、《中庸》、《论语》，卷五为《孟子》，卷六为《孝经》、《尔雅》。书成于钱大昕《潜研堂集答问》之后，较之却不及钱氏。然书中亦间有可取，每一解说，征引无多，证尤简明，可备一家之言。按《两浙輶轩续录》卷二九：“冯登府，字云伯，号柳东，又号勺园，嘉兴人。嘉庆庚辰进士，官宁波教授。著《拜竹诗堪诗存》。《府志》：登府劬书媚学，著述等身，阮宫保元、徐侍郎士芬、李宫赞泰交皆文字至交。诗宗金风亭长，坐咏勺园，寒釭暑簟，或吟辔所至，兼喜倚声，尤熟掌故。中年游闽，修《盐法志》、《福建通志》，名震海峤间。”潘衍桐《缉雅堂诗话》曰：“柳东诗宗锡鬯，曾搜录曝书亭未刻稿为外集。所著经学书已刊入《学海堂经解》。《十三经诂答问》近有刻本，颇涉破碎。”钱泰吉《曝书杂记》卷二亦曰：“竹垞翁尝欲辑《隶释》、《隶续》所载碑刻，以补潘、王两家所未及。近人多有用此意辑金石补例者，吾友冯柳东登府《金石综例》四卷为详。柳东于石经文字疏证最密，有《石经补考》十二卷，更为《三家诗异文疏证》六卷、《补遗》二卷，皆刻于四明学舍，以印本寄余。近著《十三经诂答问》十卷、《三家诗异义遗说》二十卷，尚未授梓。自谓诂经颇有潜研、谢山所未及。柳东著述不倦，而诂训之学尤为专门。”

[五]方东树《汉学商兑》卷下：“于经义总则有顾炎武《九经误字》、惠栋《九经古义》、江永《群经补义》、臧琳《经义杂记》、余萧客《古经解钩沉》、刘台拱《经传小记》、王引之《经义述闻》、武亿《经读考异》、《义证》。以上皆据江藩《国朝经师经义》著录所谓专门汉学者也。其实，诸家所著，每经不下数十种，有刊行而不为江氏所采者，有刊行而江氏未见者，有刊行在江氏著录之后者，有仅传其目而竟未成书者（如钱大昭《可庐著述》仅刊书名及序例，而实无成书），新名林立，卷帙盈千，充牣艺林，要其中实有超绝冠代，江河万古，自不可废。究之，主张宗旨既偏，则邪说谬言实亦不少苟。或择之不精，则疑误来学，眼目眶细，固不敢轻以相假，而弗慎取而明辨之也。”方氏立论宗旨有别于汉学家，不免扬宋抑汉。

经解入门卷四

经与经相表里第十八

十三经不能尽通，故历来经师大儒，恒有以一经名家，然专力贵在一经，而参考贵尽群经，苟第（默）［墨］守一家，则经与经有表里者，亦无从而贯串。十三经皆先圣遗言，其义本可相通者多：

《尔雅》、《毛诗》相表里也[一]。读《毛诗》而不读《尔雅》，何以知古训之是式？

【笺注】

［一］“《尔雅》、《毛诗》相表里”，陈启源《毛诗稽古编》卷二十七云：“读书须识字。读古人书，尤须识古人字。古今之字，音形多异，义训亦殊。执今世字训解古人书，譬犹操蛮粤乡音译中州华语，必不合也。……其《尔雅》所未备，又赖毛传释之。大毛公六国时人，去古未远，且源流出自子夏，传中字训皆有师授，与《尔雅》实相表里也。自汉迄唐，悉遵此为绳尺。宋人厌故喜新，各逞臆见，尽弃先儒雅训，易以俗下庸诠。《尔雅》之文既庋置高阁，毛氏传义稍不谐俗目者，亦以己意易之。近世学者溺于所闻古人字训，初未经见执而语之，反惊怪而不信，固其宜矣。夫字义之不知，何得谓之识字？读书而不识字，岂能得书之意哉！”钱大昕《潜研堂集》文集卷十《答问七》亦云：“问：‘毛公说《诗》，训诂皆取《尔雅》，而文字与今本多有异同，何故？’曰：‘毛公所见《尔雅》胜于今本，如草木虫鱼增加偏旁，多出于汉以后经师，而毛公犹多存古。夫不、桔鞠、脊令、卑居之属，皆当依毛本改正者也。丁丁、嘤嘤相切直，宪宪、泄泄制法则，见于郑笺，而毛无之，此类为叔孙通、梁文辈所增无疑也。以衣涉水为厉，由膝以上为涉，逆流而上曰泝洄，顺流而下曰泝游，以上为名，此又后人采毛义以益之，非《尔雅》本文也。阳湖孙季仇谓：周公著《尔雅》一篇，后人分为《释诂》、《释言》诸目，而以意附益之。陆德明以《释诂》一篇为周公作，盖误会张揖之旨，其实十九篇中，皆有周公正文《释诂》一篇，非无后儒增入，斯为笃论矣。’”

《仪礼》、《礼记》相表里也[一]。读《仪礼》而不读《礼记》，何以知古制之通变？

【笺注】

［一］明沈尧中《沈氏学弢》卷十一《三礼总论》：“班固有云：‘六经之道，同归礼乐之用为急。’

《易》、《诗》、《书》、《春秋》，世所崇尚，莫可损益。独礼有三，曰《周礼》，曰《仪礼》，曰《礼记》，王荆公废罢《仪礼》，朱文公请乞参订，补六艺之阙，而未果行，今并《周礼》废而不讲，有识者惜之。**且《礼记》有与《周礼》相印证者，有与《仪礼》相表里者。读《礼记》而不读《周礼》、《仪礼》，是沿流而忘源也**。况《礼记》定自戴圣，淳驳相半，乃尊之为经，而《周礼》、《仪礼》多三代以来之典，反不列于学官，不已舛乎？”

《尚书》、《周官》相表里也[一]。读《尚书》而不读《周官》，何以知三代之因革？

【笺注】

[一]清凌扬藻《蠡勺编》卷五《周礼未言之旨》云：“北平黄少宰叔琳曰：‘**《尚书》《立政》《周官》二篇与《周礼》相表里**。《立政》是周公未定《周礼》时作，故常伯、常任、准人等名与《周礼》参差不合。《周官》是已定《周礼》时作，故六卿率属一一相符。’”（《续修四库全书》第1155册）

又况《春秋》、“三传”相表里[一]，《论语》、《孟子》相表里[二]，《孝经》、《论语》相表里[三]，《易》与《诗》相表里[四]，

【笺注】

[一]宋吕陶《净德集》卷十七《君子思礼义论》：“仲尼之经、左氏之传相表里。”

[二]吕留良《四书讲义》卷二十《论语》十七“子曰性相近也章”：“此章论性习，是从人切近易明处言之，盖与孟子性善之说相表里也。”

[三]阮元《揅经室集》一集卷二《孝经解》云：“《孝经纬》曰：‘孔子曰：吾志在《春秋》，行在《孝经》。’此八字，实为至圣之微言，实有传授，非纬书家所能撰托。盖《春秋》以帝王大法治之于已事之后，《孝经》以帝王大道顺之于未事之前，皆所以维持君臣，安辑家邦者也。君臣之道立，上下之分定，于是乎聚天下之士庶人，而属之君卿大夫，聚天下之君卿大夫，而属之天子，上下相安，君臣不乱，则世无祸患，民无伤危矣。即如百乘之家不敢上僭千乘，千乘之国不敢上僭万乘，则天下永安矣。且千乘之国不降为百乘，百乘之家不降为庶人，则天下更永安矣。《论语》曰：‘其为人也孝弟，而好犯上者鲜矣。不好犯上而好作乱者，未之有也。君子务本，本立而道生。孝弟也者，其为仁之本与？’《论语》此章，即《孝经》之义也。不孝则不仁，不仁则犯上作乱，无父无君，天下乱兆民危矣。《春秋》所以诛乱臣贼子者，即此义也。《孟子》曰：‘何必曰利，亦有仁义而已矣。上下交征利，千乘之国，百乘之家皆弑其君，不夺不厌。’此首章亦即《孝经》之义。孔、孟正传在此，战国以后，纵横兼并，秦祚不永，由于不仁。不仁本于不孝，故至于此也。贾谊知秦之不施仁义，而不知秦之本于不知《孝经》之道也。”（下略）

[四]明郑鄤《峚阳草堂诗文集》文集卷四《孙宗伯唐诗选序》云：“《诗》与《礼》、《乐》并学，吾夫子之教也。‘兴于《诗》，立于《礼》，成于《乐》’是也。《诗》与《书》并学，孟子之教也。诵其《诗》，读其《书》，所以知人而论世也。《诗》与《春秋》并学，亦孟子之教也。《诗》亡然后《春秋》作是也。乃予独谓**《诗》与《易》相表里**，何也？六经垂世，先王之志，皆典要之书也。惟《易》不可为典要，而后知天心之至变；惟《诗》不可为典要，而后知人心之至变。故曰：“变动不居，周流六虚。”又曰：“神而明之，存乎其人。”吾夫子于学《礼》、学《乐》、学《书》、学《春秋》之法不甚详，而于《诗》一再言之，且举商与赐之可与言《诗》者为法，斯亦千古说《诗》之案已。继《诗》者，莫如《骚》，《骚》无一袭《诗》之语，并未尝有拟《诗》之意，而人人信为续《诗》，无异词者，此千古不亡之《诗》，亦千古不绝之《春秋》也。《春秋》明直道，《诗》实先之，故陈诗观民风，先王特采之于无意，上与下不必相求而相应，故直道行也。至唐以诗取士，利禄入乎胸中，则先王之志荒矣。然而忠臣、孝子之激昂，征夫、闺妇之寄托，不能已于言，而不能尽之于言，无不可尽之言，而不必人知我之言者，皆于是乎在。第贞淫正邪漓于后人之手眼者多矣。”

《诗》与《书》相表里[一]，

【笺注】

[一]“《诗》与《书》相表里”，见阎若璩《古文尚书疏证》卷六下第九十二条：**《诗》与《书》相表里**。“信彼南山，维禹甸之则”，《禹贡》之终南也。“丰水东注，维禹之绩”，则《禹贡》之丰水攸同也。“奄有下土，缵禹之绪”，则指禹“平汝水上”，后稷“播时百谷”；“洪水芒芒，禹敷下土方”，则指禹。“敷王天命，多辟设都，于禹之绩”，则指五百里侯服等。岂“奕奕梁山，维禹甸之”，为当日韩侯入觐之道，有不指“治梁及岐”之梁，在今韩城、合阳二县之境者哉？既在此二县，仍应属雍州，不得如晁氏改为冀州山。或曰：“奈例不合何？”余曰：“此特圣经之变例也。安国传所谓‘壶口在冀州，梁岐在雍州。从东循山，治水而西’是也。盖禹他日导山，由岐至荆，逾河而东，抵壶口。兹治畿内水患，由壶口渡河而西，而梁山，而岐山，正相合也。壶口在今吉州西七十里，与河津县西北三十里之龙门相连，为大河出入之道，与隔河之梁山对峙。余因悟《尸子》‘龙门未辟，吕梁未凿，河出于孟门之上’，乃是龙门未凿，吕梁未辟，何者？龙门见今犹存禹劚削之迹，梁山则无之。以梁山不过道梗塞。辟者，开也，启也。开之启之，河斯流矣。试观《公羊传》：“梁山，河上山。”《穀梁传》“梁山崩，壅遏河，三日不流”，苟当日止致力壶口、龙门，而不及梁山，亦属枉然。此二山者既为连鸡之势，而经文遂连类而书，实有出于某州某山常例之外者，且于冀曰治岐，他日于其本州但曰岐既旅而已，正互见也。更考乐史《寰宇记》云：“相州安阳县有鲧堤，禹之父所筑，以捍孟门，今谓三刃城。”有不愈明禹凿之辟之之为第一功哉！

《小戴礼》与《大戴礼》相表里[一]。

【笺注】

[一]《后汉书·吴延史卢赵列传》：“今《毛诗》、《左氏》、《周礼》各有传记，其与《春秋》共相表里。”注：表里言义相须而成也。

此各经之大略也。此外细节阔目：

《论语》引《诗》即存《毛诗》之古义，引《书》即存《尚书》之古义，引《易》即存《易》之古义，称《礼》即存《礼》之古义。《孟子》、《戴记》皆然。则为经与经相表里之显证。

而又有一经之中，自相表里[一]，如《易》“剥”之义，受之以“复”；“否”之义，受之以“泰”。

【笺注】

[一]李道平《周易集解纂疏》卷八：《乾·五·文言》曰：圣人作而万物睹，故乾称圣人。庖牺以圣人而居天子之位，故谓庖牺也。《易》之《屯》，《太玄》准为《礥》，初一曰：“黄纯于潜。”测曰：“化在啧也。”范望注云：“阳气潜在地下，养万物之根荄，故云化在啧，由是言之，啧者，阳气之始生也。”《乾凿度》曰：“太初者，气之始也，故啧谓初天下之啧。”谓万物之初也。乾上坤下，以乾拟坤，故自上议下曰拟。《易》之大义，上经终《坎》、《离》，下经终《既［济］》、《未济》。上系终《乾》、《坤》，下系终六子，则**上下经与上下系实相表里**也。上经象阳，下经法阴，《复》为阳初，《姤》为阴初，六日七分之法，阳起《中孚》，阴起《咸》。乾元坤元，天地之心，为《易》之本，故上系七爻，起于《中孚》“鸣鹤在阴”，下系十一爻起于《咸》“憧憧往来”，此传发端，言圣人见天下之啧，谓《中孚》、《咸》也。《参同契》曰：“天道甚浩广。”《太玄》无形容，故形容谓阴以其在地成形，有容有可拟，故拟诸其形容。

《书·尧典》官制与夏制相损益，《夏书》官制与《周书》官制相损益。《诗》十五国之风，自相终始，风、雅、颂之音，自相离合。《周礼》五官之布置，《仪礼》冠、昏之变通，《礼记》各篇之条目，《左氏》前后之错综，《公羊》传经之义例，《穀梁》说《礼》之精微，《论语》立言之精当，《孟子》叙事之详略，《尔雅》方音之异同，皆非纵观博考，不能周知其义。(改)［故］由博而约，穷经之第一要道也。

【附录】

明杨维桢《东维子文集》卷十四《学诗斋记》：吴兴陈生鲁从余于云间，学经业，且曰："某不敏，未敢学先生之《春秋》，而**《诗》者实与《春秋》相表里**也。愿先生学《诗》，而复及于《春秋》也。"

清田雯《古欢堂集》卷三十八《黔书上·甲秀楼》：如**经学与理学相表里**也。理学成于宋儒，尠矣！然言诚，言敬，言礼，言格物致知正心诚意，莫不本于经学。苟于嬴氏灰烬之余，非得汉儒诸人，经各有注，传各有释，火尽薪传，以闻于后世，宋儒欲直接洙泗之渊源，讵可得乎？盖前事者，后事之藉，而绝续之交，不可无其人也。

清顾栋高《毛诗订诂》卷三：愚尝即《春秋传》反复考之，四诗俱不烦言而解，盖《诗》第据事书之，信乎**《诗》与《春秋》相表里**也。

清凌扬藻《蠡勺编》卷二十"老子"条：老子著书言道德，凡五千七百四十有八言，授关尹喜，魏王弼注之，仍上下二篇，不分章目，殆古本然也。后人以其篇首之文，名上篇曰道，下篇曰德。司马光《述要》曰："道德连体，不可偏举，合从本名。"自是宋徽宗有御注，司马光有《述要》，苏辙有《新解》，程大昌有《易老通言》，叶梦得有《老子解》。其说谓孔子称窃比于我老彭，孟子辟杨、墨而不及老氏，老氏之书，孔、孟所不废也。其解生之徒十有三，死之徒十有三，以为四肢九窍盖本于韩非《解老》之说云。朱子曰："老子之学，曰致虚极，守静笃，曰专气致柔，能如婴儿，又曰知其雄，守其雌，为天下溪，知其白，守其黑，为天下谷，所谓溪，所谓谷，只是低下处让，尔在高处，他只要在卑下处，只是他放出来便不可当。如曰以正治国，以奇用兵，以无事取天下，子房之术全是如此。其学多流于术数，后兵家亦祖其说。"杨升庵曰："文子引老子曰：'人生而静，天之性也；感物而动，性之欲也。'汉儒取入《礼记》，遂为经矣，若知其出于老氏，宋儒必洗垢索瘢，曲为讥评，惟以为经，故护持交赞，此亦矮人之观场也。"长洲沈文悫谓，老子云守中，云抱一，云元德是其宗旨，云昏云辱，云退云损，云冲云啬，是其本领，中言体处，探乎天地生生之原，**与《大易》、《中庸》、《太极图说》相表里也。**(《续修四库全书》第1155册)

清潘维城《论语古注集笺》卷一：夫子志在《春秋》，行在《孝经》，**二经相表里**也。

清秦笃辉《易象通义》卷一：《大学》谓财聚则民散，财散则民聚，篇终谆谆以聚敛为戒，**与《易》实相表里**也。

清朱一新《无邪堂答问》卷三：公卿宴享，赋诗言志，**《诗》与《乐》相表里**也。

张其淦《邵村学易》卷一：《易》言"利建侯"者二，《豫》建侯，上震也，《屯》建侯，下震也。帝出震以莅民，先定名分，经纶之大孰急于此。自《易》有建侯之言，而后世莫不懔尊王之义。**孔子之成《春秋》，固与《易》相表里**也。

张其淦《邵村学易》卷六"六四中行独复象曰中行独复以从道也"：四与初应，居卦之中，不从其类，而从阳，依乎中庸以行，必慎乎独，而复道在是矣。不言吉而吉。来知德曰："初之象曰以修身，二曰仁，四曰道，修身以道，修道以仁，仁与道皆修身之事。二比而近，故曰仁。四应而远，故曰道。小象之精极矣。"按：来说最确。可见**《大学》、《中庸》与《复卦》相表里**也。

费元禄《甲秀园集》卷四十六《周礼》：子曰："殷因于夏礼，所损益可知也。周因于殷礼，所损益可知也。"夫治道贵因时，礼时为大事，起于时之欲流，而道得于事之不滞。事与时偕，则谓之道，而法无不弊也。周之衰也失诸侯，不独其失诸侯，并与治诸侯之法而失之，又不独共失法，周礼之所有荡然无存矣。故夫子于势已极而欲以礼挽之，去奢去泰，一复之祖宗之旧，良有深意。**《春秋》一书与**

《周礼》相表里。其所举以绳当世者，皆明文武之事，遵周公之遗典，故其词有微而审，有直而肆，所谓损益，微旨耳，高曾之事，杳而难寻，以宗父为之语，则子弟不期而自喻。

顾广誉《学诗详说》卷五《河广》：**读《诗》须识其与《礼》相表里处**。如此诗，虽以宋桓已逝，襄为国君，极母子孝之至情，而黯然相望，不敢逾尺寸也。盖以祖宗父命临之，则母子孝犹为私情，一举足而不敢忘礼。范氏所谓先王之化犹有存焉故耳，后世不乏贤知之行，裁以此义，则不合者多矣。

杭世骏《续礼记集说》卷二十：姜氏兆锡曰："此下二节，复总申班爵禄之意也。"论犹论秀之论，谓考详其行艺也。辨之言明，犹定也，任犹胜也，士犹仕也。此条论材爵禄，**与《周礼》相表里**，义见后司徒、司马诸官。

黄以周《礼书通故》第四十四：服虔云："**乐与礼相表里**，行此礼则奏此乐。"祀天神则陈黄钟、大吕二县而已，祭地示则陈大蔟、应钟而已，冬至奏于圆丘，则陈圆钟、黄钟、大蔟、姑洗四县而已，夏至奏于方丘，则陈函钟、大蔟、姑洗、南吕四县而已。

刘毓崧《通义堂文集》卷八《西汉两大儒董子贾子经术孰优论》：西汉承暴秦之余习，公卿多刀笔吏，皆以簿书钱谷为事，而不知大体，即所谓学士大夫如兒宽、公孙弘者，亦不过缘饰为进身之具，曲学阿世，以自保其身家。求其沉潜经术，学贯天人，上足以匡君，下足以捄世，卓然自立，不愧为一代之大儒者，吾得二人焉，一为洛阳贾谊，一为广川董仲舒。贾子上《治安策》，述《易》之"差以毫厘，失之千里"，《书》之"一人有庆，兆民赖之"，其所著《新书》，引伸诗义，如驺虞、灵台之类，皆周秦旧说。**《保傅》、《容经》诸篇亦与《大戴礼》相表里**。(《求恕斋丛书》本)

章学诚《校雠通义》内篇卷三《汉志六艺第十三》：诗部韩婴《诗外传》，其文杂记春秋时事，与《诗》意相去甚远，盖为比兴六义博其趣也，当互见于春秋类，与虞卿铎椒之书相比次可也。《孟子》曰："《诗》亡然后《春秋》作。"**《春秋》与《诗》相表里**，其旨可自得于韩氏之《外传》。史家学《春秋》者，必深于《诗》，若司马迁百三十篇是也。屈、贾、孟、荀诸传尤近诗部。**又当互通于乐**。

魏源《诗古微》上编之一《附考乐章节次》：**《乐》与《诗》相表里**。自《毛序》不能得其乐章所用，而陈启源遂力言《诗》与《乐》渺不相涉，使学者于礼乐崩坏之余，欲闻古制仿佛而不可得，岂知《诗》为《乐》草？欲明《诗》，必先明《乐》。

卢锡晋《尚志馆文述》卷三《昏礼》：娶妻不娶同姓，不曰同族，而曰同姓者，盖以姓同则族无不同耳。又恐人之忽不加察，故为之严其辞曰：买妾不知其姓，则卜之。今**律与礼相表里**者也，其禁之未尝不严也，而或且贸贸以犯之，岂以习俗之沿袭既久而谓其无害耶？

盛世佐《仪礼集编》卷十七"壶设于东序北上二以并南陈醙黍清皆两壶"：君馔八壶，所盛者酒也。此六壶所盛者，饮也。君致酒夫人，致饮夫妇之义也。凡饮有六，《周礼》浆人掌之，一曰水，二曰浆，三曰醴，即《内则》之三醴也，四曰凉，《内则》谓之滥，五曰医，《内则》谓之醷，用郑司农说，六曰酏，即《内则》之黍酏也……**此经所陈，寔与《周礼》相表里**。黍，黍酏也；清，清醴也；醙，其医乎？医、醷、醙一物也，文字不同，记之者各异耳。

俞樾《湖楼笔谈》卷二：鲁无风而有颂，何也？曰：孟子称《诗》亡然后《春秋》作，则**《诗》与《春秋》自相表里**。

【今按】上引诸家之说溢出《经解入门》论述之外，可补其不足，故附录于此，以备参证，以求经学之会通。

经与纬相表里第十九

纬候之书[一]，说者谓起于哀、平之世[二]，非也。

【笺注】

[一]纬，指七经纬，《易纬》：《稽览图》、《乾凿度》、《坤灵图》、《通卦验》、《是类谋》、《辨终

备》也；《书纬》：《璇机钤》、《考灵耀》、《刑德放》、《帝命验》、《运期授》；《诗纬》：《推度灾》、《记历枢》、《含神务》；《礼纬》：《含文嘉》、《稽命征》、《斗威仪》；《乐纬》：《动声仪》、《稽耀嘉》、《汁图征》；《孝经纬》：《援神契》、《钩命决》；《春秋纬》：《演孔图》、《元命包》、《文耀钩》、《运斗枢》、《感精符》、《合诚图》、《考异邮》、《保乾图》、《汉含孳》、《佑助期》、《握诚图》、《潜潭巴》、《说题辞》。候，指《尚书中候》。刘昭曰："纬候众书，宗贵神诡，出汉隐显，动挟诞怪。该核阴阳，徼迎起伏，或有先征，时能后验，故守寄构思，杂称晓辅，通儒达好，时略文滞。公输益州，具于张衡之诘；无口汉辅，炳乎尹敏之讽。图讥纷伪，其俗多矣。太尉官实司天，虞舜作宰，璇衡赋政，将是据后位以书前，非唐官之实号乎？太尉所职，即舜所掌，遂以同掌追称太尉，乃《中候》之妄，盖非官之为谬。康成渊博，自注《中候》，裁及注《礼》而忘舜位，岂其实哉！此是不发讥于《中候》，而正之于《月令》也。"（《后汉书》卷一一四）纬候，纬书与《尚书中候》的合称。亦为纬书的通称。又指谶纬之学，多指天象符瑞、占验灾异之术。

［二］考刘向《七略》，不著纬书，然民间私相传习，则自秦以来有之。非惟卢生所上，见《史记·秦本纪》，即吕不韦《十二月纪》称某令失则某灾至，伏生《洪范五行传》称某事失则某征见，皆谶纬之说也。《汉书·儒林传》称"孟喜得《易》家侯阴阳灾变书"，尤其明证。荀爽谓起自哀、平，据其盛行之日言之耳。《隋志》著录八十一篇。燔烧之后，湮灭者多。至今仅有传本者，朱彝尊《经义考》称《易乾凿度》、《乾坤凿度》、《礼含文嘉》犹存；顾炎武《日知录》又称见《孝经援神契》。然《含文嘉》乃宋张师禹所撰，非其旧文；《援神契》则自宋以来不著于录，殆炎武一时笔误，实无此书，则传于世者，仅《乾凿度》、《乾坤凿度》二书耳。皇上光崇文治，四库宏开，二酉秘藏，罔弗津逮，又于《永乐大典》之中搜得《易纬稽览图》、《通卦验》、《坤灵图》、《是类谋》、《辨终备》、《乾元序制记》六书，为数百年通儒所未见，其余则仍不可稽，盖遗编残图，十不存其一矣。（《四库全书总目》卷三三《古微书提要》）

【附录】

《经义考》卷二百九十八：黄秉石曰："汉好谶纬，极为不经，佥谓起于哀、平之世。然公孙卿称黄帝鼎书其作俑者也。《史记·天官书》曰：'虽有明天子，必视荧惑所在。'注言《春秋文曜钩》有此语，是则谶纬之说久矣。"孙瑴曰："纬候之兴，其生于河出图一语乎？自前汉世有河图九篇、洛书六篇，云自黄帝至周文王所受本文，又别三十篇云自初起至于孔子，九圣增演，以广其意，盖七纬之祖也。其录有曰《括地象》，曰《绛象》，曰《始开图》，皆以钩山河之赜；曰《帝览嬉》，曰《稽曜钩》，皆以抉星象之玄；曰《挺佐辅》，曰《握矩记》，皆以阐运历之要；而又有《帝通纪》、《真纪》、《钩著命》、《秘征要》、《元考曜》，视诸纬为富云。"

清何焯《义门读书记》卷五：谶起于哀、平，新莽遂以符命篡盗，故并举瑞应以折之。

清黄恩彤《鉴评别录》卷八汉纪六：图谶萌芽，其来已久，但仅私藏传习，至是乃征诣公车，所云起于哀、平之际者也。

清翁方纲《经义考补正》卷十：按：王深宁曰：李寻有"五经"、"六纬"之言，盖起于哀、平。至光武笃信之，诸儒习为内学。隋焚其书，今唯《易纬》存焉。《正义》多引谶纬，欧阳公欲取九经之疏，删去谶纬之文，使学者不为怪异之言惑乱，然后经义纯一。又按：张衡谓刘向校《七略》尚无谶纬，据此，则《经义考》毖纬一门略存其概可矣，似毋庸备载其书也。

清赵翼《廿二史札记》卷四《光武信谶书》：谶纬起于西汉之末。张衡著论曰，汉以来并无谶书，刘向父子领校秘书，尚无谶录，则知起于哀、平之际也(《汉书·路温舒传》：温舒从祖父受历数、天文，以为汉厄三七之期，乃上封事，以预戒。温舒系昭帝时人，则又在哀、平之前)。案：《樊英传》有河洛七纬，章怀注曰："《易纬》：《稽览图》、《乾凿度》、《坤灵图》、《通卦验》、《是类谋》、《辨终篇》也。《书纬》：《璇玑钤》、《考灵耀》、《刑德放》、《帝命验》、《运期授》也。《诗纬》：《推度灾》、《泛历枢》、《含神雾》也。《礼纬》：《含文嘉》、《稽命征》、《斗威仪》也。《乐纬》：《动声仪》、《稽耀嘉》、《叶图征》也。《孝经纬》：《援神契》、《钩命决》也。《春秋纬》：《演孔图》、《元命包》、《文耀钩》、

《运斗枢》、《感精符》、《合诚图》、《考异邮》、《保乾图》、《汉含孳》、《佑助期》、《握诚图》、《潜潭巴》、《说题辞》也。此等本属不经，然是时实有征验不爽者。”杨春卿善图谶，临死戒其子统曰：“吾绨袠中有祖传秘记，为汉家用。”(《杨厚传》)哀帝建平中，有方士夏贺良上言赤精子之谶，汉家历运中衰，当再授命，故改号曰太初。元将元年，称陈圣刘太平皇帝。其后果篡于王莽，而光武中兴(《汉书·李寻传》：成帝时有甘忠可者，造《天官历》、《包元太平经》十二卷，言汉家当再受命。以其术授夏贺良等。刘向奏其妖妄，甘忠可下狱死，贺良等又私相传授)。又光武微时，与邓晨在宛，有蔡少公者学谶，云刘秀当为天子。或曰：“是国师公刘秀耶（刘歆以谶文欲应之，故改名秀)?”光武戏曰：“安知非仆?”(《晨传》)西门君惠曰：“刘氏当复兴，国师姓名是也。”(《王莽传》)李通素闻其父说谶，云刘氏复兴，李氏为辅，故通与光武深相结(《通传》)。其后破王郎，降铜马，群臣方劝进，适有旧同学强华者，自长安奉赤伏符来，曰：“刘秀发兵捕不道，四夷云集龙（在）[斗]野，四七之际火为主。”群臣以为受命之符，乃即位于鄗南。是谶记所说实于光武有征，故光武尤笃信其术，甚至用人行政亦以谶书从事。方议选大司空，《赤伏符》有曰：“王梁主卫作玄武。”帝以野王县本卫地之所徙，玄武水神之名，司空水土官也，王梁本安阳人，名姓地名俱合，遂拜梁为大司空(《梁传》)。又以谶文有孙咸征狄之语，乃以平狄将军孙咸为大司马(《景丹传》及《东观汉记》)。此据谶书以用人也。因河图有赤九会昌之文，光武于高祖为第九世，故其祀太庙至元帝而止，成哀平三帝则祭于长安(《本纪》)。会议灵台处所，众议不定，光武曰：“吾以谶决之。”此据谶书以立政也。且廷臣中有信谶者，则登用之。贾逵欲尊《左氏传》，乃奏曰：“‘五经’皆无证图谶以刘氏为尧后者，惟《左氏》有明文。”(《左传》，陶唐氏既衰，其后有刘累，学扰龙，范氏其后也。范归晋后，其处者皆为刘氏）由是《左氏传》遂得选高才生习(《逵传》)。其不信谶者，则贬黜随之。帝以尹敏博学，使校图谶，令蠲去崔发为王莽著录者。敏曰：“谶非圣人所作，其中多近鄙别字，恐疑误后生。”帝不听，敏乃因其阙文增之曰：“君无口，为汉辅。”帝诏敏诘之，对曰：“臣见前人增损图书，故学为之耳。”帝深非之(《敏传》)。桓谭对帝言“臣不读谶书”，且极论谶书之非经，帝大怒，以为非圣无法，欲斩之(《谭传》)。帝又语郑兴，欲以谶断郊祀。兴曰：“臣不学谶。”帝怒曰：“卿非之耶?”兴诡词对曰：“臣于书有所不学，而无所非也。”兴数言政事，帝以其不善谶，终不任用(《兴传》)。是光武之信谶书，几等于圣经贤传，不敢有一字致疑矣。独是王莽、公孙述亦矫用符命（莽以哀章献金匮图，有王寻姓名，故使寻将兵讨昆阳，迄于败灭。莽又以刘伯升起兵，乃诡说符命，引《易》曰“伏戎于莽，升其高陵，三岁不兴”，以为莽者御名也，升者伯升也，高陵者高陵侯翟义也。义先起兵被杀，谓义与伯升伏戎于新皇帝之世，终灭不兴也。又案：金匮辅臣皆封拜。有王兴者，城门令史；王盛者，卖饼儿。莽案符名，求得此姓名十余人，而二人容貌应卜相，遂登用之，以示神焉。公孙述亦引谶记，谓孔子作《春秋》，为赤制而断十二公，明汉至平帝十二世而绝，一姓不得再兴也。又引《箓运法》曰：“废昌帝，立公孙。”《括地象》曰：“帝轩辕受命，公孙氏握。”）光武与述书曰：“图谶言公孙，即宣帝也。代汉者当涂高，君岂高之身耶?王莽何足效乎!”则光武亦明知谶书之不足信矣。何以明知之而又深好之，岂以莽、述之谶书多伪，而光武所得者独真耶?……是当时所谓图谶者，自夏贺良等实有占验外，其余类多穿凿附会，以惑世而长乱。乃人主既信之，而士大夫亦多有留意其术者。朱浮自言：“臣幸得与讲图谶。”(《浮传》)苏竟与刘龚书曰：“孔子秘经，为汉赤制。元包幽室，文隐事明。火德承尧，虽昧必亮。”(《竟传》)郑康成戒子亦自言：“睹秘书纬术之奥。”（康成传）所谓上有好者，下必有甚焉者也。范蔚宗曰：“世主以此论学，悲哉!”

章炳麟《太炎文录》卷一《信史上》：儒有好今文者，谓章炳麟曰：“玄圣没矣，其意托之经。经不尽，故著微言于纬。不知纬，乃以经为记事。诚记事，迁、固优为之，安用玄圣?且夫识五帝之蛊事者，谁乎?骨骼腐于三泉，方策蚀于蟫蠹。就有遗绪，遭秦火又毁坏，存者缦不可理。别欲实事求是者，当桴视地藏，得其遗迹，谓之石史，又无以六籍为也。”章炳麟曰：诸微言者，眇万物而为论，立意造端，异于恒众，非捶其文，使不可句度；隐其词，使不可解诂，若方士之为神符也。老、庄之书，此为微言矣，悉明白可籀读。今秘书完具者，莫如《易纬》，文不可理，自余类此者众。郑玄、宋均犹不能离其文曲也。有可解者，而皆傅会天官，旁摭形法，灵保之词，委巷之辩，又不足当微言。且经籍毁于秦，何故纬书不见燔爇？其传在汉，又近起哀、平间，无有授受，公执今文，以其有师法。今纬书者，诚田何、伏胜、申公、辕固、高堂生、胡毋子都所传邪？诚传其书，而迁、固皆不为录，弊然独起于哀、平之间。公以孔子所著授之大师，其以为左验者云何？或曰：自周末已有秦谶。秦谶者，梦书之伦，本不傅六经。今之谶纬，即与秦谶异，实不可引援。假令纬书授之口耳，不在竹帛、觚椠之间，故秦火弗能烧。夫可以诵习者，非固韵语，则必语近易知者矣。《诗》有韵，《礼记》、《春秋传》语近易知，故假唇舌以为书府，则积薪不能燎。《尚书》多三古旧言，而《礼经》节族繁碎，不为韵则诘诎而难诵，故残余者无几何。今图纬之难知，非直《尚书》也。其涉及星历者，节族繁碎，非直《礼经》也。安得在口耳间乎？方士之为《道藏》，旧无其书，而今著录则曰："自天府飞越以至是。"故老、墨之书尽于《诸子略》中，而汉、晋间方士，复传老子《玉策》、《左契》诸篇及墨子《枕中五行记》（皆见《抱朴子》）。公以老、墨微言在是邪？且固伪也。诚以《玉策》、《左契》、《枕中五行》为真，则纬书必自天府飞越以至矣。诚知《玉策》、《左契》、《枕中五行》之伪，顾且崇信纬书，斯可谓不知方类矣。公以经典非记事，又不记事以起义也。欲张其义，故假设事类应之。即如是，公言《周官经》、《左氏春秋》悉刘歆作伪者，乃不足以诮歆也，等之造事，焉知刘歆不假以张义？以孔子圣人故可，刘歆非圣人故不可，圣与非圣，我与公又不能质也。以知来物，定圣名。颜回掇甑，宰予昼寝，犹弗能踊知之，况百岁以下乎？自《春秋》记获麟，而言经者多惑。晚世宋翔凤辈称述《论语》，各往往傅以奇邪，名字相似，不复理辞气。吾非不能，固知其违也。诚令傅会二十一篇致之内事，犹不必如翔凤破析文义。案：《论语》言"有朋自远方来"。朋者，古文凤字，凤凰出于东方君子之国，翱翔四海之外，过昆仑，饮砥柱，濯羽弱水，莫宿风穴，故曰自远方来。子曰："凤鸟不至，河不出图，吾已矣！"夫推此以言，有凤自远方来，乐可知也。下学而上达，知我者其天乎？此则血书下鲁端门，为其明效，故人不知而不愠也。舞雩者祀赤帝，与曾点之风，善樊须之问，皆系舞雩。此不为汉家赤精发乎？韶者舜乐，陈氏受之，王莽之宗也。闻之三月不知肉味，此不为新室代汉发乎？（下略）

纬候所言多近理，与经相表里，本古圣贤遗书，而后人以怪诞之说篡入其中，遂令人不可信耳[一]。

【笺注】

[一]秦、汉以来，百家诡激之谈，纬候怪诞之说，无一不依托先圣为重，庞杂芜秽，害道滋深。学者爱博嗜奇，不能一一抉择也。简此书削除伪妄，而取其精纯，刊落琐屑，而存其正大。其间字句异同，文义舛互，亦皆参订斟酌，归于一是。（《四库全书总目》卷九二《先圣大训提要》）自周、秦之间，谶纬杂出，一切诡异神怪之说，率托诸孔子，大抵诞漫不足信。（《四库全书总目》卷五七《孔子编年提要》）谶纬之言，同不足征。（《通典》卷一六三）

其醇者盖始于孔氏，故郑康成以为孔子所作，其驳者亦起于周末、战国之时，何以知之？秦始皇时已有"亡秦者胡"[一]之谶，则谶纬由来已久矣。孟喜，汉初时人，而卦气图之用，本于《易纬》。司马迁，武帝时人，而《史记》所载简狄吞燕卵生契之事[二]，本于《尚书中候契握》。大毛公，亦汉初人也，《诗传》所谓尊而君之，则称皇天；元气广大，则称昊天；仁覆闵下，则称旻天，本于《尚书帝命验》。伏生，秦时人也，所作《尚书大传》言："主春者，鸟昏中，可以种谷；主夏者，（大）［火］昏中，可以种黍。"本于《尚书考灵耀》[三]；所言夏以十三月为正，殷以十二月为正，周以十一月为正，本于《乐纬稽耀嘉》。翼奉，宣帝时人也，元帝初上封事，言《诗》有五际，本于《诗纬泛历枢》，又《易通卦验》云："失之毫厘，谬以千里。"《中候摘洛戒》云："周公践阼。"《礼记·明堂位》引用其文。《春秋含汉孳》云："三公，九卿，二十七大夫，八十一元士。”《礼记·王制》引用其文。由是观之，秦、汉之间，以至昭、宣之世，已有其书，岂始于哀、平哉？秦、汉既引其文，故知其起于战国也。《河图括地象》言：“昆仑者，地之中，东南地方五千里，名曰神州。”[四]与邹衍大九州之说合，则《括地象》之书或即邹衍之徒[五]为之。此起于战国之证也。至若“失之毫厘，谬以千里”[六]，其言最精。

【笺注】

[一]事见《史记》卷六。郑玄曰：“胡，胡亥，秦二世名也。秦见图书，不知此为人名，反备北胡。”

[二]《史记·殷本纪》云：“殷契母曰简狄，有娀氏之女，为帝喾次妃。三人行浴，见玄鸟堕其卵，简狄取吞之，因孕，生契。契长而佐禹治水，有功，封于商，赐姓子氏。”《御览》八十三引《尚书中候》云：“玄鸟翔水，遗卵于流，娀简拾吞，生契封商。”注：“玄鸟，燕也。翔水，徘徊于水上。娀，氏也。简，简狄也，契母名。商，国名。《诗》云：‘天命玄鸟，降而生商。’是也。”《礼记·月令》郑注亦称娀简。《索隐》曰：有娀国名。其女简狄吞燕卵而生契，故《诗》云“天命鳦鸟，降而生商”，是也。应劭曰：“简狄，有娀之女，吞燕卵而生契。”

[三]《史记正义》引《尚书考灵耀》云：“主春者，张昏中，可以种稷。主夏者，火昏中，可以种黍菽。主秋者，虚昏中，可以种麦。主冬者，昴昏中，可以收敛也。”天子视四星之中，知民缓急，故云敬授民时也。

[四]至于蔡沈《书集传》所称“周天三百六十五度四分度之一”，实《洛书甄耀度》、《尚书考灵耀》之文，“黑道二去黄道北，赤道二去黄道南，白道二去黄道西；青道二去黄道东”，实《河图帝览嬉》之文。朱子注《楚词》，“昆仑者，地之中也，地下有八柱，互相牵制，名山大川，孔穴相通”，实《河图括地象》之文。“三足乌；阳精也”，实《春秋元命包》之文。今按：此四条皆朱彝尊《经义考》之说。

[五]其后战国并争，在于强国禽敌，救急解纷而已，岂遑念斯哉！是时独有邹衍，明于五德之传，而散消息之分，以显诸侯。(《史记》卷二六）邹衍、淳于髡之徒，类皆诙诞无实，不治而议。

[六]《易纬通卦验》：“故正其本而万物理、失之毫厘，差以千里。”《易纬坤灵图》：“正其本，万物理，差之毫厘，谬以千里，故君子必谨其始。”《文选·竟陵王行状》注引《易纬乾凿度》：“正其本而万物理，失之毫厘，差之千里。”《后汉书·王充王符仲长统传·论》注引《易纬》：“差以毫厘，失之千里。”则此为《易纬》之文。而《大戴礼记·礼察》篇：“《易》曰：‘君子慎始，差若毫厘，谬之千里。’”（《小戴记·经解》篇同）贾谊《新书·胎教》篇：“《易》曰：‘正其本，万物理，失之毫厘，差之千里。’故君子慎始。”（《大戴礼记·保傅》篇同）《史记·太史公自序》：“故《易》曰：‘失之毫厘，差以千里。’”（《汉书·司马迁传》同）《汉书·东方朔传》：“《易》曰：‘正其本，万事理，失之毫厘，差之千里。’”（《杜钦传》引《易》曰：“正其本，万物理。”《后汉书·范升传》亦引《易》此文）（王利器《新语校注》卷下，中华书局1986年版）

又《孝经勾命决》言：“孔子曰：吾志在《春秋》，行在《孝经》。”《孝经援神契》言：“日者天之明，月者地之理。”皆有精义，足以羽翼经训。又若《礼元命包》言：“天子五庙：二昭，二穆，以始祖而五。”与《丧服小记》“王者立四庙”相表里。《春秋含文嘉》言：“天子射熊，诸侯射麋，大夫射虎、豹，士射鹿、豕。”[一]与乡射《礼记》相表里。

【笺注】

[一]天子射熊，熊者，巧猛之兽，佞人之象，天子德盛，服巧猛之人。诸侯射麋，麋者，迷也，象臣有迷惑，其君当诛之。卿大夫射虎豹者，当为君御四方之难，示服猛害也。射鹿豕者，食人禾稼，士贱，为除害而已。(《通典》卷七七)

《礼稽命征》言："天子旗九仞十二旒，诸侯七仞九旒。"此类又足补礼经之缺，故知其始于孔氏也。《隋书·经籍志》云："说者或谓孔子既叙六经，知后世不稽同其意，故别立纬及谶，以遗来世。其书出于前汉，《书·洪范》孔疏：'纬候之书，不知谁作，通人讨核，谓伪起哀、平，虽复前汉之末，始有此书，以前学者必相传此说。'"然则谓谶纬起哀、平，孔冲远亦不以为然矣。吾得断之曰：谶纬创始于孔氏，增纂于战国，盛行于哀、平，而其书实与经相表里。学者取其瑜而弃其瑕，斯得矣。

经与子相表里第二十

周秦诸子皆与经相出入[一]，如《管子》之治术，《司马》之兵法[二]，《墨子》之引《书》[三]，《荀子》之传《诗》[四]，皆得于经之古义，而读者取其事实，可以补证经传之简略；知其旨归，可以补证经传之讹文、佚文；知其古训古音，可以订经传音注之得失。

【笺注】

[一]清朱一新《无邪堂答问》卷二：刘中垒父子成《七略》一书，为后世校雠之祖。班《志》掇其精要，以著于篇。后惟郑渔仲、章实斋能窥斯旨，商榷学术，洞澈源流，不独九流诸子各有精义，即词赋、方技亦复小道可观。目录校雠之学，所以可贵，非专以审订文字异同为校雠也，而国朝诸儒则于此独有偏胜，其风盛于乾嘉以后，其最精者若高邮王氏父子之于经。子者，经之绪余。周秦诸子，文字训诂又多与经相出入，故王氏并治之，其订《国策》、《史》、《汉》亦用此例。

[二]《四书笺义》论语卷一：**《司马法》之与《周礼》相表里**如此。

[三]《墨子》卷一：养俭也。故《夏书》曰："禹七年水。"《殷书》曰："汤五年旱。"详见郑杰文《中国墨学通史》(人民出版社2006年版)。

[四]《荀子·劝学篇第一》：《诗》曰："嗟尔君子，无恒安息。靖共尔位，好是正直。神之听之，介尔景福。"《诗·小雅·小明》之篇。靖，谋；介，助；景，大也。无恒安息，戒之不使怀安也，言能谋恭其位。好正直之道，则神听而助之福。引此诗以喻勤学也。

即汉、魏诸子亦然。盖汉、魏去古未远，微言大义犹未绝于人间，故其义理虽纯杂不一，而所以发明经义仍瑕不掩瑜，与唐以后所谓子部者大别。惟读之宜以细心，务在先求训诂，必使确实可解，勿徒空论其文，臆度其理，即如《庄子》寓言，多乌有、子虚之事，而其文字名物仍凿凿可据。盖凡古人著书，断未有故令其语在可解未可解之间者。况天地间人情物理、猥琐纤末之事，经史所不能尽者，子部无乎不有。其趣妙处，较之经史，尤易引人入胜。以经学家"实事求是"[一]之法读之，斯其益无限。因取先秦以上传记(子史及解经之书，古人通名传记)真出古人之手，及汉、魏著述中理者，约举其名于后，俾学者知所趋焉。

【笺注】

[一]河间献王德以孝景前二年立，修学好古，实事求是。师古曰："务得事实，每求真是也。"(《汉书》卷五三)孙葆田故从武昌张裕钊受古文法，治经，实事求是，不薄宋儒。(《清史稿》卷四七九)臧琳治经以汉注唐疏为主，教人先以《尔雅》、《说文》，曰："不解字，何以读书？不通训诂，何

以明经?”键户著述，世无知者。有《尚书集解》百二十卷，《经义杂记》三十卷。阎若璩称其深明两汉之学，钱大昕校定其书，云：“实事求是，别白精审，而未尝轻诋前哲，斯真务实而不近名者。”（《清史稿》卷四八一）

三代古传记，《国语》[一]、《国策》[二]、《大戴礼》[三]最要。

【笺注】

[一]《国语》出自何人，说者不一，然终以汉人所说为近古。所记之事与《左传》俱迄智伯之亡，时代亦复相合。中有与《左传》未符者，犹《新序》、《说苑》同出刘向，而时复抵牾。盖古人著书，各据所见之旧文，疑以存疑，不似后人轻改也。《汉志》作二十一篇，其诸家所注，《隋志》虞翻、唐固本皆二十一卷，王肃本二十二卷，贾逵本二十卷，互有增减，盖偶然分并，非有异同。惟昭所注本，《隋志》作二十二卷，《唐志》作二十卷，而此本首尾完具，实二十一卷，诸家所传南北宋版，无不相同。知《隋志》误一字，《唐志》脱一字也。王充《论衡》云：“《国语》，《左氏》之外传也。《左氏》传经，词语尚略，故复选录《国语》之词以实之。”刘熙《释名》亦云：“《国语》亦曰《外传》。《春秋》以鲁为内，以诸国为外，外国所传之事也。”考《国语》上包周穆王，下暨鲁悼公，与《春秋》时代首尾皆不相应，其事亦多与《春秋》无关，系之《春秋》，殊为不类。至书中明有《鲁语》，而刘熙以为外国所传，尤为舛迕。附之于经，于义未允。《史通·六家》，《国语》居一，实古左史之遗。（《四库全书总目》卷五一《国语提要》）及孔子因鲁史记而作《春秋》，而左丘明论辑其本事是以为之传，又纂异同为《国语》。（《汉书》卷六二）

[二]《汉·艺文志》，《战国策》与《史记》为一类，历代史志因之。晁公武《读书志》始改入子部纵横家，《文献通考》因之。班固称司马迁作《史记》，据左氏《国语》，采《世本》、《战国策》，述《楚汉春秋》，接其后事，迄于天汉。则《战国策》当为史类，更无疑义。且“子”之为名，本以称人，因以称其所著，必为一家之言，乃当此目。《战国策》乃刘向裒合诸记并为一编，作者既非一人，又均不得其主名，所谓“子”者安指乎？公武改隶子部，是以记事之书为立言之书，以杂编之书为一家之书，殊为未允。今仍归之史部中。（《四库全书总目》卷五一《战国策提要》）

[三]《大戴礼记》十三卷，汉戴德撰。《隋书·经籍志》曰：“《大戴礼记》十三卷，汉信都王太傅戴德撰。”《崇文总目》云：“《大戴礼记》十卷三十五篇，又一本三十三篇。”《中兴书目》云：“今所存止四十篇。”晁公武《读书志》云：“篇目自三十九篇始，无四十三、四十四、四十五、六十一四篇，有两七十四”。而韩元吉、熊朋来、黄佐、吴澄并云两七十三。陈振孙云两七十二，盖后人于《盛德》第六十六别出《明堂》一篇为六十七。其余篇第，或至《文王官人》第七十一改为七十二。或至《诸侯迁庙》第七十二改为七十三。或至《诸侯衅庙》第七十三改为七十四，故诸家所见不同。盖有新析一篇，则与旧有之一篇篇数重出也。汉许慎《五经异义·论明堂》称《戴记礼说·盛德记》即《明堂》篇语。《魏书·李谧传》、《隋书·牛弘传》俱称《盛德》篇，或称《泰山盛德记》，知析《盛德》篇为《明堂》篇者，出于隋、唐之后。又郑康成《六艺论》曰：“《戴德传记》八十五篇。”司马贞曰：“《大戴礼》合八十五篇，其四十七篇亡，存三十八篇。”盖《夏小正》一篇多别行，隋、唐间录《大戴礼》者，或阙其篇，是以司马贞云然。原书不别出《夏小正》篇，实阙四十六篇，存者宜为三十九篇。《中兴书目》乃言存四十篇，则窜入《明堂》篇题，自宋人始矣。书中《夏小正》篇最古。其《诸侯迁庙》、《诸侯衅庙》、《投壶》、《公冠》皆礼古经遗文。又《艺文志》：“《曾子》十八篇，久逸。”是书犹存其十篇，自《立事》至《天圆篇》，题上悉冠以“曾子”者是也。（《四库全书总目》卷二一《大戴礼记提要》）

《七经纬》，国朝人搜集，较《古微书》[一]为备。纬与纬异，乃三代儒者说经逸文，勿以耳食而议。

【笺注】

［一］《古微书》三十六卷，明孙瑴编。分为四部，总谓之《微书》。一曰《焚微》，辑秦以前逸书。一曰《线微》，辑汉晋间笺疏。一曰《阙微》，征皇古七十二代之文。一曰《删微》，即此书。今三书皆不传，惟此编在，遂独被“微书”之名，实其中之一种也。所采凡《尚书》十一种，《春秋》十六种，《易》八种，《礼》三种，《乐》三种，《诗》三种，《论语》四种，《考经》九种，《河图》十种，《洛书》五种。以今所得完本校之，瑴不过粗存梗概。又唐瞿昙悉达《开元占经》，去隋未远，所引诸纬，如《河图圣洽符》、《孝经雌雄图》之类，多者百余条，少者数十条。瑴亦未睹其书，故多所遗漏。又摘伏胜《尚书大传》中《洪范五行传》一篇，指为神禹所作，尤属杜撰。(《四库全书总目》卷三三《古微书提要》)

其余《山海经》[一]、《世本》[二]、《逸周书》[三]、《竹书纪年》[四]、《穆天子传》[五]（上三书虽有假托，皆秦以前人所为）、《周髀》[六]、《素问》[七]、《司马法》[八]之类，皆足为考证经义之用。

【笺注】

［一］《山海经》十八卷，刘秀校上奏称为伯益所作。《山海经》之名，始见《史记·大宛传》，司马迁但云“《禹本纪》、《山海经》所有怪物，余不敢言”，而未言为何人所作。《列子》称“大禹行而见之，伯益知而名之，夷坚闻而志之”，似乎即指此书，而不言其名《山海经》。王充《论衡·别通》篇曰：“禹主行水，益主记异物，海外山表，无所不至，以所见闻作《山海经》。”赵晔《吴越春秋》所说亦同。惟《隋书·经籍志》云：“萧何得秦图书，后又得《山海经》，相传夏禹所记。”其文稍异，然似皆因《列子》之说推而衍之。观书中载夏后启、周文王及秦、汉长沙、象郡、余暨、下嶲诸地名，断不作于三代以上，殆周秦间人所述，而后来好异者又附益之欤？观《楚辞·天问》多与相符，使古无是言，屈原何由杜撰？朱子《楚辞辨证》谓其反因《天问》而作，似乎不然。至王应麟《王会补传》引朱子之言谓“《山海经》记诸异物、飞走之类，多云东向，或曰东首，疑本因图画而作述之。古有此学，如《九歌》、《天问》，皆其类”云云。则得其实矣。(《四库全书总目》卷一四二《山海经提要》)

［二］《世本》十五篇。古史官记黄帝以来，迄春秋时诸侯大夫。《世本》多载事始，其书久佚。司马迁据《左氏》、《国语》，采《世本》、《战国策》，述《楚汉春秋》，接其后事，讫于大汉。(宋高似孙《史略》卷一)

［三］《逸周书》十卷，旧本题曰《汲冢周书》。司马迁纪武王克商事，亦与此书相应。春秋时已有之。特战国以后又辗转附益，故其言驳杂耳。究厥本始，终为三代之遗文，不可废也。(《四库全书总目》卷五〇《逸周书提要》)朱右曾《逸周书集训校释序》云：“此书虽未必果出文、武、周、召之手，要亦非战国、秦、汉人所能伪托。何者？庄生有言：‘圣人之法，以参为验，以稽为决，一二三四是也。’周室之初，箕子陈畴，《周官》分职，皆以数记，大致与此书相似。其证一也。《克殷》篇所叙，非亲见者不能；《商誓》、《度邑》、《皇门》、《芮良夫》诸篇，大似今文《尚书》，非伪古文所能仿佛。其证二也。称引是书者，荀息、狼瞫、魏绛，皆在孔子前。其证三也。”

［四］《竹书纪年》二卷，案《晋书·束皙传》晋太康二年，汲县人发魏襄王冢，得古书七十五篇，中有《竹书纪年》十三篇，今世所行题沈约注，亦与《隋志》相符。然反复推勘，似非汲冢原书。(《四库全书总目》卷四七《竹书纪年提要》)

［五］《穆天子传》六卷。《束皙传》云：“太康二年，汲县人不准，盗发魏襄王墓，得竹书《穆天子传》五篇，又《杂书》十九篇，《周食田法》、《周书论楚事》、《周穆王美人盛姬事》。”案：今盛姬事，载《穆天子传》第六卷，盖即《束皙传》所谓《杂书》之一篇也。寻其文义，应归此《传》。《束皙传》别出之，非也。此书“所纪”虽多，夸言寡实，然所谓“西王母”者，不过西方一国君；所谓

"县圃"者，不过飞鸟百兽之所余食，为大荒之圃泽，无所谓神仙怪异之事；所谓"河宗氏"者，亦仅国名，无所谓鱼龙变见之说。较《山海经》、《淮南子》犹为近实。《穆天子传》旧皆入起居注类。徒以编年纪月，叙述西游之事，体近乎起居注耳。实则恍惚无征，又非《逸周书》之比。以为古书而存之可也，以为信史而录之，则史体杂、史例破矣。今退置于小说家，义求其当，无庸以变古为嫌也。(《四库全书总目》卷一四二《穆天子传提要》)

[六]《隋书·经籍志》天文类，首列《周髀》一卷，赵婴注。古者九数惟《九章》、《周髀》二书流传最古，讹误亦特甚。然溯委穷源，得其端绪，固术数家之鸿宝也。(《四库全书总目》卷一〇六《周髀算经提要》)

[七]《汉书·艺文志》载《黄帝内经》十八篇，无《素问》之名。后汉张机《伤寒论》引之，始称《素问》。晋皇甫谧《甲乙经序》称《针经》九卷、《素问》九卷，皆为《内经》。与《汉志》十八篇之数合，则《素问》之名起于汉、晋间矣，故《隋书·经籍志》始著录也。(《四库全书总目》卷一〇三《黄帝素问提要》)

[八]《司马法》一卷，旧题齐司马穰苴撰。今考《史记·穰苴列传》，称齐威王使大夫追论古者《司马兵法》，而附穰苴于其中，因号曰《司马穰苴兵法》。然则是书乃齐国诸臣所追辑，隋、唐诸《志》皆以为穰苴之所自撰者，非也。《汉志》称《军礼司马法》百五十五篇，陈师道以传记所载《司马法》之文，今书皆无之，疑非全书。然其言大抵据道依德，本仁祖义，三代军政之遗规，犹藉存什一于千百，盖其时去古未远，先王旧典，未尽无征。摭拾成编，亦汉文博士追述王制之类也。要其大智，终为近正，与一切权谋、术数迥然别矣。(《四库全书总目》卷九九《司马法提要》)

周、秦间诸子，《荀子》[一]、《管子》[二]、《吕氏春秋》[三]最要，《庄子》、《墨子》[四]之属，理虽悠谬，可证经传者甚多。

【笺注】

[一]（荀）卿之学源出孔门，在诸子之中最为近正，是其所长；主持太甚，词义或至于过当，是其所短。韩愈"大醇"、"小疵"之说，要为定论，余皆好恶之词也。杨倞所注亦颇详洽。(《四库全书总目》卷九一《荀子提要》)

[二]刘恕《通鉴外纪》引《傅子》曰："管仲之书，过半便是后之好事者所加，乃说管仲死后事，《轻重》篇尤复鄙俗。"叶适《水心集》亦曰："《管子》非一人之笔，亦非一时之书，以其言毛嫱、西施、吴王好剑推之，当是春秋末年。"今考其文，大抵后人附会多于仲之本书。其他姑无论，即仲卒于桓公之前，而篇中处处称桓公。其不出仲手，已无疑义矣。书中称《经言》者九篇，称《外言》者八篇，称《内言》者九篇，称《短语》者十九篇，称《区言》者五篇，称《杂篇》者十一篇，称《管子解》者五篇，称《管子轻重》者十九篇。意其中孰为手撰，孰为记其绪言如语录之类，孰为述其逸事如家传之类，孰为推其义旨如笺疏之类，当时必有分别。(《四库全书总目》卷一〇一《管子提要》)

[三]《吕氏春秋》二十六卷，旧本题秦吕不韦撰。考《史记·文信侯列传》，实其宾客之所集也。是书较诸子之言独为醇正。大抵以儒为主，而参以道家、墨家，其持论颇为不苟。(《四库全书总目》卷一一七《吕氏春秋提要》)

[四]《墨子》十五卷，旧本题宋墨翟撰。考《汉书·艺文志》，《墨子》七十一篇，注曰："名翟，宋大夫。"《隋书·经籍志》亦曰："宋大夫墨翟撰"。然其书中多称"子墨子"，则门人之言，非所自著。(《四库全书总目》卷一一七《墨子提要》)

此外，《老子》、《孙子》[一]、《晏子春秋》[二]、《列子》[三]、《文子》[四]、《吴子》[五]、《韩非子》[六]、《鹖冠子》[七]、《孔丛子》[八]、《楚辞》[九](《楚辞》集类，以其可证经者多，故附此）皆善。

【笺注】

［一］《孙子》一卷，周孙武撰。武书为百代谈兵之祖，叶适以其人不见于《左传》，疑其书乃春秋末、战国初山林处士之所为。然《史记》载阖闾谓武曰："子之十三篇，吾尽观之矣。"则确为武所自著，非后人嫁名于武也。(《四库全书总目》卷九九)

［二］《晏子春秋》八卷，旧本题齐晏婴撰。晁公武《读书志》，婴相景公，此书著其行事及谏诤之言。《崇文总目》谓后人采婴行事为之，非婴所撰。然则是书所记，乃唐人《魏徵谏录》、《李绛论事集》之流，特失其编次者之姓名耳。题为婴者，依托也。《晏子》一书，由后人摭其轶事为之。虽无传记之名实传记之祖也。(《四库全书总目》卷五七)

［三］《列子》八卷，旧本题周列御寇撰。今考第五卷《汤问》篇中，并有邹衍吹律事，不止魏牟、孔穿。其不出御寇之手，更无疑义。然考《尔雅》疏引《尸子·广泽》篇曰"墨子贵兼，孟子贵公，皇子贵衷，田子贵均，列子贵虚，料子贵别囿，其学之相非也数世矣。而已皆弇于私也。天、帝、皇、后、辟、公、宏、廓、宏、溥、介、纯、夏、幠、冢、晊、昄，皆大也，十有余名，而实一也。若使兼、公、虚、均、衷、平、易、别囿一实也，则无相非也"云云。是当时实有列子，非庄周之寓名。(《四库全书总目》卷一四六)

［四］《文子》二卷。《汉志》道家，《文子》九篇，注曰："老子弟子，与孔子并时。而称周平王问，似依托者也。"(《四库全书总目》卷一四六)

［五］《吴子》一卷，周吴起撰。大抵皆尚有先王节制之遗。高似孙《子略》谓："其尚礼义，明教训，或有得于《司马法》者。"斯言允矣。(《四库全书总目》卷九九)

［六］《韩子》二十卷，周韩非撰。疑非所著书本各自为篇，非殁之后，其徒收拾编次，以成一帙。故在韩、在秦之作，均为收录。并其私记未完之稿，亦收入书中。名为非撰，实非非所手定也。(《四库全书总目》卷一〇一)

［七］《鹖冠子》三卷。其说虽杂刑名，而大旨本原于道德，其文亦博辨宏肆。自六朝至唐，刘勰最号知文，而韩愈最号知道，二子称之。宗元乃以为鄙浅，过矣。(《四库全书总目》卷一一七)

［八］《孔丛子》三卷，旧本题曰孔鲋撰，所载仲尼而下子上、子高、子顺之言行凡二十一篇。《朱子语类》谓："《孔丛子》文气软弱，不似西汉文字，盖其后人集先世遗文而成之者。"陈振孙《书录题解》亦谓："案《孔光传》，孔子八世孙鲋，魏相顺之子，为陈涉博士，死陈下，则固不得为汉人，而其书记鲋之没，则又安得以为鲋撰?"其说当矣。(《四库全书总目》卷九一)

［九］《楚辞》者，屈原之所作也。自周室衰乱，诗人寖息，谄佞之道兴，讽刺之辞废。楚有贤臣屈原，被谗放逐，乃著《离骚》八篇，言己离别愁思，申抒其心，自明无罪，因以讽谏，冀君觉悟，卒不省察，遂赴汨罗死焉。弟子宋玉，痛惜其师，伤而和之。其后，贾谊、东方朔、刘向、扬雄，嘉其文彩，拟之而作。盖以原楚人也，谓之"楚辞"。然其气质高丽，雅致清远，后之文人，咸不能逮。始汉武帝命淮南王为之章句，旦受诏，食时而奏之，其书今亡。后汉校书郎王逸，集屈原以下迄于刘向逸文自为一篇，并叙而注之，今行于世。隋时有释道骞，善读之，能为楚声，音韵清切，至今传《楚辞》者，皆祖骞公之音。(《隋书·经籍志》)《隋志》集部以"楚辞"别为一门，历代因之。盖汉、魏以下，赋体既变，无全集皆作此体者，他集不与《楚辞》类，《楚辞》亦不与他集类，体例既异，理不得不分著也。(《四库全书总目·楚辞类序》)

至于《尸子》［一］、《商子》［二］、《尹文子》［三］、《关尹子》［四］、《燕丹子》［五］，近人均有采集校本，其余子部尚繁，或伪作，或佚无几，不录。

【笺注】

［一］《尸子》一卷，尸佼撰。原书二十篇，现已残阙不全。

［二］《商子》五卷，卫公孙鞅撰。鞅封于商，号商君。故《汉志》称《商君》二十九篇。《三国志·先主传注》亦称《商君书》。其称《商子》，则自《隋志》始也。殆法家者流掇鞅余论，以成是编，犹管子卒于齐桓公前，而书中屡称“桓公”耳。诸子之书，如是者多。(《四库全书总目》卷一〇一)

［三］《尹文子》一卷，周尹文撰。其书本名家者流。大旨指陈治道，欲自处于虚静，而万事万物则一一综核其实故其。言出入于黄、老、申、韩之间，《周氏涉笔》谓其“自道以至名，自名以至法”，盖得其真。晁公武《读书志》以为诵法仲尼，其言诚过，宜为高似孙《纬略》所讥。然似孙以儒理绳之，谓其淆杂，亦为未允。百氏争鸣，九流并列，各尊所闻，各行所知，自老庄以下，均自为一家之言。读其文者，取其博辨闳肆足矣，安能限以一格哉！(《四库全书总目》卷一一七)

［四］《关尹子》一卷，旧本题周尹喜撰。考《汉志》有《关尹子》九篇，刘向《列仙传》作《关令子》，而《隋志》、《唐志》皆不著录，则其佚久矣。南宋时徐蒇子礼始得本于永嘉孙定家。前有刘向校定序，后有葛洪序，称盖公授曹参。参薨，书葬。孝武帝时，有方士来上，淮南王秘而不出。向父德，治淮南王事得之。其说颇诞，与《汉书》所载得《淮南鸿宝秘书》、言作黄金事者不同，疑即假借此事以附会之。故宋濂《诸子辨》以为文既与向不类，事亦无据，疑即定之所为。然定为南宋人，而《墨庄漫录》载黄庭坚诗“寻师访道鱼千里”句，已称用《关尹子》语，则其书未必出于定，或唐、五代间方士解文章者所为也。(《四库全书总目》卷一四六)

［五］《燕丹子》三卷，所载皆燕太子丹事。《汉志》法家有《燕十事》十篇，注曰“不知作者”，杂家有《荆轲论》五篇，注曰“司马相如等论荆轲事”，无《燕丹子》之名。至《隋书·经籍志》始著录于小说家，是其书在唐以前。(《四库全书总目》卷一四三)

汉至隋说经之书，许氏《五经异义》[一]、郑氏《驳异义》[二]、陆氏《经典释文》[三]为要，《注家得失篇》已举之矣。

【笺注】

［一］《五经异义》十卷，东汉许慎撰。涉及昏冠、聘问、锡命、丧祭、明堂、社稷、争役、田税、器物、乐舞等。嗣后郑玄对许慎《五经异义》提出辩难，撰《驳五经异义》一书。然自隋、唐以来，许书失传，后虽多有辑佚者，仅存百余篇。清儒陈寿祺取王复本、庄述祖本、钱大昭本、孔广森本参订，其中篇题可考见者有二十五事，有顺序者《田税》第五、《天号》第六、《罍制》第八，依次排列，其他无篇次者则以类相从，略具梗概。又采诸经义疏、诸史志传、《说文》、《通志》及其他与许、郑相互发明者，以资稽核，附以己意，加“蒙案”二字，疏通证明，加以解说，成《疏证》三卷。自唐儒作《五经正义》，专主郑说，而许义渐晦，然其详析异同，旨趣所在多可考见。陈氏辑本较之于他本，实属较优之本，经其疏证，许书几将恢复原状。此书有嘉庆十八年三山陈氏家刻本、《皇清经解》本。点校本以陈氏家刻本为底本，以《清经解》本为通校本。

［二］《驳五经异义》一卷《补遗》一卷，汉郑玄所驳许慎《五经异义》之文。《旧唐书·经籍志》：“《五经异义》十卷，许慎撰，郑玄驳。”《新唐书·艺文志》并同，盖郑氏所驳之文即附见于许氏原本之内，非别为一书，故史志所载亦互有详略。至《宋史·艺文志》遂无此书之名，则自唐以来失传久矣。学者所见《异义》仅出于《初学记》、《通典》、《太平御览》诸书所引，而郑氏驳义则自《三礼正义》而外所存亦复寥寥。此本从诸书采缀而成，或题宋王应麟编，然无确据。其间有单词只句，“驳”存而“义”阙者，原本错杂相参，颇失条理，今详加厘正，以“义”、“驳”两全者汇列于前，其仅存驳义者，则附录以备参考。(《四库全书总目》卷三三)

［三］《经典释文》三十卷，唐陆德明撰。首为《序录》一卷，次《周易》一卷，《古文尚书》二卷，《毛诗》三卷，《周礼》二卷，《仪礼》一卷，《礼记》四卷，《春秋左氏》六卷，《公羊》一卷，《穀梁》一卷，《孝经》一卷，《论语》一卷，《老子》一卷，《庄子》三卷，《尔雅》二卷。所采汉魏六朝音切凡二百三十余家，又兼载诸儒之训诂，证各本之异同，后来得以考见古义者，注疏以外，惟赖此

书之存。真所谓残膏剩馥，沾溉无穷者也。(《四库全书总目》卷三三)

其余善者：《乾凿度》郑注，《尚书大传》[一]，《韩诗外传》[二]，《春秋繁露》[三]，《白虎通》[四]，《春秋释例》[五]，陆玑《诗疏》[六]，皇侃《论语疏》[七]，李氏《周易集解》[八]，虞氏《易注》[九]，郑氏《易注》[十]，荀氏《九家易注》，《尚书》马、郑注，《左传》服虔注，蔡邕《明堂月令章句》[十一]，郑氏《箴膏肓》、《发墨守》、《起废疾》[十二]，《毛郑异同评》，刘炫《规杜》之属。

【笺注】

[一]《尚书大传》四卷，旧本题汉伏胜撰。《尚书大传》于经文之外掇拾遗文，推衍旁义，盖即古之纬书，诸史著录于《尚书》家，究与训诂诸书不从其类。(《四库全书总目》卷十二)

[二]《韩诗外传》十卷，汉韩婴撰。王世贞称《外传》引诗以证事，非引事以明诗，其说至确。今《内传》解诗之说已亡，则《外传》已无关于诗义。(《四库全书总目》卷十六)

[三]《春秋繁露》十七卷，汉董仲舒撰。《春秋繁露》虽颇本《春秋》以立论，而无关经义者多，实《尚书大传》、《诗外传》之类，向来列之经解中，非其实也。(《四库全书总目》卷二九)

[四]《白虎通义》四卷，汉班固撰。建初中，大会诸儒于白虎观，考详同异，连月乃罢，肃宗亲临称制，如石渠故事。顾命史臣著为《通义》。(《四库全书总目》卷一一八)

[五]《春秋释例》十五卷，晋杜预撰。是书以经之条贯必出于传，传之义例归总于“凡”，《左传》称“凡者五十，其别四十有九，皆周公之垂法，史书之旧章，仲尼因而修之，以成一经之通体。诸称“书”、“不书”、“先书”、“故书”、“不言”、“不称”、“书曰”之类，皆所以起新旧，发大义，谓之变例。亦有旧史所不书，适合仲尼之意者，仲尼即以为义。非互相比较，则褒贬不明，故别集诸例及地名、谱第、历数相与为部。先列经传数条，以包通其余，而传所述之“凡”系焉，更以己意申之，名曰《释例》，地名本之泰始郡国图，《世族谱》本之刘向《世本》，与《集解》一经一纬，相为表里。《春秋》以《左传》为根本，《左传》以杜《解》为门径，《集解》又以是书为羽翼。缘是以求笔削之旨，亦可云考古之津梁，穷经之渊薮矣。(《四库全书总目》卷二六)

[六]《毛诗草木鸟兽虫鱼疏》二卷，吴陆玑撰。虫鱼草木，今昔异名，年代迢遥，传疑弥甚。玑去古未远，所言犹不甚失真，《诗正义》全用其说；陈启源作《毛诗稽古编》，其驳正诸家，亦多以玑说为据。讲多识之学者，固当以此为最古焉。(《四库全书总目》卷十五)

[七]《论语义疏》十卷，皇侃撰。皇疏不囿于一家之言，遍采群说，多有辨析，宋《国史志》称其虽时有鄙近，然博极群言，补诸书之未至，为后学所宗。(《四库全书总目》卷三五)

[八]《周易集解》十七卷，唐李鼎祚撰。其书仍用王弼本，惟以《序卦传》散缀六十四卦之首，盖用《毛诗》分冠《小序》之例。所采凡子夏、孟喜、焦赣、京房、马融、荀爽、郑玄、刘表、何晏、宋衷、虞翻、陆绩、干宝、王肃、王弼、姚信、王廙、张璠、向秀、王凯冲、侯果、蜀才、翟玄、韩康伯、刘巘、何妥、崔憬、沈驎士、卢氏、崔觐、伏曼容、孔颖达、姚规、朱仰之、蔡景君等三十五家之说。自序谓：“刊辅嗣之野文，补康成之逸象。”盖王学既盛，汉《易》遂亡，千百年后，学者得考见画卦之本旨者，惟赖此书之存耳，是真可宝之古笈也。(《四库全书总目》卷一)

[九]《周易》九卷，吴侍御史虞翻注。张惠言著有《周易虞氏义》、《虞氏消息》，序曰：“自汉武帝时，刘向校书，考《易》说，以为诸《易》家皆祖田何、杨叔、丁将军，大义略同，惟京氏为异。而孟喜受《易》家阴阳，其说《易》本于气，而后以人事明之。八卦六十四象，四正七十二候，变通消息，诸儒祖述之，莫能具。当汉之季年，扶风马融作《易传》，授郑康成作《易注》。而荆州牧刘表、会稽太守王朗、颍川荀爽、南阳宋忠皆以《易》名家，各有所述，唯翻传孟氏学，既作《易注》，奏上之献帝。翻之言《易》，以阴阳消息六爻，发挥旁通升降上下，归于乾元用九而天下治。依物取类，贯穿比附，始若琐碎，及其沈深解剥，离根散叶，畅茂条理，遂于大道，后儒罕能通之。自魏王弼以虚空之

言解《易》，唐立之学官，而汉世诸儒之说微，独资州李鼎祚作《周易集解》，颇采古《易》家言，而翻注为多。其后古书尽亡，而宋道士陈抟以意造为龙图，其徒刘牧以为《易》之河图、洛书也，河南邵雍又为先天、后天之图，宋之说《易》者翕然宗之，以至于今，牢不可拔，而《易》阴阳之大义盖尽晦矣。大清有天下，元和征士惠栋始考古义孟、京、荀、郑、虞氏，作《易汉学》，又自为辞释，曰《周易述》。然掇拾于亡废之后，左右采获，十无二三，其所述大抵宗祢虞氏，而未能尽通，则旁征他说以合之。盖从唐、五代、宋、元、明朽壤散乳千有余年，区区修补收拾，欲一旦而其道复明，斯固难也。翻之学既邃，又具见马、郑、荀、宋氏书，考其是否，故其义为精。又古书亡，而汉、魏师说可见者十余家，然唯郑、荀、虞三家略有梗概可指说，而虞尤较备。然则求七十子之微言，田何、杨叔、丁将军之传者，舍虞氏之注，其何所自焉？故求其条贯，明其统例，释其疑滞，信其亡阙，为《虞氏义》九卷，又表其大旨，为《消息》二卷。"（《清史稿》卷四八二）

［十］《隋志》载郑玄《周易注》九卷，又称："郑玄、王弼二注，梁、陈列于国学，齐代惟传郑义，至隋，王注盛行，郑学寖微。"然《新唐书》著录十卷，是唐时其书犹在，故李鼎祚《集解》多引之。宋《崇文总目》惟载一卷，所存者仅《文言》、《序卦》、《说卦》、《杂卦》四篇，余皆散佚，至《中兴书目》始不著录，则亡于南北宋之间，故晁说之、朱震尚能见其遗文，而淳熙以后诸儒即罕所称引也。应麟始旁摭诸书，裒为此帙(《周易郑康成注》)，惠栋别有考订之本(《新本郑氏周易》三卷)，体例较密。(《四库全书总目》卷一)

［十一］《月令章句》十二卷，汉左中郎将蔡邕撰。按：原书已佚，马国翰辑《月令章句》一卷，《月令问答》一卷，臧庸撰《蔡氏月令章句》一卷。

［十二］《箴膏肓》一卷《起废疾》一卷《发墨守》一卷，汉郑玄撰。《后汉书》郑玄本传称："任城何休好公羊学，遂著《公羊墨守》、《左氏膏肓》、《穀梁废疾》，玄乃发《墨守》，针《膏肓》，起《废疾》。休见而叹曰：'康成入吾室，操吾矛，以伐我乎！'"（《四库全书总目》卷二六）

《汉魏遗书》[一]、《古经解汇函》[二]、《古经解钩沉》[三]等书或原部收入，或原书亡佚，各家从他书中辑出，亦备存焉。

【笺注】

［一］《汉魏遗书》，王谟辑。谟字仁圃，江西金溪人。乾隆丁酉（1777）进士，授知县，自乞教职，选建昌府教授。辑《汉魏遗书》五百余种，撰《江西考古录》、《豫章十代文献》等书。《汉魏遗书》已收入《续修四库全书》。

［二］《古经解汇函》二十三种一百二十六卷，清钱谦钧编。谦钧字云卿，湖南巴陵（今岳阳）人。钱谦钧自序曰："《十三经注疏》之外，凡唐以前经部书传至今日者，皆经学不可无之书也。劳文毅公督粤时尝欲汇刻为一编，会去官，其事遂寝。近者谦钧重刻《十三经注疏》、《通志堂经解》，乃后理前说，恭阅《四库全书总目》，自《十三经注疏》之外，凡经部著录唐以前之书尽刻之，惟《提要》定为伪作者不刻，《通志堂》已刻者不刻，近儒有注释刻入《皇清经解》者不刻，《易纬》八种提要有谓杂取各纬分析而成者，究其与后人伪撰者不同，故皆刻之。《皇清经解》有段氏《说文注》，然段氏多增改正文，今仍刻二徐本。又有王氏《广雅疏证》，而未刻曹宪音，今仍刻有音之本。《广韵》虽宋时重修，犹题陆法言撰本，故亦刻之也。凡今所刻诸书，昔人刻本不一，今择善本校而刻之。刻成，题曰《古经解汇函》，附《小学汇函》。大凡三十七种。"今按：钱氏此书抉择不精，刻亦未善。

［三］《古经解钩沉》三十卷，余萧客撰。是编采录唐以前诸儒训诂。首为《叙录》一卷，次《周易》一卷，《尚书》三卷，《毛诗》二卷，《周礼》一卷，《仪礼》二卷，《礼记》四卷，《左传》七卷，《公羊传》一卷，《穀梁传》一卷，《孝经》一卷，《论语》一卷，《孟子》二卷，《尔雅》三卷，共三十卷。而《叙录》、《周易》、《左传》均各分一子卷，实三十三卷也。其《叙录》备述先儒名氏、爵里及所著义训，其书尚存者不载，或名存而其说不传者亦不载，余则自诸家经解所引，旁及史传类书，凡唐

以前之旧说，有片语单词可考者，悉著其目。虽有人名而无书名，有书名而无人名者，亦皆登载。又以传从经，钩稽排比，一一各著其所出之书。(《四库全书总目》卷三三)

汉至隋小学之书，《说文》[一]、《玉篇》[二]、《广雅》[三]、《广韵》[四]最要，而《急就篇》[五]、《方言》[六]、《释名》[七]、《字林》[八]四书亦善。《字林》久佚，近人任大椿搜集成书，名《字林考逸》。《广韵》即陆法言《切韵》，略有增修，故列入。隋（此）[以]下，唐人《一切经音义》为胜（东洋刻本）。其余《汗简》[九]、《集韵》[十]、《韵补》[十一]、《韵会》[十二]、薛尚功《钟鼎款识》[十三]之属，亦资考证，但少缓耳。《仓颉》[十四]、《凡将》诸书久亡，任大椿搜集之，名《小学钩沉》[十五]，与《小学汇函》皆宜读。

【笺注】

[一]《说文解字》三十卷，汉许慎撰。凡十四篇，合目录一篇为十五篇，分五百四十部，为文九千三百五十三，重文一千一百六十三，《说解文字》共十三万三千四百四十字。据形系联，分部类从，推究六书之义，较为精密。

[二]《玉篇》三十卷，南朝梁顾野王撰。成书于梁大同九年（543）。此书有原本与今本之别，原本是指清光绪年间，黎庶昌出使日本时所发现的唐代抄本散卷，和罗振玉在日本所发现的《玉篇》残卷，黎本收入《古逸丛书》中，题为“影旧抄卷子原本蓝篇零卷”，罗本题为“卷子本玉篇残卷”。今本是指宋代大中祥符六年（1013）陈彭年等奉敕重修的《大广益会玉篇》，现有清张士俊泽存堂和曹寅扬州诗局所刻汲古阁藏宋刊本，以及《四部丛刊》影印建德周氏所藏元刊本。此书主要特点有三：以楷书汉字为收字对象；改革传统的部首系统；注音以反切为主、偶用直音。

[三]《广雅》十卷，魏张揖撰。其书因《尔雅》旧目，博采汉儒笺注及《三苍》、《说文》诸书，以增广之，于扬雄《方言》亦备载无遗。隋秘书学士曹宪为之音释，避炀帝讳，改名《博雅》。

[四]《广韵》五卷，不著撰人名氏。书成于隋仁寿元年（601）。唐仪凤二年（677），长孙讷言为之注。后郭知元、关亮、薛峋、王仁煦、祝尚丘递有增加。天宝十年（752），陈州司法孙愐重为刊定，改名《唐韵》。后严宝文、裴务齐、陈道固又各有添字。宋景德四年（1007），以旧本偏旁差讹，传写漏落，注解未备，朝廷乃命陈彭年、丘雍等重修。大中祥符四年（1011），书成，赐名《大宋重修广韵》。其书二百六韵，仍陆氏之旧，所收凡26194字，较陆法言《切韵》增加14036字，注文191692字，也较陆书为详。《广韵》的价值在于它是上溯汉语上古音、下推汉语近代音的必经桥梁。

[五]《急就章》四卷，汉史游撰。《汉书·艺文志》注称游为元帝时黄门令，盖宦官也，其始末则不可考矣。是书《汉志》但作《急就》一篇，而小学类末之叙录，则称史游作《急就篇》。故晋夏侯湛抵疑，称乡曲之徒，一介之士，曾讽《急就》，通甲子。《北齐书》称：“李铉九岁入学，书《急就篇》。”或有篇字，或无篇字，初无一定。(《四库全书总目》卷四一)

[六]《方言》十三卷，西汉扬雄撰，晋郭璞注。全名《辅轩使者绝代语释别国方言》，一名《扬子方言》，又名《别国方言》，略称《方言》。原本十五卷，隋以后传本十三卷，约成书于西汉末年。扬雄在前人记述的基础上，进一步亲自向各地来京城的士人兵卒调查、记录，历经二十七年才编成此书。《方言》一书搜集和保存了汉代大量的各地方言口语，忠实地记录了汉代方言地理的大致面貌，提供了汉代共同语的词汇，因此《方言》是研究汉语发展史的不可多得的重要文献。

[七]《释名》八卷，汉刘熙撰。成书于东汉末年，有毕沅《释名疏证》本和《四库全书》本等。《释名》是一部探究汉语语源的著作。全书分为二十七篇，即卷一《释天》、《释地》、《释山》、《释水》、《释丘》、《释道》，卷二《释州国》、《释形体》，卷三《释姿容》、《释长幼》、《释亲属》，卷四《释言语》、《释饮食》、《释采帛》、《释首饰》，卷五《释衣服》、《释宫室》，卷六《释床帐》、《释书契》、《释典艺》，卷七《释用器》、《释乐器》、《释兵》、《释车》、《释船》，卷八《释疾病》、《释丧

制》，共 1502 条。释义的方式主要是声训，即用音同或音近的训释词的意义来说明被释词的意义。

［八］《字林》六卷，吕忱撰。《法书要录》载后魏江式《论书表》曰："晋世义阳王典祠，令任城吕忱表上《字林》六卷。寻其况趣，附托许慎《说文》，而按偶章句，隐别古籀奇惑之字。文得正隶，不差篆意。"则忱书并不用古籀，亦有显证。其书今不传，有《字林考逸》八卷，《补》一卷（任大椿原辑，陶方琦补辑）。

［九］《汗简》三卷，宋郭忠恕撰。其分部从《说文》之旧，所征引古文凡七十一家。前列其目，字下各分注之。时王球、吕大临、薛尚功之书皆未出，故钟鼎阙焉。其分隶诸字即用古文之偏旁，与后人以真书分部、案韵系字者不同。然古文部类，不能尽绳以隶楷，犹之隶楷转变，不能尽绳以古文。舒之所疑，盖不足为累。且所征七十一家存于今者，不及二十分之一。(《四库全书总目》卷四一)

［十］《集韵》十卷，旧本题宋丁度等奉敕撰。成书于宋宝元二年（1039）。其书凡平声四卷，上声、去声、入声各二卷。共 53525 字，视《广韵》增 27331 字。本书在历史上的地位远不如《广韵》，这主要是因为它卷帙繁重，难于流行，同时《礼部韵略》又代替它成为考试用韵，因而使用不多。《集韵》的价值主要有四：第一，收字最多；第二，注释可靠；第三，修订反切；第四，记录大量又音。

［十一］《韵补》五卷，宋吴棫撰。盖棫音《诗》，音《楚辞》皆据其本文，推求古读，尚能互相比较，粗得大凡，故朱子有取焉。此书则泛取旁搜，无所持择。所引书五十种中，下逮欧阳修、苏轼、苏辙诸作与张商英之伪《三坟》，旁及《黄庭经》、《道藏》诸歌，故参错冗杂，漫无体例。然自宋以来，著一书以明古音者，实自棫始。而程迥之《音式》继之。迥书以三声通用、双声互转为说，所见较棫差的，今已不传。(《四库全书总目》卷四二)

［十二］《古今韵会》三十卷，元黄公绍撰。分 107 部，原书已佚。元至元二十九年（1292）音韵训诂学家黄公绍编成《古今韵会》一书。此书收集资料极为丰富，但卷帙过于浩繁，不便览观流传。熊忠于是删繁就简，补收缺遗，编成《古今韵会举要》一书。此书共三十卷，收字一书。此书共三十卷，收字 9590 字，加上《礼韵续降》、《礼韵补遗》的 244 字，毛晃《增修互注礼部韵略》所增的 2142 字，以及熊氏自增的 676 字。书中首载《凡例》，包括"韵例"、"音例"、"字例"和"义例"。

［十三］《历代钟鼎彝器款识法帖》二十卷，宋薛尚功撰。尚功嗜古好奇，又深通篆籀之学，能集诸家所长，而比其同异，颇有订讹刊误之功，非抄撮蹈袭者比也。(《四库全书总目》卷四二)

［十四］《仓颉篇》三卷，《续》一卷，《补》二卷。孙星衍原辑，任大椿续辑，陶方琦补辑。

［十五］《小学钩沉》十八卷，任大椿辑。

汉后隋前传记诸子，《新序》[一]、《说苑》[二]、《列女传》[三]、《水经注》[四]最要，而《吴越春秋》[五]、《越绝书》[六]、《家语》[七]（王肃所集，故列此）、《汉官六种》[八]、《三辅黄图》[九]、《华阳国志》[十]、《淮南子》[十一]、《法言》[十二]、《盐铁论》[十三]、《新论》[十四]、《潜夫论》[十五]、《论衡》[十六]、《独断》[十七]、《风俗通》[十八]、《申鉴》[十九]、《齐民要术》[二十]、文中子《中说》[二十一]、《颜氏家训》[二十二]、《九章算术》[二十三]皆宜读。

【笺注】

［一］《新序》十卷，汉刘向撰。推明古训，在诸子中犹不失为儒者之言也。(《四库全书总目》卷九一)

［二］《说苑》二十卷，汉刘向撰。以君道、臣术、建本、立节、贵德、复恩、政理、尊贤、正谏、法诫、善说、奉使、权谋、至公、指武、谈丛、杂言、辨物、修文为目，其议论醇正，不愧儒宗。(《四库全书总目》卷九一)

［三］《古列女传》七卷，汉刘向撰。分母仪、贤明、仁智、贞顺、节义、辩通、孽嬖。西汉时期，外戚势力强大。刘向认为"王教由内及外，自近者始"，故撰成此书，以劝谏皇帝、嫔妃及外戚。

［四］《水经注》四十卷，后魏郦道元撰。以《水经》为纲，详加补注。清代治此书者甚多，号称

“郦学”。

［五］《吴越春秋》十卷，汉赵烨撰。为吴越古地域文献，所述虽稍曼衍，而词采丰蔚，近小说家言。

［六］《越绝书》十五卷，不著撰人名氏。其文纵横曼衍，与《吴越春秋》相类，而博丽奥衍则过之，中如计倪、内经、军气之类，多杂术数家言，皆汉人专门之学，非后来所能依托也。(《四库全书总目》卷六六)

［七］《孔子家语》十卷，魏王肃注。是书王肃自序云：“郑氏学行五十载矣，义理不安，违错者多，是以夺而易之。孔子二十二世孙有孔猛者，家有其先人之书，昔相从学，顷还家方取以来，与予所论，有若重规叠矩。”是此本自王肃始传。考《汉书·艺文志》，有《孔子家语》二十七卷，颜师古注云：“非今所有《家语》。”

［八］清孙星衍辑《汉官六种》：(1)《汉官》一卷，作者及成书年代亦不详。《隋志》作五卷，宋时仅存一卷，旋即亡缺。今所见佚文唯存《续汉书·百官志》注中，内容侧重于公卿员吏人数及品秩，并附记诸郡郡治距京师里程数。(2)《汉官解诂》一卷。原名《小学汉官篇》，凡三篇，建武年间新汲令王隆撰。其书为蒙书，略道公卿内外之职，旁及四夷，博物条畅，多所发明。东汉中后期重臣胡广深谙官制仪式，为其作注。(3)《汉旧仪》二卷《补遗》二卷。原书四卷，东汉议郎卫宏撰。此书涉及官制、礼制（如籍田、宗庙、春桑、酎、祭天等礼仪），隋唐史志多将其列入仪注类。因其所载官制较详备，故自《直斋书录解题》始，称其书为《汉官旧仪》。(4)《汉官仪》二卷。原为十卷，东汉军谋校尉应劭撰。时献帝迁都于许，旧章湮灭，书记罕存，应劭于是缀集旧闻，而作此书。汉官诸书中，此作最为系统，佚文史料价值亦最高。(5)《汉官典职仪式选用》一卷。简称《汉官典职》，或《汉官典仪》。原为二卷，东汉卫尉蔡质撰。杂记官制及上书谒见仪式。(6)《汉仪》一卷，吴大史令丁孚撰。较他书简略，流传不广，鲜为人知。

［九］《三辅黄图》六卷，不著撰人名氏。唐肃宗以后人作。其书皆记长安古迹，间及周代灵台、灵囿诸事，然以汉为主。亦间及河间日华宫、梁曜华宫诸事，而以京师为主。故称《三辅黄图》。所纪宫殿苑囿之制，条分缕析，至为详备，考古者恒所取资。(《四库全书总目》卷六八)

［十］《华阳国志》十二卷，常璩撰。全书分为两大部分，前四卷《巴志》、《汉中志》、《蜀志》、《南中志》为地理之部，所涉及的疆域，北起今陕甘南部，南到今滇南和滇西南边境，西起今川西地区，东至长江三峡地区。后九卷是对我国西南地区重大历史事件和人物的记载，从远古蚕丛、鱼凫的传说时期起，至东晋咸康五年止。任乃强有《华阳国志校补图注》。

［十一］《淮南子》二十一卷，汉淮南王刘安撰。

［十二］《法言》十卷，汉扬雄撰，宋司马光集注。盖当时甚重雄书也。自程子始谓其曼衍而无断，优柔而不决。苏轼始谓其以艰深之词，文浅易之说。至朱子作《通鉴纲目》，始书“莽大夫扬雄死”，雄之人品、著作，遂皆为儒者所轻。

［十三］《盐铁论》十二卷，汉桓宽撰。所论皆食货之事，而言皆述先王，称六经，故诸史皆列之儒家。(《四库全书总目》卷九一)

［十四］《桓子新论》十七卷，后汉六安丞桓谭撰。桓谭著书言当世行事二十九篇，号曰《新论》，上书献之，世祖善焉。(《后汉书》卷二八上)

［十五］《潜夫论》十卷，汉王符撰。卷首《赞学》一篇，论励志勤修之旨。卷末《五德志篇》，述帝王之世次志，《氏姓篇》考谱牒之源流，其中《小列》、《相列》、《梦列》三篇，亦皆杂论方技，不尽指陈时政，范氏所云，举其著书大旨尔。(《四库全书总目》卷九一)

［十六］《论衡》三十卷，汉王充撰。现存八十四篇，内容极为丰富。汉末蔡邕得之以为帐中之秘。纪昀有削繁之本行世。现代黄侃亦颇重视此作。

［十七］《独断》二卷，汉蔡邕撰。全书条理统贯，虽小有参错，固不害其宏旨，究考证家之渊薮也。(《四库全书总目》卷一一八)

［十八］《风俗通义》十卷，汉应劭撰。其书因事立论，文辞清辨，可资博洽。（《四库全书总目》卷一二〇）

［十九］《申鉴》五卷，汉荀悦撰。《后汉书·荀淑传》称"悦侍讲禁中，见政移曹氏，志在献替，而谋无所用，乃作《申鉴》五篇，其所论辨，通见政体。既成奏上，帝览而善之"。此书剖析事理，亦深切著明，盖由其原本儒术，故所言皆不诡于正也。（《四库全书总目》卷九一）

［二十］《齐民要术》十卷，后魏贾思勰撰。李焘《孙氏齐民要术音义解释序》曰："贾思勰著此书，专主民事。又旁摭异闻，多可观。在农家最峣然出其类。"（《四库全书总目》卷一〇二）

［二十一］《中说》十卷，隋王通撰。仿《论语》而作，全书崇尚儒家思想，提倡儒释道三教合一。

［二十二］《颜氏家训》二卷，本题北齐黄门侍郎颜之推撰。其书大抵于世故人情深明利害，而能文之以经训。（《四库全书总目》卷一一八）

［二十三］《九章算术》，不知何人所传。凡有九篇，曰：《方田》第一，《粟米》第二，《羡外》第三，《少广》第四，《商功》第五，《均输》第六，《盈不足》第七，《方程》第八，《句股》第九。此书是中国古代第一部数学专著，系统总结了战国、秦、汉时期的数学成就，最早提到分数问题，首先记录了盈不足等问题，"方程"章还在世界数学史上首次阐述了负数及其加减运算法则。

算经隋前尚有六种，乃专门之学，极有实用，（至）［自］唐至明其书不少，后出愈善，至国朝而极精。此取其古为通经之用，此外子部如《太玄经》[一]、《易林》[二]、《物理论》[三]、《中论》[四]、《人物志》[五]、《高士传》[六]、《博物志》[七]、《古今注》[八]、《南方草木状》[九]、《洛阳伽蓝记》[十]、《荆楚岁时记》[十一]、《世记》[十二]、《抱朴子》[十三]、《金楼子》[十四]之属，虽颇翔实，仅资词章谈助，与其余伪作之书，咸宜辨别。

【笺注】

［一］《太玄经》十卷，汉扬雄撰。本拟《易》而作，以家准卦，以首准彖，以赞准爻，以测准象，以文准文言，以摛、莹、掜、图、告准系词，以数准说卦，以冲准序卦，以错准杂卦，全仿《周易》。（《四库全书总目》卷一〇八）

［二］《易林》十六卷，汉焦延寿撰。其书以一卦变六十四，六十四卦之变共四千九十有六。各系一词，皆四言韵语。（四库全书总目卷一〇九）

［三］杨泉撰《杨子物理论》十六卷，已佚。晋杨泉《物理论》一卷，清黄奭辑。

［四］《中论》二卷，汉徐干撰。大都阐发义理，原本经训，而归之于圣贤之道，故前史皆列之儒家。

［五］《人物志》三卷，魏刘邵撰。所言究悉物情，而精核近理。盖其学虽近乎名家，其理则弗乖于儒者也。（《四库全书总目》卷一一七）

［六］《高士传》三卷，晋皇甫谧撰。原本传七十二人，四库本多至九十六人。

［七］《博物志》十卷，旧本题晋张华撰。原书广采天下图书，多达四百卷，武帝令删为十卷。

［八］《古今注》三卷，旧本题晋崔豹撰。

［九］《南方草木状》三卷，晋嵇含撰。考书中所载，皆岭表之物，则疑襄阳或误题也。其书凡分草、木、果、竹四类，共八十种。叙述典雅，非唐以后人所能伪，不得以始见《宋志》疑之。（《四库全书总目》卷七〇）今人马泰来博士已将其证伪。

［十］《洛阳伽蓝记》五卷，后魏杨炫之撰。以城内及四门之外分叙五篇。叙次之后先，以东面三门、南面三门、北面三门各署其新旧之名，以提纲领。体例绝为明晰。其文秾丽秀逸，烦而不厌，可与郦道元《水经注》肩随。其兼叙尔朱荣等变乱之事，委曲详尽，多足与史传参证。其他古迹艺文及外国土风道里，采摭繁富，亦足以广异闻。（《四库全书总目》卷七〇《洛阳伽蓝记提要》）

［十一］《荆楚岁时记》一卷，梁宗懔撰。此书皆记楚俗。（《四库全书总目》卷七〇）

［十二］《世纪》即《帝王世记》，又作《帝王世纪》，晋皇甫谧撰。专述帝王世系、年代及事迹，上起三皇，下迄汉魏，分星野，考都邑，叙垦田，计户口，内容多采自经传图纬及诸子杂书，载录《史记》及两《汉书》阙而不备之史事。宋翔凤《帝王世纪集校序》称宣圣之成典，复内史之遗则，远追绳契，附会恒滋，揆于载笔，足资多识云云。

［十三］《抱朴子内外篇》八卷，晋葛洪撰。抱朴子者，洪所自号，因以名书也。自序谓内篇二十卷，外篇五十卷。其书内篇论神仙、吐纳、符箓、克治之术，纯为道家之言。外篇则论时政得失、人事臧否，词旨辨博，饶有名理，而究其大旨，亦以黄老为宗。(《四库全书总目》卷一四六)

［十四］《金楼子》六卷，梁孝元皇帝撰。其书于古今闻见事迹，治忽贞邪，咸为苞载。附以议论，劝戒兼资。盖亦杂家之流。而当时周、秦异书未尽亡佚，具有征引，如许由之父名，兄弟七人，十七而隐，成汤凡有七号之类，皆史外轶闻，他书未见。又《立言》、《聚书》、《著书》诸篇，自表其撰述之勤，所纪典籍源流，亦可补诸书所未备。(《四库全书总目》卷一一七)

【今按】徐敬修《经学常识》第四章《治经之方法》第一节《古人治经之方法》："以子证经。诸子乃六艺之支流，其学皆出于七十子：如《韩诗外传》为《韩诗》义；班固《列女传》为《鲁诗》义；《韩非子》、《淮南子》为《春秋》、《左氏》义；《白虎通德论》为《春秋》、《礼》义；荀子，蔡邕《独断》为《礼》义；此皆彰明较著者，其他则在读者之善为沟通耳。"(《民国时期经学丛书》第一辑第四册第154页)

经与史相表里第二十一

经与史异学，而古史多与经相表里。故治经犹不可不读史。[一]

【笺注】

［一］明姚舜牧《来恩堂草》卷一《裁订史纲要领间出小论序》：盖学者既穷经，则必读史矣。史载天地古今，固与经相出入者。孔子赞《易》，删《诗》、《书》，定《礼》、《乐》，作《春秋》，人孰不称为经哉？而《易》该天道、人事之始终，《书》叙帝王经济之大略，《诗》咏王风，颂至德，《礼》谨仪节，严举废，而一十二公之褒贬，辟天常而植人纪，岂非史学之本始哉？知经之兼乎史，则知史之通于经矣。

《史记》[一]、前、后《汉书》[二]、《三国志》[三]四史最要。司马迁本得《古文尚书》之传，故其书多古文说，而所搜辑多先秦故制，其书甚善。班史多古字古义，范书、陈书虽不及前二种，而汉儒家法、地理事实足资考证。故读史犹宜读其表志。由此而读二十四史，博而约之，存乎其人。

【笺注】

［一］《史记》一百三十卷，汉司马迁撰。凡十二本纪，十表，八书，三十世家，七十列传，共为百三十篇。《史记》旨在通古今之变，究天人之际，成一家之言，是一部不朽之作。

［二］《汉书》一百二十卷，汉班固撰。《后汉书》一百二十卷，本纪十卷，列传八十卷，宋范蔚宗撰。

［三］《三国志》六十五卷，晋陈寿撰，宋裴松之注。凡《魏志》三十卷，《蜀志》十五卷，《吴志》二十卷。其书以魏为正统。裴松之受诏为注，所注杂引诸书，亦时下己意。综其大致，约有六端：一曰引诸家之论以辨是非，一曰参诸书之说以核讹异，一曰传所有之事详其委曲，一曰传所无之事补其阙佚，一曰传所有之人详其生平，一曰传所无之人附以同类。

为治经计，如《逸周书》、《国语》、《国策》、《山海经》、《竹书纪年》、《穆天子传》、《晏子春秋》、《越绝书》、《列女传》、《新序》、《说苑》、《东观汉记》之属，皆可归入史部[一]，皆不可不读。

【笺注】

[一]分类参见《书目答问》。

【今按】徐敬修《经学常识》第四章《治经之方法》第一节《古人治经之方法》："以史证经。《史记》中之《五帝本纪》、《夏本纪》、《殷本纪》、《周本纪》可以证《尚书》，《春秋列国世家》可以证《尚书》，亦可证《左传》；《孔子世家》、《仲尼弟子列传》可以证《论语》；《荀孟列传》可以证《孟子》；近人缪祐孙有《两汉书引经考》，言之最详。"（《民国时期经学丛书》第一辑第四册第154页）按：缪祐孙（1851—1894），字右岑，江苏江阴人。又按：徐氏《经学常识》多袭自叶德辉《经学通诰》。

说经必先识文字第二十二①

《说文》云："字，孳也。"言其孳生无尽也。字，古谓之文。

字有形，形不一：一古文[一]，二籀文[二]，三小篆[三]，四八分[四]，五隶书，六楷书，相因递变。字有声，声不一：有三代之音，有汉魏之音，有六朝至唐之音（详《音韵源流》篇）。字有义，义不一：有本义[五]，有引申义[六]（即《训诂篇》所言者），有通假义[七]（即假借之谓）。形声不审，训诂不明，岂知经传所言者何物、所说者何事耶？且经传原本篆书，古韵自有部分，识古篆之形，晓古语之声，方能得古字之义。大率字类定于形，字义声于生于声，知篆形方可审今形之非，知古音则可订今音之误，故形声实为识字之本。然则，如之何而后能审定音义？曰必须识小篆，通《说文》，熟《尔雅》，"五雅"[八]、《玉篇》、《广韵》并宜参究，俗师知其一不知其二，知其末不知其源，骋其臆说，恍如寱语，此事甚不易，非翻检字书，遍能通晓者也。又《说文》初看无味，细看极有意趣。段玉裁注《说文》，精而较繁，可先看大徐本《说文解字》。

【笺注】

[一]古文：上古的文字。泛指甲骨文、金文、籀文和战国时通行于六国的文字。许慎《说文解字叙》："仓颉之初作书，盖依类象形，故谓之文，其后形声相益，即谓之字。文者物象之本，字者言孳乳而寖多也。著于竹帛谓之书，书者如也。以迄五帝三王之世，改易殊体……及宣王大史籀著大篆十五篇，与古文或异。"

[二]籀文：我国古代书体的一种。也叫"籀书"、"大篆"。因著录于《史籀篇》而得名。春秋、战国间通行于秦国。与篆文近似。今存石鼓文即这种字体的代表。王国维《战国时秦用籀文六国用古文说》："是秦之小篆本出大篆，而《仓颉》三篇未出，大篆未省改以前，所谓秦文，即籀文也。"

[三]小篆：秦代通行的一种字体，省改大篆而成。许慎《说文解字叙》："秦始皇帝初兼天下，丞相李斯乃奏同之，罢其不与秦文合者。斯作《仓颉篇》，中车府令赵高作《爰历篇》，太史令胡毋敬作《博学篇》，皆取史籀大篆，或颇省改，所谓小篆者也。"

① 原注："与《字学源流》、《音韵源流》参看。"

［四］八分：汉字书体名。字体似隶而体势多波磔。相传为秦时上谷人王次仲所造。关于八分的命名，历来说法不一，或以为汉隶的波折，向左右分开，“渐若八字分散”（《书断》卷上），故名八分；或以为二分似隶，八分似篆，故称八分。近人以为八分非定名，汉隶为小篆之八分，小篆为大篆之八分，今隶为汉隶之八分。

［五］本义：指汉字本来的意义。一般指造字之初字形与字义密合之义。

［六］引申义：由本义引申而成的新义。

［七］假借义：借用已有的音同或音近的文字而表示的意义。如“而”本义为胡须，借用为连词义；“来”本义为小麦，借用为来去的“来”的意义。

［八］《释名》别本或题曰《逸雅》，盖明郎奎金取是书与《尔雅》、《小尔雅》、《广雅》、《埤雅》合刻，名曰“五雅”，以四书皆有雅名，遂改题《逸雅》，以从类。（《四库全书总目》卷四〇）

说经必先通训诂第二十三

训诂之源，肇于《尔雅》，《释诂》、《释训》，各详其义。邢氏疏云：“训，道也。”引《周礼·地官》有“土训”［一］、“诵训”［二］；郑司农说，以远方土地所生异物，以告道王①。后郑说，则谓“土训”能训土地善恶之势，“诵训”能训说四方所诵习人所作为及时事。《释训》言形貌也。诂者，古也，古今异言，解之使人知也。“诂”文从古声，古，故也，从十口，识前言也。“诂”本通作“故”，毛公传《诗》则曰《故训传》。“故训”即“诂训”，亦即“古训”。《烝民》诗云：“古训是式。”是也。

【笺注】

［一］土训：古官名。负责向帝王陈报山川地势、土质好坏及土地所宜生产。《周礼·地官·土训》：“土训掌地道图，以诏地事，地道慝以辨地物，而原其生以诏地求。”郑玄笺：“道，说也。说地图九州形势山川所宜，告王以施其事也……训，谓能训说土地善恶之势。”孙诒让《周礼正义》：“土训者，此官与诵训并掌训说土地图志之事，故亦属司徒。”

［二］诵训：周代官名。掌为王者述说四方久远故事，说明各地风俗所忌讳的言语；王者巡狩，随从王车左右。《周礼·地官·诵训》：“诵训，掌道方志以诏观事，掌道方慝以诏辟忌，以知地俗。王巡守，则夹王车。”《国语·楚语上》：“倚几有诵训之谏。”韦昭注：“诵训，工师所诵之谏，书之于几也。”

据《尔雅》分篇之义，诂通古今异言，训则皆言形貌，而说经之道也，不外此二字：通古言，通古音，而古义无不通矣；知形训，知声训，而古训无不明矣。如《明堂位》②云：“夏曰醆［一］，殷曰斝［二］，周曰爵［三］。”此古言之异也。《方言》：“楚谓聿，燕谓弗，秦谓笔。”此古音之异也。《说文》：“石，山石也。”“厓，山边也。”此依形立训也。“日，实也。”“月，阙也。”此依声立训也。依声立训，于古书十居其九，如旬之为均也，音之为荫也，妃之为配也，平之为便也，皆以声为训也。他如：资读为齐，而义即通为

① 广文本刊语云：原本“道王”误倒。

② 明堂位：《礼记》篇名。

齐，《巽卦》“丧其资斧”是也。鲜读为献，而义即通献，“天子乃献羔开冰”① 是也。辨读为贬，而义即通贬，《玉藻》②“立容辨卑毋③谄”是也。美读为仪，而义即通仪，《少仪》④“鸾⑤和之美”是也。又如“桓”字有三音，《禹贡》“西倾因桓是来”，又“和夷底⑥绩”，《水经注》云：“和即桓。”《汉书注》：“桓楹”即“和表”，“和表”又转为“华表”，桓谭《新论》，《隋志》又作华谭，皆随训而转者也。率字有五音，“将⑦率”音“帅”，“彀⑧率”、“藻率”音“（立）［律］”，量名音“刷”，“督率”音“朔”，算法约数之“率”音类⑨，亦随训而转者也。至若“繇”有六义，“离”有十六义[四]，“辟”有三十七义，⑩“衰”有四音，“贲”有七音，“差”有八音，“敦”有九音，“苴”有十四音，音同训异，义随训移，惟在明于训诂者之变而通焉。

【笺注】

［一］醆：用同“盏”。酒杯。《诗·大雅·行苇》“或献或酢，洗爵奠斝”毛传：“夏曰醆，殷曰斝，周曰爵。”

［二］斝：古代青铜制贮酒器，有鋬（把手）、两柱、三足、圆口，上有纹饰，供盛酒与温酒用。盛行于殷代和西周初期。后借指酒杯、茶杯。

［三］爵：古代一种盛酒礼器，像雀形，比尊彝小，受一升。亦用为饮酒器。《礼记·礼器》：“宗庙之器，贵者献以爵。”郑玄注：“凡觞，一升曰爵。”

［四］“离有十五义”：字义之多，莫如离。离别，通训也。卦名见《易》。黄离、仓庚见《说文》。大琴曰离，见《尔雅》。流离，鸟名，见《毛诗》。长离，凤名，见相如赋。纤离，马名，见李斯书。又陆离，参差也，见《文选》。木名，见《孔子世家》。水名，见《地理志》。人姓，见《氏族志》。江离，草名，接离，冠名，见字书。《公羊传》二人会曰离会，谓各是所是，各非所非，不能定也。

【今按】近儒徐澄宇《诗经学纂要·训诂第十四》：“诂训之原，肇于《尔雅》。释诂释训，各详其义。诂者，古言也，以古言释今言，以今言释古言，谓之诂；从言，古声。古，故也，从十口，识前言也。诂，通作故。毛公诗传名曰故训，即古训也，亦即训诂。《蒸民》诗云：‘古训是式。’训者，顺也，谓顺其语气而释之也。师古曰：故者，通其指义也。邢昺曰：训，道也。训诂者，因古书而顺道之，使通其义也。”（《民国时期经学丛书》第一辑第三十一册第 119 页）按：此段显然袭自《经解入门》。

【又按】徐敬修《经学常识》第四章《治经之方法》第二节《今后吾人治经之方法》之第四条：“研究小学。治经学者，当参考古训，诚以古经非古训不明也；故研究经学，非兼研究小学不可。研究小学时所当注意者盖有三端：一为当通音韵，二为当明训诂，三为辨别形体；学者苟能于此三者加以工夫，则治经时之困难，可以减少许多也。”（《民国时期经学丛书》第一辑第四册第 164 页）

① 见《礼记·月令》。
② 玉藻：《礼记》篇名。
③ 广文本刊语云：原本“毋”误“贯”。
④ 少仪：《礼记》篇名。
⑤ 广文本刊语云：原本“鸾”误“变”。
⑥ 广文本刊语云：原本“厎”误“底”。
⑦ “将”，原本误作“收”。
⑧ 广文本刊语云：原本“彀”误“縠”。
⑨ “算法约数之率音类”，原本误作“算法约率音律之类”。
⑩ “辟有三十七义”，当作“辟有十一音”。

说经必先明假借第二十四

许氏《说文》论六书，“假借”曰：“本无其字，依声托事，令长是也。”此谓造字之始则然也。至于经典古字声近而通，则有不限于无字之假借者，往往本字见存而古本则不用本字，而用同声之字。何也？古者传经，多以口授，而传写则易于别出。学者改本字读之，则怡然理顺，依借字解之，则以文害辞。是以汉世经师作注，有“读为”之例，有“当作”之条，皆由声同声近者，以意逆之，而得其本字，所谓“好学深思，心知其意”也。

如古有借“光”为“广”者，而仍解为“光明”之“光”，误矣。有借“有”为“又”者，而仍解为“有无”之“有”，误矣。有借“簪”为“攒”，而仍解为“冠簪”之“簪”，非。有借“蛊”为“故”，而仍解为“蛊惑”之“蛊”，非。有借“辨”为“蹁”，而仍解为“分辨”之“辨”，非。借“祇”为“敍”、为“底”，而仍解“只”为语词，非。借“易”为“埸”，而仍解为“平易”之“易”，非。借“繘”为“矞”，而仍解繘为“绠”，非。借“井”为“阱”，而仍解为“井泉”之“井”，非。借“餗”为“鬻”，而仍以为“其蔌维何”之“蔌”，非。借“时”为“待”，而仍以为“四时”之“时”非。借“繻”为“襦”，而仍以为“水濡”之“濡”，非。借“尊”为“樽”，而误解为“尊卑”之“尊”，非。借“坼”为“乇”，而仍以为“开坼”之“坼”，非。借“财”为“载”，而解为“财富”之“财”，非。借“荣”为“营”，而解为“荣幸”之“荣”，非。借“闻”为“问”，而仍以为“闻见”之“闻”，非。借“纶”为“论”，而仍以为“经纶”之“纶”，非。借“贡”为“功”，而仍以“贡”为“告”，非。借“洗”为“先”，而仍以为“洗濯”之“洗”，非。借“杂”为“帀”，而解为“杂碎”之“杂”，非。借“噫”为“抑”，而仍解为“噫乎”发叹，非。借“盛”为“成”，而仍解为“盛衰”之“盛”，非。借“平”为“辨”，而仍解为古文“釆”字，非。借“恤”为“谥”①，而仍以“恤”为忧，非。借“胄”为“育”，而仍以“胄”为长，非。借“粒”为“立”，而仍以“粒食”之“粒”，非。借“忽”为“滑”，而仍以为“怠忽”之“忽”，非。借“玑”为“暨”，而仍以为“珠玑”之“玑”，非。借“犹”为“由”，而仍以“犹”为“尚”，非。借“明”为“孟”，而以为“明暗”之“明”，非。借“暂遇”为“渐遇”②，而解者以为“暂遇人”，非。借“沈”为“淫”，而仍解者以为“沈溺”之“沈”，非。借“指”为“底”，而解者以为指“灭亡”之意，非。借“昏”为“泯”，而解者以为“昏乱”之“昏”，非。借“谋”为“敏”，而解者以为“下进其谋”，非。借“政”为“正”，而解者以为“政事”之“政”，非。借“逢”为“丰”，而解者以为“遭逢”字，非。借“考”为“巧”，而解者以“考”为“父”，又以为“成”，非。借“忘”为“亡”，而解者以为“遗亡”之“亡”，非。借“极”为“亟”，而解者以“极”为“终”，非。借“冒”为“懋”，而解者以为“覆冒”之

① “谥”，《经义述闻》原为“谧”。
② “遇”，《经义述闻》原为“愚”。

"冒"，非。借"衣"为"依"，而解者以"衣"为"服行"，非。借"别"为"辨"，而解者以① "分别"之"别"，非。借"乱"为"率"，而解者以"乱"为"治"，非。借"陈"为"軙"，而解者以为"陈列"之"陈"，非。借"面"为"勔"，而解者以为"覼"，非。借"文"为"紊"，而解者以为"礼文"，非。借"依"为"隐"，而解者以为"依怙"之"依"，非。借"正"为"政"，而解者以为"正道"，非。借"阅"为"说"，而解者以为"检阅"之"阅"，非。借"咸"为"佡"，而解者以"咸"为"皆"，非。借"义"为"俄"，而解者以为"仁义"之"义"，非。借"富"为"福"，而解者以为"货赂"，又以为"备"，非。借"择"为"斁"，而解者误以为"选择"，非。借"格"为"嘏"，而解者误以"格"为"至"，非。借"输"为"渝"，而解者以为"输信"，非。借"哲"为"折"，而解者以"哲"为"知"，非。借"忌"为"惎"，而解者以为"畏忌"之"忌"，非。借"恶"为"诬"，而解者误以为"好恶"之"恶"，非。借"方"为"放"，而解者以"方"为"有"，非。借"塈"为"忾"，而解者以"塈"为"安息"，非。借"景"为"憬"，而解者以为古"彰"字，非。借"众"为"终"，而解者以为"众寡"之"众"，非。借"能"为"而"，而解者以为"才能"之"能"，非。借"湿"为"𣹢"，而解者以为"润湿"之"湿"，非。借"还"为"嫙"，而解者以"还"为"便捷之貌"，非。借"寐"为"沬"，而解者以为"寤寐"之"寐"，非。借"子"为"嗞"，而解者以为"斥娶"者，非。借"盐"为"苦"，而解者以"盐"为"不坚固"，非。借"为"为"讹"，而解者以为"为人"，非。借"辰"为"慎"，而解者以"辰"为"时"，非。借"（记）[纪]"为"杞"，借"堂"为"棠"，而解者以"纪"为"基"、"堂"为"毕"、道平如堂，非。借"讯"为"谇"，而解者则以"讯"为"讹"字，非。借"偕"为"皆"，而解者以"偕"为"齐等"，非。借"誉"为"豫"，而解者以为"名誉"，非。借"萚"为"择"，而解者以"萚"为"落叶"，非。借"芋"为"宇"，而解者以"芋"为"大"，非。借"猗"为"阿"，而解者以"猗"为"旁依"，非。借"意"为"亿"，而解者以为"心意"之"意"，非。借"卒"为"猝"，而解者以为"卒者崔嵬"，非。借"佻佻"为"嬥嬥"，而解者以"佻佻"为"独行貌"，非。借"交"为"姣"，而解者以为"与人交"，非。借"求"为"逑"，而解者以为"干求"之"求"，非。借"亡"为"无"，而解者以为"灭亡"之"亡"，非。借"土"为"杜"，而解者以"土"为"居"，非。借"时"为"跱"，而解者以"时"为"是"，非。借"作"为"柞"，而解者以"作"为"起"，非。借"栵"为"烈"，而解者以为"木名"，非。借"唪唪"为"蓁蓁"，而解者以"唪唪"为"多实貌"，非。借"溉"为"概"，而解者以"溉"为"清"，非。借"随"为"谲"，而解者以为"随人之恶"，非。借"垢"为"诟"，而解者以"垢"为"暗冥"，非。

以上皆假借之例，不可以本义求之。经中惟此例最繁，故约举各条以见义，学者熟审乎此，则解经之道思过半矣。

---

① 广文本刊语云："分"上疑脱"为"字。

说经必先知音韵第二十五①

字有古音[一]，即有古韵，以今音[二]今韵绳之，则扞格不合。犹语有北音[三]，以南音[四]绳之，扞格犹故②也。人知南北之音系于地，不知古今之音系乎时。《穀梁传》云："吴谓善伊谓稻缓。"今吴人无此音也。《唐韵》云："韩灭，子孙散处，江淮间音以韩为何，字随音变，遂谓何氏。"今江淮间无此音也。《吕氏春秋》云："君呿而不唫，所言者莒也。"③ 高诱注云："呿，开；唫，闭。"颜之推谓："北人之音多以'举'、'莒'为'矩'，惟李季节云：'齐桓公与管仲于台上谋伐莒，东郭牙望齐桓公口开而不闭，故知所言者莒也。'然则'莒'、'矩'必不同呼可知。"且古今音异，不特如徐铉所云皂音香、乃音仍也。④ 如杜子春云帝读为定、（涨）［溗］读为泯、絜读为䇞、鼜读为戚、（䃃）［硍］读为铿、笮读为唶、祴读为陔、荀读为选之类；郑司农⑤衅读为徽、瑱读为镇、硍读为衮、陂读为罢、纷读为粉、义读为仪、比读为庀之类；郑康成敦读为焘、献读为沙、修读为涤之类。今亦未尝有此音。又有一字异音，觭，杜子春读为奇，郑康成读为掎；燋，杜读为樵，郑读为雀；锄，杜读为助，先郑读为藉；"焌"，先郑读为俊，后郑读为尊之类，不可殚述，皆与今不同。如以今音绳之，误矣！

【笺注】

［一］古音：宋人称隋陆法言《切韵》以前汉语音韵为古音。对《切韵》以后各韵书称今音而言。现称前者为上古音。隋、唐、宋语音为中古音，统称古音。

［二］今音：音韵学名词。指以《切韵》、《广韵》、《集韵》等韵书为代表的隋唐音，跟以《诗经》押韵、《说文》谐声等为代表的"古音"（周秦音）相对。

［三］北音：北方的语音。钱泳《履园丛话·考索·北音无入声》："顾炎武曰：'李子德编入声俱转去声，盖北音无入声，以五经、《左》、《国》尽出北人也。'"

［四］南音：南方的语音。

其音异因而其韵异。顾亭林云："三代六经之音，失其传也久矣！其文之存于世者，多后人所不能通，以其不能通，而执今世之音改之，于是乎有改经之病。古人文皆有韵，如《易·渐》上九：'鸿渐于陆，其羽可用为仪。'范谔昌⑥改'陆'为'逵'。朱子谓以韵读之，良是，而不知古人读'仪'为俄，不与'逵'为韵也。《小过》上六：'弗遇过之，飞鸟离之。'朱子存其二说，谓仍当作'弗过遇之'，而不知古人读'离'为罗，

① 原题下有"与《音韵源流》参看"。

② 广文本刊语云："犹故"疑当作"不合"。

③ 见《吕氏春秋·重言》。

④ 见阎若璩《尚书古文疏证》卷五下第七十四。

⑤ 郑司农：即郑众

⑥ 范谔昌有《大易源流图》一卷。朱震《汉上易解》云："陈抟以《先天图》传种放，放传穆修，穆修传李之才，之才传邵雍。放以《河图》、《洛书》传李溉，溉传许坚，许坚传范谔昌，谔昌传刘牧。"

正与‘过’为韵也。《杂卦传》：‘晋，昼也；明夷，诛也。’孙奕①改‘诛’为‘昧’，而不知古人读‘昼’为注，正与‘诛’为韵也。《楚辞·天问》：‘简狄在（帝）［台］喾何宜，玄鸟致诒女何嘉。’② 后人改‘嘉’为‘喜’，而不知古人读‘宜’为牛何反，正与‘嘉’为韵也。《招魂》：‘魂兮归来，北方不可以止些。增冰峨峨，飞雪（重）［千里］些。归来归来，不可以久些。’③《五臣文选》本作‘不可以久止’，而不知古人读‘久’为几，正与‘止’为韵也。《老子》：‘朝甚除，田甚芜，仓甚虚，［服］文采，带利剑，厌饮食，财货有余，是为盗夸。’杨慎改为‘盗竽’，本之《韩非子》，而不知古人读‘夸’为刳，正与‘除’为韵也。《淮南子·原道训》：‘以天为盖，以地为舆，四时为马，阴阳为驺，乘云凌霄，与造化者俱，纵志舒节，以驰大区。’后人改‘驺’为‘御’，而不知古人读‘驺’为‘邾’（据才老《韵补》引此作驺），正与‘舆’为韵也。《史记·龟策传》：‘雷电将之，风雨迎之，流水行之，侯王有德，乃得当之。’后人改‘迎’为‘送’，而不知古人读‘迎’为‘昂’，正与‘将’为韵也。然何知古读之然也？《诗》曰：‘泛彼柏舟，在彼中河。髧彼两髦，实维我仪。之死矢靡它。’是古人读‘仪’为‘俄’之证也。《易·离》九三：‘日昃之离，不鼓缶而歌，则大耋之嗟。’是古人读‘离’为‘罗’之证也。张衡《西京赋》：‘微通外周，千庐内附。卫尉八屯，巡夜警昼。’④ 是古人读‘昼’为‘注’之证也。《诗》曰：‘君子偕老，副笄六珈。委委佗佗，如山如河。象服是宜，子之不淑，云如之何？’⑤ 是古人读‘宜’为‘牛何反’之证也。又曰：‘何其久也，必有以也。’⑥ 又曰：‘吉甫燕喜，既多受祉。来归自镐，我行永久。’⑦ 是古人读‘久’为‘几’之证也。左思《吴都赋》：‘横塘查下，邑屋隆夸。长干延属，飞甍舛互。’⑧ 是古人读‘夸’为‘刳’之证也。《汉书·叙传》：‘舞阳鼓刀，滕公厩驺，颍阴商贩，曲周庸夫，攀龙附凤，并乘天衢。’⑨ 是古人读‘驺’为‘邾’之证也。《庄子》：‘不（收）［将］不迎，应而不藏，故能胜物而不伤。’⑩ 又曰：‘无有所（收）［将］，无有所迎。’⑪ 是古人读‘迎’为‘昂’之证也。”此音韵古今之异，不可以强同者也。不审乎此，又乌足以说经哉！

又古时九州语言不同，而诵《诗》读《书》同归正读，故太史公曰：“言不雅驯，荐

---

① 孙奕：字季昭，号履斋，庐陵人。生卒年均不详，约宋光宗绍熙初前后在世。尝为侍从官。著有《示儿编》。

② 简狄：帝喾之妃也。玄鸟，燕也。贻，遗也。言简狄侍帝喾于台上，有飞燕堕遗其卵，喜而吞之，因生契也。（汉王逸《楚辞章句》卷三）

③ 前句言北方常寒，其冰重累，峨峨如山，凉风急时，疾雪随之，飞行于千里，乃至地也。后句言其寒杀人，不可久留也。（汉王逸《楚辞章句》卷九）

④ 《文选》原文作：“徼道外周，千庐内附，卫尉八屯，警夜巡昼。”

⑤ 见《诗经·墉风·君子偕老》。

⑥ 见《诗经·邶风·旄丘》。

⑦ 见《诗经·小雅·六月》。

⑧ 见《文选》卷五。

⑨ 见《汉书》卷一〇〇下。

⑩ 见《庄子》卷三下第七《应帝王》。

⑪ 见《庄子》卷七下第二十二《知北游》。

绅难言。”① 班孟坚曰：“读应尔雅，古语可知。”② 雅者，正也，近世一淆于方言，一误于俗师，至于句读离合，文义所系，尤宜讲明。音读雅正可据者，有唐陆德明《经典释文》一书，其中皆采集魏、晋、南北朝诸家音释不同者并存之，各本经文不同者标出之，此可听学者自视家法，择善而从，总不出此书之外，即可为有本之学。

《经典释文》皆用反切。反切者何？反，翻也，犹言翻译也（反切之反平声，读如平反之反，与翻同字。《通鉴》注音，即书作翻。宋人有《翻译名义集》）。切，急也（唐人忌反字，改称切）。反者，一字翻成两声；切者，两字合成一声，其实一也。缓读则是反切之两字，急读便成所求之一音。如经传所载“不可”为“叵”、“之乎”为“诸”、“奈何”为“那”、“勃鞮”为“披”、“邾娄”为“邹”、“终葵”为“椎”、“鞠穷”为“芎”、“不律”为“笔”、“须封”为“崧”，三代语如此者不可枚举。魏孙炎因创为反语之法，以两字定一音，为直音一字易差（字下注音某者，名直音，一形容有写讹，一声亦恐小变）。反切两音难混也（有两字互相参验，不至两字形声，一时俱误也）。反切之义，不过如此，法甚简，理甚浅，妇孺可晓（初制反切之时，不过取其合声，就此两字推测之，则上一字必同母，下一字必同韵，此乃自然之理，不劳求索而自合）。乃宋以后人不信古经，而好佛书，遂以为反切字纽出于西域，牵合华严字母等摄，烦碎令人迷惘。其实与三代秦汉六朝以来之声韵丝毫无关。夫经字须用反切者，所以教不识字之童子也。如后世纽弄等韵之说，文士老儒且多瞀惑，古人何苦造此难事以困童蒙哉（辨字母之非古，详戴震《东原集》）！因近世学人，每每以反切为微眇难穷之事，故为浅说之，或将反切两音合读而不能得声者，不晓古音故耳。如“亨”字许庚反，古读许如浒也。长幼之长，丁丈反，射中之中，丁仲反，古读丁如争也。德行之行，下孟反，古读下为浒，读孟为芒，去声，读行为杭，去声也。霸王之王，于况反，古读于如污也。殷监之监，工暂反，古读监如淦也。亵，私列反，古读私如犀也。知古音则反切万无一失矣。

经传中语同此一字，而区分平仄，音读多门，以致韵书数部并收，异同之辨，相去杪忽，此皆六朝时学究不达本原，不详通变者所为（本原者，形声；通变者，转注、假借）。揆之六书之义，实多难通，故《颜氏家训》已发其端，《经典释文叙录》颇沿其失，近代通儒纠摘尤备。特初学讽诵，不示区分，将各骋方言，无从画一。且义随音别，解识（记也）为易。律体诗赋一出，更难通融。此乃因时制宜之道。又同此一字，或小有形变，而解诂遂殊，点画无差，而训释各别。训因师异，事随训改，各尊所受，歧说滋多。然正赖此经本异文、异读、异义参差抵牾得以钩考古义。学者博通以后，于音义两端窥其本原，自晓通借，先知其分，而后知其合，不可以躐等求也（此二条虽是约说，颇有深识，小学家字书、韵书，大指略具，通材详焉）。

---

① 《史记》卷一《五帝本纪第一》：学者多称五帝，尚矣！《索隐》曰：尚，上也，言久远也。然“尚矣”文出《大戴礼》。然《尚书》独载尧以来。而百家言黄帝，其文不雅驯，《正义》曰：驯，训也。谓百家之言皆非典雅之训。荐绅先生难言之。徐广曰：荐绅即缙绅也，古字假借。

② 《汉书·艺文志》：“书者，古之号令，号令于众，其言不立具，则听受施行者弗晓。古文读应尔雅，故解古今语而可知也。”

说经必先审句读第二十六

群经句读，古今各有不同，说经者不可不审。

《易·乾》九三："终日乾乾夕惕若厉无咎。"有读"夕惕若"句，"厉"句，"无咎"句；有读"夕惕若厉"句，"无咎"句；有读"终日乾乾夕惕"句，"若厉无咎"句。

《象》曰："天行健君子以自强不息。"有以"天行"为一读，有读"天行健"句。

《坤》："元亨利牝马之贞。"有以"利"为一读，"牝马之贞"另为句。

"先迷后得主利西南得朋东北丧朋。"有以"利"字属上"主"字为句，有以"后得主"为句，"利"属下"西南"读。

《屯》初九："盘桓利居贞。"有以"利居贞"为句，有以"居"字为读，"贞"字别为义，不与居连文。

六三："君子几不如舍往吝。"有以"几"字为句，有"几不如舍"连读为句。

《需》九二象词："需于沙衍在中也。"有以"沙"绝句，有以"衍"绝句。

《讼》："有孚窒惕中吉。"有读"有孚窒"句，"惕中吉"句；有读"讼有孚"句，"窒"一字句，"惕"一字句。

九二："不克讼归而逋其邑人三百户无眚。"有以"孚"字句，"其邑［人］三百"句；有读"逋其邑［人］"句，"三百户无眚"句。

六三："食旧德贞厉终吉。"有以"贞"字绝句，"厉"下属"终吉"为句；有以"食旧德"为句，"贞厉"为句。

《师》："贞丈人吉。"有以"贞"字绝句，有以"师"为读，"贞"字连下"丈人"为句。

九二："在师中吉无咎。"有一"在师中"为句，"吉"字属下读，有以"吉"字属上读。

《小畜》六四："有孚血去惕出无咎。"有以"血去"连文读，有以"有孚血去"句。

上九："尚德载妇贞厉。"有以"载"字绝句，有以"尚德载妇"属读。

《谦》九三："劳谦君子有终吉。"有以"君子有终"句，有读"劳谦君子"句。

六四："无不利㧑谦。"有以"无不利㧑谦"分属二句，有以"无不利㧑谦"为一句。

《蛊》初六："有子考无咎厉终吉。"有以"考"字绝句，有以"子"为句，"考"字属下读。

《观》六三："观我生进退。"有以五字为一句，有以"进退"另为一句。

《剥》初六："剥床以足蔑贞凶。"有以"蔑贞"为读；有以"剥床以足"为句，"蔑"另为句，"贞凶"亦另为句。

六三："剥之无咎。"有以"剥之"为句，"无咎"为句，有以"剥之无咎"连为一句。

《无妄》象曰："天下雷行物与无妄。"有以"物与"绝句，有以"物与无妄"连读。

《大畜》："刚健笃实辉光日新其德刚上而尚贤。"有以"刚健笃实辉光"为句，"日新其德"为句；有以"辉光日新"为句。

《颐》六二："颠颐拂经于丘颐征凶。"有以"颠颐"句，"拂经于丘颐"句；有以

“拂经”为句，“于丘颐”为句。

《坎》六四：“樽酒簋贰用缶。”有以“樽酒”绝句，“簋贰”绝句；有以“樽酒簋贰用缶”绝句。

“纳约自牖终无咎。”有以“纳约自牖”为句，有以“纳约”绝句，“自牖”属下读。

《离》象曰：“明两作离。”有以“明两作”绝句，有以四字为一句。

初九：“履错然敬之无咎。”有以“然”字绝句，有以“履错然”三字连读。

上九：“王用出征有嘉折首获匪其丑。”有读“有嘉”为句，有读“有嘉折首”为句。

《恒》六五：“恒其德贞妇人吉夫子凶。”有以“恒其德贞”为句，有以“德”字绝句，“贞”字属下读。

《遯》初六：“遯尾厉。”有以“遯尾厉”三字连文为句，有以“遯尾”一读，“厉”字一读。

《晋》初六：“罔孚裕无咎。”有以“罔孚”为句，“裕”属下；有以“罔孚裕”连文为句。

《明夷》九三：“得其大首不可疾贞。”有以“不可疾贞”为句，有以“不可疾”为句。

《解》上六：“公用射隼于高墉之上获之无不利。”有以“公用射隼于高墉之上”九字为句，“获之”为句；有以“公用射隼”为句，“于高墉之上获之”为句。

《损》九：“弗损益之。”有以四字连读，有以“弗损”绝句。

《夬》九二：“惕号莫夜有戎勿恤。”有以“惕号莫夜有戎”为句；有以“惕号”为句，“莫夜有戎”为句。

《萃》初六：“若号一握为笑。”有以六字为句，有以“若号”为句，“一握为笑”另为一句。

《（用）［困］》：“亨贞大人吉。”有以“贞”另读；有以“贞大人吉”连读。

《井》上六：“井收勿幕有孚。”有以“井收勿幕”连读；有以“勿幕有孚”为句。

《渐》初六：“小子厉有言。”有以“小子厉”断句，有以“厉”属下读。

《巽》九二：“巽用史巫纷若吉。”有以“纷若”属上读，有以“纷若”属下读。

《系词》：“君子居其室出其言善则千里之外应之。”有以“出其言善”绝句，有以“善”字连下读。

《杂卦》：“亲寡旅也。”有以“亲寡”为句，有以“亲”字绝句，“寡旅也”别为句。

《书·尧典》：“曰若稽古帝尧曰放勋。”有读“曰若稽古”句，有读“曰若稽古帝尧”句。

“明明扬侧陋。”有以“明明”断句，“扬侧陋”又一读；有以“明明扬侧陋”为句。

“克谐以孝烝烝乂不格奸。”有读“克谐”句，“以孝烝烝乂不格奸”句；有读“克谐”句，“以孝烝烝”句，“乂不格奸”句；有读“克谐以孝烝烝乂”句“不格奸”句。

“正日同律度量衡。”有以“同”字属“律度量衡”为句；有以“正日”连下“同律度量衡”为一句。

“让于殳斨暨伯与。”有以“殳”为一读，“斨”为一读；有以“殳斨”连文为读。

“舜生三十征庸三十在位五十载陟方乃死。”有以“庸”字、“位”字、“死”字绝句，有以“舜生三十”为句，“征庸三十”为句，“在位五十载”为句。

“曰若稽古皋陶。”有读一句，有以“古”字绝句。

“予未有知思曰赞赞襄哉。”有以“思”字属上读，有以“思”字属下读。

《禹贡》：“冀州既载壶口。”有读“冀州既载”句，有读“既载壶口”句。

“厥赋贞作十有三载乃同。”有读“贞”字断句，有读“厥赋”为句。

“云土梦作乂。”有读“云土梦”为句，“作乂”为句；有读“云土”为句，“梦作乂”为句。

“包匦菁茅。”有以“包”一读，“匦菁茅”一读；有以“包匦菁茅”连读。

“西倾因桓是来浮于潜。”有以“因桓是来”属下文为句，有以“是来”断句。

“朔南暨声教讫于四海。”有以“朔南暨”绝句，有以“朔南暨声教”为句。

《盘庚》：“今予命汝一。”有以“一”字为句，有以“今予命汝”为句。

《金縢》：“史乃策祝曰惟尔元孙某遘厉虐疾。”有以“策祝”连读；有以“史乃策”句，“祝”字属下“曰”字读。

《康诰》：“我西土惟时怙冒闻于上帝。”有以“怙冒”为句，“闻于上帝”为句；有以“怙”字属下为句。

《酒诰》：“不克畏死辜在商邑越殷国灭无罹。”有以“死”字绝句，有以“死辜”连文为句。

《梓材》：“皇天既付中国民越厥疆土于先王肆王惟德用。”有以“肆”字属上为句，有以“肆”字属下为句。

《洛诰》：“厥攸灼叙弗其绝。”有以“叙”字绝句，有以“叙”字属下为句。

《立政》：“三亳阪尹。”有以“三亳”为一读，“阪尹”为一读；有以“三亳阪尹”合为一句。

《顾命》：“今天降疾殆弗兴悟。”有以“殆”字绝句，有以“殆”字属下为句。

《吕刑》：“王享国百年耄荒度作刑。”有以“耄荒”字为句，有以“荒”字属下为句。

此《易》与《尚书》各家之异读也。《诗》、《礼》、《春秋传》、《孝经》、《论语》、《孟子》，各有异读，繁不胜举，故特举二经以见例，学者不可不审（又有注中句读与疏家异读，惟在读时字字留意，斯能有得）。

说经必先明家法第二十七

家法[一]者，即《左雄传》注所谓“儒有一家之学，故称家法”[二]是也。

【笺注】

[一]家法：汉初儒家传授经学，都由口授，数传之后，句读义训互有歧异，乃分为各家。师所传授，弟子一字不能改变，界限甚严，称为家法。至唐代家法已基本消亡。应劭《风俗通·十反·司徒梁国盛允》：“叔矩则其孝敬，则弓身苦思，率礼无违矣；则其友于，则褒兄委荣，尽其哀情矣；则其学艺，则家法洽览，诲人不倦矣；则其政事，则施于已试，靡有阙遗矣。”《后汉书·徐防传》：“伏见太学试博士弟子，皆以意说，不修家法，私相容隐，开生奸路。”李贤注：“诸经为业，各自名家。”《宋书·百官志上》：“汉武建元五年，初置五经博士。宣成之世，五经家法稍增，经置博士一人。”宋濂《诸子

辩》："穆公之立，距孔子之殁七十年，子思疑未长也，而何有答问哉？兼之气质萎弱，不类西京以前文字，其伪妄昭然可见。或者谓其能守家法，不杂怪奇，历战国、秦、汉流俗而无所浸淫，未必然也，未必然也！"王鸣盛《十七史商榷·汉书二十一·师法》："汉人重师法如此。又称家法，谓其一家之法，即师法也。"皮锡瑞《经学历史·经学昌明时代》："汉人最重师法，师之所传，弟之所受，一字毋敢出入。"

[二]语见《后汉书》卷六一。

【附录】

清惠栋《松崖文抄》卷一《九经古义述首》："汉人通经有家法，故有五经师训诂之学，皆师所口授，其后乃著竹帛，所以汉经师之说立于学官，与经并行。'五经'出于屋壁，多古字古言，非经师不能辨。经之义存乎训。识字审音，乃知其义，是故古训不可改也，经师不可废也。余家四世传经，咸通古义，守专室，呻稿简，日有省也，月有得也，岁有记也。顾念诸儿尚幼，日久失其读，有不殖将落之忧，因述家学，作九经古义一书。吾子孙其世传之，毋隳名家韵也。"清孙宝瑄《忘山庐日记》评之曰："古训固不可改，而执古太泥者亦有不可通之处。治经学者不可不知。"

其大旨在守师说。如《易》有施、孟、梁丘、费、高；《书》有伏、孔；伏之传下有欧阳、大小夏侯；《诗》有毛与齐、鲁、韩；《礼》有二戴、庆氏；《春秋》有左、公、穀。其间文字异同，章句错互，各守师传，不相沿袭。故赵宾变"箕子"之训，《易》家证其非[一]；焦赣本隐士之传，光禄明其异[二]。田何之《易》，实渊源乎商瞿。毛公之《诗》，公、穀之《传》，乃权舆于子夏。申公之于《鲁诗》，张苍之于《左氏》，并溯源于荀卿。伏生传今文，先秦之博士也。安国传古文，孔氏之旧文也。高堂博士礼，鲁国老师也。由七十二子迄四百余年，如高曾之授曻孙，仍渊流之衍枝渎，则前汉之重家法也。

【笺注】

[一]蜀人赵宾好小数书，后为《易饰》、《易文》，以为："箕子明夷，阴阳气亡箕子；箕子者，万物方荄兹也。"宾持论巧慧，《易》家不能难，皆曰："非古法也。"（《汉书》卷八八）

[二]京房受《易》梁人焦延寿。延寿云尝从孟喜问《易》。会喜死，房以为延寿《易》即孟氏学，翟牧、白生不肯，皆曰非也。至成帝时，刘向校书，考《易》说，以为诸《易》家说皆祖田何、杨叔、丁将军，大谊略同，唯京氏为异，党焦延寿独得隐士之说，托之孟氏，不相与同。（《汉书》卷八八）按：光禄指刘向。

而后汉何独不然？《易》则刘昆[一]受施氏《易》于沛人；洼丹[二]诸人则传自孟氏，戴冯、孙期、魏满诸儒并出自费氏[三]，马融、郑康成之徒亦并传费氏。《尚书》则济阴曹曾[四]受业欧阳歙，北海牟融传大夏侯，东海王良传小夏侯，马、郑诸儒传孔安国。《诗》则后汉皆传毛公，《礼》则皆传戴氏。《公》、《穀》、《左氏》，各守其传，《论语》、《孝经》，两出张氏[五]。此后汉之家法，厘然可考。而汉学之可贵，即于此（也）[可]见。

【笺注】

[一]刘昆，字桓公，陈留东昏人，侍中弘农太守、光禄勋。事迹见《后汉书·儒林传》。

[二]洼丹，字子玉，南阳育阳人。世传《孟氏易》，作《易通论》七篇，官至大鸿胪。觟阳鸿，字孟孙，中山人，少府。任安，字定祖，广汉绵竹人。事迹均具《后汉书·儒林传》。

[三]戴冯，字次仲，汝南平舆人，侍中兼领虎贲中郎将。孙期，字仲奇，济阴成武人，兼治《古文尚书》，不仕。魏满，字叔牙，南阳人，弘农太守。事迹均具《后汉书·儒林传》。

[四]曹曾，字伯山，谏大夫。

[五]张氏指张禹，字子文，河内轵人，徙家莲勺。以《论语》授成帝，官至丞相安昌侯。

国朝经师，亦莫不以此为重。昆山[一]、太原[二]，特开其先；吴江[三]、南皖[四]，相继而起。臧氏[五]、惠氏[六]，则皆绍厥先；武进[七]、高邮[八]，则世继其业。二云之传，则源本晓征；巽轩[九]之学，则独出东原。伯渊[十]、稚存[十一]，资乎师友；诚斋[十二]、千里[十三]，受业于芸台[十四]。累叶相维，前后崛起。上之松崖[十五]，倡率江左。近之高邮，私淑顾氏。

【笺注】

[一]昆山指顾炎武。

[二]太原指阎若璩。

[三]吴江指惠栋。

[四]南皖指戴震。

[五]臧氏指臧琳、臧庸。

[六]惠氏指惠周惕至惠栋祖孙三代。

[七]武进指庄氏存与。

[八]高邮指王念孙、王引之父子。

[九]巽轩指孔广森。

[十]孙星衍字伯渊。

[十一]稚存为洪亮吉。

[十二]金鹗号诚斋。

[十三]顾广圻字千里。

[十四]阮元号芸台。

[十五]松崖先生，即惠栋，字定宇，一字松崖。

莫非以家法①明，则流派著。可以见经学之衍别，可以知授受之异同，可以知众儒之实据，可以存古义于相承。两汉经师之盛，盛于此；我朝经学之隆，亦隆于此，故学者必以此先云。[一]

【笺注】

[一]汪荣宝《法言义疏》十：盖诸经师说，虽不胜异义，然皆所以发扬雅训，藩卫圣教，异于诸子之言非圣无法者。今以群儒之聚讼，而遂谓圣道之不复存，则必有以废经学，绝儒术为便者矣。故深警之明言之不可不慎也。汉世学人尤重师法。赵氏春沂《两汉经师家法考》云："六籍之学，盛于汉氏，诸儒必从一家之言以名其学。《左雄传》注所谓'儒有一家之学，故称家法'是也。家法又谓之师法。……大抵前汉多言师法，而后汉多言家法。有所师乃能成一家之言。师法者，溯其源；家法者，衍其流也。盖汉世治经，凡不守家法者，世不见信……夫家法明，则流派著。可以见经学之衍别，可以知经文之同异，可以知众儒之授受，可以存周秦之古谊。汉学之盛，盛于家法也。"此云各习其师，即各守师法之谓，乃当时学人之通义。盖天下无圣承学之士，非即其所习之师说而信好之，何以为学，学者之各习其师，不可以为陋，犹赤子之各识其亲不可以为愚也。精而精之，是在其中矣。

---

① 广文本刊语云："家法"上疑脱"家法明"三字。

经解入门卷五

字学源流第二十八

文字之源，肇于上古。五帝三王，代有更别。至秦为一大变，汉则各体竞出，魏、晋而下，俗书纷行矣。许氏《说文自叙》云：“古者庖牺氏之王天下也，仰则观象于天，俯则观法于地，视鸟畜之文与地之宜，近取诸身，远取诸物，于是始作《易》八卦，以垂宪象。黄帝之史仓颉，见鸟畜蹄迒之迹，知分理之可相别异也，初造书契，百工以乂，万品以察，盖取诸《夬》。‘夬，扬于王庭’，言文者宣教明化于王者朝廷。仓颉之初作书，盖依类象形，故谓之文；其后形声相益，即谓之字。文者物象之本，字者言孳乳而寖多也。著于竹帛谓之书，书者如也，以迄五帝三王之世，改易殊体（如书法所云，伏羲氏作龙书，神农作穗书，黄帝作云书，少昊作鸾书，高阳作蝌蚪书，高辛作人书，尧作龟书，禹作钟鼎书，务光作倒薤书，文王作鸟书，史佚作鱼书之类）。封于泰山者七十有二（家）［代］，靡有同焉。《周礼》：‘八岁入小学，保氏教国子，先以六书。’（详《古有六书》篇）及宣王太史籀著大篆十五篇，与古文或异。至孔子书六经，左（氏）［丘明］述《春秋传》，皆以古文，厥意可得而说。其后诸侯力政，不统于王，恶礼乐之害己，而皆去其典籍，分为（六）［七］国，田畴异畮，车途异轨，律令异法，衣冠异制，言语异声，文字异形。秦始皇帝初兼天下，丞相李斯乃奏同之，罢其不与秦文合者。斯作《仓颉篇》，中（军）［车］府令赵高作《爰历篇》，太史［令］胡母敬作《博学篇》，皆取史籀、大篆，或颇省改，所谓小篆者也。是时，秦烧灭经书，涤除旧典，大发吏卒，兴戍役，官狱职务繁，初有隶书，以趣约易，而古文由是绝矣。自尔，书有八体：一曰大篆，二曰小篆，三曰刻符，四曰虫书，五曰摹印，六曰署书，七曰殳书，八曰隶书。汉兴，有章草。尉律：学童十七以上，始试讽籀书九千字，乃得为（史）［吏］，又以八体试之，郡移太守并课，最者以为尚书史。书或不正，辄举劾之。今虽有尉律，不课。小学不修，莫达其说久矣。孝宣皇帝时召通《仓颉》读者，张敞从受之。凉州刺史杜业，沛人爰礼，讲学大夫秦近，亦能言之。孝平皇帝时征礼等百余人，令说文字未央（殿）［廷］中，以礼为小学元士。黄门侍郎扬雄采以作《训纂篇》。凡《仓［颉］》以下十四篇，凡五千三百四十字，群（经）［书］所载略存之矣。及亡新居摄，使大司空甄丰等校文书之部，颇改定古文，时有六书：一曰古文，孔子壁中书也；二曰奇字，即古文而异者也，三曰篆书，即小篆，秦始皇帝使下杜人程邈所作也，四曰左书，即秦隶，五曰缪隶，所以摹印也，六曰鸟虫书，所以书幡信也。壁中书者，鲁恭王坏孔子宅，而得《礼记》、《尚书》、《春秋》、《论语》、《孝经》，又北平侯张苍献《春秋》左氏传，郡国亦往往得鼎彝，其铭即前代之古文，皆自相似。虽叵可复见远流，其详可得略说也。而世人大共非訾，以为好奇者也，故诡更正文，向壁虚造不可知之书，变乱常行，以耀于世。诸生竞逐说字，解经义理，称秦之隶书为仓颉时书，云父子相传，何得改易？乃猥曰：'马头人为长，人持十为斗，虫者屈中也。'廷尉说律，至以字断法，苛人受钱，苛之字'止句'，若此者甚众，皆不合孔氏古文，谬于史籀，俗儒鄙夫，玩其所习，蔽所希闻，不见通学，未尝睹字例之条，怪旧义而善野言，以其所知为秘妙，究洞圣人之微旨。又见《仓颉篇》中。幼子承诏，因曰古帝之所作也，其辞有神仙之术焉，其迷误不谕，岂不悖哉？《书》曰'予欲观古人之象'，言必遵旧文而不穿凿。今叙篆文合以古籀，博采通人，至于小大，信而有征云云。"

此《说文解字》之所以存古篆于汉代也。然如许君所云，字体杂出，在汉已然，而群经文字尚存古篆，即传今文者，亦惟隶书而已。书籍之变用楷书，则肇始于唐，而宋、元以下皆因之，古文乃不可得。今讲小学，则当以许氏《说文》为宗主，而旁搜钟鼎之遗。近之治《说文》者，则以段氏玉裁、桂氏馥之书为善本，而兼求朱氏［一］、阮氏［二］、王氏［三］金石之学，深研古义，不为俗书所惑，字学（说）［既］明，而后古经可得而读矣。

【笺注】

［一］朱氏指朱枫（1695—?），字近漪，号排山，又号柑园，钱塘（今浙江杭州）人。康乾时期布衣。1767年尚存世。著有《古金待问录》、《秦汉瓦图记》、《雍州金石记》。事迹见《续修杭州府志·文苑二》。

［二］阮氏指阮元，著有《积古斋钟鼎款识》、《两浙金石志》、《粤东金石略》。

［三］王氏指王昶，著有《金石萃编》。

音韵①源流第二十九②

文之有韵，自六经始。虞廷［一］赓歌［二］，韵之最古。《毛诗》用韵，《周易》、《彖》、《小象》、《杂卦》皆韵。《离骚》、《太玄》、《易林》无不韵。其不韵者，散体之文耳。然其时用韵，本诸天籁，依其声而协之，初无韵书之准也。

【笺注】

［一］虞廷：亦作"虞庭"。指虞舜的朝廷。相传虞舜为古代的圣明之主，故亦以"虞廷"为"圣朝"的代称。

---

① 广文本刊语云：原本"音韵"作"韵音"。

② 题下原有"与《古无四声》参看"。

[二]虞廷赓歌：杨慎《丹铅摘录》卷十一："或问余音韵之原，余曰：唐虞之世已有之矣。《舜典》曰'声依永，律和声'，是也。'元首喜哉，股肱起哉，百工熙哉，元首明哉，股肱良哉，庶事康哉。'熙之叶喜，康之叶明，即吴才老韵之祖也。'日出而作，日入而息，凿井而饮，耕田而食，帝于我有何力哉？'即沈约韵之祖也。大凡作古文赋颂当用吴才老古韵，作近代诗词当用沈约韵。近世有倔强好异者，既不用古韵，又不屑用今韵，惟取口吻之便乡音之叶而著之诗焉，良为后人一笑资尔。"阎若璩《古文尚书疏证》卷八曰："古人三声皆通押，而只无入声。如《尚书》歌股肱起、元首喜、百工熙，此本韵三声也。元首丛脞、股肱惰、万事堕，此通韵三声也。推之他书，无不然者。"钱大昕《十驾斋养新录》卷十六"双声亦韵"条曰："双声亦可为韵。自有文字，即有声韵。虞廷赓歌，股肱丛脞，即双声之权舆。"

韵书，始萌芽于魏、晋李登之《声类》[一]、梁沈约[二]之《韵谱》。积三百余年，隋陆法言等撰《切韵》，唐郭知玄[三]又附益陆书而为《切音》，孙愐以《切音》为谬，增加刊正，别为《唐韵》。其时沈约诸韵书亦无存者，宋陈彭年[四]、邱雍之《广韵》计二万三千五百二十五字，丁度[五]、宋祁[六]之《集韵》计五万三千五百二十五字，大概本陆、孙二家而刊益之，而《广韵》最为近古，世儒多称为《唐韵》。《集韵》颇訾陈彭年、邱雍引用旧文繁简失当。景祐以还，列学宫而通行者，则《礼部韵略》[七]，止收九千五百九十字。他如王宗道[八]之《指玄》[九]，特详切音，吴棫[十]之《韵补》[十一]，多收古书，是殆即韵中而通其意者耳。绍兴间，毛晃之《增韵》[十二]行，而向之《广韵》渐废。

【笺注】

[一]《声类》：三国魏李登编撰。以宫、商、角、徵、羽各为一篇。凡十卷，原书早已失传。被后人称为是韵书的始祖。晋代吕静编撰的《韵集》共六卷，也已经失传。

[二]沈约（441—513），字休文，南朝吴兴武康（今浙江德清）人。曾修《晋书》、《宋书》，撰《四声谱》。事迹见《梁书》本传。

[三]郭知玄，四川成都人。唐时进士。官多田县丞。仪凤二年（677）于《切韵》拾遗绪正，更以朱笺三百字。其论书曰："气韵本于游心，神彩生于用笔。"

[四]陈彭年（961—1017），字永年，江西南城人。官至兵部侍郎。赠右仆射，谥曰文僖。彭年以辞藻被遇，上表献箴，详练仪制，若可嘉尚，乃附王钦若、丁谓，溺志爵禄，甘为小人之归，论者惜之。事迹见《宋史》本传。

[五]丁度（990—1053），字公雅，其先恩州清河人，徙居祥符（今河南开封）。度强力学问，好读《尚书》。为紫宸殿学士，兼侍读学士，改观文殿学士，再迁尚书左丞，卒赠吏部尚书，谥文简。著《迩英圣览》、《龟鉴精义》、《编年总录》，奉诏领诸儒集《武经总要》。事迹见《宋史》本传。

[六]宋祁（998—1061），字子京，湖北安陆人。与欧阳修合修《新唐书》。

[七]《礼部韵略》，旧本不题撰人，晁公武《读书志》云丁度撰。其上平声三十六桓作欢，则南宋重刊所改。自景祐以后，敕撰此书，始著为令式，迄南宋之末不改。然收字颇狭，尝为俞文豹《吹剑录》所议。（《四库全书总目》卷四二）

[八]王宗道，字舆文，南宋丰化人，生卒年不详。嘉定元年进士。著有《切韵指玄论》三卷，已亡佚。

[九]《指玄》，即《切韵指玄论》，晁公武曰：皇朝王宗道撰。切韵之学。切韵者，上字为切，下字为韵，其学本出西域，今其法类本韵字各归于母，帮、滂、并、明、非、敷、奉、微，唇音也；端、透、定、泥、知、彻、澄、娘，齿音也；晓、匣、影、喻，牙音也；来、日，半齿半舌也。凡三十六，分为五音，天下之声总于是矣。切归本母、韵归本等者谓之音和，常本等声，尽泛入别等者谓之类隔变

也。中国自齐梁以前，此学未传，至沈约以后，始以之为文章，至于近时，始有专门者矣。(《文献通考》卷一九〇)

[十]吴棫，字才老，福建武夷人。宣和六年（1124）进士，绍兴中为太常丞。所著有《书裨传》、《诗补音》、《论语指掌考异续解》、《楚辞释音》、《韵补》。《宋史》无传。凌迪知《万姓统谱》："棫字才老，建安人，时号通儒。朱子评近代考订训释之学，亦亟称之。"

[十一]《韵补》五卷，宋吴棫撰。此书则泛取旁搜，无所持择。所引书五十种中，下逮欧阳修、苏轼、苏辙诸作与张商英之伪《三坟》，旁及《黄庭经》、《道藏》诸歌，故参错冗杂，漫无体例。(《四库全书总目》卷四二)

[十二]《增修互注礼部韵略》五卷，宋毛晃增注，其子居正校勘重增。是书因《礼部韵略》依韵增附。凡增二千六百五十五字，增圈一千六百九十一字，订正四百八十五字，居正续拾所遗，复增一千四百二字，各标总数于每卷之末。其每字叠收重文，用《集韵》之例；每字别出重音，用《广韵》之例。(《四库全书总目》卷四二)

淳祐中，平水刘渊始并为一百七部，又增四百三十六字，名《壬子新（刻）［刊］礼部韵略》[一]，是韵之失，不在二百六部之分，而在一百七部之合。元阴时夫又并上声之"极"于"回"，存一百六部，较礼韵、毛、刘韵刊落三千一百余字，有字极古而刊者，有讹字、俗字而阑入者[二]，讹误不一，而当时或目为《沈韵》，或目为《平水韵》，误矣。黄公绍之《韵会》，分并依刘，而笺注较博，增字至一万三千五百二十二字，泥七音、三十六字母之说，颠倒杂糅。议者谓唐、宋韵部分亡于刘，音纽乱于黄，信哉！

【笺注】

[一]南宋刘渊淳祐壬子《新刊礼部韵略》：宋代初年，与审定《切韵》改撰《广韵》差不多同时，为适应科举应试的需要，主持科举考试的礼部就颁行了比《广韵》较为简略的《韵略》，这部《韵略》，由于撰于宋景德年间，被称为《景德韵略》。它事实上是《广韵》的略本。戴震《声韵考》曰："是时无《礼部韵略》之称，其书名《韵略》，与所校定《切韵》(案：即《广韵》)同日颁行，独用、同用例不殊。明年，《切韵》改赐新名《广韵》，而《广韵》、《韵略》为景德、样符间详略二书。"可知《景德韵略》与《广韵》是同时产生的。景祐四年（1037），即在《集韵》成书当年，宋仁宗命丁度等人"刊定广韵十三处"，对《景德韵略》再加刊定，改名为《礼部韵略》。可见它与《集韵》又是同时的作品。《礼部韵略》收字九千五百九十个，较《广韵》少了许多。收字少的原因，是为了便于应试士人的记诵和掌握。但韵部方面，仍与《广韵》一样，分为二百零六部。此书行世以后，历代时有增补。宋绍兴三十二年（1162），毛晃向皇帝进献其所撰的《增修互注礼部韵略》，这部书在原书的基础上，增加了两千六百多字。到淳熙年间，又有所谓《淳熙礼部韵略》出现，通行的本子题名为《附释文互注礼部韵略》，中仍分二百零六个韵部。宋淳祐（宋理宗年号）十二年（1252），山西平水人刘渊将其修编为《壬子新刊礼部韵略》。这部书比原来《礼部韵略》增加了四百三十六字。同时，它把原书的二百零六个韵部归并为一百零七部。此书后代亡佚，不过，元人黄公绍所作的《韵会》所分的一百零七部，就是依据此书而来的。从北宋至南宋期间，士人作诗用韵，特别是科举考试，就是以《礼部韵略》作为依据的。不过，《礼部韵略》原书今已不存，现在所能见到的，是《附释文互注礼部韵略》。

[二]《韵府群玉》：我国现存最早第一部韵书，由阴幼遇（时夫）在其父阴应梦（1224—1314）的指导下编成，由幼遇之兄幼达作注。《韵府群玉》捃摭群书，以类相从，是以韵分的类书。全书共二十卷，分韵为一百零六部，按词语最下一字归韵。内容包括音切、散事（新增许氏说文、徐氏音义）、事韵、活套、卦名、书篇、诗篇、年号、岁名、地理（附州郡名、地名）、人名（附字与号、帝王名号、国君名号、夷名、妓名）、姓氏、草木（附花名、木名、草名、药名、果名）、禽兽（禽名、兽名）、鳞

介、昆虫、曲名、乐名（附律名）等项。

明初乐韶凤①[一]、宋濂等撰《洪武正韵》[二]，删并分部，省为七十六韵，而并“冬”于“东”，并“江”于“阳”。后以其未当合，刘三吾[三]校勘黄公绍《韵会》，书竟不行。词人相承，惟用平水刘韵[四]。隆、庆间，潘恩之②又有《诗韵辑略》[五]，又分二百有八部。

【笺注】

[一]乐韶凤（？—1380），字致和，一字来仪(《明史》为“舜仪”)，安徽全椒人。与宋濂同修《洪武正韵》。官兵部尚书。事迹见《明史》卷一百三十六。

[二]《洪武正韵》十六卷，明乐韶凤、宋濂等奉敕撰。成书于明洪武八年（1375）。宋濂《洪武正韵序》：“韵学起于江左，殊失正音，有独用当并为通用者，如东、冬、清、青之属，亦有一韵当析为二韵者，如虞、模、麻、遮之属，若斯之类，不可枚举。”此书大旨斥沈约为吴音，一以中原雅韵更正其失。并平、上、去三声，各为二十二部，入声为十部，于是古来相传之二百六部并为七十六部。其注释以毛晃《增韵》为稿本，而稍以他书损益之。《洪武正韵》的分类和王文郁、刘渊的《平水韵》有较大的不同。《洪武正韵》所平分平、上、去与元人周德清《中原音韵》的十九部十分相似。《洪武正韵》也是韵书革命的一种重要著作，实在是一种杂采古今、调和新旧的著作，对研究元、明时代官话的读书音具有重要价值。自《洪武正韵》问世以后，尽管也屡经翻刻，但并没有能够广泛流传，主要是释义和音切方面错讹之处极多。

[三]刘三吾（1313—1400），初名昆，后改如步，以字行，自号坦坦翁，湖南茶陵人。仕元，为广西静江路副提举。洪武十八年（1385），以茹瑺荐召至，年七十三矣，奏对称旨，授左赞善，累迁翰林学士。时天下初平，典章阙略，帝锐意制作，宿儒凋谢，得三吾晚，悦之。一切礼制及三场取士法，多所刊定。三吾博学善属文，帝制《大诰》及《洪范注》成，皆命为序。敕修《省躬录》、《书传会选》、《寰宇通志》、《礼制集要》诸书，皆总其事，赐赉甚厚。事迹见《明史》卷一三七。

[四]平水刘韵即“平水韵”。原为金代官韵书，供科举考试之用。平水是旧平阳府城（今山西临汾市）的别称，因该韵书刊行于此，故名。有两种：一种将宋代《礼部韵略》注明同用之韵悉数并合，又原不同用的上声“迥”、“拯”及去声“径”、“证”，亦各并为一部，共一百零六韵：上、下平各十五韵，上声廿九，去声三十，入声十七。其韵目见于金王文郁《平水新刊礼部韵略》、张天锡《草书韵会》及宋末阴时夫《韵府群玉》，为后来作近体诗者押韵的依据。又一种分为一百零七韵，上声“迥”、“拯”不并，为宋末刘渊《壬子新刊礼部韵略》所本。刘书不传，其韵目见于元初熊忠《古今韵会举要》。

[五]《诗韵辑略》五卷，潘恩撰。潘恩，字子仁，上海人。嘉靖二年（1523）进士。《千顷堂书目》卷三、《明史·艺文志》均著录此书。朱彝尊《静志居诗话》卷十一：“潘恩，字子仁，上海人。嘉靖癸未进士，累官南京工部尚书，改都察院左都御史，卒赠太子少保，谥恭定。有《笠江集》。先大母徐安人，为恭定公女孙所出。予七龄时，塾师课以属对不协，安人述旧事，谓公六岁能调四声，因以公所订《诗韵辑略》授予，自是知别四声矣。公诗凡风雅、歌什、乐府、五言、杂体靡不拟，又与高子业、田叔禾相酬和，知其用力深而取友之善也。”周中孚《郑堂读书记》卷十四：“《诗韵辑略》五卷，隆庆己巳刊本，明潘恩撰。……前有自序，谓音韵之衰，权舆于诗，故系之以诗名，其义则不止言诗也。今按：是书韵依阴氏《韵府群玉》，注多采之熊氏《韵会举要》，惜其爱博，而决择不精，讹误冗俗，往往而有，又多刊去引用书名，不及前人韵书之善焉。第就明人行本而论，犹属庸中佼佼者。邵青

① 广文本刊语云：“原本‘韶凤’误倒。”

② 广文本刊语云：“‘之’字疑衍。”

门撰《古今韵略》，实以此编为蓝本。青门又言明崇祯间有梁应圻者，取是书翻板，行不增损一字，更名《诗韵释略》，每卷首列关中梁应圻订，吴梅村为序，入国朝，其子又翻板行世，渐有知是书出潘氏者，今坊行者大抵皆梁本也。今此本尚属潘氏原刊，足以证梁本之窃取云。"

总之，自梁而下，韵书益密，而于经愈病。唐、宋诸韵惟《广韵》犹不甚坏，其余徒供词人之用而已。至本朝诸儒起，而古韵乃渐讲明。顾炎武谓古音止有十部：一东、冬、钟、江，二［支、］脂、之、微、齐、佳、皆、灰、咍，三鱼、虞、模、侯，四真、谆①、臻、文、殷、元、魂、痕、寒、桓、删、山、先、仙，五萧、宵、肴、豪、［尤、］幽，六歌、戈、［麻］，七阳、唐，八［庚、］耕、清、青，九蒸、登，十侵、覃、谈、盐、添、咸、衔、严、凡。江慎修于"真"以下十四韵、"侵"以下九韵各析为二，萧、宵、肴、豪及尤、侯、幽亦为二，故列十三部。而段氏玉裁谓《诗》三百篇之韵确有十七部，于顾氏十部、江氏十三部之后又确然分之。于今韵，则依《广韵》部分；于字［书］，则宗《说文解字》；于古音，则穷《三百篇》及群经有韵之文；于言古韵之书，则考顾氏《音学五书》、江氏《古韵标准》。以《三百篇》及周秦所用，正汉、魏以后转移之音，而历代音韵沿革源流以见，而陆氏部分之故，及顾氏、江氏之未协者亦见，此诚千有余年莫之或省者，一旦而明白通晓者也。故言古韵者，当以段氏为最精。而为韵学者，当以《三百篇》及群经有韵之文；较其异同以证诸家之误，而不可以齐、梁以下之韵书绳三代以前之方音也。

古有六书第三十

《周官》："保氏[一]教国子[二]，先以六书。"郑注六书："象形、会意、转注、处事、假借、谐声。"《汉书·艺文志》云："象形、象事、象意、象声、转注、假借。"许氏《说文解字叙》云："一曰指事、二曰象形、三曰形声、四曰会意、五曰转注、六曰假借。"其次第各有不同。郑樵《通志》云："六书也者，象形为本；形不可象，则属诸事；事不可指，则属诸意；意不可（全）［会］，则属诸声，声则无不谐矣。五不足而后假借生焉。"②

【笺注】

［一］保氏：古代职掌以礼义匡正君王、教育贵族子弟的官员。

［二］国子：公卿大夫的子弟。《周礼·地官·师氏》："以三德教国子。"郑玄注："国子，公卿大夫之子弟。"《汉书·礼乐志》："朝夕习业，以教国子。国子者，卿大夫之子弟也。"清刘书年《刘贵阳说经残稿·国子证误》："国子者，王大子、王子、诸侯公卿大夫士之子弟，皆是，亦曰国子弟。"

许君首指事，即以其书之例，首列"一部"之故。至解"六书"之义，诸家皆与许同，云：指事者，视而可见，察而见意，"上"、"下"是也；象形者，画成其物，随体诘诎，"日"、"月"是也；形声者，以（字）［事］为名，取譬相成，"江"、"河"是也；

① 广文本刊语云：原本"谆"误在"文"下。

② 《通志》卷三十一《六书略·六书序》。

会意者，比类和义，以见指㧑，“武”、“信”是也；转注者，建类一首，同意相授，“考”、“老”是也；假借者，本无其字，依声托事，“令”、“长”是也。

然考《通志》曰：“独体为文，合体为字。”观乎天文，观乎人文，而文生焉。天文者，自然而成，有形可象者也；人文者，人之所为，有事可指者也，故文统象形、指事二体。字者，孳乳而寖①多也，合数字以成一字者皆是，则会意、形声二体也。四者为经，造字之本也；转注、假借为纬，用字之法也。或疑既分经纬，即不得名曰六书；不知六书之为名，后贤所定，非皇颉[一]先定此例而后造字也。犹之左氏释《春秋》例，皆以意逆志，比类而得其情，非孔子作《春秋》先有此例。而六书次第，自唐以来，易其先后者凡数十家，要以班书为是。象形、指事皆独体也，而有物然后有事，故宜以象形居首。会意、形声皆合体也，而会意两体皆义，形声则声中大半无义，且俗书多形声，其会意者千百之一二耳，即此足知其先后矣。转注、假借在四事之中，而先后亦不可淆也。转注合数字为一义，假借分一字为数义，故以六书分为三耦论之。象形实，指事虚，物有形，事无形也。会意实，形声虚，合二字、三字以为意，而其义已备，形声则不能赅备，如炼、鍊一字，所炼者金，鍊之者火；镘[二]、槾[三]一字，其器兼用金、木，而皆分为两体，此尤不能赅备之明验也。转注实，假借虚，“考”自成为“考”，“老”自成为“老”，其训互通，而各有专义，即如桷[四]、榱[五]，挹[六]、抒[七]，同为一物一事，而名从主人，各有所谓而不可改也。若夫“令”为号令而借为令善，长为久长而借为君长，须于上下文法求之，不能据字而直说之，故为虚也。凡变乱班书之次者，皆不察其虚实者也。

【笺注】

[一]皇颉：对仓颉的尊称。相传仓颉为黄帝的史官，汉字的制造者。郑樵《通志·总序》：“皇颉制字，使字与义合。”曾国藩《祭韩文公祠文》：“皇颉造文，万物咸秩。”

[二]镘：瓦工抹墙用的抹子。《尔雅·释宫》：“镘，谓之杇。”邢昺疏：“镘者，泥镘也。一名杇，涂工之作具也。”

[三]槾：抹子。泥工的抹墙工具。《论语·公冶长》“粪土之墙不可杇也”何晏《集解》引三国魏王肃曰：“杇，槾也。”陆德明《经典释文》：“槾，或作镘，涂工之器。”

[四]桷：方形的椽子。

[五]榱：屋椽。《左传·襄公三十一年》：“栋折榱崩。”《急就篇》卷三：“榱椽欂栌瓦屋梁。”颜师古注：“榱即椽也，亦名为桷。”王应麟补注引《说文》：“秦名为屋椽，周谓之榱，齐鲁谓之桷。”

[六]挹：酌，以瓢舀取。

[七]抒：舀出，汲出。《诗·大雅·生民》“或舂或揄”毛传：“揄，抒臼也。”孔颖达疏：“谓抒米以出臼也。”

且一字之蕴，形、声、义尽之，即六书之名，亦可以形、声、义统之，如“天”字，一、大，其形也；“颠”，其义也；“他前切”，其声也。兼明之，而一字之蕴尽矣。象形，形也；指事、会意，义也；形声、转注、假借，皆声也。

夫转注、假借，在形、事、意、声四者之中，而可专属之声者，假借固无不以声借也。有去形存声者，《石鼓文》：“其鱼隹可。”即“维何”也，是谓省借；有字外加形者，《檀弓》：“子盖言之志于公乎？然则盖行乎？”郑注：“盖当作盍。”《商颂》：“百禄

① 广文本刊语云：原本“寖”误“寑”。

是何。”儋荷①其本义也。《左·隐三年》引作“荷”是也。是谓增借；有省之、增之其声无不同者，故亦借及偏旁不同而声同之字，如《礼》云：“射之为言绎也。”知“射”古音“绎”。绎、斁同从“睪”声。《振鹭》：“在此无斁。”《中庸》引之作“射”也。

至于转注，则同一物也，而命之者不同，则字不同；同一事也，而谓之者不同，则字不同；古人用字，贵时不贵古，取其地之方言而制以为字，取足达其意而已。而圣人所生之地不同也。唐虞、三代递处于山西、陕西之境，孔子又生于山东，各用其地之方言，不得少转注一门矣。故同一“持”也，而县持曰挈，胁持曰拑，阅持曰揲，握持曰摰，则不同也。此然犹有“县”、“胁”、“阅”、“握”之分也。乃“揃”、“搣”、“批”、“揤”皆“捽”也，“姣”、“媛”皆“美”也，“娱”、“媅”皆“乐”也，义无异而名不同也。以至《尔雅·释诂》一名而累数十字未已，是又兼假借而为转注者矣。盖意有轻重，则语之所施亦有轻重。是以有假借者一字而数义，何为其数义也？口中之同声②也；转注者数字而一义，何为其数字也？口中之声不同也。故其始也，呼为天地，即为天地字，以寄其声；呼为人物，即造人物字，以寄其声，是声者造字之本也，及其后也，有是声即以声配形而为字，形声一门之所以广也。综四方之异，极古今之变，则转注之所以分，著其声也。无其字而取同声之字以表之，即有其字而亦取同声之字以通之，则假借之所以荟萃其声也，是声者用字之极也。此六书之旨之大略也。明乎六书之旨，又何以有难解之字哉？

古无四声第三十一

四声之字，倡于齐、梁。齐周彦伦作《四声切韵》[一]，梁沈约继之撰《四声》一卷，而韵谱成矣，古无是也。

【笺注】

[一]周颙，字彦伦，汝南安城（今河南平舆）人。晋左光禄大夫顗七世孙。清贫寡欲，终日长蔬，虽有妻子，独处山舍。甚机辩。转国子博士，兼著作如故。太学诸生慕其风，争事华辩。善识声，为文皆用宫商，以平、上、去、入为四声，以此制韵，不可增减，号“永明体”，始著《四声切韵》行于时。事迹见《南史》卷三四。周颙曾经隐于北山，后应诏出为盐官令，欲过北山，孔稚珪乃假山灵之意，作《北山移文》以嘲之。

钱氏晓征云：“昔仓颉制字，黄帝正名，各指所之，有条不紊。许氏《说文》，分别部居，以形定声，不闻于声之中更有轻重异读，而魏、晋以后经师强立两音，千余年来遵守不易，唯魏华父著论非之，谓未有四声反切之前，安知不皆有平声？此何可谓先觉者矣。《离骚》‘好蔽美而称恶’，与‘固’、‘悟’、‘古’为韵。‘孰云察余之美恶’，与‘宇’为韵，是美恶之‘恶’亦读去声。《左传》‘周郑交恶’，陆元朗无音，是相恶之‘恶’亦读入声。《孝经》：‘爱亲者不敢恶于人。’‘行满天下无善恶。’陆元朗并云：‘恶，乌路反，旧如字。’盖好恶之有两读，始于葛洪《字苑》，汉、晋诸儒并无区别。陆氏生于陈、隋之世，习闻此说，而亦不能坚守，且称为‘旧’，则今之分别，非古音之旧

① 广文本刊语云：“原本‘何儋荷’误‘荷儋何’。”今按：百禄是何，谓当担负天之多福。
② 广文本刊语云：“同声”疑倒。

审矣。‘予我’之‘予’，‘锡予’之‘予’，今人分平、上两音，而《三百篇》、《楚辞》皆读上声。‘当直’之‘当’，‘允当’之‘当’，今人分平、去两音，而孔子赞《易》皆读平声。汉儒言读若者，正其义不必易其音，郑康成注《礼记》‘仁者人也’，读若相人偶之人。自古迄今，未闻‘人’有别音，可见虚实动静之分，皆六朝俗师妄生分别，古人固未之有也。颜之推讥江南学士读《左传》口相传述，自为凡例。军自败曰‘败’，打破①军曰‘败’（补败反），此为穿凿，而《广韵》十七夬部，‘败’有‘薄迈’、‘补败’二切，以自破、他破为别，即用江南学士穿凿之例。盖自韵学兴，而声音益戾于古，自谓密于审音，而龃龉不安者益多。”

而顾氏亭林云：“四声之论，虽起于江左，然古人之诗已自有迟（徐）［疾］轻重之分，故平多韵平，仄多韵仄，亦有不尽然者，而上或转为平，去或转为平上，入或转为平上去，则在歌者之抑扬高下，故四声可以并用。‘骐骝是中，䯄骊是骖。龙盾之合，鋈以觼軜。言念君子，温其在邑。方何为期，胡然我念之。’②‘合’、‘軜’、‘邑’、‘念’四字皆入，而韵‘骖’。‘一之日觱发，二之日栗烈。无衣无褐。何以卒岁。’③‘发’、‘烈’、‘褐’三字皆去声而韵‘岁’。今之学者必曰，此字符有三音，有两音，故可通用。不知古人何尝屑屑于此哉？一字之中自有平上去入，今一一取而注之，字愈多，（言）［音］愈杂，而学者愈迷不其本，此所谓大道以多歧亡羊也。”又云：“五方之音，有迟疾轻重之不同，《淮南子》云：‘轻土多利，重土多迟，清水音小，浊水音大。’陆法言《切韵序》曰：‘吴、越则时伤轻浅，燕、赵则多伤重浊，秦、陇则去声为入，梁、益则平声似去。’约而言之，即一人之身，而词气④先后之间亦不能齐。其重其疾，则为去、为上；其轻其迟，则为平，迟之又迟，则一字而为二字。‘茨’为‘蒺藜’、‘椎’为‘终葵’是也。故注家多有疾言、（迟）［徐］言之解，而刘勰《文心雕龙》谓‘疾呼中宫，徐呼中征’。夫一字而可以疾呼徐呼，此一字两音三音之所由昉也。”

案：顾氏之说与钱氏异，四声之起在齐、梁，而颠乱则在唐下。惟我朝诸老出，而稍稍探源古音，以归于正，亦天地之气运为之欤？

有目录之学第三十二

目录之学，由来久矣。《礼记·经解》：“温柔敦厚，《诗》教也；疏通知远，《书》教也；广博易良，《乐》教也；絜静精微，《易》教也；恭俭庄敬，《礼》教也；属辞比事，《春秋》教也。”此数语已为目录之先河。

而其后国史之作，则有《经籍志》、《艺文志》之属，载著书者姓氏以及卷帙部数，班史而下，八代皆然。

至宋王尧臣等有《崇文总目》[一]，郑樵有《艺文略》[二]，晁公武则有《郡斋读书志》[三]，赵希弁则有《读书志考异》并《附志》[四]，尤袤则有《遂初堂书目》[五]，陈振

① 广文本刊语云：顾氏《音论》“打破”下有“人”字。
② 见《毛诗·国风·小戎》。
③ 见《毛诗·国风·七月》。
④ 广文本刊语云：顾氏《音论》“词气”下有“出词吐气”。

孙则有《直斋书录解题》[六]，马端临则有《经籍考》[七]，王应麟则有《汉书艺文志考证》[八]，明杨士奇则有《文渊阁书目》[九]，朱睦㮮则有《授经图》[十]，皆详加考订，不仅留其书之名目。而国朝则有钦定《天禄琳琅书目》[十一]及《四库全书提要》，编校异同，参究得失，为古来诸家书目所未及。至黄虞稷《千顷堂书目》[十二]、朱彝尊《经义考》[十三]、谢启昆《小学考》，又灿然大备，精核靡遗。

盖目录者，本以定其书之优劣，开后学之先路，使人人知某书当读，某书不当读，则为学易，而成功且倍矣。吾故尝语人曰："目录之学，读书入门之学也。"

【笺注】

[一]《崇文总目》十二卷，宋王尧臣等奉敕撰。著录经籍共3445部，30669卷，是北宋最大的目录书。《崇文总目》原为六十六卷，按四部分四十五类。(《四库全书总目》卷八五)

[二]《艺文略》为郑樵《通志》中的一部分，所列颇多舛讹。《通典》、《通志》与《文献通考》号称"三通"，《通志》多泛杂无归，《通考》或详略失当，均不及《通典》之精核。

[三]《郡斋读书志》四卷，宋晁公武撰。公武字子止，巨野人。冲之之子，官至敷文阁直学士，临安少尹。

[四]《附志》，赵希弁撰，希弁袁州人，宋宗室子，自题称江西漕贡进士，秘书省校勘，以辈行推之，盖宋太祖之九世孙。(《四库全书总目》卷八五)

[五]《遂初堂书目》一卷，宋尤袤撰。袤字延之，无锡人。绍兴十八年进士，官至礼部尚书，谥文简。事迹见《宋史》本传。陈振孙《书录解题》称其藏书为近世冠。(《四库全书总目》卷八五)

[六]《直斋书录解题》二十二卷，宋陈振孙撰。其例以历代典籍分为五十三类，各详其卷帙多少，撰人名氏，而品题其得失，故曰"解题"。马端临《经籍考》惟据此书及《郡斋读书志》成编。(《四库全书总目》卷八五)

[七]《经籍考》七十六卷，元马端临撰。《经籍考》卷帙虽繁，然但据晁、陈二家之目，参以诸家著录，遗漏弘多。

[八]《汉艺文志考证》十卷，宋王应麟撰。

[九]《文渊阁书目》四卷，明杨士奇编。此书以千字文排次，自"天"字至"往"字，凡得二十号，五十橱。四库馆臣以《永乐大典》对勘，发现所收之书，世无传本者，往往见于此目，可见其储庋之富。(《四库全书总目》卷八五)

[十]《授经图》二十卷，明朱睦㮮撰。是编专述经学源流，首叙授经世系，次诸儒列传，次诸儒著述，历代经解名目、卷数。(《四库全书总目》卷八五)

[十一]《钦定天禄琳琅书目》十卷，乾隆四十年奉敕撰。其书亦以经、史、子、集为类，而每类之中，宋、金、元、明刊版及影写宋本，各以时代为次。或一书而两刻皆工致，则两本并存，犹尤袤《遂初堂书目》例也；一版而两印皆精好，亦两本并存，犹汉秘书有副例也。每书各有解题，详其锓梓年月及收藏家题识、印记，并一一考其时代、爵里，著授受之源流。(《四库全书总目》卷八五)

[十二]《千顷堂书目》三十二卷，清黄虞稷撰。虞稷字俞邰，先世福建泉州人，崇祯末流寓上元。所录皆明一代之书，经部分十一门，既以"四书"为一类，又以《论语》、《孟子》各为一类，又以说《大学》、《中庸》者入于三礼类中。盖欲略存古例，用意颇深。(《四库全书总目》卷八五)

[十三]《经义考》三百卷，清朱彝尊撰。彝尊，字锡鬯，号竹垞，秀水人。康熙己未荐举博学鸿词，召试授检讨，入直内廷。彝尊文章淹雅，初在布衣之内，已与王士禛声价相齐。博识多闻，学有根柢，复与顾炎武、阎若璩颉颃上下。凡所撰述，具有本原。是编统考历朝经义之目。(《四库全书总目》卷八五)

有校勘之学第三十三

校勘[一]者何？校其异同，勘其谬误。此例开于七十子。子夏知“三豖”为“己亥”之讹[二]，即校勘之类。而两汉经师特重此学。

【笺注】

[一]校勘：指对同一书籍用不同的版本和有关资料加以比较核对，以考订其文字的异同和正误真伪。

[二]卜商卫人，无以尚之，尝返卫见读史志者云：“晋师伐秦，三豖渡河。”子夏曰：“非也，己亥耳。”读史志曰：“问诸晋史，果曰己亥。”于是卫以子夏为圣。(《孔子家语》卷九《七十二弟子解》)子夏之晋，过卫，有读史记者曰：“晋师三豖涉河。”子夏曰：“非也，是己亥也。夫‘己’与‘三’相近，‘豖’与‘亥’相似。”至于晋而问之，则曰“晋师己亥涉河”也。辞多类非而是，多类是而非。是非之经，不可不分，此圣人之所慎也。然则何以慎？缘物之情，及人之情，以为所闻，则得之矣。(《吕氏春秋·察传》)

成帝时，刘向典校书，考《易》说，以为诸《易》家说皆祖田何，杨叔元、丁将军大义略同，唯京氏为异。向又以中古文[一]《易经》校施、孟、梁丘三家之《易经》，或脱去“无咎悔亡”，唯费氏经与古文同。

【笺注】

[一]中古文：指汉代藏于皇宫中的古文经籍。《汉书·艺文志》：“刘向以中古文《易经》校施、孟、梁丘经。以中古文《尚书》校欧阳、大小夏侯三家经文。”颜师古注：“中者，天子之书也。言中，以别于外耳。”龚自珍《说中古文》：“成帝命刘向领校中五经秘书，但中古文之说，余所不信。秦烧天下儒书，汉因秦宫室，不应宫中独藏《尚书》，一也；萧何收秦图籍，乃地图之属，不闻收《易》与《书》，二也。”

张霸《百两篇》，刘向校之，非是，后遂黜其书。恭王于孔壁得《古文尚书》[一]，孔安国以校伏生所诵，为隶古写之，增多二十五篇，又伏生误合五篇，凡五十九篇为四十六卷。

【笺注】

[一]《古文尚书》者，出孔子壁中。武帝末，鲁恭王坏孔子宅，欲以广其宫，而得《古文尚书》及《礼记》、《论语》、《孝经》凡数十篇，皆古字也。恭王往入其宅，闻鼓琴瑟钟磬之音，于是惧，乃止不坏。孔安国者，孔子后也，悉得其书，以考二十九篇，得多十六篇。安国献之。遭巫蛊事，未列于学官。刘向以中古文校欧阳、大小夏侯三家经文，《酒诰》脱简一，《召诰》脱简二。率简二十五字者，脱亦二十五字，简二十二者，脱亦二十二字，文字异者七百有余，脱字数十。《书》者，古之号令，号令于众，其言不立具，则听受施行者弗晓。古文读应尔雅，故解古今语而可知也。(《汉书》卷三〇)

先后郑氏亦精校勘之学，如《礼》注司农读“匪颁”之“颁”为“班布”之“班”，康成读“利”为“上思利民”之“利”，“嫔贡”之“嫔”，郑云故书作“宾”，“七事”之“七”，郑云故书为“小”之属皆是。

盖以读书而不知校勘，则书之真伪，义之同异，文之脱误，均无由见。故先儒必以校勘为要。

而国朝以校勘名家者：惠氏栋、何氏焯、卢氏见曾、全氏祖望、卢氏文弨、钱氏大昕、李氏文藻、戴氏震、王氏念孙、张氏敦仁、丁氏杰、孙氏星衍、阮氏元、顾氏广圻、赵氏怀玉、鲍氏廷博、袁氏廷梼[一]、吴氏骞诸儒。其最精者则称戴、卢、丁、顾四人。所校勘各书，俱属善本，是正文字，皆有依据，读其书，可以知其功之所存。学者明乎此，则读书自不敢不细心矣。

【笺注】

[一]袁廷梼（1764—1810），字又恺，一字寿阶，江苏吴县人。监生。著有《红蕙山房吟稿》。按冯桂芬《（同治）苏州府志》卷八十三："袁廷梼，更名廷寿，字又恺，国学生。生六岁而孤，生母韩教之成立。家有竹柏楼，韩所居也。廷梼绘图，征海内诗文，以显其节，故竹柏楼颇著声艺林间。家饶于赀，遗书万卷。廷梼与钱詹事大昕、王侍郎昶、王光禄鸣盛、江征士声、段大令玉裁为师友，而尤与黄主事丕烈相契，故学有本原。后家中落，曾都转燠招修《扬州图经》，同事震其名，既乃叹曰：'今黄叔度也。'卒年四十八。"

【今按】徐敬修《经学常识》第四章《治经之方法》第二节《今后吾人治经之方法》之第五条："当知校勘之学。校勘一事，为整理国故最要之条件，且最合科学之方法。盖古经传至今日，遭兵火虫鱼之劫，其间脱误及损坏之处必多，非加以校勘，无以补其缺点。古来学者，多有研究及此。然以代王念孙、王引之、卢文弨、孙星衍、顾广圻、孙诒让、俞樾诸人为最完密谨严，合科学之方法。孙诒让《札迻序》云：'大抵以旧刊精校为据依，而究其微旨，通其大例，精研博考，不参成见。其谌正文字讹舛，或求之于本书，或旁证之他籍，及援引之类书，而以声类通转为之錧键。'能明乎此，则校勘之学，思过半矣。"（《民国时期经学丛书》第一辑第四册第165页）

有训诂之学第三十四

所谓训诂，前已详言之矣，而其学实可专门而名者。何也？说经之道，以训诂为第一要事。训诂通，斯经义无不通矣。

诂者，古言也[一]，谓以今语解古语[二]也；训者，顺也，谓顺其语气以解之也。以今语解古语，则逐字解释者也；顺其语气以解之，则逐句解释也。时俗讲义，何尝不逐字逐句解释，但字义多杜撰，语意多影响，与所谓训诂有别。训诂者，必古有是训，确而见之故书，然后引而释经，不附会，不穿凿，不凭空而无据。

【笺注】

[一]郑樵《尔雅郑注》卷上：释诂者，古言也，格之以今；释言者，今言也，格之以正。

[二]以今语解古语：王筠《菉友蛾术编》卷上：扶胥，《毛诗》"山有扶苏"，传曰："扶苏，扶胥，小木也。"可知扶苏是周语，扶胥是秦、汉间语，毛以今语解古语。《诗传》、《诗说》则直以今语改古语也。

【附录】

清惠栋《九经古义》六：《烝民》云："古训是式。"传云："古故训道。"笺云："故训，先王之遗典也。"《说文》引《诗》作诂训（言部），云训故言也。张揖《杂字》云："诂者，古今之异语也。"训者，谓字有意义也。郭氏《尔雅》有《释诂》、《释训》，樊孙等《尔雅》皆为释故（见《诗》释文）、释训，《艺文志》："《诗》有《鲁故》、《韩故》、《齐后氏故》、《孙氏故》、《毛诗故训传》。（唐石经及正义皆作诂训，《释文》作故训。正义云：定本作故。）《书》有大小夏侯解故，皆所谓故训，先王之遗典也。"小颜曰："故者，通其指义。"孔颖达以为古训者，故旧之道故，为先王之遗典，何其谬与？

《周书·大开武》曰："淫文破典，典不式，教民乃不类。"《荀卿子》引传曰："博闻强志，不合《王制》，君子贱之，皆谓不式古训者也。"（正义首卷诂训传下亦引是诗以为证，与此疏异者。顾君宁人所谓"诸儒义疏不出一人之手"，是也。）

两汉诸儒，类皆明于训诂，故其立说切实可靠，不同宋人之以空言说理者。国朝经学家，如顾氏[一]、阎氏[二]而下，亦皆精通乎此，故能上接汉代，且有发汉儒所未发者。不然，凭空臆造，蔑古又孰甚哉！

总之，解经有至切至要之诀：但能以一字解一字，不添一虚字，而文从字顺，疑义顿晰者，便是绝好；经解若须添数虚字，补缀斡旋，方能成语者，定非。

然欲通训诂，宜讲汉学。汉学者，汉人注经讲经之说也。经是汉人所传，注是汉人创作，义有师承，语有根据，去古最近，多见古书，能识古文，通古语，故必以汉学为本而推阐之，乃能有得。

【笺注】

[一]顾氏指顾炎武。

[二]阎氏指阎若璩。

【附录】

《二程遗书》卷十八："古之学者一，今之学者三，异端不与焉，一曰文章之学，二曰训诂之学，三曰儒者之学。欲趋道，舍儒者之学不可。""今之学者有三弊：一溺于文章，二牵于训诂，三惑于异端。苟无此三者，则将何归，必趋于道矣。"

宋黄震《黄氏日抄》卷四十九"儒学传"条："排二氏以续孔、孟之绝，约六经以起八代之衰，唐之儒学，孰有加于文公乎？若训诂之学，则陆德明、颜师古、孔颖达用意亦良苦，如汉马、郑之流矣。今唐史凡议一制度之沿革、一俎豆之隆杀者皆谓之儒，甚至修姓氏之学者亦预焉。呜呼，是何儒学之亵哉！"

宋林光朝《艾轩集》卷四："学者有意于六经，则训诂之学不可尽废。欲无惑于训诂，其于古人造字之本，与夫前代所以损益之，乌可不旁通之乎？"

宋滕珙《经济文衡》后集卷十二论汉儒训诂之学《答刘淳叟》：此段谓汉儒窥见些小，终不曾见得大体。问："汉儒何以溺训诂而不及理？"答曰："汉初诸儒专治训诂，如教人亦只言某字训某字，令自寻义理而已。至西汉末年，儒者渐有求得稍亲者，终是不曾见全体。"问："何以谓之全体？"答曰："全体须彻头彻尾见得方是。且如匡衡论时政，亦及治情性之说，及到得他入手做时，又却只修得些小宗庙礼而已。翼奉言见道知王治之象，见经知人道之务，亦自好了，又却只教人主以阴阳日辰贪狼廉贞之类辨君子、小人，以此观之，他只是复窥见得些子，终不曾见得大体也。唯董仲舒三篇说得稍亲切，终是不脱汉儒气味，只对江都易王云：仁人正其谊不谋其利，明其道不计其功，方无病，又是儒者语。"

宋俞琰《书斋夜话》卷四：李挺之语邵康节云："科举之外，有义理之学；义理之外，有物理之学；物理之外，有性命之学。"程伊川曰："古之学者三，异端不与焉，一曰文章之学，二曰训诂之学，三曰儒者之学。"盖文章之学即科举之学，训诂之学即义理之学，儒者之学即性命之学。性命为上，物理、义理次之，科举之学末也，学吟诗又其末也。

宋俞琰《书斋夜话》卷四：张子韶曰：学者专意时文，不知研穷经史。则举业之外，叩之空空如也，亦可耻也。前辈谓久不以古今灌溉胸次，试引镜自照，面目必可憎，对人语言无味，正此谓也。

元郝经《郝文忠公陵川文集》卷十九《辨微论》之"经史"篇：古无经史之分，孔子定六经，而经之名始立，未始有史之分也。六经自有史耳，故《易》即史之理也，《书》史之辞也，《诗》史之政也，《春秋》史之断也，《礼》、《乐》经纬于其间矣，何有于异哉？至司马迁父子为《史记》，而经史始分矣。其后遂有经学，有史学，学者始二矣。经者，万世常行之典，非圣人莫能作。史即记人君言动之一书耳，经恶可并？虽然，经史而既分矣，圣人不作，不可复合也。第以昔之经而律今之史，可也；以今之史而正于经，可也。若乃治经而不治史，则知理而不知迹；治史而不治经，则知迹而不知理。苟能一之，则无害于分也。故学经者，不溺于训诂，不流于穿凿，不惑于议论，不尼于高远，而知圣人之常道，则善学者也。训诂之学始于汉而备于唐，议论之学始于唐而备于宋，然亦不能无少过焉。而训诂者或至于穿凿，议论者或至于高远，学者不可不辨也。学史者，不昧于邪正，不谬于是非，不失于予夺，不眩于忠佞，而知所以废兴之由，不为矫诈欺，不为权利诱，不为私嗜蔽，不以记问谈说为心，则善学者也。古无史之完书，三变而讫于今：左氏始以传《春秋》，错诸国而合之；马迁作《史记》，离历代而分之；温公作《通鉴》，复错历代而合之。三变而史之法尽矣。古不释经，亦三变而讫于今：训诂于汉，疏释于唐，议论于宋。三变而经之法尽矣。后世无以加也，但学之而不遗，辨之而不误，要约而不繁，得其指归而不异，而终之以力行而已矣。呜呼！后世学经者，复务于进取科名，徇时之所尚，破碎分裂，经之法复变矣。学史者务于博记注，滋谈辩，钓声誉，以爱憎好尚为意，混淆芜伪，而史之法复变矣。其将变而无穷耶？其亦变而止于是耶？其由变而经史之道遂亡也邪？九师兴而《易》道微，《三传》作而《春秋》散，昔人之议犹若是，矧于今之变乎？变而不已，其亦必亡矣。

元胡炳文《云峰集》卷二《明复斋记》：古今之学有三，曰吾儒之学，曰训诂之学，曰词章之学。汉专门尚训诂，注尽圣贤千言万语，于身心无纤毫益。唐科举词章，则枝叶愈繁，本根愈失，而去道愈远矣。惜不知我得于天者何物？

明魏校《庄渠遗书》卷十一《与邓鲁别纸》：圣人说话，都是教人切实做工夫。如《学而》首章圣人分付要如此如此，假令有一学生只管去念，众必惊讶，以为病狂丧心。呜呼！此乃后世记诵之学。设有一生只管对人解说学是如何，习是如何，众必惊讶，以为病狂丧心。呜呼！此后世训诂之学。设又有一生要求胜夫子，夫子说学，他便要说以不学为学，夫子说习，他便要说以不习为习，如此，众有不大惊讶者乎？此即慈湖是也。此正棒喝禅师、诃佛骂祖者也。鲁生，鲁生，胡不观鹰乃学习，都是实事，空言使不得也。

【今按】上述所引皆为宋、元朝诸儒有关训诂之学的论述，涉及学术分类，可见清代学者有关学术分类的话题是接着前人的说法往下讲。

有考据之学第三十五

考据[一]者，考历代之名物[二]、象数[三]、典章[四]、制度[五]，实而有据[六]者也。

【笺注】

[一]考据：研究历史、语言、文献等的一种方法。通过考核事实和归纳例证，提供可信材料，从而作出结论。陈澧《东塾读书记·孟子》："引'雨我公田'以证周用助法，考据之学也。"冯桂芬《阙里致经堂记》："汉学善言考据，凡名物、象数、文字形声、训诂，非汉儒不传。"朱自清《经典常谈·文》："当时汉学家提倡考据，不免繁琐的毛病。"

[二]名物：事物的名称、特征等。《周礼·天官·庖人》："掌共六畜、六兽、六禽，辨其名物。"贾公彦疏："此禽兽等皆有名号物色，故云'辨其名物'。"

[三]象数：《左传·僖公十五年》："龟，象也；筮，数也。物生而后有象，象而后有滋，滋而后有数。"杜预注："言龟以象示，筮以数告，象数相因而生，然后有占，占所以知吉凶。"《周易》中凡言

天、日、山、泽之类为象，言初、上、九、六之类为数。象数并称，即指龟筮。

［四］典章：制度法令等的统称。

［五］制度：谓在一定历史条件下形成的法令、礼俗等规范。

［六］实而有据：与“架空立说”相对。朱熹《晦庵集》卷五十九《答赵致道》：“不曰理而曰礼者，盖言理则隐而无形，言礼则实而有据。礼者，理之显设而有节文者也。言礼则理在其中矣。故圣人之言，体用兼该，本末一贯。”沈佳《明儒言行录》卷八：“阳明先生解生知是知此义理，学知困知是学知困知此义理，不必在名物、象数上推求。不知名物、象数，无非吾心之义理所流露。若精神一味奔向书册，不向自己理会，此是向外驰求。然又不是抛弃书册，一味静坐，须知另外有个意思在，即读书静坐，著衣吃饭，随所往无非是此个，如此才不起念头，不思而得，不勉而中，亦必由择执纯熟来，才有此意。”王阳明以为考据是“向外驰求”。

此其学至博至大而至难精。古人有考一事而聚讼至数十百家，积千载而不能晰者。学者非熟读《十三经》，纵览诸子、各史及先儒传注记载之属，不足以语于此。

国朝顾炎武、阎若璩、毛奇龄、朱彝尊、戴震、钱大昕、纪昀、阮元诸人，皆该贯六艺，斟酌百家，故其考据始有可信。若夫偏袒一家，得此失彼，依前人之成说，作附会之空谈，是丹非素，毫无所得，则一孔之论也。

此学切实，有益于用，凡读子、读史及言经济者，皆当讲求。但非仓猝可办，学者必积数十年之实力，乃可以言贯通。不然，则泥今非古，皆无当也。

余列目录之学[一]，示人以读书之门径；列校勘之学[二]，示读书之当细心。由是而通训诂，精考据，则经学之事尽矣，即凡为学之事亦尽矣[三]。由是而见诸躬行，发为经济，则视其人之善自立也。

【笺注】

［一］顾千里《思适斋集》卷十四：夫书之为物至多，人生读之难遍。以谢山之博览，而弗知北宋本之尚存。如仆者，虽知别有南宋本，而垂老始获一见，于柯溪之得，然则目录之学亦岂易言哉？

［二］朱一新《无邪堂答问》卷三：国朝人于校勘之学最精，而亦往往喜援他书以改本文。不知古人同述一事，同引一书，字句多有异同，非如今之校勘家一字不敢窜易也。今人动以此律彼，专辄改订，使古书皆失真面目。此甚陋习，不可从。凡本义可通者，即有他书显证，亦不得轻改。古书词义简奥，又不当以今人文法求之。

［三］朱一新《佩弦斋文存》卷下《答龚菊田刺史书》：“汉、宋学术，务持其平，而于汉学家之说自天算、地舆、六书、音韵、制度、名物及校勘之学，是其专长；外其有谬托汉儒之义以诋宋儒，而实失汉儒之真者，诐淫害道，则必严辨之。九流百家之书、释迦摩西之教以及近时洋务西学，自有裨实用；外其或谬诩新奇以大害人心者，亦必严斥之。大旨学必期其有用，功必归诸实践，由训诂进求义理，而如汉学家溺于训诂、以害义理者则不取；由义理探源性道，而如讲学家空衍性天、以汩义理者则不从。言治术务求可行，而不敢为高远之论；言时务必明大势，而深鄙夫揣摩之徒。虽不敢谓百世不惑，要有异乎近时名下士之所为，诸生幸多就我绳墨，以此为教，庶鲜流弊。第使今之名士见之，必有骂我不通者。通不通，何足论？期无误诸生来学之意而已。此书与乾嘉以前儒者之言可相印证，与乾嘉以后儒者之言则多不合，与吾江浙学者之言尤多不合。合不合，何足计？期不背圣门教人之旨而已。……近儒中惟钱竹汀若并世而生，谨当退避三舍，他如王西庄之徒，当与并驱中原，余子碌碌则事我者也。君乃扬彼而抑此，未免颠倒矣。”○叶德辉《书林清话》卷一：“近人言藏书者，分目录、板本为两种学派：大约官家之书，自《崇文总目》以下至乾隆所修《四库全书总目提要》，是为目录之学；

私家之藏，自宋尤袤遂初堂、明毛晋汲古阁及康雍乾嘉以来各藏书家，断断于宋、元本旧抄，是为板本之学。然二者皆兼校雠，是又为校勘之学。本朝文治超轶宋、元，皆此三者为之根柢，固不得谓为无益之事也。昔顾涧蘋《跋蔡中郎文集》云：‘书以弥古为弥善，可不待智者而后知矣。乃世间有一等人(其人荛翁门下士也)，必谓书毋庸讲本子。噫！将自欺耶？欺人耶？敢书此以质荛翁。’跋载黄记。荛翁有此门下，亦可谓失传衣钵矣。同年友某尝与吾笑谈，谓平生不知板本，但见其书有字即读。吾戏语之曰：‘君所读书皆无字。’是亦各明一义矣。”

经解入门卷六

解经不尚新奇第三十六

经义平允，解者不可以新奇求胜。盖凡新则不古，奇则不正。十三经皆先圣遗言，意义醇厚，岂有如后世子部、说部之书，徒快一时口舌哉！故如或解“豚鱼”二字，谓即今之“江豚”[一]；解“旧井无禽”，谓“桔槔之上似禽，旧井无水，不用桔槔，故云无禽”[二]；解“西方美人”，谓“佛教东流，始于周代”[三]之类，皆说经家所不取。

【笺注】

[一]宋丁易东撰《易象义》：“豚鱼，今之江豚是也。豚鱼知风，豚鱼之出，则泽上有风之兆也，所谓石燕飞而雨至，江豚出而风生也。江豚，东南之所常见，惟西北则多不之闻，故先儒或析豚鱼为二物，非也。江豚泽，将有风则出，无风则不出，最信者也，故中孚取象焉。巽为鱼为风，兑为泽故也。吾信如豚鱼之知风，则吉矣。行乎泽上而知风，则利涉大川而无虞矣。兑泽为大川，巽木在上，乘木有功，利涉大川也。利贞。爻位正不正相间，恐其不正，欲其得正也。得正则应乎天道，而无不利矣。此卦中心孚信，而能涉险者也。”

[二]宋王应麟辑、长洲惠栋考补《增补郑氏周易》卷中：“井，坎水也，巽，木桔槔也，互体离兑，离外坚中虚，瓶也，兑为暗泽，泉口也。言桔槔引瓶，下入泉口，汲水而出，井之象也。井以汲人，水无空竭，犹君子以政教养天下，惠泽无穷也。”（《新本郑氏周易》卷中）

[三]《四库全书总目》卷十六《毛诗稽古编提要》：“至于附录中‘西方美人’一条，牵及杂说，盛称佛教东流始于周代，至谓孔子抑三王，卑五帝，藐三皇，独归圣于西方。捕鱼诸器一条，称广杀物命，恬不知怪，非大觉缘果之文莫能救之，至谓庖牺必不作纲罟，皆于经义之外，横滋异学，非惟宋儒无此说，即汉儒亦岂有是论哉！”清夏炘《读诗札记》卷三：“康熙时吴江有陈启源者，著《毛诗稽古编》一书，写以小篆，专辟朱子，而宗《小序》、毛、郑，可谓古调独弹矣。其附录中‘西方美人’一条，盛称‘佛教东流，始于周代’，孔子抑三王，卑五帝，藐三皇，独归圣于西方，侮圣悖经，至斯已极，则其专斥朱子尤罪之小者矣。”清陈启源《毛诗稽古编》卷三十：“夫子谓商太宰曰：西方之人，有圣人者焉，不治而不乱，不言而自信，不令而自行，荡荡乎民无能名焉，此目我释尊言也。《简兮》诗‘西方美人’，所指将无同。盖汉明以前，大法虽未被东土，然观周昭、穆二王时，太史苏由扈多睹充风而知祥西极化人，说者以为即神足弟子中天台之建，寔佛刹之滥觞，可见此时大法必稍有流传，一

二十大夫明悟渊识者能默记之，但未比户诵习耳。故邶国诗人闻风思慕，《晋语》亦引西方之书，齐姜氏大国女，所闻必有由来矣。‘彼美人兮，西方之人兮’，谒仰恋慕，情见于词，抑贤人其修净土观者，与姜氏所引书曰：‘怀与安，寔疚大事。’怀则不能解脱，安则不能精进。大事所谓一大事因缘也。姜引之，虽断章，要皆微妙，宗旨略见于周世者，合之夫子之言，足证东土之有大法久矣。及秦火之后，已遭煨烬，然刘向序列仙，著有佛名，傅毅承明帝问，便对以天竺之教，非素有流传，岂能知之乎？又夫子之答太宰，抑三王，卑五帝，藐三皇，独归圣于西方，非神乎冥契，在语言文字之表不能推尊至此，所谓惟圣知圣也，与邶贤齐女得之于流传者又异矣。噫！此可为知者道也。”

无论汉儒、宋儒及国朝诸儒，各说之新奇无理者，皆当订正，斯为有功于经。如旧说本平允可据，而解者妄生议论，好逞新奇，于古书毫无所据，固为蔑古。即或有子部之言，及隋以前说家之书可证，然怪诞荒谬，皆于经旨无当，虽有证亦不尚[一]。盖经为三代之文，解经者即说三代之语，安得以新奇自喜、矜为心得乎？大凡学解经者，读书不多，见理不足，往往好立新说，以为醒目。不知此是说经第一大病[二]。学者切宜力戒！倘此病深入，则终身不能进益矣。

【笺注】

[一]《辅轩语·语学第二》“读子为通经”条云：“以子证经，汉王仲任已发此义。子有益于经者三：一证佐事实，一证补诸经讹文、佚文，一兼通古训、古音韵。然此为周、秦诸子言也，汉、魏亦颇有之。至其义理，虽不免偏驳，亦多有合于经义，可相发明者。宜辨其真伪，别其瑜瑕，斯可矣。唐以后子部书最杂，不可同年而语。”今按：正统经学家反对以子证经，晚清诸子学复兴，此法遂大行。

[二]刘秉章《十三经注疏校勘记识语序》：“以示来学……使知望文生义、向壁虚造诚儒者之耻，若单文孤证，果于立异，亦当深戒。尤冀能读书者实事求是，推求寻览，毋事苟简，毋尚新奇，以远虚浮孤陋之讥。”（《续修四库全书》第183册第548页）

《朱子语类》卷八十七：“人只是读书不多，今人所疑，古人都有说了，只是不曾读得。”

明张泰《沧洲诗集》卷三《读书》：“读书不多胆不大，造理不深心不卑。从古圣贤辛苦在，后生何敢挟生知。”

明周子文《艺薮谈宗》卷二：“读书不多，未可轻议古人。”

清高廷珍辑《东林书院志》卷六：“学者要多读书。读书多，心量便广阔，义理便昭明。读书不多，理便不透。理不透，则心量窒塞矣。吾人心量原是广阔的，只因读书少，见识便狭窄。若读书穷理工夫，到穷得一分理，心量便开一分。读书即明心也。”

陈启源《毛诗稽古编》卷一《序例》：“先儒释经，惟求合古；后儒释经，多取更新。故者，古也，合于古，所以合于经也。后儒厌故喜新，作聪明以乱之，弃雅训而登俗诠，缘叔世以证先古，为说弥巧，与经益离远也。欲参伍众说，寻流溯源，推求古经本指，以挽其弊……存其信而阙其疑，勿以乱古之真，窃谓有一得焉，古今为诗学者无虑数十家，其说灿兮备矣。今日论诗不必师心以逞，惟当择善而从，故斯编止参酌旧诂，不创立新解。”

张之洞《创建尊经书院记》：“初学穷经，知所从。凭臆妄说无益，不辨纯驳，任意抄撮亦无益。每课发题，经解题必出先儒，已有确解定论者，使之疏证，以觇其悟。疏证者，比类引书以征实。或旧解两歧者，使之自决，以觇其断。先检元书，宣示诸生，使其领解，然后下笔。主讲既评其卷，指其乖合通塞，必焉书一确解，张于讲堂。”（《张之洞全集》第十二册第371页）

宋滕珙辑《经济文衡后集》卷十七“论汉儒最善说经”曰：“秦、汉诸儒，解释文义虽未尽当，然所得亦多，今但就分数多处论之，则以为得其言而不得其意，与夺之际，似已平允，若更于此一向刻核过当，却恐意思迫窄，而议论偏颇，反不足以服彼之心。”“论六经不可求奇”曰：“至于文字之间，亦觉向来病痛不少。盖汉儒说经最为守章句者，然亦多是推衍文义，自做一片文字，非惟屋上架屋，识得意味淡薄，且是使人看者将注与经作两项工夫做了，下梢看得支离，至于本旨全不相照，以此方知汉儒可谓善说经者，不过只说训诂，使人以此训诂玩索经文。训诂、经文不相离异，只做一道理看了，只是意味深长也。”

《六经奥论》卷三“解经不可牵强”：“横渠张先生曰：置心平易，始知诗。余谓读六经之书皆然。如《书》曰：‘刑故无小，宥过无大。’诸家解用十数句解不尽。曾见作者说曰：‘刑故无刑小，宥过无宥大。’只添二字，而辞意明白，不用解经而理自明。孟子谓“民之秉彝”句亦如此。”

罗泽南《姚江学辨》卷二：“以好博之心解经，不可也。谓解经即是好博，尤不可也。好博之不可者，如后世考据之家，泛览群书，自矜博洽，徇外夸多，毫无关于身心。其识愈多，其心愈昏，非圣贤之学也。若夫探义理之精微，穷圣贤之蕴奥，究其当然，复究其所以然，以之体于身心，则为修德之要功，以之达于国家，则为经世之大用，此圣学入德之门，非好博也。不博则其理有所不明也。是故**“五经”者，圣道之所寄也。《诗》以言性情，《书》以道政事，《周易》备阴阳之消长，《春秋》明治世之大法，《周官》、《仪礼》古先王之制度文为备载其中。读其书，可以明圣人之道。明其道，即以晰吾心之理**。”

王嗣槐《桂山堂诗文选》卷五《明经学》：“经也者，圣人之心，万世之耳目也。由是而行焉之谓道，由是而言焉之谓经。秦人焚之而出焉，不能亡也。秦人焚之而不出焉，亦不能亡也。秦之焚书也，三坟五典八索九丘不可得而睹矣。古书三千，自帝魁而下，古诗三千，若孔子所逸杂见他书者不可得而睹矣。然而伏生所藏，孔壁所发，二十九篇而全《书》可概也，三百五篇而全《诗》可概也，又何必问孔子昔所除所删之诗书丘索乎哉？……汉儒经学，可为训诂详明，指事有本，而不免破碎穿凿者，此也。伊川《易传》，言理不言数，晦庵述《诗》，信经不信序。其于《易》之教、《诗》之教何如也？蔡沈注《书》凭臆说，胡文定传《春秋》多牵强，《小戴礼》郑玄为注，而宋人不为注，其于《书》、《礼》、《春秋》何如也？宋儒经学，可为探微穷奥，见理甚醇，而不免纡滞拘挛者，此也。然则以经解经，不可解也，汉儒是也。以我解经，不可解也，宋儒是也。以经从我而解经，不可解也，汉儒经外又拟经焉是也。以我从经而解经，不可解也，宋儒阐经而反为经掩焉是也。夫惟以一经通六经而贯其义，以一心合六经而会其神，斯为善学经，而去二儒之蔽者乎？国家以专经取士，不谓其能举一经之辞，谓其明一经而六经毕贯于此也。虽然，宋儒之学所为优于汉者，岂非汉儒所明者义例，而宋儒所明者理道哉？故曰：经也者，圣人之心，而即万世之心也。学经者于此求之，思过半矣。”

【今按】上引各参皆旨在阐明“解经不尚新奇”。今人力主创新，已不明“此是说经第一大病”。

解经不可虚造第三十七

凡说经，一字一义必当求其实据，原原本本，叙出来历，方为可靠。[一]若以“想当如是”之法行之，依稀仿佛，似是而非，此名“虚造”。昔许氏《说文叙》尝云：“世人诡更正文，向壁虚造不可知之书，变乱常行，以耀于世。”然则虚造之弊，汉时已有，故许君有《说文解字》之作。然汉俗虚造，大半由于无书可考。今人生经学昌明之会，典策图书，无乎不备。老师大儒，互相讲明。而犹不能自勉，力穷源委，以蹈虚造之习，其得罪许君孰甚！学者有志穷经，必先力除此病，然后可与入道[二]。

【笺注】

[一]胡培翚《研六室文抄》卷六：“考据之学，至今特盛者。宋之大儒，研求性命精微之旨，先其大者，而亦不遗乎小。后人得其糟粕，耳食空谈，一切儒先古谊轻于背弃，以致声音训诂之不详，而讹文脱字日多，制度名物之不讲，而蔑古荒经者众。国朝诸儒乃特矫而正之，详加厘订，一一必求其实据，不敢逞私臆断，亦运会使然，非以争胜于前人也。以孔门之教论之。汉儒先博学致知，而不废躬行。宋儒重躬行，而亦必本于博学。考据之学，则又兼博学、审问、慎思、明辨以求致知者也。以汉学

为难，得其门径亦非难。以宋学为易，则诚有非易者。昔人谓宋学不在多言，要于躬行实践。易乎？难乎？汉儒之学具存注疏，而毛、郑之注《诗》、《礼》尤其精者。宋儒之学，在五子书，而《小学》、《近思录》尤为切要。大抵风俗之败坏，皆由小学等书不讲之故也。若夫考据之学，必先以博览多识，似须精力强壮为之，晚年恐有不及。足下向学之意甚殷，而又疾世风之不古，急急以正人心风俗为务，诚为有志圣贤之学，而惜所见之未深也，故不惮详悉指陈，惟垂察焉。”（《续修四库全书》第1507册）

［二］皮锡瑞《经学通论》“论《尚书》有不能解者当阙疑不必强为附会汉儒疑辞不必引为确据”条：“子曰：‘多闻阙疑。’又曰：‘君子于其所不知，盖阙如也。’然则圣人生于今日，其解经必不向壁虚造，而自欺欺人也明矣。”今按：古曰“虚造”，今曰“想像”。

不可望文生训［一］第三十八

古书一字一句，皆有精义。若不加详考，就文说之，如王介甫①以“波”为“水皮”，苏东坡不知“鸠”字从鸟从九之义，而云“《诗》曰：‘鸤鸠在桑，其子七矣。’合一父一母则为九，故其文为九”之类，此为望文生训。又凡经文数语，必与全篇之义相属。解者不审全篇之义，姑就本文串之，似为近理，亦为望文生训。初学均宜切戒。前人成说，如犯此弊，亦必细心为之纠正。②

【笺注】

［一］望文生训：同“望文生义”。指不推求词句的确切涵义，只从字面上去附会，作出错误的解释。清代经学家特别是考据学家普遍反对望文生训。如王念孙《广雅疏证》卷六上：“……言大凡也。无虑亦谓大率，无小计虑耳。……扬搉、嫴榷、堤封、无虑皆两字同义。后人望文生训，遂致穿凿而失其本旨，故略为辩正。大抵双声叠韵之字，其义即存乎声，求诸其声则得，求诸其文则惑矣。”《读书杂志·汉书第一》：“此望文生训，而非其本旨。”俞樾《湖楼笔谈》五：“望文生训，实非古义。”《诸子平议》卷十七：“望文生训，殊为失之。”《诸子平议》卷二十九：“望文生训，失之泥矣。”俞樾《茶香室经说》卷三：“望文生训，殊非确诂。”孙诒让《札迻》卷四：“望文生训，傅会可笑。”《札迻》卷五：“望文生训，不足据。”郭庆藩《庄子集释》卷三上：“望文生训，殊为失之。”卷四中：“望文生训，殊不足据。”

不可妄诋古训第三十九

汉人解经，皆守师说，即其作训，亦必确有所本，不同臆造。或当时传闻本皆如此，或前代语言与今不同。学者遇古训不可猝解者，必须详考时代，求其实情。果有不安，然后可以订正，不得粗心流览，于我未解，妄加诋毁。如或斥康成《礼注》“八十一御妻”［一］及“冕旒”［二］之属，非是古人有失，实其自己浅陋，初学万不可蹈此轻薄习气！

---

① 王安石字介甫。

② 此条方国瑜校点本作：古书一字一句，皆有精义。如王介甫以“波”为“水之皮”，苏东坡诘之曰：“然则‘滑’乃‘水之骨’？”介甫《字说》多如此类。东坡又尝设“鸠”字从九之义嘲之，谓《诗》云：“鸤鸠在桑，其子七兮。”连娘带爷，岂不是九？此望文生训之戒也。又凡经文数语，必与全篇之义相属，且与他经之义不相窒碍。若不审其全，会其通，姑就本文说之，似为近理，亦必细心为之纠正，不可因人之误以误经。

【笺注】

［一］郑玄于《天官》九嫔注："嫔，妇也。《昏义》曰：'古者天子后立六宫、三夫人、九嫔、二十七世妇、八十一御妻，以听天下之内治，以明章妇顺，故天下内和而家理也。'不列夫人于此官者，夫人之于后，犹三公之于王，坐而论妇礼，无官职。"疏云："帝喾时立四妃，象后妃四星，其一明者为正妃，其三小者为次妃。帝尧因焉，至舜不告而娶，不立正妃，但三夫人而已。夏后氏增以三三而九，为十二人，殷人又增有三九二十七，合三十九人。周人上法帝喾，而立正妃又三二十七为八十一人，以增三十九，并后合百二十一人。其位后也、夫人也、九嫔也、二十七世妇也、八十一女御也。"今按："御妻"即女御，王之妃妾。

［二］《周礼·夏官·弁师》："掌王之五冕，皆玄冕、朱里、延、纽。五采缫，十有二，就皆五采玉十有二，玉笄，朱纮。"郑玄注："延，冕之覆，在上，是以名焉。纽，小鼻，在武上，笄，所贯也。注缫杂文之名也，合五采丝为之，绳垂于延之前后，各十二，所谓邃延也，就成也，绳之每一帀而贯五采玉，十二斿则十二玉也，每就间盖一寸。朱纮，以朱组为纮也。纮一条，属两端于武。"郑玄注以为冕之前后皆有旒。江永《乡党图考·衣服·冕考》："《大戴礼》及东方朔《答客难》皆云冕而前旒，所以蔽明，则无后旒可知。后旒何所取义乎？郑谓前后皆有旒，此因《玉藻》前后邃延而误耳。前后邃延，谓版长尺六寸，自延端至武前后皆深邃，非谓后亦有旒也。《玉藻》言十有二旒，未尝言前后皆十有二旒也。据疏引汉礼器制度，亦云垂于延之前后，岂叔孙通失之与，抑所引者非礼器制度之原文与？且衮冕二十四旒，用玉二百八十八，如此繁重，恐首不能胜，夫子论为邦，何为取于周冕乎？郑所计用玉，每冕皆当去其半。"钱玄《三礼辞典》云："江氏说是。今绘图及剧装或仍为前后有旒，非是。"（江苏古籍出版社1998年版第705页）

又如宋人之说，近今言汉学者，无论是与不是，辄屏斥之不贷。抑知宋人说经，未尝尽背汉说。蔡氏《书传》[一]、朱氏《诗传》[二]，其遵古训者实十之八，易古训者十之二，且其所辨出是非，万不可以耳食之余轻议前哲！但要平心自思，前人之敢立说者，胸中必非一无所据，且诸名儒类皆万卷，罗网众家，岂以①我能见到者彼反失之不及之理？由是以思，自不敢轻肆舌锋，妄诋古训矣。不诋古训，即能深研其义，而虚憍之气除，为学之力日益进矣。

【笺注】

［一］蔡氏《书传》指宋蔡沈《书集传》。

［二］朱氏《诗传》指朱熹《诗集传》。

不可剽窃旧说第四十

《史记·酷吏列传》云："攻剽为群盗。"②《叔孙通传》云："鼠窃狗盗。"③初学解经，见书不多，而妄取前人旧说，没其姓名，以为己说，则与盗贼何异？且安知我能剽之窃之，而人不能发之捕之乎？我所读之书，人人必读；我所未读之书，人之已读者正多。倘事剽窃，欺人乎？实欺己耳！人而欺己，则终身无实获之事，又乌足以知圣贤之道哉？

① 广文本刊语云："以"疑"有"之误。

② 《集解》："徐广曰：剽音扶召反。"《索隐》："《说文》云：剽，刺也；一云剽劫人。音敷妙反。"

③ 颜师古曰："如鼠之窃，如狗之盗。"（《前汉书》卷四十三）

故为学戒剽窃[一]。

【笺注】

[一]徐敬修《经学常识》第四章《治经之方法》第一节《古人治经之方法》四“何谓戒”之第九条：“当戒攘窃。考据之学，引书必注明出处；引旧人说，必标姓名，若掩取群书，据为己有，则直攘窃。”（《民国时期经学丛书》第一辑第四册第161页）今按：今人鲜守此戒，不能严格遵守学术规范。

不可穿凿无理第四十一

《孟子》曰：“所恶于智者，为其凿也。”① 穿凿二字，智者往往不免。此为说经大病[一]。盖穿凿未有不失之无理者，岂有圣贤经传可以无理解之乎？试多取古人说经之书及国朝经学家各书读之，自可渐祛此病。如不读古书，而妄自恃其聪明，其不至于穿凿无理[二]不止。学者切宜自勉！

【笺注】

[一]徐敬修《经学常识》第四章《治经之方法》第一节《古人治经之方法》四“何谓戒”之第七条：“当戒穿凿。如王安石《字说》以坡为土之皮，诗为寺人之言，此即穿凿之病也。清乾嘉时，好以钟鼎彝器字解经，此虽由于信古太过，然犯穿凿之病，则不可讳也。”（《民国时期经学丛书》第一辑第四册第161页）

[二]严元照《娱亲雅言》卷四云：“穿凿无理，不可以训。”此亦为正统考据学家普遍接受之观念。

不可附会无据第四十二

古事自有首尾，古礼自有当时制度。或散见本经，或错见各经，或经传尚略，诸子各传记有详之者，学者须详求其音读训诂，考其当日事实。音训明，方知此字为何语。考据确，方知此物为何物，此事为何事，此人为何人，然后知圣贤此言是何意义。不然，附会其义，敷衍成篇，即或有理，亦是郢书燕说[一]，于经旨何与？故解经戒附会。

【笺注】

[一]郢书燕说：《韩非子·外储说左上》：“郢人有遗燕相国书者，夜书，火不明，因谓持烛者曰‘举烛’，云而过书‘举烛’。举烛，非书意也。燕相受书而说之，曰：‘举烛者，尚明也；尚明也者，举贤而任之。’燕相白王，王大悦，国以治。治则治矣，非书意也。”后因以“郢书燕说”比喻曲解原意，以讹传讹。

【今按】徐敬修《经学常识》第四章《治经之方法》第一节《古人治经之方法》四“何谓戒”之第八条云：“当戒附会。汉人以灾异说《易》，傅会也；其后以《参同契》说《易》，以老庄说《易》，以图书说《易》，以《皇极数理》说《易》，皆傅会也。（《民国时期经学丛书》第一辑第四册第161页）宋刘恕《资治通鉴外纪》卷一云：“古者包牺氏之王天下也，包牺氏没，神农氏作，神农氏没，黄帝、尧、舜氏作，载继世更王而无三五之数，或以包牺至舜是为五帝，然孔子未尝道，学者不可附会臆说也。”清叶燮《原诗》卷四亦云：“学诗者，不可忽略古人，亦不可附会古人。忽略古人，粗心浮气，仅猎古人皮毛。要知古人之意有不在言者，古人之言有藏于不见者，古人之字句有侧见者，有反见者，此可以忽略涉之者乎？不可附会古人，如古人用字句亦有不可学者，亦有不妨自我为之者不可学者。即《三百篇》中极奥僻字，与《尚书》殷盘周诰中字义，岂必尽可入后人之诗？古人或偶用一字，未必尽

① 见《孟子·离娄下》。注：“恶人欲用智而妄穿凿，不顺物之性，而改道以养之。”

有精义，而吠声之徒，遂有无穷训诂以附会之，反非古人之心矣。不妨自我为之者，如汉、魏诗之字句未必一一尽出于《三百篇》，六朝诗之字句未必尽出于汉、魏，而唐及宋、元，等而下之，又可知矣。今人偶用一字，必曰本之昔人，昔人又推而上之，必有作始之人，彼作始之人复何所本乎？不过揆之理、事、情，切而可通而无碍，斯用之矣。昔人可创之于前，我独不可创于后乎？古之人有行之者，文则司马迁，诗则韩愈是也。苟乖于理、事、情，是谓不通，不通则杜撰，杜撰则断然不可。苟不然者，自我作古，何不可之有。若腐儒区区之见，句束而字缚之，援引以附会古人，反失古人之真矣。”

不可有骑墙之见第四十三

群经异义，自汉及今，甚有聚讼至数十百家者。解经者，当审择精当，衷于一是，罗列群说，加以辨驳。合吾说者，吾引之而为证；背吾说者，吾驳之而明其非。先在审定明白，融会贯串，自无以可为否，以否为可之病。若平日看书不多，临时全无把握，调停两可，不能自主，是为骑墙之见，说经家甚所不取。[一]

【笺注】

[一]陆陇其《四书讲义困勉录》卷二：“此骑墙之见，亦不必从。”王懋竑《白田杂著》卷三：“自为骑墙之见，亦不必辨也。”朱一新《无邪堂答问》卷四：“读书所得，每日所行必印证于义理，而以此为归，非谓姑置于后，为缓图也。生质本聪颖，志趣亦觉不凡，第为学太杂，欲兼包并骛，而少循序渐进之功，又未免见纷华而悦之意。故日记中多自刻责语，而终不免游移，无他，年少气盛，而未能收摄心神之所致也。学问之道，有本有末，有专营，有兼及，有所弃，乃有所取。考据之学，非生专长，亦不愿生之汩没于此，然既知经史之宜治义理之可贵，而又作骑墙之见，何也？”皮锡瑞《经学历史》：“江藩作《汉学师承记》，以为梨洲、亭林两家之学皆深入宋儒之室，但以汉学为不可废，多骑墙之见、依违之言，岂真知灼见者？乃以黄、顾二公附于册后。窃谓如江氏说，国初诸儒无一真知灼见者矣，岂独黄、顾二公？《师承记》首列阎若璩，江氏必以阎为真知灼见。案：阎氏之功，在考定古文之伪，而其《疏证》信蔡《传》臆造之事实、邵子意推之年代，其说《诗》以王柏《诗疑》为然，谓郑、卫为可删，乃误沿宋学，显背汉儒者。江刻于黄、顾，而宽于阎，是并阎氏之书未之考也。当时如胡渭《易图明辨》能辟图书之谬，而《洪范》并攻汉儒，陈启源《毛诗稽古编》能驳宋以申毛，而经说间谈佛教，万斯大、方苞等兼通‘三礼’，多信宋而疑汉。其不染宋学者，惟毛奇龄，而毛务与朱子立异。朱子疑伪孔古文，而毛以伪孔为可信；朱子信《仪礼》，而毛以《仪礼》为可疑，此则朱是而毛非者。虽由门户之见未融，实以途径之开未久也。此等处宜分别观之，谅其求实学之苦心，勿遽责以守颛门之绝业。”【今按】无论是汉学家，还是宋学家，也无论是今文经学家，还是古文经学家，无不反对骑墙之见。

不可作固执之谈第四十四

孟子谓高子说《诗》之固①，以其不能通《诗》之义与意也。学者解经，何独不然？经义简质，必证以他经，旁通诸子及诸家传记之说，贯串靡遗，于义不背，方为通达。若

① 公孙丑问曰：“高子曰：《小弁》，小人之诗也。”孟子曰：“何以言之？”曰：“怨。”曰：“固哉高叟之为诗也。”注：高子，齐人也。《小弁》，小雅之篇，伯奇之诗也。怨者，怨亲之过，故谓之小人。固，陋也。

徒守一家之言，妄加臆断，斯为固执。固执之弊，亦由读书不多而来[一]。故欲治经，不可不博览群书。

【笺注】

[一]仇兆鳌《杜诗详注》卷十三："读书不多，未可轻议古人。"《朱子语类》卷第八十七："人只是读书不多。今人所疑，古人都有说了，只是不曾读得。郑康成注经礼三百，云是《周礼》，曲礼三千，云是《仪礼》。某尝疑之。近看臣瓒注《汉书》云，经礼三百，乃冠昏丧祭，周官只是官名云云，乃知臣瓒之说已非康成之说矣。"《近思录集解》卷四："读书少则无由考校得义精，盖书以维持此心，一时放下，则一时德性，有读书则此心常在，不读书则终看义理不见，读书不多，则见义不精，然读书者又所以维持此心，使无放逸也。故读书则心存，心存则理得。"

【附录】

胡承珙《求是堂文集》卷三《与竹村书》：宋人卤莽尤甚，竟有肆驳毛、郑，而实则于传笺并未卒读，且有似注疏从未寓目者。自通志堂刻外，承珙所见宋人说《诗》尚近十种，然皆一丘之貉耳。拙著从毛者十之八九，从郑者十之一二，始则求之本篇，不得则求之本经，不得则证以他经，又不得，然后泛稽周、秦古书，于语言文字、名物训诂往往有前人从未道及者，不下数十百条，拟俟通录一本后乃摘出别抄，以便就正。但近人著述如陈长发《稽古编》者不可多得，朋辈中又尠为此学者，里中绝无可与语，惟吴郡陈硕甫，段氏高足，学有师承，专击毛义，时有新得，上年曾寄一册见示，其中甚有精者，亦有与鄙见不合者，然不害其为同志也。惜相去颇遥，末由晤语。(《续修四库全书》第1500册)

门径不可不清第四十五

为学各有门径，何况治经？门径一清，斯中有把握，不至泛滥无归。至其经注，孰为师授之古学？孰为无本之俗学？尤宜抉择分析，方不致误用聪明。此事宜有师承，然师不易得，书即师也。余于《目录之学篇》所列各种，本为读书门径，今为析而言之。

《四库提要》为读群书之门径(《提要》较多，未必人人能置一编，别有《四库简明目录》，乃将《提要》约撮而成，书止一帙，大抵初学须先将经史子集四种，分清何书应入何类，于此了然，则购书读书皆有头绪。然《简明目录》太略，书之得失亦未详说，且四库未收者，《提要》尚列存目于后，《简明目录》无自，不得误认为世间所无也。略一翻阅，然后可读《提要》)。《经义考》为治经之门径，《小学考》[一]为治小学之门径，《音学五书》[二]为韵学之门径，《古今伪书考》[三]为读诸子之门径。学者先看此数书，由此而入，无不头头是道矣。

【笺注】

[一]《小学考》，清谢启昆撰。依《经义考》之例，把小学分为训诂、文字、声韵、音义四类加以著录。

[二]《音学五书》，顾炎武撰。包括《音论》、《诗本音》、《易音》、《唐韵正》、《古音表》。

[三]《古今伪书考》，姚际恒撰。关于此书的得失，可参见拙著《姚际恒〈古今伪书考〉评析》(载《文献辨伪学研究》，武汉大学出版社2007年版)。"《古今伪书考》为读诸子之门径"其实是一个伪命题，不足为据。

【附录】

龚自珍《定盦全集》文集补编卷四《与江子屏笺》："大著读竟。其曰《国朝汉学师承记》，名目有十不安焉，改为《国朝经学师承记》，敢贡其说。夫读书者，实事求是，千古同之，此虽汉人语，非汉人所能专，一不安也。本朝自有学，非汉学。有汉人稍开门径，而近加邃密者，有汉人未开之门径，谓之汉学，不甚甘心，不安二也。琐碎饾饤，不可谓非学，不得为汉学，三也。汉人与汉人不同，家各一经，经各一师，孰为汉学乎？四也。若以汉与宋为对峙，尤非大方之言。汉人何尝不谈性道？五也。宋人何尝不谈名物训诂，不足概服宋儒之心。六也。近有一类人，以名物训诂为尽圣人之道，经师收之，人师摈之，不忍深论，以诬汉人，汉人不受。七也。汉人有一种风气，与经无与，而附于经，谬以裨灶梓慎之言为经，因以汩陈五行，矫诬上帝，为说经大易，《洪范》身无完肤，虽刘向亦不免，以及东京内学，本朝何尝有此恶习，本朝人又不受矣。八也。本朝别有绝特之士，涵咏白文，创获于经，非汉非宋，亦惟其是而已矣，方且为门户之见者所摈。九也。国初之学与乾隆初年以来之学不同。国初人即不专立汉学门户，大旨欠区别。十也。有此十者，改其名目，则浑浑圆无一切语弊矣。”

孙宝瑄《忘山庐日记》：“过午阅《皇清经解》中惠氏《易述》及焦氏《易通释》。旧云：‘治经之法有三，曰以字解经，以经解理，以师说解经。’朱蓉生云：‘宗旨者，求道之门径；家法者，治经之门径。’所谓家法者，即师说也。其始也，不能不由斯入；其终也，守一先生之言而不化，犹非治经之上者也。故吾尝谓，无论何事，皆先专后化，不易之言也。”

清沈垚《落帆楼文集》卷八外集二：“读书二字，今殆将绝矣。夫小学，特治经之门户，非即所以为学。金石，特证史之一端，非即所以治史。精此二艺，本非古之所谓通儒，况但拾其唾余，以瓦砾炫耀耶？然能以此炫耀者，群奉为读书人。而不工世俗之书，不为昏夜之乞，虽有瓦砾之耀，终于进取，尺寸无获，故以瓦砾耀者，亦落落不数见也。”

俞樾《春在堂杂文》五编卷七《顾咏植西崖经说序》：经学至本朝而极盛矣。盖《易经》先后天之异说，《尚书》古文之伪本，皆经前人论定，而不复为其所蔀。至于治经之门径，以及声音训诂之学、古书假借之法，皆已悬之日月，昭若发蒙。生其后者，竭心思之，所至以求微言大义之所在，事半功倍，有由然矣。

【今按】再高明的门径书都难免有所误导，因为天下并没有包治百病的灵丹妙药。初学者首先需要认清门径，由此升堂入室。一俟学问成熟，又当扫除门径，自立门户，以免终生寄人篱下。

体例不可不熟第四十六

凡一书必有本书之大例，有句例，有字例。

学者读时，必先知其例之所存，斯解时不失其书之文体。如《易》明天道，《诗》尽人情，《书》道政事，《礼》详制度，《春秋》多微词，《尔雅》记言语异同，《论语》言治道不言治法之类[一]，此各书之大例也。

【笺注】

[一]宋李幼武《宋名臣言行录续集》卷二：“六经垂训，盖天所以奠世法也。三代以后，凡生民有一饭之安，皆六经之功。世盖由之而不知久矣。独恨更秦之祸，礼乐缺亡，而近者王安石以经术自任，又废其一，意谓鲁史既亡，而‘三传’不足取信，则《春秋》永无复可考，不知圣人作经，岂不料后世绵远，群言次第湮没，而此经独存，当是时圣人岂不欲明其说于天下？且人之立言，辞不达意，而必待补足其说，则其义亦谬矣，而圣人之经岂乃至此是，弗思之甚也！昔韩宣子适鲁，见《易象》与《鲁春秋》，曰：‘周礼尽在鲁矣。’《易》明天道，而《春秋》著世法，然则文王之《易》、孔子之《春秋》，皆周礼之所在也。愿下明诏，复立《春秋》学官，三岁贡举，遂以取士，庶几共讲圣人之遗经，以辅世教。并从之。”明朱右《白云稿》卷三《文统》：“羲轩之文见诸图画，唐虞稽诸

典谟，三代具诸《易》、《书》、《诗》、《礼》、《春秋》。遭秦燔灭，其幸存者犹章章可睹。故《易》以阐象，其文奥；《书》道政事，其文雅；《诗》发性情，其文婉；《礼》辨等威，其文理；《春秋》断以义，其文严。”

而《易》无虚象①，《诗》无达诂，《书》有各代史笔之不同，《春秋》有“三传”记载之各别，“三礼”典制异而统同，《尔雅》训诂同而亦异，此句例、字例之②宜讲也。

注家亦有例，如马、郑之《易》皆费氏古文，伏、孔《尚书》今古互异，毛公传《诗》亦守古本，郑注“三礼”则据今文（观其注称故书可见），何氏、范氏深通《公》、《穀》之义，贾逵、服虔乃得《左氏》之传，此注家之例之分也。

至于诸子、各史，皆有大例。学者欲读其书，宜先知其例。书例既明，则其义可依类而得矣。

【附录】

黄以周《群经说》卷二《申毛传匪绍匪游义》：“一书有一书之例。不通其例，触处皆碍。”（《续修四库全书》第178册第621页）

徐敬修《经学常识》第四章《治经之方法》第一节《古人治经之方法》：“当通大谊。班志云：‘仲尼没而微言绝，七十子丧而大义乖。’微言已绝，不可复续。汉人有为之者，然其书久亡。《汉书·儒林传》：丁宽作《易说》三万言，训故举大谊，是易有大义也；其他如《书》、《诗》、《礼》、《春秋》等经，亦莫不有大义也；大义明而后六经如日月之昭垂，治经之能事毕矣。”（《民国时期经学丛书》第一辑第四册第158页）

黎温《六经奥论序》曰：“经以载道，先儒言之备矣。盖《易》以究阴阳，《书》以道政事，《诗》以理性情，《春秋》以明褒贬，《礼》以谨节文，《乐》以致中和。故洁静精微，《易》教也；疏通知远，《书》教也；温柔敦厚，《诗》教也；属辞比事，《春秋》教也；恭俭庄敬，《礼》教也；广博易良，《乐》教也。是以圣人作经垂训之功不亦大乎！”（见《经义考》卷二百四十五）

严天麟《五经疑义》卷一：“六经各有体：《易》道阴阳，《书》道政事，《春秋》道名分，而《诗》道性情，其旨与各经不同。”（《续修四库全书》第171册第621页）

宋李幼武《宋名臣言行录续集》卷二：“《易》明天道，而《春秋》著世法。然则文王之《易》、孔子之《春秋》，皆周礼之所在也。愿下明诏，复立春秋学官，三岁贡举，遂以取士，庶几共讲圣人之遗经，以辅世教。”

宋佚名《靖康要录》卷五少宰吴敏札子：“六经垂训，盖天地所以奠世法也。……《易》明天道，而《春秋》著王法，皆一气所成，然则文王之作《易》，孔子之作《春秋》，是皆《周礼》之所在也。”

严天麟《五经疑义》卷一“六经各有体”：“《易》道阴阳，《书》道政事，《春秋》道名分，而《诗》道性情，其旨与各经不同、三百篇皆约情合性，而归之道德。然未尝有道德字，亦未尝有性情字。如二南耆修身齐家其旨也，其言琴瑟、钟鼓、荇菜、芣苢……鼠牙、雀角，何尝有修齐字耶？皆意在言外，使今自悟。至于变风变雅，尤为含蓄言之者，无罪而听之者，亦足为戒。”

清王鸣盛《蛾术编》卷一“五经先后次叙”：“以义理言之：《易》究阴阳，《书》道政事，《诗》理性情，《礼》、《乐》以象治功之成，《春秋》以立褒贬之法，先后亦不紊也。”

清秦瀛《小岘山人集》文集卷三《诗测序》：“古之善言《诗》者，莫孟子若也。孟子曰：‘不以文

---

① 惠士奇《易说》卷五：“凡失物而占遇此爻不必追寻旬内自得。以此推之，则六十四卦无虚象，信矣！”

② 广文本刊语云：“之”疑当作“之所”。

害词，不以词害志。以意逆志，是为得之。’读《诗》之法尽是矣。盖诗以言志。《诗》之为道，非他经比。《易》主乎理与数，《书》道政事，《春秋》据事直书，《礼》详制度轨物，其言皆质。而《诗》则赋少而比兴多，辅轩所采，太师所掌，类不必定其为何人之诗，而又托诸劳人思妇、鸟兽草木以自隐其意，长言之，咏叹之，往往旨趣所存，令读者自得之于语言文字之外。”（《续修四库全书》第1465册）

清沈起元《敬亭诗文》文稿卷一：“夫封建之于郡县，古今一大变也。天地之气，积数千年而必穷，穷则必变。机动于春秋，势成于战国，即非秦政、李斯于战国之后，而欲复封建，汤武不为，何也？封建自洪荒以来，相因之旧，虞、夏、商之诸侯不可考，周制大封同姓，计止数十国参错其间，余皆兴灭继绝耳。今自战国并吞，举虞夏以来世守之国芟夷已尽，即圣人定天下，安所得千百当封之人而裂之土田乎？举天下尽立新主彼蚩蚩者能永戴之乎？此必溃之道也。自非郡县不可，圣人无如何也。是故圣人知法久之必变也。所讲明论著以垂教万世者，不言治法而言治道。虞廷言执中，《洪范》言建极，言八政，《大学》言修身，言絜矩，《中庸》言致中和，言达道达德，九经以之为治则必不乱，以之为守则必不失，此万世不易之道，不在封建、郡县之法制间矣。”

【今按】上述各条皆明大例，可与《经解入门》合参。抓住一书之大例，则事半功倍。读书先明其大例，此乃读书之良法。

经解入门卷七

不可增字解经第四十七

经典之文，自有本训①。得其本训，则文义适相符合，不烦言而已解；失其本训，而强为之说，则杌陧②不安，乃于文句之间，增字以足之，多方迁就，而后得申其说。此强经以就我③，而究非经之本义也。

如《蹇》六二："王臣蹇蹇，匪躬之故。"故，事也，言王臣不避艰难者，皆国家之事，而非其身之事也（详本条下，后仿此）。而解者曰："尽忠于君，匪以私身之故，而不往济君。"(《正义》)④则于"躬"上增"以"字、"私"字，"故"下增"不往济君"字矣。

《既济》六四："繻有衣袽。"繻乃"襦"之借字，言人之于襦，或衣其敝坏者也。而解者曰："繻（当言）［宜曰］濡衣，袽所以塞舟漏也。夫有隙之弃舟，而得济者有衣袽也。"(《王注》)⑤则于"繻"上增"舟"字，"有衣袽"下增"塞"字矣。

《系辞传》："圣人以此洗心。"洗与先通，先犹道也，言圣人以此道其心思也。而解者曰："洗濯万物之心。"(韩注)则于"心"上增"万物"字矣。

---

① 本训：训诂用语，谓字的本义。曾国藩《与朱仲我书》："凡古今文字，何字不有虚实两用？如'履'字以实用者为本训，而《羽猎赋》之'履般首'则虚用矣。"

② 杌陧：危殆，不安。

③ 程廷祚《大易择言》卷九："说经者必宜以我从经，而无强经以就我也。"

④ 《周易注疏》卷七曰："王臣蹇蹇，匪躬之故者，王谓五也，臣谓二也。九五居于王位，而在难中。六二是五之臣，往应于五，履正居中，志匡王室，能涉蹇难，而往济蹇，故曰王臣蹇蹇也。尽忠于君，匪以私身之故，而不往济君，故曰匪躬之故。象曰终无尤者，处难以斯，岂有过尤也。"

⑤ 《周易注疏》卷十："'六四，繻有衣袽，终日戒。'注：'繻宜曰濡衣。袽所以塞舟漏也。履得其正，而近不与三五相得。夫有隙之弃舟，而得济者，有衣袽也。'"《程氏易传》："繻当作濡，谓渗漏也。舟有罅漏，则塞以衣袽。"李鼎祚《周易集解》引虞翻曰："袽，败衣也。"

《序卦传》："物不可终壮，故受之以《晋》。"晋者，进也，言物不可终止，故进之也；壮者止也（见下）。而解者曰："晋，以柔而进止也。"（韩注）则于"晋"上增"柔"字矣。

《杂卦传》："大壮则止。"言"壮"之训为"止"也。而解者曰："大正则小人止。"（韩注）则于"大"下增"正"字、"止"字上增"小人"字矣。

"嚣速也。"言咸之训为速也，而解者曰："物之相应，莫速乎咸。"（韩注）则于"速"上增"相应"字矣。

《尧典》："汤汤洪水方割。"方，旁也，遍也，言洪水遍害下民也。而解者曰："大水方方为害。"（某氏传①）则于"方"下增"方"字矣。

"柔远能迩。"能，善也，言善于近者也。而解者曰："能安远者，先能安近。"（王注）②则于"能"下增"安"字矣。

《皋陶谟》："烝民乃粒。"粒读为立，立，定也，言众民安定也。而解者曰："众民乃服粒食。"（郑注）则于"粒"下增"食"字矣。

《盘庚》："由乃在位。"由，正也，而解者曰："教民使用汝在位之命。"（某氏传）则于"在位"下增"命"字矣。

"暂遇奸宄。"暂之言渐也、诈也，遇之言隅也、差也。而解者曰："暂遇人而劫夺之。"（某氏传）则于"暂遇"下增"人"字及"劫夺"字矣。

"无遗育。"育读为胄，胄，裔也，而解者曰："无遗长其类。"（某氏传）则于"育"下增"类"字矣。

《洪范》："聪作谋。"谋读为敏，言聪则敏也。而解者曰："上聪则下进其谋。"（马注③）则于"谋"上增"下进"字矣。

《金縢》："敷佑四方。"敷，遍也，言遍佑四方之民也。而解者曰："布其道以佑助四方。"（某氏传）④则于"敷"下增"道"字矣。

《康诰》："应保殷民。"应，受也，言受保殷民也。而解者曰："上以应天，下以安我所受殷之民众。"（某氏传）则于"应"下增"天"字矣。

《召诰》："用又民若有功。"言用此治民乃有功也。而解者曰："顺行禹、汤所以成功。"（某氏传）则于"若"下增"禹汤"字矣。

《无逸》："则知小人之依。"依之言隐也，痛也，言知民隐也。而解者曰："知小人之所依怙。"又曰："小人之所依，依仁政。"（并某氏传）则于"依"下增"所"字矣。

"以庶邦惟正之供。"以，与也，正，与政同，言与庶邦惟政是奉也。而解者曰："以众国所取法，则当以正道供待之故。"（某氏传）则于"惟正之供"下增"故"字矣。

《君奭》："有殷嗣天灭威。"威，德也，言有殷之君，继天出治，而乃灭德不务也。而解者曰："有殷嗣子不能平，至天灭亡，加之以威。"（某氏传）则于"威"上增"加"、

---

① 某氏传：即《尚书》伪孔氏传，下同。

② 《尚书注疏》卷二引王肃云："能安远者，先能安近。知不然者，以牧在远方，故据远近之惇德者，令人君厚行德也。"

③ 马注：即马融注，见《史记》卷三十八所引。

④ "某氏传"，余萧客《古经解钩沉》卷五引作"马传"。

"以"字矣。

"以予监于殷丧大否。"言与予共监于殷之丧亡，皆由大不善也。而解者曰："以我言视于殷丧亡大否。"(某氏传)则于"予"下增"言"字矣。

"罔不率俾。"言莫不率从也。而解者曰："率，循也，俾，使也，四海之内无不循度而可使。"(某氏传)则于"率"下增"度"字、"俾"下增"可"字矣。

《吕刑》："罔有择言在身。"择读为斁，斁，败也，言罔有败言出乎身也。而解者曰："无有可择之言在其身。"(某氏传)则于"择"上增"可"字矣。

"哲人惟刑。"哲读为折，折之言制也，言制民人者惟刑也。而解者曰："言智人惟用刑。"(某氏传)则于"刑"上增"用"字矣。

《泰誓》："我尚有之。"有者，相亲也，言我尚亲之也。而解者曰："我庶几欲有此人而用之。"① (某氏传) 则于"有"下增"欲"字矣。

《周南》："振振公姓。"② 姓，子孙也。而解者曰："公姓，公同姓。" (毛传)则于"姓"上增"同"字矣。

《邶风》："终风且暴。"终犹既也，言既风且暴也。而解者曰："终日风为终风。"(毛传) 则于"终"下增"日"字矣。③

《卫风》："虽则佩觿，能不我知。"④ 能读为而，言虽则佩觿而不知我也。而解者曰："不自谓无知以骄慢人也。" (毛传) 则于"不"下增"自谓"字、"知"上增"无"字矣。

《小雅》："有实其猗。"猗读为阿，言实实然广大者山之阿也。而解者曰："以草木平，沟其旁，倚之畎谷。" (郑笺) 则于"有"下增"草木"字、"猗"下增"畎谷"字矣。

"曾是不意。"言曾是不度也。而解者曰："女增不以为意乎?" (郑笺) 则于"是"上增"以"字、"意"上增"为"字矣。

"昊天罔极。"极犹常也，言昊天无常，降此鞠凶也。而解者曰："昊天乎我心无极。"(郑笺) 则于"罔极"上增"我心"字矣。

《大雅》："依其在京。"依，盛貌，言文王之众之盛，依然其在京地也。而解者曰："文王发其依居京地之众。"(郑笺) 则于"依"上增"发"字矣。

"摄以威仪。"摄，佐也。而解者曰："摄者收敛之言，各自收敛以相佐助，为威仪之事。"(正义) 则于"佐"上增"收敛"字矣。

"无纵诡随。"诡随，谲诈也。而解者曰："诡人之善，随人之恶。" (毛传) 则于"诡"下增"善"字、"随"下增"恶"字矣。

"曾是强御。"御亦强也。而解者曰："强梁御善也。"(毛传) 则于"御"下增"善"

① 日本山井鼎《七经孟子考文补遗》卷三十一："我今庶几欲有此人而用之。'欲'上有'敬'字。"

② 见《诗经·麟之趾》。

③ 终风：《汉语大词典》引毛传："终日风为终风。"又曰："《韩诗》以终风为西风。后多以指大风、暴风。"

④ 见《诗经·芄兰》。

字矣。

《檀弓》："忌日不乐。"谓不作乐也。而解者曰："惟忌日不为乐事。"（正义）则于"乐"上增"为"字、"乐"下增"事"字矣。

《月令》："措之于参保介之御间。"当依《吕氏春秋》作"参于"。而解者曰："勇士参乘。"（郑注）则于"参"下增"乘"字矣。

《礼器》："设于地财。"言合于地财也。而解者曰："所设用物为礼，各是其土地之物。"（正义）则于"设"下增"物"字、"地财"上增"是其"字矣。

《郊特牲》："不敢私觌，所以致敬也，承执圭而使言之。"谓聘非谓朝也。而解者曰："其君亲来，其臣不敢私见于主国君。"（郑注）则于"不敢私觌"上增"其君亲来"字矣。

"为人臣者，无外交，不敢贰君也。"贰，并也，言不敢比并于君也。而解者曰："不敢贰心于他君"（正义）则于"贰"下增"于他"字矣。

《乐记》："感条畅之气，灭和平之德。"条畅读为涤荡，涤荡之气，谓逆气也。而解者曰："动人条畅之善气。"（郑注）则于"气"上增"善"字矣。

《儒行》："居处齐难。"难与熯同，敬也。而解者曰："齐庄可畏难。"（郑注）则于"难"下增"可畏"字矣。

隐六年《左传》："恶之易也，如火之燎于原。"谓恶之延也。而解者曰："言恶易长。"（杜注）则于"易"下增"长"字矣。

九年传："宋公不王。"谓不朝于王也。而解者曰："不供王职。"（杜注）则于"王"上增"共"字、"王"下增"职"字矣。

桓二年传："今灭德立违。"违之言回也、邪也，谓立邪臣也。而解者曰："谓立华督违命之臣。"（杜注）则于"违"下增"命"字矣。

庄十八年传："王飨醴命之宥。"言命虢公、晋侯与王相酬酢也。而解者曰："命以币物，所以助欢敬之意。"（杜注）则于"命"之下增"以币物"字矣。

僖九年传："以是藐诸孤。"诸读为者，言藐然小者孤也。而解者曰："言其幼稚与诸子县藐。"（杜注）则于"诸"下增"子"字矣。

二十四年传："昔周公吊二叔之不咸。"言管、蔡不和睦也。而解者曰："伤夏、殷之叔世，疏其亲戚，以至灭亡。"（杜注）则于"叔"下增"世"字、"不咸"上增"亲戚"字矣。

二十八年传："有渝此盟，以相及也。"及乃反之讹，相反者相违也。而解者曰："以恶相及。"（杜注）则于"以"下增"恶"字矣。

宣二年传："舍于翳桑。"翳桑，地名也。而解者曰："翳桑，桑之多阴翳，故宣子舍于其下也。"（杜注）则于"翳桑"下增"下"字矣。

成二年传："余虽欲于巩伯。"谓好巩伯也。昭十五年传："臣岂不欲吴。"谓好朝吴也。而解者于"欲于巩伯"曰："欲受其献。"（杜注）则于"欲"下增"受其献"字；于"岂不欲吴"曰："非不欲善吴。"（杜注）则于"欲"下增"善"字矣。

成十八年传："师不陵正，旅不偪师。"谓群有司也。而解者曰："师二千五百人之帅也，旅五百人之帅也。"（杜注）则于"师"、"旅"下增"帅"字矣。

襄十四年传："商旅于市。"旅谓传言也。而解者曰："陈其货物，以示时所贵尚。"

(杜注)则于“旅”下增“货物”字矣。

二十三年传：“则季氏信有力于臧氏矣。”臧乃孟之讹，谓有功于孟氏也。而解者曰：“季氏有力过于臧氏。”(杜注)则于“有力”下增“过”字矣。

二十九年传：“五声和，八风平。”谓八音克谐也。而解者曰：“八方之气，谓之八风。”(杜注)则于“八”下增“方”字矣。

三十年传：“女待人归，义事也。”义读为仪，仪度也，谓妇当度事而行不必待人也。而解者曰：“义从宜也。”(杜注)则于“义”上增“从”字矣。

昭元年传：“造舟于河。”造，比次也，言比次其舟，以为梁也。而解者曰：“盖造为至义，言船相至而并比也。”(正义)则于“比次”上增“至”字矣。

七年传：“愿与诸侯落之。”落，始也，与诸侯升也。而解者曰：“以酒浇落之。”(正义)则于“落”下增“以酒浇”字矣。

“圣人有明德者，若不当世，其后必有达人。”圣人谓弗父正考父也。而解者曰：“圣人之后，有明德而不当大位，谓正考父。”(杜注)则于“圣人”下增“之后”字矣。

“官职不则。”则犹等也、钧也。而解者曰：“治官居职不一法。”(杜注，盖训“则”为“法”）则于“则”上增“一”字矣。

十年传：“孤斩焉在衰绖之中。”斩之言憯，哀痛忧伤之貌。而解者曰：“既葬未卒哭，故犹服斩衰。”(杜注)则于“斩”下增“衰”字矣。

二十九年传：“官宿其业。”宿与夙通，谓官敬其业也。而解者曰：“宿，安也。”(杜注)“安心思其职业。”(正义)则于“宿”下增“思”字矣。

哀九年传：“宋方吉不可与也。”与犹敌也。而解者曰：“不可与战。”(杜注)则于“与”下增“战”字矣。

隐三年《公羊传》：“曰某月某日朔，日有食之者，食正朔也。”正，当也，言日食当月之朔也。而解者曰：“食不失正朔也。”(何注)则于“正”上增“不失”字矣。

“以吾爱与夷，则不若爱女。”当作“以吾爱女，则不若爱与夷”。而解者曰：“以吾爱于与夷，则不止如女而已。”(疏①) 则于“不”下增“止”字矣。

九年传：“何异尔俶甚也。”谓厚甚。而解者曰：“俶，始怒也。”(何注)则于“俶”下增“怒”字矣。

桓十一年传：“突可，故出，而忽可，故反。”故，必也，言突可使之必出，忽可使之必反也。而解者曰：“突可，以此之故，出之；忽可，以此之故，反之。”(疏)则于“故”上增“以此”字矣。

“是不可得则病，然后有郑国。”言突可出，忽可反，若不可得，则以为大耻，谋国之权如是，然后能保有郑国也。而解者曰：“已虽病逐君之罪讨出突，然后能保有郑国。”

---

① 《春秋公羊传序考证》：《唐志》惟载《春秋正义》三十六卷，孔颖达等撰，又杨士勋《穀梁传疏》十二卷，而《公羊疏》不言撰人，是以宋刻《十三经疏》，惟公羊不书撰疏名氏。历代相沿至今。今考《唐志》固不言撰疏人名氏，《宋志》则既以《公羊疏》三十卷与孔颖达《左传正义》、杨士勋《穀梁疏》并列矣。又云：徐彦《公羊疏》三十卷，不知同乎？异乎？抑共此一书特前后重见以传疑乎？马端临《文献通考》谓：《崇文总目》不著撰人名氏，而王应麟《小学绀珠》直谓《公羊疏》徐彦撰，倘即《宋史》所据乎？抑别有考也。

(何注)则于“然后”上增“讨出突”字矣。

庄四年传：“此非怒与。”怒者大过也。而解者曰：“怒，迁怒。”(何注)则于“怒”下增“迁”字矣。

僖十二年传：“吾虽丧国之余。”谓宋为殷后也也。而解者曰：“我虽前几为楚所丧，所以得其余民以为国。”(何注)则于“丧”上增“几为楚所”字、“余”下增“民”字矣。

二十六年传：“师出不必反，战不正胜。”谓师出不必反，战不必胜也。而解者曰：“不正，自谓出当复反，战当必胜。”(何注)则于“不正”下增“自谓”字矣。“未得乎取谷也。”言未为计之得也。而解者曰：“未可为得意于取谷。”(何注)则于“得”下增“意”字矣。

襄五年传：“相与往，殆乎晋也。”殆乃治之假借。而解者曰：“殆疑疑谳于晋。”(何注)则于“殆”下增“谳”字矣。

庄元年《穀梁传》：“接练时，录母之变，始人之也。”人与仁通，谓怜哀之也。而解者曰：“始以人道录之。”(范注)则于“人”下增“道”字矣。

《文八年传》：“其以官称之，无君之辞也。”言其专擅无君也。而解者曰：“无人君之德。”(范注引郑氏《（释）［起］废疾》)则于“君”下增“德”字矣。

《尔雅·释诂》：“尸，寀也。”寀即主宰之宰。而解者曰：“谓寀地。”(郭注)则于“寀”下增“地”字矣。“寀，官也。”寀即官宰之宰。而解者曰：“官地为寀。”(郭注)则于“官”下增“地”字矣。

“写、繇，忧也。”写即鼠之假借。而解者曰：“有忧者思散写。”(郭注)则于“写”下增“思散”字矣。繇，愮之假借。而解者曰：“繇役亦为忧愁。”(郭注)则于“忧”上增“亦”字矣。

“伦、敕、愉，劳也。”伦当读勋劳之勋，敕当作劳勑之勑，愉即当读愈病也之愈。而解者曰：“伦理事务以相约，敕亦为劳。”(郭注)则于“劳”上增“亦为”字矣。又曰：“劳苦者多惰愉。”(郭注)则于“愉”下增“多惰”字矣。

“载、谟，伪也。”伪即作为之为。而解者曰：“载者，言而不信；谟者，谋而不忠。”(郭注)则于“载”下增“不信”字、“谟”下增“不忠”字矣。

“功、绩、明，成也。”盖成谓之功，又谓之绩，又谓之明也。而解者曰：“功绩皆有成事，有分明，亦成济也。”(郭注)则于“成”上增“有”字、“亦”字矣。

“仪，榦也。”直训仪为榦也。而解者曰：“仪表亦体榦。”(郭注)则于“榦”上增“亦”字矣。

“强，当也。”直训强为当也。而解者曰：“强者好与物相当值。”(郭注)则于“当”上增“好与物相”字矣。

“苦，息也。”苦即《诗》“王事靡盬”之“盬”。而解者曰：“劳苦者宜止息。”(郭注)则于“息”上增“宜”字矣。

“荐，臻也。”谓荐与臻皆训为至也。而解者曰：“荐，进也，故为臻臻至也。”(郭注)则于“臻”上增“进”字矣。

《释言》：“昵，亟也。”昵为相亲爱之亟。而解者曰：“亲昵者亦数。”(郭注)则于“亟”上增“亦”字矣。

“矜，苦也。”直训矜为苦也。而解者曰：“可矜怜者亦辛苦。”（郭注）则于“苦”上增“亦辛”字矣。

“栗，戚也。”戚读为蹙，栗与蹙皆敬谨之义也。而解者曰：“战栗者忧戚。”（郭注）则于“戚”上增“忧”字矣。

“坎，铨也。”坎乃次之讹。而解者曰：“坎卦水也，水性平，铨亦平也。”（郭注）则于“坎”下增“水性平”字矣。

“窕，肆也。”谓极深也。而解者曰：“轻佻者好放肆。”（郭注）则于“肆”上增“好放”字矣。

“肆，力也。”肆读为肄，肄与力皆谓勤劳也。而解者曰：“肆极力。”（某氏传）则于“力”上增“极”字矣。

“谋，心也。”谓思虑也。而解者曰：“谋虑以心。”（郭注）则于“心”上增“以”字矣。

“烝，尘也。”烝与尘皆谓久也。而解者曰：“人众所以生尘埃。”（郭注）则于“尘”上增“所以生”字矣。

“服，整也。”直训服为整也。而解者曰：“服御之令齐整。”（郭注）则于“整”上增“令”字矣。

“讯，言也。”讯与言皆问也。而解者曰：“讯问以言。”（郭注）则于“言”上增“以”字矣。

《释器》：“绚谓之救。”谓罥也。而解者曰：“救丝以为绚。”（郭注）则于“救”下增“丝”字矣。

“律谓之分也。”谓捕鸟毕也。而解者曰：“律管可以分气。”（郭注）则于“分”上增“可以”字、“分”下增“气”字矣。

《释山》：“重甗隒。”甗即岸之假借。而解者曰：“山形如累两甑。”（郭注）则于“重甗”上增“如”字矣。

此皆不得其正解，而增字以迁就之。治经者，苟三复文义，而心有未安，虽舍旧说以求之可也。如欲增其字以解之，则断断乎不可[一]。

【笺注】

[一]皮锡瑞《礼记浅说》卷上：“‘器用陶匏，尚礼然也。’注：‘此谓大古之礼器也。’正义曰：‘此乃贵尚古之礼自然也。’谨案：注云大古，即解经之尚字，大古犹云上古，‘尚’与‘上’古通用，故上古之书谓之《尚书》。《诗》上慎旃哉，上入执公，功人上乎由行，其义皆当为尚，尚礼然也，犹曰古礼然也。正义解尚为贵，尚然为自然，增字解经，失之。”

不可妄改经文第四十八

昔康成注经，确守古本，后人犹有改经之议[一]。况后生小子，初解读经，倘于义有未安，辄改其文，蔑经奚甚！且今之所据以为定本者，唯《注疏》与《经典释文》而已。亦知经典讹误之文，有《注疏》、《释文》已误者，亦有《注疏》、《释文》未误而后人据已误之文改之者，学者但见已改之本，以为《注疏》、《释文》所据之经已与今本同，而知其实不同也。

【笺注】

［一］清盛世佐《仪礼集编》卷一："郑注改经之失，姜氏（指清人姜兆锡，著有《仪礼经传》——引者注）论之详矣。今即以注所言论之，卷帻及帼皆缺项之遗制，而滕薛又名帼为頍，则頍亦缺项之别名耳，何必改经以从方言耶？"

如《易·系辞传》："莫善乎蓍龟。"《唐石经》"善"误为"大"［一］，而诸本因之，后人又改正义之"善"为"大"，妄矣。《小雅·十月之交》篇："山冢卒崩。"①［二］《唐石经》误依《释文》"卒"作"崒"，而诸本因之，后人又改笺及正义之"卒"作"崒"，妄矣。《天官·司书》："凡上之用财。"《唐石经》"财"下衍"用"字，而诸本因之，后人又改疏"之用财"为"用财"，妄矣。

【笺注】

［一］宋俞琰《周易集说》卷三十一："秀岩李氏曰：'莫大乎蓍龟，古本作莫善乎蓍龟。'"惠栋《周易述》卷十六："莫善乎蓍龟，阴阳之微，乾坤之元，故称善也，是故天生神物，圣人则之。"《经典释文》卷二："莫善乎蓍龟，本亦作莫大。"

［二］原诗云："烨烨震电，不宁不令。百川沸腾，山冢卒崩。高岸为谷，深谷为陵。"

《春官·肆师》："表貉则为位。"［一］《唐石经》"表"上衍"祭"字，而诸本因之，后人又改司几筵注之"表貉"为"祭表貉"，妄矣。《秋官·象胥》："次事士。"［二］旧本"士"上衍"上"字，后人又增"上"字于注内，妄矣。《燕礼》："阍人为烛于门外。"［三］后人于"烛"上加"大"，又加于《注疏》内，妄矣。《聘礼》："遂以入。"《唐石经》"入"下衍"竟"字，而诸本因之，后人又加"竟"字于《注疏》内［四］，妄矣。《士丧礼》下篇："众主人东即位。"［五］旧本脱"主"字，后人又改疏以从之，妄矣。《特牲馈食礼》："佐食尔黍于席上，反黍于其所。"［六］《唐石经》"黍"下并衍"稷"字，而诸本因之，后人又改少牢疏以从之，妄矣。

【笺注】

［一］凡四时之大甸猎祭表貉，则为位。

［二］《周礼注疏》卷三十八："象胥掌蛮夷、闽貉、戎狄之国使，掌传王之言而谕说焉，以和亲之。若以时入宾，则协其礼与其辞言传之。凡其出入送逆之礼，节币帛辞令而宾相之。凡国之大丧，诏相国客之礼仪，而正其位。凡军旅会同，受国客币，而宾礼之。凡作事，王之大事诸侯，次事卿，次事大夫，次事上士，下事庶子。"

［三］《仪礼·燕礼》："甸人执大烛于庭，阍人为烛于门外。"后人于"烛"上加"大"，似因上句而衍。

［四］《仪礼注疏》卷八："君使士请事，遂以入竟。入竟，敛旜乃展。"

［五］原文为："众主人东即位，妇人阼阶上西面。主人拜宾，大夫特拜，士旅之。即位踊，袭绖于序东复位，乃奠。"

［六］原文为："主人拜，尸答拜。祝命尔敦，佐食尔黍稷于席上，设大羹湆于醢北，举肺脊以授尸，尸受振祭哜之，左执之，乃食。"

《大戴礼·曾子立事篇》："患其不能以让也。"［一］旧本"患"误作"贵"，后人删

---

① 清范家相《三家诗拾遗》卷一据《汉书》作"山冢卒崩"。

“不”字、“以”字，并改卢注，妄矣。《卫将军文子篇》：“盖三千就焉。”[二]旧本脱“千”字，后人又改卢注，妄矣。《曲礼》：“前有车骑，则载鸿。”[三]《唐石经》“鸿”上衍“飞”字，而诸本因之，后人又加“飞”字于正义内，妄矣。“使自称曰某。”[四]《唐石经》“使”下衍“者”字，而诸本因之，后人又加“者”字于正义内，妄矣。“豚曰腞肥。”[五]《唐石经》依正义改“腞”为“腯”，而诸本因之，后人又据以改正义及《释文》，妄矣。

【笺注】

[一]原文为：“君子既学之，患其不博也；既博之，患其不习也；既习之，患其无知也；既知之，患其不能行也；既能行之，贵其能让也；君子之学，致此五者而已矣。”

[二]文子曰：“吾子学焉，何谓不知也。”子贡对曰：“贤人无妄，知贤则难，故君子曰：‘知莫难于知人。’此以难也。”文子曰：“若夫知贤，人莫不难；吾子亲游焉，是敢问也。”子贡对曰：“夫子之门人，盖三就焉；赐有逮及焉，有未及焉，不得辩知也。”文子曰：“吾子之所及，请问其行也。”

[三]史载笔，士载言。前有水，则载青旌。前有尘埃，则载鸣鸢。前有车骑，则载飞鸿。前有士师，则载虎皮。前有挚兽，则载貔貅。(《礼记·曲礼上》)

[四]天子之妃曰后，诸侯曰夫人，大夫曰孺人，士曰妇人，庶人曰妻。公侯有夫人，有世妇，有妻，有妾。夫人自称于天子曰老妇，自称于诸侯曰寡小君，自称于其君曰小童。自世妇以下自称曰婢子。子于父母则自名也。列国之大夫，入天子之国曰某士，自称曰陪臣某，于外曰子，于其国曰寡君之老。使者自称曰某。(《礼记·曲礼下》)

[五]凡祭宗庙之礼，牛曰一元大武，豕曰刚鬣，豚曰腯肥，羊曰柔毛，鸡曰翰音，犬曰羹献，雉曰疏趾，兔曰明视，脯曰尹祭，槁鱼曰商祭，鲜鱼曰脡祭，水曰清涤，酒曰清酌，黍曰芗合，粱曰芗萁，稷曰明粢，稻曰嘉蔬，韭曰丰本，盐曰咸鹾，玉曰嘉玉，币曰量币。(《礼记·曲礼下》)《曲礼》云：“豚曰腯肥。”郑注云：“腯，亦肥也。腯充貌也。”《左·桓六年传》云：“吾牲牷肥腯。”又云：“奉牲以告曰：博硕肥腯。”(《墨子间诂》卷三)

《檀弓》：“丧三年，以为极，亡则弗妄之矣。”[一]“亡”字属下读，后人依《释文》以“亡”字属上读，又于正义内“极”下加“亡”字，妄矣。“先王之所以难言也。”[二]《唐石经》初刻有“以”字，改刻删之，后人又于正义内删“以”字，妄矣。《王制》：“亦弗欲生也。”[三]《唐石经》“欲”讹作“故”，而诸本因之，后人又改正义以从之，妄矣。《月令》：“还乃赏公卿诸侯大夫于朝。”[四]旧本“乃”误作“反”，后人又改孟冬正义以从之，妄矣。“孟（冬）［春］行夏令，则风雨不时。”[五]唐《月令》改“风雨”为“雨水”，而诸本因之，后人又改正义以从之，妄矣。“蚕事既毕。”[六]旧本脱“既”字，后人又于正义内删“既”字，妄矣。“孟夏行春令，则虫蝗为灾。”[七]后人改“虫蝗”为“蝗虫”，又改《注疏》、《释文》以从之，妄矣。“度有短长。”[八]与“裳”、“量”、“常”为韵，旧本“短长”误作“长短”，后人又改正义以从之，妄矣。“毋逆天数。”[九]旧本“天”误作“大”，后人又于正义内加“善”为“大”，妄矣。《唐石经》“善”误为“大”，而诸本因之，后人又改正义之“之大”二字，妄矣。

【笺注】

[一]子思曰：“丧三日而殡。凡附于身者，必诚必信，勿之有悔焉耳矣。三月而葬。凡附于棺者，必诚必信，勿之有悔焉耳矣。丧三年。以为极亡，则弗之忘矣。故君子有终身之忧，而无一朝之患，故忌日不乐。”(《礼记·檀弓上》)

[二]丧有死之道焉，先王之所难言也。(《礼记·檀弓下》)

[三]爵人于朝，与士共之。刑人于市，与众弃之。是故公家不畜刑人，大夫弗养。士遇之涂，弗与言也。屏之四方，唯其所之。不及以政，亦弗故生也。(《礼记·王制》)

[四]立春之日，天子亲帅三公、九卿、诸侯、大夫，以迎春于东郊。还反，赏公卿诸侯大夫于朝。(《礼记·月令》)

[五]孟春行夏令，则雨水不时，草木蚤落，国时有恐；行秋令，则其民大疫，猋风暴雨总至，藜莠蓬蒿并兴；行冬令，则水潦为败，雪霜大挚，首种不入。(《礼记·月令》)

[六]是月也，聚畜百药，靡草死，麦秋至，断薄刑，决小罪，出轻系。蚕事毕，后妃献茧，乃收茧税。(《礼记·月令》)

[七]孟夏行秋令，则苦雨数来，五谷不滋，四鄙入保；行冬令，则草木蚤枯，后乃大水，败其城郭；行春令，则蝗虫为灾，暴风来格，秀草不实。(《礼记·月令》)

[八]是月也，养衰老，授几杖，行麋粥饮食。乃命司服，具饬衣裳，文绣有常，制有小大，度有短长，衣服有量，必循其故，冠带有常。命有司，申严百刑，斩杀必当，无或枉桡，枉桡不当，反受其殃。(《吕氏春秋·仲秋纪》)

[九]凡举大事，毋逆大数，必顺其时，慎因其类。(《礼记·月令》)

《礼器》："必先有事于郊宫。"[一]后人改"郊宫"为"泮宫"，又改注以从之，妄矣。《丧服小记》："齐衰带恶笄以终丧。"[二]《唐石经》脱"带"字，而诸本因之，后人又于正义内删"带"字，妄矣。《少仪》："枕颖几杖。"[三]《唐石经》误倒"颖"字于"几"下，而诸本因之，后人又改正义以从之，妄矣。《乐记》："曲直，繁省，廉肉，节奏。"[四]《唐石经》依《释文》改"省"为"瘠"，而诸本因之，后人又改注及正义以从之，妄矣。《丧大记》："先入右。"[五]《唐石经》"入"下衍"门"字，而诸本因之，后人又加"门"字于正义内，妄矣。《祭义》："敷之而横乎四海。"[六]《唐石经》"敷"误作"溥"，而诸本因之，后人又改《释文》、正义以从之，妄矣。《祭统》："见其备于庙中也。"[七]《唐石经》依《释文》改"备"为"修"，而诸本因之，后人又改正义以从之，妄矣。

【笺注】

[一]君子曰：礼之近人情者，非其至者也。郊血，大飨腥，三献焰，一献孰，是故君子之于礼也，非作而致其情也，此有由始也。是故七介以相见也，不然则已悫，三辞三让而至，不然则已蹙。故鲁人将有事于上帝，必先有事于泮宫；晋人将有事于河，必先有事于恶池；齐人将有事于泰山，必先有事于配林。三月系，七日戒，三日宿，慎之至也。(《礼记·礼器》)

[二]斩衰括发以麻，为母括发以麻，免而以布，齐衰恶笄以终丧。男子冠而妇人笄，男子免而妇人髽。其义为男子则免，为妇人则髽。(《礼记·丧服小记》)

[三]其以乘壶酒，束修，一犬，赐人，若献人，则陈酒执修以将命。亦曰乘壶酒，束修，一犬，其以鼎肉，则执以将命。其禽加于一双，则执一双以将命。委其余，犬则执绁。守犬，田犬，则授摈者。既受，乃问犬名。牛则执纼，马则执靮，皆右之，臣则左之，车则说绥。执以将命，甲若有以前之，则执以将命；无以前之，则袒櫜奉胄。器则执盖，弓则以左手屈韣执拊，剑则启椟，盖袭之，加夫襓与剑焉。笏、书、修、苞苴、弓、茵、席、枕、几、颎、杖、琴、瑟。戈有刃者，椟、荚、钥。其执之皆尚左手，刀却刃授颖，削授拊。凡有刺刃者，以授人则辟刃。

[四]原文为："先王耻其乱，故制雅颂之声以道之，使其声足乐而不流，使其文足论而不息，使其曲直，繁瘠，廉肉，节奏，足以感动人之善心而已矣，不使放心邪气得接焉，是先王立乐之方也。"

[五]大夫之丧，将大敛，既铺绞紟衾衣。君至，主人迎先入门右，巫止于门外，君释菜。(《礼记·丧服大记》)

[六]曾子曰："夫孝，置之而塞乎天地，溥之而横乎四海，施诸后世而无朝夕，推而放诸东海而准，推而放诸西海而准，推而放诸南海而准，推而放诸北海而准。《诗》云：'自西自东，自南自北，无思不服。'此之谓也。"（《礼记·祭义》）《墨子间诂》卷三引《祭义》亦作："置之而塞乎天地，溥之而横乎四海。"

[七]《礼记注疏》卷四十九："夫祭有馂。馂者祭之末也，不可不知也。是故古之人有言曰：'善终者如始，馂其是已。'是故古之君子曰：'尸亦馂鬼神之余也，惠术也，可以观政矣。'是故尸谡。君与卿四人馂。君起，大夫六人馂，臣馂君之余也。大夫起，士八人馂，贱馂贵之余也。士起，各执其具以出，陈于堂下，百官进，彻之，下馂上之余也。凡馂之道，每变以众，所以别贵贱之等，而兴施惠之象也。是故以四簋黍，见其修于庙中也。庙中者，竟内之象也。祭者，泽之大者也，是故上有大泽，则惠必及下，顾上先下后耳。非上积重而下有冻馁之民也，是故上有大泽，则民夫人待于下流，知惠之必将至也，由馂见之矣，故曰可以观政矣。"

《中庸》："达诸天地而不悖。"[一]《唐石经》"达"误作"建"，而诸本因之，后人又改正义以从之，妄矣。《投壶》："司射进度壶，以二矢半。"[二]《唐石经》"以"上衍"间"字，而诸本因之，后人又加入正义内，妄矣。《儒行》："鸷虫攫搏，不程其勇。"[三]《唐石经》"其勇"误作"勇者"，而诸本因之，后人又改正义以从之，妄矣。《冠义》："遂以挚见于卿大夫。"[四]《唐石经》依《释文》改"卿"为"乡"，而诸本因之，后人又据以改正义，妄矣。《昏义》："教成之祭。"[五]《唐石经》"之祭"误作"祭之"，而诸本因之，后人又改正义以从之，妄矣。

【笺注】

[一]子曰：吾说夏礼，杞不足征也。吾学殷礼，有宋存焉。吾学周礼，今用之。吾从周王天下有三重焉，其寡过矣乎？上焉者，虽善无征，无征不信，不信民弗从。下焉者，虽善不尊，不尊不信，不信民弗从。故君子之道，本诸身，征诸庶民，考诸三王而不缪，建诸天地而不悖，质诸鬼神而无疑，百世以俟圣人而不惑，质诸鬼神而无疑，知天也。百世以俟圣人而不惑，知人也。是故君子动而世为天下道，行而世为天下法，言而世为天下则，远之则有望，近之则不厌。诗曰："在彼无恶，在此无射。庶几夙夜，以永终誉。"君子未有不如此，而蚤有誉于天下者也。（《中庸》）

[二]司射进度壶，间以二矢半，反位，设中东面，执八算兴。（《投壶》）

[三]儒有委之以货财，淹之以乐好，见利不亏其义，劫之以众，沮之以兵，见死不更其守，鸷虫攫搏。不程勇者，引重鼎，不程其力。往者不悔，来者不豫，过言不再，流言不极，不断其威，不习其谋，其特立有如此者。（《儒行》）

[四]已冠而字之，成人之道也。见于母，母拜之；见于兄弟，兄弟拜之。成人而与为礼也，玄冠玄端，奠挚于君，遂以挚见于乡大夫。（《冠义》）

[五]是以古者，妇人先嫁三月，祖庙未毁，教于公宫；祖庙既毁，教于宗室。教以妇德、妇言、妇容、妇功，教成祭之，牲用鱼，芼之以苹藻，所以成妇顺也。（《昏义》）

僖三十三年《左传》："郑之有原圃也，犹秦之有具圃也。"[一]《唐石经》下"圃"字误作"囿"，而诸本因之，后人又据以改注及正义，妄矣。宣二年传："赵穿杀灵公于桃园。"[二]《唐石经》"杀"误为"攻"，而诸本因之，后人又改《释文》之"杀"为"攻"，妄矣。襄二十九年传："其有陶唐氏之遗风乎？"[三]《唐石经》"风"误为"民"，而诸本因之，后人又据以改正义，妄矣。三十一年传："北公文子见令尹围之仪。"[四]《唐石经》"仪"字上衍"威"字，而诸本因之，后人又据以改正义，妄矣。昭七年传：

"孟僖子病，不能礼。"[五]《唐石经》依或本"礼"上加"相"字，而诸本因之，后人又据以改上文杜注，妄矣。二十年传："偪尔之关。"[六]尔同迩，旧本"尔"误作"介"，后人又据以改杜注，妄矣。定九年传："如骖之有靳。"[七]《唐石经》依《释文》"有"字，而诸本因之，后人又据以改正义，妄矣。《鲁语》："禁罜罶。"[八]诸本"罜"误作"罝"，后人又据以改注，妄矣。

【笺注】

[一]传三十三年春，晋秦师过周北门，左右免胄而下，超乘者三百乘。王孙满尚幼，观之，言于王曰："秦师轻而无礼，必败。轻则寡谋，无礼则脱，入险而脱，又不能谋，能无败乎？"及滑，郑商人弦高将市于周，遇之，以乘韦先，牛十二，犒师，曰："寡君闻吾子，将步师出于敝邑，敢犒从者，不腆敝邑。为从者之淹，居则具一日之积，行则备一夕之卫，且使遽告于郑。"郑穆公使视客馆，则束载，厉兵秣马矣。使皇武子辞焉，曰："吾子淹久于敝邑，唯是脯资，饩牵竭矣，为吾子之将行也。郑之有原圃，犹秦之有具囿也。吾子取其麋鹿，以闲敝邑，若何？"杞子奔齐，逢孙杨孙奔宋，孟明曰："郑有备矣，不可冀也。攻之不克，围之不继，吾其还也。"灭滑而还。

[二]乙丑，赵穿攻灵公于桃园，宣子未出山而复。大史书曰："赵盾弑其君。"以示于朝。宣子曰："不然。"对曰："子为正卿，亡不越竟，反不讨贼，非子而谁？"宣子曰："呜呼！我之怀矣。自诒伊戚，其我之谓矣。"孔子曰："董狐，古之良史也！书法不隐。赵宣子，古之良大夫也，为法受恶。惜也，越竟乃免。"宣子使赵穿逆公子黑臀于周，而立之。(《春秋左氏传·宣公》)晋十四，赵穿杀灵公，赵盾使穿迎公子黑臀于周，立之。赵氏赐公族。(《史记·十二诸侯年表》)孔子览晋志，晋赵穿杀灵公，赵盾亡，未及山而还，史书赵盾弑君。(《孔子家语》卷九)

[三]为之歌唐，曰："思深哉！其有陶唐氏之遗民乎？不然，何忧之远也。非令德之后，谁能若是？"

[四]卫侯在楚，北宫文子见令尹围之威仪。言于卫侯曰："令尹似君矣，将有他志。虽获其志，不能终也。《诗》云：'靡不有初。鲜克有终。'终之实难，令尹其将不免。"公曰："子何以知之？"对曰："《诗》云：'敬慎威仪，惟民之则。'令尹无威仪，民无则焉。民所不则，以在民上，不可以终。"公曰："善哉！何谓威仪？"对曰："有威而可畏，谓之威；有仪而可象，谓之仪。君有君之威仪，其臣畏而爱之，则而象之，故能有其国家，令闻长世。臣有臣之威仪，其下畏而爱之，故能守其官职，保族宜家。顺是以下，皆如是。是以上下能相固也。卫诗曰：'威仪棣棣，不可选也。'言君臣上下、父子兄弟、内外大小，皆有威仪也。周诗曰：'朋友攸摄，摄以威仪。'言朋友之道，必相教训，以威仪也。周书数文王之德曰：'大国畏其力，小国怀其德。'言畏而爱之也。《诗》云：'不识不知，顺帝之则。'言则而象之也。纣囚文王七年，诸侯皆从之囚，纣于是乎惧而归之，可谓爱之。文王伐崇，再驾而降为臣，蛮夷帅服，可谓畏之。文王之功，天下诵而歌舞之，可谓则之。文王之行，至今为法，可谓象之。有威仪也，故君子在位可畏，施舍可爱，进退可度，周旋可则，容止可观，作事可法，德行可象，声气可乐，动作有文，言语有章。以临其下，谓之有威仪也。"

[五]九月，公至自楚，孟僖子病不能相礼，乃讲学之，苟能礼者从之。及其将死也，召其大夫曰："礼，人之干也，无礼无以立。吾闻将有达者。"

[六]山林之木，衡鹿守之。泽之萑蒲，舟鲛守之。薮之薪蒸，虞候守之。海之盐蜃，祈望守之。县鄙之人，入从其政。偪介之关，暴征其私。承嗣大夫，强易其贿。布常无艺，征敛无度，宫室日更，淫乐不违。内宠之妾，肆夺于市。外宠之臣，僭令于鄙。私欲养求，不给则应。民人苦病，夫妇皆诅，祝有益也。诅亦有损，聊摄以东，姑尤以西。其为人也多矣。虽其善祝，岂能胜亿兆人之诅？君若欲诛于祝史，修德而后可。

[七]秋，齐侯伐晋夷仪。敝无存之父将室之，辞，以与其弟，曰："此役也，不死，反必取于高国。"先登，求自门出，死于溜下。东郭书让登，犁弥从之，曰："子让而左。我让而右，使登者绝而后

下。”书左，弥先下。书与王猛息，猛曰：“我先登。”书敛甲曰：“曩者之难，今又难焉。”猛笑曰：“吾从子，如骖之靳。”晋车千乘，在中牟。卫侯将如五氏，卜过之，龟焦。卫侯曰：“可也。”

[八]宣公夏滥于泗渊，里革断其罟而弃之，曰：“古者大寒降，土蛰发，水虞于是乎讲罛罶，取名鱼，登川禽，而尝之寝庙，行诸国，助宣气也。鸟兽孕，水虫成，兽虞于是乎禁罝罗，矠鱼鳖以为夏犒，助生阜也。鸟兽成，水虫孕，水虞于是禁罝罜䍡，设阱鄂，以实庙庖，畜功用也。”（《国语》卷四）罝，当作罛。

庄十八年《公羊传》：“此未有伐者。”[一]后人于“伐”上加“言”字，又加于二十六年疏内，妄矣。《尔雅·释兽》“鼳鼠”[二]，《唐石经》“鼳”误作“鼰”[三]，而诸本因之，后人又据以改《释文》，妄矣。

【笺注】

[一]原文为：“夏，公追戎于济西。此未有言伐者，其言追何，大其为中国追也。此未有伐中国者，则其言为中国追何，大其未至而豫御之也。其言于济西何，大之也。”

[二]鼳鼠：今江东山中有鼳鼠，状如鼠而大，苍色，在树木上。

[三] 鼰，鼠身长须而贼，秦人谓之小驴。

凡此者，皆改不误之《注疏》、《释文》以从已误之经文，其原本几不可复识，然参差不齐之迹，终不可泯，善学者循其文意，证以他书，则可知经文虽误，而《注疏》、《释文》尚不误，且据《注疏》、《释文》之不误以证经文之误，可也。如不得其义而妄自改焉，则断乎不可！

方音异同不可不晓第四十九

昔郢人遗燕相书，夜书，曰“举烛”，因而过书“举烛”。燕相受书说之曰：“举烛者，尚明也；尚明者，举贤也。”国以治。治则治矣，非书意也。[一]郑人谓玉未理者“璞”，周人谓鼠未腊者“璞”。周人曰：“欲买璞乎？”郑人欲之，出其“璞”，乃鼠也。夫误会“举烛”之义，幸而治；误解“鼠璞”则大谬。[二]由是言之，凡误解古书，皆“举烛”、“鼠璞”之类也。

【笺注】

[一]郢人有遗燕相国书者，夜书，火不明，因谓持烛者曰：“举烛。”云而过书“举烛”，“举烛”非书意也，燕相受书而说之，曰：“举烛者，尚明也，尚明也者，举贤而任之。”燕相白王，王大说，国以治，治则治矣，非书意也。今世举学者多似此类。（《韩非子·外储说左上》）

[二]应侯曰：“郑人谓玉未理者璞，周人谓鼠未腊者璞。周人怀璞，过郑贾曰：‘欲买璞乎？’郑贾曰：‘欲之。’出其璞，视之，乃鼠也。因谢不取。今平原君自以贤，显名于天下，然降其主父沙丘而臣之。天下之王尚犹尊之，是天下之王不如郑贾之智也，眩于名，不知其实也。”（《战国策》卷五）

古书之出，时代各有先后，古圣生长地方又非一定，其中语言文字岂无异同？王伯厚云：“公羊子齐人，其传《春秋》多齐言：‘登来’[一]、‘化我’[二]、‘樵之’[三]、‘漱浣’[四]、‘笋将’[五]、‘踊为’[六]、‘诈战’[七]、‘往党’[八]、‘往殆’[九]、‘于诸’[十]、‘累’[十一]、‘怴’[十二]、‘如’[十三]、‘昉’[十四]、‘棓’[十五]、‘脰’[十六]之类是也。郑康成北海人，其注《三礼》多齐言：‘麴麸曰媒’[十七]、‘疾为戚’[十八]、‘麇为獐’[十九]、‘沤曰涹’[二十]、‘椎为终葵’[二十一]、‘手足掔为骹’[二十二]、‘全菹为芋’[二十三]、‘祭为堕’[二十四]、‘题肩为击征’[二十五]、‘滑为瀡’[二十六]、‘相绞讦为掉磬’[二十七]、‘无发为秃楬’[二十八]之类是也。”方言之异如此，则《书》之诰、誓其可强通哉！

【笺注】

[一]登来：犹得来，得之。《公羊传·隐公五年》："公曷为远而观鱼？登来之也。"何休注："登，读言得。得来之者，齐人语也。齐人名求得为得来。作登来者，其言大而急，由口授也。"孔广森《公羊通义》："登来之者，犹言得之也。"

[二]化我：《公羊传·桓公六年》："行过无礼谓之化。"则我字非齐语。

[三]樵之：见《公羊传·桓公七年》。

[四]漱浣：见庄公三十一年。

[五]笋将：文公十五年。齐鲁名竹篾曰笋，不与下"将"字连。

[六]踊为：僖公十年。踊，豫也，不与下为字连。

[七]诈战：僖公三十三年。诈，卒也，不与下"战"字连。

[八]往党：文公十三年。党，所也，不与上"往"字连。

[九]往殆：襄公五年。"殆"疑不与上"往"字连。

[十]于诸：见哀公六年。

[十一]累：见桓公二年。

[十二]怴：癫狂。《公羊传·桓公五年》："正月甲戌、己丑，陈侯鲍卒。曷为以二日卒之？怴也。"何休注："怴者，狂也。齐人语。"袁枚《随园随笔·三传多古字》："三传多古字……《公》、《穀》则狂曰怴。"

[十三]如：见桓公五年。

[十四]昉：见隐公元年。

[十五]棓：铺设于不平处的跳板。《公羊传·成公二年》："萧同侄子者，齐君之母也，踊于棓而窥客，则客或跛或眇。"何休注："凡无高下有绝加蹑板曰棓。齐人语。"陈立《义疏》："高下悬绝，有板横其间，可登，如今匠氏之跳矣。"

[十六]脰：见庄公十二年。脰：颈项。《左传·襄公十八年》："射殖绰，中肩，两矢夹脰。"杨伯峻注："脰音豆，颈项。"

[十七]麴麸曰媒：见《周礼·媒氏》。明周祈《名义考》卷十二"麴糵"："《说文》：'麴，酒母也。'徐氏曰：'麴，糵也，酒主于曲，故曰酒母。'《玉篇》：'梅麴酒母。'孟康曰：'媒酒酵糵麴也。'《周礼·媒人》注：'齐人名麴麸曰媒。'《说文》、《玉篇》媒人注训麴已明，徐氏训麴并及糵，孟康所训俱失之。盖麴今麴饼糵今麦芽为饧者，故书注曰麴多则太苦，糵多则太甘，今人止用麴，不复用糵矣。然麴亦麦所成者，酒酵酒滓也，麴糵以酿酒，故酿成其罪者曰媒糵。"

[十八]疾为戚：见《周礼·考工氏》。

[十九]麇为獐：《周礼·考工记·画缋》："山以章，水以龙。"郑玄注："章读为獐，獐，山物也，在衣，齐人谓麇为獐；龙，水物，在衣。"陆德明《释文》："麇，獐也。"今称獐子。

[二十]沤曰涹：《周礼·考工记·㡛氏》"湅丝以涚水沤其丝"郑玄注："楚人曰沤，齐人曰涹。"

[二十一]椎为终葵：《周礼·考工记·玉人》："大圭长三尺。杼上终葵首。"郑玄注："终葵，椎也。"

[二十二]手足掔为骹：《周礼·考工记·轮人》"参分其股围"郑玄注引汉郑司农曰："人胫近足者细于股，谓之骹。羊胫细者亦为骹。"骹：胫骨近脚处较细的部位。亦指手腕或脚腕。

[二十三]全菹为芋：见《士丧礼》。

［二十四］祭为堕：见《士虞礼》。

［二十五］题肩为击征：《礼记·月令》“（季冬之月）征鸟厉疾”郑玄注：“征鸟，题肩也。齐人谓之击征，或名鹰。仲春化为鸠。”《渊鉴类函》卷四二二引《春秋考异邮》：“阴阳气贪，故题肩击。”题肩：鸟名。鹞鹰的一种。

［二十六］滑为瀡：见《礼记·内则》：“免、薨、滫、瀡以滑之。”瀡，使食物柔滑的佐料。

［二十七］相绞讦为掉磬：《礼记·内则》“舅姑若使介妇，毋敢敌耦于冢妇”郑玄注：“虽有勤劳，不敢掉磬。”陆德明《释文》：“《隐义》云：齐人以相绞讦为掉磬。崔云：北海人谓相激事为掉磬也。”孔颖达疏：“庾氏云：齐人谓之差讦。”掉磬：争论。

［二十八］无发为秃楬：《礼记·明堂位》“夏后氏以楬豆”郑玄注：“楬，无异物之饰也。齐人谓无发为秃楬。”古代齐人谓无发为秃楬。

故治经者，不可不知方言（读《尔雅》、扬子之类，随时留心《方言》及《广雅》，久之，自能有得）。

制度沿革不可不知第五十

历代制度互有异同。大而朝庙典章，小而服物器具，今为约略言之。有唐虞之制度，有三代之制度，有秦、汉之制度，有魏、晋以下之制度。执魏、晋以下之制以考秦、汉，未必不失秦、汉矣。执秦、汉之制以考三代，未必不失三代矣。执三代之制以考唐虞，亦未必不失唐虞矣。何也？一朝之制，有因，有革，有损，有益，据末世之事释上古之文，安知今之所有者非皆古之所无乎？今之所无者非古之所有乎？

故凡考制度，宜多读古书。古未有专考制度之成书，而其中间有论及前事，证之他书，其说适合，则即可引以为据。至《通典》、《通考》出，斯为考据专书，依类读之，异同自见。

又不可不多读国朝人之书。国朝考据之学精，凡说经诸儒，俱通考古人制度，如顾、阎以下诸人皆是。而秦氏《五礼通考》，又为考礼之一大宗，其中虽不能有得而无失。制度甚难考，学者慎勿易言（又舆地代有沿革，学者尤宜留心），融会贯通，久而稽之，庶乎其不失欤！

【附录】

清方中履《古今释疑》卷十八：“勾股即有加减乘除也。履按：古法用竹径，一分长六寸，二百七十一枚，而成六觚为一握，此正如今之算盘。但制度难考。后世惟知珠算，泰西则有笔算、筹算二法。履于南康又得尺算一法，以遗仲兄。兄曰：珠盖出洛书。洛书，左右上下皆十五，故珠用十五也。下五珠，洛之中五也。上二珠作十，洛之二数相对成十也。笔筹皆出九，九尺则出于三角，用之则乘莫善于筹，除莫善于笔，加减莫善于珠，比例莫善于尺。然四算一理也。加者，益也，减者损也，益而复益则为乘，损之又损则为除。乘除亦加减矣。损藏于益，乘即除矣。益藏于损，除即乘矣。以小知大，以寡知多，彼以征此，虚以征实，无往而非比例也。”

《科场条例》卷十三：“查制科取士，试以三场，立法最善，遵行已久。其第三场策问时务五道，原欲其援古证今，详明条对，以觇实学。至于《纲目》一书，不但论定人品，凡古人经济事实备载其中，原系士子当留心考究之书。若但限以《纲目》所载贤奸之人发问，则士子剿袭史家评说，易致雷同，且与策问体制仍有未合，请嗣后乡会试三场策题仍照例以时务发问，其中必令详引《纲目》中事迹人物，凡历代制度沿革，创始何人，更定何事，即事之得失，以定人之贤否，务期论断详明，折衷至当，不许止空举名目，草率塞责，等因奉旨依议。钦此。”

宋魏了翁《古今考》卷二：“史迁、班固笔削微异，吾故从而辨之，而所以补此章者，恐或者议鹤山之书专考制度，而不及性理，不容不挈此大纲领而表出之也。”

戴震云：“至若经之难明，尚有若干事：诵古礼经，先《士冠礼》，不知古者宫室、衣服等制，则迷于其方，莫辨其用。”（《戴震文集》卷九《与是仲明论学书》）

张之洞《劝学篇·守约第八》云：“史学，考治乱典制。史学切用之大端有二：一事实，一典制。事实，择其治乱大端、有关今日鉴戒者考之，无关者置之。典制，择其考见世变、可资今日取法者考之，无所取者略之。事实求之《通鉴》。通鉴之学(《资治通鉴》、《续通鉴》、《明通鉴》)，约之以读纪事本末。典制求之正史、二通。正史之学，约之以读志及列传中奏议。如汉郊祀，后汉舆服，宋符瑞、礼乐，历代天文、五行，元以前之律历，唐以后之艺文，可缓也。地理，止考有关大事者。水道，止考今日有用者。官制，止考有关治理者，如古举今废，名存实亡，暂置屡改，寄禄虚封、闲曹、杂流不考可也。二通之学，《通典》、《通考》。约之以节本……。《通考》，取十之三；《通典》，取十之一，足矣。国朝人有《文献通考详节》，但一事中最要之原委条目，有应详而不详者，内又有数门可不考者。《通志·二十略》，知其义例可也。考史之书，约之以读赵翼《廿二史札记》。王氏《商榷》可节取，钱氏《考异》精于考古，略于致用，可缓。史评，约之以读《御批通鉴辑览》。若司马公《通鉴》，论义最纯正，而专重守经。王夫之《通鉴论》、《宋论》，识多独到，而偏好翻案。惟《御批》最为得中，而切于经世之用。此说非因尊王而然，好学而更事者，读之自见。凡此皆为通今致用之史学，若考古之史学，不在此例。”（《张之洞全集》第十二册第170页）又云：“一地理，考今日有用者。地理专在知今：一形势。一今日水道。先考大川。一物产。一都会。一运道。水道不尽能行舟。一道路。一险要。一海陆边防。一通商口岸。若《汉志》之证古，《水经注》之博文，姑俟暇日考之可也。考地理必有图，以今图为主，古图备考。此为中学地理言。若地球全角，外洋诸国，亦须知其方域狭、程途远近、都会海口、寒暖险易、贫富强弱。按图索之，十日可毕，暂可不必求详。重在俄、法、德、英、日、美六国，其余可缓。”（《张之洞全集》第十二册第171页）

【今按】上述各条皆论考证典制沿革，可与《经解入门》合参。

平日读书课程第五十一

一，治经宜有次第。既为经学，必当先读《十三经注疏》。《注疏》繁重，毕竟从何处入手？曰先读《毛诗》，次及“三礼”，次及他经。盖《诗》、《礼》两端，最切人事，义理较他经为显，训诂较他经为详，其中言名物，学者能达与否，较然易见；且四经皆是郑君玄注，完全无阙。《诗》则毛传，粹然为西汉经师遗文，更不易得，则通古训尤在于兹（古人训诂，乍读似觉不情，非及此冰释理顺，解经终是隔膜）。《礼》之条目颇多，卷帙亦巨，初学畏难。《诗》义该比兴[一]，兼得开发性灵，郑笺多及礼制，此经既通，于礼学寻途探求，自不能已；《诗》、《礼》兼明，他经方可着手。《书》道政事，《春秋》道名分[二]。典礼既行，然后政事、名分可得而言也(《尚书》家伏生、《左传》家贾生、《公羊》家董胶西、何邵公，皆精于礼学，案其书可知)。《易》道深微[三]，语简文古，训诂礼制，在他经为精，在《易》为粗。所为至精，乃在阴阳变化消息，然非得其粗者得其精者（此姚姬传论学古文法，援之以为学《易》法，精者可遇而不可凿，凿则妄矣）。“三礼”之中，先《仪礼》、《礼记》，次《周礼》。《仪礼》句碎字实，难读能解，难记易晓，注家最少，异说无多，好在《礼记》一书即是外传(《礼记》难于《仪礼》，《仪礼》只十七件事，《礼记》之事多矣，特其文条达耳)，《周礼》门类较多，事理更为博大，汉人说者亦少（晚出之故），故较难，然郑注及国朝人零星解说，亦已明白。《尚书》辞义既古，隶古传写，通假讹误，自汉初即有今古文两家，异文歧读（此谓真古文，非谓蔡传所云“今文无古文有”之古文也），至西晋梅氏古文晚出，唐初伪孔传专行（六朝江左即盛行，未定一尊耳），而汉代今古文两家之经传，一时俱绝，故尤难通。《春秋》乃圣人治世大权，微文隐义，本非同家人言语(《史记》明言之)，“三传”并立，旨趣各异：公羊家师说虽多，末流颇涉傅会，何注行世，世人以其事博辞富，求传而不求经，故公羊家理密而事疏，左传家事详而理略（非谓左氏，谓治左氏者耳）。《穀梁》师说久微(见《隋书·经籍志》)，国朝人治者亦少。学者于《春秋》，若谓事事能得圣心，谈何容易？至于《周易》，统贯天人，成于四圣，理须后圣方能得晓，京、孟、虞、郑诸大师，以及后代诸家，皆止各道所得，见仁见智，从无一人能的解定论，势使然也。且阴阳无形，即使谬称妄说，无人能质其非，所以通者虽少，而注者最多，演图比象，任意纷纭，所谓画狗马难于画鬼神之比[四]也。总之，《诗》、《礼》可解，《尚书》之文，《春秋》之义，不能尽解，《周易》则通儒毕生探索，终是解者少而不能解者多。故治经次第，自近及远，由显通微，如此为便较有实获。尹吉甫之诗曰：“古训是式，威仪是力。”[五]古训，《诗》学也；威仪，《礼》学也。此古人为学之方也（试看春秋时无人不诵《诗》学《礼》，称道《尚书》者已较少，至于《周易》，除卜筮外，谈者无多，意亦可知三代时《易》不以教学童，惟太史掌之，今赖有系传或可窥见夫一斑耳）。

【笺注】

[一]《诗》义该比兴：诗人托物比兴，以意取象，不须尽符事实，必执物理求之，斯乃高叟之固至。

[二]其在于《诗》、《书》、《礼》、《乐》者，邹鲁之士、搢绅先生多能明之。《诗》以道志，《书》以道事，《礼》以道行，《乐》以道和，《易》以道阴阳，《春秋》以道名分。其数散于天下而设于中国者，百家之学时或称而道之。(《庄子·天下篇》)

[三]《易》道深微：《吕氏春秋·勿躬》：“精通乎鬼神，深微玄妙，而莫见其形。”深微，故不可得而闻之。其理深微，不可尽言也。

[四]画狗马难于画鬼神之比：典出《韩非子·外储说左上》：“客有为齐王画者，齐王问曰：‘画孰最难者？’曰：‘犬马最难。’‘孰最易者？’曰：‘鬼魅最易。’夫犬马，人所知也，旦暮罄于前，不可类之，故难。鬼魅无形者，不罄于前，故易之也。”《后汉书·张衡传》云：“譬犹画工恶图犬马，而好作鬼魅，诚以实事难形，而虚伪不穷也。”刘昼《新论·正赏篇》亦云：“由今之人画鬼魅者易为巧，摹犬马者难为工，何者？鬼魅质虚，而犬马质露也。”

[五]仲山甫之德，柔嘉维则。令仪令色，小心翼翼。古训是式，威仪是力。天子是若，明命使赋。(《烝民》)

一，治经贵通大义。每一经中，皆有大义数十百条，宜研究详明，会通贯串，方为有益。若仅随文训解，一无心得，仍不得为通也。又考据自是要义，但关系义理者，必应博考详辨，弗明弗措。若细碎事迹，猝不能定，姑存旧说，不必徒耗目力。

一，宜讲小学（非朱子所云之小学）。许氏《说文》为小学之大纲，二徐而下，惟国朝诸老能知其义。段氏注虽繁，而精博自不可及，学者须奉以为宗主，后及桂氏各注。

一，宜读古书古注。以其去圣未远，可以证经。且秦以上书，一字千金。即唐以前亦切实少空话。初学读时，惟先辨其书之真伪，次求其校勘之善本。余于《经与子相表里》

篇所列各种皆宜读。

一，宜读国朝人经学书。盖经语惟汉人能解，汉儒语惟国朝通儒能遍解。所以然者，国朝诸大儒，善思、善悟、善参校、善比例、善分别真伪，故经学为千古之冠。书多矣，以《皇清经解》为大宗。而余《近儒说经得失》篇所列各书皆善，可读。

一，宜购丛书。丛书所收古今各部，无虑数十百种，中间必多极要者。分购单行本，积数处不得其全。购丛书，则一举可以不遗，且积算其价，又倍廉于单行之本，则购一书，而其中之杂者正可作不费钱论，涉猎一过，亦是好处。惟要知刻本善否。明刻丛书，类多荒率；国朝人刻本，率皆精好，二孙、二卢、孔、毕诸家之本尤胜。其书体例不一，中有精校本、精注足本，过市遇丛书，可检其目，多古籍者，万不可忽。

一，读书宜博。先博后约，《语》、《孟》通义。学者先须多见多闻，再言心得。若株守一部，兔园册子数帙，而去通经，必无其事。然则，博之为道将如何？曰在有要而已。太史公曰："儒家者流，博而寡要。"① 古书不可不解（真者不多，真古书无无用者），有用之书不可不见（不限古今），专门之书不可不详考贯通，如是，则有涯涘可穷矣。

一，贵博贵精尤贵通。博而不精，则近于泛滥；精而不通，则近于拘执。然精通难言，必先由博而入，心力交致，方能臻斯。

一，戒畏难。如前所言，层累曲折，其功似乎难竟，然物有本末，事有先后，依次而入，久之自不能已。且今人读书，有较易于古人百倍者。古人书籍少，一字一义皆当自己寻觅，今人生明备之会，诸先正皆有极精之书，前人是者明证之，误者辨析之，难考者考出之，不可见之书采集之，一分真伪而古书去其半，一分瑕瑜而列朝书去其十之八九。且诸公最好著为后人省精力之书：一搜补（或从群书中搜出，或补完，或缀缉），一校订，一考证，一补录，此皆毕生之精力，踵曩代之成书而后成者，故同一书，古人十年方通者，今人三年可矣。前人甚苦，后人甚乐。诸公作室，我辈居之。诸公指器，我辈用之。今日若肯用功，真可不费无益之精神，而收身心之实效者，慎无惊怖其言以为河汉而无据也！

科场解经程式第五十二②

一、国朝取士，文、诗、策论外，兼及经义[一]，故国子监[二]南学[三]及州郡岁科[四]试经古诸场均有经解。士子通经原期致用，不第沐稽古[五]之荣而已，故学者不可不致力于此，列此条目以为之的。

一、经解与策不同，通体皆无抬头[六]，其抬头者乃引"御纂"[七]、"钦定"[八]等书耳，然引此书且须三抬[九]，以其皆先王所定故也。

一、遇避讳字皆不可用，倘古书既有其字，而亦不能不引，则将此字空一格，并写

---

① 儒者博而寡要，劳而少功，是以其事难尽从。然其序君臣父子之礼，列夫妇长幼之别，不可易也。……夫儒者以《六艺》为法，《六艺》经传以千万数，累世不能通其学，当年不能究其礼，故曰"博而寡要，劳而少功"。若夫列君臣父子之礼，序夫妇长幼之别，虽百家弗能易也。（《史记》卷一三〇）

② 今按：天津古籍本无此篇。

“敬避”二字，亦不犯禁。

一、场屋解经，国朝人所著各书收入《四库》者可以引用，用时亦只举其书名，不宜及其人之姓名，其未入《四库》而已现行者但称“或说”可也。

一、场屋中解题率在《易》、《书》、《诗》、《春秋》、《礼记》五经，风檐[十]寸晷[十一]，时有不及，不必求多，与其多作不善，不若少而精也。

一、场屋解经，与平时稍有各别。平时为日宽，题目少，故可细心博考，以求尽善。应试则时日仓猝，顿成数篇，其不能尽善可知。惟眉目最要清楚，先列诸家异说，后下己意。或驳去数说，而于中独宗一说而申发之，或贯通诸说，而以己意融会之，必须头绪了然，使阅者知为胸有把握便可。若自出新意，恐弄巧反拙。至或云有著作家之经解，有场屋中之经解，著作家则繁稽博考者，折衷一是，场屋则罗列诸说而已，此言实不足信。

【笺注】

[一]经义：科举考试科目之一。宋代以经书中文句为题，应试者作文阐明其义理，故称。明、清沿用而演变成八股文。

[二]国子监：我国古代的教育管理机关。隋、唐、宋、元、明、清，称国子监。晋称国子学，北齐称国子寺。清末改革学制，自光绪三十二年起设学部，国子监并入学部。

[三]南学：清代雍正九年（1731），将毗连国子监街南的官房作为学舍，令助教等官及肄业生居住，称为“南学”。《清史稿·职官志二》：“九年，建南学。”原注：“在学肄业者为南学，在外肄业赴学考试者为北学。”参阅《光绪会典事例》卷一〇九八。

[四]岁科：清代学政每年对所属府、州、县生员、廪生举行的考试。分别优劣，酌定赏罚。凡府、州、县的生员、增生、廪生皆须应岁考。

[五]稽古：考察古事。《尚书·尧典》：“曰若稽古。帝尧曰放勋。”

[六]抬头：旧时书信、行文的一种格式。即涉及对方时，要按照一定的格式，另起一行书写，以表示尊敬。亦指书信、公文等行文抬头的地方。清梁绍壬《两般秋雨盦随笔·跳行》：“作书出格曰抬头。”

[七]御纂：谓皇帝诏命编纂。清江藩《汉学师承记·叙》：“凡御纂群经，皆采汉、宋先儒之说，参考异同，务求至当，远绍千载之薪传，为万世不刊之巨典焉。”

[八]钦定：皇帝亲自裁定的。多用于书名。如《钦定四库全书》、《钦定渊鉴类函》等。

[九]三抬：另起一行书写，向上凸出三个字的位置。此外，还有“两抬”、“一抬”。

[十]风檐：指科举时代的考试场所。顾炎武《日知录·拟题》：“即以所记之文，抄誊上卷，较之风檐结构难易迥殊。”赵翼《重赴鹿鸣宴》诗：“风檐弋获原非易，多少文心耗短檠。”

[十一]寸晷：犹寸阴。晷，日影。借指小段时间。

经解入门卷八　附选

解　类

箕子明夷解　周中孚[一]

《易》言“箕子之明夷”① 与“帝乙归妹”②、“高宗伐鬼方[二]”③，皆商事也。故马季长[三]即以箕子之事注之曰：“箕子，纣之诸父[四]，明于天道、洪范之九畴，德可以王，故以当五知纣之恶，无可奈何，同姓恩深，不忍弃去，被发佯狂，以明为暗，故曰箕子之‘明夷’，卒以全身，为武王师，名传无穷，故曰‘利贞’矣。”

【笺注】

[一]周中孚（1768—1831），字信之，号郑堂，浙江乌程人。嘉庆拔贡。受知于阮元，曾预修《经籍纂诂》。著有《郑堂读书记》、《孝经集解》、《逸周书注补正》、《子书考》、《金石识小录》、《郑堂杂记》。事迹见冯登府所作传、戴望《外王父周先生述》、《两浙輶轩续录》卷二七。

[二]鬼方，详王国维《鬼方昆夷玁狁考》（见《观堂集林》）等书。《易·未济》九四：“震，用伐鬼方，三年，有赏于大国。”昔人多以为系武丁时事，与《既济》九三之“高宗伐鬼方，三年克之”同。《尚书·召诰》：“呜呼！皇天上帝，改厥元子兹大国殷之命。”《大诰》：“天休于宁（文）王，兴我小邦周。”周人称殷为“大国”，自称“小邦”。因此，“有赏于大国”，即有赏于殷，非指殷高宗武丁伐鬼方，其事甚明。《诗·鲁颂·閟宫》：“不亏不崩，不震不腾。”郑笺：“震、腾，皆谓僭逾相侵犯。”

---

① 见《周易·明夷》六五。《明夷》，六十四卦之一。《易·明夷》：“明夷，利艰贞。”孙星衍《集解》引郑玄曰：“夷，伤也，日出地上，其明乃光，至其入地，明则伤矣，故谓之明夷。”后因以比喻昏君在上，贤人遭受艰难或不得志。

② 见《周易·泰》六五。

③ 见《周易·归妹》六五。

《易》之“震”，亦当作如是解。此役因鬼方入犯，周人大举出击，历时三年，始获胜利，报捷于殷，复得殷王之赐。《未济》爻辞所述史实当如此，与《纪年》同，且可互证。

[三]马融，字季长。事迹见前。

[四]诸父：古代天子对同姓诸侯、诸侯对同姓大夫，皆尊称为“父”，多数就称为“诸父”。

案：《象传》明言“文王以之”，“箕子[一]以之”，箕子与文王并称，益知马注之确，所以虞仲翔注《象传》亦即以马为说也。《汉书·儒林传》专载诸儒传经源流，不及兼采众说，独于《孟喜传》附一说云：“蜀人赵宾好小数书，后为《易饰》、《易文》，以为箕子明夷，阴阳气亡箕子，箕子者，万物方荄兹也。宾持论巧慧，《易》家不能难，皆曰非古法也，云受孟喜，喜为名之，后宾死，莫能持其说，喜因不肯仞，以此不见信。”观孟坚之载此，非有取于其说也，正以其说之穿凿，示人以不可从尔，故颜师古亦即引《象传》以证其说之妄，然后为之解曰：“荄兹，言其根荄方滋茂也。”其见卓矣。《释文》载刘向说云：“今易‘箕子’作‘荄滋’。”又载邹湛说云：“荀爽训箕为荄，诂子为滋。”漫衍[二]无经，不可致诘，可见持其说而信之者，未始无其人也。近儒尚有引赵宾之说以说孟喜之卦气，而复引朱文公说云：“疑当时箕子曾占得此爻，后人因而记之，而圣人以入爻也。”[三]二说兼收，自相抵牾，宗汉学者当如是乎？

【笺注】

[一]箕子：名胥余。《尸子》曰：“箕子胥余，漆身为厉，被发佯狂。”

[二]漫衍：无准则，不受约束。

[三]《朱子语类》卷六十六：“《易》中言‘帝乙归妹’、‘箕子明夷’、‘高宗伐鬼方’之类，疑皆当时帝乙、高宗、箕子曾占得此爻，故后人因而记之，而圣人以入爻也。”张澍《养素堂文集》卷二十九《驳惠定宇箕子明夷说》：“惠定宇《周易述》云：‘《明夷》之五曰箕子，当从古文作“其子”。其，古音亥，亦作萁。刘向曰：今《易》“其子”作“荄兹”，荀爽据以为说，读“萁子”为“荄兹”。其与亥、子与兹文异而音义同。’……惠氏辄改刘向言‘箕子’作‘其子’，以就已说，亦欺人之甚矣。江都焦循谓王弼亦读‘箕子’为‘其滋’，以‘兹’字解‘子’，以‘斯’字解‘其’，真乃暗中摸索，所谓哑拳瞎棒，以马季长说为非，慎矣！近人喜宗汉儒之说，乃并汉儒驳斥者亦从而信之，且曲辞以徇之，是真诬罔，非经之彗孛而何？”（《续修四库全书》第1507册）

【附录】

清孙志祖《读书脞录》续编卷一《爻辞文王作》：“郑学之徒并以爻辞为文王作。《易》历三圣，谓伏牺、文王、孔子也。《乾凿度》、《通卦验》足相证明。（见《周易正义》）而马融、陆绩等则以爻辞为周公作，其所据者四事，皆非的证。《升》六四‘王用享于岐山’，谓武王克殷之后始追号文王为王，不应文王已自称王，不知此所谓王乃殷王，非周王也。《明夷》六五‘箕子之明夷’，谓武王观兵之后，箕子始被囚奴，文王不应豫言，汉蜀人赵宾乃欲改箕子为荄滋，然箕子之明夷本不言其囚奴也，即与象传同文，亦无不可也。至《既济》九五‘东邻杀牛，不如西邻之禴祭’，以西邻为文王，东邻为纣者，本出后儒俗说。《左传》韩宣子所云周公之德者，乃以《春秋》皆周公之礼承上《鲁春秋》，而言不得专属之《易象》也。否则，卦辞文王作，爻辞周公作，亦何以言周公而不及文王乎？孔氏《正义》乃据此以爻辞系之周公，误矣。”（《续修四库全书》第1152册）

《易》“伐鬼方”解 李方湛[一]

《既济》九三：“高宗伐鬼方[二]。”元和惠栋云：“商之鬼方，周荆楚之地。《商颂·

殷武》即伐鬼方诗也。”按：王伯厚《困学纪闻》解鬼方引《后汉书·西羌传》：“武丁征西羌鬼方，三年乃克。”《竹书》云：“武丁三十五年，周公季历伐西落鬼戎[三]。”① 鬼戎即鬼方。《文选》杨子云、赵充国颂：“鬼方宾服[四]。”李善注引《世本注》云：“鬼方于汉则先零[五]戎也。”其解鬼方又在今梁州。试为考之。

【笺注】

[一]李方湛（1764—1816），字光甫，号白楼，浙江仁和人。嘉庆诸生。工诗，以七言歌行见长。著有《小石梁山馆稿》。《（民国）杭州府志》卷一四六：“李方湛，字白楼，仁和诸生。与黄孙灿、孙瀛、朱棫、朱壬、陈传经、徐鉽、施绍培、李绍城、姜宁、李堂、蒋炯酬倡甚多。王昶主敷文书院时，方湛以十二人所作诗进质，昶为审定七百余首，为同岑诗选。又工倚声，以红杏词鸣于时(《杭郡诗续辑》)。”

[二]鬼方：上古种族名。为殷周西北境强敌。《易·既济》：“高宗伐鬼方，三年克之。”《诗·大雅·荡》：“内奰于中国，覃及鬼方。”毛传：“鬼方，远方也。”朱熹《诗集传》：“鬼方，远夷之国也。”马瑞辰《毛诗传笺通释》卷二六：“覃及鬼方。”传：“鬼方，远方也。正义：未知何方。瑞辰按：《苍颉篇》：鬼，远也。与毛传合。经传中言鬼方，有泛指远方者……有实指其国者，《易》高宗伐鬼方之类是也。说鬼方之国者不一，有谓在西方者。……惠氏栋曰：商之鬼方，周荆楚之地。《商颂·殷武》，即伐鬼方之诗。是又以鬼方为在南矣。”今按：鬼方本远方之通称，故凡西方北方之远国可通称为鬼方，若武丁所伐鬼方，《后汉书》以为西戎与殷武伐荆楚自是两事，《竹书纪年》误合为一。

[三]鬼戎：即“鬼方”。《竹书纪年》卷上：“（殷武乙）三十五年，周公季历伐西落鬼戎。”《后汉书·西羌传》：“周古公逾梁山而避于岐下，及子季历，遂伐西落鬼戎。”

[四]宾服：归顺，服从。

[五]先零：汉代羌族的一支。最初居于今甘肃、青海的湟水流域，后渐与西北各族融合。

《大戴礼·帝系篇》云：“陆终氏娶于鬼方氏。”《史记·楚世家》云：“陆终氏生子六人，六曰季连，芈[一]姓。”楚为芈姓之后，则鬼方自当在荆楚之地。又《小戴记·明堂位》云：“纣脯鬼侯[二]。”《史记·殷本纪》云：“纣以西伯昌、九侯、鄂侯为三公。”徐广曰：“九侯，一作鬼侯。”《文王世子》云：“武王曰：西方有九国焉，君王其终抚诸！”孔颖达《正义》云：“西方九国：庸[三]、蜀[四]、羌[五]、髳[六]、微[七]、卢[八]、彭[九]、濮[十]之徒。”九国或即鬼方种类。又《既济》九三：“爻辰在辰。”辰为寿星之次，郑分野郑南与楚邻，商时或尚为鬼国地，故《既济》此爻即取象于此。《左传》文十六年：“庸人帅群蛮以叛楚。”注：庸属楚之小国(《后汉书·南蛮楚传》：“蛮属于与鄢陵之役，蛮共王合兵击晋。”)。“（縻）［麇］人率百濮聚于选。”注：濮，夷也。昭九年传：“詹桓伯曰：巴、濮、楚、邓，吾南土也。”韦昭《国语注》云：“濮，南蛮之国。”孔安国《牧誓传》云：“庸、濮，在江汉之南。”

【笺注】

[一]芈：春秋时楚国祖先的族姓。《国语·郑语》：“融之兴者，其在芈姓乎？”《史记·楚世家》：“陆终生子六人……六曰季连，芈姓，楚其后也。”

[二]鬼侯：殷诸侯名。《礼记·明堂位》：“昔殷纣乱天下，脯鬼侯以飨诸侯。”《战国策·赵策三》：“昔者鬼侯、鄂侯、文王，纣之三公也。鬼侯有子而好，故入之于纣。以为恶，醢鬼侯。”按，《史记·殷本纪》作“九侯”。

① 徐文靖《竹书统笺》卷六：《后汉书·西羌传》：“武乙三十五年，伐西落鬼戎，俘二十翟王。”

［三］庸：古国名。都上庸（今湖北竹山县东南），春秋时为楚国所灭。

［四］蜀：古族名、国名。分布在今四川西部。相传最早的首领名蚕丛，称蜀王。公元前316年归并于秦，秦于其地置蜀郡。

［五］羌：古族名。最早见于《书·牧誓》，为商周时八个少数民族之一。

［六］髳：古代西南少数民族名。《书·牧誓》："及庸、蜀、羌、髳、微、卢、彭、濮人。"孔颖达疏："此八国皆西南夷也。"

［七］微：古国名。商周时西南夷之国，曾和周武王会师讨纣，地约在今四川巴县。

［八］卢：古国名。约在今湖北省南漳县东北。

［九］彭：古国名。在今四川省彭山县。

［十］濮：古族名。最早见于《书·牧誓》，为商周时八个少数民族之一。分布在江汉之南或楚国西南。曾参加周武王伐纣会盟。周匡王二年（公元前611年），与麇人伐楚。周景王二十二年（公元前523年），楚为舟师以伐濮。以后，滇西南亦有濮人记载。其演变有三说：一说战国以后演变为百越，发展为汉藏语系壮侗语族各族；一说百濮与百越是两个不同的族体，元代以后称蒲人，以后发展为南亚语系孟高棉语族各族；一说前期的百濮与百越有密切关系，后期的百濮指孟高棉语族各族。

是庸、蜀、羌、髳、微、卢、彭、濮种类，皆西南夷，亦与楚邻，不得即与西羌当鬼方。惠说是也。

【附录】

明周婴《卮林》卷八"鬼方"条："杨用修曰：'高宗伐鬼方，事惟见《易》。鬼方，极远之国，即靡莫之属也。'《苍颉篇》曰：'鬼之为言远也。'《世本》：'黄帝娶于鬼方氏。'汉匡衡疏云：'成汤化异俗而怀鬼方。'意者，汤时鬼方已内属式围之中，而复叛于中衰之日，故高宗伐之，以中兴殷道也。又《西羌传》曰：'殷室中衰，诸侯皆叛。至于武丁征西戎鬼方，三年乃克，故其诗曰：自彼氐羌，莫敢不来王。'是其证也。《竹书纪年》：'周王伐西落鬼戎。'胡元瑞《丹铅新录》曰：'鬼方事见竹书。高宗二十二年伐鬼方，次于荆。三十四年，王师克鬼方，氐羌来宾。甚明。鬼戎之语，绝无所出。史称陆终氏娶于鬼方，生六子，即昆吾、大彭、五霸迭王者，见郑氏《通志略》。杨云黄帝，未知何所据也。鬼方，前辈有以为楚者，以楚俗尚巫，故谓鬼方。《竹书》伐鬼方，上有次荆之文，则此说宜可证。杨云极远，恐未然。'又一说云即贵黔中，殷世何能至此？盖当时楚地亦极为蛮落。春秋始会盟中国耳，以鬼方为楚，蔡介夫《蒙引》诠之曰：《大戴礼·帝系》曰：'陆终氏娶于鬼方氏之妹，谓之女嬇氏，产六子，一曰昆吾，二曰参胡，三曰彭祖，四曰莱言，五曰安，六曰季连。'《风俗通》曰：'陆终娶于鬼方氏，是谓女清。'《索隐》引《系本》亦同。杨云黄帝，良误。《诗·大雅》'覃及鬼方'，毛传曰：'鬼方，远方也。'孔颖达曰：'鬼方，远方，未知何方也。'《匡衡传》应劭注亦曰远方。杨曰极远，亦非臆说。《西羌传》曰：'武乙暴虐，犬戎寇边，古公逾梁山，而邑于岐下。及子季历遂伐西落鬼戎。'太子贤注引《竹书纪年》：'武乙三十五年，周王季伐西落鬼戎。'无俘二十翟王语，胡谓绝无所出，谬矣。此与《王会解》汤时正西有鬼亲国。扬雄作《赵充国颂》：'遂克西戎，还师于京，鬼方宾服，罔有不庭。'师古曰：'鬼方言其幽昧也。'李善引《世本》注曰：'鬼方于汉则先零戎是也。'《章帝纪》有司言明皇帝克伐鬼方，开道西域。用修称靡莫之属似鬼方，乃西戎也。《海内北经》曰鬼方在二负之尸北。注曰：'贰负之尸，在上郡。'干宝《易注》曰：'高宗殷中兴之君。鬼，北方国也。高宗当伐鬼方者，离为兵戈，故称伐，坎当北方，故称鬼也。'此说则为北狄。《唐书·韦皋传》：'云南款边，约东蛮鬼主骠傍苴绝吐蕃盟。'而《南蛮传》曰：'夷人尚鬼，谓主祭者为鬼主。'又曰：'南诏俗尚巫鬼，大部落有大鬼主，百家则置小鬼主。又有两林部地狭，而诸部推为长，号都大鬼主。又有夷望、鼓路、汤谷、阿酰、阿鹗、钾蛮等十二鬼主，皆隶隽州。此岂古所云鬼方者耶？'则与黔楚之说近。即以为南蛮可也。然《尚书大传》：'文王受命，二年伐鬼方，三年伐密须，四年伐犬夷，五年伐耆，六年伐崇。'

按：文王未尝南征，则谓在楚之阳者，或未然也。虞翻《易注》曰：‘高宗伐鬼方，三年乃克。旅人愬劳，衣服皆败，鬼方之民，犹或寇窃，故终日戒。’陈琳为曹洪与文帝书：‘鬼方聋昧。’高宗有三年之征伐，邈道悠聋，昧愬劳之辞，岂有承受？按《韩非子》：‘文王说纣，而纣囚之；翼侯炙，鬼侯腊。’《史记正义》引《括地志》：‘相州谷阳县西南五十里有鬼侯城。’然则鬼方直在冀州耳。又班固《典引》：‘威灵行于鬼区。’章和元年，诏威霆行乎鬼区，斯又易方为区矣。”

考工记五材解　黄明宏

《考工记》曰：“以饬五材，以辨明器。”① 五材为金、木、水、火、土，先郑谊甚明。《左传》：“天生五材，民并用之。”② 杜注亦云金、木、水、火、土也。此“饬五材”句，与“辨明器”对文，散而言之，则“材”与“器”同；合而言之，则“材”与“器”异。凡物可为用者羽绒材，而由人工而成则为器。《左传·正义》曰：“五物世所行用，故谓之五行，五者各有材能，传又谓之五材。”（昭二十五年《正义》）此材字之谊也。《记》先言饬五材，后乃言辨明器，言饬五材以辨明器也。材则物之未成者，器则物之已成者，物始于未成，而终乃得成也。五材为金、木、水、火、土，亦即本《记》而言。金如“攻金之工：筑、冶、凫、栗、段、桃”③ 是也。木如“攻木之工：轮、舆、弓、庐、匠、车、梓”④ 是也，土如“抟埴之工：陶、瓬”⑤ 是也。至于水、火，则如《轮人》云：“凡揉牙，外不廉而内不挫，旁不肿，谓之用火之善。”⑥ 又云：“水之以视其平，沈之均也”⑦ 是也。又如《弓人》云：“挢干欲孰于火而无赢，挢角欲孰于火而无燂⑧，鬻胶欲孰而水火相得。”⑨ 皆言水火者也。此皆本《记》中所有而言者。或难之曰：“水火可制器，不可为器，《考工记》之五材，似不得指水火。”不知正惟不得为器，故《记》于金、木、水、火、土五者但名之曰材，不名之曰器。至下句云：“民器始就。”本《记》中之各物言之，如皮玉及设色之工是也。民器既指本《记》中各物言，则五材制金、木、水、火、土益明矣。后郑谓五材为金、木、皮、玉、土，盖即本《记》各工分列之，而于设色之工未有专属，似不如先郑说为长。且金、木、皮、玉、土均在五行之中，金、木、土固为五行之三，而皮、玉亦五行之所生，非有五行，何有皮、玉？先郑之说，又可包后郑之说。后郑之说，仍不出先郑之说。贾疏不分述先后郑，而专以先郑之说为非，非也。

今案：贾氏驳先郑之说，其不然者有三：贾疏云：“知有皮、玉，无水、火者，以百工定造器物之人，水火单用不得为器物，故不取之。知有皮、玉者，此三十工之内，函人[一]为甲，韗人[二]为皋陶造鼓，鲍人[三]主治皮，又有玉人[四]之等，故知有皮、玉之

① 见《周礼·考工记》。
② 见《左传》襄公二十七年传。
③ 见《周礼·考工记》。
④ 见《周礼·考工记》。
⑤ 见《周礼·考工记》。
⑥ 见《周礼·考工记》。
⑦ 见《周礼·考工记》。
⑧ 此处原有：“引筋欲尽而无伤其力。”
⑨ 见《周礼·考工记》。

等，故知有皮、玉无水火也。”案：水、火与金、木、土同为五行，凡物皆生于天地，即皆生于水火，民非水火不生活，故民并用焉，而乃云不得为器物，其不然者一也；“函人为甲，䩛人为皋陶造鼓，鲍人主治皮，又有玉人之等”，如其说必一一数之，始成三十工，《记》何以不云三十材而云五材，其不然者二也；若谓金、木、皮、玉、土可统三十材乎？而必拘拘于皮、玉，其不然者三也。

【笺注】

[一]函人：造铠甲的工匠。《周礼·考工记·函人》：“函人为甲。犀甲七属，兕甲六属，合甲五属。”

[二]䩛人：古代主治皮革鼓木的工匠。《周礼·考工记·䩛人》：“䩛人为皋陶。”郑玄注引郑司农曰：“皋陶，鼓木也。”孙诒让《周礼正义》：“‘䩛人为皋陶’者，亦以事名工也。《祭统》注释䩛为䩛磔皮革，明此工主治革以冒鼓，又兼为鼓木。”

[三]鲍人：主持制革的工人。《周礼·考工记·鲍人》：“鲍人之事，望而眡之，欲其荼白也；进而握之，欲其柔而滑也；卷而抟之，欲其无迆也。”《周礼·考工记序》“攻皮之工，函、鲍、䩛、韦、裘”，唐贾公彦疏：“鲍人主治皮。”

[四]玉人：雕琢玉器的工人。《周礼·考工记·玉人》：“玉人之事。”贾公彦疏：“云玉人之事者，谓人造玉瑞、玉器之事。”

考　类

五霸考　蒋炯[一]

五霸[二]有二：有三代之“五伯”，有春秋之“五霸”。《左传》齐国佐曰：“五伯之霸也，勤而抚之，以役王命。”① 杜氏注为三代之五霸，确是。《孟子》：“五霸者，三王之罪人也；今之诸侯，五霸之罪人也。”② 赵氏注为春秋之五霸，确是。丁氏释《孟子》，从《左传》注，与赵说异。《集注》并存二义，而无所折衷。岂以严安云：“周之衰三百余岁，而五霸更起。”则五霸宜如赵注，以经文五霸三王之罪人，似统论三代之伯。又《左传》椒举六王二公，《穀梁传》交挚子不及二伯，周伯唯二，但数齐桓、晋文，则五霸又宜从丁释，故不折中与？窃以“霸”古字作“伯”，所谓侯、伯也，侯、伯命于天子，得专征伐，而孟子乃以伐诸侯为罪，于此可证此五霸唯据东周以后而言。若夏昆吾[三]、商大彭、豕韦，皆受王命为伯[四]，征伐不得为罪。《竹书纪年》：“夏帝仲康六年，锡昆吾命作伯。”“商祖乙元年，命彭伯、韦伯。”是也。春秋之霸，惟齐桓、晋文有王命。《左传》庄公二十七年：“王使召伯廖赐齐侯命。”僖公二十八年，策名晋侯为侯伯。然齐未受命之时，已先灭谭、灭遂、伐宋、伐郑，晋未对命之前，已先入曹、伐卫、战楚、城濮。至宋襄，王者之后例不为伯。秦穆、楚庄，僻在戎蛮，并无王命，莫不连兵侵伐，以争雄长，此衰周之五霸，搂诸侯以伐诸侯，所以为罪也。

---

① 见《左传》成公二年。
② 见《孟子》卷十二《告子下》。

【笺注】

［一］蒋炯，字葆存，浙江钱塘人。王昶《蒲褐山房诗话》："蒋炯，字葆存，诸生。有《蒋村草堂稿》。葆存所居西溪西南十里余，山环水转，宅幽势阻，长松古桧，梅花竹箭，弥望无际，中有陂田数千顷，澄湖曲沚，复与烟岚相间。蒋氏聚族而居，饶粳稻鱼虾菱橘之利。屋数十椽，聚书万卷。葆存摘蔬瀹茗之外，覃研铅椠，物外翛然。诗学中晚唐，散体文学三苏，长于议论。浙东西名士多闻名而访之者，高情朗志，即不主风雅之盟，亦当为山泽之癯也。"

［二］五霸：五个霸主。(1) 指夏昆吾，殷大彭、豕韦，周齐桓公、晋文公。(2) 指春秋齐桓公、晋文公、宋襄公、楚庄公、秦缪公。(3) 指春秋齐桓公、晋文公、楚庄王、吴王阖闾、越王句践。(4) 指春秋齐桓公、宋襄公、晋文公、秦穆公、吴王夫差。

［三］昆吾，祝融之孙、陆终第一子，名樊，为己姓，封于昆吾，昆吾卫是也。其后夏衰，昆吾为夏伯，迁于旧许。传曰："楚之皇祖伯父昆吾，旧许是宅。"袁珂云：郝说"昆吾，古诸侯名，见竹书"者，《今本竹书纪年》夏仲康六年"锡昆吾作伯"是也，然是书伪撰，不足信。又引《大戴礼·帝系篇》云者，盖出于《世本》；《世本·帝系篇》云："陆终娶于鬼方氏之妹，谓之女嬇，是生六子，孕三年而不育。剖其左胁，获三人焉；剖其右胁，获三人焉。其一曰樊，是为昆吾；其二曰惠连，是为参胡，其三曰籛铿，是为彭祖；其四曰求言，是为郐人；其五曰安，是为曹姓；其六曰季连，是为芈姓。"《大戴礼》文字小有异同，然当以世本为准。据此则昆吾亦古神性之英雄也。(袁珂《山海经新释》卷十)

［四］《郑语》："大彭、豕韦为商伯矣。"商，谓武丁之后为豕韦氏。初，祝融之后彭姓为大彭，大彭、豕韦二国，为商伯。其后商灭豕韦，刘氏自御龙代豕韦，故传曰："以更豕韦之后。"大彭，陆终第三子，曰籛，为彭姓，封于大彭，请之彭祖，彭城是也。豕韦，彭姓之别封于豕韦者也。殷衰，二国相继为商伯。

周初洛邑宗庙考　吴文起［一］

周初，洛邑有明堂［二］而无宗庙，明堂之中央曰太室。《书·洛诰》："王入太室祼。"郑君曰："太室，明堂之中央室。"是也。太室即世室，而祀文武于其中，故又有文世室、武世室之号［三］，此宗礼特祀［四］，不在七庙［五］常数之中也。

【笺注】

［一］吴文起（1807—1866），字子瑜，号鹤岑，广东鹤山人。著有《大戴礼记广笺》、《大戴礼记考》。清钱仪吉《衎石斋记事稿》续稿卷十《粤海堂诸子课业评》称其皆能玩索本经，浃洽义训，无嚣争之言，得著书之体，殊有裨于古学云。

［二］明堂方一百四十四尺，高三尺，阶广六尺三寸，室居中，方百尺，室中方六十尺，户高八尺，广四尺，牖高三尺，门方十六尺东应门，南库门，西皋门，北雉门。东方曰青阳，南方曰明堂，西方曰总章，北方曰玄堂，中央曰太庙，亦曰太室，左曰左介，右曰右介。明堂者，所以明天气，统万物，明堂上通于天，象日辰，故下十二宫象日辰也。(《逸周书·逸文十一》)

【今按】明堂为帝王祭祀、朝见诸侯、宣明政教之处。

［三］鲁公之庙，文世室也。武公之庙，武世室也。(《礼记·明堂位》)

【今按】世室者，不毁之名。文王、武王之庙亦称世室。

［四］葬僖公缓，作主，非礼也。凡君薨，卒哭而祔，祔而作主，特祀于主，烝尝禘于庙。(《春秋左氏传·僖公》)

[五]天子七庙，三昭三穆，与大祖之庙而七。(《礼记·王制》)

许氏宗彦《世室考》曰："圣人御世，功德广远，天下后世，蒙其德泽，则必有崇祀以为大报，故有祖宗之祭。周公营洛，建明堂，大合诸侯，祀于太室，所以显明文武之功德于天下，此周人祖宗之巨典也。"

案：文武祀于明堂太室，故又谓之太庙，亦曰清庙，又以文统武，只称文庙。古《周礼》、《孝经》说明堂文王之庙，《大戴礼·盛德篇》或以为明堂者，文王之庙。郑君《乐记注》："文王之庙为明堂。"《洛诰注》文祖周曰，明堂以称文王，是也（郑君以文祖为周明堂者，犹以艺祖为有虞明堂也）。

又案：《诗·清庙·序》："祀文王也，周公既成洛邑，朝诸侯，率以祀文王焉。"《我将·序》："祀文王于明堂也。"义亦从同。《洛诰》言"禋于文王、武王"，则文、武固并祀于明堂矣。而文、武以上皆不及祭，故知洛邑无宗庙也。盖明堂、太室、世室、太庙、清庙，一也。《诗·灵台》、正义引卢植《礼记注》、(颖)［颍］容[一]《春秋释例》、贾逵、服虔注《左传》并云："太庙、明堂同地。"《晋书·纪瞻传》、《答秀才策》云："周制明堂，所以宗其祖以配上帝，其中皆云太庙。"蔡邕《月令论》云："取其宗祀之清貌，则曰清庙；取其正室之貌，则曰太庙；取其尊崇，则曰太室；取其堂，则曰明堂。"然则《洛诰》之"太室"，即《礼》之"明堂"，《诗》之"清庙"，而非五世、七世之宗庙，其事甚明。

【笺注】

[一]颍容，字子严，汉陈国长平（今河南西华）人。事迹见《后汉书》本传。著有《春秋释例》，已佚，今有《玉函山房辑佚书》本。

许氏又曰："天子适诸侯，舍太庙。其至洛，则舍明堂，即同路寝[一]，故谓太庙、路寝、明堂，异名同地。明堂所祀祇，不在数中之宗祖，其在昭右穆之宗庙，自在观门之左，于明堂不相涉。"

案：昭穆之祀，在镐京，四亲外为二庙，与太祖庙而七，虽文武不能无祧，去祧为坛，去坛为墠，此亲亲之杀[二]也。宗礼之定，在营洛明堂之中，为世室而宗祀文武以飨帝，此尊尊之义也。后儒不审世室为明堂，而列诸昭穆庙数中，又误读《洛诰》与《诗序》，遂谓洛邑更立宗庙，不知周公固未尝两都并建宗庙也。

【笺注】

[一]路寝，天子、诸侯之正寝，治事之处。君王每日视朝在寝门外之内朝，朝后于路寝听政治事，毕，退至燕寝休息。

[二]儒者曰："亲亲有术，尊贤有等。"王引之云：此即《中庸》所谓亲亲之杀，尊贤之等。今云亲亲有术者，杀与术声近而字通也。(《墨子间诂》卷九非儒下第三十九)

又《逸周书·作洛解》："乃位五宫、大庙、宗宫、考宫、路寝、明堂。"许氏据《北史·宇文恺传》引《周书》，无"宗宫考宫"四字，《隋书·牛弘传》亦无"考宫"二字，证其衍误，已为明确。

又《尚书大传》言“卜洛邑，营成周，改正朔，立宗庙”云云，亦谓立明堂中之文武世室耳，非别立七庙也。又考《周礼》为周公营洛以后制治之书，郑君训“正位”为宫庙，亦依礼文泛释而已，其实此书未施行也，故伪孔传只训《书》“攻位”为治都邑之位，《正义》乃谓规度其城郭、郊庙、朝市之位，良由误意洛邑别立宗庙故耳。

又许氏本南齐何佟之议，谓《孝经》所言宗祀文王于明堂，为岐周之明堂。汪中《明堂通释》① 据《礼》谓岐周明堂在郊，为周公摄政六年宗祀文王以配上帝之所。案：岐周明堂飨帝，而以文王相配耳，非常祀文王于其中也。迨周公营洛邑，推尊尊之典，复建明堂，并祀文、武于太室，其得蒙清庙诸名。以此，愚故曰：周初洛邑有明堂而无宗庙，知两都未尝并建宗庙也。然则汉沛宫、原庙之设，唐东都、阙主之议，讵可以上诬周公哉？

【附录】

臧琳《经义杂记》卷一《祖庙明堂异处》：《左传·文二年》：勇则害上，不登于明堂。杜注：明堂，祖庙也。《正义》曰：郑玄以为明堂在国之阳，与祖庙别处。左氏旧说及贾逵、卢植、蔡邕、服虔等皆以祖庙，与明堂为一，故杜同之。案：以祖庙、明堂为一，乃先儒之误者，当从郑说为二，杜从左氏旧说，非是。袁准《正论》曾辨之，见《诗·灵台·正义》。(《续修四库全书》第172册第47页)

王鸣盛《蛾术编》卷六十六“明堂在国之阳，不在应门内”：江声以郑注“路门内”为非，谓几席、宝玉、四坐，皆在应门内之明堂。考《明堂位》疏引郑《目录》云：“明堂在国之阳。”又引郑《驳异义》用淳于登说，并据《孝经援神契》，谓明堂在近野三里之外、七里之内，丙巳之地。韩婴、孔晁说同。故彼文“朝诸侯于明堂”云云，郑注：“朝之礼不于此，周公权用之也。”据此则郑以正朝自在路门外，不在南郊明堂，故彼疏推郑意，以为此明堂应门，非是宫内路门外之应门。明堂无路寝，故无路门。然则此经应门，与明堂应门无涉也。但蔡邕谓明堂即在王宫应门之内，则此经应门，似明堂正门。治朝平地为廷，无堂阶，故可乘车出入，江声亦知之，只因蔡邕以明堂与宗庙为一，右社稷、左宗庙，则明堂在库门内雉门外。治朝之东，中间仍无堂阶，不害乘车出入。“王出在应门之内”，此明堂之应门，不是正中五门内之应门也。蔡邕之说，明堂既是天子所居，又是朝会之所，又为宗庙，为辟雍，为太学，为灵台，为刑人之所。袁准讥其人神渎扰，必无此事。况同在王城宫内，而一处有两应门，可乎？然则当从郑明堂自在郊外也。惠栋主蔡说，作《明堂大道录》，诋斥郑氏。江声从其师说，将《明堂》与《顾命》为一，遂以《释宫》两阶间之乡中庭左右之位，皆为明堂之阶庭，因谓康王所立之位，当在两阶间之前。又以《曲礼》“当依”为背负，“当宁”为面向。如其说，则门屏间之宁，在应门外，不在路门外矣。《曲礼·疏》推郑义，谓屏在路门外。如江声说，将天子五门，每门皆有屏与宁邪？将应门外有之，路门内反无之邪？将路门应门有之，皋门、库门、雉门无之邪？（鹤寿案：王合诸侯之堂，谓之明堂，此在国之阳者也。王居听政之堂，亦谓之明堂，此即路寝也。其在应门内者有太庙，而先儒谓与明堂同制，故江声谓在应门内之明堂。今案王合诸侯之明堂，于《周官·司仪》及《觐礼》，见宫坛之制；于明堂位，见阶门之位；《大戴礼记》、《朝事义》则兼举之……）

深衣考 周以贞[一]

深衣制度[二]，有近儒误解当考正者：裁幅之法与夫续衽之制、钩边之文也[三]。

① 汪中：《述学内篇》卷一。

【笺注】

［一］周以贞，生平事迹待考。

［二］《礼记·深衣》："古者深衣，盖有制度，以应规矩绳权衡。"深衣，古代上衣、下裳相连缀的一种服装。为古代诸侯、大夫、士家居常穿的衣服，也是庶人的常礼服。衣裳相连，被体深邃，故谓之深衣。

［三］《礼记·深衣》："短毋见肤，长毋被土。续衽。钩边。要缝半下。袼之高下，可以运肘。"钩边，曲裾。曲裾，古代深衣之裳计有十二幅，皆宽头在下，狭头在上，通称为衽，接续其衽而钩其旁边者为"曲裾"。

裁幅之法，孔疏谓裳十有二幅[一]，每幅交解之四边，去缝，宽头广尺二寸，狭头广六寸，宽头向下，狭头向上，合十二幅，故要中七尺二寸，下齐一丈四尺四寸。最得郑注之义。考郑注深衣云："裳六幅，幅分之以为上下之杀，谓用布六幅，斜分之为十二幅。"注不用"斜"者，其斜分之义即于"上下之杀"见之也。如非斜裁，何以有杀[二]？如非上狭下阔，何以言上下之杀？如非十二幅皆斜裁，何以言六幅？幅分之以为上下之杀乎？此十二幅皆斜裁，郑注之显而有据者也。

【笺注】

［一］《礼记·深衣》："制十有二幅，以应十有二月。"幅，布帛的宽度。古制一幅为二尺二寸。

［二］杀，杀缝，剪裁缝合之缝。

而近儒江氏永著《深衣考误》，以孔疏为非，谓裳当中八幅用正裁，惟裳之四旁名衽者始用斜裁，左边缝合前后裳幅为续衽，右边别用曲裾掩之为钩边，自以为据注以破孔疏之谬，而编制其实与郑注不合也。

续衽、钩边者，孔疏所谓"接续此衽，而钩其旁边"，即今之朝服，有曲裾而在旁者是也。盖深衣有连属之衽，犹礼服有垂放之衽，深衣之衽在裳幅之外，犹礼服之衽在裳幅之外，皆所以掩裳际也。礼服之裳不与衣连，裳前三幅，后四幅，故两旁有垂放之衽以掩裳际。深衣之裳，上与衣连，裳幅相属，惟裳之右边前后幅不合，故亦用衽以掩之。《玉藻》言："衽当旁谓衽，当裳之旁，明衽在裳幅之外也。"其衽幅交解之，如裳幅之制，上狭下阔，如裳幅之形，属连于裳前幅，以交裳后幅，使裳前后幅可以相合，而不露裳里，此深衣所以言续衽，注所以言属连之，不殊裳前后也。深衣之衽，异于礼服者：礼服则垂放而不续之于裳，深衣则续于裳而不垂放。故《玉藻》注云："衽属衣则垂而放之，属裳则缝之，以合前后。"明深衣之续衽，所以异于礼服之垂衽也。边裳，幅之边也。裳幅之边，谓裳前后幅交际之处也。按续此衽，而即以钩其旁边，使裳之前后可以合裳之后幅，而不露裳里，犹礼服两旁皆有垂衽以掩之，以其别续一衽则谓之续衽，以其能钩束前后裳幅之边，则谓之钩边，非有二也。

江氏拘守法服无斜裁之说，自不得不以"裳当中八幅为正裁"；既以当中八幅为正裁，自不得不以四角为衽；既以四角为衽，自不得不以续衽，即钩边者止名为钩边，愈说而愈棼，而不紫其与经文注义不合也。若戴氏震《东原集》、焦氏循《礼记补疏》，其说与江氏同，其失即与江氏均。至万氏充宗之误，更不待言矣。

辨类

八卦方位辨 吴俦[一]

八卦之象，成于日月，月受日光，三日震象出庚，八日兑象见丁，十五日乾象盈甲，十七日旦巽象退辛，廿三日艮象消丙，二十九日坤象灭乙。晦夕朔旦，坎象流戊，日中则离，离象就己，戊己土位，象见于中，故八卦成列。“天地定位”，甲、乙也。“山泽通气”，丙、丁也。“雷风相薄”，庚、辛也。“水火不相射”，壬、癸、戊、己也。[二]坎离震巽，以象四时，故正四方。离日中正南，故《说卦传》：“南方之卦也。”[三]坎月夜中正北没，故曰正北方之卦。雷风相薄，震八成巽，故位巽于东南，以齐震艮。下弦晦望之中，位在癸、甲之间，故曰东北之卦。乾居西北以就坎，十五日月盈西北也。坤居西南以就离，晦朔月合日也。乾就月而居前，坤就日而居后，尊卑之义也。卦有定位，位有定方，何容异说羼入？

【笺注】

[一]吴俦：广东鹤山人。著有《说文假借例释》。钱仪吉《衎石斋记事稿》续稿卷十《粤海堂诸子课业评》：“吴俦《春秋公羊经传札记》、《治公羊春秋札记》二卷，独抒心得，锐入渊微，其通贯前后，以求经旨，深得属辞比事之义，议论笔力精悍，亦足自成一子。惟公羊家谓圣人黜周王鲁，以春秋当新王，并以获麟为刘氏之瑞。近孔巽轩氏即据公羊驳之，谓其说绝不见于本传，然此是汉代经师相承旧说，今既专治是经，亦可置之不议，但毋庸更扬其波。如篇内《春秋》王春秋等说，语似奇创，实即《春秋》当新王之义无甚悬殊。至谓隐公之不书即位，见春秋之无位，则意近文巧，非治经质实之体矣。公羊自魏、晋以来服习者罕，今之作者当推巽轩，若刘礼部号为颛门，然其义多偏驳。盖一则求通圣人之经，故其词必慎，一则欲驾昔人之上，故其旨未醇，用心攸殊，即成业所由判也。生所著有深湛之思，有果毅之力，正其趋向，如对圣贤，虚心切已，日就月将，辟邵公之奥键，补巽轩之遗阙，不难耳。而学问之道，求之过高者，其流弊亦深。智者所当于发轫之始，超然先见怵然为戒也。试绎思之。”（《续修四库全书》第1509册）

[二]《说卦传》：“天地定位，山泽通气，雷风相薄，水火不相射。”

[三]离也者，明也。万物皆相见南方之卦也。圣人南面而听天下，向明而治，盖取诸此也。

自宋初方士始为先天之说，衍之为图，儒者尊信其言，然义实有不足信者。《系辞传》：“天尊地卑，乾坤定矣。”虞注：“天贵故尊，地卑故贱，定谓成列。”又：“卑高以陈，贵贱位矣。”注：“乾高贵五，坤卑贱二，列贵贱者存乎位也，审如乾南坤北，则尊卑贵贱之列紊。”虞注屡言震春、兑秋、离夏、坎冬，审如离东、坎西，则四时之象舛。《通卦验》：“乾主立冬，坎主冬至，艮主立春，震主春分。”审如其图，则卦气之义乖。《乾凿度》云：“震生物于东方，位在二月；巽散之于东南，位在四月；离长之于南方，位在五月；坤养之于西南，位在六月；兑收之于西方，位在八月；乾制之于西北，位在十月；坎藏之于北方，位在十一月；艮终始之于东北方，位在十二月。”审如其图，则四正四维之分，生长收成之道，皆悖矣。彼实据《说卦传》为说。然所谓天地定位，乃谓五贵二贱，非谓乾南坤北为定位也。所谓通气者，同气相求；相薄者，同声相应；不相射者，水火相通会于壬癸，皆不如彼所说。

八卦之位，古人以之配八风[一]、十二律[二]、二十四节[三]、二十八宿[四]，而于先天皆不可通，后人亦卒无所用，适足以资谈术者之惑世尔。彼于八卦之生，不本之日月，所谓“太极”、“两仪”、“四象”、“八卦”，似皆巧合，而实程子所谓“加一倍法”[五]，蚤有以罄其底蕴。故先天之说，程子当时已不之信，何后人不惟程子是信也！

【笺注】

[一]宋魏了翁《春秋左传要义》卷四“八方之风凡二说”：夫舞所以节八音而行八风。注：八音，金、石、丝、竹、匏、土、革、木也。八风，八方之风也。以八音之器播八方之风，手之舞之，足之蹈之，节其制而叙其情。正义曰：舞为乐，主音逐舞节，八音皆奏，而舞曲齐之，故舞所以节八音也。八方风气寒暑不同，乐能调阴阳，和节气，八方风气由舞而行，故舞所以行八风也。八风，八方之风者，服虔以为八卦之风。乾音石，其风不周，坎音革，其风广莫，艮音匏，其风融，震音竹，其风明庶，巽音木，其风清明，离音丝，其风景，坤音土，其风凉，兑音金，其风阊阖。沈氏云：案《乐纬》云：“坎主冬至，乐用管，艮主立春，乐用埙，震主春分，乐用鼓，巽主立夏，乐用笙，离主夏至，乐用弦，坤主立秋，乐用磬，兑主秋分，乐用钟，乾主立冬，乐用柷敔。”此八方之音既有二说，未知孰是，故两存焉。①

[二]十二律，古乐的十二调。阳律六：黄钟、太簇、姑洗、蕤宾、夷则、亡射；阴律六：大吕、夹钟、中吕、林钟、南吕、应钟。共为十二律。《周礼·春官·典同》：“凡为乐器，以十有二律为之数度。”

[三]二十四节，亦称“二十四节气”，亦称“二十四气”。我国古代历法，根据太阳在黄道上的位置，将一年划分为二十四节气。其名称为：立春、雨水、惊蛰、春分、清明、谷雨、立夏、小满、芒种、夏至、小暑、大暑、立秋、处暑、白露、秋分、寒露、霜降、立冬、小雪、大雪、冬至、小寒、大寒。每段开始的一日为节名。二十四节气表明气候变化和农事季节，在农业生产上有重要的意义，是我国夏历的特点。赵翼《陔余丛考·二十四节气名》：“二十四节气名，其全见于《淮南子·天文》篇及《汉书·历志》。三代以上，《尧典》但有二分二至，其余多不经见，惟《汲冢周书·时训解》，始有二十四节名。其序云：‘周公辨二十四气之应，以顺天时，作《时训解》。’则其名盖定于周公。”

[四]二十八宿，指我国古代天文学家把周天黄道（太阳和月亮所经天区）的恒星分成二十八个星座。《淮南子·天文训》：“五星、八风，二十八宿。”高诱注：“二十八宿，东方：角、亢、氐、房、心、尾、箕；北方：斗、牛、女、虚、危、室、壁；西方：奎、娄、胃、昴、毕、觜、参；南方：井、鬼、柳、星、张、翼、轸也。”

[五]《二程遗书》载邵子与程子言数，程子称只是“加一倍法”。盖指算数言之，非占验录命之谓也。

文王称王辨　邹伯奇[一]

文王不自称王，秦、汉以来已有其说，不必至宋儒始发其覆[二]也。浏览古书，得九证焉。

【笺注】

[一]邹伯奇（1819—1869），字特夫，广东南海人。著有《补小尔雅》、《释度量衡》一卷。按

① 宋王应麟《六经天文编》卷下“八风”条亦同。

《（光绪）广州府志》卷一百二十九：邹伯奇，字特夫，泌冲人。邑诸生，聪敏绝人，通诸经义疏大义，尤长于算学，学使戴熙试广属文童，问音韵源流，伯奇所对独详，拔进邑庠，嗣后闭户覃思，以算通经，以经证算，欲成一家之学。尝谓昔人考春秋朔闰，类求之经传，未能精确，今以历术上推二百四十二年之朔闰食限，然后质以经传所书，乃知有经误传误及术误之分，作《春秋日月考》正之。又论《尚书》克殷年月，谓郑玄据《乾凿度》以入戊午部四十二年克殷，下至春秋，凡三百四十八年。刘歆三统术以为积四百年，今以历术上推，且以岁星验之，始知郑玄之是、刘歆之非。其解孟子由周而来七百有余岁，谓阎百诗《孟子生卒年月考》据《大事记》及《通鉴纲目》以孟子致为臣而归在周赧王元年丁未，逆数至武王有天下，岁在己卯，当得八百有九年。今考《纲目》年数本之刘歆，然共和以上周初年数，史迁已不能纪，刘歆历谱本之《鲁世家》耳。今将歆历与《史记》比对，歆于炀公、献公等年份增加五十二年，若减其所加，则歆所谓八百有九年者实七百五十七年耳。又谓胡渭《禹贡锥指》言五服不及五岭，要荒①之外尚有余地，不知孟子言三代授田五十亩当周百亩，以积求边，则《王制》九州方三千里只当夏二千一百二十一里余，是仅过侯服之外六十里而已，其外尚有绥要荒三服，以数计之，则《禹贡》五千已是北穷朔漠、南逾岭海，乌得谓不及五岭，且要荒之内，包蛮夷流蔡，名为四裔，安得谓此外尚有中国余地哉？又谓《大戴礼》明堂说当日必有九室之图，四隅室外，复接四室，二九四七五三六一八者，图中记数之字横书左行，及图亡字存转写者，纵书而右行，故错乱如此，其曰赤缀户也，白缀牖也，此则明有赤白点为有图之证耳。又以向来注经者未精算学，故制度多疏，作《深衣考》，以订江永之谬，作《戈戟考》，以指程瑶田之疏，以《景福殿赋》阳马承阿证古宫室阿栋之制，以体积论栗氏为量，以重心论悬磬之形，皆绘图注说，援引详明。凡经中有关于天文算术，或先儒未发，或发而未明，随时录出，成《学计一得》一书。此皆其精思创获，有裨于经学之大概也。又尝作《古韵谐声谱》，以为方音有流变，故古今音不同，非谐声无以定古之本音，非方音无以尽诗之取韵，又作《双声迭韵谱》，以推明古音古义。生平精于西法，暇读墨子书，谓为西学所自祖。其说凿然有据，其独抒心得多此类也。同治三年，郭嵩焘抚粤，以数学特荐诏督抚咨送，而伯奇家居养母，终不出也。八年五月卒，年五十一。友人刻其遗书，自《学计一得》外，有《皇舆全图》三卷、《地球背面全图》、《赤道星图》、《黄道星图》、《补小尔雅释度量衡》一卷、《格术补》一卷、《乘方捷术》三卷、《存稿》一卷，今其学尚有能传之者。

［二］《朱子语类》卷六十三：问："《中庸解》载游氏辨文王不称王之说，正矣。先生却曰：'此事更当考。'是如何？"曰："说文王不称王固好，但《书》中不合，有惟九年大统未集一句，不知所谓九年自甚时数起？若谓文王固守臣节，不称王，则三分天下有其二，亦为不可。又《书》言太王肇基王迹，则到太王时周家已自强盛矣。今《史记》于梁惠王三十七年书襄王元年，而《竹书纪年》以为后元年，想得当时文王之事亦类此。故先儒皆以为自虞芮质成之后为受命之元年。"宋游酢《游廌山集》卷一："世之说者，因《中庸》无追王文王之文，遂以谓文王自称王，岂未尝考《泰誓》、《武成》之书乎？君臣之分，犹天尊地卑，纣未可去，而文王称王，是二天子也，服事商之道固如是耶？"宋章如愚《群书考索续集》卷五："文王称王，后世追称耳。"宋黄震《黄氏日抄》卷六十一："《泰誓》论谓十一年伐纣，即武王即位之十一年，无文王称王改元之说，一惟取信于经。"明王樵《尚书日记·凡例》："旧说相沿如文王称王、武王观兵、周公居摄之类，先儒俱已辨正。此外，如微子抱祭器归周、箕子受封朝鲜、周公居东为东征、我之弗辟为致辟，皆关圣贤大节，而传记异辞，不无害教，今悉辨之。"阎若璩《尚书古文疏证》卷二亦云："西伯受命称王，亦不始《史记》。伏生《尚书》殷传已有之，其远

① 要荒：要，要服；荒，荒服。古称王畿外极远之地。亦泛指远方之国。汉刘向《新序·杂事二》："昔者唐虞崇举九贤，布之于位，而海内大康，要荒来宾，麟凤在郊。"《文选·班固〈典引〉》："卓荦乎方州，洋溢乎要荒。"李周翰注："要荒，违国也。"

则自《文王世子》篇来。武王对文王曰：‘西方有九国焉，君王其终抚诸?’郑氏注言：君王则既受命之后，不尔何以呼王？余谓梦龄事之虚妄，先儒具有明辩，独怪孔颖达疏《尚书》，见孔传无称王字，遂力以文王称王为无，疏《毛诗》，见郑笺有称王说，遂力傅会，称王当在六年伐崇后，以至疏《礼记》亦然，真所谓从孔则废郑，从郑则废孔，唐人义疏之学之拘知此。”

《吕氏春秋·诚廉》篇：“昔周之将兴也，有士二人，处于孤竹，曰伯夷、叔齐。二人相谓曰：‘吾闻西方有偏伯焉，似将有道者，今吾奚为处乎此哉?’二子西行如周，至于岐阳，则文王已殁矣。”按：文王将殁，犹谓“偏伯”，是未称王也。其证一也。

《首时》篇：“王季历困而死，文王苦之，有不忘羑里之丑，时未可也。武王事之，夙夜不懈，亦不忘王门之辱。立十二年，而成甲子之事。”按：此则十三年一月，师渡孟津，四月甲子，灭殷，当自武王即位起数，正匝十二年矣。不蒙文王年数也，则文王并未改元。其证二也。

《观世》篇：“太公钓于滋泉，遭纣之世也，故文王得之。文王千乘也，纣天子也，天子失之，而千乘得之，知之与不知也。”按：此则得太公之时谓文王千乘，而非天子。其证三也。

《指武》篇：“召周公而问焉，曰：‘天下之图事者，皆以殷为天子，以周为诸侯，以诸侯攻天子，胜之有道乎?’”① 按：武王伐纣，犹自称为诸侯，称纣为天子，则文王亦诸侯矣。其证四也。

《孟子·公孙丑》篇：“且以文王之德，百年而后崩，犹未洽于天下；武王、周公继之，然后大行。今言王若易然，则文王不足法与?”② 赵岐注：“文王尚不能及身而王，何谓王易然也?”按：王，有天下也，有天下始称王矣。文王不能王天下，则不称王矣。其证五也。

《滕文公》篇：“《诗》云‘周虽旧邦，其命惟新’，文王之谓也。”赵岐注：“言周虽后稷以来，旧为诸侯，其受王命，惟文王新复修治礼义，以致之耳。”按：赵说受纣王之命，以勉滕文自新其国，非称王也。其证六也。

《礼记大传》：“追王大王亶父，王季历，文王昌，不以卑临尊也。”郑注云：“不用诸侯之号，临天子也，文王称王早矣，于殷犹为诸侯，于是著焉。”按：郑云：“‘文王称王早’者，早于大王、王季耳。谓载木主号为文王也。曰‘于殷犹为诸侯，于是著’者，谓与大王、王季同为殷诸侯，故并著之也。”疏引《中候我应》③ 失之。王氏鸣盛《尚书后案》亦云：“郑《尚书注》久亡，予虽博采成编，亦不见文王称王明文。”惟孔疏云：“郑言文王生王耳。”安知郑当日不作疑词乎？其证七也。

《论衡·感应》篇：“王者，名之尊号也，人臣不得名也。”难曰：“人臣犹得名王，礼乎？武王下车追王大王、王季、文王。三人［称］者，诸侯，亦人臣也，以王号加之。”按：王充以王迹起于三人，故虽诸侯，亦以王号加之，则文王之终为侯可知

① 见《说苑》卷十五。

② 见《孟子》卷三。

③ 《尚书中候》书佚，而诸书所引篇目猥多，《中候我应》即为其一。

也。其证八也。

《风俗通义·礼号谥记说》："夏禹、殷汤、周武王，是三王也。"[一]《尚书》说："文王作罚，刑兹无赦。"①《诗》说："有命自天，命此文王。"② "文王受命，有此武功。"③ "仪刑文王，万国作孚。"④《春秋》说："王者孰谓？谓文王也。"⑤ 谨案：《易》称："汤武革命。"⑥《尚书》："武王戎车三百两，虎贲八百人⑦，擒纣于牧之野。⑧" "惟

---

① 《尚书·康诰》文。

② 《诗·大雅·文王有声》文。

③ 《诗·大雅·灵台》文。

④ 《诗·大雅·文王》，"国"作"邦"，此汉人避汉高帝刘邦讳改。

⑤ 钟本"谓"字不重，非。此《公羊传·隐公元年》文，疏引《春秋元命包》："王者孰谓？文王也。疑（拟）三代，谓疑（拟）文王。"《白虎通号篇》："三王者，何谓也？夏、殷、周也。故礼士冠经曰：'周弁，殷冔，夏收，三王共皮弁也。'" 陈立《疏证》曰："案三王之名，定于后世。周人尊文王为受命祖，故《孝经·圣治》云：'昔者，周公郊祀后稷以配天，宗祀文王于明堂，以配上帝。'文王亲迎于渭，即以亲迎为天子之礼；文王造舟为梁，即以造舟为天子之制：是周人之尊文王，在武王之上，何得援论语服事之说，以相难也？《诗·文王序》云：'文王受命作周也。'《汉志》引刘歆作《三统历》，考上世帝王，以为文王受命九年而崩。《易乾凿度》云：'入戊午蔀二十九年伐崇，作灵台，改正朔，布王号于天下，受箓应河图。'《诗疏》引《我应》说，文王之戒武王曰：'我终之后，恒称太子，河、洛复告，尊朕称王。'又引《元命苞》曰：'西伯既得丹书，于是称王，改正朔。'《诗·棫朴》云：'左右趣之。'笺云：'左右之诸臣，皆趣疾于事，谓相助积薪，唯天子祭天始燔柴。'《繁露》亦引此诗，以说郊祭。据诸经纬之文，则文王在时，固已称王。《孟子·告子下》：'三王之罪人也。'赵注亦以禹、汤、文王当之也。"

⑥ 《周易·革卦》文。

⑦ 《拾补》引孙志祖曰："案《书序》：'虎贲三百人。'《孟子》言三千人，本书卷二引书亦同，此云八百，讹。"《御览》二四一引《汉官仪》："虎贲中郎将，古官也。《书》称：'武王伐纣，戎车三百两，虎贲三百人，擒纣于牧之野。'言其猛怒如虎之奔赴。平帝元始元年，更名虎贲郎。古有勇者孟贲，故改奔为贲。"《后汉书·顺纪》注引《汉官仪》曰："书称'虎贲三百人'，言其猛怒如虎之奔赴也。"本书《正失篇》又引作"虎贲三千人"。按《墨子·明鬼篇下》云："武王以择车百两，虎贲之卒四百人，先庶国节窥戎，与殷人战于牧之野。"综上所述，则武王所率虎贲之士，有三百人、四百人、八百人、三千人四说，疑莫能明也。孙星衍《尚书今古文注疏》书序第三十下曰："'三百人'，当是'三千'之误也。《司马法》云：'革车一乘，士十人，徒二十人。'《乐记》云：'虎贲之士说剑。'则虎贲即士也；一乘十人，三百乘则三千人矣。"

⑧ "擒"，拔萃本作"禽"，古通。《书序》："武王戎车三百两，虎贲三百人，与受战于牧野，作牧誓。"段玉裁《撰异》曰："《孟子·尽心》篇：'武王之伐殷也，革车三百两，虎贲三千人。'《史记·周本纪》：'遂率戎车三百两，虎贲三千人，甲士四万五千人，以东伐纣。'《吕氏春秋》简选、贵因二篇皆云：'武王简车三百，虎贲三千，以要甲子之事，而纣为禽。'《韩非子·初见秦》篇、《战国策》、《魏策》、《赵策》，又见《史记·苏秦传》）皆云：'武王将素甲三千领，战一日，破纣之国。'江氏叔沄曰：'三百人当为三千人，《司马法》曰：革车一乘，士十人，徒二十人。《乐记》曰：虎贲之士说剑。然则虎贲，士也，一乘十人，三百两则三千人矣。'玉裁谓江说近是。此时《周礼》未备，不必泥于《周礼》'虎士八百人'之数。虎贲，言其勇也，盖周以此勇士灭殷，后因之设虎贲氏。《风俗通义·皇霸》篇：'尚书，武王戎车三百两，虎贲八百人，擒纣于牧之野。'与今本异。孔晁注《逸周书·克殷解》所言士卒虎贲之数亦未审。"翟灏《四书考异》亦主三千人之说，梁玉绳《史记志疑》又从《书序》说，莫衷一是，盖亦难言之类，故应劭亦持两端之论也。

十有三祀，王访于箕子。”① 《诗》云“亮彼武王，袭伐大商。”② “胜殷遏刘，耆定武功。”③ 由是言之：武王审矣。《论语》：“文王率殷之叛国。”④ “以服事殷。”⑤ 时尚臣属，何缘便得列三王哉？⑥ 经美文王，三分天下有其二，王业始兆于此耳。俗儒新生[二]，不能采综，多（其）［共］辨论，至于讼阋；（太）［大］王、王季，皆见追号，岂可复谓已王乎？按：此则称王之说出于俗儒[三]。其证九也。

若夫天无二日，土无二主，则又天壤之大义，众庶所晓然，宋儒已有发明，今不复论。

【笺注】

［一］《后汉书·杜林传》注引《风俗通》：“若能纳而不能出，能言而不能行，讲诵而已，无能往来，此俗儒也。”《荀子·儒效》篇：“故有俗人者，有俗儒者，有雅儒者，有大儒者。不学问，无正义，以富利为隆，是俗人者也。逢衣浅带，解果其冠，略法先王而足乱世术，缪学杂举，不知法后王而一制度，不知隆礼义而杀诗书；其衣冠行伪已同于世俗矣，然而不知恶；其言议谈说已无异于墨子矣，然而明不能别；呼先王以欺愚者而求衣食焉；得委积足以掩其口，则扬扬如也；随其长子，事其便辟，举其上客，亿然若终身之虏而不敢有他志：是俗儒者也。法后王，一制度，隆礼义而杀诗书；其言行已有大法矣，然而明不能齐法教之所不及，闻见之所未至，则知不能类也；知之曰知之，不知曰不知，内不自以诬，外不自以欺，以是尊贤畏法而不敢怠傲：是雅儒者也。法先王，统礼义，一制度；以浅持博，以古持今，以一持万；苟仁义之类也，虽在鸟兽之中，若别白黑；倚物怪变，所未尝闻也，所未尝见也，卒然起一方，则举统类而应之，无所拟作；张法而度之，则晻然若合符节：是大儒者也。”

［二］新生，犹言新学小生。《汉书·张禹传》：“新学小生，乱道误人。”

［三］孔广森《经学卮言》卷三：“汉儒谓文王生已称王，宋儒非之，遂并疑《史记》西伯崩即谥文王之误。愚谓文王受命为西伯，改称受命元年，此于经有征者也。其称王与否，则无可征。若没而谥王，未为僭也。《中庸》曰：周公成文武之德，追王太王、王季，不及文王，可见文王之有王号前此矣。《殷本纪》历世皆谓之帝，某经传亦有帝乙、帝甲，盖商制天子生时称王，没时称帝。《曲礼》所谓措之庙，立之主，曰帝是也。武王虽未有天下，以为没而称王，犹下帝号一等，故得以文王尊其父焉。及其既有天下，谦不敢自逾于文王，于是没亦无帝号矣。春秋之义，内无斥国爵以称其君者，况天子至尊，又非鲁颂鲁侯之比。”

纬候不起于哀平辨　李富孙

七纬俪经而行，多孔氏七十子[一]之遗言。相传孔子既叙六经，知后世不稽同[二]其意，别立纬及谶八十一首，以遗来世。后为方士所采取，又以诞妄之说附益之，故其言有

---

① 《尚书·洪范》文。

② 《毛诗·大明》作“凉彼武王，肆伐大商”，《释文》引《韩诗》“凉”作“亮”，与此合，仲远用《鲁诗》也。“肆”之与“袭”，亦毛、鲁之异。

③ 《周颂·武》文。

④ “文王率殷之叛国”，《论语》无其文，而见于《左传》，襄公四年传云：“文王率殷之叛国以事殷。”应氏此书，同时引及二家之说者，率并为一文，而总出书名于前，疑“论语”上本有“左传”二字，而传抄者夺之也。《后汉书·西羌传》：“及文王为西伯，西有昆夷之患，北有猃狁之难，遂攘戎、狄而戍之，莫不宾服，乃率西戎征殷之叛国以事殷纣。”李贤注亦据《左传》为说。

⑤ 《论语·泰伯篇》：“三分天下有其二，以服事殷。”

⑥ 辨文王不受命改元称王，始于此文，其后孔颖达《尚书·泰誓正义》、《周易正义》卷一“论卦辞爻辞谁作”，及张守节《史记·周本纪正义》俱本之。

醇驳，今散见于诸书者，可别白也。[三]后儒不察，以纬候之书起于哀、平之际，斥其伪妄，欲一概屏之，亦过矣。

【笺注】

[一]七十子：同“七十二子”。七十，举其成数。指孔子门下才德出众的七十二个学生，详见《史记·孔子世家》。

[二]稽同：犹稽合。考校，验证。

[三]《隋书·经籍志一》：“孔子既叙六经，以明天人之道，知后世不能稽同其意，故别立纬及谶，以遗来世。其书出于前汉，有《河图》九篇，《洛书》六篇，云自黄帝至周文王所受本文。又别有三十篇，云自初起至于孔子，九圣之所增演，以广其意。又有《七经纬》三十六篇，并云孔子所作，并前合为八十一篇。而又有《尚书中候》、《洛罪级》、《五行传》、《诗推度灾》、《泛历枢》、《含神务》、《孝经勾命诀》、《援神契》、《杂谶》等书。汉代有郗氏、袁氏说。汉末，郎中郗萌集图纬谶杂占为五十篇，谓之《春秋灾异》。宋均、郑玄并为谶律之注。然其文辞浅俗，颠倒舛谬，不类圣人之旨。相传疑世人造为之后，或者又加点窜，非其实录。起王莽好符命，光武以图谶兴，遂盛行于世。汉时，又诏东平王苍正‘五经’章句，皆命从谶。俗儒趋时，益为其学，篇卷第目，转加增广。言‘五经’者，皆凭谶为说。唯孔安国、毛公、王璜、贾逵之徒独非之，相承以为妖妄，乱中庸之典。故因汉鲁恭王、河间献王所得古文，参而考之，以成其义，谓之‘古学’。当世之儒，又非毁之，竟不得行。魏代王肃，推引古学，以难其义。王弼、杜预，从而明之，自是古学稍立。至宋大明中，始禁图谶，梁天监已后，又重其制。及高祖受禅，禁之逾切。炀帝即位，乃发使四出，搜天下书籍与谶纬相涉者，皆焚之，为吏所纠者至死。自是无复其学，秘府之内，亦多散亡。今录其见存，列于六经之下，以备异说。”

按《苍颉篇》云：“谶书，河洛书也。”《秦语》：“秦三十二年，燕人卢生奏箓图曰：‘亡秦者胡也。’”[一]《史记·秦本纪》：“有人遮使者曰：‘今年祖龙死。’”此即谶纬之言也。《太史公自序》引孔子曰：“我欲载之空言，不如见之于行事之深切著明也。”[二]此《春秋纬》文。又《易》曰：“失之毫厘，谬以千里。”徐广曰：“今《易》无此语，《易纬》有之。”[三]《礼记·经解》亦引“差若毫厘，谬以千里”。则史公与戴圣已得见纬书矣。

【笺注】

[一]郑玄曰：“胡，胡亥，秦二世名也。秦见图书，不知此为人名，反备北胡。”

[二]《索隐》曰：“孔子之言见《春秋纬》，太史公引之以成说也。空言，谓褒贬是非也。空立此文，而乱臣贼子惧也。案：孔子言我徒欲立空言，设褒贬，则不如附见于当时所因之事。人臣有僭侈篡逆，因就此笔削以褒贬，深切著明而书之，以为将来之诫也。”

[三]徐广曰：“一云‘差以毫厘’，一云‘谬以千里’。”裴骃案：今《易》无此语，《易纬》有之。

《前汉书·翼奉传》：“臣学齐诗，闻五际[一]之要。”“五际”之说本于《诗纬·泛历篇》及《春秋纬·演孔图》，见郑氏《六艺论》。《盖宽饶传》引《易传》言：“五帝官天下，三王家天下，家以传子，官以传贤。”① 何孟春谓：“今《易》无此语，或曰《易纬》文也。”则宣帝、元帝时已有其书矣。

【笺注】

[一]五际，汉初《诗》有齐、鲁、韩三家。《齐诗》学者翼奉说诗，附会阴阳五行之说，以推论政

① 见《前汉书》卷七十七。

治变化，认为每当卯、酉、午、戌、亥是阴阳终始际会之年，政治上必发生重大变动。《汉书·翼奉传》："《易》有阴阳，《诗》有五际。"颜师古注引孟康曰："《诗内传》曰：'五际，卯、酉、午、戌、亥也。阴阳终始际会之岁，于此则有变改之政也。'"参阅清陈寿祺《左海经辨·诗有六情五际辨》、清陈乔枞《三家诗遗说考》。

扬雄《太玄经》，张行成谓其法本于《易纬卦气图》，卦气图之用出于孟喜章句，而焦赣以六日七分更值用事，各有占验。洪适《隶释》载小黄门谯敏碑，称其先故国师谯赣深明典奥谶录图纬，能精微天意，传道与京君明，则纬谶已为焦氏、京氏之所授受矣。

张衡不信纬书，然其所作《思玄赋》有云："嬴擿谶而戒戎胡兮，备诸外而发内。"则亦以秦时已有谶书矣。迨光武应符谶以兴，遂笃信不疑，至读之庑下，故其书大行于东汉，咸以通"七纬"为内学，通"五经"为外学。其见于范史及诸碑碣者无论，而贾逵以此论左氏学，曹褒以此定汉礼，作《大予乐》，郑康成、何休亦以谶注经。使果出于哀、平、王莽之时，则贾、郑诸大儒必不肯以此汩经，况证以《春秋外传》及史迁、班固诸书，其非起于哀、平明甚，岂得谓不载《汉·艺文志》遂疑其伪而欲尽去之也？

【附录】

阮元《七纬叙》："崈纬之兴始于哀、平，终于大业。洎乎宋郑两家为之作注，而纬与经乃相杂而不越。然异学争鸣，七纬之外，复有候有图，最下而及于谶，而经训愈漓。不知纬自为纬，谶自为谶，不得以谶病纬也。自贾公彦《周官疏》造为汉时禁纬之说，后儒不察，并为一谈，以为古人纬谶同讳，此谬论也。今以《隋书·经籍志》证之，云：'孔子既叙六经，以明天人之道，知后世不能稽同其意，故别立纬及谶。'及者，遂事之词也。观下文'王莽好符命，光武以图谶兴，遂盛行于世'，则谶者，特纬之流弊也。谶纬之别，此一证也。《志》云七纬三十六篇，并孔子所作并前为八十一篇……汉代有郗氏、袁氏说。汉末郎中郗萌辑图纬谶杂占为五十篇，谓之春秋灾异，宋均、郑玄并为谶律之注，然其文词浅俗，颠倒舛谬，不类圣人之旨，其重言汉代者见前之非出于汉也，则后人所疑者，或伪注之谶尔，未尝疑及于纬也。此又一证也。《志》云汉时又诏东平王苍正五经章句，皆命从谶，俗儒趋时，益为其学，言'五经'者皆凭谶为说，唯孔安国、毛公、王璜、贾逵之徒独非之，相承以为妖妄，则当日所谓古学者亦第不及图谶耳，未尝诋讦及于纬也。此又一证也。《志》云至宋大明中始禁图谶，梁天监以后又重其制，及高祖受禅禁之逾切始者言乎其前之未有也，然则隋以前图谶且不禁，何自而及于纬乎？此又一证也。唯《志》云：炀帝即位，乃发四方，出搜天下书籍，与谶纬相涉者皆焚之，曰涉曰皆者，病及于纬也。贾氏不省，因谓汉氏禁纬，真无稽之言矣。否则，朱氏彝尊所引谢书及汉人碑碣，称姚浚则尤明图绛秘奥，姜肱则兼明星纬，郭泰则探综图纬，李休则又精群纬，袁良则亲执经纬，杨震则明河雒纬，度祝穆则七典并立，该洞七典，唐扶则综纬河雒，刘熊则敦五经之纬图，杨著则穷七道之奥，曹全则甄及崈纬，蔡湛则少躭七典，武梁则兼通河雒，张表则该览群纬，丁鲂则兼究秘纬，李翊则通经综纬，不曰谶，而曰纬，则纬之醇，固异于谶之驳也。使其有禁，奚习者之多乎？此不待智者而决矣。"

蒋清翊《纬学原流兴废考》：存目。（详见《续修四库全书》第184册第637~677页）

蒋黼《纬学原流兴废考跋》：存目。（详见《续修四库全书》第184册第677页）

说　类

辟雍太学说　孙同元[一]

蔡邕《月令论》以明堂[二]、太庙[三]、太学[四]、辟雍[五]为一。然考之经籍，所记多抵牾。郑康成则以辟雍即太学，而与明堂、宗庙异处，其言征实可信。乃卢植《礼记注》又云："明堂即太庙也。天子太庙，上可以望气，故谓之灵台；中可以叙昭穆，故谓之太庙；园之以水，似璧，故谓之辟雍。古法皆同一处，时世殊异分为三耳。"盖兼通两家之说。

【笺注】

[一]孙同元，字雨人，浙江仁和（今杭州）人。嘉庆十三年举人，任温州府教授。志祖之子，守经师家法，官永嘉日，恒以经义提唱，诸生多所造就。著有《今韵三辨》、《弟子职注》、《六韬佚文》、《永嘉闻见录》、《学福轩笔记》各如干卷，助阮元编辑《经籍纂诂》。事迹见《两浙輶轩续录》卷二五、《温州经籍志》卷三六。

[二]明堂：古代帝王宣明政教的地方。凡朝会、祭祀、庆赏、选士、养老、教学等大典，都在此举行。

[三]太庙：帝王的祖庙。

[四]太学：国学。我国古代设于京城的最高学府。西周已有太学之名。

[五]辟雍：本为西周天子所设大学，校址圆形，围以水池，前门外有便桥。东汉以后，历代皆有辟雍，除北宋末年为太学之预备学校（亦称"外学"）外，均为行乡饮、大射或祭祀之礼的地方。汉班固《白虎通·辟雍》："天子立辟雍何？所以行礼乐、宣德化也。辟者，璧也，象璧圆，又以法天，于雍水侧，象教化流行也。"

商、周以后，文质大备，其势不可以不分，然追溯其始，则未尝不合也。康成所言，犹是周制，《诗》咏灵台、灵沼、灵囿，而继之以辟雍，则三灵与辟雍皆同处在郊。而《王制》言太学在郊，天子曰辟雍，诸侯曰泮宫。[天子命之教，然后为学。小学在公宫南之左。大学在郊。天子曰辟雍，诸侯曰泮宫。]故康成以辟雍为即太学，其实就后世而论，不但明堂、太庙与太学异处，即辟雍与太学亦未尝不异也。考《诗》言辟雍与囿沼同处，固以为游息之所，而非学校之地。《孟子》备举三代之名，《周官》详言成均之事，皆不及辟雍。《说文》"廱"字注云："天子飨饮辟廱也。"亦不云学名。汉、魏以降，皆以太学与辟雍为二。明帝永平中，尝幸辟雍，遣使者以安车，迎三老五更于太学，则太学为众学之居。袁准《正论》所言不谬也。至释奠之礼，汉、魏故事，或在辟雍，或在太学，迄无定所。晋元康太兴之世，皆释奠太学，唯成帝在辟雍，自是一时制也。其后用太常王彪之议，定于太学，行飨于辟雍，其地不同，其用亦不同也。逮乎废辟雍而立太学，乃改旧制于太学之外，园之以水，于是又合而一之矣。

【附录】

方中履《古今释疑》卷八《辟雍泮宫非学名》："辟雍为天子学名，泮宫为诸侯学名，自《王制》始有此说。朱子《泮宫图说》曰：'诸侯之学，乡射之宫，谓之泮宫。其东西南方有水，形如半璧，以其半于辟雍，故曰泮水。《周礼》大宗伯以玄璜礼北方。'郑注曰：'半璧曰璜。璜，黄色，以半璧之。泮水若璜然，故古称学宫为璜宫，后世遂误为黉宫。'履按：《王制》作頖宫，《鲁颂》作泮宫，戴埴曰：'《通典》言鲁国有泗水县，泮水出焉，然后知泮乃鲁水名。'僖公建宫于上，因水以名宫，如楚之渚宫、晋之虎祈。泮水、泮宫、泮林一也，以泮水为半水，泮林亦为半林乎？汉儒因解泮水，求其义而不得，故转辟为璧，解以圆水耳。又按：《庄子》言历代乐名，黄帝有咸池，尧有大章，禹有夏，汤有濩，文王有辟雍。以辟雍为天子学，亦非也。诗言于论，鼓钟于乐，辟雍亦无养才之意。杨用修曰：《说文》辟雍作廦廱，解云廦墙也。廱，天子享宴廦廱也。《鲁诗解》云：驺虞，文王囿名也。辟雍，太王宫名也。以《说文》、《鲁诗》之解观之，则与《诗》镐京辟雍于乐，辟雍之义皆合矣。若《王制》

乃汉文帝时曲儒之笔也，而可信乎？孟子曰：夏曰校，殷曰序，周曰庠，学则三代共之。使天子之学曰辟雍，为周之制，则孟子固言之矣。既曰辟雍，而颂云于彼西雍，《考古图》又有胥雍，则辟雍也，西雍也，胥雍也，皆为宫名无疑也。鲁颂既曰泮宫，又曰泮水，又曰泮林，则泮宫者，泮水傍之宫，泮林者，水傍之林无疑也。鲁有泮水，雍因水名以名宫。即使鲁之学在水傍，而名泮宫，如《王制》之说，当时天下百二十国之学岂皆在泮水之傍乎？而皆名泮宫邪？予又观胡致堂云：《灵台》诗所谓“于乐辟雍”，言鸟兽昆虫各得其所，鼓钟虡业莫不均调，于此所论之事惟鼓钟而已，于此所乐之德惟辟雍而已。辟君也，雍和也，《文王有声》所谓镐京辟雍，义亦若此，而且《灵台》之诗叙台池苑囿，与民同乐，故以蒙瞍奏公终之，胡又剿入学校之可乐，与钟鼓谐韵而成文哉？《文王有声》止于继武功，作丰邑，筑城池，建垣翰，以成京师，亦无缘遽及学校之役。上章曰‘皇王维辟’，下章曰‘镐京辟雍’，则知辟之为君无疑也。《泮水》诗言‘鲁侯戾止’，且曰‘于迈’，固疑非在国都之中，且终篇意旨主于服淮夷雍，献馘献囚，出师征伐，皆于泮宫，乌知泮宫之为学校也？特取其中‘匪怒伊教’一句为一篇之证，则末矣。后世既立太学，又建辟雍，若有两太学者，尤可笑也。”

八蜡说　金锡龄[一]

《礼记·郊特牲》：“八蜡[二]以记四方。”注云：“蜡有八者，先啬[三]一也，司啬[四]二也，农[五]三也，邮表畷[六]四也，猫虎[七]五也，坊六也，水庸[八]七也，昆虫八也。”孔疏谓王肃分猫、虎为二，无昆虫。按：王肃之说非也。《郊特牲》云：“蜡也者，索也。岁十二月，合聚万物而索飨之也。”注云：“飨者祭其神也。万物有功加于民者，神使为之也，祭之以报焉。”《周礼·春官》：“籥章［掌土鼓豳钥。中春，昼击土鼓，龡豳诗，以逆暑。中秋夜迎寒，亦如之。凡国祈年于田祖，龡豳雅，击土鼓，以乐田畯。］国祭蜡，则龡豳颂，击土鼓，以息老物。”注云：“万物助天成岁事，至此为其老而劳，乃祀而老息之。”是蜡祭遍及万物，非止于八神，以其尤有功于田，故特著之。《甫田》孔疏云：“此八蜡为之主耳，所祭不止于此，四方百物皆祭之。”是也。郑氏以昆虫为八蜡之一，其义甚确。

【笺注】

［一］金锡龄（1811—1892），字伯年，号芑堂，广东番禺人。道光十五年（1835）举人。受业于林伯桐，汉、宋兼采，不立门户。治学长于揭橥通例。著有《学海堂四集》二十八卷、《劬书室遗集》十六卷、《诗经注疏考证》、《周易雅训》、《毛诗释例》等。清钱仪吉《衎石斋记事稿》续稿卷十云：“金锡龄《诗经注疏考证》，读《诗经注疏》，记所考证三十余条，发明笺义为多。其剖析声音文字均有所见。尝谓郑君笺《诗》注《礼》，先后不同，其自易己说者，当时其书已行，不复追改，正有待于后人之深思而得其意也。今生之学《诗》，兼考《礼注》，用心甚善，它日当与《礼注》并读，参稽互证，或可掇为《郑君诗礼异同》一书，所得不更多乎？试绎思之。”（《续修四库全书》第1509册）

［二］八蜡：周代每年农事完毕，于建亥之月（十二月）举行的祭祀名称。《礼记·郊特牲》：“八蜡以记四方，四方不成，八蜡不通，以谨民财也。”郑玄注：“四方，四方有祭也。其方谷不熟，则不通于蜡焉，使民谨于用财。蜡有八者：先啬一也，司啬二也，农三也，邮表畷四也，猫虎五也，坊六也，水庸七也，昆虫八也。”孔颖达疏：“言蜡祭八神，因以明记四方之国，记其有丰稔有凶荒之异也。”按，八蜡之神诸家解说不一。王肃分猫、虎为二，而去昆虫；陈祥道则去昆虫而增百种；吕大临则去先啬、昆虫而增百种，又分猫、虎为二。

［三］先啬：即先农。《礼记·郊特牲》：“蜡之祭也，主先啬而祭司啬也。”郑玄注：“先啬，若神农者。”宋陆游《宁德县重修城隍庙记》：“斯人之生，食稻而祭先啬。”清龚自珍《海门先啬陈君祠堂碑文》：“古者伊耆氏始为蜡飨农，先农也；先啬、司啬，皆农之配也。”

[四]司啬：农神名，即后稷。相传尧时后稷始作稼穑，故尊祀后稷为农神。《礼记·郊特牲》："蜡之祭也，主先啬而祭司啬也。"郑玄注："司啬，后稷是也。"

[五]农：古代的农官。

[六]邮表畷：邮表，古代交通要道及其交叉处树立的路标。王充《论衡·须颂》："道立邮表，路出其下，望邮表者，昭然知路。"刘盼遂《论衡集解》引崔豹《古今注》曰："今之华表木，以横木交柱，状若花，形似桔槔，大路衢悉施焉。亦以表识衢路也。秦乃除之，汉始复修焉。今西京谓之交午木。"畷通"缀"，联结。《礼记·郊特牲》："飨农，及邮表畷。"孔颖达疏："畷者，谓井畔相连畷于此。"

[七]猫虎：猫和虎。古代以为有益于农事的神物。《礼记·郊特牲》："禽兽，仁之至，义之尽也，古之君子，使之必报之。迎猫，为其食田鼠也；迎虎，为其食田豕也，迎而祭之也。"

[八]水庸：水沟。《礼记·郊特牲》："祭坊与水庸，事也。"郑玄注："水庸，沟也。"孔颖达疏："水庸者，所以受水，亦以泄水。"

按：《春官·大司乐》云："凡六乐者，一变而致羽物及川泽之示，再变而致裸物及山林之示，三变而致鳞物及丘陵之示，四变而致毛物及坟衍之示，五变而致介物及土示，六变而致象物及天神。"注云："此谓大蜡索鬼神而致百物，六奏乐而礼毕。"又《大宗伯》云："以赚辜祭四方百物。"注云："谓磔禳及蜡祭。"是蜡祭[一]者，明堂合乐以作动物之祭也（详惠征君[二]《明堂大道录》[三]）昆虫，动物也。《夏小正》昆小虫传曰："昆者众也，犹魂魄也，魂魄者动也，小虫动也。"郑注"昆虫毋作"云："昆虫，暑生寒死，螟虫之属为害者也。"按：昆虫不止螟虫。《王制》"昆虫未蛰"注云："昆，明也，明虫者得阳而生，得阴而藏。"《祭统》"昆虫之异"注云："昆虫谓温生寒死之虫也。"是昆虫浑言之所该者广，郑特举螟虫者以其为害耳。《月令》"百螣时起"注云："言百者明众类并为害。"是为害者甚多，故郑加之属二字也。《说文》虫字解云："物之细微，或行，或毛，或臝，或介，或鳞，以虫为象。"䖵从二虫，蟲从三虫，言䖵虫而大司农所致群物皆悉包之，以昆虫为之主耳。此八蜡所以终昆虫[四]，古人祭祀之精意也。蔡中郎亦数昆虫，与郑氏合。大蜡索鬼神而致百物，以昆虫毋作为八蜡之终。《礼运》因以蜡宾而及四灵，以无水旱昆虫之灾（郑注云："言大顺之时，阴阳和也。昆虫之灾，螟虫之属。"）为明堂之符，其义一也。至猫、虎同类，本无庸分。孔疏云："猫、虎俱是除田中之害，不得分为二。"不言与故合为一也。又按：《郊特牲》云："飨农及邮表畷禽兽。"疏云："禽兽者即下文云猫虎之属。"是猫、虎即禽兽，王子雍分为二，于义乖矣。或疑祝辞"草木归其泽"，则草木当有神，八蜡数昆虫而不及草木，孔氏已辨之。或疑昆虫害稼，于礼不当祭，近时钱氏《潜研堂答问》已辨之，是八蜡当及昆虫，已无疑义。后儒张载、陈祥道[五]去昆虫而增百种，吕大临[六]去先啬、昆虫而增百种，又分猫、虎为二，近时蔡德晋分邮表畷为二，皆无取焉。

【笺注】

[一]蜡祭：祭名。年终合祭百神。语出《礼记·郊特牲》："蜡之祭也，主先啬而祭司啬也，祭百种，以报啬也。"

[二]惠征君即惠栋。

[三]《明堂大道录》八卷，《四库提要》称有目无书，而《书目答问》载有经训堂本。《复初斋文集》卷三十四《题惠定宇像后》："惠氏于诸经硁硁守师法，其所著诸书具在也。至其《禘说》、《明堂

大道录》，则泥于郑说而过甚者。”周中孚《郑堂札记》卷二：“惠征君《明堂大道录》及《禘说》，正书参以古体，一字而有数样写法（系征君自书），岂非此种碑文为之作俑哉？”

［四］钱大昕《潜研堂文集》卷八《答问五》：问：“八蜡之神，诸家说不同，郑康成谓先啬一，司啬二，农三，邮表畷四，猫虎五，坊六，水庸七，昆虫八也。王肃分猫、虎为二而去昆虫。陈祥道则去昆虫而增百种，吕大临则去先啬、昆虫而增百种，又分猫、虎为二，或又有分邮表畷为二而去昆虫者，当何所从乎？”曰：“《记》称：‘蜡者，索也，合聚万物而索飨之也。’孔冲远《诗正义》云：‘八蜡为其主耳，所祭不止于此，四方百物皆祭之。’《春官·大司乐》云：‘凡六乐者，一变而致羽物，再变而致赢物，三变而致鳞物，四变而致毛物，五变而致介物，六变而致象物。’注云：‘此谓大蜡，索鬼神而致百物。’又《大宗伯》：‘以疈辜祭四方百物。’注云：‘谓磔禳及蜡祭。’是蜡祭四方百物皆祭之，然则郑康成、蔡中郎以昆虫为八蜡之一，非无征矣。或谓昆虫害稼，于礼不当祭。予谓人与物一也，人死为鬼，鬼有所归，则不为厉，故泰。厉公、厉族，厉之祀，先王举而不废。螽蝝螟蝗之害稼，亦由政治之失而生，则必有神以司之矣。祭之，俾上之人知所警戒，而小民亦有所恃以无恐，此八蜡所以终昆虫也。”

［五］陈祥道：字用之，福州人。李廌《师友谈记》称其许少张榜登科，又称其元祐七年进《礼图仪礼注》，除馆阁校勘，明年用为太常博士，赐绯衣，不旬余而卒，又称其仕宦二十七年止于宣义郎，《宋史》则作官至秘书省正字。撰《礼书》一百五十卷。

［六］吕大临：字与叔，蓝田人。元祐中官秘书省正字。著有《考古图》十卷、《续考古图》五卷。事迹附载《宋史·吕大防传》。

格物说　徐养原

释“格物”之义者，多至七十二家，聚讼纷纭，几如议礼。夫程、朱为理学正宗，则《或问》所载二程之说一十六条，乃格物之正义[一]；其余曲说，固可一扫而空之矣。惟郑氏旧注，立学校者已向千载，虽精研未若闽、洛，而训诂具有师承，或尚可以备一解乎！郑氏云：“知，谓知善恶，吉凶之所至始也。格，来也；物，犹事也。其知于善物，则来恶物，言事缘人所好来也。”① 按：格之训“来”，见于《释言》，非臆说也。盖知者，非昭昭灵灵之谓也，谓其能知物也，物不来则何所知乎？所谓“致知在格物”者，言欲致吾之知，在因夫事物之来，以审夫善恶之几而已。天下之物，有善有恶，皆缘人所好以招致之，唯因其来，而有以审其善恶之几，则自然知所当好，知所当恶，故曰物格而后知，至凡物之未来，寂然不动，及其既来，感而遂通。《易》曰：“夫《易》，圣人所以极深而研几也。”② 无有远近幽深，遂知来物，所谓极深也。知至，至之可以几也，所谓研几也。极深研几，格物致知之谓也。《乐记》曰：“物至知知，然后好恶形焉。物之感人无穷，而人之好恶无节，则是物至而人化物也。人化物也者，灭天理而穷人欲者也。”③ 此与“格物”之义亦互相发明。夫人心之灵，足以知物，而物至又足以知。知有知，斯有好恶。《大学》一书，其要在慎好恶，如好好色，如恶恶臭④，循天理者也。好人所恶，恶人所好，循人欲者也。天理、人欲，善恶、吉凶之所终始也。苟非物来，何以知

---

① 见《礼记注疏》卷六十。

② 见《周易·系辞上》。韩康伯注：“极未形之理则曰深，动适微之会则曰几。”研几，穷究精微之理。

③ 见《礼记·乐记》。

④ 见《礼记·大学》。

之乎？

【笺注】

［一］朱熹《四书或问·大学或问下》：或问于程子曰："学何为而可以有觉也？"程子曰："学莫先于致知。能致其知，则思日益明，至于久而后有觉尔。《书》所谓'思曰睿，睿作圣'，董子所谓'勉强学问，则闻见博，而知益明'，正谓此也。学而无觉，则亦何以学为也哉？"或问："忠信则可勉矣，而致知为难，奈何？"程子曰："诚敬固不可以不勉，然天下之理不先知之，亦未有能勉以行之者也。故《大学》之序，先致知而后诚意，其等有不可躐者。苟无圣人之聪明睿知，而徒欲勉焉以践其行事之迹，则亦安能如彼之动容周旋无不中礼也哉？惟其烛理之明，乃能不待勉强而自乐循理尔。夫人之性，本无不善，循理而行，宜无难者，惟其知之不至，而但欲以力为之，是以苦其难而不知其乐耳。知之而至，则循理为乐，不循理为不乐，何苦而不循理以害吾乐耶？昔尝见有谈虎伤人者，众莫不闻，而其间一人神色独变，问其所以，乃尝伤于虎者也。夫虎能伤人，人孰不知，然闻之有惧有不惧者，知之有真有不真也。学者之知道，必如此人之知虎，然后为至耳。若曰知不善之不可为而犹或为之，则亦未尝真知而已矣。"此两条者，皆言格物致知所以当先而不可后之意也。又有问进修之术何先者。程子曰："莫先于正心诚意，然欲诚意，必先致知，而欲致知，又在格物。致，尽也。格，至也。凡有一物，必有一理，穷而致之，所谓格物者也。然而格物亦非一端，如或读书，讲明道义，或论古今人物，而别其是非，或应接事物，而处其当否，皆穷理也。"曰："格物者，必物物而格之耶？将止格一物，而万理皆通耶？"曰："一物格而万理通，虽颜子亦未至此，惟今日而格一物焉，明日又格一物焉，积习既多，然后脱然有贯通处耳。"又曰："自一身之中，以至万物之理，理会得多，自当豁然有个觉处。"又曰："穷理者，非谓必尽穷天下之理，又非谓止穷得一理便到，但积累多后，自当脱然有悟处。"又曰："格物非欲尽穷天下之物，但于一事上穷尽，其他可以类推。至于言孝，则当求其所以为孝者如何？若一事上穷不得，且别穷一事，或先其易者，或先其难者，各随人浅深。譬如千蹊万径，皆可以适国，但得一道而入，则可以推类而通其余矣。盖万物各具一理，而万理同出一原，此所以可推而无不通也。"又曰："物必有理，皆所当穷，若天地之所以高深，鬼神之所以幽显是也。若曰天吾知其高而已矣，地吾知其深而已矣，鬼神吾知其幽且显而已矣，则是已然之词，又何理之可穷哉？"又曰："如欲为孝，则当知所以为孝之道，如何而为奉养之宜，如何而为温凊之节，莫不穷究，然后能之，非独守夫孝之一字而可得也。"或问："观物察己者，岂因见物而反求诸己乎？"曰："不必然也，物我一理，才明彼即晓此，此合内外之道也。语其大，天地之所以高厚，语其小，至一物之所以然，皆学者所宜致思也。"曰："然则先求之四端可乎？"曰："求之情性，固切于身，然一草一木，亦皆有理，不可不察。"又曰："致知之要，当知至善之所在，如父止于慈，子止于孝之类，若不务此，而徒欲泛然以观万物之理，则吾恐其如大军之游骑，出太远而无所归也。"又曰："格物，莫若察之于身，其得之尤切。"此九条者，皆言格物致知所当用力之地，与其次第工程也。又曰："格物穷理，但立诚意以格之，其迟速则在乎人之明暗耳。"又曰："入道莫如敬，未有能致知而不在敬者。"又曰："涵养须用敬，进学则在致知。"又曰："致知在乎所养，养知莫过于寡欲。"又曰："格物者，适道之始，思欲格物，则固已近道矣，是何也？以收其心而不放也。"此五条者，又言涵养本原之功，所以为格物致知之本者也。凡程子之为说者，不过如此，其于格物致知之传详矣。今也寻其义理，既无可疑，考其字义，亦皆有据。至以他书论之，则《文言》所谓学聚问辨，《中庸》所谓明善择善，《孟子》所谓知性知天，又皆在乎固守力行之先，而可以验夫大学始教之功为有在乎此也。愚尝反复考之，而有以信其必然，是以窃取其意，以补传文之阙，不然，则又安敢犯不韪之罪，为无证之言，以自托于圣经贤传之间乎？曰：然则吾子之意亦可得而悉闻之乎？曰：吾闻之也，天道流行，造化发育，凡有声色貌象而盈于天地之间者，皆物也。既有是物，则其所以为是物者莫不各有当然之则，而自不容已，是皆得于天之所赋，而非人之所能为也。今且以其至切而近者言之，则心之为物，实主于身，其体则有仁义礼智之性，其用则有恻隐、羞恶、恭敬、是非之情，浑然在中，随感而应，各有攸主，而不可乱也。次而及于身之所具，则有口、鼻、耳、目、四肢之用。又次而及于身之所接，则有君臣、父子、夫妇、长幼、朋友之常。是皆必有当然之则，而自不容已，所谓理

也。外而至于人，则人之理不异于己也；远而至于物，则物之理不异于人也；极其大，则天地之运，古今之变，不能外也；尽于小，则一尘之微，一息之顷，不能遗也。是乃上帝所降之衷，烝民所秉之彝，刘子所谓天地之中，夫子所谓性与天道，子思所谓天命之性，孟子所谓仁义之心，程子所谓天然自有之中，张子所谓万物之一原，邵子所谓道之形体者。但其气质有清浊偏正之殊，物欲有浅深厚薄之异，是以人之与物，贤之与愚，相为悬绝而不能同耳。以其理之同，故以一人之心，而于天下万物之理无不能知；以其禀之异，故于其理或有所不能穷也。理有未穷，故其知有不尽，知有不尽，则其心之所发，必不能纯于义理，而无杂乎物欲之私。此其所以意有不诚，心有不正，身有不修，而天下国家不可得而治也。昔者圣人盖有忧之，是以于其始教，为之小学，而使之习于诚敬，则所以收其放心，养其德性者，已无所不用其至矣。及其进乎大学，则又使之即夫事物之中，因其所知之理，推而究之，以各造乎其极，则吾之知识，亦得以周遍精切而无不尽也。若其用力之方，则或考之事为之著，或察之念虑之微，或求之文字之中，或索之讲论之际。使于身心性情之德，人伦日用之常，以至天地鬼神之变，鸟兽草木之宜，自其一物之中莫不有以见其所当然而不容已，与其所以然而不可易者。必其表里精粗无所不尽，而又益推其类以通之，至于一日脱然而贯通焉，则于天下之物皆有以究其义理精微之所极，而吾之聪明睿智亦皆有以极其心之本体而无不尽矣。此愚之所以补乎本传阙文之意，虽不能尽用程子之言，然其指趣要归则不合者鲜矣，读者其亦深考而实识之哉！曰：然则子之为学，不求诸心，而求诸迹，不求之内，而求之外，吾恐圣贤之学不如是之浅近而支离也。曰：**人之所以为学，心与理而已矣。心虽主乎一身，而其体之虚灵，足以管乎天下之理；理虽散在万物，而其用之微妙，实不外乎一人之心，初不可以内外精粗而论也。**然或不知此心之灵，而无以存之，则昏昧杂扰，而无以穷众理之妙。不知众理之妙，而无以穷之，则褊狭固滞，而无以尽此心之全。此其理势之相须，盖亦有必然者。**是以圣人设教，使人默识此心之灵，而存之于端庄静一之中，以为穷理之本；使人知有众理之妙，而穷之于学问思辨之际，以致尽心之功。**巨细相涵，动静交养，初未尝有内外精粗之择，及其真积力久，而豁然贯通焉，则亦有以知其浑然一致，而果无内外精粗之可言矣。今必以是为浅近支离，而欲藏形匿影，别为一种幽深恍惚、艰难阻绝之论，务使学者莽然措其心于文字言语之外，而曰道必如此然后可以得之，则是近世佛学诐淫邪遁之尤者，而欲移之以乱古人明德新民之实学，其亦误矣。曰：近世大儒有为格物致知之说者曰，格犹扞也，御也，能扞御外物而后能知至道也。又有推其说者曰，人生而静，其性本无不善，而有为不善者，外物诱之也，所谓格物以致其知者，亦曰扞去外物之诱，而本然之善自明耳。是其为说，不亦善乎！曰：天生烝民，有物有则，则物之与道，固未始相离也。今曰御外物而后可以知至道，则是绝父子而后可以知孝慈，离君臣而后可以知仁敬也，是安有此理哉？若曰所谓外物者，不善之诱耳，非指君臣父子而言也，则夫外物之诱人，莫甚于饮食男女之欲，然推其本，则固亦莫非人之所当有而不能无者也，但于其间自有天理人欲之辨，而不可以毫厘差耳。惟其徒有是物，而不能察于吾之所以行乎其间者，孰为天理，孰为人欲，是以无以致其克复之功，而物之诱于外者，得以夺乎天理之本然也。今不即物以穷其原，而徒恶物之诱乎己，乃欲一切扞而去之，则是必闭口枵腹，然后可以得饮食之正，绝灭种类，然后可以全夫妇之别也。是虽二氏无君无父之教，有不能充其说者，况乎圣人大中至正之道而得以此乱之哉？曰：自程子以格物为穷理，而其学者传之，见于文字多矣，是亦有以发其师说而有助于后学者耶？曰：程子之说，切于己而不遗于物，本于行事之实而不废文字之功，极其大而不略其小，究其精而不忽其粗，学者循是而用力焉，则既不务博而陷于支离，亦不径约而流于狂妄，既不舍其积累之渐，而其所谓豁然贯通者，又非见闻思虑之可及也。是以说经之意，入德之方，其亦可谓反复详备，而无俟于发明矣。若其门人，虽曰祖其师说，然以愚考之，则恐其皆未足以及此也。盖有以必穷万物之理同出于一为格物，知万物同出乎一理为知至。如合内外之道，则天人物我为一；通昼夜之道，则死生幽明为一；达哀乐好恶之情，则人与鸟兽鱼鳖为一；求屈伸消长之变，则天地山川草木为一者，似矣。然其欲必穷万物之理，而专指外物，则于理之在己者有不明矣。但求众物比类之同，而不究一物性情之异，则于理之精微者有不察矣。不欲其异而不免乎四说之异，必欲其同而未极乎一原之同，则徒有牵合之劳，而不睹贯通之妙矣。其于程子之说何如哉？又有以为穷理只是寻个是处，然必以恕为本，而又先其大者，则一处理通，而触处皆通者。其曰寻个是处者则得矣。而曰以恕为本，则是求仁之方，而非穷理之务也。又曰先其大者，则不若先其近者之切也。又曰一处通而一切通，则又颜子之所不能及，程子之所不敢言，非若类推积累之可以循序而必至也。又有以为天下之物不可胜穷，然皆备于我而非从外得也，所谓格物，亦曰反身而诚，则天下之物无不在我者，是亦似矣。然反身而诚，乃为物格知至以后之事，言其穷理之至，无所不尽，故凡天下之理，反求诸身，皆有以见，其如目视耳听、手持足行之毕具于此，而无毫发之不实耳。固非以是方为格物之事，亦不谓但务反求诸身，而天下之理自然无不诚也。《中庸》之言明善，即物格知至之事，其言诚身，即意诚心正之功。故不明乎善，则有反诸身而不诚者，其功夫地位固有序，而不可诬矣。今为格物之说，又安得遽以是而为言哉？又有以“今日格一物，明日格一物”为非程子之言者，则诸家所记程子之言，此类非一，不容皆误。且其为说，正《中庸》学问思辨弗得弗措之事，无所咈于理者，不知何所病而疑之也。岂其习于持敬之约，而厌夫观理之烦耶？抑直以己所未闻，而不信他人之所闻也。夫持敬观理，不可偏废，程子固已言之。若以己偶未闻而遂不之信，则以有子之似圣人，而速贫速朽之论犹不能无待于子游而后定，今又安得遽以一人之所未闻而尽废众人之所共闻者哉！又有以为物物致察，而宛转归己，如察天行以自强，察地势以厚德者，亦似矣。然其曰物物致察，则是不察程子所谓不必尽穷天下之物也。又曰宛转归己，则是不察程子所谓物我一理，才明彼即晓此之意也。又曰察天行以自强，察地势以厚德，则是但欲因其已定之名，拟其已著之迹，而未尝如程子所谓求其所以然，与其所以为者之妙也。独有所谓即事即物，不厌不弃，而身亲格之以精其知者，为得致字向里之意。而其曰格之之道，必立志以定其本，居敬以持其志，志立乎事物之表，敬行乎事物之内，而知乃可精者，又有以合乎所谓未有致知而不在敬者之指，但其语意颇伤急迫，既不能尽其全体规模之大，又无以见其从容潜玩、积久贯通之功耳。呜呼！程子之言，其答问反复之详且明也如彼，而其门人之所以为说者乃如此，虽或仅有一二之合焉，而不免于犹有所未尽也，是亦不待七十子丧而大义已乖矣，尚何望其能有所发而有助于后学哉！间独惟念昔闻延平先生之教，以为为学之初，且当常存此心，勿为他事所胜，凡遇一事，即当且就此事反复推寻，以究其理，待此一事融释脱落，然后循序少，进而别穷一事，如此既久，积累之多，胸中自当有洒然处，非文字言语之所及也。详味此言，虽其规模之大，条理之密，若不逮于程子，然其工夫之渐次，意味之深切，则有非他说所能及者。惟尝实用力于此者，为能有以识之，未易以口舌争也。曰：然则所谓格物致知之学，与世之所谓博物洽闻者奚以异？曰：此以反身穷理为主，而必究其本末是非之极至；彼以徇外夸多为务，而不核其表里真妄之实，然必究其极，是以知愈博而心愈明；不核其实，是以识愈多而心愈窒。此正为己为人之所以分，不可不察也。

【附录】

清谢江《格物说》：“考格字十有八解，汉、唐、宋言格物者皆宗郑氏康成。其《礼记注》云：‘格，来也。物犹事也。其知于善深则来善物，其知于恶深则来恶物，言事缘人所好来也。’孔颖达小变其说，言‘善事随人行善而来应之，恶事随人行恶亦来应之’。以格物兼及行恶说。李习之《复性书》稍浑言之，谓：‘物者，万物也；格者，来至也。物至之时，其心昭昭然辨焉，而不应于物者，是致知也，是知之至也。’司马温公亦不以郑君为非，特谓其未尽古人之意，其释格物曰：‘格犹扞也，御也，谓扞御外物而后能知至道也。’姚江王氏宗之，以格物为正物，为去欲。按：诸儒解物字俱与圣经无涉，不若朱子作事物之理解，事即事有终始之事，物即物有本末之物也。郑君据《尔雅·释言》‘格，来也’，又据《易·系传》‘圣人之道无有远近幽深’，遂知来物谓当以所来之善恶，验所知之浅深，是格字全无功力，知何由致？不若朱子据《释诂》‘格，至也’，但补传两言天下之物，物无穷，格亦无穷，诚难免为后人所讥。宋黎氏立武云：‘格物者，格其物有本末之物。致知者，致其知所先后之知。致知格物，即在诚意正心修身齐家治国平天下之中，故不必重言以释之。’此说足破学者之疑。而朱子《或问》中亦尝及之，谓以其至切近者言之，则心之为物，实主于身，次而及于身之所具，又次而及于身之所接，外而至于人，远而至于物，是固以内而身心意外而家国天下皆物也。自汉以来，言格物者七十二家，难尽举其同异，要必以朱子《或问》、黎氏发微为折衷。若朱子补传，则《大学》原无阙文，固无容补耳。”（见王端履《重论文斋笔录》卷十二）王端履原案：“阮芸台师巡抚吾浙时，尝以《格物说》试诂经精舍诸生，佳作甚多，今录德清徐养原、嘉善谢江二篇。一宗汉学，一宗宋学，合而观之，义尽备于是矣。”

释　类

释能　段玉裁

六书之体，指事、象形、谐声、会意也。六书之用，转注、假借也。六经传注，自《尔雅》而下，皆兼言转注、假借二者。而《说文》因字之体以言其用，故只言字之本义，不言假借。如“能”是兽名，其本义也，下文云：“能兽坚中，故称贤能而彊壮，称能杰。”此是许之说假借处，与“韦”下云“故借以为皮韦”、“乌”下云“故以为乌呼”、“来”下云“故以为行来之来”、“朋”下云“故以为朋党字”、“西”下云“故因以为东西之西”、“子”下云“人以为称”为一例[一]。全书内发明假借，只此数条而已。能之为“贤能”、为“能杰”，由“能兽坚中”而引申之也。引申之，则“贤能”、“能杰”为字之正义，凡今人曰能者皆是也。郑说古书作“耐”，此由古能与而同音，耐与而有本义，古书音之假借也。郑以汉人文字皆作能，此独作耐，故释之，非郑谓能皆当为耐也。又才能本无正字，借能兽为之，若借耐为之，则又借中之借也。[二]

【笺注】

[一]段玉裁《说文解字注》卷十四篇下：“子，十一月阳气动，万物滋。《律书》：‘子者，滋也，言万物滋于下也。’《律历志》曰：‘孳萌于子，人以为称。’‘人’，各本讹‘入’，今正。此与以朋为朋党，以韦为皮韦，以乌为乌呼，以来为行来，以西为东西一例。凡言以为者，皆许君发明六书假借之法。子本阳气动、万物滋之称。万物莫灵于人，故因假借，以为人之称。”段玉裁《说文解字注》卷四篇上：“凤飞群鸟从以万数，故以为朋党字。此说假借也。朋本神鸟，以为朋党字。韦本相背也，以为皮韦。乌本孝乌也，以为乌呼。子本十一月阳气动，万物滋也，人以为称。凡此四以为皆言六书假借也。朋党字何以借朋鸟也，凤飞则群鸟从以万数也，未制凤字之前，假借固已久矣，犹习闻凤至者为之也。六部、七部音最相近，故朋在六部蒸登韵，小篆凤入七部侵韵也。”

[二]段玉裁《说文解字注》卷十篇上：“能，熊属。《左传》、《国语》皆云晋侯梦黄能入于寝门。韦注曰：能似熊。凡《左传》、《国语》能作熊者，皆浅人所改也。足似鹿，故皆从比也。足龛足亦同。从肉犹龙之从肉也。声奴登切，古者在一部，由之而入于咍，则为奴来切，由一部而入于六部，则为奴登切，其义则一也。能兽坚中，故称贤能贤，古文作臤。臤，坚也，而强壮称能杰也。此四句发明假借之旨。贤能、能杰之义行而本义几废矣。子下曰：十一月阳气动，万物滋，人以为称，亦此例也。韦、朋、来、西、乌五篆下说解皆此例。凡能之属皆从能。”

【今按】孙雍长《转注论》：戴氏之说（即“四体二用”说）一出，其弟子段玉裁即大为弘扬，他说：“六书者，文字、声音、义理之总汇也。有‘指事’、‘象形’、‘形声’、‘会意’，而字形尽于此矣；字各有音，而声音尽于此矣；有‘转注’、‘假借’，而字义尽于此矣。异字同义曰‘转注’，异义同字曰‘假借’。有‘转注’而百字可一义也，有‘假借’而一字数义也。……赵宋以后，言六书者胸襟狭隘，不知‘转注’、‘假借’，所以包括诂训之全，谓六书为仓颉造字六法，说‘转注’多不可通。戴先生曰：‘指事、象形、形声、会意四者，字之体也；转注、假借，字之用也。’圣人复起，不易斯言矣。”（《说文解字注》十五卷上）断言圣人复起，也不能推翻“四体二用”之说，可见其自信和崇奉的程度是何等之深、何等之高。经过戴、段的唱和，“四体二用”说即广为人们所接受，在文字学界至今仍有相当影响。以往谈到“四体二用”说时，人们只看到戴震和段玉裁的唱和，却没有注意到他们之间的一个颇大的差异。我们看到，戴震虽然提出了“字之体”的问题，但他同时也阐述了汉字产生和发展的基本规律。他认为，汉字的产生是“大致造字之始，无所冯依，宇宙间事与形两大端而已”，故或“指其事之实”，或“象其形之大体”；至汉字繁衍阶段，“文字既立，则声寄于字”而“取乎声谐”，“意寄于字”而“会合其意”。凡此，所谈到的还是造字规律方面的问题，尽管看法有很大片面性（如没有看到“转注”规律和法则的客观存在），但去“六书”造字的本旨尚不甚远。段玉裁则不然，他只谈到汉字的“体”“用”问题，否认“六书”与造字有关，还把认为“六书”是造字六法讥笑为“胸襟狭隘”，为后来以“六书”为“识字条例”之说有所张本，就学术研究而言，这不能不说是一种倒退。因为，离开造字之法则和规律来谈汉字的结构类型，势必难以得到正确的、全面的、能符合汉字产生与孳衍之实际情况的认识；而且，对造字法则的研究本身即是文字学的一项重要任务，若从段氏之论，对造字之法的研究势必要被结构类型的研究所取代。所以，可以说，“四体二用”说在我国文字学界带来的消极影响，段氏所起的作用更甚于其师。①

释贯　金鹗

贯，古通掼。《左传》昭公二十六年：“贯渎鬼神。”《说文》：“掼[一]，习也，从手，贯声。《春秋传》曰：‘掼渎[二]鬼神。’”是“贯”与“掼”通也。《说文》解“贯”字云：“钱贯之贯，从毌、贝。”是贯之本义非习也。习掼之掼当从手。《尔雅》：“贯，习也。”亦作“贯”，皆省文借用也。《说文》又有“遦”字，云“习”也，是“掼”之或体字也。《尔雅》、《释文》“掼”作“惯”，云本又作“贯”，又通作“遦”，同“贯”，又通“宦”。《诗·国风》：“三岁贯女。”《鲁诗》“贯”作“宦”。徐邈“贯”音“官”，此“宦”字之误。“贯”与“宦”声相近。又《传》云：“贯，事也。”本《尔雅·释诂》。“宦”与“义”亦近，故通用也。“贯”又通“关”。《乡射礼》：“不贯不释。”注云：“古文贯作关。”《史记·伍子胥传》：“伍胥贯弓执矢向使者。”注云：“贯，乌还反。”《后汉·祭彤传》：“能贯三百斤弓。”司马贞曰：“满弓张，其所谓贯，皆即《吕氏春秋》所谓‘中关而止’② 之关也。”《乡射礼》贯字亦当如此解，读乌还反。郑注云：“贯犹中也，不中正，不释算也。”贾疏：“言不贯者，以其以布为侯，故中者贯穿布侯，故以中为贯也。”《释文》：“贯，古乱反，中也，夫关者弯弓之限也。”《孟子》所谓“彀率”[三]也。张弓中关，则能中正，故郑云贯犹中也，贾氏以贯穿布侯[四]解郑说，误矣。陆氏音“古乱反”，亦以为“贯穿”之“贯”，均误矣。

【笺注】

[一]掼：同“惯”。习惯。《说文·手部》：“掼，习也……《春秋传》曰：‘掼渎鬼神。’”今本《左传·昭公二十六年》作“贯渎鬼神”。

[二]贯渎：谓惯于亵渎鬼神。贯，通“惯”。《左传·昭公二十六年》：“贯渎鬼神，慢弃刑法。”杜预注：“贯，习也。渎，易也。”杨伯峻注：“杨树达先生《读左传》云：‘渎当为媟，《说文》：“媟，媟嬻也。”’意为习惯于侮慢鬼神。”媟即渎字。

[三]彀率：弓张开的程度。《孟子·尽心上》：“大匠不为拙工改废绳墨，羿不为拙射变其彀率。君子引而不发，跃如也。中道而立，能者从之。”朱熹《集注》：“彀率，弯弓之限也。”

[四]布侯：布制的箭靶。《仪礼·乡射礼》：“凡侯，天子熊侯，白质；诸侯麋侯，赤质；大夫布

---

① 孙雍长：《转注论》，北京：语文出版社，2010年修订本，第10—11页。

② 见《吕氏春秋·壅塞》。

侯，画以虎、豹；士布侯，画以鹿、豕。”俞樾《群经平议·仪礼一》：“虎、豹、鹿、豕言画，而熊、麋不言画，则熊侯、麋侯皆皮侯也。”俞樾《群经平议·仪礼一》：“皮侯者，以布为质以皮为饰也……兽侯不用皮为饰，则止是白布，故有布侯之名，布侯者，别以皮侯而言之也。”

古人射以观德，贵于中，而不贵于贯侯[一]。若以贯侯为贵，是尚力也。《记》曰：“礼，射不主皮[二]。”郑注云：“不主皮者，贵其容体比于礼，其节比于乐，不待中为隽也。主皮者，张兽皮而射之，主于获也。”《论语》曰：“射不主皮，为力不同科。”盖人之力有甚微者，不能至侯，则不中皮，而比于礼乐，亦必取之，不主于中也。然则射虽贵中，而犹有不待中为隽者，况贯侯乎？惟解为中关而止之，关则不失其彀率，即所谓比于礼乐者也，虽不中犹中也，故曰“不贯不释”。郑氏注“犹中”，“犹”字最有深意，而贾疏不能知也。“贯”又通“毌”，《说文》：“毌，穿物持之也，从一横毌。”《论语》：“吾道一以贯之。”“贯”字当作“毌”，今本作“贯”，假借通用也。

【笺注】

[一]贯侯：中靶。明高启《大驾亲祀方丘选射斋宫奉次御制韵》：“郊射贯侯初复古，汾祠获鼎未云奇。”

[二]射不主皮：谓重在中与不中，不以穿破皮侯为主。子曰：“射不主皮，为力不同科，古之道也。”（《论语·八佾》）

释祊　侯度[一]

“祊”[二]字之训，有浑言“庙门”者。《尔雅·释宫》：“閍谓之门[三]。”李巡云：“閍，庙门名。”《郊特牲》：“索祭祝于祊。”注云：“庙门曰祊。”是也。有以为“门内”者。《诗·楚茨》：“祝祭[四]于祊。”传云：“祊门内也。”笺云：“使祭博求之平生门内之旁，待宾客之处。”《说文》云：“鬃，门内祭先祖所彷徨（今《说文》所下有以字，此据《诗》、《尔雅》音义）。”是也。

【笺注】

[一]侯度（1799—1855），字子琴，广东番禺人，侯康之弟。道光十五年（1835）举人，甲辰大挑，以知县用，分发广西，委署河池州知州，以不贿上官落职。度洽熟经传，尤长礼学。嘉兴钱仪吉尝称其研核传注，剖析异同，如辨懿伯、惠伯之为父子，三老、五更之为一人，证明郑义，皆有据依。所著书为夷寇所焚，其说经文，刻《学海堂集》中。事迹详见《清史稿》、《经学博采录》。

[二]祊：《汉语大词典》有三义：（1）古代称宗庙之门。亦指庙门内设祭之处。《诗·小雅·楚茨》：“或肆或将，祝祭于祊。”毛传：“祊，门内也。”《国语·周语中》：“今将大泯其宗祊。”韦昭注：“庙门谓之祊。”（2）祭名。指正祭毕于次日举行之绎祭。《礼记·礼器》：“设祭于堂，为祊乎外。”郑玄注：“祊祭，明日之绎祭也。谓之祊者，于庙门之旁，因名焉。”陈澔《集说》：“祊，祭之明日绎祭也。庙门谓之祊，设祭在庙门外之西旁，故因名为祊也。”（3）古邑名。春秋郑国祭祀泰山时的汤沐之邑。在今山东省费县西南。《左传·隐公八年》：“郑伯使宛来归祊。”按，《公羊传》、《榖梁传》均作“邴”。

[三]閍谓之门：郝懿行《尔雅义疏》：“门，庙门也。”《诗·周颂·丝衣》“自堂徂基”，清马瑞辰《通释》：“祊通作閍。《尔雅·释宫》：‘閍谓之门。’”

[四]祝祭：司祭礼的人进行祭飨。《诗·小雅·楚茨》：“祝祭于祊，祀事孔明。”朱子《集传》：“祊，庙门内也。孝子不知神之所在，故使祝博求之于门内，待宾客之处也。”何氏楷曰：祊祭在庙门之内，与他祭不同，其字从示，从方，有索求诸四方之义。旧说谓祊有二种，一是正祭之时既设祭于庙，

又求神于祊，此诗所云是也，一是祭之明日绎祭之时，行礼于祊，若《礼器》所云是也。又谓正祭之祊在庙门内之西，绎祭之祊在庙门外之西。今案：《尔雅》祊作閍，云閍谓之门。《说文》：祊一作鬃，云门内祭先祖，所以彷徨。是则祊祭自在门内，原无二祊。《礼器》所谓设祭于堂为祊乎外，盖对堂而言，则门为外，非谓祊在门外也。

有以为“门外”者。《礼器》：“为祊乎外。”注云：“祊祭，明日之绎祭[一]也。谓之祊者，于庙门外之旁，因名焉。”《郊特牲》：“祊之于东方。”[二]注云：“祊之礼，宜于庙门外之西室，绎又于其堂，此二者同时，而大名曰绎。”正义引《尔雅》孙炎注云：“谓庙门外。”是也。《郊特牲》正义因谓祊有二种，一是正祭[三]之时，既设祭于庙之西室，亦谓之祊。注家皆无此说，孔氏误也。《诗》传、笺皆以“门内”解“祊”字，并不以“祊”为祭名。“索祭于祊”注亦止云：“庙门曰祊。”下云：“谓之祊者，以于祭绎名也。”此祊字承庙门曰祊而解，亦非以祊为祭名也。正义云：“此既正祭日于庙门内求神，应总称云庙，而谓之祊者，以祊是庙门，明日绎祭称祊，虽今日之正祭假以明日绎祭称祊名，同称之曰祊也。”此说恐非注意。郑义盖谓庙门字应作“閍”，今作“祊”者，由于绎祭名祊，本从庙门之“閍”字取义，故庙门之“閍”亦通作“祊”也。知此注非谓庙门之祊，由于绎祭之祊得名者也，以为祊乎外。注既以祊祭为在庙门外之旁得名，不得又谓庙门反以绎祭得名也。

【笺注】

[一]绎祭：古代祭祀的一种仪式。正祭之次日续祭称“绎祭”。《书·高宗肜日》“高宗肜日”孔颖达疏引汉郑玄曰：“祭天地社稷山川五祀，皆有绎祭。”清王夫之《张子正蒙注·王禘》：“于室者，正祭；于祊，绎祭也。”

[二]孔子曰：“绎之于库门内，祊之于东方，朝市之于西方，失之矣。”

[三]正祭：首日之祭。与次日绎祭相对。《周礼·夏官·羊人》“羊人掌羊牲，凡祭祀饰羔”唐贾公彦疏：“凡正祭皆用成牲，今言‘祭祀饰羔’，则非正祭用羔。”《礼记·祭义》“祭之明日，明发不寐”唐孔颖达疏：“谓正祭明日绎祭之时，祭既讫，得其夜，发夕至明而不寐。”清王夫之《张子正蒙注·王禘》：“求之或于室，或于祊也。于室者，正祭；于祊，绎祭。”

至《说文》亦非以祊为祭名，由不得善读书，以“门内祭先祖”绝句致误，而下句遂不成文，因加“以”字足之云：“所以彷徨也。”语意亦未合，应读从“门内”绝句，与毛传同，“祭先祖所彷徨也”为一句，是释“祊”字之取义。又引《诗》曰：“祝祭于祊。”以证其彷徨之说，祭日求神于此，由于不知神之所在，此彷徨之义也。大约《礼记》中诸言“祊”者，或以为门内，或为绎祭名，即以本记文证之，而可知如“索祝祭于祊”与上文“于室”、“于堂”、“于庭”并举，“室”、“堂”、“庭”皆指其地，则祊亦是指其地，故为门内之称（直祭祝于主，主亦是实有其处，若祊是祭名，亦不得与之对举）。《祭统》“出于祊”与“祝于室”对举，则亦是门内之称(《诗》虽无对举之文，然玩其文义，必不得为祭名)。至“为祊乎外”与“设祭于堂”对举，堂是举其处，则外亦是指其处。而祊字自不得解为门内，故为绎祭之名，以与祭字相对成文。“祊之于东方”与“绎之于库门内”对举，绎是祭名，则祊亦是祭名，故郑注两处皆以绎祭释之，且记文已绎、祊对举，若祭日求神于门内亦谓之祊，据《诗疏》亦谓此祭，应在庙门内之西，何不解此记为正统之祊？此由正祭日求神于庙门内，无祊之称，而此记文义祊字当为祭名，故不嫌辞费，又解为“二者同时而大名曰绎”，以成其祊祭为绎祭之说也。

总而言之，庙门之字，疑本作“閍”，《尔雅》閍谓之门是也。绎祭因在庙门外，故即取名于閍，而改从示，《记》“为祊乎外”、“祊之于东方”是也。绎祭名祊，本由庙门取义，故庙门之閍，亦通作祊。《诗》“祝祭于祊”、《记》“索祭祝于祊”是也。祊本庙门统称，故绎祭于门外得称祊，而《诗》、传、笺皆以为门内者，正祭日求神于庙门内，不于门外，此依文立训，故以门内解之，非谓祊之不可为门外也。明乎此，则门内、门外、正祭、绎祭诸说，一以贯之矣。

原　　跋

是书为甘泉江子屏先生藩所著[一]，其有功经训[二]与裨益后学，仪征相国[三]原序[四]已言之详矣。惟是书初刻于江氏家塾，工未竣而先生遽捐馆舍[五]，以故世无传本[六]。仪吉闻其副本尚在江右，因不惜殚数年心力，以重金购得之[七]，爰为斠雠，付之石印[八]，以公同好。方今国家右文稽古，京师国子监南学专以经训课士，海内之士闻风兴起，无不以研精古训、讲求朴学为宗，惟初学入门之始，苟无所指引，则汉、宋门径既虑其不清，而许、郑绪言终莫能有得。得子屏此书，诵而法之，则浅之可以应明经取士之科，深之即可以为立说著书之本，则其所以嘉惠来学者又岂浅鲜哉？于越[九]徐仪吉[十]跋。

【笺注】

[一]“是书为甘泉江子屏先生藩所著”：这是一个弥天大谎，本书已经将此说证伪。

[二]经训：经籍义理的解说。

[三]仪征相国指阮元。

[四]“仪征相国原序”：这也是一个弥天大谎，本书也将此序证伪，详见前面部分。

[五]捐馆舍：抛弃馆舍。死亡的婉辞。亦可省作“捐馆”或“捐舍”。

[六]“是书初刻于江氏家塾，工未竣而先生遽捐馆舍，以故世无传本”：这还是一个弥天大谎，根本就没有其他证据证明此说成立。

[七]“仪吉闻其副本尚在江右，因不惜殚数年心力，以重金购得之”：这也是一个孤证，缺少证人。

[八]石印：平版印刷的一种。即利用多孔石质平版，经处理后，做印版进行印刷。

[九]于越：古族名。分布在今浙江省境内。

[十]徐仪吉：生平事迹不详。我们通检各种纸质文献与电子文献，均未发现任何有价值的线索。

下编 《经解入门》辨伪

《群经缘始》抄自《礼记》、《初学记》、《考古类编》、《困学纪闻》、《日知录》、《经典释文序录》

【原文】自“上古无经名”至“尔雅是也”一段，原文不录。

【辨伪】此段抄自清柴绍炳《考古类编》卷四《经学考》：

《释名》曰：“经，径也，典，常也。言如径路，无所不通，可常用也。”①《文心雕龙》曰：“三极彝训，其书言经。经也者，恒久之至道，不刊之鸿教也。”② 顾由古及今，经之名数不同，有称六经者，《易》、《诗》、《书》、《礼》、《乐》、《春秋》是也。有称“五经”者，因《乐经》亡，故但存五，则《易》、《诗》、《书》、《礼》、《春秋》是也。其他有称“七经”者，“五经”之外，兼《周礼》、《仪礼》也；有称“九经”者，“七经”之外，兼《孝经》、《论语》也；有称“十经”者，《易》、《诗》、《书》、“三礼”、《春秋》《左传》、《公羊》、《穀梁》、《论语》、《孝经》是也；有称“十二经”者，“六经”“六纬”是也；有称“十三经”者，《易》、《书》、《诗》、“三礼”、《春秋》《左传》、《公羊》、《穀梁》、《孝经》、《论语》、《孟子》、《尔雅》是也。……

伏牺氏始画八卦，造书契，以代结绳之政，由是文籍生焉。伏牺、神农、黄帝之书，谓之三坟，言大道也。少昊、颛顼、高辛、唐虞之书，谓之五典，言常道也。至于夏、商、周之书，虽设教不伦，雅诰奥义其归一揆，故历代宝之，以为大训。八卦之说，谓之八索。索，求也，求其义也。九州之志谓之九丘，丘，聚也，言九州所有，土地所生，风气所宜，皆聚此书也。《周官》外史掌三皇五帝之书，大都不离典坟者是。楚左史倚相能读三坟、五典、八索、九丘，学士大夫所诵习者此耳。时尚未有经名。孔子生于周末，睹史籍之繁文，惧览之者不一，遂乃定礼乐，明旧章，删《诗》为三百篇，约《史记》而修《春秋》，赞《易》道以黜八索，述职方以除九丘，讨论坟典，断自唐虞，以下讫于周，然后六籍灿然具备，故尝谓老聃曰：“丘治《诗》、《书》、《礼》、《乐》、《易》、《春秋》六经以为文，干七十二君，论先王之道。”

---

① 见唐徐坚《初学记》卷二十一·文部·经典第一。

② 见《文心雕龙·宗经第三》。

《小戴记》有《经解》，亦载孔子之言曰："入其国，其教可知也……其为人也，温柔敦厚，《诗》教也；疏通知远，《书》教也；广博易良，《乐》教也；絜静精微，《易》教也；恭俭庄敬，《礼》教也；属辞比事，《春秋》教也。'"当时及门弟子三千，身通六籍者七十二人。……

【原文】 自"困学纪闻云"至"始有九经之名"一段，原文不录。

【辨伪】 此段抄自宋王应麟《困学纪闻》卷八《经说》：

"'六经'始见于《庄子·天运》篇（孔子曰："治《诗》、《书》、《礼》、《乐》、《易》、《春秋》六经。"）以《礼》、《乐》、《诗》、《书》、《易》、《春秋》为六艺，始见于太史公《滑稽列传》（孔子曰："六艺，于治一也。"）。或云七经（后汉赵典学孔子七经。蜀秦宓谓文翁遣相如东受七经），或以'六经'、'六纬'为十二经（《庄子·天道》篇），或以'五经'、'五纬'为十经（《南史·周续之传》），或云九经（《释文序录》：《易》、《书》、《诗》、《周礼》、《仪礼》、《礼记》、《春秋》、《孝经》、《论语》。唐谷那律傅九经库始有九经之名）。《乐经》既亡，而有'五经'，自汉武立博士始也。邵子定以《易》、《书》、《诗》、《春秋》为四经，犹春、夏、秋、冬，皇、帝、王、伯。（若璩按：吴文正谓"经焚于秦而《易》独存，经出于汉而《乐》独亡"）"

【原文】《读书记》云："自汉以来儒者相传，但言'五经'，而唐时立之学宫，则云'九经'者，'三礼'、'三传'分而习之，故为'九经'也，其刻石国子学云'九经'，并《孝经》、《论语》、《尔雅》在内，本朝增以《孟子》，十三之名以立。"

【辨伪】 此段抄自顾炎武《日知录》卷"十三经注疏"条：

自汉以来儒者相传，但言"五经"，而唐时立之学官，则云"九经"者，"三礼"、"三传"分而习之，故为九也。其刻石国子学则云"九经"，并《孝经》、《论语》、《尔雅》。宋时程、朱诸大儒出，始取《礼记》中之《大学》、《中庸》及进《孟子》以配《论语》，谓之"四书"，本朝因之，而"十三经"之名始立。其先儒释经之书，或曰传，或曰笺，或曰解，或曰学，今通谓之注。《书》则孔安国传，《诗》则毛苌传、郑玄笺，《周礼》、《仪礼》、《礼记》则郑玄注，《公羊》则何休学，《孟子》则赵岐注，皆汉人；《易》则王弼注，魏人；《系辞》韩康伯注，晋人；《论语》则何晏集解，魏人；《左氏》则杜预注，《尔雅》则郭璞注，《穀梁》则范宁集解，皆晋人，《孝经》则唐明皇御注。其后儒辨释之书名曰正义，今通谓之疏。

【原文】 其前后次第，《释文序录》云："如《礼记·经解》之说，以《诗》为首；《七略》、《艺文志》所记，用《易》居前；阮孝绪《七录》亦同此次；而王俭《七志》，《孝经》为初。原其后前，义各有指。"而陆氏《释文》所次，则《周易》为先，次《尚书》，次《毛诗》，次"三礼"：《周礼》、《礼记》、《仪礼》，次《春秋》、《左氏》、《公羊》、《穀梁》，次《孝经》，次《论语》，次《尔雅》，共"十二经"。

【辨伪】 此段抄自《经典释文序录·次第》：

"五经"六籍，圣人设教，训诱机要，宁有短长？然时有浇淳，随疾投药，不相沿袭，岂无先后？所以次第互有不同。如《礼记·经解》之说，以《诗》为首；《七略》、《艺文志》所记，用《易》居前；阮孝绪《七录》亦同此次；而王俭《七志》，《孝经》

为初。原其后前，义各有旨。今欲以著述早晚、经义总别以成次第，出之如左。①

《周易》

虽文起周代，而卦肇伏牺，既处名教之初，故《易》为七经之首。《周礼》有“三易”，《连山》久亡，《归藏》不行于世，故不详录。

《古文尚书》

既起五帝之末，理后三皇之经，故次于《易》。伏生所诵，是曰今文，阙谬处多，故不别记。马、郑所有异同，今亦附之音后。

《毛诗》

既起周文，又兼商颂，故在尧、舜之后，次于《易》、《书》。《诗》虽有四家，齐、鲁、韩世所不用，今亦不取。

“三礼”

《周》、《仪》二《礼》，并周公所制，宜次文王；《礼记》虽有戴圣所录，然忘名已久。又记二《礼》阙遗，依类②相从，次于《诗》下。“三礼”次第，《周》为本，《仪》为末，先后可见。然古有《乐经》，谓之“六籍”③，灭亡既久，今亦阙焉。

《春秋》

既是孔子所作，理当后于周公，故次于《礼》。左丘明受经于仲尼，公羊高受之于子夏，穀梁赤乃后代传闻。“三传”次第自显。

《孝经》

虽与《春秋》俱是夫子述作，然《春秋》周公垂训，史书旧章，《孝经》专是夫子之意，故宜在《春秋》之后。《七志》以《孝经》居《易》之首，今所不同。

《论语》

此是门徒所记，故次《孝经》。《艺文志》及《七录》以《论语》在《孝经》前，今不同此次。

《老子》

虽人不在末，而众家皆以为子书，在经典之后，故次于《论语》。

《庄子》

虽是子书，人又最后，故次《老子》。

《尔雅》

《尔雅》，周公，复为后人所益，既释于经，又非记传之次，故殿末焉。众家皆以《尔雅》居经典之后，在诸子之前，今微为异。

【本篇结论】

《群经缘始》抄自《礼记》、《初学记》、《考古类编》、《困学纪闻》、《日知录》、《经典释文序录》等，多为明引，惟将《日知录》改为《读书记》，未免掩耳盗铃。篇尾曰：

---

① 康有为《新学伪经考》卷十《经典释文纠谬第十》：“‘时有浇淳，随病投药’二语甚精，惜其不从经解之次第，而惑于刘歆，曲为附从耳。然阮孝绪先从之，安能责元朗哉？”

② “依类”二字，吴承仕《经典释文序录疏证》做“□”。

③ “六籍”即六经。《文选・班固〈东都赋〉》：“盖六籍所不能谈，前圣靡得言焉。”李善注：“六籍，六经也。”

“本朝所定，则始《周易》，次《尚书》，次《毛诗》，次‘三礼’，次《春秋》，次《孝经》，次《论语》，次《孟子》，次《尔雅》。至所行《四子书》，则宋程、朱诸儒，取《礼记》、《大学》、《中庸》二篇而配合之者也。所行‘五经’，则用《易》、《书》、《诗》、《礼记》、《春秋》。所行‘七经’，则‘五经’之外，加《周礼》、《仪礼》而已。”显然系作伪者所加。

《群经源流》抄自《经典释文序录》、《直斋书录解题》

【原文】

凡习经而不知经之源流，是数典而忘其祖，乌呼可也？兹故依经之次而分叙之，俾学者知所宗焉。

【今按】此语未明出处，疑为作伪者所加。

【原文】

《易》之起源于伏羲，文王、周公、孔子因之。卦，伏羲所画也；卦辞，文王之所作也；爻辞，周公之所作也；“十翼”，孔子之所作也。何谓“十翼”？《上彖》、《下彖》、《上象》、《下象》、《上系》、《下系》、《文言》、《说卦》、《序卦》、《杂卦》是也。文王、周公所作，古谓之《系辞》，即为经；孔子所作皆为传。传者，释经之辞。班固云：“孔子晚而好《易》……而为之传。”传即《十翼》也。陆氏《释文序录》云：“自鲁商瞿子木受《易》于孔子，以授鲁桥庇子庸，子庸授江东馯臂子弓，子弓授燕周丑子家，子家授东武孙虞子乘，子乘授齐田何子庄。及秦焚书，《易》为卜筮之书，独不禁，故传授不绝。”其立学，汉初立《易》杨氏博士。宣帝时重立施、孟、梁丘之《易》，元帝又立京氏《易》。费、高二家不得立，民间传之。后汉费氏兴，高氏遂微。永嘉之乱，施氏、梁丘之《易》亡，孟、京、费之《易》人无传者，惟郑康成、王辅嗣所注行于世，而王氏为世所重。唐以王注为主，其《系辞》以下王不注，相承以韩康伯注续之。本朝因之，上下经王注，《系辞》以下韩注，疏用孔颖达等正义。

【辨伪】此段抄自《经典释文序录·注解传述人》：

宓牺氏之王天下，仰则观于天文，俯则察于地理，观鸟兽之文与地之宜，近取诸身，远取诸物，始画八卦（或云因河图而画八卦），因而重之为六十四。文王拘于羑里，作卦辞。周公作爻辞，孔子作《彖辞》、《象辞》、《文言》、《系辞》、《说卦》、《序卦》、《杂卦》，共成“十翼”。班固曰：“孔子晚而好《易》，读之韦编三绝，而为之传。”传即“十翼”也。自鲁商瞿子木受《易》于孔子，以授鲁桥庇子庸，子庸授江东馯臂子弓，子弓授燕周丑子家，子家授东武孙虞子乘，子乘授齐田何子庄。及秦燔书，《易》为卜筮之书，独不禁，故传授者不绝。汉兴，田何以齐田徙杜陵，号杜田生，授东武王同子中及洛阳周王孙、梁人丁宽、齐服生，皆著《易传》。汉初言《易》者，本之田生。同授淄川杨何。……汉初，立《易》杨氏博士。宣帝复立施、孟、梁丘之《易》。元帝又立京氏《易》。费、高二家不得立，民间传之。后汉费氏兴，而高氏遂微。永嘉之乱，施氏、梁丘之《易》亡，孟、京、费之《易》人无传者，唯郑康成、王辅嗣所注行于世，而王氏为世所重，今以王为主，其《系辞》已下王不注，相承以韩康伯注续之，今亦用韩本。

【原文】

《书》之源与文字俱起，孔子删为百篇。陆氏《释文》云："《书》者，本王之号令，右史所记，孔子删录，断自唐虞，下讫秦穆，典、谟、训、诰、誓、命之文，凡百篇，而为之序。及秦禁学，孔子之末孙惠壁藏之。"然秦火之后，惟《书》篡乱尤甚。其立学，汉始立欧阳、夏侯《尚书》，宣帝复立大下夏侯博士，平帝欲立古文。永嘉之乱，诸家之书并灭亡，而《古文孔传》始兴，置博士，郑氏亦置博士一人。唐时惟崇尚古书，马、郑、王注遂废。本朝注疏本孔安国传、孔颖达等正义，而伪乱之迹，详《古今文》及《辨伪》诸篇。

【辨伪】此段抄自《经典释文序录·注解传述人》：

《书》者，本王之号令，右史所记。孔子删录，断自唐虞，下讫秦穆，典、谟、训、诰、誓、命之文凡百篇，而为之序。及秦禁学，孔子之末孙惠壁藏之。汉兴，欲立《尚书》，无能通者，闻济南伏生传之，文帝欲征，时年已九十余，不能行，于是诏太常使掌故晁错受焉。伏生失其本经，口诵二十九篇传授。以其上古之书，谓之《尚书》。……汉始立欧阳《尚书》，宣帝复立大小夏侯博士，平帝立古文。永嘉丧乱，众家之书并灭亡，而古文孔传始兴，置博士，郑氏亦置博士一人。近唯崇古文，马、郑、王注遂废，今以孔氏为正，其《舜典》一篇仍用王肃本。

【原文】

《诗》之源起于中古，虞之《赓歌》、夏《五子之歌》即《三百篇》之权舆。古《诗》本三千余篇，孔子最先删录，既取周诗，上兼商颂，凡三百一十一篇，以授子夏，子夏遂作序焉。皆口以相传，未有章句。战国时几为郑、卫所乱。遭秦焚书而得全者，亦以其人所讽诵，而不专在竹帛之故。汉时传有四家：曰鲁，曰齐，曰韩，曰毛，详见《传经篇》。其立学，前汉惟鲁、齐、韩三家。平帝时，《毛诗》始立。《齐诗》久亡，《鲁诗》不过江东，《韩诗》亦无传者。唐惟《毛诗》郑笺立国学。今注疏本遵用毛传、郑笺、孔颖达等正义。

【辨伪】此段抄自《经典释文序录·注解传述人》：

诗者，所以言志，吟咏性情，以讽其上者也。古有采诗之官，王者巡守，则陈诗以观民风，知得失，自考正也。动天地，感鬼神，厚人伦，美教化，移风俗，莫近乎诗。是以孔子最先删录。既取周诗，上兼商颂，凡三百一十一篇，以授子夏。子夏遂作《序》焉。口以相传，未有章句。战国之世，专任武力，雅颂之声为郑、卫所乱，其废绝亦可知矣。遭秦焚书而得全者，以其人所讽诵，不专在竹帛故也。汉兴，传者有四家：鲁人申公受《诗》于浮丘伯，以《诗经》为训故以教，无传，疑者则阙不传，号曰"鲁诗"。……前汉，鲁、齐、韩三家诗列于学官。平帝世，《毛诗》始立，《齐诗》久亡，《鲁诗》不过江东，《韩诗》虽在，人无传者。唯《毛诗》、郑笺独立国学，今所遵用。

【原文】

《礼》之源起于伏羲。孔疏云："自伏羲以后，至黄帝，五礼始具。帝王质文，世有损益。周公时转浮而居摄，乃曲为之制，故曰经礼三百，威仪三千。周衰，诸侯始僭，皆去其籍，至孔子而已不具矣。返鲁后，乃始删定。后值战国交争，秦氏坑焚，礼经崩坏特甚。汉世所传，仅存《周礼》、《仪礼》、《礼记》三书而已，然皆无全书。《周礼》本名《周官》，《冬官》独阙，《考工》乃其后补。《仪礼》一名《士礼》，《丧服》一篇，子夏实先传之。《礼记》戴德从子圣删《大戴记》为四十六篇，旧又名《小戴记》。其《月令》、《明堂位》、《乐记》三篇，马融所加也。《周礼》、《仪礼》皆周公作，而相为表里。《礼记》则即以记为经。"其立学，汉初立高堂生礼博士，后又立大小戴、庆氏三家，新莽又立《周礼》，后汉"三礼"皆立博士，至唐则《曲台记》亡，大戴无传，学者惟郑康成注《周礼》、《仪礼》、《礼记》并列，而《丧服》一篇别行。今注疏本合于《仪礼》，注皆用郑，疏则《周礼》、《仪礼》皆唐贾公彦，《礼记》则孔颖达也。

【辨伪】此段抄自《经典释文序录·注解传述人》：

安上治民，莫善于礼。郑子太叔云："夫礼，天之经地之义，民之行也。"《左传》云："礼，所以经国家，定社稷，序民人，利后嗣者也。"礼教之设，其源远哉！帝王质文，世有损益，至于周公，代时转浮。周公居摄，曲为之制，故曰"经礼三百，威仪三千"。及周之衰，诸侯始僭，将逾法度，恶其害已，皆灭去其籍，自孔子时而不具矣。孔子反鲁，乃始删定。值战国交争，秦氏坑焚，惟故礼经崩坏为甚。汉兴，有鲁高堂生传《士礼》十七篇，即今之《仪礼》也。而鲁徐生善为容，孝文时为礼官大夫。景帝时河间献王好古，得古礼献之。……汉初立高堂生礼博士，后又立大小戴、庆氏三家，王莽又立《周礼》，后汉"三礼"皆立博士。今庆氏曲台久亡，大戴无传，学者唯郑注《周礼》、《仪礼》、《礼记》并列学官，而《丧服》一篇又别行于世。今"三礼"俱以郑为主。

【原文】

《春秋》本鲁史记之名，错举四时而记之。昭二年，韩起聘鲁，见《鲁春秋》是也。古王者，左史记言，右史记事。言为《尚书》，事为《春秋》，而诸侯之国亦有之。惟《鲁春秋》，则孔子手定之。公羊家说，则谓孔子得百十二国之宝书，乃修《春秋》。左丘明作传。陆氏《释文序录》云："孔子……作《春秋》……授弟子，弟子退有异言，丘明恐弟子各安其意，以失其真，故论本事而为传。"而公羊高则受经子夏，穀梁赤则子夏门人，皆传《春秋》（高，齐人，赤，鲁人。糜信云，赤与秦孝公同时）。又有邹氏、夹氏之传，不行于世。公羊、穀梁皆传经，左氏则为记事之书而已。秦火之后，左氏传最先出。其立学，公羊最先，穀梁次之，左氏最后（陆氏《序录》云："汉初立公羊，宣帝又立穀梁，平帝始立左氏。"）。唐则左氏行，而二传渐微。至宋，胡氏传出，而"三传"皆束高阁矣。今注疏本：《左氏传》，晋杜预注、孔氏正义；《公羊》，汉何休注、唐徐彦疏；《穀梁》，晋范宁注、唐杨士勋疏。

【辨伪】此段抄自《经典释文序录·注解传述人》：

古之王者必有史官，君举则书，所以慎言行、昭法式也。诸侯亦有国史，《春秋》即鲁之史记也。孔子应聘不遇，自卫而归，西狩获麟，伤其虚应，乃与鲁君子左丘明观书于太史氏，因鲁史记而作《春秋》。上遵周公遗制，下明将来之法，褒善黜恶，勒成十二公之经，以授弟子。弟子退而异言，丘明恐弟子各安其意，以失其真，故论本事，而为之传，明夫子不以空言说经也。《春秋》所贬损人当世君臣，其事实皆形于传，故隐其书而不宣，所以免时难也。及末世口说流行，故有公羊、穀梁、邹氏、夹氏之传。邹氏无师，夹氏有录无书，故不显于世。……汉初立公羊博士，宣帝又立穀梁，平帝始立左氏。后汉建武中以魏郡李封为左氏博士，群儒蔽固者数廷争之，及封卒，因不复补。和帝元兴十一年，郑兴父子奏上左氏，乃立于学官，仍行于世，迄今遂盛行。二传渐微。《左氏》今用杜预注，《公羊》用何休注，《穀梁》用范宁注。

【原文】

《孝经》者，陆氏《序录》云："孔子为弟子曾参说孝道，因明天子庶人五等之孝。"何休称："孔子曰'吾志在《春秋》，行在《孝经》'"是也。遭秦焚烬，而汉乃有古今二家之学。唐初犹行孔安国、郑康成之注。明皇于先儒注中采其允当者为注解，至天宝二年注成，颁行天下。今注疏本即用明皇注，宋邢昺疏。

【辨伪】此段抄自《经典释文序录·注解传述人》：

《孝经》者，孔子为弟子曾参说孝道，因明天子庶人五等之孝，事亲之法，亦遭焚烬。河间人颜芝为秦禁藏之，汉氏尊学，芝子贞出之，是为今文。长孙氏博士江翁少府后苍谏大夫翼奉安昌侯张禹传之，各自名家。凡十八章。又有古文出于孔氏壁中，别有《闺门》一章，自余分析十八章，总为二十二章。孔安国作传，刘向校书，定为十八。后汉马融亦作《古文孝经传》，而世不传。世所行郑注，相承以为郑玄。案：《郑志》及《中经簿》无，唯中朝穆帝集讲《孝经》，云以郑玄为主。检《孝经》注，与康成注"五经"不同，未详是非。《古文孝经》世既不行，今随俗用郑注十八章本。

【原文】

《论语》者，孔子应答弟子及时人所言，或弟子相与言，而接闻于夫子之语也。当时弟子各有所说，夫子既终，微言已绝，弟子恐后生各生异见，而圣言永灭，故相与论撰，因辑时贤及古明王之语，合成一书，谓之《论语》。郑康成谓仲弓、子夏等所撰定。汉世有《齐论语》、《鲁论语》、《古论语》三家，而《鲁论语》并有章句，列于学官。至魏，何晏乃为集解，正始中上之，后盛行于世。今注疏本注用何氏，疏用宋邢昺。

【辨伪】此段抄自《经典释文序录·注解传述人》：

《论语》者，孔子应答弟子及时人所言。或弟子相与言而接闻于夫子之语也。当时弟子各有所记，夫子既终，微言已绝，弟子恐离居已后各生异见，而圣言永灭，故相与论撰，因辑时贤及古明王之语，合成一法，谓之《论语》。郑康成云：仲弓、子夏等所撰定。汉兴，传者则有三家。《鲁论语》者，鲁人所传，即今所行篇次是也。常山都尉龚奋、长信少府夏侯胜、丞相韦贤及子玄成、鲁扶卿太子少傅夏侯建、前将军萧望之并传之，各自名家。《齐论语》者，齐人所传，别有《问王》、《知道》二篇，凡二十二篇，其二十篇中章句颇多于《鲁论》，昌邑中尉王吉、少府宋畸、琅琊王卿、御史大夫贡禹、尚书令五鹿充宗、胶东庸生并传之，唯王阳名家。《古论语》者，出自孔氏壁中，凡二十一篇，有两子张……并为章句，列于学官。郑玄就《鲁论》张包周之篇章考之，齐古为之注焉。魏吏部尚书何晏集孔安国、包咸、周氏、马融、郑玄、陈群、王肃、周生烈之说，并下己意，为《集解》，正始中上之，盛行于世，今以为主。

【原文】

《孟子》七篇，古本列于诸子，自陈氏《书录解题》始以《语》、《孟》入经类，而为之说曰："韩文公称，孔子传之孟轲，轲死，不得其传。"天下学者盛曰孔、孟。今国家设科，《语》、《孟》并重，而又列十三经之中。注疏本用汉赵歧注，宋孙奭疏。

【辨伪】此段抄自《直斋书录解题》卷三"语孟类"：

前志，《孟子》本列于儒家，然赵岐固尝以为则象《论语》矣。自韩文公称："孔子传之孟轲，轲死，不得其传。"天下学者咸曰孔、孟。孟子之书，固非荀、扬以降所可同日语也。今国家设科取士，《语》、《孟》并列为经，而程氏诸儒训解二书，常相表里，故今合为一类。

【原文】

《尔雅》兴于中古，隆于汉代，其初不详撰述名氏。陆氏《序录》云："《尔雅》者，所以训释'五经'，辨章同异，实九流之通路，百氏之指南……《释诂》一篇，盖周公所作。《释言》以下或言仲尼所增，子夏所足，叔孙通所益，梁文所补。"古之注者十余家。今注疏本用晋郭璞注，宋邢昺疏。

【辨伪】此段抄自《经典释文序录·注解传述人》：

《尔雅》者，所以训释"五经"，辩章同异，实九流之通路，百氏之指南，多识鸟兽草木之名，博览而不惑者也。尔，近也，雅，正也，言可近而取正也。《释诂》一篇，盖周公所作。《释言》以下，或言仲尼所增，子夏所足，叔孙通所益，梁文所补，张揖论之详矣。前汉终军始受豹鼠之赐，自兹迄今，斯文盛矣，先儒多为亿必之说乖，盖阙之义，唯郭景纯洽闻强识，详悉古今，作《尔雅注》，为世所重，今依郭本为正。

【本篇结论】

《群经源流》主要抄自《经典释文序录》（按：《经典释文序录》主要来源于《汉书·儒林传》），仅有一小段抄自《直斋书录解题》。又在文前加一门面语："凡习经而不知经之源流，是数典而忘其祖，乌呼可也？兹故依经之次而分叙之，俾学者知所宗焉。"

《群经辨异》抄袭《经典释文》

【原文】

古者传经多以口相授，故异者滋多。在汉白虎观讲“五经”同异，后许慎著《五经异义》，郑康成有《驳异义》，此即辨异之所始也。习经者当知其同，尤不可不辨其异。约举异例，厥有数端：曰文异，曰义异，曰篇异。

何谓文异？如《易》“体仁足以长人”，京氏作“体信”；“圣人作而万物睹”，马氏作“圣人起”；“君子以经纶天下”，郑氏作“经论”；“射鲋”，荀氏作“取鲋”；“其惟圣人乎”，王氏作“愚人”；“明辨晢也”，陆绩作“明辨逝也”；“利用侵伐”，王廙作“寖伐”；“官有渝”，蜀本作“馆有渝”；“嫌于无阳”，李鼎祚作“兼于无阳”之类。推之《尚书》之今古文，《诗》之齐、鲁、韩与毛四家，《周礼》、《仪礼》之古书、今本，《春秋》之《左氏》、《公》、《穀》三《传》，《孝经》、《论语》、《孟子》、《尔雅》诸书之各本不同，而此外诸子、《史》、《汉》所引各经之略，又不可以枚举，此文之异也（又如施、孟、梁丘三家之《易》，无“无咎悔亡”句，亦属异文之例）。

何谓义异？即如“周易”二字，《易纬》云：“因代以名周。”则以周为周家之周。郑康成云：“《周易》者，《易》道周普，无所不备。”则以周为周遍。纬书云：“日月为易。”郑康成云：“易一名而含三义，简易一，变易二，不易三。”虞翻云：“字从日下月。”所说不同，即其例。而经中一篇一章一句一字之异者，尤不可以缕述，此义之异也。

何谓篇异？如《尚书》伏生所传今文二十九篇，孔安国所传多二十五篇；《孝经》十八篇，古文别有《闺门》一篇，总为二十二篇；《论语·齐论》别有《问王》、《知道》二篇，为二十二篇，《古论语》凡二十一篇；《尔雅》一云十九篇，一云二十篇之类，此篇之异也。

知其所异，而考其所通，是在学者之善会其微也。

【辨伪】 此段抄自《经典释文》：

“体仁足以长人”，《经典释文》卷二“体仁”曰：“如字。京房、荀爽、董遇本作体信。”

“圣人作而万物睹”，《经典释文》卷二“圣人作”条曰：“如字。郑云起也，马融作起。”

“君子以经纶天下”，《经典释文》卷二“经论”条曰：“音伦，郑如字，谓论撰书礼乐施政事。黄颖云：经论，匡济也，本亦作纶。”

“射鲋”，《经典释文》卷二“射”条曰：“食亦反。注同。徐食夜反，郑、王肃皆音亦云厌也。荀作取。”

“其惟圣人乎”，《经典释文》卷二“其唯圣人乎”条曰：“王肃本作愚人。后结始作圣人。”

“明辨晢也”，《经典释文》卷二大有卦“晢”条曰：“章舌反。王廙作晣，同音。徐李之世反，又作哲字。郑本作遰，云读如明星晢晢。陆本作逝。虞作折。”

“利用侵伐”，《经典释文》卷二谦卦“用侵”条曰：“王廙作寖。”

“官有渝”，《经典释文》卷二随卦“官有”条曰：“蜀才作‘馆有’。”

“嫌于无阳”，李鼎祚作“兼于无阳”。

《书》者，本王之号令，右史所记。孔子删录，断自唐虞，下讫秦穆，典、谟、训、诰、誓、命之文，凡百篇，而为之序。及秦禁学，孔子之末孙惠壁藏之。汉兴，欲立《尚书》，无能通者，闻济南伏生传之，文帝欲征，时年已九十余，不能行，于是诏太常，使掌故晁错受焉。伏生失其本经，口诵二十九篇传授，以其上古之书，谓之《尚书》。……鲁恭王坏孔子旧宅，于壁中得之，并《礼》、《论语》、《孝经》皆科斗文字。博士孔安国以校伏生所诵，为隶古写之，增多伏生二十五篇。

《孝经》者，孔子为弟子曾参说孝道，因明天子庶人五等之孝，事亲之法，亦遭焚烬。河间人颜芝为秦禁藏之，汉氏尊学，芝子贞出之，是为今文。长孙氏博士江翁少府后苍谏大夫翼奉安昌侯张禹传之，各自名家。凡十八章。又有古文出于孔氏壁中，别有《闺门》一章，自余分析十八章，总为二十二章。

《论语》者，孔子应答弟子及时人所言，或弟子相与言，而接闻于夫子之语也。当时弟子各有所说，夫子既终，微言已绝，弟子恐后生各生异见，而圣言永灭，故相与论撰，因辑时贤及古明王之语，合成一书，谓之《论语》。郑康成谓仲弓、子夏等所撰定。汉世有《齐论语》、《鲁论语》、《古论语》三家，而《鲁论语》并有章句，列于学官。至魏，何晏乃为集解，正始中上之，后盛行于世。今注疏本注用何氏，疏用宋邢昺。

《尔雅》者，所以训释“五经”，辩章同异，实九流之通路，百氏之指南，多识鸟兽草木之名，博览而不惑者也。尔，近也，雅，正也，言可近而取正也。《释诂》一篇，盖周公所作。《释言》以下，或言仲尼所增，子夏所足，叔孙通所益，梁文所补，张揖论之详矣。前汉终军始受豹鼠之赐，自兹迄今，斯文盛矣，先儒多为亿必之说乖，盖阙之义，唯郭景纯洽闻强识，详悉古今，作《尔雅注》，为世所重，今依郭本为正。

【本篇结论】

《群经辨异》篇系隐括《经典释文》而成。对原有材料作了改写，并归纳了条例。

《群经辨伪》抄自《輶轩语》、《四库全书总目》

【张之洞《輶轩语》】

诸古书宜分真伪。

此事本朝诸老论之最详，辨之最精，即《四库提要》中，已具大略，试取观之，自然昭若发蒙。国朝姚际恒《古今伪书考》，简便易看。有单行本，又收《知不足斋丛书》中。

【原文】

秦火而后，群经散亡，而伪者始出，其尤甚者，莫若《尚书》之古文。古书凡百篇，秦燔后，伏生仅口诵二十九篇，曰《今文尚书》。鲁恭王坏孔子宅，于壁中得科斗文书，孔安国校伏生所诵，增多二十五篇，曰《古文尚书》。其所增多，盖即于篇目中一合计之，一分计之，非别有多篇也。安国书本自为传，值武帝末，巫蛊事起，不得奏，藏，乃遂散佚。东晋豫章内史梅颐所上《古文尚书》，有《大禹谟》、《五子之歌》、《胤征》、《仲虺之诰》、《汤诰》、《伊训》、《太甲上》、《太甲中》、《太甲下》、《咸有一德》、《说命上》、《说命中》、《说命下》、《泰誓上》、《泰誓中》、《泰誓下》、《武成》、《旅獒》、《微子之命》、《蔡仲之命》、《周官》、《君陈》、《毕命》、《君牙》、《命》二十五篇，皆伪书也。其《舜典》本亡，则分《尧典》之半为一篇。《益稷》本无，则分《皋陶谟》之后为一篇。而作伪之人，或谓王肃，实即梅颐。疑之者始于宋吴才老、朱子诸儒。近今诸大儒且群起而攻之，抉其伪迹，使无遁形。而其伪者，说经诸家直置不道，此例之最严。而河中之伪《泰誓》，张霸之《百两篇》，汉已不行，固无容议。若乃《金縢》诸篇，则信无可疑者也。

《尚书》而外，《易》于秦火独全，得不伪。而《子夏易传》、《关朗易传》皆伪托，不足据。

《诗》不伪，而小序亦有疑者，然经学家则犹尊信。

《春秋》“三传”无伪，而“三礼”则惟《仪礼》独完。《周礼》五官云出周末，《考工》一记，明是补亡。《礼记》之作，或谓俗儒，其中谬者不可不察。马融所益，不过三篇，其非古书，早有议者，淆乱难信莫甚。明堂古乐久亡，安有《乐记》？《月令》之托周公，实出《吕览》。《王制》虽言殷制，半是汉仪。《祭法》取《国语》，错乱无稽。《中庸》本秦人，言犹近理。《儒行》非孔子之言，《缁衣》为公孙尼子之笔，此礼之大略也。

若乃《孝经》、《论语》，本无可疑。《尔雅》一经，大都参杂。惟在学者，善为择焉。

经既难信，外此何言？纬书云伪，识者不韪。《家语》之言，实出王肃。旁及诸子，犹有是非。《管子》述身后之事，附益何疑？《阴符》非黄帝之遗，庭坚始发。《老子》、《关尹》，半属虚造。《列子》、《文中（子）》，间得其真。《鬼谷》伪书，犹有辨者。《丛子》所陈，子雍谬托。

【本篇结论】

《群经辨伪》的主要观点抄自《輶轩语》，大部分段落系隐括《四库全书总目》而成。原文又称："辨伪之事，近人最详，即《四库提要》已具大略。"比较隐晦地承认了《四库提要》的影响。

《群经古文今文》抄自《经典释文序录》、《经义杂记》

【原文】

古文、今文者何？在汉以科斗、篆文为古，隶书为今；在唐以汉之隶书为古，以其时之楷书为今。盖自唐一变，古文之存仅矣。郑樵云："《易》、《诗》、《书》、《春秋》皆古文。"陆氏《序录》云："鲁恭王坏孔子宅，得《古文尚书》、《礼记》、《孟子》、《老子》之属。"夫汉得古文在后，而诸儒所传今文在前。

【辨伪】此段抄自《经典释文序录》：

《古文尚书》者，孔惠之所藏也。鲁恭王坏孔子旧宅，于壁中得之，并《礼》、《论语》、《孝经》皆科斗文字，博士孔安国以校伏生所诵，为隶古写之。

【原文】

《易》惟费氏习古文（费直，字长翁，东莱人，为单父令），施、孟、梁丘诸家皆今文。成帝时，刘向以中古文《易经》校诸家，或脱去"无咎悔亡"，惟费氏经与古文同。是费氏治古文，而诸家皆今文也。

【辨伪】此段抄自《经典释文序录》：

……为费氏学，本以古字，号《古文易》，无章句，徒以《彖象》、《系辞》、《文言》解说上下经。汉成帝时，刘向典校书，考《易》说，以为诸《易》家说皆祖田何，杨叔元、丁将军大义略同，唯京氏为异。向又以中古文《易经》校施、孟、梁丘三家之《易经》，或脱去"无咎悔亡"，唯费氏经与古文同。

【原文】

《尚书》以伏生所习为今文，孔安国所习为古文。文帝时，伏生以二十九篇授掌故晁错，今文也。安国于孔壁得之，写以隶古，增多二十五篇，古文也。

【辨伪】此段抄自《经典释文序录》：

《古文尚书》者，孔惠之所藏也。鲁恭王坏孔子旧宅，于壁中得之，并《礼》、《论语》、《孝经》皆科斗文字，博士孔安国以校伏生所诵，为隶古写之，增多伏生二十五篇。

【原文】

《诗》有壁中科斗，即古文。而壁中未出之前，汉所诵习皆为今文。武进臧氏琳云："《毛诗》为古文，《鲁》、《齐》、《韩》为今文。古文多假借，故毛公作《训诂传》以正字释之，若今文，则经直作正字，如《毛诗·芄兰》：'能不我甲。'《传》云：'甲，狎。'《韩诗》即作狎字（见《释文》）。《毛诗·鸳鸯》：'摧之抹之。'《传》云：'摧，莝也。'《韩诗》即作莝之类，是今文皆以训诂代经也。"

【辨伪】此段抄自《经典释文序录》：

……口以相传，未有章句。战国之世，专任武力，雅颂之声为郑卫所乱，其废绝亦可知矣。遭秦焚书而得全者，以其人所讽诵，不专在竹帛故也。

【原文】

《礼》则《周礼》古文多奇字，郑康成所云故书者是今文，即康成所据本也。王氏《困学纪闻》则云："《周礼》刘向未校之前为古文，校后为今文。"《仪礼》古文，即淹中古经，今文即高堂生所传。贾公彦云："《汉书》：鲁人高堂生为汉博士，传《仪礼》十七篇，是今文也。至武帝末，鲁恭王坏孔子宅，得亡《仪礼》五十六篇，其字皆以篆书，是为古文。"盖即淹中古经也。《礼记》古文，即康成《六艺论》云："记百三十一篇，河间献王所得者。"今文即小戴所传也。陆氏《序录》云："郑玄本治小戴礼，后以古经校之，取其于义长者、顺者为郑氏学。"是也。

【辨伪】此段抄自《经典释文序录》：

景帝时河间献王好古，得古礼献之。（郑《六艺论》云：后得孔氏壁中，河间献王《古文礼》五十六篇，《记》百三十一篇，《周礼》六篇，其十七篇与高堂生所传同，而字多异。刘向《别录》云：《古文记》二百四篇。《艺文志》曰：《礼古经》五十六篇出于鲁淹中。苏林云：淹中，里名）……玄本治《小戴礼》，后以古经校之，取其于义长者、顺者，故为郑氏学。玄又注小戴所传《礼记》四十九篇，通为"三礼"焉。

【原文】

《孝经》古文，即别有《闺门》一章，马融、郑康成为之注者，唐时已不传。今文，即今本《五经异义》所称《今孝经说》是也。

【辨伪】此段抄自《经典释文序录》：

《孝经》者……又有古文出于孔氏壁中，别有《闺门》一章，自余分析十八章，总为二十二章。孔安国作传，刘向校书定为十八，后汉马融亦作《古文孝经传》，而世不传，世所行郑注。

【原文】

《论语》以孔安国、马融所传分两子张者为古文，齐、鲁两家为今文。

【辨伪】此段抄自《经典释文序录》：

《古论语》者，出自孔氏壁中，凡二十一篇，有两子张（如淳云：分《尧曰》篇后"子张问何如可以从政"以下为篇名曰《从政》），篇次不与《齐》、《鲁论》同（《新论》云：文异音四百余字），孔安国为传，后汉马融亦注之。

【原文】

《尔雅》后人羼乱，《释诂》篇当有古文。《汉书·十三王传》称孔壁所得《孟子》、《老子》之属，则《尔雅》安必不在其内，特增益者多，则其文有不足辨者耳。

【辨伪】 此段抄自《经典释文序录》：

《尔雅》者，所以训释“五经”，辩章同异，实九流之通路，百氏之指南，多识鸟兽草木之名，博览而不惑者也。尔，近也；雅，正也。言可近而取正也。《释诂》一篇，盖周公所作。《释言》以下或言仲尼所增，子夏所足，叔孙通所益，梁文所补。张揖论之详矣。前汉终军始受豹鼠之赐，自兹迄今，斯文盛矣。先儒多为亿必之说乖，盖阙之义，唯郭景纯洽闻强识，详悉古今，作《尔雅注》，为世所重。今依郭本为正。

【本篇结论】

《群经古文今文》抄自《经典释文序录》、《经义杂记》。“《孟子》亦以献王所得为古文，以赵岐所注者为今文。或云，赵氏注《孟子》，未见古文所传本，且中多俗字，则为今文无疑。”此段查无出处，疑为作伪者自拟。

《注家有得有失》抄自《四库全书总目》

【原文】

经非注不明，故治经必须研求古注。云注家者，举凡释经之书，若传、若笺、若疏而赅言之也。然注家之得失不知，则胸中之去取无据，平日无所致力，临时无所折衷。兹就古注之见存者，稍分优劣，以定趋向。

《周易》注疏本王、韩二注，空言说理，失汉家法。孔疏依注敷衍，毫无足据。外如马、郑逸注，及唐李氏鼎祚《集解》中所采者，皆有师传。王肃说经，好与郑难，皆不免于支离，惟言《易》则本诸父朗，多同郑说，其不同者亦与马融相合，则非难郑可知。康成言《易》皆有本，言爻辰则就嫌穿凿。虞翻五世传《孟氏易》，长于通变，其纳甲则大为无理，且好议郑学，是其短也。自唐而下，多近王辅嗣一派，言汉学者不取居多。

《尚书》孔安国传，真伪错乱，《辨伪篇》所举二十五篇之传，则枚氏作也。治《尚书》者固所不取。孔氏正义不知其伪，从而附之，其失孰甚。就其所引，则较《易》疏为富。此外伏生《大传》，郑、王之佚注，皆如散珠可宝。司马迁从安国问故，而《史记》多古文家说，贾逵、范宁、杜预诸人，亦得《书传》。其他注之于《书》者，皆(是)［足］援据。所行蔡《传》，则取宋人之说为多。

《诗》惟毛公独得古义，三家异同足资考订，郑玄笺《诗》，实以宗毛为主，即下己意，亦有识别。人以郑好易毛议之，则孔疏莫辞其咎，何也？郑君申毛之处，疏有未达，即以郑为异，则疏之咎也。王肃述毛意在难郑，往往大背毛意，毛传所引仲梁子、孟仲子、高子之类，则引师说解经，并非别出异义。荀子说《诗》，本得《诗》传，其义较精，三家、孙毓、陆玑得失相参，元朗《释文》音义尽善。其最古者：《尔雅》所释，《左氏》所引，《论语》、《孟子》之所述。至唐以后，惟王应麟《诗地理考》为可。朱子之废《诗序》，则其误有不待言。“三礼”惟康成为折衷，故礼学先儒，即称郑学，讥其改字，议其引纬，皆不知者之谈。公彦二疏，不及《礼记正义》之详核，《仪礼疏》则不在孔下。杜子春、郑司农、郑大夫、卢植、射慈、马融诸儒之散见于注疏者，虽存异义，亦多有合于郑。王肃之说，则本以难郑。郊祀朝庙诸议，皆为后世之制。自唐而下，惟唐卫湜《礼记集说》为长。祥道《礼书》、陈澔《集说》，其原本汉儒者则得，其依据宋人者则失。盖《礼》不能以宋儒之臆度而得也。

《春秋公羊》何（邱）［劭］公深得大义，确守师说，以为谬诞者非是。徐疏则微嫌冗沓。《穀梁》范注亦慎且密，扬［疏］则与徐不相高下。《左氏》杜注名为“集解”，实则多弃古说。贾逵、服虔之注间存正义，则孔氏之功多也。至其回护杜注，疏例当然，不可以此为责。杜预《释例》则颇有功左氏，而自唐而下，其掊击“三传”、妄立己意者，皆可以得罪《春秋》论。《春秋》之义固具于《公》、《穀》，《春秋》之事固具于《左氏》，而束“三传”于高阁，可乎哉？

《孝经》玄宗注遵用今文，而古文后乃渐微，是其罪也。邢疏无足长短，所遗郑小同注，古义存焉。司马光之《指解》，朱子之《刊误》，窃不取也。《论语》何注本集安国、包咸、马、郑、王诸家之成，间参己意，而古意犹备。邢氏之疏则尚不如皇侃之善。退之《笔解》，伪托无疑，祥道《全解》，驳杂奚似？《孟子》赵注可称完善，孙奭之疏则陋甚也。《尔雅》郭注，去古未远，其所不知，善在能阙。疏亦就范，间采樊、李诸家，尤为有得。郑樵之注，无足算也。

外此总释群经，班氏之《白虎通义》，扬子之《方言》，许氏之《说文解字》、《五经异义》，《郑志》，陆氏之《释文》，古义咸在，精核靡遗。若乃智者百密，不无一疏，愚者千虑，必有一得。诸家之善，未必无疵。其不纯者，融有得当，则在善学者之详审焉。

【本篇结论】

《注家有得有失》篇系隐括《四库全书总目》而成。二者异同可详参上编笺注部分。

《古书疑例》抄自《古书疑义举例》

【原文】见上编。

【辩伪】此篇抄自俞樾《古书疑义举例》：

卷一

一、上下文异字同义例

古书有上下文异字同义者。《孟子·公孙丑》篇："有仕于此而子悦之，不告于王而私与之吾子之禄爵；夫士也，亦无王命而私受之于子。"按："有仕于此"之"仕"，即"夫士也"之"士"。"夫士也"，正承"有仕于此"而言。"士"，正字，"仕"，假字，是上下文用字不同而实同义也。……

二、上下文同字异义例

古书亦有上下文同字异义者。《礼记·玉藻》篇："既搢必盥，虽有执于朝，弗有盥矣。"上"有"字乃有无之"有"，下"有"字乃"又"字也；言虽有执于朝，不必又盥也。……

三、倒句例

古人多有倒句成文者，顺读之则失其解矣。僖二十三年《左传》："其人能靖者与，有几?"昭十九年："谚所谓室于怒，市于色者。"皆倒句也。……

四、倒序例

古人序事，有不以顺序而以倒序者。《周官·大宗伯》职："以肆、献、祼享先王。"若以次第言，则祼最在先，献次之，肆又次之也。乃不曰"祼、献、肆"，而曰"肆、献、祼"，此倒序也。……

五、错综成文例

古人之文，有错综其辞以见文法之变者。如《论语》："迅雷风烈。"《楚辞》："吉日兮辰良。"《夏小正》："剥枣栗零。"皆是也。……

六、参互见义例

古人之文，有参互见义者。《礼记·文王世子》篇："诸父守贵宫贵室，诸子诸孙守下宫下室。”又云：“诸父诸兄守贵室，子弟守下室，而让道达矣。”郑注曰：“上言父子孙，此言兄弟，互相备也。”……

七、两事连类并称例

《少牢馈食礼》：“日用丁己。”言或用丁，或用己也。《士虞礼》：“幂用布。”言或用，或用布也。古人之文，自有此例。……

八、两义传疑并存例

……凡著书，博采异文，附之简策。如《管子·法法》篇之“一曰”，《大匡》篇之“或曰”，皆为管氏学者传闻不同而并记之也……余从前著《群经平议》，未见及此，盖犹未达古书之例也，当更为说以明之。

九、两语似平实侧例

古人之文，有似平而实侧者。……《孟子·公孙丑》篇：“今夫蹶者趋者。”赵注曰：“蹶者相动，今夫而蹶者，气闭不能自持，故志气颠倒；颠倒之间，无不动心而恐矣。”寻赵氏之意，谓趋由于蹶。“今夫蹶者趋者”，犹云“大凡颠蹶之人，皆是趋走之人。”盖人之疾趋而行，气使之也，而至于颠蹶，则无不动心矣。故曰“是气也，而反动其心”。“蹶者趋者”，似平而实侧，若以蹶趋平列，则其义不见矣。

十、两句似异而实同例

古人之文，有两句并列而实一意者，若各为之说，转失其义矣。《礼记·表记》篇：“仁有数，义有长短小大。”郑注曰：“数与长短小大，互言之耳。”按：数即长短小大，质言之，则是仁有数，义亦有数耳。乃于仁言有“数”，而于义变言“长短小大”，此古人属辞之法也。……

十一、以重言释一言例

《礼记·乐记》篇：“肃肃，敬也；雍雍，和也。”顾炎武《日知录》曰：“《诗》本‘肃’一字而引之二字者，长言之也。《诗》云：‘有洸有溃。’毛公传之曰：‘洸洸，武也；溃溃，怒也。’即其例也。”……

十二、以一字作两读例

古书遇重字，多省不书，但于本字下作二画识之，亦或并不作二画，但就本字重读之者。……《孟子·告子上》篇：“异于白马之白也。”按：上白字当重读。盖先折之曰“异于白”，乃曰“白马之白也，无以异于白人之白也”，则又申说其异之故也。如此则文义自明，亦不必疑其有阙文矣。

十三、倒文协韵例

……《庄子·山木》篇：“一上一下，以和为量。”按：此本作：“一下一上，以和为量。”“上”与“量”为韵。今作“一上一下”，失其韵矣。……“上下”、“东西”，人所恒言，后人口耳习熟，妄改古书，由不知古人倒文协韵之例耳。古书多韵语，故倒文协韵者甚多……后人不达此例而好以意改，往往失其韵矣。

十四、变文协韵例

古人之文，更有变文以协韵者。《诗·鄘风·柏舟》篇：“母也天只。不谅人只。”传曰：“天，谓父也。”正义曰：“先母后天者，取其韵句耳。”按：母则直曰母，而父则称之为天，此变文协韵之例也。……

卷二

十五、古人行文不嫌疏略例

《仪礼·聘礼》篇："上介出请入告。"郑注曰："于此言之者，宾弥尊，事弥录。"据注，知聘宾所至，上介皆有"出请入告"之事，而上文不言，是古人行文不嫌疏略也。必一一载之简册，则累牍而不能尽矣。乃古人不言，后人亦遂不知，即《仪礼》一经疏略之处，郑君亦有未能见及者，后人读书卤莽，更无论矣。……

十六、古人行文不避繁复例

古人行文，亦不避繁复者。《孟子·梁惠王》篇："故王之不王，非挟太山以超北海之类也；王之不王，是折枝之类也。"《离娄》篇："瞽瞍底豫而天下化，瞽瞍底豫而天下之为父子者定。"两"王之不王"，两"瞽瞍底豫"，若省其一，读之便索然矣。……

十七、语急例

古人语急，故有以"如"为"不如"者。……详见《日知录》三十二①……

十八、语缓例

古人语急，则二字可缩为一字；语缓，则一字可引为数字。襄三十一年《左传》："缮完葺墙以待宾客。"急言之，则止是"葺墙以待宾客"耳。乃以"葺"上更加"缮完"二字……此皆古人语缓，故不嫌辞费。

十九、一人之辞而加"曰"字例

凡问答之辞，必用"曰"字，纪载之恒例也。乃有一人之辞中加"曰"字自为问答者，此则变例也。《论语·阳货》篇："'怀其宝而迷其邦，可谓仁乎？'曰：'不可。''好从事而亟失时，可谓知乎？'曰：'不可。'"两"曰"字仍是阳货语，直至"孔子曰诺"，始为孔子语。……说本阎氏《四书释地》。按：记人于下文特著"孔子曰"，则上文两"曰不可"非孔子语明矣。前人皆未见及，阎氏此论，昭然发千古之蒙。……

二十、两人之辞而省"曰"字例

一人之辞自为问答，则用"曰"字；乃有两人问答，因语气相承，诵之易晓，而"曰"字从省不书者。如《论语·阳货》篇："子曰：'由也，女闻六言六蔽矣乎？'对曰：'未也。''居，吾语女！'""居，吾语女！"乃夫子之言，而即承"对曰未也"之

---

① 《公羊传·隐元年》："母欲立之，已杀之，如勿与而已矣。"注："'如'即'不如'，齐人语也。"按：此不必齐人语。《左传·僖二十二年》："宋子鱼曰：'若受重伤，则如勿伤。受其二毛，则如服焉。'"《成二年》："卫孙良夫曰：'若知不能，则如无出。'"《昭十三年》："蔡朝吴曰：'二三子若能死亡，则如违之，以待所济。若求安定，则如与之，以济所欲。'"《二十一年》："宋华多僚曰：'君若受司马，则如亡。'"《定五年》："楚于西曰：'不能如辞。'"《八年》："卫王孙贾曰：'然则如叛之。'"《汉书·翟义传》："义曰：'欲令都尉自送，则如勿收邪。'"《左传》正义曰："古人语然，犹'不敢'之言'敢'也。"古人多以语急而省其文者。《诗》："亦不夷怿。""怿"下省一"乎"字。《书》："弗慎厥德，虽悔可追。""可"上省一"不"字。"我生不有命在天。""不"上省一"岂"字。"在今尔安百姓，何择非人？何敬非刑？何度非及？""人"下"刑"下"及"下各省一"乎"字。《孟子》："虽褐宽博，吾不惴焉。""不"上省一"岂"字。《礼记》："幼壮孝弟，耆耋好礼，不从流俗，修身以俟死者，不在此位也。好学不倦，好礼不变，旄期称道不乱者，不在此位也。""幼"上"好"上各省一"非"字。《公羊传·隐公七年》："母弟称弟，母兄称兄。"注："母弟，同母弟。母兄，同母兄。不言同母，言母弟者，若谓'不如'言'如'矣，齐人语也。"（《日知录》卷三十二"语急"条）

下，无“子曰”字。“子曰：‘食夫稻，衣夫锦，于女安乎?’曰：‘安。’‘女安，则为之。’”“女安，则为之”，乃夫子之言，而即承“曰安”之下，无“子曰”字。……李氏惇作《群经识小》①，始辨正之。

二十一、**文具于前而略于后例**

《诗·大叔于田》篇：“叔善射忌，又良御忌。”其下云：“抑磬控忌，抑纵送忌。”则专承“良御”而言。“叔马慢忌，叔发罕忌。”其下云：“抑释掤忌，抑鬯弓忌。”则专承“叔发罕忌”而言。文具于前而略于后也。……夫诗人之词，限于字句，具前略后，固所宜也。乃有行文之体，初无限制，而前所罗陈，后从省略，乃知古人止取意足，辞不必备也……斯例也，孔子传《易》即已有之。《同人》象传：“同人之先，以中直也。”王氏引之曰：“同人之先，谓同人之先号咷而后笑也。先者，有后之辞也，言先而后见矣。……”今以王氏之说推之：《乾》九三：“君子终日乾乾，夕惕若，厉，无咎。”传则但曰“终日乾乾”……并文具于前而略于后者也。……

二十二、**文没于前而见于后例**

古人之文，又有没其文于前，而见其义于后者。《书·微子》篇：“我祖厎遂陈于上，我用沉酗于酒，用乱败厥德于下。”按：“厎遂陈于上”，盖以德言，纣所乱败者，即汤所厎遂而陈者也。“德”字见于后而没于前……

二十三、**蒙上文而省例**

古人之文，有蒙上文而省者。《尚书·禹贡》篇：“终南惇物。至于鸟鼠。”正义曰：“三山空举山名，不言治意，既蒙上既旅之文也。”是其例也。……

二十四、**探下文而省例**

夫两文相承，蒙上文而省，此行文之恒也。乃有逆探下文而预省上字，此则为例更变，而古书亦往往有之。《尧典》：“舜生三十征庸，三十在位，五十载。”因下句有“载”字，而上二句皆不言“载”。……

二十五、**举此见彼例**

孔子曰：“举一隅不以三隅反，则不复也。”② 是以古书之文，往往有举此以见彼者。《礼记·王制》篇：“大国之卿不过三命，下卿再命，小国之卿与下大夫一命。”郑注曰：“不著次国之卿者，以大国之下互明之。”正义曰：“以大国之卿不过三命，则知次国之卿不过再命；大国下卿再命，则知次国下卿一命，故云互明之。”……

顾氏炎武《日知录》曰：“以纣为弟，且以为君，而有微子启；以纣为兄之子，且以为君，而有王子比干。并言之则于文有所不便，故举此以该彼，此古人文章之善。且如郊社之礼，所以事上帝也，不言后土；地道无成，而代有终也，不言臣妻；先王居梼杌于四裔，不言浑敦、穷奇、饕餮。后之读书者不待子贡之明，亦当闻一以知二矣。”③

钱氏大昕《养新录》曰：“古人著书，举一可以反三，故文简而义无不该。姑即许氏《说文》言之：木，东方之行；金，西方之行；火，南方之行；水，北方之行；则土为中央之行可知也……皆举一以见例，非有遗漏也。”……

---

① 《群经识小》凡八卷，考诸经古义二百二十余事，多前人所未发。

② 见《论语·述而》。

③ 见《日知录》卷七“以纣为兄之子”条。

二十六、**因彼及此例**

古人之文，省者极省，繁者极繁，省则有举此见彼者矣，繁则有因此及彼者矣。《日知录》曰："古人之辞，宽缓不迫。得失，失也。《史记·刺客传》：'多人，不能无生得失。'利害，害也。《史记·吴王濞传》：'擅兵而别，多他利害。'缓急，急也。《史记·仓公传》：'缓急无可使者。'《游侠传》：'缓急，人之所时有也。'成败，败也。《后汉书·何进传》：'先帝尝与太后不快，几至成败。'同异，异也。《吴志·孙皓传》注：'荡异同如反掌。'《晋书·王彬传》：'江州当人强盛时，能立异同。'赢缩，缩也。《吴志·诸葛恪传》：'一朝赢缩，人情万端。'祸福，祸也。晋欧阳建《临终诗》：'潜图密已构，成此祸福端。'"① 按：此皆因此及彼之辞，古书往往有之。……

卷三

二十七、**古书传述亦有异同例**

古曰在昔，昔曰先民，盖古人之书，亦未必不更本于古也。然其传述或有异同，不必尽如原本。阎氏若璩《四书释地》曰："《论语》杞、宋并不足征，《中庸》易其文曰'有宋存'。《孔子世家》言：'伯鱼生伋，字子思，尝困于宋。子思作《中庸》。'《中庸》既作于宋，易其文殆为宋讳乎？且尔时杞既亡而宋独存，易之亦与事实合。"② 按：阎氏此论，可谓入微，蓄疑十年，为之冰释。……

二十八、**古人引书每有所增减例**

《日知录》曰："《书·泰誓》：'受有亿兆夷人，离心离德；予有乱臣十人，同心同德。'《左传》引之则曰：'《太誓》所谓商兆民离，周十人同者众也。'《淮南子》：'舜钓于河滨，期年而渔者争处湍濑，以曲隈深潭相与。'《尔雅注》引之则曰：'渔者不争隈。'此皆略其文而用其意也。"③ ……盖古人引书，原不必规规然求合也。……

二十九、**称谓例**

古人称谓，或与今人不同，有以父名子者④……有以夫名妻者⑤……并见《日知录》。……

三十、**寓名例**

《史记·万石君传》："长子建，次子甲，次子乙，次子庆。"甲乙非名也，失其名而假以名之也。《汉书·魏相传》："中谒者赵尧举春，李舜举夏，儿汤举秋，贡禹举冬。"

---

① 见《日知录》卷二十七"通鉴注"条。

② 阎若璩《四书释地》"有宋存"条。

③ 见《日知录》卷二十"引书用意"条。

④ 《日知录》卷二十三"以父名子"条：《左传·成十六年》："潘尫之党"，潘尫之子名党也。《襄二十三年》："申鲜虞之傅挚。"申鲜虞之子名傅挚也。按《仪礼·特牲馈食礼》"筮某之某为尸"，注曰："某之某者，字尸父而名尸也。"亦此类也。

⑤ 《日知录》卷二十三"以夫名妻"条：《左传·昭元年》："当武王邑姜，方震大叔。"《汉书·杜钦传》："皇太后女弟司也君力。"《南齐书》："周盘龙爱妾杜氏，上送金钗镊二十枚，手敕曰'饷周公阿杜。'"《孔丛子》："卫将军文子之内子死，复者曰，皋媚女复'。子思闻之，曰：'此女氏之字，非夫氏之名也。妇人于夫氏以姓氏称，礼也。'"

不应一时四人同以尧、舜、禹、汤为名，皆假以名之也。说详《日知录》①。

《庄》、《列》之书多寓名，读者以为悠谬之谈，不可为典要。不知古立言者自有此体也，虽《论语》亦有之……刘氏（炫）此论，最为通达，然非博览周、秦古书，通于圣贤著述之体，未有不河汉斯言者矣。

三十一、以大名冠小名例

……古人之文，则有举大名而合之于小名，使二字成文者。……

三十二、以大名代小名例

古人之文，有举大名代小名者，后人读之而不能解，每每失其义矣。……《春秋》之例，通都大邑得以名通，则不系以国，如楚丘不书卫，下阳不书虢是也。若小名不得以名通，则但书其国而不书其地，如盟于宋，会于曹，必有所在之地；而其地小，而名亦不著，书之史策，后世将不知其所在，故以国书之。此亦举大名代小名之例也。后儒说《春秋》谓不地者即于其都也，失之。

三十三、以小名代大名例

又有以小名代大名。《诗·采葛》篇："一日不见，如三秋兮。"三秋，即三岁也。岁有四时而独言秋，是举小名以代大名也。……

三十四、以双声叠韵代本字例

"集"与"就"双声，而《诗·小旻》篇："集"与"犹"、"咎"、"道"为韵，是即以"集"为"就"也。② ……此以双声叠韵代本字之例也。……

三十五、以读若字代本字

钱氏《潜研堂集》曰："汉人言读若者，皆文字假借之例，不特寓其音，并可通其字……是皆假其音，并假其义，非后世譬况为音可同日语也。"按：钱氏此论，前人所未发，颇足备治经之一说。……凡读若字，义本得通，故彼此可以假借也。

三十六、美恶同辞例

古者美恶不嫌同辞，如："退食自公，委蛇委蛇。"③ 诗人之所美也；而《左传》云："衡而委蛇必折。"则委蛇又为不美矣。……不知古人美恶不嫌同辞，学者当各依本文体

---

① 《日知录》卷二十三"假名甲乙"条：《史记·万石君传》："长子建，次子甲，次子乙，次子庆。"甲乙非名也，失其名而假以名之也。《韩安国传》"蒙狱吏田甲"，《张汤传》"汤之客田甲"，《汉书·高五王传》"齐宦者徐甲"，《严助传》"闽越王弟甲"，疑亦同此。《任安传》："某子甲何为不来乎？"《三国志》注："许攸呼魏太祖小字曰：'某甲，卿不得我，不得冀州也。'"《左传·文十四年》："齐公子元不顺懿公之为政也，终不曰'公'，曰'夫己氏'。"注："犹言某甲。"《汉书·魏相传》："中谒者赵尧举春，李舜举夏，儿汤举秋，贡禹举冬。"不应一时四人同以尧、舜、禹、汤为名，若有意撰而名之者。及读《急就章》，有云"祖尧、舜，乐禹汤"，乃悟若此类皆古人所假以名之也。或曰：高帝时实有赵尧，然非谒者。蜀汉费祎作《甲乙论》，设为二人之辞。晋人文字每多祖此，虚设甲乙。中书令张华造甲乙之问云："甲娶乙为妻。后又娶丙。"博士弟子徐叔中《服议》，以母为甲，先夫为乙，后夫为丙，先子为丁，继子为戊。梁范缜《神灭论》有张甲、王乙、李丙、赵丁。而《关尹子》云："甲言利，乙言害，丙言或利或害，丁言俱利俱害。"《关尹子》亦魏、晋间人所造之书也。先秦以上即有以甲、乙为彼此之辞者，《韩非子》："罪生甲，祸归乙，伏怨乃结。"

② 《小旻》第三章云："我龟既厌。不我告犹。谋夫孔多。是用不集。发言盈庭。谁敢执其咎。如匪行迈谋。是用不得于道。"

③ 见《毛诗·国风·羔羊》。

会，未可徒泥其辞也。……

三十七、高下相形例

昭十三年《左传》："子产、子大叔相郑伯以会。子产以幄幕九张行，子大叔以四十，既而悔之，每舍损焉。及会亦如之。……癸酉退朝，子产命外仆速张于除，子大叔止之，使待明白。及夕，子产闻其未张也，使速往，乃无所张矣。"注云："传言子产每事敏于大叔。"按：子产与子大叔，皆郑国贤大夫，使者欲言子产之敏，乃极言子大叔之不敏，此高下相形之例也。……

三十八、叙论并行例

僖三十三年《左传》："秦伯素服郊次，乡师而哭曰：'孤违蹇叔，以辱二三子，孤之罪也。'不替孟明，'孤之过也，大夫何罪？且吾不以一眚掩大德。'"……盖古人自有叙、论并行之例，前后皆穆公语，中间著此"不替孟明"四字，并未间以他人之言……

三十九、实字活用例

宣六年《公羊传》："勇士入其大门，则无人门焉者。"上"门"字实字也，下"门"字则为守是门者也。……

卷四

四十、语词叠用例

……《尚书·多方》篇："尔曷不忱裕之于尔多方？尔曷不夹介乂我周王享天之命？今尔尚宅尔宅，畋尔田，尔曷不惠王熙天之命？尔乃迪屡不静，尔心未爱，尔乃不大宅天命，尔乃屑播天命，尔乃自作不典，图忱于正。"十一句中叠用三"尔曷不"字，皆叠用语词以成文者也。……

四十一、语词复用例

古人用助语词，有两字同义而复用者。《左传》："一熏一莸，十年尚犹有臭。"尚，即犹也。《礼记》："人喜则斯陶。"则，即斯也。此顾氏炎武说。① ……

四十二、句中用虚字例

虚字乃语助之词，或用于句中，或用于句首，本无一定，乃有句中用虚字而实为变例者。如"螽斯羽"，言螽羽也……辨见王氏《经传释词》②。……

四十三、上下文变换虚字例

古书有叠句成文而虚字不同者。《尚书·洪范》篇："水曰润下，火曰炎上，木曰曲直，金曰从革，土爰稼穑。"上四句用"曰"字，下一句用"爰"字。爰，即曰也。……

四十四、反言省"乎"字例

"嚚讼，可乎？""乎"字已见于《尧典》，是古书未尝不用"乎"字。然"乎"字语之余也，读者可以自得之。古文简质，往往有省"乎"字者。……

四十五、助语用"不"字例

---

① 《日知录》卷二十四"重言"条：古经亦有重言之者。《书》："自朝至于日中昃，不遑暇食。""遑"即"暇"也。《诗》："无已太康"。"已"即"太"也。"既安且宁"。"安"即"宁"也。"既庶且多。""庶"即"多"也。《左传》："一熏一莸，十年尚犹有臭。""尚"即"犹"也。……《礼记》："人喜则斯陶。""则"即"斯"也。

② 《经传释词》十卷，清王引之撰。此书专释语词虚字。

不者，弗也。自古及今，斯言未变，初无疑义。乃古人有用“不”字作语词者，不善读之，则以正言为反言，而于作者之旨大谬矣。斯例也，诗人之词尤多。……

四十六、“也”、“邪”通用例

《论语》：“君子人与？君子人也。”朱注曰：“与，疑词；也，决词。”乃古人之文则有以“也”字为疑词者。……使不达此例，则以疑词为决词，而于古人之意大谬矣。……其已见于王氏《经传释词》者不及焉。……

四十七、“虽”、“唯”通用例

《说文》：“虽从唯声，凡声同之字，古得通用。”然“虽”之与“唯”，语气有别，不达古书通用之例，而以后世文理读之，则往往失其解矣。……

四十八、句尾用故字例

凡经传用“故”字，多在句首，乃亦有在句尾者。《礼记·礼运》篇：“则是无故，先王能修礼以达义，体信以达顺故。”此“故”字用在句尾者也。……

四十九、句首用焉字例

凡经传用“焉”字，多在句尾，乃亦有在句首者。《礼记·乡饮酒义》：“焉知其能和乐而不流也。”“焉知其能弟长而无遗矣。”“焉知其能安燕而不乱也。”刘台拱曰：“三焉字皆当下属。焉，语词，犹于是也。”按王氏《释词》，“焉”字作“于是”解者数十事，文繁不具录……

五十、古书发端之词例

凡发端之词，如《书》之用“曰”字，皆是也。乃有发端之词与今绝异者，略举数事以见例。“乃”者，承上之词也，而古人或用以发端，《尧典》“乃命羲和”者是也。……“故”者，承上之词也，而古人亦或用以发端……“若夫”者，转语之词也，而古人或用以发端……

五十一、古书连及之词例

凡连及之词，或用“与”字，或用“及”字，此常语也。乃有其语稍别，后人遂失其解者，略举数事以见例。……《多方》篇：“不克敬于和。”言不克敬与和也。说本孔氏广森《卮言》、王氏引之《释词》……

卷五

五十二、两字义同而衍例

古书有两字义同而衍者。盖古书未有笺注，学者守其师说，口相传授，遂以训诂之字误入正文。……

五十三、两字形似而衍例

凡两字义同者往往致衍，已见前矣。两字形似者，亦往往致衍。……

五十四、涉上下文而衍例

古书有涉上下而误衍者。《既济》彖辞：“亨小利贞。”“小”字衍文，涉下文《未济》“亨小狐汔济”而误衍也。① ……

五十五、涉注文而衍例

---

① 今按：“小”字并非衍文，此处解释不妥，详参拙文《未济“亨小狐汔济”句读》（《古汉语研究》1997年第3期）。

古书有涉注文而误衍者。……

五十六、**涉注文而误例**

《考工记·梓人》："强饮强食，诒女曾孙诸侯百福。"注曰："曾孙诸侯，谓女后世为诸侯者。"按：正文"诸侯"当作"侯氏"，此以"诒女曾孙侯氏百福"八字为句。……正文"侯氏"涉注文而误作"诸侯"……

五十七、**以注说改正文例**

……《周易·坤》初六："履霜。"《释文》曰："郑读履为礼。"按：履霜之义，明白无疑，郑读为礼，义不可通。疑郑氏所据本作"礼霜"，郑注则曰"礼读为履"，破假字而读以本字也。后人用注说解经，又以既改之经文改注，而陆氏承其误矣。……

五十八、**以旁记字入正文例**

王氏念孙曰："书传多有旁记之字误入正文者……"

五十九、**因误衍而误删例**

凡有衍字，宜从删削，乃有删削不当，反失其本真者。《周易·升》象传："君子以顺德，积小以高大。"《释文》曰："以高大，本或作以成高大。"按：此本作"积小以大"，《正义》所谓"积小善以成大名"也。后误衍"高"字而作"积小以高大"，则累于辞矣。校者不知"高"字之衍而误删"成"字，此删削不当而失其本真者也。……

六十、**因误衍而误倒例**

校古书者卤莽灭裂，有遇衍字不加删削，而以意移易使成文理者。……

六十一、**因误夺而误补例**

凡有误字，则当校补，乃有校补不当，以至补非其字者。《大戴记·曾子立事》篇："多知而无亲，博学而无方，好多而无定者，君子弗与也。"按：下文云："君子多知而择焉，博学而算焉，多言而慎焉。"据此，则本文"好多"二字亦当作"多言"，校者因夺"言"字而误补"好"字，此校补之不当者也……

六十二、**因误字而误改例**

凡有误字，则宜改正，乃有改之不得其字而益成误者。……

六十三、**一字而误为二字例**

古书有一字而误为二字者。《礼记·祭义》篇："见间以侠甒。"郑氏曰："'见间'当为'覸'。"《史记·蔡泽传》："吾持梁刺齿肥。"《索隐》曰："'刺齿肥'当为'啮肥'。"《孟子·公孙丑》篇："必有事焉而勿正心。"《日知录》载倪文节之语，谓当作"必有事焉而勿忘。"① ……

六十四、**二字而误为一字例**

古书亦有二字误合为一字者。……

---

① 《日知录》卷七"必有事焉而勿正心"条：倪文节谓当作"必有事焉而勿忘。"勿忘，勿助长也。传写之误，以"忘"字作"正心"二字。言养浩然之气，必当有事而勿忘；既已勿忘，又当勿助长也。叠二"勿忘"，作文法也。按《书·无逸》篇曰："自时厥后立王，生则逸，生则逸，不知稼穑之艰难。"亦是叠一句，而文愈有致。今人发言亦多有重说一句者。《礼记·祭义》"见间以侠甒。"郑氏曰："见间当为覸。"《史记·蔡泽传》："吾持梁刺齿肥。"索隐曰："刺齿肥，当为啮肥。"《论语》："五十以学《易》。"朱子以为"五十"当作"卒"。此皆古书一字误为二字之证。

六十五、**重文作二画而致误例**

古人遇重文，止于字下加=画以识之，传写乃有致误者。如《诗·硕鼠》：“逝将去女，适彼乐土。乐土乐土，爰得我所。”《韩诗外传》两引此文，并作：“逝将去女，适彼乐土。适彼乐土，爰得我所。”……此当以《韩诗》为正。……

六十六、**重文不省而致误例**

亦有重文不作=画，实书其字而致误者。……此皆重文不省，而转以致误者。

六十七、**阙文作空围而致误例**

校书遇有缺字，不敢臆补，乃作□以识之，亦阙疑之意也。乃传写有因此致误者。《大戴记·武王践阼》篇：“机之铭曰：‘皇皇惟敬，口生㖃①，口戕口②。’”……

六十八、**本无阙文而误加空围例**

亦有本无阙文而误加空围者。《周书·寤儆》篇：“欲与无□则，欲攻无庸，以王不足。”按：此三句本无阙文，“欲与无则，欲攻无庸，以王不足。”皆四字为句……

卷六

六十九、**上下两句互误例**

古书有上下两句平列，而传写互误其字者。《诗·江汉》篇：“江汉浮浮，武夫滔滔。”王氏引之曰：“当作‘江汉滔滔，武夫浮浮’。”……说见《经义述闻》。……

七十、**上下两句易置例**

古书凡三四句平列者，其先后本无深义，传写或从而易置之。……以上并见翟氏灏《论语考异》。……

七十一、**字以两句相连而误叠例**

……《爵位章》：“是故爵位正而民不怨，民不怨则不乱，然后义可理，理不正则不可以治。”末句本作“不正则不可以治”，涉上句而误叠“理”字。凡此皆两句相连而误叠者也。

七十二、**字以两句相连而误脱例**

……《周易·涣》上九：“涣其血，去逖出，无咎。”传曰：“涣其血，远害也。”则当于“血”字绝句。然“去逖出”三字殊不成义。疑本作“血去逖出无咎。”因两“血”字相连而误脱其一也。《小畜》六四曰：“血去逖出无咎。”正与此爻文义相近。……

卷七

七十三、**字句错乱例**

古书传写或至错乱，学者宜寻绎其前后文理，悉心考正。……

七十四、**简策错乱例**

凡字句错乱者，寻其文理，移易其一二字，即怡然理顺矣。若乃简策错乱，文义隔绝，有误之数十字者，则有合其前后，悉心参校，不易见也。……

卷七

---

① 㖃，耻也，言为君子荣辱之主，可不慎乎！

② 口戕口：言口能害口也。机者，人君出令所依，故以言语为戒也。今按：《柳南随笔》载周亮工、钱陆灿之说，皆以为三口字皆为缺文符号，即古方圈。而孙志祖《读书脞录》卷七据《大戴礼记》卢辩注断定，古本正作口字，非阙文方圈。

七十五、不识古字而误改例

学者少见多怪，遇有古字而不能识，以形似之字改之，往往失其本真矣。……

七十六、不达古语而误解例

古人之语，传之至今，往往不能通晓，于是失其解者，十而八九。……

七十七、两字一义而误解例

《诗·天保》："俾尔单厚。"传曰："单，信也。或曰，单，厚也。"笺云："单，尽也。"按：传、笺三说，当以训"厚"为正。"俾尔单厚"，单、厚一义，犹下文"俾尔多益"，多、益亦一义也。古书中两字一义者，往往有之。……

七十八、两字对文而误解例

凡大小、长短、是非、美恶之类，两字对文，人所易晓也；然亦有其义稍晦，致失其解者。如《尚书·洪范》篇："木曰曲直，金曰从革。""曲直"对文，"从革"亦对文。《汉书·外戚传》注曰："从，因也，由也。"盖从之义为由，故亦为因。从革，即因革也。金之性可因可革，谓之从革，犹木之性可曲可直，谓之曲直也。……

七十九、文随义变而加偏旁例

……《诗·载芟》："有飶其香。"传曰："飶，芬香也。"《释文》曰："字又作苾。"按：苾，本字；飶，俗字也。后人因其言酒醴，变而从食。……然则下文"有椒其馨"，椒字何又不从食乎？经典之字，若斯者众，山名从山，水名从水，鸟兽草木，无不如是，而字一孳乳浸多矣。

八十、字因上下相涉而加偏旁例

字有本无偏旁，因与上下字相涉而误加者。如《诗·关雎》篇："展转反侧。""展"字涉下"转"字而加车旁……

八十一、两字平列而误倒例

平列之字，本无顺倒，虽有错误，文义无伤；然亦有不可不正者。《礼记·月令》篇："制有小大，度有长短。"按："长短"当依《吕氏春秋·仲秋纪》作"短长"，今作"长短"，则与韵不协矣。① ……

八十二、两文误复而误删例

《周书·鄷保》篇："不深乃权不重。"按：此当作"不深不重，乃权不重。"盖承上文"深念之哉，重维之哉"而言。谓不深念之，不重维之，则其权不重也。……

八十三、据他书而误改例

《礼记·坊记》篇引《诗》："横从其亩。"按：《毛诗》作"衡从其亩"。……后人据《毛诗》以改《礼记》，而注义晦矣。……

八十四、据他书误解例

《诗·郑风·羔裘》篇："三英粲兮。"传曰："三英，三德也。"笺云："三德，刚克、柔克、正直也。"按：三德，即具本《诗》。首章"洵直且侯"一句有二德，次章"孔武有力"一句为一德。直也，侯也，武也，所谓三德也。郑以《洪范》说此诗，恐未必然。盖一经自有一经之旨，牵合他书为说，往往失之。……说详王氏《经义述闻》。

---

① 《礼记·月令》篇："乃命司服，具饬衣裳。文绣有恒，制有小大，度有短长。衣服有量。必循其故，冠带有常。"

八十五、**分章错误例**

……《老子》五十七章："以正治国，以奇用兵，以无事取天下。吾何以知其然？以此。"按：此数句当属上章。如二十二章曰："吾何以知众甫之然哉？以此。"五十四章："吾何以知天下之然哉？以此。"并用"以此"二字为章末结句是也。下文"天下多忌讳而民常贫"，乃别为一章。今本误。

八十六、**分篇错误例**

《吕氏春秋·贵信》篇："管子可谓能因物矣。以辱为荣，以穷为通，虽失乎前，可谓后得之矣。物固不可全也。"按：《贵信》篇止于"可谓后得之矣"……"物固不可全也"，乃下《举难》篇之起句。故其下云："由此观之，物岂可全哉？"正与起句相应也。今本误。……

八十七、**误读夫字例**

"夫"字古或用作咏叹之辞，人所尽晓，乃亦有误属下读者。《论语·子罕》篇："未之思也，夫何远之有？"此当于"夫"字绝句，今误连"何远之有"读之。……

八十八、**误增不字例**

古书简奥，文义难明，后人不晓，率臆增益，致失其真，比比皆是；乃有妄增"不"字，致与古人意旨大相剌谬者。《管子·（法）［兵］法》篇："尽而不意，故能疑神。"疑神犹言如神。《形势》篇曰："无广者疑神。"是其证也。后人不晓疑神之语，改作"故不能疑神"，失其旨矣。……

【比较】《古书疑例》原文条例（其中有+者表示二者相同，无者表示不同）：

1. 古书有倒句例。+
2. 有倒序例。+
3. 有错综成文例。+
4. 有参互见义例。+
5. 有上下文异字同义例。+
6. 有上下文同字异义例。+
7. 有两事连类并称例。+
8. 有两事传疑并存例。+
9. 有两语似平实侧例。+
10. 有两句似异实同例。+
11. 有以重言释一言例。+
12. 有以一字作两读例。+
13. 有语急例。+
14. 有语缓例。+
15. 有倒文就韵例。+
16. 有变文协韵例。+
17. 有蒙上文而省例。+
18. 有探下文而省例。+
19. 有因彼见此例。+
20. 有因此见彼例。+

21. 有一人之辞自加“曰”字例。+
22. 有两人之辞反省“曰”字例。+
23. 有文具于前而略于后例。+
24. 有文没于前而见于后例。+
25. 古人行文不避重复，不可以重复而疑古书。+
26. 传述每有异同，不可以其异同而疑古人。+
27. 引书每有所增损，不可以其增损而疑古人。+
28. 称谓与今人不同，不可据今以疑古。+
29. 古书称名常有寄寓，不可以假而疑真。+
30. 古有以双声叠韵代本字，不可以其代而妄改。+
31. 古有以读若字代本字，不可以其代而疑歧。+
32. 古有以大名冠小名，+
33. 复有以小名代大名，不可以执一论也。+
34. 古有美恶而同词，+
35. 又有以高下而相形，+
36. 复有以反言而见意，不可以偏见拘也。
37. 若乃有以叙论并行者，皆以为叙则失矣。+
38. 有以实字活用者，皆以为实则失矣。+
39. 有以语词叠用者，误易焉则失矣。+
40. 有以语词复用者，误改焉则失矣。+
41. 有于句中用虚字者，倒易之则失矣。+
42. 有于上下文变换虚字者，妄疑为误则失矣。+
43. 有反言而省“乎”，增之则失。+
44. 有助语则用“不”字，删之则失。
45. 古书“邪”、“也”通用，+
46. “虽”、“唯”通用，分之则失。+
47. 古书发端之词不同。+
48. 连及之词不同，泥之则失。+
49. 又有衍之一例——有因两字义同而衍，+
50. 有因两字形同而衍。+
51. 有涉上下文而衍。+
52. 有涉注文而衍。+
53. 有衍即有误——有因误衍而误删者。+
54. 有因误衍而误倒者。+
55. 有因误衍而误改者。
56. 有因误衍而误读者，此因衍而误者也。
57. 又有一字而误为两字者。+
58. 有重文作二画而致误者。+
59. 有重文不省而致误者。+

60. 有因注文而误者。+
61. 有因阙文而误者。
62. 有因阙文作空围而误者。+
63. 有本无阙文而误加空围者。+
64. 有上下两句而误倒者。
65. 有上下两字而互误者。
66. 有两字平列而误易者。
67. 有两句相因而误倒者。
68. 有字以两句相连而误叠者。+
69. 有文以两句相连而误脱者。+
70. 有因误夺而误补者。+
71. 有因误字而误改者。+
72. 有因误补而误删者。
73. 有因误删而误增者。
74. 有不识古字而误改者。+
75. 有不达古义而误解者。+
76. 有两字一义而两解者。+
77. 有两字对文而误解者。+
78. 有两字平列而误倒者。+
79. 有两文误复而误删者。+
80. 有据他书误改者。+
81. 有据他书误解者。+
82. 有分章错误者。+
83. 有分篇错误者。+

【附录】

王念孙《读书杂志》卷十五《淮南内篇第二十二》（选录）：

……凡所订正共九百余条，推其致误之由，则传写讹脱者半，凭意妄改者亦半也。

1. 有因字不习见而误者……
2. 有因假借之字而误者……
3. 有因古字而误者……
4. 有因隶书而误者……
5. 有因草书而误者……
6. 有因俗书而误者……
7. 有两字误为一字者……
8. 有误字与本字并存者……
9. 有校书者旁记之字而阑入正文者……
10. 有衍至数字者……
11. 有脱数字至十数字者……
12. 有误而兼脱者……

13. 有正文误入注者……
14. 有注文误入正文者……
15. 有错简者……
16. 有因误而致误者……
17. 有不审文义而妄改者……
18. 有因字不习见而妄改者……
19. 有不识假借之字而妄改者……
20. 有不审文义而妄加者……
21. 有不识假借之字而妄加者……
22. 有妄加字而失其句读者……
23. 有妄加数字至二十余字者……
24. 有不审文义而妄删者……
25. 有不识假借之字而妄删者……
26. 有不识假借之字而颠倒其文者……
27. 有失其句读而妄移注文者……
28. 有既误而又妄改者……
29. 有因误字而又误改者……
30. 有既误而又妄加者……
31. 有既误而又妄删者……
32. 有既脱而又妄加者……
33. 有既脱而又妄删者……
34. 有既衍而又妄加者……
35. 有既衍而又妄删者……
36. 有既误而又改注文者……
37. 有既误而又增注文者……
38. 有既误而又移注文者……
39. 有既改而又改注文者……
40. 有既改而复增注文者……
41. 有既改而复删注文者……
42. 有既脱且误而又妄增者……
43. 有既脱且误而又改注文者……
44. 有既误且衍而又妄加注释者……
45. 有因字误而失其韵者……
46. 有因字脱而失其韵者……
47. 有因字倒而失其韵者……
48. 有因句倒而失其韵者……
49. 有句倒而又移注文者……
50. 有错简而失其韵者……
51. 有改字而失其韵者……

52. 有改字以合韵而实非韵者……
53. 有改字以合韵而反失其韵者……
54. 有改字而失其韵又改注文者……
55. 有改字而失其韵又删注文者……
56. 有加字而失其韵者……
57. 有句读误而又加字以失其韵者……
58. 有既误且脱而又失其韵者……
59. 有既误且倒而又失其韵者……
60. 有既误且改而又失其韵者……
61. 有既误而又加字以失其韵者……
62. 有既脱而又加字以失其韵者……

【附录】

《经义述闻》卷三十二《通说下》（目录）：

1. 经文假借①
2. 语词误解以实义
3. 经义不同不可强为之说
4. 经传平列二字上下同义
5. 经文数句平列上下不当歧异
6. 经传上下两义不可合解
7. 衍文
8. 形讹
9. 改注疏释文
10. 上文因下而省
11. 增字解经②
12. 后人改注疏释文③

【本篇结论】

《古书疑例》篇大致抄自《古书疑义举例》。二者同者73例，异者10例。某君曾经以为《古书疑义举例》抄自《古书疑例》，显然误判。

《古书疑义举例》所举之例大多来自清儒，尤以王氏父子为多。归纳古书通例，这是清代考据学家的特长。章太炎《訄书·清儒》称："近世德清俞樾、瑞安孙诒让皆承念孙之学。樾为《古书疑义举例》，辨古人称名抵牾者各从条列，使人无所疑眩。"其后学人皆高度重视此作。然缪荃孙谓"《古书疑义举例》则小变《经传释词》之例而推衍之"，二书性质不类，可谓拟之不伦矣。

---

① 此节已被《经解入门》抄袭，改题为《说经必先明假借》。
② 今按：此节已抄，改题为《不可增字解经》。
③ 今按：此节已抄，改题为《不可妄改经文》。

《古经佚文》抄自《经义考》

【原文】 见上编。

【辨伪】 此篇抄自朱彝尊《经义考》卷二百六十：

逸经上

《易》

遗句

……天出善道，圣人得之（文在“天垂象，见吉凶，圣人则之”之下）。

右陆贾《新语》。

地可观者，莫可观于木。

右许慎《说文》。

小人处盛位，虽高必崩，不盈其道，不恒其德，而能以善终身，未之有也。是以初登于天，后入于地。

右桓宽《盐铁论》。

“坎为水”至“为坚多心”，下有“为宫、为律、为可、为栋、为丛棘、为狐、为蒺藜、为桎梏”（一十九字）。

朱震曰：“水可动而动，可止而止，故为可。”项安世曰：“宫与穴同象，皆外围土，而内居人陷也，隐伏也，阳在中也。五声之宫，亦阳在中也。律者，法也，水能平准，故为法。棟字疑当为栋，栋在屋中，有阳之象焉。《大过》肖坎，故为栋逸象，多出于繇辞之文，恐取于《大过》也。”

《书》

逸篇

《汩作九共稿饫序》曰：帝厘下土，方设居，方别生，分类作《汩作》、《九共》、《九篇稿饫》。……右百篇之序。《伯禽之命》。[祝佗曰：“昔武王克商，成王定之，分鲁公以大路大旂，夏后氏之璜封父之繁弱，因商奄之民命，以伯禽而封于少皞之虚。”]《掩诰》。[王应麟曰：“《大传》篇目有《九共》、《帝告》、《嘉禾》、《掩诰》之类。”右伏胜《尚书大传》]。

【朱彝尊《经义考》卷二百六十一】

逸经中

《诗》

逸篇

……狸首

《周官·乐师》："凡射，诸侯以《狸首》为节。"

《仪礼·大射仪》："乐正命太师曰：'奏《狸首》，间若一。'太师不兴，许诺，乐正反位，奏《狸首》以射，三耦。"

《乐记》："左射《狸首》，右射《驺虞》。"

《射义》："《狸首》者，乐会时也，诸侯以时会天子为节。"

刘敞曰："《射义》，诸侯以《狸首》为节。郑氏以《射义》所引'曾孙侯氏'为《狸首》之诗，非也。《驺虞》、《采苹》、《采蘩》皆在二南，则《狸首》者亦必其俦矣。疑原壤所歌'狸首之斑然，执女手之卷然'即是其章首。或曰：'狸首'，'鹊巢'也，篆文'狸'似鹊，'首'似'巢'，《鹊巢》之诗'御之'、'将之'、'成之'，此亦时会之道。"

林光朝曰："《狸首》，风也。"

《六经奥论》曰："《驺虞》、《狸首》、《采蘩》、《采苹》，古之乐节也，日用之间不可阙也。今《狸首》亡，逸诗自逸，非夫子逸之也。"

熊朋来曰："《狸首》之诗，古人以为射节，在《驺虞》之下，《采苹》、《采蘩》之上，想见孔子删《诗》之时其诗已逸，不然，则此诗未必见删于圣人也。首章必有'狸首'二字，故以名其诗。《小戴·射义》所记，《大戴·投壶》篇所记，必第二、第三章也，不幸逸于诗家，幸而略传于礼家，《小戴》得其一，而《大戴》尤详。"

今考定《狸首》。"惟若宁侯，毋或若女不宁侯，不属于王所，故抗而射女。强饮强食，诒女曾孙诸侯百福。……"

采荠

《周官·乐师》："教乐仪，行以《肆夏》，趋以《采荠》。"

郑康成曰："《肆夏》、《采荠》皆逸诗。"

吕叔玉曰："《肆夏》，《时迈》也。"

熊朋来曰："《大戴礼》：'行以《采茨》，趋以《肆夏》。'又曰：'步中《采茨》，趋中《肆夏》。'惟《玉藻》及《周礼》皆误作'趋以《采荠》，行以《肆夏》'。孔疏不能引《大戴》改正，后儒反以《周礼·玉藻》为据，不知其文误，当改也。《采茨》乃堂上之歌诗，宜接武而行，《肆夏》乃堂下之金奏，宜布武而趋。如今之注疏于理舛矣，学者当依《大戴礼》改正'趋'、'行'二字。"

……

畜君何尤

赵岐曰："乐诗也。"

右《孟子》。

遗句

"雨无其极，伤我稼穑。"《雨无正》之首。

刘焘曰："《韩诗》有《雨无极》篇，序云：'雨无极，正大夫刺幽王也。'"

"鞂任朱离。"《鼓钟》之三，在"以雅以南"句下。

右《韩诗》、《齐诗》。

"素以为绚兮。"

朱子曰："若以为《硕人》诗，此一句最有理，亦不应删去。"

《唐棣之华》："偏其反而，岂不尔思，室是远而。"

右《论语》。

【朱彝尊《经义考》卷二百六十二】

逸经下

《礼》

逸篇

……

《孝经》

逸篇

子曰："闺门之内，具礼矣乎？严父严兄，妻子臣妾，犹百姓徒役也。"

熊禾曰："开元敕议，意非不美，而司马贞浅学陋识，并以《闺门》一章去之，卒启明皇无礼无度之祸。"

右长孙氏说。

《孟子》

逸篇

《性善》、《辨文》、《说孝经》、《为正》。

王充曰："孟子作《性善》之篇，以为人性皆善，及其不善，物乱之也。"

赵岐曰："《孟子外书》四篇，其文不能弘深，不与内篇相似，非孟子本真，后世依仿而托之者也。"

遗句

……孟子曰："诸侯有王。"右《周官·大行人注》。……

《尔雅》

遗句

瑟，二十七弦者曰洒。大琴曰离，二十弦。磬形似犁，以玉为之，大曰馨。笙，十九簧者曰巢。篪，大者尺四寸围三寸，曰沂。埙，大者曰嘂。大钟曰镛，中者曰剽，小者曰栈。悬钟磬者曰笋虡，横曰笋，纵曰虡。箫，编二十三管尺四寸者曰言，十六管长尺二寸者茭。管，长尺围寸，并漆之，有底，大者曰簥，中者曰篞，小者曰篎。籥，如笛，三孔而短小；七孔，大者曰产，中者曰仲，小者曰箹。

右沈约《宋书·乐志》所引，比今文详略不同。

【本篇结论】

《古经佚文》篇例证全部节抄自《经义考》。但其首尾两端查无出处，疑为作伪者敷衍成文。

《历代经学兴废》抄自《国朝汉学师承记自序》

【原文】 见上编。

【辨伪】 此篇抄自江藩《国朝汉学师承记·自序》①：

先王经国之制，井田与学校相维，里有序，乡有庠。八岁入小学，学六甲、五方、书计之事，始知室家长幼之节。十五入大学，学先圣礼乐，而知朝廷君臣之礼。所以耕夫余子，亦得秉耒横经，渐《诗》、《书》之化，被教养之泽。济济乎，洋洋乎，三代之隆轨也！

秦并天下，燔诗书，杀术士，圣人之道坠矣。然士隐山泽岩壁之间者，抱遗经，传口说，不绝于世。汉兴，乃出。言《易》，淄川田生；言《书》，济南伏生；言《诗》，于鲁则申公培，于齐则辕固生，于燕则韩太傅；言《礼》，鲁高堂生；言《春秋》，于齐则胡毋生，于赵则董仲舒。自兹以后，专门之学兴，命氏②之儒起。六经五典，各信师承，嗣守章句，期乎勿失。西都儒士，开横舍，延学徒，诵先王之书，被儒者之服，彬彬然有洙泗之风焉。

爰及东京，硕学大儒，贾、服之外，咸推高密郑君，生炎汉之季，守孔子之学，训义优洽，博综群经，故老以为前修，后生未之敢异。晋王肃自谓辨理依经，逞其私说，伪作《家语》，妄撰《圣证》，以外戚之尊，盛行晋代。王弼宗老、庄而注《周易》，杜预废贾、服而释《春秋》，梅赜上伪《书》，费甝为义疏。于是宋、齐以降，师承陵替，江左儒门，参差互出矣。

然河、洛尚知服古，不改旧章，《左传》则服子慎，《尚书》、《周易》则郑康成，《诗》则并主于毛公，《礼》则同遵于郑氏。若辅嗣之《易》，惟河南、青、齐间有讲习之者，而王肃《易》亦间行焉。元凯之《左氏》但行齐地，伪孔传惟刘光伯、刘士元信

---

① 江藩：《国朝汉学师承记》，中华书局 1983 年，第 3~6 页。

② 命氏：命世，著名于当世。《续修四库全书》第 179 册第 256 页某氏批注："氏，当作世字。""命氏之学"，仅见于《南齐书》，《经解入门》改为"教授之学"。

为古文，皆不为当时所尚。《隋书》云：“南人约简，得其英华；北学深芜，穷其枝叶。”岂知言者哉！

唐太宗挺生于干戈之世，创业于戎马之中，虽左右橐鞬，栉风沐雨，然锐情经术，延揽名流，即位后雠正“五经”，颁示天下，命诸儒萃章句，为义疏。惜乎孔冲远、朱子奢之徒妄出己见，去取失当，《易》用辅嗣而废康成，《书》去马、郑而信伪孔，《穀梁》退麋氏而进范宁，《论语》则专主平叔，弃尊彝而宝康瓠，舍珠玉而收瓦砾，不亦傎哉！

宋初承唐之弊，而邪说诡言，乱经非圣，殆有甚焉。如欧阳修之《诗》、孙明复之《春秋》、王安石之《新义》是已。至于濂、洛、关、闽之学，不究礼乐之源，独标性命之旨，义疏诸书，束置高阁，视如糟粕，弃等弁髦，盖率履则有余，考镜则不足也。

元、明之际，以制义取士，古学几绝。而有明三百年，四方秀艾，困于帖括，以讲章为经学，以类书为博闻，长夜悠悠，视天梦梦，可悲也夫！在当时岂无明达之人、志识之士哉？然皆滞于所习，以求富贵。此所以儒者罕通人，学多鄙俗也。

我世祖章皇帝，握贞符，膺图箓，拨乱反正，伐罪吊民，武德定四海，文治垂千古。顺治十三年，敕大学士傅以渐撰《易经通注》，以《永乐大全》繁冗芜陋，刊其舛讹，补其阙漏，勒为是书，颁之学官。圣祖仁皇帝嗣位，削平遗孽，亲征西番，戡定三藩，永清六合，然万机之暇，栖神坟典，悦志艺文，阐五音六律之微，稽八线九章之术。天亶睿知，典学宏深，伊古以来所未有也。康熙十九年，敕大学士库勒纳等编《日讲四书解义》、《日讲书经解义》。二十二年，敕大学士牛钮等编《日讲易经解义》。三十八年，奉敕撰《春秋传说汇纂》。五十四年，又敕大学士李光地等撰《周易折中》。六十年，又敕大学士王顼龄等撰《书经传说汇纂》，又敕户部尚书王鸿绪等撰《诗经传说汇纂》。凡御纂群经，皆兼汉、宋先儒之说，参考异同，务求至当，远绍千载之薪传，为万世不刊之巨典焉。世宗宪皇帝际升平之世，未明求治，乙夜观书，虽夙通三乘，然雅重“七经”。即位之后，即刊行圣祖《钦定诗经传说汇纂》、《书经传说汇纂》，皆御制序文，弁于卷首。又编定《圣祖日讲春秋解义》。雍正五年，御纂《孝经集注》，折衷群言，勒为大训，推武、周达孝之源，究天地明察之理，故能心契孔、曾，权衡醇驳也。至高宗纯皇帝御极六十年，久道化成，不疾而速，不行而至，武功则耆定十全，文德则旁敷四海，富既与地乎侔资，贵乃与天乎比崇，盛德日新，多文日富。乾隆元年，诏儒臣排纂圣祖《日讲礼记解义》。十三年，钦定《周官义疏》、《仪礼义疏》、《礼记义疏》。二十年，大学士傅恒等奉敕撰《周易述义》、《诗义折中》。三十年，大学士傅恒等奉敕撰《春秋直解》，于《易》则不涉虚渺之说与术数之学，观象则取互体以发明古义。于《诗》则依据毛、郑，溯孔门授受之渊源，事必有征，义必有本，臆说武断，概不取焉。于《礼》则以康成为宗，探孔、贾之精微，综群儒之同异，本天殽地，经国坊民，法治备矣。于《春秋》则采“三传”之精华，斥安国之迂谬，阐尼山之本意；洵为百王之大法也。经学之外，考石鼓，辨大昌、用修之非；刊石经，湔开成、广政之陋。又刻《御制说文》于太学，皆治经之津梁，论古之枢要，所谓悬诸日月，焕若丹青者也。于是鼓箧之士，负笈之徒，皆知崇尚实学，不务空言，游心六艺之囿，驰骛仁义之途矣。我皇上诞敷文教，敦尚经术，登明堂，坐清庙，次群臣，奏得失，天下之众，乡风随流，卉然兴道而迁义，家怀克让之风，人诵康哉之咏。猗欤伟欤，何其盛也！盖惟列圣相承，文明于变，尊崇汉儒，不废古训，所以四海九州强学待问者咸沐《菁莪》之雅化，汲古义之精微。缙绅硕彦，青紫盈朝，缝掖巨儒，弦歌在野，担簦追师，不远千里，讲诵之声，道路不绝，可谓千载一时矣。

藩绾发读书，授经于吴郡通儒余古农、同宗艮庭二先生，明象数制度之原、声音训诂之学。乃知经术一坏于东、西晋之清谈，再坏于南、北宋之道学，元、明以来，此道益晦。至本朝，三惠之学盛于吴中，江永、戴震诸君继起于歙，从此汉学昌明，千载沉霾一朝复旦。暇日诠次本朝诸儒为汉学者，成《汉学师承记》一编，以备国史之采择。嗟乎！三代之时，弼谐庶绩，必举德于鸿儒。魏、晋以后，左右邦家，咸取才于科目。经明行修之士，命偶时来，得策名廊庙。若数乖运舛，纵学穷书圃，思极人文，未有不委弃草泽，终老丘园者也。甚至饥寒切体……盖悲其友麋鹿以共处，候草木以同雕也。

【本篇结论】

《经解入门·历代经学兴废》全部抄自江藩《国朝汉学师承记》之自序，仅删去末段。

《历代石经源流》抄自《石经补考》、《困学纪闻》、《榆墩集》、《古今释疑》

【原文】

冯氏登府著《石经考异》，曰汉，曰魏，曰唐，曰蜀，曰南北宋，曰国朝，凡有七刻。汉即熹平石经，《易》、《尚书》、《鲁诗》、《仪礼》、《公羊》、《论语》，凡六经，蔡中郎以八分书丹。魏即三字石经，《尚书》、《春秋》，写以篆、隶、科斗三体之字。唐即开成刻《易》、《书》、《诗》、“三礼”、“三传”、《论语》、《尔雅》诸经。蜀刻经凡十三。北宋即嘉祐中所刻“九经”，有篆有真。南宋即绍兴所刻，书以小楷，各经皆非足本。国朝乾隆五十八年诏刻《十三经》于太学。嘉庆八年复命磨改尽善。此就其文之可考者言也。

【辨伪】本段隐括自冯登府《石经补考》、《汉石经考异自序》、《北宋石经考异自序》：

【冯登府《石经补考》】

余少喜石经之学，嘉庆庚午，先成《汉石经》二卷，后以次考证，而魏、唐、蜀、宋诸刻略备，庚午释褐，始得读国朝太学石经，并著其异同，列于卷首，分为一十二卷。开成十二经专校误字，未经遍释，盖已分见于各卷……石经肇始于汉，历代相承，率多残泐，惟唐石经至今尚存，最为完备，然亦有补刻之讹。我高宗纯皇帝五十八年诏刻《十三经》于太学，即长洲蒋衡所书，勘定立石，依《开成石经》，参以各善本，多所订正。彭尚书元瑞曾撰《考文提要》十三卷，以证校正所自。当时因急于告竣，未及尽改。迨我仁宗睿皇帝嘉庆八年，尚书奏请重修，于是复命廷臣磨改，以期尽善。①

【冯登府《汉石经考异自序》】

后汉熹平四年，诏立石经于太学。据《灵帝本纪》及《儒林》、《宦者》二传，皆曰“五经”，《蔡邕、张驯传》以为六经。《隋·经籍志》又以为七经。俱非也。中郎以小字八分书丹，使工镌石，《儒林传序》以为古文、篆、隶三体者，亦非也，三体乃魏所建

① 冯登府：《石经补考·总叙》，《续修四库全书》第184册，第1~3页。

也。本朝顾亭林、朱竹垞、万季野、全谢山诸先生言之详矣。近翁覃溪阁学《石经残字考》亦备载原委，而于古今文异同之辨，则俱略焉。考《汉石经》尚见于《唐书·艺文志》，张参据以校正“五经”文字。当时虽非完本，而卷帙尚多，惜未及详载。经文仅存字体七十余字，中惟桃、指、墙、乔、粲、寘、寂、宜、明、叔、青、颊、罥、旟、乑、荅等，字属隶变，余并同正文，而章句无可缀属矣。至五代后，散佚无存。其遗字，仅见于宋洪适《隶释》、黄伯思《东观余论》而已。今援《隶释》例，仰讨故训，俯参时说，即谫识所得者，汇为《考异》一卷。其有义无可通，谨阙以俟。有散见他书，为洪、黄所未见者，旁证以补之。至吕氏《读诗记》所载石经，如“江有洍”，“击鼓其镗”，“僾而不见”，“攕攕女手”，“挑兮叏兮”，“芄兰之枝”，“民之伪言”等文，皆见《说文》，于石经无所据，恐出董氏私见。惟“子衿”作“襟”，尚可考。至任启运谓《论语》“有妇人焉”，《汉石经》作“殷人”，更属臆说。又《广韵》四十五厚“斗”字注，《说文》作“⿰”，《石经》作“斗”，当是《汉石经》。《一切经音义》卷七：《大般泥洹经》云：“宴，《石经》为古文‘燕’同。”庄氏炘谓《汉石经》也。然无经文可释，附记于此。嘉庆庚午二月，嘉兴冯登府书于石经阁。①

【冯登府《北宋石经考异自序》】

世知有一字、三字石经，而不知有二字石经。李焘《长篇》载：“嘉祐六年三月，以篆国子监石经成，赐草泽章友。直银百两，绢百匹。除试将作监主簿，辞不就，故是有赐。”《宋史》曰：北宋篆石经有谢飶、张次立、杨南仲、皇侄克继等，或赐银币，或赐出身。周密《云烟过眼录》记《嘉祐石经》云：“罗寿可游汴梁太学，九经石堆积如山，一行篆字，一行真字。”朱检讨彝尊《经义考》据安世凤说，谓金耶律隆曾修宋《嘉祐石经》，至明已残断不完。彭尚书元瑞曾得《周礼》残本，凡十二叶，三百五十四行。惜仅载起讫，不复考证同异。惟吴山夫《金石存》载：贾颜亲向开封府学拓得《嘉祐石经》，尚有《周易》二碑，存升、困、革、鼎、未济五卦及《系辞》前七章，《尚书》三碑存《牧誓》、《武成》、《洪范》、《旅獒》、《金縢》、《康诰》、《酒诰》七篇。迨毕尚书沅抚中州，询之开封学官，碑已无存，惟陈留仅存《周礼》卷一及卷五中数石而已。钱氏大昕《金石文跋尾》所言，亦同彭本。此卷余从苕溪孙茂才衍庆得之，共二百六十九行，较彭所得本少八十三行。以两本互校之，凡《周礼》卷一及卷五、卷六中所存残字，有出于毕尚书所见外者。又从方履篯得《礼记》残碑。履篯藏有《易》、《书》二残本，云摹拓得之开封府学，惜未及寄示，俟它日索之。凡石经古文，并足证刊本之误，有功于微学不鲜矣。因据汲古阁本参校，略释同异，以补向来言石经者所未及云。道光甲申闰七夕，嘉兴冯登府序于闽金泉官舍。②

【今按】《石经补考》前二卷为《国朝石经考异》。三四卷为《汉石经考异》。汉即熹平石经，《周易》、《尚书》、《鲁诗》、《仪礼》、《公羊》、《论语》，凡六经，蔡中郎以八分书丹。第五卷为《魏石经考异》。嘉庆二十五年自序云：“……”③ 魏即三字石经，《尚书》、《左传》，写以篆、隶、科斗三体之字。《尚书》文连重文二百九十四，据武进臧氏

① 冯登府：《石经考异序》，《续修四库全书》第184册，第35页。

② 载道光十年原刻本《石经阁丛书》《北宋石经考异》卷首。

③ 冯登府：《魏石经考异自序》，《续修四库全书》第184册，第56页。

琳分段列次，以经文属之。《左传》文八段，连重文共四百九十八，较《尚书》字画为正。第六卷为《魏石经拾遗》，即《汗简所收魏石经遗字》。第七卷为《唐石经误字辨》。唐即开成刻《周易》、《尚书》、《诗》、“三礼”、“三传”、《论语》、《尔雅》诸经。第八、九卷为《蜀石经考异》。蜀刻经凡十三。第十卷为《北宋石经考异》。北宋即嘉祐中所刻九经，有篆有真。包括周礼残碑及周礼遗字、尚书遗字、孟子遗字。第十一卷为《南宋石经考异》。南宋即绍兴所刻，书以小楷，各经皆非足本。

【原文】

方中履①云：“十九刻叙最明，独不及郑覃自刻，何耶?”按：《新唐书·郑覃传》：覃以经籍刓谬，博士陋浅，不能正，建言愿与巨学鸿生，共力雠刊，准演故事，镂石太学，示万世法。诏可。乃表周墀、崔球、张次宗、孔温业等足正文字，刻于石。此唐文宗开成二年事，又在天宝石刻之后者。然则石经之刻，自汉迄明，凡二十刻矣，合之我朝，共二十一刻云。

【辨伪】本段抄自清徐世溥②《榆墩集》卷四《跋石经》③：

孔鲋藏经，鲁恭王发之，遂出于世。孝平元始元年，王莽命甄丰摹古文《易》、《诗》、《书》、《左传》于石，此石经之初刻也。章帝命杜操增摹《公羊》、《论语》古文，而释以章草，此石经之再刻也。灵帝光和六年，命胡母敬、崔琼、张昶、师宜官以古文八分刻《易》、《书》、《鲁诗》、《仪礼》、《左传》于太学讲堂，此石经之三刻也。熹平四年，诸儒以《左传》立于刘歆，当废，《公羊》兴于孝武，《周礼》、《尔雅》传于周公，《鲁诗》、《论语》出于孔子，当与《易》、《书》并刻，又诏蔡邕、杨赐、堂溪典、马日磾等纯以八分书之，此石经之四刻也。魏虞喜惜古文之不传，言于邵陵厉公，自摹古文于石，陈留邯郸淳以小篆释之，钟会注以小楷，[于是《易》有京房、费直，《书》有伏生、孔安国，《诗》有鲁、韩、毛、(郑)［齐］，《礼》有《周礼》、戴德、戴圣，《春秋》有《左氏》、《公羊》、《穀梁》，《论语》有《齐论》、《鲁论》，并《尔雅》、《孝经》、《孟子》共二十种］刻于邺都之学宫，此石经之五刻也。晋惠帝永熙武库火，［科斗竹简皆烬。］梁武帝［索于王志，］得汉拓本三种，诏萧子云等以小楷刻之金陵，《易》用费直，《书》用姚方兴，《诗》用毛氏，《礼》用小戴，《春秋》用“三传”，此石经之六刻也。北魏太武神龟元年，从崔光之请，以汉魏石经在洛邺者遭王弥、刘曜之乱，焚毁过半，命元晖、于烈、韩毅等补之，此石经之七刻也。周大象之沉，齐高澄之砲，复经残阙。隋大业中，取其遗书于秘书省。贞观六年，魏征请发而传之，诏欧阳询补其八分，此石经之八刻也。于时孔颖达为疏义，而请以王弼《易》、孔安国《书》、《毛诗》、“三礼”、“三传”、《论语》、《尔雅》、《孟子》、《孝经》颁行天下，俾儒生习之，是为“十三经”。开元四年，张说请补《古易》、《鲁诗》，诏礼部郎中殷仲容摹古文于石，此石经之九刻也。天宝九年，从李林甫请，诏侍书徐浩等以小楷刻九经于长安，《礼记》以《月令》为首，

---

① 方中履：(1638—?)，字素北，号合山，又号小愚，方以智次子，安徽桐城人。著有《汗青阁文集》二卷、《古今释疑》十八卷。

② 徐世溥：(1608—1675)，字巨源，江西新建人。明崇祯间诸生，深受钱谦益器重，入清不仕。四库存目著录《榆墩集选》文九卷、诗二卷。

③ 见《四库全书存目丛书》集部第211册第145~146页。

此石经之十刻也。蜀孟昶命李仁罕、右仆射毋昭裔等以楷书刻《易》、《诗》、“三礼”、“三传”、《论语》、《孟子》为十一经，此石经之十一刻也。南唐升元间以楷书刻十一经，而增入《孝经》、《尔雅》，此石经之十二刻也。宋淳化六年，翻蜀十一经于汴京，此石经之十三刻也。高宗御书“五经”于临安府学，才人吴氏续之，此石经之十四刻也。洪适摹鸿都遗字于利州，此石经之十五刻也。范成大复摹于少城，此石经之十六刻也。天章阁待制胡元质复摹于成都学宫，并三体刻之，此石经之十七刻也。宣德六年，靖江王又摹于本府，此石经之十八刻也。天顺元年，秦府又摹刻，而《古易》、《鲁诗》复完，此石经之十九刻也。今世所行者，凡唐讳竹阙点画，盖秦府摹唐本耳，以为蔡中郎书者，是未考也。德卿龙生以草堂将军之象贤，酷好书画，出示石经，装缮精好，嘱余为跋。夫石经犹之乎书帙耳，未可以为帖也，故置书法不论，而书此以系之。

【本篇结论】

《历代石经源流》前半部分抄自《石经补考》、《困学纪闻》，后半部分直接抄自《古今释疑》，间接抄自《榆墩集》。《古今释疑》在抄《榆墩集》时略有删改，并有讹误，而本篇竟然与《古今释疑》完全相同，连错字都没有改正。

严可均《唐石经校文·叙例》：“石经者，古本之终，今本之祖。”① 姚文田《唐石经校文·跋》：“去古愈远，复古愈难。”② 二家论石经甚确，附记于此。

---

① 见《续修四库全书》第184册第246页。

② 见《续修四库全书》第184册第374页。

《历代书籍制度》抄自《江村销夏录序》、《汉唐以来书籍制度考》

【原文】

朱氏竹垞云："善读书者，匪直晰文义而已，其于简策之尺寸必详焉。"诚以书籍制度，代有不同，不知其制，无以考简册之长短，文字之得失。三代之际，皆用方策。郑康成《中庸注》云："方，版，策简也。"是也。策简，竹为之；方，木为之也。其长短之度，郑《论语序》云："《易》、《书》、《诗》、《礼》、《乐》、《春秋》策皆尺二寸，《孝经》谦半之，《论语》八寸策者，三分居一，又谦焉。服虔传《春秋》，称古文篆书，一简八字，而说《书》者谓每行十三字。""简二十二字，脱亦二十二字。"据此，则简有长短，字亦有多寡者也。而自汉而下则不然。汉因周制，仍用简册，而帛亦并用。

【辨伪】本段抄自朱彝尊《曝书亭集·江村销夏录序》：

昔之善读书者，匪直晰其文义音释而已，其于简策之尺寸必详焉。郑康成曰："《易》、《诗》、《书》、《礼》、《乐》、《春秋》，策皆尺二寸。《孝经》谦，半之；《论语》八寸。策者三分居一，又谦焉。服虔传《春秋》，称古文篆书，一简八字，而说《书》者谓每行一十三字。括苍鲍氏以之定正《武成》，诸暨胡氏以之定正《洪范》。予尝至太学，摩挲石鼓文，验其行数，据以驳成都杨氏之作伪。因是而思汉儒订诂之学有未可尽非者尔。评书画者众矣，广川董氏病其冗长，其余又嫌太略。宣和书画，仅谱其人及所藏之目，南渡馆阁之储，于金、铜、玉、石悉识其尺寸，而于书画无之。盖昔人心思或有未及，必俟后贤而始大备也。钱唐高詹事退居柘湖，撰《江村销夏录》三卷，于古人书画真迹，为卷为轴，为笺为绢，必谨识其尺度广狭断续，及印记之多寡，跋尾之先后，而间以己意折衷甄综之。评书画者至此而大备焉。今之作伪者未尝不仿尺度为之，然或割裂跋尾印记，移真者附于伪，而以伪者杂于真。自詹事之书出，稍损益之不可。虽有大驵巨狡，伎将安施哉？詹事曩在内庭久，御府图书资以鉴赏者，历历犹能记忆，而不著于录。或疑不言温树之义。然宋之米友仁、元之柯敬仲皆尝奉诏旨题书画，每言之不敢详。此詹事第于退居之暇，先以江村所见录之书成于康熙三十二年六月，故以"销夏"名编。予以是年九月作序，印行之顷，实藉以为负暄之助焉。

【原文】

三代之际，皆用方策。郑康成《中庸注》云："方，版，策简也。"是也。策简，竹为之；方，木为之也。其长短之度，郑《论语序》云："《易》、《书》、《诗》、《礼》、《乐》、《春秋》策皆尺二寸，《孝经》谦半之，《论语》八寸策者，三分居一，又谦焉。服虔传《春秋》，称古文篆书，一简八字，而说《书》者谓每行十三字。""简二十二字，脱亦二十二字。"据此，则简有长短，字亦有多寡者也。而自汉而下则不然。汉因周制，仍用简册，而帛亦并用。

戴氏宏云："《公羊》传至景帝时，公羊寿乃共弟子胡毋子都著于竹帛。"又《书籍考》云："灵帝西迁，缣帛散为帏囊。"皆可见汉时竹帛并用也。至蔡伦造纸，而书籍始用纸。然其初，帛与纸亦并用，后则专用纸，而不用帛。当汉、唐时，尚无印版，故其书皆以纸素传写。《抱朴子》所写，反复有字。《金楼子》谓细书《史》、《庄》、《老》、《离骚》等六百三十四卷。南齐沈麟士年过八十，手写细书，后周裴汉借异书，躬自录本，盖其时书籍难得，而其制度不作册而为卷轴。胡应麟云："卷必重装一纸，表里常兼数番，每读一卷，或每检一事，细阅展舒，甚为烦数。"《唐·经籍志》云："藏书四库，经库书绿牙轴，朱带，白牙签；子库书紫带，雕紫檀轴，碧牙签。"其余皆大略如此。至唐末，益州始有版本，［多］术数、字学、小书。后唐长兴三年，始依石经文字，刻九经，印版流布天下，命马缟、田敏等详勘。《宋史》谓始于周显德，非是。宋庆历中，有布衣毕升又为活版，其法用漆泥刻字，薄如钱，印极神速。镂板之地，蜀最善，吴次之，越次之，闽又次之。其本初以梓，后以梨，或以枣，唐以后之制度大率如此。

【辨伪】本段抄自金鹗《汉唐以来书籍制度考》①：

三代之书，皆用方策。汉、唐以来制度代异。汉初因周制，仍用简册，而帛与竹同用。戴氏宏云："《公羊》传至景帝时，公羊寿乃共弟子胡毋子都著于竹帛。"此竹帛并用之证。《汉书·艺文志》：欧阳、大小夏侯三家经文，《酒诰》脱简一、《召诰》脱简二，可知其书于竹也。然古书有篇无卷，而《艺文志》所载，如《尚书》古文经四十六卷、经二十九卷，可知其书有用帛者矣。篇字从竹，故竹书曰篇。帛书可卷舒，故帛书曰卷。通言之，则竹书亦曰卷，帛书亦曰篇也。古诗云："中有尺素书。"《风俗通》云："刘向校书皆先书竹，改易删定，可缮写者以上素。"《书籍考》云："灵帝西迁，缣帛散为帏囊。"可见汉书之用帛也。至蔡伦造纸，而书籍始用纸。然帛与纸犹并用也，厥后不用帛而用纸矣。汉、唐之时，未有印版，其书皆以纸素传写。《抱朴子》所写，反复有字。《金楼子》谓细书经、史、《庄》、《老》、《离骚》等六百三十四卷在巾箱中。桓谭《新论》谓梁子初、杨子林所写万卷，至于白首。南齐沈麟士年过八十，手写细书，满数十箧。梁袁峻自写书课，日五十纸。后周裴汉借异书，躬自录本，盖书之难得也。其书籍制度不作册而为卷轴。胡应麟云："卷必重装一纸，表里常兼数番，每读一卷，或每检一事，细阅展舒，甚为烦数。收集整比，弥费辛勤。"罗璧云："古人书不解线缝，只叠纸成卷，后以幅纸概黏之，犹今佛老经然，其后稍作册子。"今考《唐书·经籍志》云："藏书分为四库，经库书绿牙轴，朱带，白牙签；史库书青牙轴，缥带，绿牙签；子库书雕紫檀轴，紫带，碧牙签；集库书绿牙轴，朱带，红牙签。"其制度大略如此。至唐末，

① 见《清经解》卷一三九〇，又见《求古录礼说》卷十五。

益州始有版本，多术数、字学、小书。后唐长兴三年，始依石经文字，刻九经，印版流布天下，命马缟、田敏等详勘。《宋史·艺文志》谓始于周显德，非也。宋端拱元年，司业孔维等奉诏校勘孔颖达《五经正义》，诏国子监镂板，行之淳化中，复以《史记》、前后《汉书》付有司摹印，自是书籍刊镂者益多。庆历中，有布衣毕升，又为活版，其法用漆泥刻字，薄如钱，每字为一印，火烧令坚，印数十百千本极为神速。镂板之地，蜀最善，吴次之，越次之，闽又次之。刻板之木，初以梓，后以梨，或以枣，此唐以后书籍之制度也。

间尝考古之书籍皆写本，最为不便，汉熹平始有石经，唐开成、宋嘉祐亦皆有之，后晋天福又有铜板九经，皆可纸墨摹印，无用笔写，然其制颇难传，亦未广。至板本盛行，摹印极便，圣经贤传乃得家传而人诵，固亦有功名教矣。然写本不易，传录者精于雠对，故往有善本。自板本出，讹谬日甚，后学者无他本可以勘验，其弊亦不少也。

【本篇结论】

《历代书籍制度》篇将《江村销夏录序》、《汉唐以来书籍制度考》二文的主体部分缀合为一，又在《江村销夏录序》之间插入“诚以书籍制度，代有不同，不知其制，无以考简册之长短，文字之得失。三代之际，皆用方策”一段扣题文字，而“三代之际，皆用方策”与《汉唐以来书籍制度考》开头语“三代之书，皆用方策”只差一字，因此将两篇文章巧妙地缝合起来。末了又将两文的结尾段落删去，似乎干净利索，不留痕迹，但经过我们顺藤摸瓜，还是抓住了狐狸尾巴。

《两汉传经诸儒》抄自《经典释文序录》、《国朝经师经义目录》

【原文】

秦火一炬，群籍荡然，而今日犹得读三代之书者，两汉经师之力也。爰列群经，次两汉之传经者。

【附录】严元照《娱亲雅言》卷五：

汉儒经师家法，建安丧乱之后渐失其传。如何晏于经学本无所得，其《论语集解》兼采众说，不欲墨守一师之言，两汉专门名家之学自兹遂破，且汉时《论语》鲁、古并行，诸家授受本各不同，若于一章之内文字训解专主一家，犹之可也。今其书杂陈众说，一章而载三四家说，以致前后衡决、不相检照者甚多，如未若贫而乐道，郑本无道字，故其注曰乐谓志于道，孔本有道字，故其注两言乐道，两注并存，而经文道字之有无遂莫能定矣。子在齐闻韶，三月不知肉味。周生烈曰：闻习韶乐之盛美，故忽于肉味也。如周解，则不图为乐之至，于斯乃叹美之辞，非别有所指也。何氏于下文又载王肃曰：不图作韶乐至于此。此，此齐也，于是郭象、江熙、范宁皆以为夫子伤慨之辞，虽不知于经之指归何若，而周、王两说固已不可合矣。下章古之贤人也，郑从古作贤仁，故其主云，孔子以伯夷、叔齐贤且仁，《集解》于经文既定作贤人，又载郑氏贤且仁之语，不反成吊诡乎？如斯之类，尚难枚举，姑记所疑以谂同学。①

【原文】

《易》：自商瞿五传而至田何。汉兴，何以齐田徙杜陵，号杜田生，授东武王同（字子中），及洛阳周王孙，梁人丁宽（字子襄，又从周王孙受古义），齐服生，皆著《易传》。汉初言《易》者，本之田生。王同授淄川杨何、孟但、主父偃、即墨、成周、霸衡胡。丁宽授同郡砀田王孙。杨何授司马谈、京房。田王孙授施雠及孟喜、梁丘贺。由是有施、孟、梁丘之学。张禹、鲁伯受施氏《易》，盖宽饶、翟牧、白光受孟氏《易》，梁临受梁丘及施氏。彭宣、戴同受张禹。毛莫如、邴丹受鲁伯。王骏、五鹿充宗受梁临。戴宾

① 见《续修四库全书》第175册第565页。

受戴崇、邓彭、祖士孙、张衡咸。冯商受充宗。刘昆受戴宾。刘轶受刘昆。后汉范升传梁丘《易》及孟氏《易》，升又传杨政。张兴传梁丘《易》，兴又传张鲂。洼丹、觟阳鸿、任安皆传孟氏《易》。虞光、虞成、虞凤、虞翻自言五世传孟氏《易》。袁良、袁安、袁京、袁敞、袁彭、袁汤、袁闳亦五世传孟氏《易》。东郡京房（字君明）受《易》焦延寿，延寿尝从孟喜问《易》，房以延寿《易》即孟氏学，翟牧、白生非是。房授段嘉（《儒林传》作殷嘉）及姚平乘弘，由是多京氏学，孙期、魏满并传之。费直授琅玡王璜。成帝时刘向考《易》说，以为诸家皆祖田何、杨叔元、丁将军，大义略同，唯京氏为异。《后汉书》云："京兆陈元，扶风马融，河南郑众，北海郑玄，颍川荀爽，并传费氏《易》。沛人高相治《易》，与费直同，自言出于丁将军，传至相，相授子康，及兰陵毋将永。"此《易》学之传也。其治《易》而不详所出者不载，下仿此。

【辨伪】此段抄自《经典释文序录·注解传述人》：

自鲁商瞿子木受《易》于孔子，以授鲁桥庇子庸，子庸授江东馯臂子弓，子弓授燕周丑子家，子家授东武孙虞子乘，子乘授齐田何子庄（《高士传》云字庄，《汉书·儒林传》云临淄人）。及秦燔书，《易》为卜筮之书，独不禁，故传授者不绝。汉兴，田何以齐田徙杜陵，号杜田生，授东武王同子中及洛阳周王孙、梁人丁宽、齐服生，皆著《易传》。汉初言《易》者本之田生。同授淄川杨何。宽授同郡砀田王孙。王孙授施雠及孟喜、梁丘贺，由是有施、孟、梁丘之学焉。施雠（字长卿，沛人，为博士）传《易》，授张禹（字子文，河内轵人，徙家莲勺，以《论语》授成帝，官至丞相安昌侯）及琅玡鲁伯（会稽太守）。禹授淮阳彭宣（字子佩，大司空长平侯，作《易传》）及沛戴崇（字子平，少府，作《易传》）。伯授太山毛莫如（字少路，常山太守）及琅玡邴丹（字曼容）。后汉刘昆（字桓公，陈留东昏人，侍中、弘农太守、光禄勋）受施氏易于沛人戴宾，其子轶（字君文，官至宗正）。孟喜（字长卿，东海兰陵人，曲台署长、丞相掾）父孟卿，善为《礼》、《春秋》。孟卿以《礼经》多，《春秋》烦杂，乃使喜从田王孙受《易》。喜为《易章句》，授同郡白光（字少子）及沛翟牧（字子况）。后汉洼丹（字子玉，南阳育阳人，世传《孟氏易》，作《易通论》七篇，官至大鸿胪）、觟阳鸿（字孟孙，中山人少府）、任安（字定祖，广汉绵竹人）皆传《孟氏易》。梁丘贺（字长翁琅玡诸人少府）本从太中大夫京房受易（房，淄川杨何弟子），后更事田王孙，传子临（黄门郎、少府）。临传五鹿充宗（字君孟，代郡人，少府、玄菟太守）及琅玡王骏（王吉子，御史大夫）。充宗授平陵士孙张（字仲方，博士、扬州牧、光禄大夫、给事中，家世传业）及沛邓彭祖（字长夏，真定太守）、齐衡咸（字长宾，王莽讲学大夫）。后汉范升（代郡人，博士）传《梁丘易》（一本作传《孟氏易》），以授京兆杨政（字七行，左中郎将）。又颍川张兴（字君上，太子少傅）传《梁丘易》，弟子著录且万人，子鲂传其业（鲂官至张掖属国都尉）。京房（字君明，东郡顿丘人，本姓李，推律自定为京，至魏郡太守）受《易》梁人焦延寿（字延寿，名赣）。延寿云尝从孟喜问《易》。会喜死，房以延寿《易》即孟氏学，翟牧、白生不肯，曰："非也。"延寿尝曰："得我术以亡身者，京生也。"房为《易章句》，说长于灾异，以授东海段嘉（《汉书·儒林传》作殷嘉）及河东姚平、河南乘弘（一本作桑弘），皆为郎、博士。由是前汉多京氏学，后汉戴冯（字次仲，汝南平舆人，侍中兼领虎贲中郎将）、孙期（字仲奇，济阴成武人，兼治《古文尚书》，不仕）、魏满（字叔牙，南阳人，弘农太守），并传之。费直（字长翁，东莱人，单父令）传《易》，授琅玡王璜（字平仲，又传《古文尚书》），为费氏学。本以古字，号《古文易》，无章句，徒以《彖》、《象》、《系辞》、《文言》解说《上、下经》（《七录》云：直《易章句》四卷，残缺）。汉成帝时，刘向典校书，考《易》说，以为诸《易》家说皆祖田何、杨叔元、丁将军，大义略同，唯京氏为异。

【按】此段又见于江藩《国朝经师经义目录·易》：

鲁商瞿子木受《易》于孔子，五传而至齐田何子庄，子庄之后，有施、孟、梁丘之学。施，施雠也；孟，孟喜也；梁丘，梁丘贺也。又有京氏学。京氏，京房也，从梁人焦延寿学《易》。延寿尝从孟喜问《易》，喜死，房以延寿《易》即孟氏学，翟牧、白生不肯，皆曰："非也。"然则京生之学实出于焦赣，长于灾异，非《孟氏易》明矣。又有《费氏易》。费氏名直，本以古字，号"古文易"，无章句，徒以《彖象》、《系辞》、《文言》解说上下经。成帝时，刘向典校书，考《易》，以为谱家说皆祖田何，大义略同，惟京氏为异。又以中古文《易经》校施、孟、梁丘之《易经》，或脱去"无咎悔亡"，惟费氏经与古文同。京兆陈元、扶风马融、河南郑众、北海郑玄、颍川荀爽，并传《费氏易》。沛人高相，治《易》与费氏同时，其《易》亦无章句，专说阴阳灾异，自言出丁将军，传至相。丁将军，丁宽也，受田何《易》。是为《高氏易》。汉初，立《易》杨氏博士。杨氏字叔元，田何之弟子也。宣帝后，立施、孟、梁丘之《易》。元帝又立《京氏易》。费、高二《易》，民间传之。后汉，费氏兴而高氏微。永嘉以来，郑玄、王弼二注列于国学。至南齐，《易》用郑义；隋、唐始专主王弼，而汉、晋诸儒之注皆亡。惟唐李鼎祚《周易集解》博采诸儒之说，如孟喜、京房、马融、郑玄、荀爽、刘表、宋衷、虞翻、陆绩，略存一二。于是卦气、六日七分、游归、飞伏、爻辰、交互、消息、升降、纳甲之变，半见等例，藉此可以推寻。无如王、韩清谈，程、朱理学固结人心，或诋为穿凿，或斥为邪说，先儒古义弃如土梗矣。夫《易》为卜筮之书，秦火未燔。商瞿受《易》以来，传授不绝。则汉儒之说，以商瞿为祖；商瞿之说，孔子之言也。嗟乎！孔子之言可以谓之穿凿、谓之邪说哉？盖《易》自王辅嗣、韩康伯之书行，二千余年无人发明汉时师说，及东吴惠氏起而导其源，疏其流，于是三圣之《易》昌明于世，岂非千秋复旦哉！

【原文】

汉兴，传《今文尚书》者始于济南伏胜，传《古文尚书》者始于孔安国。伏生授济南张生、千乘欧阳生，生授同郡兒宽，宽又从孔安国受业，以授欧阳生之子，欧阳氏世传其业，至曾孙高作《尚书章句》，为欧阳氏学。高孙地余以书授元帝，传至欧阳歙，歙以上八世皆为博士。济南林尊受《尚书》于欧阳高，以授平当及陈翁生，翁生授殷崇及龚胜，当授朱普及鲍宣。后汉济阴曹曾受业于欧阳歙，传长子祉。又陈留陈弇、乐安弁长并传欧阳《尚书》。沛国桓荣受《尚书》于朱普，以授汉明帝，遂世相传，东京最盛。张生授夏侯都尉，都尉传族子始昌，始昌传族子胜，胜从始昌受《尚书》及《洪范》五行传说灾异，又事同郡简卿——卿者，兒宽门人——又从欧阳氏问，为学精熟，所问非一师，受诏撰《尚书说》，号为大夏侯氏学。传齐人周堪及鲁国孔霸，霸传子光，堪授鲁国弁卿及长安许商，商授沛人唐林及平陆吴章、重泉王吉、齐炔钦。后汉北海牟融亦传大夏侯《尚书》。夏侯建师事夏侯胜及欧阳高，左右采获，又从"五经"诸儒问与《尚书》相出入者，牵引以次章句，为小夏侯氏学。传平陵张山拊，山拊授同县李寻及郑宽中、山阳张无故、信都秦恭、陈留假仓。宽中授东郡赵玄，无故授沛人唐尊，恭授鲁冯宾。后汉东海王良亦传小夏侯《尚书》。安国献《尚书传》，遭巫蛊事，未列于学官，藏之私家。以授都尉朝。司马迁亦从安国问故，故迁书多古文说。都尉朝授胶东庸生，庸生授清河胡常，常授虢徐敖，敖授琅玡王璜及平陵涂恽，恽授河南乘钦。王莽时诸学皆立，恽、璜等贵显。范晔《后汉书》云："中兴，扶风杜林传《古文尚书》，贾逵为之作诵，马融作传，郑玄注解，由是《古文尚书》遂显于世。"按：今马、郑所注，并伏生所诵，非古文也。孔氏之本绝，是以马、郑皆谓之逸书。王肃亦注今文，而解大与古文相类，或肃私见《孔传》而秘之，亦未可知也。

【辨伪】此段抄自《经典释文序录·注解传述人》：

汉兴，欲立《尚书》，无能通者，闻济南伏生（名胜，故秦博士）传之，文帝欲征，时年已九十余，不能行，于是诏太常使掌故晁错受焉（《古文尚书》云："伏生年老不能正言，言不可晓，使其女传言教错。"）。伏生失其本经，口诵二十九篇传授（《汉书》云："伏生为秦禁书，壁藏之。汉定，伏生求其书，亡数十篇，独得二十九篇，以教齐鲁之间。"）。以其上古之书，谓之《尚书》（郑玄以为孔子撰《书》，尊而命之曰《尚书》。尚者，上也，盖言若天书然。王肃云："上所言，下为史所书，故曰《尚书》。"）。伏生授济南张生、千乘欧阳生（字和伯，千乘人）。生授同郡儿宽（御史大夫）。宽又从孔安国受业，以授欧阳生之子（欧阳、大小夏侯《尚书》皆出于宽）。欧阳氏世传业，至曾孙高作《尚书章句》为欧阳氏学。高孙地余（字长宾，侍中少府）以《书》授元帝。传至欧阳歙（字正思，后汉大司徒）。歙以上八世皆为博士。济南林尊（字长宾，为博士，论石渠，官至少府、太子太傅）受《尚书》于欧阳高，以授平当（字子思，下邑人，徙平陵，官至丞相，封侯，子晏亦明经，至大司徒）及陈翁生（梁人，信都太傅，家世传业）。翁生授殷崇（琅玡人，为博士）及龚胜（字君宾，楚人，右扶风）。当授朱普（字公文，九江人，为博士）及鲍宣（字子都，勃海人，官至司隶）。后汉济阴曹曾（字伯山，谏大夫）受业于欧阳歙，传其子祉（河南尹）。又陈留陈弇（字叔明，受业于丁鸿）、乐安牟长（字君高，河内太守、中散大夫）并传《欧阳尚书》。沛国桓荣（字春卿，太子太傅、太常、五更、关内侯）受《尚书》于朱普（《东观汉纪》云："荣事九江朱文。"文即普字），以授汉明帝，遂世相传，东京最盛（《汉纪》云：门生为公卿者甚众，学者慕之，以为法。荣子郁以《书》授和帝，而官至侍中太常。郁子焉复以《书》授安帝，官至太子太傅、太尉）。张生（济南人，为博士）授夏侯都尉（鲁人），都尉传族子始昌（始昌通"五经"，以《齐诗》、《尚书》教授，为昌邑太傅），始昌传族子胜（字长公，后属东平，长信少府、太子太傅）。胜从始昌受《尚书》及《洪范五行传》，说灾异；又事同郡简卿，卿者，兒宽门人；又从欧阳氏问。为学精熟，所问非一师，善说礼服，受诏撰《尚书论语说》（《艺文志》：夏侯胜《尚书章句》二十九卷），号为"大夏侯氏学"。传齐人周堪（堪字少卿，太子少傅。光禄勋）及鲁国孔霸（字次孺，孔子十三世孙，为博士，以《书》授元帝，官至太中大夫、关内侯，号褒成君），霸传子光（字子夏，丞相、博山侯。光又事牟卿）。堪授鲁国牟卿（为博士）及长安许商（字伯长，四至九卿，善算，著《五行论》）商授沛唐林（字子高，王莽时为九卿）及平陵吴章（字伟君，王莽时博士）、重泉王吉（字少音，王莽时为九卿）、齐炔钦（字幼卿，王莽时博士）。后汉北海牟融亦传《大夏侯尚书》。夏侯建（字长卿，胜从父兄子，为博士议郎、太子少傅）师事夏侯胜及欧阳高，左右采获，又从"五经"诸儒问，与《尚书》相出入者，牵引以次章句，为小夏侯氏学。传平陵张山拊（字长宾，为博士论石渠，至少府）。山拊受同县李寻（字子长，骑都尉）及郑宽中（字少君，为博士，授成帝，官至光禄大夫，领尚书事、关内侯）、山阳张无故（字子孺，广陵太傅）、信都秦恭（字延君，城阳内史，增师法至百万言）、陈留假仓（字子骄，以谒者论石渠，至胶东相）。宽中授东郡赵玄（御史大夫）；无故授沛唐尊（王莽太傅）；恭授鲁冯宾（为博士）。后汉东海王良亦传《小夏侯尚书》。① ……安国又受诏为《古文尚书传》，值武帝末巫蛊事起，经籍道息，不获奏上，藏之私家（安国并作《古文论语》、《古文孝经传》。《艺文志》云："安国献《尚书传》，遭巫蛊事，未列于学官。"）。以授都尉朝。司马迁亦从安国问故，迁书多古文说。刘向以中古文校欧阳、大小夏侯三家经文，脱误甚众（《艺文志》云："《酒诰》脱简一，《召诰》脱简二，文异者七百有余，脱字数十。"）。都尉朝授胶东庸生（名谭，亦传《论语》），庸生授清河胡常（字少子，以明《穀梁春秋》为博士，至部刺史，又传《左氏春秋》），常授虢徐敖（右扶风掾，又传《毛诗》），敖授琅玡王璜及平陵涂恽（字子真），恽授河南乘钦（字君长，一本作桑钦）。王莽时诸学皆立，恽、璜等贵显。范晔《后汉书》云："中兴，扶风杜林传《古文尚书》，贾逵（字景伯，扶风人，左中郎将侍中）为之作训，马融作传，郑玄注解，由是《古文尚书》遂显于世。"案：今马、郑所注并伏生所诵，非古文也。孔氏之本绝，是以马、郑、杜预之徒皆谓之《逸书》。王肃亦注《今文》，而解大与《古文》相类，或肃私见孔传而秘之乎？江左中兴，元帝时豫章内史枚赜（字仲真，汝南人）奏上孔传《古文尚书》，亡《舜典》一篇，购不能得，乃取王肃注《尧典》从"慎徽五典"以下分为《舜典》篇以续之（孔《序》谓伏生以《舜典》合于《尧典》，孔传《尧典》止于"帝曰钦哉"，而马、郑、王之本同为《尧典》，故取为《舜典》），学徒遂盛。后范宁（字武子，顺阳人，东晋豫章太守，兼注《穀梁》）变为《今文集注》，俗间或取《舜典》篇以续孔氏。齐明帝建武中，吴兴姚方兴采马、王之注，造孔传《舜典》一篇，云于大航头买得，上之。梁武时为博士议曰："孔《序》称伏生误合五篇，皆文相承接，所以致误，《舜典》首有'曰若稽古'，伏生虽昏耄，何容合之？"遂不行用。汉始立《欧阳尚书》，宣帝复立大小夏侯博士，平帝立古文。永嘉丧乱，众家之《书》并灭亡，而《古文孔传》始兴，置博士，郑氏亦置博士一人。近唯崇古文，马、郑、王注遂废。今以孔氏为正，其《舜典》一篇仍用王肃本。

【按】此段又见于《国朝经师经义目录·书》：

《尚书》有二：一为今文，伏生所授也；一为古文，孔安国所传也。《书》本有百篇，孔子序之，遭秦灭学。至汉，唯济南伏生口传二十八籍：一《尧典》，合《舜典》为一篇，二《皋陶谟》，合《益稷》为一篇，三《禹贡》，四《甘誓》，五《汤誓》，六《盘庚》，七《高宗肜日》，八《西伯勘黎》，九《微子》，十《牧誓》，十一《洪范》，十二《金縢》，十三《大诰》，十四《康诰》，十五《酒诰》，十六《梓材》，十七《召诰》，十

① 吴承仕《经典释文序录疏证》："此约《汉书·儒林传》、夏侯始昌以下各本传、《后汉书·儒林传》文，略明大、小夏侯二家授受源流也。欧阳生、张生亲闻于伏生，张生再传得夏侯胜，是为大夏侯氏学；胜传从子建，是为小夏侯氏学。始立学者唯欧阳《尚书》，至宣帝时乃立大、小夏侯，是其名家立学，夏侯皆较晚于欧阳。传至后汉，夏侯二家亦不如欧阳之盛，此其少异者也。"（中华书局 1984 年版，第 57 页）

八《洛诰》，十九《多士》，二十《无逸》，二十一《君奭》，二十二《多方》，二十三《立政》，二十四《顾命》，合《康王之诰》为一篇，二十五《吕刑》，二十六《文侯之命》，二十七《费誓》，二十八《秦誓》。又河内女子得《泰誓》一篇献之，共二十九篇。伏生作《尚书传》四十一篇，以授同郡张生，张生授千乘欧阳生，欧阳生授同郡兒宽，宽授欧阳生之子世，世传之至曾孙欧阳高，谓之《尚书》欧阳之学。又有夏侯都尉受业于张生，以授族子始昌，始昌传族子胜，为大夏侯之学；胜授从子建，别为小夏侯之学。于是有欧阳、大、小夏侯三家，讫汉东京，相传不绝，是为今文《尚书》。汉武帝时，鲁恭王坏孔子宅，得古文《尚书》，孔安国以今文字读之，皆起，增多一十六篇：《舜典》一，《汩作》二，《九共》三，《大禹谟》四，《弃稷》五，《五子之歌》六，《胤征》七，《汤诰》八，《咸有一德》九，《典宝》十，《伊训》十一，《肆命》十二，《原命》十三，《武成》十四，《旅獒》十五，《冏命》十六。郑康成谓之二十四篇者，分《九共》为九篇也。遭巫蛊事，不得列于学官，故称《逸书》，亦称《中古文》。其传之者，都尉朝，朝授胶东庸生，庸生授胡常，常授徐敖，敖授王璜、涂恽，恽授桑钦。成、哀时，刘向父子校理秘书，皆见之。后汉贾徽受业于涂恽，传子逵。又有孔僖者，安国后也，世传其学；尹敏、周防、周盘、杨伦、张楷、孙期亦习古文。又有扶风杜林，得西州漆书，互相考证，以授卫宏，徐逊、马融亦传其学。郑君康成先受古文于张恭祖，既又游马融之门，乃溯源于孔氏，又通杜林漆书者也，是为古文《尚书》。然增多之一十六篇，马融云“绝无师说”，盖安国以今文读之，校其文字，习其句读而已。汉儒重师承，无师说者不敢强为之解。则张楷之注，贾逵之训，马融之传，康成之注，亦但解伏生所传之二十八篇，其一十六篇曹无注释也，所以谓之逸书。逸书者，非逸其文，其话逸而无考也。其后，《武成》亡于建武之际。至东汉之末，《胤征》、《伊训》犹有存者，故康成注《书》间一引之，如《禹贡》注引《胤征》，《典宝》注引《伊训》之类。迄乎永嘉，师资道丧，二京逸典，咸就灭亡。江左中兴，元帝时，豫章内史梅赜奏上孔传古文《尚书》，自云“晋太保公郑冲以古文《尚书》授扶风苏愉，愉授天水梁柳，柳授城阳臧曹，曹授汝南梅赜”。赜所上之书，增古文二十五篇：一《大禹谟》，二《五子之歌》，三《胤征》，四《仲虺之诰》，五《汤诰》，六《伊训》，七《太甲上》，八《太甲中》，九《太甲下》，十《咸有一德》，十一《说命上》，十二《说命中》，十三《说命下》，十四《泰誓上》，十五《泰誓中》，十六《泰誓下》，十七《武成》，十八《旅獒》，十九《微子之命》，二十《蔡仲之命》，二十一《周官》，二十二《君陈》，二十三《毕命》，二十四《君牙》，二十五《冏命》，是为《伪古文尚书》、伪孔传。齐建武中，吴姚方兴于大航市得《舜典》一篇奏上，比马、郑注多“曰若稽古帝舜曰重华，协于帝，浚哲文明，温恭允塞，元德升闻，乃命以位”二十八字，乃分《尧典》之半为《舜典》，此又伪中之伪也。时梁武为博士，驳之，遂不行。至唐孔颖达为正义，取伪孔书，又取此说，反斥郑氏所述之二十四篇为张霸伪造。霸伪造者，乃《百两篇》。成帝时刘向以古文校之，非是，遂黜其书。《汉书·儒林传》先述孔壁逸书，后叙《百两篇》，则逸书非《百两》明矣。且逸书及《百两篇》，刘向父子领校秘书时皆得见之，岂有向明知其伪，而撰别录仍取霸书乎？歆撰《三统历》，述《伊训》、《武成》、《毕命》诸篇，悉孔壁古文，岂有歆亦知其伪而反取其说乎？冲远之说，可谓游谈无根矣。自此以后，正义大行，而马、郑之注皆亡。至朱吴棫、朱子始疑其伪，继之者，吴草庐、郝京山、梅鷟也，然皆未能抉其奥，采其蕴。逮国朝阎氏、惠氏出，而伪古文寖微，马、郑之学复显于世矣。国朝注《尚书》者十有余家，不知“伪古文”、“伪孔传”者，概不著录。如胡朏明《洪范正论》，虽力攻图书之谬，而辟汉学五行灾异之说，是不知夏侯始昌之《洪范五行传》亦出于伏生也。朏明虽知伪古文，而不知《五行传》之不可辟，是以黜之。

【原文】

汉兴，传《诗》者四家：《鲁诗》始于鲁人申培公，《齐诗》始于齐人辕固生，《韩诗》始于燕人韩婴，《毛诗》始于大小毛公。鲁人申公受《诗》于浮邱伯，以《诗经》为训，故以教无传疑，疑者则阙不传，号曰《鲁诗》。弟子为博士者十余人：郎中令王藏、御史大夫赵绾、临淮太守孔安国、胶西内史周霸、城阳内史夏宽、东海太守鲁赐、长沙内史缪生、胶西中尉徐偃、胶东内史阙门庆忌，皆申公弟子。申公本以《诗》、《春秋》授瑕邱江公，尽能传之，徒众最盛。鲁许生、免中徐公皆守学教授。丞相韦贤受《诗》于江公及许生，传子元成。又王式受《诗》于免中徐公及许生，以授张生长安及唐长寅、褚少孙。张生兄子游卿以《诗》授元帝，传王扶，扶授许晏。又薛广德受《诗》于王式，授龚舍。齐人辕固生作《诗传》，号《齐诗》，传夏侯始昌，始昌授后苍，苍授翼奉及萧望之、匡衡，衡授师丹及伏理满昌，昌授张邯及皮容，皆至大官，徒众尤盛。后汉陈元方亦传《齐诗》。燕人韩婴推《诗》意作《内外传》数万言，号曰《韩诗》，淮南贲生受之。武帝时婴与董仲舒论于上前，仲舒不能难。其孙商为博士，孝宣时涿韩生其后也。河内赵子事燕齐王，授同郡蔡谊，谊授同郡食子公及琅玡王吉，子公授太山栗丰，吉授淄川长孙顺，丰授山阳张就，顺授东海发福，并至大官。《艺文志》云：“齐、韩《诗》或取《春秋》，采杂说，咸非其本义，鲁最为近之。”《毛诗》者，出自毛公，河间献王好之。徐整云：“子夏授河间人大毛公，默哀公为《诗诂训》传于家，以授赵人小毛公，小毛公为河间献王博士，以不在汉朝，故不列于学。”一云：“子夏传曾申，申传魏人李克，克传鲁人孟仲子。孟仲子传根牟子，根牟子传赵人宋卿子，宋卿子传鲁人大毛公。”《汉书·儒林传》云：“毛公赵人，治《诗》，为河间献王博士，授同国贯长卿，长卿授解延年，延年授虢徐敖，敖授九江陈侠。”或云陈侠传谢曼卿。元始五年，公车征说《诗》。后汉郑众、贾逵传《毛诗》，马融作《毛诗注》，郑玄作《毛诗笺》，申明毛义，难三家，于是三家遂废。

【辨伪】 此段抄自《经典释文序录·注解传述人》：

《诗》者，所以言志，吟咏性情，以讽其上者也。……遭秦焚书而得全者，以其人所讽诵，不专在竹帛故也。汉兴，传者有四家：鲁人申公（亦谓申培公，楚王太傅，武帝以安车蒲轮征之，时申公年八十余，以为大中大夫）受《诗》于浮丘伯，以《诗经》为训故以教，无传，疑者则阙不传，号曰《鲁诗》。弟子为博士者十余人：郎中令王臧（兰陵人）、御史大夫赵绾（代人）、临淮太守孔安国、胶西内史周霸、城阳内史夏宽、东海太守鲁赐（砀人）、长沙内史缪生（兰陵人）、胶西中尉徐偃、胶东内史阙门庆忌（邹人），皆申公弟子也。申公本以《诗》、《春秋》授瑕丘江公，尽能传之，徒众最盛。鲁许生、免中徐公（免中，县名）皆守学教授。丞相韦贤受《诗》于江公及许生，传子玄成（贤字长孺，玄成字少翁，父子并为丞相，封扶阳侯，又治《礼》、《论语》。玄成兄子赏以《诗》授哀帝，大司马车骑将军）。又王式（字翁思，东平新桃人，昌邑王师）受《诗》于免中徐公及许生，以授张生长安（名长安，字幼君，山阳人，为博士论石渠，至淮阳中尉）及唐长宾（东平人，为博士、楚王太傅）、褚少孙（沛人，为博士。《褚氏家传》云，即续《史记》褚先生）。张生兄子游卿（谏大夫）以《诗》授元帝，传王扶（琅玡人，泗水中尉）。扶授许晏（陈留人，为博士）。又薛广德（字长卿，沛国相人，御史大夫）受《诗》于王式，授龚舍（字君倩，楚国人，太山太守）。齐人辕固生（汉景帝时为博士，至清河大傅）作《诗传》，号《齐诗传》。夏侯始昌授后苍（字近君，东海郯人，通《诗》、《礼》，为博士，至少府）。苍授翼奉（字少君，东海下邳人，为博士谏大夫）及萧望之（字长倩，东海兰陵人，御史大夫、前将军，兼传《论语》）、匡衡（字稚圭，东海承人，丞相，乐安侯。子咸亦明经，历九卿，家世多为博士）。衡授师丹（字公仲，琅玡人，大司空）及伏理（字游君，高密太傅，家世传业）、满昌（字君都，颍川人，詹事）。昌授张邯（九江人）及皮容（琅玡人），皆至大官，徒众尤盛。后汉陈元方亦传《齐诗》。燕人韩婴（汉文帝时为博士，至常山太傅）推《诗》之意，作《内外传》数万言，号曰《韩诗》。淮南贲生受之。武帝时，婴与董仲舒论于上前，仲舒不能难（婴又为《易传》，燕赵间好《诗》，故其《易》微，唯韩氏自传之），其孙商为博士，孝宣时涿韩生其后也。河内赵子事燕韩生，授同郡蔡谊（谊以《诗》授昭帝，至丞相封侯）。谊授同郡食子公（为博士）及琅玡王吉（字子阳，王骏父，昌邑中尉、谏大夫，吉兼“五经”，能为《邹氏春秋》，以《诗》、《论》教授）。子公授太山栗丰（部刺史）。吉授淄川长孙顺（为博士）。丰授山阳张就。顺授东海发福（一本作段福）。并至大官。《艺文志》云：“齐、韩《诗》或取《春秋》，采杂说，咸非其本义，鲁最为近之。”《毛诗》者，出自毛公。河间献王好之。徐整（字文操，豫章人，吴太常卿）云：“子夏授高行子。高行子授薛仓子。薛仓子授帛妙子。帛妙子授河间人大毛公。毛公为《诗故训传》于家，以授赵人小毛公（一云名苌）。小毛公为河间献王博士，以不在汉朝，故不列于学。”一云：“子夏传曾申（字子西，鲁人，曾参之子）。申传魏人李克。克传鲁人孟仲子（郑玄《诗谱》云：子思之弟子）。孟仲子传根牟子。根牟子传赵人孙卿子。孙卿子传鲁人大毛公。”《汉书·儒林传》云：“毛公，赵人，治《诗》，为河间献王博士，授同国贯长卿（徐整作长公）。长卿授解延年（为阿武令，《诗谱》云齐人）。延年授虢徐敖。敖授九江陈侠（王莽讲学大夫）。”或云，陈侠传谢曼卿。元始五年，公车征说《诗》。后汉郑众、贾逵传《毛诗》，马融作《毛诗注》，郑玄作《毛诗笺》，申明毛义，难三家，于是三家遂废矣。魏太常王肃更述毛非郑；荆州刺史王基（字伯舆，东莱人）驳王肃申郑义。晋豫州刺史孙毓（字休朗，北海平昌人，长沙太守）为《诗评》，评毛、郑、王肃三家同异，朋于王；徐州从事陈统（字符方）难孙申郑。宋征士雁门周续之（字道祖，及雷次宗俱事庐山惠远法师）、豫章雷次宗（字仲伦，宋通直郎，征不起）、齐沛国刘瓛并为《诗序义》。前汉鲁、齐、韩三家《诗》列于学官，平帝世《毛诗》始立，《齐诗》久亡，《鲁诗》不过江东，《韩诗》虽在，人无传者，唯《毛诗》、郑笺独立国学，今所遵用。

【按】本段又见于《国朝经师经义目录·诗》：

《诗》有齐、鲁、韩、毛四家，皆出于子夏。《齐诗》，齐人辕固生作《诗传》，号曰《齐诗》。鲁人申培公受《诗》于浮邱伯，以《诗经》为训故以教，无传，疑者则阙，号曰《鲁诗》。燕人韩婴推《诗》之意，作《内外传》万言，号曰《韩诗》。《毛诗》者，出自毛公，河间献王好之。徐整云：“子夏授高行子，高行子授薛仓子，薛仓子授帛妙子，帛妙子授河间人大毛公，为《诗故训》传于家，以授赵人小毛公。小毛公为河间献王博士，以不在汉朝，故不列于学。”一云：“子夏传曾申，申传魏人李克，克传鲁人孟仲子，孟仲子传根牟子，根牟子传越人孙卿子，孙卿子传鲁人大毛公。”《汉书·儒林传》云：“毛公，赵人，治《诗》，为河间献王博士，授同国贯长卿，长卿授延年，延年授虢徐敖，敖授九江陈侠。或云：陈侠授谢曼卿。”三说不同，未知孰是。后汉郑众、贾逵传《毛诗》，马融作注，郑玄作笺，于是毛传大行，而三家废矣。魏王肃又述毛非郑，王基驳王申郑，孙毓为《诗评》，评毛、郑、王肃三家同异，而朋于王，陈统又难孙申郑。王、郑两家互相掊击，皆本毛传。自汉及五代，未有不本毛公而别为之说者，有之，自欧阳修《诗本义》始。于经义毫无裨益，专务新奇而已。修开妄乱之端，于是攻《小序》者不一其人，攻《大序》者不一其人，若毛传、郑笺，则弃之如粪土矣。至程大昌之《诗论》、王柏之《诗疑》，变本加厉，斥之为异端邪说可也。

【原文】

汉兴，传《礼》者始于高堂生，传《士礼》十七篇，即今之《仪礼》。而鲁徐生善为容，孝文时为礼官大夫。景帝时河间献王得古《礼》献之。瑕邱萧奋以《礼》至淮阳太守，授东海孟卿，卿授同郡后苍及鲁闾邱卿。其古《礼》五十六篇，苍《传》十七篇，说数万言，号《后苍曲台记》。苍授沛闻人通汉及梁戴德、戴圣、沛庆普，由是《礼》有大小戴、庆氏之学。普授鲁夏侯敬，又传族子咸。大戴授琅玡徐良，小戴授梁人桥仁及杨荣。王莽时，刘歆为国师，始建立《周官经》，以为《周礼》。河南缑氏杜子春受业于歆，郑兴父子等多往师之。贾徽、贾逵、马融、郑玄、卢植皆传《礼》云。

【辨伪】此段抄自《经典释文序录·注解传述人》：

汉兴，有鲁高堂生传《士礼》十七篇，即今之《仪礼》也。而鲁徐生善为容，孝文时为礼官大夫。景帝时，河间献王好古，得古礼献之。（郑《六艺论》云：后得孔氏壁中、河间献王古文《礼》五十六篇、《记》百三十一篇、《周礼》六篇。其十七篇与高堂生所传同，而字多异。刘向《别录》云：古文《记》二百四篇。《艺文志》曰：《礼古经》五十六篇，出于鲁淹中。苏林云：淹中，里名。）或曰，河间献王开献书之路，时有李氏上《周官》五篇，失《冬官》一篇，乃购千金不得，取《考工记》以补之。瑕丘萧奋以《礼》至淮阳太守，授东海孟卿（孟喜父）。卿授同郡后苍及鲁闾丘卿。其古《礼经》五十六篇，苍传十七篇，所余三十九篇宣付书馆，名为《逸礼》。苍说《礼》数万言，号曰《后苍曲台记》（在曲台校书著记，因以为名）。孝宣之世，苍为最明。苍授沛闻人通汉（字子方，以太子舍人论石渠，至中山中尉）及梁戴德（字延君，号大戴，信都太傅）、戴圣（字次君，号小戴，以博士论石渠，至九江太守）、沛庆普（字孝公，东平太傅），由是礼有大小戴、庆氏之学。普授鲁夏侯敬，又传族子咸（豫章太守）。大戴授琅玡徐良（字斿卿，为博士、州牧、郡守，家世传业）。小戴授梁人桥仁（字季卿，大鸿胪，家世传业）及杨荣（字子孙，琅玡太守）。王莽时，刘歆为国师，始建立《周官经》，以为《周礼》。河南缑氏杜子春受业于歆，还家以教门徒，好学之士郑兴父子（兴字少赣，河南人，后汉太中大夫。子众已见前。并作《周礼解诂》）等多往师之。贾景伯亦作《周礼解诂》。《礼记》者，本孔子门徒共撰所闻以为此记，后人通儒各有损益，故《中庸》是子思伋所作，《缁衣》是公孙尼子所制。郑玄云：“《月令》是吕不韦所撰。”卢植（字子干，涿郡人，后汉北中郎将、九江太守）云：“《王制》是汉时博士所为。”陈邵（字节良，下邳人，晋司空长史）《周礼论序》云：“戴德删《古礼》二百四篇为八十五篇，谓之《大戴礼》；戴圣删《大戴礼》为四十九篇，是为《小戴礼》（汉刘向《别录》有四十九篇，其篇次与今《礼记》同，名为他家书拾撰所取，不可谓之《小戴礼》）。”后汉马融、卢植考诸家同异，附戴圣篇章，去其繁重，及所叙略而行于世，即今之《礼记》是也。郑玄亦依卢、马之本而注焉。范晔《后汉书》云：中兴，郑众传《周官经》。后马融作《周官注》。（郑注引杜子春、郑大夫、郑司农之义。郑玄《三礼目录》云：“二郑信同宗之大儒，今赞而辩之。”）玄本治《小戴礼》，后以古经校之，取其于义长者顺者，故为郑氏学。玄又注小戴所传《礼记》四十九篇，通为“三礼”焉。汉初，立高堂生《礼》博士，后又立大小戴、庆氏三家，王莽又立《周礼》。后汉，“三礼”皆立博士。今庆氏《曲台》久亡，大戴无传学者，唯郑注《周礼》、《仪礼》、《礼记》并列学官，而《丧服》一篇又别行于世，今“三礼”俱以郑为主。

【按】此段又见于《国朝经师经义目录·礼》：

秦氏坑焚，《礼经》缺坏。汉兴，鲁高堂生传《士礼》十七篇，即今之《仪礼》也。而鲁徐生善为容。景帝时，河间献王好古，得《古礼》献之——《古文礼》五十六篇、《记》百三十一篇、《周礼》六篇。其十七篇与高堂生同，而字多异。或曰：“河间献王开献书之路，有李氏上《周官》五篇，失《冬官》一篇，乃购千金，不得，取《考工记》以补之，即今之《周礼》也。”《礼记》者，本孔子门徒共撰所闻，以为此记，后人各有损益。《中庸》，子思所作；《缁衣》，公孙尼子制；《月令》，吕不韦撰；《王制》，汉时博士所为。陈邵《周礼论序》云：“戴德删《古礼》二百四篇为八十五篇，谓之《大戴礼》；戴圣删《大戴礼》为四十九篇，是为《小戴礼》。”后汉马融、卢植考诸同异，附戴圣篇章，去其繁重及所叙略而行于世，即今之《礼记》也。传《礼经》者，自瑕邱萧奋授东海孟卿，卿授同郡后苍及鲁瑕邱卿。其《古礼经》五十六篇，苍传十七篇，所余三十余篇，以付书馆，名为《逸礼》。苍说《礼》，号《后苍曲台记》，授闻人通汉及戴德、戴圣、庆普，由是《礼》有大、小戴、庆氏之学。普授夏侯敬，又传族子成。大戴授徐良，小戴授桥仁、杨荣。新莽时，刘歆为国师，始立《周官经》。杜子春受业于歆，授郑兴父子。此《士礼》、《周官》授受源流也。庆氏《曲台》，其亡已久。传《礼记》者，马融、卢植、郑康成。自晋及唐，“三礼”皆用郑注。至宋儒潜心理学，不暇深究名物度数，所以于《礼经》无可置喙，然必欲攻击汉儒，乃于《周礼》中指摘其好引谶纬而已。南宋以后，始改窜经文，补亡之说兴矣。《士礼》十七篇，文词古奥，宋儒畏其难读，别无异说。至敖继公，始疑《丧服传》非子夏所作，而注文隐攻郑氏，巧于求胜，于是郝敬之《臆断》、奇龄之《吾说》起矣。延祐科举之制，《易》、《诗》、《书》、《春秋》皆以宋儒新说与《注疏》相参，惟《礼记》则专用《注疏》。至陈澔，乃为《集说》一书，不从郑注，于是谈《礼记》皆趋浅显，而不问古义矣。至国朝，如万斯大、蔡德晋、盛百二，虽深于《礼经》，然或取古注，或参妄说，吾无取焉；方苞辈则更不足道矣。

【原文】

汉兴，传《公羊春秋》者，始于齐人胡毋生、赵人董仲舒。兰陵褚大、东平嬴公、广川段仲温、吕步舒皆仲舒弟子。嬴公守学，不失师法，授东海孟卿及鲁眭弘，弘授彭祖及颜安乐，由是《公羊》有严、颜之学。弘弟子八百余人，常曰：“《春秋》之意，在二子矣。”彭祖授琅玡王中，中授同郡公孙文及东门云。安乐授淮阳泠丰及淄川任翁，丰授大司徒马宫及琅玡左咸。始贡禹事嬴公而成于眭、孟，以授颍川堂溪惠，惠授泰山冥都，又疏广事孟卿，以授琅玡筦路，筦路及冥都又事颜安乐，路授大司农孙宝。瑕邱江公受《穀梁春秋》及《诗》于鲁申公，武帝时为博士，使与董仲舒论，江公呐于口，而丞相公孙弘本为《公羊》学，比辑其义，终用董生。于是上因尊《公羊》家，诏太子受。卫太子复私问《穀梁》而善之，其后寖微，唯鲁荣广、浩星公二人受焉。广能尽传其《诗》、《春秋》。蔡千秋、梁周庆、丁姓皆从广受，千秋又事浩星公，为学最笃。宣帝即位，闻卫太子好《穀梁》，乃诏千秋与《公羊》家并说，上善《穀梁》说。后又选郎十人，从千秋受。会千秋病死，征江公孙为博士，诏刘向受《穀梁》，欲就助之。江博士复死，乃征周庆、丁姓待诏，使卒授十人。十余岁，皆明习。乃召“五经”名儒、太子太傅萧望之等，大议殿中，平《公羊》、《穀梁》同异。望之等多从《穀梁》，由是大盛，庆姓皆为博士。姓授楚申章昌曼君。初，尹更始事蔡千秋，又受《左氏传》，取其变理合者，以为章句，传子咸及翟方进、房凤。始江博士授胡常，常授梁萧秉，王莽时为讲学大夫。《左氏传》本左丘明作，以授曾申，申传卫人吴起，起传其子期，期传楚人铎椒，椒传赵人虞卿，卿传同郡荀卿名况，况传武威张苍，苍传洛阳贾谊，谊传至其孙嘉，嘉传赵人贯公，贯公传其少子长卿，长卿传京兆张敞及侍御史张禹，禹数为御史大夫萧望之言左氏，望之善之，荐禹征待诏。未及问，会病死。禹传尹更始，更始传其子咸及翟方进、胡常，常授黎羊贾护，护授苍梧陈钦。《汉书·儒林传》云：“汉兴，北平侯张苍及梁太傅贾谊、京兆尹张敞、太中大夫刘公子皆修《春秋左氏传》。”始刘歆从尹咸及翟方进受《左氏》，由是言《左氏》者，本之贾护、刘歆。歆授扶风贾徽，徽传子逵，逵受诏列《公羊》、《穀梁》不如《左氏》四十事奏之，名曰《左氏长义》。章帝善之，逵又作《左氏训诂》，司空南阁祭酒陈元作《左氏同异》，大司农郑众作《左氏条例章句》，南郡太守马融为三家同异之说，京兆尹延笃受《左氏》于贾逵之孙伯升，因而注之，汝南彭汪记先师奇说及旧注，太中大夫许叔、九江太守服虔、侍中孔嘉、魏司徒王朗、荆州刺史王基、大司农董遇、征士敦煌周生烈并注解《左氏传》。梓潼李仲钦著《左氏指归》，陈郡颖容作《春秋条例》，又何休作《左氏膏肓》、《春秋墨守》、《穀梁废疾》，郑康成作《针膏肓》、《发墨守》、《起废疾》，自是《左氏》大兴。

【辨伪】此段抄自《经典释文序录·注解传述人》：

汉兴，齐人胡毋生（字子都，景帝时为博士，年老归教于齐。齐之言《春秋》者宗事之，公孙弘亦颇受焉）、赵人董仲舒（官至江都、胶西相）并治《公羊春秋》。兰陵褚大（梁相）、东平嬴公（谏大夫）、广川段仲温、吕步舒（步舒，丞相长史）皆仲舒弟子。嬴公守学不失师法，授东海孟卿及鲁眭弘（字孟，符节令）。弘授严彭祖（字公子，东海下邳人，为博士，至左冯翊、太子太傅）及颜安乐（字翁孙，鲁国薛人也，孟姊子也，为齐郡太守丞），由是公羊有严、颜之学。弘弟子百余人，常曰：“《春秋》之意在二子矣。”彭祖授琅玡王中（少府，家世传业）。中授同郡公孙文（东平太傅，徒众甚盛）及东门云（荆州刺史）。安乐授淮阳泠丰（字次君，菑川太守）及淄川任翁（少府）。丰授大司徒马宫（字游卿，东海戚人，封扶德侯）及琅玡左咸（郡守九卿，徒众甚盛）。始贡禹（字少翁，琅玡人，御史大夫）事嬴公而成于眭、孟，以授颍川堂溪惠。惠授泰山冥都（丞相史）。又疏广（字仲翁，东海兰陵人，太子太傅）事孟卿，以授琅玡筦路。筦路及冥都又事颜安乐。路授大司农孙宝（字子严，颍川鄢陵人）。瑕丘江公受《穀梁春秋》及《诗》于鲁申公，武帝时为博士（传子至孙，皆为博士），使与董仲舒论，江公呐于口，而丞相公孙弘本为《公羊》学，比辑其义，卒用董生。于是上因尊《公羊》家，诏太子受。卫太子复私问《穀梁》而善之。其后寖微，唯鲁荣广（字王孙）、皓星公二人受焉。广尽能传其《诗》、《春秋》。蔡千秋（字少君，谏大夫、郎中户将）、梁周庆（字幼君）、丁姓（字子孙，至中山太傅）皆从广受。千秋又事皓星公，为学最笃。宣帝即位，闻卫太子好《穀梁》，乃召千秋与《公羊》家并说。上善《穀梁》说，后又选郎十人从千秋受。会千秋病死，征江公孙为博士，诏刘向受《穀梁》，欲令助之。江博士复死，乃征周庆、丁姓待诏，使卒授十人。十余岁，皆明习。乃召"五经"名儒、太子太傅萧望之等大议殿中，平《公羊》、《穀梁》同异（时《公羊》博士严彭祖、侍郎申挽、伊推、宋显，《穀梁》议郎尹更始、待诏刘向、周庆、丁姓并论）。望之等多从《穀梁》，由是大盛，庆、姓皆为博士。姓授楚申章昌曼君（为博士，至长沙太傅）。初尹更始（字翁君，汝南邵陵人，议郎、谏大夫、长乐户将）事蔡千秋，又受《左氏传》，取其变理合者以为章句，传子咸（大司农）及翟方进（字子威，汝南上蔡人，丞相，封侯）、房凤（字子元，琅琊不其人，光禄大夫、五官中郎将、青州牧）。始江博士授胡常，常授梁萧秉（字君房），王莽时为讲学大夫。

左丘明作《传》以授曾申。申传卫人吴起（魏文侯相）。起传其子期。期传楚人铎椒（楚太傅）。椒传赵人虞卿（赵相）。卿传同郡荀卿名况。况传武威张苍（汉丞相北平侯）。苍传洛阳贾谊（长沙梁王大傅）。谊传至其孙嘉。嘉传赵人贯公。（《汉书》云："贾谊授贯公，为河间献王博士。"）贯公传其少子长卿（荡阴令）。长卿传京兆尹张敞（字子高，河东平阳人，徙杜陵）及侍御史张禹（字长子，清河人）。禹数为御史大夫萧望之言《左氏》，望之善之，荐禹征待诏，未及问，会病死。禹传尹更始。更始传其子咸及翟方进、胡常。常授黎阳贾护（字季君，哀帝时待诏为郎）。护授苍梧陈钦（字子佚，以《左氏》授王莽，至将军）。《汉书·儒林传》云："汉兴，北平侯张苍及梁太傅贾谊、京兆尹张敞、太中大夫刘公子皆修《春秋左氏传》。"始刘歆（字子骏，向之子，王莽国师）从尹咸及翟方进受《左氏》。（哀帝时歆与房凤、王龚欲立《左氏》，为师丹所奏，不果，平帝世始得立）。由是言《左氏》者本之贾护、刘歆。歆授扶风贾徽（字符伯，后汉颍阴令，作《春秋条例》二十一卷）。徽传子逵。逵受诏，列《公羊》、《穀梁》不如《左氏》四十事奏之，名曰《左氏长义》，章帝善之。逵又作《左氏训诂》。司空南阁祭酒陈元作《左氏同异》，大司农郑众作《左氏条例章句》，南郡太守马融为三家同异之说。京兆尹延笃（字叔坚，南阳人）受《左氏》于贾逵之孙伯升，因而注之。汝南彭汪（字仲博）记先师奇说及旧注。太中大夫许淑（字惠卿，魏郡人）、九江太守服虔（字子慎，河南人）、侍中孔嘉（字山甫，扶风人）、魏司徒王朗（字景兴，肃之父）、荆州刺史王基、大司农董遇、征士敦煌周生烈并注解《左氏传》。梓潼李仲钦著《左氏指归》。陈郡颍容（字子严，后汉公车征不就）作《春秋条例》。又何休（字邵公，任城人，后汉谏大夫）作《左氏膏肓》、《公羊墨守》、《穀梁废疾》。郑康成针《膏肓》，发《墨守》，起《废疾》。自是，《左氏》大兴。汉初，立《公羊》博士。宣帝又立《穀梁》。平帝始立《左氏》。后汉建武中，以魏郡李封为《左氏》博士，群儒蔽固者数廷争之，及封卒，因不复补。和帝元兴十一年，郑兴父子奏上《左氏》，乃立于学官，仍行于世，迄今遂盛行，二传渐微。（江左中兴，立《左氏传》杜氏、服氏博士，太常荀崧奏请立二传博士，诏许立《公羊》，云："《穀梁》肤浅，不足立博士。"王敦乱，竟不果立。）《左氏》今用杜预注，《公羊》用何休注，《穀梁》用范宁注。二传近代无讲者，恐其学遂绝，故为音以示将来。

【按】此段又见于《国朝经师经义目录·春秋》：

孔子作《春秋》，为之传者，左丘明、公羊高、穀梁赤及邹氏、夹氏。邹氏无师，夹氏有录无书，皆不显于世。传于世者，左氏、公、穀三家。邱明作传，以授曾申。申传吴起。起传其子期。期传铎椒。椒传虞卿。卿传荀况。况传张苍。苍传贾谊。谊传至其孙嘉。嘉传贯公。贯公传少子长卿。长卿传张敞及张禹。禹传尹更始。更始传其子成及翟方进、胡常。常授贾护。护授陈钦。刘歆从尹咸及翟方进受《左氏》。歆授贾徽。徽传子逵。逵受诏，列《公羊》、《穀梁》不如《左氏》四十事奏之，又作《左氏训诂》。于是郑众、马融、服虔并为左氏学。至和帝元兴十一年，郑兴父子奏上《左氏》，乃立于学官，遂盛行。江左中兴，用服氏注，后专用杜氏，而诸家之注废矣。传《公羊》者，胡毋生、董仲舒。仲舒传褚大、嬴公、段仲温、吕步舒。嬴公授孟卿及眭宏。宏授严彭祖、颜安乐，由是《公羊》有严、颜之学。数传至孙宝，后汉何休为之注。传《穀梁》者，瑕邱江公受于鲁申公，其学寖微，惟荣广、浩星公二人受焉。蔡千秋、周庆、丁姓皆从广受《穀梁》。千秋又事浩星公，为学最笃。宣帝即位，闻卫太子好《穀梁》，乃诏千秋与《公羊》家并说。上善《穀梁》说，后又选郎十人从千秋受。会千秋病死，征江公孙为博士，诏刘向受《穀梁》，欲命助之。江博士复死，乃征周庆、丁姓待诏，使卒授十人。十余岁，皆明习。乃召"五经"名儒、太子太傅萧望之等大议殿中，平《公羊》、《穀梁》同异。望之等多从《穀梁》，由是大盛。又有尹更始事千秋，传其学。又受《左氏传》，为《章句》十五卷。继之者唐固、麋信。至隋时，《穀梁》用范宁注。是时，左氏学大行，二家鲜习之者。至唐，赵匡、啖助、陆淳始废传谈经，而"三传"束诸高阁，《春秋》之一大厄也。有宋诸儒之说《春秋》，皆啖、赵之子孙而已。国朝为左氏之学者，吴江朱氏、无锡顾氏。而鹤龄杂取邵宝、王樵之说，而不采贾、服；震沧之《大事表》虽精，然实以宛斯之书为蓝本，且不知著书之体，有不必表者亦表之，甚至如江湖术士之书，以七书为歌括，不值一噱矣。兹不著录。宋以后贵文章，治《左氏》，《公》、《穀》竟为绝学。阮君伯元云孔君广森深于公羊之学。然未见其书，不敢著录，余仿此。

【原文】

汉兴，颜芝子贞传《孝经》，是为今文。长孙氏、博士江翁、少府后苍、谏大夫翼奉、安昌侯张禹传之，各自名家，凡十八章。又有古文出于孔氏壁中，孔安国作传，刘向校书，定为十八。后汉马融亦作《古文孝经传》，而世不传。世所行郑注，相承以为郑玄。按：《郑志》及《中经簿》无，唯中朝穆帝集讲《孝经》云："以郑玄为主。"检《孝经注》，与康成注"五经"不同，未详是非。窃按：《孝经注》出郑小同。

【辨伪】此段抄自《经典释文序录·注解传述人》：

《孝经》者，孔子为弟子曾参说孝道，因明天子庶人五等之孝，事亲之法，亦遭焚烬。河间人颜芝为秦禁藏之，汉氏尊学，芝子贞出之，是为今文。长孙氏博士江翁少府后苍谏大夫翼奉安昌侯张禹传之，各自名家。凡十八章。又有古文出于孔氏壁中，别有

《闺门》一章，自余分析十八章，总为二十二章。孔安国作传，刘向校书，定为十八。后汉马融亦作《古文孝经传》，而世不传。世所行郑注，相承以为郑玄。案《郑志》及《中经簿》无，唯中朝穆帝集讲《孝经》，云以郑玄为主。检《孝经》注，与康成注“五经”不同，未详是非。《古文孝经》世既不行，今随俗用郑注十八章本。

【原文】

汉兴，传《论语》者有三家：《鲁论语》者，鲁人所传，即今所行篇次是也。常山都尉龚奋、长信少府夏侯胜、丞相韦贤及次子元成、鲁扶卿、太子少傅夏侯建、前将军萧望之并传之，各自名家。《齐论语》者，齐人所传，昌邑中尉王吉、少府宋畸、琅玡王卿、御史大夫贡禹、尚书令五鹿充宗、胶东庸生并传之。唯王阳名家。《古论语》者，出自孔氏壁中，孔安国为传，后汉马融亦注之。安昌侯张禹受《鲁论》于夏侯建，又从庸生、王吉受《齐论》，择善而从，号曰《张侯论》，最后而行于汉世。禹以《论》授成帝。后汉包咸、周氏并为章句，王肃亦有注。

【辨伪】此段抄自《经典释文序录·注解传述人》：

汉兴，传者则有三家：《鲁论语》者，鲁人所传，即今所行篇次是也。常山都尉龚奋、长信少府夏侯胜、丞相韦贤及子玄成、鲁扶卿（郑云扶先，或说先先生）、太子少傅夏侯建、前将军萧望之并传之，各自名家。《齐论语》者，齐人所传，别有《问王》、《知道》二篇，凡二十二篇，其二十篇中，章句颇多于《鲁论》。昌邑中尉王吉、少府宋畸、琅玡王卿、御史大夫贡禹、尚书令五鹿充宗、胶东庸生并传之，唯王阳名家。《古论语》者，出自孔氏壁中，凡二十一篇，有两《子张》（如淳云：分《尧曰》篇后子张问“何如可以从政”以下为篇，名曰《从政》），篇次不与《齐鲁论》同。（《新论》云：“文异音四百余字。”）孔安国为传，后汉马融亦注之。安昌侯张禹受《鲁论》于夏侯建，又从庸生、王吉受《齐论》，择善而从，号曰《张侯论》，最后而行于汉世。禹以《论》授成帝。后汉包咸（字子长，吴人，大鸿胪）、周氏（不详何人）并为章句，列于学官。郑玄就《鲁论》张、包、周之篇章，考之《齐》、《古》，为之注焉。魏吏部尚书何晏集孔安国、包咸、周氏、马融、郑玄、陈群（字长文，颍川人，魏司空）、王肃、周生烈（敦煌人，《七录》云：字文逢，本姓唐，魏博士侍中）之说，并下己意，为《集解》，正始中上之，盛行于世，今以为主。

【按】此段又见于《国朝经师经义目录·论语》：

《论语》者，孔子应答弟子及时人所言，或弟子相与言而接闻夫子之语也。郑康成云：仲弓、子夏等所撰定。汉兴，传者《鲁论语》、《齐论语》、《古论语》三家。传《鲁论语》者：龚奋、夏侯胜、韦贤、贤弟元成、扶卿、夏侯建、萧望之。《齐论语》则有《问王》、《知道》二篇，凡二十二篇。其二十篇中，章句颇多于《鲁论》。传之者：王吉、王卿、贡禹、五鹿充宗、胶东庸生。《古论语》出孔壁中，二十一篇。有两《子张》篇，次与齐、鲁不同。孔安国为传，马融亦注之。张禹受《鲁论》于夏侯建，又从庸生、王吉受《齐论》，择善而从，号曰《张侯论》。包咸、周氏并为章句，郑玄就《鲁论》张、包、周之篇章，考之齐、古，为之注焉。魏何晏又为集解。梁、陈、郑、何并立于学官。唐则专用何注，而郑注亡矣。至南宋，朱子始以《论语》、《孟子》及《礼记》中之《中庸》、《大学》二篇，合为《四书》，盛行于世，凡四书类及经总义类，皆附于此。

【本篇结论】

《两汉传经诸儒》篇近抄《国朝经师经义目录》，远袭《经典释文序录·注解传述人》。其实，江藩《国朝经师经义目录》、焦袁熹《儒林谱》等，也不过是《经典释文序录·注解传述人》的翻版。江懋钧《国朝经师经义目录跋》云："家大人既为《汉学师承记》，之后复以传中所载谱家撰述，有不尽关经传者，有虽关经术而不醇者，乃取其专谕经术，而一本汉学之书，仿唐陆元朗《经典释文》传注姓氏之例，作《经师经义目录》一卷附于记后，俾治实学者得所取资，寻其宗旨，庶不致混莠于苗，以砆为玉也。著录之意，大凡有四：一、不关乎经义小学，意不纯乎汉儒古训者，不著录；一、书虽存其名而实未成者，不著录；一、书已行于世，而未及见者，不著录；一、其人尚存，著述仅附见于前人传后者，不著录。凡在此例，不欲滥登，固非以意为弃取也。"可见，江藩既仿《经典释文》之例，又有自己的取舍标准。

考镜源流，我们还是以陆德明《经典释文序录》为源头（《经典释文序录》又根据前、后《汉书》等相关材料隐括而成，详见吴承仕《经典释文序录疏证》一书）。《两汉通经诸儒》开门见山："予既遵陆氏元朗录传经诸儒，以明家法。"可谓不打自招，所言当不诬矣。

《两汉通经诸儒》抄自《通经表》

【原文】

毕氏秋帆作《传经表》，并作《通经表》，自通一经以上至十数经者皆录焉。其尊汉经师，盖不言而喻矣。予既遵陆氏元朗录传经诸儒，以明家法；因又录通经者，以示博约。

【辨伪】旧本题镇洋毕沅撰《传经表序》曰："六经权舆于孔子，六经之师亦权舆于孔子。《易》，孔子十五传至刘轶；《尚书》家学，二十一传至孔昱；《诗》，《鲁》十五传至许晏，《毛》十六传至贾逵；《春秋经》，《左氏》十九传至马严，《公羊》十三传至孙贲，《穀梁》十一传至侯霸；他若《今文尚书》，伏胜十七传至王肃；《齐诗》，辕固七传至伏恭；《韩诗》，韩婴六传至张就；《礼》，高堂生六传至庆咸。上自春秋，迄于三国，六百年中，父以传子，师以授弟，其耆门高义开门授徒者，编牒不下万人，多者至著录万六千人，少者亦数百人，盛矣。降自典午，则无闻焉。岂非孔氏之学专门授受，逮孙炎、王肃以后始散绝乎？暇日，采缀群书，第其本末，校正讹漏，作《传经表》一卷。其师承无可考者，复以《通经表》一卷缀之，而通二经以上至十数经者咸附录焉。明朱睦㮮《授经图》、国朝朱彝尊《经义考·师承》所录详实倍之。盖周秦汉魏经学授受之原，至此乃备也。乾隆四十六年岁在辛丑八月望日序。"中华书局本《洪亮吉集》第三册第1143页所收《传经表序》一文，除了未注明时间之外，与此序大致相同，仅有少量文字有所出入，应该是洪亮吉拟稿，毕沅点窜而成。署名毕沅撰的《传经表》、《通经表》，当为洪亮吉捉刀，二表均收入《洪北江全集》本。

【原文】

汉承秦火而后，经籍尽亡，治一经为难。故田、齐之《易》，伏生之《书》，毛公之《诗》，高堂生之《礼》，公、穀之《春秋》，皆止一经。

【辨伪】《传经表》分《易》、《书》、《诗》、《春秋》、《礼》五栏排列，文繁不录。

【原文】

自“而通二经者则有”至“其治十一经者则有茂陵马融”一大段，文详见本书上编。

【辨伪】 本篇抄自《通经表》：

二经：申培公，鲁人，《鲁诗》、《穀梁》。孟卿，东海人，《春秋》、《礼》。韩婴，燕人，《诗》、《易》。司马迁，字子长，《易》、《古文尚书》。博士江生，《鲁诗》、《孝经》。夏侯建，字长卿，《尚书》、《论语》。徐敖，虢人，《古文尚书》、《毛诗》。王璜，字平中，琅玡人，《易》、《古文尚书》。贾嘉，洛阳人，《尚书》、《左氏》。荣广，鲁人，字王孙，《诗》、《穀梁》。主父偃，临淄人，《易》、《春秋》。丙吉，《诗》、《礼》。贡禹，《公羊》、《论语》。王骏，《易》、《论语》。翼奉，《诗》、《孝经》。尹更始，字翁君，汝南人，《左氏》、《穀梁》。尹咸，同上。朱云，《易》、《论语》。梅福，字子真，寿春人，《尚书》、《穀梁》。严彭祖，字公子，下邳人，《左氏》、《穀梁》。王尊，字子赣，高阳人，《书》、《论语》。五鹿充宗，字君孟，《易》、《论语》。房凤，字子元，琅玡人，《左氏》、《穀梁》。翟方进，《左氏》、《穀梁》。刘嘉，字孝孙，光武族兄，《尚书》、《春秋》。刘昆，字桓公，东昏人，《施氏易》、《徐氏容礼》。卓茂，字子康，宛人，《鲁诗》、《礼》。虞俊，字仲卿，无锡人，《公羊》、《左氏》。《姓谱》。冯豹，字仲文，衍子，《诗》、《春秋》。郅恽，字君章，西平人，《韩诗》、《严氏春秋》。第五元［先］，京兆人，《京氏易》、《公羊》。孙期，字仲彧，成武人，《京氏易》、《古文尚书》。张驯，字子俊，定陶人，《大夏侯尚书》、《左氏》。李育，字元春，扶风人，《左氏》、《公羊》。孔子建，鲁人，《古文尚书》、《毛诗》。右师细君，长安人，《鲁诗》、《论语》。包咸，字子良，会稽人，同上。徐巡，济南人，《古文尚书》、《毛诗》。张楷，成都人，《古文尚书》、《严氏春秋》。宋均，字叔庠，安众人，《诗》、《礼》。杨秉，字叔节，弘农人，治《京氏易》、《古文尚书》。刘陶，字子奇，定阴人，《古文尚书》、《春秋》。邓宏，新野人，《易》、《欧阳尚书》。邓德甫，经同上。皇甫规，字威明，朝那人，《易》、《诗》。杨赐，字伯献，《尚书》、《左氏》。夏恭，字敬公，蒙人，《孟氏易》、《韩诗》。樵玄，字君黄，阆中人，《易》、《春秋》。廖扶，字文起，平舆人，《欧阳尚书》、《毛诗》。公沙穆，字文又，胶东人，《韩诗》、《公羊》。乐恢，字伯起，长陵人，《齐诗》、《春秋》。赵牧，经同上。陈重，字景公，宜春人，《鲁诗》、《严氏春秋》。雷义，字仲公，鄱阳人，经同上。郭恩，《周易》、《春秋》。陈纪，字元方，许人，《齐诗》、《左氏》。贾复，字君文，冠军人，《易》、《尚书》。孔乔，字子松，宛人，《古文尚书》、《左氏》。（以下谢承书）韦著，京兆人，《京氏易》、《韩诗》。李昺，字子然，鄮人，《京氏易》、《鲁诗》。宗资，字叔都，南阳人《孟氏易》、《欧阳尚书》。度尚，字博平，湖陆人，《京氏易》、《古文尚书》。（司马彪《续汉书》）杜真，字孟宗，绵竹人，《周易》、《春秋》。（《益都耆旧传》）耿弇，字伯昭，茂陵人，《诗》、《礼》。（袁崧书）祝睦，《韩诗》、《公羊严氏春秋》。韩歆，字翁君，南阳人，《费易》、《左氏》。任安，字定祖，绵竹人，《孟氏易》、《夏侯尚书》。（以下《益都耆旧传》）李孟元，《易》、《论语》。董扶，字茂安，绵竹人，《易》、《欧阳尚书》。韩宗，《京氏易》、《欧阳尚书》。杜晖，《梁丘易》，《公羊》。（《隶释》）田君，东平阳人，《京氏易》、《韩诗》。(《集古录》①、《隶释》②）夏承，《尚书》、《诗》。(《金石录》③）鲁峻，《鲁诗》、《颜氏春秋》。(《隶释》）卫宏，《漆书古文尚书》、《毛诗》。(《后汉书》、《经典释文》）许淑，字惠卿，魏郡人，《费氏易》、《左氏》。杜琼，字伯瑜，成都人，《尚书》、《韩诗》。（以下《三国志》）士燮，字彦威，广信人，《尚书》、《左氏》。高诱，《礼》、《孝经》。董遇，字季直，弘农人，《费氏易》、《左氏》。周生烈，字文逢，敦煌人，《左氏》、《古论语》。郑小同，高密人，玄孙，《小戴记》、《孝经》。征崇，字子和，河南人，《易》、《左氏》。(《吴录》）唐固，字子正，丹阳人，《公羊》、《穀梁》。虞翻，字仲翔，余姚人，《易》、《论语》。杜宽，字务叔，杜陵人，《礼记》、《左氏》。钟繇，字元常，长社人，《易》、《左氏》。郭恩，字义博，利漕人，《易》、《春秋》。何晏，字平叔，南阳人，《易》、《论语》。张昭，字子布，彭城人，《左氏》、《论语》。王弼，字辅嗣，山阳人，《易》、《论语》。(《魏志》、《隋书》、《释文》）

三经：后苍，字近君，郯人，《齐诗》、《礼》、《孝经》。江公，瑕邱人，《鲁诗》、《穀梁》、《论语》。周霸，鲁人，《易》、《尚书》、《鲁诗》。胡常，清河人，《古文尚书》、《左氏》、《穀梁》。萧望之，字长倩，东海兰陵人，《齐诗》、《礼服》、《论语》。韦玄成，字××（原文如此——引者)，邹人，《鲁诗》、《礼》、《论语》。班伯，扶风人，《齐诗》、《尚书》、《论语》。范升，字辩卿，代郡人，《梁丘易》、《论语》、《孝经》。周磐，字坚伯，汝南安成人，《古文尚书》、《诗》、《左氏》。崔骃，字亭伯，安平人，《易》、《诗》、《春秋》。孔僖，字仲和，鲁人，《古文尚书》、《毛诗》、《春秋》。马续，字季则，茂陵人，《尚书》、《诗》、《论语》。景鸾，字汉伯，梓潼人，《施氏易》、《齐诗》、《礼》。唐檀，字子产，南昌人，《京氏易》、《韩诗》、《颜氏春秋》。崔瑗，字子玉，骃子，《京氏易》、《诗》、《春秋》。濮阳闿，《韩诗》、《左氏》、《礼记》。任延，字长孙，宛人，《易》、《诗》、《春秋》。刘宽，字文饶，华阴人，《京氏易》、《欧阳尚书》、《韩诗外传》。(以下谢承书）刘祐，字伯祖，中山人，《古文尚书》、《严氏春秋》、《小戴礼》。徐穉，字孺子，南昌人，《京氏易》、《欧阳尚书》、《严氏春秋》。杜乔，字叔荣，林虑人，《京氏易》、《欧阳尚书》、《韩诗》。诸葛瑾，字子瑜，阳都人，《尚书》、《毛诗》、《左氏》。(《吴志》)樊安，字子佑，南阳人，《韩诗》、《论语》、《孝经》。(《集古录》)武荣，字含

---

① 《集古录》卷三："右汉田君碑，今在沂州，其名字皆已磨灭，惟云其先出自帝舜之苗裔，自完适齐，因以为氏，乃知为姓田尔。又云周秦之际家于东平阳君总角，修《韩诗》、《京氏易》（真迹作《易京氏》），究洞神变，穷奥极微，为五官掾功曹州从事，辟太尉，延熹二年辛亥，诏书泰山琅玡盗贼未息，州郡吏有仁惠，公清拨烦整化者，试守满岁，为真州言名时牧刘君知君宿操表上试守费，自此以后，残缺不可次第，而隐隐可见，盖无年寿卒葬月日，而有故吏薛咸等立石勒铭之语，乃费县令长德政去思碑尔。治平元年六月二十九日书。"

② 见宋洪适《隶释》卷二十一。

③ 宋赵明诚《金石录》卷十六："君讳承，字仲兖，东莱府君之孙，太尉掾之中子，中郎将弟也。累叶牧守印绂典据十有余人，皆德任其位，名丰其爵，是故宠禄传于历世，策勋著于王室，君钟其美，受性渊懿，含和履仁，治《诗》、《尚书》，兼览群艺，靡不寻畅，州郡更请屈已匡君为主簿督邮，五官掾功曹，上计掾守令冀州从事。又云察孝不行，太傅胡公歆其德美，旌招俯就羔羊，在公四府，归高除淳于长。又云年五十有六，建宁三年六月癸巳淹疾卒，官碑在今洺州元祐间因治河堤得于土壤中建宁灵帝时年号也距今千岁矣而刻画完好如新余家所藏汉碑二百余卷独此碑最完。"原注：第一百十七汉淳于长夏承碑，建宁三年六月。

和，治《鲁诗》韦君章句、《孝经》、《论语》。(《隶释》)袁准，字孝尼，扶乐人，《易》、《书》、《周官经》。(以下《三国志》）韦昭，字宏嗣，云阳人，《毛诗》、《孝经》、《鲁论》。(《隋书》、罗愿《尔雅翼》)辛缮，字公文，弘农人，《易》、《诗》、《春秋》①。(《三辅决录》)

四经：孔安国，鲁人，《诗》、《尚书》、《古文孝经》、《古文论语》。庸谭，胶东人，《古文尚书》、《左氏》、《穀梁》、《论语》。夏侯胜，字长公，东平人，《尚书》、《礼》、《穀梁》、《论语》。张禹，字子文，河内人，《易》、《论语》、《孝经》、[《左氏》]。郑兴，字少赣，河南人，《漆书古文》、《周官经》、《左氏》、《公羊》。郑众，字仲师，《费氏易》、《毛诗》、《周官经》、《左氏》。贾徽，字元伯，扶风人，《古文尚书》、《毛诗》、《周官经》、《左氏》。延笃，字叔坚，犨人，《易》、《尚书》、《左氏》、《礼》。卢植，字子干，《尚书》、“三礼”。徐淑，海西人，《孟氏易》、《周官经》、《公羊传》、《礼记》。(谢承书）文立，字广休，巴郡人，《毛诗》、“三礼”。(《蜀志》)

五经：董仲舒，广川人。刘向，字子政，《汉书》：向书《五行传记》十一卷。《旧唐书》：《五经要义》五卷、《周易系辞义》五卷，又《春秋说》见《晋书》，《孟子注》见《文选注》。褚大，兰陵人。王吉，字子阳，琅玡人，兼通“五经”，能为《邹氏春秋》，以《诗》、《论语》教授。龚胜，字君实，楚人，胜、舍皆通“五经”。龚舍，字君倩，楚人，通“五经”，以《鲁诗》教授。夏侯始昌，鲁人，通“五经”，以《齐诗》、《尚书》教授。鲁丕，字叔陵，平陵人，兼通“五经”，以《鲁诗》、《尚书》教授。桓谭，字君山，沛国人，遍习“五经”，皆训诂大义，不为章句。尹敏，字幼平，堵阳人，《古文尚书》、《欧阳尚书》、《毛诗》、《左氏》、《穀梁》、《论语》。贾逵，字景伯，平陵人，《古文尚书》、《大小夏侯尚书》、《毛诗》、《周官》、《左氏》、《穀梁》。张霸，字文饶，成都人，从樊儵受《严氏公羊》，遂博览“五经”。张恭祖，东郡人，《古文尚书》、《韩诗》、《周官经》、《礼记》、《左氏》。姜肱，字伯淮，广戚人，博通“五经”，兼明星纬。张衡，字平子，西鄂人，通五经，贯六艺。申屠蟠，字子龙，外黄人，博通“五经”，兼明图纬。许慎，字叔重，召陵人，撰《五经异义》，《初学记》引慎《五经通义》。刘淑，字伯承，河间人，明“五经”，讲授诸生常百余人。蔡元，字叔陵，南顿人，学通“五经”，门徒常千人，其著录者万六千人。李郃，字孟节，南郑人，通“五经”，善河洛风星。樊英，字秀齐，鲁阳人，习《京氏易》，兼明“五经”。韩说，字叔儒，会稽山阴人，博通“五经”，尤善星纬之学。井丹，字大春，郿人，少受业太学，通“五经”。法真，字高卿，郿人。玉况，字文伯，京兆人，该总“五经”，志节高亮。② 胡广，字伯始，华

① 四库本《说郛》卷五十九下“白鹿甚驯”条：“辛缮字公文，少治《春秋》、《诗》、《易》，隐居弘农华阴，弟子受业者六百余人。所居旁有白鹿，甚驯，不畏人。”

② 清姚之骃《后汉书补逸》卷十引谢承《后汉书第二》：“玉况，字文伯，京兆杜陵人也，代为三辅名族，该总‘五经’，志节高亮。为陈留太守。性聪敏，善行德教。永平十五年，蝗虫起泰山弥衍兖豫，过陈留界，飞逝不集，五谷独丰。章和元年，诏以况为司徒。案：范书况无传，惟见虞延、班彪传中二人皆况所辟也，东阁招贤，况不愧矣。又光武纪建武二十三年九月，陈留太守玉况为大司徒。二十七年四月，司徒玉况薨，与谢书不合，必有一误。玉姓音宿。”

容人，学究“五经”，古今术艺皆毕览之。（谢承书）① 施延，字君子，蕲县人，明于“五经”，星官风角靡有不综。（谢承书）② 朱穆，字公叔，宛人，少有英才，学明“五经”。(谢承书)③ 刘虞，字伯安，郯人，学通“五经”。(谢承书)④ 王奂，字子昌，武德人，明“五经”，负笈追业。（谢承书)⑤ 李固，字子坚，郃子，学“五经”，积十余年，博览古今。(谢承书)⑥ 李咸，字元卓，西平人，《鲁诗》、《公羊》、“三礼”。⑦ 尹默，字思潜，涪人，学通“五经”，尤精《左氏春秋》。梓潼人。⑧ 张纮，字子纲，广陵人，《京氏易》、《欧阳尚书》、《韩诗》、《左氏》、《礼记》。(《吴志》)⑨严畯，字曼才，彭城人，《诗》、《书》、“三礼”。（同上)⑩ 程秉，字德枢，南顿人，博通“五经”，著《周易摘》、《尚书驳》、《论语弼》，凡三万余言。⑪ 王朗，字景兴，东海人，通《易经》、《欧阳尚书》、《周官经》、《春秋》、《孝经》。(《魏志》)⑫任嘏，字昭光，乐安人，诵

① 清姚之骃《后汉书补逸》卷十一引谢承《后汉书第三》：“广有雅才，学究五经，古今术艺皆毕览之。年二十七举孝廉。”

② 清姚之骃《后汉书补逸》卷十引谢承《后汉书第二》：“延字君子，蕲县人，少为诸生，明于五经，星官风角靡有不综。”

③ 清姚之骃《后汉书补逸》卷十一引谢承《后汉书第三》：“朱穆字公叔，南阳宛人，亦称文忠先生。祖晖范书有传，穆附焉，避弓事，续书作桓帝临雍与此不同。夫小人假密神器侮弄大臣，往往有之，公叔临事不惑，可为士大夫吐气。”

④ 清姚之骃《后汉书补逸》卷十一引谢承《后汉书第三》：“虞父舒丹阳太守。案：虞字伯安，东海郯人。范载虞祖嘉为光禄勋，而佚其父名。虞通五经。东海恭王之后。案：范称虞守道慕名，为季汉之名宗子，信然。

⑤ 清姚之骃《后汉书补逸》卷十一引谢承《后汉书第三》：“王奂字子昌，河内武德人，明五经，负笈追业，常赁灌园，耻交势利，为考城令，迁汉阳太守，征拜议郎卒。案：奂亦独行之士也，故与范丹友善，别见丹传。”

⑥ 清姚之骃《后汉书补逸》卷十一引谢承《后汉书第三》：“固改易姓名，杖策驱驴，负笈追师三辅，学五经，积十余年，博览古今，明于风角星算、河图谶纬，仰察俯占，穷神知变，每到太学，密入公府，定省父母，不令同业诸生知是郃子。案：固字子坚，汉中南郑人，司徒郃之子。固忠烈彪炳，史册彰彰，而密入定省，不令同业知姓名一事尤为高畸，范书独乃遗此，何也?”

⑦ 清姚之骃《后汉书补逸》卷十一引谢承《后汉书第三》：“咸字符卓，汝南西平人，孤特自立，家贫，母老，常躬耕稼以奉养，学《鲁诗》、《春秋公羊》，传三礼，三府并辟，司徒胡广举茂才，除高密令，政多奇异，青州表其状，建宁三年自大鸿胪拜太尉，自在相位，约身率下，常食脱粟饭酱菜而已，不与州郡交通，刺史二千石笺记非公事不发省，以老乞骸骨。”

⑧ 《三国志》卷四十二《蜀书》卷十二：“尹默，字思潜，梓潼涪人也。益部多贵今文，而不崇章句，默知其不博，乃远游荆州，从司马德操、宋仲子等受古学，皆通诸经史，又专精于《左氏春秋》，自刘歆条例、郑众、贾逵父子、陈元方、服虔注说咸略诵述，不复按本。”

⑨ 《三国志》卷五十三《吴志》卷八引《吴书》曰：“纮入太学，事博士韩宗，治《京氏易》、《欧阳尚书》，又于外黄从濮阳闿受《韩诗》及《礼记》、《左氏春秋》。”

⑩ 《三国志》卷五十三《吴志》卷八：“严畯字曼才，彭城人也，少耽学，善《诗》、《书》、三礼，又好《说文》。避乱江东，与诸葛瑾、步骘齐名。”

⑪ 见《三国志》卷五十三《吴志》卷八。

⑫ 见《三国志》卷十三《魏志》卷十三。

“五经”皆究其义。嘏别传见王昶传注。①

六经：刘歆，字子骏，向子，《易》、《尚书》、《诗》、《左氏》、《公羊》、《穀梁》、《尔雅》。何休，字邵公，樊人，精研六经，世儒无及者，作《春秋公羊解诂》，又注训《孝经》、《论语》，作《公羊墨守》、《左氏膏肓》、《穀梁废疾》。

七经：张宽②。荀爽，字慈明，汝阴人，《易》、《尚书》、《左氏》、《公羊》、《礼》、《论语》。③ 赵典，字仲经，成都人，典学孔子七经，河图洛书，内外艺术，靡不贯综。受业者百有余人。（谢承书）④ 杨克，字盛国，梓潼人，受古学于扶风马季长、吕叔公、南阳朱明叔、颍川白仲职，精究七经。（《梓潼志》）⑤李撰，字钦仲，涪人，《古文周易》、《尚书》、《毛诗》、“三礼”、《左氏》。（《蜀志》）⑥许慈，字仁笃，南阳人，《郑氏易》、《尚书》、“三礼”、《毛诗》、《论语》。（同［上］）⑦

八经：孙炎，字叔然，乐安人。《易》、《毛诗》、《礼记》、《春秋》三传、《尔雅》。陈祥道《礼书》引炎《周礼注》。⑧

九经：王肃，字子雍，朗子。《易》、《尚书》、《毛诗》、“三礼”、《左氏》、《论语》、《孝经》。（《魏志》、《隋志》）

十经：郑玄，字康成，高密人，从第五元先通《京氏易》、《公羊春秋》，又从张恭祖受《周官经》、《礼记》、《左氏春秋》、《韩诗》、《古文尚书》，凡玄所注《周易》、《尚书》、《毛诗》、《仪礼》、《礼记》、《论语》、《孝经》、《尚书大传》、《中候》、《乾象历》，又著《天文七政论》、《鲁礼禘祫义》、《六艺论》、《毛诗谱》、《驳许慎五经异义》、《答

---

① 四库本《钦定大清一统志》卷一百三十六：“任嘏，字昭光，旐子，八岁丧母，以至性见称。年十四始学，三年中诵‘五经’，皆究其义，兼包群言，无不综览。邑中争讼，皆诣嘏质之，其子弟有不顺者，父母窃数之曰：‘汝所行岂可令任君知耶？’其礼教所化率如此。时访召海内至德，嘏应举，为临淄侯庶子相国东曹属尚书郎，文帝时为黄门侍郎，每纳忠言，帝嘉其淑慎，累迁河东太守，所在化行。”

② 宋宋祁《景文集》卷五十七《成都府新建汉文公祠堂碑》：“蜀之庙食千五百年不绝者，秦李公冰、汉文公翁两祠而已……其后司马相如、王褒、扬雄以文书倡，张宽以博闻显，严遵、李仲元以有道称。”

③ 《后汉书》卷九十二：“爽字慈明，颍川颍阴人也，幼而好学，年十二能通《春秋》、《论语》，太尉杜乔见而称之曰可为人师。著《礼》、《易传》、《诗传》、《尚书正经》、《春秋条例》。又集汉事成败可为鉴戒者，谓之《汉语》。又作《公羊问》及辨谶，并他所论叙，题为《新书》，凡百余篇。”

④ 见《后汉书》卷五十七。

⑤ 晋常璩《华阳国志》卷十下：杨充，字盛国，梓潼人也。少好学，求师遂业，受古学于扶风马季长、吕叔公、南阳朱明叔、颍川白仲职，精究七经。其朋友则颍川荀慈明、李元礼、京兆罗叔景、汉阳孙子夏、山阳王叔茂，皆海内名士。还，以教授州里。常言图纬空说，去事希略，疑非圣不以为教，察孝廉，为郎卒。

⑥ 见《三国志》卷四十二《蜀志》卷十二。

⑦ 见《三国志》卷四十二《蜀志》卷十二。

⑧ 宋郑樵《通志》卷一百十五上：“时乐安孙炎，字叔然，授学郑玄之门人，称东州大儒，征为秘书监，不就。肃集《圣证论》以讥短玄，炎驳而释之，及作《周易》、《春秋例》、《毛诗》、《礼记》、《春秋三传》、《国语》、《尔雅》诸注，又著书十余篇，颇传于世。”

临孝存周礼难》，又《针左氏膏肓》、《发公羊墨守》、《起穀梁废疾》，凡百余万言。又《周礼疏》引玄《尔雅注》。（按：《郑志》及谢承书、《中经簿》皆不言注《孝经》，惟范书有之。今从《国史志》，以《孝经》为玄孙小同所注）

十一经：马融，字季长，茂陵人，《周易》、《尚书》、《诗》、“三礼”、《左氏》、《公羊》、《穀梁》、《论语》、《古文孝经》。

【原文】

自“又帝王通经者”至本篇结尾一段，原文见上编。

【辨伪】《通经表》分帝纪、后纪、诸王、列女、宦官五栏列表①如下：

帝纪：孝武帝，从兒宽问《尚书》。孝昭帝，从韦贤受《鲁诗》，从蔡义受《韩诗》，从夏侯胜受《尚书》。孝宣帝②，从澓中翁③受《诗》，并通《论语》、《孝经》。孝元帝，从欧阳地余、孔霸受《尚书》，张游卿、高嘉受《诗》，疏广受《论语》、《孝经》，萧望之受《论语》、《礼服》。孝成帝④，从郑宽中受《尚书》，伏理受《齐诗》，张禹受《论语》。孝哀帝，从韦元成、韦赏受《鲁诗》。光武帝，从许子威受《尚书》。孝明帝，从谯瑛、刘昆受《易》，桓荣受《尚书》，钟兴受《公羊严氏》，包咸受《论语》。孝章帝，从桓郁、张酺受《尚书》。孝和帝，从张酺受《尚书》，又从桓郁问疑义，从包福问《论语》。孝安帝，从桓焉、邓宏受《欧阳尚书》，并通《论语》。孝顺帝，亦从桓焉。孝桓帝，从周福受经。孝灵帝。蜀先主，从卢植受经。蜀后主，从尹默受《左氏》。

后纪：孝昭上官后，从夏侯胜受《尚书》。孝成赵后，从曹宫受《诗》。班婕妤（附），《诗》。明德马后，《易》、《春秋》、《周官经》。和熹邓后，《诗》、《论语》，又从曹大家受经书。顺烈梁后，《韩诗》、《论语》。

诸王：楚元王交，从浮丘伯受《诗》。夷王郢客，同上。梁襄王揖，本传好《诗》、《书》。淮南王安，安聘明《易》者九人，号九师法⑤。河间献王德，本传：“修学好古，实事求是，所得皆古文，先秦旧书《周官》、《尚书》、《礼》、《礼记》、《孟子》、《老子》之属。其学举六艺，立《毛诗》、《左氏》博士。”燕刺王旦，本传：“为人辩略，博学经书杂说。”淮阳宪王钦，本传：“好经书法律，聪明有才。”广川王去，本传：“师授《易》，《论语》、《孝经》皆通。”齐武王縯。千乘王伉，从魏应受《诗》。东海王彊，从郅恽受《韩诗》。东平献王苍。沛宪王辅，《京氏易》、《论语》、《孝经》。北海敬王睦，《春秋》。陈敬王羡。济南孝王香，本传：“香笃行好经书。”琅玡孝王京。

列女：伏胜女。曹宫，通《诗》。文季姜，《诗》、《礼》。《梓潼志》。崔发母师氏。崔实母。张雨。班昭。

---

① 《传经表·通经表》，中华书局1985年影印《丛书集成初编》本，第191～196页。

② 《经解入门》删去孝宣帝。

③ 服虔曰：“澓音馥。”师古曰：“东海人，姓澓，字中翁也。澓音房福反，中读曰仲。”

④ 《经解入门》删去孝成帝。

⑤ 《汉书·艺文志》引《淮南·道训》二篇注。

宦官：赵祐①。

【本篇结论】

《两汉通经诸儒》篇完全根据《通经表》表格中的文字改编成，删去了大量原书中具有学术价值的注释文字，又抄错了若干字。在普及《通经表》的同时，无疑也降低了《通经表》的学术价值。

① 《后汉书》卷十下："熹平四年，小黄门赵祐、议郎卑整上言：'春秋之义，母以子贵。隆汉盛典，尊崇母氏，凡在外戚，莫不加宠。今冲帝母虞大家、质帝母陈夫人，皆诞生圣皇，而未有称号。夫臣子虽贱，尚有追赠之典，况二母见在，不蒙崇显之次，无以述遵先世，垂示后世也。'"

《南北经术流派》抄自《六朝经术流派论》

【原文】

六朝经术流派，见于《北史·儒林传序》者甚详。[虽短长互见，] 而宗法所在，孰得孰失，诚不可以无辨，尝试论之。王弼，名士也，非经师也；杜预，名将也，亦非经师。非经师则学无所授，信心而谈，空疏滉漾，游衍无归，拨弃旧诂，竞标新说，何足称专门之业？若孔安国，则真经师矣，使果为真孔氏，虽康成亦应俯首，而无如其伪也。今习古文，是率天下而伪也，乌乎可！然而揆其所始，厥由东晋。方晋氏渡江而东，修学校，简省博士，置《周易》王氏，《尚书》郑氏，《古文尚书》孔氏，《毛诗》郑氏，《周官》、《礼记》郑氏，《春秋左传》杜氏、服氏，《论语》、《孝经》郑氏，博士各一人。太常荀崧上疏，请增置郑《易》、《仪礼》及《春秋公羊》、《穀梁》博士各一人，会王敦之难，不果行。盖郑《易》之废，实始于此。故张璠所集二十二家，仅依向秀之本，而谢万等各注《系辞》，以续王弼之书，玄风大畅，古义遂湮。陆澄贻王俭书云："《易》自商瞿之后，虽有异家之学，同以象数为宗，后乃有王弼之说。"王济云："弼所误者多，何必能顿废前儒？"是郑氏之不可 [废，王氏之不可] 行，南人固有知之 [者] 矣。犹幸河北学者 [专] 习郑《易》，故其书至唐犹存，陆氏《释文》、李氏《集解》，间述一二，而王注传习既久，终不能夺，竟至失传，岂不深可惜哉？然晋时郑《易》虽废，而《尚书》犹兼习郑、孔，《春秋》犹兼习服、杜，其后乃废郑、服而专用孔、杜。《释文》云："江左中兴，梅颐奏上孔传，学徒遂盛。"后范宁变为今文集注，俗间或取《舜典》篇以续孔氏。夫范宁固号为能遵守郑学者，而古文孔传则梅颐之徒伪撰者，乃笃信不疑，且为之集注，是表章孔传，偏自遵守郑学者为之倡始，异哉！而一时趋向亦于此可卜矣。然刘宋时郑氏犹未废绝，故裴骃《史记集解》兼采郑、孔两家，无所偏（立）[主]。《释文》又云："近惟崇尚古文，马、郑、王注遂废。"《释文》之作，在于陈末，而曰"近"，则崇孔废郑，实在齐、梁之后矣。其《春秋》服氏之废，不知始于何时，裴骃注《史记》引 [服] 解颇多，梁、陈间未有习服氏《春秋》者。李延寿曰："晋世杜预注《左氏》，预玄孙坦，坦弟骥，于宋朝并为青州刺史，传其家业，故齐地多习之。"是预之子孙多贵显，故其学且流入北方，宜服氏之不能与争。崔灵恩申服难杜，虞僧诞申杜难服，莫能相胜，而小刘规杜过至三百余事，则公论不可诬也。夫江左儒风，渊源典午，专尚浮华，务析名理，其去繁就简，理固宜然。若谓经籍英华尽在于是，是以汉学为糟粕也。盖已隐然开驾空立说之端矣。按：《隋·经籍志》于《易》云："梁、陈，郑玄、王弼二注列于国学，齐代唯传郑义，至隋，王注盛行，郑学寖微。"于《书》云："梁、陈所讲，有孔、郑二家，齐代唯传郑谊，至隋，孔、郑并行，而郑氏甚微。"于《春秋》云："《左传》唯传服谊，至隋，杜氏盛行，服谊寖微。"是梁、陈间非不言郑学，但甚微耳。其谓《左传》唯传服谊者指北朝也。独惜隋氏起北方，混一华夏，而《易》、《书》、《春秋》徇南人之浮夸，损北学之精实，甚至以姚方兴之《舜典》窜入孔传，于伪之中又有伪焉。唐贞观中奉诏撰《五经正义》，因循不革。案：康成闻服虔解《左传》多与己同，遂以所注畀之，是服学即郑学，行郑、服，则学出于一，行王、杜、伪孔，则学分为三。故有两经之疏，同为一人所作，而互相矛盾，使学者茫然不知真是之归，此宋儒所以乘间而起也。要之，儒林之卓绝者，南北各有［其］人。以南言之，如雷次宗礼服与康成并称，号为"雷、郑"。释慧远遁迹沙门，周续之事之，作《诗序谊》，独得毛、郑微旨。庾蔚之《丧服要记》载在《通典》，最为详核。何承天《礼论》多至三百卷，［而何佟之略皆上口，］至孔子祛又续成一百五十卷。崔灵恩《三礼义宗》，说《礼》之总龟也。其以浑盖为一，在僧一行前，可谓卓识。或谓其书当于零陵、桂阳间求之。嗜古之士，曷留意焉。他若沈麟士、沈峻、沈文阿、太史叔明，博通"五经"，非其彰彰者乎？北则刘献之、徐遵明，蔚为名儒，刘焯、刘炫，后来之秀。至如释《论语》八寸策为八十宗，撰《孝经·闺门章》目为古文，虽有小疵，无伤大体。且卢广以北人而光价江南，沈重以南人而胜芳河朔，杰出之才又可以地限哉？抑犹有可憾者，施雠、梁丘之《易》亡矣，孟、京不［尚］存乎？欧阳、夏侯之书亡矣，马融不尚存乎？《齐诗》久亡，《鲁诗》不至江左，不有《韩诗》薛君章句乎？《左氏》之外，犹有《公羊》、《穀梁》。服虔之外，犹有贾逵。《礼记》有卢氏，与郑氏同师。若此之类，南人既未暇及，北学亦寂寂无闻，徒守一先生之言，斤斤然唯恐失之。经术之不逮魏、晋，亦奚足怪？义疏之学，自为一派，惟六朝为最盛。宋明帝之《周易》，雷肃之之《礼记》，其尤著者。《易》则褚仲都，《书》则费甝、三刘、顾彪，《诗》与《春秋》则刘炫，《礼》则黄庆、李孟悊，《礼记》则皇侃、熊安生、贺玚。凡所发明，俱有可观。其确守一家，不使稍有出入，亦古来释经之通例，非其弊也。唯自二刘、熊安生之外，率皆南人，故未有为郑氏《书》、《易》、服氏《春秋》作疏者。唐之《正义》，不能改用郑、服，殆亦以前无所承，难于倡造，故与六朝经学之书散佚略尽，惟《经典释文》岿然独存，前此止作音，惟陆氏兼释经义；前此止音经，惟陆氏兼音注。体例独别于诸家，而能集诸家之成，故为不刊之典。其中《周易音义》最为精博，虽以王为主，特采子夏、京房、孟喜、马、郑、刘表、荀爽、虞翻、陆绩、王肃、董遇、姚信、王廙、干宝、蜀才、黄颖，旁及《九家易》、张璠《集解》，萃十数家于两卷之中，视李鼎祚尤简而该。窥其微意，似嫌王注空疏，故博征古训以弥缝之。余如《书》之马融，《诗》之韩婴，亦存其概。不幸生于南国，故郑、服之学不得赖以流传。然音训之详，无逾于此，非徐爰、沈重、戚衮、王元规辈所可同年而语矣！皇侃《论语义疏》虽非正经，亦经解之类。窃谓何晏本清谈之祖，而《论语集解》独能存汉学之什一，其体例谨严，迥非王弼《易注》可比。而皇氏乃取江熙《集解》以为之疏，制度、名物略而不详，惟以清言取胜，似欲补平叔所未及者，与所作《礼记疏》大相径庭。只以秘籍流传，罕而见珍，故不以空谈废云。崔氏《义宗》，王伯厚、周草窗俱征引及之，则宋末尚存。今去宋世不过四百余年，故以为不应遽佚。两汉传业，各有专家，故三史作《儒林传》，分经叙述，于授受源流载之特详。魏、晋以降，稍涣散矣。盖经术既不如古，而史才又不逮前，故记载有所未详。要其师友渊源，初未尝绝，读《北史》所序，居然有两汉遗风。胜国西亭王孙著《授经图》，因章氏《考索》而加详焉。然止述两汉，不及魏、晋以降，未为赅备。且南北区分，风尚不一，苟非支分派别，兼综条贯，则承学之士何繇考其异同，定其得失耶？试取朱氏之书，次第缵续，必更有可观者。

【辨伪】本篇抄自邵保初①《六朝经术流派论》②：

南北朝经术流派，见于《北史·儒林传序》者甚详。虽短长互见，而宗法所在，孰得孰失，诚不可以无辨，尝试论之。王弼，名士也，非经师也；杜预，名将也，亦非经师也。非经师则学无所授，信心而谈，空疏滉漾，游衍无归，拨弃旧诂，竞标新说，何足称颛门之业？若孔安国，则真经师矣。使果为真孔氏，虽康成亦应低首，而无如其伪也。今习古文，是率天下而伪也，乌乎可？然而揆其所始，厥由东晋。方晋氏渡江而东，修学校，简省博士，置《周易》王氏，《尚书》郑氏，《古文尚书》孔氏，《毛诗》郑氏，《周官》、《礼记》郑氏，《春秋左传》杜氏、服氏，《论语》、《孝经》郑氏，博士各一人。太常荀崧上疏请增置郑《易》、《仪礼》及《春秋公羊》、《穀梁》博士各一人，会王敦之难，不果行。盖郑《易》之废，实始于此。故张璠所集二十二家，仅依向秀之本，而谢万等各注《系辞》，以续王弼之书，玄风大畅，古义遂湮。陆澄贻王俭书云："《易》自商瞿之后，虽有异家之学，同以象数为宗，后乃有王弼之说。"王济云："弼所误者多，何必能顿废前儒？"是郑氏之不可废，王氏之不可行，南人固有知之者矣。犹幸河北学者专习郑《易》，故其书至唐犹存，陆氏《释文》、李氏《集解》间述一二，而王注传习既久，终不能夺，竟至失传，岂不深可惜哉？然晋时郑《易》虽废，而《尚书》犹兼习郑、孔，《春秋》犹兼习服、杜，其后乃废郑、服而专用孔、杜。《释文》云："江左中兴，梅颐奏上孔传，学徒遂盛。"后范宁变为今文集注，俗间或取《舜典》篇以续孔氏。夫范宁固号为能遵守郑学者，而古文孔传则王肃之徒伪撰以难郑氏者，乃笃信不疑，且为之集注，是表章孔传，偏自遵守郑学者为之倡始，异哉！而一时趋向，亦于此可卜矣。然刘宋时郑氏犹未废绝，故裴骃《史记集解》兼采郑、孔两家，无所偏主。《释文》又云："近惟崇尚古文，马、郑、王注遂废。"《释文》之作，在于陈末，而曰"近"，则崇孔废郑实在齐、梁之后矣。其《春秋》服氏之废，不知始于何时，裴骃注《史记》引服解颇多，梁、陈间未有习服氏《春秋》者。李延寿曰："晋世杜预注左氏，预玄孙坦，坦弟骥，于宋朝并为青州刺史，传其家业，故齐地多习之。"是预之子孙多贵显，故其学且流入北方，宜服氏之不能与争。崔灵恩申服难杜，虞僧诞申杜难服，莫能相胜，而小刘规杜过至三百余事，则公论不可诬也。夫江左儒风，渊源典午，专尚浮华，务析名理，其去繁就简，理固宜然。若谓经籍英华尽在于是，是以汉学为糟粕也。盖已隐然开驾空立说之端矣。按：《隋·经籍志》于《易》云："梁、陈，郑玄、王弼二注列于国学，齐代唯传郑

---

① 邵保初：字履咸，号春皋，浙江归安人。事迹见《（同治）湖州府志》卷七六。

② 见《清经解》卷一三八五。

义，至隋，王注盛行，郑学寖微。”于《书》云：“梁、陈所讲，有孔、郑二家，齐代唯传郑义，至隋，孔、郑并行，而郑氏甚微。”于《春秋》云：“《左传》唯传服义，至隋，杜氏盛行，服义寖微。”是梁、陈间非不言郑学，但甚微耳。其谓《左传》唯传服义者指北朝也。独惜隋氏起北方，混一区夏，而《易》、《书》、《春秋》徇南人之浮夸，损北学之精实，甚至以姚方兴之《舜典》窜入孔传，于伪之中又有伪焉。唐贞观中奉诏撰《五经正义》，因循不革。按：康成闻服虔解《左传》多与己同，遂以所注畀之，是服学即郑学，行郑、服，则学出于一，行王、杜、伪孔，则学分为三。故有两经之疏，同为一人所作，而互相矛盾，使学者茫然不知真是之归，此宋儒所以乘间而起也。要之，儒林之卓绝者，南北各有其人，以南言之，如雷次宗礼服与康成并称，号为“雷、郑”。释慧远遁迹沙门，周续之事之，作《诗序义》，独得毛、郑微旨。庾蔚之《丧服要记》载在《通典》，最为详核。何承天《礼论》多至三百卷，而何佟之略皆上口，孔子祛又续成一百五十卷。崔灵恩《三礼义宗》，说《礼》之总龟也。其以浑盖为一，在僧一行前，可谓卓识。或谓其书当于零陵、桂阳间求之。嗜古之士，曷留意焉。他若沈麟士、沈峻、沈文阿、太史叔明，博通“五经”，非其彰彰者乎？北则刘献之、徐遵明，蔚为名儒，刘焯、刘炫，后来之秀。至如释《论语》八寸策为八十宗，撰《孝经闺门章》目为古文，虽有小疵，无伤大体。且卢广以北人而光价江南，沈重以南人而胜芳河朔，杰出之才又可以地限哉？抑犹有可憾者，施雠、梁丘之《易》亡矣，孟、京不尚存乎？欧阳、夏侯之书亡矣，马融不尚存乎？《齐诗》久亡，《鲁诗》不至江左，不有《韩诗》薛君章句乎？《左氏》之外，犹有《公羊》、《穀梁》。服虔之外，犹有贾逵。《礼记》有卢氏，与郑氏同师。若此之类，南人既未暇及，北学亦寂寂无闻，徒守一先生之言，斤斤然唯恐失之。经术之不逮魏、晋，亦奚足怪？义疏之学，自为一派，惟六朝为最盛。宋明帝之《周易》，雷肃之之《礼记》，其尤著者。《易》则褚仲都，《书》则费甝、三刘、顾彪，《诗》与《春秋》则刘炫，《礼》则黄庆、李孟悊，《礼记》则皇侃、熊安生、贺玚。凡所发明，俱有可观。其确守一家，不使稍有出入，亦古来释经之通例，非其弊也。唯自二刘、熊安生之外，率皆南人，故未有为郑氏《书》、《易》、服氏《春秋》作疏者。唐之《正义》，不能改用郑、服，殆亦以前无所承，难于倡造，故与六朝经学之书散佚略尽，惟《经典释文》岿然独存，前此止作音，惟陆氏兼释经义；前此止音经，惟陆氏兼音注。体例独别于诸家，而能集诸家之成，故为不刊之典。其中《周易音义》最为精博，虽以王为主，特采子夏、京房、孟喜、马、郑、刘表、荀爽、虞翻、陆绩、王肃、董遇、姚信、王廙、干宝、蜀才、黄颖，旁及《九家易》、张璠《集解》，萃十数家于两卷之中，视李鼎祚尤简而该。窥其微意，似嫌王注空疏，故博征古训以弥缝之。余如《书》之马融，《诗》之韩婴，亦存其概。不幸生于南国，故郑、服之学不得赖以流传。然音训之详，无逾于此，非徐爰、沈重、戚衮、王元规辈所可同年而语矣！皇侃《论语义疏》虽非正经，亦经解之类。窃谓何晏本清谈之祖，而《论语集解》独能存汉学之什一，其体例谨严，迥非王弼《易注》可比。而皇氏乃取江熙《集解》以为之疏，制度、名物略而不详，惟以清言取胜，似欲补平叔所未及者，与所作《礼记疏》大相径庭。只以秘籍流传，罕而见珍，故不以空谈废云。崔氏《义宗》，王伯厚、周草窗俱征引及之，则宋末尚存。今去宋世不过四百余年，故以为不应遽佚。两汉传业，各有专家，故三史作《儒林传》，分经叙述，于授受源流载之特详。魏、晋以降，稍涣散矣。盖经术既不如古，而史才又不逮前，故纪载有所未详。要其师友渊源，初未尝绝，读《北史》所序，居然有两汉遗风。胜国西亭王孙著《授经图》，因章氏《考索》而加详焉。然止述两汉，不及魏、晋以降，未为赅备。且南北区分，风尚不一，苟非支分派别，兼综条贯，则承学之士，何繇考其异同，定其得失耶？试取朱氏之书，次第缵续，必更有可观者。

【本篇结论】

经过仔细比勘，《南北经术流派》篇完全抄自《六朝经术流派论》，仅有几处文字点窜，如改“南北朝”为“六朝”，改“义”为“谊”。其他删改之处，在《经解入门》的原文部分以［］表示，不一一赘述。奇怪的是，作伪者又将邵保初原文“郑氏之不可废，王氏之不可行”一句删为“郑氏之不可行”，语义正好相反，留下笑柄。

《国朝治经诸儒》抄自《书目答问》

【原文】

穷经之士，莫盛于我朝，其专门汉学，确守师法者，自昆山顾氏、太原阎氏倡之于前，而诸儒继之于后，魏、晋以下无匹焉。余是以有《国朝汉学师承记》之作。兹于《师承记》外，记录诸儒姓氏，俾学者易于寻检，而《师承记》所已见，亦备录焉。虽虞经无益，要亦睹记之一道也。

【今按】此段模拟江藩口气，实出影撰。

【原文】

自“昆山顾炎武号亭林”至本篇结尾，见上编。

【辨伪】此段抄自张之洞《书目答问·国朝著述诸家姓名略》：

经学家

顾炎武。亭林，昆山。张尔岐。稷若，济阳。陈启源。长发，吴江。马骕。宛斯，邹平。
王尔膂。止庵，掖县。毛奇龄。大可，萧山。朱彝尊。竹垞，秀水。胡渭。朏明，德清。
阎若璩。百诗，太原。徐善。敬可，秀水。臧琳。玉林，武进。臧镛堂。在东，琳玄孙。
臧礼堂。和贵，镛堂弟。惠士奇。天牧，吴县。惠栋。定宇，士奇子。诸锦。襄七，秀水。
汪师韩。韩门，钱塘。杭世骏。大宗，仁和。齐召南。次风，天台。秦蕙田。谥文恭，金匮。
庄存与。方耕，阳湖。庄述祖①。葆琛，存与弟。庄绶甲。卿珊，存与孙。褚寅亮。搢升，长洲。
卢文弨。抱经，余姚。江声。艮庭，吴县。余萧客。古农，吴县。翁方纲。覃溪，大兴。
王鸣盛。凤喈，嘉定。朱筠。竹君，大兴。纪昀。谥文达，献县。王昶。德清，青浦。
范家相。蘅洲，会稽。翟灏。晴江，仁和。钱大昕。竹汀，嘉定。钱大昭。可庐，大昕弟。

---

① 庄述祖（1750—1816），字葆琛，学者称珍艺先生，江苏武进人。乾隆四十五年进士。述祖传存与之学。著《夏小正经传考释》十卷、《尚书今古文考证》七卷、《毛诗考证》四卷、《毛诗周颂口义》三卷、《五经小学述》二卷、《历代载籍足征录》一卷、《弟子职集解》一卷、《汉铙歌句解》一卷、《石鼓然疑》一卷、《文钞》七卷、《诗钞》二卷。

钱塘。学渊，大昭兄子。钱坫。献之，塘弟。周春。松霭，海宁。盛百二。柚堂，秀水。
毕沅。秋帆，镇洋。孙志祖。颐谷，仁和。任大椿。幼植，兴化。孔继涵。荭谷，曲阜。
孔广森。巽轩，曲阜。孔广林。丛伯，广森（弟）[兄]。邵晋涵。二云，余姚。金榜。辅之，歙县。戴震。东原，休宁。段玉裁。懋堂，金坛。程瑶田。易畴，歙县。胡匡衷。朴斋，绩溪。
胡培翚。竹村，匡衷孙。胡秉虔。春乔，绩溪。胡承珙。墨庄，泾县。周炳中。烛斋，溧阳。
刘台拱。端临，宝应。王念孙。石臞，高邮。王引之。谥文简，念孙子。洪榜。初堂，歙县。
洪梧。桐生，榜弟。金曰追。璞园，嘉定。汪中。容甫，江都。汪喜孙。孟慈，中子。
宋绵初。守端，高邮。李惇。孝臣，高邮。武亿。虚谷，偃师。丁杰。小雅，归安。
顾九苞。文子，兴化。周广业。耕崖，海宁。汪龙。蛰泉，歙县。汪莱。孝婴，歙县。
程际盛。焕若，长洲。许鸿盘。渐逵，济宁。许珩。楚生，仪征。孙星衍。伯渊，阳湖。
梁玉绳。曜北，钱塘。梁履绳。处素，玉绳弟。阮元。谥文达，仪征。桂馥。未谷，曲阜。
洪亮吉。稚存，阳湖。凌廷堪。次仲，歙县。李赓芸。许斋，高邮。钟裹。菣崖，甘泉。
赵曦明。敬夫，江阴。严可均。铁桥，乌程。马瑞辰。[文登，] 桐城。王聘珍①。实斋，南城。
毕 [以] 珣。九水，文登。姚文田。谥文僖，归安。郝懿行。兰皋，栖霞。张惠言。皋文，武进。陈寿祺。恭甫，侯官。陈乔枞。横园，寿祺子。张澍。介侯，武威。朱珔。兰坡，歙县。
周用锡。晋园，平湖。焦循。里堂，甘泉。李钟泗。滨石。马宗琏。鲁陈，桐城。
朱彬。[武曹，] 宝应。江藩。郑堂，甘泉。李贻德。次白，嘉兴。崔应榴。[秋谷，] 海盐。
刘玉麐。[又徐，] 宝应。刘宝楠。楚桢，宝应。刘文淇。孟瞻，仪征。刘毓崧。伯山，文淇子。
刘逢禄。申受，阳湖。宋翔凤。于庭，长洲。沈钦韩。文起，吴县。柳兴宗。宾叔，丹徒。
许桂林。月南，海州。赵坦②。宽夫，仁和。洪颐煊。筠轩，临海。洪震煊。堂，颐煊弟。
凌曙。晓楼，江都。凌堃。厚堂，乌程。胡世琦。玉樵，泾县。俞正燮。理初，黟县。
臧寿恭。梅溪，长兴。刘履恂。宝应。金鹗。秋史，临海。周中孚。信之，乌程。
宋世荦。[确山，] 临海。李锐。尚之，元和。徐养（源）[原]。[饴庵，] 德清。沈梦周。[谷春，归安。] 方观旭。桐城。李黼平。子黼，嘉应。李富孙。香子，嘉兴。冯登府。柳东，嘉兴。
龚自珍③。定庵，仁和。陈奂。硕甫，长洲。薛传均。子韵，甘泉。张宗泰。登封，甘泉。
姚配中④。仲虞，旌德。包世荣⑤。季怀，泾县。徐卓⑥。荦生，休宁。张穆⑦。石舟，平定。

---

① 王聘珍（1746—?），字贞吾，号实斋，江西南城人。乾隆五十四年拔贡。为谢启昆、阮元参订古籍。治经确守后郑之学。著有《大戴礼记解诂》十三卷、《目录》一卷、《经义考补》、《九经学》三卷、《周礼学》二卷、《仪礼学》一卷。

② 赵坦（1765—1828），字宽夫，号石侣，浙江仁和人。著有《周易郑注引义》十二卷、《春秋三传异文笺》四卷、《石经考续》、《宝甓斋札记》一卷。

③ 龚自珍（1792—1841），字瑟人，号定庵，著籍仁和。著有《定庵文集》等。

④ 姚配中（1792—1844），字仲虞，安徽旌德人。以治《易》名于嘉道间。著有《周易姚氏学》十六卷、《周易通论月令》二卷、《易学阐元》一卷、《一经庐文钞》不分卷。

⑤ 包世荣（1784—1826），字季怀，安徽泾县人。道光元年举人。撰《诗礼征文》十卷、《学诗识小录》十三卷。

⑥ 徐卓字荦生，安徽休宁人。撰《经义未详说》五十四卷。

⑦ 张穆（1805—1849），字石洲，平定州人。道光中优贡生。著《蒙古游牧记》十六卷、《顾亭林年谱》四卷、《阎潜丘年谱》四卷、《𣅀斋文集》八卷、诗集四卷。

汪家禧①。选楼，仁和。侯康。君（谟）[模]，番禺。林伯桐②。月亭，番禺。丁传经。归安。陈瑑。[小莲]，嘉定。马国翰③。竹吾，历城。周学濂④。[元绪，] 乌程。魏源。默深，邵阳。郑珍。子尹，遵义。朱右曾⑤。亮甫，嘉定。陈立⑥。卓人，句容。邹汉勋⑦。叔绩，新化。

右汉学专门经学家 诸家皆笃守汉人家法，实事求是，义据通深者。

[《传经表》一卷，《通经表》一卷。洪亮吉撰。《西汉儒林传经表》二卷。周廷采撰。《汉西京博士考》二卷。胡秉虔撰。《两汉五经博士考》三卷。张金吉撰。《两汉传经表》二卷。蒋日豫撰。]

黄宗羲。梨洲，余姚。黄宗炎。晦木，宗羲弟。王夫之。船山，衡阳。钱澄之。饮光，桐城。朱鹤龄。长孺，吴江。万斯大。充宗，鄞县。万斯同。季野，斯大弟。万经。九沙，斯大子。徐乾学。健庵，昆山。陆元辅。翼王，嘉定。徐嘉炎。胜力，秀水。惠周惕。元龙，吴县。王叔琳。昆圃，大兴。陈景云。少章，吴江。张尚瑗。损持，吴江。方苞。望溪，桐城。陈厚耀。泗源，泰州。吴廷华。中林，钱塘。盛世佐⑧。庸三，秀水。胡煦。谥文良，光山。王懋竑。白田，宝应。陆奎勋⑨。陆堂，平湖。顾栋高。震沧，无锡。陈祖范。亦韩，常熟。蔡德晋。仁锡，无锡。任启运。钓台，宜兴。江永。慎修，婺源。汪绂。双池，婺源。

---

① 汪家禧（1775—1816），字汉郊，号选楼，浙江仁和人。通汉《易》，作《易消息解》。所著书数十卷，毁于火。其友秀水庄仲方、门人仁和许乃谷辑其遗文，为《东里生烬余集》三卷。又有《三词志》。

② 林伯桐（1778—1847），字桐君，番禺人。嘉庆六年举人。著有《毛诗通考》三十卷、《毛诗传例》二卷、《毛诗识小》三十卷、《郑氏诗谱考正》一卷、《易象释例》十二卷、《易象雅训》十二卷、《三礼注疏考异》二十卷、《冠昏丧祭仪考》十二卷、《左传风俗》二十卷、《古音劝学》三十卷、《史学蠡测》三十卷、《供冀小言》二卷、《古谚笺》十卷、《学海堂志》一卷等。

③ 马国翰（1794—1857），字词溪，号竹吾，山东历城人。著有《玉函山房全集》四十卷，辑有《玉函山房辑佚书》580 种 689 卷。

④ 周学濂（1809—1861），字符绪，改名学汝，浙江乌程人。著有《说文经字考》、《校勘北堂书抄》。

⑤ 朱右曾（1799—1858），字尊鲁，号亮甫，江苏嘉定人。道光十八年（1838）进士。精于训诂、舆地。著有《逸周书集训校释》十卷、《诗地理征》二卷、《春秋左传地理征》二十卷、《春晖轩古文》四卷、《吟草》八卷。

⑥ 陈立（1809—1869），字卓人，句容人。道光二十一年进士，选翰林院庶吉士。师凌曙、刘文淇，受《公羊春秋》、许氏《说文》、郑氏《礼》，而于《公羊》致力尤深。著有《公羊义疏》七十六卷、《白虎通疏证》十二卷、《尔雅旧注》二卷、《说文谐声孳生述》三卷、《句溪杂著》六卷。

⑦ 邹汉勋（1805—1853），字叔绩，湖南新化人。所著《读书偶识》三十六卷，自言破前人之训故，必求唐前之训故方敢用。违笺传之事证，必求汉前之事证，方敢从。以汉人去古未远，诸经注皆有师承，故推阐汉学，不遗余力。尤深音韵之学，初著《广韵表》十卷，晚为《五均论》，说尤精粹。生平于《易》、《诗》、《礼》、《春秋》、《论语》、《说文》、《水经》皆有撰述。凡二十余种，合二百余卷。同治二年，土匪焚其居。今存者《读书偶识仅》八卷、《五均论》二卷、《颛顼历考》二卷、《教艺斋文》三卷、《诗》一卷，《红崖石刻释文》一卷、《南高平物产记》二卷。

⑧ 盛世佐，字庸三，浙江秀水人。乾隆十三年进士。撰《仪礼集编》四十卷，集众解而研辨之，持论谨严。又杨复《仪礼图》久行于世，然其说本注疏，而时有并注疏之意失之者，一一是正，至于诸家谬误，辨之尤详。

⑨ 陆奎勋（1663—1758），字聚侯，号坡星，又号陆堂，浙江平湖人。康熙辛丑进士，官翰林院检讨。著有《陆堂易学》十卷、《今文尚书说》三卷、《陆堂诗学》十二卷、《戴记绪言》四卷、《春秋义存录》十二卷、《陆堂文集》二十卷、诗集十六卷、续诗集八卷。

王坦。吉途，通州。沈彤。果堂，吴江。全祖望。谢山，鄞县。徐文靖。位山，当涂。
程廷祚。绵庄，上元。金文淳。质甫，钱塘。车文。彬若，太康。程恂①。栗也，休宁。
吴鼐。岱岩，金匮。吴鼎。尊彝，鼐弟。赵佑。鹿泉，仁和。顾镇。古湫，常熟。
姚培谦②。平山，华亭。张聪咸③。［阮林，桐城。］姚鼐④。姬传，范弟子。崔述⑤。东壁，大名。
徐璈。六襄，桐城。丁履恒⑥。道久，武进。许宗彦。周生，德清。雷学淇⑦。介庵，通州。
钱仪吉⑧。衎石，嘉兴。黄式三。薇香，定海。

右汉、宋兼采经学家 诸家皆考博综众说，确有心得者。

小学家 国朝经学家，皆通小学，举其尤深者：《说文》严、段、钮为最，音韵顾、江永为最，

---

① 程恂，字栗也，安徽休宁人。乾隆元年，御史吴元安言："荐举博学鸿词，原期得湛深经术、敦崇实学之儒，诗赋虽取兼长，经史尤为根柢。若徒骈缀俪偶，推敲声律，纵有文藻可观，终觉名实未称。"取一等五人，刘纶、潘安礼、诸锦、于振、杭世骏等，授编修。二等十人，陈兆仑、刘藻、夏之蓉、周长发、程恂等，授检讨。

② 姚培谦（1693—1766），字平山，号松桂、鲈香，华亭人。喜刻巾箱小本，亦好事之士。所著有《春帆集》，刻于康熙庚子（1720）。《自知集》，刻于雍正甲辰（1724）。《乐府》及《览古诗》，刻于乾隆己未（1739）。《松桂读书堂集》八卷，乃乾隆庚申（1740）裒合诸编，删为一集。又撰《李义山诗集注》十六卷。

③ 张聪咸，字阮林，桐城人。著有《经史质疑录》二卷。张维屏《国朝诗人征略》卷五十八："张聪咸，字阮林，号傅岩，江南桐城人。嘉庆十五年举人。有《傅岩诗集》。阮林，太傅文端公五世孙也。张氏为吾邑巨族，世有达官，才人亦不乏，而文辞能直追古人，则自阮林始。为诗宗法少陵，姚惜抱先生见所作，叹为异才。著有《左传杜注辨正》及《经史质疑录》，积劳以死，年仅三十有二。（《刘孟涂文集》）"马其昶《抱润轩文集》卷六《赠道衔原任工部员外郎马公墓表》亦云："同时长洲陈氏奂著《诗毛氏传疏》，亦为颛门之学，故世之治《毛诗》者多推此两家之书。其在桐城，有张聪咸阮林、徐璈六襄，学业差近，皆与公善，然皆早世。"《（光绪）重修安徽通志》卷二百二十三："张聪咸，字阮林，桐城人。以举人补觉罗教习。诗文宗法古人，于经通《左氏传》，于小学通音韵，于史熟汉、晋逸事。著有《左传杜注辨证》、《经史质疑录》及《传岩诗集》。卒于京师，年仅三十有二。"

④ 姚鼐（1731—1815），字姬传，桐城人。乾隆二十八年进士。四库馆开，充纂修官。主讲江南紫阳、钟山书院四十余年。著有《九经说》十七卷、《惜抱轩文集》二十卷、《诗集》二十卷等。

⑤ 崔述（1740—1816），字武承，号东壁，直隶大名人。乾隆二十七年举人。著书三十余种，而《考信录》一书，尤生平心力所专注。又有《王政三大典考》三卷、《读风偶识》四卷、《尚书辨伪》二卷、《论语余说》一卷、《读经余论》二卷、《易卦图说》一卷、《五服异同汇考》三卷、《大名水道考》一卷、《闻见杂记》四卷、《知味录》二卷、《知非集》三卷、《无闻集》五卷、《小草集》五卷。

⑥ 丁履恒（1770—1832），字道久，号若士，晚号东心，江苏武进人。著有《说文谐声类编》五卷、《春秋公羊例》、《左传通释》。

⑦ 雷学淇（1740—1829），字瞻叔，顺天通州人。嘉庆十九年（1814）进士。著《介庵经说》十卷、《夏小正经传考》二卷、《夏小正本义》四卷、《考订竹书纪年》十四卷、《竹书纪年义证》四十卷、《校辑世本》二卷、《古今天象考》十二卷附《图说》二卷、《亦器器斋经义考》及《文集》三十二卷。

⑧ 钱仪吉（1780—1850），初名逵吉，字新梧，号衎石，浙江嘉兴人。嘉庆十三年进士。仪吉治经，先求古训，博考众说，一折衷本文大义，不持汉、宋门户。著《经苑》、《经典证文》、《说文雅厌》、《三国会要》、《南北朝会要》、《三国志证闻》二卷、《补晋书兵志》一卷、《钱文端公年谱》三卷、《庐江钱氏艺文略》一卷、《衎石斋纪事稿》十卷、《续稿》十卷、《刻楮集》四卷、《旅逸小稿》二卷。又仿宋大珪《名臣琬琰碑传集》，得清臣工文儒等八百余人，辑录之为《碑传集》一百六十卷。

训诂郝、王引之为最。

顾炎武。张弨。力臣，山阳。吴玉搢。山夫，山阳。潘耒。次耕，吴江。臧琳。臧镛堂。黄生①。扶孟，歙县。江永。刘淇。武仲，济宁。谢墉②。金圃，嘉善。江声。江沅。子兰，声孙。朱筠。翟灏。钱大昕。钱坫。钱绎。小庐，大昕弟子。钱侗。毕沅。谢启昆。任大椿。任兆麟。心斋，兴化。邵晋涵。戴震。宋鉴。半塘，安邑。吴颖芳。西林，仁和。段玉裁。朱文藻。朗斋，仁和。胡秉虔。庄炘。虚庵，阳湖。王念孙。王引之。洪榜。洪梧。李威。畏吾，龙溪。程际盛。叶敬。去病，诸暨。孙星衍。阮元。桂馥。洪亮吉。严可均。钮树玉③。匪石，吴县。魏茂林。笛生，龙岩。顾凤毛。超宗，兴化。程敦。彝斋，歙县。姚文田。郝懿行。胡世琦。薛传均。戚学标。鹤泉，德清。王煦④。［汾泉，上虞。］胡重。菊圃，秀水。胡祥麟。仁圃，秀水。严元照。［九能，归安。］朱骏声⑤。丰芑，元和。钱馥。广伯，海宁。陈瑑。沈道宽。粟仲，鄞县。王筠⑥。菉友，安丘。苗夔。仙麓，肃宁。郑珍。许瀚⑦。印林，日照。

【本篇结论】

《国朝治经诸儒》篇抄自《书目答问》，仅在前面加上门面语，虽模拟江藩口气，但与其学术观点背道而驰。

---

① 黄生（1622—1696），字扶孟，号白山，安徽歙县人。著有《字诂》一卷、《义府》二卷、《杜诗说》十二卷。

② 谢墉（1719—1795），字昆城，号金圃、东墅，浙江嘉善人。乾隆十六年赐举人，授内阁中书。十七年成进士，改庶吉士，授编修。撰《荀子杨倞注校》二十卷附《校勘补遗》一卷。

③ 钮树玉（1760—1827），字蓝田，号匪石，江苏吴县人。著《说文新附考》六卷、《续考》一卷、《说文广解字校录》三十卷、《段氏说文注订》八卷。

④ 王煦，字汾泉，一字汾原，上虞人。著有《小尔雅疏》八卷、《说文五翼》七卷。

⑤ 朱骏声（1788—1858），字丰芑，江苏吴县人。从钱大昕游，钱一见奇之，曰："衣钵之传，将在子矣！"嘉庆二十三年举人，官黟县训导。著有《说文通训定声》、《左传旁通》、《左传识小录》等。

⑥ 王筠（1784—1854），字贯山，安丘人。道光元年举人。少喜篆籀，及长，博涉经史，尤长于《说文》。《说文》之学，世推桂、段两家。尝谓："桂氏专胪古籍，取足达许说而止，不下己意。惟是引据失于限断，且泛及藻绘之词。段氏体大思精，所谓通例，又前人所未知。惟是武断支离，时或不免。"筠治《说文》之学垂三十年，其书独辟门径，折衷一是，不依傍于人。论者以为许氏之功臣，桂、段之劲敌。又有《说文系传校录》、《文字蒙求》、《说文释例》、《说文补正》、《说文解字句读》、《句读补正》、《说文韵谱校》等。

⑦ 许瀚（1797—1866），字印林，山东日照人。道光十五年举人。博综经史及金石文字，训诂尤深。至校勘宋、元、明本书籍，精审不减黄丕烈、顾广圻。著有《别雅订》、《韩诗外传勘误》、《攀古小庐文》、《古今字诂疏证》等。

《近儒说经得失》抄自《国朝经师经义目录》

【原文】

予既录治经诸儒，以明国朝经学之盛，乃复就诸儒著述之行世者，略分轩轾，俾学者知所率从。

【今按】此段系伪造者模拟江藩语气而为之。下面主体部分确实是通篇抄袭江藩《国朝经师经义目录》一书，但有小的删改。下面逐一比勘。

【原文】

国朝治《易》诸老，亦有攻王弼之注，击陈抟之图者。如黄宗羲之《易学象数论》，虽辟陈抟、康节之学，而以纳甲、动爻为假象，又称辅嗣注简当无浮词，失之。黄宗炎之《周易象数图书辨惑》，亦力辟宋人图书之说，然不宗汉学，皆非笃信之儒。毛奇龄《仲氏易》、《推易始末》、《春秋占筮书》、《易小帖》四书，颇宗旧旨，不杂芜词，然以"交易"为伏羲之《易》，"反易"、"对易"之外又增"移易"为文王、周公之《易》，牵合附会，不顾义理，务求胜词。凡此诸书，皆不取。惟胡渭《易图明辨》、惠士奇《易说》、惠定宇《易汉学》、《易例》、《周易本义辨证》、洪榜《易述赞》、张惠言《周易虞氏学》、《虞氏消息》、顾炎武《易音》为善。

【辨伪】此段抄自江藩《国朝经师经义目录·易》：

国初老儒，亦有攻王弼之注，击陈抟之图者。如黄宗羲之《易学象数论》，虽辟陈抟、康节之学，而以纳甲、动爻为假象，又称王辅嗣《注》简当无浮（义）［词］①。黄宗炎之《周易象（辞）［数］图书辨惑》，亦力辟宋人图书之说，可谓不遗余力矣②。然不宗汉学，皆非笃信之士③也。惟毛奇龄《仲氏易》、《推易始末》、《春秋占筮书》、《易小帖》四书，颇宗旧旨，不杂芜词；但以"变易"、"交易"为伏羲之《易》，"反易"、

---

① 今按：《经解入门》于此加"失之"二字。

② 今按：《经解入门》删去此六字。

③ 今按：《经解入门》将"士"改为"儒"。

“对易”之外，又增“移易”为文王、周公之《易》，牵合附会，不顾义理，务求胜词而已。凡此诸书，不登兹录。

《易图明辨》十卷，胡渭撰。《易说》六卷，惠士奇撰。《周易述》二十三卷、《易汉学》八卷、《易例》二卷、《周易本义辨证》五卷，惠定宇撰。《易述赞》二卷，洪榜撰。《周易虞氏学》九卷、《虞氏消息》二卷，张惠言撰。《易音》三卷，顾炎武撰。《易学》四十卷，焦循撰。①

【原文】

国朝阎氏、惠氏出，而“伪古文”寖微，马、郑之学复显，其余注《尚书》者十有余家，然不知“伪古文”、“伪孔传”者，概无足取。毛西河、胡朏明虽知古文之伪，而一作《冤词》，一作《洪范正论》，《正论》辟汉学“五行”、“灾异”之说，而不知夏侯始昌之《洪范五行传》亦出伏生，皆误也。惟阎若璩《古文尚书疏证》、胡渭《禹贡锥指》、惠定宇《古文尚书考》、宋鉴《尚书考辨》、王鸣盛《尚书后案》、江艮庭《尚书集注音疏》、《尚书经师表系》、段玉裁《尚书撰异》为善。

【辨伪】此段抄自江藩《国朝经师经义目录·书》：

逮国朝阎氏、惠氏出，而“伪古文”寖微，马、郑之学复显于世矣②。国朝注《尚书》者十有余家，不知“伪古文”、“伪孔传”者概无著录。如胡朏明《洪范正论》虽力攻图书之谬，而辟汉学五行灾异之说，是不知夏侯始昌之《洪范五行传》亦出伏生也。朏明虽知古文之伪，而不知《五行传》之不可辟，是以黜之。

《古文尚书疏证》八卷，阎若璩撰。《禹贡锥指》二十卷、图一卷，胡渭撰。《古文尚书考》二卷，惠定宇撰。《尚书考辨》四卷，宋鉴撰。《尚书后案》三十卷，王鸣盛撰。《尚书集注音疏》十二卷、《尚书经师系表》一卷，江艮庭撰。

【今按】《经解入门》在《国朝经师经义目录》的基础上增加段玉裁的《尚书撰异》，肯定为善书。另外，又将毛西河的《古文尚书冤词》与胡朏明的《洪范正论》一起批判。总之，此段虽小有改动，但抄袭的痕迹仍然非常明显。

【原文】

国朝治《诗》诸老，莫不黜朱子而宗毛、郑，然朱鹤龄之《通义》，虽力驳废《序》之非，而又采欧阳修、苏辙、吕祖谦之说，盖好博而不纯者也。鹤龄与陈启源商榷《毛诗》，启源著《稽古编》三十卷，惠定宇亟称之。其书宗毛、郑，训诂声音以《尔雅》为主，草木虫鱼以陆疏为则，可谓专门名家矣。然其解“西方美人”，则盛称“佛教东流，始于周代”，至谓“孔子抑藐三皇而独圣西方”；解“捕鱼诸器”，谓“广杀物命，绝不知怪，非大觉缘异之文莫能救之”，妄下断语，谓庖牺必不作网罟，殊为诞怪。顾震沧之《毛诗类释》亦多凿空之言，非专门之学。惟惠周惕《诗说》、戴震《毛郑诗考正》、顾炎武《诗本音》、钱坫《诗音表》、陈奂《毛诗疏》、马瑞辰《毛诗传笺通释》为善。

【辨伪】此段抄自江藩《国朝经师经义目录·诗》：

国朝崇尚实学，稽古之士崛起。③ 然朱鹤龄之《通义》虽力驳废《序》之非，而又

---

① 今按：《经解入门》改变编排方式，且将末种删去。

② 今按：《经解入门》删去“于世矣”三字。

③ 今按：《经解入门》将此句改为：“治《诗》诸老，莫不黜朱子而宗毛、郑。”

采欧阳修、苏辙、吕祖谦之说，盖好博而不纯者也。鹤龄与陈启源商榷《毛诗》，启源又著《稽古编》三十卷，惠征君定宇亟称之。其书虽宗郑学，训诂声音以《尔雅》为主，草木虫鱼以陆疏为则，可谓专门名家矣。然而解“西方美人”，则盛称“佛教东流，始于周代”，至谓“孔子抑藐三皇而独圣西方”。解“捕鱼诸器”，谓“广杀物命，恬不知怪，非大觉缘果之文莫能救之”，妄下断语，谓“庖牺必不作网罟”。吁！可谓怪诞不经之谈矣！顾震沧之《毛诗类释》多凿空之言，非专门之学，亦在删汰之列。

《诗说》三卷，惠周惕撰。《毛郑诗考正》四卷，戴震撰。《诗本音》十卷，顾炎武撰。《诗音表》一卷，钱坫撰。

【今按】《经解入门》在《国朝经师经义目录》的基础上增加二种：陈奂《毛诗疏》、马瑞辰《毛诗传笺通释》。

【原文】

国朝治“三礼”者，万斯大、蔡德晋、盛百二诸人皆致力甚深，然或取古注，或参妄说，吾不取焉。方苞辈更无足道。其善者：沈彤《周官禄田考》、惠定宇《禘祫说》、江永《周礼疑义举要》、戴震《考工记图》、任大椿《弁服释例》、钱坫《车制考》、张尔岐《仪礼郑注句读》、《监本正误》、《石经正误》、沈彤《仪礼小疏》、江永《仪礼释官谱增注》、胡培翚《仪礼正误》、金曰追《仪礼正讹》、褚寅亮《仪礼管见》、张惠言《仪礼图》、凌廷堪《礼经释例》、黄宗羲《深衣考》、惠定宇《明堂大道录》、江永《礼记训义择言》、《深衣考误》、任大椿《深衣释例》、惠士奇《礼说》、江永《礼书纲目》、金榜《礼笺》。

【辨伪】此段抄自江藩《国朝经师经义目录·礼》：

至国朝，如万斯大、蔡德晋、盛百二虽深于礼经，然或取古注，或参妄说，吾不取焉；方苞辈更不足道矣。

《周官禄田考》三卷，沈彤撰。《禘祫说》二卷，惠定宇撰。《周礼疑义举要》七卷，江永撰。《考工记图》二卷，戴震撰。《弁服释例》十卷，任大椿撰。《车制考》一卷，钱坫撰。

《仪礼郑注句读》十七卷、《监本正误》一卷、《石经正误》一卷，张尔岐撰。《仪礼小疏》一卷，沈彤撰。《仪礼释官谱增注》一卷，江永撰。《仪礼管见》四卷，褚寅亮撰。《仪礼正讹》十七卷，金曰追撰。《仪礼图》六卷，张惠言撰。《礼经释例》十三卷，凌廷堪撰。

《深衣考》一卷，黄宗羲撰。《明堂大道录》八卷，惠定宇撰。《礼记训义择言》八卷、《深衣考误》一卷，江永撰。《深衣释例》三卷，任大椿撰。

《礼说》十四卷，惠士奇撰。《礼书纲目》八十五卷，江永撰。《礼笺》十卷，金榜撰。

【今按】《经解入门》在《国朝经师经义目录》的基础上增加一种，即胡培翚《仪礼正误》。

【原文】

国朝为《公羊》之学者，阮君伯元、孔君广森最深，凌曙次之，其余不名家法者不取。《穀梁》之学，钟文烝颇有得。《左氏》则吴江朱氏、无锡顾氏皆为之，而鹤龄杂取邵宝、王樵之说，不采贾、服；震沧《大事表》虽精，然实以马宛斯之书为蓝本，且不知著书之体，有不必表者亦表之，是其短也。其善者：孔广森《公羊通义》、凌曙《公羊礼疏》、钟文烝《穀梁补注》、侯康《穀梁礼征》、顾炎武《左传杜解补正》、马骕《左传事纬》并附录、陈厚耀《春秋长历》、《春秋世族谱》、惠定宇《左传补注》、沈彤《左传小疏》、江永《春秋地理考实》、惠士奇《春秋说》。

【辨伪】此段抄自江藩《国朝经师经义目录·春秋》：

国朝为《左氏》之学者，吴江朱氏、无锡顾氏。而鹤龄杂取邵宝、王樵之说，而不采贾、服；震沧之《大事表》虽精，然实以宛斯之书为蓝本，且不知著书之体，有不必表者亦表之，甚至如江湖术士之书，以七言为歌括，不值一噱矣。兹不著录。宋以后贵文章，治《左氏》，《公》、《穀》竟为绝学。阮君伯元云："孔君广森深于《公羊》之学。"然未见其书，不敢著录，余仿此云。

《左传杜解补正》三卷，顾炎武撰。《左传事纬》十二卷、附录八卷，马骕撰。《春秋长历》十卷、《春秋世族谱》一卷，陈厚耀撰。《左传补注》六卷，惠定宇撰。《春秋左传小疏》一卷，沈彤撰。《春秋地理考实》四卷，江永撰。

附三传总义

《春秋说》十五卷，惠士奇撰。

【今按】《经解入门》在《国朝经师经义目录》的基础上增加孔广森《公羊通义》、凌曙《公羊礼疏》、钟文烝《穀梁补注》、侯康《穀梁礼征》。江藩明言："宋以后贵文章，治《左氏》，《公》、《穀》竟为绝学。阮君伯元云：'孔君广森深于《公羊》之学。'然未见其书，不敢著录。"江藩著《国朝经师经义目录》之时，西汉今文经学早成绝学，并未复兴，要等到晚清才重放光明，所以他连孔广森的《公羊通义》都没有著录。至于《公》、《穀》之优劣，他也未置一辞。《经解入门》增加评论："国朝为《公羊》之学者，阮君伯元、孔君广森最深，凌曙次之，其余不名家法者不取。《穀梁》之学，钟文烝颇有得。"阮元不以《公羊》之学著名，此处将他与孔广森相提并论，可能是对《国朝经师经义目录》所引阮君伯元"孔君广森深于《公羊》之学"一语的误读。

【原文】

《论语》、《孟子》、《大学》、《中庸》，至宋而后大行。国朝作注者：阎若璩《四书释地》、《续》、《又续》、《三续》、《释地余论》、江永《乡党图考》、戴震《孟子字义疏证》、焦循《孟子正义》、宋翔凤《孟子赵注补正》，皆善。

【辨伪】此段抄自江藩《国朝经师经义目录·论语》：

至南宋，朱子始以《论语》、《孟子》及《礼记》中之《大学》、《中庸》二篇合为《四书》，盛行于世。

《四书释地》一卷、《四书释地续》一卷、《四书释地又续》二卷、《四书释地三续》二卷、《四书释地余论》一卷，阎若璩撰。《乡党图考》十卷，江永撰。《孟子字义疏证》三卷，戴震撰。《论语后录》五卷，钱坫撰。《论语骈枝》一卷，刘台拱撰。

【今按】《经解入门》将《国朝经师经义目录》的钱坫《论语后录》、刘台拱《论语骈枝》替换为焦循《孟子正义》、宋翔凤《孟子赵注补正》。

【原文】

《孝经》惟阮福《义疏》有据。

【今按】江藩《国朝经师经义目录》没有为《孝经》立目，此语为《经解入门》

所加。

《经解入门·近儒说经得失》:《尔雅》:邵氏《正义》、郝氏《义疏》皆博大。

【今按】江藩《国朝经师经义目录·尔雅》仅著录了邵晋涵《尔雅正义》二十卷,但没有录郝氏《义疏》。

【原文】

其释群经总义者:朱彝尊《经义考》、翁方纲《经义考补正》、吴陈琰《五经古今文考》、冯登府《十三经诂答问》、陈澧《东塾读书记》。其余尽荟萃于《皇清经解》中,此尽阮氏伯元所辑,为说经家一大统宗,学者不可不读。

【今按】江藩《国朝经师经义目录》经总义类附录于论语类,但所著录之书与《经解入门》无一相同。

【本篇结论】

《近儒治经得失》首先在前面加一门面语,模拟江藩口气,然后逐字逐段抄袭《国朝经师经义目录》,可谓名正言顺,最后一节来一掉包计,将《国朝经师经义目录》所著录之书全部换成其他书。但也留下了狐狸尾巴——陈澧与江藩时代不相及,江藩怎么会著录《东塾读书记》一书?

《经与经相表里》抄自《輶轩语》

【原文】

《十三经》不能尽通，故历来经师大儒，恒有以一经名家。然专力贵在一经，而参考贵尽群经，苟第默守一家，则经与经有表里者，亦无从而贯串。

【辨伪】此段抄自张之洞《輶轩语·语学第二》：

宜专治一经。

十三经岂能尽通？专精其一，即已不易。历代经师大儒，大约以一经名家者多，兼通群经，古今止有数人。今且先治其一，再及其他。但仍须参考诸经，博综群籍，方能通此一经。不然，此一经亦不能通也。

【原文】

十三经皆先圣遗言，其义本可相通者多：《尔雅》、《毛诗》相表里也。读《毛诗》而不读《尔雅》，何以知古训之是式？《仪礼》、《礼记》相表里也。读《仪礼》而不读《礼记》，何以知古制之通变？《尚书》、《周官》相表里也。读《尚书》而不读《周官》，何以知三代之因革？又况《春秋》"三传"相表里，《论语》、《孟子》相表里，《孝经》、《论语》相表里，《易》与《诗》相表里，《诗》与《书》相表里，《小戴礼》与《大戴礼》相表里，此各经之大略也。

此外细节阔目：《论语》引《诗》即存《毛诗》之古义，引《书》即存《尚书》之古义，引《易》即存《易》之古义，称《礼》即存《礼》之古义，《孟子》、《戴记》皆然。则为经与经相表里之显证。

而又有一经之中，自相表里，如《易》"剥"之义，受之以"复"；"否"之义，受之以"泰"。《书》、《尧典》官制与夏制相损益，《夏书》官制与《周书》官制相损益。《诗》十五国之风，自相终始，风、雅、颂之音，自相离合。《周礼》五官之布置，《仪礼》冠、昏之变通，《礼记》各篇之条目，《左氏》前后之错综，《公羊》传经之义例，《穀梁》说《礼》之精微，《论语》立言之精当，《孟子》叙事之详略，《尔雅》方音之异同，皆非纵观博考，不能周知其义。故由博而约，穷经之第一要道也。

【今按】此段尚未查到出处，待考。

【本篇结论】

《经与经相表里》篇的基本观点抄自《輶轩语》，但其细目尚待考证。

《经与纬相表里》抄自《纬候不起于哀平辨》

【原文】

纬候之书，说者谓起于哀、平之世，非也。纬候所言多近理，与经相表里①，本古圣遗书，而后人以怪诞之说纂入其中，遂令人不可信耳。其醇者盖始于孔氏，故郑康成以为孔子所作，其驳者亦亦起于周末、战国之时。何以知之？秦始皇时已有“亡秦者胡”之谶，则谶纬由来久矣。孟喜，汉初人也，而卦气图之用，本于《易纬》。司马迁，武帝时人，而《史记》所载简狄吞燕卵生契之事，本于《尚书中候契握》。大毛公，亦汉初人也，《诗传》所谓尊而君之，则称皇天；元气广大，则称昊天；仁覆闵下，则称旻天，本于《尚书帝命验》。伏生，秦时人也，所作《尚书大传》，言主春者鸟昏中可以种谷，主夏者大昏中可以种黍，本于《尚书考灵耀》，所言夏以十三月为正，殷以十二月为正，周以十一月为正，本于《乐纬稽耀嘉》。翼奉，宣帝时人也，元帝初上封事，言《诗》有五际，本于《诗纬泛历枢》。又《易通卦验》云：“失之毫厘，差以千里。”《礼记·经解》及《太史公自序》皆引之，言：“差若毫厘，谬以千里。”《中候摘洛戒》云：“周公践阼。”《礼记·明堂位》引用其文。《春秋汉含孳》云：“三公，九卿，二十七大夫，八十一元士。”《礼记·王制》引用其文。由是观之，秦、汉之间，以至昭、宣之世，已有其书，岂始于哀、平哉？秦、汉既引其文，故知其起于战国也。《河图括地象》言：“昆仑者，地之中，东南地方五千里，名曰神州。”与邹衍大九州之说合，则《括地象》之书或即邹衍之徒为之。此起于战国之证也。至若“失之毫厘，差以千里”，其言最精。又《孝经勾命决》言：“孔子曰：‘吾志在《春秋》，行在《孝经》。’”《孝经援神契》言：“日者天之明，月者地之理。”皆有精义，足以羽翼经训②。又若《礼元命包》言：“天子五庙：二昭，二穆，以始祖而五。”与《丧服小记》“王者立四庙”相表里③。《春秋含文

① 今按：“与经相表里”，金鹗原文作“可以翼经”。

② 今按：“足以羽翼经训”，此六字为《经解入门》所加。

③ 今按：“相表里”三字，金鹗原文作“合”。

嘉》言："天子射熊，诸侯射麋，大夫射虎、豹，士射鹿、豕。"与《乡射礼记》相表里①。《礼稽命征》言："天子旗九仞十二旒，诸侯七仞九旒。"此类又足补《礼经》之缺，故知其始于孔氏也。《隋书·经籍志》云："说者谓孔子既叙六经，知后世不稽同其意，故别立纬及谶，以遗来世。其书出于前汉。《书·洪范》孔疏："纬候之书，不知谁作，通人讨核，谓伪起哀、平，虽复前汉之末，始有此书，以前学者必相传此说。"然则谓纬候起哀、平，孔冲远亦不以为然矣。吾得断之曰：纬候创始于孔氏，增纂于战国，盛行于哀、平。而其书实与经相表里。学者取其瑜而弃其瑕，斯得矣。

【辨伪】本篇抄自金鹗《纬候不起于哀平辨》②：

纬候之书，说者谓起于哀、平之世，非也。纬候所言多近理，可以翼经，本古圣遗书，而后人以怪诞之说纂入其中，遂令人不可信耳。其醇者盖始于孔氏，故郑康成以为孔子所作，其驳者盖亦起于周末、战国之时，何以知之？秦始皇时已有"亡秦者胡"之谶，则谶纬由来久矣。孟喜，汉初人也，而卦气图之用，本于《易纬》。司马迁，武帝时人，而《史记》所载简狄吞燕卵生契之事，本于《尚书中候契握》。大毛公，亦汉初人也，《诗传》所谓尊而君之，则称皇天；元气广大，则称昊天；仁覆闵下，则称旻天，本于《尚书帝命验》。伏生，秦时人也，所作《尚书大传》，言主春者鸟昏中可以种谷，主夏者大昏中可以种黍，本于《尚书考灵耀》，所言夏以十三月为正，殷以十二月为正，周以十一月为正，本于《乐纬稽耀嘉》。翼，奉宣帝时人也，元帝初上封事言《诗》有五际，本于《诗纬泛历枢》，又《易通卦验》云："失之毫厘，差以千里。"《礼记·经解》及《太史公自序》皆引之言："差若毫厘，谬以千里。"《中候擿洛戒》云："周公践阼。"《礼记·明堂位》引用其文。《春秋含孳》云："三公，九卿，二十七大夫，八十一元士。"《礼记·王制》引用其文。由是观之，秦、汉之间，以至昭、宣之世，已有其书，岂始于哀、平哉？秦、汉既引其文，故知其起于战国也。《河图括地象》言："昆仑者，地之中，东南地方五千里，名曰神州。"与邹衍大九州之说合，则《括地象》之书或即邹衍之徒为之。此起于战国之证也。至若"失之毫厘，差以千里"，其言最精。又《孝经句命决》言："孔子曰：吾志在《春秋》，行在《孝经》。"《孝经援神契》言："日者天之明，月者地之理。"皆有精义。又若《礼·元命包》言："天子五庙：二昭，二穆，以始祖而五。"与《丧服小记》"王者立四庙"合。《春秋含文嘉》言："天子射熊，诸侯射麋，大夫射虎、豹，士射鹿、豕。"与《乡射礼记》合。《礼稽命征》言："天子旗九仞十二旒，诸侯七仞九旒。"此类又足补《礼经》之缺，故知其始于孔氏也。《隋书·经籍志》云："说者谓孔子既叙六经，知后世不稽同其意，故别立纬及谶，以遗来世。其书出于前汉。"《书·洪范》孔疏："纬候之书，不知谁作，通人讨核，谓伪起哀、平，虽复前汉之末，始有此书，以前学者必相传此说。"然则谓纬候起哀、平，孔冲远亦不以为然矣。吾得断之曰：纬候创始于孔氏，增纂于战国，盛行于哀、平。

① 今按："相表里"三字，金鹗原文作"合"。

② 见《诂经精舍文集》卷十二第14页（《清经解》卷一三九〇）；又见《求古录礼说》卷十五（《孔子文化大全》本第1045~1048页）。

【本篇结论】

经过比勘，我们发现，《经与纬相表里》篇与金鹗《纬候不起于哀平辨》有着惊人的相似之处，仅在文末加以断语："而其书实与经相表里，学者取其瑜而弃其瑕，斯得矣。"另外，在文字上稍加点窜，原文作"可以翼经"，改为"与经相表里"；原文作"与……合"，改为"与……相表里"。改动极少，均为扣题之笔。

《经与子相表里》抄自《辅轩语》

【原文】

周、秦诸子皆与经相出入。如《管子》之治术，《司马》之兵法，《墨子》之引《书》，《荀子》之传《诗》，皆得于经之古义。而读者取其事实，可以补证经传之简略；知其旨归，可以补证经传之讹文、佚文；知其古训古音，可以订经传音注之得失。即汉、魏诸子亦然。盖汉、魏去古未远，微言大义犹未绝于人间，故其义理虽纯杂不一，而所以发明经义仍瑕不掩瑜，与唐以后所谓子部者大别。惟读之宜以细心，务在先求训诂，必使确实可解，勿徒空论其文，臆度其理，即如《庄子》寓言，多乌有、子虚之事，而其文字、名物仍凿凿可据。盖凡古人著书断未有故令其语在可解未可解之间者。况天地间人情物理、猥琐纤末之事，经史所不能尽者，子部无乎不有。其趣妙处，较之经史，尤易引人入胜。以经学家"实事求是"之法读之，斯其益无限。因取先秦以上传记（子、史及解经之书，古人通名传记）真出古人之手，及汉、魏著述中理者，约举其名于后，俾学者知所趋焉。

三代古传记，《国语》、《战国策》、《大戴礼》最要。《七经纬》，国朝人搜集，较《古微书》为备。纬与谶异，乃三代儒者说经逸文，勿以耳食而议。其余《山海经》、《世本》、《逸周书》、《竹书纪年》、《穆天子传》上三书虽有假托，皆秦以前人所为。《周髀》、《素问》、《司马法》之类，皆足为考证经义之用。

周、秦间诸子，《荀子》、《管子》、《吕氏春秋》最要。《庄子》、《墨子》之属，理虽悠谬，可证经传者甚多。此外，《老子》、《孙子》、《晏子春秋》、《列子》、《庄子》、《文子》、《吴子》、《韩非子》、《鹖冠子》、《孔丛子》、《楚辞》、《楚辞》集类，以其可证经者多，故附此。皆善。至于《尸子》、《商子》、《尹文子》、《关尹子》、《燕丹子》，近人均有采集校本。其余子部尚繁，或伪作，或佚存无几，不录。

汉至隋说经之书，许氏《五经异义》、郑氏《驳异义》、陆氏《经典释文》为要。注家得失篇已举之矣。其余善者：《乾凿度郑注》、《尚书大传》、《韩诗外传》、《春秋繁露》、《白虎通》、《春秋释例》、陆玑《诗疏》、皇侃《论语疏》、李氏《周易集解》、《虞氏易注》、《郑氏易注》、《荀氏九家易注》、《尚书》马郑注、《左传》贾服注、蔡邕《明堂月令章句》、郑氏《箴膏肓》、《起墨守》、《发废疾》、《毛郑异同评》、刘炫《规杜》之属。《汉魏遗书》、《古经解汇函》、《古经解钩沉》等书，或原部收入，或原书亡佚，各家从他书中辑出，亦备存焉。

汉至隋小学之书，《说文》、《玉篇》、《广雅》、《广韵》最要。而《急就篇》、《方言》、《释名》、《字林》四书亦善。《字林》久佚，近人任大椿搜集成书，名《字林考逸》。《广韵》即陆法言《切韵》，略有增修，故列入隋。此下唐人《一切经音义》为胜(东洋刻本)。其余《汗简》、《集韵》、《韵补》、《韵会》、薛尚功《钟鼎款识》之属，亦资考证，但少缓耳。《仓颉》、《凡将》诸书久亡，任大椿搜集之，名《小学钩沉》，与《小学汇函》皆宜读。

汉后隋前传记诸子，《新序》、《说苑》、《列女传》、《水经注》最要，而《吴越春秋》、《越绝书》、《家语》王肃所集，故列此。《汉官六种》、《三辅黄图》、《华阳国志》、《淮南子》、《法言》、《盐铁论》、《新论》、《潜夫论》、《论衡》、《独断》、《风俗通》、《申鉴》、《齐民要术》、《文中子》、《中说》、《颜氏家训》、《九章算术》皆宜读。算经隋以前尚有六种，乃专门之学，极有实用。(至)［自］唐至明，其书不少，后出愈善，至国朝而极精。此取其古，为通经之用。此外，子部如《太玄经》、《易林》、《物理论》、《中论》、《人物（识）志》、《高士传》、《博物志》、《古今注》、《南方草木状》、《洛阳伽蓝记》、《荆楚岁时记》、《世（记）［说］》、《抱朴子》、《金楼子》之属，虽颇翔实雅驯，仅资词章、谈助，非其所急；《难经》、《参同契》，无关儒术；《理惑》、《拾遗》，违正害理；与其余伪作之书，咸宜辨别。

【辨伪】本篇抄自张之洞《辅轩语·语学第二》：

读子为通经。以子证经，汉王仲任已发此义。

子有益于经者三：一证佐事实。一证补诸经伪文、佚文。一兼通古训、古音韵。然此为周、秦诸子言也，汉、魏亦颇有之。至其义理虽不免偏驳，亦多有合于经义可相发明者，宜辨其真伪、别其瑜瑕，斯可矣。唐以后子部书最杂，不可同年而语。

读子宜求训诂，看古注。

诸子道术不同，体制各别，然读之亦有法。首在先求训诂，务使确实可解，切不可空论其文，臆度其理。如俗本《庄子因》、《楚辞灯》、《管子评注》之类，最害事。即如《庄子》寓言，谓其事多乌有耳，至其文字、名物，仍是凿凿可解，文从字顺，岂有著书传后，故令其语在可晓不可晓之间者乎？以经学家实事求是之法读子，其益无限。大抵天地间人情、物理，下至猥琐纤末之事，经、史所不能尽者，子部无不有之。其趣妙处，较之经、史，尤易引人入胜。故不读子，不知瓦砾、糠秕无非至道；不读子，不知文章之面目变化百出，莫可端倪也。今人学古文以为古文，唐、宋巨公学诸子以为古文，此古文家秘奥。此其益人，又有在于表里经、史之外者矣。

读书宜多读古书。

……兹将先秦以上传记子、史及解经之书，古人通名传记，真出古人手者，及汉、魏著述中理切用者，约举其名于后。

《国语》、《战国策》、《大戴礼》、《七经纬》国朝人搜集，较《古微书》为备。纬与谶异，乃三代儒者说经逸文，勿以耳食而议之。《山海经》、《世本》近人秦嘉谟辑补《逸周书》、《竹书纪年》、《穆天子传》三书虽有假托，皆秦以前人所为。《周髀》、《素问》、《司马法》。《班志》列入礼家，其书皆言军礼。以上诸书皆有考证经义之用。

以上三代古传记。**其余皆是汉后伪书，断不可信，《国语》、《战国策》、《大戴》最要。**

《老子》、《管子》、《孙子》、《晏子春秋》、《列子》、《庄子》、《文子》、《吴子》、《墨子》、《荀子》、《韩非子》、《鹖冠子》、《孔丛子》、《吕氏春秋》、《楚辞》。此集类，然可证经，故附此。此外，尚有《尸子》、《商子》、《尹文子》、《关尹子》、《燕丹子》，国朝人均有采集校本。

以上周、秦间诸子。其余尚多，或伪作，或佚存无几。《荀》、《管》、《吕》最要，《庄》、《墨》之属，理虽悠谬，可证经传者甚多。

《乾凿度郑注》、《尚书大传》、《韩诗外传》、《春秋繁露》、《白虎通》、《春秋释例》、陆玑《诗疏》、皇侃《论语疏》；《周易集解》、《经典释文》。二书虽唐初人集，乃汉、魏、六朝人旧说。此外，尚有《五经异义》、《驳五经异义》、《虞氏易注》、《郑氏易注》、《荀九家易注》、《尚书》马郑注、《左传》贾服注、蔡邕《明堂月令章句》、《箴膏肓》、《起墨守》、《发废疾》、《毛郑异同评》、刘炫《规杜》、《汉魏遗书》、《古经解钩沉》等书，或原书亡佚，国朝人从他书采集者。

以上汉至隋说经之书。唐至国朝，经学书太多，俟他日择要标目。

《说文》、《方言》、《释名》、《急就篇》、《字林》（书久佚，国朝任大椿搜集成书，名《字林考逸》）、《玉篇》、《广韵》。（《广韵》即陆法言《切韵》，略有增修，故列隋）。此后唐人《一切经音义》最胜。尚有《汗简》、《集韵》、《韵补》、《韵会》、薛尚功《钟鼎款识》之属，亦资考证，但可少缓耳。《仓颉》、《凡将》诸书，久已亡佚，任大椿搜集之，名《小学钩沉》，最好。

以上汉至隋小学之书。《说文》、《玉篇》、《广韵》尤要。

《新序》、《说苑》、《列女传》、《吴越春秋》、《越绝书》、《家语》王肃所集，故列此。《汉官六种》、《三辅黄图》、《水经注》、《华阳国志》、《淮南子》、《法言》、《盐铁论》、《新论》、《潜夫论》、《论衡》、《独断》、《风俗通》、《申鉴》、《齐民要术》、文中子《中说》虽门人所作，体制未善，词理颇精，不可废。《颜氏家训》、《九章算术》。此外，隋以前算经尚有六种，算乃专门之学，极有实用。自唐至明，算书不少，后出愈精，至国朝而极精。此取其古，为通经之用。

以上汉后隋前传记、诸子。此外，如《太玄经》、《易林》、《物理论》、《中论》、《人物志》、《高士传》、《博物志》、《古今注》、《南方草木状》、《洛阳伽蓝记》、《荆楚岁时记》、《世说》、《抱朴子》、《金楼子》之属，虽颇翔实雅驯，仅资词章、谈助，非其所急；《难经》、《参同》，无关儒术；《理惑》、《拾遗》，违正害理；其余多是伪作，宜辨。《新序》、《说苑》、《列女传》、《水经注》最要。

【本篇结论】

《经与子相表里》篇无论是观点，还是材料，完全仿照《輶轩语》而成。仅删去"《新序》、《说苑》、《列女传》、《水经注》最要"，"虽门人所作，体制未善，词理颇精，不可废"等语，又于书目中添加《古经解汇函》、《小学汇函》二种。

《经与史相表里》抄自《輶轩语》、《书目答问》

【原文】

经与史异学，而古史多与经相表里，故治经犹不可不读史。《史记》、《前后汉书》、《三国志》四史最要。司马迁本得《古文尚书》之传，故其书多古文说，而所搜辑多先秦故制，其书甚善。班史多古字古义，范书、陈书虽不及前二种，而汉儒家法、地理事实足资考证。故读史犹宜读其表志。由此而读二十四史，博而约之，存乎其人。

【辨伪】此段抄自张之洞《輶轩语·语学第二》：

正史中宜先读《四史》。

全史浩繁，从何说起，四史为最要。《史记》、《汉书》、《后汉》、《国志》。四者之中，《史记》、《前汉》为尤要。其要如何？语其高，则证经义，多古典、古言、古字。通史法；诸史义例皆本马、班。语其卑，则古来词章，无论骈散，凡雅词丽藻，大半皆出其中，文章之美，无待于言。

读史犹宜读表、志。

作史以作志最难，读史以读志为最要，三代典章制度皆在其中，若止看列传数篇，于史学无当。除三史外，《隋书·经籍志》、《新唐·地理志》、《明史·历志》皆要。表亦史家要领，可订岁月之误，兼补纪、传之阙。简质无情，人所厌观，先览大概，用时检之。

【原文】

为治经计，如《逸周书》、《国语》、《国策》、《山海经》、《竹书纪年》、《穆天子传》、《晏子春秋》、《越绝书》、《列女传》、《新序》、《说苑》、《东观汉记》之属，皆可归入史部，皆不可不读。

【辨伪】此段抄自《书目答问》卷二《古史第四》：

古无史例，故周、秦传记体例与经、子、史相出入，散归史部，派别过繁，今汇为一所，为古史。

《逸周书》、《国语》、《战国策》皆古史，叙述翔实可据者。《山海经》、《竹书纪年》、《穆天子传》三书，有伪托而多荒唐，然皆秦以前人所为。《晏子春秋》、《越绝书》、《列女传》、《新序》、《说苑》皆归入史部古史类，惟《东观汉记》入史部别史类。

【本篇结论】

《经与史相表里》篇称“经与史异学，而古史多与经相表里，故治经犹不可不读史”，观点鲜明，不同凡响，与“六经皆史说”异调，但所用材料明显剽自张之洞《𬨎轩语》、《书目答问》二书中语。

今按：《升庵集》卷四十七“经史相表里”条曰：“苏老泉曰：‘经以道法胜，史以事辞胜。经不得史，无以证其褒贬；史不得经，无以要其归宿。’言经史之相表里也。元儒山东云门山人张绅士行序定宇陈氏《通鉴续编》，衍其说云：‘史之为体，不有以本乎经，不足以成一家之言。史之为体，不有以本乎经，不足以为一代之制。故太史公之史，其体本乎《尚书》；司马公之《通鉴》，其体本乎《左氏》；朱子之《纲目》，其体本乎《春秋》；杜佑之《通典》，其体本乎《周礼》。惟《易》、《诗》之体，未有得之者。而韩婴之《韩诗外传》、邵雍之《皇极演易》，可谓杰出矣。’此论甚新。余尝欲以汉、唐以下事之奇奥罕传者汇之，而以苏、李、曹、刘、李、杜、韩、孟诗证之，名曰《诗史演说》。衰老无暇，当有同吾志者。”

又按：黄以周《群经说》卷三云：“学者生数千年之后，上读周、秦之书，当宗经以正史，不可据史以汩经。”①

① 见《续修四库全书》第178册第628页。今按：黄氏明确反对以史证经，未为通论。

《说经必先识文字》抄自《𬨎轩语》

【原文】

《说文》云："字，孳也。"言其孳生无尽也。字，古谓之文。

字有形，形不一：一、古文，二、籀文，三、小篆，四、八分，五、隶书，六、楷书，相因递变。字有声，声不一：有三代之音，有汉、魏之音，有六朝至唐之音（详《音韵源流》篇）。字有义，义不一：有本义，有引申义（即《训诂篇》所言者），有通假义（即假借之谓）。形声不审，训诂不明，岂知经传所言者何物、所说者何事耶？且经传原本篆书，古韵自有部分，识古篆之形，晓古语之声，方能得古字之义。大率字类定于形，字义生于声，知篆形方可审今形之非，知古音则可订今音之误，故形声实为识字之本。

然则，如之何而后能审定音义？曰必须识小篆，通《说文》，熟《尔雅》，"五雅"、《玉篇》、《广韵》并宜参究。俗师知其一，不知其二，知其末，不知其源，骋其臆说，恍如寱语。此事甚不易，非翻检字书，便能通晓者也。又《说文》初看无味，细看极有意趣。段玉裁注《说文》，精而较繁。可先看大徐本《说文解字》。

【辨伪】此段抄自张之洞《𬨎轩语·语学第二》：

解经宜先识字。

此非余一人之私言，国朝诸老师之言也。字有形，形不一：一古文，二籀文，三小篆，四八分，五隶书，六真书，相因递变。字有声，声不一：有三代之音，有汉、魏之音，有六朝至唐之音。字有义，义不一：有本义，有引申义，有通借义。形声不审，训诂不明，岂知经典为何语耶？如何而后能审定音义？必须识小篆，通《说文》，熟《尔雅》。"五雅"、《玉篇》、《广韵》并宜参究。俗师知其一，不知其二，知其末，不知其源，骋其臆说，止如寱语。此事甚不易，非翻检字书，便能通晓者也。《说文》初看无味，细看极有意趣。段玉裁注《说文》解精而较繁。可先看大徐本《说文解字》。《说文》字部难于寻检，毛谟《说文检字》、黎永椿《说文通检》颇便初学，黎书较胜。

经传原是篆书，古韵自有部分。识古篆之形，晓古语之声，方能得古字之义。大率字类定于形，字义生于声，知篆形则可觉今音之非，知古音则可定今形之误。故形声为识字之本。

【本篇结论】

《说经必先识文字》篇抄袭张之洞《輶轩语·语学第二》，仅有三点小改动：第一，将标题“解经宜先识字”改为“说经必先识文字”。第二，将“岂知经典为何语耶”一语改为“岂知经传所言者何物、所说者何事耶”。第三，张之洞首先声明：“此非余一人之私言，国朝诸老师之言也。”而《经解入门》将此声明也抹掉，仿佛就是一家之言。

《说经必先通训诂》抄自《经籍纂诂序》、《尔雅注疏》、《说略》、《焦氏笔乘》

【原文】

训诂之源，肇于《尔雅》。《释诂》、《释训》，各详其义。邢氏疏云："训，道也。"引《周礼·地官》有"土训"、"诵训"；郑司农说，以远方土地所生异物，以告王道。后郑说，则谓土训能训土地善恶之势，诵训能训说四方所诵习人所作为及时事。《释训》言形貌也。诂者，古也，古今异言，解之使人知也。"诂"文从古声，古，故也，从十口，识前言也。"诂"本通作"故"，毛公传《诗》则曰《故训传》。"故训"即"诂训"，亦即"古训"。《烝民》诗云："古训是式。"是也。据《尔雅》分篇之义，诂通古，今异言，训则皆言形貌。而说经之道也，不外此二字。通古言，通古音，而古义无不通矣。知形训，知声训，而古训无不明矣。如《明堂位》云："夏曰醆，殷曰斝，周曰爵。"此古言之异也。《方言》："楚谓聿，燕谓弗，秦谓笔。"此古音之异也。《说文》："石，山石也。""厓，山边也。"此依形立训也。"日，实也。""月，阙也。"此依声立训也。依声立训，于古书十居其九，如旬之为均也，音之为荫也，妃之为配也，平之为便也，皆以声为训也。他如资读为齐，而义即通为齐，《巽卦》"丧其资斧"是也。鲜读为献，而义即通献，"天子乃献羔开冰"是也。辨读为贬，而义即通贬，《玉藻》"立容辨卑毋谄"是也。美读为仪，而义即通仪，《少仪》"鸾和之美"是也。又如"桓"字有三音，《禹贡》"西倾因桓是来"，又"和夷厎绩"，《水经注》云："和即桓。"《汉书注》："桓楹"即"和表"，"和表"又转为"华表"，桓谭《新论》，《隋志》又作华谭，皆随训而转者也。率字有五音，"（收）[将]率"音"帅"，"彀率"、"藻率"音"（立）[律]"，量名音"刷"，"督率"音"朔"，算法约（率音律之类）[数之"率"音类]，亦随训而转者也。至若"繇"有六义，"离"有十六义，辟有（三）十（七义）[一音]，衰有四音，贲有七音，差有八音，敦有九音，苴有十四音。音同训异，义随训移，惟在明于训诂者之变而通焉。

【辨伪】本篇抄自钱大昕《经籍纂诂序》、邢昺《尔雅注疏》、顾起元《说略》、焦竑《焦氏笔乘》：

【钱大昕《潜研堂集》文集卷二十四《经籍纂诂序》】

有文字而后有诂训，有诂训而后有义理。训诂者，义理之所由出，非别有义理出乎训诂之外者也。《诗·烝民》之篇曰："天生烝民，有物有则。民之秉彝，好是懿德。"宣尼赞为知道之言。而其诗述仲山甫之德，本于古训是式，古训者，诂训也；诂训之不忘，乃能全乎民秉之懿，诂训之于人大矣哉！昔唐虞典谟，首称稽古；姬公《尔雅》，诂训具备；孔子大圣，自谓"好古敏以求之"，又云"信而好古"，而深恶夫"不知而作"者，由是删定六经，归于雅言。文也，而道即存焉。汉儒说经，遵守家法，诂训传笺，不失先民之旨。自晋代尚空虚，宋贤喜顿悟，笑问学为支离，弃注疏为糟粕，谈经之家，师心自用，乃以俚俗之言诠说经典。若欧阳永叔解"吉士诱之"为"挑诱"，后儒遂有诋《召南》为淫奔而删之者。古训之不讲，其贻害于圣经甚矣！我国家崇尚实学，儒教振兴，一洗明季空疏之陋。今少司农仪征阮公以懿文硕学，受知九重，扬历八座，累主文衡，首以经术为多士倡，谓治经必通训诂，而载籍极博，未有会最成一编者。往岁休宁戴东原在书局，实创此议；大兴朱竹君督学安徽，有志未果。公在馆阁，日与阳湖孙季逑、大兴朱少白、桐城马鲁陈相约分纂抄撮群经，未及半而中辍。乃于视学两浙之暇，手定凡例，即字而审其义，依韵而类其字，有本训，有转训，次叙列布，若网在纲。择浙士之秀者若干人，分门编录；以教授归安丁小雅董其事，又延武进臧在东专司校勘。书成，凡百有十六卷。公既任满赴阙，将刊梨枣，嘉惠来学。以予粗习雅故，贻书令序其缘起。夫六经定于至圣，舍经则无以为学；学道要于好古，蔑古则无以见道。此书出，而穷经之彦焯然有所遵循，向壁虚造之辈不得滕其说以衒世。学术正而士习端，其必由是矣，小学云乎哉！

【王引之《王文简公文集》卷三《经籍纂诂序》】

训诂之学，发端于《尔雅》，旁通于《方言》。六经奥义，五方殊语，既略备于此矣。嗣则叔重《说文》、稚让《广雅》，探赜索隐，厥谊可传。下及《玉篇》、《广韵》、《集韵》，亦颇搜罗遗训，而所据之书，或不可考。且旧书雅记、经史传注未录者犹多，至于网罗前训，征引群书，考之著录家，罕见有此，惟《旧唐志》载《天圣太后字海》一百卷、诸葛颖《桂苑珠丛》一百卷，《新唐志》载颜真卿《韵海镜源》三百六十卷，自古字书韵书未有若此之多者，意其详载先儒训释，是以卷帙浩繁，而惜乎其书之已逸也。(下略)(《续修四库全书》第1490册)

【《尔雅注疏》卷三】

宋邢昺疏云：案《释诂》云：训道也。《周礼·地官》有土训、诵训。郑司农注云，谓以远方土地所生异物，以告道王也。后郑云：玄谓土训能训说土地善恶之势，诵训能训说四方所诵习及人所作为及时事。然则此篇以物之事义形貌告道人也，故曰释训。案此所释多释诗文，故郭氏即以诗义解之。

【《尔雅注疏》卷一】

宋邢昺疏云：释，解也；诂，古也，古今异言，解之使人知也。释言则释诂之别，故《尔雅序篇》云：释诂、释言通今之字，古与今异言也。

【明顾起元《说略》卷十五】

经籍中多有古字通用，及假借而用，读者每不之察。如《易·丰卦》"虽旬无咎"，《礼记·内则》"旬而见"，注皆释均，不知旬即古均字。《遯卦》"肥遯无不利"，肥古作巷，与蜚字同，韵书训别也，则肥当从巷。《离卦》"离丽也"，又云"明两作离"。《礼·

昏经》曰："纳征束帛。"离、丽古通用。《巽卦》"丧其资斧"，资当读为齐。应劭云："齐，利也。"《淮南子》云："磨齐斧以伐朝菌。"《汉书·王莽传》引《易》句资作齐，资、齐古通用。《艮卦》"艮其限，列其夤，厉熏心"。熏读为阍，盖艮为阍也。熏、阍古通用。《归藏易》"一臾"，臾读为坤，即古坤字。《书·尧典》"方命圮族"，圮读为弊，即古弊字。《禹贡》"西倾因桓是来"，又"和夷厎绩"，《水经注》"和夷厎绩"，即西倾因桓之桓。《汉书》桓东少年场注桓楹即和表，和表又转为华表。桓谭《新论》，《隋志》作华谭，桓、和、华三字古通用。又"岷嶓既艺"，又"岷山导江"，《史记》引此皆作汶。《三国志》蜀后主测登观汶水之流，《五代史》王建贬卫尉少卿李纲为汶川尉，徐无党注汶读作岷，汶、岷古通用。《五子之歌》甘酒嗜音，又仪狄作酒，禹饮而甘之，二甘字当读为酣，古字省文。《微子》沈酗于酒，酗当读为酶，音煦。《汉书·赵充国传》"醉酶羌人"，颜师古曰："醉怒曰酶，即酗字。""冏命伯冏"，《说文》"冏"作"褧"，唐杜佑奏省官疏云伯景为太仆冏，褧与景字同音，亦相借耳。《诗小序》"氓丧其妃耦"，妃当读为配，妃、配古通用。《国风》"猗嗟名兮"，《玉篇》引名作顯，眉目之间也。《西京赋》"眳藐流眄，一顾倾城"，注眳眉睫之间，皆言美人眉目流眄，使人冥迷，所谓一顾倾城也。名、顯、冥三字古通用。《小旻》"发言盈庭"，发读为聒，发、聒古通用。《硕人》"鳣鲔发发"，发读为泼，发古泼字省文。……《礼记·月令》审端径术读为遂，术、遂古通用。又"天子乃鲜羔开冰"，鲜读为献，鲜、献古通用。《玉藻》"立容辨卑毋谄"，辨读为贬，辨、贬古通用。……《少仪》"鸾和之美"，美读为仪，美、仪古通用。……此类甚多，不可殚述，苟读如其字，误亦甚矣。杨慎《转注古音略》、《古音余古音》附《书学正韵》李宗言释字六书当分六体。班固云：象形、象事、象意、象声、假借、转注是也。六书以十为分，象形居其一，象事居其二，象意居其三，象声居其四。假借，借此四者也；转注，注此四者也。四象以为经，假借、转注以为纬。四象有限，假借、转注无穷也。郑渔仲《六书考》论假借极有发明，至说转注云："一字数义，展转注释，而后可通。"后人不得其说，遂以反此作彼为转注。许慎云："转注，考、老是也。"毛晃云："老字下从匕，音化，考字下从丂，音巧，各自成文，非反考为老也。"王柏《正始之音》亦以考、老之训为非。萧楚谓："一字转其声，而读是谓转注。"程端礼谓："假借，借声；转注，转声。"皆合《周礼》注展转注释之说，可正考、老之谬矣。又《易疏》云："贲有七音，义各不同，触类而长之。衰有四音，齐有五音，从有七音，差有八音，敦有九音，辟有十一音，皆转注之极也。"

【明焦竑《焦氏笔乘》卷六"用修论转注"】

六书当分六体，班固云"象形、象事、象意、象声、假借、转注"是也。六书以十为分，象形居其一，象事居其二，象意居其三，象声居其四。假借，借此四者也；转注，注此四者也。四象以为经，假借、转注以为纬。四象之书有限，假借、转注无穷也。郑渔仲《六书考》论假借极有发明，至说转注之义则谬以千里矣。原转注之义，最为难明。《周礼注》云："一字数义，展转注释，而后可通。"后人不得其说，遂以反此作彼为转注。许慎云："转注，考、老是也。"毛晃云："老字下从匕，音化；考字下从丂，音巧。各自成文，非反考为老也。"王柏《正始之音》亦以考老之训为非。萧楚谓："一字转其声而读，是谓转注。"程端礼谓："假借借声，转注转声。"皆合《周礼》注展转注释之说，可正考老之谬矣。又《易疏》云："贲有七音，义各不同，触类而长之。衰有四音，齐有五音，从有七音，差有八音，敦有七音，辟有十一音，皆转注之极也。”①

【明焦竑《焦氏笔乘》卷六“繇有六义”】

繇有六义。黄履翁云：“汉高帝‘繇咸阳’，则与徭同。《文纪》‘无繇教训其民’，则与由同。《百官表》‘咎繇’，则与陶同。《李寻传》‘繇俗’，则与谣同。韦孟诗‘犬马繇繇’，则与悠同。班固赋‘谟先圣之大繇’，则与犹同。一字凡六用。”②

【明焦竑《焦氏笔乘》卷六“率有五音”】

率有五音：“将率”之“率”音帅；《孟子》“彀率”、《左氏》“藻率”、唐“率更令”皆音律；量名音刷；“督率”之“率”音朔；算法约数之“率”音类。③

【明焦竑《焦氏笔乘》卷六“敦有九音”】

敦有九音：《礼》“敦厚以崇礼”，音墩；《诗》“敦彼独宿”，音堆；《乐记》“乐者敦和”，音纯；《诗》“敦彼行苇”，贾谊赋“何足控敦”，并音团；《诗》“敦弓既坚”，《广韵》“天子弓也”，音雕；《周礼》“每敦一几”，敦，覆也，音帱；《周礼》“度量敦制”，注：敦，布帛幅广也，音准；《周礼》“珠盘玉敦”，《明堂位》“有虞氏之两敦”，音对；《尔雅》“敦邱如覆”，敦音钝。④

【明焦竑《焦氏笔乘》卷六“离有十六义”】

离有十六义：黄离，仓庚也，见《说文》；“离，丽也”，“离也者，明也”，见《易》；“雉离于罗”，见《毛诗》；“大琴谓之离”，见《尔雅释》；流离，鸟名，见《诗注》；“前长离而后裔皇”，注：“长离，凤也”，见相如赋；纤离，鸟名，见李斯书；陆离，参差也，见《文选》；侏离，夷语也，见《汉·南蛮传》；《株离》，西夷乐名；又“设服离卫”，注：陈也，见《左传》；又离，木名，茔冢中之树，见《孔子世家》；又水名，零离水，东南至广信，入郁林，见《地理志》；又姓，“离娄”，见孟子；又转去声，不离飞鸟，不可须臾离也，见《礼记》；又转力尔切，“轮囷离奇”，又“离靡广衍”，见《汉书》。⑤

【明焦竑《焦氏笔乘》卷六“苴有十四音”】

苴有十四音：七间切，麻也；子间切，苴杖也；又子旅切，履中荐也；又布交切，天苴，地名，在益州，见《史记注》；又天苴，与巴同；又子邪切，菜壤也；一曰猎场；又似嗟切，苴咩城，在云南；又鉏加切，《诗传》曰：“木中传艸也。”水草曰宜，字一作蒩，又作洓，今作渣，非；又都贾切，土苴不精细也；又侧下切，粪艸也；又侧鲁切，

---

① 焦竑：《焦氏笔乘》，中华书局 2008 年版，第 216 页。

② 焦竑：《焦氏笔乘》，中华书局 2008 年版，第 230 页。

③ 焦竑：《焦氏笔乘》，中华书局 2008 年版，第 231 页。彀率：弓张开的程度。《孟子·尽心上》：“大匠不为拙工改废绳墨，羿不为拙射变其彀率。”朱熹集注：“彀率，弯弓之限也。”藻率：古代便于附着圭、璋等玉器的装饰用的垫子。用皮革制成，上面画杂彩花。清王绍兰《王氏经说·左传·藻率》：“率、帅古多通用，此传借率为帅，当以帅为正字。藻以藉玉，帅以刷玉，明是二物，杜预不知率之为帅，误以藻率为一。”按，《说文·巾部》：“帅，佩巾也。”率更令：古官名。秦置，汉因之。为太子属官，掌漏刻。晋主宫殿门户及赏罚之事，职如光禄勋、卫尉。隋掌伎乐漏刻。唐称率更寺令，加掌皇族次序及刑法事。督率：监督领导；督促率领。

④ 焦竑：《焦氏笔乘》，中华书局 2008 年版，第 231 页。

⑤ 焦竑：《焦氏笔乘》，中华书局 2008 年版，第 232 页。

《说文》曰："酢菜也。"酢，古醋字。又庄俱切，姓也，汉有苴氏；又则吾切，茅藉祭也；又将预切，糟魄也；又子余切，苞苴，囊货也。①

【明焦竑《焦氏笔乘》卷六"古字有通用假借用"】

经籍中多有古字通用及假借而用，读者每不之察。如《易·丰卦》"虽旬无咎"，《礼记·内则》"旬而见"，注皆释均，不知旬即古均字。《遯卦》"肥遯无不利"，肥古作蜚，与蜚字同。韵书训"别也"，则肥当从蜚。《离卦》"离，丽也"，又云"明两作，离"。《礼·昏经》曰："纳征束布离皮。"《白虎通》云："离皮者，两皮也。"《三五历纪》："古者丽皮为礼。"离、丽古通用。《巽卦》"丧其资斧"，资当读为齐。应劭云："齐，利也。"《淮南子》云："磨齐斧以伐朝菌。"《汉书·王莽传》引《易》句，资作齐，资、齐古通用。……《禹贡》"西倾因桓是来"，又"和夷厎绩"，《水经注》："和夷厎绩，即西倾因桓之桓。"《汉书》"桓东少年场"，注：桓楹即和表，和表又转为华表。桓谭《新论》，《隋志》作华谭。桓、和、华三字古通用。……"天子乃鲜羔开冰"，鲜读为献。鲜、献古通用。《玉藻》"立容辨卑，毋谰"，辨读为贬。辨、贬古通用。……《少仪》"鸾和之美"，美读为仪。美、仪古通用。……此类最多，不可殚述。苟读如其字，误亦甚矣。②

【方中履《古今释疑·六书》】

《汉·艺文志》曰："六书谓象形、象事、象意、象声、转注、假借也。"《说文》曰："一曰指事，谓视而可识，察而见意，上、下是也；二曰象形，谓画成其物，随体诘屈，日、月是也；三曰谐声，谓以事为名，取譬相成，江、河是也；四曰会意，谓比类合谊，以见指㧑，武、信是也；五曰转注，谓建类一首，同意相受，考、老是也；六曰假借，谓本无其字，依声托事，令、长是也。"杨用修曰："六书以十为分，象形居其一，象事居其二，象意居其三，象声居其四。假借，借此四者也；转注，注此四者也。四象以为经，假借、转注以为纬。四象之书有限，假借、转注无穷。"郑渔仲《六书略》论假借极有发明，说转注则谬以千里矣。原转注之义，最为难明。按《周礼注》云："一字数义，展转注释，而后可通。"后人不得其说，遂以反此作彼为转注。故许慎云："考、老是也。"毛晃曰："老字下从匕，音化。考字下从丂，音巧，各自成文，非反考为老也。"王柏亦以考、老之训为非。萧楚谓："一字转其声为读，是谓转注。"程端礼谓："假借借声，转注转声。"皆合《周礼》注展转注释之说。张谦中《复古编》奉《说文》者，亦曰："假借者，因其声，借其义。转注者，转其声，注其义。"可正考、老之谬矣。又《易疏》云："贲有七音，义各不同，触类而长之。衰有四音，齐有五音，从有七音，差有八音，敦有七音，辟有十一音，皆转注也。假借则借义不借音，如兵甲之甲借为天干之甲，鱼肠之乙借为天干之乙也。"赵古则曰："转注者，展转其声，而注释为他字之用也。"有因其义而转者，有但转其声而无意义者。有转三声，有转四声，至八九转亦有之。其转之法，则与造谐声相类。有转同声者，有转旁声者，有双音并义不为转注者。又有旁音、协音不在转注例者。自许慎以来，同意相受，考老为转注，康成以之而解经，夹漈以之而成略，遂失其本旨。又若耆、耇、耈、耆、孝、耋六字，皆以老省为义，以旨句

---

① 焦竑：《焦氏笔乘》，中华书局2008年版，第232~233页。

② 焦竑：《焦氏笔乘》，中华书局2008年版，第233~240页。

勿占至为声，今夹漈皆入转注之篇，可乎哉？焦弱侯曰：“赵古则所论，其全见《声音文字通》，首云：‘展转其声，而注释为他字之用。’可谓思过半矣。末节所论，真中夹漈之膏肓，而起叔重之废疾也。然其云‘双声并义不为转注’者，又云‘旁音协音不在转注例’者，又非也。盖转注为六书之变，而双音并义，旁音协音，又转注之变也。若曰不为转注，则当为何事？不在转注例，则何以例之乎？”履按：六书之名，亦汉儒之粗解，非通论也。自渔仲乃明假借之用，扐谦、用修乃明转注之用，弱侯推广所说，盖已犁然。而赵凡夫复主叔重考、老之说，专以谐声之偏旁为转注，与诸家争六者之次第，则拘矣。《通雅》曰：“人所贵者，心，而不离五官。始造文字，皆意也，而不离五者，则当以意为第一。然先形事者，以就可见者起意也。名为五官，用时并用，名为六书，一字并存。如见日月之形，即指日月之事，即有日月之声，而指为日月之意即会焉，指上下之事即成，上下之形而声意亦会焉。不得已而分例，亦犹不得已而分五音二变也。何音不具七调哉？特文字有形而易穷，因形立事，附声见意，而意多字少，故转借为多。即所谓象形指事者，岂能使形酷肖使事详具乎？则繁琐纷累，不可动笔矣。形与事亦得其大略仿佛而已，故有转注之形，有假借之形，有转注之声意，有假借之声意。总言之，惟形与声；分言之，形犹物也，事犹务也。有所称呼，必配一字，故通形事之变，立上下偏旁，而谐以声焉。或分合以见意，又转假以通其变。因有六书之名，必欲以散见旁通之六道，而拘拘以凡例尽之，指之曰此何例也，执矣！”

【本篇结论】

《说经必先通训诂》篇基本论点为“说经必先通训诂”，何以又由训诂扯到转注上面去？可能受到段玉裁的影响。段玉裁《严九能〈尔雅匡名〉序》云：“夫训诂者，《周官》所谓转注是也。”以此为跳板，一下子就联系到焦竑《焦氏笔乘》卷六“用修论转注”。

【附录】

清叶昌炽《奇觚庼文集》卷下《章耘之广文家传》：“尝谓说经必先通古训。”

清邵晋涵《南江文抄》卷八《庚子科广西乡试策问》：“治经必通训诂，博稽制度，进求义理，以达诸躬行。汉儒传注，远有端绪，名物象数，考核精详。唐人疏以阐注，相辅而行。孔颖达撰《五经正义》，《毛诗》、《礼记》最善，《易》、《书》次之，惟《左传》疏引证太略，何欤？”（见《续修四库全书》第1463册）

元李粲曰：“读书之法，必先通训诂，晓文义，而后可以通圣人之意。”（见《经义考》卷二百五十三）

宋朱熹《论孟精义序》：“汉魏诸儒正音读，通训诂，考制度，辩名物，其功博矣。学者苟不先涉其流，则亦何以用力于此。”

清查慎行《得树楼杂抄》卷二：“马融不当崇祀孔庙，薛文清已言之。至程篁墩始上疏，得请并郑康成而去之，则过矣。郑氏笺法之功岂可没哉？朱子有云：‘汉魏诸儒正音读，通训诂，考制度，辨名物，其功博矣。学者苟不先涉其流，则亦何以用其力于此。’此是至公之论。”

宋辅广《童子问·诗传纲领》：“诗且逐篇旋读，方能旋通训诂，岂有不读而自能尽通训诂之理乎？”

晋郭璞《尔雅序》：“夫《尔雅》者，所以通训诂之指归。”

宋张孝祥《于湖集》卷十四《万卷堂记》："古之所谓读书者，非以通训诂，广记问也，非以取科第，苟富贵也，亦曰求仁而已。仁之为道，天所命也，心所同也，圣人之所觉焉者也。六经之所载焉者也，得乎此一卷之书，有余师矣。不然，尽读万卷之书，以为博焉，其可也，以为知读书，则未也。"

清郝懿行《尔雅义疏》卷上之一："释者，《说文》云：'解也，从采，取其分别物也。'《尔雅》之作，主于辨别文字，解释形声，故诸篇俱曰'释'焉。诂者，《说文》云：'训故言也，从古声。'古，故也，从十口，识前言者也。《释文》引张揖《杂字》云：诂者，古今之异语也。然则诂之为言故也，故之为言古也。诂通作故，亦通作古。《释文》诂兼古、故二音是也。又引樊光、李巡本'释诂'作'释故'。《诗·周南》释文亦云：'樊、孙等《尔雅》本皆为释故。'《说文·言部》引《诗》曰'诂训'，《汉书·艺文志》作'故训'，《诗·烝民》云'古训是式'，盖古训即故训，故训亦即诂训，并字异而义通矣。此篇自始也以下、终也以上，皆举古言释以今语，其间文字重复、展转相通，盖有诸家增益，用广异闻，《释言》、《释训》以下亦犹是焉。"

清江藩《国朝汉学师承记》卷五："康熙时，又有臧琳者，武进诸生，博综经史百氏之书。教人先以《尔雅》、许氏《说文解字》，曰：'不识字，何以读书？不通训诂，何以明经？'"

清李元度《国朝先正事略》卷三十三《臧玉林先生事略》："臧先生琳，字玉林，江苏武进人。康熙间补县学生。其学谓'不通训诂，无以明经'，'治经当以汉、唐注疏为主'。"

清罗有高《尊闻居士集》卷四《与彭允初三》："令'九经'中专治一经。治经必要先通训诂。治注疏必先从《说文》、《尔雅》起根。《尔雅》无善本，今注疏本正文错谬极多，不点校不可教人也。'十三经'先治者，'三礼'、《春秋左氏传》、《毛诗》。诸经理事至博，周一代典章人物备矣。《易》道深远，且缓之。《尚书》正讹相杂，又且缓之。"

《说经必先明假借》抄自《经义述闻》

【原文】

许氏《说文》论六书假借曰："本无其字，依声托事，令、长是也。"此谓造字之始则然也。至于经典古字，声近而通，则有不限于无字之假借者，往往本字见存，而古本则不用本字，而用同声之字，何也？古者传经，多以口授，而传写则易于别出，学者改本字读之，则怡然理顺，依借字解之，则以文害辞。是以汉世经师作注，有"读为"之例，有"当作"之条，皆由声同、声近者，以意逆之，而得其本字，所谓"好学深思，心知其意"也。如古有借"光"为"广"者，而仍解为"光明"之"光"，误矣。有借"有"为"又"者，而仍解为"有无"之"有"，误矣。有借"簪"为"撍"，而仍解为"冠簪"之"簪"，非。有借"蛊"为"故"，而仍解为"蛊惑"之"蛊"，非。有借"辨"为"蹁"，而仍解为"分辨"之"辨"，非。借"祇"为"敍"、为"疷"，而仍解"祇"为语词，非。借"易"为"埸"，而仍解为"平易"之"易"，非。借"繘"为"矞"，而仍解繘为"绠"，非。借"井"为"阱"，而仍解为"井泉"之"井"，非。借"馀"为"鬻"，而仍以为"其蔌维何"之"蔌"，非。借"时"为"待"，而仍以为"四时"之时，非。借"繻"为"襦"，而仍以为"水濡"之"濡"，非。借"尊"为"樽"，而误解为"尊卑"之"尊"，非。借"坼"为"乇"，而仍以为"开坼"之"坼"，非。借"财"为"裁"，而解为"财富"之"财"，非。借"荣"为"营"，而解为"荣幸"之"荣"，非。借"闻"为"问"，而仍以为"闻见"之"闻"，非。借"纶"为"论"，而仍以为"经纶"之"纶"，非。借"贡"为"功"，而仍以"贡"为"告"，非。借"洗"为"先"，而仍以为"洗濯"之"洗"，非。借"杂"为"帀"，而解为"杂碎"之"杂"，非。借"噫"为"抑"，而仍解为"噫乎"发叹，非。借"盛"为"成"，而仍解为"盛衰"之"盛"，非。借"平"为"辨"，而仍解为古文"釆"字，非。借"恤"为"谥"，而仍以"恤"为忧，非。借"胄"为"育"，而仍以"胄"为"长"，非。借"粒"为"立"，而仍以"粒食"之"粒"，非。借"忽"为"滑"，而仍以为"怠忽"之"忽"，非。借"玑"为"暨"，而仍以为"珠玑"之"玑"，非。

借“犹”为“由”，而仍以“犹”为“尚”，非。借“明”为“孟”，而以为“明暗”之“明”，非。借“暂遇”为“渐遇”，而解者以为“暂遇人”，非。借“沈”为“淫”，而仍解者以为“沈溺”之“沈”，非。借“指”为“底”，而解者以为指“灭亡”之意，非。借“昏”为“泯”，而解者以为“昏乱”之“昏”，非。借“谋”为“敏”，而解者以为“下进其谋”，非。借“政”为“正”，而解者以为“政事”之“政”，非。借“逢”为“丰”，而解者以为“遭逢”字，非。借“考”为“巧”，而解者以“考”为“父”，又以为“成”，非。借“忘”为“亡”，而解者以为“遗亡”之“亡”，非。借“极”为“亟”，而解者以“极”为“终”，非。借“冒”为“懋”，而解者以为“覆冒”之“冒”，非。借“衣”为“依”，而解者以“衣”为“服行”，非。借“别”为“辨”，而解者以“分别”之“别”，非。借“乱”为“率”，而解者以“乱”为“治”，非。借“陈”为“敶”，而解者以为“陈列”之“陈”，非。借“面”为“勔”，而解者以为“面见”，非。借“文”为“紊”，而解者以为“礼文”，非。借“依”为“隐”，而解者以为“依怙”之“依”，非。借“正”为“政”，而解者以为“正道”，非。借“阅”为“说”，而解者以为“检阅”之“阅”，非。借“咸”为“伔”，而解者以“咸”为“皆”，非。借“义”为“俄”，而解者以为“仁义”之“义”，非。借“富”为“福”，而解者以为“货赂”，又以为“备”，非。借“择”为“斁”，而解者误以为“选择”，非。借“格”为“嘏”，而解者误以“格”为“至”，非。借“输”为“渝”，而解者以为“输信”，非。借“哲”为“折”，而解者以“哲”为“知”，非。借“忌”为“惎”，而解者以为“畏忌”之“忌”，非。借“恶”为“诬”，而解者误以为“好恶”之“恶”，非。借“方”为“放”，而解者以“方”为“有”，非。借“塈”为“忾”，而解者以“塈”为“安息”，非。借“景”为“憬”，而解者以为古“彰”字，非。借“众”为“终”，而解者以为“众寡”之“众”，非。借“能”为“而”，而解者以为“才能”之“能”，非。借“湿”为“曝”，而解者以为“润湿”之“湿”，非。借“还”为“嫙”，而解者以“还”为“便捷之貌”，非。借“痳”为“沫”，而解者以为“瘖痳”之“痳”，非。借“子”为“嗞”，而解者以为“斥娶”者，非。借“盐”为“苦”，而为者以“盐”为“不坚固”，非。借“为”为“讹”，而解者以为“为人”，非。借“辰”为“慎”，而解者以“辰”为“时”，非。借“记”为“杞”，借“堂”为“棠”，而解者以“纪”为“基”、“堂”为“毕”、道平如堂，非。借“讯”为“谇”，而解者则以“讯”为“讹”字，非。借“偕”为“皆”，而解者以“偕”为“齐等”，非。借“誉”为“豫”，而解者以为“名誉”，非。借“萚”为“择”，而解者以“萚”为“落叶”，非。借“芋”为“宇”，而解者以“芋”为“大”，非。借“猗”为“阿”，而解者以“猗”为“旁依”，非。借“意”为“亿”，而解者以为“心意”之“意”，非。借“卒”为“猝”，而解者以为“卒者崔嵬”，非。借“佻佻”为“嬥嬥”，而解者以“佻佻”为“独行貌”，非。借“交”为“姣”，而解者以为“与人交”，非。借“求”为“逑”，而解者以为“干求”之“求”，非。借“亡”为“无”，而解者以为“灭亡”之“亡”，非。借“土”为“杜”，而解者以“土”为“居”，非。借“时”为“跱”，而解者以“时”为“是”，非。借“作”为“柞”，而解者以“作”为“起”，非。借“栵”为“烈”，而解者以为“木名”，非。借“唪唪”为“蓁蓁”，而解者以“唪唪”为“多实貌”，非。借“溉”为“概”，而解者以“溉”为“清”，非。借“随”为“𬤀”，而解者以为“随人之恶”，非。借“垢”为“诟”，而解者以“垢”为“暗冥”，非。

以上皆假借之例，不可以本义求之。经中惟此例最繁，故约举各条以见义，学者熟审乎此，则解经之道思过半矣。

【辨伪】此篇抄自王引之《经义述闻》卷三十二“经文假借”条：

引言谨案：许氏《说文》论六书假借曰：“本无其字，依声托事，令、长是也。”盖无本字而后假借他字。此谓造作文字之始也。至于经典古字，声近而通，则有不限于无字之假借者，往往本字见存，而古本则不用本字，而用同声之字，学者改本字读之，则怡然理顺，依借字解之，则以文害辞。是以汉世经师作注，有“读为”之例，有“当作”之条，皆由声同、声近者，以意逆之，而得其本字，所谓“好学深思，心知其意”也。然亦有改之不尽者，迄今考之文义，参之古音，犹得更而正之，以求一心之安，而补前人之阙。如借“光”为“广”者，而解者误以为“光明”之“光”（说见《易》“光亨”、《书》“光被四表”、《国语》“少光王室”“光远宣朗”）。借“有”为“又”，而解者误以为“有无”之“有”。借“簪”为“撍”，而解者误以为“冠簪”之“簪”。借“蛊”为“故”，而解者误以为“蛊惑”之“蛊”。借“辨”为“蹁”，而解者误以为“分辨”之“辨”。借“祇”为“媿”、为“疷”，而解者误以“祇”为语词。借“易”为“埸”，而解者误以为“平易”之“易”。借“繘”为“矞”，而解者误以繘为“绠”。借“井”为“阱”，而解者误以为“井泉”之“井”。借“馀”为“鬻”，而解者误以为“其蔌维何”之“蔌”。借“时”为“待”，而解者误以为“四时”之时。借“繻”为“襦”，而解者误以为“水濡”之“濡”。借“尊”为“撙”，而解者误以为“尊卑”之“尊”。借“坼”为“乇”，而解者误以为“开坼”之“坼”。借“财”为“载”，而解者误以为“财富”之“财”。借“荣”为“营”，而解者误以为“荣幸”之“荣”。借“闻”为“问”，而解者误以为“闻见”之“闻”。借“纶”为“论”，而解者误以为“经纶”之“纶”。借“贡”为“功”，而解者误以“贡”为“告”。借“洗”为“先”，而解者误以为“洗濯”之“洗”。借“杂”为“帀”，而解者误为“杂碎”之“杂”。借“噫”为“抑”，而解者误以为“噫乎”发叹。借“盛”为“成”，而解者误以为“盛衰”之“盛”。借“平”为“辨”，而解者误以为古文“采”字。借“恤”为“谧”，而解者误以“恤”为忧。借“胄”为“育”，而解者误以“胄”为“长”。借“粒”为“立”，而解者误以“粒食”之“粒”。借“忽”为“滑”，而解者误以为“怠忽”之“忽”。借“玑”为“暨”，而解者误以为“珠玑”之“玑”。借“犹”为“由”，而解者误以“犹”为“尚”。借“明”为“孟”，而解者误以为“明暗”之“明”。借“暂愚”为“渐愚”，而解者误以为“暂遇人”。借“沈”为“淫”，而解者误以为“沈溺”之“沈”。借“指”为“底”，而解者误以为指“灭亡”之意。借“昏”为“泯”，而解者误以为“昏乱”之“昏”。借“谋”为“敏”，而解者误以为“下进其谋”。借“政”为“正”，而解者误以为“政事”之“政”。借“逢”为“丰”，而解者误以为“遭逢”字。借“考”为“巧”，而解者误以“考”为“父”，又以为“成”。借“忘”为“亡”，而解者误以为“遗亡”之“亡”。借“极”为“亟”，而解者误以“极”为“终”。借“冒”为“懋”，而解者误以为“覆冒”之“冒”。借“衣”为“依”，而解者误以“衣”为“服行”。借“别”为“辨”，而解者误以“分别”之“别”。借“乱”为“率”，而解者误以“乱”为“治”。借“陈”为“軙”，而解者误以为“陈列”之“陈”。借“面”为

“勔”，而解者误以为“面见”。借“文”为“紊”，而解者误以为“礼文”。借“依”为“隐”，而解者误以为“依怙”之“依”。借“正”为“政”，而解者误以为“正道”。借“阅”为“说”，而解者误以为“检阅”之“阅”。借“咸”为“覢”，而解者误以“咸”为“皆”。借“义”为“俄”，而解者误以为“仁义”之“义”。借“富”为“福”，而解者误以为“货赂”，又以为“备”。借“择”为“斁”，而解者误以为“选择”。借“格”为“嘏”，而解者误以“格”为“至”。借“输”为“渝”，而解者误以为“输信”。借“哲”为“折”，而解者误以“哲”为“知”。借“忌”为“諅”，而解者误以为“畏忌”之“忌”。借“恶”为“证”，而解者误以为“好恶”之“恶”。借“方”为“放”，而解者误以“方”为“有”。借“塈”为“忾”，而解者误以“塈”为“安息”。借“景”为“憬”，而解者误以为古“彰”字。借“众”为“终”，而解者误以为“众寡”之“众”。借“能”为“而”，而解者误以为“才能”之“能”。借“湿”为“曝”，而解者误以为“润湿”之“湿”。借“还”为“嫙”，而解者误以“还”为“便捷之貌”。借“寐”为“沬”，而解者误以为“寤寐”之“寐”。借“子”为“嗞”，而解者误以为“斥娶”者。借“盐”为“苦”，而解者误以“盐”为“不坚固”。借“为”为“讹”，而解者误以为“为人”。借“辰”为“慎”，而解者误以“辰”为“时”。借“记”为“杞”，借“堂”为“棠”，而解者误以“纪”为“基”、“堂”为“毕”、道平如堂。借“讯”为“谇”，而解者误以“讯”为“讹”字。借“偕”为“皆”，而解者误以“偕”为“齐等”。借“誉”为“豫”，而解者误以为“名誉”。借“萚”为“择”，而解者误以“萚”为“落叶”。借“芋”为“宇”，而解者误以“芋”为“大”。借“猗”为“阿”，而解者误以“猗”为“旁依”。借“意”为“亿”，而解者误以为“心意”之“意”。借“卒”为“猝”，而解者误以为“卒者崔嵬”。借“佻佻”为“嬥嬥”，而解者误以“佻佻”为“独行貌”。借“交”为“姣”，而解者误以为“与人交”。借“求”为“逑”，而解者误以为“干求”之“求”。借“亡”为“无”，而解者误以为“灭亡”之“亡”。借“土”为“杜”，而解者误以“土”为“居”。借“时”为“跱”，而解者误以“时”为“是”。借“作”为“柞”，而解者误以“作”为“起”。借“栵”为“烈”，而解者误以为“木名”。借“唪唪”为“蓁蓁”，而解者误以“唪唪”为“多实貌”。借“溉”为“概”，而解者误以“溉”为“清”。借“随”为“谲”，而解者误以为“随人之恶”。借“垢”为“诟”，而解者误以“垢”为“暗冥”。(下略)

【本篇结论】

经过比对，我们可以下此断语，《说经必先明假借》篇抄袭王引之《经义述闻》卷三十二“经文假借”条，且有少数错字。最后又缀以狐狸尾巴：“以上皆假借之例，不可以本义求之。经中惟此例最繁，故约举各条以见义，学者熟审乎此，则解经之道思过半矣。”

《说经必先知音韵》抄自《尚书古文疏证》、《音论》、《辖轩语》

【原文】

字有古音，即有古韵，以今音今韵绳之，则扞格不合。犹语有北音，以南音绳之，扞格犹故也。人知南北之音系于地，不知古今之音系乎时。《穀梁传》云："吴谓善，伊；谓稻，缓。"今吴人无此音也。《唐韵》云："韩灭，子孙散处，江淮间音以韩为何，字随音变，遂谓何氏。"今江淮间无此音也。《吕氏春秋》云："君呿而不唫，所言者莒也。"高诱注云："呿开唫闭。"颜之推谓北人之音多以"莒"为"矩"，惟李季节云："齐桓公与管仲于台上谋伐莒，东郭牙望齐桓公口开而不闭，故知所言者'莒'也。"然则"莒"、"矩"必不同呼可知。且古今音异，不特如徐铉所云皂音香、乃音仍也。

如杜子春云帝读为定、(涨)［洏］读为泯、絜读为䂵、鼜读为戚、(磪)［硍］读为铿、笮读为唶、裓读为陔、荀读为选之类；郑司农衅读为徽、瑱读为镇、硍读为衮、陂读为罢、纷读为粉、义读为仪、比读为庀之类；郑康成敦读为焘、献读为沙、修读为涤之类。今亦未尝有此音。又有一字异音，觭，杜子春读为奇，郑康成读为掎；燋，杜读为樵，郑读为雀；锄，杜读为助，先郑读为藉；"焌"，先郑读为俊，后郑读为尊之类，不可殚述，皆与今不同。如以今音绳之，误矣！

【辨伪】此段抄自阎若璩《尚书古文疏证》卷五下第七十四：

呜呼！始为叶音之说者谁欤？其亦可谓之不识字也矣。字有古音，以今音绳之，只觉其扞格不合，犹语有北音，以南音绳之，扞格犹故也。人知南北之音系乎地，不知古今之音系乎时。地隔数十百里，音即变易，而谓时历数千百载，音犹一律，尚得谓之通人乎哉？曷始乎？始则自后周有沈重者音《毛诗》，于"南"字下曰："协句，宜乃林反。"陆德明从而和之。［颜］籀于《汉［书］》，［李］善于《［文］选》，亦各曰"合韵"、"协韵"，自时厥后，滔滔不返。朱子作传注，益习为固然，几无一不可叶者。音之亡久矣！天牖其衷，音学复明，发端于明之焦氏、陈氏，大备于近日柴氏、毛氏、顾氏之书。试取所未及者言之。《穀梁传》云："吴谓善，伊谓稻缓。"今吴人无此音也。《唐韵》云："韩灭，子孙分散江淮间，音以韩为何，字随音变，遂为何氏。"今江淮间无此音也。

《吕氏春秋》云："君呿而不唫，所言者莒也。"高诱注："呿开，唫闭。颜之推谓北人之音多以举、莒为矩，惟李季节云，齐桓公与管仲于台上谋伐莒，东郭牙望桓公口开而不闭，故知所言者莒也。然则莒、矩必不同呼，此为知音矣。"及予与莒州人遇，叩其乡贯，呼莒为俱雨切，不为居许切，则音之变也。然犹可诿曰："此方言也。"请证以《离骚》，洪兴祖本于"多艰夕替"之下引徐铉曰："古之字音多与今异，如皂亦音香，乃亦音仍。盖古今失传，不见详究。如艰与替之类亦应叶，但失其传耳。"予谓此即古音也。然又可诿曰："《楚辞》辞楚，故讹。"韵寖繁，更证以《三百篇》。《三百篇》风字凡六见，皆在侵韵内。今吾乡山西人读风犹作方愔反，不作方戎反，正颜之推所谓北方其辞多古语是也。予独怪朱子于《九歌·国殇》雄与凌韵云："今闽人有谓雄为形者，正古之遗声。"夫既知为古之遗声，不因以悟其余，而仍于其下注曰"雄叶音形"，抑独何哉？又按：《汉书·东方朔传》："郭舍人即妄为谐语曰。"师古注："谐者，和韵之言也。"亦可证尔时无韵字。又按：陆德明《经典释文》于《士冠礼》祝辞三服字皆云"服叶蒲北反"，二福字皆云"福叶笔勒反"，独三德字为正音，不知皆古正音也。服与福音变，而德音不曾变也。使非音变，服原音馥，周公当日既以此字为韵首，自以此为主，当叶下德字读入一屋韵内，不当以第二韵德字为主，反预叶上服字音匐，入二十五德韵以就之矣。此固情理易晓，古今人所同然者，何陆氏误至此？缘未有以《焦氏笔乘》等议论告之耳，亦所谓"恨古人不见我"。又按：初读《尚书》释文，见《书序》共字云："王，己勇反。"《皋陶谟》严字云："马，鱼检反。"《益稷》绨字云："郑，陟里反。"马、郑、王三家已俱有反语，疑不始自孙叔然，颜之推、张守节语并误。既读《崇文总目》云："德明以南北异区，音读罕同，乃集诸家之读九经、《论语》、《尔雅》、《老》、《庄》者，皆著其翻语，以增损之。"是三家反语德明代作，非三家本实然，颜、张初不误。然《仪礼·士昏礼记》注："用昕使者，用昏婿也。婿，悉计反，从士，从胥，俗作壻，女之夫。"郑作反语，有此一条。

【原文】

其音异因而其韵异。顾亭林云："三代六经之音，失其传也久矣！其文之存于世者，多后人所不能通，以其不能通，而执今世之音改之，于是乎有改经之病。古人文皆有韵，如《易·渐》上九："鸿渐于陆，其羽可用为仪。"范谔昌改"陆"为"逵"。朱子谓以韵读之良是，而不知古人读"仪"为俄，不与陆为韵也。《小过》上六："弗遇过之，飞鸟离之。"朱子存其二说，谓仍当作"弗过遇之"，而不知古人读"离"为罗，正与"过"为韵也。《杂卦传》："《晋》昼也，《明夷》诛也。"孙奕改"诛"为"昧"，而不知古人读"昼"为注，正与"诛"为韵也。《楚辞·天问》："简狄在帝喾何宜，玄鸟致诒女何嘉。"后人改"嘉"为"喜"，而不知古人读"宜"为牛何反，正与"嘉"为韵也。《招魂》："魂兮归来，北方不可以止些。增冰峨峨，飞雪重些。归来归来，不可以久些。"《五臣文选》本作"不可以久止"，而不知古人读"久"为几，正与"止"为韵也。《老子》："朝甚除，田甚芜，仓甚虚，文采带利剑，厌饮食，财货有余，是为盗夸。"杨慎改为"盗竽"，本之《韩非子》，而不知古人读"夸"为刳，正与"除"为韵也。《淮南子·原道训》："以天为盖，以地为舆，四时为马，阴阳为驺，乘云凌霄，与造化者俱，纵志舒节，以驰大区。"后人改"驺"为"御"，而不知古人读"驺"为"邾"（据才老《韵补》引此作驺），正与"舆"为韵也。《史记·龟册传》："雷电收之，风雨迎之，流水行之，侯王有德，乃得当之。"后人改"迎"为"送"，而不知古人读"迎"为"昂"，正与"收"为韵也。然何知古读之然也？《诗》曰："泛彼柏舟，在彼中河，髧彼两髦，实维我仪，之死矢靡它。"是古人读"仪"为"俄"之证也。《易·离》九三："日昃之离，不鼓缶而歌，则大耋之嗟。"是古人读"离"为"罗"之证也。张衡《西京赋》："微通外周，千庐内附。卫尉八屯，巡夜警昼。"是古人读"昼"为"注"之证也。《诗》曰："君子偕老，副笄六珈。委委佗佗，如山如河。象服是宜，子之不淑，云如之何？"是古人读"宜"为"牛何反"之证也。又曰："何其久也，必有以也。"又曰："吉甫燕喜，既多受祉。来归自镐，我行永久。"是古人读"久"为"几"之证也。左思《吴都赋》："横塘查下，邑屋隆夸。长干延属，飞甍舛互。"是古人读"夸"为"刳"之证也。《汉书·叙传》："舞阳鼓刀，滕公厩驺，颍阴商贩，曲周庸夫，攀龙附凤，并乘天衢。"是古人读"驺"为"邾"之证也。《庄子》："不（收）［将］不迎，应而不藏，故能胜物而不伤。"又曰："无有所（收）［将］，无有所迎。"是古人读"迎"为"昂"之证也。"

【辨伪】此段抄自顾炎武《音学五书·音论·答李子德书》：

三代六经之音，失其传也久矣！其文之存于世者，多后人所不能通，以其不能通，而执今世之音改之，于是乎有改经之病。古人文皆有韵，如《易·渐》上九"鸿渐于陆，其羽可用为仪。"范谔昌改"陆"为"逵"。朱子谓以韵读之良是，而不知古人读"仪"为俄，不与陆为韵也。《小过》上六："弗遇过之，飞鸟离之。"朱子存其二说，谓仍当作"弗过遇之"，而不知古人读"离"为罗，正与"过"为韵也。《杂卦传》："《晋》昼也，《明夷》诛也。"孙奕改"诛"为"昧"，而不知古人读"昼"为注，正与"诛"为韵也。《楚辞·天问》："简狄在帝喾何宜，玄鸟致诒女何嘉。"后人改"嘉"为"喜"，而不知古人读"宜"为牛何反，正与"嘉"为韵也。《招魂》："魂兮归来，北方不可以止些。增冰峨峨，飞雪重些。归来归来，不可以久些。"五臣《文选》本作"不可以久止"，而不知古人读"久"为几，正与"止"为韵也。《老子》："朝甚除，田甚芜，仓甚虚，文采带利剑，厌饮食，财货有余，是为盗夸。"杨慎改为"盗竽"，本之《韩非子》，而不知古人读"夸"为刳，正与"除"为韵也。《淮南子·原道训》："以天为盖，以地为舆，四时为马，阴阳为驺，乘云凌霄，与造化者俱，纵志舒节，以驰大区。"后人改"驺"为"御"，而不知古人读"驺"为"邾"（据才老《韵补》引此作驺），正与"舆"为韵也。《史记·龟册传》："雷电收之，风雨迎之，流水行之，侯王有德，乃得当之。"后人改"迎"为"送"，而不知古人读"迎"为"昂"，正与"收"为韵也。然何知古读之然也？《诗》曰："泛彼柏舟，在彼中河，髧彼两髦，实维我仪，之死矢靡它。"是古人读"仪"为"俄"之证也。《易·离》九三："日昃之离，不鼓缶而歌，则大耋之嗟。"是古人读"离"为"罗"之证也。张衡《西京赋》："微通外周，千庐内附。卫尉八屯，巡夜警昼。"是古人读"昼"为"注"之证也。《诗》曰："君子偕老，副笄六珈。委委佗佗，如山如河。象服是宜，子之不淑，云如之何？"是古人读"宜"为"牛何反"之证也。又曰："何其久也，必有以也。"① 又曰："吉甫燕喜，既多受祉。来归自镐，我行永久。"②

---

① 见《诗经·国风·旄丘》。

② 见《诗经·小雅·六月》。

是古人读“久”为“几”之证也。左思《吴都赋》：“横塘查下，邑屋隆夸。长干延属，飞甍舛互。”① 是古人读“夸”为“刳”之证也。《汉书叙传》：“舞阳鼓刀，滕公厩驺，颍阴商贩，曲周庸夫，攀龙附凤，并乘天衢。”② 是古人读“驺”为“郲”之证也。《庄子》：“不（收）［将］不迎，应而不藏，故能胜物而不伤。”③ 又曰：“无有所（收）［将］，无有所迎。”④ 是古人读“迎”为“昂”之证也。

【原文】

此音韵古今之异，不可以强同者也。不审乎此，又乌足以说经哉！

又古时九州，语言不同，而诵《诗》读《书》，同归正读。故太史公曰：“言不雅驯，荐绅难言。”班孟坚曰：“读应《尔雅》，古语可知。”雅者，正也。近世一淆于方言，一误于俗师，至于句读离合，文义所系，尤宜讲明。音读雅正可据者，有唐陆德明《经典释文》一书，其中皆采集魏、晋、南北朝诸家音释，不同者并存之，各本经文不同者标出之。此可听学者自视家法，择善而从，总不出此书之外，即可为有本之学。

《经典释文》皆用反切。反切者何？反，翻也，犹言翻译也。（反切之反平声，读如平反之反，与翻同字。《通鉴》注音，即书作翻。宋人有《翻译名义集》。）切，急也（唐人忌反字，改称切）。反者，一字翻成两声；切者，两字合成一声，其实一也。缓读则是反切之两字，急读便成所求之一音。如经传所载“不可”为“叵”、“之乎”为“诸”、“奈何”为“那”、“勃鞮”为“披”、“郲娄”为“邹”、“终葵”为“椎”、“鞠穷”为“芎”、“不律”为“笔”、“须封”为“崧”、三代语如此者不可枚举。魏孙炎因创为反语之法，以两字定一音，为直音一字易差。（字下注音某者，名直音，一形容有写讹，一声亦恐小变）。反切两音难混也（有两字互相参验，不至两字形声，一时俱误也。）反切之义，不过如此，法甚简，理甚浅，妇孺可晓。（初制反切之时，不过取其合声，就此两字推测之，则上一字必同母，下一字必同韵，此乃自然之理，不劳求索而自合。）乃宋以后人不信古经，而好佛书，遂以为反切字纽出于西域，牵合华严字母等摄，烦碎令人迷惘。其实与三代、秦、汉、六朝以来之声韵丝毫无关。夫经字须用反切者，所以教不识字之童子也。如后世纽弄等韵之说，文士老儒且多瞀惑，古人何苦造此难事，以困童蒙哉（辨字母之非古，详戴震《东原集》）！因近世学人每每以反切为微眇难穷之事，故为千说之，或将反切两音合读而不能得声者，不晓古音故耳。如“亨”字许庚反，古读许如浒也。长幼之长，丁丈反，射中之中，丁仲反，古读丁如争也。德行之行，下孟反，古读下为浒，读孟为芒，去声，读行为杭，去声也。霸王之王，于况反，古读于如污也。殷监之监，工暂反，古读监如淦也。亵，私列反，古读私如犀也。知古音则反切万无一失矣。

经传中语同此一字，而区分平仄，音读多门，以致韵书数部并收，异同之辨，相去杪忽，此皆六朝时学究不达本原，不详通变者所为（本原者，形声；通变者，转注、假借）。揆之六书之义，实多难通，故《颜氏家训》已发其端，《经典释文叙录》颇沿其失，近代通儒纠摘尤备。特初学讽诵，不示区分，将各骋方言，无从画一。且义随音别，解识

① 见《文选》卷五。

② 见《汉书》卷一〇〇下。

③ 见《庄子》卷三下第七《应帝王》。

④ 见《庄子》卷七下第二十二《知北游》。

(记也) 为易。律体诗赋一出，更难通融。此乃因时制宜之道。又同此一字，或小有形变，而解诂遂殊，点画无差，而训释各别。训因师异，事随训改，各尊所受，歧说滋多。然正赖此经本异文、异读、异义参差抵牾得以钩考古义。学者博通以后，于音义两端窥其本原，自晓通借，先知其分，而后知其合，不可以躐等求也（此二条虽是约说，颇有深识，小学家字书、韵书，大指略具，通材详焉）。

【辨伪】此篇抄自张之洞《輶轩语·语学第二》：

读经宜正音读论音韵原流，详《语文篇》“忌误押通韵”条下。

古时九州，语言不同，而诵诗读书，同归正读。故太史公曰：“言不雅驯，荐绅难言。”班孟坚曰：“读应《尔雅》，古语可知。”雅者，正也。近世一淆于方言，一误于俗师。至于句读离合，文义所系，尤宜讲明音读。雅正可据者，有唐陆德明《经典释文》一书，其中皆采集魏、晋、南北朝诸家音释，不同者并存之，各本经文不同者标出之，此可听学者自视家法，择善而从，总不出此书之外，即可为有本之学。《释文》旧有两本，今武昌、成都局刻，乃用卢校本翻雕，清朗可看。

《经典释文》皆用反切。反切者何？反，翻也，犹言翻译也。反切之反平声，读如平反之反，与翻同字。《通鉴》注音，即书作翻。宋人有《翻译名义集》。切，急也。唐人忌反字，改称切。反者，一字翻成两声；切者，两字合成一声，其实一也。缓读则是反切之两字，急读便成所求之一音。如经传所载“不可”为“叵”、“之乎”为“诸”、“奈何”为“那”、“勃鞮”为“披”、“邾娄”为“邹”、“终葵”为“椎”、“鞠穷”为“芎”、“不律”为“笔”、“须封”为“崧”，三代语如此者不可毛举。魏孙炎因创为反语之法，以两字定一音，为直音一字易差。字下注音某者，名直音，一形容有写讹，一声亦恐小变。反切两音难混也。有两字互相参验，不至两字形声，一时俱误也。反切之义，不过如此，法甚简，理甚浅，妇孺可晓。初制反切之时，不过取其合声，就此两字推测之，则上一字必同母，下一字必同韵，此乃自然之理，不劳求索而自合。乃宋以后人不信古经，而好佛书，遂以为反切字纽出于西域，牵合华严字母等摄，烦碎令人迷罔。其实与三代、秦、汉、六朝以来之声韵丝毫无关。夫经字须用反切者，所以教不识字之童子也。如后世纽弄等韵之说，文士老儒且多瞀惑，古人何苦造此难事，以困童蒙哉！辨字母之非古，详戴震《东原集》。因近世学人，每每以反切为微眇难穷之事，故为浅说之。或将反切两音合读之而不能得声者，不晓古音故耳。如“亨”字许庚反，古读许如浒也。长幼之长，丁丈反，射中之中，丁仲反，古读丁如争也。德行之行，下孟反，古读下为浒，读孟为芒，去声，读行为杭，去声也。霸王之王，于况反，古读于如污也。殷监之监，工暂反，古读监如淦也。亵，私列反，古读私如犀也。

经传中语同此一字，而区分平仄，音读多门，以致韵书数部并收，异同之辨，相去杪忽，此皆六朝时学究不达本源、不详通变者所为。本原者，形声；通变者，转注、假借。揆之六书之义，实多难通，故《颜氏家训》已发其端，《经典释文叙录》直攻其失，近代通儒纠摘尤备。特初学讽诵，不示区分，将各骋方言，无从画一。且义随音别，解识记也。为易。律体诗赋一出，更难通融。此乃因时制宜之道。又同此一字，或小有形变，而解诂遂殊，点画无差，而训释各别。训因师异，事随训改，各尊所受，歧说滋多。然正赖此经本异文、异读、异义参差抵牾得以钩考古义。学者博通以后，于音义两端窥见本源，自晓通借，先知其分，而后知其合，不可躐等求也。此二条虽是约说，颇有深谈，小学家字书、韵书，大旨略具，通材详焉。

【本篇结论】

《说经必先知音韵》篇抄自阎若璩《尚书古文疏证》、顾炎武《音论》、张之洞《輶轩语》。顾炎武固然为清代古音学的开山祖师，抄袭《音论》容易理解；而阎若璩、张之洞并不以斯学见长，故其作伪颇出乎意料之外。

《说经必先审句读》抄自《经读考异》

【原文】见上篇。

【辨伪】本篇抄自武亿《经读考异》：

【清武亿《经读考异》卷一《易经》】

《乾》九三："夕惕若厉无咎。"

亿案：近读皆以"夕惕若"为句，"厉"一读，"无咎"一读。考汉、唐旧读并连"夕惕若厉"为句。《淮南子·人间训》："夕惕若厉，以阴息也。"《汉书·王莽传》引《易》曰："夕惕若厉。"《说文》"夤"字引《易》曰："夕惕若厉。"《风俗通》引《易》曰："夕惕若厉。"……古读似可依。①

《象》曰："天行健君子以自强不息。"

亿案：李氏《集解》引何妥曰："天体不健，故能行之，德健也，犹如地体不顺，承弱之势顺也，所以《乾卦》独变名为健。"……此诸说并以"天行健"连读为义。愚谓乾古字作健，见《古今韵会》，传写者因转写作健，即健即乾字之转，圣人释象皆以卦本名言之，不宜自变其例，是"天行"为一读，"健"为一读，"天行"与坤象地势语正相比，而注家因文牵附，皆凿说也。

《坤》："元亨利牝马之贞。"

亿案：旧读作"利牝马之贞"，利字连下为义。考程《传》："坤，乾之对也。四德同而贞体则异，乾以刚固为贞，坤则柔顺而贞。牝马柔顺而健行，故取象曰牝马之贞。"是

---

① 俞樾《群经平议》卷一驳曰：近读以"夕惕若"为句，武氏亿《经读考异》谓汉、唐旧读并连"夕惕若厉"为句，引《淮南子·人间训》、《汉书·王莽传》、《说文》夤字注、《风俗通义》、《后汉书·谢夷吾传》为证。今按：近读固非，汉、唐旧读以"夕惕若厉"四字为句，实亦未得。此当以"夕惕"二字为句。"君子终日乾乾，夕惕"，犹言终日乾乾，终夕惕惕也，语有繁耳。"若厉"二字自为句，犹《夬》九三言"若濡"、《萃》初六言"若号"也。《文言》曰：故乾乾因其时而惕，虽危无咎矣。"虽危"二字正解"若厉"之义，然则汉、唐旧读其亦未可从矣。（《续修四库全书》第178册第5页）

以“利”为一读，“牝马之贞”另为句。

“先迷后得主利西南得朋东北丧朋。”

亿案：旧读并以“利”字属上“主”字为句。考此宜以“后得主”绝句，“利”字属下“西南”读。《文言》曰：“后得主而有常。”则主字绝句。又《蹇》：“利西南。”则“利”字属下，又可举证。

《屯》初九：“盘桓利居贞。”

亿案：近读以“利居贞”为句。考魏明帝征管宁诏：“盘桓利居。”又以“居”字为读，“贞”字另为义，不与“居”连文。

六三：“君子几不如舍往吝。”

亿案：近读以“几”字为句（朱子云：“君子见几，不如舍去。”），考《淮南子·缪称训》：“《易》曰：即鹿无虞，惟入于林中，君子几不如舍往吝。”注：即，就也；鹿以喻民；虞，欺也；几，终也……高氏又以“几不如舍”连读为句。

《需》九二象词：“需于沙衍在中也。”

亿案：近读从“沙”绝句。据《九经古义》，《穆天子传》云：“天子东征，南绝沙衍。辛丑，天子渴于沙衍，求饮未至（郭璞云：“沙衍，水中有沙者。”）。水少沙见，故象云需于沙衍。”或以“衍”属下句读，非也。愚谓虞翻云：“衍，流也。”似当作流沙之义，则虞氏亦以衍字绝句为训，此又可举证。

《讼》：“有孚窒惕中吉。”

亿案：此凡两读：《释文》“有孚窒”一句，“惕中吉”一句。又荀爽曰：阳来居二而孚于初，故曰“讼有孚”，则以“孚”字为句。虞翻云：“窒，塞止也。惕，惧也。”则“窒”一字为句，“惕”一字为句。孔氏正义同。

九二：“不克讼归而逋其邑人三百户无眚。”

亿案：此凡两读：正义曰：“若能以惧归窜其邑，乃可免灾者。”如此注意，则经称“其邑”二字连上为句，“人三百户”合下为句。朱子《本义》：“邑人三百户，邑之小者。”则以“逋”字绝句，“其邑人三百户”绝句，“无眚”又另为句。

六三：“食旧德贞厉终吉。”

亿案：此凡两读：朱子《本义》：“守旧居正，则虽危而终吉。”如此注意，以“贞”字绝句，“厉”下属“终吉”为句。虞翻云：“贞厉得位，故终吉也。”王辅嗣云：“处两刚之间，而皆近不相得，故曰贞厉。”如此注意，则以“食旧德”为句，“贞厉”为句。愚谓象词明言“食旧德”，是“贞厉”连文下属，从虞、王读为正。

《师》：“贞丈人吉。”

亿案：此凡两读：朱子《本义》：“用师之道，利于得正。”则“贞”为句，近多从之。考《周礼》天府注，郑司农云：“贞，问也。《易》曰：师贞丈人吉。”问于丈人，则“师”为一读，“贞”字连下“丈人”为句。……

九二：“在师中吉无咎。”

亿案：《九家易》曰：“虽当为王，尚在师中，为天所宠，事克功成，故吉无咎。”王辅嗣注：“在师而得其中。”正义曰：“观注之意，以‘在师中’为句，其‘吉’字属下。”又云：“观象之文，在师中吉，承天宠者，则似‘吉’字属上。”此吉之一字，上下兼该，故注文属下，象文属上，此孔氏已从两读。愚谓“在师”亦可为句，“中吉”当连为句。《讼》："有孚窒惕中吉。"亦以"中吉"属读，是其义也。

《小畜》六四："有孚血去惕出无咎。"

亿案："血去惕出"旧读并连文。考"血去"当属上"有孚"为义。血，阴属，群小也，四以一阴蓄众阳，而群小乘之，惟赖诚结主知，则三不见侵，邪害亦消阻矣。故云"有孚血去"，与下九五"有孚挛如"正相比。

上九："尚德载妇贞厉。"

亿案：旧读并以"载"字绝句。考此宜以"尚德载妇"属读。如《履》九五："夬履，贞厉。"《噬嗑》六五："贞厉，无咎。"……并可举证。

《谦》九三："劳谦君子有终吉。"

亿案：荀爽曰："君子有终，故吉也。"是以"君子有终"为句。吴氏据初六"谦谦君子"，则此爻当"劳谦君子"为句。

六四："无不利㧑谦。"

亿案：此凡两读：荀爽曰："四得位，处正，家性为谦，故无不利……"此以"无不利"、"㧑谦"分属二句，孔氏正义、朱氏《本义》同。程《传》……又以"无不利㧑谦"为一句。

《蛊》初六："有子考无咎厉终吉。"

亿案：此凡两读：……王肃以"考"字绝句。王弼注……以"有子"为句，"考"字属下为句。《困学纪闻》云……从辅嗣读也。

《观》六三："观我生进退。"

亿案：此读多连五字为一句。证以下九五"观我生"、上九"观其生"，则此"观我生"亦宜为句，"进退"另为句。

《剥》初六："剥床以足蔑贞凶。"

亿案：虞氏翻曰："失位无应，故蔑贞凶。"孔氏正义："蔑贞凶者，蔑削也。"朱子《本义》："蔑正则凶。"程《传》："蔑，无也，谓消亡于正道也。"并以"蔑贞"为读。愚谓象文"剥床以足，以灭下也"，则"剥床以足"为句，"蔑灭也"另为句，"贞凶"亦另为句，不宜以"蔑贞"连文。

六三："剥之无咎。"

亿案：此凡两读："剥之"为句，"无咎"为句。又"剥之无咎"亦可连读为句。

《无妄》象曰："天下雷行物与无妄。"

亿案：此凡两读：《九家易》："天下雷行，阳气普遍，无物不与，故曰物与也。"是以"物与"绝句。又云"物受之生无有灾妄，故曰物与无妄也。"是又以"物与无妄"连读。虞翻曰："与谓举，妄，亡也，谓雷以东之震为反生万物出震无妄者也，故曰物与无妄。"王辅嗣注："天下雷行，物皆不可以妄也。"皆从《九家易》后一读。愚谓以《易》例推之，凡象释卦名则卦名皆另读，不宜此独连为句，从《九家易》前一读为是。

《大畜》："刚健笃实辉光日新其德刚上而尚贤。"

亿案：此凡三读：近读从"刚健笃实辉光"为句。《郑氏周易》"辉光日新"为句，"其德刚上而尚贤"为句。蜀才本并同。王辅嗣注："夫唯辉光日新其德者，唯刚健笃实也。"又以"辉光日新其德"为句。

《颐》六二："颠颐拂经于丘颐征凶。"

亿案：此凡两读：王肃云："二宜应五，反下养初，岂非颠颐违常于五也，故曰拂经于邱。"王辅嗣注亦曰："颠颐，拂经于丘。"此以"颠颐"为句，"拂经于丘"为句。《本义》曰："求养于初，则颠倒而违于常理，求养于上，则往而得凶。"此又以"拂经"为句，"于丘颐"为句。

《坎》六四："樽酒簋贰用缶。"

亿案：《释文》云："樽酒"绝句，"簋贰"绝句，"用缶"绝句；旧读"樽酒簋"绝句，"贰用缶"绝句。虞翻曰："震主祭器，故有尊簋。又坤为缶礼，有副尊，故贰用缶。"王辅嗣云："一樽之酒，贰簋之食。"孔氏并以"樽酒簋贰"为句。此旧读也。《礼器疏》案：六四："樽酒簋贰用缶。纳约自牖终无咎。"郑云："六四上承九五，又互体在震上，天子大臣以王命出会诸侯，尊于簋，副设玄酒而用缶也。"孔氏既依郑言"尊于簋，副设玄酒"，是从旧读之证。朱子《本义》："晁氏云：先儒读'樽酒簋'为一句，'贰用缶'为一句。今从之。"……

"纳约自牖终无咎。"

亿案：旧读以"纳约自牖"为句，朱子《本义》、程《传》并同。考崔憬曰："于重险之时，居多惧之地，近三而得位，比五而承阳，修其洁诚，进其忠信，虽祭祀省薄，明德惟馨，故曰樽酒簋贰用缶内约，文王于纣王时行此道，从羑里内约，卒免于难，故曰自牖终无咎也。"据此注意，是"内约"绝句，"自牖"又连下为义。

《离》象曰："明两作离。"

亿案：此凡两读：虞翻曰："两谓日月也，乾五之坤成坎，坤二之乾成离。离、坎，日月之象，故明两作离也。"此连卦名读。又云或以"日与火为明两作也"，则又以"明两作"绝句。愚谓此读宜以后说为据。

初九："履错然敬之无咎。"

亿案：旧读并从"然"字绝句。考象词明言"履错然敬之"，则"履错然敬之"五字连读，亦可为义。

上九："王用出征有嘉折首获匪其丑。"

亿案：《周易稽疑》云："旧传以'有嘉'为句……小象多有韵，此当曰'有嘉折首'，庶与韵协也。"顾氏《易本音》与此同。

《恒》六五："恒其德贞妇人吉夫子凶。"

亿案：王辅嗣注意以"恒其德贞"为句，孔氏正义、朱子《本义》、程《传》并同。考虞氏翻曰："东正成干，故恒其德……"此又以"德"字绝句，"贞"字属下为句。象词妇人贞吉，则贞字宜连妇人取义，虞氏读为是。

《遯》初六："遯尾厉。"

亿案：此凡两读："遯尾厉"三字连文为句；"遯尾"一读，"厉"一读。义并得通。

《晋》初六："罔孚裕无咎。"

亿案：此凡两读：虞氏翻："应离为罔，四坎称孚，坤弱为裕。"王氏安石云："孔子曰：我待价而贾者也，此罔孚而裕如进也。孟子久于齐，此罔孚而裕如退也。"胡氏炳文云："罔孚在人，而吾不可以不裕。"是并以"罔孚裕"连文为义。王辅嗣注及孔氏正义、程《传》、朱子《本义》悉以"罔孚"为句，"裕"连下无咎为句。据象词"裕无咎未受命也"，则"裕"字连下读为是。

《明夷》九三："得其大首不可疾贞。"

亿案：旧读皆以"不可疾贞"四字为句。考此宜从"不可疾"为句，"贞"为句……

《解》上六："公用射隼于高墉之上获之无不利。"

亿案：旧读皆以"公用射隼于高墉之上"九字为句，"获之"为句。考象词明言"公用射隼"，则宜四字为句，"于高墉之上获之"连文为句，义较长。

《损》九："弗损益之。"

亿案：《周易稽疑》：弗损益之，先儒皆连读，惟晁氏客语"弗损"绝句。

《夬》九二："惕号莫夜有戎勿恤。"

亿案：此凡两读：王辅嗣注："虽有惕惧号呼，莫夜有戎不忧不惑，故勿恤也。"据此注意，是以"惕号莫夜有戎"为句，"勿恤"为句。孔氏正义云："虽复有人惕惧号呼，语之云：莫夜必有戎卒来害已。"据此疏意，是以"惕号"为句，"莫夜有戎"为句。后儒多同此。考象词明言"有戎勿恤"，则宜以"惕号莫夜"绝句为正。

《萃》初六："若号一握为笑。"

亿案：此凡两读：孔氏正义云："已为正配，三以近宠，若自号比，为一握之小，执其谦退之容，不与物争。"观此疏此意，"若号一握为笑"六字为句。后儒解作呼号，则以"若号"为句，"一握为笑"另为句。古《易》用韵多如是者。

《困》："亨贞大人吉。"

亿案：此凡两读：程《传》云："如卦之才，困而能亨，且得贞正。"是以"贞"另读为义。王辅嗣注："处困而用刚，不失其中，履正而能，体大者也，能正而不能大博，未能济刚者也，故曰贞大人吉。"是以"贞"连"大人"属读为义。据象传明言"贞大人吉，以刚中也"，从王读为正。

《井》上六："井收勿幕有孚。"

亿案：此凡两读：虞氏翻曰："幕，盖也。……故井收勿幕。"此以"井收勿幕"连读为义。王辅嗣注："幕，覆也，不擅其有，不私其利，则物归之，往无穷矣。故曰勿幕有孚元吉也。"此以"勿幕"下属"有孚"为句。

《渐》初六："小子厉有言。"

亿案：旧读皆以"小子厉"断句，"有言"另为句。据程《传》云："危惧而有言。"则以"厉"下属连读取义。

《巽》九二："巽用史巫纷若吉。"

亿案：荀爽云："史以书勋，巫以告庙，纷变若顺也。"又云："征伐既毕，书勋告庙。当变而顺五，故曰用史巫纷若吉无咎。"……据经文明言"纷若之吉"，则"纷若"宜连下属"吉"字为读。

《系词上》："君子居其室出其言善则千里之外应之。"

亿案：旧读多以"出其言善"为句。考此当以"出其言"为句，"善"字连下读为句。

《杂卦》："亲寡旅也。"

亿案：此凡两读：王辅嗣注："亲寡故寄旅。"以"亲寡"为句。《释文》云：荀本丰多故"亲"绝句，"寡旅也"别为句。是又以"亲"属上"丰多故"为句。

【武亿《经读考异》卷二《书经》】

《尧典》

“曰若稽古帝尧曰放勋。”

亿案：有读“曰若稽古”句，有读“曰若稽古帝尧”句。①

“明明扬侧陋。”

亿案：此凡两读：孔传：“明举明人在侧陋者”，是以“明明”连下为一句。蔡氏《集传》：“明明，上明谓明显之，下明谓已在显位者。扬，举也；侧陋，微贱之人也。”则以“明明”断句，“扬侧陋”又一读。……

“克谐以孝烝烝乂不格奸。”

亿案：有读“克谐”句，“以孝烝烝乂不格奸”句；有读“克谐”句，“以孝烝烝”句，“乂不格奸”句；有读“克谐以孝烝烝乂”句“不格奸”句。②

“正日同律度量衡。”

亿案：此凡两读：孔传：“律法制及尺丈斛斗斤两皆均同。”则以“同”字属“律度量衡”为句。……此又以“正日”连下“同律度量衡”为一句。

“让于殳斨暨伯与。”

亿案：孔传：“殳斨、伯与，二臣名。”则以“殳斨”连文为读。据吴斗南《两汉刊误补遗》云：“垂逊于殳斨伯与，逊于朱虎熊罴，若均为二臣，史无异辞可也。”今于殳斨伯与加“暨”字于其间，而朱虎熊罴则不然者，盖有谓也。殳斨为二人，伯与为一人，故加“暨”字以别之。……是殳斨为二人，则“殳”为一读，“斨”为一读。

“舜生三十征庸三十在位五十载陟方乃死。”

亿案：孔传、蔡《传》并以“庸”字、“位”字、“死”字绝句。据郑康成读此经云：“舜生三十，谓生三十年也。登庸二十，谓历试二十年。在位五十载，陟方乃死，谓摄位至死五十年。”则以“舜生三十”为句，“征庸三十”为句，“在位五十载”为句。又证之《大戴礼》，二十以孝闻乎天下，三十在位，嗣帝所五十乃死。“嗣帝所”连“五十”为句，是亦“位”字为断。

“若稽古皋陶。”

亿案：此凡两读：蔡氏《集传》：“稽古之下即记皋陶之言者，谓考古皋陶之言如此也。”是读从一句。孔氏疏引郑氏云：“以皋陶下属为句。”是郑读从“古”字句绝。《白虎通》：“何以皋陶为圣人也？以自篇曰若稽古皋陶圣人而能为舜陈道。”亦以“若稽古”句绝。桓谭《新论》云：“秦延君能说尧典，篇目两字之说至十万余言，但说‘曰若稽古’三万言。”则“若稽古”为句，汉时儒者所读皆然。

“予未有知思曰赞赞襄哉。”

亿案：此凡两读：孔传：“言我未有所能思致于善。”正义云：“此承而为谦知其自言未有所知，未能思致于善也。”“思”字属上读。《史记·夏本纪》：“予未有知思赞道哉。”正义曰：“皋陶云：我未有所知思之审赞于古道耳。”此又以“知”字绝。

《禹贡》：“冀州既载壶口。”

---

① 此条例证被删。《续修四库全书》本亦无。

② 此条例证被删。

亿案：旧读从“既载”为句，《夏本纪》、《汉书·地理志》、《周礼》载师郑注引此文并与孔传同。惟宋毛晃《禹贡指南》“冀州”一读，“既载”属下“壶口”为句。

“厥赋贞作十有三载乃同。”

亿案：此凡两读：郑康成云：“贞，正也。治此正作不休，十三年乃有赋。”则以“厥赋”绝句，“贞”字连下读。孔传云：“贞，正也。州第九赋正与九相当。”则以“贞”字绝句，“作十有三载乃同”为句。蔡氏《集传》同孔氏。考《禹贡》经文言厥赋厥田并读断，则郑氏以“厥赋”为句，与经例合，从郑读为是。

“云土梦作乂。”

亿案：此凡两读：一读以“云土梦”为句，“作乂”为句。孔传：“云梦之泽，其中有平土，邱水去，可为耕作畎亩之治。”《史记·夏本纪》、《汉书·地理志》同此。一读以“云土”为句，“梦作乂”另为句。蔡《传》云：“云土者，云之地，土见而已。梦作乂者，梦之地已可耕治也。今读从此。”（下略）

“包匭菁茅。”

亿案：此凡两读：据孔传云：“包橘柚。”正义：“菁茅既以匭盛，非所包之物明。包必有裹也。此州所出与扬州同。厥包橘柚，知此包是橘柚也。”是以“包”一读，“匭菁茅”一读。郑玄以菁茅为一物，匭犹缠结也。菁茅之有毛刺者重之，故既包裹而又缠结也。是以“包匭菁茅”连文为读。蔡氏《集传》云：“既包而又匭之，所以示敬也。”同郑氏。

“西倾因桓是来浮于潜。”

亿案：孔传云：“桓水自西倾山南行，因桓水是来浮于潜。”是以“因桓是来”属下文为读。《禹贡锥指》引吴氏云：“西倾山虽属雍州，然山趾必广西倾之戎，盖在梁州境内。此句特为织皮之贡而言，章末乃总言一州贡物达于帝都之道。旧注以此句属下文，非是。”是又以“因桓是来”断句为读。又马融云：“治西倾山因因桓是来，言无余道也。”此即吴氏所本。

“朔南暨声教讫于四海。

亿案：《史记·禹本纪》从“暨”字断句，今《尚书》从“暨声教”断句。考《后汉书·杜笃传》：“朔南暨声，诸夏是和。”注引《尚书》曰：“朔南暨声教。”据此则汉人已以“暨声”连句，孔传读当有所据。《文选·东都赋》注引又作“声教讫于四海”，李氏并从两读。《元丰类稿》：“卧禅师净土堂铭跋”引《书》亦作“朔南暨声教”。程大昌《进禹贡论序》亦作“朔南暨声教”。近胡朏明谓裴骃《史记集解》其注在暨字下，则自刘宋时已不从孔传，而以声教属下句，此殆疑孔传伪托，宜从旧读为是，然不知孔传已有所袭，非可尽置也。

《盘庚》：“今予命汝一。”

亿案：读从“一”字为句。孔氏正义云：“今我命汝，是我之一心也。”盖以以“命汝”为读，“一”字又为一读，说过曲，疑不可从。

《金縢》：“史乃策祝曰惟尔元孙某遘厉虐疾。”

亿案：孔传：“史为策书祝辞也。”是以“策祝”连读。蔡《传》同。考郑康成氏云：“策，周公所作，谓简书也。祝者读此简书以告三王。”是以“史乃策”为读，“祝”属下“曰”字读。

《康诰》："我西土惟时怙冒闻于上帝。"

亿案：读从"怙冒"为句，"闻于上帝"为一句，见蔡《传》。据赵台卿注《孟子》引"冒闻于上帝"，则古读以"怙"字属句。证之孔传："我西土岐周惟是怙恃文王之道，故其政教冒被四表，上闻于天。"伪孔传解义断句亦与赵氏同。

《酒诰》："不克畏死辜在商邑越殷国灭无罹。"

亿案：旧读以"死"字绝句，考此当以"死辜"连文为句。"在商邑越殷国"属词相比，谓言自都城至庶邦坐任其亡而不恤。孔传言纣聚罪人在都邑而任之过为骈曲，于义非也。

《梓材》："皇天既付中国民越厥疆土于先王肆王惟德用。"

亿案：孔传："能远拓其界壤，则于先王之道遂大。"正义曰："肆，遂也。……"是旧读以"肆"字属上为句。考此非是。"肆"字在句首者，于《书》最多……"肆"皆属下读。(下略)

《洛诰》："厥攸灼叙弗其绝。"

亿案：此凡两读：《释文》："厥攸灼叙"绝句，马读"叙"字属下。孔传云："其所及灼然有次序不其绝。"是以"叙"绝句，蔡《传》同。

《立政》："三亳阪尹。"

亿案：此凡两读：孔传云："亳人之归文王者三，所为之立监及阪地之尹长者用贤。"是以"三亳"为一读，"阪尹"为一读。蔡《传》同。獐康成以"三亳阪尹"者共为一事……则"三亳阪尹"连读。

《顾命》："今天降疾殆弗兴悟。"

亿案：此凡两读：正义曰："孔读殆上属为句，今天下疾我身甚危殆也。"蔡《传》……又以"殆"字属下读。

《吕刑》："王享国百年耄荒度作刑。"

亿案：此凡两读：孔传以"耄荒"为句，蔡《传》同。苏氏轼曰："荒，大也。大度作刑，犹禹曰予荒度土功。""荒"当属下句，亦通。朱子亦称之。①（下略）

【本篇结论】

经过仔细比勘，我们发现，《说经必先审句读》全部抄自清代中期经学家武亿的《经读考异》一书的前两卷，仅删去少数例证，又将文中"亿案"字样删去，在开头加上"群经句读，古今各有不同，说经者不可不审"，结尾又来一段："此《易》与《尚书》各家之异读也。《诗》、《礼》、《春秋传》、《孝经》、《论语》、《孟子》，各有异读，繁不胜举，故特举二经以见例，学者不可不审（又有注中句读与疏家异读，惟在读时字字留意，斯能有得）。"《经读考异》三卷以下确实是《诗》、"三礼"、"三传"、《孝经》、《论语》、《孟子》，仅漏掉了《尔雅》。

【附录】武亿《授堂文抄》卷八《经读考异后序》：

《经读考异》八卷，《序述》二卷，合十卷，又补二卷，缀辑少具伦次，蓄已数岁，不敢一视于人。自丁未馆西霞先生西斋，日课两生，与之授读，因检昔所究心，故读至某字属句，世已口习，不复可破，及塾师坚执一读，不能兼通他读，或一字而上属下属，于

① 以上引文载《清经解》卷七二七~卷七二八。

文皆可两从，辄有义证，求其致确，时为两生言之。后于他方二三从游者亦有所授焉。由是流闻于外，同人多欲构写，予苦无以悉应其求，乃竭赀觅工，较刻凡间岁而成。盖夫今之君子宏达周览，明章雅训，实于文字形声诂训悉阐其所以，至于离析经读，亦其为小学之所先事，然尚未闻有成书，因遂自忘其愚，妄有记述，用此以叹。俗流未能离经辨义，而牵缀乖隔，纷扰不复成文，然后以曲解传之，以凿说锢之，于是展转侵易，古训沈没，为可惜也。昔鲍季详甚明礼，听其离文析句，自然大略可解。今予之区区为此，盖欲学者知所从事而识厥趋焉，夫亦犹是矣。乾隆五十八年岁癸丑秋八月，馆东昌启文书院日也。

《说经必先明家法》抄自《两汉经师家法考》、《汉经师家法考》

【原文】

家法者，即《左雄传》注所谓“儒有一家之学，故称家法”是也。其大旨在守师说。如《易》有施、孟、梁丘、费、高，《书》有伏、孔，伏之传下有欧阳、大小夏侯，《诗》有毛与齐、鲁、韩，《礼》有二戴、庆氏，《春秋》有左、公、穀。其间文字异同，章句错互，各守师傅，不相沿袭。故赵宾变箕子之训，《易》家证其非；焦赣本隐士之传，光禄明其异。

田何之《易》，实渊源乎商瞿，毛公之《诗》，公、穀之《传》，乃权舆于子夏。申公之于《鲁诗》，张苍之于《左氏》，并溯源于荀卿。伏生传今文，先秦之博士也。安国传古文，孔氏之旧文也。高堂博士礼，鲁国老师也。由七十二子迄四百余年，如高曾之授曷孙，仍渊流之衍枝渎，则前汉之家法也。

而后汉何独不然？《易》则刘昆受施氏《易》于沛人，洼丹诸人，则传自孟氏，戴冯、孙期、魏满诸儒并出自费氏，马融、郑康成之徒亦并传费氏。《尚书》则济阴曹曾受业欧阳歙，北海牟融传大夏侯，东海王良传小夏侯，马、郑诸儒传孔安国。《诗》则后汉皆传毛公，《礼》则皆传戴氏。《公》、《穀》、《左氏》，各守其传，《论语》、《孝经》，两出张氏。此后汉之家法，厘然可考。而汉学之可贵，即于此可见。

【辨伪】本篇抄自赵春沂《两汉经师家法考》、胡缙《汉经师家法考》：

【赵春沂①《两汉经师家法考》】

六籍之学，盛于汉氏，诸儒必从一家之言以名其学。《左雄传》注所谓“儒有一家之学，故称家法”是也。《宋书·百官志》：“汉武建元五年，初置五经博士。宣、成之间，

---

① 赵春沂：即赵钺，原名春沂，字雩门，浙江仁和人。嘉庆十六年进士。改庶吉士，散馆以知县发江苏，官泰州知州。幼嗜学于濂、洛、关、闽之书，尤能探其奥赜。为政惩优柔之失，一意严明，引疾去官。家富收藏，藏书处号“醉经楼”。以尝得明赵忠毅铁如意，疾棘时，贻谢卜堂，欲神物得所云。著《国朝谥法考》。与歙鲍康所纂并传。事迹见《杭州府志》卷一四六。

五经家法稍增，经［置］博士一人。至东京凡十四人。”《后汉·儒林传》：“光武中兴，爱好经术……于是立五经博士，各以家法教授。”《续百官志》云：“博士十四人，《易》四：施、孟、梁丘、京氏，《尚书》三：欧阳、大、小夏侯，《诗》三：齐、鲁、韩氏，《礼》二：大、小戴氏，《春秋》严、颜氏，掌教弟子。”此博士分经之目。故博士立而经学之家法严。东京经术所以盛于西都也。且汉世之尊家法，不独严于立博士而已。《质帝纪》：“本初元年，夏四月，令郡国举明经，年五十以上、七十以下诣太学。自大将军至六百石，皆遣子受业，……四姓小侯先能通经者，各令随家法。”然则汉举孝廉亦严家法也。又宦者《蔡伦传》：“元初四年，帝以经传之文多不正定，乃选通儒谒者刘珍及博士良史诣东观，各校雠家法。”此虽宦官犹知之，况博士乎？家法又谓之师法。……大抵前汉多言师法，而后汉多言家法。有所师乃能成一家之言。师法者，溯其源；家法者，衍其流也。盖汉世治经，凡不守家法者，世不见信……夫家法明，则流派著。可以见经学之衍别，可以知经文之同异，可以知众儒之授受，可以存周、秦之古义。汉学之盛，盛于家法也。故前、后《汉书》多言家法如此……

【胡缙①《汉经师家法考》】

汉儒家法大略有三：一曰守师说。如《易》有施、孟、梁丘、费、高，《书》有伏、孔，《诗》有毛、齐、鲁、韩，《礼》有二戴、庆氏，《春秋》有左、公、穀。其间文字异同，章句错互，各守师傅，不相沿袭。故赵宾变箕子之训，《易》家证其非，焦赣本隐士之传，光禄明其异。田何之《易》，实渊源乎商瞿，毛公之《诗》，公、穀之《传》，乃权舆于子夏。申公之于《鲁诗》，张苍之于《左氏》，并溯源于荀卿。伏生传今文，先秦之博士也，安国传古文，孔氏之旧文也。高堂博士礼，鲁国老师也。由七十二子迄四百余年，如高曾之授鼻，仍渊流之衍枝渎，是之为守师说。……其释经之体亦约有三：一曰以经解经……一曰以字解经……一曰以经师说解经……故家法精，汉学明；家法弃，汉学废。

【本篇结论】

《说经必先明家法》篇主体部分抄自《两汉经师家法考》、《汉经师家法考》二文，又在尾部缀以结语：“国朝经师，亦莫不以此为重。昆山、太原，特开其先；吴江、南皖，相继而起；臧氏、惠氏，则皆绍厥先；武进、高邮，则世继其业；二云之传，则源本晓征；巽轩之学，则独出东原；伯渊、稚存，资乎师友；诚斋、千里，受业于芸台。累叶相维，前后崛起。上之松崖，倡率江左。近之高邮，私淑顾氏。”

阮元《揅经室二集》卷七《王西庄先生全集序》云：“夫汉人治经，首重家法，家法亦称师法，前汉多言师法，后汉多言家法。至唐，承江左义疏，惟《易》、《书》、《左氏》为后起者所夺，其余家法未尝亡也。自有破樊篱者，而家法亡矣。”论学大旨亦与此篇相合。

---

① 胡缙：字骏卿，号湘帆，浙江乌程人。嘉庆九年举人。缙少负才名，阮元督学浙江，课诸生十台怀古诗，缙居最。尤精研经学，以贫故，客游三衢以卒。无子，诗文散佚。事迹见《（同治）杭州府志》卷七六。

《字学源流》抄自《说文解字叙》

【原文】

文字之源，肇于上古。五帝三王，代有更别。至秦为一大变，汉则各体竞出，魏、晋而下，俗书纷行矣。

许氏《说文》自叙云：“古者，庖牺氏之王天下也，仰则观象于天，俯则观法于地，视鸟畜之文与地之宜，近取诸身，[远取诸物，] 于是始作《易》八卦，以垂宪象。黄帝之史仓颉，见鸟畜蹄迒之迹，知分理之可相别异也，初造书契，百工以乂，万品以察，盖取诸《夬》。‘夬扬于王庭’，言文者，宣教明化于王者朝廷。仓颉之初作书，盖依类象形，故谓之‘文’；其后形声相益，即谓之‘字’。‘文’者，物象之本；‘字’者，言孳乳而寖多也。著于竹帛谓之‘书’。‘书’者，如也。以迄五帝三王之世，改易殊体（如书法所云，伏羲氏作龙书，神农作穗书，黄帝作云书，少昊作鸾书，高阳作蝌蚪书，高辛作人书，尧作龟书，禹作钟鼎书，务光作倒薤书，文王作鸟书，史佚作虎书，武王作鱼书之类）。封于泰山者七十有二（家）代，靡有同焉。《周礼》：八岁入小学，保氏教国子，先以六书（详《古有六书》篇）。及宣王太史籀著大篆十五篇，与古文或异。至孔子书六经，左（氏）[丘明] 述《春秋传》，皆以古文，厥意可得而说。其后诸侯力政，不统于王，恶礼乐之害己，而皆去其典籍。分为（六）[七] 国，田畴异畮，车途异轨，律令异法，衣冠异制，言语异声，文字异形。秦始皇帝初兼天下，丞相李斯乃奏同之，罢其不与秦文合者。斯作《仓颉篇》，中（军）[车] 府令赵高作《爰历篇》，太史 [令] 胡母敬作《博学篇》，皆取史籀、大篆，或颇省改，所谓小篆者也。是时秦烧灭经书，涤除旧典，大发吏卒，兴戍役，官狱职务繁，初有隶书，以趣约易，而古文由是绝矣。自尔书有八体：一曰大篆，二曰小篆，三曰刻符，四曰虫书，五曰摹印，六曰署书，七曰殳书，八曰隶书。汉兴，有章草。尉律：学童十七以上，始试讽籀书九千字，乃得为（史）[吏]，又以八体试之，郡移太守并课，最者以为尚书史。书或不正，辄举劾之。今虽有尉律，不课。小学不修，莫达其说久矣。孝宣皇帝时召通《仓颉》读者，张敞从受之。凉州刺史杜业、沛人爰礼、讲学大夫秦近，亦能言之。孝平皇帝时征礼等百余人，令说文字未央

(殿)［廷］中，以礼为小学元士。黄门侍郎扬雄，采以作《训纂篇》。凡《仓颉》以下十四篇，凡五千三百四十字，群经所载，略存之矣。及亡新居摄，使大司空甄丰等校文书之部，颇改定古文，时有六书：一曰古文，孔子壁中书也；二曰奇字，即古文而异者也；三曰篆书，即小篆，秦始皇帝使下杜人程邈所作也；四曰左书，即秦隶；五曰缪隶，所以摹印也；六曰鸟虫书，所以书幡信也。壁中书者，鲁恭王坏孔子宅，而得《礼记》、《尚书》、《春秋》、《论语》、《孝经》，又北平侯张苍献《春秋左氏传》，郡国亦往往得鼎彝，其铭即前代之古文，皆自相似。虽叵可复见远流，其详可得略说也。而世人大共非訾，以为好奇者也，故诡更正文，向壁虚造不可知之书，变乱常行，以耀于世。诸生竞逐说字，解经义，称秦之隶书为仓颉时书，云父子相传，何得改易？乃猥曰'马头人为长'，'人持十为斗'，'虫者屈中也'。廷尉说律，至以字断法，'苛人受钱'，'苛'之字'止句'。若此者甚众，皆不合孔氏古文，谬于史籀，俗儒鄙夫，玩其所习，蔽所希闻，不见通学，未尝睹字例之条，怪旧（义）［艺］而善野言，以其所知为秘妙，究洞圣人之微旨。又见《仓颉篇》中'幼子承诏'，因曰'古帝之所作也，其辞有神仙之术焉'，其迷误不谕，岂不悖哉！《书》曰：'予欲睹古人之象。'言必遵旧文而不穿凿。今叙篆文，合以古籀，博采通人，至于小大，信而有征云云。"此《说文解字》之所以存古篆于汉代也。

然如许君所云，字体杂出，在汉已然，而群经文字尚存古篆，即传今文者，亦惟隶书而已。书籍之变用楷书，则肇始于唐，而宋、元以下皆因之，古文乃不可得。今讲小学，则当以许氏《说文》为宗主，而旁搜钟鼎之遗。近之治《说文》者，则以段氏玉裁、桂氏馥之书为善本，而兼求朱氏、阮氏、王氏金石之学，深研古义，不为俗书所惑，字学(说)［既］明，而后古经可得而读矣。

【辨伪】本篇抄自许慎《说文解字叙》：

叙曰：古者庖牺氏之王天下也，仰则观象于天，俯则观法于地，视鸟兽之文与地之宜，近取诸身，远取诸物，于是始作《易》八卦，以垂宪象。及神农氏，结绳为治，而统其事，庶业其繁，饰伪萌生。黄帝之史仓颉，见鸟兽蹄迒之迹，知分理之可相别异也，初造书契，百工以乂，万品以察，盖取诸《夬》。"夬扬于王庭"，言文者，宣教明化于王者朝廷，君子所以施禄及下，居德则忌也。仓颉之初作书，盖依类象形，故谓之"文"。其后形声相益，即谓之"字"。"文"者，物象之本；"字"者，言孳乳而寖多也。著于竹帛谓之"书"。"书"者，如也。以迄五帝三王之世，改易殊体，封于泰山者七十有二代，靡有同焉。《周礼》：八岁入小学，保氏教国子，先以六书：一曰指事，指事者，视而可识，察而可见，"上"、"下"是也。二曰象形，象形者，画成其物，随体诘诎，"日"、"月"是也。三曰形声，形声者，以事为名，取譬相成，"江"、"河"是也。四曰会意，会意者，比类合谊，以见指撝，"武"、"信"是也。五曰转注，转注者，建类一首，同意相受，"考"、"老"是也。六曰假借，假借者，本无其字，依声托事，"令"、"长"是也。及宣王太史籀著大篆十五篇，与古文或异。至孔子书六经，左丘明述《春秋传》，皆以古文，厥意可得而说。其后诸侯力政，不统于王，恶礼乐之害己，而皆去其典籍。分为七国，田畴异晦，车途异轨，律令异法，衣冠异制，言语异声，文字异形。秦始皇帝初兼天下，丞相李斯乃奏同之，罢其不与秦文合者。斯作《仓颉篇》，中车府令赵高作《爰历篇》，太史令胡母敬作《博学篇》。皆取史籀大篆，或颇省改，所谓小篆者也。是时秦烧灭经书，涤除旧典，大发隶卒，兴戍役，官狱职务繁，初有隶书，以趣约易，而古文由此绝矣。自尔秦书有八体：一曰大篆，二曰小篆，三曰刻符，四曰虫书，五曰摹印，六曰署书，七曰殳书，八曰隶书。汉兴，有草书。尉律：学童十七以上始试，讽籀书九千字，乃得为吏。又以八体试之，郡移太史并课，最者以为尚书史。书或不正，辄举劾之。今虽有尉律，不课，小学不修，莫达其说久矣。孝宣皇帝时，召通《仓颉》读者，张敞从受之。凉州刺史杜业、沛人爰礼、讲学大夫秦近，亦能言之。孝平皇帝时，征礼等百余人，令说文字未央廷中，以礼为小学元士。黄门侍郎杨雄，采以作《训纂篇》，凡《仓颉》以下十四篇，凡五千三百四十字，群书所载，略存之矣。及亡新居摄，使大司空甄丰等校文书之部，自以为应制作，颇改定古文。时有六书：一曰古文，孔子壁中书也；二曰奇字，即古文而异者也；三曰篆书，即小篆，秦始皇帝使下杜人程邈所作也；四曰佐书，即秦隶书；五曰缪篆，所以摹印也；六曰鸟虫书，所以书幡信也。壁中书者，鲁恭王坏孔子宅，而得《礼记》、《尚书》、《春秋》、《论语》、《孝经》。又北平侯张仓献《春秋左氏传》，郡国亦往往于山川得鼎彝，其铭即前代之古文，皆自相似。虽叵复见远流，其详可得略说也。而世人大共非訾，以为好奇者也，故诡更正文，向壁虚造不可知之书，变乱常行，以耀于世。诸生竞说字解经谊，称秦之隶书为仓颉时书云，父子相传，何得改易！乃猥曰“马头人为‘长’”，“人持十为‘斗’”，“虫者，屈中也”。廷尉说律，至以字断法，“苛人受钱”，“苛”之字，“止句”也。若此者甚众，皆不合孔氏古文，谬于史籀。俗儒鄙夫，玩其所习，蔽所希闻，不见通学，未尝睹字例之条，怪旧艺而善野言，以其所知为秘妙，究洞圣人之微旨；又见《仓颉篇》中“幼子承诏”，因曰“古帝之所作也，其辞有神仙之术焉”，其迷误不谕，岂不悖哉！《书》曰：“予欲观古人之象。”言必遵修旧文而不穿凿。孔子曰：“吾犹及史之阙文，今亡也夫！”盖非其不知而不问，人用己私，是非无正，巧说衺辞，使天下学者疑。盖文字者，经艺之本，王政之始，前人所以垂后，后人所以识古，故曰：“本立而道生，知天下之至啧而不可乱也。”今叙篆文，合以古籀，博采通人，至于小大，信而有证。稽撰其说，将以理群类，解谬误，晓学者，达神旨，分别部居，不相杂厕，万物咸睹，靡不兼载，厥谊不昭，爰明以谕。其称《易》，孟氏；《书》，孔氏；《诗》，毛氏；《礼》，《周官》；《春秋》，左氏；《论语》、《孝经》，皆古文也。于其所不知，盖阙如也。

【本篇结论】

《字学源流》篇先释题：“文字之源，肇于上古。五帝三王，代有更别。至秦为一大变，汉则各体竞出，魏、晋而下，俗书纷行矣。许氏《说文自叙》云。”然后将《说文解字叙》节录于下，最后又缀以结语：“此《说文解字》之所以穿古篆于汉代也。然如许君所云，字体杂出，在汉已然，而群经文字尚存古篆，即传今文者，亦惟隶书而已。书籍之变用楷书，则肇始于唐，而宋、元以下皆因之，古文乃不可得。今讲小学，则当以许氏《说文》为宗主，而旁搜钟鼎之遗。近之治《说文》者，则以段氏玉裁、桂氏馥之书为善本，而兼求朱氏、阮氏、王氏金石之学，深研古义，不为俗书所惑，字学（说）［既］明，而后古经可得而读矣。”其中“近之治《说文》者，则以段氏玉裁、桂氏馥之书为善本”，与王筠《说文释例自序》观点相近：“今天下之治《说文》者多矣，莫不穷思毕精，以求为不可加矣，就吾所见论之，桂氏未谷《说文义证》、段氏茂堂《说文解字注》其最盛也。”张之洞《桂氏说文义证叙》亦云：“治经贵通大义，然求通义理必自音训始，欲通音训必自《说文》始。国朝经师类皆覃精小学，其校释辨证《说文》之书最显者十余家，而以段注本为甲。习闻诸老师言，段书外，惟曲阜桂氏《义证》为可与抗颜行者。”

《音韵源流》抄自《日知录》、《六书音韵表序》

【原文】

文之有韵，自六经始。虞廷赓歌，韵之最古。《毛诗》用韵，《周易》彖、小象、杂卦皆韵。《离骚》、《太玄经》、《易林》无不韵。其不韵者，散体之文耳。然其时用韵，本诸天籁，依其声而协之，初无韵书之准也。

【辨伪】此段抄自顾炎武《日知录》“易韵”条：

《易》之有韵，自文王始也。凡卦辞之繁者时用韵。《蒙》之“渎”、“告”，《解》之“复”、“夙”，《震》之“虩”、“哑”，《艮》之“身”、“人”是也。至周公则辞愈繁而愈多用韵，疑古卜辞当用韵。……故孔子作彖象传用韵，盖本经有韵，而传亦韵，此见圣人述而不作，以古为师而不苟也。

【原文】

韵书始萌芽于魏、晋李登之《声类》、梁沈约之《韵谱》。积三百余年，隋陆法言等撰《切韵》。唐郭知玄又附益陆书而为《切音》，孙愐以《切音》为谬，增加刊正，别为《唐韵》。其时沈约诸韵书亦无存者，宋陈彭年、邱雍之《广韵》计二万三千五百二十五字，丁度、宋祁之《集韵》计五万三千五百二十五字，大概本陆、孙二家而刊益之，而《广韵》最为近古，世儒多称为《唐韵》。《集韵》颇訾陈彭年、邱雍，引用旧文，繁简失当。景祐以还，列学宫而通行者，则《礼部韵略》，止收九千五百九十字。他如王宗道之《指元》，特详切音，吴棫之《韵补》，多收古书，是殆即韵中而通其意者耳。绍兴间，毛晃之《增韵》行，而向之《广韵》渐废。淳祐中，平水刘渊始并为一百七部，又增四百三十六字，名《壬子新刻礼部韵略》，是韵之失，不在二百六部之分，而在一百七部之合。元阴时夫又并上声之“极”于“回”，存一百六部，较礼韵、毛、刘韵刊落三千一百余字，有字极古而刊者，有讹字、俗字而阑入者，讹误不一，而当时或目为《沈韵》，或目为《平水韵》，误矣。黄公绍之《韵会》，分并依刘，而笺注较博，增字至一万三千五百二十二字，泥七音、三十六字母之说，颠倒杂糅。议者谓唐、宋韵部分亡于刘，音纽乱于黄，信哉！明初乐凤韶、宋濂等撰《洪武正韵》，删并分部，省为七十六韵，而并“冬”于“东”，并“江”于“阳”，后以其未当合。刘三吾校勘黄公绍《韵会》，书竟不行。词人相承，惟用平水刘韵。隆、庆间，潘恩之又有《诗韵辑略》，又分二百有八部。总之，自梁而下，韵书益密，而于经愈病。唐、宋诸韵惟《广韵》犹不甚坏，其余徒供词人之用而已。至本朝诸儒起，而古韵乃渐讲明。顾炎武谓古音止有十部：一东、冬、钟、江，二脂、之、微、齐、佳、皆、灰、咍，三鱼、虞、模、侯，四真、臻、文、谆、殷、元、魂、痕、寒、桓、删、山、先、仙，五萧、宵、肴、豪、幽，六歌戈，七阳、唐，八耕、清、青，九蒸、登，十侵、覃、谈、盐、添、咸、衔、严、凡。江慎修于“真”以下十四韵、“侵”以下九韵各析为二，萧、宵、肴、豪及尤、侯、幽亦为二，故列十三部。而段氏玉裁谓《诗》三百篇之韵确有十七部，于顾氏十部、江氏十三部之后又确然分之。于今韵，则依《广韵》部分；于字书，则宗《说文解字》；于古音，则穷《三百篇》及群经有韵之文；于言古韵之书，则考顾氏《音学五书》、江氏《古韵标准》。以《三百篇》及周秦所用，正汉魏以后转移之音，而历代音韵沿革源流以见，而陆氏部分之故，及顾氏、江氏之未协者亦见，此诚千有余年莫之或省者，一旦而明白通晓者也。

【辨伪】本段抄自戴震《六书韵表序》、雍正《音韵述微御制序》：

【戴震《六书音韵表序》】

韵书始萌芽于魏、晋李登之《声类》。积三百余年，至隋陆法言《切韵》，梗概之法乃具。然皆就其时之语言、音读，参校异同，定其远近洪细，往往有意求密，而用意太过，强生区别。至于虞、夏、商、周之文，六书之假借、谐声，《诗》之比音协句，以成歌乐，茫乎未之考也。唐初因法言撰本为选举士人作律诗之用……宋吴棫作《韵补》，于韵目下始有“古通某”、“古转声通某”之云。其分合最为疏舛。郑庠作《古音辨》，仅分阳、支、先、虞、尤、覃六部。近昆山顾炎武更析东、阳、耕、蒸而四，析鱼、歌而二，故列十部。吾郡老儒江慎修永于“真”已下十四韵、“侵”以下九韵，各析为二；萧、宵、肴、豪及尤、侯、幽亦为二；故列十三部。古音之学以渐加详如是。前九年，段君膺若语余曰：“支、佳一部也，脂、微、齐、皆、灰一部也，之、咍一部也。汉人犹未尝淆借通用。晋、宋而后，乃少有出入。迄乎唐之功令，支注：‘脂、之同用。’佳注：‘皆同用。’灰注：‘咍同用。’于是古之截然为三者，罕有知之。”余闻而伟其所学之精，好古有灼见卓识……实千有余年莫之或省者，一旦理解，按诸《三百篇》划然，岂非稽古大快事欤？

【雍正帝《音韵述微御制序》】

考古来韵书，沈约四声，其书不传，今惟宋陈彭年《广韵》，则就隋陆法言《切韵》、孙愐《唐韵》本重加修订，收字凡二万六千一百九十四字，又宋丁度《集韵》至五万三千五百二十五字，其实行用者不出寻常经见之文，则虽多亦奚以为也。至诸家分韵皆二百六部，然其中有通用，有独用。通用者，名虽分而实合，是以元阴时夫撰《韵府群玉》于独用者仍之，通用者并之，即今《佩文韵府》所因也。及明乐韶凤等奉敕撰《洪武正韵》，则减为七十六部，所收一万二千一百四十六字，分韵一改古人之旧，诚未若今韵之繁简适用，损益得中也。又从来韵书主音，字书主义，二者不能兼赅，而审音与分韵又歧而为两。夫轻重、清浊，音也；平、上、去、入，韵也。韵显而易明，音微而难察。诗赋家所用惟韵，而不必审音。至诗余、词曲则兼辩音，而于平、上、去韵转得通用，此唐、宋及今音韵之大略也。

【本篇结论】

《音韵源流》篇主要抄自戴震的《六书音韵表序》，而辅之以《日知录》、《音韵述微御制序》等文。最后缀上一段结语："故言古韵者，当以段氏为最精。而为韵学者，当以《三百篇》及群经有韵之文，较其异同，以证诸家之误，而不可以齐、梁以下之韵书绳三代以前之方音也。"

《古有六书》抄自《说文释例》

【原文】

《周官》："保氏教国子，先以六书。"郑注六书："象形、会意、转注、处事、假借、谐声。"

《汉书·艺文志》云："象形、象事、象意、象声、转注、假借。"许氏《说文解字叙》云："一曰指事、二曰象形、三曰形声、四曰会意、五曰转注、六曰假借。"其次第各有不同。郑樵《通志》云："六书也者，象形为本；形不可象，则属诸事；事不可指，则属诸意；意不可会，则属诸声，声则无不谐矣。五不足而后假借生焉。"许君首指事，即以其书之例，首列"一部"之故。至解六书之义，诸家皆与许同，云：

> 指事者，视而可见，察而见意，"上"、"下"是也；
> 象形者，画成其物，随体诘诎，"日"、"月"是也；
> 形声者，以字为名，取譬相成，"江"、"河"是也；
> 会意者，比类和义，以见指抣，"武"、"信"是也；
> 转注者，建类一首，同意相授，"考"、"老"是也；
> 假借者，本无其字，依声托事，"令"、"长"是也。

然考《通志》曰："独体为文，合体为字。"观乎天文，观乎人文，而文生焉。天文者，自然而成，有形可象者也；人文者，人之所为，有事可指者也。故"文"统"象形"、"指事"二体。"字"者孳乳而寖多也，合数字以成一字者皆是，则"会意"、"形声"二体也。四者为经，造字之本也；"转注"、"假借"为纬，用字之法也。或疑既分经纬，即不得名曰六书；不知六书之为名，后贤所定，非皇颉先定此例而后造字也。犹之左氏释《春秋》例，皆以意逆志，比类而得其情，非孔子作《春秋》先有此例。

而六书次第，自唐以来，易其先后者凡数十家，要以班书为是。象形、指事皆独体也，而有物然后有事，故宜以象形居首。会意、形声皆合体也，而会意两体皆义，形声则声中大半无义，且俗书多形声，其会意者千百之一二耳，即此足知其先后矣。转注、假借在四事之中，而先后亦不可淆也。转注合数字为一义，假借分一字为数义，故以六书分为三耦论之。象形实，指事虚，物有形事无形也。会意实，形声虚，合二字三字以为意，而其义已备，形声则不能赅备，如炼、练一字，所炼者金，练之者火，镘、槾一字，其器兼用金木，而皆分为两体，此尤不能赅备之明验也。转注实，假借虚，“考”自成为“考”，“老”自成为“老”，其训互通，而各有专义，即如椭、榱、挹、抒，同为一物一事，而名从主人，各有所谓而不可改也。若夫“令”为号令而借为“令”，善长为久长而借为君长，须于上下文法求之，不能据字而直说之，故为虚也。凡变乱班书之次者，皆不察其虚实者也。

且一字之蕴，“形”、“声”、“义”尽之，即六书之名，亦可以“形”、“声”、“义”统之，如“天”字，一、大，其形也；“颠”，其义也；“他前切”，其声也。兼明之，而一字之蕴尽矣。象形，形也；指事、会意，义也；形声、转注、假借，皆声也。

夫转注、假借，在形、事、意、声四者之中，而可专属之声者，假借固无不以声借也。有去形存声者，《石鼓文》“其鱼隹可”即“维何”也，是谓省借；有字外加形者，《檀弓》：“子盖言之志于公乎？然则盖行乎？”郑注：“盖当作盍。”《商颂》：“百禄是何。”儋何其本义也。《左·隐三年》引作“荷”是也。是谓增借；有省之增之其声无不同者，故亦借及偏旁不同而声同之字，如《礼》云“射之为言绎也”，知“射”古音“绎”。绎、斁同从“睪”声。《振鹭》：“在此无斁。”《中庸》引之作“射”也。

至于转注，则同一物也，而命之者不同，则字不同；同一事也，而谓之者不同，则字不同；古人用字，贵时不贵古，取其地之方言而制以为字，取足达其意而已。而圣人所生之地不同也。唐虞三代，递处于山西、陕西之境，孔子又生于山东，各用其地之方言，不得少转注一门矣。故同一“持”也，而县持曰“挈”，胁持曰“拑”，阅持曰“揲”，握持曰“挚”，则不同也。此然犹有“县”、“胁”、“阅”、“握”之分也。乃“揃”、“搣”、“批”、“捽”皆“捽”也，“姣”、“媛”皆“美”也，“娱”、“媅”皆“乐”也，义无异而名不同也。以至《尔雅·释诂》一名而累数十字未已，是又兼假借而为转注者矣。盖意有轻重，则语之所施亦有轻重。是以有假借者一字而数义，何为其数义也？口中之同声也；转注者数字而一义，何为其数字也？口中之声不同也。故其始也，呼为天地，即为天地字以寄其声；呼为人物，即造人物字以寄其声，是声者造字之本也，及其后也，有是声即以声配形而为字，形声一门之所以广也。综四方之异，极古今之变，则转注之所以分著其声也。无其字而取同声之字以表之，即有其字而亦取同声之字以通之，则假借之所以荟萃其声也。是声者用字之极也。此六书之旨之大略也。明乎六书之旨，又何以有难解之字哉？

【辨伪】此篇抄自王筠《说文释例》卷一《六书总说》：

《汉书·艺文志》曰：“六书，谓象形、象事、象意、象声、转注、假借。”造字之本也。颜注曰：“象形谓画成其物，随体诘曲，日、月是也。象事即指事也，谓视而可识，察而见意，上、下是也。象意即会意，谓比类合谊，以见指㧑，武、信是也。象声即形声，谓以事为名，取譬相成，江、河是也。转注谓建类一首，同意相受，考、老是也。假借谓本无其字，依声托字，令、长是也。”文字之义，总归六书，故曰立字之本也。

筠按：六书次第，似班书首象形为是。《通志》曰：“六书也者，象形为本（案：会意、形声，诚为继起，若象形、指事，各立门户，相对相对，不可分本末，特以虚实论之。形先事后耳，似不可言为本)；形不可象（似当云“无形可象”），则属诸事；事不可指（物亦有会意字，林、尘之类是也，似不可单承指事），则属诸意；意不可会，则属诸声，声则无不谐矣。五不足而后假借生焉（不及转注者，上文云，谐声别出为转注，业误以转注并入形声中，故不及）。”许君首指事，似不可解。杨锡观①曰：“文字之作，因事而起。”其说似未确。余弟范曰：“《说文》开卷即列‘一’、‘上’两部，故先之也。”余笑曰：“一画开天，无所不统矣。”然是说仍未确，姑存之。

造字之本，此句未允，说见后。

颜注承用《说文》，惟察而见意，不同今本。案：视而可识，指字形言，察而见意，指字义言，今本似无分别，盖颜籀所据为古本也。印林曰：“物与屈，识与意，谊与㧑，名与成，首与受，字与事，皆叶韵，作见则非韵。”

《周官》“保氏”郑注：“六书，象形、会意、转注（此字似误，汉时恐未有此字，然足证自古相传，皆以注为训释也)、处事、假借、谐声也。”贾疏云：“六书象形之等，皆依许氏《说文》，云象形者，日、月之类是也，象日月形体而为之。云会意者，武、信之类是也，人言为信，止戈为武，会合人意（以合训会是也，然谓合人意则非）故云会意也。云转注者，考、老之类是也，建类一首，文意相受，左右相注（《通志》曰：立类为母，从类为子，母主义，子主声，主义者是以母为主而转其子，主声者是以子为主而转其母，似即此说)，故名转注。云处事者，上、下之类是也。人在一上为上，人在一下为下（不特与《说文》背，果如所言，是会意也)，各有其处（处事者，处置此事，读为去声非)，事得其宜，故名处事也。云假借者，令、长之类是也，一字两用，故名假借也。云谐声者，即形声，一也（以造字之本言之，则云谐声自可，盖先有江、河之名，而后有江、河之字，其所以成字者，在工可之声，故曰可也。若以用字之法论之，则云形声乃为赅备，如杠、柯亦以工可为声，而既以木定其形，则杠为步渡，柯为斧柄矣。不得偏重声也)，江、河之类是也。皆以水为形，以工、可为声，但书有六体，形声实多，若江、河之类，是左形右声，鸠、鸽之类，是右形左声，草、藻之类，是上形下声，婆、娑之类（印林曰：《说文》有嫛无婆)，是上声下形，圃、国之类，是外形内声，阛、阓、衡、衔之类，是外声内形（阛、阓仍是外形内声，衡从角大会意，非形也，衔则纯乎会意，当易以闻、问、闾、闽等字，而从行声者，无在外之字可易，惟衔從衍省声耳）此形声之等有六也。

郑注次第即不可晓（《五经文字序》曰：《周礼》保氏掌养国子以道，教之六书，谓象形、指事、会意、形声、转注、假借六者，造字之本也。案：张氏既引保氏，则所列名目当出郑注，而次序不同今本，或张氏所据郑注为未经例乱之本，贾氏别据倒乱之本乎？然二人时代不隔，疑莫能明也)。贾疏尤谬，特以其为古说，列诸卷首，而以鄙见附书于左。

筠案：此书名以“说文解字”者，说其文，解其字也。《通志》曰：“独体为文，合体为字。”是也。观乎天文，观乎人文，而文生焉。天文者，自然而成，有形可象者也。人文者，人之所为，有事可指者也。故“文”统“象形”、“指事”二体。“字”者孳乳

① 杨锡观，字容若，无锡人。著有《六书辨通》、《六书例解》等书。

而寖多也，合数字以成一字者皆是，则“会意”、“形声”二体也。四者为经，造字之本也；“转注”、“假借”为纬，用字之法也。或疑既分经纬，即不得名曰六书。不知六书之为名，后贤所定，非皇颉先定此例而后造字也。犹之左氏释《春秋》例，皆以意逆志，比类而得其情。非孔子作《春秋》，先有此例也（《诗》有六义，亦以风、雅、颂为经，赋、比、兴为纬）。

《说文叙》解释六书，乃全部之条例也。然考之说解，言象形矣，云从某从某，即是言会意矣；云从某、某声，即是言形声矣；而指事惟于“上”、“下”二字言之，仍不出《叙》所言之外，且“下”字说解，小徐作“从反上为下”，大徐始作指事耳。余惟叓字，大徐曰指事。害、巴二字，大徐引小徐曰指事。然叓以会意定指事，非指事纯例。害以会意定象形，巴则纯乎象形，盖二徐皆不知指事也，故《系传》多误以会意为指事，大徐不引，则胜小徐之一端也。若夫转注、假借，则全书未尝言及，遂有谓许君明于象形谐声，昧于其余者。噫！是未潜心之故，岂可以訾许君哉！凡其或言或不言者，皆属词之体当然，而非有明昧于其间也。《说文》每出一字，必先说其义，后说其形，此定例也。如屮下云：“艸木初生也。”此字义也。“象丨出形，有枝茎也。”此字形也。苟不出象形二字，将何以为词哉？至于转注、假借，为形、事、意、声四者之纬。故“老”下云：“考也。”“考”下云：“老也。”（老从人、毛、匕，则会意也。考从老省，丂声，则形声也。以此推之，凡转注字皆然。故知转注、假借即在形、事、意、声四者之中，乃用字之例，非造字之本。）仍以叙文所出之两字见其例，则欠部“歔，欷也”，“欷，歔也”，言部“讽，诵也”，“诵，讽也”，同在一部，是谓建类一首，其训互通，是谓同意相受，至明白矣。设于歔下云“与欷转注”，讽下云“与诵转注”，人将不訾其不知转注，转訾其不成词矣。然考老同部同义，而且迭韵，此例之至狭者也。从而广之，则交部“㝡，衺也”，衣部“衺，㝡也”，虽非建类一首，犹是同意相受也。更推广之《尔雅·释诂》，则尤浩博无涯涘矣。独是《叙》于假借举令、长为例，而本字不并其假借之义不见，较之考、老似尤疏阔者，则以全书说解半皆假借也。即以开首一句言之，惟，凡思也，太滑也，是“惟初太始”一句，即有二字假借，苟依本训而曰“思初滑始”，尚可通乎？然则假借者，触目即是，启口皆然，其不待强聒，又彰彰矣。惟六书之中，指事最少，而又最难辨，以许君所举上、下二字推之，知其例为至严，所谓视而可识，则近于象形，察而见意，则近于会意，然物有形也，而事无形，会两字之义，以为一字之义而后可会，而丄、丅之两体，固非古本切之丨，于悉切之一也。一有训为天者，然以解下之一可也。若以解上之一，则物有在天之上者乎？且奚必在天之下，即吾之局脚几，在书案之下，独不为下乎？则此书案即下之一也。是以天解下之一而亦不可也。一有训为地者，然以解上之一可也。若以解下之一，则物有在地之下者乎？且奚必在地之上，即吾之此册，在书案之上，独不为上乎？则此书案即上之一也。是以地解上之一而亦不可也。惟有⌣丄⌢丅，以两画成为一字，上下本非物也。然视之而已识上下之形，两画既皆非字，则几无以为义，然察之而已见上下之意。总之，以大物覆小物，以大物载小物，于是以长一况大物，以短一或丨况小物，了然于心目间，而无形之事，竟成为有形之字矣，然而短一纵横惟意，长一可横不可纵者，何也？此小大之辨也。博者必厚，其纵数不待表而著，小物则或博而卑，或狭而高，要为大物之所能覆载而已。试观天之下，地之上，山岳则巍然峙也，是丄丅之形也，邱陵则逶迤相属也，是⌣⌢之形也，明乎此，而指事不得混于象形，更不得混于会意矣。余于其他，偶举为例，惟指事必尽出之。段茂堂、严铁桥皆知指事，而不尽言，盖将待我开山也，故逐字区其族类，以告来世。

六书次第，自唐以来，易其先后者，凡数十家，要以班书为是。象形、指事，皆独体也，而有物然后有事，故宜以象形居首。会意、形声，皆合体也，而会意两体皆义，形声则声中太半无义，且俗书多形声，其会意者，千百之一二耳，即此足知其先后矣。转注、假借在四事之中，而先后亦不可淆也。转注合数字为一义，假借分一字为数义，故以六书分为三耦论之。象形实，指事虚，物有形，事无形也。会意实，形声虚，合二字、三字以为意，而其义已备，形声则不能赅备，如炼、练一字，所炼者金，练之者火，镘、槾一字，其器兼用金木，而皆分为两体，此尤不能赅备之明验也。转注实，假借虚，“考”自成为“考”，“老”自成为“老”，其训互通，而各有专义也，即如椭、榱、挹、抒，同为一物一事，而名从主人，各有所谓而不可改也。若夫“令”为号令，而借为“令善”，长为久长，而借为君长，须于上下文法求之，不能据字而直说之，故为虚也。凡变乱班书之次者，皆不察其虚实者也。

班《志》列象声于象意之后，胜于许君列形声于会意之前，何也？形声一门，兼象形、指事、会意以为声，于省声尤可见矣。肘从肉、寸会意，故纣、酎等字，从肘省得声，苟不先有会意之肘，将何以为声乎（此举大体而言，古文亦有形声字，如言字是也，篆文亦有指事象形字，如古名乙，后名燕是也）？

一字之蕴，形声义尽之，即六书之名，亦可以形声义统之，如“天”字，一、大，其形也；“颠”，其义也；“他前切”，其声也。兼明之，而一字之蕴尽矣。象形，形也；指事、会意，义也；形声、转注、假借，皆声也。

夫转注、假借，在形、事、意、声四者之中，而可专属之声者，假借固无不以声借也。有去形存声者，《石鼓文》“其鱼隹可”，即“维何”也，是谓省借；有字外加形者，《檀弓》“子盖言子之志于公乎？然则盖行乎？”郑注：“盖当作盍。”《商颂》：“百禄是何。”儋何其本义也。《左·隐三年》引作“荷”，是也。是谓增借；有省之增之，其声无不同者，故亦借及偏旁不同而声同之字，如《礼》云“射之为言绎也”，知“射”古音“绎”。绎、斁同从“睪”声。《振鹭》：“在此无斁。”《中庸》引之作“射”也（凡云古字通用者，乃注疏家体例固然，实系以声借用，非其字本通也。首手尺赤皆通，则亦无不可通，此类以不效古人为是）。至于转注，则同一物也，而命之者不同，则字不同；同一事也，而谓之者不同，则字不同；古人用字，贵时不贵古（《尚书》用“兹”，《论语》用“斯”，《孟子》用“此”，时不同也。聿笔弗不律，地不同也，皆取其入耳，即通也。推之周人言山必南山，卫人言水必淇水，岂以远称博引为豪哉？今人好用古字，乃不足之证，非有余之证，文之雅俗，在乎意义，不在字体也），取其地之方言而制以为字，取足达其意而已，而圣人所生之地不同也。唐虞三代，递处于山西、陕西之境，孔子又生于山东，各用其地之方言，不得少转注一门矣。故同一“持”也，而县持曰“挈”，胁持曰“拑”，阅持曰“揲”，握持曰“挚”，则不同也。此然犹有“县”、“胁”、“阅”、“握”之分也。乃“揃”、“搣”、“批”、“捽”皆“捽”也，“媺”、“媛”皆“美”也，“娱”、“媅”皆“乐”也，义无异而名不同也。以至《尔雅·释诂》，一名而累数十字未已，是又兼假借而为转注者矣。盖意有轻重，则语之所施亦有轻重。是以有假借者，一字而数义，何为其数义也？口中之同声也；转注者，数字而一义，何为其数字也？口中之声不同也。故其始也，呼为天地，即造天地字以寄其声；呼为人物，即造人物字以寄其声。是声者，造字之本也。及其后也，有是声，即以声配形而为字，形声一门之所以广也。综四方之异，极古今之变，则转注之所以分著其声也。无其字而取同声之字以表之，即有其字而亦取同声之字以通之，则假借之所以荟萃其声也。是声者，用字之极也，声之时用大矣哉！

【本篇结论】

《古有六书》篇抄自王筠《说文释例》卷一《六书总说》。《六书总说》大致包括两大观点，一为“六书三耦说”，一为“四体二用说”，但均非王筠首创。

宋代徐锴首次在《说文系传》中提出了“六书三耦说”：

> 丄，高也。此古文上，指事也。凡上之属皆从丄。臣锴曰：本乎天者，亲上，故曰指事。班固谓之象事。尝试论之曰：凡六书之义，起于象形，则日月之属是也。形声者，以形配声，班固谓之象声；郑玄注《周礼》谓之谐声。象则形也，谐声言以形谐和其声，其实一也。江、河是也。水其象也，工、可其声也，若空字、鸡字等，形或在下，或在上，或在左右，亦或有微旨，亦多从配合之宜，非尽有义也，而今之末学为篆文者，妄相移易，偏旁乖乱，以为奇诡，若“言”字，辛在口上，则为言，辛在口右，则五葛反，其类甚多，非此以察，则妄为奇诡者。浮俗剽薄，纪于言议焉。六文之中，象形者，苍颉本所起观察天地万物之形谓之文，故文少，后相配合，孳益为字，则形声、会意者是也，故形声最多。转注者，建类一首，同意相受，谓“老”之别名有“耆”，有“耋”，有“寿”，有“耄”，又“孝子养老”是也。“一首”者，谓此“孝”等诸字，皆取类于“老”，则皆从“老”。若“松”、“柏”等皆木之别名，皆同受意于“木”，故皆从“木”。后皆象此。转注之言，若水之出源，分岐别派，为江、为汉，各受其名，而本同主于一水也；又若医家之言病疰，故有鬼疰，言鬼气转相染著注也。而今之俗说谓丂左回为考，右回为老，此乃委巷之言。且又考、老之字皆不从丂，丂音考，老从匕，音化也。假借者，古省文从可知。故令者，使也，可借为使令。长者，长上也，可借为长幼。诸如此类，皆以旁字察之则可知。至春秋之后，书多口授，传受之者未必皆得其人，至著于简牍，则假借文字不能皆得其义相近者，故经传之字多者乖异疏略，《诗》借“害”为“曷”之类是也。后人妄有作文字附益之，故今假借为少。……凡指事、象形义一也，物之实形有可象者则为象形，山川之类皆是物也。指事者，谓物事之虚无不可图画，谓之指事。形则有形可象，事则有事可指，故上下之义无形可象，故以丄丅指事之，有事可指也。故曰，象形、指事大同而小异。会意亦虚也，无形可象，故会合其意，以序言之。止戈则为武，止戈，戢兵也，人言必信。故曰“比类合义，以见指㧑”。形声者，实也，形体不相远，不可以别，故以声配之为分异。若江河，同水也，松柏，同木也，江之与河，但有所在之别，其形状所异者几何？松之于柏，相去何若？故江、河同从水，松、柏皆作木，有此形也，然后谐其声以别之，故散言之则曰形声，江、河可以同谓之水，水不可同谓之江、河，松、柏可以同谓之木，木不可同谓之松、柏，故曰散言之曰形声，总言之曰转注。谓耆、耋、耄、寿皆老也，凡五字试依《尔雅》之类言之——“耆、耋、耄、寿，老也。”又老、寿、耋、耄、耆可同谓之老，老亦可同谓

之耆，往来皆通，故曰转注，总而言之也。大凡六书之中，象形、指事相类，象形实而指事虚；形声、会意相类，形声实而会意虚；转注则形事之别，然立字之始类于形声，而训释之义与假借为对。假借则一字数用，如行（茎）、行（杏）、行（杭）、行（沆）；转注则一义数文，借如老者，直训老耳，分注则为耆、为耋、为耄、为寿焉。凡六书为三耦也。臣锴以为，古者训六书多矣，自许慎以后，俗儒鄙说皆失其真，至于通识亦然，岂知之而不言，将言之而不悉乎？后生传习，又懵澒而不明，臣故反复论之，而今而后玉石分矣。①

“四体二用”说最先由戴震提出②，其说详见《戴东原集》卷三《答江慎修先生论小学书》，文繁不录。戴震的理论得到清代《说文》大家如段玉裁、桂馥、朱骏声等人的支持。如段玉裁《说文解字注》卷十五云：“戴先生曰：‘指事、象形、形声、会意，四者字之体也；转注、假借，二者字之用也。’圣人复起，不易斯言矣。”朱骏声《传经室文集》卷三《说文通训定声自叙》：“天地间有形而后有声，有形声而后有意与事，四者文字之体也。意之所通，而转注起焉，声之所比，而假借生焉，二者文字之用也。”连鹤寿亦云：“（戴震）分指事、象形、形声、会意为字之体，转注、假借为字之用，此尤不刊之论也。”（《蛾术编》卷十五连鹤寿案语）但也有人（如顾千里、余廷灿、黄以周）反对，顾千里《思适斋集》卷十五《书段氏注说文后》称“此说实为巨谬”，余廷灿《存吾文稿·复余习园书》称“东原之说诚未免支离”（《续修四库全书》第1456册），黄以周《礼书通故》第五十径称“四体二用”为“肊说”。值得注意的是，王筠亦是“四体二用”说的信奉者。其《说文释例·六书总说》采用了戴震的说法，《经解入门》亦照录其文，容易给人以误导，笔者前些年就因此误入歧途，反复查阅戴氏全书，未免缘木求鱼。

总之，《古有六书》决非江藩所作，而是作伪者抄袭王筠《说文释例·六书总说》而成。具体而言，其作伪的手法为：第一，删去“筠按”字样，抹去王筠的痕迹。第二，删去“段茂堂（即段玉裁）”、“严铁桥（即严可均）”等字样，抹去王筠同时代人的痕迹。第三，删去“印林（即许瀚）曰”，抹去王筠著作整理者的痕迹。第四，删去无关紧要的段落。因此，我们可以断定，《经解入门·古有六书》是王筠《说文释例·六书总说》的删节版。

---

① 宋徐锴《说文系传》卷一。按：明徐一夔《明集礼》卷四十七“字学·六书”、《钦定续通志》卷九十二《六书略四》均已经引用其说。今人相关研究可以参考张意霞《说文系传研究》（台北：花木兰文化出版社）第三章第二节“六书三耦论的内容”及其附录。

② 今人相关论著可以参考黄孝德《汉字研究中“四体二用”说的确立及其应用》（《武汉大学学报》1981年第6期）、江中柱《戴震“四体二用说”研究》（《湖北大学学报》1993年第4期）、黎千驹《古代六书学研究综述》（《湖北师范学院》2007年第5期）。

《古无四声》抄自《潜研堂文集》、《音论》

【原文】

四声之字，倡于齐、梁。齐周彦伦作《四声切韵》，梁沈约继之撰《四声》一卷，而韵谱成矣。古无是也。

钱大昕《潜研堂文集》卷十五《答问十二》云：

问："四声始于周彦伦、沈休文，魏、晋以前未有言及之者，岂三代、汉魏有韵之文皆不辨四声乎？"曰："古无平、上、去、入之名……自葛洪、徐邈等创立凡例，强生分别，而休文据以定四声，习俗相沿，牢不可破，而汉、魏以前之正音遂无可考矣。"

【原文】

昔仓颉制字，黄帝正名，各指所之，有条不紊。许氏《说文》分别部居，以形定声，不闻于声之中更有轻重异读，而魏、晋以后经师强立两音，千余年来，遵守不易，唯魏华父著论非之，谓未有四声反切之前，安知不皆有平声？此何可谓先觉者矣。《离骚》"好蔽美而称恶"，与"固"、"悟"、"古"为韵。"孰云察余之美恶"，与"宇"为韵，是美恶之"恶"亦读去声。《左传》"周郑交恶"，陆元朗无音，是相恶之"恶"亦读入声。《孝经》"爱亲者不敢恶于人"、"行满天下无善恶"，陆元朗并云："恶，乌路反，旧如字。"盖"好"、"恶"之有两读，始于葛洪《字苑》，汉、晋诸儒并无区别。陆氏生于陈、隋之世，习闻此说，而亦不能坚守，且称为"旧"，则今之分别，非古音之旧审矣。予我之"予"，锡予之"予"，今人分平、上两音，而《三百篇》、《楚词》皆读上声。当直之"当"，允当之"当"，今人分平、去两音，而孔子赞《易》皆读平声。汉儒言读若者，正其义不必易其音，郑康成注《礼记》"仁者人也"，读若相人偶之人。自古讫今，未闻"人"有别音，可见虚实动静之分，皆六朝俗师妄生分别，古人固未之有也。颜之推讥江南学士读《左传》口相传述，自为凡例。军自败曰败，打破军曰败（补败反），此为穿凿，而《广韵》十七夬部，败有薄迈、补败二切，以自破、他破为别，即用江南学士穿凿之例。盖自韵学兴，而声音益戾于古，自谓密于审音，而龃龉不安者益多。

【辨伪】此段抄自钱大昕《潜研堂文集》卷十五《答问十二》：

昔仓颉制字，黄帝正名，各指所之，有条不紊。许氏《说文》，分别部居，以形定声，不闻于声之中更有轻重异读。《易》观卦六爻，“童观”、“窥观”、“观我生”、“观国之光”、“观其生”，皆从卦名取义，人之观我与我之观于人，义本相因。而魏、晋以后，经师强立两音，千余年来遵守不易。唯魏华父著论非之，谓未有四声反切之前，安知不皆有平声！此可谓先觉者矣。《离骚》“好蔽美而称恶”，与“固”、“悟”、“古”为韵。“孰云察余之美恶”，与“宇”为韵，是美恶之“恶”亦读去声。《左传》隐三年“周郑交恶”，陆德明无音，是相恶之“恶”亦读入声。《孝经》“爱亲者不敢恶于人”、“行满天下无善恶”，陆德明并云：“恶，乌路反，旧如字。”……盖“好”、“恶”之有两读，始于葛洪《字苑》，汉、魏诸儒本无区别。陆氏生于陈、隋之世，习闻此说，而亦不能坚守，且称为旧，则今之分别，非古音之旧，审矣。予我之“予”，锡予之“予”，今人分平、上两音，而《诗》三百篇、《楚词》皆读上声。当直之“当”，允当之“当”，今人分平、去两音，而孔子赞《易》皆读平声。汉儒言读若者，正其义不必易其音，如郑康成注《礼记》“仁者人也”，读如相人偶之人。自古讫今，未闻“人”有别音，可见虚实动静之分，皆六朝俗师妄生分别，古人固未之有也。颜之推讥江南学士读《左传》，口相传述，自为凡例，军自败曰败，打破军曰败（补败反），此为穿凿。而《广韵》十七夬部，“败”有薄迈、补败二切，以自破、破它为别，即用江南学士穿凿之例。盖自韵书兴，而声音益戾于古，自谓密于审音，而龃龉而不安者益多矣。

【原文】

而顾氏亭林云：“四声之论，虽起于江左，然古人之诗已自有迟（徐）［疾］轻重之分，故平多韵平，仄多韵仄，亦有不尽然者，而上或转为平，去或转为平上，入或转为平上去，则在歌者之抑扬高下，故四声可以并用。‘骐骝是中，騧骊是骖。龙盾之合，鋈以觼軜。言念君子，温其在邑。方何为期，胡然我念之。’‘合’、‘軜’、‘邑’、‘念’四字皆入，而韵‘骖’。‘一之日觱发，二之日栗烈。无衣无褐。何以卒岁。’‘发’、‘烈’、‘褐’三在一皆去声而韵‘岁’。今之学者必曰，此字符有三音，有两音，故可通用。不知古人何尝屑屑于此哉？一字之中自有平、上、去、入，今一一取而注之，字愈多，言愈杂，而学者愈迷不其本，此所谓大道以多歧亡羊也。”又云：“五方之音，有迟疾轻重之不同，《淮南子》云：‘轻土多利，重土多迟，清水音小，浊水音大。’陆法言《切韵序》曰：‘吴、越则时伤轻浅，燕、赵则多伤重浊，秦、陇则去声为入，梁、益则平声似去。’约而言之，即一人之身，而词气先后之间，亦不能齐。其重其疾，则为去、为上；其轻其迟，则为平，迟之又迟，则一字而为二字。‘茨’为‘蒺藜’、‘椎’为‘终葵’是也。故注家多有疾言、（迟）［徐］言之解，而刘勰《文心雕龙》谓‘疾呼中宫，徐呼中征’。夫一字而可以疾呼、徐呼，此一字两音三音之所由昉也。”

【顾炎武《音论》“古人四声一贯”条】

四声之论，虽起于江左，然古人之诗已自有迟疾轻重之分，故平多韵平，仄多韵仄，亦有不尽然者，而上或转为平，去或转为平、上、入，或转为平、上、去，则在歌者之抑扬高下而已，故四声可以并用。骐驷是中，騧骊是骖。龙盾之合，鋈以觼軜。言念君子，温其在邑。方何为期，胡然我念之。合、軜、邑、念四字皆平，而韵骖。一之日觱发，二之日栗烈。无衣无褐，何以卒岁。发、烈、褐三字皆去，而韵岁。今之学者必曰此字符有三音，有两音，故可通用，不知古人何尝屑屑于此哉？一字之中自有平、上、去、入，今一一取而注之，字愈多，音愈杂，而学者愈迷不识其本，此所谓大道以多岐亡羊者也。陈氏之书盖多此病，至其末卷乃曰：四声之辨，古人未有。《中原音韵》此类实多。旧说必以平叶平、仄叶仄也，无亦以今而泥古乎？斯言切中肯綮。（吴才老《韵补》寔始此说，季立《毛诗古音考》《邶·谷风》“怒”字下注曰：“四声之说起于后世，古人之诗取其可歌可咏，岂屑屑毫厘，若经生为邪？且上去二音亦轻重之间耳。”《绸缪》“隅”字下注曰：“或问二平而接以去声，可乎？《中原音韵》声多此类，其音节未尝不和畅也。”二条所论至当，但全书之中隔阂四声，多为注释，琐碎殊甚。）不知季立既发此论，而何以犹扞格于四声，一一为之引证，亦所谓劳唇吻而费简册者也。方子谦之小补抑又甚焉。今之为书，取前人一字而叶两三声者尽并之，使学者之视听一而不乱，其庶乎守约之旨也。夫五方之音有迟疾轻重之不同。《淮南子》云：“轻土多利，重土多迟，清水音小，浊水音大。”陆法言《切韵序》曰：“吴、楚则时伤轻浅，燕、赵则多伤重浊，秦、陇则去声为入，梁、益则平声似去。约而言之，即一人之身而出辞吐气，先后之间已有不能齐者，其重其疾，则为入，为去，为上，其轻其迟，则为平，迟之又迟，则一字而为二字，茨为蒺藜，椎为终葵是也。故注家多有疾言徐言之解，而刘勰《文心雕龙》谓“疾呼中宫，徐呼中征”（《韩非子·外储说》右上篇有此语）。夫一字而可以疾呼、徐呼，此一字两音三音之所繇昉已。

【本篇结论】

《古无四声》篇抄自《潜研堂文集》、《音论》中的相关论述，仅于末尾添加案语而已。

《有目录之学》抄自《书目答问》

【原文】

目录之学，由来久矣。《礼记·经解》：“温柔敦厚，《诗》教也；疏通知远，《书》教也；广博易良，《乐》教也；絜静精微，《易》教也；恭俭庄敬，《礼》教也；属辞比事，《春秋》教也。”此数语已为目录之先河。而其后国史之作，则有《经籍志》、《艺文志》之属，载著书者姓氏以及卷帙部数，班史而下，八代皆然。至宋王尧臣等有《崇文总目》，郑樵有《艺文略》，晁公武则有《郡斋读书志》，赵希弁则有《读书志考异》并《附志》，尤袤则有《遂初堂书目》，陈振孙则有《直斋书录解题》，马端临则有《经籍考》，王应麟则有《汉书·艺文志考证》，明杨士奇则有《文渊阁书目》，朱睦㮮则有《授经图》，皆详加考订，不仅留其书之名目。而国朝则有钦定《天禄琳琅书目》及《四库全书提要》，编校异同，参究得失，为古来诸家书目所未及。至黄虞稷《千顷堂书目》、朱彝尊《经义考》、谢启昆《小学考》，又灿然大备，精核靡遗。盖目录者，本以定其书之优劣，开后学之先路，使人人知某书当读，某书不当读，则为学易而成功且倍矣。吾故尝语人曰：“目录之学，读书入门之学也。”

【辨伪】本篇抄自《书目答问·谱录第十二》：

《崇文总目辑释》五卷，《补遗》一卷。宋王尧臣等。钱东垣等辑。汗筠斋本，粤雅堂重刻本。

宋衢州本《郡斋读书志》二十卷。汪士钟校刻本。此本善。

宋袁州本《郡斋读书志》四卷，《后志》二卷，宋晁公武。《考异》一卷，《附志》一卷。宋赵希弁。海宁陈氏刻本。

《子略》四卷，《目录》一卷。宋高似孙。《学津》本，《百川》本。

《直斋书录解题》二十二卷。宋陈振孙。聚珍本，杭本，福本。

《四库全书总目提要》二百卷。乾隆四十七年敕撰。殿版大字本，扬州小字本，广州小字本。

《四库简明目录》二十卷。同上。翻阅较便，惟《四库》归《存目》者，《简明目

录》无之，亦间有与《提要》不合者)

坊刻通行本，又乾隆四十九年赵怀玉杭州刻本。仁和邵懿辰《四库简明目录标注》二十卷，专记版本，《郘亭知见传本书目》，多录自此书，宣统三年邵氏家刻本。

《四库未收书目提要》五卷。阮元。即《揅经室外集》。原刻本。一百七十五种。

《千顷堂书目》三十二卷。黄虞稷。孙星衍《孙祠书目》，未刊。

《古今伪书考》一卷。姚际恒。知不足斋本。

目录之学，最要者——《汉书・艺文志》，《隋书・经籍志》，《经典释文叙录》，《旧唐书・经籍志》，《新唐书》、《宋史》、《明史》《艺文志》。

《文献通考》中《经籍考》，虽非专书，尤为纲领（朱彝尊《经义考》极要，已入经部)。阮孝绪《七录序目》(在《广弘明集》内，及《续古文苑》)。

《文选注引书目》(《文选理学权舆》卷二)、《太平御览引用书目》(《卷首》)、《三国志注引书目》（在赵翼《廿二史札记》内)，亦要。其余若遂初堂、明文渊阁、焦竑《经籍志》、菉竹堂、世善堂、绛云楼、述古堂、《敏求记》、天一阁、传是楼、汲古阁、季沧苇、《浙江采进遗书》、文瑞楼、爱日精庐各家书目，或略或误，或别有取义，乃藏书家所贵，非读书家所亟，皆非切要（坊行《汇刻书目》，《续书目》，亦可备览，但未详核，亦多芜杂，活字本尤劣)。

以上谱录类书目之属（此类各书，为读一切经史子集之途径)。

【本篇结论】

《有目录之学》篇抄自《书目答问》。

王鸣盛《十七史商榷》卷一云：“目录之学，学中第一紧要事，必从此问途，方能得其门而入。然此事非苦学精究，质之良师，未易明也。自宋之晁公武，下迄明之焦弱侯一辈人，皆学识未高，未足剖断古书之真伪是非，辨其本之佳恶，校其讹谬也。”已然将目录之学推为“学中第一紧要事”，这种观点很快成为学界共识，显然对张之洞产生过影响。但晚清朱一新在《无邪堂答问》卷四中明确反对“以目录之学为门径”：“若以近时目录之学为门径，则甚误。古人治目录者，若向歆父子辈，盖与今之所治大异。读书当求心得，岂可徒事泛滥乎？近时目录，各有秘本，手抄成帙，不出数月，皆可殚见洽闻，此为藏书计，非为读书计也。短书碎记，览其序跋，烂熟胸中，究有何益？至如宋、元精椠，穷力搜罗，世间虽不可无此好事者流，要非我辈所亟。”“读书当求心得”，诚然，但若不泛滥百家，博览群书，何来心得？朱氏之论未免失之太偏。

《有校勘之学》抄自《经典释文序录》、《书目答问》

【原文】

校勘者何？校其异同，勘其谬误。此例开于七十子，子夏知“三豕”为“己亥”之讹，即校勘之类。而两汉经师特重此学。成帝时，刘向典校书，考《易》说，以为诸《易》家说皆祖田何，杨叔元、丁将军大义略同，唯京氏为异。向又以中古文《易经》校施、孟、梁丘三家之《易经》，或脱去“无咎悔亡”，唯费氏经与古文同。张霸《百两篇》，刘向校之，非是，后遂黜其书。恭王于孔壁得《古文尚书》，孔安国以校伏生所诵，为隶古写之，增多二十五篇，又伏生误合五篇，凡五十九篇为四十六卷。

先后郑氏亦精校勘之学，如《礼》注司农读“匪颁”之“颁”为“班布”之“班”，康成读“利”为“上思利民”之“利”，“嫔贡”之“嫔”，郑云故书作“宾”，“七事”之“七”，郑云故书为“小”之属皆是。盖以读书而不知校勘，则书之真伪、义之同异、文之脱误均无由见，故先儒必以校勘为要。

【辨伪】此段抄自陆德明《经典释文序录·注解传述人》：

汉成帝时，刘向典校书，考《易》说，以为诸《易》家说，皆祖田何，杨叔元、丁将军大义略同，唯京氏为异。向又以中古文《易经》校施、孟、梁丘三家之《易经》，或脱去“无咎悔亡”，唯费氏经与古文同。

《汉书·儒林传》云：《百两篇》者出东莱张霸，分析合二十九篇以为数十，又采《左传》、《书序》为作首尾，凡百二篇，篇或数简，文意浅陋。成帝时，刘向校之，非是，后遂黜其书。《古文尚书》者，孔壁之所藏也，鲁恭王坏孔子旧宅，于壁中得之，并《礼》、《论语》、《孝经》皆科斗文字，博士孔安国以校伏生所诵，为隶古写之，增多伏生二十五篇，又伏生误合五篇，凡五十九篇，为四十六卷。

【原文】

而国朝以校勘名家者：惠氏栋、何氏焯、卢氏见曾、全氏祖望、卢氏文弨、钱氏大昕、李氏文藻、戴氏震、王氏念孙、张氏敦仁、丁氏杰、孙氏星衍、阮氏元、顾氏广圻、赵氏怀玉、鲍氏廷博、袁氏廷梼、吴氏骞诸儒。其最精者则称戴、卢、丁、顾四人。所校勘各书，俱属善本，是正文字，皆有依据，读其书，可以知其功之所存。学者明乎此，则读书自不敢不细心矣。

【辨伪】 此段抄自张之洞《书目答问·校勘之学家》：

诸家校刻［书］，并是善本，是正文字，皆可依据。戴、卢、丁、顾为最。

何焯①、惠栋、卢见曾②（雅雨，德州）、全祖望、沈炳震③、沈廷芳④（椒园，仁和）、谢墉、姚范（姜坞，桐城）、卢文弨、钱大昕、钱东垣⑤、彭元瑞⑥、李文藻⑦（南涧，益都）、周永年⑧（书仓，历城）、戴震、王念孙、张敦仁、丁杰、赵怀玉（味辛，阳湖）、鲍廷博（以文，歙县）、黄丕烈（荛圃，吴县）、孙星衍、秦恩复（敦夫，江都）、阮元、顾广圻、袁廷梼（寿阶，吴县）、吴骞（兔床，海宁）、陈鳣（仲鱼，海宁）、钱泰吉⑨（警石，嘉兴）、曾钊⑩（冕士，南海）、汪远孙⑪（小米，仁和）

【本篇结论】

《有校勘之学》篇前半部分材料抄自《经典释文序录》，后半部分材料窃自《书目答问》。本节观点鲜明，尤当注意。“校勘者何？校其异同，勘其谬误。”这是对校勘的最佳释义。“盖以读书而不知校勘，则书之真伪、义之同异、文之脱误均无由见，故先儒必以校勘为要。”对校勘重要性之认识，亦深得个中三昧。非老于此道，决不能下此断语。

---

① 何焯（1661—1722），字屺瞻，晚号茶仙学者，称义门先生，江苏长洲人。著有《义门读书记》、《义门先生集》、《困学纪闻补笺》。事迹见《清史稿·文苑传》。全祖望为撰《翰林院编修赠学士长洲何公墓志铭》。

② 卢见曾（1690—1765），字抱孙，号雅雨，山东德州人。曾任两淮盐运使。著有《周易述》、《金石三例》、《雅雨堂诗》等，刻有《雅雨堂丛书》。

③ 沈炳震（1679—1737），字寅驭，号东甫，浙江归安人。著《新旧唐书合钞》、《二十一史四谱》、《九经辨字渎蒙》、《历代世系纪年编》、《唐诗金粉》、《增默斋诗集》。事迹见全祖望《沈东甫墓志铭》。

④ 沈廷芳（1702—1772），字畹叔，号椒园，仁和人。乾隆丙辰召试博学鸿词，授翰林院编修。著有《十三经注疏正字》、《隐拙斋集》、《续经义考》。

⑤ 钱东垣，字既勤，号亦轩，大昭子，江苏嘉定人。嘉庆三年举人。著有《孟子解谊》、《小尔雅校证》、《补经义考》、《勤有堂文集》。

⑥ 彭元瑞（1731—1803），字掌仍，号芸楣，江西南昌人。乾隆二十二年进士。著《恩余堂经进稿》、《恩余堂辑稿》、《石经考文提要》、《新五代史补注》、《宋四六文选》卷、《宋四六诗话》。

⑦ 李文藻（1730—1778），字素伯，号南涧，山东益都人。乾隆二十六年进士。著有《南涧文集》、《岭南诗集》。《潜研堂集》文集卷四十三有《李南涧墓志铭》。

⑧ 周永年（1730—1791），字书昌，山东历城人。乾隆三十六年进士，与晋涵同征修《四库全书》，改翰林院庶吉士，授编修。

⑨ 钱泰吉（1791—1863），字辅宜，号警石，又号甘泉乡人，浙江嘉兴人。著有《海昌备志》、《曝书杂记》、《可读书斋校书谱》、《甘泉乡人文稿》。

⑩ 曾钊（1821—1854），字敏修，号冕士，广东南海人。道光五年拔贡生，官合浦县教谕，调钦州学正。著有《周易虞氏义笺》、《虞书命羲和章解》、《周礼注疏小笺》、《春秋国都爵姓续考》、《诗说》、《诗毛郑异同辨》、《毛诗经文定本小序》、《考异》、《音读》、《虞书命羲和章解》、《论语述解》、《读书杂志》、《面城楼集》。

⑪ 汪远孙（1794—1836），字久也，号小米，浙江仁和人。著有《经典释文补条例》、《汉书地理志校本》、《国语发正》、《清尊集》。

《有训诂之学》抄自《辅轩语》

【原文】

所谓训诂，前已详言之矣，而其学实可专门而名者，何也？说经之道，以训诂为第一要事。训诂通，斯经义无不通矣。

诂者，古言也，谓以今语解古语也；训者，顺也，谓顺其语气以解之也。以今语解古语，则逐字解释者也。顺其语气以解之，则逐句解释也。时俗讲义，何尝不逐字逐句解释，但字义多杜撰，语意多影响，与所谓训诂有别。

训诂者，必古有是训，确而见之故书，然后引而释经，不附会，不穿凿，不凭空而无据。两汉诸儒类皆明于训诂，故其说切实可靠，不同宋人之以空言说理者。国朝经学家，如顾氏、阎氏而下，亦皆精通乎此，故能上接汉代，且有发汉儒所未发者。不然，凭空臆造，蔑古又孰甚哉！

总之，解经有至切至要之诀：但能以一字解一字，不添一虚字，而文从字顺，疑义顿晰者，便是绝好；经解若须添数虚字，补缀斡旋，方能成语者，定非。

【辨伪】此段抄自张之洞《𬨎轩语·语学第二》：

读经宜明训诂。

诂者，古言也，谓以今语解古语，此逐字解释者也；训者，顺也，谓顺其语气以解之（或全句，或两三字），此逐句解释也。时俗讲义，何尝不逐字逐句解释，但字义多杜撰，语意多影响耳。

训诂有四忌：一、望文生义……一、向壁虚造……一、卤莽灭裂……一、自欺欺人……

总之，解经要诀，若能以一字解一字，不添一虚字，而文从字顺者，必合。若须添数虚字，补缀斡旋，方能成语者，定非。

【原文】

然欲通训诂，宜讲汉学。汉学者，汉人注经讲经之说也。经是汉人所传，注是汉人创作，义有师承，语有根据，去古最近，多见古书，能识古文，通古语，故必以汉学为本而推阐之，乃能有得。

【辨伪】此段抄自张之洞《𬨎轩语·语学第二》：

宜讲汉学。

汉学者何？汉人注经、讲经之说是也。经是汉人所传，注是汉人创作，义有师承，语有根据，去古最近，多见古书，能识古字，通古语，故必以汉学为本而推阐之，乃能有合。以后诸儒传注，其义理精粹足以补正汉人者不少。要之，宋人皆熟读注疏之人，故能推阐发明。（朱子论贡举治经，谓“宜讨论诸家之说，各立家法而皆以注疏为主”云云，即如南宋理学家如魏鹤山、词章家如叶石林，皆烂熟注疏，其他可知。）倘不知本源，即读宋儒书，亦不解也。方今学官所颁《十三经注疏》，虽不皆为汉人所作，然《注疏》所言即汉学也。（国朝江藩有《汉学师承记》，当看。阮元《经籍纂诂》，为训诂最要之书。）

【本篇结论】

《有训诂之学》篇大致抄袭张之洞《𬨎轩语·语学第二》。将“训诂有四忌”一段改写为：“训诂者，必古有是训，确而见之故书，然后引而释经，不附会，不穿凿，不凭空而无据。两汉诸儒类皆明于训诂，故其说切实可靠，不同宋人之以空言说理者。国朝经学家，如顾氏、阎氏而下，亦皆精通乎此，故能上接汉代，且有发汉儒所未发者。不然，凭空臆造，蔑古又孰甚哉！”

前段对“训诂”的解释甚好：“诂者，古言也，谓以今语解古语也；训者，顺也，谓顺其语气以解之也。以今语解古语，则逐字解释者也。顺其语气以解之，则逐句解释也。”所谓“说经之道以训诂为第一要事”，亦不失为知言。

【今按】徐澄宇《诗经学纂要·训诂第十四》：“诂训之原，肇于《尔雅》。《释诂》、《释训》，各详其义。诂者，古言也，以古言释今言，以今言释古言，谓之诂；从言，古声。古，故也，从十口，识前言也。诂，通作故。毛公《诗传》名曰‘故训’，即古训也，亦即训诂。《蒸民》诗云：‘古训是式。’训者，顺也，谓顺其语气而释之也。师古曰：故者，通其指义也。邢昺曰：训，道也。训诂者，因古书而顺道之，使通其义也。”①

① 见《民国时期经学丛书》第一辑第31册第119页。今按：徐英（1902—1980），字澄宇，湖北汉川人。早岁从黄侃、林损诸先生游，毕业于北京大学。历任交通大学、大夏大学、安徽大学、中央政治学校、中央大学、复旦大学教授。又按：徐氏此处显然暗引了《经解入门》。

《有考据之学》抄自《輶轩语》

【原文】

考据者，考历代之名物、象数、典章、制度实而有据者也。此其学至博至大而至难精。古人有考一事而聚讼至数十百家，积千载而不能晰者。学者非熟读“十三经”，纵览诸子、各史及先儒传注记载之属，不足以语于此。

国朝顾炎武、阎若璩、毛奇龄、朱彝尊、戴震、钱大昕、纪昀、阮元诸人，皆该贯六艺，斟酌百家，故其考据始有可信。若夫偏袒一家，得此失彼，依前人之成说，作附会之空谈，是丹非素，毫无所得，则一孔之论也。

此学切实，有益于用，凡读子、读史及言经济者，皆当讲求。但非仓猝可办，学者必积数十年之实力，乃可以言贯通。不然，则泥今非古，皆无当也。

余列目录之学，示人以读书之门径；列校勘之学，示读书之当细心；由是而通训诂，精考据，则经学之事尽矣，即凡为学之事亦尽矣。由是而见诸躬行，发为经济，则视其人之善自立也。

【辨伪】此篇抄自张之洞《輶轩语》、《书目答问》：

【张之洞《輶轩语·语学第二》通论读书之“读书贵博贵精尤贵通”条】

该贯六艺，斟酌百家，既不少见而多怪，亦不非今而泥古，从善弃瑕，是之谓通。若夫偏袒一家，得此失彼，所谓是丹非素，一孔之论者也。然必先求博，则不至以臆说俗见为通。先须求精，则不至以混乱无主为通。不博不精，通字难言。初学慎勿借口。

国朝学人极博者：黄宗羲、毛奇龄、朱彝尊、俞［正］燮。极精者：阎若璩、戴震。极博而又极精者：顾炎武、钱大昕。极博、极精而又极通者：纪昀、阮元。经学训诂极通者：王氏父子念孙、引之。

【张之洞《书目答问·史部》】

目录之学，最要者：《汉书·艺文志》、《隋书·经籍志》、《经典释文叙录》、《旧唐书·经籍志》、《新唐书·艺文志》、《宋史·艺文志》、《明史·艺文志》。《文献通考》中《经籍考》，虽非专书，尤为纲领。（朱彝尊《经义考》极要，已入经部）阮孝绪《七录·序目》（在《广弘明集》内，及《续古文苑》）、《文选注》引书目（《文选理学权舆》卷二）、《太平御览引用书目》（卷首）、《三国志注引书目》（在赵翼《廿二史札记》内），亦要。其余若遂初堂、明文渊阁、焦竑《经籍志》、菉竹堂、世善堂、绛云楼、述古堂、《敏求记》、天一阁、传是楼、汲古阁、季沧苇、《浙江采进遗书》、文瑞楼、爱日精庐各家书目，或略或误，或别有取义，乃藏书家所贵，非读书家所亟，皆非切要。（坊行汇刻书目，续书目，亦可备览，但未详核，亦多芜杂，活字本尤劣）

以上谱录类书目之属。此类各书为读一切经、史、子、集之途径。

【本篇结论】

《有考据之学》篇对张之洞《輶轩语·语学第二》通论读书之“读书贵博贵精尤贵通”条进行了改写，但基本观点不变。“余列目录之学，示人以读书之门径；列校勘之学，示读书之当细心；由是而通训诂，精考据，则经学之事尽矣，即凡为学之事亦尽矣。由是而见诸躬行，发为经济，则视其人之善自立也。”这一段话也是模拟张之洞的口气。

《解经不可虚造》抄自《輶轩语》、《说文叙》

【原文】

凡说经，一字一义必当求其实据，原原本本，叙出来历，方为可靠。若以想当如是之法行之，依稀仿佛，似是而非，此名“虚造”。昔许氏《说文叙》尝云：“世人诡更正文，向壁虚造不可知之书，变乱常行，以耀于世。”然则虚造之弊，汉时已有，故许君有《说文解字》之作。然汉俗虚造，大半由于无书可考。今人生经学昌明之会，典策图书，无乎不备。老师大儒，互相讲明。而犹不能自勉，力穷源委，以蹈虚造之习，其得罪许君孰甚！学者有志穷经，必先力除此病，然后可与入道。

【辨伪】本篇抄自张之洞《輶轩语·语学第二》“训诂有四忌”条：

一、向壁虚造。无论实字虚字，解说皆须有本（出于六朝以前书者为有本）。若以想当然之法行之，则依稀仿佛，似是而非，此名向壁虚造。

【本篇结论】

《解经不可虚造》篇“虚造”二字袭自张之洞《輶轩语·语学第二》“训诂有四忌”条之第二条“向壁虚造”，然后援引许慎《说文解字叙》，敷衍成文。

《不可望文生训》抄自《輶轩语》、《鹤林玉露》、《升庵集》

【原文】

古书一字一句皆有精义。若不加详考，就文说之，如王介甫以“波”为“水皮”，苏东坡不知“鸠”字从鸟从九之义，而云“《诗》曰：‘鸤鸠在桑，其子七矣。’合一父一母则为九，故其文为九”之类，此为望文生训。又凡经文数语，必与全篇之义相属。解者不审全篇之义，姑就本文串之，似为近理，亦为望文生训。初学均宜切戒。前人成说，如犯此弊，亦必细心为之纠正。

【辨伪】本篇抄自张之洞《輶轩语》、罗大经《鹤林玉露》、杨慎《升庵集》：

【张之洞《輶轩语·语学第二》“训诂有四忌”条】

一、望文生义。古书多有一字数义之字（随用而异），有假借字（字如此写，却不作此字解），有讹脱字（不能强解）。若不加详考，姑就本文串之，此名望文生义。

【宋罗大经《鹤林玉露》卷十三】

字义固有可得而解者，如“一而大谓之天”，是诚妙矣，然不可强通者甚多。世传东坡问荆公：“何以谓之波?”曰：“水之皮。”坡曰：“然则‘滑者，水之骨’也?”荆公《字说》成，以为可亚六经，作诗云：“鼎湖龙去字书存，开辟神机有圣孙。湖海老臣无四目，漫将糟粕污修门。正名百物自轩辕，野老何知强讨论。但可与人漫酱瓿，岂能令鬼哭黄昏。”盖苍颉四目，其制字成，天雨粟，鬼夜哭。漫瓿之句，言知者少也。

【明杨慎《升庵集》卷六十二“荆公字说”条】

王荆公好解字说，而不本《说文》，妄自杜撰。刘贡父曰：“《易》之《观》卦，即是老鹳；《诗》之《小雅》，即是老鸦。”荆公不觉，欣然，久乃悟其戏。又问东坡：“鸠字何以从九?”东坡曰：“‘鸤鸠在桑，其子七兮。’连娘带爷，恰是九个。”又自言“波者水之皮”，坡公笑曰：“然则滑是水之骨也。”①

---

① 又见《丹铅总录》卷十五、《丹铅续录》卷十。

【本篇结论】

张之洞《輶轩语・语学第二》“读经宜明训诂”条的“训诂有四忌”，其中之一即为“望文生义”，《不可望文生训》篇的题目显然抄自于此，但将其内容抽空，填以其他文字。“荆公字说”，历代传为笑柄，始见于宋罗大经《鹤林玉露》，又见于明杨慎《升庵集》。《不可望文生训》引以为戒，又进而提出：“凡经文数语，必与全篇之义相属。解者不审全篇之义，姑就本文串之，似为近理，亦为望文生训。初学均宜切戒。前人成说，如犯此弊，亦必细心为之纠正。”善哉斯义！

戴震《戴震文集》卷十《古经解钩沈序》云：“是故凿空之弊有二：其一，缘词生训也，其二，守讹传谬也。缘词生训者，所释之义非其本义。守讹传谬者，所据之经并非其本经。”今按：“缘词生训”即“望文生训”。

《不可穿凿无理》抄自《六经奥论》、《輶轩语》

【原文】

《孟子》曰："所恶于智者，为其凿也。"① 穿凿二字，智者往往不免。此为说经大病。盖穿凿未有不失之无理者，岂有圣贤经传可以无理解之乎？试多取古人说经之书及国朝经学家各书读之，自可渐祛此病。如不读古书，而妄自恃其聪明，其不至于穿凿无理不止。学者切宜自勉！

【辨伪】 此篇抄自郑樵《六经奥论》、张之洞《輶轩语》：

【郑樵《六经奥论》卷三"解经不可牵强"条】

横渠张先生曰："置心平易，始知诗。"余谓读六经之书皆然。如《书》曰："刑故无小，宥过无大。"诸家解用十数句，解不尽，曾见作者说曰："刑故无刑小，宥过无宥大。"只添二字，而辞意明白，不用解经，而理自明。孟子谓"民之秉彝"句亦如此。

【张之洞《輶轩语·语学第二》"宜读国朝人经学书"条】

经语惟汉人能解，汉儒语惟国朝通儒能遍解。何也？国朝诸大儒读书多，记书真，校书细，好看古书，不敢轻改古本，不肯轻驳古说，善思善悟，善参校，善比例，善分别真伪，故经学为千古之冠。书多矣，以《皇清经解》为大宗，虽未全录，已得大概。

【本篇结论】

朱子《四书或问·中庸或问卷上》："盖不自恃其聪明，而乐取诸人者，如此则非知者之过矣。"自恃其聪明，则不免穿凿之失。《不可穿凿无理》篇指出，穿凿乃初学之通病，药之者惟"多取古人说经之书及国朝经学家各书读之"。此方出自张之洞《輶轩语·语学第二》"宜读国朝人经学书"条。

戴震亦云："士生千载后，求道于典章制度，而遗文垂绝，今古悬隔。时之相去，殆无异地之相远，仅仅赖夫经师故训乃通，无异译言以为之传导也。又况古人之小学亡，而后有故训，故训之法亡，流而为凿空。数百年已降，说经之弊，善凿空而已矣。"又云：

---

① 《孟子·离娄下》注："恶人欲用智而妄穿凿，不顺物之性，而改道以养之。"

“夫所谓理义，苟可以舍经而空凭胸臆，将人人凿空得之，奚有于经学之云乎哉？”（《戴震文集》卷十一《题惠定宇先生授经图》）

陈祖范《经咫》云：“穿凿附会，康成笺《诗》之病也。浅俗粗直，紫阳注《诗》之病也。紫阳《易义》，宁略无繁，谓：‘添一解，譬如灯笼添一骨子，障一分光。’其于注《诗》也亦然。自谓学孔子说《烝民》之诗，只下二‘故’字，一‘也’字，一‘必’字，义便极明。而不自知其变风、雅为村腔口号，穿凿附会之病虽去，而蕴蓄深厚之美全失。一切托言、反言、遗言，若有意无意而言者，靡不抹杀。辞近闺思，即以为淫邪；辞近宴乐，即以为宴享通用；辞近称美，即以为盛世之作；篇章相次，即以为后答前篇；难于作解，即以为不取义之兴，或兴而直以为赋，则乐苌楚之无室家，忧有狐之无裳带，《黄鸟》亦思教诲，将军便是行役，不觉令人笑来。执著《诗》无美刺之成见，人言皆以为自道，《桑中》、《溱洧》若自供罪状者，《桑中》三姓女期送一处，《溱洧》男女合辞歌唱，非情理所有也。小序所列世次，指为某时某事之作，其间即有附会，时代差近，师传犹当十得七八。朱子除《诗》有明文者，概置不用，固是其谨慎处，亦是其师心自用处。”

《不可附会无据》抄自《辅轩语》

【原文】

古事自有首尾，古礼自有当时制度，或散见本经，或错见各经，或经传尚略，诸子各传记有详之者。

学者须详求其音读训诂，考其当日事实。音训明，方知此字为何语。考据确，方知此物为何物，此事为何事，此人为何人，然后知圣贤此言是何意义。不然，附会其义，敷衍成篇，及或有理，以是郢书燕说，于经旨何与？

故解经戒附会。

【辨伪】 本篇抄自张之洞《辅轩语·语学第二》：

读经宜明训诂。

训诂有四忌：……一、卤莽灭裂。古事自有首尾（散见本书，他书不能臆造），古礼自有当时制度。

宜讲汉学。

汉学所要者二：一、音读训诂。二、考据事实。音训明，方知此字为何语；考据确，方知此物为何物，此事为何事，此人为何人，然后知圣贤此言是何意义。不然，空谈臆说，望文生义，即或有理，亦所谓“郢书燕说”耳，于经旨无与也。

譬如晋人与楚人语，不通其方言，岂能知其意中事？不问其姓氏里居，岂能断其人之行谊何如耶？汉人说岂无讹漏？汉学者，用汉人之法、得汉人之意之谓也。

【本篇结论】

张之洞《辅轩语·语学第二》“读经宜明训诂”条的“训诂有四忌”，其中之一即为“卤莽灭裂”，《不可附会无据》篇前段阴袭张之洞之说；后段又抄自《辅轩语·语学第二》“宜讲汉学”条。最后缀以“故解经戒附会”，呼应标题。

《不可作固执之谈》抄自《輶轩语》

【原文】

孟子谓高子说《诗》之固，以其不能通《诗》之义与意也。学者解经，何独不然?经义简质，必证以他经，旁通诸子及诸家传记之说，贯串靡遗，于义不背，方为通达。若徒守一家之言，妄加臆断，斯为固执。固执之弊，亦由读书不多而来。故欲治经，不可不博览群书。

【辨伪】此篇抄自张之洞《輶轩语·治经贵通大义》:

每一经中皆有大义数十百条，宜研究详明，会通贯串，方为有益。若仅随文训解，一无心得，仍不得为通也。

【本篇结论】

《不可作固执之谈》篇的基本观点抄自张之洞《輶轩语》。当然“治经须博通”的观点也是清儒的共识。如胡承珙《求是堂文集》卷三《与竹邨书》云:“自通志堂刻外，承珙所见宋人说《诗》尚近十种，然皆一丘之貉耳。拙著从毛者十之八九，从郑者十之一二。始则求之本篇，不得则求之本经，不得则证以他经，又不得然后泛稽周、秦古书。于语言文字、名物训诂，往往有前人从未道及者不下数十百条，拟俟通录一本后，乃摘出别抄，以便就正。”又如徐鼒《读书杂释》卷十一“始作俑者”条云:“《孟子》引孔子曰:始作俑者，其无后乎?为其象人而用之也。赵注云:俑，偶人也。先儒无异说。独罗苹《路史》注引韩愈曰:俑当作踊，言刑繁则踊贵。踊象人足而用之。鼒按:孟子此文与《檀弓》孔子谓为刍灵者善，谓为俑者不仁文义相同。又《文子·微明篇》云:鲁以偶人葬，而孔子叹，见其所始，即知其所终。《淮南·缪称训》作鲁人以偶人葬，而孔子叹，见所始则知所终。高诱注云:偶人，相人也。叹其相人而用之，正先儒承说有根据之言，其言象人者。《通典》八十六引《礼记传》曰:俑，偶人也，有面目，机发似于生人。《广雅》引《埤苍》云:俑，木人，送葬设关而能跳俑，故名之正以踊跳为义，安得以《左传》屦贱踊贵改此文乎?昌黎通儒，亦为此迂鄙之言，则甚矣!治经者之不可不博览也。”

《门径不可不清》抄自《辅轩语》

【原文】

为学各有门径，何况治经？门径一清，斯中有把握，不至泛滥无归。至其经注，孰为师授之古学？孰为无本之俗学？尤宜抉择分析，方不致误用聪明。此事宜有师承，然师不易得，书即师也。余于《目录之学》篇所列各种，本为读书门径，今为析而言之。

《四库提要》为读群书之门径（《提要》较多，未必人人能置一编，别有《四库简明目录》，乃将《提要》约撮而成，书止一帙，大抵初学须先将经、史、子、集四种，分清何书应入何类，于此了然，则购书读书皆有头绪。然《简明目录》太略，书之得失亦未详说，且四库未收者，《提要》尚列存目于后，《简明目录》无之，不得误认为世间所无也。略一翻阅，然后可读《提要》）。《经义考》为治经之门径，《小学考》为治小学之门径，《音学五书》为韵学之门径，《古今伪书考》为读诸子之门径。

学者先看此数书，由此而入，无不头头是道矣。

【辨伪】本篇抄自张之洞《辅轩语·语学第二》：

读书宜有门径。

泛滥无归，终身无得；虽多无用。得门而入，事半功倍。或经，或史，或词章，或经济，或天算地舆，经治何经，史治何史，经济是何条，因类以求，各有专注。至于经注，孰为师授之古学？孰为无本之俗学？史传，孰为有法？孰为失礼？孰为详密？孰为疏舛？词章，孰为正宗？孰为旁门？尤宜决择分析，方不致误用聪明。此事宜有师承，然师岂易得？书即师也。今为诸生指一良师，将《四库全书总目提要》读一过，即略知学问门径矣。析而言之，《四库提要》为读群书之门径。《提要》较多，未必人人能置一编，别有《四库简明目录》，乃将《提要》约撮而成书，止一帙，大抵初学须先将经、史、子、集四种，分清何书应入何类，于此了然，则购书读书皆有头绪。然《简明目录》太略，书之得失亦未详说，且四库未收者，《提要》尚列存目于后，《简明目录》无之，不得误认为世间所无也。略一翻阅，然后可读《提要》。

《汉学师承记》为经学之门径，国朝人著《小学考》为治小学之门径，《说文通检》亦可谓初学翻检《说文》之门径。顾炎武《音学五书》为韵学之门径，《史通》为史学之门径，国朝齐召南《历代帝王年表》为读史之门径，《古今伪书考》为读诸子之门径，《文心雕龙》、钟嵘《诗品》为诗文之门径……

【本篇结论】

《门径不可不清》篇抄自《輶轩语》，依样画瓢，拙于作伪。

《体例不可不熟》抄自《輶轩语》

【原文】

凡一书必有本书之大例，有句例，有字例。

学者读时，必先知其例之所存，斯解时不失其书之文体。如《易》明天道，《诗》尽人情，《书》道政事，《礼》详制度，《春秋》多微词，《尔雅》记言语异同，《论语》言治道不言治法之类，此各书之大例也。

而《易》无虚象，《诗》无达诂，《书》有各代史笔之不同，《春秋》有“三传”记载之各别，“三礼”典制异而统同，《尔雅》训诂同而亦异，此句例之宜讲也。

注家亦有例，如马、郑之《易》皆费氏古文，伏、孔《尚书》今古互异，毛公传《诗》亦守古本，郑注“三礼”则据今文（观其注称故书可见），何氏、范氏深通公、穀之义，贾逵、服虔乃得左氏之传，此注家之例之分也。

至于诸子各史，皆有大例。学者欲读其书，宜先知其例。书例既明，则其义可依类而得矣。

【辨伪】此篇抄自张之洞《輶轩语·语学第二》“训诂有四忌”条：

一、望文生义。……一、向壁虚造。……一、卤莽灭裂。古事自有首尾（散见本书，他书不能臆造），古礼自有当时制度。古书自有当时文体，亦有本书义例（凡一书必有本书之大例、句例、字例）。若任意武断，合于此而背于彼，此名卤莽灭裂。

【本篇结论】

《体例不可不熟》篇的基本观点抄自《輶轩语》。明确提出古书之“大例”、“句例”、“字例”，这是张之洞的首创。检索各种古籍数据库，我们还没有发现第二个人。

【附录】张之洞《劝学篇·守约第八》论“大例”云：

经学，通大义。切于治身心、治天下者，谓之大义。凡大一义必明白平易，若荒唐险怪者，乃异端，非大义也。《易》之大义，阴阳消长。《书》之大义，知人安民。《诗》之大义，将顺其美、匡救其恶。（《诗谱序》：“论功颂德，所以将顺其美，刺过讥失，所以匡救其恶。”）《春秋》大义，明王道、诛乱贼。《礼》之大义，亲亲、尊尊、贤贤。

《周礼》大义，治国、治官、治民，三事相维。（太宰建邦之六典：治典，经邦国、治官府、纪万民。其余教典、礼典、政典、刑典、事典，皆国、官、民三义并举。盖官为国与民之枢纽，官不治，则国、民交受其害。此为《周礼》一经专有之义，故汉名《周官经》，唐名《周官礼》。）此总括全经之大义也。如《十翼》之说《易》，《论》、《孟》、《左传》之说《书》，《大、小序》之说《诗》，《孟子》之说《春秋》，《戴记》之说《仪礼》，皆所谓大义也。欲有要而无劳，约有七端：一明例，谓全书之义例。（《毛诗》以训诂、音韵为一要事。熟于《诗》之音训，则诸经之音训皆可隅反。）一要指，谓今日尤切用者，每一经少则数十事，多则百余事。一图表，诸经图表，皆以国朝人为善，谱与表同。一会通，谓本经与群经贯通之义。一解纷，谓先儒异义各有依据者，择其较长一说主之，不必再考，免耗日力（大率国朝人说而后出者较长）。一阙疑，谓隐奥难明、碎义不急者置之不考。一流别，谓本经授受之源流，古今经师之家法。考其最著而今日有书者。以上七事，分类求之，批郤导窾，事半功倍。大率群经以国朝经师之说为主，《易》则程《传》与古说兼取。并不相妨。《论》、《孟》、《学》、《庸》，以朱注为主，参以国朝经师之说。《易》，止读程《传》及孙星衍《周易集解》。孙书兼采汉人说及王弼注。《书》，止读孙星衍《尚书今古文注疏》。《诗》，止读陈奂《毛诗传疏》。《春秋左传》，止读顾栋高《春秋大事表》。《春秋公羊传》，止读孔广森《公羊通义》（国朝人讲《公羊》者，惟此书立言矜慎，尚无流弊）。《春秋穀梁传》，止读钟文烝《穀梁补注》。《仪礼》，止读胡培翚《仪礼正义》。《周礼》，止读孙诒让《周礼正义》（已刊，未毕）。《礼记》，止读朱彬《礼记训纂》（《钦定七经传说义疏》，皆学者所当读，故不备举）。《论》、《孟》，除朱注外，《论语》有刘宝楠《论语正义》，《孟子》有焦循《孟子正义》，可资考证古说，惟义理仍以朱注为主。《孝经》，即读通行注本，不必考辨。《尔雅》，止读郝懿行《尔雅义疏》。"五经"总义，止读陈澧《东塾读书记》、王文简（引之）《经义述闻》。《说文》，止读王筠《说文句读》①。（兼采段、严、桂、钮，诸家明白详细。段注《说文》太繁而奥，俟专门者治之。）以上所举诸书，卷帙已不为少，全读全解，亦须五年。宜就此数书中择其要义，先讲明之，用韩昌黎提要钩玄之法，就元本加以钩乙标识。（但看其定论，其引征、辨驳之说，不必措意）。若照前说七端，节录纂集以成一书，皆采旧说，不参臆说一语，小经不过一卷，大经不过二卷，尤便学者。此为学堂说经义之书，不必章释句解，亦不必录本经全文。（盖十五岁以前，诸经全文已读，文义大端已解矣。）师以是讲，徒以是习，期以一年或一年半毕之。如此治经，浅而不谬，简而不陋，即或废于半涂，亦不至全无一得。有经义千余条以开其性识，养其本根，则终身可无离经畔道之患。总之，必先尽破经生著述之门面，方肯为之，然已非村塾学究、科举时流之所能矣。②

---

① 《说文句读》，清王筠撰。三十卷。作者自叙："道光辛丑（1841），余又以《说文》传写，多非其人；群书所引，有可补苴。遂取茂堂及严铁桥、桂未谷三君子所辑，加之手集者，或增、或删、或改，以便初学诵习，故名之曰句读。"王氏从诸家所引资料中选材，比较严谨，考订审慎，解释简明，删繁举要，且加句逗，便于初学。书中也有作者个人的见解："惟两家（桂馥、段玉裁）未合者，乃自考以说之，亦不过一千一百余事。"（《凡例》）……此书的缺点是所引资料多未核查原文，颇有伪误；且不标引文篇名，难于核对。（许嘉璐主编《传统语言学辞典》第350~351页）

② 赵德馨主编：《张之洞全集》第十二册，武汉出版社2008年版，第169~170页。

《不可增字解经》抄自《经义述闻》

【原文】 见上编。

【辨伪】 此篇抄自王引之《经义述闻》卷三十二“增字解经”条：

经典之文，自有本训。得其本训，则文义适相符合，不烦言而已解；失其本训，而强为之说，则杌陧不安。乃于文句之间增字以足之，多方迁就，而后得申其说。此强经以就我，而究非经之本义也。

如《蹇》六二：“王臣蹇蹇，匪躬之故。”故，事也，言王臣不避艰难者皆国家之事，而非其身之事也（详本条下，后仿此）而解者曰：“尽忠于君，匪以私身之故，而不往济君。”（正义）则于“躬”上增“以”字、“私”字，“故”下增“不往济君”字矣。《既济》六四：“繻有衣袽。”繻乃“襦”之借字，言人之于襦，或衣其敝坏者也。而解者曰：“繻当言濡衣，袽所以塞舟漏也，夫有隙之弃舟，而得济者有衣袽也。”（王注）则于“繻”上增“舟”字，“有衣袽”下增“塞”字矣。《系辞传》：“圣人以此洗心。”洗与先通，先犹道也，言圣人以此道其心思也。而解者曰：“洗濯万物之心。”（韩注）则于“心”上增“万物”字矣。《序卦传》：“物不可终壮，故受之以《晋》。”晋者，进也，言物不可终止，故进之也；壮者止也（见下）。而解者曰：“晋，以柔而进止也。”（韩注）则于“晋”上增“柔”字矣。《杂卦传》：“大壮则止。”言“壮”之训为“止”也。而解者曰：“大正则小人止。”（韩注）则于“大”下增“正”字、“止”字上增“小人”字矣。“嚣速也。”言咸之训为速也，而解者曰：“物之相应，莫速乎咸。”（韩［郑］注）则于“速”上增“相应”字矣。

《尧典》：“汤汤洪水方割。”方，旁也，遍也，言洪水遍害下民也。而解者曰：“大水方方为害。”（某氏传）则于“方”下增“方”字矣。“柔远能迩。”能，善也，言善于近者也。而解者曰：“能安远者，先能安近。”（王注）则于“能”下增“安”字矣。《皋陶谟》：“烝民乃粒。”粒读为立，立，定也，言众民安定也。而解者曰：“众民乃服粒食。”（郑注）则于“粒”下增“食”字矣。《盘庚》：“由乃在位。”由，正也，而解者曰：“教民使用汝在位之命。”（某氏传）则于“在位”下增“命”字矣。“暂遇奸宄。”暂之言渐也、诈也，遇之言隅也、差也。而解者曰：“暂遇人而劫夺之。”（某氏传）则于“暂遇”下增“人”字及“劫夺”字矣。“无遗育。”育读为胄，胄，裔也，而解者曰：“无遗长其类。”（某氏传）则于“育”下增“类”字矣。《洪范》：“聪作谋。”谋读为敏，言聪则敏也。而解者曰：“上聪则下进其谋。”（马注）则于“谋”上增“下进”字矣。《金縢》：“敷佑四方。”敷，遍也，言遍佑四方之民也。而解者曰：“布其道以佑助四方。”（某氏传）则于“敷”下增“道”字矣。《康诰》：“应保殷民。”应，受也，言受保殷民也。而解者曰：“上以应天，下以安我所受殷之民众。”（某氏传）则于“应”下增“天”字矣。《召诰》：“用又民若有功。”言用此治民乃有功也。而解者曰：“顺行禹、汤所以成功。”（某氏传）则于“若”下增“禹汤”字矣。《无逸》：“则知小人之依。”依之言隐也，痛也，言知民隐也。而解者曰：“知小人之所依怙。”又曰：“小人之所依，依仁政。”（并某氏传）则于“依”下增“所”字矣。“以庶邦惟正之供。”以，与也，正，与政同，言与庶邦惟政是奉也。而解者曰：“以众国所取法，则当以正道供待之故。”（某氏传）则于“惟正之供”下增“故”字矣。《君奭》：“有殷嗣天灭威。”威，德也，言有殷之君，继天出治，而乃灭德不务也。而解者曰：“有殷嗣子不能平，至天灭亡，加之以威。”（某氏传）则于“威”上增“加”、“以”字矣。“以予监于殷丧大否。”言与予共监于殷之丧亡，皆由大不善也。而解者曰：“以我言视于殷丧亡大否。”（某氏传）则于“予”下增“言”字矣。“罔不率俾。”言莫不率从也。而解者曰：“率，循也，俾，使也，四海之内无不循度而可使。”（某氏传）则于“率”下增“度”字、“俾”下增“可”字矣。《吕刑》：“罔有择言在身。”择读为斁，斁，败也，言罔有败言出乎身也。而解者曰：“无有可择之言在其身。”（某氏传）则于“择”上增“可”字矣。“哲人惟刑。”哲读为折，折之言制也，言制民人者惟刑也。而解者曰：“言智人惟用刑。”（某氏传）则于“刑”上增“用”字矣。《泰誓》：“我尚有之。”有者，相亲也，言我尚亲之也。而解者曰：“我庶几欲有此人而用之。”（某氏传）则于“有”下增“欲”字矣。

《周南》：“振振公姓。”姓，子孙也。而解者曰：“公姓，公同姓。”（毛传）则于“姓”上增“同”字矣。《邶风》：“终风且暴。”终犹既也，言既风且暴也。而解者曰：“终日风为终风。”（毛传）则于“终”下增“日”字矣。《卫风》：“虽则佩觿，能不我知。”能读为而，言虽则佩觿而不知我也。而解者曰：“不自谓无知以骄慢人也。”（毛传）则于“不”下增“自谓”字、“知”上增“无”字矣。《小雅》：“有实其猗。”猗读为阿，言实实然广大者山之阿也。而解者曰：“以草木平，沟其旁，倚之畎谷。”（郑笺）则于“有”下增“草木”字、“猗”下增“畎谷”字矣。“曾是不意。”言曾是不度也。而解者曰：“女增不以为意乎？”（郑笺）则于“是”上增“以”字、“意”上增“为”字矣。“昊天罔极。”极犹常也，言昊天无常，降此鞠凶也。而解者曰：“昊天乎我心无极。”（郑笺）则于“罔极”上增“我心”字矣。《大雅》：“依其在京。”依，盛貌，言文王之众之盛，依然其在京地也。而解者曰：“文王发其依居京地之众。”（郑笺）则于“依”上增“发”字矣。“摄以威仪。”摄，佐也。而解者曰：“摄者收敛之言，各自收敛以相佐助，为威仪之事。”（正义）则于“佐”上增“收敛”字矣。“无纵诡随。”诡随，谲诈也。而解者曰：“诡人之善，随人之恶。”（毛传）则于“诡”下增“善”字、“随”下增“恶”字矣。“曾是强御。”御亦强也。而解者曰：“强梁御善也。”（毛传）则于“御”下增“善”字矣。

《檀弓》："忌日不乐。"谓不作乐也。而解者曰："惟忌日不为乐事。"（正义）则于"乐"上增"为"字、"乐"下增"事"字矣。《月令》："措之于参保介之御间。"当依《吕氏春秋》作"参于"。而解者曰："勇士参乘。"（郑注）则于"参"下增"乘"字矣。《礼器》："设于地财。"言合于地财也。而解者曰："所设用物为礼，各是其土地之物。"（正义）则于"设"下增"物"字、"地财"上增"是其"字矣。《郊特牲》："不敢私觌，所以致敬也，承执圭而使言之。"谓聘非谓朝也。而解者曰："其君亲来，其臣不敢私见于主国君。"（郑注）则于"不敢私觌"上增"其君亲来"字矣。"为人臣者，无外交，不敢贰君也。"贰，并也，言不敢比并于君也。而解者曰："不敢贰心于他君"（正义）则于"贰"下增"于他"字矣。《乐记》："感条畅之气，灭和平之德。"条畅读为涤荡，涤荡之气，谓逆气也。而解者曰："动人条畅之善气。"（郑注）则于"气"上增"善"字矣。《儒行》："居处齐难。"难与熯同，敬也。而解者曰："齐庄可畏难。"（郑注）则于"难"下增"可畏"字矣。

隐六年《左传》："恶之易也，如火之燎于原。"谓恶之延也。而解者曰："言恶易长。"（杜注）则于"易"下增"长"字矣。九年传："宋公不王。"谓不朝于王也。而解者曰："不供王职。"（杜注）则于"王"上增"共"字、"王"下增"职"字矣。桓二年传："今灭德立违。"违之言回也、邪也，谓立邪臣也。而解者曰："谓立华督违命之臣。"（杜注）则于"违"下增"命"字矣。庄十八年传："王飨醴命之宥。"言命虢公、晋侯与王相酬酢也。而解者曰："命以币物，所以助欢敬之意。"（杜注）则于"命"之下增"以币物"字矣。僖九年传："以是藐诸孤。"诸读为者，言藐然小者孤也。而解者曰："言其幼稚与诸子县藐。"（杜注）则于"诸"下增"子"字矣。二十四年传："昔周公吊二叔之不咸。"言管、蔡不和睦也。而解者曰："伤夏、殷之叔世，疏其亲戚，以至灭亡。"（杜注）则于"叔"下增"世"字、"不咸"上增"亲戚"字矣。二十八年传："有渝此盟，以相及也。"及乃反之讹，相反者相违也。而解者曰："以恶相及。"（杜注）则于"以"下增"恶"字矣。宣二年传："舍于翳桑。"翳桑，地名也。而解者曰："翳桑，桑之多阴翳，故宣子舍于其下也。"（杜注）则于"翳桑"下增"下"字矣。成二年传："余虽欲于巩伯。"谓好巩伯也。昭十五年传："臣岂不欲吴。"谓好朝吴也。而解者于"欲于巩伯"曰："欲受其献。"（杜注）则于"欲"下增"受其献"字；于"岂不欲吴"曰："非不欲善吴。"（杜注）则于"欲"下增"善"字矣。成十八年传："师不陵正，旅不偪师。"谓群有司也。而解者曰："师二千五百人之帅也，旅五百人之帅也。"（杜注）则于"师"、"旅"下增"帅"字矣。襄十四年传："商旅于市。"旅谓传言也。而解者曰："陈其货物，以示时所贵尚。"（杜注）则于"旅"下增"货物"字矣。二十三年传："则季氏信有力于臧氏矣。"臧乃孟之讹，谓有功于孟氏也。而解者曰："季氏有力过于臧氏。"（杜注）则于"有力"下增"过"字矣。二十九年传："五声和，八风平。"谓八音克谐也。而解者曰："八方之气，谓之八风。"（杜注）则于"八"下增"方"字矣。三十年传："女待人归，义事也。"义读为仪，仪度也，谓妇当度事而行不必待人也。而解者曰："义从宜也。"（杜注）则于"义"上增"从"字矣。昭元年传："造舟于河。"造，比次也，言比次其舟，以为梁也。而解者曰："盖造为至义，言船相至而并比也。"（正义）则于"比次"上增"至"字矣。七年传："愿与诸侯落之。"落，始也，与诸侯升也。而解者曰："以酒浇落之。"（正义）则于"落"下增"以酒浇"字矣。

“圣人有明德者，若不当世，其后必有达人。”圣人谓弗父正考父也。而解者曰：“圣人之后，有明德而不当大位，谓正考父。”（杜注）则于“圣人”下增“之后”字矣。“官职不则。”则犹等也、钧也。而解者曰：“治官居职不一法。”（杜注，盖训“则”为“法”）则于“则”上增“一”字矣。十年传：“孤斩焉在衰绖之中。”斩之言憯，哀痛忧伤之貌。而解者曰：“既葬未卒哭，故犹服斩衰。”（杜注）则于“斩”下增“衰”字矣。二十九年传：“官宿其业。”宿与夙通，谓官敬其业也。而解者曰：“宿，安也。”（杜注）“安心思其职业。”（正义）则于“宿”下增“思”字矣。哀九年传：“宋方吉不可与也。”与犹敌也。而解者曰：“不可与战。”（杜注）则于“与”下增“战”字矣。

隐三年《公羊传》：“曰某月某日朔，日有食之者，食正朔也。”正，当也，言日食当月之朔也。而解者曰：“食不失正朔也。”（何注）则于“正”上增“不失”字矣。“以吾爱与夷，则不若爱女。”当作“以吾爱女，则不若爱与夷”。而解者曰：“以吾爱于与夷，则不止如女而已。”（疏）则于“不”下增“止”字矣。九年传：“何异尔俶甚也。”谓厚甚。而解者曰：“俶，始怒也。”（何注）则于“俶”下增“怒”字矣。桓十一年传：“突可，故出，而忽可，故反。”故，必也，言突可使之必出，忽可使之必反也。而解者曰：“突可，以此之故，出之；忽可，以此之故，反之。”（疏）则于“故”上增“以此”字矣。“是不可得则病，然后有郑国。”言突可出，忽可反，若不可得，则以为大耻，谋国之权如是，然后能保有郑国也。而解者曰：“己虽病逐君之罪讨出突，然后能保有郑国。”（何注）则于“然后”上增“讨出突”字矣。庄四年传：“此非怒与。”怒者大过也。而解者曰：“怒，迁怒。”（何注）则于“怒”下增“迁”字矣。僖十二年传：“吾虽丧国之余。”谓宋为殷后也。而解者曰：“我虽前几为楚所丧，所以得其余民以为国。”（何注）则于“丧”上增“几为楚所”字、“余”下增“民”字矣。二十六年传：“师出不必反，战不正胜。”谓师出不必反，战不必胜也。而解者曰：“不正，自谓出当复反，战当必胜。”（何注）则于“不正”下增“自谓”字矣。“未得乎取谷也。”言未为计之得也。而解者曰：“未可为得意于取谷。”（何注）则于“得”下增“意”字矣。襄五年传：“相与往，殆乎晋也。”殆乃治之假借。而解者曰：“殆疑疑谳于晋。”（何注）则于“殆”下增“谳”字矣。

庄元年《穀梁传》：“接练时，录母之变，始人之也。”人与仁通，谓怜哀之也。而解者曰：“始以人道录之。”（范注）则于“人”下增“道”字矣。《文八年传》：“其以官称之，无君之辞也。”言其专擅无君也。而解者曰：“无人君之德。”（范注引郑氏《释废疾》）则于“君”下增“德”字矣。

《尔雅·释诂》：“尸，寀也。”寀即主宰之宰。而解者曰：“谓寀地。”（郭注）则于“寀”下增“地”字矣。“寀，官也。”寀即官宰之宰。而解者曰：“官地为寀。”（郭注）则于“官”下增“地”字矣。“写、繇，忧也。”写即鼠之假借。而解者曰：“有忧者思散写。”（郭注）则于“写”下增“思散”字矣。繇，傜之假借。而解者曰：“繇役亦为忧愁。”（郭注）则于“忧”上增“亦”字矣。“伦、敕、愉，劳也。”伦当读勋劳之勋，敕当作劳勑之勑，愉即当读愈病也之愈。而解者曰：“伦理事务以相约，敕亦为劳。”（郭注）则于“劳”上增“亦为”字矣。又曰：“劳苦者多惰愉。”（郭注）则于“愉”下增“多惰”字矣。“载、谟，伪也。”伪即作为之为。而解者曰：“载者，言而不信；谟者，谋而不忠。”（郭注）则于“载”下增“不信”字、“谟”下增“不忠”字矣。“功、绩、明，成也。”盖成谓之功，又谓之绩，又谓之明也。而解者曰：“功绩皆有成事，有分明，亦成济也。”（郭注）则于“成”上增“有”字、“亦”字矣。“仪，干也。”直训仪为干也。而解者曰：“仪表亦体干。”（郭注）则于“干”上增“亦”字矣。“强，当也。”直训强为当也。而解者曰：“强者好与物相当值。”（郭注）则于“当”上增“好与物相”字矣。“苦，息也。”苦即《诗》“王事靡盬”之“盬”。而解者曰：“劳苦者宜止息。”（郭注）则于“息”上增“宜”字矣。“荐，臻也。”谓荐与臻皆训为至也。而解者曰：“荐，进也，故为臻臻至也。”（郭注）则于“臻”上增“进”字矣。《释言》：“昵，亟也。”昵为相亲爱之亟。而解者曰：“亲昵者亦数。”（郭注）则于“亟”上增“亦”字矣。“矜，苦也。”直训矜为苦也。而解者曰：“可矜怜者亦辛苦。”（郭注）则于“苦”上增“亦辛”字矣。“栗，戚也。”戚读为蹙，栗与蹙皆敬谨之义也。而解者曰：“战栗者忧戚。”（郭注）则于“戚”上增“忧”字矣。“坎，铨也。”坎乃次之讹。而解者曰：“坎卦水也，水性平，铨亦平也。”（郭注）则于“坎”下增“水性平”字矣。“窕，肆也。”谓极深也。而解者曰：“轻佻者好放肆。”（郭注）则于“肆”上增“好放”字矣。“肆，力也。”肆读为肄，肄与力皆谓勤劳也。而解者曰：“肆极力。”（某氏传）则于“力”上增“极”字矣。“谋，心也。”谓思虑也。而解者曰：“谋虑以心。”（郭注）则于“心”上增“以”字矣。“烝，尘也。”烝与尘皆谓久也。而解者曰：“人众所以生尘埃。”（郭注）则于“尘”上增“所以生”字矣。“服，整也。”直训服为整也。而解者曰：“服御之令齐整。”（郭注）则于“整”上增“令”字矣。“讯，言也。”讯与言皆问也。而解者曰：“讯问以言。”（郭注）则于“言”上增“以”字矣。《释器》：“绚谓救之。”谓罥也。而解者曰：“救丝以为绚。”（郭注）则于“救”下增“丝”字矣。“律谓之分也。”谓捕鸟毕也。而解者曰：“律管可以分气。”（郭注）则于“分”上增“可以”字、“分”下增“气”字矣。《释山》：“重甗隒。”甗即岸之假借。而解者曰：“山形如累两甑。”（郭注）则于“重甗”上增“如”字矣。

此皆不得其正解，而增字以迁就之。治经者，苟三复文义，而心有未安，虽舍旧说以求之可也。

【本篇结论】

《不可增字解经》篇全部抄自《经义述闻》卷三十二“增字解经”条，于原文略有删节，且画蛇添足：“如欲增其字以解之，则断断乎不可。”黄侃曾对“增字解经”提出不同看法：“不增字解经，可以药唐、宋以后诸儒之病，而不可以律汉儒。盖古人言辞质朴，有时非增字解之，不足以宣言意。”黄焯也认为：“古经典行文简奥，虽得其本训，有时亦须增字解之……王氏所言，盖为浮文寡要者言之也。”①

---

① 黄侃述、黄焯撰集：《训诂学笔记》“增字解经”条，见《黄侃国学讲义录》，中华书局2006年版，第268页。

《不可妄改经文》抄自《经义述闻》

【原文】见上编。

【辨伪】本篇抄自王引之《经义述闻》卷三十二“后人改注疏释文”条：

经典讹误之文，有《注疏》、《释文》已误者，亦有《注疏》、《释文》未误而后人据已误之文改之者，学者但见已改之本，以为《注疏》、《释文》所据之经，已与今本同，而知其实不同也。如《易·系辞传》：“莫善乎蓍龟。”《唐石经》“善”误为“大”，而诸本因之，后人又改正义之“善”为“大”，妄矣。《小雅·十月之交》篇：“山冢卒崩。”《唐石经》误依《释文》“卒”作“崒”，而诸本因之，后人又改笺及正义之“卒”作“崒”，妄矣。《天官·司书》：“凡上之用财。”《唐石经》“财”下衍“用”字，而诸本因之，后人又改疏“之用财”为“用财”，妄矣。《春官·肆师》：“表貉则为位。”《唐石经》“表”上衍“祭”字，而诸本因之，后人又改司儿筵注之“表貉”为“祭表貉”，妄矣。《秋官·象胥》：“次事士。”旧本“士”上衍“上”字，后人又增“上”字于注内，妄矣。《燕礼》：“阍人为烛于门外。”后人于“烛”上加“大”，又加于《注疏》内，妄矣。《聘礼》：“遂以入。”《唐石经》“入”下衍“竟”字，而诸本因之，后人又加“竟”字于《注疏》内，妄矣。《士丧礼》下篇：“众主人东即位。”旧本脱“主”字，后人又改疏以从之，妄矣。《特牲馈食礼》：“佐食尔黍于席上，反黍于其所。”《唐石经》“黍”下并衍“稷”字，而诸本因之，后人又改少牢疏以从之，妄矣。《大戴礼·曾子立事》篇：“患其不能以让也。”旧本“患”误作“贵”，后人删“不”字、“以”字，并改卢注，妄矣。《卫将军·文子》篇：“盖三千就焉。”旧本脱“千”字，后人又改卢注，妄矣。《曲礼》：“前有车骑则载鸿。”《唐石经》“鸿”上衍“飞”字，而诸本因之，后人又加“飞”字于正义内，妄矣。“使自称曰某。”《唐石经》“使”下衍“者”字，而诸本因之，后人又加“者”字于正义内，妄矣。“豚曰腞肥。”《唐石经》依正义改“腞”为“腯”，而诸本因之，后人又据以改正义及《释文》，妄矣。《檀弓》：“丧三年，以为极，亡则弗妄之矣。” “亡”字属下读，后人依《释文》以“亡”字属上读，又于正义内“极”下加“亡”字，妄矣。“先王之所以难言也。”《唐石经》初刻有“以”字，改刻删之，后人又于正义内删“以”字，妄矣。《王制》：“亦弗欲生也。”《唐石经》“欲”讹作“故”，而诸本因之，后人又改正义以从之，妄矣。《月令》：“还乃赏公卿诸侯大夫于朝。”旧本“乃”误作“反”，后人又改孟冬正义以从之，妄矣。“孟冬行夏令，则风雨不时。”唐《月令》改“风雨”为“雨水”，而诸本因之，后人又改正义以从之，妄矣。“蚕事既毕。”旧本脱“既”字，后人又于正义内删“既”字，妄矣。“孟夏行春令，则虫蝗为灾。”后人改“虫蝗”为“蝗虫”，又改《注疏》、《释文》以从之，妄矣。“度有短长。”与“裳”、“量”、“常”为韵，旧本“短长”误作“长短”，后人又改正义以从之，妄矣。“毋逆天数。”旧本“天”误作“大”，后人又于正义内加“善”为“大”，妄矣。《唐石经》“善”误为“大”，而诸本因之，后人又改正义之“之大”二字，妄矣。《礼器》：“必先有事于郊宫。”后人改“郊宫”为“泮宫”，又改注以从之，妄矣。《丧服小记》：“齐衰带恶笄以终丧。”《唐石经》脱“带”字，而诸本因之，后人又于正义内删“带”字，妄矣。《少仪》：“枕颖几杖。”《唐石经》误倒“颖”字于“几”下，而诸本因之，后人又改正义以从之，妄矣。《乐记》：“曲直、繁省、廉肉、节奏。”《唐石经》依《释文》改“省”为“瘠”，而诸本因之，后人又改注及正义以从之，妄矣。《丧大记》：“先入右。”《唐石经》“入”下衍“门”字，而诸本因之，后人又加“门”字于《正义》内，妄矣。《祭义》：“敷之而横乎四海。”《唐石经》“敷”误作“溥”，而诸本因之，后人又改《释文》、正义以从之，妄矣。《祭统》：“见其备于庙中也。”《唐石经》依《释文》改“备”为“修”，而诸本因之，后人又改正义以从之，妄矣。《中庸》：“达诸天地而不悖。”《唐石经》“达”误作“建”，而诸本因之，后人又改正义以从之，妄矣。《投壶》：“司射进度壶，以二矢半。”《唐石经》“以”上衍“间”字，而诸本因之，后人又加入《正义》内，妄矣。《儒行》：“鸷虫攫搏，不程其勇。”《唐石经》“其勇”误作“勇者”，而诸本因之，后人又改正义以从之，妄矣。《冠义》：“遂以挚见于卿大夫。”《唐石经》依《释文》改“卿”为“乡”，而诸本因之，后人又据以改正义，妄矣。《昏义》：“教成之祭。”《唐石经》“之祭”误作“祭之”，而诸本因之，后人又改正义以从之，妄矣。僖三十三年《左传》：“郑之有原圃也，犹秦之有具圃也。”《唐石经》下“圃”字误作“囿”，而诸本因之，后人又据以改注及正义，妄矣。宣二年传：“赵穿杀灵公于桃园。”《唐石经》“沙”误为“攻”，而诸本因之，后人又改《释文》之“杀”为“攻”，妄矣。襄二十九年传：“其有陶唐氏之遗风乎?”《唐石经》“风”误为“民”，而诸本因之，后人又据以改正义，妄矣。三十一年传：“北公文子见令尹围之仪。”《唐石经》“仪”字上衍“威”字，而诸本因之，后人又据以改正义，妄矣。昭七年传：“孟僖子病，不能礼。”《唐石经》依或本“礼”上加“相”字，而诸本因之，后人又据以改上文杜注，妄矣。二十年传：“偪尔之关。”尔同迩，旧本“尔”误作“介”，后人又据以改杜注，妄矣。定九年传：“如骖之有靳。”《唐石经》依《释文》“有”字，而诸本因之，后人又据以改正义，妄矣。《鲁语》：“禁罜罶。”诸本“罜”误作“罝”，后人又据以改注，妄矣。庄十八年《公羊传》：“此未有伐者。”后人于“伐”上加“言”字，又加于二十六年疏内，妄矣。《尔雅·释兽》“鼳鼠”，《唐石经》“鼳”误作“鼰”，而诸本因之，后人又据以改《释文》，妄矣。

凡此者，皆改不误之《注疏》、《释文》，以从已误之经文，其原本几不可复识，然参差不齐之迹，终不可泯。善学者循其文意，证以他书，则可知经文虽误，而《注疏》、

《释文》尚不误，且据《注疏》、《释文》之不误以证经文之误，可也。

【本篇结论】

《不可妄改经文》篇全部抄自《经义述闻》卷三十二“后人改注疏释文”条，前面冠以释题之语：“昔康成注经，确守古本，后人犹有改经之议，况后生小子，初解读经，倘于义有未安，辄改其文，蔑经奚甚！且今之所据以为定本者，唯《注疏》与《经典释文》而已。”后面又加一句扣题之语：“如不得其义而妄自改焉，则断乎不可！”

《方音异同不可不晓》抄自《经义述闻序》、《困学纪闻》

【原文】 见上编。

【辨伪】 此篇抄自阮元《经义述闻序》、王应麟《困学纪闻》卷七：

【阮元《经义述闻序》】

昔郢人遗燕相书，夜书，曰“举烛”，因而过书“举烛”。燕相受书说之曰：“举烛者，尚明也；尚明者，举贤也。”国以治。治则治矣，非书意也。郑人谓玉未理者“璞”，周人谓鼠未腊者“璞”。周人曰：“欲买璞乎？”郑人欲之，出其“璞”，乃鼠也。夫误会“举烛”之义，幸而治；误解“鼠璞”则大谬。由是言之，凡误解古书，皆“举烛”、“鼠璞”之类也。

【王应麟《困学纪闻》卷七】

公羊子齐人，其传《春秋》多齐言：“登来”、“化我”、“樵之”、“漱浣”、“笄将”、“踊为”、“诈战”、“往党”、“往殆”、“于诸”、“累”、“怴”、“如”、“昉”、“棓”、“脰”之类是也。郑康成北海人，其注“三礼”多齐言：麴麸曰媒、疾为戚、麇为獐、沤曰涹、椎为终葵、手足掔为骹、全菹为芋、祭为堕、题肩谓击征、滑曰瀡、相绞讦为掉磬、无发为秃楬、穗为相、殷声如衣、祈之言是之类是也。方言之异如此，则《书》之诰、誓，其可强通哉！

【本篇结论】

《方音异同不可不晓》篇前段抄袭阮元《经义述闻序》，后段又取自宋王应麟《困学纪闻》卷七中语，最后又扣题：“故治经者，不可不知方言。”但其自注（“读《尔雅》、扬子之类，随时留心《方言》及《广雅》，久之自能有得”）颇为费解，似有讹误。若改为“读《尔雅》、扬子《方言》及《广雅》之类，随时留心，久之自能有得”，则怡然理顺。

《制度沿革不可不知》抄自《辅轩语》

【原文】

历代制度互有异同。大而朝庙典章，小而服物器具，今为约略言之。有唐虞之制度，有三代之制度，有秦、汉之制度，有魏、晋以下之制度。执魏、晋以下之制以考秦、汉，未必不失秦、汉矣。执秦、汉之制以考三代，未必不失三代矣。执三代之制以考唐虞，亦未必不失唐虞矣。何也？一朝之制，有因，有革，有损，有益，据末世之事释上古之文，安知今之所有者非皆古之所无乎？今之所无者非古之所有乎？

故凡考制度，宜多读古书。古未有专考制度之成书，而其中间有论及前事，证之他书，其说适合，则即可引以为据。至《通典》、《通考》出，斯为考据专书。依类读之，异同自见。又不可不多读国朝人之书。国朝考据之学精，凡说经诸儒俱通考古人制度，如顾、阎以下诸人皆是。而秦氏《五礼通考》又为考礼之一大宗，其中虽不能有得而无失。制度甚难考，学者慎勿易言（又舆地代有沿革，学者尤宜留心），融会贯通，久而稽之，庶乎其不失欤！

【辨伪】本篇抄自张之洞《𬨎轩语》：

《𬨎轩语·读经宜明训诂》云："古礼自有当时制度。"

《𬨎轩语·读史宜读表志》云："作史以作志为最难，读史以读志为最要。一代典章制度皆在其中。"

《𬨎轩语·读史忌妄议论古人贤否、古事得失》云："事实详确，善恶自分；首尾贯通，得失乃见。若不详年月，不考地理，不明制度，不揣时势，妄论苛求，横生褒贬，则舛误颠倒，徒供后人讪笑耳。读史者贵能详考事迹、古人作用言论，推求盛衰之倚伏、政治之沿革、时势之轻重、风气之变迁，为其可以益人神智，遇事见诸设施耳。古人往矣，岂劳后人为之谳狱注考哉？"①

《𬨎轩语·宜读通考》："《通典》甚精，多存古书、古礼。于经学甚有益。若意在经

---

① 今按：前段似乎就此观点展开。

济，莫如《文献通考》，详博综贯，尤便于用。中资者，倪苦其卷帙繁重，则坊刻有《文献通考详节》一书，亦可先一浏览，略得头绪，然后从此问津。”

《輶轩语·讲求经济》：“通晓经术，明于大义，博考史传，周悉利病，此为根柢。尤宜讨论本朝掌故，明悉当时事势，方为切实经济。盖不读书者为俗吏，见近不见远、不知时务者为陋儒。可言不可行，即有大言正论，皆蹈《唐史》所讥“高而不切”之病。本朝书必宜读者甚多……有志经世者，不厌求详。”

【本篇结论】

《制度沿革不可不知》篇抄撮《輶轩语》有关制度沿革的论述，然后整合为一。

《平日读书课程》抄自《辖轩语》

【原文】 见上编。

【辨伪】 此篇抄自《辖轩语·语学第二》：

治经宜有次第。

先师旌德吕文节教不佞曰："欲用注疏工夫，先看《毛诗》，次及'三礼'，再次及他经。"其说至精，请申其义。盖《诗》、《礼》两端，最切人事，义理较他经为显，训诂较他经为详。其中言名物，学者能达与否，较然易见。且四经皆是郑君玄注，完全无阙。《诗》则毛传，粹然为西汉经师遗文，更不易得，欲通古训，尤在于兹。古人训诂，乍读似觉不情，非及此冰释理顺，解经终是隔膜。《礼》之条目颇多，卷帙亦巨，初学畏难。《诗》义该比兴，兼得开发性灵，郑笺多及礼制，此经既通，其于礼学寻途探求，自不能已。《诗》、《礼》兼明，他经方可着手。《书》道政事，《春秋》道名分。典礼既行，然后政事、名分可得而言也。《尚书》家伏生、《左传》家贾生、《公羊》家董胶西、何邵公，皆精于礼学，案其书可知。《易》道深微，语简文古，训诂、礼制，在他经为精，在《易》为粗。所为至精，乃在阴阳变化消息，然非得其粗者得其精者。此姚姬传论学古文法，援之以为学《易》法，精者可遇而不可凿，凿则妄矣。"三礼"之中，先《仪礼》、《礼记》，次《周礼》。《仪礼》句碎字实，难读，能解，难记，易晓，注家最少，异说无多，好在《礼记》一书即是外传。《礼记》难于《仪礼》，《仪礼》只十七件事，《礼记》之事多矣，特其文条达耳。《周礼》门类较多，事理更为博大，汉人说者亦少，晚出之故。故较难。然郑注及国朝人零星解说，亦已明白。《尚书》辞义既古，隶古传写，通假讹误，自汉初即有今古文两家，异文歧读，此谓真古文，非谓蔡《传》所云"今文无古文有"之古文也。至西晋梅氏古文晚出，唐初伪孔传专行，六朝江左即盛行，未定一尊耳。而汉代今古文两家之经传，一时俱绝，故尤难通。《春秋》乃圣人治世大权，微文隐义，本非同家人言语。《史记》明言之。"三传"并立，旨趣各异：《公羊》家师说虽多，末流颇涉傅会，何注又复奥朴；《左传》立学最晚，汉人师说寥寥，惟杜注行世，世人以其事博辞富，求传而不求经，故《公羊》家理密而事疏，

《左传》家事详而理略；非谓左氏，谓治左氏者耳。《榖梁》师说久微，见《隋书·经籍志》。国朝人治者亦少。学者于《春秋》，若谓事事能得圣心，谈何容易？至于《周易》，统贯天人，成于四圣，理须后圣方能得晓，京、孟、虞、郑诸大师以及后代诸家，皆止各道所得，见仁见智，从无一人能的解定论，势使然也。且阴阳无形，即使谬称妄说，无人能质其非，所以通者虽少而注者最多，演图比象，任意纷纭，所谓画狗马难于画鬼神之比也。

总之，《诗》、《礼》可解，《尚书》之文、《春秋》之义不能尽解，《周易》则通儒毕生探索，终是解者少，而不解者多。故治经次第，自近及远，由显通微，如此为便，较有实得。蜀士好谈《易》，动辄著书，大可不必，切宜戒之。尹吉甫之诗曰："古训是式，威仪是力。"古训，《诗》学也；威仪，《礼》学也。此古人为学之方也。试考春秋时，无人不诵《诗》学《礼》，称道《尚书》者已较少，至于《周易》，除卜筮外，谈者无多，意亦可知三代时《易》不以教学童，为太史掌之，今赖有《系辞》，或可窥见一斑耳。

非谓此经精通，方读彼经；谓浅显者未明，则深奥者不必妄加穿凿，横生臆见。津梁既得，则各视性之所近，深造致精可也。治《诗》、《礼》可不兼"三经"，治"三经"必射《诗》、《礼》。

治经贵通大义。

每一经中皆有大义数十百条，宜研究详明，会通贯串，方为有益。若仅随文训解，一无心得，仍不得为通也。

考据自是要义，但关系义理者，必应博考详辨，弗明弗措。若细碎事体，猝不能定，姑仍旧说，不必徒耗日力。

读书宜多读古书。

除史传外，唐以前书宜多读，为其少空言耳。大约秦以上书，一字千金。由汉至隋，往往见宝，与其过也，无亦存之。唐至北宋，去半留半。南宋迄明，择善而从。

宜读国朝人经学书。

经语惟汉人能解，汉儒语惟国朝通儒能遍解。何也？国朝诸大儒读书多，记书真，校书细，好看古书，不敢轻改古本，不肯轻驳古说，善思，善悟，善参校，善比例，善分别真伪，故经学为千古之冠。书多矣，以《皇清经解》为大宗。……

读子宜买丛书。

诸子切要者，国朝人多有校刻善本。多在丛书中。其未及者，明人亦多有仿宋重刻单行本。但枝节求之，即五都之市，亦须积年累月始能完备，将何日读之耶？为学者计，只有多买丛书一法，购得一书即具数种，或数十种，其单行精本徐图可也。

明刻丛书，极为荒率，脱误固然，其专辄删改最为大害。然不闻陶渊明语云："慰情聊胜于无耶？"

明刻若《汉魏丛书》，凡四刻，后出愈多，刻不精，然易得。为子部大簇。《津逮秘书》，古传记甚多，力能购者不可不蓄。其余有四子、六子、十一子、二十子之属，皆坊间所有，此外甚繁杂，《汇刻书目》备载之。今皆微矣。《品汇秘籍》，删本，不好。近时刻本有《十子全书》，此书名甚陋，而习见价廉，中有善本，且皆旧注，惟批语不雅。荀、谢校《淮南》、庄校《庄子》，附释文，皆好。通行易得。至国朝人刻本，率皆精好，二孙（星衍、冯翼）、二卢见曾、文弨、孔继涵、毕沅、黄丕烈诸家尤胜。聚珍版本书亦丛书类，间有古子。惟其书体例不一不专，子部或止一两种，《戴氏遗书》、《郝氏遗书》、孔巽轩所著书，竟是一人所著，而中有注解、古传记然其中有精校本、精注本、足本、孤本。学者过市遇丛书，可检其目，多古籍者，万不可忽。坊行《秘书廿八种》，粗恶误人，不可看。

读书宜博。

先博后约，《语》、《孟》通义。无论何种学问，先须多见多闻，再言心得。若株守坊本讲章一部、兔园册子数帙，而云致知穷理、好学能文，世无其理。

天下书，老死读不可遍。四库有未收者，有四库书成后访出者，有近人作者。博之为道将如何？曰：在有要而已。太史公曰："儒家者流，博而寡要。"古书不可不解，真者不多，真古书无无用者。有用之书不可不见，不限古今。专门之书不可不详考贯通。立志为何等学问，此类书即是专门。如是，则有涯涘可穷矣。若治经者，杂览苦思，而所据多伪书、俗本。读史者，记其词语而不晓史法，多搜异闻而本事始末未尝通考。为词章者，颇有僻典难字而流别不明，华藻富艳而字义不合雅驯，引用但凭类书而不求本源。讲经济者，不通当代掌故，虽口如悬河，下笔万言，犹之陋也。能祛数弊，斯为博矣。虽目有未见之书，文无希见之语，不害为博。

读书不必畏难。

以上所言，当读之书如此其紧，读书之道如此其密，似乎莫殚莫究，何暇省身致用耶？是又不然。……盖读书一事，古难今易。无论何门学问，国朝先正皆有极精之书。前人是者明证之，误者辨析之，难考者考出之，不可见之书采集之。一分真伪，而古书去其半；一分瑕瑜，而列朝书去其十之八九矣。且诸公最好著为后人省精力之书：一搜补，或从群书中搜出，或补完，或缀缉。一校订，讹、脱、同、异。一考证，据本书，据注，据他书。一谱录，提要及纪元、地理各种表谱。此皆积毕生之精力，踵曩代之成书而后成者，故同此一书，古人十年方通者，今人三年可矣。前人甚苦，在前人，却于己无大益，校书及注古集尤甚。后人甚乐。诸公作室，我辈居之。诸公指器，我辈用之。今日只须善买书，读书便省力，易见效。士生今日，若肯读书，真可不费无益之精神，若无诸公，自考之，则甚劳；不考之，则多误。而取益身心，坐收实用，据汉学之成书，玩宋学之义理，此时不再考证，亦已足用，但多览先正考证之书而笃信之可矣，此事亦无穷，力有余者听之。事半古人，功必倍之。慎无惊怖其言，以为河汉而无极也！

【本篇结论】

《平日读书课程》篇抄自张之洞《輶轩语》。

原文云："贵博贵精尤贵通。博而不精，则近于泛滥；精而不通，则近于拘执。然精通难言，必先由博而入，心力交致，方能臻斯。"此节观点抄自《輶轩语·语学第二》"读书贵博贵精尤贵通"："该贯六艺，斟酌百家，既不少见而多怪，亦不非今而泥古，从善弃瑕，是之谓通。若夫偏袒一家，得此失彼，所谓是丹非素，一孔之论者也。然必先求博，则不至以臆说俗见为通。先须求精，则不至以掍乱无主为通。不博不精，通字难言。初学慎勿借口。"

原文另有一段云："宜讲小学（非朱子所云之小学）。许氏《说文》为小学之大纲，二徐而下，惟国朝诸老能知其义。段氏注虽繁，而精博自不可及，学者须奉以为宗主，后及桂氏各注。"此与张之洞《桂氏说文义证叙》相似："治经贵通大义，然求通义理必自音训始，欲通音训必自《说文》始。国朝经师类皆覃精小学，其校释辨证《说文》之书最显者十余家，而以段注本为甲。习闻诸老师言，段书外，惟曲阜桂氏《义证》为可与抗颜行者。”

《箕子明夷解》抄自《皇清经解》

周中孚《箕子明夷解》云：

《易》言“箕子之明夷”与“帝乙归妹”、“高宗伐鬼方”，皆商事也。故马季长即以箕子之事注之曰：“箕子，纣之诸父，明于天道、洪范之九畴，德可以王，故以当五知纣之恶，无可奈何，同姓恩深，不忍弃去，被发佯狂，以明为暗，故曰箕子之‘明夷’，卒以全身，为武王师，名传无穷，故曰‘利贞’矣。”

案：《彖传》明言文王以之，箕子以之，箕子与文王并称，益知马注之确，所以虞仲翔注《彖传》亦即以马为说也。《汉书·儒林传》，专载诸儒传经源流，不及兼采众说，独于《孟喜传》附一说云：“蜀人赵宾好小数书，后为《易饰》、《易文》，以为箕子明夷，阴阳气亡箕子。箕子者，万物方荄兹也。宾持论巧慧，《易》家不能难，皆曰非古法也，云受孟喜，喜为名之，后宾死，莫能持其说，喜因不肯仞，以此不见信。”观孟坚之载此，非有取于其说也，正以其说之穿凿，示人以不可从尔。故颜师古亦即引《彖传》以证其说之妄，然后为之解曰：“荄兹，言其根荄方滋茂也。”其见卓矣。《释文》载刘向说云：“今易‘箕子’作‘荄滋’。”又载邹湛说云：“荀爽训箕为荄，诂子为滋。”漫衍无经，不可致诘，可见持其说而信之者，未始无其人也。近儒尚有引赵宾之说以说孟喜之卦气，而复引朱文公说云：“疑当时箕子曾占得此爻，后人因而记之，而圣人以入爻也。”二说兼收，自相抵牾，宗汉学者当如是乎？

【本篇结论】

周文载《皇清经解》卷一三八六。《经解入门》照抄，但删去作者之名。

《易伐鬼方解》抄自《皇清经解》

李方湛《易伐鬼方解》云：

《既济》九三："高宗伐鬼方。"元和惠栋云："商之鬼方，周荆楚之地。《商颂·殷武》即伐鬼方诗也。"按：王伯厚《困学纪闻》解鬼方引《后汉书·西羌传》："武丁征西羌鬼方，三年乃克。"《竹书》云："武丁三十五年，周公季历伐西落鬼戎。"鬼戎即鬼方。《文选》杨子云、赵充国颂："鬼方宾服。"李善注引《世本注》云："鬼方于汉则先零戎也。"其解鬼方又在今梁州。试为考之。

《大戴礼·帝系》篇云："陆终氏娶于鬼方氏。"《史记·楚世家》云："陆终氏生子六人，六曰季连，芈姓。"楚为芈姓之后，则鬼方自当在荆楚之地。又《小戴记·明堂位》云："纣脯鬼侯。"《史记·殷本纪》云："纣以西伯昌、九侯、鄂侯为三公。"徐广曰："九侯一作鬼侯。"《文王世子》云："武王曰西方有九国焉，君王其终抚诸!"孔颖达正义云："西方九国：庸、蜀、羌、髳、微、卢、彭、濮之徒。"九国或即鬼方种类。又《既济》九三："爻辰在辰。"辰为寿星之次。郑分野，郑南与楚邻，商时或尚为鬼国地，故《既济》此爻即取象于此。《左传》文十六年："庸人帅群蛮以叛楚。"注："庸属楚之小国。"（《后汉书·南蛮楚传》："蛮属于楚。鄢陵之役，蛮与共王合兵击晋。"）"麇人率百濮聚于选。"注："濮，夷也。"昭九年传："詹桓伯曰：巴、濮、楚、邓，吾南土也。"韦昭《国语注》云："濮，南蛮之国。"孔安国《牧誓传》云："庸、濮，在江汉之南。"是庸、蜀、羌、髳、微、卢、彭、濮种类，皆西南夷，亦与楚邻，不得即与西羌当鬼方。惠说是也。

【本篇结论】

李文载《皇清经解》卷一三八七。《经解入门》照抄，但删去作者之名。

《考工记五材解》抄自《学海堂三集》

黄明宏《考工记五材解》：

《考工记》曰："以饬五材，以辨明器。"五材为金、木、水、火、土，先郑谊甚明。《左传》："天生五材，民并用之。"杜注亦云金、木、水、火、土也。此"饬五材"句，与"辨明器"对文，散而言之，则"材"与"器"同；合而言之，则"材"与"器"异。凡物可为用者羽绒材，而由人工而成则为器。《左传》正义曰："五物世所行用，故谓之五行，五者各有材能，传又谓之五材。"（昭二十五年正义）此材字之谊也。《记》先言饬五材，后乃言辨明器，言饬五材以辨明器也。材则物之未成者，器则物之已成者，物始于未成，而终乃得成也。五材为金、木、水、火、土，亦即本《记》而言。金如"攻金之工、筑冶凫、栗、段、桃"是也。木如"攻木之工：轮、舆、弓、庐、匠、车、梓"是也，土如"抟埴之工：陶、瓬"是也。至于水、火，则如《轮人》云："凡揉牙，外不廉而内不挫，旁不肿，谓之用火之善。"又云"水之以视其平，沈之均也"是也。又如《弓人》云："挢干欲孰于火而无赢，挢角欲孰于火而无燂，[引筋欲尽而无伤其力。]鬻胶欲孰而水火相得。"皆言水火者也。此皆本《记》中所有而言者。或难之曰："水火可制器，不可为器，《考工记》之五材，似不得指水火。"不知正惟不得为器，故《记》于金、木、水、火、土五者但名之曰材，不名之曰器。至下句云："民器始就。"本《记》中之各物言之，如皮玉及设色之工是也。民器既指本《记》中各物言，则五材制金、木、水、火、土益明矣。后郑谓五材为金、木、皮、玉、土，盖即本《记》各工分列之，而于设色之工未有专属，似不如先郑说为长。且金、木、皮、玉、土均在五行之中，金、木、土固为五行之三，而皮、玉亦五行之所生，非有五行，何有皮、玉？先郑之说，又可包后郑之说。后郑之说，仍不出先郑之说。贾疏不分述先后郑，而专以先郑之说为非，非也。

今案：贾氏驳先郑之说，其不然者有三：贾疏云："知有皮、玉，无水、火者，以百工定造器物之人，水火单用不得为器物，故不取之。知有皮、玉者，此三十工之内，函人为甲，韗人为皋陶造鼓，鲍人主治皮，又有玉人之等，故知有皮、玉之等，故知有皮、玉无水火也。”案：水、火与金、木、土同为五行，凡物皆生于天地，即皆生于水火，民非水火不生活，故民并用焉，而乃云不得为器物，其不然者一也；“函人为甲，韗人为皋陶造鼓，鲍人主治皮，又有玉人之等”，如其说必一一数之，始成三十工，《记》何以不云三十材而云五材，其不然者二也；若谓金、木、皮、玉、土可统三十材乎？而必拘拘于皮、玉，其不然者三也。

【本篇结论】

黄文载《学海堂三集》卷四。《经解入门》照录，但删去作者之名。

《五霸考》抄自《皇清经解》

蒋炯《五霸考》云：

五霸有二：有三代之五伯，有春秋之五霸。《左传》齐国佐曰："五伯之霸也，勤而抚之，以役王命。"杜氏注为三代之五霸，确是。《孟子》："五霸者，三王之罪人也；今之诸侯，五霸之罪人也。"赵氏注为春秋之五霸，确是。丁氏释《孟子》，从《左传》注，与赵说异。《集注》并存二义，而无所折衷。岂以严安云："周之衰三百余岁，而五霸更起。"则五霸宜如赵注，以经文五霸三王之罪人，似统论三代之伯。又《左传》椒举六王二公，《穀梁传》交挚子不及二伯，周伯唯二，但数齐桓、晋文，则五霸又宜从丁释，故不折中与？窃以"霸"古字作"伯"，所谓侯、伯也，侯、伯命于天子，得专征伐，而孟子乃以伐诸侯为罪，于此可证此五霸唯据东周以后而言。若夏昆吾、商大彭、豕韦，皆受王命为伯，征伐不得为罪。《竹书纪年》："夏帝仲康六年，锡昆吾命作伯。""商祖乙元年，命彭伯、韦伯。"是也。春秋之霸，惟齐桓、晋文有王命。《左传》庄公二十七年："王使召伯廖赐齐侯命。"僖公二十八年，策名晋侯为侯伯。然齐未受命之时，已先灭谭、灭遂、伐宋、伐郑，晋未对命之前，已先入曹、伐卫、战楚、城濮。至宋襄，王者之后例不为伯。秦穆、楚庄，僻在戎蛮，并无王命，莫不连兵侵伐，以争雄长，此衰周之五霸，搂诸侯以伐诸侯，所以为罪也。

【本篇结论】

蒋文载《皇清经解》卷一三八六。《经解入门》照录，但删去作者之名。

《周初洛邑宗庙考》抄自《学海堂二集》

吴文起《周初洛邑宗庙考》云：

周初，洛邑有明堂而无宗庙，明堂之中央曰太室。《书·洛诰》："王入太室裸。"郑君曰："太室，明堂之中央室。"是也。太室即世室，而祀文武于其中，故又有文世室、武世室之号，此宗礼特祀，不在七庙常数之中也。

许氏宗彦《世室考》曰："圣人御世，功德广远，天下后世，蒙其德泽，则必有崇祀以为大报，故有祖宗之祭。周公营洛，建明堂，大合诸侯，祀于太室，所以显明文武之功德于天下，此周人祖宗之巨典也。"

案：文武祀于明堂太室，故又谓之太庙，亦曰清庙，又以文统武，只称文庙。古《周礼》、《孝经》说明堂文王之庙，《大戴礼·盛德篇》或以为明堂者，文王之庙。郑君《乐记注》："文王之庙为明堂。"《洛诰注》文祖周曰，明堂以称文王，是也。（郑君以文祖为周明堂者，犹以艺祖为有虞明堂也。）

又案：《诗·清庙·序》："祀文王也，周公既成洛邑，朝诸侯，率以祀文王焉。"我将序祀文王于明堂也，义亦从同。《洛诰》言"禋于文王、武王"，则文、武固并祀于明堂矣。而文、武以上皆不及祭，故知洛邑无宗庙也。盖明堂、太室、世室、太庙、清庙，一也。《诗·灵台》、正义引卢植《礼记注》、颖容《春秋释例》、贾逵、服虔注《左传》并云："太庙、明堂同地。"《晋书·纪瞻传》、《答秀才策》云："周制明堂，所以宗其祖以配上帝，其中皆云太庙。蔡邕《月令论》云：取其宗祀之清貌，则曰清庙；取其正室之貌，则曰太庙；取其尊崇，则曰太室；取其堂，则曰明堂。"然则《洛诰》之"太室"，即《礼》之"明堂"，《诗》之"清庙"，而非五世、七世之宗庙，其事甚明。

许氏又曰："天子适诸侯，舍太庙。其至洛，则舍明堂，即同路寝，故谓太庙、路寝、明堂，异名同地。明堂所祀只，不在数中之宗祖，其在昭右穆之宗庙，自在观门之左，于明堂不相涉。"

案：昭穆之祀，在镐京，四亲外为二庙，与太祖庙而七，虽文武不能无祧，去祧为坛，去坛为墠，此亲亲之杀也。宗礼之定，在营洛明堂之中，为世室而宗祀文武以飨帝，此尊尊之义也。后儒不审世室为明堂，而列诸昭穆庙数中，又误读《洛诰》与《诗序》，遂谓洛邑更立宗庙，不知周公固未尝两都并建宗庙也。

又《逸周书·作洛解》："乃位五宫、大庙、宗宫、考宫、路寝、明堂。"许氏据《北史·宇文恺传》引《周书》，无"宗宫、考宫"四字，《隋书·牛弘传》亦无"考宫"二字，证其衍误，已为明确。

又《尚书大传》言"卜洛邑，营成周，改正朔，立宗庙"云云，亦谓立明堂中之文武世室耳，非别立七庙也。又考《周礼》为周公营洛以后制治之书，郑君训"正位"为宫庙，亦依礼文泛释而已，其实此书未施行也，故伪孔传只训《书》"攻位"为治都邑之位，正义乃谓规度其城郭、郊庙、朝市之位，良由误意洛邑别立宗庙故耳。

又许氏本南齐何佟之之议，谓《孝经》所言宗祀文王于明堂，为岐周之明堂。汪中《明堂通释》据《礼》谓岐周明堂在郊，为周公摄政六年宗祀文王以配上帝之所。案：岐周明堂飨帝，而以文王相配耳，非常祀文王于其中也。迨周公营洛邑，推尊尊之典，复建明堂，并祀文武于太室，其得蒙清庙诸名。以此，愚故曰：周初，洛邑有明堂而无宗庙，知两都未尝并建宗庙也。然则汉沛宫、原庙之设，唐东都、阙主之议，讵可以上诬周公哉？

【本篇结论】

吴文载《学海堂二集》卷六。《经解入门》照录，但删去作者之名。

《深衣考》抄自《学海堂三集》

周以贞《深衣考》：

深衣制度，有近儒误解当考正者：裁幅之法与夫续衽之制、钩边之文也。

裁幅之法，孔疏谓裳十有二幅，每幅交解之四边，去缝，宽头广尺二寸，狭头广六寸，宽头向下，狭头向上，合十二幅，故要中七尺二寸，下齐一丈四尺四寸。最得郑注之义。考郑注深衣云："裳六幅，幅分之以为上下之杀，谓用布六幅，斜分之为十二幅。"注不用"斜"者，其斜分之义即于"上下之杀"见之也。如非斜裁，何以有杀？如非上狭下阔，何以言上下之杀？如非十二幅皆斜裁，何以言六幅？幅分之以为上下之杀乎？此十二幅皆斜裁，郑注之显而有据者也。

而近儒江氏永著《深衣考》，误以孔疏为非，谓裳当中八幅用正裁，惟裳之四旁名衽者始用斜裁，左边缝合前后裳幅为续衽，右边别用曲裾掩之为钩边，自以为据注以破孔疏之谬，而编制其实与郑注不合也。

续衽、钩边者，孔疏所谓"接续此衽，而钩其旁边"，即今之朝服，有曲裾而在旁者是也。盖深衣有连属之衽，犹礼服有垂放之衽，深衣之衽在裳幅之外，犹礼服之衽在裳幅之外，皆所以掩裳际也。礼服之裳不与衣连，裳前三幅，后四幅，故两旁有垂放之衽以掩裳际。深衣之裳，上与衣连，裳幅相属，惟裳之右边前后幅不合，故亦用衽以掩之。《玉藻》言："衽当旁谓衽，当裳之旁，明衽在裳幅之外也。"其衽幅交解之，如裳幅之制，上狭下阔，如裳幅之形，属连于裳前幅，以交裳后幅，使裳前后幅可以相合，而不露裳里，此深衣所以言续衽，注所以言属连之，不殊裳前后也。深衣之衽，异于礼服者：礼服则垂放而不续之于裳，深衣则续于裳而不垂放。故《玉藻》注云："衽属衣则垂而放之，属裳则缝之，以合前后。"明深衣之续衽，所以异于礼服之垂衽也。边裳，幅之边也。裳幅之边，谓裳前后幅交际之处也。按续此衽，而即以钩其旁边，使裳之前后可以合裳之后幅，而不露裳里，犹礼服两旁皆有垂衽以掩之，以其别续一衽则谓之续衽，以其能钩束前后裳幅之边，则谓之钩边，非有二也。

江氏拘守法服无斜裁之说，自不得不以"裳当中八幅为正裁"；既以当中八幅为正裁，自不得不以四角为衽；既以四角为衽，自不得不以续衽，即钩边者止名为钩边，愈说而愈棼，而不紫其与经文注义不合也。若戴氏震《东原集》、焦氏循《礼记补疏》，其说与江氏同，其失即与江氏均。至万氏充宗之误，更不待言矣。

【本篇结论】

周文载《学海堂三集》卷八。《经解入门》照录，但删去作者之名。以下各篇情况同，不赘。

《八卦方位辨》抄自《学海堂二集》

吴偈《八卦方位辨》云：

八卦之象，成于日月，月受日光，三日震象出庚，八日兑象见丁，十五日乾象盈甲，十七日旦巽象退辛，廿三日艮象消丙，二十九日坤象灭乙。晦夕朔旦，坎象流戊，日中则离，离象就己，戊己土位，象见于中，故八卦成列，“天地定位”，甲、乙也。“山泽通气”，丙、丁也。“雷风相薄”，庚、辛也。“水火不相射”，壬、癸、戊、己也。坎、离、震、巽，以象四时，故正四方。离日中正南，故《说卦传》：“南方之卦也。”坎月夜中正北没，故曰正北方之卦。雷风相薄，震八成巽，故位巽于东南，以齐震艮。下弦晦望之中，位在癸、甲之间，故曰东北之卦。乾居西北以就坎，十五日月盈西北也。坤居西南以就离，晦朔月合日也。乾就月而居前，坤就日而居后，尊卑之义也。卦有定位，位有定方，何容异说羼入？自宋初方士始为“先天”之说，衍之为图，儒者尊信其言，然义实有不足信者。《系辞传》：“天尊地卑，乾坤定矣。”虞注：“天贵故尊，地卑故贱，定谓成列。”又：“卑高以陈。贵贱位矣。”注：“乾高贵五，坤卑贱二，列贵贱者存乎位也。审如乾南坤北，则尊卑贵贱之列紊。”虞注屡言震春、兑秋、离夏、坎冬，审如离东、坎西，则四时之象舛。《通卦验》：“乾主立冬，坎主冬至，艮主立春，震主春分。”审如其图，则卦气之义乖。《乾凿度》云：“震生物于东方，位在二月；巽散之于东南，位在四月；离长之于南方，位在五月；坤养之于西南，位在六月；兑收之于西方，位在八月；乾制之于西北，位在十月；坎藏之于北方，位在十一月；艮终始之于东北方，位在十二月。”审如其图，则四正四维之分，生长收成之道，皆悖矣。彼实据《说卦传》为说。然所谓天地定位，乃谓五贵二贱，非谓乾南坤北为定位也。所谓通气者，同气相求；相薄者，同声相应；不相射者，水火相通会于壬癸，皆不如彼所说。八卦之位，古人以之配八风、十二律、二十四节、二十八宿，而于先天皆不可通，后人亦卒无所用，适足以资谈术者之惑世尔。彼于八卦之生，不本之日月，所谓太极、两仪、四象、八卦，似皆巧合，而实程子所谓“加一倍法”，蚤有以罄其底蕴。故先天之说，程子当时已不之信，何后人不惟程子是信也！

《文王称王辨》抄自《学海堂三集》

邹伯奇《文王称王辨》云：

文王不自称王，秦、汉以来已有其说，不必至宋儒始发其覆也。浏览古书，得九证焉。

《吕氏春秋·诚廉》篇："昔周之将兴也，有士二人，处于孤竹，曰伯夷、叔齐。二人相谓曰：'吾闻西方有偏伯焉，似将有道者，今吾奚为处乎此哉？'二子西行如周，至于岐阳，则文王已殁矣。"按：文王将殁，犹谓"偏伯"，是未称王也。其证一也。

《首时》篇："王季历困而死，文王苦之，有不忘羑里之丑，时未可也。武王事之，夙夜不懈，亦不忘王门之辱。立十二年，而成甲子之事。"按：此则十三年一月，师渡孟津，四月甲子，灭殷，当自武王即位起数，正匝十二年矣，不蒙文王年数也，则文王并未改元。其证二也。

《观世》篇："太公钓于滋泉，遭纣之世也，故文王得之。文王千乘也，纣天子也，天子失之，而千乘得之，知之与不知也。"按：此则得太公之时谓文王千乘，而非天子。其证三也。

《指武》篇："召周公而问焉，曰：'天下之图事者，皆以殷为天子，以周为诸侯，以诸侯攻天子，胜之有道乎？'"按：武王伐纣，犹自称为诸侯，称纣为天子，则文王亦诸侯矣。其证四也。

《孟子·公孙丑》篇："且以文王之德，百年而后崩，犹未洽于天下；武王、周公继之，然后大行。今言王若易然，则文王不足法与？"赵岐注："文王尚不能及身而王，何谓王易然也？"按：王，有天下也，有天下始称王矣。文王不能王天下，则不称王矣。其证五也。

《滕文公》篇："《诗》云：'周虽旧邦，其命惟新。'文王之谓也。"赵岐注："言周虽后稷以来，旧为诸侯，其受王命，惟文王新复修治礼义，以致之耳。"按：赵说受纣王之命，以勉滕文自新其国，非称王也。其证六也。

《礼记大传》："追王大王亶父，王季历，文王昌，不以卑临尊也。"郑注云："不用诸侯之号，临天子也，文王称王早矣，于殷犹为诸侯，于是著焉。”按：郑云“文王称王早”者，早于大王、王季耳。谓载木主号为文王也。曰于殷犹为诸侯，于是著者，谓与大王、王季同为殷诸侯，故并著之也。疏引《中侯我应》失之。王氏鸣盛《尚书后案》亦云：“郑《尚书注》久亡，予虽博采成编，亦不见文王称王明文。”惟孔疏云：“郑言文王生王耳。”安知郑当日不作疑词乎？其证七也。

《论衡·感应》篇：“王者，名之尊号也，人臣不得名也。”难曰：“人臣犹得名王，礼乎？武王下车追王大王、王季、文王。三人［称］者，诸侯，亦人臣也，以王号加之。”按：王充以王迹起于三人，故虽诸侯，亦以王号加之，则文王之终为侯可知也。其证八也。

《风俗通义·礼号谥记》说：“夏禹、殷汤、周武王，是三王也。”《尚书》说：“文王作罚，刑兹无赦。”《诗》说：“有命自天，命此文王。”“文王受命，有此武功。”“仪刑文王，万国作孚。”《春秋》说：“王者孰谓？谓文王也。”谨案：《易》称：“汤、武革命。”《尚书》：“武王戎车三百两，虎贲八百人，擒纣于牧之野。”“惟十有三祀，王访于箕子。”《诗》云：“亮彼武王，袭伐大商。”“胜殷遏刘，耆定武功。”由是言之：武王审矣。《论语》：“文王率殷之叛国”，“以服事殷”。时尚臣属，何缘便得列三王哉？经美文王，三分天下有其二，王业始兆于此耳。俗儒新生，不能采综，多（其）［共］辨论，至于讼阋；（太）［大］王、王季，皆见追号，岂可复谓已王乎？按：此则称王之说出于俗儒。其证九也。

若夫天无二日，土无二主，则又天壤之大义，众庶所晓然，宋儒已有发明，今不复论。

《纬候不起于哀平辨》抄自《皇清经解》

李富孙《纬候不起于哀平辨》：

七纬俪经而行，多孔氏、七十子之遗言。相传孔子既叙六经，知后世不稽同其意，别立纬及谶八十一首，以遗来世。后为方士所采取，又以诞妄之说附益之，故其言有醇驳，今散见于诸书者，可别白也。后儒不察，以纬候之书起于哀、平之际，斥其伪妄，欲一概屏之，亦过矣。

按《苍颉篇》云："谶书，河洛书也。"《秦语》："秦三十二年，燕人卢生奏箓图曰：'亡秦者胡也。'"《史记·秦本纪》："有人遮使者曰：'今年祖龙死。'" 此即谶纬之言也。

《太史公自序》引孔子曰："我欲载之空言，不如见之于行事之深切著明也。" 此《春秋纬》文。

又《易》曰："失之毫厘，谬以千里。" 徐广曰："今《易》无此语，《易纬》有之。"《礼记·经解》亦引"差若毫厘，谬以千里"。则史公与戴圣已得见纬书矣。

《前汉·翼奉传》："臣学齐诗，闻五际之要。" 五际之说本于《诗纬·泛历篇》及《春秋纬·演孔图》，见郑氏《六艺论》。《盖宽饶传》引《易传》言："五帝官天下，三王家天下，家以传子，官以传贤。" 何孟春谓，今《易》无此语，或曰《易纬》文也。则宣帝、元帝时已有其书矣。

扬雄《太玄经》，张行成谓其法本于《易纬卦气图》，卦气图之用出于孟喜章句，而焦赣以六日七分更值用事，各有占验。洪适《隶释》载小黄门谯敏碑，称其先故国师谯赣深明典奥谶录图纬，能精微天意，传道与京君明，则纬谶已为焦氏、京氏之所授受矣。

张衡不信纬书，然其所作《思玄赋》有云："嬴摘谶而戒戎胡兮，备诸外而发内。" 则亦以秦时已有谶书矣。迨光武应符谶以兴，遂笃信不疑，至读之庑下，故其书大行于东汉，咸以通"七纬"为内学，通"五经"为外学。其见于范史及诸碑碣者无论，而贾逵以此论左氏学，曹褒以此定汉礼作大予乐，郑康成、何休亦以谶注经，使果出于哀、平、王莽之时，则贾、郑诸大儒必不肯以此汩经，况证以《春秋外传》及史迁、班固诸书，其非起于哀、平明甚，岂得谓不载《汉·艺文志》，遂疑其伪而欲尽去之也？

《辟雍太学说》抄自《皇清经解》

孙同元《辟雍太学说》：

蔡邕《月令论》：以明堂、太庙、太学、辟雍为一。然考之经籍，所记多抵牾。郑康成则以辟雍即太学，而与明堂、宗庙异处，其言征实可信。乃卢植《礼记注》又云："明堂即太庙也。天子太庙，上可以望气，故谓之灵台；中可以叙昭穆，故谓之太庙；园之以水，似璧，故谓之辟雍。古法皆同一处，时世殊异分为三耳。"盖兼通两家之说。

商、周以后，文质大备，其势不可以不分，然追溯其始，则未尝不合也。康成所言，犹是周制，《诗》咏灵台、灵沼、灵囿，而继之以辟雍，则三灵与辟雍皆同处在郊。而《王制》言太学在郊，天子曰辟雍，诸侯曰泮宫。[天子命之教，然后为学。小学在公宫南之左。大学在郊。天子曰辟雍，诸侯曰泮宫。] 故康成以辟雍为即太学，其实就后世而论，不但明堂、太庙与太学异处，即辟雍与太学亦未尝不异也。考《诗》言辟雍与囿沼同处，固以为游息之所，而非学校之地。《孟子》备举三代之名，《周官》详言成均之事，皆不及辟雍。《说文》"廱"字注云："天子飨饮辟廱也。"亦不云学名。汉、魏以降，皆以太学与辟雍为二。明帝永平中，尝幸辟雍，遣使者以安车，迎三老五更于太学，则太学为众学之居。袁准《正论》所言不谬也。至释奠之礼，汉、魏故事，或在辟雍，或在太学，迄无定所。晋元康、太兴之世，皆释奠太学，唯成帝在辟雍，自是一时制也。其后用太常王彪之议，定于太学，行飨于辟雍，其地不同，其用亦不同也。逮乎废辟雍而立太学，乃改旧制于太学之外，园之以水，于是又合而一之矣。

《八蜡说》抄自《学海堂三集》

金锡龄《八蜡说》：

《礼记·郊特牲》："八蜡以记四方。"注云："蜡有八者，先啬一也，司啬二也，农三也，邮表畷四也，猫虎五也，坊六也，水庸七也，昆虫八也。"孔疏谓王肃分猫虎为二，无昆虫。按：王肃之说非也。《郊特牲》云："蜡也者，索也。岁十二月，合聚万物而索飨之也。"注云："飨者祭其神也。万物有功加于民者，神使为之也，祭之以报焉。"《周礼·春官》："籥章……国祭蜡，则龡豳颂，击土鼓，以息老物。"注云："万物助天成岁事，至此为其老而劳，乃祀而老息之。"是蜡祭遍及万物，非止于八神，以其尤有功于田，故特著之。《甫田》孔疏云："此八蜡为之主耳，所祭不止于此，四方百物皆祭之。"是也。郑氏以昆虫为八蜡之一，其义甚确。按：《春官·大司乐》云："凡六乐者，一变而致羽物及川泽之示，再变而致裸物及山林之示，三变而致鳞物及丘陵之示，四变而致毛物及坟衍之示，五变而致介物及土示，六变而致象物及天神。"注云："此谓大蜡索鬼神而致百物，六奏乐而礼毕。"又《大宗伯》云："以疈辜祭四方百物。"注云："谓磔禳及蜡祭。"是蜡祭者，明堂合乐以作动物之祭也（详惠征君《明堂大道录》）昆虫，动物也。《夏小正》"昆小虫"，传曰："昆者众也，犹魂魄也，魂魄者动也，小虫动也。"郑注"昆虫毋作"云："昆虫，暑生寒死，螟虫之属为害者也。"按：昆虫不止螟虫。《王制》"昆虫未蛰"注云："昆，明也，明虫者得阳而生，得阴而藏。"《祭统》"昆虫之异"注云："昆虫谓温生寒死之虫也。"是昆虫浑言之所该者广，郑特举螟虫者以其为害耳。《月令》"百螣时起"注云："言百者明众类并为害。"是为害者甚多，故郑加之属二字也。《说文》虫字解云："物之细微，或行，或毛，或蠃，或介，或鳞，以虫为象。"䖵从二虫，蟲从三虫，言䖵虫而大司农所致群物皆悉包之，以昆虫为之主耳。此八蜡所以终昆虫，古人祭祀之精意也。蔡中郎亦数昆虫，与郑氏合。大蜡索鬼神而致百物，以昆虫毋作为八蜡之终。《礼运》因以蜡宾而及四灵，以无水旱昆虫之灾（郑注云："言大顺之时，阴阳和也。昆虫之灾，螟虫之属。"）为明堂之符，其义一也。至猫虎同类，本无庸分。孔疏云："猫虎俱是除田中之害，不得分为二。"不言与故合为一也。又按：《郊特牲》

云："飨农及邮表畷禽兽。"疏云："禽兽者即下文云猫虎之属。"是猫虎即禽兽，王子雍分为二，于义乖矣。或疑祝辞"草木归其泽"，则草木当有神，八蜡数昆虫而不及草木，孔氏已辨之。或疑昆虫害稼，于礼不当祭，近时钱氏《潜研堂答问》已辨之，是八蜡当及昆虫，已无疑义。后儒张载、陈祥道去昆虫而增百种，吕大临去先啬、昆虫而增百种，又分猫虎为二，近时蔡德晋分邮表畷为二，皆无取焉。

《格物说》抄自《皇清经解》

徐养原《格物说》：

释格物之义者，多至七十二家，聚讼纷纭，几如议礼。夫程、朱为理学正宗，则或问所载二程之说一十六条，乃格物之正义，其余曲说，固可一扫而空之矣。惟郑氏旧注，立学校者已向千载，虽精研未若闽、洛，而训诂具有师承，或尚可以备一解乎！郑氏云：知，谓知善恶，吉凶之所至始也。格，来也；物，犹事也。其知于善物，则来恶物，言事缘人所好来也。按：格之训来，见于《释言》，非臆说也。盖知者，非昭昭灵灵之谓也，谓其能知物也，物不来则何所知乎？所谓致知在格物者，言欲致吾之知，在因夫事物之来，以审夫善恶之几而已。天下之物，有善有恶，皆缘人所好以招致之，唯因其来，而有以审其善恶之几，则自然知所当好，知所当恶，故曰物格而后知，至凡物之未来，寂然不动，及其既来，感而遂通。《易》曰："夫《易》，圣人所以极深而研几也。"无有远近幽深，遂知来物，所谓极深也。知至，至之可以几也，所谓研几也。极深研几，格物致知之谓也。《乐记》曰："物至知知，然后好恶形焉。物之感人无穷，而人之好恶无节，则是物至而人化物也。人化物也者，灭天理而穷人欲者也。"此与"格物"之义亦互相发明，夫人心之灵，足以知物，而物至又足以知。知有知，斯有好恶。《大学》一书，其要在慎好恶，如好好色，如恶恶臭，循天理者也。好人所恶，恶人所好，循人欲者也。天理、人欲，善恶、吉凶之所终始也。苟非物来，何以知之乎？

《释能》抄自《诂经精舍文集》

段玉裁《释能》：

六书之体，指事、象形、谐声、会意也。六书之用，转注、假借也。六经传注，自《尔雅》而下，皆兼言转注、假借二者。而《说文》因字之体以言其用，故只言字之本义，不言假借。如“能”是兽名，其本义也，下文云能兽坚中，故称贤能而彊壮，称能杰。此是许之说假借处，与“韦”下云“故借以为皮韦”、“乌”下云“故以为乌呼”、“来”下云“故以为行来之来”、“朋”下云“故以为朋党字”、“西”下云“故因以为东西之西”、“子”下云“人以为称”，为一例。全书中发明假借，只此数条而已。能之为“贤能”，为“能杰”，由“能兽坚中”而引申之也。引申之，则“贤能”、“能杰”为字之正义，凡今人曰能者皆是也。郑说古书作“耐”，此由古能与而同音，耐与而有本义，古书音之假借也。郑以汉人文字皆作能，此独作耐，故释之。非郑谓能皆当为耐也。又才能本无正字，借能兽为之，若借耐为之，则又借中之借也。

【今按】此文为段玉裁早年程作，载阮元《诂经精舍文集》卷九，又载刘盼遂辑校《经韵楼文集补编》卷上①。

---

① 段玉裁：《经韵楼文集》，上海古籍出版社2008年版，第363页。

《释贯》抄自《皇清经解》

金鹗《释贯》：

"贯"，古通"摜"。《左传》昭公二十六年："贯渎鬼神。"《说文》："摜，习也，从手，贯声。《春秋传》曰：'摜渎鬼神。'"是贯与摜通也。《说文》解"贯"字云："钱贯之贯，从毌、贝。"是贯之本义非习也。习摜之摜当从手。《尔雅》："贯，习也。"亦作"贯"，皆省文借用也。《说文》又有"遦"字，云"习"也，是"摜"之或体字也。《尔雅》、《释文》"摜"作"惯"，云本又作"贯"，又通作"遦"，同"贯"，又通"宦"。《诗·国风》："三岁贯女。"《鲁诗》"贯"作"宦"。徐邈"贯"音"官"，此"宦"字之误。"贯"与"宦"声相近。又《传》云："贯，事也。"本《尔雅·释诂》。"宦"与"义"亦近，故通用也。"贯"又通"关"。《乡射礼》："不贯不释放。"注云："古文贯作关。"《史记·伍子胥传》："伍胥贯弓执矢向使者。"注云："贯，乌还反。"《后汉·祭彤传》："能贯三百斤弓。"司马贞曰："满弓张，其所谓贯，皆即《吕氏春秋》所谓中关而止之关也。"《乡射礼》贯字亦当如此解，读乌还反。郑注云："贯犹中也，不中正，不释算也。"贾疏："言不贯者，以其以布为侯，故中者贯穿布侯，故以中为贯也。"《释文》："贯，古乱反，中也，夫关者弯弓之限也。"《孟子》所谓"彀率"也。张弓中关，则能中正，故郑云贯犹中也，贾氏以贯穿布侯解郑说，误矣。陆氏音"古乱反"，亦以为"贯穿"之"贯"，均误矣。

古人射以观德，贵于中，而不贵于贯侯。若以贯侯为贵，是尚力也。《记》曰："礼，射不主皮。"郑注云："不主皮者，贵其容体比于礼，其节比于乐，不待中为隽也。主皮者，张兽皮而射之，主于获也。"《论语》曰："射不主皮，为力不同科。"盖人之力有甚微者，不能至侯，则不中皮，而比于礼乐，亦必取之，不主于中也。然则射虽贵中，而犹有不待中为隽者，况贯侯乎？惟解为中关而止之，关则不失其彀率，即所谓比于礼乐者也，虽不中犹中也，故曰不贯不释。郑氏注"犹中"，"犹"字最有深意，而贾疏不能知也。"贯"又通"毌"，《说文》："毌，穿物持之也，从一横毌。"《论语》："吾道一以贯之。"“贯”字当作"毌"，今本作"贯"，假借通用也。

《释祊》抄自《学海堂三集》

侯度《释祊》云：

“祊”字之训，有浑言“庙门”者。《尔雅·释宫》：“閍谓之门。”李巡云：“閍，庙门名。”《郊特牲》：“索祭祝于祊。”注云：“庙门曰祊。”是也。有以为“门内”者。《诗·楚茨》：“祝祭于祊。”传云：“祊门内也。”笺云：“使祭博求之平生门内之旁，待宾客之处。”《说文》云：“鬃（即祊字）门内祭先祖所彷徨（今《说文》所下有以字，此据《诗》、《尔雅》音义）。”是也。有以为“门外”者。《礼器》：“为祊乎外。”注云：“祊祭，明日之绎祭也。谓之祊者，于庙门外之旁，因名焉。”《郊特牲》：“祊之于东方。”注云：“祊之礼宜于庙门外之西室，绎又于其堂，此二者同时，而大名曰绎。”正义引《尔雅》孙炎注云：“谓庙门外。”是也。《郊特牲》正义因谓祊有二种，一是正祭之时，既设祭于庙之西室，亦谓之祊。注家皆无此说，孔氏误也。《诗》传、笺皆以“门内”解“祊”字，并不以“祊”为祭名。“索祭于祊”注亦止云：“庙门曰祊。”下云：“谓之祊者，以于祭绎名也。”此祊字承庙门曰祊而解，亦非以祊为祭名也。正义云：“此既正祭日于庙门内求神，应总称云庙，而谓之祊者，以祊是庙门，明日绎祭称祊，虽今日之正祭假以明日绎祭称祊名，同称之曰祊也。”此说恐非注意。郑义盖谓庙门字应作“閍”，今作“祊”者，由于绎祭名祊，本从庙门之“閍”字取义，故庙门之“閍”亦通作“祊”也。知此注非谓庙门之祊，由于绎祭之祊得名者也，以为祊乎外。注既以祊祭为在庙门外之旁得名，不得又谓庙门反以绎祭得名也。至《说文》亦非以祊为祭名，由不得善读书，以“门内祭先祖”绝句致误，而下句遂不成文，因加“以”字足之云：“所以彷徨也。”语意亦未合，应读从“门内”绝句，与毛传同，“祭先祖所彷徨也”为一句，是释“祊”字之取义。又引《诗》曰：“祝祭于祊。”以证其彷徨之说，祭日求神于此，由于不知神之所在，此彷徨之义也。大约《礼记》中诸言“祊”者，或以为门内，或为绎祭名，即以本记文证之，而可知如“索祝祭于祊”与上文“于室”、“于堂”、“于庭”并举，“室”、“堂”、“庭”皆指其地，则祊亦是指其地，故为门内之称（直祭祝于主，主亦是实有其处，若祊是祭名，亦不得与之对举）。《祭统》“出于祊”与“祝于室”对举，则亦是门内之称（《诗》虽无对举之文，然玩其文义，必不得为祭名）。至“为祊乎外”与“设祭于堂”对举，堂是举其处，则外亦是指其处。而祊字自不得解为门内，故为绎祭之名，以与祭字相对成文。“祊之于东方”与“绎之于库门内”对举，绎是祭名，则祊亦是祭名，故郑注两处皆以绎祭释之，且记文已绎、祊对举，若祭日求神于门内亦谓之祊，据《诗疏》亦谓此祭，应在庙门内之西，何不解此记为正统之祊？此由正祭日求神于庙门内，无祊之称，而此记文义祊字当为祭名，故不嫌辞费，又解为“二者同时而大名曰绎”，以成其祊祭为绎祭之说也。

总而言之，庙门之字，疑本作“閍”，《尔雅》閍谓之门是也。绎祭因在庙门外，故即取名于閍，而改从示，《记》“为祊乎外”、“祊之于东方”是也。绎祭名祊，本由庙门取义，故庙门之閍，亦通作祊。《诗》“祝祭于祊”、《记》“索祭祝于祊”是也。祊本庙门统称，故绎祭于门外得称祊，而《诗》、传、笺皆以为门内者，正祭日求神于庙门内，不于门外，此依文立训，故以门内解之，非谓祊之不可为门外也。明乎此，则门内、门外、正祭、绎祭诸说，一以贯之矣。

附录 《经解入门》待质录

近二十年来，笔者为《经解入门》的真伪问题绞尽脑汁，虽取得重大突破，大体可以结案，但仍有少数条目查无出处，别纸录出，题为《待质录》，望天下同道协力攻关。

一、汉、宋门户异同第十五

何谓汉学？许、郑诸儒之学也。何谓宋学？程、朱诸儒之学也。二学何以异？汉儒释经皆有师法，如郑之笺《诗》，则宗毛为主；许氏著《说文解字》，则博采通人，至于小大，信而有证，即其中今人所视为极迂且曲之义，亦必确有所受，不同臆造。宋儒不然，凡事皆决于理，理有不合，即舍古训而妄出以己意。如《论语》“正名”注，则易“名字也”之训，而指卫父子之名；子路问“闻斯行诸”，则易包咸“振穷救乏”之说。而以言学问，其说礼制，且有据汉化世之说，释三代之书之弊。此汉、宋二家之所以异，而经学之所以不取宋儒也。至辨《尚书》古文之伪，发于宋儒，实为巨功。学者治经宗汉儒，立身宗宋儒，则两得矣。

【《清稗类钞·经术类》“群经精义之发明”条】

经学之分汉、宋，犹理学之分朱、陆也。其专宗汉学以抵程、朱之隙者，为毛奇龄、惠栋、戴震诸人。其义理宗程、朱，仍博稽汉、唐注疏者，为李光地、方苞、姚鼐诸人。自有明中叶，人皆敝精力于帖括，而根柢之学阙焉。国初，朴学之士始出，顾炎武、阎若璩开风气之先，其后巨儒踵接，元和惠氏、武进庄氏、高邮王氏、嘉定钱氏盛于吴中，婺源江氏、休宁戴氏继起于宣、歙。由是汉学昌明，远绍微言，兼通大义，千载沉霾，一朝复旦。极盛于乾隆，益精于嘉庆，遗经端绪，皆有条理。然江藩作《汉学师承记》，凡稍近宋学者皆摈之。阮元刻《皇清经解》千四百余卷，而光地与苞之著述一字一收，盖几于分茅设蕝矣。一时风气所趋，遂以搜残举碎为功，诋宋儒为空疏，肆力掊击，抑又过矣。要知汉儒之训诂，宋儒之义理，相须而行，阙一不可，其激而互有胜负者，皆末流之失也。

【今按】“治经宗汉儒，立身宗宋儒”：此与惠栋“六经尊服郑，百行法程、朱”观点一致。又与戴震“汉儒得其制数，失其义理；宋儒得其义理，失其制数”之主张相通。

戴震《与某书》云：“志存闻道，必空所依傍。汉儒训诂有师承，亦时有傅会；晋人傅会凿空益多；宋人则恃胸臆为断，故其袭取者多谬，而不谬者在其所弃。”① 又云：“宋以来，儒者以己之见硬坐为古圣贤立言之意，而语言文字实未之知，其于天下事也，以己所谓理强断行之，而事情原委隐曲实未能得，是以大道失而行事乖。”（同上）

张之洞《创建尊经书院记》：诸生问曰：“此可以祛不学之病矣，近世学者多生门户之弊，奈何？”曰：“学术有门径，学人无党援。汉学，学也。宋学，亦学也。经济、词章以下，皆学也。不必嗜甘而忌辛也。《輶轩语》言之已详。大要，读书宗汉学，制行宗宋学。汉学岂无所失，然宗之则空疏蔑古之弊除矣。宋学非无所病，然宗之则可以寡过矣。至其所短，前人攻之，我心知之。学人贵通，其论事理也贵心安，争之而于己无益，排之而究不能胜，不如其已也。”诸生问曰：“然则何以不课性理？”曰：“宋学贵躬行，不贵虚谈。在山长表率之，范一围之，非所能课也。后所说慎习、尊师云云，即宋学也。使者于两家，有所慕而无所党。不惟汉、宋两家不偏废，其余一切学术亦不可一废。若入院者，抱一而自足，是此而非彼，误矣。不入院者，执一以相攻，更大误矣。说息争弟九。用汉学之师法，虽兼采诸儒之说，亦汉学也。守宋学之准绳，虽不谈性理，亦宋学也。汉学师法，止于实事求是。宋学准绳，止于严辨义利，无深谈也。”②

二、解经不尚新奇第三十六

经义平允，解者不可以新奇求胜。盖凡新则不古，奇则不正。“十三经”皆先圣遗言，意义醇厚，岂有如后世子部、说部之书，徒快一时口舌哉！故如或解“豚鱼”二字，谓即今之“江豚”；解“旧井无禽”，谓“桔槔之上似禽，旧井无水，不用桔槔，故云无禽”；解“西方美人”，谓“佛教东流，始于周代”之类，皆说经家所不取。无论汉儒、宋儒及国朝诸儒，各说之新奇无理者，皆当订正，斯为有功于经。如旧说本平允可据，而解者妄生议论，好逞新奇，于古书毫无所据，固为蔑古，即或有子部之言，及隋以前说家之书可证，然怪诞荒谬，皆于经旨无当，虽有证亦不尚。盖经为三代之文，解经者即说三代之语，安得以新奇自喜、矜为心得乎？大凡学解经者，读书不多，见理不足，往往好立新说，以为醒目。不知此是说经第一大病。学者切宜力戒！倘此病深入，则终身不能进益矣。

【今按】宋丁易东《周易象义》卷八：“豚鱼，今之江豚是也。豚鱼知风。豚鱼之出，则泽上有风之兆也。所谓石燕飞而雨至，江豚出而风生也。江豚，东南之所常见，惟西北则多不之闻，故先儒或析豚鱼为二物，非也。江豚泽，将有风则出，无风则不出，最信者也，故中孚取象焉。巽为鱼，为风，兑为泽故也。吾信如豚鱼之知风，则吉矣。行乎泽上，而知风，则利涉大川而无虞矣。兑泽为大川，巽木在上，乘木有功，利涉大川也。”

① 戴震：《戴震全书》第六册，第495页。

② 见《张之洞全集》第十二册，第370页。

俞樾《群经平议》卷一“旧井无禽（井初六）”条：注曰：“久井不见渫治，禽所不向，而况人乎？”樾谨按：井水至深，非瓶绠不能汲。禽无从取而饮之，虽非旧井，禽亦不向也。王注殆不可从。古者羽毛鳞介通名为禽。《白虎通·田猎》篇曰：“禽者何？鸟兽之总名。”此其所说犹有未尽。《国语·鲁语》“登川禽”，韦昭注曰：“川禽鳖蜃之属。”然则禽之名并通乎水族矣。下文“井谷射鲋”，《释文》曰：鲋鱼，名也。《子夏传》谓虾蟇。鱼与虾蟇皆可谓之禽。旧井无水，则此属皆无从生矣，故曰旧井无禽。传曰：旧井无禽，时舍也。《集解》引干宝曰：旧井谓殷之未丧师也。亦皆清絜，无水禽之秽。此与传义不合，而以水禽释经文，禽字则其义甚塙，水禽即《国语》所谓川禽也。学者但知二足而羽谓之禽，于是此爻之义不可通矣。

清夏炘《读诗札记》卷三“西方之人兮”条：康熙时吴江有陈启源者，著《毛诗稽古编》一书，写以小篆，专辟朱子，而宗《小序》、毛、郑，可谓古调独弹矣。其附录中“西方美人”一条，盛称“佛教东流，始于周代”。孔子抑三王，卑五帝，藐三皇，独归圣于西方，侮圣悖经，至斯已极，则其专斥朱子尤罪之小者矣。

【说明】此篇所举例证已经找到史源，但观点部分还查无出处，疑为作伪者自己据前人旧说敷衍而成。

三、不可妄诋古训第三十九

汉人解经，皆守师说，即其作训，亦必确有所本，不同臆造。或当时传闻本皆如此，或前代语言与今不同，学者遇古训不可猝解者，必须详考时代，求其实情，果有不安，然后可以订正，不得粗心流览，于我未解，妄加诋毁。如或斥康成《礼》注八十一御妻及冕旒之属，非是古人有失，实其自己浅陋，初学万不可蹈此轻薄习气！

又如宋人之说，近今言汉学者，无论是与不是，辄屏斥之不贷。抑知宋人说经，未尝尽背汉说。蔡氏《书传》、朱氏《诗传》，其遵古训者实十之八，易古训者十之二，且其所辨出是非，万不可以耳食之余轻议前哲！但要平心自思，前人之敢立说者，胸中必非一无所据，且诸名儒类皆万卷罗网众家，岂以我能见到者，彼反失之不及之理？由是以思，自不敢轻肆舌锋，妄诋古训矣。不诋古训，即能深研其义，而虚憍之气除，为学之力日益进矣。

【今按】“八十一御妻”，注及疏皆无征。案：《月令问答》引《周礼》曰：八十一御妻，今曰御妾，何也？曰：字误也。妻者齐也，惟一适人称妻，余皆妾，位最在下，是以不得言妻云也。如蔡氏说今昏义义妻亦当作妾，考之非是。《周礼》女御注：昏义所谓御妻，亦汉称妾为小妻，然则御侍也，御妻即妾之别称，无烦指为字误。其义自明，而蔡氏妄为穿凿，非也。①

清赵文哲《媕雅堂别集》卷五：三夫人、九嫔、二十七世妇、八十一御妻之说，定于《周礼》孔疏，谓：周南，王者之风，故以天子之数拟之，非当其时即然者是也。尝考帝喾四妃，帝尧因之，舜二妃之外无闻，夏则增为十有二人，殷则增为三十有九人，文

① 清武亿《授堂遗书》第1册，第684页。

王，殷诸侯，其制虽无可考，然理阴治内，必非一人所能胜任，而当日德化所感，南国有安命之小星，江沱无待年之怨女，则后妃之汲汲求贤，固绝非臆说也夫。

清赵翼《陔余丛考》卷三“命妇世妇”条：《礼记·丧大记》“内子未命”，郑注云：“内子，卿之妻也。”又曰：“大夫内子，士妻，特拜命妇。”疏云：“卿妻曰内子，大夫妻曰命妇也。”此说甚谬。夫大夫内子与士妻对言，则内子之为大夫妻可知也。既曰“大夫内子，士妻，特拜命妇”，则命妇之尊于内子可知也。乃以尊者特拜卑者，有是理乎？宋人谓卿大夫妻未命曰内子，已命曰命妇，此说最为得实。盖卿大夫妻俱称内子。《左传》，赵衰之妻请衰迎前妻叔隗为内子，而已下之。《国语》，司马子期欲以妾为内子。注皆云：“内子，卿之嫡妻。”此卿妻之称内子也。《礼记》，大夫内子。此大夫妻之称内子也。及其既受君命，则谓之命妇。故内子与命妇品级虽同，而特为命妇拜者，尊君命也。《丧大记》又有所谓世妇者，注疏皆以国君之世妇次于女君者当之。然历观《记》中文义，皆系大夫之妻。如曰，君、夫人卒于路寝，大夫、世妇卒于適寝，士之妻皆死于寝。又曰，复者，君以卷，夫人以屈狄；大夫以元赪，世妇以襢衣；士以爵弁，士妻以税衣。又曰，君之丧三日，子、夫人杖。五日，大夫、世妇杖。皆以大夫、世妇两两对举，则世妇亦即大夫妻明矣。而郑氏必以为不然。其于大夫、世妇杖及世妇以襢衣，固榷指为君之世妇矣；于大夫、世妇卒于適寝不可强通，则又为之说曰：“变命妇言世妇，明尊卑同也。”夫授大夫、世妇杖指为君之世妇，犹或可通，若世妇以襢衣指为君之世妇，则大夫妻之复服又是何服，岂容竟不经见？且国君正寝曰路寝，路，大也。大夫正寝曰適寝，適，主也。其实皆正寝也。国君既有路寝为正寝矣，岂又有所谓適寝乎？将適寝非正寝乎？然则所谓世妇卒于適寝者，非即大夫妻乎？郑氏不过以国君夫人之下有世妇，遂疑其非大夫妻，不知古之名称下不可僭上，而上可兼下。即如天子一后、三夫人、九嫔、二十七世妇、八十一御妻，夫人则公侯之妻之名也，妻则士之妻之名也，世妇正与大夫品秩相配，安见非大夫妻之名乎？若谓国君有世妇，大夫妻不当以为名，则天子有夫人，诸侯何以亦有夫人乎？天子有世妇，诸侯何以亦有世妇乎？窃意未命曰内子，已命曰命妇，此卿大夫妻之专称也。而世妇，则国君世妇，与卿大夫命妇之通称也。大夫命妇与国君世妇品秩正相配，故得而通称也。凡专言大夫已命之妻者，则称命妇，如“命妇为夫人之命出。士妻不当敛，则为命妇出”是也。言大夫命妇而兼言国君世妇者，则通称世妇，如“世妇以襢衣”、“授大夫、世妇杖”之类是也。如此则不惟《记》中文法甚顺，而义亦益周密矣。

清朱大韶《实事求是斋经义二》：朱氏珔曰：“以五室为五寝之室，自是卓见，人所未及。但五室既为寝，何上文云内有九室九嫔居之，岂九室非寝与?”大韶按：五寝者，王之小寝也。九嫔之室当在后正寝后，但内外九室似不可信。《昏义》云：“天子后立六宫，三夫人、九嫔、二十七世妇、八十一御妻，以听天下之内治。天子立六官，三公、九卿、二十七大夫、八十一元士，以听天下之外治。”与此同。按：汉以大常、光禄勋、卫尉、大仆、鸿胪、廷尉、宗正、司农、少府为九卿。周制但有六卿，六卿之长曰孤卿，亦曰冢卿，本王氏引之说。周时本无三孤之称，其以三孤配六卿为九者，非也。《记》又曰：九分其国，九卿治之。天子但有六乡六卿兼领之，外为六遂，何云九分其国，不可信一。六官之长曰卿，其属有中大夫、下大夫，总五官计之，中下大夫凡百有三十九，安得云二十有七大夫？不可信二。古者天子后立六宫，诸侯大夫立三宫，天官内宰以阴礼教六宫。注郑司农云六宫后五前一，元谓六宫，谓后也。妇人称寝曰宫。宫隐蔽之言后象，王立六宫而居之，亦正寝一、燕寝五，谓之六宫，若今称皇后为中宫矣。又《昏义注》曰：天子六寝，而六宫在后。《正义》曰：六宫在后者，后之六宫在王六寝之后。九嫔以下分居之，据礼宫与寝通称后六宫，象天子立六官也。夫人三宫，象诸侯立三卿也。天子诸侯大寝居前，小寝列后，则后六寝，夫人三寝，亦大寝居前，小寝列后。后六宫夫人以下分居之，夫人三宫，世妇以下分居之。《曲礼》诸侯有夫人，有世妇，有御妻。《周官》内官有九嫔、世妇、女御，而无三夫人、酒人、浆人诸职，但言夫人，不言三九嫔，以下均无人数。作《昏义》者以内外分配，各以三乘之，故云二十七、八十一耳。不可信三。宫室之制，中央为室，东西为房，大寝与小寝制同六宫，安得有九室？以九嫔，遂云九室，岂世妇之室有二十七、御妻之室有八十一乎？不可信四。《楚语》内官不过九御，外官不过九品，卿大夫士爵有三等，各分上下中，故云九品，天子一取九女，以侄娣从故云九御，其九嫔女御皆内官也，佐后夫人治内职者内官之名，九嫔与外官之名，九卿均非定以人数。《月令》多以三公九卿，并言九卿，与六卿其同异无可考。治《周官》者，但依五官本文为据可也。

四、不可剽窃旧说第四十

《史记·酷吏列传》云："攻剽为群盗。"《叔孙通传》云："鼠窃狗盗。"初学解经，见书不多，而妄取前人旧说，没其姓名，以为己说，则与盗贼何异？且安知我能剽之窃之，而人不能发之捕之乎？为所读之书，人人必读，我所未读之书，人之已读者正多，倘事剽窃，欺人乎？实欺己耳！人而欺己，则终身无实获之事，又乌足以知圣贤之道哉？故为学戒剽窃。

【附录】

《四库全书总目》卷二十一《礼记集说》提要："（卫）湜后序有云：'他人著书惟恐不出于己，予之此编惟恐不出于人。后有达者，毋袭此编所已言，没前人之善也。'"

朱彝尊《曝书亭集》卷三十五《日下旧闻序》："昔卫正叔尝纂《礼记集说》矣，其言病世儒剿取前人之说以为己出，而曰：'他人著书惟恐不出于己，予此编惟恐不出于人。'彝尊不敏，窃取正叔之义，至旁及稗官小说、百家二氏之书，或有未足尽信者，世之君子毋以择焉不精罪我，斯幸矣。"

阎若璩《潜丘札记》卷二："吾之著书也，宁质毋夸，宁拘毋达，宁阙人之所共信，毋徇己之所独疑。此平生志也。"

阮元《文选楼藏书记》卷二："《虞书笺》一册，茅瑞征著。归安人。刊本。是书以己意分条笺释，不袭前人旧说，多所发明。"

崔述《考信录提要》卷上："朱子《易本义》、《诗集传》及《论语》、《孟子集注》，大抵多沿前人旧说，其偶有特见者，乃改用己说耳。"

胡广《四书大全·论语集注序说》："《集注》于正文之下正解说字训文义，与圣经正意，如诸家之说有切当明白者，即引用而不没其姓名。”

陆嵩《意苕山馆诗稿》卷三：“杜陵羞雷同，退之戒剽窃。文本载道器，非求世苟悦。”

钱泰吉《甘泉乡人稿》卷八：“通志堂所刻宋、元经解，望溪尝用二十余年之力，删取其精要者，详集中《与吕宗华书》，不知果排纂成书否？然读望溪‘三礼’、《春秋》诸撰著，可知其宗旨矣。与吕书中言删遍一经，然后知三数大儒而外，学有条理者不过数家，而就此数家之中实能脱去旧说，而与圣人之心相接者，盖亦无几。初读时诧其持论过高，及观杭堇浦《续礼记集说自序》，谓卫氏《集说》采辑虽广，大约章句训诂之学为多，卓然敢与古人抗论者，惟陆农师一人而已。《永乐大典》中《礼记外传》唐人成伯玙撰，藏书家未有也，然止标列名目，开叶文康《礼经会元》之先，他无不经见之书。至元人之《经疑》，迂缓庸腐，无一语可以入经解，而《大典》中至有数千篇，**益信经窟中可以树一帜者之难也**。堇浦之治经与望溪家数不同，论定古人，则识力不相让。经生读之可知所从事矣。《通志堂经解》，余但有零星数种，卫氏《礼记集说》不能得也。杭氏《续集说》闻武林藏书家有抄本，当访求焉。卫正叔《礼记集说后序》云：‘他人著书惟恐不出于己，予之此编惟恐不出于人。后有达者，毋袭此编所已言，没前人之善也。’《四库提要》云：‘即此一节，非惟其书可贵，其用心之厚亦非诸家所及。’学者读斯语，可知著书当以正叔之用心为法，而经学之精深未及望溪、堇浦者，勿妄生高论，蔑视古人也。”①

五、不可有骑墙之见第四十三

群经异义，自汉及今，甚有聚讼至数十百家者，解经者当审择精当，衷于一是，罗列群说，加以辨驳，合吾者吾引之而为证，背吾说者吾驳之而明其非。先在审定明白，融会贯串，自无以可为否，以可为否之病。若平日看书不多，临时全无把握，调停两可，不能自主，是为骑墙之见。说经家甚所不取。

六、科场解经程式第五十二

一、国朝取士，文、诗、策论外，兼及经义，故国子监南学及州郡岁科试经古诸场均有经解。士子通经原期致用，不第沐稽古之荣而已，故学者不可不致力于此，列此条目以为之的。

一、经解与策不同，通体皆无抬头。其抬头者乃引御纂、钦定等书耳，然引此书且须三抬，以其皆先王所定故也。

一、遇避讳字皆不可用。倘古书既有其字，而亦不能不引，则将此字空一格并写敬避二字，亦不犯禁。

一、场屋解经，国朝人所著各书收入四库者可以引用，用时亦只举其书名，不宜及其人之姓名，其未入四库而已现行者但称或说可也。

---

① 望溪、堇浦论治经，《续修四库全书》第1519册。

一、场屋中解题，率在《易》、《书》、《诗》、《春秋》、《礼记》五经，风檐寸晷，时有不及，不必求多，与其多作不善，不若少而精也。

一、场屋解经，与平时稍有各别。平时为日宽，题目少，故可细心博考，以求尽善，应试则时日仓猝，顿成数篇，其不能尽善可知。惟眉目最要清楚，先列诸家异说，后下己意。或驳去数说，而于中独宗一说而申发之，或贯通诸说，而以己意融会之。必须头绪了然，使阅者知为胸有把握，便可若自出新意，恐弄巧反拙。至或云有著作家之经解，有场屋中之经解，著作家则繁稽博考者，折衷一是，场屋则罗列诸说而已，此言实不足信。

湖北省学术著作
Hubei Special Funds for Academic Publications 出版专项资金
湖北省学术著作出版专项资金资助项目
国家社会科学基金重点项目（2013）
国家社会科学基金一般项目（2009）
教育部高校古委会直接资助项目（2005）

辨伪研究书系

《经解入门》整理与研究

（中）

司马朝军　撰

WUHAN UNIVERSITY PRESS
武汉大学出版社

图书在版编目(CIP)数据

《经解入门》整理与研究. 中/司马朝军撰 .—武汉：武汉大学出版社，2017.4(2024.3 重印)
辨伪研究书系
ISBN 978-7-307-18174-8

Ⅰ.经… Ⅱ.司… Ⅲ.经学—研究 Ⅳ.Z126.27

中国版本图书馆 CIP 数据核字(2016)第 136095 号

责任编辑:朱凌云　　责任校对:汪欣怡　　版式设计:马　佳

出版发行：**武汉大学出版社**　(430072　武昌　珞珈山)
(电子邮箱：cbs22@ whu.edu.cn　网址：www.wdp. com.cn)
印刷:武汉邮科印务有限公司
开本:787×1092　1/16　印张:27.75　字数:675 千字　插页:2
版次:2017 年 4 月第 1 版　2024 年 3 月第 2 次印刷
ISBN 978-7-307-18174-8　定价:188. 00 元(共三册)

目　　录

外编　《国朝治经诸儒》研究资料汇纂

凡例…… 439
顾炎武…… 440
阎若璩…… 452
张尔岐…… 458
陈启源…… 464
马　骕…… 467
王尔膂…… 469
毛奇龄…… 471
朱彝尊…… 483
胡　渭…… 490
徐　善…… 498
臧　琳…… 501
臧　庸…… 507
臧礼堂…… 512
惠士奇…… 514
惠　栋…… 517
诸　锦…… 525
汪师韩…… 528
杭世骏…… 532
齐召南…… 539
秦蕙田…… 544
庄存与…… 553

庄述祖…………………………………………………………………………………… 558
庄绶甲…………………………………………………………………………………… 562
褚寅亮…………………………………………………………………………………… 564
卢文弨…………………………………………………………………………………… 567
江 声…………………………………………………………………………………… 573
余萧客…………………………………………………………………………………… 576
王鸣盛…………………………………………………………………………………… 580
钱大昕…………………………………………………………………………………… 587
钱大昭…………………………………………………………………………………… 594
钱 塘…………………………………………………………………………………… 597
钱 坫…………………………………………………………………………………… 602
翁方纲…………………………………………………………………………………… 607
朱 筠…………………………………………………………………………………… 610
纪 昀…………………………………………………………………………………… 619
王 昶…………………………………………………………………………………… 622
范家相…………………………………………………………………………………… 626
翟 灏…………………………………………………………………………………… 629
周 春…………………………………………………………………………………… 632
盛百二…………………………………………………………………………………… 636
毕 沅…………………………………………………………………………………… 639
孙志祖…………………………………………………………………………………… 642
任大椿…………………………………………………………………………………… 646
孔继涵…………………………………………………………………………………… 650
孔广森…………………………………………………………………………………… 654
孔广林…………………………………………………………………………………… 661
邵晋涵…………………………………………………………………………………… 662
金 榜…………………………………………………………………………………… 669
程瑶田…………………………………………………………………………………… 673
戴 震…………………………………………………………………………………… 679
段玉裁…………………………………………………………………………………… 695
胡匡衷…………………………………………………………………………………… 702
胡培翚…………………………………………………………………………………… 708
胡秉虔…………………………………………………………………………………… 714
胡承珙…………………………………………………………………………………… 719
周炳中…………………………………………………………………………………… 724
刘台拱…………………………………………………………………………………… 725
王念孙·王引之………………………………………………………………………… 730
宋绵初…………………………………………………………………………………… 743
李 惇…………………………………………………………………………………… 744

李赓芸……747
洪　榜……750
洪　梧……753
汪　莱……756
凌廷堪……762
汪　龙……769
顾九苞……771
金曰追……773
丁　杰……775
周广业……780
梁玉绳……785
梁履绳……787
武　亿……790
汪　中……795
汪喜孙……804
程际盛……807
许鸿磐……810
孙星衍……812
洪亮吉……818
许　珩……831
阮　元……832
刘文淇……838
刘毓崧……847
桂　馥……851
钟　褱……857
焦　循……860
赵曦明……870
严可均……872
凌　堃……875

外编　《国朝治经诸儒》研究资料汇纂

凡　例

一、收录以《国朝治经诸儒》所列名单为限；

二、编次以《国朝治经诸儒》所列名单为序；

三、排列方式：先述其生平事迹，再选择有关经学研究的代表性学术资料；

四、编纂宗旨：读其书，知其人，论其世；

五、资料主要来源于文集、史传、方志、书目、学案、笔记、诗话、年谱、谱牒及辞典等；

六、采用辑录体，删节部分用省略号或“下略”字样明示；凡是重要观点的部分用加粗形式表示，便于醒目；

七、间下己意，则加“今按”、“又按”以别之；

八、本《研究资料汇纂》既是相对独立的一大部分，也与《经解入门》相为表里——正编侧重于经学概论，属于共时层面；外编侧重于经学史，属于历时层面；

九、《国朝治经诸儒》仅为《经解入门》之一篇，所列名单较为完备，且具有学术史眼光，惜无人为之作郑笺，今不避繁琐之讥，旁征博引，广为增订，于主楼（指《经解入门》）之外，别建裙楼（指《研究资料汇纂》）；

十、本编实为笔者拟撰《清代经学学案》之草案。笔者发愤攻治中国近三百年学术史，博览各家著述，尤服膺章太炎、杨向奎二大师之说，故于《检论》、《清儒学案新编》二书引用甚夥。一俟时机成熟，再行编纂具有自家面貌的“经学学案”。

顾炎武

《清儒学案》第六卷《亭林学案上》：亭林之学，实事求是，不分汉、宋门户，经世致用，规模闳峻，为有清一代学术渊源所自出。后之承学者，因其端以引申之，各成专家。而兢兢以世道人心为本，论学论治，莫能外焉，此其学之所以大也。〇……学主于敛华就实，晚益笃志经学，曰："经学即理学也。舍经学，则所谓理学者，禅学也。"于陆、王之说辨之最力。论治综核名实，于礼教尤兢兢，谓风俗衰，廉耻之防溃，由无礼以权之。常欲以古制率天下。生平论学，标"博学于文，行己有耻"二语为宗旨。……清初学有根柢者，以先生为最，世称亭林先生。会诏开博学鸿词科，又修《明史》，大臣争欲荐之，以死自誓，乃免。(下略)

《清史稿·儒林二》：顾炎武，字宁人，原名绛，昆山人。明诸生。生而双瞳，中白边黑。读书目十行下。见明季多故，讲求经世之学。明南都亡，奉嗣母王氏避兵常熟。昆山令杨永言起义师，炎武及归庄从之。鲁王授为兵部司务，事不克，幸而得脱，母遂不食卒，诫炎武弗事二姓。唐王以兵部职方郎召，母丧未赴，遂去家不返。炎武自负用世之略，不得一遂，所至辄小试之。垦田于山东长白山下，畜牧于山西雁门之北、五台之东。累致千金，遍历关塞，四谒孝陵，六谒思陵，始卜居陕之华阴。谓"秦人慕经学，重处士，持清议，实他邦所少；而华阴绾毂关河之口，虽足不出户，亦能见天下之人、闻天下之事。一旦有警，入山守险，不过十里之遥；若有志四方，则一出关门，亦有建瓴之便"。乃定居焉。生平精力绝人，自少至老，无一刻离书。所至之地，以二骡二马载书，过边塞亭障，呼老兵卒询曲折，有与平日所闻不合，即发书对勘；或平原大野，则于鞍上默诵诸经注疏。尝与友人论学云："百余年来之为学者，往往言心言性，而茫然不得其解也。命与仁，夫子所罕言；性与天道，子贡所未得闻。性命之理，著之《易传》，未尝数以语人。其答问士，则曰'行己有耻'，其为学，则曰'好古敏求'。其告哀公明善之功，先之以博学。颜子几于圣人，犹曰'博我以文'。自曾子而下，笃实无如子夏，言仁则曰

‘博学而笃志，切问而近思’。今之君子则不然，聚宾客门人数十百人，与之言心言性，舍多学而识，以求一贯之方，置四海之困穷不言，而讲‘危微精一’，是必其道高于夫子，而其弟子之贤于子贡也。《孟子》一书，言心言性亦谆谆矣，乃至万章、公孙丑、陈代、陈臻、周霄、彭更之所问，与孟子之所答，常在乎出处、去就、辞受、取与之间。是故性也、命也、天也，夫子之所罕言，而今之君子之所恒言也。出处、去就、辞受、取与之辨，孔子、孟子之所恒言，而今之君子之所罕言也。愚所谓圣人之道者如之何？曰‘博学于文，行己有耻’。自一身以至于天下国家，皆学之事也。自子臣弟友以至出入、往来、辞受、取与之间，皆有耻之事也。士而不先言耻，则为无本之人；非好古多闻，则为空虚之学。以无本之人而讲空虚之学，吾见其日从事于圣人，而去之弥远也。”**炎武之学，大抵主于敛华就实。凡国家典制、郡邑掌故、天文仪象、河漕兵农之属，莫不穷原究委，考正得失**。撰《天下郡国利病书》百二十卷；别有《肇域志》一编，则考索之余，合图经而成者。精韵学，撰《音论》三卷①。言古韵者［始］自明陈第，虽创辟榛芜，犹未邃密。炎武乃推寻经传，探讨本原。又《诗本音》十卷②，其书主陈第“《诗》无协韵”之说，不与吴棫本音争，亦不用棫之例，但即本经之韵互考，且证以他书，明古音原作是读，非由迁就，故曰《本音》。又《易音》三卷③，即《周易》以求古音，考证精

---

① 《音论》：《音论》成于崇祯十六年（1643）。共十五篇。其中五篇较为重要。《唐宋韵谱异同》考订唐宋用韵沿革。顾氏意在据唐人韵谱以正宋人韵谱之失。《古人韵缓不烦改字》主唐陆德明之说，认为古人用韵宽缓，如相近可协，则不必依今韵之苛细而改读。《古诗无叶音》主陈第之说，但顾氏同时也认为，由于方音之异，有些字虽不同部，也可以相押。《古人四声一贯》认为，古有四声，但可以递转。顾氏主张，古人读音本有迟疾轻重之别，但由于诗的抑扬高下不同，遂使有些字一字具有迟疾轻重不同的几种音读，以后起的四声名称而论，即“一字之中自有平上去入”。《近代入声之误》认为《广韵》以入声配阳声是错误的。顾氏根据古人押韵、文字谐声、一字异读等材料，主张古代入声配阴声。但侵以下九韵仍旧，歌、戈、麻亦无入声。（见许嘉璐主编《传统语言学辞典》第462页）

② 《诗本音》：《诗本音》据《诗经》以求古音。列《诗经》全文，注音于韵脚之下。凡顾氏认为其音读与今音合的，注明《唐韵》（实即《广韵》）韵目；与今音不合的，则根据《诗经》全书的用韵，参以其他古书韵文，用直音或反切正其音读。顾氏认为，古音本如此读，并非“叶”。这就是“本音”的意思。取全部《诗经》一千九百余韵字，与《广韵》二百零六韵比勘，辨其同异，综合贯串，以求上古韵部之分合。南宋以来随意叶读之谬，至此始一一廓清。此书开清人研究《诗经》古韵之先河，其功甚伟。但顾氏同时有一局限，即受陈第及其前学者的影响，以为当时音读能谐合的，就是古今未变的读音。实际上，今读谐合的，古音并不一定同。如今音支、脂、之三韵不能别，古则分为三部。（见许嘉璐主编《传统语言学辞典》第462页）

③ 《易音》：《易音》据《易》韵文以求古音。注音体例与《诗本音》同，又多取《诗本音》参照。《易》用韵与《诗》有所不同，顾氏认为这是方音之异。真、谆、臻与耕、清、青通，蒸（“应”字）与东（“中”字）通，侵（“禽”、“深”、“心”三字）与东（“穷”、“中”二字）通，这三种情况顾氏都断为方音用韵。顾氏拿它们与《诗》韵的方音参照，并且说“以此知五方之音，虽圣人有不能改者”。顾氏对方音现象的注意，是很可贵的。（见许嘉璐主编《传统语言学辞典》第462页）

确。又《唐韵正》二十卷①、《古音表》二卷②、《韵补正》一卷③，皆能追复三代以来之音，分部正帙，而知其变。又撰《金石文字记》、《求古录》，与经史相证。而《日知录》三十卷，尤为精诣之书，盖积三十余年而后成。其论治综核名实，于礼教尤兢兢。谓风俗衰，廉耻之防溃，由无礼以权之，常欲以古制率天下。炎武又以杜预《左传集解》时有阙失，作《杜解补正》三卷。其他著作，有《二十一史年表》、《历代帝王宅京记》、《营平二州地名记》、《昌平山水记》、《山东考古录》、《京东考古录》、《谲觚》、《菰中随笔》、《亭林文集》、《诗集》等书，并有补于学术世道。清初称学有根柢者，以炎武为最，学者称为亭林先生。又广交贤豪长者，虚怀商榷，不自满假。作《广师》篇云：**"学究天人，确乎不拔，吾不如王寅旭④；读书为己，探赜洞微，吾不如杨雪臣⑤；独精'三礼'，**

---

① 《唐韵正》：《唐韵正》以古人用韵正《唐韵》音读之误。顾氏以《广韵》与《唐韵》一脉相承，所以虽然他订正的是《广韵》，却名之为《唐韵正》。该书就二百零六韵逐字辨其音读。凡今音与古音同的，则不注；不同的，则认为是"韵谱相传之误"，先用直音或反切注其古音，后引经传韵文正其读。一韵大部分皆同，仅数字误的，就数字注之，如一东；一韵皆误的，则每字注之，如四江；相同与不同各半，则同者略注，不同者详注，并说明其本不同源而误并为一，如五支；一韵皆同无误，则不注，如二冬、三钟。此书优点有三。1. 就韵中各字一一考订，离析《唐韵》以求古韵部分合。这对古音研究是一大贡献。而在顾氏之前，古音学家多仅就韵目归并。2. 据历代用韵异同说明语音的流转。3. 除韵文材料外，还用文字谐声以求古韵部分合。此书也有不足之处：首先，取证下限过宽。所引不但有两汉南北朝诗赋，且有唐诗，在一定程度上影响古韵分部的精密性。其次，有泥古思想。语音古今不同是发展变化的结果，顾氏概以为"韵谱相传之"，是不妥当的。（见许嘉璐主编《传统语言学辞典》第462~463页）

② 《古音表》：《古音表》立古韵十部：东、冬、钟、江第一，支、脂、之、微、齐、佳、皆、灰、咍第二，鱼、虞、模、侯第三，真、谆、臻、文、殷、元、魂、痕、寒、桓、删、山、先、仙第四，萧、宵、肴、豪、幽第五，歌、戈、麻第六，阳、唐第七，耕、清、青第八，蒸、登第九，侵、覃、谈、盐、添、咸、衔、严、凡第十。上去随之。入声配阴声（第十部除外）。一韵派属两部的，各部录其所属诸字，并注明："凡不载者，即案文字偏旁以类求之。"一韵之中少数归入它部的，则于它部下录所收之字。顾氏所分古韵十部中，歌、阳、耕、蒸四部在整个清代古音学中被视为定论；以入声配阴声，也是顾氏一大创见。但总的看来，其分部尚为疏略；入声的具体分配，也多有不当之处。江永《古韵标准·例言》称顾氏"考古之功多，审音之功浅"，极为公允。（见许嘉璐主编《传统语言学辞典》第463页）

③ 《韵补正》：顾氏在撰写《唐韵正》之后，遂作此书以正宋吴棫《韵补》之得失。《韵补》内容可分为二：1. 是收录古人用韵而今韵不收的韵字；2。论二百零六韵的古音关系。此书对二者均予是正。首先，逐字考辨吴书所收之字。依内容异同分别若于门类：①所收与古音相合的；②不合古音的；③虽不合古音而又见于《诗》、《易》方音用韵的（此为存疑条）；④四声递转，吴氏本不必收录的；⑤"入声转用"的（此见于去声阴声韵中）。进而逐韵考订吴氏所论二百零六韵古音相通关系。其与吴书意见相同的，则列而不论；意见不同的，则列而正之。其中有吴氏认为与此通而顾氏认为当与彼通的，如江韵；有一韵当析其半而吴氏未析的，如庚韵；有古韵部当立与否的，如尤、侯、幽。但真以下十四韵，吴氏分真、先二部，顾氏虽不分，却无异议。此书对吴书的功过是非，都能尽其所知给予指出订正，态度公允，条理清晰，考订详谨。（见许嘉璐主编《传统语言学辞典》第479页）

④ 王锡阐，字寅旭，号晓庵，吴江（今属江苏）人。精天文历算之学。

⑤ 杨瑀，字组玉，号雪臣，又号旭楼，武进（今属江苏）人。顾炎武《与杨雪臣》云："愚所深服先生者，在不刻文字，不与时名。"即此文所言"读书为己"。

卓然经师，吾不如张稷若①；萧然物外，自得天机，吾不如傅青主②；坚苦力学，无师而成，吾不如李中孚③；险阻备尝，与时屈伸，吾不如路安卿④；博闻强记，群书之府，吾不如吴志伊⑤；文章尔雅，宅心和厚，吾不如朱锡鬯⑥；好学不倦，笃于朋友，吾不如王山史⑦；精心六书，信而好古，吾不如张力臣⑧。至于达而在位，其可称述者，亦多有之，然非布衣之所得议也。”康熙十七年，诏举博学鸿儒科，又修《明史》，大臣争荐之，以死自誓。二十一年，卒，年七十。无子，吴江潘耒叙其遗书行世。宣统元年，从祀文庙。

《清史列传·儒林传下一》：顾炎武，初名绛，字宁人，江南昆山人。……尝谓经学即理学，自有舍经学以言理学者，而邪说以起；不知舍经学，则其所谓理学者，禅学也。于同时诸人，虽以苦节推孙奇逢、李颙，以经世之学推黄宗羲，而论学则皆不合。（下略）⑨

程先贞《赠顾征君亭林序》：东吴顾征君亭林先生，今之大儒，于书无所不读，习熟国家典制，以至人情物理，淹贯会通，折衷而守之，卓乎为经济之学者也。而失意于时，君子惜之。以故北游上国，历燕、赵之墟，上太行，渡黄河，出塞入关，极秦、晋之鄙，折而滞留于齐、鲁间，皆得周览其名山大川，将以拟太史公之故事。乃每过吾州，辄见访，如侨札⑩之欢，皋梁之托也。为余谈说经史，不惮娓娓。或留信宿，浃月经时，然后乃得去。因见其著述之富，汗牛充栋。要皆崇正黜邪，一轨于圣贤之微旨，抽关启钥，尽见其全。其辩详以核，其论典以要，其思平实以远，其义纯粹以精。本于经而不泥于昔闻，原于史而不拘于成说，多前贤所未明，一旦自我发之者。自汉、唐以来，诸儒林立。观其意思，略与郑康成、王文中辈相仿佛，皆能深造理窟，力追大雅，以斯文为己任者也。以视今之作者，不啻奏黄钟、大吕于秋虫响答之前，其巨细不侔矣。假使先生得时，而驾为当代柱石，功业所至，不过封侯而止，其于闲先圣之道，以津逮将来，为天下后世之利，且孰得孰失乎？今年结夏于此，与二三同人讲《易》，复得发其《日知录》一书观之。多考古论世之学，而其大旨在于明经术，扶王道，为之三叹服膺。劝其出以惠学者。此自亭林支峰蔓壑。余老病荒忽，书数语其后，附以不朽。必欲东观大海，尽十洲三岛之奇，则有先生所著之全书在，非一朝一夕所得而卒业者矣。余不佞，倘如《豫》之五爻，疾而不死，请得读书养气，十年之后，文思少进，为先生细论之。

---

① 张尔岐，字稷若，号蒿庵，又号汗漫，济阳（今属山东）人。

② 傅山，初名鼎臣，字青竹，后改名山，字青主，一字啬庐，另有数十别号、室名。阳曲（今山西太原）人。

③ 李颙，字中孚，号二曲，周至（今属陕西）人。

④ 路泽浓，字吾征，又字安卿，直隶曲周（今属河北）人。

⑤ 吴志伊，字任臣，一字尔器，号托园，仁和（今浙江杭州）人。

⑥ 朱彝尊，字锡鬯，号竹坨，秀水（今浙江嘉兴）人。

⑦ 王弘撰，字无异，一字修文，号山史，又署鹿马山人，华阴（今属陕西）人。

⑧ 张弨，字力臣，号亟斋，山阳（今江苏淮安）人。

⑨ 详见中华书局本第17册，第5435~5437页。

⑩ 侨札指春秋郑国公孙侨（子产）与吴国公子季札。季札至郑，与子产一见如故，互赠缟带纻衣。事见《左传·襄公二十九年》。后因以“侨札”比喻朋友之交。

全祖望《鲒埼亭集》卷十二《亭林先生神道表》：顾氏世为江东四姓之一，五代时由吴郡徙徐州，南宋时迁海门，已而复归于吴，遂为昆山县之花浦村①人。其达者，始自明正德间，曰工科给事中、广东按察使司众事溱及刑科给事中济。刑科生兵部侍郎章志，侍郎生左赞善绍芳及国子生绍芾，赞善生官荫生同应。同应之仲子曰绛，即先生也。绍芾生同吉，早卒，聘王氏，未婚守节，以先生为之后。先生字曰宁人，乙酉改名炎武，亦或自署曰蒋山佣，学者称为亭林先生。少落落有大志，不与人苟同，耿介绝俗。其双瞳子中白而边黑，见者异之。最与里中归庄相善，共游复社，相传有“归奇顾怪”之目。于书无所不窥，尤留心经世之学。其时四国多虞，太息天下乏材，以至败坏。自崇祯己卯后，历览二十一史、十三朝实录、天下图经、前辈文编、说部，以至公移、邸抄之类，有关于民生之利害者，随录之，旁推互证，务质之今日所可行，而不为泥古之空言，曰《天下郡国利病书》，然犹未敢自信，其后周流西北且二十年，遍行边塞亭障，无不了了而始成。其别有一编曰《肇域志》，则考索利病之余，合图经而成者。予观宋乾、淳诸老，以经世自命者，莫如薛艮斋，而王道夫、倪石林继之，叶水心尤精悍，然当南北分裂，闻而得之者多于见，若陈同甫，则皆欺人无实之大言。故永嘉、永康之学皆未甚粹，未有若先生之探原竟委，言言可以见之施行，又一禀于王道，而不少参以功利之说者也。最精韵学，能据遗经以正六朝、唐人之失，据唐人以正宋人之失，欲追复三代以来之音，分部正帙，而究其所以不同，以知古今音学之变，其自吴才老而下廓如也，则有曰《音学五书》。性喜金石之文，到处即搜访，谓其在汉、唐以前者足与古经相参考，唐以后者亦足与诸史相证明，盖自欧、赵、洪、王后，未有若先生之精者，则有曰《金石文字记》。**晚益笃志六经，谓古今安得别有所谓理学者，经学即理学也。自有舍经学以言理学者，而邪说以起，不知舍经学则其所谓理学者，禅学也。故其本朱子之说，参之以慈溪黄东发《日抄》，所以归咎于上蔡、横浦、象山者甚峻。于同时诸公虽以苦节推百泉、二曲，以经世之学推梨洲，而论学则皆不合，其书曰《下学指南》。或疑其言太过，是固非吾辈所敢遽定；然其谓经学即理学，则名言也。**而《日知录》三十卷，尤为先生终身精诣之书，凡经史之粹言具在焉②。盖先生书尚多，予不悉详，但详其平生学业之所最重者。（下略）

李光地《榕村集》卷三十三《顾宁人小传》：顾炎武，字宁人，吴之长洲人。自幼博涉强识，好为搜讨、辩论之学。十三经、诸史，旁及子集、稗野、列代名人著述，微文碎义，无不考究。骑驴走天下，所至荒山颓址，有古碑版遗迹，必披榛菅，抉斑藓读之，手录其要以归。十余岁至七十，而老勤如一日。于六书音义尤独得。余始官庶吉士，曾相从为半日话。时余于音学无晓也，宁人举大指示之曰：“古者同文，声与形应。凡字旁从某，音必从某。后世不悟音讹，反谓古书为叶，皆非也。唐韵承江左末流，部居悉舛，分合之间纷不可治。今当以《诗》、《易》、周秦之文为正，质验字旁，分者并之，合者离之，使古书无二音，然后得复其旧。”余闻言犹未省了，家居数载，追寻言绪未达者，自以意为之说。又七年，复来京师，则宁人没矣。闻其书已成，亟求观之。……盖平、上、去三声虽有差互，犹得类从，入声则杂乱尤甚，如人经荒流者，不第乡贯不可复追，姓氏、族系皆不自别矣。有顾氏之书，然后三代之文可复，雅颂之音，各得其所。语声形

① 花浦村，即今昆山市千灯镇，尚有顾炎武故居，又新辟顾园。

② 全氏此语似为误断。

者，自汉、晋以来未之有也。书既刻，厚自宝秘，曰："五十年后乃有知我者耳。"**尚有《日知录》数十卷，识大小，覆同异，辨是非，亦有补于学者**。其徒潘耒刻之闽中。卫先生尔锡言其地理书用心尤多，然未见也。孤僻负气，讥诃古今，人必刺切，径情伤物，以是吴人訾之。然近代博雅淹洽，未见其比。

罗正钧《船山师友记》卷十六《顾处士炎武》：顾炎武，字宁人，江南昆山人。初，应邑令杨永言之辟，与嘉定吴其沆、同里归庄共起兵，奉故郧抚王永祚以从夏允彝于吴中。鲁王监国，授为兵部司务。事既不克，永言行遁去，其沆死之，炎武与庄得脱。次年，唐王起闽中，以职方郎召，欲赴，不果。庚寅，有怨家欲陷之，乃变衣冠，作商贾，游京口。次年，之旧都，谒孝陵，癸丑再谒，其冬又谒而图焉。有仆曰陆恩，叛投里豪，丁酉四谒孝陵归，擒之，数其罪，沉之水。仆婿复投里豪，以千金贿太守，求杀之，势危甚。会故相路振飞之子泽溥为白其事，乃东行，垦田以自给。戊戌游北畿，出山海关，至昌平，谒长陵以下，复归，六谒孝陵。东至会稽。次年复北谒思陵，由太原、大同入关中，至榆林。甲辰四谒思陵毕，垦田于雁门之北。丁未之淮上，次年自山东之京师。莱之黄氏奴以陈济生所辑《忠义录》指为炎武作，首之，驰赴山东请勘，系数月，富平李因笃①亲至历下解之。狱白，复如京师，五谒思陵。自是往还河北诸塞者凡十年。丁巳，六谒思陵，始卜居陕之华阴。时有巨公方任史事，以书来招，答曰："愿以一死自谢，最下则逃之方外。"戊午，鸿词科诏下，诸巨公争欲致之，以死辞，得免。其论学则曰："诸君关学之绪余也，横渠、蓝田之教，以礼为先。孔子曰：'博学于文，约之以礼。'而刘康公云：'民受天地之中以生，是以有所谓命也，是以有动作威仪之则。'然则君子为学，舍礼何由？今日讲学家专以聚徒立帜为心，而其教不肃，方将赋茅鸱之不暇，何问其他？"晚益笃志六经，**谓经学即理学也。自有舍经学言理学者，乃坠于禅学而不自知**。康熙二十年，卒于华阴，年六十有九。所著有《天下郡国利病书》、《肇域志》、《日知录》、《音学五书》、《左传杜解补正》、《九经误字》、《石经考异》、《亭林诗文集》诸书。

徐鼒《小腆纪传》卷五十三：顾炎武，字宁人，原名绛，或自署曰蒋山佣，学者称为亭林先生，昆山人。炎武少落落有大志，双瞳子中白而边黑，人异之。与里中归庄善，共游复社，有"归奇顾怪"之目。乙酉夏，与昆山令杨永言、诸生吴其沆及归庄共起兵，奉故郧抚王永祚浙东，授为兵部司务，事败，永言行遁去，其沆死之，炎武与庄幸得脱，而母王氏遂不食卒，遗言后人勿事二姓。次年，闽中以职方司郎中召，母丧未葬，不果赴。明年，几豫吴胜兆之祸。庚寅，有怨家欲陷之，乃变衣冠，作商贾游，沿江上下，览南都畿辅之胜。有三世仆曰陆恩，见其日出游，家中落，叛投里豪叶方恒，且欲告其通海状。炎武禽之，数其罪而沉诸河，叶讼之，狱急，归庄私为门生刺，为求救于故尚书钱谦益，炎武知之，索刺还，不得，乃列揭通衢以自白。会故相路振飞之子泽溥，言诸兵备道，事得解。炎武既不为乡里所善，乃复浩然出游，垦田章丘之长白山下，东北游畿甸，抵山海关外。次年，念江南山川有未尽者，复归，东游至会稽，已复由太原、大同入关中，北至榆林，与同志李因笃等二十余人丐资垦田雁门之北、五台之东。自丁酉迄丁巳，二十年间，六谒天寿山陵寝，谒孝陵、思陵者亦各六。中间浙江庄廷鑨私史、莱州黄培

① 李因笃（1631—1692），字天生，一字孔德，又字子德，陕西富平人。事迹见冒怀辛《天生学案》（载杨向奎《清儒学案》第三册）。

逆诗之狱，几不免，而皆以智自脱。初年故国之怀，耿耿未下，奔走四方，以求一当。既知无可为，而又不欲南归，谓秦人重处士，持清议，实他邦所少。华阴绾毂关河之口，亦有事天下之资，乃定居焉，置田五十亩，供晨夕，而东西开垦，所入则别储之。康熙间，诏举博学鸿词科，开局修《明史》，大臣多荐之，并以死辞。华下诸生请讲学，谢之曰："近日二曲徒以讲学得名，招逼迫，几凶死。虽曰威武不屈，然名之为累则已甚，又况东林覆辙之进于此乎？"其论学则曰："孔子尝言：'博我以文，约之以礼。'刘康公亦云：'民受天地之中以生，所谓命也。'是以有动作礼义威仪之则以定命。然则君子为学，舍礼何由？近来讲学之师，专以聚徒立帜为心，而其教不肃。"又《与友人论学》云："百余年来之为学者，往往言心言性，而茫然不得其解也。命与仁，夫子所罕言；性与天道，子贡所未得闻。性命之理，著之《易传》，未尝数以语人。其答问士则曰：'行己有耻。'其为学则曰：'好古敏求。'其与门弟子言，但曰：'允执厥中，四海困穷，天禄永终。'其告哀公明善之功，先之以博学。颜子几于圣人，犹曰：'博我以文。'自曾子而下笃实莫若子夏，言仁则曰：'博学而笃志，切问而近思。'今之君子则不然。聚宾客门人数十百人，与之言心言性，舍多学而识，以求一贯之方，置四海困穷不言，而讲危微精一，是必其道高于夫子，而其弟子之贤于子贡也，我弗敢知也。《孟子》一书，言心言性，亦谆谆矣，乃至万章、公孙丑、陈代、陈臻、周霄、彭更之所问，与孟子之所答，常在乎出处、去就、辞受、取与之间，是故性也、命也、天也，夫子之所罕言，而今之君子之所恒言也。出处、去就、辞受、取与之辨，孔子、孟子之所恒言，而今之君子所罕言也。愚所谓圣人之道者如之何？曰'博学于文'，曰'行己有耻'。自一身以至于天下国家，皆学之事也；自子臣弟友以至出入、往来、辞受、取与之间，皆有耻之事也。士而不先言耻，则为无本之人。非好古多闻，则为空虚之学。以无本之人而讲空虚之学，吾见其日从事于圣人，去之弥远也。"又曰："**今之理学，禅学也。不取之'五经'、《论语》，而但资之语录，不知本矣。**"其论文非有关于经旨世务者，皆谓之巧言，不以措笔。故炎武之学，大抵主于敛华就实，救弊扶衰，凡国家典制、郡邑掌故、天文仪象、河漕兵农之属，莫不穷究原委，考正得失。而又广交贤豪长者。作《广师》篇云："学究天人，确乎不拔，吾不如王锡阐；读书为己，探赜洞微，吾不如杨瑀；独精'三礼'，卓然经师，吾不如张尔岐；萧然物外，自得天机，吾不如傅山；坚苦力学，无师而成，吾不如李颙；险阻备尝，与时屈伸，吾不如路泽溥；博闻强记，群书之府，吾不如吴任臣；文章尔雅，宅心和厚，吾不如朱彝尊；好学不倦，笃于友朋，吾不如王弘撰；精心六书，信而好古，吾不如张弨。"其虚怀乐善如此。生平精力绝人，自少至老，无一刻离书。所撰《天下郡国利病书》一百二十卷，历览诸史、图经、实录、文编、说部之类，取其关于民生利病者。且周流西北，历二十年，其书始成。别有《肇域志》一编，则考索利病之余，合图经而成者。好言韵学，撰《音论》三卷、《诗本音》十卷，主明陈第《诗》无协韵之说，不与吴棫本音争，亦全不用《补音》之例，但即本经之韵互考，且证以他书，明古音原作是读，非有迁就，故曰本音。又即《周易》以求古音，作《易音》三卷，又《唐韵正》二十卷、《韵补正》一卷、《古音表》二卷，皆能追复三代以来之音，分部正帙，而知其变，自吴才老而下廓如也。谓金石之文可证经史，撰《金石文字记》、《求古录》。以杜预《左传集解》时有阙失，作《杜解补正》三卷。其他著作有《石经考》、《二十一史年表》、《历代帝王宅京记》、《亭林文集》、《诗集》、《营平二州地名记》、《昌平山水记》、《山东考古录》、《谲觚》、《菰中随笔》、《救文格论》等书，并有补于学术世道。既怀济世之才，而不得一遂所至，小试之垦田度地，累致千金，故随寓即饶足。尚书徐乾学兄弟，甥也，未遇时，卵翼之，至是鼎贵为东南人士所宗，累书迎请南归，终不应。或敏之，对曰："昔岁孤生飘摇风雨，今兹亲串崛起云霄，思归尼父之辕，恐近伯鸾之灶，且天仍梦梦，世尚滔滔，犹吾天夫？未见君子，徘徊渭川，以毕余年，足矣。"庚申，妻卒于里中，仅寄诗挽之。壬戌，竟客死曲沃，年七十，门人奉丧归葬昆山。吴江潘耒，弟子也，收其遗书，序而行之。纾字子严，炎武同母弟也。居亲丧，哭过哀，目遂盲。明亡后，兄弟绝意仕进，炎武奔走四方，纾独隐居千墩①旧庐。华阴王弘撰称其暗修于不见不闻之地，不愧隐君子。②

王士禛《居易录》卷三十：友人顾炎武字宁人，别号亭林。按：顾野王读书处名顾亭林，在华亭。

阮元《儒林传稿》卷一、钱林《文献征存录》卷二皆有传，存目。

顾炎武《亭林诗文集》文集卷二《抄书自序》：炎武之先家海上，世为儒。自先高祖为给事中，当正德之末，其时天下惟王府官司及建宁书坊乃有刻板。其流布于人间者，不过四书五经、《通鉴》、《性理》诸书。他书即有刻者，非好古之家不蓄。而寒家已有书六七千卷。嘉靖间，家道中落，而其书尚无恙。先曾祖继起，为行人使岭表，而倭阑入江东，郡邑所藏之书与其室庐俱焚，无孑遗焉。……自少为帖括之学者二十年，已而学为诗古文，以其间纂记故事。年至四十，斐然欲有所作。又十余年，读书日以益多，而后悔其向者立言之非也。自炎武之先人，皆通经学古，亦往往为诗文。本生祖赞善公，文集至数百篇，而未有著书以传于世者。昔时尝以问诸先祖，先祖曰：**"著书不如抄书。凡今人之学，必不及古人也。今人所见之书之博，必不及古人也。小子勉之，惟读书而已。"**先祖书法盖逼唐人，性豪迈不群，然自言少时日课，抄古书数纸。今散亡之余，犹数十帙，他学士家所未有也。自炎武十一岁，即授之以温公《资治通鉴》，曰："世人多习《纲目》，余所不取。"**凡作书者，莫病乎其以前人之书，改窜而为自作也。班孟坚之改《史记》，必不如《史记》也；宋景文之改《旧唐书》，必不如《旧唐书》也；朱子之改《通鉴》，必不如《通鉴》也。至于今代，而著书之人几满天下，则有盗前人之书而为自作者矣。**故得明人书百卷，不若得唐人书一卷也。炎武之游四方十有八年，未尝干人。有贤主人以书相示者，则留，或手抄，或募人抄之。（下略）

顾炎武《亭林诗文集》文集卷二《音学五书序》：《记》曰："声成文，谓之音。"夫有文斯有音，比音而为诗，诗成然后被之乐。此皆出于天，而非人之所能为也。三代之时，其文皆本于六书，其人皆出于族党庠序，其性皆驯化于中和，而发之为音，无不协于正。然而《周礼》大行人之职："九岁属瞽史，谕书名，听声音。"所以一道德而同风俗

① 千墩，即今昆山市千灯镇。据《吴越春秋》等书记载，吴地有三江，其吴淞江畔有土墩九百九十九个，及昆山南三十里有一高土堆，为第一千墩，遂称"千墩"。千灯位于昆山市区东南部，东接上海，西通苏州，为江南著名水乡之一。至今仍保留着水陆并行、河街相邻的棋盘式格局和小桥流水人家的古朴风貌。

② 《续修四库全书》第333册。

者，又不敢略也。是以《诗》三百五篇，上自商颂，下逮陈灵，以十五国之远、千数百年之久，而其音未尝有异。帝舜之歌，皋陶之赓，箕子之陈，文王、周公之系，无弗同者。故三百五篇，古人之音书也。魏、晋以下，去古日远，词赋日繁，而后名之曰韵。至宋周颙、梁沈约，而四声之谱作。然自秦、汉之文，其音已渐戾于古，至东京益甚。而休文作谱，乃不能上据雅、南，旁摭骚、子，以成不刊之典，而仅按班、张以下诸人之赋，曹、刘以下诸人之诗所用之音，撰为定本。于是今音行而古音亡，为音学之一变。下及唐代，以诗赋取士，其韵一以陆法言《切韵》为准。虽有独用、同用之注，而其分部未尝改也。至宋景祐之际，微有更易。理宗末年，平水刘渊始并二百六韵为一百七。元黄公绍作《韵会》因之，以迄于今。于是宋韵行而唐韵亡，为音学之再变。世日远而传日讹，此道之亡盖二千有余岁矣。炎武潜心有年，既得《广韵》之书，乃始发悟于中，而旁通其说。于是据唐人以正宋人之失，据古经以正沈氏、唐人之失，而三代以上之音部分秩如，至赜而不可乱。乃列古今音之变，而究其所以不同，为《音论》二卷；考正三代以上之音，注三百五篇，为《诗本音》十卷；注《易》，为《易音》三卷；辨沈氏部分之误，而一一以古音定之，为《唐韵正》二十卷；综古音为十部，为《古音表》二卷。自是而六经之文乃可读，其他诸子之书，离合有之，而不甚远也。天之未丧斯文，必有圣人复起，举今日之音而还之淳古者。子曰："吾自卫反鲁，然后乐正，雅颂各得其所。"实有望于后之作者焉。

顾炎武《亭林诗文集》文集卷二《音学五书后序》：余纂辑此书三十余年，所过山川亭鄣，无日不以自随。凡五易稿，而手书者三矣。然久客荒壤，于古人之书多所未见，日西方莫，遂以付之梓人，故已登版，而刊改者犹至数四。又得张君弨为之考《说文》，采《玉篇》，仿《字样》，酌时宜而手书之；二子叶增、叶箕分书小字；鸠工淮上，不远数千里，累书往复，必归于是，而其工费则又取诸鬻产之直，而秋毫不借于人，其著书之难而成之之不易如此。然此书为《三百篇》而作也，先之以《音论》，何也？曰：审音学之原流也。《易》文不具，何也？曰：不皆音也。《唐韵正》之考音详矣，而不附于经，何也？曰：文繁也。已正其音，而犹遵元第，何也？曰：述也。《古音表》之别为书，何也？曰：自作也。盖尝四顾踌躇，几欲分之，几欲合之，久之然后胪而为五矣。呜呼！许叔重《说文》始一终亥，而更之以韵，使古人条贯不可复见。陆德明《经典释文》割裂删削，附注于九经之下，而其元本遂亡。成之难而毁之甚易，又今日之通患也。《孟子》曰："流水之为物也，不盈科不行。"《记》曰："不陵节而施之谓孙。"若乃观其会通，究其条理，而无轻变改其书，则在乎后之君子。(下略)

顾炎武《亭林诗文集》文集卷二《初刻日知录自序》：炎武所著《日知录》，因友人多欲抄写，患不能给，遂于上章阉茂之岁刻此八卷。历今六七年，老而益进，始悔向日学之不博、见之不卓，其中疏漏往往而有，而其书已行于世，不可掩。渐次增改，得二十余卷，欲更刻之，而犹未敢自以为定，故先以旧本质之同志。盖天下之理无穷，而君子之志于道也，不成章不达，故昔日之得，不足以为矜，后日之成，不容以自限。若其所欲明学术，正人心，拨乱世以兴太平之事，则有不尽于是刻者，须绝笔之后，藏之名山，以待抚世宰物者之求。其无以是刻之陋而弃之，则幸甚！

顾炎武《亭林诗文集》文集卷二《左传杜解补正序》：《北史》言，周乐逊著《春秋序义》，通贾、服说，发杜氏违。今杜氏单行，而贾、服之书不传矣。吴之先达，邵氏宝有《左觿》百五十余条，又陆氏粲有《左传附注》，傅氏逊本之为《辨误》一书，今多取之，参以鄙见，名曰《补正》，凡三卷。若经文大义，《左氏》不能尽得，而《公》、《穀》得之；《公》、《穀》不能尽得，而啖、赵及宋儒得之者，则别记之于书，而此不具也。

顾炎武《亭林诗文集》文集卷二《金石文字记序》：**余自少时即好访求古人金石之文，而犹不甚解。及读欧阳公《集古录》，乃知其事多与史书相证明，可以阐幽表微，补阙正误，不但词翰之工而已。**比二十年间，周游天下，所至名山巨镇、祠庙伽蓝之迹，无不寻求，登危峰，探窈壑，扪落石，履荒榛，伐颓垣，畚朽壤，其可读者，必手自抄录，得一文为前人所未见者，辄喜而不寐。一二先达之士知余好古，出其所蓄，以至兰台之坠文，天禄之逸字，旁搜博讨，夜以继日，遂乃抉剔史传，发挥经典，颇有欧阳、赵氏二《录》之所未具者，积为一帙，序之以贻后人。夫《祈招》之诗，诵于右尹，孔悝之鼎，传之戴《记》。皆尼父所未收，六经之阙事，莫不增高五岳，助广百川。今此区区，亦同斯指。**恨生晚不逢，名门旧家大半凋落，又以布衣之贱，出无仆马，往往怀毫舐墨，踯躅于山林猿鸟之间，而田父伧丁鲜能识字，其或褊于闻见，窘于日力，而山高水深，为登涉之所不及者；即所至之地，亦岂无挂漏？又望后人之同此好者，继我而录之也。**

顾炎武《亭林诗文集》亭林文集卷三《与友人论学书》：比往来南北，颇承友朋推一日之长，问道于盲。窃叹夫百余年以来之为学者，往往言心言性，而茫乎不得其解也。命与仁，夫子之所罕言也；性与天道，子贡之所未得闻也。性命之理，著之《易传》，未尝数以语人。其答问士也，则曰"行己有耻"；其为学，则曰"好古敏求"；其与门弟子言，举尧、舜相传所谓"危微精一"之说，一切不道，而但曰："允执其中，四海困穷，天禄永终。"呜呼！圣人之所以为学者，何其平易而可循也。故曰："下学而上达。"颜子之几乎圣也，犹曰："博我以文。"其告哀公也，明善之功先之以博学。自曾子而下，笃实无若子夏，而其言仁也，则曰："博学而笃志，切问而近思。"今之君子则不然。聚宾客门人之学者数十百人，譬诸草木，区以别矣，而一皆与之言心言性，舍多学而识，以求一贯之方，置四海之困穷不言，而终日讲"危微精一"之说，是必其道之高于夫子，而其门弟子之贤于子贡，祧东鲁而直接二帝之心传者也，我弗敢知也。《孟子》一书，言心言性，亦谆谆矣，乃至万章、公孙丑、陈代、陈臻、周霄、彭更之所问，与孟子之所答者，常在乎出处、去就、辞受、取与之间，以伊尹之元圣，尧、舜其君，其民之盛德大功，而其本乃在乎千驷一介之不视不取，伯夷、伊尹之不同于孔子也，而其同者，则以行一不义，杀一不辜，而得天下不为。是故性也，命也，天也，夫子之所罕言，而今之君子之所恒言也。出处、去就、辞受、取与之辨，孔子、孟子之所恒言，而今之君子所罕言也。谓忠与清之未至于仁，而不知不忠与清而可以言仁者未之有也。谓不忮不求之不足以尽道，而不知终身于忮且求而可以言道者未之有也。我弗敢知也。**愚所谓圣人之道者如之何？曰博学于文，曰行己有耻。自一身以至于天下国家，皆学之事也。自子臣弟友以至出入、往来、辞受、取与之间，皆有耻之事也。耻之于人大矣！不耻恶衣恶食，而耻匹夫匹妇之不被其泽，故曰："万物皆备于我矣，反身而诚。"呜呼！士而不先言耻，则为无本之人；非好古而多闻，则为空虚之学。以无本之人而讲空虚之学，吾见其日从事于圣人，而去之弥远也。**（下略）

章学诚《文史通义·内篇二·浙东学术》：**“世推顾亭林氏为开国儒宗，然自是浙西之学**。不知同时有黄梨洲氏出于浙东，虽与顾氏并峙，而上宗王、刘，下开二万，较之顾氏，源远而流长矣。顾氏宗朱，而黄氏宗陆，盖非讲学专家，各持门户之见者，故互相推服，而不相非诋。**学者不可无宗主，而必不可有门户，故浙东、浙西道并行而不悖也。浙东贵专家，浙西尚博雅，各因其习而习也。**”

包世臣《艺舟双楫》卷一《读亭林遗书》：乾隆壬子，白门书贾新雕《日知录》出，予翻阅首册，始知亭林之名。爱其书，力不能购。嘉庆辛酉，客芜湖，为从游姚季光著《说储》二篇。壬戌，至常州，主李申耆家，出稿本质之。申耆手为缮清，以为其说多与《日知录》相出入，因得尽读《日知录》三十卷，叹为经国硕猷，足以起江河日下之人心风俗，而大为之防。唯摘章句以说经，及畸零证据，犹未免经生射策之习。欲删移其半，别为外篇，以重其书而未果。嗣游扬州，得见《唐韵正》五书，心伟绝业，而非所好也。又得《郡国利病书》读之，征录赅备，如医家流之有《本草纲目》，足为《日知录》之佐使。迨展侧吴越，近世闻人之书大都得寓目。窃以为百余年来，言学者必首推亭林，亭林书必首推《日知录》。继闻亭林有诗文集，求之不可得。今岁家食，见黄修存藏《亭林遗书》十种，诗文集备在，假归读之，乃知所著又有《肇域志》，其稿不知尚在人间否？而集中自述《日知录》之辞，有曰：“意在拨乱涤污，法古用夏，启多闻于来学，待一治于后王。”又曰：“有王者起，将以见诸行事，以跻斯世于治古之隆。”又曰：“平生之志与业，皆在其中。道之隆污，各以其时，使后王得以酌取，其亦可以毕区区之愿矣。”然后知予之所以信亭林者，乃即亭林之所以自信，宜其立说之多符合也。如《日知录》所载，自古有亡国，无亡天下。国亡，卿大夫之责也。天下亡，则士与有责焉。集中所载，天生豪杰，必有所任，拯斯人于涂炭，为万世开太平，此吾辈之任也。又曰：“引古筹今，亦吾儒经世之用。然今日之事，兴一利，便添一害。如欲行沁水之转般，则河南必扰；开胶莱之运道，则山东必乱。”又曰：“目击世趣，方知治乱之关，必在人心风俗。而所以转移人心，整饬风俗，则教化纲纪为不可阙矣。百年必世养之而不足，一朝一夕败之而有余。”至哉言乎！可以俟诸百世而不惑矣。亭林之自序曰：“少为帖括二十年，已而学为诗、古文，以其间纂记故事。年至四十，斐然欲有所作。又十余年，读书日以益多，而后悔其向者立言之非。”恳恳乎其不我欺也。予年十八，即罢帖括之业，而力求吾儒所当有事者，佣书负米，经三数十年，颇能远伤廉之取，不枉己以求合，辛苦颠踬而不悔。兹读亭林诗文，按其岁月，核其行检，辨进修之日，深信立言之有本，使励志之士得以倚而自坚。读其集，而《日知录》乃以益重，则信乎其近世学者之首也。亭林耳目至广，记诵绝人，勤于笔札，至老不倦。于以参较错互，辨正讹谬。其学能举大而不遗么细，沾溉小儒，目饾饤一得之勤，以及考证、声韵、金石、舆地名家者十数而不止，上者推演以自植，下者稗贩而谀闻，是亭林之所长也。予少小尠所闻见，雅善遗忘，唯以食贫居贱，知民间所疾苦，则心求所以振起而补救之者。稍长，困于奔走，涉世事，读官书，则知求所以致弊之故，而澄其源。又知举事骇众则败成，常求顺人情，去太甚，默运转移而不觉，必能自信也，而后载笔，然犹必时察事变，稍有窒碍，则不惜详更节目，要于必可举行以无误后世，是予之所长也。至于诗文一艺，结习同深。亭林之诗导源历下，沿西昆、玉溪、杜陵以窥柴桑，予则托始供奉，溯康乐、平原以达步兵、东阿，而弛负于曲江、杜陵。亭林诗从声色入，予诗从臭味入，言必有物，风云月露，不得涉其毫浉，是则所同也。亭林之文，宗考亭以跻南丰，以其立志远，而读书多，更事数，时时有独到语，为曾、朱两家所未及。予为文能发事物之情状，窥见至隐，有如面谈，繁或千言，短则数语，因类付形，达意而止，是则千虑之一，抑亦有不敢多让者。要之，亭林之学成于责实，予之学出于导虚，使得周旋几席，以上下其论议，则予可免凭臆之讥，而亭林亦少术述之诮矣。亭林见《韵补》，而自伤谫陋独学，欲求如才老者与之讲习，则明六经之读，复三代之旧，夫岂其难。则予读亭林遗书，而不能不重为之叹息者，亦无怪矣。①

章太炎《检论·清儒》：清世理学之言，竭而无余华；多忌，故歌诗文史楛；愚民，故经世先王之志衰（三事皆有作者，然其弗逮宋、明远甚）。家有智慧，大凑于说经，亦以纾死，而其术近工眇踔善矣。始故明职方郎昆山顾炎武为《唐韵正》、《易》、《诗本音》，古韵始明，其后言声音训诂者禀焉。

今按：顾炎武早年深受其祖父之影响。其学之主干为经世之学，而义理之学实非所长，去禅学化倾向尤为偏颇。身处明、清之际，安得复三代之古？其考据之学亦接着宋、明诸儒而讲，并非独辟蹊径。后世以清代朴学开山祖师视之，其考据学受到时代、家庭、天资、资料等多方面的限制，故其学术成果多为未定之说。《日知录》开启清学札记体范式，提出了大量论题，此后主流学者围绕这些话题展开了长达三百年的讨论，顾炎武因此成为中国近三百年学术史的中心人物。

---

① 《续修四库全书》第1082册。

阎若璩

《清儒学案》卷三十九《潜丘学案》：潜丘于诸经注疏背诵如流，于史综核贯穿，尤精地理，撰录繁富。独自重其《尚书古文疏证》。盖梅氏所上古文，至宋始有疑义，自朱子以来，于其依托之处，递有辩论，而未畅厥说。潜丘与惠、丁诸家，相继成书，尽发其覆。凡所抉摘，能得确证，皆不易之论也。然自伪古文之说行，后来风气，动辄疑经，极其流失，有专主今文，而概以他经古文为伪者。学术之偏，何所底止！此岂昔人所及料哉？(下略)

《清史稿·儒林二》：阎若璩，字百诗，太原人。世业盐策，侨寓淮安。父修龄，以诗名家。若璩幼多病，读书暗记，不出声。年十五，以商籍补山阳县学生员。研究经史，深造自得。尝集陶弘景、皇甫谧语，题其柱云："一物不知，以为深耻；遭人而问，少有暇日。"其立志如此。海内名流过淮，必主其家。年二十，读《尚书》，至古文二十五篇，即疑其伪。沉潜三十余年，乃尽得其症结所在，作《古文尚书疏证》八卷，引经据古，一一陈其矛盾之故，古文之伪大明。所列一百二十八条，毛奇龄《尚书古文冤词》百计相轧，终不能以强辞夺正理，则有据之言先立于不可败也。康熙元年，游京师，旋改归太原故籍，补廪膳生。十八年，应博学鸿儒科试，报罢。昆山顾炎武以所撰《日知录》相质，即为改定数条，炎武虚心从之。编修汪琬著《五服考异》，若璩纠其谬，尚书徐乾学叹服。及乾学奉敕修《一统志》，开局洞庭山，若璩与其事。若璩于地理尤精审，山川形势、州郡沿革，了如指掌，撰《四书释地》五卷，及于人名、物类、训诂、典制，事必求其根柢，言必求其依据，旁参互证，多所贯通。又据《孟子》七篇，参以《史记》诸书，作《孟子生卒年月考》一卷。又著《潜丘劄记》六卷、《毛朱诗说》一卷，手校《困学纪闻》二十卷，因浚仪之旧而驳正笺说推广之。又有《日知录补正》、《丧服异注》、《宋刘攽、李焘、马端临、王应麟四家逸事》、《博湖掌录》诸书。世宗在潜邸闻其名，延入邸中，索观所著书，每进一篇必称善。疾革，请移就城外，以大床为舆，上施青纱帐，二十人舁之出，安稳如床箦。康熙四十三年，卒，年六十九。世宗遣使经纪其丧，亲制诗四章，复为文祭之。有云："读书等身，一字无假，孔思周情，旨深言大。"佥谓非若璩不能当也。（按：《清史稿》多袭用《四库提要》，此即一例。）

《清史列传·儒林传下一》：存目。①

钱大昕《潜研堂集》文集卷三十八《阎先生若璩传》：先生讳若璩，字百诗，先世居太原县西塞村，五世祖始居淮安。祖世科，万历甲辰进士，布政司参议。父修龄，郡学生。先生少口吃，入小学，读书千遍犹未熟，同辈咸嗤其钝。年十五，冬夜读书，有所碍，愤悱不肯寐，漏四下，寒甚，坚卧沉思，心忽开朗，自是颖悟异常。是岁补学官弟子，一时名士如李太虚、方尔止、王于一、杜于皇辈，皆折辈行与交。研究经史，深造自得。尝集陶贞白、皇甫士安语题其柱云："一物不知，以为深耻；遭人而问，少有宁日。"其立志如此。年二十，读《尚书》，至古文二十五篇，即疑其伪，沉潜三十余年，乃尽得其症结所在，作《尚书古文疏证》八卷。其最精者，谓《汉·艺文志》言鲁共王坏孔子宅得《古文尚书》，孔安国以考二十九篇，得多十六篇；《楚元王传》亦云《逸书》十六篇，天汉之后孔安国献之。古文篇数之见于西汉者如此，而梅赜所上乃增多二十五篇，此篇数之不合也。杜林、马、郑皆传古文者，据郑氏说，则增多者《舜典》、《汩作》、《九共》、《大禹谟》、《益稷》、《五子之歌》、《胤征》、《典宝》、《汤诰》、《咸有一德》、《伊训》、《肆命》、《原命》、《武成》、《旅獒》、《冏命》，凡十六篇，而《九共》有九篇，故亦称二十四篇。今晚出《书》无《汩作》、《九共》、《典宝》等，此篇名之不合也。郑康成注《书序》，于《仲虺之诰》、《太甲》、《说命》、《微子之命》、《蔡仲之命》、《周官》、《君陈》、《毕命》、《君牙》皆注曰亡，而于《汩作》、《九共》、《典宝》、《肆命》等皆注曰逸。逸者，即孔壁书也。康成虽云受《书》于张恭祖，然其《书赞》曰："我先师棘下，生子安国，亦好此学。"则其渊源于安国明矣。今晚出书与郑名目互异，其果安国之旧耶？又云：古文传自孔氏，后惟郑康成所注者得其真；今文传自伏生，后惟蔡邕《石经》所勒者得其正。今晚出《书》"昧谷"，郑作"柳谷"；"心腹肾肠"，郑作"忧肾阳"；"劓刵劅剠"，郑作"膑宫劓割头庶剠"，与真古文既不同矣。《石经》残碑遗字，见于洪适《隶释》者五百四十七字，以今孔书校之，不同者甚多。碑云"高宗之飨国百年"，与今书之"五十有九年"异；孔叙三宗，以年多少为先后，碑则以传序为次，则与今文又不同。然后知晚出之《书》，盖不古不今，非伏非孔，而欲别为一家之学者也。班孟坚言司马迁从安国问故，故《尧典》、《禹贡》、《洪范》、《微子》、《金縢》诸篇多古文说，许慎《说文解字》亦云其称《书》孔氏，今以《史记》、《说文》与晚出《书》相校，又甚不合。安国注《论语》"予小子履"，以为《墨子》引《汤誓》，其辞若此，不云此出《汤诰》，亦不云与《汤诰》小异，然则"予小子履"云云非真古文《汤诰》，盖断断也。其注"虽有周亲，不如仁人"句，于《论语》则云："亲而不贤不忠则诛之，管蔡是也。仁人谓箕子、微子，来则用之。"于《尚书》则云："周，至也，言纣至亲虽多，不如周家之少仁人。"其诠释相悬绝如此，此岂一人之手笔乎！又云：古未有夷族之刑，即苗民之虐，亦只肉刑止尔，有之，自秦文公始。伪作古文者偶见《荀子》有"乱世以族论罪，以世举贤"之语，遂窜之《泰誓》篇中。无论纣恶不如是甚，而轻加三代以上以惨酷不德之刑，何其不仁也！荀卿曰："诰誓不及五帝。"《司马法》言：

① 详见中华书局本第17册，第5460~5462页。

"有虞氏戒于国中，夏后氏誓于军中，殷誓于军门之外，周将交刃而誓之。"当虞舜在上，禹纵征有苗，安得有会群后誓师之事！此亦不足信也。《司马法》曰："入罪人之地，见其老弱，奉归无伤，虽遇壮者，不校勿敌，敌若伤之，药医归之。"三代之用兵，以仁为本如此，安得有"火炎昆冈，玉石俱焚"之事！既读陈琳《檄吴文》云："大兵一放，玉石俱碎。"钟会《檄蜀文》云："大兵一发，玉石俱碎。"乃知其时自有此等语，则此书之出魏、晋间，又一佐也。又云《武成》篇先书一月壬辰，次癸巳，又次戊午，已是月之二十八日，复继以癸亥、甲子，是为二月之四日、五日，而不冠以二月，非今文书法也。《洛诰》称乙卯，《费誓》两称甲戌，此周公、伯禽口中之词，指此日有此事云尔，岂史家纪事之例乎！又云：《书序》《益稷》本名《弃稷》，马、郑、王三家本皆然，盖别是一篇，中多载后稷与契之言。扬子云《法言·孝至》篇云："言合稷、契之谓忠，谟合皋陶之谓嘉。"子云亲见古文，故有此言。晚出《书》析《皋陶谟》之半为《益稷》，则稷与契初无一言，子云岂凿空者邪！其辩孔传之伪云：三江入海，未尝入震泽，孔谓江自彭蠡分而为三，共入震泽者，谬也。金城郡，昭帝所置，安国卒于武帝时，而传称积石山在金城西南，岂非后人作伪之证乎！传义多与王肃注同，乃孔窃王，非先有孔说而王取之也。汉儒说六宗者，人人各异，魏明帝诏令王肃议，肃乃取《家语》孔子曰"所宗者六"以对，肃以前未闻也，而伪传已有之，非孔窃王而何？（下略）

朱书《杜溪文稿》卷四《阎征君传》：阎征君名若璩，字百诗。其先太原人，五世祖迁山阳。曾祖国顺，上犹训导，国顺生世科，万历甲辰进士，仕至辽东宁前卫参议。是时边境多事，官将以杀掠为功，参议独心计全活，德惠甚溥。参议生修龄，郡庠生，文名特盛，世称牛叟先生，征君父也。家世自迁淮以来，就试山阳，补弟子员，移隶太原。以是领乡荐者八人，成进士者四人，征君亦入山阳县学，复食饩太原，屡蹶于乡试。康熙戊午应博学宏词举，又以不趋势见屈，遂淡意仕进，唯力著述，以求不朽业。……著书九种，而《尚书疏证》一编，悉古今文之同异真赝，尤有破古今之疑，而正前贤之误。夫古文二十五篇，朱子《书书经后》常疑之，然未究其详也。征君竭数十年心力，考证八卷，共一百二十八条，研精综核，而古文之伪遂不可复掩，贯穿经史，参订考核，千余年所未有也。征君倜傥修长，性梗直，不臧否人物，然论经术、人品辄不少假借，品论一出，一时传为定评。晚号潜丘，此其志也。（下略）

杭世骏《道古堂全集》文集卷二十九《阎若璩传》：若璩字百诗，号潜丘，祖居山西太原县之西寨村，五世祖始居淮安。祖世科，万历甲辰进士，历宁前兵备道参议。父修龄，郡学生。若璩生，参议公酷爱之，常抱置膝上，摩顶熟视，曰："汝貌甚文，其为一代文人，以光吾宗乎？"六岁入小学，口吃，资颇钝，读书至千百过，字字着意，犹未熟，且多病，母闻读书声，辄止之，暗记不敢出声。十五岁，冬夜读书，有所碍，愤发不肯寐，漏四下，寒甚，坚坐沉思，心忽开，如门牖洞辟，屏障壁落，一时尽撤，自是颖悟异常。……读《尚书》至古文诸篇，以为自孔安国至梅赜，遥遥几五百年，使其书果有，不应中间人无见者。又读朱子及吴草庐《纂言》，时时有疑，疑即有辨，著《古文尚书疏证》，盖自二十岁始，复为《朱子尚书古文疑》，以申其说。……余据其子咏所撰行述及墓志，参以札记，别创为传，以待秉笔者为考信之地。**儒林、文苑惟国史之位置，草莽不敢专也。**

茹纶常《容斋文抄》卷十《题杭董浦先生为阎若璩征君传后》：阎若璩征君字百诗，号潜丘，太原县著姓，自五世祖始迁淮安。其为学刻苦自励，无书不读，而尤邃于经史，考证辨核，务使毫无遗义。以故先后辈名流皆推服。弱冠游京师，旋以侨籍改归饩于太原。康熙十七年，复之京师，应词科不第，归，越四年，以昆山徐公聘，复至都，名卿巨公咸引重。然天性好骂，于时贤著作，虽表表艺林者，皆不免其訾讥，至谓李天生杜撰故事，汪钝翁私造典礼，于尧峰《文抄》掊击不遗余力，则未免过当。安溪李文贞公尝为作传，而仁和杭董浦以为无加损于阎氏，复为之传。内载世宗潜邸手书，延请至京，呼先生而不名，曰索观所著书，辄称善，后疾亟，请移就外，固留不得，命以大床为舆，上施青纱帐，二十人舆之，移城外十五里，如卧床箦，不觉其行也。及殁，遣官经纪其丧，制四诗挽之，有“三千里路为余来”之句，又为文以祭，有“读书等身，一字无假，孔思周情，旨深言大”等语。此事人多弗知，因备识之。不独见潜丘之学行，而我朝右文之盛意，亦何至于此极耶？虽古帝王，何以加诸？

李光地《榕村集》卷三十三《阎百诗小传》：余闻百诗阎先生名久。曩抚直隶，先生尝邮致所著书数种，得披读焉。今之学者，大抵搜华撷卉，为文辞之用而已，至于字义故实、书文形声，尚未有留意讲考于其间者。若大者为遗经源流、礼典同异，细而地名山川、史载人物真赝是非之迹，则岂徒以朴学置之？抑其恶赜就简，而自恬于讹陋。呜呼！文武之道岂有小大哉？万一朝廷举行石渠之典，吾知众籍罗凑，而莫之措辞。儒者之羞，非云小缺矣。先生学极博，论极核，间有出新意，扫沿说者，究其持辨，本末悉有所据依。赵赞善志其与汪钝翁难丧礼事，昔者眉山苏氏曾以是嘲伊川矣，其门人为之答亦曰：正叔太君先逝而已。令有如先生历引古义，折以通礼，彼不得于言者，岂能无愧。惜乎先生逸处终老，曾不得奉清燕，备顾问，搜秘府，校艺文。与诸儒上下折衷，识面者：长洲顾宁人、宣城梅定九、鄞县万季野。知名者尚有三数辈，而先生其一也。诸君子者皆博极群书，能以著述自通于后。中间有专门名家者，就其所造，古人不让也。今惟定九尚老而康，时致音问，余则皆零落，不可复见。每览《周易》硕果之辞、《大雅》典型之诗，俯仰斯文，不胜寤叹。先生子咏求余言揭之原，余不工金石之文，故谢不为，而其学行大致，则赵志具焉，聊写余那颂先民之思，仿司马氏伯夷、屈原体，为《阎先生小传》。

阮元《儒林传稿》卷二、《畴人传》卷四十、江藩《国朝汉学师承记》卷一、《文献征存录》卷五皆有传，存目。

黄宗羲《南雷文定三集》卷一《尚书古文疏证序》：吴草庐以《古文尚书》之伪，其作《纂言》，以伏氏二十八篇为之解释，以古文二十五篇自为卷帙，其《小序》分冠于各篇者，合为一篇，置于后。归震川以为不刊之典。郝楚望著《尚书辨解》，亦依此例。然从来之议古文者，以史传考之，则多矛盾。既云安国之学以授都尉朝，朝授庸生，庸生授胡常，胡常授徐敖及王璜、涂恽，涂恽授贾徽，徽以授其子逵。其传授历然，何以《后汉书》又称，扶风杜林于西州得漆书《古文尚书》一卷，同郡贾逵为之作训，则其所授于父者何书耶？既言贾逵为《古文尚书》作训，何以逵之所训者止欧阳、夏侯之书，而不及其他也？又云，马融作传，郑康成作注，何以康成之注《书序》，有《汩作》、《九共》、《典宝》、《肆命》、《原命》，而无《仲虺之诰》、《太甲》、《说命》诸篇也？即篇名同者，亦不同其文。如注《禹贡》，则引《胤征》云："篚厥玄黄，绍我周王。"乃孔书之《武成》文也。又云："康成传其孙小同，小同与郑冲同事高贵乡公，冲以《古文尚书》教授，其学未绝，何以东晋豫章内史梅赜始得安国之传奏之？史传之矛盾如此。若以文辞、格制之不同别之，而为古文者，其采缉补缀，无一字无所本。质之今文，亦无大异，亦不足以折其角也。唯是秦火以前，诸书之可信者，如《左氏》内外传、《孟子》、《荀子》、《墨子》之类，取以证之，庶乎思过半矣。自来诸儒间指其一二破绽而疑之，其疑信相半也。嘉靖初，旌川梅鷟著《尚书谱》一编，取诸传记之语，与二十五篇相近者类列之，以证其剽窃，称引极博，然于史传之异同终不能合也。淮海阎百诗著《尚书古文疏证》四卷，属余序之。余读之终卷，见其取材富，折衷当。当两汉时，安国之《尚书》虽不立学官，未尝不私自流通，逮永嘉之乱而亡。梅赜作伪书，冒以安国之名，则是梅赜始伪。顾后人并以疑汉之安国，其可乎？可以解史传连环之结矣。中间辨析三代以上之时日、礼仪、地理、刑法、官制、名讳、祀事、句读、字义，因《尚书》以证他经史者，皆足以祛后儒之蔽。如此方可谓之穷经。其原夷族祸始于《泰誓》，短丧作俑于《太甲》，错解《金縢》，而陷周公于不弟。仁人之言，有功于后世大矣！忆吾友朱康流谓余曰："从来讲学者，未有不渊源于'危微精一'之旨。若无《大禹谟》，则理学绝矣，而可伪之乎？"余曰："此是古今一大节目，从上皆突兀过去。'允执厥中'，本之《论语》，'惟危惟微'，本之《荀子》。《论语》曰：'舜亦以命禹。'则舜之所言者，即尧之所言也。若于尧之言有所增加，《论语》不足信矣。'人心道心'，正是荀子性恶宗旨。'惟危'者，以言乎性之恶；'惟微'者，此理散殊，无有形象，必择之至精，而后始与我一，故矫饰之论生焉。后之儒者于是以心之所有，唯此知觉，理则在于天地万物。穷天地万物之理，以合于我心之知觉，而后谓之'道'，皆为'人心道心'之说所误也。夫人只有人心，当恻隐自能恻隐，当羞恶自能羞恶，辞让是非，莫不皆然。不失此本心，无有移换，便是'允执厥中'。故孟子言'求放心'，不言'求道心'，言'失其本心'，不言'失其道心'。夫子之'从心所欲，不逾矩'，只是不失人心而已。然则此十六字者，其为理学之蠹甚矣！康流不以为然。呜呼！得吾说而存之，其于百诗之证未必无当也。"

全祖望《鲒埼亭集外编》卷二十七《题古文尚书疏证》：阎征君所著书，最得意者，《古文尚书疏证》也，其次则《四书释地》，征君稽古甚勤。何义门学士推之，然未能洗去学究气为可惜。使人不能无陋儒之叹，盖限于天也。

方东树《考槃集文录》卷五《潜丘札记书后》：吾尝论达巷党人称孔子之大，特惊以为博学。向使孔子而为一书，考证三代典物文字，其必过于蔡邕、刘熙、应劭不待言矣。而圣人于夏、殷之礼亟曰能言，而卒不抗已，以为之文献，平日教人，惟日用下学、躬行切己之是务。虽博弟子以文，要不出乎《诗》、《书》、六艺，岂不以民彝物则万世经常不易，循之则心身安，事理得，而治化兴；昧之则心肆身栽，学术歧，而政俗败。古之立学校，将以传先王之业，流化于天下，必使学者明于古今，通达道理。凡其所为学问而考辨之者，亦学乎此而已，亦辨乎此而已。后世学异而言多，言多而妄多。……近世言考证之宗，首推深宁王氏、亭林顾氏、太原阎氏。吾观王、顾二家之书，体用不同，而皆足资于学者，而莫能废，非独其言核实而无诬妄之失，亦其著书旨趣犹有本领根源故也。阎氏则不逮矣，然亦颇博物条畅，多所发明，读其言，如循近涧观清泉，白石游鳞，一一目可数，指可掬，其用功涂辙居然可寻见，异于池竭而自中不出者也。特其体例不免伧陋，气象矜忿迫隘，悻悻然类小丈夫之所发，故不逮王、顾两家渊懿渟蓄，托意深厚，类例有伦，此固存乎其人之识与养焉已。虽其书出后人孴辑，非其所手订，而词气大体之得失固不可掩也。

章太炎《检论·清儒》：太原间若璩撰《古文尚书疏证》，定东晋晚书为作伪，学者宗之。

今按：阎若璩自江藩《国朝汉学师承记》之后就被认为是清代汉学第一人。这与雍正的嘉许有极大的关系。阎氏最为人称道的是他对《古文尚书》的辨伪，扬之者颇多溢美之词，攻之者亦不乏其人。究其实，其学上承朱子之余绪，下开疑古派之先河。疑古过勇，难辞其咎。现代学者对其辨伪工作尚存争议，公案需要重新审理。

张尔岐

《清儒学案》卷十六《蒿庵学案》：蒿庵隐居绩学，为清初山左第一醇儒。学究天人，而无理障。至其精罕《礼经》，墨守高密，最为亭林所推服。后来继起，循其绪而扩之，先导之功，不可泯也。○张尔岐，字稷若，号蒿庵，济阳人。明诸生。……平生交游，亭林之外，惟长山刘友生、安乐李象先、关中李中孚、王山史四人而已。晚年，萧然物外，不与世接。康熙十六年卒，年六十六，自为墓铭。先生学守程、朱，穷究性命天人之奥。治古文辞，尝作《天道论》、《中庸论》、《笃终论》。又作《学辨》五篇，曰《辨志》，曰《辨术》，曰《辨业》，曰《辨成》，曰《辨徵》。其《辨志》尤为时称，余不传。年三十，治《仪礼》，苦其难读。五十后，乃取经与注章分之，疏则节录其要，有疑义则以意断之。始名《仪礼郑注节释》，后改曰《仪礼郑注句读》，凡十七卷，附《监本正误》、《石经正误》二卷。他所著有《易说略》八卷、《诗说略》五卷、《老子说略》二卷、《夏小正传注》一卷、《弟子职注》一卷、《吴氏仪礼考注订误》一卷、《济阳县志》九卷、《蒿庵集》三卷、《蒿庵闲话》二卷。《春秋传义》未成。（参李焕章撰《传》、罗有高撰《传》、《汉学师承记》、《先正事略》）

《清史稿·儒林二》：张尔岐，字稷若，济阳人。明诸生。父行素，官石首县丞，罹兵难，尔岐欲身殉，以母老止。顺治七年，贡成均，亦不出。逊志好学，笃守程、朱之说，著《天道论》、《中庸论》，为时所称。又著《学辨》五篇：曰《辨志》，曰《辨术》，曰《辨业》，曰《辨成》，曰《辨徵》。又著《立命说辨》，斥袁氏《功过格》、《立命说》之非。年三十，覃思《仪礼》，以郑康成注文古质，贾公彦释义曼衍，学者不能寻其端绪，乃取经与注章分之，定其句读，疏其节，录其要，取其明注而止，有疑义则以意断之，亦附于末。成《仪礼郑注句读》十七卷，附以《监本正误》、《石经正误》二卷。顾炎武游山东，读而善之，曰："炎武年过五十，乃知不学礼，无以立。若《仪礼郑注句读》一书，根本先儒，立言简当。以其人不求闻达，故无当世名，然书实可传。使朱子见之，必不仅谢监狱之称许矣。"尔岐又著《周易说略》八卷、《诗说略》五卷、《蒿庵集》三卷、《蒿庵闲话》二卷。所居败屋不修，艺蔬果养母。集其弟四人，讲说三代古文于母前，愉愉如也。妻朱，婉娩执妇道，劝尔岐勿出，取《蓼莪》诗意，题其室曰蒿庵，遂教授乡里终其身。康熙十六年，卒，年六十六。乾隆中，按察使吴江陆燿建蒿庵书院以祀之，而颜其堂曰辨志。

《清史列传·儒林传下一》：存目。①

张尔岐《蒿庵集》卷三《蒿庵处士自叙墓志》：蒿庵处士张尔岐者，字稷若，济阳人。其远祖讳大伦，徙自枣强，谱牒失次。自五世祖讳清，高祖讳旻，曾祖讳信，祖讳兰，皆力农。父讳行素，龙溪府君，好儒，生四子，次失目，其三子悉教以儒。时值异说正炽，处士独守程、朱说，虽从事科举，日与两弟讲究《大全》、《蒙引》、《存疑》，不少变者六七年。一旦府君履大变，三弟尔征亡，四弟尔崇死复苏，又值大祲，处士形神惨悴，惸惸孤立，忽狂作，欲蹈水死，自焚所业书义，又欲著道士服，弃家入山，返顾堂上老母郭孺人莫谁事者，复强自抑制，教授乡里。未几，当贡太学，以病废，不果行，遂贫贱以终其身。处士性好沉思，喜论著。所著有：《易经说略》、《诗经说略》，学者多传录之；《仪礼郑注句读》，鲜受者，遇昆山顾宁人炎武，录一本，藏山西祁县所立书堂，长山刘友生孔怀取据点一本，藏其家；《夏小正传注》一卷，《弟子职注》一卷，《老氏说略》二卷，《蒿庵集》三卷，《蒿庵闲话》二卷，《济阳县志》九卷，《吴氏仪礼考注订误》一卷，俱藏家塾。草《春秋传义》，未成，遂病。娶朱氏，继娶徐氏，妾齐氏，子三人，女一人，孙二人，孙女七人。处士生于万历壬子七月二十二日，殁于康熙丁巳十二月二十八日。处士病既困，自顾无可志其墓，口占数语，以志生平云。

钱载《萚石斋文集》卷二十四《处士张蒿庵墓表》：以处士自见者，类如江南之顾绛、山西之傅山，康熙己未以博学宏词荐，而一辞，一不至，臃肿拳曲之木，实沾雨露，以遂其山泽之生。山东济阳张尔岐，盖其暗然者矣。尔岐讳字稷若，号蒿庵，以明诸生入本朝。顺治庚寅，当贡太学，以病不行。其病既困，乃口授墓志。生于万历壬子七月二十二日，殁于康熙丁巳十二月二十八日。……先生之学，深于汉儒之经，而不沿训诂；邃于宋儒之理，而不袭语录。其《答论学书》云：**“士生今日，欲倡正学于天下，不必多所著述，当以笃志力行为先。”**盖暗然君子之自得者也。惜其《学辨》五篇仅存《辨志》一篇，然已足以见其学之正。（下略）

罗有高《尊闻居士集》卷五《张尔岐传》：张尔岐，字稷若，济南济阳人，明诸生也。尔岐生丁明之末造，患学者之诵说圣言，剿单辞简，弃先民故训而师悖，真儒之效不著，畸士狂生愤嫉鄙薄，决去为异端，遂此即不反圣绪，曰：微民受荼苦且日甚，未知厥底，于是作《学辨》五篇，曰《辨志》，曰《辨术》，曰《辨业》，曰《辨成》，曰《辨征》。……先是，有袁氏者采掇释家、道家言，附会儒书，造功过格，立命说，唱导后进，后进靡然风从。尔岐以为离畔经法，大恶之，遍告其乡曰：“是异端曲学，毋习也。……”早岁工科举之文……其父石首驿丞行素离兵难，尔岐创恒，甚欲身殉，又欲弃家为道士，顾母老而止，然遂焚毁诸生业，别字曰蒿庵，郁伊屏处，不通人事……一意治古文，造《仪礼郑注句读》十卷、《易说略》八卷、《诗说略》五卷、《老子说略》二卷、《夏小正注》一卷、《弟子职注》一卷、《蒿庵文集》二卷、《蒿庵闲话》二卷、《济阳县志》九卷。晚岁好《春秋》，造《春秋传义》，未成而卒。罗有高曰：余过济南，济

① 详见中华书局本第17册，第5444~5445页。

南人为余言，张尔岐晓天文推步，能前知，异之为神人。及余从益都李生游，读《蒿庵文集》，及其行事，规规矩矩，有道醇儒也。故撮取其论学之要，著于篇。

陆耀《切问斋集》卷十《蒿庵书院碑》：齐鲁自伏生、辕固而还，至东京之末，康成郑氏始为诸经笺注，号为经师。爰及北宋，乃有泰山孙明复、徂徕石守道特起为人伦师表。越六百余年，而复有济阳蒿庵张先生。先生名尔岐，字稷若，生于明季，际会兴朝，当正学昌明之日，博综载籍，笃志躬行。当是时，孙钟元讲学于苏门，李中孚标宗于盩厔，类沿明人余论，出入白沙、阳明、心斋、近溪之间。先生独守程、朱说不少变。海内君子如桐乡张考夫、太仓陆道威各以韦布力行，任斯道之重。先生缟纻①不通，而风期合辙，隐然有以开陆清献、张清恪之先。故昆山顾宁人亦每以康成、泰山、徂徕三先生相勉。呜呼！若先生者，其庶几人师也已。或以先生《释迦院记》作佛氏语，又有《老子说略》，皆未醇，不知《释迦记》先生为天下妄舍妄冀者指迷，《说略》亦推其治身以及天下，与外伦常遗世事者异趋。昔司马温公作《潜虚》，真西山跋《遗教经》，朱子注《参同契》，著《调息箴》②，将尽不得为圣人之徒耶？亦观其维系乎学术人心者何如耳。恭逢今天子重道崇文，搜罗遗帙，其乡人以先生所著书上当事，进册府。海岱经生益知先生为三先生以后一人。顾三先生皆得俎豆瞽宗③，所在讲学旧址亦多为精舍奉祀，独先生无专祠，闻其风者，引以为憾。余自辛卯出守登州，数月量移④济南行部，过先生里，辄低徊留之。比承乏秉臬⑤，署廨东偏有前使海州黄公炳所立振英书院，岁久倾颓，芜废不治，乃谋撤旧为新，更名蒿庵书院，以祀先生，而颜其堂曰辨志，取先生所论著以立教也。会转运使长洲章公以泺口书院僻在市镇，且无定居，移其经费，合并于此，翼与诸生讲明先生之所以为人与其治经，而弗徒以功利、词章靡费岁月，庶几彬彬乎与省会旧有之泺源书院比盛。议既定，请于大中丞杨公，以为可行，乃倡同僚捐俸，属历城令陈君珏成庀材鸠工，始事于丙申九月，越十一月报竣，诹良辰，具牲醴，虔奉先生主，升于座，释奠礼成，绅士耆孺咸相嗟叹，请予一言文诸石。予惟前使黄公以问刑之官不忘典学，深有合于弼教之旨，今又得转运章公道义翕合，襄举废坠，且奉其乡先生为邦人士之导，皆不可以无述。来学之士景仰先生之遗风，勿摭其细而舍其大，经师人师胥于是在，于以溯三先生之学之行，岂有让哉！

徐鼒《小腆纪传》卷五十三、阮元《儒林传稿》卷三、钱林《文献征存录》卷二、唐鉴《学案小识》卷三《翼道学案》皆有传，存目。

---

① 缟纻：《左传·襄公二十九年》："（吴季札）聘于郑，见子产，如旧相识。与之缟带，子产献纻衣焉。"后因以"缟纻"喻深厚的友谊。亦指朋友间的互相馈赠。

② 四库本《晦庵集》卷八十五《调息箴》：鼻端有白，我其观之。随时随处，容与猗移。静极而嘘，如春沼鱼。动极而翕，如百虫蛰。氤氲开辟，其妙无穷。孰其尸之，不宰之功。云卧天行，非予敢议。守一处和，千二百岁。

③ 瞽宗：殷学校名。后借指最高学府。《周礼·春官·大司乐》："凡有道有德者使教焉，死则以为乐祖，祭于瞽宗。"《礼记·明堂位》："瞽宗，殷学也；泮宫，周学也。"

④ 量移：泛指迁职。明王世贞《除夕张山人分韵是日有浙藩之报》之二："自怜迟暮意，初作量移人。"清梁章钜《归田琐记·归舟》："道光辛丑秋七月，由粤西量移苏抚。"

⑤ 秉臬：谓执掌刑法。

徐志定《周易说略序》：济阳稷若张氏性至孝，文笃实，洞悉天人理数，常耻帖括剿袭之弊。当崇祯癸未间，痛父变，即弃举子业，而以羽翼经传为事任。生平著作甚富，如《仪礼句读》则勾勒明确，而节次了然；《春秋传义》则矫诬别谬，而四传会归……及读《易》，复病时讲之陋，本《本义》而为《说略》，因象析义，销融偏滞。非不言事，而言事之理；非不言理，而言理之象。(下略)①

张尔岐《周易说略自序》：天下之理，一而已矣，而致用则万。圣人欲举一以示人，而一无容示也，万又不可胜穷，于是乎卦以象之，爻以效之，统于六十四，析为三百八十四，而天下之人皆在其中，天下之物皆在其中，天下之人物之成败盈亏以至一动一息无不在其中，而天下之能事毕矣。(下略) 康熙六年九月朔，济阳张尔岐序。②

顾炎武《亭林文集》卷二《仪礼郑注句读序》：《记》曰："优优大哉！礼仪三百，威仪三千。"礼者，本于人心之节文，以为自治治人之具，是以孔子之圣，犹问礼于老聃，而其与弟子答问之言，虽节目之微，无不备悉。语其子伯鱼曰："不学礼，无以立。"《乡党》一篇，皆动容周旋中礼之效。然则周公之所以为治、孔子之所以为教，舍礼其何以焉？刘康公有言："民受天地之中以生，所谓命也。是以有动作礼仪威仪之则，以定命也。"三代之礼，其存于后世而无疵者，独有《仪礼》一经。汉郑康成为之注，魏、晋以下至唐、宋通经之士，无不讲求于此。自熙宁中，王安石变乱旧制，始罢《仪礼》，不立学官，而此经遂废。此新法之为经害者一也。南渡以后，二陆起于金溪，其说以德性为宗。学者便其简易，群然趋之，而于制度文为一切鄙为末事。赖有朱子正言力辨，欲修"三礼"之书，而卒不能胜夫空虚妙悟之学。此新说之为经害者二也。沿至于今，有坐皋比，称讲师，门徒数百，自拟濂、洛，而终身未读此经一遍者。若天下之书皆出于国子监所颁，以为定本，而此经误文最多，或至脱一简一句，非唐石本之尚存于关中，则后儒无以得之矣。济阳张尔岐稷若，笃志好学，不应科名，录《仪礼》郑氏注，而采贾氏、陈氏、吴氏之说，略以己意断之，名曰《仪礼郑注句读》。又参定监本脱误凡二百余字，并考石经之误五十余字，作《正误》二篇，附于其后，藏诸家塾。时方多故，无能板行之者。后之君子因句读以辨其文，因文以识其义，因其义以通制作之原，则夫子所谓以承天之道而治人之情者，可以追三代之英，而辛有③之叹不发于伊川矣。如稷若者，其不为后世太平之先倡乎？若乃据石经，刊监本，复立之学官，以习士子，而姑劝之以禄利，使毋失其传，此又有天下者之责也。

张尔岐《蒿庵集》卷二《仪礼郑注句读序》：在昔周公制礼，用致太平，据当时施于朝廷乡国者，勒为典籍，与天下共守之。其大体为《周官》，其详节备文则为《仪礼》。周德既衰，列国异政，典籍散亡，独鲁号秉礼，遗文尚在。孔子以大圣生乎其地，得其书而学焉，与门弟子修其仪，定其文，无所失坠。子思曰："仲尼祖述尧、舜，宪章文、武。"孔子亦自谓曰："吾学周礼。今用之，吾从周。文王既没，文不在兹乎？"并谓此也。秦氏任刑废礼，此书遂熄。汉初，高堂生传《仪礼》十七篇。武帝时，有李氏得《周官》五篇，河间献王以《考工》补《冬官》，共成六篇，奏之。后复得古经五十六篇

① 见《续修四库全书》第17册，第579~580页。

② 见《续修四库全书》第17册，第580~581页。

③ "辛有"，《清经世文编》卷五十四作"礼亡"。

于鲁淹中，其中十七篇与高堂生所传同，余三十九篇无师说，后遂逸。《汉志》所载传《礼》者十三家，其所发明皆《周官》及此十七篇之旨也。十三家独小戴大显，近代列于经以取士，而二《礼》反日微。盖先儒于《周官》疑信各半，而《仪礼》则苦其难读故也。夫疑《周官》者，尚以新室、荆国为口实，《仪礼》则周公之所定，孔子之所述，当时圣君贤相、士君子之所遵行，可断然不疑者，而以难读废可乎？愚三十许时，以其周、孔手泽，慕而欲读之。读莫能通，旁无师友可以质问，偶于众中言及，或阻且笑之。闻有朱子《经传通解》，无从得其传本。坊刻《考批》、《注诂》之类，皆无所是正，且多谬误。所守者，唯郑注、贾疏而已。注文古质，而疏说又漫衍，皆不易了。读不数翻，辄罢去。至庚戌岁，愚年五十九矣，勉读阅六月，乃克卒业焉。于是取经与注章分之，定其句读，疏则节录其要，取足明注而止。或偶有一得，亦附于末，以便省览。且欲公之同志，俾世之读是书者或少省心目之力，不至如愚之屡读屡止，久而始通也。因自叹曰：方愚之初读之也，遥望光气，以为非周、孔莫能为已耳，莫测其所言者何等也。及真矻矻读之，读已，又默存而心历之，而后其俯仰揖逊之容，如可睹也；忠厚蔼恻之情，如将遇也。周文郁郁，其斯为郁郁矣；君子彬彬，其斯为彬彬矣。虽不可施之行事，时一神往焉。仿佛戴弁垂绅，从事乎其间，忘其身之乔野鄙僿，无所肖似也。使当时遇难而止，止而竟止，不几于望辟雝之威仪，而却步不前者乎？噫！愚则幸矣！愿世之读是书者，勿徒惮其难也。①

张尔岐《蒿庵集》卷二《周易程传节录序》：《易》学，朱子极推程《传》，具为《本义》，则不多取《传》说，以其说理虽精，或非经义，固不得强徇也。然朱子极推之意，正不专在解经，即非经义，不害其精于理。近日学《易》者主《本义》，间及《传》，亦采其合于《本义》者耳。读程仍以朱律程，而程学微矣。某晚而知慕是书，苦衰病，不易竟，乃取而节之。意所欲录则录，三百八十四爻容不备也。或曰："此固宋和靖、上蔡、东莱诸先正所共推而固守之者也，子何人，乃敢妄有简别乎？"曰："程《传》不易读，朱子尝言之矣。某自读其所能读，亦自录其所能录。诸先正其不许乎？若以简别为罪，初不敢以是限读传者也，况敢议及于传。"②

张尔岐《蒿庵集》卷三《经学社说③》：盖闻圣人之道，备在六经；大人之学，首先格物。格物莫切于穷经，而穷经要归于体道。前有孔、孟，后有程、朱，轨辙如新，遗篇可考。慨自科举学兴，流风斯下。虽托业于诗书，实撄情于利禄。设心之始，已异前规。及其为术弥工，去道愈远。终年不辍，其揣摩指趣，竟付之茫昧。呜呼！圣贤垂教之苦心，只为后人温饱之嚆矢。学而如此，何以经为！究之赋命有涯，得失难定，人徒见得者之足慕，而不知失者之正多，转恨术疏，狂驰不返，积习既锢，性行遂成。失者徒怀艳羡之私，得者不离身家之计，民生日瘁，风俗日浇，端在此矣。又或志义不立，荒于燕游，良时遄迈，敏质坐销，以此较彼，尤为陋劣。然当势穷理极之会，必有力挽之人。凡此含知负觉之身，谁无斯道之责？每中夜而抚心，敢抗声于吾党。各蠲旧累，力振前偷。业不计其生熟，经不限乎大小，分曹而治，计月为程，循环䌷绎，浸灌优游，务取益于身心，

① 见《清代诗文集汇编》第39册，第400~401页。

② 见《清代诗文集汇编》第39册，第401页。

③ "说"，目录作"疏"（见《清代诗文集汇编》第39册，第380页）。

不旁参以功利，冀知行之交资，庶华实之并茂。某幼而受经，老唯守拙，幸稍涉其津涯，愧未窥其阃奥，辟之染指尝味，不及飧者之饫，属耳聆音，未悉九成之妙。顾兹暮景，尚希少进，共历交修，是赖同人。倘获丽泽之资，愿载前茅而导。拟于冬至之次日，汛扫荒斋，申明约束，程课章条，具之别议。①

张尔岐《蒿庵闲话》卷一：或疑聪明何以浸不逮古？曰：只是私心太胜。如心所欲为，卦辞虽明说凶，说不当为，亦认作吉；若先不欲为，卦辞虽明说当为，亦认作凶。若去其私，虚己以听，何不逮古人之有？

张尔岐《蒿庵闲话》卷一：《节南山》、《正月》、《十月之交》刺小人也，《雨无正》责君子也。国家衰乱之会，小人据势希宠而不知止，君子引身避害而不肯留，古今之通患也。《诗》之刺小人也，为怒眦切齿之言，身撄小人之忌，而不顾忘身谋者也。其责君子也，为委曲推索之词，务破其自全之隐，而激之使出，忘其身谋，并欲人之忘其身谋者也。呜乎，事君之节备矣！

章太炎《检论·清儒》：济阳张尔岐始明《仪礼》。

今按：张尔岐之学汉宋兼采，尤重《仪礼》之学，阇然自修。幸遇顾炎武，且得顾氏大力揄扬，称其“独精‘三礼’，卓然经师”，顾氏又为之作序推介，张氏之名始得附骥而行。

① 见《清代诗文集汇编》第39册，第436页。

陈启源

《清儒学案》卷七《亭林学案下·愚庵交游·陈先生启源》：陈启源，字长发，吴江人。与同里朱愚庵同治经学。愚庵作《毛诗通义》，先生实与之参正。自著《毛诗稽古篇》三十卷，训诂一准诸《尔雅》，篇义一准诸《小序》，诠释经旨一准诸毛传，而郑笺佐之。其名物，则多以陆玑疏为主。题曰《毛诗》，明所宗也；曰《稽古篇》，明为唐以前专门之学也。依次解经，不载经文，但标节目，每前人论说已明者，则置之。又为《总诂》，分六目，末为附录，则统论风雅颂之旨。大旨坚持汉学，不容出入，引据赅博，疏证详明，一一皆有本之谈。盖矫明代说经喜骋虚辨，而为征实之学。惠氏定宇亟称之。所著又有《尚书辨略》二卷、《读书偶笔》二卷、《存耕堂稿》四卷。（参《四库全书提要》、《汉学师承记》、《文献征存录》）

《清史稿·儒林一》：启源，字长发。著有《毛诗稽古编》。其诠释经旨，一准毛传，而郑笺佐之。训诂、声音以《尔雅》为主，草木虫鱼以陆疏为则，于汉学可谓专门。又有《尚书辨略》二卷、《读书偶笔》二卷、《存耕堂稿》四卷。

《清史列传·儒林传下一》：陈启源，字长发，江南吴江人。诸生。性严峻，不乐与外人接，惟嗜读书。晚岁研精经学，尤深于《诗》。朱鹤龄著《诗经通义》，于国朝独采启源之说。所著《毛诗稽古编》三十卷，其诠释经旨，一准毛传，而郑笺佐之。训诂、声音以《尔雅》为主，草木虫鱼以陆疏为则，于汉学可谓专门。又著有《尚书辨略》二卷、《读书偶笔》二卷、《存耕堂稿》四卷。①

唐鉴《学案小识》卷十二《经学学案·陈长发（启源）》：陈先生著有《毛诗稽古编》二十卷，训诂一准诸《尔雅》，篇义一准诸《小序》，而诠释经旨则一准诸毛传，而郑笺佐之，其名物则多以陆玑疏为主。题曰《毛诗》，明所宗也，曰《稽古编》，为唐以前专门之学也。而附录中论“西方美人”，横生妄议，诬毁圣人，专门之病，其狂悖一至此乎？

---

① 详见中华书局本第 17 册，第 5443~5444 页。

陈和志《（乾隆）震泽县志》卷十九：陈启源，字长发，邑诸生。性严峻，少许可，不乐与外人交，惟读书嗜而不倦，手披目览，终日坐兀如也。工于诗。顾有孝尝称之。晚岁研精经学，《毛诗》尤所致意。著《毛诗稽古编》三十卷，大指以《小序》为宗，其训释句字，则采择汉、唐、宋诸儒之说，至于数典辨物，咸极精博。同邑朱鹤龄、张尚瑗序其书，皆以为可传。又有《尚书辨略》二卷、《读书偶笔》二卷、《存耕堂诗稿》四卷。

阮元《儒林传稿》卷三、李元度《国朝先正事略》卷三十二、钱林《文献征存录》卷三、《小腆纪传》卷五十三皆有传，存目。

朱鹤龄《愚庵小集》卷七《毛诗稽古编序》：昔夫子删定六经，而其自言曰"信而好古"。夫三皇五帝之事若存若亡，盖有不可深求者矣。如河图洛书，出苞吐符，天人相接，此与后世之天书何异？而夫子顾信之不疑。下至商羊、罔象、汪芒、僬侥之类，尤为矞宇嵬琐，夫子亦时时述而志之。盖其学综坟典，征文献，禀师传，苟古人之所有，无不考求详慎，而不敢以私见汩乱其间，此所以为善述也。《诗序》出于子夏之徒，大、小毛公亦秦、汉间人，诂训视他经最古。郑康成取其义而为笺，即不免舛驳。自有圣门阙疑之法在，今人概黜为郢书燕说，此不可解也。《尔雅》一书，古人专以释《诗》，亦子夏之徒为之。至六书必祖《说文》，名物必稽陆疏，皆先儒说《诗》律令。今人动以新义掩古义、今音证古音，此又不可解也。说者谓考亭《集传》颁诸功令，学者不敢异同。然考亭尝为《白鹿洞赋》，中云："广青衿之疑问，乐菁莪之长育。"仍不用己说。门人问之，曰："《序说》自不可废。"然则考亭之意亦岂欲学者之株守一家，而尽屏除汉、唐以来诸儒之笺传，如今人之安于固陋荒忽者哉？余向为《通义》，多与陈子长发商榷而成，深服其援据精博。近乃自成《稽古编》若干卷，悉本《小序》、注疏为之，交推旁通。余书犹参停今古之间，长发则专宗古义，宣幽决滞，劈肌中理。即考亭见之，亦当爽然心开，欣然颐解。呜呼！**经学之荒也，荒于执一先生之言，而不求其是。苟求其是，必自信古始**。夫《诗》之有序也，犹江之发源羊膊岭也。毛、郑则出玉垒，过滟堋而下时也，后儒之说则历三峡，分九道，汩汩然莫知所极。今与之导源岷山，使知缘崖数百激湍万里之皆滥觞于此也，岂非《记》所云"先王祭川，必先河而后海"之义乎？世有溯源《三百》者，必能尊奉此书为孔传未坠，长发其俟之而已。

陈启源《毛诗稽古编·叙例》：先儒释经，惟求合古。后儒释经，多取更新。汉《诗》有《鲁故》、《韩故》、《齐后氏》、《孙氏故》、《毛故训传》，《书》有大、小夏侯《解故》。故者，古也，合于古，所以合于经也。后儒厌故喜新，作聪明以乱之。**弃雅训而登俗诠，援叔世以证先古，为说弥巧，与经益离**。源也惑之，窃不自揆，欲参伍众说，寻流泝源，推求古经本旨，以挽其弊。而诸经注疏，惟《毛诗叙传》最古，拟首从事焉。适长孺朱子以所著《毛诗通义》示余，共商榷其疑。因锐意搜讨，加以辨证，得一义辄札记之，积久得如干条，汇辑成帙，名曰《毛诗稽古编》云尔。原古人释经多由师授，不专据经本，况《诗》得于讽诵，非竹帛所书，确有画一。诸儒传写，师读各分，经文亦互异。故字与义有不必相符者，非得师授，岂能辨其孰是哉？今师授虽绝，而传义尚存，寻释传义，以考经文，其异同犹可正也。此当稽古者一也。又古今文义差殊，若胡、越之不同声矣。毛、郑字训，率宗《尔雅》，于今似为惊俗，在古实属恒诠不可易也。用古义以入文，文固难说时人之目；强古经以就今义，亦岂合古人之心乎？夫积字而有句，积字句而有篇章，字训既讹，篇旨或因以舛，非小失也。此当稽古者二也。又三代迄今，垂二千余载，雕朴刓方，匪一日之积。时世屡更，风俗迥异。古圣贤行事，因乎时耳，宜于古者未必宜于今。然据今人习俗，并谓古人无其事，亦非通论也。惟立身于古世，以论断古人，斯《诗》之性情得矣。此当稽古者三也。又若弁冕、车旗之制，鼐鼎、俎豆之仪，朝会、燕飨之规，禘袷、郊邱之议，焚书而后，典礼无凭，聚讼以还，是非莫定。此皆难臆决者。至于山川陵谷，屡易其形，草木禽鱼，不恒厥性，只可即古以言古，不可移古以就今。其地名物类，间有相同，非俚俗之流传，即文人之附致，纵或偶符于古，岂必可证于经？**存其信而阙其疑，勿以今之似乱古之真，**窃谓有一得焉。（下略）

李富孙《校经颀文稿》卷十八《毛诗稽古编跋》：国初，吴江陈启源字长发，与朱长孺同里居。朱作《毛诗通义》，相与商榷。长发撰《毛诗稽古编》三十卷，援证详博，辨驳《集传》，多有确当，手自写录，一遵许氏《说文》之体。当时原本有二，近庞氏以所臧元稿本付彫。……陈氏尚未深考。夫陈氏之于《诗》，殚心致力，已极精深，而犹有缪误如此。**甚矣说经之难也！讵可侈言著述乎？**

今按：孔子述而不作，信而好古。唐、宋以降，疑古思潮可谓一波未平一波又起。降至晚近，疑古成风，蔑古立说。朱鹤龄云："存其信而阙其疑，勿以今之似乱古之真。"又曰："苟求其是，必自信古始。"自今视之，可谓疑古派之砭石矣。

又按：张慧剑《明清江苏文人年表》一六四四甲申条云："吴江朱鹤龄读书金陵瓦官寺，网罗诸说，纂《禹贡长笺》。（《松陵文录》七）朱鹤龄《禹贡长笺自序》云："自禹迄今，陵谷代变，山川往迹难以深求。幸而汉、唐以来诸儒辨论各出，以及乘志、图经约略可据。虽其间甲乙龃龉往往有之。然而考今证古，析同合异，亦存其人。若复矜一家之言，狥千载之惑，袭舛仍惑，曷可殚诘？予窃愍焉，兵燹余生，屏居无事，爰取《注疏》、《大全》与百氏之说条贯而衷断之。大约体宗训诂，而旁及史家，求为通今适用之学。"朱氏之经学因信古色彩比较浓厚，向来没有得到学界的重视，今后似应得到重新估价。

马　骕

《清儒学案》卷七《亭林学案下·亭林交游·马先生骕》：马骕，字聪御，又字宛斯，邹平人。顺治己亥进士，官淮安推官，改灵壁知县。蠲荒除弊，流亡复业，有惠政。殁祀名宦。著《左传事纬》十二卷、附录八卷。又《绎史》一百六十卷，纂录开辟至秦之事，博引古籍，疏通辨证，时人称为“马三代”。圣祖后命大学士张玉书购取其书板入内库。亭林谒孟庙，过邹平，与之订交，同访碑郊外，称所著书为必传之作。（参《汉学师承记》、《亭林年谱》）

《清史稿·儒林二》：骕，字宛斯，邹平人。顺治十六年进士，除淮安府推官。寻推官议裁，补灵壁县知县。蠲荒除弊，流亡复业。康熙十二年，卒于官，年五十四。士民奉祀名宦祠。骕于《左氏》融会贯通，著《左传事纬》十二卷、附录八卷，所论有条理，图表亦考证精详。骕又撰《绎史》一百六十卷，纂录开辟至秦末之事，博引古籍，疏通辨证，非《路史》、《皇王大纪》所可及也，时人称为“马三代”。四十四年，圣祖命大学士张玉书物色骕所著书，令人至邹平购板入内府。

《清史列传·儒林传下一》：存目。①

施闰章《学余堂集》文集卷十九《灵璧县知县马公墓志铭》：济南之邹平，有以好古力学闻者，曰马君宛斯，讳骕，宛斯其字，一字骢御，举顺治己亥进士，谒选居京邸，用才望与顺天乡试，同考官所拔皆知名，推官淮安，寻奉裁改知灵璧县，四年卒官，灵士民皆哭，且号于上曰：“愿世世奉祀。”于是得部檄祠名宦，将葬于某所。其弟诸生驷抱兄所著之书造门，请曰：“公昔视二东学，先伯氏尝获交于夫子，既习其学行，其不可无以显诸幽。”君少孤，颖敏强记，涉目经史，辄仿古为图画，考制度，殚精研确，上下群籍，于《左氏春秋》为尤癖，爰以叙事易编年，引端竟绪，条贯如一，传谓之《左传事纬》，凡数万言，已，又取太古以来，下及亡秦，合经史、诸子，钩括裁纂，佐以图考，参以外录，谓之《绎史》，凡数十万言，为书百六十卷，需次家居，又集《十三代玮书》，

---

① 详见中华书局本第 17 册，第 5444~5445 页。

篇帙倍富。今《绎史》刻行于世，起自上古，迄于秦代，叙家盛称其邈思闳览，搜举众家，使秦火焚阙之余，茫茫坠绪，灿然复著，与未焚无异。《绎史》一编，当与《七略》、《四部》、杜《典》、郑《志》诸书争胜而有加，殆前此所未有也。君既以此自娱，不问家橐，出而为吏，所至号廉能。治淮，甫三月数，有平反，为灵璧蠲荒灾，除陋弊，刻石县门，岁省民力亡算，流亡复业者数千家，故灵人至今痛之。君生明天启辛酉正月十一日，享年五十四，卒于今康熙癸丑七月辛未。疾将革，惟语子弟以《事纬》、《玮书》二编未镂版为遗憾，言讫而游。……君始终嗜书，远近赴吊，皆谓先生勤学好问，著书满家。再仕五年，讫无长物。援古人私谥之例，以谥之曰文介先生。铭曰：有萘弗吐，君所自处。氓集于枯，煦以甘雨。仕矣弥学，手亡废书。三皇百氏，以佃以渔。于乎其所志者永存，而所啬者万古之须臾。

王士祯《池北偶谈》卷九：马骕，字骢御，一字宛斯，济南邹平人。顺治己亥进士，仕为淮安推官，终灵壁令。生而清羸，博雅嗜古，尤精《春秋左氏》学。撰《辨例》三卷、《图表》一卷、《随笔》一卷、《名氏谱》一卷。又著《绎史》，凡分五部，一曰太古三皇五帝，计十篇，二曰三代夏商西周，计二十篇，三曰春秋十二公时事，计七十篇，四曰战国春秋以后至秦亡，计五十篇，五曰外录，纪天官、地志、名物、制度等，计十篇，合一百六十篇，篇为一卷。始开辟原始，迄古今人表。其书最为精博，时人称为“马三代”。昆山顾亭林炎武尤服之。康熙癸丑岁卒于官，灵壁人皆为制服云。

阮元《儒林传稿》卷三、江藩《国朝汉学师承记》卷一、李元度《国朝先正事略》卷三十二、唐鉴《学案小识》卷十三《经学学案》皆有传，存目。

俞樾《茶香室续钞》卷十三“马氏绎史有改定本”：国朝阎若璩《古文尚书疏证》云：“邹平马公骕字宛斯，当代之学者也，司李淮郡，后改任灵璧令。余以癸丑东归过其署中，秉烛纵谈，因及《尚书》有今文、古文之别。公不觉首肯。余曰：‘公著《绎史》，引及《尚书》处不可不分标出今文、古文。’公曰：‘然。’今《绎史》有今文、古文之名者，自余之言始也。”按：今行《绎史》本无今文、古文之别，潜丘所见之本惜不传也。往年，戴子高尝为余言：“《绎史》中所载伪古文《尚书》，宜删去之。”盖不知有此说。

马骕《左传事纬·例略》：旧文传丽于经，年时月日，以相系维也。易编年为叙事，篇目一百有八，将令读者一览即解，且无遗忘之病。杜氏渭《左传》有先经后经诸法，故往往有无经之传，及经详而传略，经略而传详者，要立叙事之法，虽传中片语只字，稍涉某事，因以附入，以无遗古史之文。疏遗固陋，沓复亦繁，有一事或关两事及数事者，止从所重，录之论断中，互相援引，庶乎其淹贯也。事统于篇，年纪易紊，故每年必隔一字书之，年之首事，则蒙本文大书某年，余则分注某年，不使传文叠出。篇末赘以愚论，未敢言文，旁集诸家，杂采传记，无庸附会僻说，折衷一归于正大，期于发明经传而止。简端碎评，意之所寄，偶拈一二，以志赏事之节目，亦为标额，溢评一概不收。……六书不明，豕亥致紊，附以《左传》字释，用为考订之助焉。①

① 见《四库全书》第175册，第620~621页。

王尔膂

《清儒学案》卷一九六《诸儒学案二·王先生尔膂》：王尔膂，字襄哉，号止庵，一号泡斋，掖县人。诸生。自幼开敏，笃学好古，卓尔不群，老师宿儒，咸惊叹以为不可及。于书无所不读，尤邃于经史。经宗汉学，尝云："郑夹漈谓'汉人穷经而经亡'，此言大非。汉儒有家法，七十子之微言大义赖汉以存。穷经而经亡，当在魏、晋以后。盖荀、虞之《易》乱于王辅嗣，马、郑之《书》亡于伪孔氏，贾、服之《春秋》淆于杜元凯。其幸存者，毛、郑之《诗》，何氏之《公羊》，郑氏之'三礼'耳。穷经当以毛、何、郑为主，而参以六朝、唐、宋、元、明诸儒，择其善而折衷焉，庶乎可矣。"其读史也，以正史为主，而旁证以外史。如《前》、《后汉》外有荀悦、袁宏《两汉纪》，《三国志》外有萧常《续后汉书》、谢陛《季汉书》，《晋书》外有崔鸿《十六国春秋》，《南北史》、《宋》、《齐》、《梁》、《陈》、《隋》诸书外有许嵩《建康实录》，《新唐书》外有刘昫《旧唐书》、范祖禹《唐鉴》，《五代史》外有尹洙《五代春秋》，范坰、林禹《吴越备史》，句延庆《锦里耆旧传》，马令、陆游《南唐书》，《宋史》外北宋有王称《东都事略》，曾巩《隆平集》，南宋有李心传（当作徐梦莘——引者）《三朝北盟汇编》，叶绍翁《四朝闻见录》，徐梦莘（当作李心传——引者）《建炎以来朝野杂记》，《元史》外有苏天爵《名臣事略》。凡此诸史，皆当参互考订，以知其得失。其持论可谓博而笃矣。著有《止庵诗》、《泡斋集》。（参《山左诗钞·小传》、《汉学师承记》。）

《清史列传·儒林传下一》：时掖县王尔膂，字襄哉，诸生。邃于经史，其治经以毛、郑之《诗》，何氏之《公羊》、郑氏之"三礼"为主，著有《泡斋集》。①

江藩《国朝汉学师承记》卷一：（马骕）同时有王尔膂，字襄哉，号止庵，一号泡斋，掖县诸生。读经宗汉学，以为郑夹漈谓"汉人穷经而经亡"，此言大非。汉儒有家法，七十子之大义，赖汉以存。穷经而经亡，当在魏、晋以后。盖荀、虞之《易》乱于王辅嗣，马、郑之《书》亡于伪孔氏，贾、服之《春秋》淆于杜元凯。其幸存者，毛、

① 见中华书局本第 17 册，第 5445 页。

郑之《诗》，何氏之《公羊》，郑氏之“三礼”耳。穷经当以毛、何、郑为主，然后参以六朝、唐、宋、元、明诸儒，择其善而折衷焉，庶乎可矣。其论读史也，以正史为主，而旁证以外史。如《前》、《后汉》外有荀悦、袁宏《两汉纪》，《三国志》外有萧常《续汉书》、谢陛《季汉书》，《晋书》外有崔鸿《十六国春秋》，《南北史》、《宋》、《齐》、《梁》、《陈》、《隋》诸书外有许嵩《建康实录》，《新唐书》外有刘昫《旧唐书》、范祖禹《唐鉴》，《五代史》外有尹洙《五代春秋》、范坰、林禹《吴越备史》、句延庆《锦里耆旧传》、马令、陆游《南唐书》，《宋史》外北宋有王称《东都事略》、曾巩《隆平集》，南宋有李心传《建炎以来朝野杂记》、徐梦莘《北盟会编》、叶绍翁《四朝闻见录》，《元史》外有苏天爵《名臣事略》。凡此诸书，皆当参互考订，以知其得失。亦一时之学者也。①

李元度《国朝先正事略》卷三十二：存目。

毛赞《勺亭识小录》卷七：襄哉浮沉诸生，中迄未一当，乃其诗词赡美，秀外慧中，翩翩然如翔禽之有羽毛，衣服之有绮縠，倘所谓有别才者也。

王尔膂《送赵赤霞赴任镇江》诗：御屏久已姓名扬，暂借清风肃射堂。骥足长驱千里月，熊车东践四时霜。江山领略书生色，琴鹤追随别有香。屈指田辕登帝阕，伫看佳宴锡明光。

今按：宋儒郑樵云：“秦人焚经而经存，汉人穷经而经亡。”此乃怪异之论，王氏驳之甚当。王氏认为，穷经以汉儒为主，以六朝以下诸家之说为辅；读史以正史为主，以外史为旁证，持论甚醇正。清代文人大致分为四类，即经世、义理、考据、辞章。高明者一以贯之，俨然旷代大儒；兼有两类以上者已不多见。王氏邃于正经正史，又有诗文集行世，于儒林之中亦属铮铮者矣。

① 今按：《清儒学案》此条因袭《汉学师承记》之文，以抄为撰。

毛奇龄

《清儒学案》卷二十五《西河学案上》：西河经说，阮文达极称之，谓学者不可不亟读。盖自明以来，申明汉儒之学，使人不敢以空言说经，实自西河始。而辨正图书，排击异学，尤有功于经义。传之恕谷，而其学益昌。至《学案小识》于经学不录西河，而目恕谷为放言无忌，隘矣。○毛奇龄，字大可，又名甡，萧山人。……先生淹贯群书，所自负者在经学。然好为驳辩，他人所已言者，必力反其词。《古文尚书》自宋吴棫后，多疑其伪。及阎若璩作《疏证》，先生力辩为真，遂作《古文尚书冤词》；又删旧所作《尚书广听录》为五卷，以求胜于若璩。而《周礼》、《仪礼》，先生又以为战国之书。所作《经问》，指名攻驳者，惟顾炎武、阎若璩、胡渭三人。以三人博学重望，足以攻击，而余子以下不足齿录，其傲睨如此。素晓音律，家有明代宗藩所传《唐乐笛色谱》，直史馆，据以作《竟山乐录》四卷。及在籍，闻圣祖论乐，谕群臣以径一围三、隔八相生之法，因推阐考证，撰《圣谕乐本解说》二卷、《皇言定声录》八卷。三十八年，圣祖南巡，先生迎驾于嘉兴，以《乐本解说》二卷进，温谕奖劳。圣祖三巡至浙，先生复谒行在，赐御书一幅。五十五年卒于家，年九十四。门人蒋枢编辑遗集，分经集、文集二部。经集自《仲氏易》以下，凡五十种。文集合诗、赋、序、记及他杂著，凡二百三十四卷。《四库全书》收先生所著书目，多至四十余部。（参史传、《汉学师承记》、《先正事略》、《西河合集》）

《清史稿·儒林二》：毛奇龄，字大可，又名甡，萧山人。四岁，母口授大学即成诵。总角，陈子龙为推官，奇爱之，遂补诸生。明亡，哭于学宫三日。山贼起，窜身城南山，筑土室，读书其中。顺治三年，明保定伯毛有伦以宁波兵至西陵，奇龄入其军中。是时马士英、方国安与有伦犄角，奇龄曰："方、马国贼也，明公为东南建义旗，何可与二贼共事？"国安闻之大恨，欲杀之，奇龄遂脱去。后怨家屡陷之，乃变姓名为王士方，亡命浪游。及事解，以原名入国学。康熙十八年，荐举博学鸿儒科，试列二等，授翰林院检讨，充《明史》纂修官。二十四年，充会试同考官，寻假归，得痺疾，遂不复出。初著《毛诗续传》三十八卷，既以避仇流寓江、淮间，失其稿，乃就所记忆，著《国风省篇》、

《诗札》、《毛诗写官记》。复在江西参议道施闰章所，与湖广杨洪才说《诗》，作《白鹭洲主客说诗》一卷。明嘉靖中，鄞人丰坊伪造《子贡诗传》、《申培诗说》行世。奇龄作《诗传诗说驳议》五卷，引证诸书，多所纠正。洎通籍，进所著《古今通韵》十二卷，圣祖善之，诏付史馆。归田后，僦居杭州，著《仲氏易》，一日著一卦，凡六十四日而书成。托于其兄锡龄之绪言，故曰“仲氏”。又著《推易始末》四卷、《春秋占筮书》三卷、《易小帖》五卷、《易韵》四卷、《河图洛书原舛编》一卷、《太极图说遗议》一卷。其言《易》，发明荀、虞、干、侯诸家，旁及卦变、卦综之法。自后儒者多研究汉学，不敢以空言说经，实自奇龄始；而辨正图书，排击异学，尤有功于经义。奇龄分校会闱时，阅《春秋》房卷，心非胡《传》之偏，有意撰述，至是乃就经文起义，著《春秋毛氏传》三十六卷、《春秋简书刊误》二卷、《春秋属辞比事记》四卷，条例明晰，考据精核。又欲全著《礼经》，以衰病不能，乃次第著昏、丧、祭礼、宗法、庙制及郊、社、禘、祫、明堂、学校诸问答，多发先儒所未及。至于《论语》、《大学》、《中庸》、《孟子》各有考证，而《大学证文》及《孝经问》，援据古今，辨后儒改经之非，持论甚正。奇龄淹贯群书，所自负者在经学，然好为驳辨，他人所已言者，必力反其词。《古文尚书》自宋吴棫后多疑其伪，及阎若璩作《疏证》，奇龄力辨为真，遂作《古文尚书冤词》。又删旧所作《尚书广听录》为五卷，以求胜于若璩。而《周礼》、《仪礼》，奇龄又以为战国之书。所作《经问》，指名攻驳者，惟顾炎武、阎若璩、胡渭三人。以三人博学重望，足以攻击，而余子以下不足齿录，其傲睨如此。素晓音律，家有明代宗藩所传《唐乐笛色谱》，直史馆，据以作《竟山乐录》四卷。及在籍，闻圣祖论乐，谕群臣以径一围三隔八相生之法，因推阐考证，撰《圣谕乐本解说》二卷、《皇言定声录》八卷。三十八年，圣祖南巡，奇龄迎驾于嘉兴，以《乐本解说》二卷进，温谕奖劳。圣祖三巡至浙，奇龄复谒行在，赐御书一幅。五十二年，卒于家，年九十一。门人蒋枢编辑遗集，分经集、文集二部：经集自《仲氏易》以下凡五十种，文集合诗、赋、序、记及他杂著凡二百三十四卷。《四库全书》收奇龄所著书目多至四十余部。奇龄辨正图书，排击异学，尤有功于经义。弟子李塨、陆邦烈、盛唐、王锡、章大来、邵廷寀等，著录者甚众。

《清史列传·儒林传下一》：……著述之富，甲于近代。李天馥尝谓：“奇龄有不可及者三：不挟书册而下笔有千万卷，一也；少小避人，盛年在道路，得怔忪疾，遇疾发，求文者在门，扪腹四应，顷刻付去无误，二也；读书务精核，群经、诸子及诸琐屑事，皆极其根柢，而贯其枝叶，偶一论及，辄能使汉、宋儒者拄口不敢辨，三也。然奇龄恃其纵横博辨，肆为排击，欲以劫服一世，汉以后人俱不得免，而其所最诋者为宋人，宋人之中所最诋者为朱子。故后人反诋之者亦多。”全祖望尝发其集为《萧山毛氏纠谬》十卷。祖望称“奇龄之才要非流辈所易及，使其平心易气以立言，其足以羽翼儒苑无疑”。世谓公论云。①

全祖望《鲒埼亭集外编》卷十二《萧山毛检讨别传》：归安姚薏田秀才谓予曰：“西河目无今古。其谓自汉以来足称大儒者只七人：孔安国、刘向、郑康成、王肃、杜预、贾公彦、孔颖达也。夫以二千余年之久，而仅得七人，可谓难矣。吾姑不敢问此七人者，果足掩盖二千余年以来之人物与否。但即以此七人之难，而何以毛氏同时其所极口推崇者，

① 详见中华书局本第17册，第5456~5457页。

则有张杉、徐思咸、蔡仲光、徐缄，与其二兄所谓‘仲氏’及‘先教谕’者，每述其绪论，几如蓍蔡，是合西河而七，已自敌二千余年之人物矣。抑西河论文，其自欧、苏而下俱不屑，而其同时所推崇，自张、蔡、二徐外，尚有所谓包二先生与沈七者，不知其何许人也。竭二千余年天下之人物，而不若越中一时所出之多，抑亦异哉？”予笑而答之曰：“是未闻吾先赠公之所以论西河也。”西河少善词赋，兼工度曲，放浪人外。陈公大樽为推官，尝拔之冠童子，遂补诸生。顾其时蕺山先生方讲学，西河亦尝思往听之，辄却步不敢前。祁氏多藏书，西河求观之，亦弗得入。已而国难，画江而守，保定伯毛有伦方贵，西河兄弟以鼓琴进，托末族。保定将官之，而江上事去，遂亡匿。乃妄自谓曾预义师，辞监军之命，又得罪方、马二将，几至杀身，又将应漳浦黄公召者，皆乌有也。已而江上之人有怨于保定者，其事连及西河，而西河平日亦素不持士节，多仇家，乃相与共发其杀人事于官，当抵死，愈益亡命。良久，其事不解，始为僧，渡江而西，乃妄自谓选诗得罪王自超，撰《连箱词》得罪张缙彦以致祸，皆事后强为之词者也。乃其游淮上，得交阎征士百诗，始闻考索经史之说，多手记之。已而入施公愚山幕，始得闻讲学之说。西河才素高，稍有所闻，即能穿穴其异同至数万言。于是由愚山以得通于乡之先达姜公定庵，为之言于学使者，复其衣巾。顾以不善为科举文，试下等者再。时萧山司教者，吾乡卢君函赤，名宜，怜其才，保护之，然惧其复陷下等，卒令定庵为之捐金入监。未几得预词科。顾西河既为史官，益自尊大无忌惮。**其初年所蹈袭，本不过空同、沧溟之余，谓唐以后书不必读。而二李不谈经，西河则谈经，于是并汉以后人俱不得免，而其所最切齿者为宋人，宋人之中所最切齿者为朱子。**其实朱子亦未尝无可议，而西河则狂号怒骂，惟恐不竭其力，如市井无赖之叫嚣者，一时骇之。于是自言得学统于关东之浮屠——所谓高笠先生者，而平日请教于愚山者不复及焉。其于百诗则力攻之，尝与之争不胜，至奋拳欲殴之。西河雅好殴人，其与人语，稍不合即骂，骂甚继以殴。一日，与富平李检讨天生会于合肥阁学座，论韵学。天生主顾氏亭林韵说，西河斥以邪妄。天生秦人，故负气，起而争，西河骂之。天生奋拳殴西河重伤，合肥素以兄事天生，西河遂不敢校。闻者快之。若其文，则根柢六朝，而泛滥于明季华亭一派，遂亦高自夸诩，以为无上。虽说部、院本，拉杂兼收以示博。顾西河前亡命时，其妇囚于杭者三年，其子瘐死。及西河贵，无以慰藉其妇，时时与歌童辈为长夜之乐，于是其妇恨之如仇。及归，不敢家居，侨寓杭之湖上。浙中学使者张希良，故西河门下也，行部过萧山，其妇逆之西陵渡口，发其夫平生之丑，詈之至不可道，闻者掩耳疾趋而去。先赠公之言如此。顾先赠公在时，西河之集未尽出，及其出也，先君始举遗言以教予，于是发其集细为审正，各举一条以为例：则其中有造为典故以欺人者，如谓《大学》、《中庸》在唐时已与《论》、《孟》并列于小经。有造为师承以示人有本者，如所引《释文》旧本，考之宋椠《释文》亦并无有，盖捏造也。有前人之误已经辨正而尚袭其误而不知者，如邯郸淳写魏石经，洪盘洲、胡梅磵已辨之，而反造为陈寿《魏志》原有邯郸写经之文。有信口臆说者，如谓后唐曾立石经之类。有不考古而妄言者，如熹平石经《春秋》并无《左传》，而以为有《左传》。有前人之言本有出而妄斥为无稽者，如“伯牛有疾”章，《集注》出于晋栾肇《论语驳》，而谓朱子自造，则并《或问》、《语类》亦似未见者，此等甚多。有因一言之误而诬其终身者，如胡文定公曾称秦桧，而遂谓其父子俱附和议，则籍溪、致堂、五峰之大节，俱遭含沙之射矣。有贸然引证而不知其非者，如引周公“朝读书百篇”，以为《书》百篇之证，周公及见《冏命》、

《甫刑》耶？有改古书以就己者，如《汉·地理志》回浦县乃今台州以东，而谓在萧山之江口，且本非县名，其谬如此。先君皆口授之，予因推而尽之，葺为《萧山毛氏纠谬》十卷。乃其集中最后有《辨忠臣不死节》文，则其有关名义，尤可惊愕。其谓“夷、齐亦不得为忠臣，但可为义士”，乖张已极。夫忠臣固不必皆死节，亦几曾见忠臣之不应死节者。况西河自溯道统，得之高笠先生，而高笠之师凌台贺氏，以布衣死明季，则是其师传即已乖谬，西河之师之何也？及溯其本意，则专为《续表忠记》而作，谓其以长平之卒，妄列国殇，而冒托其名以作叙，故辨之。《续表忠记》者，即吾乡卢函赤所作，前曾保护西河者也。其所作记本不工，其所序事亦间有讹者，然谓以长平之卒妄列，则其记中所立传，俱属有名之人。而况是记，俱经西河校定而后出以问世，其序文则直用西河手书雕入册中，其字画皆可验。且西河前在卢门，感其卵翼之恩，执弟子礼，不仅如世俗之称门生者。虽既贵，寓杭犹时时遣人东渡问讯，而忽毁之于身后，并其序亦不肯认，且因此序而发为背道伤义之论。及叩之函赤之子远，则流涕曰：“是殆为畏祸故也。前者西河固尝有札来，谓京师方有文字之祸，先师所著，勿以示人，则是辨必其时所作无疑也。”予乃叹曰：“有是哉！畏祸而不难背师与卖友，则临危而亦诚不难背君与卖国矣。忠臣不死节之言，宜其扬扬发之，而不知自愧也。”抑闻西河晚年雕《四书改错》，摹印未百部，闻朱子升祀殿上，遂斧其板。然则御侮之功亦馁矣，其明哲保身亦甚矣。乃因述赠公之言而附入之，即以为《西河别传》。虽然，西河之才，要非流辈所易及，使其平心易气以立言，其足以附翼儒苑无疑也。乃以狡狯行其暴横，虽未尝无发明可采者，而败阙繁多，得罪圣教，惜夫！

张穆《阎潜丘先生年谱》：秋涛案：谢山此传，多疑其或不实。近假得《西河全集》，细核其生平事迹，并西河自作墓志、盛唐所作《西河先生传》，始知谢山之言不妄。集中前后多自相抵牾，其谓以选诗评语获怨于王柳潭自超，假他事讦讼，伏人道旁篡取之，将置死地，乡人率众夺之还，怨者移营卒尸横地，指为所杀，捕逮甚急，乃出游江淮间云云。事似可信，然叙出游岁月则率不足据。或云十余年，或云二十年，又往往同此一年，而或自言出游，或自言里居，足知其非事实矣。李刚主师事西河，欲为作年谱而不果，殆亦有见乎此。又其四十以前未见潜丘时率以赋诗、填词、选制、艺评、传奇为事。集中经解虽卷帙繁重，实皆归田后作，自言二十余岁时已作《续诗传》，遭兵燹失其稿，然世亦未有见者。《鸟名》一卷，仍归田后所成，托之早岁剩稿耳。《白鹭洲主客说诗》成于愚山署中，西河经解之最早出者也，中多引潜丘说，时方与潜丘订交也。则谓西河考证之学得自潜丘，良信。又潜丘初成《疏证》，寄西河，时西河贻书只争书中朱、陆之辨，而不及古文真伪，是其时于壁经源流尚未一考，迨刚主进以《尚书》非伪之说，而《冤词》作焉，始末并详其《再与潜丘书》中。总之，西河固心折于潜丘，而必欲强与争胜，此其所以于西河也。又案《西河诗话》云：“琉球中山王遣使入贡，于还京时，福建侯官县五县寨巡检胡奉至杭州，为使者买丝布什器，兼觅毛初晴论释《西厢记》及《濑中集》诗，于书林不得，遂访余云云。”又《词话》：“《西厢》久为人更窜，余求其原本正之，逐字核实，其书颇行，第中尚有不能详处，如第四折内和尚们回施些云云。”是西河别有此等书，与金圣叹争名，其亦异乎潜丘已。

施闰章《学余堂集》文集卷十七《毛子传》：毛甡，萧山人也，初名奇龄，字大可，一字齐于，曰吾淳于髡也。少与兄万并知名，人呼小毛子，负才任达，善诗歌、乐府、填词，与人坦然无所忤，贤者多爱其才，昵就之，而亦以才见忌，一时诗人尝就甡问高下，甡略示次第，或闻而恶之，往往思中伤甡。又困诸生，家贫，遭乱，佯狂，髡发缁衣，走山泽中。间效元人作小词、杂曲以自娱，仇者摘其语，以为谤诽，谋讦而杀之，已而按验无实，得不坐。甡自以为无罪，虽数滨死，无所害，益复不简备。仇者愤不得泄，乃胠其箧，发所著书焚之，又欲借他人事构之死。里中善甡者，咸谓当出亡，相哭而别。于是之齐，之楚，之郑、卫、梁、宋间，尝登嵩山，越数峰，远望凄怆，不能上，曰："吾力衰矣，伤哉！贫且多难，吾安归乎？"甡所为诗，率托之美人香草，以写其骚激之意，缠绵绮丽，小词、杂曲亦复纵横跌宕，按节而歌，使人凄悦。游靖江，当垆冯氏者悦其词，欲私就之。甡谢曰："彼美不知我，直以我为狂夫也。"径去。过海陵，抵淮上，山阳令朱禹锡故善甡，为召诸名士词人毕集为欢，而吏部张新标父子嗜诗，有名园，中秋夜会客数十人，伎乐合作，甡倚醉，扣盘赋《明河篇》，凡六百余言，及旦，则淮上诸家传写殆遍。宣城施闰章还自京师，见之，目为才子，自是客淮数月，留连朋好，不能去。甡虽处困穷，所至尝乞食，至不当其意，虽招之，不赴也。甡自少受知华亭陈子龙，评其文曰才子之文。然跌荡文酒，颇不自惜，平生长于治《诗》，取毛、郑诸家折衷其说，著《毛诗省篇》，今旧集多毁，存诗词若干卷。友人蔡大敬为刻行于世，论者谓以沈、宋之法，行温、李之词，时罕及者。甡年四十余尚无子，自言当以客游老云。

阮元《儒林传稿》卷二、钱林《文献征存录》卷一、李元度《国朝先正事略》卷三十二皆有传，存目。

毛奇龄《西河集》卷二十《与阎潜丘论尚书疏证书》：**昨承示《尚书疏证》一书，此不过惑前人之说，误以《尚书》为伪书耳。**其于朱、陆异同，则风马不及。而忽诟金溪，并及姚江，则又借端作横枝矣。《尚书》本圣经，前人妄有遗议者，亦但以出书早晚、立学先后为疑，未尝于经文有不足也。且"人心道心"，虽《荀子》有之，然亦《荀子》引经文，不是经文引《荀子》。况《荀子》明称"道经"，则直前古遗文，即《易通卦验》所云"燧人在伏羲以前，置刻道经，以开三皇五帝之书者"是也。又且"正心诚意"本于《大学》，"存心养性"见之《孟子》，并非金溪、姚江过信伪经，始倡为心学，断可知矣。今人于圣门忠恕毫厘不讲，而沾沾于德性问学，硬树门户。此在孩提稚子，亦皆有一诋陆辟王之见于胸中。以尊兄卓识，而拾人牙慧，原不为武。然且趋附之徒借为捷径，今见有以此而觊进取者。尊兄虽处士，然犹出入于时贤时贵之门，万一此说外闻，而不谅之徒藉为口实，则以此而贻累于尊兄之生平者不少，吾愿左右之阏之也。至若学宫从祀，则从来荒谬。向与尊兄言庙学合一之陋，孔子先圣称名之谬，极蒙许可。至从祀进退，则大不足凭。汉世大儒，如康成、子政辈皆以神仙图谶，纷纷罢祀。乃有受华山之书，阐《参同》之秘，指太乙九宫为洛书九类，而公然与圣经并传者。是以王草堂作《圣贤儒史》一书，颇有订证。而足下偏执程敏政无学之说，以为金科，陋矣。鄙意谓《尚书疏证》总属难言，恐于尧、舜、孔子千圣相传之学不无有损。

毛奇龄《西河集》卷二十《与李恕谷论周礼书》：《尚书冤词·序说》中，"林觏疑《周礼》"，来札欲易此语，似以《周礼》非圣经，有碍耳。夫"三礼"名经，固自无辞，若谓圣经，则自不可。今天下攻《周礼》者众，总只"周公之书"四字害之。周、秦以前，并无周公作《周礼》、《仪礼》一语见于群书，亦并无周、秦以前群书，若孔、孟、老、荀、列、墨、管、韩诸百家，及《礼记》、《大学》、《中庸》、《坊记》、《表记》、《孝经》所引经，有《仪礼》、《周礼》一字一句，则周公不作此书明矣。《周礼》非周公作，何害？《大学》、《中庸》不知何人作，其为经自在也。必欲争《周礼》为周公作，《大学》孔子作，则无据之言，人将无据以争之，事大坏矣。天下是非，原有一定。《周礼》惟非周公作，非圣经。然周人所言周礼，即因之礼也，其中虽有与《春秋》诸礼不甚相合，然亦周礼也。如《公羊》言礼，全与《左氏》策书不相合，然亦周人之书也。况周礼全亡，所藉此一书稍为周备，可为言礼考据。若又排击之，则无书矣。如此说《周礼》，方是妥当。若谓周公作，则虽始于郑氏，而祖之，而表章之者，王安石也，人将以安石目之矣。近姚立方作《伪周礼论注》四本。桐乡钱君馆于其家多日，及来谒，言语疏率，瞠目者久之，嗫嗫嚅嚅而退。然立方所著亦不示我，但索其卷首《总论》观之，直绍述宋儒所言，以为刘歆作。予稍就其卷首及宋儒所言者略辨之，惜其书不全见，不能全辨，然亦见大概矣。若《仪礼》非周公作，且于“三礼”中倍加讹谬，则予《丧礼》中所驳《士礼》者甚伙，皆无理不足道，此更非《周礼》比也。凡辨必有据方为无弊，仆所辨亦无他人可语可商量。然幼时尚有父兄师友偶相阐发，今已绝矣。仆记先仲兄尝言，先王典礼俱无成书，韩宣子见《易象》、《春秋》，便目为周礼，此果《周礼》乎？国家班礼法，只于象魏悬条件，使里闾读之已耳。刑法亦然。子产作刑书，反谓非法。即历书一项，关系民用，先王所谓敬授人时与世共见者。然亦只逐月颁布，并无成书如近代历本，则他可知矣。是以夏礼、殷礼，夫子谓文献不足，不特杞、宋原无文，即旧来传书亦只得《夏时》、《坤乾》，一如韩宣子之以《易象》、《春秋》当礼书者。如是，则《周礼》五卷不必周公作，又是一证。（下略）

沈彤《果堂集》卷八《书古文尚书冤词后一》：此书八卷，其要者数条。毛氏据《隋书·经籍志》以辨梅赜所奏《古文尚书》二十五篇之非伪也，其大指谓孔壁古文藏晋世秘府者，永嘉乱后犹存，梅赜特以无传，故上孔安国之传，而未尝上古文之经。又谓郑康成所述古文二十四篇乃杜林漆书，与孔壁书不合。如其言，则梅之二十五篇真孔壁书，而指其伪者诚过，岂知毛之于《隋志》乃误解之而妄据之哉？《志》云：“后汉扶风杜林传《古文尚书》，同郡贾逵、马融、郑玄为之作传注。然其所传唯二十九篇，又杂以今文，非孔旧本。”所云非孔旧本者，乃以所传止二十九篇，而不足五十八之数，杂以今文而不皆古文，非谓其篇目词句与孔旧本异也。且马融亦传漆书本，其注《书序》云逸十六篇，即郑所述二十四篇之逸书。郑为书赞，称安国为先师，谓贾、马传其业，则漆书与孔壁本安得有不合者。《志》又云：“晋世秘府所存有《古文尚书》经文，今无有传者。至东晋，梅赜始得安国之传奏之。”所云今无有传者，传即传授之传，明古文亡于永嘉，其后官私本皆绝也。云梅赜奏安国之传，不云经者，以上已言经文，则此但言传，而经在其中矣。正义之引《晋书》谓太保郑冲以《古文尚书》授苏愉，三传至梅赜，遂奏上其书。上云以《古文尚书》授，而下云上其书，则其书非即古文乎？而可云梅赜不上古文经乎？且若以无有传为无传注，则梅赜奏上其传施行已历数朝矣，而尚云今无有，又可通乎？毛又以马、郑所注《书序》百篇，亡书目，凡四十二篇，为漆书本，则漆书本固有逸书十六篇在中，此明与马融说乖，并妄据而无之矣。书中谓陈第辨梅鷟之攻古文，以寡学自坐谬误，不足以洒冤。毛之学虽多，而识则寡，吾谓非惟不足以洒冤，且反足为辨伪者之口实矣。虽然，其辨《正义》以郑所述二十四篇为张霸伪书之误，语甚明快，则与辨梅赜伪书者之见不谋而合，其识未尝不高也，乃能辨此，而不能辨彼，何哉？

沈彤《果堂集》卷八《书古文尚书冤词后二》：毛氏此书，自谓惧《古文尚书》将见废而为之，然吾知其必不废也。《古文尚书》非独聚敛传记所采语，其中间亦必有真古文之残编剩简，如《隋志》所载《尚书》逸篇之类者，故其尤善者，皆各有精言，以立一篇之干，若不得真古文之要领，以深悉其伪，则其学弥粹，其信弥笃。李文贞曰：《禹谟》、《伊训》、《说命》，传道之书也，《太甲》、《旅獒》、《周官》诸篇，亦非董仲舒、刘向辈所能言。其书自东晋列国学置博士，见《晋书·荀崧传》，历今千余年，无贵贱贤愚，不之学习，安得有议其废者？即或议之，而其势固不行也。传曰："与其过而废之也，宁过而立之。"果欲议废，则亦乖于理矣。《禹谟》三篇虽非亲授受之文，而圣人之道存焉。《太甲》诸篇有大醇而无小疵，以为非董、刘所能言，固也。夫董、刘之言，曰志于修身行政，尚孳孳取为师法，况高出董、刘者乎？故吾知其必不废也，以其言决之也。并书此于后，以解毛地下之惧，且以明辨真伪者之专以尊经，非有意于梅书之废也。

俞正燮《癸巳存稿》卷十四《书古文尚书冤词后》：吾闻之邹平成君瓘，谓今枚文为魏、晋人书者，非冤也。古文非伏生所有，二十五篇又分出佚书五篇者，奏上于晋，大行于唐，疑于宋，至元、明人则凭虚诟詈之。汉以伏生二十八篇，益以《泰誓》，置博士，《艺文志》所谓经二十九卷者是也。《志》又云《尚书古文经》四十六卷，则《汉书》、《后汉书》并云，鲁共王得壁中书，还之孔氏，孔安国上之，未得施行，然藏为中经，故《志》得录之。安国又自传司马迁及都尉朝，以次传胶东庸生、清河胡常、虢徐敖、平陵徐恽、河南桑钦，此皆不立学官而见《儒林传》者。扶风贾徽，受书于恽，徽传子逵，见本传。杜邺亦扶风人。《后汉书·儒林传》云，杜林传《古文尚书》。林，邺子也。鲁国孔僖者，亦世世传古文，拜郎中。其时自安国所传于外之古文，若有违僖以古文立朝，必能举之矣。林传济南徐巡、东海卫宏。宏定古文官书，逵传孔氏学，为林作训，马融为之传，郑君为之注解。其传授，则刘歆移文所云，古文旧书，藏于秘府，转向民间，则胶东庸生之学与之同，外内相应，郑本有注无注，及伏生先出之书，皆孔子所见之文也。今其书非先立博士者，则皆不传。而隋人刘光伯引《晋书》及唐人枚本《正义》，皆为枚书伪造桑钦以后传授之人，又斥古文郑注为张霸伪书。按《汉书·儒林传》，言霸书百两篇，成帝时，以中书按之，非是，绌其书，郑本无百两篇。又言霸分析合二十九篇为数十。《正义》引郑目，惟《顾命》分《康王之诰》，《盘庚》分三篇，又异霸书，是为枚学者不识数也。郑有注者，《尧典》、《皋陶谟》、《禹贡》、《甘誓》、《汤誓》、《盘庚》三篇、《高宗肜日》、《西伯戡黎》、《微子》、《牧誓》、《洪范》、《金縢》、《大诰》、《康诰》、《酒诰》、《梓材》、《召诰》、《多士》、《无逸》、《君奭》、《多方》、《立政》、《顾命》、《康王之诰》、《费誓》、《吕刑》、《文侯之命》、《秦誓》，皆伏生故有说，立博士。谓郑为古文者，郑君云，我先师棘下生孔安国亦为其说，故古文得自为一学，有师说。又《泰誓》三篇，民间所得，武帝使博士起传，故独有传，与《书序》总三十五篇，三十一卷。《泰誓》疏云，李颙集注《尚书》于伪《泰誓》每篇引孔安国曰，计安国必不为彼书作传，不知安国作传止《泰誓》三篇。他古文无传，枚氏伪为不知，孔颖达且悍然争之，其事至今始明也。其未立博士之篇，马融所谓绝无师说者，谓之逸十六篇，《舜典》、《汨作》、《九共》九篇、《大禹谟》、《弃稷》、《五子之歌》、《胤征》、《典宝》、《汤诰》、《咸有一德》、《伊训》、《肆命》、《原命》、《武成》、《旅獒》、《同命》，二十四篇，十六卷，皆同题同卷。古文本四十六卷、《武成》一卷，建武之际亡，郑以博士《泰誓》一卷益之，复得四十六卷，皆序自为卷。《汉书·楚元王传》云，逸书十六篇。《艺文志》云，以考二十九篇，得多十六篇。荀悦《汉纪·武帝纪》云，得《古文尚书》，多十六篇，孔安国家进之。云多者，明伏生书虽少于孔壁书。而《史记·儒林传》所谓求其书，亡数十篇，独得二十九篇者，实与孔壁书同，后先相应也。枚氏书，则以孔壁文有师说之三十二篇，分去《书序》，又分《尧典》出《舜典》，分《皋陶谟》出《益稷》，以三十一为三十三。去孔壁文无师说者，又去《泰誓》，而造《大禹谟》、《五子之歌》、《胤征》、《仲虺之诰》、《汤诰》、《伊训》、《太甲》三篇、《咸有一德》、《说命》三篇、《泰誓》三篇、《武成》、《旅獒》、《微子之命》、《蔡仲之命》、《周官》、《君陈》、《毕命》、《君牙》、《冏命》，通孔古文及《书序》，为五十九篇，五十一题，同序同卷，分序，去一；《大禹谟》、《皋陶谟》、《益稷》同序，去二；《康诰》、《酒诰》、《梓材》同序，去二；通去五卷，以合《艺文志》四十六卷之数。不知同序同卷，《大禹谟》杂入伏书卷中，难置多少之数。枚视伏书，题多二十一，文多十九，篇多二十五，卷多八卷又半，何云多十六篇，传自桑钦乎？至民间《泰誓》，已立博士，汉人或疑之。刘歆欲立古文，亦不举《泰誓》，知古文中不得有《泰誓》，枚乃造《泰誓》三篇，尤其愚拙之迹。其序称巫蛊事，《汉书·楚元王》及《儒林传》皆有之，然安国尝为其说，未闻《泰誓》外承诏作传，则孔传之伪，亦何知也。毛奇龄以杨伦传误文，谓贾、马、郑为《泰书》，非孔学。建武时，天下初定，杜林于西州独怀《泰书》古文一卷耳，非有四十六卷。又贾逵为作训，是有训注之卷，不得以论无注之十五卷。奇龄徒以明人应试，妄攻古文，吴澄、归有光伪造《尚书》二十九篇古经十六卷之文，遍检《汉志》无之。又阴妒阎氏若璩《疏证》之作，闻桐乡钱甲、漳浦蔡甲谩语，激而右枚，反以郑之四十六卷当《泰书》一卷，则为枚学者终不识数。且谓杜林东汉初人，《后汉书》列之东汉末诸儒之后，明别之为非孔学，曾不览《汉书》亦列安国于西汉末诸儒之后，以非博士业。然则《后汉书》列杜林于诸儒后，正明其为孔学。且桓荣、贾逵、杜林、郑、马皆自有传，故附见之《儒林传》末。毛于此学而不思，书词书字，适以发枚覆。所引书目，尽背于古。枚文之罪，在塞绝孔书。而自晋以来，朝典文章，半出枚义，则此二十五篇，为考证词头之用，亦儒者不可少之书，是毛书不为无理。虽然，枚文固宋以来言精言微言心性者之资粮也，而朱子独以为疑。呜呼，卓矣！嘉庆甲子正月十三日。

李绂《穆堂类稿》初稿卷四十六《书古文尚书冤词后》：余少时读《尚书正义》，考古文授受，引《晋书》云："晋太保郑冲授扶风苏愉，愉授天水梁柳，柳授城阳臧曹，曹授汝南梅颐。"考之《晋书》，绝无其语，不知正义何所据也。按《晋书》郑冲本传止云高贵乡公讲《尚书》，冲执经亲授而已，并未有古文之说。又称冲与孙邕、曹羲、荀顗、何晏共集《论语》诸家训注之书，名曰《论语集解》，奏之魏朝，未闻有经学授之何人。又冲仕魏至司空、司徒、常道乡公，即位拜太保，位三司，上封寿光侯，而阿附司马昭，比炎篡位，冲实奉禅策，拜太傅，进爵为公，视孔光、张禹之罪又有甚焉。此辈经术又安用哉？况苏愉、臧曹、梅颐《晋书》并无其人，惟梁柳附见《皇甫谧传》，亦止言其作郡，并无得《古文尚书》之事。毛西河氏作《古文尚书冤词》，亦据正义引《晋书·皇甫谧传》云：谧从姑子外弟梁柳得《古文尚书》，故作《帝王世纪》中多载其语，则谧传并无之。毛氏乃引晁公武《十八家晋书》为辞。按《唐书·艺文志》，唐初《晋书》虽有七家，御制书出，余必称名，正义所引未称某人《晋书》，必御制《晋书》矣。且御制《晋书》成于贞观，而《唐书·儒学传》谓《尚书正义》永徽中于志宁等校正始布天下，则正义自当引御制《晋书》，不当他引也。毛氏为《古文尚书》称冤，大声疾呼，著书立说，而所引疏阔，与孔氏正义无异，安足以传信后世而箝天下之口也哉？考晋时著书之富，无若皇甫谧者，尝因正义所引牵连梁柳，即疑古文为谧所作，后得梅鷟《尚书考异》观之，所见多相合者，其序文则指《古文尚书》为谧作以授梁柳，其别有所据耶？抑亦因谧传及梁柳而臆揣之？“他人有心，予忖度之。”古文“之”作“自”，谧可信十之六七矣。吾友方灵皋谓汉以来文章具在，孰能赝为之者？不知后人特未尝摹经，而自作文字故不相似耳。刘原父尝补作《礼经三义》，杂之《戴记》，有过之无不及，况搜集群书，征引《尚书》原文，特以己意联属其间，因稍加补缀，何不似之有？黎丘鬼，虽父不能辨其子。优孟为叔放衣冠，楚王不得不爱也。然则《古文尚书》果可废乎？曰，废固未可轻言，其所搜集固《尚书》之正文也。圣人之书，寸金碎玉皆可宝贵，安可以造作之赝本弃采集之正文，惟知其为赝，而嘉谟入告等语实有害于治道者则存而不论可耳。其所采正文固当奉为齐治均平之本，攻者不必攻，而辨者亦无庸辨也。毛氏素不喜朱子之说，其为此书，亦藉以驳朱子耳，其本意岂诚笃信《古文尚书》也哉！

皮锡瑞《古文尚书冤词平议》：毛大可检讨《古文尚书冤词》八卷，世传为驳《尚书古文疏证》而作。予观其书，亦不尽然。有明一代，专以宋学取士，其于宋儒之说，如删《孝经》，改《大学》，去《诗·国风》，皆奉为科律，莫敢异议。独检讨起而争之，在当时实能言人所不敢言，不可谓非豪杰之士。惟检讨之才，长于辨驳，务与朱子立异，而意见偏宕，遂有信所不当信，疑所不当疑者。朱子信《仪礼》，是也。检讨因其为朱子所信，乃谓“三礼”之中，《仪礼》最下。所订《丧礼》，肆意抨击。朱子疑《古文尚书》，亦是也。检讨因其为朱子所疑，乃大声疾呼，为古文鸣冤。横暴先人，痛诋同时攻驳古文之人，以曲护黎丘之鬼，皆由意见偏宕使之然也。夫《古文尚书》并非由朱子始疑之，检讨欲为平反，意必据有铁案。乃其所执为左证者，惟《隋书·经籍志》。《隋志》，唐初人作。其时崇信《伪孔》，立学官，作义赞，史官所采多皆左袒之徒。检讨乃据一家之言，偏断两造之狱，岂能反南山不移之案以鸣千载不白之冤乎？《尚书》一经，自东汉古文汨之于前，东晋古文假之于后，宋以来又各创异说，迄今纷纷，莫衷一是。或据宋儒之说以驳东晋古文，或据东晋古文以驳宋儒之说，或据东汉古文以驳东晋古文及宋儒说，未有能守西汉今文之学，以决是非、正得失者。矧在明末，经义湮晦。以阎征君之精核，攻古文犹用宋儒之说。其余郝、梅诸君所批驳，多不得要领。《伪古文》虽当罪，而罪之不得当，宜检讨为之负罪而称冤也。检讨是书，其佳处在不用宋儒新说，如武王封康叔、周公留后之类，其弊则在专信《伪孔》，并《伏传》、《史记》亦加訾议。与《疏证》互有得失，其是非可对勘而明。予于《疏证》既为《辨正》，乃于是书更作《平议》，冀以持两家之平焉。善化皮锡端。

毛奇龄《西河集》卷二十七《王甲庵周易图注序》：易，易也，变易而数起焉；易，易也，亦易简而天下之理得焉。故曩时学《易》者，大约分理、数二端。而主数者则曰：“《易》者，筮书也，言理过备，反失象数，朱子学是也。然其敝也，粗而不精。”主理者则曰：“理外几有象乎？《乾》二之德，通于学问；《噬》初之道，进于仁义，程子学是也。然其敝也，杂而不醇。”盖朱、程二学，各有由始。伊川之学，王氏之学也。王弼以费直为宗，而好言义理，伊川踵之。朱子之学，邵氏之学也。邵氏衍《皇极经世》之说，该理于数，而朱子乃阴承之。然而朱子言数既承其意，而又不竟乎其说，以为卜筮本义无关隐赜，而于是理与数两不得矣。夫该理于数，亦谓数本具理，不必更立理名焉耳。今乃曰数在卜筮，而其言卜筮者，则又专属之吉凶贞悔，随所揲获之语辞，将使数圣人俯仰观察，后先探索，而究其本义，仅得与筮人①、華氏②指可否也，有是理哉？且夫今所传《易》，皆王氏之《易》也。费直以《彖》、《象》、《文言》参入卦末，而王弼则又分《彖》、《象》、《文言》，或冠于各卦之首，或附于各爻之中，名曰《古文易》，实今《易》也。朱子既不欲以理言《易》，而注《易》则又取言理之《易》，此何意乎？（下略）

毛奇龄《西河集》卷二十八《春秋自得编序》：**《春秋》为经世之书**，而意旨通微，义例庞赜，随所解会，悉得以触类达志，窥见大略，而究其指�，则初无确然之见，可葆不易。故汉初四家互为抵掎，而最后《左氏传》出，则各守师说，而迄不相下。虽至刘骏通经，赵匡辟传，犹不足以发墨守而起锢疾，宜乎胡子文定一举而尽袪其说也。顾文定是书，道在乎匡经，而志存乎悟主，以彼其时南北势成，往可与周之东西相比发者，故一偏之旨，原不无有传无传，并有传无经之虑，而后之为《春秋》者，既饰传作经，复裂经就传，而《春秋》亡矣。向与甲庵论《春秋》，每喜其发凡新颖，起义开辟，尝以为能出侪识，必其能发秘义者。今读其书，知其得之深而见之大也。甲庵据程氏所言《春秋》者，犹法律之有断例。又引邵子云“**《春秋》，夫子之刑书也**”。（下略）

毛奇龄《西河集》卷三十四《资治文字序》：自文字起而载籍兴。文字者，载籍之先事也。毋论典谟誓诰、诗史铭颂，所藉不浅，即文簿板册、札牍券契，以逮农估舆隶、竺人丹师之流，嬗记注有不资文字者乎？向使古无文字，则自今以前有若梦寐，又何知孰为虞周？孰为汉、唐？孰为圣愚贤不肖，以及天时人事、古今运会、兴丧得失之纷纭也者？然则文字之资治所固然也。第古来字书不一，而要其指归，大抵不越形声两端。原造字之始，先声后形，传字之后，先形后声，故先儒谓形母声子，声母形子，皆不必辨。要之，六书所称象形、谐声略见之矣。独是古文、今文既殊其形，辞赋歌咢③复异其韵。在昔扬雄采篆、籀诸文，著为《训纂》，而东京许慎因之有《说文》之作。暨梁顾野王增为《玉篇》，辑偏傍所同，悉以类聚。而其后在唐有李阳冰者修正《说文》。宋初，徐铉取陆词《切韵》增入翻切。至金章宗朝，王氏与秘据《说文》、《玉篇》二书集为《篇海》，而从前《省篇》、《川篇》、《类篇》诸书俱为之废。此则字形相嬗之大较也。至若字声所著，则自魏左校令李登创为《声类》，齐中郎周颙作《四声韵略》，梁沈约因之，于是有《韵谱》一卷。其后，隋开皇间陆法言与刘臻等同造《切韵》，唐陈州司法孙愐略为订正，更立为《唐韵》之名。逮宋祥符间增为《广韵》，景祐间复增为《集韵》。至理宗朝有平水刘渊者，始括二百六韵为一百七韵，名《壬子新刊礼部韵略》，则至今用之，而从前《韵英》、《韵集》、《礼部韵略》诸书又为之废。则又字声相嬗之大较也。顾夫记形者必兼声，而记声者亦必兼形，故较《玉篇》者必增音切，较《广韵》者复限画段。至金韩允中合

---

①　筮人：古官名。掌卜筮的人；司占卦的人。《仪礼·特牲馈食礼》：“筮人取筮于西塾，执之，东面受命于主人。”郑玄注：“筮人，官名也。筮，问也。”

②　華氏：古官名。掌灼龟之木，用于占卜。《周礼·春官·華氏》：“華氏掌共燋契，以待卜事。”

③　咢：击鼓而歌。《诗·大雅·行苇》：“嘉殽脾臄，或歌或咢。”毛传：“徒击鼓曰咢。”

为《篇韵》，则兼形声二书，而取《说文》之笔画、《唐韵》之五音、《韵会》之七音、《荆璞》之三十六母，汇成一编，然而义行其中。明初，大校字学，复因袭金、元之旧，变易前文，别为改并，名曰《洪武正韵》，则形义未核，而韵学亦失。至万历中，宣城梅氏集成《字汇》，则又兼摄形声，统该义理，世之所为金科玉律者，莫以过矣。吾友徐氏仲山洞精字学，其于《三苍》、《尔雅》诸书，自李、程以下正变沿革源流了然，且又博极坟典，恣所考核，乃遍览字书，而恻焉忧之，以为安有千百年以来著书相嬗，踵事不替……其订证之确，引据之博，始而经史子集，既而九流百氏，又既而稗官小说，搜辑穷荒，贯穿山海，洋洋乎天地间一巨观也。尝考其载事所由，自幼时从其尊人大司马公受《洪武正韵》，甫受即能指摘其纰缪，其后观《说文》而好之，既而有悟见人物体貌皆成字形，至甲申后捐去举子业，讲姚江之学，研练经术，拟著《理学经济合一》一书，筮之得《屯》之五，曰："屯其膏，小贞吉，大贞凶。"遂单心字学，明晦不辍，凡几易冰雪，始脱稿，合若干卷，名之曰《资治文字》。盖将以献之朝廷，佐一代同文之治，岂仅为载籍之先资已哉？（下略）

毛奇龄《西河集》卷三十六《孝经广训序》：《孝经》者，十三经之一也。相传夫子作《春秋》之后，即著《孝经》。故何休述夫子语有曰："吾志在《春秋》，行在《孝经》。"而其后焚书律兴，秦人颜芝者藏之衣间，暨汉始献之，于是立学置博士。历晋、梁、唐、宋不替，而宋相安石忽疑之，而废其学者已数百年也。夫圣作贤述，何所致疑？明王孝治，千古不沫，独是经文具在，传注未一。先是颜本初出，谓之今文，而孔壁之出于后者，翻谓之古文。合古今二文，而参差见焉。虽今文宗郑注，古文宗孔注，然或疑郑注与康成不类，孔注非安国旧本。即唐时在廷，互相质难，而究莫可定。其他自后苍、翼奉后为注者七十余家……诸书纭纭杂出，而愈求愈远，甚矣训故之难为也。

毛奇龄《西河集》卷五十二《朱氏易韦序》：**举世皆言《易》而《易》亡**。然惟《易》可以举世言之。倘舍《易》而言《诗》，则邶、鄘、唐、桧至今尚莫解其名；舍而言《礼》，则只为人后一节，而定陶、濮国积为千六百年必不可释之冤狱，况其他乎？第《易》虽广大，任人可言，而《易》之为《易》，卒亦未有言及者。**予尝谓言《易》有三：一则《易》辞有着落，一则与《左氏》史占相合，一则包牺氏、文王、孔子同一《易》，而无两《易》**。而世之言《易》者皆不然，名为言《易》，而实自言其《易》；不惟自言《易》，而且自为作《易》。（下略）

毛奇龄《西河集》卷五十六《佟国舅一等公周易注序》：《易传》有辞、象、变、占四义，而后儒说《易》，每以此定五《易》之准。故东京建学，首以施、孟、梁丘并京房四家分立学官。大抵施氏、梁丘氏同出于田王孙之门，以小章句起家，专主《易》辞；而孟喜、京房则别以卦候、五行、阴阳、灾异刻划。夫象变以讫于占，而其后贾直说行，梁丘与施氏并亡西晋，而孟、京诸书仅采入《汉·五行志》，略见百一，而世之为师承者于此绝焉。顾费氏说辞犹尚有古义存乎其间，是以郑玄、王肃辈习费氏学者，彪蒙獖互，其为旧辞之诂训未尝乏也。王弼起而尽扫之，不特象、占亡，即辞亦无一存矣。宋学代起，并四义而分之为二，曰理，曰数，以为辞者，理也，象与变与占，数也。程子言理过于王孙，而邵氏尧夫且复著图象于孟、京之外，而汉《易》四学为之一新。予尝谓学有递趋，而难于骤返。经师授受，但当就近儒所说以徐通指归。汉《易》残阙，自不如宋《易》之备而可征，而无如后此者之仍纷纷也。

毛奇龄《西河合集·周礼问一》：或问："宋儒极诟《周礼》，未有实指为何人作者。至宋胡宏、包奎辈直以为出于西汉刘歆之手，谓王莽时歆为国师，始作《周官经》以阿莽。至莽不欲为母服，即大集博士，发《周礼》以定为服缌之制，故此书在汉初无有，至歆为列序始有其名，著于《录》、《略》，得毋其书果歆所为乎？"曰：此皆宋人诬妄毁经习气，好作此等语。如诬《孝经》为刘炫伪作，诬《古文尚书》为梅赜伪作一类，此最误古学者。《周礼》自非圣经，不特非周公所作，且并非孔、孟以前之书。此与《仪礼》、《礼记》皆同时杂出于周、秦之间。此在稍有识者皆能言之，若实指某作，则自坐诬妄，又何足以论此书矣。尝续《景十三王传》，知此书出自武帝之朝，为河间献王所献，武帝但藏之内府，而不行其书。至成帝朝，刘向奉诏校理秘书，始发《周礼》、《古文尚书》、《左氏春秋》诸书，编作《七录》，此皆刘向事，并非刘歆，故《艺文志》云：'成帝时，以书颇散亡，使谒者陈农求遗书于天下，诏光禄大夫刘向校书经传诸子，向条其篇目，撮其指意，录而奏之。会向卒，哀帝复使向子歆卒父业，歆于是总群书，奏其《七略》，故有《六艺》、《七略》之属。'是《周礼》一书在武帝时已有之，成帝时又从而校理之，且其校理者是向不是歆，而乃以武帝、成帝时早有之书而移之莽，以父所校理者而移之子，则先以诬已，而欲以辨人之诬。所谓以暴易暴，孰知其非者也。①

毛奇龄《西河合集·丧礼吾说篇·丧服无心丧说》：存目。②

今按：毛奇龄学问博杂，而自负者尤在经学。然好为争辩，他人所已言者，必力反其词。如阎若璩撰《古文尚书疏证》，力证《古文尚书》之伪，奇龄乃力辨为真。性格好胜，所作《经问》指名攻驳者惟顾炎武、阎志璩、胡渭三人，自郐以下无讥焉。西河根柢为才士，并非朴学专家，著述甚高，但粗枝大叶，不足以望亭林之项背。经学非其所长，人品亦为时贤诟病，然于音律之学颇有独到之处，于陆王心学亦有一孔之见，不可完全抹杀焉。

---

① 见《续修四库全书》第78册，第383~384页。

② 见《续修四库全书》第95册，第94页。

朱彝尊

《清儒学案》卷三十二《竹垞学案》：顾亭林尝曰："文章尔雅，吾不如朱锡鬯。"《四库》著录《经义考》，谓其博识多闻，学有根柢，复与顾炎武、阎若璩颉颃上下，凡所撰述，具有本原。盖其学派亦略与顾、阎相近，以博通矫弇陋之习，开考证之先，不仅以词章著也。(下略)

《清史稿·文苑一》：朱彝尊，字锡鬯，秀水人。明大学士国祚曾孙。生有异秉，书经目不遗。家贫客游，南逾岭，北出云朔，东泛沧海，登之罘，经瓯越。所至丛祠荒冢、破炉残碣之文，莫不搜剔考证，与史传参校同异。归里，约李良年、周筼、缪泳辈为诗课，文名益噪。康熙十八年，试鸿博，除检讨。时富平李因笃、吴江潘耒、无锡严绳孙及彝尊皆以布衣入选，同修《明史》。建议访遗书，宽期限，毋效《元史》之迫时日。辨方孝孺之友宋仲珩、王孟缊、郑叔度、林公辅诸人咸不及于难，则知《从亡》、《致身录》谓诛九族并戮其弟子朋友为一族不足据，所谓九族者，本宗一族也。**又言东林不皆君子，异乎东林者，亦不皆小人。作史者未可存门户之见，以同异分邪正。**二十年，充日讲起居注官。典试江南，称得士。入值南书房，赐紫禁城骑马。数与内廷宴，被文绮、时果之赉，皆纪以诗。旋坐私挟小胥入内写书被劾，降一级，后复原官。三十一年，假归。圣祖南巡，迎驾无锡，御书"研经博物"额赐之。当时王士祯工诗，汪琬工文，毛奇龄工考据，独彝尊兼有众长。著《经义考》、《日下旧闻》、《曝书亭集》。又尝选《明诗综》，或因人录诗，或因诗存人，铨次为最当。卒，年八十一。子昆田，亦工诗文，早卒。孙稻孙，举乾隆丙辰鸿博，能世其家。

朱桂孙《皇清钦授征仕郎日讲官起居注翰林院检讨显祖考竹垞府君行述》：……王父讳彝尊，字锡鬯，号竹垞。先世系出唐茶院公讳瓌之后，世居吴中。至明十世祖西湾公讳煜，自吴江盛泽之三家村，赘于秀水商河陈氏，遂家焉。……王父客游南北，必橐载十三经、二十一史诸书自随。先生过旅寓，见插架，谓人曰："吾见客长安者，务攀援驰逐车尘蓬勃间。不废著游者，惟秀水朱十一人而已。"明年，客济南中丞刘公幕，赞公疏请封周公后裔为五经博士，既而事不果上。己酉春，谒孔林，过邹县谒孟子庙。是秋，归葬安度先生、唐太孺人于长水之东。……王父性爱竹，所居必择有竹之地。至是买宅于邻宅，西有竹，因以竹垞自号焉。……明年冬，复入都，偕同里李先生秋锦、吴江潘先生稼堂、上海蔡先生竹涛，游西山，有诗一帙，传抄者不绝。又明年，客江都，与宁都魏处士冰叔定交。处士以古文自命，独称王父所作，谓考据古今人物得失为最工。昆山顾宁人先生亦谓王父古文辞出侯朝宗、王于一①之上。新城王公阮亭又谓王父之文，纡余澄澹，蜕出风露，于辩证尤精。其为名流所推服如此。爰取所著诗古文辞，编为《竹垞文类》二十六卷刊行之。……王父被荐入都。明年三月朔，召试太和殿廷。发题，赋、序、诗各一首，学士院散宫纸，光禄布席赐宴体仁阁下。中使传旨："向来殿试进士定例，立而对策，今以尔等绩学博闻，特赐坐赐食。"佥谢恩毕，既纳卷。次日，天子行大蒐礼，次郊圻，束卷援三大学士暨掌院学士，定其高下。益都冯公读王父卷，叹为奇绝。天子亲拔置一等。得除翰林院检讨，充《明史》纂修官。骑驴入史局，卯入申出，监修、总裁交引相助，而馆阁应奉文字，院长不轻假人，恒属王父起草。……居一年，名挂弹事，吏议当落职。天子怜王父才，止左谪焉。三月，自禁垣徙居宣武门外。时先王母病。病愈，八月浮舟潞河而还。王父寓古藤书屋，日与坐客赋诗，复取通籍以后所作，目曰《腾笑集》，刊之。既罢官，贫不能归，留京师。以辽、金、元、明历代建都于是，乃采摭群书，自六经以至百家、二氏、国史、家集、方舆、海外之记载、遗贤故老所传闻，靡不搜录，凡千六百余种，集之为《日下旧闻》，逾年而成书。又以经学宜本汉、唐诸儒笺疏，以穷其源，乃集古今说经之书，掇其大义，稽其存佚，为《经义考》。己巳三月，自古藤书屋移寓槐市斜街。越二年，补原官。明年正月，复罢官。三月，解维张湾，是秋旋里。……初九日，朝皇上于行殿，进《经义考》一套，又进皇太子《经义考》一套。上谕查供奉声山："朱彝尊此书甚好，留在南书房，可速刻完进呈。"查公传命。王父是日同诸公留驾，特赐"研经博物"四字匾额，跪领谢恩而出。同时拜御书者二十人，王父独赐匾额，出宸衷，殊渥也。(下略)②

陈廷敬《日讲官起居注翰林院检讨朱公彝尊墓志铭》：康熙初，北平孙公北海老而家居，以经学诏后进，予亦往游焉。孙公盛称秀水朱君锡鬯之贤，一时东南文学士游京师者，共推谓为老师宿学，予心向往焉，而莫之能识也。后举博学鸿词，授官翰林，已而长直内庭，予朝夕与君相聚，甚欢也。甫及一年，以谪去，予亦以他事引嫌求罢，仍留书局，两人者时复得以闲居相过从，为文字之娱、游观之乐数年，至今过槐市、虎坊之间，未尝不黯然以悲也。君既南归后，又数年，予扈从河上，至吴门，得见召于南园。至武林，又见君于湖上。文采风流，不殊曩昔，而予则颓然且老矣。又三年，君殁，君外孙周予象益以君状来，偕查子悔余谒铭于予，云："非夫子，孰可志其墓者?"予弗敢辞。虽然，予既不能为信今传后之文，亦姑识其平生出处交游之节概，凡吾意之所不能尽者，世之君子庶几有得吾两人之心于语言文字之外，则君有铭而予亦可以无憾矣。君讳彝尊，锡

---

① 王于一，名猷定，字于一，号轸石，江西南昌人。归庄《与王于一》云："敝邑顾宁人兄，德甫先生之孙也。兄间者为我言，方杖苴时，德甫先生不远二千里遣使致生刍，有古君子之风。今宁人亦素车白马，走九百里，哭万年少。家风古谊，不堕益敦。然此兄非止独行之士也，贯穿古今，指画天地，深心卓识，弟所师事。"

② 见钱仲联主编《广清碑传集》卷五；又见王欣夫辑《纪年丛编》。

锡鬯其字，号竹垞。先世居吴中，自吴江迁秀水。高祖讳儒，以医显，官至奉政大夫太医院院使，以子贵，赠光禄大夫、柱国少保、武英殿大学士。曾祖讳国祚，以医院籍由顺天府学中万历壬午乡试，癸未进士第一人，除翰林院修撰，历官吏部右侍郎，引疾归。光宗初，起南京礼部尚书，入东阁，加太子太保，进文渊阁，寻以户部尚书兼武英殿大学士，加少傅，归卒，赠太傅，讳文恪。……君少而聪慧绝人，生数岁，尝见诸神物异怪状，不类人世，及他人视之辄无所见。书过眼，覆诵不遗一字。塾师举"王瓜"使属对，君应声曰"后稷"，师怒，笞之。为举业文，千言立就。已能工诗。崇祯十三年，浙东西大旱饥，人相食。自文恪公以宰辅归里，家无储粟，楚雄公清廉安度，先生贫至绝食，君守书册自若也。既而曰："河北盗贼，中朝党朋，乱既成矣，何以时文为？不如舍之学古。"乃肆力于《周官礼》、《春秋左氏传》、《楚辞》、《文选》、《丹元子》、《步天歌》，人皆笑以为狂迂。未几，乱果作。君年十七，赘婚嘉兴练浦之阳冯村。冯公有客王鹿柴，华亭名士也，见君大奇之，曰："此必以诗名世。"后君名益高，四方以币聘者争集其门，所至皆以师宾之礼遇焉。客游南北，必橐载十三经、二十一史以自随。已而游京师，访孙公于退谷。公过君寓，见插架书，谓人曰："吾见客长安者，务攀援驰逐车尘蓬勃间，不废著述者，惟秀水朱十一人而已。"君既以博学征试之殿廷，相国冯公得其文，叹曰奇才，召以检讨充起居注日讲官，在内直，闲语予曰："公直似益都，清如曲沃。"予谢不敢当，以君之贤，至今思其言，因以自策励，其亦不得不谓之知言也欤？君虽以被劾，镌一级罢，寻复原官。归里后数年，驾巡河上至江浙，赐御书四字曰"**研经博物**"，礼遇之隆固无替于昔时也。君既退，而著书有《日下旧闻》四十二卷、《经义考》三百卷、《明诗综》一百卷、《瀛洲道古录》若干卷、《五代史注》若干卷、《禾录》若干卷、《鹾志》若干卷。《鹾志》者，通政使曹公寅与君合撰者也。曹公为君刊《曝书亭集》八十卷，未卒业而君殁。君之自立如此，回视京华侪辈，奔走尘埃中，所辛勤而仅有者，犹泰华之于丘垤，衰迟蹇钝之人，依依然莫适从也，得失之林亦可考而知已。君闲居，谓其孙稻孙曰：**"凡学诗文，须根本经史，方能深入古人窔奥①，未有空疏浅陋，剿袭陈言，而可以称作者。"**《记》云：**"时过然后学，则勤苦而难成；独学而无友，则孤陋而寡闻。"**予举此以为教子弟之法焉。……康熙四十八年十月卒，年八十一。(下略)②

陈廷敬《午亭文编》卷三十五《经义考序》：朱竹垞先生归隐小长芦中，以缉学著书自娱。远屏声迹，独千里寓书于余，曰："彝尊所辑《经义考》三百卷，今已就，九经之外，旁及纬候。唐、宋以来碑版传说，搜采颇多。公其惠践前诺，畀以序言。"廷敬发书，喟然曰："经义之存佚，圣道之因以显晦，而君子之所尤宜尽心者也。凡经之存佚，不于其书，于其人，且于其时。有佚而若存者，有存而若佚者。秦烧书坑儒，经佚矣。汉兴，于残烟断烬之余，掇拾其什一二，其时专门名家，引经制事，虽守残抱阙，彬彬乎有近古之风焉。其后以经选士，设科射策，乃有通义之目，经义之存，莫盛于此。夫其初所谓经者，《易》、《书》、《诗》、《礼》、《春秋》而已。是以石渠之论，称制临决者，曰《五经同异》，孝章修甘露故事，亦曰论"五经"于白虎观。唐贞观中，乃分列"九经"，

① 窔奥：室中东南和西南二隅。比喻幽深处。又喻深邃、高深的境界。

② 见《碑传集》卷四十五，又见《曝书亭集》附录。

而唐之经义不胜于汉。若是乎佚者若存，而存者若佚也。**夫经以致用，致用之实，莫大乎教人。**取士之法，则由唐、宋以来其得失之故可睹矣。唐初沿隋旧，置六科，其后科目虽繁，大要以明经进士为重。明经试经义，进士试策诗赋杂文，亦贴经，故尤以是科为重。后虽稍浮滥，终唐之世，卒未有以易之也。宋初制：先策，次论，次赋及诗，次帖经墨义。后所重者诗、赋、论三题。熙宁、元祐之间，诗、赋、经义罢复错互，而王安石、吕惠卿创始之经义，迄于今流毒无穷焉。**诗赋虽词章之学，而精其业，非通经学古者则不克。**以为今之经义名虽正，而实则乖，盖王氏之经学行而经亡滋甚矣。安石曰：'本欲变学究为秀才，不谓变秀才为学究也。'呜呼！岂知并学究而失之乎？今古经具在，而学术如此，则经之存佚皆不可得而问矣。今竹垞所著《经义考》至于三百卷之多，其或存或佚，详载于编。余以为经竹垞之考定，存者固森然其毕具，而佚者亦绝其穿凿附会之端，则经义之存又莫有盛于此时者矣。微竹垞博学深思，其孰克为之？圣天子典学右文，石渠白虎集议方殷，诸儒必将以竹垞为大师，而正经学以淑人才，有厚望焉。余序竹垞经义之书，而及唐、宋以来所以教人取士之法，盖深有慨于圣道显晦之故，而重有幸于今兹也。"①

毛奇龄《西河集》卷五十二《经义考序》：《经义考》者，诸儒说经之书目也。古经定于六，春秋以前惟有《易》、《书》、《诗》、《礼》、《乐》、《春秋》六名，见于《经解》。而其时夫子传《易》，子夏序《诗》，虞卿论《春秋》，各有经说行乎其间。即至燔书以后，尚有《古五子》十八篇、《周官传》四篇列《汉志》中，而嗣此诸儒之说经者遂纷纷焉。自宋人倡为论曰："秦人焚经而经存，汉人穷经而经亡。"而后之伪为《文中子》者，直伸其语曰："九师兴而《易》道微，'三传'作而《春秋》衰。"于是谈经之徒各大扫儒说，而经学不可问矣。考汉武倡制科，以经义为对策之首，而汉后说经之文皆称经义，今贡举家犹以经义名举文可验也。独是予之为经，必以经解经，而不自为说。苟说经，而坐与经忤，则虽合汉、唐、宋诸儒并为其说，而予所不许是，必以此经质彼经，而两无可解。夫然后旁及儒说，然且儒说之中，汉取十三，而宋取十一，此非左汉而右宋也。汉儒信经，必以经为义，凡所立说，惟恐其义之稍违乎经；而宋人不然。《孟子》曰："尽信书，则不如无书。"书可信乎？吾所信者义而已。第先立一义，而使诸经之为说者悉以就义，合则是，不合即非，是虽名为经义，而不以经为义。有疑《文言》非《十翼》文者，有疑《顾命》非周公所制礼者，有疑《春秋》非夫子作者，有疑《春秋传》非左丘氏书者，有疑《孝经》为六代后增改，非七十子所旧传者。而至于《士礼》则废之，《周官经》则明斥之，《王制》、《月令》、《明堂位》诸篇则直祛之、诎之。然且有误读《隋书·经籍志》，而谓《尚书》为伪书，误读刘歆《让博士书》，而谓今所传《国风》为伪诗者，是无经也。**无经，焉得有义？予大声疾呼以救经，并救经义，**而不谅者遂谓予遵汉而恶宋，岂不甚冤？然而儒不说经，不知书之有经也；经说不备，则并不知说之以经为义，不以经为义也。朱子竹垞知其然，先定其为经，从前人所增"七经"、"十经"、"十三经"外，而更广一《大戴礼》，曰：此皆经也。定其为经，而凡以经为义，不以经为义者，而既已有说，则并从而共胪之，曰：此亦义也。有说而义明，有非其义者，而其义倍明。予方虑世之扫儒说者，驾言穷经，而故蔑其义，以图自便，而又何暇

① 见文渊阁《四库全书》本。今按：此序与《经义考》卷首之序文字稍有不同。

乎左右而取舍之。于是竭搜讨之力，出家所藏书八万余卷，辑其儒说之可据者，署其经名而分系其下，有存帙而无是非，使穷经之士一览而知所考焉，洋洋乎大观哉！尝按《周礼》春官以外史掌五帝三皇之书，而志其书名，此列代史志所自昉也。乃汉武藏书，名之曰策，而成帝求书天下，命总其群籍，而合为纵略，其在经义则所云六艺略者是也。至后汉，以四部立名，而以经部为甲部。历魏、晋、六朝，或称新簿，或称旧簿，而要之皆部记之名，此赵宋三馆所以直称为书目而无有他也。然而在官辑者，如刘歆奏经略，班固著经部，王俭撰《经典志》，唐儒郑覃辈之修经书四库；而自为辑者，则如谢康乐之编经目，阮孝绪之分经典录，各有机轴。竹垞曾馆内庭，为天子典秘书，会其时方用兵，滇、黔再辟，固未暇检校而签帙之也。其后下征书之诏，敕天下经义之在学官外者皆得尽入秘府，而说经之书于斯为盛，然而未经甲乙也。今竹垞于归田之余，乃始据畴昔所见闻，合古今部记，而著为斯编，曰《经义考》，此真所谓古文旧书外内相应者。乃其所分部，则《敕撰》一卷，尊王也；《十四经》为经义者，共二百六十三卷，广经学也；《逸经》三卷，惟恐经之稍有遗，而一字一句必收之也；《毖纬》五卷，纬虽阙，说经者也。夫纬尚不废，而何况于经？《拟经》十二卷，此则不惟自为义并自为经者，然而见似可瞿也，其与经合耶？是象人而用之也，否则罔也。又有《师承》三卷，则录其经义之各有自者；《广誉》一卷，《立学》一卷，《刊石》五卷，《书壁》、《镂版》、《著录》各一卷，《通说》四卷，此皆与经学有微系者，然而非博极群籍不能有此；《家学》一卷、《自序》一卷、《补遗》一卷，共三百五卷。书成，示予，予曰："嗟乎！少研经学，老未能就，不及见诸书，而年已七十九矣。《孟子》曰：**'观于海者难为水，游于圣人之门者难为言。'**《荀子》有云：**'不登高山，不知天之高；不闻圣人之言，将不知学问之大。'**今经学大著，圣人之言毕见于斯世，而生其后者复从此而有所考鉴。"则既宝其书为盛朝庆，而又喜天下后世之知有经，并知有义也。因卒读而谨为之序。①

朱彝尊《曝书亭集》卷三十三《答萧山毛检讨书》：日者，王百朋秀才过梅会里，语及《书》今古文本末。既行，虑答之未晰，乃遗以书。中及魏博士高堂隆所称"曰若稽古帝舜曰重华建皇授政改朔"一十五字，证"重华"以上九字不始于大航头。鄙见思移此文置在"璇玑玉衡"之前，为《舜典》之首。然不敢自信，即属秀才质之左右。随接足下书，亹亹数百言，援《孟子》、《史记》、前后《汉》、《晋书》，谓《尧典》当至"四海遏密八音"而止，自此而下，则为《舜典》。足下之书是也。仆已悔前言之失矣。来书亦云："姚方兴本二十八字不始于大航头。"第谓魏王肃注《古文尚书》，晋范宁注古文《舜典》，俱有其文，则仆以为不然。当梅赜奏上《孔传》时，亡《舜典》一篇，购不能得，乃取王肃注今文《尧典》，从"慎徽五典"以下分为《舜典》篇以续之。其后范宁为今文集注，俗间或取《舜典》篇以续孔氏，故《正义》曰："《舜典》亡失，宁为解时已不得焉。"又曰："多用王、范之注补之，而皆以'慎徽'已下为《舜典》之初。"其云补以王、范之注者，盖言"慎徽"已下之注也。是时方兴之书未上，此二十八字，王、范安得有其文而注之？矧王、范所注本皆今文也乎？足下据《释文序录》，信二十八字出之王注。然陆氏言方兴所上止十二字，其余一十六字，乃曰："或此下更有云云凡二十八字异，聊出之，于王注无施也。"其辞若有深疑焉。使"浚深哲知"等训果出之王

① 见文渊阁《四库全书》本。今按：此序与《经义考》卷首之序文字颇有不同。

注，则亦何必施以“聊”字及“无施也”字。足下截而取之，恐非《释文》致疑之初义矣。陆氏《序录》，于《书传》以孔氏为正，惟《舜典》一篇用王肃本。二十八字之训，无一录者，明非肃注也。然则今学官所颁大航头二十八字，注者为谁？吾意开皇后得方兴本，爰取其所造孔传实之，其余仍用肃注，想当然矣。由今论之，百篇之序原有《舜典》，自不必复济南生之旧。当如足下之说，以“月正元日”为《舜典》之初。与其冠以方兴之文，不若取信高堂隆之议。盖方兴采马、王之注造孔传，近于有心作伪。而“浚哲”已下，方兴不以奏上，殆未必尽出其书，故梼昧之见，拟以隆一十五字冠之篇首。虽“建皇”二字无证文，而“月正元日”改朔之义存焉。“询于四岳”以下，则授政之大端也。敢再质于讲席。仆见近时攻《古文尚书》者不一，足下力为孔传辩冤，爱惜古人已至。若因梅赜之冤，而并欲白方兴之冤，则天下皆冤民，而辩之不胜其辩矣。仆非好为难驳也，朋友相规，于分则尔。昔者陈君举尝撰《毛诗解诂》，以朱元晦《集传》去序为非。元晦移书求其说，答云：“公近与陆子静辩无极矣，又与陈同甫争论王霸矣。某未敢注《诗》，不过为门弟子讲说。今已毁弃之。”盖不欲滋其辩耳。或谓君举善全朋友之道，然“责善”之义谓何？足下行年八十矣，仆今亦七十有四，举一时尚刀锥盐谷纷争子母之利，而颓然二老翁独以经义相考证，即鄙书未合，度足下必一笑置之，断不效朱、陆之嚣嚣聚讼也。

朱彝尊《曝书亭集》卷三十四《授经图序》：六经大义，至宋儒昌明之，而始无遗憾。学者守为章程，宜也。不知绝续之际，汉儒为难。当日秦书既焚，往圣遗言澌灭殆尽，幸而去古未远，间得之屋壁所藏，女子所献，老生所口述，然而仅矣。迄学者代兴，遐搜博考，或一人集众是，或数人成一经，要其授受各有师承，非若后人以意见为予夺也。刘歆遗书博士，谓：**“孝宣时广立经文，义虽相反，不嫌并设。与其过而废之，宁过而立之。”**旨哉斯言！夹漈郑氏乃云：“秦焚书而书存，诸儒穷经而经绝。”于是有指斥汉儒迹其同异，纷纭为诋诃所自起，**岂知前型未坠，尽信，非也，概疑之，亦非也。**六经之义，如江河日月，无所不该。解之者，惟其不背于经斯已尔，而又何同焉？夹漈之言过矣。授经诸图见于章氏《考索》，明西亭宗正复加厘定，并采诸儒言行，列为小传，由是师友渊源灿如指掌……世之师心党同，薄前贤为不足法者，庶几知所返也。然则汉儒洵有功于六经，而为功于汉儒者，二子又将与西亭并传也夫！

朱彝尊《曝书亭集》卷三十一《与高念祖论诗书》：……《书》曰：“《诗》言志。”《记》曰：“志之所至，诗亦至焉。”古之君子，其欢愉悲愤之思，感于中，发之为诗。今所存三百五篇，有美有刺，皆诗之不可已者也：夫惟出于不可已，故好色而不淫，怨悱而不乱，言之者无罪，闻之者足以戒。后之君子诵之，世治之污隆，政事之得失，皆可考见，故不学者比之墙面，学者斯授之以政，使于四方。盖诗之为教如此。(下略)

朱彝尊《曝书亭集》卷三十三《寄礼部韩尚书书》：……见近日谭经考，局守一家之书，先儒遗编失传者十九，因仿鄱阳马氏《经籍考》，而推广之，自周迄今，各疏其大略。微言虽绝，大义间存，编成《经义考》三百卷，分存、佚、阙、未见四门，于“十四经”外，附以逸经、毖纬、拟经、家学、承师、宣讲、立学、刊石、书壁、镂版、著录，而以通说终焉。《易》、《书》二经，已经刊就，余以乏力中辍。(下略)

朱彝尊《曝书亭集》卷三十四《周易辑闻序》：……**《易》之为教，本穷理尽性之书。**自《周官》掌之太卜簭人，而秦以其卜筮之书未燔。迄于汉孟喜、京房、焦赣之徒，

多藉以考验灾异而已。郑康成主象数，王辅嗣主名理，言理者或失之诬，言理考或失之凿，往往得其偏曲，而未穷其奥迹焉。(下略)

朱彝尊《曝书亭集》卷五十九《王弼论》：毁誉者，天下之公，未可以一人之是非偏听而附和之也。孔颖达有言："传《易》者更相祖述，惟魏世王辅嗣之注独冠古今。"盖汉儒言《易》，或流入阴阳灾异之说，弼始畅以义理，此伊川程子语其徒学《易》先看王弼注也。惟因范宁一言诋其"罪深桀、纣"，出辞太激，学者过信之。**读其书者，先横"高谈理数、祖尚清虚"八字于胸中，谓其以老、庄解《易》，然弼既注《易》，别注《老子》，义不相蒙，未尝以老、庄解《易》也。**吾见横渠张子之《易》说矣，开卷诠乾四德，即引"迎之不见其首，随之不见其后"二语，中间如"谷神刍狗"、"三十辐为一毂"、"高以下为基"皆老子之言，在宋之大儒何尝不以老、庄言《易》，然则弼之罪亦何至深于桀、纣邪？

今按：朱彝尊诗词古文皆自成一家，为清初文坛宗师。同时他又独力编撰了一部长达三百卷的《经义考》。此书名为"经义考"，实则遍及四部，网罗资料极为宏富。笔者拟在朱氏等人的基础上重新编纂一部更为精致更为完备的《经义考新编》，在编纂体例上更为精细，搜集材料更为完整，并一一注明原始出处。此想法曾于数年前与台北大学杨果霖教授交流过。聊记于此，以志学缘。

胡 渭

《清儒学案》卷三十六《东樵学案》：东樵之学，上下古今，穷源究委，以求其是，析其疑。故于自来说经傅会变乱之弊，扫除几尽。治《禹贡》，辨《易图》，有功于经学最巨。与阎潜丘之证伪《古文尚书》同称绝作。此其异乎专崇古义，而不观其通者欤?（下略）

《清史稿·儒林二》：胡渭，初名渭生，字朏明，德清人。渭年十二而孤，母沈，携之避乱山谷间。十五，为县学生，入太学。笃志经义，尤精舆地之学。尝馆大学士冯溥邸。尚书徐乾学奉诏修《一统志》，开局洞庭山，延常熟黄仪、顾祖禹，太原阎若璩及渭分纂。渭著《禹贡锥指》二十卷、图四十七篇。谓汉、唐二孔氏、宋蔡氏于地理多疏舛。如"三江"当主郑康成说；《禹贡》"达于河"，"河"当从《说文》作"菏"；"荥波既猪"，当从郑康成作"播"；梁州"黑水"与导川之"黑水"不可溷为一。乃博稽载籍，考其同异，而折衷之。山川形势、郡国分合、道里远近夷险，一一讨论详明。又汉、唐以来河道迁徙，为民生国计所系，故于导河一章，备考决溢改流之迹，留心经济，异于迂儒不通时务。间有千虑一失，则不屑阙疑之过。又撰《易图明辨》十卷，专为辨定图书而作。初，陈抟推阐《易》理，衍为诸图，其图本准《易》而生，故以卦爻反复研求，无不符合。传者务神其说，遂归其图于伏羲，谓《易》反由图而作。又因《系辞》河图、洛书之文，取大衍算数，作五十五点之图，以当河图；取《乾凿度》太乙行九宫法，造四十五点之图，以当洛书；其阴阳、奇偶亦一一与《易》相应。传者益神其说，又真以为龙马神龟之所负，谓伏羲由此而有先天之图。实则唐以前书绝无一字符验，而突出于北宋之初。由邵子以及朱子，亦但取其数之巧合，而未暇究其太古以来谁从授受。故《易学启蒙》、《易本义》前九图皆沿其说。同时袁枢、薛季宣皆有异论。然《宋史·儒林传》："《易学启蒙》，朱子本嘱蔡元定创稿，非朱子自撰。"《晦庵大全集》载《答刘君房书》曰："《启蒙》本欲学者且就《大传》所言卦画蓍数推寻，不须过为浮说。而自今观之，如河图、洛书，亦不免尚有剩语。"至于《本义》卷首九图，为门人所依附，朱子当日未尝坚主其说。元陈应润作《爻变义蕴》，始指诸图为道家假借。吴澄、归有光诸人亦相继排击，毛奇龄、黄宗羲争之尤力。然皆各据所见抵其罅隙，尚未能穷溯本末，一一抉所自来。**渭则于河图、洛书、五行、九宫、参同、先天、太极、龙图、《易数钩隐图》、《启蒙》图书、先天、后天、卦变、象数流弊，皆引据旧文，互相参证，以箝依托之口。使学者知图书之说乃修炼、术数二家旁分《易》学之支流，非作《易》之根柢，视《禹贡锥指》尤为有功经学。**又撰《洪范正论》五卷，谓汉人专取灾祥，推衍五行，穿凿附会，事同谶纬，乱彝伦攸叙之经，其害一；洛书本文具在《洪范》，非龟文，宋儒创为黑白之点，方圆之体，九十之位，变书为图，以至九数、十数，刘牧、蔡季通纷纭更定，其害二；《洪范》元无错简，王柏、胡一中等任意改窜，其害三。渭又撰《大学翼真》七卷，大旨以朱子为主，仅谓格致一章不必补传，力辟王学改本之误。所见切实，视泛为性命理气之谈者胜之远矣。渭经术湛深，学有根柢，故所论一轨于正。汉儒傅会之谈，宋儒变乱之论，扫而除焉。康熙四十三年，圣祖南巡，渭以《禹贡锥指》献行在，圣祖嘉奖，御书"耆年笃学"四大字赐之，儒者咸以为荣。五十三年，卒，年八十有二。

《清史列传·儒林传下一》：存目。①

钱大昕《潜研堂集》文集卷三十八《胡先生渭传》：先生讳渭，初名渭生，字朏明，世为德清人。曾祖友信，明隆庆戊辰进士，广东顺德县知县，所谓思泉先生也。父公角，天启甲子举人。先生年十二而孤，母沈携之避寇山谷间。十五为县学生，试高等，充增广额，屡赴行省试，不得售，乃入太学。尝馆益都冯相国邸。笃志经义，尤精于舆地之学。昆山徐尚书乾学奉诏修《一统志》，开局洞庭山，延请常熟黄仪子鸿、无锡顾祖禹景范、山阳阎若璩百诗及先生分纂，因得纵观天下郡国之书。先生素习《禹贡》，谓："汉、唐二孔氏、宋蔡氏于地理多疏舛。如三江当主郑康成说，庾仲初之言不可以释《禹贡》；'浮于淮泗，达于河'，'河'当从《说文》作'菏'；'荥波既猪'，'波'当从郑康成本作'播'；梁州之黑水，与导川之黑水不可溷而为一。"乃博稽载籍及古今经解，考其同异而折衷之，依经为训，章别句从，名曰《禹贡锥指》，凡二十卷，为图四十七篇，于九州山川形势及古今郡国分合同异、道里远近夷险，犁然若聚米而画沙也。汉、唐以来，河道迁徙，虽非《禹贡》之旧，要为民生国计所系，故于导河一章，备考历代决溢改流之迹；且为图以表之。其留心经济，异于迂儒不通时务者远矣。尝谓："《诗》、《书》、《礼》、《春秋》皆不可无图，惟《易》无所用图，六十四卦、二体、六爻之画即其图也，八卦之次序方位，则《乾》《坤》三索、出《震》齐《巽》二章尽之矣，安得有先后天之别？河图之象，自古无传，何从拟议？洛书之文，见于《洪范》，五行九宫，初不为《易》而设。"作《易图明辨》十卷。又言："《洪范》古圣所传，汉儒专主灾异，以瞽史矫诬之说乱彝伦攸叙之经，害一；洛书之本文，具在《洪范》，宋儒创为黑白之点，方圆之体，九十之位，且谓《范》之理通于《易》，刘牧以九为河图，十为洛书，蔡元定两易其名，害二；《洪范》元无错简，后儒任意改窜，移《庶征》'王省惟岁'以下为'五纪'之传，移《皇极》'敛时五福'至'作汝用咎'及《三德》'惟辟作福'以下为'五福'、'六极'之传，害三。"作《洪范正论》五卷。又作《大学翼真》七卷，言格物致知之义，释在邦畿章内，本无阙文，无待于补。皆卓然有得，非异趣以为高者。康熙四十三年，圣祖仁皇帝南巡，先生撰《平成颂》一篇，并《禹贡锥指》献诸行在，有诏嘉

① 详见中华书局本第17册，第5458~5459页。

奖，召至南书房直庐，赐馔，御书“耆年笃学”四大字赐之，儒者咸以为荣。甲午岁正月九日卒于家，年八十有二。(下略)

杭世骏《道古堂全集》文集卷四十《胡东樵先生墓志铭》：乾隆二十有四年，清溪胡翰林彦颖将于十有一月癸丑葬其王父东樵先生于经南圩之阡，至是距先生之殁盖四十有二年矣。……先生名渭，初名渭生，字朏明，东樵其晚年自号也。胡氏籍隶余姚，先世讳子中者始迁德清。……先生生十二年而孤，母沈孺人挈先生避寇山谷间，归则牖户飘摇，草窃①犹充斥，有田数十顷在远乡，租船至中途辄被劫掠，乃鬻负郭之田以完赋，家遂赤贫。年十五，游于庠，试高等，为增广生。高文远俗，连不得志于有司，乃入太学，馆益都相国所，圣祖侧席，方闻有道之士，复唐、宋博学鸿词之科，相国欲以先生应诏，坚辞不肯就，群公避嫌，以相国子师莫敢先发，及见荐牍，无先生名，则又大惊。先生自是遂绝意科举之学，专穷经义。昆山徐大司寇乾学总裁《一统志》，假归，许以书局自随，礼延太原阎若璩、无锡顾祖禹、常熟黄仪洎先生与修，开馆莫厘峰下，因得纵观天下郡国之书，凡与《禹贡》山川疆域相涉者，随手抄集，与经文比次，以郦元《水经注》疏其下，郦注所阙，凡古今载籍之言，苟有当于《禹贡》，必备录之，依经立解，章别句从，历三期后成，名曰《锥指》。其于导河一章辨析尤至，谓后世河日徙而南，则兖之西北界不可得详；河南之济亡，则兖之东南界亦苦难辨；华阳专主商洛，则梁之西北界茫无畔岸；黑水与雍通波，则梁之西南界何所止极。研精覃思，博稽图籍，手摹图四十七篇，凡九州之形势，及古今郡国地名之所在，八方相距之远近，大略粗具。海宁查学士升以先生书上进。法驾南巡，先生撰《平成颂》一篇，并前书诣献行在，上深嘉叹，宣至南书房直庐，赐馔，赐御书诗扇，赐“耆年笃学”四大字。稽古之荣，近代儒者或未逮也。(下略)。

梁诗正《皇赠文林郎国子监生东樵胡先生墓志铭》：经筵讲官、太子少师、协办大学士事、吏部尚书、在制、起署兵部尚书，后学钱塘梁诗正撰并蒙盖书丹。乾隆二十有四年，清溪胡翰林彦颖将于十有一月癸丑葬其王父东樵先生于经南圩之阡，至是距先生之殁盖四十有二年矣。有唐杜甫旅卒岳阳，子宗武病不克葬，而以属其子嗣业，历四十余年而乃克竟先人之志，迁祔偃师。彦颖焦劳日夜，过时而卒，妥先生于幽，故有合于元氏之所叹于嗣业者，亮其遇而不责以慢，君子有恕辞焉。按状，先生名渭，初名渭生，字朏明，东樵其晚年自号也。胡氏籍隶余姚，先世讳子中者始迁德清，曾祖友信，隆庆戊辰进士，广东顺德令，有名于时，事载《明史》。祖子益，诸生，考公角，天启甲子举人。先生生十二年而孤，母沈孺人挈先生避寇山谷间，归则牖户飘摇，草窃犹充斥；有田数十顷在远乡，租船至中途，辄被劫掠，乃鬻负郭之田以完赋，家遂赤贫。年十五游于庠，试高等为增广生。高文远俗，连不得志于有司，乃入太学，馆益都相国所。圣祖侧席，方闻有道之士，复唐、宋博学鸿词之科。相国欲以先生应诏，坚辞不肯就，群公避嫌，以相国子师，莫敢先发，及见荐牍无先生名，则又大惊。先生自是绝意科举之学，专穷经义。**昆山徐大司寇乾学总裁《一统志》，假归，许以书局自随。礼延太原阎若璩、无锡顾祖禹、常熟黄仪洎先生与修。开馆莫厘峰下，得纵观天下郡国之书，凡与《禹贡》山川、疆域相涉者，随手抄袭，与经文比次，以郦元《水经注》疏其下，郦《注》所缺，凡古今载籍之言，**

① 草窃：草寇。《梁书·昭明太子统传》：“且草窃多伺候民间虚实，若善人从役，则抄盗弥增。”《资治通鉴·唐高宗永淳元年》：“上虑道路多草窃，命监察御史魏元忠检校车驾前后。”

苟有当于《禹贡》，必备录之，依经立解，章别句从，历三年而后成，名曰《锥指》。其于导河一章辨析尤至。谓后世河日促而南，则兖之西北界不可得详；河南之济亡，则兖之东南界亦苦难辨；华阳专主商洛，则梁之西北界茫无畔岸；黑水与雍通波，则梁之西南界何所之极。研精覃思，博稽图籍，手摹图四十七篇，凡九州之疆域、山海川流之条理、原隰陂泽之形势及古今郡国地名之所在、八方相距之远近，大略粗具。海宁查学士升以先生书上进。法驾南巡，先生撰《平成颂》一篇并前书诣献行在。上深嘉叹，宣至南书房直庐，赐馔，赐御书诗扇，赐"耆年笃学"四大字。稽古之荣，近代儒者未或逮也。《锥指》既成。他经以次渐及。谓《诗》、《书》、《礼》、《乐》、《春秋》皆不可以无图，唯《易》则无所用图，六十四卦二体六爻之画，即其图矣；其卦之次序方位，则《乾》《坤》三索、出《震》齐《巽》二章尽之矣。图可也，安得有先天后天之别；河图之象，自古无传，从何拟义；洛书之文见于《洪范》；五行九宫，初不为《易》而设。作《易图明辨》，谓汉儒专主灾异，以瞽史矫诬之说，乱彝伦攸叙之经，害一。洛书之本文具在《洪范》，宋儒乃创为白黑之点，方圆之体，九十之位；且谓《范》之理可通于《易》，刘牧以九位为河图，十位为洛书，蔡元定两易其名，害二。《洪范》元无错简，宋儒任意改窜，移"庶徵王省惟岁"以下为五纪之传，移"皇极敛时五福"至"其作汝用，咎及三德，惟辟作福"以下并为五福六极之传，害三。辨误析疑，作《洪范正论》。《大学》一书，朱子作《章句》，后诸儒皆以补传为疑。先生以经文"此谓知本"二句当在"止于信"之下，知本盖知止为伪；"格物至知"与"至善"释在邦畿章内，元无阙文，无待于补。作《大学翼真》。太岁在甲午正月九日，考终牖下，春秋八十有二。配黄氏，诸生幼良女。子四人，方腾出继大宗，山西大同令，赠先生如其官，调陵川；方质、方威，诸生；方铨。女二人，适游击沈运桂、诸生沈益新。孙十人：彦颖，翰林院编修；勋，山东临淄令；彦辅，贵州青平令；彦升，由额外主事改授山东定陶令；彦平、彦冲早卒；彦蔼、彦博、彦韬皆诸生。曾孙十余人，玄孙二人。铭曰：学犹殖也，经为之根。非别黑白，孰定一尊。苟学不醇，经义终晦。群言纷咙，不鄙则倍。清溪萦纡，四水交趋。织帘而后，笃生真儒。于惟《尚书》，有体有要。陈畴制贡，厥义孔奥。竹素散逸，复传不传。爰析精微，能执圣权。抉摘河洛，综贯《大学》。游情三古，觉彼后觉。耆年笃学，声彻九重。大章巍煌，被稽古荣。其人虽亡，其精则存。墓梗后雕，漆镫不昏。刻碑埋幽，以表经术。撰德考行，视此信笔。①

阮元《儒林传稿》卷二、江藩《国朝汉学师承记》卷一、李元度《国朝先正事略》卷三十三、钱林《文献征存录》卷六、唐鉴《学案小识》卷十二《经学学案》皆有传，存目。

胡渭《易图明辨·题辞》：古者有书必有图，图以佐书之所不能尽也。凡天文地理、鸟兽草木、宫室车旗、服饰器用、世系位著之类，非图则无以示隐迹之形，明古今之制。故《诗》、《书》、《礼》、《乐》、《春秋》皆不可以无图，唯《易》则无所用图。六十四

---

① 见德清县档案局"德清县档案网"。今按：此文与杭世骏《道古堂全集》文集卷四十《胡东樵先生墓志铭》相同，仅无开头第一句。梁诗正官至东阁大学士，胡渭后人求为作铭，而梁又求杭氏代笔。

卦，二体六爻之画即其图矣。白黑之点，九、十之数，方圆之体，《复》、《姤》之变，何为哉？其卦之次序方位，则《乾》《坤》三索、出《震》齐《巽》二章尽之矣。图可也，安得有先天、后天之别？河图之象，自古无传，从何拟议？洛书之文，见于《洪范》，奚关卦爻？五行九宫，初不为《易》而设，《参同契》，先天太极，特借《易》以明丹道。而后人或指为河图，或指为洛书，妄矣。妄之中又有妄焉，则刘牧所宗之龙图，蔡元定所宗之《关子明易》是也。此皆伪书，九、十之是非，又何足校乎？故凡为《易》图以附益经之所无者，皆可废也。就邵子四图论之，则横图义不可通，而圆图别有至理。何则？以其为丹道之所寓也。**俞琰曰："先天图虽《易》道之绪余，亦君子养生之切务。"又曰："丹家之说虽出于《易》，不过依仿而托之者，初非《易》之本义，因作《易外别传》以明之。"故吾谓先天之图，与圣人之《易》，离之则双美，合之则两伤。**伊川不列于经首，固所以尊圣人，亦所以全陈、邵也。观吾书者，如以为西山之戎首、紫阳之罪人，则五百年来有先我而当之者矣，吾其可末减也夫。①

李振裕《禹贡锥指序》：昔郑渔仲有言："《禹贡》之书，深于道者也。"《书》深于道，非后世言地理者所能及。余尝韪其说，以为自禹治水至今四千余年，地理之书无虑数百家，莫有能越《禹贡》之范围者，亦莫有能疏通证明，晰其原流，而抉其异同者。畴人习于所见，学者溺于所闻，信乎其难哉！德清胡君朏明著《禹贡锥指》二十卷，余受而卒业，嘅然叹曰："伟矣哉！此《禹贡》之功臣也。**自古著书之难有二：一曰博而不择，其失也杂**。山经、地记，茫昧而无稽；方志、舆图，错迕而失纪。太史公周行天下，其作《河渠书》，言武帝道河北行二渠，复禹旧迹，说者以为与大陆故道不相合，何况觍缕掇拾，夸多炫奇，彼此漫无折衷，前后互相冲决，此其失者一也。**一曰固而鲜通，其失也疏**。川泽之消长不常，郡县之废置无定，或一山而更数名，或一水而分数道，九河之迹，至汉已湮，三江之称，讫明未定。**泥古则废今，信今则疑古，此其失者二也。莫要于班固之《地理志》，而史家但以为记载之书，不知其条纲正目，州次部居，约而不失之疏也。莫详于郦道元之《水经注》，而文士但以为荟蕞之书，不知其沿波讨澜，穷端竟委，琐而不失之杂也。**今胡君之书，网罗散失，摘抉微眇，参考故实，融贯古今，简要而不疏，精详而不杂，兼班《志》、郦《注》之长，而去其二难，洵可不出户庭，指画九州矣。昔之释《禹贡》者二，孔之《注疏》、蔡氏之《集传》皆立于学官。蔡氏因陋就简，无所发明，仅以资科举之业而已。安国传颇多抵牾，先儒皆以为魏、晋间人依托，非西汉笔也。是书摘二家之谬不少，而采班、郦之善为多。至于百家之说，折衷纷纭，要于一是。譬则大川细流，支分派别，疏而引之，使归墟赴壑而后已。不然，则犹绝港断潢之不相通，沟浍行潦之无所本，方睹经流之大，而爽然自失，何待望北海若而始回旋其面目哉？世儒高谈性命，忽于实学，《易》不主象占，《礼》不考器数，《诗》不详鸟兽草木，而《禹贡》一书，保残守缺，承讹袭谬者，殆千百年得是书而阐发之，其有功于经学也大矣。君为人气专而容寂，键户著书，不接人事，盖有道者也。其成是书也，研精覃思，凡十余载，不惟昌明地理之学，兼亦窥见古圣人裁成辅相之精意，渔仲所谓深于道，殆庶几焉。余用是序而行之，质于世之修学好古者。②

---

① 载文渊阁《四库全书》本卷首。

② 见《国朝文录续编》之《白石山房文录》。

戴名世《南山集》卷四《禹贡锥指序》（代笔）：非博学好古之士不能著书，以自见于天下。然自古以来，著书之家亦颇多有，而非生遭圣明之世，无右文之主为之表章，则或湮没而不显。彼其穿穴经传，条贯古今，搜抉奇异，冥心孤诣，积数十年而成一书，其意欲以传于后世，然不过藏之名山，传诸其人而已。倘其人不可得，则遂至放轶而散失者有之。是故著书既难其人，有其人而又多不逢其世。吾于德清胡君朏明所著《禹贡锥指》一书，窃幸其遭逢之独奇，为自古著书之士所未有也。昔之释《禹贡》者，孔安国、蔡仲默两家皆立于学官，蔡氏因陋就简，无所发明，而孔传尤多抵牾，先儒疑其为后人伪撰。胡君博学好古，于书无所不读，其于《禹贡》剖析钻研，反复不去手，参验故实，网罗传注，为之正其同异，辨其是非，穷其端委，研精覃思，凡二十年而成，名曰《禹贡锥指》。会今天子聪明神圣，四海之内，熏蒸浸渍，莫不弹冠振衿，辐辏而出，相与黼黻鸿业，鼓吹休明，虽布衣之士，幽隐伏匿之儒，耆艾之老，山泽之癯，亦思自奋起，以期无负于盛世。而胡君年逾七十，平生闭门扫迹，上下千古，讨论六经。《锥指》一书，正孔传之伪，而订蔡氏之讹，其有功于后学尤大。先是，康熙四十四年春正月，学士臣查升已代为呈进，未几，车驾南巡狩，临幸浙西，胡君匍伏道左，恭进是书，并献颂一篇，天子览之称善，赐膳，赐御书诗扇，赐御书匾额，一时士人啧啧叹羡，以为荣。夫以布衣之士，幽隐伏匿之儒，耆艾之老，山泽之癯，苟有一技可取，一书可观，皆得以其所业与其姓名上达天子，褒宠频加，恩赐备至，臣于是仰见我皇上右文之至意，砺世磨钝，鼓舞激劝，真有超出前古者。天下之士其孰不奋袂而起，思出其奇，以求得当，行见博学好古之士，立言之家接踵而出，润色太平，不独胡君一人之荣遇而已。余故书之，以为胡君贺，并以为天下之士也幸。

徐果亭《禹贡锥指序》：余伯兄尚书总修《一统志》，一时博学洽闻之士，招集邸舍。若无锡顾景范、常熟黄子鸿、太原阎百诗、德清胡朏明，皆海内硕儒杰士，卓乎不群。诸君子各有地志之书，而朏明《禹贡锥指》独晚出。其书考正孔传、孔疏、宋、元、明诸家之说，主以班固《地理志》，参以《山海经》、《水经注》及郡县志，摘其谬误，辨其疑似，使后世读经者，了然心目之间，其有功于《禹贡》不细。至发明夏道，所陈大义十余，尤足证明孔子无间之旨，非但区区稽考沿革，钩核异同，资滕口说而已。①

全祖望《鲒埼亭集外编》卷二十七《题禹贡锥指后》：近世专门《禹贡》之学，莫过于胡东樵者。前此宋之程文简公，读者讥其葛藤不了。东樵书出，文简且束阁矣。然其实葛藤犹文简也。**东樵之所以张其军，在于征引之繁，使读者舌挢而不敢语**。顾其最用功莫如《水经》，乃于《河水》篇金城郡下则妄改洮水为浇水，《济水》篇欲攻蔡九峰砱砾溪之失，而自造为北砾溪、南砾溪，分一水为二水，《浊漳水》篇因仍俗本误以涑水为陈水。而九江则深信长沙下隽之说，不知非《水经》之本文，乃后世所窜入也。即此数者，其于《水经》可知，其于《禹贡》亦可知矣。详见予《水经注重校本》中，因以语学者莫深信也。

胡会恩《锥指纪恩》：臣会恩先世恒为士，自高祖友信以明隆庆间进士起家为顺德令，政绩茂著，粤人至今尸祝，而文章为世所宗与归太仆有光齐名。嗣后科第蝉联。臣父前进士给事中麒生今诰赠兵部左侍郎者，其文章亦饶有家法。太学生胡渭，臣父之再从弟

① 载《清儒学案》。

而臣会恩同高祖之叔父也，叔祖前甲子举人公角即世叔之父。渭以孤童攻制义，苦心钻研，寒暑不辍，臣父夙器之，谓其技必售，命臣从讲肄受业焉。已而淹滞不偶，遂弃去帖括，锐意经术，而尤精于《尚书》。就《尚书》中又以为周书较备，而夏、商之书亡逸过半，其《禹贡》、《洪范》二篇乃大禹、箕子所作，文字最古，与《尧典》伯仲，真瑚琏之法物，东序之秘宝。因博采诸家，断以己意，为《禹贡锥指》、《洪范正论》若干卷，以发挥禹、箕之蕴奥，使二代将坠之绪郁而复明，亦犹夫子取夏时、坤乾之志也。《洪范》未脱稿，《禹贡》已有成书，锓以问世。上方表章六经，内廷燕闲，问当世有潜心经学著述可传者否。侍讲学士臣查升以《禹贡锥指》进。上览而嘉之，问年籍，对曰："浙江人，六十余岁，礼部侍郎胡会恩之叔也。"及法驾南巡，叔感九重特达之知，恭诣行宫献《平成颂》一篇。臣升取以奏御。上赏其文，许赐匾额，且命宣臣与叔同至行在南书房。臣跪奏，臣叔胡渭系臣受业之师，潜心经学二十年，所著有《禹贡锥指》一部已经奏御，蒙恩宣至，上悦。中使传旨云，渭所教出者人才如此，其学固可知也。有顷中使捧数扇以出，皆宸翰，一赐臣，乃御制西湖诗一首，宣谕云："此扇与赐徐倬者同。"复举一授臣叔，曰："皇上以此赐汝。"恩出望外，惊喜交并，同叩头谢讫。日亭午，撤御馔一筵，宣赐大学士掌院学士臣升、臣会恩，而叔渭亦与赐焉。久之，内出"耆年笃学"四大字宣赐渭。天语亲褒，奎章灿烂，禁直诸臣谓一时旷典，登之起居注簿。暮，捧出道旁，观者皆以为荣云。臣伏念臣叔一老书生，自分屏迹于草野，孰意拜赐内廷，分甘玉食，稽古之力，一至于此。而臣以庸驽叨承殊渥，致身卿贰，方忝窃是惧，乃荷推恩及于高祖，亲书"名文实政"四大字，俾额宗祠，以光闾里。今臣受业叔渭，又以进书献颂，蒙格外之优奖。抚躬愧悚，将何以报称万一。臣又侧闻圣谕云：**"朕优奖此老书生，正为天下士子读书者劝。"**大哉王言！虽菁莪棫朴，乐育人材之意何以加兹，是又不独臣家门之盛事，而人文化成济济多士，太平万世无疆之庆早于此卜矣。康熙四十四年闰四月十二日，礼部左侍郎管右侍郎事兼翰林院学士臣会恩恭纪。

万斯同《易图明辨序》：予初读《易》，惟知朱子《本义》而已。年垂三十，始集汉、魏以后诸家传注，与里中同志者讲习，乃颇涉其津涯。因叹朱子笃信邵子之过，而《本义》卷首之九图为可已也。友人德清胡朏明先生精于《易》学。庚辰仲夏，示予以《易图明辨》十卷，则《本义》之九图咸为驳正，而谓朱子不当冠于篇首。予读之大喜跃然，曰："至哉言乎！何其先得我心乎？"予尝谓：**河图、洛书，先天、后天，羲、文八卦、六十四卦方圆诸图，乃邵子一家之学。以此为邵子之《易》则可，直以此为羲、文之《易》则大不可。**乃朱子恪遵之，反若羲、文作《易》，本此诸图，不亦异乎！夫河图见于《顾命》、《系辞》、《论语》，古固有之，而后世亡之矣。今之自一至十之图，本出陈希夷，古人未尝语及，非真河图也。戴九履一之图，今之所谓洛书者，见于《后汉书·张衡传》及纬书《乾凿度》，乃太乙下行九宫图，非洛书也。后世术家，配以一白二黑之数，至今遵用不变，岂果真洛书乎？卦上有出《震》齐《巽》之位，乃孔子之所系，而文王、周公之遗法也，安得有先天之位？此谁言之？而谁传之？天地定位一节，不过言八卦之相错耳，何曾有东西南北之说，而欲以是为先天卦位乎？此不特"先天二字可去，即"后天"二字亦必不可存。盖卦位止一而无二，不得妄为穿凿也。八卦之序，启当以父母、六子为次，孔子《系辞》屡言之，乃舍此不遵，以乾、兑、离、震、巽、坎、艮、坤为次，此何理乎？太极生两仪，两仪生四象，四象生八卦，固出于《系辞》，而实非生卦之谓也。乾坤生六子，其理显然，而坤可置于最末乎？三男三女，可错乱而无序乎？《易》但有三画之卦，重之则为六画，未尝有二画、四画、五画之卦也。但有八卦、六十四卦，未闻八卦重为十六，十六重为三十二，三十二始重为六十四也。必曰一每生二，以次而加，试问《易》中有是说乎？至于卦变，惟程、苏二家为可信。古人十僻之说，予犹不敢从。若朱子之《本义》，益为支离，况与《启蒙》之言不合，一人而持两说，令学者何所适从？此予必不敢附会者也。凡此诸说，间与友人言之，或然，或不然。读先生此书，一一为之剖析，洵大畅予怀。而其采集之博，论难之正，即令予再读书十年，必不能到，何先生之学大而能精如此！以此播于人间，《易》首之九图即从此永废可也。明同学弟万斯同纂。①

阮元《揅经室集》一集卷十一《胡朏明先生易图明辨序》：元幼学《易》，心疑先后天诸图之说。庚子得毛西河先生全集中《河图洛书原舛篇》读之，豁然得其源委。友人歙凌次仲廷堪谓元曰："子知西河之辩《易》，未见吴兴胡朏明先生《易图明辨》尤详备也。"元识之，求其书不可得，继在京师见四库馆书目，录之曰："其书一卷辨河图、洛书，二卷辨五行、九宫，三卷辨《参同契》、先天图、太极图，四卷辨龙图、《易数钩隐图》，五卷辨《启蒙》图书，六卷、七卷辨先天古《易》，八卷辨后天之学，九卷辨卦变，十卷辨象数流弊，引据经典，原原本本，于《易》学深为有功。"元向往益切。丙辰视学至吴兴，始求得读之，盖距所闻已十六年矣。愧闻道之甚迟，喜斯编之未泯，亟命其家修板刷印，广为流传，以贻学者，因并识其事于篇首。至其辨图大略，则万季野先生叙言之已尽，兹不赘论。

尹会一《健余先生文集》卷二《洪范正论序》：子朱子尝论《尚书》有不必解者，有不可解者，而谓《洪范》则须着意解，虽然得其解者良难。《洪范》一篇，上稽之天文，下察之地理，中参之人物，探精一危微之奥，括善政养民之全，内圣外王于是乎在。汉、唐以还，注疏传论亦云伙矣，顾求之浅者，莫窥其蕴，过深者又鲜折衷，甚且破析古人之书，以伸己意，支离穿凿，莫可究诘，岂其初指然哉？惟守一家言，所见既小，遂无以通乎作者之意耳。东樵胡先生著有《洪范正论》五卷，汇诸说之异同得失，博综而明辨之，昭然如判白黑，庶乎着意解而遂得其解也欤？（下略）（《续修四库全书》第1424册）

查慎行《敬业堂诗集》卷四十《寄祝胡东樵先生八十寿》诗云：吴羌山色郁然青，中有元家野史亭。人指所居为福地，天留此老应文星。河汾业盛传三世，夹漈功高在六经。千尺乔松多美荫，重看兰玉绕阶庭。(《四部丛刊》本)

夏定域《德清胡朏明先生年谱》（载《文渊学报》1936年期，同年浙江省立图书馆发行单行本)，存目。

章太炎《检论·清儒》：……而德清胡渭审察地望，系之《禹贡》；皆为硕儒。然草创未精博，时糅杂元、明谰言。其成学著系统者，自乾隆朝始。一自吴，一自皖南。

① 见光绪十四年南菁书院刊本《皇清经解续编》。

徐　善

《清儒学案》卷三十二《竹垞学案·竹垞交游·徐先生善》：徐善，字敬可，嘉兴人。父世淳，明季官随州知州，死难。先生弃科举，研经学，撰《徐氏四易》。一曰《天易》，阐图书也；二曰《羲易》，叙八卦也；三曰《商易》，辨十辟也；四曰《周易》，明四正八交之旨也。书成，竹垞为之序。又撰《春秋地名考》，就正于竹垞，亦为之序。其书中从《帝王世纪》，以召公为文王庶子，竹垞不以为然，贻书争之。后其书为高江村士奇刻行，改题士奇名。又有《藠谷集》、《周髀密法会通》、《弧矢六宗疏》、《容圆宝珠纲》、《璇室洞诠》诸书。卒，门人私谥孝靖先生。(参《嘉兴府志》、《县志》、《曝书亭集》)

《清史列传·儒林传下一》：徐善，字敬可，亦秀水人。父世淳，明崇祯末知湖北随州，张献忠陷襄阳，悉众压境，城破死之。国朝乾隆四十一年，赐谥烈愍。善年十一，值国变，避兵失恃；及长，挟书策游，弃科举不治，从学于同里施博，精求致知格物之学。与桐乡张履祥为道义交，履祥尝言："世人厚于自养而薄于先祖，丰于燕客而啬于祭祀，惟善能虔祀事。"履祥举葬亲社，请善为宾。然颇好禅学，履祥屡贻书规谏之。后入京师，居徐乾学第中，钱塘高士奇奉命总修《春秋讲义》，善代士奇撰《春秋地名考略》十四卷，其书以《春秋经传》地名分国编次，皆先列国都，次及诸邑，博引诸书，考究其异同，砭正其疏舛，颇为精核。士奇因列己名奏进。善晚著《四易》十二卷：一《天易》，阐图书也多；《羲易》，叙八卦也；三《商易》，辩十辟也；四《周易》，明四正八交之旨也。其于图书，博采诸家之论，而一本乎邵子、程子、张子及朱子之说。又著《易论》，才辩纵横，颇浸淫于佛、老。又有《庄子注》、《藠谷集》。①

《嘉兴府志》卷五十一《嘉兴文苑》：徐善，字敬可，世淳季子。太仆死难，仲子肇梁殉，长子肇森重趼燕楚，白死事状，叔子彬置祠田供祭祀，善最稚，年十一，值国变，避兵失恃，奔窜呼跄，长挟书策游，弃科举不治，从学施博，精求致知格物之学，晚作《易论》及《徐氏四易》：一《天易》，阐图书也；二《羲易》，叙八卦也；三《商易》，

① 见中华书局本第17册，第5448~5449页。

辨十辟也；四《周易》，明四正八交之旨也。又为《春秋地名考》、《家传藟谷集》、《流寇纪年》、《庄子注》、《周髀密法会通》、《弧矢六宗疏容》、《圆宝珠纲》、《璇室洞诠》等书。晚作《泠然子传》以见志。殁后，门人私谥孝靖。子观能诗，从子发官运判，亦精象数，著《天元历理》、《清类亭稿》。

丁子复《徐处士善传》：处士讳善，字敬可，号藟谷，又号泠然子，秀水人。明赠太仆卿徐公世淳季子。太仆死节随州，时处士年仅十一。又三年，明亡，里中数被兵，日在奔窜中。处士既丁家国之变，故俭德韬晦，益发愤著书，成一家言。顾其悲从中来，形影相吊，常觉此生之多。家日益落，竹床木榻所著书，虽炊烟告绝，不顾也。晚作《泠然子传》以自言其概。卒年六十，门人私谥为孝靖先生。①

杨钟羲《雪桥诗话》续集卷二：康熙间，《明史》开局，《天文志》为吴志伊所修，徐敬可、刘继庄各有增定。敬可名善，秀水诸生，明亡俭德韬晦，著有《流寇纪年》、《庄子七篇》、《周髀密法会通》、《弧矢六宗》诸书，烬于火。诗曰《藟谷遗稿》。（下略）

查继佐《罪惟录》志之卷二：嘉禾徐善，字敬可，慧性绝凡，博综群籍，余多就正。而所著《分野辩》可谓奇辟，有云：分野之说始于《周礼》保章氏，《春秋传》稍见其占，司马天官乃略不道。班掾始以汉郡县分配占国为十二次，然于鲁、宋、梁、益与《禹贡》异。至于陈卓所集，及费直以《易》卦配，蔡邕以节气配，皇甫谧以月律配，俱属纰缪。又以僧一行两戒之解益粗，遂出独解，谓古帝王臣佐皆五行之秀，殁则登神于天，其所主则生时存殁游历之地，于是垂眷斯所，奕世不忘，为之预兆吉凶，且以太皞、炎帝、少皞、黄帝分主五行之神为据，杂引传纪，言之凿凿，而余有说□（原文阙，下同——引者注）者。天地，先帝王臣佐而生，前此宁无吉凶之应？即所云太皞、炎帝之后，安必无贤圣复起，如文王、孔子将主吉凶者，可或次而增乎？且云徼好无人，不见分野，古今来亦或产至慧，为中国所向慕，然则不丽分野之地，将何征乎？后世将相文武，其功德之著者在生亦见于天，是先有此星，而人应之，岂太皞、炎帝等绝无升除，竟永万无代之者乎？夫九州之名，自人定之，二十八宿之名，亦自人定之，天地不能言也。万物皆有正有偏。九州之地，地之正也，二十八宿之天，天之正也。阴阳相名，理有固然。古大智人观天而历验之，以为此星之变见于此地如此，遂奉以为占，而寔之以名。然亦大概尔尔，果能修德，可移而免。亦或应见而不见，则更有说也。即以周论东阁之季，帝星即暗，定不属东西二帝。降至南北朝，各自称□□不定不没两紫薇，此时以何土为主？所谓将相郎官□以上应，岂观天别有变法乎？当亦未如朱子《纲目》所称正统而归于一极也。总之，历代奇智攻古，俱可参论。孟子云："存其心，养其性，所以事天。"一语尽之矣。

朱彝尊《曝书亭集》卷三十四《徐氏四易序》：圣人则图书以作《易》，作《易》之后，不必因图而《易》始见也。新安朱子著《易本义》，取河洛先后天诸图，冠诸卷首，今之学者佥谓舍图书无以言《易》矣。考先儒之论，多以九为图、十为书，独西山蔡氏从而反易之，以为河图之数十，而洛书九也。蔡氏之说，称本邵氏。然邵氏之言曰："圆

① 见《碑传集》一百二十五。按：徐善生于1631年，卒于1690年。尚小明《清代士人游幕表》、江庆柏《清代人物生卒年表》均有失误。参见张宗友《徐善生卒年补订》（载《文献》2007年第3期），陆勇强《清代曲家疑年考辨》（载《中国戏曲学院学报》2004年第1期）。

者，河图之数。方者，洛书之文。以数之体验之，则奇为圆而偶为方矣。”同州王氏、临邛张氏、汉上朱氏，咸以九为图，十为书。此邵氏之学也。伊川程子曰：“九是纯阳，六是纯阴，但取河图见之。过六则一阳生，至八便不是纯阴。”是亦以九为图矣。此程氏之学也。横渠张子曰：“阳极于九，阴终于十。”又曰：“十者，九之偶也。”史绳祖阐其义：“盖即言九图十书之理。”此张氏之学也。朱子《报郭冲晦书》曰：“河图四正四隅之位，洛书四实四虚之数，所以画卦也。河图九畴之象，洛书五行之数，所以作范也。”是年朱子五十有一矣，犹主九为河图。后与蔡氏再三往复，始从其说。追作《启蒙》，又详述其初说而曰：“安知书之不可为图，图之不可为书?”是虽信之，而未笃矣。处士徐善敬可氏著《四易》：一曰《天易》，二曰《羲易》，三曰《商易》，四曰《周易》，凡三十卷。其于图书博采诸家之论，而一本乎邵氏、程子、张子及朱子之初说，谓反之则四象五行之位，皆若枘凿之不可合，从其旧则不惟位与数各当，因以推夫三《易》改演之原，《洪范》、《大衍》、《律历》、《运气》、《太一》、《奇门》之所自出，靡不犁然有据焉。乃或疑其与朱子晚年之说不协。夫图之可为书，书之可为图，朱子既言之矣。徐氏特因朱子之说而发挥之尔，亦何悖于朱子哉？于是同里朱彝尊为之序。

胡渭《易图明辨》卷五：秀水徐善敬可博览精思，无所不通，而尤深于《易》。晚著书以发其蕴，有《天易》、《羲易》、《商易》、《周易》。《天易》者，河图洛书也；《羲易》者，先天古《易》也；《商易》者，《归藏》首《坤》也；《周易》者，文王所演也。《连山》无传，故不著《夏易》。

臧 琳

《清儒学案》卷四十四《玉林学案上》：玉林为学，与顾、惠诸氏之研覃经训，由文字、声音、训诂而得义理之真，殆相应求。而键户著述，世无识者，海内知己，独一潜丘。遗书之存亡，不绝如缕，至五世而克延厥绪，其书始传。古今之皓首穷经，湮没不彰者多矣，若玉林之发潜阐幽，赖有贤裔，业绵绨帙。史列儒林，非厚幸欤？〇臧琳，字玉林，武进人，父宇经。先生幼端敏，不好弄喜。博综经史，百氏之书，至释、道、稗官野纪，皆所浏览。不当意者，时弃之，多不卒业。**父训以朱子读书循序渐进之法，始大悔悟。**弱冠为县学生，文名盛著。父教之曰：“**吾不以汝骤获科名为幸，能为吾臧氏读书种子则善矣。**”先生色喜，拜受之。自有明三百年来，士人多限于制义，而不能自振。其为词章之学者无论矣，为义理之学者，或貌袭程、朱，或言不用六经可以明心见性，此圣人之意不明于天下后世，六经几何不为糟粕也。先生独忧之，**教门人后进以小学，必以《尔雅》、《说文》为宗，曰：“不识字，何以读书？不通诂训，何以明经？”**其论治经也，**必以汉注、唐疏为主，曰：“此其本原也。本原未见，而遽授以后儒之传注，非特理奥有不能骤领，亦惧为其隘也。”**父教既以读书种子期先生，先生亦以此自任，遂绝意举子业，一以研经考古为务。撰述《尚书集解》一百二十四卷，凡自汉伏胜、孔安国、许慎、郑康成、马融、王肃，及明邱濬、王樵之说，莫不搜辑荟萃，弃瑕取瑜。又时出已论，补先儒之所阙，垂二十年而成。又著《经义杂记》三十卷，阎潜丘序之，称其深明两汉之学。尝谓《礼记》中《大学》一篇本无经传可分，阙处当补，诚意关头，于学者最为切要，所以成始而成终者，不当退移于后。以宋、元、明以来学者好为改窜，因作《大学考异》二卷，而以汉注旧本为得其真。先生之学，于六经无不通，而尤邃于《尚书》、《春秋》，于《礼》有辑录而未成。又有《水经注纂》三卷，《知人编》三卷、《困学抄》十八卷，皆藏于家。康熙五十二年卒，年六十有四。（参史传、杨方达撰《传》）

《清史稿·儒林二》：臧琳，字玉林，武进人。诸生。治经以汉注、唐疏为主，教人先以《尔雅》、《说文》，曰：“**不解字，何以读书？不通训诂，何以明经？**”键户著述，世无知者。有《尚书集解》百二十卷、《经义杂记》三十卷。阎若璩称其深明两汉之学。

钱大昕校定其书，云："实事求是，别白精审，而未尝轻诋前哲，斯真务实而不近名者。"

《清史列传·儒林传下一》：存目。①

卢文弨《臧琳传》：臧琳字玉林，武进人。康熙间补县学生。其学谓不通训诂无以明经，治经以汉注、唐疏为主。著《经义杂记》三十卷、《尚书集解》一百二十卷。（下略）（载《常州府志》）②

李元度《国朝先正事略》卷三十三《臧玉林先生事略》：臧先生琳，字玉林，江苏武进人。康熙间补县学生。其学谓不通训诂，无以明经。治经当以汉、唐注疏为主。著《经义杂记》三十卷、《尚书集解》百二十卷。别白精审，实事求是，未尝轻诋前哲。至于《诗》、《礼》二经，王肃私窜以难郑氏者，尤能推见至隐。阎百诗见其书，叹其精确，称为隐德君子。先生玄孙庸学于卢抱经学士，学士校《经典释文》，见先生书多引其说。

阮元《儒林传稿》卷三、钱林《文献征存录》卷三、唐鉴《学案小识》卷十二《经学学案》皆有传，存目。

臧琳《尚书集解自序》：琳不揣固陋，手自撰辑，上探伏、孔、马迁之奥，中采许、马、郑、王之诣，下逮唐、宋、元、明之说，莫不条分缕析，依经附注，撷其精英，弃其瑕疵。间下己意，亦不数见。盖以前人之义已备，故一己之说不赘。惟文字异同之间，有系圣经匪浅。而自唐儒陆、孔以来，多所依违，鲜能折衷。琳少学诂训，颇解于斯，凡有可据，随为条证。欲少求益于前人所得之外，非忘其大者远者，而议其小者近者也。据颖达《正义》之本，仿何晏《论语》之注，别以姓名，题为《集解》。三易其稿，廿年而成，为卷凡一百有二十，附以《序目释文》四卷。若夫删繁订失，是深有望于后之君子焉。康熙四十四年太岁乙酉仲冬月，武进臧琳谨序。③

臧琳《经义杂记自序》：居平不揣固陋，考究诸经，深有取于汉人之说，以为去古未远也。为诸生三十年，未尝一日不读经。偶有一得，随笔记录，间有他说，亦附益之。岁月既多，卷帙遂富。伏处草茅，不克遇当代名儒巨师，商榷是非，删裁蔽冒，深以不闻过为憾。丁丑之岁，太原阎百诗先生来常，过从请质。先生见而叹赏，以为学识出唐儒陆、孔之上，相与切磋疑义，为之作序。平生知己，一人而已。后之君子见此书者，能为琳正定，是所厚望也。夫康熙四十二年孟春，琳识于丰玉堂。（见《经义杂记》卷首）

阎若璩《臧玉林经义杂记序》：《周礼》：八岁入小学，保氏教国子，先以六书：一曰指事。指事者，视而可识，察而可见，上、下是也；二曰象形。象形者，画成其物，随体诘诎，日、月是也；三曰谐声。谐声者，以事为名，取譬相成，江、河是也；四曰会意。会意者，比类合谊，以见指㧑，武、信是也；五曰转注。转注者，建类一首，同意相受，考、老是也；六曰假借。假借者，本无其字，依声托事，令、长是也。《礼记》："哀公问政，子曰：仁者，人也。义者，宜也。"《论语》："季康子问政。子曰：'政者，正也。'樊迟问仁。子曰：'爱人。'问知。子曰：'知人。'"《说文》引孔子曰："一贯三为王。"

---

① 详见中华书局本第17册，第5444页。

② 今按：《抱经堂文集》未收此文。

③ 载桂文灿《经学博采录》卷一，又见《清儒学案》。

又曰："推十合一为士。"又曰："牛羊之字，以形举也。"又曰："乌呼也，取其助气，故以为乌呼。"又曰："粟之为言续也。"又曰："黍可为酒禾入水也。"又曰："貉之为言恶也。"又曰："视犬之字如画狗也。"孟子曰："彻者，彻也；助者，藉也。"又曰："庠者，养也；校者，教也；序者，射也。"又曰："洚水者，洪水也。"又曰："人者，仁也。"圣贤之诂训声音之学何如哉？《家语·七十二弟子解》："子夏见读史志者云：'晋师伐秦，三豕渡河。'子夏曰：'非也。已亥耳。'问诸晋史，果曰已亥。"圣门之校订之学何如哉？秦、汉大儒精专斯业，如毛公、伏生、董仲舒、韩婴、司马迁、孔安国、司马相如、扬雄、刘向、刘歆、贾逵、许慎、马融、蔡邕、郑康成、卢植、服虔、应劭等，学有纯驳，行有邪正，然并先儒之领袖，后学之模范也。魏、晋以来，颇改师法。《易》有王弼，《书》有伪孔，杜预之《春秋》，范宁之《穀梁》，《论语》何晏集解，《尔雅》郭璞注，皆昧于声音、诂训，疏于校雠者也。疏于校雠，则多脱句讹字，而失圣人手定之本经。昧于声音、诂训，则不识古人之语言文字，而不能得圣人之真意。若是，则学者之大患也。隋、唐以来，如刘焯、刘炫、陆德明、孔颖达等皆好尚后儒，不知古学，于是为义疏，为释文者，不能全用汉人章句，而经学有不明矣。宋儒出，而以心得者为贵，汉、唐之说视之无所用，自宋以来，言北海则为俗学，言新安则为圣贤，习尚久矣。毗陵臧玉林先生，隐德君子也，深明两汉之学，既通声音、诂训，又雅擅二刘、扬子云之长，撰《经义杂记》三十卷，皆有关经学。余则推性善，戒惰逸，辨谬讹，补遗脱，一字一句，无不精确，洵可为首出之士矣。闭户研述，世无知者。若璩既读是书，先生命为之序，遂不敢辞，而摭其颠末如此。康熙三十六年季夏。①

钱大昕《潜研堂集》文集卷二十四《臧玉林**经义杂识序**》：自宋、元以经义取士，守一先生之说，敷衍傅会，并为一谈，而空疏不学者皆得自名经师。间有读汉、唐注疏者，不以为俗，即以为异，其弊至明季而极矣。国朝通儒若顾亭林、陈见桃②、阎百诗、惠天牧③诸先生，始笃志古学，研覃经训，由文字、声音、训诂而得义理之真。同时毗陵有臧玉林先生，亦其流亚④也。先生博极群书，尤精《尔雅》、《说文》之学，谓；"**不识字何以读书？不通诂训何以明经？**"孳孳讲论，必求其是而后已。潦倒诸生卅年，未尝一日不读经，偶有所得，随笔记之。先生既不自表襮，侪辈或非笑之，独百诗先生极口叹赏，以为学识出唐儒陆、孔之上，然闻者犹疑信参半。先生殁九十余年，海内尊崇古学者日益众，而文孙在东擩染祖训，好学深思，益有以昌先生之学。顷来吴门，出是书，属予校定。[余]⑤ 尝谓，**六经者，圣人之言。因其言以求其义，则必自诂训始；谓诂训之外别有义理，如桑门以不立文字为最上乘者，非吾儒之学也。诂训必依汉儒，以其去古未远，家法相承，七十子之大义犹有存者，异于后人之不知而作也。**三代以前文字、声音与训诂**相通，汉儒犹能识之。以古为师，师其是而已矣。夫岂陋今荣古，异趣以相高哉**？先生之

① 见《常郡八邑艺文志》卷六下。今按：此序疑伪。陈鸿森先生认为《经义杂记》为伪书。

② 陈见桃即陈启源。

③ 惠天牧即惠士奇。

④ "流亚"，一本作"一"。

⑤ 据《清儒学案新编》第三册引文补。

书，实事求是，别白精审，而未尝驰骋其辞，轻诋先哲，斯真儒者之学，务实而不矜名者。予是以重其书，而益重其人也。

王鸣盛《经义杂记序》：昆陵臧子在东力学嗜古，予既读其所辑郑康成《论语注》、卢子干《礼记注》，而爱重之矣。今复出视令高祖玉林先生《经义杂记》，属为序引。予读其书，随笔札记，非古不道，有阎百诗征士序，痛斥俗学，推崇古学，窃不禁跃然为吾道庆也。先生生长国初，其年殆与百诗亚。彼时运会初开，宗风未畅，然而落落数君子错峙海内，百诗外，如顾亭林、万季野、梅定九、胡朏明诸公，事必稽核，言必典据，古学之盛，基于是焉。而先生亦其一也。其考证之精博，几几欲与顾、阎诸公抗衡，特默而好深湛之思，不屑以标榜为事，故下士罕知之，要之，先生之为可传自若也。吁！由先生以来，又将百年矣，天下风气进而益上，雅材硕彦，奋起角立者数十百辈，迄于今而三代以上声音、文字、制度、典章、名物、象数、训诂、师法皆能顿十指而言其曲折，彬彬盛哉！溯厥首庸，实维先生与顾、阎诸公为之导夫先路耳。风流之所沾丐，复有耳孙鹊起，以古学名其家，在东盍勖诸，所以扩大先生之遗绪者将于是乎在。抑予观此书发首第一卷第一则说《论语》"正名"，彼时皇侃疏未出，而已能尊信郑氏"正书字"之义，所谓先觉者非欤？姚江卢召弓学士既为诠评，予复搜得数证，载鄙著《蛾术编》；而俗所称祢其祖者，《春秋》内、外传、《卫世家》皆无此言一，诚不知其何出也。夫人之于俗学拒之不坚，则于古学信之必不笃，信之不笃，则其好之必不深，而又安望其有成。读先生书者，当持此意以求之。乾隆癸丑季春月下旬立夏后五日，王鸣盛撰。①

焦循《雕菰集》卷十八《书潜研堂文集后一》：吾友臧在东刻其先高王父玉林先生《经义杂记》，请序于钱詹事竹汀先生。既为作序，在东刻入《杂记》后，亦载《潜研堂文集》中，例之通儒顾亭林、陈见桃、阎百诗、惠天牧诸公，叹为实事求是，别白精审，真儒者之学，务实而不务名。然则于玉林之书非未寓目者矣，乃《杂记》第十二卷，辨魏三体石经《尚书》，言《隶续》载魏三体石经《左传》遗字，尝以《左传》校之，见内有《尚书大诰》、《吕刑》、《文侯之命》三篇，错于《左传》中，苏氏题为左氏遗字，洪氏承之，皆不知有《尚书》，盖未尝遍读而细考之也，于是历详其所错者而注之矣。而《潜研堂文集》卷三十《跋隶续》云："洪氏载魏三体石经《左传》遗字，盖洛阳苏望氏模刻本。顷金坛段若膺谛审之，知有《尚书大诰》、《吕刑》、《文侯之命》三篇，文错杂其间。向来考石经者，未之闻也。臧氏生若膺前且百年矣，若膺于《杂记》亦有序文，在东且引段氏说附入此条三字石经文，向果段袭臧之言与？在东与若膺交最深，尝以为生平知己，而典质衣物为刻《诗经小学》，则若膺独得之见，或不难持赠，此钱氏疑之而特为微辞与？或曰钱氏序玉林之书，在乾隆五十八年六月，或若膺此说与臧氏适同，而钱氏先见之。余观钱氏撰《溉亭别传》，载所定径一围三一六有奇，以为独得，及闻李尚之称秦九韶环田三积术，与溉亭之说合，即表于《十驾斋养新录》中，以为古人有先觉者，则玉林所见亦宜与若膺并举之，或偶忘之耳。若

① 陈鸿森辑《王鸣盛西庄遗文辑存》，见《嘉定王鸣盛全集》第11册，第427~428页。

庸之学不必以此一端见，其不袭臧氏说，余信之。在东诚笃君子，其不致取段氏独得之见，以诬其先人，余亦信之。钱氏既存序文于集中，宜不为微辞。吾恐后之学者持此以疑臧氏也，而明辨之如此。"①

段玉裁《经韵楼集》卷八《经义杂记序》：校书何放乎？放于孔子、子夏。自孔、卜而后，汉成帝时刘向及任宏、尹咸、李柱国各显所能，奏上，向卒，歆终其业。于时有雠有校，有竹有素，盖綦详焉，而千古之大业未有盛于郑康成氏者也。《七略》必衷六艺，删定必归素王，康成氏其亦汉之素王乎？盖一书流传既久，彼此乖异，势所必有也。墨守一家，以此攻彼，夫人而自以为能也，而郑君之学不主于墨守而主于兼综，不主于兼综而主于独断，其于经字之当定者，必相其文义之离合，审其音韵之远近，以定众说之是非，而以己说为之补正。**凡拟其音者，例曰"读如"、"读若"，谓音同而义略可知也。凡易其字者，例曰"读为"、"读曰"，谓易之以音相近之字，而义乃憭然也。凡审知为声相近，若形相似，二者之误则曰"当为"，谓非六书假借，而转写纰缪者也**。汉人作注皆不离此三者。惟郑君独探其本原，其序《周礼》有曰：二郑②、卫③、贾、马之文章，其所变易，灼然如晦之见明，其所弥缝，奄然如合符复析，然犹有差错。同事相违，则就其原文字之声类考训诂，捃秘逸。夫就其原文，所谓相其文义之离合也。就其字之声类，所谓审其音韵之远近也。不知虞、夏、商、周之古音，何以得其假借、训诂？不知古贤圣之用心，又何以得其文义而定所从，整百家之不齐与？自是至魏、晋间，师法尚在。南北朝说音义家虽多，而罕识要领。至唐，颜籀为太宗作定本，陆氏作《经典释文》，孔氏、贾氏作义疏，皆自以为六艺所折衷，究之定本不可遽信。《释文》、正义，其去取甲乙，时或倒置。经字之日讹，而经义何能毕合也。国朝右文，超轶前古，学士校雠之业至今日而极盛。前此顾宁人、阎百诗、江慎修、惠定宇诸先生实始基之。而隐君子武进臧玉林先生，潜德幽光，世未知其人也。今得其《经义杂记》三十卷读之，发疑正读，必中肯綮，旁罗参证，抉摘幽微，精心孤诣，所到冰释，宜百诗氏之赞叹欲绝也。然百诗氏《古文尚书疏证》、《四书释地》等书，学者尊信久矣。先生之书今乃行于世，岂显晦固有时与？抑传之久者其出之固必后与？玉裁尝谓**校书必毋凿，毋泥，毋任己，毋任人，而顺其理**。今世颖异好学之士不少，倘善读先生之书，庶可心契康成氏之奥旨，而孔子微言、七十子大义可由以不绝不乖也夫。乾隆五十八年六月，金坛段玉裁拜手谨序。

江声《经义杂记序》：汉承秦灭学之后，除挟书之律，开献书之路，由是群经稍稍出焉，或得诸屋壁，或传自宿儒，故多有古文今文之异，而转之者又经各数家，渊源虽同，支流派别。兼之字或假借，训有多途，解说之不能画一，势所必然，要皆各禀师承，非有心立异。至东汉之季，博士子弟试科争甲乙高下，辄行货定兰台漆书经字以合其私文，虽有宦者李巡白帝诏蔡邕等审定立石经，焉保无已经窜改者乎？厥后王肃欲与高密郑公为

① 今按：据陈鸿森先生研究，《经义杂记》乃臧庸据乾嘉诸老之书伪造而成。焦循之辨，不足为据。钱大昕、王鸣盛、段玉裁、江声诸大师皆为臧庸所欺骗，纷纷为此《杂记》撰序，阐明各自的经学见解，为此闹剧涂上一层正剧色彩，可谓歪打正着。

② 二郑指郑兴、郑众。

③ 卫指卫宏。

难，改经字，腾异说，甚且造伪书，六经之蠢贼蘖于此矣。延及唐初，陆德明、孔颖达辈专守一家，又偏好晚近。《易》不用费、孟、荀、虞而用王弼，《书》不用郑注而用伪孔，《左氏春秋》则舍贾、服而用杜预，汉学之未坠，惟《诗》、《礼》、《公羊》而已。《穀梁》用范宁集解犹可也，《论语》用何晏集解而孔、包、周、马、郑之注仅存。《尔雅》用郭璞，而刘、樊、李、孙之注皆亡，尤可惜者。卢侍中植注《礼记》堪与康成媲美，竟湮没无传焉。陆氏《释文》虽颇采诸家异同之字，而不能别白是非，或是非颠倒贻误后人。宋、元以降，郐下无讥矣。承斯后者欲正经文，刊讹字，复训诂，成俾各还其朔，岂不难哉！（见《经义杂记》卷首）

阮元《刻经义杂记题辞》：存目。①

刘咸炘《校雠丛录》云：叶焕彬谓臧琳《经义杂记》全与乾嘉诸儒所著书相类。方东树谓是镛堂窜乱。余则谓是镛堂一手改定。阎序不见于《潜丘札记》，附刻诗文内，其为伪托，又无可疑。镛堂《拜经日记》体例与此如出一手。（《推十书》丁辑第2册，上海科学技术文献出版社2009年版，第437页）

今按：乾嘉考据学派向以“实事求是”相标榜，但不少考据学家也做出了许多有悖于实事求是的荒唐之事。惠栋、戴震、纪昀诸人皆有造伪之嫌。臧庸伪造《经义杂记》，托之高祖臧琳，又遍征乾嘉诸老之序，为一伪书贴上如此之多的护身符，而这些序文又无一不是别出心裁的绝妙好辞。呜呼！异哉！

① 见《经义杂记》卷首，《续修四库全书》第172册，第37页。

臧 庸

《清儒学案》卷四十四《玉林学案下·玉林家学·臧先生庸》：臧庸，本名镛堂，字在东，一字西成，号拜经，一号用中。玉林玄孙。父继宏，业贾。先生沉默敦重，天性孝友。遵父命，续其高祖将绝之学，修身著书，并见于世。与弟礼堂，俱师事卢氏文弨。在苏州，从钱氏大昕、王氏昶、段氏玉裁讲学术。阮文达督逝学，延至杭，助辑《经籍纂诂》，后复补订《纂诂》，校勘《注疏》。其为学根柢经传，剖析精微，拟《经义杂记》，为《拜经日记》八卷。王氏念孙亟称之。其叙《孟子年谱》，辨齐宣王、愍王之讹，陈氏寿祺叹为绝识。又著《拜经文集》四卷、《月令杂说》二卷、《乐记二十三篇注》一卷、《孝经考异》一卷、《子夏易传》一卷、《诗考异》四卷、《韩诗遗说》二卷、《订讹》一卷、《卢植礼记解诂》一卷、《尔雅古注》三卷、《说文旧音考》三卷、《蔡邕月令章句》二卷、《王肃礼记注》一卷、《圣证论》一卷、《尸子》一卷、《贾唐国语注》一卷、《萧该汉书音义》二卷、《校郑康成易注》二卷。……嘉庆十六年卒，年四十五。（参史传、阮元撰《别传》）

《清史稿·儒林二》：（臧琳）玄孙庸，本名镛堂，字在东。与弟礼堂俱事钱塘卢文弨。沉默朴厚，学术精审。……其叙《孟子年谱》，辨齐宣王、湣王之讹，闽县陈寿祺叹为绝识。又著《拜经文集》四卷、《月令杂说》一卷、《乐记二十三篇注》一卷、《孝经考异》一卷、《子夏易传》一卷、《诗考异》四卷、《韩诗遗说》二卷、《订讹》一卷、《校郑康成易注》二卷。其辑《子夏易传》，辨此传为汉韩婴作，非卜子夏。其《诗考异》大旨如王伯厚，但逐条必自考辑，不依循王本。庸初因宝应刘台拱获交仪征阮元，其后馆元署中为多。元写其书为副本，以原本还其家。嘉庆十六年，卒，年四十五。

《清史列传·儒林传下一》：存目。①

阮元《揅经室集》二集卷六《臧拜经别传》：拜经姓臧名庸，字西成，又字拜经，本名镛堂，武进县人。父继宏，业贾。康熙间有与阎百诗同时老儒玉林先生名琳者，拜经之

① 详见中华书局本第 17 册，第 5531~5532 页。

高祖也。乾隆五十四年，余姚卢学士文弨主常州书院，拜经往受经学，抱玉林先生所著《经义杂记》质于学士，学士惊异之，于校《经典释文》中多引其说。五十八年，在苏州从嘉定钱少詹大昕、青浦王侍郎昶、金坛段县令玉裁讲学术，钱公、王公荐拜经于湖广总督毕公沅，授其孙兰庆经。嘉庆元年归，丁父艰。二年，元督浙江学政，延拜经至西湖，助辑《经籍纂诂》。三年，《纂诂》成，拜经至广东南海县校刊于板，而臧氏《经义杂记》诸书亦以是时刊成之。五年，元巡抚浙江，新辟诂经精舍于西湖，复延拜经至精舍补订《纂诂》，校勘《注疏》。七年，归常州。九年，入京应顺天甲子乡试，王伯申侍讲引之、桂香东侍讲芳皆引重之。桂侍讲命其弟桂菖从之学。秋试，房考吴美存编修其彦荐其文，主司抑之。十一年，南归，过扬州，伊墨卿太守秉绶延修《广陵图经》。十二年，复应元招至杭州，读书于北关署中。十四年，归里，病。十五年，复应顺天庚午乡试，不中式。吴编修延之修中州文献书。十六年，复病，七月，卒于吴氏馆，年四十有五。……其为学，根据经传，剖析精微，德清许周生兵部宗彦谓其好学深造，如皇侃、熊安生，当求之唐以上也。……元初因宝应刘端临台拱获交拜经，十年之间，于我乎馆者为多。卒之后，元写其所著书为副本，以原本还其家，叙玉林先生入《儒林传》中，而以拜经附焉。顾儒林为国史，文体宜简，乃复述所未尽者为别传，以告后之学人，且致其哀恤云尔。

宋翔凤《朴学斋文录》卷四《亡友臧君诔》：武进臧君殁于京师，余方游冀州，逾月知耗。念自交契星回历七，君以学问益我，以手足爱我，非寻常之相与，能不痛哉！今夏四月，君方病尰，余往问之，当在床笫，编校未休，因出少时所校《月令》、《乐记》二篇，属余审视。余以二篇之意劝之曰："足下抱病，而好学不辍，或者朝闻之意乎？然《月令》顺阴阳，候天气，《乐记》言合生气之和，故吸新吐故，阴阳之藏也，进退步趋，刚柔之节也。养生者，乃儒者之要道，非道家之曲说。足下诚锐精覃思，亦宜休息随时，养其气，所以举万事，存其身，所以集令名。"君得余书，时以沉困答以难愈，遂以嘉庆十六年七月癸卯卒于京师之逆旅。昔岁乙丑，余往贵州，以书别君，君复书曰："努力此别，诚恐骨肉委同草露，身后之文则以相托。"虽余之謭陋，得交于君，而素不善文，即作之，亦何益损？然君之手札七年以来犹在囊箧，念其相知，适益余悲，又安得不为君诔乎？君名庸，字西成，原名镛堂，以县学生为国子监生，年四十五。其友长洲宋翔凤为之诔曰：义纬在天，江河在地，人思不灭，乃有名字。吁嗟吾友，弱年励志。手抱篇策，迹在阛肆。性命古文，粪土时议。当其一得，即有独至。穷原得根，稽同核异。异彼冥行，索涂擿埴。名动乡曲，学求大师。卢君讲授，高足相随。刘向校艺，杨雄识奇。君从修定，见跋不疲。繄余伯舅（葆琛先生），绝学是追。说字解经，非世所知。君之得力，往往在兹。……鸿儒易失，议论谁堪。著作千古，同心两三。凉台已至，寒雨相兼。一铚寒馆，和墨书缣。曰言与行，憾无芥纤。清风自今，留为后谈。乌呼哀哉！①

阮元《儒林传稿》卷三、江藩《国朝先正事略》卷三十三、钱林《文献征存录》卷三、唐鉴《学案小识》卷十二《经学学案》皆有传，存目。

臧庸《拜经堂文集》卷二《子夏易传序》：《释文序录》：《子夏易传》，卜商字子夏，孔子弟子。《七略》云：汉兴，韩婴传。《中经簿录》云：丁宽所作。张璠云：或馯臂子

① 见《清代诗文集汇编》第513册，第380~381页。

弓所作，薛虞记。虞，不详何人。《唐会要》：开元七年，刘子玄议曰："《汉书·艺文志》，《易》有十二家，而无子夏传，至梁阮氏《七录》始有《子夏易》六卷，或云韩婴作，或云丁宽作。然据《汉书·艺文志》，《韩易》有十二篇，《丁易》有八篇，求其符会，则事殊乖刺。"司马贞议曰："王俭《七志》引刘向《七略》云：'《易传》，子夏韩氏婴也。'今题不称韩氏，而载薛虞记，今秘阁有《子夏传》，薛虞记庸以子夏之为韩婴，当以《七略》、《七志》、《七录》为据，汉、晋、六朝人所言不谬也。"婴为幼孩，夏为长大，名与字相反而相成。《韩易》十二篇者，上下经并《十翼》也。今本《汉书》脱"十"字，当据刘议补之。薛虞记者，虞盖子夏弟子，或后儒笺解之。韩婴《易传》之有薛虞记，犹韩婴《诗传》之有薛君章句耳。陆氏《释文》引薛虞说，孔氏正义引薛虞记，并举与张璠、司马贞所言合。庸留意此学线二十年，甲子顺天乡试策问首及，庸大言子夏非卜商，乃汉韩婴，而考官深摈之。乙丑季冬，承德孙凤卿观察以辑本见示，庸方悼哲弟云亡，又嘉同志之有人也。废业三月，复理旧事，举向所知者质之，漫记卷端云。

臧庸《拜经堂文集》卷二《跋经义杂记叙录后》（己未孟冬）：维我高祖玉林公著书未刊，四传至先考，不绝如缕。先考鐍藏遗稿甚固，教不孝等读书，粗有知识，始启箧校录，欲择其要者付梓，由是当世学者甫知有玉林先生其人。阮司农为著先考传，论先考能守先绪，启后学，恭录此传，以见我高祖之书之得传也。今《经义杂记》三十卷，汗青斯竟，而不能起先考于九原，一睹之而色喜也，痛何如矣！

臧庸《拜经堂文集》卷二《经籍纂诂后序》：少宗伯仪征阮公视学浙江，以经术倡迪士子。思治经必先通诂训，庶免凿空逃虚之病。而倚古以来，未有汇辑成书者，因遴拔经生若干人，分籍纂训，依韵归字，授之凡例，示以指南，期年分纂成，更选其尤者十人，每二人汇编一声。知镛堂留心经诂，精力差胜。嘉庆三年春，移书来常州，属以总编之役。镛堂不辞谫陋，谨遵宗伯原例，申明而整齐之，以告诸君子。复延舍弟礼堂相佐，请诸宗伯，檄仁和廪生宋咸熙来，司收掌对读。乃键户谢人事，暑夜汗流蚊积，犹校阅不置。书吏十数辈执笔候写，虽极繁剧匆猝，不敢以草率了事。与同纂诸君往复辨难。国子监生严杰、仁和附生赵坦颇不以镛堂为悠谬，其所编书亦精审不苟，皆学行交笃士也。自**孟夏始，至仲秋告竣，凡五阅月，共成书一百一十六卷。所谓经典之统宗，诂训之渊薮，取之不竭，用之无穷者矣。盖非宗伯精心卓识，雄才大力，不足以兴创造之功；而非诸君子分纂之勤，亦不能汇其成也。卷帙繁重，限于时日，未尽覆检原书，而《易》、《书》、《诗》、"三礼"、《苍颉》、《字林》、《释文》、《楚辞》等纂稿，每科为之审正。经子有失载正文，并补录之。校阅之下，更随笔改订，删烦钩要，分并归合，而条次其先后，俾秩然有章。论其大端，实足为有功经学之书。倘不知者指其小舛，支支节节而议之，是欲摘泰山之片石，问河海于断潢矣，又乌足与语学问之事哉？**书既成，宗伯将授之剞劂，以嘉惠来学。镛堂因识其颠末，以告海内治经之士。时嘉庆戊午秋九月三日，武进臧镛堂识于浙学使院之撰诂斋。

臧庸《拜经堂文集》卷二《纂十三经集解凡例》：一、《集解》以现行颁立国学本为据。如《易》用王弼、韩伯，《书》用孔传，《诗》用毛、郑，"三礼"用康成，《春秋左传》用杜氏，《公羊》用何休，《穀梁》用范宁，《孝经》用唐明皇注，《论语》用何晏，《尔雅》用郭璞，《孟子》用赵岐。所以谨遵功功令，俾经注完善，无抱残守阙之虞。且必具列本义，而后附录古注，甫可考其同异，订其是非。否则，仍无异乎专守一家之学矣。一、《集解》以别行旧本为据，如陆氏《经典释文》、吕氏《古易音训》、李鼎祚《集解》、史征《口诀义》、皇侃《论语义疏》、赵岐《孟子章指》、孙奭《孟子音义》。既为汉、唐旧籍，故搜辑古义，咸依采焉。一、《集解》参考新旧辑本、古经亡逸，嗜学之士甄采群籍，会稡成编，为今集解之嚆矢。……一、《仪礼》、《公》、《穀》素号孤经，先儒传笺复尠，遗典何氏有《公羊墨守》、《左氏膏肓》、《穀梁废疾》，郑君则《起膏肓》、《发墨守》、《箴废疾》，虽体制稍殊，咸为汉学，兹并采焉。贾公彦《仪礼疏序》述旧二家，一齐之黄庆，一隋之李孟悊，既皆六朝之儒，今征以补其阙，故此解以隋为断，不录唐人之言。一、许叔重《五经异义》罗列古今家说，郑君称名以驳正之。《说文解字》于本义之下兼引群经为证。近臧处士礼堂著《说文经考》十三卷，上列本经，下列《说文》，翁鸿胪方纲称为自来作《说文经考》者所未有，今据此采入。《郑志》为郑君孙小同所撰，近人分经汇纂，既是许、郑经解，今并集之。一、《集解》兼用子史旧注，如《史记》、《汉书》征引《诗》、《易》，服虔、应劭义异本经，《吕览》、《淮南》并有《月令》，高诱、许慎说殊礼注，既皆汉儒，谊当两引。一、离经断句，既以现行本为据，乃有辅嗣、安国所未解，而马、郑、荀、虞言之颇悉，景纯、元凯所不了，而李、樊、贾、服释之更精，况兼上下异属，句读不同，则参用儒先附丽经下，其有本注已具者，仍次于本注之后。一、《易》、《书》二经，《释文》、《正义》往往举季长、康成说之同者而并言之，曰马、郑云云。……既已义同，无烦分列，今悉如本书兼举，不失旧观，若或彼此不同，繁简有异，仍两列之，庶无混并之嫌。一、《韩诗外传》、《春秋繁露》、《石渠礼论》及杜氏《通典》所载晋、宋、六朝议礼之文，分经附录《集解》之后。班氏《白虎通》存两汉经师古今文异说，与《石渠礼论》《五经异义》同轨，亦分经采入。一、《集解》经文顶格，本注双行小字，即附经下本注之后，次以《释文》大书，夹注一如原式，次以正义，单行小字，又次以他经《释文》、《正义》，又次以诸史注，又次以诸子、类书，又次以《文选注》，皆提行低一格，大字，所注篇名、卷数仍用小字。

臧庸《拜经堂文集》卷二《题蜀石经毛诗考证》（丙寅季冬）：余幼时读官本《毛诗注疏考证》，辄引蜀石经，心颇惑之，后考其文字异同，往往增所不必增，删所不当删，如《谷风》“昔育恐育鞠”一句两“育”字而殊训，见之毛传、郑笺、孔氏正义，俱有明证。《开成石经》亦同，乃蜀本独无下“育”字，此类差谬，当由校勘粗麤一时误脱耳，若谓有意删之，恐不至诞妄若是，而好异之人不知其误，反以今本为衍，恐又为误本之佣台矣。**学问之道，贵平心以求其是非，而无取乎苟焉好异，苟焉好异之人固无与乎学问之事也，又乌足与辨是非分黑白哉？**钱塘严君厚民取蜀石经残本，据传、笺、正义、《释文》、唐石经、岳本句订而字正之，蜀本不足信一览尽之矣，苟焉好异之人其考诸此欤？

秦瀛《小岘山人集》续文集卷一《臧在东文集序》：武进有玉林臧先生者，通经学古，著书甚具。越今百余年，而得在东。在东承其家学，屏去俗好，不屑蹈常袭故，以合于时，而独与其弟礼［堂］皆潜心汉儒之学。礼［堂］殁，在东泫然心伤，匄余为文传之。逾数年，在东在京师，余方约其归江南，同修无锡、金匮县志，而在东亦遽殁。**学者去圣既远，百家众说纷如聚讼，苟择焉不精，则说经而经愈亡。近世宗汉学者，目未窥程、朱之书，辄抵排宋儒，呶呶不已，当亦汉儒所不与也。在东之学固主张许叔重、郑康**

成诸儒，而其与阮侍郎芸台书云：“程、朱于孔门躬行之学为近。”是其言于宋儒不为无见。余官侍郎时，在东常与往还。一日，其乡人恽子居过余，余邀在东同集余邸，其议论有合有不合，而要以古人为归。盖子居为郑清时之甥，而在东学于清时又皆与张皋文友，殆其师友之授受切劘有相类者。在东没，而其子某持《拜经堂集》乞余序，余故序其文而牵连书之。

王念孙《王石臞先生遗文》卷二《拜经日记序》：用中绍其先玉林先生之学，撰《拜经日记》十二卷，考订汉世经师流传之分合，字句之异同，后人传写之脱误，改窜之踪迹，擘肌分理，剖豪析芒，其可谓辨矣。《日记》所研究者，一曰诸经今古文，二曰王肃改经，三曰四家《诗》同异，四曰《释文》义疏所据旧本，五曰南北学者音读不同，六曰今人以《说文》改经之非，七曰《说文》讹脱之字。而于孔、孟事实考之尤详。若其说经所旁及者，叔孙《礼记》，南斗①、文昌②之类，皆确有根据，而补前人所未及。

今按：汉学重家学与师承。臧庸身为正统汉学家，居然伪造家学传统，欺骗同代大师，结果弄巧成拙，贻笑学林。

---

① 南斗：星名。即斗宿，有星六颗。在北斗星以南，形似斗，故称。《史记·天官书》：“南斗为庙，其北建星，建星者，旗也。”张守节《正义》：“南斗六星，在南也。”《文选·左思〈吴都赋〉》：“仰南斗以斟酌，兼二仪之优偓。”刘逵注引《天官星占》：“南斗之爵禄，其宿六星。”

② 文昌：星座名。共六星，在斗魁之前，形成半月形状。《史记·天官书》：“斗魁戴匡六星曰文昌宫：一曰上将，二曰次将，三曰贵相，四曰司命，五曰司中，六曰司禄。”

臧礼堂

《清史稿·儒林二》：礼堂，字和贵。事亲孝。父继宏，久疟，冬月畏火，礼堂潜以身温被。居丧如礼，笑不见齿。母遘危疾，刲股合药，私祷于神，减齿以延亲寿。娶妇胡，初婚夕教以孝弟，长言令熟听，乃合卺，一家感而化之。尤精小学，善雠校，为四方贤士所贵。师事钱大昕，业益进。好许氏《说文解字》，为《说文经考》十三卷。慕古孝子、孝女、孝妇事，作《孝传》百数十卷。《尚书集解案》六卷、《三礼注校字》六卷、《春秋注疏校正》六卷。卒，年三十。

陈寿祺《左海文集》卷九《孝节处士臧君墓表》：君讳礼堂，字和贵，常州武进人也。高祖琳，明经通古学，为太原阎若璩所重，学者宗之。君负曾闵之淳，性抱圭璧之贞，行动符仁义，言轨忠信事。父继宏久疟恶寒，身潜温被，居丧如礼，哀慕羸悴，母章危疾，刲股和药，私祷岳祠减齿延寿，神感至诚，天听如响，是以醰粹沭饮乎州闬，德音风动乎圭组。娶妇之夕，豫撰诫辞，女傧庄诵，乃命合卺，卒能执义制爱，叱狗禁声。少从伯兄庸学，事之如师，然有过辄谏，罙罙乎孝弟之言，绰然变醨砥钝者也。撢稽六艺，讨论苍雅，觝字丰声，发疑正读。仪征阮侍郎聘君纂辑经诂，又著《古今孝子孝妇传》、《说文解字经考》、《南宋石经考》、《爱日居笔记》，总数百卷。……以嘉庆十年闰六月己酉病卒。庸闻丧京师，涕泗酷恸，旁采儒议，私谥之曰孝节。余交于庸，数闻君之贤，愿以弦韦为贽者久矣，无期邂逅，黄鸟增哀，以为荆下之宝，岂抱厥能晦，膏桂之材，非委灰可销，遂勒铭表墓旌，厥令闻其词曰："于戏臧君，肫肫其仁。苦节而甘，乐存事亲。孝乎惟孝，达天尽人。勤味道腴，暗然席珍。文为士范，德为国宾。竟夭天年，安赎百身。伤哉魂气，尚恋昏晨。万古爱日，照兹佳闉。"

朱珪《知足斋文集》卷二《臧礼堂家传》：礼堂年三十卒，其兄庸为之撰行略，悲不自胜。珪既作哀词矣，庸请作传，曰：非能为古文者，不足传吾弟也。珪勉应其请。礼堂姓臧氏，常州武进人，兄弟四人，行三，少性执，年十二，读书攻苦，究心经史字学。娶妇胡，初婚夕教以孝弟。长言令熟听，乃合卺事。父继宏久病，每夜焚香祷天，父称其孝。母章患风疾，侍膝下，刻不离。壬戌，刲股请减寿一纪，母愈而礼堂竟夭矣。著录

《孝子女妇事迹》数百卷、《说文经考》十三卷。阮中丞元闻其名，亲拜聘，襄诂经精舍，持服避之，许白衣冠方见于舍，兄弟有过，则谏必改乃已。故其兄庸、鳝、弟屺皆以孝友推之无闲言，顾性孤介耿直，得秋冬气多，此所以生不享福报，死必为神祇者，亦气类之自取也。无子，以兄弟子后之。(下略)

姚鼐《惜抱轩文集后集》卷六《臧和贵墓表》：武进臧氏有孝子曰礼堂，字和贵，家贫无仆役，躬孰薪水之事，以事父母，能尽爱养。父病痁，畏寒恶火，和贵每夕身温其被。父丧，三日不食，三年不入内如礼。母疾，割股祷而母愈。其初娶也，惧妇不能孝其亲，作七言辞以教妇；妇至，使人抗声诵，俾立听毕而后合卺。苟有益于亲之事，必忘身而为之也，苟足悦其亲，虽违众不顾也。和贵与兄庸皆好学博闻，尤精小学，善雠校，为四方贤士所贵，而和贵不幸年三十而死。桐城姚鼐尝识庸，闻和贵之学行，未见也；今以天下悲惜和贵之情，乃为表其墓云。

焦循《雕菰集》卷二十二《节孝臧君墓表》：存目。

段玉裁《经韵楼集》卷九《臧孝子传》：存目。

王引之《王文简公文集》卷四《臧礼堂小传》：存目。

陈用光《太乙舟文集》卷三《臧和贵传》：存目。

李元度《国朝先正事略》卷三十四、桂文灿《经学博采录》卷十二、《雪桥诗话》续集卷七皆有传，存目。

今按：臧礼堂割股疗疾，引得同代大师一片喝彩。自今视之，殊难引发同情之了解；然其人品心术较之其兄可谓天壤之别矣。

惠士奇

《清儒学案》卷四十三《研溪学案·研溪家学·惠先生士奇》：惠士奇，字天牧，一字仲孺，晚年自号半农人、研溪子。康熙辛卯进士，改庶吉士，授编修。庚子，典试湖南，寻督学廛塞。雍正癸卯，命留任，洊升侍读学士。后罢官。乾隆丁巳，补侍读。戊午，以病告归。辛酉卒，年七十有一。先生盛年兼治经史，晚尤邃于经学，撰《易说》六卷、《礼说》十四卷、《春秋说》十五卷。于《易》杂释卦爻，专宗汉学，以象为主。于《礼》古音古字皆为分别疏通。于《春秋》以礼为纲，而纬以春秋之事，言必据典，论必持平。先生幼读史，于《天文》、《乐律》二志未尽通晓。及官翰林，因新法究推步之原，著《交食举隅》二卷。悟阳正阴倍之义，法存于琴篷，撰《琴篷理数考》四卷。又所著诗有《红豆斋小草》、《咏史乐府》及《南中》诸集。（参史传、江藩《国朝汉学师承记》，又附见《惠吉士记》）

《清史稿·儒林二》：（惠周惕）子士奇，字天牧。康熙五十年进士，选翰林院庶吉士，授编修。两充会试同考官。圣祖尝问廷臣谁工作赋，内阁学士蒋廷锡以王顼龄、汤右曾及士奇三人对。五十七年，孝惠章皇后升祔①，礼成，特命祭告炎帝陵、舜陵。故事，祭告使臣，学士以上乃得开列，士奇以编修与，异数也。五十九年，充湖广乡试正考官，寻提督广东学政，以经学倡多士，三年之后，通经者多。又谓："校官，古博士也。校官无博士之才，弟子何所效法？"访得海阳进士翁廷资，即具疏题补韶州府学教授，部议格不行。圣祖曰："惠士奇所举，谅非徇私，著如所请，后不为例。"雍正初，复命留任。召还，入对不称旨，罚修镇江城，以产尽停工，削籍。乾隆元年，复起为侍读，免欠修城银，令纂修"三礼"。越四年，告归，卒于家。士奇盛年兼治经史，晚尤邃于经学。撰《易说》六卷、《礼说》十四卷、《春秋说》十五卷。于《易》杂释卦爻，以象为主，力

① 升祔：升入祖庙附祭于先祖。宋庞元英《文昌杂录》卷四："伏请升祔太庙，以时配享。"清恽敬《赠光禄大夫陈公神道碑铭》："今皇帝嘉庆四年，高宗升祔礼成，覃恩海内。"《清史稿·宣宗纪一》："戊寅，仁宗睿皇帝、孝淑睿皇后升祔太庙。己卯，以升祔礼成，颁诏天下，覃恩有差。"

矫王弼以来空疏说经之弊。于《礼》疏通古音古字，俱使无疑似，复援引诸子百家之文，或以证明周制，或以参考郑氏所引之汉制，以递观周制，而各阐其制作之深意。于《春秋》，事实据《左氏》，论断多采《公》、《穀》，大致出于宋张大亨《春秋五礼例宗》、沈棐《春秋比事》，而典核过之。《大学说》一卷晚出，"亲民"不读"新民"。论格物不外本末终始先后，即絜矩之不外上下前后左右，亦能根极理要。又著《交食举隅》三卷、《琴笛理数考》四卷。子七人，栋最知名。

《清史列传·儒林传下一》：存目。①

钱大昕《潜研堂集》文集卷三十八《惠先生士奇传》：惠先生士奇，字天牧，一字仲孺，世居吴县东渚村。祖有声，明末以诸生贡入太学，里居著书，以九经训子弟。父周惕，始迁居葑门之香水溪，登康熙辛未进士，选翰林院庶吉士，改密云县知县。先生之生也，父梦贵人来谒视，其刺乃东里杨文贞公，遂以文贞名名之。年十二，能诗，有"柳未成阴夕照多"之句，大为先辈激赏。弱冠为诸生，不就省试，或问之，则曰："胸中无书，焉用试为?"于是奋志读书，晨夕不辍，遂博通六艺，九经经文、《国语》、《战国策》、《楚辞》、《史记》、《汉书》、《三国志》皆能暗诵，尝与名流会，坐中有客前请曰："闻君熟于《史》、《汉》，试为诵《封禅书》。"先生朗诵终篇，不失一字，合坐皆叹服。戊子举乡试第一，明年成进士，选庶吉士，散馆授翰林院编修。癸巳乙未会试，再充同考官。圣祖尝问廷臣谁工作赋者，阁学蒋公廷锡以华亭王公顼龄、仁和汤公右曾及先生三人名对。其后汤公掌翰林事，词臣拟撰文字，皆送先生改定，然后进呈。己亥正月，太皇太后升祔礼成，特命祭告炎帝陵、舜陵。故事：祭告使臣，学士以上乃得开列。先生以编修与焉，洵异数也。庚子秋，主湖广乡试，得夏力恕等九十九人，多知名士。其冬，复奉督学广东之命，下车日，焚香设誓，不妄取一文，不妄徇一情，颁条教，以通经为先，士子能背诵"五经"，背写"三礼"、《左传》者，诸生食廪饩，童子青其衿……于是毅然以经学倡，三年之后，通经者渐多，文体为之一变。……丁巳六月补侍读，时已垂老，耳渐聋。己未春，以病告归。辛酉三月卒，年七十有一。先生盛年兼治经史，晚岁尤邃于经学，撰《易说》六卷、《礼说》十四卷、《春秋说》十五卷。其论《易》曰："《易》始于伏羲，盛于文王，大备于孔子，而其说犹存于汉。不明孔子之《易》，不足与言文王，不明文王之《易》，不足与言伏羲。舍文王、孔子之《易》而远问庖牺，吾不知之矣。汉儒言《易》，孟喜以卦气，京房以适变，荀爽以升降，郑康成以爻辰，虞翻以纳甲，其说不同，而指归则一，皆不可废。今所传之《易》，出自费直，费氏本古文，王弼尽改为俗书，又创为虚象之说，遂举汉《易》而空之，而古学亡矣。易者，象也，圣人观象而系辞，君子观象而玩辞，六十四卦皆实象，安得虚哉!"其论《春秋》曰："《春秋》'三传'，事莫详于《左氏》，论莫正于《穀梁》。韩宣子见《鲁春秋》，曰：'周礼尽在鲁矣。'然则《春秋》本《周礼》以记事也。《左氏》褒贬，皆春秋诸儒之论，故纪事皆实，而论或未公。《公羊》不信国史，惟笃信其师说，师所未言，则以意逆之，故所失常多。要之，《左氏》得诸国史，《公》、《穀》得之师承，虽互有得失，不可偏废。后世有王通者，好为大言以欺人，乃曰：'三传作而《春秋》散。'于是啖助、赵匡之徒争攻'三传'，以伸其异说。夫《春秋》无《左传》，则二百四十年盲焉如坐暗室之中矣。

① 详见中华书局本第17册，第5467~5468页。

《公》、《穀》二家，即七十子之徒所传之大义也。后之学者，当信而好之，择其善而从之，若徒据《孟子》‘尽信书则不如无书’之说，力排而痛诋之，吾恐三传废而《春秋》亦随之而亡也。《左氏》最有功于《春秋》，《公》、《穀》有功兼有过，学者信其所必不可信，疑其所必无可疑，惑之甚者也！”其论《周礼》曰：“礼经出于屋壁，多古字古音。经之义存乎训，识字审音，乃知其义，故古训不可改也。康成注经，皆从古读，盖字有音义相近而讹者，故读从之。后世不学，遂谓康成好改字，岂其然乎？康成‘三礼’，何休《公羊》，多引汉法，以其去古未远，故借以为况，贾公彦于郑注，如飞矛、扶苏、薄借綦之类，皆不能疏，所读之字亦不能疏，辄曰从俗读，甚违不知盖阙之义。夫汉远于周，而唐又远于汉，宜其说之不能尽通也，况宋以后乎！周秦诸子，其文虽不尽雅驯，然皆可引为礼经之证，以其近古也。”（下略）

阮元《儒林传稿》卷二、《畴人传》卷四十一、江藩《国朝汉学师承记》卷二、李元度《国朝先正事略》卷三十三、钱林《文献征存录》卷五、《（道光）广东通志》卷二百五十六皆有传，存目。

杨向奎《三惠学案》：士奇盛年奋志力学，遂博通六艺，九经、诸子及《史》、《汉》、《三国志》，皆能暗诵，尝对客朗诵《史记·封禅书》，不遗一字。晚尤邃于经学，撰《易说》六卷、《礼说》十四卷、《春秋说》十五卷。其论《易》曰：“《易》始于伏羲，盛于文王，大备于孔子，而其说犹存于汉。不明孔子之《易》，不足与言文王，不明文王之《易》，不足与言伏羲，舍文王、孔子之《易》，而远问庖牺，吾不知之矣。汉儒言《易》，如孟喜以卦气，京房以通变，荀爽以升降，郑康成以爻辰，虞翻以纳甲，其说不同，而指归则一，皆不可废。今所传之《易》出自费直，费氏本古文，王弼尽改为俗书，又创为虚象之说，遂举汉学而空之，古学亡矣。《易》者象也，圣人观象而系辞，君子观象而玩辞，六十四卦皆实象，安得虚哉！”此说有其是处，文王于《易》有所作为，而《易传》之来，胥由儒家，但谓“六十四卦皆实象”，实为后人附会，古《易》说宇宙万物，王弼而后虚象谈玄，遂使《易》升华为哲理书。《易经》之发展为《易传》亦循此径者，盖由虚而实，复由实转虚。但士奇言《易》能开后世之先路者，乃在其以训诂解《易》，还《易》以本来面目。……在《礼说》中，士奇颇多精义，以训诂探礼之源流，较胜于以理想体系妄图符合者。……士奇卓识谓《周礼》与《管子》相通，而齐法与《周官》合，几十年来，此说始通行于学者间，谓为卓识，岂知二百年前已有此乎！论清代朴学吴门惠氏实属大宗，而士奇乃大宗之不祧祖也。①

① 杨向奎《清儒学案新编》第三卷，第108~113页。

惠 栋

《清史稿·儒林二》：栋，字定宇。元和学生员。自幼笃志向学，家多藏书，日夜讲诵。于经史诸子、稗官野乘及七经毖纬之学，靡不津逮。小学本《尔雅》，六书本《说文》，余及《急就章》、《经典释文》，汉、魏碑碣，自《玉篇》、《广韵》而下，勿论也。乾隆十五年，诏举经明行修之士，陕甘总督尹继善、两江总督黄廷桂交章论荐。会大学士、九卿索所著书，未及呈进，罢归。栋于诸经熟洽贯串，**谓诂训古字古音，非经师不能辨**，作《九经古义》二十二卷。尤邃于《易》，其撰《易汉学》八卷，掇拾孟喜、虞翻、荀爽绪论，以见大凡。其末篇附以己意，发明汉《易》之理，以辨正河图、洛书、先天、太极之学。《易例》二卷，乃镕铸旧说，以发明《易》之本例，实为栋论《易》诸家发凡。其撰《周易述》二十三卷，以荀爽、虞翻为主，而参以郑康成、宋咸、干宝之说，约其旨为注，演其说为疏。书垂成而疾革，遂阙《革》至《未济》十五卦及《序卦》、《杂卦》两传，虽为未善之书，然汉学之绝者千有五百余年，至是而粲然复明。撰《明堂大道录》八卷、《禘说》二卷，**谓禘行于明堂，明堂法本于《易》**。《古文尚书考》二卷，辨郑康成所传之二十四篇为孔壁真古文，东晋晚出之二十五篇为伪。又撰《后汉书补注》二十四卷、《王士祯精华录训纂》二十四卷、《九曜斋笔记》、《松崖文钞》诸书。嘉定钱大昕尝论："宋、元以来说经之书，盈屋充栋，高者蔑古训以夸心得，下者袭人言以为己有。独惠氏世守古学，而栋所得尤精。拟诸前儒，当在何休、服虔之间，马融、赵岐辈不及也。"卒，年六十二。其弟子知名者，余萧客、江声最为纯实。

《清史列传·儒林传下一》：存目。①

陈黄中《东庄遗集》卷三《惠定宇墓志铭》：本朝中吴世族以经义名家、世取科第者，无虑十数家，其继世科之后，独抱遗经，远承绝学，则有吾友松崖惠君。盖其学醇行粹，所传者远，所积者厚，其实大声宏，非苟也。君讳栋，字定宇，松崖其自号也。先世扶风人，后从建炎南渡，居湖州，明嘉靖中又迁于吴。曾祖有声，始以经学教授，与同里

① 详见中华书局本第17册，第5468~5469页。

徐枋以节义相尚。祖周惕，父士奇，仍世入词馆，有大名，世所谓老少，红豆先生者也。君世家学，弱冠补弟子员，即遍通诸经，于汉、唐说经诸家熟洽贯串，而《易》学尤邃。所著《周易述》一书，专宗汉说，历三十年，四五易稿，犹未卒业，其专心孤诣类如此。少，红豆前以修城毁家，君迁居城南，闭门读《易》，声彻户外。其世交多跻膴仕义，不一通书问，惟以授徒自给而已。两淮卢运使馆之官舍居三年，后以疾辞归。丁丑除夕，病中以书抵余，拳拳论学术、人才之升降，其识趣高迈，又雅不欲仅以经师自命也。夏侯胜有云："经术明，取青紫如拾芥。"今观于君，其于经术明耶？否耶？乃所遇若是。使易其穷经之力，习场屋臭腐语数千言，固宜早取上第去，乃舍彼取此，为举世不为之学。晚岁一应公车征，且以为几得售矣，又未及，抵都，辄报罢。**终身学汉人之学，曾不得一遭汉儒之遇，而处之固然，耿耿自信，不为穷达所移，斯可谓笃信善道之君子已。**然君晚岁遇虽益蹇，名益高，四方士大夫过吴门者，咸以不识君为耻，人亦以小红豆称之。其所以绍门风者，盖不以爵，而以德也。君为人，通不随波，介不绝俗，为学广博无涯涘，于经史多所论著，有《九经古义》二十卷、《周易本义辨证》五卷、《易汉学》七卷、《古文尚书考》二卷、《左传补注》四卷、《明堂大道录》八卷、《禘说》二卷、《后汉书补注》十五卷、《续汉制考》一卷，其他如王尚书《精华录训纂》、汪钝翁《说铃注》，乃少时所著也。君以乾隆二十三年五月十二日卒，年六十二。……铭曰：群经赖汉仅得存，陋儒训诂增纷纭。经义经术殊途分，太清点缀翳浮云。拾渖剽窃夫已村，谈《易》理障尤蒙昏。辅嗣以降一律论，惟小红豆汉学尊。九师废《易》嗤河汾，卓尔大雅信不群。贯通象数追三坟，爝然不为俗学醺。独寻坠绪韦编温，荆榛卤莽勤芟耘。下帷著述轻玄纁，江公狗曲徒狺狺。遗书传后名弥芬，有求芳躅视斯文。

王昶《春融堂集》卷五十五《惠定宇先生墓志铭》：先生惠姓，讳栋，字定宇，号松厓，先世扶风人。九世祖伦，迁于吴。曾祖有声，与徐孝廉枋友善，以九经教授乡里。祖周惕，康熙辛未进士，由庶吉士改授密云县知县，工诗古文，著《易传》、《春秋问》、《三礼问》、《诗说》诸书。考士奇，康熙己丑进士，历官翰林院侍讲学士，两任广东学政，以通经训士，粤人至今诵之，著《易说》、《礼说》、《春秋说》、《大学说》、《交食举隅》、《琴篴理数考》、《红豆斋小草》诸书。先生生而凝静敦朴，好学不倦，好礼不变，以孝友忠信为坊表。年二十，补元和县学诸生。先是，学士从粤归，奏对不称旨，罚修镇江城，用罄其家。先生退居葑门之泮环巷，樵苏后爨，意豁如也。承其家学，于经史、诸子、稗官野乘及七经毖纬之学，无不肄业及之。经取注疏，史兼裴、张、小司马、颜籀、章怀之注，诸子若《庄》、《列》、《荀》、《扬》、《吕览》、《淮南》古注亦并及焉，而小学本《尔雅》，六书本《说文》，余及《急就章》、《经典释文》、汉魏碑碣，自《玉篇》、《广韵》而下勿论也。甲子乡试，以用《汉书》为考官所黜，由是息意进取。乾隆十六年，天子诏举经明行修之士，两江总督黄公廷桂、陕甘总督尹公继善咸以先生名上。会大学士、九卿索所著书，未及进，罢归。先生尝以顾氏炎武《左传补注》虽取《开成石经》较其同异，而义有未尽，因发明贾氏、昭氏之学，附以群经，作《补注》四卷。于《尚书》采摭《史记》、前、后《汉书》及群经注疏，以辨后出古文之伪，定郑康成之二十四篇非张霸伪造，为真古文；梅赜之二十五篇为伪古文，作《古文尚书考》二卷，爬罗剔抉，句梳字栉，摘其伪之由来，皆郝氏敬、阎氏若璩所未及，虽毛氏奇龄之《冤词》莫能解也。以范蔚宗《后汉书》因华峤而成书，古人嫌其缺略遗误，而《东观汉记》、谢承之书不存，取《初学记》、《艺文类聚》、《北堂书钞》、《太平御览》诸书，作《后汉书补注》十五卷。又以汉儒通经有家法，故五经师训诂之学皆由口授，古文古义非经师不能辨也。先生四世传经，恐日久失其句读，成《九经古义》二十卷。于《易》理尤精，著《易汉学》七卷、《周易述》二十卷，凡郑君之爻辰、虞翻之纳甲、荀谞之升降、京房之世应、飞伏暨六日七分、世轨之说，悉为疏通证明。由李氏之《集解》以及其余，而汉代易学灿然。又撰《易微言》二卷、《易例》二卷以阐明之。又因学《易》而悟明堂之法，作《明堂大道录》八卷、《禘说》二卷，发圣人飨帝飨亲之至意，谓古之明堂、治朝、太庙、灵台、辟雍咸在其间。考之《尧典》、《春秋》、《月令》、《王制》无不合也。少嗜新城王尚书《精华录》，为《训纂》二十四卷，搜采博洽，贯串掌故，亦为世所传。**先生生康熙三十六年丁丑十月初五日，终乾隆二十三年戊寅五月二十二日，年六十有二。**……余弱冠游诸公间，因得问业于先生。及丙子、丁丑，先生与余又同客卢运使见曾所，益得尽读先生所著，尝与华亭沈上舍大成手抄而校正之，故知先生之学之根抵，莫余为详。呜呼！自孔、贾奉敕作正义，而汉、魏、六朝老师宿儒专门名家之说并废。又近时吴中何氏焯、汪氏份以时文倡导学者，而经术益衰。先生生数千载后，躭思旁讯，探古训不传之秘，以求圣贤之微言大义，于是吴江沈君彤、长洲余君萧客、朱君楷、江君声等先后羽翼之，流风所煽，海内人士无不重通经，通经无不知信古，而其端自先生发之，可谓豪杰之士矣！因取陆淳、施士丐、孙复之例，称先生以刻于石。(下略)

彭启丰《芝庭诗文稿》文稿卷四《惠征君传》：君名栋，字定宇，元和诸生，惠学士仲孺先生之子也。自幼志承家学，稽古不怠……卒年六十二。子三人：承绪、承跗、承萼。旧史氏曰：班史传儒林，谓一经说至百余万言，大师众至千余人，禄利之路然也。惠君淡于仕进，而穷经以终其身。**盖学汉儒之学，而不志汉儒之志者**。

钱大昕《潜研堂集》文集卷三十九《惠先生栋传》：惠先生栋，字定宇，号松厓，侍读学士士奇之次子。初为吴江学生员，复改归元和籍。自幼笃志向学，家多藏书，日夜讲诵，自经史、诸子、百家杂说、释道二藏，靡不津逮。父友临川李公绂，一见奇之，曰：仲孺有子矣。学士视学粤东，先生从之任所，粤中高才生苏珥、罗天尺、何梦瑶、陈海六时称“惠门四子”，常入署讲论文艺，与先生为莫逆交。至于学问该洽，则四子皆自以远不逮也。及学士毁家修城，先生往来京口，饥寒困顿，甚于寒素。遭两丧，不以贫废礼。中年课徒自给，陋巷屡空，处之坦如。雅爱典籍，得一善本，倾囊弗惜。或借读手钞，校勘精审，于古书之真伪了然若辨黑白。乾隆十五年诏举经明行修之士，总督尹文端公、黄文襄公交章论荐，有博通经史，学有渊源之称。然先生于两公非有半面识也。**年五十后，专心经术，尤邃于《易》，谓宣尼作《十翼》，其微言大义七十子之徒相传，至汉犹有存者。自王弼兴而汉学亡，幸存其略于李氏《集解》中。精研三十年，引伸触类，始得贯通其旨，乃撰次《周易述》一编，专宗虞仲翔，参以荀、郑诸家之义，约其旨为注，演其说为疏，汉学之绝者千有五百余年，至是而粲然复章矣**。书垂成而疾革，遂阙《革》至《未济》十五卦及《序卦》、《杂卦》二篇，然先生之绪言具在，好学深思之士因其义例，推而演之，阙者尚可补也。孔氏正义据马融、陆绩说，以爻辞为周公所作，与郑学异。其所执者，《明夷》六五云“箕子”，《升》六四云“王用亨岐山”，皆文王后事也。先生独能辨之，于《明夷》之五曰：“‘箕子’当从古文作‘其子’，其古音亥，亦作萁。刘向云：今易萁子作荄兹。荀爽据以为说，读萁子为荄兹，其与亥子与兹文异而音义同。……”于《升》之四曰：“文王爻辞，皆据夏、商之制，《春秋传》引《夏书》‘惟彼陶唐，帅彼天常，有此冀方’，服虔云：‘尧居冀州，虞夏因之，《禹贡》冀州治梁及岐。’《尔雅》云：‘梁山，晋望也。’诸侯三望，天子四望，梁山为晋望，明梁岐皆冀州之望，此王谓夏后氏受命告祭，非文王也。”其说《乾》之“四德”曰：“元者，天地之始。《说文》元从一，‘道立于一，造分天地，化生万物。’《乾》之初九，积善在下，阳气始生，东方为仁，故云‘善之长’。阴阳交而后亨，《乾》之九二当上升，《坤》五为天子，故《文言》再言君德。经凡言亨者，皆谓乾坤交也。《乾》六爻，二、四、上匪正，《坤》六爻，初、三、五匪正，乾变坤化，六爻皆正，成两既济。故云‘各正性命，保合太和’。和即利，正即贞也。经凡言利贞者，皆爻当位，或变之正，或刚柔相易，惟《既济》一卦，六爻皆正，故云‘刚柔正而位当’，《杂卦》篇所谓‘既济，定也’。卦具四德者七，乾坤变化而成两《既济》，《屯》三爻变，《革》四爻变，皆成《既济》，《随》三四易位成《既济》，《无妄》三四易位，上爻又变而成《既济》，《临》二升居五位，三爻又变而成《既济》，故皆言元亨利贞也。”……又因学《易》而悟明堂之法，撰《明堂大道录》八卷、《禘说》二卷。……又有《易汉学》七卷，《易例》二卷，皆推演古义，针砭俗说，有益于学者。于《书》有《古文尚书考》二卷，谓：“孔壁中古文得多十六篇，内有《九共》九篇，析之为二十四，郑康成所传之二十四篇，即孔壁真古文。东晋晚出之二十五篇，与《汉书》不合，可决其伪。唐人诋郑所传为张霸伪造者，妄也。今文《太誓》三篇，其略见于《太史公书》，史公从安国问故，其载当可信。唐人尊信晚出之《太誓》，而以今文《太誓》为伪，亦非也。”于《春秋》有《左传补注》六卷，自序云：“尝见郑康成之《周礼》，韦弘嗣之《国语》，纯采先儒之说，末乃下以己意，令学者审其异同。杜元凯《春秋集解》，虽根本前修，而不著其说，又其持论间与诸儒相违，于是乐逊《序义》、刘炫《规过》之书出焉。今刺取经传，附以先世遗闻，宗韦、郑之遗，前修不掩，效乐、刘之意，有失必规。而于古今文之同异，辨之尤悉云。”……又撰《九经古义》十六卷，讨论古字古言，以博异闻，正俗学。益都李进士文藻见其书而善之，为锓板粤中，李与先生亦素不相识也。予尝论宋、元以来，说经之书盈屋充栋，高者蔑弃古训，自夸心得，下者剿袭人言以为己有，儒林之名徒为空疏藏拙之地，独惠氏世守古学，而先生所得尤深，拟诸汉儒，当在何邵公、服子慎之间，马融、赵岐辈不能及也。先生少时已好撰述，有《王文简公精华录训纂》二十四卷，盛行于世，论者以为过于任渊之注山谷、李壁之注荆公焉。有《太上感应篇注》二卷，证其为魏、晋人所作，亦经好事刊刻。又有《后汉书补注》十五卷、《九曜斋笔记》二卷、《松厓笔记》二卷，予皆见之。其《周易本义辩证》五卷、《松厓文抄》二卷及《诸史会最》、《竹南漫录》，则未之见也。其弟子知名者，江声、余萧客皆布衣，通经学，江于《尚书》用功尤专云。先生卒于戊寅五月，年六十有二。

阮元《儒林传稿》卷二、江藩《国朝汉学师承记》卷二、李斗《扬州画舫录》卷十、李元度《国朝先正事略》卷三十三、钱林《文献征存录》卷五、唐鉴《学案小识》卷十二《经学学案》皆有传，存目。

惠栋《松崖文抄》卷一《易汉学自序》：六经定于孔子，毁于秦，传于汉。汉学之亡久矣，独《诗》、《礼》、《公羊》犹存，毛、郑、何三家《春秋》为杜氏所乱，《尚书》

为伪孔氏所乱，《易经》为王氏所乱。杜氏虽有更定，大校同于贾、服；伪孔氏则杂采马、王之说，汉学虽亡而未尽亡也。惟王辅嗣以假象说《易》，根本黄、老，而汉经师之义荡然无复有存者矣。故宋人赵紫芝有诗云："辅嗣《易》行无汉学，玄晖诗变有唐风。"盖实录也。栋曾王父朴庵先生，尝闵汉学之不存也，取李氏《易解》所载者，参众说而为之传。天、崇之际，遭乱散佚，以其说口授王父。王父授之先君子，先君子于是成《易说》六卷。又尝欲别撰汉经师说《易》之源流，而未暇也。栋趋庭之际，习闻余论，左右采获，成书七卷。自孟长卿以下，五家之《易》，异流同源，其说略备。呜呼！先君子即世三年矣，以栋之不才，何敢辄议著述？然以四世之学，上承先汉，存什一于千百，庶后之思汉学者犹知取证，且使吾子孙无忘旧业云。是为序。

惠栋《松崖文抄》卷一《古文尚书考自序》：孔安国古文五十八篇，汉世未尝亡也。三十四篇与伏生同，二十四篇增多之数，篇名具在。刘歆造《三统历》，班固作《律历志》，郑康成注《尚书序》皆得引之，特以当日未立于学官，故贾逵、马融等虽传孔学，不传逸篇。融作《书序》，亦云逸十六篇，绝无师说（十六篇内，《九共》九篇，故二十四）。盖汉重家学，习《尚书》者皆以二十九篇为备（伏生二十八篇，《太誓》后得，故二十九。刘歆移书太常曰："抑此三学，以《尚书》为备。"臣瓒曰："当时学者谓《尚书》唯有二十八篇，不知本有百篇也。三学谓《逸礼》、《尚书》、《左传》。"）。于时虽有孔壁之文，亦止谓之《逸书》，无传之者（服虔《左传解谊》以《毛诗·都人士》首章为逸诗，以未立于学宫故也）。然其书已入中秘，是以刘向校古文得录其篇，著于《别录》。至东京时，惟亡《武成》一篇，而《艺文志》所载五十七篇而已（刘向《别录》五十八篇）。其所逸十六篇，当时学者咸能案其篇目，举其遗文，虽无章句训故之学，翕然皆知为孔氏之逸书也。或曰："古文出于晋世，若两汉先尝备具，何以《书传》所引《大甲》、《说命》诸篇，汉儒群目为逸书欤？"曰：今世所谓古文者乃梅赜之书，非壁中之文也。赜采摭传记，作为古文，以给后世。后世儒者靡然信从，于是东晋之古文出，而西汉之古文亡矣。孔氏之书，不特文与梅氏绝异，而其篇次亦殊。愚既备著其目，复为条其说于左方，以与识古君子共证焉。

沈彤《果堂集》卷五《古文尚书考序》：辨东晋所出《古文尚书》之伪者，自赵宋而来，约有两端：曰文从字顺而易读，曰掇拾传记而无遗。前之说，则云读以今文者之删添，与传者之私窜，足以解之。后之说则云传记之征引，自多古文者，足以解之。皆不得谓挟持有故也。吾友惠君定宇淹通经史，于"五经"并宗汉学，著述多而可传。其《古文尚书考》二卷，能据真古文而辨后出者之伪。大指言：郑康成所述二十四篇之目，见于唐《正义》者，即《汉·艺文志》之十六篇。刘歆、班固以为孔安国所得古文无异词。自梅赜奏古文二十五篇列诸官学，孔颖达乃以二十四篇为张霸所造，遂合梅书，杂古经而大行。是谓伪其真而真其伪。余惟班之《艺文志》即刘之《七略》。刘在成、哀间领校秘书，班在显宗时典其职，于所谓十六篇者，皆亲见其文，而载之于书。十六而为二十四，郑析其《九共》一篇为九耳。若张霸所造，乃百两篇，且当时即以乖秘书见黜。然则郑之二十四篇，非张霸伪书，而为真古文可决也。郑之二十四篇为真古文，则梅之二十五篇为伪古文亦可决也。夫二十五篇之古文非不依于义理，顾后儒之作虽精醇，不可以混淆圣籍。杨子、文中子之拟经，皆谓之"僭"，况以伪乱真者？**故欲尊古经，必辨后出者之伪，而欲辨后出者之伪，必据其前之真者而后可。**此定宇之书所由高出群言邪？得是而后出古文之为伪，虽素悦其理而信之者，亦无以为之解；而所谓足以解者，皆转而为浮说矣。太原阎百诗，近儒之博且精者，著《尚书古文疏证》五卷，先得定宇之指，定宇书不谋而与之合，文词未及其半，而辨证益明，条贯亦益清云。定宇曰：别自古文真伪，如易牙之辨淄渑，且以平心易气出之。虽笃信梅书者，亦当转而致思也。

钱大昕《潜研堂集》文集卷二十四《古文尚书考序》：《古文尚书》出于东晋，江左诸儒靡然从之，而河北犹守郑氏古义。唐初修《正义》，始专用梅氏一家之学。宋讫明，攻其伪者多矣，而终无以窒信《古文》者之口。其故有三，谓晚出书为伪，则并壁中书而疑之，不知东晋之古文自伪，西汉之古文自真也。谓梅本不可信，则郑本当可信，又疑其出于张霸，不知郑所受于贾、马者，即孔安国之古文，不特非张霸书，并非欧阳、夏侯本也。孔壁本有《太誓》，与今文同，太史公所载，许叔重所引，郑康成所注，皆真《太誓》也。自梅书别有《太誓》，乃以旧《太誓》属之今文。东晋之《太誓》固伪，西汉之《太誓》则非伪也。且安国为武帝博士，所传授即伏生二十九篇，其后得壁中书以今文读之。字句或异，因别为说，以授都尉朝等，由是《尚书》有孔氏之学。其增多十六篇，虽定其文，而无其说，故马季长云，“逸十六篇，绝无师说”也。诚知安国之真古文，则知增多者十六篇，别之为二十四篇，而断非二十五篇。安国所说者，仍二十九篇，别之为三十四篇，而断无五十八篇之《传》。此千四百余年未决之疑，而惠松崖先生独一一证成之，其有功于壁经甚大。先是，太原阎征士百诗著书数十万言，其义多与先生暗合，而于《太誓》，犹沿唐人《正义》之误，未若先生之精而约也。**今士大夫多尊崇汉学，实出先生绪论。**其所撰述，都次第刊行，独是编伏而未出。顷宋生子尚得之江处士艮庭许，亟梓商传之。而属序于予。予弱冠时，谒先生于泮环巷宅，与论《易》义，更仆不倦，盖谬以予为可与道古者。忽忽卅余载，楹书犹在，而典型日远。缀名简末，感慨系之。乾隆壬子三月既望序。

卢文弨《抱经堂文集》卷二《九经古义序》：《九经古义》十六卷，吴征士惠松厓（栋）先生之所著也。凡文之义，多生于形与声。汉人去古未远，其所见多古字，其习读多古音，故其所训诂要于本旨为近，虽有失焉者，寡矣。唐之为《释文》、为正义者，其于古训亦即不能尽通，而犹间引其说，不尽废也。至有宋诸儒出，始以其所得乎天之理，微会冥契，独辟窔奥，不循旧解。其精者固不可易，然名物、象数、声音、文字之学多略焉。**近世学者安于记诵辞章之习，但知发策决科为务。与之言古训，骇然以为迂晦而难通，塞耳而不能听也。嗟乎，此学问之所以日入于靡烂，而有“终身读书、不识一字”之诮也乎？**今读征君此书，单词片义，具有证据，正非曲徇古人，后之士犹可于此得古音焉，求古义焉，是古人之功臣而今人之硕师也。为性理之学者，或视此为糟粕。然虚则易岐，实则难假，承学之士要必于此问涂，庶乎可终身不惑也。余十数年前见是书，即为之商略体例、校订讹字，而还之征君之子承绪。洎余自湖南归，复从乞借抄，携之京师。嘉定钱学士莘楣（大昕）、历城周进士书愚（永年）各录一本以去。而余转鹿鹿未能卒业，至今春，赖友朋之力始得录全，计元本之在余箧中又五年所矣。书此以见岁月之空驰，而读书能不间断诚难也，且以志余愧云。时乾隆三十八年仲春旬有二日。

王鸣盛《蛾术编》卷三“惠氏易”条：惠氏士奇，字天牧，号半农，吴县人。康熙己丑进士，官翰林院侍读学士。力宗古义，所著《易说》，独得汉《易》之传。子栋字定宇，号松厓，乾隆辛未荐举经学。恨王辅嗣以假象说《易》，根本老氏之虚玄，而汉经师之业不存也。于李鼎祚《集解》取虞翻之说，以上溯孟喜，推明卦气，衍以纳甲，作《周易述》二十卷。其第七卷下经自《鼎卦》以下阙，第八卷全阙，第十卷彖下传自《鼎卦》以下阙，第十四卷象下传自《鼎卦》以下阙，第二十卷《说卦传》、《序卦传》、《杂卦传》并阙。门人江藩，号郑堂，补之，然后虞氏之说明，而孟氏之学亦卓有端绪。其《周易述》，好事者已刻之，而补则尚未刻也。又别撰汉经师说《易》之原流，作《易汉学》七卷，曰孟长卿，曰虞仲翔，曰京君明，曰郑康成，曰荀慈明，其意以虞氏《易》即孟氏《易》，京虽亲受业于孟，而书已失传，故反次于虞。郑注《易》最在后，老耄昏忘，道涂倥偬，故不能密也。荀爽最后出，而推阐独精，故特进之，附于五家之末。又《易微言》二卷、《易例》二卷、《明堂大道录》八卷、《禘说》二卷，皆已刻，而《微言》等繁其名称，宜归并省，语亦辗转抽演，反有入于多岐者。明堂与禘，应让郑氏专家，强说亦无取。

章太炎《检论·清儒》：吴始惠栋，其学好博而尊闻。皖南始江永、戴震，综形名，任裁断。此其所异也。先栋时有何焯、陈景云、沈德潜，皆尚洽通，杂治经史文辞。至栋，承其父士奇学，揖志经术，撰《九经古义》、《周易述》、《明堂大道录》、《古文尚书考》、《左传补注》，始精眇，不惑于謏闻；然亦泛滥百家，尝注《后汉书》及王士祯诗，其余笔语尤案。栋弟子有江声、余萧客。声为《尚书集注音疏》，萧客为《古经解钩沉》，大共笃于尊信，缀次古义，鲜下已见。而王鸣盛、钱大昕亦被其风，稍益发舒。教于扬州，则汪中、刘台拱、李惇、贾田祖，以次兴起。萧客弟子甘泉江藩，复缵续《周易述》。皆陈义尔雅，渊乎古训是则者也。……初，大湖之滨，苏、常、松江、大仓诸邑，其民佚丽。自晚明以来，憙为文辞比兴，饮食会同，以博依相问难，故好刘览而无纪纲，其流遍江之南北。惠栋兴，犹尚该洽百氏，乐文采者相与依违之。

龚向农《经学通论》卷四：惠定宇《易》学倾动一世。平心而论，所撰《易汉学》有存古之功；孟氏、京氏虽入于术数，然自是古学学者所当知也；所撰《周易述》渊博古雅，其改《明夷》六五之“箕子”为“其子”，而读为“亥子”，则大谬也。(下略)①

杨向奎《清人学案新编·三惠学案》：清代朴学正统，本来是通过古字古音以明古训，因古训以明经。此风顾亭林开其端，惠士奇畅其流，至惠栋、戴震、钱大昕而张大其帜，段玉裁、孔广森、王念孙时遂臻极盛。惠栋曾订正《易经》七十余字，以复古字。虽然，惠氏治《易》专宗汉学，而以《虞氏易》为主，但《虞氏易》实多不通，因之惠氏说《易》亦多谬误，以致陈澧于《东塾读书记》中指出“《虞氏易》多不可通”，“虞氏所言卦象尤多纤巧”（卷四《易》）对于惠氏《易》学也曾指出，“惠氏好改经字……而自伸其说，卒之乖舛叠见，岂能掩尽天下之目哉!”（同上）因案汉《易》而改字，实属拙劣，惠氏治《易》类此者多，陈澧所言尚非其尤者。……在学术史上惠栋曾被誉为清代朴学之大师，有关《易》学诸作，更为时人所推崇。我们已经指出，就思想体系言，他出入谶纬儒道之间，企图以神学代理学的思想家顾亭林曾提倡“经学即理学”，惠栋则

---

① 见林庆彰主编《民国时期经学丛书》第二辑第1册，第120~123页。今按：龚向农此处抄袭陈澧《东塾读书记》之说。民国时期经学研究的总体水平不高，足以名家者屈指可数，此期经学著作多剿袭清代经学家的相关论述。

以为谶纬即经学，而以为道教经典可以赞翼经学，这是西汉今文经学的传统。虽然惠栋在提倡古文经。亭林、定宇也都反对理学；惠定宇之所谓“理”，不同于宋代理学家之所谓“理”，他采取了法家的见解，尤其是“韩非子”的见解，“理”的概念平实了，合理了，免去了神秘的宗教气息。这当然会发生积极的影响。戴震是反理学的思想家，他对于“理”字解实，也朴素平实，肯定受有惠栋的影响。惠栋关于“理”的“兼两”含义，是富有启发性的学说，这是对灭人欲而兴天理说的反击，是反理学的中心思想。但我们说，理学有应当批判处，但亦有其不可及处，就哲学思潮之发展言，理学是一个高峰，他们之中的大程一派的宇宙观是可取的，赞美我们的宇宙，爱护我们的宇宙，是人类永远的课题。用考据代替理学，亦“由真返俗”之一环，他日“反俗成真”，代替考据者，有晚清之今文经学。在学术方法上，惠栋强调了荀子一派所主张“积”的学说及“以类行杂”的方法。“积”是积累，他从积累的观点出发，发挥了“天下大事，必作于细。合抱之木，生于毫末，九层之台，起于累土，千里之行，起于足下”的道理。积则有成，否则无成，他本人之所以成为渊博学者，也是和这种主张分不开的。他也鼓吹“以类行杂”和“以一持万”的工作方法，这都是荀子的主张。所谓类与杂，一与万，是在复杂的事物中归纳出条理，然后以条理驾驭万事万物。所以荀子批判思孟学派的五行说时，说他们“僻违而无类”，“无类”也就是没有条理。“一”是规矩，荀子说，“五寸之矩，尽天下之方也”。是说一个准则可以衡量无数的方形。这个道理应用到治国，即以法来衡天下。秦始皇统一天下后，曾经有许多设施是“以一行万”及“以类行杂”的具体表现。清代汉学家用此方法治学，杂和万，是用多少条杂乱无章的材料，加以排比而求出一种规律来。顾亭林的《日知录》是这方面的最好说明，汉学家都长于此道。①

今按：乾嘉考据学向有吴、皖之分。吴派以惠栋为宗，皖派以戴震为祖。二派又有求古、求是之别。近代以降学人多扬皖抑吴，戴学被鼓吹为正统派之主流学术，戴震亦被拔高为反理学之思想家。其实，就治学态度而论，更应该扬吴抑皖。经学历来反对过度诠释，反对穿凿附会，更反对所谓的创新。我们不应以现代学术标准衡量古代学术，对经学尤其如此。

---

① 杨向奎《清儒学案新编》第三卷，第117~130页。

诸　锦

《清史稿·文苑二》：诸锦，字襄七，秀水人。少时家贫陋，辄就读书肆，主人敬其勤学，恣所观览。顾嗣立为之延誉，名大起。雍正二年进士。乾隆初，试鸿博，授编修。闭门撰述，不诣权要。至左赞善，遂告归。著有《毛诗说》、《飨礼补亡》、《夏小正注》及《绛跗阁集》。先是，康熙己未征博学鸿儒，得人称盛。高宗御极，复举行焉，内外荐达二百六十七人，试列一等者五人，锦第三；二等十人。明年补试，续取四人，钱塘陈兆仑、仁和沈廷芳、高邮夏之蓉，皆试列二等者也。

《清史列传·儒林传下一》：存目。①

阮元《两浙輶轩录》卷十七：诸锦，字襄七，号草庐，秀水人。雍正甲辰进士，官庶吉士，改金华教授，乾隆丙辰举博学鸿词，授编修，转中允。著《绛跗阁诗》、《金华诗录》。先生博学好古，介然特立，居乡十余年卒。沉酣典籍，不问户以外事，依然一老书生也。初官金华八年，士论翕然归之，至今犹有传其遗著墨迹，以为珍者。……《随园诗话补遗》："诸襄七检讨，性情迂傲，有弟子求题图，先生开卷，见齐次风侍郎、周兰坡学士先题矣，乃大书曰：'齐大非吾偶，周衰尚有髭。两人都已写，何必我题诗。'"《南野堂笔记》："秀水诸草庐太史与先人交最厚，文溥年十八，太史过舍，见题壁间族兄池上二句云：'池馆三春梦，莺花一处飞。'笑曰：'青镂管在君处耶？何不作古风。'翌日，先人携以谒太史，因录呈古诗二首，太史寻讽数过，谓先人曰：'郎君珠玉内润，冰雪外融，即今言语妙天下，未知他日所造更何如耳。'迨太史殁后十数年，仆过太史绛跗阁故居，感赋云：'换酒即今无贺监，买丝他日为平原。可怜问字云亭客，不见传经太史门。'盖太史无嗣，以外孙范氏子为孙，寻亦卒，故落句云然。"《梧门诗话》："诸襄七锦先生，作诗好征典，如'白日午不到，清斋人独醒'二句，则居然王、孟之遗。"朱文藻曰："草庐留心耆旧著作，尝手辑诸家之诗，皆浙人作者，题曰《国朝风雅》，凡十二册，未经编定付刊，今从曹广文种楳处借得采录入选。其所著《毛诗说》，谨案《钦定四库全

① 详见中华书局本第 17 册，第 5480 页。

书》已著录，《绛跗阁诗稿》十一卷，录入存目。其诗古今体分三十一集，自康熙甲申至乾隆壬午五十九年之作，共一千五百余篇。"

唐鉴《学案小识》卷十二《经学学案·秀水诸先生》：先生讳锦，字襄七，进士，官至赞善。著《毛诗说》二卷，以《小序》为主，序文惟存首句用苏辙之例；不释全经，惟有所心得则说之，用刘敞《七经小传》例也。首为通论九篇，上卷《周南》至《曹风》，所说凡五十八篇，下卷《豳风》至《商颂》，所说凡二十七篇，疏证旁通，时有新意，而附会古义，强经从我者，亦在所不免焉。又有《补飨礼》一卷，以《周礼》补《仪礼》，无訾于不类，而分注之传记，证佐天然，咸有条理，尤非牵强附会之比。虽寥寥不满二十页，而古典所存，足资考证焉。又有《夏小正诂》一卷。

李元度《国朝先正事略》卷四十一《诸襄七先生事略》：诸先生锦，字襄七，号草庐，浙江秀水人。雍正甲辰进士，由庶吉士改知县，就金华府教授。乾隆丙辰召试鸿词科，列高等，授编修，迁赞善。少贫无买书赀，闻吴下书贾甚爱客，诣之，留数日，主人敬其好学，谓曰："观君举止，欲竟此架上线装书耶?"先生笑而颔之。后益博闻强识，出李穆堂①门下。诗法山谷、后山，而志节皦然，甘守寂寞，足不履权贵门。著有《毛诗说》、《飨礼补亡》、《夏小正注》及《绛跗阁集》。其《诗说》以《小序》为主，序文惟用首句，用苏辙例；不释全经，惟识所心得，用刘敞《七经小传》例也。

穆彰阿《(嘉庆）大清一统志》卷二百八十八：诸锦，字襄七，秀水人。雍正甲辰进士，选庶常，改教授。乾隆元年试博学宏词，授编修。重入输苑，官赞善。著有《绛树暗诗文集》。

陶元藻辑《全浙诗话》卷四十八：锦字襄七，秀水人。《随园诗话》：陆陆堂、诸襄七、汪韩门三太史，经学渊深，而诗多涩闷，所谓学人之诗，读之令人不欢。或诵诸诗"秋草驯龙种，春罗狎雉媒"，"九秋易洒登高泪，百战重经广武场"，差为可诵，他作不能称是。

《四库全书总目》卷十八：《毛诗说》二卷，国朝诸锦撰。锦字襄七，号草庐，秀水人。雍正甲辰进士，改庶吉士，散馆，外补知县，改补教授。乾隆丙辰召试博学鸿词，授翰林院检讨，官至右春坊右赞善。是篇以《小序》为主，故题曰《毛诗》。序文惟存首句，用苏辙之例；不释全经，惟有所心得则说之，用刘敞《七经小传》例也。首为通论九篇。上卷《周南》至《曹风》，所说凡五十八篇。下卷《豳风》至《商颂》，所说凡二十七篇。疏证旁通，时有新意，而亦不免于附会古义。如以死麕、死鹿为古俪皮之礼，以"仲氏任只，其心塞洲"为陈执州吁由戴妫内援之证，以"西方之人兮"即《方言》之"凡相哀怜，湘潭之间谓之人兮"，以《木瓜》为刺卫于齐桓没后同宋人伐齐，以《水经注》段干冢证十亩之间，以春秋时秦境东至于河证所谓伊人为思周，以僖负羁之妻证季女斯饥，皆有强经从我之失。其《长发》篇后附《禘说》三篇，谓孔颖达《春秋疏》以祫为禘，其说固是，而谓颖达之误在以《王制》、《祭统》、《郊特牲》有春禘夏禘之文，遂误混大祭于时祫，则失之诬。考《王制》曰："春曰礿，夏曰禘。"《祭统》曰："春祭曰礿，夏祭曰禘。"《郊特牲》曰："春禘而秋尝。"《祭义》曰："春禘秋尝。"俱据时禘而言，与祫祭略不相涉，经文最为明晰，孔尚不能混时禘于时祫，又何至混大禘于时祫?

① 李穆堂，即李绂。

是无故而罹之咎也。推锦之意，不过以《王制》又有祫禘、祫尝、祫烝之文，因祫禘二字相连，遂以为时禘亦兼祫，而疑孔疏缘此而误，不知《王制注》曰：天子先祫而后时祭，盖三时各先为祫祭，而后更举禘尝烝，是时祭之禘本不兼祫，孔即略不晓事，何至以大禘混时禘，又混时祫耶？然则孔疏之误在于信《春秋》不书祫祭，而竟废《礼记》，不在附会《礼记》以解《春秋》也。锦又谓汉儒据《春秋》书禘，一春一夏，因以附会《礼记》，遂有春禘夏禘时祭之名。今考昭公十五年二月癸酉有事于武宫，则所谓一春也，闵公二年夏五月乙酉吉禘于庄公，则所谓一夏也，然春秋僖公八年又有秋七月禘于太庙之文，汉儒果因《春秋》书禘一春一夏，遂附会春禘、夏禘为时祭之名，何以秋禘独不附会乎？至于三代之礼制同名异者多，如夏世室、殷重屋、周明堂、周弁、殷冔、夏收之类，不一而足。今锦必斥春祫、夏禘、秋尝、冬烝夏殷之制为非，持论殊偏。若谓郑玄以三年一祫，五年一禘为据《春秋》非礼之制，则又聚讼之绪余，无庸辨矣。①

诸锦《明堂大道录序》：**著述莫难于经，“三礼”尤难之难也。**锦读学士半农前辈《礼说》，叹其于《十三经注疏》之外，原始于《苍雅》、《说文》、金石、碑版，出入于逸经、子、史，旁及于天文、钟律、方术、本草、小说、虞初，凡先秦古书、宋雕未误之本，靡不钩赜索隐，抉心执权，贯串奥博精深，卓乎圣朝之鸿编，经解之拔萃，所谓能读三坟、五典、八索、九丘，能道训典以叙百物者，学者匪独不能为，亦不能解也。今读定宇先生所著《明堂大道录》、《禘说》二书，辨四庙、七庙之制，《小记》为周初，《王制》、《荀子》为晚周之记礼，又禘之说，周、鲁不同，吉禘时禘，名禘实祫方明为六宗之位，推所自始，自朝日以迄献俘，皆本于明堂，融洽戴德、蔡邕之说，而去取于孔安国、郑康成、刘歆、袁准诸家，虽汉儒复起，有喙三尺，无以相难也。说者谓月令、明堂、禘祭原有成说，何乃乖反，徒取好异？不知举业则遵令甲，说经则通汉儒，果有发明，为礼经之羽翼者，即洛闽大儒，亦所心许也。独是先生以经师、人师困于诸生，十试锁闱报罢，两举宏词经学、刺史不能荐，天子不闻名声，俯首铅黄，淹留过日，而先生年亦已六十矣。往者，上以本朝经学之书延访，锦于经史转对之日，曾以公之《礼说》及安溪相国《诗所》、德清胡氏渭《禹贡锥指》经目进，今又得公之子所著，自砚溪先生以来素业，三世不坠，圣天子按年省方，南国翘材，擢隐存殁与荣，必有汲古尊经，在帝左右为之上闻者，当以惠氏之书为拱璧矣。然千秋绝学并在一家，用则施诸人，舍则传诸其徒，视五相三公亦无以过也。锦在都门，亲炙前辈之光辉，久序定宇之书，并以为当代读书种子劝，使学者知所祈乡，因连而及之如此。②

① 今按：前述三文均与此则提要相似。

② 见《续修四库全书》第108册，又见《湖海文传》卷二十三。

汪师韩

《清儒学案》卷六十八《息园学案》：汪师韩，字韩门，钱塘人。雍正癸丑进士，改庶吉士，授编修。乾隆元年，直起居注，记注之有协修，自先生始。张文敏公照为武英殿总裁，荐先生校勘经史。八年，充湖南学政，降调，旋被荐入上书房，复授编修。未几落职，主莲池书院讲席。三十九年，将南归而卒，年六十八。先生少从望溪游，得古文义法。中年以后，一意穷经，尤邃于《易》。其论《杂卦》曰："《杂卦传》乃孔子之《易》也，所以称传者，以卦之序有可变，而《易》之卦不可移。夫上经三十卦，而下经三十四卦，卦既不齐。且数其阴阳之画，上经阳爻八十六，阴爻九十四，下经阳爻一百六，阴爻九十八，爻更不齐。自先儒发明反对之义，上、下经各十八卦，合为三十六，其义至当。上十八卦，阳爻五十二，阴爻五十六，下十八卦，阳爻五十六，阴爻五十二，其画又适相准。今若以三十六卦之例例《杂卦》，则上自《咸》、《恒》以前，仅十七卦，下自《涣》、《节》以后，乃十九卦，卦既不敌，其上阳爻四十二，阴爻六十，其下阳爻六十六，阴爻四十八，更参差矣。惟以六十四卦之义求之，则上三十二卦，下亦三十二卦，卦相当也。上阳爻七十八，阴爻一百十四，下阳爻百十四，阴爻七十八，又相准也。《周易》以六十四卦因重之义示人，而寓其整齐之数于三十六卦反对之中。《杂卦》以三十六卦反对之义示人，而寓其整齐之数于六十四卦因重之内。此孔子之《易》，所以与文王之《易》异而同者欤？"所著有《观象居易传笺》十二卷、《孝经约义》一卷、《文选理学权舆》八卷、《韩门缀学》五卷、《续》一卷、《谈书录》一卷、《诗学纂问》一卷、《上湖分类文编》十卷、《补钞》二卷、《上湖纪岁诗编》四卷、《续》一卷、《孙文志疑》十卷、《苏诗选评笺释》六卷。又有《诗四家故训》四卷、《春秋三传注解补正》六卷、《语孟注疏辨异》二卷、《坦桥脞说》十二卷、《平于南雅》一卷、《清晖小识》一卷，并佚。（参史传、《杭州府志》、《观象居易传笺》、《上湖纪岁诗编》）

《清史列传》卷七十一：存目。

李榕《（民国）杭州府志》卷一百四十五：汪师韩，字韩门，钱塘人。雍正十一年进士，授编修。乾隆改元，师韩方以才名经掌院大学士奏，直起居注。记注之有协修，自师韩始也。母病乞归，丁忧起复，离馆阁且十数年，尚书张照为武英殿总裁，疏荐校勘经史，奉诏任事，未尝一诣照第，旋督学湖南，坐事降调，复入都，大学士公傅恒荐入上书房，由谪居复任馆职。故事：事举主以师礼。师韩曰："古人讥拜爵公朝，而谢恩私门。傅公贤者，我何得循俗例以薄待公。"其出处进退大端，在他人所不能为，而确然行之无疑者类如此。师韩少以文鸣，中年后一意穷经，诸经皆有著述，于《易》尤邃。能赋诗。

阮元《两浙輶轩录》卷十八：汪师韩，字抒怀，号韩门，又号上湖，钱塘人。振甲子。雍正癸丑进士，官编修、湖南学政。著《上湖纪岁诗编》。《杭州府志·文苑传》：乾隆改元，师韩经掌院学士奏，直起居注。记注之有协修，从师韩始。入直数月，乞假归丁忧。服阕，尚书张照疏荐校勘经史，旋督学湖南，降调入都，大学士公傅恒荐入上书房，由谪居复任馆职，迨落职后，主保定莲花池讲席。师韩少以文名四方，中年以后一意穷经，诸经皆有著述，于《易》尤邃，而赋诗为最工。桂元复《上湖纪岁诗编序》略曰：韩门自少能诗。初习国书，尝赋龙书五十韵，请正临川李穆堂先生，先生叹异，携其诗入《八旗志》书馆，馆中见者多不知其辞所自出。先生曰："我尚有不知者，何况君辈?"同里郑侍讲筠谷先生，其父行也，见韩门诗，赠以古风，末云："颓龄睹奇特，自嗤还自贺。"常熟王次山侍御于诗多否少可，独倾倒韩门，更和郑先生韵题其集，有"兼包竹垞能，背拾渔洋唾"之句。嘉兴马墨麟副使录其《凤尾砚》、《太平鼓》二歌入《旧雨集》，是时韩门年三十岁耳。嗣是再丁艰，一奉使镌级下迁，再入馆阁，旋落职，起蹶频仍。韩门则读书愈多，学愈进，而前数先生者皆已没，韩门一意穷经，不务词章之业，行己日益谨畏，踽踽凉凉，盖即在都下亦知者希矣。乙亥冬，还里，里中诗老若朱郡伯鹿田、周征君穆门、厉孝廉樊榭、金副使江声诸先生相继徂谢，惟杭太史堇浦为鲁灵光。堇浦每曰："诗之道，熟易而涩难。韩门诗有涩味，所以可传。"闻者惊怪其语，争往索观，韩门辄逊谢，不轻出也。朱文藻曰："韩门先生，余生也晚，未一见。"自莲花书院归里，携所刻著述曰《春星堂诗集》，曰《上湖纪岁诗编》，曰《文编》，曰《诗学纂闻》，曰《谈书录》，曰《韩门缀学》，曰《孝经约义》，曰《观象居易传笺》，凡八种，刷印流传，因得雒诵一过，辄校正其讹字，而于诗编亦间有商改之处，先生悉从改易。越数日，斋中阍人持柬报客至，视其柬，则云"汪师韩恭谒"，字小如菉豆，既见，则四拜而起，曰："谢雠校之德。"余于是始见先生。次日答拜，剧谈所学，非挽近可及。未久，而先生归道山矣。因录先生诗，附记先生之谦光，以示来学。

卢文弨《抱经堂文集》卷十一《书韩门缀学后》：《韩门缀学》五卷、《续编》一卷，钱塘汪抒怀先生撰。先生名师韩，韩门其别号也。雍正十一年进士，入翰林，教授皇子。赐居圆明园侧，离家人所居仅一舍，不能治其私，其内子怒支婆而听其居外，御史以为言，遂罢官。后主保定之莲池书院最久，晚归里，未几，卒。此书仿佛顾氏《日知录》之体例，先经次史，以及古今事始与杂辩证，征引详洽而考订精核，为近代说部之佳者。其引吕汲公之言，谓白香山诗所云"退之服硫黄，一病讫不痊"，乃卫中立，其字与昌黎同耳。又引《唐语林》，言文公病将卒，召群僚曰："吾不药，今将病死矣。汝详视吾手足肢体，无诳人云。"此尤可为确证，一洗孔毅夫《杂说》、陈后山《诗话》之诬。而绛桃、柳枝之名谓皆出于傅会，其论甚快。此外又有《谈书录》一卷，《诗学纂闻》一卷。《谈书录》与《韩门缀学》皆可入杂家，《纂闻》即诗话也，当入文史类。录中自言：

"命缠毕月，以水为命，而水在箕度，推命者多引韩、苏为说。"又言"欧阳公耳白于面，名闻天下，唇不贴齿，无事得谤，《明道杂志》又谓其须不掩齿。今有人焉，耳则白矣，又无唇不贴须不掩之患，而乃谤骂多出意外"云云，此则先生自寄其身世之慨矣。丙寅、丁卯间，余与友朋会文京邸，呈先生，蒙赏识。丙戌，提学湖南，见先生于保阳，录所咏长沙古迹诗示余。余所履实继先生之后尘云。先生人品无可疵议，徒以家人诟谇为累，而一斥不复，是可惜也。乾隆四十三年十月二十七日，里后生卢某书。

汪师韩《上湖诗文编》文编卷五《与友论讲学书》：足下以书院之师，宜讲明性命诚敬之学，庶有当于古人讲学之意。窃谓此非可以空谈也。**汉儒讲授，以传经为业，故汉学虽或失之支杂，而无有不通经者。宋大儒探索微言，推原于太极太虚，致功于存诚主敬，一一躬行而实践之，故其立身行己，不必取誉于人，立朝理民，自然著有实效。**后世之讲学者不然，往往有书束高阁，行无检束，而高自位置而无忌惮者。昔孔门传经之贤，莫如子贡、子夏。子贡曰："夫子之文章可得而闻也，夫子之言性与天道，不可得而闻也。"子夏曰："大德不逾闲，小德出入可也。"若自后儒论之，则性与天道可得而闻，而文章不可得而闻，小德不可出入，而大德逾闲可也，不亦悖乎？**仆于学徒，惟语以立品行。顾人耻笑，而不强之以高远难能之事。时人多不讲求书理，所习本经外，未尝更读他经。塾师专以记诵旧文，取便抄袭为传授，而一时英俊之聪明，尽为所窒塞。心窃慨焉。先其至易简者，教之读"四书"，教之读经。"四书"在逐句而体味之也，经在逐字而讲明之也。性命诚敬之学，即在其中矣。讵敢以读书为玩物丧志，而训诂可以不明，词义可以不贯，虚立宗旨以表异，但与人为学之讲，而于其身先忘乎德之修者哉？**（下略）

汪师韩《韩门缀学》卷一《格物》：儒者说经，名物象数，人各一说，至于义理所在，但有浅深，无异同也。而亦有人各一说者，莫如致知、格物之训。郑氏《礼记注》云："格，来也；物犹事也。其知于善深，则来善物；其知于恶深，则来恶物。言事缘人所好来也。"疏曰："善事随人行善而来应之。恶事随人行恶亦来应之。以格物兼及行恶，说必逮物格知至，然后善不行恶。"其后李习之《复性书》中篇小变其说曰："物者，万物也。格者，来至也。物至之时，其心昭昭然辨焉，而不应于物者，是致知也，是知之至也。"司马温公谓："郑氏未尽古人之意，其释格物以能捍御外物为说。"姚江王氏宗之，吾乡柴虎臣著论引而伸之，而毛稚黄复祖其意，为《格物说》及《格物杂说》二十一条。其信姚江，其疑朱子也。而说之异于朱子者岂独一姚江乎？罗近溪训格为式，而以事皆合式为格物，此又一说也。黄太冲谓格有通之义，其《答万充宗论格物书》云："证得此体分明，则四气之流行，诚通诚复，不失其序，依然造化。"此又一说也。毛西河据李善《文选注》引《仓颉篇》并《广韵》释格为量度。此又一说也。诸家之说皆与朱子穷理之训相抵牾，但所释皆格字，而略于物字。夫以物为外物，回有所未安。即以物为事，亦犹郑氏之解。惟黎立武以物为即物，有本末之物，不特后来王心斋、郝京山所见皆同，近临川李穆堂先生尤信而不疑。临川亦学姚江之学者。窃谓朱子特未明指格物为即物有本末之物耳。若其所言穷致物理，未可易也。朱子答陈齐仲论格物之义云："其格之也，须有缓急先后之序。穷天理，明人伦，讲圣言，通世故，而非兀然存心于一草木一器用之间。"又其《答吴晦叔》云："《大学》之书，虽以格物致知为用力之始，然非谓初不涵养践履，而直从事于此也。"又非谓物未格知未至，则意可以不诚，心可以不正，身可以不修，家可以不齐也。但以为必知之，至然后所以治己治人者始有以尽其道耳。举凡后人所以诋诃朱子者，朱子先已明辨晢焉矣。乃南宋、元、明以来，如董槐、叶梦得、王柏、车清臣、宋濂、方孝孺、蔡清、林希元诸儒，其于格物之训非不遵朱也，而欲移经文"知止"以下四十二字于"听讼吾犹人也"之右，为传之四章释格物致知。林氏撰《大学经传定本》一书，疏上之时，竟以此削籍。今《次崖文集》中犹载此疏。近客保定，友人示以蠡县李塨刚主与方望溪先生书，以格物为即《周礼》大司徒之乡三物，而谓望溪深然其说。及观望溪集中有与刚主书，未尝及此，又为刚主墓志，则云"刚主闻先生语，立起自责，取不满程、朱语载经说中，已镌板者削之过半"。今观此书，犹多非毁宋儒之言，岂知其老年所学有进，初非固守颜习斋之书而不变者耶？

汪师韩《上湖诗文编》文编卷四《观象居易传笺序上》：易者，象也。读《易》而不取象之义，则辞与象分，而变与占俱无所据。故朱子谓事无实证则虚理易差。又谓《易》之有象，其取之有所从，其推之有所用，非苟为寓言也。且谓学者于言上会得者浅，于象上会得者深。朱子于象其心契而神解矣。《本义》隐括程《传》，于象顾略而不言，是特以矫汉儒之支离穿凿耳。夫荀、郑诸儒，其书不可得见，若李鼎祚《集解》所载，其乖义背道，诚亦指不胜屈，王辅嗣一扫而空之，不为无见。然因是而遂谓象不足言，是又因噎而废食，矫枉过正，而徒以便后之学者无所用其心也。

杭世骏

《清儒学案》卷六十五《堇浦学案》：乾隆词科诸人，以著述显者，不及康熙己未之盛。堇浦说经，裒然巨编，注史长于考证，一时推为博洽。直言被斥，气节矫然，亦自足传。(下略)

孙夏桐《观所尚斋文存》卷四《拟补清史文苑杭世骏传》：杭世骏，字大宗，又字堇浦，仁和人。家贫力学，假书于人，穷昼夜读之。与同里孙灏、陈兆仑、梁启心、诗正、严在昌、璲诸人友，五日一相聚，互为主客问难，其强记为同辈所推服。雍正二年，补行癸卯正科，举于乡，受聘为福建乡试同官。乾隆元年，召试博学鸿词一等第五，授翰林院编修，充武英殿纂修，分校经史，所撰考翼特详。又预纂《三礼义疏》。侍郎方苞以经学自负。一日有事于国子监会议，诸人多所咨决，苞每下己意，世骏征引经史大义，蜂发泉涌，无以对，忿然曰："有大名公在此，何用仆为?"其盛气不肯下人类此。(许宗彦撰《别传》)高宗重御史之选，命大学士九卿督抚各举所知，考试引见录用。世骏为大士徐本所荐，八年二月御试时务策，所对数千言，切直无忌讳，中有云"**意见不可先设，畛域不可太分。满洲才贤虽多，较之汉人，仅十之三四。天下巡抚尚满汉参半，总督则汉人无一焉，何内满而外汉也?三江两浙，天下人材渊薮，边隅之士间出者无几。今则果于用边省之人，不计其才，不计其操履，不计其资俸，而十年不调者皆江浙之人，岂非有意见畛域**"等语，大忤上意，驳之曰："**国家选举人才，量能器，使随时制宜。自古立贤无方，乃帝王用人之要道**。满汉远迩，皆朕臣工，联为一体，朕从无歧视。若如杭世骏之论，必分别满洲、汉人，又于汉人之中分别江浙边省，是乃设意见，分畛域之甚者，何所见之悖谬至此?况以见在而论，汉大学士三缺，江南居其一，浙江居其二，汉尚书六缺，江南居其三，侍郎内江、浙人则无部无之，此又岂朕存畛域之见、偏用江、浙人乎?至于用人之际，南人多而间用北人，北人多而间用南人，督抚之中，有时满多于汉，或有时又汉多于满，惟其才，不惟其地，亦因其地，复量其才，此中裁成进退权衡皆出自朕心，即左右大臣亦不得参与，况微无知之小臣乎?且国家教养百年，满洲人才辈出，何事不及汉人?杭世骏非本朝臣子乎?而怀挟私心，敢于轻视如此?若稍知忠爱之义者，必不肯出此也。”交部严议，革职。《实录》上意震怒，欲置之法，徐本悉力营救，叩首额尽肿，乃得斥归。《别传》其对策削稿不存。相传所论凡四事，谕旨所指驳者为满汉畛域一条。然后来督抚汉人参半，是高宗仍纳其言，四事已行其一。其言直省藩库宜有余款存留，以备不虞，亦笃论也。罢归后，杜门奉母，自号秦亭老民，偕里中耆宿及方外交结诗社。寻游广东，主讲粤秀书院。其后又主讲扬州安定书院最久。(李元度《先正事略》) 负海内重望，驰书币求文之使日至，请益者恒满。座有先达以经说相质，一览曰：“某事见某书，某说见某集，拾唾何为?”学子有欲奉教者，问其所业，以一经对，则以经诘之，以一史对，则以史诘之。《别传》然好奖借后进，士多归之。(《先正事略》) 性通脱，不修边幅，最不喜阅邸报。晚在扬州，大学士刘纶服阕还京，过访，见其冠服，诧问：“今何官?”刘曰：“不敢欺，参预阁务者已数年矣。”乃大笑曰：“汝吴下少年，亦入阁办事耶?”(洪亮吉书《遗事》) 同征数人多至显仕，沦落以终，而著撰之富亦无逾之者。乾隆二十七年卒于家，年七十五。有十子，仅存其一。宾仁奉遗稿谒诸父执德清许宗彦，为刊《道古堂集》于广东。称其诗用功深，尝曰：“吾遇杜、韩，当北面；若东坡，则兄事之。”同时人与厉鹗齐名。体醇气健，造句雄放，鹗所不及。(《别传》) 著《续礼记集说》，最为巨编。用卫湜集之例，采宋、元、明迄本朝诸撰述，择而录之。谓宋、元以来千喙雷同，得岸然露头角者，如空谷足音。清代之作，贤于胜国诸儒。(自撰《续礼记集说序》)《金史补》用力最勤，作亭曰补史，自为记，述纂述大意，一则穿穴诸史，可以馈贫，一则洞悉前载之去取，一则根括秉笔之来历，文成数万，埒于前书。(自撰《补史亭记》) 余考订经史者，有《礼记质疑》、《礼例》、《石经考异》、《史记考异》、《汉书疏证》、《北齐书疏证》、《三国志注》、《补晋书传赞》、《诸史然疑》，又有《续方言》、《汉书蒙拾》、《后汉书蒙拾》、《文选课虚》、《浙经籍志》、《续经籍考》、《蒜市杂记》、《榕城诗话》、《桂堂诗话》、《词科掌录》、《词科余话》，书已刊者过半，未刊者亦有稿流传。(《杭州府志》) ①

洪亮吉《更生斋集》文甲集卷四《书杭检讨遗事》：杭检讨名世骏，钱唐人。少举于乡，乾隆元年以鸿博科官翰林院检讨。先生性伉爽，能面责人过，同官皆严惮之。乾隆中叶，上思得直言及通达治体者，特设阳城马周科试翰林等官，先生预焉。日未中，已得数千言，语过戆直，末又言满洲人官督抚者过多，触纯皇帝怒，抵其卷于地者再，已复取视之。时先生试毕，意得甚，方趋同官寓邸食，忽内传片纸出，言罪且不测，同官恐，促先生急归，先生笑曰：“即罪当伏法，有都市在，必不污君一片地也，何恐?”寻得旨放归。先生家故不丰，以授徒自给。主扬州安定书院者几十年，以实学课士子，暇即闭户著书，不预外事，又疏懒甚，或频月不衣冠，性顾嗜钱，每馆俸所入，必选官板之大者，以索贯之积床下，或至尺许，其幺么破碎及私铸者，方以市物，两手非墨污，即铜绿盈寸。然先生虽若有钱癖，尝见一商人获罪鹾使，非先生莫能解，夜半走先生所乞救，并置重金案上，先生掷出之，不顾。最不喜读邸报，里居二十年，同岁生或积官至大学士、尚书、总督，先生不知也。岁戊子，刘文定纶适服阕，特旨以吏部尚书协办大学士内召，过扬州，访先生，先生见其冠服，诧曰：“汝今何官?”曰：“不敢欺，参预阁务者已数年矣。”先生谑之曰：“汝吴下少年耳，亦入阁办事耶?”哄堂笑乃别。余年未二十，省从叔邗沟，

① 见林庆彰主编《民国文集丛刊》第一辑第28册，第128~132页。

始识先生。先生见所拟乐府及古赋，奇赏之，留语数日，曰：“汝后必入翰林，不可不知掌故。”因日举翰林故事十数则告之。及余入翰林，而先生所言规制已大半不可行，盖不及三十年，风气之变如此。先生一岁必两归钱唐，归后无事，或携钱数百，与里中少年博左近望仙桥下。时吾乡钱文敏维城视学浙中，词馆后进也，一日盛暑，张盖往访先生，头踏过桥下，文敏已从舆中望见，先生短葛衣，持蕉扇，与诸少年博正酣，文敏即出舆揖曰：“前辈在此。”平时先生以扇自障，业知不可掩，即回面语曰：“汝已见我耶？”文敏曰：“正诣宅谒前辈耳。”曰：“吾屋舍甚隘，不足容从者。”文敏固欲前，先生固却之。始寻道反，文敏去。诸少年共博者，始从桥下出，惊问曰：“汝何人？学使见敬若此？”曰：“此我衙门中后辈耳。”遂不告姓名去。书至，此客适有过访者。见而笑曰：“不修边幅，与博徒戏若此，尚足记耶？”余曰：“诚如若言，然以视士大夫罢闲后，日饬章服，出入官廨，干预公事，并修饰舆马仆从者，以检讨视之，不尚胜耶？”客寻思久之，曰：“是当记，是当记。”

龚自珍《定盦全集》文集补编卷四《杭大宗逸事状》：一、乾隆癸未岁，杭州杭大宗以翰林保举御史，例试保和殿，大宗下笔为五千言，其一条云：**“我朝一统久矣，朝廷用人宜泯满、汉之见。”**是日旨交刑部部议，拟死。上博询廷臣侍郎，观保奏曰：“是狂生，当其为诸生时放言高论久矣。”上意解，赦归里。一、大宗原疏留禁中，当日不发抄，又不自存集中，今世无见者。越七十年，大宗外孙之孙丁大抱大宗手墨三十余纸，鬻于京师，市有茧纸淡墨一纸半，乃此疏也。大略引孟轲齐宣王问答语，用己意反复说之，此稿流落琉璃厂肆间。一、乙酉岁，纯皇帝南巡，大宗迎驾，召见，问：“女何以为活？”对曰：“臣世骏开旧货摊。”上曰：“何谓开旧货摊？”对曰：“买破铜烂铁，陈于地卖之。”上大笑，手书“买卖破铜烂铁”六大字赐之。一、癸巳岁，纯皇帝南巡，大宗迎驾，名上，上顾左右曰：“杭世骏尚未死么？”大宗返舍，是夕卒。一、**大宗自丙戌迄庚寅主讲扬州安定书院，课诸生，肄“四通”：杜氏《通典》、马氏《文献通考》、郑氏《通志》，世称“三通”，大宗加司马光《通鉴》**云。一、大宗著《道古堂集》，海内学士见之矣。世无知其善画者，龚自珍得其墨画十五叶。雍正乙卯岁，自杭州如福州纪程之所为也，叶系以诗，或纪程，纪月日琐语，语汗漫而瑰丽，画萧寥而粗辣，诗平澹而屈强。同里后学龚自珍谨状。

许宗彦《鉴止水斋集》卷十七《杭太史别传》：宗彦先君子尝游邗上，卢雅雨先生为鹾使，有世旧延居安定书院，杭太史堇浦方主讲，因从问故，后来往武林，多主太史家。宗彦趋庭，暇日每闻话太史遗事。乾隆辛亥、壬子间，先君子藩粤东，太史子宾仁携《道古堂诗文集》至，为刊之，因得悉见太史他所撰著，距今二十余年矣。太史殁后，传状表墓之文阙如也。比读《道古堂集》，追忆旧闻，次为《太史别传》。太史名世骏，字大宗，又字堇浦，家贫力学，假书于人，穷昼夜读之，父母禁止，辄篝灯帐中默诵。与孙银台灏、陈太仆兆仑、梁编修启心、相国文庄严进士在昌、翰林璲昆仲等为友，五日一相聚，互为主客问难，以多闻见者胜。太史尤强记，同辈推服。雍正癸卯举孝廉，受聘为福建同考官。高庙初元，召试博学鸿辞，列一等第五，授翰林院编修，校勘武英殿《十三经》、《二十四史》，纂修《三礼义疏》。国子监尝有公事，群官皆会，方侍郎苞以经学自负，诸人多所咨决，侍郎每下己意，太史至征引经史大义，蜂发泉涌，侍郎无以对，忿然曰：“有大名公在此，何用仆为？”遽登车去。太史大笑而罢。其盛气不肯下人如此。归田后，主讲粤东粤秀书院，刻《岭南集》，诗风骨遒上，最为当时所称，以比《腾笑》、《慎旃》两集。其后主讲扬州最久，愈负海内重望，驰书币求文之使日至，请益者恒满坐。有先达以经说相质，一览曰："某事见某书，某说见某集，拾唾何为乎？"学子有欲奉教者，太史问其所业，以一经对，则以经诘之，复以一史对，又以史诘之，皆穷，乃曰："某于西晋末十六国事差能详耳。"复诘曰："汝知是时有慕容垂乎？垂长若干尺？得年几何？"① 其人惭沮。太史生康熙三十五年，卒于乾隆三十七年。生平勤力著述，所撰《石经考异》、《榕城诗话》、《三国志补注》、《诸史然疑》、《词科掌录》、《文选课虚》、《汉书蒙拾》、《续方言》、《道古堂诗文集》，已行世；《鸿词所业》、《补晋书传赞》、《经史质疑》、《史记考异》、《汉书疏证》、《礼例》、《续礼记集说》、《两浙经籍志》、《续经籍考》，皆具草稿。惟晚年欲补《金史》，尝构亭曰补史亭，其书未尝见也。太史于诗用功深，尝曰："吾遇杜、韩，当北面；若东坡，则兄事之。"每呼曰苏大哥。于同时人独心折厉孝廉鹗，然太史体醇气健，造句雄放，孝廉不逮也。与丁隐士泓为亲家，每论议古今，必推案交诟乃已。太史之归也，闻诸前辈云：是时亢旱，诏举直言极谏。徐文穆公以太史应诏，太史遂上疏言："部臣自尚书至主事皆满、汉，并列请外省自督抚至州县亦如此。"所言纰缪不中理，帝震怒，欲置之法，文穆悉力营救，叩首额尽肿，乃得斥归。后迎驾湖上，赐复原官。太史既无传状，弗能详也。高庙巡幸塞外，尝天雨新霁，马上吟"迎风苇露清于染，过雨山痕濇入诗"二句，顾谓从臣曰："此杭世骏诗，惜其没福耳。"后有御史祝德麟疑太史不得意，或有诽讪讦奏之，九重披览，以并无违碍，听其流传，朝廷爱才之盛心大矣远矣。丙辰鸿博诸公才皆出太史下，诸公多至显仕，太史独沦落以终，而著撰之富卒亦无逾太史者。太史遗书未刻者尚夥，宾仁既殁，往往散落人间云。

程晋芳《勉行堂诗集》卷二《怀人诗十八首》：堇圃博群书，"三礼"更精讨。河东第已高，太白名岂小。狂论太匆匆，白衣返林表。西湖烟水深，一棹恣萦绕。招鹤绿云秋，寻僧红叶晓。棋拼春墅输，饮爱老兵好。灵鹫立三山，下视皆凡鸟。（仁和杭世骏字大宗，号堇圃）

舒位《乾嘉诗坛点将录》"芒砀山旧头领三员"：混世魔王杭堇浦世骏，字大宗，仁和人。乾隆丙辰鸿博，官编修。著《道古堂集》。

穆彰阿《（嘉庆）大清一统志》卷二百八十六、阮元《两浙辅轩录》卷二十一、钱林《文献征存录》卷五、李元度《国朝先正事略》卷四十一、唐鉴《学案小识》卷十四《经学学案》皆有传，存目。

全祖望《鲒埼亭集外编》卷二十三《石经考异序》：吾友杭君堇浦纂辑《石经考异》一卷，盖惜昭德晁氏之书之佚，而为亭林顾氏拾遗者也。自六朝以迄今，古文之日剥日落，不必水火盗贼，盖有坐消于风尘俗吏之手，如冯熙、常伯夫之徒。而一二好古儒者旁皇委曲，求之片文只字间，岂不重可悲夫！其中尚有与堇浦讨论者。窃尝考《熹平石经》始于蔡邕诸公，而邯郸淳修之。《正始石经》亦出于淳，而嵇康等祖之。鱼豢《魏儒宗传序》曰："黄初元年之后，新主乃始扫除太学灰炭，补旧石碑之缺坏。"时淳方以博士给事中，是补正《熹平》隶字旧刻者，淳也。卫恒《四体书势》谓，魏初传古文者皆出于

① 慕容垂（326—396），身长七尺七寸，得年七十一。

淳。正始所立，转失淳法。则淳于补正《熹平》隶字之外，别用壁中书写一本，为正始之祖。《晋书·赵至传》曰，诣洛阳，游太学，遇嵇康写石经。嵇绍亦曰，先君在太学，写石经古文。是即正始间事。然则邯郸石经之上接《熹平》者，是《隋志》以一字为魏刻之误所自也，其下开正始者，是范书以三字为汉刻之误所自也。杨衒之、江式所言，大抵皆因此而误。况黄初所补，非仅旧碑之缺坏，尚有增多于《熹平》之外者。《隋书·五代史志》：一字石经《周易》一卷、《尚书》六卷、《鲁诗》六卷、《仪礼》九卷、《春秋》一卷、《公羊》九卷、《论语》一卷，又引：梁有一字石经《郑氏尚书》八卷、《毛诗》六卷。以较熹平"五经"之目，其增多者更出谁人之手？然则邯郸氏石经之功亦诼矣。若魏明帝刊《典论》，事在太和四年，《隋志》亦称为一字石经。《典论》又属黄初之后，正始之前。而郦元谓六碑附于正始四十八枚之次，不又舛欤？至《南齐书·魏传》：佛狸于城西三里刻石写"五经"及其国记。则不必以《魏本纪》不载为疑。是时崔浩方领秘书，与高允等共撰国记。陈留江强即江式祖，以进所辑经史文字授中书博士，而著作令史闵湛辈谄浩，请取浩所注《易》、《论语》、《书》、《诗》颁之国中，以易先儒笺，故并敕浩注《礼》传。又劝浩以国记及"五经"并勒之石。浩遂自邺取石虎文石屋基六十枚充用，树碑平城之郊坛东方三百余步，用工三百万。其后国记既毁，而石经亦不卒业。斯本纪所以不载，而仅见之浩及高允《传》。然观浩奉诏书《急就章》，而改写汉疆为代疆，以媚其主。则石经之为所改乱者亦必不可数计。谓其能存古文而传坠学，未必然矣。堇浦之书所以发擿前人之讹者，核矣。(下略)

厉鹗《樊榭山房集》文集卷二《石经考异序》：六经自遘秦火，或藏屋壁，或置山崖，大义微言几乎中绝。汉兴，摭拾散佚，绝而复续，脱漏舛讹往往而有。向、歆父子校之于前，伏无忌、刘騊駼、马融、班固诸人校之于后。乃博士试甲乙科，争第高下，至有行赂定兰台漆书经字以合私文者。于是熹平四年，诏诸儒正"五经"文字，议郎蔡邕书丹刻石，立于太学门外。此石经之所自昉也。厥后，魏正始、唐开成、孟蜀广政、宋至和、嘉祐、绍兴俱仿前规，以示模式。欧阳子《集古录》所收金石文字最广，独遗唐石经不载。赵德甫《金石录》、洪景伯《隶释》所载汉石经，仅残缺遗字。晁子止取唐蜀石本与后唐长兴版本参校，著《石经考异》，其书不传。本朝昆山亭林顾氏著《石经考》一编，自汉以后异同始末，该而存之，可谓补前人之遗者也。吾友杭君堇浦补顾氏之遗而加详，中参之以辩论。如"五经"、"六经"、"七经"之核其实，"一字"、"三字"之定其归，二十五碑、四十八碑之析其数，堂东、堂西之殊其列，自洛入邺、自汴入燕之分其地，驳鸿都门学非太学，魏石经非邯郸淳书，直发千古之蒙滞，皎然如揭白日，涣然如释春冰。盖缀缉既力，用思复精，足以剖芒厘，审同异。不独为顾氏之诤友，兼可上溯晁氏，大裨来学者已。书成，堇浦属序于鹗，竟读而叹曰："甚哉著书之难也！"范晔、杨衒之、魏收、魏征诸家皆误以汉石经为三字，堇浦援据诸书，而知"一字"之为汉，"三字"之为魏。请为堇浦立一左证，可乎？《公羊》昭二十五年："齐侯唁公于野井，既哭，以人为菑。"何休注云："菑，周埒垣也。……今太学辟雍作侧字。"《儒林传》："休精研六经，世儒无及者。……太尉陈蕃辟之，与参政事。蕃败……乃作《春秋公羊解诂》，覃思不窥门十有七年。"按：蕃诛于灵帝建宁元年，又七年为熹平，四年始立石经，尔时休诂《公羊》未卒业，则辟雍所作侧字，其为石经隶字无疑。赵氏《金石录》亦云："世所传经书与汉石经不同者数百言。"此蔡邕石经一字之左证也。……按《晋书·卫恒传》，言魏正始中立古篆隶三字石经。《唐书·艺文志》有三字石经《左传》古篆书十二卷，《正义》所引是古文一体，此正始石经三字之左证也。鹗不敏，不足与于校雠之役，聊以斯言复堇浦，或者希左袒于斯编云尔。

沈叔埏《颐彩堂文集》卷六《杭堇浦先生道古堂集序》(代)：国家大科不数举，而吾杭魁垒数公辄应运而起。康熙己未，则汪东川霦、沈昭子珩、沈开平筠、吴志伊任臣、邵戒山远平。东川位跻通显，纂辑多官书，其自著不少概见。昭子有《十三经名文钞》及《耿岩集》，开平有《斗虹集》，志伊广郭氏《山海经注》，又刺取唐季诸霸国事为《十国春秋》，戒山纂《元史类编》，以续其先世《弘简录》，而太原阎百诗独许吴为博览，虽《十国》失引《玉壶清话》之《南唐先主传》，要不足以相掩也。今上初元，则陈勾山冏卿、沈椒园廉使、陈泉亭太守，而吾师堇浦先生实冠会垣名在甲选，冏卿廉使刊书行世，尽人知之。太守由郎署出守瑞昌，以循良称，诗文不多见。先生入词馆，以考选陈言，得薄谴以归，归益感奋，思报国惟有文章，用愈刻苦于学，必得仰副诏旨，所谓宏通博雅，淹贯古今者，而后没齿无遗憾焉。阅数十年，亘寒暑，昕夕手铅椠一编，不少懈。所为诗古文词名《道古堂集》，共七十四卷。其他发明经史，荟粹艺文，又十八种，卷帙繁重，以百计者，并若千万言。论者谓吴志伊之博览，先生骎骎欲过之，即其勤于著书，同举者亦敛手，交推无异辞。间尝偻数乡之先哲，起是科者两举，仅得九人焉。盖瑰奇大雅之才，若斯其难也。矧其为一科眉目以人重而不以科重者乎？某尝考宋王厚斋于淳祐初登第言曰："今之事举子业者，苟沽名誉，得则一切委弃，于典章制度漫不加省，非国家所望于通儒。"于是闭门发愤，誓以博学鸿辞科自见，假馆阁书尽读之。宝祐四年，中是科，著书多至七百卷。论者谓其著述之富，冠绝古今。今先生是集不减深宁，而他所撰述又适相亚，则其发愤于学，洵足为得第者一雪其言也。顾或者往往以先生一出而踬放废清时为先生惜。夫词科之弊，水心叶氏尝讥之矣。先生所成就卓卓如此，其与以一联之工而擅终身之官爵者，得失相去岂可以道里计耶？或者又谓先生记诵敏而隶事多，为未脱词科习气，是又不然。昔荆溪吴氏子良谓东莱早年文章在词科中最号杰然者，然藻缋排比之态，要亦消磨未尽，中年方就平实。某尝窃窥先生之作，如山海之聚珍错，炉冶之化金镣，都市之鬻货币，大则名器重宝，细至谷董晬盘，无所不有，亦无所不可有，较幸于东莱之不多作而又无年者，是又天之所以厚先生而昌其身后名也。抑又闻之厚斋弟子袁桷官翰苑时欲悉以所著进于朝，因循不果，厚斋没三十年，其书梓于庆元，桷首为序，以厉夫后之学者。某不敏，获预校雠之役，勉从先生嗣子宾仁之请，谨备述吾乡先后同举诸公与先生之所以不愧是科者，为里之好学者劝。窃附桷于厚斋之义云。

杭世骏《道古堂全集》外文《石经考异引》：《石经考异》者何？以补亭林顾氏之考也。盖众说之龃龉者，莫石经若矣。史传异，地志异，碑刻异，唐、宋、元、明诸家之辨证异，顾氏述矣而不详，详矣而不辨，予特引而疏通之。又自唐开成以后，其事少异，予特取而补缀之。文虽近创，而义则实因，汲古之士其不以予为剿说也夫。雍正十三年，太岁在乙卯二月朔日，书于抱经亭。

杭世骏《道古堂全集》文集卷四《礼例序》：王荆公诋《春秋》为断烂朝报。余谓《春秋》之断烂在月与日，而二百四十二年之事未尝阙也。《礼经》经秦火，汉开献书之路而不尽出，今所存者，不止于断烂而已。补之以三《春秋传》而不足，补之以《春秋外传》而不足，又补之以《管》、《荀》、诸子及西汉诸儒所说者而仍不足，所谓存什一于千百也。《士礼》一十七篇，岂尽士礼哉？《大射》，则天子之礼也，《聘》、《燕》，则诸侯之礼也，《公食》则大夫之礼也。**大事莫重于祭，而天子、诸侯无祭礼**。王事莫重于大飨，大飨有七，而其礼久亡。士有丧礼，而诸侯以上无丧礼。天子诸侯有觐聘，而征伐无行师用兵之礼。举其大端，其为断烂也多矣，况起居服食之末节乎？郑众、刘实撰《春秋例》。余以为**《春秋》可以无例，而《礼》则非例不能贯也**。例何所取？吾于孔、贾二疏中刺取之。例立于此，凡郑之注《士礼》与郑之注《周礼》者，可参观而得也。例彰于彼，凡《士礼》之所不注，与《周礼》之所不注者，孔与贾自默会而明也。**深于《礼》者，病《礼》之断烂，而思补其阙。承学之士，又病《礼》之繁富而不得其门。余特以例为之阶梯，而有志者即以津逮，《礼》无不归之例，而天下亦无难治之经**。编葺既竟，为承学导之先路。礼堂写定，传诸其人，余犹斯志也。

杭世骏《道古堂全集》文集卷四《续礼记集说序》：余成童后，始从先师沈似裴先生受礼经，知有陈澔，不知有卫湜也。又十年，始得交郑太史筠谷，筠谷赠以卫氏《集说》，穷日夜观之，采葺虽广，大约章句训诂之学为多，卓然敢与古人抗论者，惟陆农师一人而已。通籍后，与修“三礼”，馆吏以《礼记》中《学记》、《乐记》、《丧大记》、《玉藻》诸篇相属。条例既定，所取资者，则卫氏之书也。京师经学之书绝少，从《永乐大典》中有关于“三礼”者，悉皆录出。二《礼》吾不得寓目，《礼记》则肄业及之。……至元人之经，皆迂缓庸腐，无一语可以入经解，而《大典》中至有数千篇，益信经窟中可以树一帜者之难也。明年，奉两师相命，诣文渊阁搜检遗书，惟宋刻陈氏《礼书》差为完善，余皆残阙无可取，携珠林玉府之藏，至是亦稍得其崖略已。在卫氏后者，宋儒莫如黄东发，《日抄》中诸经皆本先儒，东发无特解也。元儒莫如吴草庐《纂言》，变乱篇次，妄分名目，乃经学之骈枝，非郑、孔之正嫡也。广陵宋氏有意驳经，京山郝氏居心难郑，姑存其说，为迂儒化拘墟之见，而不能除文吏刻深之习。宋、元以后，千喙雷同，得一岸然自露头角者，如空谷之足音，跫然喜矣！国朝文教覃敷，安溪、高安两元老，潜心“三礼”，高安尤为杰出。《纂言》中所附解者，非草庐所能颉颃。馆中同事编萅者：丹阳姜孝廉上均、宜兴任宗丞启运、仁和吴通守廷华，皆有撰述，悉取而备录之，贤于胜国诸儒远矣。书成，比于卫氏减三分之二，不施论断，仍卫例也。

齐召南

《清儒学案》卷六十八《息园学案》：息园词科崛起，博洽冠时，尤深乙部舆地之学。《水道提纲》一书，允称杰作。时值右文，校勘经史，敕编诸书，多被倚任。石渠、金匮，著作等身，堇浦所推，为不虚焉。(下略)

《清史稿》列传九二：齐召南，字次风，浙江天台人。幼而颖敏，乡里称神童。雍正十一年，命举博学鸿词，召南以副榜贡生被荐。乾隆元年，廷试二等，改庶吉士，散馆授检讨。八年，御试翰詹各官，擢中允，迁侍读。九年，以父丧去官。时方校刻经史，召南分撰《礼记》、《汉书考证》，命即家撰进。服除，起原官。十二年，迁侍读学士。十三年，复试翰詹各官，以召南列首，擢内阁学士，命上书房行走。迁礼部侍郎。……十四年夏，召南散直堕马，触大石，颅几裂。上闻，遣蒙古医就视，赐以药。……及冬，入谢，上慰劳，召南因乞归，固请乃许。及行，赐纱、葛各二端。上南巡，屡迎驾，辄问病状，出御制诗命和。……既而，以族人周华为书讪上，逮诣京师，吏议坐隐匿，当流，籍其家，上命夺职放归，还其产十三四。召南归，遂卒。召南易直子谅，文辞渰雅。著《水道提纲》，具详源委脉络；《历代帝王年表》，举诸史纲要，并行于世。

《清史列传·文苑传二》：存目。①

袁枚《小仓山房文集》卷二十五《原任礼部侍郎齐公召南墓志铭》：乾隆元年秋，余与齐公次风同试博学鸿词于保和殿，一时士论佥以实学推公，及榜发，钦取十五人，公果与选。余虽报罢，而公念同征之谊最殷。后三年，余亦入翰林作后进，常与公唱和。外出为令，始与公别。别四十七年，余老矣，游天台山，公死已久，且葬。其兄周南、弟世南年八十余，庞眉扶杖，延予饮其家，抱公诗文集百卷，出曰："先生视此，以志其墓。呜呼！当时荐此科者，海内凡二百余人，而今则在野在朝，屈指无有也。公之遗逢配遇、升沉祸福，非子后死，其谁知之而谁表之?"谨按：公名召南，字次风，又号息园，幼而颖敏，读书十行俱下。年十六，受知于督学何公世璂，充博士弟子，贡入京师，中己酉副

① 详见中华书局本第 18 册，第 5862~5863 页。

车。雍正十一年，督臣程公元章以鸿博荐授翰林院庶吉士，改检讨，御试高等，超迁至侍讲学士，加日讲起居注官，充戊辰会试同考官，上书房行走，再迁内阁学士、礼部右侍郎。公清癯短身，而凭乡朴之气，溢于眉宇，独能宏搜博览，记性过人。上于宁古塔得古镜，未详款式，问朝臣，莫有对者，公引证书史，罗缕具奏，上大悦，顾左右曰："是不愧博学鸿词矣！"国家疆域恢宏，乌喇、巴哈俱置候尉，又新开伊犁，诸臣奉使者辄先诣齐侍郎家问路，公与一册，某堠某驿应宿何所，需若干粮，数万里外若掌上螺纹，毫忽无讹。或问："曾出塞乎？"曰："未也。""然则何由知之？"曰："不过《汉书·地理志》熟耳。"问之读《汉书》者，卒亦不解。沈尚书德潜常在上前誉天台石梁之奇。上问公，公曰："荒土硗确，不足以劳圣驾。"人笑其奏对率易，而上以此益重之。十四年四月，从上书房归澄怀园，日昳，马惊，触大石上，脑涔涔流，昏懵不起。上大惊，命蒙古医速治，医刳生牛腹，卧公其中，又取牛脑乘热纳公颡，左右摇公，始苏。当是时，上方向用公，遣皇子及中使问病者不绝于道，又数月，公病少痊，步犹蹒跚，颇忘所记书，不能握笔，又心念老母，乞回籍终养，上慰留再四，然后许之。还浙后，掌教蕺山、万松两书院，上三次南巡，公力疾迎尔，皆召见赏，赐优渥。先是，公有族匪周华者，素不良，公训诲不悛，遁海外三十余年，忽因浙抚熊学鹏巡城遮道献所著逆书，揭公十大罪，熊奏闻，上诛周华，赦公削职归里，公身受上特达之知，方恨无涓埃报，而怪民妖言乃出。自近族悔平时教敕无素，又隐忍不先举发，以致恶彰于天，自分虽九死罪固当，而上复屈法活之，恩愈重，愧愤愈深，结轖不已，路上疾暴作，还家帀月，竟以不起，年六十六。尝言郦道元《水经注》开于西北，间于东南，特撰《水道提纲》三十卷，又《历代帝王表》十三卷、《后汉公卿表》一卷，所修官书则《一统志》、《明史纲目》、《续文献通考》、《礼记》、《汉书考证》，皆所纂也。……铭曰：天台之山，其高万有八千，以是钟灵。生公其间，学识其大，才擅其全，以人视山，几与齐肩。虽枭獍啮其后，恶马蹶于前，而终以受知于天，无损其贤。呜呼！非我来游，谁表此阡？嗣后川湜湜，峰绵绵，磅礴郁积，继公而生者，其又在何年？

秦瀛《小岘山人诗文集》文集卷五《礼部侍郎天台齐公墓表》：乾隆元年丙辰，天子召试制科之士，与是选者多一时名流宿学，而天台齐公尤以博洽称。既入翰林，屡试高等，累迁至礼部右侍郎。未几，以病乞养归。归十余年，而宗人齐周华之祸作，牵连颂系，京师蒙恩放还，还甫匝月而卒，年六十有六。公讳召南，字次风，号息园。世为天台人。明正统中，有以兵部郎中殉土木之难谥忠节讳汪者，公之七世祖也。……时天子方右文稽古，凡馆中纂修之役，如《大清一统志》、《明史纲目》、武英殿校勘经史，诸总裁悉以委公。盖公平时于学无不博，自天文、律历以至山川、疆域、险阻、要隘，了如指掌，而又深知古今治乱得失，通习掌故，故于经则通汉、唐以来诸家之邮，于史则兼涑水、紫阳之义法。其经进之书皆蒙上嘉赏，而瀛则尝读公轮进札子，以为尤似真西山《大学衍义》文字，非寻章摘句之士所能及公万一也。公之为翰林也，充日讲起居注官，在上书房行走，既由检讨迁中允侍读，又迁侍读学士，擢内阁学士，兼礼部侍郎，旋授礼部右侍郎，以一诸生，不数年骤跻卿贰，人皆谓公特以文词被知遇。顾公问学淹贯，世尽知之。至其立朝耿介伉直，有不愧古大臣者。虽同列或不尽知，且公位望虽显，总不出文学侍从之列。又遽乞归，未尽其用，此又天下所共惜者矣。（下略）

杭世骏《道古堂全集》文集卷四十一《资政大夫礼部右侍郎齐公墓志铭》：公名召

南，字次风，号琼台，晚号息园。省斋公生五子，公其次也，幼而颖敏，六岁解属对，九岁“五经”成诵，乡里称神童。十二岁应郡试，省斋公携至郡，登巾子山，吟五言云：“江水连天白，人烟满地浮。巾山山上眺，一览小东瓯。”识者即以公辅器相品目。与兄周南出就外傅，青灯布被，攻苦连日夕。弟图南、世南、道南皆从公学，友爱弥笃。年十六，充博士弟子。二十三，督学新城。何端简公世璂选拔入成均，十一郡贡生咸集，端简指公称于众曰：“此我朝奇士，当以王姚江一辈相待也。”雍正七年己酉科乡试中副车。十一年癸丑诏复词科之制，明年督臣上蔡程公元章学臣奉新帅公念祖以博学鸿词荐。乾隆丙辰，皇帝纪号之元载，召试之，士群萃阙下，凡百八十四人试于保和殿，钦取一十五人，君名在二等第八，改翰林院庶吉士，即充《大清一统志》纂修官。明年散馆，授检讨三年。四月京察一等加一级。四年六月，充武英殿校勘经史官。十月，充《明鉴纲目》馆纂修官。六年三月，以《一统志》馆议叙列一等加一级。八年四月，御试翰詹官于圆明园，列优等。六月，晋右春坊右中允。十一月，转左，以原衔署日讲起居注官，召对于养心殿西暖阁，旋晋翰林院侍读，以原衔充日讲起居注官。九年，丁省斋公艰，戴星而奔，哀毁骨立。前曾承办《礼记》、《汉书考证》十年，谕旨仍令在籍编辑，陆续交武英殿经进。十一年三月，《纲目》告成，议叙仍列一等，奉旨于起官日加一级，服阕入都，奉上谕，仍着在武英殿校勘经史。十二年二月，补原官。三月，经史馆告成，议叙加一级，旋充《大清会典》纂修官。四月京察一等，署日讲起居注官。五月，召对于勤政殿，校勘《通志》、《通考》，晋侍读学士，充《续文献通考》馆纂修官，主顺天武乡试，以原衔充日讲起居注官。十三年，戊辰会试，充同考官。五月，御试翰詹官于乾清宫，榜未发，奉上谕，在阿哥书房行走，以一等第一名擢授内阁学士，兼礼部侍郎。甫一月，补授礼部右侍郎。上于宁古塔得古镜，以来历未详，问朝臣，莫有对者。公具悉原委，并其款识以对。上大悦，谕左右曰：“是不愧博学鸿词矣。”八月，召对于勤政殿。越日，复于养心殿西暖阁召对。九月初五日，礼部于西苑楼前侍班，伏观御射发十九矢皆中的，上骑还圆明园，顾尚书蒋溥与公曰：“不可无诗。”公于翼日进诗四首、序一篇，上即俯和，命内监持稿示公，知遇之隆，罕有伦比。旋充《续文献通考》馆副总裁官，侍班畅春苑大西门楼，奉特旨勘定《通礼》。十四年正月，召对于西暖阁。四月，充册封婉嫔副使。二十九日，自圆明园直上书房归澄怀园，甫及门，马惊堕，触大石，负重伤，几不药。程学士景伊亦自上书房归，惊驰入告，上为动容，赐药三瓶，特遣中官就寓探问，传蒙古医疗治病，少定，上见阿哥果亲王，频问：“汝师傅病势如何?”须时差人探问，又见奏事大臣，天语垂问病状，后于木兰围场中又问阿哥。九月回銮，又问大学士尚书。赐干鹿肉十五束，圣眷隆厚，虽慈父母之于子无以加也。十月，病稍间，诣宫门请圣安，召对于弘德殿，行步犹艰，天颜恻闵曰：“汝病尚未愈，须加意赡养。”公因口陈恳解职任回籍，省侍老母，上慰留再三，坚请益力，上言：“冬间风寒，如何行路?”慰谕款曲。十一月，具折哀恳。俟春和由长船回南。上始可其奏。犹传太医刘裕铎、邵正文诊脉处方。公单门寒素，起自田间，不借引援，不由推毂，荷圣主特达之知，论有根柢，辞无枝叶，肫诚朴茂，溢于眉宇，望而知为端人硕士，昼日三接，一岁九迁，受宠若惊，奉身若不及。天鉴密微，一诚相感，盖不独以其学优而文赡也。自通籍以来，圣恩优渥，锡赉便蕃，不可胜纪。(下略)

阮元《两浙輶轩录》卷二十二、钱林《文献征存录》卷五、李元度《国朝先正事略》卷四十一皆有传，存目。

齐召南《宝纶堂诗文抄》文抄卷一《经解》：存目。

齐召南《宝纶堂诗文抄》文抄卷三《进呈尚书注疏考证后序》：臣召南谨言：孔子序《书》，断自唐尧，下讫襄王之世，历年一千七百三十有四，得典、谟、训、诰、誓、命百篇，古帝王继天立极，敷政宁人之大经大法，灿然具备，以传学者。火于秦，复出于汉，百篇中盖存者半，逸者半。伏生今文二十八篇，孔安国古文，连伏生书共五十八篇是也。五十八篇之在汉世，又显者半，晦者半。古文上秘府，事寖不行。今文欧阳、大、小夏侯三家并立博士是也。三家经文，又同者半，异者半。西京刘向合校文字，异者七百有余，脱字数十。东京蔡邕等考定，刻石大学是也。自汉及晋之东，古文复出，及齐梁，缺简复完，然天下行古文者半，不行者半。古文但行江左，河北犹守郑康成注。至隋开皇始颁孔传于学宫是也。唐太宗诏孔颖达诸儒撰《五经正义》，于是《尚书》之说专用孔传，而郑注遂佚不行。说者谓注经家其出最后，其传最远。《尚书》有孔传，犹《易》有费，《诗》有毛，《春秋》有左，《礼》有小戴，不其然乎？顾自有正义以来，读书家又信者半，疑者半。颖达同时有马嘉运，摭其疵，后时有王元感，纠其谬，然疑疏不疑传也。至宋疑传者半矣。刘敞、王安石、程子、苏轼考脱简，订句读，每以新意解经，然疑传不疑经也。至南宋疑经者半矣。林之奇、吕祖谦依序酌传，犹不过略短从长，其酷信古文，恨不见百篇全经者，则有郑樵。其力辨古文，疑孔传一书皆伪者，则有吴棫。至元吴澄、明郝敬辈，直谓《尚书》真者半，伪者半，自伏生二十八篇以外，不可为经，当留者半，删者半。此则不可不辨者也。古文平易浅近，较二十八篇之浑浑灏灏噩噩诚绝不相类，如较伪《泰誓》白鱼赤乌之妄、伪《百两篇》丰刑原命之诬，其纯其驳，固天地悬隔也。且其文变蝌蚪为隶古，不无得失，其篇本书序以诠次，不无后先，其说采缀载籍，条贯成章，不无增减迁就。其阅世自汉至晋，不列庠序，后进通儒伏处岩穴者，或随时补苴，缘饰其间，遂令虞、夏、商、周之文如出一手。**虽朱子亦尝疑之，而不能不奉为经者，其言道粹然不诡于正，其言治犁然足为后代准绳。《大禹谟》精一执中，上绍二《典》，府事歌叙，后起箕畴，《汤诰》言降衷恒性，《仲虺》言制事制心，千古圣贤学问之渊源，功德之基本，具在古文，不可没也。**如必寻瘢索垢，则今文以耄年记忆之余，传诵女子之口，音讹字别，在所不免。据《论语》、《孟子》有尧命舜命契之辞，则《尧典》有缺文也。据《左传》范燮苑何忌所引《大学》传所述，则《康诰》有缺文也。《酒诰》之简俄空，夔曰之文再见。《康诰》首简乃言作洛，《梓材》终篇半以告君，果与孔门传授经文一一符合乎哉？《月令》本自《吕览》，《王制》明出汉儒，《戴记》杂采传说，犹且尊为礼经，独于古文啧有烦言，非持平之论也。且孔传诂经，义质辞简，虽有迂曲，要非若牟长、朱普、秦延君辈章句动至数十万言之烦猥也，又非若马、郑诸儒动据《中候》、《璇玑钤》、《考灵耀》诸纬之怪诞不经也。孔疏于制度典章征引赅博，随文剖析，时有折衷。如解《武成》，谓简编断绝，经失其本；解《无逸》，谓太甲称祖，未知其然；解《皋陶谟》，庶明励翼，兼采王、郑二家；解《泰誓》，谓文王是追称，非及身改正朔，至如据经正《史记》之违，据传辟纬书之妄，有功圣经，实为赵宋诸大儒道之先路。纵或曲护孔传，义涉支离，善学者弃瑕录瑜，取舍各半可矣。但记其过，而忘其功，可乎哉？由斯以谈，即疑传疑疏，亦非持平之论也。蔡沈生诸儒后，又亲承朱子绪言，竭其生平功力以为《集传》，宜毫发无憾矣。后人之论蔡《传》，犹不免于信者半，疑者半，况孔传作于前汉、孔疏作于唐初者哉？**《孟子》曰："游于圣人之门者难为言。"盖即解释圣经，而其难已如此。**乾隆四年奉敕校刊注疏《尚书》二十卷，臣学健、臣浩、臣泰、臣九镒、臣邦绥等，前后广搜善本，对雠是正，订讹补缺，加之句读，以付梓人。今年冬，臣召南奉敕再加审定，辑为考证如干条，附各卷末。其无可证，虽疑不敢辄改，志慎也。(《续修四库全书》第1428册)

齐召南《宝纶堂诗文抄》文抄卷三《进呈春秋左传注疏考证后序》：存目。

齐召南《宝纶堂诗文抄》文抄卷三《进呈春秋公羊注疏考证后序》：存目。

齐召南《宝纶堂诗文抄》文抄卷三《进呈春秋穀梁注疏考证后序》：存目。

齐召南《宝纶堂诗文抄》文抄卷四《左氏传要义序》：存目。

齐召南《宝纶堂诗文抄》文抄卷四《尚书集解序》：存目。

齐召南《宝纶堂诗文抄》文抄卷六《书杨农先先生〈周礼疑义〉后》：《周礼》果周公作欤？吾怪其与周公之言不合也。《尚书·无逸》篇，告成王以文王之事，曰"以庶邦惟正之供"，即《孟子》所谓"耕者九一，关市讥而不征，泽梁无禁"也。《立政篇》告成王，曰"立政勿以憸人，其惟吉士，用励相我国家"，即《大学传》所谓用仁人，不畜聚敛之臣也。《周礼》一书，则无一不与治岐之政相反，又且必以强御掊克，至恶极陋之憸人，擢为宰辅，而后可以胜其任。如《天官》、《地官》以财为职，几于无地不赋，无物不贡，无人不征。前聚鹿台、钜桥亡国之为殃，后启头会箕敛、告缗平准，一切厉民之虐政，至其言用财，必日惟王及后，世子不会。是导其君以逸乐盘游，恣睢纵欲，举其取尽锱铢者，徒供泥沙之用而已。苟稍循其法，天怒人怨，必致覆亡，稍有识者所不为，而谓周公为之欤？且《易》三百八十四爻之辞，周公所系也。果如《周礼》孜孜于财利，则《剥》六四之"剥床以肤"，亦可云吉；《益》九五之"有孚惠我德"，当反为凶也；《屯》九五之"屯膏"，不必言"大贞凶"；《丰》上六所云"丰屋蔀家"，亦何终于"三岁不觌"乎哉？且使天地二官而孜孜于财利，则《师》上六不必设"开国承家，小人勿用"之戒；《解》六三言"负乘致寇"，《鼎》九四言"折足覆餗"，亦皆为空言也。哀公时，用田赋，孔子叹以不用周公旧典。若如《周礼》言利，至析秋豪，岂止于田赋云尔乎？征于《书》、于《易》、于《春秋》，则**《周礼》非周公所作决然矣**。因读《疑义》，笔其说。

秦蕙田

《清儒学案》卷六十七《味经学案》：味经礼学，网罗古今，折衷众说，实竟朱子未竟之志。萃毕生之精力，亦由遭时得位，又获嘤鸣切磋之助。四库著录，称其元元本本，具有经纬，非剽窃饾饤，挂一漏万者可比，较陈祥道等所作，有过之无不及。洵可谓体大思精者矣。〇秦蕙田，字树峰，一字树澧，号树峰，金匮人。祖松龄，顺治乙未进士，康熙己未召试博学鸿词，授左谕德。本生父道然，康熙己丑进士，由编修历官礼科给事中，从宜兴汤氏之锜学，著有《困知私记》、《明儒语要》、《泉南山人集》。雍正初，因旧在贝子允禟邸授读，管邸事，牵连罢职，罚锾巨万，久系于狱。先生幼出为季父易然后，至是倾产救父，未得释。乾隆丙辰，成一甲三名进士，授翰林院编修，入值南书房。上疏陈情，请革职效力，以赎父罪。高宗乃特赦之。母忧归，服阕，直上书房，历侍讲、庶子、右通政、内阁学士、礼部侍郎。丁父忧，将届服阕，先命补原官，调刑部侍郎，擢工部尚书，调刑部尚书，协理算学馆事务，兼理乐部大臣，署翰林院掌院学士，加太子太保。乾隆二十九年，以疾请罢，命回籍养疴，不开缺，卒于途，年六十三，谥文恭。先生少历诸艰，以孝行称，与同里顾栋高、吴鼎、吴鼐、龚灿、蔡德晋诸人为读经会。登朝后，退食则开户著书。尝言：**“儒者舍经以谈道，非道也；离经以求学，非学也。故以穷经为主，而不居讲学之名。”**历佐礼部，管刑部，皆以经义治事。其学尤深于《礼》，自少与同志考订辨正，必求其是，笔录存之。及官秩宗，修《会典》，于历代沿革源流，益深考究。以徐氏乾学《读礼通考》惟详丧葬一门，而《周官·大宗伯》所列五礼之目，古经散亡，鲜能寻端竟委。乃因徐氏体例，增辑吉、嘉、宾、军四礼，网罗众说，成《五礼通考》。凡为类七十有五，共二百六十二卷，以乐律附于吉礼宗庙制度之后；以天文推步、句股割圆，立《观象授时》一题统之；以古今州国都邑、山川地名，立《体国经野》一题统之，并载入嘉礼。盖因周代六官，总名曰《礼》，礼之用，精粗条贯，所赅本博也。每事汇自来诸儒之说，为之疏通解驳，又附历代史志纪传所载，使后来者可以坐言起行。书成，方恪敏观承见而好之，同为商订，故并列名焉。少喜谈《易》，谓易者象也，先儒详于言理，略于言象，撰《周易象义日笺》若干卷。又《味经窝集》二十八卷。（参史传、《先

正事略》、《锡山秦氏文抄》、《四库全书提要》）

《清史稿》卷三百四：秦蕙田，字树峰，江南金匮人。祖松龄，顺治十二年进士，官左春坊左谕德。本生父道然，康熙四十八年进士，官礼部给事中，与贝子允禟善，为其府总管。允禟得罪，逮下狱，蕙田往来省视。世宗贷道然死，而狱未解。乾隆元年一甲三名进士，授编修，南书房行走。乃上疏言："臣本生父道然身罹重罪，蒙恩曲宥；以追银未完，系狱九年，年已八十，衰朽不堪。本年五六月间，浸染暑湿，疟痢时作，奄奄一息，几至瘐毙。情关骨肉，痛楚难忍。臣虽备官禁近，还顾臣父，老病拘幽，既无完解之期，更无生存之望，方寸昏迷，不能自主。诚不忍昧心窃禄，内惭名教。伏惟皇上矜慎庶狱，一线可原，概予宽释。当此圣明孝治天下，惟有乞恩，丐臣父八十垂死之年，得以终老牖下。臣愿夺职效奔走以赎父罪。"高宗命宥道然，并免所追银。蕙田累迁礼部侍郎，丁本生父忧，服将阕，命仍起礼部侍郎。二十二年，迁工部尚书，署刑部尚书。二十三年，调刑部尚书，仍兼领工部，加太子太保。疏请诸行省流丐递籍编甲收管，上谕曰："蕙田所奏甚是，为清狱讼、弭盗贼之良法。但此辈辗转流徙，城市村落，所在皆有。必一一收捕传送，令原籍保甲监察，事理繁琐，不若就所在地察禁。当令有司遇流丐强悍不法，即时捕治。"二十九年，以病乞休，上不允。再请，上命南还调医，不必解任。九月，卒于途，谥文恭。明年，上南巡，幸无锡，赋诗犹及蕙田。蕙田通经能文章，尤精于"三礼"，撰《五礼通考》，首采经史，次及诸家传说儒先所未能决者，疏通证明，使后儒有所折衷。以乐律附吉礼，以天文历法、方舆疆理附嘉礼。博大闳远，条贯赅备。又好治《易》及音韵、律吕、算数之学，皆有著述。

钱大昕《潜研堂集》文集卷四十二《太子太保刑部尚书秦文恭公墓志铭》：太子太保、尚书秦公，以经术笃行知名海内，起家词苑，官登极品。岁甲申四月，以疾请解任，温旨不许。八月复具疏乞回籍调治，诏允所请，仍悬缺以待。公既受命，买舟南下，疾遂革，以九月九日巳时薨于沧州。讣闻，天子轸恻，赐白金千两庀丧具，令有司议恤典，祭葬如制，谥曰文恭。……江阴杨文定公领国子监事，荐公笃志经术，可佐教成均。既而直内廷，课皇子讲读，益以经术为后学宗。尝言："儒者舍经以谈道，非道也；离经以求学，非学也。"故以穷经为主，而不居讲学之名。生平所为文，号《味经窝类稿》者凡若干卷，而说经之文居其大半。公夙精"三礼"之学，及佐秩宗，考古今礼制因革，以为礼自秦火而后，汉儒保残守缺，什仅存一。朱子生于南宋，尝有志编次朝廷、公卿、大夫、士、民礼为当代之典，而所撰《仪礼经传通解》体例未备，丧、祭礼又续自黄氏、杨氏，未克竟朱子之志。乃按《周官》吉、凶、军、宾、嘉之目，撰为《五礼通考》二百六十二卷，先经后史，各以类别，凡先儒所聚讼者，一一疏其脉络，破其症结，上探古人制作之原，下不违当代之法，殚思二十余年，稿易三四而后定，自言生平精力尽于是焉。少喜谈《易》，谓易者象也，先儒详于言理，略于言象，故撰《周易象义日笺》若干卷。……公生于康熙壬午十月十九日，殁时年六十有三。（下略）

蔡显《闲渔闲闲录》卷八：无锡秦蕙田在金陵通志馆缮书，昼夜围棋。老奴不服使令，责之。奴对曰："主家世宦，未至薪水乏绝。太夫人以志馆可养静读书，围棋中岂出状元宰相乎？若专攻经史，服勤不敢少违。"诘朝，召奴谓曰："夜来思汝言，大有理。请屏去棋局，不复戏矣！"未几，省试中式，探花及第，授编修，今官刑部尚书。甄思伯手下仓头千载后又见矣。

李元度《国朝先正事略》卷十七、黄钟骏《畴人传四编》卷八皆有传，存目。

蒋汾功《五礼通考序》：**三代时礼行于上，自王侯迄士庶，皆肄习焉，无庸稽之简册也**。凌夷至春秋，学士大夫犹相与讲明指示，斯须不去。秦燔典籍，礼经荡然。叔孙通补苴于汉，仅以绵蕞习之，而礼几不可问矣。自时厥后，注疏家掇拾煨烬之余，强以己意附会，分离乖隔，瑕衅百端。故孔文举谓郑康成时有臆说，郊天鼓殆不必麒麟之皮也。夫以康成之悉心搜讨，不避拙，不辞难，而当时已不免诋呵，况其他乎？予尝谓《诗》《书》虽残缺，而迹其遗文，尚皆有义理可据，**惟礼则随时代更。郊社所配，殷周各异，南北之祀，分合多岐，一端如此，余可例矣**。又未经夫子手定，故群儒议论纷纷，比于聚讼。若唐之《开元礼》、宋之《太常因革礼》，虽命儒臣纂辑，垂为一代章程，而因陋就简，大略与绵蕞等。后人但借以考其同异而已。非好学精思者，孰能订其是非得失而正之。往时，昆山徐大司寇有《读礼通考》一书，于诸礼犹阙而未备。少宗伯秦公奋然继起，合五礼而编次之，荟萃该洽，受心所是，而非以立异，于古有稽，而不敢苟同，其不可强释者，则阙疑焉。仍其名曰《通考》。今秋，儿子和宁给假归里，爰以授之，而索予弁其首。予读之，听然莫逆于心也。**夫五礼之用，大以经世，小以物身**。虽难言，又乌可以不论？世之噤不敢措一词者，既病其言杂复，未睹礼家之大全，故安于放而习于简耳。非笃古而宿其业，又乌能蒇之？予与秦氏世好。从父弱六出尊大父对岩先生之门，药师又与予同年友也。日往来寄畅园中，与其群从子弟游，素知其家多藏书。凡礼经疏义，外间绝少刊本，而庋贮缄题者数十笥。宗伯以绝人之姿，尽发而读之。早岁即洞其条理，综核纂注，汇为一编。通籍后，簪笔承明，每稍暇，辄抒思厘定，至晋居秩宗，而帙始成。人以为善于其职云。予谓是惟能宿其业耳。积数十年博观闳览之资，用以搜择融洽，折诸儒之异同，而求其是。将使后之考礼者恍然如日再中，不至若扣盘扪烛也。故不敢以老辞序而归之。乾隆十有八年秋八月，阳湖八十二老人蒋汾功。①

顾栋高《五礼通考序》：少宗伯秦公味经辑《五礼通考》一书，凡若干卷。书垂成，而余入京师，属为之叙。余卒读作而叹曰："皇哉唐哉！**此数千百年来所绝无而仅有之书也**。"顾实有先得余心者。忆年二十余，读《仪礼》、《周官》、《戴记》，叹周公制礼，整理天下，陶成庶类，逮后政衰，诸侯恶其害己，而皆去其籍。**盖典礼废坏实自春秋战国时始**。汉高堂生仅传**《士礼》十七篇，而《周官》三百六十职**，备陈祭祀、朝觐、会同、宾客、燕飨之事，实为天子诸侯之礼。则《周官》列其职事，而《仪礼》详其节次。二书相为经纬，因欲以《仪礼》为经，《周礼》为传，旁及《诗》、《书》、大小戴，以及郑、孔、贾、服之注疏，略仿朱子《经传通解》之例，名曰《周官联取联事之义》。属稿半载，因攻制艺，遂尔辍业。中间幸成进士。复家居三十余年，辑成《春秋大事表》及《毛诗订诂》，而于礼经不复措意。辛未秋，有诏慎简经学，余蒙恩授国子司业衔。回忆覃精"三礼"之时，已五十余年。余发种种且老矣。欲复整理故业，而畏其繁重，力弗克胜。今读秦公书，恍然如其意所欲出，纲举而目张，州次而部居，折衷百氏，剖析同异，复举两汉以来至前明，凡郊祀、礼乐、舆服诸志及纪传之关于五礼者，悉以类相附，详历代之因革，存古今之同然。盖举二十二史悉贯以《周官》、《仪礼》之书，细大不遗，

① 载文渊阁《四库全书》本卷首。

体要备举。**余谓是书如女娲之补天。视王通之“续经”、束皙之“补亡”，其大小纯杂殆不可以里道计。至是而成周之礼始灿然大明于世**。余向日所欲为而未竟者，似有先告焉，而毫发无余憾矣。余垂老得睹是书，因备陈向日区区之愚，得附名简末，自幸窃自愧也。乾隆十七年壬申，顾栋高，时年七十有四。

【五礼通考凡例】

一、五礼之名，肇自《虞书》。五礼之目，著于《周官·大宗伯》，曰**吉、凶、军、宾、嘉**。小宗伯掌五礼之禁令与其用等。孔子曰：“周监于二代，郁郁乎文哉。吾从周。”所以经纬天地，宰制万物，大矣至矣！自古礼散佚，汉儒掇拾于煨烬之余，其传于今者，惟《仪礼》十七篇、《周官》五篇、《考工记》一篇。文多残阙。《礼记》四十九篇，删自小戴，及所存《大戴礼》，间有制度可考，而纯驳互见。附以注疏及魏、晋诸家，人自为说，益用纷岐。唐、宋以来，惟**杜氏佑《通典》、陈氏祥道《礼书》、朱子《仪礼经传通解》、马氏端临《文献通考》**言礼颇详。今案：《通解》所纂王朝邦国诸礼，合“三礼”诸经传记，荟萃补辑，规模精密，第专录注疏，亦未及史乘，且属未成之书。《礼书》详于名物，略于略注。《通典》、《通考》虽网罗载籍，兼收令典。第五礼仅二书，门类之一，未克穷端竟委，详说反约。《宋史·礼志》载：朱子尝欲取《仪礼》、《周官》、二戴《记》为本，编次朝廷公、卿、大夫、士、民之礼。尽取汉、晋而下及唐诸儒之说，考订辨正，以为当代之典，未及成书。**至近代昆山徐氏乾学著《读礼通考》一百二十卷**，古礼则仿《经传通解》，兼采众说，详加折衷，历代则一本正史，参以《通典》、《通考》，广为搜集，庶几朱子遗意所关，经国善俗，厥功甚巨。惜乎吉、嘉、宾、军四礼属草未就。是书因其体例，依《通典》五礼次第，编辑吉礼如干卷、嘉礼如干卷、宾礼如干卷、军礼及凶礼之未备者如干卷。而《通解》内之王朝礼，别为条目，附于嘉礼。合徐书，而大宗伯之五礼、古今沿革本末源流异同失得之故，咸有考焉。

一、**考制必从其朔、法古贵知其意**。而议礼之家，古称聚讼，权衡审度，非可臆决。徐本于经文，缺略传注，纠纷之处，必详悉考订，定厥指归。兹特兼收异说，并先儒辨论附于各条之后，以备参稽。或并存阙疑，于治经之学不无补裨。

一、**杜氏、马氏所载历代史事，大概专据志书，而本纪、列传不加搜采**。**然史家记事彼此互见，且二十二史体例各殊，有详于志而不登纪传者，亦有散见纪传而不登于志者。举一废一，不无挂漏**。又其采辑之法，有时全载议论一事而辨析千言，有时专提纲领，千言而括成一语。详略不均，指归无据。兹特遍采纪传，参校志书，分次时代，详加考核。凡诸议礼之文，务使异同并载、曲直具存。庶几后之考者得以详其本末。

一、作者谓圣、述者谓明。圣则经而贤则传。《汉·艺文志》言礼者十三家。洎及魏、晋，师传弟受，抱残守阙，厥功伟焉。至宋、元诸大儒出，粹义微言。元宗统会而议礼始有归宿。兹编考订，专以经传为权衡，谨缉礼经源流，列于首简。

一、历代礼典，**西京**贾、董昌言，未遑制作；**东都**锐意举修，多杂谶纬。**魏**、晋则仅传仪注。逮梁天监中，五礼始有成书。**《唐开元礼》出，而五礼之文大备**。杜氏因之，参辑旧闻，作为《通典》。马氏续加增广，纂入《通考》。元、明各有《集礼》及《典章》、《会典》等书。班孟坚云：“王者必因前王之礼，顺时施宜，有所损益。”夫子亦曰：“百世可知。”述礼制因革。

一、**吉礼为五礼之冠**。记曰：“礼有五经，莫重于祭。”唐虞伯夷典“三礼”。《周官》大宗伯掌天神地祇人鬼之礼。第两郊七庙，遗文缺微。《仪礼》所传特牲、少牢皆大夫士之祭。故《汉志》有推士礼而致于天子之讥。炣谶纬繁兴，康成杂入经注，辨难滋起。如天帝有六，地祇为二，明堂之五室九室，祈谷之建子建寅，禘郊不分，地社莫别，宗庙六祭淆于禘祫分年，昭穆祧迁紊于兄弟继序。他如服冕、牲牢、乐舞、器数，歧说益纷。几千年间，废兴创革，往往莫之适从。兹编于经传搜集无遗，冀以补缀万一。**至先儒论说及累朝奏议，亦广为采取**，较之《通典》、《通考》详略悬殊，卷帙亦独多于他礼。

一、大宗伯“三礼”，马氏《通考》以郊社宗庙统之，三者亦各自为叙。然先农、先蚕以人鬼而入郊社，六宗四类，又不能确指为何神。《经传通解》增列百神一项，究不如宗伯“三礼”为统括。今但以义类相从，未敢强分名目。

一、《仪礼》十七篇依郑注。嘉礼居其七。《通典》从《开元礼》，以大射、乡射属军礼。《宋史》仍属嘉礼。夫古者射以观德，贯革非所尚也。今从郑氏。

一、大宗伯以宾礼亲邦国。是时天下封建，故诸侯于天子有朝宗、觐遇、会同、问视之礼。诸侯邻国亦相朝聘。自罢侯置守，无复古仪。杜氏《通典》采摭古今，分为四条。《通志》但存三恪、二王后一则。《通考》竟全删去，以藩国朝贡附见于朝仪。今辑经文，天子诸侯觐聘之礼以存古仪。录史传藩国朝贡及遣使迎劳诸仪，以昭近制，而士庶人相见礼终焉。

一、《仪礼》阙军礼。《周官》大宗伯以军礼同邦国。曰大师大均大田大役大封。《唐开元礼》其仪二十有三。《通典》综为九条。今兼《通考》之例，为类一十有九。

一、大宗伯以凶礼哀邦国之忧，其礼之别有五。《论语》曰：“所重民食丧祭。”丧固凶礼一大端也。已详徐氏《读礼通考》，兹特以赈襘补其缺云。

一、经礼三百，《周官》六职所掌，大、小《戴记》所载，广大悉赅。《通考》将田赋、选举、学校、职官、象纬、封建、舆地、王礼各为一门，不入五礼。而朱子《经传通解》俱编入王朝礼，最为该洽。今祖述《通解》，稍变体例，附于嘉礼之内。《易》曰：“嘉会足以合礼。”盖言盛也。

一、五礼各门经文之后，二十二史纪、志、列传搜择颇广。今附《通解》王朝礼各类，经则照五礼条目详加考证，史则第载沿革大端以备。参考全文，概从摘略徐书，上自王朝，下逮民俗，古礼今制，靡弗该载。是编六籍而外，后世典章始于秦汉，讫于前明。洪惟我朝，圣圣相承，制度修明，日新富有，至于科条所颁，敬切训行，高深莫赞。叨佐秩宗，疏陋是惧。复理专门故业，略识源流，抑亦退食寝兴，无忘匪懈云尔。

秦蕙田《五礼通考自序》：蕙田性拙钝，少读书，不敢为词章淹博之学。塾师授之经，循行数墨，恐恐然若失也。岁甲辰，年甫逾冠，偕同邑蔡学正宸锡、吴主事大年、学士尊彝兄弟，为读经之会。相与谓，“三礼”自秦、汉诸儒抱残守阙，《注疏》杂入谶纬，轇轕纷纭。《宋史》载，子朱子当日常欲取《仪礼》、《周官》、二《戴记》为本，编次朝廷公、卿、大夫、士、民之礼，尽取汉、晋以下诸儒之说，考订辨正，以为当代之典。今观所著经传经解，继以黄勉斋、杨信斋两先生修述，究未足为完书。是以“三礼”疑义至今犹蔀。乃于《礼经》之文，如郊祀明堂、宗庙谛尝、飨宴朝会、冠昏宾祭、宫室、衣服、器用等，先之以经文之互见错出足相印证者，继之以注疏诸儒之抵牾訾议者，又益以唐、宋以来专门名家之考论发明者，每一字一义，辄集百氏而谛审之。审之久，思之深，往往如入山得径，蓁芜豁然。又如掘井逢源，溢然自出。然犹未敢自信也，半月一会，问者、难者、辨者、答者，回旋反复，务期惬诸己，信诸人，而后乃笔之笺释，存之考辨。如是者十有余年，而裒然渐有成帙矣。丙辰通籍，供奉内廷，见闻所及，时加厘正。乙丑简佐秩宗，奉命校阅《礼书》。时方纂修《会典》，天子以圣人之德，制作礼乐，百度聿新。蕙田职业攸司，源流沿革，不敢不益深考究。丁卯、戊辰，治丧在籍，杜门读《礼》。见昆山徐健庵先生《通考》，规模义例，俱得朱子本意，惟吉、嘉、宾、军四礼，尚属缺如。惜宸锡、大年相继殂谢，乃与学士吴君尊彝陈旧箧，置抄胥，发凡例，一依徐氏之本，并取向所考定者，分类排辑，补所未及。服阕后，再历容台，遍览典章，日以增广。适同学桐山宜田领军见而好之，且许同订。宜田受其世父望溪先生家学，夙精“三礼”，邮签往来，多所启发，并促早为卒业，施之剞劂氏，以谂同志。德水卢君抱孙、丞和宋君悫庭从而和之。戊寅，移长司寇，兼摄司空，事繁少暇，嘉定钱宫允晓征实襄参校之役。辛巳冬，爰始竣事。凡为门类七十有五，卷二百六十有二。自甲辰至是，阅寒暑三十有八，而年已六十矣。顾以蕙田之谫陋，遭遇圣明，复理旧业，以期无忝厥职而已。至于朱子规模遗意，未知果有合焉否也。是为序。①

秦蕙田《答顾复初司业论五礼通考书》：……**尊论又谓，此书切忌援引多而断制少，典故多而发明少，如《礼书》总账簿，读者漫无别择，甚无谓也**。东海《通考》最无遗议，然尚嫌其太多，贪多务得，细大不捐。作文且不可，况《礼书》大制作耶？**窃谓著述详约，各有体裁。约者宜精，不精则不成其为约矣。详者宜不漏，漏则不成其为详矣。著书大忌，不详不约**。犹之作文者，不古不今，最为害事。如尊见，削去百家之言及后代事，止载经文，是经解之《五礼汇纂》，如现成之《仪礼经传通解》是也。此书原属未成，而朱子之本意正不止是。《宋史·礼志》载，朱子尝欲取《仪礼》、《周官》、二戴《记》为本，复编次朝廷公、卿、大夫、士、民之礼，尽取汉、晋而下及唐诸儒之说，考订辨正，以为当代之典。《志》所言不为无据，蕙何人斯，敢拟此例？惟是杜氏、马氏曾为之矣。窃仿其意，名曰《通考》。**通考者，考三代以下之经文以立其本原，考三代以后之事迹而正其得失。本原者，得失之度量权衡也。得失者，本原之滥觞流极也。本原之不立，坏于注疏百家之穿凿附会，故积疑生障，必穷搜之，明辨之。得失之不正，紊于后代之私心杜撰，便利自私，至障锢成疑，必备载之，极论之。是故援引者，断制之所从出。断制者，援引之归宿也**。苟不援引，何从断制？善援引者，正既援引而成断制，非两事也。孔子曰：“礼失而求诸野。”稗官小说，亦取其言之是，而助吾之断制者耳。即不然，亦显著其谬，明斥其非，不使如隐慝之潜滋，阴流其毒，以惑后世，而潜害吾之断制者耳。如此，则援引愈多，而发明断制亦因以详备，然后疑处可破，障碍可除。先圣之制作，乃独伸其是而尊于百世之上，岂漫无别择而牵引之哉？夫议礼之宗，每代难得一二人，而朝廷掌故，每代难得一二书。竭力搜罗，尚恐缺漏，矧可削之耶？若使希图省事，但摘一二大端以为口实，其余并将斩断，则源流本末罔然不知，即有所谓断制者，亦必凭私忖度，罅隙百出，动辄墨碍而不足信。孔子曰：“文献不足故也，足则吾能征之。”《中庸》曰：“无征不信。”征者，援引也，典故也。先生何反言之耶？《孟子》曰：“博学而详说之，将以反说约也。”贪多务得，细大不捐，不可以行文，而可以征礼，或有然矣。古云议礼如聚讼，如欲听讼，由堂上而观堂下，必使两造具备，师听五辞，五辞简孚，而

① 载文渊阁四库本卷首。

后正于五罚。若不听其辞，穷其变态，得其真情，而遽以己意断之，吾未见其明允也。此书头绪既多，必须通贯全书，心细如发，方可著眼。否则，一部“十七史”从何说起?(下略)①

秦蕙田《味经窝文集·味经日抄自序》：余少与蔡学正宸锡、吴水部大年、学士尊彝、龚布衣绳中为读经之会。**人各治一经，裒集先儒经解，每经至千余卷。遇疑难处，则博综群言，旁参确证，默坐澄思，研究秒忽，穷日夜不少息。**时砉然以解，**则取异同错出者考之，是非歧似者辨之，义理未发者说之，未可遽定者存之。**每会以旬日，**会则交相订正，不蓄疑也；互为录藏，无忘所能也。或古人先得我心者，仍之，言不必自己出也。要以详说反约，归于一是而已。**四十以后，部务之暇，辑《五礼通考》，宏纲细目，补残缀阙，剖析益繁，积日手抄，成六十余卷，曰《味经日抄》。味经，乃里中读书室名也。②

王鸣盛《西庄始存稿》卷十五《五礼通考序》：**李琰之尝论“崔光博而不精，刘芳精而不博”。学之欲兼精博也，难哉！要以抄缉荟萃，备下学之考稽，博为首重矣。**朱子之学，以研究义理为主，而于古今典章制度、象数名物亦靡不博考之，其纲条之所包络者多，故援据间有未精，而日力不暇给，则书之未成而有待于补续者亦多。《仪礼经传通解》以经为经，以记为纬，续之者益以丧、祭二礼，规模粲然矣。然熊勿轩序称，文公初志欲取《通典》及诸史志、《会要》与开元、开宝、政和《礼》斟酌损益，以为百王不易之大法，则今本犹未之备也。**大司寇梁溪秦公味经先生之治经也，研究义理，而辅以考索之学，盖守朱子之家法也。**尝叹徐氏《读礼通考》颇为整赡，乃仿其体，以吉、嘉、宾、军、凶分礼为五，编次为书。而徐氏之书详于史而略于经，公则为之矫其弊。且凶礼之别有五，而荒礼、吊礼、禬礼、恤礼，徐氏俄空焉，公则为之补其阙。书成，人但知为补续徐氏，而公则间语予曰：“吾之为此，盖将以继朱子之志耳，岂徒欲作徐氏之功臣哉!”公自少笃志经术，洎官中朝，政务旁午，而公退却扫，坐小阁中，左朱右墨，孜孜矻矻，不异诸生时，盖用力于此书者阅数十年。性复通怀乐善，闻人有一得，津津称道不去口。以故士有薄技，咸愿褰裳就公而求正焉。公商榷采纳，不遗细微。鄙固如予，所著《周礼税赋说》亦蒙搜录。公每树一义，必检数书为左证，复与同志往复讨论，然后笔之。故其辨析异同，铺陈本末，文繁理富，绳贯丝联，信可谓博极群书者矣。读者始而揽其规模，继而寻其端绪，如探珠林，泛玉海，卬有取，俯有拾，能使人人各得其意以去。后之君子其必有乐乎此也。

方观承《五礼通考序》：三代以下，言礼者必折衷于朱子。朱子论编纂礼书，宜以春官五礼为之纲。顾自辑《仪礼经传通解》，别以家、乡、邦国、王朝为次，虽亦具嘉、宾、军三礼，而未科别其条。勉斋、信斋续以丧祭之礼，始略备吉、凶二类，而又与前编体裁未能画一，盖亦稿本，未成之书也。学者既不见先王之大全，中间又无先儒衡定之成书，各以耳剽臆决，涂饰文具，所称圣人缘情而制，因性而作者，岂如是乎？昔在京师时，伯父望溪先生奉诏纂修“三礼”，余数从讲问。伯父告之曰：“礼者，义之实，先王所以体性而达情也。学者能内考其性情，以协诸进退揖让、尊卑际会之节，始知三千三百莫不犁然曲当于人心，直可兼陈万物而权衡之耳。”因以所著《丧礼或问》授余。既而阅

① 载《清经世文编》卷五十四礼政一。

② 见徐世昌《清儒学案》六七《味经学案》。

昆山徐氏《读礼通考》，乃知圣人立中制节，《或问》实揭其精微，若载《或问》于丧礼，补吊荒禬恤之制，则凶礼已全。因准是而师朱子辑礼本意，博采经传子史，区为吉、嘉、宾、军四类，而汇成五礼全书，庶几经世大典，可以信今而垂后也。吾友味经先生，以博达之材，粹于《礼经》，官秩宗，日侍内延，值圣天子修明礼乐，乃益好学深思，研综坟典，上自六经，下讫元、明，凡郊庙禋祀，朝觐会同，师田行役，射乡食飨，冠昏学校，名以类附，于是五礼条分缕析，皆可依类以求其义。先生向与伯父论礼，因属余参其间，非谓能折衷礼制也。凡先儒绪论，其合于经者，于人心必大洽适焉，其附会穿凿，显悖于经者，于人心必大剌谬焉。故曰礼者，群义之文章，协诸义而协，则礼虽先王未之有，可以义断也。顾是书体大物博，先生积数十年搜讨参伍，乃能较若画一。余志所闻于父师者，特以示其涂径，俾知名数虽繁，要以义理为之准，斯得其门而入尔。无徒博观于外，而骇然以惊焉可也。

卢见曾《雅雨堂集》文集卷一《五礼通考序》：往余读徐东海先生《读礼通考》，叹其兼综百代，折衷尽善，有功于礼教甚大，而病其不全。通籍后，同年顾君震沧学问渊博，尤邃于经。余前任两淮，延顾君教子数共晨夕，曾为余言，少时尝欲钩贯六经，作《周官联》一书，未就。余亟赞之曰："子速成之，吾为子任剞劂之费。"会余以事谪徙塞外，而顾君有《春秋》之纂述，遂不果。暨余赐还，而顾君年已老矣。疑五礼不复得睹全书，深以为憾。乾隆乙亥冬，锡山秦少司寇味经辱示余《五礼通考》。全书增徐氏吉、军、宾、嘉四项，而丧礼补其未备。吞吐百氏，翦裁众说，盖举"二十二史"悉贯以《周礼》、《仪礼》为之统率，上自朝廷之制作，下逮儒者之议论，靡不搜抉仄隐，州次部居，令读者一览易晓，至是而世之有志于礼教者始畅然满志而无余憾矣。先生所增四礼，于吉礼尤详。夫礼有宜法古者，有宜于古不宜于今者。我朝圣圣相承，一新礼制，如康熙庚午庙堂驳禘礼无庸议，而《会典》无大飨明堂之礼，其卓识直高出百王以上。先生曾佐秩宗，熟览掌故，宜其著述昭晰详备而无遗若此也。呜呼！儒者穷愁著书，无世网之婴，得以朝夕肆志于学。若先生年甫逾壮，起家禁近，洊列卿贰，夙夜服劳，乃能退食，从容裒集数百代典章文物，卓然成此大观，为秦、汉以下未有之书，岂不伟哉！会先生书来，征余作序，余因道二十年前与顾君有志欲为而未及为者如此。

钱大昕《潜研堂集》文集卷二十六《味经窝类稿序》：太子太保大司寇锡山秦公，以通经砥行为东南多士倡。洎登巍科，陟上卿，以夙昔经术发为经济，移孝作忠，为当代名臣。公退之暇，手订《五礼通考》数千万言，剞劂告成，既乃取平日所为文，分类编次为若干卷，名之曰《味经窝类稿》。味经窝者，公少时读书之室名也。锡山自高、顾诸君子讲学东林，遗风未坠。尊甫给谏公潜心性理，学养尤邃。公耳濡目染，闻道最早，顾不欲居讲学之名，乃与同志三四人为读经之会。每旬有余日，则一会于所谓味经窝者，会则出其所得而商榷之。尝曰：“**先圣之蕴具于六经。舍六经，安有学哉**？”及其出而为文，光明洞达，浩乎沛乎，一如其意之所欲言而止。譬之堂堂之阵、正正之旗，所向无敌，而不为佻巧诡遇之计。盖尝受而读之，诗、赋、章奏、序、记、论、说，无体不备，而说经之文居其大半。昔人称昌黎以六经之文为诸儒倡。今公之文，非六经之法言不陈，非六经之疑义不决，折衷百家，有功后学，所谓吐词为经，而蕲至于古之立言者，唯公有焉。**尝慨秦、汉以下经与道分，文又与经分。史家至区道学、儒林、文苑而三之。夫道之显者谓之文，六经、子、史皆至文也。后世传文苑，徒取工于词翰者列之，而或不加察，辄嗤文**

章为小技，以为壮夫不为，是耻鞶帨之绣，而忘布帛之利天下，执耰耒之细，而訾菽粟之活万世也。公之学，求道于经，以经为文，当世推之曰通儒，曰实学，不敢仅以文士目公，而其文亦遂卓然必传于后世，此之谓能立言者。昌黎不云乎："言，浮物也。"物之浮者，罕能自立，而古人以立言为不朽之一，盖必有植乎根柢而为言之先者矣。草木之华，朝荣而夕萎，蒲苇之质，春生而秋槁，恶识所谓立哉？（下略）

章太炎《检论·清儒》：而秦蕙田《五礼通考》，穷尽二千余年度法，欲自比《通典》，憙以世俗正古礼，虽博识，固不知量也。

龚向农《经学通论》卷四：通考"三礼"之书，徐乾学《读礼通考》、秦蕙田《五礼通考》最为繁博，然采摭虽多，而断制未精，盖徐、秦两书皆兼史学，不专为治经而作也。①

今按：《四库提要》称是书因徐乾学《读礼通考》惟详丧葬一门，而《周官》大宗伯所列五礼之目，古经散亡，鲜能寻端竟委，乃因徐氏体例，网罗旧说，以成一书。又称其考证经史，元元本本、具有经纬云云。笔者多年前曾就此书之价值问题求教于邵阳陈成国先生。陈先生答曰，此书价值一般，远未达到集大成的程度。

① 见林庆彰主编《民国时期经学丛书》第二辑第1册，第156页。

庄存与

《清儒学案》卷七十三《方耕学案上》：方耕于六经皆有撰述，深造自得，不斤斤分别汉、宋，但期融通圣奥，归诸至当，在乾隆诸儒中，实别为一派。家学流传，熏陶者众。犹子述祖及外孙刘逢禄、宋翔凤辈，皆湛深经术，卓然成家，其渊源盖有自也。〇庄存与，字方耕，号养恬，武进人。乾隆乙丑一甲二名进士，授编修，以大考擢侍讲，官至礼部左侍郎。历任湖南、顺天、山东学政，典湖北、逝江乡试各二次，均得士称盛。充天文算法总裁官及乐部大臣，先后直上书房、南书房垂四十年，以年老休致。五十三年卒，年七十。生平践履笃实，于六经皆能阐发奥旨，不专事笺注，而独得先圣微言大义于语言文字之外。《易》则贯穿群经，虽旁涉天官分野气候，而非如汉、宋诸儒之专衍术数，比附史事。《尚书》则不分今古文文字异同，而剖析疑义，深得夫子序书、孟子论世之意。《诗》则详于变雅，发挥大义，多可陈之讲筵。《春秋》则主公羊、董子，虽略采左氏、穀梁氏及宋、元诸儒之说，而非如何劭公所讥“倍经任意，反传连戾”。《周官》则博考载籍，有道术之文，为之补其亡阙，俾能取法致用。《乐》则谱其声，论其理，足补《乐经》之阙。《四书说》敷畅本旨，可作考亭争友，而非如姚江王氏、萧山毛氏之自辟门户，轻肆诋諆也。而要于《春秋》为最深。**所学与当时讲论或枘凿不相人，故所撰述皆秘不示人，通其学者仅门人邵晋涵、孔广森及子孙数人而已。**著有《彖传论》一卷，《彖象论》一卷、《系辞传论》附《序卦传论》二卷、《八卦观象解》二卷、《卦气解》一卷、《尚书既见》三卷、《尚书说》一卷、《毛诗说》四卷、《周官记》五卷、《周官说》五卷、《春秋正辞》十一卷、《春秋举例》一卷、《春秋要指》一卷、《乐说》二卷、《四书说》一卷，统名曰《味经斋遗书》。又有《味经斋文稿》若干卷。（参史传、《味经斋遗书》阮元《序》、《庄述祖传》、《武阳县志》）

《清史稿》卷三百五：存与，字方耕，江南武进人。乾隆十年一甲二名进士，授编修。四迁内阁学士。二十一年，督直隶学政。按试满洲、蒙古童生，严，不得传递，群哄。御史汤世昌论劾，命夺存与官。上恶满洲、蒙古童生纵恣，亲复试，搜得怀挟文字。临鞫，童生海成最狡黠，言：“何不杀之？”上怒，立命诛之。哄堂附和者三人，发拉林种地；四十人令在旗披甲；不得更赴试。并以存与督试严密，仍命留任。擢礼部侍郎。遭父丧。服除，补内阁学士，仍授原官，直上书房。遭母丧。服除，补原官。五十一年，以衰老休致。五十三年，卒。存与廉鲠。典浙江试，巡抚馈金不受，遗以二品冠，受之。及途，从者以告曰："冠顶真珊瑚，直千金!"存与使千余里返之。为讲官，上御文华殿，进讲礼毕，存与奏："讲章有舛误，臣意不谓尔。"奉书进，复讲，尽其旨，上为留听之。

《清史列传·儒林传下一》：庄述祖，字葆琛，江苏武进人。从父存与，官礼部侍郎，幼传太原阎若璩之学。博通六艺，而善于别择。时阎氏所辟伪《古文》，信于海内。言官学臣则议上，言于朝，重写二十八篇于学官，颁天下，考官命题，学者毋得讽读伪书。存与方直上书房，自语曰：**"辨古籍真伪，为术浅且近者也。古籍坠湮十之八，颇藉伪籍存者十之二，胄子不能旁览杂氏，惟赖习'五经'以通于治。若《大禹谟》废，人心道心之旨、杀不辜宁失不经之诫亡矣；《太甲》废，俭德永图之训坠矣；《仲虺之诰》废，谓人莫己若之诫亡矣；《说命》废，股肱良臣启沃之谊亡矣；《旅獒》废，不宝异物贱用物之诫亡矣；《冏命》废，左右前后皆正人之美失矣。今数言幸而存，皆圣人之真言也。"**乃为《尚书既见》三卷、《说》二卷，数称伪书，而古文竟获仍学官不废。他著《象传论》一卷、《彖象论》一卷、《系辞传论》二卷，附《序卦传论》、《八卦观象解》二卷、《卦气论》一卷、《毛诗说》二卷、《补》一卷、《附》一卷，《周官记》五卷、《说》二卷，《春秋正辞》十二卷，附《举例》一卷、《要指》一卷，《四书说》二卷，事迹别见列传。门人余姚邵晋涵、曲阜孔广森，同邑刘逢禄及述祖皆通其学。①

龚自珍《龚定盦全集》文集卷上《资政大夫礼部侍郎武进庄公神道碑》：先生性方鲠。为讲官日，上御文华殿，同官者将事，上起，讲仪毕矣。先生奏："讲章有舛误，臣意不尔也。"因进，琅琅尽其指。上为少留，颔之。……先生幼诵六经，尤长于《书》。奉封公教，传山右阎氏之绪学。既成进士，阎氏所廓清已信于海内，江左束发子弟皆知助阎氏。言官学臣，则议上言于朝，重写二十八篇于学官，考官命题，学童讽书，伪书毋得与。将上矣，先生以翰林学士直上书房，自语曰：**"辨古籍真伪，为术浅且近者也**，且天下学童尽明之矣。古籍坠湮什之八，颇藉伪书存者什之二。昔者《大禹谟》废，人心道心之旨、杀不辜宁失不经之道亡矣；《太甲》废，俭德永图之训坠矣；《仲虺之诰》废，谓人莫己若之诫亡矣；《说命》废，股肱良臣启沃之谊丧矣；《旅獒》废，不宝异物贱用物之诫亡矣；《冏命》废，左右前后皆正人之美失矣。今数言幸而存，皆圣人之真言。言尤疴痒关后世，宜贬须臾之道，以授肄业者。"著《尚书既见》，数数称《禹谟》、《虺诰》、《伊训》，而晋代掇拾百一，功罪且互见。先生是书，颇为承学者诟病，而古文竟获仍学官不废。(下略)

臧庸《拜经堂文集》卷五《礼部侍郎少宗伯庄公小传》：公姓庄氏，名存与，字方耕，江苏武进人。乾隆乙丑榜眼官，礼部左侍郎。五岁就塾读书，目数行下。年十二，京师地震，屋倾压重墙下，掘土五六尺许始得，耳目闭塞，良久方出声。力探经史、性理百家，从舅氏钱公某讲肄，平生学业始基此。戊午，下第归，研究算学，忘寝食，因得眩晕疾。戊辰，散馆列二等，仍留教习，奉谕旨云："闭户读书，留心经学。"一时惊为儒臣。异日数出典浙江试，两典湖北试，督学顺天、河南。壬申会试同考官，辛卯副总裁，甲辰

① 见中华书局本第17册，第5542页。

知贡举，壬辰教习庶吉士，查察枪手、传递、顶冒诸弊极严密，所按次第肃清，觊觎者望风敛戢，士心益励。……治家严而有法，不苟言笑，于世俗声华玩好之属澹然无所嗜，性清介，严取予，谨然诺，饮食、衣服刻苦自持，奉差使所过食用必自治，并戒仆从不勤馆人，故所庄下车舆颂翕然。教子孙持家范，勿令稍染时趋，接物中正平易，人亦无敢干以私者。家居宇舍精洁，器物整齐，书籍时亲检点，勿使稍有参错。幼禀庭训，习朱子《小学》、《近思录》，长益沉潜经义，诵诗读书，惟以知人论世为准，故所造洪博深邃，莫测其涯涘。若天文、舆地、河渠、水利、律吕、算数之学，莫不覃思殚究，口吟手披，率至夜分始就寝。谓学以养其良心，益其神智，须旁广而中，深始能囊括群言，发其精蕴。又云：**“读书之法，指之必有其处，持之必有其故，力争乎毫厘之差，深明乎疑似之介。”**尝自署斋联云：**“玩经文，存大体，理义悦心；若已问，作耳闻，圣贤在坐。”其平生得力语也。**……《易》主朱子《本［义］》，《诗》宗《小序》、毛传，《尚书》则兼治古今文，《春秋》宗《公》、《穀》义例，“三礼”采郑注，而参酌诸家。病中犹时时背诵经书不置。乾隆五十三年卒，年七十岁。……时嘉庆五年十一月长至前三日，同里后学臧庸堂拜撰。

桂文灿《经学博采录》卷二有传，存目。

庄存与《春秋正辞·大一统》：公羊子曰：“何言乎王正月？大一统也。”《记》：“天无二日，土无二王，国无二君，家无二尊，以一治之也。”子曰：“吾说夏礼，杞不足征也。吾学殷礼，有宋存焉。吾学周礼，今用之，吾从周。王天下有三重焉，其寡过矣乎。”王阳曰：“《春秋》所以大一统者，六合同风，九州共贯也。”董生曰：“《春秋》大一统者，天地之常经，古今之通谊也。今师异道，人异论，百家殊方，指意不同，是以上无以持一统，法制数变，下不知所守。臣愚以为，诸不在六艺之科，孔子之术者，皆绝其道，勿使并进，邪辟之说灭息，然后统纪可一，而法度可明，民知所从矣。”（此非《春秋》事也，治《春秋》之义莫大焉）

庄存与《尚书既见》：司马迁尝续百篇之序，而不知成王、周公之事为荀卿、蒙恬所汩乱。汉居秦故地，世习野人之言，于是有《周公辅成王朝诸侯图》赐霍光者，成王幼不能涖祚，遂记于大小《戴记》，而列于学官矣。周公践祚，君子有知其诬者，而不能知成王即位其年不幼矣。何以征之？征之于《书》。《书》曰：于后公乃为诗以贻王，名之曰《鸱鸮》，王亦未敢诮公。”岂教诲稚子之言乎？

李兆洛《养一斋文集》卷二《尚书既见序》：**读圣人之书，必求窥圣人之心。圣人之心，千万人之心也。**而孟子称智足知圣，惟宰我、子贡、有若，七十子莫得与焉。子思子作《中庸》，引圣人之道于至浅至近，而顾难之曰：“苟不固聪明睿智达天德者，孰能知之？”然则圣人之心，果无智愚皆足以知之乎？今夫日之在天也，庸夫、孺子皆见之而知之，然则畴人子弟登灵台，窥机衡，其知必有与庸夫、孺子异者。向使进羲和、容成而问之，其知又必有与畴人子弟异者。执庸夫、孺子所知之日，以为日尽于是也，可乎？不可也。然使以畴人子弟所知之日，语庸夫、孺子，则疑且笑之。更以羲和、容成所知之日而语之，则益非且怪之。何也？其知不足及此也。日未尝异也，随知之者而异也。圣人之心未尝异也，亦随知之者而异也。窃怪夫循诵习传之士；未得其一端，而遽名曰吾知圣。则孟子所云智足知圣，七十子所不能者，今之士顾反能之。而大而化，“圣而不可知之”之云者，抑果易知也。读方耕庄先生《尚书既见》，始卒业而爽然，徐寻绎之而怡然。舜、禹、文王、周公，得孔子、孟子之言，而其心可知矣。后之读书者，求端于孔子、孟王之言，而勿以凡所言者乱之，则几乎其可矣。先生之言，若与凡言之者异，而与孔子、孟子之言近矣。由是以求窥圣人之心，亦犹欲问日于羲和、容成，而以灵台畴人为之导也。**夫不知圣人，不为圣人损。不知而不求知，而自安于其所知，吾恐学道之见日益卑陋，遂锢于浅近，所造亦以益下。几何不如畴人家言，更千年而天可倚杵也。承学之士，诚思扩其胸，高其识，无域乎庸夫、孺子之见，请由是而之焉可乎！**

李兆洛《养一斋文集》卷二《庄方耕先生〈**周官记**〉序》：《周官》者，古今治天下之版法也。虽有甚乱，不能尽泯弃；虽有甚治，亦莫能尽其精微。盖与天命相流通焉。学者病《冬官》之亡，以为五官根柢皆在《冬官》，《冬官》亡而五官莫能举。窃以为不然。所谓根柢者，封建、井田之规模，郊坛、宗庙、宫室、邱封、车旗、衣服、律吕、彝器之制度已耳。即其书完具，其法可得施用于今日乎？**师《周官》者，当师其意，不当师其法。**当孟子时，固已籍失，而但闻其略矣，孟子不以籍失为病也，权其可施行于当日者而为之通变，以适其宜，期无失乎先王之意而已矣。汉之三老啬夫得以俗教安之意，故民气达。宋之宰相得冢宰进退百官之意，故人才兴。明士庶之制得以仪辨等之意，故士气伸。其法未尝同，而皆足以致治。若北周之名官以次比附，唐之《六典》规仿文字如模印然，曾何益于治乎？至于袭其一字一言以为法，而新莽、荆舒且以乱天下矣。故曰不当师其法。方耕先生仿《仪礼记》作《周官记》，甄综经意，令就条理，欲以融通旧章，定后世率由之大凡。其于冬官采周、秦诸子之言地事者辅益之，不屑屑于事为制造之末，而于官不陈艺，工不信度，府事隳坏，三叹息焉。又攟经中大典，如郊庙、族属之类，古人所论列者，件系而折衷之，为《周官说》三卷，以辅记之。所不尽实，能探制作之本，明天道以合人事，然后缀学之徒钩稽文词，吹索细碎，沿传讹谬之说一切可以尽废。**有志于治者，由其说通其变，举而措之，如视诸掌，非徒经生讲解之资而已也。治经者知读书所以致用，必有观其会通而不泥于迹者，庶几六经之在天壤，不为占毕记诵之所荒，不为迂僻胶固之所窜也夫！**

章太炎《检论·清儒》：夫经说尚朴质，而文辞贵优衍；其分涂，自然也。文士既以媮荡自喜，又耻不习经典。于是有常州今文之学，务为瑰意眇辞，以便文士。今文者：《春秋》，公羊；《诗》，齐；《尚书》，伏生；而排摈《周官》，《左氏春秋》，《毛诗》，马、郑《尚书》。然皆以公羊为宗。始武进庄存与，与戴震同时，独憙治公羊氏，作《春秋正辞》，犹称说《周官》。其徒阳湖刘逢禄，始专主董生、李育，为《公羊释例》，属辞比事，类列彰较，亦不欲苟为恢诡。然其辞义温厚，能使览者说绎。及长洲宋翔凤，最善傅会，牵引饰说，或采翼奉诸家，而杂以谶纬神秘之辞。翔凤尝语人曰：“《说文》始一而终亥，即古之《归臧》也。”其义瑰玮，而文特华妙，与治朴学者异术，故文士尤利之。

李柏荣《魏源师友记》卷二《庄存与》：存与，字方耕，江苏武进人。乾隆乙丑榜眼，官礼部左侍郎。年七十卒。著有《八卦观象篇》、《彖象论》、《彖传论》、《系辞传论》、《序卦传论》、《卦气解》、《尚书既见》、《毛诗说》、《春秋正辞》、《周官记》、《律谱》、《六乐解》、《九律解》、《声应生变解》、《成律合声论》、《审一定和解》、《琴律解》、《瑟音论》、《算法约言》等书藏于家。存与幼好学，力探经史、性理、百家语。戊午下第归，乃研精数学，卒能成家。性清介，严取予，饮食衣服，刻苦自持。尝谓："学所以养其良心，益其神智，须旁广而中深，始能囊括群言，发其精蕴。"又云："读书之法，指之必有其处，持之必有其故，力争乎毫厘之差，深明乎疑似之介。"尝自署斋联云："玩经文，存大体，理义悦心；若己问，作耳闻，圣贤在坐。"——其平生得力语也。《易》主朱子《本义》，《诗》宗《小序》、毛传，《尚书》则兼治古今文，《春秋》宗《公》、《穀》义例，"三礼"采郑注而参酌诸家，清代今文经学开山祖也。默深奉之为宗主。虽不及亲謦咳，其遗书若干卷，默深曾为之序，谓其"萃乎董胶西之对天人，醇乎匡丞相之述道德，肫乎刘中垒之陈今古，未尝凌杂釽析，如韩婴、董仲舒、班固、徐幹数子所讥，故世之语汉学者鲜称道之"。又云："君在乾隆末，与大学士和珅同朝，郁郁不合，故于《诗》、《易》君子小人进退消长之际，往往发愤慷慨，流连太息，读其书可以悲其志云。"（《庄少伯遗书序》）近人叶德辉撰《经学通诰》，以默深附于常州学派庄存与之后，盖渊源固有所自也。

杨向奎《方耕学案》：方耕于六经皆能阐发奥旨，不事笺注，而独得微言大义于语言文字之外。……庄存与是清代前期《公羊》学的首倡者，此后这一学派重要人物几乎都受有他的影响，如其侄庄述祖，门人孔广森，外孙刘逢禄，侄外孙宋翔凤等。他生存的时代，正是清代由盛世逐渐转为衰危的时代，也是中国封建社会趋于崩溃的时代。……庄存与不仅混淆汉、宋，而且是不分经学今古。在传统的学术流派中，汉学、宋学本来泾渭分明，庄存与能够兼容并包，一方面说明他的学风，一方面也是适应当时的社会需要。为了巩固这原有的阶级秩序，他使用两道堤防。同是经学，今文和古文，两汉以来互相水火，《公羊》学派对古文经更不相容，因之它排斥古文经《周礼》，但庄存与却以《周礼》济《公羊》之穷，这为后来的《公羊》学派开辟了广阔前景，后来的廖季平以《公羊》派而鼓吹《周礼》，以为是"大一统"的宝书。《公羊》学是一部空头理论书，是一部历史哲学，不具备政治条文及具体的典章削度，因之要借《周礼》以明"周监"。①

① 见杨向奎《清儒学案新编》第四册，第1~4页。

庄述祖

《清儒学案》卷七十四《方耕学案中·方耕家学·庄先生述祖》：庄述祖，字葆琛，所居室曰珍艺宧，学者称珍艺先生。父培因，为立耕弟，乾隆甲戌一甲一名进士，官翰林院侍讲学士。先生十岁而孤，从世父游，潜心经术。乾隆庚子成进士，选山东昌乐县知县，调补潍县。明畅吏治，刑狱得中，豪猾敛迹。署曹州府桃源同知，以母老乞养归。嘉庆二十一年卒，年六十七。其为学原本家法，研求精密，于世儒所不经意者，覃思独辟，洞见本末。“五经”皆有撰述，而于《尚书》、《毛诗》、《夏小正》，考证尤勤。并校订《尚书大传》、《逸周书》、《白虎通义》诸书，凡舛句讹字，佚文脱简，易次换第，草薙腋补，咸有证据。又深通六书之学，于古籀文字、转注谐声及《说文》偏旁条例亦皆疏通而证明之。晚年尝为口号曰：“惯看模黏字，专攻穿凿文。”盖纪实也。生平著书甚富，其刊行者有《尚书今古文考证》七卷、《毛诗考证》四卷、《毛诗周颂口义》三卷、《夏小正经传考释》十卷、《五经小学述》二卷、《历代载籍足征录》一卷、《白虎通义考》一卷、《辑白虎通义阙文》一卷、《说文古籀疏证目》一卷、《石鼓然疑》一卷、《弟子职集解》一卷、《汉铙歌句解》一卷、《珍艺宧文钞》七卷、《珍艺宧诗钞》二卷。其外尚有《诗纪长编》一卷、《乐记广义》一卷、《左传补注》一卷、穀梁考异》二卷、《论语集解别记》二卷、《五经疑义》一卷、《说文古籀疏证》二十五卷、《说文谐声考》① 一卷、《说文转注》一卷、《钟鼎彝器释文》一卷、《声字类苑》一卷、《史记决疑》五卷、《天官书补考》一卷。及校定《尚书大传》、《逸周书》、《孔子世家》、《列女传》等书，皆藏于家。（参史传、李兆洛撰《传》、宋翔凤撰《行状》）

《清史稿·儒林二》：庄述祖，字葆琛，武进人。世父存与，官礼部侍郎，自有传。述祖，乾隆四十五年进士，官山东潍县知县，明畅吏治，刑狱得中，豪猾敛迹。尝勘硷

① 说文谐声，书名。清庄述祖撰。一卷。今传于世。此书在博考先秦韵文的基础上，取《说文》中形声字，依《广韵》体例编次。（许嘉璐主编《传统语言学辞典》第354页）

地，众以为斥卤也，述祖指路旁草问何名，曰马帚。述祖笑曰："此于经名荓①，《夏正》'荓秀'记时，凡沙土草荓者宜禾，何谓硷?"众皆服。甲寅，以卓异引见，还，檄授桃源同知。不一月，乞养归。著书色养者十六年，未尝一日离左右。二十一年，卒。述祖传存与之学，研求精密，于世儒所忽不经意者，覃思独辟，洞见本末。著述皆义理宏达，为前贤未有。以为《连山》亡而尚存《夏小正》，《归藏》亡而尚有仓颉古文，略可稽求义类。故著《夏小正经传考释》，以斗柄、南门、织女记天行之不变，以参中、大中记日度之差，以二月丁卯知夏时，以正月甲寅启蛰为历元，岁祭为郊，万用入学为禘。著《古文甲乙篇》，谓许叔重始一终亥，偏旁条例所由出，日辰干支，黄帝世大挠所作，沮诵、苍颉名之以《易》结绳，伏羲画八卦作十言之教之后，以此三十二类为正名百物之本。故《归藏》为黄帝《易》，就许氏偏旁条例，以干支别为序次，凡许书所存及见于金石文字者，分别部居，书未竟，而条理粗具。其余"五经"悉有撰著，旁及《逸周书》、《尚书大传》、《史记》、《白虎通》，于其舛句讹字，佚文脱简，易次换第，草薙腋补，咸有证据，无不疏通，旷然思虑之表，若面稽古人而整比之也。所著《夏小正经传考释》十卷、《尚书今古文考证》七卷、《毛诗考证》四卷、《毛诗周颂口义》三卷、《五经小学述》二卷、《历代载籍足征录》一卷、《弟子职集解》一卷、《汉铙歌句解》一卷、《石鼓然疑》一卷、《文抄》七卷、《诗抄》二卷。

《清史列传·儒林传下一》：存目。②

宋翔凤《朴学斋文录》卷四《庄珍艺先生行状》：先生姓庄氏，讳述祖，字葆琛，所居室曰珍艺宧，学者称珍艺先生。先世自金坛迁常州府武进县，遂为常州望族。……先生甫十岁，居丧如成人。时伯父侍郎公于"五经"皆有论说，彭恭人之季弟二林先生为文精深，先生皆取法焉。弱冠，娶侍郎倪公承宽女，凡族党故旧皆通显要津，未始染奔竞之习。乾隆丁酉，以官卷中江南乡试，庚子成进士。相国阿桂公以先生故人子，欲罗致之，避嫌不往谒。时和相用事，阿公之门下士稍稍去，亦以是疑先生。殿试卷已授进呈，后卒置十卷后，引见归班铨选，先生遂归奉母以居。先是以经学之外，制诗赋、词章甚富，以不入翰林，遂弃去，从事小学，治许氏书，以先求识字，谓六书之义，转注、谐声最繁，而无定说，用《尔雅》之例，编《说文转注》，用《广韵》例，又博考三代、秦、汉有韵之文，编《说文谐声》，《说文》之学以是遂明，而周、秦之书无不可读者。遂校《逸周书》，解《夏小正》，《诗》、《书》次第皆有纂著，而部议至，谒选得甘肃崇信县，以亲老例改山东昌乐县。辛亥六月之任，逾年调潍县，明畅吏治，刑狱断罪，堂皇坐决，不假幕客，匙有失当，治豪滑皆敛迹，前官交仓库有缺，辄撙节以补之，大吏则恭敬以事之，时时以老母为念，不敢矫激以贻忧也。治潍五年，尤培奖士林。邑人韩公复守濂、洛之说，意气傲岸，先生礼敬如父执。诸生傅廷兰，寒士修谨，以孝廉方正荐于大府，于童子试所识拔登科第者，相继两充同考官，所荐皆经术士，亦辄以经义断事。……后生以学问就正，谆谆诲诱，未尝有所隐也。尝云："吾诸甥中，刘申受可以为师，宋虞庭可以为

① 荓，草名。又名荔草，俗名铁扫帚。叶可造纸，根可制刷。亦用以为止血、利尿药。《管子·地员》："蒌下于荓，荓下于萧。"明李时珍《本草纲目·草四·蠡实》："荓音瓶，马帚也。此即荔草，谓其可为马刷，故名。今河南北人呼为铁扫帚。"

② 详见中华书局本第17册，第5542~5543页。

友。”翔凤先母为先生女弟，已未岁归宁，命翔凤留常州，先生教以读书稽古之道，家法绪论，得闻其略。(下略)

李兆洛《养一斋文集》卷十五《珍艺先生传》：先生姓庄氏，名述祖，字葆琛。先世自金坛迁常州府武进县，遂著籍。……嘉庆二十一年六月廿三日卒，侍郎公博通六艺，高朗阔达，于圣人微言奥义能深探而扩言之。先生渊源既邃，益研求精密，于世儒所忽不经意者，蹈间覃思，独辟天地，以为《连山》亡而尚存《夏小正》，《归藏》亡而尚有仓颉古文，略可稽求义类，故著《夏小正经传考释》……皆义理宏达，洞见原本，为前贤所未有。“五经”悉有所撰著，旁及《逸周书》、《尚书大传》、《史记》、《白虎通》，于其舛句讹字，佚文脱简，易次换弟，草薙腠补，咸有证据，无不疏通，旷然思虑之表，若面稽古人而整比之也。所著书三十七种，若干卷，惟《夏小正》已具甲乙篇，未竟而条理粗备，俟有志者成之。余皆启其端绪，引而申之者，存乎其人焉。李兆洛曰：今世所谓学者，求其向慕于古初难矣。其有综览多闻，希自标异，或袭古猎说，因而重之，或貌古色，取窜而有焉，皆未尝求之于心，而苟悫于口耳之间者也。心求之者，神与古冥，念之所发，思之所触，回翔反复，无不于是而后精融形释，不期而与之化焉，而后古人之神与之相通，动念措思无不古人也，于是著之于言，高薄穹颢，微入翾忽，悉成典要。读其书者，遂若接古人于一室，可与酬酢晤言，而凡猥之识，鄙悖之想，不自知其泯焉尽也。兆洛盖读先生诸书，而怳然遇之焉。

桂文灿《经学博采录》卷二、徐世昌《晚晴簃诗汇》卷一百二皆有传，存目。

庄述祖《校定白虎通义目录自序》：汉石渠、白虎论“五经”，先诏诸儒考详异同，作议奏，既纂辑其事，谓之《通义》。《艺文志》有宣帝时石渠论《书》、《礼》、《春秋》、《论语》议奏，及五经杂议，杂议亦石渠论也，皆亡逸。白虎议奏，旧不注于簿录，今《通议》虽不备，犹行于世，此儒林之渊源，策府之秘奥也。流传久失真，雠校家不知阙疑之义，杂滥他书相糅舛，卷帙混淆，妄加名目，类别失伦，脱简间编，文字讹者无虑千百数，读者难之。惜一代大业，重六艺旧闻，考迹传记，博采事类，略揃补拾，裒异同，演正义，区真伪，按存佚，以缀阙文，以备经部之一，凡四卷为四十三篇，入阙文一篇。

庄述祖《白虎通义考自序》：汉中兴初，五经立学官者，《易》施、孟、梁丘、京氏，《尚书》欧阳、大小夏侯，《诗》齐、鲁、韩，《礼》大、小戴，《春秋》严、颜，凡十四博士。《穀梁春秋》甘露中曾立之，光武欲立《左氏》，诸儒廷争者累日，既得立而既废。建初中，选高才生受《左氏》、《穀梁春秋》、《古文尚书》、《毛诗》，顾第以广异义，此功令也。《白虎通义》杂论经传，《易》则施、孟、梁丘经，《书》则伏生传及欧阳、夏侯大指相近，莫辨其为解故，为说义也。经二十九篇外，有“厥兆天子爵与五社”之文，在《亡逸》中（今本亡作无，或误以为《周书·无逸》篇者，非也)，《诗》三家则鲁故居多(《礼乐》篇诗传曰，大夫士日琴瑟御，又传曰，天子食日举乐。皆鲁诗也。见《公羊解诂》。又《辟雍》篇及阙文和鸾，皆引鲁训)。《艺文志》所云，最为近之者也。韩《内传》毛《训故》亦间入焉(《宗族》篇宗人将有事，族人皆侍。今本作礼曰。《通典》引此，作毛苌曰。《嫁娶》篇引《传》曰，阳倡阴和，男行女随)；《春秋》则《公羊》而外，间采《穀梁》，《左氏传》与《古文尚书》，当时不立学官，书且晚出，虽贾逵等以持明古学议北宫，而《左氏》义不见于《通义》。九族上凑高祖，下至玄孙，《书》古文义也。在经传之外备一说，不以为《尚书》家言（详见《宗族》篇）。《礼》经则今《礼》十七篇，并及《周官》经，传则二戴有谥法、三正、五帝、王度别名之属，皆记之逸篇也。《乐》则河间之记，《论语》、《孝经》六艺并录，傅以谶记，援纬证经。自光武以赤符即位，其后灵台郊祀，皆以谶决之，风尚所趋然也。故是书论郊祀（阙文），社稷灵台，明堂封禅，悉隐括纬侯，兼综图书，附世主之好，以绲道真，违失六艺之本，视石渠为驳矣。夫《通义》固议奏之略也，石渠论既亡逸，而白虎议奏，当时已颇珍祕，学者罕能言之，使后之人概无以见两代正经义、厉学官之故事。由略以求其详，于是乎在。作《白虎通义考》。

杨向奎《方耕学案》：其为学严本家法，于今文义法少所发挥，而深通六书之学，但仍持今文家言，右《公羊》而左《左氏》，如云："《春秋》之义，以《三传》而明，而《三传》之中，又以《公羊》家法为可说。其所以可得而说者，实以董大中综其大义，胡母生析其条例，后进遵守不失家法，至何劭公作《解诂》，悉隐括就绳墨，而后《春秋》非常异义可怪之论皆得其正。凡学《春秋》者，莫不知《公羊》家诚非《穀梁》所能及，况《左氏》本不传《春秋》者哉！假设无诸儒之句剖字析，冥心孤诣，以求圣人笔削之旨，则缘隙奋笔者皆纷纷籍籍，以为《左氏》可兴，《公羊》可夺矣。"（《夏小正经传考释·自序三》）尊何休之《公羊解诂》，以为使其中微言大义，悉隐括就绳墨，而后《春秋》之非常异义可怪之论，皆得其正，而《公羊》在《三传》中，高于《左氏》及《穀梁》，可以论定。后来虽有诸儒之缘隙纷纷，终不能"谈经夺席"也。①

① 见杨向奎《清儒学案》第四册，第 10 页。

庄绶甲

《清儒学案》卷七十四《方耕学案中·方耕家学·庄先生绶甲》：庄绶甲，字卿珊，方耕孙。诸生，考取州吏目。道光八年卒，年五十五。克承家学，尝取祖庭遗著，次第校刻。于经义无所不窥，每有所得，辄札记之，往往见精诣。诸有《周官礼郑氏注笺》十卷、《尚书考异》三卷、《释书名》一卷。（参史传、李兆洛撰《行状》）

《清史稿·儒林二》：存与孙绶甲，字卿珊。尽通家学，尤为述祖所爱重。著《尚书考异》三卷、《释书名》一卷。

《清史列传·儒林传下一》：存目。①

李兆洛《养一斋文集》卷十四《附监生考取州吏目庄君行状》：曾祖柱，雍正丁未进士，浙江海防兵备道。祖存与，乾隆乙丑一甲二名进士，礼部左侍郎。父逢原，乾隆乙酉举人，山阳县训导，候选知县。……生母顾氏例赠孺人。君姓庄氏，讳绶甲，字卿珊，行四，常州武进县人。国朝以来，庄氏为邑右族，观察公以名德矜式乡里，宗伯公兄弟相继大魁，子孙仍世科名鼎盛。君兄弟三人，从兄弟复若干人，皆能守其家学，而君尤力学，得师法，好深湛之思。宗伯公经术渊茂，诸经皆有撰述，深造自得，不分别汉、宋，必融通圣奥，归诸至当，而君从父珍艺先生尽传其业，复旁究《夏小正》、《逸周书》暨古文、篆、籀之学，皆一代绝业也。训导公夙禀庭闻，因源导委，缀次遗学，所著盈箧，而年寿未究，九仞犹亏。君既负敏达之资，思兼综素业，通汇条流，又承师论交，博访孤诣，如张编修皋文、丁大令若士、刘礼部申受、宋大令于廷、董明经晋卿诸子，无不朝夕研咏，上下其议论，盖庶几于好学不倦，笃行不困者焉。宗伯公所著诸书多未刊布，君研精校寻，于未刻者次第付梓，已刻者补续未备，每一书竟，即探求旨趣，附记简末，条理秩然可观，惜乎仅竟三书，而遽属疾不起也。珍艺先生于诸子行尤器识君，有所得辄相披示，君亦能以颖悟之思出所见相佽益。珍艺先生之殁也，《古文甲乙篇》尚未脱稿。君方思理其绘绪，就所知见，条其大端，使来者可继此志，亦竟不遂。……君生乾隆甲午九月二十

① 详见中华书局本第 17 册，第 5543 页。

八日，卒于道光戊子十二月二十三日，年五十有五。配刘，即申受从女兄。子一：润，孙一：森。君于经义无不窥，有所得辄札记之，往往有精诣，惜未有成书。润沉静好学，成君之志者将在于是。吾珍以书来属兆洛为君传，兆洛不足以传君，谨就所知，次其状，谂吾党之知君者不敢夸也。道光九年岁次己丑正月七日。

桂文灿《经学博采录》卷二有传，存目。

李兆洛《养一斋文集》卷三《拾遗补艺斋遗书序》：励学之士，自力于道艺，而求以副其心之所知，酬其力之所能，其志致岂不宏且远哉？涉其藩矣，未造其阃，循其麓矣，未跻其巅，知之既真，其自期待又厚，不肯得少而足，复不肯袭取衒饰以自诬，谓优游玩索，徐当自至，曰力正有余耳，而天不假年，中道奄忽，凡所未就，一朝委之，此与负才而不能竟其用者何以异？亦君子所为浩叹者也。吾友卿珊庄君，少宗伯方耕先生之孙，山阳训导开美先生之子，而大令珍艺先生之从子也，承其家学，尽能通之，斐然有著述之志。五十五而殁，殁十一年，而君之子润尽奉其所著遗稿，乞余为理而刊之。其书之粗就者，曰《尚书考异》，曰《释书名》二种而已，余皆首尾不能完具，所为古文几百篇，亦丛残不成篇帙，稍稍诠次而成是编。忆与卿珊聚首时，每抗论当世绩学之士述造所得，其致功之门径、诣力之深浅，铢分而寸计之，莫不洞其得失，洒洒有条理，以为将来当集其大成，为本朝一代碎学之荟，尤为珍艺先生所爱重。凡所著述，常与上下其议论，而资其攸焉。方耕先生遗书皆未刻，君始为次第刊之，仅成一二种，而君死矣。此编区区，何足以尽君之学，亦何足以见君之志致所谓宏且远者，而不能不藉是以传君也，可哀也哉！吾党少俊而夭折者多，有如江安甫、金朗甫。皋文先生俱为刻其未成之书，以传其学。然安甫朗甫年才弱冠，而卿珊已逾强仕，不可谓无年。徒以奔走衣食，日月耗于道途，自恃壮盛，欲得衣食足而后毕力于此，此日足可惜，安能待来兹。此则不能不为君深憾者也。残稿中其有端绪可寻者尚十之三四，润若能引其余绪，通其条贯，上以继先人之志，而下亦足以自成其业，谈、迁、彪、固，彼独何人，于润有厚望焉。

褚寅亮

《清儒学案》卷八十四《潜研学案下·潜研交游·褚先生寅亮》：褚寅亮，字搢升，号鹤侣，长洲人。祖思，县学生，治《穀梁春秋》。父省曾，岁贡生，治《毛诗》，皆有论著。先生九岁，为《诸葛武侯论》，父见而心喜之。入塾，自力于学，为府学诸生。乾隆十六年，南巡召试，赐举人，授内阁中书。从都御史梅瑴成受算术。迁刑部主事，监督本裕仓，进员外郎。三十六年，居父丧，年已近六十，哀毁尽礼。服阕，补原官。四十年夏，以病辞归，主常州龙城书院。久之，又以病辞。五十五年卒。先生少以博雅称，心力精锐，读诸史，订其讹缪。中年治经，读《仪礼》，以郑注精深，非后儒可及，遂以宗郑自号。尝谓宋人说经，好为新说，惟《仪礼》为朴学，空谈义理者不能措辞。而朱子以下，又崇信之，故郑学未为异义所汩。及敖继公撰《集说》，与康成立异，特其巧于立言，含而不露，若无意于排击者，说有不可通，甚且改窜经文，曲就其意。学者苦《注疏》难读，喜其平易，乃盛行于世。万斯大、沈彤于郑注亦多所纠驳。张尔岐、马驹①但粗为演绎，于继公之说似是而非者均未能正其失。乃撰《仪礼管见》，推阐郑学，匡继公之谬。又谓"三传"注解惟《公羊》为汉学。孔子作《春秋》，本为后王制作，后儒訾议之者，实违经旨。依何注，撰《公羊传释例》十卷，发挥五始、三科、九旨、七等、六辅、二类之义。又因何劭公言礼有殷制，有时王之制，与《周礼》不同，撰《周礼公羊异义》。于天文、推步、测算之学尤有神解，撰《句股三角术图解》、《句股广问》，皆有心得。他所著有《周易一得》、《四书自课录补遗》、《谷经》、《订定朱子年谱》、《十三经·诸史·诸子·诸家文集笔记》、《宗郑山房诗文集》、《杂记》。(参史传)

《清史稿·儒林二》：褚寅亮，字搢升，长洲人。乾隆十六年，召试举人，授内阁中

① 马驹，字德淳，山阴人。著有《仪礼易读》十七卷。《四库提要》称是编刻于乾隆乙亥，于经文诸句之中，略添虚字联络之，以疏通大意；又仿高头讲章之式，汇诸说于上方。大约以郑《注》、贾《疏》为主，而兼采元敖继公《集说》、明郝敬《集解》及近时张尔岐《句读》诸书，间亦参以己意，取便初学而已，不足以阐《经》义也。

书，官至刑部员外郎。寅亮少以博雅名。心思精锐，于史书鲁鱼一见便能订其误谬。中年覃精经术，一以《注疏》为归。从事《礼经》几三十年，墨守家法，专主郑学。郑氏《周礼》、《礼记》注，妄庸人群起嗤点之，独《仪礼》为孤学，能发挥者固绝无，而谬加指摘者亦尚少。惟敖继公《集说》多巧窜经文，阴就己说。后儒苦经注难读，喜其平易，无疵之者。万斯大、沈彤于郑注亦多所纠驳，至张尔岐、马驹但粗为演绎，其于敖氏之似是而非，均未能正其失也。寅亮著《仪礼管见》三卷，于敖氏洞见其症结，驱豁其雺雾。时《公羊》何氏学久无循习者，所谓五始、三科、九旨、七等、六辅、二类之义不传于世。惟武进庄存与默会其解，而寅亮能阐发之，撰《公羊释例》三十篇。谓"三传"惟《公羊》为汉学，孔子作《春秋》，本为后王制作，訾议《公羊》者，实违经旨。又因何劭公言礼有殷制，有时王之制，与《周礼》不同，作《周礼公羊异义》二卷，世称为绝业。又长于算术，著《句股广问》三卷，校正《三统术衍》，刊本误字甚多，其中"月相求六扐之数"句，"六扐"当作"七扐"；"推闰余所在加十得一"句，"加十"当作"加七"：皆寅亮说也。著有《十三经笔记》十卷、《诸史笔记》八卷、《诸子笔记》二卷、《名家文集笔记》七卷，藏于家。四十六年，以病告归，主常州龙城书院八年。五十五年，卒，年七十六。

《清史列传・儒林传下一》：存目。①

任兆麟《刑部员外郎褚公寅亮墓表》：公褚氏，讳寅亮，字搢升，一字鹤侣，系出汉少孙之后。世居河南，至宋高宗时有官平江令者，其后居吴，遂为长洲人。……四十年夏，以病假归，旋应有司聘主讲常州龙城书院，久之，又以病辞。公雅尚恬退，服官二十余年，不游贵要之门，屏除声色之好，公退，门无杂宾，惟偕同志陈说经义，引掖后进，多所成就，不为标榜声气，自名其学，古称为君子儒者，公庶几无愧矣。其致政归里也，汲汲以著述为事。所撰《仪礼管见》十七卷、《答问》三卷，推阐郑学，纠正敖继公《集说》之谬；《春秋公羊传释例》三十卷，以时、月、日为例，分别部居，悉本何邵公说而引伸之，谓"三传"批注，惟《公羊》为汉学，孔子作《春秋》，本为后王制作，或訾议《公羊》者，实违经旨……公以乾隆五十五年卒，享年七十有六，卒之明年十月，葬吴县十九都珍珠隝之兆。公于兆麟为通门先执，解组归，兆麟常侍公左右，亲承训教，于公道谊学术梗概颇悉，爰详次其大者，遗其孤俾碣之墓隧，以谂来者，且以志麟之景行有在也。②

钱泳《履园丛话》卷六《鹤侣比部》：长洲褚鹤侣先生名寅亮，字搢升。乾隆十六年召试举人，官刑部员外郎。传惠氏之学，一以《注疏》为归。精于"三礼"，兼通《公羊春秋》，盖何休之学久无循集者，惟先生与武进庄侍郎存与能会其说。年六十余，乞假回吴，为龙城书院山长。著书甚富，俱未刻。子鸣翙，号观亭，以孝廉为湖北通山县知县，能传家学。

王昶《湖海诗传》卷十四：褚寅亮，字搢升，号鹤侣，长洲人。乾隆十六年召试举人官刑部员外郎。《蒲褐山房诗话》：鹤侣少以制义名，中年覃精经术，宗惠氏之学，一以《注疏》为归。"三礼"折衷贾、孔，尤通丧服。时公羊何氏学久无循习者，所谓五

① 详见中华书局本第17册，第5508页。

② 见《碑传集》卷六十。

始、三科、九旨、七等、六辅、二类之义，不传于世，惟武进庄侍郎存与默会其解，而鹤侣能阐发之，世称为绝业。以病假归，主常州龙城书院八年。群经咸有论撰。其书尚存于家，惜未登剞劂，后学无由津逮耳。

阮元《畴人传》卷四十二、江藩《国朝汉学师承记》卷二、钱林《文献征存录》卷五、李元度《国朝先正事略》卷三十六、冯桂芬《（同治）苏州府志》卷八十九皆有传，存目。

钱大昕《潜研堂集》文集卷二十四《仪礼管见序》："三礼"之有郑注，所谓悬诸日月不刊之书也。宋儒说经，好为新说，弃古注如土苴，独《仪礼》为朴学，空谈义理者无从措辞，而朱晦庵、黄勉斋、杨信斋诸大儒又崇信之，故郑氏专门之学未为异义所汩。至元吴兴敖君善出，乃诋为疵多醇少，其所撰《集说》，虽云采先儒之言，其实自《注疏》而外，皆自逞私意，非有所依据也。然自敖氏之说兴，缀学者厌《注疏》之繁而乐其易晓，往往舍古训而从之。近儒方侍郎苞、沈征士彤亦颇称其善，予虽不敢以为然，而所得肤浅，间有驳正，仅百之一二耳。同年友褚君鹤侣于经学最深，持论最平，从事《礼经》者几三十年，乃确然知郑义之必可从，而敖说之无所据。尝谓予曰："君善意似不在解经，而专与郑立异，特其言含而不露，若无意于排击者，是以入其玄中而不悟。至于说有不通，甚且改窜经文以曲就其义，不几于无忌惮乎？"予益拊掌叹服，以为笃论，然未得读其全稿也。鹤侣没后，仲子鸣唠始出其《仪礼管见》稿本，将付诸梓，而属予序之。披读再四，乃知鹤侣用心之细密。即如《乡饮酒记》："若有北面者东上。"敖改"东"为"西"，鹤侣辩之曰："注明言'统于门'，门在东，则不得以西为上也。"……皆贯串全经，疏通证明，虽好辩者莫能置其喙。夫经与注相辅而行，破注者，荒经之渐也。敖书今虽未大行，然实事求是之儒少，而喜新趋便之士多，不亟辞而辟之，恐有视郑学为可取而代者，而成周制作之精意益以茫昧，则是编洵中流之砥柱矣夫！

王鸣盛《仪礼管见序》：**学问之道，首识字，次穷经，次考史。然史学不必有所专主，而字学、经学则必定其所宗，文字宜宗许叔重，经义宜宗郑康成，此金科玉条，断然不可改移者也。**郑学尤精者"三礼"，乃《周礼》、《礼记》注，妄庸人群起嗤点之；独《仪礼》为孤学，能发挥者固绝无，而谬加指摘者亦尚少。其貌似宗仰，阴肆掊击，而书得盛行于世者，惟敖继公而已矣。近日万充宗、沈冠云，于郑注亦多所纠驳；至张稷若、马德淳但岩为演绎，其于敖氏之似是而非，均未能正其失，以明郑学之精也。……大抵郑学览文如诡，观理即畅。**顾自宋迄明六七百年之间，说经者十九皆以叛郑为事；其叛郑者，十九皆似是而非，**但恨不能多得详审善读书如先生者十数辈，一一尽举而厘正之耳。**夫说经之必有所专主，此汉经师所谓家法，予撰《十七史商榷》暨《蛾术编》，已备著其说矣，**然如先生之说经，究何尝有偏徇党曲之蔽乎？（下略）①

① 陈鸿森辑《王鸣盛西庄遗文辑存》，载《嘉定王鸣盛全集》第11册，第419~420页。

卢文弨

《清儒学案》卷七十二《抱经学案》：抱经奉父师之教，为劳余山再传弟子，后乃以考订校雠名其学。博采众说，择善而从，往往折衷于义理。此其异于揭汉学之帜，以排摈宋儒者。○卢文弨，字绍弓，一字檠斋，号抱经，余姚人，迁居杭州。……乾隆戊午，举顺天乡试，考授内阁中书。壬申，成一甲三名进士，授翰林院编修，直南书房，累迁侍读学士。典广东乡试，督湖南学政，以条陈学政事不当，左迁。乞养归，历主江浙书院讲席，以经术教士，士望归之，风气为之一变。乾隆六十年卒，年七十九。先生笃于内行，**服膺宋儒，潜心汉学**，实事求是，精校雠之学。所校《逸周书》、《孟子音义》、《荀子》、《吕氏春秋》、《韩诗外传》、《贾谊新书》、《春秋繁露》、《方言》、《白虎通》、《独断》、《经典释文》诸善本，镂板惠学者。又苦镂板难多，则合经、史、子、集，如《经典释文》例，摘字注之，名曰《群书拾补》，凡三十八种以行世。所自著书有《仪礼注疏详校》十七卷、《钟山札记》四卷、《龙城札记》三卷、《广雅释天以下注》二卷、《抱经堂文集》三十四卷，皆使学者诡正积非，蓄疑涣释。其言曰："唐人之为义疏也，本单行，不与经注合。单行经注，唐以后尚多善本，自宋附疏于经注，而所附之经注，非必孔、贾诸人所据之本也，则两相龃龉矣。南宋后又附《经典释文》于《注疏》间，而陆氏所据之经注又非孔、贾诸人所据也，则龃龉更多矣。浅人必比而同之，则彼此互改，多失其真。幸有改之不尽，以滋其龃龉，启人考核者。**故《注疏》、《释文》合刻似便，而非古法也。**"其读书特识类此，金坛段氏懋堂称为不磨之论云。（参段玉裁撰《墓志》、江藩《汉学师承记》、缪荃孙《儒学传稿》）

《清史稿·儒林二》：卢文弨，字召弓，余姚人。父存心，乾隆初举博学鸿词科。文弨，乾隆十七年一甲进士，授翰林院编修，上书房行走。历官左春坊左中允、翰林院侍读学士。三十年，充广东乡试正考官。三十一年，提督湖南学政，以条陈学政事宜，部议降三级用。三十三年，乞养归。文弨孝谨笃厚，潜心汉学，与戴震、段玉裁友善。好校书，所校《逸周书》、《孟子音义》、《荀子》、《吕氏春秋》、《贾谊新书》、《韩诗外传》、《春秋繁露》、《方言》、《白虎通》、《独断》、《经典释文》诸善本，镂板惠学者。又苦镂板难多，则合经、史、子、集三十八种，而名之曰《群书拾补》。所自著书有《抱经堂集》三十四卷、《仪礼注疏详校》十七卷、《钟山劄记》四卷、《龙城劄记》三卷、《广雅释天以下注》二卷，皆使学者谌正积非，蓄疑涣释。其言曰："唐人之为义疏也，本单行，不与经注合。单行经注，唐以后尚多善本，自宋后附疏于经注，而所附之经注，非必孔、贾诸人所据之本也，则两相龃龉矣。南宋后又附《经典释文》于《注疏》间，而陆氏所据之经注，又非孔、贾诸人所据也，则龃龉更多矣。浅人必比而同之，则彼此互改，多失其真。幸有改之不尽，以滋其龃龉，启人考核者，故《注疏》、《释文》合刻似便，而非古法也。"其特识多类此。文弨历主江、浙各书院讲席，以经术导士，江、浙士子多信从之，学术为之一变。六十年，卒，年七十九。文弨校书，参合各本，择善而从，颇引他书改本书，而不专主一说，故严元照诋其《仪礼详校》，顾广圻讥其《释文考证》，后黄丕烈影宋刻书，各本同异另编于后，两家各有宗旨，亦互相补直云。

《清史列传·儒林传下一》：存目。①

段玉裁《经韵楼集》卷八《翰林院侍读学士卢公墓志铭》：公讳文弨，字绍弓，号抱经。其先自余姚迁杭州。……公生而颖异，擩染庭训，又渐涵于外王父之绪论，长则桑先生调元婿而师之。冯、桑二公皆浙中懋学之士，故其学具有原本。乾隆戊午举顺天乡试，壬戌考授内阁中书，壬申以一甲第三人成进士，授翰林院编修，丁丑命上书房行走，遂由左春坊左中允洊升翰林院侍读学士，为乙酉广东正典试，旋提督湖南学政，戊子以学政言州县吏不应杖辱生员左迁。明年，先生以继母张太恭人年高，遂请归养，时年五十有四。公好校书，终身未尝废。在中书十年，及在上书房与归田后，主讲四方书院，凡二十余年。虽耄，孳孳无怠，早昧爽而起，翻阅点勘，朱墨并作，几间缤纷，无置茗碗处，日且冥，甫出户，散步庭中，俄而篝灯如故，至夜半而后即安，祁寒酷暑，不稍间。官俸脯修所入，不治生产，仅以购书。闻有旧本，必借抄之，闻有善说，必谨录之。一策之间，分别迻写，诸本之乖异，字细而必工。今抱经堂藏书数万卷，皆是也。校雠之事，自汉刘向、扬雄后，至圣朝极盛，公自以家居无补于国，而以刊定之书惠学者，亦足以裨益右文之治。出所定《经典释文》、《孟子音义》、《逸周书》、贾谊《新书》、《春秋繁露》、《方言》、《白虎通》、《荀卿子》、《吕氏春秋》、《韩诗外传》、《独断》诸善本镂版行世，又苦镂版难多，则合经、史、子、集三十八种，如《经典释文》例，摘字而注之，名曰《群书拾补》以行世。所自为书有《文集》三十四卷、《仪礼注疏详校》十七卷、《钟山札记》四卷、《龙城札记》三卷、《广雅释天已下注》二卷，皆使学者谌正积非，蓄疑涣释。向时弃官归，天下为公惜之。然研摩岁月，衣被将来，功孰大于此者。公治经有不可磨之论，其言曰："唐人之为义疏也，本单行，不与经注合。单行经注，唐以后尚多善本，自宋后附疏于经注，而所附之经注非必孔、贾诸人所据之本也，则两相钼铻矣。南宋后又附《经典释文》于《注疏》，间而陆氏所据之经注又非孔、贾诸人所据也，则钼铻更多矣。浅人必比而同之，则彼此互改，多失其真，幸有改之不尽，以滋其钼铻，启人考核者。故《注疏》、《释文》合刻似便，而非古法也。"其读书特识类如此。公生于康熙丁酉六月初三日，卒于常州龙城书院，乾隆乙卯十一月廿八日也，年七十有九。平生事亲孝谨，年七十三，丧继母，犹尽礼。与弟韶音友爱，笃于师友之谊，皆乡邦所共信者。……

① 详见中华书局本第17册，第5493~5494页。

铭曰：先生与余交忘年，一字剖析欢开颜。十年知己情则坚，先生一去余介然。归于其宫神理绵，其书可读其泽延。

臧庸《拜经堂文集》卷五《皇清故日讲官起居注前翰林院侍读学士卢先生行状》：先生姓卢氏，字绍弓，颜其堂曰抱经，学者称抱经先生。……乾隆戊午举顺天乡试，壬戌考授内阁中书，会试中式，廷对剀切，畅所欲言，以一甲第三人成进士。甲戌散馆，上命取诗片进阅，曰："你就是卢文弨么？"钦定一等一名，授日讲官起居注，由詹事府左春坊左中允，升翰林院侍读学士。丁丑、丙戌充会试同考官，在尚书房行走，侍皇子讲读，出典广东试，提督湖南学政，以端士习，正文体为急，拔寒畯入家塾，延师课其成，如丁未进士洛阳令龚鹤鸣其一也。戊子，以条奏学政事，奉旨撤回，吏议左迁。念继母张太宜人春秋高，告终养，归时先生年五十有四矣。壬辰，两江总督高公晋奏请主钟山书院讲席，先后八年，从游者若方维甸、孙星衍、董教增为最著。……童时喜抄书，贫不能多得纸，缩为巾箱本，十余箧皆蝇头小楷。官中书日，始笃志校书，入直每携四册，尽日点勘，十年读经史皆遍。作书阅文，点画不苟，稍有讹阙，必为订正，曰："此古人小学之事也。"笃学耄而不厌，昧爽即起，夜分始寝，终日庄坐，读书遇疑义，则取别本勘，若有不当，又检视他书，卷帙繁杂，堆几盈案，而心志益清。尝合经、史、子、集三十八部，成《群书拾补》若干卷，正误辑遗，仿《经典释文例》，句释而字注之。又取董仲舒《春秋繁露》、贾谊《新书》校而合刊，名之曰《汉两大儒书》，以皆经生而通达治体，如周末孟轲氏、荀卿子之俦也。(下略)

翁方纲《复初斋文集》卷十四《皇清诰授朝议大夫前日讲起居注官翰林院侍读学士抱经先生卢公墓志铭》：公姓卢氏，讳文弨，字绍弓，号矶渔，又号檠斋，晚更号弓父，抱经其堂颜也，人称曰抱经先生。其先自范阳迁越，又自余姚迁居于杭。曾祖承芳，建平令。祖之翰。父存心，恩贡生，应试宏词科。公以乾隆戊午中顺天乡试，壬戌授内阁中书。壬申一甲第三人进士，编修。丁丑会试，同考官尚书房行走。戊寅署日讲起居注官，升左春坊左中允、翰林院侍读。甲申升翰林院侍读学士。乙酉主广东乡试。丙戌会试同考官，视湖南学政。戊子以条陈学政事降调还都，旋假归里。至壬子，犹赋重游泮宫诗。年七十九而卒。公前后在中书十年，在翰林十有七年，又前后于钟山、紫阳书院及崇文、龙城、娄东、暨阳、晋阳叠主讲席，著录称极盛焉。公精于校雠，于陆氏《经典释文》取宋本参校，又别为考证附本书后。又于《逸周书》、《孟子音义》、贾谊《新书》、《春秋繁露》、《方言》、《白虎通》、《西京杂记》、蔡邕《独断》诸书皆汇诸家校本详勘刊正。又于友朋相质，若《荀子》、《吕氏春秋》、《释名》、《韩诗外传》、《颜氏家训》、《封氏闻见记》、《谢宣城集》皆手加是正。又于《五经正义》表，若《周易》、《礼记注疏》，若《吕氏读诗记》，若《魏书》、《宋史》、《金史》，若《新唐书纠谬》，若《列子》、《申鉴》、《新序》、《新论》诸本脱漏者，咸加荟萃，曰《群书拾补》，并系以校语。公精研许氏《说文》，晚复雅意金石文字之学。所著述古文集外，有《广雅注释》、《订正仪礼注疏》、《史记索隐》，而《钟山》、《龙城札记》及其他题跋件系考证之书不可胜记。即以秀水朱氏《经义考》，公所补正手书草稿以寄方纲，出于方纲所补正千余条之外者，此尚皆未刊行者也。公为人方严诚笃，事亲孝，与人忠，其殚竭心力，为人所难能者，笔不胜书。而方纲于其嗣君之请，志墓专详于所订诸书者，校雠经籍之功，近世儒林之所少也。公生于康熙丁酉六月三日，卒于乾隆乙卯十一月二十八日。娶桑氏，继娶谢氏、杨氏。子男四：庆诒，附监生；武谋，监生；庆钟、庆录。女四。孙男一。以嘉庆元年十二月葬于朱芳桥之原。铭曰：卢氏系出，稽自范阳。大、小《戴记》，《解诂》始详。渊矣先生，后先相望。缉之《礼》注，功续议郎。整齐百家，训故三仓。包罗群粹，攟摭众长。先生精灵，汗竹有光。须友之斋，康成礼堂。学海长澜，汇注于杭。诒厥后人，湖山泽长。

翁方纲《复初斋文集》卷十二《送卢抱经南归序》：乾隆四十五年秋，余姚卢抱经学士祝厘北来，其冬将南归，同人集方纲诗境轩，各为文以赠其行，而方纲序之曰：予同岁进士二百三十一人，予尝自谓抱经校雠之精，用力之笃，惟予知之最详。往者，乙酉之冬，抱经视学湖南，而予在广东，未得亲送其行。及壬辰春，抱经南归，予未北还，又不及送之。至今始获附名于诸君文后，而始愧三十年之久，于君之学茫乎未测其涯涘也。君所校正书目甚繁。予初成进士时，喜读迁、固之书，则借君所校三史录之。甲戌授馆职后，借所校《文选》录之。今君北来，始读所校《周易注疏》、《逸周书》、皇侃《论语疏》、《春秋繁露》、《郑志》、《五经异义》、马氏《意林》诸书，又读其校《孟子》、《大戴礼记》。然予不惟君之精且博是叹，而独叹其弗畔于朱子也。**凡校雠家之精且博者，皆在南宋，而论乐律如西山，诂字义如北溪，胥于朱门发之。今之学者，稍窥汉人厓际，辄薄宋儒为迂腐，甚者且专以攻击程、朱为事。虞道园有言，此特文其猖狂不学，以欺人而已矣。**抱经题跋诸篇，谓世人于朱子因一二未安而遂并议其全。又于妄生诋諆如郭宗昌者，则昌言排之。宜其校正古今，虚公矜慎，而不蹈流俗之弊也。凡诸君之赠抱经，与予之附托诸君，后以借读抱经诸书，皆若逐节以求抱经之学者，故道其大者以序之。

钱泳《履园丛话》卷六《抱经学士》：卢抱经先生名文弨，余姚人。乾隆壬申恩科进士，以第三人及第，官至翰林学士。邃于经学，所著有《仪礼新校》、《群经拾补》、《钟山札记》诸书。平生最喜校正古籍，为钟山书院山长，其所得馆谷大半皆以刻书，如《春秋繁露》、《贾子新书》、《白虎通》、《方言》、《西京杂记》、《释名》、《颜氏家训》、《独断》、《经典释文》、《孟子音义》、《封氏见闻录》、《三水小牍》、《荀子》、《韩诗外传》之类，学者皆称善本。

阮元《儒林传稿》卷四、江藩《国朝汉学师承记》卷六、钱林《文献征存录》卷四、唐鉴《学案小识》卷十四皆有传，存目。

卢文弨《抱经堂文集》卷三《仪礼注疏详校自序》：……庚子入京，晤程蕺园太史（晋芳），言于此经已得十一家之本，将为之甄综而疏通之，则又跃跃然以喜。是时余年六十有四，距庚申已四十年。稍得见诸家之本，往往有因传写为讹误，而遂以訾郑、贾之失者，于是发愤先为《注疏》校一善本，已录成书矣。既而所见更广，知郑、贾之说实有违错，凡后人所驳正，信有证据，知非凭臆以蕲胜于前人也。因复亟取而件系之。向之订讹正误，在于字句之间，其益犹浅。今之纠谬释疑，尤为天地间不可少之议论，则余书亦庶几不仅为张淳、毛居正之流亚乎？夫前人有失，后人知而正之，宜也。若其辞气之间有不当过于亢厉者，此则微为削之。今定书之总名，惟曰《仪礼注疏详校》，不加以辨驳之辞，若是庶无得罪于先贤乎？（下略）

卢文弨《抱经堂文集》卷二《尚书大传考异补遗序》：《尚书大传》三卷，《宋志》犹载之，近代学士大夫多不闻有是书。吾乡孙晴川氏（之騄）尝于群书中抄撮荟萃，厘为三卷，以求合于前志之数，其用力可谓勤矣。文弨尝得其书而读之。如《洪范五行传》，不及《文献通考》所载之详，而其间又有以向、歆之文阑入之者，与伏生《书》大不类。……思欲因其规模，少加增损。然载籍浩繁，非一目所能尽，偶有缀缉，未必有益于本书也。吾宗德水雅雨先生，尊经嗜古，访求此书，得之吴中藏书家，刊而行之。文弨得之，以校孙氏之书，其详备实胜之。至篇目有互异，编简有先后，则皆出于缀拾之余，而非隋、唐以来之完书。然求其所阙佚者，殆亦仅矣。其间传写异同，盖所不免，因为作“考异”若干条。且念孙氏苦心搜讨，不为无功，凡有可以裨益是书者，亦慎取而集录之，以系于后，使有所附以传焉。孙书《召诰》传有“大社唯松，东社唯柏，南社唯梓，西社唯栗，北社唯槐”之文，盖本诸《白虎通》。然《北史·刘芳传》引此以为《尚书》逸篇，未必即是《大传》。故余作《补遗》亦不载。然书中如“王曰若圭璧”及“丕天之大律”亦逸篇也，则此亦不可遗也。故复取以缀于此云。

卢文弨《抱经堂文集》卷二《新刻古文孝经孔氏传序》：表章遗书，莫先于经。近代之伪撰者，若张商英《古三坟书》，吾衍《晋文春秋》、《楚梼杌》，丰坊《子贡诗传》、《申公诗说》之类，其言举无可采，而好事者为传之，此则过也。然如张霸之《百两篇》，时君既知其伪撰矣，而爱其文辞，亦使之流传于世。《连山》、《归藏》古无著录，而隋、唐《志》始有之。今见于诸书所引用者，其文类斑驳可喜。《子夏易传》见于陆德明、孔颖达、李鼎祚所引者，于训诂、名物为详，相传以为张弧伪作。弧，唐人也，孔、陆诸人宁有不知而肯轻相承用乎？此必有所由来。然如今通志堂之所收者，则又并非张弧之旧矣。使此数书而在，亦焉得不为传之？《孝经》有古今文。郑康成注者，今文也；孔安国传者，古文也。五代之际，二家并亡。宋雍熙中，尝得今文郑氏注于日本矣，今又不传。新安鲍君以文，笃学好古，意彼国之尚有是书也，属以市易往者访求之。顾郑氏不可得，而所得者，乃古文孔氏传，遂携以入中国。此书亡逸殆及千年，而一旦复得之，此岂非天下学士所同声称快者哉！鲍君不以自私，亟付剞劂，而以其本示余。余按传文以求之。如云“闲居静而思道也”，则陆德明引之矣；“脱衣就功，暴其肌体”云云，则司马贞引之矣；“上帝亦天也”，则王仲丘引之矣。其文义典核，又与《释文》、《会要》、《旧唐书》所载一一符会，必非近人所能撰造。然安国之本亡于梁，而复显于隋。当时有疑为刘光伯所作者。即郑注，人亦疑其不出于康成。虽然，古书之留于今日者有几？即以为光伯所补缀，是亦何可废也！盖其文辞微与西京不类，与安国《尚书传》体裁亦别，又不为汉惠帝讳“盈”字，唯此为可疑耳。汉桓谭、唐李士训皆称《古孝经》千八百七十二言，今止一千八百六十一言。此则日本所传授，前有太宰纯序，所谓不以宋本改其国之本是也。唯是章首传云：“孔子者，男子之通称也。仲尼之兄伯尼。”十五字断属讹误，因下有翻“曾子者，男子之通称”一语，而误“曾”为“孔”，当为衍文。仲尼之兄，自字孟皮，安得与仲尼同字？且与本文亦无所当，此当为后人羼入无疑。余所以致辨者，恐人因开卷一二龃龉，遂并可信者而亦疑之，则大非鲍君兢兢扶微振坠之本意矣。故备举其左证于前，以明可信。且《尚书传》朱子亦以为不出于安国，安在此书之必与规规相似也！然其误入者，则自在读者之善择矣。德水卢氏尝刻《尚书大传》、《周易乾凿度》等书，流布未广。其家被籍之后，板之在否，不可知。此皆汉氏遗文，好古者所当爱惜。若能与此书并寿诸梓，以为众书冠冕，譬之夏彝、商鼎，必非柴、哥、官、汝之所得而齐量矣。**前朝所刻书，多取伪者，今皆取其真者，不益以见国家文教之美，朝野相成，为足以度越千古也哉！**

卢文弨《抱经堂文集》卷六《尔雅汉注序》：**不识古训，则不能通六艺之文而求其意。欲识古训，当于年代相近者求之。**《尔雅》一书，旧说谓始于周公、孔子，而子夏暨叔孙通辈续成。今臧生在东，从扬子云、郑康成之言，断以为孔子门人所作。其为注者，汉有犍为文学、樊光、李巡，魏有孙炎，为反切之学所自始，是皆说《尔雅》者所必宗也。今唯晋郭璞注盛行，而他皆失传。郭于古文、古义不能尽通，往往以己意更定，考古之士病焉。幸李、孙诸人说，时散见于唐人诸书中。其为郭氏所弃而不取者说，顾往往胜郭。在东笃好古义，遍加搜集，汇成三卷，庶乎遗言之不尽坠也。夫时之近远，犹夫州土之各异。以吴人解越人之言，纵不尽通，犹得其六七，燕、秦之士必不逮焉。故吾亦不谓李、孙诸人之解之尽得也，然其是者，必贤于后人所见。在东勤勤掇拾，能引伸其所长，而不曲护其所短，**由诂训以通经学，斯不难循途而至矣**。吾因以知宋人若陆佃、郑樵之更不足尚也。与其陆、郑之是从，又无宁郭意。乾隆五十四年阳月既望，杭东里人卢某序。

江　声

《清儒学案》卷七十六《艮庭学案》：疑《古文尚书》之伪者，始于宋之吴才老，朱子以后，吴草庐、郝京山、梅鷟继之。清代自阎百诗《古文尚书疏证》、惠定宇《古文尚书考》出，乃于其作伪之迹，剿窃之原，发明无遗。艮庭受学于惠氏，又为之刊正经文，疏明古注，论者谓其足补阎、惠所未及焉。(下略)

《清史稿·儒林二》：江声，字叔沄，元和人。七岁就傅读书，问读书何为，师以取科第为言。声求所以进于是者。年二十九，遭父疾，晨夕侍床褥，不解衣带，至自涤槭窬①，视秽以验疾进退。及居忧，哀毁骨立。逾三年，容戚然如新丧者。侍母疾，居丧，亦如父殁时。族党哀其至行。既孤，因不复事科举业。读《尚书》，怪古文与今文不类。又怪孔传非安国所为。年三十五，师事同郡通儒惠栋，得读所著《古文尚书考》及阎若璩《古文疏证》，乃知古文及孔传皆晋时人伪作，于是集汉儒之说，以注二十九篇，汉注不备，则旁考他书。精研古训，成《尚书集注音疏》十二卷，附补谊九条、识伪字一条，《尚书集注音疏前后述外编》一卷，《尚书》经师系表也。经文注疏，皆以古篆书之。疑伪古文者，始于宋之吴才老，朱子以后，吴草庐、郝京山、梅鷟皆不能得其要领。至本朝阎、惠两征君所著之书，乃能发其作伪之迹、剿窃之原。若刊正经文，疏明古注，则皆未之及也，及声出而集大成焉。声又病后世深求考、老转注之义，至以篆迹求之，因为《六书说》，谓"建类一首"即始一终亥五百四十部之首；"同意相受"即凡某之属皆从某也。阳湖孙星衍亦推其说，以为《尔雅》"肇、祖、元、胎之属，始也"，始亦建类一首，肇、祖、元、胎皆为始，亦同意相受。《说文》此类亦甚多，推考、老之训，如口部之"咽，嗌也；嗌，咽也"。走部之"走，趋也；趋，走也"。犹之考注老，老转注考矣。其同在口部、走部，即建类一首也。声亦以为然。而戴震以为贯全部则义太广。声折之

① 槭窬：便桶，便器。《史记·万石张叔列传》"取亲中帬厕牏"裴骃《集解》引晋吕静曰："槭窬，亵器也，音威豆。"《清史稿·儒林传二·江声》："年二十九，遭父疾，晨夕侍床褥，不解衣带，至自涤槭窬，视秽以验疾进退。"今按：《清史列传·儒林传下一》误将"窬"字属下句。

曰："若止考、老为转注，不已隘乎？且谐声一义，不贯全部乎？"声与震以学问相推重，其不相附和如此。生平不作楷书，即与人往来笔札，皆作古篆，俗儒往往非笑之，而声不顾也。其写《尚书》瀍水字、蕿字不在《说文》，"瀍"据《淮南》作"廛"，"蕿"据《尔雅》义作"盂"。人始或怪之，后服其非臆说。顾其书终以时俗不便识读，不甚行于时。声性耿介，不慕荣利。交游如王鸣盛、王昶、毕沅，皆重其品藻，而声未尝以私事干之，当事益重其人。嘉庆元年，举孝廉方正。四年，卒，年七十有九。晚年因不谐俗，动与时违，取《周易》艮背之义，自号艮庭，学者称为艮庭先生云。子镠，吴县学生。孙沅，优贡生。世传其学。

《清史列传·儒林传一》：存目。①

孙星衍《孙渊如先生全集》平津馆文稿卷下《江声传》：江声，字叔沄，号艮庭，江苏元和人。汉江革五十七世孙。六世祖禹奠自休宁迁吴门，有孝行，载在方志。曾祖大浙，祖文懋，父黔生。声凡有两兄一弟，声弱，不好弄，聪慧绝伦，七岁就傅读书，问读书何为，师以取科第为言，声求所以进于是者……既孤，因不复事科举业，独好经义古学。得许氏《说文》，说而习之，曰："吾始知**读书当先识字**也。"年三十，师事同郡惠征君栋，质疑难，居门下，学日以进。年四十一，始为《尚书》之学，病唐贞观时为诸经《正义》，自《诗》、《礼》、《公羊》外，皆取晋人后出之注，而汉儒专家师说反不传。惠征君既作《周易述》，搜讨古学，声亦撰《尚书集注音疏》，存今文二十九篇，以别梅氏所上二十八篇之伪造，取《书传》所引《汤征》、《太誓》诸篇逸文，按书序入录，又采《说文》、经子所引《书》古文本字更正秦人隶书及唐开元改易古字之谬。辑郑康成残注及汉儒逸说，附以己见而为之疏，以明其说之有本，以篆写经，复三代文字之旧。凡四易稿，积十余年。虽有小疵，而大醇不可掩矣。时王光禄鸣盛撰《尚书后案》，亦以疏通郑说，考究古学为书，延声至家，商订疑义，始以行世焉。声又病后世深求考、老转注之义，至以篆迹求之，因为《六书说》，谓建类一首，即始一终亥五百四十部之首也，同意相受，即凡某之属皆从某也。嘉定钱判官坫韪之，予亦推其说，以为《尔雅》肇、祖、元、胎之属，始也，始亦建类一首，肇、祖、元、胎皆为始，亦同意相受，《说文》此类亦甚多，推考老之训，如口部之"咽，嗌也"，"咽，嗌也"，走部之"走，趋也"，"趋，走也"，犹之考注老，老转注考矣。其同在口部、走部，即建类一首也，声亦以为然。而戴编修震以为贯全部则义太广，声折之曰："若止考、老为转注，不已隘乎？且谐声一义不贯全部乎？"声与戴君以学问相推重，其不相附和如此。又为《说文解字考证》，及见段大令玉裁所著，多自符合，遂辍笔，并举稿本付之。时王侍郎昶、钱少詹大昕及毕督部沅雅重声，督部延致家塾校书，声为刊《释名》，为之疏证，以篆书付刊。声不为行楷者数十年，凡尺牍率皆依《说文》书之，不肯用俗字……人始或怪之，后服其非臆说。顾其书终以时俗不便识读，不甚行于时。又欲举经子古书俱绳以《说文》字例，去其俗字，命曰《经史子字准绳》。又为《论语质》三卷，俱未脱稿，而遭老疾矣。（下略）

钱泳《履园丛话》卷六《艮庭征君》：余于乾隆甲辰、乙巳之间教授吴门，始识江艮庭先生。先生为惠松崖栋入室弟子，时年七十余，古心古貌，崇尚经学。余尝雪中过访，见先生着破羊裘，戴风巾，正录《尚书集注音疏》，笔笔皆用篆书，虽寻常笔札登记，亦

① 见中华书局本第17册，第5520～5522页。

无不以篆，读者辄口噤不能卒也。尝言“**许氏《说文》为千古第一部书，除九千三百五十三字之外无字，除《说文》之外亦无学问**”，世其精信如此。毕秋帆尚书闻其名，延至家，校刘熙《释名》，亦用篆书刻之。生平不作诗赋时文，而好填词，有《乌云》、《春山》、《樱桃》、《藕簪》、《金莲》诸阕，柔情旖旎，又绝以宋、元人笔墨。潘榕皋农部云：“观艮庭所学，决非西汉以后人。不谓其老树尚能著花也。”嘉庆元年举孝廉方正，年八十余而卒。

陈康祺《郎潜纪闻二笔》卷十四：江筠、江声兄弟，并学问浩博精诣，古人时有“休宁二江，无双有双”之誉。按：二江籍吴县，曰休宁者，其祖贯也。声字艮庭，尤负绝质，时又援何山大小之例，称曰“小江”。

钱林《文献征存录》卷五有传，存目。

江声《尚书集注音疏后述》：古人之文，古人之常言也。道之于口，闻者靡不知，笔之于书，读者靡不解，无庸传述为也。乃音以方俗而殊，言以古今而异，或一字而解多涂，或数名而同一实。圣贤惧后学之河汉前言也，于是《尔雅》有作，而故训兴焉。两汉诸儒咸据之以解群经，由是传注迭兴，而经谊赖以明矣。于时风气醇古，语虽达而未详，意虽摘而未畅。后之学者欲为引申其说，故自南北朝以至唐初，谊疏迭出，而传注又赖以证明矣。凡此皆后人疏前人之书，未有已注之而即已疏之，出于一人手者。有之，自唐明皇帝之《道德经注疏》始。吾师惠松崖先生《周易述》，融会汉儒之说，以为注而复为之疏，其体例固有自来矣。声不揆梼昧，综核经传之训故，采摭诸子百家之说，与夫汉儒之解，以注《尚书》。**言必当理，不敢衔奇，谊必有征，不敢欺世，务求惬心云尔。**顾自唐、宋以来，汉学微甚，不旁证而引申之，鬯不以为孟浪之言，奚以信今而垂后？则疏其弗可已也矣。岁在彊圉大渊献之六月，《尚书集注》始成，拟更三载而成疏。乃距今昭阳大荒落之五月，六周寒暑而卒业焉。唯曰庶无负昔闻之师说云尔，敢窃比先师之《周易述》，晞附著述之林哉？声又述纂疏之意云。

江声《六书说》：许叔重《说文解字叙》云：“《周礼》保氏教国子，先以六书：一曰指事，视而可识，察而见意，上、下是也；二曰象形，尽成其物，随体诘诎，日、月是也；三曰谐声，以事为名，取譬相成，江、河是也；四曰会意，比类合谊，以见指㧑，武、信是也；五曰转注，建类一首，同意相受，考、老是也；六曰假借，本无其学，依声托事，令、长是也。”郑康成注《周礼》，用先郑司农说……盖六书之中，象形、会意、谐声三者是其正，指事、转注、假借三者是其贰。指事统于形，转注统于意，假借统于声。何言兮？……盖依形而制字，为象形。因字而生形，为指事。（下略）

余萧客

《清儒学案》卷四十三《研溪学案·松崖弟子·余先生萧客》：余萧客，字仲林，一字古农，长洲人。少好学，刻苦自厉。家窭贫，而富于书卷，闻一异书，必假抄写，或得观乃已，故其家多善本。尝病郭璞注《尔雅》，用旧注而掩其名，乃采《注疏》及《太平御览》诸书中犍为舍人、孙炎、李巡旧注而为之释。书未成，先成《注雅别抄》八卷，专攻陆佃《新义》、《埤雅》及罗愿《尔雅翼》之误，兼及蔡卞《毛诗名物解》。就正于松崖，松崖曰："陆佃、蔡卞乃安石新学，人人知其非，不足辨。罗愿非有宋大儒，亦不必辨。**子读书撰著，当务其大者远者。**"闻之瞿然，遂受业焉。生平著述甚多，自悔少作，不以示人。其《古经解钩沉》三十卷，凡唐以前旧说，自诸家经解所引，旁及史传、类书，词组单辞，悉著于录。戴东原谓是书有钩而未沉者，有沉而未钩者，非笃论也。又撰《文选纪闻》三十卷、《文选音义》八卷、《文选杂题》三十卷。《选音楼诗拾》若干卷、《集注苏黄沧海续题襟集》，俱未就。晚岁失明，生徒求教，皆以口授。弟子朱氏敬舆、江氏藩最著名。殁于乾隆丁酉，年四十九。（参史传、任兆麟撰《墓志铭》、江藩《国朝汉学师承记》）

《清史稿·儒林二》：萧客，字古农，长洲人。撰《古经解钩沉》三十卷，凡唐以前旧说，自诸家经解所引，旁及史传、类书，片语单词，悉著于录。清代经学昌明，著述之家，争及于古，萧客是书其一也。萧客又撰《文选纪闻》三十卷、《文选音义》八卷。

《清史列传·儒林传下一》：存目。①

任兆麟《余君萧客墓志铭》：**吴中以经术教授世其家者咸称惠氏。惠氏之学，大都考据古注疏之说而疏通证明之，与六籍之载彻相切。传至定宇先生则尤多著纂，卓卓成一家言，为海内谈经者所宗。**其著籍为弟子能传其业者，则推吾友余君。君讳萧客，一字仲林，一字古农，吴县人。幼有异禀，尤攻苦自励，家甚窭贫，而书卷不啻千计，皆奔走数十里，或扁舟或柴车，闻一异书必假抄写，或得观乃已，故其家率多善本。定宇先生没，

---

① 详见中华书局本第17册，第5469页。

世之欲传惠氏学者多从之游。中岁得目疾，畏风日，构一室无窗户，上穴一方以通天光，设巨案周其室，书册鳞比，诵习之，寒暑弗间也。尝慨汉、唐诸儒旧经注多散佚，爰采辑各家分条纂录，编《古经解钩沈》三十卷，书成，告祀先圣暨文昌之神，同学多为诗以纪其事。会有诏采访遗书，有司以其书进，宣付四库馆。又著《文选音义》四卷、《选华楼诗拾》若干卷，集注《苏黄沧海续题襟集》，俱未就。君为文典博古茂非空谈，故不苟作也。弟子江藩编次为集，得二十余篇藏焉。君没于乾隆四十二年某月日，年四十有九。无子，其戚友即于是年某月旧葬之支硎山麓，友人任兆嶙为之志，并系以铭。铭曰：鲁壁燔秦，孔经尊汉。简册销沉，师承离散。天绩斯文，星辉珠贯。生不永年，祝予叹惋。朋友服缌，礼经曾按。来者式此，我铭可玩。①

吴翌凤《与稽斋丛稿·抽帆集·感旧诗九首之四》：余萧客，字仲林，一字景，初号古农。受业惠定宇先生之门，学有原本。称诗宗法少陵、义山、眉山、涪翁，而融以出之，卓然成一家之言。藏诗颇多善本，身后无子，母、妻又相继死，尽散如云烟矣。所著《古经解钩沉》、《文选音义》行于世。别著《苏黄沧海集》，尚未卒业，并诗稿俱存其门人江藩郑堂家。〇举世尚文藻，鲰生昧儒术。"九经"束高阁，"三传"等赘笔。吾吴松厓翁（即定宇先生名栋），仰屋勤著述。筌蹄守马、郑，义理贯虮虱。哲人既云亡，此道翳蒙密。君也绍绝学，斤斤不遑逸。冥心事钻研，钩沉收放佚。余事作诗人，雅韵协琴瑟。少陵暨涪翁，一一勤讨悉。蔚为一家言，卓尔冰玉质。五十未始衰，微靡遽示疾。老屋古城西，苍鼠窜丛棘。平生所著书，辛苦自编辑。伯道嗟无儿，付托那可得。扬门有侯芭，慎守庶毋失。

阮元《儒林传稿》卷二、江藩《国朝汉学师承记》卷二、李元度《国朝先正事略》卷三十六、钱林《文献征存录》卷五、唐鉴《学案小识》卷十二《经学学案》、徐世昌《晚晴簃诗汇》卷九十七、冯桂芬《（同治）苏州府志》卷八十九皆有传，存目。

余萧客《古经解钩沉后序》：己卯杪秋，萧客从事《钩沉》，载寒暑，《易》、《尚书》古注旁搜略遍。而《周易》五卷既削稿，其后得交朱太学文游，学博思精，所藏宋元精本，率前日所未见及所求而不得。若王应麟集郑玄《尚书注》之类，莫不毕具。传本往还，一瓻无费。越一岁辛巳，遂下榻滋兰精舍，丹铅朝夕，乐不为疲。至于左目几成青盲而《钩沉》得，信而有征，于先儒言，匪面命之，言提其耳焉。壬午二月，目疾甚，百方自疗。四月未尽，复转入虚损，头不得俯，不得回顾，行不得盘旋。回顾盘旋，眩晕耳鸣，辄通夕不止。人寿河清，半须药物尚可。惧吴祐汗青之责，同子建论文之书。要之皓首非今日之论哉！昔兰台历载二十，《汉志》弗成；西乡受诏期月，注文精密。故知练《三都》者十年，研《两京》以一纪，大率作辍用兼，旁杂人事。萧客摈绝交游，五年专力，穷则腴代樵苏，愁则娱同丝竹。上惭食时、期月之敏，下非《两京》、《三都》之精。然蜜蜂以兼采为味，秋菊则落英可餐；绘事以众色成文，雎涣则余波未绝。《周易二十二家集解序》、《上三国志注表》二书所言，有庶几之合。壬午夏五，扶疾缮写。八月书二十九卷毕。（下略）

齐召南《宝纶堂诗文抄》文抄卷五《古经解钩沉序》：人伦日用共知共由之常道曰

① 载《碑传集》卷一百三十三。

经，圣人定为万世不易之教，其言亦曰经。经，常道也。学者不得其解，势必惑岐趋①而迷所往。是以作经者圣，即解经亦始于圣。赞《周易》有《十翼》，以赞之者解之雅言，曰诗书执礼。以雅言者解之，惟《春秋》笔削谨严，待知我者自解。若《论语》、《孝经》，则吐辞为经，弟子述之，实解经要会也。戴《记》中《大学》、《中庸》亦然。《孟子》即孔门经解之义疏，《尔雅》则初学解经之训诂权舆耶？汉承秦火后，太常设立博士，专为表章"五经"，而经各有师，递相授受，分门角立，先后显晦，各因其时所崇尚，以至同一经，其解判然，且同一师，其解顿异，此注经家参错并行之始。至石渠论而博士加增，天禄校而六艺成略，白虎对而异义互见，鸿都石经刻而文字整齐，此日久论定，去短从长，或先见者渐微，或后出者大显，为经学归并一途之始。由今观昔，以二汉之崇尚经学，至唐贞观诏孔颖达撰《五经正义》时，《书》用孔安国，《诗》用毛苌，《礼记》用郑康成，仅得其三，而《易》注取魏王弼，《春秋左传》注取晋杜预矣。他如贾公彦疏《周官》、《仪礼》仍用康成，徐彦疏《公羊》用何休，至杨士勋疏《穀梁》则用晋范宁矣。《前书·儒林传》所谓施、孟、梁丘、京氏之《易》，欧阳、大小夏侯之《书》，齐、鲁、韩之《诗》，庆氏、大戴之《礼》，严、颜之《公羊》，尹、胡、申、章、房氏之《穀梁》，皆已有书无师，有录无书，其名空留简册。魏、晋、六朝虽世变多故，士耽经解者不绝。义疏、讲疏能名其家，南北各有派别。孔、贾二疏，征引可观，又宁知归并一途之后，尽去群言，虽有好学深思，局于讨论，反欲求参错并存，可以广见闻，而精采择之，必不可得乎哉？又宁知归并一途之后，即有信心蔑古，自为创解，竟可舍此途而不由乎哉？宋儒启元、明儒术，专心致志，理解日辟，实赖汉有广川为之前导，典礼根据，有高密为之考稽。而自矜才识绝人，儒先罕当其意，则唐中叶有啖、赵直扫《三传》，实为宋儒解经明树圭臬。呜呼！此亦古今经学随世好尚转移之界限也。吴中余君仲林，笃志穷经数十年，博搜载籍，凡汉后唐前诸儒解经之可备旧闻，未入《五经正义》及他经疏与义疏引入他经者，条分缕析，类以本经，共成三十卷。自作序录，题曰《古经解钩沉》。呜呼！经学荒略久矣，《十三经注疏》颁国子监者，士或皓首未尝寓目，即科举所行宋、元儒说亦或诵读不全，况有求多于《注疏》之外者乎？经固万世不易之常道也，日居常道中，茫然不得其解，则惑岐趋而迷于所往，不又为宋、元诸儒所不及料者乎？宋末有王厚斋，好古敏求，独集二汉解经之见他书者，君子称其学冠一代。今仲林氏钩沉经不止九，解经不止汉，网罗散失，编次犁然，斯真可谓好学也已。愚固陋不文，喜是书先得我心，故不辞而书之首简。

戴震《戴东原集》卷十《古经解钩沉序》：士贵学古治经者，徒以介其名，使通显欤？抑志乎闻道，求不谬于心欤？人之有道义之心也，亦彰亦微。其彰也，是为心之精爽；其微也，则以未能至于神明。**六经者，道义之宗，而神明之府也**。古圣哲往矣，其心志与天地之心协，而为斯民道义之心，是之谓道。士生千载后，求道于典章制度，而遗文垂绝。今古悬隔，时之相去殆无异地之相远，厘厘赖夫经师故训乃通，无异译言以为之传导也者。又况古人之小学亡，而后有故训；故训之法亡，流而为凿空。数百年已降，说经之弊，善凿空而已矣。虽然，经自汉经师所授受，已差违失次，其所训释，复各持异解。余尝欲搜考异文，以为订经之助；又广览汉儒笺注之存者，以为综考故训之助。顾力不暇

① 岐趋：不正确的旨趣。

及，以语族弟时甫，方事于此，书未稿就，而吾友朱君文游以其友余仲林之《古经解钩沉》若干卷，千里驰寄。前有天台齐宗伯、太仓王光禄二序，既为之导其意，嘉其存古之功，文游复语余曰：“二公于子廿数年之知，二公之所称许，是以余子又欲得子之一言也。”吾以仲林之为是书，好古而有师法，然吾因之重有感也。韩退之氏之言：“志乎古，必遗乎今。”彼所谓古，特文词不类于近今者耳。进而语人以汉经师之业，其沈蕴积久，岂古文词比哉！后之论汉儒者，辄曰故训之学云尔，未与于理精而义明。则试诘以求理义于古经之外乎？若犹存古经中也，则凿空者得乎？乌呼！**经之至者，道也；所以明道者，其词也；所以成词者，未有能外小学文字者也。由文字以通乎语言，由语言以通乎古圣贤之心志，譬之适堂坛之必循其阶，而不可以躐等。是故凿空之弊有二：其一缘词生训也，其一守讹传谬也。缘词生训者，所释之义非其本义；守讹传谬者，所据之经并非其本经。**今仲林得稽古之学于其乡惠君定宇，惠君与余相善，盖尝深嫉乎凿空以为经也。二三好古之儒，知此学之不廑在故训，则以志乎闻道也，或庶几焉。

王鸣盛《西庄始存稿》卷十五《古经解钩沉序》：**学莫贵乎有本，而功莫大乎存古。**吾尝持此以求之今世之士，而廑廑乎得余子焉。夫经之有传注诂训也久矣，其以九经各定著一家，而为之义疏者，唐贞观时事也。若乃益之以《论语》、《孝经》、《尔雅》、《孟子》，亦各定著一家，目为《十三经注疏》，又割取陆氏《释文》散入之，而郭璞、赵岐注又皆删节不全，孙奭疏又系妄人伪造，吾不知其汇集而定之者起于谁氏也。自故明以来，刊本迭见，学者开口则曰《注疏》、《注疏》云尔，亦知其玉石杂糅，兰艾不分，而古人专门之学固不尽是哉！虽然，居今之世，欲求古学，则舍是末由矣。奈何能读《注疏》者，天下无其人也？又况能补其亡佚者与？昔仲尼没，微言绝；七十子丧，大义乖。然自晚周先秦，以迄两汉，传经授受，各有原流，皆能自名其家。魏、晋及唐，师法渐失，然古义未尽亡也。下至宋、元，义理虽精，诂训亡矣；而明儒之陋谬为尤甚。**盖俗学之病，在于无本而不好古，佣赁稗贩，游光掠影，往往奉郢书燕说以为典要。**凡所引用，皆不出于本书，孰是能求传注之所从来者哉？谚曰：“俗语不实，成为丹青。”丹青之言，圣人惑焉。此其蔽也。余子忧古训之澌灭也，既已遍读《注疏》，识其崖窾，又复浏览群书，左右采获，断自唐以前，掇拾亡失，为《古经解钩沉》若干卷。每条具注所出，数典而举其祖，按籍稽之，可覆视也。其学可谓有本，而其存古之功可谓大矣。后人欲求传注诂训之学者，合《注疏》及是书求之，足矣。**吾交天下士，得通经者二人，吴郡惠定宇、歙州戴东原也。间与东原从容语：“子之学于定宇何如？”东原曰：“不同。定宇求古，吾求是。”嘻！东原虽自命不同，究之求古即所以求是。舍古，无是者也。夫子之圣，犹曰“信而好古”，曰“好古敏求”，古之可尚如此。**乃今复得余子，非古不道，而所求者又皆真古，而非赝古。古学将自此昌，而流俗无本之学可以此疗之矣。余子之友朱文游，亦笃雅嗜古，而家藏多宋抄，尽出以相商榷，故能成余子之志云。

王鸣盛

《清儒学案》卷七十七《西庄学案》：西庄与定宇游，其学亦出惠氏。平生奉康成为宗旨，治《尚书》尤专家，汉儒家法于兹复见。考史以事实、制度、名物、地理、官制为重，而于治乱所关，贤奸之辨，及学术递变，多心得焉。(下略)

《清史稿·儒林二》：王鸣盛，字凤喈，嘉定人。幼从长洲沈德潜受诗，后又从惠栋问经义，遂通汉学。乾隆十九年，以一甲进士授翰林院编修，大考翰詹第一，擢侍读学士。充福建乡试正考官，寻擢内阁学士，兼礼部侍郎。坐滥支驿马，左迁光禄寺卿。丁内艰，遂不复出。鸣盛性俭素，无声色玩好之娱，晏坐一室，咿唔如寒士。尝言：“**汉人说经必守家法。自唐贞观撰诸经义疏而家法亡，宋元丰以新经学取士而汉学殆绝，今好古之儒皆知崇《注疏》矣**。然《注疏》惟《诗》、‘三礼’及《公羊传》犹是汉人家法，他经注则出魏、晋人，未为醇备。”著《尚书后案》三十卷，专述郑康成之学，若郑注亡逸，采马、王注补之。孔传虽出东晋，其训诂犹有传授，间一取焉。又谓：“东晋所献之《太誓》伪，而唐人所斥之《太誓》非伪，故附书《今文太誓》一篇，存古之功。”自谓不减惠氏《周易述》也。又著《周礼军赋说》四卷，发明郑氏之旨。又《十七史商榷》一百卷，于一史中纪、志、表、传互相稽考，因而得其异同，又取稗史丛说以证其舛误，于舆地、职官、典章、名物每致详焉。别撰《蛾术编》一百卷，其为目十：说录、说字、说地、说制、说人、说物、说集、说刻、说通、说系，盖仿王应麟、顾炎武之意，而援引尤博。诗以才辅学，以韵达情。古文用欧、曾之法，阐许、郑之义，有诗文集四十卷。嘉庆二年，卒，年七十六。

《清史列传·儒林传下一》：存目。①

钱大昕《潜研堂集》文集卷四十八《西沚先生墓志铭》：西沚先生以笃学鸿文登巍科，入词馆不数岁，而参纶阁，班九卿，贵且显矣。甫逾强仕，奉讳星奔。服阕，遂不复出。里居三十余年，日以经史、诗、古文自娱，撰述等身，弟子著录数百人。尝取杜少陵

---

① 详见中华书局本第 17 册，第 5498 页。

诗句，以西庄自号，学者称西庄先生，西庄之名满海内。顷岁忽更号西沚，予愕焉，讽使易之，不肯。私谓儿辈曰："沚者，止也，汝舅其不久乎？"西沚于经义专宗郑氏，兹以嘉庆二年十二月二日捐馆，岁行在巳，龙蛇之厄，与康成先后一揆，斯亦异矣！**予与西沚总角交，予妻又其女弟，幼同学，长同官，及归田，衡宇相望，奇文疑义，质难无虚日。予驽缓，西沚数镞厉之，始克树立。平生道义之交，无逾西沚。**常以异姓轼、辙相况，匪由亲串昵就辄相标榜也。今窀穸有期，而予视息犹在人世，志石之铭，奚敢辞？西沚姓王氏，讳鸣盛，字凤喈，一字礼堂，外舅虚亭先生长子，为世父升孟公后。幼随王父卓人公丹徒学署，奇慧，四五岁，日识数百字，县令冯公咏以神童目之。稍长，习"四书"义，才气浩瀚，已有名家风度。年十七，补嘉定县学生，学使岁科试，屡占第一，乡试中副榜，才名籍甚，巡抚陈文肃公大受取入紫阳书院肄业，东南才俊咸出其下。在吴门，与王琴德、吴企晋、赵损之、曹来殷诸君唱和，沈尚书归愚以为不下嘉靖七子。又与惠征君松厓讲经义，知**诂训必以汉儒为宗**，服膺《尚书》，探索久之，乃信东晋之古文固伪，而马、郑所注实孔壁之古文也，东晋所献之《太誓》固伪，而唐儒所斥为伪《太誓》者实非伪也。古文之真伪辨，而《尚书》二十九篇粲然具在，知所从事矣。乾隆十二年中江南乡试，十九年会试中式，殿试一甲第二人及第，授翰林院编修。蒋文恪公溥为院长，重其学，延为上客。二十三年，天子亲试翰詹诸臣，特擢一等一名，超迁侍讲学士，充日讲起居注官。其冬，扈从盘山。明年，充福建正考官，未蒇事，即有内阁学士兼礼部侍郎之命。还都，召对，天语甚温。未几，御史论其驰驿不谨，部议降二级。明年，授光禄寺卿，扈从木兰秋狝。二十七年，以平定回部，覃恩诰封三代，赐貂皮大缎等物。二十八年，丁朱太淑人忧，去职回里。既除丧，以虚亭先生年高，遂不赴补。其后入都祝万寿者一，迎驾行在者再，皆有文绮之赐，恩遇不异供职时，而西沚自以多病，无宦情矣，性俭素，无玩好之储，无声色之奉，宴坐一室，左右图书，咿唔如寒士。卜居苏州阊门外，不与当事通谒，亦不与朝贵通音问，唯好汲引后进，一篇一句之工，奖赏不去口，或评选其佳者刊而行之。尝言：**"汉人说经必守家法。"**亦云：**"师法自唐贞观撰诸经义疏而家法亡，宋元丰以新经义取士而汉学殆绝**。今好古之儒皆知崇《注疏》矣，然《注疏》惟《诗》、'三礼'及《公羊传》犹是汉人家法，他经注则出于魏、晋人，未为醇备。"故所撰《尚书后案》专宗郑康成，郑注亡逸者，采马、王补之，孔传虽伪，其训诂犹有传授，非尽乡壁虚造，间亦取焉。经营二十余年，自谓存古之功与惠氏《周易述》相埒。又撰《十七史商榷》百卷，主于校勘本文，补正讹脱，审事迹之虚实，辨纪传之异同，于舆地、职官、典章、名物每致详焉，独不喜褒贬人物，以为空言无益实用也。早岁论诗，溯原汉、魏、六朝，宗仰盛唐，中年稍变化，出入香山、东坡，晚年独爱李义山，谓少陵以后一人。前后吟咏甚富，手自删定为二十四卷。王琴德谓其以才辅学，以韵达情，粹然正始之音，非虚憍恃气者所及。古文纡徐醇厚，用欧、曾之法，阐许、郑之学，一时推为巨手。又撰《蛾术编》百卷，其目有十，曰说录、说字、说地、说制、说人、说物、说集、说刻、说通、说系，盖仿王深宁、顾亭林之意，而援引尤博赡焉。自束发至垂白，未尝一日辍书，年六十八，两目忽瞽，阅两岁，得吴兴医针之而愈，著书如常时。春秋七十有六。……铭曰：古三不朽，立言其一。言非一端，所重经术。汉儒治经，各有师承。后儒凿空，师心自矜。堂堂光禄，朴学是好。祖述后郑，升堂睹奥。学优而仕，实大声宏。鸷鸟累百，鹫鹭先鸣。立朝九考，晋秩二品。优游林泉，著作自任。经明史通，诗癖文雄。

一编才出，纸贵吴中。弇山、元美，畏垒、熙甫，兼而有之，华实相辅。枌榆共社，科第同年，肩随兄事，申以婚姻。有过必规，有疑互质，相思披衣，老而愈密。壑舟云逝，大名长留。斯文光焰，茈护松楸。

王昶《春融堂集》卷六十五《王鸣盛传》：王鸣盛，字凤喈，嘉定人。明司业逢年之后。少敏慧，弱冠补诸生，屡试第一。巡抚招入苏州紫阳书院，院长归安吴大受、常熟王峻先后赏其才。为文镕经铸史，风发泉涌。乾隆十二年，乡试以“五经”中式。会试不第，归苏州。时沈德潜以礼部侍郎致仕，海内英骏皆师之，门下以鸣盛为最。又其时长洲吴泰来、上海赵文哲、张熙纯及鸣盛妹夫钱大昕，皆以博学工诗文称，而群推鸣盛为渠帅。十九年，以第二人及第，授编修，公卿争礼致之。刑部侍郎秦蕙田方修《五礼通考》，属以分修，而尤见重于掌院学士蒋溥。二十一年①，大考翰林，鸣盛名第一，特擢侍读学士。三十四年，考试差第二，充福建乡试正考官，寻升内阁学士兼礼部侍郎。事竣还京，以滥用驿马被吏议，左迁光禄寺卿。寻丁内艰，归，遂不复出。久之，迁居苏州，学者望风麕至。鸣盛又有《江左十二子》、《苔岑》诸集之刻，声气益广，名望益深，而键户读书，绝不与当事酬接。家本寒素，往往卖文谀墓以给用，余则一介不取也。偃仰自得者，垂三十年。嘉庆二年十二月，殁于苏州。鸣盛为诗，少宗汉、魏、盛唐，排律则仿元、白、皮、陆。在都下见钱载、蒋士铨辈喜宋诗，往往效之，后悔，复操前说。于明何景明、李攀龙、李梦阳、王世贞、陈子龙及国朝王士禛、朱彝尊之诗服膺无间。大抵以才辅学，以韵达情，粹然正始之音也。古文不专一家，于明先嗜王慎中，继效归有光，撷经义之精奥，而以委折疏达出之。诗文集凡四十卷。先与元和惠栋、吴江沈彤研经学，一以汉人为师，郑玄、许慎尤所墨守。所著《尚书后案》、《军赋考》，精深博洽，比古今疑义而折衷之。又著《十七史商榷》，于一史中纪志表传互相稽考，因而得其异同，又取稗史丛说以证其舛误。前人纠缪拾遗之作，不屑沿袭摭攟也。晚作《蛾术编》，有说录、说字、说地、说物、说制、说集、说刻、说通、说系十门，共一百卷，亦以渊灏称于世。

钱泳《履园丛话》卷六《西庄光禄》：王西庄先生，名鸣盛，字凤喈，嘉定人。乾隆甲戌进士第二人，以内阁学士降光禄卿，寻丁艰归，遂不出迁，居苏州阊门外之闻德桥。余年十六七时，始识于金安安先生坐上。先生勤于著述，尝与元和惠栋、吴江沈彤研精经学，有《尚书后案》、《周礼军赋说》、《十七史商榷》、《蛾术编》诸书。选生平交游之能诗者十二家，为《苔岑集》。自刻所为诗文曰《西庄始存稿》。年六十余，双瞽。越十年，双目又明。嘉庆二年，卒于吴门。世之言学者，以先生为圭臬云。

阮元《儒林传稿》卷四、江藩《国朝汉学师承记》卷三、钱林《文献征存录》卷四、唐鉴《学案小识》卷十四《经学学案》、王昶《湖海诗传》卷十六、张维屏《国朝诗人征略》卷三十五、徐世昌《晚晴簃诗汇》卷八十三、冯桂芬《（同治）苏州府志》卷九十六皆有传，存目。

杭世骏《道古堂全集》文集卷四《尚书后案序》：**两汉儒林各有师承，守家法者兢兢不敢逾尺寸，未有兼综六艺、博学而详说之者。北海郑氏，生于微言既绝之后，独能窥寻**

---

① 今按：江藩《汉学师承记》卷三《王鸣盛传》、钱大昕《潜研堂文集》卷四八《西沚先生墓志铭》皆作“二十三年”，应从之。

四代之制度。虞、夏、商、周之传，伏生述之，郑氏能言之也。笺《诗》注《礼》，具有成书。《春秋》则《箴膏肓》、《发墨守》、《起废疾》，显然与何休为难者，散见于贾、孔群经义疏中，唐初犹未亡也。《易》则唐李鼎祚集之于前，宋王氏应麟裒之于后。《尚书》一经，世宗伪孔安国传。郑氏之注灭没于散亡之后，遂无有起而表章之者。是郑氏诸经不亡，而《尚书》独阙也。光禄卿王君西庄，当世之能为郑学者也，戚然忧之，钻研群籍，爬罗剔抉，凡一言一字之出于郑者，悉甄而录之，勒成数万言，使世知有郑氏之注，并使世知有郑氏之学而未已也。马融，郑所师也。马之言，郑不尽从也。存马之说，知郑之不墨守家法也。王肃，难郑者也，六天、丧服，难礼者叠出，于《书》，未数数然也。参王之说，存郑之诤友也。孔传后出，疑在魏、晋之间，孔尝窃郑，非郑袭孔也。疏之与传，若祢之继祖，而亦间出郑注，则孔颖达亦郑之功臣也。为郑学当尊郑氏，尊郑氏，则此四家者皆当退而处后，准诸鲁兼四等附庸之例，别黑白而定一尊。此西庄论撰之微意也。**其曰“后案”，何也？以经证经而经明，以四家证郑而郑益明**。许慎胪《五经异义》，而终之以“谨案”，“案”之所由昉也。其曰“后”，何也？前乎此者，郑能弼马融之违；后乎此者，王肃不能匡郑氏之失。郑注确而可循，若《春秋》之《决事比》，若老吏之已成事，言成于此，而案立于彼，虽有异说，可以增波助澜，不得喧客夺主。西庄为之推衍焉，由绎焉，讲去其非而趋是则已矣。昔马昭未尝亲受业郑门，张融去郑益远，坚持其说，以枝拄王学。西庄生又后于二人，其曰“后案”，其以是哉？余性识暗劣，**读经而不能疑，疑经而不能断**，卒业西庄之书，昭若发蒙。姑以《缁衣》一篇插齿牙于五十九篇之中，可乎？古者策用漆书，久则剥蚀，“说命”为“兑命”者，“言”蚀而“兑”存，故曰“兑命”也。《尹诰》为“尹吉”者，“言”蚀而“告”存，“告”又蚀其上，故曰“尹吉”也。《君奭》“在昔上帝周田观文王之德”，“割”以蚀不全而讹为“周”，“申”蚀其上下而为“田”，“勸”蚀其左而讹为“觀”，此犹以偏旁剥蚀而致异同。其读法，则郑有胜于孔者。《君牙》：“夏暑雨，小民惟曰怨，资冬祈寒，小民亦惟曰怨。”孔以“资”为“咨”，郑解“资”为“至”，属下读。以字义论，怨为愤恨，咨为嗟叹，怨深而咨浅，怨重而咨轻。人情先咨而后成怨，未有怨而以咨继之者。以措辞论，上辞曰“惟怨”，下辞曰“亦惟怨”，上下相应，立言之体。《书》言虽古虽拙，不应聱牙若是，是皆孔颖达所未尝采也。魏华父谓：“《缁衣》，公孙尼所作。”尼为七十子之徒，纵使传为孔安国真本，亦已后一二百年，而何忽不加察也。间尝论儒术有显晦，而郑学为尤甚。一显于孙小同之辑《郑志》，张逸、赵商、孙皓、炅模之问，崇精之答，当时著述之精蕴已发露无遗剩。所谓礼堂写定，传诸其人，此其时也。旋晦于王肃之难，旋显于马昭之申；再显于贞观之定从祀，再晦于嘉靖张孚敬之罢从祀；京山郝敬解九经，拾王肃之牙后也。吾师淳安方氏楘如辑郑氏之言为《拾沛》，吴郡惠氏栋辑郑注《尚书》，是皆为郑学者也，而其书不显于世，绵绵延延，递显递晦。西庄负振古之才，际经术昌明之会，竭卅年之精力，绍绝学于二千载之上，可不谓独立不惧，踵贾、孔诸儒而递兴者乎？鄙人于郑学无能为役，庆郑氏之有传人，而又庆西庄之传郑氏。此书非余序而谁叙欤？惜方、惠二氏之不及见，反袂拭面，有余恸焉。

王鸣盛《尚书后案自序》：**《尚书后案》何为作也？所以发挥郑氏康成一家之学也**。《书》本百篇，秦火后，伏生传今文三十四篇，孔安国得壁中古文，增多二十四篇，余四十二篇亡矣。三十四篇者，即二十九篇，《尧典》一、《皋陶谟》二、《禹贡》三、《甘誓》四、《汤誓》五、《盘庚》六、《高宗彤日》七、《西伯戡黎》八、《微子》九、《太誓》十、《牧誓》十一、《洪范》十二、《金縢》十三、《大诰》十四、《康诰》十五、《酒诰》十六、《梓材》十七、《召诰》十八、《洛诰》十九、《多士》二十、《无逸》二十一、《君奭》二十二、《多方》二十三、《立政》二十四、《顾命》二十五、《费誓》二十六、《吕刑》二十七、《文侯之命》二十八、《秦誓》二十九。伏书本二十八，《太誓》别得之民间，合于伏书，故二十九。安国得古文，以今文读之，又于其中分《盘庚》、《太誓》各为三，分《顾命》为《康王之诰》，故三十四也。二十四篇者，即十六篇，其目郑具述之：《舜典》一、《汩作》二、《九共》九篇十一、《大禹谟》十二、《益稷》十三、《五子之歌》十四、《胤征》十五、《汤诰》十六、《咸有一德》十七、《典宝》十八、《伊训》十九、《肆命》二十、《原命》二十一、《武成》二十二、《旅獒》二十三、《冏命》二十四也。自安国递传，至卫宏、贾逵、马融及郑氏皆为之注，王肃亦注之。惟郑师祖孔学，独得其真。但诸家只注三十四篇及百篇之序，增多者无注。至晋又亡，好事者别撰增多二十五篇，内有《太誓》，故于三十四篇删去《太誓》，又分《尧典》之半充《舜典》，《皋陶谟》之半充《益稷》，改为三十三篇，并撰孔传，盖出皇甫谧手云。夫增多者已亡矣，目犹在也，三十四篇汉注犹在也。晋人所撰与真古文二者皆不合，孔颖达作疏用之，反诬郑述增多为张霸书，自是三十四篇汉注亦亡矣。予遍观群书，搜罗郑注，惜已残阙，聊取马、王传疏益之，又作“案”以释郑义。马、王传疏与郑异者，条析其非，折中于郑氏。名曰《后案》者，言最后所存之案也。至二十五篇，则别为《后辨》附焉。嘻，草创于乙丑，予甫二十有四，成于己亥，五十有八矣。寝食此中，将三纪矣。又就正于有道江声，乃克成此编。予于郑氏一家之学可谓尽心焉耳。若云有功于经，则吾岂敢！

王鸣盛《春秋内传古注辑存序》：**汉儒说经，各有家法。何谓家法？经者，夫子之所修，而七十子传之，递相授受，以及于汉儒，必定从一家以名其学，故谓之家法也。**《宋书·百官志》云：“汉武建元五年，初置五经博士。宣成之世，五经家法稍增，经置博士一人。”《后汉书·儒林传》云：“光武中兴，爱好经术，未及下车，而先访儒雅，于是立五经博士，各以家法教授。”此之谓也。汉末大儒郑氏康成，乃会通众家，遍释群经，独《春秋左传》则不注，而以推服子慎。自是以后，天下并称郑、服。晋杜预者，乃别为集解一书，夫名曰“集解”，则是集合诸家之解矣，其自序乃云：“刘子骏创通大义，贾景伯父子、许惠卿皆先儒之美者也，末有颖子严者，虽浅近，亦复名家。故特举刘、贾、许、颖之违，以见同异。”吁！左学以服为首，杜解中攘窃其义甚多，顾隐而不言，明系忌服名高，作此狙诈耳。孔颖达疏附会之云：“杜以先儒之内，四家差长，故特举其同异。自余服虔之徒，殊劣于此辈，故弃而不论。”此等梦呓之谈，将谁欺乎？预在晋功名既盛，书遂大行，而南士轻浮好异，故六朝皆以杜为宗，然《北史·儒林传》云：“《左传》江左则杜元凯，河洛则服子慎。”是知服氏家法犹在北方，奈何唐人袭用刘光伯义疏，又惟杜是遵邪？严生豹人安贫乐道，笃志嗜古，作《春秋内传古注辑存》，汉人家法藉以不坠，此书出，彼杜氏之苟驳前师、向壁虚造者尚能以惑人哉？**且夫学莫善于有本，而功莫大于存古，九经疏汉学佚其四，而《穀梁》之用范宁，犹为稍可；其佚而可惜者，《周易》、《尚书》、《左传》也。**《周易》有李鼎祚、王应麟所辑；尚书有予所辑，汉学略具梗概。惟《左传》未有辑本，予曩者序生所辑《鲁齐韩三家诗》，曾反复低回属望之，生果能践此言，再有此辑。彼《诗》有毛、郑岿然在，生所搜罗，厥功差小，若此编继绝表微，功视诗尤伟矣。生性谦，未敢定从一家，要其辑之之本意，原欲定从服氏，服注残阙，故不得不兼取贾逵；贾注又残阙，故不得不兼取刘歆、郑兴及兴子众，而诸注又不全，不得不旁取以益之。掇拾鸠聚，遂至数家竹头木屑，船钉秤星，装合辐凑，眉目井井，字里行间，苦心如见。予序其书，不禁雀跃欣喜，以为斯文之厚幸焉。丁未仲春，西庄老史王鸣盛题，时年六十有六。①

王鸣盛《十七史商榷》卷二十七《师法》：孟喜受《易》于田王孙，田王孙受《易》于丁将军宽。喜之改师法，乃为梁丘贺辈所诬耳基其实不改也，而，汉人说经重师法则于此可见，下文胡母生之弟子东平嬴公则表其不失师法是也。……**汉人重师法如此。又称家法，谓守一家之法，即师法也。**……又《郑康成传论》曰："王父豫章君传授生徒，专以郑氏家法。"此蔚宗谓其祖父豫章太守宁。李贤注云："言宁教授，专崇郑学。"**盖前汉多言师法，而后汉多言家法，不改师法则能修家法矣。两汉尊师法，而俗学即出乎其间。**刘歆《移书让太常博士》有云："缀学之士，苟因陋就寡，分文析字，烦言碎辞，信曰说而背传记，是末师而非往古，岂不哀哉！"徐防永元十四年上疏亦云："伏见太学试博士弟子，皆以意说，不修家法。孔子称'述而不作'，又曰'吾犹及史之阙文'，疾史有所不知而不肯阙也。今不依章句，妄生穿凿，以遵师为非义，意说为得理，诚非诏书实选本意。"观此则知俗学之妄，古今同慨。自唐中叶以后，凡说经者，皆以意说无师法。夫以意说而废师法，此夫子之所谓"不知而作"也。

王鸣盛《蛾术编·南北学尚不同》**：南人轻浮浅躁，北人沉潜笃实，南人虚夸诞妄，北人诚朴谦谨，故学尚不同**。两汉、三国经师林立，南人惟一虞翻，包咸、韦昭亦可备数，其余大儒皆北人。此谓传注也。若夫义疏之体起南北朝，而所宗主者南北亦大不同。《魏·儒林传叙》，首言立学置生徒，幸太学，释奠讲经等典故，而末段则略举诸儒姓名，汉世郑玄并为众经注解，服虔、何休各有所说。玄《易》、《书》、《诗》、《礼》、《论语》、《孝经》，虔《左氏春秋》，休《公羊传》盛行于河北。**此段乃经学中第一紧要关目，何以从未有人理会到此？予为拈出，学者急须着眼。**《周易》当以孟喜、虞翻为主，郑康成于此经却未为精诣。然郑《易》究与孟不甚相远。北学既宗郑《易》，则孟亦在其中。能发挥重者，虞翻为最善。翻实南人，若无创于北，亦何能研究乃尔？至于北朝，崇尚郑注《书》、《诗》、"三礼"、《论语》、《孝经》，服注《左传》，何注《公羊》，其择取允当绝伦，并何注《公羊疏》亦疑徐遵明作。信乎！经学之在北，不在南也。下文又云，王肃《易》亦间行焉。"肃"当作"弼"。又云，晋世杜预注《左氏》，预玄孙坦，坦弟骥，于刘义隆世并为青州刺史，传其家业，故齐地多习之。《隋·儒林传叙》首云南北所治章句，好尚互有不同。江左《周易》则王辅嗣，《尚书》则孔安国，《左传》则杜元凯。河洛《左传》则服子虔，《尚书》、《周易》则郑康成，《诗》则并主于毛公，《礼》则同遵于郑氏。**南人简约，得其英华，北学深芜，穷其枝叶。此段通论南北学尚之异，挈领提纲，亦颇能得其总要**。然于何休《公羊》竟不齿及，则其标举北学，已远不及魏收。愚前论《公羊疏》，必系北朝精于实学，笃守师法之人所为，若徐遵明是。今观魏收言，何休《公羊》盛行于河北，愚说犹信。乃作《隋书》者，于此疏竟夷然不屑，置若罔闻，无识之甚。至其评断云，南得英华，北得枝叶，大有扬南抑北之意。殊不知王《易》、孔

① 见陈鸿森辑《王鸣盛西庄遗文辑存》，载《嘉定王鸣盛全集》第11册，第425~426页。

《伪书》、杜《左》，经中之蟊贼也，反以为英华，何哉！此种议论，必出于刘焯、刘炫。《隋书》唐人所修，彼时徐学渐炽，古学渐微，幸而《诗》则并主于毛氏，《礼》则同遵于郑氏，四经得以长留天地间，并《公羊》亦未荡废。然而十一经中，古学已亡其五，数千百年之下，抚卷三叹，能不深惜之？（下略）

王鸣盛《西庄始存稿》卷二十七《乾隆二十四年福建乡试策问》：问：经之有传注训解也尚矣。两汉去古未远，孔门之微言大义犹有存者。诸儒尊其师说，各自名家，彬彬称盛焉。历魏晋及隋，传经者代不乏人。至唐集《九经正义》。宋又益之以四经，乃专宗一家之说，而尽废诸家。其去取果悉当否？抑其所取，若王弼诸人，孰得孰失，孰浅孰深，孰略孰详，孰真孰伪，孰为兼通众义，孰为墨守一师，孰为取裁前哲、确有禀承，孰为凭臆立言、得自创获者耶？为正义者，在唐为孔氏、贾氏、徐氏、杨氏；其余各经，则宋邢氏暨孙氏又附益之。诸家之所本者何人？其中间称大隋，是又不独唐人所撰也。就诸正义较之，其亦有浅深、得失、详略、真伪之可辨者耶？且注赖疏以明，而邢氏、孙氏二家，于本注反从删节，何耶？自宋以来，曰经者多宗朱子。朱子之说经也，于"四书"、于《周易》、于《诗》各有成书。于《礼》有书而未及成。于《书》则口授之弟子。于《春秋》及《孝经》、《尔雅》则未暇及，仅散见文集、语录中。其义例、旨趣亦有可得而约举者否？夫汉、唐、宋诸儒，于经互有短长，不可偏废。要而言之，大约前则《十三经注疏》，后则朱子手定之书，此其最著者也。我朝文治诞敷，一尚经术。御纂四经，钦定"三礼"，折衷至当，集古今之大成。而所采取，亦惟注疏及朱子之说为多，尔多士服习。皇上天纵之姿，日新之学，御制《乐善堂文集》，广大精微，度越前古。近复重加编订，昭示久速。而几余偶暇，时洒宸章。制作之富，直与日月齐光，江河比润。至御选《唐宋文醇》，提要钩玄，又有以放斯文之津筏。儒者躬逢盛际，争自濯磨，必当有好学深思之士出乎其间，以应休嘉之运。尚各摅所心得，用备乙夜之采择焉。

王树民《西庄学案》：**西庄学术之特点为以经学为基础，而以史学为归宿。苏州学派当时称为汉学正宗，经义主郑玄，文字主许慎，言必有据，为其主要信条，解说经义之间是否为汉儒之说，而不问其解说之是非。与之同时并称的徽州学派，则重视解说的是非，故就学术成就而言，苏州学派逊于徽州学派。但在汉人旧注堙失千年以上之后，苏州学派能广泛搜辑，并加诠释，使之重为世人所知，其贡献已不容忽视。**六经本多为古代的史书，如《尚书》为记言者，《春秋》为记事者，故由经学转入史学，其中并无隔阂，且有水到渠成之势。西庄治经即以《尚书》为主，其次所重者为《春秋左传》与《周礼》等。西庄受惠于经学主要为言必有据，极力避免虚论伪证，立论确乎不拔，因而时人称之为实学。严守家法则如作茧自缚，影响创造性的发挥，不能如徽州学派之别开天地，是西庄所受予经学的消极方面。幸而家法对史学之影响较小，因而西庄得有较大的成就。①

① 见杨向奎《清儒学案新编》第八册，第111页。

钱大昕

《清儒学案》卷八十三《潜研学案上》：当惠、戴学说盛行吴、皖，而潜研崛起娄东，于训诂、音韵、历算、金石，无不淹贯，尤邃于史。后儒分其一师，皆足名家。乃兼擅众长，不自矜诩，著述宏富，暗然日章，其德养为不可及。群从子弟，互相砥砺，朴学风尚，萃于一门，可庐、溉亭，尤深造焉。

《清史稿·儒林二》：钱大昕，字晓征，嘉定人。乾隆十六年，召试举人，授内阁中书。十九年进士，选翰林院庶吉士，散馆授编修。大考二等一名，擢右春坊右赞善。累充山东乡试、湖南乡试正考官、浙江乡试副考官。大考一等三名，擢翰林院侍讲学士。三十二年，乞假归。三十四年，补原官，入直上书房，迁詹事府少詹事……充河南乡试正考官，寻提督广东学政。四十年，丁父艰，服阕，又丁母艰。病不复出。嘉庆九年，卒，年七十七。大昕幼慧，善读书。时元和惠栋、吴江沈彤以经术称，其学求之《十三经注疏》，又求之唐以前子、史、小学。大昕推而广之，错综贯串，发古人所未发。任中书时，与吴烺、褚寅亮同习梅氏算术。及入翰林，礼部尚书何国宗世业天文，年已老，闻其善算，先往见之，曰："今同馆诸公谈此道者鲜矣。"大昕于中、西两法剖析无遗，用以观史，自《太初》①、《三统》②、《四分》③，中至《大衍》④，下

---

① 太初：西汉的《太初历》是中国古代第一部比较完整的汉族历法，也是当时世界上最先进的历法。其法规定一回归年为一年，一朔望月为一月，所以又称八十一分律历。以夏历的正月为岁首。三统历第一次把二十四节气编入历法，以没有中气的月份为闰月。它还首次记录了五星运行的周期。太初历共使用了188年。

② 三统：指《三统历》。

③ 四分：指《四分历》。

④ 大衍历：唐代历法名。一名《开元大衍历》。为唐代天文学家僧一行所造。开元九年，因《麟德历》日食不验，诏一行作新历。一行测各地纬度，南至交州，北尽铁勒。十五年历成而一行卒。因一行用《易》大衍之数立说，故名《大衍历》。从开元十七年（729）起，至至德二年（757），《大衍历》共施行二十九年。它对后代历法的编订影响很大。

讫《授时》①，朔望薄蚀，凌犯进退，抉摘无遗。汉《三统》术为七十余家之权舆，讹文奥义，无能正之者。大昕衍之，据班《志》以阐刘歆之说，裁《志》文之讹，二千年已绝之学，昭然若发蒙。大昕又谓："古法岁阴与太岁不同，《淮南·天文训》摄提以下十二名，皆谓岁阴所在，《史记》太初元年年名焉逢②摄提格③者，岁阴非太岁也。东汉后不用岁阴纪年，又不知太岁超辰④之法，乃以太初元年为丁丑岁，则与《史》、《汉》之文皆悖矣。"又谓："《尚书纬》四游⑤升降之说，即西法日躔⑥最高卑之说。宋杨忠辅《统天术》以距差乘躔差，减气汎积为定积，梅文鼎谓郭守敬加减岁余法出于此。但统天求汎积，必先减气差十九日有奇，与郭又异。文鼎不能言，大昕推之，（同）［曰］："凡步气朔，必以甲子日起算，今《统天》上元冬至，乃戊子日，不值甲子，依《授时》法，当加气应二十四日有奇，乃得从甲子起。今减去气差，是以上元冬至后甲子日起算也。既如此，当减气应三十五日有奇，今减十九日有奇者，去躔差之数不算也。求天正经朔又减闰差者，经朔当从合朔起算。今推得《统天》上元冬至后第一朔，乃乙丑戌初二刻弱，故必减闰差而后以朔实除之，即授时之朔应也。"大昕始以辞章名，沈德潜《吴中七子诗选》，大昕居一。既乃研精经史，于经义之聚讼难决者，皆能剖析源流。文字、音韵、训诂、天算、地理、氏族、金石，以及古人爵里、事实、年齿，了如指掌。古人贤奸是非疑似难明者，典章制度昔人不能明断者，皆有确见。惟不喜二氏书，尝曰："立德、立功、立言，吾儒之不朽也。先儒言释氏近于墨，予以为释氏亦终于杨氏为己而已。彼弃父母而学道，是视己重于父母也。"大昕在馆时，常与修《音韵述微》、《续文献通考》、《续通

① 授时：《授时历》，为公元1281年（元至元十八年）实施的历法名，因元世祖忽必烈封赐而得名，原著及史书均称其为《授时历经》。其法以365.2425日为一岁，距近代观测值365.2422仅差26秒，精度与公历（指1582年《格里高利历》）相当，但比西方早采用了300多年。公元1276年（元十三年）元世祖命许衡"领太史院事"，全面负责这一工作，并以王询、郭守敬为副，共同研订。

② 焉逢：十干纪年法，太岁在甲之名。《史记·历书》："太初元年，岁名'焉逢摄提格'。"司马贞《索隐》："焉逢，《汉书》作'阏逢'。"《史记·历书》："焉逢困敦三年。"司马贞《索隐》："焉逢，甲也。"

③ 摄提格：岁阴名。古代岁星纪年法中的十二辰之一。相当于干支纪年法中的寅年。《尔雅·释天》："太阴在寅曰摄提格。"《史记·天官书》："摄提者，直斗杓所指，以建时节，故曰'摄提格'。"司马贞《索隐》："太岁在寅，岁星正月晨出东方。李巡云：'言万物承阳起，故曰摄提格。格，起也。'"

④ 超辰：古天文术语。汉以前占星家用岁星（即木星）纪年，以为此星十二年运行一周天，而其实不足十二年，约为11.86年。刘歆创"超辰"之说以补救之，谓经过一百四十四年（按实测为八十六年）后，岁星的实际位置便超过一个星次，谓之"超辰"。亦称"超次"。

⑤ 四游：古人认为大地和星辰在一年的四季中，分别向东、南、西、北四极移动，称"四游"。《礼记·月令》题解孔颖达疏引汉郑玄注《考灵耀》云："地与星辰俱有四游升降。四游者，自立春地与星辰西游，春分西游之极。地虽西极，升降正中，从此渐渐而东，至春末复正。自立夏之后北游，夏至北游之极。地则升降极下，至夏季复正。立秋之后东游，秋分东游之极。地则升降正中，至秋季复正。立冬之后南游，冬至南游之极。地则升降极上，冬季复正。此是地及星辰四游之义也。"

⑥ 日躔：太阳视运动的度次。《文选·颜延之〈三月三日曲水诗序〉》："日躔胃维，月轨青陆。"吕向注："躔，次也。胃，星名。维，畔也……言日次胃星之轨行畔也。"《元史·历志一》："列宿著于天，为舍二十有八，为度三百六十五有奇。非日躔无以校其度，非列舍无以纪其度。"清夏炘《学礼管释·释冬夏致日春秋致月》："夫两弦之月道既在二至之度，则日躔必在二分，而四序不忒。"

志》、《一统志》、《天球图》诸书。所著有《唐石经考异》① 一卷、《经典文字考异》一卷、《声类》四卷、《廿二史考异》一百卷、《唐书史臣表》一卷、《唐五代学士年表》二卷、《宋学士年表》一卷、《元史氏族表》三卷、《元史艺文志》四卷、《三史拾遗》五卷、《诸史拾遗》五卷、《通鉴注辨证》三卷、《四史朔闰考》四卷、《吴兴旧德录》四卷、《先德录》四卷、《洪文惠、洪文敏、王伯厚、王弇州四家年谱》各一卷、《疑年录》三卷、《潜研堂文集》五十卷、《诗集》二十卷、《潜研堂金石文跋尾》二十五卷、《养新录》二十三卷、《恒言录》六卷、《竹汀日记抄》三卷。

《清史列传·儒林传下一》：存目。②

王昶《春融堂集》卷五十五《詹事府少詹事钱君墓志铭》：乾隆十三年夏，昶肄业于苏州紫阳书院，时嘉定宗兄凤喈先中乙科，在院同学，因知其妹婿钱君晓征，幼慧善读书，岁十五补博士弟子，有神童之目。及院长常熟王次山侍御询嘉定人材，凤喈则以君对。侍御转告巡抚雅公蔚文，檄召至院，试以《周礼》、《文献通考》两论，君下笔千余言，悉中典要。于是院长惊异，而院中诸名宿莫不敛手敬之。后三年，高宗纯皇帝南巡，君献赋召试，赐举人，以内阁中书补用。明年入京，与同年褚搢升、吴荀叔讲《九章算术》，时礼部尚书大兴何公翰如久领钦天监事，精于推步，时来内阁，君与论宣城梅氏及明季利玛窦、汤若望诸家之学，洞若观火，何公辄逊谢，以为不及。又以《御制数理精蕴》兼综中西法之妙，悉心探核，曲鬯旁通。繇是用以观史，则自太初、三统、四分，中至大衍，下迄授时，尽能得其测算之法。故于各史朔闰、薄蚀、凌犯、进退、强弱之殊，指掌立辨，悉为抉摘而考定之。君在书院，时吴江沈冠云、元和惠定宇两君方以经术称吴中。惠君三世传经，其学必求之《十三经注疏》暨《方言》、《释名》、《释文》诸书，而一衷于许氏《说文》，以洗宋、元来庸熟鄙陋。君推而广之，错综贯串，更多前贤未到之处。谓古人属辞不外双声、迭韵，而其秘实具于《三百篇》中，双声即字母所由始，初不传自西域，皆说经家所未尝发者。尤嗜金石文字，举生平所阅经、史、子、集，证其异同得失，说诸心而研诸虑，海内同好如毕纕蘅、翁振三、阮伯元、黄小松、武虚谷咸有记撰，而君最熟于历代官制损益、地里沿革，以暨辽金国语、蒙古世系，故其考据精密多有出于数君之外。所著《经史答问》、《廿二史考异》、《通鉴注辨正》、《补元史氏族表》、《补元史艺文志》、《三统术衍》、《四史朔闰考》、《金石文跋尾》、《养新录》诸书，悉流传于世。……尝慕邴曼容之为人，谓官至四品可休，故于奉讳归里，即引疾不复出。嘉庆四年，今上亲政，垂询君在家形状。朝臣寓书，劝令还朝，君皆婉言报谢。是以归田三十年，历主钟山、娄东、紫阳三书院，而在紫阳至十六年之久，门下士积二千余人。其为台阁，侍从发名成业者不胜计，盖皆钦其学行，乐趋函丈，即当事亦均以师道尊礼之。……君讳大昕，号竹汀，晓征其字。生雍正六年正月初七日，以嘉庆九年十月二十日卒于书院，年七十有七。君卒之日，尚与诸生相见，口讲指画，谈笑不辍，及少疲，倚枕而卧，不逾时，家人趋视，则已与造化者游矣。非其天怀淡定，涵养有素，能如此哉？（下略）

---

① 此书校勘诸经，依唐石经、十二经之次第，仅将《孝经》移至《论语》之后，并录删定《月令》于诸经之末。各经所分段落亦依唐石经。

② 详见中华书局本第 17 册，第 5499~5501 页。

王引之《王文简公文集》卷四《詹事府少詹事钱先生神道碑铭》：**儒者言义理，言治法，必溯源于经史**。而经史之传，远者几千年，多者数百帙，写刻之讹谬，笺解之纷错，老师宿儒，终其身不能穷一艺，况乃囊括众典，网罗百家，稽乎同异，钩乎幽隐，确著其是非得失，笔之于书，以饷后人，其功在儒林，曷有涯涘。我朝有大儒曰嘉定钱先生，过目成诵，自少至老，未尝一日去书，精研经训，尤笃好史籍，通六书、九数、天文、地理、氏族、金石，熟于历代典章制度、政治臧否、人物邪正，著书三十五种，合三百余卷。呜呼！古之治经与史者，每博求之方言、地志、律象、度数，证之诸子、传记，以发其旨。自讲章时艺盛行，兹学不传久矣。国初诸儒起而振之，若昆山顾氏、宣城梅氏、太原阎氏、婺源江氏、元和惠氏，其学皆实事求是。先生生于其后，而集其成。当为诸生，肄业书院时，即能会音韵之微。既入馆阁，与诸名流讲习测算，曲尽中西二家蕴奥，同人多谢弗如。尝与修《续文献通考》、《续通志》、《一统志》、《天球图》，于累朝官名、人名、地名了如指掌，辽、金、蒙古国语、世系，人所难晓者，罔不洞悉在胸。性好金石，凡有关史事者，不惮搜讨为证佐。所著《廿二史考异》一百卷，正传闻之误，订字句之舛，于辽、金、元史梳栉益详，是书出而二千余年之史可读也。又著《三史拾遗》、《诸史拾遗》，广《考异》之所未及。著《三统术衍》，传歆、固之绝学。著《四史朔闰考》，明后代推步之失。著《元史・氏族表》、《艺文志》，补洪武制作之疏漏。他如《南北史隽》、《通鉴注辨正》、《唐学士・五代学士・宋中兴学士年表》、《洪文惠・洪文敏・陆放翁・王伯厚・王弇洲年谱》、《疑年录》、《恒言录》，皆本读史之余，荟聚而成。先生于儒术无弗习，无弗精，而专而致之于史，故其发明史学，自宋以来莫与为比。著《经典文字考异》、《唐石经考异》、《声类》，**大指谓经训不明，由小学不讲，故多于形声求义理**。著《潜研堂金石文跋尾》、《金石文字目录》、《金石待访录》，搜罗广而鉴别精。至其《文集》、《养新录》，贯串经史本末，随举一义，持论出以和平，考核皆归要典，则先生数十年读书心得萃于是也。先生初以词章显，有诗集传世。乾隆十六年，召试赐举人，授内阁中书，十九年会试中式，赐进士出身，改翰林院庶吉士，二十二年授编修，寻以两次大考高等，擢官至侍讲学士，充日讲起居注官。三十二年，乞假归，三十七年补侍读学士，上书房行走。其年冬，擢詹事府少詹事。先后充乡试主考官者四，会试同考官者二。三十九年提督广东学政，明年丁父忧，服阕，丁母忧，遂不出。先生淡于宦情，抱道自足。方归田时，年四十余，天子知其硕学，向用维殷，而先生引疾不起，大肆其力于著述，里居三十年，历主钟山、娄东、苏州、紫阳讲席，东南俊伟博学之士咸愿受业门下，弟子积二千人。噫！此可以观先生之行谊矣。(下略)

钱泳《履园丛话》卷六《竹汀宫詹》：家竹汀先生名大昕，字晓征，嘉定人。乾隆甲戌进士，官至詹事府少詹。自广东学政衔恤归里，掌教苏州紫阳书院者十余年。其学无所不通。所著有《廿二史考异》、《金石文跋尾》、《十驾斋养新录》、《潜研堂诗文全集》、《三统历述》诸书，精深纯粹，贯综百家，是合惠、戴两家之学而集为大成者也。余尝谒先生于书院中，听其言论，娓娓不倦，大江南北，学者莫不推尊先生为第一人。其弟可庐先生名大昭，为太学生。嘉庆元年举孝廉方正。著有《尔雅疏义》、《诗古训》、《两汉书辩疑》、《后汉书补表》、《说文统释》诸书。

焦循《雕菰集》卷六《二十一史考异・钱竹汀名大昕字晓征嘉定人》：詹事之学，博大精微。于何为极？迁、固、修、祁。地详沿革，算澈中西。职官制度，考核靡遗。以斯治史，乃得会归。孰云乙部，易于经师。

阮元《儒林传稿》卷四、《畴人传》卷四十九、江藩《国朝汉学师承记》卷三、李元度《国朝先正事略》卷三十四、钱林《文献征存录》卷八、王昶《湖海诗传》卷十六、张维屏《国朝诗人征略》卷三十五、徐世昌《晚晴簃诗汇》卷八十三、冯桂芬《（同治）苏州府志》卷一百十二皆有传，存目。

钱大昕《潜研堂文集》卷二《春秋论》：《春秋》，褒善贬恶之书也。其褒贬奈何？直书其事，使人之善恶无所隐而已矣。曰崩，曰薨，曰卒，曰死，以其位为之等。《春秋》之例，书崩，书薨，书卒，而不书死，死者庶人之称，庶人不得见于史，故未有书死者，此古今史家之通例，非褒贬之所在，圣人不能以意改之也。鲁之桓公、宣公，皆与闻乎弑者也，其生也书公，其死也书薨，无异词。文姜，淫而与闻乎弑者也，其生也书夫人，其死也亦书薨书小君，无异词。薨者内诸侯与小君之例也，非褒之也，《春秋》不夺之也。然犹可曰，此为君讳尔。公子遂之弑其君之子，季孙意如之逐君，皆大恶也。其死也亦书卒，无异词。书卒者内大夫之例也，非褒之也，《春秋》不夺之也。然犹可曰，此为宗国讳尔。吴、楚，僭王之君也，郑伯髡生，射主中肩者也；宋公鲍，与闻乎弑者也，其生也书爵，其死也书卒，皆无异词。书卒声外诸侯之例也，非褒之也，《春秋》亦不夺之也。逆弑之罪大矣，以庶人之例斥之可乎？曰不可。是诸人者，论其罪当肆诸市朝，仅仅夷诸庶人，不足以蔽其辜，论其位则彼固诸侯也，大夫也，夫人也，未尝一日降为庶人，而我以庶人书之，非其实矣。纪其实于《春秋》，俾其恶不没于后世，是之谓褒贬之正也。后之学《春秋》者，乃有书死之例，其说本于《檀弓》，曰："君子曰终，小人曰死。"史家未有书君子之死曰终者，而独书小人之死，吾不知其何义也。古书未有以死为贬词者，以舜之圣，而《尚书》曰"陟方乃死"，死果为不美之名乎？孔子曰："予死于道路乎？"又曰："予殆将死也。"孔子肯以小人自居乎？死而不朽谓之令终，《尚书》谓之"考终命"，否则徒死而已。《檀弓》之言，与曾子"启手足"之意相近，非为纪事者言之也。颜子，大贤也，而《论语》书之曰死，且屡书不一书；庄子，老氏之徒也，而其书有曰"老聃死"，皆非贬词也。褒善贬恶之义，莫备于《春秋》，谓《春秋》之法有所未备，而以意补之，岂后儒之识能加孔子之上乎哉！或曰："先儒所重者，善善恶恶之大义，自我作古，不必因乎《春秋》。"曰：人之善恶固未易知，论人亦复不易。班固以上中下九等品古今人，后世犹且嗤之，况以死与卒二者定君子、小人之别，其权衡轻重果无一之或爽乎？扬雄之仕于莽，于去就固不无可议，然方之刘歆、甄丰之徒何如？方之莽、操、懿、裕之徒又何如？有王者起而定其罪，轻重必有别矣。操、懿尚不能概以死书之，何独责于雄哉？后汉之名臣曾仕莽者不少，执此例而充类至尽，史之得书卒者少矣。有书有不书，是为同罪而异罚，后人求其说不得，则上下其手，壹以法吏舞文之术行之，此又非作者之意也。稽之于古书，死未足为贬词，即以其例求之，则予夺之际殊未得其平，而适以启后人之争端。故曰，**明乎《春秋》之例，可与言史矣**。

钱大昕《潜研堂文集》卷二十四《左氏传古注辑存序》：汉儒传《春秋》者，《公》、《穀》为今文，《左氏》为古文。班孟坚谓《左氏传》多古字古言，而今所行杜元凯本文多浅俗，转不如《公》、《穀》二家。元凯名其书曰集解，盖取何平叔《论语》之例。顾平叔于孔、包、马、郑诸解各标其姓名，而元凯于前贤义训隐而不言，则又近于伯尊之攘善矣。《左氏》解谊莫精于服子慎，魏、齐、周、隋之世，与郑康成所注诸经并行当时，至有“宁道周、孔误，不言郑、服非”之谚。自唐初正义专用杜说，而服学遂亡，世遂不复知左氏之为古文者。此严子豹人古注辑存所为作也。**夫穷经者必通训诂。训诂明而后知义理之趣。后儒不知训诂，欲以乡壁虚造之说求义理所在，夫是以支离而失其宗。汉之经师，其训诂皆有家法，以其去圣人未远。魏、晋而降，儒生好异求新，注解日多，而经益晦。**辅嗣之《易》、元凯之《春秋》皆疏于训诂，而后世盛行之。古学之不讲久矣。豹人有忧之，乃刺取《经典释文》、群经正义，参以他书，采获若干条，所师不专一家，要皆汉儒旧义，譬之凿石得金，探水出珠，虽霾掩千百年，其为希世之宝，有目者所当共赏也。抑予更有说焉。世儒尊杜氏者，谓其精于地理。今考郑伯克段于鄢，当为陈留之傿，而杜以颍川之鄢陵当之。盟于亳城北，古本作京城，即叔段所封，而杜讹为亳。防门、广里皆齐地名，而杜以为堑广一里。楚灵王城陈、蔡、叶、不羹，故子革称四国。杜本脱叶字，乃分不羹为二以当之。窃意贾谊、应劭、京相璠、司马彪之诠释皆出先民旧训，试推而广之，其足箴杜氏之膏肓者正自不少。予尝有志裒辑而未逮也。博闻嗜古如豹人，幸留意焉。

钱大昕《潜研堂文集》卷二十四《廿二史考异序》：予弱冠时，好读乙部书。通籍以后，尤专斯业。自《史》、《汉》讫金、元，作者廿有二家，反复校勘，虽寒暑疾疢，未尝少辍。偶有所得，写于别纸。丁亥岁乞假归里，稍编次之。岁有增益，卷帙滋多。戊戌设教钟山，讲肄之暇，复加讨论。间与前人暗合者，削而去之。或得于同学启示，亦必标其姓名。郭象、何法盛之事，盖深耻之也。夫史之难读久矣，司马温公撰《资治通鉴》成，唯王胜之借一读，他人读未尽十纸，已欠伸思睡矣。况廿二家之书，文字烦多，义例纷纠，舆地则今昔异名，侨置殊所，职官则沿革迭代，冗要逐时，欲其条理贯串，了如指掌，良非易事。以予佇劣①，敢云有得？但涉猎既久，启悟遂多，著之铅椠，贤于博弈云尔。**且夫史非一家之书，实千载之书，祛其疑乃能坚其信，指其瑕益以见其美。拾遗规过，匪为龁龁前人，实以开导后学。而世之考古者，拾班、范之一言，摘沈、萧之数简，兼有竹素烂脱，豕虎传讹，易“斗分”作“升分”，更“日及”为“白芨”，乃出校书之陋本，非作者之愆，而皆文致小疵，目为大创。驰骋笔墨，夸曜凡庸，予所不能效也。更有空疏措大，辄以褒贬自任，强作聪明，妄生疻痏，不稽年代，不揆时势，强人以所难行，责人以所难受，陈义甚高，居心过刻，予尤不敢效也。桑榆景迫，学殖无成，唯有实事求是，护惜古人之苦心，可与海内共白。**自知盘烛之光，必多罅漏，所冀有道君子理而董之。庚子五月廿有二日。

钱大昕《潜研堂集》文集卷三十三《与戴东原书》：前遇足下于晓岚所，足下盛称婺源江氏推步之学，不在宣城下，仆惟足下之言是信，恨不即得其书读之。顷下榻味经先生邸，始得尽观所谓《翼梅》者。其论岁实、论定气，大率祖欧逻巴之说而引而伸之，其意颇不满于宣城，而吾益以知宣城之识之高。何也？宣城能用西学，江氏则为西人所用而已。及观其冬至权度，益哑然失笑。夫岁实之古强而今弱也，汉以前四分而有余，汉以后四分而不足。而自《乾象》以至《授时》，岁实大率由渐而减，此皆当时实测，非由臆断。故以古法下推，则必后天，由于岁实强也；以今法上考，亦必后天，由于岁实弱也。

① 佇劣：懦怯庸劣。

杨光辅、郭守敬辈知其然，故为百年加减一分之率以消息之，虽过此以往，未之或知，而以之考古，则所失者鲜。是其术未始不善也。西人之术，止实测于今，不复远稽于古。然其所谓平岁实者，亦复累有更易，则固非以为永远可守之岁实也。江氏乃创为本无消长之说，极诋杨、郭，以傅会西人。然史册所书景长之日，班班可考，难以一人手掩尽天下之目也。(下略)

王树民《竹汀学案》：竹汀之学术，举凡天文、历算、地理、金石、制度、音韵、训诂，史学、诗文以及少数民族之文字等，无不精通，所受经学之影响虽深，而不墨守家法，得其态度谨严之效，故工力扎实，远非同时学者所能及。著作之盛亦非同时人所能及……其学术特点可概括为广而精二字。①

① 见杨向奎《清儒学案新编》第八册，第152页。

钱大昭

《清儒学案》卷八十四《潜研学案下·潜研家学·钱先生大昭》：钱大昭，字晦之，一字弘嗣，竹汀弟也。国子生。博通经史，治《尔雅》。竹汀与之书，**略言六经皆以明道，未有不通训诂而能知道者，欲穷六经之旨，必自《尔雅》始**。先生所著，有《诗古训》十卷、《尔雅释文补》三卷、《广雅疏义》二十卷。又著《说文统释》六十卷，书未刊，但《自序》及《徐氏新补新附考证》行世。治经之暇，兼力于史，尝谓**注经以明理为宗，注史以达事为主**。故著《三国志辨疑》三卷、《汉书辨疑》二十二卷、《续汉书辨疑》九卷，王光禄鸣盛最赏之；称其突过三刘。他所著尚有《后汉书补表》八卷、《后汉郡国令长考》一卷、《补续汉书艺文志》一卷、《迩言》六卷。又有《信古编》、《嘉定金石文字记》、《尊闻斋杂识》、《尊闻斋文集》、《得自怡斋诗集》。竹汀修《鄞》、《长兴》二《志》未成，《鄞志》但有辨证，《长兴志》先生为补成之。生平不慕荣利，名其读书之所曰可庐，欲蕲至于古之随遇自足者。嘉庆元年，以孝廉方正征，赐六品顶戴。十八年卒，年七十。（参《潜研堂文集》、《汉学师承记》、邵晋涵撰《序》、《小谟觞馆集》）

《清史稿·儒林二》：钱大昭，字晦之，嘉定人。大昕弟。大昕深于经史，一门群从，皆治古学，能文章，为东南之望。大昭少于大昕者二十年，事兄如严师，得其指授，时有两苏之比。**壮岁游京师，尝校录《四库全书》，人间未见之秘，皆得纵观，由是学问益浩博**。又善于决择，其说经及小学之书，能直入汉儒阃奥。尝欲从事《尔雅》，大昕与书，谓：“**六经皆以明道，未有不通训诂而能知道者。欲穷六经之旨，必自《尔雅》始**。”大昭乃著《尔雅释文补》三卷及《广雅疏义》二十卷。又著《说文统释》六十卷，其例十：一曰疏证，以佐古义。凡经典古义与许合者，在所必收。二曰音切，以复古音。以徐铉、徐锴等不知古音，往往误读，又许君言读若某者，即有某音，今并补正；又《说文》本有旧音，《隋书·经籍志》有《说文音隐》，《颜氏家训》引之。唐以前传注家多称《说文》音某，今并采附本字之下。三曰考异，以复古本。凡古本暨古书所引有异同者，悉取以折中。四曰辨俗，以正讹字。凡经典相承俗字，及徐氏新补新附字，皆辨证详明，别为一卷附后。五曰通义，以明互借。凡经典之同物同音，于古本是通用者，皆引经证之。六曰从母，以明孳乳。如完、刓、髡、轨等字，皆于元下注云从此。七曰别体，以广异义。凡重文中之籀、篆、古文、奇字，皆有所从，其许君未言者，亦略释之；经典两用者，则引而证焉。八曰正讹，以订刊误。凡许君不收之字，注中不应有，又字画脱误者，并校正之。九曰崇古，以知古字。如鶡、鴠、鷞、鸊之类，经典有不从鸟者，此古今字，今注曰古用某。十曰补字，以免漏略。如由、希、免、畾等三十九字，从此得声者甚多，而书中脱落，有子无母，非许例，今酌补之，亦别为一卷附后。大昭于正史尤精两汉，尝谓："**注史与注经不同，注经以明理为宗，理寓于训诂，训诂明而理自见；注史以达事为主，事不明，训诂虽精无益也。**"每怪服虔、应劭之于《汉书》，裴骃、徐广之于《史记》，其时去古未远，稗官、载记、碑刻尚多，不能会而通之，考异质疑，徒戋戋于训诂，乃著《两汉书辨疑》四十卷，于地理、官制皆有所得。又仿其例，著《三国志辨疑》三卷。又以宋熊方所补《后汉书》年表只取材范《书》、陈《志》，乃于正史外，兼取山经、地志、金石、子集，其体例依班氏之旧，而略变通之，著《后汉书补表》八卷。计所补王侯，多于熊书百三十人，论者谓视万斯同《历代史表》有过之无不及。他著有《诗古训》十二卷、《经说》十卷、《补续汉书艺文志》二卷、《后汉郡国令长考》一卷、《迩言》二卷。生平不嗜荣利，名其读书之所曰可庐，欲蕲至于古之随遇自足者。嘉庆元年，举孝廉方正。子东垣，字既勤。嘉庆三年举人。官浙江松阳县知县，以艰归。服阕，补上虞县。东垣与弟绎、侗，皆潜研经、史、金石，时称"三凤"。尝与绎、侗及同县秦鉴勘订《郑志》，又与绎、侗、鉴及桐乡金锡鬯辑释《崇文总目》，世称精本。东垣为学沉博而知要，以世传《孟子注疏》缪舛特甚，乃辑刘熙、綦毋邃、陆善经诸儒古注及顾炎武、阎若璩、同时师友之论，附以己见，并正其音读，考其异同，为《孟子解谊》十四卷。他著有《小尔雅校证》二卷、《补经义考》四十卷、《列代建元表》、《勤有堂文集》。

《清史列传·儒林传下一》：存目。①

江藩《国朝汉学师承记》卷三、李元度《国朝先正事略》卷三十四、钱林《文献征存录》卷八、李斗《扬州画舫录》卷十皆有传，存目。

钱大昕《潜研堂集》文集卷二十四《三国志辨疑序》：陈承祚《三国志》创前人未有之例，县诸日月而不刊者也。魏氏据中原日久，而晋承其禅，当时中原人士知有魏不知有蜀、吴也。自承祚书出，始正三国之名。且先蜀而后吴，又于《杨戏传》末载《季汉辅臣赞》，亹亹数百言，所以尊蜀殊于魏、吴也。存季汉之名者，明乎蜀之实汉也。习凿齿作《汉晋春秋》，不过因其意而推阐之，而后之论史者辄右习而左陈，毋乃好为议论，而未审乎时势之难易，与夫晋之祖宗所北面而事者魏也。蜀之灭，晋实为之。吴、蜀既亡，群然一词，指为伪朝，乃承祚不唯不伪之，且引魏以匹二国，其秉笔之公，视南、董何多让焉？而晋武不以为忤，张茂先且欲以《晋书》付之，其君臣度量之宏高出唐、宋万万，岂非去古未远，三代之直道犹存，故承祚得以行其志乎？厥后琅玡绍统，即仿汉中承制之局，凿齿建议祧魏而承汉，直易易耳。**考亭生于南宋，事势与蜀汉相同，以蜀为正统，固其宜矣。然吾所以重承祚者，又在乎叙事之可信。盖史臣载笔，事久则议论易公，**

① 详见中华书局本第17册，第5502~5504页。

世近则见闻必确。三国介汉、晋之间，首尾相涉，垂及百年，两史有违失者，往往赖此书正之。如郗虑、华歆均为御史大夫，而虑为汉臣，歆为魏臣，《魏武纪》书歆不书虑，是也。《汉献纪》书虑兼书歆，非也。《吴志》言刘熙作《释名》，《后汉书》以为刘珍作，亦陈是而范非也。蔚宗号称良史，然去东京岁月遥远，较之承祚，则传闻之与亲睹固不可同年而语矣。若《晋书》修于唐初，时代益复邈隔，又杂出众手，非专家之业，其罅漏百出，奚足怪哉？予性喜史学，马、班而外，即推此书，以为过于范、欧阳，而裴氏注遮罗阙佚，尤为陈氏功臣，所恨意存涉猎，不能专力。予弟晦之孜孜好古，实事求是，所得殊多于予，其用力精勤，虽近儒何屺瞻、陈少章未能或之先也。抄撮甫毕，属予点次，喜而序之。

钱大昭《说文统释自序》：识惭梼昧，学愧豹窥，积二纪之勤劬，殚一生之精力，覃思研精，欣然有得；探赜索隐，卓尔未由。撰集斯编，聊附述者，定名统释，以示来兹。一曰疏证以佐古义。凡经典古义以及星象、郡国、山川、训诂、历律、器用、舆服、制度、宫室、饮食、鸟兽、草木、虫鱼之类，见于载籍，与许合者，所见必收也。二曰音切以复古音……三曰考异以复古本。凡唐本、蜀本引见于他书者，及《系传》本、青浦王司寇所藏宋椠本，暨古书所引有异同者，悉取以折中焉。四曰辨俗以正伪字。凡经典相承俗字及徐氏新补、新附字，皆辨证详明，务合于古，别为一卷，附于本书之后。五曰通义以明互借。凡经典之同物同音于古本是通用者，皆引经证之。六曰从母以明孳乳……七曰别体以广异义……八曰正伪以订刊误……九曰崇古以知古字……十曰补字以免漏落……今于许氏本注升为大字，而仍用楷书，于自撰统释附于分行，而比诸经疏。大抵读书以通经为本，通经以识字为先。经学必资于小学，故郑司农深通六经而先明训诂。小学必资于经学，故许祭酒专精六书而并研经义。苟学者以此为指归，斯通儒无难于几及矣。

钱　塘

《清儒学案》卷八十四《潜研学案下·钱先生塘》：钱塘字学渊，一作岳原，又字禹美，号溉亭，竹汀族子。幼受经于竹汀。父桂发，乾隆庚子进士，当得知县，自以不习吏事，就教职，授江宁府教授。初工诗，继乃肆力于经史，实事求是，九经、小学、天文、地理靡不综覈，于声音、文字、律吕、推步之学尤有神解。著《律吕古义》，谓“周本八寸尺，不可以制律。律必用十寸尺，即昔人所云夏尺。古律无异度，十寸尺为二帝三王时律尺，周尺传而律尺传，律尺传而古律无不传”。著《史记律历天官三书释疑》，皆究其原本，而以他书疏通证明之。律书“上九、商八、羽七、角六、宫五、徵九”数语，小司马以下注家皆不能晓。先生以《淮南子》、《太玄经》证之，始得其解。尝以《淮南·天文训》多《周官》冯相、保章遗法，高氏注颇阙略，作《补注》三卷。晚年读《春秋左氏经传》，精心有得，作《古义》若干卷。又著《说文声系》、《说文埤传》、《古均正》、《泮宫雅乐释律》。所为古文，亦多放订，如疏证卦位爻辰、《尧典》中星漏刻，辨三江，考周初岁朔、三代田制、《周礼》军政田赋、鲁礼禘祫之属，皆根本经文，反复推究，而务得其实。次为《溉亭述古录》。先生深于算学，古法圆周径率皆径一周三一四，先生独创为三一六之率。谈教谕阶平算学名家，曾作一丈径木板以量其周，正得三丈一尺六寸奇，以先生之说为然。别有《易纬稽览图考正》、《春秋三传释疑》、《续汉书律历志补注》、《溉亭诗文集》、《四益斋诗》、《默耕斋吟稿》。卒年五十六。（参《溉亭别传》、《畴人传》）

《清史稿·儒林二》：塘，字学渊。乾隆四十五年进士，改教职，选江宁府学教授。塘少大昕七岁，相与共学。又与大昕弟大昭及弟坫相切磋，为实事求是之学。于声音、文字、律吕、推步尤有神解。著《律吕古义》六卷，据所得汉虑俿铜尺，正荀勖以刘歆铜斛尺为周尺之非。谓周本八寸尺，不可以制律，律必用十寸尺，即昔人所云夏尺。周因夏、商，夏、商因唐、虞，古律当无异度。又《史记三书释疑》三卷，于律历天官家言皆究其原本，而以他书疏通证明之。《律书》“上九、商八、羽七、角六、宫五、徵九”数语，注家皆不能晓，小司马疑其数错。塘据《淮南子》、《太玄经》证之，始信其确。

又著《泮宫雅乐释律》四卷、《说文声系》二十卷、《淮南天文训补注》三卷。其所作古文，曰《述古编》，凡四卷。卒，年五十六。

《清史列传·儒林传下一》：存目。①

钱大昕《潜研堂集》文集卷三十九《溉亭别传》：溉亭姓钱氏，名塘，字学渊，一字禹美。世居嘉定之望仙桥。曾大父惟亮，廪膳生，与先奉政公为从祖昆弟，生太学生衡臣，有三子，彦昭早卒，彦辉、永辉皆太学生。溉亭为永辉长子，甫在抱，而彦辉抚以为后。始就傅习举业，出语便不凡。既补博士弟子，与诸淀舲、汪绸青、王鹤溪、王耿仲唱和，为古今体诗，即为王西庄光禄、王兰泉侍郎激赏。然溉亭意慊然犹未足，不欲以词人自命。及选拔入成均，试阙下，归益肆力于经史之学。乾隆四十五年，举江南乡试，对策为通场第一。明年成进士，需次当得县宰，而溉亭自以不习吏事，呈吏部愿就教职，选授江宁府学教授。公务多暇，益刻苦撰述，于声音、文字、律吕、推步之学尤有神解。体素羸弱，夏月常畏寒拥絮。而考辩精到，议论风生，不假公明三斗酒也。春秋五十有六，终于江宁官廨。溉亭著《律吕古义》六卷，自序云："古之律传而尺不传，律法待尺以为用，尺不传，则律不传矣。……夫言律必求其实，用律之数，寓于度量权衡，而其声应乎金石丝竹，律本无不通，故以是数物为其用，通则有法焉，即黄钟之律是也。故曰为万事根本。"其《明算》篇曰："算莫难于算圆。圆周者，圆幂之本也。以方容圆，径同而周异，圆周之有圆幂，若方周之有方幂，故周异则幂亦异，倍其径者四其幂，则初以为周者，继以为幂矣。以方周除圆周而十之，亦即圆之幂也。由是定为方圆之率，任所得之为方为圆，无不可以推知其所未得。而术有古今疏密之不同，古术方周四则圆周三，是幂亦方四而圆三也。……"其《较度》篇曰："《晋志》列十五等尺，以晋前尺为主，谓之周尺。《玉海》列六等尺，以司马公所摹高若讷汉泉尺为主，谓之周尺。其时汉尺之外，实未见周尺也。今曲阜孔氏所藏汉虑俿铜尺，建初六年八月造，当今工匠尺七寸四分，与《晋志》云'晋前尺'即刘歆钟律尺，建武铜尺者正同，即司马公家周尺亦无不同也。周尺今藏曲阜颜氏，以今匠尺校之，长六寸四分八厘。昔人以汉尺为周尺者，非也。周有八寸、十寸尺，以颜氏尺四分加一得今匠尺之八寸一分，是为古十寸尺，昔人谓之夏尺，别于周也。商尺，蔡邕言长九寸，郑樵言长一尺二寸半，按《考工记》，夏后氏世室度以步，殷人重屋度以寻。步长六尺，十寸尺也。寻长八尺，八寸尺也。殷制用寻，明别无殷尺矣，盖二尺三代同用也。蔡说出自臆撰，郑樵则据三司尺言之。三司尺范景仁谓之黄帝时尺，虽未可信，要非宋始有之，以汉尺推算，当长一尺三寸五分，即今匠尺也。三司尺之八寸一分即古十寸尺，十寸尺制律，三代当同，愈于用汉尺远矣。"又著《史记三书释疑》，于律历、天官家言皆究其原本，而以它书疏通证明之。《律书》"上九、商八、羽七、角六、宫五、徵九"数语，注家皆不能晓，小司马疑其数错，溉亭据《淮南子》、《太玄经》证之，始信其确不可易。又以《淮南·天文训》一篇多《周官》冯相、保章遗法，高氏注颇阙略，罕所证明，作《补注》三卷以阐其旨。晚年读《春秋左氏经传》，精心有得，作《古义》若干卷，以补杜氏之阙，且纠其谬。其所作古文曰《述古编》四卷，诗曰《□□（原文空阙）斋吟稿》，皆刊刻行世。溉亭少时执经于先君子，予长于溉亭七岁，相与共学。予入都以后，溉亭与其弟坫及予弟大昭相切磋，为实事求是之学，蕲

---

① 详见中华书局本第17册，第5501页。

至于古文而止。比予归田，而溉亭学已大成，每相见，辄互证其所得。吾邑言好学者称钱氏，而溉亭尤群从之白眉也。惜其未及中寿，而撰述或不尽传，因仿魏、晋人别传之例，述其事目如右。

阮元《畴人传》卷四十二、江藩《国朝汉学师承记》卷三、李元度《国朝先正事略》卷三十四、钱林《文献征存录》卷八、《（嘉庆）直隶太仓州志》卷三十七皆有传，存目。

钱大昕《潜研堂集》文集卷二十五《淮南天文训补注序》：溉亭主人嘿而湛思，有子云之好；一物不知，有吉茂之耻。读《淮南·天文训》，谓其中多三代遗术，今人鲜究其旨，乃证之群书，疏其大义，或意有不尽，则图以显之，洵足为“九师”之功臣，而补许、高之未备者也。尝考天之言文，始于宣尼赞《易》，一阴一阳之谓道，道有变动曰物，物相杂曰文，天文即天道也。经传言天道者，皆主七政、五行、吉凶、休咎而言，子贡“亿则屡中”，而犹谓“性与天道不可得而闻”，则天道之微，非箕子、周公、孔子不足以与此，此子产讥裨灶“焉知天道”，而梓慎之见屈于叔孙昭子也。然古者祝宗、卜史亚于太宰，冯相、保章官以世氏，习其业者皆传授有本，非矫诬疑众。五纪六物，七衡九行，子卯之忌具存，昏旦之中可纪，天道不谄①，文亦在兹。是以名卿学士，就而咨访，以察时变，睹火流而知失闰，望鸟帑而识弃次，八会之占，验于吴楚；玉门之策，习于种、蠡。虽小道有可观，而夫子焉不学。讵如后之学者，未窥六甲，便演先天，不辨五行，乃汩《洪范》，握算昧正负之目，出门述钩绳之方也哉！秦火以降，典籍散亡，《淮南》一篇，略存古法。溉亭为引而伸之，触类而长之，读之可上窥浑盖、宣夜之原，旁究堪舆、丛辰之应，但恐君山而外无好之者，不免覆酱瓿之嘲尔。

钱塘《溉亭述古录》卷一《易纬稽览图原本序》：《稽览图》者，郑康成氏所注《易纬》七卷之一也。世久无传，顷岁朝廷修《四库全书》，发秘府图籍，始得诸前明《永乐大典》中，遂稍稍流民间。予初读之，纠结盘互，求其指趣，茫如也，即而觉其注之文意不属者，往往见于他处，因知《大典》所录非其原本，于是更定其次第，使文皆以序相从，而其义亦略可考矣。既缮写为一卷，复叙之曰：**经之有纬也，儒者斥为伪书，以其托诸孔子也**。是书不称孔子，托与否，未可知，然就其术以推其所用，则岂徒为是迂怪之言哉？《易》：“一阴一阳之谓道。”道有阴阳，判为四时，列为五行，圣王则之，以为时政。时政者，所以行《易》之道于天下也。圣王行时政，取化于天，是故正喜以当春，正乐以当夏，正怒以当秋，正哀以当冬。喜怒哀乐之情正，而后仁义礼智之教施。是故春三月以甲乙之日发五政，夏三月以丙丁之日发五政，秋三月以庚辛之日发五政，冬三月以壬癸之日发五政。政以五纪法中数也。春凋秋荣，冬雷夏霜，皆气之贼也。是故务时而寄政焉，此圣王所以合乎天地之行也。时政顺则致祥，逆则致灾。致灾必救之，救则以其所不胜，胜其所胜。是故东方木。木者，司农也，执规而生，司农为奸，司徒诛之。南方火。火者，司马也执矩而长。司马为谗，司寇诛之。西方金。金者，司徒也。执权而伐，司徒为贼，司马诛之。北方水。水者，司寇也。执衡而藏，司寇为乱，君之相司营诛之。四时五行，环相生也，环相制也。夫如是，则少阴不侵太阳，少阳不侵太阴，《易》道行

① 谄，疑惑。《左传·哀公十七年》：“子高曰：‘天命不谄。’”杜预注：“谄，疑也。”

焉。纬之测天也以灾，而其求本也以政。凡以云救而已矣，其推卦气之效分，则以六日七分为杂卦之用事，七十三分为四时卦之用事，而以十二月为消息卦之用事。考其日之风雨寒温以生日食地震围霓诸比之占，盖即京房易也。房仕汉元之朝，恶石显颛，欲去之，遂见摈斥，犹道上封事，言蒙气可不谓忠欤？宣帝之业衰于元弱也，弱于道德，则不能任贤，弱于法度，则不能去不肖，至于天变娄见而不救，此可谓不知《易》者也。盖自房以无罪死，而莽之篡已兆矣。使房说行汉，岂致有再受命之符哉？班固谓房亿则娄中，是书也，房之术存焉。吾未见能中者之不足致用也夫。丙吉，狱吏耳，及为汉相，则知三公当燮理阴阳。燮理阴阳，非吉所能也。然吉固通经意者，其知时政欤？是书所言，归于察时政之失而为之救，是即燮理之一端也夫。丁酉正月上日。

钱塘《溉亭述古录》卷一《书稽览图原本后》：《稽览图》或言一卷，或言二卷，古无定说。宋时三馆所藏郑氏注《易纬》七卷，第一卷《稽览图》，二卷、三卷无标目，见于《玉海·艺文》中。今所有之本，次卷正无标目，疑即古所云二卷者，三馆则有三卷耳，是纬实止一卷。其次卷出于唐人所附益，非本文也。何以明之？纬不言世轨，而是卷首详之。此本之《乾凿度》也。纬诸卦直日皆六日七分，而是卷以每月五卦初爻相次用事，中气随上爻而终，此本之天保历也。其自《艮》游魂以下，则采郑氏《中孚》象辞之注，《诗·无羊·正义》可考，又况有景云开元上元纪年，显足为据乎？予既刊正其本文，录为一卷，其余遂概无所取云。

钱塘《溉亭述古录》卷一《周公摄政称王考》：存目。

钱塘《溉亭述古录》卷二《春秋论》：《春秋经》："文公二年冬，公子遂如齐纳币。"左氏曰："礼也。"杜预谓："僖公丧终此年十一月，则纳币在十二月也。"公羊曰："讥丧娶也。"何休谓："僖公以十二月薨，至此未满二十五月，二家之说不同。"张柬之以为经书十二月乙巳公薨，杜预以长历推乙巳是十一月十二日，非十二月，故注曰"僖公丧终此年，至十二月而满二十五月"，故丘明传曰"礼也"。然则左氏之言得其实矣。虽然，国君丧终，不图婚则已，图婚则无不可谓之礼者。是左氏之义尚浅也。公羊明三年之内不图婚，其议较长。于左氏而事不得其实，则亦无当于圣人书之之意。圣人之书此也，自有其故，且其类有五，皆可考其终始而知之也。经于桓公书三年秋七月，公子翚如齐逆女，九月齐侯送姜氏于讙，公会齐侯于讙，夫人姜氏至自齐。于庄公书二十二年冬，公如齐纳币，二十四年夏，公如齐逆女，秋公至自齐，八月丁丑，夫人姜氏入，戊寅大夫宗妇觌用币，于文公书二年冬，公子遂如齐纳币，四年夏，逆妇姜于齐。于宣公书元年春王正月，公即位，公子遂如齐逆女，三月遂以夫人妇姜至自齐。于成公书十四年秋，叔孙侨如如齐逆女，九月侨如以夫人妇姜氏至自齐。桓夫人，文姜也，庄夫人，哀姜也，文夫人，出姜也，宣夫人，穆姜也，成夫人，齐姜也，五者皆齐女也。夫圣人岂有所惩于齐而书之？顾其事皆有可惩，故书之以识祸本焉尔。是故桓之文姜以公薨于齐书。曷为以公薨于齐书？彭生之乘公也。由于文姜兄妹之乱。兄妹之乱，见于齐侯之送姜氏矣。送姜氏而至于讙，此齐志也。公犹与之会，何太无忌乎？圣人之别嫌疑，不于其疏，于其亲。虑祸患不于其显，于其微。使桓公知此，必不为泺之会矣。何至礼成而不反乎？庄之哀姜以子般闵公之弑书。曷为以子般闵公之弑书？党氏之贼，武闱之贼，共仲也，即哀姜也。姜之淫，公道之，其恣，公骄之。公之纳币，非纳币也，犹观社之尸女也。其逆女非逆女也，是先配而后祖也。公先至，而姜后入，其后入也，以要公，其要公也，以孟任公劫于姜，而创觌币之礼，姜益肆矣，公薨，姜何所不为哉？文之出姜，以杀嫡立庶书。曷为以杀嫡立庶书？出姜，齐大夫之女也，非齐侯之女也。纳币以夫人礼聘逆妇，而卿不行，是谓贵聘而贱逆，贵聘贱逆者，必视其妻，不若妾聘之者，襄仲逆之者，非襄仲，仲固熟知公之轻姜也，是故杀其子而立嬖妾之子，出姜之不允于鲁也，君子早知之矣。宣之穆姜以不靖国家书。曷为以不靖国家书？穆姜即哀姜也，其不至有共仲之祸者，申宫儆备故也，幽于东宫故也。然而晋信宣伯之谮晋侯不见公矣，执我季孙行父矣，非声伯有言，鲁能一日宁处哉？方姜之怒公也，公子偃、公子钼趋过指之曰："女不可是皆君也。"此尚能测姜之所为乎？徒闻其语而已足危矣。是四女者，皆非良妇人也，故圣人痛其祸而书之。齐姜不闻失德，何以与四者同书？曰：以季氏专鲁书也。曷为以季氏专鲁书？成之娶也。晚定姒者，成公之妾，殆齐姜之媵也。襄公为定姒所生襄之立也甫四岁，季氏擅鲁，始于文而成于武。文卒于襄之五年，武之相襄几三十年，至襄之壮，而季已不可动摇矣。是故武以襄之七年城费，十一年作三军，皆襄少时事也，则皆成晚娶之故也。国君十五而生子，晋悼之言殆有鉴而发与？君娶不书而五者，独书考其末，而皆遗祸于鲁，故曰书之以识祸本也。五者之中，书纳币者二，一讥庄公自行，一见始之犹贵聘云耳。书贵聘，所以见后之贱逆也。岂为其礼与丧娶也哉？然则文之纳币二，传所言何以不同若是？曰以所见经文各异故也。左氏所见者，僖公薨于十一月之经，公羊则已讹为十二月矣。今左氏之经亦为十二月，殆非其本然也。要之，二传所释，均足为后世法则，虽不合于圣人之旨，而犹不失为儒者之言矣。

阮元①《溉亭述古录序》：钱塘，字岳原，号溉亭，江南嘉定县人。乾隆庚子进士。江宁府教授。博涉经史，实事求是，精心朗识，超轶群伦。所学九经、小学、天文、地理，靡不综核，尤长乐律，蔡邕、荀勖，庶其近之。录《述古录》二卷。

① 阮元《定香亭笔谈》卷四："予校刻钱溉亭、孔巽轩、汪容甫三君文成，各为序录云。"

钱 坫

《清儒学案》卷八十四《潜研学案下·钱先生坫》：钱坫字献之，一字篆秋，号十兰，溉亭弟。乾隆甲午副榜贡生，官陕西乾州、直隶州州判，摄兴平、韩城、大荔、武功知县，乾洲、华洲知州。在华州，武功教匪犯境，有全城功。得末疾归，卒于苏州。先生通小学，博览群书。在毕制府沅陕幕最久，与洪亮吉、孙星衍研讨训诂、舆地之学，著《史记补注》，详于音训及郡县、山川。将归，总督松文清筠求著述，先生出此付之，曰："三十年精力尽于此书矣。"又有《诗音表》、《车制考》、《内则注》、《论语后录》、《尔雅释地以下四篇注》、《十经文字通正书》、《说文斠诠》、《异语》、《异音》、《新斠注汉书地理志》、《汉书十表注》、《圣贤冢墓志》、《古器款识考》、《镜铭集录》、《篆人录》。工作篆，既病痹，以左手书，尤为世所珍云。(参《汉学师承记》、《文献征存录》诸书)

《清史稿·儒林二》：坫，字献之。副榜贡生。游京师，朱筠引为上客。以直隶州州判官于陕，与洪亮吉、孙星衍讨论训诂、舆地之学，论者谓坫沉博不及大昕，而精当过之。嘉庆二年，教匪扰陕西，坫时署华州，率众乘城，力遏其冲。城无弓矢，仿古为合竹强弓，厚背纸为翎，二人共发之，达百五十步；又以意为发石之法，石重十斤，达三百步：前后毙贼无算，城获全。以积劳得末疾，引归。著《史记补注》百三十卷，详于音训及郡县沿革、山川所在。陕甘总督松筠重其品学，亲至卧榻问疾，索未刊著述，坫取付之。曰："三十年精力，尽于此书矣!"十一年，卒，年六十六。又有《诗音表》一卷、《车制考》一卷、《论语后录》五卷、《尔雅释义》十卷、《释地以下四篇注》四卷、《十经文字通正书》十四卷、《说文斠铨》十四卷、《新斠注地理志》十六卷、《汉书十表注》十卷、《圣贤冢墓志》十二卷。

钱泳《履园丛话》卷六《十兰判官》：嘉定家十兰先生，名坫，字献之。兄塘中乾隆庚子进士，先生以国子监生中式乾隆甲午顺天副车，就职州判。巡抚毕公奇其才，奏留陕西，补乾州直隶州州判。先生自幼通于小学，及长，博极群书，于汉、唐先儒之学无不洞悉底蕴，穿穴训诂，断以谨严，著作宏富，无一字苟率，非深信确据者不著于篇也。尤精篆籀之书，颇自负，尝刻一小印曰："斯、冰之后，直至小生。"晚年病风痹，罢官，以左手作书，饶有古趣。所藏金石文字三千余种，既老且贫，皆以易米。其初仕关中，时尝贻余书，云奉七十五岁之老亲，作三千余里之羁客，官二十年始归，而母夫人康健如故也。初，先生在关中，兼理武功县印，值白莲教匪滋事，溢出郿县斜谷口，直躏盩厔①，盩厔距武功不过六十里，中界渭河，啸聚往来，焚烧杀掠，邑之民大恐。先生率县人武进士杨君纠乡勇万余人，分据要害，贼观望不敢渡，时嘉庆三年正月二十日也。至廿六日二更，忽有骑马贼二十余突至县之北门，先生急启门，纵兵歼之，生擒其三人，旋讯伏枭示，益增置军器弓弩，淬以毒药，昼巡夜守，凡十二日未尝解衣，贼始去，危城以全。州人宋某者有富名，有地当冲衢，州民争之者前后数百人，讼起于乾隆七年，其家已易两世，屡定谳，屡控不已，案牍山积，先生至，独不以利动，曲折谕之，宋乃悦服，竟捐地为衢，讼以息，此皆卓然可纪者，未可以文章而掩其功绩云。

江藩《国朝汉学师承记》卷三：坫字献之，少而颖敏，有过人之资。精于小学，游京师，朱笥河先生延为上客。乾隆甲午中副榜，遂至关中，在毕巡抚沅幕中，与歙方子云、阳湖洪亮吉、孙星衍讨论训诂、舆地之学。后就职州判，监修陕西城，授乾州州判，得末疾归，卒于苏州。著有《诗音表》一卷、《车制考》一卷、《论语后录》五卷、《十经文字通正书》十四卷、《新斠注地理志》十六卷。献之工于小篆，不在李阳冰、徐铉之下。晚年右体偏枯，左手作篆尤精，世人藏弆其书如拱璧云。尝注《史记》，详于音训及郡县沿革、山川所在。兵部侍郎松筠为陕甘总督时重其学品，亲至卧榻问疾，索未刊著述，献之以《史记注》付公，泣曰："坫疾不起矣，三十年精力尽于此书，惟明公怜之，勿使蜡以覆车焉。"是时侍郎有伊犁将军之命，曰："塞外不能事剞劂，当录一副本，原稿必寄子也。"后江都韦佩金书城为广西凌云县知县，获遣谪塞外，戍满南还，公知书城与献之同举于乡，以原稿嘱书城付献之，献之捧书，泣曰："我不能复见公矣。"至公为两江总督时，献之先四年死，而书城亦化为异物。公皆赒恤其家。嗟乎！当今士大夫能谦益下士，故旧不遗，如公者有几人哉！

李元度《国朝先正事略》卷三十四：坫字献之，溉亭弟也。少颖敏，精小学。游京师，朱笥河学士延为上客。乾隆甲午副贡。客关中毕中丞所，与方子云、洪稚存、孙渊如讨论训故、舆地之学，后官乾州州判。著《诗音表》、《车制考》各一卷、《论语后录》五卷、《十经文字通正书》十四卷、《新斠注地理志》十六卷。工小篆，不在李阳冰、徐铉下。晚年右体偏枯，左手作篆尤精绝。尝注《史记》，详于郡县沿革山川疆域。陕督松筠公重其品学，亲至榻前问疾，索未刊著述，献之以《史记注》付之，且曰："三十年精力尽于此书。"

包世臣《艺舟双楫》卷八附录二《钱献之传》：君讳坫，字献之，姓钱氏，江苏嘉定人。钱氏祖吴越武肃王，散处江浙，多贵盛，然以嘉定为望。君季父少詹事大昕，通经史百家言，为三吴老宿。君沉博不及詹事，而精当过之。学者所为称疁城二钱者也。君少孤，贫，于世事无所通晓，独好读古书。乾隆中，士习朴陋，率诵《四子书》，本经各一部，时文数百首，以资弋获。其全读《左氏传》、《礼记》者，父兄辄以为务外废正业，同辈亦相率嘲笑。君年十二，已无力就外傅，顾闭户读书十三年，《三礼》、《左氏春秋》、

① 盩厔，西汉武帝太初元年（前104年）置，县址设在今陕西周至县终南镇，以"山曲曰盩，水曲曰厔"而得名。

《毛诗》、《史记》、《汉书》、许氏《说文解字》、杜氏《通典》及马、郑、孔、贾之言，皆能错综其义。年廿五乃娶。三日，即彻夜读书如故。君故未习宋人经说，始就小试以汉说说之，有司至不能句读黜之至再，乃补弟子员，贫无以自存，乃入都就詹事。时都中尚为诗，声酒征逐，以为名高，而君不能韵语，詹事以君通许氏书，乃命习篆，时都中能作篆者唯学士翁方纲，遂购李阳冰《城隍庙碑》昼夜习之，三月不能成字，忽患痫，医者诊之，脉无病，而手足厥冷，目瞠视，鼻微有息而已，如是者七日，忽中夜跃起，濡墨作篆书，《乾》卦象毕，不胜饿而寝，翌早詹事来视病，君尚未寤，见案上篆一纸，大惊，君病顾已解，詹事问病状，君答曰："儿故无病。儿梦至石室中，见唐巾老者指授儿作篆，七日夜不得少间，作成，辄批抹，最后书《乾》卦象，老者曰：'此可矣。'儿遂觉。"追忆笔势中夜作此幅，詹事细询梦中所见，盖即少温，云翁公闻之，即从君索书，叹绝，以为神授。一日君篆书遂名天下。君名既藉甚，试官物色君文，辄失之，以副榜贡生就职直隶州州判，从陕西巡抚毕沅游，遂官于陕二十余年，历署文山县、乾州、华州事。……所著书有《汉书地理志注》、《许氏说文解字注》若干卷，皆能驳正前人之误，不为异说，而要归于是，已板行。君在陕多得古人金石，其文字尤瑰异者，绘而版之，为图说若干卷。数十年来，三代、秦、汉之法物多见于世，而世之知古者亦渐多，君其始事也。近世士人争为经学、小学、金石学，大抵疏剔字句小节，不能旁通其大义，又皆矜己屈人，莫适于用，唯君以书生薄宦，安则抚民，危则拒敌，迹其本末，斯可以为不愧者矣。《补史记注》百二十卷、《十六国地理志》及诗文集皆藏于家，未版行。君病归，以嘉庆八年始与余相识于苏州府署，时君已六十余，而余齿方弱，又所学不相似，然君一见余，而深器之曰："吾周行天下，识人无如包君者。"又常谓人曰："南阳有田可耕，而犹吟梁父。今包君身困至是，率口必及民间疾苦，绝无怨尤不豫之色，是其所负者大而且远，贤于古人必矣。今日包君自给不足，异日衣食天下者必包君也。"又曰："包君诗妙接陈思，而赋如平子，观其与人书累千言，皆率笔，无稿草，然条鬯雅密，近眉山父子。吾以专家之学与之言，彼略一涉之，则数十年沉精所得不过也。自古文人少所树立，皆器褊好气矜，不自检饬，今包君可谓纯净无疵者矣。"然君初至吴，当事仰望丰采，结纳唯恐不及，卒以极推余，故见嫉于当事，而君境以益困，君不悔，其称余益力。君以嘉庆十一年十一月某日卒于吴寓，年六十有六。(下略)

潘奕隽《三松堂集》文集卷四《陕西乾州州判钱献之传》：君讳坫，字献之，中式乾隆甲午科顺天乡试副榜贡生，就职州判，游关中，巡抚毕公沅以其才奏留陕西，补授乾州直隶州州判，历署兴平、韩城等县。又以乾州兼署武功县，请终养回籍，病风痹，亲没，终制，不复出，侨居苏州，客游维扬，归而疾作，卒于苏州，春秋六十有三。君之兼理武功也……盖君之为吏位虽卑，而能尽其职如此。君又深通小学，兼工篆隶书，晚病风痹，以左手作书，时人珍之。所注书已刻者有《汉地理志》十六卷、《石经文字通正书》十四卷、《论语后录》六卷、《尔雅释地四篇注》二卷、《车制考》一卷、《诗音表》一卷、《古器款识》四卷、《古镜图》二卷、《说文解字斠诠》十五卷，行于时。未刻者有《史记补注》一百三十卷、《汉书十表注》十卷、《内则注》二卷、《圣贤冢墓图考》十二卷、《骈体文》二卷，藏于家。配曾氏。子三人：乔生、同生、悦生。

钱林《文献征存录》卷八、冯桂芬《（同治）苏州府志》卷一百十二皆有传，存目。

洪亮吉《卷施阁集》文乙集卷六《钱献之〈**九经通借字考**〉叙》：昭代尚文，百为具举。六书之学，近乃益昌。王工部订楚金之讹，孙文学校德明之阙，皆有成书，附于小学，然尚未及雠校九经，正其文字，如高密定礼堂之本，传可无疑，江式就太常之编，闻而竞写，则演赞次列，犹有待焉。钱君献之，夙操记事之觚，早究结绳之学，研六经从文字入，故时析精微；研文字又从声音入，故尤明通假。以丙申之春，为《九经通借字考》十四卷。(下略)

周中孚《郑堂读书记》卷十三：《论语后录》五卷，钱氏四种本，国朝钱坫撰。……汉时《论语》有齐、鲁、古文三家，孔安国传古文，张禹则以鲁参齐，郑君则以古兼考齐、鲁，何晏集诸家解，折衷至是，后之学者宗焉。十兰因就《集解》作为《后录》，其例有七：一考异本，二校谬刊，三钩佚说，四补剩义，五正旧注，六采通论，七作众说。凡五百七十余条，以附于《集解》之后，大都于《集解》之外，博稽群籍，檃括古义，以自成一家之书。吾友宋虞廷翔凤撰《论语纂言》，采录之者几及其半，岂深有取于是书欤？书成于乾隆乙未，自为之序。①

陈立《句溪杂著》卷一《书〈十经文字通正书〉后》：乙未，过夏京师，于同郡温君民叔处假得钱氏坫《十经文字通正书》，受而读之。其书取汉、魏传注及《史》、《汉》引经异同，以明古字通假源委，采录之功可谓勤矣，然其纰谬处亦多。**汉人注经，有读若、读为、当为诸例：仍其本字，别取他义，读若、读如是也；破其字，别其义，而仍取诸同部之音，即异部而通假仍相近，则读为、读曰是也；若当作、当为，则是形声之误，不可通假**(本段氏说)。钱氏概为收罗，不分畛域，其误一也。两汉经师，或由口授，或得壁中，或献民间，如《周礼》之故书，《士礼》之今文古文，《书》分伏、孔，《论语》异齐、鲁，皆是，其异文讹字亦不过如今之宋本、毛本、监本之不同耳。其中可通者固多，然传写之错，口语之讹，绝不相涉者亦不少。钱氏广为采录，无所弃取，其误二也。汉人引经有以训诂代本字，《史记》之引《尚书》，两汉奏疏传注之引诸经，如“克”之作“能”，“以”之作“用”之类，不可枚举，然如“初”、“首”可以训“始”，不得径通作“始”也，“林”、“烝”可以训“君”，不得径假作“君”也。钱氏浑谓假借、形声不分，其误三也。许氏《说文》多经后人窜定，久非汝南元本，如引“丽乎土”之作蘢，“丰其屋”之作寷，皆是。钱氏承讹沿谬，喧伪乱真，其误四也。今世所传汉学，惟“三礼”、《毛诗》、《公羊春秋》而已，外如马、郑之《书》，京、孟、荀、虞之《易》，三家之《诗》，贾、服之《左传》，舍人、樊光、李巡、孙炎之《尔雅》，全书虽已亡佚，而孤文只义见于他书所征者，其异文别读皆足为假借之资。钱氏概从阙如，未经引及，其误五也。**大抵假借之道，不外二科：同部假借，谓之迭韵；异部假借，谓之双声**。非此，皆误字也。但周、秦部分严于汉、魏，如东、钟之通冬，支之转歌，脂之转真，微之转文，之之转蒸，鱼、元之转歌，汝南已多破其畛域，然通转之中亦自有一定之限，非如后世之强生枝节，妄为分合，轇轕而不通，如许敬宗、刘平水诸人也。昔人以段、钱并举，读《说文斠诠》一书，已病其疏略，及读此书，其旁通曲证不可谓于小学无补，于音韵之学或有未究，去金坛之学远甚。谨条其谬误者近二百事，故识数语于简末云。

① 今按：潘维城《论语古注集笺》征引是书亦极多。

钱坫《诗音表自序》：《诗序》云："情发乎声，声成文谓之音。"声谓之成文者，声，宫、商、角、徵、羽也。郑氏以为宫商上下相应，单出为声，杂比为音，音讹律则乱，律不正则乐亡，诗即乐也。故言《诗》者必考律，而言律者必正音。正音何先？先双声。双声者何？皃声也。凡古人之以两字相续者，非有所本，古人皆以意造，或以其形，或以其事，或以其声，皆肖之耳。故皃者，意也，取其意之近似也。又曰然。然之言如也，亦近似之辞也。凡古人言然如若，皆皃声。双声既著，究出送收。声之始，发为出，从为送，终为收。五声各有出，各有送，各有收，则为三类，是为三声。又古人溪群同，透定同，穿床同，床审亦同。古人因其同而送声，以之重焉，纯如皦如之道通矣。三声既著，究通声。通声者何？侯音也。侯何以谓通声？侯者，生声之母，诸声为子，母以统子也。故火为侯音，火之言化，声从此而化也。……通音既著，究本声类。宫、商、角、徵、羽各自为其类也。本声既著，究来音。来者，声之归宿。凡人生而有声，侯音既具，而归宿必于来。来又声之所自生也。(下略)①

钱坫《论语后录跋》：《论语》一书，杂出七十子门人所记。案其时在六国之际欤？如孟武伯卒在哀公之后，其子敬子已得称谥。子夏退老西河，为魏文侯师。曾子尝以西河之民疑女于夫子为之罪，而曾子卒事独详。曾子少夫子四十六岁，当夫子之卒，为二十七岁。夫子卒于哀公十六年，《左传》终哀公二十七年，岁在甲子，其明年为周元王元年，去文侯即位计五十一年，曾子是时九十岁矣。《论语》之作，犹在其时后乎？独怪诸弟以所事夫子事有若，而《论语》则有子、曾子、闵子并称为"子"说者，疑以三子之门人所述傥有之欤？其于子夏、子游、子张或多讥刻，去夫子益远，微言已绝，人各是其所师，遂互相标榜邪？……诸弟子所称皆夫子遗言也。文犹质也，质犹文也。文质份份之谕也。日知其所亡，月无忘其所能，温故知新之论也。见利思义，见危授命。答子路成人，子张述之，博学之，审问之，慎思之，明辨之，笃行之。对哀公问政，子夏传之彖传，丧过乎哀，即致乎哀而止之说也。《系辞》履以和行，即礼之用和为贵之义也。由是遇齐程木子，则大德小德之闲辨，议鲁、孟、庄子，则观志观行之义通。然则《檀弓》所载，曾子、子游、有子所论自不诬矣。

① 见《音韵学丛书》第九册，第543~545页。

翁方纲

《清儒学案》卷九十《苏斋学案》：考据之学，至乾隆中叶而极盛。苏斋说经，以䌷绎经义为务，教人以笃守程、朱传说，以衷汉、唐精义。反复言之，不惮与诸儒立异。尝谓考订、训诂，始能究义理，顾谓圣人之道必由典制名物得之，则不尽然。立论持平，不为风气所囿。后之调停汉、宋者，莫能外焉。(下略)

《清史稿·文苑二》：翁方纲，号覃溪，大兴人。乾隆壬申进士，选庶吉士，授编修。擢司业，累至内阁学士。先后典江西、湖北、顺天乡试，督广东、江西、山东学政。嘉庆元年，预千叟宴。四年，左迁鸿胪寺卿。十二年，重宴鹿鸣，赐三品衔。十九年，再宴恩荣，加二品卿，年八十二矣。又四年，卒。方纲精研经术，尝谓：**"考订之学，以衷于义理为主。《论语》曰多闻、曰阙疑、曰慎言，三者备而考订之道尽。"**时钱载斥戴震为破碎大道，方纲谓：**"诂训名物，岂可目为破碎？考订训诂，然后能讲义理也；然震谓圣人之道，必由典制名物得之，则不尽然。"**方纲读群经，有《书》、《礼》、《论语》、《孟子》附记，并为《经义考补正》。尤精金石之学，所著《两汉金石记》，剖析毫芒，参以《说文》、《正义》，考证至精。所为诗，自诸经注疏，以及史传之考订，金石文字之爬梳，皆贯彻洋溢其中。论者谓能以学为诗。他著有《复初斋全集》及《礼经目次》、《苏诗补注》等。

《清史列传·儒林传下一》：存目。①

钱泳《履园丛话》卷六《覃溪阁学》：大兴翁覃溪先生名方纲，字正三，乾隆壬申恩科进士，历官至内阁学士，降鸿胪少卿。先生之学无所不通，而尤邃于金石文字。著有《两汉金石记》、《粤东金石考》诸书。**所居京师前门外保安寺街，图书文籍，插架琳琅，登其堂者，如入万花谷中，令人心摇目眩，而无暇谭论者也。**尝得宋板施注《苏诗》，海内无第二本。每至十二月十九日，必为文忠作生日会，即请会中人各为题名，以及诗文歌咏，尽海内贤豪，垂三十年如一日也。嘉庆十六年，重赴鹿鸣。其明年，又重赴琼林。卒

① 详见中华书局本第17册，第5495~5496页。

年八十六。世之言金石者，必推先生为欧、赵焉。(《续修四库全书》第1139册)

李元度《国朝先正事略》卷四十二《翁覃溪先生事略》：先生名方纲，字正三，号覃溪，顺天大兴人。……先生精心汲古，宏览多闻，于金石、谱录、书画、词章之学皆能抉摘精审。所著《两汉金石记》，剖析毫芒，参以《说文》、《正义》，几欲驾洪文惠而上之。诗宗韩、杜、苏、黄，多至六千余篇。其论诗，谓渔洋拈"神韵"二字固为超妙，但其弊恐流为空调，故特拈"肌理"二字，盖欲以实救虚也。所为诗，自诸经注疏以及史传之考订、金石文字之爬梳，皆贯彻洋溢于其中，虽瓣香在少陵、东坡，初不以一家执也。盖真能**以学为诗**者欤？书初法平原，继学率更，隶仿史晨、韩敕诸碑，尝钩摹旧帖数十本，海内求书碑版者毕归之。尝得宋椠《苏诗》施、顾注本，因以宝苏名其室，自为补注。好宏奖后进，一篇之美，称道不去口，晚岁罢官家居，岿然为海内鲁灵光。著有《经义考补》、《复初斋全集》等书。本朝耆旧重赋鹿鸣者多矣，若重晏琼林，则惟乾隆辛未黄侍郎叔琳、庚辰史文靖公贻直、庚戌嵇文恭公璜，继之者先生。自先生以后，惟咸丰壬子潘文恭公世恩而已。

沈兆沄《篷窗附录》卷上、《国朝畿辅诗传》卷三十九、《（光绪）顺天府志》卷一百二皆有传，存目。

翁方纲《复初斋文集》卷一《经义考补正序》：丙申春，与丁小雅晨夕过从，相质诸经说，见所校朱氏《经义考》积数十条，录存于箧。后十二年秋，在南昌重校是书，欲汇成一帙而未暇也。又后三年，方纲按试曹沂、登莱诸郡，而门人王实斋来相助，重加校勘，因录所补正，凡千八十八条，为一十二卷。窃念先生是书综核该贯，为经训渊薮，其于杨止庵《周易古今文》正其讹舛曰："非敢形前贤之短，虑误后学也。"然则今兹区区附缀之意，固亦先生所乐予乎？小雅名杰，浙江归安进士。实斋名聘珍，江西南城拔贡生。(《续修四库全书》第1455册)

翁方纲《复初斋文集》卷一《自题校勘诸经图后》：**考订之学，何以专系之经也？曰考订者，为义理也，其不涉义理者，亦有时人考订。要之，以义理为主也。**学者束发受书，则由程、朱以仰窥圣籍。及其后见闻稍广，而渐欲自外于程、朱者，皆背本而骛末者也。是亦因宋后诸家，专务析理，反置《说文》、《尔雅》诸书不省，有以激成之。**吾今既知朴学之有益博综考订，勿蹈宋后诸家之弊则得之矣，而岂敢转执考订以畔正路乎？嘉兴王惺斋曰："学莫陋于厌薄韩、欧习用之字，而嗜讲《说文》内不常用之字。"吾每敬佩斯言，以为切中今日学者之痼疾。**盖考订家以墨守宋儒为陋，而惺斋乃以苦研《说文》为陋，所谓彼我易观，更相笑也。读《易》而兼及考禘，因考禘而及明堂；读《礼》而必合证明堂、路寝。其于《大司乐》郑注，《盛德篇》卢注，别无可取征之书，而必断断傅合之，吾不知其意欲何为也。即夏五十亩，殷七十亩，与《周官》分田制禄，必欲如目见而详说之，吾不知其意欲何为也。则若李资州之于《易》，杜江阳之于《春秋》，博涉其津涘，以资问途，奚不可也？尚憾陆元朗所释有未尽归一者，徐楚金所系有未尽校核者，尚憾秀水朱氏所考，于前后岁月有失于备记者。若非实有确据，遽援郑氏礼堂写定，以整不齐为任也，则岂敢乎？**夫惟兢兢恪守圣言，曰多闻、曰阙疑而已矣。**

翁方纲《复初斋文集》卷六《巽斋记》：**今之为经学者，约有二端，曰汉学，曰宋儒之学。其弊又有二端，曰执，曰通。执之为弊，人知之。通之为弊，人不知。**人之不知，何也？曰：通则无弊矣，顾何以通乃为弊乎？夫百家之说至难齐也，而郑氏曰“整百家之不齐”，则夫旁通训故，上絜渊微，孰从而济之？故执之为弊显，而通之为弊隐；执之为害小，而通之为害大也。**吾尝抉其受弊之由，曰果于自是，曰耻于阙疑①，是二者皆意气之为也**。非学也，然而人皆蹈此而不悔者，则期必于齐之也。期必于齐之，乃愈不能齐矣。经曰：“齐乎巽。”圣人之观物也，使物自见其情而已，故曰齐也者，言万物之洁齐也……夫物之善入者必锐，而事之行权者多变。至于守正不务其变，虚心不乘其锐，此之善入，则真善入矣，此之行权，乃可以行权矣。夫然后可免于执与通之两失，而适于大道矣。新城鲁子嗣光，虚心而守正者也。其书斋以巽名，故于其将南归也，而申是说，以为之记。

翁方纲《复初斋文集》卷七《考订论》：**考订之学以衷于义理为主。其嗜博嗜琐者非也，其嗜异者非也，其矜己者非也。不矜己，不嗜异，不嗜博嗜琐，而专力于考订，斯可以言考订矣。考订者，对空谈义理之学而言之也。凡所为考订者，欲以资义理之求是也。而其究也，惟博辨之是炫，而于义理之本然反置不问者，是即畔道之渐所由启也**。如近日惠栋之于《易》，极意博综，而妄取他本，以解经字，甚至以《系辞传》“天一地二”以下为后人所增，以“富有日新”诸语为后人所训，以《说卦传》“乾，健也”以下为后人所益。又如近日阎若璩之于《书》，苛求古文，毛举细碎，逞其口辨，甚至以“危微精一”十六字为非经所有。凡此等谬说，皆起于偶有所见，而究其自信自炫，遂反唇而不顾其安者，皆嗜博嗜异，而不惟义理之是求也。学者束发受书，则诵读朱子《四书章句集注》，迨其后用时文取科第，又厌薄故常，思骋其智力，于是以考订为易于见长，其初亦第知扩充闻见，非有意与幼时所肄相左也。既乃渐骛渐远，而不知所归，其与游子日事漂荡而不顾父母妻子者何异？**考订本极正之通途，而无如由之者之自败也，则不衷于义理之弊而已矣。然则考订之学转不及空谈义理者欤？曰：考订之学岂惟胜之，正赖有考订之学，然后义理尤长**。近日秀水朱氏《经义考》其有资于考证，人所知也。朱氏此书可谓切于考订矣，然吾所最憾者，每书载其原序，而于序尾之年月反多删去，将使观者何由而得其师承之所自乎？何由而参验其沿革同异乎？宋以后言义理则益加密矣，顾有恃义理之益明，而转薄视汉、唐注疏者，忽视《尔雅》、《说文》者，甚且有以意测义，而断定训诂、形声者有无所凭借，而直言某与某古通用者，此皆空谈义理，不知考订者误之，乃激而成嗜博嗜异之侈为调说者。是二者，其弊均也。言正误则开妄改之弊，言错简则开妄作之弊。若究其所始，则错简之疑始于郑康成之注《玉藻》，其段段言脱烂者，原自有所以处之，非私见也，而极其弊至于宋儒之改《康诰》首段，以为《洛诰》之文则误甚矣。详具拙撰《书附记》。至于正误以某字当为某字，则郑氏之失为多，后人又岂得尤而效之？语其大者，则衷之于义理；语其小者，则衷之于文势；语其实际，则衷之于所据之原处。三者备，而考订之法尽是矣。然而文势亦必根柢于道也，所据群籍亦必师诸近圣也。故曰，考订之学以衷于义理为主。

---

① 阙疑，遇有疑惑，暂时空着，不作主观推测。《论语·为政》：“多闻阙疑，慎言其余，则寡尤。”刘宝楠正义：“其义有未明，未安于心者，阙空之也。”宋曾巩《汉武都太守汉阳阿阳李翕西狭颂跋》：“永叔于学博矣，其于是正文字尤审，然一以其意质之，遂不能无失。则古之人所以阙疑，其可忽欤！”

朱　筠

《清儒学案》卷八十五《大兴二朱学案》：筠河提倡《说文》，请开《四库全书》馆，南厓、甘盘旧学，致君泽民，又宏奖士林，敦崇实学。皆乾嘉间主持风会之人，宜当世奉为泰山北斗也。(下略)

《清史稿·文苑二》：朱筠，字竹君，大兴人。乾隆甲戌进士，选庶吉士，授编修。由赞善大考擢侍读学士，屡分校乡会试。庚寅，典福建乡试，辛卯，督安徽学政。诏求遗书，奏言翰林院藏《永乐大典》内多古书，请开局校辑。旋奉上谕："军机大臣议复朱筠条奏校核《永乐大典》一节，已派军机大臣为总裁。又朱筠所奏将《永乐大典》择取缮写，各自为书，及每书校其得失，撮举大旨，叙于本书卷首之处，即令承办各员，将各原书详细检阅，并书中要旨总叙厓略，呈候裁定；又将来书成，著名《四库全书》。"《四库全书》自此始。筠又请仿汉熹平、唐开成故事，校正十三经文字，勒石太学。未几，坐事降编修，充《四库全书》纂修官，兼修《日下旧闻考》。高宗尝称筠学问文章殊过人。寻，复督学福建。归，卒，年五十有三。筠博闻宏览，以经学、六书训士。**谓经学本于文字训诂**，周公作《尔雅》，《释诂》居首；保氏教六书，《说文》仅存。于是叙《说文解字》刊布之。视学所至，尤以人才经术名义为急务，汲引后进，常若不及。因材施教，士多因以得名，时有朱门弟子之目。好金石文字，谓可佐证经史。诸史百家，皆考订其是非同异。为文以郑、孔经义，迁、固史书为质，而参以韩、苏。诗出入唐、宋，不名一家，并为世重。筠锐然以兴起斯文为己任，搜罗文献，表章风化，一切破崖岸而为之。好客，善饮，谈笑穷日夜。酒酣论天下事，自比李元礼、范孟博，激扬清浊，分别邪正，闻者悚然。著有《笥河集》等。

《清史列传·儒林传下一》：存目。①

朱珪《翰林院编修朱公墓志铭》：珪自去年八月十四日闻予兄竹君之病状，十六日忽得凶耗，哭失声。既而得侄锡卣等所为行述，且曰明春将葬，叔其为铭。呜呼已矣！珪悔

---

① 详见中华书局本第17册，第5496~5497页。

不从兄学古文，而何以铭吾兄耶？公讳筠，字竹君，一字美叔，号笥河，顺天大兴人。先世德三公居浙萧山之黄阁河，当明洪武、永乐间。德三公之曾祖福三公，自元时初居越寨，以上无征矣。由福三公而下，皆葬西山，世业农。八世至高祖尚絅公，明末官游击，亦不详其地。曾祖讳必名。祖讳登俊，起家湖广长阳四川珙县知县，卒官中书科中书舍人。先考讳文炳，年十七，入大兴籍，为诸生，官陕西盩厔县知县，累封至中宪大夫、福建粮驿分巡道。曾祖考三世皆诰赠通奉大夫、山西布政使司布政使。曾祖妣白氏、祖妣何氏、冯氏、妣徐氏皆赠夫人。先妣生予兄弟四人：长兄堂原，任陕西大荔县县丞；仲兄垣，辛未科进士，历官山东济阳、长清二县知县。其次公。行五珪，其季也。女兄弟六人。公生而神慧，长珪二岁，皆生于盩厔。九岁至京师，十三通“五经”，学为文。十五文成斐然。先大夫喜，赐之砚。其年癸亥七月，先妣见背。公与珪同卧起，夜读古书，手抄默诵，鸡鸣不休。明年，珪遂病，而公愈强力。乙丑孟冬，服除，应郡试，府丞石首郑公其储擢珪第一，公稍次，偕谒郑公，笑曰：“是皆美才，弟可先兄耶？”告之学使少司农临桂吕公炽。十二月院试，吕公擢公第一，试《鹏翼抟风歌》，大奇之，遍告诸公。明年正月，京尹常州蒋公炳邀其同乡刘文定公纶、程文恭公景伊、钱文敏公维城、今侍郎庄公存与及其弟培因，设筵召予兄弟面试。刘公授题《昆田双玉歌》，诗成，诸公惊喜。明日皆先来就访。明年，珪窃科名，而公学日以富。庚午乡试，编修嘉兴郑公虎文荐公卷不售，名益振。诸城刘文正公延之家，修《盛京志》。乾隆十八年癸酉举于乡，同考官编修建昌饶公学曙，座师协办大学士、吏部尚书兴县孙文定公嘉淦、礼部侍郎满洲嵩公寿。明年甲戌会试中式，同考官赞善溧阳史公奕簪，座师大学士海宁陈文勤公其倌、礼部侍郎满洲仓公福内阁学士镇公维城。殿试赐庄培因榜进士出身，改庶吉士，丁丑散馆授编修，充方略馆纂修官。辛巳充会试同考官。甲申丁先大夫忧，珪自闽奔丧归，与公聚首者二年。公自为诸生，即授弟子，至是从游者数十人。丙戌岁杪服阕，公欲不出，而为名山大川游，已告假矣。明年正月服除，珪诣宫门，召见，上谕家事，始知兄名，曰：“编修无定额，汝兄已可补官，不比汝需缺也。“珪未即对，上曰：“非耶？”珪谨唯曰：“是。”出则告之翰林院，取公假呈以归。曰：“兄实无疾，倘上再诘，不敢欺也。强为弟起。”公不答，既而听然曰：“汝败我雅兴矣！”是冬，授赞善。明年五月，御试二等，擢翰林院侍读学士，旋充日讲起居注官、戊子科顺天乡试同考官。三十四年，钦派协办内阁学士批本事，充己丑科会试同考官。庚寅，奉命为福建乡试正考官。辛卯，会试同考官。至是上知公深，岁持文柄，多得名下士，公益卓然以韩、欧阳、苏自任，振起古学，奖藉寒畯，有一善者誉之如不及，天下之士翕然称之，曰竹君先生。是秋，奉命视学安徽。安徽故有朴学，公躬拜奠婺源故士江永、汪绂之主，祠之乡贤，以劝士曰：**“读书不可不识字。”**为刻旧本许氏《说文解字》，揭以四端，曰部分、字体、音声、训诂。又曰：**“稽古莫如金石文字，可证经史之讹。”**所在披剔榛薜，聚至千种。时上方诏求遗书，公奏言翰林院库贮明《永乐大典》，中多逸书，宜就加采录。上览奏，异之，亟下军机大臣议，行《御制七言八韵诗》纪其事，乃命纂辑《四库全书》，得之大典中者五百余部，皆世所不传，次第刊布海内，实公发之也。公又言请仿汉、唐故事，择儒臣校正十三经文字，勒石太学。奉朱批：“候朕缓缓酌办。”癸巳春，仲兄卒。其秋，以某生欠考事部议降级，得旨：“朱筠学问尚优，加恩授编修，在《四库全书》处行走。”比归，总办《日下旧闻》纂修事。是时，金坛于文襄公敏中掌院为总裁，于公直军机，凡饴书稿本，披核辨析，苦往复之烦，欲公就见面质，而公执翰林故事，总裁、纂修相见于馆所，无往见礼，讫不肯往，爱公者强拉公至西园相见，持论侃侃不稍下，金坛间为上言："朱筠办书颇迟。"上曰："命蒋赐棨趣之。"蒋公以旧侍郎直武英殿，真特恩也。乙未，珪自山西归，复入翰林，从容为公言，宜稍和同者。公曰："子亦作是言耶?"珪心愧之。先是，珪与公同官翰林，共车马者七年，至是比邻居，宅后可通往来，而伯兄居老屋对门，珪自名所居曰鄂不草庐。公既久次，望益重，则大言"**翰林以正品读书为职**"，终岁足不至达官门，惟门生好友酾酒必应，辄尽醉乃罢。聚书至数万卷，种花满径，来请益者不拒。考古著录，穷日夜不倦。古文以郑孔经义、迁固史书为质，覙缕巨细，事辨时地，真气勃出，成一家言。赋则阳张阴阖，马、扬以下不道也。前后遇大典礼告成，祝厘宣上功德，鸿篇奥册，裒然推首。诗初学昌谷、昌黎。五言力逼汉、魏，既而导汇百家，变化创辟，神明独得。制义自荆川、震川而下，贯串数千篇，与古文为一。书法则一本六书，自然劲妩。盖公之学与年进，海涵岳矗，不足喻其所蕴也。己亥八月，特旨以公督学福建时，珪方典闽试，闽人士闻公来，无不抃舞。珪与公相遇于石门舟次，公至闽，一以经学六书为倡，口讲指画，示以向方。闽清某生为摄令某锻炼杀人，公发其覆，大吏雪之，扶持士气，行义若渴，重伦节，劝惩有加焉。暇则搜奇岩洞，遍著手迹。明年秋，上以珪代公，异数也。公题使院之寝曰铧雅。十一月十八日，珪至与公对床者半月。公日则出，至他馆应酬诸生，手不停笔，夜归，谈尽三鼓，复作诗文竟夜。珪曰："宜少惜精力。"公不厌也。十二月三日，送公于芋原舟次，公泪下。珪曰："兄今与伯兄聚，比三年，珪即还耳。"呜呼！孰知其为永诀耶？明年二月，复命上温霁询谕人以为必向用也。公素强固，性喜山水，于黄山再登其巅，观云海于闽之武夷，屴崱、玉华诸名胜皆跻探峻幽，从者郄焉。六月二十一日夜，忽遘痰疾，翼日渐瘳，二十六日疾复作，夜四鼓，遂卒。公生于雍正七年六月六日丑时，卒于乾隆四十六年六月二十七日丑时，年五十有三。是月，萧山始祖墓有古松高五六丈，大风折其末丈余，非偶然也。四方之士，知者痛惜，如失所杖。公孝友直谅，恬淡达观，不愧所学。在安徽时，奏以本官貤赠庶祖妣李氏为淑人，得旨准行。貤赠之广，自此始。李太淑人抚视珪者也，公书来曰："我为弟成此志。"所著古文数百篇，古今诗数千首，他文称是，皆可必传于后。娶王氏，敕封安人，例封淑人。生子二：长锡卣，次锡庚，均府学生。女子五：长适阳湖龚怡，次适举人通州魏绍源，三适大兴徐焯，四适大兴学生翁树端，五待字。孙二，女孙一，俱锡卣生。乾隆四十七年某月某日，葬于西山二老庄祖茔之北。铭曰：导源三江，降神盩厔。日下腾腾，名符其实。家无长物，拥经抱书。大言炎炎，独出古初。群雅辐凑，问奇载酒。忘其饥渴，不啻其口。恬于荣利，耻于系援。开径交柯，落花无言。云海黄岳，天舟武夷。谪仙游戏，骑麟不羁。飓风何来，撼我宰木。连枝中披，得不抱哭。公名在世，公神何往？呜呼后死，吾归曷放。西山之麓，先茔之右，志此幽碣，千秋不朽。①

姚鼐《惜抱轩诗文集》文集卷十《朱竹君先生传》：朱竹君先生，名筠河，大兴人，字美叔，又字竹君。与其弟石君珪少皆以能文有名。先生中乾隆十九年进士，授编修，进至日讲起居注官、翰林院侍读学士，督安徽学政，以过降级，复为编修。先生初为诸城刘文正公所知，以为疏俊奇士。及在安徽，会上下诏求遗书，先生奏言，翰林院贮有《永

---

① 见《湖海文传》卷五十七。

乐大典》，内多有古书，世未见者，请开局，使寻阅。且言搜辑之道甚备。**时文正在军机处，顾不喜，谓非政之要，而徒为烦，欲议寝之。而金坛于文襄公独善先生奏，与文正固争执，卒用先生说上之，《四库全书》馆自是启矣**。先生入京师，居馆中，纂修《日下旧闻》。未几，文正卒，文襄总裁馆事，尤重先生，先生顾不造谒，又时以持馆中事与意迕，文襄大憾，一日见上，语及先生，上遽称许朱筠学问文章殊过人，文襄默不得发，先生以是获安。其后督福建学政，逾年，上使其弟珪代之，归数月，遂卒。先生为人，内友于兄弟，而外好交游，称述人善，惟恐不至，即有过辄，覆掩之，后进之士多因以得名。室中自晨至夕，未尝无客，与客饮酒谈笑，穷日夜，而博学强识不衰，时于其间属文，其文才气奇纵，于义理事物情态无不备，所欲言者无不尽。尤喜小学，为学政时，遇诸生贤者，与言论若同辈，**劝人为学先识字**，语意谆勤，去而人爱思之。所欲著书皆未就，有诗文集合若干卷。姚鼐曰：余始识竹君先生，因昌平陈伯思，是时皆年二十余，相聚慷慨论事，摩厉讲学，其志诚伟矣，岂第欲为文士已哉？(下略)

孙星衍《朱先生筠行状》：先生姓朱，讳筠，字竹君，号笥河，顺天大兴人。先世居浙江萧山，父文炳入顺天籍为诸生，官陕西盩厔县知县，封中宪大夫、福建粮巡道，赠光禄大夫。先生以雍正七年六月生于盩厔，有两兄一弟，九岁入都，十三岁通“五经”，有文名。乾隆十八年癸酉举于乡，明年甲戌成进士，改庶吉士，越四年授职编修，充方略馆纂修官。三十二年冬授赞善。明年大考，擢翰林院侍读学士，旋充日讲起居注官。三十四年协办内阁学士，批本事，其秋督学安徽。三十八年以生员欠考事降级，奉旨：“朱筠学问尚优，加恩。”授编修，命总纂《日下旧闻》，兼《四库全书》馆纂修事。四十四年督学福建，凡充辛巳、己丑、辛卯科会试同考官及戊子科乡试同考官。卒于四十六年六月二十七日，春秋五十有三。先生少英异，至性过人，与弟文正公珪俱擅文名，为巨公契当，及丁父忧，服阕，不肯出仕，欲为名山大川之游。会文正公入觐，上询及先生，乃不敢引疾，谓弟曰：“汝败我雅兴矣。”**先生以南宋已来说经之学多蹈虚，或杂以释氏宗旨，明儒学无渊源，矫枉不得其正。又牵于制义声律，而经学放绝焉。国朝顾氏炎武、阎氏若璩虽创通大义，惠氏士奇父子抱残守缺，而向学者尚未殷盛。先生以为经学本于文字训诂，又必由博反约**。周公作《尔雅》，《释诂》居首；保氏教六书，《说文》仅存。于是刊布许氏《说文》于安徽以教士，复奏请采录《永乐大典》逸书，上览奏，异之，乃命开《四库全书》馆，御制诗以纪其事。又以《十三经》文字传写讹舛，奏请仿汉熹平、唐开成故事，择儒臣校正立石太学，奉谕缓办，因著《十三经文字同异》若干卷，藏于家。于是皖、闽之士闻绪言余论，始知讲求根柢之学。**四海好学能文者，俱慕从先生游。而戴征君震、邵学士晋涵、王观察念孙诸人，深于经术训诂之学，未遇时皆在先生幕府，卒以撰述名于时，盖自先生发之**。先生刚肠疾恶，俗流不敢至其门，寒畯有一善，誉之如不容口，其在都载酒问字者车辙断衢路，所至之处从游百数十人，既资深望重，则大言**翰林以读书立品为职**。不能趋谒势要，时相大学士金坛于文襄公颇专擅，进退天下士。先生引翰林称后辈。故事：呼以于老先生，又长揖无屈一膝。礼议馆事，不肯私宅相见。时相既不乐，乃言于上，以为办书迟缓。上深知而保持之，命促之而已。其督学安徽，旌表婺源故士江永、汪绂等，祠其主于乡贤，以劝朴学之士。在福建，与弟珪相代，一时传为盛事，而闽士攀辕走送者数百里不绝。时士人馈一石，积试院成山，起亭曰三百三十有三士亭。其后文正主持文教，海内名流皆以暗中索拔，多先生所赏契者，故世称据经好古之士为朱派云。先生穷年考古，兼好金石文字，谓可证佐经史。为文仿迁、固、渊、云，尤长于叙事。书法参通六书，有隋以前体格，藏书万卷，坐客常满，谭辩倾倒一世。手不持珠玉，每言**“古之君子必佩玉，今之小人必佩玉”**。所至名山川，搜奇揽胜，都人士传诵吟咏，至今不辍。盖郭林宗之识士，郑康成之通经，兼而有之矣。子二，长锡卣，福建盐场大使；次锡庚，山西候补直隶州知州。锡庚能读父书，亦以耿介取忤于流俗。孙五人。星衍不识先生，而受知文正，与先生子锡庚交最久，故深悉先生学行，具列事实如右，敢布告于史馆，以备述儒林者采录焉。①

余廷灿《存吾文稿·朱侍读学士筠传》：君讳筠，字美叔，一字竹君，顺天大兴人。自幼颖异，年十四五，通“五经”，善属文，与其弟石君珪俱有声，日下名公巨卿多先就访之者。乾隆甲戌成进士，授编修。丁父艰，服阕，即乞假期，将为汗漫之游，欲遍历名山大川以自广。既而其弟珪除服，召见，上前询问家事甚悉，又问汝兄编修宜即补官，不似汝候缺也。珪以兄实无疾，不敢饰词妄奏，则谨应声曰：“是。”出即遍告翰林，取前假状销毁，强君起官。君伫思良久，已乃欣然曰：“只无奈一段奇缘不成耳。”自是洊历官至侍读学士，中间数充卿会试同考官，一典福建乡试，旋奉命视学安徽。君言：“吾于是役将使是邦人士为注疏之学，而无不穷经，为《说文》之学，而无不识字。”甫下车，即拜奠婺源故士江永之木主，崇祀乡贤以劝学。江永者，故安徽朴学，能究穷《十三经注疏》而有得于已者也。又刻旧本许氏《说文解字》，标楬四端，曰部分，曰字体，曰音声，曰训诂，为学六书之学者大启沟浍。又言**稽古莫如金石文字，可证经史之讹**。所在丛祠野庙破荒剔藓，聚至千余种。初，翰林院贮有《永乐大典》，中多古书，割裂字句，分隶《洪武正韵》，率散而无统，伏而未发，会上下诏求遗书，君乃奏请开局，纂录《大典》，且条画搜辑之法甚备。经军机大臣议行，御制《七言八韵诗》纪其事。其后纂辑《四库全书》，得自《大典》中者至五百余部，皆宋、元来经义传说、子史记载及星历、算数、方技诸秘本为世所不见不传者，一旦次第刊行，布流海内，皆自君发其端也。又请仿汉、唐故事，择儒臣较正《十三经》文字，勒石太学，其后以过降级，得旨复为编修，在《四库全书》处行走，总办《日下旧闻》纂修事。初，君为诸城刘文正公所知遇以不次。至是，文正卒，金坛于文襄公以掌院学士领总裁，尤心重君。文襄夙夜直军机，凡馆书稿本有宜往复辨析、琐碎繁难者，意欲君就见面质，而君坚执翰林故事，总裁、纂修相见于馆所，讫不造门请谒，遇朱墨披驳盘错处，君则直已陈所见，侃侃辨论，不稍下。文襄以间奏言：“朱筠办书颇迟。”上曰：“可命蒋赐棨促之。”而君自若也。其弟石君珪自山西藩使，缘事复入翰林，从容为君言宜稍自勉强，抑损和同者。君曰：“吾弟亦作是言耶?”君既久次，望益重，则大言翰林以立品读书为职业，不宜修小礼，曲意委顺于达官贵势，惟喜奖藉寒畯，见有一善者，辄誉之如不及，有请益者，必诚告之，惟恐不尽。一时材隽辐辏其门，多所成就，以故士心公论皆翕然归君。室中聚书数万卷，君于其间考古著述，穷日夜不倦。性嗜酒，客至，则命酒酣嬉淋漓，酒罢落笔，无论大篇短纸，自奇气横溢怒生，不可逼视，而庄谐正谲，开阖杂糅，又无不曲折尽情态。其后又视学福建，提挈经义六书，一如安徽某生为摄令某锻炼杀人，君发其覆，雪之大吏，士气赖以扶持，及逾年，上使其弟珪代之。君固喜山水，及輶车所至，更得恣心广意，于黄山再登，于五

① 见《碑传集》卷四十九。

夷、崱屴、玉华诸名胜皆跻攀幽峻，穷览不厌，归自闽数月，遂病卒。著诗古文集若干卷行世。君口吃词涩，然忠告说论，遇义即启，謇謇不可遏抑。性孝友坦易，实乃恬于势利，耻于嫝婯，终日矻矻皇皇，欲求文章成名于后世。喜接引后进，欲成人才，于一时可谓直谅多闻，不愧所学能举其官者矣。君之将赴安徽也，廷灿草荐吴秀才书一通，命馆吏赍上，君熟视之，曰："吾后车已延致十一人，皆宿彦也，颇不谓无助。"虽然，妙文不可虚，奇士不可失，即命车就访，引吴秀才同载而归。又明日联镳十二乘出国门，一时国门传学使宾从之盛，无有与朱学士俦者。君之好士好文，大率类此。(下略)

王昶《春融堂集》卷六十《翰林院编修朱君墓表》：乾隆三十六年春，日讲起居注官翰林院侍讲学士安徽学政朱筠上言："伏见皇上稽古右文，勤求坟典，请访天下遗书，以广艺文之阙。而前明《永乐大典》古书仅有存者，宜选择缮写，入于著录。"又请立校书之官，参考得失，并令各州县钟鼎碑碣悉拓进呈，俾资甄录。奏入，上嘉之，乃命开经、史、子、集《四库全书》馆，以大学士刘文正公统勋、于文襄公敏中、尚书王文庄公际华充总裁官，文襄公复选翰林、中书二百余人充校对官以任之，分日呈览，凡十余年而书成，藏于文渊阁，庋其副于盛京①、圆明园、翰林院及江苏之金山、浙江之西湖，复写一分置于瓜州大观堂，分地藏弆，嘉惠后学。于是人文炳曜，远迈唐、宋，而其始实自君发之。君字美叔，一字竹君，其先家浙之萧山。曾祖必名始来京师。祖登俊，中书科中书舍人。父文炳，陕西盩厔知县。兄弟四人：兄堂，陕西大荔县丞；次垣，乾隆辛未进士，山东长清知县；弟珪，乾隆戊辰进士，今官内阁学士兼礼部侍郎。君年二十五，中乾隆癸酉顺天乡试，明年成进士，选庶吉士。又二年，授编修。历官右赞善，至侍读学士，左迁仍授编修，提督福建、安徽学政者二，充福建主考官者一，充辛巳、己丑、辛卯会试同考官者三，充戊子顺天乡试同考官者一，又充方略馆、《通鉴辑览》、《三通》馆、《日下旧闻》纂修官。以四十六年六月某日卒于里第，年五十一。君少英敏，博闻宏览，于学无不通。解经宗郑、孔，而兼参宋、元诸儒之说；论史宗涑水，而历代诸史亦皆考究贯串，证其同异；古文效法班史，诗歌出入韩、苏。取精用宏，海涵山负，天下承学之士趋风附景，若斗之有杓，芒寒色正，望为归依。好宏奖后进，有一技之长，誉之唯恐不及，掖之唯恐不至。如大理寺卿陆君锡熊、吏部主事程君晋芳、礼部郎中任君大椿，皆君所取士。而黄君景仁、洪君亮吉辈，皆北面称弟子。君丰颐晬面，望之温然，闲以谐笑，饮酒至数十斗不乱。或以为道广，然于名节风义之关，扬清激浊，分别邪正，断断不稍假易。且欲自厕于李元礼、范孟博之伦，宰执高君之名者，招之不往。怵以危词，君亦漠然置之。故四库馆之设，君不获与其役，人或为君惜，而君弗介意也。(下略)

李威《从游记》：乾隆四十六年夏，威自西曹乞假将归，未及行，而哭笥河先生于寝。呜呼，奈何天夺先生之速邪！先生学富而不尽泄其奇，器大而未及宏其用。友遍天下，而难语知心。年过五十，而亟称已老。又不幸而止于是，若是者何邪？先生之名，当世莫不闻。先生之殁，奔走而哀号失声者，惄焉若丧其心之所甚慕，而不为私恸也。呜呼哀哉！威获事先生十有一年而止矣。兹直南归，旅次衔哀，忆念先生为人之厓略，具笔于篇。非徒以识渊源之有自，恩义之难忘，欲使揽者想见其为人，闻风而兴起，庶几先生之志未队于地云尔。先生弱冠，博综群书，精核典故。大学士诸城刘文正公延居宾馆，凡参

① 盛京：即今辽宁沈阳。

决大政，每从谘访。先生从容讽公以古大臣之事，公颔之。未几，先生成进士，官翰林。公喜谓曰："君无复以古大臣责我，老夫无能为，望君努力耳。"文正公秉轴十余年，先生岁时修贺，一至其门，外此绝不通谒。公一日遇先生于朝，呼曰："独不念老夫邪?"先生正容对曰："今某服官，非公事，不敢辄见贵人，惧人之议其后也。"公叹息称善不已。先生由翰林编修擢至侍读学士，充日讲起居注官，簪笔侍从有年，上极赏其才学。故事，御试试差于正大光明殿，大臣阅卷录取，优异者引见，次第简用。辛卯，先生试，不入选。上顾问掌院大学士等曰："今试乃遗朱筠选中乎?"特旨命不入选者一体引见，盖异数也。及见，天语垂询，先生奏言："试日偶得腹疾，文字不能尽合程度。"上霁颜遣出。其冬，遂有安徽学政之命。癸巳，因公事不如令式，礼部议镌三级解任。还朝复命，有旨："朱筠学问尚优，著仍以编修用。"旋充《日下旧闻》馆总纂官。庚子，复被命督学吾闽。陛辞日，上问曰："尔犹编修邪?记得擢用尔已为四品官。"先生具以前事奏对，上温谕："此事不能无过，兹出视学，好勉为之。"先生顿首谢恩而出。盖先生受知最深且久，上意向用，竟不获享年以酬知遇，惜哉!……辛卯，分校礼闱，总裁刘文正公得一卷，五策渊奥，以示先生，先生曰："此余姚邵晋涵，故知名士。"力赞公拔居第一，及拆卷，果邵名。公问曰："学士何所见不爽如是?"先生曰："今士之绩学者，某莫不与之游，读其文，知其学，如觌其面，宁至或失之邪?"凡春秋两闱，校士恒以对策为主。尝言以此观士所学之浅深，若持权衡以测轻重云。视学安徽，以识字通经诲士。岁余，士多通六书及注疏家言。先生为刊旧藏宋椠许氏《说文》，广布学宫，语诸生曰："古学权舆，专在是矣。"每试竣，给赏日，传呼一生至前，必谆诲再三，视其意有所入，然后遣去；或手挟经义一编，质疑论难，先生欣然辄为讲解，常至夜分，甚且越日乃罢。在江南日，有诏求遗书，先生悉心搜访以献。因上言："中秘所贮《永乐大典》裒集至富，但分析篇次，以四声韵字为部居，割裂破碎，与散佚无异。请旨敕下儒臣采辑讨论，以还旧观，可得人间未见书数百种。"上览奏嘉许，特开《四库全书》馆，校理遗书及《大典》，嘉惠艺林，御制宸章纪其事。于是征通雅之士休宁戴震等五人为纂修官。天下学者欢欣鼓舞，复知稽古之荣。而天禄石渠之秘籍，几至家有其书，则先生所以赞圣天子覃敷文教者至矣。婺源江慎修先生、歙汪双池先生皆品端学醇，乡人称为有道，著述等身，以贫困老死，而江又无后，血祀斩焉。先生上其书于四库馆，集其乡大夫士而语之曰："徽人为吾先文公立乡祠，尊贤之道也。今二先生宜为位，以从享祀。夫儒者守先待后，而其鬼或不免馁而①，是使者之忧，抑亦梓桑之耻。"众感肃然兴，答曰："惟命。"先生于是择日斋宿，至期盛陈驺导，躬奉木主以登祠堂，匍伏祭奠成礼。维时观者千余人，咸感激有泣下者。先生在江南，广延知名士居幕下，四方学者争往归焉。高邮王怀祖，深明六书、七音之旨，旁通训故、考据，一时贤士谈古学者皆弗及也，避祸天长，闻先生为人能排难解纷，跋涉往见。先生敬礼之，时从问字质疑，未尝以前辈体貌自居，为飞书当路护持其家尽力。江都汪容甫，才学通敏，冠绝江南北，素傲睨，好诋议人，辄招时忌，无能合其意者，乃负笈从先生游，先生亦礼遇之有加，歉然常若弗及之也。先生自安徽学政罢归，燕闲无事，旦日出坐椒花吟舫，朋友门生及四方问字之士踵接于门，关者不能尽通，听其自

---

① 馁而：饥饿。《左传·宣公四年》："且泣曰：'鬼犹求食，若敖氏之鬼不其馁而!'"杨伯峻注："馁，饿也。不其馁而，犹言不将饥饿乎，意谓子孙灭绝，无人祭祀之。"

入，宾位不足，常有循栏坐者。先生笑语酬酢，竟日无倦容。入夜客去，犹呼一二学徒入侍，间出果蔬佐酒，并召二子锡卣、锡庚，列坐欢饮，不责礼仪以为乐。及门会稽章学诚，议论如涌泉，先生乐与之语，学诚姗笑无弟子礼，见者愕然，先生反为之破颜，不以为异。威侍先生饮酒酣，每进言于先生，力争不已，继之以哭，举座踧踖不安。先生亦谈笑自若，绝无忤怒之色。武进黄景仁，夙负才名，落拓来京师，从先生游，常以老母在籍，贫不能养为忧，先生乃为区画，举家入都。既至于所居之西，赁屋数椽以处之，告诸名士爱才者，醵金若干，月馈薪米，岁暮则为母制寒衣。于是景仁得从容翱翔日下，名益起。及先生再出视学，景仁复飘泊远游，老母南归，家徒四壁如故。士之贫而稍有才学者，以文为贽来见先生，先生辄以奇才异能许之，为介绍于先达，称誉不绝口。或笑之曰："朱先生所称奇才异能之士，亦指不胜屈矣！"威病其言，尝于夜分侍坐时请曰："先生当世龙门，人皆欲求士于先生，而使之听闻不信可乎？"先生微叹曰："子亦有疑于此欤？夫士怀才未遇，其或家贫亲老，跋涉数千里而来，若其名不获显著，羁旅孤寒，未见其能有合也。且彼实有所长，吾言稍假之耳，虽致非议，庸何伤？"都下为人文荟萃之薮，遇顺天乡试、礼部会试时，四方至者尤盛，先生每于揭晓前邀名士五六人为主，广招通人才俊，应试者择日大会于陶然亭，开筵剧饮，分韵赋诗，一时品藻，视为优劣。先生游宴所至，学士大夫多从之行，或不期欣然往会之，座无余席。先生谈论，飙举云飞，莫不注目轻耳。每及小学家言，动如引丝得绪，乙乙然不可中绝，听者恒不能窥其际。迨至酒酣耳热，则侃侃厉词，竦人毛发，稍有引去者矣。六书之学，不绝如线。近代著作家，或以楷画效篆体为书。盖楷法难明仓、史遗意，往往从类不分，故不得不杂篆法，为之波折纵横，并出新意。先生深病学者不明文字所由生，其叙刻《说文》，推论原委，有半讹全讹之叹。故亦喜为此书，每摹勒入碑版，古趣盎然，见者辄不能句读。先生尝言："吾非嗜奇，欲得古人制字意耳。"及出视学，士争慕效，不知故而貌袭之，诡异乖违，若瓦缶与彝鼎并陈，鳝鳅与螭龙同舞。先生好古学，于金石文字尤极留意。尝论今人读古人书，鱼鲁帝虎之讹，不可胜诘。独金石文字历久如新，一可宝也。篆隶变革之源流了然可见，二可宝也。名物杂陈，词义典贵，可以翼经传注疏家言，三可宝也；轶事无传，史篇多误，断碣残碑，恒资考证，四可宝也。自欧、赵著录，下逮诸家采辑论说之书，靡不浏览，遇亲故宦游四方而来见者，必属曰："某地有吉金，某地有贞石，子行必为我求之。"或请纪其目，辄走笔疾书，能详举其款识、阴额、岁月、尺度，无一爽者。先生喜黄海之胜，两游焉。尝冒雨走绝顶，见者骇叹以为康乐之后复见斯人也。生平所过郡县名山水，凡足迹可及之地，无不至，至则访摩厓旧刻、古刹残碑，不惮扪萝剔藓，每得唐以上物，辄狂呼宾从其往观之，欣赏笑乐之声穿云度壑。已乃自书题名刻石，其文辞简古，笔画苍劲，实足追踪古人，与世之取青媲白者大异。先生诗、古文词并于昌黎为近。每为人作传志表状诸篇，必先进其子孙或亲故，令缕述其生平事迹，得一二殊异者，乃喜曰："传神专在是矣。"不知者病其毛举细故，及文成读之，始觉生动婉挚，神理逼真。尝论作文叙事最难，数十年来作者无足当其意，独于吾闽朱梅厓先生之文辄首肯焉。先生兄弟四人。兄仲君先生，弟石君先生，俱名进士。仲君先生出宰山左，先卒。先生与弟先后翱翔翰苑三十余年，文学品望并为时冠，四方学者称二朱先生。**凡游日下者，问奇请益，踵相接也。先生汲引后进，常若不及。来学之士一经诱诲，莫不争自濯磨，端品力学，时有朱门弟子之目。晚年虑门墙高峻，务为乐易优容，于是介绍称弟子者不下五六百人。一二怀巧**

之徒托足门下，颇招物议，先生不以为病。盖谓“以是心至，斯受之”耳。噫！此泰山河海之所以大也。甲午，威至京师，先生自江南归，知威旅困，乃命入居椒花吟舫南偏曰梧月松风之室。椒花吟舫中插架数万卷，威得稍涉猎一二，先生喜。威用力精勤，教诲不倦，当燕闲独处时，必呼入侍坐于旁，论学谈心，常至夜分不辍。遇游宴之所，未尝不携与偕也。每忆冬月，天街夜静，雪光如镜，从先生自外罢饮归，阒无人声，独吾师弟子共载而行，形影不离，嗟嗟此情此景，何日可忘！是人生不可多得之数也。威侍先生左右四年，至戊戌成进士，官刑曹，请假归省，乃辞先生行。而先生旋于己亥冬被命视学吾闽，适威将赴西曹供职，走谒先生于榕城，留连两月而去，别离日多，追随日少矣。辛丑春，先生得代还朝，威又以疾乞假，先生恋恋不能舍，力阻其行，威亦因事迁延月余，竟与先生长诀矣。哀哉！时乾隆辛丑仲秋，受业龙溪李威记于山东水驿舟次。①

王昶《湖海文传》卷五十七、江藩《国朝汉学师承记》卷四、唐鉴《学案小识》卷十四《经学学案》、李斗《扬州画舫录》卷十皆有传，存目。

朱筠《笥河文集》卷五《说文解字叙》：……夫许君之为书也，一曰：“世人诡更正文，乡壁虚造不可知之书。”一曰：“诸生竞说字解经，喧称秦之隶书为仓颉时书。”一曰：“廷尉说律，至以字断法，皆不合孔氏古文，谬于史籀。”恐巧说邪辞，使学者疑。……后之非毁许君者，或摘其一文，或泥其一说。历代以来，不量与撼，要无足论。惟近日顾氏炎武，修绍绝业，学者所宗，而于是书亦有不尽然之言。窃恐瞽说附声，信近疑远，是不可以不辩。(下略)

杨向奎《清儒学案新编·竹君学案》：朱筠少年时为诸城刘文正公统勋所知，延居宾馆，咨访时事。刘称朱筠为“疏隽奇士”。所谓“疏隽奇士”，似指其通脱豪放，不拘小节。……王引之在阮元的《经籍籑诂》序言中曾提及：“曩者戴东原庶常，朱笥河学士皆欲纂集传注以示学者，未及成编。”钱大昕也在《经籍籑诂》序中言及：“治经必通训诂，而载籍极博，未有汇成一编者。往岁，休宁戴东原在书局实创此意。大兴朱竹君督学安徽，有志未果。”从上可见朱筠曾欲编集全部儒家经典的校记与所有注释。这一事业是浩大的，由于条件限制，未底于成。汉学家的这一宿愿终于在数十年后由《十三经注疏校勘记》与《经籍籑诂》的编成而实现。……综计朱筠在提倡学术、宏奖士类、刊布书籍等各方面都有实际成绩，他的一生对清代乾隆时期文化发展具有开创性的推动作用。后来毕沅、阮元等人都是与朱筠同一类型的士大夫。毕、阮等由于其地位和条件，在编集文献和创建书院方面做了进一步的贡献。②

① 见《碑传集》卷四十九，又见《笥河文集》卷首。
② 见杨向奎《清儒学案新编》第七册，第1~12页。

纪　昀

《清儒学案》卷八十《献县学案》：献县以通儒遭际明盛，综揽四部，考证详明，创自古簿录家所未有。其持论屏除门户，一洗纠纷，而欲矫宋、明末流之弊，颇有所抑扬。仪征绍述，益以昌明汉学，为一代学术之枢键焉。

《清史稿》卷三百二十：纪昀，字晓岚，直隶献县人。乾隆十九年进士，改庶吉士，散馆授编修。再迁左春坊左庶子。京察，授贵州都匀府知府。高宗以昀学问优，加四品衔，留庶子。寻擢翰林院侍读学士。前两淮盐运使卢见曾得罪，昀为姻家，漏言夺职，戍乌鲁木齐。释还，上幸热河，迎銮密云。试诗，以土尔扈特全部归顺为题，称旨，复授编修。三十八年，开《四库全书》馆，大学士刘统勋举昀及郎中陆锡熊为总纂。从《永乐大典》中搜辑散逸，尽读诸行省所进书，论次为提要上之，擢侍读。上复命辑《简明书目》。坐子汝传积逋被讼，下吏议，上宽之。旋迁翰林院侍读学士。建文渊阁藏书，命充直阁事。累迁兵部侍郎。《四库全书》成，表上。上曰："表必出昀手！"命加赉。迁左都御史。再迁礼部尚书。复为左都御史。……嘉庆元年，移兵部尚书。复移左都御史。二年，复迁礼部尚书。……十年，协办大学士，加太子少保。卒，赐白金五百治丧，谥文达。昀学问渊通。撰《四库全书提要》，进退百家，钩深摘隐，各得其要指，始终条理，蔚为巨观。**惩明季讲学之习，宋五子书功令所重，不敢显立异同；而于南宋以后诸儒，深文诋諆，不无门户出入之见云。**

朱珪《知足斋集》文集卷五《协办大学士礼部尚书文达纪公昀墓志铭》：嘉庆乙丑二月协揆、献县纪公薨于位，其冬公子汝传、孙树馨以状略来请铭。珪颓然老矣，同年同官，失我老友，吾何以表公哉？顾谊无可辞。案状，公纪姓，讳昀，字晓岚，一字春帆，晚号石云，行四，世为河间著姓。祖考讳天申，行德于乡里，岁饥出粟数千石，活人无算。考姚安太守讳容舒，尝督贵。公曰："汝何知吾父罄家资输粟活一方，故食报于汝，汝以为能文名解元耶？"先是，郡为九河入海故道，天雨则汪洋成巨浸，水中夜夜有光怪，公王父梦见光入楼中，已而公生，光遂隐，人以为公实此灵物化身也。少而奇颖，目数行下，夜则暗室闪闪有光，照见一切物，了然可辨。比知识渐开，光亦敛矣。故公自憙，言之不讳。应学使试辄冠军。年二十四，乾隆丁卯科遂发解初闱中拟珪首卷，得公卷同书经二场表俪语冠场，乃定公第一，珪第六。主试阿文勤公、刘文正公，榜发，皆以得人贺二公，复命遂以两人姓名上闻，故公与珪皆早受特达之知，所由来也。明年，珪捷，而公迟至甲戌，乃与先兄竹君司榜，廷试二甲第二人，赐进士出身，改庶吉士。丁丑散馆一等，授编修，旋办院事。己卯充山西乡试正考官，庚辰充会试同考官，辛巳京察一等，以道府记名。壬午充顺天乡试同考官，命视学福建。癸未升侍读，明年丁父忧，服阙，补侍读，充日讲起居注官，晋左庶子。戊子授贵州都匀知府，旋以四品留任，擢侍读学士，缘事罣误，发乌鲁木齐效力。时遣戍单丁五年，积至六千人，为都统具奏稿，得旨咸释为民。辛卯召还，授编修。三十八年擢侍读，时闻《四库全书》馆命为总纂官，搜罗逸书，与内廷翰林一体宴赉。同事者陆君锡熊，提调则陆君费墀，而公实总其成。丙申擢侍读学士，充文渊阁直阁事、日讲起居注官。丁酉京察一等，己亥擢詹事，旋晋内阁学士，总理中书科。壬寅授兵部右侍郎，仍兼直阁事，改任不开缺，异数也。**公绾书局，笔削考核，一手测定，为《全书总目》，裒然巨观，弆之七阁，真本朝大手笔也**。癸卯转左侍郎，甲辰充会试副考官，知武会试贡举。乙巳晋左都御史，丙午转礼部尚书，充经筵讲官，丁未管鸿胪寺印钥，戊申赐紫禁城骑马，充武会试正考官。后为总宪者五、大宗伯者三。（下略）

《国朝汉学师承记》卷六、《国朝先正事略》卷二十、《国朝畿辅诗传》卷四十二皆有传，存目。

纪昀《纪文达公遗集》文集卷八《周易义象合纂序》：古今说“五经”者，惟《易》最夥，亦惟《易》最多歧，非惟象数、义理各明一义也，旁及炉火、导引、乐律、星历，以及六壬、禽遁、风角之属，皆可引《易》以为解，即皆可引以解《易》。盖《易》道广大，无所不包，故随举一说而皆通也。要其大端而论，则象数歧而三，一田、孟之《易》，一京、焦之《易》，一陈、邵之《易》也。义理亦歧而三，一王弼之《易》，一胡瑗之《易》，一李光、杨万里之《易》也。京、焦之占候流为怪妄而不经，陈、邵之图书流为支离而无用，王弼之清言流为杨简、王宗传辈，至以狂禅乱圣典。其足以发挥精义，垂训后人者，汉儒之主象，宋儒之主理、主事三派焉而已。顾论甘者忌辛，是丹者非素，龂龂相争，各立门户，垂五六百年于兹。余尝与戴东原、周书昌言，**譬一水也，农家以为宜灌溉，舟子以为宜往来，形家以为宜砂穴，兵家以为宜扼拒，游览者以为宜眺赏，品泉者以为宜茶荈，洴澼絖者以为利漱濯，各得所求，各适其用，而水则一也。譬一都会也，可自南门入，可自北门入，可自东门入，可自西门入，各从其所近之途，各以为便，而都会则一也。《易》之理何独不然？东坡《庐山诗》曰：“横看成岭侧成峰，远近高低各不同。不识庐山真面目，只缘身在此山中。”通此意以解《易》，则《易》无门户矣**。纷纷互诘，非仁智自生妄见乎？德州李君东圃，于学无所不窥，而尤邃于《易》。积平生之力，成《周易义象合纂》一书，需次京师时，出以示余，余未展卷，指其题签，语之曰：“书名四字见大凡矣。君此书必持其平也。”君去后，灯下读之，果于汉学、宋学两无所偏好，亦两无所偏恶，息心微气，考古证今，惟求合乎象之自然、理之当然而后已，而进退存亡之节亦即经纬其中。所谓主象、主理、主事者，是实兼之，谓非说《易》之正宗，可乎？余向纂《四库全书》，作经部诗类小序曰：“攻汉学者，意不尽在于经义，务胜汉儒而已；伸汉学者，意亦不尽在于经义，愤宋儒之诋汉儒而已。”出尔反尔，势于何极，安得如君者数十辈与校定四库之籍也。

纪昀《纪文达公遗集》文集卷八《黎君易注序》：汉《易》言象数，宋《易》言理，旧有斯言，其殆循声而附和欤？夫天地细缊，是函元气；气有屈伸往来，于是乎生数；数有奇偶错综，于是乎成象。此象数所由起也。然屈伸往来、奇偶错综，皆理之所寓；而所以屈伸往来，所以奇偶错综者，亦皆理之不得不行。故理，其自然；数，其必然；象，其当然：一以贯之者也。汉《易》言象数，不能离存亡进退，非理而何？宋《易》言理，不能离乘承比应，非象数而何？而顾曰“言理则弃象数，言象数即弃理”，岂通论哉！余校定秘书二十余年，所见经解，惟《易》最多，亦惟《易》最滥。大抵汉《易》一派，其善者必由象数以求理，或舍理者必流为杂学。宋《易》一派，其善者必由理以知象数，或舍象数者必流为异学。其弊一由争门户，一由骛新奇，一由一知半解，沾沾自喜，而不知《易》道之广大，纷纭轇轕，遂曼衍而日增。殊不知《易》之作也，本推天道以明人事。故六十四卦之大象，皆有“君子以”字；而三百八十四爻，亦皆吉凶悔吝为言。是为百姓日用作，非为一二上智密传微妙也；是为明是非、决疑惑作，非为谶纬禨祥、预使前知也。故其书至繁至迹，至精至深，而一一皆切于事。既切于事，即一一皆可推以理。理之自然者明，则数之必然、象之当然，割然解矣。又何必曰此彼法、此我法、此古义、此新义哉？（下略）

今按：纪昀本为文学侍从，长于学术批评与小说创作，而拙于文献考据。主纂《四库提要》，为皇家学派领袖之一。纪氏对四库学贡献甚大，但世人多有溢美之辞。欲知其评，请参阅拙著《四库全书总目编纂考》。纪氏撰《孙氏唐韵考》，竟托之其父纪容舒，塞进《四库全书》，监守自盗，亦为近三百年学术史上一桩有名的作伪公案。乾嘉诸老中不少人物亦有污点难以洗清，令人扼腕不已。

王　昶

《清儒学案》卷八十一《兰泉学案》：乾隆朝文治极盛，朝士多以学术相尚，宏奖为怀。兰泉博通之才，宗主汉学，虽研经考史，未有成书，其说多见诸文集，金石尤为专家。同时弇山毕氏，嗜学爱士，广延通儒，校释古籍，续编《通鉴》。瓯北赵氏，贯串乙部，并有裨学林，用附著焉。○……先生于学无所不窥。治经通汉儒之学，《诗》、《礼》宗毛、郑，《易》宗荀、虞。而言性道则尊朱子，下及薛河津、王阳明诸家，不分门户。性好金石，所藏碑刻凡千数百通，撰《金石萃编》一百六十卷，考订精博，为嗜古者所珍。其诗文闳博渊雅，有关于经史文献，曰《春融堂集》，共六十八卷。(下略)

《清史稿》列传九二：王昶，字德甫，江苏青浦人。乾隆十九年进士。南巡，召试，授内阁中书，充军机章京。三迁刑部郎中。三十二年，察治两淮运盐提引，前盐运使卢见曾坐得罪，昶尝客授见曾所，至是坐漏言夺职。……四十一年，师凯还，擢昶鸿胪寺卿，仍充军机章京。三迁左副都御史，外授江西按察使。数月，以忧归。起直隶按察使，未上，移陕西按察使。……迁云南布政使。……以云南铜政事重，撰《铜政全书》，求调剂补救之法。旋调江西布政使。五十四年，内迁刑部侍郎。屡命如江南、湖北谳狱。五十八年，以老乞罢，上许之，方岁暮，谕俟来岁春融归里。昶归，遂以“春融”名其堂。嘉庆元年，诣京师贺内禅，与千叟宴。四年，复诣京师谒高宗梓宫。十一年，卒。昶工诗古文辞，通经。读朱子书，兼及薛瑄、王守仁诸家之学。搜采金石，平选诗文词，著述传于世。

秦瀛《小岘山人集》文集卷五《刑部侍郎兰泉王公墓志铭》：青浦刑部右侍郎王公兰泉以嘉庆十一年六月三日卒于家，于是公致仕家居十有二年矣。孤肇和述公遗言，属余为铭幽之文，并邮公女夫严太守荣所为年谱，以书抵余京师。按谱，公讳昶，字德甫，号述庵，又号兰泉，先世浙江兰溪人，高祖懋忠始迁青浦，名列几社，以诗名。曾祖之辅，祖玙，父士毅，三世皆以公贵，累赠光禄大夫、刑部右侍郎。曾祖妣雷氏，祖妣沈氏，妣陆氏，生妣钱氏，皆赠封一品夫人。公成童励学，即擅文誉。年十七，补博士弟子，峣然出侪辈。尝游长洲沈文悫公之门，时有《吴中七子诗选》，其诗流传海外，公其一也。乾隆十八年举江南乡试，逾年成进士，归班铨选。二十二年銮辂时巡江浙，以召试一等，授内阁中书，未几入直军机处，制诰文字多出公手，迁刑部主事，再迁至刑部郎中。三十三年坐言语不密，罢职，会缅酋不靖，阿公桂总督云贵，请公从来往永昌、腾越间，军书旁午，赞画机宜，公之力为多。无何，阿公罢，温公福代之，留公戎幕如故。……公所表襮亦既章彻于时，而余则窥公生平志事，殆将以古人开物成务之学见诸厝施，而所见者止此，尚不足尽公之蕴。公尝言其师王芥子先生太岳位至藩伯，而其学多阏而不舒。乌呼！其即公之所以自道与？公穷研诸经，泛滥子史百家，著述等身。已刻者：《卧游轩诗文集》、《金石萃编》、《湖海诗传》、《续词综》，其他尚有四十余种，藏于家。(下略)

管同《因寄轩文集》初集卷八《资政大夫刑部右侍郎致仕王公行状》：王公讳昶，字德甫，一字述庵，世居江苏青浦。高祖懋忠，明末几社中之一人也。曾祖之辅、祖玙、父士毅。士毅征兰而生公，故公又自号兰泉。少有才名。乾隆十九年举进士，二十三年上南巡，召试取第一名，赐内阁中书，行走军机处，迁刑部山东司主事，擢江西司员外，再擢江西司郎中，连充纂修及会试同考官，三更京察，皆一等记名，以道府用。三十三年，两淮盐使提引事发，坐言语不密免。当是时，缅甸未平，故大学士阿文成公总督云贵，奏请以公从。未几，阿公罢，温公福代为总督，留公军营中如故。……公少有才名，而性尤好学，虽戎马苍黄，羽书旁午，其于书未尝一日废。汉、宋之学皆深究之，亦颇览浮屠家言，然不为所惑。文学宋、明，务在明道释经，非是者不苟作。诗兼唐、宋诸人之体，读其辞，和易而优柔，可以见其怀抱也。生平爱奖与后进，而其心则尤以主持风教为先。当其予告归里也，适苏州有挞辱诸生之案，公遗书学使，侃侃责之，又常病士习骫骳气节不立，寓书与秦侍郎瀛索《东林志》，欲刊之以为多士劝。论者谓公之风概不愧为几社后人云。生平著述甚多，已行世者《春融堂诗文集》、《金石萃编》、《湖海诗传》、《续词综》，其余尚四十余种，藏于家。公无子，以从弟曦之子肇和为嗣。

钱大昕《潜研堂集》文集卷四十一《封资政大夫大理寺卿加十四级王公神道碑》：大昕弱冠后即从当代贤士大夫游，窃取其绪论，得粗知古人立言之旨。其交最久而莫逆于心者，则今大理寺卿王公昶也。所居相距不百里，尝扁舟往访，升堂拜母，修子姓礼。大理尝语予曰："吾先子志希古人，不求闻誉于世，每言孔门四科，言语、政事、文学皆在德行之次。颜子居陋巷，终日不违如愚。孔子独赞其贤，谓群弟子莫能及。汉黄叔度、徐孺子、管幼安皆终身隐约，而行谊在三公之上，盖行之修者，于人世文章功业有弗藉焉，而富贵利禄更无足言矣。"大理又言："某就傅后，每夕先子辄授以《通鉴》事十数条，次夕令覆讲，必精熟乃已。又取古来名臣硕儒，自屈子而下，讫于明季，凡百有二十人，手录其本传，俾诵习之，题曰《百世师录》，某谨藏箧中，月读一过，手泽尚如新也。"大昕既重大理之贤，因是知其渊源有自。大理以进士召试入官，典司枢要，出参滇、蜀军事，飞书草檄，出入矢石间者十载，及恺旋，叙功，进登九列，以文臣赐戴孔雀翎。恭遇孝圣宪皇后升祔，礼成，覃恩诰赠其考资政大夫大理寺卿加十四级，今春从驾，有事泰东陵，还朝乃上书陈情请假，归治先人窀穸事，天子嘉许，即于二月奉太夫人还里门，卜以七月壬辰葬资政公于昆山县之雪葭湾，以元配陆夫人祔从，先人之兆也。先期具书状，请大昕为文表于神道。(下略)

阮元《揅经室集》二集卷三《诰授光禄大夫刑部右侍郎王公昶神道碑》：公姓王，讳昶，字德甫，号述庵，以居兰泉书屋，学者称兰泉先生。……公之为学也，无所不通。早年以诗列“吴中七子”，名传海外。初学六朝、初唐，后宗杜、韩、苏、陆。侍宴赓歌，赐赍稠迭。词拟姜夔、张炎，古文力追韩、苏。碑版之文，照于四裔。积金石文字数千通，书五万卷。所至，朋旧文宴，提倡风雅，后进才学之士执经请业，舟车错互，屦满户外，士藉品藻以成名致通显者甚众。公治经与惠栋同，深汉儒之学，《诗》、《礼》宗毛、郑，《易》学荀、虞，言性道则尊朱子，下及薛河津、王阳明诸家。居忧，不为诗文，不就征聘。生平重伦纪，尚名节，笃棐①之诚，本于天性。……公所著书《春融堂诗文》两集，宏博渊雅，有关于经史文献，《金石萃编》、《青浦诗传》、《湖海诗传》、《琴画楼词》、《续词综》等书皆刊成，余若《天下书院志》、《征缅纪闻》、《属车杂志》、《朝闻录》等书四十余种，尚待次第校刊之。(下略)

江藩《国朝汉学师承记》卷四、钱林《文献征存录》卷九、李元度《国朝先正事略》卷二十、《国朝词综续编》卷二皆有传，存目。

王昶《春融堂集》卷二十六《汪少山大戴礼记解诂序》：三代之礼，因革损益，与时为污隆，圣王之大经大法于此备焉。周衰礼废，杞宋无征，圣人适周问礼，因以知监于三代郁郁之文。自诸侯灭去其籍，而周礼之放佚者亦多矣，盖不俟秦火之酷也。汉兴，遗经间出，六官存五，《士礼》存十七。有志于考礼者，虽诸子百家，犹将采掇而辑录之，况二戴之传出于圣门之所记乎？今《小戴记》行而《大戴记》几废，是学者所宜究心也。……《曾子》十篇俱见《记》中，其间多寡不同，舛驳间出，要为七十子之徒及周、秦、汉间老师宿儒所传无疑。……汉时儒者以为非圣人之言多不传学也。**然《大戴记》宋时列于十四经，先哲谓其探索阴阳，穷析物理，推本性情，严礼乐之辨，究度数之详，固已度越诸子百家矣，与《小戴记》并行宜也。**又考河间献王所献共百三十一篇，刘向得《明堂阴阳记》三十三篇，又后氏、戴氏古经七十篇，今自《大戴记》四十九篇及《大戴记》三十九篇，去重复之外，实八十四篇，遗佚已逾其半，可勿郑重爱惜，疏通而证明之欤？《大戴记》之注传世者，惟卢辩②一家，而辞简略，无以发其博大精深，且传写旧久，讹舛滋甚。予友卢学士文弨、戴编修震，曾厘正其文字，而注解未及为。汪君绌青，恐微言之将坠也，作为《解诂》，纠集同异，采撷前说，一字之误，必折衷于至当，盖颛力者三十余年矣。后世有复“十四经”之旧者，大戴之书将立于学官，则君之《释诂》当与孔、贾之《疏》并行，岂不伟哉！

王昶《春融堂集》卷三十二《与孔葓谷主事书》：慨自六经烬于秦火，汉儒起而修明之。承孔门诸弟子之传，仞其师说，人自为书，家自为学。沿至魏、晋、六朝，不绝者如线。自贞观中定《五经正义》，而孟、荀、京、虞之《易》学，服氏之《春秋》皆亡。其尚可见者，幸存于今之《注疏》尔。**《注疏》所言，岂尽能质之群经而尽合，证之于诸子而皆通？但当求之于理，理无可疑，即与群经不尽合，无碍也。惟其理有所难通，然后采群经以证之，或采后儒之论以折中之，是为古人多闻阙疑，博学详说之旨。**然其难通者

① 笃棐：忠诚辅助。《书·君奭》：“笃棐时二人，我式克至于今日休。”

② 卢辩：字景宣，范阳涿人，魏骠骑将军同兄子。举秀才，为太学博士。从孝武西迁，授给事黄门侍郎，领著作。大统中除太常卿、太子少傅，封范阳公，转少师。孝闵受禅，迁尚书右仆射明帝即位，进大将军，出为宜州刺史。有《大戴礼记解诂》若干卷、《坟典》三十卷。

无多，不必别自为书也。宋、元后儒，患在好著书，取其偶有得而稍异者杂于中，余乃信手抄撮，不云本自何人，是后儒之通患也。仆《易》宗王氏，《诗》宗毛、郑氏，《周礼》宗郑、贾氏。此后宋、元儒先之说，及己有所见者，采之附注于章末，以庶几于信而好古之谓。今先录《周易》一种附呈，惟有以教之。

姚鼐《述庵文钞序》：余尝论学问之事有三端焉，曰义理也，考证也，文章也。是三者，苟善用之，则皆足以相济；苟不善用之，则或至于相害。今夫博学强识而善言德行者，固文之贵也；寡闻而浅识者，固文之陋也。然而世有言义理之过者，其辞芜杂俚近，如语录而不文；为考证之过者，至繁碎缴绕，而语不可了当。以为文之至美，而反以为病者，何哉？其故由于自喜之太过，而智昧于所当择也。夫夫之生才，虽美不能无偏，故以能兼长者为贵……青浦王兰泉先生，其才天与之，三者皆具之才也。先生为文，有唐宋大家之高韵逸气，而议论考核，甚辨而不烦，极博而不芜，精到而意不至于竭尽。此善用其天与以能兼之才，而不以自喜之过而害其美者矣。

范家相

《清史列传·儒林传下一》：范家相，字左南，浙江会稽人。乾隆十九年进士，授刑部主事，洊升郎中。三十三年，出知广西柳州府。岁余，以疾告归，寻卒。家相幼时，母授之书，每篝灯治纺砖，即令侍读，丙夜不少假。弱冠薄游，为人主幕务，稍废学。年至四十，母责其泯泯无闻，乃复杜门研诵。其学源出萧山毛奇龄。奇龄说经引证浩博，善于诘驳，而盛气所激，其受攻击亦最甚。家相持论一出和平，不敢放言高论。生平最服膺者，尤在余姚黄宗羲。性孝友直谅，敦古谊。晚岁手一编，矻矻不置。于《诗》尤深，著《三家诗拾遗》十卷，谓："三家之说与《礼记》、《周官》、《左》、《国》多不合，而毛独条条可复，此毛所以得掩前人。然朱子《集传》每取匡、刘、韩子之说以纠毛失，使三家并存，共驳三家者，或当甚于毛，惟仅一二弥觉可重。然则三家之是者固当信从，其非者亦不妨两存也。"书摭拾经传子史，比惠栋《九经古义》、余萧客《古经解钩沉》尤为赅备。又著《诗渖》二十卷，以《注疏》、《集传》为两大枢纽，惟其合者从之，间出新义，补所未备，而折衷孟子逆志论世之法。其谓"《三百篇》之韵，叶之而不协者有三：列国之方音不同，一也；古人一字每兼数音，而字音传讹已久，非可执一以谐声，一也；诗必歌而后出，每以余音相谐，自歌诗之法不传，而余音莫辨，三也。"其说足解顾炎武、毛奇龄两家之斗。他著有《易说》二卷、《书义拾遗》七卷、《夏小正韩注》四卷、《四书贯约》十卷、《家语证伪》十卷、《韵学考原》二卷、《今韵津》五卷、《史汉义法》十卷、《史记蒙拾》三卷、《庙制问答》二卷、《刑法表》四卷、《南中日札》四卷、《文集》二十卷。同时浙中学者有姜炳璋、盛百二、翟均廉。①

阮元《两浙輶轩录》卷二十九：范家相，字左南，号蘅洲，会稽人。乾隆甲戌进士。官柳州知府。著《环渌轩诗草》。《绍兴府志》：家相弱冠薄游，年至四十归，而杜门研诵，乾隆癸酉、甲戌联捷成进士，授刑部主事，历郎中，出为柳州守，仅岁余，以疾告归。晚岁手一编，矻矻不置。所著《诗渖》二十卷、《三家诗拾遗》十卷、经史论述合百

---

① 见中华书局本第 17 册，第 5505~5506 页。

余卷。

唐鉴《学案小识》卷十三《经学学案・会稽范先生》：家相字蘅洲，进士，官知府。著《三家诗拾遗》十七卷，因王伯厚之《诗考》重加裒益，而少变其体例。首为《古文考异》，次为《古逸诗》，次以《三百篇》为纲，而三家佚说一一并见。其以《三家诗拾遗》为名，则古文考异不尽三家之文者。自宜附录其逸诗，不系于三家者自宜芟除，一例收入，未免失于贪多，而较王氏之书则又详赡可观矣。又著《诗渖》二十卷，乃其释《诗》之说，大旨斟酌于《小序》、朱《传》之间，而断以己意，首为总论三十篇，以下依次诠说，皆不载经文，但著篇目，其先儒旧说无可置辨者，则并篇目亦不著之。今核其所言，长短互见，犹说《诗》家之有依据者矣。

杨钟羲《雪桥诗话》卷七：会稽范蘅洲太守家相，说经铿铿，其《三家诗拾遗》就深宁王氏《诗考》搜补删正，虽不及后来左海陈氏父子之书，较《九经古义》、《古经解钩沉》采掇已为赅备。又著《诗渖》二十卷，则斟酌于《小序》、朱《传》之间，而断以己意者也。有《环渌轩诗草维扬》云："绿杨城郭暑初销，十里秋云覆画桥。何事人间最惆怅，月明风细听吹箫。"蘅洲初官比部，钱竹汀诗"历下弇山词客尽，风流重见白云司"，谓蘅洲与王谷原也。

《四库全书总目》卷十六：《三家诗拾遗》十卷，国朝范家相撰。家相字蘅洲，会稽人。乾隆甲戌进士，官至柳州府知府。汉代传《诗》者四家，《隋书・经籍志》称《齐诗》亡于魏，《鲁诗》亡于西晋，惟《韩诗》存。宋修《太平御览》，多引《韩诗》，《崇文总目》亦著录，刘安世、晁说之尚时时述其遗说，而南渡儒者不复论及，知亡于政和、建炎间也。自郑樵以后，说《诗》者务立新义，以掊击汉儒为能，三家之遗文遂散佚而不可复问。王应麟于咸淳之末始掇拾残剩，辑为《诗考》三卷，然创始难工，多所挂漏，又增缀逸诗篇目，杂采诸子依托之说，亦颇少持择。家相是编，因王氏之书重加裒益，而少变其体例。首为古文考异，次为古逸诗，次以《三百篇》为纲，而三家佚说一一并见，较王氏所录以三家各自为篇者亦较易循览。惟其以"三家诗拾遗"为名，则古文考异不尽三家之文者，自宜附录其逸诗，不系于三家者自宜芟除，乃一例收入，未免失于贪多。且冠于篇端，使开卷即名实相乖，尤非体例。其中如张超称《关雎》为毕公作一条，说见超所作，诮蔡邕《青衣赋》，非超别有解经之说，而但据《诗补传》所载，泛称张超云云，并不录其赋语，搜采亦间有未周，然较王氏之书则详赡远矣。近时严虞惇作《诗经质疑》，内有《三家遗说》一篇。又惠栋《九经古义》、余萧客《古经解钩沉》于三家亦均有采掇，论其赅备，亦尚不及是编也。

《四库全书总目》卷十六：《诗渖》二十卷，国朝范家相撰。是编乃其释《诗》之说。家相之学，源出萧山毛奇龄。奇龄之说经，引证浩博，善于诘驳，其攻击先儒最甚，而盛气所激，出尔反尔，其受攻击亦最甚。家相有戒于斯，故持论一出于和平，不敢放言高论。其作是书，大旨斟酌于《小序》、朱《传》之间，而断以己意。(下略)

范家相《三家诗拾遗自序》：鲁、齐、燕韩《诗》在汉最为早出，后为毛公所掩，遂至亡佚。历唐、宋至今，未有举其遗说而述之者。尝疑三家师承至远，其弟子如孔安国、匡衡、王吉诸人，皆当世名儒，申公之师浮邱伯与毛本出一家，何至相悬如是？因集三家之说散见于经传子史之引用者，反复推览，多与《礼记》、《周官》、《左》、《国》不合，而毛独条条可复，此毛之所以得掩前人者。然三家之说令人欣然颐解者固触目皆是也。**经师专己守残，昌黎深嫉其弊。今之学者视汉、唐注疏若可覆瓿，不知注疏未可废也。义理求而日出，古注亦探而弥新。汉、唐纵有缺败，其可传者自在，岂可任其散佚而不为之收拾哉**？嗟乎！《诗》自朱《传》一出，即毛传尚束之高阁，何论三家！然《集传》每取匡、刘、韩子之说以纠毛传之失矣，非其说之原有可信者在欤？今使三家之书与毛俱存，则朱子之驳三家者当甚于毛，唯仅存一二，见其有裨于经而采之，弥觉其可重。然则三家之说之是者固当信从，其非者亦不妨任其两存也。余因毛、郑笺传之不行于世，而有感于三家之亡，于是就深宁王氏之《诗考》，更为搜补，稍为推论其得失，附以《古文考异》及《逸诗》二卷，名之曰《拾遗》，将以闻诸好古之士。乾隆庚戌四月长至后十日，会稽范家相自序。①

叶钧《重订三家诗拾遗序》：……范氏此书较深宁之书不翅过之，下视《古经解钩沉》等书所引荒略殊甚；盖范氏之用力勤矣。第原书蠹鱼侵蚀过半，字多讹脱不完；又书中自序目次较然，而凡例稍有错迕、编排颠倒，良用太息。窃思予向读《毛诗》，不能无意三家，今获范书，如异宝矣，乌得任其自相矛盾，致招后贤指驳？爰敢重加料理，讹者正之，脱者补之，谨照自序，定为目次。首三家异义，次文字考异，次古逸诗，而凡例总论一仍其旧，凡十卷。②

李慈铭《越缦堂文集》卷五《复王益吾祭酒书》：范左南《诗渖》。名家相，会稽人。乾隆十九年进士，官广西柳州府知府。即著《三家诗拾遗》者。平生著述如《易说》、《书义拾遗》、《家语证伪》等甚夥。今其后人尚藏其经说未刻者。其书义论辨多通，兼有精义，发前人之所未发。

① 载《三家诗拾遗》卷首。

② 载《三家诗拾遗》卷首。

翟灏

《清儒学案》卷九十五《颐谷学案》：翟灏，字大川，改字晴江，仁和人。乾隆甲戌进士，授知县，改衡州府学教授，以忧去官。起补金华府学教授，久之，以老乞归。性简讷；好读书，博通经史，旁及诸子百家，山经地志，苟可资多识者，靡所不览。异闻奇字，包孕贯串，下至街谈巷说，亦必考所由来。自壮至老，日撰述无倦。教人必以诚，有以古书义质者，竭所知告之，反复数千言不已。撰《四书考异》，别为总考、条考，贯串精审，折衷求当，不囿于汉、宋。又撰《尔雅补郭》，郭注未详未闻，凡百四十二事，邢疏补其十，乃参稽典籍，为备说之。又著《通俗编》，凡载籍成言，为世俗口语所常及者，一一考其出处，析为三十八类，类别为卷。他著又有《周书考证》、《山海经道常》、《说文称经证》、《汉书艺文补志》、《太学石鼓补考》。其涉乡里文献者，则有《湖山便览》、《草塘辨》、《利院志》、《艮山杂志》、《龙井记略》、《南涧理安寺志》、《资福院志》。在衢州，著《三衢可谈录》。属于诗文评及杂著者，则有《玉屑簏》、《涉猎随笔》、《平皋小隐诗话》、《桂隐百课笺》、《历朝著题律选》、《无不宜斋文稿》、《诗稿》。乾隆五十三年卒。（参梁同书撰《传》）

《清史稿·儒林二》：翟灏，字大川，亦仁和人。乾隆十九年进士，官金华、衢州府学教授。灏见闻淹博，又能搜奇引僻，尝与钱塘梁玉绳论王肃撰《家语》难郑氏，欲搜考以证其伪。因握笔互疏所出，顷刻数十事。时方被酒，旋罢去，未竟稿，其精力殊绝人也。著有《尔雅补郭》二卷，以《尔雅》郭注未详、未闻者百四十二科，邢疏补言其十，余仍阙如，乃参稽众家，一一备说。又云："古《尔雅》当有《释礼篇》，与《释乐篇》相随。《祭名》与《讲武》、《旌旂》三章，乃《释礼》之残缺失次者。"又著《四书考异》七十二卷，皆贯串精审，为世所推。他著又有《家语发覆》、《通俗篇》、《湖山便览》、《无不宜斋诗文稿》。五十三年，卒。

《清史列传·儒林传下一》：……他著又有《家语发覆》、《周书考证》、《山海经道常》、《说文称经证》、《汉书艺文志补志》、《太学石鼓补考》、《通俗篇》、《湖山便览》、

《无不宜斋诗文稿》。五十三年，卒。①

梁同书《频罗庵遗集》卷九《翟晴江先生传》：晴江翟先生名灏，字大川，后改字晴江。翟氏世居汴，明处士应隆始迁仁和之临江乡，三传至滏含封公，先生其仲子也，性简讷，好读书，家素饶裕，有贾业于京师，封公使先生北去督之，因得友当世魁儒杰士，以益砥于学。先生昼则与贾人子伍操奇赢，握筹算，凡尺度淳制质剂之属悉经理焉，入夜闭一室，一灯荧然，读书不辍，漏四下始寝，或竟夜不寝，已寝，客至，不得通，户悬小钲，若铃索，然客或蹴之于户外，频击钲，弗应，日禺中起，复治贾人事，率以为常。作为诗文，闳中肆外，京师诸先达渐有知先生者，吾杭郑筠谷、金江声、杭堇浦诸先生咸与定交。以国学生屡试京兆不利。乾隆癸酉，举本省乡试第六人，明年成进士，名日益起，诸先达争欲罗致出门下，而先生性朴直，耻以呈身博高第，谢不往，名列三甲中，例选知县，先生曰："非吾所能胜也。吾木强，不能取悦上官，即不以墨败，终当以不称职罢矣。"投牒铨部，改就教职。丙子，教授衢州。越六年，丁封公忧，以归，继丁母大孺人忧，服阕，需次十年，补金华教授。又六年，以年至乞休。又三年，岁在戊申，而先生殁。生平无他嗜好，壹意于书，自经史外，苟可资多识者，靡不览。诸子之瑰论、百家之琐语、山经地志之异闻、荒冢破壁之奇字，包孕而贯串之，下至街谈巷说，亦必考所由来，有所得，辄札记之，意或龃龉，则旁参互订，穿穴以求其合。自壮至老，手弱翰一管，撰述无倦。目短视，离牍才寸，客至前，不知也。教人必以诚，有以古书义质者，如缫茧丝，如决奔泉，反复数千言不竭。所著《四书考异》、《尔雅补郭》、《湖山便览》、《草塘辨利院志》、《通俗编》、《无不宜斋诗稿》，已板行于世。未刻者：《家语发覆》、《周书考证》、《山海经道常》、《说文称经证》、《汉书艺文补志》、《太学石鼓补考》、《艮山杂志》、《龙井记略》、《南涧理安寺志》、《资福院志》、《三衢可谈录》、《玉屑篋涉猎随笔》、《平皋小隐诗话》、《桂隐百课笺》、《历朝著题律选》、《无不宜斋诗文全稿》，藏于家。先生虽官止学博，不显于时，家日落，不得比中人产，然著书等身，殁而不朽，亦可以无憾矣夫！（下略）

阮元《两浙輶轩录》卷二十八、钱林《文献征存录》卷九、张维屏《国朝诗人征略》卷三十六、陶元藻《全浙诗话》卷四十八、《（民国）杭州府志》卷一百三十八皆有传，存目。

杭世骏《道古堂全集》文集卷四《四书考异序》：前载称汉儒各习其师所传，音读既殊，字形亦异。余尝习闻其说而疑之。《三传》之有异同，在汉以前，齐楚之语不相合也。元成以上，只《易》、《诗》、《书》三经而已，光武中兴，十四博士已立，学士各仞其师说，当不宜别有异同。至熹平中，蔡邕、堂溪典等既已刊定六经，刻石太学门外，后儒晚学，咸来取正，是西汉时容有异同，迄于桓灵，不当复有钼铻也。然许慎生于其时，《说文》所引与今所传迥异，即其所引石经，亦且两歧其说，不可解者一也。洪氏《隶释》所载诸碑皆后汉时人，他经不复具论，姑举《论语》数条：《乡党》"恂恂"，刘修碑作"逊逊"，祝睦碑又以为"逡逡"；"有耻且格"，费氏碑以为"且徭"；"钻之弥坚"，严发碑以为"镌坚"；"涅而不淄"，费凤碑以为"泥而不滓"。此等异字，若在石经未立

① 详见中华书局本第17册，第5509页。

以前，不知其何人传授？若在石经既立之后，则后儒晚学仍未取正。不可解者又其一也。然犹曰汉去今远，沿及六朝，范晔、魏收、姚思廉之徒皆生经学大明之日，同文同轨，较若黑白，间引《论语》、《孟子》，往往与何晏《集解》、赵岐《章指》之书不合，或者行文取巧，不必拘定原文，然亦何苦必求异于前人，而故惊俗眼。不可解者又其一也。吾友翟灏晴江氏穷经矻矻，九变复贯，以《四书》为童而诵习之书，穷巷掘门之士不知此外更有何事，刺取一圣三贤之错见于他书者数千百条，为《四书考异》，而欲以余为警众之丁宁，徇路之木铎，过而请序。余以为此非晴江氏之创例也。我皇上重刊经史，命词苑诸臣条其别见者作为考异，附于诸卷之后，嘉惠承学之士厚矣，所以震聋而惊聩者至矣。固陵毛奇龄撰《仲氏易》，以异文标于每卦之后，大兴任启运与修《三礼》，取《淮南》等书之异于《月令》者附见本文之下，开晴江氏之先者大有人也。近奉谕旨，改麋角解为麈角，理解精确，万世遵循。晴江氏应运而兴，于经苑中旁见侧出，推波助澜，自隋王劭、唐陆德明而外，未见有其匹矣。余老懒颓废，贫筲俭腹，无以益吾晴江也。姑以《注疏》古本较今坊塾板行之本略一引伸，可乎？（下略）

周天度《**通俗编**序》：语有见于经传，学士大夫所不习，而荛童灶妾口常及之，若中古以还，载籍极博，抑又繁不胜举矣。盖方言流注，或每变而移其初，而人情尤忽于所近也。余友晴江翟氏、山舟梁氏（指梁同书——引者注）咸博学而精心。山舟在南中，常出所著《直语类录》示余，余叹以为善。比来都门，复见晴江手辑《通俗编》，则勾稽证释，视山舟详数倍焉。二君种业树文，兼综细大，故未易伯仲。然山舟键户端居，读书之外，罕与人事接，其所录在约举义例，而不求其多；晴江则往来南北十许年，五方风土，靡所不涉，车尘间未尝一日废书，坠文轶事，殚见洽闻，溢其余能，以及乎此，宜其积累宏富，考据精详，而条贯罔不备也。世人务为夸毗，遇所不知，辄曰："吾何为而屑此。"以视二君之稽古多获，而犹不弃庸近，知善学者诚耻于一物之不知，必无使荛童灶妾之得拄其颏而后可，在学士大夫披览及之，亦可以省其宿读而恍然矣。晴江善于余，而近与山舟为密，余故序其书，并为两家置骑者如此。①

① 见《湖海文传》卷二十九。

周　春

《清儒学案》卷八十七《耕崖学案·耕崖交游·周先生春》：周春，字松霭，号春兮，海宁人。乾隆甲戌进士。官广西岑溪县知县，革陋规，几微不以扰民，有古循吏风。以忧去职，岑溪人构祠祀焉。服阕，不谒选。所居凝尘满室，图书环列，卧起其中者三十余年。嘉庆庚午，重宴鹿鸣。二十年卒，年八十七。生平于四部七略，靡不浏览。究心字母，尝遍观《释藏》六百余函。于韵学尤有心得，著有《十三经音略》十二卷，字必审音，音必归母，谨严细密，丝毫不假，为研究反切学者最精之书。（参史传《十三经音略》阮云序）

《清史稿·儒林二》：周春，字松霭，海宁人。乾隆十九年进士，官广西岑溪县知县。革陋规，几微不以扰民，有古循吏风。以忧去官，岑溪人构祠祀焉。嘉庆十五年，重赴鹿鸣。二十年，卒，年八十七。春博学好古，两亲服阕，年未五十，不谒选。著《十三经音略》十三卷，专考经音，以陆氏《释文》为权舆，参以《玉篇》、《广均》、《五经文字》诸书音，字必审音，音必归母，谨严细密，丝毫不假。他著又有《中文孝经》一卷、《尔雅补注》四卷、《小学余论》二卷、《代北姓谱》二卷、《辽金元姓谱》一卷、《辽诗话》一卷、《选材录》一卷、《杜诗双声叠韵谱括略》八卷。

《清史稿·文苑一》：周春，字芚兮，海宁人。乾隆十九年进士，选岑溪令，父忧去。民怀其泽，合前令山阳刘信嘉、金坛于烜共祀之，曰岑溪三贤祠。重宴鹿鸣，加六品衔。卒，年八十七。撰述甚多，而《西夏书》① 为最著。②

《清史列传·儒林传下一》：……所居凝尘满室，插架环列，卧起其中者，三十余年。

---

① 《西夏书》凡十五卷。吴骞《愚谷文存续编》卷一《西夏书序》："松霭先生博学好古，著书满家，为东南学者所宗。虽寿登耄耋，神明不异少壮，望之若仙。往尝著《西夏列传》，以补史氏之阙，顷复续成《世记》二卷、《载记》五卷、《年谱》一卷、《考》三卷，合前《列传》四卷，裒然为完书。骞受而卒读，深叹其网罗之富而致力之勤也。"

② 今按：周春在《清史稿》中一人两传。

四部七略，靡不浏览。究心字母，遂遍观《释藏》六百余函。于韵学有得，著《十三经音略》十三卷。(下略)①

潘衍桐《两浙辅轩续录》卷七：周春，字松霭，号芚兮，海宁人。乾隆甲戌进士，官广西岑溪知县。著《松霭诗抄》。《海昌备志》：松霭任岑溪知县，革陋规几（微）[尽]，不以扰民，凡所设施，有古循吏风，以忧去官，民欠未完，捐俸偿之，贫不能行，当事聘修《梧州志》，书成乃归。先是，岑人祀前令山阳刘信嘉、金坛于烜，及松霭归，构生祠，并祀刘、于两公，曰“三贤祠”。松霭既归，潜心著述，父丧服除，侍母七年，母丧服除，年未五十，不谒选。所居著书斋，卧起其中者三十余年。嘉庆十五年，重赴鹿鸣宴，赐加六品衔。十九年，当重宴琼林，未及赴，明年卒，年八十有七。闺淑徐叶昭序略：松霭周君沉酣载籍，淹贯古今，由名进士为良有司，岑溪之治，冠绝粤西，蛮烟蜑雨中，言怀写意，盖不胜将父将母之思焉，推其心得，侍父母侧，不为官乐也，不得侍父母，为官不乐也。读其诗，知其于仁孝隆矣。周君之诗，不屑屑规行矩步，以为能心精所至，真意自流，盖其不可及者，在性情，在学问，辞章抑末耳。然就其所诣，眉山之恣肆，渭南之盘郁，殆庶几焉。《谁园诗话》②：《黍谷学吟》一卷，乃早年所作，有沈文悫序。《北游草》一卷，乃入都捷南宫时作。右两集并文悫所评《学吟二集》一卷、《著书斋集》二卷，乃其家居及在志局时作，为杭堇浦太史所评。《夫不集》二卷，乃入都赴粤西所作。《仪州集》一卷，乃令岑溪时作。《松霭集外诗》一卷，系拾遗所存。《彩堂集》一卷，乃引艰回里时作。《著书斋续集》五卷，乃自丙申迄今丙午作也。吴衡照曰：先生著述四十余种，《十三经音略》十二卷、《中文孝经》一卷、《尔雅补注》四卷、《代北姓谱》二卷、《辽金元姓谱》一卷、《辽诗话》一卷、《选材录》一卷、《杜诗双声迭韵谱》八卷，皆梓行。

《（民国）杭州府志》卷一百三十八：周春，字松霭，海宁人。乾隆十九年进士，官广西岑溪知县。修梧州府志，旋乞归，民思其政，建生祠，与山阳刘信、金坛于烜合祀为三贤祠。嘉庆十五年重赴鹿鸣。阮元、秦瀛官浙时，交重其学。卒年八十七。春邃于训诂音韵之学，撰《十三经音略》十二卷，以陆氏《释文》为权舆，参以《说文》、《玉篇》、《广韵》、《五经文字》诸书，字必审音，音必归母。又作《小学余论》，大旨宗字母，而探源于六书之谐声，栉发缫丝，无征不实。尤精于史，所著说经考史之书凡数十种。

齐召南《宝纶堂诗文抄》文抄卷四《尔雅补注序》：**治经必先识字，识字必先训诂**。于今可见古人小学之传，仅存《尔雅》一书。**其源实出于六书中之有转注，在初造字者因有转注而字形不穷，故欲识字者因有转注而字义不昧也**。字书总汇古文，无有重复，自三苍下逮《续训纂》，共得一百三章，章六十字，计只六千一百八十字。班《志》明谓六艺群书所载略备，然则汉初太史试学童必能讽书九千字以上者乃得为史，字数尚多，其又有时俗所增出于群书之外者耶？后人释字端为一书，有从体制类聚者，始于象形，有从音韵条分者，始于谐声，其分散于经传之下，为音，为释，某字读如某字，有反，有切，是

① 见中华书局本第17册，第5549页。

② 《谁园诗话》三卷，清陈惟桢撰。惟桢字莱孝，号谁园，清中期人。未见未刊。周春《耄余诗话》卷十：“我友陈谁园莱孝撰诗话三卷，录余诗甚多，并详叙余生平行事、著述，颇多溢美之辞。”

谐声之转注也，字有相似，辨其疑误，订其舛讹，是象形之转注也。至字取指事、会意、假借者，亦必释之，而总以转注为纲，其形声不必同，而其义本同，彼此相资，观者自解。其源始于至圣赞《易》，乾健、坤顺、震动、巽入、坎陷、离丽、艮止、兑说，直以一字解一卦，为千古经学之宗。《尔雅》虽多为释《诗》，词非全备，间有错谬，然关系训诂，指陈名物，实为诸儒治经沿流溯源者导之先路，宜乎班《志》列《孝经》后，视他字书有异也。自郭氏为注，陆氏为《释文》，邢氏为疏，已列为《十三经》，后人精于六书，发前人所未发，则有夹漈郑氏。呜呼！俗儒专务词章，每耻言训诂，其于《尔雅》不久已束置高阁欤？博物之难也，近在经籍犹未遍识，蒙竹是一是二，苋陆是合是分，秬秠是异是同，镈钟是大是小，毛公不用《释山》，郦元读有破句，田敏误改日及，王劭刊落明椉，谢尚诮蔡谟，而先不熟，杨氏疏《穀梁》，而疑本文，辨论所存，难以枚举。然则以蛩为蠛蠓，以蠡为蝼蛄，以反舌为虾蟆，以乾鹊①为蟋蟀，以鸱鸮为巧妇②，以鹎鸠③为伯劳，一物偶疏，尚亏该洽，又何怪乎主司不能答天鸡，致千载下犹羡终军之能识鼮鼠也哉！周君松霭为《补注》四卷，旁搜广采，疏通证明，又多出于夹漈之外，即群书释经有当者以转注是书，其有功郭注，盖亦若《尔雅》后，有张揖能广之，陆佃能埤之，罗愿能翼之，可以愧夫名为治经，实则束书不观，游谈无根者。松霭，张樊川太史高弟也。以余言质之樊川，谓何如？

秦瀛《小岘山人集》文集卷三《周松霭诗序》：……先生名春，字芚兮，松霭其号。自其祖父两世皆以孝友称，家富藏书，不下万余卷。先生少羸弱，与其兄玉井君同塾，皆好读书，朝经暮史，自为师友。年二十余，以乾隆庚午举于乡，甲戌成进士，注吏部籍，阅十余年始除县令，方其成进士而归也。益务深湛为有用之学，而性情冲简，不乐就选。……先生少学于长洲沈文悫及天台齐侍郎息园先生，故其问学皆有根柢。(下略)

钱大昕《潜研堂集》文集卷三十七《答周松霭同年书》：久未奉书左右，伏想撰述日富，道远不获追随讲席，闻所未闻，良深怅罔。大制《十三经音略》于声音清浊开合之理剖析入微，唯是方音师授各殊，足下所指误读之字，敝乡即有未误者，尺素不能覼缕也。前闻足下深诋亭林顾氏古音，而以吴才老叶韵为善。私亿足下尊崇考亭，不欲立异耳。今读《毛诗叶音补正》一篇，于朱传驳辨极多，即以服叶蒲北反言之，扶服读匍匐，经典既有明证，转轻唇为重唇，于字母亦无触背。再以《有狐》、《候人》、《六月》诸篇证之，服与职、德同韵，亦复何疑？而足下必改符弗反以从本母，夫三十六母出于唐末，又在陆法言、孙愐之后，足下既知六朝后出之书不可以绳《三百篇》，又何必以晚出之字

① 乾鹊：即喜鹊。其性好晴，其声清亮，故名。汉王充《论衡·龙虚》："狌狌知往，乾鹊知来。"《诗·召南·鹊巢》"维鹊有巢"马瑞辰通释："鹊即乾鹊，今之喜鹊也……鹊性喜晴，故名乾鹊。"一说，"乾"音"虔"。鹊为阳鸟，先事物而动应，故名。宋吴曾《能改斋漫录·辨误一》："前辈多以'乾鹊'为'乾'音'干'，或以对'湿萤'者有之。唯王荆公以为'虔'字，意见于'鹊之强强'，此甚为得理。余尝广之曰，乾，阳物也。乾有刚健之意。而《易》统卦有云：'鹊者，阳鸟，先物而动，先事而应。'《淮南子》曰，'乾鹊知来而不知往，此修短之分也。'以是知音'乾'为无义。"

② 巧妇：鹪鹩。唐白居易《履道池上作》诗："树暗小巢藏巧妇，渠荒新叶长慈姑。"宋梅尧臣《江南杂感》诗："树头巧妇栖，树下秋虫织。"

③ 鹎鸠：同"鹎鸠"，即杜鹃鸟。

母绳《三百篇》耶？足下所讥于亭林者，特谓其不讲字母，今才老与朱子已不能免于訾议，则又何责乎亭林？此仆之所以不敢附和也。承索拙序，自愧才非玄晏，不足以增太冲声价，故迟回久之，无以下笔，伏唯垂宥。

齐召南《宝纶堂诗文抄》文抄卷四《中文孝经序》：圣经垂教万世，广大精微，有竭后世诸儒学问思辨之力，而所解犹患未得其真者，曰《易》，曰《春秋》；有事甚庸近，言甚著明，虽在夫妇之愚，略为训释，即无不油然意会，视同日用饮食而不能须臾离者，曰《孝经》。《艺文志》于《六艺略》后次以《论语》，又次以《孝经》，有味哉！**《论语》总六艺之枢机，《孝经》又揭《论语》之体要也**。曾子得一贯之传，本忠行恕，《大学》传有明文，先儒言之详矣。予则谓《孝经》示德之本，教所由生，原本天地之性，其发明一贯，与《大学》若合符节。自天子至庶人，皆以修身为本。思修身，不可以不事亲。事亲，事之本也。本立道生，万善日积。始于良知，至易也，扩以格物致知，可以知性知天；始于良能，至简也，充以诚意正心，可以践形尽性。修道以仁，所以行之者一也。圣人，人伦之至。诚者，圣人之本；孝则诚身之本也。此即夫子之道所谓一乎？由此善推所为，不出家而成教于国，仁民爱物，悉本于孝。至人人亲其亲，长其长，而天下平，此即夫子之道所谓一以贯之者乎？能尽孝之量以修身，明明德止于至善，忠也。推孝之量以成物，新民止于至善，恕也。《中庸》言忠恕违道不远，所引舜大孝、武王周公达孝，此即《孝经》所谓孝悌之至，通于神明，光于四海，无所不通者乎？孟子直曰："尧、舜之道，孝悌而已矣。"夫子与尧、舜岂有异道？然则《孝经》与《大学》出于曾子一人者，其说岂有异哉？海昌进士周君松霭，志在通经，覃思博考，持所校定《孝经》一卷，乞予序。予浅陋，不足以窥今古文之得失也。童年所习，至老不忘，于紫阳《刊误》后又见此编，实能采经传语以补外传。爰述夙昔所论一贯忠恕者，书其首简如此。

周春《中文孝经自序》：《孝经》有今文，有古文，有遵今文而斥古文者，有从古文而毁今文者。史《艺文》、《经籍志》及王氏《玉海》、马氏《文献通考》、吕氏《大全》、朱氏《经义考》，述之綦详，要之各有所长，何容偏废也！春不揣固陋，以朱子《刊误》为主，窃取后汉刘子奇之义，定为中文。虽或于童蒙不无小补，而僭妄之罪，万难自解于先儒矣。

盛百二

《清儒学案》卷二〇一《诸儒学案七·盛先生百二》：盛百二，字秦川，秀水人。乾隆丙子举人，官山东淄川县知县。为政静而不扰，简而有要，听讼不多言，而人自服。尝查核历城、济阳灾户，了了无遗，虽能吏莫之及。然素无宦情，在官一年，以忧去，遂不仕。少读书颖悟，凡句股、律吕、河渠之学靡不研究，而于天文致力尤勤。尝谓："羲和之法，遭秦火而不传，六天沸腾，莫知所从。自太初以后，踵事增修者七十余家。至此时《御制律历渊源》之书出，如披云见日，使千古术士诡秘之说至今日而无遁其形。始知大经大法已略具于《虞书》数语之内，虽有古今中外之殊，而其理莫能外也。"因著《尚书释天》六卷，于《尧典》、《舜典》、《胤征》、《洪范》诸篇，凡有关历象者，逐条考订，博采诸书而详疏之。其大要以西法为宗，凡五易稿乃成。晚居齐鲁间，主讲山枣、稿城书院十数年，多所成就。他所著有《问水漫录》四卷、《增订教稼书》二卷、《柚堂笔谈》四卷、《柚堂续笔谈》三卷、《观录》四卷、《柚堂文存》四卷、《皆山阁吟稿》四卷。（参史传、《畴人传》）

《清史列传·儒林传下一》：盛百二，字秦川，秀水人。乾隆二十一年举人。官山东淄川知县，政静而不扰，简而有要。听讼不多言而人自服。查核历城、济阳灾户，了了无遗，能吏莫之及。然素无宦情，在官一年，以忧去，遂不仕。少读书颖悟，于天文、句股、律吕、河渠之学，必研其故。尝谓："羲和之法，遭秦火而不传，六天沸腾，莫知所从。自太初以后，踵事增修者，七十余家。至《御制律历渊源》之书出，如披云见日，使千古术士诡秘之说，至今日而莫遁其形。始知大经大法已略具于《虞书》数语之内。虽有古今中外之殊，其理莫能外也。"著《尚书释天》六卷，解《尧典》、《舜典》、《胤征》、《洪范》之有关历象者，博采诸书，而详疏之。共大要以西法为宗，凡五易稿乃成。所论说于阴阳之理、性命之旨、治乱得失之故，洞若观火。晚居齐鲁间，主讲山枣、稿城书院十数年，多有成就。他著有《柚堂文存》四卷、《皆山阁吟稿》四卷、《柚堂笔谈》

四卷、《续》八卷、《观录》四卷、《问水漫录》四卷、《增订教稼书》二卷。①

《畴人传》卷四十二：盛百二，字秦川，浙江秀水人也。乾隆丙子举人，官山东淄川县知县。尝谓："羲和之法遭秦火而不传，六天沸腾，莫之所从。自太初以后，踵事增修者七十余家，至此时御制律历渊源之书出，如披云见日，使千古术士诡秘之说至今日而无遁其形，始知大经大法已略具于虞书数语之内。虽有古今中西之殊，而其理莫能外也。"因著《尚书释天》六卷，解《尧典》、《舜典》、《胤征》、《洪范》诸节之有关于历象者，博采诸书而详疏之，其大要以西法为宗。

《（道光）济南府志》卷三十八：盛百二，字秦川，浙江秀水人。举人。乾隆三十三年知淄川县。慈祥宽厚，满鞭示辱。退食之暇，不离书史。以文学为政事。有《般阳书院记》。以丁忧去。

王培荀辑《乡园忆旧录》卷三：秀水盛百二，字秦川，丙子孝廉，官淄川令。博览载籍，善于考证。所著书如《周礼句解》、《尚书释天》、《柚堂笔谈》、《续笔谈》、《棣华乐府》，皆刊行传世。其孙世绮言未刻者尚多也。有题邱氏古树云："松柏参为友，于今六百春。宅为传一姓，树肯属他人。苦节风霜饱，青枝雨露新。东皋他日约，试一访轮囷。"先生与先王父交善，主泺源书院，一时名流多所赏拔。

王昶《湖海诗传》卷二十：盛百二，字秦川，号柚堂，秀水人。乾隆二十一年举人，官淄川知县。著有《皆山阁诗集》。《蒲褐山房诗话》：秦川世家科第，覃思词章，兼耽经谊。所著《尚书释天》，虽未精通推步，而星躔日轨多所发明。晚主山东稿城书院，所学益深。诗宗小长芦，亦抒写自如，异乎世之涂泽者。

程晋芳《勉行堂文集》卷五《尚书释天跋》：此吾友盛秦川所撰也，凡为书六卷，专释尧命羲和及《洪范》数则，取古今成说而折衷之。吾友戴东原精于推步仪象，尝取是书观之再三，叹为精到不可易。**六经之书，《易》之体段最精，《书》之体段最大**，天文、舆地，尤典据中最要者。此书与胡氏《锥指》分道扬镳矣。秦川名百二，秀水举人，作令于山东，今不复仕，教授历城，所谓读书种子是也。前有自序及其外甥朱休承序。休承，竹垞五世孙也。

盛百二《柚堂笔谈》卷一：凡为天下国家有九经，所以行之者一也。**一者，诚也。周子曰："圣，诚而已矣。诚，五常之本，百行之源也。"**又曰：**"一者，无欲也。无欲则静虚动直，静虚则明，明则通，动直则公，公则溥。"此是一贯注脚。忠恕所以存诚之方，以渐至于明通公溥也。**杨园先生曰："颜子合下自是恭敬，曾子合下自是诚实。"故夫子为颜、曾言未尝及此。若与仲弓、子路、樊迟、子张言，即谆谆于主忠信，如见宾承祭等类，盖非此无以为立德之基。今人称颜子好提喟然一叹，称曾子好提一贯之唯，岂非自供其学禅乎？按：如知一即是诚，何患入于禅也。

盛百二《柚堂笔谈》卷一：《日知录》云："自汉以来，儒者相传但云'五经'，而唐时立之学官则云'九经'，并《孝经》、《论语》、《尔雅》。宋时程、朱始取《礼记》中之《大学》、《中庸》，及进《孟子》以配《论语》，谓之'四书'。本朝因之，而'十三

① 见中华书局本第17册，第5505～5506页。今按：此条与《清儒学案》雷同。

经'之名以立。"按：亭林谓"十三经"之名至明始立，殊未然。盖唐所谓"九经"者，《礼记》、《左氏传》为大经，文多故也；《诗》、《周礼》、《仪礼》为中经；《易》、《书》、《公》、《穀》为小经。(《选举志》)《论语》、《尔雅》、《孝经》附于中经。(《百官志》)名为"九经"，实"十二经"也。太和石刻"九经"亦然。故晁氏《石经考异序》即云"十二经"。及蜀相毌（音贯）昭裔取唐九经本刻于成都，未究而国灭，但有《易》、《诗》、《书》、《左氏传》、《周礼》、《仪礼》、《礼记》、《孝经》、《论语》、《尔雅》十经。宋皇祐中，田况元均补刻《公》、《穀》二传。宣和中，席益献升又刻《孟子》参焉。《孟子》于汉文时已立博士，唐皮日休有《请孟子为学科书》，至宋时又为之疏，遂升"九经"之列。（王伯厚《玉海》云："国朝以'三传'合为一，舍《仪礼》，而以《易》、《诗》、《书》、《周礼》、《礼记》、《春秋》为六经，又以《孟子》升经，并《论语》、《孝经》为三小经，今所谓九经也。"）故晁氏《读书志》直云"石室十三，维则其名"，固立于宋时也。惟以"三传"合为一，分《大学》、《中庸》并列为"十三经"者，自明代始有此说。□□（原文空阙——引者）唐太和石刻，今在西安府府学中，先府君重修碑林记（为徐君孚尹作）。在唐唯"九经"并《孝经》、《论语》、《尔雅》，康熙七年，贾中丞（汉复）补刻《孟子》七卷，合为"十三经"。

盛百二《柚堂笔谈》卷一：圣人自言述而不作，如"克己复礼为仁"，"出门如见大宾"，"使民如承大祭"，皆古有是语，故亦杂见于《左氏传》。又穆姜之释随义，与《文言》同，亦犹是也。春秋之时，先王之教泽犹有存者，列国大夫名卿学士犹沾沾以学为务。如刘康公胥臣、叔向、子产、子太叔、孟献子、师旷辈，名理精言，有非汉、唐以后诸儒所可及者。至战国而其风荡然矣。盖春秋之末，其端已兆。原伯鲁不说学闵子马知周之将乱，原氏之将亡，不有孔子集其大成，则天下后世不复知有学矣。胥臣诸人不能如孔子之身体完备而已。胡致堂乃谓左氏但闻阙里绪言，每引之而辄有更易，则是圣人言必己出，不许他人一知半解。夫学，公器也，惟圣人能尽之，非圣人能私之也。胡氏之见，吾见其者一腔私意而已。且左氏亦但就旧史为之次创润色，其疑者圣人犹阙之，岂如今之传句小说之空中结撰乎？

毕沅

《清儒学案》卷八十一《兰泉学案·兰泉交游·毕先生沅》：毕沅，字湘蘅，号秋帆，又号弇山，镇洋人。初由举人官内合中书，入直军机处。乾隆庚辰，成一甲一名进士，授修撰。历官至湖广总督。……嘉庆二年，卒于军中，年六十有八。……少嗜著述，至老不辍。谓经义必有师承，因叙述源流，为《传经表》一卷、《通经表》一卷。**谓读书必识文字**，因考校同异，为《说文解字旧音》一卷①、《经典文字辨正书》五卷、《音同义异辨》一卷。谓编年之史，莫善于涑水，续之者有薛、王、徐三家，皆未详备，因始宋讫元，为《续资治通鉴》二百二十卷。**谓史学必通地理**，故于《山海经》、《晋地理志》皆有校订，为《山海经校本》十八卷、《篇目考》一卷、《晋书地理志新补正》五卷。

《清史稿》列传一一九：毕沅，字纕蘅，江南镇洋人。乾隆十八年举人，授内阁中书，充军机处章京。二十五年一甲一名进士，授修撰。再迁庶子。三十一年，授甘肃巩秦阶道。从总督明山出关勘屯田，调安肃道。擢陕西按察使。上东巡，觐行在，备言甘肃旱。谕治赈，并免逋赋四百万。擢布政使……授巡抚。……嘉峪关外镇西、迪化士子赴乡会试者，奏请给驿马。置姬氏五经博士，奉祀文、武、成、康四王及周公陵墓。修华岳庙暨汉、唐以来名迹，收碑碣储学宫。屡署总督。四十一年，赐孔雀翎。四十四年，丁母忧，去官。……四十六年，甘肃撒拉尔回苏四十三为乱，沅会西安军伍弥泰、提督马彪发

---

① 《说文解字旧音》：清毕沅辑。一卷。成于乾隆四十八年（1783）。是书辑录唐以前传注家所称的“《说文解字》音”（毕氏怀疑《隋书·经籍志》的《说文音隐》即是此书）。所辑按《说文》部次而列，注其所据书名。此书根据陆德明《经典释文》、司马贞《史记索隐》、李善《文选注》、徐坚《初学记》、章怀太子《后汉书注》、张参《五经文字》、唐玄度《九经字样》、杨齐宣《晋书音义》、欧阳询《艺文类聚》、虞世南《北堂书钞》等书辑成。毕氏以书音跟闽语比较，得知舌头、舌上古以舌头为正音；唇音不分轻重，皆与钱大昕之说相合。毕氏推定“《说文解字》音”为沈重以前的南方人所作。（许嘉璐主编《传统语言学辞典》第347页）

兵讨之。事平论功，赐一品顶带。甘肃冒赈事发，御史钱沣①劾沅瞻徇，降三品顶戴。四十八年，复还原品，寻实授巡抚。四十九年，甘肃盐茶厅回田五复乱，沅遣兵分道搜剿。上命大学士阿桂视师，沅治军需及驿传供亿，屡得旨奖励。沅先后抚陕西十年……五十年，调河南巡抚。……五十一年，赐黄马褂。授湖广总督。伊阳盗秦国栋戕官，上责沅捕治未得，命仍回巡抚。五十三年，复授湖广总督。江决荆州，发帑百万治工。沅奏："江自松滋下至荆州万城堤，折而东北流，南逼窖金，荆水至无所宣泄。请筑对岸杨林洲土坝、鸡嘴石坝，逼溜南趋，刷洲沙无致壅遏。"又请修襄阳老龙堤、常德石柜堤、潜江仙人堤，凿四川、湖北大江险滩，便云南铜运。五十九年，陕西安康、四川大宁邪教并起，称传自湖北，沅赴襄阳、郧阳按治，降授山东巡抚。上以明年归政，令督抚察民欠钱粮豁免……六十年，仍授湖广总督。……嘉庆元年，枝江民聂人杰等挟邪教为乱，破保康、夹凤、竹山，围襄阳，沅自辰州至枝江捕治。当阳又陷，复移驻荆州，上命解沅总督。旋克当阳，获乱渠张正谟等，复命沅为总督如故，予二等轻车都尉世职。……二年，请以提督移辰州，增设总兵驻花园汛。寻报疾作，手足不仁，赐活络丸。旋卒，赠太子太保。四年，追论沅教匪初起失察贻误，滥用军需帑项，夺世职，籍其家。沅以文学起，爱才下士，职事修举；然不长于治军，又易为属吏所蔽，功名遂不终。

王昶《春融堂集》卷五十二《兵部尚书都察院右都御史湖广总督赠太子太保毕公神道碑》：……笃于朋旧，爱才下士。老友如中书吴泰来、侍读严长明、编修程晋芳诸人，招致幕府，流连文酒，名流翕集，望若登仙。侍读邵晋涵、编修洪亮吉、山东兖沂道孙星衍，咸以博学工文，前后受知门下，情谊周挚。其余藉奖借以成名者甚众。少嗜著述，至老不辍。所撰《续资治通鉴》、《史籍考》并《灵岩山人诗文集》，又《关中》、《中州》、《山东金石记》、《河间书画录》共若干卷。每遇古书善本，校而录之。若《山海经》、《夏小正》、《说文解字旧音》、《释名疏证》、《三辅黄图》、《太康地志》、《王隐地道志》、《晋书地理志新补正》、《道德经考异》又若干卷，时贤皆奉为秘宝。公仕宦日久，太仓旧宅倾圮，丁忧时移居苏州，又于灵岩山建御书阁，以奉赐书，故自号灵岩山人。晚年得山后陆氏水木明瑟废园，将葺为退老计，未果。今兰庆等卜宅兆于此，亦公之志也。（下略）

钱大昕《潜研堂集》文集卷四十二《太子太保兵部尚书湖广总督世袭二等轻车都尉毕公墓志铭》：嘉庆二年秋七月庚午，兵部尚书、湖广总督、世袭轻车都尉镇洋毕公以疾终于辰阳行馆。公久在行间，勋劳懋著，及移驻楚南，筹划善后之策，苗境敉宁。……公讳沅，字纕蘅，一字秋帆，自号灵岩山人。先世居徽之休宁，明季避地苏之昆山，又徙太仓州，后析置镇洋县，遂占籍焉。……生平笃于故旧，尤好汲引后进，一时名儒才士多招致幕府，公务之暇，诗酒唱酬，登其门者以为荣。性好著书，虽官至极品，铅椠未尝去手。**谓经义当宗汉儒**，故有《传经表》之作。**谓文字当宗许氏**，故有《经典文字辨正书》及《音同义异辨》之作。**谓编年之史，莫善于涑水**，续之者有薛、王、徐三家，徐虽优于薛、王，而所见书籍犹未备，且不无详南略北之病，乃博稽群书，考证正史，手自裁

① 钱沣（1740—1795），字东注，号南园，云南昆明人。乾隆二十六年进士，授检讨，官至御史。曾疏言和珅为军机，办事不遵制度，因授稽察军机处之任。和珅知其家贫裘薄，凡劳苦事多委之，积劳成疾死。著有《南园集》。

定，始宋讫元，为《续资治通鉴》二百二十卷，别为考异附于本条之下，凡四易稿而成。**谓史学当究流别**，故有《史籍考》之作。谓史学必通地理，故于《山海经》、《晋书地理志》皆有校注，又有《关中胜迹图记》、《西安府志》之作。**谓金石可证经史**，宦迹所至，搜罗尤博，有《关中》、《中州》、《山左金石记》。诗文下笔立成，不拘一格，要自运性灵，不违大雅之旨，有《灵岩山人诗集》四十卷、《文集》八卷。公生于雍正八年八月十八日，春秋六十有八。(下略)

钱泳《履园丛话》卷六《秋帆尚书》：镇洋毕秋帆先生负海内重望，文章政绩自具国史。乾隆五十二年，先生为河南巡抚。六月廿四日夜，湖北荆州府江水暴涨，堤溃城决，淹没田庐，人民死者以数十万计。七月朔日得襄阳飞信，先生即于是日先发藩库银四十万两，星夜解楚赈济，一面奏闻高宗皇帝，大加奖赏，以为有督抚才，不数日，即擢授两湖总督，兼理巡抚事务。泳时在幕中，亲见其事。先生为人，仁而厚，博而雅，见人有一善，必咨嗟称道之不置。好施与，重然诺，笃于朋友。如蒋莘畬、程鱼门、曹习庵诸公身后事皆为料理得宜，虽千金不顾也。家蓄梨园一部，公余之暇，便令演唱。余少负赣直，一日同坐观剧，谓先生曰："公得毋奢乎？"先生笑曰："吾尝题文文山遗像有云：'自有文章留正气，何曾声妓累忠忱。'所谓大德不逾闲，小德出入可也。"余始服其言。时和公相声威赫奕，欲令天下督抚皆欲奔走其门以为快，而先生澹然置之。五十四年夏，和相年四十，自宰相而下皆有币帛贺之，惟先生独赋诗十首，并检书画铜甆数物为公相寿。余又曰："公将以此诗入《冰山录》中耶？"先生默然，乃大悟，终其身不交和相。六十年二月，贵州苗民石柳邓、湖南苗民石三保等聚众劫掠，人民震恐。先生闻之，即驰赴常德筹办灭贼之计。事既平，尚驻辰州，以积劳成疾，卒于当阳旅馆，年六十七。后二年，和相果伏法。先生著作甚多，一时不能尽记。尤好法书名画，尝命余集刻《经训堂帖》十二卷，海内风行，至今子孙尚食其利云。

李元度《国朝先正事略》卷二十、徐世昌《晚晴簃诗汇》卷八十九皆有传，存目。

毕沅《传经表序》：**"六经"权舆于孔子，"六经"之师亦权舆于孔子**。《易》孔子十五传至刘轶，《尚书》家学二十一传至孔昱，《诗》鲁十五传至许晏，毛十六传至贾逵，《春秋》经左氏十九传至马严，公羊十三传至孙宝，穀梁十一传至侯霸。佗若《今文尚书》，伏胜十七传至王肃，《齐诗》辕固七传至伏恭，《韩诗》韩婴六传至张就，《礼》高堂生六传至庆咸。上自春秋，迄于三国，六百年中，父以传子，师以授弟，其耆门高义开门授徒者，编牒不下万人，多者至著录万六千人，少者亦数百人，盛矣！降自典午，则无间焉，岂非孔氏之学，专门授受，逮孙炎、王肃以后始散绝乎？暇日采缀群书，第其本末，较正讹漏，作《传经表》一卷。其师承无可考者，复以《通经表》一卷缀之。而通二经以上至十数经者咸附录焉。较明朱睦㮮《授经图》、国朝朱彝尊《经义考·师承》所录详实倍之，盖周、秦、汉、魏经学授受之原至此乃备也。①

① 见《湖海文传》卷二十三。今按：《传经表》、《通经表》实出洪亮吉之手，辨见前。洪亮吉《更生斋集》文续集卷一亦载《传经表序》，大同小异。又按：臧庸《拜经日记》卷七："近有作《通经表》者，以董生所授公羊学尽属之胡毋生，遂依班书作《公羊表》以正之。后检范蔚宗《后汉书》，已误为有所承袭然也。不料六朝人亦粗疏至此。若太史公书、郑氏《六艺论》皆与班书合。"

孙志祖

《清儒学案》卷九十五《颐谷学案》：颐谷申郑攻王，《疏证》一书，见者叹其坚卓。且熟精《选》理，雅擅词章，可谓华实并茂者矣。晴江勤勤补郭，治“四书”虽匡朱注，而仍极推崇，盖不拘于一先生之说。……先生治经专宗郑氏，以为说经不尊信康成，大道歧而卮言出。背康成由王肃，信王肃由宋人。王肃背经诬圣，伪造《家语》及《孔丛子·小尔雅》，并作《圣证论》，改易汉以上郊祀、宗庙、丧纪之制。惜魏时王基、孙炎、马昭难王申郑之书皆不传，于是作《家语疏证》六卷。集群书之异词，证肃之改窜谬妄，以明《家语》之非古本。又集驳《圣证论》，并疏证《孔丛·小尔雅》皆非古本。其书未成。又病宋、明人率臆删削古书，善本甚难得，尝辑《风俗通》轶文，刊入卢氏《群书拾补》中。……平生心得，手自录记，经史杂说若干条，仿《困学纪闻》考古质疑之例，为《读书脞录》七卷。素精《选》学，撰《文选考异》四卷、《文选李注补正》四卷、《文选理学权舆补》一卷，并行于世。嘉庆六年卒，年六十有五。(参孙星衍撰传)

《清史稿·儒林二》：孙志祖，字诒谷，仁和人。乾隆三十一年进士，改刑部主事，洊升郎中，擢江南道监察御史，乞养归。志祖清修自好，读经史必释其疑而后已。著《读书脞录》七卷，考论经、子、杂家，折衷精详，不为武断之论。又《家语疏证》六卷，谓王肃作《圣证论》以攻康成，又伪撰《家语》，饰其说以欺世。因博集群书，凡肃所剿窃者，皆疏通证明之。又谓《孔丛子》亦王肃伪托，其《小尔雅》亦肃借古书以自文，并作《疏证》以辨其妄。幼熟精《文选》，后乃仿《韩文考异》之例，参稽众说，正俗本之误，为《文选考异》四卷。又辑前人及朋辈论说，为《文选注补正》四卷。又有《文选理学权舆补》一卷。辑《风俗通逸文》一卷，补正姚之骃辑谢承《后汉书》五卷。嘉庆六年，卒，年六十五。

《清史列传·儒林传下一》：存目。①

阮元《揅经室集》二集卷五《孙颐谷侍御史传》：孙君名志祖，字诒谷，字或作颐谷，号约斋，仁和人。乾隆丙子举人，丙戌二甲进士，分刑部补山东司主事。由员外郎升云南司郎中，钦差通州坐粮厅，擢江南道监察御史。乞养父母归里，复少宦情，不复出，以著书为事。嘉庆六年，掌紫阳书院教，二月二十九日以疾卒，年六十有五。侍御性孝友，雅近和平生，而颖悟过人。得《毛西河全集》，灯下读之，不寐累夕。凡读经史，必求释其疑而后已。同时全谢山、杭堇浦、厉樊榭、张曦亮诸君子皆相与质难，以益所学。……侍御所著书有《家语疏证》六卷。谓王肃作伪难郑，诬圣背经，既作《圣证论》以攻康成，又伪撰《家语》，饰其说以欺世。因博集群书，凡肃所剿窃者，皆疏通证明之，如鞫盗之获真臧也。其有功于郑氏，似孙叔然。……《读书脞录》七卷，考论经子杂家，折中精详，实事求是，不为凿空武断之论，悫然如其为人。又谓《孔丛子》亦王肃伪托，其《小尔雅》乃肃借古书以自文，作《疏证》辨其妄，惜未成书。(下略)

孙星衍《孙渊如先生全集》平津馆文稿卷下《清故江南道监察御史孙君志祖传》：先生姓孙氏，讳志祖，字诒谷，世居余姚，五世祖讳隆迁仁和。……弱不好弄，颖悟绝世，读书五行俱下，一时有奇童之目。浙中宿学全氏祖望、厉氏鹗、杭氏世骏皆器异之，与往来质难焉。年十八，为学附生，中乾隆二十一年丙子科举人。四十年挑选知县，是科会试中式，先生掇科，皆以对策经文详赡、通古学，为先后主试庄侍郎存与、裘尚书文达公曰修所赏，拔置高第，殿试二甲赐进士出身，以部员用补刑部主事洊擢郎中。先生钩稽律令，附合经义，为部臣倚重。保荐坐粮厅，严约吏役，革除弊规，一时粮艘输纳称便。转江南道监察御史，以亲老不能迎养，思慕成疾，假归里门。先生天性恬淡，不问产业，既家居，奉亲杜门著述，博物识古，无书不览，所藏卷帙率皆校刊谬误，丹黄殆遍。**浙中之学，自明季空谈性命，或分门别户，不求古经义，好辩者则驰骋其词，无所归宿。国初经学，有非《周官》，信伪《尚书》，不守汉儒注义者。至先生以为说经而不尊信郑康成，宜大道歧而卮言出也**。背康成，由王肃；信王肃，由宋人。王肃之背经诬圣，由伪造《家语》、《孔丛子》及作《圣证论》，改易汉以上郊祀、宗庙、丧纪之制，惜魏时王基、孙炎、马昭难王之书皆不传，于是作《家语疏证》六卷，集群书之异词以证肃之窜改谬妄，以明《家语》之非古本刊版流播，学者称快。又集驳《圣证论》及疏证《孔丛·小尔雅》之非古本，其书未成。又病宋、明人率臆删削古书，善本甚难购，尝辑《风俗通》佚文刊入卢学士文弨《群书拾补》中，属子同元辑《六韬》佚文以补元丰七书删本之缺。又辑谢承诸人《汉书》五卷，补姚氏之驷漏略，凡平生心得，手自录记经史杂说若干条，仿《困学记闻》、《考古质疑》之例，编为《读书脞录》七卷。……以嘉庆六年二月二十九日卒于里第，得年六十有五。(下略)

阮元《两浙輶轩录》卷三十二、徐世昌《晚晴簃诗汇》卷九十三皆有传，存目。

---

① 详见中华书局本第 17 册，第 5494 页。

陈鳣《简庄诗文抄》卷二《家语疏证叙》：今世所传《家语》十卷，凡四十四篇，王肃注。昔人多疑之，而未有专书。同郡孙诒谷侍御作《疏证》六卷，断为王肃伪撰。余读而叹曰："详哉言乎，是犹捕盗者之获得真臧矣！"按《汉书·艺文志》，《家语》二十七卷，师古曰："非今所有《家语》。"《唐书·艺文志》：王肃注《家语》十卷。其即师古所言"今所有"与《汉书》之《志》皆刘向校定。古人以篇为卷，今本四十四篇，较《汉志》增多二十一篇。吾友钱君广伯颇疑《汉志》所称二十七篇即在今四十四篇中，且以《尚书》之二十八篇为证。余则以为不然。《尚书》孔传及《家语》皆王肃一人所作。《尚书》二十八篇，汉世大儒多习之，肃固不敢窜改，惟伪为增多之篇，并伪为孔传以逞其私。至于《家语》，肃以前儒者绝不引及，肃诡以孔子二十二世孙猛家有其书，取以为解。观其伪安国后叙云：以意增损其言，则已自供罪状，而肃之自叙首即以郑氏学为义理不安，违错者多是以夺而易之。夫叙孔子之书，而先言夺郑氏之学，则是有心傅会，攻驳前儒，可知矣。……马昭去肃未远，乃于《家语》，一则曰王肃增加，再则曰王肃私定，斯言可谓笃论。余固学郑氏之学者，然非好执一偏之见，黜王尊郑，盖尝平心读其书而决之耳。因校阅《家语疏证》，遂书此以谂广伯，且质诸侍御幸有以教余焉。乾隆五十有八年冬十有一月，书于杭州鼓楼弯之金声馆。

孙志祖《读书脞录》卷一"洪范无错简"条：《洪范》惟辟作福二节或疑与三德无涉，移置篇末"五福六极"之后。案正义云：于三德之下，说此事者以德，则随时而用，位则不可假人，故言尊卑之分、君臣之纪，不可使臣专威福，夺君权也。经文连属，自有深义。宋儒凭肊改经，于《武成》、《洪范》二篇颠倒错乱，几不复存圣经之旧。夫《洪范》不独今古文具有，太史公全采其文入《史记·宋世家》中，并无错简，乃必欲割裂补缀，不知何意？然九畴俱有演词，而八政仍不能补其阙，此亦犹蔡氏之考定《武成》，而以为犹有阙文者也。

孙志祖《读书脞录》卷二"孟子外书"条：近刻《孟子外书》四篇，曰《性善辨》，曰《文说》，曰《孝经》，曰《为正》，掇拾子书中所引《孟子》逸篇以成文，词旨浅陋，通儒疑之。余谓即其篇题之谬误，尤可直断其为伪而无疑。王充《论衡》云："孟子作性善之篇，以为人性皆善。"是篇名性善，非性善辨也。孟子道性善性恶当辨，性善又何辨乎？《孝经》一书，孔子以授曾子，岂有孟子著书亦以《孝经》名篇之理？盖四篇之目，当以《性善》为一，《辨文》次之，《说孝经》，则必其中有推阐《孝经》之说，而惜乎其书之久佚也。今作伪者并此篇名之句投尚误，又何论其他乎？或曰：宋刘昌诗《芦浦笔记》云："予乡新喻谢氏多藏古书，有《性善辨》一帙。"则以《性善辨》为篇题古矣，安见其伪？予曰：谢氏所藏即伪书也。后人不察，或即因此一帙而附益以三篇，亦未可知。其一篇既以《性善辨》标题，则不得不以《文说》为二，《孝经》为三矣。然总之皆伪也。昔潜丘阎氏以《汉志》《尚书》卷数证梅赜古文之伪，余故师其意，以断《孟子外书》。世有好学深思之士，由是而疏通证明之，傥亦潜丘之意乎？○《伪古文尚书》，魏、晋间人伪之也。《伪孟子外书》，宋以后人伪之也。魏、晋间人之所伪者古文，宋以后人之所伪者伪书。伪古文难，而伪伪书易，何则？《孟子》之有《外书》，伪书也。赵邠卿已讥其不能闳深，似后人所依托。今因其伪而伪之，即词旨浅陋，庶几读者恕焉。盖作是书者，较之《伪古文尚书》学愈疏，而心愈狡也。又虑《孟子》逸文之有所漏失，乃于为正篇之末，凡八章而注云："以下阙。"则虽古书所引有在此四篇之外者，《法言·修身篇》引《孟子》曰：夫有意而不至者矣，未有无意而至者也。今伪书无此二语，皆尽举而归诸所阙之列，以视伪古文之首尾完善，而《墨子》之引《泰誓》犹有所遗，致贻潜丘口实者，不更善于弥缝邪？虽然，既云阙矣，何以又云凡八章乎？呜呼！亦徒见其心劳日拙而已。

今按：关于《孔子家语》的真伪问题，历来存在很大的争议，是中国学术史上一大公案。最近，黄怀信先生《汉晋孔氏家学与"伪书"公案》一书提供了新的视角，可资参考。孙志祖的旧思维似乎应该终结了。

任大椿

《清儒学案》卷七十九《东原学案·东原交游》：任大椿，字幼植，又字子田，江苏兴化人。少工文辞，既乃专究经史传注。乾隆己丑，二甲一名进士，授礼部主事，充《四库全书》纂修官。游历郎中，迁御史。与东原同乡举，习闻其论说，淹通于《礼》，尤长名物。初欲荟萃全经，久之知其浩博难罄，因即类以求，著《弁服释例》、《深衣释例》、《释缯》诸篇，皆博综群籍，衷以己意。又有《易象大意》、《小学钩沉》、《字林考逸》、《吴越备史注》。

《清史列传·儒林传下一》：任大椿，字幼植，江苏兴化人。祖陈晋，字似武，乾隆四年进士，官徽州府教授，以通经闻。著《易象大意存解》一卷，发挥明简，切于人事，又有《燕喜堂文集》、《后山诗集》。大椿，乾隆三十四年二甲一名进士，授礼部仪制司主事。仪制号繁剧，大椿请移司简曹，俾得竭半宙一夜之力，假书诵习。**四库馆开，以荐为纂修官，时非翰林而预纂修者八人，大椿博于闻见，考订精当，礼经类提要不出一手，皆大椿详定**。旋以忧归里，服阕，迁员外郎，升郎中。五十四年，授陕西道监察御史，甫一月而卒，年五十二。大椿家贫，尽色养，读书守道义，素不以空言讲学。服官行己，无娩古人。少工文词，既与休宁戴震同举于乡，习文论说，究心汉儒之学。初为袷禘、丧服等，辨驳孔、贾诸儒，兼难郑君。震以其思锐而议坚，引郑樵、毛奇龄贼经害道为戒。自是实事求是，所学淹通。于礼尤长名物，**始欲荟萃全经，久之知其浩博难罄，因思即类以求，一类既贯，乃更求他类**。所著《弁服释例》八卷、《深衣释例》三卷、《释缯》一卷，皆博综群籍，衷以己意。或视为《尔雅》广疏，实《礼经》别记之意。又以字书传世，莫古于《说文》、《玉篇》，而吕忱《字林》实承《说文》之绪，开《玉篇》之先，《字林》不传，则六书相传之脉中阙弗续，著《字林考逸》八卷。……诗尚清远，为嘉定王鸣盛所称，有集六卷。

章学诚《任君大椿别传》：兴化任君幼植，与余同学文辞于大兴朱先生筠。君与余同乾隆三年戊午生，而学于朱氏，则先于余。余自乾隆丁亥旅困不能自成，依朱先生居，侘傺无聊甚，然由是得见当世名流，及一时闻人之所习业。客有自江南来者，投远书一巨囊，称任君所寄，朱先生为之色然，发缄，得幼植书，论学甚详，而以所撰《仪礼经传考订》若干卷，请先生为之是正。余始有意于君。己丑，君登进士第，以二甲第一人授礼部主事，分曹学习，得仪制司。礼部职事清简，进士分部，多不愿居。然礼部四司，仪制祠祭，号为繁剧，他司往往求兼摄之，乃为见才。君顾谒朱先生，欲为丐尚书，移司简曹，且曰："曹间多暇，卜居近先生家，每日中可画诺，归邸即假先生藏书，竭半日一夜之力诵且习焉。四分日力之三，则十年守官，犹得七年强半读书，所获岂不隽欤？"先生乃曰："古人仕学不偏废，且知命者固不求热。亦岂有意求清冷耶？"君唯唯以退。……乙未，余复至京师，君已征为四库书馆纂修，因得宽假曹务，校理之暇，借窥中秘储藏。四方奏上遗书，人间所希觏者，从而证定向所业编，得以益信。余访君，属疾，延见卧所，则君方辑吕忱《字林》，逸文散见，搜猎横博，楮墨纷挐，狼籍枕席间。君呻吟，谓余病不可堪，赖此消长日耳。君学淹通，于礼尤长名物，初欲荟萃全经，久之知其浩博难罄，因思即类以求，一类既贯，乃更求他类，务使遍而后已。所著《深衣释例》、《释缯》诸篇，皆博综群书，衷以己意。皮傅之学不过视为《尔雅》广疏，不知君乃经礼之别记尔。学者能推君意，扩其所未尽者，不骛远而遽议全经，不矜名而好为独断，博征其材，约守其例，各尽所长，以穷类之散，然后徐俟其人，以会经之全，庶几哉经学其有昌乎？君之文长于辞赋，少年为《文选》学，诗文时得其似，不能精也。然读书辄能知作者意，不以己之所守概人。余撰《通义·言公》之篇中有"丧心故国斯传塞外之书"之语，自注云：李陵《答苏武书》，自刘知幾以还皆谓六朝伪作，其寔伪者何所取乎？当是南北分疆，有南人羁北事类李陵，不忍明言，托拟此书以见志耳。君见之首肯数四，且曰："今人皆重考订，必斥君言无稽，不知君意固不以此拘也。"余著《通义》，为世所诋，强半类此。君乃平素不苟于名物者，而所言如是。以是知君可与微言者也。乙巳之冬，余自保定暂至京师，馆同年生潘编修庭筠家。时潘居兴化寺街，与君居衡宇相望，谈晏流连，互为主客，自谓得穷途乐也。余留旬日，出都，先一夕，君挈壶酒，就潘君书室，酌且言别。至街柝四严，霜月凛冽，砭人肌理，从仆多欠伸思卧，四顾无声，三人犹露立中达谈款，久不忍释，此境于今历历，不谓君已溘然逝也。①

施朝干《任幼植墓表》：今天子崇尚经术，海内士大夫讲求注疏之学，以余所识，若王凤喈、朱竹君、钱晓征诸先生及汤君文起、任君幼植，靡不勤搜典册制度、名物、文字、音韵之属，研精覃思，驰骋上下。乌虖美矣！君讳大椿，幼植其字。……**乾隆三十八年，《四库全书》总裁大臣奏充纂修官，礼经同异，裒辑为多。是时奉敕撰《书目》若干卷，条分义举，钩剔醇驳，简要该洽，出君笔者什七。**佥曰："任君当改官翰林矣。"竟不果。五十四年五月，以郎中授陕西道监察御史，未莅任而病，六月卒，年五十二。君宦京师久，惟键户读书，不肯谒权贵人。尝谓余曰：**"今考据家辄务取名，鲜自得，亦伪学耳。"**……呜呼！以君之才，向使为文学侍从臣，上之可以追踪周佚、鲁克，勒成一代不刊之典，次亦不让相如《上林》、扬雄《羽猎》之作，而乃趋走郎署十有四年，甫列台官，忽焉徂没。然吾观有明若归熙甫六十登第，犹且浮沉外吏，逮以南太仆丞留掌制敕，旋至不起，距通籍初仅六年尔。②

① 见《碑传集》卷五十六。
② 见《碑传集》卷五十六，又见《湖海文传》卷五十一。

姚鼐《惜抱轩诗文集》文集卷十三《陕西道监察御史兴化任君墓志铭并序》：君讳大椿，字幼植，其先为王氏。在元有为山东行省平章事者，曰王信。其子宣继居父职，元乱，避居兴化，改曰任氏。……君之少也，颖敏于学，为文章有盛名。又性和易谦逊，人无贵贱，靡弗爱君。然君固有特操，非义弗敢为，故自少至老，终于贫窭。乾隆庚辰恩科，君为举人，中己丑科二甲一名进士。故事，二甲首当改庶吉士。人皆期君必馆选矣，然竟分礼部为仪制司主事，君每日自官所归，辄键户读书，如诸生时。**值诏开《四库全书》馆，大臣有知君才，举为纂修官。是时非翰林而为纂修官者凡八人，鼐与君与焉。君既博于闻见，其考订论说多精当，于纂修之事尤为有功。**其后鼐以病先归，君旋遭艰居里，既而鼐遇君淮上。当是时，四库书成，凡纂修者皆议叙。向之八人者，其六尽改为翰林矣。大臣又以鼐与君名列之章奏，而称其劳，请俟其补官，更奏，君于是初服除，将入补官，亦以见邀鼐，以母老谢，君独往，然大臣竟不复议改官事，君自循资迁员外郎郎中，保御史。乾隆五十四年四月，授陕西道监察御史，甫一月而卒，年五十二。君贤者，居曹司固亦佳吏，居言官，苟非日浅，亦必有所见，然终不若以其文学居翰林之为得人也，而惜乎其竟抑不得也！君事父母能于贫匮中尽其养，待族友有恩谊，而不可使为谄渎。所成官书外，其自著者曰《经典弁服释例》十卷、《深衣释例》三卷、《释缯》一卷、《字林考逸》八卷、《小学钩沉》二十卷、《吴越备史注》二十卷，惟《字林》已刊板，诗集已刊者四卷，其余与杂文未刊者又若干首。君学博奥，而于为诗则尚清远，不多征引，曰："此非诗所贵也。"……**鼐昔者与君本相知，及同处四库馆，则朝晡无不偕，有所疑说，无不相论证也。退而偶有尊酒召宾之设，无不与同也。**阅今二十年，同居馆者死亡殆尽，而鼐仅存。君弟大楷来求为志，乃怆怀而铭之，曰：呜呼，幼植之瘗，不居文章之官，而既为其事矣。不至耆耇之寿，而著书足名后世矣。生不见子，而没可以祀矣。吾为铭之，足慰君志矣。

阮元《儒林传稿》卷四、江藩《国朝汉学师承记》卷六、李元度《国朝先正事略》卷三十五、钱林《文献征存录》卷九、唐鉴《学案小识》卷十四皆有传，存目。

戴震《东原集》卷九《与任孝廉幼植书》：存目。

王鸣盛《西庄始存稿》卷十五《赠任幼植书》：兴化任子大椿，字幼植。年甫逾冠，而笃志经术，覃精稽古。……于近日昆山徐氏所刻宋、元诸家经解，皆掇其说之误者辨之，气盛而志锐，求诸今世，实罕辈俦。进而不已，其将为一代之通儒，无难也。嗟乎！**学之言也，岂不以其途之多所歧乎哉？有空谈妙悟，而徒遁于玄寂者矣；有泛滥杂博，而不关于典要者矣；有溺意词章，春华烂然，而离其本实者矣；有揣摩绳尺，苟合流俗，而中尠精意者矣：此皆不足务也，是故经学为急。**今以任子之才，于彼数家，皆优为之而不屑为，顾壹意于经，其取途也可谓正矣。然而经学之难言也，又岂不以其途之多所歧乎哉！贸贸然而赴之，不知其途之将何从也。世之所传《十三经注疏》者，不知何时所集，而汉人之传注，唐、宋人之义疏，舍是则无可求者矣。故言经者必以是为质的，然则求训诂于注疏焉可也。若朱子，若蔡氏沈、陈氏澔、胡氏安国，立于学官久矣。场屋以之取士，经筵以之进讲，学者童而习之，能考其说之所从来，存其是而讲去其非，斯善矣。斯二者，盖治经之要务也。能务斯二者，则其余固无暇遍观，而亦有不必遍观者矣。**抑人生精力有限，即二者之为务，恐犹未能兼诸经也，专一经焉可矣。一经通则群经之旁通者必**

多，而其学亦已成矣。自予束发而好言经义，求之数年，未得其门。三十以后，渐似稍有知识，四十而粗定。**所谓专治一经，先求训诂于注疏，而辨析于朱子暨蔡、陈、胡氏之是非者，正予今日之所有事，而功犹未能半也。**任子气盛锐，其才过予远甚，又能不以自足而虚衷下问，予故举其所尝致力者为说以赠之。任子由予说而择焉，可乎？

臧庸《拜经堂文集》卷三《与王怀祖观察论校〈小学钩沉〉书》：凡《一切经音义》所云字体作某者，谓字之形体如此，或言正体当如此，非别有字体之书也。……《钩沉》采《音义》所引字体五十则，其叙录亦言史志及书目俱不载，似不当承讹袭谬，拟尽删之。又《华严经音义》每引《珠丛》、《韵圃》二书，《钩沉》有《韵圃》而无《珠丛》，其实《唐书》《艺文志》、《儒林传》皆有《桂苑珠丛》，《玉篇》及《太平御览》引《桂苑》，《晋书音义》引《珠丛》，《华严经》卷上引《珠丛》三十四则，卷下引十八则，皆即此书，拟补其阙。又《唐志》俚称为音隐，《隋志》有《说文音隐》，《经训堂丛书》有《说文旧音》一卷，殊嫌疏略，乃《钩沉》载《音隐》仅《一切经》卷四一则，将删之，抑仍其旧？或博考群籍以补之？以上三事，均祈示夺。粗校一过，恐舛漏百出，贻误后人。若逐条细勘，又未能仓猝了事。庸笃学不倦，但精力不如前耳。

任大椿《字林考逸自序》：《唐六典》载书学博士以石经《说文》、《字林》教士。《字林》之学，阅魏、晋、陈、隋，至唐极盛，故张怀权以为《说文》之亚。今字书传世者莫古于《说文》、《玉篇》，而《字林》实承《说文》之绪，开《玉篇》之先。《字林》不传，则自许氏以后、顾氏以前六书相传之脉中阙弗续。夫玉禾琁树，至宝也。云雷之觚，丁辛之卣，贵器也。藏而忽散，苟旦旦而购之，物物而积之，其复也虽未必称，其藏也而纤悉足珍矣。余于《字林》亦同斯志。爰是参核典坟，兼及二藏音义，钩沉起滞，积累岁年，遂成八卷。缀集既竣，复综论之。昔人谓《字林》补《说文》之阙，而实亦多袭《说文》、《尔雅》。《释天·释文》谓霡《字林》作霢，而不知《说文》原作霢。《五经文字》谓《字林》以谥为笑声，而不知《说文》原以谥为笑声。于此见《字林》本集《说文》之成，非仅补阙而已。乃其补阙，又非一端：有《说文》本无而增之者，如《五经文字》所云祧祢逍遥是也；有《说文》本有而文各异体者，如《说文》作蜡，《字林》作禧，《说文》作珌，《字林》作琿是也。至《说文》载古文、籀文，李焘疑为吕氏增益，后人因而附入，岂知叔重原书本合古籀，不待增益？封演谓吕氏更按群典，搜求异字，撰为《字林》。然则忱所补者，书非一体，后人未必专取古籀收系许氏，此其说未精究者也。余为是编搜罗散佚，忱书体例，略见于兹，诸家异说，多所考镜，然而载籍极博，耳目易穷，未克求诸六合之外，而先失诸跬步之间。补遗正误，是又俟诸博识君子矣。乾隆四十七年四月十七日，兴化任大椿书。

孔继涵

《清儒学案》卷七十九《东原学案·东原交游·孔先生继涵》：孔继涵，字体生，一字诵孟，号荭谷，曲阜人，孔子六十九世孙①。乾隆辛卯进士，授户部主事，充《日下旧闻》纂修官。雅志稽古，于天文、地志、经学、字义、算数之书，无不博综。官京师，与友朋讲析疑义，考证异同，所抄校数千百帙，集金石刻千余种。考论其事，与经史相比附。与东原交二十年，名物、象数与共研说。东原殁，经纪其丧，刻其遗书，以仲子聘其女为妇。藏书十数万卷，遇罕见者，校勘付锓，世传《微波榭丛书》。自著有《夏小正考异》一卷、《五经文字疑·九经字样疑》一卷、《同度记》一卷、《水经注释地》四卷、《红榈书屋杂体文》七卷、《诗集》四卷。（参翁方纲撰《墓志》、张埙撰《行状》）

《清史列传·儒林传下一》：孔继涵，字体生，广森从父。乾隆三十六年进士，官户部主事，充《日下旧闻》纂修官。以母疾乞养，归。继涵笃于内行，雅志稽古，于天文、地志、经学、字义、算数之书，无不博综。与休宁戴震友善，考证异同，良多资益。凡所抄校者数千百帙，集唐以来金石刻千余种，与经义史志相比附。又汇梓罕存之本为《微波榭丛书》，及搜梓《算经十书》，皆为世所称。所自著有《春秋世族谱》、《春秋地名人名同名录》、《春秋闰例日食例》、《左国蒙求》、《国语解订讹》、《周官联事》、《考工车度记补》、《林氏考工记解》、《句股粟米法》、《释数同度记》、《水经释地》、《红榈书屋集》二卷、《词》四卷。四十八年，卒，年四十五。子广栻，能传其学。②

张埙撰《行状》：待考。

翁方纲《复初斋文集》卷十四《皇清诰授朝议大夫户部河南司主事孔君墓志铭》：君讳继涵，字体生，一字诵孟，号荭谷，曲阜人。至圣六十九世孙，祖衍圣恭悫公毓圻，父一品荫生传钲。君以乾隆庚辰举于乡，辛卯成进士，官户部河南司主事，兼理军需局事，充《日下旧闻》纂修官，诰授朝议大夫。君笃于内行，天性过人。岁丙戌，当与计吏偕，

① 今按：此处疑误，当作“六十七世孙”。

② 见中华书局本第 17 册，第 5529 页。

有术者言："君此行必获隽，顾母氏恐有意外虞耳。"君夙不信术士，闻此则色变，不欲行，诸父兄弟趣之行，行二百里，心怦怦，策车而返，其在户部骎骎向用矣，一旦以母氏心疾，遽移告归养，三年而母氏殁，又三年而君没，年四十五。君雅志稽古，于天文、地志、经学、字义、算数之书，无不博综。官京师七年，退食之暇，则与友朋讲析疑义，考证异同，凡所抄校者数千百帙，集汉、唐以来金石刻千余种，与经义、史志相比附。又以编纂官书，遍观京城内外寺院、古迹、碑记，历西山，沿昌平，罔弗椠录。君为人体弱，有酝藉，生平无疾言遽色，而精心强力，期于致用。与人交，缓急补助，无矜色。遇藏书家罕传之本，必校勘付锓，以广其传。所刻有《五经文字》、《九经字样》、《算经十书》、杜预《春秋长历》、《春秋土地名》、赵汸《春秋金锁匙》、宋庠《国语补音》、赵岐《孟子注》、休宁《戴震文集》……君生于乾隆四年正月二日，卒于四十八年十二月十八日。（下略）

诸可宝《畴人传三编》卷一：孔继涵，字体生，一字诵孟，号荭谷，曲阜人。孔子六十九世孙，衍圣恭悫公之孙也。乾隆二十五年举于乡，三十六年成进士，官户部河南清吏司主事。四十有八年卒，年四十有五。笃于内行，雅志稽古，于天文、地志、经学、字谊、算数之书靡不博综。为人体弱，有酝藉，生平无疾言遽色，而精心强力，期于致用。遇藏书家罕传之本，必校勘付锓，以广其传。自撰有《考工车度记补》、《林氏考工记解》、《句股粟米法》各一卷，《释数》、《同度记》各一卷，其余题跋杂著名《红榈书屋集》者又若干卷、词四卷。所刻有《五经文字》、《九经字样》、《算经十书》、杜预《春秋长历》、《春秋土地名》、赵汸《春秋金锁匙》、宋庠《国语补音》、赵岐《孟子注》、孙奭《孟子音义》、《休宁戴氏遗书》诸种，为《微波榭丛书》行于世，人共珍贵之。其刻《算经十书》，自为序曰：礼、乐、射、御、书、数，《周官》董以司徒，掌以保氏，厥后政典不修，礼、乐、射、御微绝沦丧。六书、九数，为民生日用所不能废。唐以明算科取士，限以年：《九章》、《海岛》共三岁，《周髀》、《五经算》共一岁，《孙子》、《五曹》共一岁，《张邱建》、《夏侯阳》各一岁，《缀术》四岁，《缉古》三岁，《记遗》三等数皆兼习之。试之日，《九章》三条，《海岛》等七部各一条，十通六，记遗三等数帖，读十得九为第。……论曰：孔户部为巽轩检讨从父行，而与戴吉士最友善。教学相长，良多资益，故言所成就，其器量虽逊乎犹子，固亦一时之隽也。自东原氏表章古籍，而后唐典帖算之书复显于世。苟无户部刻以传，亦安必其流行至今乎？尝谓无朱刻、祁刻，而二徐说亡；无孔刻，而十经之书终熄。然则六书、九数之孑存也，户部之功又岂出学士相国右哉！

阮元《儒林传稿》卷四、桂文灿《经学博采录》卷五皆有传，存目。

孔继涵《杂体文稿》卷三《宋太学石经记》：南宋太学高宗御书石经残碑，乾隆戊子之夏，钱唐张秀才廷谟为搨得寄余，为纸七十四翻，外附明赵嘉龙刻《孝经》碑、吴讷石经诗碑二纸，图赞则未及也。朱彝尊之考石经也，于光尧阁石经载洪迈、曾惇、杨冠卿、叶绍翁、王应麟、李心传、陈骙、潜说友、陈基、吴讷、杨一清、文璧、郎瑛、于慎行诸说，然于刊刻后先、字行增损、碑数移置废葺未能通核折衷之。按：正德十二年，巡按监察御史宋廷佐檄知府留志淑迁仁和县学石经于府学，杨一清为记，有云留君稽阅志籍，盖宋高宗初渡江，都临安，即诏建学养士。绍兴二年，手书《易》、《书》、《诗》、

《春秋》、《论》、《孟》、《中庸》、《儒行》诸篇刻石于学，京兆尹赵𥖄老建尊经阁以储之。二十四年，复制宣圣洎颜、曾以下七十二贤赞，并李伯时旧所绘像，皆刻石置之学。理宗绍定五年，又以所制伏羲以来道统赞刻之，附诸石经之末。与《经义考》所采《玉海》颇不合。《玉海》云：绍兴五年九月，廷试毕，赐汪应辰以下御书石刻《中庸》篇。十二年，赐陈诚之《周官》。十八年六月，御书《儒行》篇赐进士王佐等。二十一年五月，赐赵达等大学。二十四年，赐张孝祥等《皋陶谟》。二十七年，赐王十朋等《学记》。三十年四月，赐梁克家《经解篇》。是时所赐止是十三年，上谕辅臣曰：**"学写字，不如便写经书，不惟可以学字，又得经书不忘。"**既而，尚书委知临安府张澄刊石颁诸州学。是时所刊，亦止《易》、《书》、《诗》、《春秋左氏传》四经。《宋史·高宗纪》："十二年四月甲申，增修临安府学为太学。"十三年所颁止及州学，不言太学，是尚未置太学也。十六年，上又书《论语》、《孟子》，皆刊石立于太学首善阁及大成殿后三礼堂之廊庑，是续刊《论》、《孟》同立太学，应在此时。《秦桧传》："绍兴十二年八月，徽宗及显肃懿节二梓宫至行在，太后还慈宁宫，幸和议复成。十三年，祥瑞繁多，于是粉饰治具，如乡饮、耕耤之类，节节备举，两相印证，明白无疑。淳祐四年二月，诏知临安府赵𥖄老于太学建阁，奉安石经，置碑于阁下，墨本于阁上，以光尧石经之阁为名，朕当亲书。五月，𥖄老奏阁将就绪。"其石经《易》、《诗》、《书》、《春秋左氏传》、《论语》、《孟子》外，尚有御书《礼记》《中庸》、《大学》、《学记》、《儒行》、《经解》五篇，不在太学石经之数。今搜访旧本，重行摹勒，以补礼经之阙，从之。是立石太学与建阁为两帝两事，而《礼记》五篇，高宗时未入太学也。《汪应辰传》：洋甫十八为进士第一人，上初览其对，意其为老成之士，及唱第，乃年少子，引见者掖而前，上甚异之。旧进士第一人赐以御诗，及是，特书《中庸》篇以赐。据传云特书，则非石刻，而王应麟同时人又不应有误，岂第一人为手书，余为石刻耶？然总与太学石经，无与《中庸》、真草①《孝经》。《羊祜传》：皆赐秦桧，桧所请刊石者。十三年颁御书《孝经》、《周官》、《中庸》，羊祜传于天下州学，与闻喜宴所赐，赵𥖄老访求之旧本，皆是别有刻石。朱彝尊取证太学石经，则乾道所赐之《益稷》、淳熙所赐之《旅獒》，何所安置？《石刻铺叙》云：高宗亲御翰墨，作小楷以书《周易》、《尚书》、《毛诗》、《春秋左传》全帙，又节《礼记》《中庸》、《儒行》、《大学》、《经解》、《学记》五篇、章草②《语》、《孟》悉送成均。九月甲子，左仆射秦桧请镌石，以颁四方，卷末皆刊桧跋语。是又误以《礼记》五篇为桧请刻桧跋者。今《易》、《书》、《诗》、《春秋左氏传》为正书③，正吴讷所谓字形，仅比黄庭小楷法欲与争先驱者也。《中庸》为行书，字大倍之。章草《语》、《孟》字又倍于《中庸》，每碑皆四段，惟《中庸》一碑五段，《易》段五十有六行，行十有八字，《书》段四十有二

---

① 真草：书体名，真书和草书。

② 章草：草书的一种。笔画有隶书波磔，每字独立，不连写。

③ 正书：书体名。也叫楷书、真书。相传正书始于东汉王次仲，完备于三国魏钟繇。《法书要录》卷二引南朝梁庾元威《论书》："所学正书，宜以殷钧，范怀约为主，方正循纪，修短合度。"《宣和书谱·正书叙论》："在汉建初有王次仲者，始以隶字作楷法；所谓楷法者，今之正书是也。"朱自清《经典常谈·说文解字》："隶书方整，去了挑笔，又变为'正书'，这起于魏代。晋唐之间却称为'隶书'，而称汉隶为'八分书'。晋代也称为'楷书'。宋代又称为'真书'。正书本也是扁方的，到陈隋的时候，渐渐变方了。到了唐代，又渐渐长了。"

行，行十有七字，《诗》段四十有五行，字如《易》，《春秋左氏传》如《诗》，《论语》段二十有七行，《孟子》段二十有八行，行皆十有六字，《中庸》段四十行，行十有四字，《诗》、《论语》、《左传》末一碑俱存，皆有桧跋，跋语同，盖欲书《礼记》并刻于太学，而未及者也。重摹《中庸》无跋，末钤一小玺文，为御书之印，以桧跋，为吴讷捶去者，亦好事者之言，并无其事。光尧石经阁原建于太学西北隅，少帝㬎德祐间学废。元初西僧杨琏真伽欲取碑石垒塔，为杭州推官申屠致远力争而止。元末肃政廉访使徐琰改为西湖书院。明洪武十二年，即书院为仁和学。迨末年，复徙学于城隅之贡院，而石经亦舁致焉。龟趺螭首，十缺其半。宣德元年，侍御史吴讷属郡县收缉，凡得全碑及碎折者百片，置之大成殿后两庑。正德辛未，巡按张承仁欲迁置府学，学谕南宁李璧恳留而止。至戊寅，巡按宋廷佐卒迁之。时李已除任，无有能争之者。至崇祯末，廊圮乃嵌之壁中，为迁徙变置者五，其残坏散佚，皆由于此，非杨琏取之去也。盖徙学移碑于洪武，而修葺于宣德元年，二十余年不应败坏复修，必颠倒堆弃，未一置之所，其舆致时安得枚数次第之而无所遗邪？既杂于阶墄础石之剩，后之俗吏有阴为冯熙常伯夫之为而不自知者。**是石经之亡，亡于徙学，不亡于杨琏**。故吴讷、杨一清、于慎行、郎瑛诸记皆谓为申屠致远所遏而止，惟文征明跋有石经竟亦散落之语，而朱彝尊因之，无足取证。文征明之跋作于正德十二年，适值徙碑之时，而有前后断缺，无书人名氏语，只据残本，不考刻石，梼昧甚矣。然《万历杭州府志》载，杨一清记有赖廉访经，历申屠致远之力而止，然亦仅存其半矣。后改学为西湖书院，诸残碑实在焉之语，校石淙稿与《经义考》所载皆无之，为后人羼入无疑。杨一清记碑之数：图像十有五，赞八，《易》二，《书》七，《诗》十，《春秋》四十有八、《论》、《孟》、《中庸》十有九，表忠观诸碑十有四，凡百二十有三碑。朱彝尊跋碑之数：《易》二，《书》六，《诗》十有二，《中庸》一，理宗大书《御制序》四，《春秋左氏传》四十有八，阙其首卷，通计八十七碑，止七十三碑，而逸《论语》、《孟子》，及为《经义考》，始补《论语》七碑，《孟子》十一碑，九十一碑数不符，校杨一清记《书》损其一，《诗》盈其二，前所缺者，后不得复增，且《春秋左氏传》三十卷，隐公为一卷，今隐公六年至十一年一碑现存，隐二年碑亦存，特模糊耳，而云缺首卷者，妄言也。殆与跋五凤二年石为砖字同一缪。与今《易》二碑、《书》七碑、《诗》十碑（第五碑损一段）、《春秋》三十有九碑（碑全者二十三，缺一段者十二，缺半者四）、《论语》七碑、《孟子》十碑、《中庸》一碑，视杨一清记《书》亡一碑、《春秋左氏传》亡九碑、《论》、《孟》、《中庸》亡二碑，又亡十二碑矣，岂亦杨琏真伽取之耶？自移府学后，无转徙之事，则无亡理。及考作记于正德十二年秋七月，而碑徙于戊寅。戊寅，正德十三年也。盖记成于未徙之先，得据其数而书之，而不虞一徙之实复散佚之也。知宝护者犹至于斯。一二古物之留遗，尽澌灭官吏之手，其信然矣！故曰：碑亡于徙学……犹得几二十万言，虽不与一字石经遗文，只字同宝贵，然表章经术，亦考核者所当悉心浏览也。将装界幅藏之，因略为辨晰，并识其形模，数目如右。（下略）

孔广森

《清儒学案》卷一〇九《巽轩学案》：孔广森，字众仲，一字㧑约，号巽轩。孔子六十八代孙，袭封衍圣公传铎之孙。……先生乾隆辛卯进士，授翰林院检讨。年少入官，翩翩华胄，一时争与之交。然性恬淡，耽著述，裹足不与要人通谒。告养归，不复出。及居大母与父丧，竟以哀卒。时乾隆五十一年，年三十有五。先生聪颖特达，经史小学，沉览妙解。所学在《公羊春秋》，著《春秋公羊传通义》十一卷，于胡毋子都、董仲舒、何劭公条例，师法不坠。凡汉、晋以来治《春秋》者不下数百家，靡不综览。尝谓《左氏》旧学湮于征南，《穀梁》本义汩于武子，王祖游谓何休志通《公羊》，往往为《公羊》疢疾。其余啖助、赵匡之徒，又横生义例，不无承讹率臆。于是旁通诸家，兼采《左》、《穀》，择善而从。凡诸经籍义有可通于《公羊》者多著录之。其不同于《解诂》者，大端数事，详见《自序》中。谓《春秋》上本天道，中用王法，而下理人情。天道者，一曰时，二曰月，三曰日；王法者，一曰讥，二曰贬，三曰绝；人情者，一曰尊，二曰亲，三曰贤。此三科九旨，与何氏《文谥例》云，新周，故宋，以《春秋》当新王；所见异辞，所闻异辞，所传闻异辞；内其国而外诸夏，内诸夏而外夷狄者，斯为绝异。他如何氏所据间有失者，多所裨损，以成一家之言。先生于音韵之学独具神悟。尝谓幸生于陈季立、顾宁人之后，既已辨去叶音之惑，而识所指归，又有段氏《六书音均表》，藉得折衷诸家，即《唐韵》以为柢，指《毛诗》以为正。所著《诗声类》十二卷、《分例》一卷，推偏旁以谐众声，其字之同一偏旁，而《唐韵》误在他部，并为厘正。分古音为阳声九部、阴声九部，于对转之故、方音之殊疏通证明，略无疑滞。其后为古音之学者，分部虽各不同，而于先生偏旁条贯，莫能越焉。又著有《大戴礼记补注》十三卷、《序录》一卷、《礼学卮言》六卷、《经学卮言》六卷、《少广正负术内外篇》六卷、《骈俪文》三卷。（参阮元撰《传》、阮元撰《春秋公羊通义序》、阮元《小沧浪笔谈》、孙星衍撰《骈俪文序》、《诗声类》）

《清史稿·儒林二》：孔广森，字众仲，曲阜人，孔子六十八代孙，袭封衍圣公传铎之孙，户部主事继汾之子。乾隆三十六年进士，选翰林院庶吉士，散馆授检讨。年少入官，性淡泊，躭著述，不与要人通谒。告养归，不复出。及居大母与父丧，竟以哀卒，时乾隆五十一年，年三十五。广森聪颖特达，尝受经于戴震、姚鼐之门，经史、小学，沉览妙解。所学在《公羊春秋》，尝以左氏旧学湮于征南，《穀梁》本义汩于武子。王祖游谓何休志通《公羊》，往往为《公羊》疚病。其余啖助、赵匡之徒又横生义例，无当于经，唯赵汸最为近正。何氏体大思精，然不无承讹率臆。于是旁通诸家，兼采《左》、《穀》，择善而从，著《春秋公羊通义》十一卷、《序》一卷。凡诸经籍，义有可通于《公羊》者，多著录之。其不同于《解诂》者，大端有数事：谓古者诸侯分土而守，分民而治，有不纯臣之义，故各得纪年于其境内。而何劭公谓唯王者然后改元立号，经书元年为托王于鲁，则自蹈所云反传违戾之失。其不同一也。谓《春秋》分十二公而为三世：旧说"所传闻之世"，隐、桓、庄、闵、僖也；"所闻之世"，文、宣、成、襄也；"所见之世"，昭、定、哀也。颜安乐以为，襄公二十三年，邾娄、畀我来奔，云邾娄无大夫，此何以书？以近书也；又昭公二十七年，邾娄快来奔，传云邾娄无大夫，此何以书？以近书也。二文不异，同宜一世，故断自孔子生后即为"所见之世"，从之。其不同二也。谓桓十七年经无夏，二家经皆有夏，独《公羊》脱耳。何氏谓："夏者阳也，月者阴也，去夏者，明夫人不系于公也。"所不敢言。其不同三也。谓《春秋》上本天道，中用王法，而下理人情。天道者，一曰时，二曰月，三曰日。王法者，一曰讥，二曰贬，三曰绝。人情者，一曰尊，二曰亲，三曰贤。此三科九旨。而何氏《文谥例》云："三科九旨者，新周，故宋，以《春秋》当新王，此一科三旨也。"又云："所见异辞，所闻异辞，所传闻又异辞。二科六旨也。"又"内其国而外诸夏，内诸夏而外夷狄，是三科九旨也"。其不同四也。他如何氏所据，间有失者，多所裨损，以成一家之言。又**谓《左氏》之事详，《公羊》之义长，《春秋》重义不重事**，皆好学深思，心知其意。其为说能融会贯通，使是非之旨不谬于圣人，大旨见自序中。仪征阮元谓读其书，始知圣志之所在。又著有《大戴礼记补注》十四卷、《诗声类》十三卷、《礼学卮言》六卷、《经学卮言》六卷、《少广正负术内外篇》六卷。骈体兼有汉、魏、六朝、初唐之胜。江都汪中读之，叹为绝手。然广森不自足，作堂于其居，名曰"仪郑"，自庶几于康成。桐城姚鼐谓其将以孔子之裔传孔子之学，虽康成犹不足以限之。惜奔走家难，劳思夭年，不充其志，艺林有遗憾焉。

《清史列传·儒林传下一》：存目。①

阮元《儒林传稿》卷四《孔广森传》：孔广森，字众仲，又字巽轩，孔子六十八代孙，袭封衍圣公传铎之孙、户部主事继汾之子。(孔氏大宗支谱）乾隆三十六年进士，官翰林院检讨。年少入官，翩翩华胄，一时争与之交，然性恬淡，躭著述，裹足不与要人通谒。告养归，不复出及。居大母与父丧，竟以哀卒。(仪郑堂文序）时乾隆五十一年，年三十有五。(孔氏大宗支谱）广森聪颖特达，经史小学，沉览妙解，所学在《公羊春秋》。(仪郑堂文叙录）唐陆德明云："魏、晋以来，公羊久成绝学。"广森沉深解剥，著《春秋公羊传通义》十一卷，于胡毋子都、董仲舒、何劭公条例师法不坠。……其自序曰：昔我夫子有帝王之德，无帝王之位，又不得为帝王之辅佐，乃思以其治天下之大法，损益六代礼乐文质之经制，发为文章，以垂后世，而见夫周纲解弛，鲁道陵迟，攻战相寻，彝伦

① 见中华书局本第 17 册，第 5527~5529 页。

或熄，以为虽有继周王者，犹不能以三皇之象刑、二帝之干羽议可坐而化也，必将因衰世之宜，定新国之典，宽于劝贤，而峻于治不肖，庶几风俗可渐更，仁义可渐明，政教可渐兴。乌乎！托之《春秋》。**《春秋》之为书也，上通天道，中用王法，而下理人情**。不奉天道，王法不正。不合人情，王法不行。**天道者，一曰时，二曰月，三曰日。王法者，一曰讥，二曰贬，三曰绝。人情者，一曰尊，二曰亲，三曰贤**。此三科九旨既布，而壹裁以内外之异例，远近之异辞，错综酌剂，相须成体。凡传《春秋》者三家，粤惟公羊氏有是说焉。汉初，求六经于烬火之余，时则有胡毋子都、董仲舒，皆治《公羊春秋》，以其学鸣于朝廷，立于校官。董生授弟子嬴公，嬴公授眭孟，孟授东海严彭祖、鲁国颜安乐，各专门教授，由是公羊分为严颜之学。……愚以为，公羊家学独有合于《孟子》，乃若对齐宣王言小事，大则纪季之所以为善，对滕文公言效死勿去，则莱侯之所以为正，其论异姓之卿，则曹羁之所以为贤，论贵戚之卿，又实本于不言剽立以恶衎之义。且《论语》责辄以让国，而公羊许石曼姑围戚。今以曼姑拟皋陶，则与瞽叟杀人之对正若符契。故《孟子》最善言《春秋》，岂徒见税亩伯于阳两传文句之偶合哉？晋、唐以来，《公羊》、《穀梁》皆成绝绪，唯《左氏》不绝于讲诵。啖、赵横兴，宋儒踵煽，加以凿空悬拟，直出于《三传》之外者。浅识之士动为所夺，其訾毁《三传》，率摭拾本例，而肤引例不可通者，以致其诘。董生不云乎："《易》无达占，《诗》无达诂，《春秋》无达例。"夫唯有例，而又有不囿于例者，乃足起事同辞异之端，以互发其蕴。《记》曰："属辞比事，《春秋》之教也。"此之谓也。……广森又著《大戴礼记补注》十四卷、《诗声类》十三卷、《礼记卮言》六卷、《经学卮言》六卷、《少广正负术内外篇》六卷，又喜属文，著《仪郑堂骈丽文》三卷，江都汪中读之，叹为绝手。

凌廷堪《校礼堂文集》卷三十六《孔检讨诔并序》：存目。

江藩《国朝汉学师承记》卷六、李元度《国朝先正事略》卷三十五皆有传，存目。

孔广森《春秋公羊经传通义叙》：昔我夫子有帝王之德，无帝王之位，又不得为帝王之辅佐，乃思以其治天下之大法，损益六代礼乐文质之经胡，发为文章，以垂后世。而见夫周纲解弛，鲁道凌迟，攻战相寻，彝伦或熄，以为虽有继周王者，犹不能以三皇之象刑，二帝之干羽，议可坐而化也。必将因衰世之宜，定新国之典，宽于劝贤，而峻于治下，庶几风俗可渐更，仁义可渐明，政教可渐兴。乌乎托之？托之《春秋》。《春秋》之为书也，上本天道，中用王法，而下理人情，不奉天道，王法不正，不合人情，王法不行。天道者，一曰时，二曰月，三曰日。王法者，一曰讥，二曰贬，三曰绝。人情者，一曰尊，二曰亲，三曰贤。此三科九旨既布，而壹裁以内外之异例，远近之异辞，错综酌剂，相须成体。凡《春秋》者三家，粤唯公羊氏有是说焉。(下略)

孔广森《戴氏遗书总序》：东原先生姓戴氏，讳震，徽州休宁人也。学于古训，言行可法，以荐为《四库全书》纂修，赐庶吉士，春秋五十有五，乾隆丁酉五月二十七日疾卒。凡所著文章经义若干卷，叔父农部公，先生之昏因也，缀而刊之。广森常闻先生绪论，又感先生崇阐汉儒，而不终其志以没，乃为序曰：缅维乐游讲艺，访太傅于石渠，元日谈经，坐侍中于重席。时则玉羊既远，金虎初开，著学官者凡十四家，说稽古者成数万字。……君之入书局也，西京客史，夙善徐生，东观中文，遂分淹礼，乃取忠甫识误，德明《释文》，殚求豕亥之差，期复鸿都之旧，互相参检，颇有整齐。削康成长衍之条，退丧服厕经之传，为《仪礼正误》一卷。……且夫一阴一阳之为道，见仁见知之为性，通于六籍之为学，辨于万事之为理。谓理具灵台，则师智者得，谓学遗象罔，则悟寂者先。岂有略窥语录，便诩知天？解斥阳明，即称希圣？信洛党之尽善，疑孟氏之未醇，其说空空，其见小小。盖绎郑君生质之训，诵周雅教木之笺，所谓受中日天，秉彝攸好，孔提可按，汉学非伪，为《原善》一卷，《孟子字义疏证》三卷，《大学》、《中庸补注》各一卷。君之学术，此其大端欤？……呜呼！君之著书，可谓博矣！君之见道，可谓深矣！向使寿之以年，行其所志，下安轮于都尉，授梯几于鸿胪，雍宫未建，命曹褒以定仪，大予将成，诏宋登而持节，虽复辨卿讼阙，公羊未必能明，子骏移书，逸礼难其置立。（下略）

孔广森《诗声类序》：书有六，谐声居其一焉。偏傍谓之形，所以读之谓之声。声者，从其偏傍而类之者也。小学文字之书，以形为经者，莫善于《说文》，以声为经者，莫备于《唐韵》。夫去古日远，篆降而隶，隶降而楷，虽形犹失其本，况声之无所准者乎？今据《广韵》以上求汉、魏人诗歌铭颂，已合者半，否者半。据汉、魏人之文以上求三百篇，又合者半，否者半。虽然，所合与否，固皆有踪迹理络，可寻而复也。《唐韵》二百六部，盖本于隋陆法言等数人之所定。其意大率斟酌消息，使通乎今，不赅乎古。古者读灰近皆，后世读灰近咍，《切韵》则厕灰于皆、咍之间而两别之。古者读庚入唐，后世读庚入耕，《切韵》则厕庚于唐、耕之间而两别之。既分占、侯、虞之属为二，而侯未敢混于尤，虞未取混于模。其他冬、钟、覃、谈、先、仙、萧、宵之界，莫不各有意义。迨唐功令以词赋取士，病其部狭律严，一切同用，而声学始讹矣。是故知萧、宵之不可并，而后知古音萧本幽之类也；宵则肴、豪之类也；知先、仙之不可并，而后知古音先与真、谆、臻、文、殷、魂、痕为一类，仙与元、寒、桓、删、山为一类；知覃、谈之不可并，而后知侵、覃、凡为一类，谈、盐、添、咸、衔、严自为一类；知冬、钟之不可并，而后知钟、江为一类，冬自为一类；知侯、虞之不可分，而后知虞与鱼、模两类之辨；知唐、庚之不可分，而后知庚与耕、清、青两类之辨；知灰不可离皆合咍，而后知咍类于之也，知灰类于脂、微、齐也，又知其各与支、佳不相类也。窃尝基于《唐韵》，阶于汉、魏，跻稽于二《雅》、三《颂》、十五国之《风》而释之，而审之，而条分之，而类聚之，久而得之。有本韵，有通韵，有转韵。通韵聚为十二，取其收声之大同；本韵分为十八，乃又剖析于敛侈、清浊毫厘纤眇之际。曰元之属，耕之属，真之属，阳之属，东之属，冬之属，侵之属，蒸之属，谈之属，是为阳声者九；曰歌之属，支之属，脂之属，鱼之属，侯之属，幽之屑，宵之属，之之属，合之属，是为明声者九。此九部者，各以阴阳相配，而可以对转。其用韵疏者，或耕与真通，支与脂通，蒸、侵与冬通，之、宵与幽通；然所谓通者，非可全部混淆，间有数字借协而已。至于入声，则自缉、合等闭口音外，悉当分隶自支至之七部，而转为去声。盖入声创自江左，非中原旧读。其在《诗》曰“参差荇菜，左右笔之，窈窕淑女，钟鼓乐之”，初不知哀乐之“乐”当入声也。《离骚》曰“理弱而媒拙兮，恐导言之不固，时溷浊而嫉贤兮，好蔽美而称恶”，初不知美恶之“恶”当入声也。昔周舍举“天子圣哲”以晓梁武帝，帝雅不信用。沈约作《郊居赋》以示王筠，读至“雌霓连蜷”句，常恐筠呼“霓”为“倪”，是则江左文人尚有不知入声者，况可执以律三代之文章哉？自沈氏释《诗》，颜氏注《汉书》，多有合韵音某；至吴才老大畅叶音之说而作《韵补》。要其谬有三：一者，若“庆”之读“羌”，“皮”

之读“婆”，此今音讹，古音正，而不得谓之叶；二者，古人未有平声、仄声之名，一东、三钟之目，苟声相近，皆可同用，而不必谓之叶；三者，凡字必有一定之部类，岂容望文改读，漫无纪理，以至《行露》“家”字二章音“谷”，三章音“公”，《驺虞》之“虞”，首章“五加反”，次章“五红反”，抑重可嗤已！广森学古音，幸生于陈季立、顾宁人二君子之后，既已辨去叶音之惑，而识所指归；近世又有段氏《六书音均表》出，藉得折衷诸家，从其美善。若之、止、志收尤、有、宥之半，模、姥、暮收麻、马、祃之半，歌、哿、个收支、纸、寘之半，耕、耿、诤收庚、梗、映之半，昔入于陌，锡入于麦，而别以其半归于沃、药，顾氏得之矣。真、元之列为二，支、脂、之之列为三，幽别于宵，侯别于幽，而复别于鱼，皆段氏得之矣。至乃通校东韵之偏傍，使冬割其半，钟、江通其半，故《大明》、《云汉》诸篇虽出入于蒸、侵，而不嫌其泛滥，分阴分阳，九部之大纲；转阳转阴，五方之殊音，则独抱遗经，研求豁悟。于“思我小怨”，“只自底兮”，“肆戎疾不殄”等，向之不可得韵者，皆一以贯之，无所牵强，无所疑滞。诚虑罕发于前闻，沿疑于后进，知此者稀，倘昭所尤，辄复旁引博验，疏通证明。即《唐韵》以为柢，指《毛诗》以为正，所因所革，总而录之。窃取李登《声类》之名，以名是编。盖文字虽多，类其偏傍，不过数百。而偏傍之见于《诗》者，固已什举八九。苟不知推偏傍以谐众声，虽遍列六经、诸子之韵语，而字终不能尽也。故左方载《诗》所见字而止，有信愚说者，触类而长之，观其会通焉，可矣。①

孔广森《礼学卮言跋》：**广森窃见郑君注官礼多引汉法，以况周事，贾氏皆略而不说，或说之而反致乖错，良由治经者专习笺训，鲜复旁涉史籍。昔颜之推讥博士不知汉有韦玄成，魏有王粲，亦学古之病也。**每紬两汉纪传及卫宏、应劭之书，时与注事足相证明。盖王氏《汉制考》、惠氏《周礼古义》多已征引矣。然犹拾其遗，余得若干事，辄识录之，补二家之阙焉。贾疏《仪礼》疏陋相同，公食大夫注所谓羹胾中别所谓左酒右浆皆用《弟子职》成句，而疏昧其所出，《冠礼》注假吏，则《苏武传》有之，鞬丸则《南匈奴传》有之，《丧服注》南阳有邓缌，邓者，南阳县名，故《南都赋》曰穰橙邓橘，疏以为邓氏所作布，若此之类，亦望文强解，附会失之者也。唐世古学全湮，若《仪礼》古今文之殊，《周礼》故书之异字，杜、郑之异读，乃古音古训，小学遗绪，疏既忽焉不讲，《释文》亦莫能发明。**商子有言：“先圣人为书而传之，后世必师受之，乃知所谓之名不师受之，而人以其心意议之，至死不能知其名与其意。”蒙生今日虽有志于郑学，师受云乎？意议云乎？**

阮元《揅经室集》一集卷十一《春秋公羊通义序》：昔孔子成《春秋》，授予子夏，所谓“以《春秋》属商”是也。子夏口说以授公羊高，高五传至汉景帝时，乃与齐人胡毋生，始著竹帛。其后有严彭祖、颜安乐两家之学，宣帝为之立博士。故公羊之学，两汉最胜，虽刘歆、郑众、贾逵谓“《公羊》可夺，《左氏》可兴”，而终不能废也。然说者既多，至有倍经任意者。任城何君起而修之，覃精竭思，闭门十有七年乃有成书，略依胡毋生条例，而作《解诂》，学者称精奥焉。六朝时何休之学犹盛行于河北，厥后《左氏》大行，《公羊》几成绝学矣。我朝经术昌明，超轶前代，诸儒振兴，皆能表章六经，修复

① 见《巽轩孔氏所著书》卷二十七。

古学，而曲阜圣裔孔巽轩先生，思述祖志，则从事于《公羊春秋》者也。先生幼秉异资，长通绝学，凡汉、晋以来之治《春秋》者不下数百家，靡不综览。尝谓，《左氏》旧学，湮于征南，《穀梁》本义，汩于武子；王祖游谓何休志通《公羊》，往往为公羊疚病，其余啖助、赵匡之徒，又横生义例，无当于经，唯赵汸最为近正；何氏体大思精，然不无承讹率臆。于是旁通诸家，兼采《左》、《穀》，择善而从，撰《春秋公羊通义》十一卷、《序》一卷，凡诸经籍义有可通于《公羊》者，多著录之。其不同于《解诂》者，大端有数事焉。谓古者诸侯分土而守，分民而治，有不纯臣之义，故各得纪年于其境内。而何邵公猥谓唯王者然后改元立号，经书元年为托王于鲁，则自蹈所云，反传递戾之失矣。其不一也。谓《春秋》分十二公而为三世，旧说所传闻之世，隐、桓、庄、闵、僖也，所闻之世，文、宣、成、襄也，所见之世，昭、定、哀也。……其不同二也。谓桓十七年，经无夏，二家经皆有夏，独《公羊》脱耳。何氏谓夏者阳也，月者阴也，去夏者，明夫人不系于公也，所不敢言。其不同三也。**谓《春秋》上本天道，中用王法，而下理人情。天道者，一曰时，二曰月，三曰日；王法者，一曰讥，二曰贬，三曰绝；人情者，一曰尊，二曰亲，三曰贤。此三科九旨**。而何氏《文谥例》云："三科九旨者，新周，故宋，以春秋当新王，此一科三旨也。"又云："所见异辞，所闻异辞，所传闻又异辞，二科六旨也；又内其国而外诸夏，内诸夏而外夷狄，是三科九旨也。"其不同四也。他如何氏所据间有失者，多所裨损，以成一家之言。又谓《左氏》之事详，《公羊》之义长，《春秋》重义不重事。是可谓好学深思，心知其意者矣。故能融会贯通，使是非之旨不谬于圣人，岂非至圣在天之灵，惧《春秋》之失旨，笃生文孙使明绝学哉！元为圣门之甥，陋无学术，读先生此书，始知圣志之所在，因敬叙之。

阮元《揅经室一集》卷十一《孔检讨广森大戴礼记补注序》：**今学者皆治《十三经》，至兼举"十四经"之目，则《大戴礼记》宜急治矣**。《夏小正》为夏时书，《禹贡》惟言地理，兹则言天象与《尧典》合，《公冠》、《诸侯遥庙》、《衅庙》、《朝事》等篇足补《仪礼》十七篇之遗，《盛德》、《明堂》之制为《考工记》所未备，《孔子三朝》记《论语》之外，兹为极重，《曾子》十篇，儒言纯粹，在《孟子》之上，《投壶》仪节较《小戴》为详，《哀公问》字句较《小戴》为确，然则此经宜急治审矣。顾自汉至今，惟北周卢仆射为之注，且未能精备。自是以来，章句溷淆，古字更舛，良可慨叹。近时戴东原庶常、卢绍弓学士相继校订，蹊径渐辟。曲阜孔编修巽轩乃博稽群书，参会众说，为注十三卷，使二千余年古经传复明于世，用力勤而为功巨矣。(下略)

姚鼐《惜抱轩文集》卷十四《仪郑堂记》：……曲阜孔君㧑约，博学工为词章，天下方诵以为善。㧑约顾不自足，作堂于其居，名之曰仪郑，自庶几于康成，遗书告余为之记。㧑约之志，可谓善矣。昔者圣门颜、闵无书，有书传者或无名。盖古学者为己而已。以㧑约之才，志学不怠，又知足知古人之善，不将去其华而取其实，据其道而涵其艺，究其业而遗其名，岂特词章无足矜哉，虽说经精善犹未也。以孔子之裔，传孔子之学，世之望于㧑约者益远矣。虽古有贤如康成者，吾谓其犹未足以限吾㧑约也。乾隆四十五年春二月，桐城姚鼐记。

杨向奎《清儒学案新编·巽轩学案》：巽轩聪颖特达，于当时显学，无所不窥，经史，小学，《公羊春秋》都成大家，于音韵之学，更具神悟。尝言幸生陈季立、顾宁人之后而识所指归，又有段氏之《六书音均表》得以折衷诸家，即《唐韵》以为柢，即《毛诗》以为正。所著《诗声类》十二卷，分例一卷，推偏旁以谐众声，其字之在同一偏旁，而《唐韵》误在它部，并为订正，分古音为阳声九部，阴声九部。……庄存与在当时虽然是首倡《公羊》学的经师，但他并没有找到《公羊》学的思想核心，由汉末何休总结的《公羊》义法。稍后，刘逢禄、孔广森都是找到这种思想的学者，但他们理解不同。在《公羊》学的发展史上，孔、刘时代，使《公羊》学的思潮达到一个新的高峰，而凌曙、陈立未能发挥，使之降为低谷。龚、魏属于偏峰，非《公羊》正统。继起的廖平、康有为遂使《公羊》学发扬光大，处于巅峰。民国以来，公羊学再不能与政治结合，走向学术，因托古说变为疑古，遂有顾颉刚老师之疑古派，而古史辨派产生。①

① 见杨向奎《清儒学案新编》第四册，第82~86页。

孔广林

桂文灿《经学博采录》卷五：孔幼髯，名广林，字丛伯，山东曲阜廪贡生。署太常寺博士，博雅好古，治经专治郑学。著有《周礼臆测》七卷、《仪礼臆测》十八卷、《吉凶服名用篇》七卷、《禘祫觿解篇》一卷、《明堂亿》一卷、《士冠礼笺》一卷、《通德郑氏遗书所见录》七十二卷、《延恩集》一卷、《幼髯韵语录存》一卷、外集一卷、《温经楼游戏翰墨》二十卷，共一百三十二卷，凡四十四万五千余言。年二十六，即绝意进取，闭门著述。阮文达尝谓海内治经之士无其专勤云。年七十余卒。博士，巽轩检讨之兄也。检讨之学出于博士。检讨弱冠成进士，官翰林，而博士仅摄世官。检讨所著《公羊通义》、《大戴礼记补注》、《礼学经学卮言》著录《皇清经解》，风行宇内；所著《诗声类》、《少广正负术》、《仪郑堂诗文稿》亦久经刊行。而博士所著书以卷帙浩繁，屡刊不成，惟一二藏书之家存其稿本，不绝如线。检讨之子名昭虔，字符敬，号荃溪，早成进士，入翰林，历官至贵州布政使，屡掌文衡，爱士若渴，博通经史，能读父书。而博士之子不显，何事事相殊若此。岂检讨年仅三十五，而博士寿考康强，此独擅五福之首，故诸福为之贬损欤？然儒者苟盛业不朽，修短又所不计也。陈恭甫《五经异义疏证》征引博士之说甚多，盖郑氏遗书所见录中语也，今酌录之，以觇梗概。……博士有从叔名继涵，字体生，又字补孟，号荭谷，别号南洲，乾隆辛卯成进士，官户部主事。早岁告归，奉母著书，于天文、地志、经学、小学、算学之书无不博综而详考之，所著有《考工车度记》、《补林氏考工记》、《解勾股粟米法》、《释数同度记》各一卷，《水经释地》八卷、《红榈书屋诗文集》六卷、《斫冰词》三卷，遇罕传之本，必为之校刊，所刻《微波榭丛书》有《五经文字》、《九经字样》、《算经十书》、杜预《春秋长历》、《春秋土地名》、赵汸《春秋金锁匙》、宋庠《国语补音》、赵岐《孟子注》、《休宁戴氏遗书》共若干卷，交游遍天下，尤与戴东原庶常、卢召弓、翁覃溪两学士相善，讲析考证，不遗余力，惜年四十五而卒。壬子之秋，予获交博士从孙绣山舍人于京师，稔知博士之学，并闻舍人。云博士遗书稿本藏于家，汉阳叶润臣舍人曾录其副。（下略）

邵晋涵

《清儒学案》卷九十八《南江学案》：南江之学，贯通甲乙，卢牟撰著，都成一家之言。虽丛残掌录，亦必义密语详，多可启发。章实斋氏谓其以博洽见称，而不知其难在守约；以经训行世，而不知其长乃在史；以汉诂推尊，而不知宗主乃在宋学。足尽之矣。(下略)

《清史稿·儒林二》：邵晋涵，字二云，余姚人。乾隆三十六年进士，归班铨选，会开四库馆，特诏征晋涵及历城周永年、休宁戴震、仁和余集等入馆编纂，改翰林院庶吉士，授编修。四十五年，充广西乡试正考官。五十六年，大考①，迁左中允②。擢侍讲学士，充文渊阁直阁事、日讲起居注官。晋涵左目眚，清羸。善读书，四部、七录，靡不研究。尝谓《尔雅》者，六艺之津梁，而邢疏浅陋不称；乃别为正义二十卷，以郭璞为宗，而兼采舍人、樊、刘、李、孙诸家，郭有未详者，摭他书附之。自是承学之士，多舍邢而从邵。尤长于史，以生在浙东，习闻刘宗周、黄宗羲诸绪论，说明季事，往往出于正史之外。在史馆时，见《永乐大典》采薛居正《五代史》，乃荟萃编次，得十之八九，复采《册府元龟》、《太平御览》诸书，以补其缺；并参考《通鉴长编》、诸史及宋人说部、碑碣，辨证条系，悉符原书一百五十卷之数。书成，呈御览，馆臣请仿刘昫《旧唐书》之例，列于“廿三史”，刊布学宫，诏从之。由是薛史与欧阳史并传矣。尝谓《宋史》自南渡后多谬，庆元之间褒贬失实，不如东都有王称《事略》也。欲先辑《南都事略》，使条贯粗具，词简事增，又欲为赵宋一代之志，俱未卒业。其后镇洋毕沅为《续宋元通鉴》，嘱晋涵删补考定，故其绪余稍见于审正《续通鉴》中。晋涵性狷介，不为要人屈。尝与会稽章学诚论修《宋史》宗旨，晋涵曰：**“宋人门户之习，语录庸陋之风，诚可鄙也。然**

---

① 大考：清制翰林、詹事的升职考试。凡詹事府少詹事以下，翰林院侍读学士以下，每十年左右，临时宣布召集考试。考试结果分四等，分别予以超擢、升阶、罚俸、降调、休致、革职。

② 中允：官名。汉置，太子官属，又称中盾。南朝宋齐称中舍人。唐贞观复改为中允，属詹事府，掌侍从礼仪，驳正启奏，并监药及通判坊局事。清末废。

其立身制行，出于伦常日用，何可废耶？士大夫博学工文，雄出当世，而于辞受取与、出处进退之间，不能无箪豆①万钟之择。本心既失，其他又何议焉！此著《宋史》之宗旨也。”学诚闻而耸然。他著有《孟子述义》、《穀梁正义》、《韩诗内传考》，并足正赵岐、范宁及王应麟之失，而补其所遗。又有《皇朝大臣谥迹录》、《方舆金石编目》、《輶轩日记》、《南江诗文稿》。嘉庆元年，卒，年五十有四。

《清史列传·儒林传下一》：存目。②

钱大昕《潜研堂集》文集卷四十三《日讲起居注官翰林院侍讲学士邵君墓志铭》：嘉庆纪元之春，余姚邵君二云自左庶子擢翰林院侍讲学士，兼文渊阁直阁事。君以懿文硕学，知名海内，及被召入四库馆，总裁倚为左右手，朝廷大著作，咸预讨论，每经进书籍，九重未尝不称善。回翔清署二十有余年，至是始转四品，乃以编书积劳成疾。疾且愈矣，医者误投药，遂不起，实六月十五日，春秋五十有四。讣至吴下，予为位哭之恸。因忆乙酉秋，予奉命典试浙右，靳取奇士不为俗学者，君名在第四，五策博洽冠场，佥谓非老宿不办。及来谒，才逾弱冠，叩其学，渊乎不竭，予拊掌曰：“不负此行矣！”越六年，礼部会试第一，赐进士出身。乾隆三十八年，有诏编次四库书，思得如刘向、扬雄者用之，宰相首以君名入告。召赴阙，除翰林院庶吉士，充纂修官，逾年，授编修。久之，御试翰詹诸臣，君名列二等，迁右中允，四转而至今。职尝预修《国史》、《万寿盛典》、《八旗通志》，校勘石经《春秋》“三传”，由文渊阁校理进直阁事，充日讲起居注官，总裁咸安宫官学，提调《国史》。典乡试者一，教习庶吉士者再，阶由儒林郎至中议大夫。君少多病，左目微眚，清羸如不胜衣，而独善读书，数行俱下，寒暑舟车，未尝顷刻辍业，于四部、七录无不研究，而非法之书弗陈于侧。尝谓**《尔雅》者，六艺之津梁**，而邢叔明疏浅陋不称，乃别为正义，以郭景纯为宗，而兼采舍人、樊、刘、李、孙诸家，郭有未详者，摭它书补之，凡三四易稿而始定。今承学之士多舍邢而从邵矣。自欧阳公《五代史》出，而薛氏旧史废，独《永乐大典》采此书，君在馆会粹编次，其阙者采《册府元龟》诸书补之，由是薛史复传人间。予尝论《宋史》纪传，南渡不如东都之有法，宁宗以后又不如前三朝之粗备，微特事迹不完，即褒贬亦失实。君闻而善之，乃撰《南都事略》以续王称之书，词简事增，过正史远甚。毕尚书沅续《宋元通鉴》，常就君商榷，辄叹曰：“今之道原、贡甫也！”君生长浙东，习闻蕺山、南雷诸先生绪论，于明季朋党奄寺乱政及唐、鲁二王起兵本末，口讲手画，往往出于正史之外。自君谢世，而南江文献无可征矣。君所著又有《孟子述义》、《穀梁正义》、《韩诗内传考》、《皇朝大臣谥迹录》、《輶轩日记》，皆实事求是，有益于学者。……铭曰：浩浩南江，导源岷山。厥生名儒，特立绝群。**阳明以功，梨洲以文。虽与参之，其在二云**。名冠南宫，书校东观。**为真学士，为良史官**。槐鼎何慕，竹帛常尊。著书满家，自信千年。古三不朽，言其一焉。沟浍易涸，视此原泉。

王昶《春融堂集》卷六十《翰林院侍讲学士充国史馆提调官邵君墓表》：学士邵君之

① 箪豆：犹言箪食豆羹。明李东阳《化州同知杨公传》：“苟纵意恣欲，箪豆无所择，而望其赴难徇义蹈死而不顾，恶有是理哉！”清刘大櫆《祭顺天府丞余公文》：“世称清士，箪豆区区。公之自处，惟有屋庐。”

② 详见中华书局本第17册，第5226~5527页。

卒也，卿大夫相与悼于朝；汲古通经、博闻宏览之儒，相与恸于野。而大臣之领国史者，迄今尤咨嗟太息，重惜其亡。**盖国家最重史职，选于翰詹诸臣中品诣学问最著者充之，而以提调为其长，每作传，必据实录、起居注及内阁红本、皇史宬副本，合采事实，敬谨载笔；其稗篇丛说，不得而杂入之，庸以昭信于后世。**而君以文望在史局者十余年，咸以为魏儋、韦述之比。每有进御，天子尝为嘉奖，故大臣相倚如左右手，君洵为史才之良矣。（下略）

洪亮吉《卷施阁文甲集》卷九《邵学士家传》：……岁癸巳，诏特开《四库全书》馆，校勘《永乐大典》，时上方崇奖实学，思得如刘向、扬雄者任之，于是大学士刘公统勋以君名首荐，遂特旨改庶吉士，充纂修官。逾年，授职编修。岁辛亥，御试翰詹，君名列二等，擢左春坊左中允，迁侍讲，转补侍读，历左庶子、翰林院侍讲学士、日讲起居注官，皆兼文渊合校理，历充咸安宫总裁、《万寿盛典》、《八旗通志》、国史馆、《三通》馆纂修官，又为国史馆提调官，兼掌进拟文字，一为广西主考官，两充教习庶吉士，覃恩历加中议大夫。此君之所历职也。君体素羸，又兼诸馆，晨入暮出，复以其暇授徒自给，执经者尝林立以待，前后著录弟子至数百人，由是体益不支。今年三月，感寒疾，医误投剂，遂剧，竟以六月二十五日卒于邸第，年仅五十有四。卒之日，语笑如平时，人有乞为志传未及成者，检箧中稿，付次子秉华，遂从容就席而瞑，可谓神明不乱者矣。生平至性过人，居教谕君及赠君暨恭人之丧，皆哀毁骨立，过时犹思慕不置。伯兄履涵早卒，前一岁，君以其未葬，特遣子秉恒归，为营冢穴，以是秉恒不及视君含敛。性和易，与辈流交，皆终始如一。谈古今事，虽坐起数十，娓娓不倦，卒未尝以所能骄人。惟有以非义干者，不待语竟，即拂衣起，人以是严惮之。于学无所不窥，而尤能推求本原，实事求是。盖自元、明以来，儒者务为空疏无益之学，六书训诂，屏斥不谈，于是儒术日晦，而游谈坌兴。虽间有能读书如杨慎、朱谋玮者，非果于自用，即安于作伪，立论往往不足依据。迨我国家之兴，而朴学始辈出，顾处士炎武、阎征君若璩首为之倡，然奥窔未尽辟也。乾隆之初，海宇乂平，已百余年，鸿伟傀特之儒接踵而见，惠征君栋、戴编修震，其学识始足方驾古人。**及四库馆之开，君与戴君又首膺其选，由徒步入翰林，于是海内之士知向学者，于惠君则读其书，于君与戴君则亲合其绪论，向之空谈性命及从事帖括者，始骎骎然趋实学矣。夫伏而在下，则虽以惠君之学识，不过门徒数十人止矣。及达而在上，其单词只义，即足以歆动一世之士。则今之经学昌明，上之自圣天子启之，下之即谓出于君与戴君讲明切究之力，无不可也。**君于经深《三传》、《尔雅》，成进士以后，未入馆以前，以宋邢昺疏义芜浅，遂别为《尔雅正义》一书。亮吉始识君，与同客安徽学使者署，见君一字未定，必反复讲求，不归于至当不止……而亮吉等急叹以为绝识者也。服官后，又为《孟子述义》、《榖梁古注》、《韩诗内传考》，并足正赵岐、范宁及王应麟之失，而补其所遗。君又病《宋史》是非失实，且久居山阴、四明之间，习合里中诸老先生绪言，遂创为《南都事略》一编。君尝谓人曰："南宋诸传，最无理法。其稿创于袁桷。桷与史氏中外，故于甬东诸人多乡曲之私。"今读南宋诸杂史及桷《清容集》，君说信然。熟精前明掌故，每语一事，辄亟称刘先生宗周、黄处士宗羲，盖君史学所本，而又心仪其人，欲取以为法者也。外又有《方舆金石编目》、《皇朝大臣谥法录》，《輶轩日纪》、《南江文稿》、《南江诗稿》等。若奉命校秘阁书，如薛居正《五代史》等，皆君一手勘定。分校石经，君职《春秋》"三传"，所正字体亦校他经独多。生平为文，操笔立就，有大述作，咸出君手。其冲和渊懿，奥衍奇古，则又君之学为之也。君于国史当有专传。今公子秉恒、秉华等，以亮吉尚足知君，乞先为家传，以缀君行事。亮吉与君交几三十年，于词馆为后进，凡值校雠之役，如国史、石经等，亦无不与君偕，即集中唱酬之作，亦惟亮吉为多，用是不敢辞，而为之条系如左，俾他日志经籍、传儒林者有所采择焉。

钱泳《履园丛话》卷六《二云学士》：邵二云先生名晋涵，余姚人。乾隆辛卯科会元。五十七年，余初入京师，谒见先生于横街寓第，时官翰林侍讲，为人朴野①，德行恂恂②，今之召伯春也，而经学之修明，文章之通达，实鲜其匹。是时萧山王南陔中丞尚为秀才，常在先生坐中遇之，剧谈古今，每至竟日。所著《尔雅正义》，可补邢昺之陋略。又有《公羊传》、《孟子义疏》诸书，未传于世。

章学诚《邵与桐别传》：余姚邵氏既殁（贻选按：先师讳晋涵，字与桐，号二云。乾隆乙酉科举人，辛卯恩科进士，征入四库馆纂修，除翰林院庶吉士，散馆授编修。辛亥大考，迁左中允，历侍讲侍读，久之，转侍讲学士，充日讲起居注官，预修国史、《万寿盛典》、《八旗通志》、校勘石经《春秋》“三传”，由文渊阁校理进直阁事、咸安宫官学总裁、国史馆提调，庚子科广西正考官、丁未科庚戌教习庶吉士，生乾隆八年癸亥，卒嘉庆元年丙辰，年五十四。祖向荣，康熙壬辰科进士，父佳鈗，增广生，传文略而不载，盖别传体也，今补注备考），名流多为述述碑志，余自度文笔未足抗也。邵氏弟子大兴朱锡庚屡书促责余为文，谓余有一二知深，宜不可默。余谊不敢辞，然君卒数年矣，余屡就其家求其遗书坠绪，庶几征余所知，乃竟不可得。今目废不能书，疾病日侵，恐不久居斯世。苟终无一言，不特负死友于九原，亦且无以报锡庚之责。口授大略，俾儿子贻选书之。贻选固尝受学于君者也。辞义未备，或稍资补注焉。昔史迁著书，自命《春秋》经世，实本董氏天人性命之学，渊源甚深。班氏而下，其义微矣。……**南宋以来，浙东儒哲讲性命者多攻史学，历有师承。宋、明两朝，纪载皆稿荟于浙东，史馆取为衷据，其间文献之征，所见所闻，所传闻者，容有中原耆宿不克与闻者矣。**邵氏先世多讲学，至君从祖廷采，善古文辞，著《思复堂文集》，发明姚江之学，与胜国遗闻轶事，经纬成一家言，蔚然大家，惜终老诸生，其书不显于世，事详大兴朱先生筠所撰墓表。……君宿慧英敏，自童子塾时，读书无难易，三数过即终身不忘。稍长，益涉猎，博闻强识，见者惊犹鬼神。乾隆三十年乙酉始举于乡，期集京师，都士争求识面。辛卯礼部会试第一，赐第罢归。会四库馆开，特诏征君，与历城周永年、休宁戴震等五人入馆编校，授职翰林，天下荣之，君自视泊如也。君之于学，无所不通，然亦以是累志广猝，不易裁见。大兴朱先生则曰：“经训之荒久矣，雅疏尤芜陋不治。以君之奥博，宜与郭景纯氏先后发明，庶几嘉惠后学。”君由是殚思十年，乃得卒业，今所传《尔雅正义》是也。然君才尤长于史，自其家传乡习，闻见迥异于人。**及入馆阁，肆窥中秘，遂如海涵川汇，不可津涯。**当辛卯之冬，余与同客于朱先生安徽使院时，余方学古文辞于朱先生，苦无藉手，君辄据前朝遗事，俾先生与余各试为传记，以质文心。其有涉史事者，若表志记注、世系年月、地理职官之属，凡非文义所关，覆勘皆无爽失，由是与余论史契合隐微。余著《文史通义》，不无别识独裁，不知者或相讥议。君每见余书，辄谓如探其胸中之所欲言，间有乍闻错愕，俄转

① 朴野：质朴，不文饰，不矫饰。

② 恂恂：温顺恭谨貌。《后汉书·召驯传》：“德行恂恂召伯春。”

为惊喜者，亦不一而足。以余所知解，视君之学，不啻如稊米之在太仓，而君乃深契如是，古人所称昌歜之嗜，殆有天授，不可解耶？**方四库征书，遗书秘册，荟萃都下，学士侈于闻见之富，别为风气，讲求史学，非马端临氏之所为整齐类比，即王伯厚氏之所为考逸搜遗。是其研索之苦，襞绩之勤，为功良不可少，然观止矣。至若前人所谓决断去取，各自成家，无取方圆求备，惟冀有当于春秋经世，庶几先王之志焉者，则河汉矣。**余尝语君：“**史学不求家法，则贪奇嗜琐，但知日务增华，不过千年，将恐大地不能容架阁矣。**”君抚膺叹绝，欲以斯意刊定前史，自成一家。时议咸谓前史榛芜，莫甚元人三史，而措功则《宋史》尤难。君遂慨然自任。……尝据宋事与史策流传大违异者凡若干条，燕闲屡为学者言之。……识者知君笔削成书，必有随刊疏凿之功，蔚为艺林巨观，讵知竟坐才高嗜博，官程私课，分功固多，晚年日月益促，又体羸善病，人事蹉跎其间，遂致美志不就，淹忽下世。以数百年闻丛见集，若将有待以大其成者，一旦散失，不可复聚，不特君之不幸，亦斯文之厄也。(下略)

阮元《儒林传稿》卷三、《两浙輶轩录》卷三十一、江藩《国朝汉学师承记》卷六、钱林《文献征存录》卷八、李元度《国朝先正事略》卷三十五、张维屏《国朝诗人征略》卷四十三、《晚晴簃诗汇》卷九十四皆有传，存目。

阮元《揅经室二集》卷七《南江邵氏遗书序》：余姚翰林学士邵二云先生，以醇和廉介之性，为沈博邃精之学，经学、史学，并冠一时，久为海内共推，无俟元之缕述矣。岁丙午，元初入京师，时前辈讲学者，有高邮王怀祖、兴化任子田，暨先生而三，元咸随事请问，捧手有所授焉。**先生本得甬上姚江史学之正传，博闻强记，于宋、明以来史事最深，学者唯知先生之经，未知先生之史也。**于经则覃精训诂，病邢昺《尔雅疏》之陋，为《尔雅正义》若干卷，发明叔然、景纯之义，远胜邢书，可以立于学官。**在四库馆与戴东原诸先生编缉载籍，史学诸书多由先生订其略，其提要亦多出先生之手。**先生又曾语元云：“《孟子疏》僻而陋，今亦再为之。《宋史》列传多讹，欲删传若干，增传若干。”顾皆未见其书。今先生久卒，于官所著书惟《尔雅注疏》先已刊行，今令子秉华等复刊《南江札记》四卷，《南江文抄》若干卷，次第皆成。尚有《南江诗抄》十卷、《韩诗内传考》一卷、《旧五代史考异》、《宋元事鉴考异》、《大臣谥迹录》、《方舆金石编目》若干卷未刊，将次第刊之，以贻学者。元既心折于先生之学行，又喜获交于令子秉华，能辑先生之书，俾元受而读之，得闻先生未罄之绪论也。谨记数言，以谂同学者。

邵晋涵《南江文抄》卷五《尔雅正义序》：上古结绳为治，后世圣人易之以书契，百工以乂，万品以察，由是成命百物，序三辰以固民。至于成周，文章大备，训诂日滋，元圣周公始作《尔雅》，以观政辩言。周室既衰，群言淆乱，折衷至圣，六艺以彰。七十子之徒发明章句，增成其义，传《尔雅》三篇。其为书也，重辞累言，而意旨同受，依声得义，而假借相成。宫室器用之度，岁时星辰之行，州野山川之列，草木虫鱼鸟兽之散殊，或因事以为名，或比类以合谊，其事则睹指而可识，其形则随象而可见。通贯六书，发挥六艺，聚类同条，杂而不越。敷绎圣训，则天地万物之情著矣。扬于王廷，则宣教明化之用远矣。汉初，经始萌芽，《尔雅》尝立博士。厥后，“五经”并立，其业益显。通才达儒，依于《尔雅》，传释典艺，沉潜乎训诂，洞彻其指归，故用日少而畜德多，三十而“五经”立矣。魏、晋以降，崇尚虚无，说经者务为凿空凭臆，违离道本，《尔雅》之学殆将废坠。**唯郭景纯明于古文，研核小学，择撢群艺，博综旧闻，为《尔雅》作注，援据经传，以明故训之隐滞，旁采谣谚，以通古今之异言。制度则准诸礼经，薮泽则测其地望，诠度物类，多得之目验，故能详其形声，辩其名实，词约而义博，事核而旨远，盖旧时诸家之注，未能或先之也。**为之疏者，旧有孙炎、高琏二家，今皆不传。邢氏疏成于宋初，多掇拾《毛诗正义》，掩为己说，间采《尚书》、《礼记正义》，复多阙略。南宋人已不满其书，后取列诸经之疏，聊取备数而已。晋涵少蒙义方，获受雅训，长涉诸经，益知《尔雅》为“五经”之錧辖。而世所传本文字异同，不免讹舛，郭注亦多脱落，俗说流行，古义寖晦。爰据唐石经暨宋椠本及诸书所征引者，审定经文，增校郭注，仿唐人《正义》，绎其义蕴，彰其隐赜。窃以释经之体，事必择善而从，义非一端可尽。汉人治《尔雅》，若舍人、刘歆、樊光、李巡、孙炎之注，遗文佚句，散见群籍。梁有沈旋集注，陈有顾野王音义，唐有裴瑜注，征引所及，仅存数语，或与郭注符合，或与郭义乖违，同者宜得其会通，异者可博其旨趣。今以郭氏为主，无妨兼采诸家，分疏于下，用俟辩章。譬川流而汇其支渎，非木落而离其本根也。郭注体崇矜慎，义有幽隐，或云未详，今考《齐》、《鲁》、《韩诗》，马融、郑康成之《易注》、《书注》，以及诸经旧说，会稡群书，尚存梗概，取证雅训，辞意了然，其迹涉疑似，仍阙而不论，确有据者，补所未备。附尺壤于崇丘，勉千虑之一得，所以存古义也。郭氏多引《诗》文为证，陋儒不察，遂谓《尔雅》专用释《诗》。今据《易》、《书》、《周官》、《仪礼》、《春秋》“三传”、《大小戴记》，与夫周秦诸子，汉人撰著之书，遐稽约取，用与郭注相证明，俾知训词近正，原于制字之初，成于明备之世，久而不坠，远有端绪。六艺之文，曾无隔阂，所以广古训也。声音递转，文字日孳，声近之字，义存乎声。自隶体变更，韵书割裂，古音渐失，因致古义渐湮。今取声近之字，旁推交通，申明其说，因是以阐扬古训，辨识古文，远可依类以推，近可举隅而反，所以存古音也。草木虫鱼鸟兽之名，古今异称，后人辑为专书，语多皮傅，今就灼知副实者，详其形状之殊，辨其沿袭之误，其未得实验者，择从旧说，以近古为征，不敢为亿必之说，犹郭氏志也。惟是受性颛愚，识限方域，粗事编辑，固陋是虞。维时盛治右文，翊经惇学，秘简鸿章，汇昭壁府，幸得以管窥锥指之学，观书石室，闻见所资，时有增益。岁在旃蒙协洽，始具简编，舟车南北，恒用自随，意有省会，仍多点窜，十载于兹，未敢自信。而中年意思零落，性多遗忘，耳目所接，时或失焉，抱残守独，凛凛乎以不克闻过为惧，勉出所业，就正当世俊哲洪秀伟彦之伦，叩其两端，匡厥纷缪，企而望之。

邵晋涵《南江文抄》卷八《与程鱼门书》：在都时荷关注殷勤，别后屡蒙记忆，无任感佩。从笥河学士处得悉，懋祉清嘉，藉慰远念。临行时以续修《宋志》见属，客中书少，未遑属笔。近日撰《尔雅正义》，略得梗概。邢疏为官修之书，剿袭孔氏《正义》，割裂缺漏，视明人修《大全》不甚相远。如李巡九州注备载于《公羊传》庄十年疏，邢氏只就《禹贡正义》录其八州，而不及营州，盖并《公羊疏》尚未寓目也。今先正六书，次述古义，多引唐以前诸儒之说。**宋人好为新异，或乖本训，取证差少**。三年可得成书，当缮稿就正。《宋史》亦时为校勘，事迹抵牾，**无论元、明人著述，即王氏《东都事略》未敢信为实录也**。新得《考异》一卷，宽以岁月，或可成编耳。

邵晋涵《南江文抄》卷八《与章实斋书》：**自《周官》之法失其传，六艺乖散，校**

雠诸家紊而不知其统，缀学之徒无所承受，昧者受罤牢①，黠者操奇谲，惘然②奋笔，以眩耀时人之耳目，其术愈歧，其迹亦屡迁，其去康庄也愈远，诚得为之安定其辞，厘正其体，如衡之悬，如规矩之正，无巧工不巧工，率依仿以从事，世相守以成法，而罔或离畔以去也，不诚六籍所赖以昌明哉？足下以伉爽之识，沉鸷之思，采《七略》之遗意，娓娓于辨章旧闻，考撰同异，校雠之得其理，是诚足下之责也。仆自少读书，中无条贯，不能为原始要终之学。性好古训，惟思攟拾佚文，求经师相传之训。别后闭门授徒，讨论旧业，每慨去圣久远，古义渐沦。秦火而后，建安以前，师法失传。古书之所由散亡者，盖有三焉。其一为刘歆之移书太常，而博士置不肯对也。前此者，则为武帝之立博士。后此者，为班固之《艺文志》。汉兴，图书尚存，老师宿儒，散布天下。陆贾之所称述，贾谊之所诵习，不必尽由齐鲁诸儒所授也。文帝以不世出之主，表章“五经”，旁及诸子，故《孟子》、《尔雅》皆得立于学官。其时又有命世之才，为之彰明礼乐，审定经制。使贾生无邓通之谮，文帝享百年之寿，博士之业不废，古书尽出，儒效用显，则柱下之藏焚而不亡矣。景帝尚刑名，儒术既绌。武帝号为好儒，颇引文学之士，屡下诏曰：“礼崩乐坏，朕甚闵焉。”然武帝雄才多忌，止取专家，屏绝众说。又性好词赋，不能宗绍经训。在廷之臣，多龌龊浅隘，好同伐异，莫为推广德意，五经博士，廑得仍而不废。崇尚《公羊》，至禁卫太子不得受《穀梁》，抱残守阙之弊，见乎此矣。(下略)

邵晋涵《南江文抄》卷六《周易辨正序》（代作）：大《易》之传最远，而其说屡变。两汉言象数之用，晋人尚名理。至北宋儒者益以图书，递相为胜，故赵紫芝谓“辅嗣《易》行无汉学”，盖惜古义之日湮也。近时好古之士，网罗放失，表章荀爽、虞翻之学，演为成书，以补注疏传义所未备，汉学几乎复振矣。然余以为，《易》道广大，汉、宋未尝不出于同源也。河图之数，本《乾凿度》九宫之法，论太极者发端于郑康成，演卦变者滥觞于虞翻，后先相望，理本一揆。自宋以后，诸儒私为绝学，矜为创得，转启后人之疑议。夫言《易》只求不悖于《易》而已，岂必判汉宋若鸿沟哉？……刘屏山有言：“贤人玩《易》，才士口《易》，读《易》者非徒以辨玩为也。”汉儒以卦变值日，动有征验，能合于恐惧修省之旨。程《传》言人事，于言动尤加谨焉。原始要终，归于无咎，故欲省过者，学《易》之本也。(下略)

---

① 罤牢：牢笼；笼络。罤，通“皋”。《荀子・王霸》：“罤牢天下而制之，若制子孙。”杨倞注：“罤牢，言尽牢笼天下也。”王先谦《集解》引卢文弨曰：“皋俗作皋，亦转为罤。”

② 惘然：骄横貌。清薛福成《日本国志序》：“惘然自大，甚骜无道。”

金　榜

《清儒学案》卷五十九《慎修学案下·慎修弟子·金先生榜》：金榜，字蘂中，一字辅之，晚号檠斋，歙县人。少有过人之资，受经学于江先生慎修。又以戴东原、刘海峰、方朴山为师友。年三十一，高宗南巡，召试诗赋，赐举人，授内阁中书；在军机处行走。越七年，乾隆壬辰，成一甲一名进士，授修撰，典山西乡试，以父丧归。服除，即乞假不出，著书自娱。有讽先生复入朝者，笑应之曰："富贵者一日之荣，犹冬之裘，夏之箑，时过无所用之。君子纵不获争光日月，或得比寿丘陵乎？"**治"三礼"，以康成为宗，然郑义所未衷者，必纠举之，不诬家法。尝举《郑志》答赵商之言曰："悉信亦非，不信亦非。斯言也，敢援以为治经之法。"**所著《礼笺》十卷，大兴朱文正公序，称为辞精义覈者也。老年髀痛，卧床席间，犹手定其稿。嘉庆六年卒，年六十有七。（参吴定撰《墓志铭》、江藩《汉学师承记》、《礼笺序》）

《清史稿·儒林二》：金榜，字辅之，歙县人。乾隆二十九年，召试举人，授内阁中书，军机处行走。三十七年一甲一名进士，授翰林院修撰。散馆后，养疴读书，不复出，卒于家。师事江永，友戴震。著《礼笺》十卷，刺取其大者数十事为三卷，寄朱珪，珪序之，以为词精义核。榜治"礼"最尊康成，然博稽而精思，慎求而能断。尝援《郑志》答赵商云："**不信亦非，悉信亦非。**"曰："**斯言也，敢以为治经之大法。故郑义所未衷者必纠正之，于郑氏家法不敢诬也。**"

《清史列传·儒林传下一》：金榜，字辅之，安徽歙县人。乾隆二十九年，召试举人，授内阁中书，军机处行走。三十七年一甲一名进士，授翰林院修撰。散馆后，养疴读书，不复出，卒于家。榜少工文词，以才华为天下望。后师事江永，友戴震，遂深经术，著《礼笺》十卷。复刺取其大者数十事为三卷，大而天文、地域、田赋、学校、郊庙、明堂，以及车旗、服器之细，贯串群言，折衷一是。朱珪读之，叹其词精义核。榜治"三礼"，最尊康成，然博稽而精思，慎求而能断。尝援《郑志》答赵商云："不信亦非，悉信亦非。斯言也，敢以为治经之大法。故郑义所未衷者必纠正之，于郑氏家法不敢诬也。”榜之友，又有洪榜。①

吴定《翰林院修撰金先生榜墓志铭》：先生姓金氏，讳榜，字蘂中，一字辅之，晚更号檠斋。先世自杭州徙歙北呈坎，二十二传徙郡城，又六传而先生之曾祖，五聚徙歙北赵村。祖公著乃自赵村复徙岩镇，今为岩镇人。乾隆戊辰进士，官吏部稽勋司主事。讳长溥者，先生之父也，以翰林官御史出为浙江督粮道。讳云槐者，先生之兄也。先生少负伟志，思博学深，造为通儒，而不屑溺没聪明于科举之学。受经学于江永慎修暨戴东原，学诗古文辞于吾师刘大櫆耕南，学科举之文于方楘如朴山。数君子者，各以所长擅天下，先生或师之，或友之，而皆得其宗，故其学伟然为江南魁俊。尝语余曰：“予之获师友此数公者，生平之幸也。”吾闻猿得木而捷，鱼得水而骛。士之有明师贤友也，犹百鸟依鸾皇，而毛羽因之改色也。君子其急求天下士广交之乎？年三十一，高宗南巡，以诗赋蒙恩擢授中书舍人。越七年，成进士，殿试一甲第一人，官翰林院修撰。尝一出为山西副考官，以父丧归，遂不出。邃于经，尤深于“三礼”。**自江慎修开经学之宗，先生暨东原皆其弟子，由是新安经学遂冠于时。**桐城姚姬传尝曰：“**国朝经学之盛在新安，古文之盛在桐城。**”识者以为知言。所著有《礼笺》一书，详稽制度，卓然可补江、戴之缺而尾随之，必传于后无疑也。**始先生登第时，齿盛名高，扶掖者众，乃独浩然勇退，杜门深山，沉浸于著述。有讽先生复登朝者，先生笑曰：“富贵者，一日之荣也，所谓夏日之裘，冬日之箑，时过则无所用之者也。君子纵不获争光日月，或者犹得比寿丘陵乎？”呜呼，此其见卓矣！**曩先生尝招余馆于其塾，训其少子童孙，漏三下，往往犹相与讲学论文不辍，甚相得也，而今乃濡泪铭先生。先生以嘉庆六年六月十一日卒，年六十有七。始娶吴氏，继娶洪氏、汪氏。子二人：应瑭，太学生；应琛，郡庠生。孙四人：铭恩、培恩、达恩、炳恩。曾孙一人：希曾。将以某年月日葬先生于某乡某原。余老矣，豫为之铭曰：赫赫荣名，世莫匹兮。众群艳之，中心折兮。先生曰嘻，电飘瞥兮。龙蛇蚯蚓，同埋没兮。繄惟名山之藏，显亿禩兮弥光。②

江藩《国朝汉学师承记》卷五、钱林《文献征存录》卷八、李元度《国朝先正事略补编》卷一、李斗《扬州画舫录》卷十、《（光绪）重修安徽通志》卷二百十九皆有传，存目。

金榜《礼笺·大学》：周立三代之学，夏后氏之东序在东郊，殷之瞽宗、有虞氏之上庠在西郊，皆大学也。**大学之教，乐正崇四术，立四教，顺先王《诗》、《书》、《礼》、《乐》以造士。**《周官》大司乐掌成均之法，以治建国之学政，而合国之子弟焉。成均五帝之学，其法即五帝之遗法，《诗》、《书》、《礼》、《乐》四术是也。故曰乐正司业其由来远矣。（下略）

朱珪《礼笺序》：王符有言：“**圣人，天之口；贤人，圣之译。**”北海郑氏之于《礼》，其所谓善译者欤？同时孔文举疑其不无臆说。郊天之鼓，不必麟皮，而《圣证论》王子雍直与之为敌。厥后，南北诸儒如皇、熊辈，各是所习，辄多异同，岂其杂以汉法，

① 见中华书局本第17册，第5532~5533页。

② 见《碑传集》卷五十。

汩以纬书，且一人之言彼此不相合，有滋后人之惑者耶？新安修撰金君枕葄六经，尤邃于《礼》，以郑氏书为言《礼》者之舌人，而病贾、孔二疏不能补其漏疏，宜其奥密，非善译郑氏者，乃自著论数十篇，大而天文、地域、田赋、学校、郊庙、明堂，以及车旗、服器之细，罔弗贯串群言，折衷一是，不自肸饰其文，第祖郑诗笺毛之义，名曰《礼笺》，以为译郑云尔。录以寄余，余读之，叹其词精而义核，不必训诂全经，而以之宣译圣典，不失三代制作明备之所在，岂独以礼家聚讼，姑以是为调人也哉？余经学疏陋，而于“三礼”尤甚，服官中外逾四十年，未遑矻矻卒经生之业，今老矣，读修撰此书，其言《司马法》有正卒①、羡卒②之分，三江汉为北，岷为中，浙为南，秦正月用亥褅，兼天地人，皆于予夙所见合。君以名殿元，养疴林泉，多暇日读书，实事求是，所诣益深，当更取诸经之疑义而译之，为承学者矩臬。余虽耄，尚思遍读，以资秉烛之明焉。③

姚鼐《惜抱轩诗文集》文集卷四《礼笺序》：有入江海之深广，欲穷探其藏，使后之人将无所复得者，非圣愚之人，不为是心也。六经之书，其深广犹江海也。**自汉以来，经贤士巨儒论其义者，为年千余，为人数十百，其卓然独著、为百世所宗仰者，则有之矣。然而后之人犹有能补其阙而纠其失焉，非其好与前贤异经之说，有不得悉穷，古人不能无待于今，今人亦不能无待于后世，此万世公理也，吾何私于一人哉？大丈夫宁犯天下之所不韪，而不为吾心之所不安。其治经也，亦若是而已矣**。歙金蘂中修撰，自少笃学不倦，若始成书，其于礼经，博稽而精思，慎求而能断。修撰所最奉者康成，然于郑义所未衷纠举之至数四。夫其所服膺者，真见其善而后信也，其所疑者必核之以尽其真也，岂非通人之用心、烈士之明志也哉？鼐取其书读之，有窃幸于愚陋夙所持论差相合者，有生平所未闻得此而俛首悦怿，以为不可易者，亦有尚不敢附者。要之，修撰为今儒之魁俊，治经之善轨，前可以继古人，俯可以待后世，则于是书足以信之矣。嘉庆三年五月，桐城姚鼐序。

文廷式《纯常子枝语》卷十：姚姬传《仪郑堂记》为其门生孔巽轩作也。其文以说经精善为末，又谓虽古有贤如康成者犹未足以限吾拘约。其言可骇。《仪郑堂骈文》中有《上座主桐城姚大夫书》，即为此记而作。其词颇峻，盖巽轩学问远过其师，又服膺高密之书，宜其闻之怫然也。姬传又为金辅之作《礼笺序》，有曰：“大丈夫宁犯天下之所不韪，而不为吾心之所不安。”其治经亦若是，所言尤诞。**儒者于前贤之说有所补正，公是公非，无取忿争，何至犯天下之所不韪**？金氏本治郑礼，其书颇有辩正，不过掇拾绪余，以相发明，非显然背驰，悍然攻击也。然如阳厌阴厌之义，最违康成，而其说实不然，凌晓楼已驳正之。足知舍郑言礼，所失必多矣。**姬传于学实无所知，恃其齿耄名高，蚍蜉撼树**。今《礼笺》刻本皆无此序，盖辅之恶而去之也。**湘人过尊桐城，贤者不免**，曾文正

---

① 正卒：周代军制，每户出一人编成正式兵员，谓之正卒。《周礼·地官·小司徒》“以其余为羡”唐贾公彦疏：“一家兄弟虽多，除一人为正卒，正卒之外，其余皆为羡卒。”清林颐山《经述一·释赋税二》：“起军之法，家出一人为正卒，余为羡卒……正卒有定数，羡卒无定数，备多用少，乃周礼制军之精意。”

② 羡卒：古代正卒以外的兵卒。《周礼·地官·小司徒》“凡起徒役，毋过家一人，以其余为羡”唐贾公彦疏：“一家兄弟虽多，除一人为正卒。正卒之外，其余皆为羡卒。”宋苏轼《天子六军之制策》：“夫千乘之积，虽为七万五千人，而有羡卒处其半焉。”

③ 见《续修四库全书》第109册卷首，又见《湖海文传》卷二十。

集中有《复吴南屏书》，极称惜抱两作，谓义精词俊，敻绝尘表，不可解也。

杨向奎《清儒学案新编·檠斋诚斋学案》：（金）榜受经于江永，与戴震为友，是为朴学正宗。……金鹗学于诂经精舍，是为扬州学派。皖歙与扬州，乃清代朴学大宗之所在，二金同志“三礼”，更属朴学嫡传。大宗嫡传理应不朽，但二金著作，非其选也。章太炎以为孙诒让学术“盖龙有金榜、钱大昕、段玉裁、王念孙四家，其明大义，钩深穷高过之”。四家之论，实不伦不类，钱、王、段都是大家，而金榜非其比，原书俱在，读者可复案。太炎为段、王之继承者，乃小学大师，但经学非其所长，影射作论，快意而已。古代之礼，包罗万象，饮食起居，宫室衣裳，祭祀与戎，婚姻嫁娶，无往非礼，但事隔千年，追究匪易。谈社会性质、历史发展者，更须于礼制中求之，金榜、金鹗之说礼，于此亦有所及。……通读《求古录礼说》，吾人以为，就质就量而言，《礼说》都优于《礼笺》。太炎先生之重金榜，盖有所蔽也。①

① 见杨向奎《清儒学案新编》第五册，第429~447页。今按：所引章太炎语见《孙诒让传》，原载《太炎文录初编》文录卷二。

程瑶田

《清儒学案》卷八十二《让堂学案》：让堂说经，长于旁搜曲证，不屑依傍传注，而融会贯通，确有心得，凡考订名物，往往绘图列表，以明其真。所以裨益经学，启迪后人，非浅鲜也。〇程瑶田，字易田，一字易畴，号让堂老人，歙县人。乾隆庚寅举人。官江苏嘉定县教谕，在任四年，以病乞归。嘉庆元年，举孝廉方正。十九年卒，年九十。先生少师淳安方粹然，后与戴东原、金辅之同学于婺源江氏慎修。笃志治经，东原自言逊其精密。**其学长于涵泳经文，得其真解**。尝为《论学小记》三卷，严义利之辨。谓圣教归于自治，述性诸说，于孔子性近习远及孟子性善之旨，均有发明。又《论学外篇》二卷，意在训诫后生小子，盖于世教三致意焉。其说经，则以《禹贡》扬州之三江实只一江，《汉书·地理志》三见扬州川者，是志《职方》之“其川三江”，非说《禹贡》。因主郑注，正郦道元《水经注》之讹，成《禹贡三江考》三卷。又以《周礼·太宰》之九谷，其稷、粱二者，言人人殊，因询考农家，并据许氏《说文》释之。谓粱为粟，以稷为秫，成《九谷考》四卷。又以《考工记》《磬氏》、《冶氏》、《车人》、《韗人①》、《匠人》屡言“倨句磬折”，而郑注未得真解，谓：“磬折不明，由于倨句不明；欲明倨句，先辨矩字。矩有直有曲，倨句之云，折其直矩而为曲矩，即今木石工所用之曲尺。”成《磬折古义》一卷。又以《仪礼·丧服》“缌麻”章末，“长殇、中殇降一等”四句，郑氏误以为传文，故触处难通。又“不杖期”章、“大功”章中，郑注有以为传文失误，及斥为不辞者。因援据经史，疏通证明，以规郑失，成《仪礼丧服文足征记》十卷。又以《周髀算经》言数出于矩，因为《矩数图注》，及《周髀用矩法》，均绘图详说，以明用矩之道。并为天图规法、日躔宫度诸说，成《数度小记》一卷。其他所著，尚有《宗法小记》一

---

① 韗人：古代主治皮革鼓木的工匠。《周礼·考工记·韗人》：“韗人为皋陶。”郑玄注引郑司农曰：“皋陶，鼓木也。”孙诒让正义：“‘韗人为皋陶’者，亦以事名工也。《祭统》注释韗为韗磔皮革，明此工主治革以冒鼓，又兼为鼓木。”《礼记·祭统》“辉者，甲吏之贱者也”唐孔颖达疏：“韗人之官，掌作鼓木张皮两头輓之，以为鼓，是韗磔皮革之官。”

卷、《释宫小记》一卷、《考工创物小记》八卷、《沟洫疆理小记》一卷、《水地小记》一卷、《解字小记》一卷、《声律小记》一卷、《读书求解》一卷、《释草小记》二卷、《释虫小记》一卷、《乐记三事能言》一卷。皆考证精确，为学者所宗。论书则有《九势碎事》一卷，杂文则有《修辞余抄》一卷，课士公牍则有《让堂亦政录》一卷。统名曰《通艺录》。别有《让堂诗抄》十八卷。(参史传、《文献征存录》)

《清史稿·儒林二》：瑶田，字易畴，歙人。读书好深沉之思，学于江氏。乾隆三十五年举人，选授太仓州学正。以身率教，廉洁自持。告归之日，钱大昕、王鸣盛皆赠诗推重，至与平湖陆陇其并称。嘉庆元年，举孝廉方正。同时举者，推钱大昭、江声、陈鳣三人，阮元独谓瑶田足以冠之。平生著述，长于旁搜曲证，不屑依傍传注，所著曰《丧服足徵记》、《宗法小记》、《沟洫疆里小记》、《禹贡三江考》、《九谷考》、《磬折古义》、《水地小记》、《解字小记》、《声律小记》、《考工创物小记》、《释草释虫小记》。年老目盲，犹口授孙辈成《琴音记》。东原戴氏自谓尚逊其精密。

《清史列传·儒林传下一》：程瑶田，字易畴，安徽歙县人。乾隆三十五年举人，选嘉定教谕。嘉庆元年，举孝廉方正。十九年，卒，年九十。瑶田少师淳安方粹然，又与戴震、金榜同学于江永。笃志治经，震自言逊其精密。其学长于涵泳经文，得其真解，不屑屑依傍传注。以《丧服》缌麻章末，长殇、中殇降一等四句，郑氏误以为传文，故触处难通。又不杖期章，惟子不报传文，公妾以及士妾为其父母传文，郑氏以为失误。大功章、大夫之妾为君之庶子女子已嫁者未嫁者，为世父母叔父母姑姊妹，旧读以大夫之妾为建首下二为字贯之。郑氏谓女子别起贯下，斥传文为不辞。皆援据经史，疏通证明，以规郑失，著《仪礼丧服足征记》十卷。又以《考工记》诸言磬句磬折，郑氏度直矩解之，致与前后经文不合，谓磬折不明，由于倨句不明，欲明倨句，先辨矩字。矩有直有曲，倨句之云折，其直矩而为曲矩，即今木石工所用之曲尺，著《磬折古义》一卷。又以郑注太宰九谷，稷、粱二者言人人殊，因询考农家，据《说文》释之，谓粱为粟，以稷为秫，今高粱也，著《九谷考》四卷。又《宗法小记》、《释宫小记》、《考工创物小记》、《沟洫疆理小记》、《水地小记》、《解字小记》、《声律小记》、《释草小记》、《释虫小记》，各一卷，皆考证精确，为学者所宗。又《论学小记》一卷、《外篇》一卷，其论性，谓："性从质形气而有，譬之水与镜，水之清，镜之明，质形气之清明也，是即性也。清明能鉴物，浊暗不能鉴物，此智愚所由分。然极浊极暗，清明自在其中，是即下愚不移者，其性之善自若也。"又谓："性不可见于情，见之情是心之起念，心只一念，善者居共先，恶则从善而转之耳。今为盗贼者，其初只有谋生一念，岂不欲择其善者为之，至皆不可得，乃不得已而为盗贼。又必有二为盗贼者，从而引之，所谓习也。"他著又有《禹贡三江考》、《读书求解》、《数度小记》、《九势碎事》、《修辞余抄》，各一卷，统名《通艺录》。瑶田性退让，初效郑康成为礼堂，继念非让，无以明礼。官嘉定时，以身率教，复以议名堂。及告归，邑人购忠烈名流手迹赠之，不肯受，曰："先生不取吾邑一钱，岂破纸亦不受耶?"王鸣盛赠诗云："官惟当湖陆，师则新安程，一百五十载，卓然两先生。"其推重如此。浙抚阮元尝聘修杭州府学乐器，多所参订。善鼓琴，年老失明，犹口授其孙，成《琴音记》三卷。诗为桐城刘大櫆所称，有集十八卷。①

① 详见中华书局本第17册，第5224~5526页。

阮元《畴人传》卷四十九：程瑶田，字易田，号易畴，歙人。嘉庆元年，诏开孝廉方正科，安徽抚臣以易畴应赐六品顶戴，终嘉定县教谕。少与休宁戴震相友善，故其经术最深。生平潜心实学，精于鉴别，尤肆力于《考工记》，旁涉六书、九数，盖以其治经考古，皆莫离乎书、数二事。……论曰：**天算之学有数端：守其法而不能明其义者，术士之学也；明其义而不能穷其用者，经生之学也。若既明其义，又穷其用，而神明变化，举措咸宜，要非专门名家不可**。征君之算，虽不甚精，然亦不失其为经生之学耳。

江藩《国朝汉学师承记》卷五、钱林《文献征存录》卷九、唐鉴《学案小识》卷十四《经学学案》、《（光绪）重修安徽通志》卷二百十九皆有传，存目。

严翼《送学博易畴程同年归新安序》：牧民之官与校士之官，其职分，其治通也。吾嘉自陆清献公以理学倡导士民，而邑之被其化者，熏德而良，闻风而起，盖至于今百有余年矣。夫士为四民之首，必司牧者，先有以鼓舞而歆动其心，而后得人焉。道之以礼义，考之以学业，俾知所董劝，而蒸蒸焉不懈，而几于古。此司教者所谓能相与以有成也。新安易畴程先生之秉铎而来也，值玉屏于侯、巨野姚侯相继视县事，两侯治行咸以清献为法，而于学校得先生主之，可谓相与有成矣。**先生品端学粹，其教吾庠也，始至即额其廨曰让堂，大书朱子白鹿条教于其屏。朱子论学以敬为本，盖主礼言无不敬，然其注《鲁论》礼让，则又谓："让者，礼之实。"可见敬与让相辅而行。敬为体而让为用，所谓孙以出之是也。圣贤学问，体用兼该，文公言敬，而让在其中。先生言让，而实本于敬。其旨一也。先生惟身体力行之既久，而因以其所心得揭而著之于堂**。登斯堂者，穆然想见其人，思其所以为教，至接其言论、丰采，而顽知廉，懦知立，退而莫不相劝于为善，岂非德盛者化神有莫之致而至者哉？夫子曰："不在其位，不谋其政。"又曰："见义不为，无勇也。"先生谋其位，而又勇于义，故于学校中废者无不修，坠者无不举，而先生方欿然不自居，不旋踵而引疾以退嘉定一海滨小邑耳。然官斯土者，清献公以一代大儒为之先，今又得如先生者，后之可不谓幸欤？先生《通艺录》一书，开端数则，足与《松阳讲义》相发明，其余博综典故，研析物情，格致之学于是乎在，视《三鱼堂集》何多让乎？夫以先生之学之品之才，使其登巍科，跻高位，出其平生服诵以善俗而化民，知必能大有裨于世教者，乃仅以一毡老其材，未三年而遁思作焉，此邦人士方禺禺然谋所以俎豆先生，则是先生虽非大用，先生之泽流于吾乡未有艾矣。抑又闻之，新安为江南大郡，其水缭而清，其山磅礴而峭厉，阴阳之气灏厚，故其俗务礼义，士皆敦本崇学，尝间世出一伟人，自唐以来，如吴知微、汪台符辈以文章节概相后先，而韦斋父子能独抱绝学以继往而开来。先生归登松风之亭，眺鸟聊紫阳之山，行将筑室治斋，聚徒广学，以垂不朽盛业，而又岂徒以恬淡引退为高尚其志也哉？（下略）①

王念孙《王石臞先生遗文》卷四《程易畴果赢转语跋》：昔余应试入都，始得交于程易畴先生。先生长于余十九岁，而为忘年交。同在京师，则晨夕过从；南北索居，则尺牍时通，相与商榷古义者四十余年。先生立品之醇，为学之勤，持论之精，所见之卓，一时罕有其匹。其所著《丧服文足征记》、《考工创物小记》、《沟洫疆理小记》及《磬折古义》、《九谷考》、《乐器三事能言》，皆足正汉以来相承之误。**其他说经诸条，载在《通**

① 见《湖海文传》卷三十三。

艺录》者，皆孰读古书而得之，一字一句不肯漏略，故每立一说，辄与原文若合符节，不爽毫厘。说之精，皆出于心之细也。惟所作《果赢转语》未及付梓而殁。岁在庚寅，先生同族侄问源中丞携以属余校而序之。**盖双声、叠韵出于天籁，不学而能，由经典以及谣俗，如出一轨。而先生独能观其会通，穷其变化，使学者读之，而知绝代异语别国方言无非一声之转，则触类旁通，而天下之能事毕矣。**故《果赢转语》实为训诂家未尝有之书，亦不可无之书也。余奉教于先生之日久，服膺于先生之学者深，其能已于言乎？道光十年五月庚辰，高邮王念孙跋，时年八十有七。

阮元《仪礼丧服文足征记叙》：歙通儒程易畴孝廉方正之《通艺录》，所论说宗法、沟洫、古器、九穀、草木诸篇，精确不刊，海内深于学术者宗之久矣。嘉庆七年夏，先生来杭州，出所著《丧服文足征记》七卷见示。元案，《仪礼》此篇自子夏为传，郑康成氏间以为失误，后之儒者或疑郑注之非，率皆凭执空论，无有显证，终不足以明卜氏之传意。**孝廉一以玩索经文为本，辨疑似于豪芒之间，圣人制礼精义一旦昭著，所以裨益经学，启迪后人，非浅鲜也。**试撮其精者略述之。《缌麻》章末云："长殇、中殇降一等，下殇降二等，齐衰之殇中从上，大功之殇中从下。"郑氏以为传文，注云："是妇人为夫之族著殇服法。"盛世佐疑之云："不专指妇人。彼人散传文于经文下，此数语无所属，故缀于末。"然未尝会全经之文核之也。又《小功殇服传》问云："中殇何以不见也？大功之殇中从上，小功之殇中从下。"郑注云："大功、小功皆谓服其成人。"郝敬疑之云："大功、小功谓殇服，郑注固执作解。"然亦未尝会全经之文核之也。先生则考成人齐衰见于殇服者十四人，并长中大功下小功成人大功见于殇服者十一人，并长小功中下缌麻，而成人小功亲无中下殇服，是以成人之服言之，所谓"齐衰之殇中从上，大功之殇中从下"者，以殇服言之，则所谓大功之殇中从上，小功之殇中从下也。因断"长中降一等"四语为经文，于是经传杂陈之中，条理一贯。而《缌麻》章"庶孙之中殇"，亦无容改"中"为"下"矣。……至于高祖之不制服小功，末之可以娶妇，从父昆弟之孙不服缌麻，素食非白食，弟之妻称妇，精言善解，穷极隐微，明圣人制礼、贤人传礼之心于千百年后。非好学深思，心知其意，何以能之！**夫玩索经之全文以求经之义，不为传注所拘牵，此儒者之所以通也。**若云有背郑旨，不考卜氏之本书，此西晋、南宋门户之锢习。我朝学者持论公而择善确，不肯出此。扬州阮元叙。①

程瑶田《仪礼丧服文足征记自序》：**治经不涵泳白文，而惟注之徇，虽汉之经师，一失其趣，即有毫厘千里之缪。**吾于《丧服》末章"长殇、中殇降一等"四句，知其确是经文，而郑君误以为传，故触处难通，不得不改经文以从其说。今余拈出，则文从字顺，全篇一贯。孔子欲说夏、殷之礼，而叹杞、宋之无征，则文献不足之故。今《丧服》经文具在，足则能征，知其解者，旦暮遇之可也。作《仪礼丧服文足征记》。

程瑶田《论学小记·述性一》：有天地然后有天地之性，有人然后有人之性，有物然后有物之性。有天地人物则必有其质，有其形，有其气矣。有质有形有气，斯有其性，是性从其质、其形、其气而有者也。是故天地位矣，则必有元亨利贞之德，是天地之性善也。人生矣，则必有仁义礼知之德，是人之性善也。若夫物则不能全其仁义礼知之德，故

① 见《程瑶田全集》第一册，第187~189页。

物之性不能如人性之善也。使以性为超乎质、形、气之上，则未有天地之先，先有此性，是性生天地，天地又具此性以生人物。如是则不但人之性善，即物之性亦安得不善？惟指其质、形、气而言，故物之性断乎不能如人性之善，虽虎狼有父子，蜂蚁有君臣，而终不能谓其性之善也。何也？其质、形、气，物也，非人也。物与物虽异，均之不能全乎仁义礼知之德也。人之质、形、气莫不有仁义礼知之德，故人之性断乎其无不善也。然则，人之所以异于物者，异于其质、形、气而已矣。自不知性者见夫质、形、气之下愚不移，遂以性为不能无恶，而不知质、形、气之成于人者无不善之性也。后世惑于释氏之说，遂欲超乎质、形、气以言性，而不知惟质、形、气之成于人者，性无不善之性也。然则人之生也有五官五骸之形，以成人，有清浊厚薄之气质，不能不与物异者，以成人品之高下，即有仁义礼知之德具于质形气之中以成性，性一而有善而已矣。如必分而言之，谓具于质、形、气者为存善有恶之性，超乎质、形，气者为至善之性，夫人之生也乌得有二性哉？(下略)

程瑶田《通艺录·立礼篇》：君子之所以志于学，以求立乎斯世而成其为人者，曷藉乎？藉于礼而已矣。文曷为而欲博乎？学礼也。独曷为而贵慎乎？由礼也。……夫圣人之学，天行也，自强不息，以至于“不逾矩”焉，“动容周旋中礼”也，所谓“从容中道”者也。学者求“至”于是，则难矣，然而作止语默之必不中乎礼，则必不能成其为人也，必不能有以立于斯世也。**学者即不敢自谓遽求至于圣人，然亦不可不以君子自勉也。君子者，能有以立乎斯世而成其为人者也。**

程瑶田《通艺录·解字小记·读书必先解字举略》：韩昌黎云：“凡为文辞，宜略识字，以文辞必连属其字而成之也。”余谓凡读诗古文辞，必先解字，以古人文章皆连属其字而成之者也。(下略)

【附录】关于“读书必先解字”的认识历程：

唐韩愈《科斗书后记》：“思凡为文辞，宜略识字。”

宋魏了翁《书苑菁华序》：“学者不先识字，则无以名百物。”

明朱光家《字学指南例论》：“古人谓读书必先识字。”

明缪希雍《祝医五则》之二：“凡为医师，当先读书；凡欲读书，当先识字。”（见《神农本草经疏》卷一）

清项絪《隶辨序》曰：“夫欲读书必先识字。”

清陆世仪《思辨录辑要》曰：“古人读书当先识字。”

清洪亮吉《更生斋集》文甲集卷四《书朱学士遗事》：朱学士名筠，大兴人。以乾隆辛卯视学安徽，延余及亡友黄君景仁襄校文役。先生学不名一家，尤喜以六经训诂督课士子。余与黄君亦从受业焉。时先生请于朝，乞刊三字石经，并求校明《永乐大典》，由是特开《四库全书》馆，搜采遗佚，校正缺讹，凡宋元以来所亡之书，于《永乐大典》编韵中辑出者亦不下数十百种，实皆自先生发之也。**先生以读书必先识字**，病士子不习音训，购得汲古阁许氏《说文》初印本，延高邮王孝廉念孙等校正刊行。孝廉为戴吉士震高弟，精于小学者也。工竣，令各府士子入钱市之。先生性宽仁，不能御下，校官辈又借此抑勒，并于定值外需索，以是不无怨声。然许氏之学由此大行。先生去任后二十年中，安徽八府有能通声音训诂及讲求经史实学者，类皆先生视学时所拔擢。夫学政之能，举其职者不过三年以内，士子率教及文风丕变而已，而先生之课士其效乃见于十年、二十年以后若此。先生每试一府毕，必进多士教之。值发放日辨色即坐堂皇，日不足，或然巨烛，毕事，盖先生本口吃，诸生自一等至三等十名以上，加以岁科两试新进者不下数百人，必一一呼至案前，举卷中得失利钝详悉告语，又视其质之所近，复教以读何经，习何义训，其初坐堂皇也，辕门奏乐毕，重门洞开，学校各官、巡捕官，以及唱名抱案书吏，各色杂役，无不依次入，肃立左右，久之倦，又久之饥，遂稍稍散去，日昃后惟学使及唱名者一人，诸生执卷以听者三四人。余则窥学使仁且不较细，故去已无可踪迹矣。一日，始过午，学使与诸生方讲艺，忽有戴笠策杖据案旁箕踞听者，学使回顾愕眙，曰："汝何人？何自至此？"曰："余贸易者，过署外，值重门洞开，无一人，故聊入散步耳。"语竟，复曳杖去。闻者无不传以为笑。

清李兆洛《养一斋文集》卷三《毛清士说文述谊序》：兆洛少知治小学，即读许氏书，积久觉其解说颇不应经法，而文字亦不尽出于古，欲少少疏通证明之，惜时无通经大儒贾逵、杜林其人为之质正，以析其疑，徒积于胸臆，而不敢笔也。既从先师卢抱经游，师教人**读书必先识字**，其治《说文解字》尤精。

清黄丕烈《士礼居藏书题跋记》卷六《张来仪文集一卷旧抄本》：古人云"**欲读书必先识字**"，此小学之不可不讲也；"读天下书未遍，不可妄下雌黄"，此校书之不可不慎也。

清包世臣《艺舟双楫》卷二论文二《春秋异文考证题词》：**读书必先识字**。字之不识，义于何有？制字有事、意、形、声之别，四者无所属，而后有转注、假借，以尽其变。事之为字无几意，则两文合而后得，故形声之为字也多，而声为尤。转注属形，假借属声，故声之于字居大半，而假借之为用于字也，又复半之。是识字固莫要于审声也。前民传经，谨守师法，一字之异同，一义之轻重，不敢凭私肊以为说。至唐颜氏《汉书注》出，而古训渐湮，俗解渐盛。降至于宋，学者专事科举之业，刘新喻博辨绝群，始以己意说经，然其见闻赅洽，于儒先助字文义体究有素，说虽新奇，而义理多所独得，然方便门自此开，已后人无其多闻，肆为肊说。至于汉儒说经之书不能解其助字，明其句读，若许、郑家法，览之尤不能终卷，专以世俗诂训强古经就我，反斥一字一声之学为无关大义，是犹菽麦不辨，而侈谈授时相穑之精微；楹杙不分，而意缔千门万户之壮丽也。万载辛君同叔，承家学，治《春秋》，于"三传"文有异同，则为之广征博引，于凡声之相近而可通可假，又字之古多今少，古少今多，悉明其本义假义，以及假义盛行而本义反没者，无不条列明晰，无泛滥，无遗漏，可不谓勤于朴学者乎？然而"三传"义例各有师承，长短之论未可尽据，而册中间有评断三家之语，此则仍不免宋人易言之习。盖吾人占毕必始宋学，汩肄举业，益违雅训，迨至反而从事其本，则少小之所温焊者，如油入面，去之卒不能尽。以同叔之精心，果力尚未能免于此，此不得不为全书累也。敢请酌而去之，专明识字之原。字既识，则义自明。读者善择而有得，庶足以矫末学之弊，而亡武断之非。同叔以为然否？

戴　震

《清儒学案》卷七十九《东原学案》：东原为慎修高弟。慎修精“三礼”及天文算法、训诂音韵之学，东原推阐师说，深造密微。惟慎修不非薄紫阳，东原则颇多论难。自来治程、朱之学者，以杂佛学斥陆、王，东原乃以杂佛学讥程、朱。见仁见智，要亦自成一家言。世或谤之，或讳之，是何视学术之隘也？

《清史稿·儒林二》：戴震，字东原，休宁人。读书好深湛之思。少时，塾师授以《说文》，三年尽得其节目。年十六七，研精《注疏》，实事求是，不主一家。与郡人郑牧、汪肇漋、方矩、程瑶田、金榜从婺源江永游，震出所学质之永，永为之骇叹。永精《礼经》及推步、钟律、音声、文字之学，惟震能得其全。性特介。年二十八，补诸生。家屡空，而学日进。与吴县惠栋、吴江沈彤为忘年友。以避仇入都，北方学者，如献县纪昀、大兴朱筠，南方学者，如嘉定钱大昕、王鸣盛，余姚卢文弨，青浦王昶，皆折节与交。尚书秦蕙田纂《五礼通考》，震任其事焉。乾隆二十七年，举乡试。三十八年，诏开四库馆，征海内淹贯之士司编校之职，总裁荐震充纂修。四十年，特命与会试中式者同赴殿试，赐同进士出身，改翰林院庶吉士。震以文学受知，出入著作之庭。馆中有奇文疑义，辄就咨访。震亦思勤修其职，晨夕披检，无间寒暑，经进图籍，论次精审。所校《大戴礼记》、《水经注》尤精核。又于《永乐大典》内得《九章》、《五曹算经》七种，皆王锡阐、梅文鼎所未见，震正讹补脱以进，得旨刊行。四十二年，卒于官，年五十有五。**震之学，由声音、文字以求训诂，由训诂以寻义理。谓：“义理不可空凭胸臆，必求之于古经。求之古经而遗文垂绝，今古悬隔，必求之古训。古训明则古经明，古经明则贤人圣人之义理明，而我心之同然者乃因之而明。义理非他，存乎典章制度者也。彼歧古训、义理而二之，是古训非以明义理，而义理不寓乎典章制度，势必流入于异学曲说而不自知也。**”震为学精诚解辨，每立一义，初若创获，乃参考之果不可易，大约有三：曰小学，曰测算，曰典章制度。其小学书有《六书论》三卷、《声韵考》四卷、《声类表》九卷、《方言疏证》十卷。……又自汉以来，古音寖微，学者于六书之故，靡所从入。顾氏《古音表》，入声与《广韵》相反。震谓：“**有入、无入之韵，当两两相配，以入声为之枢**

纽。真至仙十四韵，与脂、微、齐、皆、灰五韵同入声；东至江四韵及阳至登八韵，与支、之、佳、咍、萧、宵、肴、豪、尤、侯、幽十一韵同入声；浸至凡九韵之入声，则从《广韵》，无与之配。鱼、虞、模、歌、戈、麻六韵，《广韵》无入声，今同以铎为入声，不与唐相配。而古音递转及六书谐声之故，胥可由此得之。”皆古人所未发。其测算书《原象》一卷、《迎日推策记》一卷、《句股割圆记》三卷、《历问》一卷、《古历考》二卷、《续天文略》三卷、《策算》一卷。……震所著典章制度之书未成。有《诗经二南补注》二卷、《毛郑诗考》四卷、《尚书义考》一卷、《仪经考正》一卷、《考工记图》二卷、《春秋即位改元考》一卷、《大学补注》一卷、《中庸补注》一卷、《孟子字义疏证》三卷、《尔雅文字考》十卷、《经说》四卷、《水地记》一卷、《水经注》四十卷、《九章补图》一卷、《屈原赋注》七卷、《通释》三卷、《原善》三卷、《绪言》三卷、《直隶河渠书》一百有二卷、《气穴记》一卷、《藏府算经论》四卷、《葬法赘言》四卷、《文集》十卷。震卒后，其小学，则高邮王念孙、金坛段玉裁传之；测算之学，曲阜孔广森传之；典章制度之学，则兴化任大椿传之：皆其弟子也。后十余年，**高宗以震所校《水经注》问南书房诸臣曰：“戴震尚在否？”对曰：“已死。”上惋惜久之。**

《清史列传·儒林传一》：存目。①

洪榜《戴先生行状》：……本贯徽州府休宁县由山乡忠义里。先生姓戴，讳震，字慎修，一字东原。戴氏自唐银青光禄大夫检校国子祭酒兼监察御史曰安，有子曰颜，由饶州乐平迁歙州，葬母于歙之黄墩小练源，庐于墓侧，称孝隐先生，卒葬休宁隆阜，因家焉，世为休宁人。先生为嫡长宗。先生以雍正元年十二月己巳生邑里之居第，乾隆十六年补县学生，二十七年举于乡，三十八年奉召充《四库全书》馆纂修官，三十九年奉旨得与乙未贡士一体殿试，四十年赐同进士出身，授翰林院庶吉士，以四十二年五月辛卯卒于官，享年五十有五。先生生而体貌厚重，性端严。生十岁，乃能言。就傅读书，过目成诵，日数千言不肯休。授《大学章句》右经一章，以下问其塾师曰：“此何以知其为孔子之言而曾子述之？又何以知其为曾子之意而门人记之也？”师应之曰：“此先儒子朱子所注云尔。”即问：“朱子何时人也？”曰：“南宋。”又问：“孔子、曾子何时人也？”曰：“东周。”又问：“周去宋几何时矣？”曰：“几二千年矣。”又问：“朱子何以知其然？”师无以应，大奇之。先生读书每一日必求其义塾师举传注训解之，先生意每不释，然师不胜其烦，因取汉许叔重《说文解字》十五卷授之。先生大好其书，学之三年，尽得其节目。又取《尔雅》、《方言》及汉儒笺注之存于今者，搜求考究，一字之义必贯群经、本六书以为定诂，由是尽通前人所合集，凡《十三经注疏》举其辞无遗，时先生年十六七矣。随父文林公客江西南丰，就近课学童于邵武，又一年，于经学益进。先生以为：**经之至者，道也；所以明道者，其辞也；所以成辞者，字也。必繇字以通其辞，繇辞以通其道，乃可得之。又经之难明在一事，必综其全而核之，巨细毕究，本末兼察，信而有征，合诸至道而不留余议**。诵《尧典》至“乃命羲和”，不知日月列星之所以运行，则掩卷不能卒业；诵《周南》、《召南》，自《关雎》而往，不知古音，徒强以协韵，则已龃龉失读；诵古礼，先《士冠礼》，不知古者宫室衣服等制，已迷于其言，莫辨其用；不知古今地方沿革，则《禹贡》职方、山镇、川泽，《春秋》列国疆域、会盟、攻战之地失其处所……

① 见中华书局本第17册，第5513~5516页。

其学弥博，而探指弥约，其资愈敏，而持力愈坚。年二十余，而“五经”立矣。**先生病夫后之治经者，依于传文以拟其是，择于众说以裁其优，出于空言以定其论，据于孤证以信其通，以此治经，失“不知为不知”之意。苟立一说，则徒增一惑。即起一辨，使后之学者不胜其劳**。因取其说之易晓者，浅涉而坚信之，用自满其量之能容受，不复求远者大者，治经益疏，而去道益远。故尝以为：**古今学问之途，其大致有三，或事于义理，或事于制数，或事于文章**。自子长、孟坚、退之、子厚诸君子之为文章，咸知文之为末，而道之为本，欲因文以求进据乎道，而被之于文，其于道也亦有得有不得。譬犹仰观泰山，知群山之卑；临视北海，知众流之小。然而未履其巅，未跨其涯，故其所得终于艺也，而非道也。**圣人之道在六经，汉儒穷其制数，宋儒穷其义理，于子长、孟坚、退之、子厚诸君子根柢之以为文章，若分途而驰，异次而宿，不知其不可以阙一也。制数之不明，于古人之文章多有不省矣。文辞之不达，则所谓义理固一己之义理，而非六经圣贤之义理**。君子之道不可诬也。盖先生之为学，自其早岁稽古综核，博文强识，而尤长于论述，晚益窥于性与天道之传，于老、庄、释氏之说入人心最深者，辞而辟之，使与六经、孔、孟之书截然不可以相乱，盖其学之本末次第大略如此。……有传其书至浙中者，天台少宗伯齐公召南见之，曰：“旷世才也！”嘉叹不绝于口，由是江南之北稍稍知先生名。东吴惠定宇先生栋，自其家三世传经，其学信而好古，于汉经师以来贾、马、服、郑诸儒散失遗落几不传于今者，旁搜广摭，裒集成书，谓之古义，从学之士甚众。先生于乾隆乙亥岁北上京师，见惠于扬州，一见订交。嘉定光禄王君鸣盛尝言曰：“方今学者断推两先生。惠君之治经求其古，戴君求其是。究之，舍古亦无以为是。”王君博雅君子，故言云然。其言先生之学期于求是，亦不易之论。先生之始至京师，当时馆阁诸公，今光禄卿嘉定王君鸣盛、今学士嘉定钱君大昕、大兴朱君筠、纪君昀、余姚卢君文弨、今大理卿青浦王君昶，皆折节交先生。时大司寇秦文恭公方为少宗伯编纂《五礼通考》之书，延先生邸舍，就与商榷，其所采摭先生各经之说甚多……会朝廷开《四库全书》馆，奉召与为纂修。先生于《永乐大典》散篇内因得见郦氏自序，又获增益数事，馆臣即以是属校正，上其书，诏允刊行焉。先生以算在六艺，古者以宾兴贤能教习国子，治经之士所当知，故自其早岁以名家，论多前人所未发。……先生尝谓汉经师康成郑氏之学集众家之大成，俾六艺散而复聚，魏、晋而后，虽王肃、虞翻之流时加驳难，而学者宗之，比于周、孔。自唐义疏之行，郑氏所注《周易》、《尚书》乃亡，今所存者独《三礼注》、《毛诗笺》，而《三礼注》尤精，传谓当与《礼经》并行，如《春秋》之有“三传”。先生留心于是书者数十年，校雠足正，用功尤深，适会编校唐人李如圭《仪礼集说》，其书全载郑氏原注，因校李书，即考定郑注，实可为此经定本，而《礼记》、《周官》经亦以次定正焉。又尝以为，古者小学一家列于六艺之末，今所存者独《尔雅》、《方言》、《说文解字》数家。《方言》之书迄无善本，先生受是书校之，正其舛讹漏略，采摭群书，以为考证，几及万言。先生之校《方言》也，已得疾，足痿不能行，犹日夜勘定不倦。是书及《大戴记》校已毕，未及上进，而先生已卒矣。先生所著书：《今文尚书经》二卷、《毛诗补注》一卷、《春秋即位改元考》一卷、《考工记图》二卷、《大学补注》一卷、《中庸补注》一卷、《孟子字义疏证》三卷、《声韵考》四卷、《声类表》四卷、《句股割圆记》三卷、《历问》四卷、《经说》四卷、《屈原赋注》一卷、《通说》一卷、《音义》一卷、《经史筹算》一卷、《气穴记》一卷、《藏府象经论》四卷、《葬法赘言》四卷、文集四卷、制义一卷。先生书为《七经小记》之书，凡经中训诂、制度、象数、水地诸事以及天人之道、经之道、经之大训，皆比类合义，具其端委，论其指归，俾学者因是以求六经，用力约而功多，书未竟业，成者《原象》一卷、《原善》一卷、《学礼篇》一卷、《水地记》三十卷。先生卒之前，数用手自整理所著书，命工写录，亦未及竟。先生以为道释自贵其神识，而儒者在善治事情。凡人之患二，曰私，曰蔽，私生于欲之失，而蔽生于知之失。异氏尚无欲，君子尚无蔽。异氏之学主静以为治，君子强恕以去私，而问学以去蔽，主以忠信，而止于明善。凡生于其心，必发于其事。私者逞己以纵欲，无良而憯，不畏明无私矣，尚不能无蔽。蔽者，不求诸事情，以其意见信为义理，公而不能明，廉洁而流于刻。……先生之言平正通达，近而易知，博极群书，而不事驰骋，有所请，各如其量以答之。凡见先生者，未尝不有所得也。先生之学虽未设施于时，既没，其言立所谓不朽者与？娶朱氏，封孺人。子一人，中立。女一人，许嫁户部主事曲阜孔君继涵次子广根。先生郡人洪朴、洪榜兄弟得交先生，从燕游久，凡先生之行事绪论，盖得其大略焉。先生之子中立将以七月某日扶柩归葬于某乡之某原，谨书家世行业及论著之大凡，以求志于作者。辞繁而不敢杀，盖有待于笔削云耳。乾隆四十二年六月，歙后学洪榜谨状。①

凌廷堪《校礼堂文集》卷三十五《戴东原先生事略状》：东原先生卒后之六年，廷堪始游京师，洗马大兴翁覃溪先生授以戴氏遗书，读而好之。又数年，廷堪同县程君易田复为言先生为学之始末，深惜与先生生并世，而不获接先生之席也。**自宋以来，儒者多剽袭释氏之言之精者，以说吾圣人之遗经，其所谓学不求之于经，而但求之于理，不求之于故训典章制度，而但求之于心。好古之士虽欲矫其非，然仅取汉人传注之一名一物而辗转考证之，则又烦细而不能至于道，于是乎有汉儒经学、宋儒经学之分，一主于故训，一主于理义也。先生则谓："理义不可舍经而空凭胸臆，必求之于古经；求之古经，而遗文垂绝，今古悬隔，然后求之故训；故训明则古经明，古经明则贤人圣人之理义明，而我心之所同然者乃因之而明。理义非他，存乎典章制度者也。彼歧故训、理义而二之，是故训非以明理义，而故训何为？理义不存乎典章制度，势必流入于异学曲说而不自知。故其为学先求之于古六书、九数，继乃求之于典章制度，以古人之义释古人之书，不以己见参之，不以后世之意度之。既通其辞，始求其心，然后古圣贤之心不为异学曲说所汩乱。"**盖孟、荀以还，所未有也。学成，乃著书以诏后之学者，不幸哲人遽萎，书多未就。今案其遗编，学之大者犹可考见，特惧读之者不得旨要之所在，以矜奇炫博，遇之不然，或与妄庸巨子讥骂洛、闽者等视而齐观，则先生之学由此而晦矣。廷堪于先生为同郡后生，爰综其论著及生平出处之大略，缀缉成篇，聊自附于私淑之末，并以备他日采择焉。先生姓戴氏，讳震，字东原，休宁之隆阜人也。生九岁始能言。年十余，入乡塾读诗，即为小戎图，观者咸讶其详核。时婺源江君永精《礼经》及推步、钟律、音声、文字之学，先生偕其县人郑牧、歙人汪肇漋、方矩、汪梧凤、金榜师事之，而先生独能得其全。将三十，始为诸生。乾隆十九年，以避仇入都。是时先生之学已大成。在都数年，北方学者如献县纪尚书昀、大兴朱学士筠，南方学者如嘉定钱少詹大昕、余姚卢学士文弨、青浦王侍郎昶等，皆在馆阁，交爱重之，先生亦不吝为之讲说。无锡秦尚书蕙田纂《五礼通考》，先生实任其事。二十二年归自京师，客扬州卢运使见曾所，与元和惠征君栋论学有合。二十七

① 见《碑传集》卷五十，又见《湖海文传》卷六十。

年，应江宁乡试，青田韩锡胙为同考官，得先生文异之，亟荐于主司，遂中式，屡试礼部不第，游汾晋间。廷堪座主朱石君先生时为山西布政使，延之撰方志，礼遇有加焉。三十八年，天子稽古右文，开四库馆，征海内淹贯之士司编校之役。金坛于文襄敏中以先生名应诏，充《永乐大典》纂修官。四十年，命与会试中式举人一体殿试，赐同进士出身，改翰林院庶吉士，未散馆，于四十二年夏五月卒于京邸，年五十有五。以弟霖之子中孚为后。先生之学无所不通，而其所由以至道者则有三，曰小学，曰测算，曰典章制度。其小学之书有《声韵考》四卷、《声类表》十卷、《方言疏证》十三卷。自汉以来，不明故训音声之原，以致古籍传写误其溷淆莫辨，先生则谓《诗》"劳心惨兮"，惨本懆字之讹，而《释文》以为七感反之类，皆文字先误，因而误其音声者也。……自汉以来，古音寖微，学者于六书谐声之故靡所从入。《广韵》东、冬、钟、江、真、谆、臻、文、欣、元、魂、痕、寒、桓、删、山、先、仙、阳、唐、庚、耕、清、青、蒸、登、侵、覃、谈、盐、添、咸、衔、严，凡共三十五韵有入声，外此如支、脂等二十二韵无入声。顾氏《古音表》反是。先生则谓有入、无入之韵当两两相配，以入声为之枢纽，真以下十四韵与脂、微、齐、皆、灰五韵同入声，东以下四韵及阳以下八韵与支、之、佳、咍、萧、宵、肴、豪、尤、侯、幽十一韵同入声，侵以下九韵之入声则从《广韵》无与之配，鱼、虞、模、歌、戈、麻六韵《广韵》无入声，今同以铎为入声，不与唐相配，而古音递转，及六书谐声之故胥可由此得之，皆古人所未发也。其测算之书有：《原象》四篇、《迎日推策记》一篇、《句股割圆记》三篇、《续天文略》三卷、《策算》一卷。自汉以来，畴人不知有黄极，西士入中国，始云赤道极之外又有黄道极，是为七政恒星右旋之枢，诧为六经所未有。先生则谓西人所云赤极即《周髀》之正北极也，黄极即《周髀》之北极璇玑也。《虞夏书》在璇玑玉衡以齐七政，盖设璇玑以拟黄道极也。……其典章制度之书未成，有《文集》十二卷、《考工记图》二卷、《毛郑诗考》四卷、《诗经补注》仅二南二卷、《屈原赋戴氏注》七卷、《通释》二卷，考证之精者多散见其中。至于《原善》三篇、《孟子字义疏证》三卷，皆标举古义，以刊正宋儒所谓由故训而明理义者，盖先生至道之书也。……其在馆所校，如《仪礼集释》、《仪礼识误》、《大戴礼记》、《水经注》、《周髀算经》、《九章算术》、《海岛算经》、《孙子算经》、《五曹算经》、《夏侯阳算经》、《张邱建算经》、《五经算术》、《缉古算经》、《数术记遗》、《孟子赵注》、《孟子音义》、《方言》诸书，皆详慎不苟。《周髀》、《九章》为之补其图，《五曹》为之订其误，而《大戴礼记》、《水经注》则又旧所勘定者也。先生卒后，其小学之学则有高邮王给事念孙、金坛段大令玉裁传之，测算之学则有曲阜孔检讨广森传之，典章制度之学则有兴化任御史大椿传之，皆其弟子也。**先生于读书知条贯者，就其学之浅深高下，或引而友之，或进而教之，循循如不及。非是族也，虽负理学盛名，及以诗古文自雄者，悉挥斥之，未尝少假辞色焉。**先生所著书，文辞渊奥，兼多微见其端，留以俟学者之自悟。今取其发古人所未发者，稍稍表出之，非敢谓能举其大也，亦非敢有所损益去取也。昔河间献王实事求是。**夫实事在前，吾所谓是者，人不能强辞而非之，吾所谓非者，人不能强辞而是之也，如六书、九数及典章制度之学是也。虚理在前，吾所谓是者，人既可别持一说以为非，吾所谓非者，人亦可别持一说以为是也，如理义之学是也。**故于先生之实学诠列如左，而理义固先生晚年极精之诣，非造其境者亦无由知其是非也。其书具在，俟后人之定论云尔。谨状。

钱大昕《潜研堂集》文集卷三十九《戴先生震传》：戴先生震，字东原，休宁人。少从婺源江慎修游，讲贯礼经制度名物及推步天象，皆洞彻其原本，既乃研精汉儒传注及《方言》、《说文》诸书，由声音文字以求训诂，由训诂以寻义理，实事求是，不偏主一家，亦不过骋其辩，以排击前贤。尝谓："今人读书尚未识字，辄薄训诂之学。夫文字之未能通，妄谓通其语言，语言之未能通，妄谓通其心志，此惑之甚者也。论者又曰：'有汉儒之经学，有宋儒之经学，一主于训诂，一主于义理。'此愚之大不解者。夫使义理可以舍经而求，将人人凿空得之，奚取乎经学？惟空凭胸臆之无当于义理，然后求之古经，求之古经而遗文垂绝，今古悬隔，然后求之诂训，训诂明则古经明，而我心所同然之义理乃因之而明。古圣贤之义理非他，存乎典章制度者是也。昧者乃歧训诂、义理而二之，是训诂非以明义理，而训诂胡为？义理不存乎典章制度，势必流入于异端曲说而不自知矣。"又尝与友人书云："仆数十年来得于行事者，立身则曰不苟，待人则曰无憾。……今之博雅能文章、善考核者，徒株守先儒而笃信之，如唐人所讥'宁言周、孔误，不道郑、服非'，此非志乎闻道者也。其私智穿凿者，即不自表襮，而学不师古，积非成是，惑以终身，无鄙吝之心，而失与之等，其于道亦远矣。讲明正道，修辞立诚，以俟后学，其或听或否，或传或坠，或尊信或非议，所不计也。"性介特，多与物忤，落落不自得。年三十余，策蹇至京师，困于逆旅，饘粥几不继，人皆目为狂生。一日，携其所著书过予斋，谈论竟日，既去，予目送之，叹曰："天下奇才也。"时金匮秦文恭公蕙田兼理算学，求精于推步者，予辄举先生名，秦公大喜，即日命驾访之，延主其邸，与讲观象授时之旨，以为闻所未闻。秦公撰《五礼通考》，往往采其说焉。高邮王文肃公安国亦延致先生家塾，令其子念孙师之。一时馆阁通人，河间纪太史昀、嘉定王编修鸣盛、青浦王舍人昶、大兴朱太史筠先后与先生定交，于是海内皆知有戴先生矣。乾隆壬午中江南乡试，明年试礼部不第。薄游汾、晋间，会汾州修郡志，珪请先生任其事。……癸巳岁，天子开四库馆，妙选校雠之职，总裁诸公疏荐先生，以乡贡士入馆充纂修官，特命与会试中式者同赴廷对，乙未夏，授翰林院庶吉士。先生起自单寒，独以文学为天子所知，出入著作之庭。**馆中有奇文疑义，辄就咨访先生，为考究颠末，各得其意以去。**先生亦思勤修其职，以称塞明诏。经进图籍，论次精审，晨夕披检，靡间寒暑，竟以积劳致疾。丁酉夏，卒于官，年五十有五。平生无他嗜好，惟专于读书。虽词义钩棘难晓者，一再读之，辄已涣然冰解，旁观皆惊为宿悟，要由精诚所致。其学长于考辩，每立一义，初若创获，及参互考之，果不可易。……先生在书局，校定《五经算术》、《海岛算经》、《孙子算经》等书，皆官为板行。其所撰述有《毛郑诗考正》四卷、《考工记图》二卷、《孟子字义说》三卷、《方言疏证》十三卷、《原善》三卷、《原象》一卷、《句股割圆记》三卷、《策算》一卷、《声韵考》四卷、《声类表》九卷、《屈原赋注》九卷、《文集》十卷，则曲阜孔户部继涵为刊行之。

王昶《春融堂集》卷五十五《戴东原先生墓志铭》：门人黟县知县张君善长，由黟走书来告曰："戴先生东原与善长相识，夫子所稔也。今东原卒，柩归于家，黟与休宁壤接，将谋所以葬东原者。洪舍人榜既为之状矣，敢以志墓之文为请。"呜呼！余之获交东原，盖在乾隆甲戌之春，维时秦文恭公蕙田方纂《五礼通考》，延致于味经轩，偕余同辑时享一类，凡五阅月而别。及余为中书舍人，东原始以乡试中式来于都。至余自蜀中归，则东原已被荐擢翰林，同寓京师，而东原遽以病殁，盖余两人离合之迹如此。若东原之敦善行，精经谊，余虽不获企其少分，而定交之久，与知东原之深，莫如余也。非余，谁当志者？按状：东原讳震。曾祖景良，祖宁仁，父弁，皆不仕。东原以乾隆十六年补县学生，二十七年举于乡，三十八年奉召充《四库全书》馆纂修官，四十年赐同进士出身，授翰林院庶吉士，又二年，卒于官。东原生而体貌厚重，性端严。十岁乃能言，就傅读书，过辄成诵，日数千言不肯休。授《大学章句》至大注右经一章以下，问其塾师曰："此何以知为孔子之言而曾子述之？又何以知为曾子之意而门人记之？"师应之曰："此先儒朱子所注云尔。"又问："朱子何时人？"曰："南宋。"又问："孔子、曾子何时人？"曰："东周。"又问："周去宋几何时？"曰："几二千年。"又问："然则朱子何以知其然？"师无以应，大奇之。东原读书，默而好深湛之思。塾师略举传注讲解，意每不释，师苦其烦，因授以许慎《说文解字》，东原学之三年，尽得其节目。又取《尔雅》、《方言》及汉儒笺注之存于今者，搜求研究，一字之训，必贯群经、本六书以为定，由是尽通前人古义。凡《十三经注疏》，举其辞无遗者，时年才十六七尔。随父客南丰一年，经学益进。东原谓：**"经之至者，道也。所以明道者，辞也。所以成辞者，字也。必繇字以通辞，繇辞以通道，乃可得之。"**又：**"经之难明，在一事必综其全而核之，巨细必究，信乃有征**。如诵《诗》而不知古音，强以协韵，则已龃龉失读。诵《礼》而不知古宫室、衣服之制，已迷其方，莫辨其用。不知古今沿革，则《禹贡》职方、山镇、川泽，《春秋》列国疆域、会盟攻战之地失其处所。不知古今推步之法，则如夏书之辰不集于房，鲁太史引以为正阳之月孟夏，东晋《古文尚书》系之季秋，《小雅》十月之交，郑康成以为周正十月，刘原甫以为夏正十月。《春秋》日食三十六，历代史志载步算家上考，曲合其一，而卒违其一，儒者何以识古书之真伪，辨笺解之得失，决鲁历至朔之当否？不知少广旁要，则《考工》之器不能因文而推其制。不知鸟兽虫鱼草木之名号状类，则比兴之意乖。六书之学，训诂音声未始相离，声与音又经纬衡从。魏孙炎创翻语，后考经论韵悉用之。晋人以译释氏之言，其徒窃为己有，谓来自西域，儒者数典不能记忆也。中土准望用勾股，盖肇于《周髀》，西法易名三角、八线，而正弦比例之根生于勾股，则勾股能御三角，三角不能御勾股。虽深明西法者，咸昧其由来也。"于是日夜孳孳，搜集比勘，靡不悉心讨索，雷同剿说，悉扫而除之。其学弥博，而探指弥约。其资愈敏，而持力愈坚。年二十余，而"五经"通矣。又谓："古今学问之途大致有三，或事义理，或事制数，或事文章。汉儒穷其制数，宋儒穷其义理，马、班、韩、柳诸君子根柢之以为文章。若分途而驰，异次而宿，不知其不可以阙一也。制数之不明，于古人之文多所不省矣；经义之不达，则所谓义理固一己之义理，而非六经圣贤之义理矣。君子之道不可诬也。"**盖东原之为学，自其早岁稽古好学，博闻强识，而尤长于论述。晚窥性与天道之传，于老、庄、释氏之说辞而辟之，使与六经、孔、孟之书截然不可以相乱，具见于《原善》、《原象》及《与彭进士绍升书》。盖其学之本末次第大略如此**。婺源江先生永治经数十年，精于"三礼"及步算、钟律、声韵、地理。东原取平日所学质之，江先生为之骇叹。年近三十，《考工记图》、《屈原赋注》、《勾股割圆记》诸书已成，传至浙中，齐少宗伯召南嘉叹不已。元和惠先生栋三世传经，其学信而好古，于荀、虞之《易》，郑、孔之《礼》，何休之《春秋》，旁搜广摭，发明古义。东原见于扬州，交相推重也。东原家居，同郡郑牧、汪肇漋、程瑶田、方矩、金榜皆从问业。至京师，光禄寺卿王君鸣盛、学士钱君大昕、朱君筠、纪君昀、卢君文弨皆折节定交焉。其客文恭公所也，出江先生推步法解，公于

《通考》中尽载其书。其后，学士朱君任安徽学政，尽檄江先生所著书上于朝，入《四库全书》馆，东原表扬之力为多。郦道元《水经注》流传错简，东原寻其义例，按以准望整之，还其旧，俾诸水经支川渠委纳，厘然就贯，旋于《永乐大典》内见郦氏《自序》，且获增益数事，录之始为完书，嗣又得《九章》、《五曹算经》凡七种，自王寅旭、谢野臣、梅定九诸子皆未之见，东原正讹补脱，如刘徽注内旧有图，而今阙者补之，书进，得旨刊行，而古书之晦者以显。其后得疾，足痿不能行，犹日夜校雠《说文》、《方言》、《大戴礼记》，以次勘定，未及上进，而疾已亟矣。东原所著书：《毛郑诗考》四卷、《诗补注》一卷、《尚书义考》二卷、《仪礼考正》一卷、《考工记图》二卷、《尔雅文字考》十卷、《方言疏证》十三卷、《声韵考》四卷、《声类表》十卷、《原善》三卷、《大学补注》一卷、《中庸补注》一卷、《孟子字义疏证》三卷、《原象》一卷、《迎日推策记》一卷、《历问》一卷、《古历考》二卷、《勾股割圆记》三卷、《屈原赋注》二卷、《文集》六卷，凡遗书二十种，曲阜孔君继涵梓之以行。其未成之书：《水地记》七册、《直隶河渠书》六十四册，付子中立写藏于家。东原生雍正元年十二月某日，殁于乾隆四十二年五月某日，年五十有五。娶朱氏，封孺人。子一，中立。女一，许字曲阜孔广根，盖继涵次子也。呜呼！**东原之学，苞罗旁魄。于汉、魏、唐、宋诸家靡不统宗会元，而归于自得，名物象数靡不穷源知变，而归于理道。本朝之治经者众矣，要其先之以古训，折之以群言，究极乎天地人之故，端以东原为首。**昔韩昌黎铭施士丐，柳子厚表陆淳，皆称先生，盖以经师为重。今窃取是例，以示张君，俾刻于幽竁，乃铭曰：郑、孔既没，大义寖湮。各以窥观，莫溯其全。先生鯱鯱，搜玄摘秘。贯串三才，上穷六艺。公卿动色，天子嗟咨。媲古大师，谁曰非宜。龙蛇召灾，遗言在笥。吾言匪诬，俟诸百世。

阮元《儒林传稿》卷四、《畴人传》卷四十二、江藩《国朝汉学师承记》卷五、李元度《国朝先正事略》卷三十五、钱林《文献征存录》卷八、唐鉴《学案小识》卷十四《经学学案》皆有传，存目。

余廷灿《存吾文稿·戴东原事略》：存目。

胡虔《柿叶轩笔记》：**戴东原震数应礼部试，分校者争欲致之门下，每于三场五策中物色之，不可得，既乃知其对策甚空，诸公以戴淹雅精卓，殆无伦比，而策则如无学者，大是异事。钱辛楣詹事曰："此东原之所以为东原也。"**戴中壬午江南乡试，年四十矣，出青田韩锡祚房，其文诘屈，几不可句读。

段玉裁《经韵楼文集补编·戴东原集序》：先生卒于乾隆丁酉，年五十有五。自先生以古学唱，三十年来，薄海承学之士，至于束发受书之童子，无不知有东原先生，盖其兴起者盛矣。称先生者皆谓考核超于前古。始，玉裁闻先生之绪论矣。其言曰："**有义理之学，有文章之学，有考核之学。义理者，文章、考核之源也。孰乎义理，而后能考核，能文章。**"玉裁窃以谓义理、文章未有不由考核而得者。自古圣人制作之大，皆精审乎天地民物之理，得其情实，综其始终：举其纲以条其目，举其利以防其弊，故能奠安万世，虽有奸暴，不敢自外。《中庸》曰："君子之道，本诸身，征诸庶民，考诸三王而不缪，建诸天地而不悖，质诸鬼神而无疑，百世以俟圣人而不惑。"此非考核之极致乎？圣人心通义理而必劳劳如是者，不如是，不足以尽天地民物之理也。**后之儒者，画分义理、考核、文章为三，区别不相通，其所为细已甚焉。夫圣人之道在六经，不于六经求之，则无**

以得。**圣人所求之义理，以行于家国天下，而文词之不工，又其末也。**先生之治经，凡故训、音声、算数、天文、地理、制度、名物、人事之善恶是非，以及阴阳气化、道德性命，莫不究乎其实。**盖由考核以通乎性与天道，既通乎性与天道矣，而考核益精，文章益盛，用则施政利民，舍则垂世立教而无弊。**浅者乃求先生于一名、一物、一字、一句之间，惑矣。先生之言曰：**"六书、九数等事，如轿夫然，所以舁轿中人也。以六书、九数等事尽我，是犹误认轿夫为轿中人也。"**又尝与玉裁书曰：**"仆平生著述之大，以《孟子字义疏证》为第一，所以正人心也。"**噫！是可以知先生矣。（下略）

戴震《孟子字义疏证序》：余少读《论语》端木氏之言曰："夫子之文章，可得而闻也，夫子之言性与天道，不可得而闻也。"读《易》，乃知言性与天道在是。周道衰，尧、舜、禹、汤、文、武、周公致治之法，焕乎有文章者，弃为陈迹。孔子既不得位，不能垂诸制度、礼乐，是以为之正本溯源，使人于千百世治乱之故，制度、礼乐因革之宜，如持权衡以御轻重，如规矩准绳之于方圆平直。言似高远，而不得不言。自孔子言之，实言前圣所未言。微孔子孰从而阐之？故曰："不可得而闻。"是后，私智穿凿者亦警于乱世，或以其道全身而远祸，或以其道能诱人心有治无乱。而谬在大本，举一废百，意非不善，其言只足以贼道。孟子于是不能已于与辩，当是时群共称孟子好辩矣。《孟子》之书有曰"我知言"，曰"游于圣人之门者难为言"。盖言之谬，非终于言也，将转移人心，心受其蔽，必害于事，害于政。彼目之曰"小人之害"，天下后世也显而共见；目之曰"君子之害"，天下后世也相率趋之，以为美言。其入人心深，祸斯民也大，而终莫之或寤。辩恶可已哉！孟子辩杨、墨；后人习闻杨、墨、老、庄、佛之言，且以其言汩乱孟子之言，是又后乎孟子者之不可已也。苟吾不能知之亦已矣，吾知之而不言，是不忠也，是对古圣人、贤人而自负其学，对天下后世之仁人而自远于仁也。吾用是惧，述《孟子字义疏证》三卷。韩退之氏曰："道于杨、墨、老、庄、佛之学，而欲之圣人之道，犹航断港绝潢以望于海也。故求观圣人之道，必自《孟子》始。"呜呼，不可易矣！休宁戴震。

戴震《孟子字义疏证・理》：理者，察之而几微，必区以别之名也，是故谓之分理。在物之质曰肌理，曰腠理，曰文理（亦曰文缕。理、缕，语之转耳）。得其分则有条而不紊，谓之条理。孟子称孔子之谓集大成，曰："始条理者智之事也，终条理者圣之事也。"圣智至孔子而极其盛，不过举理以言之而已矣。《易》曰："易简而天下之理得。"自《乾》、《坤》言，故不曰仁智，而曰"易简"。以易知，知一于仁爱平恕也；以简能，能一于行所无事也。易则易知，易知则有亲，有亲则可久，可久则贤人之德，若是者仁也。简则易从，易从则有功，有功则可大，可大则贤人之业，若是者智也。天下事情，条分缕晰，以仁且智当之，岂或爽几微哉？《中庸》曰："文理密察，足以有别也。"《乐记》曰："乐者，通伦理者也。"郑康成注云："理，分也。"许叔重《说文解字序》曰："知分理之可相别异也。"古人所谓理，未有如后儒之所谓理者矣。

戴震《孟子字义疏证・道》：人道，人伦日用身之所行，皆是也。在天地，则气化流行，生生不息，是谓道，在人物，则凡生生所有事，亦如气化之不可已，是谓道。《易》曰："一阴一阳之谓道。继之者善也，成之者性也。"言由天道以有人物也。《大戴礼记》曰："分于道谓之命，形于一谓之性。"言人物分于天道，是以不齐也。《中庸》曰："天命之谓性，率性之谓道。"言日用事为皆由性起，无非本于天道然也。《中庸》又曰："君臣也，父子也，夫妇也，昆弟也，朋友之交也，五者天下之达道也。"言身之所行，举凡日用事为，其大经不出乎五者也。孟子称契为司徒，教以人伦，父子有亲，君臣有义，夫妇有别，长幼有序，朋友有信。此即《中庸》所言修道之谓教也。曰性，曰道，指其实体实事之名。曰仁，曰礼，曰义，称其纯粹中正之名。人道本于性，而性原于天道。天地之气化流行不已，生生不息。然而生于陆者入水而死，生于水者离水而死，生于南者习于温而不耐寒，出于北者习于寒而不耐温。此资之以为养者，彼受之以害生。天地之大德曰生，物之不以生而以杀者，岂天地之失德哉？故语道于天地，举其实体实事，而道自见。一阴一阳之谓道，立天之道曰阴与阳，立地之道曰柔与刚是也。人之心知有明暗，当其明则不失，当其暗则有差谬之失，故语道于人，人伦日用，咸道之实事。率性之谓道，修身以道，天下之达道五是也。此所谓道不可不修者也，修道以仁，及圣人修之以为教是也。其纯粹中正，则所谓立人之道曰仁与义，所谓中节之为达道也。中节之为达道，纯粹中正，推之天下而准也。君臣、父子、夫妇、昆弟、朋友之交，五者为达道，但举实事而已。智仁勇以行之，而后纯粹中正，然而即所谓之达道者，达诸天下而不可废也。《易》言天道而下及人物，不徒曰“成之者性”，而先曰“继之者善”。继谓人物于天地，其善固继承不隔者也。善者称其纯粹中正之名，性者指其实体实事之名。一事之善，则一事合于天。成性虽殊，而其善则一。善其自然也，性其自然也，归于必然，完其自然，此之谓自然之极致，天地人物之道于是乎尽。在天道不分言，而在人物，分言之始明。《易》又曰，仁者见之谓之仁，智者见之谓之智，百姓日用而不知，故君子之道鲜矣。言限于成性而后，不能尽是道者众也。

戴震《戴震文集》卷十《考工记图序》：立度辨方之文，图与传注相表里者也。自小学道湮，好古者靡所依据。凡六经中制度、礼仪，核之传注，既多违误，而为图者，又往往自成诘诎，异其本经，古制所以日即荒谬不闻也。旧礼图有梁、郑、阮、张、夏侯诸家之学，失传已久，惟聂崇义《三礼图》二十卷见于世，于考工诸器物尤疏舛。同学治古文辞，有苦《考工记》难读者，余语以诸工之事，非精究少广、旁要，固不能推其制以尽文之奥曲。郑氏注善矣，兹为图，翼赞郑学，择其正论，补其未逮。图傅某工之下，俾学士显白观之。因一卷书，当知古六书、九数等，儒者结发从事，今或皓首未之闻，何也？休宁戴震。

戴震《东原集》卷九《与是仲明论学书》：仆所为《经考》未尝敢以闻于人，恐闻之而惊顾狂惑者众。昨遇名贤枉驾，望德盛之容，令人整肃，不待加以诲语也。又欲观末学所事得失，仆敢以《诗补传序》并辨郑卫之音一条检出呈览。今程某奉其师命来取《诗补传》，仆此书尚俟改正，未可遽进，请进一二言，惟名贤教之。仆自少时家贫，不获亲师，闻圣人之中有孔子者，定六经示后之人，求其一经，启而读之，茫茫然无觉。寻思之久，计于心曰：**经之至者，道也，所以明道者，其词也，所以成词者，字也。由字以通其词，由词以通其道，必有渐。**求所谓字，考诸篆书，得许氏《说文解字》，三年知其节目，渐睹古圣人制作本始。又疑许氏于故训未能尽，从友人假《十三经注疏》读之，则知一字之义，当贯群经，本六书，然后为定。至若经之难明，尚有若干事：诵《尧典》数行，至乃命羲和，不知恒星七政所以运行，则掩卷不能卒业。诵《周南》、《召南》，自《关雎》而往，不知古音，徒强以协韵，则龃龉失读。诵古礼经，先《士冠礼》，不知古者宫室、衣服等制，则迷于其方，莫辨其用。不知古今地名沿革，则《禹贡》职方失其处所。不知少广、旁要，则《考工》之器不能因文而推其制。不知鸟兽、虫鱼、草木之状类名号，则比兴之意乖，而字学、故训、音声未始相离，声与音又经纬衡从宜辨。汉末孙叔然创立反语，厥后考经论韵悉用之，释氏之徒从而习其法，因窃为己有，谓来自西域，儒者数典不能记忆也。中土测天用句股，今西人易名三角、八线，其三角即句股，八线即缀术，然而三角之法穷，必以句股御之，用知句股者，法之尽备，名之至当也。管吕言五声十二律，宫位乎中，黄钟之宫，四寸五分，为起律之本，学者蔽于钟律失传之后，不追溯未失传之先，宜乎说之多凿也。凡经之难明，右若干事，儒者不宜忽置不讲。仆欲究其本始，为之又十年，渐于经有所会通，然后知圣人之道如悬绳树槷①，毫厘不可有差。**仆闻事于经学，盖有三难，淹博难，识断难，精审难**。三者仆诚不足与于其间，其私自持暨为书之大概端在乎是。前人之博闻强识，如郑渔仲、杨用修诸君子，著书满家，淹博有之，精审未也。别有略是而谓大道可以径至者，如宋之陆，明之陈、王，废讲习讨论之学，假所谓尊德性以美其名。**然舍夫道问学，则恶可命之尊德性乎**？未得为中正可知。**群经六艺之未达，儒者所耻**。仆用是戒其颓惰，据所察知，特惧忘失，笔之于书，识见稍定，敬进于前，不晚名贤，幸谅。震白。

戴震《东原集》卷八《答彭进士允初书》：允初先生足下：日前承示《二林居制义》，文境高绝，然在作者，不以为文而已，以为道也。大畅心宗，参活程、朱之说，以傅合六经、孔、孟，使闳肆无涯涘。《孟子》曰："资之深，则取之左右逢其源。"凡自得之学尽然。求孔、孟之道不至是，不可谓之有得。求杨、墨、老、庄、佛之道不至是，亦不可谓之有得。宋以前，孔、孟自孔、孟，老、释自老、释。谈老、释者高妙其言，不依附孔、孟。宋以来，孔、孟之书尽失其解，儒者杂袭老、释之言以解之，于是有读儒书而流入老、释者，有好老、释而溺其中，既而触于儒书，乐其道之得助，因凭藉儒书，以谈老、释者。对同己则共证心宗，对异己则寄托其说于六经、孔、孟，曰："吾所得者，圣人之微言奥义。"而交错旁午，屡变益工，浑然无罅漏。孔子曰："道不同，不相为谋。"言徒纷然词费，不能夺其道之成者也。足下之道成矣，欲见仆所为《原善》。仆闻足下之为人，心敬之，愿得交者十余年于今。虽《原善》所指，加以《孟子字义疏证》，反复辨论，咸与足下之道截然殊致，叩之则不敢不出。今赐书有引为同，有别为异，在仆乃谓尽异，无毫发之同。昔程子、张子、朱子，其始也，亦如足下今所从事。程叔子撰《明道先生行状》曰："自十五六时，闻周茂叔论道，慨然有求道之志，泛滥于诸家，出入于老、释者几十年，返求诸六经，而后得之。"吕与叔撰《横渠先生行状》曰："范文正公劝读《中庸》，先生读其书，虽爱之，犹以为未足。又访诸释、老之书，累年尽究其说，知无所得返，而求之六经。"知无所得者，陋之非不知之也。朱子慕禅学，在十五六时。年二十四，见李愿中，愿中教以看圣贤言语，而其后十余年，有《答何叔京》二书。其一曰："向来妄论持敬之说，亦不自记其云何，但因其良心发见之微，猛省提撕，使心不昧，即是做工夫底本领。本领既立，自然下学而上达矣。若不察良心发见处，即渺渺茫茫，恐无下手处也。所谕多识前言往行，熹向来所见亦是如此。近因返求，未得个安稳

① 槷：通"臬"。古代观测日影的标杆。《周礼·考工记·匠人》："置槷以县，视以景，为规识日出之景与日入之景。"郑玄注："槷，古文'臬'假借字。于所平之地中央，树八尺之臬以县正之。"《明史·天文志一》："若表臬者，即《考工·匠人》置槷之法，识日出入之影，参诸日中之影，以正方位。"

处，却始知此未免支离，曷若默会诸心以立其本，而其言之得失，自不能逃吾之鉴邪？”其一曰：“今年不谓饥歉至此，夏初所至汹汹，遂为县中委以赈粜之役，百方区处，仅得无事。博观之弊，此理甚明，何疑之有？若使道可以多闻博观而得，则世之知道者为不少矣。熹近日因事方少有省发处，如‘鸢飞鱼跃’，明道以为与‘必有事焉而勿正’之意同者，今乃晓然无疑。日用之间，观此流行之体，初无间断处，有下工夫处。此与守书册、泥言语全无交涉，幸于日用间察之，知此则知仁矣。”二书全背愿中，复归释氏，反用圣贤言语，指其所得于释氏者。至乾道癸巳，朱子年四十四，门人廖德明录癸巳所闻云：“先生言：二三年前见得此事尚鹘突，为他佛说得相似，近年来方看得分晓。”是后，朱子有《答汪尚书书》云：“熹于释氏之说，盖尝师其人，尊其道，求之亦切至矣，然未能有得。其后，以先生君子之教，校乎前后缓急之序，于是暂置其说，而从事于吾学。其始盖未尝一日不往来于心也，以为俟卒究吾说而后求之未为甚晚。而一二年来，心独有所自安，虽未能即有诸己，然欲复求之外学，以遂其初心，不可得矣。”程、朱虽皆先入于释氏，而卒能觉悟其非。程子曰：“吾儒本天，异端本心。”朱子曰：“吾儒以理为不生不灭，释氏以神识为不生不灭。”仆于《孟子字义疏证》辨其视理也，与老、释之视心、视神识，虽指归各异，而屡屡就彼之言转之，犹失孔、孟之所谓理、所谓义。朱子称“为他佛说得相似”者，彼之心宗，不特指归与此异也，亦绝不可言似。程、朱先从事于彼，熟知彼之指归，既而求之此，见此之指归与彼异矣，而不得其本，因推而本之天。夫人物，何者非本之天乎？岂得谓心必与天隔乎？彼可起而争者也。苟闻乎此，虽愚必明，虽柔必强。扩而充之，何一非务尽其心以能尽道。苟自以为是，而不可与入尧、舜之道。虽言理、言知、言学，皆似而非，适以乱德。在程、朱先入于彼，徒就彼之说转而之此，是以又可转而之彼，合天与心为一，合理与神识为一，而我之言，彼皆得援而借之，为彼树之助。以此解经，而六经、孔、孟之书，彼皆得因程、朱之解，援而借之，为彼所依附。**譬犹子孙未睹其祖父之貌者，误图他人之貌为其貌而事之，所事固已之祖父也，貌则非矣。实得而貌不得，亦何伤？然他人则持其祖父之貌以冒吾宗，而实诱吾族以化为彼族，此仆所由不得已而有《疏证》之作也。破图貌之误，以正吾宗而保吾族，痛吾宗之久坠，吾族之久散为他族，敢少假借哉！**宋儒屡改其指神识者以指理，而余无所改，其解孔、孟之言，体状复与彼相似。如《大学章句》于“在明明德”，《中庸章句》于“不显维德”，尤浑合几不可分。足下遂援“上天之载，无声无臭”为心宗之大原。于宋儒之杂用老氏尚“无欲”，及庄周书言“复其初”者，而申之曰：“无欲，诚也。汤、武反之，‘复其初’之谓也。”仆爱《大戴礼记》“分于道谓之命”一语，道，即阴阳气化，故可言分。惟分也，故成性不同。而《易》称“一阴一阳之谓道”，《中庸》称“天命之谓性”，孟子辨别“犬之性”、“牛之性”、“人之性”之不同，豁然贯通。而足下举“维天之命，于穆不已”，以为不得而分。此非语言之能空论也，宜还而体会六经、孔、孟之书本文云何。《诗》曰“予怀明德”，对“不大声以色”而言。《大学》之“明明德”，以“明德”对“民”而言。皆德行行事，人咸仰见，如日月之悬象著明。故称之曰“明德”。倘一事差失，则有一事之掩亏。其由近而远，积盛所被，显明不已，故曰“明明德”，曰“明明德于天下”。《诗》之“不显”、“不承”，即《书》之“丕显”、“丕承”，古字“丕”通用“不”，大也。《中庸》言“声名洋溢乎中国”，其言“暗然”也，与“日章”并言，何必不欲大显，而以幽深玄远为至。夫昼日当空，何尝有声臭以令人知？而畴不知之，不可引“上天之载无声臭”以言其至乎。“上天之载”二语，在《诗》承“骏命不易”言，郑笺云：“天之道难知也，耳不闻声音，鼻不闻香臭。仪法文王之事，则天下咸信而顺之。”在《中庸》承“化民之德”言，不假声臭以与民接也。谈老、释者，有取于“虚灵不昧”、“人欲所蔽”、“本体之明”、“幽深玄远”、“至德渊微”、“不显之妙”等语与其心宗相似，不惟《大学》、《中庸》本文差以千里，即朱子所云，虽失《大学》、《中庸》之解，而其指归究殊。又《诗》、《书》中凡言天命，皆以“王者受命于天”为言，天之命王者不已，由王者仁天下不已。《中庸》引“维天之命，于穆不已，于乎不显，文王之德之纯”。其取义也，主于不已，以见至诚无息之配天地。“于穆”者，美天之命有德深远也。譬君之于贤臣，一再锡命，惓惓不已，美君之能任贤者，岂不可叹其深远。引之者岂不可曰“此君之所以为君也”。凡命之为言，如命之东则不得而西，皆有数以限之，非受命者所得逾。试以君命言之，有小贤而居上位，有大贤而居下位，各受君命以居其位，此命数之得称曰君命也。君告诫之，使恭其事，而夙夜兢惕，务尽职焉，此教命之得称曰君命也。命数之命，限于受命之初，而尊卑遂定。教命之命，其所得为视其所能，可以造乎其极。然尽职而已，则同属命之限之。命之尽职，不敢不尽职，如命之东，不敢不赴东。论气数，论理义，命皆为限制之名。譬天地于大树，有华、有实、有叶之不同，而华、实、叶皆分于树。形之巨细，色臭之浓淡，味之厚薄，又华与华不同，实与实不同，叶与叶不同。一言乎分，则各限于所分。取水于川，盈罍、盈缾、盈缶，凝而成冰，其大如罍、如缾、如缶，或不盈而各如其浅深。水虽取诸一川，随时与地，味殊而清浊亦异，由分于川，则各限于所分。人之得于天也，虽亦限于所分，而人人能全乎天德。以一身譬之，有心，有耳目鼻口手足，须眉毛发，维心统其全，其余各有一德焉，故《记》曰：“人者，天地之心也。”瞽者，心不能代目而视，聋者，心不能代耳而听，是心亦限于所分也。饮食之化为营卫，为肌髓，形可并而一也。形可益形，气可益气，精气附益，神明自倍。散之还天地，萃之成人物。与天地通者生，与天地隔者死。以植物言，叶受风日雨露，以通天气，根接土壤肥沃，以通地气。以动物言，呼吸通天气，饮食通地气。人物于天地，犹然合如一体也。体有贵贱，有小大，无非限于所分也。心者，气通而神；耳目鼻口者，气融而灵。曾子曰：“阳之精气曰神，阴之精气曰灵。神灵者，品物之本也。”《易》曰：“精气为物，游魂为变，是故知鬼神之情状。”“精气为物”者，气之精而凝，品物流形之常也。“游魂为变”者，魂之游而存，其形敝而精气未遽散也，变则不可穷诘矣。老、庄、释氏，见于游魂为变之一端，而昧其大常；见于精气之集，而判为二本。庄周书曰：“一受其成形，不亡以待尽。”释氏“人死为鬼，鬼复为人”之说同此。周又曰：“其形化，其心与之然，可不谓大哀乎？”老氏之“长生久视”，释氏之“不生不灭”，无非自私，无非哀其灭而已矣，故以无欲成其私。《孟子》曰：“广土众民，君子欲之。”又曰：“欲贵者，人之同心也。”又曰：“鱼，我所欲也；熊掌，亦我所欲也。生，亦我所欲也；义，亦我所欲也。”在老、释皆无之，而独私其游魂，而哀其灭以豫为之图。在宋儒惑于老、释无欲之说，谓“义亦我所欲”为道心，为天理，余皆为人心，为人欲。欲者，有生则愿遂其生而备其休嘉者也。情者，有亲疏、长幼、尊卑，感而发于自然者也。理者，尽夫情欲之微，而区以别焉。使顺而达，各如其分寸毫厘之谓也。欲，不患其不及而患其过。过者，狃于私而忘乎人，其心溺，其行慝，故《孟子》曰“养心莫善于寡欲”。情之当也，患其不及而亦勿使之过。未当也，不惟患其过而务自省以救其失。欲不流于私则仁，不溺而为慝则义，情发而中节则和，如是之谓天理。情欲未动，湛然无失，是谓天性。非天性自天性，情欲自情欲，天理自天理也。足下援程子云："圣人之常情，顺万事而无情。故君子之学，莫若廓然而大公，物来而顺应。"谓无欲在是。请援王文成之言，证足下所宗主，其言曰："良知之体，皦如明镜，妍媸之来，随物见形，而明镜曾无留染，所谓情顺万事而无情也。无所住以生其心，佛氏曾有是言。明镜之应，妍者妍，媸者媸，一照而皆真，即是生其心处。妍者妍，媸者媸，一过而不留，即是无所住处。"程子说圣人，阳明说佛氏，故足下援程子不援阳明，而宗旨则阳明尤亲切。阳明尝倒乱《朱子年谱》，谓朱、陆先异后同。陆、王主老、释者也，程、朱辟老、释者也。今足下主老、释、陆、王，而合孔、孟、程、朱与之为一，无论孔、孟不可诬，程、朱亦不可诬，抑又变老、释之貌为孔、孟、程、朱之貌，恐老、释亦以为诬已而不愿。老氏曰："唯之与阿，相去几何；善之与恶，相去何若？"告子曰："性无善无不善也。""义，外也，非内也。"释者曰："不思善，不思恶，时认本来面目。"陆子静曰："恶能害心，善亦能害心。"王文成曰："无善无恶，心之体。"凡此皆不贵善也。何为不贵善？贵其所私而哀其灭，虽逐于善，亦害之也。今足下言之，则语益加密，曰："形有生灭，神无方也，妙万物也，不可言生灭。"又曰："无来去，无内外。"引程子"天人本无二，不必言合"。证明全体，因名之曰"无声无臭之本"。谓之为"天命之不已"，而以"至诚无息"加之。谓之为"天道之日新"，而以"止于至善"加之。请援王文成之言证足下所宗主，其言曰："夫良知一也，以其妙用而言，谓之神；以其流行而言，谓之气。"又曰："'本来面目'，即吾圣门所谓'良知'。随物而格，是致知之功。佛氏之'常惺惺'，亦是常存他本来面目耳，体段工夫，大略相似。"阳明主扞御外物为格物，随物而格，所谓遏人欲也。"常惺惺"，朱子以是言存天理，以是解《中庸》"戒慎恐惧"，实失《中庸》之指。阳明得而借《中庸》之言以寄托"本来面目"之说，曰："养德养身，止是一事。果能'戒慎不睹，恐惧不闻'，而专志于是，则神住，气住，精住，而仙家所谓'长生久视'之说亦在其中矣。"庄子所谓"复其初"，释氏所谓"本来面目"，阳明所谓"良知之体"，不过守已自足，既自足，必自大，其去《中庸》"择善固执"，"博学、审问、慎思、明辨、笃行"，何啻千万里！《孟子》曰："反身而诚，乐莫大焉。"曰："反身不诚，不悦于亲矣。"《中庸》、《孟子》皆曰："不明乎善，不诚乎身矣。"今舍明善而以无欲为诚，谬也。证心宗者，未尝不可以认"本来面目"为"明乎善"，此求伸其说，何所不可。老子、告子视善为不屑为，犹能识善字。后之宗之者，并善字假为已有，实并善字不识。此事在今日，不惟彼所谓道德非吾所谓道德，举凡性与天道，圣智、仁义、诚明，以及曰善，曰命，曰理，曰知，曰行，无非假其名而易其实。"反身不诚"，言事亲之道未尽也。"反身而诚"，言备责于身者无不尽道也。《孟子》曰："尧、舜，性之也；汤、武，身之也；五霸，假之也。久假而不归，恶知其非有也。"性之，由仁义行也。身之，仁义实于身也。假之，假仁义之名以号召天下者，久则徒知以仁义责人，而忘己之非有。又曰："尧、舜，性者也；汤、武，反之也。"下言"动容周旋中礼者，盛德之至也"，申明性者如是。言"哭死而哀，非为生者也；经德不回，非以干禄也；言语必信，非以正行也；君子行法以俟命而已矣"。皆申明"反之"，谓无所为而为，乃反而实之身。若论"复其初"，何用言"非为生者"，"非以干禄"，"非以正行"，而且终之曰"俟命"。其为"反身"甚明，各核本文，悉难假借。**足下所主者，老、庄、佛、陆、王之道，而所称引，**

尽六经、孔、孟、程、朱之言。诚爱其实乎？则其实远于此。如误以老、庄、佛、陆、王之实为其实，则彼之言亲切著明，而此费迂就傅合，何不示以亲切著明者也。诚借其名乎？则田王孙之门犹有梁丘贺在。况足下阅朱子《答何叔京》二书，必默然之，及程、朱辟老、释，必不然之，而至于借助，则引程、朱为同乎己。然则所取者，程、朱初惑于释氏时之言也。所借以助己者，或其前之言，或其后之似者也。所爱者，释氏之实也。爱其实而弃其名，借其名而阴易其实，皆于诚有亏。足下所云“学问之道，莫切于审善恶之几，严诚伪之辨”。请从此始！**倘亦如程、朱之用心，期于求是，不杂以私，则今日同乎程、朱之初，异日所见，或知程、朱之指归与老、释、陆、王异。**然仆之私心期望于足下犹不在此。程、朱以理为“如有物焉，得于天而具于心”，启天下后世人人凭在己之意见而执之曰理，以祸斯民。更淆以无欲之说，于得理益远，于执其意见益坚，而祸斯民益烈。岂理祸斯民哉？不自知为意见也。离人情而求诸心之所具，安得不以心之意见当之，则依然本心者之所为。拘牵之儒，不自知名异而实不异，犹贸贸争彼此于名而辄蹈其实。敏悟之士，觉彼此之实无异，虽指之曰“冲漠无朕”，究不得其仿佛，不若转而从彼之确有其物，因即取此以该之于彼。乌呼！误图他人之貌者，未有不化为他人之实者也。**诚虚心体察六经、孔、孟之言，至确然有进，不惟其实与老、释绝远，即貌亦绝远，不能假托其能假托者，后儒失之者也。**是私心所期于足下之求之耳。日间因公私纷然，于来书未得从容具论，大本苟得，自然条分理解。意言难尽，涉及一二，草草不次。南旋定于何日？十余年愿交之忱，得见又不获畅鄙怀。伏惟自爱。震顿首。①

戴震《声类表》卷首《答段若膺论韵书》：存目。

章太炎《检论·清儒》：震生休宁，受学婺源江永，治小学、礼经、算术、舆地，皆深通。其乡里同学有金榜、程瑶田，后有凌廷堪、三胡。三胡者，匡衷、承珙、培翚也，皆善治《礼》。而瑶田兼通水地、声律、工艺、谷食之学。震又教于京师。任大椿、卢文弨、孔广森皆从问业。弟子最知名者，金坛段玉裁，高邮王念孙。玉裁为《六书音韵表》以解《说文》，《说文》明。念孙疏《广雅》，以经传诸子转相证明，诸古书文义诘诎者皆理解；授子引之，为《经传释词》，明三古辞气，汉儒所不能理绎。其小学训诂，自魏以来未尝有也（王引之尝被诏修《字典》，今《字典》缪妄如故，岂虚署其名邪？抑朽蠹之质不足刻雕也）。近世德清俞樾、瑞安孙诒让，皆承念孙之学。樾为《古书疑义举例》，辨古人称名抵牾者，各从条列，使人无所疑眩，尤微至。世多以段、王、俞、孙为经儒，卒最精者乃在小学，往往得名家支流，非汉世《凡将》、《急就》之侪也。凡戴学数家，分析条理，皆会密严瑮，上溯古义，而断以己之律令，与苏州诸学殊矣。……及江永、戴震起徽州，徽州于江南为高原，其民勤苦善治生，故求学深邃，言直核而无温藉，不便文士。震始入四库馆，诸儒皆震竦之，愿敛衽为弟子。天下视文士渐轻。文士与经儒始交恶。

章太炎《检论·学隐》：惠栋殁，吴材衰，学者皆拥树戴氏为大师，而固不执汉学。

① 杨向奎《清儒学案新编·东原学案》：“谓宋儒理欲之分为祸国殃民，未免为东原之失言。理不能祸民，而‘无欲之说’更无害于民。人欲横流，岂非祸国殃民？理学之病，不在理欲之分，而在其不能坚持；道学多伪，以其标格过高，未免食言而肥也。”（杨向奎《清儒学案新编》第五册，第136页）

其识度深浅，亦人人殊异。若戴氏者，观其遗书，规摹闳远，执志故可知。当是时，知中夏黝黯不可为，为之无鱼子虮虱之势足以藉手，士皆思偷惕禄仕久矣，则惧夫谐媚为疏附，窃仁义于侯之门者。故教之古学，绝其恢谲异谋，使废则中权，出则朝隐。如是足也！……魏源深诋汉学无用。其所谓汉学者，戴、程、段、王未尝尸其名。而魏源更与常州汉学同流。妖以诬民，夸以媚虏，大者为汉奸、剧盗，小者以食客容于私门。三善悉亡，学隐之风绝矣！

杨向奎《清儒学案新编·东原学案》：东原论性，标榜以“六经”还诸“六经”，以孔、孟还诸孔、孟，所以他有时代孟子立言，但他逐渐走上了自己的路，建立了自己的哲学体系。通过段玉裁的《戴东原先生年谱》和东原自己的叙述，可以说他从三十五岁到四十岁左右的时间，是他从脱胎程、朱学派而走上批判程、朱的道路。他提出一本说而不同意程、朱的二本说。东原具有唯物一元论思想的内容，而程明道也是一元论，以此东原的思想在某些方面与明道思想有渊源，上面我们已经谈到。东原到四十七岁，当《绪言》杀青及《孟子字义疏证》开始后，遂公开反对理学，批判程、朱。虽然这时还主张以孔、孟还诸孔、孟，实际上他的思想和孔孟也有距离，他的《疏证》不是代孟子立言，而是为自己立言。①

今按：子曰：“道不同，不相为谋。”吾拟之曰：“道不同，相为谋。”儒、释、道三家之道不同，互相为谋，互相渗透，最终互相融合，三教合一。中、西、印之道不同，东西文化各异，若相为谋，则可望避免文化间的冲突，在全球文化的层面上形成一种新型文化。

又按：戴震《孟子字义疏证》颇具原教旨主义色彩，其实较之程朱理学与陆王心学均相去甚远。乾嘉之际，由理学转向朴学，或曰哲学的语言学转向，窃以为是一种文化上的大倒退。戴震被拔高甚至被神化，这是现代学者制造的一大神话。戴震的历史作用应当重新评价。清代学术史的中心人物是顾炎武而非戴震，戴震只是发挥了顾炎武学术中的一小部分，而忽略了其中最根本的东西。戴学从顾学中来，但远没有顾学的博大气象与经世风彩。

① 见杨向奎《清儒学案新编》第五册，第175页。

段玉裁

《清儒学案》卷九十一《懋堂学案》：懋堂为东原弟子，谨守师说，发挥而光大之。其注《说文》，贯通融会，骎骎驾东原《方言》之上。《六书音均表》成于东原《声类表》之前，东原颇有取焉。若义理之学，集中释《大学》“明明德”，《孟子》“圣之于天道”，皆墨守东原之义，犹汉儒之尊家法也。（下略）

《清史稿·儒林二》：段玉裁，字若膺，金坛人。生而颖异，读书有兼人之资。乾隆二十五年举人，至京师，见休宁戴震，好其学，遂师事之。以教习得贵州玉屏县知县，旋调四川，署富顺及南溪县事。又办理化林坪站务。时大兵征金川，輓输络绎，玉裁处分毕，辄篝灯著述不辍。著《六书音均表》五卷。古韵自顾炎武析为十部后，江永复析为十三部，玉裁谓支、佳一部也，脂、微、齐、皆、灰一部也，之、咍一部也，汉人犹未尝淆借通用。晋、宋而后，乃少有出入，迄乎唐之功令，支注“脂、之同用”，佳注“皆同用”，灰注“咍同用”，于是古之截然为三者，罕有知之。又谓真、臻、先与谆、文、殷、魂、痕为二，尤、幽与侯为二，得十七部。其书始名《诗经韵谱》、《群经韵谱》。嘉定钱大昕见之，以为凿破混沌。后易其体例，增以新加，十七部盖如旧也。震伟其所学之精，云：“自唐以来讲韵学者所未发。”寻任巫山县，年四十六，以父老引疾归。键户不问世事者三十余年。玉裁于周、秦、两汉书无所不读，诸家小学皆别择其是非，于是积数十年精力专说《说文》，著《说文解字注》三十卷。谓：“《尔雅》以下，义书也；《声类》以下，音书也；《说文》，形书也。凡篆一字，先训其义，次释其形，次释其音，合三者以完一篆，故曰形书。”又谓：“许以形为主，因形以说音、说义。其所说义与他书绝不同者，他书多假借，则字多非本义，许惟就字说其本义。知何者为本义，乃知何者为假借，则本义乃假借之权衡也。**《说文》、《尔雅》相为表里，治《说文》而后《尔雅》及传注明。**”又谓：“自仓颉造字时，至唐、虞、三代、秦、汉以及许叔重造《说文》，曰‘某声’、曰‘读若某’者，皆条理合一不紊。故既用徐铉切音，又某字志之曰古音第几部。

后附《六书音均表》，俾形声相为表里。始为长编，名《说文解字读》①，凡五百四十卷。既乃隐括之成此注。”玉裁又以：“《说文》者，说字之书，故有‘读如’、无‘读为’，说经传之书，必兼是二者。汉人作注，于字发疑正读，其例有三：‘读如’、‘读若’者，拟其音也，比方之词；‘读为’、‘读曰’者，易其字也，变化之词；‘当为’者，定为字之误、声之误，而改其字也，救正之词：三者分，而汉注可读，而经可读。”述《汉读考》，先成《周礼》六卷，又撰《礼经汉读考》一卷，其他十六卷未成。仪征阮元谓玉裁书有功于天下后世者三：言古音一也，言《说文》二也，《汉读考》三也。其他说经之书，以《汉志》《毛诗经》、《毛诗古训传》本各自为书，因厘次传文，还其旧著，重订《毛诗古训传》三十卷。以诸经惟《尚书》离厄最甚，古文几亡，贾逵分别古今，刘陶是正文字，其书皆不存。乃广蒐补阙，正晋、唐之妄改，存周、汉之驳文，著《古文尚书撰异》三十二卷。又录《左氏》经文，取郑注《礼》、《周礼》存古文、今文、故书之例，附见《公羊》、《穀梁》经文之异，著《春秋左氏古经》十二卷，而以《左氏传》“五十凡”附后。外有《毛诗小学》三十卷、《汲古阁说文订》六卷、《经韵楼集》十二卷。嘉庆二十年，卒，年八十一。初，玉裁与念孙俱师震，故戴氏有段、王两家之学，玉裁少震四岁，谦，专执弟子礼，虽耄，或称震，必垂手拱立，朔望必庄诵震手札一通。卒后，王念孙谓其弟子长洲陈奂曰：“若膺死，天下遂无读书人矣！”玉裁弟子，长洲徐颋、嘉兴沈涛及女夫仁和龚丽正俱知名，而奂尤得其传。

《清史列传·儒林传下一》：存目。②

钱泳《履园丛话》卷六《懋堂明府》：金坛段懋堂先生，余于乾隆五十年三月始识之。后先生卜居吴门，时相过从。其学无不贯综。初受业于戴东原，以顾亭林、江慎修两家之学，考证音韵，定古音为十七部，条分缕析，成为一书，曰《六书音均表》，实能穷文字之源流，辨声音之正变，复以许叔重《说文解字》十五篇为之注疏，且以发明二徐，为《说文解字注》，补诸家之说，祛后学之疑，孜孜矻矻，垂三十年始得成书。自有《说文》以来，莫有备于此者。先生名玉裁，字若膺，以孝廉官贵州玉屏县知县，有政声。

江藩《国朝汉学师承记》卷五、李元度《国朝先正事略》卷三十五、徐世昌《晚晴簃诗汇》卷八十九皆有传，存目。

段玉裁《古文尚书撰异序》：乾隆四十七年，玉裁自巫山引疾归。养亲课子之暇，为

---

① 《说文解字读》：《说文解字注》的稿本。清段玉裁著。始撰写于乾隆四十一年（1776），成于乾隆五十一年（1786）。乾隆五十九年至嘉庆十二年（1794—1807），段玉裁将此书稿隐括为《说文解字注》。据《说文·叙》段注，《说文解字读》为五百四十卷。目前所能见到的《说文解字读》是北京图书馆收藏的清抄本。原书依《说文》十四篇分为十四册，今仅见一至六及第八册。《说文解字读》与《说文解字注》体例不一，它不是依《说文》逐字作注，以今存的七册和《说文解字注》相应篇目比较，少注八十六部，少注三千四百多字。除个别例外，正篆录以楷书。论一字的古音及声转合韵，标以古韵韵目，而不用其古韵十七部说。《说文解字读》与《说文解字注》在注释方法上一致，即“以经证字，以字证经”，从而校定《说文》，考释本义、引申义，阐明假借，论证语转。《说文解字注》中许多重要观点在《说文解字读》中已经形成。此书对研究《说文解字注》及段玉裁学术思想的发展有重要的参考价值。（许嘉璐主编《传统语言学辞典》第346页）

② 见中华书局本第17册，第5516~5518页。

《说文解字读》五百四十卷，又为《古文尚书撰异》三十二卷……顾作伪者既服其罪矣，而古文三十一篇，字因天宝、开宝之旧，是以唐之《今文尚书》乱之也，其不可一也。好尚新奇之辈，自唐至今，有集古篆缮写之《尚书》，号“壁中本”，二十五篇皆在焉，是作伪于伪古文既出之后也，其不可二也。……欧阳、夏侯《尚书》佚，见于《尚书大传》、《汉石经》、《史记》、两《汉书》、《三国志注》、《三都赋注》、《尚书纬》、《尚书正义》者，或尽举以改窜经文，是以汉之《今文尚书》乱之也。其不可三也。《说文解字》所称《尚书》，多不与经同，由孔安国以今字读易其字，而许君存其旧。如《周礼》经杜子春、二郑读易其字，传写者既从所读，而注中存其故书之旧，《周礼》不得尽改。从故书则《尚书》不得尽改，从《说文》也必改。从《说文》则非汉人之旧，且或取经传诸子所称《尚书》以改《尚书》，是《尚书》身无完肤矣。其不可四也。……盖《伪孔传》本与马、郑本之不同，梗概已见于《释文》、《正义》，不当于《释文》、《正义》外断其妄窜。……今广搜补阙，因篇为卷，略于义说，文字是详，正晋、唐之妄改，存周、汉之驳文，取《贾逵传》语，名曰《古文尚书撰异》，知难语于识大，亦庶几乎不贤。①

段玉裁《经韵楼集》卷九《十经斋记》：余自幼时读《四子书》，注中语信之惟恐不笃也。既壮，乃疑焉。**既而熟读“六经”、孔、孟之言，以核之《四子书》注中之言，乃知其言心、言理、言性、言道皆与“六经”、孔、孟之言大异**。“六经”言理在于物，而宋儒谓理具于心，谓性即理；“六经”言道即阴阳，而宋儒言阴阳非道，有理以生阴阳，乃谓之道。言之愈精，而愈难持循，致使人执意见以为理，碍于政事。此东原先生《原善》一书及《孟子字义疏证》不得已于作也。余谓言学但求诸经而足矣。“六经”，汉谓之“六艺”，《乐经》亡，散在“五经”中。《礼经》、《周礼》之辅，《小戴记》也。《春秋》之辅，《左》、《公羊》、《穀梁》三传也。**《孝经》、《论语》、《孟子》，“五经”之木铎也。《尔雅》，“五经”之鼓吹也**。昔人并《左氏》于经，合集为“十三经”，其意善矣。愚谓当广之为“二十一经”②。《礼》益以《大戴礼》，《春秋》益以《国语》、《史记》、《汉书》、《资治通鉴》，《周礼》六艺之书数，《尔雅》未足当之也，取《说文解字》、《九章算经》、《周髀算经》以益之，庶学者诵习佩服既久，于训诂、名物制度之昭显，民情物理之隐微，无不憭然，无道学之名而有其实。余持此论久矣，未敢以闻于人。……是为记。嘉庆玄黓涒滩长至月朔日，金坛段玉裁撰，年七十有八。

段玉裁《经韵楼集》卷二《周礼汉读考序》：汉人作注，于字发疑正读，其例有三：一曰“读如”、“读若”，二曰“读为”、“读曰”，三曰“当为”。**“读如”、“读若”者，拟其音也**。古无反语，故为比方之词。**“读为”、“读曰”者，易其字也**。易之以音相近之字，故为变化之词。比方主乎同，音同而义可推也。变化主乎异，字异而义憭然也。比方主乎音，变化主乎义。比方不易字，故下文仍举经之本字；变化字已易，故下文辄举所易之字。注经必兼兹二者，故有读如，有读为。字书不言变化，故有读如，无读为，有言读如某、读为某，而某仍本字者。如，以别其音；为，以别其义。**“当为”者，定为字之**

① 刘盼遂辑《经韵楼文集补编》卷上，载《经韵楼集》第364~366页。

② 章太炎《检论·清儒》：即“十三经”者，当裁减也。独段玉裁少之，谓宜增《大戴礼记》、《国语》、《史记》、《汉书》、《资治通鉴》，及《说文解字》、《周髀算经》、《九章算术》，皆保氏书数之遗，集是八家，为二十一经。其言闳达，为雅儒所不能论。

误、声之误，而改其字也。为，救正之词。形近而讹，谓之字之误；声近而讹，谓之声之误。字误、声误而正之，皆谓之“当为”。**凡言“读为”者，不以为误，凡言“当为”者，直斥其误**。三者分，而汉注可读，而经可读。三者皆以音为用，曰六书之形声、假借、转注于是焉在。汉之音，非今之四声、二百六韵也，则非通乎虞、夏、商、周、汉之音，不能穷其条理。……郑君序曰：“其所变易，灼然如晦之见明；其所弥缝，奄然如合符复析。”谓杜、卫、贾、马、二郑之能事也。又曰：“犹有差错，同事相违，则就其原文、字之声类，考训诂，捃秘逸。”谓己补正之功也。训诂，必就其原文而后不以字妨经，必就其字之声类，而后不以经妨字。不以字妨经，不以经妨字，而后经明，经明而后圣人之道明。(下略)

段玉裁《经韵楼集》卷五《与胡孝廉世琦书》：玉镳孝廉足下洛诵：大著真《小尔雅》之功臣也。校之也精矣，考之也博矣。……**顾读书有本子之是非，有作书者之是非。本子之是非可雠校而定之，作书者之是非则未易定也。慎修先生、东原师皆曰：“从事经学，盖有三难。淹博难，识断难，审定难。”仆以为定本子之是非存乎淹博，定作书者之是非则存乎识断、审定**。孟子所谓知言，韩子所谓识古书之正伪与虽正而不至者在是也。**东原师之学不务博而务精，故博览非所事，其识断审定，盖国朝之学者，未能或之过也**。其云《小尔雅》一卷大致由后人皮傅掇拾而成，非古小学遗书。其解释字义，不胜枚数以为之驳正。汉代大儒不取以说经，王肃、杜预、枚颐奏上之《古文尚书》孔传颇涉乎此。此固沉潜诸大儒传注，确有所见之言，恐非吾辈所当轻议者。其云“不胜枚数”，固非虚语，惜未详举。……东原师意谓《汉志》所载者乃真《小尔雅》，今入于《孔丛子》者，则后人所为，如伪《家语》、伪《古文》、伪孔传、伪《孔丛子》，皆未尝无所因袭。今足下为之注以发明之，亦未为不善。仆亦校订一二，以贡于左右焉。乞持此以复于姬传先生可也。不宣。玉裁再拜。

段玉裁《古假借必同部说》：**自《尔雅》而下，训诂之学，不外假借、转注二端**。如《缁衣传》适之馆舍粲餐也。适之馆舍为转注，粲餐为假借也。《七月传》壶瓠叔拾也，叔拾为转注，壶瓠为假借也。粲壶自有率义，假借必取诸同部，故如真、文之与蒸、侵，寒、删之与覃、谈，支、佳之与之、咍，断无有彼此互相假借者。古本音不同今音，故如《夏小正》借养为永，《诗》、《仪礼》借蠲为圭，古永音同养，蠲音同圭也。古音有正而无变，故如借田为陈，借荼为舒，古先韵之田，音如真韵之陈，模韵之荼音如鱼韵之舒也。古四声不同今韵，故如借害为曷，借宵为小（见《学记》），为肖（见《汉书》），古害声如曷，小肖声如宵也。故必明乎此三者，而后知假借。

段玉裁《古转注同部说》：训诂之学，古多取诸同部，如仁者人也，义者宜也，礼者履也，春之为言蠢也，夏之为言假也，子孳也，丑纽也，寅津也，卯茂也之类。《说文》“神”字注云：“天神引出万物者也。”“祇”字注云：“地祇提出万物者也。”“麦”字注云：“秋植厚薶，故谓之麦。”神、引同十二部，祇、提同十六部，麦、薶同第一部也。刘熙《释名》一书，皆用此义为训诂。

段玉裁《经韵楼集》卷六《江氏音学序》：二百六韵之目，定于隋陆法言及刘臻、颜之推、魏渊、卢思道、李若、萧该、辛德源、薛道衡八人。唐、宋稍稍并合，用为取士功令。古音之说，肇于宋郑庠，分二百六韵只为六类，其入声三。近古昆山顾氏宁人作《音学五书》，始畅说**古音非今音**，一洗言叶韵之缪，分为十部，其入声四。乾隆间，婺源江氏慎修又作《古韵标准》，分十三部，其入声八。此吾师休宁戴氏东原所谓“古音之学以渐加详”有如是也。丙戌、丁亥间，余读《毛诗》，有见于支、脂、之古平、入各分为三，尤与侯，真与文，古亦各分为二。病夫顾氏、江氏之不能分也，乃作《诗经韵谱》、《群经韵谱》，既定为《六书音均表》，分为十七部，其入声亦八。戴氏善之，丁酉作《声类表》，分二百六部为九类，其部十六，其入声九。取余书脂部去、入，别出祭、泰、夬、废、月、末、曷、黠、辖、薛为一部，以配元、寒、桓、删、山、仙之音，《三百篇》所用如是也。嗣后，曲阜孔氏㧑约亦善余书，作《诗声类》，分为十八部，又分入声屋、沃、烛为二，分隶尤、侯，东、冬、钟、江亦分为二。所谓“以渐加详”者，至此亦綦备矣。歙江君晋三，今年春寓书于余论音。余知其未见戴、孔之书也，而有适合戴、孔者，欣喜伟其所学之精。九月谒余枝园，以《江氏音学》请序。余谛观其书，别为十种。**盖顾氏及余皆考古功多，审音功浅。江氏、戴氏二者皆深，而晋三于二者尤深。**据《诗经》以分二十一部，其入声十。宵、尤之分，尤、侯之分，药、铎之分，真、文、元三者之分，支、脂、之平、入之分，侵、谈之分，皆述顾氏、江氏及余说也。其脂部去、入出祭、泰、夬、废、月、末、曷、黠、辖、薛别为一部，其独见与戴氏适合者也。屋、沃之分，其独见与孔氏适合者也。东、冬之分，则又近日见孔氏说而有取焉者也。于前人之说皆择善而从，无所偏徇。以呼等字母之学，核之古音今韵，无纤微凿枘不合。不惟古音大明，亦且使六韵分为二百六者，可得其剖析之故。其论入韵，谓言古音，则就其谐声、偏旁，各从其朔可矣，不必谓异平同入，曲从陆法言，俾无入者皆有入。其不为苟同又有如此者。尝闻：**六经者，圣人之道之无尽藏，凡古礼乐制度名物之昭著，义理性命之精微，求之六经，无不可得，虽至亿载万年，而学士大夫推阐容有不能尽，无他，经之所蕴深也。**韵其一专耳。无不读《诗经》者，唐、宋、元、明乃鲜知《诗》之韵，明闽中陈氏季立及顾氏以来，迄今晋三，皆就经文讽诵，而所得日深，乃无剩义。信乎！天下之学无不可求诸经。其谓经有不载者，其终焉不求，求之而不详者也。抑余重有感焉——“恨我不见古人，亦恨古人不见我”，古所云也①。余谓：“恨我不见后人，亦恨后人不见我。”**后人不见我，犹我不见古人之恨也；我不见后人，犹古人不见我之恨也。**余不及见顾氏、江氏，孔氏又早亡，每有彼此不相见之恨。幸得见吾师戴氏，戴氏既没，粤三十六年，又幸得见吾晋三，皆有知我之乐焉，皆有彼此互相挹注之益焉。假令天不假我以年，余即获亲戴氏，而不获见吾晋三，安能知**晋三集音学之成**，于前此五人皆有匡补之功哉？晋三不见我，有不叹得一知己，可以不恨者哉？晋三富于春秋，精进未有艾，余耄矣，不获见其所到，而能知其异日苟有所学于经焉，必皆能深造自得也。嘉庆壬申十月，金坛段玉裁撰于姑苏自莲泾枝园。

王念孙《段若膺说文解字注叙》：《说文》之为书，以文字而兼声音、训诂者也。凡许氏形声、读若，皆与古音相准，或为古之正音，或为古之合音，方以类聚，物以群分，循而考之，各有条理。**不得其远近分合之故，则或执今音以疑古音，或执古之正音以疑古之合音，而声音之学晦矣。**《说文》之训，首列制字之本意，而亦不废假借。凡言“一曰”，及所引经，类多有之。盖以广异闻，备多识，而不限于一隅也。**不明乎假借之指，**

① 《南史》卷三十二《张融传》：“不恨我不见古人，所恨古人又不见我。”

则或据《说文》本字以改书传假借之字，或据《说文》引经假借之字以改经之本字，而训诂之学晦矣。吾友段氏若膺，于古音之条理，察之精，剖之密，尝为《六书音均表》，立十七部以综核之。因是为《说文注》，形声读若，一以“十七部”之远近分合求之，而声音之道大明。于许氏之说，正义、借义，知其典要，观其会通，而引经与今本异者，不以本字废借字，不以借字易本字，揆诸经义，例以本书，若合符节，而训诂之道大明。**训诂、声音明，而小学明，小学明而经学明**。盖千七百年来，无此作矣。若夫辨点画之正俗，察篆隶之繁省，沾沾自谓得之，而于转注、假借之通例茫乎未之有闻，是知有文字而不知有声音、训诂也。其视若膺之学浅深相去为何如耶！余交若膺久，知若膺深，而又皆从事于小学，故敢举其荦荦大者以告缀学之士云。①

江沅《说文解字注后叙》：段先生作《说文解字注》，沅时为之校雠，且怂恿其速成。既成，又日望其刻以行也。癸酉之冬，刻事甫就，而沅适游闽，至是刻将过半矣。先生以书告，且属为后叙。沅谓世之名许氏之学者，夥矣。究其所得，未有过于先生者也。许氏著书之例，以及所以作书之旨，皆详于先生所为注中。先生亦自信，以为于许氏之志，什得其八矣。沅更何所言哉！先生命序之意，盖谓沅研诵其中，十有余年矣，作篆以正其体，编音均十七部以谐其声，必有能以约而说详者。沅于是即所见而陈之曰：**许书之要，在明文字之本义而已。先生发明许书之要，在善推许书每字之本义而已矣**。经史百家，字多假借，许书以说解名，不得不专言本义者也。本义明而后余义明，引申之义亦明，形以经之，声以纬之，凡引古以证者，于本义、于余义、于引申、于假借、于形、于声，各指所之，罔不就理。萎谥之讹衍，鼏祏之讹夺，罔不灼知列字之次弟；后人之附益，罔不毕见。形声义三者，皆得其杂而不遗之故焉。悬是书以为的，而许氏著书之心以明；经史百家之文字，亦无不由此以明。孔子曰：“必也正名。”盖必形、声、义三者正，而后可言可行也；亦必本义明，而后形、声、义三者可正也。沅先大父艮庭征君，生平服膺许氏，著《尚书注疏》既毕，复从事于《说文解字》。及见先生作而辍业焉。沅之有事于校雠也，先征君之意也。今先征君音容既杳，先生独神明不衰，灵光岿然，书亦将传布四方，而沅学殖荒陋，莫罄高深。瞻前型之邈然，幸后学之多赖，愉快无极，感概从之。至于许书之例，有正文附见于说解者，有重文附见于说解者，此沅之私见，而先生或当以为然者也。附于此，以更质诸先生。②

冯桂芬《显志堂稿》卷一《重刻段氏说文解字注序》（代）：**读书者先须识字，故不可不读《说文》**。《说文》多古义奥赜，初学骤难通晓，注家虽多，必以金坛段先生注为最，故读《说文》者又不可不读段注。数十年来，风行海内，承学之士几于家置一编，版存元和金刺史宝树家。刺史为先公同年殉难吾皖者，公子文榜来询及之，则云经乱毁大半，余为捐千金，属宫允冯先生桂芬为之校勘补刻成完书，版归苏郡保息局，售书所赢以赡穷嫠，既又以新旧板不伦，复属丁雨生中丞筹资，一律易新板，令可垂永久。工讫，问序于予。余惟六书之学明于汉，**循习于魏、晋，以迄隋、唐，晦于宋、元，几绝于明，而复大昌于我朝**。叔重生东京全盛时，载籍具在，博访通人，搜辑成帙，实为千古字书之宗。魏、晋以来，注书者奉为科律，往往单词片义，引用者多至十余家，他传注所无也。

---

① 见《高邮王氏遗书·王石臞先生遗文》卷二。

② 见段玉裁《说文解字注》，上海古籍出版社 1988 年版，第 2936~2937 页。

五代以后寖微，明代几无传本。以亭林之渊博，而所见止李焘《五音韵谱》，其始一终亥之本，同时汲古阁已刊成，而亭林未之见，可知其书不甚行。国朝元和惠氏栋始表章是学，成《读说文记》。厥后，大兴朱氏筠视学吾皖，梓旧本《说文》于节署，其书乃大显。**于是段先生暨嘉定钱氏、休宁戴氏、曲阜桂氏、归安严氏、阳湖孙氏、高邮王氏无虑数十家，先后迭兴，各辟户牖，盖《说文》之学至乾嘉间而极盛。诸家所学有浅深，亦互有得失，必推先生为大宗。先生之注，以形为经，以声为纬，又以说解为经，以群经传注为纬**，融会贯通，虚空粉碎，发一凡，起一例，无一部一文不如网之在纲，珠之贯串，实他人所不能及。惟一家之言或失之偏，亦自来诂经家通病。如十七部合音、以互训为转注之类，人多訾议之。同时钮氏树玉《段注订》、徐氏承庆《段注匡谬》至勒为专书，恣其排击，实则所学远不逮先生，虽不至蚍蜉撼树之讥，讫未能拔赵帜而立汉帜也。又宫允有《段注考正》十六卷。考者，考其引用篇目；正者，正其字句讹误。为功臣，为诤友，不为入室操戈，与钮、徐书立意不同。曩见其稿，极精审，怂恿刻附各卷末，宫允许之。

杨向奎《清儒学案新编·金坛学案》：段玉裁不是思想家，虽从戴东原学，但未涉及哲学思想。汉学与宋学不同，思想与训诂歧异。《清儒学案·懋堂学案》中关于段氏义理之学的评语道："若夫义理之学，集中释《大学》'明明德'，《孟子》'圣之于道'，皆墨守东原之义，犹汉儒之尊家法也。"其实这是过誉，段氏于东原义理之学没有真正了解，没有能够完全接受下来，但段氏却忠于东原，事事为之辩护，在《东原学案》中我们已经见到，所以说段氏"犹汉儒之尊家法"的说法是正确的。关于《大学》中《在明明德在亲民说》一文中，段氏表现了尊奉东原而反理学的思想内容。……但段氏实在没有自己的思想体系，对于东原的哲学思想也没有透彻理解，因而在著作中有时遵守东原的学说，有时却忘掉了东原的说法。《说文解字》出自汉末许慎，而许慎是一位经师，一位具有训诂手段的大师，也是具有汉代传统思想的思想家，所以在《说文解字》中能够看出他的思想。注解《说文》，对于这些表达义理的文字，也必须有所交待，否则你还注解什么？但段氏于此颇有捉襟见肘之感。……我们于段氏之武断实多不满，亦责备贤者之义，《说文解字注》是一部大著作，对于九千余字的注解部勒，纵有武断或错误，我们衡量原书的分量，这仍然是一部非常有用的好书，也许我们的责备过当，但我们始终尊奉他汉学大师，小学权威；权威学者，也不是万无一失的。虽然我们说段玉裁先生的著作还有缺点，但他和王念孙等人究竟是乾嘉时代汉学达到顶峰的人物，他们读书渊博而方法周密，他们善于归纳，由归纳而定出条理，根据这些条理再进行演绎分析。这一套熟练的治学方法，可以说是清代汉学正统派的方法。①

① 见杨向奎《清儒学案新编》第五册，第 244~265 页。

胡匡衷

《清儒学案》卷九十三《朴斋学案上》：朴斋实事求是，以经证经，遂开家学。传及竹村，益以邃密，《仪礼正义》允为集成之书。一门数世，自相师友，斐然有述作者无虑十人。海内论家学之盛，于鄞县万氏、元和惠氏、嘉定钱氏而外，绩溪胡氏实为后劲。(下略)

《清史稿·儒林三》：胡培翚，字载平，绩溪人。祖匡衷，字朴斋，岁贡生。于经义多所发明，不苟与先儒同异。著有《三礼劄记》、《周礼井田图考》、《井田出赋考》、《仪礼释官》等书。其于井田多申郑义，而授田一事，以遂人所言是乡遂制，大司徒所言是都鄙制，郑注自相违戾。作《畿内授田考实》一篇，积算特精密。其《释官》则以《周礼》、《礼记》、《左传》、《国语》与《仪礼》相参证，论据精确，足补《注疏》所未及。又著有《周易传义疑参》十二卷、《左传翼服》、《论语古本证异》、《论语补笺》、《庄子集评》、《离骚集注》、《朴斋文集》。年七十四，卒。

《清史列传·儒林传下一》：胡匡衷，字朴斋，安徽绩溪人。岁贡生。绩学敦行，以孝友为乡里所重。于经义多所发明，不苟与先儒同异。所著有《周易传义疑参》十二卷，析程、朱之异同，补程、朱之罅漏，大抵多采宋、元各家，羽翼程、朱之说，以相订正，而亦时出己见，于二书深有裨益。《礼经》著有《三礼札记》、《周礼井田图考》、《井田出赋考》、《仪礼释官》等书。其论井田，多申郑义，而授田一事，以遂人所言是乡遂制，大司徒所言是都鄙制。郑注自相违戾，作《畿内授田考实》一篇，列于卷首，积算特为精密。其《释官》则以《周礼》、《礼记》、《左传》、《国语》与《仪礼》相参证，论据精确，足补《注疏》所未及。又著有《左传翼服》、《论语古本证异》、《论语补笺》、《庄子集评》、《离骚集注》等书，其古文别为《朴斋文集》。年七十四，卒。①

王泽《胡君朴斋家传》：君讳匡衷，字寅臣，号朴斋，绩溪县人。生有至性，事父母，养尽欢，丧尽礼。兄弟五人，十余龄，伯兄病，见亲忧之甚，焚香吁祝，愿以身代。

---

① 见中华书局本第 17 册，第 5492~5493 页。

洎耄年，哭弟丧明，束身名教，言动必以礼，于圣贤崇德谨独之学，身体而力行之。幼受《易》庭训，著《周易传义疑参》十二卷，发明宋学，而谓先天图非经所有，不敢信也。《礼经》著有《三礼札记》、《周礼井田图考》、《井田出赋考》、《仪礼释官》等书。其论井田也，多申郑义，而授田一事，以遂人言田莱之数是乡遂制，大司徒言不易一易再易之数，是都鄙制。郑氏注自相违戾，作《畿内授田考实》，列于卷首，积算多精密，其论赋法谓畿内采地虽画井，仍是税夫不立公田，故《周礼》无助法，谓太宰之九赋不皆田税，而断无口钱。其论官制也，谓《周礼》外惟《仪礼》是周初之制，且多诸侯之官，可藉以考当日侯国设官之旧。《左传》官职每出东迁后所僭设，《礼记》并有秦、汉职名，因为《侯国官制考》二卷、《表》一卷，附于《释官》之后。又为《春秋列国职官谱》、《礼记官职考》一篇。孔颖达《左传正义》于贾、服等说必尽驳以从杜，君以为非持平之论，且谓今之杜注唐以前书亦有引为服注者，足见《集解》多本旧谊，因著《左传翼服》。又谓《论语》自齐、鲁、古三家传本各异，迨后郑、何注本又殊，《释文》载旧本及皇氏《义疏》本异字异句尤多，然间存古义，未可尽废，因著《古本证异》、《论语补笺》，又著有《庄子集评》、《离骚集注》。生平所作古文诗，共为一编，曰《朴斋存稿》。其为学实事求是，以经证经，不苟与先儒同异，卓然可信于后。由岁贡生候选训导。年七十四卒于家。以孙培翚贵，貤赠承德郎户部广东司主事。又以曾孙肇智贵，晋资政大夫吏部左侍郎，累赠光禄大夫。①

胡培翚《研六室文抄》卷九《赠奉直大夫叔祖绳轩公行状》：公讳匡宪，字懋中，号绳轩。恩贡生、候选州同知梧洲公讳振铭之曾孙，拔贡生、候选教谕瑜公公讳廷玑之孙，岁贡生、候选训导、赠承德郎思平公讳清聚之子也。于培翚为叔祖。吾胡氏自宋诚甫公邃于六经、三史，游太学，为诸生领袖。厥后，三山公、苕溪公继之，理学、词章为世宗仰。延至编修宗器公，六七传，咸登仕版。编修公后，读书者多不显于时。至东峰公讳永淳，为明诸生，治《尚书》有声，戴致远先生骝深器重之。传至公，八世皆绩学，敦孝友，列庠序。公之祖瑜公公，游学京师，名公卿交相称许，而公顾不乐仕进，归而以所学教后人，著有《周易臆见》、《五经解随笔》等书。即培翚之高祖也。瑜公公生三子：长武承公，讳清烈，早世；次邑增生梅溪公，讳清焘，为培翚曾祖；三即思平公。吾家学至瑜公公而益显。梅溪公、思平公承父志，力学著书，益振励之，故其后人人皆思自奋于儒术，以诗书为世业。梅溪公生五子：长县学生佐臣公，讳匡扆；次县学生补庵公，讳匡衮，出后武承公；三县学生赞臣公，讳匡襄；四岁贡生、候选训导、累赠朝议大夫、朴斋公，讳匡衷，即培翚之祖也（行谊著述详芜湖王子卿先生所撰传）；五县学生别庵公，讳匡裁。思平公生四子：长县学生懋宏公，讳匡寰；次赠文林郎懋和公，讳匡寀，早世；三即公；四县学生性山公，讳匡定。培翚生晚，不及见诸伯祖，唯见叔祖别庵公、性山公及吾祖与公而已。当时咸授徒城内，以力学相切磋。吾家世居绩溪市东。先祖与别庵公居新巷内，公与性山公居新巷外（性山公后移居巷内）。巷口有楼亭，下可憩息。每于日晡，自书塾归，会于巷口，各以所疑所得相质证，一义之异，高声辩论，断断不休，自远闻者惊以为争，及前乃知其讲学于此，咸敬异之，一时巷口有齐棘下②之目。呜呼！此培翚儿

① 见《碑传集补》卷三十九。

② 棘下：战国时齐国学者会聚之地。

时抠衣侧耳所亲炙者。尔时虽不解言中之义，而其景象至今忆之，犹如目前也。思平公精研各经及宋五子书，粹然儒者。公自少祇承①庭训，举止端重，迥异常儿。年十六，补县学生。二十而孤，奋然自励，不肯苟随流俗，从宫赞郑炳也。先生读书紫阳山数年，学益进，尽通诸经。尝于《易》欲重刊《本义》，以复《汉志》十二篇之旧，于《诗》谓毛《传》最古，郑氏已不尽悉其义，今本毛《传》多被王肃窜乱，异同之迹尚可考见。又每叹唐、宋以来不明古人字借声转之理，解经每多隔阂。又常以《四子书》体验于伦常日用，识解有足补前人者，欲条记为一编而未成。所著有《毛诗集释》二十卷、《绳轩读经记》十二卷、《读史随笔》六卷、《石经详考》四卷、《绳轩集》三卷。《易》、《书》、《诗》、《礼》、《春秋》及许氏《说文》皆有手抄定本，存于家。生平严气正性，言动必以礼法，所交游多名宿，如方按察茶山先生体其一也，然皆敬畏公。里中后进有为非者，必曰"无令某先生知之"。道旁有跛倚箕倨者，见公至，必改容。公为廪保时，有汪某应童试，其仇家廪生也，欲抑其考，遍饮诸廪保，而告之曰："某服未阕，愿诸君勿保也。"公独诘之曰："其人以何年月丁艰居丧几月矣。"饮者乃吐实曰："已于前月服阕矣。然与某有仇，故欲抑之。"公曰："是何言欤？"即为保之，其人遂以是年入庠，公之不肯徇私类如此。初授徒于梓潼山，后迁城内天王寺之凌云堂，学者从之久，至老不见有惰容。其为教，严肃而恳切，有常而不迫，尤善讲说，故诚明者悦，愚顽者悟，桀傲者格。弟子来学者，必令读经温经，亲为倍诵，不以年长而或宽，有过必挞之，不以青衿而少贳，从游赖以成立者百余人。闻公之教，鲜有悍然叛道而为非者。其殁也，门人相与尸祝之。盖数十年来，无此师范矣。尝因祠事废坏，一整饬之，而怀私剥公者，遂以敛息。又尝手定《亹然堂家规》，以诒后人。公虽屡困棘闱，不获见用于时，而其施政于家者已如是，熏德而善良者又如彼也。生于乾隆八年十二月二十□日，卒于嘉庆七年三月□□日，年六十。……子二：长秉虔，乾隆六十年顺天乡试举人，嘉庆四年进士，奉旨以主事用，签分刑部，历官甘肃丹噶尔同知；次秉元，国子监生。孙六：培孝，县学生，候选县丞；培绪、培浚，俱国子监生；培系，业儒；培受、培宇，俱幼；培绪出后公侄秉哲。曾孙四人，长肇昕已入庠矣。培翚少时受经于先祖，年十三而从学于公沐公之教，深痛今兹不获见吾祖，而公之音容亦已杳矣，独其言行之大者犹在心目中，若不以时撰次，恐就湮没，则后死之责无穷，故特状之，以备史馆传儒林者采择。受业从孙培翚谨状。

唐鉴《学案小识》卷十二·《经学学案·绩溪胡先生》：先生讳匡衷，岁贡生。读书考古，于经义多所发明，不苟与先儒同异。所著有《周易传义疑参》十二卷，析程、朱之异同，补程、朱之罅漏，大抵多采宋、元各家，羽翼程、朱之说，以相订正，而亦时出己，见于二书，颇有裨益。又著有《三礼札记》、《周礼井田图考》、《井田出赋考》、《仪礼释官》等书。其论井田，多申郑义，而授田一事，以遂人所言是乡遂制，大司徒是都鄙制。郑注自相违戾，作《畿内授田考实》一篇，列于卷首，积算特精密。其《释官》则以《周礼》、《礼记》、《左传》、《国语》与《仪礼》相参证，论据精确，足补《注疏》所未及。又著有《左传翼服》、《论语古本证异》、《论语补笺》、《庄子集评》、《离骚集注》等书。其诗古文名《朴斋集》。卒年七十四。

钱林《文献征存录》卷五有传，存目。

---

① 祇承：犹祇奉，敬奉。《书·大禹谟》："文命敷于四海，祇承于帝。"

胡匡衷《仪礼释官序》：《仪礼释官》何为作也？所以明侯国之官制也。自泰古辅有三名，厥后云鸟之纪，代垂其号，唐、虞官百，夏、商官倍，其详不可得闻。至于周官三百六十，详且备矣。然皆纪天子之官，而诸侯之官弗传，春秋列国之官莫详。《左氏传》而往往出东迁后所僭设，不尽可据。惟《仪礼》制自周公，燕、射、聘、食诸篇皆诸侯之礼，而其官名与《周礼》或异或同，因而考之侯国之制，略具于斯。司徒为宰，执政之官也。宗人、乐正，礼乐之官也。司马、射人，军政之官也。工人、士、梓人，事典之官也。膳宰、雍人，饮食之官见焉。内官之士，夫人之官见焉。小臣、仆人，侍从之官见焉。顾诸侯之官，其爵必降等于天子、其职司或兼摄而不备，则圣人决嫌明微之意寓乎其间。周之诸侯遵而守之，安至有置六卿，称县公之僭越哉？若夫啬夫①，天子官也，而不见《周礼》，可以补王官之阙。冠、昏、丧、祭诸篇，诸侯之大夫士礼也，可以考家臣之制。余不揆梼昧，取《注疏》之说，究其得失，略者补之，疑者正之，又复搜取诸经所载侯国官制，编附于后，广《仪礼》所未备，庶以见有周一代侯国设官分职之大略云尔。绩溪胡匡衷自序。

胡承珙《求是堂文集》卷四《仪礼释官序》：《仪礼》一经，详于节文、度数，而官名、官制即错出其间，其称谓纠纷，猝不可理，细绎之则分职联事，井然有条，且中多侯国官制，尤足补《周礼》所未及。顾治此经者往往忽而不讲，则于行礼之人尚未能辨其等秩、职掌，而于礼之节文、度数又何由以明？吾家朴斋先生研覃经术，著书满家，尝刺取十七篇中所陈各官，条举件系，一准《周礼》为差次，明其所以分职联事之意，成书六卷。又取《左传》、《国语》、《戴记》诸官名为《仪礼》所未有而有合于《周礼》者，别辑为《侯国官制考》二卷、《侯国职官表》一卷，总名曰《仪礼释官》。文孙竹村出以示余，且属为序。余读之卒业，叹其剖决昭晰，考征精详，信治《仪礼》者断不可少之书，而订讹补阙，尤有功于《注疏》。如《燕礼》疏谓大乐正、小乐正皆当天子乐师，先生则谓大乐正当天子大司乐，小乐正当天子乐师。案《月令》有乐正，又有乐师，知乐正与乐师别。注疏谓命乐师者轻于乐正，《周礼》乐师下大司乐一等，盖天子大司乐亦名乐正，则诸侯大乐正当天子大司乐明矣。《大射仪》“仆人”注疏不明何官，而《燕礼》注云后二人徒相天子大仆二人也，小臣祭仆、御仆皆同官，疏引《大射》仆人正徒相大师云云，谓大射别尊卑，故仆人正等相工燕礼轻，故小臣相工，据此似以仆人当天子大仆。案：《檀弓》“扶君卜人师扶右射人师扶左”注云：卜当为仆声之误。《周礼》“射人大丧与仆人迁尸彼”注以仆人为大仆，盖天子大仆亦名仆人，则诸侯仆人宜当天子大仆，但郑注燕礼既谓小臣兼大仆之职，不应又以仆人为大仆，故不若先生据《春秋》内外传以仆人当《周礼》御仆为谛耳。《燕礼》注以司宫②为小宰③，先生则谓司宫乃《周礼》

---

① 啬夫：古代官吏名。司空的属官。《仪礼·觐礼》：“啬夫承命，告于天子。”郑玄注：“啬夫，盖司空之属也。”

② 司宫：官名。主管宫内之事，以阉人充任。《仪礼·公食大夫礼》：“司宫具几与蒲筵常。”郑玄注：“司宫，大宰之属，掌宫庙者也。”《左传·昭公五年》：“司宫射之，中目而死。”杨伯峻注：“梁履绳补释引《周氏附论》则云：襄九年杜解‘司宫，奄臣’，盖内官也。”

③ 小宰：官名。《周礼·天官·小宰》：“小宰之职，掌建邦之宫刑，以治王宫之政令。”后世称少宰，也称宰。

宫人，而非小宰，并及襄九年《左传》注疏解司宫为内小臣奄人之误。案昭五年《左传》：“楚子曰：若吾以韩起为阍，而以羊舌肸为司宫，足以辱晋。”杜注云：“加宫刑是春秋时司宫，容有以奄人为之者。”要不足以解《仪礼》之司宫，则仍当以先生之言为是。《觐礼》大史是右大史，述命注谓读王命书，先生据《周礼》大史职大会同朝觐以书协礼事是读命书正其职。案《洛诰》：“史佚命周公伯禽。”而服虔注文十五年《左传》以史佚为成王大史，正足为大史读命书之证。《玉藻》孔疏既引此，而反以大史是右为摄行内史事，故居右妄矣。他如《觐礼》啬夫不见《周礼》，以为足补《冬官》之阙。案：《聘礼》管人亦不见《周礼》，郑注以掌舍掌次幕人等当之。又云古文管作官。考《穆天子传》有官人陈牲、官人设几，与此经古文正合。则管人乃天子诸侯同有之官，亦足补《周官》之阙。《士丧礼》有卜人①，先生谓大夫士有筮无卜，以卜人为公臣来给事者。又据《玉藻》卜人定龟，谓诸侯无龟人，以卜人掌之。案文十八年《左传》：“郑火使公孙登从大龟。”杜注：“登开卜大夫登掌开卜，而使徙龟。”则诸侯卜人兼龟人，于兹益信。至《侯国官制考》据《丧大记》虞人设阶，知诸侯有虞人②。案定八年《左传》：“林楚御桓子虞人以铍盾夹之。”则是大夫亦有虞人。据《左传》“校人乘马”，知诸侯有校人。案《孟子》：“子产使校人畜之池。”则大夫亦有校人③。据《内则》“卜士负之”，知诸侯掌卜者为士，而桓六年《左传》亦有卜士④之职。据《檀弓》“阍人弗内”，知大夫有阍人⑤，而昭七年《左传》又有无宇之阍。凡此诸谊，皆不足发明先生之书，而犹有言者欲以见服膺之至，虽不及见先生，而得与竹村交，知其擩染祖训，治经有家法，方为《仪礼贾疏补正》，阐先生之绪蕴，故就所见序之。冀附先生书后，并以质竹村云。

曾国藩《曾文正公文集》卷二《书仪礼释官后》：侍郎胡君季临重刻其曾祖王父朴斋先生所著《仪礼释官》寄示国藩，属为识于简端。余尝从《皇清经解》中得读此书，粗识崖略。先生治礼崇信郑氏，而于郑说之歧误者亦不苟为附和。如燕礼宜以膳宰为主人，而辨注释为宰夫者之非，司宫即《周礼》之宫人，而指注比于小宰者之失，左右正即仆从之官，若《书》之左右携仆，《诗》之膳夫左右，而证注中称乐正仆人正者之谬，特牲士有私臣，而叹注谓士无臣者之疏，其说既允矣。**至于曲证旁通，往往即一事而洞见本原。先王之制礼也，因人之爱而为之文饰，以达其仁；因人之敬而立之等威，以昭其义。**

---

① 卜人：周代协助大卜、卜师行事的官员。《周礼·春官·序官》：“太卜下大夫二人，卜师上士四人，卜人中士八人。”贾公彦疏：“此大卜有卜师及卜人，皆士官，而卜人无别职者，以其助大卜、卜师行事故也。”《礼记·玉藻》：“卜人定龟，史定墨，君定体。”

② 虞人：古掌山泽苑囿之官。《周礼·夏官·大司马》：“虞人莱所田之野为表。”贾公彦疏：“虞人者，若田在泽，泽虞；若田在山，山虞。”《左传·昭公二十年》：“十二月，齐侯田于沛，招虞人以弓，不进。”杜预注：“虞人，掌山泽之官。”

③ 校人：1. 马官之长。《周礼·夏官·司马》：“校人中大夫二人。”郑玄注：“校人，马官之长。”《左传·哀公三年》：“校人乘马，巾车脂辖。”2. 管理池沼的小吏。《孟子·万章上》：“昔者有馈生鱼于郑子产，子产使校人畜之池。”赵岐注：“校人，主池沼小吏也。”

④ 卜士：用占卜选士。《左传·桓公六年》：“九月丁卯，子同生。以大子之礼举之：接以大牢，卜士负之。”杨伯峻注：“占卜士人之吉者使抱负此子。”参阅《礼记·内则》

⑤ 阍人：周官名，掌晨昏启闭宫门。《周礼·天官·阍人》：“阍人，掌守王宫之中门之禁。”

虽百变，而不越此两端。先生以为《士丧》、《既夕》二篇所言甸人、管人、夏祝、商祝、冢人、卜人、隶人遂匠之属皆公家之臣来执事者也，又以为诸侯之官其爵必降等于天子圣人，别嫌明微之意寓乎其间，使周之诸侯遵而守之，何至有僭越？而置六卿称县公者，由前之说，则臣下之丧君，既临其小敛，又遣官助其百役，有若家人骨肉怆恻缠绵；由后之说，则侯国之百职庶司不敢毫发僭拟，于天王恩谊之笃，如彼名分之严若此。此皆礼之精意，祖仁本义，又非仅考核详审而已。《仪礼》一经，前明以来几成绝学，我朝巨儒辈出，精诣鸿编，迭相映蔚，而徽州一郡尤盛。自婺源江氏永崛起，为礼经大师，而同邑汪氏绂、休宁戴氏震亦皆博洽，为世所宗，其后歙县金氏榜、凌氏廷堪并有纂述，无惭前修。先生世居绩溪，与诸儒地相比，时相接，其入国史儒林传，列于江氏、汪氏之次，而哲孙培翚又能绍其家学，著《仪礼正义》，荟萃群言，衷于至当。徽州为朱子父母之邦，典章文物固宜非他郡所敢望。而胡氏世传礼教，故家文献，绵延无替，亦足使笃古之士低徊而兴慕也。

杨向奎《清儒学案新编·婺源学案》：胡匡衷尚有《周易传义疑参》十二卷，析程、朱异同，补程、朱罅漏，大抵采宋、元各家，羽翼程、朱，以相订正，时出己见，盖亦汉、宋兼及，为乾嘉学派早期之传统。著作有《三礼札记》、《周礼井田图考》、《井田出赋考》、《仪礼释宫》及《左传翼服》、《论语古本证异》、《论语补笺》、《庄子集评》、《离骚集注》等；文学别有《朴斋文集》。年七十四卒。①

① 见杨向奎《清儒学案新编》第五册，第13页。今按：向奎大师此处暗袭唐鉴《学案小识》之语，未加注明，未免通人之弊。

胡培翚

《清儒学案》卷九十四《朴斋学案下》：胡培翚，字载屏，一字竹村，朴斋之孙。嘉庆己卯进士，授内阁中书，擢户部主事。……历主钟山、惜阴、云间、泾川诸书院，士饫其教者益众。居乡创立东山书院，邑人被其泽。道光二十九年卒，年六十有八。先生涵濡先泽，渊源耆俊，重以笃志博闻，尝病《仪礼》贾疏多舛，乃有重疏之志。初意专解《丧服》，故从丧祭起手，先成《丧服经传》、《士丧礼》、《既夕礼》、《士虞礼》四篇。次及《特牲馈食礼》、《少牢馈食礼》、《有司彻》诸篇。草稿粗具，及患风痹，犹力疾从事，左手作书，且命族子肇昕助之校写。研精覃思，积四十余年，成《仪礼正义》四十卷。尝自述其例有四：曰“补注”，于经之无注者，一一疏之，疏经即以补注也；曰“申注”，郑君之注，通贯全经，文辞简奥，必疏通而证明之，其义乃显；曰“附注”，是非得失，以经为断，勿拘疏不破注之例，凡近儒之说，虽与注异，而可并存，则附录之，以待后人之参考；曰“订注”，郑君注义有未尽确，则或采他说，或下己意，以辨正之，必求其是而后已。书中，惟《士昏礼》、《乡饮酒礼》、《乡射礼》、《燕礼》、《大射仪》五篇，未卒业，弟子杨大堉续成之。又有《燕寝考》三卷，《禘祫问答》一卷，《研六室文抄》十卷、《补遗》一卷。（参汪士铎撰《墓志铭》、胡培翚撰《事状》、先生《与罗椒生书》、胡肇智《仪礼正义跋》、《绩溪胡氏所著书目》）

《清史稿·儒林三》：胡培翚，字载平，绩溪人。祖匡衷。……培翚，嘉庆二十四年进士，官内阁中书、户部广东司主事。居官勤而处事密，时人称其治官如治经，一字不肯放过。绝不受财贿，而抉隐指弊，胥吏咸惮之。假照案发，司员失察者数十人，惟培翚及蔡绍江无所污，然犹以随同画诺镌级①。归里后，主讲钟山、云间，于泾川一再至，并引翼后进为己任。去泾川日，门人设饮仪者相望于道。笃友谊，郝懿行、胡承珙遗书皆赖培翚次第付梓。道光二十九年，卒，年六十八。绩溪胡氏，自明诸生东峰以来，世传经学。培翚涵濡先泽，又学于歙凌廷堪，邃精《三礼》。初著《燕寝考》三卷，王引之见而喜

① 镌级：降低官阶，降职。

之。既为《仪礼正义》，上推周公、孔子、子夏垂教之旨，发明郑君、贾氏得失，旁逮鸿儒、经生之所议。张皇幽渺，阐扬圣绪，二千余岁绝学也。其旨见《与顺德罗惇衍书》，曰："培翚撰《正义》，约有四例：一曰疏经以补注，二曰通疏以申注，三曰汇各家之说以附注，四曰采他说以订注，书凡四十卷。至贾氏公彦之疏，或解经而违经旨，或申注而失注意，不可无辨。别为《仪礼贾疏订疑》一书。宫室制度，今以朝制、庙制、寝制为纲，以天子、诸侯、大夫、士为目。学制则分别庠、序馆制则分别公、私，皆先将宫室考定，而以十七篇所行之礼，条系于后，名《宫室提纲》。陆氏《经典释文》于《仪礼》颇略，拟取各经音义及集《释文》以后各家音切，挨次补录，名曰《仪礼释文校补》。"培翚覃精是书凡四十余年，晚岁患风痺，犹力疾从事。尚有《士昏礼》、《乡饮酒礼》、《乡射礼》、《燕礼》、《大射仪》五篇，未卒业而殁。门人江宁杨大堉从学礼，为补成之。他著有《禘祫问答》、《研六室文抄》。

《清史列传·儒林传下二》：存目。①

汪士铎《汪梅村先生集》卷十一《户部主事胡先生墓志铭》：……祖曰匡衷，著《仪礼释官》、《周官井田》诸书最伙。其子秉钦，先生考也。先生涵濡先泽，渊源耆俊，重之以博闻笃志，阅数十年，成《仪礼正义》，凡四十卷，上推周公、孔子、子夏垂教之旨，发明郑君、贾氏得失，旁逮鸿儒经生之所议，张皇幽渺，阐扬圣绪，二千余岁绝学也。又有《燕寝考》、《研六室文抄》，所以扶翼《正义》者也。惟先生自高祖以来，世传经术，道崇位卑，先生虽从政农部，而奸蠹布濩，未竟厥施，名臣硕辅，延主皋比，钟山惜阴，士饫其教，讲舍百数十人，服膺归仁，拳拳弗忘。士铎不才，亦蒙揄拂，盖门无弃材焉。先生讳培翚，字载屏，一字竹村，绩溪县城人。嘉庆己卯进士，内阁中书，户部广东司主事。取许氏，生子肇潢，继室李氏，生子肇溥，皆庠生，亦皆卒。侧室徐氏孙人。先生卒于道光二十九年七月，春秋六十有八。徽俗重青乌之说，故未葬而浮厝于邑东门外先农坛之后。先生居乡，创立东山书院，于今存焉，邑人感之。所著书已刊行，先生固不朽矣。然世之嗜经术、思明德者，钦式遗教，不可无以观之也，故因先生从弟子继之请，而志之。且铭之曰：礼有端绪，著于威仪。探原扬澜，厥为大师。明明先生，补而疏之，广之附之，或耰锄之。横舍其昌，士礼有光。润以文学，报以馨香。泽留东山，道著竹帛。惜此高原，尚非幽宅。

罗惇衍《仪礼正义序》：绩溪户部胡先生，夙承家学，邃精"三礼"。以《仪礼》经为周公作，有残阙而无伪托，郑注而后，惟唐贾氏公彦疏盛行。而贾疏或解经而违经旨，或申注而失注意，因参稽众说，覃精研思，积四十余年成《正义》若干卷。先生自述其例有四：曰"补注"，补郑君注所未备也；曰"申注"，申郑君注义也；曰"附注"，近儒所说虽异郑旨，义可旁通，附而存之，广异闻，袪专己也；曰"订注"，郑君注义，偶有违失，详为辨正，别是非，明折衷也。夫礼者，履也；礼者，体也。使人约其心于登降、揖让、进退、酬酢之间，目以处义，足以步目，考中度衷，昭明物则，以是观其容而知其心，即其敬惰以考其吉凶之故，《春秋》所记，其应如响。故先王所以教，君子所以履，莫不于是尽心焉。顾嬴秦灭学，而后高堂生传《礼》十七篇，五传而有大、小戴、

① 详见中华书局本第 18 册，第 5619~5620 页。

庆氏三家之学，其时虽并置博士，而范史所纪至《儒林》未有显者。赖康成郑君，本小戴之学，又校以古经为郑氏学，而是经以明，宜其为百代师表也。然自是郑注孤行，虽有荀崧宜置博士之请，而为其学者绝少。自王肃、沈重、黄庆、李孟悊而外，如袁准、孔伦十数家，大都专解《丧服》而已。故贾氏并疏二《礼》，而《仪礼》不逮《周礼》之该洽，即《仪礼》一经，而众篇亦不逮《丧服》之该洽。观其自序称《丧服》南北章疏甚多，其解全经惟取裁黄、李二家，则其详略之殊致，亦以所本者多寡不同欤？况自高堂生推《士礼》以合之天子，后儒虽错综全经，旁推午贯，而先王制礼，贵多贵少，主减进文，精意所存，有非一端可例。则即郑注以考经文，亦不免偶有歧合之殊。而疏家例取专门，即有违失，必为曲解，又所申释，必取经注正文，彼此殊科，或亦强为比傅，则其解经而反违经旨，申注而并失注义，亦势所必然。曷若无所依违，期于大通哉！虽然，三代以上典物俱存，服其服，则带、裳、韠、舄之异等易明也；履其地，则堂、室、奥、阼之殊方易识也；接其人，则南向、北向、东面、西面之异位易辨也；举其器，则几席、筐篚、尊俎、觚解之殊制易考也。故其时君子务察位称之义，而器数则有司存。三代以后，即郑君去古未远，而先王法物已罕有知者，故其注礼时，即汉制以相譬况。及贾疏时，则并汉制亦多有不能知者……况其更历千载乎？是非旁搜博考，神与古会，念释所在，回翔反复，即器数以考谊理之存，使精融形释，若亲接古人而与之进退，酬酢于其间，亦安能抉经之心，析异同之见，以折衷一是哉？余于兹识先生为之之勤，研之之久，而益信其所择者精，所成者大也。(下略)

汪士铎《汪梅村先生集》卷七《重刊仪礼正义序》：道光中，金陵好学之友五人：曰陈君雪峰宗彝，精雠校，喜金石，自著书多未成；曰杨君雅仑大堉，致力苍雅，以形定声，以声求训诂，著行《说文重文考》六卷、《五庙考》一卷；曰张君蓉园宝德，亦喜金石；曰陈君子晋玚，善算学；曰管君小异嗣复，治桐城古文，所撰俱未成。诸君以无禄位，故学成而不能自见，必赖有力而留意斯文者为之表扬，始能昌明所学于天下。然此固未易得之叔季也。雪峰刊《华严经音义》、《汉石经残字》，蓉园刊《六朝事迹类编》、《汉司徒刘恺残碑》，外间颇有藏庋者；子晋书郭筠仙中丞为刊于岭南，玚、雅仑、小异书皆以兵燹散佚，可谓不幸已！《仪礼正义》者，绩溪胡竹村师所撰也，其书自《注疏》外，博采宋张氏、黄氏、元敖氏、杨氏以下无虑数十家，原稿已定，编次未完，先生遂归道山。陆立夫尚书属杨君卒成之，俾陈君硕甫奂刊于姑苏，其板后归先生犹子季临少宰。少宰卒于京师，未卜其本能附榇南归否矣。今杨君犹子竹村太守购得一部，将刊之金陵。余既幸先生之书，得章、杨君书既佚，亦将借是书以章，而又以悼其所自撰不可复见，独藉是以传也。然陈、张所刊皆古人书，子晋书亦与冯景亭同作者，此书真其比例。然则五人中惟管君无以见知于后世尔。悲夫！吾徒学患不能成。苟成矣，而无书以自抒其所得，与虽有书而无好古者为之表襮，皆有幸有不幸，而非人所能自主也。太守宝爱先泽，近世殆不多见，能更求通志堂杨氏复之图并刊之，则杨氏说礼之书章章，而太守好礼之心亦将与之千秋矣。

胡培翚《研六室文抄》卷六《国朝诂经文抄序》：经学莫盛于汉。自文帝置《论语》、《孝经》、《孟子》、《尔雅》博士，其后增立五经博士，传业寖广。一经说至百万言，大师众至千余人，可谓盛矣。然诸儒讲论六艺之文罕传焉，以无裒集之者故也。汉儒说经，各有家法，不为向壁虚造之谈。历魏、晋至隋、唐，遵循勿失。宋时周、程、张、朱诸子讲明义理，而名物制度犹必以汉儒为宗。逮至元、明，讲章时文之习胜，率多高心空腹，束书不观，而经术日衰矣。我国家重熙累洽，列圣相承，尊经重学，颁御纂、钦定之书于天下，而又广开四库，搜罗秘逸，两举鸿博，一举经学，天下之士靡然向风。二百年来，专门名家者，于《易》有半农、定宇惠氏父子，于《书》有艮庭江氏、西庄王氏，于《诗》有长发陈氏，于《春秋》有复初顾氏，于《公羊》有巽轩孔氏，于《礼》有稷若张氏、慎修江氏、易畴程氏，于《尔雅》、《说文》、音韵有亭林顾氏、东原戴氏、二云邵氏、懋堂段氏、石臞王氏，于诸经言天文则勿庵梅氏，言地理则东樵胡氏、百诗阎氏，言金石文字则竹汀钱氏。其读书卓识，超出前人，自辟涂径，为历代诸儒所未及者，约有数端：**一曰辨群经之伪**。如胡氏之《易图明辨》，辨河图、洛书、先天、后天各图非《易》书本有，王氏之《白田杂著》辨《周易本义》前九图非朱子所作，阎氏《古文尚书疏证》、惠氏《古文尚书考》辨东晋晚出之古文、《孔传》为梅赜伪托，毛氏《诗传诗说驳议》辨《子贡传》、《申培说》为丰坊伪撰是也。**一曰存古籍之真**。如《易》经二篇、传十篇，本自别行，王弼作注，始分传附经。朱子《本义》复古十二篇，而胡广修《大全》用《程传》本，以《本义》附之；后坊刻去《程传》，专存《本义》，仍用《程传》本，而朱子书亦失其旧。自《御纂周易折中》改从古本，学者始见真面目。惠氏《周易本义辨证》详言之。又如竹君朱氏之倡刊《说文》始一终亥之本，通志堂、抱经堂之校刊《经典释文》全书是也。**一曰发明微学**。惠氏之《易汉学》、《周易述》，张氏之《周易虞氏义》、《虞氏消息》，王氏之《广雅疏证》，段氏之《说文注》，黄梨洲、梅勿庵之本《周髀》言天文，邵二云之重疏《尔雅》，焦里堂之重疏《孟子》是也。**一曰广求遗说**。余氏之《古经解钩沉》，任氏之《小学钩沉》，邵氏之《韩诗内传考》，洪氏之辑郑、贾、服诸家说为《左传诂》，臧氏之辑《仪礼·丧服》马、王注，《礼记》卢植《解诂》，《月令》蔡邕《章句》，《尔雅》古注是也。**一曰驳正旧解**。江氏之《深衣考误》辨深衣非六幅交，解为十二幅；《乡党图考》辨治朝本无屋无堂。顾亭林《左传杜解补正》、顾栋高《春秋大事表》皆纠杜注“谅合短丧”之谬。戴东原《声韵考》以转注为互训，历指前人解释之误是也。**一曰创通大义**。顾氏之《音学五书》分十部；江氏之《古韵标准》分十三部；段氏之《六书音均表》分十七部以考古音。王尚书之《经传释词》标举一百六十字，以明经传中语词非实义。凌教授之《礼经释例》分通例、饮食例、宾客例、射例、变例、祭例、器服例、杂例，以言礼之节文等杀是也。凡此皆本朝经学之卓卓者。其他闭户研求，以其所得笔之于书，不可殚述。盖惟上有稽古同天之圣人，而后下之服习者众，彬彬乎超轶两汉也。诸儒所注群经，成书具在，而其散见于文集者，或与友朋辨论经义，或剖析古今疑旨，或所注之经，句诠字释，限于篇幅，因取书中关涉大义者，别为文发之。又见札记之书，所释非一经，每经不数条，顾较通释全经者，时有创获。裒而辑之，诚通经之轨辙已。然而诸儒著述，散在人间，为类甚繁，非博闻多识、好学深思之君子，未易揽其全，集其成也。(下略)①

胡培翚《研六室文抄》卷四《复夏朗斋学生书》：《毛诗》孔疏，较他经特详，然失

① 杨向奎《清儒学案新编》第六册第338页：“这是胡氏为吾国清代乾嘉汉学作了初步总结，总结必须遍读群书而有识断者。”

之繁冗。且有毛、郑大指本自不异，而疏强生分别者，有申传申笺，而不得其意者，读之颇多不安于心。比入都来，见为《毛诗》学者尚不乏人，独“三礼”之书讲求者少，因校《仪礼释宫》，取全经覆读之，而贾氏之疏，疏略失经注意者，视孔《诗疏》更甚，遂有重疏《仪礼》志。然此事甚大，非浅学所能任。(下略)

胡培翚《研六室文抄》卷六《读仪礼私记序》：吴中近年为《仪礼》学者，有冠云沈氏、鹤侣褚氏、震苍江氏。沈氏之书名《仪礼小疏》，所笺释仅止《士冠》、《士昏》、《公食》、《丧服》、《士丧》、《既夕》数篇，而考订多精核。褚氏之书名《仪礼管见》，专为纠正敖氏《集说》而作，皆已刊刻行世。唯江氏之《读仪礼私记》未经梓行，人亦少知之者。余从其同邑陈君硕甫访得稿本二册，涂乙纷错，几于不可辨识，其书多取敖君善、郝仲舆、万充宗诸家之说之异于《注疏》者，订其是非，而又时出新意。又多载吾郡金辅之先生之说，而金氏《礼笺》亦载其解《士虞礼》“启牖乡如初”之“乡”当为“飨”一条，殆与金氏相从习礼者欤？末以降《正义》之服黄氏勉斋有例，杨氏信斋有图，不无互异，别为《降正义服考定》一卷。又以通志堂所刻《仪礼图》失于雠校，中多讹误，取元刻本订正之，别为《仪礼图误》一卷，俱附书后。自序谓“始乾隆己巳至丙戌”，盖亦积十数年精力为之者矣。夫《仪礼》之书，人每以难读之故，治之者少。幸而有研求其义者，又或憔悴枯槁以死，而其书无有力者为之梓行，将必泯灭不传于世，不亦悲夫！余故特理而抄之，仍以原本诒硕甫还其家，而并为序之如此。江氏名筠，字震苍，苏郡长洲人，乾隆壬午科，江南乡试中式第二。其弟声，著《尚书集注音疏》行世。

胡培翚《研六室文抄》卷七《仪礼经注校本书后》：汪君孟慈与余同官内史，以问学交。既又同官农部，出其考容夫先生《仪礼经注校本》示余。先生于经史无不通，著书十余种，其卓荦大者，已刊布海内，固不籍是书以传。然培翚读其书，寻绎其意旨，则考核之精，不容泯焉。乃为书其后曰：《仪礼》一经，自汉注、唐疏外，解者甚希；自宋王安石废罢，不立学官，而习者益希。沿及明季，版本传梓，讹文脱字，往往而是。国朝张稷若为《仪礼郑注句读》，始考正石本、监本误字。厥后若吴东壁之《仪礼疑义》、沈冠云之《仪礼小疏》、盛庸三之《仪礼集编》、戴东原之辑《仪礼集释》，皆纠正误字。而其专以校雠名编者，则有金璞园之《正讹》、浦声之之《正字》、卢抱经之《详校》。至制府阮公《校勘记》出，益详且备。先生手校是书，自识云“乾隆四十四年”，是时，金、浦之书尚未行世，吴、沈之书亦未甚章显，先生独抱残守阙，丹黄订正，其扶明绝学之意，何如耶？培翚以先生所校字与诸家相参比，其中同者固多，先生固未见诸家之说。而其异者如……凡此诸条，深有功经义。乌乎！我朝诸儒于是经订讹补脱，殆经十数家之搜考，至今日而此事大明。乃读先生书尚多有诸家所未及者，益见经义渊邃，如江海之藏，探之无尽。而是经由唐迄明，其颠倒错乱于冥心空腹者之手，视他经尤酷也。然十七篇文词古奥，而义例昭显，亲亲、尊尊之等杀存焉，未可任其稍有晦塞于其间，以致先圣制作之精意蔑如也。安得好学深思如先生者为之，尽发其覆也哉！

杨向奎《清儒学案新编·绩溪学案》：清人于经书多有新疏，盖鉴于唐、宋旧疏之未尽也。经书之重要者为《礼》与《春秋》，“三礼”、“三传”为中国古代文化之载体，在中国历史上产生的影响大，故后人用力亦最多。《周礼》、《公羊》且在中国政治史上发挥过无比作用，清人用力更多，孙诒让之《周礼正义》乃有关《周礼》义疏集大成之书，而清人发挥《公羊》义者夥，乃一代之显学。但疏解旧经，难度最大者为《仪礼》，以其繁文缛礼，在宗周，在春秋以至战国初皆曾实行者，主、宾之一举一动，乐舞之一雅一颂，皆有严格规定，失次是谓无礼，礼失乐误，以致有孔子“吾自卫返鲁，然后乐正，雅颂各得其所”之叹！**疏礼者必须使物物得所，然而两千年前事，人类之行动来去无痕，欲复其原，诚属大难，疏解者必须有广泛学识，细密工夫，而胡培翚的新疏是可取的，他帮助我们弄清许多史实，在清代群经新疏中，《周礼正义》外，当推《仪礼正义》。**且培翚先生之《研六室文抄》亦多佳品，直可步武王氏四种。……东原弟子段玉裁与王念孙齐名，同为小学训诂大师，但就成就与气质论，段不如王，段注《说文》，专断而勇于改字，且狭隘不容人，而王氏雍容，其父子四种足以彪炳千秋，至今考据文章罕出其右者。孙诒让疏《周礼》、诂《墨经》都前无古人，章太炎所谓“三百年绝等双者”。三君（指戴东原、王念孙、孙诒让）而下，可以步武者，胡培翚其选也。疏《仪礼》与疏《周礼》不同，《周礼》多政经大事，疏者必心有全牛，而《仪礼》乃繁文缛礼，其细如发，疏者必深入腠理。《周礼》、《仪礼》都是三千年前之朝廷大事及士族生活，三千年后，其人其事朽灭无垠，所余者仅古代文献之简略记载，而文字变迁，语言歧异，欲于简单之古朴记载中，得窥古代士族之生活全貌，实属不易，但吾人于培翚之《仪礼正义》中尚能知其若干。(下略)①

---

① 见杨向奎《清儒学案新编》第六册，第322~323页。

胡秉虔

《清儒学案》卷九十三《朴斋学案上·朴斋家学·胡先生秉虔》：胡秉虔，字伯敬，号春乔，绳轩长子也。自少习闻庭训，未弱冠，于群经大义悉已通晓。嘉庆己未进士，刑部主事，历官甘肃丹噶尔同知。道光丙戌，卒于任所。生平精于训诂、声音之学，于《说文》用力尤深，著《说文管见》三卷，其论省文假借，实发前人所未发。又著《古韵论》三卷，会合诸家之论而持其平；《卦本图考》一卷，论画卦之原；《周易小识》八卷、《尚书小识》六卷、《论语小识》八卷，皆取诸经文字句读异同，详引而辨正之；《尚书序录》一卷、《毛诗序录》四卷，列序说于前，采注疏附后，而以己意论断之；《汉西京博士考》二卷，详考诸经博士源流，而西汉传经之师法以见；《甘州明季成仁录》四卷，详考李贼陷甘殉节诸人事。官张掖，作《景忠录》二卷，详考河州自宋以来殉节诸人事。官河州作诸书，皆出手定。又有《经义闻斯录》、《槐南丽泽编》、《月令小识》、《四书释名》、《小学卮言》、《对床客话》、《惜分斋丛录》、《消夏录》、《受经堂诗存》。所著书自《说文管见》、《古韵论》、《卦本图考》、《尚书序录》、《博士考》、《成仁录》、《景忠录》、《受经堂诗存》外，并佚。（参胡韫玉撰《传》、胡培翚撰《遗书记》、《绩溪胡氏所著书目》）

《清史稿·儒林三》：胡秉虔，字伯敬，绩溪人。嘉庆四年进士。官刑部主事，改甘肃灵台县知县，升丹噶尔同知，卒于官。秉虔自幼嗜学，博通经史。尝入都肄业成均，夜读必尽烛二条。尤精于声音、训诂，著《古韵论》三卷，辨江、戴、段、孔诸家之说，细入毫芒，确不可易。《说文管见》三卷，发明古音古义，多独得之见。末论二徐书，有灼见语，盖其所致力也。他著有：《周易》、《尚书》、《论语小识》各八卷，《卦本图考》一卷，《尚书序录》一卷，《汉西京博士考》二卷，《甘州明季成仁录》四卷，《河州景忠录》三卷。

《清史列传·儒林传下二》：存目。①

① 详见中华书局本第 18 册，第 5603 页。

胡韫玉《胡秉虔传》：胡先生秉虔，字伯敬，号春乔，安徽绩溪县人。为懋中先生匡宪长子，懋中为匡衷从弟。著有《毛诗集释》、《绳轩读经记》等书，世所称绳轩先生是也。先生自少习闻庭训，虽未弱冠，而于群经大义悉已通晓，后从方茶山先生入都，肄业成均，居京师日久，而一时名公巨儒咸从问难，所学益进，即著有《槐南丽泽编》。嘉庆己未成进士，为大兴朱文正公石君、扬州阮文达公芸台所赏拔。二公以一时硕儒奖掖后进，先生以是益自奋勉于学，而归安姚文僖公秋农、高邮王文简公伯申、武进张先生皋文皆其同年友，互相砥砺，故先生之学博大精深，盖其渊源有自也。成进士，以主事用分刑部，历官甘肃丹噶尔同知，卒于任所。先生精于训诂、声音之学，尝云：**“朱子谓字画、音韵是经中浅事，故先儒得其大者，多不留意，然不知此等处不理会，却枉费了无限词说牵补，而卒不得其大义，亦甚害事也。”**按：古人六书，掌之于保氏，十岁入学，学书计，所以用日少而成功多。汉初，以籀书试学童，犹其遗意。后世小学寖废，故傅会支离，荡尔无守，论说愈烦，而理道愈晦也。先生确然见**小学为经学之门户**，于《说文》一书用力尤深，谓晁氏《读书志》以《说文》为体制之书，《尔雅》为训诂之书，此宋人支离之说。考《周官》，保氏所掌止有六书，六书之中自兼训诂体制，故**《尔雅》、《说文》实相为表里。《说文》所详者，字之体，《尔雅》所详者，字之用**。如初、基皆始也，据《说文》，则初为裁衣之始，基为筑墙之始。厖、硕皆大也，据《说文》，则厖为石大，硕为头大，后人通用，直为始、为大耳。**《说文》出《尔雅》后，具述制作之原，实有功于《尔雅》。读《尔雅》而不考《说文》，是数典而忘其祖也**，岂仅为体制之书哉？先生于平日治《说文》之有得者，分别记之，成《说文管见》一书。其论假借尤精。盖文字之用，惟假借不穷。经典之中，亦假借最多。诸儒之论假借者，谓古人同声同义之字多通用之，而先生则谓有省文假借，发前人之所未发，尝谓懋迁有无化居，化即货字，货从贝，化声，故亦省作化。《史记·弟子传》“与时转货”，《索隐》云：“《家语》货作化。”是其证也。《诗·唐风·采苓》“人之为言”，为即讹字，讹从言，为声，故亦省作为，孔疏又云定本作伪，《释文》亦云本或作伪，伪从人，为声，声近假借。《史记·五帝本纪》“便程南讹”，《索隐》本作南为云，为依字读。《汉书·王莽传》“作以劝南伪”，师古曰：“伪读曰讹。”是其证也。《大雅·大明》“其会如林”，会当即旝字，旝从㫃，会声，故亦省作会，《说文》正引作旝。《春秋传》曰：“旝动而鼓。”杜注以旝为旃，马融《广成颂》云“旃旝森其如林”，是其证也。凡此皆省文假借也。又著《古韵论》一书。案：论古音者始于宋吴才老，作《毛诗补音》，朱子传《诗》用之，今已不传。国朝昆山顾氏、婺源江氏、休宁戴氏、金坛段氏、曲阜孔氏、归安严氏各成专书，互有得失，先生稍后出，独能会合诸家之论，而持以平。其言曰：古音至宋儒始有全书，然郑氏分六部则太宽，顾氏以三十年搜讨之勤，博征秦、汉以上有韵之文及《说文》谐声之字，以辨唐韵之非古音，而得古音之条理，分列十部。江氏犹谓其考古功多，审音功少。于是分真、元为二，侵、谈为二，萧、尤为二，较顾氏多三部。段氏又谓支、佳一部，脂、微、齐、皆、灰一部，之、咍一部，汉人犹未尝假借通用，晋、宋已下乃少有出入，迄乎唐人功令，支、脂、之同用，佳、皆同用，灰、咍同用，于是古之截然为三者罕有知之。又析真、臻、先与谆、文、殷、魂、痕为二，尤、幽与侯为二，故较江氏又多四部。侯与尤、幽之分，段氏独为得之。而江氏、戴氏皆以萧、宵、肴、豪为一部，尤、侯、幽为一部。愚谓宵、肴、豪与尤、幽、萧不过敛侈之殊，似可合为一类，与之之与咍、支之与佳亦有敛侈之殊，未尝分为各类，况考之《三百篇》及古人用韵之文无不合乎？戴氏初分七类，后乃定为九类，但《声类表》成书，距易箦之期仅二十日，未审果为定论否也。而以入声为枢纽，阴阳相配，正转、旁转诸说皆自戴氏发之。蒸、之对转，清、支对转，真、脂对转，东、侯对转，后之言古音者卒莫能易。盖戴氏之学，实有以发前人之覆，而启后人之绪也。惟所云音之敛侈，则宜区别，非通人之论。孔氏析东、同、丰、充、公、工、冢、悤、从、龙、容、用、封、凶、邕、共、送、双、龙等声为一类，冬、众、宗、中、虫、戎、宫、农、夅、宋等声为一类，凡十有八类，阴阳相配，以东配侯，以冬配幽，以侵配宵，段氏尝倾倒其书，以为精心神解，卓识胜前人，然又谓孔氏以侵为阳类，配宵、肴、豪阴类，以谈、平为阳类，配缉、合以下九韵合为一部。为阴类，平阳入阴，与其全书谓阴阳各有平入者不合，又失侵之入，并入于谈，此亦好奇自信之过，不足以述古，而适以歧惑后学，则段氏所不满于孔书者惟此耳。严氏合冬于侵，谓冬、侵一部配幽、尤，谈、盐一部配宵、肴，盖严氏并冬入侵，以缉、合以下九韵为谈之入声，侵与幽对转，谈与宵对转，似有意弥缝孔氏之书者。愚谓合冬于侵，是已。幽、萧亦当合为一部，以与冬、侵配，谈、盐以下声气最敛，词家谓之闭口，音本无可转，固不必勉强求其配耳。先生声音之学其精如此。尝著《尚书序录》、《毛诗序录》，其体例列序说于前，采注疏附于下，而以己意论断之。又著《卦本图考》一书，论画卦之原，谓爻主动，动则变，乾动则变坤，坤动则变乾也。其有一爻变者，如《左传》所载“《观》之《否》”、“《师》之《临》”类，《观》四爻动则变《否》，《师》初爻动则变《临》也。至于一卦之内，两爻互易，如《彖传》所言刚柔上下者，先儒亦谓之卦变，以《系辞传》有云：“上下无常，刚柔相易，不可为典要，唯变所适故耳。”朱子云：“就卦已成后用意推说，以见此为彼自来，非真先有彼卦而后有此卦也。”又云：“若论伏羲画卦，则六十四卦一时俱了，虽乾坤亦无能生诸卦之理，若如文王、孔子之说，则纵横曲直，反复相生，无所不可。”又云：“非是圣人合下作卦如此，自是卦成了自然有此象。”其说精矣，但谓纵横曲直，反复相生，无所不可，似乎说得太宽。故《本义》于《卦变歌》十九卦之外又有云：“又自某卦某卦而来者。”东牵西曳，茫无畔岸，未免启后人凭肊说经之渐。今详考诸儒之说，案之于经，是者从之，汉人解《易》多云此本某卦，或云此卦本某，今亦依用，遂命曰《卦本图考》云。先生是书专主虞氏、范氏之说，而亦有不尽从二家者。要惟案之于经而是，反之于心而安，无牵强凿空之弊。别著《周易小识》八卷，博取诸经文字句读异同，详引而辨正之。**先生之学，虽守汉儒家法，而于宋儒之是者又未尝不并取之，以视世之说经者确守门户之见、不许一语之出入于宋人者不同**。先生尝详考汉儒诸经博士源流，为《西京博士考》一书，于西汉传经之师法原原本本，诚治汉人学者之一助也。然而先生不仅经学已也，其踪迹所至，辄以表章先哲为己任。官张掖时，详考李自成陷甘死守殉节诸忠烈，作《甘州明季成仁录》。官河州时，详考和州自宋至国朝殉节死事诸人姓名事略，作《景忠录》。世之訾议经学者，每谓琐碎无关实用，又谓详诂训之得失，昧忠义之大事，观先生之惓惓于死节诸公，然后知**真经学即真理学**也。先生好学之心，孜孜不倦。咸丰辛未之岁，已成进士。十二年，先生从侄竹村先生计偕来都，与先生同寓，每夜读书必尽烛二条，或日间酬应纷纭，而夜课不减，勤学不辍，无异寒素，宜其所成之深也。所著书有《周易小识》八卷、《尚书小识》六卷、《论语小识》八卷、《卦本图考》一卷、《尚书序录》一卷、《毛诗序录》四卷、《汉西京博士考》二卷、《甘州明季成仁录》四卷、《景忠录》三卷，此皆先生手自定者。又有《经义闻斯录》、《槐南丽泽编》、《月令小识》、《四书释名》、《小学卮言》、《对床夜话》、《惜分斋丛录》、《消夏录》、《文集》、《诗集》，先生殁后遗书悉在甘省，后一年先生孙肇昕赍之以归竹村，竹村尽读其书，为之条陈其目，以待梓。又有《说文管见》三卷、《古韵论》三卷，则先生之子培绪、培浚所校录也。先生少负才名，工楷法，而一官淹抑，驰驱于边徼之区，荒凉寂寞之境，而又边事鞅掌，虽清苦而繁剧实甚，在世人处此未有不戚然于心，先生毫不介意，服官数十年，所至有惠政，而不废学。甲申自甘入觐，以所著《甘州明季成仁录》属竹村校梓，临行，竹村送之，先生每云："公事旁午，不得致力于学为恨。"商量学业，不觉达曙。及任丹噶尔同知，寄竹村书云："此间事简，可以毕吾著述矣。"乃未及三年，遽卒。论者每谓先生以高才而官边境，且多历冲繁之邑，为先生惜。然余考先生所著诸书，大半于官甘省时成之，而又多出于政务之暇云。论曰：国朝学术，可称极盛，余姚黄氏，鄞县万氏，高邮王氏，嘉定钱氏，其父子兄弟类能著书立说，成一家言。家学之盛，超轶前古。当时宣、歙间盛称胡氏。**胡氏之学综核名实，辨析异同，皖学之中坚，戴氏之后劲也**。春乔先生为绳轩长子，朴斋从子，竹村从父，而朴斋与竹村，世与墨庄同称为"三胡"是也。绳轩先生所著书，见于著录者有《毛诗集释》二十卷、《绳轩读经记》十二卷、《读史随笔》六卷、《石经详考》四卷、《绳轩集》三卷，盖亦绩学之士也。先生之孙肇昕，读书通经义，尝为竹村采辑《仪礼》、《士昏》、《乡饮》、《乡射》、《燕礼》、《大射》诸篇，竟竹村未竟之绪。一门之内，经术渊源，呜呼盛已！①

胡培翚《研六室文抄》卷八《从叔父同知公遗书记》：公讳秉虔，字伯敬，号春乔。嘉庆己未进士，用主事分刑部，历官甘肃丹噶尔同知。公为叔祖绳轩公长子，自少习闻庭训，于诸经大义已自通晓，后依方茶山先生入都，肄业成均，居京师久，名公巨儒咸从受教。会试为大兴朱文正公及今相国阮芸台先生所赏拔，而归安姚文僖公、高邮王文简公、武进编修张皋闻先生皆其同年友，故其学具有根源，尤精于训诂、音韵。辛未之岁，培翚计偕在都，与公同寓处，每夜读书必尽银烛二条，虽日间酬应纷纭，而夜课不减。甲申，自甘入觐，以所著《甘州明季成仁录》属培翚校梓，临行，送至窦店，论学达曙。每云："公事旁午，不得致力。"及任丹噶尔，寄书培翚曰："此间事简，可以毕吾著述矣。"乃未及三年，遽卒于任。呜呼，窦店一宿，孰意竟成永诀耶？卒后，家属寓甘省迢迢数千里归计有待，余恐其著作之散失也，致书讯问，而培绪、培浚二弟来书详述所著书目，并述著书大旨，情词呜咽。间一年，肇昕侄赍遗书数册归，培翚于是得读公之著作，以其卷帙之多，而梓之有待也，乃为条陈其目而记之，曰：《周易小识》八卷、《尚书小识》六卷、《论语小识》八卷，皆取诸经文字句读异同，详引而辨正之。《卦本图考》一卷，论画卦之原。《尚书序录》一卷、《毛诗序录》四卷，列序说于前，采注疏附于下，而以己意论断之为录。《汉西京博士考》二卷，详考诸经博士源流，而西汉传经之师法以见。《甘州明季成仁录》四卷，详考李贼陷甘死守殉节诸忠烈，并记捐廉祠祀事，官张掖作也。《景忠录》三卷，详考河州自宋至国朝殉节死事诸人姓名、事略，官河州作也。此皆公所手定者。又有《经义闻斯录》，杂考诸经，分条记之，其曰"闻斯"者，著其本于庭训也。

① 见《碑传集补》卷四十。

又有《槐南丽泽编》，在成均时作也。又有《月令小识》、《四书释名》、《小学卮言》、《对床夜话》、《惜分斋丛录》、《消夏录》、文集、诗集。公于《毛诗》、《说文》用力最深，而《毛诗小识》未成，《说文》未有专书，则以天夺之速也。呜呼！公自少负才名，又工楷法，乃对策大廷，未与馆选，其同年多持节钺于外，而公尚淹抑僚属，驰驱鞅掌于边徼之区，宜若有不适然者。然吾家学自东峰公传至公九世，传至培翚十世。培翚仕宦偃蹇，赋闲日多，年已五十六矣，鬓发苍苍，所欲为者迄无成就。而公服官中外数十年，所至有惠政，不以学废公，且多历繁剧，而其著作之富已如此。又有佳子孙克承其学，将必传于后世，公其可无憾。至出处、履历、宦绩，有绪、浚等所为《行述》，此不及焉。道光丁酉，侄培翚谨记。

俞樾《宾萌集·胡春乔先生遗书记》：绩溪胡氏，自明诸生东峰先生以来，以经学世其家，代有撰述。八传而至春乔先生，讳秉虔，字伯敬，以名进士官刑部主事，后改就本班，以知县起家，官至甘肃丹噶尔同知，所至有治声，详见其孙肇昕所撰《行略》。先生自幼嗜学，宦游京师，出彭文勤、朱文正、阮文达诸巨公之门，而吾乡姚文僖、高邮王文简、武进张皋闻先生皆其同年友，故其学有根柢，尤精于声音、训诂之学。所著有《周易小识》八卷、《尚书小识》六卷、《论语小识》八卷、《卦本图考》一卷、《尚书序录》一卷、《毛诗序录》四卷、《汉西京博士考》二卷、《甘州明季成仁录》四卷、《河州景忠录》三卷，又有《经义闻斯录》、《槐南丽泽编》、《月令小识》、《四书释名》、《小学卮言》、《对床夜话》、《惜分斋丛录》、《销夏录文集》、《诗集》各如干卷，详见其从子培翚所撰《遗书记》。呜呼，先生之学可谓博矣！樾于同治七年主讲诂经精舍，而先生之从子曰培系子继以先生遗书来，凡五种，曰《卦本图考》，曰《尚书序录》，曰《甘州成仁录》，皆原记所有者，曰《古韵论》三卷，曰《说文管见》三卷，皆原记所无者。樾受而读之，信乎先生之学之博，而于声音、训诂为尤精也。夫古音自郑氏庠以来，昆山顾氏、婺源江氏、金坛段氏、休宁戴氏、曲阜孔氏、吾乡归安严氏，各有成书。先生于其后补葺之，所论细入毫芒，确不可易。至《说文》一书，明季如王船山、顾亭林两先生之博极群书，而始一终亥之本竟未之见，其为绝学久矣，国朝诸大儒始讲明之。先生此书谦曰"管见"，然发明古音、古义，多独得之见。此二书者，卓然其可传矣。**樾幼失学，中年以后钻研经训，困而学之，一无所得**。读先生书，望洋向若而已，安足以知学海之津厓哉？重违子继之意，辄书数语于其后，叹诵之外，不知所云。

胡承珙

《清儒学案》卷一三八《墨庄学案》：墨庄与朴斋、竹村，世所称为“三胡”者也。先世自徽迁泾，于绩溪为别族，经术相宣，如骖斯靳。同时说《诗》者，桐城马元伯，长洲陈硕甫，鼎踌南中。《后笺》于别择毛、郑，会通经文，弥审慎焉。(下略)

《清史稿·儒林三》：胡承珙，字墨庄①，泾县人。嘉庆十年进士，选翰林院庶吉士，散馆授编修。十五年，充广东乡试副考官。寻迁御史，转给事中。自以身居言路，当周知天下利弊，陈之于上，方不负职。数年中陈奏甚多，多见施行，而其最切中时病者，则有条陈亏空弊端各条……其言深切著明。二十四年，授福建分巡延建邵道，编查保甲，设立缉捕章程八条，匪徒敛迹。调署台湾兵备道，缉获洋盗张充等置于法。旋乞假回籍。台湾素称难治，承珙力行清庄弭盗之法，民、番安肃。自承珙去后，彰化、淡水即以械斗起衅矣。道光十二年，卒，年五十七。承珙究心经学，尤专意于《毛诗传》。归里后，键户著书，与长洲陈奂往复讨论不绝，著《毛诗后笺》三十卷。其书主于申述毛义，自《注疏》而外，于唐、宋、元诸儒之说，及近人为《诗》学者，无不广征博引，而于名物、训诂及毛与三家《诗》文有异同，类皆剖析精微，折衷至当。而其最精者，能于毛传本文前后会出指归，又能于西汉以前古书中反覆寻考，贯通《诗》义，证明毛旨。凡三四易稿，手自写定。至《鲁颂·泮水》章而疾作，遗言嘱陈奂校补。奂乃为续成之。又以郑君注《仪礼》参用古、今文二本，撮其大例，有必用其正字者，有即用其借字者，有务以存古者，有兼以通今者，有因彼以决此者，有互见而并存者。闳意妙旨，有关于经实夥。遂取注中叠出之字，并“读如”、“读为”、“当为”各条，排比梳栉，考其训诂，明其假借，参稽旁采，疏通而证明之，作《仪礼古今文疏义》十七卷。又谓惠氏栋《九经古义》未及《尔雅》，遂补撰数十条，成二卷。《小尔雅》原本不传，今存《孔丛子》中，世多谓为伪书，**作《小尔雅义证》十三卷，断以为真**。复著有《求是堂诗文集》三十四卷。

---

① 《清史列传·儒林传下二》作“字景孟”。

《清史列传·儒林传下二》：存目。①

胡培翚《研六室文抄》卷十《福建台湾道胡君别传》：君姓胡氏，讳承珙，字景孟，号墨庄。先世自徽州婺源迁泾之溪头都，二十五传至尚衡，顺治壬辰进士，官至湖南布政使司参议，是为君之高祖。曾祖之棅，河南新安县知县。祖兆殷，邑庠生。父远龄，多隐德懿行。生君稍晚，奇爱之。然君自幼驯谨，不烦约束，五岁就傅，即颖悟，诵读倍常儿，十岁能文章，十三入庠，十八食饩，岁科试联冠其军，嘉庆六年辛酉，君年二十六，膺选拔，其年即中式江南乡试，乙丑成进士，选翰林院庶吉士，散馆授编修。庚午，为广东乡试副考官，寻迁御史，转给事中。自以为身居言路，当周知天下利弊，陈之于上，方不负职，故其数年中陈奏甚多，多见施行，而其最切中时病者，则有条陈亏空弊端各条：一曰冒滥宜禁。各省司库支发钱粮向有扣除二三成之弊，故藩司书吏外而授意州县，内而怂恿本官，将不应借支之款冒支滥借，此在领者便于急需，不敢望其足数，而在放者利于多扣，不复问其合宜，至于动项兴修工程，多有署印人员辄行支借，离任后归款无期，则虽应放而仍与浮冒无异。一曰抑勒宜禁。……一曰糜费宜省。……一曰升调宜慎。部选人员多系初任，或尚能谨守筦钥，前任有亏，不敢轻易接受，惟佐杂题升及调补繁缺二者，其中固不无结实可靠之员，然每多久历仕途，习成狡滑，于升调之时，或诩担承之力，以自见己长，或托弥补之名，以巧合上意，上司不加体察，辄易受其欺朦，在题升者急于得缺，明知此地之多累，不复顾后而瞻前，在调补者迁就一时，转因原任之有亏，希图挪彼以掩此，究之担承弥补，皆属空名，不过剜肉补疮，甚且变本加厉。其言深切著明。……君自少工举业词章，通籍后究心经术，遇有讲求实学者，必殷勤造访，引为同志。人有投以撰著者，必细加考核，别其是非，不为虚文酬应。**解经多心得，不苟同前人。**以牵于公事，未就，至是归里调愈，遂专力著作。君初精研小学，熟于《尔雅》、《说文》，谓惠氏栋《九经古义》未及《尔雅》，遂补撰数十条。《小尔雅》原本不传，今存《孔丛子》中，世多谓为伪书，君初亦疑其伪，后乃断以为真，作《义证》。其言曰："《小尔雅》者，《尔雅》之羽翼，六艺之绪余也。……"又取戴氏震所疑四事，一一辨释，具载本书。嘉庆甲戌，培翚在都馆于君邸，时方草创《仪礼疏》，昕夕与君谈论，君见郑氏注中引古今文异字，贾疏多略不及，笑谓培翚曰："吾当专为书，以助子全疏之一矣。"其后在闽渡台，以书笥累重难携，独携《仪礼》一经，每日公事毕，辄纂一二条，成《古今文疏义》，其言曰："郑注所谓今文者，乃小戴，本出于高堂生所传，所谓古文者，则《前汉书·艺文志》云古经出于鲁淹中者也。……"又尝撰《春秋三传文字异同考证》。然其毕生精力所专注者，则在《毛诗》，所撰《毛诗后笺》一书，采集甚富，后儒说《诗》之是者录之，似是而非者辨之，而其最精者在能于毛传本文前后会出指归，又能于西汉以前古书中反复寻考，贯通诗义，证明毛旨，此则君所独得者。同时长洲陈奂亦治《毛诗》，君数与书讲论，奂著书惟毛之从，君尚有别择，然亦从毛者多。尝与培翚书曰："承珙《后笺》专主发明毛传，为之既久，然后知笺之于传有申毛而不得毛意者，有异毛而不如毛义者，盖毛公秦人，去周甚近，其语言文字、名物训诂已有后汉人所不能尽通者，而况于唐人乎？况于宋人乎？……故**不熟读经文，不知传文之妙；不细绎传文，不知笺说之多失传旨。郑学长于征实，短于会虚**。前人谓其按迹而语性情者，以此。唐人作

① 详见中华书局本第18册，第5602~5603页。

疏，每欠分晓，或笺本申毛，而以为易传，或郑自为说，而妄被之毛，至毛义难明，不能旁通曲鬯，辄以传文简质四字了之而已。**拙著从毛者十之八九，从郑者十之一二，始则求之本篇，不得则求之本经，不得则证以他经，又不得然后泛稽周、秦古书，于语言文字、名物训诂往往有前人从未道及者**，不下数十百条，拟俟通录一本，后乃摘出别抄，以便就正。"又与魏源书曰："承珙于《诗》墨守毛《传》，惟揆之经文，实有难通者乃舍之，而求他证，如弗躬弗亲，庶民弗信，传谓庶民之言，不可信，而《左传》、《国语》、《淮南》、《说苑》引此诗皆谓民不信上。此笺说之所本，而于经文尤顺，故宜舍传从笺，然似此者才十之一二而已。"此君《后笺》之大旨也。撰稿屡易，手自写定，至《鲁颂·泮水》而疾作，未卒业，陈奂补之。君诗亦积生平精力以为者，同邑朱侍讲琦序其集，谓音节悉本唐贤，使典尤镕其膏液，弃其渣滓，体安以雅，辞丽以则，寄托遥深，诗之正声庶几弗坠。盖不诬也。所著《仪礼古今文疏义》十七卷、《小尔雅义证》十三卷，皆手自付梓，《毛诗后笺》三十卷、《尔雅古义》二卷、《求是堂诗集》二十二卷、《奏折》一卷、《文集》六卷、《骈体文》二卷，卒后，子先翰、先頖次第梓以行世。其为之而未成者，又有《公羊古义》、《礼记别义》二书。君操行淳笃，归田后家居九载，足不出里门，不预外事，惟与二三故旧间为诗酒之会，注经常至夜分，寒暑罔辍，平居自奉极俭，然遇修邑城、兴书院及族中平粜等事，多乐捐资助成。生于乾隆丙申岁三月十四日，卒于道光壬辰岁闰九月十四日，年五十七。论曰：世之沉潜经义、精于考订者，往往拙于文词。即或工文矣，而诗未必工，盖兼之者难也。又如闾巷憔悴专一之士，文章学问负一时重名，而终其身坎坷不遇者多矣。君经学、诗文卓然均可传后，而早登甲科，陟历清要，中岁拥旄海外，宦绩伟然，岂非生有夙慧、得天者厚欤？然君练达时务，貌虽若不胜衣，而虑事周详慎密，心力有过人者，余又以惜其设施之未竟也。

李柏荣《魏源师友记》卷二《胡承珙》：承珙，字景孟，号墨庄，安徽泾县人。嘉庆十年进士，改翰林院庶吉士，散馆授编修。十五年，充广东乡试副考官，寻迁御史，转给事中。自以身居言路，当周知天下利弊，陈之于上，方不负职。故其数年中，陈奏多见施行，尤多深切著明之议。后治台三年，力行清庄弭盗之法，民番安肃。旋乞假归里，于道光十二年卒，年五十七。承珙究心经学，尤专意于毛氏《诗》传。里居时，键户著书，与长洲陈奂往复讨论不绝，于是著《毛诗后笺》三十卷，剖析精微，折衷至当，稿凡四易。又作《仪礼古今文疏义》十七卷、《小尔雅义证》十三卷、《求是堂诗文集》三十卷。默深之与承珙订交，在嘉庆甲戌年。据刚己所撰《事略》云："嘉庆癸酉，二十岁，举明经。明年，侍春煦公起复入都，遂留从胡墨庄先生问汉儒家法。"故默深之治汉学自此始。是后之究心《诗》义，成《诗古微》，盖亦动机有所自也。《诗》在汉代分为四家，默深虽左齐、鲁而右毛传，力倡今文，为时流所攻，然其渊源盖有可考云。又按：金氏天翮撰承珙传，载《与默深书》云："承珙于《诗》，墨守毛传。惟揆之经文，实有难通者，乃舍之而求他证。如'弗躬弗亲，庶民弗信'，《传》谓'庶民之言不可信'，而《左传》、《国语》、《淮南》、《说苑》引此诗，皆谓'民不信上'，此笺说之所本，而于经文尤顺，故宜舍传从笺。然似此者，才十之一二而已。"

桂文灿《经学博采录》卷九、《（光绪）重修安徽通志》卷二百二十有传，存目。

胡承珙《求是堂文集》卷四《小尔雅疏证序》：《小尔雅》一卷，见于《汉·艺文》、

《隋・经籍志》者，孔鲋之本、李轨之解已不可复见，今所传者具载于《孔丛子》第十一篇，世遂以《孔丛》之伪而并伪之。戴氏东原谓是后人皮傅撮拾而成者，非古小学遗书也。以予考之，汉以后传注家征引此书者，王肃之说见于《诗》、《礼正义》；杜预之注《左传》，训诂多与之合；至郦注《水经》，始明著书名；其后陆氏《释文》，孔、贾经疏，释玄应《一切经音义》，李善《文选注》征用尤夥，持较今本，则皆灿然具在，其逸者不过数条，则安知非伪造《孔丛子》者剿取入之，而诸儒所见之本固犹无恙邪？若戴氏所疑，则亦有说。如云鹄中者谓之正，正方二尺以为正鹄无辨。案：二尺曰正，见《毛诗传》。至宾射射正、大射射鹄，经无明文，注疏家自生区别耳。正与鹄安知不共在一侯乎？况郑众、马融亦皆云“二尺曰正”，此必有所受之矣。四尺谓之仞，与诸儒八尺曰仞异。案《说文》：“仞，伸臂一寻八尺，从人，刃声。”此文当有脱佚，盖人伸两臂以度则为寻八尺，半之则为仞四尺。《说文》“仞，伸臂”者，谓伸一臂也。若以仞为伸两臂，则下文何不即曰“一仞八尺”，而必曰“一寻八尺”乎？况郑注《仪礼》七尺曰仞，应劭汉书注又以五尺六寸为仞，古量度之法容有数科，不足怪也。豆四谓之区，区四谓之釜，本诸《左传》。釜二有半谓之籔，合于《仪礼》。其下云籔二有半谓之缶，缶二谓之钟，钟二谓之秉，秉十六斛，戴氏疑此乃晏子所谓陈氏之新量者，不知此文之有衍有脱耳。《太平御览》引《小尔雅》正作籔二谓之缶，缶二谓之钟，钟二有半谓之秉，秉十六斛，盖传写者以有半二字误衍于上而脱于下，不然即令掇拾而成，亦何至两法杂施，自相刺谬若是乎？戴氏又云：“倍举曰锊。”贾景伯所称俗儒以锊重六两是也。不稽古训，故目之曰俗儒云尔。案：《周官》职金疏引夏侯、欧阳说云：“墨辟疑赦其罚百率古以六两为率。”《周本纪》亦作率，徐广曰：“率即锾也。”据此，知六两为锾，本《尚书》今文家说。贾逵习古文者，**所云俗儒，犹言今儒，非雅俗之谓也**。《书・酒诰》“成王若曰”，《释文》引马融注云：“言成王者未闻也，俗儒以为成王骨节始成，故曰成王。”《书疏》引三家云：王年长骨节成立，是马所云俗儒者，指今文欧阳、大、小夏侯三家，与此正同。……凡戴氏所难，皆无可疑者，其他训诂名物为《尔雅》所未备而有补于经义者尚多。予曩时晤阳湖洪北江先生，曾属为一书疏通而证明之。谭君正治，北江弟子也，亦为是学。今出所著《疏证》示予，其中订正讹阙，抉剔疑滞，具有条理，是能得北江先生小学之传者。予故取曩所以释戴氏之所疑者，序而归之。

胡承珙《求是堂文集》卷四《小尔雅义证自序》：**《小尔雅》者，《尔雅》之羽翼，六艺之绪余也。**《汉书・艺文志》与《尔雅》并入孝经家。扬子云：张稚让、刘彦和之伦皆以《尔雅》为孔门所记，以释六艺之文者，然则《小尔雅》犹是矣。汉儒训诂多本《尔雅》，毛公传《诗》，郑仲师、马季长注《礼》，亦往往有与《小尔雅》合者，特以不著书名，后人疑其未经援及，然如《说文》所引《尔雅》之则固明明在《小尔雅》矣。其中如金舄之解、公孙之称、请命之礼、属妇之名，合符《诗》、《书》，深裨经谊，沿及魏、晋，援据益彰，李轨作解，今虽不存，而所注《法言》，曼无邵美，即用雅训，是固足以名其学矣。唐以后人取为《孔丛子》第十一篇，世遂以《孔丛》之伪而并伪之，而郦氏之注《水经》，李氏之注《文选》，陆氏之《音义》，孔、贾之《义疏》，小司马之注史，释玄应之译经，其所征引，核之今本，粲然具存。此可见《孔丛》本多剌取古籍，而所取之《小尔雅》犹系完书，未必多所窜乱也。曩见东原戴氏横施驳难，仅有四科，予既援引古义，一一辨释，因复原本雅故，区别条流，又采辑经疏选注等所引通为《义证》，略存旧帙之仿佛，间执后儒之訾议，将有涉乎此者，庶其取焉。时道光丁亥五月朔日。

胡承珙《求是堂文集》卷四《四书管窥序》：**治经之法，义理非训诂则不明，训诂非义理则不当，二者实相资而不可偏废。自有谓汉学详于训诂，宋学晰于义理者，遂若判为两涂，而于是讲训诂者拘于墟，谈义理者奋其肊，沿流而失源，骛末而忘本，党同伐异，入主出奴，护前争胜之习兴，几至以门户祸经术，而横流不知其所纪极。吾则谓，治经无训诂、义理之分，惟求其是者而已。为学亦无汉、宋之分，惟取其是之多者而已。**汉儒之是之多者，郑君康成其最也。宋儒之是之多者，新安朱子其最也。《大学》、《论语》、《孟子》、《中庸》之称为“四书”，自宋淳熙始。朱子之《章句集注》，积平生之力为之，其用功深，取裁者广，故其是者较诸儒为多，亦较其所著他书为多。即如《论语》首章“学，效也”之训，本于《书大传》；“习，鸟数飞”之训，本于《说文》。《中庸》“戒慎乎其所不睹”四句，实采用郑注《礼记》之意，“虽有其位”一节，则并全取其文，此其为训诂为义理皆确乎其不可易，犁然其有当乎人之心者矣。赵甥鹭在年少力学，所著《四书管窥》，其训释字义，仿于陈北溪，其发明《章句集注》，多融会全书，彼此互证，得古人**以经解经之法**，而其言皆明易简括，无讲章家支离纠绕之弊，诚由是而进焉，博求训诂，而审择其是，则于古人之微言大义必更有所得者，岂惟“四书”充之，以治诸经皆是法也。鹭在勉乎哉！

周炳中

周炳中，一作周柄中，字理衷，号烛斋。著有《四书典故辨正》。

《清续文献通考》卷二百五十九：《四书典故辨正》十二卷，周炳中撰。炳中号烛斋，江苏溧阳人。

戴大昌《驳四书改错》卷五："周氏理衷《四书典故辨正》谓：'既云子退朝，当指家厩为是。'"

今按：周炳中其人其书皆不可详考。

刘台拱

《清儒学案》卷一〇六《端临学案》：宝应刘氏，代有闻人。端临邃于经学，考证名物，研精理义，未尝离而二之。所著《论语骈枝》，精深谛确，能发先儒所未发。楚桢、叔俛，父子继之，遂成《论语正义》一书，尤称有功经训。有清一代，治《论语》学者，盖以刘氏为集大成矣。〇刘台拱，字端临，一字江岭，宝应人。……嘉庆十年卒，年五十有五。所著《论语骈枝》、《经传小记》、《国语补校》、《荀子补注》、《淮南子补校》、《方言补校》、《汉学拾遗》暨《文集》共八种。（参朱彬撰《行状》、阮元撰《墓表》）

《清史稿·儒林二》：刘台拱，字端临，宝应人。性至孝，六岁，母朱氏殁，哀如成人。事继母钟氏，与亲母同。九岁，作《颜子颂》，斐然成章，观者称为神童。中乾隆三十五年举人，屡试礼部，不第。是时朝廷开四库馆，海内方闻缀学之士云集。台拱在都，与学士朱筠、编修程晋芳、庶吉士戴震、学士邵晋涵及其同郡御史任大椿、给事中王念孙等交游，稽经考古，旦夕讨论。自天文、律吕至于声音、文字，靡不该贯。其于汉、宋诸儒之说，不专一家，而惟是之求。精思所到，如与古作者晤言一室，而知其意指之所在，比之阎若璩，盖相伯仲也。段玉裁每谓“潜心‘三礼’，吾所不如”。选丹徒县训导。取《仪礼》十七篇，除《丧服》外，各绘为图，与诸生习礼容，为发明先王制作之精意。迎两亲学署，雍雍色养，年虽五十，有孺子之慕。尝客他所，忽心痛，骤归，母病危甚，乃悉心奉汤药，衣不解带者数旬，母病遂愈。逮丁内外艰，水浆不入口。既敛，枕苫、啜粥，哭泣之哀，震动邻里。居丧，蔬食五年，出就外寝，以哀毁过情卒，年五十有五。**与同郡汪中为文章道义交，中殁，抚其孤喜孙，赖以成立**。武进臧庸常以说经之文请益，台拱善之。恤其穷，周其困，饮食教诲，十七年如一日，庸心感焉。台拱慕黄叔度之为人，王昶称其有曾、闵之孝。著有《论语骈枝》、《经传小记》、《国语补校》、《荀子补注》、《方言补校》、《淮南子补校》、《汉学拾遗》、文集，都为《端临遗书》凡八卷。

《清史列传·儒林传下一》：存目。①

---

① 见中华书局本第17册，第5529~5531页。

朱彬《刘先生台拱行状》：先生姓刘氏，讳台拱，字端临。……先生老于文律，犹及方望溪、储中子诸人之门，诸生多否而少可，独奇君文，以为可追古作者。年十五，见王子中、朱止泉两先生之书，欣然有得，始研宋程、朱之学，以圣贤之道自绳，而于文章弗屑也。年十六，补诸生；二十一，举江南乡试。会试赴京师，乡先达招优人以觞进，同坐皆避席，先生弗为动，一坐大哗，后乃愧服。戊戌，今大学士朱公时为翰林学士，分校礼闱，得君卷，经义独用古注，意为积学，亟呈荐，已中式矣。以次艺一字之疵，被放。朱公荐二十八卷，落者二人，先生其一也。时蓼野先生苦家累，婚嫁麕至，先生乃留馆京师。**时朝廷开四库馆，方闻缀学之士毕集。大兴朱学士筠、歙程编修晋芳以友天下之士为己任，休宁戴庶常震、余姚邵学士晋涵适被征，海内知名之士待召公车，歙则程君瑶田，嘉定钱君塘为之最。同郡官京师者，则王观察念孙、任侍御大椿，并与先生为昆弟交，相约稽经考古，旦夕讲论，务求底于至是而后即安。先生齿最少，每发一义，诸老生莫不折服，以为好学深思、心知其义者，莫先生若也。**先生为学，自六书、九数，以至天文、律吕，莫不穷极幼眇，而于声音、文字尤深。其考证名物，研精理义，未尝离而二之。传注有未确，虽自古经师相传之故训，亦不为苟同。于汉、宋诸儒绝无依傍门户之见。所遇鸿生巨儒，有争气者，概弗与辨，以故名满天下，而人无忌嫉之者。六试礼部，凡校士者莫不欲得先生，先生闭门却扫，足迹不一至贵显之门，卒不第。甲辰，大挑二等，以教职用。逾岁，铨授丹徒县训导。丁未，以弟得举，复赴礼部，又失意。至是，遂绝意进取。丹徒为南北孔道，凡冠盖往来，无不修刺请谒，屣履到门，而先生所至，亦必交其贤豪长者。生平无他嗜，唯聚书数万卷，日夕冥搜，以其余力蓄金石文字数百卷。居室精洁，身左右无坋埃之积。自言"虽卿相之荣，不以彼而易此也"……性和易，无町畦，造其庐者不可干以私，然无不得其意以去。体素羸，迭遭大故，哀毁过情，饭蔬食淡者四年。卒之前岁，子女皆疾疫，呻吟床箦间，问医视药，累月经旬，不得休息。病日笃，犹综理家政，祥禫①之节，躬自洒扫，展敬生哀，不以躬之羸而或懈也，卒不起。先生生于乾隆辛未闰五月初二日，卒于嘉庆乙丑五月二十二日，得年五十有五。……先生所著书，唯《论语补注》一卷，《汉学拾遗》、《荀子补注》各一卷，缮写成袟。(下略)②

段玉裁《刘端临先生家传》：君姓刘氏，讳台拱，字端临，别字江岭，宝应人。六世祖讳永澄，明神宗时进士，官兵部主事，以清节冠东林，先珰祸卒，友人刘忠端公私谥贞修先生。……君生有至性。六岁，母朱宜人卒，哀毁如成人。入家塾，终日端坐，未尝离几席，终其身如是。少颖悟。九岁作《颜子赞》，长老无所点定。**十余岁，潜心理学，于其室设宋五子位，朝夕祀之。入里巷，目不旁视。时人有"小朱子"之目。年十六，补县学生员。院试前夕，漏数刻不寐，家人疑其温习经义，就视之，《朱子语类》也。**年二十一，与世父世说同举于乡。计偕入都，乡人燕集，优伶难进。君凝然湛定，终席不少移。比游京师，年最少，鸿生巨公皆折节为忘年交，称"端临先生"而不名。朱竹君学士尝语人曰："刘君大贤也，岂独学问过人哉！"然闭门却扫，未尝一至贵显之门。七上公车不第。有时屏弃，出于朋好，其人惭恨终身，然终不为诡遇。……于天文、律吕、六书、九数、声音之学，莫不该洽。穷治诸经，于"三礼"尤粹。研精考证，不为虚词臆

① 祥禫：丧祭名。语出《礼记·杂记下》："期之丧，十一月而练，十三月而祥，十五月而禫。"

② 见广陵书社《宝应刘氏集》本《刘台拱集》之附录。

说，凡所发明，旁引曲证，与经文上下语气吻合，无少穿凿。精思卓识，坚确不移，阐先儒未发之秘，当世通儒佥谓悬诸日月而不刊，故卢召弓、戴东原、邵二云、王怀祖诸君著书多采择焉。已刻《论语骈枝》、《荀子补注》、《汉学拾遗》、《经传小记》及文集若干卷，《仪礼义疏》、《淮南子定本》未卒业。君说经少有疑义，或已经人道者，辄弃去，故存者或寡。然牛毛麟角，识者必能辨之。在润州时，与予及汪容甫讲论，尤称莫逆，或至丙夜不倦。平生无他嗜好，惟聚书数万卷，及金石文字，藏于家。尝谓：**“碑版以资考证，为经史之助；书画，好事者所收耳。”**卒年五十五。临终，神明不乱。(下略)①

阮元《揅经室二集》卷二《刘端临先生墓表》：刘先生讳台拱，字端临，其先世由江南苏州迁扬州宝应。六世祖永澄，万历辛丑进士，与高忠宪、顾端文、刘忠端诸公讲学东林。曾祖中从，康熙戊子举人，石埭县教谕。祖家升，甲午副贡。父世謩，贡生，靖江县训导。靖江君五子，先生居长。先生幼不好戏，六岁母朱安人殁，哀毁如成人，既而事继母钟安人亦尽孝。入家塾终日端坐，未尝离席，独处一室，亦必以正。**九岁作《颜子赞》，十岁心慕理学，尝于其居设宋五子位，朝夕礼之，出入里闬，目不旁睐，时有小朱子之目。年十五，从同里王君雒师学，及见王予中、朱止泉两先生书，遂笃志程、朱之学。**十六补县学生，二十一中式举人，试礼部，大兴朱文正公时以翰林分校，得先生经义用古注，识为积学之士，亟呈荐，已中式矣。以次艺偶疵，被放，文正惜之终其身。是时朝廷开四库馆，海内方闻缀学之士云集，先生所交游，自大兴朱学士筠、歙程编修晋芳外，休宁戴庶常震、余姚邵学士晋涵、同郡任御史大椿、王给事念孙并为昆弟交。稽经考古，旦夕讲论，先生齿最少，每发一议，诸老先生莫不折服。先生之学，自天文、律吕、六书、九数、声韵等事，靡不贯洽。诸经中于“三礼”尤精研之，不为虚词穿凿，故能发先儒所未发，当世儒者撰书多采其说。乾隆五十年，授丹徒县训导。先生勤于职，月必考课，其教以敦行立品为先，而能以身示之。尝谓校官不常接士子，则术业无由闻知，故诸生以时进见者，必以廉耻气节为敦勉。暇则诵习古训，亲为讲画。境内饥，大吏以赈事委先生，先生慨然曰：“校官无事，可自效于国，此我职也。”乃亲历穷巷，俾胥吏无侵刻，一邑感之。生平无嗜好，唯聚书数万卷及金石文字而已，齑盐淡泊，晏如也。**先生慎于接物，尤廉于取。交游如段茂堂、王怀祖、汪容甫诸先生尤莫逆。朱学士曰：“刘君大贤也，岂独学问过人？”邵学士曰：“予游京师，交友中渊通静远，造次必儒者，端临一人而已。”汪容甫曰：“吾心折刘君者，刘君欲吾养德性，而无骋乎血气，此吾所以服也。”**靖江君疾，先生辞官归，日侍汤药，昼夜不倦。及靖江君、钟安人相继卒，先生水浆不入口，出就外寝，蔬食五年之久，青浦王侍郎昶以为有曾、闵之孝。岁时祭祀斋戒，哭泣戚戚者数日，居家教诸弟虽严，然怡怡和悦，人皆叹羡之。宗族有少孤不能读书，及困苦不能自振者，皆赒给之。**先生德盛礼恭，人有所长，必诱掖之使进，若有短，则绝口不言，但劝勉之，使自愧悔，终身无疾言遽色。**故其为校官也，上官待以殊礼，至于顽夫骄子，对之无不抑然。自下体素羸，叠遭大故，益衰弱。嘉庆十年五月廿二日，以疾卒，距生于乾隆十六年闰五月初二日，年五十有五。娶山阳曹氏，无子，妾夏氏，生子二，源岷、源嶓，源岷早卒，女三，长适余长子常生，二品荫生，次字溧阳史氏，殇，幼许字同

① 见广陵书社《宝应刘氏集》本《刘台拱集》之附录，又见刘盼遂辑校《经韵楼文集补编》卷上。

邑增贡生朱联奎子仕禄。所著文集及《论语骈枝》、《荀子补注》、《汉学拾遗》、《仪礼补注》、《经传小记》，惟稿多零落，厘辑成七卷，《淮南子》定本诸书亦未卒业。先生葬于宝应某某之原，同乡儒者皆欲列事实，请祀乡贤祠，元与先生友学最深，且为姻家，乃纪其学行，揭于阡。

阮元《儒林传稿》卷四、江藩《国朝汉学师承记》卷七、李斗《扬州画舫录》卷三、钱林《文献征存录》卷七、唐鉴《学案小识》卷十一《待访录》皆有传，存目。

王念孙《王石臞先生遗文》卷二《刘端临遗书序》：岁在壬辰，予入都应礼部试，始得交于端临，接其言貌，晏晏如也。既又因汪容甫，得闻端临之学之精，与其孝友纯笃，于是益心折焉。后端临留京师教授生徒，予亦官于工部，数过从讲学，每得一义，必以相示及。端临言归觐省，邮书来往，以所得相示，如在都下时。盖端临邃于古学，自天文、律吕至于声音、文字，靡不该贯。**其于汉、宋诸儒之说，不专一家，而唯是之求，精思所到，如与古作者晤言一室，而知其意指所在。**比之征君阎百诗、先师戴庶常、亡友程易畴，学识盖相伯仲。以视凿空之谈、株守之见，犹黄鹄之与壤虫也。乙亥之冬，端临次子原幡与予书，又以端临遗书已刻者诒予，予读而怆然悲之，悲其书之存而人之亡也。虽然，自古有死，而如端临之书之必传于后者盖鲜，则端临死而不朽矣。其有功于周、孔之书者，如说“如切如磋，如琢如磨”，则据《尔雅》之文；“有事弟子服其劳，有酒食先生馔”，则据《内则》之文；“子贡欲去告朔之饩羊”，则据《周官》、《大戴记》、《穀梁传》之文；《关雎》“乐而不淫，哀而不伤”，则据“钟鼓乐之，维以不永伤”之文；师挚之始，关雎之乱，则据《周官》、《仪礼》之文；入公门以下，则据《聘礼记》之文；吉月必朝服而朝，孔子时其亡也而往拜之，则据《玉藻》之文。皆圣经之达诂，而传注之所未及。其疏释《仪礼》经文，豪发不爽，经所未言，皆能默会其意，既补郑、贾之缺，兼斥敖氏之妄，如属官属吏之分，卿大夫乡大夫之辨，以及横弓之为南踣，弓张侯设乏之在前一日，馔于东方之在东堂下，下饮之非在西阶下，朝祖之奠之非用脯醢醴酒，条理致密，于斯为极。至于《荀子补注》缀评事之疏漏，《汉书拾遗》箴秘书之违失，凡所纠正，悉彻本原，谬说讹文，涣然冰解。司马子长所谓好学深思，心知其意者，其端临之谓矣。予与端临交三十余年，故知之独深，辄表其学识之精，以告后之学者，使皆知端临读书之法，而用之以读古人之书，则古人之幸也夫。嘉庆二十一年，岁在丙子六月望日叙，时年七十有三。

刘台拱《转注假借说》：许叔重以“考”、“老”为转注，后人多不得其说而妄训。戴东原以本书说之曰：“老，考也；考，老也，谓之转注。”是解也，许君所旦暮遇之者。台拱转得之怀祖，无由闻其说之详，怀祖疑其与他义相混，亦未质言之。窃谓郭璞所谓转相训者，即转注之义，而所谓语转者，乃转注之原也。语转之中，又自有假借，大抵《释诂》、《释言》两篇不出转注、假借二义，郭君亦第举一隅耳。**指事、象形、形声、会意四者，制字之原尽此矣**，天下无有出于事、形、声、意之外者，则天下之文字，岂能出四义之外哉？**转注、假借，特用以通音义无穷之变耳。以一义生数字，谓之转注；以一字摄数义，谓之假借。随音立字，谓之转注；依音托字，谓之假借。假借者，离乎事、意、形、声，以见义者也，异则易见。转注者，依乎事、意、形、声，以立文者也，同则难知。**即如“老”为会意，“考”为形声，而许君合之以为转注，则其不出前四者，亦可明矣。由是推之，古今异言方俗殊语，当书契始兴，即不能无故为立此一义，而三代以来，文字必当有随世增加者矣。当其时，外史达书名，则上之文字无不通于下也；太史陈风诗，则下之声音无不达于上也。闾里之歌谣岂尽合乎圣明之制作哉？转注之途，由此寖废，亦其势然也。后世所造俗书，多转注之流。其一字而二音、三四音者，盖假借之变，俗书不可通行，故文字之变简；方音不能无异，故声音之变繁。唯其不得变于文字，而乃变于声音，此其势，亦如井田之为阡陌、五等之为郡县也。①

① 见《宝应刘氏集》，广陵书社2006年版，第11页。

王念孙·王引之

《清儒学案》卷案一百《石臞学案上》：汉学大师，惠、戴称首。石臞学于东原，有出蓝之誉。文简继之，小学训诂，实集大成。高邮一派，遂与苏、皖鼎峙。嘉、道以来，尤多宗王氏父子者。(下略)

《清史稿·儒林二》：王念孙，字怀祖，高邮州人。父安国，官吏部尚书，谥文肃，自有传。八岁读《十三经》毕，旁涉史鉴。高宗南巡，以大臣子迎銮，献文册，赐举人。乾隆四十年进士，选翰林院庶吉士，散馆改工部主事。升郎中，擢陕西道御史，转吏科给事中。嘉庆四年，仁宗亲政。时川、楚教匪猖獗，念孙陈剿贼六事，首劾大学士和珅，疏语援据经义，大契圣心。是年授直隶永定河道。六年，以河堤漫口，罢，特旨留督办河工。工竣，赏主事衔。河南衡家楼河决，命往查勘，又命驰赴台庄治河务。寻授山东运河道，在任六年，调永定河道。会东河总督与山东巡抚以引黄利运异议，召入都，决其是非。念孙奏引黄入湖，不能不少淤，然暂行无害，诏许之。已而永定河水复异涨，如六年之隘。念孙自引罪，得旨休致。道光五年，重宴鹿鸣。[十二年,] 卒，年八十有九。念孙故精熟水利书，官工部，著《导河议》上下篇。及奉旨纂《河源纪略》，议者或误指河源所出，念孙力辨其讹，议乃定。**《纪略》中辨讹一门**①**，念孙所撰也。**既罢官，日以著述自娱。著《读书杂志》，分《逸周书》、《战国策》、《管子》、《荀子》、《晏子春秋》、《墨子》、《淮南子》、《史记》、《汉书》、《汉隶拾遗》，都八十二卷，于古义之晦，于抄之误写，校之妄改，皆一一正之。一字之证，博及万卷，其精于校雠如此。初从休宁戴震受声音、文字、训诂，其于经，熟于汉学之门户，手编《诗》三百篇、九经、《楚辞》之韵，分古音为二十一部，于支、脂、之三部之分，段玉裁《六书音均表》亦见及此，其分至、祭、盍、辑为四部，则段书所未及也。念孙以段书先出，遂辍作。又以邵晋涵先为《尔雅正义》，乃撰《广雅疏证》，日三字为程，阅十年而书成，凡三十二卷。其书就古音以求古义，引伸触类，扩充于《尔雅》、《说文》，无所不达。然声音文字部分之严，一丝

① 今按：四库本《河源纪略》中辨讹凡六卷。

不乱。盖藉张揖之书以纳诸说，而实多揖所未知，及同时惠栋、戴震所未及。尝语子引之曰：“**诂训之旨，存乎声音。字之声同、声近者，经传往往假借。学者以声求义，破其假借之字而读本字，则涣然冰释。如因假借之字强为之解，则结籀不通矣。毛公《诗传》多易假借之字，而训以本字，已开改读之先；至康成笺《诗》注《礼》，屡云某读为某，假借之例大明。后人或病康成破字者，不知古字之多假借也。**”又曰：“**说经者，期得经意而已，不必墨守一家。**”引之因推广庭训，成《经义述闻》十五卷、《经传释辞》十卷、《周秦古字解诂》、《字典考证》。**论者谓有清经术独绝千古，高邮王氏一家之学，三世相承，与长洲惠氏相埒云。**

《清史列传·儒林传下一》：存目。①

江藩《国朝汉学师承记》卷六：高邮王念孙，字怀祖，乾隆乙未进士，授庶吉士，散馆改主事，官至直隶永定河道。精于训诂。著有《广雅疏证》十卷。子引之字伯申，嘉庆己未姚文田榜以第三人及第，今官翰林院侍讲学士，能世其学。

徐士芬《封光禄大夫原任直隶永定河道王公事略状》：公讳念孙，字怀祖，冢宰文肃公子也。四岁读《尚书》百数十行，俄顷成诵。……生平守经训，自壮年好古，精审声音、文字、训诂之学，手编《三百篇》、九经、《楚辞》之韵，剖析精微，分顾亭林十部为二十一部，而于支、脂、之三部之分辨之尤力，海内惟金坛段氏与之合，而分至、祭、盍、缉四部，则又段氏所未及。……②

王引之《石臞府君行状》：存目。③

王寿昌《清诰授光禄大夫经筵讲官工部尚书加二级纪录十次赐祭葬谥文简伯申府君行状》：……政事之暇，惟以著述为事。自庚戌入都侍大父，讨论经义，凡有所得，即笔于篇，过庭所闻，亦备载之。迄庚寅，成书凡三十二卷，名曰《经义述闻》，不为凿空之谈，不为墨守之见，聚讼之说，则求其是，假借之字，则正其解。**熟于汉学之门径，而不囿于汉学之藩篱**。初入都时，因许氏《说文》屡就“古人名字相因”之义，发明古训，因作《周秦名字解诂》一书，皆就古人名字音义之相比附，以观声音训诂之会通。成是书时年甫二十有五。官山东学政时，因钱晓征先生所释太岁分太岁、太阴为二，义有不安，考明《汉志》“太岁在子”为“在寅”之讹，因于试士之暇为说二十八篇以正之，名曰《太岁考》，与《周秦名字解诂》皆合刊于《经义述闻》中。又因小学之书皆释名物实义，若经传语词，小学书释之者如《尔雅》粤于为曰之类，所载无几，自汉以来说经者，或以助语而释以实义，或不知助语有二训、三训，而皆释以常解，语义未明，而经义反因之而晦。虽以毛、郑之精，犹未免此误。府君因博考九经三传及周、秦、西汉之书，发明助语古训，分字编次，为《经传释词》十卷，以补《尔雅》、《说文》、《方言》之缺。府君说经无所不究，尤精于转注、假借之字。幼承庭训，精通于先大父古均二十一部之分，于九经、《楚词》、诸子之有韵者剖晰精微，又熟于篆隶递变源流，**因声音以审文字，因文字以察诂训**，凡汉、唐诸儒就借用之字，望文生义而未安者，府君释以本字，无不冰释理顺。退食之余，侍先大父，即以考订为承欢之具。先大父所著《广雅疏证》，

---

① 详见中华书局本第 17 册，第 5534~5535 页。

② 详见《高邮王氏遗书》，第 9~11 页。

③ 详见《高邮王氏遗书》，第 26~34 页。

末卷即命府君为疏；《读书杂志》十种，亦多列府君之说。而府君《经义述闻》及《经传释词》，亦谨载先大父说。芸台先生谓先大父、府君之学过于惠、戴二家。**恭甫先生谓，当代通儒著述惟先大父、府君与让堂老人为最醇**。由其审订精确，左证明通，先于本书前后洽熟，然后旁取他书，一文一字靡不钩稽该核，合于古而即惬于心，故为诸家所莫及。顾千里谓，近代通儒——程征君经学，钱少詹史学，汪明经文章，先大父、府君小学，天下五人而已。皆知之深也。刘文清公赠府君楹帖云："好学深思，心知其意；聪颖特达，文而又儒。"论者谓非府君不能当之。府君不惑于二氏之学，居大父母丧，不令僧道忏悔，曰："俗谓此可以祈福。福善祸淫，天之道也，岂祈之可得？谓为此以免罪，则是先自诬其亲也。"又不信术数阴阳拘忌之说，星家言而或中，曰偶然耳。又曰："十干、十二支，自人名之，以纪时日，十干、十二支之分配五行，亦自人合之，乌可以其生克言吉凶哉？"居大父丧，阴阳家有以回煞宜避之说进者，府君泣曰："是何言也？吾亲果来，是人子僾见忾闻之所愿望见颜色者也，安忍避哉？"又世俗丧事，凡亲宾来吊者，奏鼓乐府，君以为非礼，命设而不作。生平笃一本之谊，族人之贫者，岁时皆有赡恤，冬有衣费，应试有路费，置田数十亩，以所入为资助族人之用。**终府君之身，如一日赋性直朴，一言一话，无不表里如一，与人交，不设城府，要于忠信，遇事謇谔，未尝有所阿比，亦未始以清节陵人。于声色纷华，澹然一无所好。服官数十年，不畜妾媵。饮食、衣服、宫室、器皿之属，不求精美，寝室中，古书数架，无玩好之设，居恒以盛满为戒。故位登极品，清约如寒素**。晚年稍喜莳花，然不求精贵，仅市中草花，位置庭中，谓聊以取生意云尔。官翰林时，购貂裘一袭，服二十年，未尝易。迨官卿贰，得赐库貂，则命速成之，曰："我将服以纪恩也。"驭下最宽，臧获有小过，多容恕之，而约束仍不稍纵。奉使各省，家人辈无敢侵扰毫末。至于教不孝等，甫有知识，即以朱子《小学》及《养正遗规》示之。不孝寿昌任部曹时，府君时教以勤慎，及随钦使谳狱事毕，省府君于丙舍，府君曰："余备员正卿，汝等非如寒素，旋都时其勿受赆仪。"迨任知府，府君训之曰："知府有表率之责，未有己不正而能正人者。事上官以礼，待属下以和，论公事则贵允当，驭奴隶则必严肃，遇应提之案勿瞻顾情面，致民隐莫达有示审之事勿改易时日，致民累久延，方为称职。"不孝寿昌皆谨识而遵守之。不孝彦和选授广西郁林牧，府君训之曰："直牧有抚字催科之事，而又有表率僚属之责。尔须思所以为民父母之道，正己率物，勿坠家声。"不孝彦和亦谨识而勉为焉。不孝寿同考取拔贡生，府君训之曰："此向上之机尔，毋自废弃，况祖宗有以选拔有声者。学问人品，曾为一方之望，尔当勉力，以继前徽。"不孝寿同亦谨识之不敢忘。呜呼！自今以后，欲再闻府君之训，不可得矣，痛何如哉！府君自通籍后，迭荷恩施，颁赏不可胜记，如重华宫茶宴，则有字画、三清茶瓯玉盘、天然葫芦茶盏，岁赉则有御书福字、荷囊、狍鹿、果品，午节则有香囊、扇络，特恩则有人参、貂皮、纱绮、瓷瓶、鹿肉，庆典则有文绮、鞍马、笔砚、书籍之赐。至于三朝奎藻，则有《高宗纯皇帝圣训》、《仁宗睿皇帝圣训》、《仁宗御制诗文集》、《诗文余集》、《御制全韵诗》、《平定教匪纪略》、《养正书屋全集》、《御制初集》、《午门受俘诗》之赐，其他钦定书籍，如《全唐文》、《大清会典》、《康熙字典》之类，不胜枚举，府君奉为世宝，与先文肃公所承赐书，一同什袭珍藏，今则褒恤重申饰终恩渥，而府君音容已隔，攀溯莫由矣，呜呼痛哉！府君生于乾隆三十一年三月十一日寅时，卒于道光十四年十一月二十四

日辰时，享年六十有九。(下略)①

胡培翚《研六室文抄》卷六《王石臞先生八十寿序》：……先生博学以综之，精思以审之，伟识以断之，集诸家之大成，为后学之津导。其始出入经史百家、儒先传注，浸淫衍绎，以自得其指归，其后即以所得者鉴别乎经史百家之书，而是非疑似无不立辨。盖能会音、形、义三者之大原，以言文字，使古籍之传得存真面目于天壤者。千百年来，先生一人而已。先生尝以魏张揖之《广雅》荟萃魏以前故训，勤勤疏证之。闻先生之为是书也，日课疏三字，罔间寒暑，积十余稔乃成。**又以子史中微文奥义研究者少，患传本讹脱日甚，乃取《管子》、《淮南子》、《国策》、《史记》等书，详加厘订**，方将以次别录，所校于简，为《读书杂志》。**盖先生胸怀高淡，实能吐弃一切，嗜古著书，杜门谢客，惟一编为乐。吾师退食之暇，从先生旁讲问经义，凡有所获，互相证佐，穆穆愉愉，以两大儒萃于一门，而晨夕传业，亦千古所未有也。然则先生惟内有所重，外物不足动其中，故神明纯固，又味道之腴常有以颐养其天和，故老而益健**。先生之寿，孰非先生自致之，矧古义湮郁弗章，赖先生爬罗剔抉，以传永久者甚多。先生既有以为斯文寿，则天之寿先生，以彰我朝文治之长者，曷有极耶？(下略)

方浚颐《二知轩文存》卷二十九《王石臞先生传》：高邮王氏以经学世其家，其最著者为石臞先生。近从董户部对廷得先生行状，为之传曰：先生讳念孙，字怀祖，号石臞，先世居苏州，明初迁高邮。高祖开运，高邮州学生员，治《尚书》有声。曾祖式耜，副榜贡生，博通"五经"，性方正，贫而好行其德，不乐仕进，以所学授弟子，卒老于家。祖曾禄，选拔贡生，湛深理学，从游者甚众。父安国，雍正二年会元殿试第一甲第二名，赐进士及第，翰林院编修，官至吏部尚书，赐谥文肃，崇祀乡贤祠，国史有传。文肃元配车太夫人，继配徐太夫人，皆生子而殇，再继配徐太夫人，乃生先生。先是赠尚书公年逾七十，望孙甚切，豫为之名曰念孙，谓文肃曰：生孙则以是名之。及赠尚书公没，而先生始于乾隆九年三月十三日生，文肃悲喜交集，曰："天佑吾父，而予之孙，其将绍吾父之业乎？"遂如遗命以名之。先生甫三龄，即失所恃，时文肃在籍，服阕，拜礼部尚书之命，携先生入都。先生聪敏异常儿，在襁褓中已识二十余字，人皆谓有夙慧。四岁读《尚书》，矢口成诵。文肃口授之，读无虑百数十行，俄顷便已烂熟，都下有神童之目。迨七岁，文肃治狱于陪都，虑京邸无人调护，乃携之东行，与文肃偕出使之。某公夜作奏稿，援据经传，恐有错误，则询之先生，先生时方睡熟，应声诵之，无一字讹，相与惊叹，以为异才。八岁能属文，学为制义，操觚即作全篇。十岁而《十三经》诵毕，旁及史鉴，流观往事，感慨激昂，尝拟作《秦桧传》，断制森严，章法完密，文肃览而嘉之。由是期望益厚，勖之以忠信，示之以勿欺，故先生之持躬正直得于庭训者甚早。休宁戴东原，当代硕儒，精于"三礼"、六书、九数、声音、训诂之学，文肃延之授经，而先生稽古之学实基于此。十四岁而文肃公薨，先生哀毁骨立，扶柩旋里，受业于翰林侍讲夏啸门。先生笃志为学，少年而有老成之风，为文根柢深厚，理法精熟，虽老师宿儒弗能过也。服阕，应童子试，州试第二，府院试皆第一，学使刘文清公叹赏先生文，以为轶群之彦。过扬州，见卢雅雨都转，询家世，则大喜曰："文肃公有子矣。"岁在乙酉，年二十二，恭逢高宗纯皇帝巡幸江南，先生以大臣之子迎銮，献颂册，蒙恩赐举人，居乡则与李

① 见《高邮王氏遗书》，第35~46页。

惇、贾田祖晨夕过从，又与江都汪中、宝应刘台拱、兴化任大椿、歙程瑶田书札往还，以朴学相励。诗宗汉、魏、六朝，摹拟逼真。经训则发明叔重，究其阃奥。大兴翁覃溪先生赠楹帖云：“**识过铉锴两徐而上，学居后先二郑之间**。”盖道其实也。岁在乙未，年三十三，成进士，改庶吉士。大兴朱笥河学士品隆望重，凡新科后进投刺者皆不答拜，独于先生往谒，躬自答之，曰：“是当代通儒正士，不可以后进视之也。”既而乞假旋里，以著述为事，谢绝人事，独居湖滨精舍，穷搜博采者四载。年三十七，入都。次年散馆，钦命赋题为《**日处君而盈度赋**》①，同考者多不知所出，先生依卫恒《四体书势》本指为之，且以告于同考者，同考者归检《晋书》，乃信，咸以是服先生之多闻且直谅也。先生考列一等五名，以部属用签掣工部治事于都水司，则河工估销总汇之所也。先生素精熟于《水经注》、《禹贡锥指》、《河防一览》② 诸书，至是益讲明治水之道，为《导河议》上下篇，上篇导河北流，下篇建仓通运漳浦。蔡文恭见而韪之，时奉旨纂《河源纪略》，先生为纂修官，议者或误指河源所出之山，先生力辩其讹，议乃定《纪略》中《辨讹》一门，先生所撰也。……奉旨以六品休致，时先生年已六十有七矣。先生长公子引之，方自河南学政差旋，乃迎养先生于京邸，谓长公子曰：“桑榆暮景，得以优游宴息，皆朝廷之赐也。自顾**生平读书最乐，乃以著述自娱**。”取所校《淮南子内篇》重加校正，博考诸书，以订舛讹，由是校《战国策》、《史记》、《管子》、《晏子春秋》、《荀子》、《逸周书》及旧所校《汉书》、《墨子》，附以《汉隶拾遗》，凡十种八十二卷，名曰《读书杂志》。先生年七十二，长公子以大理寺卿视学山左，迎养先生于学署。济南山水，先生顾而乐之，暇则讨论经籍，以怡悦性情。越二年，长公子差旋，先生同至京邸，修学著书，忘食忘忧如故也。嘉庆二十五年七月，仁宗睿皇帝升遐，先生于寓所成服，哀号不已，后每忆知遇之恩，辄呜咽流涕。道光五年，先生年八十二，是年乡试，距先生蒙恩赐举人之年已

---

① 《初学记》卷二十一文部“星离云布”条引卫恒《四体书势》曰：“黄帝之史沮诵苍颉，视彼鸟迹，始作书势，纪纲万事，垂法立制，因声会意，类物有方，日处君而盈度，月象臣而亏傍，云逶迤而上布，星离离以舒光。”《渊鉴类函》卷一百九十五·文学部四·文字三亦有“星离　云布”条目。今按：王念孙早年即熟悉类书，于此可得一有力证据。又按：《王石臞先生遗文》卷四有《日处君而盈度赋》：“伊皇颉之作文，本六书以为质。转注则考老并垂，假借则令长共述。止戈为武，人言为信，识会意之最精。从工为江，从可为河，见谐声之至密。惟象形之一端，与指事而并出。是故三画而连，其内谓之王。一规而注，其中谓之日。原夫日也者，列曜之宗，群阳之主，浮黄道以高悬，丽青霄而中处，上出于地，九万一千余，旁周乎天，三百六十五，拟以君象首出，而四表垂光，譬诸圣人方兴，而万物作睹。徒观夫光浮瑞霭，色丽卿云，测远晷于冬夏之至，验中道于春秋之分，既莫亏于万古，爰永照乎八埌。当夫旁作珥形，足表上天之瑞，不待中有王字，果为下土之君。是以古之造文者，肖形作势，因象呈奇，既外圆而中实，亦有满而无亏。运笔成轮，共睹重轮之状。摛豪作璧，群瞻合璧之规。即至文之弥耀，仰贞观之昭垂，标赤彩于九重，夐乎上矣，悬清光于八极，候其祎而。规摹维肖，结构斯成，作团团之文体，象杲杲之阳精。月者，阙也，形如玦，而半居于绌。日者，实也，状似环，而全处乎盈。本天而道以著，依象而文以呈。睹曜灵之不缺，识悬象之至明。其义甚宏，其文丕著。稽八书于许慎，妙理堪寻。考四体于卫恒，精言可悟。九州万国，地虽远而操笔皆知。汉字秦章，世虽疏而临文莫误。此亦如遍行九道，东西不爽。其衡普照，四时寒暑，勿愆厥度。我皇上道与治隆，德因时布，矢保泰之渊衷，廑持盈之睿虑，聪明足以临照，丕显其辉，充实而有光华，亦孔之固。皇度式如玉金，君恩符乎雨露。臣扣盘比陋，窃愿纂组以陈词；献日同愚，用敢濡豪而作赋。”

② 《河防一览》，明潘季驯撰。

周甲矣，例当重与鹿鸣宴。八月，顺天府奏闻赏给四品职衔，先生赋《纪恩诗》六章。越二年，长公子充武英殿总裁，奉旨重刊《康熙字典》，撰《字典考证》十二册，进呈御览，皆仰承先生指示。十一年夏，犹自撰《墨子杂志序》，且手书之。冬，《读书杂志》付梓甫毕，先生犹手书《逸周书》以下卷帙先后，命依此为次，遂成绝笔。十二年正月二十四日，先生薨于京邸，享年八十有九，以长公子引之官礼部尚书，晋封光禄大夫，配吴氏晋封一品夫人。子二，次敬之，贻封承德郎。……先生性方正，又最宽恕，表里如一，不作世故周旋。人有一善可录，一长可取者，称道不置。朋友如藏有所患苦，辄忧不能释，竭力周恤之，尤笃于一本之谊。分田宅与从弟承祖，且赡以谷，承祖夫妇相继没，养其遗孤于家，为之婚嫁，凡在五服以内，贫者皆有所资助。**生平于学问之交终始不渝，久而弥笃，同志之士以著述就正者，皆直言无隐，其遗书或有疵颣，必为去之。**自壮年好古，精审于声音、文字、训诂之学，手编《诗》三百篇、九经、《楚辞》之韵，剖晰精微，分顾亭林古韵十部为二十一部，而于支、脂、之三部之分辨之尤力，以为界限莫严于此。海内唯段茂堂与先生暗合，其他皆见不及此，而分至、祭、盍、缉四部，则又段氏之所未及。尝宗《说文》之字，而黜俗体，为《六书正俗》一书，既而识解益超，自谓所见犹浅，乃弃其稿。及官御史时治事之余，必注释《广雅》，日以三字为率，寒暑罔间，十年而成书，凡二十二卷，名曰《广雅疏证》，学者比诸郦氏之注《水经》，注优于经云。《疏证》校订甚精，援引甚确，断制甚明，更善以古音求古义，而旁推交通，辟先儒之阃奥，作后学之津梁，为自来训诂家所未有。段先生为之序。复作《方言疏证补》一卷，精核过人，晚年犹以精力衰颓，不能卒业为憾。**至于讲明经义，多发前人所未发，不取凿空之谈，亦不为株守之见，惟其平允而已。**伯申尚书所刊《经义述闻》及《经传释词》，皆秉过庭之训以成书者。阮文达公深重先生训诂之学，以为出惠定宇、戴东原两先生上，遂以《广雅疏证》、《经义述闻》、《经传释词》及《史记》、《汉书杂志》内旁通经训者，采入《皇清经解》，以广其传。先生又长于校雠，三任河道，簿书之暇，手不释卷。迨就养京邸，年臻耄耋，犹目览手记，孜孜不已，尝笑而言曰："**人生各有乐兮，余独著述以为常。**"其笃信好学也如是。先生识高学正，遵守经训，不为二氏所惑，举俗人之祈祷福祥、通人之崇尚虚无，皆鄙弃而有所弗屑，常服膺于唐傅奕、韩愈崇儒辟佛，以为有识者定当如是。又称述汤文正之请毁五通神象，先文肃之驳立龙神庙，大其事，诵其词，以为此《诗》之求福不回，《论语》之知者不惑也，故凡祀典所无者，皆不谒其庙。居官事上，侃侃不阿，直道而行，毫无迎合。每请见，公事外，语不及私。初见时，上官或怪其冷落，后乃坦然相信，上官某与先生志趣不合，及某公被严谴，平日阿谀者皆白眼若不相识，先生独周恤其孥，不以今昔异，致某公感甚，且自悔其不知人也。属僚公事治者奖励之，少有牵混，则加以训斥，而礼节偶疏，则弗与较，荐举与否，皆视其莅事之优劣，人无敢干请者。河工题销到部，往往准驳参半，独先生申详者与例悉符，无可驳诘，人以是服其清且慎也。更历弥多，志守弥峻。**尝诵《左传》"足欲，亡无日矣"之语，以自警，故廉正之操久而弗懈。教二子以"敦品读书，谨身节用"为要。尚书年十岁时，先生以朱子《童蒙须知》命手录置案头省览，暇则讲解朱子《小学》，佐以吕新吾《小儿语》，俾知寡过之方。年过二十有五，先生又示以《尔雅》、《方言》、《说文》，俾由此以通经训，至于古近体诗、古文时艺。亦必使取法乎上，一切苟简之学弗令寓目。**官编修时，先生训之曰："文学之臣，积学宜勤，持躬宜慎，当以汝大父为法，庶几有所遵循。"其后四任典试，先生又训之以“国家抡才大典，当详慎拔取真才，至于三品以上不收规礼，又当恪遵谕旨，而行以端节操”，两任学政，先生又训之以“培养人材，整饬士习及关防幕友家丁，以称职守”。岁在丁丑，奉命按福建李藩司自缢狱，先生又训之以廉洁自持，公平断鞫，毋稍瞻徇以负委任。至洊升卿贰，擢任正卿，先生又训之曰：“汝大父立朝忠清亮直，汝必秉公持正，以继前徽。”教次公子敬之曰：**“古体诗当以汉、魏、六朝为宗，下逮有唐诸大家，以正所趋。近体则唐称极盛，而中晚气格渐弱，已无足法。有宋以后古、近体皆可涉猎，当知其佳处，得力于唐人，而新其壁垒，不可转袭宋人之貌。世徒嗤明代七子规仿盛唐为优孟衣冠，而不知去唐学宋又出七子之下。”**（下略）

阮元《王石臞先生墓志铭》：公讳念孙，字怀祖，号石臞。先世居苏州，明初迁高邮州。高祖开运，州学生，治《尚书》有声。曾祖式耜，副贡生，贫而行德，以经授弟子。祖曾禄，拔贡生，深于理学。父讳安国，雍正甲辰科会元第一甲二名及第，官至吏部尚书，谥文肃，国史有传。公生四岁，即能读《尚书》，六七岁，文肃公口授诸经，皆成诵，都下有神童之目。八岁属文，十岁读《十三经》毕，旁涉史鉴，偶作史论，断制有识，由是文肃教之以忠恕勿欺，正直持身之道。是公之学行早立于文肃公时。戴东原先生，当代硕儒也，文肃延为公师。十四岁，文肃殁，公扶柩归里，童年老成，学与行宿儒不逮也。服阕补州学生员。高宗纯皇帝巡幸江南，公以大臣子迎銮献文册蒙恩赐举人，乙未会试中式，改翰林院庶吉士，既而乞假旋里，谢绝人事，居湖滨，力学四载，年三十七，入都，散馆改工部主事，主都水司事，遂精心于治河之道，由今河而上溯历代治河诸书，古今利弊无不通究，为《导河议》上下篇，上篇导河北流，下篇建仓通运，年四十，补主事，升营缮司员外郎、制造库郎中，年四十五，补陕西道御史，明年擢吏科给事中，又四年，转吏科掌印给事中。在都前后十余年，凡钱局诸差及京察外任皆力辞，俸满保送知府，自呈不胜外任，论者嘉异之。**嘉庆四年，仁宗睿皇帝亲政之始，公具疏劾宰辅某，是时不乏弹章，惟公疏援据经义，最为得体，是以特蒙嘉**纳。疏中正论，至今人犹诵之。是年三月，命巡淮安漕。九月，又巡济宁漕，尽裁陋规。道路所经，吏治民生皆奏之，蒙听纳施行。十二月，授直隶永定河道，积弊一清。六年夏大雨，弥月水涨二丈，高出于堤，南北岸同时溢，奉旨革职，逮问，寻奉谕水漫过芦沟桥面，不便人力难施，亦非意想所到。王念孙加恩发河工出力，不但免其前罪，尚可酌量加恩。……先生初从东原戴氏受声音、文字、训诂，遂通《尔雅》、《说文》，皆有撰述矣。继而余姚邵学士晋涵为《尔雅疏》，金坛段进士玉裁为《说文注》，先生遂不再为之，综其经学，纳入《广雅》，撰《广雅疏证》二十三卷，凡汉以前仓雅古训皆搜括而通证之。**谓训诂之旨本于声音，就古音以求古义，引伸触类，扩充于《尔雅》、《说文》之外，似乎无所不达**。然声音文字，部分之严，则一丝不乱。此乃借张揖之书以纳诸说，实多张揖所未及知者，而亦为惠氏定字、戴氏东原所未及。古音自顾氏、江氏、戴氏皆有考正，金坛段氏分十七部，为益精。段氏之分支、之、脂为三部也，发前人所未发。先生昔亦同见及此，因段书先出遂辍作，然先生所分者乃二十一部：东一、蒸二、侵三、谈四、阳五、耕六、真七、谆八、元九、歌十、支十一、至十二、脂十三、祭十四、盍十五、缉十六、之十七、鱼十八、侯十九、幽二十、宵二十一。案之群经、《楚辞》，斩然不紊。其分至、祭、盍、缉为四部也，则更顾、段诸家之所未及，陆法言所未析者。先生又长于校雠，凡经、子、史书，晋、唐、宋以来古义之晦误、写校之妄改，皆一一正之。著《读书杂志》八十二卷，分《逸周书》、《战国策》、《管子》、《荀子》、《晏子春秋》、《墨子》、《淮南子》、《史记》、《汉书》、《汉隶拾遗》，凡十种。一字之证，博及万卷，折心解颐，他人百思不能到。子引之撰《经义述闻》，亦多先生过庭之训，故高邮王氏一家之学，海内无匹。**先生性方正，居官廉直，不受请托，自少至老，澹然以著述自娱，处世接物，善善恶恶，皆出于诚。喜怒必形于色，人有一善一长，道之不已。生平学问之友久而不渝，早年居乡与李君惇、贾君田祖、汪君中、刘君台拱、程君瑶田以古学相示，极一时之盛。**教子幼以朱子《小学》诸书，长以经义。嘉庆己未科，元副朱文正公为会试总裁，引之中式，以五策拔其萃，殿试一甲第三名，授翰林编修。道光八年，引之官至工部尚书，阶光禄大夫，封公官阶如之。(下略)①

《清史稿·儒林二》：引之，字伯申。嘉庆四年一甲进士，授编修。大考一等，擢侍讲。历官至工部尚书。福建署龙溪令朱履中诬布政使李赓芸受赇，总督汪志伊、巡抚王绍兰劾之。对簿无佐证，而持之愈急。赓芸不堪，遂自经。命引之谳之，平反其狱，罢督抚官。为礼部侍郎时，有议为生祖母承重丁忧三年者，引之力持不可。会奉使去，持议者遽奏行之。引之还，疏陈庶祖母非祖敌体，不得以承重论。缘情，即终身持服不足以报罔极；制礼，则承重之义，不能加于支庶。请复治丧一年旧例，遂更正。道光十四年，卒，谥文简。

汤金钊《诰授光禄大夫经筵讲官工部尚书加二级谥文简伯申王公墓志铭》：道光十四年冬十一月二十四日，工部尚书王公卒于位，遗疏入，上心轸惜，命照尚书例赐恤，赐谥文简。越明年秋，孤子寿昌等奉灵榇反葬于安徽天长县谕兴集之东原，将以十二月初七日塴。以金钊与公周年进士，知公深，丐为蘊幽之文。虽不文，不敢辞。按公讳引之，字伯申，号曼卿，姓王氏、先世由江苏苏州迁高邮。……②

龚自珍《定盦全集》续集卷四《工部尚书高邮王文简公墓表铭》：公讳引之，姓王氏，江南高邮人。……公乾隆六十年举人，嘉庆四季进士，由翰林院编修累官礼部尚书，改工部尚书，卒于位，赐谥文简。生乾隆三十一年，卒道光十四年，明年十有二月□日葬于州治之赐茔。公典乡试事四，典会试事二。龚自珍则其典浙江乡试所得士。……自珍爰述平日所闻于公者，曰："吾之学于百家未暇治，独治经。吾治经于大道不敢承，独好小学。夫三代之语言与今之语言，如燕、越之相语也。吾治小学，吾为之舌人焉。其大归曰：**用小学说经，用小学校经**而已矣。"又闻之公曰："**吾用小学校经，有所改，有所不改。周以降，书体六七变，写官主之。写官误，吾则勇改。孟蜀以降，椠工主之。椠工误，吾则勇改。唐未明之士或不知声音文字而改经，以不误为误，是妄改也，吾则勇改。其所改，若夫周之没，汉之初经师无竹帛，异字博矣，吾不能择一以定，吾不改。假借之法由来旧矣，其本字什八可求，什二不可求，必求本字以改假借字，则考文之圣之任也，吾不改。写官椠工误矣，吾疑之，且思而得之矣，但群书无左证，吾惧来者之滋口也，吾又不改。**"又闻之公曰："吾之学，未尝外求师，本于吾父之训。"先是兵备公校定晚周诸子、太史公书，一时言小学者宗之。公所著书□□卷，谓之《经义述闻》。"述闻"者，乃述所闻于兵备公也。《通说》四十余事，又说经之大者，在《述闻》之末。又闻之公

① 见《碑传集补》卷三十九。

② 见《高邮王氏遗书》，第11~13页。

曰："吾著书不憙放其辞。"自珍受而读之，每一事就本事说之，栗然止，不溢一言，如公言。公之色，孺子色。与人言，未尝有所高论。(下略)①

王念孙《读书杂志·史记序》：太史公书，东汉以来，注者无多，又皆亡逸。今见存者，唯裴骃《集解》、司马贞《索隐》、张守节《正义》而已。宋本有单刻《集解》本，有兼刻《索隐》本。明季毛氏有单刻《索隐》本，而《正义》则唯附见于震泽王氏本，其单行者不可得矣。是书传写或多脱误解者，亦有舛驳，所亟宜辩正者也。近世钱少詹事大昕作《史记考异》，讨论精核，多所发明，足为司马氏功臣。后有梁明经玉绳作《志疑》一书，所说又有钱氏所未及者，而校正诸表特为细密。余曩好此学，研究《集解》、《索隐》、《正义》三家训释，而参考经、史、诸子，及群书所引，以厘正讹脱，与钱氏、梁氏所说或同或异。岁在丁丑，又从吴侍御荣光假宋本参校，因以付之剞劂，凡所说与钱、梁同者，一从刊削，尚存四百六十余条。一勺之流，一卷之石，未足以言海岳之大也。嘉庆二十二年冬十一月五日，高邮王念孙叙，时年七十有四。

王念孙《王石臞先生遗文》卷二《广雅疏证序》：昔者，周公制礼作乐，爰著《尔雅》。其后，七十子之徒、汉初缀学之士递有补益。作者之圣，述者之明，卓乎六艺群书之钤键矣！至于旧书雅记，诂训未能悉备，网罗放失，将有待于来者。魏太和中，博士张君稚让继两汉诸儒后，参考往籍，遍记所闻，分别部居，依乎《尔雅》，凡所不载，悉著于篇。其自《易》、《诗》、《书》、"三礼"、"三传"，经师之训，《论语》、《孟子》、《鸿烈》、《法言》之注，《楚辞》、汉赋之解，谶纬之记，《仓颉》、《训纂》、《滂喜》、《方言》、《说文》之说，靡不兼载。盖周、秦、两汉古义之存者可据以证其得失，其散逸不传者可藉以窥其端绪，则其书为功于诂训也大矣。念孙不揆梼昧，为之疏证，殚精极虑，十年于兹。**以诂训之旨本于声音，故有声同字异，声近义同，虽或类聚群分，实亦同条共贯**。譬如振裘必提其领，举网必絜其纲，故曰本立而道生，知天下之至啧而不可乱也。此之不寤，则有字别为音，音别为义，或望文虚造，而违古义，或墨守成训，而鲜会通。易简之理既失，而大道多岐矣。**今则就古音以求古义，引伸触类，不限形体**，苟可以发明前训，斯凌杂之讥，亦所不辞。其或张君误采，博考以证其失；先儒误说，参酌而寤其非。以燕石之瑜，补荆璞之瑕，适不知量者之用心云尔。……博访通人，载稽前典，义或易晓，略而不论，于所不知，盖阙如也。后有好学深思之士，匡所不及，企而望之。嘉庆元年正月高邮王念孙叙。

陈鳣《简庄诗文抄》卷三《广雅疏证跋》：忆初入京师，与给谏王怀祖先生交最深。时先生方著《广雅疏证》，而鳣亦撰《说文正义》。每相见时，必剖析字形，叶求声义，娓娓忘倦，或数日不见，必手札往来，且千百言。后鳣将南归，先生执手而言曰："《广雅》卷帙浩繁，余稿已数易，近日多病，恐不能必是书之成也。"鳣曰："先生思精而学博，志专而业勤，何患不成?"遂挥泪而别。越十年，再至京师，适先生击权贵，名振公卿，时权贵已伏诛，而先生杜门谢客，独鳣往谒，则亟出见，曰："余待子已久矣。《广雅疏证》二十卷，发愤垂成，惟后二卷，命子引之足成之。今付刻甫完，特以初印本持赠子，其为我校阅焉。"会先生出巡漕务，公子伯申以对策第二人成进士，入词馆。而鳣

① 又见龚自珍《龚定盦全集类编》卷四。

则罢举，南旋，遂携是书于车中读之，或就宿旅舍，则挑灯展卷，不知漏之几下，至将抵里门而毕业焉。叹其详审精密，洵足为稚让功臣，间有管见，附列于上，俟质诸先生。方今从事于小学者，若邵校理与桐之《尔雅正义》及先生之《广雅疏证》，皆及见其书之刊行。独愧鱣之《说文正义》用力已十余年，草创未就，而风尘荏苒，业渐荒芜，近更多病，且恐不能必其成也。先生得无怜之而慨然者乎？嘉庆四年十月书。

王引之《王文简公文集》卷三《经义述闻序》：引之受性梼昧，少从师读经，裁能绝句，而不得其解。既乃溺于举子业，旦夕不辍，虽有经训，未及搜讨也。年廿一，应顺天乡试，不中式而归，亟求《尔雅》、《说文》、《音学五书》读之，乃知有所谓声音、文字、诂训者。越四年，而复入都，以己所见质疑于大人前，大人则喜曰："乃今可以传吾学矣。"遂语以古韵廿一部之分合、《说文》谐声之义例、《尔雅》、《方言》及汉代经师诂训之本原。大人曰：**"诂训之指存乎声音，字之声同声近者，经传往往假借。学者以声求义，破其假借之字，而读以本字，则涣然冰释。如其假借之字而强为之解，则诘𥫍为病矣。**故毛公《诗传》多易假借之字，而训以本字，已开改读之先。至康成笺《诗》注《礼》，屡云某读为某，而假借之例大明。后人或病康成破字者，不知古字之多假借也。"大人又曰：**"说经者期于得经意而已，前人传注不皆合于经，则择其合经者从之，其皆不合，则以己意逆经意，而参之他经，证以成训，虽别为之说，亦无不可必欲专守一家，无少出入，则何邵公之《墨守》见伐于康成者矣。"**故大人之治经也，诸说并列，则求其是。字有假借，则改其读，盖孰于汉学之门户，而不囿于汉学之藩篱者也。引之过庭之日，谨录所闻于大人者，以为圭臬，日积月累，遂成卷帙。既又由大人之说，触类推之，而见古人之诂训有后人所未能发明者，亦有必当补正者，其字之假借有必当改读者，不揆愚陋，辄取一隅之见附于卷中，命曰《经义述闻》，以志义方之训，凡所说《易》、《书》、《诗》、《周官》、《仪礼》、大小《戴记》、《春秋》内外传、《公羊》、《穀梁传》、《尔雅》皆依类编次，其所未竟归之续编，亦欲当世大才通人纠而正之，以祛烦惑云尔。

阮元《揅经室一集》卷五《经义述闻序》：昔郢人遗燕相书，夜书，曰"举烛"，因而过书"举烛"。燕相受书说之曰："举烛者，尚明也；尚明者，举贤也。"国以治。治则治矣，非书意也。郑人谓玉未理者"璞"，周人谓鼠未腊者"璞"。周人曰："欲买璞乎？"郑人欲之，出其"璞"，乃鼠也。夫误会"举烛"之义，幸而治；误解"鼠璞"则大谬。由是言之，凡误解古书，皆"举烛"、"鼠璞"之类也。**古书之最重者莫逾于经。经自汉、晋以及唐、宋，固全赖古儒解注之力，然其间未发明而沿旧误者尚多，皆由于声音、文字假借、转注未能通彻之故。**我朝小学训诂远迈前代，至乾隆间惠氏定宇、戴氏东原大明之。高邮王文肃公以清正立朝，以经义教子，故哲嗣怀祖先生家学特为精博，又过于惠、戴二家。先生经义之外，兼核诸古子史。哲嗣伯申继祖，又居鼎甲，幼奉庭训，引而申之，所解益多。著《经义述闻》一书，凡古儒所误解者，无不旁征曲喻，而得其本义之所在。使古圣贤见之，必解颐曰："吾言固如是。"数千年误解之，今得明矣。……昔余初入京师，尝问字于怀祖先生，先生颇有所授。既而伯申及余门，余平日说经之意，与王氏乔梓投合无间。是编之出，学者当晓然于古书之本义，庶不致为成见旧习所胶固矣。虽然，使非究心于声音、文字以通训诂之本原者，恐终以燕说为大宝而吓其腐鼠也。

阮元《揅经室一集》卷五《经传释词序》：**经传中实字易训，虚词难释。**《颜氏家训》虽有《音辞篇》，于古训罕有发明，所赖《尔雅》、《说文》二书，解说古圣贤经传之词气最为近古。然《说文》惟解特造之字，而不及假借之字。《尔雅》所释未全，读者多误。是以但知“攸”训“所”，而不知同“迪”。但见“言”训“我”，而忘其训“间”。虽以毛、郑之精，犹多误解，何况其余？高邮王氏乔梓，贯通经训，兼及词气，昔聆其“终风”诸说，每为解颐，乃劝伯申勒成一书。今二十年，伯申侍郎始刻成《释词》十卷，元读之，恨不能起毛、孔、郑诸儒而共证此快论也。……老子“夫佳兵者，不祥之器”。“佳”为“隹”（同“惟”）之讹。若此之畴，学者执是书以求之，当不悖谬于经传矣。《论语》曰：“出辞气，斯远鄙倍。”可见古人甚重词气，何况绝代语释乎？

王引之《王文简公文集》卷三《经传释词序》：语词之释，肇于《尔雅》，粤、于为曰，兹、斯为此，每有为虽，谁昔①为昔，若斯之类，皆约举一隅以待三隅之反。盖古今异语，别国方言，类多助语之文。凡其散见于经传者，皆可比例，而知触类长之，斯善式古训者也。自汉以来，说经者宗尚雅训，凡实义所在即明著之矣，而语词之例则略而不究，或即以实义释之，遂使其文扞格，而意亦不明。如由，用也，猷，道也，而又为词之于，若皆以用与道释之，则《尚书》之“别求闻由古先哲王”、“大诰猷尔多邦”，皆文义不安矣。……凡此者，其为古之语词，较然甚著。**揆之本文而协，验之他卷而通。虽旧说所无，可以心知其意者也**。引之自庚戌岁入都，侍大人质问经义，始取《尚书》廿八篇紬绎之，而见其词之发句、助句者，昔人以实义释之，往往诘籀为病。窃尝私为之说，而未敢定也。及闻大人论《毛诗》“终风且暴”，《礼记》“此若义也”诸条，发明意旨，涣若冰释，益复得所遵循，奉为稽式。乃遂引而伸之，以尽其义类。自九经三传及周、秦、西汉之书，凡助语之文，遍为搜讨，分字编次，以为《经传释词》十卷，凡百六十字。前人所未及者补之，误解者正之，其易晓者则略而不论。非敢舍旧说而尚新奇，亦欲窥测古人之意，以备学者之采择云尔。（《续修四库全书》第1490册）

胡培翚《研六室文抄》卷七《经传释词书后》：《尔雅》一书，多言转注，有数字共一义，数十字共一义者（如《释诂》自“弘、廓”至“业、席”三十九字俱训大②是也），所以明其异字同用也。然亦有一字具数义者，如猷字训为谋，而又训言，训已，训图，训若，训可；绩字训为继，而又训事，训业，训功，训成；基字训为始，而又训谋，训经，训设；将字训为大，而又训送，训资，训齐；康字训为乐，而又训静，训安，训苛；怀字训为至，而又训思，训止，训来；烝字训为君，而又训进，训众；假字训为大，而又训升，训嘉，仪字训为善，而又训匹，训干；皆以明其同字异用。至于遹、遵、率、循，由从训为自，而遹、遵、率又为循。……若此者多以义近，而辗转相训，盖于异字同用之中，复别其同字异用，亦云详矣。顾其所释，俱系字之实义，而如粤、于、爰、曰之释语词者不多见焉，当时口语相传，词气之间助语之字，同读异用，异读同用，人所共晓，无庸缕述。迨至后世，古音渐失，则有蔽于习闻，拘于实义，而不得其解者矣。吾师王伯申先生恐人之昧于此，而经义动多扞格也，于

① 谁昔：畴昔；从前。谁，发语词。《诗·陈风·墓门》：“知而不已，谁昔然矣。”孔颖达疏引郭璞曰：“谁，发语辞。”朱熹《集传》：“谁昔，昔也，犹言畴昔也。”

② 弘、廓、宏、溥、介、纯、夏、幠、厖、坟、嘏、丕、弈、洪、诞、戎、骏、假、京、硕、濯、吁、宇、穹、壬、路、淫、甫、景、废、壮、冢、简、箌、昄、晊、将、业、席，大也。

是撰《经传释词》一书，专取语词虚字释之，所释共一百六十字，分为十卷。如“来”为往来之义，人习知之，而不知来又为语助词。“薄”为厚薄之义，人习知之，而不知薄又为发语词。“为”为造作之义，人习知之，而不知其通于“曰”，通于“以”，通于“用”，通于“与”，通于“使”。按此略举以例其余，其全书训释尤详，后仿此。“云”为言语之义，人习知之，而不知其通于“是”，通于“有”，通于“如”，通于“或”，通于“然”。又如“焉”为语已之词，而义又训安，训何，训乎，训于，训是，训乃，训则，并训为状事词、比事词，且为发语之词，而义又训将，训尚，训又，训抑，训借，训若，训此，并训为未定词、更端词。以，用也，而义又训由，训为，训与，训及。是，此也，而义又训寔，训则，训夫，训只。苟不知来之为语助，薄之为发声，为与云之通为语词，而皆以实义解之，则于文理必多所窒塞矣。不知语词之焉与且与以与是之类，一字具有数用，而或执一以解之，则通于此，必不通于彼矣。是书条分缕析，于虚字之一字，或数用，或十数用者，罔不备列，综括靡遗，至于则为承上起下之词，而载亦训则，乃亦训则，而亦训则，如亦训则也，为穷上成文之词，而矣亦训也者，亦训也，邪俗作耶，亦训也，焉亦训也，抑为转词，而字或作意，或作噫，或作亿，或作懿，嘻为叹词，而字或作嘻，或作唉，或作诶，或作熙，不惮详悉指示，则转注假借之义亦具于其中。非博综乎周、秦、两汉之书，洞悉乎声音、文字、训诂之原，岂易为此信乎？其为千百年来绝无仅有之作也。吾师自弱冠后，究心《尔雅》、《说文》、顾氏《音学五书》者有年，得其要领，既而侍石臞太夫子于京邸，聆承庭训，贯通众说，益得指归厥。后师友一堂，凡有著作，互相考核（石臞公著《广雅疏证》二十卷、《读书杂志》八十四卷，多附吾师之说，吾师所著书亦多载石臞公之说），故其论撰极精。近吾师为武英殿总裁，奉旨重刊《康熙字典》，校正原书传写之误，撰《字典考证》十二册，以佐盛朝同文之治，而其所著《经义述闻》久已传布艺林，海内宗仰是书，专释语词虚字，辟前古未有之涂径，荟萃众解，津逮后人，足补《尔雅》之阙。学者诚能即是书熟复而详考之，则于经义必无扞格，而读史、读子、读古书无不迎刃以解矣。其功不与《尔雅》并传也哉！受业胡培翚敬识。

王引之《王文简公文集》卷三《春秋名字解诂叙》：名字者，自昔相承之诂言也。《白虎通》曰：“闻名即知其字，闻字即知其名。”盖名之与字，义相比附。故叔重《说文》屡引古人名字，发明古训，莫著于此。触类而引申之，学者之事也。夫诂训之要，在声音，不在文字。声之相同相近者，义每不甚相远。故名字相沿，不必皆其本字，其所假借今韵复多异音。画字体以为说，执今音以测义，斯于古训多所未达，不明其要故也。今之所说，多取古音相近之字以为解，虽今亡其训，犹掩罕譬而喻，依声托义焉。爰考义类，定以五体：一曰同训，予字子我、常字子恒之属是也；二曰对文，没字子明、偃字子犯之属是也；三曰连类，括字子容、侧字子反之属是也；四曰指实，丹字子革、启寄子闾之属是也；五曰辨物，针字子车、鳣字子鱼之属是也。因斯五体，测以六例：一曰通作，徒字为都、籍字为鹊之属是也；二曰辨讹，高字为克、狄字为秋之属是也；三曰合声，徐言为成然、疾言为旃之属是也；四曰转语，结字子綦、达字子姚之属是也；五曰发声，不狃为狃、不畏为畏之属是也；六曰并称，乙喜字乙、张侯字张之属是也。训诂列在上编，名物分为下卷。众著者不为赘设之词，难晓者悉从阙疑之例。上稽典文，旁及谣俗，亦欲以究声音之统贯，察训诂之会通云尔。至于解释不明，援引鲜当，大雅宏达其有以教之矣。①

杨向奎《清儒学案新编·高邮学案》：**乾嘉学派兴起后，遂有以“学”为业的人，亦即今称“学者”，在学术发展史上说，这是破天荒的大事，没有文化事业的国家当然不是文明的国家。可以说，乾嘉而后，中国学术事业发达起来，因为有专门从事学术事业的一大批人。这一批人对于推动中国文化事业的发展是不能低估的，所以梁任公先生称之为“中国文艺复兴”时代，我们说这是梁先生的卓识。**……王怀祖先生在治学方法上有不同于过去的新内容：方法缜密而逻辑性强，更为突出的现象是：王氏父子的文法观念强。我们过去缺少这种观念。戴东原治哲学，喜用文义分析的方法，以了解经典中的本义，开清人文法学的先河。段玉裁也注意了这种方法，王氏父子于此更有较大发展。在《读书杂志》中有用文法结构分析文句者，而更多地表现在《经传释词》及《经义述闻》中。……高邮王氏的另一名著是《经义述闻》，在王氏四种中《经义述闻》可能是成绩最大的一部，出自两代卓越的学者。胡适之先生曾经赞赏这父子二人老年著述的乐趣。这一部大著仅就汉学家的考据技巧及文章的结构说，在乾嘉时代名著如林的著作中，也是最突出的一部，即使到了清朝，在世界史上已属于近代期，在乾隆以前，很少见有成熟的考据论文，有名的《日知录》、《潜丘札记》以及《读书杂志》等书在体裁与内容上都是零金碎玉，不是熔铸一体的系统论文集。《经义述闻》出而风貌一变，它是论据丰富，文笔流畅，而组织比较严密的论文集，同时或稍后出书的《惠士奇礼说》、《求古录礼说》、《癸巳类稿》、《癸巳存稿》等书，都属这一类作品。它文笔流畅，论点明确，交待清楚，没有中古暗昧不明的作品，这是一种新作风，新的反映，说明时代在变，历史上的中古作风消逝，清新明朗的近代已来！②

---

① 今按：《春秋名字解诂》收入《经义述闻》，为卷二十二、二十三。俞樾撰《春秋名字解诂补义》，补正王说60余条。胡元玉撰《驳春秋名字解诂》，驳正王书人名数十条，并补其阙疑未释者25人。黄侃又有所匡补。

② 见杨向奎《清儒学案新编》第五册，第312~319页。

宋绵初

《清儒学案》卷一〇一《石臞学案下·石臞交游》：宋绵初，字守端，高邮人。乾隆丁酉拔贡。历官五河、清河训导。邃经术，尤长于说《诗》。著《韩诗内传征》四卷，又有《释服》二卷。子保，字定之，廪生，精声音训诂之学，著《谐声补逸》二卷。（参《扬州府志》）

《清史稿·儒林二》：宋绵初，字守端，亦高邮人。乾隆四十二年拔贡生，官五河、清河训导。邃深经术，长于说《诗》，著《韩诗内传征》四卷。又有《释服》二卷。

《清史列传·儒林传下一》：宋绵初，字守端，亦高邮人。乾隆四十二年，拔贡生，官五河、清河训导。邃深经术，长于说《诗》，著《韩诗内传征》四卷。又有《释服》二卷、《困知录》。①

李元度《国朝先正事略》卷三十五、李斗《扬州画舫录》卷三皆有传，存目。

平步青《霞外攟屑》卷六"宋实甫学博"条：高邮宋实甫先生绵初，字守端，一作首端，以丁酉拔贡选五河教谕，移清河。著有《韩诗内传征》四卷、《毛诗通义》、《释服》、《谐声指误》诸书。子保，字定之，廪贡生，试用训导，历权徐州、砀山、江浦、句容、江宁、通州训导。著有《谐声补逸》。孙道源字嘉生，号伯渊，又号敬甫，道光壬辰举人，年二十四。

今按：其子宗保，字定之，能世其家学。早岁游庠序，以廪贡生肄业成均。从学王念孙之门，究心声音训诂，得经义会通，不囿于汉家门户。撰《谐声补逸》十四卷，刊入《许学丛书》。尚有《尔雅集注》、《京笔杂记》、《治河纪略》，藏于家。

① 见中华书局本第17册，第5536页。

李　惇

《清儒学案》卷一〇一《石臞学案下·石臞交游》：李惇，字成裕，一字孝臣，高邮人。久困诸生籍，以高第将贡于国学，其前夕，执友贾田祖死，遂不入试，而亲棺殓以归之。乾隆庚子成进士，注选知县。先生治诸经通敏，于《诗》、《春秋》尤深，作解义数十条，义并精审。晚好历算，得梅氏书，尽通其术。时古学大兴，江以北石臞为之唱，先生和之，汪氏中、刘氏台拱继之，并才力所诣，各成其学，虽有讲习，不相依附。先生于年为长，三人者兄事焉。（参汪中《述学》）

《清史稿·儒林二》：同州李惇，字成裕。乾隆四十五年进士。惇与同县王念孙、贾田祖同力于学。始为诸生，为学使谢墉所赏。将选拔贡，会田祖卒于旅舍，惇经营殡事，不与试，墉叹为古人。江藩好诋诃前人，惇谓之曰："王子雍若不作《圣证论》以攻康成，岂非醇儒?"其面规人过如此。著有《群经识小》八卷，考诸经古义二百二十余事，多前人所未发。四十九年，卒，年五十一。

《清史列传·儒林传下一》：李惇，字成裕，江苏高邮人。乾隆四十五年进士。少异颖，七岁即知解经，有神童之目。年十三而孤，及长，与同县王念孙、贾田祖同力于学。又与任大椿、刘台拱、汪中、程瑶田等相研摩。邃深经传，尤长于《诗》及《春秋》。晚好历算，得宣城梅氏书，尽通其术，与钱塘齐名。著有《群经识小》八卷，考诸经古义二百二十余事，多前人所未发。又有《古文尚书说》、《毛诗三条辨》、《考工车制考》、《左氏通释》、《杜氏长历补》、《浑天图说》、《读史碎金》、《诗文集》。惇事母孝，侍疾居丧，皆尽礼。质直寡言，笃于朋友。始为诸生，为学使谢墉所赏，将选拔贡，会贾田祖卒于旅舍，惇经营殡事，不与试，墉叹为古人。江藩好诋诃前人，惇谓之曰："王子雍若不作《圣证论》以攻康成，岂非醇儒?"其面规人过如此。四十九年，卒，年五十一。①

汪中《李惇墓志铭》：是时古学大兴，元和惠氏、休宁戴氏咸为学者所宗。自江以

---

① 见中华书局本第17册，第5535~5536页。按：贾田祖（1714—1777），字礼耕，号稻孙，高邮人。诸生。通《左氏春秋》，著有《春秋左氏通解》、《贾稻孙诗集》、《礼耕存稿》。

北，则王念孙为之唱，而君和之，中及刘台拱继之，并才力所诣，各成其学。虽有讲习，不相依附。君于年为长，三人者兄事之。①

阮元《揅经室续集》二集卷二《高邮孝臣李君传》：李君讳惇，字成裕，又字孝臣，先世苏州人，迁扬州高邮州。……君幼读书颖异，七岁即知解经，有神童之目。十二岁孤，既长，博极群书，尤邃经传，与同里贾君稻孙、王君怀祖同力于学。兴化顾君文子、任君子田、宝应刘君端临、江都汪君容甫、歙程君易田，皆学术擘摩，极一时之盛。君以品行为立身定命之本。事母孝，侍疾居丧，皆尽礼貌。质直寡言，惟讲学则尽其辨。乾隆丁酉，试拔贡，学使谢金圃侍郎属意焉。及试期，不来，诘之，则前一日贾君稻孙卒于泰州试馆，君营棺敛事，竟不赴试。学使叹曰："李生以博学名，而敦行复乃尔，诚今之古人也。"已亥中式举人，庚子会试中式第二，学使彭芸楣侍郎聘主暨阳书院，励诸生以经学。乾隆五十年，年五十一，以疾卒。……所著书有《群经识小》、《左传通释》、《古文尚书论》、《毛诗三条辨》、《浑天图说》、《读史碎金》诸书。而《识小》八卷，考诸经古义二百二十余事，事事精确不磨，发前人所未发，元已刻入《皇清经解》。

焦循《雕菰集》卷二十一《李孝臣先生传》：先生讳惇，字成裕，号孝臣，世居高邮。祖兼五，太学生，父佩玉，邑增广生，皆有笃行，邑中称曰善人。惇生而颖异，五六岁善属对，工巧出人意外。同学者以果饵赂之，托其代，辄应，无雷同，师知而奇之。九岁入义学，读经史，一目即记。知州某公叹以为神童。先生气质聪颖，而性情纯粹，年十三而孤，事母以孝闻。及居母丧，哀毁瘠墨②，痛不欲生。伯兄卒，以长子继之，事孀嫂如母。孝弟之行出于天性者然也。先世遗田百亩，仅足饘粥，邻里宗族宜任恤资助者，必竭力行之，不计家之空乏。与朋友交，和易谦退，无争诘，无嫉妒，故人乐与之亲近，而无谤声。为诸生时，学既成，六经之外，尤不惮探颐索隐，故通天文、术算、象数之学。每岁科试，学使者辄置高等，于是博洽之名传于同学。丁酉拔贡，岁学使者谢公塘注意于惇，时亦以高邮无过惇者。贾君稻孙，先生友也，试前一日卒于泰州之旅舍，贾故贫，先生为之经营殡事，遂不复与选拔，南昌彭尚书元瑞时督学两浙，闻其事，以先生古人，聘诸幕中，且使课其子。已亥乡试中式，庚子成进士，为暨阳书院院长，以经学教诸生，徒从者甚众。其高弟章世绳、王苏皆以先生学取高科，名于世。乾隆四十九年八月卒，年五十有一。所著书有《卜筮论》、《尚书古文说》、《〈金縢〉〈大诰〉〈康诰〉三篇论》、《毛诗三条辨》、《大功章烂简》、《文明堂考辨》、《考工车制考》、《历代官制考》、《左传通释》、《杜氏长历补》、《〈史记〉〈说文〉引〈书〉字异考》、《浑天图说》、《群经识小》、《读史碎金》、《诗集》、《文集》，共若干卷。……后学焦循曰：**吾郡自汉以来鲜以治经显者。国朝康熙、雍正间，泰州陈厚耀泗源天文历算夺席宣城，宝应王懋竑予中以经学醇儒为天下重，于是词章浮缛之风渐化于实。乾隆六十年间，古学日起，高邮王黄门念孙、贾文学稻孙、李进士惇实倡其始，宝应刘教谕台拱、江都汪明经中、兴化任御史大椿、顾进士九苞起而应之，相继而起者未有已也。**循访先生遗书于沈文学钫，钫访诸培

① 汪中：《新编汪中集》，广陵书社，2005。

② 瘠墨：俭薄。墨家主张薄葬，故称"瘠墨"。语本《荀子·礼论》："送死不忠厚，不敬文，谓之瘠……刻死而附生谓之墨。"杨倞注："瘠，薄。"王先谦《集解》引郝懿行曰："墨者，墨子之教，以薄为道也。瘠亦俭薄之意。"又《乐论》："乱世之征……其养生无度，其送死瘠墨。"

紫，培紫以先生《诗集》及《行述》示循，循次其梗概，著于篇，而附记吾郡治经之盛云。

阮元《畴人传》卷四十二：李惇，字成裕，号孝臣，高邮人也。乾隆己亥举乡试，庚子成进士，通天文、术算、象数之学。所著有《杜氏长历补》、《浑天图说》若干卷。卒年五十一。（焦里堂《李孝臣先生传》）。论曰：孝臣先生与嘉定钱溉亭齐名，于算学深造自得，识者争推之。乃殁未二十年，其遗书散佚，不可复得。昔人云："藏之名山，传之其人。"岂未遇其人耶？著作之传与不传，亦有幸有不幸也。

阮元《淮海英灵集》戊集卷三、江藩《国朝汉学师承记》卷七、钱林《文献征存录》卷七皆有传，存目。

王念孙《王石臞先生遗文》卷二《群经识小序》：《群经识小》者，余友李进士成裕之所作也。**余自壮年有志于郑、许之学，考文字，辨音声，非唐以前书不敢读也。**逡巡里下，同志者卒鲜，唯进士与余有声气之应，晨夕过从，无间风雨，市酒一杯，园蔬数器，抵掌而谈，莫非古义，有所疑则相问难，有所得则相告语，闻者或讪笑之，而进士与余不因之而少沮也。岁在丙申，余乞假归，进士始裒集说经之文，颜以《群经识小》。又九年，而进士没。儿子引之撰《经义述闻》，载进士经说二条，一为"子孙其逢"，一为"济盈不濡轨"，皆至当不易之论，可谓独有千古矣。今年进士子培紫取进士所撰付梓，而问叙于余。余与进士交最久，知进士最深，其学之颠末，非余执从而扬摧之，盖进士好学深思，**必求其是，不惑于晚近之说，而亦不株守前人**，如《皋陶谟》之"戛击搏拊"、《禹贡》之"漆沮"、《甘誓》之"六卿"、《洪范》之"子孙其逢"、《邶风》之"济盈不濡轨"、《齐风》之"展我甥兮"、《周官》之"诸侯封地"、《考工记》之"轵"、《丧服》之"出妻之子为母"、《檀弓》之"期而犹哭及悼公之丧"、《左氏传》僖十四年之"虢射"、定四年之"豫章"，其说皆确不可拔。其有先儒说本不误，而后儒辄生异义者，必申明旧说，以决其是非，其最为谫劣者，若陈氏之《礼记集说》及近世之"四书"讲章，皆直指其缪，不使贻误后人，而各经中饮食、衣服、宫室、器皿之制，皆考定精审，而言之凿凿，故能以古义之宏深，启后学之锢蔽，使沉溺俗说者一见而失其所守，学识通明者一见而旷然大变，其发聋振聩之功岂可一二数哉？是宜传之百世，使家有其书，人知其说，则晚近凿空之论、谫陋之学无自而囿学者之耳目，而旧说之间有未当者亦得去非从是，而不至为成见所拘矣。道光六年八月八日叙，时年八十有三。

今按：李惇的学术历程大致分为三个阶段：早年受顾炎武影响，崇尚古学；中年步武惠派，归宗汉学，排斥宗学；晚年通考春秋学，超越吴派汉学，为扬州学派发轫之功臣。乾嘉时期考据学家的学术渊源不是单一的，学术崇尚亦非一成不变。判断某一考据学家的学派归属，需要关注其基本学术倾向。①

---

①　参见夏雷、田汉云《从吴学支裔到扬学先驱》，《扬州大学学报》2012年第1期。

李赓芸

《清儒学案》卷八十四《潜研学案·潜研弟子》：李赓芸，字生甫，又字书田，号许斋，江苏嘉定人。少事继母孝。从竹汀学，通六书、《苍》、《雅》、“三礼”。乾隆庚戌进士，官孝丰、德清、平湖知县。巡抚阮元以守洁才优荐，累迁嘉兴知府。以忧去，起授汀州知府，调漳州，擢汀、漳、龙道，迁福建按察使。先生能勤，其官所至，有政声。其在漳州属县龙游，民械斗，知县朱履中不能治，先生以兵往，事定，费帑与履中分任之。监造战船，饬驳重修，会受代①，家人贷于履中，竟其事，先生不知也。及权布政使，以甄别改履中教职，履中指前事，讦先生，谳屡不定。总督汪志伊持之急，先生自经死。事闻，上遣大臣熙昌、王引之按治得实，履中等抵罪。福建士民请为建祠。著《炳烛编》四卷、《稻香馆诗文稿》。竹汀所著《洪陆王五谱》，先生所校刻也。（参阮元撰《良吏李公传》、《先正事略》）

《清史稿·循吏三》（卷四七八）：李赓芸，字许斋，江苏嘉定人。少受学于同县钱大昕，通六书、《苍》、《雅》、“三礼”。乾隆五十五年进士，授浙江孝丰知县。调德清，再调平湖。……嘉庆三年，……以同知升用。五年，金华、处州两郡水灾，金华苦无钱，处州苦无米。赓芸奉檄，于恩赈外领银二万，便宜为之。以银之半易钱，运金华加赈，人百钱而钱价平。又以银之半运米至处州，减价粜，辘轳转运，而米亦贱。升处州府同知，调嘉兴海防同知，署台州府。寻擢嘉兴知府，正己率属，无敢以苞苴进者。治漕，持官、民、军三者之平，上官每用其言。十年，水灾，减粜有实惠，赈民以粥，全活者众。以继母忧去官。服阕，补福建汀州，调漳州。……寻擢汀漳龙道。二十年，擢福建按察使，署布政使，逾年实授。赓芸守漳州时，龙溪县有械斗，令懦不治。署和平令朱履中内狡而外朴，庚芸误信之，请以移龙溪。久之，事不办，始稔其诈。洎署布政使，改履中教职。履中亏盐课，恐获罪。具揭于总督汪志伊、巡抚王绍兰，谓亏帑由道府婪索。督抚密以闻，解赓芸职质讯。赓芸之去漳，监造战船工未竣，留仆督率之，仆假履中洋银三百圆，诡以

① 受代：旧时谓官吏任满由新官代替为受代。

垫用告。赓芸如数给之，仆匿不以偿。福州知府涂以辀鞫之，阿总督意，增其数为一千六百，逼令自承，辞色俱厉，赓芸终不肯诬服。虑为狱吏所辱，遂自经。事闻，命侍郎熙昌、副都御史王引之往按其狱，得白。上以赓芸操守清廉，众所共知。其死由汪志伊固执苛求，而成于涂以辀勒供凌逼，褫志伊职，永不叙用。以辀、履中俱遣戍黑龙江，绍兰亦以附和革职。赓芸家不名一钱，殁无以殓。盐法道孙尔准与之善，为经纪其丧。（下略）

秦瀛《小岘山人集》续文集补编《福建布政使许斋李君墓志铭》：前福建布政使李君许斋既卒之二年，其孤卤年十七夭殁，许斋服属希阔，族人谋所以后许斋者，佥曰族子华清可，议既定，遂告许斋先人之庙及许斋之灵，而成礼焉。阅数月，华清来无锡，曰："既卜地于某县某乡之某原，葬有日矣。"乞余文以铭墓石。呜呼！余忍不铭。许斋讳赓芸，字生甫，嘉定人。县东北有南翔里者，故昆山境，后析隶嘉定。李氏世居是。……少读书，博通经史，尝受学于其乡钱竹汀先生。竹汀言于嘉定令姚学甲，以县试第一补博士弟子。又慕许叔重之学，因自号许斋。乾隆丙午举于乡，庚戌成进士，先后皆出大兴朱文正之门。初任浙江孝丰县知县，移德清，又移平湖。九卿中有密荐君者，得旨引见，以同知用，迁处州府同知，调嘉兴府海防同知，升嘉兴府知府，丁继母忧，服除，补福建汀州府知府，调漳州府，寻升汀漳龙兵备道，擢福建按察使，不数月，升布政使。盖自君为县令于浙，迁至方岳，历二十年，而自汀州守累迁布政使，不过三四年，一时遭遇，罕有比伦。而属吏朱履中之祸作。朱履中者，故狡黠。方君任汀漳龙时，尝为所绐误才，朱委以事不办，君悟，改朱教职，朱衔君会在任多亏累，恐获罪，具揭督抚，以亏帑由道府婪索，督抚合词密奏，解君职，候劾，督抚无所得，令福州守涂以辀鞫之，属君家人于君去任后，奉檄改铸战船屈资，尝假朱白镪三百两，未及偿，君故不知也，涂逼君自承，君忿甚，投缳自经，时嘉庆二十二年正月十九日也。事闻，上命大臣往治之，事得白，抵朱于法，涂以辀遣戍，督抚皆获罪。余以是叹知人之难。如君之贤，犹失之于朱。而君居官廉洁，不名一钱，其殁也几无以为殓。天子知之，天下人共信之。君殁，闽中百姓建祠以祀，固不待事之白而始知君之冤。或谓闽中两大府素忌君，假手朱履中而斥之，余以为两大府平日尚号贤者，当不至是，特以举发于始，护前奏不得不稍实其事，以竟其狱，涂以辀亦向非小人，一时就两大府意旨，遂成此祸，可不畏哉！可不惧哉！（下略）

阮元《揅经室二集》卷四《福建布政使良吏李君传》：李赓芸，字生甫，江苏嘉定人。祖芳。父梦璁，乾隆壬戌进士，江西宁都直隶知州。君少从钱辛楣先生学。孝于继母，敦品节，砺廉隅，为时所称。通六书、《苍》、《雅》、"三礼"，善属文，以礼经、史志为根柢，在文家别开一径。慕许叔重之学，故又字许斋。乾隆庚戌以二甲进士用知县，发补浙江孝丰县。五十九年调德清县，嘉庆元年调平湖县，二年卓异候升。三年冬九卿中有密荐君者，特旨问巡抚阮元，元以赓芸为浙省第一贤员，守洁才优，覆奏，奉旨送部引见，以同知用，寻升处州府同知，调嘉兴府海防同知。八年三月奏委署台州府知府，奉朱批："此人可用。"闰六月升授嘉兴府知府。十四年，丁继母忧归。十六年服阕，补福建江州府知府。十九年调漳州府知府，秋擢汀漳龙道。二十年秋擢福建按察使署布政司，十二月卸事陛见回闽，九月旋擢福建布政使。君性廉正，敝衣疏食，率以为常。任监司无异寒儒，自为县令，至藩臬所在，皆有惠政，得民心，感民以诚，久而益笃。……评曰：元在史馆，欲纂儒林、文苑、循吏三传，儒林甫脱稿，俄奉使出都，文苑、循吏未之纂也。李君之事既论定，上朱书使者奏中，曰良吏洵荣褒也。元故以良吏名此传，以贻史馆之纂循吏者。

李元度《国朝先正事略》卷五十三、张维屏《国朝诗人征略》卷五十一皆有传，存目。

李赓芸《炳烛编》卷一“举善而教不能”条：古读以“举善而叙”为句。《风俗通》：“汝南太守欧阳歙下教云：‘盖举善以教，则不能者劝。’”《后汉书·卓茂传》：“举善而叙，口无恶言”。《三国志·徐邈传》云：“举善而教，仲尼所美。”《顾劭传》：“举善以教，风化大行。”《陆绩传》裴松之注云：“臣闻唐虞之政，举善而教。”

李赓芸《炳烛编》卷一“绘事后素”条：《考工记》：“凡画绘之事后素功。”注：“素，白彩。后，布之谓其易渍污也。”郑司农说以《论语》“绘事后素。”《仪礼·乡射记》云：“凡画者丹质。”古人画法，实是先施五采，而施粉在后。史绳祖《学斋占毕》：“孔子以后素而发明，子夏以礼后而答问。”其言亦是以素比礼。按《集注》谓：“先以粉地为质，而后施五采。”是将《考工记》“凡绘画之事”五字读断，而解“后素功”为“后于素”，非也。①

① 今按：《集注》指朱熹《四书章句集论》。《汉语大词典》“绘事后素”参引朱子之说，又引申曰：“后因以‘绘事后素’比喻有良好的质地，才能进行锦上添花的加工。”《汉语大词典》初版编写未能充分利用清儒的考证成果，留下不少错误，今后修订本宜广泛参考清代考据学家的已有成果，此即一例。

洪　榜

《清儒学案》卷七十九《东原学案·东原交游》：洪榜，字汝登，一字初堂，歙县人。乾隆戊子举人，召试授内阁中书。粹于经学，治《易》，著《明象》，未成书，终于《益》卦。因郑康成《易赞》，作《述赞》二卷。又通声韵，著《四声韵和表》五卷，《示儿切语》一卷。因江氏及东原之书而加详焉。生平服膺东原，谓《孟子字义》一书功不在禹下。撰《东原行状》，载《与彭尺木书》，朱竹君不谓然，曰："戴氏可传者不在此。"先生贻书争之，谓非难程、朱，乃辟后之实为老、释，阳为儒书，而皆附于程、朱大贤之学。其言甚辨。（参《汉学师承记》）

《清史稿·儒林二》：同邑洪榜，字汝登。乾隆二十三年举人。四十一年，应天津召试第一，授内阁中书。卒，年三十有五。粹于经学，著《明象》未成，终于《益》卦。因郑康成《易赞》作《述赞》二卷。又明声均，撰《四声均和表》五卷、《示儿切语》一卷。江氏永切字六百十有六，是书增补百三十九字。又以字母见、溪等字注于《广韵》之目每字之上，以定喉、吻、舌、齿、唇五音，盖其书宗江、戴二家之说而加详焉。为人律身以正，待人以诚。**生平服膺戴震。戴震所著《孟子字义疏证》，当时读者不能通其义，惟榜以为功不在禹下。撰震行状，载《与彭绍升①书》，朱筠见之曰："可不必载，戴氏可传者不在此。"榜乃上书辨论。江藩在吴下见其书，叹曰："洪君可谓卫道之儒矣。"**

江藩《国朝汉学师承记》卷六：洪榜，字汝登，一字初堂，歙县人也。年十五，补邑庠生。乾隆乙酉，选拔，与兄朴同应召试，梁文定公国治时为安徽学使，评其赋曰："词霏玉屑，则弟胜于兄；文抱风云，则伯优于仲。"朴授中书，而榜未获隽，然以文章见知于文定，乃从游至晋，旋中乾隆戊子科举人，丙申应天津召试第一，授中书舍人，卒，年三十有五。榜少与同郡戴君东原、金君辅之交，粹于经学，著有《明象》，未成

---

① 彭绍升（1740—1796），字允初，号尺沐，法名际清，法号知归子，彭定求曾孙，彭启车之第四子。其居处名二林居。苏州长洲人。事迹见冒怀辛《二林学案》（载杨向奎《清儒学案》第三册）。

书，终于《益》卦。因郑康成《易赞》作《述赞》二卷。其解《周易》，训诂本两汉，行文如先秦。又明声均，撰《四声均和表》五卷、《示儿切语》一卷。江氏永切字六百十有六，是书增补百三十九字。又以字母见、溪等字注于《广韵》之目，每字之上以定喉、吻、舌、齿、唇五音①，盖其书宗江、戴二家之说而加详焉。平生著述甚多，皆未卒业。有《周易古义录》、《书经释典》、《诗经古义录》、《诗经释典》、《仪礼十七篇书后》、《春秋公羊传例》、《论语古义录》、《初堂读书记》、《初堂随笔》、《许氏经义》诸书。留心奇遁之术，以其述犯造物忌，病中举所著畀之火，唯《新安大好纪丽》久已刊行。为人律身以正，待人以诚，以孝友著于乡里。**生平学问之道服膺戴氏。戴氏所作《孟子字义疏证》，当时读者不能通其义，惟榜以为功不在禹下，撰《东原氏行状》，载《与彭进士尺木书》，笥河师见之，曰："可不必载，戴氏可传者不在此。"榜乃上书辨论。**今《行状》不载此书，乃东原子中立删之，非其意也。藩是时在吴下，见其书，叹曰："洪君可谓卫道之儒矣。"今录其文于左，文曰："洪榜顿首笥河先生阁下：前者具状戴先生行实，俾其遗孤中立稽首阁下之门，求志其墓石，顷承面谕：'以状中所载《答彭进士书》可不必载，性与天道不可得闻，何图更于程、朱之外复有论说乎？戴氏所可传者不在此。'榜闻命唯唯，惕于尊重，不敢有辞，退念阁下今为学者宗，非漫云尔者，其指大略有三：其一谓程、朱大贤立身，制行卓绝，其所立说不得复有异同，疑于缘隙奋笔，加以酿嘲，夺彼与此。**其一谓经生贵有家法，汉学自汉，宋学自宋，今既详度数，精训故，乃不可复涉及性命之旨，反述所短，以掩所长。**其一或谓儒生可勉而为，圣贤不可学而至，以彼硁硁稽古守残，谓是渊渊闻道知德，曾无溢美，必有过辞。盖阁下之旨出是三者，仰见阁下论学之严，制辞之慎，然恐阁下尚未尽察戴氏所以论述之心，与榜所以表章戴氏之意，使榜且得罪，不可以终无辞。**夫戴氏与彭进士书，非难程、朱也，正陆、王之失耳；非正陆、王也，辟老、释之邪说耳；非辟老、释也，辟夫后之学者实为老、释而阳为儒书，援周、孔之言入老、释之教，以老、释之似乱周、孔之真，而皆附于程、朱之学。**阁下谓程、朱大贤立身制行卓绝，岂独程、朱大贤立身制行卓绝，陆、王亦大贤，立身制行卓绝，即老、释亦大贤，立身制行卓绝也。唯其如是，使后儒小生闭口不敢道，宁疑周、孔，不敢疑程、朱，而其才智少过人者，则又附援程、朱以入老、释。彼老、释者幸汉、唐之儒抵而排之矣。今论者乃谓先儒所抵排者特老、释之粗，而其精者虽周、孔之微旨不是过也。诚使老、释之精者，虽周、孔不是过，则何以生于其心，发于其事，缪戾如彼哉？况周、孔之书具在，苟得其解，皆不可以强通，使程、朱而闻后学者之言如此，知必急急然正之也。然则戴氏之书非故为异同，非缘隙酿嘲，非欲夺彼与此，昭昭甚明矣。至谓治经之士宜有家法，非为宋学，即为汉学，心性之说，贾、马、服、郑所不详，今为贾、马、服、郑之学者亦不得详。夫言性言心，亦不自宋以后兴也，周末诸子及秦、汉间著书立说者多及之。其辞虽殊，其意究无大异。凡以劝学立教而已，惟老聃、庄周之书乃有冲虚之说，真宰之名，不寄于事，不由于学，谓之返其性情而复其初。魏、晋之间，此学盛兴，而诸佛书流入中土，亦适于此时为盛。其书本浅妄无足道，译者杂以老、庄之旨，缘饰其说，

① "又以字母见、溪等字注于《广韵》之目，每字之上以定喉、吻、舌、齿、唇五音"，这其实说的不是《四声均和表》，而是收于《初堂遗稿》中的另一部分。参见陈宁《皖派名儒——洪榜的音韵学》，载《黄山学院学报》2008年第1期。

大畅玄风。唐傅奕曾言其事矣，然而未敢以入儒书也。至乎昌黎韩氏力辟佛、老，作为《原道》等书。使学者昭然知二氏之非，而其时佛氏之说入人既深，则又有柳子厚之徒，谓韩氏所罪者其迹也，忿其外而遗其中，譬之知石而不知韫玉，彼其不可斥者，往往与《易》、《论语》合，不与孔子异道也。此说一出，后之学者往往执是说以求之《易》、《论语》，而所谓《易》、《论语》者，则又专用魏王氏之注与何氏之集解，其人本深于老、释，其说亦杂于二家，此则宜其有合也，历唐之末，逮宋之初，此论纷纭固结而不可解。于是读《易》、《论语》书者，或往往先从事于二氏，因即以其有得于二氏之精者，以说《易》、《论语》之书。是以眉山苏氏作《六一居士集序》曰：'新学以佛、老之似乱周、孔之真识者，忧之也。'宋熙宁以后，此弊日深。至于姚江王氏之学行，则直以佛书释《论》、《孟》矣。彼贾、马、服、郑当时盖无是弊，而今学者束发受书，言理，言道，言心，言性，所谓理、道、心、性之云，则皆六经、孔、孟之辞，而其所以为理道、心性之说者，往往杂乎老、释之旨。使其说之果是，则将从而发明之矣。如其说之果非，则治经者固不可以默而已也。如使贾、马、服、郑生于是时，则亦不可以默而已也。前之二说，阁下苟详察之，亦知戴氏之非私于其学，而榜之非私于戴氏矣。至于闻道之名，不可轻以许人，犹圣贤之不可学而至，如阁下以此为虑，此其犹存乎后儒之见也。孟子谓'圣人，人伦之至'。首阳之义，孔子称曰古之贤人，夫圣贤不可至，盖在是矣。虽然，安可以自弃乎哉？若夫高谈深远者谓之知道，不言而躬行者谓之未闻道。及夫治经训者谓之儒林，明性道者谓之道学，此固戴氏所不道，而榜所望于阁下表扬之者亦不在是也。夫戴氏论性道莫备于其论《孟子》之书，而所以名其书者曰《孟子字义疏证》焉耳，然则非言性命之旨也，训故而已矣，度数而已矣。要之，戴氏之学其有功于六经、孔、孟之言甚大，使后之学者无驰心于高妙，而明察于人伦庶物之间，必自戴氏始也，惟阁下裁察焉。"

徐世昌《晚晴簃诗汇》卷九十三：洪榜，字汝登，一字初堂，歙县人。乾隆戊子举人，丙申召试授内阁中书。有《初堂遗稿》。诗话：初堂邃于经学，与同郡戴东原、金辅之交最笃，惜其所著多未成书。诗亦不多作，今所传者仅此，盖亦吉光片羽也。○《秋河》：秋城寒柝隐霜鼙，银汉中宵望不迷。耿耿正临金阙直，昭昭还似玉绳低。河山两戒殷星鸟，楼阁千家起曙鸡。万里凿空劳博望，天台原自有丹梯。○《秋蛩》：秋声万种在风前，听到寒蛩倍惘然。野舫正添三尺水，夜堂初种七条弦。月残东壁难成咏，雨暗西窗未稳眠。输与鄱阳姜白石，独吟愁赋寄遥天。

钱林《文献征存录》卷八、李元度《国朝先正事略》卷三十五、《（光绪）重修安徽通志》卷二百十九皆有传，存目。

洪榜《示儿切语》：戴氏东原辨音最精，取古所谓牙音、舌头、舌上、重唇、轻唇、齿头、正齿、喉音、半舌、半齿凡十类。今戴氏定为喉、吻、舌、齿、唇五类，《回声均和表》所用是其例也。

洪　梧

《清儒学案》卷七十九《东原学案·东原交游》：洪梧，字桐生，一字植垣，歙县人。兄朴、榜皆先卒。亲丧，哀毁庐墓，人称其孝。选拔贡生。乾隆庚子南巡，召试赐举人，授内阁中书。庚戌成进士，改庶吉士，授编修。典浙江乡试，纂修《全唐诗》。出知沂州府，恤民爱士，有蒲鞭示辱之风。归主扬州安定、梅花书院，造就甚众。著有《易箴》二卷，赋古今体诗。（参《徽州府志》）

江藩《国朝汉学师承记》卷六：榜弟梧，字桐生，乾隆庚子召试中书，庚戌成进士，授庶吉士，散馆授编修，官至沂州府知府。博古通今，兼工词翰。

梁章钜《楹联续话》卷三“挽词”：洪桐生掌教扬州之梅花书院，终于讲席。时城内安定掌教吴谷人先生挽以联云：“十载共皋比，旧梦荒凉梅岭树；诸儿蒙教泽，春风惭愧杏林花。”盖先生诸儿皆肄业梅花书院，而西谷、清鹏正探花及第也。

钱林《文献征存录》卷八、李元度《国朝先正事略》卷三十五、黄燮清《国朝词综续编》卷三、《（光绪）重修安徽通志》卷二百十九皆有传，存目。

刘文淇《青溪旧屋文集》卷十《祭洪桐生师文》：维嘉庆二十二年，岁次丁丑七月庚戌，包世臣、翟慎典、凌曙、包世荣、薛传均、刘文淇等，谨以清酌庶羞之奠，致祭于桐生夫子之灵，而言曰：呜乎！乔柯坠叶，秋阳匿曜，怪鹏书占，灵蛇梦告。金鑣孰投，赤丸曷效。寂寞黄垆，凄怆元校。缅惟夫子，经师人师，儤直五夜，出守一麾。著作在朝，政绩在沂，史臣华衮，邦人祝尸。汲黯辞官，文翁主讲，五百学徒，三千都养。饮食教诲，诱掖劝奖，如何奄忽，遽游泱漭。广厦一空，泰山安仰？世臣薄游，滞迹邗水，屡辱行縢，频蒙倒屣。播诸巨公，期以国士，说甘于肉，言莫逆耳。北海荐祢，荆州识李，我谒都门，公游蒿里。杖履竟违，饭含未视，将诔先生，责在后死。慎典不材，辕驹促局，执友情敦，同馆谊笃。马帐听经，郑门著录，偶焉窥豹，辄许折鹿。先业屡称，后嗣是勖，频年客游，今兹归复。拟谒讲筵，讵登仙箓，哀愤填膺，涕泗盈掬。曙生穷巷，获侍礼堂，执竿漂麦，挟策亡羊。拔我关阓，置我宫墙，深怜孤露，非分揄扬。兼校刘录，略涉曹仓，忍辞淮浦，愁泛衡湘。枫林闪黑，梁月昏黄，永隔颜色，痛绝肺肠。世荣单寒，从兄问学，龙门撰屦，鳣堂抱燋。猥以珷玞，犹承琱琢，亲授一经，躬御三爵。小善则扬，微疵必索，三益是奖，寸心转怍。寝疾几时，问安犹昨，云何悲吹，不闻謦铎。**传均**束发，侧闻德馨，请业南阁，问字云亭。奇觚握素，汗简削青，荐之宗匠，谓能诂经。时荷折柬，滋惭叩跬，常怜屈蠖，不辞爝萤。悲风弗弗，凉雨冥冥，云何辍瑟，不启重扃。**文淇**驽钝，未能远骛，退飞若鹢，不迁如鹜。恭承诲言，稍知警悟。弄笔解颐，废书逢怒。霭霭祥风，载沾雨露，烈烈震霆，顿拨云雾。哀哉长辞，邈焉莫遇，恩镂寸丹，悲缠尺素。呜乎！魂衣在座，遗挂在室，昉有旧交，翻无吊客。泪冷荒苔，声凄秋蟀，所冀济美，端赖二难。竞秀华鄂，齐芳蕙兰，魂魄攸托，骸骨未寒。高春一逝，朝露遂晞，相向而哭，如无所归。奠以浊酒，侑以荒辞，灵来仿佛，魂兮有知。呜乎尚飨！

包世臣《小倦游阁集》卷九《十九弟季怀**学诗识小录**序》：戊辰秋，乃携季怀至扬州。世臣出游久，多识前辈，得读书之要领。扬州士人常过从者，辄以所闻援之。而江都凌曙晓楼至诚笃，晓楼之甥仪征刘文淇孟瞻尤颖慧。时歙洪桐生先生主讲梅花书院，善世臣甚，凡世臣所许可者，辄召入院膳给之，使与其养子敏回、子骏、甥闵宗肃、子敬共几席。世臣以晓楼熟《礼记》，遂与之言郑氏礼而使［治］① 之，孟瞻好《诗》，遂使治毛、郑氏《诗》。季怀与孟瞻同业，于骏年最少，而神解惊绝，尤相善已。而旌德姚配中仲虞在江宁，闻季怀之说，治汉《易》。族子慎言、孟开亦从季怀受《诗》，先后来扬州。而丹徒汪沅芷生治毛氏，甘泉薛传均子韵治许氏，皆善季怀。朝夕与砥砺，相劝以力学。(下略)

包世臣《小倦游阁集》卷二十六《代洪桐生先生致江苏李提刑书》：梧谨启东彩老前辈大人阁下：前在山左，车晖日接，提挈备至，瞻依靡已。及梧抱疴解组，养拙邗江，阁下移守蜀中，道途修阻，尺素难达。近于《邸抄》得悉政绩茂著，累擢通显，私忱忭慰，非言可宣。梧久苦跳偏，复于前秋遘文昌之疾，对面千里，隔绝人事，乃辱驺从过临垂问病状。奴子非复旧人，不审敦念苔岑之故，登答未晰。梧随趋谢河干，又未获晤，感歉弥甚。梧与先兄并荷尊舅氏文定师特达之知，台榭既平，绿钱空怅。先兄早折，梧又病废。即以阁下之鸿才卓越，亦复滞迹乞郡二十余久道化成，始膺特简，梁氏昆季，资深渐炽，君子之泽，久而益昌，言念今昔，悲喜交集，唯是轸辕在望，带水可通，而梧盲跛相兼，不能买棹过从，口授书手，词不及情，为可痛耳。敝友包慎伯孝廉，吾皖之泾人也，早负奇才，为朱文正师之所激赏。辛未随计入都，金兰畦前辈闻声订交，与商大政，其学无所不窥，其才无所不达。**从来学问之道各有分科，求备一人，鲁公守诫。是以淹典籍者拙于辞华，瞻辞华者阁于政事，通政事者薄于自修，勤自修者滞于应变。唯吾慎伯则兼之矣。**虽以负米江淮，奔走廿载，然经意史裁，矢口贯串，唐藻汉笔，借手飞动，洞悉疾苦，厌切事理，平生以陆忠宣、司马文正自期，而律己綦严，责人则恕，见有一善，称颂不置，侨寓邦上，俯仰廿口，以法家佐幕自给。上自开府，下迄州邑，凡其所至，积牍顿清，烛照情伪，判答如流，上必本先圣折民之经，下不干小吏舞文之议，唯以素守矩步，不能枉已事同为兆，未尝终淹，梧窃意大贤设施，必资日赞，逸于得人，斯理无改。慎伯夙与杨迈功方伯交善，放舟吴门，梧属其奉过上谒，并附一言为介，悬知慎伯吐嵚奇于阶前，试万言于倚马，不殊君家供奉，阁下亦当继朱金而兴叹绝也。嘉庆廿年五月十八日，梧

① “治”，据《艺舟双楫》卷二补。

谨启。

法式善《梧门诗话》卷六：洪桐生编修梧，今为沂州太守，有《谒孟庙诗》云："曾谒宫墙二十年，今来瞻拜峄山前。广居气象垂千古，战国文章重七篇。霜柏不雕吾道在，震泉同养大宗传。何人更接昌黎学，俯仰乾坤亦浩然。"亦磊砢有正骨。

郭麐《灵芬馆诗话》卷十二：洪桐生太守梧自罢郡归，遂留滞于广陵主梅花书院。初以足疾不能良行，**后以校阅《册府元龟》，穷日分夜，遂至失明**。始学为词工，于慢调，词成，口授侍史书之，都为一册，皆用"一萼红"调，数迭其韵，《云山阁藏书次山尊学士韵》一首最为凄婉："岭云限，望广寒宫里，任我载书来。中圣相逢，避贤未去，且学绣佛长斋。喜地主、邹阳不拒，遣彦和、翻帙译经台。双寺红边，五桥高处，万卷楼开。漫拟河阳温石，计十年推毂，多少英才？祭侄韩文，悼妻潘诔，先生逆旅谁陪。幸知我、漂蓬无藉，道湖山、送老不须回。怕说丘原零落，签赙空排。"太守藏书五万卷，恐日后散佚，乃藏于扬州湖上之云山阁。此词所以志也。

汪　莱

《清儒学案》卷一百二十六《四香学案·四香交游·汪先生莱》：汪莱，字孝婴，号衡斋，歙县人。年少补诸生，力学，通经史及推步历算之学。嘉庆戊辰优贡生，充八旗官学教习。国史馆续修《天文》、《时宪》二志，举先生与徐准宜、许沄充纂修官。书成，授石埭训导。先生与四香同治李冶、秦九韶之学。……所著有《衡斋算学》七卷、《考定通艺录磬氏倨句解》、《参两算术》、《十三经注疏正误》、《说文声类声谱》、《今有录》、《衡斋诗文集》。（参史传、《续畴人传》、焦循撰《别传》、胡培翚撰《行略》）

《清史稿·畴人二》：汪莱，字孝婴，号衡斋，歙县人。年十五，补博士弟子。弱冠后，读书于吴葑门外，慕其乡江文学永、戴庶常震、金殿撰榜、程征君易畴学，力通经史百家及推步历算之术。嘉庆十二年，以优贡生入都，考取八旗官学教习，会御史徐国楠奏请续修《天文》、《时宪》二志，经大学士首举莱与徐准宜、许沄入馆纂修。十四年，书成。议叙，以本班教职用，选授石埭县训导。十八年，应省试，得疾归，卒于官，年四十有六。先是十一年夏，黄河启放王营减坝，正溜直注张家河，会六塘河归海。两江督臣奉上命，查量云梯关外旧海口与六塘河新海口地势高下，延莱测算，盖其精算之名，久为官卿所知。曾制浑天、简平、一方各仪器观测。与郡人巴树谷最友善，客江、淮间，又与焦孝廉循、江上舍藩、李秀才锐，辩论宋秦九韶、元李冶立天元①一及正、负开方诸法。天性敏绝，极能攻坚，不肯苟于著述。凡所言，皆人所未言，与夫人所不能言。尝以古书八线之制，终于三分取一，用益实归除法求之，其一表之真数，仅得十之二。因悟得五分之一通弦与五分之三通弦交错为三角形，比例立法，以取五分之一之通弦，而弦切之数益密。梅氏环中黍尺，有以量代算之术，惟求倚平仪外周之两角，而缩余内半周之角未详。其法较易，因立新术，量取不倚外周之角度，而三角之量法乃全。堆垛有求平三角、立三角、尖堆积法，不及三乘方以上，又复推而广之，自三乘、四乘以上之尖堆，皆可由根知

① 天元：算法名。本古代九章方程，相当于今代数中的一元方程式。宋秦九韶《数书九章》、元李治《测圆海镜》、《益古演段》、朱世杰《四元玉鉴》都运用了这种算法。

积。并及诸物递兼之法，以补古《九章》所未备。又纠正梅文穆公句股知积术，及指识天元一，正、负开方之可知、不可知。其纠正句股知积术也，文穆《赤水遗珍》称："有句股积及股弦和较求句股，向无其术，苦思力索，立法四条。"其门人丁维烈又造减纵翻积开三乘方法，文穆许之。莱谓："句股形等积、等弦和，带纵立方形等基、等高阔和，皆有两形互易。如句二十，股二十一，弦二十九，句弦和四十九，句股积二百一十。若句十二，股三十五，弦三十七，句弦积亦四十九，句股积亦二百一十。设问者暗执一形，则对者交盲两数。梅、丁诸公法成而不可用，盖两句弦较，与一句弦和，恒为连比例之三率。其两句弦较，即首、末二率；两较减一和之余，即中率；而句弦和必为三率并。遂创立有两积相等、两句弦和相等、求两句股形之法。以四倍句股积自乘，句弦和除之，为带纵长立方积。以句弦和为纵，开得数为两句弦较之中率，自乘为带纵平方积。又以中率与句弦和相减为长阔和，求得长阔两根为两句股较，用求两句股形各数。又同积之边，彼此可互，三次之乘，先后可通，故四倍句股积自乘，即两形之倍句相乘为底，两形之股相乘为高，即犹以中末乘首。中化为中率，再乘为立方三率，并为带纵。由是推得立方形两高数恒为首末二率，高阔和恒为三率，并数与等积、等弦和之两弦较及弦和丝毫无异。如高九阔十，高阔和十九，立方积九百。若高四阔十五，高阔和亦十九，立方积亦九百，其数莫不由两形相引而出。故其法即命积为带纵长立方积，以高阔和为所带之纵。用带纵长立方法开得本方根，为两形高数之中率。与高阔和相减，余为带纵之平方长阔和。中率自乘，为带纵平方积。用带纵平方长阔和法开之，得长阔一根，为两形之两高数。两高与和相减，为两阔数。"其指识正、负开方也。"元李冶传洞渊九容术，撰《测圆海镜》、《益古演段》，以明天元如积相消，其究必用正、负开方，互详于宋秦九韶《数学九章》。梅文穆公虽指天元一为西人借根方所由来，而正、负开方则未有阐明者。元和李秀才锐特为雠校，谓少广一章，得此始贯余一。好古之士，翕然相从。莱独推其有可知、有不可知。如《测圆海镜》边股第五问'圆田求径二百四十步与五百七十六步共数'，而李仁卿专以二百四十为答。《数学九章》田域第二题'尖田求积二百四十步与八百四十步共数'，而秦道古专以八百四十为答。乃自二乘方以下，缕析推之，得九十五条。凡几根数为带纵长阔较则可知，为带纵长阔和则不可知。又推得几真数少，几根数又多，几平方与一立方积等多少杂糅，和较莫定。立法以审之，以几平方数用几立方数除之，得数乘几根数，以较几真数。若少余真数，则以几平方为高阔较，是为可知。若多余真数，则或几平方为通分法，三母总数、几真数为三母维乘之共数，几根数为通分之共子，如二、如六、如十二。设真数一百四十四，少二百八，根数多二十，平方积与一立方积相等，则三数皆同，是为不可知。"盖以一答为可知，不止一答为不可知。故李秀才锐跋其书，括为三例以证明之。谓："隅实同名者不可知；隅实异名，而从廉正负不杂者可知；隅实异名，而从廉正负相杂，其从翻而与隅同名者可知，否则不可知。隅实异名，即带纵之长阔较也，较仅一答；隅实同名，即带纵之长阔和也，和则不止一答。"锐以隅实同名、异名，明一答与不止一答；莱以长阔、和较，明可知、不可知，其义一也。著有《衡斋算学》七册、《考定通艺录磬氏倨句解》一册。

《清史列传·儒林传下二》：存目。①

① 见中华书局本第18册，第5591~5592页。

焦循《雕菰集》卷二十一《石埭儒学教谕汪君孝婴别传》：吾友汪君孝婴，嘉庆丁卯以优贡生赴朝考京师。戊辰入国史馆，纂修《天文》、《时宪志》，既成，天子嘉其通晓数学，授教谕，选石埭儒学教谕。癸酉冬十一月，卒于官。明年甲戌冬十二月，其弟子绩溪县举人胡君培翚移书于循，曰："国史馆修《儒林传》，馆内诸公征先师事迹，窃思先师六经、子、史罔不通贯，而天文、算术是其专门，非得精通九数者不能道，且先师所学与自来各家异同出入，未易悉其涂径，伏唯先生于数学著有成书，先师寓扬时惟与先生往来商榷，倘不吝惠施，俯从所请，为撰《别传》一篇，将先师心得详悉揭出，以便上之史馆，感且不朽。"呜乎，孝婴信没矣！自丁卯与孝婴别去，秋省试后，孝婴与舍弟同舟至扬，信宿遽去，循村民，以足疾未获一晤。近者传闻其没，犹未敢信，得胡君书，而孝婴信没矣。孝婴少余五岁，自订交于秦淮旅舍，至今二十余年，虽远隔数千里，有所得，必邮寄，相与论订。岁丙寅，余馆城中，与孝婴馆相去数武，尤朝夕聚。然孝婴之学深妙入微，恐不足以尽其蕴，姑述所知，质之胡君，惟大人先生采摘焉。孝婴姓汪氏，讳莱，号衡斋，徽州歙县人也。**徽州之学，自江文学永倡其先，戴庶常震、金殿撰榜、程孝廉方正瑶田踵而兴焉。江氏精西人法，戴氏饰以古九章割圆，故天文术算与宣城梅氏相伯仲。东吴钱少詹事大昕、教授塘遥相应和。然孝婴生于歙，其学实自得，不由师授，弱冠后读书于吴葑门外，数年苦心冥索，尽得中西之秘，亦未尝与吴中师友相接，**天资敏绝，性能攻坚，极繁赜幽秘，他人翻覆再三未能理其绪，而孝婴目一二过，默识静会，已洞悉其本原，而贯达其条目，是非间隙，豪发莫遁。人所言不复言，所言皆人所未言与人所不能言，故其著述无多卷，而简奥似周、秦古书。八钱之制，终于三分取一用，益实归除法求之，孝婴以一表之真数仅得十之二，因悟得五分之一通弦与五分之三通弦交错为三角形，比例立法，以取五分之一之通弦，而弦切之数益密。梅氏《环中黍尺》有以量代算之术，惟求倚平仪外周之两角，而缩于内半周之角未详。孝婴以为易，更立新法量取，不倚外周之角度，而三角之量法乃全。堆垛有求平三角、立三角、尖堆积法，不及三乘方以上，孝婴推而补之，自三乘、四乘以上之尖堆，皆可由根知积，因及诸物递兼之法，以补《古九章》所未备。凡此引伸触类，无不探幽索隐，条疏层解，所尤独得者，为纠正梅文穆公句股知积之术，及指识天元一、正负开方之可知不可知。文穆《赤水遗珍》称"有句股积及股弦和，较求句股"，向无其法，苦思力索，立法四条。其门生丁维烈又造减从翻积开三乘方法，文穆许之。孝婴曰："句股形等积等弦和，带从立方形等积等高阔和，皆有两形互易，如句二十、股二十一、弦二十九，句弦和四十九，句股积二百一十；句十二，股三十五，弦三十七，句弦和亦四十九，句股积亦二百一十。若问者暗执一形，则对者交盲两数，梅、丁诸公法成而不可用。"遂创立有两积相等、两句弦和相等求两句股形之法。其法四倍句股积自乘，句股和除之，为带从长立方积，以句弦和为从，开得数为两句弦较之中率，自乘为滞从平方积，又以中率与句弦和相减为长阔和，求得长阔两根，为两句弦较，用句弦较与句股和，求得两句股形各数。盖悟得两句弦较及两句弦较减一句弦和之余，必为连比例之三率，两句弦较必为首末二率，两较减一和之余必为中率，句弦和必为三率并，故求得首末两率，即得两句弦较之数。又悟得同积之边彼此可互三次之乘，先后可通，故四倍句股积自乘即两形之倍句，相乘为底，两形之股相乘为高，又以股自乘，同于句弦和乘句弦较，则以句弦和除股自乘原可得句弦较。今之两倍句不同数，和乘之两股亦不同数，则句弦和乘之不得句弦较，而得两句弦较之中率。盖句弦和既为三率并，则此一句弦较为首率者，用减此一句弦和，所余倍句即中末二率，彼一句弦较为末率者，用减彼一句弦和，所余倍句即首中二率，故两倍句相乘，即犹以中末乘首中，而两倍句相乘为底，两股相乘为高者，化为中率。再乘为立方三率并为带从。故以句弦和为从，开立方即得中率，又以中率自乘，与首末二率相乘等。故以中率自乘为平方积，以首末二率为长阔和，得长阔即得首末，得首末即得两句弦较之数。是术也，穷消息之原，凿旁通之径，所谓成变化而行鬼神者矣。元李冶传洞渊、九容之术，撰《测圆海镜》、《益古演段》，以明天元一。如积相消，其究必用正负开方，互详于宋秦九韶《数学九章》。本朝梅文穆公虽指天元一为西人借根所由来，而正负开方则未有阐明者。元和李锐尚之特为雠校，谓少广一章得此始贯于一，好古之士翕然相从。孝婴独推其有可知有不可知，如《测圆海镜》边股第五问，圆城求径二百四十步与五百七十六步共数，而李仁卿专以二百四十为答；《数学九章》田域第二题，尖田求积二百四十步与八百四十步共数，而秦道古专以八百四十为答。乃自二乘方以下，缕析推之，得九十五条，凡几根数为带从长阔较则可知，为带从长阔和则不可知。又推得几真数少几根数又多几平方与一立方积等，多少糅杂，和较莫定，立法以审之，以几平方数用几立方数除之得数乘几根数，以较几真数。若少于真数，则以几平方为高阔较，是为可知，若多于真数，则或几平方数，为通分法三母总数，几真数为三母维乘之共数，几根数为通分之共子。如二如六如十二，设真数一百四十四，少二百零八根积多二十平方积与一立方积相等，则三数皆同，是为不可知也。孝婴于六经务在熟习本文，博通注疏，原始要终，以一知半解为陋。(下略)

胡培翚《研六室文抄》卷九《石埭训导汪先生行略》：培翚年二十余，始知厉学，广求师友，见有方正博闻之士，必就咨访。一日，遇先生于郡学署，先生之名所素仰也，时方读《周礼疏》，即举所疑以问先生，为言郑注若何，贾疏若何，不惟详其义，并诵其辞。私以为偶熟是条，耳及数问，皆然悚然起敬，遂介郡学夏师受业焉。故先生之行谊颇闻其略。先生姓汪氏，讳莱，字孝婴，号衡斋，歙之瞻淇人。父讳昌，乾隆乙酉举人，著有《静山堂诗稿》。先生七岁能诗，十五补博士弟子，力学通经史百家，精推步布算之术，制浑天简平一方，各仪器观测，与郡人巴孟嘉氏切磋友善。年三十余，客江淮间，又与焦君里堂、江君郑堂、李君尚之论算法，诸君皆折服。同邑程征君易畴尝以磬折古义属考定焉。嘉庆十年，郡学司训夏师高其学，与教授朱师同举先生优行督学，今尚书周连堂先生试经解、诗赋、时艺，俱冠其军，遂食廪饩。继任督学今侍郎戴紫垣先生与署巡抚鄂公会考，丁卯优行，以第一贡成均。先是十一年夏，黄河启放王营减坝正溜直注张家河，会六塘河归海，两江总制铁公奉上命，查量云梯关外旧海口与六塘河新海口地势高低，实延先生测算，盖先生精算术，为公卿所知久矣。本朝《天文》、《时宪》二《志》自雍正十三年后久未修辑，嘉庆十二年御史徐国楠奏请续修，经大学士等议准移付史馆，史馆向例以翰林中书为纂修、协修等官，于是总裁传问诸翰林中书官无有通晓天文者，会先生十三年入都朝考，兼考取八旗官学教习，大学士庆公等即首举先生与徐准宜、许沄入馆纂辑，奉旨允准。然二志实皆先生一手纂办。十四年书成，议叙各以本班尽先选用，而先生得石埭县训导。十五年春莅任，悉心教士以穷经力行为先务，邑人自是咸知向学。石埭文庙向未具乐器，先生倡议捐俸制办修造乐舞等器，共一十七宗一百五十八件，质文度数悉遵《御制律吕正义》，成式无分寸之逾，司乐生二十人，舞生四十人，先生与之朝夕讲肄，弦歌舞蹈，悉遵钦颁乐章字谱，无纤悉之讹。池郡守何公为撰文纪其事，树石明伦堂。十八年应江南乡试，得疾回署，遂以是年十一月二十日卒。生于乾隆三十三年七月初七日，年四十六。子二：长光恒，时才四岁；次光谦，未周月。先生廉介自持，一毫不苟取。卒之日，囊橐萧然。石埭士民咸感伤，相约醵金赙助，送其家，扶輀①归歙。先生读书具深识，过目辄记，然不肯苟于著述，以为必有关绝续之大，能发千古之疑，始立言以传后。所著有《衡斋算学》七册……先生之学大略有三，曰算学，曰经学，曰小学。算学自弱冠后馆吴中三年归学成，著书刊布，艺林海内通人言天文、算术必推先生，其精妙入微，发前人所未发，焦君里堂作先生《别传》，详哉其言之矣。《别传》附刻于后。至经学、小学之书，既未传世，知之者少，然生平用力实深。诸经注疏皆能成诵，贯串在胸，是非得失无不了彻。汉、唐诸儒疑谬相承之说，一经勘正，涣然冰释。……深于郑氏一家之学，尝曰："郑氏《三礼注》，一义必通贯全书，一文必准称千古。"诚笃论也。又曰："郑氏《易注》以象为主，先取本卦之象，无则取之卦之象、互卦之象，之而互之，象爻辰上值列宿之象，令圣人系辞无一字虚设，较王辅嗣之宗尚玄虚诚为得已，然犹有议者。夫子言彖者言乎象，爻者言乎变，是解彖辞不应取之卦之象，解爻辞惟当取一爻独变之象，康成注按之此例，尚未悉协。"因欲综全经，作《易疏》，未就。经学之书，成者惟《十三经注疏正误》，遗本今存及门汪孝廉延麟处。熟于字书，有问奇者，随举无毫发爽。尝撰《说文声类》，以篆手写定本，藏于家。自序谓始嘉庆戊午，迄辛酉，三阅寒暑，乃克卒业。夫古人文字起于声音，有声而后有字。《说文》之某声实六书枢纽，特许氏本书以偏旁分别部居，读者罕得其条理。先生取某声及读若之声研贯钩比，类次成帙，而六书之本旨以明。又作《声谱》，明切韵之学，开合俱分土、金、木、火、水，五宫用平、上、去，而无入声，著《三声论》，辨入声为上浊，其言曰：声止于三，一曰平，二曰上，三曰去，三声皆有浊声，而上声之浊最显。定声类者不审其精读之过急，乃于清声之后，继以上声之浊，而别之为入声，相沿至今，习焉不察，韵书葛藤从此起已，故有以去浊为上入之浊者，等韵群、定诸母是也。说者谓上声之浊似去而非去，今观群、定诸母则诚然矣，疑、泥诸母何以又不似去乎？盖既误别上浊为入声，因求群、定之声而不得，遂取方音别上入字之讹为去浊者而填之，以声而论，则真去也何似之有？至疑、泥诸母既因平声之清无字不立其母，又遂竟以清声填诸浊位，此误别入声，致生支离之咎也。有上、入不分清浊二位，任意通用者，《经世音图》暨《韵法直图》是也。盖欲于上、入之外别其清浊，而不能别因重其声以拟平、去，而不可分此，误别入声，致生蒙混之咎也。有制啌、嗐、上、去、入为五声，而上、去、入皆不分清浊者，方以智之《通雅》是也。盖既误上浊为入声，别求上入之浊而不得，遂疑仄声一例并去浊而昧之，此又误别入声，致生挂漏之咎也（汪士铎谨案：古无入声之说，孔巽轩亦详言之。或以此论为可删，未然其言）。穷流溯源，洞见韵书疵颣，先生经学、小学之大略粗存于此矣。天性孝友，少时贫困，竭力养亲，恒负米数十里外，尝典衣，为犬啮，秘不令亲知，值岁歉，不能营二鬴，百计谋甘旨以奉二人，自乃从山氓采石面充腹，喉格格不能下，强咽之，肠为之塞，退而形诸歌，咏以自叹，厚族党，雍睦无闲言，与人交，和而介，待问勤恳不倦，往复论

① 輀：载运棺柩的车。《释名·释丧制》："舆棺之车曰輀。輀，耳也，县于左右前后铜鱼摇绞之属。"《文选·潘岳〈寡妇赋〉》："龙輀俨其星驾兮，飞旐翩以启路。"李善注："輀，《说文》：'丧车也。'"

晓，必令问者释然乃止。培翚自丙寅冬执弟子礼，未几，而先生入都，嗣后南辕北辙，动辄相左，中惟已巳归里，得一再奉教，吁可伤已！去冬过邗江，既以其学之大者，丐焦君作传，兹与先生甥洪铎料理遗书，益增感怆。恐先生行迹日就湮没，乃谨以所闻知叙次于右。嘉庆二十年乙亥九月，胡培翚谨撰。

江藩《国朝汉学师承记》卷六有传，存目。

凌廷堪

《清儒学案》卷一百十二《次仲学案》：次仲早游扬州，与阮文达、江子屏论学，极相得。深通《礼经》，复潜心乐律，并时学人，多精于六书、九数，若言及礼乐，盖靡不推次仲焉。

《清史稿·儒林二》：凌廷堪，字次仲，歙县人。六岁而孤，冠后始读书。慕其乡江永、戴震之学。乾隆五十五年进士，改教职，选宁国府学教授。奉母之官，毕力著述者十余年。嘉庆十四年，卒，年五十三。廷堪之学，无所不窥，于六书、历算，以迄古今疆域之沿革、职官之异同，靡不条贯。尤专礼学，谓："古圣使人复性者学也，所学者即礼也。颜渊问仁，孔子告之者惟礼焉尔，颜子叹道之高坚前后。迨'博文约礼'，然后'如有所立'，即'立于礼'之立也。礼有节文度数，非空言理者可托。"著《礼经释例》十三卷，谓："礼仪委曲繁重，必须会通其例。如乡饮酒、乡射、燕礼、大射不同，而其为献酢酬旅、酬无算爵之例则同；聘礼、觐礼不同，而其为郊劳执玉、行享庭实之例则同；特牲馈食、少牢馈食不同，而其为尸饭主人初献、主妇亚献、宾长三献、祭毕饮酒之例则同。"乃区为八例，以明同中之异，异中之同：曰通例，曰饮食例，曰宾客例，曰射例，曰变例，曰祭例，曰器服例，曰杂例。《礼经》第十一篇，自汉以来，说者虽多，由不明尊尊之旨，故罕得经意。乃为《封建尊尊服制考》一篇，附于变例之后。大兴朱珪读其书，赠诗推重之。廷堪《礼经》而外，复潜心于乐。谓今世俗乐与古雅乐中隔，唐人燕乐一阕，蔡季通、郑世子辈俱未之知，因以隋沛公、郑译五旦、七调之说为燕乐之本。又参考段安节《琵琶录》、张叔夏《词源》、《辽史·乐志》诸书，著《燕乐考原》六卷。江都江藩叹以为"思通鬼神"。他著有《元遗山年谱》二卷、《校礼堂文集》三十六卷、《诗集》十四卷。仪征阮元常命子常生从廷堪授士礼，又称其《乡射五物考》、《九拜解》、《九祭解》、《释牲》、《诗楚茨考》诸说经之文多发古人所未发，其尤卓然者，则《复礼》三篇云。

《清史列传·儒林传下一》：存目。①

戴大昌《凌次仲先生事略状》：先生姓凌氏，讳廷堪，字仲子，又字次仲。先世自唐显庆间有为歙州判者，始家于歙，世居歙之双溪。……生有异禀，观书十行俱下。幼孤贫，赖兄营家计，太夫人教之读。稍长，工诗、古文及宋、元人词曲。年二十三游扬州，金棕亭博士兆燕目为奇人，怂恿入都。翁覃溪阁学方纲见其著述，大异之，劝习制艺，令受业于其门。时乾隆癸卯，先生年二十有七矣，遂以国子生应京兆试，覃溪先生适为主考官，不报。归省，客扬州。时仪征阮芸台大中丞阮尚困童子试中，相见遂订交焉。华翁光祖以女妻先生，盖相攸得之也。旋复游京，天津牛次元部曹坤与先生相友善，即寓之学斋，日相切劘。再应丙午京兆试，又不报。愈发愤攻苦，遂中戊申京兆副车，己酉本省乡举，庚戌联捷成进士，癸丑补殿试，归班选用。先生以太夫人将跻八旬，改就教职，寻选宁国府教授，于乾隆六十年赴任。嘉庆元年逢国庆典，得贴赠祖父母、敕赠父母，而生母王太夫人敕封太孺人云。先生之学，无所不窥，其于六书、历算，以迄古今疆域之沿革、职官之异同、史传之参错、外属之源流，靡不井然条贯，即累朝名人文章、诗歌、铭赞，类皆随举，琅琅成诵，盖当代未数数观也。自就官陵阳，尤专功于礼学。**其教人必以礼，谓古圣使人复性者学也，所学即礼也。孔子言“勇而无礼则乱，直而无礼而绞”，又曰“好直不好学，其蔽也绞；好勇不好学，其蔽也乱”。孟子曰“上无礼，下无学”，故知所学者即礼也。颜渊问仁，孔子告之者惟礼焉尔。颜子叹道之高坚前后，迨博文约礼，然后如“有所立”，即立于礼之“立”也。子思言“天命之谓性，率性之谓道，修道之谓教”，所教者因人所当行而品节之，即礼也。尽乎礼，斯可以复性。故所谓“格物”者，物即礼也。所谓“慎独”者，亦即礼也。礼有节文度数，非空言理者可托也。**此皆发前人未发之覆也。先生谓《仪礼》一经，悉体天命民彝之极，信非大圣人不能作，以江氏慎修《仪礼释例》仅有释服一类，复取向所自著《礼经释名》一书，改名《释例》，区为八类：曰通例，饮食之例，宾客之例，射例，变例，祭例，器服之例，杂例，以明同中之异、异中之同。矻矻十余年，稿凡数易而后成焉。《礼经》而外，复潜心于乐，谓今世俗乐与古雅乐，中隔唐人燕乐一板，蔡季通、郑世子辈俱未之知，因著《燕乐考原》一书，据《隋书·音乐志》言燕乐出于龟兹苏祇婆之琵琶，然当日郑译犹演为八十四调，而附会于十二管，惟《辽史·乐志》直云燕乐“不用黍律，以琵琶弦叶之”。盖以琵琶四弦第一弦最大为宫声，二弦为商，三弦为角，四弦最细为羽，而无徵声。故燕乐亦止四均，一均七调，故止二十八调。而二十八调实止十四调，以七羽合于七宫，以七角合于七商也。燕乐以夹钟为律本，而琵琶第一弦宫声，又燕乐之律本也。以今乐准之，如上字配宫声，尺字配商声，工字配角声，凡字配变徵，上字配徵声，五字配羽声，乙字配变宫，合字配下徵，四字配下羽，则今之用字谱而成调，即古乐之用五声二变而成音。先生自谓孤学独鸣，无师无友，为宋以来讲乐家所未悟者也。近世通人多精于书数之学，若言礼乐而得其精者，先生一人而已。(下略)②

阮元《揅经室二集》卷四《次仲凌君传》：凌君讳廷堪，字次仲，安徽歙县人。远祖安，唐显庆中任歙州州判，遂家于歙。父文焻，业贾于海州。君生海州，六岁而孤，困苦

① 详见中华书局本第17册，第5519~5520页。

② 见《凌廷堪全集》第四册，第282~286页。

穷巷中，母王氏，鬻簪珥，就塾师，粗记姓名而已。去学贾不成，年二十余，始复读书向学，能属文，惧时过难成也。著《辨志赋》以见志。乾隆四十六年，游扬州，慕其乡江慎修、戴东原两先生之学。四十八年，至京师，始多交游。大兴翁覃溪先生见君所撰述，大嗟异，始导之为四书文。应顺天乡试，不中。明年复游扬州，见元，以学问相益，君乃拟李白《大鹏见希有鸟赋》以见意。五十一年，复入都应试，不中。明年，从翁先生于江西。又明年，客河南。秋，三应顺天乡试，始中副榜，南归。五十四年，应江南乡试，中式。明年，成进士。出朱文正、王文端二公之门，盖与洪君亮吉等皆以宏博见拔者也。殿试三甲，例授知县，君投牒吏部，自改教授，曰："必如此，吾乃可养母治经。"文端曰："吾不强子改冷官，子愿之，甚善。"文正题其校礼图曰："君才富江、戴。"又曰："远利就冷官。"盖甚重之。既选宁国府学教授，乃奉母暨兄嫂之官，孝弟安贫，谨身节用，毕力著述。君之学，博览强记，识力精卓，贯通群经，而尤深于礼经。著《礼经释例》十三卷。君谓礼仪委曲繁重，不得其经纬途径，虽上哲亦苦其难；苟得之，中材可勉赴焉。经纬途径之谓何？例而已矣。如《乡饮酒》，此饮食之礼也，而《有司彻》祭毕饮酒，其例亦与之同。尸即《乡饮酒》之宾也，侑即《乡饮酒》之介也，主人献尸、主人献侑、主人受尸酢，即《乡饮酒》之主人献宾、主人献介、宾酢主人也。主人酬尸、奠而不举，即《乡饮酒》之主人酬宾、奠而不举也。旅酬无算爵，即《乡饮酒》之旅酬无算爵也。此异中之同也。《有司彻》献尸、献侑及受尸酢，有豆笾、牢俎、匕湆、肉湆、燔、从诸节，《乡饮酒》献宾、献介及酢主人，但荐与俎而已。《有司彻》献尸、献侑之礼，主人、主妇、上宾凡三献，《乡饮酒》但主人一献而已。《有司彻》献尸、侑毕，复有献长宾、主人自酢及酬宾之仪，《乡饮酒》但献众宾而已。《有司彻》旅酬，使二人举觯于尸、侑以发端，《乡饮酒》但使一人举觯于宾而已。《有司彻》无算爵，宾党则用主酬宾之觯，主人党则用兄弟后生所举之觯以发端，《乡饮酒》则但使二人举觯于宾与介而已。此同中之异也。推之于《士冠礼》，冠毕醴宾以一献之礼，《乡饮酒》、《乡射》明日息司正、《特牲馈食礼》祭毕献宾，其例皆大约相同。而《乡射》之同于《乡饮酒》者，更无论也。又如《聘礼》之聘、享、觌，此宾客之礼也，而聘毕问卿、面卿及士昏礼纳采、纳征之属，其例亦与之同。问卿授束帛，《昏礼》授雁，即享礼之授璧也。问卿及《昏礼》纳征，庭实用皮，即享礼之庭实用皮也。《昏礼》使者礼毕，主人礼宾，即《聘礼》之聘宾礼毕，主国之君礼宾也。面卿币用束锦，庭实用马，即私觌之币用束锦，庭实用马也。聘宾面卿毕，介面众介面，即聘宾之私觌毕，介觌众介觌也。此异中之同也。聘用圭，享用璧，面卿及《昏礼》无授玉之事，但用束帛及雁，如享礼而已。《聘礼》聘宾至，《昏礼》使者至，皆设几筵；问卿宾及庙门，不几筵，但摈者请命而已。《聘礼》既享未觌之际则礼宾，问卿毕不傧，但行面卿之礼而已。《聘礼》礼宾侑醴以币，《昏礼》礼宾但酌醴礼之而已。聘享聘宾，主国之君皆皮弁，服有袭裼之殊，问卿聘宾，主人但朝服，昏礼使者、主人但玄端而已。《聘礼》受玉于中堂与东楹之间，问卿则受币于堂中西，《昏礼》则受雁于楹间而已。此同中之异也。推之于《士相见礼》及《聘礼》郊劳、致馆、归饔饩，其例皆大约相同。而《聘礼》之同于《觐礼》者更无论也。是故《乡饮酒》、《乡射》、《燕礼》、《大射》不同也，而其为献酢酬、旅酬、无算爵之例则同也。《聘礼》、《觐礼》不同也，而其为郊劳、执玉、行享、庭实之例则同也。《特牲馈食》、《少牢馈食》不同也，而其为尸饭、主人初献、主妇亚献、宾长三献、祭毕饮酒之例则同也。《乡射》、《大射》不同也，而其为司射、诱射、初射不释获、再射释获饮不胜者、三射以乐节射饮不胜者之例则同也。不会通其例，一以贯之，只厌其胶葛重复而已耳，乌睹所谓经纬途径者哉！于是区为八类，曰《通例》上、下二卷，曰《饮食之例》上、中、下三卷，曰《宾客之例》一卷，曰《射例》一卷，曰《变例》一卷，曰《祭例》上、下二卷，曰《器服之例》上、下二卷，曰《杂例》一卷，共为卷十三。至于第十一篇，自汉以来说者虽多，由不明尊尊之旨，故罕得经意，乃为《封建尊尊服制考》一篇，附于《变例》之后。不别立宫室之例者，宋李氏如圭等已详故也。君又著《燕乐考源》、《元遗山年谱》、《校礼堂集》，又著《魏书音义》，未成。……嘉庆十一年，君以母丧去官，兄嫂相继殁，哀且病。十三年，元复任浙江巡抚，君免丧来游杭州，出所著各书相示。元命子常生从君学。明年，归歙，病卒，年五十有五。①

阮元《儒林传稿》卷四、《畴人传》卷四十九、江藩《国朝汉学师承记》卷七、钱林《文献征存录》卷八、李元度《国朝先正事略》卷三十六、王昶《国朝词综》二集卷五、《（光绪）重修安徽通志》卷二百十九皆有传，存目。

凌廷堪《校礼堂文集》卷二十六《礼经释例序》：《仪礼》十七篇，礼之本经也。其节文威仪，委曲繁重。骤阅之，如治丝而棼；细绎之，皆有经纬可分也；乍睹之，如入山而迷；徐历之，皆有途径可跻也。是故不得其经纬途径，虽上哲亦苦其难；苟其得之，中材固可以勉而赴焉。经纬途径之谓何？例而已矣。如《乡饮酒》，此饮食之礼也；而《有司彻》祭毕饮酒，其例亦与之同。尸，即《乡饮酒》之宾也；侑，即《乡饮酒》之介也；主人献尸、主人献侑、主人受尸酢，即《乡饮酒》之主人献宾、主人献介、宾酢主人也。主人酬尸、奠而不举，即《乡饮酒》之主人酬宾、奠而不举也；旅酬无算爵，即《乡饮酒》之旅酬无算爵也。此异中之同也。《有司彻》献尸、献侑及受尸酢，有豆笾、牢俎、匕湆、肉湆、燔、从诸节，《乡饮酒》献宾、献介及酢主人，但荐与俎而已。《有司彻》献尸、献侑之礼，主人、主妇、上宾凡三献；《乡饮酒》但主人一献而已。《有司彻》献尸侑毕，复有献长宾、主人自酢及酬宾之仪，《乡饮酒》但献众宾而已。《有司彻》旅酬，使二人举觯于尸侑以发端；《乡饮酒》但使一人举觯于宾而已。《有司彻》无算爵，宾党则用主人酬宾之觯，主人党则用兄弟后生所举之觯以发端；《乡饮酒》则但使二人举觯于宾与介而已。此同中之异也。……不会通其例，一以贯之，只厌其胶葛重复而已耳，乌睹所谓经纬途径者哉！廷堪年将三十，始肆力于是经，潜玩既久，知其间同异之文，与夫详略隆杀之故，盖悉体夫天命民彝之极而出之，信非大圣人不能作也。学者舍是，奚以为节性修身之本哉！肄习之余，心有所得，辄书之于册。初仿《尔雅》为《礼经释名》十二篇，如是者有年，渐觉非他经可比，其宏纲细目，必以例为主，有非诂训、名物所能赅者。乾隆壬子，乃删芜就简，仿杜氏之于《春秋》，定为《礼经释例》。已而闻婺源江氏有《仪礼释例》，又见杭氏《道古堂集》有《礼例序》，虑其雷同，辍而弗作者经岁。后检四库书存目载《仪礼释例》一卷，《提要》云江永撰。是书标目“释例”，实止释服一类，寥寥数页，盖未成之书。复考杭氏《礼例序》，又似欲合《周礼》、《仪礼》而为之

① 今按：此传多抄撮凌廷堪《礼经释例序》而成。旧时达官贵人为人撰传，敷衍塞责，于此可见一斑。

者，且以大射为天子礼，公食大夫为大夫礼，则于礼经尚疏。然则江氏、杭氏皆有志而未之逮也，于是重取旧稿，证以群经，合者取之，离者则置之，信者申之，疑者则阙之，区为八类：曰《通例》上、下二卷，曰《饮食之例》上、中、下三卷，曰《宾客之例》一卷，曰《射例》一卷，曰《变例》一卷，曰《祭例》上、下二卷，曰《器服之例》上、下二卷，曰《杂例》一卷，共为卷十三。至于第十一篇，自汉以来说者虽多，由不明尊尊之旨，故罕得经意，乃为《封建尊尊服制考》一篇，附于变例之后，不别立宫室之例者。宋李氏如圭《仪礼释宫》已详故也。回忆草创之，初矻矻十余年，稿凡数易矣。困学之中，聊借为治丝登山之一助，知礼君子矜其失之烦，而规之则幸甚焉。嘉庆四年，岁在屠维协洽日躔寿星之次，歙凌廷堪次仲氏书于宁国学署之杞菊轩中。

凌廷堪《校礼堂文集》卷二十六《周易述补序》：元和惠君定宇著《周易述》二十卷，未竟而卒，阙自《鼎》至《未济》十五卦，《序卦》、《杂卦》二传。德州卢运使序而刻之，其阙帙如故，慎之也。《易》家之庞杂，如王、韩之凿，宋人之陋，太极、河洛之诞，此在国初诸儒，黄宗炎氏、毛奇龄氏、胡渭氏皆能言其非者，然从未有尽祛魏、晋以来儒说之异，而独宗汉《易》者也。汉《易》最深者，无过荀氏、虞氏，其说今仅散见于李氏鼎祚《集解》中，后儒土苴视之，而不以为《易》之准的，是《易》终为幽渺不可知之书，愚者怖之，陋者凿之，而汉之师法尽亡矣。虽然，汉《易》岂易言哉？裴松之《三国志注》引《虞翻别传》曰："翻高祖父故零陵太守光，少治孟氏《易》，至祖父凤，为之最密。世传其业，到翻五世。"则虞所注者，孟氏学也。陆氏《释文》曰："'箕子之明夷'，刘向云：今《易》'箕子'作'荄滋'。邹湛云，训'箕'为'荄'，诂'子'为'滋'，漫衍无经，以讥荀爽。"而箕子者，万物方荄滋也。其说出于孟喜弟子赵宾。则荀所注者，亦孟氏学也。《汉书·儒林传》乃曰："孟喜从田王孙受《易》，诈言师田生且死时独传喜，同门梁丘贺疏通证明之。"又"蜀人赵宾，好小数书，后为《易》，持论巧慧，《易》家皆曰非古法也，云受孟喜。"若然，荀、虞之学，几于师承不明。是班固所述，已昧经师之授受，而启学士之疑惑，《易》学之乱，不待唐、宋以还也。惠君生千余年后，奋然论著，专取荀、虞，旁及郑氏、干氏、九家等义，且据刘向之说，以正班固之误。盖自东汉至今，未析之大疑，不传之绝学，一旦皆疏其源而导其流，不可谓非豪杰之士也。予读其书而惜其阙，思欲补之，自惧寡陋，未敢属草。癸卯春，在京师，闻旌德江君国屏，为惠氏之门人，作《周易述补》，心慕其人，未得见也。次年，客扬州，汪容甫始介余交江君。读其所补十五卦，引证精博，羽翼惠氏，皆余所欲为而不能为者。江君属余序之。余以为江君体例，同于惠氏，兹不再论。独惠氏之书，《彖》下传《家人》"女正乎内，男正乎外"注"内谓二，外谓五"、《象》下传"泽无水，困"注"水在泽下，故无水"、"木上有水，井"注"木上有水，上水之象"等，犹不免用王弼之说。江君则悉无之。方之惠书，殆有过之，无不及也。

凌廷堪《校礼堂文集》卷四《辨学》：存目。

凌廷堪《校礼堂文集》卷十《汉十四经师颂并序》：存目。

凌廷堪《校礼堂文集》卷二十六《仪礼注疏详校序》：存目。

凌廷堪《校礼堂文集》卷二十三《与胡敬仲书》：**近之学者多知崇尚汉学，庶几古训复申，空言渐绌，是固然已。第目前侈谈康成，高言叔重者，皆风气使然，容有缘之以饰陋，借之以窃名，岂如足下真知而笃好之乎？且宋以前学术屡变，非汉学一语遂可尽其源**

流，即如今所存之《十三经注疏》亦不皆汉学也。盖尝论之：学术之在天下也，阅数百年而必变。其将变也，必有一二人开其端，而千百人哗然攻之。其既变也，又必有一二人集其成，而千百人靡然从之。夫哗然而攻之，天下见学术之异，其弊未形也，靡然而从之。天下不见学术之异，其弊始生矣，当其时亦必有一二人矫其弊，毅然而持之。及其变之既久，有国家者绳之以法制，诱之以利禄，童稚习其说，耄耋不知非，而天下相与安之。天下安之既久，则又有人焉思起而变之。此千古学术之大较也。汉兴，立五经博士：《易》——施、孟、梁邱、京氏，《尚书》——欧阳、大小夏侯氏，《诗》——齐、鲁、韩氏，《礼》——大小戴、庆氏，《春秋》——公羊、严、颜氏、穀梁氏。党庠无异学，授受有专家。西京之盛，蔑以加矣。哀帝时，刘歆欲立《左氏春秋》、《毛诗》、《逸礼》、《古文尚书》，诸儒怨恨，众议沸腾。龚胜乞骸，师丹大怒。建武初，韩歆欲立《费氏易》、《左氏春秋》，范升持之为不可，陈元争之而不从，哗然而攻之者，如此其众也，岂非变于始者难为力乎？当是时，数家虽不立学官，而私相讲习，亦有擢高第者。至郑君康成出，括囊大典，网罗众家，所注诸经，皆两汉之不立学者：《易》费氏，《书》古文，《诗》毛氏，《礼》则校以古文，取其长者，《左氏》则以授服子慎，于是天下皆靡然从之，矫之者独一王子雍耳。虽然，东汉所立十四博士，犹未改西京之旧。及魏、晋以还也，郑氏之《易》、《书》、《诗》、《礼》，服氏之《左传》，始立于学官。延至永嘉之后，西京立学之书遂扫地而无余。此学术之一变也。魏王辅嗣以空言讲《易》，好异者竞相祖述，而范宁谓其罪浮于桀纣，盖有识者犹或非之，乃未几，而杜预之《左氏春秋》出矣，又未几，而梅赜之《古文尚书》出矣。东晋太兴初，《周易》王氏、《尚书》孔氏古文、《左传》杜氏各置博士一人，而《仪礼》、《公羊》、《穀梁》及郑《易》竟省而不置。自是而后，南北分裂之际，好尚互有不同。江左《易》则王辅嗣，《尚书》则孔安国，《左传》则杜元凯；河洛《易》、《书》则郑康成，《左传》则服子慎，《诗》则并主毛公，《礼》则同遵郑氏，盖天下攻之者半，而从之者亦半，其风会又不同于魏、晋之初矣。唐贞观十二年，诏国子祭酒孔颖达等撰《五经正义》，《周易》用王弼、韩康伯注，《尚书》用梅赜所上孔氏传，《诗》用毛公《训故传》及郑氏笺，《礼记》用郑氏注，《春秋左氏传》用杜预注，天下始靡然从之，而郑服之学寝微。唯资州李鼎祚撰《周易集解》，少存汉、晋以前之旧，所谓"刊辅嗣之野文，补康成之逸象"，毅然而持之者如此而已。此学术之又一变也。由是而行之数百年，虽其书不尽两汉之遗，而学者守训诂而不凿，考制度而必详。陆务观所云："唐及国初，学者不敢议孔安国、郑康成，况圣人乎？"当时恪守《五经正义》者如此。啖助、赵匡舍"三传"而说《春秋》，时人未之或从也。宋刘原父《七经小传》出，稍稍自异于传注，嗣是有疑及《系辞》者，有排及《诗》、《书序》者，王文公导之于前，朱文公应之于后。《大学》、《中庸》，《小戴》之篇也；《论语》、《孟子》，传记之类也。而谓圣人之道在是焉，别取而注之，命以"四书"之名，加诸"六经"之上。其于汉、唐诸儒之说，视之若弁髦，弃之若土苴，天下靡然而从之，较汉、魏之尊传注，隋、唐之信义疏，殆又甚焉。而浚仪王氏、金华范氏数公者尚能以旧说自持者也。元仁宗皇庆二年，诏《易》用程氏、朱氏，《尚书》用蔡氏，《诗》用朱氏，《春秋》用"三传"及胡氏，《礼记》用古注疏，"四书"用朱氏《章句集注》。明初因之。此学术之又一变也。元、明以来，儒者墨守程、朱，亦如隋、唐以前儒者墨守郑、服也。元行冲谓"宁道孔圣误，讳言郑、服非"者，则又"宁道孔圣误，讳言程、朱非"矣！

疑之者自陈氏《经典稽疑》、郝氏《九经通解》开其端，然其书或守诵习之说，而未安于心，或舍传注之文，而别伸其见，学者咸以诡异视之。固陵毛氏出，则大反濂、洛、关、闽之局，掊击诋诃，不遗余力，而矫枉过正，武断尚多，未能尽合古训。元和惠氏、休宁戴氏继之，谐声诂字，必求旧音，援传释经，必寻古义，盖彬彬乎有两汉之风焉。**浮慕之者，袭其名而忘其实，得其似而遗其真——读《易》未终，即谓王、韩可废；诵《诗》未竟，即以毛、郑为宗；《左氏》之句读未分，已言服虔胜杜预；《尚书》之篇次未悉，已云梅赜伪古文。甚至挟许慎一编，置九经而不习。亿《说文》数字，改六籍而不疑。不明千古学术之源流，而但以讥弹宋儒为能事。所谓天下不见学术之异，其弊将有不可胜言者。嗟乎！当其将变也，千百人哗然而攻之者，庸人也。及其既变也，千百人靡然而从之者，亦庸人也。矫其弊，毅然而持之者谁乎？**盖深有望于足下焉，故不禁发其狂瞽，幸足下教之。外附上旧文《辨学》一首、《汉十四经师颂》一首，皆论古今学术源流者也。足下见之，当不以为河汉。书不尽言。①

臧庸《拜经堂文集》卷四《题凌次仲教授校礼图（戊辰仲冬）》：庸闻次仲教授之名久矣。戊辰仲冬，始相见于浙抚署斋，其容睟穆②，与谈学问，则娓娓不倦，不鄙庸为媕鄙不足道也，示《校礼堂文稿》，并属题《校礼图》，启卷则余师卢召弓学士为图引，又撰文稿序，庸更何以益君，尝反复君书《复礼》三篇，而知为粹然杰出之儒也。其言曰："自天子至庶人，壹是皆以修身为本。"而《中庸》言："斋明盛服，非礼不动，所以修身也。"《论语》："颜渊问仁，孔子答以克己复礼为仁，一日克己复礼，天下归仁。"其目曰："非礼勿视，非礼勿听，非礼勿言，非礼勿动。"《中庸》又言："修身以道，修道以仁。仁者，人也，亲亲为大。义者，宜也，尊贤为大。亲亲之杀，尊贤之等，皆礼所生。礼仪三百，威仪三千，待其人而后行，故君子尊德性而道问学，致广大而尽精微，极高明而道中庸。温故而知新，敦厚以崇礼。子所雅言，诗书执礼。"颜子言："夫子循循然善诱人，博我以文，约我以礼，如有所立，卓尔。"立即立于礼也，故曰不知礼，无以立。**威仪三千，为曲礼，今《仪礼》十七篇是也。然则姬公制礼，孔子定礼，自周初迄春秋末，《大学》、《中庸》、《论语》之微旨，孔子七十子之大义，均不外此。经十七篇，古礼之仅存者。然舍是，无以见姬、孔之心，立圣贤之极。后之儒者弃礼而言理，遂潜入于二氏之室，而有违于姬、孔之教矣。**君之乡先达戴东原氏著《原善》、《孟子字义疏证》等，大声疾呼，以言理义之学。庸鲁钝不通其所为，而于教授之文则攸然有当也。举此见君之精意卓识，能贯通全经之旨，而未始不由校雠文字间渐入其阃奥。是图之作，所系岂浅鲜哉？武进臧庸拜题，时长至前一日。

---

① 今按：此书纵论自汉至清学术源流，从变化发展的角度梳理，探究规律，为凌氏集中压卷之作。

② 睟穆：温和慈祥貌。宋张师正《括异志·来和天尊》："及见天尊，年甚少，睟穆之姿若冰玉焉。"

汪　龙

《清儒学案》卷七十九《东原学案·东原交游·汪先生龙》：汪龙，字蛰泉，歙县人。乾隆丙午举人。著有《毛诗申成》、《毛诗异义》，皆未刊行。（参《汉学师承记》）

《清史稿·儒林二》：汪龙，字辰叔，亦廷堪同邑人。乾隆五十一年举人。嗜古博学，尤精于《诗》，尝读《诗》《生民》、《玄鸟》二篇，疑郑笺“迹乳卵生”之说，不若《毛诗》谓姜嫄、简狄从帝喾祀郊禖之正，遂稽传、笺同异，用力于是经者数十年，成《毛诗异义》四卷、《毛诗申成》十卷。卒，年八十二。

《清史列传·儒林传下一》：存目。①

胡培翚《研六室文抄》卷十《汪叔辰先生别传》：先生姓汪氏，名龙，字叔辰，歙人。乾隆丙午举人，拣选知县。尝读《诗》《生民》、《玄鸟》二篇，疑郑笺“迹乳卵生”之说，不若毛《传》谓姜嫄、简狄从帝喾祀郊媒之为正，遂博稽传、笺同异，用力于是经者数十年，成《毛诗异义》四卷、《毛诗申成》十卷。毛传辞义简质，师授甚远，独得《诗》之正传。而郑康成集汉儒之成，笺《诗》又在注《礼》之后，学益深邃，均有未易訾议者。自唐孔氏作《正义》，不能辨别源流，后之读《诗》者，或从毛，或从郑，率归卤莽而已。先生意主述毛，而立论必持其平，一字之异，必详考而证明之，尝作《异义》……又今本郑氏《诗谱》多讹脱，先生据各书所引校补录，附《异义》之后。先生说《诗》，其精者萃于《异义》。殁后弟子鲍方榘刊以行世。而其《申成》一书，曾于友人王拔萃鼎祚处见之，征引亦详备，惜乎其未并梓以传也。先生尤熟于许氏《说文》，所著书数自手写，点画悉宗六书，无一笔苟。年过七十，交于段氏玉裁，得所注《说文》，复将《异义》补正若干条，重写定本，而段氏亦多采其说入《说文注》。生平安贫守道，绝不预外事。而当事者高其学，每造访其庐，郡守尝请修志书，所纂体例简严，后之为志书者不能如其范围也。又尝主讲郡城古紫阳书院。生于乾隆七年十一月，殁于道光三年十月十五日，年八十二。……论曰：先生晚岁耳重听，接膝不相闻，必以笔谈。寂处一室，

① 详见中华书局本第17册，第5533页。

唯与同邑举人方椿友善。椿字子桥。余于先生仅一造谒奉教，而与子桥数往来，故习知先生行谊。子桥事生母张太孺人极孝，性刚介不苟，随俗俯仰，急人之难，待友至诚，潜心六书，通汉儒笺注，蓄书万卷，皆手校其讹谬，著有《楚颂山房诗文集》十卷、《歙艺文志》四卷，亦吾郡绩学君子也。

江藩《国朝汉学师承记》卷五：汪龙，字蛰泉，乾隆丙午举人。著有《毛诗申成》、《毛诗异义》，皆未刊行。

桂文灿《经学博采录》卷八：歙县汪孝廉名龙，字教辰，乾隆丙午举人也。尝读《诗》《生民》、《玄鸟》二篇，疑郑笺"迹乳卵生"之说。

顾九苞

《清儒学案》卷九十六《实斋学案》：实斋作《庚辛之间亡友列传》，为侍朝、胡士震、沈棠臣、陈以纲、唐凤池、乐武、钱诏、徐芗坡、张羲年、顾九苞、罗有高、曾慎，凡十有二人。

《清史稿·儒林三》：（顾凤毛）父九苞，字文子，长于《诗》、《礼》。九苞母任氏，大椿祖姑，通经达史。九苞之学，母所教也。乾隆四十六年进士，归时卒于路，著述不传。

江藩《国朝汉学师承记》卷七：顾九苞，字文子，兴化人。博闻强记，长于《毛诗》、"三礼"。母任子田之祖姑，通经达史，文子之学，母之教也。文子乾隆四十六年辛丑成进士，未几卒。子凤毛，字超宗，号小谢，亦受经于祖母。年十一通《五经》。著有《毛诗集解》、《董子求雨考》、《楚词韵考》、《人声韵考》。乾隆四十九年甲辰，高宗纯皇帝南巡，召试钦取二等，后中戊申科副榜，卒年二十七。

钱林《文献征存录》卷七、李元度《国朝先正事略》卷三十六、李斗《扬州画舫录》卷三皆有传，存目。

章学诚《章氏遗书》卷十九《庚辛之间亡友列传》：存目。

翁方纲《复初斋文集》卷十二《送顾文子进士归兴化序》：岁庚子辛丑，礼部叠奏贡士于廷，盖天子寿考作人加甲乙科，海内穷经笃古之士应昌辰而蔚起。其在庚子恩科，方纲所知者，则嘉定钱塘溉亭、高邮李淳成裕，其在今辛丑正科，则归安丁杰小山、兴化顾九苞文子，其尤著也。钱、李皆方纲前秋所得士，而丁、顾皆方纲执友，又寓居同巷，晨夕过从者，是以知之，视钱、李尤详。而文子举乡试，出予门人吴学斋编修之门，其视予益亲，而予益畏其学之专且厚也。今之精研"三礼"者，吾最许宝应刘端林。端林之于"三礼"也，视文子之用力似分轨而实合辙。盖端林之意在于证经，而文子之意在于翼注，皆学人所难能者。而翼注之力尤为强毅而缜密也。其于贾、孔也什之九信之，什之一或弗信之。其于大夫司农也，所已发者意得之，所未发者亦若意得之，盖其致力在墨守郑氏而已。去年秋，小山将属两峰罗君画郑公象，与予往复论逢掖之制，以为深衣近是。而任礼部子田遂为《深衣考》一书以详释之。子田，文子邑人也，今亦将归矣。秋初，小山亦将言归荒江老屋之间，所得必更多于城市，庶期异日者二君谒选北来，相与对榻，出其所得，补正前贤之所未备。虽寡陋如予者，亦得津逮膏馥，以自充广，其乐何如也。子田、小山行亦有日矣。辄以此言先之。

金曰追

《清儒学案》卷七十七《西庄学案·西庄弟子·金先生曰追》：金曰追，字对扬，号璞园，嘉定人。诸生，受业于西庄，推为高第。读《十三经注疏》，每有所疑，随条辄录。《仪礼》讹脱较甚，先纂成《仪礼注疏正讹》十七卷。以朱子《通解》为主，附以宋杨复《图》，元敖继公《说》，元陈凤梧、明钟人杰两郑注本，并取吴江沈彤、山阴马骃之说，考订详备。乾隆五十五年诏刊石经，阮文达分校《仪礼》，多采其说。（参《嘉定县志》）

《清史稿·儒林二》：（王鸣盛）弟子同县金曰追，字对扬。诸生。深于九经正义，每有疑讹，随条辄录，先成《仪礼注疏正讹》十七卷。阮元奉诏校勘《仪礼》石经，多采其说。

王昶《（嘉庆）直隶太仓州志》卷三十七：金曰追，字对扬，岁贡生。为人端悫诚朴，博学能文，尤深经义。著《十三经注疏正讹》，其《仪礼正讹》已刊行世。

曹元弼《礼经学·流别第七》：其为校勘者：卢氏文弨有《仪礼详校》，金氏曰追有《仪礼经注疏正讹》。而阮氏元遍校《十三经注疏》，于《仪礼》尤详，集诸本异同，以唐石经宋严州本注景德本疏为主，综核诸家，校勘以阮氏为宗，解谊以胡氏为备。但阮书有校雠而无发正，胡书《士》、《昏》及《乡饮》以下四篇未成，余亦大纯，不免小疵。元弼不揆梼昧，赞而辨之，作《礼经校释》。

焦循《雕菰集》卷六《读书三十二赞·仪礼句读》（张稷若，名尔岐，济阳人）《仪礼章句》（吴中林名廷华，仁和人）《仪礼正讹》（金璞园名曰追，嘉定人）：《仪礼》十七，读者苦难。明三百年，束之不观。蒿庵处士，继绝守残，考其脱误，二百余言。仁和吴民，审定益单，分章断句，顿失其繁。金子《正讹》，贾疏亦完。

胡培翚《研六室文抄》卷七《仪礼经注校本书后》：汪君孟慈与余同官内史，以问学交，既又同官农部，出其考容夫先生《仪礼》经注校本示余。先生于经史无不通，著书十余种，其卓荦大者已刊布海内，固不藉是书以传。然培翚读其书，寻绎其意旨，则考核之精不容泯焉，乃为书其后曰：《仪礼》一经，自汉注、唐疏外，解者甚希。自宋王安石废罢，不立学官，而习者益希。沿及明季，版本传梓，讹文脱字，往往而是。国朝张稷若为《仪礼郑注句读》，始考正石本、监本误字。厥后若吴东壁之《仪礼疑义》、沈冠云之《仪礼小疏》、盛庸三之《仪礼集编》、戴东原之《辑仪礼集释》，皆纠正误字，而其专以校雠名编者，则有金璞园之《正讹》、浦声之《正字》、卢抱经之《详校》，至制府阮公《校勘记》出，益详且备。先生手校是书，自识云：乾隆四十四年，是时金浦之书尚未行世，吴沈之书亦未甚章显，先生独抱残守阙，丹黄订正，其扶明绝学之意何如耶？培翚以先生所校字，与诸家相参比，其中同者固多，先生固未见诸家之说……凡此诸条，深有功经义。乌乎！我朝诸儒于是经，订讹补脱，殆经十数家之搜考，至今日而此事大明，乃读先生书，尚多有诸家所未及者，益见经义渊邃如江海之藏，探之无尽，而是经由唐迄明，其颠倒错乱于冥心空腹者之手，视他经尤酷也。然十七篇文词古奥，而义例昭显，亲亲、尊尊之等杀存焉，未可任其稍有晦塞于其间，以致先圣制作之精意蔑如也。安得好学深思如先生者，为之尽发其覆也哉？

王鸣盛《仪礼经注疏正讹序》：《汉书·艺文志》于《礼》首列《古经》五十六卷，次列《经》十七篇，《古经》与十七篇文相似，而多三十九篇，盖以一篇为一卷也。十七篇者，高堂生所传，汉人谓之今礼，即今之《仪礼》也。后汉北海郑氏康成本传今文学，又兼采古文为之注，古文所多三十九篇，绝无师说，康成不注，遂无传焉。惟郑所注十七篇，由魏、晋迄唐初，贾公彦据黄庆、李孟悊之疏，为之正义，始得昭然大显于天下。吁！诸经中厪存而残缺多者，盖莫此为甚矣。乃自唐贞观而降，学者率尚词章，于《仪礼》一经每苦难读。至宋熙宁中，王安石始议罢之，不立学官，而道学诸公又喜谈德性，于制度文为一切置之不论，遂使十七篇传写镂刻之本，误文脱字较他经尤甚。虽张氏淳、杨氏复、敖氏继公类能究心于此，而亦殊多舛驳不纯。沿至明神宗时，监本误脱，益不可问矣。本朝以实学造士，于是经术大昌。昆山顾氏绛著《九经误字考》，校正十七篇经文凡若干条。他若济阳张尔岐之《句读》、山阴马骕之《易读》，校正经及注凡若干条，然犹未免有漏略者。吴江沈彤之《小疏》则惟校冠、昏、丧三篇，余皆未暇及。且疏者所以解经及注也，而此数家者皆未详校及此，犹或不无遗憾焉。吾乡金子名曰追，号璞园，研究实学，好古而具深识，其于九经《正义》，旁及《孝经》、《论语》、《孟子》、《尔雅》，精心雠校，并有成书，统名曰《十三经注疏正讹》。就中《仪礼正讹》十七卷尤为完备，以视诸家所得，不啻增而数倍之，其有功于经岂浅鲜哉？且夫读书之道，当求其实，欲求其实，必自精校始。不校者必不能读，不校不读，而动辄驾浮词，骋诡辨，坐长虚伪，甚无谓也。……曩者，丁酉秋，璞园曾以此编质予。明年戊戌夏，草草题数行而归之，意未尽也。越四年，璞园卒，祝予之叹，惘乎有余悲焉。张子式慎，字德华，吾乡名士也，夙昔受经于璞园。……乃谋刻其师之遗书，复奉以就正于予。予年衰目眊，嘉德华嗜学，能成其师之美，辍数日功，复为审核一周；会吾门有费生士玑，亦笃志穷经，适馆于予家，因相与商订，又改补十余事。而今而后，此经其可以毫发无遗憾矣哉！刻既竣，予遂详序其缘起如此。乾隆五十有二年，岁次丁未，孟冬之月，进士及第，通议大夫、光禄卿、前史官王鸣盛西庄氏，题于金阊门外洞泾草堂，时年六十有六。①

---

① 见陈鸿森辑《王鸣盛西庄遗文辑存》，载《嘉定王鸣盛全集》第 11 册，第 421 ~ 423 页；又见《湖海文传》卷二十，又见《（嘉庆）直隶太仓州志》卷五十六。

丁　杰

《清儒学案》卷七十二《抱经学案·抱经交游·丁先生杰》：丁杰，原名锦鸿，字升衢，号小山，又号小雅，归安人。乾隆辛丑进士，官宁波府教授。纯孝笃诚，尝走滇南迎父柩归葬。家贫不能得书，就书肆中读，肆力经史，旁及《说文》、音韵、算数。初至都，适四库馆开，任事者延之佐校，遂与抱经及朱笥河、戴东原、金檠斋、程易畴诸人相讲习。其学长于校雠，与抱经尤相似。得一书必审定句读，博稽他本同异。于《大戴礼》用功尤深，著有《大戴礼记绎》。谓《易》郑注久佚，宋王应麟裒辑成书，惠氏栋复有增入，审视两本，多羼入郑氏《乾凿度注》。又《汉书》注所云郑氏，即注《汉书》之人，非康成。乃刊其讹，定其是，复摘补其所未备，著《周易郑注后定》，凡十二卷。又有《小西山房文集》。嘉庆十二年卒，年七十。先生考证精核，为时所推。胡氏渭《禹贡锥指》号为绝业，摘其误甚多。尝谓《纬书》“移河为界，在齐吕填辟八流以自广”。河患之棘，由九河堙废，而害始于齐。管仲能臣，决不自贻伊戚。班固叙《沟洫志》云：“商竭周移，秦决南涯，自兹距汉，北亡八支。”则九河之塞，当在秦、楚之际矣。又谓惠氏栋《尚书大传》辑本疏舛，如“鲜度作刑，以产宝四方”，误读《困学纪闻》，此谬之甚者。《五行传》文不类，读《后汉书注》，始知误连《皇览》。然何以合并为一，亦不可晓。最后读黄佐《六艺流别》，则此节全载其中，乃知惠氏又因黄而误也。其为人校定刊行之书，曰《毛诗草木虫鱼鸟兽疏》、《方言》、《汉隶字原》、《复古编》、《困学纪闻补笺》、《字林考逸》、《苏诗补注》等书。子授经、传经，皆能世其家学，有“双丁”之目。授经字湘士，嘉庆戊午优贡，佐严铁桥可均成《校说文长编》甲、乙、丙三编。（参许宗彦撰《传》、缪荃孙《儒学传稿》、《湖州府志》）

《清史稿·儒林二》：丁杰，原名锦鸿，字升衢，归安人。乾隆四十六年进士，官宁波府学教授。杰纯孝诚笃，尝奔走滇南，迎父柩归葬。少家贫，就书肆中读，肆力经史，旁及《说文》、音韵、算数。初至都，适四库馆开，任事者延之佐校，遂与朱筠、戴震、卢文弨、金榜、程瑶田等相讲习。杰为学长于校雠，与卢文弨最相似。得一书必审定句读，博稽他本同异。于《大戴礼》用功尤深，著有《大戴礼记绎》。又《易》郑注久佚，宋王应麟裒辑成书，惠栋复有增入。杰审视两本，以为多羼入郑氏《易乾凿度注》，又《汉书注》所云郑氏，乃即注《汉书》之人，非康成，乃刊其讹，定其是，复摘补其未备，著《周易郑注后定》，凡十二卷。胡渭《禹贡锥指》号为绝学。杰摘其误甚多。尝谓纬书移河为界在齐吕，填阏八流以自广。河患之棘，由九河堙废，而害始于齐。管仲能臣，必不自贻伊戚。班固叙《沟洫志》云："商竭周移，秦决南涯，自兹距汉，北亡八支。"则九河之塞，当在秦、楚之际矣。惠栋《尚书大传》辑本，杰以为疏舛，如"鲜度作刑，以诘四方"，误读《困学纪闻》，此谬之甚者。《五行传》文不类，读《后汉书》注，始知误连《皇览》也。杰尝与翁方纲补正朱彝尊《经义考》，序年月，博采见闻，以相证合。又与许宗彦阐绎《墨子》上、下经，大有端绪。《方言》善本，始于戴震，杰采获裨益最多，卢文弨以为不在戴下。《汉隶字原考正》，钱塘谓得隶之义例。杰又言字母三十六字不可增并，不可颠倒：见、端、知、帮、非、精、照为孤清，不可增，浊声也；疑、泥、娘、明、微、来、日为孤浊，不可增，清声也；非即帮之轻唇，不可并于敷；微即明之轻唇，不可并于奉；影为晓之深喉，喻为匣之深喉，晓、匣、影、喻不可颠倒为影、晓、喻、匣也。所著书有《小酉山房文集》。嘉庆十二年，卒，年七十。子授经，嘉庆三年优贡；传经，六年优贡。皆能世其家学，有"双丁"之目。授经佐其友严可均造甲乙丙丁长编，以校定《说文》。

《清史列传·儒林传下一》：存目。①

翁方纲《复初斋文集》卷十三《丁小雅传》：丁杰，字升衢，号小山，又号小雅，浙江归安人。乾隆辛卯举人，辛丑进士，官宁波府学教授。嘉庆十二年二月卒，年七十。子授经、传经，皆能世其家学。传经述其状略，俾予为之传。君为人纯孝诚笃，于滇南迎父柩以归，葬于宁郡，捐赀监修圣庙，尤其足记者。而以方纲知君，则北学斋晨夕商订之益为多也。予为君题"北学斋"扁，在京师宣南坊金氏家，与予对门而居。乾隆戊戌、己亥数年间，无日不相过从，共几展卷审正罅漏，如对古人。**尝相约补正秀水朱氏《经义考》，序尾年月。竹垞此书纲领闳富，有资援据，顾所载序跋多删去末行年月，此抄胥意在省便，致使作者先后次序无所按据。予时在四库馆，日抄数条，归以语君，君亦博采见闻，以相证合，惜其后未能竟功。竹垞所见之书，今或有未见者，而其每书下载某人曰，不明著出于某卷，尤失考订之宜。君亦慨然与予同志补正之。今予所刻《补正》卷内虽间有述君语者，特其字句小异处，尚未足尽发君之笃志也。**丙午秋，予视学江西，不相见者二年余矣。至己酉九月，予自南昌役竣，将登舟，而君适来相访。是日送行者皆出，惟新城鲁生嗣光在侧，犹及与君相质郑义数事。巡抚何公裕城已待于河干，予临别谓何公曰："吾此行极恋恋者，惟一研经老友丁君，适来在此，公幸以讲席延之。"于是君应聘，主吉安鹭洲书院，而此后讫未得见矣。**予在馆中校雠数年，所时资取益者，卢抱经精校雠，王石曜、桂未谷精训诂，而君兼有之。**每竟一编，校签细字压粘，倍其原书，皆目光髯影，栩栩飞动处，所定《郑氏易》、《大戴礼记》、《尚书大传》皆将次第刊布，至如因郑芷畦窆志而摹毛西河、朱竹垞二先生像，因王次然《周礼订义》校本而摹方望溪、钟励假二先生像，其心目刻刻与古人为徒，精神所至，穿透万卷，一时学人实罕有其匹，非予弱笔所能摹绘者矣。

---

① 见中华书局本第17册，第5547~5548页。

许宗彦《鉴止水斋集》卷十七《丁教授传》：教授讳杰，字升衢，浙江归安人。自少笃志，贫不能得书，就书肆中读，自早至日稷，肆主闵其劳，为具食，辄却之，遂肆力经史，旁及《说文》、音韵、算数，咸有所得。乾隆辛卯科庄侍郎廷屿主浙江试，发策问《大戴礼》，教授所对尤赅贯，遂举乡荐。**入都时，方开四库馆，任事者多延之佐校，小学一门往往出其手。**因与朱学士筠、戴编修震、卢学士文弨、金修撰榜、程孝廉瑶田等相讲习，诸君咸重之。在都十年，聚书至数千卷，手写者十二三。辛丑科成进士，当得县令，以亲老，愿改儒官。其后十余年，选宁波府教授。嘉庆十二年二月卒，年七十。子二，授经、传经。教授为学长于校雠，与卢学士最相似。**得一书，必审定句读，博稽他本同异，用小纸反复细书。孙侍御尝谓曰："君书颇不易读，遇风，纸辄四散，不可诠次，奈何？"**于《大戴礼》用功尤深。胡处士渭《禹贡锥指》号为绝学，教授摘其误甚多……又尝校雅雨堂卢氏所刻书，传谓此乃惠征君裒辑本，颇述舛如，鲜度作刑，以诘四方，误读《困学纪闻》，此谬之甚者。《五行传》文不类，读《后汉书》注，始知误连《皇览》，然何以合并为一，亦不可晓。最后读明黄佐《六艺流别》，则此节全载其中，乃知惠氏又因黄而误也。又校郑氏《易》注，摘其误引《汉书·刘向传》郑氏注者一事，误引《乾凿度》者一事，《乾凿度》注者二事，引《文选·西征赋》注不能定为郑者一事，皆谛当不易。……教授所著书曰《周易郑氏后定》、《大戴礼记绎》、《小西山房文集》，其为人校定刊行之书曰《毛诗草木虫鱼鸟兽疏》、《方言》、《汉隶字原》、《复古编》、《困学纪闻补笺》、《字林考逸》、《苏诗补注》。论曰：宗彦获交教授时，教授齿已高，辱引为忘年之友。窃观其为人，断断然信古自爱，惇厚士也。读书强力，锲而弗舍，垂没前一日，犹诵《五行大义》①，以支辰配合之说告其子。呜呼，其嗜学弗可及已。

钱林《文献征存录》卷七：丁杰，字升衢，归安人。少以清苦建志，家贫不能得书，日就书肆中读，自朝至晡，以为常，肆主闵之，为具食，不食也。久之，博学多通。乾隆三十六年乡试，主司发策问《大戴礼》，杰所对独精，遂中式。入都，朱学士筠、卢学士文弨、戴编修震、程孝廉瑶田皆与为友，学益进，聚书益多。四十六年成进士，当得县令，以亲老，乞为儒官，选宁波府教授。尝校正许氏《说文》，以为明人《说文》分韵之本虽陋，颇多可采。胡渭《禹贡锥指》号为地理绝学，杰指其文误甚多。尝谓纬书移河为界在齐，吕慎遏八流，以自广夫河患之棘，由九河湮废，而害始于齐。管仲天下才，必不为此。班固叙《沟洫志》云："商竭周移，秦决南涯，自兹距汉，北亡八支。"则九河之害当在秦、楚际矣。谈者因以杰言推之，并可作纬候伪起哀、平之证也。尤善校书，雅雨堂卢氏所刻书传，乃惠征君所裒辑，杰以为疏舛，如鲜度作刑，以诘四方，误读《困学纪闻》，乃谬之甚者。《五行传》文不类，读《后汉书》注，始知其误连《皇览》，然不知其何以误，再读明黄佐《六艺流别》，则黄先误，征君又仍黄之误也。校郑氏《易》注，摘其误引《汉书·刘向传》郑氏注者一事，引《乾凿度》者一事，引《乾凿度》注者二事，引《文选·西征赋》注不能定为郑者一事，读《管子·内言戒》篇"我游犹轴转斛南至琅玡"，云犹即由，写者误重一由字，又涉下转旁，遂衍为轴，转斛即转鲋，鱼与角、付与斗均形近而讹。《孟子》"转附"，《寰宇记》引《齐都赋》、《晏子春秋》并作"转鲋"，可证矣。尝云："一人之书有经有解者始《管子》，有经有说者始《墨子》，有

① 《五行大义》，隋萧吉撰。

经有传者始《韩非子》。《墨子》经上下经各有说，凡四篇，俱用旁行读法，词旨奥衍，兼传写错互，杰与其友许宗彦互相阐绎，大有端绪。”杰所藏书皆审定其句，博稽他本同异，以纸反复细书，下签其中。御史孙志祖尝戏之云：“君书颇不易读，遇风纸辄四散，不可复诠次，奈何？”杰宝惜其书，每以厚糨黏纸八九层为面底页底，见者辄笑曰：“此丁氏藏书也。”既病亟，犹诵《五行大义》，以爻辰配合之说告其子。次日卒，年七十，嘉庆十二年也。为人校定刊行之书，曰《毛诗草木虫鱼鸟兽疏》、《方言》、《汉隶字原》、《复古编》、《困学纪闻》、《补笺字林考逸》、《苏诗补注》，其自著有《郑氏易注后定》、《大戴礼记绎》、《小西山房文集》若干卷，藏于家。其《郑氏易注后定》者，《易》郑注久佚，宋王应麟搜辑诸书，以存其旧，元和惠栋复有增入，杰审视两本，以为多羼入郑氏《易乾凿度》注，又《汉书》注所云郑氏，乃即注《汉书》之人，非康成，刊其讹，定其是，别为《郑氏易注后定》，若《小畜》之“舆说辐”，当改作“輹”，《夬》之“壮于頄”，当改作“其”，次序皆案郑《易》本文为之整比，复摭补其未备者若干条。卢学士文弨为之叙曰：**自王弼《注》兴而《易》晦，自孔颖达《正义》作而《易》亡**。宋之季年，学者争说性命，莫不以王、孔为本，杂以华山道士之言，而王伯厚氏独尽心郑注，搜辑阙佚，汇为一书，伟矣！自是之后，盖五百余年而得惠定宇氏，始考郑氏爻辰，增补伯厚集注所未备，然后天下知有郑《易》。又数十年，丁君小雅从而定之，正其违错，补其阙漏，次其篇章，然后郑氏之《易》大略具焉。方今士以不习郑学为耻，其考校郑书者无虑数十家，而以丁君此书为最善，盖其始为以至于今，二十余年，不苟成书，有为其学者必咨焉，从而为之校者以十数，惟以传信为务，而不以臆断，其为之也勤，其出之也慎，则其独善宜也。**且夫学者所以贵古书者岂惟其文哉！将有取其义也**。王伯厚氏之序此书，取朱震之言，曰多论互体，曰以象数为宗。夫《易》之有互不始郑氏，自田何、杨叔以来，论互体不足为郑学也。**《易》者，象也。《易》而无象，是失其所以为《易》。数者，所以筮也。圣人倚数以作《易》，而卦爻之辞数无与焉。汉师之学谓之言象，可谓之言数，不可象数并称者，末学之陋也**。吾以知伯厚之于郑概乎未有闻也，定宇氏说爻辰是矣。虽然，爻辰者，郑氏之所以求象，而非郑氏言《易》之要也。郑氏之学尽于爻辰而已乎？《记》曰：“夫礼本于太一，分而为天地，转而为阴阳，变而为四时，其降曰命。”韩宣子见《易象》曰：“周礼在鲁矣。”是故**易者，礼象也**。是说也，诸儒莫之言，惟郑氏言之。**故郑氏之《易》，其要在礼。若乃本天以求其端，原卦画以求其变，推象附事，以求文王、周公制作之意，文质损益，大小该备，故郑氏之《易》，人事也，非天象也。此郑氏之所以为大，而定宇氏未之知也。夫以王、惠二家之学如此，其所辑往往有抵牾而不知者，非其学不博，识不精，其所涉浅也**。丁君此书，余见其稿本，一字之义，必比附群书，以考其合，往往列数十事，是故于义审，于义审，则其分别有序也。无惑尔已。余往尝疑郑君笺《诗》，以婚期尽仲夏以前于经无所征验，及就归妹之注，考之六五爻辰在卯二月中，辞曰：“帝乙归妹以祉，元吉。”九四爻辰在午五月中，辞曰：“归妹愆期。”然后知笺义盖出于此。又尝疑雷震百里，以象诸侯，周官制则不合，及读晋康侯之注“诸侯有三捷之功，锡以乘马而广之”，然后知《易》有三代之制，其他如此者甚众，惜乎唐之儒师未有见及此者，遂使礼家微言泯没而不传也。然就此书而求之，比类傅物，以合郑氏礼注，则于《易》之大义未尝不有考焉。是则小雅之功不可废也夫！

阮元《儒林传稿》卷四、李元度《国朝先正事略》卷三十五、黄钟骏《畴人传四编》卷八皆有传，存目。

卢文弨《抱经堂文集》卷二《丁小雅杰校本郑注周易序》：……盖说经之道，贵于择善而从，不可以专家自固。况《易》含万象，随所取资，莫不具足。郑《易》多论互体。……王弼学孤行，遂置不讲，而此书亦遂失传。王氏搜群籍而缉综之功盖不细，其不能无误，则以创始者难为功也。近者归安丁小雅孝廉复因胡氏、惠氏两本，重加考定，举向来以郑注《易乾凿度》之文羼入者，为刊去之。以《汉书》注所云郑氏，乃即注《汉书》者，非指康成。又于字之传讹者……一一正之。又王氏次序本多颠错，胡氏、惠氏虽迭加更定，而仍有未尽，今皆案郑《易》本文为之整比，复摭补其未备者若干则。抉微振坠，使北海之学大显于世，此厚斋诸君子之所重有望于后贤者；而丁君实克缵之，非相违也，而相成也。岂与夫矜所独得以訾謷前人之所短者之可比哉！（下略）

周广业

《清儒学案》卷八十七《耕崖学案》：耕崖《孟子四考》，于出处、时地及传学源流，搜逸订讹，详博精审，其有功邹峄之书，足与里堂《正义》相媲美。同时海昌学者，松霭之研音学，仲鱼之治郑学，并为阮文达所推许。兔床博雅，亦仲鱼之亚也。○周广业，字勤补，号耕崖，海宁人。乾隆癸卯举人。深研古学，于《孟子》一书致力最勤。所著《孟子四考》四卷，一逸文，二异本，三古注，四出处时地，考订皆极精详。又著有《经史避名汇考》四十六卷及《读易纂略》、《读相台五经随笔》、《季汉官爵考》、《广德州志》、《四部寓眼录》、《补注意林》、《动植小志》、《循陔纪闻》、《三余摭录》、《时还读我书录》、《古文纪序》、《蓬庐诗文抄》等书。嘉庆三年卒，年六十九。(参史传)

《清史列传·儒林传下一》：周广业，字耕崖，浙江海宁人。乾隆四十八年举人。广业深研古学，著《孟子四考》四卷：一逸文，二异本，三古注，四出处时地，末附辨明王世贞论《孟子》用于齐必败，辟杨、墨非功之说。又著《经史避名汇考》四十六卷、《广德州志》。①

吴骞《愚谷文存》卷十《周耕厓孝廉传》：吾友周君耕厓之丧，予走哭诸寝门。既卒哭，其孤勋懋、勋常排比行事，衰绖踵门，泣以家传为请。予辱君之知，而勋常又吾兄女之夫也，悉君为较详，其敢以不文辞。君讳广业，字勤补，别字耕厓，姓周氏，宋儒元公之后。南渡初，太常公嗣源从济南扈跸居钱塘，七传至职方郎中，宣阖门殉德祐之难。遗孤肇允遁迹海宁之洛塘，遂家焉。七世祖甸为王文成公高弟，著书传世。六世祖启祥，隆庆戊辰进士，仕广州知府，崇祀乡贤名宦。五世祖明辅，天启中以文学举贤良方正。祖讳奕，考讳璟，并举孝廉，不仕。君生而颖异，试啼有英声，父名之曰灵根。初入小学，即能通训诂，辨音切，读书数行并下，长老咸以令器目之。性端重，不事童游。早岁慈父见背，哀毁如成人。母夏孺人甫四旬，弟成业才六岁，君力持门户，上奉孀母，下抚幼弟，虽从学于外，而甘旨衣食无稍乏阙。弱冠即家授徒，以供饘粥，从游者颇众。于是益克

① 详见中华书局本第 17 册，第 5510 页。

苦自励，祁寒酷暑，无间昕夕。年二十二，受知于学使翠庭雷公，补博士弟子。又与同邑祝人斋、朱蒿庵两先生讲学，纂《礼雅》，见推重。为人谨厚方正，耻事竿牍，以故屡困于场屋。乾隆戊子，闱卷已刻，魁旋以疑，抑置副车。厥后傥得傥失，迨癸卯始登贤能之书，则君年已五十有四矣。偕计吏北上，又累绌于礼部。然长安贵人皆稔君名，争欲致之门下，君终不肯讪首降志，与时俗为进退。旅食潞河数载，落落无所遇合。予间寄以诗，即幡然戒装，作归计，青衫席帽，策蹇渡芦沟，自是杜门却轨，一意著述，不复再蹋春明矣。于书无所不窥，凡十四经、二十四史，以及九流百氏，靡不遡流讨源，钩沉索隐，晚尤注意于《孟子》，尝谓搜讨经史，涉猎子流，所称引《孟子》往往为内篇所无，是逸文也，其与内篇错出者，是异本也，注家盛于朱，后独赵为古，而各书所载注文实不止赵，则又知有郑、刘、綦毋之注亦考而存之，凡此皆无所疑者也。以疑义言之，则如爵禄、封建、井田、学校之制与《周官》、戴《记》同异甚多，见于《注疏》可考。赵氏谓汉文时孟子尝置博士，迄今“五经”通义得引以明事，何当白虎观谈经，宁杂用纬书，而终不一及孟子也。……君于《意林》寝馈不离，南北舟车，辄载以自随，间为人借刻，亦置而不问，其襟怀豁达又如此云。生雍正庚戌十一月十二日，卒嘉庆戊午正月初一日，年六十有九。

朱珪《知足斋文集》卷六《书孟子四考后》：予在杭时，海宁周孝廉耕厓以所著《孟子四考》示予校勘，比予将行来索，则为仆人误束诸书簏矣。及到京师，耕厓属苏生琳趣此稿甚迫，已托阮编修元为予作题辞，应之，然鄙意本欲有所质于周君，故复申之。窃谓孟子道不行，退而与万章之徒著书七篇，皆实事也，非同庄生之寓言，与《战国策》之错记诸国事者，故当仍以本书为据。孟子言由孔子而来，至于今百有余岁，孔子卒于周敬王四十一年壬戌，则孟子之生当在周安王世是矣，又言由周而来七百有余岁？此语发于去齐之岁、燕人既叛之后。案《竹书》为隐王元年丁未，《竹书》以武王十三年壬辰，周有天下，至是当七百九十六年。若以《通鉴》乙卯为周元年，则八百余九年矣，殊不符也。阎百诗不信《竹书》而信《史记》，司马温公取《竹书》惠王改元之事，顾氏曰：据《纪年》周慎靓王之二年，而魏惠王卒，其明年为魏襄王之元年，又二年燕王哙让国于其相子之，又二年，齐人伐燕取之，又二年，燕人畔而孟子之书先梁后齐，其事皆合。然孟子在二国，皆不久，书中齐事特多，又尝为卿于齐，当有四五年，若适梁在惠王之末，而襄王立即行，故梁事不多，谓孟子以惠王三十五年至梁者，误以惠王后元年为襄王之元年也。窃谓《孟子》前二卷即其自叙去就先后本末之迹，故始于梁惠王，而襄王，而齐宣王，而邹穆公，而滕文公，而鲁平公，论世者当以此为仿，或谓灭燕者愍王，孟子曾再入齐见愍王。夫孟子自言久于齐，非吾志也，而惓惓于王由足用为善，若愍王者，乌可与为善哉？又《孟子》言公侯皆方百里，太公、周公始封皆方百里，今鲁方百里者五，与子产诸侯一圻之言合，而与马氏千乘之国方三百一十六里有奇，《周礼》封侯以方四百里，明堂位鲁封方七百里，诸说大相径庭，窃谓亦当以《孟子》为可信，何也？孟子与慎子辨，而斥其在所损乎？若所言不实，则慎子将掩口而笑之，曰：“子不闻周制封侯则方四百里乎？何不读《周官》耶？”故鄙见以为《周礼》疑非周书也，况地里古今相距不甚悬绝，可案迹而稽也。昔奉使道出山东者屡矣，自东平州四十八里渡汶河，齐鲁之交界也，十二里为汶上县，九十里为兖州府治之滋阳县，又三十里为中山店，又二十里为邹县，径鲁境者计不过百三十里耳。案：今曲阜即旧鲁国都，自曲阜而西三十里为兖州府，又西六十里为济宁州，又西五十里为嘉祥县，又州西北五十里为郓城县，是鲁之西境得二百二十四里。自曲阜而东六十里为泗水县，又东五十里为卞城鲁卞邑，又沂州府之费县在曲阜县东二百四十里，蒙山在县西北五十里，是鲁之东境不过二百里。自曲阜南而五十里为邹县，是鲁之南境不过五十里。又鱼台县在府南百七十里，武唐亭在县东北二十里，矢鱼于棠，远地也，又单县在府西南二百十里，鲁单父邑是鲁之西南二百里而强也，自曲阜而北宁阳县在府北五十里，又东北九十里曰巨平城，又府西北九十里汶上县，又府北百三十里泰安府，是鲁之北境百四十里。而近案鲁之东西，约共四百里，其南北约共二百里，不能方也。此则兼并之后，所谓方百里者五，近之实不过方二百十里有余耳。想其初封，盖方百里而赢焉。马、郑《周礼》明堂位之言不如孟子之近确也。①

吴省钦《白华后稿》卷九《孟子四考序》：……读书必以逆志论世，乃以知人。载籍极博，难遽考信。此子车表德，赵岐以谓未闻，而高诱有《正孟子章句》，见诱所注《吕氏春秋》者，《经籍志》亦未之及也。海宁周耕厓广业朴学覃思，言必征信，兹出《孟子四考》一编，曰逸文，曰异本，曰古注，曰仕止。其仕止一门，谓孟子亲老家贫，始仕邹为士，无舍其父母之邦，而以草莽臣，先至齐梁之理。建首梁惠王章，盖以揭仁义之大旨，而非其游历之次，故必审齐梁之世次，而后有以定孟子之出处，不特可以释朱子序说之疑，即万斯同之断断然与若璩不一辞者，不啻得所衷焉。是书多引宋以前书，予以近贤之说有可采，故约举之，而以"一贯"之"一"即"诚"，揭诸首。

吴骞《愚谷文存》卷四《经史避名汇考跋》：予友周耕厓孝廉之没，予既为之传，犹以未能悉读其遗书为恨。明年，君仲子勋常手所辑《经史避名汇考》见视，予反复循览，叹其宏通淹博，诚学士家必不可少之书也。夫公私讳避之义，自三代以来，著在经传者亦既详矣。是以昔范献子聘鲁而归，自悔不学，名其二讳，夫子言"征"不称"在"，言"在"不称"征"，见圣人之慎也如是。迄乎后世，斯道益严，于凡名物、度数、官爵、地理至草木虫鱼，苟稍涉于嫌忌，无弗改避，沿袭浸久，展转相承，往往昧厥本初。试观二十四史中，此类尤不可殚述。学者恒苦淄渑之莫辨，即有能举其什一而遗其什九者多矣。君于书史能爬梳抉剔，疏通证明，务探其赜，而穷其本，门类有原名、序例、帝王、宫掖、储副、藩封、戚畹、官僚、宦寺、亲属、师友、道释、闺门、神祠、远服、杂讳，凡一十有六，为卷四十有六。大要以经史为纲领，诸子百氏为条目，旁征曲引，宁详毋略，视汉汝南君《讳议》、晋陈承祚《释讳》、唐人《讳行录》等，奚翅倍蓰过之，可不谓之集大成哉？君于书无所不窥，平生攻苦绩学，矻矻孳孳，靡间寒暑，虽南北舟车，未尝一日废书，著述凡二十余种，无虑数千万言。已雕者：《孟子四考》、《文昌通纪》、《关帝征信编》、《广德州志》等，久布士林。惟此书卷帙既繁，积数十年之功，甫脱稿而遽捐馆舍，未及梓行，为之揾揽。嗟乎！昔人有言："士不通经，果不足用。"夫子作《春秋》，定、哀之间多微辞。微辞者，盖亦有所讳避也。好学深思之士，果能精究乎此书，则若献子之所云者吾知免矣。

周广业《蓬庐文抄》卷一《养老考》：《王制》："凡养老，有虞氏以燕礼，夏后氏以

① 见《续修四库全书》第1451册，又见《皇清文颖续编》卷十。

飨礼，殷人以食礼，周人收而兼用之。”陈氏《礼书》曰：“行苇言饮射，而继之以祈黄耇。”此周人以燕礼养老也。《周官》外飨言飨耆老，此周人以飨礼养老也。《祭仪》曰：“食三老五更于太学。”此周人以食礼养老也。三老之名见于《左传》。五更，蔡邕以为更即变也。旧说纷纭，均无足取。要之，不离乎尚齿者是。古者养老以八月，诸物老成，顺其时气，以助养育。长幼之序明，揖让之风盛矣。后世巡省风俗，先存问高年。时临旧郡，乃宴衎故老。或赐饮于端阙，或回舆于私室。又因灵休之集，加礼之成，而锡以鸠杖。赉以束帛，赐爵益封，此皆介于景福，终之以仁者也。其养老之地，虞氏养国老于上庠，养庶老于下庠，夏养国老于东序，养庶老于西序，殷则右学左学，周则东胶虞庠，其时人知孝弟，老穷不遗，洵盛王之令典矣。汉以来，引年之举，史不绝书，有赐物者，汉文帝元年诏有司，凡县道年八十以上赐米，人月一石，肉三十斤，酒五升，九十以上人赐帛二疋、絮三斤。其后武帝元狩元年，赐天下民年九十以上帛二疋、絮三斤，九十以上米，人三石。东汉明帝永平二年，赐天下三老酒人一石、肉四十斤。……方今古稀天子在上，登斯民于仁寿，五十年春，敬绳祖武，懋举耆筵，其自年六十以上至百有余岁者凡三千，鸠杖貂币，锡赉有差，且御制天章以宠之，而直省太史以年逾百龄，请旨予旌者，史不胜书，猗欤盛哉！直超唐虞三代而上之矣。

周广业《蓬庐文抄》卷三《开成石经考异序》：今言治经者，汉学尚矣，其次必曰宋，罕及唐者。余则谓**唐之为功于经不在汉下**，何也？汉去古未远，注经悉有依据。其本书失传，赖唐孔颖达、贾公彦、杨士勋诸儒为之旁征博引，沿流溯源，作《正义》以明之。否则，后人懵然莫知所出，注虽存，何益？长兴镂板，而后校雠家务得宋椠，以为奇宝，不知前此数百年，固有唐文宗所刻之石经，时则开成二年，病俗体之滋讹，恐真本之失传，故其写校上石，慎选儒臣，字体必本《说文》、《字林》，今所传《五经文字》、《九经字样》二书可参考而知也。宋椠虽精，讵足伦比乎？顾语人以《正义》，应犹唯唯，语人以石经，则应者十不获一。盖自宋次道、程大昌诸公专志长安地理之书，已绝不复道，遑问其他？间有好事者，不惜摩拓驮载之艰，而纸幅繁浩，往往不能卒读。即有之，仍高阁庋耳。卒读且不易得，又安望一一考其同异耶？吾友兔床吴君，覃心经术，凡诸言《开成石经》始末及诸家参阅考订之说，荟萃以成是编。甫脱稿，即以示余。余唯鸿都石经见于洪氏《隶释》者，仅成残字，绍兴石经虽漫阙无多，而几暇挥洒，体兼行楷，意在使善书者尊经，非鳃鳃于考文也。唯《开成石经》所重专在文字，其石大书深刻，今尚完好如新。治经者诚奉之以为圭臬，由唐本以上溯两汉，为世较近。其参考自必较易，裨助朴学无过是者。夫唐之于经，注文既有正义，以通其训释，本文复有石刻以定其文字，所以辅翼圣籍，启迪来学者至矣尽矣。而自五季以来，初未闻有加意表阐如兔床者。即今非得兔床，人亦安知石经所系若斯之重也。忆昔馆淬溪，有裱工，负是经以来，可百数十纸，索价颇廉，主人惮于装褫，却之，余适空囊不能得，今已二十余年，每念及，以为深恨。读兔床此编，益叹**唐有功于经不可没也**，而兔床之有功于石经不待言矣。

周广业《蓬庐文抄》卷四《书松霭先生〈古文尚书集说〉后》：《尚书》之有今古文也，蝌蚪与汉隶之异，非截然两书也。《史记·儒林传》云：“伏生得二十九篇，教于齐鲁之间。”又云：“孔氏有古文，安国以今文读之，因以起其家。逸书得十数篇。”《汉书·艺文志》云：“安国得古文以考二十九篇，得多十六篇，献之，遭巫蛊，未列于学官。刘向以中古文校欧阳、大小夏侯三家经文字，异者七百有余，脱字数十。”师古注见中古文《易经》下。又《儒林传》："成帝时求古文，得张霸《百两篇》，以中书校之，非是。"师古亦谓天子所藏之书，言中以别于外。师古谓："中者，天子之书也。"又《楚元王传》："刘向领校中五经秘书。"注同，盖即安国所献武帝所藏者。使果截然两书，安国安能读以今文？且以考二十九篇耶？其异字七百余，大率如郑注《仪礼》所云闑为槷，阈为蹙，格为嘏之类①，别无抵牾，然则增多之篇与伏书亦必大致相同，何以齐、梁间所出之古文平易，乃反过今文数倍，无怪宋、元以来疑之者日益众也。然其最惑人者无如《孔传》，即序中受诏为五十九篇，作传一语，其伪立见。天汉所献焉，得五十九篇，既献之，后即遭巫蛊，复以何时受诏？既奉诏作传，何绝不见于世？盖孔安国有二，一为西汉人，一为东晋人。东晋之孔安国曾参用马融、王肃本作今文二十八篇传，合伪《秦誓》为三十九，其书不甚著，惟李颙《尚书注》、裴骃《史记解》尝称引之。至齐，姚兴方获其本，误认为西汉孔安国遂妄造古文传足之，又伪为序传，诡称得诸大航头，向著《读经随笔》已详言之，未暇就正有道。今秋归自桐川，叔氏松霭先生惠示大著，首言朱子所疑孔传也，《孔书序》也，真不刊之论。窃喜与鄙意符合，而诸家之过于抨击，及西河讼冤反证紫阳者，皆未允矣。事冗，久留案头，未遑卒业。岁暮稍闲，细读一过，辄附数行于卷末，望有以教之。甲寅十二月十三日，侄广业谨跋。

周广业《蓬庐文抄》卷三《经史避名汇考自序》：广业结发从师授《鲁论》，遇夫子自称必圈，发其字令读若某，以为常。既授《戴记》，先子为讲讳字，始知礼有避名。时已九岁矣。明年秋，先子见背，藐诸负笈，心目交瞿，尝过乌墩舅氏，一同姓老儒为言。乙卯榜发，众讹哗，余得继知实尊甫厌世几何年矣。广业方悟其与先讳同逡巡引退，不乐竟日长试有司，恪遵禁例，于列圣庙讳、皇上御名、至圣先师讳敬谨避写偏旁点画，无不致慎。此则臣子之道应尔，非直鳃鳃为不考虑也。顾性酷嗜书，遇疑义必加研究……**甲辰春，橐以入都，与校《四库全书》，多所增益。**丁未冬南旋，为条贯件系，而手录之，复者汰，误者辨，阙者听，或值疑似漏略，采掇群言，参互剖晰，有易稿至七八者，辍作不常。去冬始缮齐，为卷四十有六：原名二卷，序例一卷，帝王由周迄明二十卷，宫掖以下至杂避忌二十三卷，别为《帝王庙系图》一卷，发凡起例，庶号完书。窃谓听声依事，人尽有名，避就形声，谊关礼典，意昔贤必有专精斯事，郁为不刊者，然如王休元日对千客，不犯一人之讳，唯通谱学。梁徐修仁该综百代，皆为避讳，亦只工文翰之用。惟东汉应仲远《讳议》，晋陈承祚《释讳》，勒为一家言，而书久佚亡，只存目录。类家则书抄，始集讳事而甚略。《通典》及《册府元龟》、《事文类聚》所载，宋洪容斋、王勉夫诸公所记，非无论列，终嫌挂漏。**是考以经史为纲领，以诸子百氏为条目，旁征曲引，宁详毋略，某朝某帝所讳若而字，彰彰可数，览之可想见当日臣子忠爱之心流露于载籍间如此，而凡事涉疑昧者或遂因之冰释，似亦斯世之一助也。**在昔文公定制，卒哭乃讳，汉以来生亦避名，兹故以名赅之。郑氏注《礼》，训讳为辟。《释文》音避张子让，《释诂》讳避也，因题曰《经史避名汇考》。先是私有撰著，俱赖同志裁益。此书创始其难，戛戛将伯无应者，乃不复敢示人，惟崔表弟星洲实同癖嗜，先后惠贶甚多。表侄朱尚行髫龄颖悟，手录《稗海》所有见贻，惜早殒，未竟其力，兹并采列，功不可忘。……时嘉庆二年岁次丁巳闰六月立秋后二日，海宁周广业耕厓书于古绥安之复初书院。

周广业《蓬庐文抄》卷八《经史避名汇考例言》：存目。

① 可以参考胡培翚《研六室文抄》卷四《与张阮林论闑阈槷捆书》。

梁玉绳

《清儒学案》卷一〇三《钱塘二梁学案》：梁玉绳，字曜北，号谏庵，钱塘人。东阁大学士诗正孙，工部侍郎敦书子。……先生家世贵盛，为名诸生。年未四十，弃举子业，专心撰著。尤精于史部，撰《史记志疑》三十六卷，据经传以纠乖违，参班、荀以究同异，从事几二十年。钱大昕称其书为龙门功臣，可与《集解》、《索隐》、《正义》并传。《人表考》九卷，旁搜曲证，尤为精博。又著有《吕子校补》二卷、《元号略》四卷、《补遗》一卷、《志铭广例》二卷。其他考订之说，为《瞥记》七卷。删存平生所为诗文，为《蜕稿》四卷。合《人表考》以下五种，为《清白士集》，取《淮南子》语以自号也。尝遗书弟履绳曰："吾与弟迂野性成，淡面钝口，不合时趋，只宜寝迹衡闱，继承素业。他日得有数十卷书传于后，不至姓名湮没足矣。"嘉庆二十四年卒，年七十六。(参史传)

《清史稿·儒林二》：梁玉绳，字曜北，钱塘人。增贡生。家世贵显。玉绳不志富贵，自号清白士。尝语弟履绳曰："后汉襄阳樊氏，显重当时。子孙虽无名德盛位，世世作书生门户，原与弟共勉之!"故玉绳年未四十，弃举子业，专心撰著。其《瞥记》七卷，多释经之文，有裨古义。玉绳尤精乙部书，著《史记志疑》三十六卷，据经传以纠乖违，参班、荀以究同异，钱大昕称其书为龙门功臣。著《人表考》九卷，谓班氏借用《禹贡》田赋九等之目，造端自马迁。《史记·李将军传》云："李蔡为人在下中。"其说颇是。

《清史列传·儒林传下一》：……尝谓经学自东晋后，分为南北；自唐以后，则有南学而无北学。《北史·儒林传》曰：江左《周易》则王辅嗣，《尚书》则孔安国，《左传》则杜元凯；河洛《左传》则服子慎，《尚书》、《周易》则郑康成。盖南北之不同如此。陆元朗南方学者，《经典释文》不独创始陈后主元年，其成书亦在未入隋以前。故《序录》中于王晓《周礼音注》，江南无此书，不详何人。于《论语》，云北学有杜弼注，世颇行之。又其书中引北音只一再见，似书成后入隋、唐，亦不增加。故北大儒如徐遵明诸人，皆不援及。《旧唐书·儒学传》称元朗于贞观初拜国子博士，《五经正义》之作，未必非元朗创议。故《正义》于《易》、《书》、《左传》用王注、孔传、杜注，并同《释文》。《正义》中所谓定本者，出于颜师古手。师古之学，本其祖介，介《家训·书证篇》每是江南本，非河北本。师古为定本时，辄引晋、宋以来古今本，折服诸儒，则据南本为定，可知也。孔仲达本兼涉南北学，至其为《正义》时，已有颜氏考定本在前，且师古首董其事，仲达亦不能自主，遂专用南学，而北学由此竟废。近乃有治郑氏《易》、《书》、服氏《左传》者，绍北学于千载之下，不亦难乎！(下略)①

吴庆坻《蕉廊脞录》卷三“梁履绳玉绳兄弟”条：雍乾间，钱塘梁氏，勋阀既显，门才极盛，而以文庄公孙履绳、玉绳弟兄为尤著。履绳字处素，号夬庵，于诸经中尤精《左氏传》，尝镌小印，文曰“臣有《左传》癖”，撰《左通》若干卷，析为六类，曰广传，曰考异，曰补释，曰驳证，曰古音，曰臆说。钱竹汀詹事见之叹服。中年徂谢，未及成书。补释一门，三十二卷，采摭繁富，其子祖恩刊行之。玉绳字曜北，号谏庵，著《史记志疑》三十六卷、《元号略》四卷、《古今人表考》九卷、《志铭广例》二卷、《吕子校补》二卷、《瞥记》七卷、《蜕稿》四卷，总题为《清白士集》。盖谏庵分居塔儿巷，山舟先生书“清白堂”额畀之，因以自号。每一书成，辄就钱竹汀、卢召弓、孙颐谷诸先生商榷，故舛驳绝少。谏庵《寄弟处素书》云：“后汉襄阳樊氏，显重当时，其子孙虽无名德盛位，世世作书生门户。吾仰之慕之，愿与弟其勉之。”其风尚可想矣。

徐世昌《晚晴簃诗汇》卷九十七、《（民国）杭州府志》卷一百三十八、潘衍桐《两浙辅轩续录》卷八皆有传，存目。

钱大昕《潜研堂集》文集卷二十四《史记志疑序》：太史公修《史记》，以继《春秋》，成一家言。其述作依乎经，其议论兼乎子。班氏父子因其例而损益之，遂为史家之宗。后人因踵事之密，而议草创之疏，此固不足以为史公病。或又以谤书短之，不知史公著述意在尊汉，近黜暴秦，远承三代，于诸表微见其旨。秦虽并天下，无德以延其祚，不过与楚项等。表不称秦汉之际，而称秦楚之际，不以汉承秦也。史家以不虚美，不隐恶为良，美恶不掩，各从其实，何名为谤？且使迁而诚谤，则光武贤主，贾、郑名儒，何不闻议废其书？故知王允褊心，元非通论，但去圣浸远，百家杂出，博采兼收，未免杂而不醇。又一人之身，更涉仕宦，整齐画一，力有未暇，此又不必曲为之讳也。自少孙补缀，正文渐淆，厥后元后之诏，扬雄、班固之语，代有窜入。或又易今上为孝武，弥失本真。今所传裴、张、司马三家文字，不无互异，转写锓刻，讹舛滋多，校雠之家讫无善本，私心病之久矣。仁和梁君曜比生于名门，擩染家学，下帷键户，默而湛思，尤于是书专精毕力，据经传以纠乖违，参班、荀以究同异，凡文字之传讹、注解之傅会，一一析而辨之，从事几二十年，为编三十六卷，名曰《志疑》，谦也。河间之实事求是，北海之释废箴肓，兼而有之，其在斯乎？至于斟酌群言，不没人善，臣瓒注史，广搜李应如苏；范宁解经，兼取江徐泰邵，分之未足为珍，合之乃成其美，洵足为龙门之功臣，袭《集解》、《索隐》、《正义》而四之者矣。

① 详见中华书局本第17册，第5540~5541页。

梁履绳

《清儒学案》卷一〇三《钱塘二梁学案》：先生《左通补释》外，无他著述。事亲至孝，葬父自北归，风日燥烈，尘埃涨天，热气中人，毒甚。抵家尚无恙，在山月余，亲畚杵维谨。莅面富春江，时当秋末，江风射人，作寒，未几，病卒。

《清史稿·儒林二》：履绳，字处素。乾隆五十三年举人。与兄玉绳相砻错，有元方、季方之目。其于众经中尤精《左氏传》，谓《隋志》载贾逵《解诂》、服虔《解义》各数十卷，今俱亡佚。杜氏参用贾、服，仲达作疏，间有称引，未睹其全。亦如马融诸儒之说，仅存单文只义。唐以后注《左氏》者，惟张洽、赵汸最为明晰，大抵详书法而略纪载。履绳综览诸家，旁采众籍，以广杜之所未备，作《左通补释》三十二卷。又有未成者五门：曰广传、考异、驳证、古音、臆说。钱大昕见其书，叹为绝旨。通《说文》，下笔鲜俗字。年四十六，卒。

《清史列传·儒林传下一》：履绳，字处素。乾隆五十三年举人。刻意于学，萧然如寒素，衣不求新，出则徒步，强识博闻，通声韵之学，尤精《左氏传》，其舅元和陈树华著《春秋内外传考证》，履绳复汇辑诸家之说而折其衷，成书六种，名曰《左通》：一曰补释，古注辑存虽富，惟合者录；一曰驳证，诸家诠释，或疏有证者驳；三曰考异，旁搜及石经群籍诸文；四曰广传，取材在《公》、《穀》、《国语》而外；五曰古音，证以风谣、卦繇；六曰臆说，详于别解轶闻，皆考辑详审。其《补释》三十二卷，外孙汪远孙为刊行，履绳不以所能病人，亦不以所知愧人，人乐亲之。五十八年，卒，年四十六。①

卢文昭《抱经堂文集》卷三十《梁孝廉处素小传》：梁君处素，名履绳，余益友也。善读书，既撷其精，并正其误，与其兄曜北相砻错，一时有元方、季方之目。余老而衰，漫思考订群书，有所遗忘及错误，处素率为余审定之。**两君皆厚余，其气象则曜北侃侃然，处素訚訚然，和易近人，人尤乐亲之**。曜北既弃举子业，专精《史记》学。处素以乾隆戊申科举浙江乡试，人咸意其发名成业之未有涯也。乃再试南宫不遇，归途风日燥烈，

① 见中华书局本第17册，第5541页。

尘埃涨天，热气中人，毒甚，然抵家尚无恙也。会葬其先考侍郎公，在山阅月余，亲程畚杵之劳维谨。莅面富春江，时当秋末，江风射人，作寒，君自以尚强壮不为意，然而君之受病深矣。两害俱发，卧床，未几即失音，越日而目已瞑矣。余闻而惊讶，往觇之，信，为之失声长恸。悲夫！广我见闻者之少此一益友也。呜呼！君生宦家，家门鼎盛，祖则文庄公，父则侍郎公，伯祖太史葰林公，伯父侍讲山舟公，设以常人处此，不为群屐风流，则为裘马清狂，日以酒食游戏相征逐为事，不复知有文字之乐者，比比然矣。君独萧然若寒士，衣不求新，出则徒步，不以所能病人，不以所不知愧人，博学而能孱守之，以故不涉于爱憎之口。自其曾大夫溪父先生以来，学问、文章照曜海内，代精八法，得其片楮，珍同拱璧。君克自奋厉，继承家学，其于众经中尤精《左氏传》。盖其舅氏元和陈君名树华著有《春秋内外传考证》，君复汇辑诸家之说而折其衷，疏为三编，先以其成者示余，余读而善之。其续纂者尚未竟也，遗草具在，检拾而加以整比焉，此则曜北之责已。君诗清新越俗，向与其兄及所亲合刻有《梅竹联吟集》，可见其崖略。书法虽不名家，然端谨不苟，如其为人。且通《说文》，故下笔鲜俗字。使老其材，其成就乌能测其所至。乃年仅四十有六，而竟夭死，乃乾隆之五十八年十一月三日也。在梁氏失一佳子弟，在宇内少一读书人，岂不哀哉！君娶于曲阜孔氏。孔氏多学人，余友孔君名继汾者，君之外舅也。以君处族党间，可以无愧色矣。一子曰常，孙曰壬。在长逝者固可无憾，而未死者乌能免于憾也。余颓唐之笔不足以为君重，但为之志其略，亦聊以抒余之哀而已。

张云璈《简松草堂诗文集》文集卷二《梁孝廉小传》：梁孝廉履绳，字处素，号夬庵，领乾隆戊申乡荐，相国舅氏文庄公之孙，少司空冲泉表兄仲子也。为人和易，无疾言厉色，又诚谨，重然诺，不轻为人谋事，谋则必要其成。虽生富贵，泊无嗜好，惟锐意经史，屡踬棘闱，四十外始一当，又数年，以营司空公葬劳疾遽卒，年仅四十六。戚党咸惜之。与予最密，哭之五古一百二十韵。……后专攻经史，诗不多作，笔亦少退。生平同征南之癖，尝治《左氏传》，约有六门：一曰广传，取诸子杂家之与《传》相表里者，以补左氏；一曰补释，采诸书以广杜注之未备；一曰考异，有石经考异，有群书考异；一曰驳证，搜采诸书及师友绪论，驳杜氏偏执之处；一曰古音，一曰臆说，统名之曰《左通》，未竟其业而没。今检补释、考异，已有定本，广传、驳证止存底稿，古音、臆说有录无书，良可深惜。……嘉庆丙寅六月。

阮元《两浙輶轩录》卷三十三、《（民国）杭州府志》卷一百三十八皆有传，存目。

张云璈《简松草堂诗文集》文集卷五《梁孝廉澹足轩遗诗序》：孝廉梁君夬庵既没之二十有七年，嗣君久竹明府葺其《澹足轩遗诗》若干卷，谋之梓，而以弁简之言属余。余与孝廉为中表之戚，又年相若，又同学为诗，是知夬庵者莫若余，知夬庵之诗者尤莫若余，于谊不当辞。忆余之初学为诗也，居城北梅东桥，夬庵与其兄谏庵居城西之竹竿巷，时昆仲方自黔中归，相得甚欢，刻意为诗。两家相距三里而遥，诗筒①往复，殆无虚日，小童疲于奔命。见则抵掌造膝，语刺刺不能休，或时狂笑翻茗，旁人张目，不晓何谓。三人者意益得，有梅竹联吟，马秋药太常诗所云“梅花何处无，修竹动遮藏。不有三子咏，

---

① 诗筒：盛诗稿以便传递的竹筒。唐白居易《秋寄微之十二韵》：“忙多对酒榼，兴少阅诗筒。”自注：“此在杭州，两浙唱和诗赠答，于筒中递来往。”

底自生清光”者是也。然三人之诗多不相袭：谏庵意气高迈，卓荦之句，其声摩空；余则率好驰骋，又喜雕绘；夬庵修洁玉立，如其人，而时有逸气。三人虽趋向或殊，而彼此皆为秦炙之嗜，其不欲貌为古穆高淡，率率无气，及一切俳优之体则无不同也。至所短，夬庵独能言之。尝谓余失之杂，谏庵失之粗，其自谓失在平弱，所得不同，故其失亦不同。迄于今，余诗虽灾梨枣，每思曩言，诚所不易。惜乎人琴已渺，不复再聆绪论，增益吾所不能，良可深憾。然其诗字锤句炼，有老宿所不能到者，殊未见为平弱也。后余久客扬州，相见既疏。夬庵亦从事盲左，有《左通》一书，未竟，作诗遂稀，年未及艾，赍志以殁。今夫人生于世，多者八九十，年少不过六七十年耳，而中间伤离者，若而年感逝者，若而年以志同道合之人，相与流连景光者，实数之仅一二十年之事，而此一二十年中，又不皆乐数晨夕也。死生契阔，伤如之何！如余于夬庵者，何可胜道？兹以序诗之，故而回忆前尘，更复杳如天上。呜呼！梁君其有知耶？其无知耶？九京不作，吾谁与归？今者余赋遂初①，幸得与谏庵欢然道故，犹见当年情事，然触景增悲，而相顾亦垂垂老矣。余不能序夬庵之诗，重以嗣君之请，因记平昔而缕述之，并质于谏庵。

梁履绳《左通补释自序》：《隋志》载贾逵《解诂》、服虔《解义》各数十卷，今俱已佚。杜氏参用贾、服，仲逵作疏，间有称引，恨未睹其全，亦如马融诸儒之说，仅存单文只义尔。唐以后注《左氏》者代不乏人，惟张洽、赵汸最为明晰，大抵详书法而略纪载。所行林尧叟本，又大半剿袭，绝少会心。余综览诸家，旁采众籍，以广丝之所未备，作《补释》三十二卷。②

钱泰吉《曝书杂记》卷一：清白士家有赐书，父子昆弟自为知己，一时老宿如杭堇浦、陈句山、卢绍弓、钱辛楣、孙颐谷诸先生皆得接读论，故与第处素俱强识博闻，一时有“二难”之目。处素名履绳，早卒，邃于左氏学，成书六种，名曰《左通》古注辑存虽富，惟合者录；专家诠释或疏，有证者驳；考异则彦蒐石经群籍之多；广传则取材在《公》、《穀》、《国语》而外；以及风谣卦繇，别解轶闻，皆考辑详审。今惟《补释》三十二卷已刊行。朱氏文翰作《后案》一篇，于处素撰述大旨发明颇详。

---

① 遂初：遂其初愿。谓去官隐居。

② 载《左通补释》卷首，见《续修四库全书》第123册。

武　亿

《清儒学案》卷一〇四《授堂学案》：中州人士，多以理学名家。授堂嗜古研经，独精汉学。通籍后，出宰数月，遽以伉直罢官。刻苦授徒，勇于著作，论者谓中州之知读古书、崇经学者，实自授堂倡之。(下略)

《清史稿·儒林二》：武亿，字虚谷，偃师人。父绍周，进士，官吏部郎中。亿居父母丧，哀痛毁瘠，以读书自励。时伊、洛溢，屋圮，架洿以居，斧朽木燎寒，诵读不辍。已，复从大兴朱筠游，益为博通之学。乾隆四十五年进士。五十六年，授山东博山县知县。县山多土瘠，民不务农。地产石炭、石矾，烧作玻璃器皿，商贾辐辏。亿问土俗利病，免玻璃入贡，革煤炭供馈，里马草豆不以累民。创范泉书院，进其秀者与之讲，敦伦理，务实学。而决辞无留狱，祷雨即沛。有以贿干者，未敢进，亿廉，知之，值迅雷，曰："汝不闻雷声乎？吾矢祷久矣。"贿者惶悚而止，舆情大洽。五十七年，大学士和珅领步军统领，事闻，妄人言山东逆匪王伦未定死，密遣番役四出踪迹之。于是番役头目杜成德等十一人横行州县，入博山境，手铁尺饮博，莫敢谁何。亿悉执之，成德尤倔强，按法痛杖之。喧传其事者，曰："亿卤莽，刑无罪，将累上官。"巡抚吉庆遂以滥责平民，劾罢之，而不直书其事。亿莅任仅七月，及去，民携老弱千余人走大府，乞"留我好官"，不可得，则日为运致薪米，门如市焉。吉庆亦感动，因入觐，偕亿行，为筹捐复。大学士、公阿桂谓吉庆曰："例禁番役出京畿，奈何责县令按法之非，且隐其实而劾强项吏，何也？"吉庆深自悔，而格于部议，遂归。嘉庆四年十月，仁宗谕朝臣密举京、外各员内操守端洁、才猷干济、于平日居官事迹可据者，得赴部候旨召用，亿在所举中。十一月，县令捧檄至门，而亿先以十月卒矣，年五十有五。亿学问醇粹，于七经注疏、三史、涑水《通鉴》皆能暗诵。既罢官，贫不能归，所至以经史训诂教授生徒。勇于著录，有《群经义证》七卷、《经读考异》九卷、《金石三跋》十卷、《金石文字续跋》十四卷、《偃师金石记》四卷、《安阳金石录》十三卷。又有《三礼义证》、《授堂札记》、《诗文集》等书，皆旁引远征，遇微罅，辄剖抉精蕴，比辞达意，以成一例。大兴朱珪称亿不愧好古遗直云。

《清史列传·儒林传下一》：存目。①

姚鼐《惜抱轩文集后集》卷六《博山知县武君墓表》：乾隆五十七年，当和珅秉政，兼步军统领，遣提督番役至山东，有所诇察。其役携徒众，持兵刃，于民间淩虐为暴，历数县，莫敢何问。至青州博山县，方饮博恣肆，知县武君闻，即捕之。至庭不跪，以牌示知县，曰："吾提督差也。"君诘曰："牌令汝合地方官捕盗，汝来三日，何不见吾？且牌止差二人，而率多徒何也？"即擒而杖之，民皆为快，而大吏大骇，即以杖提督差役参奏，副奏投和珅。而番役例不当出京城，和珅还其奏使易，于是以妄杖平民劾革武君职。博山民老弱谒大府留君者千数，卒不获，然和珅遂亦不使番役再出。当时苟无武君阻之，其役再历数府县，为害未知所极也。武君虽一令而功固及天下矣。君讳亿，字虚谷，偃师人。乾隆四十五年进士。其任博山县及去官才七月，而多善政，民以其去流涕。君自是居贫，常于他县主书院，读经史，考证金石文，多精论明义，著书数百卷。今皇帝在藩邸闻君名，及亲政，召君将用之，而君先卒矣。君卒以嘉庆四年十月二十九日，年五十五。余与君未及谶，第闻其行事，读所著述。今遇君子穆淳于江宁，为文使归揭诸墓上。君行足称者犹多，而非关天下利害，兹不著。嘉庆十八年二月，桐城姚鼐表。

朱珪《知足斋文集》卷五《前博山县知县诏起引见武君墓志铭》：偃师虚谷武君既卒之明年，其孤穆淳走京师，来谒曰："先君从游笥河先生久，及官博山也，以所学见诸施行，克廉以惠，乃行惩番役事罢官，民歌思之不忘。今上廉知其枉，特诏檄调来京，而先期厌世，命也。公悉其本末既详，乞铭之，以彰不朽，则死者诚不死也。"予不获辞。案状，君姓武氏，名亿，字虚谷，先世由怀庆军籍迁偃师。……君勇于著录，有《经读考异》、《群经义证》、《金石跋》、诗文集百余卷，藏弆于家，可谓不愧好古遗直者矣。生于乾隆十年乙丑十一月二十二日，卒于嘉庆四年己未十月二十九日，年五十有五。(下略)

法式善《存素堂文集》卷四《武虚谷传》：君姓武，名亿，字虚谷，一字小石，自号半石山人，河南偃师人。乾隆庚寅岁举于乡，庚子成进士。越十二年，选山东博山知县，官七月而罢。……其天性醇厚，而狷介又如此。君在笥河门，以朴学为同游所推服。罢官后，仍以授徒自给，主东昌书院，并修鲁山、郏、宝丰三县志，数年始归其里。安阳令赵君希璜与君同受业于笥河者，将延君至署订金石文字，而君已病矣。嘉庆四年十月廿九日君卒于家，时有大臣密疏荐君，有旨下河南抚臣，征君入对，而君殁已逾月，闻者无不惜之。所著有《经读考异》、《群经义证》、《三礼义证》、《授堂札记》、《金石三跋》、《授堂金石续跋》、《偃师金石遗文补录》、《读史金石集目》、《钱谱》、《授堂诗文集》若干卷。论曰：余与虚谷为同年友，交相得也。君怀用世才，慷慨自期许。方在鲁山修县志时，楚匪至唐、邓，君议于交口镇设兵扼险，于西山诸村坞立保甲，以杜贼来，计未行而贼果至，苟充君之才，岂不能有所树立，乃卒为世弃，悲夫！虽然，弃之于千万人，而取之于一二人，其轻重必有能辨之者，况垂死而受圣天子之知遇乎哉！

孙星衍《孙渊如先生全集》五松园文稿卷一《武亿传》：武亿，字虚谷，河南偃师人。……乾隆庚寅科中式本省乡试第六名举人。三应礼部试，皆报罢，因游朱学士筠之门。时学士负海内文望，门下士多一时贤俊阔达不羁之才，亿尽与交游，而独以文章气谊相勖厉。学士雅重之，为延誉，然性朴直，不喜干谒，惟布衣履跻，就日下书肆购异书，

① 详见中华书局本第17册，第5544~5545页。

所得金石古文，皆为考证，学日益进。庚子科成进士，五十六年谒选授山东博山县知县。……嘉庆四年十月卒于邓州客馆，得年五十有五。是冬，有旨命朝臣密保内外员操守端洁，才猷兼济，及平日居官事迹可据者，赴部候旨召用。亿名在保荐中。县令捧檄至门，亡已一月矣。亿至性淳笃，生平重风义，尝由都奉兄倬柩南归，乏资斧，手挽鹿车，不避溽暑泥泞，比达里门，足重茧。既葬，为之立后。族孙有孤贫者，十五年与同爨。闻师丧，千里奔赴。嵩县异史某卒丧，不能归，解衣质钱资之行。设义田县北郊，收偃师之弃殇者，冀以厚风俗。在鲁山时，楚匪扰至河南唐、邓之境，亿为令区画，议复鲁阳关，设兵防交口镇，以扼荆、襄要路；立保甲西山诸村坞，防逸贼窜匿。未及行，而交口镇、西山俱被贼，焚掠无余。邓州既经蹂躏，士民御贼死事者未得申上其实，亿劝立国殇祠以厉乡勇，其以维持风教为己任类此。亿通贯经籍，讲学依据汉儒师授，不蹈宋明人空虚臆说之习。所著经义，原本三代古书，疏通贾、孔疑滞，凡数百事。所得列代金石，为古人未见者数十通，因之考正史传者又数十事。今中州人知读古书，崇经学，搜访碑刻，备一方掌故，多自亿为倡始云。撰《群经义证》、《经读考异》、《三礼义证》、《读史金石集目》、《授堂金石跋》、《钱谱》、诗文集、札记之属数百卷，与修鲁山、郏、宝丰、安阳四县志，行于世。……旧史氏曰：武君真循吏也。在官七月，而得民心如是。令久于其任，治行当不止此。为县令者，人人如亿，吏治之弊，不至不可移易。墨吏负帑愈多，去之愈有所牵掣；强项吏一出而被劾，且以沽名相诟嫉，不遇非常察举之诏，何以厉廉节耶？予与武君交最密，知其事始末甚悉。及予罢山东廉使任，为阿附朝贵者所媒孽，事大类武君，独为君子求治太急，固俗所忌耶？抑遇非其时也。直谅多闻之交，又弱一个，悲已！

武穆淳《行述》：教诸子读书，当期有实用，实用莫过于地志之学。谓：“山川形胜，关津要害，能了如指掌，庶胸中包罗有物。”又曰：**“性贵有定，平昔无一定之守，临事惶惑，有误终身矣。”**

陈用光《太乙舟文集》卷三《武虚谷家传》：君姓武，名亿，字虚谷，河南偃师人。乾隆四十五年进士，五十六年选山东博山知县，官七月而罢。博山产煤炭，上官取给焉，使民挽运，又按户纳钱，买马以增邮递，且充刍秣之费，君皆裁去。邑有孝子节妇，必先榜其门而后具状请旌。又建范泉书院以教士，居官数月耳，欲为者将次第举行，而杖军役之事兴。军役曹君锡、杜成德者，隶步军统领衙门，假缉捕为名，而招结无赖十一人，横行州县，人莫敢谁何。入博山，三日不去，君则悉捡之，将治以法。君锡、成德出牌掷堂上不稍屈，君挝其胫，而数之曰：“此朝廷县堂也。余奉朝廷命宰是堂者也。余知有朝廷，乌知所谓步军统领。且牌称所到之处，报县协捕。若来三日矣，不吾面，何也？牌称二役耳，十一人奚自来？”一一杖之。君固以治营卒酗酒事，巡抚欲君与某弁和，君弗听而种之忤也，及闻是事，虑获咎于步军统领，又入丞刘某之谤，遂劾君滥刑。罢官日，县民赴省垣，乞留者数百人，巡抚悔之，适入觐令君偕行，为谋捐复，阿文成公在朝堂，抗声谓巡抚曰：“君劾某令，何不明疏其罪，顾乃以虚辞陷强项吏耶？”时步军统领意未解，闻此言愈怒，遂以吏议沮格之，而君以不能复官归。君少有异气，年十二，即能属文，塾师课之经，辄能举疑义以相质难。十七丧父，十九丧母，哀痛毁瘠，以读书自励。君父官中外三十年，无儋石储，君又不问生计，衣食几不能给。岁大水，伊洛漫溢，居室倾圮，君自负败木，植泥潦间，壅以沙石，覆以葭苇，穴一隙通天光，伛偻而入，不废吟啸。尝于风雪中取枯柳供爨薪，手僵，斧堕伤足，血淫淫溢，诵读自若。君身八尺，腰腹十围，状貌奇杰，多膂力，尝携弟柩南归，方盛夏多雨，过泥泞，辄手助推挽，足重茧，不以为劳。方未第时，居京师，从朱笥河先生游。及里居，闻笥河讣，徒步往奔其丧。嵩县典史某贤，而死于官，贫不能归，解衣资之去。……太史氏曰：余与虚谷为同年友，交相得也。君怀用世志，慷慨自期许，方在鲁山时，楚匪至唐、邓，君议当于交口镇设兵扼荆襄之险，于西山诸村坞立保甲以杜贼之来，计未行，而贼果至，君信可谓有用才矣。乃卒以忤权贵，为世所弃。虽然弃之于千万人，而取之于一二人，其轻重必有能辨之者，况垂死而受圣天子之知遇乎哉？

赵希璜《研栰斋文集》卷一《武征君传》：征君名亿，字虚谷，河南偃师县人，以乾隆庚子进士官山东博山县知县，治甚有声。民歌思不忘其罢官也，以惩番役事，天下器之，士夫敬焉。今上廉其枉，征赴京师，君已先卒，事载墓识。其友人安阳县知县赵希璜为之传，曰：君邃通经术，相貌魁岸，家无儋石储，晏如也。微时伊洛水溢，屋圮架，洿隰以居，诵读不辍，斧朽木燎寒，伤足，血殷不顾。壮游京师，著或谓云虚谷子寄居京邸，岁易三，终佽独孤默，不知取容，或有人焉过而怜之，谓曰：守雄守雌，不滞于时；一龙一蛇，神匿无涯。夫惟喆明，污处隐约，默不内兵，敛不外烁，故以腾掷彷徨，翱翔辽廓。今子顽钝无颜，木强自膜，崖岸高标，町畦迂错，固已失意，吠雪之龙浸笑沐冠之玃，而又何为自缚于踽步，徒甘此落落。且世有玭鳞不触，能致渊龙，下窥于庭，豢之投其欲也，履尾不狗，坐笼咥虎，自入于槛，服之委其顺也，故车或载脂而转舵，或引绳而连，或藉蒲而可纫，或编席而易卷，或淘金而就冶，或揉木而成桊，或藏器而应变，或不材而终年，莫不毁其方孔，凿以大圆，所愿知默知玄，不为世訾，窒隙塞瑕，蹈道而止，服按弦之遗规，笃佩韦之秘旨，于以婉软轻便，周旋徙倚，逢世之甘，抉身之否，乘轩策肥，垂缨结绮，故谓子将乘时而起，计无踰于此矣。虚谷子闻而应之，曰：固也，如客之欲，吾贬损以行也。然剥椒兰之实，而遗其英；铲姜桂之性，而揉其平，亦岂非言之类于盲邪？……论曰：忠臣不私，私臣不忠。履正奉公，臣子之节。此善事上官任，长孙不敢奉诏也。虚谷循循儒者，顾以惩番役罢官，或疑近于叱奴，下车数主之失，然其不能善事上官，后世必有以谅之者矣。

阮元《儒林传稿》卷四、江藩《国朝汉学师承记》卷四、李元度《国朝先正事略》卷二十一、《国朝先正事略补编》卷一、钱林《文献征存录》卷七、唐鉴《学案小识》卷十四《经学学案》皆有传，存目。

武亿《授堂文抄》卷一《汉制六马考》：**汉之驾以六马也，非汉创为之也**。昔孔冲远氏于《书正义》云：《春秋公羊》说“天子驾六”，《毛诗》说天子至大夫皆驾四。许慎案《王度记》云“天子驾六”。郑玄以《周礼》校人养马乘四，一师四圉四马曰乘。《康王之诰》云皆布乘黄朱，以为天子驾四，汉世天子驾六。然则依康成之言，盖必于周之盛时，其制始用四马也。然而《易》称“时乘六龙以御天也”，则固以六爻位数之也。《书》言“若朽索之御六马也”，作伪者杂群言以乱之也(《路史》注《五子歌》言六马天子驾六久矣，此亦《伪尚书》所误)。《大戴礼》子张问入官六马之离，必于四面之衢。子张，周人也，其亦为是言者，其当周既衰，列国因踵事附益而僭为之也。《列子》“六马可御”，《荀子》“伯牙鼓琴，而六马仰秣”，《晏子春秋》“梁邱据御六马而来”，《庄子》逸篇“金铁蒙以大绁，载六骥之上，则致千里”，数子所为书皆在周之季世，方于六马，始侈言之也。其浸淫而愈以非制者，则又如翟王子羡臣于景公以重驾下，晏子曰："夫驾八，固非制也，今又重此，其为非制也，不滋甚乎?"然则马之用六，增至于八，又重之至于十六，当时者亦有不悦乎此也。追后迄诸暴秦，乃益著为令。今见于太史公者，秦始皇纪数，以六为纪。《李斯列传》："二世曰：'夫人生居世间也，譬犹骋六骥，过决隙也。'"是其事也。(《吕氏春秋·忠廉篇》："吴王曰：'吾尝以六马逐之江上。'")汉兴，承秦之弊，侵寻而不知所易，故推校诸传录记，如《汉书·万石君传》："上问车中几马，庆以策数马，举手曰：六马。"《爰盎传》："今陛下骋六，飞驰不测。"《梁孝王传》："景帝使使持乘舆驷，迎梁王于阙下。"臣瓒曰："言驷不驾，六马耳。天子副车驾四马。"《王莽传》："驾坤六马。"《白虎通》："天子之马六者，示有事于天地四方也。"《周迁舆服杂记》："六驾，六马也。"《续汉志》："天子五路驾六马。"《东京赋》："六元虬之奕奕。"注："六马也。天子驾六马。"《西京赋》："天子驾雕轸，六骏驳然。"**则汉制之六马承于秦，实沿于周之季也。**

武亿《授堂文抄》卷八《经读考异后序》：《经读考异》八卷、《序述》二卷，合十卷，又《补》二卷，缀辑少具伦次，蓄已数岁，不敢一视于人。自丁未馆西霞先生西斋，日课两生，与之授读，因检昔所究心，故读至某字属句，世已口习，不复可破。及塾师坚执一读，不能兼通他读，或一字而上属下属，于文皆可两从，辄有义证，求其致确。时为两生言之，后于他方二三从游者亦有所授焉。由是流闻于外，同人多欲构写，予苦无以悉应其求，乃竭赀觅工，较刻凡间岁而成。盖夫今之君子，宏达周览，明章雅训，实于文字、形声、诂训悉阐其所以。至于离析经读，亦其为小学之所先事，然尚未闻有成书。因遂自忘其愚，妄有记述，用此以叹俗流未能离经辨义，而牵缀乖隔，纷扰不复成文。然后以曲解传之，以凿说锢之，于是展转侵易，古训沈没，为可惜也。昔鲍季详甚明礼，听其离文析句，自然大略可解。今予之区区为此，盖欲学者知所从事，而识厥趋焉，夫亦犹是矣。乾隆五十八年岁癸丑秋八月，馆东昌启文书院日也。

汪中

《清儒学案》卷一〇二《容甫学案》：容甫治经，专宗汉学，不喜宋儒。其学无所不窥，尤深于史，研求三代学制，及文字训诂、制度名物，故所著以《述学》名。文特渊雅，考据、词章二者兼之。

《清史稿·儒林二》：汪中，字容甫，江都人。生七岁而孤，家贫，不能就外傅，母邹授以《四子书》。稍长，助书贾鬻书于市，因遍读经史百家，过目成诵，遂为通人。年二十，补诸生。乾隆四十二年，拔贡生，提学使者谢墉每试，别置一榜，署名诸生前，尝曰："余之先容甫，爵也。若以学，当北面事之。"其敬中如此。以母老，竟不朝考。五十一年，侍郎朱珪主江南试，谓人曰："吾此行必得汪中为选首。"不知其不与试也。中颛意经术，与高邮王念孙、宝应刘台拱为友，共讨论之。其治《尚书》，有《尚书考异》。治《礼》，有《仪礼校本》、《大戴礼记校本》。治《春秋》，有《春秋述义》。治小学，有《尔雅校本》及《小学说文求端》。中尝谓："**国朝古学之兴，顾炎武开其端**；河、洛矫诬，至胡渭而绌；中西推步，至梅文鼎而精；力攻《古文》者，阎若璩也；专治汉《易》者，惠栋也。凡此皆千余年不传之绝学，及戴震出而集其大成。"拟作《六儒颂》，未成。又尝博考先秦古籍，三代以上学制废兴，使知古人所以为学者。凡虞、夏第一，周礼之制第二，周衰列国第三，孔门第四，七十子后学者第五。又列通论、释经、旧闻、典籍、数典、世官，目录凡六。而自题其端曰："观周礼太史云云，当时行一事则有一书，其后执书以行事；又其后则事废而书存。至宋儒以后，则并其书之事而去之矣。"又曰："**有官府之典籍，有学士大夫之典籍、故老之传闻。行一事有一书，传之后世，奉以为成宪。此官府之典籍也。先王之礼乐政事，遭世之衰，废而不失，有司徒守其文，故老能言其事。好古之君子悯其浸久而遂亡也，而书之简毕。此学士大夫之典籍也。**"又曰："古之为学士者，官师之长，但教之以其事，其所诵者《诗》、《书》而已。其他典籍，则皆官府藏而世守之，民间无有也。苟非其官，官亦无有也。其所谓士者，非王、侯、公、卿、大夫之子，则一命之士，外此则乡学、小学而已。自辟雍之制无闻，太史之官失守，于是布衣有授业之徒，草野多载笔之士。教学之官，记载之职，不在上而在下。及其衰也，诸子各以其学鸣，而先王之道荒矣。然当诸侯去籍，秦政焚书，有司所掌，荡然无存。犹赖学士相传，存其一二，斯不幸中之幸也。”又曰：“孔子所言，则学士所能为者，留为世教。若其政教之大者，圣人无位，不复以教子弟。”又曰：“**古人学在官府，人世其官，故官世其业。官既失守，故专门之学废**。”其书稿草略具，亦未成。后乃即其考三代典礼及文字训诂、名物象数，益以论撰之文，为《述学》内外篇，凡六卷。其有功经义者，则有若《释三九》、《妇人无主答问》、《女子许嫁而婿死从死及守志议》、《居丧释服解义》。其表章经传及先儒者，则有若《周官征文》、《左氏春秋释疑》、《荀卿子通论》、《贾谊新书序》。其他考证之文，亦有依据。中又熟于诸史地理、山川扼要，讲画了然，著有《广陵通典》十卷、《秦蚕食六国表》、《金陵地图考》。生平于诗文书翰无所不工，所作《广陵对》、《黄鹤楼铭》、《汉上琴台铭》，皆见称于时。他著有《经义知新记》一卷、《大戴礼正误》一卷、遗诗一卷。五十九年，卒，年五十一。中事母以孝闻，左右服劳，不辞烦辱。居丧，哀戚过人，其于知友故旧，没后衰落，相存问过于从前。道光十一年，旌孝子。

《清史列传·儒林传下一》：中性质直，不为容止，疾当时所为阴阳拘忌、释老神怪之说，斥之不遗余力。于时彦不轻许可，好嫚骂人，人目之曰“狂生”。然不没人之实，有一文一诗之善者，亦赞不容口。事母以孝闻，贫无菽水，则卖文以养。居丧哀戚过人，其于知友故旧，没后衰落，相存问过于生前。盖其性之笃厚然也。子喜孙。①

凌廷堪《校礼堂文集》卷三十五《汪容甫墓志铭》：君讳中，字容甫，姓汪氏。其先歙人，后迁扬州，遂占江都籍。少孤，性至孝，奉母以居。天资高迈，好谩骂，人多忌而恶之。为诸生十余年，屡试于乡，不售。嘉善谢金圃侍郎督学江苏，排众议拔而贡诸太学，以病未廷试，自是遂绝意于仕进。丙午岁，朱石君先生典江南试，榜发以不得君为惜，而君是科实未入场也。家贫，善治生，衣食渐充裕。巡盐御史闻其名，使司文汇阁所颁之四库书。乾隆五十九年，以检校书籍往杭州，遘疾，卒于西湖旅次。吊之者仅三人。悲夫！君读书极博，六经子史，以及医药、种树之书，靡不观览。著书率未成，少日作诗古文，复自弃去。今所存者，有《述学》四卷，皆杂文也。君最恶宋之儒者，闻人举其名则骂不休。又好骂世所祠诸神如文昌、灵官之属。聆之者辄掩耳疾走，而君益自喜。**汉、唐以后所服膺者：昆山顾宁人氏、德清胡朏明氏、宣城梅定九氏、太原阎百诗氏、元和惠定宇氏、休宁戴东原氏。尝云：“古学之兴也，顾氏始开其端；河洛矫诬，至胡氏而绌；中西推步，至梅氏而精；力攻古文《书》者，阎氏也；专言汉儒《易》者，惠氏也。凡此皆千余年不传之绝学，及戴氏出，而集其成焉。”拟为《国朝六儒颂》，而未果。君于时流，恒多否而少可。钱晓征、程易畴两先生外，惟王怀祖给事、孔众仲检讨、刘端临训导、江子屏太学数人，时或称道，余大半视之蔑如也**。所极骂者一二人，皆负当世盛名。人或规之，则应曰：“吾所骂皆非不知古今者，盖恶莠恐其乱苗也。若方苞、袁枚辈，岂屑屑骂之哉？”其傲兀类如此。然于学术知条理者，未尝不推挹之。忆甲辰岁，阮伯元詹事方弱冠，余偕之访君，君与谈论，颇折服。越数日，治具招焉。伯元畏其好骂，谢不往。君深恨之，遂成雠隙。然每与余论及当代学人，终为伯元屈一指也。呜呼！即此可见君之虚怀好善，非徒以谩骂惊世骇俗者矣。君卒年五十有一。曾祖某，祖某，父某。

① 详见中华书局本第17册，第5537~5539页。

君初娶孙氏，不相能，援古礼出之。继娶朱氏，生子喜孙，尚幼。以某年月日，葬于某原。(下略)

陈寿祺《左海文集》卷九《清故拔贡生敕赠内阁撰文中书诰赠户部员外郎汪先生墓志铭》：先生讳中，字容甫，扬州江都人。父一元，邑增生，学殖行修，尤善算术。先生七岁而孤，母邹太宜人，缉屦以食，更百苦以淼，其后稍长，游书肆，遍阅经史百家，过目成诵。年二十，补附学生，卖文为养。左右服劳，心贯九流，口敝万卷，针砭俗学，疏瀹古义，推六经之旨，以合于世用。凡古今制度沿革、民生利病皆博问而切究之。其治《尚书》，撰《尚书考异》；治《礼》，溯源于荀卿、贾傅，纲提条析，得其会通，于丧服用力最深，惜未成书。撰《仪礼经注正讹》、《大戴礼记补注》。治小学，撰《尔雅补注》。……治《春秋》，撰《春秋述义》，识议超卓，论者谓唐以下所未有也。国初二顾舆地之学历二百年，江左莫能继。先生于诸史地理、山川厄要讲画了然，口若悬河，论关内、东吴、江北、淮南之形胜，则有《秦蚕食六国表》、《金陵地图考》、《广陵通典》，博稽三代典礼，至于文字、训诂、名物、象数，益以金石之文，成一家言，为《述学》内外篇，依据经证，实事求是，为《知新记》，又撰《春秋后传》、《国语正讹》、《旧学蓄疑》、《强识录》，藏于家。……乾隆四十二年拔贡生，卒年五十有一。道光十一年旌孝子，诰赠户部山东司员外郎，葬甘泉县大仪乡叶家桥西北半里。(下略)

王引之《王文简公文集》卷四《汪容甫先生行状》：先生名中，字容甫，扬州府江都县人。少孤好学，贫不能购书，助书贾鬻书于市，因遍读经史百家，过目成诵。年二十，应提学使试，试《射雁赋》第一，补附学生。诗、古文、词日益进。仪征盐船厄于火，焚死无算，先生为《哀盐船文》，杭编修世骏序之，以为"惊心动魄，一字千金"，由是名大显。当世通儒，如郑赞善虎文、朱学士筠、卢学士文弨、王侍郎昶，见先生所撰，咸叹赏以为奇才。年二十九，始颛治经术，与家大人及李进士成裕、刘教谕台拱共讨论之。其后谢侍郎墉提学江左，特取先生为拔贡生，每试别为一榜，列名诸生前。侍郎尝谓人曰："予之先容甫，以爵也；若以学，则予于容甫当北面矣。"其见重如此。朱文正公提学浙江，先生往谒，答述扬州割据之迹、死节之人，作《广陵对》三千言，博综古今，天下奇文字也。毕尚书沅总督湖广，招来文学之士，先生往就之，为撰《黄鹤楼铭》，歙程孝廉方正瑶田书石，嘉定钱通判坫篆额，时人以为"三绝"。先生于六经、子、史以及词章、金石之学，罔不综览，乃博考三代礼经，至于文字、训诂、名物、象数，益以论撰之文，为《述学》内外篇，识议超卓，论者谓唐以下所未有。尝著《春秋述义》，以明《左氏春秋》，未成而殁。为文根柢经史，陶冶汉、魏，不袭欧、曾、王、苏之派，而取则于古，故卓然成一家言。性质直，不饰容止，疾当时所为阴阳拘忌释老神怪之说，斥之不遗余力，而遇一行之美，一文一诗之善，则称之不置。事母以孝闻。贫无菽水，则卖文以养。左右服劳，不辞烦辱。居丧，哀戚过人。其于知友故旧殁后，寥落存问之有加于生前，盖其性之笃厚然也。年五十一，卒于杭州西湖之上。先生，家大人之所推服也，其学其行，趋庭之日，窃闻其梗概久矣，而先生于余所说《尚书》训诂极奖厉，以为可传读父书，则又有知己之感焉。虽不能文，窃愿扬榷而陈之，以告后之君子。嘉庆二十年，岁在乙亥六月己未，高邮王引之谨状。

孙星衍《孙渊如先生全集》五松园文稿卷一《汪中传》：汪中，字容甫，江南江都人。少孤，贫，力不能就傅，因鬻书诣人家学舍中，稍稍识字通文义，颖慧绝人，尝代学童为文欺其师，塾师大惊异。久之，游书肆，与书贾交借阅经史百家，博究古籍，能别白是非真伪。入学为附生，学使者至，则先耳中狂名，欲因试摧辱之，及见其文，皆甚推服，试上等。中侃侃辩，盈廷无所屈。朱学士筠督学安徽，中往就之，时太平守沈业富亦客，中交道渐广。中尝对策场屋，问事者麏至，悉疏示之，出场后因撰策学数十篇，不检书，不属稿，刊行于时，大为獭祭者所秘宝，覆按书无舛误者。翁阁学方纲、朱侍郎珪先后校士江左，思暗中物色之，中不就试。乾隆丁酉岁，谢侍郎墉来督学，选拔贡生，中不应朝考，亦不就试，益以经义自娱。**当是时，四库馆开，海内异人异书并出，经学、小学、算学、词章、金石之学卓然。以撰述自见者，有钱少詹大昕、王光禄鸣盛、卢学士文弨、孙侍御志祖、王兵部念孙、段大令玉裁、戴编修震、王副宪昶、蒋编修士铨、袁大令枚、姚比部鼐。中于诸君为后进，皆辩难无所让。别自书当代名人姓字，品核高下，人愈嫉之，以为汪中善骂人。中曰："吾乡多贾人，不知学短长，日见谀者众遭骂，乃疑为俊士，且吾不骂庸俗人也。得吾骂，亦大难。或言遭骂，妄传耳。"**然中能鉴别彝器书画，得之售数十百倍，家渐丰裕。中深自敛抑，为诗曰："佯狂骂坐自平日，焉知性命鸿毛轻。"寓书规予曰："**学问观其会通，性行归于平实**。"盖中之学益进于道。游楚谒毕督部，归爱浙西山水，留久之。乾隆五十九年月，以疾卒于西湖葛岭园客舍。中解经有神识，**病古人之疑《周官》、《左传》也，为《周官征文》及《左氏春秋释疑》，皆依据经证，箴砭俗学**。又病后人疑经中春会男女之文，中读会若司会，以谓霜降逆女，冰泮杀止，至中春则过时，媒氏书男女年月日名，于是时计之。予亦言聘则为妻，奔则为妾。经言奔者谓不及礼聘，非淫奔也。又病未嫁女为婿守贞之不合礼，以谓妇人不二斩，故为夫斩，则为父母期，未有夫妇之恩而重为之服，以降其父母，于婿为无因，于父母为不孝，失礼之中，文失礼焉。凡所为文，皆有益经术，维持世道。余见所著《述学》，云中于诗古文书翰无所不工，振笔千言，不加点窜，尽如人意所欲出。爱《春秋左氏》，学之，自言取法乎上，不失为汉、魏文也。生平不肯信宋人理学及世俗非鬼之祭，斤斤焉斥詈西域金人一切淫祀之属，妻有过，出之，俗人颇以为怪。而中孝事寡母，笃于交谊，所至之处，访故师友墓，拜奠之，或恤其后人。死后，妻妾皆守节抚孤子，不坠家教。旧史氏曰：汪中非狂士也。方中困厄时，俗人揶揄之，因愈激烈骂坐。然中文原本经术，皆先王之法言，比之昔人疑《系词》、《书序》，改易《诗序》，议《周官》、《礼记》，删《孝经》，绝不知畏圣言者，其狂何如哉？中与予学术最相契合，惟论明堂、石鼓意见不同耳。其长不可及也。中卒得自赡其生，有子息，不至如明唐寅、徐渭之放废，亦学足以自立。世人以不狂为狂，岂不惑哉！

刘台拱《容甫汪君传》：君讳中，字容甫，姓汪氏，江都人。生七岁而孤，家夙贫，妣邹太孺人缉屦以供朝夕。居城北，止三席地，冬夜以薪蒙地而卧，旦以供爨事。四壁萧然，霜雪被体。尝以筋力致养，力不能就傅，邹太孺人授读小学诸书。比长，鬻书于肆，与书贾交，借阅经史百家，十行并下。年二十，李侍郎因培督学江苏，试《射雁赋》第一，入学为附生。乾隆四十二年丁酉，谢侍郎墉来督学，选拔贡生，年四十，病怔忡①，闻鸡犬声，夜不成寐，选拔后不与朝考，亦不就乡试。五十一年丙午，大兴朱石君师以侍郎典试江南，思得君为选首。君不就试，感其知遇，投书数千言，事以座主之礼。石君师

① 怔忡：中医病名。患者心脏跳动剧烈的一种症状。

旋奉命督学浙江，君谒诸钱唐官署，为述扬州割据之迹、死节之臣，作《广陵对》，凡三千言。君少作诗，上规汉、晋，下逆韩、杜，三十以后遂不复作。古文辞醇茂渊懿，义例谨严，根柢经史，镕式①汉、唐，不入欧、曾、王、苏之室。所为六朝骈体文，哀感顽艳，志隐味深，无近人规模汉魏、排比奇字之失。尝自序生平，以为比迹孝标，四同五异。又撰《哀盐船文》、《吊黄祖文》、《狐父之盗颂》、《吊马守真文》、《汉上琴台之铭》，并著于世。晚年颛治经术，举其大者，释以义例，纵横贯穴，博大淹通，卓然成一家言。承学之士，初若创获，及反复考订，乃知依古以来，经师大儒所未发明者，自君抉其精奥，所谓县诸日月不刊之书也。好《左氏春秋》，作《春秋释义》数十条，又采定、哀以后列国之事，撰《春秋后传》，未成。病后人之诬《左氏》、疑《周官》也，作《春秋左氏释疑》、《周官征文》。……凡所为文，并有益经术，维持风教。君于史学，贯穿勃率，尝取宋氏宗室之见于纪传者，为《宋世系表》，补沈约书之缺，撰《宋世系表序》。又撰《广陵曲江证》、《答钱少詹事问江淹墓辨》、《江都县榜驳义》。并根据列史，辨证地理之误。《荀子》、《墨子》之书，皆所卒业，以今世所行贾谊书篇次失序，依《汉书》本传校录，次为内、外篇。所撰《荀子通论》、《年表》、《墨子序》、《墨子后序》、《贾谊新书序》、《年表》，并著于《述学》内篇。君搜辑三代、两汉学制，以及文字、训诂、度数、名物，有系于学者，分别部居，为《述学》一书，属稿未成，更以平日读书所得，及所论撰之文，分《述学》内外篇。又仿《大事记》之例，撰《广陵通典》十卷，次及杨行密本事而止。君藏书多善本，朱墨烂然，横列座右，杂以金石、彝器之属，凡数十年，未尝去手。王侍郎昶拟《广师》，谓君有扬、马之文；孙粮储星衍作《传》，谓解经有神识，于古文书翰，振笔千言，不加点窜，无不如人意所欲出；阮抚部元叙录《述学》，谓"心贯九流，口敝万卷，鸿文崇论，上拟汉、唐"。此皆足以语君之问学者。君与毕尚书沅书云："**某少日问学，实私淑顾宁人处士，尝推六经之旨，以合于世用。及为考古之学，实事求是，不尚墨守，以此不合于元和惠氏，其所为文，恒患意不称物，文不逮意，不专一体。**"此非君自道其实，能若是之亲切有味与？君所著有《春秋述议》、《春秋后传》、《知新记》、《述学》、《广陵通典》、《金陵地图考》若干卷，诗一卷，选经、史、子及汉、魏、六朝、唐人之文，为《喜诵》十卷。又选屈、宋以下哀艳之文，为《伤心集》，未成。君以乾隆五十九年十一月二十日卒于杭州葛岭园。君生平刚肠疾恶，遇事便发，以故人多嫉之，然君孝事寡母。同出姊妹二人，母邹太孺人爱怜少女，君待之有加礼，抚外孙如己出。每至一地，披荆棘，拜师友之墓，遗金赠其后人。尝读阮嗣宗传，谓"外坦荡而内淳至"。以例君之行事，其殆千秋之公评也夫！②

江藩《国朝汉学师承记》卷七、钱林《文献征存录》卷七、李元度《国朝先正事略》卷三十六、李斗《扬州画舫录》卷三、张维屏《国朝诗人征略》卷四十二皆有传，存目。

阮元《传经图记》：**有陋儒之学，有通儒之学。何谓陋儒之学？守一先生之言，不能**

---

① 镕式：谓取法，以为楷模。刘勰《文心雕龙·体性》："典雅者，镕式经诰，方轨儒门者也。"詹锳《义证》："'镕式'，镕铸，取法。"

② 见《宝应刘氏集》，第17~19页。

变通，其下焉者，则惟习词章、攻八比之是务，此陋儒之学也。何谓通儒之学？笃信好古，实事求是，汇通前圣微言大义而涉其藩篱，此通儒之学也。元当弱冠后，即乐与当代经师游，若戴君东原、孔君巽轩、孙君渊如，皆与元为忘年交，与元教学相长，因得略窥古经师家法。今诸君墓有宿草矣！回想昔日谈经之乐，不禁动黄垆①之感。吾乡有汪君容甫者，年长于元，寿止五十。闻汪君壮年从朱竹君侍郎、毕秋帆制军游，于海内经师咸与之上下其议论。所著有《述学》内外篇，如《释三九》、《明堂》数篇，皆汇萃古训，疏通证明。而其所最精者，则在《周官经》、《左氏解》。**尝作《春秋左氏释疑》、《周礼征文》二篇，以证二经之非伪。盖以方望溪诸公妄疑经典，故作此以释其疑，全书虽失传，然读此可见其一班，殆所谓通儒之学者矣。**②

祁寯藻《精法楼祀汪容甫先生记》（代祁淳甫学使）：……命文渊阁之外更抄三份，再建三阁，曰文汇、曰文澜、曰文宗于浙江、两淮，以其献书特多故也。于时京都总裁及翰林等，亦已校录《永乐大典》中书成至五六百种，计全书通著录及存目都万七百七十一部，十七万一千四百十卷。文汇在扬州东园，文宗在镇江金山，文澜在杭州西湖。维时汪容甫先生以博学洽闻名当世，公卿间交重之，乃以布衣典三阁书。始于金山精法楼，继乃至西湖卒，捐馆于湖上之葛岭，为祠于葛岭而祀焉。久之，京江人士尝从先生游者，念先生之不可复作，仍即阁中肖先生貌而祀之。先生之子、农部郎喜孙邮书于予，请为之记。夫昭明之选楼，任公子读书台，千古动人仰止者，岂不以先贤灵爽眷眷于兹，承学士爱羡之思与为肸蠁③乎？何况谆诲故老，醇儒师傅，启发编章，校理秘文，盖有不殊于刘中垒之天禄阁、班兰台之白虎观者哉！尸而祝之，亦其宜也。④

包世臣《艺舟双楫》卷三《书述学六卷后》：右江都拔贡生汪中容甫文六卷，余以嘉庆辛酉至扬州，访容甫，而殁已八年，得仪征阮尚书所刻《述学》，其题词曰："心贯九流，口敝万卷。"又有《广陵通典》，至精核。继识其甥毕贵生及其子喜孙，因得容甫自刻小字二卷，与阮本无异。又于兰亭册前见其画像，就求遗书，则皆容甫自以属其友宝应刘台拱，惟校读之《左氏传》、《说文解字》二书，藏于家，然其所丹铅者，皆理显迹，非精义所存。乙丑，予再至扬州，与贵生同榻，而容甫入予梦，自言其文之得失甚具，如是者三夕，与贵生共咤其异，而喜孙叩门入，再拜曰："刘先生病甚，召喜孙付先子文稿，行促不及相告，归舟阻风，三日乃得达。先子草稿纷纠，非吾子莫能为订定者。"贵生曰："舅氏已三日自来属慎伯矣，慎伯其无可辞。"时盛暑，予竟十日夜为遍核稿本，**乃知《述学》者，容甫弱冠后节录以备遗忘之类书。自于册首题曰《述学》一百卷，已成者才数卷。至乾隆五十五年，容甫自检说经辨妄之文，并杂著传记若干篇，以世人皆闻《述学》，冒其名刊行于世。**《广陵通典》已成者八卷，其目录自夫差开邗沟至史可法守城，共十卷，《广陵对》乃其要删，而杨行密以后尚阙。原题曰《扬州通纪》，改曰《广

① 黄垆：亦作"黄卢"、"黄庐"、"黄炉"。刘义庆《世说新语·伤逝》载："（王浚冲）乘轺车，经黄公酒垆下过，顾谓后车客：'吾昔与嵇叔夜、阮嗣宗共酣饮于此垆……自嵇生夭、阮公亡以来，便为时所羁绁。今日视此虽近，邈若山河。'"后世因用"黄垆"作悼念亡友之辞。

② 见《新编汪中集》附录三。

③ 肸蠁：比喻灵感通微。

④ 见《祁寯藻集》第1册，第647页。

陵通典》。又乙之，卒未定其名。容甫少孤贫，无师而自力，成此盛业，不可谓非豪杰之士也。年三十而体势成，多可观采。四十五以后，才思亦略尽矣。既自刻二卷，而心知未惬。然刘君受付嘱者十余年，才校刊三分之一，又时以世俗语点窜之。容甫文长于讽谕，而甚深稳，偶有一二语直质者，则加以芟薙。及喜孙载稿本归，而精诚遂感予梦，以是知文人魂魄常附稿本，可哀也已！杂稿四册，各厚寸许。文皆有重稿，或有至三四稿者。惟灵表二篇，每篇三四稿，词各异而皆未成。予为集各稿之精语，不改一字，而成文仍如容甫之笔，别删《说辰参》、《说夫子》、《京口浮桥议》、《月令明堂图》诸篇，而更刘君所点窜者，题曰《汪容甫文集》，厘定为正集三卷，其酬酢之文一卷为别集，以授喜孙。世人皆称容甫过目成诵，而使酒不守绳尺。贵生母，容甫亲妹也，尝语予曰："先兄每日出谋口食，夜则炳烛读"三礼"四十行，四十遍乃熟。性不饮，终其身，酒未沾唇。生平与人书，虽数言皆具稿，犹涂改再三。稿中遇应抬头字，皆端写。"余验其稿本，良然。容甫三十二始出游，至大兴朱学士安徽学使署，名益起。然学士豪举，幕中多盛气少年，观容甫与朱武曹书，志在远大，使不出学士之门，所就当有进于此。世人又言容甫前妻孙氏死于非命，然孙氏被出后，予至扬州时犹存，盖人言之谬戾如此。容甫生平所著述，已成未成，予皆得见，能言其学之所至。**涉猎经史，不为专家，抑以窭贫无藏书。比壮常远游，及晚岁稍裕可家食，而精力衰耗，故不能竟其业**。至其为文，柔厚艳逸，词洁净而气不局促，则江介前辈罕与比方。贵生有其艳而无其厚，又已早夭。近时扬州有刘文淇孟瞻攻经籍过容甫，文笔亦几近，而工力伤薄。杨亮季子，充其朴茂，可出容甫上，而耳目浅狭以艰涩，尤伤边幅。二子皆年少好学，常从予游，是当踵容甫而起者矣。喜孙宦游入都，中间相失十数年。道光壬午九月，喜孙乃以此刻来贻，悉改乱非予所定，亦有数篇为喜孙续访得，而予未见者。容甫之灵，能自致于予，而不能终呵护之，使不变动以自存其真也。悲夫！(《续修四库全书》第 1082 册)

刘逢禄《刘礼部集》卷十《汪容甫遗书序》：嘉庆初，余读仪征阮侍郎《叙录》，书内有《述学》一编，汪容甫先生所撰述也。其学综周、秦、两汉，而深通其条贯；其文兼汉、魏、六朝，下止中唐，而不苟为，炳炳麟麟，渊渊乎文有其质，儒家之隽才也。**先生尝紬校文宗、文澜二阁全书，绳愆纠缪，不下数百万言**。又尝标举国初以来大儒七人、通人十九，以诏后学。其自命盖司马迁、刘向、扬雄之俦。予获交其子喜孙于维扬，得尽读先生遗书，惜其文繁旨博，未成卷帙。盖先生说经之书，多在惠定宇、戴东原、段懋堂、邵二云诸先生著述未行之前，而默与之合者，多手削之。余为《春秋》之学，往往有如此者，知后人立说之难也。史馆诸前辈欲采辑名儒著述，续修本朝艺文志，又考其人之学行纯粹无疵者，分入儒林、文苑二传，以时进御。喜孙奉楹书二种，曰《知新记》，曰《强识录》，皆先生随笔所记，有前人所未发者，属为校勘，以附于《述学》之后，将上之史馆，因僭书其端。若夫孝友之性，雪白之仁，高邮王先生原序中已详之。后之学者诵其书，可以知其人焉。(《续修四库全书》集部第 1501 册)

汪中《述学》内篇《周公居东证》：存目。

汪中《述学》内篇一《明堂通释》：存目。

汪中《述学》内篇一《左氏春秋释疑》：《左氏春秋》，典策之遗，本乎周公；笔削之意，依乎孔子。圣人之道，莫备于周公、孔子。明周公、孔子之道，莫若《左氏春秋》。学者其何疑焉？然古者左史记事，动则书之，是为《春秋》。而左氏所书，不专人事，其别有五：曰天道，曰鬼神，曰灾祥，曰卜筮，曰梦。“其失也巫”，斯之谓与？吾就其书求之。(下略)

汪中《述学》又有《荀卿子通论》：荀卿之学，出于孔氏，而尤有功于诸经。……《毛诗》，荀卿子之传也。……《韩诗》之存者，《外传》而已。其引《荀卿子》以说《诗》者，四十有四。由是言之，《韩诗》，荀卿子之别子也。……《左氏春秋》，荀卿子之传也。……《穀梁春秋》，荀卿子之传也。荀卿所学，本长于礼。……《曲台》之礼，荀卿之支与余裔也。(下略)

汪中《述学》别录《与刘端临书》：九月二十七日，汪中再拜敬致端临足下：曩者中与次卿为深友，次卿没，而中之交不出境，虑死亡疾病之际，不能自必于一见，适负疚于朋友，故不如其已也。虽然，中自里闬生长，以逮四方宦学道路之中，所与朝夕游处者何限？而心许者无过三数人。至于抗志希古，尚友其人，如及其时而与之进退揖让，又何必于吾身亲见之而后惬哉！故中与端临闻名而思，既见而恨其晚。相聚数日而遽别，离群之感，日为惘然。而念他山攻错之义，诚使德行学业表著于后世，而人得知其相观而善之美，则今日之遇，乃非偶然。百年易尽，而天地无穷。视此一日之离合，又不足云也。**中归见观鲁，道足下涵养宁静之言，相对咨嗟累日，以为深中吾病。观鲁曰：“君往者不受人言，而今心折刘君者，有说与？”中曰：“往者，人之立言，其始则欲摧我以求胜，其卒归乎毁方以媚于世，此适足以发吾之激昂耳。刘君欲吾养其德性，而无骋乎血气，使吾反之见其所不足，而茫然失其所恃，此吾所以服也。”**足下天资清粹，穆然有道之人，学问之事，吾何闲然？惟是居官莅事，必求其实用，无使文法俗吏得以妄訾儒者。至于犯颜敢谏，仗节死义，则必常持斯志，以成吾浩然之气。此小心慎密者恒足以有为，无若中之虚㤭也。……自惟生平风义，不当复为世俗可悦之言，遂而快意累累。又朋友相字，礼也，故欲与端临及武曹行之。天寒，伏惟勉食自爱，以慰远人。临书怆怳。中再拜。①

汪中《春秋左氏释》：《左氏春秋》，典策之遗，本乎周公，笔削之意，依乎孔子。**圣人之道，莫备于周公、孔子；明周公、孔子之道，莫若《左氏春秋》**。学者其何疑焉？然古者左史记事，动则书之，是为《春秋》。而左氏所书不专人事，其别有五，曰天道，曰鬼神，曰灾祥，曰卜筮，曰梦。其失也诬，斯之谓欤？吾就其书求之。楚子庚侵郑，董叔言：“天道多在西北，南师不时，必无功。”叔向以为在其君之德有星孛于大辰西，及汉裨灶曰：“宋卫陈郑，将同日火。若我用瓘斝玉瓒，郑必不火。”子产不与。明年郑火裨灶曰：“不用吾言，郑又将火。”子产以为天道远，人道迩，灶焉知天道，是亦多言矣，岂不或信，遂不与，亦不复火。由是言之，左氏之言天道，未尝废人事也。……此直书其事以为戒者也。祸之有无，史之所不得为者也。书法无隐，史之所得为者也。君子亦为其所得为者而已矣。此史之职也。百世之上，时异事殊，故曰古之人与其不可传者死矣。所贵乎心知其意也。明乎此，则《左氏春秋》之疑于是乎释。②

汪中《述学》别录《大清故贡生汪君墓志铭并序》：**国初以来，学士陋有明之习，潜心大业，通于六艺者数家，故于儒学为盛。迨乾隆初纪，老师略尽，而处士江慎修崛起于**

① 见《新编汪中集》，第430页。

② 载《湖海文传》卷八。

婺源，休宁戴东原继之，经籍之道复明始此。两人自奋于末流，常为乡俗所怪，又孤介，少所合，而地僻陋，无从得书。是时，歙西溪汪君独礼而致诸其家，饮食供具，惟所欲，又斥千金置书，益招好学之士日夜诵习，讲贯其中，久者十数年，近者七八年、四五年，业成散去。其后江君没，大兴朱学士来视学，遂尽取其书上于朝，又使配食于朱子。**戴君游京师，当世推为儒宗①**。后数岁，天子修四库之书，征领局事，是时天下之士益彬彬然向于学矣。盖自二人始也。抑左右而成之者，君信有力焉，而君不幸死矣。然君亦以是自力于学，所著文二百余篇，咸清畅有法。著《楚词音义》三卷，又治《毛诗义编》，未成。以乾隆三十八年十二月卒，年四十七。明年某月，葬于县之某原君。讳梧凤，字在湘。曾祖某，祖某，父某，其先与中同出唐越国公后。子四：辉、灼、炘、照。灼好学，世其家。铭曰：有哕其鸣，天下文明。其道大光，西溪潏潏。实为丹穴，我铭载之，表君幽域。

① 儒宗：儒者的宗师。汉以后亦泛指为读书人所宗仰的学者。《史记·刘敬叔孙通列传赞》："叔孙通希世度务，制礼进退，与时变化，卒为汉家儒宗。"《汉书·萧望之传赞》："望之堂堂，折而不桡，身为儒宗，有辅佐之能，近古社稷臣也。"宋王安石《上邵学士书》："昔昌黎为唐儒宗。"清叶廷管《吹网录·石林公著作存佚考》："石林公以宏通渊雅之才，研求经义，撰述辞章，蔚为一代儒宗文伯。"鲁迅《且介亭杂文末编·关于太炎先生二三事》："先生遂身衣学术的华衮，粹然成为儒宗。"

汪喜孙

《清儒学案》卷一〇二《容甫学案·容甫家学》：汪喜荀，原名喜孙，字孟慈，容甫长子也。嘉庆丁卯举人。初入资为内阁中书，改户部员外郎，出为河南怀庆府知府。在户曹，治事精核，以荐发东河河工，从栗恭勤公毓美治河。及任怀庆，治狱、治河、治赈，皆著名绩。道光二十八年卒于官，年六十二。先生少孤力学，生有至性，每称述先德，泫然流涕。于先人所著书，片言只字，析及精微。**辑名公先辈所撰传志诗文，为《汪氏学行记》**。自著有《国朝名臣言行录》、《经师言行录》、《尚友记》、《从政录》、《孤儿编》、《丧服答问纪实》、《且住庵文稿》，凡若干卷。子保和，字绥伯，诸生，通《左氏春秋》。（参刘文淇撰《墓表》）

《清史列传》卷六十八：喜孙，字孟慈。嘉庆十二年举人。由内阁中书，洊升户部员外郎，补河南怀庆府知府，卒于官。喜孙博学好古，于文字、声音、训故，多所究心，能绍家学。著有《大戴礼记补》、《丧服答问纪实》、《国朝名臣言行录》、《经师言行录》、《尚友记》、《且住庵文稿》。①

刘文淇《青溪旧屋文集》卷九《诰授中宪大夫道衔怀庆府知府汪君墓表》：道光二十八年五月，河南怀庆府知府汪君之丧归扬州，即以其年十月三日权厝于甘泉县西乡徐家桥之原。先期，其孤保和、淳熙、介徽持状来，乞表墓之文。余少与君之考容甫先生交，君又尝从学于余，熟君之行事，不可无以应其孤之请也。按状，君讳喜荀，字孟慈，江苏甘泉人。先世居歙，自唐忠武将军越国公华始昌其族。忠武裔孙承清当北宋时，自唐模迁古唐，至君凡二十七世。……父中，字容甫，乾隆丁酉科拔贡生，博闻强识，通知古今，为文典正闳丽，卓然成一家言。国史馆《儒林传稿》有传。君祖、考皆以君官赠中宪大夫道衔、河南怀庆府知府。祖妣邹氏，妣朱氏，皆赠恭人。邹太恭人苦足疾，朱太恭人以口吮之，病亟，割股以进，钦旌节孝。君初讳喜孙，时邹太恭人望孙甚切，祷于神而生君，因名之。嗣以避九世祖讳，更易今名。乾隆五十九年，容甫先生殁于西湖葛岭园。丧归，

① 详见中华书局本第17册，第5539页。

君哀毁如成人，时年甫九岁。朱太恭人亲为课读，比长，延同里通儒魏先生彝群、丁先生瀚、韦先生佩金、钟先生怀授以根底之学。嘉庆十一年，督学莫宝斋先生晋取入甘泉县学，即于次年丁卯中式本省举人，报捐内阁中书，复改捐员外郎，签分户部，补山东司员外郎，监督储济仓，改湖广司员外郎，钦差东河学习，补河南怀庆府知府，钦加道衔，诰授中宪大夫。道光二十七年八月三日卒于怀庆府任。君自伤幼孤，乡举后托病谢绝酬酢，博览群籍，于文字、声音、训诂多所究心，凡键户三年，学遂大进。父执王怀祖、刘端临、段茂堂诸先生咸加叹赏，而君顾歉然自下，殷殷请益，于政治沿革得失留心讲求，下笔为文皆有关世用，不作无益之语。君官户部最久，其主河南司稿也，东河总督奏拨另案，工需久经奉旨撙节，及三泛安澜后复请动帑，君力言于上官，奏驳时河工用度浩繁。乾隆、嘉庆年间均系摊征于民，积欠在嘉庆二十二年万寿恩诏以前有八十二万两之多，君亟言于英煦斋相国和，奏请豁免。其主贵州司稿也，兼管各关榷税，力主不添关、不添税之议。……君体素健，年逾六十，须发未白。自中牟工次掌守大坝，烈风雨雪，经秋徂春，宿于芦棚，席地而卧，感受潮湿，频年夏患脚气，然调治至秋即愈。去夏，又告愆阳，深入太行山，步行峻岭乱石中六十余里，至白龙潭取水归，郡始得大雨。炎天远道，凉雾深宵，感受山岚暑湿，兼之积劳，遂至一病不起。君生于乾隆五十一年七月十六日，春秋六十有二。著有《国朝名臣言行录》、《经师言行录》、《尚友记》、《从政录》、《孤儿编》、《且住庵诗文稿》凡若干卷，又编集名公先辈所撰传志诗文，为《汪氏学行记》。……君生有至性，每与人称述先世懿德，辄泫然流涕，于容甫先生所著书，片言只字，无一不析及精微，心知其意，又于先生手迹断笺敝纸无不宝而藏之。历官中外，厘奸剔弊，每为胥吏所切齿。在部时，主稿与大吏意见不合，则面诤不已，大吏每以强项称之。洎为外官，勤求民瘼，属吏每不便君之所为，然君在任时，邻境以漕事屡兴大狱，而怀庆独静谧无事。君殁未逾岁，归德彰德诸府县以办灾不善暨桃河縻帑事为科道纠参，大吏俱被严议，而怀庆属吏无被讦者，则君之治绩可知也。余次序其家状，择其大者，表于阡，且系之以铭曰：吁嗟汪君，亮节高谊，处为孝子，出作循吏。儒素承家，经术饰治。勤官而死，谁不堕泪？伐石表阡，我铭无愧。

姚鼐《惜抱轩文集后集》卷二《复汪孟慈书》：云欲就受业，闻之愧悚不宁。诮陋何足师？况以加高明卓绝如足下者哉！遇事激昂，欲以“躬自厚而薄责于人”为勖，则足下所自处者善矣！……夫天下为学之事，不可胜穷也。有睿哲之姿，有强果之力，包括古今，探索幽渺，经历数十年之勤苦；然遂谓于学尽得，而无一失焉，此殆必无之事也。是故学不可不择所用心，择而得其大者要者，而终弗自多焉，斯善学矣。**今世天下相率为汉学者，搜求琐屑，征引猥杂，无研寻义理之味，多矜高自满之气。愚鄙窃不以为安。**自顾行能无可称，年过学落，不能导率英少。第有相望之意，不敢不忠。尝以是语人，今故亦举为足下告也。或蒙采纳否？

江藩《国朝汉学师承记》卷七、李元度《国朝先正事略》卷三十六、桂文灿《经学博采录》卷九皆有传，存目。

汪喜孙《从政录·与任阶平先生书》：……傥山长登高而呼，或有起而应之者，安见卢学士抱经先生、钱少詹辛楣先生不再见于执事？而胡民部竹村相知素深，定同声相应耳。抑有请者，卢、钱通经，而品地不让宋人，胡亦矫矫自好，然则**汉、宋之学可不必**

分，通经与力行更不必别。安有学周公、孔子之道，而行与言违？又安有读程子、朱、王之书，可束书不观者？是故董子之正谊明道，上绍七十子之微言大义，下开程、朱之道学。欧阳、大小夏侯、齐、鲁、韩之学，周公之艺，孔氏之文也。许君训诂，郑君名物，周公《尔雅》之学，孔子多识之传也。**读周、孔之书，为周、孔之学，安有所谓汉学哉？**且虞翻、皇甫侃、徐遵明、熊安生、刘焯、刘炫，生于两汉之后，无古今文之别，不皆汉人师承，亦谓之汉学耶？孔冲远、陆元朗《易》学，好王氏清虚之谈，亦谓之汉学耶？朱子谓康成是大儒，得谓之不习汉学耶？王伯厚辑《三家诗》，得谓之不习汉学耶？**仆愿与阁下大声疾呼，破当世门户之见**。根柢《周礼》，师儒道德，得民仰止，冉、闵、颜渊，孔门善言德行。庶乎经明行修，经通致用，由博文而约礼，由多识而一贯。夫子之文章，在《诗》、《书》、《礼》、《乐》；夫子之言性天道，在大《易》；夫子之雅言，诗书执礼，为四术之教士；夫子之罕言，利命与仁。为五十之学《易》，**道与艺合，道与器俱**。周公多才多艺，诫在骄吝。孔氏孝弟谨信，余力学文。志道据德，依仁游艺，形上为道，形下为艺。凡士人所诵习，安可忽诸！愿执事昌明大道，不胜景仰。

程际盛

《清儒学案》卷八十二《让堂学案·让堂交游·程先生际盛》：程际盛，原名琰，字焕若，长洲人。乾隆庚子进士，授内阁中书，官至监察御史。奉职三十余年，退食而归，闭关却扫，惟以穷经为务。深研郑学，摘郑语之要，为《周礼故书考》一卷、《仪礼古文今文考》一卷、《礼记古训考》一卷。书成，在段若膺《汉读考》未出以前，而读经之法与之暗合。兰泉先生尝称，其书有功学者。又著《说文引经考》一卷、《说文古语考》一卷、《续方言补正》一卷、《古韵异同》一卷、《清河偶抄》四卷。又有《骈字分笺》、《称香楼集》。(参史传)

《清史列传·儒林传下一》：程际盛，原名炎，字焕若，亦长洲人。乾隆四十五年进士，授内阁中书，官至监察御史。际盛初学诗于同里沈德潜，及官京师，奉职三十余年，退食而归，闭关却扫，惟以穷经为务。尤深研郑学，摘郑语之要，为《周礼故书考》、《仪礼古文今文考》、《礼记古训考》，凡三卷。书成于辛亥，在段玉裁《汉读考》未出以前，然其读经之法则与玉裁暗合。又著《说文古语考》、《骈字分笺》各二卷，《续方言补正》一卷，青浦王昶称其书皆有功学者。又有《清河偶录》、《稻香楼集》。①

冯桂芬《（同治）苏州府志》卷八十九：程际盛，原名炎，字焕若。乾隆庚子进士。由中书官至御史。所著有《稻香楼诗集》、《说文古语考》、《礼记古训考》、《周礼故书考》、《仪礼古文今文考》、《骈字分笺》、《续方言补》、《清河偶抄》。(《道光志》)

清王昶《蒲褐山房诗话》：程际盛，原名炎，字焕若，号东冶，长洲人。乾隆四十五年进士，官至监察御史。有《稻香楼集》。选五首。东冶由舍人洊历兰台，奉职三十余年，退食而归，掩关却扫，惟以汲古穷经为务。所著有《说文古语考》、《礼记古训考》、《周礼故书》、《仪礼古文今文考》、《骈字分笺》、《续方言补》、《清河偶抄》，皆有功于学者。居京日久，故不为吴士所深知，然继朱伯原、俞玉吾之遗轨者，非君奚属？作诗曾问业于归愚宗伯，绰有唐音。

① 详见中华书局本第 17 册，第 5508~5509 页。

清张维屏《国朝诗人征略》卷四十七：程际盛，字焕若，号东冶，江南长洲人。乾隆四十五年进士，官监察御史。有《稻香楼集》。东冶由舍人洊历兰台，奉职三十余年，退食而归，惟以汲古穷经为务。所著有《说文古语考》、《礼记古训考》、《周礼故书考》、《仪礼古文今文考》、《骈字分笺》、《续方言补》、《清河偶抄》，皆有功于学者。(《湖海诗传》) ○摘句：红树隐遥汀，苍烟辨崖屋。绝壁耸千寻，窈窕结寒绿。惊涛夜有声，触石浪仍伏。徘徊沙月生，泠泠苇花曲。(《夜泊燕子矶》)

吴省钦《白华后稿》卷二十四《中宪大夫掌湖广道兼掌京畿道监察御史程公墓志铭》：当乾隆辛巳间，予忧居里门，东南士人徯圣驾，三至近光奏赋，佥矫首砺，角幸一当。亡友叶抱崧为予兄弟言：公高才朴学，甫逾冠，为诸生祭酒，予以是耳公名。癸卯冬，予自楚还朝，公时官中书。予弟长女妻公第四子世芸，始面公，过从洊密，间示所论撰，于汉学旁疏曲证，不武断，不凿空，斩斩明明，无以测公经学与汉学之所至。**而公分校四库书，分校《盛京志》，总校《一统志》，覆校武英殿书，纂修《方略》，目芸手薅，阁师举以是知公，置内阁，签拟十一年，无或舛漏，卯出申归，日以常。**充乡试同考官者再，巡视五闸漕务者再，召对皆称旨，再书，上考记名，以道府简用，乃一以愿留京职辞，一以母老辞。软尘矮炕间，杂莳花竹，琴壶铅椠，见者几忘为长安邸舍矣。今丙辰春，予将按畿南试，辄语予秋凉当乞养南下，检勘故业，以副毕生之志。曾未改火，传远赴焉。世芸愿而能文，前十年予哭之。世芸嗣子元濂十岁矣，前年殇，予又哭之。公少予十年，素无疾，神采奕然，今又哭之。殆所谓名可掩位，而年不酬德者耶？予是以悼公之学与化尚未竟，而抱崧之赍志尤无穷也。公著书满家，行世者：《周礼故书考》、《仪礼古文考》、《礼记古训考》、《说文古语考》、《续方言补》、《稻香楼试帖》。其《春秋传文异同考》、《说文引经考》、《骈字分笺》、《稻香楼文集》、《诗集》，藏于家。公氏程，讳际盛，乾隆庚寅庚子恩科，榜名同御名第二字，改避字奂若一字。东冶始祖，晋新安大守，讳元谭。至三十二世孙照迁休宁，其迁长洲者为公五世祖可意。祖有楠，太学生，封朝议大夫。父文诏，太学生，授朝议大夫，俱累赠中宪大夫，如公官。祖妣黄，继祖妣陈，妣朱，俱累赠恭人，继母朱累封恭人。历内阁中书、内阁侍读、湖广道，掌湖广道，署河南道，兼署掌京畿道监察御史。配吴恭人，生子四女一。先公二十九年卒，继徐恭人生子一女二。子世萱，增广生，世英，光禄寺署正，世华、世芸俱太学生，先卒，世茂，太学生。孙元灏、元浚、元潞、元澍、元涛，其次元濂，即后世芸十岁而殇者也。女三婿，曰戈宙文，曰蒋锡朋，曰许乃赓。女孙七。公以乾隆四年七月五日生，嘉庆元年三月二十九日卒，年五十有八。某年月日，世萱等卜葬于某县之某阡，以吴恭人祔，且筑徐恭人生圹云。(下略)

程际盛《三礼郑注考自序》：汉郑康成经各有注，自孔颖达撰《五经正义》后，郑《易》、《书》、《论语注》皆不传，传者《毛诗》、《三礼注》而已。康成云，传书世异，古字时有存者，则亦有今误者。故《周礼》有数本，刘向未校之前，或在山岩石室，为古文。考校后，为今文。古、今文不同。郑据今文作注，每云故书作某，又杜子春、先郑读音有各异者。《仪礼》高堂生传十七篇，为今文。武帝末，得亡《仪礼》五十六篇，其字皆篆书，为古文。古文与高堂生所传者同，而字多不同。郑注每云古文作某，今文作某。《礼记》出自群儒，有字同义异，字同音异，郑注咸为引证。盖“三礼”互异，诸儒各记所闻，不可强合。康成或以今文易之，仍载古文古音，不轻易一字，以为古经不可改。其《易注》、《论语注》往往散见于《三礼注疏》中，又足资考据。今人于《周礼》第知旁训、节训。《仪礼》袭先儒说，谓多误难读。《礼记》惟宗陈澔《集说》。郑注“三礼”，束书不读，可为太息。暇日，辑成三册，曰《周礼故书考》，曰《仪礼古文今文考》，曰《礼记古训考》。由识字审音以知其义，亦读经之一助。且汉注甚古，后人莫晓，辄肆讥评，多见其不知量也。

武亿《授堂文抄》续集卷九《程侍御三礼郑注考序》：长洲程君东冶治礼经，研心郑注，手摘其要，区为三册，曰《周礼故书考》，曰《仪礼古文今文考》，曰《礼记古训考》，欲以示今学者悟所从入，而于其中钩稽推抉，自为证明，盖尤不务泛滥，旁涉其词，故余于是叹东冶氏为得治经之体。然郑注所云故书及古文作某者，余亦不敢取征于他书，窃独念自三代以逮秦、汉，金石刻所留遗其文字为最古，固可撮举，以与郑注相例。今如《周礼·乡师》“与其輂辇”注“故书辇作连”，证以《汉鲁相韩勑造孔庙礼器碑》，器用胡辇，胡辇即《论语》瑚琏，是辇、连为一字也。小宗伯掌建国之神位注，故书位作立，古者立、位同字，古文《春秋经》“公即位”为“公即立”……汉人近古，凡见于文词者，多依用古文如是其著且明，然则承学之徒不达此旨，反望文生义，而曲肆其凿，说经乃益用晦矣。程君之为是书也，深欲使受书者由古文渐而致于古训，以合夫韩子。凡为文宜识奇字之意，其功讵不伟欤？余十余年前亦为礼学，盖有慕于唐王恭讲“三礼”，别为义证，遂妄欲勒成一书，标为《三礼义证》，既已扶翼郑学，而更以易疏家之繁酿，然迫于穷年奔逐，讫未果，就今得程君导夫先路，足与发吾覆矣。余故三复斯编，用是以自勖励，且冀良友之诲其成也。时余谒选博山，将之官所，实为乾隆五十六年辛亥岁秋十月九日也。

清周中孚《郑堂读书记》卷六：《三礼郑注考》，无卷数，程氏遗书本，国朝程际盛撰。际盛字奂若，号东冶，长洲人。乾隆庚子进士，官至湖广道御史。“三礼”文字互异，诸儒各记所闻，不可强合。郑君或以今文易之，仍载古文古音，不轻易一字，以为古经不可改也。东冶因手摘其要，区为三册，曰《周礼故书考》，曰《仪礼古文今文考》，曰《礼记古训考》，欲以示今学者悟所从入，而于其中钩稽推抉，自为证明，盖尤不务泛滥旁涉其词，极得治经之体。学者由古文渐而致于古训，一以扶翼郑学，且更以易疏家之繁□不难矣。前有自序及乾隆辛亥偃师武亿序。

杨钟羲《雪桥诗话》余集卷五：长洲程东冶侍御，深于汉学、选学。著有《周礼古读考》、《仪礼古文考》、《礼记古训考》、《说文古语考》、《续方言补》。庚子通籍，直内阁，拟佥。十一年，以御史巡视五闸者再，有《查漕纪事诗》。(下略)

清百龄《守意龛诗集》卷四《题程东冶舍人墨竹图》：半副横窗美荫添，墨痕新染竹纤纤。紫薇花下人归晚，翠袖临风为解炎。

清法式善《存素堂诗初集录存》卷二《同陆璞堂伯焜学士、程东冶侍读、江秋史德量编修集许秋岩秋水阁》：芍药樽前曾结社，海棠风又到清明。谁怜夜雨潇湘客，坐听春檐乌雀声。呼酒恰逢新月上，看花忽忆故园晴。西郊粥鼓寻僧寺，匹马夕阳无限情。(令弟石泉编修每退直同行，今已下世矣)

许鸿磐

《清儒学案》卷一一二《次仲学案·次仲交游·许先生鸿磐》：许鸿磐，字渐逵，号云峤，济宁人。事亲以孝闻。乾隆辛丑进士，官兵马司正指挥，改安徽同知，擢泗州知州。所至有循声，缘事落职。嘉庆末，捐复知州，补河南禹州知州。年逾八十卒。平生博极群书，尽读“三通”、“二十四史”，往复数十过。尝以顾景范《方舆纪要》虽能剔《明统志》之误，而尚多沿其陋。遂精究各史，历考古今图籍、省府县志，博取精择，足补顾书之漏而订其讹，成《方舆考证》一百卷。其书以形胜为主，首叙历代建置分合，山川边防都邑，为总部以发其凡。次畿辅、盛京以及各布政司，县统于府，备载沿革形势、关厄古迹、农田水利，有关实用，莫不援据详明。盖南北奔走，未尝暂舍，数十年精力毕注于此。他著有《尚书札记》四卷，在《皇清经解补刊》中。又有《吴越始末》一卷、《河源述》一卷、《金川考略》一卷、《泗州考古录》一卷、《开方图简明地图黄道赤道经纬度数图参伍类存》十六卷、《考古夷庚》十二卷、《雪帆杂著》、《六观楼诗文集》、《六观楼文集拾遗》。又辑有《古文选前集》、《后集》、《外集》、《唐宋八家文选》、《唐文抄》、《五代两宋文抄》，多未刊行。(参史传、《济宁州志》)

《清史列传》卷七十二：许鸿磐，字渐逵，山东济宁人。少负俊才，博涉群籍。乾隆四十六年成进士，官指挥，改安徽同知，擢泗州知州。所至有声。公暇即著书，尝作《方舆考证》一书，**谓方舆一途，不博考于古则无本，不切证于今则无用，不洞悉郡县沿革，名同而实殊，则不免南北移向，山川易位**。向欲用顾氏《方舆纪要》作底本；然细阅之，其援引历代之事，悉攘《通鉴》而不据正史，且不免疏漏舛错之处，金、元事迹，尤属略而不详。因更阐二十一史，旁采群书，自立门户，于是以《禹贡》为祖，下逮诸史《地理志》、《水经注》、《元和郡县志》、《太平寰宇记》、《元丰九域志》、《元一统志》等书，以考诸古，以皇朝《一统志》为宗，旁及两京、十八布政司各通志、《水道提纲》、《行水金鉴》等书，以证诸今。凌廷堪尝谓人曰：**“海内舆地之学，以鸿磐为第一专家**。其会通今古，精审之处，不减梅硐、戴敦元。尝与江藩共观其书，叹曰：‘鸿磐曾官指挥，当时以俗吏目之，失鸿磐矣。’”钱林亦谓其书“善言地理，胡渭、顾祖禹之亚也”。

又著有《雪帆杂著》一卷、《尚书札记稿》四卷、《六观楼遗文》二卷。

江藩《国朝汉学师承记》卷七：又有济宁进士许君鸿磐字渐逵者，安徽候补同知，深于舆地之学，亡友凌君次仲亟称之。后见所著《雪帆杂著》一册，皆辨驳地理之说，不在朏明、祖禹之下。其论内地及外裔山川，了如指掌，盖四方经纬洞彻胸中，故不为皮傅之言也。在京师，与戴君金溪谈其《雪帆杂著》，金溪曰："许君曾官指挥，当时以俗吏目之，失许君矣。"

钱林《文献征存录》卷六、李元度《国朝先正事略》卷三十六皆有传，存目。

许鸿磐《与凌次仲论方舆纪要书》：又承谕顾氏《读史方舆纪要》体大思精，命余考订地舆，以为依据。是诚然矣。**然顾氏此书，以读史名，乃据《通鉴》而不据正史，意取梅硐注也，但不免舛错漏略之处**。今粗以山川之著者数条言之。……顾氏之书，以读史名，而犹若此。以顾氏之才、之学，而犹若此，则著述岂易言哉？足下读破万卷，下笔固无虞此。然昔人云"善游者溺"，矜其所恃也。**东坡每作文，即习用典故，亦令儿子辈检原书对之。今核其全集，舛错犹复不免。学欲博而择欲精，才愈大而心愈小，慎斯术也以往，庶乎其少失矣。**

林昌彝《小石渠阁文集》卷二《许云峤六观楼文集序》：济宁许云峤进士鸿磐，少负俊才，博涉群籍，尤深于史。官指挥时，歙凌次仲教授方以经学鸣，见进士所作《雪帆杂著》，与甘泉江子屏共相叹服，其论海内山川及外裔形势，了如指掌，不在胡朏明、顾景范下。子屏撰《汉学师承记》，尝载其语于孔巽轩传中。既而改官皖南，由县令擢泗洲知州，所至有声。政事之余，著书不辍。尝谓顾氏《方舆纪要》端据涑水《通鉴》，而于迁、固以下诸史多未之及，金、元事迹尤略而不详，乃著《方舆考证》一书，凡顾氏所舛漏，一一辨正大旨，重沿革形势、山川险隘，凡兵机、河防、海防、屯政、水利，皆再三详考。此书可谓经世之大业矣。顾祖禹《读史方舆纪要》体大思精，然书以读史名，乃据《通鉴》，而不据正史，徒取梅硐之注，不免有舛错漏略之处。如浙江绍兴府若邪山下云：汉元鼎六年，遣戈船将军严助讨闽粤，出若邪，按助未尝为戈船将军，亦无出若邪事。考武帝纪建元三年，东瓯告急，遣大中大夫严助持节发会稽，兵浮海救之，助传亦云，建元三年，遣助以节发兵事，并不在元鼎年间也。……他如甘肃之固原州，本汉安定郡治高平，故北朝皆曰高平郡，唐于此置原州，后陷吐蕃，开元三年权置原州于临泾，即今之镇原县也，宋仍之，而于故原州置镇戎军，《新唐书》、《宋史·地理志》记载甚为明白，惟《明一统志》误以镇原县为原州，《纪要》因仍其谬，是又于沿革之际不考正史之一证也。顾氏书以"读史"名而犹若此，以顾氏之才之学而犹若此，则著述岂易言哉？云峤学博而择精，心细如发，于地理之学可与顾祖禹并存宇宙中。(《续修四库全书》第1530册)

孙星衍

《清儒学案》卷一一〇《渊如学案》：渊如信而好古，博极群书。治经不取宋以后说，通九流之学。于周、秦古书贯串靡遗，博辩皆有义据，古所谓能读三坟、五典、八索、九丘者欤？

《清史稿·儒林二》：孙星衍，字渊如，阳湖人。少与同里杨芳灿、洪亮吉、黄景仁文学相齐。袁枚品其诗，曰天下奇才，与订忘年交。星衍雅不欲以诗名，深究经史、文字、音训之学，旁及诸子百家，皆必通其义。乾隆五十二年，以一甲进士授翰林院编修，充三通馆校理。五十四年，散馆，试《厉志赋》，用《史记》"匔匔①如畏"，大学士和珅疑为别字，置三等，改部。故事，一甲进士改部，或奏请留馆；又编修改官，可得员外。前此吴文焕有成案。珅示意欲使往见，星衍不肯屈节，曰："主事终擢员外，何汲汲求人为？"自是编修改主事，遂为成例。官刑部，为法宽恕。大学士阿桂、尚书胡季堂悉器重之，有疑狱，辄令依古义平议，所平反全活甚众。退直之暇，辄理旧业。洊升郎中。六十年，授山东兖沂曹济道。嘉庆元年七月，曹南水漫滩，溃决单县地。星衍与按察使康基田鸠工集夫，五日夜从上游筑堤遏御之，不果决。基田谓此役省国家数百万帑金也。寻权按察使，凡七阅月，平反数十百条，活死罪诬服者十余狱。潍县有武人犯法，贿和珅门，嘱托大吏。星衍访捕鞫之，械和门来者于衢。及回本任，值曹工漫溢，星衍以无工处所得疏防咎，特旨予留任曹工，分治引河三道。星衍治中段毕工，较济东道、登莱道上下段，省三十余万。先是，河工分赔之员，或得羡余②，谓之扣费，星衍不取，悉以给引河工费。时曹工尚未合，河督、巡抚亟奏合龙，移星衍任。寻又奏称合而复开，开则分赔两次坝工

---

① 匔匔：恭谨貌。

② 羡余：清代州县在正赋外还增征附加额，这部分收入除去实际耗费和归州县官吏支配的以外，其余的解送上司，名为羡余。顾炎武《钱粮论下》："于是正赋之加焉十二三，而杂赋之加焉或至于十七八矣。解之藩司，谓之羡余。"《清史稿·食货志一》："乾隆元年，豁免广东屯田羡余，因除各省军田额外加征例。"

银九万两，当半属后任，而司事者并以归星衍。星衍亦任之，曰：“吾既兼河务，不能不为人受过也。”四年，丁母忧归。浙抚阮元聘主诂经精舍。星衍课诸生以经史疑义及小学、天部、地理、算学、词章，不十年，舍中士皆以撰述名家。服阕入都，仍发山东，十年，补督粮道。十二年，权布政使。值侍郎广兴在省按章供张①烦扰，星衍不肯妄支。后广以贿败，豫、东两省多以支库获罪，星衍不与焉。十六年，引疾归。星衍博极群书，勤于著述。又好聚书，闻人家藏有善本，借抄无虚日。金石文字，靡不考其原委。尝病《古文尚书》为东晋梅赜所乱，官刑部时，即集《古文尚书马郑注》十卷、《逸文》二卷。归田后，又为《尚书今古文注疏》三十九卷。其序例云：“《尚书》古注散佚，今剌取《书传》，升为注者，五家三科之说：一、司马迁从孔氏安国问故，是古文说；一、《书大传》伏生所传欧阳高、大夏侯胜、小夏侯建，是今文说，一、马氏融、郑氏康成虽有异同，多本卫氏宏、贾氏逵，是孔壁古文说；皆疏明出典。其先秦诸子所引古书说及纬书、《白虎通》等汉、魏诸儒今文说，许氏《说文》所载孔壁古文注中存其异文、异字，其说则附疏中。”其意在网罗放失旧闻，故录汉、魏人佚说为多。又兼采近代王鸣盛、江声、段玉裁诸人《书》说，惟不取赵宋以来诸人注，以其时文籍散亡，较今代无异闻，又无师传，恐滋臆说也。凡积二十二年而后成。其他撰辑，有《周易集解》十卷、《夏小正传校正》三卷、《明堂考》三卷、《考注春秋别典》十五卷、《尔雅广雅诂训韵编》五卷、《魏三体石经残字考》一卷、《孔子集语》十七卷、《晏子春秋音义》二卷、《史记天官书考证》十卷、《建立伏博士始末》二卷、《寰宇访碑录》十二卷、《金石萃编》二十卷、《续古文苑》二十卷、《诗文集》二十五卷。二十三年，卒，年六十六。星衍晚年所著书，多付文登毕亨、嘉兴李贻德为卒其业。

《清史列传·儒林传下二》：存目。②

阮元《揅经室二集》卷三《山东粮道渊如孙君传》：孙君讳星衍，字渊如，江苏阳湖人。明功臣燕山侯兴祖谥忠愍、礼部尚书慎行谥文介之后。曾祖谋，康熙辛未进士，礼部郎中。祖枝生。父勋，乾隆丙子科举人，官山西河曲县知县。君河曲长子也。君生时，大母许大夫人梦星坠于怀，举以授母金夫人，比旦，而君生。君幼有异禀，读书过目成诵，河曲授以《文选》，君全诵之。及长，补学生员，与同里杨君芳灿、洪君亮吉、黄君景仁文学相齐，袁君枚品其诗曰：**“天下清才多，奇才少。读足下之诗，天下之奇才也。”**遂相与为忘年交。君雅不欲以诗名，深究经史、文字、音训之学，旁及诸子百家，皆心通其义。钱少詹事大昕主钟山书院，与君讲学，又极相重。会陕西巡抚毕公沅以母忧居吴门，起，复闻君名，遂同入关。西安幕府初开，好贤礼士，一时才人名宿踵至，君誉最高。**毕公撰《关中胜迹志》、《山海经注》，校正《晏子春秋》，皆属君手定。**乾隆丙午科，大兴朱文正公典试江南，文正在都与彭文勤公约曰：“吾此行必得汪中、孙星衍。”公搜落卷，得其经文策，曰：“此必汪中也。”及拆卷，得君名，而汪实未就试。丁未，以一甲第二赐进士及第，授翰林院编修，充三通馆校理。己酉，散馆，君试《厉志赋》，用《史记》“匔匔如畏”，和相国珅疑为别字，置二等，引见，奉旨以部员用。故事，一甲进士改部，或奏请留馆。时相国知君名，欲君屈节一见，君卒不往，曰：“吾宁得上所改官，不受人

① 供张：亦作“供帐”。陈设供宴会用的帷帐、用具、饮食等物。亦谓举行宴会。

② 详见中华书局本第18册，第5553~5556页。

惠也。”遂就职。又编修改官可得员外，前次吴文焕有成案，或谓君一见相即得之。君曰：“主事终擢员外，何汲汲求人为?”自是编修改主事，遂为成例。补刑部直隶司主事，总办秋审。君所后，扫室焚香，为诸名士燕集之所。高丽使臣朴齐家入贡，在书肆见君所校古书，特谒君，为君书“问字堂”扁，赋诗以赠。乾隆五十六年，转员外。次年春，扈跸五台。越年，扈跸天津，会大风，御舟阻，上改肩舆至行宫，君约同僚步行卅里赴宫门办事，上特赐缎。五十九年，升广东司郎中，相国阿文成公、大司寇胡庄敏公皆器重君，每有疑狱，辄令君依古义平议行。君执法求平，所平反全活甚多。甲有窃主财逾贯，诣其友乙，匿其数，以告分金而逸。事发，乙得知情藏匿罪人减等罪应流，君以为律称知情则坐，乙不知满贯也，应以所知数坐，减问徒。大司寇诘以乙所言无质证，如获甲，言实告以逾贯，奈何？君言：“此《名例》所谓通计前罪以充后数也。”乙卒减徒。君又言：“律文称囚者，在系之名，称罪人者，犯事在官之名，今或未到官，名之罪人，或藏匿罪人，问拟纵囚，非正名之义。”湖广有子护嫁母伤人至死狱，敕下法司议。或以嫁母期服减于母，则护嫁母不得与母同科。君以古者父在为母亦期，屈于所尊，嫁母服期因宗子主祭，非谓情当杀也。引宋王博文请封嫁母，又为行服，谓子无绝母礼。又引唐八座议，凡父卒母嫁，有心丧三年之制，子无绝道故也。护嫁母、出母俱当与母同议，减斗杀罪。甲有驰车犯乙死者，已当过失杀罪，甲恐以无故驰骤车马获重罪，介所知以兼金求免，君曰：“吾不受暮夜金。君罪止过失杀，无为人所诳也。”甲惭谢去。有孝子为父报仇，杀县役坐死，其父姊控部，弟实为县役逼毙，请检尸伤，当道某属托君，君曰：“吾岂能枉法杀孝子哉?”其持正类此。五十九年，京察一等。次年五月，奉旨授山东兖沂曹济道。君以济阴汤陵，《书》传所传，即在曹南，其山西荣河汤陵虽列祀典，实宋以来传讹之迹，因遍考诸书，据汉崔骃、魏《皇览》、晋伏滔“汤陵在济阴”之说。移山西布政司，并考荣河之陵出后魏小说家言，张恩破陵得铭，附会殷汤，未为典要，宜改正。申大府后君再官东省曹县令，卒为修整汤陵庙屋，以祭田奉祀，立碑纪事。嘉庆元年七月，曹南水漫滩，溃决单县地，君偕按察使康公基田筑塞之。君鸠工集夫，五日夜，从上游筑堤遏御之，溜归中泓，不果横决。康公语君曰：“吾治河数十年，未见以决口能即堵闭者，惟曹南之役，吾与君成之，省国家数百万帑金矣。”时巡抚王德公调任浙江，上以山东新任按察使张长庚在军营不能来东，命新抚伊江阿会同旧抚举道员中能胜臬事者以闻，两抚以君名入奏，奉旨署按察司事。君下车日，以整肃吏治为己任，亲问囚，定爰书，矜慎庶狱。甲与乙有姻，共饮，乙醉，坠火炕，吐烧酒引火焰，灼烂至死，甲醉卧不知。鞫狱，甲以夺壶斟酒有争斗形，拟斗杀罪。君曰：“甲主乙宾，夺乙壶劝之饮，名夺实让也。”改甲坐过失杀，出其罪。……凡权臬七越月，平反数十百条，活死罪诬服者十余狱。亦不以之罪县官，云县官实不尽明刑律，皆幕僚误之也。山左风气为之一变。君又以先儒伏生承秦蔑学之后，壁藏《尚书》，唐虞、三代载道之文得以不绝，郑司农康成笺注《易》、《诗》、《书》、《礼》、《论语》、《孝经》，可比七十子身通六艺，皆宜建立五经博士。后大吏奏请，郑被驳而伏准行，其议实自君发也。潍县有武人犯法，挟厚力求脱，令不可干，因贿通和门，属托大府。君访捕鞫之，械和门来者于衢。巡抚奏言河防任重，宜令君回本任，上俞之。君回衮沂曹济道任，时各属感君廉正，却陋规，相率敛费赠君，君不纳。五月，赴工。……十六年七月，君引疾归。十九年，应扬州阿盐使聘，校刊《全唐文》。二十一年，主讲钟山书院。先是，君父阳曲以君贵，封中宪大夫，又加封通奉大夫。君早年文辞华丽，继乃沉潜经术，博极群书，勤于著述。性喜奖借后进，所至之地，士争附之。又好聚书，闻人家藏有善本，借抄无虚日，金石文字拓本、古鼎彝书画，靡不考其源委。其所为文，在汉、魏、六朝之间，不欲似唐、宋八家，海内翕然称之。君尝病《古文尚书》为东晋梅赜所乱，官刑曹时，即撰集《古文尚书》马、郑、王注十卷及逸文三篇，归田后，又为《尚书今古文注疏》卅卷，盖积二十余年而后成，其精专如此。其余撰集有《周易集解》十卷、《夏小正传校正》三卷、《魏三体石经残字考》一卷、《仓颉篇》三卷、《孔子集语》若干卷、《史记天官书考证》十卷、《寰宇访碑录》十二卷、《平津馆金石萃编》二十卷、《孙氏家藏书目内编》四卷、《外编》三卷、《续古文苑》二十卷、《问字堂文稿》五卷、《岱南阁文稿》五卷、《五松园文稿》一卷、《平津馆文稿》二卷、《古今体诗》若干卷，其所校刊者有《周易口诀义》六卷、《尚书考异》五卷、《春秋释例》十五卷、《孙子十家注》十三卷、《元和郡县志》四十卷、《景定建康志》五十卷、《唐律疏议》三十卷，其余篇简小者不可胜数。君以嘉庆二十三年正月十二日卒于江宁，距生于乾隆十八年九月初二，得年六十有六。君妻王夫人名采薇，工诗善书，早卒。君订其诗，为《长离阁集》。君初以弟星衡子篯为子，后君侧室金氏又生子廞，俱幼。元与君丙午同出朱文正公之门，学问相长，交最密，知君性诚正，无伪言伪行，立身行事皆以儒术，廉而不刻，和而介，屡以谔谔者不获乎大府。于其卒也，海内学者皆悼慕之。元爰为传，且赞曰：**君为儒者，亦为文人。以廉为孝，以直为仁。执法在平，布治以循。测学之海，得经之神。人亡书在，千载常新。**

钱泳《履园丛话》卷六《渊如观察》：孙渊如观察名星衍，阳湖人。父勋，举人，为山西河曲令。观察生之夕，祖母许梦星堕于怀，因以名之。幼聪颖，年十余龄，能背诵《昭明文选》，不遗一字。比长，肄业金陵钟山书院，袁简斋太史屡称之曰："天下清才多，奇才少。今渊如乃天下奇才也。"一时名士如杨西禾、洪稚存、顾立方、钱献之、汪容甫、赵味辛、吕叔讷、杨蓉裳、黄仲则、何南园、方子云、储玉琴、汪剑潭辈皆为倾倒。观察尤好山水之游、金石之学，错综经义，泛览百家，以及释、道诸书，莫不赅贯，原始要终，先达中如王西庄、朱竹君、钱辛楣、王兰泉、姚姬传、赵云松诸先生亦莫不赏异之也。乾隆五十一年始举于乡，明年成进士，对策称旨，以第二人及第，授编修，充三通馆校理，散馆以刑部主事用，旋升员外，除郎中，总办秋审处，每有疑狱，平反核谳，全活甚多。出为山东兖沂曹济道权臬使，治行廉平，活死罪诬服者十余辈，亦不以之罪县官，曰县官实不尽明刑律，皆僚幕误之也。是以山在吏治为之一变。丁母艰，后不复出，买屋金陵，筑五松园，将为终老计。当道延为主讲，如扬州之安定、绍兴之蕺山、西湖之诂经精舍，造就后学，问字者千余人，一时推为学者。嘉庆八年，为贫起官，补授山东督粮道，请开东省水利，宣泄卫河以滋漕进，增给兵米以恤满营。又以先儒伏生、郑康成有功圣学，直在唐、宋诸儒之上，请立博士，俾膺承袭上之抚部。其后刘学使凤诰又以邱氏为左丘明，后与伏、郑并置博士，俱奉部驳，未得行。公事之余，惟与二三同志稽古论文，著书刻书为事。他如伏牺陵、阳陵、柳下惠、闵子、曾点、澹台灭明诸墓以及季桓子井，皆搜求遗逸，立石表之，俾不失坠。又创建吴将孙子祠于虎丘，重建烈愍祠于金陵，于金坛九里镇搨得孔子延陵十字碑，于句容得三国吴葛君碑及梁天监井栏文，于德州得北魏高湛碑，插架盈箱，神与古会。十六年辛未，引疾归金陵，奉侍河曲公。又五年而卒，年六十有六。公生平最喜刊刻古书籍，有《平津馆丛书》若干卷。

王昶《湖海诗传》卷四十、钱林《文献征存录》卷九、黄钟骏《畴人传四编》卷八、李元度《国朝先正事略》卷三十五皆有传，存目。

孙星衍《尚书今古文注疏序》：《书》有孔氏颖达正义，复又作疏者，以孔氏用梅赜书杂于廿九篇，析乱《书序》，以冠各篇之首，又作伪传而舍古说。钦奉高宗纯皇帝鉴定四库书，采梅鷟、阎若璩之议，以梅氏书为非真古文，则《书》疏之不能已于复作也。兼疏今、古文者，放《诗》疏之例，毛、郑异义，各如其说以疏之。史迁所说，则孔安国故，《书大传》，则夏侯、欧阳说，马、郑注，则本卫宏，贾逵、孔壁古文说，皆有师法，不可遗也。今、古文说之不能合一，犹三家《诗》及《三传》难以折衷。即郑注"三礼"，亦引今古文异字及郑司农、杜子春说。至晋已后，乃用李斯别黑白而定一尊之学，独申己见，自杜预之注《左传》，王弼之注《易》，郭璞之注《尔雅》，滥觞也。经廿九篇，并序为三十卷者，伏生出自壁藏，授之晁错，教于齐鲁，立于学官，大小夏侯、欧阳为之句解，传述有本，后人疑为口授经文，说为略以其意属读者，误也。孔壁所出古文，献自安国，汉人谓之"逸十六篇"，后汉卫宏、杜林、贾逵、许氏慎等皆为其学，未有注释，而经文并亡于晋永嘉之代，不可复见也。……文有今古之分者，孔壁《书》，科斗文字，安国以今文读之。盖秦以来改篆为隶，或以今文写《书》，安国据以读古文，其字则异，其辞不异也。司马氏用安国故。夏侯、欧阳用伏生说，马、郑用卫、贾说，其说与文字虽异，而经文不异也。古文篆籀之学，绝于秦、汉；声音、训诂之学，绝于魏、晋；典章制度之学，绝于隋、唐。《尚书》为唐、虞、三代之文，字迹奇古，诂训与后世方言不同，制度或在《礼经》之先。后人不考时代，率为之注解，致训故乖违，句读舛误，谓之佶屈聱牙，殊可叹也。孔氏之为《书正义序》云，据蔡大宝、巢猗、费甝、顾彪、刘焯、刘炫等。又云："览古人之传记，质近代之异同，存其是而去其非，削其烦而增其简。"是孔氏之疏不专出于己。今依其例，遍采古人传记之涉《书》义者，自汉、魏迄于隋、唐。不取宋以来诸人注者，以其时文籍散亡，较今代无异闻，又无师传，恐滋臆说也。又采近代王光禄鸣盛、江征君声、段大令玉裁诸君《书》说，皆有古书证据，而王氏念孙父子，尤精训诂。但王光禄用郑注，兼存伪传，不载《史记》、《大传》异说。江氏篆写经文，又依《说文》改字，所注《禹贡》仅有古地名，不便学者循诵。段氏《撰异》一书，亦仅分别今古文字。及惠氏栋、宋氏鉴、唐氏焕，俱能辩证伪传。庄进士述祖、毕孝廉以田，解经又多有心得。合其所长，亦孔氏云"质近代之异同，存其是而削烦增简"者也。为书始自乾隆五十九年，迄于嘉庆亡十年。……然人之精神，自有止境；经学渊深，亦非一人所能究极。聊存梗概，以俟后贤。或炳烛余光，更有所得，尚当改授梓人，不至诒讥来哲也。嘉庆二十年太岁乙亥二月中旬，序于金陵冶城山馆。

孙星衍《问字堂集》卷一《原性篇》：存目。

孙星衍《问字堂集》卷一《太阴考》：存目。

孙星衍《问字堂集》卷二《释人》：存目。

孙星衍《问字堂集》卷二《河图洛书考》：存目。

孙星衍《问字堂集》卷二《三教论》：存目。

孙星衍《问字堂集》卷五《三禘释》：存目。

孙星衍《岱南阁集》卷一《易卦九六解》：存目。

杨向奎《清儒学案新编·渊如学案》：原《学案》以为渊如“深究经史小学，旁及诸子百家，皆心通其义”，意谓孙氏渊博，于吾国之传统学术，无所不通也。**其实，孙氏博而寡要，涉猎虽多，少有精义。**……清代朴学，以汉学自居，遂视经学魏晋注解为不足道，于是有关于《尚书》之汉注疏证，《左传》之汉注疏证，惠栋、渊如于《易》亦尊汉注而贬王辅嗣。两汉经学乃经学儒家化后之整理及巩固时期，经本无学，亦不隶属于儒家，孔子而后，遂以经为儒家书，于是有经学出现，经学出现后，儒家思想遂浸淫于经书中，纬书出现，遂使经学神秘化而儒家遂有宗教色彩，于是在两汉时代，儒家一尊而诸子百家息。东汉后期贾、马、许、郑诸大师起，遍注群经，为经学作了总结，亦使经学凝固于此！经学凝固，儒家亦彷徨无进路，于是佛教传入而道教兴。儒家之垄断地位消失，于是经学亦有新的发展，就此而论，魏晋学风，实为打破两汉经学之封锁，部分地复活先秦时代之百家争鸣。王弼注《易》遂以玄学思想代象数之学，就哲学思想论，王弼乃使《易》学哲学化之首要人物。影响所及，遂使魏晋玄学与两汉经学、宋明理学，清代朴学并驾竞爽矣。就此而论，我们不能菲薄玄学。渊如亦谈性命之学，典型朴学不及性命，段玉裁、王念孙皆如此，戴东原为学术大师，治朴学亦谈哲学，其《孟子字义疏证》诸书，固不朽著作，阮元以汉学方法谈性命亦有所得，而孙渊如非其比也。其《原性篇》实无新义，非汉非宋，不能成一家言，为学术界所重视者仍是其《尚书今古文疏证》。……孙星衍书不过依违于两者（指：江艮庭之《尚书集注音疏》与王鸣盛之《尚书后案》——引者）间，无论在训诂方面，在分析史实方面，鲜有特色。**孙星衍、洪亮吉实为文人墨客，作为汉学家，实难登大雅堂。**刘师培在《清儒得失论》一文中论及洪、孙二人品格时说：“当和珅用事时，念孙官给事中，数上书劾其罪，与洪亮吉之徒诛奸谀于既死者，异矣！”又说：“钱坫尝应毕沅聘，与孙星衍、洪亮吉同在幕府，而不污于孙、洪淫荡招权之行。”则孙、洪之人品亦可知矣。论及他们的学术时说：**“毕氏之门有汪中、孙星衍、洪亮吉，幼事词藻，兼治校勘、金石，以趋贵显之所好。及记诵渊雅，复用以肄经，由是经学与文藻杂糅，而经生为世诟病自此始。内苞污行，外饰雅言，身为倡优，而欲高谈伏、郑，使向者江、戴诸公见之，必执戈逐之无疑也。亮吉素狂放，肆情声色。后以群小荧惑，责难于君，遂被放谪，天下冤之，然不知亮吉之污行盖有过于其君者。星衍卓荦不羁，嗜利若渴，一行作吏，民嫉其贪，中行尤薄，肆毒室人，兼工刀笔，尝以拘讼，攫三千金。斯三子者皆以绵邈之文传食公卿。子云有言，今之学者，非独为之华藻，又从而绣其鞶悦，其斯之谓乎！”**同时之段玉裁以小学名天下，师培曰：“玉裁作令黔、蜀，以贪黩名，此则经生之羞耳！”学者如此，亦可悲也！①

① 见杨向奎《清儒学案新编》第六册，第152~173页。

洪亮吉

《清儒学案》卷一〇五《北江学案》：北江与孙氏渊如同里齐名，皆以词章杰才，进臻朴学，治经研求古义，不涉宋以后之说。渊如兼通九流，北江则尤深于乙部地理。昆陵多才，二人郁为冠冕。北江晚岁家居，倡导后进，沐其余风者尤众焉。

《清史稿》列传一百四十三：洪亮吉，字稚存①，江苏阳湖人。少孤贫，力学，孝事寡母。初佐安徽学政朱筠校文，继入陕西巡抚毕沅幕，为校刊古书。词章考据，著于一时，尤精研舆地。乾隆五十五年，成一甲第二名进士，授翰林院编修，年已四十有五。长身火色，性豪迈，喜论当世事。未散馆，分校顺天乡试。督贵州学政，以古学教士，地僻无书籍，购经史、《通典》、《文选》置各府书院，黔士始治经史。为诗古文有法。任满还京，入直上书房，授皇曾孙奕纯读。嘉庆三年，大考翰詹，试《征邪教疏》，亮吉力陈内外弊政数千言，为时所忌。以弟丧，陈情归。四年，高宗崩，仁宗始亲政。大学士朱珪书起之，供职，与修《高宗实录》，第一次稿本成，意有不乐。将告归，上书军机王大臣言事，略曰："今天子求治之心急矣，天下望治之心孔迫矣，而机局未转者，推原其故，盖有数端。亮吉以为励精图治，当一法祖宗初政之勤，而尚未尽法也。用人行政，当一改权臣当国之时，而尚未尽改也。风俗则日趋卑下，赏罚则仍不严明，言路则似通而未通，吏治则欲肃而未肃。何以言励精图治尚未尽法也？自三四月以来，视朝稍晏，窃恐退朝之后，俳优近习之人，荧惑圣听者不少。此亲臣大臣启沃君心者之过也。盖犯颜极谏，虽非亲臣大臣之事，然不可使国家无严惮之人。乾隆初年，纯皇帝宵旰不遑，勤求至治，其时如鄂文端、朱文端、张文和、孙文定等，皆侃侃以老成师傅自居。亮吉恭修实录，见一日中朱笔细书，折成方寸，或询张、鄂，或询孙、朱，曰某人贤否，某事当否，日或十余次。诸臣亦皆随时随事奏片，质语直陈，是上下无隐情。纯皇帝固圣不可及，而亦众正盈朝，前后左右皆严惮之人故也。今一则处事太缓，自乾隆五十五年以后，权私蒙蔽，事事不得其平者，不知凡几矣。千百中无有一二能上达者，即能上达，未必即能见之施行也。

① 《清史列传·儒林传下二》作"字君直"。

如江南洋盗一案，参将杨天相有功骈戮，洋盗某漏网安居，皆由署总督苏凌阿昏愦糊涂，贪赃玩法，举世知其冤，而洋盗公然上岸无所顾忌，皆此一事酿成。况苏凌阿权相私人，朝廷必无所顾惜，而至今尚拥巨赀，厚自颐养。江南查办此案，始则有心为承审官开释，继则并闻以不冤覆奏。夫以圣天子赫然独断，欲平反一事而尚如此，则此外沉冤何自而雪乎？一则集思广益之法未备。尧、舜之主，亦必询四岳，询群牧。盖恐一人之聪明有限，必博收众采，庶无失事。请自今凡召见大小臣工，必询问人材，询问利弊。所言可采，则存档册以记之。倘所举非人，所言失实，则治其失言之罪。然寄耳目于左右近习，不可也；询人之功过于其党类，亦不可也。盖人材至今日，销磨殆尽矣。以模棱为晓事，以软弱为良图，以钻营为取进之阶，以苟且为服官之计。由此道者，无不各得其所欲而去，衣钵相承，牢结而不可解。夫此模棱、软弱、钻营、苟且之人，国家无事，以之备班列可也；适有缓急，而欲望其奋身为国，不顾利害，不计夷险，不瞻徇情面，不顾惜身家，不可得也。至于利弊之不讲，又非一日。在内部院诸臣，事本不多，而常若猝猝不暇，汲汲顾影，皆云多一事不如少一事。在外督抚诸臣，其贤者斤斤自守，不肖者亟亟营私。国计民生，非所计也，救目前而已；官方吏治，非所急也，保本任而已。虑久远者，以为过忧；事兴革者，以为生事。此又岂国家求治之本意乎？二则进贤退不肖似尚游移。夫邪教之起，由于激变。原任达州知州戴如煌，罪不容逭矣。幸有一众口交誉之刘清，百姓服之，教匪亦服之。此时正当用明效大验之人。闻刘清尚为州牧，仅从司道之后办事，似不足尽其长矣。亮吉以为川省多事，经略纵极严明，剿贼匪用之，抚难民用之，整饬官方办理地方之事又用之，此不能分身者也。何如择此方贤吏如刘清者，崇其官爵，假以事权，使之一意招徕抚绥，以分督抚之权，以蒇国家之事。有明中叶以来，郧阳多事，则别设郧阳巡抚；偏沅多事，则别设偏沅巡抚。事竣则撤之，此不可拘拘于成例者也。夫设官以待贤能，人果贤能，似不必过循资格。如刘清者，进而尚未进也。戴如煌虽以别案解任，然尚安处川中。闻教匪甘心欲食其肉，知其所在，即极力焚劫。是以数月必移一处，教匪亦必随而迹之。近在川东与一道员联姻，恃以无恐。是救一有罪之人，反杀千百无罪之人，其理尚可恕乎？纯皇帝大事之时，即明发谕旨数和珅之罪，并一一指其私人，天下快心。乃未几而又起吴省兰矣，召见之时，又闻其为吴省钦辨冤矣。夫二吴之为和珅私人，与之交通货贿，人人所知。故曹锡宝之纠和珅家人刘全也，以同乡素好，先以摺稿示二吴，二吴即袖其稿走权门，藉为进身之地。今二吴可雪，不几与褒赠曹锡宝之明旨相戾乎？夫吴省钦①之倾险，秉文衡，尹京兆，无不声名狼藉，则革职不足蔽辜矣。吴省兰先为和珅教习师，后反称和珅为老师，大考则第一矣，视学典试不绝矣，非和珅之力而谁力乎？则降官亦不足蔽辜矣。是退而尚未退也。何以言用人行政未尽改也？盖其人虽已致法，而十余年来，其更变祖宗成例，汲引一己私人，犹未尝平心讨论。内阁、六部各衙门，何为国家之成法？何为和珅所更张？谁为国家自用之人？谁为和珅所引进以及随同受贿舞弊之人？皇上纵极仁慈，纵欲宽胁从，又因人数甚广，不能一切屏除。然窃以为实有真知灼见者，自不究其从前，亦当籍其姓名，于升迁调补之时，微示以善恶劝惩之法，使人人知圣天子虽不为已甚，而是非邪正之辨，未尝不洞悉，未尝不区别。如是而夙昔之为私人者，尚可

① 吴省钦：(1729—1803)，字冲之，号自华，江南南汇（今属上海市）人，乾隆二十八年进士，官至左都御史。著有《白华前稿》。

革面革心而为国家之人。否则，朝廷常若今日清明可也，万一他日复有效权臣所为者，而诸臣又群起而集其门矣。何以言风俗日趋卑下也？**士大夫渐不顾廉耻，百姓则不顾纲常。然此不当责之百姓，仍当责之士大夫也。**以亮吉所见，十余年来，有尚书、侍郎甘为宰相屈膝者矣；有大学士、七卿之长，且年长以倍，而求拜门生，求为私人者矣；有交宰相之童隶，并乐与抗礼者矣。太学三馆，风气之所由出也。今则有昏夜乞怜，以求署祭酒者矣；有人前长跪，以求讲官者矣。翰林大考，国家所据以升黜词臣者也。今则有先走军机章京之门，求认师生，以探取御制诗韵者矣；行贿于门阑侍卫，以求传递代倩，藏卷而去，制就而入者矣。及人人各得所欲，则居然自以为得计。夫大考如此，何以责乡会试之怀挟替代？士大夫之行如此，何以责小民之夸诈夤缘？辇毂之下如此，何以责四海九州①之营私舞弊？纯皇帝因内阁学士许玉猷为同姓石工护丧，谕廷臣曰：'诸臣纵不自爱，如国体何？'是知国体之尊，在诸臣各知廉耻。夫下之化上，犹影响也。**士气必待在上者振作之，风节必待在上者奖成之。举一廉朴之吏，则贪欺者庶可自愧矣；进一恬退之流，则奔竞者庶可稍改矣；拔一特立独行、敦品励节之士，则如脂如韦、依附朋比之风或可渐革矣。**而亮吉更有所虑者，前之所言，皆士大夫之不务名节者耳。幸有矫矫自好者，类皆惑于因果，遁入虚无，以蔬食为家规，以谈禅为国政。一二人倡于前，千百人和于后。甚有出则官服，入则僧衣。惑智惊愚，骇人观听。亮吉前在内廷，执事曾告之曰：'某等亲王十人，施斋戒杀者已十居六七，羊豕鹅鸭皆不入门。'及此回入都，而士大夫持斋戒杀又十居六七矣。深恐西晋祖尚玄虚之习复见于今，则所关世道人心非小也。何以言赏罚仍不严明也？自征苗匪、教匪以来，福康安、和琳、孙士毅则蒙蔽欺妄于前，宜绵、惠龄、福宁则丧师失律于后，又益以景安、秦承恩之因循畏葸，而川、陕、楚、豫之民，遭劫者不知几百万矣。已死诸臣姑置勿论，其现在者未尝不议罪也。然重者不过新疆换班，轻者不过大营转饷；甚至拏解来京之秦承恩，则又给还家产，有意复用矣；屡奉严旨之惠龄，则又起补侍郎。夫蒙蔽欺妄之杀人，与丧师失律以及因循畏葸之杀人无异也，而犹邀宽典异数，亦从前所未有也。故近日经略以下、领队以上，类皆不以贼匪之多寡、地方之蹂躏挂怀。彼其心未始不自计曰：'即使万不可解，而新疆换班，大营转饷，亦尚有成例可援，退步可守。'国法之宽，及诸臣之不畏国法，未有如今日之甚者。纯皇帝之用兵金川、缅甸，讷亲偾事，则杀讷亲；额尔登额偾事，则杀额尔登额；将军、提、镇之类，伏失律之诛者，不知凡几。是以万里之外，得一廷寄，皆震惧失色，则驭军之道得也。今自乙卯以迄己未，首尾五年，偾事者屡矣。提、镇、副都统、偏裨之将，有一膺失律之诛者乎？而欲诸臣之不玩寇、不殃民得乎？夫以纯皇帝之圣武，又岂见不及此？盖以归政在即，欲留待皇上莅政之初，神武独断，一新天下之耳目耳。倘荡平尚无期日，而国帑日见销磨，万一支绌偶形，司农告匮。言念及此，可为寒心，此尤宜急加之意者也。何以言言路似通而未通也？九卿台谏之臣，类皆毛举细故，不切政要。否则发人之阴私，快己之恩怨。十件之中，幸有一二可行者，发部议矣，而部臣与建言诸臣，又各存意见，无不议驳，并无不通驳，则又岂国家询及刍荛、询及瞽史之初意乎？然或因其所言琐碎，或轻重失伦，或虚实不审，而一概留中，则又不可。其法莫如随阅随发，面谕廷臣，或特颁谕旨，皆随其事之可行不可行，明白晓示之。即或弹劾不避权贵，在诸臣一心为国，本不必避嫌怨。以近

① 四海九州：指全中国。《礼记·礼器》："三牲鱼腊，四海九州之美味也。"

事论，钱沣、初彭龄皆常弹及大僚矣，未闻大僚敢与之为仇也。若其不知国体，不识政要，冒昧立言，或攻发人之阴私，则亦不妨使众共知之，以著其非而惩其后。盖诸臣既敢挟私而不为国，更可无烦君上之回护矣。何以言吏治欲肃而未肃也？未欲吏治之肃，则督、抚、藩、臬其标准矣。十余年来，督、抚、藩、臬之贪欺害政，比比皆是。幸而皇上亲政以来，李奉翰已自毙，郑元鹴已被纠，富纲已遭忧，江兰已内改。此外，官大省、据方面者如故也，出巡则有站规、有门包，常时则有节礼、生日礼，按年则又有帮费。升迁调补之私相馈谢者，尚未在此数也。以上诸项，无不取之于州县，州县则无不取之于民。钱粮漕米，前数年尚不过加倍，近则加倍不止。督、抚、藩、臬以及所属之道、府，无不明知故纵，否则门包、站规、节礼、生日礼、帮费无所出也。州县明言于人曰：'我之所以加倍加数倍者，实层层衙门用度，日甚一日，年甚一年。'究之州县，亦恃督、抚、藩、臬、道、府之威势以取于民，上司得其半，州县之入己者亦半。初行尚有畏忌，至一年二年，则成为旧例，牢不可破矣。诉之督、抚、藩、臬、道、府，皆不问也。千万人中，或有不甘冤抑，赴京控告者，不过发督抚审究而已，派钦差就讯而已。试思百姓告官之案，千百中有一二得直者乎？即钦差上司稍有良心者，不过设为调停之法，使两无所大损而已。若钦差一出，则又必派及通省，派及百姓，必使之满载而归而心始安，而可以无后患。是以州县亦熟知百姓之技俩不过如此，百姓亦习知上控必不能自直，是以往往至于激变。湖北之当阳，四川之达州，其明效大验也。亮吉以为今日皇上当法宪皇帝之严明，使吏治肃而民乐生；然后法仁皇帝之宽仁，以转移风俗，则文武一张一弛之道也。"书达成亲王，以上闻，上怒其语戆，落职下廷臣会鞫，面谕勿加刑，亮吉感泣引罪，拟大辟，免死遣戍伊犁。明年，京师旱，上祷雨未应，命清狱囚，释久戍。未及期，诏曰："罪亮吉后，言事者日少。即有，亦论官吏常事，于君德民隐休戚相关之实，绝无言者。岂非因亮吉获罪，钳口不复敢言？朕不闻过，下情复壅，为害甚巨。亮吉所论，实足启沃朕心，故铭诸座右，时常观览，勤政远佞，警省朕躬。今特宣示亮吉原书，使内外诸臣，知朕非拒谏饰非之主，实为可与言之君。诸臣遇可与言之君而不与言，负朕求治苦心。"即传谕伊犁将军，释亮吉回籍。诏下而雨，御制诗纪事，注谓："本日亲书谕旨，夜子时甘霖大沛。天鉴捷于呼吸，益可感畏。"亮吉至戍甫百日而赦还，自号更生居士。后十年，卒于家。所著书多行世。

《清史列传·儒林传下二》：洪亮吉，字君直，江苏阳湖人。六岁而孤，母蒋贤明，督课严，风雪夜受经至鸡鸣。亮吉纯孝，既壮，为婴儿戏娱母。家贫，橐笔出游，节所入养母。及归，闻母凶耗，恸绝坠水，得救免。三年彻酒肉，不入中门。少工文辞，与同邑黄景仁诗歌唱和，时称"洪黄"。后从安徽学政朱筠游，同幕戴震、邵晋涵、王念孙、汪中等皆通古义，乃立志穷经。家居，与孙星衍相研摩，学益宏博，时又称"孙洪"。乾隆五十五年，一甲二名进士，授翰林院编修。五十七年，充顺天乡试同考官，即拜贵州学政之命。亮吉以古学教士，黔省僻逮无书籍，为购经史、《通典》、《文选》等，散置备府书院。奏："《礼记》宜用郑氏注，今功令试士从元陈澔注，舛漏不足阐发经义。"未奉部议施行。嘉庆二年，命在上书房行走。三年正月，大考，命拟《征邪教疏》。时川、陕余匪未靖，亮吉指陈规画，慷慨数千言。是月，因弟霭吉卒，引古人期功去官之义，病免，家居。又明年，高宗纯皇帝上宾①，亮吉以供奉内廷奔京哭临。仁宗亲政，诏求直言极谏之士。亮吉念身自微贱，受知两朝，居侍从之列，欲终不言，则非人臣匪躬之义，言之又虑其不可以径达也。自闻诏后，不知寝食者累月。一日奋曰："吾终不可以立仗马辜圣天子恩。"乃反复极陈时政，累数千言。略谓故福郡王所过繁费，州县供亿，致虚帑藏。故相和珅擅权时，达官清选或执贽门下，或屈膝求擢。罗列中外官罔上负国者四十余人。手书为三函，乞成亲王、大学士朱珪、兵部尚书刘权之代奏。上见"视朝稍晏，小人荧惑"等语，以为论及宫禁，震怒，革职对簿，诏："亮吉读书人，体弱，毋许用刑。"亮吉感恸伏地。问何为上书，从容应曰："庶人传语，况翰林乎?"王大臣等当亮吉大不敬律，斩立决。奉旨免死，发往伊犁，交将军保宁严加管束。……亮吉伉爽有志节，自称性褊急，不能容物，好古人偏奇之行，每恶胡广中庸，不悦孔光、张禹之为人。生平好学，不以所遇荣枯释卷帙，尝举荀子语为人戒有暇日。故其学于经史、《注疏》、《说文》、地理，靡不参稽钩贯，穷日著书，老而不倦。少好《春秋左氏传》，觉杜注望文生义，不遵古训者十居五六，于是冥心搜录，以他经证此经，以别传校此传，寒暑不辍者十年。遵《汉·艺文志》例，分经为四卷，传为十六卷。训诂则以贾、许、郑、服为主，以三家固专门，许则亲问业于贾者也。掇及《通俗文》者，服子慎之所注与李虔所续者截然而两，徐坚《初学记》等所引可证也。地理则以班固、应劭、京相璠、司马彪等为主，补晋以前舆地图经可信者，亦酌取焉。又旧经多古字古音，半亡于杜氏，而俗字之无从钩校者又半出此书。因一一依本经典二传，暨汉、唐石经，陆氏《释文》与先儒之说信而可征者，逐件校正，疑者阙之，成《春秋左传诂》二十卷。其他所著有《公羊穀梁古义》二卷、《六书转注录》八卷、《汉魏音》四卷、《比雅》十二卷、《弟子职笺释》一卷、《传经表》二卷、《通经表》一卷、《四史发伏》十二卷、《三国疆域志》二卷、《东晋疆域志》四卷、《十六国疆域志》十六卷、《西夏国志》十六卷、《乾隆府厅县图志》五十卷、《晓读书斋杂录》八卷、《卷施阁诗文甲乙集》三十二卷、《更生斋诗文甲乙集》十六卷、《词》二卷，又有《外家纪闻》二卷、《伊利日记》二卷、《天山客话》二卷、《北江诗话》六卷。②

谢阶树《洪稚存先生传》：洪稚存先生亮吉，江苏阳湖人也。其先宏氏，居歙之洪坑。唐时有经纶者为宣徽观察使，避敬宗讳，改为洪氏。三十六世，至亮吉高祖德健。德健生璟，拔贡生，累官山西大同府知府，有政绩。璟生公寀贤于常州，遂占籍焉。公寀生翘，翘生亮吉，盖其自叙云尔。亮吉生六岁而孤，家贫，随母侨居外家蒋氏。童时能为诗古文辞，及壮，伉奕有志节。后数岁，母病中风卒。亮吉时在处州，闻疾驰归，比至里，得实，大哭昏绝，方度桥，堕水，流数里，至滕公桥，有汲者见其发，持之，则闯然人也，呼众，共舁出之，识为亮吉，未苏，而哭不绝声，观者皆垂涕目之，曰："是固东家洪氏子耶?"孝哉！为母，故遽至于此。时冬月，寒甚，僵伏不动。有蒋松园者，解己衣衣之。始至家，终丧如礼，以不得视母含敛，遇忌日辄不食。又以闻母疾时方听乐，遂终身不近丝竹，其天性如此。又数岁，游陕之西安。其友黄景仁亦客安邑，将死，诒书托以

① 上宾：谓作客于天帝之所。指帝王去世。《逸周书·太子晋解》："王子曰：'吾后三年，上宾于帝所，汝慎无言。'"孔晁注："言死必为宾于上帝之所。"

② 详见中华书局本第18册，第5558~5561页。

身后事。亮吉得书，即四昼夜驰七百余里至安邑，扶其柩奔里，且营葬焉。其风义皆此类也。乾隆五十五年举礼部会试，廷试第二人及第，除授翰林院编修，充国史馆纂修。明年，充顺天乡试同考官，旋奉命为贵州学政。故事，翰林未散馆无为学政者，有之，自亮吉及修撰石韫玉始。今上元年四月，散馆，留编修职如故。旋充咸安宫总裁。明年，入直尚书房。又明年，大考翰詹诸臣，上命诸臣拟《征邪教疏》。是时川、陕、楚三省贼氛未靖，亮吉指陈规画，慷慨千余言，无所为忌讳。阅卷大臣嗛其切直，署三等。又明年，高宗纯皇帝上宾，充实录馆纂修。五月，教习庶吉士。于是上方亲政，诏求直言极谏之士。亮吉念身自微贱，受知两朝，通籍才数年间，遂居侍从之列，历试诸职，欲终不言，则非人臣匪躬之义；言之，又虑其不可以径达也。自闻诏后，累月不知寝食，一日奋曰："吾宁谔谔而死，不能默默而生。"乃反复极陈时事，为三函，一寄成亲王，一寄故大学士朱文正公珪，一寄今兵部尚书刘权之代奏。明日，成亲王等以亮吉书奏。闻有旨褫职，逮刑部狱，命王大臣等鞫讯，王大臣等当以大不敬律斩立决入奏。当是时，中外徨惑，谓亮吉祸且不测。内阁中书赵怀玉，亮吉同里友也，即狱而诀之以酒，怀玉一滴不能下咽，欲语而复止者再。亮吉察其有异，卒问曰："何哉君乃作此，而目向人？岂有所言耶？何嗫嚅也。"怀玉未有以应，已而哽咽出声，曰："闻有旨。"亮吉方伏案大啖，遽仰首曰："我知之，斩立决耳。"因字谓怀玉曰："味辛，吾乃今日知死耶？君何为然也。"颜色不乱，饮啖如平常。当是时，监视者伺于门，行刑者属于道，而不知上之圣明实无意死之也。于是朱珪入见，免冠顿首，曰："亮吉小臣妄发，罪死不赦，然亦愚忠人也。固当容之。"上意愈解，曰："朕亦极知亮吉无他肠，然憨甚，亦不可不示劝惩。"是日得旨，戍伊犁。亮吉既出狱，将行，度无所得赀，满洲今礼部侍郎成格，时官户部主事，贫甚，又雅未识亮吉，闻其无赀用，以屋券质银三百两尽馈之，乃就道。亮吉之行也，居民闻其将至，圜观而拜于马前，相与咨嗟叹息，曰："此所谓不怕死官洪翰林也！"将宿，或荐酒馔，已寝，则置牖上，以首敂户阒而去。问姓名，亦不告。又明年二月，亮吉至伊犁。四月，京师不雨，上命清理庶狱。闰四月三日，犹不雨。故事，戍伊犁者满三年，乃入奏。是日特旨赦洪亮吉回籍。诏午下，而夕大雨。亮吉居伊犁仅百日，汉臣赐还之速，未有如亮吉者。亮吉归，自号更生居士。后数岁以疾卒于家，年六十有四。亮吉雅好游览，自吴、越、楚、黔、秦、晋、齐、豫山水，屐迹几遍焉。生平著述最富，有《附鲒轩》、《卷施阁》二集及他诗文、志乘若干卷行于世。史官谢阶树曰：先生上书时，岂复知有生死哉？忠义愤发于中，有不能自已者焉。天子既已薄其罪矣，又以其书宣示王大臣，盖圣人之容谏求言如此也。当斯时也，大臣不言，而小臣言之，谏臣不言，而文学侍从之臣言之。呜呼！其志亦可哀也已。①

恽敬《大云山房文稿》二集卷三《前翰林院编修洪君遗事》：君讳亮吉，字君直，一字稚存。唐宣歙观察使宏经纶改姓洪氏，子孙世为歙人。……君生六年而孤，家贫苦，身力学，由县学生充副榜贡生。常橐笔游公卿间，节所入以养母。母卒，君时客处州，弟霭吉不敢讣，为书言母疾甚，促君归。君亟行，距家二十里，舍舟而徒，方度桥，遇赁仆之父仇三，问得家状，君号踊，失足落水中，流数里，汲者见发扬水上，揽之，得人，有识君者，共舁至家，久之方苏。君以不及视含敛，后遇忌日辄不食。年三十五，顺天乡试中

① 见《碑传集》卷五十一。今按：此文与中华书局本《洪亮吉集》附录之文颇有不同。

式。更十年，为乾隆五十五年，会试中式，赐第二人及第，授编修，充文颖馆纂修官、顺天同考官，督贵州学政。贵州之士向经史之学，为歌诗有格法，君有力焉。皇上嘉庆元年，充咸安宫官学总裁官，旋奉旨上书房行走。君初第时，大臣掌翰林院者网罗人才，以倾动声誉。君知其无成，欲早自异，遂于御试《征邪教疏》内力陈中外弊政，发其所忌。随引弟霭吉之丧，乞病假归。后高宗纯皇帝升遐，坐主朱文正公珪有书起之，复入都供职。**君长身火色，性超迈，歌呼饮酒，怡怡然。每兴至，凡朋侪所为，皆掣乱之为笑乐，而论当世大事，则目直视，颈皆发赤，以气加人，人不能堪。会有与君先后起官者，文正公并誉之，君大怒，以为轻己，遂怏怏不乐。君于是复乞病假，行有日矣。**留书上成亲王并当事大僚言时事。成亲王以闻。有旨，军机大臣召问，即日覆奏，落职，交军机大臣会同刑部治罪，君就逮西华门外都虞司。群议汹汹，谓且以大不敬伏法。君之友，中书赵君怀玉见君缧绁藉槁坐，大哭投于地，不能言。君笑字谓赵君曰："味辛，今日见稚存死耶？何悲也？"顷之，承审大臣至，有旨，毋用刑。君闻宣，感动大哭，自引罪奏上。免死，戍伊犁。明年，京师旱，皇上下手诏赦君，在戍所不及百日。自君获罪至戍还，文正公常调护之。君与文正各尽其道盖如此。十四年，君以疾终于家，年六十四。……君学无所不窥，诗文有逸气。所著《左传诂》十卷、《比雅》十二卷、《六书转注录》八卷、《汉魏音》四卷、《乾隆府厅州县图志》五十卷、《三国疆域志》二卷、《东晋十六国疆域志》六卷、《诗文集》若干卷行于时。(下略)

赵怀玉《亦有生斋集》文卷十八《皇清奉直大夫、翰林院编修洪君墓志铭》：君姓洪氏，讳亮吉，字君直，一字稚存。……君生六岁而孤，家贫，就外家塾读书，聪颖出诸同学上。乾隆己丑，年二十四，补县学生员。朱学士筠视安徽，学往从之游，所交多知名士。始君好词章，至是乃兼治经。甲午中副榜贡生，庚子中顺天乡试举人，庚戌成进士，殿试一甲第二名，授翰林院编修。明年，充石经馆收掌及详覆官，以旧书十三经多讹俗，白总裁欲更正之，未能从也。壬子，充顺天乡试同考官，闱中拜视学贵州之命。故事，未散馆翰林无为学政者，盖异数也。在贵州，奏请以《礼记》郑康成注易陈灏，为部议所格。教士敦厉实学，购经史足本及《通典》、《文选》等书，俾诸生诵习。所识拔者，多掇科第去。由是黔中之人争知好古。丙辰充咸安宫总裁，丁巳三月入直上书房，侍皇曾孙奕纯读书。戊午弟霭吉卒于家，君以古人有期功去官之义，乃引疾归。己未正月，高宗纯皇帝升遐，赴都哭临。四月，充实录馆纂修官，教习庶吉士。八月乞假，拟俟送梓宫后南还。时川陕之贼未靖，上宵旰焦劳。君目击情状，欲有献替，顾编检例不奏事，于是上书成亲王及座主朱尚书珪、刘尚书权之，冀其转奏。成亲王以原书进呈。大指谓圣躬宜勤政远佞，臣工多奔竞营私，语过激。有旨交军机大臣与刑部会鞫，谳上，当君大不敬，拟斩立决。特恩免死，发往伊犁，交将军保宁管束。当会鞫时，予省之都虞司，次日省之刑部狱，第三日追送广宁门外，虽勉以正谊，而生死未卜，泣不能忍。君则辞意慷慨，略无可怜之色。未抵戍所，将军奏"该员如蹈故辙，当一面正法，一面入奏"。奉朱批："此等迂腐之人，不必与之计较。"因而得免。庚申四月，京师旱。上亲书谕旨，释令回籍，旋得甘雨。御制《得雨敬述诗》纪事，有"纳言克己，乃为民请命之大端"及"将原书装潢成卷，常置座右，以作良规"之注。计居伊犁甫及百日，自新疆辟后，汉员赐环之速，未有如君者。自此枕葄坟籍，放浪山水者十年，卒得告终家衖。上之成就而安全之者可谓至矣。君既归，自号更生居士。好游，居里中，觞饮无虚日。丁卯，吾乡岁祲，首请当事设局振济，而自捐金为倡，主其事颇力，城乡之民赖以就苏。**君厚于天禀，精力过人，然明恩怨，别是非，少容人量，往往负气骂座。予好辨，每与之争，至面项发赤不止。君尝语予："人孰无病？要自有其真耳。君若后吾死，铭诔当不出君手，幸无失吾之真也。"**岂知斯言遂为今日谶哉？诗文涉笔有奇气，生平所著书凡二百六十余卷，经传训诂、地理沿革尤所颛门云。嘉庆十四年五月十二日卒，春秋六十有四。（下略）①

秦瀛《小岘山人集》续文集卷二《原任翰林院编修洪君墓表》：嘉庆四年，阳湖洪君稚存方官翰林，上书王大臣言事，乞转奏。奏上，上命军机大臣鞫之，下于理，拟重辟。上贳其死罪，遣戍伊犁。阅一年，京师旱，特颁诏旨赦之还。君归八年，以疾卒于家，年六十有四。君讳亮吉，初讳莲，又讳礼吉，字君直，一字稚存，号北江，晚号更生，而稚存之名特著。其先歙县人，迁武进，今析治为阳湖人。……君生六岁而孤，随蒋太宜人侨居外家就塾，读书甚颖慧。每夜，蒋太宜人亲课之，为训解字义，于制举文字外，并好为诗歌，辄惊其老辈。年二十四，补博士弟子员。旋中本省乡试副榜。年三十五，始中顺天乡试举人。又阅十年，成一甲第二名进士，授编修。逾两年，充顺天乡试同考官。寻奉命视学贵州。既事还朝，适楚黔教匪煽乱，蔓延秦蜀。会高宗纯皇帝大考翰詹等官，试题为《征邪教疏》，君力陈内外弊政数千言，虑纸竟双行书之。高宗纯皇帝方欲用君，而君仲弟某讣至，君亟移疾归。无何，先帝登遐。君以奔国丧诣京师。时楚、蜀军事孔棘，上焦劳特甚，君遂有上书王大臣之事。方君书上，祸不测，旁观皆危之，而圣主鉴其悃忱，卒用保全其出都门，送者争致馈遗，为泣下，而君恬然远行，盖亦知上求言求治不久，弃君于荒外，而君之憨直得见宥于圣明，实为千古不易得之遭逢也。君生平于学无不窥，著述甚多，其刊行者，有《卷施阁集》若干卷、《三国疆域志》若干卷、《十六国疆域志》若干卷、《乾隆府厅州县志》五十卷、《附鲒轩》、《卷施阁》二集若干卷。君性过人，事蒋太宜人至孝。太宜人没，君方在处州，家人先以病告，归，至郡城之八字桥，得凶问，失足堕水几死。……君以嘉庆十四年四月二十二日卒，以是年十一月二十四日葬于武进县德泽乡前桥祖茔之昭。其同年友无锡秦瀛为之表其墓。

孙星衍《翰林院编修洪君传》：洪亮吉，字稚存，常州阳湖人。……，既入县庠，有时誉。常仿尤侗为乐府，述两晋南北史事，音节遒峭，先达见面称之。时大兴朱学士筠，督学皖江，延揽名士，君与同里黄秀才景仁、扬州汪上舍端光皆为幕下士，从学使登涉名胜，各为诗歌相矜尚，黄似李白，君学杜甫，一时称"洪黄"。时幕府有戴君震、邵君晋涵、王君念孙，皆好古学，君亦穷究经籍，尤精熟三史。乾隆二十九年中甲午科副榜。君诗古文愈进，当道多延之修古书校文者，游道日广。四十一年丁母艰，自浙中奔丧归，哀毁有过礼，三年不肉食，不入于内，不与里中祭吊。时古礼久不能行，或反谓其迂伪。……君一生勤学，不以所遇荣枯释卷帙。伉爽有志节，自称性褊急，不能容物，好古人偏奇之行，每恶胡广中庸，不悦孔光、张禹之为人。游山穷极胜境，登黄山天都峰绝顶，入茅山石洞，然烛行数里，皆人所不能到。放舟登洞庭缥缈峰，值大风浪，啸歌如故。晚年诗愈刻峭，为六朝骈体文，笔力遒迈②。自刻成文集若干卷，注《左传》若干

① 见《碑传集》卷五十一。今按：此文与中华书局本《洪亮吉集》附录之文略有不同。

② 遒迈：刚劲豪迈。

卷，他著作复数百卷，详于家传，不具述云。(下略)①

彭兆荪《小谟觞馆诗文集》文续集卷二《洪北江先生画赞并序》：存目。

王昶《湖海诗传》卷四十、江藩《国朝汉学师承记》卷四、钱林《文献征存录》卷四、张维屏《国朝诗人征略》卷五十一、《国朝诗人征略二编》卷四十七、李斗《扬州画舫录》卷三、李元度《国朝先正事略》卷三十五皆有传，存目。

洪亮吉《卷施阁集》文甲集卷七《上石经馆总裁书》：存目。

洪亮吉《卷施阁集》文甲集卷九《请礼记改用郑康成注折子》：存目。

洪亮吉《卷施阁集》文乙集卷六《钱献之九经通借字考叙》：昭代尚文，百为具举，六书之学，近乃益昌。王工部订楚金之讹，孙文学校德明之阙，皆有成书，附于小学。然尚未及雠校九经，正其文字，如高密定礼堂之本，传可无疑。江式就太常之编，闻而竞写，则演赞次列犹有待焉。钱君献之夙操记事之觚，早究结绳之学，**研六经从文字入，故时析精微，研文字又从声音人，故尤明通假**。以丙申之春，为《九经通借字考》十四卷。若其所得，有可言焉。夫经为宣尼所订之书，字皆在叔重所编之部，惟简经屡易，师或殊承，声转未求，偏旁转误。然因仍识，乃知六经无不正之文；用武求无，悟众说有能通之义。《周礼》"司几筵仍几"，故书为"乃"，郑司农云："乃读为仍。"按：乃正字，仍俗字。……举一隅而不反，推六籍而可该者焉。至若近世学人，亦研竹素顾。或好标异说，致忽恒经。修误为脩，而转议开成之失。遘转为姤，而或致熹平之疑。不狂为狂之论，识者病之。若钱君是书，集众师之言，以召陵为断，下则证以百家，校之金石，凡聚书若干种而始成言，标其要则，义可翼经。事涉夫疑，则吾犹及史，非仅徐邈、张参之能事矣。亮吉亦以壬辰之夏，著《汉魏音》一编，举昔人读如、读若之端，声近声讹之故，自杜、郑说经，如苏注史，以迄涿郡之笺阳翟，洨长之疏《淮南》，靡不毕收，以存故读，盖实据叔言反语之先，为众经通转之助矣。证之君子，或有同心，贻于后人，实非小裨。因序君书，藉及之云尔。

洪亮吉《卷施阁集》文甲集卷十《释名疏证序》：刘熙《释名》其自序云二十七篇。案《后汉书·文苑传》："刘珍，字秋孙，一名宝，撰《释名》三十篇，以辩万物之称号。"而韦曜、颜之推等皆云："刘熙制《释名》。"熙或作熹。案《三国·吴志·曜传》："曜在狱中上辞，有云：见刘熙所作《释名》，信多佳者，然物类众多，难得详究，故时有得失，而爵位之事又有非是云云。"玩曜之语，则熙之书，吴末乃始流布。是熙之去曜，年代必当不远。一也。旧本题安南太守刘熙撰，近时校者以二汉无安南郡，或云当作南安。今考刘昭注《续汉书》，称《三秦记》曰："中平五年，分汉阳置南安郡。"《元和郡县志》亦云："汉灵帝立是郡。"置已在汉末。二也。此书《释州国篇》有司州。案《魏志》及《晋书地理志》："魏以汉司隶所部河南、河东、河内、宏农并冀州之平阳，合五郡，置司州。"是建安以前无司州之名。三也。又云："西海郡，海在其西。"据刘昭注，则西海郡亦献帝建安末立，其时去魏受禅不远。四也。《释天》等篇于光武列宗之讳均不避。五也。以此而推，则熙为汉末，或魏受禅以后之人无疑。又自序云二十七篇，而《文苑·刘珍传》云三十篇，篇目亦不甚县远，疑此书兆于刘珍，踵成于熙，至韦曜又补

① 详见中华书局本《洪亮吉集》第五册，第2357~2359页。

官职之缺也。**其书参校方俗，考合古今，晰名物之殊，辨典礼之异，洵为《尔雅》、《说文》以后不可少之书**。今分观其所释，亦时有与《尔雅》、《说文》诸书异者。《尔雅》曰："齐曰营州。"而此云："营州，齐、卫之地。"《尔雅》云："石戴土谓之崔巍，土戴石为岨。"而此依毛《传》立文曰："石载土曰岨，土载石曰崔巍。"正与相反是也。《说文》锦从帛，金声，凡为声者皆无义，而此云："锦，金也。作之用功，其价如金。故其制字从帛。"与金是以谐声之字为会意。又《说文》平土有丛木曰林。而此云："山中丛木为林。"亦皆异义。且其字体出《说文》外十之三，益信熙之时去叔重已远，其声读轻重名物异同，与安顺前又迥别也。暇日取群经及《史》、《汉》书注，唐、宋类书，道、释二藏校之，表其异同，是正缺失，又益以补遗及《续释名》二卷，凡三阅岁而成，复属吴县江君声审正之，江君欲以篆书付刻。余以此二十七篇内俗字较多，故依前隶写云，所以仍昔贤之旧观，示来学以易晓也。①

洪亮吉《更生斋集》文续集卷一《春秋左传诂序》：**余少从师受《春秋左氏传》，即觉杜元凯于训诂、地理之学殊疏。及长，博览汉儒说经诸书，而益觉元凯之注其望文生义、不臻古训者十居五六，未尝不叹汉专家之学至孙炎、薛夏、韦昭、唐固之后法已尽亡**。自魏受禅，至晋平吴之岁，不及百年，戎马倥偬，著书者渐少。辅嗣既启空疏之习，子雍复开饰伪之门，而孔门之弟子门人一线相承，不绝如缕者，至此始断而不克续矣。然又窃怪元凯虽无师承，然其时精舆地之学者，裴秀、京相璠、司马彪之俦，尚布列中外。即以训诂论，《左氏》一经，陈元、郑众、贾逵、马融、延笃、服虔、彭汪、许淑、颍容诸人之说俱在。倘精心搜采，参酌得中，何至师心自用若此？岂平吴之后，位望既显，心迹较粗，又一时诸儒学浅位下，不复能驳难故耶？自此书盛行千六百年，虽有乐逊《序义》、刘炫《规过》之书，不能敌也，况今日去刘炫等又复千载，其敢明目张胆起而与之争乎？**然以后人证前人之失，人或不信之，以前之人正前人之失，则庶可釐然服矣。于是冥心搜录，以他经证此经，以别传校此传**，寒暑不辍者又十年。分经为四卷，传为十六卷，遵《汉・艺文志》例也。训诂则以贾、许、郑、服为主，以三家固专门，许则亲问业于贾者也。掇及《通俗文》者，服子慎之所注与李虔所续者，截然而两，徐坚《初学记》等所引可证也。地理则以班固、应劭、京相璠、司马彪等为主辅，而晋以前舆地图经可信者亦酌取焉。又旧经多古字、古音，半亡于杜氏，而俗字之无从钩校者，又半出此书。因一一依本经与二传暨汉、唐石经、陆氏《释文》与先儒之说信而可征者，逐件校正，疑者阙之。大旨则以前古之人正中古之失，虽旁证曲引，惟求申古人之旨而已，无预焉者也。卷中凡用贾、服旧注者，曰"杜取此"，用汉、魏诸儒训诂者，曰"杜本此"，用京相、马彪诸人之说者，曰"杜同此"以别之。书成，合为二十卷，藏诸家塾，以教子弟焉。名为《春秋左传诂》者，"诂"，古"故"字通，欲存《春秋左传》之古学耳。时嘉庆十二年，岁在丁卯，立夏日也。

洪亮吉《卷施阁集》文甲集卷八《汉魏音序》：**古之训诂即声音**。《易・说卦》曰："乾，健也；坤，顺也。"《论语》曰："政者，正也。"基之为始，叔向告于周；椟之为秏，梓慎言于鲁。又若《王制》，刑者，侀也。侀者，成也。展转相训，不离初音。汉儒言经，咸臻斯义，以迄刘熙《释名》，张揖《广雅》。魏、晋以来，《声类》、《字诂》诸

---

① 今按：此序代毕沅而作。

作靡不皆然。声音之理通，而六经之旨得矣。许君为《说文》记字，字各著声，览而易明，斯为至善。又通其变，为读若、声近之言，则逵严诂字之精，杜、郑说经之例，义或不可同，而音皆转相训，亦其善也。盖有定者，文也，无定者，声也。即一字一声，而读又有轻重缓急。古今风土之不同，如台之为吾，吾之又为我，伊之为而，而之复为尔也。古人音声清，故为台为伊。中世梢转，则为吾为而。后人口语重，则为我为尔。以及旄之读为缪，哄之读近鸿，则急气缓气之分。秦呼卷为委，齐呼卷为武，则齐人、秦人之别。若一以孙炎、沈约以后之音例之，则重读者不能轻，急读者不容缓。台伊递降，既淆今古之声；委武随方，又摈齐、秦之语。反语出，而一字拘于一音；四声作，而一音又拘于一韵。而声音之道，有执而不通者焉。是以里师授读，俗士言诗，皆执音韵之书，以疑天籁；越客适秦，鲁人入蜀，又泥听闻之素，以讶方音。由声音之道不明，欲合轻重缓急之读为一音，强东西南朔之声出一口也。夫求汉、魏人之训诂，而不先求其声音，是谓舍本事末。今《汉魏音》之作，盖欲为守汉、魏诸儒训诂之学者设耳。止于魏者，以反语之作始于孙炎，而古音之亡亦由于是，故以此为断焉。又尝考之汉廷诸儒，精研声训，厥惟许君，而康成次之。许君之义，均见《说文》外。又有注《淮南王书》，今不传，惟《道藏》中《淮南鸿烈篇》二十八卷，尚题汉南阁祭酒许慎注。或当有据。然世所盛行之本则皆题汉涿郡高诱注。今考许君之注，有淆入诱注中者，或本诱采用许君之说，后人遂误以为诱也。今略论之。《淮南王书》“辀其肘”，高诱注：“辀，读近茸，急察言之。”又“罧者扣舟”，高诱注：“今沇州人积柴水中搏鱼，为罧。”皆与《说文》之说同。此类尚多，以是知许君之注，有淆入诱者矣。康成注《易》、《书》、《诗》、“三礼”及《易纬》、乾、坤二《凿度》等，皆有音读。今考《汉书音义》有“郑氏”，薛瓒云：“是郑德。”晋灼云；“北海人，不知其名。”按《汉书·高帝纪》盱眙注：“郑氏音煦怡。”《武帝纪》“蛇邸”，注：“郑氏，蛇音移。”《郊祀志》“推终始传”，注：“郑氏，音亭传。”而《史记集解》皆作郑玄，《汉书·扬雄传》“抾灵蠵”，注：“郑氏，抾音怯。”而《文选注》亦作郑玄。是《汉书音义》所称郑氏，盖康成居多，故晋灼亦曰北海人也。其间有出于郑德者，如《高帝纪》“方与”，注音房预之类，《集解》亦别标出之。裴骃，刘宋时人，必非无据。是康成又或为《汉书音义》，世所不及知矣。今以许、郑二君之说参校，又各有异同。许君云：“豊，从豆，象形。”而康成《仪礼·大射仪》注云：“豊，其为字从豆，曲声。”今考曲不成字，不当为声，康成盖误以象形之字为谐声也。许君云：“槸，从木，艺声。”而康成《考工记》注云：“槸读如涅，从木，埶省声。”今考艺本可作声，不必从埶省。许君云：“裘，古文作求。”而康成《诗笺》云：“裘，当作求。声相近故也。”今考裘、求本一，不必改字。合此数条，疑许君之说为长矣。盖许君生及东汉之初，亲从贾逵、卫宏等问受，其于西汉诸儒张敞、刘向、扬雄、郑兴等，不啻亲承提命，其学既专，故其说独博而谛，又非他儒之所可及也。今编次仍从《说文》旧部，而以所无者附见于后，或《说文》所有，而后复讹为他字者，则注云某字本某字，不移其部，若传讹已久，则亦各从其部，正附两列焉。其后儒以反语改汉人之音者，亦置不录，以非其旧也。排比阙失，成于六旬；演赞前后，断为四卷。书成，值乾隆四十九年，岁在阏逢执徐，长至日。爰付之梓，庶几谐声故读，复厥旧音，反语四声，此为前导云尔。

邵晋涵《南江文抄》卷五《汉魏音序》：声音宣而文字著焉，字日滋而声亦渐转。得其声，始则屡转而不离其宗，由是审音以定义，昭于制字之原则，互训反训，辗转相训，亦屡变而不失其旨。去古日远，袭舛承讹，私智凿空，诂训茫昧。班孟坚云："古文读应尔雅。"曾谓鄙别之音读三代古文，而能通其义、识其指归哉？古音至汉而一变。郑康成注《诗》、《礼》，多述古文古音，言古者正以见当时之异读。推之于孟喜、京房《易》章句，齐、鲁、韩三家《诗》传，《春秋》"三传"后先著竹帛，文字异同皆音之递转，不仅如刘熹、韦昭所释，辨车声之如居，近舍为从汉以来之声转也。汉人治经有师法，长言、短言、开唇、合唇，音相转而不为一定，要不离乎声始，故义相贯通。至孙叔然制反语，则音有所拘，驯至义有所窒。薛综注张平子赋已有反语，则知叔然之说在当时已属盛行，不复推求古训。沿至六朝，遂分四声之韵，迭相祖述，韵书日益日岐，而古音微矣。阳湖洪君稚存服习古训，精核六书之学，裒集遗经旧注，厘以《说文》部分，撰《汉魏音》四卷。其言曰：**"求汉魏人之训诂，而不先求其声音，是谓舍本事末。"**此书之作，欲为守汉、魏诸儒训诂之学者设也。余尝病夫后儒说经昧于古音，而使古人之训诂不明。读洪君撰集之书，略为申绎其义焉。……韩子曰："沉潜乎训诂，反复乎句读。"**训诂者，文字之本；音声者，训诂之原**。学者由汉、魏之音求声始，以穷其转，斯能知《三百篇》之比音协句本于自然。后世袭舛承讹，亦有所由，致匡后世之舛讹，通古人之训诂，则六艺、九家之传皆文从字顺，而无诎屈之言，成学治古文其亦有取乎此也。

洪亮吉《晓读书斋杂录》初录卷上："五十以学《易》"，孔子之言也。自宋以来，学者置诗书执礼不讲，六经则首读《易》矣。"五十而知天命"，亦孔子之言也。自宋以来，学者置十五、三十、四十之功候不言，首欲知天命矣。"夫子之文章可得而闻，夫子之言性与天道不可得而闻"，子贡之言也。自宋以来，学者以文章为小道，日夕所谈者皆性与天道矣。于是洒扫应对之教不讲，所玩者太极一图也。礼、乐、射、御、书、数之学不讲，所执者性理数册也。亦勇于学圣人哉！亦勇于求胜圣人哉！

洪亮吉《晓读书斋杂录》初录卷上：近当涂徐文靖著《管城硕记》内臆说极多。即如言范少伯所泛五湖当在今江宁、太平两府，并指丹阳、姑孰等湖以实之，著论甚辨，不知非也。(下略)

杨向奎《清儒学案新编・北江学案》：北江不满于杜元凯之注《左传》，以为杜氏"于训诂、地理之学殊疏。及长，博览汉儒说经诸书，而益觉元凯之注，其望文生义，不臻古训者，十居五六。未尝不叹汉儒专家之学，至孙炎、薛夏、韦昭、唐固之后，法已尽亡，自魏受禅，至晋平吴之岁，不及百年，戎马倥偬，著书者渐少。辅嗣既启空疏之习，子雍复开饰伪之门，而孔门之弟子门人，一线相承，不绝如缕者，至此始断而不克续矣。然又窃怪元凯虽无师承，然其时精舆地之学者，裴秀、京相璠、司马彪之俦，尚布列中外，即以训诂论，《左氏》一经，陈元、郑众、贾逵、马融、延笃、服虔、彭汪、许淑、颖容诸人之说俱在，倘精心搜采，参酌得中，何至师心自用如此"。因此北江于《左氏》训诂则以贾、许、郑、服为主，而许则问业于贾者。地理则以班固、应劭、京相璠、司马彪等为主。经多古音古字，半亡于杜氏，一一依本经与二传及汉唐石经、陆氏《释文》，与先儒之说，逐件校正，疑者缺之。**北江盖欲兴汉学故训，以校魏、晋之失者。汉末以及魏、晋乃中国学术思想之转变时期，两汉经师拘于家法、师法，固守藩篱，与先秦诸子之学迥异，魏、晋以来，玄学起而扫荡汉代经师之藩篱，而有清乾嘉时代，学风又趋向谨严，遂弃魏、晋而寻汉业，朴学遂兴，于是于《十三经》者，有新疏者有十，多本此旨，**

而洪北江之《春秋左传》遂为稍后刘文淇之《春秋左氏传旧注疏证》建立下基础。北江精于历史地理，所以说“杜元凯于训诂、地理之学殊疏”，在本《诂》中亦多致力于此。①

① 见杨向奎《清儒学案新编》第六册，第94~95页。

许　珩

《清史列传·儒林传下一》：许珩，字楚生，仪征人。诸生。著《周礼注疏献疑》七卷，厘正搜剔，论者谓为郑、贾功臣。①

江藩《国朝汉学师承记》卷七：又有仪征许珩者，字楚生。能诗，读《周官经》，时有所得，著《周礼献疑》七卷。能疑所当疑，不疑所不当疑，亦近时有心之士也。

张鉴《冬青馆集》乙集卷一《送许楚生归扬州》：旧年我自燕台归，广陵城边秋满衣。今年君复渡江去，迎銮镇前落花暮。流莺恰恰娇春风，到门正及樱桃红。读书未要功名早，万事不如归去好。天涯何苦愁芳草，日暖淮南四月初。枚皋里畔昔时庐，年来同作苏门客，且著秦观一卷书。

李富孙《校经庼文稿》卷十一《周礼经注节抄序》：《周官》一经最晚出，后人疑信相半，不过以官职之冗碎、法制之烦密为病。至歆、莽、介甫等行之而大坏，特用《周礼》者之过，不可因其致弊，而并废圣人之良法美意也。汉永平初，唯缑氏杜子春能通其读，郑兴父子皆为解诂，康成作注，特存三家。经既繁琐，复多古文，而注亦诘曲②奥质，世之学者务趋简易，时俗所行之本，不免过于漏略，又或弃郑注，而羼以众说。读《周官》者，每憾无书本之可据焉。仪征许君楚生，通经学古，具有本原，于《周官》一书用力尤深。尝苦学者未能读全经，于五官中自《丧礼》外，略为删节，《考工》一篇则全录之，注以两郑为主，参用贾疏及后儒之说，而间附以己见，为《周礼经注节抄》六卷。外《献疑》三卷，则贯穿诸经，旁通曲证，有前人所未言，而叙官都为一卷，亦异于朱氏周翰之为，赘而芟之，其于经文去烦冗，而不失之太简，郑注、贾疏决择皆精审，所引诸说亦颇有阐发，视北平黄氏昆圃《节训》尤为疏括。学者取而读之，既易于成诵，而诸家之说简覆而明经诗，岂贯音读了然，使家置一编，得由此而博参之，即可日识《周官》之典制，岂厪以便学者之诵读而已乎？是为叙。

---

① 见中华书局本第17册，第5539页。

② 诘曲：屈曲；屈折。

阮　元

《清儒学案》卷一二一《仪征学案上》：乾嘉经学之盛，达官耆宿提倡之力为多。文达早跻通显，扬历中外，所至敦崇实学，编刻诸书，类多宏深博奥，挈领提纲。《揅经室集》说经之文，皆诂释精详，宜乎为万流所倾仰也。(下略)

《清史稿》列传一五一：阮元，字伯元，江苏仪征人。乾隆五十四年进士，选庶吉士，散馆第一，授编修。逾年大考，高宗亲擢第一，超擢少詹事。召对，上喜曰："不意朕八旬外复得一人!"直南书房、懋勤殿，迁詹事。五十八年，督山东学政，任满，调浙江。历兵部、礼部、户部侍郎。嘉庆四年，署浙江巡抚，寻实授。……八年，奏建昭忠祠，以历年捕海盗伤亡将士从祀。盗首黄葵集舟数十，号新兴帮，令总兵岳玺、张成等追剿，逾年乃平之。偕总督玉德奏请以李长庚总督两省水师，数逐蔡牵几获，而玉德遇事仍掣肘。十年，元丁父忧去职……十一年，诏起元署福建巡抚，以病辞。十二年，服阕，署户部侍郎，赴河南按事。授兵部侍郎，复命为浙江巡抚，暂署河南巡抚。十三年，乃至浙，诏责其防海殄寇。秋，蔡牵、朱濆合犯定海，亲驻宁波督三镇击走之，牵复遁闽洋。……十四年秋，合击于渔山外洋，竟殄牵，详得禄等传。元两治浙，多惠政，平寇功尤著云。……累迁内阁学士。命赴山西、河南按事，迁工部侍郎，出为漕运总督。十九年，调江西巡抚。以捕治逆匪胡秉耀，加太子少保，赐花翎。二十一年，调河南，擢湖广总督。修武昌江堤，建江陵范家堤、沔阳龙王庙石闸。二十二年，调两广总督。……道光元年，兼署粤海关监督。洋船夹带鸦片烟，劾褫行商顶带。二年，英吉利护货兵船泊伶丁外洋，与民斗，互有伤毙，严饬交犯，英人扬言罢市归国，即停其贸易。久之折阅①，多托言兵船已归，俟复来如命。乃暂许贸易，与约船来不交犯乃停止。终元任，兵船不至。元在粤九年，兼署巡抚凡六次。六年，调云贵总督。……十二年，协办大学士，仍留总督任。……十五年，召拜体仁阁大学士，管理刑部，调兵部。十八年，以老病请致

---

① 折阅：谓商品减价销售。《荀子·修身》："良农不为水旱不耕，良贾不为折阅不市。"杨倞注："折，损也，阅，卖也。谓损所阅卖之物价也。"

仕，许之，给半俸，濒行，加太子太保。二十六年，乡举重逢，晋太傅，与鹿鸣宴。二十九年，卒，年八十有六，优诏赐恤，谥文达。入祀乡贤祠、浙江名宦祠。元博学淹通，早被知遇。敕编《石渠宝笈》，校勘石经。再入翰林，创编《国史儒林·文苑传》，至为浙江巡抚，始手成之。集四库未收书一百七十二种，撰提要进御，补中秘之阙。嘉庆四年，偕大学士朱珪典会试，一时朴学高才搜罗殆尽。道光十三年，由云南入觐，特命典试，时称异数。与大学士曹振镛共事意不合，元歉然。以前次得人之盛不可复继，历官所至，振兴文教。在浙江立诂经精舍，祀许慎、郑康成，选高才肄业；在粤立学海堂亦如之，并延揽通儒，造士有家法，人才蔚起。撰《十三经校勘记》、《经籍纂诂》、《皇清经解》百八十余种，专宗汉学，治经者奉为科律。集清代天文、律算诸家作《畴人传》，以章绝学。重修《浙江通志》、《广东通志》，编辑《山左金石志》、《两浙金石志》、《积古斋钟鼎款识》、《两浙輶轩录》、《淮海英灵集》，刊当代名宿著述数十家为《文选楼丛书》。自著曰《揅经室集》。他纪事、谈艺诸编，并为世重。**身历乾、嘉文物鼎盛之时，主持风会数十年，海内学者奉为山斗焉**。

刘敏崧《通义堂文集》卷六《阮文达公传》：阮元，字伯元，一字云台。乾隆己酉进士，由翰林院编修大考一等第一名，擢少詹事，历官詹事、内阁学士、户礼兵工等部侍郎、山东浙江学政、浙江河南江西巡抚、漕运两湖两广云贵总督、太子少保、体仁阁大学士。嘉庆己未、道光癸巳两充会试总裁。戊戌秋，予告回籍，晋加太子太保，支食半俸。丙午科重宴鹿鸣，晋加太傅，支食全俸。二十九年十月十三日卒，年八十六岁。谕赐祭葬，予谥文达。国史有传。生平持躬清慎，属吏不敢干以私。为政崇大体，所至必以兴学教士为急。在浙江则立诂经精舍，在广东则立学海堂，选诸生知务实学者肄业其中，士习蒸蒸日上，至今官两省者皆奉为矩矱。其抚浙时，安南艇匪肆掠，亲督水军御诸台州，会神风助顺，贼船尽碎，溺海者无算，伪总兵伦贵利等皆伏诛，佥谓诚感神佑所致。海盗蔡牵屡扰闽浙，奏请以提督李忠毅公总统两省，舟师不分畛域，立专注首逆隔断余船之法，循环攻击，识者谓牵之淹毙于温州黑水洋，全得力于此策。其抚江西时，严查保甲，破获朱毛俚谋反巨案，未尝控弦发矢，销叛逆于未起事之先，保全民命甚多，遂膺宫保花翎之赏。其在云贵时，留盐课溢额之半，协济边防，腾越厅边外之野人出没无常，甚为民患，惟保山县境有傈僳①熟夷弩箭最精，为野人所惮，因筹款招募，以资捍卫，野人闻风敛迹，相率献木刻乞降。是时提督曾勤勇公方官云南副将，特荐其堪膺专阃，及曾公会剿广东叛瑶，力战先登，功居第一，出诸将上，中外咸以为知人。而其硕画远谋，尤在督两广时，履任之初，即筹备缉捕经费，俾州县无畏累讳饰之心。广西富贺、怀集、广东连山、阳山多盗，以接界之姑婆山②为逋逃渊薮，因调集两省重兵，三路合围，扫其巢穴，先后获会匪劫盗数千，内地一律肃清。又创建大虎山炮台，以防夷患，奏禁鸦片烟，不许带烟之洋船入口，并将保结之洋商某三品顶戴参摘，见广东省城布政司街酒馆用木板画夷馆

① 傈僳族：我国少数民族之一，主要分布在云南、四川等地。

② 姑婆山：姑婆山方圆80公里是天然动植物王国，境内海拔1000米以上的山峰有25座，最高峰海拔1844米，是桂东第一高峰。姑婆山距贺州市区21公里，距梧州市191公里，距桂林市238公里，距广州市341公里，距南宁市586公里。姑婆山国家森林公园位于湘、桂、粤三省（区）交界处的萌渚岭南端，处于广西壮族自治区东部的贺州市八步区境内。

式，怒斥之曰："此被发祭野也。"立谕府县毁之。英吉利护货之兵船杀二民人于伶仃山，遂封闭其舱，不容贸易数月，后夷目禀请查献凶犯，始令照旧通商。盖久料英夷桀骜，遇事必加裁抑，故终其任兵船不敢再犯粤洋。及致仕后，因夷氛甚恶，致书伊公里布代奏，请驾驭美利坚以制英吉利为以夷攻夷之策。粤东当事者寝而不行。迨英夷困而就抚，实因为邻国所侵，始共服为老成谋国之远虑，然后知其三十年绥靖封疆功德之被于人者远矣。归田后，怡志林泉，不与郡县相接，而于地方义举无不首先倡捐，待族党故旧咸有恩谊，乐于汲引后进，休休有容。**至其论学之宗旨，在于实事求是**。自经史、小学以及金石、诗文，巨细无所不包，而尤以发明大义为主。所著《性命古训》、《论语孟子论仁论》、《曾子十篇注》，推阐古圣贤训世之意，务在切于日用，使人人可以身体力行。在史馆时，采诸书为《儒林传》，合师儒异派，而持其平，未尝稍存门户之见。其余说各经之精义……载于《揅经室集》者不可枚举。所编《经籍籑诂》、《十三经校勘记》，传布海内，为学者所取资。《畴人传》、《淮海英灵集》、《钟鼎款识》、《山左》、《两浙金石志》，并为考古者所重。即随笔记录，如《广陵诗事》、《小沧浪笔谈》等书，亦皆有关于掌故。所刻之书甚多，最著者为《十三经注疏》、《皇清经解》，嘉惠后学甚溥。督学时，士有一艺之长，无不奖励。能解经义及工古今体诗者，必擢置于前。总裁会试，合校二三场文策，绩学之士多从此出。论者谓得士之盛不减于鸿博科。**主持风会五十余年，士林尊为山斗。盖生平以座师大兴朱文正公为模楷，故其经术政事与文正相类云。**

诸可宝《畴人传三编》卷三、《（道光）济南府志》卷二十九皆有传，存目。

阮元《诗书古训序》：**万世之学，以孔、孟为宗。孔、孟之学，以《诗》、《书》为宗。学不宗孔、孟，必入于异端。孔、孟之学所以不杂者，守商、周以来《诗》、《书》古训以为据也。**《诗》三百篇，《尚书》数十篇，孔、孟以此为学，以此为教，故一言一行，皆深奉不疑。即如孔子作《孝经》，子墨作《中庸》，孟子作七篇，每讲一义，多引《诗》、《书》以为证据。若曰世人亦知此事之义乎？《诗》曰某某即此也，《书》曰某某即此也，否则尚恐自说有偏弊，不足以训于人。是周时孔、孟之引训于《诗》、《书》，犹今人之引训于《论语》、《孟子》也。试观孔子最重孝道，孝道推本文王、周公，是故《孝经》引《诗》"孝子不匮"、"聿修厥德"，引《书》"一人有庆，兆民赖之"。孟子最重性善，性善推本于孔子，孔子推本于《诗》、《书》。是故引蒸民、秉彝、物则、懿德，此最明著，人人皆知者也。又春秋时，列国君卿大夫引《诗》、《书》者，亦皆明著者也。奈何后儒臆造诸说，以拟圣经，若《法言》以后等书，世人乐讲其书，而反荒《诗》、《书》乎？元录《诗书古训》六卷，乃总《论语》、《孝经》、《孟子》、《礼记》、《大戴记》、《春秋》"三传"、《国语》、《尔雅》十经。此十经中，引《诗》、《书》为训者，采系于《诗》、《书》各篇各句之下。降至《国策》，罕引《诗》、《书》。极至暴秦，杂烧《诗》、《书》，偶语《诗》、《书》者弃市，动辄族诛杀降，以杀戮为功德。《诗》、《书》所系岂不大哉？汉兴，祀孔子，《诗》、《书》复出，朝野诵习，人心反正矣。子、史引《诗》、《书》者多存古训，惟恐不能尽醇，则低写一格，附之于后，以晋为断。盖因汉、晋以前，尚未以二氏为训，所说皆在政治言行，不尚空言也。然此所写列者，皆古圣贤、子、史已经引出之训。其未经引证者，若伏而读之，训而行之，引申触类，章句正极多矣。

阮元《揅经室集》一集卷二《拟国史儒林传序》：昔周公制礼，太宰九两系邦国，三曰师，四曰儒，复于司徒本俗联以师儒，师以德行教民，儒以六艺教民，分合同异，周初已然矣。数百年后，周礼在鲁，儒术为盛。**孔子以王法作述，道与艺合，兼备师儒。颜曾所传，以道兼艺。游夏之徒，以艺兼道**。定、哀之间，儒术极醇，无少差缪者，此也。荀卿著论，儒术已乖。然六经传说，各有师授。秦弃儒籍，入汉复兴，虽黄老、刑名犹复淆杂，迨孝武尽黜百家，公卿大夫士吏彬彬多文学矣。东汉以后，学徒数万，章句渐疏，高名善士半入党流，迄乎魏、晋，儒风盖已衰矣。司马、班、范皆以儒林立传，叙述经师家法，授受秩然，虽于《周礼》师教未尽克兼，然名儒大臣匡时植教，祖述经说，文饰章疏，皆与儒林传相出入。是以朝秉纲常，士敦名节，拯衰销逆，多历年所，则周、鲁儒学之效也。两晋玄学盛兴，儒道衰弱。南北割据，传授渐殊。北魏萧梁义疏甚密，北学守旧而疑新，南学喜新而得伪。至隋、唐《五经正义》成，而儒者鲜以专家古学相授受焉。宋初，名臣皆敦道谊，濂、洛以后，遂启紫阳，阐发心性，分析道理，孔、孟学行不明著于天下哉？《宋史》以道学、儒林分为二传，不知此即《周礼》师儒之异，后人创分，而暗合周道也。元、明之间，守先启后，在于金华，洎乎河东，姚江门户分岐，递兴递灭，然终不出朱、陆而已。终明之世，学案百出，而经训家法寂然无闻。揆之周礼，有师无儒，空疏甚矣。然其间台阁风厉，持正扶危，学士名流知能激发，虽多私议，或伤国体，然其正道实拯世心，是故**两汉名教得儒经之功，宋、明讲学得师道之益，皆于周、孔之道得其分合，未可偏讥而互诮也。我朝列圣道德纯备，包涵前古，崇宋学之性道，而以汉儒经义实之。圣学所指，海内向风，御纂诸经，兼收历代之说。四库馆开，风气益精博矣**。国初讲学，如孙奇逢、李颙等，沿前明王、薛之派；陆陇其、王懋竑等，始专守朱子，辨伪得真；高愈、应㧑谦等，坚苦自持，不愧实践；阎若璩、胡渭等，卓然不惑，求是辨诬；惠栋、戴震等，精发古义，诂释圣言。近时，孔广森之于《公羊春秋》，张惠言之于孟、虞《易》说，亦专家孤学也。且我朝诸儒好古敏求，各造其域，不立门户，不相党伐，束身践行，暗然自修。呜呼！周、鲁师儒之道，我皇上继列圣而昌明之，可谓兼古昔所不能兼者矣。综而论之，**圣人之道，譬若宫墙，文字、训诂，其门径也。门径苟误，跬步皆岐，安能升堂入室乎？学人求道太高，卑视章句，譬犹天际之翔出于丰屋之上，高则高矣，户奥之间未实窥也。或者但求名物，不论圣道，又若终年寝馈于门庑之间，无复知有堂室矣**。是故正衣尊视，恶难从易，但立宗旨，即居大名，此一蔽也。精校博考，经义确然，虽不逾闲德，便出入此，又一蔽也。臣等备员史职，综辑儒传，未敢区分门径，惟期记述学行。自顺治至嘉庆之初，得百数十人，仿《明史》载孔氏于儒林之例，别为孔氏传，以存《史记·孔子世家》之意。至若陆陇其等，国史已入大臣传，兹不载焉。

阮元《揅经室集》一集卷二《论语一贯说》：**圣贤之言，不但深远者非训诂不明，即浅近者亦非训诂不明也**。就圣贤之言，而训之或有误焉，圣贤之道亦误矣。说在《论语》之一贯。《论语》"贯"字凡三见，"曾子之一贯也"，"子贡之一贯也"，"闵子之言仍旧贯也"。此三贯字，其训不应有异。元案：贯，行也，事也，三者皆当训为行事也。孔子呼曾子告之曰："吾道一以贯之。"此言孔子之道，皆于行事见之，非徒以文学为教也。一与壹同。壹以贯之，犹言壹是皆以行事为教也。弟子不知所行为何道，故曾子曰："夫子之道，忠恕而已矣。"此即《中庸》所谓"忠恕违道不远，施诸己而不愿，亦勿施于人。君子之道四，某未能一"。庸德庸言，言行相顾之道也。此即《大戴·曾子本孝》篇所谓忠为孝之本，《卫将军文子》篇孔子所云曾子中夫孝弟信忠四德之道也。此皆圣贤极中极庸极实之道，亦即天下古今极大极难之道也。若云贤者因圣人一呼之下，即一旦豁然贯通焉，此似禅家顿宗冬寒见桶底脱大悟之旨，而非圣贤行事之道也。何者？曾子若因一贯而得道统之传，子贡之一贯又何说乎？不知子贡之一贯，亦当训为行事。子告子贡曰："汝以予为多学而识之者欤？"子贡曰："然，非欤？"子曰："予一以贯之。"此夫子恐子贡但以多学而识学圣人，而不于行事学圣人也。夫子于曾子则直告之，于子贡则略加问难而出之，卒之告子贡曰"予一以贯之"，亦谓壹是皆以行事为教也，亦即忠恕之道也。闵子曰："仍旧贯，如之何？"此亦言仍旧行事，不必改作也。故以行事训贯，则圣贤之道归于儒；以通彻训贯，则圣贤之道近于禅矣。鄙见如此，未知尚有误否？敢以质之学古而不持成见之君子。

阮元《揅经室集》一集卷一《易书不尽言言不尽意说》：伏羲氏未有文字，始画八卦，然非画其卦而已，必有意立乎卦之始，必有言传乎画之继。其意若指此或连或断之画，以为此乾、坎、艮、震、巽、离、坤、兑也。其言遂以音传之曰，此乾、坎、艮、震、巽、离、坤、兑也。坎则传为腭音之言，巽则传为唇音之言，而坎、巽等字，尚未造也。至黄帝时始有文字，后人始指八卦之字，而读之以寄其音，合之以成其书，而伏羲八卦命名之意，传乎其中矣。故六书出于八卦，而指事、象形、谐声、会意、转注、假借皆出于《易》，舍《易》卦无以生六书，非六书无以传伏羲之意与言。故《传》曰"书不尽言，言不尽意"者，此也。书乃六书之书，《传》曰《易》之为书也，亦谓籀、篆之著简策，非如今纸印之书也。《易传》曰："圣人立象以尽意，设卦以尽情伪，系辞焉以尽其言。"此即许叔重所谓伏羲氏作《易》八卦，以垂宪象，神农结绳，庶业其繁，饰伪萌生；黄帝之史仓颉初造书契，以乂以察也。书契取于《夬》，是必先有《夬》卦，而后有夬意，先有夬意，而后有夬言，先有夬言，而后有夬书，先有夬书，而后有夬辞也。以此推之，世之言语文字皆出八卦益明矣。

罗汝怀《绿漪草堂文集》卷十八《书**经籍纂诂**后》：《经籍纂诂》一百十六卷，仪征阮文达公督浙学时，延经学臧镛堂、礼堂、朱为弼、丁子复、陈鲍、严杰等三十余人纂辑，凡二年成书，时嘉庆三四年也。叙之者，钱氏大昕、王氏引之及镛堂，而文达自为凡例。其书依今韵逐字编录，每字征引多者至百数十条，其于古籍殆尟有遗义矣。学者艰于储书，于经史往往不备，若隐帙逸篇之罕传者，尤毕生所不得见。**是书网罗散失，实足为馈贫之粮，而以言为益经学，则犹有可商者。盖训诂不尚繁博，而贵折衷，方能祛纠纷而归一是。否则，愈繁愈棼，适成为群言淆乱而已**。如东之为字，从日，在木中，日出于东，故为东方，于卦为震，万物出乎震，故训为动，是则日出为东方，因生物而申其义为动，动非东之正训也。如谓动即是东，将东西可谓之动西、动静可谓之东静乎？而又引东方木也，东方者阳也，东者日之初，而又云东洛邑也，引《诗》"驾言徂东"，传："东，东藩鲁国也。"引《诗》"俾侯于东"笺，不为辞费乎？铜，阴也，引《周礼》"典同"注："此言乐器，阴阳之声耳。"岂铜可训阴乎？……要之，**训诂之道，须用字之本义，本义不行，即用引申之义**。如"为"本母猴，而后用为作为；"能"本有力之兽，而后用为能干；"焉"本鸟，而后用为语辞之类。观于许君解字，惟说本义间引二三义者为数无多，而后来传注家则为说繁矣。虽毛、郑大儒，不免望文生义，或取证《尔雅》，而不知

《尔雅》之为训诂又悉本之《诗》、《书》，非古有是确不可易之解也。然则博引传注以诂字，亦徒为治丝之棼矣。……高邮王氏父子经学最深，训诂尤其专门。伯申尚书引之为是书叙，繁称博引，谓训诂本于声音，《关雎》"左右芼之"，"芼"与"苗"声近义同，《传》训"芼"为择，犹田苗搜狩之苗，《甘棠》"勿翦勿拜"，拜与拔声近义同，故《笺》训芼为拔……又谓先儒训释偶疏，后人不知改正者，如《行役》"夙夜无寐"，传以为寤寐不如读寐为沬，用《楚辞》注"沬，已也"之训，此类凡数十条，亦不尽然也。末言读是书者，可去凿空妄谈之病，不过说之有所本耳，而其如旧说之多凿空，何也？

陈寿祺《左海文集》卷四上《上仪征阮夫子请定经郛义例书》：弟子寿祺顿首侍郎夫子阁下：乃者仰蒙善诱，俯启梼昧，将于九经传注之外裒集左说，令寿祺与高才生共纂成之。盛哉！夫子恚惠后学之心乎！……五经剖判，去圣弥远，方语不同，传写遂错。贤者识大，不贤者识小。仁者见仁，智者见智。将以抉微学，广异义，与其过而废之也，宁过而存之。……盖守一先生之言而不敢杂，此经生之分也。总群师之言，稽合同异，而不偏废，此通儒之识也。……典午以后，家法渐改，途径方岐，古学飚流，犹在河洛。唐儒孔、贾诸经疏义证发注家，近为敷畅，但恨杜、王、伪孔宗主不明，汉儒遗书遂致散佚，其他依违首鼠茫昧焉。深愍废坠，竟事蒐讨，群经佚注具辑成书。吾师所修《经籍纂诂》百有六卷，考训故，赅音读，六艺群书所载备矣。然而微言大义散见经传，升岳浮海，胥达津梁，食鸡跖者必取其千，详羊尼者莫分其二。苟非比以义类，观其会通，则駉牡诏讷，牺尊失据……爰自周秦，下逮南北，传注而外，众说如林，宗经述圣，旁出子、史，虽体归文翰，而义傅典故，或依经以辨理，或错经以合异，或征经以证事，或约经以就意，或析经以断章，或综经以通贯，或袭经以互存，或牵经以旁涉，……类而集之，依经条次，以周孔及七十子之徒所说为传训权舆，以诸子百家为经典羽翼，以诸史志传为文义渊海，用以申许、郑之闳眇，补孔、贾之阙遗。(下略)

杨向奎《清儒学案新编·仪征学案》：论学宗旨在实事求是，自经史、小学、历算、舆地、金石、辞章，巨细无所不包。……所辑《皇清经解》，虽有割裂，亦或选择未周，间有遗漏，但至今不失为研究清代解经之典要。①

① 见杨向奎《清儒学案新编》第五册，第379页。

刘文淇

《清儒学案》卷一百五十二《孟瞻学案》：十三经中，《左氏传》最称繁博。孟瞻专治此书，欲为刘、郑、贾、服诸儒作疏，以惩杜氏之失。长编已具，传子及孙，三世一经，未能卒业，稿已零落。清代新疏，遂独阙此一经，惜哉！（下略）

《清史稿·儒林三》：刘文淇，字孟瞻，仪征人。嘉庆二十四年优贡生。父锡瑜，以医名世。文淇稍长，即研精古籍，贯串群经。于毛、郑、贾、孔之书及宋、元以来通经解谊，博览冥搜，折衷一是。尤肆力《春秋左氏传》，尝谓《左氏》之义为杜注剥蚀已久，其稍可观览者皆系袭取旧说，爰辑《左传旧注疏证》一书。先取贾、服、郑三君之注，疏通证明，凡杜氏所排击者纠正之，所勦袭者表明之，其沿用韦氏《国语注》者亦一一疏记；他如《五经异义》所载左氏说，皆本左氏先师；《说文》所引《左传》，亦是古文家说；《汉书·五行志》所载刘子骏说，实左氏一家之学；经疏、史注、《御览》等书所引《左传》注不载姓名而与杜注异者，皆贾、服旧说。凡若此者，皆称为旧注，而加以疏证；其顾、惠补注及近人专释左氏之书，说有可采，咸与登列；末始下以己意，定其从违。上稽先秦诸子，下考唐以前史书，旁及杂家、笔记、文集，皆取为证佐，期于实事求是，俾《左氏》之大义炳然著明。草创四十年，长编已具，然后依次排比成书，为《左氏旧注疏证》。又谓："《左传义疏》多袭刘光伯《述议》、《隋·经籍志》及《孝经疏》，云述议者，述其义疏议之。然则光伯本载旧疏，议其得失，其引旧疏必当录其姓名。孔颖达《左传疏序》只云据以为本，初非故袭其说。至永徽中，诸臣详定，乃将旧注姓氏削去，袭为己语。"因细加剖析，成《左传旧疏考正》八卷。又据《史记·秦楚之际月表》，知项羽曾都江都，核其时势，推见割据之述，成《楚汉诸侯疆域志》三卷。据《左传》、《吴越春秋》、《水经注》等书，谓唐、宋以前扬州地势南高北下，且东西两岸未设堤防，与今运河形势迥不相同，成《扬州水道记》四卷。又《读书随笔》二十卷、《文集》十卷、《诗》一卷。文淇事亲纯孝，父年笃老，目眚，侍起居，朝夕扶掖，寒夜足冻，侍亲以温其足。舅氏凌曙极贫，遗孤毓瑞，文淇收育之，延同里方申为其师，并补诸生。申通《虞氏易》，皆其教也。卒，年六十有六。

《清史列传·儒林传下二》：存目。①

李柏荣《魏源师友记》卷六：文淇，字孟瞻，江苏仪征人，嘉庆二十四年优贡。学综群经，尤肆力于《春秋左氏传》，尝取贾逵、服虔、郑玄三家之注，疏通证明，以正杜预氏之失。著《左传旧注疏证》八卷。据《史记·秦楚之际月表》，谓项羽曾都江都，著《项羽王九郡考》一卷、《十八王分地考》二卷。又据《吴越春秋》、《水经注》等书，谓唐、宋以前扬州地势南高北下，东西两岸未筑堤防，与今运河形势迥殊，著《扬州水道记》四卷。又著《青溪旧屋文集》十卷、诗一卷、《读书随笔》二十卷。卒年六十六（见同治《扬州府志·人物·文苑》）。按：文淇与默深有无交谊，不可考。惟居扬州时，默深亦侨寓于此。据冯桂芬《上李伯相书》，知三人于黄河水道意见相同。所差异者，文淇经学古文家，默深则今文家耳。②

丁晏《颐志斋文集》卷十一《优贡生候选训导刘君墓志铭》：呜呼！扬州纯儒刘君之墓既卜兆有日矣，其孤毓崧以状来乞铭。按状，君讳文淇，字孟瞻，仪征人。高祖春和自溧水迁扬，以次子守备起寅贵，赠明威将军。曾祖起泰，监生。祖瞰，始隶仪征藉，补诸生。父国学生锡瑜，以医名家，寿逾九秩。君孝养承欢，不入内室，侍亲宿者十余年。君幼而颖异，稍长，研精古学，贯串群经，于毛、郑、贾、孔之书及宋、元以来通儒解谊，博览冥搜，实事求是，尤肆力《春秋左氏传》，谓杜注袭取先儒，雷同剿说。君取贾、服古注，疏通证明，上稽先秦诸子，下考汉、唐故书，旁及史传、御览、笔记、文集，择精语详，左右采获，成书几十卷。又辑《左传旧疏考正》六卷，谓孔冲远删定旧疏，不出一人之手，多袭取刘光伯《述议》，攘为己文。其阐明经义，皆前儒所未及也。究心涑水《通鉴》，讽诵略皆上口，钩稽正史，凡地理之沿革、水道之变迁，尤所谙悉。据《史记·秦楚之际月表》，谓项羽曾都江都，辑《项羽王九郡考》、《十八王分地考》。又据《吴越春秋》、《水经注》等书，谓唐、宋以前扬州地势南高北下，且东西两岸未筑堤防，与今运河形势迥殊，著《扬州水道记》四卷。学有心得，随时札记，著《读书随笔》二十卷。为古文渊雅淳茂，不为无用之作，大抵考订经史及阐幽之文为多。著《青溪旧屋文集》十卷、诗一卷。君为人天性诚朴，端重无戏言，从学者多蔚然尊为祭酒，而君冲挹自下，乡党逡逡，奖人之长，忘人之过，勇于为善，遇友朋缓急，亲友故窭贫，必竭力营救，家常屡空，不恤也。自治甚严，断断于义利之辩，道府官斯土者如李公彦章、李公璋煜、刘公源灏，皆重君之学，礼接甚恭。君道义自持，可谓纯德君子矣。嘉庆丁卯，君补附学生。甲戌，君岁试第一，食米廪，学使萧山汤公嘉君经学，举己卯科优贡生，以为多士矜式。应秋闱，十四试不售，君之意泊如也。读书下帷，老而弥笃。晚岁阮文达公延主师席，深敬礼之。生于乾隆五四年十月二十三日，卒于咸丰四年九月二十一日，寿六十有六。遗命不延僧道斋忏礼也。配黄孺人。子一：毓崧，能嗣君学。道光庚子优贡生。孙四：寿曾、贵曾、富曾、显曾。葬于城西郝家宝塔③之原。君与余以优行同举于萧山汤文端公。君长余五岁，缔交三十六年，问学切劘，久要无间。疾革前一日，忽语毓崧曰："淮安书信已来。"逾时，余书方至，君若前知之者，亦见君之卷卷于余也。癸丑冬季，

① 详见中华书局本第18册，第5616~5617页。

② 见岳麓书社2010年《湖湘文库》本，第164页。

③ 郝家宝塔，即今扬州市郝家大院。"宝塔"因其地形形似睡卧的宝塔而得名。

余以团练之役，横被仇诬，羁系扬州七阅月，君朝夕省视，患难之交，亲逾骨肉。自痛衰病余年，鲜民之年不如死之久矣。君乃先我归宅，顺受考终。既为健羡，益深蠹伤。铭曰：澹泊儒门，君乃振起。风雨如晦，鸡鸣不已。嬨石虻飞，民多戕死。全受全归，戢身安止。守学弥惇，修身以俟。我铭幽堂，永传千禩。①

刘毓崧《通义堂文集》卷六《先考行略》：先考姓刘氏，讳文淇，字孟瞻。先世居溧水，高祖讳春和，国学生，始迁扬郡，以次子守备君起寅贵，赠明威将军。曾祖讳起泰，国学生。祖讳瞰，与其从兄曈占籍仪征，补博士弟子。父讳锡瑜，国学生。家承忠厚，世有隐德。先考幼即颖异，稍长，嗜学不厌。嘉庆丁卯，受知于会稽莫侍郎，取入县学。甲戌，归安王侍郎岁试扬州，擢置一等第一，补廪膳生。己卯科，萧山汤相国拔取优贡生。是科所取之六人，相国持择极慎，先于岁考时面试经解，深许先考为朴诚绩学之士，特谕学师补举优行，遂膺斯选，公论以为名实相副。庚辰朝考后，就职候选训导，前后应乡试凡十四次，垂得而复失者再，曾无几微不豫之色。道光壬辰，汤相国三典江南乡试，亟欲得先考卷，以式多士，而是岁因先祖微疾，未能赴试。撤闱后，相国廉知其故，深为惋惜。己亥岁，因先祖年逾九旬，不复应试。事亲先意承志，得其欢心。壬午丁先祖母凌太孺人忧，庚子丁先祖忧，居丧尽礼，竭情尽慎。每岁祭墓之月，于族中无主后者，必躬往拜扫。疏族之无以自存者，必量力拯助。抚亲戚孤子，节啬衣食，甘苦共尝。故人子姓沦落者，时加存恤。弟子贫不能具修脯者，尽心教诲，赖以发名成业者甚多。生平湛深经术，于《春秋左氏传》致力尤勤。尝谓《左氏》之义，为杜注剥蚀已久，其稍可观览者，皆系袭取旧说，爰辑《左传旧注疏证》一书，**先取贾、服、郑三君之注疏通证明，凡杜氏所排击者纠正之，所剿袭者表明之。其沿用韦氏《国语》注者亦一一疏记。他如《五经异义》所载左氏说，皆本左氏先师；《说文》所引《左传》，亦是古文家说。《汉书·五行志》所载刘子骏说，实左氏一家之学。又如经疏、史注及《御览》等书所引《左传》注不载姓名而与杜注异者，亦是贾、服旧说。凡若此者，皆称为旧法，而加以疏证。其顾（指顾炎武）、惠（指惠栋）补注及洪稚存、焦里堂、沈小宛等人专释左氏之书，以及钱（指钱大昕）、戴（指戴震）、段（指段玉裁）、王（指王念孙、王引之）诸通人说有可采，咸与登列；末始下以已意，定其从违。上稽先秦诸子，下考唐以前史书，旁及杂家、笔记、文集皆取为证佐，期于实事求是，俾左氏之大义炳然著明。草创四十年，长编已具，然后依次排比，成书八十卷。**② 又以余力辑《左传旧疏考正》一书，自序谓："世知孔冲远删定旧疏，非出一人之手，至于旧疏原文概谓无迹可寻。近读《左传疏》，反复根寻，乃知唐人所删定者，仅驳刘炫说百余条，余皆光伯述议也。今细加析别，凡得二百余条，厘为八卷。"释经之暇，好读史鉴，于地理之沿革、水道之变迁尤所究心。据《史记·秦楚之际月表》，知项羽曾都江都，核其时势，推见割据之迹，辑《项羽王九郡考》一卷、《十八王分地考》二卷，总名之曰《楚汉诸侯疆域志》。又据《左传》、《吴越春

① 见《清代诗文集汇编》第587册，第267~268页。

② 杨向奎《清儒学案新编》认为："以上所指与《左传》有关诸书而不及《史记》，在古史文献上，《史记》引用《左传》最多，可以互相校勘，而证其得失，今刘氏引不及《史记》，盖受惠栋说影响，以为《史记》荒疏不可据。其实惠氏不解《史记》而自以为是，此所以吾人谓之骄悍也。"（见第六册第434页）

秋》、《水经注》等书，**谓唐、宋以前扬州地势南高北下，且东西两岸未设堤防，与今运河形势迥不相同**，爰博稽载籍，详加考证，作《扬州水道记》四卷。自少至老，手不释卷，无论经、史、子、集，遇有心得，辄随时记录，积成巨册若干，荟萃贯穿，成《读书随笔》二十卷，为文淳茂典实，大抵有关于经史同异、金石源流，以及表微阐幽之作居多。偶有吟咏，亦意存寄托，不为空泛之词。著有《青溪旧屋文集》十卷、《诗集》一卷。精于校雠之事，为人校勘书籍，不啻如己之撰述。搜罗乡先辈及亡友之书，醵金付刊，汲汲然愿其行世，视他人营谋切己之事更为过之。处世和平，不为矫激近名之举，而于义利之辨至严。凡人所争趋者去之，若浼人所推诿者直任不辞。总纂《仪征县志》，于编订则独肩其全，于修脯则仅受其半。同乡诸君子叹为世俗所难能。然先考行谊，类此者甚多，特是事为人所共知耳。熟于乡邦文献，遇郡邑长官咨询掌故者，必举前贤之遗迹，属其表章，自报谢以外，非公不见，于私事毫无所干。值采访忠孝节烈，则慨然自任其劳。后辈有一材一艺，可称心奖誉，以成其美，或有为歧途所惑者，则委曲讽谕，望其转移。**秉性谦虚，常存退让。虽远近交相推重，而自视弥觉歉然。立身端恪，言动必以礼法自持，而于人不求其备，记人之善，忘人之过，有德于己者终身感念不衰，值横逆之来，自反不较，其人亦久而自悔**。乡人称道无异词，佥谓积善至深，宜享上寿。即不孝亦谓精神爽健，耄耋可期，不意项侧生痈，脓虽出而体甚虚，俄顷之间，气息渐微，倏已弃养，此皆不孝侍奉无状，致陨天年。呜呼痛哉！先考生于乾隆五十四年十月二十三日申时，卒于咸丰四年九月二十一日巳时，享年六十六岁。配黄孺人，生子一，即不孝毓崧，道光庚子科优贡生。女一，适江都监生田溥光。孙四：寿曾、贵曾、富曾、显曾。孙女二。谨卜以明岁二月初九日，奉柩葬于城西郝家宝塔之原。不孝苦块昏迷，于先考懿行罣漏实多，然不敢以无实之辞诬我先人。伏惟当代硕儒哀而赐之传铭，则世世子孙感且不朽。谨状。

刘文淇《青溪旧屋文集》卷五《凌氏丛书序》：昔《春秋》一经，亲授子夏；《公羊》六传，始著竹帛；秦燔书而行口说，汉崇儒而立学官，邹、夹二氏俱亡佚于建武，严、颜两家均渊源于董相，瑕邱屈而学聿聿兴，张汤传而道益显。其由博士为丞相，以经义断庶事者，贤良三策，决狱十卷，不啻为之指南。导以先路，厥后郑众举十七事，贾逵作四十条，咸难《公羊》，以崇《左氏》。而张霸仍授樊侯之书，何君复述李育之义。窃悲二创，覃思三阙，守羊弼绪，说依子都条例，三科九旨以经之，七等六辅以纬之，墨守之称，良不诬矣。学海之誉，谅非徒尔。世不能考其声音、训诂与夫典章制度，但诋其为汉制法，以纬汩经，几何不以《春秋》为司空爰书，邵甫为公羊罪人乎？乃若泛毓释疑之篇，刘兆调人之作，欲殊涂而同归，究南辕而北辙。然则《隋志》所云，公羊之学至晋但试读文，今殆绝无师说者，其信然已。舅氏晓楼先生，专治公羊，谨守家法，尝以董子之书合乎圣人之旨，深悲其生见嫉于主父，没被诋于刘兰。又其甚者，谓繁露之名取象古冕、玉杯之例，殆等连珠，厚诬古人，贻误来学，乃注《春秋繁露》十有七卷。昔毛公出守北海，康成为其郡人，故其笺《诗》，不忘崇敬。此则怀蛟征梦，下马名陵，式祠堂于旧治，想謦欬于遗书，斐然之思，不能自己者也。又以《公羊》旧疏不著撰人，言例虽详，考礼则略。遂乃覃精研思，遐稽博览，著《公羊礼疏》十一卷、《礼说》一卷。（下略）

刘文淇《青溪旧屋文集》卷七《论语孔注证伪书后》：存目。

刘文淇《青溪旧屋文集》卷五《春秋左氏传旧疏考正序》：六朝诸儒说经之书百不存一，使后人略有所考见者，则以唐人《正义》备载诸儒之说也。然唐制试明经，一依《正义》，非是，黜为异端，遂使诸儒原书渐就亡佚。故昔人谓唐人《正义》功过相等。世知孔冲远与诸儒删定旧疏，非出一人之手；又永徽中就加增损，书始布下，知非孔氏之旧。至于旧疏原文与夫孔冲远等所删定、于仲谧等所增损者，虽复觉其舛驳，概谓无迹可寻。近人有以《舜典》、《吕刑》疏中两引"大隋"，谓非唐人之语。然仅此孤证，于全书体例未尝细为区分。文淇质性驽钝，年二十始从友人所借得《毛氏疏》，手自缮写，后乃得《十三经注疏》，依次校勘，朝夕研究，窃见上下割裂，前后矛盾，心实疑之久矣。近读《左传疏》，反复根寻，乃知唐人所删定者，仅驳刘炫说百余条，余皆光伯《述议》也。《文十三年》传："其处者为刘氏。"疏云："讨寻上下，其文不类，深疑此句或非本旨。盖以为汉室初兴，捐弃古学，左氏不显于世，先儒无以自申。刘氏从秦从魏，其源本出刘累。插注此辞，将以求媚于世。"此疏未著何人之说，无以知为光伯语。及检《襄二十四年》传："在周为唐杜氏。"疏云："炫于'处秦为刘'谓非邱明之笔。豕韦、唐杜不信元凯之言。"则前疏为光伯语，显然可见。……据《诗疏》，知此疏皆光伯语；据此疏，知《诗疏》皆非冲远笔也。约举二端，足见唐人剿袭之迹已。……今一依孔氏序例，细加析别，凡得二百余条，厘为六卷。其余《易》、《尚书》、《毛诗》、《礼记》诸疏犹将次第考正，庶冀六朝旧疏，稍还旧观云尔。嘉庆庚辰春二月上旬，仪征刘文淇撰。

黄承吉《梦陔堂文集》卷五《春秋左氏传旧疏考正序》：西汉传经，主于诵习章句而已，其训故惟举大旨，记说或非本义，但取通艺，不尚多书。此秦燔后，经学之权舆也。逮后汉广为传注，然后语必比附经文，字承句属，靡有漏缺。至魏、晋而解义大备。此既传后，经学之宗会也。洎宋、齐以降，则多取儒先传注，条细缕绎，各骋辨释，而疏学以兴。寖及于隋，撰著弗辍。此既解后，经学之要归也。盖古者征实之诣，至是而大具矣。夫授经及为传注，惟主一家之义，疏则兼举众说，疏通证明；明传注乃所以明经，故研核之事日繁，而辅翼之功滋大。其疏曰"义疏"，曰"讲疏"，亦专曰"疏"，然"疏"者，乃其一时著书之体，并非其书必名曰"疏"。故当时成书，亦多谓之"义"。若以"义"配他字，则如"义宗"、"义记"、"大义"、"杂义"之类，即前代之"谊"也。亦有专名"义"者，若范歆、伏曼容、崔灵恩、孔子祛等之书，皆孤谓之义。其书大都疏体，如皇侃《论语》、《礼记义疏》，其《梁书》本传乃专称《论语》、《礼记义》；沈重《周礼》、《毛诗》等"义疏"，其《北史》本传亦专称"义"，则义、疏二字可以分隶，不定以疏名书。是以当时凡称某某为"义疏"者，率通指体例，并非即其卷之命名。即孔颖达《春秋正义序》称沈文何为《左氏传义疏》，《经典释文》亦云"沈为《春秋义疏》，王元规续成"，而沈所著及元规所续书乃名"义略"。又孔序谓刘炫亦作《左氏传义疏》，而炫书乃名"述议"。"议"与"义"古字通用，如《后汉书》许慎撰《五经异义》，《郑玄传》则作"异议"；即《隋书》炫本传谓炫著《论语》、《孝经》、《春秋》、《尚书》、《毛诗述议》，而《经籍志》皆作"述义"。《隋书》非出一手，是以各书。其《志》中孝经类谓王劭访得孔传，送炫，炫因述其"议疏"者，即指炫所作之"述议"，"议疏"即"义疏"也。《志》文并未兼举义、议两字，邢昺《孝经疏》采袭《志》语而不达其文义，乃揣"义"、"议"为二，谓"述其义，疏议之"，非也。且《志》辞方谓炫序述己书，专伸孔义，由是乃与郑氏并立，岂反主于取他本之义疏议之？盖议故即义，即可见炫所著诸述义，或摅发由己，或裒取损益，亦非必尽出一状。若其《左传述义》，就孔氏《正义》逆之，则必兼采旧说，录其姓名，以分别引伸驳正，如吾友刘君孟瞻所云者。假令炫书而存，即谓炫以前诸儒之说并存，可也。炫传载炫著《春秋攻昧》十卷、《春秋述议》四十卷，而《新唐书·艺文志》则载炫《攻昧》十二卷，又《规过》三卷、《述议》三十七卷。《规过》不见于《隋书》，盖即从《述议》四十卷分出，故《述议》止三十七卷，然亦可见欧、宋之疏矣。至《宋史·艺文志》则载炫《春秋违议略》一卷，又《春秋义囊》二卷，或亦《述议》中展转脱余之帙，几不可考。夫学者援后征前，顾难传信。又如《隋志》载"《春秋左氏传杜预序集解》一卷，刘炫注"，而朱氏《经义考》乃不书注，竟似序为炫作，设无左证，何以诸后人？故就考叙炫书名且致溷，遑问其余。**夫经赖传注以传，传注又藉疏义以传。凡汉人传注，其不系以《正义》者，悉多湮没，即贾、服之《春秋解谊》、《解诂》皆是，足见疏学为用至巨。然人知《正义》功在贞观，而不知此学之贯穿明赡，萃于南朝，执守精专，又盛于河北。当时南北分途讲学，及会归隋氏，二刘实经学之大宗。**故如炫之《述议》，设非唐人删为《正义》，则其书可至今存，即炫以前之说举可存。**自有《正义》而后炫书废，而诸儒之说尽废，且不独疏家之说废，即传注之说之存于《述议》中者亦废。然则唐人之《正义》袭故册而掩前编，乃唐人之过也。**尝慨《左氏传》一书，凡杜氏以前之习为此学者，其书皆废于杜氏；凡孔氏以前之习为此学者，其书皆废于孔氏。何则？杜氏之书名曰《集解》，集解者自必汇诸解而集之，乃其注中更不指系一人，其序内则以经传集解之目位置于"分经与传"数语之下，而与上文刘、贾、许、颖反若相离，于是孔氏遂耸称其集由经传，与何晏之《论语集解》不同。杨士勋《穀梁疏》亦如其说。然试问取传附经，何名集解？文义不待再思而明。盖杜意正以集解之名混于经传相交，又复尽乳群书，归其释例，藉以遏先儒而不觉；专名之念，重若沉碑，可想证也。故自《集解》行而贾、服诸家之书遂以日汩，此传注之废于杜氏者也。孔氏之书名曰"正义"，"正义"者盖谓正前此之疏义，即前所云诸书之名为义者非空义也。其名奉诏更裁，意在不甘居赞，定名曰正，则必先有委弃前疏之心；故其例必守一家之注而不附，然后可以进退众义而不复更举其人。至如《礼记疏》间涉皇、熊而体段瞢然不见，《毛诗疏》空书焯、炫而标著阒尔无闻。虽复肃、毓时陈，崔、卢偶掇，然疏中精义之出于谁阿，只成虚粕，又况《左传》之颠倒弥甚矣。此固其互之攘善，或尔其主之忌名；一纸《兰亭》，尚图专殉，可想证也。故自《左传正义》行，而沈、刘诸家之书遂以日汩，此《义疏》之废于孔氏者也。然他经之有众说，固不可废，而《春秋》尤不可废。**盖《易》与《诗》虚而有则，《书》与《礼》实而可凭，虽有异辙，未容离畔。《春秋》介虚实之间，一义之歧，眇不易断，故其中大事非可取决一家。乃自杜注出而诸解尽亡，后人惟知有杜；正义又例不破杜，然惟杜氏，辄即假传以贡其私，其短丧之说久为前人訾议。**至其申释"弑君称君，君无道；称臣，臣之罪"二语，则吾友焦君里堂切讥之。虽旧注此说多同，不尽如焦所论，然杜每及是条，率为深曲，非若出于无心。昔乐逊发杜违，谅抑有当，而其书弗传，若非畸余炫说，尚可仅见规摘前言。则后人奉杜，将谓可悬诸日月，其义允协于《春秋》矣，何可训也？孟瞻近著《春秋左氏传旧疏考正》一书，钩稽《正义》中所藏炫说及炫所采故义，逐为厘出，使陈简中混殽覆匿之迹，朗若拨云，凡昔之自有而无者，今复自无而之有。核实之思，等于叩寂，可云用心之勤。即观"宋督弑君"一则，杜谓称督以弑，罪在督，而又以孔父为祸及其君。夫弑君之罪既在督，则孔父无罪也。于此而犹文致之，岂不督之弑君，隐然翻列孔父首恶，此杜以为“称臣，臣之罪”者，其深曲尚如此。今孟瞻揭明《正义》“《公》、《穀》”句下应具驳辞，则必当有辞严义毅，足以令杜氏心慑者；语虽不存，实可想见；《正义》削而去之，反空折刘之规过，责以阿谬，其亦奚辞。然则著此书以寻炫说，虽意不主于非杜，而《春秋》之大义跃如，不独释辞训诂之是区，继绝存亡之可贵矣。夫杜氏《左传》之癖，醰饫一生，岂遂逊惭前昔？《正义》葺经多彦，监古镕今，讵非精艺？惟察其所短，则不能尽予其长。且《正义》画杜而袒杜，则杜氏虽短亦长；募人以毁人，则众氏虽长亦短。又况泯其籍号，紊厥指归，罔非短人之长，长己之短。平心以论，良复可崖。夫绌注所以伸经，何形食蠹；信令斯为传后，岂预鸣蝉。窃怪当时既欲紧鉴，又以为本，及鬻之而訾所从来，坐使周行之助，反丧于邛须，胠箧所开，致流为畴孰，其于蝉蠹，抑又奚如？就使删定为辞，意殊干没，而难杜申杜，是刘非刘，且概不知所属，则其蔽已多矣。孟瞻敦愿朴学，非故发唐人之覆，讫以蕲旧疏之奠也。**旧疏明，则传注明，而经亦明。**缀残理缺之为，不在自搏别论，盖较诸陆、傅、二顾、两惠诸家补正杜书，尤为能得其要。且此绪一出，则使他端悉可类推，爰以订六代流风，不徒妨雅；两河旧宿，自有典型。知人论世之衡，于兹未坠，行观次第而暨于诸经也。①

沈钦韩《幼学堂文稿》卷六《刘文淇左传疏考证序》：义疏之学，六朝尚矣。百川并流，尽以唐人《正义》为壑谷。迄今惟皇氏一家传自海岛，真赝莫辨，其他则姓名仅见，条贯无存。若二刘之于《诗》、《书》、《左传》，皇、熊之于《礼记》，所载较多，然掩其菁华，訾其糟粕，弃若弁髦，沦于朽蠹，岂不甚可惋惜哉！初唐之世，硕儒凋尽，词艺盛行，故瀛洲觞咏，弥觉风流，容台讲论，便成鄙倍。**孔冲远等奉敕撰定《五经正义》，以昏耄之年，膺删述之任，观其尚江左之浮谈，弃河朔之朴学。《书》、《易》则屏郑家，《春秋》复废服义，尤专护前非，自阿私好，攻击郑、服，不遗余力；而杜氏之学显然穷屈者，不容置喙。于是崔灵恩、卫冀隆、刘光伯等说书新义，或不挂于齿颊，或显肆其雌黄。加之坐縻官廪，愧少发明，且吹毛求疵，剜肉为疮；掇其所驳之短以诬彼短，袭其所解之长以矜己长。篇幅之内，割裂颠倒，剽窃搏掩，岂惟范氏袭华峤之书？实同颜籀攘《汉书》之解。至马嘉运等所纠摘，永徽中所增损，不过因庇谬难掩，稍用文饰，何能有加于贞观？何尝有诤于冲远？遂乃靦然居其名为绝智之学，以眯天下之目，锢学者之聪，岂非儒林之恨事哉？**吾友刘子孟瞻慨然发愤，暇乃博究经史，检寻文句，得其脉络之隔阂，枝叶之苯，前后之不相称，新故之不能掩。其聪明辨决，若易牙之尝水、庖丁之解牛。夫乃投隙②抵巇③，显豁呈露，未去葛、龚之姓名，已诡法盛之撰述，而沈之《义略》、刘之《述义》，隐然若古碑之洗剔。至冲远等窜定之小智，干没之鄙心，其亦难逃于然犀之照也已。**余尝泛滥于宋人之学，见陈祥道、郑樵之徒，其攻击郑、孔（本皆郑、**

① 见《清儒学案》卷二十四，河北人民出版社 2008 年版，第 855~858 页。

② 投隙：乘隙；伺机。《列子·说符》：“投隙抵時，应事无方，属乎智。”

③ 抵巇：《鬼谷子·抵巇》：“巇始有朕，可抵而塞，可抵而却，可抵而息，可抵而匿，可抵而得，此谓抵巇之理也。”陶弘景题注：“抵，击实也；巇，衅隙也。墙崩因隙，器坏因衅，而系实之，则墙器不败。若不可救，因而除之，更有所营置，人事亦由是也。”后用“抵巇”以指钻营。此处指攻讦，攻击。

孔之所驳)；**其引伸已义，即亦郑、孔之定论。哆然笑之，此其图回抄略之技，即效法唐人。常恨天壤间实事求是之学少，横窃大名之人多**。刘子年壮学富，于实事求是之志，甚博且勤。观此所著，象之一牙，凤之一毛，足知其非凡品。他日必能发挥先儒之蕴，启牖后生之智，余又乐俟其成书也。道光四年九月二十一日，吴沈钦韩序。

刘文淇《青溪旧屋文集》卷三《与刘楚桢书》：……冲远学识无愧通儒，然此书乃未成之作，又经后人删窜，多失其真。且冲远在时，马嘉运颇驳正其失，当时服其精博。是其书在唐初已有疑议矣。**自来官书成非一手，其删定者又皆身领数职，或兼修数书，期限迫促，难免疏漏。不能如士子闭户纂述，瞻前顾后，积数十年精力而成，故无大疵谬也**。拙著首卷，兄粘签处，慎翁赞叹，谓语语允当，可称良友直谅之义。吾辈共勉为之。

刘文淇《青溪旧屋文集》卷三《与沈小宛先生书》：文淇驽钝无似，于学问之途未窥涯涘，然侧闻先生绪论，及拳拳诱掖之盛心，稍知感奋，不敢自弃。前岁得尊著《左传补注》，已录副本，披寻再四，窃叹左氏之义，为杜征南剥蚀已久，先生披云拨雾，令从学之士复睹白日，其功盛矣！覆勘杜注，真觉瘢痏横生，其稍可观览者，皆是贾、服旧说。**洪稚存太史《左传诂》一书，于杜氏剿袭贾、服者，条举件系，杜氏已莫能掩其丑，然犹苦未全。文淇检阅韦昭《国语注》，其为杜氏所袭取者正复不少。夫韦氏之注，除自出己意者，余皆贾、服、郑、唐旧说，杜氏掩取，赃证颇多，窃不自量思，为《左氏疏证》，取《左氏》原文，依次排比，先取贾、服、郑君之注，疏通证明。凡杜氏所排击者，纠正之；所剿袭者，表明之；其袭用韦氏者，亦一一疏记**。他如《五经异义》所载左氏说，皆本左氏先师，《说文》所引《左传》亦是古文家说，《汉书·五行志》所载刘子骏说，皆左氏一家之学。又如《周礼》、《礼记疏》所引《左传》注不载姓名，而与杜注异者，亦是贾、服旧说。凡若此者，皆以为注，而为之申明。疏中所载尊著，十取其六。其顾、惠补注及王怀祖、王伯申、焦里堂诸君子说有可采，咸与登列，皆显其姓氏，以矫元凯、冲远袭取之失。末始下以己意，定其从违。至若左氏之例异于公、穀，贾、服间以公、穀之例释《左传》，是自开其罅隙，与人以可攻。至《春秋释例》一书，为杜氏臆说，更无论矣。文淇所为《疏证》，专释诂训、名物、典章，而不言例。其《左氏凡例》另为一表，皆以左氏之例释左氏，其不知者概从阙如。杜氏以经训饰其奸耶？惠定宇微发其端。焦里堂《六经补疏》以杜氏为成济一流，不为无见。然以杜氏之妄，并诬及左氏，则大谬矣。近今为左氏之学，未有逾先生者。文淇钻仰有年，草稿粗就，期以十年之功，或可成此。但学识梼昧，尚希有以教之。至《新旧唐书考证》，向亦粗具条目，垂谕殷殷，敢不黾勉，俟《左传》卒业，即肆力为之。先舅氏晓楼先生所著书，最精者莫如《公羊礼疏》。诚如来教所云，但此书博引旧说，无所引申，恐后人有袭取之者，极知先生不喜公羊。然先舅氏一生勤学，非先生，孰表章之？倘能赐序一篇，幸甚！伏乞鉴察，不宣。

刘师培《读左札记序》：昔先曾祖孟瞻公昌明左氏之学，以《左氏》古义厄于征南，因掇拾贾、服、郑三君之注，疏通证明，作《左传旧注疏证》。上征子骏、叔重之师说，近采顾、惠、焦、洪之遗编，末下己意，以定从违。长编甫具，纂辑未成，伯父恭甫公赓续之，至襄公四年，后成绝笔。旁治《左氏》凡例，亦未成书。予束发受经，思述先业，牵率人事，理董未遑，先成《读左札记》一书，虽采辑未丰，亦考订麟经之一助也。

杨向奎《清儒学案新编·孟瞻学案》：至于“成书八十卷”云云，乃指长编言，成书，刘文淇不过完成第一卷。上海历史文献图书馆负责先生（当时馆长为顾廷龙先生）有信说：“……刘稿相传为文淇、毓崧、寿曾三代所著，管见以为第一卷外实寿曾一人之笔。副本一部份系寿曾之孙次羽（已故）所补抄。我在1940年曾见次羽，闻其所言，当时惜未细谈。据《清史儒林传》云：‘文淇治《左氏春秋》长编数十巨册，晚年编辑成书疏，甫得一卷而殁。毓崧思卒其业来果，寿曾乃发愤以继志述事为任。’检毓崧遗著及传记，亦未有言及续纂《左传疏》事，独惜长编数十巨册，久不知下落何所耳。……”四代传经，未能完成一部《左传疏》，惜哉！……我们现在读此《疏证》，知道它是部有用的书，虽然千呼万唤，经四代百年而未完成，究竟有胜于无……通过刘氏《疏证》，使我们深入一步了解，汉注《左传》之不同于杜注者。盖本汉经学趋于平实，而魏晋乃中国学术思想之转换时期，由实入虚，由质转文，于是杜注《左传》遂有上列诸失：（一）不重视《春秋经》之朴素书法，（二）有关史实，礼质之疏忽。《疏征》引贾、服说以正杜失，对于后人之治古史者，颇有所助；虽于历法、日食等项，刘氏家族曾拟倾全力，但三统术疏，未能正过去记载之误差也。①

今按：科学出版社于1959年出版了《春秋左氏传旧注疏证》，是当时中国科学院历史研究所的几位学者根据稿本整理标点的。原稿只到襄公五年为止。南京教育学院教授吴静安先生矢志补充刘氏之书，所著《春秋左氏传旧注疏证续》（东北师范大学出版社2005年版），完成了刘氏未竟之业。

① 见杨向奎《清儒学案新编》第六册，第434~465页。

刘毓崧

《清儒学案》卷一百五十二《孟瞻学案·孟瞻家学·刘先生毓崧》：刘毓崧，字伯山，孟瞻先生子。道光庚子优贡生，荐举八旗官学教习。从父受经，长益致力于学。以父治寿氏，故缵述先业，成《春秋左氏传大义》二卷。又用《左传旧注疏证》义例，著《周易》、《尚书》、《毛诗》、《礼记旧疏考正》各一卷。又谓六艺未兴之先，学各有官，惟史官之立为最古。不独史家各体各类，并支裔之小说家，出于史官，即经、子、集三部及后世之幕客书吏，渊源所昉，亦出于史官。班氏之志艺文，论述史官，尚未发斯旨。其叙九流，以明诸子所出之官必有所授，而其中仍有分省失当者。既析九流中小说家流归入史官，又辨道家非专出于史官，改为出于医官。又增益者凡三家，曰名家出于司士之官，兵家出于司马之官，艺术家出于考工之官，统为十一家。博稽载籍，穷极根要，成《史乘》、《诸子通义》各四卷。又《经传通义》十卷、《王船山年谱》二卷、《彭城献征录》十卷、《旧德录》一卷、《通义堂笔记》十六卷、《文集》十六卷、《诗集》一卷。（参《儒学传稿》）

《清史稿·儒林三》：（刘文淇）子毓崧，字伯山。道光二十年举优贡生。从父受经，长益致力于学。以文淇故治《左氏》，缵述先业，成《春秋左氏传大义》二卷。以文淇考证《左传》旧疏，因承其义例，著《周易》、《尚书》、《毛诗》、《礼记旧疏考正》各一卷。又谓六艺未兴之先，学各有官，惟史官之立为最古，不独史家各体各类，并支裔之小说家，出于史官，即经、子、集三部及后世之幕客书吏，渊源所昉，亦出于史官。班氏之志艺文，论述史官，尚未发斯旨。其叙九流，以明诸子所出之官，必有所授，而其中仍有分省失当者。既析九流中小说家流归入史官，又辨道家非专出于史官，改为出于医官。又增益者凡三家：曰名家，出于司士之官；兵家，出于司马之官；艺术家，出于考工之官。统为十一家。博稽载籍，穷极根要，成《史乘》、《诸子通义》各四卷。又《经传通义》十卷、《王船山年谱》二卷、《彭城献征录》十卷、《旧德录》一卷、《通义堂笔记》十六卷、《文集》十六卷、《诗集》一卷。卒，年五十。孙寿曾，字恭甫。同治三年、光绪二年，两中副榜。毓崧主金陵书局，为曾国藩所重。毓崧卒后，招寿曾入局中，所刊群籍，多为校定。初，文淇治《左氏春秋长编》，晚年编辑成疏，甫得一卷，而文淇没。毓崧思卒其业，未果。寿曾乃发愤以继志述事为任，严立课程，至襄公四年而卒，年四十五。又《读左札记》、《春秋五十凡例表》，皆治《左》疏时旁推交通、发明古谊者。他著《昏礼别论对驳义》、《南史校义集评》、《传雅堂集》①、《芝云杂记》，各若干卷。

《清史列传·儒林传下二》：存目。②

杨钟羲《雪桥诗话》余集卷八：杨见山《怀人诗》："南京城南铁作坊，行人指作集贤乡。众中老夫最屈强，不觉低头通义堂。"《通义堂集》③，刘伯山毓崧著也，都十六卷。其《郑康成服子慎忠于汉室论》，为前人所未发。

刘毓崧《通义堂文集》卷二《方氏易学五书序》：《周易》未遭秦火，昔人以为完书。然当西汉初年，已失《说卦》三篇。迨宣帝时，始获于河内，可读者仅得一篇，而余则错乱难识。故其言卦变互体也，仅略见于前三章。学者既以语焉不详为憾。而其言《易》象也，自四章以下，亦只二百余则，而卦象爻辞之取象者多未备焉。所幸古人传经大抵皆以口授，虽失其简策，而诵习者尚能追忆其词。故《说卦》所无者，半存于各家注中。此真周以前之微言大义，而两汉经师相与抱残守缺，以延其绪于欲绝者也。自王、韩之清谈盛，而汉《易》渐衰。及陈、邵之臆说兴，而汉《易》几废。于是随声附和者，反斥《易》象为穿凿，而鄙卦变互体为支离。甚至疑《说卦》非孔子所作，而其中之遗文脱简，更罕有念及者矣。(下略)

刘毓崧《通义堂文集》卷八《西汉两大儒董子贾子经术孰优论》：西汉承暴秦之余习，公卿多刀笔吏，皆以簿书钱谷为事，而不知大体。即所谓学士大夫如兒宽、公孙弘者，亦不过缘饰为进身之具，曲学阿世，以自保其身家。求其沉潜经术，学贯天人，上足以匡君，下足以捄世，卓然自立，不愧为一代之大儒者，吾得二人焉：一为洛阳贾谊，一为广川董仲舒。贾子《上治安策》述《易》之"差以毫厘，失之千里"，《书》之"一人有庆，兆民赖之"，其所著《新书》引伸《诗》义，如《驺虞》、《灵台》之类，皆周、秦旧说，《保傅》、《容经》诸篇亦与《大戴礼》相表里。董子与韩婴说《易》于上前，每有问难，《天人三策》多根据于《尚书》，其所著《玉杯》、《繁露》亦援引雅诗以证郊礼。是二子之学，于诸经固多所发明，而其学之最精者，尤在于《春秋》。贾子学《春秋》于张苍，传左氏之学。张苍学于荀卿，荀卿学于子夏。董子学《春秋》于胡毋子都，传公羊之学。胡毋子都学于公羊寿，寿之祖高亦学于子夏。**是二子之经术所学本同，而渊源于圣门亦相符合。其微有不同者，特董子之经术优于体，贾子之经术优于用耳**。何则？董子潜心力学，目不窥园，当伏处之时，已为儒者之所宗，及其出事武帝，以帝王之道格其多欲之心。观其论桓文曰："仲尼之门，五尺童子羞称五伯。"又曰："**正其谊，不谋其利；明其道，不计其功。**"当功利盛行之时，而能为此语，岂浅学者所可几？吾故曰，董子优于体也。贾子天才卓荦，识力过人，弱冠登朝，毅然以天下为己任。当文帝励精图治之时，慷慨陈书，思欲致君于尧、舜，其所言九事皆当时急务，而优礼大臣，豫教太

---

① "《南史校义集评》、《传雅堂集》"，王锺翰先生误为"《南史校义集》、《平博雅堂集》"。

② 详见中华书局本第18册，第5617~5618页。

③ 《求恕斋丛书》本十六卷，而《续修四库全书》所收为二卷本。

子，尤万世不易之论，虽请削诸王之奏，当时未能尽从，而武帝之时主父偃卒用其策以安汉室。吾故曰，贾子优于用也。或曰：董子之言事，多以灾异为词，又傅会于刑法，至为其徒所陷，似不若贾子之为优矣。不知《春秋》备书灾异，本欲警戒人君。董子以是为言，正名儒纳诲之道，即所谓引《春秋》以折狱者，亦先儒相传之旧法，盖《春秋》本褒贬之书也。董子所以见陷者，以平津侯之妬嫉、吕步舒之愚昧故耳，岂得以咎董子乎？或曰：贾子欲系单于之颈，论者多以为疏，且其言事往往失之过激，似不若董子之为优矣。不知三表五饵，多春秋时已试之谋，且敌忾同仇，正《春秋》复雠之义，安可以为纵横之术乎？若夫直言极谏，固贤臣之忧，盛危明而尽忠于国也。文帝虽能优容，而沮于绛、灌，不能大用，卒致远弃长沙，识者方以为惜，而庸妄之流反责贾子为过，不亦误哉？……乃至经术既衰，后儒高言心性，反谓二子未闻于道，不知西汉之初，经术未昌，使非贾子开之于前，董子振之于后，则异端之道何以辟？孔子之道何以明哉？然则二子之学固未可轻为轩轾而妄加讥诋者，适见其不知量也夫！

刘毓崧《通义堂文集》卷八《郑康成服子慎忠于汉室论》：郑康成、服子慎并汉末大儒，其经术显于汉代，人皆知之，而其志节忠于汉室，人罕道之，则以学掩其行也。据《通鉴》六十云：初平三年十二月，徐州刺史陶谦与诸守相共奏记，推朱俊为太师，因移檄牧伯，欲以同讨李傕等，奉迎天子。《后汉书·朱俊传》载奏记诸人之名，始于徐州刺史陶谦，终于前九江太守服虔、博士郑玄，是建义之事二君本在其例矣。又述记词云：谦等并共咨诹，议消国难，故相率厉简，选精悍，堪能深入，直指咸阳，是伐叛之事二君愿与其间矣。夫康成乃征辟未仕之儒生，朝不坐，而燕不与者也。子慎乃退免去位之郡长，无官守，亦无言责者也。顾犹拳拳奉国，念切勤王，慷慨陈书，特申大义，实与臧子源之抗词誓众、卢子干之正色立朝辉映一时，争光千载，古所谓仁者之勇，二君有焉。向使俊与谦等协力一心，申罪致讨，则寇乱可以早平，国威可以复振，不至于奔陕郡，不至于迁许昌，而曹氏亦无由夺汉业矣。奈何惑于傕之矫诏，遽违众以就征，而自谓守君命哉？且夫君命召，不俟驾，此礼家之正谊也。将在军，君命有所不受，此兵家之权宜也。至于矫君之命，匪特兵家所不可，受即礼家亦不肯从矣。为俊者傥知决策于郑、服，则必止其西行，诚以召俊之命，乃傕命非帝命耳。观于《左氏宣四年传》云："其人曰：'不可以入矣。'箴尹曰：'弃君之命，独谁受之？君，天也，天可逃乎？'遂归复命。"此言君命必当遵也。……郑、服于左氏之学功力最深，其所以劝俊者，一本乎《春秋》之旨，既不流于迂阔，亦不涉于纵横，信乎权衡至当者也，惜乎俊也有将才而无学术，拒嘉猷硕画而不行，以致二君空抱效忠之心，莫展成忠之志，斯可为长太息矣！**然事虽未遂，而正论犹存，俾天下知名教之大防尚留于学校，奸雄窥伺者因此而暂缓其谋，不可谓非清议之力也，谁谓儒者无益于国耶？**

刘毓崧《通义堂文集》卷九《胡氏丛书序》：昔陆象山以尊德性为宗旨，而道问学则从其略。王阳明提唱良知，渊源出自象山，而其集中《答徐成之书》曰："**今观象山文集所载，未尝不教其徒读书穷理，而自谓理会文字，颇与人异者，则其意实欲体之于身。**"《与黄勉之书》曰："孟子云：'学问之道无他，求其放心而已矣。'诵习经史，本亦学问之事，不可废者。"《与陆元静书》曰："使在我果无功利之心，何往而非实学？况子史诗文之类乎？"《玩易窝记》曰："假我数十年以学《易》，其亦可以无大过已夫。"由是言之，**象山所谓"学苟知道，六经皆我脚注"者，特以见学有心得之士自能左右逢原，而**

非欲高阁六经，虚谈德性也。阳明所谓“圣人于礼乐名物不必尽知”者，特以戒从事口耳之徒未可泛骛忘本，而非欲捐除礼乐，空论良知也。然则阳明祖述象山，而称子史诗文为实学，其意主于补偏救弊，可谓善学象山矣。后人宗仰阳明，或视经典注疏为赘设，其意在于变本加厉，不可谓善学阳明矣。高邮胡杖仙先生，敦品绩学，笃信良知之说，亟思救正其末流，爰就阳明集中与人论学之书择其根柢经训者，条举件系，此外若序记论说杂文有援据经书者，亦逐篇胪列，至于《语录》、《传习录》所载说经各条，并依经文后先汇次编纂，又以《大学》古本之复倡自阳明，采掇群书，为之羽翼。盖凡阳明之讲议涉及于经者，虽词组单词，莫不旁搜互考，加以引申触类，核其指趣之异同，所著有《王阳明书疏证》四卷、《王阳明经说拾余》一卷、《王阳明经说弟子记》四卷、《大学古本荟参》一卷，其体裁则仿前人所辑程子《经说》、朱子《五经语类》，而加以变通，其义例则综前人所论尊德性之事、道问学之功，而征诸经术。猥蒙见示，命作序言。窃谓**姚江之门人多为近儒所不满者，由其中依章附木之辈，土苴礼乐，弁髦六经，往往流入于禅，以致去道益远，而阳明当日固由博反约，于经学用力最勤。**虽所作《五经臆说》今已不传，而其发挥经蕴，散见于《文集》、《语录》、《传习录》者，得先生荟萃成书，尚可见其梗概。观于据《易·文言》“知至至之”以释《大学》“致知”必当训“致”为“至”，据《虞书》“百姓不亲”以释《大学》“在亲民”，不必改“亲”为“新”，据《礼器》“天道至教”以释《中庸》“修道之谓教”即天道之教命，据《中庸》“知天地之化育”以释《孟子》“知性知天”即圣人之生知，皆以经解经，确不可易。若夫引《甘誓》之“三正”以证《春秋》之“周正”，谓圣人之言明白简实，而学者每求之于艰深隐奥，是以为论愈详，而其意益晦，是惑之甚也。……**信乎讲学必始于研经，而善学阳明者，尤当以经术为首务也。**然非先生之留心裒集，锐意表章，则世人钦服阳明者，但知其经济之优，讵识其经学之邃哉？是故**习阳明之学者极众，惟刘念台能得其宗。游念台之门者甚多，惟黄梨洲能见其大。亲炙于梨洲而能继其声者，莫先于万季野。私淑于梨洲而能接其武者，莫过于全谢山。此数贤者，耿介清高之德性，卓越不群，而学问本原则皆菑畬经训，其设教似与姚江微别，而姚江之绪业益以昌明。**在先生退让谦冲，固不肯自拟于前哲，而其书推阐阳明之经学，足以见良知必求诸实际，未可蹈于虚无，则与数贤卫道之深衷不啻同涂合辙矣。有志于姚江之学者，诚能寻绎此书，以端其趋向，由是专心实学，而不濡足空门，绍蕺山之正传，而不染龙溪之别派，庶几不负先生撰述之意也夫！

刘毓崧《通义堂文集》卷十《法家出于理官说》：存目。

刘毓崧《通义堂文集》卷十一《墨家出于清庙之官说》：存目。

刘毓崧《通义堂文集》卷十一《从横家出于行人之官说》：存目。

桂 馥

《清儒学案》卷九十二《未谷学案》：未谷之治《说文》，博证求通，不矜独断，与同时金坛段氏著书宗旨，各有所重。要其荟萃疏证，为学者伐山采林之资，所沾溉者多矣。○桂馥，字冬卉，号未谷，曲阜人。初由优贡生，官长山县训导，振兴文教，出所藏书，置借书园，以资来学。乾隆庚戌成进士，时年五十五矣。铨授云南永平县知县，刑清政简，境宇帖然。嘉庆十年卒于官，年七十。生平博涉群书，尤潜心小学，**谓士不通经，不足致用，而不明训诂，亦不足以通经**。故自诸生以至通籍，四十年间，于许氏《说文》致力最久。……所著有《说文解字义证》① 五十卷……其书荟萃群书，力穷根柢，为一生精力所在。时金坛段懋堂亦治《说文》，学者并称"段桂"，而两人各不相见，且亦未见所著书。段氏书声义兼明，而尤邃于声。先生书声义并及，而尤博于义。前说未尽，则以后说补苴之；前说有误，则以后说辨正之。凡所疏证，皆敷佐许说，发挥旁通，令学者引申贯注，自得其义之所归。其专胪古籍，不下己意，则以意在博证求通，辗转孳乳，触长无方。亦如王氏之《广雅疏证》，阮氏之《经籍纂诂》，非可以己意为独断者也。又有《说文谐声谱考证》，本欲与《义证》并行，殁后遭乱，原稿散失数卷，未得付梓。官滇时，追念旧闻，随笔疏记，分温经、览古、匡谬及金石文字、乡里旧闻、滇游续笔等为六类，题曰《札朴》，凡十卷。考核精审，众推博雅。又工篆隶，精摹印，著《缪篆分韵》

① 说文解字义证：清桂馥著。五十卷。先以大字分列许书原文，然后参取南北朝、隋、唐人疏解经传旧式，低一格双行小字疏解；若古籍所说与《说文》有歧异，则在疏解之前顶格双行小字列出。自谓"取证于群书，故题曰《义证》"。删去徐铉新附字，而收集古籍征引许书而今本脱略之字及解说分列各部之后，首一字作楷书，以与今本许书原文区别。至于许书叙目，则小字双行随文而注，不复更作义疏之体。桂书的最大优点是材料丰富。或引他书说解证实许书的说解，或引他书所引许书以互相参证，或引他书补充许书，取材广泛，经史子集，无所不包。《说文》所引《诗》、《书》、《左传》诸书，一律注上篇名；如有异文，也予注明，以便查检。对于桂书，前人已多有评述。……桂书的缺点，在于"述而不作"，对于许慎《说文》一书的错误说解，也加以附会。（许嘉璐主编《传统语言学辞典》第348~349页）

五卷、《补》五卷、《续三十五举》一卷。所为诗文，有《晚学集》八卷、《诗集》四卷。(参史传、蒋祥墀撰《家传》、《文献征存录》、段玉裁《札朴序》、张之洞《说文义证序》)①

《清史稿·儒林二》：桂馥，字冬卉，曲阜人。乾隆五十五年进士，选云南永平县知县，卒于官。馥博涉群书，尤潜心小学，精通声义。尝谓：**“士不通经，不足致用；而训诂不明，不足以通经。”**故自诸生以至通籍，四十年间，日取许氏《说文》与诸经之义相疏证，为《说文义证》五十卷。力穷根柢，为一生精力所在。馥与段玉裁生同时，同治《说文》，学者以桂、段并称，而两人两不相见，书亦未见，亦异事也。**盖段氏之书，声义兼明，而尤邃于声；桂氏之书，声亦并及，而尤博于义。段氏钩索比傅，自以为能冥合许君之旨，勇于自信，自成一家之言，故破字创义为多；桂氏专佐许说，发挥旁通，令学者引申贯注，自得其义之所归。故段书约而猝难通辟，桂书繁而寻省易了。夫语其得于心，则段胜矣；语其便于人，则段或未之先也。其专胪古籍，不下己意，则以意在博证求通，展转孳乳，触长无方，亦如王氏《广雅疏证》、阮氏《经籍纂诂》之类，非以己意为独断者。**及馥就宦滇南，追念旧闻，随笔疏记十卷，以其细碎，比之匠门木柹，题曰《札朴》。然馥尝引徐幹《中论》：**“鄙儒博学，务于物名，详于器械，考于训诂，摘其章句，而不能统其大义之所极，以获先王之心。故使学者劳思虑而不知道，费日月而无功成。”**谓：**“近日学者风尚六书，动成习气，偶涉名物，自负仓、雅，略讲点画，妄议斯、冰，叩以经典大义，茫乎未之闻也。”**此尤为同时小学家所不能言，足以针肓起废。他著有《晚学集》十二卷。

《清史列传·儒林传下二》：存目。②

蒋祥墀《桂君未谷传》：曲阜桂君未谷与余同举乾隆庚戌进士……**尝谓士不通经，不足致用。而训诂不明，不足以通经。**故自诸生以至通籍，四十年间日取许氏说文与诸经之义相疏证，为《说文义证》五十卷。(下略)③

阮元《儒林传稿》卷三、江藩《国朝汉学师承记》卷六、钱林《文献征存录》卷九、李元度《国朝先正事略补编》卷一皆有传，存目。

阮元《晚学集序》：**尝谓为才人易，为学人难；为心性之学易，为考据之学难；为浩**

---

① 杨向奎认为：“上说本于原《清儒学案》之《未谷学案》，评论未谷之《说文解字义证》颇有是处。盖《学案》编者，于清代之思想家及今文经学，无能无力，只能列举书名，敷衍成文，而于训诂考据，如上文所云，可谓精当。盖清末民初，朴学之风尚在，而哲学思想早已遗弃，除二三大家，如章太炎、康有为及王国维外，鲜有知所谓哲学者，是为中国哲学界之真空时代。五四而后，新学兴起，主要以哲学思想为先导，但非原《学案》编者之所及。”(《清儒学案新编》第七册第36页)

② 详见中华书局本第18册，第5562~5563页。

③ 见桂馥著《晚学集》书首，载《续修四库全书》第1458册，第644~645页。今按：杨向奎认为：“清代的经师学者对训诂考证做出了不少成绩，然而充其极可以接近通经的目的。至于致用则是微乎其微。除戴震表达了社会政治思想，惠、段、二王基本上都是‘但求名物，不论圣道’的考据家。臧琳时代在前，也不例外。顾炎武提出‘耻经生之寡术’的问题，从清初到整个乾嘉汉学隆盛时代，一直不能解决。各种历史因素的限制当另作详论，事实说明：训诂→通经→致用的公式，在当时汉学家思想中只是主观的想象或者模糊的概念。”(见杨向奎《清儒学案》第三卷，第403页)

博之考据易，为精核之考据难。元自出交当世学人，类皆始撷华秀，既穷枝叶，终寻根底者也。曲阜桂进士谷，学人也。乾隆庚戌年见之于京师，癸丑年遂常见之于历下。叩其所学，则固芟华秀，采枝叶，以至根底者也。顾自谓所学者晚，未能治全经，成一家之说。然求之于经史声音文字诸大端，皆博观而精核之。时出其所见于古人后有可传者，于是日出其草稿旧纸以应元之求，久之，积成卷帙，因自名之曰《晚学集》。呜呼，士人所学，苟一日得见根底，何晚之有？况未谷为此学垂二十年，尤尽心于许叔重之书，较之手披万卷、不能识一字之声义与夫悟良知而矜才调者，其孰早孰晚？当必有辨矣。乾隆五十九年八月仪征阮元。①

桂馥《晚学集》卷七《札朴序》：往客都门，与周君书昌同游书肆，见其善本皆高阁，又列布散本于门外木板上，谓之书摊。周君戏言："著述不慎，但恐落在此辈书摊上。"他日，又言："宋、元人小说，盈箱累案，漫无关要，近代益多，枉费笔札耳。今与君约，无复效尤。"馥曰："宋之《梦溪笔谈》、《容斋五笔》、《学林新编》、《困学纪闻》，元之《辍耕录》，其说多有根据。即我朝之《日知录》、《钝吟杂录》、《潜丘札记》，皆能沾溉后学，说部非不可为，亦视其说何如耳。"嘉庆纪元之岁，由水程就官滇南，舟行无以遣日，追念旧闻，随笔疏记。到官后，续以滇事。凡十卷，以其细碎，窃比匠门之木柹，题曰《札朴》。乌呼，周君往矣！惜不及面质，当落书摊上不耶？②

段玉裁《桂未谷札朴序》：友有向慕而终不可见者，未始非神交也。余自蜀归，晤钱少詹晓征、王侍御怀祖、卢学士绍弓，因知曲阜有桂君未谷者，学问该博，作汉隶尤精，而不得见。觊其南来，或可见之。已而，未谷由山左长山校官成进士，出宰云南永平，以为是恐难见矣。余侨居姑苏久，壬申，薄游新安而归，得晤山阴李君柯溪，刻未谷所撰《札朴》十卷方成，属余序之。余甚喜，以为未谷虽不可见，而犹得见其遗书也。未谷深于小学，故经史子集、古言古字，有前人言之，未能了了，而一旦砉然理解者。岂非训诂家断不可少之书耶？况其考核精审，有资于博物者，不可枚数。柯溪亦官滇，与未谷时多商榷论定。柯溪之告归也，未谷以此书授之，俾刻之江左。未谷是年没于官，而柯溪乃于十年后解囊刻之，不负郑重相托之意。是真古人之友谊，可以风示末俗者矣抑。柯溪言未谷尚有《说文正义》六十卷，为一生精力所聚，今其稿藏于家。吾知海内必有好事者取而刻之，持赠后学。庶不见未谷者，可以见未谷之全也哉！嘉庆十八年七月中元日，金坛段玉裁书于阊门外枝园。③

翁广平《札朴序》：**古之学者有四：曰义理之学，曰经学，曰史学，曰辞章之学，而考据不与焉。非无考据也，考据即寓于四者之中也。**我朝学者始有考据专门，其大要本之"三通"、《玉海》等书。盖以百余年来，欣逢稽古右文之主，惟时在朝在野者，能以

---

① 见桂馥著《晚学集》书首。今按：此文不见于阮元文集，当为阮元之佚文。

② 见《续修四库全书》第1458册，第701页。

③ 见上海古籍出版社2008年版《经韵楼集》第378页，又见《续修四库全书》第1156册《札朴》卷首。今按：杨向奎认为："段、桂两人之不同处二是段勇于作'断'；而桂氏书，正如上面所指，备引众说，博证求通而不下己意者。勇于断有长处，可以明确是非，短处是，无充足证据而断，则陷于'专断'而致误，段氏之书，专断处不可枚举也。桂书少断，有时暗昧不明，但有其审慎可取处。"（《清儒学案新编》第七册第40页）

实学相尚，其所撰述俱作裨益治体，沾溉艺林。故治经者有李安溪、方望溪诸君；考古者有阎百诗、沈自南诸君；订讹者有毛西河、胡鸣玉诸君；辨证金石与山川古迹者有王竹云、钱竹汀、顾亭林、陈弘绪诸君。今读曲阜桂未谷大令之《札朴》，而服其学之有兼长也。大令负颖异之姿，博极群书，自六经诸史、象纬舆地、财赋河渠、算数历律之学，与夫六书、声韵、方言、风俗之类，罔不根究其原委，剖悉其疑似。以列书目有六：首《温经》，以汉、唐注疏为本，参以各家之说，其折衷之権当，则安溪、望溪也；次《览古》，其援据之宏富，考核之精详，则百诗、自南也；次《匡谬》，严而不失之苛，辨而不失之凿，则西河、鸣玉也；次《金石文字》，其搜罗墨本，有出于《集古》、《金石录》之外者，则可与竹云、竹汀鼎足也；次《乡里旧闻》，次《滇游续笔》，则方驾乎亭林之《营平地名记》、弘绪之《江城名迹记》也。虽曰考据专门，而引证奥博，词藻古雅，实能兼义理、经、史、辞章四者之长，而自成一家之言。岂剽贼陈言者所敢闯其门径哉！……嘉庆癸酉岁大暑节前二日，吴江翁广平拜手撰。①

平步青《霞外攟屑》卷六“札朴”条：《札朴》十卷，桂冬卉馥后令滇时著。壬戌八月自序云：以其琐碎，窃比匠门之木柹，故名。子目为《温经》二卷，《览古》四卷，《匡谬》、《金石文字》、《乡里旧闻》、《滇游续笔》各一卷。六书、声韵，引据奥博，偶有过泥《说文》改经字处，而考核精确，补前人未及者十之七。金石拓本诸家未著录者，收载辨证尤伙。王晚闻序以为接亭林之武，虽未尽然，大致仿王文简《池北偶谈》、《香祖笔记》、《居易录》诸书，可与《晚学集》并传。书为鲍以文校，山阴永宁州吏目李宏信刊。懋堂序云“尚有《说文正义》六十卷，为一生精力所聚”，即《义证》也。

桂馥《晚学集》卷七《周先生传》：周先生永年，字书昌，济南历城人。结茅林汲泉侧，因称林汲山人。先生于衣服饮食、声色玩好一不问，但喜买书。有贾客出入大姓故家，得书辄归先生，凡积五万卷。先生见收藏家易散，有感于曹石仓及《释》、《道藏》，作《儒藏说》，约余买田筑借书园，祠汉经师伏生等聚书其中，招致来学，苦力屈不就，顾余所得书悉属之矣。县令胡德琳延先生与青州李文藻同修历城县志，即出其书，肆力搜讨，既成，学士朱筠目以详慎。**后成进士，欲入山治《仪礼》，被征纂修四库书，授翰林院编修、文渊阁校理。当是时，海内学人集辇下，皆欲纳交投刺踵门，然深相知者，新安程晋芳、归安丁杰、虞姚邵晋涵数人而已。借馆上书，属予为《四部考》。佣书工十人，日抄数十纸，盛夏烧灯校治，会禁借官书，遂罢**②。先生于经史百氏之言览括略尽，观其大义，不雠章句，自谓文拙，不存稿，故殁后无传焉。论曰：**北方学者目不见书，又尠师承，是以无成功**。使先生讲授借书园中，当有一二后起者，顾赍志以殁，惜哉！朋辈多习浮文，逐虚誉，先生刊落华藻，独含内美，学思坚明，识解朗悟，汪汪千顷陂，岂涧溪沼沚之可徒涉乎？其于先辈，雅慕顾亭林、李榕村、阎潜丘、方望溪，于乡人则称张稷若，斯可以得其志趋矣。③

---

① 见《续修四库全书》第1156册《札朴》卷首。

② 今按：此为前人没有完成的重大课题，今后应该接着做。

③ 见《续修四库全书》第1458册，第703页。

陈庆镛《籀经堂类稿》卷十一《说文义证序》：《说文》之书，许君叔重本周宣王太史籀大籀十五篇，兼采李斯、苍颉、赵高、爰历、胡母敬，博学诸书，博访通人，辑而成编，凡天地鬼神、山川草木、鸟兽昆虫、杂物奇怪、王制礼仪、世间人事，莫不毕载，诚“六经”之统汇，百氏之津梁也。其书自汉迄唐，以摹刻籀印，独称完善，传世既远，间为李阳冰所乱，赖徐鼎臣、楚金兄弟修明表章，得以复还旧观。然学者多资以摹访篆势点画，而稽撰达旨，能得苍氏造书本意者卒尟。龙兴稽古崇道，同文之治于斯为盛，海内通经之士研精许学，无虑数十家，金坛段氏称专业。曲阜桂未谷先生同时治是经，自诸生以至通籍，垂四十余年，取诸经之义与许说相发明者，作为《义证》五十卷。每字钩玄探赜，征引群书，或数义，或十数义，同条共贯，又参以商周彝鼎，精校至确，凡二徐本讹舛阙夺，详加厘订。……今本书阙，异文逸义散见他书，莫不搜罗类聚，贯穿条晰，浩浩乎成一巨观。先生以乾隆庚戌进士出宰云南永平，先尝与历城周永年同置籍书园，以资来学，并祠汉经师于其中，又绘许祭酒以下及大小徐、张有、吾邱行之属为《说文统系图》，题其室“十二籀师精舍”，于书无不览，尤邃于金石，故先生于六书之旨为最精。外有《札朴》十卷、《晚学集》八卷、《缪篆分韵》五卷、诗集五卷。然其致力独在《说文》一书。余尝谓**段书尚专确，每字必溯其源；桂书尚闳通，每字兼达其委。二书实一时伯仲，第段书通行已久，缀学之家几于户置一册，而桂书多未及见**。已亥夏，从汉阳叶东卿假得写本誊录，壬寅冬，余门杨生子言又从余假抄，于是先生书都中藏者凡三部，顾其书卷帙浩大，经易写，鱼成鲁，乌成焉，是所不免，每思厘校，而以他事间阻。前因许印林孝廉计偕携有先生原抄本来都，颇见庐山真面。杨廉访以增已于沛上开雕一册，寻以迁任，事不果行，叹惜久之。丙午夏，余将南旋，子言之兄墨林毅然肩刻是书，吾友张石州壮其言，为寓书印林将先生原书重加雠校，先生之书之得以传，其亦有待而付欤？爰喜而书之，愿亟登梨枣，以副世之急读先生书者。

张之洞《说文义证叙》：**治经贵通大义。然求义理，必自音训始；欲通音训，必自《说文》始**。国朝经师类皆覃精小学，其校释辨证《说文》之书最显者十余家，而以段注本为甲。习闻诸老师言，段书外，惟曲阜桂氏《义证》为可与抗颜行者。其书尝为灵石阳氏连云簃校刻，刻后未大印行，其家书版皆入质库，以故世鲜传本。之洞奉使来湖北，始从布政使前辈香山何君许得见之。会江湖南北各行省奉诏开局，雕印经典。时武昌书局已刻经史数种，议刻段氏《说文解字注》。之洞语何君曰：“段本固善，然闻元版未燬，又其完书收入《学海堂经解》中，是不必重复也。宜刻莫如桂氏书。”何君谓然。乃以此本付书局翻刻，而使之洞为之叙。**窃谓段氏之书，声义兼明，而尤邃于声。桂氏之书，声亦并及，而尤博于义。段氏钩索比傅，自以能冥合许君之旨，勇于自信，欲以自成一家之言，故破字创义为多。桂氏敷佐许说，发挥旁通，令学者引申贯注，自得其义之所归。故段书约而猝难通辟，桂书繁而寻省易了。夫语其得于心，则段胜矣。语其便于人，则段或未之先也。其专胪古籍，不下己意，则以意在博证求通。展转孳乳，触长无方，非若谈理辨物，可以折衷一义。亦如王氏《广雅疏证》、阮氏《经籍籑诂》之类，非可以己意为独**

断者也。桂氏之言曰："近日学者风尚六书，动成习气。偶涉名物，自负《仓》、《雅》。略讲点画，妄议斯、冰。叩以经典大义，茫乎未之闻也。"此尤为近今小学家所不能言，洵足以箴盲起废者矣。独其篇尾，除去新附，搜补遗文百二十二字，或颇未尽审谛。……噫嘻！段、桂两书，奥矣萃矣，许学备矣。特其卷幅并皆繁重，初学者恒苦其难，而贫士每病其费，莫若取大兴朱氏仿汲古阁大字本重雕。其文简，其工省，俾求进于此者，得之以为津梁，而更从事于段、桂两家之书，以穷其堂奥。小学之兴，庶有冀乎？或谓毛斧季取宋本，拓大其字，不守古式，不可用。予谓读书贵得古人意而已。毛之专辄改易，校还其旧可也。若夫版本尺寸云尔，而亦必斤斤然，一鞶一步之不失哉？同治九年七月既望，提督湖北学政、翰院编修张之洞叙。①

① 见《张之洞全集》第12册，武汉出版社2008年版，第378~379页。

钟　褱

《清儒学案》卷一二〇《里堂学案·里堂交游·钟先生褱》：钟褱，字保岐，江苏甘泉人。优贡生。与阮文达及里堂相善，共为经学。居恒礼法自守，交游中称为君子。嘉庆十年卒，年四十五。著有《𢽾厓考古录》四卷，其《汉儒考》较陆德明所载增多十余人。(参里堂撰墓志、《汉学师承记》)

《清史稿·儒林三》：钟褱、李钟泗皆有名，均甘泉人。钟褱，字保岐。优贡生。与阮元、焦循相善，共为经学，旦夕讨论，务求其是。居恒礼法自守，不与世争名，交游中称为君子。嘉庆十年，卒，年四十五。著有《𢽾厓考古录》四卷。其《汉儒考》，较陆德明所载增多十余人。

《清史列传·儒林传下二》：存目。①

焦循《雕菰楼集》卷三《甘泉优贡生钟君墓志铭》：君卒之明年夏四月，君之子负二囊来，皆君著述草稿，乞循为理之。明日启囊，得十三种：曰《春秋考异》，论《三传》也；曰《说书》，解《尚书》也；曰《区别录》，考订《毛诗》之草木虫鱼也；曰《论语考古》，发《鲁论》之疑滞也；曰《祭法解》，核古祀典也；曰《周官识小》，经纬诸职而类释之也；曰《读选杂述》，补《文选》注之不及也；曰《兴艺塾问答》，与子弟门人辈讲说之所录也；曰《汉儒考》，表两汉经师也；曰《兴艺塾笔记》；曰《考古录》，杂论经籍之所业也；曰《觉庵日记》，甲寅、乙卯间记日所行之事也；曰《篘心馆集》，诗古文词也。日记首尾完善录，虽琐屑，间及哀伤，而夷旷之风露于楮表，诵而味之，可以消市心焉。文止数篇，诗则备矣。其余零星断烂，卷帙未完，穷三日力，刺其精华，为君写之，统得四著，名之曰《𢽾厓考古录》。𢽾厓者，君别字也。君讳褱，字保岐。钟氏世为扬州甘泉县人。先世业贾，至君而贫。君乐道知命，不以贫贱自损其性情，虽饘粥不继，不废啸歌。好著书，而不与世争名，故世罕知者。以为列身横舍，则科举之文分所宜习，于是有八函时文之选，然未尝汲汲于科名也。未弱冠，补甘泉县学生，应省试十三

① 详见中华书局本第18册，第5585~5588页。

次，屡经困踬，君惟自说，不知怨尤。嘉庆甲子，诸城侍郎刘公督学江苏，重君之为人，叹君之学，举君为优贡生，君慨然有知己之感，然自谓譽咎殊多，不称此目，家庭叙说，言屡及之。居恒礼法自守，订祀先之仪，率其子弟，必敬必诚，与朋友交必以信，谋事必忠，往来酬接之度不渎不慢，性素和易，而人亦莫能狎也。春秋四十有五，卒于举优贡生之明年七月十七日。娶同邑李氏，举一子葵嘉。葵嘉葬君有日矣。循与君交善，因为君铭。铭曰：柳青青兮识君之门，春融融兮想君之魂。立言不朽兮即身之存，魂无不之兮藏身于西山之原。

桂文灿《经学博采录》卷四：钟君保岐，名褱，扬州甘泉县人。先世业贾，至君而贫，君乐道知命，不以贫贱自损其性情，虽饘粥不继，不废啸歌，好著书，而不与世争名，故世罕知者。未弱冠，补县学生，应省试十三次，屡经困踬，君惟自讼，不知怨尤。嘉庆甲子，诸城刘侍郎督学江苏，重君学行，举优贡生。明年卒，春秋四十有五。所著凡十三种：曰《春秋考异》，论"三传"也；曰《说书》，解《尚书》也；曰《区别录》，考订《毛诗》之草木虫鱼也；曰《论语考古》，发《鲁论》之疑滞也；曰《祭法解》，核古祀典也；曰《周官识小》，经纬诸职而类释之也；曰《读选类述》，补《文选注》之不及也；曰《兴艺塾问答》，与子弟门人辈讲说之所录也；曰《汉儒考》，表两汉经师也；曰《兴塾笔记》；曰《蔵厓考古录》，杂论经籍之说也（蔵厓，君别字也）；曰《觉庵日记》，甲寅、乙卯间记日所行之事也；曰《筠心馆集》，诗古文词也；《诗益》二十卷，金坛刘子彦征君著，征君名始兴，尝应乾隆博学鸿词科孙文定公所荐也，此书为《诗本传》八，《诗次问》二，《诗次补言》一，《诗表》二，《总辨》一，《杂辨》六，其发前人所未发者为《诗次问》及《诗次补言》，其说小雅、大雅谓自文王至宣王为大，自宣王至幽王为小，而以《鹿鸣》二十二诗间之大言其盛，小言其衰，以小先大，实以小继大，按而核之，确不可易，盖可信也。惟辨《小序》有未当处，则失之。

阮元《揅经室二集》卷七《蔵厓考古录序》：钟君蔵厓，甘泉人，名褱，长于余三岁。余年十七时，与君同受经于李晴山先生之门。君居二郎庙蔬田之西，左倚碧城，右依绿圃，花晨月夕，每相过论文史，尝雪后泛舟，冲寒敲冰，至小香雪后山，又尝翦烛作诗于海棠花下，旧游固如昨也。予入京师后，蔵厓以读书自娱，耿介谨厚，以敦行自勉，殊不汲汲于科名。岁甲子，年四十四，始受知于诸城刘学使，举优行生员。明年秋，余以丁忧归扬州，君适病，病遽卒。余在苫次①，未得见君，伤哉！又明年，余从君子葵嘉索君遗书，令其就正于执友焦君里堂，里堂为写录之，成四卷，更为墓铭。余遂刊之于板，以付葵嘉，少暇当再录其诗，续入《英灵集》也。

钟褱《蔵厓考古录》卷一"论语注有得失"：**读书固资实证，亦贵虚会，要衷之于理而已**。如《论语》"至于犬马皆能有养"，《集注》竟以犬马例父母，殊非经义。余窃谓孔子之言断不出此。及观《集解》本，则后一说乃考亭所本，而前一说之包注则曰：犬以守御马以代劳，皆养人者。邢昺引而申之曰："犬马虽能养人，但兽畜无知，不能生敬于人。若人能供养父母而不敬，则何以别于犬马乎？"因不禁抚掌曰："是先得我心者。"子路曰："有是哉，子之迂也，奚其正？"包注："迂，犹远也，言孔子之远于世情。"竟

① 苫次：旧指居亲丧的地方。

似俗说尔，不知人事者。子路纵刚猛，不致率尔若此。及见《释文》郑本“迂”作“于”，往也，方悟子之斥为野者，为奚其正一言，故下文接云：“君子于其所不知，盖阙如也。”谓其不知正名之为急务，而漫以奚其正阻之也。孔注谓野犹不达得之，岂必因子路之目为迂而后以野答之哉？他日作《论语疏》，必为定正其说，亦一维持世道之大端也。观于此者，孝弟之子可以油然生矣。

焦　循

《清儒学案》卷一二〇《里堂学案》：里堂与阮文达同学，经学、算学并有独得，百家无所不通，《易学三书》及《孟子正义》皆专家之业。扬州学者，与郑堂江氏并称，有“二堂”之目，而精卓过之。（下略）

《清史稿·儒林三》：焦循，字里堂，甘泉人。嘉庆六年举人。曾祖源，祖镜，父葱，世传《易》学。循少颖异……阮（赓尧）奇之，妻以女。既壮，雅尚经术，与阮元齐名。元督学山东、浙江，俱招循往游。性至孝，丁父及嫡母谢艰，哀毁如礼。一应礼部试，后以生母殷病愈而神未健，不复北行。殷殁，循毁如初。服除，遂托足疾，不入城市者十余年。葺其老屋，曰半九书塾，复构一楼，曰雕菰楼，有湖光山色之胜，读书著述其中。尝叹曰：“家虽贫，幸蔬菜不乏。天之疾我，福我也。吾老于此矣！”嘉庆二十五年，卒，年五十八。循博闻强记，识力精卓。每遇一书，无论隐奥平衍，必究其源。以故经史、历算、声音、训诂无所不精。幼好《易》，父问《小畜》“密云”二语何以复见于《小过》，循反复其故不可得。既学洞渊、九容之术，乃以数之比例求《易》之比例，渐能理解。著《易通释》二十卷，自谓所悟得者，一曰旁通，二曰相错，三曰时行。……又以古之精通《易》理，深得羲、文、周、孔之旨者，莫如孟子。生孟子后，能深知其学者，莫如赵氏。伪疏舛驳，未能发明。著《孟子正义》三十卷，谓为《孟子》作疏，其难有十，然近代通儒已得八九，因博采诸家之说，而下以己意，合孔、孟相传之正旨，又著《六经补疏》二十卷。以说汉《易》者，每屏王弼……解经之法，未远于马、郑诸儒，为《周易王注补疏》二卷。以《尚书》伪孔传说之善者，如《金縢》“我之不辟”，训辟为法，居东即东征，罪人即管、蔡。《大诰》周公不自称王，而称成王之命，皆非马、郑所能及，为《尚书孔氏传补疏》二卷。以《诗》毛、郑义有异同，《正义》往往杂郑于毛，比毛于郑，为《毛诗郑氏笺补疏》五卷。以《左氏传》“称君君无道，称臣臣之罪”，杜预扬其词而畅衍之，预为司马懿女婿，目见成济之事，将以为司马饰，即用以为己饰。万斯大、惠士奇、顾栋高等未能摘奸而发覆，为《春秋传杜氏集解补疏》五卷。谓《礼》以时为大，训诂名物，亦所宜究，为《礼记郑氏注补疏》三卷。以《论语》一书，发明羲、文、周公之旨，参伍错综，引申触类，亦与《易》例同，为《论语何氏集解补疏》三卷，合之为二十卷。又录当世通儒说《尚书》者四十一家，书五十七部，仿卫湜《礼记》之例，以时之先后为序，得四十卷，曰《书义丛抄》。又著《禹贡郑注释》一卷、《毛诗地理释》四卷、《毛诗鸟兽草木虫鱼释》十一卷、《陆玑疏考证》一卷、《群经宫室图》二卷①、《论语通释》一卷。……又著有《雕菰楼文集》二十四卷、《词》三卷、《诗话》一卷。循壮年即名重海内，钱大昕、王鸣盛、程瑶田等皆推敬之。始入都，谒座主英和，和曰："吾知子之字曰里堂，江南老名士，屈久矣！"殁后，阮元作传，称其学精深博大，名曰通儒，世谓不愧云。

《清史列传·儒林传下二》：存目。②

阮元《揅经室二集》卷四《通儒扬州焦君传》：焦君名循，字里堂，世居江都北湖黄珏桥，分县为甘泉人。曾祖源，江都县学生，为《周易》之学。祖镜，父葱，皆方正有隐德，传《易》学。君生三四岁，即颖异。八岁至公道桥阮氏家，与宾客辨壁上冯夷字，曰："此当如《楚辞》读皮冰切，不当读如缝。"阮公赓尧大奇之，遂以女字之。年十七，刘文清公取补学生员。年二十，补廪膳生。次年丁父及嫡母谢艰，自殓及葬，八阅月，未栉沐，食卧不离丧次，甚哀毁。弟征读书，自教之。兴化顾超宗传其父文子之经学，超宗与君幼同学，君始用力于经。超宗殁，君理其丧，作《招亡友赋》哭之。岁乙卯，元督学山东，招君往游，遂自东昌至登州，有《山左诗抄》一卷。嘉庆岁丙辰，元督学于浙，复招君游浙东，有《浙江诗抄》一卷。岁庚申，元抚浙，招君复游浙。辛酉春，归扬州。秋应乡试，中式举人，入都谒座师英煦斋先生。先生曰："吾知子之字曰里堂，江南老名士，屈久矣。"岁壬戌，复招君游浙，冬归扬州。岁乙丑，有劝君应礼部试，且资之者，君以书辞之曰："生母殷病虽愈，而神未健。此不北行之苦心，非乐安佚，轻仕进也。"殷竟以夏病冬卒，君毁如初，克尽其孝。**除丧后，小有足疾，遂托疾居黄珏桥村舍，闭户著书，葺其老屋，曰"半九书塾"，复构一楼，曰"雕菰楼"，有湖光山色之胜，读书著书，恒在楼，足不入城市者十余年矣。**岁庚辰夏，足疾甚，且病疟，以七月二十七日卒，距生于乾隆癸未二月三日，得年五十有八。……君善读书，博闻强记，识力精卓，于学无所不通，著书数百卷，尤邃于经，于经无所不治，而于《周易》、《孟子》专勒成书。君于《易》本有家学，尝疑一"号咷"也何以既见于《旅》，又见于《同人》？一"拯马壮"也，何以既见于《复》，又见于《明夷》？"密云不雨"之象何以《小畜》与《小过》同辞？"甲庚三日"之占何以《蛊》象与《巽》象相例？丁父忧后，乃遍求说《易》之书阅之，撰述成帙。甲子后，复精研旧稿，**悟得洞渊、九容之术实通于《易》，乃以数之比例求《易》之比例，于是拟撰《通释》一书。丁卯病危，以《易》未成为憾。病瘳，誓于先圣先师，尽屏他务，专治此经，遂成《易通释》二十卷，自谓所悟得者，一曰旁通，二曰相错，三曰时行。**……《易通释》既成，复提其要为《图略》八卷，凡图五篇，原八篇发明旁通、相错、时行之义，论十篇，破旧说之非。复成《章句》十二卷，

① 图分九类：城图7幅，宫图10幅，门图3幅，屋图11幅，社稷图2幅，宗庙图3幅，明堂图7幅，坛图1幅，学图5幅，附图12幅。每图之后附以文字解说，广征博引，言之可据。有《焦氏丛书》本。

② 见中华书局本第18册，第5585~5588页。

总称《雕菰楼易学三书》，共四十卷。君《易》学既成，数年中有随笔记录之书，编次之，得二十卷，曰《易余钥录》。凡友朋门弟子所问答及于《易》者，取入《三书》外多有所余，复录而存之，得二卷，曰《易话》。自癸酉立一簿，自稽所业，得三卷，曰《注易日记》。又有《易广记》三卷。君之《易》学，不拘守汉、魏各师法，惟以卦爻经文比例为主。……既又著《孟子正义》三十卷，疏赵岐之注，兼采近儒数十之家说，而多下己意，合孔、孟相传之正指。……评曰：焦君与元年相若，且元族姊夫也。弱冠与元齐名。自元服官后，君学乃精深博大，远迈于元矣。今君虽殂，而学不朽。元哀之切，知之深。综其学之大指，而为之传，且名之为通儒。谂之史馆之传儒林者曰："斯一大家，曷可遗也？"

陈康祺《郎潜纪闻二笔》卷八：甘泉焦里堂孝廉循乡举后，仅一试礼部，遭母丧，既免。病足，移居村舍，筑小楼数间，几榻之外，书研茶具而已。尝语人曰："家虽贫，幸蔬米不乏。天之疾我，福我也。吾老于此矣。"孝廉为阮文达姻连，学邃于《易》，世多习之者。

端方《壬寅销夏录》：江都梅君韵生诗文学魏、晋，通音律，兼精内典。家贫不戚，意致夷洒，嗜金石文。江都治堤，取土得唐人志石，二君闻之，急以制钱八十缗买之，载归，家朋好为作载碑图，道光庚子，垚与识于京师，出图命题，垚谓之曰："垚前以银九十两买旧本《一统志》，人皆笑其迂，以饥寒之不恤，而争所难得也。君嗜奇不恤贫过于垚矣。"君曰：**"我侪所嗜虽异，万不及我乡焦里堂先生。先生居在郇落，贫甚，教授城中，岁末，将归家，见书肆有《通志堂经解》，取橐中资，不足则啫文，明年修脯金付之。载书归，与妻子啖芦菔度岁，非更所嗜，更笃于我侪乎？"**嗜不笃者，不能有所成。古人皆如是也。

桂文灿《经学博采录》卷四、钱林《文献征存录》卷七、李元度《国朝先正事略》卷三十四、王豫《淮海英灵续集》庚集卷五、李斗《扬州画舫录》卷十三皆有传，存目。

焦循《雕菰集》卷七《申戴》：王惕甫《未定稿》载，上元戴衍善述戴东原临终之言曰：**"生平读书，绝不复记，到此方知义理之学可以养心。"**因引以为排斥古学之证。江都焦循曰：非也！**凡人嗜好所在，精气注之。游魂虽变，而灵必属此，况临殁之际哉？余丁卯春三月病剧，昏卧七日，他事不复知，惟《周易·杂卦》一篇往来胸中，明白了析，曲折毕著。平日用力之浅深，嗜好之诚伪，于此时验之。平日所习，而临终昧昧忘之者，必其事平日本未尝精气注之也。东原生平所著书，惟《孟子字义疏证》三卷、《原善》三卷最为精善，知其讲求于是者，必深有所得，故临殁时往来于心，则其所谓义理之学可以养心者。即东原自得之义理，非讲学家《西铭》、《太极》之义理也。**余尝究东原说经之书，如《毛郑诗补注》等篇，皆未卒业，则非精神之所专注，宜其不复记也。吾见以货利起家者，病革时口惟言田舍事不已，精神所注在田舍也。有奔走场屋而未利者，临殁无所知，喉中太息于鼎甲某某可羡，精神所注在科第也。吾于东原临殁之言，知其生平所得力，而精魄所属，专在《孟子字义疏证》一书，其他读书不记者，本非所自得也。是故浅深真伪，非人所能知也，己则知之，己亦不自知也，临殁则自知之。浮慕于学古之名而托于经，非不研究六书，争制度文物之是非，往往不待临殁而已忘矣。夫东原世所共仰之通人也，而其所自得者，惟《孟子字义疏证》、《原善》，所知觉不昧于昏瞀之中者，徒恃此戋戋也。噫嘻危矣！

焦循《雕菰集》卷八《辨学》：**今学经者众矣，而著书之派有五：一曰通核，二曰据守，三曰校雠，四曰摭拾，五曰丛缀。此五者，各以其所近而为之。通核者，主以全经，贯以百氏，协其文辞，揆以道理，人之所蔽，独得其间，可以别是非，化拘滞，相授以意，各慊其衷；其弊也，自师成见，亡其所宗，故迟钝，苦其不及高明，苦其太过焉。据守者，信古最深，谓传注之言坚确不易，不求于心，固守其说，一字句不敢议，绝浮游之空论，卫古学之遗传；其弊也，局蹐狭隘，曲为之原，守古人之言，而失古人之心。**校雠者，六经传注，各有师授，传写有讹，义蕴乃晦，鸠集众本，互相纠核；其弊也，不求其端，任情删易，往往改者之误，失其本真，宜主一本，列其殊文，俾阅者参考之也。摭拾者，其书已亡，间存他籍，采而聚之，如断圭碎璧，补苴成卷，虽不获全，可以窥半；是学也，功力至繁，取资甚便，不知鉴别，以为赝真，亦其弊矣。丛缀者，博览广稽，随有心获，或考订一字，或辨证一言，略所共知，得未曾有，溥博渊深，不名一物；其弊也，不顾全文，信此屈彼，故集义所生，非由义袭，道听涂说，所宜戒也。**五者兼之则相济。**学者或具其一而外其余，余患其见之不广也，于是乎辨。

焦循《雕菰集》卷十六《易图略自序》：**余学《易》，所悟得者有三：一曰“旁通”，二曰“相错”，三曰“时行”。此三者，皆孔子之言也，孔子所以赞伏羲、文王、周公者也。**夫《易》，犹天也，天不可知，以实测而知。七政①、恒星错综不齐，而不出乎三百六十度之经纬；山、泽、水、火错综不齐，而不出乎三百六十四爻之变化。本行度而实测之，天以渐而明；本经文而实测之，《易》亦以渐而明。非可以虚理尽，非可以外心衡也。余初不知其何为“相错”，实测其经文、传文，而后知比例之义出于“相错”，不知“相错”，则比例之义不明。余初不知其何为“旁通”，实测其经文、传文，而后知升降之妙出于“旁通”，不知“旁通”，则升降之妙不著。余初不知其何为“时行”，实测其经文、传文，而后知变化之道出于“时行”，不知“时行”，则变化之道不神。未实测于全《易》之先，胸中本无此三者之名，既实测于全《易》，觉经文、传文有如是者乃孔子所谓“相错”，有如是者乃孔子所谓“旁通”，有如是者乃孔子所谓“时行”。测之既久，益觉非“相错”、非“旁通”、非“时行”，则不可以解经文、传文，则不可以通伏羲、文王、周公、孔子之意。十数年来，以测天之法测《易》，而此三者乃从全《易》中自然契合。既撰为《通释》二十卷，复提其要为《图略》，凡《图》五篇，《原》八篇，发明“旁通”、“相错”、“时行”之义，论十篇，破旧说之非，共十三篇，编为八卷，次《通释》后。譬如郭守敬生刘洪、祖冲之、何承天、傅仁均、一行之后，悟得岁实消长，不

---

① 七政：古天文术语。说法不一：(1) 指日、月和金、木、水、火、土五星。《书·舜典》：“在璿玑玉衡，以齐七政。”孔传：“七政，日月五星各异政。”孔颖达疏：“七政，谓日月与五星也。”《史记·五帝本纪》“以齐七政”裴骃集解引郑玄注同此说。(2) 指天、地、人和四时。《尚书大传》卷一：“七政者，谓春、秋、冬、夏、天文、地理、人道，所以为政也。” (3) 指北斗七星。以七星各主日、月、五星，故曰七政。《史记·天官书》：“北斗七星，所谓‘旋、玑、玉衡以齐七政’。”裴骃集解引马融注《尚书》云：“七政者，北斗七星，各有所主：第一曰正日；第二曰主月；第三曰命火，谓荧惑也；第四曰煞土，谓填星也；第五曰伐水，谓辰星也；第六曰危木，谓岁星也；第七曰剽金，谓太白也。日、月、五星各异，故曰七政也。”

用积年日法，非能越乎前人，亦由前人之说而密焉耳！夫祖冲之立岁差，傅仁均立定朔，当时泥古者惊为异说。余以此三事说《易》，亦祖氏之岁差、傅氏之定朔也，知我者益加密焉，余之所深冀也。嘉庆癸酉十一月冬至前五日。

焦循《雕菰集》卷十六《易通释自序》：循承祖父之学，幼年好《易》。……乙巳丁忧，辍举子业，乃遍求说《易》之书阅之，于所疑皆无所发明。嘉庆九年甲子，授徒家塾，念先子之教，越几三十年，无以报命，不肖自弃之罪，曷以逃免？窃谓卦起于包牺，八卦成列，因而重之，命之以名。文王以其简而不易明也，系以彖辞。周公以其简而不易明也，系以爻辞……文王、周公之辞以参伍错综系之，孔子《十翼》亦参伍错综赞之。所以明《易》之道者备矣。**七十子殁，道在孟子。孟子道性善，称仁义，恶杨、墨之执一，斥仪、衍之妾妇，皆所以阐明孔子之学，而吻合乎伏羲、文王、周公之旨。故孟子不明言《易》，而实深于《易》。**其商瞿所受，杜田生所传，散见于孟喜、京房、郑康成、荀爽、虞翻之说，不绝如缕。惜乎汉、魏诸儒不能推其所闻，以详发圣人之蕴，各持己见，苗莠杂糅，坐令老、庄异端之流出而争之矣。循既学洞渊、九容之术，乃以数之比例，求《易》之比例，向来所疑，渐能理解。初有所得，既就正于高邮王君伯申。伯申以为精锐，凿破混沌。用是奋勉，遂成《通释》一书。丙寅以质歙县汪君孝婴、南城王君实斋，均蒙许可。然自以全《易》衡之，未敢信也。……圣人之义精矣，妙矣；后生末学岂能洞澈其全，得一二端以俟君子之引而申焉，可矣。圣人既以参伍错综者示其端倪，舍此而他求，乌能合乎？后之说《易》者，或有取乎愚之说也。

焦循《雕菰集》卷十六《尚书孔氏传》①：东晋晚出《尚书》孔传，至今日稍能读书者皆知其伪，虽然其增多之二十五篇伪也，其《尧典》以下至《泰誓》二十八篇固不伪也。则试置其伪作之二十五篇，而专论其不伪之二十八篇，且置其为假托之孔安国，而论其为魏、晋间人之传，则未尝不与何晏、杜预、郭璞、范宁等先后同时，晏、预、璞、宁之传注可存而论，则此传亦何不可存而论。故王西庄光禄作《后案》，力屏其伪，而于马、郑、王注外，仍列孔传。江艮庭处士作《集注音疏》搜录汉人旧说，而于传说亦多取之。孜渊如观察屏孔传，而掇辑马、郑，然经文二十八篇不能不取诸孔传之经文。且传之作也，不自显其姓名，而托诸孔氏，何为也哉？余尝综其传而平心论之：……若以帝尧之稽古为同天，以皋陶之稽古为顺考古道，则文同义异，歧出无理，此传之善一也。……为此传者盖见当时曹、马所为，为之说者，有如杜预之解《春秋》，束皙等之伪造《竹书》舜可囚尧、启可杀益、大甲可杀伊尹，上下倒置，君臣易位，邪说乱经，故不惮改《益稷》造《伊训》、《太甲》诸篇，阴与《竹书》相齮龁，又托孔氏传以黜郑氏，明君臣上下之义，屏僭越抗害之谭，以触当时之忌，故自隐其姓名，其训诂章句之间诚有未善，然三盘五诰诸奥辞，传皆一一疏通，虽或有辨难而规正之，终不能不用为蓝本。余既集录二十八篇之解为《书义丛抄》，所有私见著为此编，与《丛抄》相表里云。嘉庆戊寅夏四月下弦。

焦循《雕菰集》卷十六《毛诗郑氏笺序》：两汉经师之学惟《毛诗传》存，郑笺之，

① 一作《尚书补疏叙》。

二刘疏之，孔颖达本而增损为《正义》，予诸经最为详善，然毛、郑义有异同，往往混郑于毛，比毛于郑，而声音、训诂之间疏略亦多。……客有善说《诗》者过余，曰：“孔子论《诗》三百，一言以蔽曰：‘思无邪。’果何以为无邪？诵《诗》三百，授之以政，果何以能达使于四方？果何如而能专对？且何为而兴？何为而观？何为而群？何为而怨？何为而事父事君？岂徒精审于声音、训诂之间，辨别毛、郑异同之数，遂足以尽《诗》之教乎？”余默无以答。**夫诗，温柔敦厚者也，不质直言之，而比兴言之；不言理，言情多；不务胜人，而务感人。自理道之说起，人各挟其是非，以逞其血气，激浊扬清，本非谬戾，而言不本于性情，则听者厌倦。**至于倾轧之不已，而忿毒之相寻，以同为党，即以比为争。甚而假宫同、庙祀、储贰之名，动辄千百人哭于朝门，自鸣忠孝以激其君之怒，害及其身，祸于其国，全戾乎所以事君父之道，**余读《明史》，每叹《诗》教之亡，**莫此为甚。夫圣人以一言蔽《三百》曰“思无邪”，圣人以《诗》设教，其去邪归正，奚待言？所教在思。思者，容也，思则情得，情得则两相感而不疑。故示之于民，则民从；施之于僚友，则僚友协；诵之于君父，则君父怡然。释不以理胜，不以气矜，而上下相安于正。无邪以思致，思以嗟叹、永歌、手舞足蹈而致。《管子》曰：“止怒莫如《诗》。”刘向曰：“夫诗，思然后积，积然后流，流然后发。诗发于思，思以胜，怒以思相感，则情深而气平矣。”此《诗》之所以为教与？虽然，**训诂之不明，则《诗》辞不可解，必通其辞，而诗人之旨可绎而思也。毛传精简，得《诗》意为多。郑生东汉，是时士大夫重气节，而温柔敦厚之教疏，故其笺多于迂拙，不如毛氏；则传、笺之异，不可不分也。**明日以是复诸客，客以为然，遂书之为序。嘉庆二十三年夏六月既望。

焦循《雕菰集》卷十三《与孙渊如观察论考据著作书》：循读新刻大作《问字堂集》，精言卓识，茅塞顿开。尤善者，复袁太史一书，力锄谬说，用彰圣学，功不在孟子下。反复久之，拜服拜服！惟著作考据之说，似有未尽。妄附鄙见，上诸左右。循谓仲尼之门见诸行事者，曰德行，曰言语，曰政事，见诸著述者，曰文学。自周、秦以至于汉，均谓之学，或谓之经学。汉时各传其经，即各名其学。如《易》之有施、孟、梁丘三家，《诗》之有韦褚、匡翼、王式、长孙，大戴有徐氏，小戴有桥、杨氏，公羊、穀梁有严氏、梁氏及尹、胡、申、章、房氏，均以学名，无所谓考据也。……本朝经学盛兴，在前如顾亭林、万充宗、胡朏明、阎潜丘，近世以来，在吴有惠氏之学，在徽有江氏之学、戴氏之学，精之又精。则程易畴名于歙，段若膺名于金坛，王怀祖父子名于高邮，钱竹汀叔侄名于嘉定，其自名一学，著书授受者不下数十家，均异乎补苴掇拾者之所为，是直当以经学名之，乌得以不典之称之所谓考据者混目于其间乎？**若袁太史所称，择其新奇，随时择录者，此与经学绝不相蒙，止可为诗料策料，在四部书中为说部，世俗考据之称，或为此类而设，不得窃附于经学，亦不得诬经学为此，概以考据目之也。**著作之名见于班孟坚《宾戏》，其辞云：“取舍者，昔人之上务；著作者，前列之余事。”推其以著作为余事，倘以道与器配之，正是取舍为道，著作为器。**今袁太史以考据为器，著作为道，已异于班氏之说。且汉时所谓著作者，专为掌修国史之称，或曰著作东观，或曰典著作是也。魏、晋、南北朝直名掌史之官为著作郎，乃无端设一考据之目，又无端以著作归诸抒写性灵之空文，此不独考据之称有未明，即著作之名亦未深考也。袁氏之说不足辨，而考据之名不**

可不除。果如补苴掇拾，不能通圣人立言之指，则袁氏之说转不为无稽矣。乾隆乙卯三月二十日。

焦循《雕菰集》卷十六《毛诗鸟兽草木虫鱼释自序》：循六岁，先君子命诵《毛诗》。未几随省墓，泛舟湖中，先君子指水上草，谓循曰："是所谓'参差荇菜，左右流之'者也。"已而，读《论语》至"多识于鸟兽草木之名"，私心自喜，遂时时俯察物类，以求合风人之旨。辛丑、壬寅间，始读《尔雅》，又见陆佃、罗愿之书，心不满之，思有所著述，以补两家所不足。创稿就而复易者三。丁未，馆于城东寿氏，复改订之。至辛亥讫，为三十卷。壬子至乙卯，又改一次，未惬也。戊午春，更删弃繁冗，合为十一卷，以考证陆玑《疏》一卷附于末，凡十二卷。盖自辛丑至己未，共十有九年，稿易六次，以今之所订，视诸草创之初，十不存一。其间虽他有撰述，必兼治之，历丧荒疾病争讼，未尝或辍。乙卯为山左之游，随诸行箧，车尘马足中，闻见所及，时加订正，盖亦费日力之甚者矣。书之例：列传、笺、《释文》、正义于右，以己说释于左，不必释者不赘一辞也。**不效类书——胪列而无所折衷。不为空论，不尚新奇**。毛、郑有非者，则辨正之，不敢执一以废百也。陆玑疏太约，后人掇拾之本，非元恪原书，末载《齐》、《鲁》、《韩》、《毛》授受，乃抄袭两《汉书·儒林传》，陆为《毛》疏，不必及三家。而吕东莱《读诗记》所引陆疏言《毛诗》授受者，与此大异，知掇拾者并未见《读诗记》也，为条辨于后。嘉庆己未冬十一月。

焦循《雕菰集》卷十六《论语通释自序》：自周、秦、汉、魏以来，未有不师孔子之人，虽农工、商贾、厮养、隶卒，未有不读《论语》者，然而好恶毁誉之私，不独农工、商贾、厮养、隶卒有之，而士大夫为尤甚。**夫读孔子书，而从事于《论语》，自少且至于老，而好恶毁誉之私不能免，则《论语》虽读，而其旨实未尝得。读《论语》而未得其旨，则孔子之道不著。孔子之道所以不著者，以未尝以孔子之言参孔子之言也。循尝善东原戴氏作《孟子字义疏证》，于理、道、天命、性情之名，揭而明之如天日，而惜其于孔子一贯、仁恕之说，未及畅发**。十数年来，每以孔子之言参孔子之言。且私淑孔子而得其旨者，莫如孟子，复以孟子之言参之。既佐以《易》、《诗》、《春秋》、《礼记》之书，或旁及荀卿、董仲舒、杨雄、班固之说，而知**圣人之道，惟在仁恕。仁恕则为圣人，不仁不恕，则为异端小道。所以格物、致知、诚意、正心、修身、齐家、治国、平天下，无不以此**。其道大，其事易，自小其器，而从事于难，是己而非人，执一而废百，讵孔子一贯之道哉？今年夏五月，郑柿里舍人，以书来问，未可与权适，门人论一贯。不知曾子忠恕之义，因推而说之，凡百余日，录而次之，得十有二篇，曰圣，曰大，曰仁，曰一贯忠恕，曰学，曰知，曰能，曰权，曰义，曰礼，曰仕，曰君子小人，统而名之曰《论语通释》。圣人之大，未敢言知，或亦自远于异端云尔。嘉庆甲子秋九月。

焦循《雕菰集》卷十六《论语何氏集解》①：余幼时读《毛诗》讫即读《论语》，已而学为科举文，习高头讲章，凡《存疑》、《蒙引》等不下数十种，愈求之愈不得其要，既读《注疏》，遂舍去讲章旧说，仍不能豁然也。**自学《易》以来，于圣人之道稍有所**

① 一作《论语补疏叙》。

窥，乃知《论语》一书所以发明伏羲、文王、周公之旨，盖《易》隐言之，《论语》显言之。其文简奥，惟孟子阐发之最详最鬯。如《论语》弟云性相近，孟子则明言性善，谓人无有不善，《论语》弟云知命，孟子则明言立命，谓知命者不立乎严墙之下。《论语》弟云未可与权，孟子则明言权然后知轻重，谓嫂溺不援是豺狼，又推及钩金舆羽，示人以揣本齐末，取譬于闭门被发，示人以易地皆然。《论语》弟云民无能名，无为而治，孟子则云："所过者化，所存者神，杀之而不怨，利之而不庸，民日迁善而不知所以为之者。"又云："大而化之之谓圣，圣而不可知之之谓神。"**以《孟子》释《论语》，无不了然明白。至《论语》一书之中参伍错综，引申触类，其互相发明之处，亦与《易》同**。如告子贡曰："吾一以贯之。"未言一贯何谓也。则又言以一贯告曾子，而曾子语门人曰："夫子之道，忠恕而已矣。"则所谓一以贯之者，谓忠恕也。言"巧言令色，左丘明耻之，丘亦耻之"，未言何以可耻也。则又言"巧言令色鲜矣仁"，则知所以可耻者，以其鲜仁也。更有言则同而义则异者，其自相发明，尤为神妙，如言"学而不厌，诲人不倦，何有于我哉"，是不自居矣，而又云"抑为之不厌，诲人不倦，则可云尔已矣"，是又自居矣。原思以克伐怨欲不行为仁，子曰"可以为难矣，仁则吾不知也"。子张堂堂，子游亦以为难能而未仁，乃樊迟问仁，则云"仁者先难"，司马牛问仁，则云"为之难"，或以难为未仁，或以难为仁，既曰"志士仁人无求生以害仁，有杀身以成仁"，又以管仲不死为仁。且云"岂若匹夫匹妇之为谅也，自经於沟渎而莫之知也"，不取匹妇匹夫之为谅，故君子贞而不谅矣，乃又云"友直友谅益矣"。语子贡曰"女以予为多学而识之者与"，曰然非与，曰非也，乃又云"盖有不知而作之者，我无是也。多闻择其善者而从之，多见而识之"，又曰"我非生而知之者，好古敏以求之者也"，又曰"不如某之好学也"，是又以多学而识自任矣。既云"君子有九思"，又云"以思无益，不如学也"。又云"学而不思则罔，思而不学则殆"。其论季文子也，则"三思而后行，曰再斯可也"。**凡立一言，必反复引申，不执于一，令学者参悟自得**。余向尝为《论语通释》一卷，以就正于吾友汪孝婴，孝婴苦其简而未备，迄今十二年，孝婴已物故，余亦老病就衰，因删次诸经补疏，订为《论语补疏》三卷，略举《通释》之义于卷中，而详言其大概如此。俟更广通释，以求详备，成余不及详，俾吾子孙知治《论语》之途径，宜若是庶乎。举一隅以三隅反也。丙子四月立夏日。

焦循《孟子正义跋》：为《孟子》作疏，其难有十：**《孟子》道性善，称尧、舜，实发明羲、文、周、孔之学，其言通于《易》，而与《论语》、《中庸》、《大学》相表里，未可以空悟之言臆之**，其难一也。《孟子》引《书》辞，多在未焚以前，未辨今古文，而徒执伪孔以相解说，往往凿枘不入，其难二也。井田、封建殊于《周礼》，求其画一，左支右诎，其难三也。齐梁之事，印诸《国策》、《太史公书》，往往龃龉，其难四也。水道必通《禹贡》之学，推步必贯《周髀》之精，六律、五音其学亦造于微，未容空疏者约略言之，其难五也。弃踪招豚，折枝蹙额，一事之微，非博考子史百家，未容虚测，其难六也。古字多，转注假借多，赖即懒，姑嘬即咀，嘑尔即呼，私淑即叔，凡此之类，不明六书，则训故不合，其难七也。赵氏书名《章句》，一章一句，俱详为分析，陆九渊谓古注惟赵岐解《孟子》文义多略，真谬说也。其注或倒或顺，雅有条理。即或不得本文之义，而赵氏之意焉可诬焉，其难八也。赵氏时所据古书，今或不存，而所引旧事，如陈不瞻闻金鼓而死，陈质娶妇而长拜之，苟有可稽，不容失引，其难九也。《孟子》本文见于古书，所引者既有异闻，而赵氏注各本非一，执误文讹字，其趣遂舛，其难十也。本朝文治昌明，通儒遍出，性道、义理之旨既已阐明，六书、九数之微尤为独造。推步上超乎一行，水道远迈于平当，通乐律者判弦管之殊，详礼制者贯古今之变。训诂则统括有书，版本则参稽罔漏。或专一经，以极其原流；或举一物，以穷其宧奥。前所列之十难，诸君子已得共八九，故处邵武士人时为疏，实艰。而当今日集腋成裘，会鲭为馔，为事半而为功倍也。赵氏《章句》既详为分析，则为之疏者，不必徒事敷衍文义，顺述口吻，效《毛诗正义》之例，以成学究讲章之习。赵氏训诂每叠于句中，故语似蔓衍，而辞多诘聱，推发赵氏之意，指明其句中训诂，自尔文从字顺，条鬯明显矣。于赵氏之说，或有所疑，不惜驳破，以相规正。至诸家或申赵义，或与赵殊，或专翼孟，或杂他经，兼存备录，以待参考，凡六十余家，皆称某氏，以表异之，著其所撰书名，以详述之，汇叙于右。（下略）

阮元《揅经室集》一集卷五《焦氏雕菰楼易学序》：《周易》为群经之首，古今治此学者独多。有列国人之《易》，有汉人之《易》，有晋、唐人之《易》，有宋人之《易》。荀、虞之《易》，汉学也，所存古法尚多。自王辅嗣以老、庄言《易》，《易》全空矣。静而思之，推而论之，圣人之造《易》也，象因卦生，辞因象著……江都焦氏，居北湖之滨，下帷十余年，足不入城市，尤善于《易》。取《易》之经文与卦爻，反覆实测之，得所谓旁通者，得所谓相错者，得所谓实行者，举六十四卦，三百八十四爻，尽验其往来之迹于经文之中，而知其所以然。盖深明乎九数之正负比例、六书之假借转注，而后使圣人执笔著书之本义，豁然大明于数千年后。**闻所未闻者惊其奇，见所未见者服其正**，卓然独辟，确然不磨，虽使《义海》以下诸贤，众咻之而不能折其说。此我大清文治之所以轶乎前也，岂焦君一人之所通哉！（下略）

章太炎《检论·清儒》：焦循为《易通释》，取诸卦爻中文字声类相比者，从其方部，触类而长，所到冰释，或以天元术通之，虽陈义屈奇，诡更师法，亦足以名其家。

杨向奎《清儒学案新编·甘泉学案》：里堂曾以《易》学质之王引之，引之以为凿破混沌，言其“泄漏天机”也。其实王氏父子，**汉学大师，最善藏拙，绝口不谈义理，深于汉学而不反宋**，其师戴震，其友阮元，皆汉宋兼施者，王氏父子不为也。**焦里堂疏《孟子》，讲《易》学，必及义理，而义理非其所长，亦难言矣！**……孟子谈心性，后来为宋、明理学所本，而戴震欲夺程、朱席，乃以孟子反理学，亦以其人之道，还之于其身也。里堂于孟子之谈心性，遂多采东原说……里堂引东原说而无只字片言道其是非，同意与否，盖难言也。宋儒理学在中国哲学史上是一种跃进，由孟子之性善，导至性善为理，性恶为情。宋儒尊理而排情，于是东原以为：“古之言理也，就人之情欲求之，使之无疵之谓理，今之言理也，离人之情欲言求之，使之忍而不顾之为理。此理欲之辨，适以穷天下之人；尽转移为欺伪之人，为祸何可胜言也。”不能离欲而言理，求情欲之至当则为理。变二元为一元，东原之说自然成立，于是而直逼大程，以仁、诚为宇宙之本质，而有生生哲学之诞生矣。是与《易》通。焦里堂以为孟子善言《易》者，亦未能于此处着手，与《易传》相通者，首为《中庸》。……焦里堂与程瑶田之学，乃同一路数，他们朴学实不解哲学为何物。程与东原都曾向江永问学，彼此声气相通，东原既夺朱子之席，于是程氏亦跃跃欲试，其实上面之释诚明，等于文字游戏，贫乏无物，不可谓之“诚”，焦里堂更在其下，所谓“人能思诚，为其明也，人能明，由其诚也”。这是为什么，上下不相干，无由得此结论。**以朴学讲理学，实南辕北辙，两者兼之者实属东原，王氏父子避之若浼，是其聪明过人处，段玉裁偶一涉及，亦捉襟见肘。**……阮元为之作传，称其学精彩博大，名曰通儒，世谓不愧云。我们以为，焦里堂是通儒，谓之为博大精彩，似有未逮。**清代三百年间堪有此举者，不过二三人，戴东原其一也。在群经新疏中，居首位者当推孙诒让之《周礼正义》，胡培翚之《仪礼正义》次之，其次则为邵郝之疏《尔雅》，若刘宝楠之疏《论语》，焦里堂之解《孟子》，都是以汉学治义理，非其所长矣。**①

① 见杨向奎《清儒学案新编》第六册，第217~234页。

赵曦明

《清儒学案》卷七十二《抱经学案・抱经交游・赵先生曦明》：赵曦明，初名大润，易名肃，晚复更名曦明，字敬夫，江阴人。诸生。……著有《读书一得》六十卷，其体例与《黄氏日抄》相近。注《陶征士集》及徐、庾、温、李、罗昭谏等集。晚注《颜氏家训》六卷，抱经为传之。诗文集外，又有《桑梓见闻录》八卷。卒年八十有三。（参抱经所撰《瞰江山人传》）

卢文弨《抱经堂文集》卷二十九《瞰江山人传》：瞰江山人者，常之江阴人也。邑之东南有瞰江山，距山人家二里而近，故以为号焉。父死三月，山人乃生，母刘孺人辛勤鞠养。衅起家庭间，几有破卵毁室之患，母内藏其明，而外以柔道行之，故屡濒于危而卒获免。山人始就外傅，便知好古学。少长，就老儒车质斋学，其家多藏书，纵山人博览。习举子业者，群相与非笑之。语闻于母，母召而诘之，则以如筑室者必厚其基为对，母曰："诚然，任汝为之。"山人益得沉酣其中，抵腊犹恋恋不肯归。一生学殖之厚实基于此。补郡诸生，其伯兄先入县庠，有文名，常谓曰："吾异日终不如弟，弟之文有根源故也。"山人素守母教，律身以正，待人以诚，值窘乏，益刻苦自厉。虽通晓世事，绝不肯为人居间排难，唯忍饥闭户读书，曰："吾惧此处一移足，便终身落坑阱也。"同门友贡息甫令建平，邀之往。邑多地讼，岁久不决，一案之牍，高几盈尺。山人不惮烦，为之一一爬梳，要领既得，先以曲直之大判明示之，而期日与质，两造往往各自输服，请无对簿，而愿寝息者过半矣。诸欲为奸鬻狱者，咸不便山人所为，谗言繁兴，而终不得间，于是建平之政声为群有司最。经再期，辞归。先是，山人以故明殉难典史阎、陈二公请于县立专祠，后令刘君复捐俸为之新庙貌、赎祭田有年数矣，无赖子乘山人之出，逐守祠者，夺其田而有之。山人归，告于县，乞复其旧。时凶焰张甚，县官颇右之，山人以一身撑拄①其间，几为所窘。赖同里杨主事苍毓、邢秀才象三咸相与维持之，事乃得直，还祠田，召道士守之。……山人性刚直，其所不可者，终身不能强颜与之欢，亦不乐与显达交。曩文弨

① 撑拄：亦作"撑柱"。支撑，支持。

之主讲暨阳书院也，山人居邑中，不自表襮，故名莫得闻。逾年，邢君袖其所作诗、古文辞，并要与俱来，余一见倾倒，遂为莫逆交。余官罢，主江宁之钟山讲席，身自请山人佐余所不逮，山人欣然许之。余有所述作，必取正于山人，能贡直言，无所隐。凡余所蓄书数千卷，山人校雠几遍。有求文并质疑者，欢然应之，无少靳。余门下士咸知敬爱山人，间有以私干者，率峻拒之。先后共朝夕凡九年，供给至菲薄，而山人不嫌也。山人诗文集外，著有《读书一得》六十卷，其体例与黄东发《日抄》相近。注《陶征士集》，凡数易稿。又注徐、庾、温、李、罗昭谏等集，并近代陆拒石四六各若干卷。著《桑梓见闻录》八卷。八十外，复注《颜氏家训》，甫脱稿而疾作，始辞余归里中。余今年寓书求其副本，欲为传之，山人欣然许诺，而力已不能自抄矣。以乾隆五十二年八月二日考终于家，年八十有三。山人姓赵氏，初名大润，后易名肃，字敬夫，意欲自警其颓堕也。晚复更名曦明。……赞曰：先生，有用才也。虽不得位，一施其利济之具，然已为众人之母、多士之师有余矣。成人之美，而不尸其功，实浮乎名，究有不可得而掩者。先生之嫉恶若过于严，然孔子称恶不仁者之为仁。不使不仁者加乎其身，身既洁矣，宁肯受物之汶汶乎？所为诗若文，冲瀜演迤，不为震荡险怪之音，此又其养之足征者。顾今而后，谁相知定吾文乎？我有不可，谁余规乎？分首无何，顿失良友，此所以涕泗涟洏，不能已于质亡之叹也。

翁方纲《复初斋文集》卷十六《书卢抱经刻颜氏家训注本后》：同年卢弓父学士以其友赵君所注《颜氏家训》校正精椠，其益人神智，颇有出宋本上者。……疑弓父所见沈校宋本者，特偶见一抄本，而非原本耳。沈氏考证二十三条自为一卷，而卢刻皆散置文句之下，虽于学者翻阅较便，然愚谓古书当仍其旧式，即如沈氏考证内孟子曰图景失形一条，卢刻竟删去之，虽于义无害，然古书之面目竟不存矣。又沈跋前一纸系于末一行，紧贴跋语书朝奉郎知台州军州事沈揆，又前一行通判军州事管铣，又前一行添差通判楼钥，皆又低一格书之，又再前又低一格，则教授判官推官参军，其最前最低格书者，则乡贡进士周学正林宪同校凡九人，前七行皆总书同校，后二行则曰监刊，又曰同校，此同校乃是锓木时之覆校耳。愚考宋时牒后系衔皆自后而前，官尊者在后，卑者在前，此其式也。以今所传影宋椠本，如《说文》卷末雍熙三年进状后，徐铉在句中正前，其牒尾平章事李昉在参知政事吕蒙正、辛仲甫之前，又如《群经音辨》载宝元二年牒后，平章事二人亦在最前也。必宜依其原样，末尾一行紧贴跋语书之，乃可依次自后而前读之耳。今卢本将沈跋另刻于前纸，而又自起一纸，题曰宋本校刊名衔，则疑于自前而后者殊乖其式矣。乃先曰同校，次曰校刊，又次以七人同校，则最前之同校二字为不可通矣。昔弓父校李雁湖《王荆公诗注》，将其卷尾所谓补注者皆移置于本诗之下，及予考其补注，乃别是临川曾景建所为，非出雁湖之手，以语弓父，弓父始追悔而已无及矣。今校阅此书，故缕缕及之，以为古书刊式不可更动之戒。(下略)

严可均

《清儒学案》卷一一九《铁桥学案》：铁桥博闻强记，校雠辑录，孳孳不倦，校定诸经文字。治洨长之学，审文定声，成书斐然，由博反约之效也。（下略）

《清史稿·儒林三》：严可均，字景文，乌程人。嘉庆五年举人，官建德县教谕，引疾归。可均博闻强识，精考据之学。与姚文田同治《说文》，为《说文长编》，亦谓之《类考》。有天文、算术、地理类，草木、鸟兽、虫鱼类，声类，《说文》引群书、群书引《说文》类，积四十五册。又辑钟鼎拓本，为《说文翼》十五篇。将校定《说文》，撰为《疏义》。孙星衍促其成，乃撮举大略。就毛氏汲古阁初印本别为《校议》三十篇，专正徐铉之失。又与丁溶同治唐石经，著《校文》十卷……嘉庆十三年，诏开《全唐文》馆，可均以越在草茅，无能为役，慨然曰："唐之文，盛矣哉！唐以前要当有总集。斯事体大，是余之责也。"乃辑《上古三代秦汉三国六朝文》，使与《全唐文》相接，多至三千余家，人各系以小传，足以考证史文，皆从蒐罗残剩得之，覆检群书，一字一句，稍有异同，无不校订。一手写定，不假效力。唐以前文咸萃于此焉。又校辑诸经逸注及佚子书等数十种，合经、史、子、集为《四录堂类集》千二百余卷。

《清史列传·儒林传下二》：存目。①

《乌程县志·严可均传》：严可均，字景文，号铁桥，宛平籍。嘉庆庚申举人，改归原籍。博闻强识，精考据之学。弱冠即出游，足迹半天下。历受归安姚文田、阳湖孙星衍校书之聘。道光二年，任建德教谕。义乌有高才生某，为忌者所诬，见弃于其父，事闻之官，大吏欲解之，而难于措词，可均撰《甲癸议》一篇上之大吏，大略谓："甲在外二十八年，拥高赀归，而妻先死，其子乙年二十六，既举秀才。丙与乙素有隙，丁睨甲资，党丙而挤乙，称乙奸生子，甲耻之，逐乙。乃历引前代孕数年始产者不一其人，以乙为在妊二年无足异，宜与昭雪。"大吏善之，据以定谳。甲乙复为父子如初。在任数年，大修学宫，并葺严子陵祠堂。引疾归，著书不辍，藏书至二万卷。早年著《唐石经校文》、《说

---

① 见中华书局本第 18 册，第 5584~5585 页。

文声类》，又与姚文田共撰《说文校议》，并刊本行世。又校辑诸经逸注及佚子书等数十种。四十年中所撰辑等身者再。合经、史、子、集为《四录堂类集》千二百余卷，最后辑《全上古三代秦汉三国六朝文》，使与《全唐文》相接，多至三千余家。人各系以小传，足以考证史文。皆从搜罗残剩得之，覆检群书，一字一句，稍有异同，无不校订。一手写定，不假众力，其精力绝人如此。自负学识，睥睨群流。有某进士来见，叩以《汉书》中事，未尽了了，则曰："君仅知时文耳！吾失言矣。"顾虽玩世傲物，而遇后进好学之士，辄多方奖掖，有问必答，略无少忤，盖严于嫉俗，而实笃于爱才也。遗书未刊者，身后多散佚。从弟章福号秋樵，廪生，为可均编校诗文，名《铁桥漫稿》。精小学，著《说文校议》。①

杨岘《迟鸿轩集》文集卷二《书严先生逸事》：先生讳可均，姓严氏，乌程人。于学无不通，尤邃于许氏书，乡之人识与不识者，皆敬服甚。岘获见先生时已七十余矣，白须朱履，庄然儒者。一日过书肆，有少年骤询先生谁也，先生熟视久，指架上书某册曰："将来！"少年以进，则《说文声类》，先生所著也。曰："是即余矣！"少年骇走。岘从长兴臧眉卿先生游，归舟泊城外十许里之八字桥。邻舟有命酒酌者，视之，先生也。诘岘何自，以实对。诧曰："是村夫子，堪若师乎？"他日，岘叩臧先生："严某何如人？"曰："粗能讽《三字经》。"《三字经》者，学童初入塾试讽者也。有知先生曩事者，马言先生负粮课，校官责焉。先生逃，遂入京师，籍宛平。举于乡，故又为宛平人。明年试礼部，主试者贵人，索得先生卷，欲魁之，以诗失谐斥。或劝先生诣谢，贵人喜且慰之曰："君大博通，顾诗失谐何？"先生瞠目曰："唐始以律诗取士，今所传失谐者十九矣。"贵人失色，罢。有一子，初堕地，先生自卜六龄当孤，命曰"六孤"。六孤嗜博，先生卒，图书金石率偿博进，乱后不知所终。②

潘衍桐《两浙輶轩续录》卷二十、徐世昌《晚晴簃诗汇》卷一百十四有传，存目。

严可均《说文声类序》：古无韵学，《易》、《诗》、《骚》、赋，铿锵谐适，节奏天成。不限韵，无非韵也。典午播迁而音变，至陆法言作《切韵》而声尤变。后乃奉为科律，罔有违言。而三代古音十仅一二存矣。吴氏棫、郑氏庠、陈氏第、顾氏炎武、江氏永、段氏玉裁、孔氏广森，先后挺生，古音渐显。论其所臻，大率后来者居上。然尚犹不备，且非定论也。可均以为汉儒去古未远，而《说文》幸存。《说文》谐声才六之一，实逾太半。窃据其成业，撰《说文声类》二篇。以声为经，以形为纬，为检字者之不易，辄借《广韵》二百六部建立标题，分为十六类，合为八类，又大合为四类。众类联比，各循其次。上下关通，阴阳混一。顺逆互转，首尾循环。其合也，一统无外；其分也，毫厘有辨。同类相授，各有建首；母子相生，别为纽子。又生子系缀母后，广其变通之路，审厥出入之由。夫而后群经有韵之文皆可读，古人假借之法无不包矣。嘉庆壬戌季夏十日，书于连州楞伽峡舟中。③

严可均《铁桥漫稿》卷五文类三《唐石经校文叙》：余年十六始治经，得明国子监及

① 见《碑传集补》卷二十七，又见《（光绪）乌程县志》卷十八。

② 见吴兴刘氏嘉业堂刻《吴兴丛书》本。

③ 据《续修四库全书》第247册影印《四录堂类集》本。

毛氏汲古阁《注疏》本，三家村中沾沾自喜。逮弱冠后，与通人游，获见宋板十行等本，始知今本不足多。既又思若汉，若魏，若唐，若孟蜀，若宋嘉祐、绍兴各立石经，今仅嘉祐四石、绍兴八十七石，皆残本，而唐大和石壁二百廿八石巍然独存，此天地间经本之最完最旧者。志欲通校一再过，购得装册本，有补字可疑，屡校屡辍业。乾隆乙卯春入都，往来诸藏书家，所见益广。其明年，嘉庆改元，知叶编修绍楏得旧拓本散片。又明年二月，假榻叶所，取今本与石经对校。凡八阅月，“十二经”与《五经文字》、《九经字样》校皆再过，**乃益审知今本逊宋板本，宋板本逊石经，而石经又非善之善者，人为之，亦时为之也。夫唐代四部之富莫如开元，经学之盛莫如贞观**。假使石经立于贞观或开元，有陆德明、孔颖达、颜师古及元行冲之徒，据晋宋古本刊正积非，归于至当，必视大和有加矣。然欲方驾熹平，亦断断不能。后更禄山之乱，两都覆没，旧籍散亡，文宗搜访遗书，稀少古本。郑覃、唐玄度即笃于经学，下陆、孔一等，所据不过隋、唐行本，非能轶晋、宋而返之古。刘昫言石经立后数十年，名儒以为芜累，皆不窥之。唐末无名儒，皆窥、皆不窥，等闲耳，而石经不满人意，亦因此可知。余故谓非善之善者，人为之，亦时为之也。然而后唐雕板，实依石经句度抄写，历宋、元、明转刻转误，而石经幸存，**以之复古则不足，以正今误则有余。世间无古本，石经即古本矣**。奈何八百余年来学士大夫误信史臣有芜累之讥，弃置之，尠或过问者。间有一二好古之士，亦与家碣寺碑同类而并道之。康熙初，顾氏炎武始略校焉。观其所作《九经误字》、《金石文字记》，刺取寥寥，是非寡当。又误据王尧惠之补字以诬石经。顾氏善读书者，犹尚如此，况其他乎？**夫石经者，古本之终，今本之祖。治经不及见古本而并荒石经，匪直荒之，又交口诬之，讵经之幸乎**？余校石经，欲为今本正其误，为郑覃、唐玄度释其非，为顾氏等祛其惑。凡石经之与今本互异者、磨改者、旁增者录出三千二百廿六条，理而董之，据《注疏》、《释文》，旁稽史传及汉、唐人所征引者为之左证，而《石台孝经》附其后焉。分为十卷，题曰《唐石经校文》，刻板岭南。后乎余而治经者，当有取乎？此癸亥岁冬十月，严可均叙。①

严可均《铁桥漫稿》卷八文类六《书尔雅新义后》：《尔雅新义》二十卷，宋陆佃农师撰。农师有《陶山集》，诗文及格。《鹖冠子注》亦简贵，唯引字解“二而小者示也”可嗤。《埤雅》驳杂，尚堪节取。独《尔雅新义》率本《字说》，再加穿凿，幻境重重，至不可思议，陈振孙诋为玩物丧志。**余谓《五行志》有诗妖，《新义》盖经妖也**。其书《玉海》引《中兴书目》、元修《宋·艺文志》、明焦竑、叶盛皆著录，后乃若存若亡。乾隆五十年，吾乡丁小山得影宋本于京师，是时四库馆告竣，不复收录，然亦不当收录。孙诒谷携归武林，落吴山书肆。嘉庆十三年，陆香圃刻板于萧山。至道光九年，以印本见诒。摇笔书后，香圃见之，将怒我矣。

① 原注：本书有叙一篇，是嘉庆丁巳九月所作，词不达意，故改作之，而本书先刻成，不复抽换。

凌堃

《清儒学案》卷一三七《理初学案·理初交游·凌先生堃》：凌堃，字仲讷，乌程人。(下略)

《清史列传·儒林传下二》：凌堃，字仲讷，亦乌程人。十岁失后母爱，日事榜棰，兄以杖死，堃求死不得，乃走山西习医卜，转徙恒、忻、朔、代间。友人授以易筋经术，尽传其技。尝遇盗数十人于野行劫，曳马挥鞭击之，盗披靡。后父官山西，寻得之，教之学。中道光十一年举人。性奇僻，好异书。与黟县俞正燮友善，侯官林则徐尝目之为国士。**仪征阮元，堃座主也，命之治经，乃为汉学，深惩向壁虚造之言，尤恶新说，谓其以理杀人，如酷吏舞法。**著《尚书述》、《周易翼学》、《春秋礼辨》。又著《德舆子》，论时政甚具。长推步算术，尝于学《春秋》之暇，表其嬗代兴废，又以岁星纪年及太岁超辰之法，汉以后失坠，因为之辨，著《王朝列国纪年》一卷，元刻入《经解》中。堃客代时，得不耕之地数顷，画沟洫，引滹沱水委折溉之，成甽田。亩稻十五六，鬴分十之二，岁作疏防，又分其六七以利佃，径畛种诸蔬，沟渠育鱼虾，叹曰："推是以富天下，管仲不足为矣。"晚官金华教谕，于署中作圃行区田法，每亩倍收。咸丰十年，粤匪寇湖州，弃官归，城陷，骂贼死。①

戴望《谪麐堂遗集》文二《凌教谕墓志铭》：故金华县学教谕凌君当咸丰十一年某月日，骂贼死。子姓觅其骸不得，则藏遗衣冠而树诸石。越七年，望籀其辞。君凌氏，讳堃，字仲讷，浙江湖州府乌程县人也。世居县之晟舍，当明季，忠清公羲渠为兵部侍郎，死思宗难，凌以是始著。君曾祖某，祖某。父鸣喈，中嘉庆四年进士，官兵部车驾司主事。上疏言马政，以越职去。君幼有异质，能伏气行水中。十岁随兵部公京师，遘母丧，君昆弟三人，失后母爱，日事榜棰，无人色，伯以杖死，君见而大痛，惧终及死，则伏哭殡宫前绝粒七昼夜，日祷西山神祈速死，尝七饵毒，两咽铜，再缢脰，一溺一颠，不死，越紫荆队十五里厓，石如剑，深涧齾急潦沸，石如轮如盘如拳如卵，卒不死，有怜之者

① 见中华书局本第18册，第5601~5602页。

曰："盍行乎？孝子事亲，小杖则受，大仗则走。"君抚然曰："敬诺。"于是走之晋道，乞食，遇相者，奇之，授以术，令张肆太原市中，得钱以给，乃隐姓名，自号铁箫子，遍习壬遁轨革阴阳诸家言，为人揲蓍相宅，多奇诠①，远近争趋之，以为神。临汾张生自言善易筋经术，年百岁矣，色如婴儿，力能曳九牛。君从之学，尽其伎。尝遇盗数十人于野行劫，君驰马挥鞭，纵击之，盗披靡遁，禽其魁，与语有过人者，遽释之，赠以文马百金，自是恒、忻、朔、代间行伍、商贩、里豪、剧盗，下逮妇人稚子，莫不啧啧传铁箫子者。无何，兵部公故人官于晋迹之以来劝之为时文，应顺天乡试，得中式，时道光十一年也，始归谒兵部公请罪。掖之起，遂为父子如初。阮文达公，兵部公座主也，君就请业文达，命治经，始辩别礼宫室、服食制度，撰《尚书述》、《周易翼学》、《春秋理辩》数十万言，于《书》不废梅赜古文，于《易》兼综孟、京、虞、郑诸家，于《春秋》条贯左氏，该以《周礼》，深惩乡壁虚造之言，而尤恶新说，谓其以礼杀人，如酷吏舞法，致人骨肉遭变，不得尽其情，闻者咸骇其言。**好经世之略，著《德舆子》，论时政甚具。**……晚年选授金华教谕，于署中作圃，行区田法，亩收数倍。咸丰十年，闻湖州警，弃官归。明年寇至，晟舍家人劝君行，君叹曰："天下皆若辈也，行将奚之？"因举酒自酹，招所善潘生与俱。贼入，见君危坐，愕眙不敢前，报其魁至，胁君降，君大骂，手格杀数贼，为贼攒刃死，潘生从焉。年六十有七。君配安孺人，先卒。子镛、镐皆夭。妾子益之，河南县丞。君于望始成童，即折节与交，后以女女焉。而望言《春秋》主公羊，数与君乖迕。家贫，遭乱离，不能行，道妻子，每独居，深念未尝不衋焉伤之，乃为铭，曰：于嗟乎，君畸于人，而侔于天邪？其行任，而书则儒，不囿于方隅，盘溪之渊，有光熊熊，藏魄于中原，石不能言，吾铭代宣，告君奕世子孙。

邹弢《三借庐赘谭》卷七"诋朱"条：今人读书于朱注往往索瘢求疵，实以宋注解释未明，而重注之处太多，此节注某字某解，彼章又然，其当注之处反无一字注之，避难就易，考据空疏，宜人之不满于心也。《庸闲斋笔记》载，归安凌厚塞堃以举人大挑授金华教谕，性怪僻……论学直宗孔、孟，于宋儒一概抹杀，而尤恶朱子，极口诋之。至谓朱子之父名松，与秦桧之桧同，而朱子名熹，则与桧子熺无异。语极狂悖。课人读止诵白文。尝与同乡孙柳君孝廉谈及考亭，孙稍右之，遂拍案大骂，至欲加以白刃，其恶朱如此。然胸中淹博，医卜星相，无不精绝，应验若响。著《德舆子》，外集数十万言，皆未经人道者。己未元旦，卜知明年将有大难，爰弃官归。明年，杭城果陷。其湖州城陷之前，预知贼某日犯镇，届期，开门延友，饮酒以待贼至。执之去，伪王夙耳其名，令为军师，大骂不肯。命之跪，骂益甚。伪王缓颊曰："一揖即纵若去。"亦不肯。伪王怒，挥令斩之。延颐受刃，颜色不变，而死亦奇矣哉！

① 诠：验问；证验。王念孙《广雅疏证》："诠，经传通作验。"

湖北省学术著作 Hubei Special Funds for Academic Publications 出版专项资金

湖北省学术著作出版专项资金资助项目
国家社会科学基金重点项目（2013）
国家社会科学基金一般项目（2009）
教育部高校古委会直接资助项目（2005）

辨伪研究书系

《经解入门》整理与研究

（下）

司马朝军　撰

WUHAN UNIVERSITY PRESS
武汉大学出版社

图书在版编目(CIP)数据

《经解入门》整理与研究. 下/司马朝军撰 .—武汉：武汉大学出版社，2017.4(2024.3 重印)
辨伪研究书系
ISBN 978-7-307-18174-8

Ⅰ.经…　Ⅱ.司…　Ⅲ.经学—研究　Ⅳ.Z126.27

中国版本图书馆 CIP 数据核字(2016)第 136300 号

责任编辑:朱凌云　　　责任校对:汪欣怡　　　版式设计:马　佳

出版发行：**武汉大学出版社**　(430072　武昌　珞珈山)
(电子邮箱：cbs22@ whu.edu.cn　网址：www.wdp. com.cn)
印刷:武汉邮科印务有限公司
开本:787×1092　1/16　印张:28　字数:681 千字　插页:2
版次:2017 年 4 月第 1 版　　2024 年 3 月第 2 次印刷
ISBN 978-7-307-18174-8　　定价:188. 00 元(共三册)

目　　录

马宗琏……877
马瑞辰……879
毕　亨……883
姚文田……885
郝懿行……891
张惠言……897
陈寿祺……902
陈乔枞……911
张　澍……916
朱　珔……918
周用锡……922
李钟泗……924
朱　彬……926
刘玉麐……932
刘宝楠……934
李贻德……940
崔应榴……945
刘逢禄……947
宋翔凤……958
陈　奂……963
沈钦韩……969
柳兴宗……975
许桂林……978
赵　坦……982

洪颐煊……988
洪震煊……992
金 鹗……995
宋世荦……998
戚学标……1000
凌 曙……1004
胡世琦……1010
俞正燮……1013
臧寿恭……1016
周中孚……1017
李 锐……1019
徐养原……1024
方观旭……1029
刘履恂……1030
陈 瑑……1033
李黼平……1035
李富孙……1037
冯登府……1046
钟文烝……1049
薛传均……1053
张宗泰……1058
侯 康……1059
魏 源……1062
郑 珍……1068
黄宗羲……1073
黄宗炎……1078
王夫之……1082
钱澄之……1088
徐 璈……1093
朱鹤龄……1096
沈 彤……1100
陈景云……1104
张尚瑗……1107
万斯大……1108
万斯同……1115
万 经……1122
全祖望……1125
徐乾学……1131
陆元辅……1137

徐嘉炎 …… 1140
惠周惕 …… 1142
黄叔琳 …… 1145
方　苞 …… 1147
陈厚耀 …… 1155
吴廷华 …… 1158
胡　煦 …… 1160
王懋竑 …… 1164
顾栋高 …… 1170
蔡德晋 …… 1176
陈祖范 …… 1177
任启运 …… 1181
江　永 …… 1186
汪　绂 …… 1195
王　坦 …… 1201
徐文靖 …… 1202
程廷祚 …… 1206
车　文 …… 1214
吴　鼒 …… 1215
吴　鼎 …… 1216
赵　佑 …… 1218
顾　镇 …… 1223
许宗彦 …… 1228
黄式三 …… 1236
陈　澧 …… 1242
江　沅 …… 1248
钱　绎 …… 1251
钱　侗 …… 1254
谢启昆 …… 1257
刘　淇 …… 1262
张　诏 …… 1265
吴玉搢 …… 1267
潘　耒 …… 1271
任兆麟 …… 1275
宋　鉴 …… 1278
朱文藻 …… 1281
吴颖芳 …… 1283
庄　炘 …… 1285
李　威 …… 1287

钮树玉 …… 1290
魏茂林 …… 1293
顾凤毛 …… 1296
程 敦 …… 1299
胡 重 …… 1300
胡祥麟 …… 1301
严元照 …… 1302
钱 馥 …… 1306
沈道宽 …… 1308
苗 夔 …… 1310

参考文献 …… 1317

后记 …… 1319

马宗琏

《清儒学案》卷一一一《鲁陈学案》：桐城学者，多以文章名。鲁陈受学于惜抱，而研经考史，不为方、姚传派所囿。元伯继之，遂为毛、郑专家之学，于经师中，高踞一席。(下略)

《清史稿·儒林三》：马宗琏，字器之，桐城人。由举人官东流县教谕。嘉庆六年成进士，又一年，卒。少从舅氏姚鼐学诗古文词，所作多沉博绝丽，既而精通古训及地理之学。乡举时，以解《论语》过位、升堂合于古制，大兴朱珪亟拔之。后从邵晋涵、任大椿、王念孙游，其学益进。**尝以解经必先通训诂**，而载籍极博，未有汇成一编者，乃偕同志孙星衍、阮元、朱锡庚分韵编录，适南旋中辍。其后元视学江、浙，萃诸名宿，为《经籍纂诂》，其凡例犹宗琏所手订也。生平敦实，寡嗜好，惟以著述为乐。尝撰《左氏补注》三卷，博征汉、魏诸儒之说，不苟同立异。所著别有《毛郑诗诂训考证》、《周礼郑注疏证》、《穀梁传疏证》、《说文字义广证》①、《战国策地理考》、《南海郁林合浦苍梧四郡沿革考》、《岭南诗抄》，共数十卷，《校经堂诗抄》二卷。

《清史列传·儒林传下二》：……论者谓足与顾炎武、惠栋两家之书相表里。其自序云："效子慎之作解谊，家法是守，鄙冲遗之为疏证，曲就鲜通。"盖纪实也。②

马其昶《桐城耆旧传》卷十《马鲁陈先生传》：吾家鲁陈先生，讳宗琏，字器之。曾祖讳棠臣，有文学，考授州同知，不乐仕进。祖讳泽，字根香，乾隆元年举人，知阳信长清，皆有迹。父讳嗣绰，字仪颛，笃于孝友。三世皆喜施，人称为德门。先生少从舅氏姚郎中学，通古训及地理沿革。乾隆五十一年乡举，以解《论语》过位、升堂合古制，大兴朱文正公亟拔之。入都，得交同辈名人。苦研讲习，闻见益博。**尝以古训散见载籍，寻检不便，乃偕阮尚书元、孙观察星衍分韵编录，未竟南返。其后尚书视学两浙，卒成之，今《经籍纂诂·凡例》犹昔与先生手订者也。**毕尚书沅修《史籍考》，延先生分纂史学部

① "说文字义广证"，《书目答问》作"说文字义广注"，未见传本。

② 见中华书局本第18册，第5581~5582页。今按："论者"指王引之。

音义评论、编年部断代历表、谱牒部专家图画年谱诸门。辑录将竣，会周总宪兴岱督学粤东，礼致幕下，所至兴起古学。既以大挑二等，署合肥、休宁教谕，补东流教谕。嘉庆四年，会试中式，又三年而殁。生平敦实，耽思撰述，不以世务经怀。尝补注《左氏传》，征引汉、晋诸儒之说，不苟立同异，论者谓足与顾亭林、惠定宇两家之书相表里，阮文达公汇刻之《皇清经解》。他所著有《毛郑诗训诂考证》、《周礼郑注疏证》、《说文字义广证》、《战国策地理考》、《汉南海郁林苍梧合浦四郡沿革考》，多散佚，鲜有传本。《校经堂诗》一卷，刻于《马氏诗钞》。子瑞辰。

马宗琏《春秋左氏补注序》：贾、服之注《左传》，犹康成之注六艺，精确不可移易矣。其地名有京相璠为之注释。郦［道］元《水经注》引之，于三家说融洽贯通，《左传》学思过半矣。**元凯《集解》于汉、晋诸儒解未能择善而从，其地理又未能揆度远近，妄为影附**。此刘光伯《规过》之书所由作也。东吴惠先生栋，遵四代之家学，广搜贾、服、京君之注，援引秦、汉子书为证，继先儒之绝学，为左氏之功臣。余服膺廿载，于惠君《补注》间有遗漏，复妄参末议焉。效子慎之作解谊，家法是守；鄙冲远之为疏证，曲说鲜通。是亦惠君所寄望于后学者也。乾隆五十九年五月十一日。桐城马宗琏。

方东树《考槃集文录》卷九《先友记》：马宗琏，字器之。嘉庆己未进士。母，姚姬传先生妹也。少学于舅氏，长游余师，改攻汉学，益治经，著《春秋左氏传补注》行世，最为仪征阮相国、高邮王尚书伯申所重。君性真率，东树已受室，君来犹呼东树乳时小名，近今无复此古风矣。君子瑞辰，嘉庆乙丑进士，官工部都水司郎中，著有《毛诗传笺通释》。

钱林《文献征存录》卷八：马宗琏，字鲁陈，桐城人。少事其舅姚鼐，学为文词。后从邵晋涵、任大椿、王念孙游，其学益进。嘉庆四年中式，试礼部。又二年成进士。有《左传补注》、《毛郑诗诂训传考证》、《周礼郑注疏证》、《穀梁传疏证》、《说文字义广注》、《战国策地理考》、《南海郁林合浦苍梧四郡沿革考》、《岭南诗抄》、《崇郑堂诗》，共数十卷。

《晚晴簃诗汇》卷一百十六：马宗琏，字器之，又字鲁陈，桐城人。嘉庆辛酉进士。有《校经楼诗抄》。诗话：器之精研经训，阮文达视学两浙，辟为襄校《经籍纂诂》，凡例即出其手。后毕秋帆修《史籍考》，亦延为分纂。所著《左传补注》，王伯申称其书与顾亭林、惠定宇说相表里，可称鼎之。

马瑞辰

《清儒学案》卷一一一《鲁陈学案·鲁陈家学·马先生瑞辰》：马瑞辰，字献生，号元伯，鲁陈之子。(下略)

《清史稿·儒林三》：(马宗琏）子瑞辰，字元伯。嘉庆十五年进士，选翰林院庶吉士。散馆，改工部营缮司主事。擢郎中，因事罣误，发盛京效力。旋赏主事，奏留工部，补员外郎。复坐事发往黑龙江，未几释归。历主江西白鹿洞、山东峄山、安徽庐阳书院讲席。发逆陷桐城，众惊走，贼胁之降，瑞辰大言曰："吾前翰林院庶吉士、工部都水司员外郎马瑞辰也！吾命二子团练乡兵，今仲子死，少子从军，吾岂降贼者耶?"贼执其发，爇其背，而拥之行。行数里，骂愈厉，遂死，年七十九。事闻，恤荫如例，敕建专祠。瑞辰勤学著书，耄而不倦。尝谓："《诗》自齐、鲁、韩三家既亡，说《诗》者以《毛诗》为最古。据《郑志》答张逸云：'注《诗》宗毛为主，毛义隐略，则更表明。'是郑君大旨本以述毛，其笺《诗》改读，非尽易《传》。而《正义》或误以为毛、郑异义。郑君先从张恭祖受韩，凡笺训异毛者，多本韩说。其答张逸亦云：'如有不同，即下己意。'而《正义》又或误合传、笺为一。《毛诗》用古文，其经字多假借，类皆本于双声、叠韵，而《正义》或有未达。"于是乃撰《毛诗传笺通释》三十二卷，以三家辨其异同，以全经明其义例，以古音、古义证其讹互，以双声、叠韵别其通借。笃守家法，义据通深。同时长洲陈奂著《毛诗传疏》，亦为专门之学。由是治《毛诗》者多推此两家之书。

《清史列传·儒林传下二》：存目。①

马其昶《桐城耆旧传》卷十《马鲁陈先生传第百三》：元伯先生讳瑞辰，字献生。嘉庆十年进士，选庶吉士，改主事，再擢工部营缮司郎中，凡部中案，事无大小，必据成例，猝难省览。先生英年积学，既入曹署，惩吏胥舞文积弊，日夜发愤读律，遂精熟律文，能背诵，老吏皆惮惊。尚书苏楞额尝有所持部中署名，惟谨先生独不可，奏上，果致驳斥，由是一部事皆取决，然先生亦卒见忌，遂再蹶不复起矣。……先生少传父业，为训

① 见中华书局本第18册，第5582~5583页。

诂之学，尝谓："《诗》自齐、鲁、韩三家既亡，说《诗》者以毛、郑为最古。据《郑志》答张逸云：'注《诗》宗毛为主，毛义隐略，则更表明。'是郑君大旨本以述毛，其笺诗改读，非尽易传，而《正义》或误以为毛、郑异义。郑君先从张恭祖受《韩诗》，凡笺训异毛者多本韩说，其答张逸亦云：'如有不同，即下己意。'而《正义》又或误合传、笺为一。《毛诗》用古文，其经字多假借，类皆本于双声、叠韵，而《正义》或有未达。"于是撰《毛诗传笺通释》，以三家辨其异同，以全经明其义例，以古音古义证其讹互，以双声、叠韵别其通借，凡三十二卷，已刊行，又刻入《续皇清经解》。并时长洲陈硕甫治《诗》专宗毛，先生盖以己意出入毛、郑，而胡墨庄氏则范围稍广，要皆为专门之学。由是世之言《诗》者，多推此三家之书。马其昶曰：**桐城自方、姚后，学者多喜言文章义法。别有密之方氏，父子号为淹雅，其传不盛。然方氏亦不纯于经。姚姜坞编修为学务征实，精雠校，近汉京矣，顾不喜著书。惟吾家二先生笃守师法，两世传经，于吾邑学派盖微别云。**

马其昶《抱润轩文集》卷六《赠道衔原任工部员外郎马公墓表》：公桐城马氏，讳瑞辰，字伯元。桐城以盛文物推天下名县，自前代多慷慨伟节之士，而密之方氏倡俺雅之业，望溪侍郎以古文显，侍郎学深于经，其先则田间钱先生，后叶书山庶子，三家于经皆不专训诂。姚姜坞编修为学务征实，姬传先生恢其绪，而益肆于文，流风大煽。后生习传，彬彬皆被儒雅，而当是时天下竞言考据，文胜而敝，说者谓视前明强执之气殆不侔矣。桐城先大师皆涉义理为教，其渐染考据者寡。于是吾家二先生复继起，以专经朴学闻于时。二先生谓公暨其父鲁陈先生者也。鲁陈先生讳宗琏，字器之，著述侈富，惟《左传补注》刊行。嘉庆四年会试中式。是科大兴朱文正、仪征阮文达以巨儒为总裁，得人称盛。先生甫登第而没，没后四年，乙丑，公成进士选庶吉士，改主事，再擢工部营缮司郎中，公既负高材异质，惩法比苛娆，不可究诘，日夜痛读律，倍诵不差一字，老吏皆惮惊。尚书苏楞额尝有所持意坚甚，自堂官逮诸曹司皆昼诺，公争不可，后累致驳斥，由是一部事皆取决，然公卒见龉龁，再蹶不复起矣。初坐会议宝源局匠滋事罪，议轻失政体，发盛京效力，旋赏给主事，曹文正振镛奏留工部，擢补员外郎，复坐主办太庙工程荐郎中纳尔经额料工同部谋讦工不实，内务府核算无失，纳尔经额，得不坐，而公遣戍，未几，释归。历主白鹿、绎山、庐阳书院讲席。咸丰初，粤贼陷桐城，死之，事闻，赠道衔龙云骑尉世职，建专祠。初，公之家居也，老矣，常未明起，孙曾累累睡内寝正熟，独挟一册，炳烛出就厅事呕吟，贼至，二子起，团练奉公避居山中，贼入山，众惊走，公方据案读书，贼以刃胁之降，叱曰："吾岂降贼者耶？"贼怒呵谁何，曰："吾大清罢职工部员外郎马某，而降贼耶？吾且命子杀贼。"贼益怒，刺之，火其发，而拥之行，遂遇害，血渍案上，书册痕班然，春秋七十有七。公为人故悖硕，鞠躬退让，长者及临大节，不屈若此，居闲喜为诗，诗近万篇，矻矻著书不倦。……以光绪二十一年冬合葬怀宁路官冲保江家山之原。公于其昶大父行也。窃当诵习公书，而要其终始，**以谓一代学术与时势相消息者也。穷则变，变则通，一二智者起矫前世之穷，而倡其端，千万人绪衍而推大之。吾曰：转乎其中，夫孰能不波然而历百变，屹乎不可移者，君子自立之道也。**公之治经笃守家法，义据坚通，人以此为公之锲力，于经者深乎？乌乎！自知道者观之，彼其遘危难，较然不欺其志意，是乃所为深于经者也。然则向所云文章风节之异，尚亦举其盛美之积重者，区之夫岂有异哉？因颇推论吾邑儒学承传之绪，表于前阡俾，过者知所矜式，而后世尚论征文献者亦得以考览焉。至其世次、子姓、名爵备详传志者，不胪列云。

何绍基《（光绪）重修安徽通志》卷二百三：马瑞辰，字符伯，桐城进士，由庶吉士，改主事，终员外郎，缘事发黑龙江，释回，潜心经学，著《毛诗传笺通释》及《崇郑堂诗抄》。咸丰三年，发逆犯桐城，瑞辰命子星曙、三俊等团练御贼，城陷，星曙及其子诸生登瀛巷战死，其侄孙八和被焚死，瑞辰被执，灼背胁降，不屈死之，蒙赠道衔。星曙字仲榆，监生，豪迈尚气节，凡乡里义举，如修学宫、城垣、考院、江堤，丰备仓，平粜散赈，皆不避劳怨，而总其成。及其被害，蒙赠銮仪卫经历衔。（《桐城县志》、《柏堂文集》）

马瑞辰《毛诗传笺通释·自序》：昔《周官》六诗并教，比、兴、赋义久不分。迨汉世，四家叠兴，齐、鲁、韩说多早逸，毛学显自河间，实词微而旨远。郑笺传由棘下，亦派异而源同。余幼禀义方，性耽著述，愧群经仅能涉猎，喜葩词别有会通；五际潜研，几忘流麦；一疑偶析，如获珠船。然第藏诸箧笥，未敢悬之国门。迨年逾弱冠，游宦春明，获问奇于子云，快咨事于伯始，辙有出门之合，戈无入室之操。志存绎圣，冀兼综乎诸家；论戒凿空，希折衷于至当。然始则兼攻帖括，未获专精。继复沉迷簿书，无暇博览。四十以后，乞身归养。既绝意于仕途，乃殚心于经术。爰取少壮所采获，及于孔疏、陆义有未能洞澈于胸者，重加研究。以三家辨其异同，以全经明其义例，以古音古义证其讹互，以双声叠韵别其通借。意有省会，复加点窜。历时十有六年，书成三十二卷。将遍质之通人，遂妄付诸剞劂。初刊《毛诗翼注》，嗣改《传笺通释》。述郑兼以述毛，规孔有同规杜。**勿敢党同伐异，勿敢务博矜奇。实事求是，只期三复乎斯言；穷愁著书，用志一经之世守。**

马瑞辰《毛诗传笺通释》卷一《诗入乐说》：**《诗》三百篇未有不可入乐者**。《虞书》曰：“诗言志，歌永言，声依永，律和声。”歌、声、律皆承诗递言之。《毛诗序》曰：“在心为志，发言为诗。”又曰：“言之不足，故嗟叹之；嗟叹之不足，故永歌之。”此言诗所由作。即《虞书》所谓“诗言志，歌永言”也。又曰：“情发于声，声成文谓之音。”此言诗播为乐，即《虞书》所谓“声依永，律和声”也。若非诗皆入乐，何以被之声歌且协诸音律乎？（下略）

马瑞辰《毛诗传笺通释》卷一《风雅正变说》：风雅正变之说出于《大序》，即以序说推之而自明。序云：“风，风也，教也。”又云：“上以风化下。”盖君子之德风，专以化下为正。至云：“下以风刺上。”风，沉重音福凤反，读如讽。云自下刺上，感动之名变风也。盖变化下之名为刺上之什，变乎风之正体，是谓变风。序云：“雅者正也。”言王政之所由废兴也。此兼雅之正变言之。盖雅以述其政之美者为正，以刺其政之恶者为变也。（下略）

马瑞辰《毛诗传笺通释》卷一《毛诗古文多假借考》：《毛诗》为古文，其经字类多假借。毛传释《诗》，有知其为某字之假借，因以所假借之正字释之者，有不以正字释之，而即以所释正字之义释之者。说《诗》者必先通其假借，而经义始明。齐、鲁、韩用今文，其经文多用正字，经传引诗释诗，亦多有用正字者。正可藉以考证《毛诗》之假借。如《毛诗·汝坟》“惄如调饥”，传：“调，朝也。”据《韩诗》作“愵如朝饥”，知调即朝之假借也。《毛诗》“何彼襛矣”，传：“襛犹戎戎也。”据《韩诗》作何彼茙矣，知祓即茷之假借也。《毛诗·芄兰》“能不我甲”，传：“甲，狎也。”据《韩诗》作“能不我狎”，知甲即狎之假借也。《毛诗·小旻》“是用不集”，传：“集，就也。”据《韩诗》作“是用不就”，知集即就之假借也。《毛诗·文王》“陈锡哉周”，传：“哉，载也。”据《春秋传》及《国语》皆引作载，知哉即载之假借也。《毛诗·大明》“伣天之妹”，传：“伣，磬也。”据《韩诗》作“磬天之妹”，知伣即磬之假借也。凡此皆毛传知其为某字之假借，即以所假借之正字释之者也。如《毛诗·葛覃》“害澣害否”，传：“害，何也。”据《尔雅·释言》：“曷，盍也。”《广雅》：“曷，盍何也。”是知害即曷之假借，传正以释曷者释害也。《采苹》“于以湘之”，传：“湘，烹也。”据《韩诗》作“于以鬺之”，是知湘即鬺之假借，传正以释鬺者释湘也。《毛诗·甘棠》“勿翦勿拜”，传：“拜之言拔也。”据《广韵》引《诗》“勿翦勿扒”，云：“扒，拔也。”是知拜即扒之假借，传正以释扒者释拜也。《毛诗·柏舟》“如有隐忧”，传：“隐，痛也。”据《韩诗》作“如有殷忧”，《说文》：“殷，痛也。”是知隐即殷之假借。传正以释殷者释隐也。《毛诗·巧言》“圣人莫之”，传：“莫，谋也。”据《尔雅·释诂》：“谟，谋也。”《说文》：“谟，议谋也。”是知莫即谟之假借。传正以释谟者释莫也。《毛诗·四月》“百卉具腓”，传：“腓，病也。”据《尔雅·释诂》：“痱，病也。”邢疏及《玉篇》俱引《诗》百卉具痱，是知腓即痱之假借，传正以释痱者释腓也。《毛诗·大田》“以我覃耜”，传：“覃，利也。”据《尔雅·释言》：“剡，利也。”郭注引《诗》“以我剡耜”，是知覃即剡之假借，传正以释剡者释覃也。《毛诗·皇矣》“求民之莫”，传：“莫，定也。”据《尔雅·释诂》：“嗼，定也。”是知莫即嗼之假借。传正以释嗼者释莫也。《抑》诗“有觉德行”，传：“觉，直也。”据《尔雅·释诂》：“梏，直也。”《缁衣》引《诗》“有梏德行”，是知觉即梏之假借。传正以释梏者释觉也。《毛诗·维天之命》“假以溢我”，传：“假，嘉也。”据《说文》“诐，嘉善也”，引《诗》“諴以谧我”，是知假即諴之假借。传正以释諴者释假也。《毛诗·载芟》“有略其耜”，传：“略，利也。”据《释文》云，字书作䂮，《尔雅·释诂》：“䂮，利也。”是知略即䂮之假借。传正以释䂮者释略也。《毛诗·玄鸟》“奄有九有”，传：“九有，九州也。”据《韩诗》作九城，《说文》：“或，邦也，从口，从戈以守一，一，地也。”古或、有二字通用，是知有即域之假借，传正以释域者释有也。凡此皆传知为某字之假借，而因以所释正字之义释之者也。

毕　亨

《清儒学案》卷一百十《渊如学案·渊如交游·毕先生亨》：毕亨，原名以田，字恬溪，文登人。嘉庆丁卯举人，官江西崇义县知县。初从戴东原游，通汉人古训之学。渊如官山左，延助校订古书，称其经学无双。所著《尚书今古文注疏》，多采其说。辑《周易集解》，亦得其助。年七十，始出仕。初权安义令，值赦令，邑有兄杀胞弟之狱，先生列之不准援赦，执“不念鞠子哀，泯乱伦彝，刑兹无赦”之经义。大吏怒，欲劾休。程侍郎恩泽典试过江西，问先生起居甚悉，事乃解。卒年八十。先生于经，尤长于《书》，晚年欲发明大义，有所述作，未就。惟杂著二卷，曰《九水山房文存》，刊行于世。渊如晚年著述，得助于先生及嘉兴李少白贻德者为多。（参史传、包世臣撰《文存序》）

《清史稿·儒林二》：（毕）亨原名以田，字恬溪。初从休宁戴震游，精汉人古训之学，尤长于《书》。星衍撰《尚书今古文注疏》，多采亨说。每称以为经学无双。中嘉庆十二年举人，道光六年以大挑知县分发江西，署安义县。有兄杀胞弟案，亨执“不念鞠子哀，泯乱伦彝，刑兹无赦”义，不准援赦，大府怒，将劾之。会歙程恩泽重亨，事乃解。后补崇义，以积劳卒官，年且八十矣。著有《九水山房文存》二卷。①

《清史列传·儒林传下二》：毕亨，原名以田，字九水，山东文登人。后补崇义县，以积劳卒于官，年且八十矣。著有《九水山房文存》二卷。星衍晚年所著书，又多付嘉兴李贻德，为卒其业。②

包世臣《小倦游阁集》卷十七《闸河日记》：道光九年六月……初九日辛未，开船行八里，至上桥闸十二里至梁乡闸……二十里至新闸，大风雨骤至，惜不久，未能透土，无救旱，望霁后于月下。又行廿里，抵东昌府东门闸住船。初十日壬申，入城，探毕恬溪明

① 今按：毕氏尚有《经训杂记》、《孙子叙录》、《古文尚书经传释疑》、《新刻十三经叙录》、《东昌府志》。

② 详见中华书局本第18册，第5556页。

府亨信问。恬溪，文登人，侨寓东昌，经术湛深，年逾七十，以大挑知县，需次江西，三年未得缺，甚以为念。至其家，知于今年始署上高。

陆以湉《冷庐杂识》卷二“毕大令”：文登毕恬溪大令以田，精研古训，尝谓宋儒好凿空，以俗训训古经，其尤甚者，自春秋至唐，书策所载皆子纠兄而桓公弟，顾于千载下，意变其长幼，以伸己议，识者韪之。年七十，以举人大挑一等，分发江西，委署安义。值赦令，邑有兄杀胞弟之案，大令列之，不准援赦，上游驳斥，大令执“不念鞠子哀，泯乱伦彝，刑兹无赦”之经义以诤之。大府已定劾休，适歙程春海侍郎恩泽主试广东，取道豫章大府，款之侍郎，问大令起居甚悉，事乃得解，嗣补崇义卒官。著有《九水山房文存》二卷，杨至堂河督刊行于世。

文廷式《纯常子枝语》卷五：文登毕亨《九水山房文存·汤居亳考》一篇，其正文乃《亳州志》之说，其注乃毕氏所说也。篇首不题“亳州志”三字，几令阅者以为自考而自驳之矣。顾《志》主皇甫谧之说，以谷熟当亳都，毕氏则用臣瓒杜预之说，以济阴之薄县为亳都，其所取证亦不过《皇览》所记汤冢、臣瓒《汉书》注所引伊尹冢二事，与《志》所引《水经注》、《括地志》各有所本，恐不足以易之，惟《志》言孔冲远作《孟子正义》，是涉笔之误，乃藉此肆为诋諆，则负气争胜之结习耳。

杨钟羲《雪桥诗话》卷十：姚秋农、朱玉存主丁卯山东乡试，得文登毕以田。毕故与渊如旧交，经学无双，久困场屋。秋农以对策赏拔之。渊如时权藩主鹿鸣之宴，作《宾兴得士图》，有句云：“一声堂上都倾耳，莫省裴头与黄尾。孤寒平地竟飞腾，闻呼毕卓真名士。”毕初名以珣，乡荐后又改名亨，字恬溪，爱即墨劳山九水之幽胜，因号九水。从东原游。其学主于阐许以通郑。尤长于《书》。渊如汇梓所纂丛书，凡九水所乙改，悉仍之，不易一字。《孙子叙录》一卷，九水所撰也。桂未谷《说文解字义证》引其说至数十百事。道光丙戌，大挑一等，分发江西署安义，补崇义，卒官。杨致堂为刻杂文二卷，其答友人书云：大教言杜诗“来如雷霆收灵怒”① 之句，以为“收”字误，当作“抶”，此甚当。“抶”字俗，不经用，又与“收”字形相近。世俗传刻讹作“收”尔，而不知出于扬子云《羽猎赋》。师古云：“言所抶击如鬼神雷电也。”又承示《史记·司马相如赞》以为雄字，误当作恽，则不尽然。雄传云：雄顾尝好词赋，先是蜀有司马相如作赋甚宏丽温雅，雄心壮之，每作赋，常拟之以为式，以故孝成帝时客有荐雄文似相如者，逮其后，深悔作赋之不足以风，靡丽多而风谏少，于是诋议相如，去而作《玄》，则赞所云“靡丽之赋，劝一风百”者，固信知其为雄言，非他人语也。然其所以窜于《史记》，盖亦有故，《汉书·司马相如赞》首言“司马迁称”云云，与《史记》文正同，下无采著于篇句，固之作史，多依于迁，故首称司马迁言而意不主于司马氏，故又称扬雄言，盖一褒之一贬之也。所谓扬雄以为者，与前司马迁言反正适相应。学者但知《史》、《汉》文相出入，遂据此以增彼，既令《史记》之言屈强不可通，而班氏褒讥之旨亦复隐而不见，何其谬也。

① 杜甫《公孙大娘弟子舞剑器行》：“来如雷霆收震怒，罢如江海凝清光。”

姚文田

《清儒学案》卷一百十五《秋农学案》：乾隆中叶，汉学方极盛。士读宋诸儒书，觉其言义理心性厘然，诚有不可偏废者。乃折衷为持平之论，秋农其一也。训故考订，则仍守宋经师家法。姚文田，字秋农，归安人。乾隆己酉举人。五十九年，天津召试，授内阁中书，充军机章京。嘉庆己未，成一甲一名进士，授修撰，再迁祭酒，直南书房。十八年，林清之变，诏求言。先生上疏略言，唐虞三代之治，不越教、养两端。今南方患赋重，北方患徭多，民困官贫，急宜省事。……蹇嘉纳之。三迁为兵部侍郎。历户、礼二部。道光初，江浙督抚议禁漕务浮收，明定八折，实许其石加二斗。先生方督江苏学政，疏言其不便，详列民间纳漕及州县运丁，皆有不能上达之寅情。八折之议，卒寝不行。四年，擢左都御史，迁礼部尚书。五年卒，年七十，谥文僖。先生持己方严，出视学，历广东、河南以至江苏，革除陋例，斥伪体，拔真才。典试广东、福建、山东、顺天，皆称得士。**论学尊宋儒，所著书则宗汉学**。治《说文》，为专家。旁通历算，著《学易讨原》、《颛顼日历》、《夏殷历章蔀合表》、《周初年月日岁星表》、《春秋经传朔闰表》、《汉初年月日表》、《四书琐语》，合为《邃雅堂学古录》。又有《说文声系》、《说文考翼》、《古音谐》、《四声易知录》、《后汉郡国志校补》、《广陵事略》、《邃雅堂集》诸书。（参史传、《湖州府志》）

《清史稿》列传一六一：姚文田，字秋农，浙江归安人。乾隆五十九年，高宗幸天津，召试第一，授内阁中书，充军机章京。嘉庆四年一甲一名进士，授修撰。迭典广东、福建乡试，督广东、河南学政，累迁祭酒。十八年，入直南书房。……二十年，擢兵部侍郎，历户部、礼部。二十二年，典会试。二十四年，督江苏学政。道光元年，江、浙督抚孙玉庭等议禁漕务浮收，明定八折，实许其加二。文田疏陈积弊……疏入，下部议。时在廷诸臣多以为言，文田持议切中时弊，最得其平。诏禁浮收，裁革运丁陋规，八折之议遂寝。四年，擢左都御史。七年，迁礼部尚书。寻卒，依尚书例赐恤，谥文僖。文田持己方严，数督学政，革除陋例，斥伪体，拔真才，典试号得士。论学尊宋儒，所著书则宗汉学。博综群籍，兼谙天文占验。（下略）

刘鸿翱《礼部尚书姚文僖公墓志铭》：待考。

阮元《畴人传》卷五十二《姚文田》：姚文田，字秋农，归安人。以嘉庆四年己未科第一甲一名进士，授职修撰，充国史馆、唐文馆纂修，历官詹事府、翰林院、内阁学士、礼部尚书，卒谥文僖。生平博览群书，精于考核，兼明古历传。撰有《春秋经传朔闰表》二卷。其自序云：历法以分至为主，必使常居四正之月，然后岁序不愆，故气有盈，朔有虚，则置闰月以齐之。《尧典》专举四仲，其定法也。春秋时日官失职，历法久坏，前后参错，时有不同。"春王正月"一语，先儒聚讼纷纭，然如隐公七年二月十七日，长至则正月乃建亥矣，尚得谓周正历乎？自宣公初连失两闰，后此屡补屡失，以至襄公之末凡五十余年。鲁多通儒，岂无有一二人能厘正之者，乃听其紊乱如是之久。鲁史系之以王，盖是当日周历如此，故夫子亦仍而不改。至于列国各随民俗，故有杂用夏商正者。其赴告之文，或知改从周制，若其施诸国中，则命月必有岐出。《左氏》采辑各传，往往专举四时，而不言月，间有称月，而改定者亦有遗漏，未改者后人读之难晓。杜氏作《长历》，自谓用乾度并古今十历以相考验，无论诸历皆汉以后人作，且多歧亡羊，抑又何所适从？顾氏《朔闰表》力纠杜、孔之失，乃只是迁就月日，闰月重大，随意安置，又不详致误之由，用力勤而失弥甚矣。愚谓夏正承颛顼后，实为历法之宗。殷、周虽改正朔，其大法必不能变。春秋历法盖有二端，一则先大月，后小月，凡日月率二十九日半有奇，而一会每月常不足三十日。《汉志》先藉半日名曰阳历，不藉名曰阴历。藉古借字，先大后小，所谓藉半日也。然小月之朔常在大月之晦，名义俱不符，未知周初果如此否？汉邓平实踵其法，见《汉志》至每月皆有余分，积满半日，则下月更不须借，故有重大之月，大约常在第十七月。先大后小，则十七月已是大月，故不得不移前一月，而十七月反为小月。通经传二百五十五年中仅失三重大，多一重大，其后旋即补正。盖一有增脱，则小大全倒阳历转为阴历也。一则置闰岁终，凡经传闰月皆在是年之末，又不言闰某月，惟文元年闰三月，当时即讥其非礼，知所谓归余者断在岁终。秦人称后九月，有自来矣。然于古法实不合，故哀公十二月螽一传，又引夫子之言，以正其失也，由其定法全失，遂至疏数无常，故有一年再闰者，文元年是也，有一年三闰者，襄二十八年是也，有二年连闰者，僖三年四年是也，有三年连闰者，僖二十二年、二十三年、二十四年是也，皆由错失在前，随时改正，寻其脉络，可得而言，其夏商正闰法必有不同。昭二十年，卫有闰月，杀宣姜事，文在八月之下，似当是闰八月，或言下文赐谥予墓皆终而言之，此亦可与之一例，然在某月，终不能定，惟哀十五年传闰月，良夫与太子入，经书此事于十六年正月，是卫之闰为鲁之正，乃为卫用商正之实证。杜氏误合为一，遂并孔子之卒而亡其日，斯为过之至大者。予既深知杜、顾两家之失，幸赖僖五年、昭二十年两日南至，传有明文，即据此以为本，推算前后长至，布为定率，复取经传分年条系，去其传写有讹舛者，然后二千三百余年以前之历法粲然复明，亦古今一大快事。既为表如后，复撮其要书于卷端。

焦循《雕菰集》卷六《读书三十二赞·说文声系》（姚秋农名文田，归安人）：归安姚君，洞平声学。声近声转，两言而足。转为异类，近仍一族。贯而系之，如串贯肉。唇吻互异，变在乡曲。天籁自发，部居岂鞫？通人之言，使我三复。

清凌扬藻《蠡勺编》卷二十八"宋儒卫道之力"条：曰数十年来，学人盛谈考据，多尊汉儒，诋宋儒，归安姚文僖公秋农独持议，谓："三代以上其道皆本尧、舜，得孔、孟氏而明；三代以下其道皆本孔、孟，得宋诸儒而传。五代以后，人道不至陵夷者，宋诸儒之力。至其著述之书岂得遂无一误？然文字小差，汉、唐先儒亦多有之，未足以为诟病。”详见《邃雅堂集》中《宋诸儒论》。文僖所著有《易原》、《春秋月日表》、《说文声系》、《说文考异》诸书。

清张维屏《国朝诗人征略》卷五十五：姚文田，字秋农，浙江归安人。嘉庆四年赐进士第一人，官礼部尚书，谥文僖。有《邃雅堂集》。公年十八入湖州府学，乾隆五十四年己酉乡试中式举人，五十九年淀津献赋，召试一等一名，授内阁中书。嘉庆四年己未入军机处行走，是科成进士，殿试一甲一名及第。五年充广东乡试正考官。六年充福建乡试正考官，提督广东学政。十二年充山东乡试正考官。十五年提督河南学政。十八年奉命入直南书房。二十二年充丁丑科会试副总裁。二十四年提督江苏学政。道光五年充乙酉科顺天乡试副考官。七年七月补授礼部尚书。十月以疾卒，年七十。公屡司文柄，洊陟崇班，生平持己端方，居官清慎。百数十年来，学人盛谈考据，多尊汉儒，诋宋儒，公独持议，谓：“三代以上，其道皆本尧、舜，得孔、孟氏而明；三代以下，其道皆本孔、孟，得宋诸儒而传；五代以后，人道不至陵夷者，宋诸儒之力。至其著述之书岂得遂无一误？然文字小差，汉、唐先儒亦多有之，未足以为诟病。”（详见集中《宋诸儒论》）公宗法宋儒，然于汉学亦未尝不究心也。公所著有《易原》、《春秋月日表》、《说文声系》、《说文考异》诸书。公夙留意天文占验之学。嘉庆十八年，林清事未起，彗横入紫微垣，近岁彗见南斗下，主外夷兵事。公皆先言之。（《听松庐文抄》）〇姚文僖公奏议有极剀切者，节录之。其言曰：“督抚藩臬迎新送旧，如衙署之整理馆舍之储，待无论其本管上司，即例以宾主情谊，亦不能尽废，既履任后，通省官员纷纷晋谒，事又必不可已。在大吏自以为秋毫不扰，而不知耗费已多矣。且大吏抵任之初，诸务尚未周知，迨莅事稍久，然后人才之贤否以明，风俗之浇淳以辨，方将稍有设施，而瓜代者已至，亦有更事未深之人才一莅事，动议更张，以此博振作之名，不知地方情形均未谙悉，见为极利，而他弊已随其后，故不如久于其任，次第图之之为得也。”又曰：“自古图治之要，惟以任人为本。近日科条过于烦密，如某县得一循吏，忽有四参被议之案，不能不罢斥。又如地称难理，非得人不能胜任，然才优者或有处分合例者，人仅中下，亦不能不俾之受事，是为例议所格，而吏治皆不得人，似亦宜稍为变计者也。”又曰：“自数年来，开上控之端，于是刁民得逞，其奸彼见狱词，可以耸听，则多牵引其所不快者，以陷害之胥吏，惟利是图，则又多方株逮，以困抗之，衣食粗足之家，一经官讼连染，虽立见昭雪，而资产已荡然矣。彼所讦控，不过一人，而牵涉常至十数，受吏胥之折辱，甚至瘐死而道毙，后虽处原告之人以极刑，于被诬者何补？推国家慎刑之意，亦曰恐有冤抑耳。然一案未结，而事外之被累者相继，是一冤未雪，而含冤者且数十人也。”又奏漕务情形曰：乾隆三十年以前无所谓浮收之事，是时无物不贱，官民皆裕其后生，齿愈繁，用度日绌，于是诸弊渐生。然在州县亦有不能不如此者，所得廉俸公项，断不敷用，自开仓至兑运，其修整仓厫芦席板片及幕友家人书役修饭工食费已不赀，加以运下需索津贴日甚一日，至其署中大小公事，一到即须出钱料理，又如办一徒罪之犯，自初详至结案，约须费至百数十金，案愈大则费愈多，复有递解人犯，运送饷鞘，事事皆须费用，伊等熟思，他弊一破，势必获咎愈重，不如浮收，尚为上下，皆知其藉此以肥身家者，不能谓其必无。要之，不得已而为此，盖亦不少。臣见近日言事者，动称不肖州县，窃思州县亦人耳，何至一行作吏，便至行同苟贱，此又州县不能上达之实情也。（《松心日录》）

姚文田《说文声系序》：古音至江左尽变，所赖以不亡者，惟《说文解字》一书。其于谐声之文，枝分派别，条理秩如。乃四声久行，学者口耳相承，遂不免迷而无主。……窃尝论汉人释经，一则曰声相近，一则曰声之转。大抵谐声之法，亦不出此两途。声近者则屡变而不离其宗，声转者则再传而即为异类。……近世自顾氏炎武、江氏永后，金坛段氏玉裁、曲阜孔氏广森于音学皆有专书。然段书诸部皆言合韵，里巷歌谣，天籁自发，音谐则用，岂识部居？故合韵之说不可用也。孔氏又创为对转之例，乡曲一隅，唇吻互异，惟变所适，众类佥同。故对转之说不可用也。曩乙巳岁，读书山村，间取虞山毛氏所刻徐铉《说文》本，变类取声，同条共贯，因其篇第，为《叙目》一卷、《说文声系》上下各十四卷。甲寅，复忝窃京秩，僦居京师宣武门外。与友人严氏可均往复商榷，又益补其所阙漏。惟《韵会》引字较多，阅其全书，皆本《系传》。忆前从大兴翁覃溪师借得徐锴《说文韵谱》，见其于各部皆有增字，颇疑为后人附益。黄氏所据，或不免此，故并不敢采入。又因是书，别为《古音谐》八卷、《古转音略》四卷，皆属稿未就。会奉恩命视学粤东，遂先取《声系》刊以问世。诸所编次，尚多差谬，惟当代通人取而正之。

姚文田《邃雅堂集》卷一《宋诸儒论》：三代以上，其道皆本尧、舜，得孔、孟氏而明。三代以下，其道皆本孔、孟，得宋诸儒而传。洪水横流，生民垫溺，尧、舜起而衽席之，其功在一时也。顾其切切为万世虑者，则在以人伦为教，伦纪明而万事理矣。周自平、桓而降，文、武之泽渐衰，于是君臣父子之狱，诸国多有。桓、文之徒，苟窃仁义，区区补救。其后乃有孔、孟，然又不能得位行道，只垂空文以示后，故当其世不见功。凌夷至于暴秦，而天下坏乱极矣。汉兴，承秦、项之后，民苦争战已数百年，一旦得令休息，如获更生。故孝文以清静理之，而天下大定。非黄、老之贤于尧、舜，盖其时为之也。于时遗经稍出，惜诸儒兴灭继绝，抱残守阙，仅令遗文不至失坠，而不能及乎其大。能知此者，惟董生而已。然以儒术渐明，故两汉之季，节义林立。卓、操以后，篡弑相寻。隋、唐立国，蒸报迭见。大氐君臣之祸甚于六朝，夫妇之义紊于唐代。至五季之乱，而伦纪全缺，海内日寻干戈，斩刈人民如屠羊豕。苟由此而不返，则天地晦盲，生类废绝，而乾坤于是乎遂息。有宋诸儒者出，然后孔、孟之道复明。大凡更事愈深者，则其防患也愈亟。汤、武之事，孟子不以为非。然后世无汤、武之德，而皆托于汤、武之举，则不得不严绝之。齐庄公之乱，晏子以为非其亲昵；卫孔悝之难，子羔以为弗及不与。蘧伯玉于孙宁出君，则先自近关出，其后宁喜弑剽而纳献，则又自近关出。一似苟全躯命，而不顾恤其君者。乃夫子称曰君子。三代以上，妇人不讳再适，故为出母有服。至宋儒守从一之经，严失节之律，今虽委巷妇竖，皆知更嫁为可羞矣。古之论人也宽，今之论人也刻。何者？时会日降，事变愈滋，苟非峻立其防，则必有寡廉鲜耻，浮湛取容，而恬然不自知其非者。此诸儒虑患之心，不得不如是其切也。孔子数称管仲，而孟子卑之，所以救当世专尚功利之失，亦犹是意也。吾故曰：**三代以上其道皆本尧、舜，得孔、孟氏而明；三代以下其道皆本孔、孟，得宋诸儒而传。天下一日而不昏乱，即宋诸儒之功无一日不在于天壤。至其著述之书岂得遂无一误？然文字小差，汉、唐先儒亦多有之，未足以为诟病。今之学者，粗识训诂，自以为多，辄毅然非毁之，而不顾此，何异井蛙跳梁，而不见江海之大也。**

姚文田《邃雅堂集》卷一《读易论》：《易》之为书也，广大悉备。学者每随举傅会，而义无不可通，故近世说经之家惟《易》为最多，然欲其切于日用，则未见有能得之者。伏羲之《易》有卦无辞，文王、周公之《易》有辞矣，而未明其义。至孔子言卦体，言卦德，以及六爻时位、乘承比应之理，《易》之大端于斯著矣。然圣人明睿，无所不照，故其释爻象之词初不烦辞费也。后儒不能及此，于是各以私智妄相推测，而穿凿之弊以生。**大抵汉、魏以降，《易》分三家：一则纳甲、飞伏之术，专取爻位干支，而于经文概置不用；一则捐弃象数，空言义理，虽若依文申解，而其失与舍经同。惟因言以求象，因象以求意，其论述稍为有据。然于取象也，正卦不得，则求诸变；变卦不得，则求诸互；互卦不得，则求诸综。数者无一合，又广而求诸天象、律吕，夫是，故说愈多而途愈杂。**……然则《周易》三百八十四爻，乃止一爻变例耳，而其说之繁乱已如此。设使以一卦变为六十四卦，而圣人各系之词，其以私智穿凿，更不知于何底止也。然及其施诸卜筮，卒未尝有一符验，则其言之未必有当，亦不待言而决矣。孔子言居则观其象而玩其辞，动则观其变而玩其占。愚谓玩占之法，如周史之于敬仲，楚邱之于叔孙，此在当日必有师授，而非能凭臆为之。至所谓象者，如“天行健，君子以自强不息”之类；所谓辞者，如于“鹤鸣子和”而悟言行之应违，于“朋从尔思”而明屈伸之相感。是则圣人教人读《易》之法，初不执爻象以求之者。苟由其辞而敷绎之，抑犹近于学《易》寡过之意也。

姚文田《邃雅堂集》卷二《诗经匡说序》：**汉人说经，各有家法，恶夫凿空而为之也。然其弊胶于古训，牵于师说，往往支离破碎，而词义反隐。自王弼注《易》，始举旧说而捐弃之，后之言经者宗焉，然其弊或失之妄。**余尝谓：**汉去古未远，其说典礼名物，虽亦依仿推测，而终胜于后世。至深求其意义之所在，则后生可畏，来者难诬，何则？名物者，积久而愈晦；义理者，推阐而愈明者也。**郑康成为汉大儒，其释《诗》，则易毛苌，释《礼》，则易先郑。杜子春释“三传”，则易何休。谓先儒成说，而不容有一字之增损，岂笃论乎？圣门雅言，《诗》为称首，其曰：“可以兴，可以观，可以群，可以怨。”凡使学者吟咏反覆，而各得其意旨之所在，此与说典礼名物者有异。朱子自言，所注各经，惟《毛诗》可信无遗憾。乃今之抨击者特甚焉。**试取毛、郑、孔、朱之言而细绎之，则朱子之胜于古人者亦多矣。**（下略）

姚文田《邃雅堂文集续编·河上易注序》：昔圣人论八卦六爻刚柔相推之法，而即继之曰：天地之道，贞观者也；日月之道，贞明者也。夫《易》囊括古今，包孕万有，乃其为道实不离此四象。是故上经首《乾》、《坤》而终《坎》、《离》，《乾》、《坤》言其体，《坎》、《离》言其用也。下经首《咸》、《恒》而终《既济》、《未济》，《咸》，恒者，《乾》、《坤》之交，《既济》、《未济》者，《坎》、《离》之合也。六十四卦中，四爻互得《乾》、《坤》、《剥》、《复》、《颐》、《大过》、《家人》、《睽》、《蹇》、《解》、《夬》、《姤》、《渐》、《归妹》、《既济》、《未济》十六卦，而《乾》、《坤》又互得本卦，《既济》、《未济》交相为互，余十二卦皆互，得此四卦，则圣人作《易》之旨亦大明矣。今以天象言之，四时推行，寒暑迭运，非日月而能成此岁功乎？以一身言之，胚胎肇始，百体顺常，非水火而能有此躯命乎？此则三才一贯之理，惟《易》为能尽之。自汉、唐、宋以下，诸儒说《易》者无虑数百家，其于义理、象数之学阐发几无遗，惟此一事为方外所窃，学者反置弗道，亦可异矣。……时道光二年八月既望。

陈立《句溪杂著》卷一《说文谐声孳生述①·略例》：古韵之学蔽蚀久矣。自郑庠作《古音辨》，实开古韵之先，然止析六部，未免于略。昆山顾氏分为十部，援引该洽，而九经、诸子、骚、汉以下书乃可读。江征君又分为十三部，戴编修则为十六部，孔检讨别为十八部，而分阴阳二声，王观察更为二十一部，段大令定为十七部，刘礼部又为二十六部。休宁所谓古音之学以渐加详者也。然或有意求密，而用意大过，因思声音之原起于文字，《说文》谐声则韵母也。归安姚尚书有《说文声系》一书，第部次不分，无所取择，且于会意、谐声不无歧误。

① 《说文谐声孳生述》清陈立撰。三卷。今传于世。此书模仿姚文田《说文声系》本例，取《说文》中形声字，按古韵部排列。古韵取顾炎武、江永、戴震、段玉裁、孔广森五家之说，综合为二十一部。此书为利用谐声研究文字孳乳提供方便。（许嘉璐主编《传统语言学辞典》第354页）

郝懿行

《清儒学案》卷一百十四《兰皋学案》：《尔雅》新疏，邵、郝并称。百余年来，谓郝优于邵者有之，邵优于郝者有之。然兰皋自述别乎南江者，一则于字借声转处，不避词繁；二则释草木虫鱼，皆由目验。盖其所长在此，实不可没焉。○郝懿行，字恂九，号兰皋，栖霞人。嘉庆己未进士，授户部主事。先生为人谦退，呐若不出口。然自守介，不轻与人晋接，遇非素知者，或相对竟日无一语。惟谈论经义，则喋喋忘倦。浮沉郎署，视官之荣悴若无与于己者，而惟一肆力于著述。于《尔雅义疏》用力最久，稿凡数易，垂没而后成。先生尝曰："《尔雅》邵氏《正义》，搜辑较广，然声音、训诂之原尚多壅阏，故鲜发明。今余作《义疏》，于字借声转处，词繁不杀，殆欲明其所以然。"又曰："余田居多载，遇草木虫鱼有弗知者，必询其名，详察其形，考之古书，以征其然否。今之疏中，其异于旧说者，皆经目验，非凭胸臆。此余书所以别乎邵氏也。"其著《春秋说略》有十例，一曰说《春秋》不得褒贬天王，以明臣子之义；二曰说《春秋》不得妄生褒贬，《春秋》直书其事，褒贬自见；三曰说《春秋》者，好于经所无处寻褒贬，《春秋》皆实录，其多一字、少一字，皆事实如此，非圣人意为增减；四曰《春秋》多阙文，然以义推之，皆大略可见；五曰《春秋》经文当从《左氏》，《左氏》阙误，乃从《公》、《穀》；六曰《左氏》深于经，《公》、《穀》说经，字字求褒贬，《左氏》但叙本事，褒贬自见，得圣人浑厚之旨；七曰说《春秋》者，好缘传生义，不顾经文，说经当一以经为主，蜇直至曰，"三传"殊说，择善而从，此言可为治经者法；八曰《春秋》刑书也，刑书之例，一成不移，故法必行而人知畏；九曰《春秋》圣人义理之书，本不待传而明；十曰比事属辞，《春秋》教也，事同相比，事异相比，辞同相属，辞异相属，其义自见。其笺疏《山海经》，援引各籍，正名辨物，订其讹谬。于《竹书纪年》，则据唐以前书所引，比附校勘，使秩然就绪。乙亥之岁，先生以养疴辍《尔雅》业，浏览晋、宋史书，撰《书故》、《琐语》、《补志》。又抄晋文百数十首，谓王右军"虚谈废务，浮文妨要"二语，切中当时之弊。道光三年卒，年六十九。殁后，刊行遗书，《尔雅义疏》三十卷、《春秋比》二卷、《春秋说略》四卷、《山海经笺疏》十八卷、《图赞》一卷、《订讹》一卷、《荀子补注》一卷、《补晋书刑法志》一卷、《食货志》一卷、《晋宋书故》一卷、《宋琐语》一卷。又有《易说》十二卷、《书说》二卷、《郑氏礼记笺》四十九卷、《韩诗外传考证》十卷、《竹书纪年校正》二卷、《证俗文》十八卷、《记海错》一卷、《宝训》八卷、《燕子春秋》一卷、《蜂衙小记》一卷、《晒书堂文集》十二卷、《外集》二卷、《笔记》二卷、《笔录》六卷、《诗抄》二卷，先后刊行。未刊之稿，藏于家。先生妻王照圆，字瑞玉，号婉佺，福山人。博涉经史，文辞高旷。先生有所述作，婉佺每为写定。持论有不合，辄诤辨竟日。先生卒后，辑其遗书以传于世。著有《列女传补注》八卷、《叙录》一卷、《校正》一卷、《列仙传校正》二卷、《梦书》一卷，附遗书以行于世。先生撰《诗问》，谓与婉佺相问答，条其余义，别为《诗说》，皆采婉佺说为多。光绪间，其孙联薇以书进呈，因误为婉佺著云。(参史传、胡培翚撰《墓表》、《郝氏遗书》)

《清史稿·儒林三》：郝懿行，字恂九，栖霞人。嘉庆四年进士，授户部主事。二十五年，补江南司主事。道光三年，卒，年六十九。**懿行为人谦退，讷若不出口。然自守廉介，不轻与人晋接。遇非素知者，相对竟日无一语，追谈论经义，则喋喋忘倦。所居四壁萧然，庭院蓬蒿常满，童仆不备，懿行处之晏如。浮沉郎署，视官之荣悴，若无与于己者，而一肆力于著述，漏下四鼓者四十年。**所著有《尔雅义疏》十九卷、《春秋说略》十二卷、《春秋比》一卷、《山海经笺疏》十八卷、《易说》十二卷、《书说》二卷。懿行尝曰："邵晋涵《尔雅正义》搜辑较广，然声音、训诂之原尚多壅阏，故鲜发明。今余作《义疏》，于字借声转处，词繁不杀，殆欲明其所以然。"又曰："**余田居多载，遇草木虫鱼有弗知者，必询其名，详察其形，考之古书，以征其然否。今兹疏中其异于旧说者，皆经目验，非凭胸肊。**此余书所以别乎邵氏也。"懿行之于《尔雅》，用力最久，稿凡数易，垂殁而后成。于古训同异、名物疑似，必详加辨论，疏通证明，故所造较晋涵为深。高邮王念孙为之点阅，寄仪征阮元刊行。元总裁会试时，从经义中识拔懿行者也。其笺疏《山海经》，援引各籍，正名辨物，事刊疏谬，辞取雅驯。阮元谓吴氏《广注》① 征引虽博，失之芜杂；毕沅校本，订正文字尚多疏略；惟懿行精而不凿，博而不滥。

《清史列传·儒林传下二》：……其著《春秋说略》有十例：一曰说《春秋》不得褒贬天王，以明臣子之义；二曰说《春秋》不得妄生褒贬，《春秋》直书其事，褒贬自见；三曰说《春秋》者好于经所无处寻褒贬，《春秋》皆实录，其多一字，少一字，皆事实如此，非圣人意为增减；四曰《春秋》多阙文，然以义推之，皆大略可见；五曰《春秋》经文当从《左氏》，《左氏》阙误乃从《公》、《穀》；六曰《左氏》深于经，《公》、《穀》说经，字字求褒贬，《左氏》但叙本事，褒贬自见，得圣人浑厚之旨；七曰说《春秋》者好缘传生义，不顾经文，说经当一以经为主，范武子曰"三传"殊说，择善而从，此言可为治经者法；八曰《春秋》刑书也，刑书之例，一成不移，故法必行而人知畏；九曰《春秋》圣人义理之书，本不待传而明；十曰比事属辞，《春秋》教也，事同相比，事异相比，辞同相属，辞异相属，其义自见。河间纪昀睹其书，以为能划尽千秋藤葛。②

牟庭相《郝公兰皋墓志铭》：君讳懿行，字恂九，号兰皋，栖霞人。八世祖晋，顺治中保定巡抚。祖光宏，邑庠生，赐赠奉直大夫。祖母张氏，赐赠宜人。父培元，岁贡生，

---

① 吴氏《广注》：指吴任臣的《山海经广注》。

② 见中华书局本第 18 册，第 5572~5574 页。

诰封奉直大夫。母林氏，诰赠宜人。自君祖父累叶长厚，不疑人欺，家故丰富，由此而贫。君少嗜学，蚤有文誉，十九入邑庠，二十三食廪饩。旋遇学使赵鹿泉师，爱才如渴，有“栖霞四杰”之目，君与焉。五年三试，奖待甚荣。丙午决科大课，拔君第一，为齐鲁冠，以优生贡入太学。于时年三十岁，益力学，精心训诂，爱《仓》、《雅》，一贯群书，操六艺之钤键矣。乾隆戊申恩科，中式山东乡试。嘉庆己未成进士，官户部额外主事。二十五年而后补缺，又三年不得调，已皤皤老矣，然君自处泊如也。人非素交，莫往莫来。得俸钱，辄以买书，郎署二十七年，恍然如名山风味。生无他嗜，惟孳孳好学，若肌肤性命也。当其得意，头抵植木而不知也。**少壮家居，以读书为孝爱；既入官，以读书为忠勤。修身，以读书为卓德；立名，以读书为奇勋。**家有鸿儒，老人忘贫，养志之孝也；学殖不落，可用为仪，华国之勤也；款曲古欢，不识俗人，葆真之德也；介绍后贤，古今相见，千载之勋也。道光五年乙酉，六十九岁，二月六日卒于官。四月，子云鹄扶柩归里，将以五月之望葬君于金钩山原，祔于先人，礼也。君娶林氏，赠宜人。继娶王氏，封宜人。宜人有学，善著书，与君义兼师友。君既卒，余禄不足以举丧，宜人欲归里，无资粮，无居业，羁京师未知所依。伤哉，贫也！君所撰著，计不下数百卷，遗书在远，余未得悉见，不能详也。少年同学，晚暮离思。当余牢落，视君悲凉。芝焚蕙叹，孰知我哀？铭曰：古云金满籯，不如遗一经。今日抱书编，不如一囊钱。平生但信古人言，哭死方知事不然；不可生无书，那可死无钱？呜呼！古人一瞑百不见，长使今人泪如霰。①

胡培翚《研六室文钞》卷十《郝兰皋先生墓表》：昔人有云：“搢绅道行，禄利然也。”自汉迄今，士之骛于学者多以哗众取宠已耳。当其射策决科时，六艺且不能究厥旨，矧既入仕途，尚安有矻矻其中者乎？乃若颛意纂述，谢却宠荣，终其身穷困老死而不悔，非至笃好，曷为若此？栖霞郝兰皋先生，以嘉庆己未成进士，官户部主事。余初至都，闻先生名谒焉，其后遂常往还。时先生方治《尔雅疏》，有所得，必以相咨。先生为人恂恂谦退，呐若不出口，然自守介，不轻与人晋接。遇非素知者，或相对竟日无一语，惟谈论经义，则喋喋忘倦。所居四壁萧然，庭院蓬蒿常满，童仆不备，先生处之晏如。浮沉郎署二十七年，视官之荣悴若无与于已者，而惟一肆其力于著述。……先生尝曰：“《尔雅》邵氏《正义》搜辑较广，然声音、训诂之原尚多壅阂，故鲜发明。今余作《义疏》，于字借声转处词繁不杀，殆欲明其所以然。然言之既多，有所得，必有所失矣。”又曰：“余田居多载，遇草木虫鱼有弗知者，必询其名，详察其形，考之古书，以征其然否。今兹疏中其异于旧说者皆经目验，非凭胸肊。此余书所以别乎邵氏也。”**先生之于《尔雅》，用力最久，稿凡数易，垂殁而后成，于故训同异、名物疑似必详加辨断，故所造较邵氏《正义》为深。《春秋说略·叙例》谓：“说《春秋》者，不得妄生褒贬，《春秋》直书其事，褒贬自见。又谓《春秋》皆实录，多一字少一字，皆事实如此，非圣人意为增减。”**盖亦先生得意之作也。《山海经》、《竹书纪年》传习者希，每为后人羼乱。先生于《山海经》援引各籍，正名辨物，订其讹谬，于《纪年》则据唐以前书所引比附校勘，使秩然就绪，殆昌黎韩氏所谓味于众人之所不味者。乙亥之岁，先生以养疴，辍《尔雅》业，浏览晋、宋史书，撰《书故琐语补志》。又抄晋文百数十首，谓王右军“虚谈废务，浮文妨要”二语，切中当时之弊。所抄屏黜虚浮，一以切实为主。其自作杂文

① 见《栖霞县续志》卷九，又见《郝懿行集》第7册，齐鲁书社2010年版，第6089~6090页。

亦出入汉、魏、晋、宋之间。杂记数帙，旁征稗说，间采时事，意主劝戒，似其乡渔洋山人杂著。其参稽古训，正《荀子》杨注之误；静观物态，作《燕子春秋》、《蜂衙》诸记，皆本说雅绪余；而《记海错》一册，尤足补证《禹贡》疏。此先生著作之大凡也。先生淹抑户曹，未迁一官，贫病相侵，寻以徂逝，而其同岁生用部属起家，持节钺于外者比比。人或以是为先生惜，又或咎先生不习吏事，仰屋著书，以故无表建于世，是殆不然。丈夫之仕也，固宜乘时树绩，俾朝廷收用人之效，然亦视位之得为与其性情才力何如耳。若不自顾度而冒进矫拂以为之，必阤。先生勤勤断简中，整齐厘剔，明古义以诏来者，其益于世甚大。设令舍其所业，抱牍以驰，吾未知其建立何如，其官之升沈未可知，而其不能著作繁富以传于后，则固有断然者。由是观之，先生未为失已。先生讳懿行，字恂九，兰皋其号也。道光乙酉卒于官。其孤云鹄归葬于金钩山原。友人牟庭志其墓。今其孤以华表之文来属余。余交于先生久，颇悉其意趣，如先生者，浸淫故训，始之非以禄利劝，继之不以仕宦纷，其于书真性命依之。盖当世笃学君子，所撰著何可无纪？乃为撮其大指，诠次如右，使归而揭诸石。至其生平行事及世系，已见牟君志者，不具录。先生继配宜人王氏，名圆照，字瑞玉，号婉佺，博涉经史，撰《列女传补注》、《列仙传校正》、《诗经小记》。先生卒后，辑其遗书，以求彰显于世，是亦不可无传者，爰附及焉。①

江藩《国朝汉学师承记》卷六：近日山左学者以郝君懿行为巨擘焉。懿行字恂九，栖霞人。嘉庆己未进士，官主事。著有《山海经注》，乃实事求是之学。若近世摽窃肤浅者，岂可同日而语哉？

李元度《国朝先正事略》卷三十六、桂文灿《经学博采录》卷八、徐世昌《晚晴簃诗汇》卷一百十四皆有传，存目。

宋翔凤《尔雅义疏序》：学者有志治经，必先明古字、古言。古字者，仓颉古文及籀文也。古言者，三代、秦、汉所读之音与今不同也。自隶书行而古字渐亡，六朝以后之韵书出而古言渐亡……咸丰六年八月后学长洲宋翔凤序。②

郝懿行《励志》：五日不读书，筋力欲衰老。十日不作文，心思已枯槁。常恐名不立，青青去人早。铅椠无虚陈，经训恣搜讨。况偕素心人，疑义相与考。偶然窥新境，朗若睹清昊。孜孜入编记，日久成初稿（时余方与婉佺辑《诗问》）。敢云希古人，亦曰敦宿好。③

郝懿行《晒书堂集》文集卷三《春秋比叙》：汉人重经术，其引经决事，辄谓之比。陈宠明习法律，撰辞讼，比奏除汉法溢于甫刑者为《决事比》。应劭有《春秋断狱决事比例》。推是而言，武帝重公羊，宜有《公羊决事比》，宣帝好《穀梁》，宜有《穀梁决事比》。盖比者，例也，立文于此，取则于彼。今懿行治《春秋》，而有《春秋比》，亦因于古也。然酷吏杜、张往往依托经义，济其深文，以法律为诗书，《公》、《穀》二家几不免为世儒发冢。**而懿行之治《春秋》也，刺取前后经文，分别部居，方以类聚，或事同相**

① 见《续修四库全书》第1507册，又见《郝懿行集》第7册，齐鲁书社2010年版，第6091～6093页。

② 见《续修四库全书》第187册，第355～356页。

③ 见《晚晴簃诗汇》卷一百十四。

比，或事异相比，其不在异同之列无与为比，则当在阙疑。居尝持论，彼《决事比》依经断狱，或不能无失，未必非通人之蔽。此《春秋比》以经证经，经义赖以发明，未必非千虑之一也。往者望溪方氏《春秋比事》一书，经生家或不道，今取其便于省记，为芟其繁复，订其舛讹，放汉人重经之例，题其篇曰《春秋比》。嘉庆己巳三月自叙。

郝懿行《晒书堂集》文集卷八《献地除刑论》：史称文王出羑里，献洛西之地以除刑。余谓不然。此史迁轻信之过，而学者又信史迁之过也。夫文王岂非所谓古圣人哉？圣人之事君也，止于敬而已。所谓敬者，陈善闭邪是也。若纣之不善，乃为鹿台、巨桥、酒池、肉林，甚而斫胫、剖孕，昏乱暴虐至于如此之极，固不第一区区炮烙之刑也。文王，圣人，将必有道焉，以格君心之非，既其格之不得，所谓昏乱暴虐者习于性情而不可变，则圣人亦惟束手而末如何，安有以土地饵其君者哉？且是益长君恶也，彼乐于得美地，而勉于除重刑，则是残暴之性未除，而贪婪之欲益开，圣人所谓敬君者安在？况尔时之宜除，岂无甚于炮烙者，令献一地除一刑，此所谓江海不能实漏卮者也。且夫洛西果谁之土宇哉？文王时，虽云三分天下有其二，然所谓有者，亦不过约略其心，非若后世群雄割据，画疆而王，如汉末三分、晋末五分之类也。然则文王之尺地一民莫非殷有，而又将谁献耶？岂谓锡之山川，爰及苗裔，亦如弓矢斧钺之得以自专也者？然而《诗》不云乎："莫非王土。"《记》曰："君适其臣，升自阼阶。"文王以大圣人际君臣之变，其委曲尽道应无有不至者。殷虽封之，周不得而有之也。史迁又谓文王受命称王，并诬作诗之周公以附会其意，大抵皆汉儒之陋说误之耳。然后之儒者知受命称王之诬，而不察献地除刑之谬。夫地可献也，即王亦可称也。苟献地于三分有二之年，何妨受命于虞、芮质成之日，而岂理也哉？呜呼！史迁之诬，如此类者何可胜道？除刑之说，犹事之稍近于理者，已不堪供人指摘若是。

郝懿行《再奉云台先生论尔雅书》：懿行比来修整《尔雅》，窃谓**诂训以声为主，以义为辅**。古之作者，《释名》以声代声，声近而义同，故《释名》一部，为《尔雅》二部也。《广雅》以义阐义，义博而文赅，故《广雅》一部，为《尔雅》二、三部也。今之所述，盖主《释名》之声，而推《广雅》之义，一声通转至十余声，是得《尔雅》十余部也。一义旁推至四、五义，是得《尔雅》四、五部也。以此证发，触类而通，不似旧人疏义但抄撮古书，以为通经，守定死本子，不能动转。耽思旁讯，岁月渐深，研钻穿穴，往往意外遘奇，方悟空山落叶，行迹可寻，正恐外间人寻不得耳。又适购得**《经籍纂诂》一书，绝无检书之劳，而有引书之乐。是书体例甚精，而又聚集通人众手所成，故能芳漱六艺，囊括百家，洵著述者之潭奥，学览者之华苑，所谓悬诸日月不刊之书**。而懿行于《尔雅》幸得猎其艳词，拾其香草，以攘臂振挽于其间者也。即今《释诂》一篇，经营未毕，其中佳处，已复不少，亟欲缮写一通，先呈诲正，而语多不了，容俟八、九月入都时邸中晋谒，庶几复修请业执经之故事。①

郝懿行《晒书堂集》文集卷三《礼记笺叙》：《礼记》，丛书也。汉儒言《礼》，惟高堂生十七篇，学者以为正经，此则其传也。然此记亦不专释《仪礼》，往往依傍《诗》、《书》、《春秋》之文，杂取诸子、传记之说，以故纯疵间出，读者不能无憾。虽然圣人之言万世无弊，至于贤人之言，其可议者固多矣。且如《论语》、《孟子》中"使民战栗"

① 见《郝懿行集》第七册，齐鲁书社2010年版，第5235页。

之言，“旧君有服”之对，先儒犹多不满，矧《礼记》杂出于周、秦、汉儒者乎？**今考其书，如《深衣》、《奔丧》、《投壶》，盖古经之逸简，昔贤之记录也；《中庸》、《大学》，义理精深；《曲礼》、《少仪》、《内则》，实小学之支流，圣经之余裔也，其余大抵汉儒编缀，大而朝、祭、军、宾、冠、昏、乡射，细而日用饮食，缛节繁文，靡不兼收并采，巨细无遗，学者以其选言宏富，便于诵习，视《仪礼》难读，《周官》不全，相去固有间矣。**此《礼记》所以得与四经并垂也。魏、晋以后，此书盛行，并尊康成之注，盖以郑学莫精于礼，是书之于郑学，尤其精者也。虽或旁引纬书，时生异解，袷禘偏信鲁礼，《王制》多指夏、殷，五庙但元成，七祀惟据《祭法》，六天二地，王肃驳其违；配喾南郊，赵匡矫其失。此则大醇之中，不无小疵，然而名物度数，先古遗文，博参互证，诚可谓此书之功臣，注家之鼻祖也。岁在癸丑，愚以读《礼》余暇，因取郑注反复研究。自维疏陋，不能有所发明，独于其间私有疑惑，辄附康成注后，名曰《郑氏礼笺》。余家居东海，去康成故居仅三百里而遥，先生之风，心向往焉。今之笺《礼》，盖窃取康成笺《诗》之例云。乙卯秋七月望后五日。

张惠言

《清儒学案》卷一百十七《茗柯学案》：茗柯经学，出于惠氏定宇、江氏慎修两家，精心过人，于虞氏《易》为专家绝学。古文源于桐城，词赋尤为独到。彦惟精研声韵，不愧作述，家学之盛，在常州与庄氏、洪氏，足称鼎立已。〇张惠言，字皋闻，一字皋文，号茗柯。武进人。……其学要归“六经”，尤深《易》、《礼》。于《易》主虞氏，谓自惠氏栋始考古义，作《周易述》，大旨遵虞翻，补以郑、荀诸儒，犹未能专一，乃著《周易虞氏义》九卷，又表其大旨为《消息》二卷；又《虞氏易礼》二卷；《易候》一卷；《易言》二卷，成一家之学。又著《周易郑氏义》三卷、《周易荀氏九家义》一卷、《周易郑荀义》三卷、《易义别录》十四卷、《易纬略义》三卷、《易图条辨》二卷，尽括汉《易》各家古义皆以羽翼《虞氏易》者。于礼主郑氏，著《仪礼图》六卷，谓治《仪礼》者当先明宫室，故兼采唐、宋、元及本朝诸儒之义，断以经注，首述宫室图，而后依图比事，按面读之，步武朗然。又详考吉凶、冠服之制，为之图表，又其论丧服，由至亲期断之说，为六服加降表，贯穿礼经，尤为明著，按十七篇，分为之图。又有《读仪礼记》二卷以发明之，其言音韵之学，著《说文谐声》，未竟，子成孙续成之。别著有《墨子经解》二卷、《握奇经正义》一卷，所辑《七十家赋抄》六卷、《词选》二卷，词章家奉为圭臬焉。

《清史稿·儒林三》：张惠言，字皋闻，武进人。少受《易经》，即通大义。年十四，为童子师，修学立行，敦礼自守，人皆称敬。嘉庆四年进士，时大学士朱珪为吏部尚书，以惠言学行特奏改庶吉士，充实录馆纂修官。六年，散馆，改部属，珪复特奏授翰林院编修。七年，卒，年四十有二。惠言乡、会两试皆出朱珪门，未尝以所能自异，默然随群弟子进退而已。珪潜察得之，则大喜，故屡进达之，而惠言亦龂龂相诤，不敢隐。……惠言少为词赋，拟司马相如、扬雄之文，及壮，又学韩愈、欧阳修；篆书初学李阳冰，后学汉碑额及石鼓文。尝奉命诣盛京，篆列圣加尊号玉宝。惠言言于当事，谓旧藏宝不得磨治；又谓翰林奉命篆列圣宝，宜奏请驰驿，以格于例，不果行。生平精思绝人，尝从歙金榜问故，其学要归六经，而尤深《易》、《礼》。著有《周易虞氏义》、《虞氏消息》……又著有《虞氏易礼》二卷、《虞氏易候》一卷、《虞氏易言》二卷。初，惠栋作《周易述》，大旨遵虞翻，补以郑、荀诸儒，学者以未能专一少之。仪征阮元谓汉人之《易》，孟、费诸家，各有师承，势不能合。惠言传《虞氏易》，即传汉《孟氏易》矣，孤经绝学也。惠言又著《周易郑氏义》三卷、《周易荀氏九家义》一卷、《周易郑荀义》三卷、《易义别录》十四卷、《易纬略义》三卷、《易图条辨》二卷。其《易义别录序》谓不尽见其辞，而欲论其是非，犹以偏言决狱也。故其所著皆羽仪《虞氏易》者。于《礼》，有《仪礼词》一卷、《读仪礼记》二卷，皆特精审。又有《茗柯文》五卷、《词》一卷。

《清史列传·儒林传下二》：存目。①

恽敬《大云山房文稿》初集卷四《张编修惠言墓志铭》：张皋文，名惠言，先世自宋初由滁州迁武进，遂世为武进人。曾祖采、祖金第、父蟾宾，皆县学生。母姜氏。皋文生四年而孤，姜太孺人守志。家甚贫，举文年十四，遂以童子教授里中。十七补县学附生，十九试高等，补廪膳生。乾隆五十一年本省乡试中式，明年赴礼部会试，中中正榜，例充内阁中书，以特奏通榜皆报罢，是年考取景山宫官学教习。五十九年教习期满，例得引见，闻姜太孺人疾，请急归，遂居母丧。嘉庆四年，皇帝始亲政，试天下进士加慎，皋文中式，时大学士大兴朱文正公珪为吏部尚书，以皋文学行特奏改庶吉士，充实录馆纂修官、武英殿协修官，盖皋文前后七试礼部而后遇，年三十有九矣。六年，散馆奉旨，以部属用，文正复特奏改授翰林院编修。七年六月三日，以疾卒。年四十二。**皋文清羸，须眉作青绀色，面有风棱，而性特和易，与人交，无贤不肖皆乐之。至义之所在，必达然后已。其乡试中式，文正以侍郎主考，皋文自出其门，未尝求私见，以所能自异默然，随群弟子进退而已。文正潜察得之，则大喜，故屡进达之，而皋文断断以善相诤，不敢隐。**文正言天子当以宽大得民；皋文言国家承平百余年，至仁涵育，远出汉、唐、宋之上，吏民习于宽大，故奸孳萌芽其间，宜大伸罚，以肃内外之政。文正言天子当优有过大臣；皋文言庸猥之辈幸致通显，复坏朝廷法度，惜全之当何所用？文正喜进淹雅之士，皋文言当进内治官府、外治疆场者。与同县洪编修亮吉于广坐诤之。亮吉后以上书不实，遣戍赦归田里，皋文则竟死矣。……皋文篆书初学李阳冰，后学汉碑额及石鼓文。尝曰："少温言篆书如铁石陷入屋壁，此最精晋书篆势，是晋人语，非蔡中郎语也。"少为辞赋，尝拟司马相如、扬雄之言。及壮，为古文，效韩氏愈、欧阳氏修。言《易》主虞氏翻，言《礼》主郑氏玄。始至京师，与王灼宾麓、陈石麟子穆及敬友最善。尝曰："文章末也。为人非表里纯白，岂足为第一流哉？"皋文娶于吴。子成孙。女适国子监生董士锡。铭曰：车罍马攻驾千里，隆隆之轮蹶于陁。匇乎皋文谁讯此，铭之幽扃俟来祀。②

阮元《儒林传稿》卷四、江藩《国朝汉学师承记》卷四、钱林《文献征存录》卷九、李元度《国朝先正事略》卷三十六、唐鉴《学案小识》卷十四《经学学案》、张维屏《国朝诗人征略》卷五十五皆有传，存目。

董士锡《齐物论斋文集》卷一《张氏易说后叙》：凡先生所著《易说》：《周易虞氏义》九卷、《周易虞氏消息》二卷、《虞氏易礼》二卷、《虞氏易事》二卷、《虞氏易候》

① 详见中华书局本第18册，第5568~5570页。

② 又见《碑传集》卷五十一。

一卷、《虞氏易言》二卷、《周易郑荀义》三卷、《郑荀易注集录》五卷、《易义别录》十七卷、《易纬略义》三卷、《易图条辩》一卷。其自叙《虞氏义消息》曰：**自魏王弼以虚空之言解《易》，而汉儒之说微**。其后古书亡，而汉、魏师说略可见者十余家，然惟郑、荀、虞氏三家略有梗概可指说，而虞又较备。又曰：虞翻之言《易》，以阴阳消息、六爻发挥、旁通升降上下归于乾元用九，而天下治，依物取类，遂于大道。其叙《易》、《礼》曰：《记》曰：夫礼必本于太一，分而为天地，转而为阴阳，其降曰命，故知《易》者，礼象也。窃尝论之。《易》曰："君子尚消息，虚天行也。"又曰："乾道变化，各正性命，保合太和乃利贞。"盖天之道主阳，独阳不能生，故《易》一阴一阳以穷消息之变；变而皆阳，人之道主治，治不可久，故《易》一治一乱以寓世运之变；变而皆治，治乱相循，天道也，复遘是也。以治救乱，人道也，泰否是也。元亨利贞者，贞变之用，而圣人之所以治天下也。**古之君子其自命皆有以天下为任之志，其为学皆有以礼乐为治之心**，虽汉之儒师，若董仲舒、伏生、京房、毛公、何休、郑康成、荀爽、虞翻之徒，或端治一经，旁祛佗说，意亦欲明其所学周公、仲尼之道，以措诸天下，故往往诂训不备，则著以己意，博取典礼，张而翼之，"六经"皆然，岂独《易》哉？先生初学为词赋古文，既成，以为空言未足以明道，乃进求诸"六经"，取汉诸儒传注读之，尤善郑氏《礼》，尽求郑氏书，得其《易》注，善其以《易》说《礼》，而其注残阙不备，乃更求诸《易》家言，于唐李鼎祚《周易集解》得所引虞氏注文稍完具，遂深思天人之际、性命之理，求其义例，三年乃通，述《虞氏义消息》。又推衍其义，依象比事，述《易》礼事侯言，又旁及汉、魏诸家说，究其根氐，辞而阐之，述《郑荀义别录》。又通论纬书之得失，后儒之蔽伪，述《易纬略义》、《易图条辩》。凡四十二卷，非苟为其多也。**盖不通乎天道，则礼乐法度犹器也，习之而不可以损益也；不明乎人事，则日月寒暑之数犹术也，知之而不可以守执也。先生既思著书以致天下之用，而又以为天人之道莫备于《易》，故其言礼虽廑称述周制，发明文王所以变礼改法之意，而百王不易之道皆以由此而皆可推说，然则后之有志于古者当必有所取法于是，又无疑也**。先生入翰林四年，而以疫卒。其举进士坐主，今巡抚浙江阮公，悲先生之身不获行其所学，征其遗书，将刊木而传之。先生固不藉汲汲以传其书，然可以使天下皆知先生之学也，故叙其后，俾读者知其旨焉。先生姓张氏，讳惠言，字皋文，武进人，官翰林院编修。序其书者，其甥董士锡，尝受《易》于先生者也。

张惠言《茗柯文补编》补编卷上《与陈扶雅书》：**治经术当不杂名利。近时考订之学，似兴古而实谬古。果有志斯道，当潜心读注，勿求异说，勿好口谭，久久自有入处。此时天下为实学者殊少。扶雅倘肯用力，不患不为当代传人，但勿求为天下名士乃可耳**。(下略)①

张惠言《茗柯文编》二编卷上《虞氏易礼序》：韩宣子见《易象》与《鲁春秋》，曰："周礼尽在鲁矣。"《记》曰："夫礼必本于太一，转而为阴阳，变而为四时，其降曰命。"故知**《易》者，礼象也**。《易》家言《礼》者唯郑氏，惜其残阙不尽存，又其取象用爻辰。爻辰者远而少变，未足以究天地消息。至其原文本质，使周家一代之制损益具备，后有王者监仪在时，不可得而废也。虞氏于《礼》盖已略矣，然以其所及，揆诸郑氏源流本末，盖有同焉。何者？其异者所用之象也，而所以为象者不殊，故以虞氏之注推

① 见上海古籍出版社1984年版，第193~194页。

《礼》，以补郑氏之阙，其有不当，则阙如，一以消息为本。

张惠言《茗柯文编》二编卷上《虞氏易事序》：孟氏说《易》本于气，而以人事明之。然虞氏之论象备矣，皆气也。人事虽具说，然略不贯穿，匪独虞尔，郑、荀多说人事者，爻象亦往往错杂。后学不得其通，乃始苦其支窒，而不能骋，于是悉举而废之，而相辩以浮辞，日以益众。夫理者无迹，而象者有依，舍象而言理，虽姬、孔靡所据，以辩言正辞，而沉多歧之说哉！设使汉之师儒比事合象，推爻附卦，明示后之学者有所依逐，至于今曲学之响，千喙一沸，或不至此！虽然，夫《易》广矣，大矣，象无所不具，而事著于一端，则吾未见汉儒之言之略也。

张惠言《茗柯文编》二编卷上《周易郑荀义序》：存目。①

张惠言《茗柯文编》二编卷上《易义别录序》：存目。②

张惠言《茗柯文编》二编卷上《周易虞氏义序》：虞翻《周易注》，《释文》云十卷，《隋书·经籍志》云九卷。翻字仲翔，会稽余姚人。少好学，有豪气，又善矛。太守王朗命为功曹。……翻博学洽闻，虽处罪放，而讲学不倦，门徒常数百人。……翻之言《易》，以阴阳消息六爻，发挥旁通，升降上下，归于乾元用九，而天下治。依物取类，贯穿比附；始若琐碎，及其沉深解剥，离根散叶，鬯茂条理，遂于大道，后儒罕能通之。自魏王弼以虚空之言解《易》，唐立于学官，而汉世诸儒之说微。独资州李鼎祚作《周易集解》，颇采古《易》家言，而翻注为多。其后古书尽亡，而宋道士陈抟以意造为龙图，其徒刘牧以为《易》之河图洛书③也。河南邵雍又为先天、后天之图，宋之说《易》者翕然宗之，以至于今，牢不可破，而《易》阴阳之大义盖尽晦矣。我皇清之有天下百年，元和征士惠栋始考古义孟、京、荀、郑、虞氏，作《易汉学》，又自为解释，曰《周易述》。然掇拾于亡废之后，左右采获，十无二三。其所自述，大抵祖祢虞氏，而未能尽通，则旁征他说以合之。盖从唐、五代、宋、元、明朽坏散乱，千有余年，区区修补收拾，欲一旦而其道复明，斯固难也。翻之学既世家，又具见马、郑、荀、宋氏书，考其是否，故其义为精。又古书亡，而汉、魏师说略可见者十余家，然唯荀、郑、虞氏三家略有梗概可指说，而虞又较备。然则求七十子之微言，田何、杨叔、丁将军之所传者，舍虞氏之注，何所自焉？故求其条贯，明其统例，释其疑滞，信其亡阙，为《虞氏义》九卷。又表其大旨，为《消息》二卷。庶欲探啧索隐，以存一家之学。其所未寤，俟有道正焉耳。④

章太炎《检论·清儒》：张惠言《虞氏义》，虽拘滞，趣以识古。

---

① 见上海古籍出版社1984年版，第40~42页。

② 见上海古籍出版社1984年版，第42~56页。

③ 关于河图洛书，杨向奎先生认为："盖河图洛书，非出于后人之想象，乃代表河洛文化者，河洛文化源于太岳，太岳为姜姓吕氏之来源，吕司地而属民，故为社稷国，而申为司神者，为神守国。社稷国司地，神守国司天。宇宙分为天地阴阳后，遂以一三五七九代表天，而二四六八十代表地。而《洪范》为天书，《吕刑》为地书。天书为《河图》，而地书为《洛书》。一三五七九及之四六八十皆为二进位制，《周易》亦二进位，因其分阴阳。姜吕与夏合为一族，姬姜亦合为一，故二进位制，乃夏周文化体系，非虞殷之文化体系。"（《清儒学案新编》第七册，第64~65页）

④ 见上海古籍出版社1984年版，第36~39页。

杨向奎《清儒学案新编·茗柯学案》：尝从金榜问故，金虽学于江永，但在皖南诸学士中，远不及程瑶田与戴震，虽说礼而无所成，在汉学中无显著地位，**故皋文之学非汉非宋，一如俞正燮之杂。**张深于《易》，亦谈礼。……汉儒说《易》乃多谈象数，及王弼出，又废象数而以“玄”说《易》，至此《易》学已三变矣。《虞氏易》乃汉《易》，故谈象数，茗柯说《易》本于虞氏，谈象谈数乃其本色，最足以代表茗柯《易》学者，当推《易图条辨》。……总之我们以为张惠言的《易图条辨》是一部有用的书，他对于宋人宇宙模型的解释有恰当处，不能指之为任意胡说，或者是“糊涂的概念”。①

① 见杨向奎《清儒学案新编》第七册，第217~239页。

陈寿祺

《清儒学案》卷一百二十九《左海学案上》：闽中诸儒，承李文贞、蔡文勤之后，多宗宋儒，服膺程、朱。自左海始，兼精研汉学，治经重家法，辨古今文。朴园继志述事，父子并为大师。世以比元和惠氏、高邮王氏，洵无愧焉。(下略)

《清史稿·儒林三》：陈寿祺，字恭甫，闽县人。少能文。年十八，台湾平，撰《上福康安百韵诗并序》，沉博绝丽，传诵一时。嘉庆四年，成进士，选翰林院庶吉士，散馆授编修，寻告归。性至孝，不忍言仕。家贫无食，父命之入都。九年，充广东乡试副考官。十二年，充河南乡试副考官。十四年，充会试同考官，京察一等，记名御史。寿祺以不得迎养二亲，常愀然不乐。将告归矣，俄闻父殁，恸几绝，奔归。服除，乞养母。母殁，终丧，年五十三。有密荐于朝者，卒不出。寿祺会试出朱珪、阮元门，乃专为汉儒之学，又及见钱大昕、段玉裁、王念孙、程瑶田诸人，故学益精博。解经得两汉大义，每举一义，辄有折衷。两汉经师，莫先于伏生，莫备于许氏、郑氏。寿祺阐明遗书，著《尚书大传笺》三卷、《序录》一卷、《订误》一卷，附《汉书·五行志》，缀以他书所引刘氏《五行传论》三卷。……又著《五经异义疏证》三卷、《左海经辨》二卷、《左海文集》十卷、《左海骈体文》二卷、《绛跌堂诗集》六卷、《东越儒林文苑后传》二卷、《东观存稿》一卷。寿祺归后，阮元延课诂经精舍生徒。元纂群经古义为《经郛》，寿祺为撰条例，明所以原本训辞、会通典礼、存家法而析异同之意。后主泉州清源书院十年，主鳌峰书院十一年，与诸生言修身励学，教以经术，作《义利辨》、《知耻说》、《科举论》，以示学者。规约整肃，士初苦之，久乃悦服。家居与诸当事书，于桑梓利弊，蒿目①痗心②，虽触忌讳，无所隐。明儒黄道周孤忠绝学，寿祺搜辑遗文，为之刊行；又具呈大

---

① 蒿目：极目远望。《庄子·骈拇》："今世之仁人，蒿目而忧世之患。"宋王安石《忆金陵》诗之二："蒿目黄尘忧世事，追思陈迹故难忘。"清李渔《玉搔头·分任》："蒿目为时忧，年未艾霜雪盈头。"

② 痗：病；忧伤。《诗·卫风·伯兮》："愿言思伯，使我心痗。"毛传："痗，病也。"

吏，乞疏请从祀孔庙，议上，如所请。道光十四年，卒，年六十四。

《清史列传·儒林传下二》：存目。①

陈善《福建通志·儒林传·陈寿祺传》：陈寿祺，字恭甫，其先自泉州迁福州，遂籍闽县。祖起龙，父鹤书，有传。寿祺于嘉庆四年成进士，改翰林院庶吉士，六年授职编修，九年典试广东，十二年典试河南旋记名御史，十四年丁外艰归，服除，以母老遂不复出，主讲泉州清源书院。道光三年主讲鳌峰书院。鳌峰在省城，凡兴利除弊，修举废坠，有所见闻，必言于大吏，虽嫌疑不避也。主诺鳌峰十一年，以经术造士，士多归之。先是，康熙间太原阎若璩倡为考订之学，其源出于汉刘氏向歆父子。刘氏校雠之业，将以辨章学术，考镜源流，非屑屑于字句之异同讹舛也。然承古学式微之后，而以旧本之殊，异正古经之舛误，由汉郑氏、许氏以上通雅故，于经训未尝无补焉。元和惠栋、余姚卢文弨、休宁戴震、曲阜孔广森、嘉定钱大昕、金坛段若膺复继起焉。至大兴朱珪、仪征阮元大畅其说，一时闻风兴起，江左尤盛。闽中自李光地、王士让、官献瑶为宋儒之学，兼崇汉儒。寿祺初受业于孟吏部超然，为宋儒之学，及后出朱珪、阮元之门既得所师承，又结交一时知名士，因是博闻强识，专为郑、许之学，以疏证经传，于闽中实开其端。又善为沉博绝丽之辞，词馆中亦推重焉。所著有《五经异义疏证》、《尚书大传疏证》、《左海经辨》、《左海文抄》、《左海诗抄》、《左海骈体乙集》凡若干卷。年六十四，卒于家。子乔枞，道光五年举人。②

周凯《陈恭甫先生家传》：道光十四年二月，福州陈恭甫先生卒，既葬，明年春，其子乔枞来厦门主讲紫阳书院，述先生遗事，请于富阳周凯，曰："先君子志在传经，其大者仪征相国阮公为传，光泽高雨农舍人为行状，墓志事涉琐屑。有关内行，可以垂训子孙者，请更为家传，载诸谱乘。"凯曰："诺，谨受而读之。"先生讳某，字恭甫，先世惠安人，三迁居福州闽县。生八岁，从大父学于外塾，时方食值家告匮，谓之曰："儿嗽饱饭尔。"母日午未炊也，即吐饭流涕，乞归视母，令毕食，曰："尚何能食也？"九岁通群经，有异童目。……年十二，能文工骈体，见许前宿。二十九，成嘉庆已未进士，散馆授编修，归省适座主阮公巡抚浙江，进谒，愕曰："大考期迩，胡归为？"先生以两世高堂，闽中饥，恐无以为食对，公为怃然。甲子大父卒，先生方典试广东，间耗病，卧数月，即思乞养，请于父文学公，文学年未者格于例勿许，乃止。越六年庚午，丁文学忧，星奔归里，季弟履祥前没，叔弟寿恺病瘵，亦寻没，先生自悲违亲远仕，不及亲含敛。念母在，矢志不仕……道光二年，母郭太宜人病，旦夕侍汤药，不习离时休先生执手慰之，曰："自汝归养，侍左右十三年矣，甘旨之奉，必适吾口，轻暖之御，必称吾体。吾之所爱，汝不吾衰；吾之所恶，汝不吾拂。吾今耄矣，以天年终。汝其毋悲！"先生呜咽不能言。及卒，杖不能成礼。先生念曾祖以下，从祖多中绝岁时亲祭墓次。掌教清源书院，时厘族人墓地之侵削者，为勒石焉。高祖自晋江迁福州，里有同姓者与之偕，其后寖衰，适兄弟二人贫不能娶，年俱四十余，助其弟娶妇，生二子。饩其兄，终身荣。师魏贡生瑛，老友陈郡丞登龙没，皆无子，为之立嗣，状请孟考功，入祀乡贤，并恤其后人。先生教授自给，家有余积，悉以周亲，故待举火者恒数十家，人有骨以相辟者，必举先生以为言，或

① 见中华书局本第 18 册，第 5576~5578 页。

② 见《碑传集》卷五十一。

诉于先生，亦必正言詈解之。及先生卒，凡奔丧来哭者，皆失声。据乔枞所述如此。生平著有《五经异义疏证》、《左海经辨》、《礼记郑读考》、《说文经诂》、《欧阳夏侯经说考》、《齐鲁韩诗说考》、《尚书大传定本》、《洪范五行传辑本》、《两汉拾遗》、《左海骈体》、《左海文集》、《绛跗堂诗集》诸书，实开闽中经学之宗，已详论阮、高二公传，志不复论。论曰：先生虽不仕，而问学重天下。天下莫不仰先生名，乡里有所兴举，大吏有所咨询，惟先生是主。先生又敢言人所不敢言，为人所不为，虽忤于时，勿颐也。人第知先生之学足以传后世，而不知先生学自有其本者。有子曰："本立而道生。"孝弟也者，其为仁之本与？凯故于乔枞之请，而乐为之传，以称传志所未载。①

高澍然《陈先生寿祺行状》：……姓陈氏，讳寿祺，字恭甫，一字苇仁，福州府闽县人。其先由泉州府惠安三徙，占今籍。……先生生秉异质，书过目成诵，九岁遍群经……于是里人咸目先生为异童，羡立岩君得先生为弟子也。十二岁，文成奥博，见者莫名所出，已旁及骈体诗歌，究入唐初四杰，渐于燕、许。……成嘉庆己未进士，座主朱文正公、仪征公，为学者山斗。是科门下士武进张皋文编修、高邮王伯申尚书之经学皆负重名，先生与之并，二公待之异于他门人，辛酉散馆，已改部矣，文正公特奏留馆，奉旨授编修。先生被知书庙，自是始受职，后假归。仪征公方巡抚浙江，延主敷文书院，兼课诂经精舍生。又因先生在浙，特开局聘名士，编纂群经古义为《经郛》，义例取舍悉受成先生。先生亦自著《五经异义疏证》，海内治郑、许学者咸取正焉。当是时，嘉定钱宫詹竹汀、高邮王巡河怀祖、金坛段大令懋堂、歙程征君易畴负通儒望，数十年先生晚出与之游相往复，学者谓先生经学与数公先后起也，故世以孟考功为知人。癸亥冬还朝，庚午奉先大夫讳归，在职七年，主甲子广东、丁卯河南乡试，分校己巳礼闱，京察书上，考拟陪内廷供奉，记名御史，充国史馆总纂，浸大用矣。先生念违亲而仕，负终天之恸，幸有老母可事，何以官为，服关即陈情乞养。今天子嗣政，适先生母郭太宜人以天年终，公卿间有密荐先生于朝者，蒙上温谕何时还阙，将大擢用，所知以闻，先生感激涕零已，慨然曰："负皋棘人，不足辱天子之知，敬谢不敏。"卒不出。先是孟考功归养，年四十，不更仕。先生勇退，如之可谓不负师门也。先生既不仕，资教授自给，曰："我先人怀素业，委社后人者在此。"凡掌教泉州清源书院十年、鳌峰书院十一年。泉州为先生故里，又奉政公过化地也，与诸生款洽，不啻家人父子。先是，清源书院寓往来仕宦如传舍，先生致书督抚，示禁并乞不各郡县谕不得夷书院为路室候馆，从之。各郡县书院不为路室候馆，由先生请也。又以书院专祀兴创增拓诸守令兹郡先贤不之及，朱子粟主且委于东偏之楼，曰是非崇教意也。乃正朱子位于东堂，从以明蔡文庄公、张襄惠公、次崖林氏、紫峰陈氏、紫溪苏氏、慕蓼王氏、素庵林氏、国朝李文贞公八君子，颜曰先觉祠，为之记。其教使泉士知尊亲，崇礼让，传以经术，冀变其俗，诸生化之，彬彬向风矣。及为鳌峰书院，则首揭义利，辨廉耻，说于堂，士初习，故山长之宽，颇苦先生之严，久之而安焉，又久之而悦服。先生卒前一岁，累辞，次年讲席诸先生三百具衣冠集讲堂，泣留先生，先生勉从其请，而先生寻卒矣。先生性介而心仁。在京师，寡所与，有贵人欲罗之门下，边客道意，先生不答。……工既竣，尚存钱二万余缗，则请故制府孙文靖公移修《福建通志》，会故尚书陈望坡先生有书致文靖，与先生见合，遂开局，而先生为总纂。义例之精，搜辑之

① 见《碑传集》卷五十一。

博，考订之核，古今方志未之有也。然先生之勤乡国文献若机于中不能自已，又不独《通志》为然矣。方总纂国史，未脱稿，以忧归，因采辑本朝闽人物行实，为《东越儒林》、《文苑后传》补上史馆。闻明刘蕺山已从祀西庑，毅然曰："吾闽黄忠端公出处大节与蕺山埒。其讲学，蕺山主诚意，而归功慎独。榕坛主致知，而止宿至善。一救阳明流弊，一阐朱子宗传，皆翼逆真儒也，宜并从祀。"遂合诸绅具呈两府，两府会疏以闻，奉旨祀东庑位明儒罗钦顺之次，又以公遗书文集未传布者尚多，因出旧所购《易本象》、《鄄山讲义》、《骈枝别集》、《大涤函书》诸种，鸠赀刊行。以所藏缮本多讹阙，续购得漳州士人藏本海澄郑白麓所编文集三十六卷、诗十四卷。公门人石秋，与公季子子平所编全集原本手自校对，无间寒暑，汇成全集，订以石秋子淇思与庄起俦所撰年谱为五十六卷，其表章乡先哲不遗余力，如此即近代如蓝鹿洲、陈修堂、陈补堂、张杨庵、孟瓶庵、庄复斋、谢退谷、郑六亭、陈惕园、李古山诸先正得从祀乡贤，亦先生发之，然则先生虽不仕，其有功乡里，佐有司不及，固非欲自暇佚也。先生学主传经，其文章初规六朝，赫然名动京师，已而谓非其至也，乃治古文，有《左海文集》十卷，综先生所著文集及《五经异义疏证》、《东越儒林文苑后传》，外尚有《尚书大传定本》、《洪范五行转辑本》、《左海经辨》、《欧阳夏侯经说考》、《齐鲁韩诗说考》、《礼记郑读考》、《说文经诂》、《两汉拾遗》、《左海骈体文》、《绛跗堂诗集》、《遂初楼杂记》，皆尚友古人，开示来学。司马千秋自命之属，先生斯真不负矣。以道光十四年二月二十日卒于里第，享年六十有四，晚号隐屏，作《隐屏山人传》。(下略)①

阮元《隐屏山人陈编修传》：陈寿祺，字恭甫，号左海，闽县人。父鹤书以文学主讲仙游、龙岩、邵武、泉州、漳州、上杭书院，皆有经法。有诗集数卷，事实详元所撰墓志中。寿祺五岁读书，易于成诵，举止端重，性静且敏，成童即淹贯群籍，一览辄解，文薄博丽，有六朝、三唐风格。其乡先生陈秋坪谓之曰：**"当以千秋自命，勿争名一时。"**……年十九，乾隆己酉科举于乡，嘉庆己未会试中式，赐进士出身，会试闱中，其卷为人所遏。元言于朱文正公，曰："师欲得如博学鸿词科之名士乎？闽某卷经策是也。"遏者犹摘其四书文中语元曰："此语出《白虎通》。"于是文正公由后场力拔出之。既选馆职，文正公爱其才，重视之。在都下，以经术文章与同年武进张惠言、全椒吴鼒、歙鲍桂星、高邮王引之齐名。辛酉散馆，授编修。请归省亲，会元巡抚浙江，延主讲杭州敷文书院，兼课诂经精舍生徒。元修《海塘志》，且纂群经古义为《经郛》，寿祺皆定其义例焉。癸亥冬入都，甲子典试广东，丁卯典试河南，己巳会试房考，所得多知名之士，张岳崧、刘光三其尤也。其衡文岭南、中州也，二三场遗卷一二万尽阅之。在都十年，恬然寡交游，惟日以讨论经义为事。同年数人知而爱之，相待如昆弟。又及见硕儒钱竹汀、段懋堂、王怀祖、程易畴诸先生，故学益精博。中尝被公卿论，荐京察书，上考拟陪南书房，俄以丁父忧归，时庚午岁也。初，寿祺将以是岁逾秋告归省亲，未几，遽丁忧，星奔痛巨，乃自悔其在都之非，其所述，至令人不可卒读，时年方四十，即抱退志矣。服阕陈情乞养母。主泉州清源讲院者十年，与诸生言修身励学，教以经术，多士奋兴，一洗空疏之习。尝正定清源书院先贤祀位，并率诸生增置祀产，以资祀事，奉朱子于东舍，从以先贤之传道，而祀乡学者明蔡文庄公、张襄惠公、次崖林氏、紫峰陈氏、紫溪苏氏、慕蓼王

① 见《碑传集》卷五十一。

氏、素庵林氏、国朝李文贞公凡八君子位，左右扁曰先觉祠，为之记，陷石壁间。丁母忧，后终于家居。主鳌峰书院讲席者十一年，创立规约，整肃课程，每月兼课经史文笔，其教士以崇廉耻，践礼法，研经术为尚，作《义利辨》、《知耻说》、《利举论》以示学者，士始畏其束缚，渐安之，久之悦服，不能忘。公卿间有以名荐者，终不出。计自丁父忧，后养母十年，去官二十余载，里党义举多为之倡。……病以道光十四年春卒，年六十有四。寿祺解经，得两汉大义，每举一义，辄有折衷，上溯伏生，下至许、郑，靡不通彻。所著有《五经异义疏证》三卷、《尚书大传定本》三卷、《洪范五行传辑本》三卷、《左海经辨》四卷、《左海文集》十卷、《左海骈体文》二卷、《绛跗堂诗集》六卷、《东越儒林文苑后传》二卷。又著《欧阳夏仆经说考》、《鲁齐韩诗说考》、《礼记郑读考》、《两汉拾遗》、《遂初楼杂录》。元选其《五经异义疏证》、《左海经辨》及文集中之说经者入《皇清经解》。寿祺雅慕武夷山水、紫阳精舍，晚年自号隐屏山人，作《隐屏山人传》，疾时不谷食，却医药，惟日啜武夷岩茗，噉柑柚少许。枕上作绝句云："梦想仙峦二隐屏，问天应若少徽星。人间无此溪山好，便欲乘云上幔亭。"词意惝恍，若有所会。……论曰：山人以强仕之年告归养亲，可谓孝矣。亲终，不复仕，非如羲之誓墓，有所激也，恬而已矣。立身于道义之中，而经学博通两汉，文章雅似齐梁，其学行卓然传矣。以千秋自命，不争名一时，秋坪之言谅哉！①

林昌彝《小石渠阁文集》卷四《陈恭甫先生传》：先生讳寿祺，字恭甫，号左海，福州闽县人也。祖起龙，父鹤书，世诸生，以质行称。先生幼而能文，博奥惊其长者。年十七，遗书同县萨君玉衡，自咎不能高行邃学，担荷世宙，如宋广平、范希文，雄节伟略，建树奇勋，如终孺子、班仲升，焠掌苦学，目不窥门，如董广川、何邵公。**然自守澹静，力绝征逐，非同志一人弗妄交，而其胸中时有浩浩落落，慷慨郁勃，不可告人之意。**盖其年少自状如此。是岁师事故考功郎中孟君超然，考功服膺宋儒书，履行淳备，厥后先生为刊其《八录》者也。先生从学时齿尚弱，笃守师训，已凛然以古君子自期矣。十九充己酉乡贡，嘉庆己未成进士，改庶吉士。辛酉授编修，寻告归省亲，性至孝，既归而重亲致欢，久之不忍言仕也。家故贫，祖父皆敦厚任恤。先生既通籍，三党之茕独者多依之。居二年，无以食，父乃命之入都。甲子典试广东主考官，丁卯河南主考官，己巳会试同考官，京察一等记名。御史凡在职七年，方直渊雅，重于朝列。闻父丧奔归，以不得视含敛，终身为大戚，服除，遂乞养母，教授生徒，以供朝夕。谓其门人张岳崧曰："吾惟不屑不洁，不以不廉之财奉甘旨，不以不义之行欺晨昏，差告无罪尔。"母没，终丧，年五十有三，遂不复出。先是主讲仙游书院，以学古敦行率其士，士多兴起者。及馆泉州之清源，亦如之。大旨重廉耻，尚经学，优其礼貌，严其董戒。士初苦之，久乃悦服矣。……两汉经师莫先于伏生，莫备于许氏、郑氏。先生故尝阐明遗书，皆得其指归。……**今之治经者，或专小学而近烦碎，或举大义而略雅训，又或界域汉、宋，以文字、义理为二涂，而训诂、文笔亦鲜有兼长者。**先生闳览精识，赅贯本末，无是同非异之见。故游先生之门者，有专肄无遍訾也。尝搜漳浦黄文端公遗集刊之，校对精审。先生尝客浙东，为仪征阮公延课士，仁和赵坦、汪家禧、钱塘严杰、王述曾、德清徐养源、养灏等皆从问业。时阮公方纂群经古义为《经郛》，先生定例言数十条，明所以原本训辞，会通典礼，存家法而

① 见《碑传集》卷五十一。

析异同之意，一时传诵遍两浙云。道光十四年春卒于家，年六十四。仪征阮公撰《隐屏山人传》，光泽高君树然、仁和陈君善、富阳周君凯、嘉兴钱君仪吉各有志传之，作昌彝治经之学，为先生所授，感不能忘，固复撰传一篇，以备史馆之采摭焉。昔仪征阮文达公撰《左海师隐屏山人传》，邮寄其嗣君璞园太守，外附一短札云：**“尊大人当日若出山领封圻，位卿相，官阶显耀，著述无闻，至今观之，与草木同腐矣。然则出处之间果孰得孰失乎？”**今撰先生传，敬附文达公语于此。昌彝自记。

钱仪吉《衎石斋记事稿》续稿卷八《左海陈先生别传》：陈先生寿祺，字恭甫，号左海，福州闽人也。祖起龙，父鹤书，世诸生，以质行称。先生幼而能文博奥，惊其长者。年十七，遗书同县萨君玉衡，自咎不能高行邃学，担荷世宙，如宋广平、范希文，雄节伟略，建树奇勋，如终孺子、班仲升，焠掌苦学，目不窥门，如董广川、何邵公，然自守澹静，力绝征逐，非同志一人弗妄交，而其胸中时有浩浩落落，慷慨郁勃，不可告人之意，盖其年少自状如此。是岁也，师事故考功郎中孟君超然，考功服膺宋儒书，履行淳备，厥后先生为刊其《八录》者也。先生从学时齿尚弱，笃守师训，已凛然以古君子自期矣。十九充己酉乡贡，嘉庆己未成进士，改庶吉士，辛酉授编修，寻告归省亲。性至孝，既归，而重亲致欢，久之不忍言仕也。家故贫，祖父皆敦厚任恤，先生既通籍，三党之茕独者多依之，居二年，无以食，父乃命之入都，充甲子广东丁卯河南考官、己巳会试同考官，京察一等记名御史，凡在职七年，方直渊雅，重于朝列。闻父丧，奔归，以不得视含敛，终身为大戚，服除，遂乞养母，教授生徒，以供朝夕。谓其门人张岳崧曰：“吾惟不屑不洁，不以不廉之财奉甘旨，不以不义之行欺晨昏，差告无罪尔。”母殁，终丧，年五十有三，遂不复出。先是主讲仙游书院，以学古敦行率其士，士多兴起者。及馆泉州清源，亦如之。大抵重廉耻，尚经学，优其礼貌，严其董戒，士初苦之，久乃悦服矣。福州鳌峰书院，康熙间张清恪所创置也，时则蔡文勤之父武湖先生为之师，而文勤继之，其后主讲者多宿儒大师，百余年间，闽人之出鳌峰，砥行立名者甚众，而近稍衰息矣。巡抚上元叶公至则请先生主之。先生举清恪之言，以为士子奔竞成俗，宜严加别择，以品行贤否为去留，则教易施而得人之效速，乃请先察学行而后考文艺。札下，郡县举其士之孝弟廉洁者，通经学古秀异有才者，及岁科试高等若举优行者，守令以礼资送，乃扃试而录取之，又增筑屋若干间为试所，纠其出入，若贡院，然作《义利辨》、《科举论》、《知耻说》揭于讲堂，又为规约，教以正心术，广学问，慎交游，肃礼仪，愿为砥厉廉隅，穷经致用之士，无为不隆礼，不由礼无方之民悉发藏书，使博观而精择之，日稽其课，月考其能，经史文笔，因所长而裁成之，不为一格，所以兴实学，求异材也。两汉经师莫先于伏生，莫备于许氏、郑氏，先生故尝阐明遗书，皆得其指归。所撰《尚书大传》、《洪范五行传》辑本、《五经异义疏证》，四方学者户有之。又有《礼记郑读考》、《说文经诂》、《欧阳夏侯经说考》、《齐鲁韩诗说考》、《两汉拾遗》、《左海经辨》凡若干卷。又尝撰《春秋左氏礼》、《公羊礼》、《穀梁礼》，未成。少工诗及骈体文，中年治古文辞，皆有专集行于世。今之治经者，或专小学，而近烦碎，或举大义，而略雅训，又或界域汉、宋，以文字、义理为二途，而训诂、文笔亦鲜有兼长者。独先生闳览精识，赅贯本末，无是同非异之见。故游先生之门者，有专肄无偏訾也。若仙游王捷南之《诗》、《礼》、《春秋》、诸史，晋江杜彦士之小学，惠安陈金城之汉《易》，将乐梁文之性理，建安丁某（丁某与先大父同二名故阙之）、德化赖其煐、建阳张际亮之诗、古文辞，皆足名家。而惠安孙经世学成早世，今其名在《通志·儒林传》中。即先生可见矣。先生尝客吾浙，为仪征阮公课士，仁和赵坦、德清徐养原、养灏、归安严杰、临海洪颐煊、震煊等皆从问业。时阮公方纂群经古义为《经郛》，先生撰条例一篇，明所以原本训辞会，通典礼，存家法，而析异同之意，一时传诵遍两浙云。道光十四年春卒，年六十四。明年秋，先生长子乔枞遇仪吉于广州，乞为之传。始阮公既传先生矣，光泽高君澍然、仁和陈君善、富阳周君凯又各有志传之作。予乃寻览遗书，究其为学诲人之实，撰别传一篇，以复乔枞，它行事不具书。论曰：尚书涿州卢公为予言，先生至性淳笃，官京师，以不得迎养二亲，常愀然不乐，闻大父丧，恸几绝，逾时而哀不释，方主卢公家，公亲见之也。又言先生博通经籍，而不以所学先人，有问无不尽，朋友有过失，必面诤，无所依违，故吾尝乐与先生居，可谓直谅多闻之友矣。仪吉读先生家居上大吏诸书，论事得失，若水利，若政俗，悉乎其知之明亦已难矣，至于闾阎疾苦，官吏骫弊，上下相狗相市，莫之底止，几于涕泣而陈道之，虽触忌讳，无所隐，益叹先生为古之遗直，而卢公之言不虚也。嗟乎，以先生之贤而早退奉亲，遂以终老，时论惜之。然是乃先生之志也，躬行孝友，穷经劝学，士皆彬彬然兴起矣。传曰：儒以道得民，其先生之谓与？

徐世昌《晚晴簃诗汇》卷一百十四有传，存目。

陈寿祺《左海文集》卷六《五经异义疏证自序》：《五经异义》，汉许慎撰，郑玄驳。隋、唐《经籍志》并著录十卷，宋时已佚。近人编辑，仅存百有余篇，聚珍板外，有秀水王复本，阳湖庄述祖本，嘉定钱大昕本，曲阜孔广林本。大氐攟拾丛残，以意分合。孔本条理差优，而强立区类，欲还十卷之旧，非所敢从也。嘉庆戊辰夏，余养疴京邸，取而参订之，每举所征，录尤详者。若多差互，仍两载之。其篇题可见者二十余事，第五田税，第六天号，第八罍制三事，篇次尚存，其他以类相从，略具梗概。……"五经"皆手定于圣人，群弟子之学焉者，微言大义，靡不与闻。……周衰礼失，旧籍寖湮，或疑文坠绪，传闻错出；或繁节缛理，儒者难言；况其后支裔益广，门户益分，则"五经"焉得无异义哉？汉承秦燔之余，学者不见全经，经传多由口授。古文始出壁中，经生递传，各持师法，宁固而不肯少变。斯亦古人之质厚，贤于季俗之逐波而靡也。夫其一致百虑，殊涂同归，岂谓一勺非江河之澜，卷石非泰华之壤乎哉？但去圣久远，枝叶日蕃，不有折衷，奚由遵轨。此石渠、白虎所以论同异于前，而叔重所以正臧否于后也。……今许、郑之学流布天下，此编虽略，然典礼之宏达，名物之章明，学者循是而讨论焉。其于昔人所讥，国家将立辟雍、巡守之仪，幽冥而莫知其原者，庶乎可免也。嘉庆十有八年癸酉春正月，福州陈寿祺自序。

陈寿祺《左海文集》卷六《尚书大传笺序》：《尚书大传》四十一篇，见《汉书·艺文志》。郑康成序谓出自伏生，至康成诠次为八十三篇。《隋书·经籍志》、《唐书·艺文志》、《崇文总目》、《郡斋读书志》并著录三卷。《唐志》别出《畅训》一卷，疑即略说之讹。《旧唐·志》直云"《尚书畅训》三卷，伏胜注"，缪甚。自叶梦得、晁公武皆言今本首尾不伦。《直斋书录解题》言印板刓阙，宋世已无完本。迄明遂亡。近人编辑，有仁和孙晴川本、德州卢雅雨本、曲阜孔丛伯本。孙、卢本多殽舛，孔氏善矣，而分篇强复《汉志》之旧，非也。其他讹漏，犹不免焉。今复加稽核，楬所据依，稍参愚管，而为之笺三卷，首为《序录》一卷，其所芟除，别为《订误》一卷，末载《汉书·五行志》，缀以它书所引刘氏《五行传论》三卷，总为八卷。序曰：伏生以明经为秦博士，汉孝文时年且百岁。计其生在周末，得见《诗》、《书》古文，且博识先秦旧书雅记，多汉诸儒所未闻。……假令当高帝时，伏生年未笃老，尊其高节，安车礼征，与张苍等考旧章，立经制，议礼乐，则鲁两生息面谀违古之诮，绛、灌诸臣泯年少纷更之谗。规模粗定，然后继以贾谊、董仲舒、河间献王、王吉、刘向之伦，先后讨论，法象明备，成、康之治，何必不复见西京？今其书散逸，十无四五，犹可宝重。宋朱子与勉斋黄氏纂《仪礼经传通解》，攗摭《大传》独详，盖有裨礼学不虚也。《五行传》者，夏侯始昌，至刘氏父子传之，皆善推祸福，著天人之应。汉儒治经，莫不明象数阴阳，以穷极性命。(下略)①

陈寿祺《左海文集》卷六《礼记郑读考自序》：或讥郑司农注《礼记》，多改字而妄，甚哉其诬也！寿祺曰：《礼记》本出孔壁及河间献王所得，皆古文也。其后礼家授受，变为今文，则文字固不能无少讹异矣。汉儒传《礼记》四十九篇，有小戴氏，有庆氏，而大戴氏传记八十五篇，亦间与小戴相出入。……郑所改读，略有四例，有承受经师者，有援据别本者，有稽合经典以订之者，有辄下己意，审核声音训诂以定之者。前三例居十之八九，后一例才十之一二耳。……此郑君所以囊括网罗，斟酌至精，卓然为议礼之宗也。而一孔之士，乃以郑好改字，动相訾謷。所谓是末师而非往古，亡从善服义之公心，岂不诬哉！岂不诬哉！余因专举郑注异读，博稽文字，证明本源，为《礼记郑读考》，俾流俗不得妄施其谤焉，亦欲扶师法，正经术，绌寡陋，存道真云尔。

陈寿祺《左海文集》卷六《古文尚书条辨序》：东晋晚出《古文尚书》，自吴才老、朱子始疑之，后之儒者叠加抵排，迨我朝太原阎征君《疏证》出，而其说大昌。惠氏定宇、江氏叔沄、王氏礼堂继之，讨论益精。近日通人硕学莫不翕然尊信无异词，而金坛段氏若膺《古文尚书撰异》一编尤精且详。有志乎古者，取数家之书，熟玩而博考之，足以涣然冰释矣。然阎氏同时辄有与为抗难者，毛大可之《冤辞》既以梅颐古文为真本，朱长孺之《埤传》又以孔安国传为真本，二书并著录四库，岂非所谓过而存之，抑亦如谳狱之必具两造，不各竟其辞，不足以弊曲直，与学者束发受经，俛首帖括，墨守唐、宋以来成说，先入为主而不改其蔽，穷老尽气而不悟其非，于此而欲拔赵帜从刘祖，虽使露板风驰，霜锋电激，固未易挽如林之旅，尽为释甲之徒也。**要之，是非自在天壤，在善读书而笃信道者知之耳**。长乐梁太常著《古文尚书条辨》八卷，力攻阎氏，盖《冤辞》、《埤传》之流亚，而疾呼怒詈，掊击纵横，则又甚焉。**夫好紫者贱素，论甘者忌辛，自昔范升、何休之俦，私持所习，尚不免党同伐异，忿争欢哗，况后人乎？然而以讲艺为斗哄之场，以操翰为戈矛之具，尊经明道，厥义何居？**观夫汝南《异义》、高密《箴肓》，和而不同，矜而不争，名德立言，鄙倍斯远，奚必斥骊驹为狗曲，毒汤武于马肝哉？往见叔沄礼堂书中诋諆孔冲远语，多不逊心，窃非之，虽取其所长，而不能讳其所短。今于太常亦未敢违衷而附和也。嗟乎！晚出古文之兴千有余年于兹矣，发疑于吾乡之先贤，论者方以千古卓识许之，而反唇者复出于桑梓，虽南辕北辙，其势不可复合，然亦古今得失之林也。而好学深思、特立孤行之彦，久久不绝于海滨，是犹愈于末俗之依草附木，扣盘而扪钥，后进者其亦有以蹶然奋起也夫！

陈寿祺《左海文集》卷四上《经郛条例》：一、以经注经，此为汉学之先河。六艺指

① 今按：嘉庆十八年刻本《尚书大传》题作《尚书大传定本序》，与此大同小异。

归，具见《尔雅》。博文明事，首推《孟子》。《坊》、《表》二《记》，动引《诗》、《书》；《燕》、《聘》诸义，本诠《仪礼》。《春秋左氏传》，说经尤伙。……一、经中援经，有不标经名，实据经义者。……一、经中援经证事，本非释经。……一、经中引经……此类归之逸经，附每经后。一、所采群经，皆取其援引他经者。至于一篇之内，前后相承，数卷之间，异同互见，义具本书，无庸赘录。如"三传"之释《春秋》凡例是也。……一、《春秋》"三传"事迹，它书所载多相出入。盟壁虞畿有《春秋别典》，国朝陈厚耀有《春秋战国异词》，今不重采。一、《说文解字》引经之例，有用正训，与次训不相蒙者。……有用次训，与正训不相蒙者。……有字止一训，引经为假借者。……此类循文考义，务在求是，不可苟同，亦不可立异。一、《说文》引经，因文散举，虽繁简错综，皆可寻其条理，故有上下数文，辄随字类系者。……一、《说文》引经，有散见于它字读法中者，但须节录其句。……一、《说文》引经之字，重文者有古文、籀文、篆文、或字诸体，并附载。一、小学之书，《说文》、《广雅》最与《尔雅》相辅，诂训名物，敷证极博，辄依部居，逐字甄采。《玉篇》以下，颇经窜乱，必择明引经句者录之。旁至汉、魏碑铭，释藏音义，文字异同，靡不搜讨。一、汉儒传注，有古学、今学之分，必先考其家法，然后异同可辨。……一、群经佚注，近多编缉成书，并雅材好博，收拾阙遗。今所纂经说，系取诸诸家章句之外，凡诸佚注，不尽复录。然采获浩博，篇牍牵连，即莫不贯串，其中阙漏亦尠矣。一、《经典释文》所载诸本异字、诸家异读并采。一、伪书如《家语》、《孔丛子》之类亦采者，如识狱之当具一局。一、周、秦诸子，未遭燔经。汉儒先师，荀卿最近。贾傅、董生，绝学如线，淮南、刘向，杂家博收，《论衡》以下，条绪可寻，讫于《家训》，辨难颇核。……一、史部起《史记》，讫《唐书》，稽讨志传，钩提疏议。三京经业，可一字而千金，五代儒林，孰重南而轻北。至于《通典》之淹贯礼说，《水经注》之研核地理，阐助经义，是为闳博。一、子注、史注有涉经义者并采，以资证明。其为训释本书，使文义易晓者，稍择最要，附缀每条。一、逸纬及唐以前逸子、逸史、别传记，有涉经义者悉采。一、六朝以前通人纂著；史传而外，文集间存，苟于经术有禅，不废采求散佚。一、采书悉仍原文，宁详毋略，每书必标某卷某篇，以明所征有据。善本订误者，附注其下。一、卷首仿《经典释文》之法，为《序录》若干卷，以稽家法，考废兴。一、总经编纂之例，凡鸿章巨典，众论如林，及闳说眇旨，综括经解，皆提挈纲领，不宜破碎。取刘向《别录》之法，为《通论》若干卷，取班固《白虎通义》、杜佑《通典》之法，为目若干条。一、分经编纂之例，逐条排比，离析章句，各依汉儒家法。其古学、今学焯然可知者，循其义类，按次缉缀。有所阙疑，以类附当篇末。一、编纂之例，每条先揭本经篇名，次录所采之书。《易》上下经题某卦，《书》、《诗》、《仪礼》、《礼记》、《尔雅》题某篇，《周礼》题某职，《春秋》"三传"题某公某年，《论语》、《孝经》、《孟子》题某章。文字异者，悉标经句，以便循省。其为传注证明者，并列传注本文于章句下。

陈乔枞

《清儒学案》卷一百二十九《左海学案上》：陈乔枞，字朴园，左海子。道光乙酉举人。官江西分宜、弋阳、德化、南城知县，署袁州、临江、抚州知府。以经术饰吏治，居官有声。同治七年卒，年六十一。先生少承家学，于《诗》、《书》、《礼》致力尤勤。左海晚年，尝以郑注《礼记》，多所改读；又鲁、齐、韩三家《诗》，佚文佚义，与毛氏亦多异同；又《今文尚书》共二十九篇，其传者有伏氏、欧阳氏、大小夏侯氏三家，今除《大传》外，余皆失传。每欲钩考成书，未竟而卒。病革时，犹以此事相勖。先生乃搜讨群籍，旁征博引，为《礼记郑读考》六卷、《鲁诗遗说考》二十卷、《叙录》一卷、《齐诗遗说考》十二卷、《叙录》一卷、《韩诗遗说考》十八卷、《叙录》一卷，附《韩诗内外传补逸》一卷，《今文尚书经说考》三十四卷、《叙录》一卷，《尚书欧阳夏侯遗说考》一卷。皆秉承遗训，先后卒业，遂成完书。其他著述，《齐诗翼氏学疏证》二卷，《诗纬集证》四卷，《诗经四家异文考》五卷，《毛诗郑笺改字说》四卷，《礼堂经说》二卷，亦皆实事求是，恪守师承。说者谓清代经学家，自元和惠氏、高邮王氏外，惟陈氏能修世业，张大其家法云。(参史传)

《清史稿·儒林三》：(陈寿祺) 子乔枞，字朴园。道光五年举人，二十四年，以大挑知县，分发江西。历官分宜、弋阳、德化、南城诸县。署袁州、临江、抚州知府。以经术饰吏治，居官有声。同治七年，卒于官，年六十一。初，寿祺以郑注《礼记》多改读，又尝钩考齐、鲁、韩三家诗佚文、佚义与毛氏异同者，辑而未就，病革，谓乔枞曰："尔好汉学，治经知师法。他日能成吾志，九原无憾矣！"乔枞乃紬绎旧闻，勒为定本，成《礼记郑读考》六卷、《三家诗遗说考》十五卷。又著《齐诗翼氏学疏证》二卷、《诗纬集证》四卷。……又有《诗经四家异文考》五卷、《毛诗郑笺改字说》四卷、《礼堂经说》二卷，最后为《尚书说》。时宿学渐芜，考据家为世訾謷①，独湘乡曾国藩见其书以为可传。自元和惠氏、高邮王氏外，惟乔枞能修世业，张大其家法。

---

① 訾謷：攻讦诋毁。

《清史列传·儒林传下二》：存目。①

谢章铤《赌棋山庄集》文七《左海后人朴园陈先生墓志铭》：国家经学昌明，硕儒辈出，闽人则谨守五子渊源，风气不变。及左海陈恭甫编修，以沉博绝丽之才，修精深醇懿之业，其所著经辨诸书，远与两汉大师相羽翼，又以古义作庭诰，“五经”纷纶，宏启其堂构，论者谓自元和惠氏三世传《易》，高邮王氏父子明小学之外，盖莫与抗手焉。嗟乎！若朴园先生者可谓难矣。按状，先生讳乔枞，一字树滋，侯官人，编修之长子也。其先世详编修志传。年十七举于乡，七与计，偕不第。甲辰以大挑分发江西，历宰分宜、弋阳、德化、南城诸县，署袁州、临江、抚州诸府，以经术饰吏治，居官有声。而先生独居深念，抚其先世遗著，辄慨然曰：“昔先大夫病革有言曰：‘吾四十归田，生平无他嗜，惟以书为性命，疲于文字之役，纂述匆匆未尽就。尔好汉学，治经知师法，他日能成吾志，九原无憾矣。’小子虽无状，敢不勉诸！”乃于簿书之隙，紬绎旧闻，次第勒为定本，于时政和民宜，而素业亦告成焉。有《礼堂经说》二卷、《毛诗郑笺改字说》四卷、《礼记郑读考》六卷、《鲁诗遗说考》六卷、《齐诗遗说考》四卷、《韩诗遗说考》五卷、《齐诗翼氏学疏证》二卷、《诗纬集证》四卷、《鲁齐韩毛四家诗异文考》五卷、《今文尚书经说考》三十四卷、《欧阳夏侯经说考》一卷。其《礼记郑读考》谓：“‘三礼’之学，《周礼》则有金坛段懋堂之《汉读考》，《仪礼》则有泾县胡墨庄之《古今疏义》。”因专治《礼记》四十九篇。《礼记》本出孔壁，及河间献王所得，皆古文。其后礼家授受变为今文，师承各出，传写日繁。郑所改读，略有四例，有承受经师者，有援据别本者，有稽合经典以订之者，有审核音训以定之者。而一孔之士乃以为郑好改字，非也。其《齐诗翼氏学疏证》、《诗纬集证》谓：齐氏之学宗旨有三，曰四始，曰五际，曰六情，皆以明天地阴阳终始之理，考人事盛衰得失之原，言王道治乱安危之故。齐先亡，最为寡证。独翼奉传存其百一，亦犹《易》有孟京卦气之候，《春秋》有公羊灾异之条，且其说多出《诗纬》。察躔象，推历数，征休咎，盖齐学所本也。**《诗纬》亡而《齐诗》遂为绝学矣**。其《今文尚书经说考》谓二十九篇今文具存，十六篇既无今文可考，遂莫能尽通其义。凡古文《易》、《书》、《诗》、《礼》、《论语》、《孝经》所以传，悉由今文为之先驱。今文所无辄废，向微伏生，则万古长夜矣。欧阳、大小夏侯各守师法。苟能得其单辞片义。以寻千百年不传之绪。则今文之维持圣经于不坠者岂浅尠哉？凡先生所论列，实事求是，类如此。其他书或创于编修未亡之日，经其指示，或成于编修既殁之后，准其遗训，而一时名公硕彦，莫不引为畏友。仪征阮文达公以为析前人所未析，萧山汤文端公以为见博而思精。最后始为《尚书说》，其时宿学渐芜，微言零落，而瞪目扼腕者流，方以“败坏人才”訾謷考据家，独湘乡曾文正公通经能文章，见其书以为可传。呜乎！贾徽、郑兴家风不沫，若先生者，殆能读父书矣。年六十一，同治己巳，卒于抚州官舍。身后萧然，惟书籍刻板百有余箧而已。其明年，归葬于福州之大夫岭。子某某。嗟乎！章铤于编修恨不及其门，又无缘得见先生，一质其所学。适其从子元禧请为志，乃揭编修之学派与先生所以修世业而张大其家法者，以兴志古之士而系之以铭，曰：聚讼汤武马肝毒，怒詈骊驹何狗曲。兰台行赂漆书辱，向壁臆造鬼愈哭。祎而陈君巨儒族，良冶良弓君子谷。醰醰者心便便腹，金丝有声出墙屋。箴膏发墨媚我独，纫兰无人香满谷。许、郑既精程、朱足，

① 见中华书局本第18册，第5579页。

汉、宋二学贯一毂。墓门之光九幽烛。

章太炎《太炎文录》卷二《高先生传》：高先生讳学治，字宰平，其先自山阴之前梅渡江而宅，为仁和人……当是时，先生最欢，及望治《公羊春秋》与先生异术，劳权亦死，先生始不说经。炳麟见先生，先生年七十五六矣，犹日读书，朝必写百名，昼虽倦不卧也。问经事，辄随口应，且令读陈乔枞书。炳麟曰："若不逮陈奂矣。"先生曰："长洲陈君过拘牵，不得骋。"……炳麟由是说经益谨。先生语炳麟："惠、戴以降，朴学之士炳炳有行列矣，然行义无卓绝可称者。方以程、朱侻也，视两汉诸经师坚苦忍形、遯世而不闷者，终莫能逮。夫处陵夷之世，刻志典籍，而操行不衰，常为法式，斯所谓易直弸中君子也，小子志之。"

陈乔枞《今文尚书经说考序》：……曩者先大夫伤古经之淆乱，闵今学之沦亡，撰《伏生尚书大传定本》，稽核群书，揭所据依，而为之案三卷。首为《序录》一卷，其所芟除，别为《订误》一卷，又载《汉书·五行志》，缀以他书所引刘氏《五行传论》三卷，总为八卷，序而行之。又欲著《欧阳、夏侯经说考》，而未果也。尝谓乔枞曰：孔安国得壁中古文，多逸书十六篇，绝无师说。终汉之世，独传二十九篇而已。何则？二十九篇今文具存，文字异者不过数百，其余与古文大恉略均，足相推据，逸十六篇既无今文可考，遂莫能尽通其义，凡古文《易》、《书》、《诗》、《礼》、《论语》、《孝经》所以传，悉由今文为之先驱，今文所无辄废。古《春秋左氏传》，赖张苍先修其业故传。《礼古经》五十六卷，传《士礼》十七篇，与《后戴》同，而三十九篇逸《礼》竟亡。《书》亦犹是也。向微伏生，则唐虞、三代典、谟、诰、命之经烟销灰灭，万古长夜。夫天为斯文，笃生名德，期颐之寿，以昌大道，岂偶然哉！《尚书》三家今文，各守师法，皆传伏生之业者。苟能钩考佚文，得其单词片义，以寻三家今文千数百年不传之绪，使百世之下犹知当日幸有三家今文，赖以维持圣经于不坠，则岂徒足以延绝学而广异义云尔哉？乔枞敬承庭训，识之勿敢忘。曩曾搜集群书，稽求佚义，缀辑颇具，梗概粗陈。顾以宦海浮沉，日月逾迈，恒以不克继志为惧。今春免官，遂杜门下帷，乃录旧稿，重复研寻，成《欧阳夏侯经说考》一卷，《今文尚书序录》一卷，《今文尚书经说考》三十三卷。凡所采摭经史、传注及诸子百家之说，实事以求是，必溯师承，多沿流以讨源，务随家法，而参详考校，则亦有取于马、郑之传注，为之旁证而引伸之。前后屡更寒暑，而后卒业焉，庶求无负昔日趋庭之训焉尔，是为序。①

陈乔枞《鲁诗遗说考自序》：……是三家之学，《鲁》最先出，其传亦最广。有张、唐、褚氏之学，又有韦氏学、许氏学，皆家世传业，守其师法。终汉之世，三家并立学官，而《鲁》学为极盛焉。魏、晋改代，屡经兵燹，学官失业，《齐诗》既亡，而《鲁

① 见《皇清经解续编》。皮锡瑞《经学通论》有"论治《尚书》当先看孙星衍《尚书今古文注疏》、陈乔枞《今文尚书经说考》"专节，云："又有刘逢禄《尚书今古文集解》、魏源《书古微》、陈乔枞《今文尚书经说考》。三家之书皆主今文，不取古文。盖自常州学派以西汉今文为宗主，尚书一经亦主今文。刘氏、魏氏不取马、郑，并不信马、郑所传逸十六篇，其识优于前人，惟既不取马、郑古文，则当专宗伏生今文。……陈氏博采古说，有功今文，惟其书颇似长编，搜罗多而断制少，又必引郑君为将伯，误执古说为今文，以致反疑伏生，违弃初祖。"

诗》不过江东，其学遂以寖微。然而马、班、范三史所载，汉百家著述所称，亦未尝无绪论之存，足以资考证佚文，而采摭异义。失在学者因陋就简，不能修学好古，实事求是耳。……顾《鲁诗》今不传，只此残碑所有，其文虽与毛氏同，亦当备载之，俾得据以考证，不宜取此而弃彼也。乔枞幼承庭训，稍长治三家诗。先大夫因出所撰《三家诗遗说》，命卒其业。案《鲁诗》授受源流，《汉书》章章可考。……刘向父子世习《鲁诗》，高邮王氏《经义述闻》以向为治《韩诗》，未足征信。……汉人传经，最重家学，知向世修其业，著《说苑》、《新序》、《列女传》诸书，其所称述，必出于《鲁诗》无疑矣。……《尔雅》亦《鲁诗》之学，汉儒谓《尔雅》为叔孙通所传，叔孙通，鲁人也。臧镛堂《拜经日记》以《尔雅》所释《诗》字训义皆为《鲁诗》，允而有征。郭璞不见《鲁诗》，其注《尔雅》多袭汉人旧义，若犍为舍人、刘歆、樊光、李巡诸家注解征引《诗经》，皆《鲁》家今文，往往与毛氏殊，郭璞沿用其语。……《熹平石经》以《鲁诗》为主，间有《齐》、《韩》字，盖叙二家异同之说，此蔡邕、杨赐所奉诏同定者也。……史迁盖语本《鲁诗》，而王符《潜夫论》、高诱《淮南注》亦均以《鹿鸣》为刺上之作。互证而参观之，夫固可以考见家法矣。乔枞敬承先志，次第补缉，成《鲁诗遗说考》六卷，其《齐》、《韩》二家采缀粗就，尚当细加稽覆，别为篇帙。然距先大夫弃养之日于今五年，每抚昔时所授遗编，手泽犹存，音容已邈，掩卷怆然，不胜风木之感云。

陈庆镛《籀经堂类稿》卷十一《陈树滋齐诗翼氏学疏证序》：汉初，《毛诗》未行，鲁、齐、韩三家并立博士。自毛出而三家熄。《齐诗》亡于魏代为最早，学者寻绎坠绪，每得一义，如珍拱璧。宋王伯厚《诗考》搜罗三家遗说，颇费苦心。近余仲林萧客、范蘅州家相、卢召弓文弨、臧在东镛堂、王仁圃（墓）［谟］①、冯柳东登府诸君子续辑略备，然学者犹有择焉不精，语焉不详之憾。余友山阳丁俭卿晏、邵阳魏默深源于三家诗说各有著录。丁书逐加详核，魏书统言大义，二者言各有当，其书并未梓行，学人多未得见。至治《齐诗》翼氏专家之学，则余同年友吴江迮青崖鹤寿，撰《齐诗翼氏学》四卷，于奉所言始际名义，逐层疏解，创为《四始图》、《五际图》、《八部阴阳相承》、《八部诗篇循环》、《五纪积年》诸图，其未明者，复为表，例以释之，其于翼氏一家之学可谓专心致志矣。吾师恭甫夫子稽撰达旨，说经诸书海内宗之，尝搜讨鲁、齐、韩三家佚文佚义，与毛氏异同者为参互考订，然辑未成，而哲人其萎。其子树滋孝廉过庭受学，复卒是业，成《鲁诗遗说考》六卷、《齐诗遗说考》四卷、《韩诗遗说考》五卷。余屡索读，因道远行笥维艰，莫能得睹。甲辰春，树滋计偕来都，出所刻《齐诗翼氏学疏证》一书，读之觉于始际之义涣然以释，其引漳浦黄忠端公《三易洞玑》左证，谓皆本《齐诗》，则尤确切不移，发前人所未发。或疑翼少君始际之说，因灾陈戒，托言诗篇，以明纬学，其说涉于附会，故班孟坚亦谓其假经立谊，依托象数，或不免乎亿则屡中。然《汉书》本传言“臣奉窃学齐诗，闻五际之要，十月之交，知日食地震之效”，则五际之本《齐诗》无疑也。……五际之说出于《齐诗》，则四始之说亦出于《齐诗》更无疑也。且少君当元

① 王谟（约1731—1817），字仁圃，一字汝上，又作汝麋，晚称汝上老人。金溪县临坊（今江西省南城县沙洲乡临坊村）人。乾隆四十三年（1778）进士。选授建昌府学教授。辑《汉魏遗书钞》500余种，刊行者有经部108种，《汉魏丛书》辑佚书86种，又广为94种；《汉、唐地理书抄》分前后两编8册，都500余种。

帝时，因陇西地震孝武园白鹤馆灾，上书指陈灾异，引《诗》以明师学授受，不失为直言极谏之臣。……孟子言："孔子《诗》亡然后《春秋》作。"即诗篇以言戹会始际之义，实萌芽于此，其即七十子之微言大义。孟氏亲闻之，而辕固生所由本与《六经奥义》无所不包，故汉儒治经，通其业者类皆能推贯天人，明阴阳律历之占。孟喜之于《周易》卦气，刘向之于《洪范》五行，郑康成之于《尚书中侯》，董仲舒之于《公羊春秋》，本阴阳以推祸福，其言皆验，于世则谓诗义非止始际，则可谓始际必非诗义，则不可谓《齐诗》，非但说始际则可谓始际之必非《齐诗》则不可。始际之义可废，则孟子王者迹熄之旨亦可废乎？翼氏之学自汉以后绝响，今赖衍而传之，可为翼氏功臣，即可为辕固生功臣，而孔、孟传授宗旨亦可以会矣。余向雅好三家说，尝采辑，未成书，思为疏证而未能。今得是编，读之数日，实先得我心，爰乐而书之，并以冀各家遗说，考诸书续行付梓，俾先睹为快，则幸甚幸甚。是为序。

张　澍

《清儒学案》卷一四二《介侯学案》：乾嘉之际，考据之学方盛。陇西僻远，传人较稀。介侯崛起，以博洽名，著书宏富，为边方之杰。阶州邢氏雨民，名辈差先，而搜集金石，编述文献，学派亦与之相近焉。(下略)

《清史稿·文苑三》：张澍，字介侯，武威人。父应举，有孝行。嘉庆四年，澍年十八，成进士。是科得人最盛，澍选庶吉士，文词博丽。散馆改知县，初令玉屏，以病归。叙防河劳，选屏山，摄兴文，丁父艰。再起，知永新。署临江通判，坐徵解缓，罢官。开复，补泸溪，复以忧去。澍性亢直，所至辄有声。……务博览经史，皆有纂著。游迹半天下，诗文益富。留心关、陇文献，搜辑刊刻之。纂《五凉旧闻》、《三古人苑》、《续黔书》、《秦音》、《蜀典》，而《姓氏五书》尤为绝学。自著诗文外，又有《诗小序翼》、《说文引经考证》。

钱仪吉《衎石斋记事稿》续稿卷九《张介侯墓志铭》：武威张君，讳澍，字伯瀹，自号介侯。……君性亢直，疾恶如仇，好责善朋友间，人多畏君。会试滞留久，贫甚，而馆巨公家，主人出其内人夜摴蒲，君使其戚谯让之，卒以谗去。又馆臧家桥，主人召优娱客，君怒，又去之。最后南昌熊侍郎枚请教其孙常錞。是岁第进士，入翰林，充实录馆纂修。嘉庆四年己未也，辛酉散馆，改外选黔之玉屏，自是为县宰三十年。处己廉，与人忠，而刚介特立，论事屹然少可，亦时时责善于上官，守其直，终身不易也。……君著《姓氏五书》、《续黔书》，自定诗集二十六卷、文集三十五卷，补辑《汉皇德传》，魏周生烈子以下关陇著述数十种及《世本》、《风俗通》诸书、《诸葛忠武集》皆已刻，《诗小序翼》、《三古人苑》、《五凉旧闻》、《秦音》、《蜀典》等稿，藏于家。(下略)

张澍《养素堂文集》卷三《辑子夏易传序》：存目。

张澍《养素堂文集》卷四《说文引经考证序》：许叔重《说文解字叙》云："其称《易》孟氏，《书》孔氏，《诗》毛氏，《礼》、《周官》、《春秋左氏》、《论语》、《孝经》皆古文也。"……余于道光二年入都，需次寓钱衎石侍御宅，长夏无事，乃取《说文》所引各经，疏通而证明之。因知**古人传授各守师说，而不肯倍，非如后世之羼杂众论，纷纷聚讼，莫能画一**。爰序而藏之，以示子弟，非敢以质淹雅也。

张澍《养素堂文集》卷三《小序翼题辞》：《小序》，子夏作也。何以明之？《尔雅·释诂》为周公作，《释言》以下，子夏之徒作。其所释多系诗文，是子夏精训诂，在孔门以善言诗称，故作小序也。诗辞深远，旨渺义微，有似美而实刺，或似刺而实美，微序其何由知之？子夏本国史之遗文而著之为序，则论其诗可以知其人矣。自唐韩愈谓子夏有不序诗之道三疑其为汉儒附托。宋欧阳永叔、王安石、苏颍滨、郑夹漈、朱仲晦、程大昌、王质等争掊击之，各立异说，而《诗》之本意遂失。观汉儒文章及解经多本《小序》，如司马相如难蜀父老云："王事未有不始于忧勤，而终于逸乐。"此用《鱼藻序》……愚以世儒之废弃之也，因从事于斯。凡毛传、郑笺、孔颖达疏以及宋人吕氏祖谦、严氏粲、范氏处义、苏氏辙、黄氏櫄、李氏樗、曹氏粹中、王氏应麟及国朝顾炎武、陈启源、徐文靖诸人论诗有与《小序》相发明者，咸采辑之。若姜白岩炳璋以序首句为子夏作，下皆汉儒附益，隔一字书之，多所驳斥，大抵沿宋苏辙、明朱谋玮、张次仲、朱朝瑛之余论，不足为据。其诠释有明确者亦时采之。至明郝敬、何楷，虽多新说，择其与序附离者入之。若《子贡诗传》、《申培诗说》本系丰坊伪作，无如浅人信从，莫觉其非，惟毛氏奇龄驳斥无遗，亦附录焉，盖所以章其叛序之罪也。（下略）

朱　珔

《清儒学案》卷一三八《墨庄学案·墨庄交游·朱先生珔》：朱珔，字玉存，号兰坡，泾县人。……先生精研画、塑之学，尝谓训诂者，说经之枢机，世儒忽焉，不知因字释义，因义诠经，泥执本经，纡回迁就，或狃部分，韵凿枘。夫古文字少，一字常有数音，后世字多，数字仍归一义。况经由口授，音不必同，学守师门，义多旁训。因就《说文》，假借一义，证以群经、《史》、《汉》、周秦诸子及汉碑、《文选》所引者，旁敷曲畅，悉有依归。越五十年，成《说文假借义证》二十八卷。其说经之作，必搜讨古训，求其所安。……又著有《经文广异》十二卷、《文选集释》二十四卷、《小万卷斋文稿》二十四卷、《诗集》三十二卷、《续集》十二卷、《经进稿》四卷。辑有《国朝古文汇抄》初集百七十六卷、二集百卷、《国朝诂经文抄》六十二卷。（参李元度撰《传》、胡韫玉撰《传》、朱荫盛《说文假借义证序》、朱彝《说文假借义证序》）

《清史稿·儒林三》：朱珔，字兰坡，泾县人。珔生三年而孤，祖命为季父后，嗣母汪未婚守志，珔孝事之，与生母同，昆弟均相友爱。嘉庆七年成进士，选翰林院庶吉士……散馆授编修，擢至侍读。与修《明鉴》，坐承纂官累，降编修。道光元年，直上书房，屡蒙嘉奖，有品学兼优之褒。升右春坊右赞善，告养归。植品敦俗，奖诱后进。历主钟山、正谊、紫阳书院。卒，年八十有二。珔爱书如命，学有本原。主讲席几三十年，教士以通经学古为先。与桐城姚鼐、阳湖李兆洛并负儒林宿望，盖鼎足而三云。著有《说文假借义证》二十八卷、《经文广异》十二卷、《文选集释》二十四卷、《小万卷斋诗文集》七十卷。辑有《国朝古文汇抄》二百七十二卷，又有《诂经文抄》六十二卷，汇有清诸名家说经之文，依次标题，篇幅完善，尤足为后学津逮云。

《清史列传·儒林传下二》：……珔爱书如命，治经搜讨古训，不隅守一家之说，而必求心之所安。仪征阮元称其腓字、手弓诸解，征实精确。嘉兴沈涛称其言《易》彖辞爻辞皆用韵，《乾》三爻“终日乾乾”，与“田”、“人”、“天”、“渊”韵，《说文》引“夕惕若夤”，“夤”亦韵。初九“潜龙勿用”，“龙”与“用”韵，上九、用九，“悔”与“首”韵。又言《诗》郑笺申毛非改毛，毛公训诂用假借字，郑所改字，即传之假借字，皆前人所未道。珔以我朝经学书散而不聚，因捃拾各家文集札记，分典章、名物、训诂、音韵四类，为《诂经文抄》七十卷、《续》十卷。告归后，主钟山、正谊、紫阳书院垂三十年，以实学造士，成就者众。著有《说文假借义证》二十八卷、《经文广异》十二卷、《文选集释》二十四卷。古文宗桐城，有《小万卷斋诗文集》七十卷。又辑有《国朝古文汇抄》二百七十二卷。三十年，卒，年八十二。①

梅曾亮《柏枧山房全集》文集卷十五《朱兰坡先生墓志铭》：先生姓朱氏，讳珔，字兰坡，先世唐末自苏州迁婺源，六世祖纬迁泾县。……先生嘉庆七年庶吉士，未散馆，与幸翰林院柏梁体联句，宴赐什物，散馆授编修，充武英殿、国史馆纂修、实录馆校勘、山东乡试副考官、文渊阁校理、日讲起居注官，擢赞善、侍讲，以兄丧归，再补侍讲，充国史馆总纂，修《明鉴》，以事改编修，充国史馆提调、庚辰会试同考官。道光元年直上书房，褒许品学，恩赏稠迭。壬午年充会试同考官，再转赞善，且大用矣，而以母病归，遂不复出。主讲钟山、正谊、紫阳书院，以教授著述为乐。……道光三十年四月十三日卒，年八十二。方先生乞养，时年始过五十，其文学行谊已深结乎主知矣，而国家优礼师傅，凡词臣直上书房者，数年皆坐致卿贰，人皆以是期先生，顾决然引去，甘寂寞于讲席者几三十年，此非自足于已而能然哉？闾里书师既不足诏士而矫其失者，又或博闻溺心。若先生之至性高节，其好古多识，又足以餍才智之心而折其气，夫壮而不学，老无传也。老而不教，殁无思也。先生所谓传而人思者欤？……以咸丰元年十月某日葬苏州某乡某原。铭曰：我见先生，道光之初。其气浑刚，而貌舒舒。包育万有，见善若虚。惟太夫人，含贞抚孤。授我以笔，曾述其粗。再世铭幽，我曷敢渝。在唐远祖，始迁去苏。复始而吉，奠此阴墟。揭德振光，以播三吴。

胡承珙《求是堂文集》卷六《诰赠通奉大夫朱府君墓志铭》：嘉庆二十二年秋，翰林侍讲朱君珔以其家将以是年之十有二月癸酉合葬其大父母于本乡路西冲之原，乃叙述其行事，如李翱之为《皇祖实录》者，而假辞于其友胡承珙，且曰：君本邑人，家不十里遥，又姻亲，知之最真且悉也，故以请。昔柳子厚之铭魏府君也，曰：居又同闬。欧阳文忠之志杨次公也，曰："其子不以铭属他人，而属修者，以修言为可信。"承珙文不足以传后，顾未敢以不信辞。于是按状铭之，曰：公讳庆霈，字沛深，先世自婺源徙泾。曾祖讳明情，充乡长，顺治间赐六品冠带。祖讳文纶，早世。父讳武劻，貤赠通奉大夫，入祀乡贤祠。大夫公有子五人，公其季也。少劬苦于学，不得志有司，遂弃去，习贾汉阳，然志不在贾也。家少裕，即告归。辟精舍，积书其中，延师课诸孙及群从子孙，公朝夕往视，洒扫馔食唯谨，每较艺，令列坐一堂，自督守之。既成，以请于师，奖善黜不中程者，岁率如是，以终其身不懈。盖公自嗛于其学之未卒业也，故嗜学如饥渴，视能学之士如宝珍，而望其后之人之学如望岁焉。其他嗜义，一如其嗜学。然有族弟幼孤母携以适人不相闻，百计访求，竟归之，为授室，子嗣以系其诚恳，有始终如此。今其家多以学致通显者。又多好善乐施，予皆公教也。公娶于我族夫人氏，自始归公，至白首受封，俭勤一节，其训子若孙也如公。其治家纤悉，凡公所不暇及者，胥赖之。配良嗣庆，于是乎在。公卒于乾隆四十六年七月十三日，年七十有八。由国子监生以孙理贵，赠阶通奉大夫。夫人后公十一年卒，年八十有七。先封安人，晋赠夫人。子四人：长安沆，赠朝议大夫，后公八年

① 见中华书局本第 18 册，第 5593~5594 页。

卒；次安淮，赠通奉大夫；次安邦，貤赠奉直大夫；次安桂，赠奉直大夫，皆先公卒。女一，适国子监生汪云龙。孙：瑶，廪贡生；理，乾隆丁未进士，由翰林院编修，历官刑部侍郎、江苏巡抚，今官贵州巡抚；琛，布政司理；问，貤封奉直大夫；琇，国子监生；珏，早卒；管，州同知；珔，嘉庆壬戌科进士，改庶吉士，授编修，今官侍讲。曾孙二十人，元孙二十有八人，来孙四人。

李元度《天岳山馆文抄》卷十二《右春坊右赞善前翰林院侍讲朱兰坡先生传》：公讳珔，字玉存，学者称兰坡先生。先世自姑苏迁婺源，再迁泾为泾右。……公生有异禀。嘉庆七年进士选翰林院庶吉士，授编修，充武英殿纂修、国史馆协修、实录馆校勘。官十二年，典山东乡试，充国史馆、文颖馆纂修。十八年充日讲起居注官，擢右春坊赞善。十九年迁中允，教习庶吉士，晋洗马，寻除侍讲，充国史馆总纂。二十一年教习庶吉士，与修《明鉴》。明年坐承纂官累左迁编修，充国史馆提调。二十五年分校礼部试。道光元年，直上书房，召对褒勉有加，赐赉不胜纪。二年复校礼部试，迁赞善，以汪太宜人病乞养归，至则太宜人已考终矣。明年，主讲钟山书院，寻宅赵太宜人忧，服阕辇下，故人争走书劝出山。公曰："禄不逮养，即万钟何加焉？况穸窀未奠乎前。"后主钟山暨正谊、紫阳书院二十有五年，遂不复出。公以词坛耆宿主持风会，后进瞻之若山斗。……尤留心文献。**为文原本经术，教士以通经学古为先。与桐城姚姬传、阳湖李申耆并负儒林宿望，盖鼎足而三云。**所著曰《小万卷斋文》二十四卷、诗三十二卷、续稿十二卷、经进稿二卷。辑《国朝古文汇抄》初集百七十二卷、二集百卷、《国朝诂经文抄》六十二卷、《文选集释》二十四卷、《经文广异》十二卷、《说文假借义证》二十八卷。……赞曰：**一代之兴，必有鸿达魁垒之儒，为斯文所系。若姚氏铉之《唐文粹》、吕氏祖谦之《宋文鉴》、苏氏天爵之《元文类》、黄氏宗羲之《明文海》，皆一朝文献所荟也。圣清文治迈前古，说经家尤铿铿，顾未有甄综为巨编者。夫非操鉴者难其选欤？公所辑《国朝文汇抄》暨《诂经文钞》，煌煌乎经国之巨业也。**诸作者且藉公以传，公之传庸有既邪？余夙景慕公，公之增孙宪屏司马客吾乡，属为公传。乌虖！异时传儒林者抑将有取于所也欤？

何绍基《（光绪）重修安徽通志》卷二百二十：朱珔，字兰坡，泾县人。生三年而孤。祖命为季父后嗣。母汪未婚守志，珔孝事之，与生母同昆弟均相友爱。成嘉庆壬戌进士，未散馆，与幸翰林院柏梁体联句宴，授编修，官至翰林院侍讲，直上书房，屡蒙宣庙嘉奖，有品学兼优之褒，告养归，植品敦俗，奖诱后进，历主钟山、正谊、紫阳书院，造就甚多。著有《小万卷斋诗文集》七十卷、《说文假借义证》二十八卷、《经文广异》十二卷、《文选集释》二十四卷、辑有《国朝古文汇抄》二百七十二卷、《国朝诂经文抄》六十二卷。卒年八十二，祀苏州五百名贤祠。

朱珔《小万卷斋文稿》卷十《国朝诂经文抄序》：……我朝尚经学，超越前代。近时纯笃专壹之士，搜采研索，期复夫古初。《易》不重王弼、韩康伯，而于郑之爻辰，虞之纳甲，荀之乾升坤降，一一推阐，且上追孟喜、京房。《书》力辟伪孔传，而从马、郑真古文，并及欧阳、夏侯所习伏生之今文。《诗》固传、笺为主，又于齐、鲁、韩三家剩字单词，罔敢遗弃。《春秋》既斥胡传，即啖助、赵匡亦所不收，往往援贾、郑、服以正杜注之误。独"三礼"本遵郑注，无可移易，然犹裒集马融、卢植、蔡邕诸家。《尔雅》沿郭璞，又摭拾犍为舍人、樊光、李巡辈以为汉注。夫岂好自立异？盖年代较近，征验较确。卢召弓云，犹州郡土音各别，以吴人解越人之言，纵不尽通，尚得其六七，燕、秦之人师授，家法相承，固皆七十子之微言大义也。**余窃揆厥旨趣，约有数端，曰典章，曰名物，曰训诂，曰音韵。……综计本朝经学之粹如此，大抵罕作空谈，务求实证。**成书外，更有各家文集暨札记之属，咸创抒己见，辅翼群经，发前人所未发。特是散而不聚，学者难遍观尽识，增长神智。久之，且恐渐湮灭。不揣固陋，随处觅购，都付抄胥，迄今二十余年，几及百卷，名之曰《诂经文抄》。中率篇幅完善，殊鲜碎金。至异同之说，则不妨兼取。(下略)①

张鸣珂《说文假借义证序》：《说文假借义证》视李氏富孙《说文辨字正俗》、钱氏坫《十经文字通正书》、朱氏骏声《说文通训定声》② 诸书，繁简不侔，精确可信。读是书者，于通借、互借、两借、连借各义，寻源竟委，触类旁通，可以窥测指事、象形、形声、会意、转注之大凡，岂仅囿于假借一端也？③

① 见《清代诗文集汇编》第494册，第188~189页。

② 《说文通训定声》，清朱骏声著。十八卷，又柬韵一卷。“曰‘说文’，表所宗也；曰‘通训’，发明转注假借之例也；曰‘定声’，证《广韵》今韵之非古而导其源也。”（《说文通训定声·奏呈》）该书的主要特点有两个：1. 变更《说文》体例，按古韵及形声字声符重新编排。增附七千多字，从中分析出形声声符1137个，再依其所定古韵归并为十八部。从《周易》六十四卦中，抽出十八个卦名作韵部名称：一丰部（东）；二升部（蒸）；三临部（侵）；四谦部（覃）；五颐部（之）；六孚部（幽）；七小部（宵）；八需部（侯）；九豫部（鱼）；十随部（歌）；十一解部（支）；十二履部（脂）；十三泰部（祭）；十四乾部（元）；十五屯部（文）；十六坤部（真）；十七鼎部（耕）；十八壮部（阳）。在文字排列上打破了《说文》的传统编排方法，独创了形声声符的检索体例。2. 先就字形构造考明本义，次以古书中通用之义，分列为“转注”（即引申）、“假借”、“别义”等项，兼载“声训”、“古韵”。释义完整、全面，条分缕析。(许嘉璐主编《传统语言学辞典》第353页)

③ 见《续修四库全书》第214册，该书卷首。

周用锡

周用锡，平湖人。著有《尚书证义》二十八卷。事迹未详。

汪廷珍《尚书证义序》：六经之遭秦火，受其厄者惟《书》。后儒之述经义，最难通者亦惟《书》。何也？贤为圣译，经赖传明。《诗》有《毛氏传》，《春秋》有《左氏》及《公羊》、《穀梁》三《传》，《礼》虽高堂生、二戴、庆普之《记》亡，而有郑氏注，则古义具存。《易》虽谶纬于汉，黄、老于晋，河洛、先天于宋，而孔子之《十翼》存，则经存。承学之士由流溯源，端绪可寻，可以不迷所往。惟《书》则仅有伏生《大传》错采古说，不尽释经，而又多为后人所乱。洎乎六朝，郑注行乎河朔，夏侯、欧阳遗说犹有存者。至唐之正义专用伪传，而郑注遂亡。……我朝经学盛昌，通儒辈出。晚出之书，学士多所排击，而二十八篇古义罕有过而问者，诚憾事也！当湖周君用锡，绩学之士，笃志是经，覃思累岁，成《证义》二十八卷。以廷珍稍治古学，邮以见示。受读卒业，叹其参考群籍，综核雅诂，推声音文字之原，究古今假借之变，言必有物，义必师古，虽三盘八诰旨奥词艰，其间转注旁通，曲折求解，将谓冥合符契，或犹待于榷商。又若天文地理未尽致精，典物制度亦皆从略，此则力不并锐，业有专攻。要之，扫俗学之榛芜，彰前哲之典训，扶持绝学，引掖后贤，其于经义，殆非小补。……今周君此书，贯穿群言，折中经旨，义无虚构，文必足征。……在近儒著述中，惟陈氏《毛氏稽古编》差堪匹敌。而创通大义，则所谓功与齐而力倍之者。好学深思之士习其读而知之，当不以仆言为溢美也。嘉庆二十有一年闰六月，浙江督学使者，山阳汪廷珍序。①

周用锡《尚书证义叙》：……自是数百年来，考古之士群起而力攻其伪。明则梅氏鷟有《尚书考异》，国朝则阎氏若璩有《古文尚书疏证》，宋氏鉴有《古文尚书考辨》，然皆抉剔伪古文之采掇补缀，未尝即二十八篇而讨论其奥义。近世王氏鸣盛始辑《尚书后案》，实为郑氏功臣。江氏声亦作《尚书音疏》，然江则改从籀篆，而失之略；王则辨驳

① 见《续修四库全书》第48册，该书卷首。

孔传而失之繁。用是不揆梼昧，覃思指归，稽诸古训，名曰“证义”（凡句读以孔传为正，其有不从孔者，则注明之。凡引马、郑注，《后案》已注明采辑何书，故从略）。唯以寻绎前圣之言，不敢拘泥先儒之说。异同得失，亦不置辨，以博通君子自可参观而知也。嘉庆二十一年丙子春平湖周用锡自叙。①

① 见《续修四库全书》第48册，该书卷首。

李钟泗

《清儒学案》卷一百二十《里堂学案·里堂交游·李先生钟泗》：李钟泗，字滨石，甘泉人。嘉庆辛酉举人。治经精《左氏春秋》，著《规规过》一书，抑刘伸杜，里堂称其精博。（参《汉学师承记》）

《清史稿·儒林三》：钟裒、李钟泗皆有名，均甘泉人。钟泗，字滨石。嘉庆六年举人。治经精《左氏春秋》，撰《规规过》一书，抑刘伸杜，焦循服其精博。

《清史列传·儒林传下二》：存目。①

焦循《雕菰集》卷二十三《拣选知县李君滨石事状》：李钟泗，字滨石，其先淮安人。父世琏，号紫峰，精李虚中之术，卖卜扬州市，遂为甘泉人。紫峰多隐德，尝曰："吾生子宜有兴者。"及生滨石，而紫峰卒。滨石兄钟源，字嵩泉，承父业，日得钱以养老母及幼弟。滨石因得读书，师事同邑黄先生依宣。黄先生名洙，今以进士官山东县令者也。时为诸生，馆于濮，滨石往附学。值岁饥，米贵，终日或不得食，每归饭，餐两麦饼即往，忍饿苦学。嵩泉闵之，令改业习负贩，曰："弟庶几得饱食。"乃投辕门桥市口洋货铺中。甫入之次日，误触玻璃瓮碎，大窘。或曰："尔窭人，何以偿此？"适主至，熟视之，曰："君固从书房中来乎？"曰："然。"曰："读书好事，何改而习此业？"滨石泣语以故，且告以能属文，家有老母，兄一人竭力以养，苦不足，思改业以助兄，或者老母可日得一再饱耳！主人怆然良久，谓之曰："姑居我家，为我司笔墨事，可不废书。"居数日，黄先生过市，见滨石，呼之曰："何月余不入塾中？"语以故。黄先生曰："吾以汝别从他人学。固若此，奈何不我诉？"即携去衣食之。明年，入学为生员，益自刻苦，用是学日进，与江都黄春谷为性命交，以文艺相靡切，时称"黄李"。春谷名承吉，戊午解元，乙丑进士，时为诸生，负才气，英隽倜傥，落落寡偶。滨石谦逊和蔼，善下人，学者多乐与之交。每诗文之会，率邀之，滨石无不应，或一日兼赴，至则走笔成千言，无率语。然名教自守，未尝随人可否，闻议论有不当于义，直言正之，不少顾忌，友朋间服其

① 见中华书局本第18册，第5589页。

直，而益乐亲其人。嘉庆辛酉举于乡，明年下第归，丁母忧，服除，入京师，拣选知县。岁己巳，卒于京邸，年三十九。滨石于经长于《左氏春秋》，工为歌诗及赋颂箴诔杂文，空所依傍，而不愆于则。善饮酒，不拒不竞，三爵之后，笑语益温，未尝至于沉湎。故每有燕集，非滨石不欢。天性善记，或示以文，似未深阅，然久之默诵，不遗一字。乾隆壬子秋，吴太史椿举于乡，实未豫以文示人，而同人已有其稿，盖吴尝口向人诵，而滨石适耳之，榜后默忆，著录仅异同十数言，其颖异类此。循与李君、周南皆与滨石为同年生。李君以书属循，曰："子知滨石深，今适当修府县志，奈何不编次其本末，以乞于大人先生，或赖以不朽。"循不敢辞，谨状如右。①

江藩《国朝汉学师承记》卷七：李钟泗，字滨石。其先阜宁人。父世琏，卖卜扬州市，遂居甘泉。滨石读书，性善记，人所作文，一览即能暗诵。治经详于《左氏春秋》，撰《规规过》一书，抑刘伸杜。焦孝廉循称其书精妙详博，而藩未之见也。滨石少孤，从黄大令诛读四子书，黄君爱其聪颖。忽弃而学贾，一日误碎肆中玻璃缸，贾者责之，滨石大器。黄君适过之，曰："所碎之器，我偿汝值。"贾者逊谢。乃携滨石归，谓其母曰："此子能读不能贾，而使之贾，何哉？"母曰："家贫，不能供脩脯。"黄君曰："第从我读，何脩脯为？"一年之后，补邑庠生，文名大著。嘉庆六年辛酉举于乡，其学益进。尝从藩问《丧礼》，往复问难，发人所未发。赴礼部试，不第，殁于京师。

今按：李元度《国朝先正事略》卷三十五均有传，与焦循文章略同，故不录。

---

① 又见《碑传集补》卷四十。

朱 彬

《清儒学案》卷一〇一《石臞学案下·石臞交游》：朱彬，字武曹，一字郁父，宝应人。乾隆乙卯，顺天举人。幼有至性，年十一丧母，哀毁如成人。长丁父忧，殓葬尽礼，三年疏食居外。时祖母刘尚存，寒暑饮食，尽心调护。同怀兄早殇，与群从累弟友于甚笃。治经确有心得，于训诂、声音、文字之学用力尤深。所著《经传考证》八卷、《礼记训纂》四十九卷、《游道堂诗文集》五卷、《白田风雅》二十四卷。道光十四年卒，年八十有二。子士彦，吏部尚书，谥文定。（参《儒学传稿》）

《清史稿·儒林二》：同邑朱彬，字武曹。乾隆六十年举人。彬幼有至行，年十一丧母，哀戚如成人。长丁父忧，敛葬尽礼，三年蔬食居外。自少至老，好学不厌。承其乡王懋竑经法，与外兄刘台拱①互相切磋。每有所得，辄以书札往来辨难，必求其是而后已。于训诂、声音、文字之学，用力尤深。著有《经传考证》八卷、《礼记训纂》四十九卷，虎观诸儒所论议，《郑志》弟子之问答，以及魏、晋以降诸儒之训释，《书钞》、《通典》、《御览》之涉是书者，一以《注疏》为主，撷其精要，纬以古今诸说。其附以己意者，皆援据精确，发前人所未发。他著有《游道堂诗文集》四卷。道光十四年，卒，年八十有二。子士彦，吏部尚书，自有传。

《清史列传·儒林传下二》：存目。②

朱为弼《赠吏部尚书郁甫朱公墓志铭》：郁甫封公耆年懋德，作式乡邦。同年咏斋尚书，其长子也。道光辛卯、壬辰两持使节于江南，岁腊正旦，皆奉欢介景，里党荣之。甲午初春，尚书闻公疾，陈请解职驰省，奉天子恩谕，戴职归省于家，诚旷典也。公既卒，尚书寓书乞铭墓文。为弼虽弇陋，谊不敢辞，爰按状而志之。公姓朱氏，讳彬，字武曹，一字郁甫。先世为吴中著姓。……公天资醇粹颖敏，魁辈罕伦，髫龄嗜学，长而愈笃。同

---

① 《清史列传·儒林传下二》此下尚有“高邮王念孙、引之父子、李惇、江都汪中、余姚邵晋涵诸人”。

② 详见中华书局本第18册，第5564~5565页。

里刘端临先生台拱以经术名于时，公与相砥砺，同为训诂、声音、文字之学。年十八补诸生，与高邮贾稻孙田祖、李孝臣惇、江都汪容甫中诸先生交，皆闳治才，而钩贯经史。公至性过人，年十一，丧母，哀毁如成人，孝行肫笃，重亲致欢，蔼蔼愉愉，门内以穆。居赠公忧三年，疏食居外，不用浮屠，垂为家法。……公简淡寡交游，尝居京师，足不履贵人门，惟与王观察石臞、邵学士二云、范光禄叔度三先生以文章道义相爱重。学士、光禄早游道山，而公与石臞先生以耆年硕学为儒林丈人。往者石臞先生之殁，海内学者相与嗟悼太息，恨失所宗仰。又二年，而先生下世，东南耆旧于是尽矣。所著《经传考证》八卷、《礼记训纂》四十九卷、文集四卷、诗集一卷、《邑乘志隅》若干卷、《朱氏支谱》一卷、《玉山草堂课艺》若干卷、《白田风雅》二十四卷、《端临先生遗书》若干卷……藏于家。公以道光十四年正月甲午卒，距乾隆十八年九月戊辰生年八十有二。乾隆乙卯顺天举人，大挑二等，改授国子监学录，衔累封光禄大夫、内阁学士兼礼部侍郎，加三级例赠光禄大夫、使部尚书。(下略)①

陈其元《庸闲斋笔记》卷十：宝应朱武曹先生彬，余师文定公之尊人也。沉潜理学，工诗古文，于经史尤极研究。举孝廉，官学博时，文定公已通显矣。督学使者非年家子，即小门生。先生于按试时趁官，侍立唯谨，学使固辞，先生终不去，学使踖踖，深以为苦，虽老，每会试，必与计偕。文定公官至列卿，同人咸劝先生可勿应试，先生不肯。道光癸未，公放会试，总裁示贴回避亲父某人，都中传以为笑，儒林中啧啧叹羡，而先生懊丧特甚，拟留京俟再试，于是棘槐诸大臣咸劝公为奏请一品封典，俾致仕。先生初不知也，比命下，则大怒，以为阻其上进之路。选大杖，欲挞公，公介戚友跪谢乃已。乙酉，公视学浙江，先生偕来，公持法严，士子有过及文艺小疵，咸夏楚不少贷，其作奸犯科者无论矣。故时比之雷部神，有天君之称焉。赖先生时为训解，公因之少霁威严，然承杜石樵尚书后以猛济宽，人多不堪。岁试未竣，飞谤已至京师，吾乡钱心吾给谏特疏劾之事下廷议，谓学政奉公行法职也，惟亲父不应随棚按临各郡，予公薄谴，先生遂浩然归去。归后以载籍自娱，不问外事，年逾大耋乃终。先生濒行时，犹谆谆以宽为勖。余于次年科试入学，文中讹一字，比发落时，心惴惴恐被责，竟得邀免，则先生之余阴也。壬辰应京兆试，至都谒文定公于邸第，训迪蔼然，如坐春风中，与督学时气象迥殊矣。时先生年八十，新撰《礼记训纂》成，得寓目焉。越四十年，服官于苏，得晤先生曾孙缦伯太守，以《游道堂文集》见示，翻读数过，始知先生学问之醇、行谊之厚，实从敏求好古中得之，以淑其身，以启其子孙，有以哉！有以哉！

汪中《与朱武曹书》：曾子有言："往而不返者，年也。"中往与成裕足下相见，序其岁，相次以九年，惟足下无家室人事之累，年壮而身逸，则其为学也易矣。**有远见之识，有淳笃之性，有力学之志，有父兄朋友之益，是天以儒者之业责武曹也，不可以不勉。**《传》曰："民生在勤，勤则不匮。"《荀卿子》曰："锲而舍之，朽木不折；锲而不舍，金石可镂。"盛年不再，日力可惜，愿足下之循序而持久尔。**中尝有志于用世，而耻为无用之学，故于古今制度沿革、民生利病之事皆博问而切究之，以待一日之遇，下至百工小道，学一术以自托。**平日则自食其力，而可以养其廉。取即有饥馑流散之患，亦足以卫其

① 见闵尔昌《碑传集补》卷三十九。

生。何苦耗心劳力，饰虚词以求悦世人哉？此吾藐然常有独学之忧，而愿与足下勉焉者也。凡端临书所已及者不复言，足下可取视之。前期相见，未知何日。窃在下风，以俟嘉誉。①

许瀚《攀古小庐杂著》卷三《曾子问昏礼节》：朱武曹先生《训纂》引王石臞先生语云：此记所言婿遭丧女改嫁之事，本不可为训，不必曲为之说。瀚谨案：**古今礼制不同，君臣也，夫妇也。学者好以后世所见之礼议古人之礼，非滞则刻，究于礼无当也。此礼以语今人，虽三尺童子讶其非也。顾自汉、唐大儒无议之者，直至明时徐师曾、张鹤门等乃哓哓致辨，岂汉、唐之儒皆不知礼邪？盖其去古未远，古礼犹有存者，习见习闻，无可怪异。至宋而古礼寖变，历元及明，学者不复见古礼久矣，故各出其意中之可否以与古人争，其有不合，则目其经为伪，动曰汉儒依托**。乌呼！何古人不知礼者之多多邪？

朱彬《礼记训纂序》：《汉·艺文志》云：“《礼古经》五十六卷，《经》十七篇，《记》一百三十一篇”。《景十三王传》称：“献王所得，皆古文先秦旧书，《周官》、《尚书》、《礼》、《礼记》、《孟子》、《老子》之属，皆经传说记，七十子之徒所论。”郑康成《六艺论》云：“戴德传《记》八十五篇，则《大戴礼》是也。戴圣传《礼》四十九篇，则此《礼记》是也。”《儒林传》：“小戴授梁人桥仁、杨荣子孙，由是小戴有桥、杨之学。”《后汉书·桥玄传》云：“七世祖仁，著《礼记章句》四十九篇，号曰‘桥君学’。”是则《礼记》传授，远有端绪如是。陆德明《经典释文·叙录》引陈邵《周礼论序》云：“戴德删古《礼》二百四十篇，谓之《大戴礼》。戴圣删《大戴礼》为四十九篇，是为《小戴礼》”。后儒翕然信之。然《大戴礼》《哀公问》、《投壶》，《小戴记》亦列此二篇。他如《曾子·大孝篇》见于《祭义》，《诸侯衅庙》见于《杂记》，《朝事篇》自“聘礼”至“诸侯务焉”，见于《聘义》，《本命篇》自“有恩有义”至“圣人因教以制节”，见于《丧服四制》。则非《小戴》删取《大戴》书甚明。孔冲远《乐记正义》亦云：“按《别录》，《礼记》四十九篇，《乐记》第十九，则《乐记》十一篇，在刘向前矣”。观此，则自汉以来，无谓《小戴》删取《大戴》以成书者。唐初，诏孔氏作《正义》，《礼记》最为详赡。凡所征引，如二贺氏、庾氏以及皇氏、熊氏之说，备著于篇。自唐《类礼》已亡，后之释经者多苦其文繁，惟宋末卫正叔《集说》始释全经，然详于议论，而略于训故。元吴草庐《礼记纂言》，割裂删并，自成一家之书。不可颁在学宫，以时习肄。余束发受书，病陈氏《集说》之疏略。本朝经学昌明，诏天下诸生习《礼记》者兼用古注疏，于是洪哲俊彦之伦钻研经义，遐稽博考，盖彬彬矣。不揣梼昧，年逾知命，始取《尔雅》、《说文》、《玉篇》、《广雅》诸书之故训，又刺取《北堂书抄》、《通典》、《太平御览》诸书之涉是记者，虎观诸儒所论议，《郑志》师弟子之问答，以及魏、晋以降诸儒之训释，撮其菁英，以为辑略。管窥蠡测，时有一得，亦附于编。郑君注《礼》，如日月之在天，江河之行地，而千虑之失亦间有之。后儒规其阙失，补其瑕间，用是知经传之文非一人一家之学所能尽也。唯《大学》、《中庸》不加训释，仍依郑注，列经文于次，以

① 见《新编汪中集》，广陵书社 2005 年版，第 442 页。

还四十九篇之旧焉。

朱彬《游道堂集》卷一《释大》：《尚书》中凡言大者，皆辞也。辞者，可有可无之谓。《盘庚》“永敬大恤”；“大诰尔多邦”；《康诰》“四方民大和会”，“天乃大命文王”，“民情大可见”，“时乃大明服”，“大伤厥考心”，“大不友于弟”，“天惟与我民彝大泯乱”，“造民大誉”，“大放王命”；《酒诰》“我民用大乱丧德”，“尔大克羞耇惟君”，“我其可不大监抚于时”；《洛诰》“予乃允保，大相东土”，“其大惇典殷献民”；《多士》“天大降丧于殷”，“大淫泆有辞”，“四国民命”，“今朕作大邑于兹盗”；《君奭》“大弗克恭上下”，“亦大惟艰”，“监于殷，丧大否”；《多方》“我惟大降尔命”，“乃大淫昏”，“乃大降罚”，“乃大降显休命于成汤”，“大不克明，保享于民”，“大不克开”，“大淫图天之命”，“大动以威”，“我惟大降尔四国民命”，“尔乃不大宅天命”，“我乃其大罚殛之”，“我有周惟其大介赉尔”，“大远王命”；《费誓》“汝则有大刑”。无大字，皆可通。不但此也，丕亦训大。《皋陶谟》“惟动丕应傒志”；《盘庚》“王用丕钦”，“民用丕变”，“丕乃敢大言”，“以丕从厥志”，“予丕克差尔”，“高后丕乃崇降罪疾”，“先后丕降与汝罪疾”，“丕乃告我高后”，“作丕刑于朕孙”，“丕乃崇降弗祥”；《大诰》“弼我丕丕基”；《康诰》“惟乃，丕显考文王”，“汝丕远惟商耇成人”；《梓材》“庶邦丕享”；《召诰》其丕能诚于小民“，“丕若有夏历年”；《洛诰》“丕视功载”，“公称丕显德”；《多士》“丕灵承帝事”；《无逸》“否则侮厥父母”，“时人丕则有愆”，“否则厥心连怨，否则厥口诅祝”；《君奭》“丕承无疆之恤”，“在让后人于丕时”；《多方》“罔丕惟进之恭”；《立政》“陟丕厘上帝之耿命”，“严惟丕式”，“用丕式，见德’，“丕乃俾乱”；《文侯之命》“嗣造天丕愆”。无丕字，皆可通。不但此也，诞亦训大。《盘庚》“诞告用直”，“汝诞劝忧”；《大诰》“诞邻胥伐于厥室”，“肆朕诞以尔东征”；《康诰》“诞受厥命”；《酒诰》“诞惟厥纵淫佚于匪彝”，“诞惟民怨”；《洛诰》“诞保文、武受民”；《多士》“诞罔显于天”，“诞淫厥泆”；《君奭》“诞无我责”；《多方》“有夏诞厥逸”，“诞作民主”；《康王之诰》“诞受羑若”。无诞字，亦可通。又推广言之，洪、宏皆大也。《盘庚》“用宏兹贲”，《洛诰》“宏朕恭”，《多士》“惟尔洪无度”，《多方》“洪惟图天之命”，“洪舒于民”；《顾命》“宏济于艰难”。无洪、宏字，皆可通。又如纯，亦训大。《君奭》“天惟纯佑命”，“亦惟纯佑秉德”；《文侯之命》“侵戎我国家纯。”无纯字，亦可通。淫，亦训大。《召诰》“其惟王勿以小民淫用非彝”；《费誓》“今惟淫舍牿牛马”；皆辞也。至毋、无、弗、勿等字，解经者不知为辞助，泥于一字之义，辄如治丝而棼。知其为辞，则经之可通者十六七矣。作《释大》。

王念孙《经传考证序》：武曹以所作《经传考证》见示，余读而善之。其中若《书》之“朋淫于家”，“一无起秽以自臭”，“予仁若考”，“以修我西土”，“遏佚前人光，在家不知，天命不易”及《释大》一篇；《诗》之“维叶莫莫”，“秩秩斯干，如竹苞矣，如松茂矣”，“矧敢多又”，“厥犹翼翼”，“居然生子”，“辞之怿矣，民之莫矣”；《礼记》之“疑女于夫子非意之也”，《左传》之“忧必雠焉”，“不盖不义”，“宝龟偻句”，“五叔无官"；《论语》之"食饐而餲"① 二句，"微子去之"二句；《孟子》之"尧之于舜也"一节，以及光字、方字、吊字、焉字，亦、丕、诞、洪诸字，皆揆之文义而安，求之古训而合，采汉、唐、宋儒之所长，而化其凿空之病与拘牵之习，盖非置前人之说而不之用，乃师前人之说而善用之者也。至其援据之确，搜讨之勤，非用力之深且久者，不能有是。是可谓传注之功臣矣。②

曾国藩《求阙斋日记类抄》卷下：朱彬《经传考证》，其训诂考证亦与王伯申先生相仿。其言《书经》"大"字多语助辞，则前人所未发也。(己未五月)

林则徐《礼记训纂序》：先生承其乡先进王氏懋竑经法，又与刘端临台拱、王石臞念孙、伯申引之父子切劘有年，析疑辨难，奥窔日辟，故编中采此四家之说最多。复旁证国初讫乾嘉间诸家之书，亦不下数十种。而仍以《注疏》为主，撷其精要，纬以古今诸说，如肉贯串。其附以己意者，皆援据精确，发前人所未发，不薄今而爱古，不别户而分门，引掖来学之功，岂浅鲜哉！先生旧有《经义考证》八卷，刊入《皇朝经解》中。兹编成于晚年，复有改定。如《考证》解"越国而问焉"，谓"致仕之臣，问于他国"，兹仍从《正义》，作"他国来问"。《考证》解"视瞻毋回"，谓"毋回邪"，兹仍从《正义》，作"不得回转"。《考证》解；及葬奠而后辞于殡，驳郑注"殡当为宾"，兹则仍依郑说。《考证》解"立容辨"为分辨，兹仍从注读为"贬"。其他类此者尚多，盖年益高，学益邃，心亦益虚，不专以一说而矜创解。然则《训纂》之与《考证》，正如朱子《集注》之与《或问》，可以参观互证也。

曾国荃《曾忠襄公文集》卷上《游道堂文集序》：《游道堂集》，朱先生武曹所著书也。凡为文四卷。先生笃于行而工于文，学业渊懿，不自矜于世，而世遂莫之知也。继乃出其渊源，授于同堂，一室之间，莫不成材。道光之初，其嗣文定公以魁儒硕学为当时名卿，一一皆本先生之遗训，故声施烂然。……先生自少研求经史，孜孜穷日夕不倦。弱冠，属文具有家法。与同邑刘端临、江都汪容甫、高邮王怀祖为莫逆交，名称藉甚。顾屡试礼部辄绌。晚年始以举人考取国子学录，会诸子暨门下士多有掇巍科登朊仕者，先生由是乃不复进取矣。今读集中诸篇，冲和尔雅，曾未尝以赏音之不遇而稍萌抑郁牢骚之念，一鸣其不平，真吉人之词。令后世读之，足以感发而兴起也。文定公既光显，大亢厥宗，凡与朱氏累世交好者皆得诵习先生之文，而其名遂日布于天下，岂第远绍凌溪、止泉之绪云已乎？即古之闻人留吉光片羽，于数百千年学者咸想象于不置不是过也。矧先生孙曾绳绳，文行职业，克迪前光，正方兴而未有艾耶？咸、同之际，干戈满地，故家文献几无可征，宝应僻处一隅，亦尝屡为巨寇所窥伺，兵燹频仍，先生之文集板片亦多零落。其曾孙曼伯太守方官河南，谋于诸昆弟重登枣梨。顾以余伯氏文正公旧出文定公门下，不弃余之鄙陋，属为弁引，谨为序之如此。

章太炎《检论·清儒》：朱彬为《训纂》，义不师古。

龚向农《经学通论》卷四：以清代经学之盛，而注《礼记》者所见止朱彬《训纂》、

① 食饐而餲：粮食陈旧变味。饐，陈旧。餲，变味。

② 见该书卷首，又见《清儒学案》卷一〇一。今按：此为王念孙佚文。

孙希旦《集解》二书，且皆未尽精善，其零星考释者较少于他经。故廖季平先生尝谓《戴记》如深山穷谷，人迹不到之处甚多。**若能编辑诸儒之说，采其精善，补其陋略，纂为新义疏，以补胡（培翚）、陈（立、奂）、刘（宝楠）诸儒所未逮，则诚不朽之盛业，学者其有意乎**(此新义疏仍以郑义为主，不必高谈西京家法也)？①

① 见林庆彰主编《民国时期经学丛书》第二辑第1册第147页。今按：此为前人指明之重大研究课题，迄今为止尚未完成，有志之士当继续努力。又按：善读书者自会从前人著述中发现研究课题，此即一例。

刘玉麐

《清儒学案》卷八十二《让堂学案·让堂交游·刘先生玉麐》：刘玉麐，字又徐，宝应人。乾隆丁酉拔贡生。历官广西郁林越州判，知象州龙门、北流等县，所至有政声。嘉庆二年，贵州兴义府苗乱，延及泗城。先生襄理军储，为贼炮所击，殁于军，年六十。先生砥行砺学，博通经史，游京师，获闻戴东原、程易畴诸人绪论，又就正于刘端临，所学日进。著有《尔雅补疏》、《粤西金石录》等书。殁后散佚。后人掇其说经之文，为《甓斋遗稿》，阮文达刻入《经解》中。(参史传)

《清史列传·儒林传下一》：存目。①

阮元《淮海英灵续集》庚集卷二：刘玉麐，字又徐，号甓斋，又号春浦，宝应贡生。官爵林分州，军功加按经衔，督办班师事。病瘴，没于百色舟中。荫子兴主簿。工诗，尤精考据。著《尔雅补注》、《粤西金石录》，惜未卒业。有《甓斋遗集》。

焦循《雕菰集》卷二十三《书谢少宰遗事》：谢金圃少宰，督学江苏者二。乾隆丁酉，值拔贡，岁少宰按部至扬州，遴选极精慎，之卢于江都得汪中容甫，于兴化得顾九苞文子，二君以经学重，扬州之士知屏俗学，咀茹六经，自少宰得二君始也。于泰州得陈燮理堂，于仪征得江德量成嘉、程赞和中之，于高邮得宋绵初守端，于甘泉得郭均职民，于宝应得刘玉麟又徐，皆升高能赋，作器能铭。自有选拔以来，未有此盛。初，高邮拟拔李惇孝臣，孝臣通“三礼”之学，善天文律算，其名与容甫并称。适贾田祖稻孙卒于旅寓。稻孙者，高邮老儒，深于治经，汪、李之学所从出也。稻孙贫，不能敛，李亦贫，为乞诸同人，助以成殡，遂不及与选拔之试，乃选宋君。孝臣经学醇儒，笃于行谊，少宰重之，尤在是。容甫素放言，好臧否人，少宰独服其学。以汪恶炮命司炮者，俟汪远始发声，又荐其才于两淮鹾使②，已入其署中矣。适少宰月课书院讲生徒，鹾使以不与课诘汪，汪恚，振袖去。明日，鹾使晤少宰，告以故，少宰正色曰：“予之上容甫，爵也。如以学，

① 见中华书局本第17册，第5531页。

② 鹾使：清代盐运使的别称。

则予于容甫北面矣。予何敢令容甫课。”容甫闻之，为泣下也。少宰以乙卯夏四月卒于京邸，冬十一月丧归。墓铭行状，当世大人先生自详说之，其遗事仅著于扬州者，或未遍知。谨书以附诸后。

刘宝楠《念楼集》卷六《甓斋遗稿序》：道光五年冬，宝楠至瓜州曲江亭，访求乡耆旧遗书，得刘春浦先生《甓斋遗稿》，上卷古今体诗若干首，下卷说经文十篇，嘉兴任先生兆鲸编，金坛段先生玉裁订。其说经《祭法》“士大夫、士大夫妻，庙皆有主”，足正郑氏之误；《孟子》“若大旱之望云霓也”，“霓”为“云气”，足正赵氏之误；《虞书》“肆类于上帝”，“肆”为“全体牲”，足正伪孔氏之误；《诗》“既伯既祷”，“伯”、“祃”、“貉”字同，足正唐孔氏之误；《尔雅》“鼋䵹蟾诸”，“鼋”不从“去”，足正陆氏之误：诚圣经之达诂，前哲之诤臣也。其余考证名物，辨析声音，以经注经，实事求是，多昔人所未发。惜其著述散零，无以尽知其所学也。先生与先君交最深，皆不以经学显明当世，又皆奔走四方，终于旅次。先君有《秋槎杂记》，近始刊行。是书随出，吉光片羽，罕而益珍，当与先君书并行。谨与同郡刘君文淇、薛君传均，校录说经之文，为《甓斋遗稿》，其诗别录。①

① 又见《宝应刘氏集》，广陵书社2006年版，第248~249页。

刘宝楠

《清儒学案》卷一〇六《端临学案·端临家学·刘先生宝楠》：刘宝楠，字楚桢，号念楼，端临从子。父履恂，举人，园子监典簿，著有《秋槎杂记》。先生生五岁而孤，母乔教育之。始从端临请业，以学行间乡里。为诸生时，与仪征刘文淇齐名，称“扬州二刘”。道光乙未成进士，授直隶文安县知县。文安地洼下，堤堰岁久失修，屡溃溢为民患。先生履勘兴筑，遂获有秋。再补元氏竖，会岁旱，蝗大作，延袤二十余里，捐俸设厂捕之，岁则大熟。咸丰元年，调三河，值东三省兵过境，遣使往通州，以民价雇车应役，民得不扰。民有涉兄弟戚属争财讼者，婉词谕之，率感悟，解散而罢。五年卒，年六十五。先生于经，初治毛氏《诗》、郑氏《礼》，后与刘文淇及江都梅植之、泾包慎言、丹徒柳兴恩、句容陈立各治一经。先生发策得《论语》，病皇、邢疏芜陋，乃搜辑汉儒旧说，益以宋儒长义及近世诸家，仿焦循《孟子正义》例，先为长编，次乃荟萃而折衷之，著《论语正义》二十四卷。因官事繁，未卒业，命子恭冕续成之。他著有《释谷》四卷，于豆、麦、麻三种多补正程氏《九谷考》之说。《汉石例》六卷，于碑志体例考证详博。《宝应图经》六卷，《胜朝殉扬录》三卷，《文安堤工录》六卷，《愈愚录》六卷，《念楼诗文集》若干卷，又辑先世诗文为《清芬集》十卷、《宝应文征》百余卷。（参戴望撰《事状》、成孺《宝应儒林传》）

《清史稿·儒林》：刘宝楠，字楚桢，宝应人。父履恂，字迪九，乾隆五十一年举人，国子监典簿，著有《秋槎札记》。宝楠生五岁而孤，母氏乔教育以成。始宝楠从父台拱汉学精深，宝楠请业于台拱，以学行闻乡里。为诸生时，与仪征刘文淇齐名，人称“扬州二刘”。道光二十年成进士，授直隶文安县知县。文安地称洼下，堤堰不修，遇伏，秋水盛涨，辄为民害。宝楠周履堤防，询知疾苦，爰检旧册，依例督旗屯及民同修，而旗屯恒怙势相观望，宝楠执法不阿，功遂济。再补元氏，会岁旱，县西北境蝗，袤延二十余里。宝楠祷东郊蜡祠，蝗争投阬井，或抱禾死，岁则大熟。咸丰元年，调三河，值东省兵过境。故事，兵车皆出里下。宝楠谓兵多差重，非民所堪，雇车应差，给以民价，民得不扰。宝楠在官十六年，衣冠朴素如诸生时。勤于听讼，官文安日，审结积案千四百余事，鸡初鸣，坐堂皇，两造具备，当时研鞫。事无巨细，均如其意结案，悖者照例治罪。凡涉亲故族属讼者，谕以睦恤，概令解释。讼狱既简，吏多去籍归耕，远近翕然，著循良称。咸丰五年，卒，年六十五。宝楠于经，初治毛氏《诗》、郑氏《礼》，后与刘文淇及江都梅植之、泾包慎言、丹徒柳兴恩、句容陈立约各治一经。宝楠发策得《论语》，病皇、邢疏芜陋，乃搜辑汉儒旧说，益以宋人长义，及近世诸家，仿焦循《孟子正义》例，先为长编，次乃荟萃而折衷之，著《论语正义》二十四卷。因官事繁，未卒业，命子恭冕续成之。他著有：《释谷》四卷，于豆、麦、麻三种多补正程氏《九谷考》之说。《汉石例》六卷，于碑志体例考证详博。《宝应图经》六卷，《胜朝殉扬录》三卷，《文安堤工录》六卷。

《清史列传》卷六十九：……宝楠于经，初治毛氏《诗》、郑氏《礼》，后与刘文淇及江都梅植之、泾包慎言、丹徒柳兴恩、句容陈立约各治一经。宝楠发策得《论语》，病皇、邢疏芜陋，乃搜辑汉儒旧说，益以宋人长义，及近世诸家，仿焦循《孟子正义例》，先为长编，次乃荟萃而折衷之，著《论语正义》二十四卷。其最有功经训者，如谓有子言礼之用章，是发明《中庸》之说；夫子五十知天命，是知天生德于予之义；告子、游、子夏问孝，是言士之孝；乘桴浮于海，是指今高丽地；“兴于《诗》，立于《礼》，成于《乐》”，“民可使由之，不可使知之”，是夫子教门弟子之法。文王既没，文不在兹乎？是指所得之简策；言樊迟从游于舞雩之下，问崇德修德辨惑，是鲁行雩祭、樊迟举雩祭之词以问；朋友切切偲偲，兄弟怡怡，是言朋友责善，兄弟不可责善；谓伯鱼为《周南》、《召南》，是谓伯鱼受室后示以闺门之戒；四海困穷，是指洪水之灾，尧举舜敷治之。凡此皆先圣贤之旨，沉霾二千余载，一旦始发其蕴。至《八佾》、《乡党》二篇所说礼制，皆至详确，因官事繁，未卒业，命子恭冕续成之。他著有《释谷》四卷，于豆、麦、麻三种，多补正程氏《九谷考》之说；《汉石例》六卷，于碑志体例考证详博。《宝应图经》六卷、《胜朝殉扬录》三卷、《文安堤工录》六卷。所为文渊雅翔实，有《韫山楼诗文集》。①

戴望《谪麐堂遗集》文二《故三河县知县刘君事状》：君刘氏讳宝楠，字楚桢，江苏宝应人也。其先明兵部职方司主事永澄当神宗朝，德望重天下，六传以至于君，世有闻人。曾祖家晟，祖世诜，皆附贡生。父履恂，乾隆五十一年举人，国子监典簿，有丈夫子五人，其季君也。生七月能言，三岁解哦诗，五岁而孤。母乔孺人躬自授经，始，君从父端临先生治汉儒经学，精深有条理，典簿君及君兄五河君继之。君从学五河君，长则请业端临先生。学行闻乡里，为诸生时，与仪征刘君文淇齐名，人称“扬州二刘”。道光十五年，以优行贡生中式乡试举人，二十年成进士，授直隶文安县知县。文安地故洼下，堤堰久不修，遇伏秋，水旁溢，为居民害。君视履堤防，询知疾苦，令甲凡堤工旗丁及民均资修理，君如令施行，而旗丁怙势不出佽助，相为观望，君执法不阿，工赖以济。在县三岁，无水灾。再补元氏县知县，会岁旱，县西北境蝗延袤二十余里，君祷东郊蜡祠，令村保设厂购捕蝗，争投阬井，或抱禾死，岁则大熟。咸丰元年调三河县知县，值东省兵过境。故事，兵车皆出里下，君谓兵多差重，非民所堪，遣往通州雇车应差，给以民价，空车减半，民得不扰。君在官十六年，衣冠朴素如诸生时。勤于听讼，官文安日，审结积案

① 见中华书局本，第5648~5649页。

千四百余事。每鸡初鸣，烛入嘬食少许，兴坐堂皇，两造既备，当时研鞫，事无巨细，均令具结，口授结状，或予纸笔，当堂收结，毋许吏胥搀言，凡涉亲故族属讼者，谕以睦恤，概令解释，讼狱既简，吏多去籍归耕，曹舍昼闭，或赁与人为书画肆，于是远近翕然，著循良称。咸丰五年九月寝疾卒。先没七日，自撰墓志，春秋六十有五。归葬宝应城北之黄塍沟，乡人私谥曰孝献先生，入祀先正祠。所著书有《释谷》四卷、《汉石例》六卷、《宝应图经》六卷、《胜朝殉扬录》三卷、《文安堤工录》六卷、《愈愚录》及诗文若干卷。又裒辑先世遗言为《清芬集》十卷、《宝应文征》百余卷。尝病《论语》皇邢疏芜陋，搜辑汉儒旧说，益以近世诸家及宋人长义，为《正义》一书，未卒业，命子恭冕成之。君内行严整，步立笑言，皆有矩矱。乡人士望之，以为矜式。子弟或好博，及饮烟者，必痛惩之，至禁绝乃已。与人交，和敬以诚，不事谐谑。居恒不为耳语，谓其近知故险汙之行。其学不坚持门户。于河漕、盐策大政洞悉本末，尝言河淮当分，河流湍急，足以刷沙，且免灌倒之害，南漕重艘抵清河止略仿转般之法，于河北别雇民船，或用旧存粮筏，数年之后重艘有朽败者不复修治，亦雇民船用之。各船漕丁分年散遣，不致滋事。其策似可行，而不敢著其说。君没十四年，望客金陵，与恭冕朝夕承事书局，始得观君遗书，慕其世德。恭冕次君行，命为传，望不敢当史任，爰述事状一通，俾后传海内先贤者有所稽考。谨状。

梁章钜《退庵笔记》卷十一“旧业堂集”条：《旧业堂集》十卷，明佥都御史凌公海楼撰。公四子，长次两君先公没，公遗稿乃没后孙似祖所辑，时任删订之役者为梁溪沈渊渊，渊渊曾与修州志者也。旧业堂者，公少时读书处也，因以名其集。计文百六十二篇、诗一千五百十一首，可谓富矣。公子姓不繁，集尤罕觏，只公裔凌朴庵家藏一部，甚郑重，不肯假人。余辑《海陵文征诗征》，前后三假于朴庵，得尽读公之诗文。先是，扬州凌晓楼曙求公集甚力，曾托亡友俞召夫致殷勤于朴庵，欲借抄，不许。一日，宝应刘楚桢过余商榷选事，偶敏余曰：“君有《旧业堂集》乎?”余应曰：“有。”楚桢因告余曰：“晓楼梦寐斯集久矣，渠愿出赀，子能为借抄，晓楼感且不朽。”余重以楚桢谆诿，且喜斯集得晓楼而益彰，遽诺之。凡六阅月而抄成，寄至郡中，晓楼已卧病董子祠，犹力疾校雠，并属其友泾县包慎伯、刘楚桢及其甥真州刘孟瞻文淇，择其文之尤醇雅有关系者，将付之梓，无何，晓楼没，事遂寝。然则人之著述显不显岂不有命哉?晓楼固公裔家世海陵，自其祖鸾始由泰迁郡城，鸾工诗，载《江苏诗征》。晓楼邃于经，著有《凌氏丛书》，皆公之贤子孙。晓楼没，一子甚幼，孟瞻抚而教之。孟瞻经学得舅氏之传，尤工古文，与楚桢至交齐名，今世所称“扬州二刘”者是也。道光丙申正月，楚桢以事来泰，主余家，盖八年不相见矣，长揖慰问外，即启行箧手一书赠余，赫然《旧业堂集》也。楚桢言顷得自郡中书肆，晓楼已没，计非子莫可赠者。余拜受之。余年来购乡先生遗集几备，竟阙此种，今得之，良喜。若楚桢云云，余虽心韪之而不敢当也。

杨钟羲《雪桥诗话》卷十二：宝应刘端临治汉学……与仪征刘孟瞻齐名，称“扬州二刘”，以庚子进士历宰直隶之文安、元氏三河，勤于听讼。文安地故洼下伏，秋水溢为民害，修堤堰以澹灾令三河时值东省官过境。故事，兵车皆出里下，楚桢以兵多差重，非所堪遣，往通州雇车应差，给以民价，空车减半，民得不扰。孔宥函诗：“四十始释褐，作吏无能工，君岂真拙哉，时不珍黄龚。佐民贷府库，慈惠寡所同。”尝病《论语》皇邢疏芜陋，搜辑汉儒旧说，益以近世诸家及宋人长义，为《论语正义》，子叔俛卒成之。孟瞻精研古籍，于左氏致力尤勤，为《左传义疏》。子毓崧、孙寿曾相继赓续，仅至襄公。本朝群经疏义皆有完书，独左氏学三世一经，未能毕业，亦一憾事也。

刘恭冕《论语正义·后叙》：班生有言："仲尼没而微言绝，七十子丧而大义乖。"圣人之言，中正和易，而天下万世莫易其理，故曰"微言"，非只谓性与天道也。"大义"者，微言之义，七十子之所述者也。今其著者，咸见《论语》。窃以先圣存时，诸贤亲承指授，当已属稿，或经先圣笔削，故言特精善。迨后追录言行，勒为此编，作之者非一人，成之者非一时。先儒谓孔子没后，弟子始共撰述，未尽然也。曾子、子思、孟子、荀子皆有著书，于先圣之道多所发明，而注家未之能及。至《八佾》、《乡党》二篇，多言礼乐制度。汉人注者，惟康成最善言礼，又其就《鲁论》，兼考《齐》、《古》而为之注，知其所择善矣。魏人集解，于郑注多所删佚，而伪孔、王肃之说反藉以存，此其失也。梁皇侃依《集解》为疏，所载魏、晋诸儒讲义，多涉清玄，于宫室、衣服诸礼阙而不言。宋邢昺又本皇氏，别为之疏，依文衍义，益无足取。我朝崇尚实学，经术昌明，诸家说《论语》者彬彬可观，而于疏义之作尚未遑也。先君子少受学于从叔端临公，研精群籍，继而授馆郡城，多识方闻缀学之士，时于毛氏《诗》、郑氏《礼》注皆思有所述录。及道光戊子，先君子应省试，与仪征刘先生文淇、江都梅先生植之、泾包先生慎言、丹徒柳先生兴恩、句容陈丈立始为约，各治一经，加以疏证。先君子发策得《论语》，自是屏弃他务，专精致思，依焦氏作《孟子正义》之法，先为长编，得数十巨册，次乃营萃而折衷之，不为专己之学，亦不欲分汉、宋门户之见，凡以发挥圣道，证明典礼，期于实事求是而已。既而作宰畿辅，簿书繁琐，精力亦少就衰，后所阙卷，举畀恭冕，使续成之。恭冕承命惶悚，谨事编纂，及咸丰乙卯秋，将卒业，而先君子病足踵，遂以不起，盖知此书之将成而不及见矣。伤哉！丙辰后，邑中时有兵警，恭冕兢兢慎持，惧有遗失，暇日亟将此稿重复审校，手自缮录，盖又十年，及乙丑之秋而后写定，述其义例，列于卷首。继自今但求精校，或更得未见书谊之，冀少有裨益。是则先君子之所以为学，而陆阮之所受于先君子者，不敢逢也。世有鸿博硕儒，幸不吝言，补其罅漏，正其迷误，践予望之。同治五年岁次丙寅春三月，恭冕谨识。①

刘恭冕《广经室记》：广经室者，家君授恭冕兄弟读书之所，既以所闻思述前业，而旁及百氏，凡周、秦、汉人所述遗文逸礼，皆尝深究其旨趣，略涉其章句，欲误为一编，以附学官群经之后，而因请于家君为书以牓之，复私为之记曰：今世治经者言《十三经》，尚矣，金坛段若膺先生谓宜益以《国语》、《大戴礼》、《史记》、《汉书》、《资治通鉴》、《说文解字》、《九章算术》、《周髀算经》，为"廿一经"。嘉兴沈匏庐先生又以"五经"合诸纬书，取周续之之言，为"十经"，若膺先生为之记。冕谓纬书杂出附会，不足拟经，而《史》、《汉》、《通鉴》又别自为史，不比《国语》之与《左氏传》相备以行也。冕则取《国语》、《大戴礼》、《周髀算经》、《九章算术》、《说文解字》，而益以《逸周书》、《荀子》入焉。《汉书·艺文志》"《周书》七十一篇，周史记"，此明是百篇之遗，与张霸、枚赜书不同。荀子源出圣学，当时与孟子并称，故太史公以孟、荀合传。《汉书·古今人表》孟、荀同列大贤，《艺文志》孟、荀并列诸子，而《劝学》、《修身》、

① 载《刘恭冕集·广经室文钞》，见《宝应刘氏集》，广陵书社2006年版，第582~583页。

《礼论》、《乐论》、《大略》、《哀公》诸篇，《大》、《小戴记》并见称述，则信乎为圣门微言大义之所系矣。乃世之论者只以《性恶》、《非十二子》为荀子诟，不知性恶乃感时之激论，家君作《戴筠帆侍御文集序》曾发明之。《非十二子》，《韩诗外传》止有十子，昔人疑子思、孟子乃李斯等所附益，且此亦第言其学之有异于孔而非议其人，此虽小有僻违，究亦何害为大儒耶？此外若**《管子·弟子职》与《少仪》相辅，《吕氏春秋》《大乐》、《侈乐》、《适音》、《古乐》、《音律》，多古《乐记》之说，《上农》、《任地》、《辨土》、《审时》则古教耕之法，贾子《容经》、《礼容语下》、《立后义》，则古礼家之说，皆足以羽翼群经，启资来哲。又吕书《月令》、《十二纪》为汉儒集《礼》者所本，涿郡高诱为之注，亦宜别出，与郑注小戴本并行。**如是而古经略具，治经之士庶以获所继述云尔。甲寅四月，恭冕记。①

陈立《句溪杂著》卷六《刘楚桢先生论语正义序》：道光戊子秋，立随刘孟瞻、梅蕴生两师，刘楚桢、包孟开两先生赴乡闱。孟瞻师、楚桢先生病《十三经》旧疏多踳驳，欲仿江氏、孙氏《尚书》，邵氏、郝氏《尔雅》，焦氏《孟子》别作疏义，孟瞻师任《左氏传》，楚桢先生任《论语》，而以《公羊》属立。嗣楚桢先生成进士，宰畿辅，草未就，授哲嗣叔俛明经续成之，为若干卷，而楚桢先生旋下世。既从明经假读竟，乃叙而论之曰：汉世《论语》有《齐论》、《鲁论》，篇次小殊，说亦略异。孝武时，鲁共王坏孔子宅，得《古文论语》，盖与古《尚书》、逸礼皆有文无说。张禹兼通《齐》、《鲁》，为《张侯论》，而《齐》、《鲁》师法淆。郑康成就《鲁论》第考《齐》、《古》，为之注，而三家师说亦不可究矣。何平叔等作《集解》，名为集诸家之善，其不安者颇为改易，而去取多乖，义蕴粗略，然师授渊源虽汩没无考，其汉时经师单词只义犹赖焉存。惜皇、邢二疏未能发明，末学肤浅于微言大义既无所窥，于典章、训诂、名物、象数复多盖阙，厥用慨焉。楚桢先生先德本东林耆彦，躬行力践，世守勿替。从父端临公著《论语骈枝》，精深谛确，雅为通人所重。先生少从端临公受学，长益旁搜博览，又得通敏若明经者为之拾遗补阙，继承先业，故其疏《论语》也，章比句栉，疏通知远，萃秦、汉以来迄国朝儒先旧说，表以己意，实事求是，其最有功经训者，如谓有子言礼之用章，是发明《中庸》之说；夫子五十知天命，是知天生德于予之义；告子游、子夏问孝，是言士之孝；乘桴浮海，居九夷，是指今高丽地；“兴于《诗》，立于《礼》，成于《乐》”；“民可使由，不可使知”，是夫子教门弟子之法。文王既没，文不在兹乎？是指所得之简策言。……凡此皆先圣贤之旨，沉霾二千余载，一旦始发其蕴。至《八佾》、《乡党》二篇所说礼制，皆至详确，以视江、孙、邵、郝、焦氏诸疏义，盖有过之无不及已。立于《公羊疏》，匆匆四十年，近甫辑成稿本七十余卷，复橐笔游楚越，疏漏浅谬，卒未核正。岁月如逝，写定无期，追维先哲，悔恧何已。

丁晏《颐志斋文集》卷五《刘念楼诗文集序》：……二君者，匪独其学可重，其性情笃厚，患难之交，始始不渝，可谓死友矣。既而孟瞻甲寅秋殁，楚桢亦于乙卯秋卒于任。是年秋，余自扬返淮，仰荷圣思，释归田里，而二君已不及见矣。(下略)②

---

① 载《刘恭冕集·广经室文钞》，见《宝应刘氏集》，广陵书社2006年版，第575~577页。

② 见《清代诗文集汇编》第587册，第145~146页。

杨向奎《清儒学案新编·宝应学案》：《论语》为孔门师生传道、授业、解惑书，乃儒家最重要之典籍。自经学，如《易》、《诗》、《书》、《礼》诸书儒家化后，儒家之经典虽然丰富，但群经各有来源，与儒家本不相干，乃儒家以本派之见解解经，于是经学有儒家色彩，及汉代经师传经解经，遂使之进一步儒家化，两汉乃儒家之经师时代。但经自经，经解自经解，未免牵强附会，漏洞百出，最显著者为《诗经》，如《国风》乃民歌，儒家化后，民间歌谣变作庙堂经典，千百年来，未发其覆，至宋代，始有新说，本世纪廿年代始，顾颉刚先生之解《诗》，始予以本来面目。但《论语》不然，出自孔门师生问答，遂为后来儒生之生活指南，一字一句，莫不视为“圣训”而不可易者，吾人今日研讨孔子之思想行为，亦以《论语》为主。但时隔两千余年，语言文字之变迁，《齐论》、《鲁论》、《古论》记载之差异，未免有不可索解处，汉代经师守师法家法，以之解经，使经学经师化，宋代理学家解经，又使经学理学化，清代汉学家解经，以训诂解经，朴实可信，是其特点。但《论语》究为传道解惑书，不于儒家思想源流处下手，亦往往南辕北辙。《清史列传》编者于宝楠《论语正义》之赞词，非汉非宋，非朴学精神，非定论也。……通过上述十例，我们可以看出，关于文物训诂、典章制度，汉学为长，而有关义理之阐述，则宋儒为先也。刘宝楠之《论语正义》，亦治儒家学说者必备书，以其长于训诂解文义也。①

① 见杨向奎《清儒学案新编》第六册，第385~405页。

李贻德

《清儒学案》卷一百四十四《柳东学案·柳东交游·李先生贻德》：李贻德，字天彝，号次白，又号杏邨，嘉兴人。嘉庆戊寅举人。幼从族人敬堂受诸经，洪北江至嘉兴，从之游。及为诸生，习法家言。以养母，客硖石蒋氏、江宁王氏，两家皆有藏书，得纵览群籍。孙渊如方居江宁，辑《十三经佚注》，招以自佐，因师事焉，为撰《周礼剩义》。其采录《左传》贾、服注，亦始于此时，搜索既广，抉择尤严，贾氏他书注及服氏注杂入疏义，一一皆为别白。复引申其义，疏通证明，不啻别为作疏。定名曰《左传贾服注辑述》。渊如晚多病，所著书有未竟者，以付文登毕亨及先生，为卒其业。先生乡举后，入京师，其座主高邮王文简公深于经，同郡程春庐大理善言史，与先生语，皆叹绝。同县钱衎石给事尤与之善，以学行相切劘。先生卒于京师，衎石收其遗稿，有《诗考异》、《诗经名物考》、《揽青阁诗》、《望春庐词》。又有姓氏、舆地诸书草略未竟。惟《十七史考异》最完善，称其谛审，当与嘉定钱氏书相并云。（参徐士芬撰《传》、钱仪吉撰《墓志》）

《清史稿·儒林二》：贻德，字次白。嘉庆二十三年举人。馆星衍所，相得甚欢。著《春秋左氏解贾服注辑述》二十卷。其书援引甚博，字比句栉，于义有未安者亦加驳难。虽使冲远复生，终未敢专树征南之帜而尽弃旧义也。又有《诗考异》、《诗经名物考》、《周礼剩义》、《十七史考异》、《揽青阁诗抄》、《梦春庐词》。

《清史列传·儒林传下二》：李贻德，字次白。嘉庆二十三年举人。年二十六，谒星衍于江宁，事以师礼。星衍与上下古今，穷昼夜不息，嘱分纂《十三经佚注》，因著《春秋左氏解贾服注辑述》二十卷。其书援引甚博，字比句栉，于义有未安者亦加驳难。又有《诗考异》、《诗经名物考》、《周礼剩义》、《十七史考异》、《揽青阁诗抄》、《梦春庐词》。道光十二年，卒，年五十。①

钱仪吉《衎石斋记事稿》卷十《李次白墓志铭》：呜呼！悲夫！吾何忍铭吾次白之墓

---

① 详见中华书局本第18册，第5556页。

也！壬辰秋，吾将出都门，谓次白年五十矣，犹数以程试之文，听得失于有司，何益孰与夫归就所著，蕲见知于来世也乎？明年，吾其待子于江淮之间。次白笑曰："诺。"冬暮，吾到家，吾子宝惠书至，次白则死矣，伤哉！濒死谓宝惠箧有金二百，以谋先人窀穸未就，其付我子文赍为之。又谓宝惠致别于余，语凄怆不忍闻。今文赍将卜葬君，先期乞吾文。呜呼！吾又何忍不铭也。次白为人仁直通敏，敦气节，其学无所不综贯。李氏世以博雅名。康熙、乾隆间，两举博学宏辞科，李氏皆有荐者。次白生二岁而孤，家故有书，多散失。年十七，补县学生，处贫则习法家言以养母，其后舍馆于硖石蒋氏、金陵王氏，两家藏书闻海内，次白穷昼夜纵观，经目辄成诵不忘。渊如孙先生侨居金陵，赏其诗，走与语，大惊，恨知之晚。孙先生方纂集《十三经佚注》，次白分任之，成《周礼剩义》、《左传集解》若干卷。孙先生善病，晚年所著书多付次白为卒其业。举嘉庆戊寅乡试，入京师，于是高邮王尚书其举主也，深于经，尤善小学。吾郡程学使同文善言史，尤谙习国朝掌故及山川隘塞、士马刍粮、治河兴屯，尽悉诸利弊，皆以所学名于一时。及与次白语，则皆惊叹，以为殊绝。然次白处众中侈颐莞怿，退然若不能言者，其自守严甚，非其义一无所授受，其于流俗意见无纤芥可著胸中者。与余交甚密，两人生同岁，长同入县庠，同嗜书，其论为学门径、决事可否取舍殆无不同者。始舍馆于余一年。海盐朱阁学方增督江南学，与之偕，及还，谓次白无去我，以是居阁学家最久。阁学没，次白经纪其丧，录成其遗书而后返，于余顾贫益甚且病，不食不寝，药之若稍差者，复出授徒，又朝夕占毕，年余而遂至于死也。悲夫！时舍馆于吴侍郎椿家，疾甚，犹讲授不辍。或曰："已诸?"曰："吾职也。一息尚存，不可懈。"侍郎使其子以疾辞乃已。及没，侍郎感其意，赙助之甚厚。次白兄凤孙有废疾，次白奉养惟谨。尝谓余曰："日者梅里人来，谓吾子间市肉以奉其伯父，而己仍菜食。此言殊慰念。"又谓余曰："吾江南之行，家未举之丧，皆窆焉。独吾父未葬。意朱君督学三年，留将谋之，不意其遽还也。今当奈何?"余与次白两人家事相商度无隐。次白以语余者不语人人也。乃其所著书，则虽余不以告。盖次白志意深远，初不屑屑文字间，今得其手稿，有《揽青阁诗》、《望春庐词》及《诗考异》、《诗经名物考》，又有姓氏、舆地诸书草略未竟。其《十七史考异》最完善，辨核谛审，当与嘉定钱氏书并行者。呜呼！次白已矣，幸而传其所著书，其终见知于后世也。夫次白讳贻德，字天彝，又自号杏村，先世自江阴徙嘉兴。曾祖我郊官广西参政。祖宗海、考朗俱国子监生。……铭曰：呜呼次白，旷世之才，万古之心，日星之耀，而土壤之沉。已矣吾弦之摧兮，其谁嗣音。

徐士芬《李次白传》：先生内行淳至。本生母郑孺人性严，时怒，辄跪受无少忤。兄凤孙有废疾，终身敬事之不少衰，抚两从子若己出。家徒四壁立，而岁所入辄以赡宗党之贫无依者。与人交，肝胆披露，不少隐。有不可辄面斥之，人不能干以私。房师桐城李宗传居停、婺源王凤生先后摄嘉兴知府，不一及其门。读书一览成诵，征故事，云出某书第几卷第几叶，复视不少爽。尤具经济略，于天下山川脉塞，士马刍粮，以逮治河、兴屯诸利弊，罗列若指诸掌。①

徐世昌《晚晴簃诗汇》卷一百二十七：李贻德，字天彝，号杏村，又号次白，嘉兴人。嘉庆戊寅举人。有《揽青阁诗抄》。诗话：次白邃于经史，尤精小学。孙渊如晚年善

① 见《清儒学案》第144卷，河北人民出版社2008年版，第5125页。

病，所著书多次白为助。诗其余事，亦见清音。

吴仰贤《小匏庵诗话》卷七：梅里李次白贻德，字天彝，又号杏邨。嘉庆戊寅举人。生平博览经史，著作不休。为孙渊如观察、王伯申尚书所契重。晚年殁于京师，遗稿尽失，惟存《揽春阁诗集》而已。《访阳明先生故里》云："闻道天皇信健儿，御骢惯向酒家驰。中兴不仗文成策，武庙重看靖难师。理学几人能有用，世宗称公为有用。理学世儒何苦诋良知，竭来故里披余韵也。算春风，坐罢时。"持平之论，亦不刊之论。尤工于言情。《七月十五夜》云："冰轮圆处转萧萧，如此芳华竟早凋。双照记他前度月，半生无此可怜宵。入房胆小人何在，索乳声凄女太娇。弄玉不烦萧史引，秦楼空剩一枝箫。"此系悼亡之作，凄惋极矣。又拜先人墓句："祭不能丰养可知。"翻用前人语，伤心之言，不堪卒读。

潘衍桐《两浙輶轩续录》卷二十九：李贻德，字天彝，号杏村，又号次白，嘉兴人。嘉庆戊寅举人。著《揽青阁诗抄》二卷。刘恭冕序略：次白先生邃于经史，尤善小学。孙渊如观察剧赏之。观察晚年善病，所著书多先生为助。与朱久香宫詹订莫逆交，殁于京邸，宫詹归其丧，又取所著书并古今体诗选录将付梨枣，于是先生所著《左传贾服注义》始见于时，其书援引甚博，字比句栉，于义有未安者，亦加驳难，虽使冲远复生，终未敢专树征南之帜，而尽弃旧义也。至《周礼剩义》、《诗考异》、《诗经名物考》、《十七史考异》，今俱无存。

谢章铤《赌棋山庄词话》续编卷四：《梦春庐词》一卷，嘉兴李次白贻德撰。自序谓弱冠时作香艳词近二百首，或以秀道人语相规，遂弃去。今检其纤佻不甚者，并新作通得四十余首。然则次白固揣摩《花间》者，故短令胜于慢词。（下略）

钱泰吉《甘泉乡人稿》卷八：竹南尝著《六经详所未详》凡若干条，竹南没后，遗稿不可问矣。与尧民、竹南同里相善，而视为畏友者，莫若李贻德次白。次白于学无不综贯，尝佐孙渊如先生成《周礼剩义》、《左传集解》若干卷。其自著则有《揽青阁诗》、《望春庐词》及《诗考异》、《诗经名物考》，又有姓氏、舆地诸书草略未竟。吾兄衎翁谓《十七史考异》最完善，辨核谛审，当与嘉定钱氏书并行。次白戊寅乡举，后久客京师，与吾兄交最深。余每读《衎石斋记事稿》中次白墓志铭，及《刻楮集·送杏村适馆东城五言古诗三首》、《旅逸小稿·广州客舍不寐作》，辄思次白，并思我尧民竹南也。（史竹南、李次白所著书）

刘毓崧《通义堂文集》卷四《春秋左氏传贾服注辑述后序》：右《春秋左氏传贾服注辑述》二十卷，嘉兴李次白先生所著也。先生生于乾隆癸卯，多见当时耆旧。嘉庆戊午，洪稚存太史至嘉兴，先生年甫十六，聆其绪论，即深企慕。……诗古文词大率与孙、洪相近，而邃于《春秋左氏》，亦复相同。太史《左传诂》一书久已传播，通奉《春秋集证》亦有功经学之书。其凡例云：《春秋》事迹见于诸子百家者甚多，皆"三传"所无，此编网罗放失旧闻，窃附史学之后，不为解经而作，故事迹详而议论不录。然证佐集而事迹彰，则得失是非无难立判，不待多采议论而褒贬之义自明。虽仅自附于史学，而其有功于经术也大矣。虽未刊行，而稿本已具。咸丰庚申闰三月，毓崧寓居东台杜小舫方伯，时官泰州分转，客有携《春秋集证》稿本求售者。自隐公至庄公共抄本四册，自闵公以下闻尚有二十五册，因价昂未购，其书未署撰人姓名，检其凡例二纸，系用十三行墨板印，格中缝有平津馆三字，平津馆系通奉斋名，又检第四册庄公三十二年案语内引家侍御志祖云云，旁用朱笔改“家”为“孙”。按：志祖系仁和孙颐谷侍御之名。通奉《冶城遗集》内《题家颐谷侍御深柳勘书图诗》有“天与吾家难王肃”之句，此稿改“家”为“孙”者，盖用郑康成注《周礼》，称郑大夫郑司农之例，足证其为通奉之书矣。前四册初校在辛未，通奉自德州引疾还江宁，即在是年。四册之末皆书辛未五月某日，邵子峰初校，据通奉年谱，是年官山东督粮道，三月督运，五月回至德州，七月引疾，重九前一日抵金陵，自五册以下是否写定于辛未以前，抑或告成于壬申以后，非悬揣所能知。通奉年谱，辛未以前常州张氏绍南所撰，壬申以后江宁王氏德福续撰，皆未言及《春秋集证》。意者作谱作时偶未见其稿欤？然通奉于先生既恨相知之晚，钱衎石给事《李次白墓志》云：“渊如孙先生侨居金陵，赏其诗，走与语，大惊，恨知之晚。”徐辛庵侍郎《李次白传》云：“时阳湖孙廉使星衍亦侨寓金陵，君投以诗百韵，即相得甚欢，与上下古今，穷昼夜不息，谅必出其稿以相示，况凡例所言欲补辑各门，凡例云古人事迹传闻异辞，别作案语，折衷其是，俟诸书成之后。”又云：“此编既采诸子百家，辅翼《三传》，则列国地名、人名、官名有不尽见于经传者，应别作《春秋地名考》、《姓氏表职官表》以补前人之阙，安知不引以相助？”钱志云：“孙先生善病，晚年所著书多付次白为卒其业。”是此书缘起实因游通奉之门。徐传云：“其在金陵时，孙廉使辑汉魏之说经者为《十三经佚注》一书，命同志诸人分任之。”君著有《春秋左传贾服注辑述》若干卷，而编次体裁则与太史为近。书中引用孙说，称为“孙先生”，卷六《僖四年传》昔召康公条、卷十六《昭九年传》辰在子卯条并引孙先生疏证云云；引用洪说称为“洪氏”，卷四《庄元年传》绝不为亲条、《九年传》及堂阜而税之条、卷七《僖二十六年传》夔子条、卷十《成十七年传》惧不敢占也条，并引洪氏亮吉云云，因有受业、未受业之分。而宗旨所存，则二公皆其生平愿学。故此书实事求，是由古训以通大义微言。凡《春秋》与《周礼》表里，《左传》与《国语》、《公》、《穀》异同，贾、服两家与经传子史符合者，一一溯其原委，自天文、五行、舆地、职官、名物、度数莫不条分缕析，疏通证明。至于杜注与贾服相违者，《正义》多曲从杜说，则必为之权衡时地，揣测事情，援古义以表微，扫浮词以解惑，不啻发蒙振落，摧陷廓清，洵可谓左氏之功臣。景伯子慎有灵，必当引为知已。此固由于天资卓荦，稽古功深，而亦因早见孙、洪有以开先路之导也。（下略）

刘恭冕《李次白先生遗书序》：嘉兴李次白先生，邃于经史，尤善小学，沉潜不近名，世鲜知者。阳湖孙渊如观察一见剧赏之。观察晚年善病，所著书多先生为助。嘉庆戊寅，本省乡试，以经策博瞻中式，出高邮王文简公之门。文简小学为海内所推，既得卷，甚喜。自是，屡赴公车征，于旅次与余姚朱久香宫詹订莫逆交，两先生皆谨慎不妄交友者也。先生数奇，卒不第，宫詹已捷南宫，官翰林。先生殁于退旃吴尚书京邸，宫詹亲视含殓，集赀归其丧于家。既又取所著书，并古、近体诗选录，将付梨枣。于是先生所著《左传贾服注义》始见于时。其书援引甚博，字比句栉，于义有未安者，亦加驳难，虽使冲远复生，终未敢专树征南之帜，而尽弃旧义也。至《周礼剩义》、《诗考异》、《诗经名物考》、《十七史考异》（见钱先生仪吉所撰墓志），今俱无存。所为诗，名《揽青阁诗抄》。配吴太孺人亦慧才，能诗，有《早花集》，风雅商推，或相唱酬，为闺中韵事。恭冕尝取合读之，冲和绵邈，怡情说性，于温柔敦厚之旨未之失焉。吴太孺人早卒，先生年未三十，遂不续娶。子戋园先生，名文赍，世其学，道光乙未科举人，与先君子为同年生，恭冕未之见也。其孙保恩，亦谨厚，宫詹招至使署，与恭冕共事久，故得读先生遗著，而谨括其学行之大，俾后之人有所考焉。①

① 见《宝应刘氏集》，广陵书社2006年版，第580~581页。

崔应榴

《清儒学案》卷二〇二《诸儒学案八·崔先生应榴》：崔应榴，字秋谷，海盐人。增生。自少颖悟，甫成童即补博士弟子员，累试辄高等。生平究心经史子集，老而弥笃。嘉庆初，为嘉兴知府伊边塞分纂《郡志》，详简合度，世称善本。所著《吾亦庐稿》四卷，说经铿铿，为仪征阮文达元所激赏。又著有《殷水遗闻》、《横山纪略》、《岁时藻玉》、《广孝编》、《广慈编》等书及《诗文集》。（参《海盐县志》）

《清史列传·儒林传下二》：存目。①

潘衍桐《两浙輶轩续录》卷十三：崔应榴，字秋谷，海盐增生。著《吾亦庐初稿》。《县志》：应榴少颖悟，究心四部之学，老而弥笃。嘉庆间分纂郡志。工诗古文词。著有《吾亦庐稿》，采入《皇清经解》。又有《诗文集》、《殷水遗闻》、《横山纪略》、《岁时藻玉》、《广孝编》、《广慈编》等书。

秦瀛《小岘山人集》文集卷五《鸿胪寺卿星实冯君墓表》：嘉庆五年闰四月二十二日，前鸿胪寺卿桐乡冯君卒于家，年六十有一。于是君以乞养归，盖八年矣。君长余三岁，前后皆以制科得官，而君先于余十一年。君直军机久，余晚进，尝同直。君之归也，余适监郡浙西，君有家在杭州，数相见。君没属其孤以隧道之文来请，其何可辞。君讳应榴，字星实，晚自号踵息居士。其先自湖州迁桐乡，明隆万时有官湖广左布政使讳孜者，君八世祖也。曾祖景夏，康熙中举人，历刑部左侍郎。祖锦以君赠中宪大夫。父浩乾隆十三年进士，由编修改监察御史。妣潘氏，赠恭人。生子三，君其长也。年十八，补博士弟子员，中乾隆二十五年举人，联捷成进士。三十年上南巡，召试行在，授内阁中书，逾年入直军机处，随迁宗人府主事，为湖北乡试副考官，督四川学政，以事镌级复原官，累迁员外郎郎中，充坐粮厅，擢山东道监察御史、通政使、司参议鸿胪寺卿。君为人沈毅有智识，才情飙发，审几立断。其直军机也，制草多以属君，缅缅②千言，援笔力就。机禁重

① 详见中华书局本第18册，第5597页。

② 缅缅：用以形容文章或言谈连绵不尽。

臣，辄倚君为重，有重狱，必委君。……君居平为诗，尤嗜苏文忠，尝汇各家旧注，加以订误补缺，刊行之，共若干卷。娶陆氏，两淮盐分司平湖某女，封恭人，前君卒。子二，振辉、绩熙；女九。振辉即以五年九月十八日，合葬君与陆恭人之柩于嘉兴县四收字圩费家浜之原。君生平事迹具君所自述，特采其在官之大者件系之，以表其阡。

张云璈《简松草堂诗文集》文集卷三《文学崔君家传》：君姓崔，讳应榴，字星洲，秋谷其自号也。晚又号藤花村农。其先为清河人。……凡诸子百家、名物象数之学，无不殚究。丙戌入邑庠，念省垣为人文薮，欲一亲当代贤豪，以广志识，遂侨于杭，与蒋太史东桥、雷孝廉佛日、陈上舍稚峰诸君为文字交，尤莫逆于诸大令蔼堂、梁封公谏庵，所诣益进，所交益广。卢抱经、梁山舟两学士皆为之心折焉。然棘闱屡踬，且家多故。元配卢孺人所生子女皆殇，而孺人亦缠绵疾病，一载竟不起。又次乘漪园相继殂谢，君失所倚赖，郁郁不自聊，不得已，藉游历以纾其抑塞磊落之气，遂之陕州，之闽，之明州，复就学使者胡文恪之聘于江南，所至名人硕彦莫不倒屣恐后，声誉大起。今上皇帝御极之元年，诏举孝廉方正，邑侯河南任公为君壬子荐卷师，将以其名应，君闻而瞿然曰："某幼失怙恃，未克一日尽人子之道，是所举首先一字已无所称，遑问其他。"坚辞不敢当。任公叹息，愈重之。后长子熙日入黉序，君以后起有人，遂绝意进取，专事著述。所著有《吾亦庐诗文集》、《杂著》、《经说》、《述古编》、《蚕政统纪》、《横山纪略》、《小家珍说》、《循觚纪闻》、《宿罗轩漫笔》、《摊饭鸠谭》、《续谭》、《物华小缀》、《正栉随札》、《逭暑寄汲》、《息影厦随笔》等书，不下百余卷。其已刻者：《岁时藻玉》八卷、《关帝事迹征信编》若干卷、《广孝》、《广慈》二编共五卷，又《家谱远系》二卷，则梁学士为之弁言也。著录之富殆未有如君者。居恒俭约，然义所当为，则不计有无。尝有无赖族子鬻其女，君急质衣赎归，并为择配，虑其复鬻也。呜呼！即其风亦已古矣。卒年七十有一。继娶徐孺人，生子二，曰熙日、熙时。熙日今为廪膳生。论曰：君一十三试省闱，卒未一当，识与不识皆深惜之。然观世之掇巍科、取金紫如拾芥，非不焜耀，一时数传，而后人亦淡焉置之，且有不能举其姓氏者。以视文章之在人耳目为何如也？知斯意，亦何增损吾崔君。

刘逢禄

《清儒学案》卷七十五《方耕学案下·方耕私淑·刘先生逢禄》：刘逢禄，字申受，一字申甫，号思误居士，武进人。……嘉庆甲戌进士，改庶吉士，散馆授礼部主事。在部十二年，恒以经义决疑事，为时所推重。道光九年卒，年五十四。先生为庄氏之甥，幼时及见外祖方耕先生，一赏其早慧。长，闻从舅珍艺先生绪论，学益进，尽得其外家之传。于《春秋》独发神悟，尝谓诸经中知类通达，微显阐幽者，厥惟《公羊》一书。……所著诗文有《刘礼部集》十二卷。(参史传、李兆洛撰《传》、子承宽撰《行述》)

《清史稿·儒林三》：刘逢禄，字申受，武进人。祖纶，大学士，谥文定，自有传。外王父庄存与、舅庄述祖，并以经术名世，逢禄尽传其学。嘉庆十九年进士，选翰林院庶吉士，散馆改礼部主事。二十五年，仁宗大事，逢禄搜集大礼，创为长编，自始事至奉安山陵，典章具备。道光三年，通政司参议卢浙请以尚书汤斌从祀文庙，议者以斌康熙中在上书房获谴，乾隆中尝奉驳难之。逢禄揽笔书曰："后夔典乐，犹有朱、均；吕望陈书，难匡管、蔡。"尚书汪廷珍善而用之，遂奉谕旨。四年，补仪制司主事。越南贡使陈请为其国王母乞人葠①，得旨赏给，而谕中有"外夷贡道"之语，其使臣欲请改为"外藩"，部中以诏书难更易，逢禄草牒复之曰："《周官·职方》王畿之外，分九服，夷服去王国七千里，藩服九千里，是藩远而夷近。《说文》羌、狄、蛮、貊字皆从物旁，惟夷从大、从弓。考东方大人之国；夷俗仁，仁者寿，有东方不死之国，故孔子欲居之。乾隆间奉上谕，申饬四库馆——不得改书籍中'夷'字作'彝'。舜东夷之人，文王西夷之人。我朝六合一家，尽去汉、唐以来拘忌嫌疑之陋，使者无得以此为疑。"越南使者遂无辞而退。逢禄在礼部十二年，恒以经义决疑事，为众所钦服，类如此。**其为学务通大义，不专章句，由董生《春秋》窥六艺家法，由六艺求观圣人之志。尝谓："世之言经者，于先汉则古《诗》毛氏，后汉则今《易》虞氏，文词稍为完具。然毛公详古训而略微言，虞翻精象变而罕大义，求其知类通达、微显阐幽者，则《公羊》在先汉有董生、后汉有何劭公**

---

① 人葠：亦作"人参"。

氏，子夏《丧服传》有郑康成氏而已。先汉之学，务乎大体，故董生所传非章句训诂之学也；后汉条理精密，要以何劭公、郑康成氏为宗。然《丧服》于五礼特其一端，《春秋》文成数万，其旨数千，天道浃，人事备，以之贯群经，无往不得其原；以之断史，可以决天下之疑；以之持身治世，则先王之道可复也。”于是寻其余贯，正其统纪，为《公羊春秋何氏释例》三十篇；又析其疑滞，强其守卫，为《笺［说］》一卷、《答难》二卷。又推原穀梁氏、左氏之得失，为《申何难郑》四卷；又博征诸史，刑礼之不中者，为《仪礼决狱》四卷；又推其意为《论语述何》、《夏时经传笺》、《中庸崇礼论》、《汉纪述例》各一卷，别有《纬略》二卷、《春秋赏罚格》一卷。愍时学者说《春秋》皆袭宋儒“直书其事、不烦褒贬”之辞，独孔广森为《公羊通义》，能抉其蔽，然尚不能信三科、九旨为微言大义所在，乃著《春秋论》上、下篇，以张圣权。……又成《左氏春秋考证》二卷，知者谓与阎、惠之辩《古文尚书》等。逢禄于《易》主虞氏，于《书》匡马、郑，于《诗》初尚毛学，后好三家。有《易虞氏变动表》、《六爻发挥旁通表》、《卦象阴阳大义》、《虞氏易言补》各一卷。又为《易象赋》、《卦气颂》，提其指要，《尚书今古文集解》三十卷、《书序述闻》一卷、《诗声衍》二十七卷。所为诗、赋、连珠、论、序、碑、记之文约五十篇。道光九年，卒，年五十有六。

《清史列传·儒林传下二》：存目。①

李兆洛《养一斋文集》卷十六《礼部刘君传》：道光九年八月十六日，刘君申受卒于京师，春秋五十有六。讣至，哭之恸。呜呼！吾乡一意志学、洞明经术、究极义埋者，辈中遂无人矣，来者将安所仪型哉？君文渊阁大学士文定公之孙，召试一等、赐中书卣于先生之子，礼部侍郎讳存与庄公之外孙。文定公伟量硕德，为熙朝名相，入祀贤良祠。礼侍公鸿识卓学，甄综天人，经纬圣哲，君实克承内外，渊绪始终，条理山宣，而泽钟之年，才中身位，不副望殄瘁之痛，胡可言也！君生乾隆四十一年九月十二日。生十八年，补弟子员。二十五中拔萃科，三十二举顺天乡试，三十九始成进士，入翰林，散馆，改用礼部，旋补仪制司主事，在官者历十有二年，不迁簿书，期会敦肃恪，共如一日。君貌不逾中人，而美若冠玉，容止温肃，吐属谦谨。其于学，务深造自得。礼侍公兼通“五经”，各有论述，著《春秋正辞》②，涵濡圣真，执权至道，取资《三传》，通会群儒。君乃研精公羊，探源董生，发挥何氏，成《释例》三十篇，以微言大义刺讥褒讳挹损之，文辞洞然，推极属辞比事之道。又成《笺说答难》、《决狱》等，凡十一书。自汉以来，未尝有也。中交张翰林皋文共通《虞氏易》，为《六爻发挥旁通表》，《虞氏易变表》、《卦象阴阳大义》、《易言补》、《易象赋》、《卦气颂》，凡五卷。又旁求之于《书》，掇拾残缺，兼搜众说，为《古今文尚书集解》三十卷。又旁求之于《诗》，病古韵未有专书，近人推演递密，而收字不全，入声分配无准，为《诗声演》二十七卷，皆创通奥域，遂于大道，勾萌新意，鬯达柯干者也。又以余力及九章小学，成书数卷。取《史记·天官书》及《甘石星经》为之疏证，成书数卷。**又欲仿《经典释文》之例，存异文古训，为《五经考异》，已就两经，而未成。**其在官，凡同列有疑不能决者，为引经义别白之，已而公卿亦

① 详见中华书局本第18册，第5605~5606页。

② 此书分正奉天辞、正天子辞、正二伯辞、正诸夏辞、正外辞、正禁暴辞、正诛乱辞、正传疑辞、春秋举例、春秋要指各一卷，正内辞三卷。

多就问所疑，无不据经决事，有董相风。在官有《庚辰大礼记注长编》十二卷、《春闱杂录》一卷、《东陵勘地图说》一卷、《石渠礼论》一卷，悉事言翔实，疏证确审。大抵君之著书，不泥守章句，不分别门户，宏而通，密而不缛，其大宗也。选定《八代文苑》四十卷、《唐诗选》四十卷、《绝妙好辞》二十卷、《词雅》四卷。自著诗文集八卷，大都所手辑。及著几二百十余卷，精力可谓过人矣。……李兆洛曰：予弱冠即与君相知，爱君孜孜从事公羊家言。予浅陋，极知其学之正，而不能从问业。又时出不经语相难，君俯仰唯诺，未尝折之，亦未尝以语于人，予甚愧焉。比从宦日疏阔，见其成者，《公羊释例》、《虞氏易表》数通而已。余所成者，多在服官后十数年间，想亦嘿不自得，而以深思博综，销其岁月耶？宜其年寿之不永也。君勤于取资，当世有名人莫不降心下问。后辈一业之善，即引与朝夕，又宜其所成之过人也。《汉・儒林传》称董仲舒通“五经”，善持论，能文辞，又云仲舒弟子遂者欢东平嬴公守学不失师法。君虽未肯抗行仲舒，以视嬴公，固有余矣。

戴望《谪麐堂遗集》文一《故礼部仪制司主事刘先生行状》：……先生讳逢禄，字申受。刘氏其先自大同徙凤阳，明洪武初有曰真者，从兵徇江南防守常州，遂家焉。后五世璠无子，以姊适张氏之子崟为子。崟有隐德……庄孺人祷于神，感异梦而生先生。先生弱不好弄，母氏诲之，学必举所闻于外王父侍郎庄公以纠俗师谬说。年十一，初谒侍郎公，叩以所业，应对如响。叹曰：“此外孙必能传吾学。”十三而群经及周、秦古籍皆毕。尝读《汉书・董仲舒传》，而慕之，乃求得《春秋繁露》，知为七十子相传大义，遂发愤研《公羊何氏解故》，不数月，尽通其条例。从舅庄先生述祖自济南解官归，与语群经家法，大称善。时庄先生有意治《公羊》，遂辍业，先生复从受夏时等例及六书古籀之学。庄先生尝曰：“吾诸甥中，若刘甥可师，宋生可友也。”嘉庆五年年二十有五举拔贡生，旋入都应朝考，时文定公及世父侍郎故旧遍京师先生不往干谒，唯就张编修惠言问《虞氏易》、《郑氏三礼》，竟以此被黜。十一年举顺天乡试中式，座主孔编修昭虔故世治《公羊春秋》，得先生卷，大惊“国士遇之”，十九年成进士，授翰林院庶吉士，逾年散馆改授礼部主事。道光四年补仪制司主事，在部十有二载，每有大疑，先生辄援古事，据经义，以抉之，非徒簿书期会如胥史所职而已。仁宗睿皇帝升遐，先生居署治大丧档案，以丧纪为礼之极，大丧为国家万事根本，尽瘁其事，成《庚辰大礼记注长编》十二卷，自始事以讫奉安，山陵典章备具其后，承修官书遂全用其稿。明年，仁宗升配奉旨圆丘享位三昭三穆，余地似少，命大学士及九卿详议先生书上。尚书王文简公请复古谛祀之礼事，不果行。(下略)

刘承宽《先府君行述》：府君讳逢禄，字申受，亦字申甫，号思误居士。先世当明洪武初自凤泗驻防常州，是为西营刘氏。自高曾以上，详府君所为先中书公行状。祖文定公，讳纶，举乾隆丙辰博学鸿词科，仕至文渊阁大学士、军机大臣、太子太傅，入祀贤良祠。文定公娶于许，有子三人：长乾隆戊子举人，广西南宁府同知，讳图南；次乾隆丙戌一甲三名进士，官工部左侍郎，讳跃云；其季讳召扬，字直，于乾隆甲辰召试第一，授内阁中书，弃官家居，为文定请建专祠，庀祭器，置墓田，终身不仕，即府君考也。娶礼部侍郎庄公存与之女。初殇二子，祷于都城三圣庵，感异梦而生府君，弱不好弄，每夜分在家塾，非召不入内，既入，而庄太恭人尚口授《楚词》、古诗，虽就枕不辍。年十一，尝从母归省，时宗伯公子告归里，叩以所业，应对如响，叹曰：“此外孙必能传吾学。”十三岁而十三经及周、秦古籍皆毕。尝读《汉书·董江都传》而慕之，乃求得《春秋蕃露》，益知为七十子微言大义，遂发愤研《公羊传》何氏解诂，不数月，尽通其条例。年十有八，补府学生。逾年，从舅庄先生述祖自济南乞养归，与语群经家法，大称善。时庄先生有意治《公羊》，遂辍业。府君复从受夏时等例及六书古籀之学，尽得其传，学益进。庄先生尝曰："吾诸甥中，若刘甥可师，若宋甥可友也。"嘉庆五年，年二十有五，学使钱公赏其文，以廪生拔贡，时与同邑李申耆先生齐名，号"常州二申"。年二十有七，入都朝考，时文定公及伯父侍郎公故旧遍京师，府君闭户不往。初试一等第三，复试竟下第。始识张先生惠言于都，与谭《周易》、"三礼"之学。旋省亲于山东书院而归。逾年秋，闻讣奔丧，至济南扶榇归里，贫不克举葬。乙丑年，三十岁，服阕，应聘主兖州讲席。明年，归力营葬事，相度经年，始得地于邑之东北乡，旋构讼，不克葬。明年丁卯，举顺天乡试，编修孔先生昭虔，故世治《公羊春秋》者也，得府君卷，大惊。座主戴文端公、桂文敏公、蒋少司农皆国士遇之。明春，会试下第，方归营葬，复丁内艰，治丧悉应礼经。是冬，始克合葬。府君以名门之子，早负重望，屡困场屋，又拙谋生，丧葬之事积载瘁瘏，两浙、广陵，连年旅食，尚以其修脯之余，葺祖祠，嫁季妹，心力交竭，而学古求道益不衰。甲戌，年三十有九，始成进士。房师程先生祖洛手录其经策以出，总裁则章文简公、周大司空、王大宗伯、宝少司空也。殿试二甲，朝考入选，改庶吉士。是秋，乞假南归，在籍二载。丁丑，散馆改礼部主事。道光四年，补仪制司主事，在部十有二载。凡簿书期会胥史所职者，府君无以逾人。至于据古礼以定今制，推经义以决疑难，若嘉庆二十五年，睿皇帝升遐，府君居署数旬，昼夜讨论，口咨手录，因成《庚辰大礼记注长编》十二卷，自始事以至奉安山陵，典章备具，体例谨严，其后承修官书，遂全用其稿。明年，仁宗升配，奉旨圆丘享位三昭三穆，余地似少，命大学士及礼部详议，府君拟上书大宗伯，既而失稿，止别存《禘议》，藏于家。又嘉庆二十二年，安徽巡抚咨称，某州民伯仲其一子各为取妇，而仲之妇仍无出，将继其伯之次孙为仲嗣，欲令其服所嗣祖母承重服及母服，乃以财予之。其当嗣之兄第皆不可，乃请之州府，州府以仲为伯子所别取之妇，系中表联姻，难谓妾媵，持不能决，咨请部示。部中欲引慈母如母之律以许之，否则，或令其子为仲妻若妇持祖母及叔母之服。府君再立驳稿，析义至精，同司无以难，其案始定，若集中《礼无二適议》是也。道光四年，开通礼馆，汤少宗伯欲派府君纂修，既而不果，其后闻馆中有改適孙祖在为祖母服期为服斩一条，府君谓先王之礼曷可轻易，乃复为驳议，以俟后世，若集中《適孙为祖母持服议》是也。……大抵府君于《诗》、《书》大义及六书、小学多出于外家庄氏，《易》、《礼》多出于皋文张氏。至《春秋》，则独抱遗经，自发神悟。主山东讲舍时，为《释例》三十篇。又析其凝滞，强其守卫，为《笺》一卷、《答难》二卷。又推原左氏、穀梁氏之得失，为《申何难郑》四卷。又断诸史刑礼之不中者，为《礼议决狱》四卷。又推其意，为《论语述何》、《中庸崇礼》、《论夏时经传笺》、《汉纪述例》各一卷。其杂涉蔓衍者，尚有《纬略》一卷、《春秋赏罚格》二卷，凡为《春秋》之书十有一种。宫保阮公、申耆李公各为梓行于广东、扬州，咸谓《春秋》自唐、宋以来郢书燕说，国朝经学大昌，如嘉定钱氏、河间纪氏、栖霞郝氏皆号通儒，而其说《春秋》皆袭宋、元，直录其事，不烦褒贬之说，其弊不至于等经朝报、束传高阁不止。近日曲阜检讨孔先生，潜心大业，绍明绝学，著为《公羊通义》，而尚不能信三科九指。大义微言，千钧一发。至若钩幽起坠，干城御侮，张笔削之权于三统之内，续董、胡之薪于二传之外，择精语详，醇乎其醇，则自汉以后，府君一人而已。府君以东汉经师有家法可寻者，今惟何、虞、许、郑四君子。虞氏之《易》，虽惠、张创通大义，学者尚罕得其门而入，因别为《易虞氏变动表》一卷、《六爻发挥旁通表》一卷、《卦象阴阳大义》一卷、《易言补》一卷、《易象赋卦气颂》一卷，撮其旨要，约其义例，以便缀学之士。郑氏于《三礼》而外，于《易》、《诗》非专门，其《尚书注》已亡，或掇拾残阙，欲申墨守，或旁搜众说，支离杂博，皆浅涉藩篱，未足窥先王之渊奥，乃别为《尚书今古文集解》三十卷，别黑白而定一尊，由训故以推大义，冀他日与各经传注并立学宫焉。许君《说文》为形书，而古韵未有专籍。近世顾、江、段、孔推衍递密，而收字未有全数，入声未审分配，乃研极精微，分为二十有六部。每部先收《毛诗》字，次收《说文》字，次收《广韵》字，每字复为推其本音，详其训故，又为《条例》一卷，共名《诗声衍》二十有七卷，集古韵之大成。此四端，皆府君所学之大者。又尝欲为《五经考异》，仿陆德明《经典释文》之例，以存异文、古训，先成《易》一卷、《春秋》一卷，又取《史记·天官书》及《甘石星经》为之疏证二卷。又有少时所著《毛诗谱》三卷、《诗说》二卷。其未成者，尚有《九章举隅》及《小学启蒙》二书，无卷数，此皆府君手著之书。其裒辑者，则有《石渠礼议》一卷、《庚辰大礼纪注长编》十二卷、《春闱杂录》一卷、《东陵勘地图说》一卷。又手摹《两京十六省舆地图》一册。**大抵府君之学，其异于世儒者有二：一曰通大义而不专章句。**尝谓毛《传》详诂训而略微言，虞翻精象变而罕大义，求其知类通达、微显阐幽者，则《公羊传》，在先汉则有董仲舒氏，后汉则有何劭公氏，子夏《丧服传》有郑康成氏而已。**先汉之学务乎大体，故董生所传非章句训诂之学；后汉条理精密，要以何劭公、郑康成氏为宗。**然二传虽皆可以条例求，而丧服于五礼特一端，《春秋》则文成数万，其旨数千，天道浃，人事备。以之贯群经，无往不得其原；以之断史，可以决天下之事；以之持身治世，则先王之道可复也。**二曰求公是而袪门户。说者谓府君墨守何学，然笺中规何五十余事，至于母以子贵，及夫人子氏惠公仲子之属，则并舍《公羊》而从《穀梁》，甚至宋灾故一条，则并舍“三传”，而从宋儒刘原父、胡安国之说，于其不苟为异，益知其同者之非苟同也。**其说《诗》、《书》与郑异义十之四五，一洗近世专己守残之陋。又尝谓《汉志》有《公羊外传》五十余篇，今佚不存，左氏正可补其阙，惟当复其旧名，曰《左氏春秋》，而尽刊去刘歆所私改之经文与所增窜之书法凡例，庶几以《春秋》还之《春秋》，以《左氏》还之《左氏》，离之两美，俾攻《左》者不得摘为口实。**人知府君为《公羊》之功臣，不知其尤为《左氏》之忠臣也。**至于近世小学，但知溯源小篆，而古籀几为绝学，尝病《说文》多有所从得声之字反不见于本书，而一字重文别体或分收各部，又部首过繁，稽考不易，尝欲仿《尔雅》体，并其重俗，补其古训，增其阙文，以省初学之心力，俾得专心于大业。手书创稿，而未能就也，痛哉痛哉！府君于词章，由六朝以跻两汉，洞悉其源流正变，故所著述，随物赋形，无体不备，在他人称绝业，而在府君自视为绪余。有自著诗文集八卷。又选定《八代文苑》四十卷、《绝妙好词》二十卷、《唐诗选》四十卷、《词雅》四卷，藏于家。**平日师友渊源，于先正则及见大兴朱文正公、阳湖孙渊如、金坛段若膺、高邮王怀祖诸先生。同志中与共习庄氏学者，则有若庄君绶甲兄弟、宋君翔凤、丁君履恒。**其共习张氏学者，则有若张君琦、其侄成孙、其甥董君士锡。其束发以学行相砥砺者，则有李君兆洛、恽君敬、陆君继辂、周君仪暐、李君复来。又尝与刘公凤诰商五代史于浙江，与胡君培翚讲《仪礼》，王君萱龄、汪君喜孙讲《尚书》，徐君松论地理。徐君有《壬论九数》。陈君奂论小学于都门。于后学接引尤至，一技若己有之，弟子潘准、庄缤澍从受《公羊》、《礼》，而潘早夭，府君痛之，于是有《反招魂》之作。同里董君佑诚高才，早殁，于是有《梦董方立》之诗。丙戌，分校礼闱，邻房有浙江、湖南二卷，经策奥博，曰："此必仁和龚君自珍、邵阳魏君源也。"亟劝力荐，不售，于是有《伤湖南、浙江二遗卷》之诗。于诸甥中，喜赵振祚。于年家子，喜道州何绍基。**凡所著述，有能献一字之益者，应时改定。闻人一善，则入内时不及解冠，先呼不孝等而谆语之，喜动颜色。**故平生交游落落，闻府君逝而哭失声者皆道谊中人。先后长礼部者，若高邮王公、萧山汤公、乐平汪公，皆重其学行。府君未尝有所干谒，有侮其迂，欺其朴者，府君皆欢然与之，即或代致不平，而府君反为申释焉，盖其肫笃庞厚，城府洞然，实不知人世之有险巇，物情之有机械，非矫揉以然也。**尝为阮宫保言重雕《宋本十三经注疏》，又汇刊本朝说经之书为《皇朝经解》，以幸士林。阮公从之，遂衣被海内。**……以府君之古懿淳闷①，有先汉申公、伏生之风，宜享神明之寿，以劝儒林，矜后学，而甫逾半百，遽颓泰山，频年遘死亡之戚，遗箧余未竟之书，此则天道之难问者。近载以来，府君夜患不寐，不孝等以先慈寝疾方，亟又恃府君体素康强，丰颐广下，举止端重，声中黄钟，必可以冀期颐，曾不知早劝节劳，辅以参术，迨至先慈弃世，府君怆恫益浚，又念失恃之子，强为抚慰。本月十二日，骤患咯血，犹力疾诣署，归而痰涌气逆，旋止旋作。中秋日，犹肃衣冠，祀五祀及先祖，四更后，喘复大作，执不孝等手，谕以守祖父之遗规，法古人之安命。至日中，遂不起矣。呜呼痛哉！**府君生于乾隆四十一年六月十二日戌时，卒于道光九年八月十六日未时，**享年五十有四。……〇不孝孤哀子刘承宽等泣血谨述。赐进士出身、诰授朝议大夫、晋封光禄大夫、工部尚书、重预鹿鸣宴钦加四品衔、前直隶永定河道、山东运河兵备道吏科掌印、给事中、掌京畿道监察御史、工部制造库郎中、营缮司员外郎、虞衡司主事、翰林院庶吉士、世弟**王念孙**顿首拜填讳。②

诸可宝《畴人传三编》卷二有传，存目。

刘逢禄《刘礼部集》卷三《春秋公羊释例序》：昔孔子有言："吾志在《春秋》。"又曰："知我者其唯《春秋》乎？罪我者其唯《春秋》乎？"盖孟子所谓行天子之事，继王者之迹也。传《春秋》者，言人人殊。唯公羊氏五传，当汉景时，乃与弟子胡母子都等记于竹帛。是时大儒董生下帷三年，讲明而达其用，而学大兴。故其对武帝曰："非六艺之科、孔子之术，皆绝之，弗使复进。"汉之吏治经术彬彬乎近古者，董生治《春秋》倡之也。胡母生虽著条例，而弟子遂者绝少，故其名不及董生，而其书之显亦不及《繁露》。绵延讫于东汉之季，郑众、贾逵之徒，曲学阿世，扇中垒之毒焰，鼓图谶之妖氛，几使羲辔重昏，昆仑绝纽。赖有任城何劭公氏修学卓识，审决白黑而定，寻董、胡之绪，补庄、颜之阙，断陈元、范升之讼，针明、赤之疾，研精覃思，十有七年，密若禽、墨之守御，义胜桓、文之节制，"五经"之师，罕能及之。天不祐汉，晋戎乱德，儒风不振，

① 淳闷：淳厚质朴。清龚自珍《大誓答问第十一》："汉初淳闷，重功令，尤重师法，学有家法，名成大师，岂肯从而诡和以塞诏旨乎？"

② 见《刘礼部集》卷十一。

异学争鸣。杜预、范宁吹死灰，期复然，溉朽壤，使树艺。时无戴宏，莫与辨惑。唐统中外，并立学官。自时厥后，陆淳、啖助之流，或以弃置师说，燕说郢书（一作“解弦更张”），开无知之妄；或以和合传义，断根取节，生岐出之途，支窒错迕，千喙一沸，而圣人之微言大义盖尽晦矣。大清之有天下百年，开献书之路，招文学之士，以表章“六经”为首。于是人耻向壁虚造，竞守汉师家法，若元和惠栋氏（一本尚有“武进张惠言氏”）之于《易》，歙程易畴（一本作“金榜”）氏之于《礼》，其善学者也。禄束发受经，善董生、何氏之书，若合符节，则尝以为，**学者莫不求知圣人，圣人之道备乎“五经”，而《春秋》者，“五经”之筦钥也**。先汉师儒，略皆亡阙，唯《诗》毛氏、《礼》郑氏、《易》虞氏有义例可说。而拨乱反正，莫近《春秋》，董、何之言，受命如向，然则求观圣人之志，七十子之所传，舍是奚适焉？故寻其条贯，正其统纪，为《释例》三十篇。又析其凝滞，强其守卫，为《笺》一卷、《答难》二卷。又博征诸史刑礼之不中者，为《礼议决狱》二卷。又推原左氏、穀梁氏之失，为《申何难郑》五卷。用冀持世之志，粗有折衷。若乃经宜权变，损益制作，则聪明圣知，达天德之事，概乎其未之闻也已。

刘逢禄《刘礼部集》卷三《春秋公羊解诂笺序》：余尝以为，经之可以条例求者，惟《礼·丧服》及《春秋》而已。经之有师传者，惟《礼·丧服》有子夏氏，《春秋》有公羊氏而已。汉人治经，首辨家法，然《易》施、孟、梁丘，《书》欧阳、大小夏侯，《诗》齐、鲁、韩，师说今皆散佚，十亡二三。世之言经者，于先汉则古《诗》毛氏，于后汉则今《易》虞氏，文辞稍为完具。然毛公详故训而略微言，虞君精象变而罕大义。求其知类通达，微显阐幽，则《公羊传》在先汉有董仲舒氏，后汉有何邵公氏，《子夏传》有郑康成氏而已。**先汉之学务乎大体，故董生所传非章句训诂之学也。后汉条理精密，要以何邵公、郑康成二氏为宗**。《丧服》之于五礼，一端而已。《春秋》始元终麟，天道浃，人事备，以之网罗众经，若数一二，辨白黑也。故董生下帷讲诵三年，何君闭户十有七年，自来治经孰有如二君之专且久哉？余自童子时，癖嗜二君之书，若出天性，以为一话一言，非精微眇、通伦类，未易窥其蕴奥。何君生古文盛行之日，廓开众说，整齐传义，传经之功，时罕其匹。余宝持笃信，谓晋、唐以来之非何氏者，皆不得其门，不升其堂者也。康成兼治《三传》，故于经不精，今所存《发墨守》，可指说者惟一条，然多牵引《左氏》，其于董生、胡母生之书研之未深，概可想见，而何君称为入室操矛，宏奖之风，斯异于专己党同者哉！余初为《何氏释例》，专明墨守之学，因析其条例，以申何氏之未著，及他说之可兼者。非敢云弥缝匡救，营卫益谨，自信于何氏绳墨少所出入云尔。康成《六艺论》曰，注《诗》宗毛为主，垂义若隐略则更表明，如有不同，即下己意，使可识别。余遵奉何氏，窃取斯旨，以俟后之能墨守者董理焉。

刘逢禄《刘礼部集》卷四《释三科例》：存目。

刘逢禄《刘礼部集》卷四《释九旨例》：存目。

刘逢禄《刘礼部集》卷四《释特笔倒》：存目。

刘逢禄《刘礼部集》卷四《释削例》：存目。

刘逢禄《刘礼部集》卷四《释礼制例》：存目。

刘逢禄《刘礼部集》卷四《释灾异例》：存目。

刘逢禄《刘礼部集》卷七《诗声衍序》：刘子成《诗声衍·条例》一卷、《表》一卷、《长编》二十六卷。序曰：谭声音之学，于今日《三百篇》其主也。群经传记、周秦诸子之书其辅也。《三百篇》其原也，《说文》谐声其委也。孙叔然、李登、吕静、徐邈之伦，谐声之变，而言韵之始也。沈约、周彦伦、陆法言之流，部韵之始，准予古而变通以趋时者也。至刘平水、黄公绍之徒出，去古日远，师心变更，而言韵学者，与古判若河汉。《诗》三百篇及他经传诸子之书，殆不可读矣。天运循环，无往不复，有明三山陈第，椎轮于前，我朝顾、江、段、孔、庄、张诸君子相继发轫于后，几可以行远登高，而三代之声音如在天上者，乃如接于耳而应于心也。然则《诗声衍》何为而作乎？曰，将以推诸君子未竟之志，析其义类，考其离合，集其大成，以谐声统六书之纲也。其建类始冬终甲，何也？曰，冬者，岁之终，而音之元也。《三百篇》此部之字，始于《采蘩》二章之中、宫。《切韵》以此部字误并东部者，亦始于中、宫。《太玄》准卦气，以中当《中孚》，首曰阳气潜萌于黄宫，信无不在其中。此即《归藏》首《坤》，《周易》首《乾》，而乾元用九之义，律中黄钟之音也。次以东，何也？曰，冬之音宽闳而字少，故其部无上声、入声。东之音峻上，故上声之字悉隶之。又音近萧、鱼，故有一类与萧、鱼同入屋、觉，而不通用。其与冬部通用最近，故次之。次以蒸，何也？曰，蒸者，冬之次近者也。其部亦无上声、入声，故徵之上为宫、徵之徵，登之上为等待之等，仍之上为鼎、鼐，古今皆在灰部。《切韵》亦以职、德配之、咍，不以配蒸、登也。侵、盐有入矣，次于蒸，何也？曰，侵亦冬之至近者也，盐则双声近阳，故分于侵。而同入于缉，不以缉次之，何也？曰，缉部之字，反纽至侵、盐、覃者较少。古诗《小戎》二章，或以为通用，或以为不通用。孔氏以古无入声，犹独立此部为谈声之短言。王氏以此部并去声（今按：厌具四声，砭有平声，贬为上声，垫、艳有去声，说亦未的）。故以殿众音也。阳次盐，何也？曰，音相近而不相淆也。青次阳，何也？曰，青、阳之分，在古尤严于青、真。自许敬宗、刘渊、吴棫误合《切韵》之庚、耕，而古音大乱。今吴中方言于阳声误并青声之字，犹上与古合。其误始于《庄子·胠箧》篇衡、争为韵，而群经、诸子无是也。故以青次阳，犹淄渑之既入，而知味者自能别也。真次青，何也？曰，古《周易》、屈、宋之文合用之广，较甚于东、冬也。别之以文，何也？曰，真清而文浊，犹冬浊而东清也。次以元，何也？曰，真、文近微、齐而无入声，元近歌而反纽于微、齐，同在未、物，诗亦不合用也。支、佳声近歌、麻，而反纽独为锡，故分锡于支。而歌、麻古无入声字，由支分入歌、麻之数十字母，古今亦皆无入声。既分皮、为以下入歌，必次锡于其间以别之也。灰，尤声，近萧也（尤，古音怡，今墨方言尚合。萧，古音修，今音变为肴豪），而灰类之反纽，独为职、德，萧类与愚类之反纽同为屋，故次职于灰、萧之间，次屋于萧类之后以别之，使人观其委之异，而益知其源之分也。愚类与萧、鱼声相类，清于鱼而浊于萧（孔云今湖广音最得其似），故其入声与萧类同在屋类，而鱼类之入声独为陌。不以肴类次萧，何也？曰，存古音也。别药于肴，何也（段氏、孔氏据此部，谓古无入声）？曰，以适今也，亦以证古萧之入与肴之入不相假也。微、尾、未、物，四声通转之最明者也，分为二，何也？曰，段、孔以古无四声，而不能废轻清重浊之别、长短缓急之辨。王、庄细审古音，确知微、尾为一类，未、物自为一类，古诗不相通用，故分之以志轻重清浊之别，次之以别于支与灰之委也。次以质，何也？曰，顾、江、孔、庄俱以质、物同合微部，段氏知其不可合而分之，以合真部，其意以为古无以委声为建首，而不统于平部者。王氏细审古音，以为质部与未部各有去、入而无平、上，故于未、物之外，别为一类，而仍次于未、物，犹附庸之君与大国命卿，同为社稷之臣，而名实不同也。终之以缉，何也？曰，《切韵》以缉、盍以下九部配侵、覃以下九部，审音之最得者矣。段氏本之，分缉、盍为二。孔氏并为合类，以为谈类之阴声，别以肴类为青类之阴声，使侵、盐二部如异类之不同入，不可也。王氏分缉、盍为二，而绝不以配侵、盐，亦未为得也。今仍合之，以为侵、盐同入之部，表其中内、立、协、盍、执、籋、叶声之字，以为未部双声相通，而与质部绝远。此所以于诸家而外，酌古沿今，定为二十六部者也。其列字终于甲，何也？曰，甲于古文，从入、从亼，或同十字。甲象万物之首，内甲即乾元用九之义也。厌字既著于侵，重隶于缉，以著反纽在侵。侵最近冬，亦《切韵》始冬终乏、循环无端之例也。曰，若是则取《毛诗》所用字为表足矣，今胪《说文》五百四十部之字，又补所不收之《广韵》诸字，并其解说十余万言，又细考其音转不合古诗者，疏通而证明之，何也？曰，将以一人之劳，省众人之逸，俾承学之士，为乐律之事者，童而习之，皆可弦歌以合韶武之音。且俾为小学者无以复加，庶得潜心于大义也。然而其志大，其思深，前人之启予者逝不可追矣。将伯助予，实难其人，董而理之，跂予望之。

刘逢禄《刘礼部集》卷七《诗声衍条例二十有一则》：存目。

刘逢禄《刘礼部集》卷九《尚书今古文集解序》：《尚书今古文集解》何为而作也？所以述舅氏庄先生一家之学，且为诸子授读之本也。嘉庆初，先生归自济南，余始从问《尚书》今古文家法及二十八篇序义，析疑赏奇，每发神解。忽忽数十年，久不省录。今年夏，先生子循博来京，旋卒旅寓。启其行箧，而先生所为《书序说义》一卷、《尚书授读》一卷在焉。寻绎洛诵，音容如在。先生学通苍籀，温故知新，其所创获，近轹诸儒，远质姚姒。所恨记录过疏，引而不发，亦有亲承口授，或反缺然。绪论微言，不著竹帛，传而不习，自古叹之。湮没骎寻，玩愒滋惧，爰推舅父未竟之志，缀为是编。其例凡五：**一曰正文字**。《尚书》已罹七厄（见段氏《撰异序》），故经文之下，必先审其音训，别其句读，详其衍脱，析其同异。段氏旁征蔓衍，烦赜为患。芟芜存英，什仅二三，从简要也。**二曰征古义**。马、郑、王注，采自《后案》，不复疏其出典，其差谬过甚，如以夏侯等《书》转为古文，孔壁本转为今文之类，悉为厘正，严家法也。**三曰祛门户**。孙《疏》好古，虽《史记》周公奔楚、揃爪沉河之说，必笃信不疑。《后案》祖郑，虽殛鲧在玄圭告成之后，《金縢》诛官属党与之诬，必曲申其是。迁周、孔以就服、郑，实为大惑。至伪孔传于“导渭”条，“漆沮”亦曰洛水，《顾命》篇“夹两阶戺”为堂廉，致为精确，不可以人而废言。集众思，广公益也。**四曰崇正义**。六宗、四载、三江、九江，诸家聚讼，详载博辨，体同考索。至于因中星而及岁差之西法，说玑衡而详后世之铜仪，有乖说经，概从薙汰，惧支蔓也。**五曰述师说**。凡闻自庄先生及外王父庄宋伯公者，皆别出之，独下己意者，以“谨案”别之。其《书序说义》亦详为引申，附诸其后，明授受也。予自束发治《春秋》，所拟《议礼决狱》、《答难》诸书，至今未能卒业。又为《诗声衍》若干卷，以明六书、音韵之学，创稿粗就，缮写未遑。复以炳烛余明，旁及是学，人寿几何，蠡海难罄，望古寥阒，知后人能董而理之否耶？姑藏箧笥，以训子孙云。①

刘逢禄《五经考异自序》：**余束发诵经，感于司马文正公之言，凡读书必先审其音，**

① 又载《皇清经解续编》。

正其字，辨其句读，然后可以求其义。欲先校夫子所正，今所存者，《易》十二篇，《尚书》二十八篇，《序》一篇，《诗》三百五篇，《序》一篇，《礼》古经十七篇，《春秋》十一篇，仿陆元朗《经典释文》之例，采辑旧本经籍所引，旁稽近代名儒深通经义小学者之言，汇为一编，以为童蒙养正之始基，夺于他务，未暇为也。己巳之冬，及与同里之学者臧庸、庄绶甲分经掇拾，二君以予向治《易》、《春秋》，属纂次焉。臧君为《诗考》，几成而逝。庄君为《尚书考》，将半而中辍。弟子潘准，夙慧嗜学，尤明礼经，独与余穷数日之力，稿本裒然，惜不幸夭折，属其父索之丛帙中，杳不可得。岁月如流，良朋难觏。壬申之夏，甘泉弟子张润见余旧稿而善之，手书付之梓人，以为续考群经者倡。嘉其意，勿以未定阻也。《诗考》可以校订，《书考》促庄君成之，《礼经考》阳童有灵，其不至人琴俱亡也，俟后出焉。

李柏荣《魏源师友记》卷二《刘逢禄》：逢禄，字申受，江苏武进人。外祖庄存与，舅庄述祖，并以经术名世，逢禄尽传其学。以嘉庆十九年进士，官至仪制司主事。道光九年卒，年五十六。在礼部十二年，恒以经义决疑事，为众所钦服。**其为学，务通大义，不专章句，由董生《春秋》窥六艺家法，由六艺求观圣人之志。**尝谓："世之言经者，于先汉则古《诗》毛氏，后汉则今《易》虞氏，文辞稍为完具。然毛公详故训而略微言，虞翻精象变而罕大义。求其知类通达，显微阐幽者，则公羊在先，汉有董仲舒氏，后汉有何劭公氏，《子夏丧服传》有郑康成氏而已。"尝为《公羊春秋何氏释例》三十篇、《公羊春秋笺》一卷、《论语述何》一卷、《左氏春秋考证》二卷、《尚书今古文集解》三十卷、《诗声（演）[衍]》二十七卷、《诗文集》八卷，析疑汰滞，强其守卫，诚一世之大儒也。默深在都，曾从问《公羊》大义，故后谈经，一本今文家法，轶而不决。道光丙戌，逢禄分校春闱。邻房一浙江卷，一湖南卷，经策奥博，荐而不售。浙江卷即仁和龚定庵，湖南卷乃魏默深也。因赋《两生行》以哀之，诗云："……更有无双国士长沙子，孕育汉魏真经神。尤精选理跞鲍、谢，暗中剑气腾龙鳞。侍御披沙豁双眼，手持示我咨嗟频。"逢禄撰有《诗古微序》，刊在集中。

章太炎《春秋左传读叙录》：及刘逢禄本《左氏》，不传《春秋》之说，谓条例皆子骏所窜入，授受皆子骏所构造，著《左氏春秋考证》及《箴膏肓评》，自申其说。彼其摘发同异，盗憎主人，诸所拨难，散在读中。

杨向奎《清儒学案新编·申受学案》：申受为庄存与外孙，幼时及见外祖，方耕赏其早慧；长闻从舅珍艺绪论，学益进，尽得外家之传。刘申受的时代已经是鸦片战争前夕，这正是《公羊》所谓"南夷与北狄交，王室之不绝者线"的时代，也是封建统治者感觉到自身危亡，非变不可的时候。于是已经重新萌芽的公羊学更具发育的土壤。庄存与虽然发现了《公羊春秋》，但他并没有从《公羊》中找到变革的方案，他们还在摸索，他们还没有找到公羊学的核心思想。**刘逢禄是继续探寻这种关键的人，其实这种关键就是东汉末年何休总结出来的公羊学的微言大义。**何休的总结在当时没有发生影响，只能是一种"书面总结"，与当时的社会、政治无关，但他的总结具有历史意义，在沉沦千年以后，在清季却产生了巨大影响。社会在发展，医疗社会疾病的方案也在改变，庄存与等没有找到旧方案，更谈不到新药方，而刘逢禄是找到这种方案加以发挥的人。**刘逢禄发现了何休的总结，他适当地评价这个总结，而且有自己的理解，有了他自己的理解就能发挥而有了**

新内容。此后公羊学遂密切结合社会实际而有所发展。鸦片战争给中国带来灾难，也敲了警钟，于是《公羊》学派风起云涌，谈改制，谈变法，都只是在《公羊》学的范畴内找方案。刘逢禄是较早提出方案的人。我们曾经指出，在《公羊》的思想中，"大一统"和"张三世"是核心。他们鼓吹"大一统"的天下，这"大一统"是理想也是事实，因为自古以来统一是事实，每当季世分裂，在分裂时想到统一是理想，所以他们把希望放在理想的未来。未来的世界应当大一统，庄存与没有意识到这一点，孔广森更没有这样想过，他在想诸侯王之分土而治，而刘逢禄不然，刘逢禄出，《公羊》的面貌为之一变。……《公羊》学只是有理想而缺少实施的方案，所以必须与古文经《周礼》结合以济其穷，但刘逢禄坚持今文立场，排斥古文经，而以《周礼》为"战国阴谋渎乱不验之书"，这本来是东汉何休的说法，如今重新拾起。对于《左传》，刘逢禄也进行抨击，作了全部否定的结论，以为其中的义法凡例出自刘歆伪造，他有《左氏春秋考证》一书，认为《左氏春秋》犹如《晏子春秋》、《吕氏春秋》，直称《春秋》是太史公所据旧名，冒名的《春秋左氏传》乃东汉以后的以讹传讹，而其始作俑者为刘歆。《左氏》本不传《春秋》，刘歆乃效法《公羊》，缘饰书法、凡例、"君子曰"等于《左传》中，一似《左氏》本传《春秋》者。其实都是些站不住的理论，是一些武断的说法，这种鲁莽灭裂的手法至康有为、崔适而集其大成。而崔适的说法正可以抵消刘逢禄的说法，刘逢禄以为刘歆"未及兼改《史记》，往往可以发蒙"。崔适则以为刘歆曾遍伪《史记》，以证《左氏》之为传经书，因而有《史记探原》一书。康有为则以为刘歆之窜改《左氏》乃有其政治目的，因而有《新学伪经考》。总之，刘逢禄对于《公羊》义法，有所发挥，庄存与之后是他发挥了两汉《公羊》的传统而发现了何休，提倡"三科九旨"，使《公羊》恢复了生气，在清末的政治史上发挥了前所未有的作用！①

① 见杨向奎《清儒学案》第四册，第39~45页。

宋翔凤

《清儒学案》卷七十五《方耕学案下》：宋翔凤，字于庭，长洲人。嘉庆庚申举人，官湖南新宁县知县，以老乞归。咸丰己未，重宴鹿鸣，加知府衔。十年卒，年八十五，先生亦庄氏之甥，其舅氏珍艺先生谓，刘甥可师，宋甥可友，宋甥即先生也。通训诂名物，志在西汉家法，微言大义，得庄氏之真传。尝以《论语》二十篇，素王之业备焉，自汉以来，诸家之说不能画一，因综核古今，为《论语说义》十卷。又汉初传《论语》者凡三家，北海郑君尝就《鲁论》之篇章，考之《齐》、《古》，以为之注，其书亡于五代之季。乃刺取古籍中所征引者，为《论语郑注》二卷。《孟子》一书，惟赵岐注盛行于世，然学者所习，时病阔疏。因参考近儒论说，正其疏舛，为《孟子赵注补正》六卷。又注《孟子》者，《隋·经籍志》所载有郑玄注七卷，刘熙注七卷，今康成之注不见，惟唐人书时引刘说。爰搜录得二十余事，为《孟子刘熙注》一卷。又以《小尔雅》一书为《尔雅》之流别、经学之余裔，其书甚古，而作者名氏阙如，后之作伪者尝捃摭以入之《孔丛子》中，殊多窜乱。今元本不可复见，李轨《略解》亦复失传，因为疏通证明，并补其佚文，为《小尔雅训纂》六卷。其他考证经义者，有《周易考异》二卷、《卦气解》一卷、《尚书略说》一卷、《尚书谱》一卷、《大学古义说》二卷、《四书释地辨证》二卷、《尔雅释服》一卷、《五经要义》一卷、《五经通义》一卷、《过庭录》十六卷及《论语发微》、《经问》、《朴学斋札记》，统名曰《浮溪精舍丛书》。(参史传)

《清史稿·儒林三》：宋翔凤，字于庭，长洲人。嘉庆五年举人，官湖南新宁县知县。亦庄述祖之甥。述祖有“刘甥可师，宋甥可友”之语，刘谓逢禄，宋谓翔凤也。翔凤通训诂名物，志在西汉家法、微言大义，得庄氏之真传。著《论语说义》十卷，序曰：“《论语说》曰：子夏六十四人，共撰仲尼微言，以当素王。微言者，性与天道之言也。此二十篇，寻其条理，求其旨趣，而太平之治、素王之业备焉。自汉以来，诸家之说时合时离，不能画一，尝综核古今，有纂言之作，其文繁多，因别录私说，题为《说义》。”又有《论语郑注》十卷、《大学古义说》二卷、《孟子赵注补正》六卷、《孟子刘熙注》一卷、《四书释地辨证》二卷、《卦气解》一卷、《尚书说》一卷、《尚书谱》一卷、《尔雅释服》一卷、《小尔雅训纂》六卷、《五经要义》一卷、《五经通义》一卷、《过庭录》十六卷。咸丰九年，重赋鹿鸣。逾年，卒，年八十二。

《清史列传·儒林传下二》：存目。①

冯桂芬《（同治）苏州府志》卷八十九有传，存目。

宋翔凤《朴学斋文录》卷二《读书日程自序》：翔凤八岁入小学，大人授以章句，数年之间，九经差能成诵。十三以后，不获随侍，远违过庭，年小气浮，纷心外说，府之所记，不无忘轶。去年之冬，从役来滇，中多弃日，又恐自兹以后，南北东西，靡所底止。弱冠已至，当殊童子，恐以吾身失坠家学，夜枕不寐，作而自思，不知汗之流于背也。昔宋程氏作《读书分年日程》，谓人数岁即宜力学，分年讲诵，三十而学有成。又邵子云：**“二十之后，三十之前，朝经暮史，昼子夜集。”**若程所云：“年已长矣，时已去矣。虽欲为之，将无及矣。”若邵所云，则其时也，非宜自力与？夫人于天地间，若浮云之于飘风，草木之于严霜也。孜孜白首，未有殊异，而自立者侔坚于金石，自暴者同灭于云烟。形质共付，久暂各别，望古人而匪遥，感岁月之若驶，中人以上，诵读之徒，可不困勉乎？

宋翔凤《朴学斋文录》卷二《小尔雅训纂序》：尝考《七略》，有《小尔雅》一篇，盖《尔雅》之流别、经学之余裔也。说《诗》者毛氏，说《礼》者郑仲师氏、马季长氏，往往合焉。晋李轨作《小尔雅略解》，传于唐世，书并单行。故隋、唐诸《志》并著李轨解，而不著撰《小尔雅》者名氏。颜注《汉书》，此亦盖阙。盖是书出西京之初，儒者相传，以求佔毕之正名，辅奇觚之绝谊，则其来已古矣。迭更五季，兹书遂佚。晚晋之人，伪造《孔丛》，尝刺取以人其书。宋人写馆阁书者，又就《孔丛》以录出之，当代书目遂题为孔所撰，而李轨之解不传。则唐以前之元本，不可复见。今既采自伪书，定多窜乱，根株粗究，泾渭易明。若夫条分缕析，举此证彼，两汉诸儒门户不隔，乌可不知其同异，考斯雅故乎？今之为康成学者，恒谤讥此书，以为不合郑君，同乎俗说。然还按《诗》、《礼》，乃郑君之改易古文，非《小尔雅》之偭违经义。据其后以疑其前，明者之所不取也。汉之经师，咸有家法，唯有小学，义在博通。就今所传杨子云、刘成国、张稚让诸家之作，多资旁采，尠获所宗。比之墨守，殆有殊途。至于此书，则依循古文，罕见凌杂，隐括以就，源流合一。故中垒之《录》，兰台之《志》，入于《孝经》一家，而不从小学之例。斯其足以贵宝者矣。余少识故训，略求津远，见此书之传，独遭厚诬。趋庭黔中，居多暇日，疏通证明，遂未敢后。爰阅编削二时之久，五卷之说甫能草创，乃陈其旨趣以为叙云。嘉庆十二年正月。

宋翔凤《论语说义自序》：《论语》说曰，子夏六十四人共撰仲尼微言，以当素王。微言者，性与天道之言也。此二十篇，寻其条理，求其旨趣，而太平之治、素王之业备焉。自汉以来，诸家之说时合时离，不能画一。蒙尝综核古今，有《纂言》之作。其文繁多，别录私说，题为《说义》。䌷绎已久，有未著子墨者。年衰，事益倥偬尠暇，恐并散佚，遂以此数万言先付杀青，引而伸之，或俟异日。

宋翔凤《朴学斋文录》卷二《论语郑注后序》：翔凤既次所集《郑注论语》为二卷，

① 详见中华书局本第18册，第5605~5606页。

其经文有注，则系之；无，则缺；异文可互证，则附焉。叙其后曰：尝念五代以来，经师道微，训诂时绝。拘学则陋，徒见尺咫；伪学则私，又恐见破。以故，里巷乡壁，耳聋俗师之瞽说；占毕章句，口昧先儒之遗义。一二好古实事求是之士，俛仰篇籍，感慨系焉。余览宋深宁叟之集《易》注，遂有事于斯编。解圣人之微言，寻康成之坠绪。张侯有可正之读，则校以齐古。传注有不易之训，则采自包、周。若哀而不伤，揖让升下，时与笺诗，复多同异。知两通之并存，亦散文而互见也。然考其裒次，离全书则已远；存十一于千百，凡精言眇义，往往可寻，其涂盖广。至于故实，粗加旁证，殆有数端。如老、彭二人之殊，泰伯三护之事，雅言有正音之训，朱张有侏张之读，过位本《曲礼》之文，及门为仕进之路，命席可数，难终其物。为之考校，盖已卓绝矣。又若“束脩”即童子挚，私朝非李氏家；缊之为絮，“于”之训“往”；字沿讹于亥豕，说讥取于卖驴。当其未明，家各聚讼，为之疏通，因而易晓。盖尝泛观书林，从事郑注，颇有其人。然其捃摭群籍，多取疑似。如大夫死葬之礼，误自《家语》，孔子图事之文，当为《逸论》；或者贪多，引为郑注，则又加以区别，为之裁省。《集解》一书，订自平叔。前代国学，刊行自久。今有好奇之人，宗海外之异文，略成均之所劂。日本《义疏》，增益语助，去此取彼，率改正经。兹正其例，皆从监本。文或稍胜，注于旁行。凡此数条，推求亦审。时为参证之辞，略附引申之说。至于穿凿前典，傅会私臆，学即未到，斯蔽尠矣。夫自今言学，去古日远，缺非一经之注，存无数卷之书，遗文可搜，故训是式，章句讵微，乃云破碎，凡厥有心，网罗放失，当同此怀。遂于《论语》，陈其义例，权舆斯编，将及群籍。是则区区之愿，其能有鉴之者乎？嘉庆壬戌七月，宋翔凤记。

宋翔凤《朴学斋文录》卷二《经问自序》：夫“六经”定而异端绝，传注出而圣学明。故子云有言：“大哉！天地之为万物廓，‘五经’之为众说郛。”① 潜夫有言：“圣人者，天之口；贤人者，圣之译。自群言淆乱，离合万端，大道泯没，积疑滋生，后之学者求道德之统纪，识治乱之条贯，苟舍六艺之文，殆靡窥乎户牖。”二子所称，其旨远哉！盖炎刘以后，几数千载，上自王公，迄于韦布，束修服习，白首无期，师儒或局于章句，承学则拘于门户，又时有乡壁虚造之说、庸妄凭肊之谈杂出乎其间，纷争空轸，疑论无归焉。按：经者，常也，恨久而不已，终古而不变，谓之曰常，故圣人之言曰微言，传记所述曰大义。微者，至微无不入也。大者，至大无不包也。原其体类，皆号为经，是则象数之说无非《易》也，古文今文无非《书》也，齐、鲁、韩、毛无非《诗》也，公羊、穀梁、左氏无非《春秋》也。《仪礼》经传虽出于一途，而其旨意所周遍可以尽法制之变，浃人事之纪。**要而论之，微言之存，非一事可该；大义所著，非一端足竟。古人一经立数博士，学者讲贯，每广异义，则深悟此理也。溉自阙散之后，学少家法，笑古人之因循，喜晚出之新义。小则训诂不涉于《尔雅》，大则性命或歧为二学。以末师之口耳，断前圣之法制；据野人之胸肊，议先王之礼乐。诬圣乱经，悖义失例，未有逾此者矣。**然六经之在当世，若恒星之丽天，日月之成岁，推步虽失，不乱于运行，言天虽殊，无伤于躔次。后儒相习于冥冥之谕，古人固存其昭昭之理。玩经文，存大体，则庶几已。若覃思所到，微言匪远，博观之顷，大义有获。余之《经问》所由作焉。志学之年，九经毕诵，未知臧否，章句略辨，扬舲三潘，驱马六诏，赢縢履屩，卷轴未去，过庭之余，勉以问学。念

① 《扬子法言·问神篇》。

欲粗立条例以存大体，适有殊方学者，边隅好事。子云之书未出，临硕之难已生。复有东南大师蛮中讲学，示我疑问，导我更端。王弼疑经，奚止七事？虞翻证郑，岂徒一书？绎平日之所闻，应君子之下问。翱翔三载，成兹一编。窃于诸经大通其条例，细别其训故，详论家法，刊落卮言，自谓近之。然有非所当问而答者，学之浅深，随其器而与也。有言不能详而止者，见之广狭，不能不有所俟也。大旨则推本于汉学，博采于近儒，而决之于吾心，不敢徒用其私肊者也。夫断流之潢虽深，不雨而易涸；滥觞之源虽狭，愈远而渐广。何则？有本者然也。然其源则一，其流实繁。支分派别，疏自小水，则巨浸之功易奏，而众流之源乃睹。**盖道德统纪，治乱条贯，六艺之本也。门户别立，师传互异，又其枝流也。循乎陈迹，以求一是，祛其谬妄，乃得归趣。是则可以合异为同，由末反本也。**苟枝流之未分，必群疑之弗去。成后学之各是，非前圣之发愤，彼不能知殊涂而同归，一致而百虑者，是乌得附通经之士乎？今兹之夏，编次所获，得二十卷，题为《经问》，大惧贤者疵其浅陋。然三成之台，非蹇步之易登；儋罂之储，亦贫者之自足。遂条分而节解，期千虑之一得。取长弃短，乃在君子。壬戌秋七月既望序。

宋翔凤《朴学斋文录》卷二《大学古义说序》：《大学》为《礼记》四十九篇之一，篇首尾完具，脉络贯通，无经传之可分，无阙亡之可补，惟其古义日湮，师传渐失，众家之说，转即歧途，一卷之书，几同闻市。伏读《钦定三礼义疏》，于《礼记·大学》悉依古本，郑注、孔疏备录全文，谓其羽翼之功可垂于世祀，将使编摩之士得溯其源流，仰见高宗纯皇帝临制称决，精一渊深，逮汉学之津梁，同此条分而节解，并宋儒之坛席，斯为辅弱而扶微。凡听发挥，同形踊跃。翔凤每寻故籍，时问前修。考明堂在《大学》之中，盛德著《月令》之记，文辞具备，制度章明，且立学以取人为基，取人以好恶为大。物格之事，为效验诚意之学，贯治平，咸考诸古文，以求实是，征言大义，触类旁通，毋庸杂采不根之谈，依附后来之议，可以得性命之理，推治乱之原，成《大学古义说》二篇。其分听讼以下为一篇，则用孔氏《正义》所分章段，盖六代诸儒相传之本，亦二汉以来不易之义也。翔凤屡偕计车①，未能一得，窃禄横舍②，行已三年，欲使诸生略通古学，绎官书而寻遗绪，粗殊壁造之文，际盛世而附通经，聊备卮言之一。嘉庆二十三年十一月，长洲宋翔凤记于泰州学官之舍。

宋翔凤《过庭录》卷八“仪礼为本、周礼为末”条：贾公彦《仪礼疏序》曰：“《周礼》、《仪礼》，发源是一。理有终始，分为二部，并是周公摄政太平之书。**《周礼》为末，《仪礼》为本**。本则难明，末则易晓。是以《周礼》注者，则有多门；《仪礼》所注，后郑而已。”按：《仪礼》十七篇，始于冠、婚，以重成人之事，人伦之始；终于丧祭，明慎终追远之义。《丧服》一篇，所以定亲疏，决嫌疑。人心风俗之所系，不可变易，故谓之本。《周礼》设官分职，一代之书，有所损益，故谓之末。而贾氏序《周礼》，则云《周礼》为本，《仪礼》为末。此疏家各尊其经，非至论也。

宋翔凤《朴学斋文录》卷三《书鲒埼亭集顾亭林先生墓表后》：亭林先生一生学问行诣可以接迹孟、荀，比肩贾、董，包举一世，牖迪后贤，其功匪细。至于运丁世故，态节

---

① 计车：计吏所乘的车。宋赞宁《宋高僧传·习禅五·慧恭》：“年十七，举进士，名随计车。将到京阙，因游终南山奉日寺。”

② 横舍：学舍。横，通“黉”。

皎然，则同时数君子尚有相为辉映者。若求其立言，俱膛乎后矣。全氏作墓表，能见及此，故据事直书，识力不在马、班之下，亦见全氏于先生著述实能通体寻究，以成此文。亭林著《音学五书》，自命绝业。《中庸》言："修道之谓教。"道者，人所由之道。教以传道。由字以知其音，由音以知其义，皆教之事也。音在口耳，古今易变。不通古音，则不知古义，而六经之意俱晦。故叶韵出而古字古言皆如重译，向壁虚造日滋。先生探索于若灭若没间，然后合古今为一家，见圣贤于一室。后之传亭林者辄略此事，是见浅也。(下略)

宋翔凤《朴学斋文录》卷三《汉学今文古文考》：存目。

《井田封建学校论》：存目。

杨向奎《清儒学案新编·于庭学案》：于庭通训诂名物，微言大义得庄氏之传，述祖尝谓"刘甥可师，宋甥可友"，刘即刘逢禄，宋即宋翔凤也。尝以《论语》二十篇，素王之业备焉，遂于《论语》中觅素王义。《公羊》齐学，《论语》基本属鲁，以齐求鲁，道曲折难通，未免附会。……谓《春秋》之义略备于《论语》，而以孔子为继禹、文、武、成王、周公，亦具君子之号，以素王当真王，以师统当君统。王者必受命而后王，孔子素主，亦必有受命之征。……盖章句儒寻章摘句则有之，微言大义知其名而不知其义也。以此宋于庭不如刘申受，师友之差，其在此乎！宋翔凤与刘逢禄同出庄氏，为兄弟行，彼此互有影响，而刘发挥何休之《公羊》义，得心应手，家法严，因而斥古文《左传》、《周礼》甚厉。宋氏亦曾斥《左氏》之不传《春秋》，他曾经指出"《左氏》之书，史之文也，于《春秋》之义盖阙而不言，故博士以为不传《春秋》，学者求其义，舍今文家未由也"。又说"自汉以来，《左氏》与今文辨论纷然，各立门户，博士守师法者，既不能辩明，好左氏者又不能求合，且惟恐不异俗说，师心之用，而微言大义晦矣"。《左传》为史书，少义法可言，虽有凡例、君子曰等，亦与《春秋》不相涉，求微言大义者必于《公羊》，宋氏之言颇是，奈宋氏之不解微言大义何！盖刘申受于《公羊》已多所发挥，为追本穷源计，故于《论语》中，觅《春秋》义法，亦不得已而为之。①

---

① 见杨向奎《清儒学案新编》第四册，第46~49页。

陈　奂

《清儒学案》卷一百四十八《南园学案》：吴郡经师，惠、江炳著。南园后起，卓尔专家。其平生论学，以高邮王氏为宗，所著《毛氏传疏》，与《广雅疏证》相出入。凡弟子从游者，必授以《管子》、《周礼》先郑注、丁度《集韵》等书，皆王氏家法也。**教人为学，当从西汉入。谓东汉人名物、象数，言之非不精确，然此有意说经也。西汉人无意流露一二语，已胜东汉人千百言，此即微言大义也。又谓学贵精深，奚泛滥为？精乃通，深乃灵，无入而不挈千载之心。**殆自道所得与？

《清史稿·儒林三》：陈奂，字硕甫，长洲人。诸生。咸丰元年，举孝廉方正。奂始从吴江沅治古学，金坛段玉裁寓吴，与沅祖声善。尝曰："我作《六书音韵表》，惟江氏祖孙知之，余匙有知者。"奂尽一昼夜探其梗概。沅尝假玉裁《经韵楼集》，奂窃视之，加朱墨。后玉裁见之，称其学识出孔、贾上，由是奂受学玉裁。高邮王念孙暨子引之、栖霞郝懿行、绩溪胡培翚、泾胡承珙、临海金鹗，咸与缔交。奂尝言大毛公《诂训传》言简意赅，遂殚精竭虑，专攻毛传。以毛传一切礼数名物，自汉以来无人称引，韬晦不彰，乃博征古书，发明其义。大抵用西汉以前旧说，而与东汉人说《诗》者不苟同。又以毛氏之学，源出荀子，而善承毛氏者，惟郑仲师、许叔重两家，故于《周礼注》、《说文解字》多所取说，著《诗毛氏传疏》三十卷。又以疏中称引，博广难明，更举条例，立表示图，为《毛诗说》一卷。准以古音，依四始为《毛诗音》四卷。仿《尔雅》例，编毛传为义类十九篇一卷。以郑多本三家《诗》，与毛异，为《郑氏笺考徵》一卷。又有《诗语助义》三十卷、《公羊逸礼考征》一卷、《师友渊源记》一卷，《禘郊或问》、《宋本集韵校勘记》，各若干卷。**其论《尚书大传》与毛传同条共贯，论《春秋》之学，从《公羊》以知例，治《穀梁》以明礼。**《穀梁》文句极简，必得治礼数十年而后可明其要义。论《释名》与毛传、《说文》多不合，然可以讨汉、宋说经家之源流。其论丁度《集韵》云："《集韵》总字，具见《类篇》，先以《类篇》校《集韵》，再参之《释文》、《说文》、《玉篇》、《广韵》、《博雅》，则校雠之功过半矣。"又云："陆氏《释文》宋本，当于《集韵》求之。今《尚书》释文，经开宝中陈谔等删改之本，《集韵》则未经删改者也。”于子书中尤好《管子》，尝令其弟子元和丁士涵为《管子案》四卷。家居授徒，从游者数十人。同郡管庆祺、丁士涵、马钊、费锷，德清戴望，其尤著也。同治二年，卒，年七十有八。

戴望《谪麐堂遗集》文一《清故孝廉方正陈先生行状》：曾祖朝玉。祖浩，皇任中城正指挥。父植，母赵安人。本贯江苏苏州府长洲县，年七十有八。先生陈氏，讳奂，字硕甫。先世居崇明，祖指挥公始迁苏州，籍隶长洲，遂为长洲人。先生昆弟四人，于行为仲。幼从师受《周官》、《礼》、《左氏春秋》。年将二十，始学功令文于塾中，见徐氏《读礼通考》、秦氏《五礼通考》诸书，纂要钩玄，私自过录，由是得窥为学途径。年二十五，就江君沅治小学。时金坛段先生玉裁自巫山知县引疾归，僦居吴下，故与江祖征君声相善。段尝谓曰："吾所著《六书音韵表》，唯子大父及子知之，余罕知者。”江以语先生，先生竭一昼夜力攻之，尽得梗概。异日，段将刊其集，命江核审，以未定本，属勿假人。先生睹而爱之，加朱墨为识，正其讹误，越月返其书。段见朱墨识，诘所自来，知为先生，乃大动容，曰："是子能读书，吾且往见。”先生遂委质师事，段先生命治《毛诗》、《说文》。旋补长洲县学生员。从学三年，将往海门，段先生途之曰："汝闻道早，贾、孔不汝逮也。读书舍此无它求矣！”无何，段先生卒，嘉庆二十一年也。明年入都，谒王给事念孙。给事已致仕，其子文简公引之，方为礼部侍郎，就养其邸，恒老病不见客，闻人辞焉。先生曰："试以名刺入，不见不敢黩也。”给事视其刺，喜甚，命仆扶出，由寝门及堂，大呼先生字，曰："若膺殁后，犹有高第弟子如君者乎！老夫不佞，愿为忘年交！”自是先生往给事所，径造寝室，质问疑义，若家人然。文简亦敬爱先生，凡四方学者至，必道使见于时贤士大夫，若胡给事承珙、郝户部懿行、胡户部培翚、金优贡鹗、徐学士松、戴刑部敦元，咸纳交恐后。文简方著《经义述闻》，每一卷成，必出相示，尝曰："吾与若学术既同，闭户造车，出而合辙，德不孤矣！”道光二年，程大理同文以奉天府府丞兼学政欲先生偕行，曰："吾载书五车出塞，广开学校，讵子不为文翁乎？”先生以有二亲在，力辞归。既遭父母丧，再入都，犹及见王先生，年已八十余矣！日校《管》、《荀》，书成，命先生审正。未几，客浙，汪舍人远孙聘主其家，出所著《国语发正》，共定已，谓先生曰："子体弱，日月不我与，盍将所著《毛诗》作为《传疏》，互相切磋乎？”初，先生于京师交胡给事。给事专治《毛诗》，与先生同术，先生意其治《诗》有年，于毛氏经传必为完书，故己所治《诗》特编为《义类》。及给事出为台湾兵备道，引疾归里，病革遗书，以所误《后笺》草本遗先生。自《鲁颂·泮水》以下皆阙，为之补篇，乃知所治《毛诗》特条举传义，不为统释，遂有据《义类》作疏之志。至是闻舍人书，始属帅稿，迄六年而定，先生五十五岁矣！书成而舍人殁，其弟适孙复请定其兄遗书，又为先生刊《诗疏》以行，凡主汪氏者二十余年。咸丰初，诏举孝廉方正，乡人士以先生应。故人沔阳陆公总督两江，延先生往，校刊群籍，喻年归。会东南乱，比岁不得息，先生自是不复出游。十年夏，贼陷苏州，避地无锡夫容山，屏迹以居。同治二年五月，至上海，将就协办大学士两江总督会公聘，未行，得脾泄疾，以六月二十九日甲辰殁于龙华郁氏舍，春秋七十有八。妻顾孺人，子埏，皆前卒。孙丙喜，长洲县学附生。四年某月日，葬先生于木渎北石桥。先生于《毛诗》最为专家，所著《毛氏传疏》，于先汉微书大义，无不曲发其蕴。自为《叙》曰："……”又表明西汉儒说礼器制度，可补古经残阙，同传异笺者，揭著数端，为《毛诗说》一卷；准以古音，依四始为《毛诗音》四卷；明郑多本三家，与毛不同术，为《郑氏笺考征》一卷；编《毛诗传义类》十九篇一卷。又其少作有《诗语助义》三十卷，为江君所点定者也。先生虽宗毛学，亦颇稽误三家同异，尝书：“近令学三家者，不下数十百家。盖三家者，两汉习鲁兼习齐，六朝以迄赵宋，习《韩》诸儒多从习尚，故所引与《毛诗》同文，亦三家不独异文也，一也；其所引成句者易晓，间有用三家异字不全用成句者，六朝杂文多有之。又有不用诗辞而用诗义，与毛不同义者，亦皆出于三家，二也；更有三家字义，经后人改窜，转写讹夺者，亦习三家者所亟当厘正，三也。学者不可不知此三者也。”**其论《周官》，谓：“先郑司农说与毛《传》吻合，书内外朝五门制度最当，而时祭间祀，后郑说亦未尝不同。”其论《礼》，谓：“当追溯先秦古说，以考郑君所言礼器制度得失。”**同时，胡户部误《仪礼正义》，先生录生平所自得者四十余事，皆依据古说，属其采入《正义》。户部意不谓然，亦无以难先生也。其论《春秋》，谓：“学《春秋》者，从《公羊》以知例，治《穀梁》以明礼。《穀梁》文句极简，必得治礼十数年，而后可发明其要义也。”先生尝成《穀梁逸礼》一卷，以与弟子杨显，使畅其旨。其论小学，谓：“《释名》与毛传、《说文》多不合，然可以讨汉季说经家之沿流者。”又谓：“丁度《集韵》总字，具见《类篇》，先以《类篇》校《集韵》，再参诸《说文》、《玉篇》、《广韵》、《埤雅》，则校雠之功过半矣！至其是非慎倒，瑕瑜错杂，尤在好学深思：心知其意者也。”谓：“陆氏《释文》宋本，当于《集韵》求之。今《尚书音义》，经开宝中陈鄂删改之本，《集韵》则未经删改者，可由段先生《误异》之说以类推之。至于义即寓音，音可见义，其音之有变、有转，不能全执古音而绳今音矣。”先生执亲丧，悉本《士丧礼》行事。作垩室中门外，寝苫枕由，水浆三日不入口。有劝作佛事者，辄婉谢之。既除丧，遂不应举，曰：“吾无干进之念。向之赴试，以亲故屈也。”自段先生师事外，笃服王氏父子，尝取其论学书札，裒为一帙，使弟子各题识其上。其识金君以嘉庆二十三年，时金君以优贡入都，先生偶宿内城，夜半书声出壁户，初以为与试士也。细聆之，朗朗然诵《小戴记》，窃怪之。平旦，正衣冠往拜，距而不内，排闼入，意不说，亦以先生为与试士也。强请其所业，则掷稿本几上，曰：“此非举子业也。”先生加敬而受读焉。读至“大夫三门”，诏欲与语，金君改容曰：“子亦谕此者乎？”挽手内之坐，恨相见晚。不两月，金君卒。后先生入浙，从其子诚求得《礼说》，为刊行焉。有《师友渊源记》若干卷，记所往来诸公及弟子学行，甚具。望于咸丰七年秋，从先生受《毛诗》，遂执弟子礼。尝诲望曰：**“说经贵守师法，出入旁杂，为道之贼。自魏、晋下，陋儒类自谓集大成，而不得经旨之仿佛，智不若臧获已。”**先生殁后，弟子管庆祺为述《年谱》一卷，命望斟定，因得举其荦荦大者，并昔侍坐所闻，次为行状。用冀世有达人君子，上之史馆，以为修儒林传者要删其可。同治五年三月，弟子戴望谨状。

张星鉴《仰萧楼文集·陈硕甫先生传》：……少从书塾中见《五礼通考》，好其书，摘录之，先生之学实基于此。既从江氏沅游，精研小学，遂通六书、音韵。金坛段氏玉裁，当代硕儒也，从巫山引疾归，流寓吴门，一见先生，许其学识已出贾、孔上。未几，江有闽中之行，先生遂受学段氏，刻《说文解字注》，校订之力，先生为多。年二十七，为县学生。嘉庆戊寅，应顺天乡试，在都门得交高邮王给事念孙暨其嗣文简公引之、栖霞郝户部懿行、绩溪胡户部培翚、泾县胡观察承珙、临海金贡士鹗，以经术相砥砺，而学乃大进。己卯七月，会群贤于万柳堂，祀郑君康成，各为诗文，以表郑学。先生与胡户部实主其事，时当事有延请先生主讲书院者，先生以亲老力辞，遂出都。杭州汪远孙、适孙居西湖之上，有振绮堂藏书，闻先生名，延为上客，先后二十年，先生大著作半成于此时。中间曾客泾县胡氏，为观察公补《毛诗后笺》。道光末，两江总督陆公延先生至江宁校刻郝氏《尔雅义疏》、胡氏《仪礼正义》、金氏《求古录》诸书。书成，而先生不复出矣！……先生外和内介，品精学粹，与人论学，终日不倦。尝书："大毛公《诂训传》，书简意该，汉儒不遵行，锢蔽久矣！余殚精极虑，专攻毛传。**凡制度文物，皆守西汉以前旧说**，而于东汉人不苟同。"为《诗毛氏传疏》三十卷、《毛诗说》一卷、《毛诗音》四卷、《诗义类》三卷、《郑氏笺考征》一卷，俱已刊版行世。其未刻者，则有《师友渊源记》、《禘郊或问》、《宋本集韵校勘记》各若干卷，藏于家。其论《尚书大传》，与毛《传》同条共贯，许氏《说文》、先郑《周官注》皆足以发明毛氏微旨。其论丁度《集韵》云："《集韵》总字，具见《类篇》，先以《类篇》校《集韵》，再参之《释文》、《说文》、《玉篇》、《广韵》，则校雠之功过半矣。"又云："陆氏《释文》宋本，当于《集韵》求之。今《释文·尚书》，经宋人陈鄂等删改之本，《集韵》则未经删改者。段氏《尚书撰异》所引是也，可由其说类推之。"**凡此皆千古未发之蕴，先生特为后学开途径。**于子书中服膺《管子》，命门下士丁士涵为《管子案》四卷，助其搜辑，手校数过，精确不磨。家居教学，弟子从游者，各随其质之所近而造就之，俾威一家之学。同郡管庆祺、马钊、费宝锷、浙西戴望，其尤著也。(下略)①

李柏荣《魏源师友记》卷四：陈奂，字硕甫，江苏长洲人，诸生。咸丰元年举孝廉方正，始从吴县江沅治古学，既而随段玉裁学。玉裁刻《说文解字注》，奂校订之力居多。游京师，高邮王念孙暨子引之、栖霞郝懿行、绩溪胡培翚、泾胡承珙、临海金鹗咸与缔交。奂尝言："大毛公《诂训传》言简意赅，汉儒不遵行，锢蔽久矣。"遂殚精竭虑，专攻毛传，以传中礼数名物韬晦不彰，乃博征古书，发明其义，成《诗毛氏传》三十卷。又以疏中称引，博广难明，更举条例，立表示图，为《毛诗说》一卷。准以古音，依四始为《毛诗音》四卷。仿《尔雅》例，编《毛传义例十九篇》一卷。以郑多本三家诗，与毛异，为《郑氏笺考征》一卷、《诗语助义》三十卷、《公羊仪礼考征》一卷、《师友渊源记》一卷。于子书中尤好《管子》，尝命其弟子元和丁士涵为《管子案》四卷。家居授徒，从游者数十人，同郡管庆祺、马钊费、宝锷，浙西戴望、蒋仁荣，其尤著也。同治二年卒，年七十有八。……惟奂治《诗》宗毛，尝云："读《诗》不读《序》，无本之教也；读《诗》与《序》而不读传，失守之学也。古经传本各自为书，自传与笺合并而久失原书之旧。今置笺而疏传者，宗《毛诗》义也。"此则与默深大异。《毛传义例十九》，自谓博引古书，广收前说，大抵用西汉以前之说，而与东汉人不苟同。然则，此书是介乎今、古文之间矣。默深《武林纪游呈钱伊庵居士》附咏硕甫云："衡门下有泌，洋洋可乐饥。中有考槃士，匡咏先王诗。前岸后高谷，填填中深微。惜哉莫共语，岁月不我期。(洞)［涧］旁古梅树，作萼已再期。萼开二南篇，萼谢及《黍离》，《蒹葭》溯伊人，《榛苓》美西归。王孙苟不芳，鹈鴂亦何为。"自注：长洲陈硕甫隐西溪，治《毛诗》。据此，则奂之见钦于默深，必为钱伊庵所转告也。

张文虎《舒艺室诗存》二《留别陈硕甫明经奂》：羁旅明湖侧，相逢意也消。谈经忘

① 见《清代诗文集汇编》第676册，第337~338页。

永昼，听雨入深宵。有志身非隐，无成客任嘲。同岑愁录别，日莫段家桥。

震钧《国朝书人辑略》卷九、冯桂芬《（同治）苏州府志》卷八十九有传，存目。

陈奂《诗毛氏传疏·叙》：昔者周公制礼作乐，《诗》为乐章，用诸宗庙朝廷，达诸乡党邦国。当时贤士大夫皆能通于《诗》教。孔子以《诗》授群弟子，曰："小子何其学夫《诗》！"又曰："不学《诗》，无以言。"诚以《诗》教之入人者深，而声音之道与政通也。卜子子夏亲受业于孔子之门，遂隐括诗人本志，为三百十一篇作序。……数传至六国时，鲁人毛公依《序》作传，其《序》意有不尽者，传乃补缀之，而于故训特详。授赵人小毛公。……《诗》当秦燔锢禁之际，犹有齐、鲁、韩三家《诗》萌芽间出。三家多采杂说，与《仪礼》、《论语》、《孟子》、《春秋内、外传》论《诗》往往或不合。三家虽自出于七十子之徒，然而仲尼既殁，微言已绝，大道多歧，异端共作。又或借以讽动时君，以正诗为刺诗，违诗人之本志。故齐、鲁、韩可废，毛不可废。齐、鲁、韩且不得与毛抗衡，况其下者乎？汉兴，齐、鲁、韩先立学官，置博士，而毛仅僻在河间。平帝末，得立学官，遂遭新祸。班固说诗，鲁最为近之者，素习见闻而云然也。东京已降，经术粤隆，若郑众、贾逵、许慎、马融，稍稍治《毛诗》。然在廷诸臣，犹尚鲁训，兼习韩。故郑康成殿居汉季，初从东郡张恭祖学《韩诗》，后见《毛诗》义精好，为作笺，亦复间杂《鲁诗》，并参己意。固作笺之旨实不尽同毛义。及至魏、晋，郑学既行，虽以王肃不好郑氏，力极申毛难郑，究未得毛之精微。唐贞观中，孔颖达作《正义》，传、笺俱疏，于是毛、郑两家合为一家之书矣！两汉信鲁而齐亡，魏、晋用韩而鲁亡；隋、唐以迄赵宋，称郑而韩亦亡。近代说《诗》，兼习毛、郑，不分时代，不尚专修，不审郑氏作笺之旨，而又苦毛义之简深，猝不得其涯际，漏辞偏解，迄无巨观。二千年来，毛虽存而若亡，有固然已！奂不揣梼昧，沈研钻极，毕生思虑，会萃于兹。窃以《毛诗》多记古文，倍详前典，或引申，或假借，或互训，或通释，或文生上下而无害，或辞用顺逆而不违，要明乎世次得失之迹，而吟咏性情有以合乎诗人之本志。故读《诗》不读《序》，无本之教也；读《诗》与《序》而不读传，失守之学也。文简而义赡，语正而道精，洵乎为小学之津梁、群书之钤键也！初仿《尔雅》，编作《义类》，凡声音、训诂之用，天地、山川之大，宫室、衣服、制度之精，鸟兽、草木、虫鱼之细，分别部居，各为探索，久乃划除条例章句，揉成作疏。考《汉书·艺文志》：《毛诗》二十九卷、《毛诗故训传》三十卷，此盖以十五国风为十五卷；小雅七十四篇为七卷；大雅三十一篇为三卷；三颂为三卷，合为二十八卷，而《序》别为一卷，故为二十九卷。毛公作《故训传》时，以周颂三十一篇为三卷，而《序》分冠篇首，故合为三十卷。今分作三十卷者，仍《毛寺》旧也。古经传本各自为书，自传与笺合并，而久失原书之旧；今置笺而疏传者，用《毛诗》义也。(下略)①

谢章铤《赌棋山庄集》文六《书陈硕甫诗毛氏传疏》：昔胡墨庄著《毛诗后笺》，缺末数卷，硕甫为之补，与江郑堂补惠氏《周易述》同意，是专家之业也。岁丙子，在京师，始见硕甫此疏，心好之。归过沪上，求之不可得。丁丑重至都下，偶与子俊谈及伯潜，闻之，乃出其所储以遗我，尘事合沓，略观大意。戊寅，在漳州讲院，始细读之。国

① 见《续修四库全书》第70册，第2~3页。

朝治《毛诗》十数家，往往立异于传之外，抑或守传，隐与传违而不自觉，求其深于传者，此殆巨擘矣。予尝谓毛传、郑笺各自成说，惜无编摩郑义、专勒一书者。郑氏以礼说《诗》，是必习礼者乃能之耳。至《正义》，毛、郑并明，而有时反失毛、郑之旨，予每思纂为一编，分为三类，曰申毛，曰证郑，曰辨孔，以遗后之读注疏者。惜饥驱垂老，精力渐衰，恐匆匆不及卒业也。姑记其所见于此。四月初三丙夜。

陈奂《毛诗说·序》：大毛公《诂训传》言简意赅，汉儒不遵行，锢蔽久矣。奂殚精极虑，为传作疏，疏中称引广博难明，更举条例，立表图示，凡制度文物可以补礼经之残阙，而与东汉诸儒异趣者揭著数端，学者省览焉。①

陈奂《毛诗说·本字借字同训说》：存目。

陈奂《毛诗说·毛传渊源通论》：存目。

陈奂《毛诗说·三家诗不如毛诗义优说》：存目。

杨向奎《清儒学案新编·南园学案》：我们利用陈奂在《诗毛氏传疏》中提供的材料，解决中国古代史上的重大问题，说明这部书是有用的，虽然陈在学识上不如同时或后来的名家如惠士奇、孙诒让等。此外毛疏于典章制度上，尚有可取处……陈氏著作颇多，又有《诗语助义》三十卷、《毛诗音》四卷、《公羊逸礼考证》一卷、《师友渊源记》一卷及《禘祫②或问》、《宋本集韵校勘记》等书。其论《尚书大传》与《毛传》同条共贯。论《春秋》之学，从《公羊》以知例，治《穀梁》以明礼。时当公羊学鼎盛之际，孔广森、刘逢禄已经张大其词，南园于此，见猎心喜，但所识者小，未足语于《公羊》也。

---

① 见《续修四库全书》第70册，第477页。

② 禘祫：古代帝王祭祀始祖的一种隆重仪礼。或禘祫分称而别义，或禘祫合称而义同，历代经传，说解不一。章太炎以为：“禘祫之言，讻讻争论既二千年。若以禘祫同为殷祭，祫名大事，禘名有事，是为禘小于祫，何大祭之云？故知周之庙祭有大尝、大烝，有秋尝、冬烝。禘祫者大尝、大烝之异语。”详《国故论衡·明解故下》。

沈钦韩

《清儒学案》卷一三五《小宛学案》：小宛精研班、范之书，以通两汉经师家法，故于典章名物，具有本源。治《春秋》专明《左氏》义，而规杜尤勤。其于《礼经》，考辨《丧服》诸篇，酌古准今，折衷至当。地理之学，致力亦深。吴中学派，定宇前茅，南园后劲，先生其中权矣。〇沈钦韩，字文起，号小宛，吴县人。嘉庆丁卯举人。道光三年，选授宁国县训导。十一年卒，年五十七。先生资敏勤学，家贫，借书于人，计日归之，辄写其要。遂淹通经史，旁及诸子百家，而尤长于训诂、地理。尝谓《左氏》亲承夫子之绪论，其措辞微婉，使人深思，连类而自得之，盖慎重之至也。《公》、《穀》晚出，向壁虚造，其优劣悬绝。杜预乃尽翻家法，以就其邪僻曲戾之说，创《长历》以为牵附移掇之计，造《释例》以成网罗文致之私。疏家及后之为《左氏》者，动辄惑于其例，于是《左氏》之学亡。故为《春秋左氏传补注》十二卷，以正杜氏之失，十余年而后成，别为《考异》十卷。又以汉去古未远，欲掇其意美法备者，裨于政术。而《汉书》颜氏注浅陋，《后汉书》章怀注杂集聚手，司马八志刘氏注颇宏富，而少统贯。故为《汉书疏证》三十六卷、《后汉书疏证》三十四卷。以裴氏《三国志注》专补事迹，而典章名物阙焉，故为《三国志补注》十六卷。以地理之学，古书惟郦氏《水经注》仅存，戴东原推其倒置羡脱，赵东潜为之刊误，其书乃渐可读。然戴氏之短在凭臆，赵氏之蔽在轻信。至如古书之足互证，今志之有可据者，则皆搜讨未逮也。故为《水经注疏证》四十卷。又为《韩昌黎集补注》、《王荆公文集注》、《诗集李注补》、《苏诗查注补正》、《范石胡集注》，皆征唐、宋典章故实，多得作者之意。兼工诗古文辞，所著有《幼学堂文稿》八卷、《诗稿》十七卷。（参史传、包世臣撰《行状》、王鎏撰《墓志铭》、《幼学堂文稿》）

《清史列传·儒林传下二》：沈钦韩，字文起，江苏吴县人。嘉庆十二年举人。安徽宁国府训导。钦韩质敏，而为学甚勤，暑夕苦蚊，置两足于瓮，读书常至漏三下。家贫借读于人，计日以归，辄成诵。遂淹通经史，旁及诸子百家、类书杂记。其学自诗赋、古文词外，尤长于训诂考证。尝谓左氏亲承圣训，博验宝书，依经立传，而《公》、《穀》家攻之，欲显复晦。杜氏注出，虽得列学官，然多入以邪说，阴败礼教，其蠹左氏也，逾于明攻，为《左传补注》十二卷、《左氏地理补注》十二卷。以《汉书》颜氏注浅陋，章怀《后汉书注》杂集众手，刘氏注司马八志，颇宏富而少统贯，为《两汉书疏证》七十四卷。以裴氏《三国志注》专补其事迹，而典章名物阙焉，为《补训故》八卷、《释地理》八卷。以地理之学，古书惟存郦氏《水经注》，近人戴震校定其倒置羡脱，赵一清为之刊误，其书乃渐可读。然戴氏短在凭肊，赵氏蔽于轻信。至如古书之有足证，与近今志乘之目验可据者，二家又皆搜讨未逮也，故为《水经注疏证》四十卷，然后郡县之废置沿革、山川之高深变迁、流合派分、昔通今塞，皆如提挈在手，指掌可谈。又为《韩昌黎集补注》、《王荆公诗补注》、《文集注》、《苏诗查注补正》，又注《范石湖集》，深明唐、宋两朝典章故实，多得作者之意，其为注先写于书，上下左右几无间隙，乃录为初稾，久之增删，又录为再稿，每一书成，辄三四易稿。兼工诗古文辞，尤嗜骈体，气骨骞举，脉络微至，为自来所未有。著有《幼学堂文集》八卷、《诗集》十七卷。道光十一年，卒，年五十七。

包世臣《艺舟双楫》卷四《皇敕授修职郎安徽宁国县学训导沈君行状》：曾祖彬，妣仲氏。祖载熙，吴县学生，妣钱氏。考培宗，貤赠修职郎，妣马氏貤封孺人。江苏吴县木渎镇沈钦韩年五十七状。君字文起，号小宛。其族望吴兴，分吴江，迁郡城，再迁木渎，为吴县人。至君六世。**君深眉巨目，仰鼻而短胆，面麻黑，硕腹下垂，行步蹇连，语言涩呐。年逾三十，乃得以县学生员就嘉庆丁卯江宁布政使司试，领荐赴春官，又辄踬。**丁丑大挑入二等，道光壬午选授安徽宁国县学训导。庚寅九月奉马孺人讳归里，次年十二月廿日卒于家。配同邑王氏，子三，箕衍不胜丧，后君一月以壬辰正月廿日殁。有孙懋官，次瓜衍、天衍，皆业儒。君质亚生知，而力同困学。幼侍貤赠君习为诗，稍长，自程诵读。**家极贫，书值千钱，辄无力购致，假之藏书家，莫肯出全部，得数册持归，计日缴换。然必求要领，写为要删。**淹通群经，尤长《礼》与《春秋》，擘研诸史，尤熟于志，旁及百家故记，官书野乘，古今专集、汇集、类抄、札记，究其条绪，悉归于统。既弱冠，念《汉书》至深至博，颜注既浅陋，复多盗窃。范氏后书虽简略，而义存实录。章怀杂集众手，故有粹驳。刘氏注司马八志，文殊宏富，然颇无统贯，尤疏于地理。乃覃思廿年，远搜故籍，为《两汉书疏证》七十四卷，卷率稿书四十页，页率八九百言，共二百余万言，于以正谬补阙尽之矣。凡以植国之体，端由制度，汉氏虽近古，然离秦立法，为后世滥觞。君故上推姬周，下比有明，详哉乎其言之，损益悉陈，得失备见，使来学有所依据，以当后王取法者。既成，寓柬于余曰："此书发蒙启覆，钩稽贯串，然亲见其成书，或加省览，曾莫能终一卷，覆瓿之叹，何待来兹。良玉不剞，必有泣血以相明者，非足下而谁。"盖君之自信，而遂以信余也。余与君皆业《荀子》，尝推论为国以礼之指，以为孔子悼时人勃乱废礼，当使天下婴毒祸无可既极，乃见意于《春秋》，以诰万世。君因谓左氏亲承圣训，博验宝书，依经立传，全付托之重而公、穀家攻之，欲显复晦，杜氏注出，虽得列学官，然多入以邪说，阴败礼教，其蠹左氏也，逾于明攻。余涉左氏浅，闻君言未深喻也，及君邮示《补注》十二卷，正杜氏之大失，其有略陋，并为补缀，别为《考异》十卷，以辟百家淆乱，则信乎从《讼左》、《规杜》之后而加详审者也。君又以裴氏注《三国志》意在补其褫脱，光耀沉落，而郡县镇戍之仅见一时，名物训诂之不类后世者皆阙，故为《补训诂》八卷、《释地理》八卷。又以地理之学，古书唯存郦氏《水经注》，近人戴东原校定其倒置羡脱，赵诚夫为之刊误，其书乃渐可读，而戴氏短在凭肊，赵氏蔽于轻信，至如古书之有足互证，与近今志乘之目验可据者，二家又皆搜讨未逮也，故为《水经注疏证》四十卷，然后郡县之废置沿革，山川之高深变迁，流合派分，昔通今塞，皆如提挈在手，指掌可谈。又以一代巨公诗文，非晓然其朝章事实，则不能得作者用心之所至。韩退之、王介甫两集，于唐、宋各立其极，而宋人注韩集，空疏肊测，宋人注王集，止及其诗，虽云赡博，其于人物制度阙略尚多，故补注韩集及王诗，而别创《王氏文集注》共四十四卷。又注《范石湖集》以著南宋之事，然后唐、宋五六百年之巨制短章，义皆可通。君深造真积，乐逢其原。**陈祥道《礼书》、王、施、查三家《苏诗注》、王昶《金石萃编》，疵谬触目，随手纠正，各成卷帙。凡君著述无虑四五百万言，皆出稽古心得，求是于实，无一语任意矜眩，罣误来学者。**虽云注释，实可单行。唯未习算术，常自引以为憾。君手缮古书至伙，唯所节录《太平御览》、《云笈七签》、《法苑珠林》共若干卷，校原书十存二三，而菁华悉萃。手稿尚存。其《幼学堂诗集》十七卷、《文集》八卷已版行。君诗始则导源魏、晋，晚乃颓然自放，然而属词比事，必有所处。嗜为俳文，才多而不受其患。深究三史行文离合之故，以故气骨骞举，脉络微至，其声窅然而沈，其色黝然而幽，为自来骈俪家所未有。后更为散文，健入震出，尽破唐、宋壁垒，而自合矩矱，一可为后世法。君性至和易，不以所业骄人，有问者必就其端绪，原始要终，反复推寻，使皆洞澈。唯少小颇事口腹，游处有不暇择者，渐来久要之责。又遇仆隶过溪刻，相与造蜚语，肆谤讪。尝一至秦中，游装稍润，有华服数事，交游复共掎摭之，虽非大失，唯余亦不能为君曲讳也。余生平言学推君，论文则晋卿。庚寅夏，自删定旧作为三十卷，初写出而晋卿物化，今年秋携稿本访君于木渎，入门则君奄在殡宫矣。呜呼哀哉！原夫居下以思往，其言有文，始于《诗》，盛于《春秋》，秦汉作者，递相祖述，幸得垂谕方来，莫不珍同鸿宝，功力赢绌，殆难强名。李唐以还，著述滋广，衡其得失，乃有可言。**杜氏撰集《通典》，蔚为政书之首，然前承刘秩，后录国故，搜讨尚易。宋世不刊之书，唯涑水《资治通鉴》，然亦借助群材，非一人心力所及。章氏《考索》，马氏《通考》，则俱以独力成大业，然依类探纂，事有循持，而舛误亦复时见。近世学者，首推亭林顾氏，迹其成书，《郡国利病》、《宅京记》，不过捃拾之勤，《肇域志》虽未见，要亦其类也。《唐韵正》五书，功同镌金，而学止一孔。唯《日知录》闳深简切，足副其守先待后之志，而前十卷仍属帖括末技。**顾宛溪、胡朏明、齐次风覃精水地，优义居多，顾复初穷究《春秋》，分合著绩，专家成名，于斯为盛。与君并世，则钱晓征实能穷探群籍，刊落疏通，大都精当，然片词碎义，其细已甚。**君博闻兼综，同符顾、钱，以言识大，虽略后亭林，而精则过之。又文采鸿曜，非二君自完边幅者比。学问之道，务多则庞杂无纪，而非所以语于吾沈君也。**君名故藉甚，而萎菲尤盛。余薄植无可指数，困踬更甚于君，疏附御侮，非其任矣。窃述所知为状，写付瓜衍、天衍。录副二本，一以告君，一编君集之末，使君学大昌之后，知君所谓真知之者，唯包慎伯之言之非妄叹也。道光十有二年，岁在壬辰冬十一月十三日，安吴包世臣谨状。

冯桂芬《（同治）苏州府志》卷八十四：沈钦韩，字文起，木渎人。嘉庆丁卯举人，安徽宁国府训导。钦韩质敏，而为学甚勤，暑夕苦蚊，置两足于瓮，读书常至漏三下。家贫，借书于人，计日归辄写其要，遂淹通经史，旁及诸子百家、古今别集、汇集、类书、杂记。其学自诗赋古文词外，尤长于训诂考证。以《汉书》颜氏注浅陋，章怀《后汉书注》杂集众手，刘氏注司马八志颇宏富而少统贯，故为《两汉书疏证》七十四卷。以《左传》杜注多舛，为《左传补注》十二卷，别为考异十卷。以裴氏《三国志注》专补其事迹，而典章名物阙焉，为补训故八卷，释地理八卷，又为《水经注疏证》四十卷，而古今郡县之废置山川之沿革皆具。又为《韩昌黎集补注》、《王荆公诗补注文集注》，又注《范石湖集》，深明唐、宋两朝典章故实，故多得作者之意。其为注，先写于书，上下左右几无隙，乃录为初稿，久之增删，又录为再稿，每一书成，辄三四易稿，他若陈祥道《礼书》，王、施、查三家苏诗注，王昶《金石萃编》，随手纠谬，积成卷帙，凡著述几四五百万言。惟《幼学堂诗文集》刊行于世。其殁也，家无余财，不克葬者十年。上海郁某闻之，助以葬资，其戚友乃谋以所著稿归郁氏，庶几能刻而传焉。(王鎏墓志)

徐世昌《晚晴簃诗汇》卷一百十九有传，存目。

沈钦韩《幼学堂文稿》卷一《受经图说》：昔之通经者难乎？易乎？自微言大义灭没于煨尘，学者呻吟，疑盖颠秃齿鴃，终滞于方闻。然其结绳发缄，雍容讲说，修于家，扬于廷，奔凑于郡国，非可饰空言而欺世也，抑何众著其彬彬也。吾得一言决之。有专经则有家法，后焉者以授某，则先焉者受于某，故五经之道，殊途同归，其通儒大师缀于著籍，区别如九野，徽识如六军，要以严同异之辨，极好乐之专而已。……呜呼，经术之维系不綦重与？魏、晋而下，稍稍凌夷，秀孝之科，章句之儒，雅俗之分，末途互訾。至唐尚一家之训，故为《五经正义》，而十四博士之业废矣。虽有伟人，其于经书泛为疏，达浃洽如刘向、扬雄者无几，而专门名家之学益蔑矣。又有厌烦密而傃空虚，病经久而创新异，二三缪妄巨子哆颐而倡之，千百冥昧之夫猎缨而从之，江河一决，鱼鳖群飞，日月偶晦，鬼魃万变。呜呼！若郑樵之徒，岂特改箕子为荄兹，撰《尚书》为《百两》而已。惟至治之极，古义复明，秀翘之材，志于古而患其单词臆说，于是复知治经有所承受。令若异时粗通简毕，高谈性命，方以为五三，六经悉由一空。其于石室礼堂瞠若何物，庸渠知两汉服习之心苦、师授之恩重哉！余同年友汪君喜孙，受经于厥考容甫先生，既孤而悲，学益勤，行义处实，不坠先绪。念总发程课指画常若目前，绘《受经图》以示余。余欣其家世传业，若汉之欧阳桥徐至乎笃信之，而切磋究之，汉之师法，忠孝之道，率由是也。因作是以赠。

沈钦韩《幼学堂文稿》卷六《春秋左氏传补注序》：左氏之学，《儒林传》、《经典序录》言之详矣。二千余年，黄童白叟，知呻吟而抄括之。然其学若明若灭，若存若佚，若亡国之社，其神不灵，若枯树之柟，虽春不荣，块然于天壤，终无人窥其撰述之旨，得一二微言妙义，晓然为辅翼乎？周公、孔子，而千世一范者，则俗学显排之，邪说阴败之，鄙夫小生中其毒厌，不啻传尸鬼病。呜呼，可悯也！已为左氏厄者有四焉：始也一经一传，秘而不宣，学士端居匡坐，怀不能已，窃自耳剽口传，以遣时日，遂有公羊、穀梁、驺、夹氏之异。为一王之法制，为学官之祭酒，始愿岂及此哉？然汉之贱儒，喜其书短而易习，义浅而易推，则群居点窜，溥致杂术，以蛊世主，以胁后生。胡母、尹生之徒，生享美禄，没有荣名，群不逞者戟腕咶舌而起矣。假《左氏》得行其好丑，譬诸二八妙姝与夫盲母狗也，彼复何所容其喙？青青子衿，不将操瓢而行乞哉？诚不能不出死力以排之。至范升、何休而猖獗极矣。其厄一也。然其书虽不立于学官，通材大师犹递相传习其训故，虽末由发圣师之蕴奥，但守章句，数名物，待明智者自得之，固无伤乎左氏之书也。有杜预者，起纨绔之家，习篡杀之俗，无王肃之才学，而慕其凿空，乃绝智决防，以肆其猖狂无藉之说，是其于左氏如蟹之败漆，蝇之污白，其义埋没于鸣沙礁石中，而杜预之妖焰，为鸡为狗，且蓬蓬于垣次矣。其厄二也。江左轻浮，学尚王、杜，中原敦庞，师仍郑、服，三百年中，崔灵恩、卫冀隆诸人犹能关其口而夺之气。孔颖达者，卖国之谄子也，枵然无所得于汉学，蜣蜋之智，奉伪孔氏与杜预而甘且旨焉，排击郑、服，不遗余力，于是服氏之学始歇终亡，而杜预之义赫然杲日之中天。其厄三也。自后博士倚席不讲，人心益儇恶，才辨章头，便欲掎人之短，扬己之长，啖助、赵匡、陆质、刘敞之流，哆然弄笔，弱弓蒿箭，竞以左氏为质的。经世大典夷于附枝缀肬，甚者以为蛊心丧志，学者摇手不敢窥，反不如杜预、颜籀之涕唾，犹时时吮咽南宋习尚，亦何可言？幸而不亡，盖宏辞从橐应官之文，匄其膏馥耳。元、明来此制一废，而士大夫真目不识丁矣。其大厄四也。**礼者，奠天下之盘石也。礼废则天子无以治万邦，诸侯无以治四境，卿大夫无以治一家。**时则下陵上，裔乱华，亡国破家，杀身如偿券，孔子伤之欲返诸礼而无其位，故因《春秋》以见意，以为修整于既往，其召福祥也。如彼勃乱于当今，则婴毒祸也。如此左氏亲受指归，故于礼之源流得失反复致详焉。周公、孔子治道之穷通萃于一书，若其劝惩之旨，则婉而多风矣。时以为君子，则君子之时以为善则善之，冀此心默喻于千载，谨守逊言之戒，以全春秋付托之重，然其以礼爱护君父，不已深切著明哉？奈何杜预以罔利之徒，懵不知礼文者，蹶然为之解，俨然行于世害人、心灭天理为左氏之巨蠹，后生曾不之察腾杜预之义而播左氏之疵，左氏宁受焉，亦见其粗。中薄植一魏、晋之妄人，莫觉莫悟，何有于古学哉？区区之衷，久怀愤懑，遂补注十二卷，发明婉约之旨，胪陈典章之要。象纬堪舆之细碎，亦附见焉。注疏之谬，逐条纠驳，各见于卷，则左氏之沈冤稍白，杜预之丑状悉彰。其么魔①蠢类，横蔑左氏，殆不足辨，不悉著。若夫百家传闻、众言淆乱，与公羊、穀梁、司马迁事辞之悖谬，别为考异，不列兹编。噫嘻！昔者贾逵之《讼左》，不尽括左氏之长，刘炫之《规杜》，又不足仆杜预之短，是以芳烈不扬休赤臭，未末杀小子，何人敢与兹事，将前哲之所启牖乎？今险忮刻薄之人，有窃钻何休之余，窍以诖误梧子，何不仁之甚也，盖圣世之贼民而已矣。道光元年辛巳季夏叙。②

沈钦韩《幼学堂文稿》卷五《书陈祥道〈礼书〉后》：《记》曰："无轻议礼，礼非圣人不能作，非大贤不能述。作之述之，非后世辁材所敢望也。"郑君生乎坏缺伯驳之世；而错综贯通，经传之旨，发明赅备，其亦几于述之者与？嗣后俊髦鹊起，莫不妒其能，欲夺其席。卒诸精奥者，不能出乎范围，而纷然异论，不能自立，终至废夫，亦足以鉴之矣。具诚悫之性，俯而就之，往往专门名家，为世称道。若贺循之《丧服》，崔灵恩之《义宗》，聂崇义之《礼图》，虽精粗不同，要徒得其支节者也，亦足以明之矣。杜佑之序《通典》，古今礼居全书之半，然则文质该洽矣，犹曰《通典》所纂集，或泛在沿革，或博采异同，将以振端末备顾问者也，乌礼意之能建乎？彼诚不欺于中，后人弥服其为知页耳。宋元祐间，陈祥道进《礼书》一百五十卷，其部分原本聂氏，其意乃欲成一家言，则曰"形名度数必辨其制，道备仁义必发其蕴"。迹其言，殆于无豪易高者邪？是岂易言哉？究观其书，既不详沿革之制，异同之论，于经传大义已明，不俟赘述者，辄喋

① 么魔：指微不足道的人。

② 见《续修四库全书》第1499册，第252~253页。

喋絮烦；于传注不审其本末，横加訾毁；于义疏并没其指归，但供嗤点。善则攘诸己，恶则推诸人。譬则蠹生于木，而还自食其木，此亦先儒所无如何，然后有能读经史传记者，未可欺也。其于典故，则杂陈而意遣之，若举子之对策，未能分明，而但求炫目。陈旸之《乐书》亦然。自昔史志最下者，若魏收、宋濂之于拓跋、蒙古，亦无此体例也。彼其兄弟造作欺妄，居然以《礼》、《乐》自命。要而论之，所夸形名度数，即古人之唾余，直屋下架屋耳；所夸道德仁义，则《新经》之流毒，直帖括腐语耳。其甚谬者，乃谓庶子王得立其所生之庙；《虞书》"里于六宗"，为一祖二宗，以证七庙；五年禘祭，并祀祖之自出；群小祀，备五齐三酒。此类甚多。至于先儒之言，班、马之史，未能记诵，数典便差。论其所奢，何敢望杜佑之博！尚不如聂氏之墨守注疏犹有家法。但礼家之卮言衍义，岂可贸然自号为《礼书》哉！慨自风会日薄，稍知握管，但欲孤行。有宋升降之故可言也，其著书之人可举也。刘氏学博辨给，作《七经小传》，指前贤过误，固有当黄，然后生偭规裂矩者乡风矣。王氏《新经》盛行，而小知小慧中于骨髓，则陈登道之徒群起矣。郑樵、罗泌等跳梁妄作，剽窃于晻昧，震惊于稠人者比比也。始也诋及传注，继则毁加圣经；始也阳奉经以排传注，继则割裂经以就私撰。天下纷纷，正坐二妄庸无耻者为巨魁耳。**余尝谓宋人好撰述，除《通鉴》、《通考》二书外，无一足观者**。王伯厚沾沾掇拾，虽无损于道，而饾饤伎俩，非作手也。若陈祥道之书，何足数哉！余既摘其尤纰谬者数十事，因书于后云。①

① 见《续修四库全书》第1499册，第240~241页。

柳兴宗

《清儒学案》卷一百五十二《孟瞻学案》：柳兴恩，原名兴宗，字宾叔，丹徒人。道光壬辰举人。贫而好学，敦实行。初治《毛诗》，以毛公师荀卿，荀卿师穀梁，《穀梁春秋》，千古绝学。阮文达刻《皇清经解》，《公羊》、《左氏》俱有专家，而《穀梁》缺焉。乃发愤沉思，成《穀梁春秋大义述》三十卷。以郑《六艺论》云，穀梁子善于经。遂从善经入手，而善经则以属辞比事为据，事与辞则以《春秋》日月等名例定之。书甫成，就正于文达，文达惜其见之之晚。番禺陈兰甫尝为《穀梁笺》及《条例》，未成。后见先生书，叹其精博，遂定交焉，并出其说备采，不复作。他著有《周易卦气辅》四卷、《虞氏逸象考》二卷、《尚书篇目考》二卷、《毛诗注疏纠补》三十卷、《续王应麟诗地理考》二卷、《群经异义》四卷、《刘向年谱》二卷、《仪礼释宫考辨》二卷、《史记》、《汉书》、《南齐书校勘记》、《说文解字校勘记》、《宿壹斋诗文集》。光绪六年卒，年八十有六。弟荣宗，字翼南，著有《说文引经考异》十六卷。(参史传)

《清史稿·儒林三》：柳兴恩，原名兴宗，字宾叔，丹徒人。道光十二年举人。受业于仪征阮元。初治《毛诗》，以毛公师荀卿，荀卿师穀梁，《穀梁春秋》千古绝学，元刻《皇清经解》，《公羊》、《左氏》俱有专家，而《穀梁》缺焉。乃发愤沉思，成《穀梁春秋大义述》三十卷，以郑《六艺论》云“穀梁子善于经”，遂专从善经入手，而善经则以属辞比事为据，事与辞则以《春秋》日月等名例定之。其书凡例：“谓圣经既以春秋定名，而无事犹必举四时之首月。后儒谓日月非经之大例，未为通论。《穀梁》日月之例，泥则难通，比则易见。与其议传而转谓经误，不若信经而并存传说。述日月例第一。谓《春秋》治乱于已然，礼乃防乱于未然。穀梁亲受子夏，其中典礼犹与《论语》夏时周冕相表里。述礼例第二。谓穀梁之经与《左氏》、《公羊》异者以百数，《汉书·儒林传》云：“穀梁鲁学，公羊乃齐学也。”此或由齐、鲁异读，音转而字亦分。述异文第三。谓穀梁亲受子夏，故传中用孔子、孟子说，其他暗合者更多。述古训第四。谓自汉以来，穀梁师授鲜有专家，要不得摈诸师说之外。述师说第五。谓汉儒师说之可见者，惟尹更始、刘向二家，然搜获寥寥。其说已亡，而名仅存者，自汉以后并治“三传”者亦收录焉。

述经师第六。谓穀梁久属孤经，兹于所见载籍之涉穀梁者，循次摘录，附以论断，并著本经废兴源流。述长编第七。”番禺陈澧尝为《穀梁笺》及《条例》，未成，后见兴恩书，叹其精博，遂出其说备采，不复作。他著有《周易卦气辅》四卷、《虞氏逸象考》二卷、《尚书篇目考》二卷、《毛诗注疏纠补》三十卷、《续王应麟诗地考》二卷、《群经异义》四卷、《刘向年谱》二卷、《仪礼释宫考辨》二卷、《史记》、《汉书》、《南齐书校勘记》、《说文解字校勘记》、《宿壹斋诗文集》。光绪六年，卒，年八十有六。弟荣宗，字翼南。著有《说文引经考异》十六卷。

杨钟羲《雪桥诗话》卷十二：袁重黎太常《赠柳宾叔先生兴宗》云：“阮公犹及侍清光，投老无依屡绝粮。独耆更生传古学，还从武子得余光。鹿裘带断绳堪续，竹节丹成眼忽方。且喜礼堂须写定，瑕邱待辟石渠郎。”宾叔，丹徒人，治毛诗，以毛公师荀卿，荀卿师穀梁，纂《穀梁春秋大义述》。阮文达序谓其专从善于经入手，而善经则以述辞比事为事，事与辞则以春秋日月等名例定之。年八十五，重释菜泮宫以行礼礼节为疑，谢不往，老辈详慎如此。光绪六年卒，年八十有六。以其经说授梅延祖。

戴望《谪麐堂遗集》文一《与曾相国论荐柳兴宗书》：伏见丹徒县孝廉柳兴宗，字宾叔，天性笃学，迕于流俗，善为《穀梁春秋》，故相国阮公见其撰述，尝有推挹之言，且延主其家，授诸孙经者十数年。其时耆儒硕德，如旌德姚文学配中、泾包孝廉慎言、江都凌布衣曙皆与交好，盖亦海内经师之望也。柳君以道光十二年举于乡，今行年七十有四矣。遭乱之后，神明不衰，唯所为书以兵燹佚亡其半。方春礼部试归，选授句容教谕，自以笃老，不愿之官。而其乡故旧以其独行，不乐携妻孥仆从，恐或倾跌，亦不遣也，然实穷悴，不免寒饥。望等同类相求，不忍听其从孤竹之子。傥辱明公援之以手，不惜奖借，则非特望等衔感而已，亦使文达有知，为颂懿德于九原也。数欲道其进谒左右，而患其过泥，谓恐迹涉干泽，非士所以自处之道。望等具道明公爱士之诚，虽极勋勚，无骄矜色，始欢然首肯，设明公于其造膝之际，视其貌，穆然如古钟磬之陈于前，叩其学，渊然如泉之始出而不可穷，或可信戋言之非谬也。

柳兴恩《**穀梁大义述**·叙例》：……自汉以来，《穀梁》师授既不敌二传之多，至哓哓于《废疾》、《起废疾》之辨，抑末也。近阮相国刻《皇清经解》凡千四百卷，为书百八十余种，其中经师七十余人，《公羊》、《左氏》俱有专家，而《穀梁》缺焉。其著述中兼及之者，如齐侍郎《经传考证》、王尚书《经义述闻》又多沿其支流，鲜克举斯大义。蒙故发愤，卒业于此，并思为《穀梁》集其大成，谨叙其凡例于右。圣经既以《春秋》定名，而无事犹必举四时之首月。后儒纷纷竞谓，日月非经之大例，岂通论哉？……《穀梁》日月之例，泥则难通，比则易见。与其议传而转谓经误，何如信经而并存传说之为得耶？述《日月例》第一。《春秋》治乱于已然，礼乃防乱于未然。况《穀梁》亲受子夏，其中典礼，尤与《论语》夏时、周冕相表里，百世以俟圣人而不惑也。述《礼》第二。……《穀梁》之经，与《左氏》、《公羊》经异者，亦以百数。此非经旨有殊，或由齐、鲁异读，音转而字亦分也。陆氏《释文》虽备载之，而未尝析其源流。今本仁和赵征君坦《春秋异文笺》，以引而伸焉。述《异文》第三。穀梁亲受子夏，故传中用孔子、孟子说者，如隐元年“成人之美，不成人之恶”；僖二十有二年“礼人而不答则反其敬，爱人而不亲则反其仁，治人而不治则反其智”。其他暗相吻合者更多。

《毛诗·大雅》云“古训是式”，窃有志焉。述《古训》第四。汉以来，《穀梁》师授，即不敌二传之多。迨唐以后，说经者竞治《春秋》，即不束“三传”于高阁。其于《穀梁》或采用一二焉，或批驳一二焉，无非兼及，鲜有专家，要不得摈诸师说之外也。述《师说》第五。汉儒师说之可见者，唯尹更始、刘向二家，然搜获者亦寥寥矣。其说已亡而名仅存者，自汉以后并治“三传”者亦收录焉，共若干人。述《经师》第六。《穀梁》久属孤经，今日更成绝学。兹于所见载籍之涉《穀梁》者，以经史子集之序，循次摘录，附以论断，并著本经废兴源流，庶为之集其大成。述《长编》第七。

阮元《**穀梁大义述**序》：存目。(见该书卷首)

陈澧《东塾集》卷三《柳宾叔**穀梁大义述**序》：《穀梁春秋》，千年以来为绝学。昔吾友侯君模著《穀梁礼证》，未成而殁。澧为《穀梁笺》及条例，亦久而未成。甲辰春，谒阮文达公于扬州，公赠以新刻再续集，有镇江柳氏《穀梁大义述序》，乃知海内有为此学者，为之喜慰。柳氏名兴恩，字宾叔，与澧同年举乡试，因求其书，得寄示所刻一帙。读之，叹其精博。今年，与宾叔遇于京师，遂定交焉。复得赠一帙，较昔所刻倍之，其说益精博，其未刻者尚多也。宾叔属澧为序，且征其说采入之。澧旧稿不在行箧，其说多不能记，谨举其一以就正焉。孟子曰：“臣弑其君，子弑其父，孔子惧，作《春秋》。”**《春秋》，天子之事也。孔子成《春秋》，而乱臣贼子惧。《春秋》之义，莫大于此。此义为《穀梁传》得之。**桓元年传曰：“桓无王。其曰王，何也？谨始也。桓弟弑兄，臣弑君，天子不能定，诸侯不能救，百姓不能去，以为无王之道，遂可以至焉尔。元年有王，所以治桓也。”穀梁之说如此。然则世有乱臣贼子，自天子至百姓皆有责焉，故乱臣贼子无所容于天地间，此其所以惧也。天子不能治乱贼，则孔子以为无王，而自以王法治之，故曰天子之事也。以是推之，凡《春秋》之书王，其义皆为以王法治天下可知也。孔子惧有弑君弑父者而作《春秋》，此《春秋》所以始于隐桓也。隐元年传曰：将以恶桓也。是其义矣。此澧之臆说。宾叔如以为然，异时将尽出其说，以备采择，澧之书可不复作。若郑康成与服子慎就车讲《左传》故事矣。君模书虽未成，已有刻本，当为宾叔致之，并采录其说，君模有知当感叹于地下也。

许桂林

《清儒学案》卷一一〇《渊如学案·渊如交游·许先生桂林》：许桂林，字同叔，号月南，又号月岚，海州人。嘉庆丙子举人。少孤，孝于母及生母，无闲言。家贫，不以厚币易远游，日以诂经为事。道光元年卒，年四十三。先生于诸经，皆有发明，尤笃信《穀梁》之学，著《春秋穀梁传时月日书法释例》。其书有引《公羊》互证者，有驳《公羊》而专主者。孙观察渊如尝以"条理精密，论辩明允"许之。又著《易确》二十卷，大旨以《乾》为主，谓全《易》皆《乾》所生，博观约取，于《易》义实有发明。别有《毛诗后笺》八卷、《春秋三传地名考证》六卷、《汉世别本礼记长义》四卷、《大学中庸讲义》二卷、《四书因论》二卷。尝以其余力治六书、九数，著《许氏说音》十二卷以配《说文》，又著《说文后解》十卷。又以岐伯言，地大气举之，气外无壳，其气将散；气外有壳，此壳何依？思得一说，以补所未及。盖天实一气，而其根在北，北极是也。北极不当为天枢，而当为气母。因采集《宣夜》遗文，以西法通之，著《宣西通》三卷。又以算家以简为贵，乃取《钦定数理精蕴》，撮其切于日用者，著《算牖》四卷。又有《味无味斋文集》八卷、《外集》四卷、《诗集》二十六卷、《外集》八卷、《骈体文》四卷、《壹籁斋词》一卷。生平所著书四十余种，凡百数十卷。（参缪荃孙《儒学传稿》）

《清史稿·儒林三》：许桂林，字同叔，海州人。嘉庆二十一年举人。少孤，孝于母及生母，无间言。家贫，不以厚币易远游，日以诂经为事。道光元年，丁内艰，以毁卒，年四十三。桂林于诸经皆有发明，尤笃信穀梁之学，著《春秋穀梁传时日月书法释例》四卷。其书有引《公羊》而互证者，有驳《公羊》而专主者。阳湖孙星衍尝以条理精密、论辨明允许之。又著《易确》二十卷，大旨以《乾》为主，谓全《易》皆《乾》所生，博观约取，于《易》义实有发明。别有《毛诗后笺》八卷、《春秋三传地名考证》六卷、《汉世别本礼记长义》四卷、《大学中庸讲义》二卷、《四书因论》二卷。尝以其余力治六书、九数，著《许氏说音》十二卷，以配"说文"。又著《说文后解》十卷。又以岐伯言"地，大气举之"。气外无壳，其气将散；气外有壳，此壳何依？思得一说以补所未及。盖天实一气，而其根在北，北极是也。北极不当为天枢，而当为气母。因采集宣夜遗文，以西法通之，著《宣西通》三卷。又以算家以简为贵，乃取《钦定数理精蕴》，撮其切于日用者，著《算牖》四卷。生平所著书四十余种，凡百数十卷。甘泉罗士琳从之游，后以西算名世。

阮元《畴人传》卷五十一：许先生讳桂林，字同叔，号月南，又号月岚，海州人。由拔贡生中式嘉庆二十一年举人，旋丁内艰，以哀毁终，卒之时实无疾病，自知其死，集家中人至前，嘱以后事，嘱毕，瞑目而逝，年四十有三。生平好学深思，至性醇粹，躬行践履，博综群书，体素弱，不耐劳，劳则易病，然又不能无所用心，若静摄一二日，辄又病，惟读书始精神焕发，故日以诂经为事，乐此不疲。人以疑义就质，有问必答，蔼然示人以可亲，谈他事，未数语，便觉气馁，独讲学终日不倦。以余力兼治六书、九数。尝谓："岐伯言：'地大气举之，气外无壳，其气将散，气外有壳，此壳何依？'思得一说，以补所未及。盖天实一气，而其根在北，北极是也。北极不当为天枢，而当为气母。万物之祖皆在北，故十一月为群生之始。天时既然矣，天象独不当以北极为一气之元乎？元气发于北极，浩浩荡荡，久而不息，经星七政，皆运于元气之中，经星以上，远之又远，无论气之至与不至，固可不必有壳以函气也。以北极为气母，其气应向左而运。古称天道尚左，天根在北，自南望之，以西为左。近气母者左行疾，故恒星东行之差迟。远气母者，左行渐缓，故月东行之差最疾。日月之出，自北升而入，亦向北向其母也。"又谓"气有有形，有无形，有形者云，无形者风，承地而运。七曜者，无形之刚风也。有形之气无力，无形之气有力。风者，大气之余，时被地上。北极为气母，气起于北，至西下转于西南，此日入于西，所以向北。而地上之风，诚如圣祖《几暇格物编》言，风无正方，而常起于西南也"。因采集宣夜遗文，以西法通之，著《宣西通》三卷。又恭读《钦定数理精蕴》，撮其简要切于日用者，著《算牖》四卷，盖取启牖以示初学之意。其自序云："算家以简为贵，取其济用，兼亦省心。所述《算牖》，亦此志也。而其大端有二：一曰筹算，二曰四率比例。筹算省乘为加，省除为减，乘则不必遍乘，归则无须撞归。四率比例，往往多算者能以少算算之，累算者能以一算算之，且三率既定，即法实已分断，不致法实颠倒之误。四率本古法，而习乘除者多不之知，故特表之。即用珠算者习焉，其为益于乘除不少也。筹算又最易晓。梅宣城云：朝得暮能，学之甚易，而用之甚简，谓非捷径乎？算书人或不乐观，观者又或未即见其纲要，因于篇首著此二端，俾有志明算之士留意览焉。"别有《易确》二十卷行世。其未刊者：《毛诗后笺》八卷、《春秋三传地名考证》六卷、《穀梁传时月日释例》六卷、《汉世别本礼记长义》四卷、《大学中庸讲义》二卷、《四书因论》二卷、《许氏说音》十二卷、《说文后解》十卷、《太元后知》六卷、《参同契金堤大义》二卷、《步纬简明法》一卷、《立天元一导窾》四卷、《擢对》八卷、《半古丛钞》八卷、《味无味斋文集》八卷、《外集》四卷、《诗集》二十六卷、《外集》八卷、骈体文四卷、《壹籁词》二卷。……论曰：许先生精于格致之理，言不妄发，行端表正，读书之外，无他好，与人接，终日默默，不善作酬酢语，洵为古之通儒。殁后，州人三请崇祀乡贤，非虚也。天性孝友，曾撰《北堂永慕记》，门弟子附刊于《易确》后。又以家贫身病，笃学多愁，致乏子嗣，以兄之次子征容为子。征容好学，有父风，将见家学渊源，引而弗替。

许桂林《春秋穀梁传时月日书法释例·总论》：《穀梁传》与《公羊传》皆谓，《春秋》书法，以时月日为例，而《穀梁》尤备，先儒多讥为迂妄。桂林通案经传，而疑其说之不可废也。……桂林谨述时月日例，惟取传中所有条而列之，有疏证而无枝蔓。其《范注》中所论之例，别为《传外余例》附后，不敢以溷也。窃尝读“三传”，而疑《公羊》、《穀梁》二传为一人所述。其书彼详此略，异同互存，似属有意。……其两传义异者，则《穀梁》之义多正，《公羊》之论多偏。盖以《穀梁》为正传，《公羊》为外传，如《左氏》之与《国语》耳。……窃谓左氏左袒晋三家、齐田氏，必六国时逊词避祸，昔人疑为六国时人，良是。盖其人负绝世文才，就《公》、《穀》二传，左右采获，因而曼衍成一家书。……《左氏》似因《穀梁》、《公羊》而成，《穀梁》似以《公羊》为外传。说《春秋》者，其惟《穀梁》为优欤？汉郑君硕学大儒，作《六艺论》，独称《穀梁》善于经，其必有所见矣。夫善于经者，时月日书法亦其一也，而可讥为迂妄乎哉！

刘毓崧《通义堂文集》卷四《春秋穀梁传时月日书法释例跋》（代）：右《春秋穀梁传时月日书法释例》四卷，先师许月南先生所著也。第一卷为《总论》，第二卷为《提纲》，第三卷为《述传》，第四卷为《传外余例》。《总论》一卷，先述穀梁之有功于经者三端，次辨赵匡、刘敞、程愿学、汪克宽、顾栋高诸说之误，终论左氏、公羊之异同，盖即以此篇为自序也。《提纲》一卷，举其大端。《述传》一卷，析其子目所分之门类，大率相同。正月例第一，夏四月、秋七月、冬十月例第二，闰月例第三，朔晦例第四，即位例第五，公如例第六，朝例第七，盟例第八，郊例第九，烝尝例第十，《提纲》以郊与烝尝合为一，《述传》分为二，嘉礼例第十一，《提纲》以觌附于朝后，《述传》因《春秋》所书之觌乃大夫宗妇，见夫人，故另列于此，以备嘉礼一门，大阅例第十二，侵例第十三，附公羊伐例，战例第十四，败例第十五，溃例第十六，入例第十七，此灭入之入，取例第十八，灭例第十九，入例第二十，此出入之入，归例第二十一，奔例第二十二，卒葬例第二十三，《提纲》分卒葬为二，《述传》合为一，弑例第二十四，杀例第二十五，附用例，日食例第二十六，旱雩例第二十七，附雨不雨例，灾异例第二十八，《提纲》有地震山崩虫灾等门，《述传》皆括于灾异之内，传疑例第二十九，若夫书时月日正例及不用正例，列于《提纲》之始，书昔例及夜中日中日下稷例列于《提纲》之末，而《述传》内不列之者，以其为全书之通例，不专属于一门，故有纲而无目也。《传外余例》一卷，则以传无明文，而仅见于范注者附之于后。夫人如例第一，外相朝例第二，聘例第三，会例第四，平例第王遇例第六，夫人飨例第七，王使例第八，归例第九，此归地之例，与《提纲》《述传》人归之例不同，宗庙例第十，祭祀例第十一，逆女例第十二，送女例第十三，狩例第十四，城例第十五，伐例第十六，围例第十七，克例第十八，救例第十九，迁例第二十，诸侯奔例第二十一，诸侯归例第二十二，执例第二十三，立例第二十四，公薨例第二十五，夫人薨例第二十六，周大夫卒例第二十七，内女卒例第二十八，赗例第二十九，有年例第三十，大水例第三十一，内灾例第三十二，外灾例第三十三。凡注称传例为传所本有者则不复更录焉。此书本无目录，故因校刊既竣，敬识数语于后，俾阅者易于检寻。至于作书之大指，则诸家之序已详言之，无庸复赘一词矣。

唐仲冕《陶山文录》卷五《春秋穀梁传时月日释例序》：太史公云：“孔子因史文次《春秋》，纪元年正时月日。”① 盖春秋者，杜预所谓以事系日，以日系月，以月系时，以

① （汉）司马迁：《史记·三代世表》。

时系年，此鲁史之法，若《晋乘》、《楚梼杌》则不主斯义矣。《春秋》托始乎隐，意者东迁后四十余年，诸侯无大变更，各自为政，其盟会赴告皆有时月日可稽，可以著吾史法，故特载夏五、郭公之阙文以明，或月或不月，或日或不日，皆笔削，而非阙文也。审是，则穀梁氏之传为清而不短矣。夫事实在国史，而褒贬在单辞。舍国史而读《春秋》，指某事曰："此圣人之褒也。"指某事曰："此圣人之贬也。"必有凭空结撰，而不能衷诸一是者矣。或谓以名与地见书法。夫姓字系乎爵位，地名分乎畛域。且人名削，不知谁某；地名削，不知何国，安能成文？然则有所刺讥褒讳抑损之文，舍时月日何以而或者疑之。孔子未修《春秋》，岂先设此条例，则甚矣其固也。夫圣人之作《易》也，非先有承乘比应；古人之作《诗》也，亦非先有赋比兴。而其义类率不出乎此，盖研经者参互考订，以探作者之用心而求其合，遂如陈伍之不可紊，法律之不可改也。其离与合，在信之笃与不笃耳。许生月南，笃信穀梁氏之学，引而伸之，触类而长之，岂惟功于《穀梁》，其于《春秋》亦庶几鼓芳风以扇游尘者欤？至谓《公羊》为《穀梁外传》，《左氏》因《公》、《穀》曼衍，近于武断。然汉**儒治经，弊在党同伐异，而经学立；后人治经，弊在随声是非，而经学废。**月南殆犹有专门之风，特标举为成学治古文者劝焉。

清陶澍《陶文毅公全集》卷三十六《许氏易确序》：《易》之为书，广大悉备，其微言奥旨未易窥也。而孔子于《乾》独曰"确然示人《易》矣"，亦似《易》之义可于《乾》见之，即可于《乾》该之，乃后世之论《易》者何其纷纭诞漫而不可纪也。田何以下如孟喜之卦气，京房之纳甲，以及东汉诸儒所述爻辰、消息、升降、旁通，率汩于小数。递降至宋之陈、邵，始创为先天图，横斜曲直，排比整齐，几类道家之符箓，而《易》之道愈杂而愈棼。夫大《易》首《乾》，《乾》之初一画耳。一者何？元也。亨者，元之通。利者，元之普。贞者，元之终。是故元为善长，而统天。一与一为二而成《坤》，《坤》亦《乾》也，《坤》之元亦《乾》之元也。故乾元曰"统天"，坤元曰"承天"。然而圣人于此有忧焉，忧夫一分为二，阳之数奇，阴之数耦。阳为君子，阴为小人。天不能有阳而无阴，世不能有君子而无小人。阴阳齐等，君子、小人势均，则将迭为消长。其究阳与君子之数且不能以相敌，故作《易》而归其用。于《乾》曰"乾元用九而天下治"，而其用九则曰"见群龙无首吉"，盖有首则有尾，有首尾则有间，有间则有治有乱，而《乾》之体将有时而毁。无首者，终始循环，阴复生阳，治以继治，人之见之，但见为群龙而已，而固莫得其断续之迹也，于是焉出乎《震》，以至成言乎《艮》，皆《乾》之为，而群阴包于其内，斯之谓以阳治阴，而阴受治于阳，以君子治小人，而小人受治于君子，天下之治以此。是故《易》之为书，自天道以之人事，无非《乾》也。天以是成其于穆不已，圣人以是成其至诚无息。伏羲之画，文王之彖，周公之爻，孔子之赞，岂有异旨哉？余尝取《乾》之一卦，反复寻绎，而圣人作《易》之意宛若可见。今观许君《易确》，何先得我心也？君通算术，以《易》出于九宫。予则谓《易》始乾元，元即一，画一积为三，而乾以成，三其三为九，九宫亦出乾元，与君小异。至若谓《易》止帝出乎震一图，河洛非二，则悬之日月而不刊矣。君名桂林，号月南，海州人，嘉庆丙子举于乡，生平著述甚富。余来抚吴时，君已前卒，不及见，而君之兄、前山东平阴令乔林亦以经学闻于时。近日说经之士，如君兄弟之实有所得者盖鲜，门人将尽刊君之遗书。又请祀君于乡，则其生平进德修业，以孜孜自强不息者亦可想云。

赵　坦

《清儒学案》卷一百四十八《南园学案·南园交游·赵先生坦》：赵坦，字宽夫，仁和人。诸生。道光元年，举孝廉方正。少与余杭严杰以品学相砥砺，邃于经术。硕甫游杭州，闻两人绪论，服其渊博。为人醇古朴讷，一介不苟取予。读书尝立课程，虽祁寒酷暑，弗少辍。善说《易》，谓孟氏主卦气，而章句今多阙佚。惟郑康成采爻辰①、卦气诸说，别为变通，确可依据，惜仅存十之三四。因本武进张氏惠言所订《郑氏易注》而引申之，分十七例，著《周易郑注引义》十二卷。又著《春秋异文笺》十二卷，以“三传”中人名、地名多有不同者，或古字假借，或古音通转，或间以方言，因各加按语，为之疏证。又著《宝甓斋札记》、《宝甓斋文集》各若干卷，亦多说经之文。（参史传、《杭州府志》）

《清史列传·儒林传下二》：赵坦，字宽夫，浙江仁和人。诸生。道光元年，举孝廉方正。坦少与钱塘严杰以品学相砥砺，邃于经术。长洲陈奂游杭州，闻两人绪论，服其渊博。坦善说《易》，谓孟氏主卦气，而章句阙佚难考，虞仲翔原出孟氏，发明消息之旨，然于卦爻过求变动，又与居则观象之经不合。惟郑康成采爻辰卦气诸说，别为变通，闳深博大，确可依据，惜仅存十之三四。因本武进张惠言书，循其例而引申其说，著《周易郑注引义》十二卷，其书之例凡十七：曰中气，曰三才，曰六位，曰当位，曰据乘承，曰得应，曰杂卦气，曰相直，曰互卦，曰卦象，曰爻辰值宿，曰爻辰取象四时五行十二肖，曰爻辰通消息卦，曰爻辰得卦气，曰爻体，曰爻体通辰，曰爻位相就。其系传引义，取于《乾凿度》为多，亦惠言意也。又著《春秋异文笺》十三卷，又《宝甓斋札记》、《文集》，多说经之文。②

---

① 爻辰：汉代易学术语。郑玄用乾坤六爻与十二时辰相配合以研究易学，称为爻辰。清江藩《汉学师承记·惠周惕》：“汉儒言《易》，如孟喜以卦气，京房以通变，荀爽以升降，郑康成以爻辰，虞翻以纳甲，其说不同，而指归则一，皆不可废。”

② 见中华书局本第18册，第5615~5616页。

李榕《（民国）杭州府志》卷一三八：赵坦，字宽夫，仁和人。少为郡小史，遁去。会阮元视浙，学以经术，补诸生，入诂经精舍，为著籍弟子。王昶、孙星衍迭主讲席，举重坦文，声出诸名士上，坦益自厉，研习汉经师言，疏通证明之学，既成，恒韬晦，不自表暴。搢绅之东西行过者，争物色，坦辄谢不与通。元抚浙，诸名士借助声望，致通显者众，坦独无毫牦之干。道光改元，诏举天下孝廉方正，乡先生博士弟子耆老翕然推坦，坦踧踖，三让不获，由博士而令，而守，而监司，监司吏有权阳贺坦，阴求赂，坦谢曰："坦无状，万不敢当是征，而长吏实强之，且不许，坦让而固强之，毋乃以坦稍有羞耻，而今以赇进是，尚得为人乎？而奈何以辱大科？"吏默然无以应已，乃大发怒去，立遣役檄坦验视，坦曰："生无罪，而早隶呼其门，岂上求贤意耶？"称病笃，吏遂以病免坦。巡抚帅承瀛下教曰："吾素知赵生文行第一，奈何以不匍匐？监司庭失贤士，即此足以举矣。"趣具文书，而自折简招坦，讽之仕，坦以亲老固辞，语次泣下，承瀛益贤之，乃奏给六品顶带。逾二年，丧母，哀毁积衰，既除丧而病，又逾年卒。坦醇古朴讷，一介不苟取予，拱揖坐立，必中礼。虽奴妾，不见其袒踞。读书立课程，风寒酷暑，迄老弗辍。人请读其文，辄忸怩不肯，即出，摘其瑕，辄应时改定。著说经之文及《文录》、《札记》若干卷。

赵坦《周易郑注引义自序》：……**《易》之为书，有理有象，舍象言理，其说无征；舍理言象，其说无根。孔子《十翼》，《彖》、《象》、《系辞》等传，皆言理兼象者也。《说卦》一篇，言象备矣。如卦爻不言取象，则《说卦》一篇，似近虚悬。虽其为象，不全见于经，要必有所寄寓焉。当求诸象外者，特人识浅，未能通贯，未可谓空存其目，而示人以疑也。**学者苟知《说卦》之用匪浅，又奚疑于爻辰互卦之说邪？……坦浅陋，未敢遽为附益，俟他日续辑之。书之例凡十七，曰中气，曰三才，曰六位，曰当位，曰据乘承，曰得应，曰杂卦气，曰相直，曰互卦，曰卦象，曰爻辰值宿，曰爻辰取象四时五行十二肖，曰爻辰通消息卦，曰爻辰得卦气，曰爻体，曰爻体通辰，曰爻位相就。①

赵坦《孔子删诗辨》：《史记·孔子世家》云："古者《诗》三千余篇，及至孔子，去其重，取可施于礼义。"……郑康成《六艺论》云："孔王录周衰之歌，及众国圣贤之遗风，自文王创基，至鲁僖四百年间，凡取三百五篇，合为《国风》、《雅》、《颂》。"就二说观之，孔子删《诗》明矣。至宋，朱子谓孔子重新整理，未尝删取。国朝朱检讨锡鬯作《诗论》因之。大抵谓《诗》亡于秦火，或作者章句不齐，后之学者从而齐之；或乐师蒙叟止记其音节，而亡其辞，是以有逸诗。窃谓朱氏之说非也。……然则删《诗》之旨可述乎？日去其重复焉尔。今试举群经诸子所引《诗》，不见于三百篇者，一证之。如《大戴礼·用兵》篇引《诗》云："鱼在在藻，厥志在饵；鲜民之生矣，不如死之久矣；校德不塞，嗣武孙武子。"今《大雅》之《鱼藻》、《蓼莪》，《商颂》之《玄鸟》等篇，辞句有相似者。《左传》襄八年引《诗》云："兆云询多，职竞作罗。"今《小雅·小闵》篇有相似者，昭十二年所引之《祈招》诗，今《小雅》之《祈父》篇已足赅其义矣。若《逸周书·太子晋解》引"马之刚矣"等句，鄙野已甚，直伪托尔。《荀子·臣道》篇引《诗》云："国有大命，不可以告人，妨其躬身。"与今《唐风·扬之水》篇亦

① 见《清儒学案》卷一百四十八。

相似。凡若此类，复见迭出，疑皆为孔子所删也。至若字句小异，则引《诗》者之误。惟《大戴礼·投壶篇·大射诗》，不见于经，为可疑。或音节已亡，篇章散佚，故未录入。若夫《河水》即《沔水》，《新宫》即《斯干》，昔人论说有足取者。然则史迁所云“去其重，取可施于礼义”者，直千古不易之论，奚足致疑也哉？《孟子》曰：“王者之迹熄而《诗》亡。”孔子删《诗》，正《诗》亡之日也。假令当日未经删定，未传子夏，则三百五篇且将散佚无考，所谓“正得失，动天地，感鬼神”者，后之人将孰从而求之也耶？故谓删《诗》、《书》，定《礼》、《乐》，作《春秋》，皆为圣人不得已而为之也可。作孔子删《诗》辨。①

赵坦《唐孔颖达五经义疏得失论》：“五经”之有传，有注，有笺，有解，由来旧矣。梁、陈而下，义疏迭出。至唐贞观中，诏孔颖达等撰《五经正义》，盖欲崇儒术，息异议也。于是成《易正义》十四卷、《书正义》二十卷、《诗正义》四十卷、《礼记正义》七十卷、《春秋左传正义》三十六卷。既成，表上之。迨宋朱子，谓孔氏《正义》，《诗》、《礼》为上，《易》、《书》为下。夫同出一时一人之手，而有得有失何欤？曰《正义》者，就传注而为疏义也，所宗之注不同，所本之义疏亦异，则得失于是乎著。孔氏于《易》，舍九家而宗王氏弼及韩氏康伯，于义疏则采褚仲都。弼之注《易》，仅取刚柔、乘应之说，韩氏之注《系传》，亦复空诠无补。孔氏拘牵注义，顺文敷衍，其于马、郑、荀诸家之古法，间或援引，辄以为非。又或取以补辅嗣之阙漏，不能疏通明晰，故最浅薄不足数。《书》则宗东晋梅颐所上之伪孔传，而删取二刘之《正义》焉。孔传本不足观，颖达曲为回护，于是马、郑之注仅供参证，而司马迁《五帝本纪》中之真古文不一引取。弃周鼎而宝康瓠，孔氏之谓矣。《诗》则独宗毛、郑，卷首先列《郑谱》，颇得纲领。其于训诂名物、制度典礼，更一一诠解精确。训诂则本诸《尔雅》，参以舍人、樊光、李巡、孙叔然诸家之古注。而陆玑《毛诗草木虫鱼疏》次焉。制度典礼，则引据群经，益之以王肃之《难》，王基之《驳》，孙毓之《评》，崔灵恩之《集注》，佐之以郑氏之《易注》、《书注》，贾、服之《左传注》。若《郑志》，若《驳五经异义》，若《箴膏肓》诸书，咸萃焉。以故闳博渊深，几无与抗。虽曰蓝本二刘，而其采掇之精，固可谓独具卓识已。《礼》亦宗郑注，而以皇侃《义疏》为本，引证则本诸《周礼》、《仪礼》，旁通曲达，靡不周悉。《记》云：“不学杂服，不能安礼。”故孔氏于服制，分辨尤晰。若郑氏之《丧服变除》，卢子干之《礼记解诂》，陆谌之《三礼图》，射氏之《音义隐》，莫不援引。故奥衍精通，与《诗》并善。《左传》宗杜氏，于义疏则本刘光伯。**杜氏之精义，皆从贾、服窃来，其浅处正复不少。**孔氏惟杜之从，所引《释例》之属，又杜氏一家之学，亦奚贵焉？虽有刘光伯之《规杜》，理精辞辨，足以摧折武库，孔氏概置评驳，不复遵用。故《左传正义》虽大旨可观，其失亦见。然则将如何而后尽善耶？曰《易》则宗郑氏，而以李鼎祚所集之古注，及群书中所引之古注，足与郑注相发明者附益之。次则取《左传》中筮法，都为一编附焉。所谓“刊辅嗣之野文，补康成之逸象”，汉《易》梗概，于斯可复。《书》则采马、郑注，而益以《史记》中之以训诂代经文者。其他汉石经及《说文》及颜师古诸家之说，亦复搜讨靡遗，而后弹心诠解，庶复真古文之旧观。《左传》则采贾、服注，于土地名则取裴秀客、京相璠。其一二古文散见《说文》及群书者，

① 见《清儒学案》卷一百四十八，又见《诂经精舍文集》。

取以参考，庶《左传》之古字古言存什一于千百，而《春秋》亦赖以明。然后博稽载籍，为之疏释，俾贾、服之学复显于世，不远驾颖达上耶？要之，辟汉儒之间奥，作孔氏之功臣，非好学深思之士，未克臻此。然则《五经正义》有得无失，岂易言也哉！①

王端履《重论文斋笔录》卷六《唐孔颖达五经义疏得失论》：唐贞观十六年，以经学多门，章句繁杂，诏孔颖达与诸儒撰“五经”疏，谓之“正义”，由是《易》、《书》、《诗》、《礼》、《春秋》之学皆宗于一。窃惟训诂师承，波沿两汉，章句笺释，横决六朝。一旦取长弃短，务定一尊，酌雅禀经，型垂万世，其融贯群言，诚足消门户党同之习，而支离曲护，亦不免阿私所好之弊。昔朱子尝论之矣，曰：“五疏之中，《诗》、《礼》为上，《春秋》次之，《书》、《易》为下。”试参稽而博考之，犹可知其得失所在者。《易》自辅嗣宗尚玄风，尽弃象数，注之者既无古义之可寻，疏之者难免诠释之未富，然亦间有推明郑义者。《讼》九二“人三百户”则引下大夫一成之地之说，《复》彖“七日来复”则引“六日七分”之说，且有专辟郑义而并不细案王注者。《乾》卦大人本指九五，惟九二虽非君位，而有君德，此真弼据《文言》以解经，故云利见大人，惟二五焉。疏乃谓《讼》、《蹇》之大人俱不指九五，则失《易》之卦位矣。《蛊》先甲后甲，马融云：“甲在东方。艮在东北，故曰先甲；巽在西南，故曰后甲。”此纳甲之义，弼所不取。至先三日为辛，义取更新；后三日为丁，义取丁宁，正合弼注因事申令之意，而疏斥为无端妄作，则不解矣。其间引庄氏、张氏、褚氏诸家之说，皆义涉浅近，尠所根据，较诸他经诚为劣矣。《书》则专宗孔传，先儒谓因梁费、甝疏而广之，非也。据孔原序称，隋初为正义者，蔡大宝、巢旖、费甝、顾彪、刘焯、刘炫，而焯、炫最为详雅，则《书疏》本二刘为多……述郑注以补传所未备，且亦有直断孔传之失者。立政三毫非文王时官，吕刑九黎非蚩尤，未尝曲为回护也。惟是孔传之伪，至宋以后始确有证据，而冲远往往曲为附会，斯固不待马嘉运摭其疵，王元感纠其谬矣。《左传》则本杜预，其先为正义者，有沈文阿、苏宽、刘炫三家。沈长于义例，故元妃孟子及华督赐族二条引之。苏多弃本文，而考仲子之宫仍叔之子二条亦引之。桓七年谷伯邓侯，全述卫冀隆、秦道静之说，桓九年享以上宾，并著膏肓郑箴之义。其他考证之言，多凭贾、服，旁采之说，亦取刘《规》。数典之误，桓二年战于千亩，有晋世家穆十年代千亩有功可证，而疏引王战姜戎之事，则以周事为晋事矣。舛错之误，襄十三年九族自高祖至元孙，杜注自明，而桓六年则谓九族兼外亲，直自相矛盾矣。先儒谓左多古言，亡于杜注，然自有此疏，而杜注以明，则孔又杜之功臣也。至若《诗》疏，注有毛传、郑笺，既贯通于《尔雅》，疏有士元、光伯复囊括夫群言，间有可指摘者，度其鲜原本属商周之邑，有《周书·程寤解》可证，而孔误以为程邑……要其考证之博，援引之详，终唐之世，无敢异议，洵足多已。礼自颖达以前，传习最众，南人有贺循、贺玚、庾蔚之、崔灵恩、沈重、皇侃等，北人有徐遵明、李业兴、李宝鼎、侯聪、熊安生等，孔则以皇为本，而以熊补所未备。夫礼学固冲远之所长，而又兼采南北，著录凡古《左氏》说、《公羊》说、《周礼》说、《五经》异义及郑氏、张逸、赵商答问，一一旁证而疏通之，注固简奥精微，疏亦详赡博雅，后儒徒执谶纬以讥，要亦宋以后之论，不可以议唐以上之儒矣。盖疏之为体，不使稍有出入，其识亦似太

① 见《清儒学案》卷一百四十八，又见《诂经精舍文集》。

拘。康成之笺《诗》也，宗毛而时异毛，其注《周礼》也，本杜而时背杜。况唐之初，《易》有孟、京、荀、郑，《书》有马、郑，《春秋》有贾、服，汉经师授受之微言犹有存者，倘参互考证，兼收并蓄，则铸铜于山，煮盐于海，网罗古今，包容万有，不更为经术之渊海也哉！

梁绍壬《两般秋雨盦随笔》卷五“古砖”条：仁和明经赵宽夫先生坦，好聚古砖，于断垣败甃间极意搜讨。前后共得，凡六十有一：为孙吴纪元者二；为两晋纪元者二十一，始吴主亮太平元年，迄晋孝武帝太元四年；为吉利语者四，曰“吉利叶宜”，曰“万岁不败”，曰“罣吉日造”，曰“六月黄吉”；为题识姓氏者六，曰褚谒者，曰陈叔惟，曰贺信，曰章氏所作，曰章先作记，曰哙壁；为古钱文者二十一，率多六朝厌胜之品；为方胜者二，为人形者四，为双鱼者一。其字有篆有隶，悉方整古劲，画亦奇愕有致。先生珍此，因自号曰保甓居士云。

王端履《重论文斋笔录》卷九：仁和赵宽夫坦，性情敦朴，襟怀洒落，熟于唐、宋古文流别，故其为文亦懿茂老洁。尝与予晚登吴山，每遇悬崖峭壁，必手自抚摩，恐有南宋人刻石。道光辛巳，保荐孝廉方正，赏六品顶带。余往见之，至则扶杖出迎，肃衣冠，相对转无少时真率气象。余笑曰：“人言：‘廉吏不可为而可为。’余当作一转语云：‘孝廉方正可为而不可为也。’”〇宽夫虽以古文名家，实则湛深经术，故特录其释经数篇，知其非空谈义理也。〇《春秋异文解》：“三传”释经，为例不同，其说自异。至经文同出孔子，而亦多互异者，《公》、《穀》率多假借字，间或杂以方音，由是参错迭出，今即其纷纠者，一一疏通证明之。如隐八年“盟于浮来”，《公》、《穀》作“包来”。案《盐铁论·毁学篇》：“昔李斯与包邱子俱事荀卿。”《汉书·楚元王传》：“浮邱伯者，孙卿门人。”包邱即浮邱，一声之转耳。《礼记·投壶》：“若是者浮。”郑注：“浮或作匏。”《说文》：“枹从木，包声。”《汉书·酷吏传》：“枹鼓不绝。”萧该音义引《字林》音浮。此浮、包通转之明证。十一年：“公会郑伯于时来。”传云：“公会郑伯于郲。”杜注：“时来，郲也。荥阳县东有厘城。”案：来，古音厘，时来之合言为郲，故传作郲。至厘城之厘，又郲之假音也。《仪礼·少牢馈食礼》：“来汝孝孙。”郑注：“来读为釐。”《汉书·刘向传》引《诗》“贻我来牟”作“饴我厘辫”。陆玑《草木疏》云：“莱，藜也。”此本韵训也。《说文》：“莱，蔓华。”《尔雅》作釐。《公羊隐五年传》：“登来之。”《礼记·大学注》引作“登戾之”，是知公羊作“会郑伯于祁黎”，盖假音字。僖二十一年“经会于盂”，《公羊》作“会于霍”，《穀梁》作“会于雩”。案：《白虎通·巡狩》篇：“南方为霍山者何？霍之为言护也。言太阳用事，护养万物也。”① 崔灵恩《三礼义宗》云：“南岳谓之霍。霍者，护也。”是“霍”与“盂”、“雩”音相近也。故公羊作霍。若《颜氏家训·书证》篇吴人呼“镬”字为“霍”字，亦足借证也。文二年“盟于垂陇”，《公》、

① 原文作：“至成王乃巡狩岳者，何谓也？岳之为言桷，桷功德。东方为岱宗者，言万物更相代于东方也。南方霍山者，霍之为言护也，言万物护也。太阳用事，护养万物也。西方为华山者，华之为言获也，言万物成熟可得获也。北方为恒山，恒者，常也，万物伏藏于北方有常也。中央为嵩山，言其后大之也。”

《穀》并作垂敛。案《易·系辞》云："不封不树。"虞翻注："穿土称封。"封，古窆字也。①《礼·檀弓》云："悬棺而封。"郑注："封当为窆。"《丧大记》："凡封用綍，去碑负引。"郑注："封，《周礼》作窆。窆，下棺也。"此封或皆作敛，此方音陇、敛相通之明证。文十一年经"楚子伐麇"，《释文》："麇，九伦切。"《公羊》作伐圈。案《礼记·王制篇》："制三公一命卷。"郑注："卷，俗读也，其通则曰衮。"《释名·释首饰篇》："衮，卷也，画卷龙于衣也。"《说文》："圈从囗，从卷声。"是圈字与九伦切之麇字音正相近。宣十五年经"仲孙蔑会齐高固于无娄"，《公羊》作"牟娄"。案《列子·黄帝篇》："列御寇为伯昏无人射。"《释文》：无，莫侯反。《礼记·郊特牲篇》："毋追夏后氏之道也。"《释文》："无音牟。"是方言无有牟音，故《公羊》作牟娄。宣十八年经"楚子旅卒"，《穀梁》"旅"作"吕"。案《国语·周语》云："胙四岳国命为伯，赐姓曰姜氏，曰有吕，谓其能为禹股肱心膂，以养物丰民人也。"韦昭注："吕之为言膂也。"是吕、旅音同义通也。哀十年"薛伯夷卒"，《公羊》夷作寅。《书·尧典》："寅宾出日。"《释文》："寅，徐邈以真反，又音夷。"《舜典》："夙夜惟寅。"《释文》："寅如字。徐音夷。"案：夷与寅古音不通转，古方音则通。《广韵》既收寅入真韵，复收寅入脂韵，亦因方言而两收，然则《公羊》作寅，殆读寅为夷耳。若宣十一年经"楚子陈侯郑伯盟于辰陵"，《穀梁》作夷陵，是又读辰为夷矣。凡若此类，或古字假借，或古音通转，或间以方音，郑康成云："其始书之也仓卒，无其字，或以音模拟，方假借为之，趣于近之而已。"殆谓是欤？（下略）

---

① 封："窆"的古字。棺木下葬。《礼记·檀弓上》："还葬，县棺而封，岂有非之者哉！"郑玄注："封当为窆。窆，下棺也。"《易·系辞下》"不封不树"三国吴虞翻注："穿土称封。封，古窆字也。"按，《说文·土部》："堋，丧葬下土也。《礼》谓之封，《周官》谓之窆。"张舜徽《说文解字约注》："堋与封、窆俱声近语转。故经传用字虽异，其义一也。"参阅《周礼·地官·乡师》"及窆，执斧以涖匠师"清孙诒让《正义》。

洪颐煊

《清儒学案》卷一百二十三《仪征学案下·仪征弟子下·洪先生颐煊》：洪颐煊，字旌贤，号筠轩，临海人。少苦志力学，为诸生时，与兄坤煊、弟震煊读书僧寮，夜借佛鉴围坐，谈经不辍。阮文达督浙学，招先生与弟就学诂经精舍，时有“三洪”之称。先生尤精究经训，贯串子史。嘉庆六年，为选拔贡生。从孙渊如于德州督粮道署，为撰《书目》及《平津馆读碑记》，考据明审，于唐代地理，尤多所得。就职为直隶州判官，广东署新兴县事。文达为总督，知先生吏才短而文学优，延之入幕，讯经咨史以为常。后卒于家。先生好聚书，岭南市多旧本，辄斥重资购之。家藏善本书三万卷，碑版二千余通，钟鼎彝器，法书名画，皆撰有目录。著《礼经宫室答问》二卷、《孔子三朝记》八卷、《管子义证》八卷、《读书丛录》二十四卷、《台州札记》十二卷、《筠轩诗文抄》十二卷、《经典集林》三十五卷、《汉志水道疏证》四卷、《孝经郑注补证》一卷、《诸史考异》十八卷。(参史传)

《清史稿·文苑三》：洪颐煊，字旌贤，临海人。少时自力于学，与兄坤煊、弟震煊读书僧寮，夜就佛灯讲诵不辍。学使阮元招颐煊、震煊就学行省，名日起。嘉庆六年，充选拔贡生。入赀为州判，权知新兴县事。适阮元督粤，知颐煊学优，非吏才，延致幕府，相与咨诹经史。后卒于家。性喜聚书，广购岭南旧本至三万余卷，碑版彝器多世所罕觏。著《礼经宫室答问》、《孔子三朝记》、《管子义证》、《汉志水道疏证》、《读书丛录》、《台州札记》、《筠轩诗文集》。

《清史列传·儒林传下二》：……尝谓《礼经》莫大于宫室，宫室不明，则古人行礼之节，周旋升降，皆芒然莫知其处。宋李如圭《释宫》只举其凡，近人考证亦多未密。因思古人宫室制度，与今人不甚相远，时醇世朴，寝庙明堂不若后世之千门万户，细绎《礼经》，皆有丈尺可寻，名位可辨，著《礼经宫室答问》二卷。①

潘衍桐《两浙辅轩续录》卷二十一：洪颐煊，字旌贤，临海人。嘉庆辛酉拔贡，官

---

① 详见中华书局本第18册，第5598页。今按：此段文字抄袭洪颐煊《礼经宫室答问序》。

广东新兴知县。著《筠轩诗抄》。《县志》云：颐煊苦志力学，与兄坤煊、弟震煊读书僧寮，夜每借佛灯围坐，谈经不辍，时有“三洪”之称。《临海诗录》：颐煊解组归，聚书四万卷，碑帖千余种，又钩摹家藏历代名人墨迹，刊倦舫法帖八册，晚因自号倦舫老人。所著有《礼经宫室答问》二卷、《孔子三朝记》七卷、《读书丛录》二十四卷、《平津馆读碑记》八卷、《续》四卷、《孝经郑注补证》一卷、《尚书洪范五行纪论》五卷、《经典集林》三十二卷、《诸史考异》十八卷、《汉志水道疏证》五卷、《郑康成年谱》一卷、《台州札记》十二卷、《校正竹书纪年》二卷、《校正穆天子传》七卷、《管子义证》八卷、《筠轩文抄》八卷、《筠轩诗抄》四卷、《倦舫丛书》十二册。咸丰辛酉，赭寇窜台，其已梓书版及金石书画悉付灰烬，惟《倦舫法帖》尚存，然已残阙不完矣。《缉雅堂诗话》：临海有周君治平与“二洪”齐名。阮文达《曾子注释·天员篇》曾引其说。今筠轩兄弟姓氏著述流布众口，而周君无闻焉，欲采其诗，竟不可得。人之传不传，岂有天意哉！

洪颐煊《读书丛录自序》：余受性椎鲁，寡所嗜慕。少年读书里中藏书之家，借览无虚日。及壮，遨游吴、越，往来燕、齐，蹋通德之门，窥礼堂之奥，左右采获，渐成撰述。五十以后，始抵粤东。一官匏系，非吾所好，趋走之暇，闭门却扫。于是重取经史百家，朝研夕稽，证其异同，辨其得失，以声音、文字通其原，以转写讹舛穷其变，勿敢向壁虚造，勿敢剿袭陈言。浅见眇闻，聊以自适。后之览者，其或谅斯。道光元年十二月廿一日，临海洪颐煊识。①

李慈铭《读书丛录识语》：案先生字筠轩，与兄坤煊、弟震煊皆以绩学称，而先生尤博综群籍，名亦最显。(下略)②

周中孚《郑堂读书记》卷五十六：《读书丛录》二十四卷，道光壬午广东刊本，国朝洪颐煊撰。颐煊仕履见礼类。是书成于道光辛巳。前有自序。筠轩取经史百家，证其异同，辨其得失，以声音文字通其原，以转写讹舛穷其变，积之既久，乃成是帙。凡经传八卷、小学四卷、诸子四卷、三史七卷，而以宋元刊本一卷终焉，皆于原书中摘句为解，繁简适均，考据精确，绝无向壁虚造、剿袭陈言之病，而于辨证舆地尤简而明。即此可想见其沉笃澹雅之才矣。

宋翔凤《朴学斋文录》卷二《读书丛录序》：夫读书之士能见著述者，近世以来，两浙为盛。南雷茁其明芽，西河畅其枝叶，曝书廓其条流，鲒埼理其阙略。然蓟靡不化，则声音尚乖，义训失故，则附会易集。依乎六经，匪堂室之硕彦，搜乎四部，亦循涂之先觉，盖披榛去秽，则事半功倍，从事于后，于以日兴，如临海洪氏之书，因是而有作也。余与洪君有相思之雅，顷会合海滨，过从遂密，尽见所业，以声音文字为之根柢，古人心思制作皆可推见。而《读书丛录》一编，尤其菁华荟萃，条列明白者也。以今日远于古，匪古无以证今。然习一方之语言，持向壁之论议，则九流有山川之隔。六艺在百世之上，今君为读书之法，悉究谐声之本，深明假借之用，纷纶断阙，旁推交通，千古绝续，语于

---

① 见《续修四库全书》第1157册，第553页。又见中华书局1985年《丛书集成初编》本。

② 见《续修四库全书》第1157册，第553页。今按：此为李氏墨笔识语，凡二则，似为李慈铭佚文。

一堂，因综其所言，录之以笔，神明其法，极乎无穷，诚能辨其源流，自非陈其糟魄。今之贤哲，如嘉定钱君、高邮王君两家，著书皆不骛荒远，惟求实是。君既耳闻其说，心折其言，悼擿埴之，冥行冀火，传于薪尽。则是录之成事未可缓。余素结斯愿，而气质渐薄，精华欲竭，茫茫即涂，徒有浩叹。以君之年，过余一纪，而修业不息，研求益锐，此天之所与于君方厚，古文未坠，意在后来若当世之知否，诚不与于斯焉。

孙星衍《孙渊如先生全集》平津馆文稿卷下《洪筠轩文抄序》：临海洪氏兄弟多才俊。先是有坤煊者，以诸生负文名。朱宫傅石君师视学时，生拟成公《绥啸赋》，赏异之，拔为选士。至都，馆于家，以壬子科得第，不永年而卒。其弟曰颐煊、震煊。颐煊字筠轩，震煊字樾堂，最好学，亦为石君师所识拔。阮云台中丞笔记称临海两生精研经训，或过齐次风侍郎者也。予主讲浙中，与中丞及王兰泉少寇以古学课诂经精舍诸生，见两洪生撰著古书尤多，越数年，而筠轩亦贡成均，授经于稿城，以所刊文抄见寄。阅其文，多证明经史之作，与世之浮华佻巧学无所得者殊。**予尝惜郑康成《六艺论》不传，欲辑“十七史”志议礼之文及天文、地理异同之说，合之汉、魏、六朝人文之足证佐经学者为一集，题曰《六艺通论》，未及成书。**而世人方见予《问字堂集》，有訾以为不合唐、宋八家体格者，盖明季以来以八比课士，其选唐、宋人文集，多取近于时文习见者，疑为古文定格，不知古人当日亦自行胸怀，随其学之所得。司马迁《报任少卿书》、嵇康《与山巨源绝交书》，率意成文，不肯修饰边幅，亦如真英雄之视井底蛙耳。八家中，韩退之学识最高，无背圣哲之论；柳子厚则多出入，所见僻隘略如其人；欧阳永叔不惑二氏之学，持论甚正，然濮议不合于经；苏子瞻经学典礼甚疏，其文实天下之才也。予尝恨学不深，苦文不逮意，每与筠轩诸人同志者言之，又不肯为违经无益之言。今观筠轩所作，先得我心，宜其兄弟见赏于石君、云台两先生。筠轩进犹未也，近馆于安德平津馆，与予商撰《尚书今古文义疏》及校订古书，将为《五经异义补证》。樾堂从邵楚帆学使游，亦将以《夏小正注疏》寄予刊刻，而予早衰，辄有假年学《易》之叹。倘因仕学，余间拥古书，销永日，有所成就，以遂阐扬古学之志，固宿昔之愿；否则，幸同志者继成其事，**无一字背先圣之言，无一言为欺世之学**，筠轩兄弟其人也。嘉庆十一年六月七日，撰于安德使署，孙星衍。

洪颐煊《筠轩文抄》卷八《孔子三朝记序》：夫天生民而立之君，将以定国家，保宗社，明教化，总众庶也。于是有公卿、大夫以辅其治，有尊卑上下以辨其等，有礼乐刑政以制其防，有甲兵干楯以惧其志。末世纪纲废坏，法度倒施，君极不张，强臣柄国，于是内外咸怨，上帝降毒，水旱洊兴，灾眚并作，小则刈戮及身，大则殄绝厥世。自上古以来，莫之有易也。孔子抱拨乱之才，生衰周之际，周流四方，席不暇暖，迨哀公十一年，自卫反鲁，三朝鲁君，反复陈词其大旨，归于戒淫色，慎取人，明天人之应，别君臣之分，而终动之以慕义，讽之以失政，惜乎其终不能用也。门弟子退录此记。汉兴，藏在秘府，传其学者则有戴德、刘向、刘歆、扬雄、班固、许慎诸家。魏世中经犹藏此本。逮及六朝，臣瓒、郭璞、裴松之、郦道元之徒递相引证。至唐以后，篇籍始亡。今所传者，惟大戴所录，遗文讹舛，微言断绝，注家自北周卢仆射以降，前贤鲜闻绪论，盖此记之沉薶已千余年矣。颐煊幼习先踪，长佩庭训，博问通人，兼资往籍，于是董而理之，注成七卷。别作音义，校其同异，附于左方。盖闻孔子赞《周易》，删《诗》、《书》，定《礼》、《乐》，作《春秋》。其大垂而为经，其次录而为传。此记论四时行政，即明堂、月令之遗也。视才取人，即九德官人之法也。为坛东郊，则泽宫教士之制存焉。建正孟春，则夏时得天之数寓焉。而且通阴阳之原，符瑞集于有德；辨盛衰之治，得失系于一人。纯而不杂，博而有要，息百家之异说，广郅治之恒经。窃尝谓，《论语》者，乃圣门垂教之精言。此记者，实孔子因时之大政。方今国家重干秉运，久道化成，海宇晏宁，人材日出，倘得颁立学宫，悬以取士，使诵先圣之良模，阐百王之心法，上下和同，君臣辑睦，协感应之期，享久安之福，则简牒之鸿规，云礽之上烈也。予日其跂之矣。嘉庆辛未六月廿五日。①

洪颐煊《筠轩文抄》卷六《书郑志后》：存目。

洪颐煊《筠轩文抄》卷三《孔安国献古文尚书辨》：存目。

洪颐煊《礼经宫室答问序》：**《礼经》莫大于宫室。宫室不明，则古人行礼之节，周旋升降，皆芒然莫知其处。议礼所以如聚讼也。**宋李如圭《释宫》已撮举其凡，近人复多考证，核以经文，亦多未密。余思古人宫室制度与今人不甚相远，时淳世朴，寝庙明堂不若后人之千门万户，细绎《礼经》，皆有丈尺可寻，名位可辨，因撰《礼经宫室答问》二卷。冀好学深思之士有以是正得失焉。嘉庆壬申三月五日，临海洪颐煊识。②

① 见《续修四库全书》第1489册，第627页。

② 见《续修四库全书》第110册，第149页。

洪震煊

《清儒学案》卷一百二十三《仪征学案下·仪征弟子下·洪先生震煊》：洪震煊，字百里，号樾堂，筠轩之弟。嘉庆癸酉拔贡。少与兄齐名，同入诂经精舍，助为《十三经校勘记》，任《小戴礼》，分辑《经籍纂诂》，任《方言》。所刊诸书，多经其手。尤精《选》学。著有《夏小正疏证》五卷、《樾堂诗抄》一卷、《石鼓文考异》一卷。（参史传）

《清史稿·文苑三》：震煊，字百里。精选学，诗才敏赡。阮元修《经籍纂诂》、《十三经校勘记》，皆任其役。后颐煊十二年充选拔贡生。既廷试，贫不克归，遂以客死。著《夏小正疏义》。

《清史列传·儒林传下二》：震煊，字百里。少有隽名，阮元称之曰："侍郎之后，复见洪生。"侍郎，天台齐召南也。元修《十三经校勘记》，震煊任《小戴礼》；修《经籍纂诂》，震煊任《方言》；所刊书籍，多经其手。尝谓《太史公书》以鲁定公十二年冬孔子去鲁适卫为误，定为十三年春，就《史记》正之。又读《夏小正》鞠①则见，知鞠星即虚星，《尔雅·释诂》："鞠，盈也。"盈与虚相反，鞠之为盈，犹治之为乱，甘之为苦。且用夏正日躔以求昏旦，绝无差忒，因著为说。又辨《禹贡》郑康成以洪水为洚，亦古文家旧说。浙江即岷江非浙江，举《汉·地理志》、郭璞《山海经注》以证郦道元之误。兼精选学，在闽中时，适重构三百有三十士亭成，酌酒赋诗，叉手立就，举坐阁笔。嘉庆十八年拔贡生，既廷试，贫不能归，入直隶督学幕中。二十年，以微疾卒于深州，年四十六。著有《夏小正疏义》五卷、《姑堂诗抄》一卷、《石鼓文考异》一卷。②

洪颐煊《筠轩文抄》卷八《昆季别传》：第五弟讳震煊，字百里，一字樾堂，少刻苦好学，尝读书夜分，以锥自刺，达旦不寐。每有所构思，研求忘食，不得其解不止。及补

---

① 星宿名。即禄星。《新唐书·回鹘传下》："又有鞠，或曰裓，居拔野古東北，有木无草，地多苔。"

② 见中华书局本第18册，第5599页。

博士弟子员，与余同以治经受知于阮云台学使，檄调杭州，肄业敷文书院，时有大小洪之目。戊午夏，为学使校《经籍纂诂》，与臧君在东、丁君小雅晨夕辨难。臧君尝叹曰："大洪渊博，小洪精锐。两君之卓识，吾不及也。"庚申夏，阮公以少司农抚浙，建诂经精舍，复檄调视学时识拔之士肄业其中，余兄弟与焉。弟试辄冠军。辛酉，余拔贡，而弟下第。中丞撰《十三经校勘记》，弟分校《礼记》，人皆服其精审。甲子冬，邵楚帆少司马视学福建，延弟校文，遂穷（入）［八］闽之胜，间亦发为歌咏。弟性孤介，尝曰："读书贵自得，何以名为?"是以撰述颇寡。癸酉，周廉堂学使至浙，久知弟绩学，因得拔贡。甲戌入都朝考，弟素精制艺，又善楷书，而卒下第。周大宗伯叹曰："洪生之不获隽，其命也。"夫弟亦以此郁郁。乙亥冬，从杜学使校文顺天，卒于保定旅邸，年四十六。所著有《夏小正疏义》四卷、《榭堂诗抄》一卷。论曰：余少年随侍先君新昌学署，兄弟之乐，怡怡如也。及壮，兄弟读书少，固山房兄躬自督课，兄长于治剧，家中米盐细务皆手检校，虽酬应忙冗，终未尝废学。迨庚戌入都，留滞京邸，而卒成永诀，痛何如也！后余与弟游学武林，对床风雨，每读书有得，辄共相拊掌。及余辛酉拔贡，壬戌入都应朝考，报罢，薄游山东馆孙渊如观察幕中，凡七年，弟亦作入闽之游。甲戌，余以直隶州州判分发粤东，引假回里，弟亦匆匆入都就试，云山迢阻，见面遂艰。今墓有宿草，余发亦斑白。回念曩时兄弟之乐，恒惓惓于怀，因撰此别传，以见余手足之痛，其所遭不幸有如此云。

胡承珙《求是堂文集》卷二《与洪榭堂明经书》：榭堂十三兄足下，承示《夏小正疏义》，盥读再过，疏通证明，出人意表。……援据多本正经训诂，一依古义，洵可以集诸家之大成，为后来之定本焉。承珙于此未能究心，窃就尊书粗通其意。(下略)

洪震煊《汉经师家法考》：汉治经义，各有名家师法，马、班述儒林，厘然可考。及东京之盛，一师教授，恒数百人，或千余人。乃至曹曾受欧阳《书》，门徒三千；魏应经明行修，弟子自远方至，著录数千人；张兴弟子，著录万人；蔡元万六千人。史例简严，不能备载也。今可考者，《集古录》、《金石录》、《隶释》、《隶续》所载汉碑，间或一见。如治梁丘《易》，有重安侯相、杜晖慈明；治京氏《易》，有费题令塞平阳田君；治欧阳《书》，有河南尹任城景君、步兵校尉景君、郯令景君、绥氏校尉熊乔汉举、郎中王政季辅、郑固伯坚、成阳间葵、龚叔谦；治小夏侯《书》，有成阳间葵、廉仲絜；治《鲁诗》，有司隶校尉山阳鲁峻仲严、执金吾丞武荣含和；治《韩诗》，有山阳太守济阴祝睦、郎中乘氏马、江元海、广汉属国都尉丁鲂叔河、从事武梁绥宗；治严氏《春秋》，有处士间葵，班宣高暨子让公谦，泰山都尉鲁孔宙季将，巴郡太守樊敏升达。祝长严䜣，少通文学，掾百石。卒史孔稣，皆汉史所未载。谢承《后汉书》、司马彪《续汉书》及《东观汉纪》，为《范书》所本。有三书有而《范书》无者，董春师事至君仲，受《古文尚书》；刘宏师事刘述，治欧阳《尚书》；王阜受《韩诗》；孔乔学《左氏》之类是也。有三书详而《范书》略者，徐稚学严氏《春秋》、京氏《易》、欧阳《书》；刘宽学欧阳《书》、京氏《易》，尤明《韩诗外传》之类是也。范书《儒林传》之外，为经师家法所关者，《方术传》载廖扶文起习《韩诗》、欧阳《尚书》，教授常数百人；唐檀子产习京氏《易》、《韩诗》、颜氏《春秋》，教授常百余人；《独行传》载陈重与同郡雷义，俱学《鲁诗》、颜氏《春秋》；《侯霸传》言霸笃志好学，师事九江太守房元，治《穀梁春秋》，为丞都讲；第五元、张恭祖为郑康成师，见《郑康成传》；挚恂为马融师，见《马融传》。皆师资所承，不列于《儒林传》，而互见于诸传者也。许叔重《说文解字序》云："其称《易》孟氏，《书》孔氏，《诗》毛氏，《礼》、《周官》、《春秋左氏》、《孝经》、《论语》，皆古文。"自述家法，确乎不杂。而《儒林传》但总目之曰"五经无双"。熹平石经，《书》用今文三十四篇，《春秋》用《公羊》而及《颜氏》，《诗》用鲁而及齐、韩，《礼》用《仪礼》，《论语》及盍、毛、包、周。盖东汉时"五经"立学官者，《易》则施、孟、梁丘、京四家，《书》则欧阳、大小夏侯三家，《诗》则齐、鲁、韩三家，"三礼"但用《仪礼》，有大、小戴二家，《春秋》但用《公羊》，有严、颜二家。故石经文字依用者如此。至《儒林传》，但总称之曰"正定五经"。而五经师之家法，未之或详也。故先儒议范史述儒林，不能如班氏之备，其在此也欤？①

钱仪吉《夏小正疏义序》：存目。②

洪震煊《夏小正疏义序》：《礼》征夏时，学传《小正》，尼山旧业，由来久矣。……宋傅崧卿得其外兄关浍所藏《小正》，即隋、唐以来相承专行之旧本。错简误字，既为是正，邃旨隐义，不可尽通，辄取《大戴》改易关字，所幸去留并存注记，迄今虽亡，梗概犹在，傅之力也。自傅以来，传述代出，点窜滋繁。或移传义作篇题，或列经文于训解。……今傅氏原本亦不可得，世所通传，唯《通志堂经解》中刻本，脱节、阙书，讹文、羡字又不免焉。今为雠校，一主关本，有显系关本脱误者，始为据大戴增订。其本可通，初无违舛，悉从关氏，不援大戴。何则？关既前传，戴有后校，集贤藏板于今多见异同，政和原书别本并存注释。有关、戴二本并脱，无可取证者，则取朱子《仪礼经传通解》补之，以大贤所定，犹有可信也。傅本有不注关、戴之异，而与今大戴板本不同者，或系通志堂刊板之讹，或系今大戴重校之改，择善而从，并注其下。升经抵格，以传低行，从阳湖夫子校本例也。惟是经文简质，传义奥深，习其读者已难，通其说者卒鲜。不揣谫陋，为作《疏义》，分为四卷，从傅厘也。**解必衷诸古训，说或资乎时贤，但蕲依传释经，以希笃信好古，不至为向壁虚造之谈，并尽黜不知而作之论。**违传义者，虽梁、唐旧说，必举正焉。鲜依据者，虽朱、金大儒，不敢从焉。恪守疏家之前规，冀表行时之绝学。音读惧有失真，为撰《释音》一卷，星躔虑其乖次，并图天象附焉。非敢谓可持问世，亦聊以自记所学云尔。③

---

① 见《清儒学案》卷一百二十三。

② 详见《续修四库全书》第108册，第203~204页。

③ 见《续修四库全书》第108册，第204页，又见《皇清经解》本《夏小正疏义》卷首。

金鹗

《清儒学案》卷一二二《仪征学案中》：金鹗，字诚斋，临海人。优贡生。阮文达选入诂经精舍肄业，精“三礼”之学。继受知于山阳汪文端廷珍，至京师，居文端邸中，析疑辨难，成《礼说》二卷。元和陈硕甫奂往见之，与语，恨相见晚。嘉庆二十四年，卒于京邸。所著《求古录》一书，取宫室、衣服、郊祀、井田之类，贯串汉、唐诸儒之说，条考而详辨之。亟直称其镕铸古训，为一代大作手。又尝辑《论语·乡党》注，厘正旧说。卒后，稿全散佚。硕甫求得之，厘为《求古录礼说》十五卷、《乡党正义》一卷。后潘文勤祖荫复得佚文，为刻《求古录礼说补遗》一卷、《又续》一卷。（参史传、孙星衍《诂经精舍题名记》、陈奂《师友记》、潘祖荫《求古录礼说补遗序》）

《清史稿·儒林三》：金鹗，字诚斋，临海人。优贡生。博闻强识，邃精“三礼”之学。受知于山阳汪廷珍，与析难辨论，成《礼说》二卷。嘉庆二十四年，卒于京邸。所著《求古录》一书，取宫室、衣服、郊祀、井田之类，贯串汉、唐诸儒之说，条考而详辨之。鹗又尝辑《论语乡党注》，厘正旧说，颇得意解。卒后稿全佚，陈奂求得之，厘为《求古录礼说》十五卷、《乡党正义》一卷。

郭协寅《金诚斋先生传》：先生讳鹗，字风荐，诚斋其号也，世居安徽歙县十一都。高祖名以德者，国初顺治十年始占籍临海，以经纪起家。曾祖起纯，克承先业。祖正发，赀授登仕佐郎。父镕，邑庠生，世称泽亭先生是也。诚斋行三，最为泽亭先生钟爱。幼承庭训，端重如成人，不苟言笑，跬步必饬，日著功过格，稍有不检，即自惩曰：“吾过矣！吾过矣！必痛改而后快。”姿性敏捷，于书无不读，旁及形家等言，尤精天文算法，词章乃其余事。年十七，受知于朱相国文正公，补弟子员，已而食饩，前后试，居第一者五，余亦俱列高等。阮中丞芸台先生抚浙，首以作人为己任，建诂经精舍，延孙渊如先生主讲席，檄征全省知名士肄业其中。时临海赴召者三人，洪筠轩□□（□□应为“颐煊”——引者）暨弟㮾堂□（□应为“震”——引者）煊，其一则诚斋也。日省月试，目染耳濡，由是业益进，名益噪，考据之学卓然一子，经生奉为圭臬。旋里，后人争聘为弟子师，诚斋亦乐为启迪，口讲指授，分瓣香者不可殚述。嘉庆丙子，汪尚书瑟暗先生选充优贡生，需次抵都，尚书命馆于家，待以上宾，质疑问难，都人士识与不识，闻诚斋名，咸避三舍。甫及二载，遽厄龙蛇。尚书失声大恸，亲为敛具，遣价持榇南归，并醵金佽助嗣君读书之费。噫，惜哉！夫以诚斋之才，不难掇巍科，取青紫，乃穷而在下，以明经贡入成均，旋即溘逝，岂文名、禄位二者不可得兼欤？抑诚斋享有令名于所难者既厚，而所易者不妨薄乎？要非天道无意于其间也。生于乾隆辛卯三月初三日巳时，卒于嘉庆己卯正月初一日巳时，年四十有九。配蔡氏，郡庠生晋锡公女。子一，同占业儒。媳姚氏，济川公女。待年未婚女一，适庠生董如春。所著《求古录》八卷（王棻按：今所传《求古录礼说》十六卷尚非足本，此云八卷，岂石斋所见，乃其初稿欤）《四书正义》□卷（黄瑞按：《四书正义》今存鲁论六卷），藏于家。今岁秋，遇其伯子敬斋先生，曰：家弟亡已有年，子与弟交最久，生平行事知之甚悉，盍为我纪之。余愧不文，辞不获［已］①，缕书梗概，以质吾党之知诚斋者。②

桂文灿《经学博采录》卷九有传，存目。

胡承珙《研六室文抄》卷七《金诚斋求古录书后》：金诚斋，名鹗，浙江临海人。嘉庆丙子优贡生，山阳汪文端公所拔士也。博览群书，尤精“三礼”。所著《求古录》十余册，取礼经宫室、衣服、郊禘、祭祀、井田之类，并群经内关涉舆地、名物者，条考而详辨之，每条各为一篇，贯串汉、唐、宋及本朝诸儒之说。诚斋以优贡朝考入都，文端留寓邸第，家墨庄观察时与往来，曾抄其《求古录》三册，又有《论语说》，抄之亦未竟，而诚斋疾作，遂止。诚斋病剧时，文端家人欲徙之他所，文端曰：“生于我乎馆，死于我乎殡，何徙为？且病剧而徙之，是速之死也。”竟以己卯岁元旦殁于文端邸第。文端为殡敛，而资送其柩于家。所著书为扃之一箧而归之。余未及见诚斋，而从墨庄借读其书。其中如论天子庙制，谓当从《礼记》、《穀梁》、《荀子》为七庙，而辨惠定宇力主四庙之说为非，论诸侯寝制，谓路寝一、小寝三，当为四寝，而辨旧说路寝一、小寝二之非，皆与鄙说有合者。又谓伯夷叔齐饿于首阳之下，首阳山即唐风所云首阳之巅是也，山名首阳，不得以蒲坂之雷首山当之。乡党享礼有容色系一事，观聘礼云，若有言，则以束帛。如享礼可证，不得谓礼为礼宾分享与礼为二，皆致确之论。惜乎其所抄者仅此，而未获睹其全也。文端师尝云，诚斋之书虽不免有迂曲处，然其精者却不可及。墨庄为言诚斋衣敝面垢，竟日穷经，若不知有他事者，其用心专壹如此。今其遗书之存于家者，未知若何，而其好古勤学，未竟其志，以死实有不容泯没者。余窃悲之，为识数语于所抄帙之后焉。

孙憙《求古录礼说序》：……先生说礼，融会贯通，不拘拘于一家之言，盖病夫专门墨守名通经，而反以汩之者也。或者之论乃以先生为无师法，未可谓知言矣。**夫考据之学，固不以随声是非为贵也。**（下略）③

陆建瀛《求古录礼说序》：……得读金氏遗书，其发明“三礼”，不拘墨守，但味白文，偶有未纯，须归至要，可与金殿撰《礼笺》共传……此真说礼家为必读书，而亦有

① 今按：“辞不获”，不辞，当为“辞不获已”，此为成语，犹言“迫不得已”。
② 见《续修四库全书》第110册，第182~183页。又见《碑传集补》卷四十，然颇多阙文。
③ 见《续修四库全书》第110册，第181页。

益乎家塾之课者也。(下略)①

金城《求古录礼说序》:《求古录》者，先君考据之学，积数十年精力而类次成书者也。今相国阮芸台先生抚浙时曾录取数篇，刻入《诂经精舍文集》中。(下略)②

金鹗《求古录礼说·五岳考》:五岳之名，诸儒皆以为岱、衡、华、恒、嵩高(岱山一名泰山，诸儒无异说。衡山一名霍山，说者不一。案《尔雅·释山》首云江南衡，末云霍山为南岳。是霍山即衡山也。《汉书·地理志》庐江郡灊下注云，天柱山在南。孟坚作志，在武帝移易衡山之后，而不以天柱为霍山，亦可知霍山即衡山也。应劭《风俗通》云，衡山一名霍。此完解也。邵二云据“大山宫小山，霍”，谓衡山中峰独高，不得名之曰霍。不知南岳名霍者，万物盛长，霍然而大也。不可执一说以疑之也)。近邵二云谓，周之五岳有岳山，而无嵩高，其说自当然以岳山为西岳，华山为中岳，却非确。至谓《尔雅·释山》篇末五岳为汉人所附益，尤妄说也。窃谓，岱、华、衡、恒、霍大，唐虞与夏之五岳也;岱、衡、华、恒、嵩高，殷之五岳也;岱、衡、华、恒、吴岳，周之五岳也。东迁以后，复用殷制，秦、汉因之，至于今不易也。(下略)

① 见《续修四库全书》第110册，第183页。

② 见《续修四库全书》第110册，第184页。又载《孔子文化大全》本卷首。

宋世荦

《清儒学案》卷六十八《息园学案·息园私淑·宋先生世荦》：宋世荦，字卣勋，临海人。乾隆戊申举人。官陕西扶风县知县，裁革苛敛，以廉名。教匪初定，扶风民有持斋为怨家所吁者，大府飞檄至，捕而鞫之，皆良民，释勿顾。罢归，研求经训，熟于谐声假借之例。著《周礼故书疏证》六卷、《仪礼古今文疏证》二卷。他著有《确山骈文》四卷、《红杏轩诗抄》十七卷，又辑刊乡郡文献为《台州丛书》。（参缪荃孙撰《儒学传稿》、《台州丛书》）

《清史稿·儒林三》：有清为《周礼》之学者，有惠士奇、沈彤、庄存与、沈梦兰、段玉裁、徐养原、宋世荦。世荦，字卣勋，临海人。乾隆五十三年举人，以教习官陕西扶风知县。地当川、藏孔道，夫马悉敛之民。计亩率钱，名曰“公局”。世荦多所裁革，无妄取。时教匪初定，州县多以获盗迁。擢扶风，民有持斋为怨家所讦者，大府飞檄至，捕而鞫之，皆良民，释弗顾。罢归，研求经训，熟于谐声、假借之例，著《周礼故书疏证》六卷、《仪礼古今文疏证》二卷。

《清史列传·儒林传下一》：存目。①

潘衍桐《两浙輶轩续录》卷十五：宋世荦，字卣勋，号确山，临海人。乾隆戊申举人。官陕西扶风知县。著《红杏轩诗抄》。洪增曰：先叔祖雪蘽老人与先生交最深，有句云：“诗成自苦无人问，只有城西宋确山。”张船山太史多呵神骂鬼之作，集中诸游仙诗与之同一玩世。先生自悟为邑南白岩寺僧，集中往往及之。生平撰述甚富，有《周礼故书疏证》、《仪礼古今文疏证》、《确山骈体文》、《古铜爵书屋金石文》凡十余种，尝刊乡先进著作为《台州丛书》，仅成甲乙两集而殁。○《书说文长笺后》：叔重真大儒，作书辨建首。刮篦俗学祛，贯珠经义剖。《说文》十四篇，精严综斯籀。后人渐失传，绝学榛芜久。偏旁混觧抵，开阖昧卯卯。但闻豕渡河，谁见鱼贯柳。流及明季年，烛灭长夜黝。凡夫本庸才，盐嫫忘其丑。无佛冒称尊，独衒千金帚。《长笺》灾枣梨，四海不胫走。小

---

① 详见中华书局本第 17 册，第 5550 页。

儒惊咋舌，名流笑开口。兰蕙杂蓬蒿，瓦砾迷钟卣。文豹皮蒙驴，丰貂尾续狗。体例本支离，引据尤杂糅。我适过阊门，寒山缩培塿。山人索价虚，故居寒风吼。今日读其书，真合覆盆瓿。太息挥毫时，孤负如宾偶。名士画饼耳，死不如速朽。（今按：《说文长笺》，明末赵宧光撰）

王引之《与宋世荦书》：大著勤求古义，以释古经，触类引伸，四通六辟，中如袂当为秩，酌当为酌，尤具卓识精思，非熟于谐声假借之例不能有此。弟尝欲辑古书通作之字以考古音之分合。先生此书先我著鞭矣。敬服敬服！①

徐士銮《仪礼古今文疏证跋》：存目。②

李慈铭《越缦堂文集》卷五《复王益吾祭酒书》（光绪十三年八月）：辱示《经解续编·目录编》，凡二百一十六部，皆近代经学大师征言秘籍，然尚有管见，小须参酌。**宋确山《周礼故书疏证》鲜所发明，见闻亦隘，较之金坛段氏《周礼汉读考》相去远甚，似可不刻**。邵位西《礼经通论》持议不根，实汉学之大蠹。戴子高《论语注》怪诞谬悠，牵引公羊，拾刘申甫遗唾，支离益甚，且多掩旧注以为己说而没其名。此两种者宜从删汰。桂氏《说文义证》书太繁重，又湖北已有刻本，其书亦无甚精义。洪北江《左传诂》仅存古注之略，无所证成。既刻李次白《贾服解辑述》，则洪书似可不刻。（下略）

① 见《仪礼古今文疏证》卷首，《续修四库全书》第91册，第289页。

② 见《仪礼古今文疏证》卷末，《续修四库全书》第91册，第326页。

戚学标

《清儒学案》卷一〇八《鹤泉学案》：鹤泉精于音声训诂之学，所著《汉学谐声》，自成一家之言。盖《说文》为《声类》、《字林》淆乱，今并《声类》、《字林》亦不可见，逴论《说文》原次。就其存者，以意通之，洵得读古书之法。至其《四书》、《诗经》诸解，如采薪之忧等条，或病其穿凿，而新义异闻，俱有根据，要不失经生家法也。〇戚学标，字鹤泉，浙江太平人。乾隆庚子進士，涉县知县，改宁波教授，未几归。幼有异禀，从天台齐息园游，称高第。宰涉县时，民苦阔布征，先生请于大府，谓派办一事，既视其地之所产，而数之多寡，尤衡其邑之大小。得减额。摄林县，有兄弟争产者，集李白句为《斗粟谣》以讽，皆感悔。性强项，多与上官龃龉，卒以是罢。精考证，著《汉学谐声》二十三卷。《总论》一卷，取《说文》之字，自一至旦，条系其谐声偏旁，以次相附。其声无所附者，别为《杂字》一卷，详于《自序》。又有《毛诗证读》若干卷、《诗声辨定阴阳谱》四卷、《四书偶谈》四卷、《内外篇》二卷、《字易》二卷、《鹤泉文钞》二卷、《绩选》九卷、《景文堂诗集》十三卷。先生修邑乘，备载妇人贞烈事。惧见闻之或有误，因读《列女传》，感而书曰："刘向《列女传》说《诗》之异，如'燕燕于飞'，卫姑定姜作。卫定公之夫人，公子之母。公子既娶而死，其妇无子，毕三年之丧。定姜归其妇，自送之于野，赋诗云云。君子谓定姜为慈姑。'硕人其颀'篇，齐女庄姜为卫庄夫人，始往操行衰惰，傅母见其妇道不正，谕之，乃作诗云云。女遂感而自修。《汝坟·周南》，大夫妻作。大夫受命平治水土，遇时不来，妻恐其懈于王事，乃作诗云云。君子以是知其能匡夫也。'虽速我狱'《召南》皇人之女，既许嫁于酆，夫家礼不备而欲迎之，女持义不往，作诗云云。《柏舟》，卫宣夫人作。齐侯之女嫁于卫，至城门而卫君死，保母日，可以还矣。一女不听，入持三年丧。弟立请，同庖兄弟皆欲与，君女不听，作诗云云。其云'威仪棣棣，不可选也'，言左右无贤臣，皆顺其君子之意也。《芣苢》，蔡人之妻作。宋女嫁于蔡，而夫有恶疾，其母将改嫁之。女不听，言芣苢之草，虽其臭恶，犹始于捋采，终于怀撷，浸以益亲，况夫妇之道乎？《式微》，黎庄夫人作。卫女嫁于黎，甚不得意。傅母云，夫妇之道，有义则合，无义则去。乃作诗讽之归，夫人终执贞一，不连妇道，以俟君命。君子故序之以编诗。‘谷则异室’，皇重夫人作。楚伐皇，破之，将妻其夫人。夫人不听，作诗云云，遂自杀，息君亦自杀。夫一宣姜，在毛、郑为淫妇人，在此则贞妇；一息夫人，在《春秋传》为失节之妇，在此则杀身以全操。非特纪载之异，是非贤否有大相悬绝者。其他则又何说？**君子读书，不好矜异，而旧闻未可尽废。向前世巨儒，去古未远，其言必有所受。亦非后人得伪撰，如更始韩夫人、明德皇后之显然附入。然而传载互异如是，则考信衷于一是之难也。**”又考宋高宗幸台汇，《系年要录》、《北盟会编》、《李氏乘桴记》、《熊氏日历》等书，条贯件系，足补正史之阙。又作《临海娇考》，精凿可补《选注》。（参史传、《鹤泉文钞》）

《清史稿·儒林二》：戚学标，字鹤泉，太平人。幼从天台齐召南游，称高第。高宗巡江、浙，学标献《南巡颂》。乾隆四十五年，成进士，官河南涉县知县。县苦阔布征，学标请于大府，得减额。权林县，有兄弟争产者，集李白句为《斗粟谣》以讽，皆感悔。性强项，多与上官龃龉，卒以是罢。后改宁波教授，未几归，从事撰述。精考证，著《汉学谐声》二十三卷、《总论》一卷。用《说文》以明古音，谓六书之学，三曰形声，声不离形，形者声之本也。而声又随乎气，气有阴有阳，故一字之音，或从阴，或从阳，或阳而阴，或阴而阳，或阴阳各造其偏。昔人知其然，故但以某声者明字音所出，以专其本。以“读若某”设为譬况之词，使人依类而求，即离绝远去，而因此声之本，以究此声之变，无患其不合。《说文》从某某声，从某某亦声，从某某省声，从某读若某，从某读与某某同，并二端兼举。声音之学，莫备于此。后人惑于徐氏所附孙愐音切，不究本读，而一二宿儒言古音，如吴棫、陈第、顾炎武、江永之流，亦第就韵书辨析。不知《说文》形声相系，韵书就声言声；《说文》声气相求，韵书只论同声之应。其部居错杂分合，类出肊见。学者苟趣其便，衷于一读，且狃于平、上、去、入之界之不可移易，谐声之法废，而《说文》之学晦矣。其书论声一本许氏，由本声以推变声，既列本注，旁搜古读以为之证。末附《说文补考》二卷，多辨正二徐谬误。又有《毛诗证读》若干卷、《诗声辨定阴阳谱》四卷、《四书偶谈》四卷、《内外篇》二卷、《字易》二卷、《鹤泉文钞》二卷。

《清史列传·儒林传下一》：存目。①

缪荃孙《戚学标传》：戚学标，字鹤泉，太平人（宋世卫《台诗三录》）。幼有异禀，从天台齐召南游，称高第（姜文衡《北山文抄》）。高宗巡江浙，学标献《南巡颂》。乾隆四十五年成进士，官河南涉县知县。（《台诗三录》）苦阔布征学标请于大府，得减额。权林县，有兄弟争产者，集李白句为《斗粟谣》以讽，皆感悔。性强项，多与上官龃龉，卒以是罢。后改宁波教授，未几归（《太平县志》）。诗宗少陵，古文浸淫两汉，尤精考证（姜文衡《北山文抄》）。著《汉学谐声》二十三卷、《总论》一卷，用《说文》以明古音，谓六书之学三，曰形声，声不离形，形者声之本也，而声又随乎气，气有阴有阳，故一字之音，或从阴，或从阳，或阳而阴，或阴而阳，或阴阳各造其偏，昔人知其然，故但以某声者明字音所出，以端其本，以读若某设为譬况之词，使人依类而求，即离绝远去，而因此声之本以究此声之变，无患其不合。《说文》从某某声，从某某亦声，从某某省声，从某读若某，从某读与某某同，并二端并举，声音之学莫备于此。后

① 详见中华书局本第17册，第5545~5546页。

人惑于徐氏所附孙愐音切，不究本读，而一二宿儒言古音，如吴棫、陈第、顾炎武、江永之流，亦第就韵书辨析，不知《说文》形声相系，韵书就声言声，《说文》声气相求，韵书只论同声之应，其部居错杂分合，类出肊见，学者苟趣其便，衷于一读，且狃于平、上、去、入之界之不可移易，谐声之法废，而《说文》之学晦矣。其书论声一本许氏，由本声以推变声，既列本注、旁搜、古读以为之证，末附《说文补考》二卷，多辨正二徐谬误(《汉学谐声自序》，参黄河清序)。又有《毛诗证读》若干卷、《诗声辨定阴阳谱》四卷、《四书偶谈》四卷、《内外篇》二卷、《字易》二卷、《鹤泉文抄》二卷（鹤泉所著书目）。①

潘衍桐《两浙辅轩续录》卷十三：戚学标，字鹤泉，太平人。乾隆辛丑进士，官河南汲县知县。《国史儒林传稿》：学标天才高迈，尝从齐侍郎召南游，及馆曲阜孔氏，师友极一时之盛。诸以谦《毛诗证读序略》：公官知县，有政声，暇则著述自娱，有《四书偶谈内外编》、《溪山讲授》、《台州外书》、《三台诗录》、《风雅遗闻》等书。

戚学标《鹤泉文抄》卷上《字易序》：字有六体，曰象形，曰指事，曰谐声，曰会意，曰转注，曰假借。至于有转注，有假借，而其为用益不穷矣。余以字与《易》同出河洛，《易》画也，字亦画也，《易》由一画而成六爻，字由一画而备六体，而推之皆至于不可究诘。夫字，孳生者也；生生之谓易，其理同，其用无不可同也。观《左氏传》所载止戈为武、反正为乏、皿虫为蛊、亥有二首六身，及《元命苞》之土力于一为地、两人交一为水、《说题辞》之十夹一为士，《考异邮》之虫动几下为风，《孝经古契》之卯金刀，则知古人用字以验休咎其来久矣。《易》之占验，世人不能用，而测字一法，亦转流为江湖之术，如所称青龙、白虎、朱雀、玄武之类，徒以点画配合形体为推验口诀，几于千字一律，于古人制字之本意，以及增减离合之法，固未有能明之者。窃尝究心于此，以为测字先推本字，至其变，则此字可通于彼字，亦彼字可合于此字，其错综参伍，一如《易》之有本卦，有之卦，与互卦、反对卦，是故为变无方，而其用不穷，于以断天下之疑，而成天下之务，其应也如响。兹编所推，凡三百八十四字，亦合于阳爻、阴爻，皆百九十二之数，因僭名曰《字易》。盖前民用之一端，区区谢石之学，固非儒者所屑道已。

戚学标《鹤泉文抄续选》卷三《汉学谐声自序》：今天下争言《说文》，学者以不读许君书为耻。其论音学，则务宗孙愐《唐韵》，诋宋人并韵一百七部为非古。实则读《说文》，未为知《说文》。即于《唐韵》，亦不过谓韵书传者，莫先于此，其中得失无辨也。许君书名《说文解字》，固统字之形与声解之。后学略习篆古，苟自矜异，惟形是求。至某字某读，一从徐氏所附孙韵之音切。于本书云从某某声、读若某，概置不问，有显相违背，而安之为固然者。如是，何取于读《说文》邪？六书之体，三曰形声，言声不离形，形者声之本也。而声又随乎气，气有阴有阳，故一字之音，而或从阴，或从阳，或阳而阴，或阴而阳，或阴阳各造其偏。《淮南子》云：轻土多利，重土多迟；清水音小，浊水音大。五方风气，有迟疾轻重之不同，其为声固未可以执也。昔人知其然，故但以某声者，明字音所出，以端其本。以读若某者，设为譬况之词，使人依类而求。即离绝远去，

① 见《碑传集补》卷三十九。

而因此声之本以究此声之变，无患其不合。《易》曰“同声相应，同气相求”。谐声之法，引而上，引而下，即气求之理。若反切之兴，在于汉后，许君时，乌有此哉？郑康成《毛诗笺》云古声填、置、尘同。其注他经言，古者声某某同，古读若某之类，不一而足。周秦先代之音，不能不变而为汉，汉不能不变而为魏、晋六朝，固亦其时为之。韵书之作，汇取各家音注，准以当时所读，别其轻重清浊，为之部分。学士遵行已久，所谓古今异宜，何必尽非？至论字音之本，实与《说文》违异。以《说文》形声相系，韵书就声言声；《说文》声气相求，韵书只论同声之应，又其部居错杂，分合类出肊见。此学兴，而学者苟趋其便，衷于一读，且狃于平上去入之界之不可移易。谐声之法废，而许君之学从兹晦矣。昧者至以徐氏之《说文》为《说文》，如宋祁《笔记》引《说文》，率鸟者系生鸟以来之名繇，繇音由，盖宋人已不知辨，后此无论已。郑樵讥《说文》为目学，《广韵》为耳学。今以孙韵音切强缀许书之后，不几于两失而兼聋瞽乎？**夫学必明乎古。今读魏、晋六朝以后之文，用韵书可也。若读汉世之文，循而溯于周秦先代，韵书不足用也。**《诗》、《易》、《楚词》，其音节皆出于天籁自然，作者不知有韵。据韵书而通之叶之，或反疑前人之假借，尚得谓有识哉？兹书论声，一本许君，由本声以推变声。既列本注，旁采古读，以为之证。于徐氏所附孙韵音切，悉芟去之。复就原书别为之次，俾人可循声而得，虽亦韵书之意，而未始有韵之一见横于中。计卷二十三，《总论》一卷，名曰《汉学谐声》。附以《说文补考》、《又考》、《三考》，于以推究音理，表章许君，庶与今世之言《说文》者异焉。

戚学标《鹤泉文抄续选》卷三《周易观象序》：国朝言《易》，有名数家。黄宗羲《易学象数》，以《易》至焦、京流为方术，迨陈抟歧入道家，九流百氏，莫不依托；作此以纠其失，所论卦变、互卦，占筮皆古法，而仍杂以纳音月建之说。李光地《周易通论》、《易本》、《易教》二篇，理最融贯，其《观象》一书于《说卦传》“天地定位章”略及，与《语录》、《文集》中明《先天图》者异，盖亦知其非画卦之本；胡渭《易图明辨》，自河洛、五行、九宫、先天太极，以及《龙图》、《易数钩隐图》，象数流弊，莫不申辨，明据古义凿凿。近则任启运《易学洗心》发明图学，时标精理。惠栋《周易述》则专发挥汉儒之学。至毛奇龄《仲氏易》、《推易始末》等书，于变易、交易外，复出反易、对易、移易三义。实则所列三义，不出交变之中，移易又即本《系词》刚柔相推之文。就诸家而论，李为醇，毛最驳，要皆精心羲、文，各有深得，非专循诵习传者也。

凌　曙

《清儒学案》卷一三一《晓楼学案》：乾隆、嘉庆之际，治《公羊》学者，以巽轩孔氏、申受刘氏为大师，皆谨守何氏之说，详义例而略典礼、训诂。晓楼盖亦好刘氏学者，而溯其源于董子。既为《繁露》撰注，又别为《公羊礼疏》、《礼说》、《问答》等书，实为何、徐功臣。卓人传其师说，钩稽贯串，撰《义疏》一书，遂集《公羊》之大成矣。①（下略）

《清史稿·儒林三》：凌曙，字晓楼，江都人。国子监生。曙好学根性，家贫，读《四子书》未毕，即去乡，杂作佣保，而绩学不倦。年二十，为童子师。问所当治业于泾包世臣，世臣曰：**"治经必守家法，专法一家以立其基，则诸家渐通。"**乃示以武进张惠言所辑《四子书》汉说数十事。曙乃稽典礼，考古训，为《四书典故核》六卷，歙洪梧甚称之。既，治郑氏学，得要领；又从吴沈钦韩问疑义，益贯穿精审。后闻武进刘逢禄论《何氏公羊春秋》而好之。及入都，为仪征阮元校辑《经郛》，尽见魏、晋以来诸家《春秋》说，深念《春秋》之义存于《公羊》，而公羊之学传自董子。董子《春秋繁露》，识礼义之宗，达经权之用；行仁为本，正名为先，测阴阳五行之变，明制礼作乐之原，体大思精，推见至隐，可谓善发微言大义者。然旨奥词赜，未易得其会通，浅尝之夫，横生訾议，经心圣符，不绝如线。乃博稽旁讨，承意仪志，梳其章，栉其句，为《注》十七卷。又病宋、元以来学者空言无补，惟实事求是，庶几近之，而事之切实无过于《礼》，著《公羊礼疏》十一卷、《公羊礼说》一卷、《公羊问答》二卷。家居读《礼》，以《丧服》

---

① 杨向奎《清儒学案新编》认为："原《学案》编者非一，且无《公羊》学者，以致前后矛盾。如《巽轩学案》云：'其于《公羊》别立三科，自成一家之言，与武进庄氏、刘氏诸家墨守何氏之说者，宗旨故殊也。'此言巽轩与墨守何氏说者，宗旨故殊，而《晓楼学案》又言：'巽轩孔氏，申受刘氏……皆谨守何氏之说……"前后抵牾若此。今案《巽轩学案》不误，而《晓楼学案》编者，盖不治《公羊》，不解《解诂》者。孔广森实不守何氏义例，而别立'三科'，另有'九旨'，乃《公羊》学之歧途，而刘申受实继劭公而有所发挥者。"

为人伦大经，后儒舛议，是非颇谬，作《礼论》百篇，引申郑义。阮元延曙入粤，课诸子。曙（书）［出］与元商榷，乃删合三十九篇为一卷。道光九年，卒，年五十五。曙有甥仪征刘文淇，贫而颖悟，爱而课之，遂知名，其学实自曙出云。

《清史列传·儒林传下二》：存目。①

包世臣《艺舟双楫》卷四《国子监生凌君墓表》：江都有生于孤露，不假师资，自力学以成名者二人，曰拔贡生汪中容甫、国子生凌曙晓楼。予以嘉庆六年游扬州，则汪君前卒。及十年再至，乃识凌君。君生贫而居市，十岁就塾，年余读《四子书》未毕，即去塾作杂佣保，然停作辄默诵所已读书，苦不明诂解。邻之富人为子弟延经义师，君乘夜狙其轩外听讲论数月。其师觉之，乃闭外户，不纳君。君愤甚，求得已离句之旧籍于市，私读之达旦，而日中佣作如故。年二十，乃弃旧业，集童子为塾师，稍稍近士人，然或僿陋不足当君意，故君学为世俗制举文无尺度，同人亦莫肯为言者。而童子尝从君游，则书必熟作字正楷，以故信从众，修脯入稍多，益市书。君有甥仪征优贡生刘文淇，少贫如君，君爱其颖悟，不忍弃之逐末，自课之，且教且学。刘君齿未壮，即以淹通经史，知名江淮间，而其学实自君出。君初识予，问所当治业，予曰：“**治经必守家法，专治一家以立其基，则诸家可渐通。然心之为用，苦则机窒，乐则慧生。机窒者常不卒其业，凡读书不熟，则心以为苦，君自取熟者治之可也。**”以君熟于《礼》，遂劝君治郑氏，又以古注义皆激射回互，非深通文法，则苍黄不能得情事，因劝君先诵嘉隆经义三十首，每首以三百过为度。君既习之，得体势，乃出故编修武进张惠言所辑《四子书》、《汉说》数十事，及予与庶常阳湖李兆洛增缀未就之稿，授君以为治经式。君既明古人文法隐显疾徐之故，益乐益愤。岁余，稽典礼，考故训，补其不备，为《四书典故核》六卷，以见知于故梅花山长、沂州知府歙洪梧君。既治郑氏得要领，又从今宁国训导吴沈钦韩问疑义，益贯串精审。嗣闻今仪制武进刘逢禄论《何氏春秋》而好之。及入都，为云贵总督仪征阮芸台校辑《经郛》，尽见魏、晋来诸家《春秋》说，深念《春秋》之义存于公羊，而公羊之学传自董子。董子《春秋繁露》原天以尊礼，援比以贯类，旨奥词赜，莫得其会通。乃博稽旁讨，承意仪志，梳其章，栉其句，为注十七卷。又别为《公羊礼疏》十一卷、《公羊礼说》一卷、《公羊问答》二卷。嗣阮公出镇，延君入粤课公子，君时方家居读《礼》，以《丧服》为人伦大经，后儒舛议是非颇谬，作《礼论》百篇，引伸郑义。洎至粤，与阮公商榷，删合为三十九篇，为一卷。凡君所著书三十八卷，五十余万言，皆有显证，远雷同附会之陋，足为来学先路。君娶同邑范，无出，别宅严，举子镛，而范寻殁。君继患风痹，养疴于董子祠之南偏道院，遂以道光九年五月廿六日卒于寓庐，年五十有五。镛虽始龀，哀慕如成人。刘君卜以是年八月八日，祔君于双墩北原之祖墓，与范合封，又图所以不朽君者以属予。**予谓汪君虽博览强记，而特工文辞，巨公推挽者多，晚以饶裕，然勤学亦稍杀减矣。君独尚朴学，南北奔走，皆以校书授读为事，未尝与斯世通羔雁，修脯而外，未尝入可以无取之财。予每过从，君必危坐据案，左手翻卷册，右手持笔，客至前而不见，盖自缔交以来，廿余年如一日。君得于天者后汪君，而人力坚致，终始不渝，则殆于过之，是不可以不铭。**铭曰：凌氏之先，泰州著籍；儒历佥宪，明史称直。曾祖曰襄，武长千夫。祖鸾父骜，乃寄汪都。君窭且鲁，好学根性。自知读书，不隐而正。古有都

① 详见中华书局本第18册，第5612~5613页。

养，抑闻牧猪。十五年所，其精不逋。吁嗟凌君，远与为侪。名则既振，福乃不皆。抉经之心，以一何郑。排斥诐辞，章明先训。粤有庆允，泣抱遗书。修德必报，成此藐诸。

陈康祺《郎潜纪闻二笔》卷十：凌晓楼先生曙，嘉庆间江淮大儒也，治何氏《春秋》、郑氏《礼》尤精审。其少时读书之苦，有与牧豕负薪相仿佛者。先生以一孤童贫，而居市十岁，就塾年余，读《四子书》未毕，即去乡作杂佣保，然停作辄默诵所已读书，苦不明诂解，邻之富人为子弟，延经义师，先生乘夜狙其轩外听讲论数月，其师觉之，乃闭外户不纳，先生愤甚，求得已离句之旧籍于市，私读之达旦，而日中佣作如故。年二十，乃弃旧业，集童子为塾师，童子从君游，则书必熟，作字正楷，以故信从众，修脯入稍多，益市书，遂博通专壹，学以大成。先生甥仪征优贡生刘文淇，少贫似舅，先生爱其颖悟，不忍弃之逐末，自课之，且教且学，刘齿未壮，并成通儒。观凌氏舅甥有志之士，其勿以孤寒自沮矣。包慎伯作《甘泉薛传均子韵墓碑》，叙述交友多嘉、道间汉学之儒，颇有裨于纂学案、记师承者，为节录其大略，以贻学子。(下略)

凌曙《春秋公羊礼疏序》：《公羊》之学，蔽冒久矣……然则《公羊》**其治经之梯航也乎？吾以为治是经者，由声音、训诂而明乎制度、典章，以求进夫微言大义。**犹鲁人将有事于泰山，必先有事于頖宫；晋人将有事于河，必先有事于恶池也。仆以兰茸之资，无摩研编削之才，亦无游博持掩之好，唯笃嗜《公羊春秋》，覃精竭思，力索有年矣。然穷其枝叶，而未及宗原，是知孰寸莛以撞钟，熛一炬而爨镬，其无益也明甚。不有贤哲，何足以知《春秋》？管子云："老马识途。"予虽驽胎，亦既为之前驱矣。士有志于《春秋》者，尚或览焉，不致惊瀇洋而悲歧道也乎？①

凌曙《仪礼礼服通释序》：徐氏乾学《读礼通考》，综核数千年之言，汇为一百二十卷，制度典章，灿然大备，使读者了然于沿革之际，其用力可谓勤矣。独持论稍偏，不能慎选，往往取后世之臆说，而驳先儒之传注，所短盖在是矣。今第就其丧期二十九卷，删为六卷，仍以礼服为经，而传记群说为纬。其有合于经传者存之，并不拘以时代，使治礼之士，庶几有所依据，而不惑于新奇可喜之议。是则余之所厚望也夫。②

凌曙《礼论序》：自郑康成《礼注》既行，后之治《礼》者，以郑氏为大宗焉。唯至盛好与郑争异。晋武为王肃外孙，故多与王说，以致庙制用王肃之议，而终晋之世，太祖不得正东乡之位，其失岂浅鲜哉？其时儒者，或伸郑以难王，或据王以攻郑，然从郑学者多，《隋书》所谓"《礼》则同宗于郑氏也"。**唐人作《礼疏》，亦专宗郑说。然唐代典礼，多违古义。延及宋、元，臆说谈经，如敖氏、郝氏，破道甚矣。近儒知崇汉学，然尚不免改郑君之旧辙，助敖、郝之狂澜。**兹故辨正诸儒之说，而受裁于郑氏云。③

刘文淇《公羊答问序》：昔《春秋》一经，亲授子夏。《公羊》六传，始著竹帛……舅氏晓楼先生，专治《公羊》，谨守家法。(下略)④

刘文淇《青溪旧屋文集》卷三《与沈小宛先生书》：……**先舅氏晓楼先生所著书，最**

---

① 见《续修四库全书》第129册，第333~334页。

② 载《清儒学案》卷一三一。

③ 载《清儒学案》卷一三一。

④ 见《续修四库全书》第129册，第435~436页。

精者莫如《公羊礼疏》。诚如来教所云，但此书博引旧说，无所引申，恐后人有袭取之者，极知先生不喜公羊。然先舅氏一生勤学，非先生孰表章之，倘能赐序一篇，幸甚。伏乞鉴察不宣。

刘文淇《青溪旧屋文集》卷五《凌氏丛书序》：昔《春秋》一经，亲授子夏，公羊六传，始著竹帛。秦燔书而行口说，汉崇儒而立学官。邹、夹二氏俱亡佚于建武。严、颜两家均渊源于董相。瑕邱屈而学聿兴，张汤传而道益显。其由博士为丞相，以经义断庶事者，《贤良》三策，《决狱》十卷，不啻为之指南，导以先路。厥后郑众举十七事，贾逵作四十条，咸难《公羊》，以崇《左氏》；而张霸仍授樊儵之书，何君复述李育之义。窃悲二创，覃思三阙，守羊弼绪说，依子都条例，三科九旨以经之，七等六辅以纬之，墨守之称，良不诬矣；学海之誉，谅非徒尔！世不能考其声音训诂，与夫典章制度，但诋其为汉制法，以纬汩经，几何不以《春秋》为司空爰书，邵甫为《公羊》罪人乎？乃若泛毓释疑之篇，刘兆调人之作，欲殊涂而同归，究南辕而北辙。然则《隋志》所云"公羊之学至晋，但试读文，今殆绝无师说"者，其信然已。舅氏晓楼先生专治《公羊》，谨守家法，尝以董子之书合乎圣人之旨，深悲其生见嫉于主父，没被诋于刘兰；又其甚者，谓《繁露》之名取象古冕玉杯之例，殆等连珠，厚诬古人，贻误来学，乃注《春秋繁露》十有七卷。昔毛公出守北海，康成为其郡人，故其笺诗，不忘崇敬。此则怀蛟征梦，下马名陵，式祠堂于旧治，想謦欬于遗书，斐然之思，不能自已者也。又以《公羊》旧疏不著撰人，言例虽详，考礼则略，遂乃覃精研思，遐稽博览，著《公羊礼疏》十一卷、《礼说》一卷。冯君《章句》，旁通《礼经》，糜信《汉议》，独理何氏，方诸前贤，如合符契。若其暴桑周狗，伏鸡搏狸，大义无关，识小斯在，偻疾党所，踊上鉴行，咸属方言，俱非雅训，亦必疏其由来，为之左证，作《公羊问答》二卷。荀慈明之问徐钦，王愆期之答庾翼，昔有其书，今存其目。旧疏自为问答，兹篇盖仿其例，凡以导扬古义，遵守旧闻。文淇赋质梼昧，莫测涯涘，猥忘谫陋，重荷诿诿①，但乏孝绰之奇作，未许同游，试元幹之藏书，或堪授读云尔。

刘毓崧《通义堂文集》卷四《蜚云阁丛书序》（代阮元作）：近儒治何氏《公羊》者，莫著于孔检讨广森；治郑氏《仪礼》者，莫著于张编修惠言。孔氏之治《公羊》，以《春秋繁露》为根本。检讨《公羊通义自序》，凡三引董生《繁露》。张氏之治《仪礼》，以《四书》古注为阶梯。编修尝辨《四子书》中汉说之当从者数十事，手书成帙，其授受各有师承，皆专门名家之学也。江都凌君晓楼曙，经术湛深，力学不倦，推广张氏之意，著《四书典故核》六卷，又引申孔氏之例，著《繁露注》十七卷，既而由《四书》以通"三礼"，著《礼论》一卷，而郑氏之《仪礼》遂得其指归。复由《繁露》以通《春秋》，著《公羊礼疏》十一卷、《公羊礼说》一卷、《公羊问答》二卷，而何氏之公羊亦探其奥赜。书凡六种，统名为《蜚云阁丛书》，洵可谓任城、高密之功臣，仪郑、茗柯之同志矣。（下略）

刘文淇《青溪旧屋文集》卷六《句溪杂著序》：嘉庆庚辰冬，先舅氏凌晓楼先生自粤

① 诿诿：嘱托。清钱谦益《大中大夫李君墓志铭》："戊寅放归，君复造余山中，诿诿如前，请益力，语益不可了。"章炳麟《訄书·地治》："夫内政者欲其地无华离，军事者欲其毋以山水为瓯脱而相诿诿。"

中返里，家居授徒，卓人年甫舞勺，受业于门，天资颖悟，已具成人之概。道光甲申，先舅氏客授他氏，卓人遂学于梅君蕴生，受诗文之法，学日进。乙酉春，先舅氏复家居，闭户著述，精《公羊春秋》，兼通郑氏《礼》。卓人复从受经，饫闻绪论，斐然有著述之志。洎先舅氏卧病董子祠中，令卓人问字于余。余学殖荒落，于先舅氏无所肖似，而《公羊》礼服之学，卓人蚤得其传；遂乃博稽载籍，凡有关于何、郑之学者，手自抄录，推阐其义，所著《白虎通疏证》十二卷，实能条举旧闻，绝无向壁虚造之说。今岁季夏，发行箧中说经之文若干篇，先付诸梓，而乞序于余。余维**汉儒之学，经唐人作疏而其义益晦。徐彦疏《公羊》，空言无当；贾、孔《礼》疏，亦少发明。近人如曲阜孔氏、武进刘氏谨守何氏之说，详义例而略典礼训诂。歙金氏、程氏习郑氏礼，顾其所著书，往往自立新义，显违郑说**。先舅氏愍然忧之，慨然发愤。其于公羊也，思别为义疏，章比句栉，以补徐氏所未逮；其于礼也，思举后儒之背郑氏者一一驳正之。惜晚年病风，精力不逮，仅成《公羊礼疏》十一卷、《礼论》百余篇。卓人行将校文东观，会议石渠，读生平未见之书，以续成先舅氏未竟之志。是则余所深望知卓人，亦必有乐乎此也。

凌曙《春秋繁露注自序》：昔仲尼志在《春秋》，行在《孝经》。《春秋》为拨乱反正之书，圣德在庶修素王之文焉。周室既衰，秦并天下，焚书坑儒，先王之道荡焉泯焉。炎汉肇兴，鸿儒蔚起，各执遗经，抱残守阙。《公羊》至汉始著竹帛，书纪散，孔不绝，此中盖有天焉。广川董生下帷讲诵，实治《公羊》，维时古学未出，《左氏》不传《春秋》，《公羊》为全孔经，而仲舒独得其精义，说《春秋》之得失颇详。盖自西狩获麟，为汉制法，知刘季之将兴，识仲舒之能乱，受授之义，岂偶然哉？据百国之宝书，乃九月而经立，于是以《春秋》属商，商乃传与公羊高，高传与其子平，平传与其子地，地传与其子敢，敢传与其子寿。自高至寿，五叶相承，师法不坠。寿乃一传而为胡母生，再传而为董仲舒。太史公谓，汉兴五世之间，唯仲舒名明于《春秋》，其传公羊氏也。观诸艺文所载，著述甚伙，今不概见，**所存唯《春秋繁露》十有七卷。原书亦皆失次，然就其完善者读之，识礼义之宗，达经权之用，行仁为本，正名为先，测阴阳五行之变，明治礼作乐之原，体大思精，推见至隐，可谓善发微言大义者已**。汉武即位，以文学为公卿，欲议古立明堂城南，以朝诸侯。草巡狩封禅，改历服色，事未就。及仲舒对策，推明孔氏，抑黜百家。立学校之官，州郡举茂才孝廉，皆自仲舒发之，然终未尽其用。当武帝时，公卿以下，争于奢侈，僭上亡度，民皆背本趋末，仲舒乃从容说上，切中当世之弊。及仲舒死后，功费愈甚，天下虚耗，武帝乃悔征伐之事，无益也。刘向谓仲舒有王佐之才，虽伊、吕无以加，管、晏之属殆不及也。今其书流传既久，鱼鲁杂糅，篇第褫落，致难卒读。浅尝之夫，横生訾议，经心圣符，不绝如线。心窃伤之，遂乃构求善本，重加厘正，又复采列代之旧闻，集先儒之成说，为之注释。及隋、唐以后诸书之引《繁露》者，莫不考其异同，校其详略。书目姓氏，咸胪列于下方。夫圣情幽远，末学难窥，赖彼先贤以启梼，事迹既明，义例斯得，辅翼经传，舍此何从。曙也不敏；耽慕其书，传习有年，弗忍弃置。**至于是书之善，正谊明道，贯通天人**，非予肤浅之识所能推见。登堂食胾，愿以俟诸好学深思之士。

洪桐生《春秋繁露注序》：凌子由明经赴举京兆，从游阮侍郎之门，佐集经籍，尝诲之曰："圣经贤传，论修齐治平者备矣，大都不外河间献王一语，'实事求是'而已。而事之是非，孰有大于《春秋》者乎？《公羊》孤经，久成绝学，以子精力强盛，曷不尽心？先师有言：‘朝闻道，夕死可矣。’况来日未有艾乎？”武进刘君申受于学无所不窥，尤精《公羊》，与之讲习，庶几得其体要矣。于是所见益广，所业益进。三载归，《繁露》诸篇皆能通究本末。复肆力于先秦、两汉诸儒之书，及诸经义疏，凡《繁露》篇义字句皆栉梳而理解之，不但贯彻何、徐，而董氏三年下帷根底之蕴，正谊明道天人之本原，靡不洞于心而扶于手。盖江都、广川之所未行，汉武之所未用者，皆悉数其家珍，觌缕其渊蓄，而后知仲舒以公羊之学为王佐之才，信不虚也。

包世臣《小倦游阁集》第二十七《竹西艺集图记》：甘泉焦种梅从其乡嵇筠谷学传真之艺。筠谷前以工画，与予同客徐宫保南河节署，继家居，尤嗜《易》，以意测盈虚消息之理，不傍传注，而多得真契，是以其画益超超有悬解。种梅从游，未弱冠，即尽其法，无老幼皆逼肖，而起居意态尤能自在流露，可贵也。**扬州四逢之区，人多艺术，四方有技能者无不至，至则每留栖止。种梅见玲珑山馆行庵文燕图绘，一时文人术士赏菊之盛而慕之，因集土著流寓之士，得十八人，图其貌，合为一卷。卷右起处，作老树两株，下设山子屏风，横置短榻，抱膝坐榻中者为青脯许梅甫，趺坐榻端者为仁和赵谷庵，屏风之西有宣石山，山北有树，树下芭蕉数本，当乌皮几，左几上茗具垆香斑驳有古泽，几南坐小榻持画卷者为江都倪晓村，夹山石而坐者，东为江都虞步青，西为甘泉唐朴园，又南坐焉皮椅与借庵遥语者为钱塘沈莲舟，倚山石坐者为焦山借庵长老，其南有太湖石小山，旁有三童子艺菊，立而观者为问樵太师，其壮有红栏数曲，老树夹立，可荫人，其立而枯菊枝者为江都刘古尊，袖手立其西者为江都凌晓楼，红栏尽处有竹数百竿，前有石几，端坐而抚琴者为赵一峰，炼师立其后者为沧州张春峦，夹石几而坐听者，东为长洲周小岩，西为山阳周曙峰，竹径前对坐绳床展长卷者，东为筠谷，西即种梅，当卷中而俯视者为旌德汪玉屏，稍东翘观者为江都汪小梅，莫不俯仰误笑，识影辨声，唯种梅为筠谷写，余俱出于种梅。**……然其中如全谢山实能自植，以垂声后世，即方环山、程香溪、厉樊榭诸人，亦皆有所深造，名闻都邑。故扬州称宾客，以马氏为盛，凌夷至今，当途之门不开，富儿之炙空冷。而诸君子自挟其艺，驰骋翰墨之场，徒以口腹为安，是累也，斯可为发一太息者矣。道光五年九月九日，安吴包世臣书于小倦游阁。

杨向奎《清儒学案新编·晓楼学案》：凌曙喜《公羊》，但改变了刘、孔学风，而注意于《公羊》之礼制，而有《公羊礼疏》、《公羊礼说》等书。谈《春秋》者注意礼，乃本份事，后来廖平因以《王制》为孔子制礼，而《穀梁》近于《王制》，而治《穀梁》。**但礼有巨细，贤者识大，不贤者识小，舍其大而识其小，是凌曙学风。既明理制，应在礼仪制度的考订中，礼制之有关国家兴亡的大事上有所发挥。凌既不能以训诂见长，又不能在义理上发挥，他没有吸取公羊学派的非常异义而形成自己的历史学说，也没有自己的政治观点，既不能以《公羊》结合政治而谈改革，又不能用朴学治《公羊》，非彼非此，非西京亦非东汉，是不解《公羊》，以致无所适从。……在义理方面，凌曙不是内行，在典章制度方面，他也是外行。**他的著作，既云《礼疏》，对于所疏应当占有材料，明晰训诂，但他未能疏解任何问题，只是摭拾成说而没有别择的能力。①

---

① 见杨向奎《清儒学案新编》第四册，第 109~113 页。

胡世琦

《清儒学案》卷一百三十八《墨庄学案·墨庄交游·胡先生世琦》：胡世琦，字玮臣，号玉樵，泾县人。少时为文，仿亿不羁，未弱冠，补县学生。年二十，举于乡，以誊录给事史馆，例得就官知县，不赴铨。嘉庆甲戌成进士，改庶吉士。散馆，授山东费县知县，历摄沂水、曹县事，治绩有声，缘事里吏议，罢归。与墨庄居近，唱酬稠迭，而于朱兰坡尤相契。道光十九年卒，年五十有五。先生锐意根柢之学，并时魁杰，如姚姬传、凌次仲、洪稚存、段茂堂诸先生，悉与讲议而推许之。尝以《仪礼·丧服》"小功章"，驳难程易畴《足征记》者三条。一曰"女子子适人者，为聚昆弟侄，丈夫妇人报"。旧读"丈夫妇人报"，统承"为众昆弟侄"而言，郑注断为两节，单承侄释之。一曰"公之庶昆弟，大夫之庶子，为母妻昆弟"。旧读"昆弟"二字下属，郑注上而同之。一曰"大夫之妾为君之庶子，女子子嫁者、未嫁者，为世父母、叔父母、姑姊妹"。旧读以"大夫之妾"建首，连下雨"为"字，郑注以"君之庶子"断句，移下传"何以大功也"数语于此经之下。易畴必欲从旧读，而先生专主郑君意，以郑君集大成，"三礼"弥粹，宜深绎其义，非挟已见而务争也。又尝阐明《禹贡》地理，汇众说之歧，期归于当，稿佚不传。所著有《小尔雅疏证》及《遗文》若干卷。(参朱珔撰《传》)

《清史列传·儒林传下二》：胡世琦，字玉樵，亦泾县人。嘉庆十九年进士，改翰林院庶吉土，散馆授山东费县知县，再补曹县，以事罢归。世琦与珔少相友善，治经从文字、声音、训诂，以会通其旨趣。尝著《小尔雅疏证》，考校精博，为段玉裁所推。又著《三家诗辑》、《禹贡地理汇说》，未成而卒，年五十。①

胡承珙《求是堂文集》卷六《诰授奉政大夫山东曹县知县胡君墓志铭》：吾胡氏自南宋后由婺源迁泾，世耕且读。国朝以来，起家进士者已十有三人，君其一也。君讳世琦，自号曰玉樵，少岸异，为文落落有奇气。弱冠举于乡，娄上春官不第，以写书国史馆，议叙当得知县，弃弗就。益闭户肆力经史，间出与当世通人游。如桐城姚郎中鼐、歙程征君

---

① 见中华书局本第18册，第5594页。

瑶田、阳湖洪编修亮吉、金坛段大令玉裁皆尝奉手，有所受，故其学欲从文字声音训诂以会通其旨趣，不区章句与义理而二之。其诗亦能自运绳墨，不徒以才气相驰骛。嘉庆十九年甲戌中礼部试，改翰林院庶吉士。丁丑散馆，以知县用，得山东之费县以去。时公卿多器其材，姚侍郎文田、鲍学士桂星尤扼腕叹息。君顾自喜，曰："是岂不足行吾学邪?"莅费县岁余，以事罢，旋牵复历摄平原、即墨、沂水事，最后补曹县。未几，复以沂水盗案为前官受过，罣吏议，失职。君于是遂浩然决归计矣。……君生乾隆四十年八月初二日，以道光九年四月二十八日卒，年五十有五。……所著书有《小尔雅疏证》、《三家诗辑》等，未卒业。有诗若干卷，文若干卷，藏于家。君于兄弟行第二，兄世璜，弟世瑶，皆先卒。世璜亦出嗣伯父，然友于綦笃。君读书应举，皆赖有家督，以不纷其志。世璜善形家言，既葬其先数世，又相约兄弟同丘首，如桐城方氏之为者。今其孤翰泽等卜以道光十年闰四月初七日合葬君兄弟三人于某地。先期，请予为君铭。予与君属疏而谊亲行尊，而年相若，又少同业，壮同游，老而同师，于乡也知君最审，是宜铭。(下略)

陈康祺《郎潜纪闻二笔》卷十：江都凌曙晓楼治何氏《春秋》、郑氏《礼》，困学而不厌。同邑（按谓泾县人）胡世琦玉樵墨守郑氏，有缀残补缺之勤。

胡世琦《论学》：**夫学必究其原也，斯以殚吾力；必穷其流也，斯以征吾识。不明乎此，而逐逐于一世之趋向，一人之好恶，虽终其身为之而有得，吾未见其久也。**矧亦未必得乎？盖自三代以上，古人之所为小节小义、大节大义者，不逐物以丧志，亦不凭虚以研理，学术之根原，亦学遵之纯备也。秦火一燔，斯文失坠。西京举焉而偏，东京全焉而杂。十四博士之置，各守师说，互相主奴。自郑、服大儒出，破专门名家之习，萃六经、七纬之旨，论撰成书，粲然大备。延及有唐，义益求详，词益求富，敢于疑经，不敢于疑注，承汉代之末流，而其弊至此。此所以适授宋儒以口舌之柄也。宋儒辈出，举而空之，略弃前诂，折衷已见。于是向之南北授受者，变而为伊洛渊源矣；向之经师论说者，变而为程、朱语录矣。当其时，惟东莱最渊雅，而作史者入东莱于儒林，别立道学之目。自儒林、道学判，而三代以来之学术从此分途矣。夫朱子之于学，非不淹贯百家也，朱子之于论学，非不格致并进也，其于穷理以求其是者，适以矫庭人株守之弊耳。而其时弊愈甚，何则？**自十四博士后，师学之异同，尚未显立门户也。而道学异同之辨，门户角立。亦可知汉以后之学，核诸实，所以束缚天下人之聪明耳目，一有所据依，而不敢放言极论，故其弊较迟。宋以后之学，沦于虚，所以废顿天下人之聪明耳目，而任意高谈，无所顾忌，故其弊更速也。老子之言曰，域中有四大，曰天，曰地，曰道，曰王。荀子之言曰："通天地人谓之儒。"夫儒而不通四大，不可为学；学而不通三才，不可谓儒。道学、儒林，强生分别，漫无实是，此适足以见学宋人之学者，不通训诂之实验也。**今之学者，又异是矣。矫明季讲学之余风，而务求实学，不惟不为宋学也，且欲越唐而六朝，而魏，而上之。言《易》则荀、虞焉，言《书》则马、郑焉，言《诗》则毛、郑焉，言《春秋》则贾、服焉。譬之入山者，必陟乎昆仑；探河者，必溯乎于阗。而下此之威夷迁转，沿缘升降之故，俱可得而睹已。**然而为所为于举世不为之时，则主于能创；为所为于举世皆为之后，则期于善守。彼世之号宏通驰名誉者，或辑存前人所不存之书，或讲求今人所不求之学，甚或窃汉人之古义而轻诋先儒，挟许氏之一编而妄疑经义。彼曰孔传《古文》之伪，此亦曰伪也；彼曰《集传》淫奔之非，此亦曰非也；彼曰王弼传《易》专尚虚无，此亦**

曰虚无则异端矣；彼曰杜预注《左》时生穿凿，此亦曰穿凿则曲义矣。究其所学，原未即训诂以求义理之所归，而一唱百和，随声是非。其可哉？其可哉？然则如之何曰汉学之昌明，犹中天之景运也？其唐、宋诸儒之学之迭相盛衰，犹三代忠质文之循环而终始也。忠质文同归于弊，而不可以议三代之始主；唐、宋之学亦同归于弊，而不可以没数大儒之苦心。惟祭川必先乎原，取法必宗乎上，为汉人之所学，而防唐人之流弊，始于一勺，终于不测。庶不使讲空虚无用者之终得以反其道而行之哉？①

包世臣《艺舟双楫》卷四《翟秀才传》：胡玉樵世琦庶常亦嗜诗，前在都下，曾出其稿本各体千余首见示。夜郎自大，非求益者，才气固可造，而未就轨范，非秀才比也。

牟庭相《雪泥书屋杂志》卷三：泾县胡玉樵明府宰费县，于瓦砾堆中得《古井铭》石刻，铭曰：天宝九载冬十月，尉赵光乘检校造因勒铭云："费城之井，昭然道周。土缶旧得，石于今修。征大《易》之不改，垂一善于千秋。"记曰："井面圆甃，盈亩深湛。莫度其底，临视惊战。唐贤赵公之铭，土昧已久，今洗而扶之，以旌其美。绍圣四年丁丑二月丙辰朔，朝奉郎知县事逢完记。"额为篆文"古井铭"三字，后有小字，不可辨。庭按：《外传》季桓子穿井，未知费欤？鲁欤？《家语》则云"穿井于费"②，观此井凿深乃尔，得羊宜矣。以《家语》证之，此真桓子井也。以井证之，《家语》信古书，非后人纂也。嘉庆己卯春识。③

---

① 载《清儒学案》卷一百三十八。今按：此文为胡氏代表性论学文章，诚杰构也。

② 《孔子家语·辨物第十六》：季桓子穿井，获如土缶，其中有羊焉。使使问于孔子曰："吾穿井于费，而于井中得一狗，何也？"孔子曰："丘之所闻者，羊也。"

③ 《费县志》卷十三载：季桓子井，在古费城内。《国语》："季桓子穿井，获如土缶，其中有羊焉。使问之孔子曰：'吾穿井而获狗，何也？'对曰：'丘闻之，木石之怪，曰夔、罔；水之怪，曰龙、罔象；土之怪，曰羵羊也。'"即此井台。《府志》："井甃以石，围百尺，深数丈。"今淤塞，尚有丈余。嘉庆间，钱泳隶书题记，督粮道孙星衍同知县郭志青立石。

俞正燮

《清儒学案》卷一百三十七《理初学案》：理初之学，主于求是。其治经专以汉儒为宗，恒谓秦、汉去古不远，可信者多。每解一义，依经为据，有脱讹取证秦诸书，汉诸儒。陈古刺今，识力坚定。并博究史籍，旁及诸子百家，剖析疑似，靡不精实。江、戴之绪远已。(下略)

《清史稿·文苑三》：俞正燮，字理初，黟县人。性彊记，经目不忘。年二十余，北走兖州谒孙星衍。时星衍为伏生建立博士，复访求左氏后裔。正燮因作《丘明子孙姓氏论》、《左山考》，星衍多据以折衷群议，由是名大起。道光元年举人。明年，阮元主会试，士相谓曰："理初入彀矣!"后竟落第。其经策淹博，为他考官所乙，元未之见也。房考王藻尝引为恨。正燮读书，置巨册数十，分题疏记，积岁月乃排比为文，断以己意。藻为刻十五卷，名曰《癸巳类稿》，又有《存稿》十五卷，山西杨氏刻之。弟正禧，亦举人。多义行，文学与正燮齐名。

夏寅官《俞正燮传》：俞先生正燮，字理初，安徽黟县人。父献以拔贡任句容训导，随父之官，时方弱冠，侍养外惟以读书为事，父献学俸所入，尽给以买书，积轴万卷，过目成诵。性孝友，侍养学署，饮食必先尝，不正不敢进。季弟正禧，幼稚日坐诸膝，教以古忠孝廉节事。正禧后以举人成名立学。先生秉性方直，言动有法，诱掖后进，亹亹不倦。劝建碧阳书院考棚，重修文庙族祠，家不中资，名公卿所赠修脯，尽以济戚友族邻，值岁除，索逋者纷至。钱唐王荫森任黟县，有惠政，就先生考订经义，窥知其事，命家人率索逋者至县取给，仍就先生讲论不辍，士林两高之。中道光辛巳举人，为汤文端、熊遇泰所得士。壬辰在都馆新城陈硕士侍郎所，为校顾氏《方舆纪要》。与平定张石洲交尤笃。道光癸巳，阮文达主会试，命下，诸巨公相与贺，曰："理初入彀矣。"榜发，竟报罢。已而知其卷在通州王菽原礼部藻房，礼部力荐之，而新安曹相国深嫉其学，捆束致高阁，文达初未之见也。礼部既得先生，则大喜，延入邸中，索观所著书，为醵金付刊，于是天下始得读其所谓《癸巳类稿》者。先生得书即读，读即有所疏记，每一事为一题，巨册数千，鳞比行箧中，积岁月，证据周遍，断以己意，一文遂立。读其书，如入五都之

市，百货俱陈，无不满之量，然细字密书，厶增乙跨，草稿襞积，猝不可读。当议刻《类稿》时，发箧摊书几上，属日照许印林、平定张石洲捡校，分类以次，始获付梓。乃《类稿》成，卖书有余资，又觅抄胥为写未刻文篇，即《癸巳存稿》是也。先生方年二十余，负其所业，北谒孙渊如于兖州。渊如时任兖沂曹道，为伏生建立博士，复求左氏后裔，先生因作《左丘明子孙姓氏论》、《左山考》、《左墓考》、《申杂难篇》，渊如多采其文以折众论，而先生陈古刺今之识由是日坚，故议论学术与渊如相出入。在京助给事中叶继雯修《会典》及《钦定左传读本》、《行水金鉴》，多所校正，不肯署名。嘉庆庚午，纂修《黟县志》。道光丁未，林文忠督两湖，聘修《两湖通志》，详赡得体。复为文忠参订先人旧稿。歙县程春海侍郎恩泽称**理初负绝人资，自识字积发素寝馈，凡四五十年，其始也能入，其终也能出，丛籍城，拥手翻，翻不辍，辍辄大半成诵，人地名称、事迹本末，见某皮某册某卷某篇行，语即中，是谓能入。萃昔贤往事判黑白，摇笔洒洒千万言，某可据，某可勘，某不可凭，某宜斠，一篇中计叠简不胜举，使起昔贤议往事，亦顿，是谓能出。出入之际，精心卓识，分别部居，于诸儒所（桥）［挢］舌方皇者，引称首首，如肉贯串，丝在楄**。其学之博大精深，于其乡足以远承慎修东原，近迈竹村、墨庄。顾以家贫性介，道途奔走四十年，缟纻余润不足赡妻孥。年逾六十，犹不能一日安居，遂其读书著书之乐。寿阳祁文端督学江苏，留先生学署，为校写《三古六朝文目录》。陶文毅督两江，聘先生主江宁惜阴书院。院地据城西高阜，江流一线，浮浮目前，致为幽胜，修脯所入，亦较优赡，以为足当晚节菟裘矣。不意次年五月，遂卒于书院。所著书，《类稿》、《存稿》外，尚有《说文部纬》一卷、《校补海国纪闻》二卷，遭兵燹，稿焚。生于乾隆四十年乙未，殁于道光二十年庚子，年六十六。子懋莹、懋颖，早卒无后。殁后邑人钦仰不沫，于光绪十年奏请入祀乡贤祠。①

华世芳《近代畴人著述记》：黟县俞理初正燮博极群书，长于考订，兼擅天算之学。所著沟洫、东田诸解，恒星、七曜、古宪、四分诸论，皆独具神识，未经人道。②

诸可宝《畴人传三编》卷二、《（光绪）重修安徽通志》卷二百十九皆有传，存目。

程恩泽《程侍郎遗集》卷七《癸巳类稿序》：吾里学派，自江、戴昌之，金、程承之，其绪蕃变，率以治经为宗，都说经铿铿。尤善治史部，则有吾师凌次仲先生。与师角立不倚，则有吾友俞理初先生。**凡学无门径则杂，杂则经学溷汉、宋，天文学溷推步、占验。执一则隘，隘则暖暖姝姝悦一先生之言，墨守训故，甚且持古疾以病今。理初先生忧之，于是察两汉门径，端其趋向，于其歧则闭也。寝馈经史，旁通诸子百家九流，于其伪则铲也。不宁惟是，宋之乱汉易判，魏、晋之乱汉难判。淄渑流合，易牙能分之。摭古人之愚，若辨黑白，乃益见古说之可信矣。**书缺有间，笺疏脱讹，征之于诸子百家九流，有时而穷，则援及释典、道藏以为助。秕糠尘垢，尚堪陶铸，矧其精者，启我质，我不犹愈于求野乎？然非先生受性精敏，一览便记，又乌能宏览博辨，差择助诠，若是之广且大欤？先生著述甚富，未暇写定。今春应礼闱试，受知于王菽原主政。主政荐剡未售，急索其著述，饮金刊之，盖欲以千秋身后名偿俗耳目一第之荣也。用心良苦，闻者感叹，惜乎

① 见《碑传集补》卷四十九。

② 见《清经世文续编》卷八学术八。

时日稍迫，仅得十之三四耳。记十年前，与先生篝灯夜坐，偶有作述，援笔立就，引证赅洽，退而捡诸箧，无一误事误言，洵乎才学识有千万人而无数者。书将就，委序于泽。泽学术谫陋，焉云知先生。然私幸并世见一传人，引吾里江、戴之绪，且未有艾也。

程恩泽《程侍郎遗集》卷七《癸巳类稿叙序》：右《癸巳类稿》十五卷，吾友俞理初所著也。理初负绝人之资，笃好读书。自识字积发素寝馈，凡四五十年。其善于始也能入，其眇于终也能出。丛籍城，拥手翻，翻不辍，辍辄大半成诵……是谓能入。萃昔贤往事判黑白，摇笔洒洒千万言，某可据，某可刊，某不可凭，某宜斠也，一篇中计迭简不胜举。使起昔贤论往事，亦颔，是谓能出。出入之际，无精心卓识，果力则绚博而支绚断而歧。宋以后逮有明，岂无博见强识，则徇虚车绌实，用恒若斯也。惟识足以彻千古之蔀，辨足以息万喙之争，富足以会古今之通，明足以别真伪之溷，然后纵横勃窣，底于是乃已。**故治经贵一也，纆牵于注疏则隘，畔离于训故则野，援证典确，莩甲新意，皆陶铸秦诸书、汉诸儒斯得之。治史贵纷也，读未终卷，遂持论则塞。读一史，未他及，遂持论，则陋。正穷乃稗，稗穷乃注，注穷乃金石，全史酝酿，歧说旁溢，斯得之。**尤善言天象暨历数，以为泰西法极精，然岂三代秦汉人所豫解，以某时历衡某时法是非区分，则三代秦汉人不能委其过。尤善言地舆、说方域，以为中外同轨不道险，今昔异履不详，宪惟殊方遐国，人所忽，必当察，察则万一可据，为攻战之导也。至于掌故之巨，名物之细，声诂之雅，七纬三式，释典道藏，素灵之奥，景教之歧，凡诸儒挢舌方皇者，称引首首，如肉贯串，丝在欘，则又非恒量所能测识者也。加以受性方直，伪书诬古必辨，魏、晋儒改故训，蔑先儒，必力辨邪丑正否，嫉贤必覙缕辨。呜呼，古心哉！古人哉！凡理初手成宏巨书，不自名者甚伙。年过六十，而聪强审密不惫，其著作未可涯。此册断自癸巳年，故曰《癸巳类稿》。刻成，索序于予。予读之，甚惬也，爰就所窥及者述之，其诸广邃，以俟大雅。

俞正燮《癸巳类稿》卷三《周官庶子义》：存目。

杨向奎《清儒学案新编·理初学案》：俞正燮不是正统汉学家，也不属公羊学派，他是游离于各派之间的“杂家”，李慈铭批评他“引证太繁，笔舌冗漫”，道出他不是典型的汉学作风。即使谈西方，他的知识不如龚、魏，似乎停留在阮文达“小国欧罗巴”的水平……俞理初不是典型的汉学家，更不是今文经师，他是一位杂博的学者，博，所以在他的著作中牵涉面广、杂，所以面广而不自成体系，我们不能说他是经师，一如今文之刘逢禄、宋翔凤，我们不能说他是训诂考据家，一如段玉裁与王念孙，这都是他同时代的学者，他不具备段、王一流之坚实基础，又不具备刘、宋辈之有体系，非汉非宋，非今非古，一博览之学者而已。因为他具有博的特长，所以在著作中涉及面广。……俞理初是一位渊博学者，有时有突出见解，如孑民先生所述，但杂而不纯，缺乏体系，乃其所短也。①

今按：杨向奎称俞正燮为杂家，这一判断是准确的，但其价值判断似存在偏颇。杂家自有其学术价值，不能从体系方面加以否定。杂家化是中国学术文化的总趋势。

① 见杨向奎《清儒学案新编》第七册，第265~277页。

臧寿恭

《清儒学案》卷一百十九《铁桥学案·铁桥从游·臧先生寿恭》：臧寿恭，原名耀，字眉卿，长兴人。嘉庆丁卯举人。性耿介好学，精小学，旁通天文句股。恬于进取，闭户著书。铁桥少所许可，而独契先生，以女妻之。著有《春秋古谊》六卷，《说文引经考》、《内经义疏》、《南都事略》、《勾股六术衍》各若干卷。又有《春秋朔闰表》、《天文证验》。（参《湖州府志》）

《清史列传·儒林传下二》：臧寿恭，原名耀，宇眉卿，浙江长与人。嘉庆十二年举人。性耿介，澹于进取。嗜汉儒经学，兼通天文句股之术。乌程严可均少许可，独契寿恭，以女妻之。道光二十六年，卒。寿恭尝以诸家经学，后人辑述已遍，惟《春秋》贾、服义尚无所属，乃著《左氏春秋经古义》、《左氏传古义》二书，凡七易稿，始成。经与传分者，依陆德明《经典释文》也。其据《三统》以考正岁星超辰朔闰之次；又备掇《汉志》所引刘歆之说，以左氏之学兴于歆，皆有裨古义，体例简质，亦得古注家法。卒后无子，传稿全失。经则阙昭公二十三年以下。其弟子归安杨岘补完之，为六卷。寿恭依《公》、《穀》日食三十六一以为正经止此，岘补获麟后日食，一与刘歆《左氏》日食三十七相足。寿恭又有《春秋朔闰表》、《天步证验》、《勾股六术衍》。

诸可宝《畴人传三编》卷二：臧寿恭，原名耀，字眉卿，号梅溪，长兴人。嘉庆十二年举人，好读书，尤精小学，旁通天文句股之术。生平无志进取，以闭户著书为事。撰有《春秋古谊》六卷、《春秋朔闰表》、《天步证验》、《勾股六术衍》又各如干卷。（《湖州府志》）

陈康祺《郎潜纪闻二笔》卷十：长兴臧寿恭眉卿、乌程严可均铁桥两先生者，同籍湖州，同时号通经博学，顾极不相能。杨太守岘，臧先生高席弟子，亦尝从严先生游。一日，太守自长兴归，舟泊城外，邻舟有命酒独酌者，视之严也，诘何自，以实对，诧曰："是村夫子，堪若师乎？"他日，太守叩臧先生："严某何如人？"曰："粗能讽《三字经》。"《三字经》者，学童初入塾试讽者也。文人相轻，不意经生亦然。

周中孚

《清儒学案》卷一二三《仪征学案·仪征弟子下·周先生中孚》：周中孚，字信之，别字郑堂，乌程人。嘉庆辛酉拔贡，受知于阮文达，拔入诂经精舍，佐辑《经籍纂诂》。同舍生后多贵显，先生至道光癸酉犹应乡试。同考官钱君，为辛楣少詹族子，得卷叹绝，力荐于主者。将列名，而对策用少詹答问，主者疑有私，置副榜第一，揭晓乃大悔，谢过。先生自是无进取意。客上海李旦，为定《藏书志》。复游岭南，主学使。归卒于家，年六十四。著有《孝经集解》、《逸周书注补正》、《顾职方年谱》、《子书考》、《郑堂读书记》、《金石识小录》、《郑堂札记》诸书。殁后无子，藏书稿本多散佚。《读书记》凡百余册，体仿《提要》，意在为《四库》之辅稿，为朱茮堂侍郎所得。今刊行七十一卷，于四部编次，分类不全，盖传抄脱误，非足本也。（参戴望撰《传》、刘承干《郑堂读书记跋》）

《清史列传·儒林传下二》：周中孚，字信之，浙江乌程人。嘉庆十八年副贡生。博闻强识，邃于考证，以纪事纂言为己任。阮元修《经籍纂诂》，中孚与焉。著《郑堂读书记》，凡经十四卷、史二十二卷、子二十三卷、集二卷。又有《孝经集解》、《逸周书补注》、《金石识小录》等书，皆佚不传，惟存《读书记》五卷。

戴望《谪麐堂遗集》文二《外王父周先生述》：先生周氏讳中孚，字信之，别字郑堂，浙江湖州府乌程县人。曾祖某。祖某。父某，为县吏，有隐德，生子二人，长先生，次聚之先生，仕至奉化县学教谕。**先生幼有孝行，力于学。稍长，见《四库书提要》，谓为学之途径在是，于是遍求诸史艺文志，考自汉迄唐存佚各书，以备搜辑古籍。**而教谕君治词赋，亦度其侪辈。阮文达公督浙江学政，先生兄弟并受知，以嘉庆元年选拔贡生。文达巡抚浙江，筑学舍西湖以处浙中文学士，使修《经籍纂诂》，先生与焉。曾游京师，识宋先生翔凤，为刊正其著书十许事，宋大叹服。其后十数年，同舍生多贵显，而先生屡应乡试不中式。当道光初元，犹入试，同考官嘉定钱君，为少詹事族子，得先生卷，叹绝，力荐于主者，将列名，而先生策多用少詹事《答问》语，主者疑其有私，遂黜之，而置副榜第一。揭晓，始大悔，谢过。先生自是无仕进意矣。旋以龚兵备荐客上海李氏，为定其《藏书志》。复游岭南，主学使徐公，三载归，卒于家，年六十有四，道光十一年某月日也。……先生著撰甚侈，有《孝经集解》、《逸周书注》、《补正顾职方年谱》、《子书考》、《郑堂读书记》、《金石识小录》、《郑堂札记》诸书。没时，教谕君客山东，其次子不肖，以先生藏书及草本鬻诸他氏。朱比部为弼得其《读书记》，云其体仿《提要》，有百余册。其《札记》未亡，后归诸望。余书无可问者。兵乱后，望母党俱尽，故于先生三世名讳及妣氏族弗可详，且失其葬处。冯教授登府为先生传。望尝录其文，而今亦亡，大惧名氏湮郁，使九原悼痛，无以慰吾先妣，乃摭所闻，为述如右。时同治己巳秋也。

阮元《定香亭笔谈》卷二：乌程周中孚博闻强记，而文笔甚拙；其弟联奎能诗文，而疏于经术。然亦可谓“二难”矣。

《两浙𬨎轩续录》卷二十七：周中孚，字信之，号郑堂，乌程人。嘉庆癸酉副贡。著《山茨诗录》。《县志》：中孚与弟联奎同肄业诂经精舍，编纂《经籍纂诂》，著述甚多，身后皆佚。王昶《湖海诗传》录其诗。《缉雅堂诗话》：郑堂有《亭林年谱》，未刻，不审较张本详略如何。此书无传，甚可惜也。

杨钟羲《雪桥诗话》三集卷十：乌程周郑堂中孚受知阮文达公，与修《经籍纂诂》。著有《孝经集解》、《逸周书注》、《顾职方年谱》、《子书考》、《金石识小录》等书。与宋虞廷最契，尝为刊正其著书十许事，宋大叹服。戴子高《哭宋大令诗》有云：“专门惭太傅，宅相愧周期。”子高从宋问《公羊春秋》家法，而郑堂其外大父也。

宋翔凤《忆山堂诗录》卷三《赠周信之中孚》：寒冬十二月，雨雪方霏霏。衣单肤生粟，袖缩手易皴。京华故人少，闭户无车轮。文章有深契，望衡得交君。君是东南儒，胸中罗典坟。亦抱经世术，一顾当空群。前年试拔萃，奇志郁不申。遂客长安中，著书度萧晨。我从西南来，乍扫衣上尘。逢君抵平素，自尔情弥亲。旧诗互相示，各各露性真。我词本粗放，君作殊清新。皆非偶然出，奚必分畦畛。更披他述作，卷弟何纷纶。修经事笔札，所获皆奇珍（所著《修经堂札记》四卷，议论皆精）。竹垞考经义，纂录良苦辛。君能三往复，疏通益龂龂。要求椟中珠，不拾烧后薪。本朝儒林盛，特立推宁人。读书论其世，纪年一编陈（又著《顾亭林年谱》）。我思亭林叟，述作多精醇。烦君集其要，从可知迷津。近时考据家，坠叶同纷纷。饾饤适足厌，绝学谁则臻。今来得同志，斯道诚有因。我家慎交社，寂寞过百春。风流犹未沫，叹息怀先民。相期结时彦，友道从可振。可怜共贫贱，漂泊天涯身。儒冠顾悲喈，朱门望逡巡。但坚岁寒意，莫使磨而磷。短歌期君和，朔风满郊闉。

宋翔凤《忆山堂诗录》卷三《题周中孚亭林先生年谱后》：甲子曾题古岁名，遗民风节挹还清。翻君一卷旁行谱，增我高山仰止情。（亭林先生一代遗民，旧君故国之思，溢于文词，故其书古甲子及古地名，可以知其苦心，非好奇也）

李　锐

《清儒学案》卷一百二十六《四香学案》：乾隆中，古《九章》复出，学士大夫治天算之衍者，以竹汀、东原为职志。四香受经于竹汀，精研天算，有蓝胜冰寒之誉。○李锐，字尚之，号四香，元和人。诸生。笃学朴厚，长于经义，通《公羊春秋》、《虞氏易》，著《周易虞氏略例》十八篇。好算术，师事钱竹汀，闻中西异同之奥。竹汀诲之曰：**“为弟子不胜其师，不为贤弟子。”**先生闭户沉思五年，尽通畴人家言。尤究心古历……因著《闳方说》，先成上中二卷。以攻苦得疾，嘉庆二十二年卒，年四十五。他著有《方程新术草》、《勾股算术细草》、《弧矢算术细草》、《回回历元考》、《磬折说》、《戈戟考》诸书。《开方说补》，临卒时命弟子黎鹰直续成之。（参史传、《续畴人传》）

《清史稿·畴人二》：李锐，字尚之，元和诸生。幼开敏，有过人之资。从书塾中检得《算法统宗》，心通其义，遂为九章、八线之学。因受经于钱大昕，得中西异同之奥，于古历尤深。自《三统》以迄《授时》，悉能洞澈本原。尝谓：“《三统》，世经称殷术，以元帝初元二年为纪首，是年岁在甲戌。推而上之，一千五百二十岁而岁值甲寅为元首，又上四千五百六十年而岁复甲寅为上元。以此积年，用四分上推，太初元年得至朔同日，而中余四分日之三，朔余九百四十分之七百五，故太初术亏四分日之三，去小余七百五分也。《汉书》载《三统》而不著《太初》，其实一月之日，二十九日八十一分日之四十三，是日法、月法与《三统》同。贾逵称《太初》术斗二十六度三百八十五分，是统法周天又与《三统》同。盖四分无异于《太初》，而《太初》亦得谓之《三统》。郑注《召诰》，周公居摄五年二月三月，当为一月二月，不云正月者，盖待治定制礼，乃正言正月故也。江征君声、王光禄鸣盛以为据《洛诰》十二月戊辰逆推之，其说未核。今案郑君精于步算，此破二月三月为一月二月，以纬候入蔀数，推知上推下验，一一符合，不仅检勘一二年间事也。”因据《诗·大明》疏，郑注《尚书》文王受命、武王伐纣时日皆用殷历甲寅元，遂从文王得赤雀受命年起，以《乾凿度》所载之积年推算，是年入戊午蔀，二十九年岁在戊午，与刘歆所说殷历周公六年始入戊午蔀不同。歆谓文王受命九年而崩，崩后四年武王克殷，后七年而崩，明年周公摄政元年，较郑少一年。又载《召诰》、《洛诰》俱摄政七年事，其年二月乙亥朔，三月甲辰朔，十二月戊辰朔，并与郑不合。乃以推算各年及一月二月，排比干支，分次上下，著《召诰日名考》，此融会古历以发明经术者也。**当是时，大昕为当代通儒第一，生平未尝亲许人，独于锐则以为胜己。**大昕尝以《太乙统宗宝鉴》求积年术日法一万五百岁，实三百八十三万五千四十八分二十五秒为疑。锐据宋同州王湜《易学》，谓每年于三百六十五日二千四百四十分之外，有终于五分者，有终于六分者，有终于五六分之间者。终于五分者，五代王朴《钦天历》是也，以七千二百为日法。终于六分者，近年《万分历》是也，以一万分为日法。终于五六分之间者，景祐历法载于太乙遁甲中是也，以一万五百分为日法，此暗用《授时》法也。试以日法为一率，岁实为二率，《授时》日法一万为三率，推四率，得三百六十五万二千四百二十五分，即《授时》之岁实也。探本穷源，一言破的。近世历算之学，首推吴江王氏锡阐、宣城梅氏文鼎，嗣则休宁戴氏震亦号名家。王氏谓土盘历元在唐武德年间，非开皇己未；梅氏谓回回历实用洪武甲子为元，而托之于开皇己未。其算宫分，虽以开皇己未为元，其查立成之根，则在己未元后二十四年，二说并同。戴氏谓回回历百二十八年闰三十一日，是每岁三百六十五日之外，又于百二十八分日之三十一也。以万万乘三十一，满百二十八而一，得二千四百二十一万八千七百五十，地谷所定岁实三百六十五日二十三刻三分四十五秒，通分内子以万万乘之，满日法而一，亦得二千四百二十一万八千七百五十，与梅氏疑问所云合。是三家所论，未尝不确知灼见，然均未得其详。锐据《明史·历志》、回回本术，参以近年瞻礼单，精加考核，谓回回历有太阳年，彼中谓为宫分；有太阴年，彼中谓为月分。宫分有宫分之元，则开皇己未是也；月分有月分之元，则唐武德壬午是也。自开皇己未至洪武甲子，积宫分年七百八十六，自武德壬午至洪武甲子，积月分年亦七百八十六，其惑人者即此两积年相等耳，因著《回回历元考》。有求宫分白羊一日入月分截元后积年月日法，以为不明乎此，虽有立成，不能入算也。稿佚未刊。梅氏未见古九章，其所著《方程论》，率皆以臆创补，然又囿于西学，致悖直除之旨。锐寻究古义，探索本根，变通简捷，以旧术列于前，别立新术附于后，著《方程新术草》，以期古法共明余世。古无天元一术，其始见于元李冶《测圆海镜》、《益古演段》二书，元郭守敬用之，以造《授时历草》，而明学士顾应祥不解其旨，妄删细草，遂致是法失传。自梅文穆悟其即西法之借根方，于是李书乃得郑重于世。其有原术不通，别设新术数则，更于梅说外辨得天元之相消，有减无加，与借根方之两边加减法少有不同。且不满顾氏所著之句股、弧矢两算术，谓："弧矢肇于九章方田，北宋沈括以两矢幂求弧背，元李冶用三乘方取矢度，引伸触类，厥法綦详。顾氏如积未明，开方徒衍，不亦慎乎？"爰取弧矢十三术，入以天元，著《弧矢算术细草》。并仿演段例，括句股和较六十余术，著《句股算术细草》，以导习天元者之先路。又从同里顾千里处得秦九韶《数学九章》，见其亦有天元一之名，而其术则置奇于右上，定余右下，立天元一于左上。先以右上除右下，所得商数与左上相生，入于左下。依次上下相生，至右上末后奇一而止，乃验左上所得以为乘率。与李书立天元一于太极上，如积求之，得寄左数与同数相消之法不同。因知秦书乃大衍求一中之又一天元，秦与李虽同时，而宋、元则南北隔绝，两家之术，无缘流通，盖各有所授也。锐尝谓："四时成岁，首载《虞书》，五纪明历，见于《洪范》。历学诚致治之要，为政之本。乃《通典》、《通考》置而不录，邢云路虽撰《古今律历考》，然徒援经史，以侈卷帙之多。梅氏只有欲撰《历法通考》之议，卒未成书。因更网罗诸史，由黄帝、颛顼、夏、殷、周、鲁六历，下逮元、明数十余家，一一阐明义蕴，存者表而章之，缺者考而订之，著为《司天通志》，俾读史者启其扃，治历者益其智。”惜仅成四分、三统、乾象、奉天、占天五术注而已。余与《开方说》皆属稿未全。《开方说》三卷，锐读秦氏书，见其于超步、退商、正负、加减、借一为隅诸法，颇得古《九章》少广之遗，较梅氏《少广拾遗》之无方廉者，不可以道里计。盖梅氏本于《同文算指》、《西镜录》二书，究出自西法，初不知立方以上无不带从之方。锐因秦法推广详明，以著其说。甫及上、中二卷而卒，年四十有五。其下卷则弟子黎应南续成之。

《清史列传·儒林传下二》：存目。①

阮元《揅经室集》二集卷四《李尚之传》：李锐，字尚之，一字四香，元和县学生员。幼开敏，有过人之资。从书塾中检得《算法统宗》，心通其义，遂为九章、八线之学。古算术至唐以后几于亡。明泰西利玛窦入中国，有《几何原本》一书，徐光启、李之藻之徒从而演绎之。《周官》保氏九章之遗法，不能烛照数计也。李之藻《同文算指》以西术易九章盈朒、方程之说，梅宣城定九谓非利氏本意，盖中西术其理则同，而立法则异，三率比例较古法方田、粟米、差分为密，而少广为西法所无，是略而不备矣。宣城梅氏近世推绝学，以梅氏智计，岂有不知古法与西法不同者？第囿于西术，而《九章算经》诸书皆未之见，所见者惟《周髀》勾股之法，虽欲深求古术，然苦无古籍，出于意测耳。李君起而振之，力求古学。王孝通《缉古算经》词隐理奥，无能通之者。君与阳城张君古余共著《细草》，详论二十术，而商功之平地役功广袤之术较若列眉矣。又于同邑顾君千里得秦九韶《九章算经》，乃穷究天元一术，论其法与借根方不同，于是郭守敬、李冶之说始明，知唐顺之、顾应祥之书甚无谓也。君尝谓四时成岁，首载《虞书》，五纪明历，见于《洪范》，历学乃致治之要，为政之本，《通典》、《通考》置而不录，不亦傎乎！因著《历法通考》，其书体例大略以颛顼、夏、殷六历久矣，隳亡记载咸缺，太初术本之殷历，立法述阔，三统术虽推法较密，然亦用太初四年增一日之术，是四分术无异于太初也。故断自三统术始，至国朝之椭圆法止，唐瞿昙悉达《九执历》、宋荆执礼《会天历》，史志佚其法，乃于《开元占经》宝祐四年会天历中求其术而为之说焉，惜未成书，惟《三统术注》、《四分术注》、《乾象术注》、《奉元术注》、《占天术注》、《日法朔余强弱考》六科而已。又有《召诰日名考》②、《方程新术草》、《勾股算术细草》、《弧矢算术细草》、《开方说》，皆藏于家。君天禀高明，潜心经史，以唐、宋人诗文为雕虫小技，不足观也，然工《四书》之文。家居教学，从游者多登第，君则屡不得中，且兰草未征，臼炊频梦，行自伤，得咯血疾，戚戚少欢悰，犹复静心调摄，力疾著书，卒以此殁矣。元昔在浙，延君至西湖校《礼记正义》，予所辑《畴人传》，亦与君共商榷君之力为多。嘉庆二十三年夏，江君子屏来岭表，谓予曰："尚之殁矣。"并述阳城张君之言云："元朱世杰《四元玉鉴》虽用天元一术，然茭草形正负之法，猝读难通，因寄尚之，俾为推究，二十一年，演成数段，寄至豫章，寻根推密，极为精审。越两月而凶问至，良可哀也。"《四元玉鉴》乃予藏本，录以赠张君者，惜乎李君细草未成，遂无能读是书者矣。君之子继

① 见中华书局本第18册，第5589~5591页。

② 《召诰日名考》在《续修四库全书》中既有单行本，又有《李氏遗书》本。

淑书来①，求作传，书中于君之世系、行事及生卒年月不具，但云终于六月而已。今与江君共论之，姑举所知者而为之传。君中年无子，以兄之子继淑为子②。及三娶薛氏③，始生一子，今尚在襁褓中也。悲夫！

焦循《雕菰集》卷六《勾股细草（李尚之名锐元和人）》：李君尚之，深于古术。太初以下，一一详述。用集大成，古无其匹。宋金六家（卫朴、姚舜辅、李德卿、谭玉、杨级、耶律履），残缺废脱。用道古法，积年数出。仁卿之书，说天元一。校而通之，秘奥以发。惟兹细草，仅露其蘖。

阮元《畴人传》卷五十、钱林《文献征存录》卷三、冯桂芬《（同治）苏州府志》卷九十、李斗《扬州画舫录》卷十皆有传，存目。

焦循《雕菰集》卷十五《修补六家术序》：天算之学有二端：守当时成法，布策推算，无有差戾，术士之学也；明其义蕴，贯而通之，阐发古先，以启来者，儒者之学也。郑康成、李业兴以此治经，司马迁、李淳风、刘羲叟以此修史，故开方句股之算、三统乾象之术见诸经注史志者至今可考，盖不以此治经，或不知今有为九数之目，而以为汉时所有矣。投壶周径，有不明圆囷之法，谬以为知借不知还矣。元修宋、金诸史，不为秦九韶立传，而所为大衍求一演纪上元鲜有知者，至所为历志残缺失次，讹舛尤甚。《元史》载授时术及李冶传皆不言立天元一法，于是前贤精义所存，近在数百年间转不如汉晋之远而可考，是则修史者不通此学之咎也。嗟乎！修史者不能阐发于前，读史者又不知推步之法，每屏之不敢置一议。一二知算之士，娴于共习，而昧于孤诣，故弧轮椭积之外，虽《授时》、《大统》鲜有深究，偶举古术，辄曰疏而不密，至问所以疏密之故，复格格不能言，是何术士之学多，而儒者之学少哉！休宁戴庶常震始校《算经十书》，推历朝岁实，嘉定钱竹汀少詹事章明古法，撰《三统术衍》，其《二十二史考异》于历志析疑订误，尤加意焉。吾友元和李尚之锐为少詹事高第弟子，亲授历法，独有心解，闵古法之微，探索诸史，自颛顼、夏、殷、周、鲁，下逮元、明数十余家存者，考而章之，缺者修而补之，穷幽探赜，务求如其术之本意而止，是诚为千古读史者启其扃，亦即为千古治历者益其智也。嘉庆庚申冬十一月，循与尚之同客武林节署，因读其所补宋、金六家术六家者：宋卫朴之《奉元》、姚舜辅之《占天》、李德卿之《淳祐》、谭玉之《会天》、金杨级之《大明》、耶律履之《乙未》也。术不备载本史，而积年日法间见他帙，已不异告朔之饩羊，尚之依相近之元法斗分推求岁周，据何承天调日法立强弱之术以得朔实，又用秦道古演法推求积年以验岁朔之権数，顿令古人名历断而复续，学者得以考求旧法，相率而为儒者之学也。循性好数术，有志于古，而未能究心。今读尚之此书，昭然发蒙。夫有李氏之立天元一，而后知授时术弧矢相求之妙，有秦氏之演纪，而后知古人推演积年日法之故，秦李之书近多有好之者，尚之用以补古历如此吻合，不由此而更大彰乎？循愿与同志者相率而推之也。江都焦循序。

焦循《雕菰集》卷十六《天元一释自序》：天元一之名，不著于古籍。金、元之间，

---

① “继淑书来”，《续修四库全书》第1045册，第536页作“可久以书来”。

② “继淑为子”，《续修四库全书》第1045册，第536页作“可久为子”。

③ “薛氏”，《续修四库全书》第1045册，第536页作“某氏”。

李仁乡学士作《测圆海镜》、《益古演段》两书，以畅发其旨趣。宋末秦道古《数学九章》亦有立天元一法，而术与李异，盖有所授也。元世祖并宋之后，郭邢台用李氏之法造授时术，其学颇显著与世。明顾箬溪不知所谓，毅然删去细草，终明之世，此学遂微。国朝梅文穆公悟其为欧逻巴借根法之所本，于是世始知天元一之说。然李氏书虽尝板刻，而海内不多有，故学者习学借根方法，而于天元一之蕴或有未窥者也。吾友元和李尚之锐精思妙悟，究核李氏全书，后辨别天元之相消异乎借根之加减，重为校注，奥秘益彰，信足以绍仁卿之传，而补文穆所不逮也。循习是术，因以教授子弟，或谓仁卿之书端绪业繁，鲜能知要，因会通其理，举而明之，而所论相消相减，间与尚之之说差者，盖尚之主辨天元借根之殊，故指其大概之所近，循主述盈朒和较之理，故析其微芒之所分，阅者勿疑有异义也。嘉庆四年冬十二月除夕。

李锐《周易虞氏略例·日月为易第一》：存目。①

王炳《周易虞氏略例跋》：《易》书广大悉备，言象数者首推汉孟氏学。至虞仲翔参伍错综，曲阐厥蕴，顾其学典午而后世不甚传。近世昌明汉学，始有能读之者。毘陵张皋文先生《消息》一书，详则详矣，支离穿凿，读者病之。四香先生《略例》之作，简要有法，虞义大明，盖以箴张氏之失也。是书向藏先生门人张书城明经箧中，茂苑钦君云山嘉枝录得之，因共商付剞劂，以广其传。世之读《虞易》者可以得其要领，而无患乎琐缀艰晦也已。时咸丰丙辰仲秋，元和后学王炳识。②

李锐《测圆海镜跋》：天元如积之学，盛于元，亡于明，而复显于本朝。梅文穆公《赤水遗珍》天元一即借根方解，发三百年来算家之蒙，可谓有功矣。惟立天元术相消，与借根方两边加减，实有不同。文穆于此似犹未达其旨。盖相消之法，大略与方程直除相似，但以右行对减左行，或以左行对减右行，故曰相消。西人易为加减，虽得数不殊，究不如古法之简且易也。浙江学使阮阁学芸台先生，学贯天人，振兴绝业，以言立天元者莫详于《海镜》，惜其流传未广，将重付剞劂。出所藏旧抄本寄示，命为校勘。爰依术布算，默订其算式，间有转写脱漏，设数偶合处，辄因管见所及，是正其讹凡若干条。极知固陋，无补古人，质之阁学，幸垂诲焉。

① 见《续修四库全书》第28册，第253页。
② 见《续修四库全书》第28册，第267页。

徐养原

《清儒学案》卷一二二《仪征学案中·仪征弟子上·徐先生养原》：徐养原，字新田，号饴庵，德清人。嘉庆辛酉副贡。父天柱，乾隆三十四年一甲二名进士，官编修，于诸经皆有论述。先生少承家学，从官京师，一时名宿，捧手问业。阮文达抚浙，相从诂经精舍讲学，助校诸经注疏，任《尚书》、《仪礼》，所校特精。通“三礼”，墨守郑氏，于郑说未尽者亦有参正。兼通六书、古音、历算、舆地、氏族之学。母程善鼓琴，因研究音律。据《左氏》、《管子》、《淮南子》、蔡邕诸说，**明上古声自声，律自律，本不相准**。旋宫之法，旋声不旋律，徵、羽主浊倍声。琴弦次第，定以一弦为征。又依琴弦辨正管色，纠宋人之谬。卒年六十八。著有《明堂说》、《禘郊辨》、《井田议》、《饮食考》、《古乐章考》、《周官五礼表》、《五官表》、《考工杂记》、《尚书黑水考》、《渤海考》、《书经文字异同》、《说文声类经传音证》、《律吕臆说》、《琴学原始》、《周髀解》、《九章重差补图》、《朝鲜疆域考》、《氏族谱》诸书；其《周官故书考》① 四卷、《仪礼今古文异同（疏证）［考］》五卷、《论语鲁读考》一卷、《顽石庐经说》十卷，刻入王氏《续皇清经解》。（参张履撰传、《湖州府志》、《人物传》、《艺文略》、孙星衍《诂经精舍题名记》）

《清史稿·儒林三》：有清为《周礼》之学者，有惠士奇、沈彤、庄存与、沈梦兰、段玉裁、徐养原、宋世荦。

《清史列传·儒林传下二》：徐养原，字新田，浙江德清人。嘉庆六年副贡生。养原

---

① 《周官故书考》，清徐养原撰。《周礼》有故书、今书，贾疏以为刘向未校以前为古文，既校为今文。徐氏《自序》论《周礼》故书、今书云：“故书、今书，犹言旧本新本耳。”“盖杜（子春）、郑（郑兴、郑众），故书也；贾（逵）、马（融）之本，今书也。故书，周壁中书，今书为隶古定。”徐书采录清代学者段玉裁、王引之、惠栋等人的意见，加以分析，有时也发表自己的意见。徐书较为晚出，对故书、今书的认识和研究较深入。孙诒让称徐氏的某些见解“足正贾（公彦）说之误”。有道光壬午年刊本。（许嘉璐主编《传统语言学辞典》第 516 页）

读书有识，年十三，随父天柱官京师，从一时名宿问业，于学术源流靡不洞晓。性至孝，父乞养归，顺事左右，说经以博亲欢。母善鼓琴，尝自制谱，乃复讲求音律以娱母。及父母殁，不复应举。家居诵读考论，非疾病丧纪不辍业。然安粗粝，远声誉，偶为邑人评所著书，嘉定钱大昕见之，大惊叹。浙抚阮元集高材生校勘诸经注疏，养原任《尚书》、《仪礼》。《仪礼》脱文错简，视他经为多。养原所校特精，为诸人所不及。尝言曰：“**古之儒者必修六艺，邮之书数，居之礼乐，皆以养性也**。”于是条通经传，著其大者，为《明堂说》、《井田议》、《禘祫庙制郊社辨》等篇。又考乐器、声律、歌诗及《考工记》诸制，著《顽石庐经说》十卷。其说多墨守郑氏，至论明堂失之隘，计侯道失之远，若斯模拟，乃参正他说，又著《周官故书考》四卷、《仪礼今古文异同（疏证）［考］》五卷、《春秋三家异同考》一卷、《论语鲁读考》一卷。其《仪礼疏证》辨敖氏之误甚多，可与褚寅亮《管见》并传。其于六书，有《六书故》、《檀园字说》、《童钥》、《急就篇考异》、《说文声类》、《毛诗类韵》、《周易楚词经传谱子音证》、《古音备征记》。《字说》，纠二徐释许之误，《声类》增析段氏十七部，得十九部，求其得声之原。尤精算学，自言学之二十年，有《周髀解》、《九章重差补图》、《刘徽割圆法》、《长广方说》、《带纵诸乘方记》、《乘方补记》、《三角割圆对数比例》、《对数新论》，欲中西之法各明其真，无相杂糅；谓古义明，可以知西法之莫能外也。晚欲悉取太衍、天元、借根、对数诸法，次于古九章，以会数度之全。书未成，道光五年卒，年六十八。他杂珠及诗文，尚十余种。嘉兴钱仪吉述人言谓“养原**经为人师，行为仪表**”，洵无愧云。①

钱仪吉《衎石斋记事稿》卷十《徐新田墓志铭》：德清徐氏，自余姚西迁，康熙中礼部侍郎倬，工部尚书元正，父子以清节闻。尚书公之长子曰志莘，父任入官，其子曰以升，孙曰开厚，曾孙曰天柱，即君考也。比三世，又皆入翰林，门族盛且久矣，而家法务俭约，谨退恂，然笃内行。予舅氏余斋戚先生，高士也，有人伦之鉴，尝曰：“昔范史称伏生之后，世传经学，清静无竞，吾乡徐氏近之矣。”又举杜诗荐伏惠公之辞曰：“**经为人师，行为仪表**。”吾友新田亦足当之。新田，君字也，讳养原，又字饴庵。……幼从父宦，再入京师，父乞养归，遭重亲忧，遂不复出，君顺事左右，说经娱父，久之，父卒。嘉庆六年充浙江副贡，后四年母又卒，君亦遂无意应举。君尝言曰：古之儒者必修六艺，邮之书数，居之礼乐，皆以养性也。于是条通经传，著其大者，为《明堂说》、《禘郊辨》、《井田议》、《饮食考》、《古乐章考》、《周官五礼表》、《五官表》、《考工杂记》。其说多墨守郑氏，若论明堂失之隘，计侯道失之远，又直静其失，为《尚书考》，列汉、魏旧说，举近日诸家所未及举，又为随笔，决其是非。为《黑水考》、《渤海考》，不附和其乡先生东樵胡氏之说，皆实事求是，不为苟同。于六书会意、指事辨析最精，以及形声四者，字字别出之为《六书故》，纠二徐释许之误。为《檀园字说》，著李斯作篆之迹。为《童钥》，还史游字体之正。为《急就篇考异》。于古音增析段氏十七部，得十九部，求其得声之原，为《说文声类》，本其分部之实。为《毛诗类韵》、《周易》、《楚词经传诸子音证》、《古音备征记》，于是《仪礼》之古今文、《周官》之故书、《春秋》三家、《论

① 见中华书局本第 18 册，第 5599~5560 页。

语》鲁读皆能列其异同，而为之考。于算学有《周髀解》、《九章重差补图》、《刘徽割圆表》、《长广方说》、《带纵诸乘方记》、《乘方补记》、《三角割圆》、《对数比例》、《对数新论》，欲中西之法各明其真，无相杂糅。又谓古义明可以知西法之莫能外也。程太宜人善鼓琴，尝自制谱。君益讲求音律，以娱母。有《律吕臆说》、《琴学原始》、《乐曲考》、《管色考》、《荀勖笛律图注》，多据《左氏》、《管子》、《淮南》、蔡邕之言证后儒之违阙，盖笃信古学，君志然也。君常家居，又书外无嗜好，非疾病丧纪不辍业。诵录考论，矻矻然，循循然，五六十年以为常。安粗粝，远声誉，偶为邑人评论。所著书，钱詹事先生见之，大惊叹。时始知之仪征阮公征高材生数十人，诂经于杭州，君与其弟养灏与焉。养灏后官御史，病归，亦笃素君子也。两人处众中，多稽而寡言，阮公甚重之。其后校勘诸经注疏，以《尚书》、《仪礼》二者属君，《仪礼》错简脱文尤众，君所校远出永嘉、济阳两张氏上，阮公进之于朝，雕版者三，世多传习之者。他撰著及杂文、诗歌洁本若草稿，累数千纸，今君之子仁本琳校写犹未竣。君以道光五年五月二十七日卒，年六十八。娶桐乡冯氏，先君十三年卒。君为著行略。今仁本等将葬君某原，乞予为铭。忆予忝乡荐，余斋先生喜曰："不意尔与新田同举也。"呜呼！今三十年矣。又不意而铭君之幽宫。铭曰：世言心性，末流堕禅。君曰舍之，不如反身。高论经济，纷徇见闻。曰非躬历，终恐误人。孝乎惟孝，慎静尚宽。修礼播乐，知服博文。邑式黄发，家踪硕贤。大命不淑，令闻不陨。湖山枞枏，其延其芬。千秋闷藏，噫乎徐君！

诸可宝《畴人传三编》卷二：同县友人徐养原，字新田，又字饴庵，为诂经精舍高材生，亦出文达公门下。嘉庆六年充浙江副贡，四年母卒，遂无意应举。耽精算术，著有《周髀解》、《九章重差补图》、《刘徽割圆表》、《长广方说》、《带纵诸乘方记》、《乘方补记》、《三角割圆》、《对数比例》、《对数新论》，欲中西之法各明其真，无相杂糅。谓"古义明，可以知西法之莫能外也"。又欲悉取大衍、天元、借根、对数诸法，次于古九章，以会数度之全书，未成，已卒，时道光五年，年六十有八矣。

【附录】俞樾《春在堂杂文》续编卷二《沈东甫先生九经辨字渎蒙序》：唐颜师古著《匡谬正俗》，于诸经训诂音释考之甚详。至宋贾昌朝作《群经音辨》，凡经中字同而音训异者，以类相从，分为五门，一一为之辨别。盖古人读书，于声音文字不敢卤莽灭裂固如是也。本朝经术昌明，乾嘉间硕儒辈出，是正文字，发明古训，驾唐、宋而上之，而言小学者尤众。若段氏玉裁之《尚书撰异》、《诗小学》、《周礼仪礼汉读考》，**徐氏养原之《仪礼今古文疏证》、《周礼故书考》、《论语鲁读考》，赵氏坦之《春秋异文笺》，考订异同，网罗繁富，皆卓然成一家言**。然未有汇萃群经，条分缕晰，以著一书，如岳氏之《九经三传沿革例》者，则东甫先生所撰《九经辨字渎蒙》，固言小学者不可不读之书也。先生著此书在雍正中，其时乾嘉诸老未出，海内学者犹沿明季余习，束注疏于高阁，而先生孜孜讨论，于音义之歧、字体之异，辨别豪芒，张皇幽眇，洵**乾嘉学派**之先河矣。夫九经之字，辨之不胜辨也。然古义不外乎声，苟泥乎其形，则卫风之桑葚①，鲁颂何以为桑

① 桑葚：桑树的果实，味甜可食，中医亦以入药。《诗·卫风·氓》："吁嗟鸠兮，无食桑葚。"朱熹《诗集传》："葚，桑实也。"

黮①?《特牲篇》之挼祭②,《少牢篇》何以为绥祭③?即一经中亦有不可通者。若以声而求之,则《周礼》之芳、《仪礼》之幦④、《礼记》之蔑⑤,其声同也。《公羊》之犀邱、《穀梁》之师邱、《左传》之鄎邱,其声同也。自唐以来,罕达此理。国朝黄生撰《字诂》乃始发之。当先生时,古音犹未大显,故于蛾、蚁之类,犹不免致疑,然所论如经典通借及先儒异读,以至同音异义、易音易义、异字同义,排比钩稽,使学者依类而求之,以通古书假借之例,其意甚善。视毛西河《春秋简书刊误》斤斤于同异之迹者固远胜之矣。是书《四库全书》著录,百余年来流布未广,乱后又失其版,先生之曾孙仲复观察藏有抄本,将刻以行世。余谓先生所纂《新旧唐书合刻》、《廿一史四谱》已补刻于武林吴氏,即《唐诗金粉》,坊间亦尚有其书,而此书独无刻本,则剞劂之举不可缓也。观察以名翰林出为监司,学有家法,能以经术通世务用。阮文达在杭州西湖,故事于上海创设诂经精舍,延余主讲席,乃出是书见示,余为校正讹字二百三十余处,因书数语于简端而归之,俾学者知先生此书实为乾嘉诸老道其先路。欲为乾嘉之学者,宜先读是编,于声音文字所裨非浅也。(今按:沈东甫即沈炳震)

潘衍桐《两浙輶轩续录》卷二十:徐养原,字新田,号饴庵,德清人。嘉庆庚申副贡。《府志》:养原年十三随父官京师,从一时名宿,于学术源流派别无不晓贯。阮元抚浙,集群儒校勘诸经注疏,养原任《尚书》、《仪礼》、《仪礼》,错简视他经为多,而所校特精,为他人所不及。兼通六经古音、历算舆地之学。著书二十余种。《定香亭笔谈》:养原乃西灊编修天柱之子,天算之功颇精。自言学之二十年矣。《曝书杂记》:嘉庆丁卯,李许斋方伯守郡吾禾,属徐君养原校刊卢抱经所校《法言》李轨注,以视秦刻治平监本注文间有异同。《缉雅堂诗话》:饴庵所撰《仪礼今古文异同疏证》,条辨敖氏之误甚多,可与鹤侣《管见》并传,真高密功臣也。

许宗彦《鉴止水斋集》卷十《答徐新田先生书》:存目。

陈康祺《壬癸藏札记》卷四:左海先生归田后,门徒若云,贽币迭至,主讲仙游、清源两书院,以学古敦行率多士,重廉耻,尚经学,优其礼貌,严其董戒,士初苦之,而久乃悦服。巡抚上元叶公坚请移席鳌峰,先生与之约,请先察学行,后考文艺,牒郡县举其孝弟廉洁者、通经学古秀异有才者,及岁科试高等若辈举优行者,守令以礼资送,乃肩

---

① 黮:通"葚"。桑实。《诗·鲁颂·泮水》:"食我桑黮,时怀我好音。"毛传:"黮,桑实也。"陆德明《释文》:"黮,《说文》、《字林》皆作葚,時审反。"

② 挼祭:祭名。尸未食前之祭。《仪礼·特牲馈食礼》:"祝命挼祭。"郑玄注:"挼祭,祭神食也。《士虞礼》古文曰:'祝命佐食堕祭。'《周礼》曰:'既祭则藏其堕。'堕与挼读同耳。今文改挼皆为绥。古文此皆为挼祭也。"胡培翚正义:"《礼经释例》云:'凡尸未食前之祭,谓之堕祭;又谓之挼祭。'"

③ 绥祭:古祭礼名。《仪礼·士虞礼》:"不绥祭,无泰羹湆胾从献。"郑玄注:"事尸之礼,始于绥祭,终于从献。'绥'当为'堕'。"《礼记·曾子问》:"摄主不厌祭,不旅不假,不绥祭,不配。"郑玄注:"'绥',《周礼》作'堕'。"孔颖达疏:"谓欲食之时,先减黍稷牢肉而祭之于豆间,故曰绥祭。"

④ 幦:《广韵》莫狄切,入锡,明。古代车轼上的覆盖物。也称"幭"。《仪礼·既夕礼》:"主人乘恶车,白狗幦,蒲蔽。"郑玄注:"幦,覆笭也,以狗皮为之,取其臑也。"《礼记·玉藻》:"君羔幦虎犆,大夫齐车豹幦豹犆,朝车,士齐车鹿幦豹犆。"

⑤ 蔑:《广韵》莫结切,入屑,明。

试而录取焉。作《义利辨》、《科举论》、《知耻说》揭于讲堂，又为规约，教以正心术，广学问，慎交游，肃礼仪，悉发藏书，使博观而精择之，日稽其课，月考其能，经史文章，因所长而裁成之，不为一格，故游先生之门者，若仙游王捷南之《诗》、《礼》、《春秋》诸史，晋江杜彦士之小学，惠安陈金城之汉《易》，将乐梁文之性理，建安丁汝恭、德化赖其瑛、建阳张际亮之诗古文辞，皆足名家，而惠安孙经世学成早世，其名亦在《通志·儒林传》中。先生尝客吾浙，为阮文达公课士，仁和赵坦、德清徐养原、养灏、钱塘严杰、临海洪颐煊、震煊皆相从问业，多所兴起。传曰："儒以道得民，师以贤得民。"先生殆兼之矣。

徐养原《周官故书考叙》：《周礼》有"故书"、"今书"之别，（贾）疏谓刘向未校以前为古文，既校为今文，非也。以郑注考之，凡杜子春、郑大夫、郑司农所据之本并是故书。"故书"、"今书"，犹言"旧本"、"新本"耳。《周礼》乃古文之学，何今文之有？刘向校书未卒业，子歆续成之。《周礼》盖歆所校。杜子春、郑大夫亲从歆问，而并据"故书"作注，则"故书"乃校后之本也。……**盖杜（子春）、郑（郑兴、郑众）之本，故书也；贾（逵）、马（融）之本，今书也。故书，周壁中书，今书为隶古定**。……是"故书"、"今书"皆非一本。盖书经三写，不免鲁鱼。然子春等于经文但正其读，不易其字。今书竟改之，启后世轻改经文之渐。后郑就今书以校故书，而著其异同于注，使后学得以参考而究其原。至于辨声类，存古字，其用功于斯经甚大。近世通儒复疏通证明之。今采录而参以鄙见，附著于下方，亦郑君赞辨昔贤之志也。道光壬午闰三月，徐养原书。①

徐养原《仪礼今古文异同考·小引》：养原案：《仪礼》古文出鲁淹中及孔氏（见《艺文志》），而河间献王所得先秦旧书亦有古文礼（见河间献王传）。今文则高堂生所传也。文之异同备载郑注。有字异而音义亦异者，有字异而音义不异者。今根据群书，略为疏证。若文字有详略，义可两通，则不复赘说。②

徐养原《论语鲁读考序》：存目。

徐养原《顽石庐经说·古文尚书辨》：存目。

---

① 见《续修四库全书》第81册，第113页。

② 见《续修四库全书》第90册，第279页。

方观旭

《清儒学案》卷二〇二《诸儒学案八·方先生观旭》：方观旭，字升斋，钱塘人。嘉庆辛未进士，改庶吉士，散馆，授广西武缘县知县。为诸生时，尝肄业诂经精舍，为阮文达元所契重。于诸经皆有研究，而《论语》一书，致力尤勤。著有《论语偶记》，曾刻入《皇清经解》云。（参《杭州府志》）

《（民国）杭州府志》卷一一一：方观旭，钱塘人，武缘知县。

《（民国）杭州府志》卷一一三：方观旭，辛未进士。

《论语偶记序》：待考。①

① 《续修四库全书》第155册影印《皇清经解》本，未录序。

刘履恂

《清史稿·儒林》：刘宝楠，字楚桢，宝应人。父履恂，字迪九，乾隆五十一年举人，国子监典簿，著有《秋槎札记》。宝楠生五岁而孤，母氏乔教育以成。

桂文灿《经学博采录》卷七：刘楚桢进士宝楠，江苏宝应人。端临训导犹子也。少从训导游，传其经学。进士之父名履恂，字云陔，以举人官国子监典簿，著有《秋槎杂记》，刻入《皇清经解》。进士之兄名宝树，字鹤汀，以举人官安徽五河县教谕，亦深经学。著有《娱景堂集》，久已刊行。

刘文淇《青溪旧屋文集》卷九《刘迪九先生墓表》：道光某年月日，宝应刘宝楠楚桢以其先人行状及遗书来请铭。文淇与楚桢游最久，不敢以不文辞。按状，先生姓刘氏，讳履恂，字迪九，先世苏州人。明初迁宝应，遂著籍。……先生年十八，补扬州府学生，试高等，补廪膳生，中式乾隆五十一年举人，年四十九矣。时主试者为故大学士大兴朱文正公、故编修大庾戴公心亨，所取多绩学士，而宝应刘氏有三人，先生其一也。累赴礼部试，不第，大挑二等，录用教谕，改国子监典簿，旋以疾卒于京师。从弟营缮君以其丧归。先生事亲孝谨，父早卒，母成孺人多疾，先生与诸弟更侍，不假婢妪，虽亵器必启视，色如常则喜。与诸弟友爱，治家内外有法度。善议论，有干事才，解纷拨烦，拯人困急……幼习《毛诗》，长乃博览经史百家之说，其说经多以经注经，折衷一是。其诗溯源《骚》、《选》，质雅冲和。著有《秋槎杂记》一卷、《义迹山房诗稿》一卷，即今所刊刻者也。……先生卒于乾隆六十年四月二十一日，年五十有八。前孺人卒于乾隆三十九年正月二十一日，年三十有四，孺人卒于嘉庆十六年闰三月二十九日，年五十有五，合葬城北二十五里黄塍沟之原。(下略)

刘宝楠《念楼集》卷八《皇朝登仕郎国子监典簿显考刘府君行状》：府君讳履恂，字迪九，一字子芰，晚年取《诗·南陔》及"白云下亲舍"之义，自号云陔。先世苏州人，明初迁宝应。七世祖讳□□，明岁贡生，镇江府学训导，以学行闻于时。六世祖讳永澄，万历二十九年进士，兵部职方司主事，早卒。先儒刘忠端公上疏，称为"东林贤人"，见《明史·刘宗周传》。卒，祀乡贤祠及无锡东林书院。五世祖讳□□，县学廪生，甲申后不应科目，以逸民终，见侍读乔莱《宝应志》。高祖讳□□，国朝县学附生。曾祖讳中从，康熙四十七年举人，内阁中书，改石埭县教谕，未就。祖讳家晟，附贡生。本生祖讳家升，康熙五十三年副榜贡生，以孙台斗官赠承德郎，工部营缮司主事。父讳世诜，附贡生。居邑东门，累世恪守家学，谨身饬行，邑人称道学家，必曰“东门刘氏”。府君少颖悟，年十八，入府学附生，勤于学问，岁科试辄高等，补廪膳生。乾隆五十一年，府君年四十有九矣，故太傅大兴朱文正公、编修大庾戴公心亨为江南主考官，《论语》题“过位升堂”，依《周礼》治朝、燕朝郑注训释，中式多知名之士，刘氏三人，府君其一也。累赴礼部试不第，值江淮荐饥，食指繁伙，家事中落。府君授徒养亲，跋涉千里，北至燕、齐，西逾汝、颖，所至尊礼，从学者众。六十年，复赴礼部试，卒不第，大挑二等，即用儒学教谕，改国子监典簿，旋以疾卒于京邸。伤哉！府君事亲谨顺，父早卒，母成太孺人，春秋高，多疾，府君虽能医，必延良医诊视。匕箸必亲。与诸弟代侍，不假婢妪。亵器出，必启视，色如常则喜。前卒二年，馆于颍州，一夕，梦太孺人病状，亟归，果病。太孺人泣，府君亦泣曰：“儿誓不远游。”及届礼部试期，府君坚不赴，太孺人曰：“以汝父力学，未邀一第，而赍志以终，九原有知，舍汝奚望？我尚健饭，亦冀禄养，以慰桑榆。”府君不得已，就道。及试事毕，感疾遂病。从侄祈先归，府君曰：“归见我母，勿语我病。”及卒之夕，语从弟台斗曰：“母养未终，重以大戚，终天之恨，生死所同。归语诸弟，善事吾母。吾魂魄常在母左右也。”呜呼伤哉！府君与诸弟友爱。三弟素懦，乡人讼罹焉，府君为历赴县府司讯，卒昭释。四弟仆某逃责，其妻以家主逼胁，未知死所，愬于官。狱甚急，府君计获某，其妻坐诬。府君高明伉爽，敏练干事，裙屐善使，木屑储用。与人推心置腹，城府洞达，解纷拨繁，匍匐急难。族某就府君，与之金，治生业。某不能安其业，饥寒疾病，其妻惎之赴府君。某曰：“我负某，死必不去。”遂死。府君率族人殓葬之。又族某贫无家，将之河南依其戚，谋于府君。府君方鬻北郊田偿债，辄分其直，赆之使行。其慷慨好义多类此。先世自镇江君以下，七世皆习《易》。府君幼习诗，长乃博览经史百家之说。其说经，皆元本经文，实事求是。其诗根柢《文选》，当自题其卷云：“工部自言《文选》熟，金针全度不留余。”盖自道所得也。是时朱文正为天下宗师，而尚书沈文悫亦以风雅领后进。府君之同岁生汪尚书廷珍、阮尚书元、孙督粮星衍、张编修惠言及从弟训道台拱，皆以经术负海内重名，而文悫与吾邑乔剑溪先生为布衣交，士每投诗剑溪，以达文悫，被其奖藉，立成声誉。剑溪，先妣孺人大父也。府君蛰居修学，扫迹晦名。弥衡之刺，不上于公卿；刘勰之书，不陈于当道。故当时无赫赫名。又不自鸠集文字，每与生徒谈说经义，不复誊录，兼以旅馆饰终，巾箱散失，宝树等网罗残失，掇拾遗文，仅得《秋槎杂记》一卷、《义迹山房诗稿》一卷，制艺别行。零珪断璧，罕而益珍。伤哉！府君生于乾隆三年四月五日辰时，卒于乾隆六十年四月二十一日寅时，年五十有八。元配乔孺人，明御史可聘来孙女，附贡生其棠女，生于乾隆六年五月二十九日辰时，卒于乾隆三十九年正月二十一日申时，年三十有四。继配乔孺人，亦可聘来孙女，国朝翰林侍读莱元孙女，太学生亿孙女，县学生光宗女（太学君，所谓剑溪先生也）。生于乾隆二十二年五月十五日午时，卒于嘉庆十六年闰三月二十九日寅时，年五十有五，合葬城北二十五里黄塍沟之原。子五：奉集，县学廪生；芝集，府学增生，皆能文章，有声庠序，府君殁后一年，皆卒；宝树，嘉庆十二年举人，即用儒学教谕；宝楙、宝楠，嘉庆二十四年优贡生，候选儒学训导。女一，适岁贡生侨德全。孙五：霖，县学附生；霆、恭绶、恭珩、昧防。孙女四：长适程茂初，余幼。曾孙一：长年府君之殁，距今二十有七年，宝树等冀邀一命，以为表墓之荣，今皆长大无成。念府君积学不遇，舆柩远归，学业文章，散如秋草。每搦管凝思，仿佛音容，貌阙行事，执简欷亩，不忍下笔。今将校刊府君遗书，谨忍泪叙述大概，附于末简，冀立言者有所采择焉。道光元年十月既望，孤宝树、宝楙、宝楠谨状。①

汪廷珍《秋槎札记序》：存目。②

刘宝楠《念楼集》卷七《秋槎札记书后》：先君著《秋槎杂记》内、外篇，内篇说经，外篇杂论、传记、诗、文合为一卷。道光元年刊行，时仪征阮相国总督两广，刺取是书内篇刊入《皇清经解》。其中囊橐条末云“橐无底，无证”。后复得手稿别本，引《老子》书，证“橐无底”。先兄幼度松渠尝欲更正，未果。今取原刻，抽更一简。因字数、行款参错，删去杨君大承注，以强合之，以毕先兄未竟之志。大承今更名亮，原刻用旧名，今“弛弛条”下，亦剜改今名。(下略)③

① 见《宝应刘氏集》，第297~299页。
② 详见该书卷首，又见《四库未收书辑刊》第四辑第9册，第523页。
③ 见《宝应刘氏集》，第281页。

陈瑑

《清儒学案》卷八十四《潜研学案下·令华家学·陈先生瑑》：陈瑑，字聘侯，一字恬生，号小连。令华子。举人。亦通六书，兼习九章，自号六九学人。著《说文引经考［证］》①、《说文举例》、《春秋岁星算例》、《国语翼解》、《六九斋撰述稿》。卒年五十九。（参葛其仁《五友传》）

葛其仁《五友传》：待考。

诸可宝《畴人传三编》卷五：同县有陈瑑，号小莲，道光二十四年举人。著有《说文引经考证》四卷，行世竞传，其兼长步算，深于说天之学云。

桂文灿《经学博采录》卷十一：嘉定陈令华诗庭，嘉庆己未进士也，一字莲夫，又字妙士。深于小学，著《读书证疑》六卷，语多精确。道光乙巳付梓。进士之子名瑑，字恬生，一字小莲，又字聘侯，以解经补附学生，申辰孟艺题为“庠者养也”三句，以训诂谐声立义，中举人。少承庭训，既孤，益自覃研，始为《说文引经考》八卷，后以文繁约，为《说文引经异文解》五篇，又为《释农》、《释莘》、《释尊》、《释附》、《释赞》，又为《说文举例》，旁通曲证，如肉贯串。又为《春秋岁星算例》，以唐虞三代附之，合刊之为《六九斋纂述稿》四卷。六九者，六书、九章之谓也。其《读书举例》，或取他人之说而引伸之，如《养新录》中《说文》读若取转音之例，曰从鲜声而读若斯，孝廉以郑氏匏叶笺斯白鲜白为之证；《三百篇》如用韵不在句尾之例，孝廉以《汉广》之三“思”字、《墓门》之三“之”字皆语助为之证；《答问》中有《说文》读若不破字之例，孝廉广搜汉儒旧说，如高诱《淮南子注》屈读如秋、鸡无尾屈之屈之类以广其例。又有以义释名之例，如彻也者彻也，象也者象也；石经无人旁、无以声释义之例，则仁者人也之类；舍注据经，以明简要，或自为之说者，如《说文》两字合成一字不在谐声之

① 《说文引经考证》：清陈瑑撰。八卷。……该书专门搜集《说文》所引经文与今经典传本不同者，详加考证。……对阅读和校勘《说文》引经有一定参考价值。（许嘉璐主编《传统语言学辞典》第355页）

例，算从两示，而读若算，眀从两目，而读若句之类；《说文》本有之字，而后世以别字乱之之例，如藉博藉也，而后世曰芭蕉之类。语多他人所不及道者也。……《六九斋纂述稿》中语多类此。未刻之书尚有《国语翼解》十六卷、《九章算术细草缺方程》一篇。(下略)

陈瑑《说文引经考证自序》：**学者通经，必先识字**。不有《说文》，何以究《苍》、《雅》之遗文，篆、籀之微指哉？顾《说文》之存于今者，误盭脱落，窜入改易，许君原本仅十之六七耳。惟所称诸经，虽亦经传写移录，而证以他书，汉经师之训诂、七十子之大义微言往往而在。**由文字以究声音，由声音以通故训，研经之津逮，识字之指归也**。其与今本同者概不赘。作《说文引经考证》。①

陈瑑《说文引经考证》卷八《说文引经互异说》：《说文》称经，往往两部互异，亦有一部互异者。近儒钱詹事之言曰："今世所行九经，乃汉、魏、晋儒一家之学。"许君生于东京全盛之日，诸儒讲授师承各别，悉能通贯，经师之本，互有异同。其文异而义可通者兼存之，以俟后人之决择。然则称经非互异也，实兼存耳。其兼存之文，有似异而实同者，有文异而义同者，有字异而音同者，有音近而义通者，疏通而证明之。以经解经，学者之事也。证之本书，博引诸书之说，臮少所闻于父兄者，具著于篇。②

张澍《养素堂文集》卷四《说文引经考证序》：许叔重《说文解字叙》云，其称《易》孟氏、《书》孔氏、《诗》毛氏、《礼》周官、《春秋》左氏，《论语》、《孝经》皆古文也。按：汉田何以《易》授丁宽，宽授田王孙，王孙授施雠、孟喜、梁丘贺，喜授白光、翟牧。后汉洼丹、觟阳鸿、任升、范升、杨政皆传《孟氏易》，而虞翻自其高祖光至翻五世皆治《孟氏易》，故仲翔孟学为尤邃。《孟易》者，许氏《易》学之宗也。孔氏有《古文尚书》，孔安国以今文字读之，因以起其家。司马迁亦从安国问故，迁载《尧典》、《禹贡》、《洪范》、《微子》、《金縢》诸篇多古文说。孔氏者，许《书》学之宗也。毛公，赵人也，治《诗》，为河间献王博士。毛氏者，许《诗》学之宗也，高堂生博士。《礼》十七篇，而《礼古经》五十六卷，出壁中，有大戴、小戴、庆氏之学。许不言谁氏者，许礼学无所主也。古谓之《礼》，唐以后谓之《仪礼》，不言记者，言礼以该记也。《周官经》六篇，王莽时刘歆置博士，古谓之《周官经》，许、郑亦谓之《周礼》，不言谁氏者，许《周礼》学无所主也。《春秋古经》十二篇、《左氏传》三十卷出壁中及张苍家。左氏者，许《春秋》学之宗也。《论语》不言谁氏，《孝经》亦不言谁氏者，学无所主也。许冲以《孝经》为鲁国三老所献，建武时东海议郎卫宏所校也。试观许书，未尝不用《鲁诗》、《公羊传》、《今文礼》，然则云皆古文者，谓其中所说字形、字音、字义皆合仓颉、史籀，非谓皆用壁中古本明矣。余于道光二年入都需次，寓钱衎石侍御宅。长夏无事，乃取《说文》所引各经疏通而证明之，因知古人传授，各守师说，而不肯倍，非如后世之羼杂众论，纷纷聚讼，莫能画一，爰序而藏之，以示子弟，非敢以质淹雅也。

① 见《续修四库全书》第227册，第457页。
② 见《续修四库全书》第227册，第528页。

李黼平

《清儒学案》卷一三二《月亭学案上·月亭交游·李先生黼平》：李黼平，字贞甫，号绣子，嘉应人。嘉庆乙丑进士，改庶吉士。散馆，授江苏昭文县知县。莅事一以宽和慈惠为宗，不忍用鞭扑，遇狱讼，随至随结。公余即手不释卷，民间有“李十五书生”之目。以亏挪公款，落职系狱，数年乃得归。会粤督阮文达开学海堂，因聘阅课艺。后主东莞宝安书院，课士一本诸经，人咸爱重之。道光十二年卒，年六十三。先生幼颖异，年十四即精通乐谱。及长，治汉学，工考证。所著《毛诗䌷义》二十四卷，于毛传、郑笺、陆氏《释文》、孔氏《正义》之诠释互异者，皆详加考订，疏通而证明之，为文达刻入《皇清经解》中。他著有《易刊误》二卷、《文选异义》二卷、《读杜韩笔记》二卷。其论《诗》谓心声所发，含宫嚼羽，与象箾胥鼓相应。故所为诗专讲音韵，能得古人不传之秘。有《著花庵集》八卷、《吴门集》八卷、《南归集》四卷、《续集》四卷。（参史传）

《清史稿·儒林三》：李黼平，字绣子，嘉应州人。幼颖异。年十四，精通乐谱。及长，治汉学，工考证。嘉庆十年进士，选翰林院庶吉士，散馆改昭文县知县。莅事一以宽和慈惠为宗，不忍用鞭扑，狱随至随结。公余即手一编，民间因有“李十五书生”之目。以亏挪落职系狱，数年乃得归。会粤督阮元开学海堂，聘阅课艺，遂留授诸子经。所著《毛诗䌷义》二十四卷。道光十二年，卒，年六十三。他著有《易刊误》二卷、《文选异义》二卷、《读杜韩笔记》二卷。

梁廷枏《昭文县知县李君墓志铭》：吾师之主讲宝安书院也，及此八易寒暑矣。院左文昌神祠以道光十有二年十有二月二十二日落成。先一日，师率诸生习礼毕，返院，坐未定，汗出不可止。医至，气已绝矣。……师姓李氏，讳黼平，字绣子，又字贞甫，明初自饶平迁嘉应之程乡城南。世有宦达，高曾以上并著声黉序……乙丑成进士，选庶常。……散馆，出为昭文令。政主宽和，鞫囚不忍用鞭扑，狱随至随结，不留牍。尤以作士为务，

月课必亲定甲乙。公暇即手一编，不喜与缙绅接……①

陈璞《尺冈草堂遗集》遗文卷四《拟广东文苑传》：李黼平，字绣子，别字贞甫，嘉应州人。嘉庆乙丑进士，翰林院庶吉士。乞假南还，大吏耳其名，聘主越华讲院，连两岁。戊辰入都，散馆，改用知县，谒选得江苏昭文，莅事一本宽和慈惠为宗，狱随至随结，无苦候者，谳案尤不忍用鞭扑。公余即手一篇，民间因有“李十五书生”之目。以亏挪揭参落职，系外台狱数年。制府阮公延入节署，授诸公子经。会开学海堂，以经史诗赋课士，属为定甲乙。复主东莞、宝安书院，教育士类，文行兼勖，人咸爱重之。卒年六十又三。著有《易刊误》二卷、《毛诗紬义》二十四卷、《文选异义》二卷、《读杜韩笔记》二卷、《堪舆六家选注》八卷，诗四集，曰《著花庵集》八卷、《吴门集》八卷、《南归集》四卷、续卷四卷，赋二卷、制艺四卷。(番禺县志稿)②

缪荃孙《李黼平传》：李黼平，字绣子，嘉应州人。幼颖异。年十四，精通乐谱。及长，治汉学，工考证。嘉庆十年进士，选翰林院庶吉士，散馆改昭文县知县，莅事一以宽和慈惠为宗，不忍用鞭扑，狱随至随结。公余即手一编，民间因有“李十五书生”之目。以亏挪落职，系狱数年，乃得归（文苑衢传）。会粤督阮元开学海堂，聘阅课艺，遂留授诸子经（梁成相□暮法）。所著《毛诗紬义》二十四卷。道光十二年卒，年六十三。他著有《易刊误》二卷、《文选异义》二卷、《读杜韩笔记》二卷（寿传）。③

桂文灿《经学博采录》卷五：李绣子庶常黼平，吾粤嘉应州人也。生而岐异，甫学语，母杨太宜人就怀中口授唐绝，辄能记诵。年十九，补弟子员。嘉庆戊午举于乡。乙丑成进士，选庶吉士，改授江苏昭文县知县。昭文固有漕旧为土棍包揽索贿于官，曰漕规，庶常严革之，首发难焉。先是，昭文积有亏挪，庶常接代，为人所愚，因是落职，系外台狱者八年。丁丑恩赦，改论城旦出狱，庚辰限满南归。时阮文达公总督两粤，延庶常授公子经。会开学海堂，以课士属庶常，定甲乙焉。庶常深于经学，著有《易刊误》二卷、《毛诗紬义》二十四卷。精熟《文选》，著《文选异义》二卷。亦工诗赋，著有《读杜韩笔记》二卷。著《花庵集》八卷、《吴中集》八卷、《南归集》四卷、续集四卷、赋二卷。通青鸟家言，著有《堪舆六家选注》八卷。《紬义》及诗集并刊行，《紬义》又刊入《皇清经解》。道光壬寅，余获交庶常之子子贯茂才。通言于羊城，言庶常所著尚有《小学樗言》二卷、《说文群经古字》四卷，藏于家。(下略)

李黼平《毛诗紬义自序》：《诗正义》成于众手，疏略时形。其后屡经校刊，淆讹弥甚，有传、笺本同而正义强分之者，有传、笺本异而《正义》强合之者，有误释传、笺义者，有漏释传、笺义者，有传、笺义载《释文》而正义误脱者……若斯之类，每欲条而录之。(下略)④

---

① 见《续碑传集》卷七二。

② 见《续修四库全书》第1547册，第660~661页。

③ 见《碑传集补》卷四十一。

④ 见《续修四库全书》第68册，第1页。

李富孙

《清儒学案》卷一四四《柳东学案·柳东交游·李先生富孙》：李富孙，字既汸，号香芷，一号芗沚。嘉庆辛酉拔贡。幼承家学，壮而出游，请业于卢抱经、钱竹汀、孙渊如诸先生，饫闻绪论。阮文达抚浙，入诂经精舍，遂一意治经。著《易解剩义》三卷，斥图书之说；《易解校异》一卷，柳东称为资州功臣，定宇直友。《七经异文释》五十卷，于诸经传本异文异诂，皆为搜集考证。所为文曰《校经庼集》。又有《说文辨字正俗》、《汉魏六朝墓铭例》、《鹤征后录》诸书。(参史传、《嘉兴府志》)

《清史稿·儒林三》：李富孙，字既汸，嘉兴人。嘉庆六年，拔贡生。良年来孙，良年自有传。从祖集，字敬堂，乾隆二十八年进士，官郧县知县。精研经学，以汉、唐为宗，尝为《学规论》，以课穷经，课经济，著有《原学斋文抄》。富孙学有原本，与伯兄超孙、从弟遇孙有“后三李”之目。长游四方，就正于卢文弨、钱大昕、王昶、孙星衍，饫闻绪论。阮元抚浙，肄业诂经精舍，遂湛深经术，尤好读《易》。著《易解剩义》，**谓《易》学三派：有汉儒之学，郑、虞、荀、陆诸家精矣；有晋、唐之学，王弼、孔颖达诸家，即北宋胡瑗、石介、东坡、伊川犹是支流余裔；至宋陈、邵之学出，本道学之术，创为图说，举羲、文、周、孔之所未及，汉以后诸儒之所未言者，以自神其附会之说，理其理而非《易》之所谓理，数其数而非《易》之所谓数，而前圣之《易》道晦矣**。唐李鼎祚所辑《易解》，精微广大，圣贤遗旨，略见于此。然其于三十六家之说，尚多未采，其遗文剩义，间见他书，犹可蒐辑，爰缀而录之，成书三卷，又成《校异》二卷。又著《七经异文释》，就经史传注、诸子百氏所引，以及汉、唐、宋石经，宋、元椠本，校其异同。或字有古今，或音近通假，或沿袭乖舛，悉据古谊而疏证之；而前儒之论说，并为蒐辑，使正其讹谬，辨其得失，折衷以求一是。凡《易》六卷、《尚书》八卷、《毛诗》十六卷、《春秋三传》十二卷、《礼记》八卷。同里冯登府称其详核奥博，为诂异义者集其大成。又谓《说文》一书，保氏六书之旨，赖以仅存。自篆变为隶，隶变为真，文字日繁，讹伪错出。或有形声意义大相区别，亦有近似而其实异，后人多混而同之；或有一篆之形，从某为古、籀，为或体，后人竟析而二之。经典文字，往往昧于音训，擅为改易，甚与本义相迕，亦字学之大变。夫假借通用，《说文》自有本字，有得通借者，有不容通借而并为俗误者，援据经典，以相证契，俾世之踵谬沿讹焯然可辨，为《说文辨字正俗》八卷。同里钱泰吉谓其书大旨折衷段《注》，而亦有段所未及者，读《说文》之津梁也。他著有《汉魏六朝墓铭纂例》四卷、《鹤征录》八卷、《后录》十二卷、《曝书亭词注》七卷、《梅里志》十六卷、《校经庼文稿》十八卷。

《清史列传·儒林传下二》：存目。①

《两浙辅轩续录》卷二十一：李富孙，字既汸，号芗沚，嘉兴人。嘉庆辛酉拔贡。著《校经庼集》。《府志》：富孙与伯兄超孙、从弟遇孙有"后三李"之目。湛深经术，所著《七经异文释》、《周易校异》、《集解剩义》、《汉魏六朝墓志纂例》、《鹤征前后录》、《曝书亭词注》、《说文辨字正俗》，均脍炙艺林。续纂《梅里志》，尤有裨文献云。

徐世昌《晚晴簃诗汇》卷一百十六：李富孙，字既汸，号芗沚，嘉兴人。嘉庆辛酉拔贡。有《校经庼集》。诗话：康熙、乾隆两举大科，人文极盛。己未则有阮芸台《词科摭录》、秦小岘《词科录》，丙辰则有杭堇浦《词科掌录》、《词科余话》、全谢山《公车征士录》、沈椒园《词科同年录》，至芗沚族祖敬堂大令集荟萃诸书，勒为一编，草创未竟，芗沚为之整齐排比，成《鹤征录》六卷、《后录》十二卷，一时旷典，文献俱存。芗沚与兄超孙奉墀、从弟遇孙金澜有声于时。称"后三李"。奉墀治《诗》，金澜治《尚书》，芗沚治《易》，并兼通金石校勘之学，著作斐然。

胡敬《崇雅堂诗抄》卷八《题李芗沚校经图》：竹垞先生玉堂产，经义编成三百卷。汉唐搜辑到元明，为佚为存为未见。研经有暇复倚声，酒畔自写其平生。不师秦七与黄九，玉田自许心分明。一代词宗叹观止，目中想见无余子。由来乐府是诗余，君今之笺真郑氏（君作《竹垞词笺注》，已刊行）。经义非不极大观，就中异文考阙然(《经义考》所载诸经异同字，君一一为析其义）。君今逐字加训诂，转注假借穷津源。呜呼师承乡里失，几辈操戈还入室。谁为身后扬子云，作者心期明者述。迩因作志观秘书（孙平叔制府以修《福建通志》，属君检录阁书），谈论时过招提居。学人才人君合擅，同异何必分区区。君乡藏书数渊海，宋椠精良留尚在。鸳湖何日过访君，疑义从君索神解。清风满室竹满庭，偶笺词就仍校经。一握松烟千载业，他年名重曝书亭。

张廷济《桂馨堂集·感逝诗·李兄芗沚同门名富孙，嘉兴梅会里人，拔贡生，乾隆四十九年甲辰同出窦东皋先生门下，道光二十三年癸卯除夕卒，年八十》：耆宿东南重，著书早等身。昔陪通德座，今哭老成人。芸叶剩新迹，梅花依旧春。泮宫芹藻地，那再共逢辰。

李富孙《校经庼文稿》卷十一《七经异文释自序》：经自秦燔后，往圣之微言奥旨澌灭无存。汉兴，幸有得于屋壁所藏，民间所献，老生所口授，诸儒抱残守缺，斤斤以名其家。故《易》有施、孟、梁丘、京氏之学，《书》则欧阳、大小夏侯为今文，孔安国为古文，《诗》有齐、鲁、韩、毛四家，《礼》则有二戴、刘歆，《春秋》有左氏、公、穀"三传"。弟子各守师说，人殊其谊，亦经异其文。兹非有意乖违，其家法授受然也。许叔重《说文解字》称《易》孟氏，《书》孔氏，《诗》毛氏，《春秋》左氏。然颇杂采诸家，故所引经文，一字间有互异。郑康成、范宁、何休、郭璞辈所注，其引诸经亦有不

① 详见中华书局本第18册，第5595~5596页。

同。盖汉人去古未远，六书为小学，说字解经，罔弗洞究根原。传经者率本六书意谊，或从古文，或从假借，或以声近，或用省文，加以南北语殊，轻重差别，故有字随读变，义因文异。后人不知古训，妄为肊改，而古人之经谊几不可通矣。唐陆德明撰《经典释文》，诸家异同采摭略备。然第及诸经训诂之说，未尝于经典外广为搜辑。富孙少而不学，长稍涉六经，见汉、晋诸儒之解诂各有师承。其与经文异者，不廑《释文》所载，自经传笺注及子史金石所称引，往往与今文不同。循诵之暇，悉为缀缉，诠绎其义，兼采后儒之说，旁通曲证，使天下穷经者不至以古经之异文反訾为纷岐缪误。而诸儒之家法同异与夫古谊之廑存于今者，庶几博综条贯，廓所传习。刘歆尝谓，汉时广立经，文义虽相反，犹并置之。则穷经之士不专为一师之学者，其或亦有取于是书也夫！

李富孙《校经庼文稿》卷十一《尚书异文释自序》：《尚书》值秦燔，济南伏生臧于屋壁，传二十八篇，后益《泰誓》一篇，以当时隶书写之，故称《今文尚书》。叟记云：伏生求其书，亡数十篇，独得二十九篇，是并《泰誓》一篇而言。景帝时，鲁恭王坏孔子宅，所得多十六篇，为孔壁中书，故称《古文尚书》。《汉·儒林传》云逸书得十余篇，刘歆言十六篇藏于秘府，伏而未发。荀悦《汉纪》言得《古文尚书》，多十六篇。武帝时，孔安国家献之。班固谓遭巫蛊事未及施行。《艺文志》：《尚书古文经》四十六卷，以二十九篇合十六篇，及百篇之序言之，至《九共》，析为九，则逸书为二十四，今文所有者又析为三十四，不数百篇之序，故刘向、桓谭皆云五十八篇。古文非博士所习，是以谓之逸书。汉诸儒所治者多《今文尚书》，惟孔安国、刘歆、杜林、卫宏、贾逵、徐巡、马融、郑康成、许慎、应劭、韦昭皆治《古文尚书》。然《隋志》称杜林所传与贾、马、郑三家所注惟二十九篇，又杂以今文，非孔旧本。《释文》言马、郑所注并伏生所诵非古文也。然则当时所传俱未见，孔氏增多之古文矣。至东晋元帝时，豫章内史梅赜奏上《古文尚书》孔安国传五十八篇，以百篇之序冠篇首，赜自言受之臧曹，曹受之梁柳，柳受之苏愉，愉受之郑冲，是又为今之《古文尚书》增多于今文者，并非汉时秘府所藏之十六篇。迨陆德明作音义，孔颖达等成义疏，越唐及汴宋，莫有轻为拟议。惟朱子始疑之，吴棫、赵汝谈、吴澄、赵汸、梅鷟、归有光、罗敦仁、郝敬、本朝阎若璩诸家皆辨之，其伪乃益明。鷟以古文二十五篇为皇甫谧所作，谓其悉取记传中语以成文，且《史》、《汉》但有安国上古文之说，并无受诏作传之事。马融《书序》逸十六篇绝无师说，此梅赜所上之古文，后世通儒无不疑其伪者。《史记》载《泰誓》仅九十七字，百篇之序亦伏生书所无，益都孙宝侗亦谓后人伪作。故余所释异文只二十八篇，其依托晚出之古文疑而阙如，亦（肯）［前］人尊信古初之（辽）［远］意也。

李富孙《校经庼文稿》卷十一《毛诗异文释自序》：经遭灰烬后，独《诗》以讽诵传。汉初有鲁、齐、韩三家，武帝时并列于学官。《毛诗》最后出，河间献王好之，至平帝时始立。班孟坚谓三家鲁最为近毛，自云子夏所传，诸儒各以家法教授，师承既异，而文字诂训多有不同。后汉章帝诏令贾逵撰鲁、齐、韩与《毛诗》异同，亦所以扶微学，广异谊也。《隋志》言《齐诗》亡于魏代，《鲁诗》亡于西晋，《韩诗》虽存，无传之者。梁崔灵恩采三家本为集注。宋董彦远据毛氏以考正三家，为《诗考》，陈直斋谓足广见闻，续微绝，说者犹多疑之。王深宁复以传记所述三家绪言，傅以《尔雅》、《说文》，为《诗考》，欲洗末师专己守残之陋，然其于异同之旨未暇条贯通解，弟有摭存其文而已。夫东汉之世去西京尚未远，而三家与毛同异犹斤斤惜其绪余，至烦诏令参考其谊，迄今阅千余年，三家惟《韩外传》僅存，而贾侍中所撰、崔刺史所集，均不可得睹，董氏亦仅见于吕氏《诗记》、王氏《诗考》。深宁叟之为是书，不可谓无裨于古谊矣。富孙浏览经史，以及《说文》传注、诸子百家、汉唐石刻，不惟三家之文见有与今《毛诗》异者，罔弗搜罗荟萃，紬绎其谊，或异或同，一一诠解而疏证之，皆根据经传，非敢冯虚肊说，并依古人之文以正逡儒及今本之讹，间有深宁叟所未及举者，吾不知贾侍中所撰何如，而此复详为诂训，亦非如诸家之弟存其文，则所以扶翼微学，阐发异谊，或可竢后世学诗者之采择与？

李富孙《校经庼文稿》卷十一《春秋三传异文释自叙》：孔子作《春秋》，明王道，笔削谨严，子夏不能赞一辞。汉严氏彭祖引《观周篇》云："孔子将修《春秋》，与左丘明乘如周，观书于周史，归而修《春秋》之经，丘明为之传，共为表里。"齐公羊高、鲁穀梁赤为子夏之门人，并作传以发明《春秋》之谊。三家于经互有得失，前人论之綦详。《左氏》先著竹帛，《公》、《穀》先由口授，后著竹帛，所说不能尽同。《公羊》著于汉景之世，《穀梁》显于汉宣之代，历世既久，又安能无展转传写之讹，其间方俗异言、音声易淆，而文字因随以变，经师授受，家法各殊，故"三传"之文最为错杂。唐陆德明《经典释文》僅采诸家之文字音切，而未尽会通其谊。兹就研穷之余，见经史传注诸子百氏所引，以及汉、唐、宋石经、宋元椠本，校其异同，或字有古今，或音近通假，或沿袭乖舛，悉据古谊而疏证之，而前儒之论说并为搜缉，使正其讹缪，辩其得失，折衷以求一是。学者于此参考之，而经传之异文亦可无惑于纷纷之歧说矣。①

李富孙《校经庼文稿》卷十一《礼记异文释自序》：唐孔冲远言：《礼记》之作，出自孔氏七十子之徒，共撰所闻，或录旧礼之义，或录变礼所繇，或兼记礼履，或杂序得失。《六艺论》云：今礼行于世者，戴德、戴圣之学也。戴德传记八十五篇，《大戴礼》是也。戴圣传记四十九篇，此《礼记》是也。所记之人不能尽知。《月令》为吕不韦所修，与《吕览·十二纪》、《淮南·时则训》、《明堂月令》颇有不同。《檀弓》、《礼运》、《郊特牲》、《乐记》、《祭义》、《哀公问》等篇与《史记》、《大戴》、《家语》诸书亦或多异。其他经传诸子史及旧注所引经文并有与今本异者。郑、王两家之注，皇甫侃、熊安生等义疏，各据所本，自汉以来诸儒皆承师说，多有异同，兼简册递写，传者不无讹误。今据郑注及陆氏《释文》、唐《开成石经》以至经传所称引者，校其殊异，考其谬误，皆为旁通曲证，参究详审，别是非而订得失，亦所以阐前人之异谊，而辨古今之文字音声与假借通用之义类，俾学者廓所见闻，探其奥颐，不仅囿于一家之训说已也。

李富孙《校经庼文稿》卷十一《李氏易解剩义自序》：予自癸卯岁读书于愿学斋，从祖敬堂先生教富孙读《易》，因纵观万善堂所藏《易》解，不下百种。顾自宋以后，多惑于图说，而《易》为方术之书，于圣人寡过之谊去之远矣。夫《易》之为书，理与象而已。汉人去古未遥，师师相承，其传注训解，惜多散佚不存。唐资州李鼎祚辑汉以来三十六家之说，成《易解》十卷。汉学之存于今者，犹得见其一二，其所系岂浅尟哉？**盖《易》学有三派：有汉儒之学，马、郑、荀、虞诸家于象数、义理得其精奥；有晋、唐之学，王弼、孔颖达诸家说理名通，即宋之胡瑗、石介、东坡、伊川，犹是支流余裔。至陈、邵之学出，本道家之术，创为图说，转相授受，举羲、文、周、孔之所未及、汉以后**

---

① 《春秋三传异文释》有道光十七年刻《别下斋丛书》本、《丛书集成初编》本。

诸儒之所未言者，附会穿凿，以自神其说。理其理，而非《易》之所谓理；数其数，而非《易》之所谓数。直欲驾前圣而上之，而《易》道愈晦矣。予窃叹资州之《集解》微妙渊深，圣贤遗旨略见于此，耆之好之，殆不啻刍豢之说我口也。然其于三十六家之说尚多未采，其遗文剩义，间见于陆氏《释文》。《易》、《书》、《诗》、"三礼"、《春秋》、《尔雅》义疏及《史记集解》、《后汉书注》、《隋》、《唐书》、李善《文选注》、《初学记》、《北堂书抄》、《太平御览》、唐、宋人《易》说等书，犹可搜辑。爰于披读之余，缀而录之，以附其后。其伪本与有完书者，不录。夫资州之辑是《解》，于诸儒之说采取详备。予非敢以补其阙也，亦曰与其过而弃之，宁过而存之云尔。乾隆五十有七年冬十月，李富孙自序。①

卢文弨《校经庼文稿》卷十一《李氏易解剩义自序》：汉儒解《易》之书至多，今皆不可得见。唯唐资州李氏所著《易传集解》中采取三十余家，后之学者犹得以见其崖略。李氏之为此书，未尝执己之意以决择诸家而去取之也，故凡异同之说往往并载不遗。如《夬》之九五引荀爽说"苋、陆二菜也"；又引虞翻说，谓"苋，说也"，"陆，和睦也"。《既济》之禴，虞翻谓夏祭也，崔憬曰春祭。如此之类，不可以遍举。……近元和惠定宇，其讲《易》实宗汉学，凡所援引，多取材于是书。甚矣李氏之大有造于天下后世之学者也。今秀水李君既方（富孙）好读《易》，所经眼者不下百余种，而深斥图说之附会穿凿，按不欲观，其所深嗜者汉儒之学。求汉儒之学，则唯资州李氏一编为菁华之所聚。既已朝夕寝馈于斯，而复于其三十余家之说之尚有未经采入者，更为之搜罗荟萃，录成得六十余番，盖几于一字不遗矣。然采取虽博，而于元、明人之所称引，概不及焉。是其命意高而用力勤，又加之以谨严述之之功远倍于作今。学者多知宝资州之书，则安得不并宝是书，剞劂之事是所望于贤而有力者。吾安得亟见其成以与天下学士共读之为快乎？乾隆六十年季夏之月，杭东里人卢文弨序。②

李富孙《校经庼文稿》卷十一《易解校异自序》：余少习《易》，见宋儒所著，皆惑于陈、邵图学，未免支离穿凿。惟唐资州李氏《集解》最为精奥，汉、魏诸儒之说赖以廑存。其自序云："刊辅嗣之野文，补康成之逸象。"综贯天人，兼赅象义，斥王扶郑，意甚深远。羲、文、周、孔之渊微，不可藉为探索与？宋乾道、嘉定间，曾两经镂版。明嘉靖中，宗正朱氏睦㮮重校梓以广其传。后海盐胡氏震亨复有雕本，附王氏所辑《郑氏易注》。毛氏晋又刻于《津逮秘书》，屡经传写，缪讹不少。近雅雨堂刊本，为元和惠氏栋所校，虽扑尘扫叶，非为无补，第往往据见于别本者改易经文。然资州之为是书，博采众家，异同并列，未尝专主一说。况诸家师承各异，讵可以私肊窜改旧传之本？仪征阮宫保师谓其所改并自著《易述》多有似是而非者。盖古书当仍其旧，一加窜改，便失其真。且其所据郑、虞本，并从《释文》，然亦有不尽从郑、虞，体例复参错不一。如"王三锡命"，郑本"锡"作"赐"；"羸其角"，郑、虞本"羸"作"累"。若斯之类，异文尚多。古字假借沿习已久，资州惟采取虞说，则经文有从虞本。若杂采他家，则仍同《正义》

① 又见《续修四库全书》第27册，第614页。

② 见《续修四库全书》第27册，第613页。今按：《抱经堂文集》卷三亦收此序，改题《李既方补李鼎祚周易集解序》，删去"乾隆六十年季夏之月，杭东里人卢文弨序"字样，题下注明"乙卯"，即乾隆六十年（1795）。

本，岂可专辄尽改？余以是书为汉学之宗汇，既搜辑《剩义》三卷，汉儒之说罔有遗漏。兹复合诸本，互为参校，并取唐、宋《易》义所引雠勘，颇有增消不同之处。朱氏、毛氏皆据宋刻、影宋抄，亦多讹，胡氏本尤舛脱不可读。间有胜于诸本者，著之为《校异》二卷。庶几是书之传于后者，得以谌正，而乌焉亥豕不至相淆溷焉尔。（冯柳东曰："此书资州功臣，定宇直友，必传之作。"）

李富孙《校经庼文稿》卷九《正人心论》：孟子当战国之时，人欲横流，杨朱、墨翟之言盈天下，其邪说诬民充塞仁义，极于无父无君，以至率兽食人，人将相食，其害岂可胜言哉？孟子深为此惧，亟起而救之。其先在正人心，而息邪说，距诐行，放淫辞，以力闲先圣之道，上继禹与周公、孔子之事，而杨、墨之道终熄，此真如一发引千钧，胥挽天下于仁义之途。韩子谓"孟子之功不在禹下"者，以此也。盖天下之人心不正，则凡恻隐、羞恶、辞让、是非之端皆汩没于物欲利害之私，而孝弟忠信之行、礼义廉耻之大防亦并隳弃而决裂之，至于放辟邪侈，无不为已，虽朝廷之法令有不能禁而制之。譬诸千寻之木，轮囷郁盘，形之拳曲不直，而匠氏斫之，欲其材之能中绳墨；百川之水泛滥澔汗，发源之不清，而委输灌注，欲其支流之不溷浊，皆必不可得之。数斯狱讼所以日繁，而风俗之所以日坏也。亭林顾氏云："今人为人说一事置一物，未有不察其酬者。百官有司受一职事、一差遣，未有不计其获者。自府史胥徒，上至公卿大夫，真可谓同心同德。**苟非返普天率土之人心，使之先义而后利，终不可以致太平。故今日之务正人心，急于抑洪水也。**"其痛砭时病，尤为唠叨著明。夫杨氏为我，拔一毛而利天下，不为；墨氏兼爱，虽摩顶放踵，利天下则为之。其意似未至大害于天下。然为我无仁，无仁即无父；兼爱无义，无义即无君。而究其弊之所极，其势必至乎此也。**孟子之欲正之者，所以存其仁义之良心，不使陷溺于一时之邪说，相率而驱于禽兽之路。故七篇之中，反复于言仁言义，无非所以救人心之失。**仁义明而四端具，四端具而天理见，夜气当存，言无恣欲妄为，入于陷阱之患，固为世道淳愉之所系，理家治乱之所由出也。今试推其正之之术：为子必孝，为臣必忠，为弟必爱敬，为朋友必信。惕之以旦明、屋漏之降鉴，严之以十目、十手之指视，厉之以造次颠沛之志节，示之以君子、小人义利之分辨，又创惩之以邪恶过失，及纠万民之八刑。如是，则孝弟忠信、礼义廉耻之心莫不激发于内，而推见于外，其处而为士也，皆知名义之所在，而不散为苟贱不廉之行。即农工商贾亦知耻为诈伪非僻之事，其出而在朝也必为国为民，而不为一身一家之私计，岂复有贪利败名以自取覆亡之祸？董子所谓远近莫散，不一于正，而亡有邪气奸其间者，斯风俗日以淳，治化日以懋，而邪慝不作，狱讼衰息，不几于三代刑措之盛也哉！

李富孙《校经庼文稿》卷九《学术论》：古人之为学，知行并进，诵法先王之道，无不身体力行，以蕲至于道。孔子曰："君子博学于文，约之以礼。"礼者，履也，即履而行之之谓也。曾子曰："尊其所闻，则高明矣。行其所知，则光大矣。"故古者学校崇四术，立四教，春秋教以礼乐，冬夏教以诗书，复以六德六行，而宾兴之乡、大夫州长党正之所考校亦在于德行道艺。孔门四教：文、行、忠、信，实总括三代教士之法。盖不学文，固无以明先王之道，而知其义理之所在；而不实践，则徒为占毕记诵，而无得于道德仁义，以卓然立于凡民之上。故学既知之，必致行之，以期不逾乎圣贤之道。此三代之学术得其正，而人材所以日盛也。后世之学则不然。**日习乎"四书"、"六艺"之文，务为寻章摘句，沉溺于训诂、词章，以藉为梯荣之阶，而于古人之旨曾无一二语体察于身心日**

用之间，且经义行，而上之所取者惟言，下之所求工者亦惟言，凭方寸之纸，数行之墨，以为取舍，而其人之立身行己，凡孝、弟、忠、信、礼、义、廉、耻诸大端皆弃而不讲，尚何学术之有乎？夫涵泳圣涯，研穷道妙，经义之设，原欲本于躬行，发为文以觇其蕴蓄，岂知风尚日下，流弊滋深，虽口述孔、孟之言，而浮辞曼衍，剽窃补缀，以徼幸弋获，毫无得于心而济于用，其畔道离经，逞为奇怪，以震炫俗目者，无论已。试察其生平之行事，往往与古人相反。故穷而在下，无以激厉志节，或至为一切苟且之行。其达而在上，不能正谊明道，以致君而泽民，由其所志只在利禄，以润身家而耀乡里，而于民生之利病、国家之治乱兴衰茫无所知，甚而簠簋不谨，至荡检败名，以自致覆亡者有之。此但听其言而不观其行之过也。孟子曰："今之人修其天爵，以要人爵。既得人爵，而弃其天爵。"① 今之所要者，并不必修其天爵，斯非由始学之不正与？唐杜君卿云："以言取士，既已失之。考言唯华，失之愈远。"② 宋范文正公在仁宗朝，条列时所宜先者，**以取士必先德行，不专文辞。**马贵与有言："自以科目取士，所试者词章而已。于是操觚末技得以为荣进之路，而选贤与能之意无复存矣。"然则今之为学，**当先通群经以穷其理，循五常以立其本，辨义利之途以正其趋向，只饬廉隅，以砥其名节，考镜古今之善败得失，以裕其经济，则言理学而不涉迂疏，言经学而不患灭裂，求乎身以推行之，自能尽修己治人之道。苟专务学文，而忽于践履，必无气节事功之可言也。故诵读者毋徒竞其词华，登选者毋屢恃其文艺之末，必兼考平日之行谊，核其贤否，而进退之，以有合于古族闾州党之法，则人人皆知崇实学，敦实行，明体达用，学术由此而正，士习由此而端，人材亦由此而日盛。**

李富孙《校经庼文稿》卷九《封建论》：天下有矫一时之弊而适诒后世之害者，如秦以封建为郡县是也。夫封建之法，自古尧、舜以至于周，事非一日，制非一世，公侯伯子男有其等，朝觐、会同遇有其礼，群后屏翰而后天子之势得尊且安也。柳子曰："封建非圣人意。"然圣人治天下之大法，惟有封建、井田。尧、舜、禹、汤之事不得其详，武王未下车而封异姓，周公吊二叔而建亲戚，其于封建何汲汲也，盖以此为安天下之本，而圣人深意之所在也。柳子又谓："周之败端，在于封建。"夫自成康以降，巩固者十有余世。至平王东迁，晋、郑焉依？襄王出奔，晋文是定。且春秋列国之使平王室者不一，诸侯可骄不可叛，故周室得以久安。若以七国之强，暴秦之横，谓为封建之敝，而不知国祚之绵延，得过其历至八百余年之久者，皆封建之效也。秦始以宇内自私，废封建，置郡县，使不得世其土地爵禄，而为一己之私，有守宰之任，骤更数易，繁冗难行，至于二世，遂以灭亡，不特失在于政，亦其制之未善也。而柳子反以为公，何与？汉高帝鉴秦之敝，仿周之制，剖符刻印，分封宗室功臣，后以吴楚七国之变，抑损诸侯，稍为削弱。新莽篡乱，萧王犹以长沙定王之后崛起南阳，削平天下，卒成中兴之业，分封之效亦可见矣。使因吴楚之变，以封建为不可行，是犹因噎而欲废食也，可乎？唐有天下，分列藩镇，尚有封建之遗意，故安史之乱不旋踵而败者，有三镇以平之也。朱泚、李希烈终以败亡，蜀夏、蔡郓则有田氏王承宗以制之也。尹源曰："世言弱唐者，诸侯也。唐既弱而久不亡者，诸侯

---

① 语见《孟子·告子上》。赵岐注："天爵以德，人爵以禄。"天爵指高尚的道德修养，人爵指人所授予的爵位。

② 唐杜佑《通典》卷十三《选举》。

维之也。”顾氏炎武云：“世言唐亡于藩镇①，而中叶以降，不并于吐蕃、灭于黄巢者，未必非藩镇之力。”由此言之，封建其可去乎哉？然则柳子之论，直一偏之见，徒知前世之害，而不知前世之为利者大，既昧前世之利，而不知后世之为害者更深。且魏、晋、隋之势无分于诸侯，其亡何以速于汉、唐？而晋八王之祸以兵柄大重所致，罗泌所谓“天下之敝，未足以害事，而救敝之敝常大”与？宋惩五季之乱，削藩镇而收兵权，节度以下弟坐给俸禄，有其名，无其实，故宝元、康定间以天下而不能抗偏方之元昊。靖康之变，横溃莫支，以其无藩篱之固也。不然，何至南渡偏安，中原陆沉，生民涂炭，卒不能兴复如东汉者哉？呜呼！宋之往事略可见矣。明代之制，封诸王子于四方，不分尺土，支庶子孙始皆为王，为将军，而深处王宫，不亲吏事，不习干戈，其后宗族浸多，至有壮老不得嫁娶者，流贼暴起，诸王宗室皆为所害，一败涂地，而莫能相救者，其患在不封建故也。噫！明之事又略可知矣。马贵与尝言：“今欲复封建，是自割裂其土宇，以启纷争。”夫封建之法虽不可行于后世，而汉、唐封建之遗意必不可废。魏氏禧善颜籀之说：“宜分王诸子，勿令过大，间以州县杂错而居，互相维持。”盖勿使过大，即贾生所云“众建诸侯而少其力”，不致有尾大不掉之虞，而错居州县，则虽萌异志，有所牵掣顾忌，而不得发，此诚变通救弊之策。柳子之论，岂古今之通论乎？

李富孙《校经庼文稿》卷十二《金石学录序》：**古来言金石者，以其可以证经典之同异，正诸史之缪讹，而法物文章，皆足为多识之助，故好古嗜奇之彦，莫不博搜而争宝之**。顾三代时，金多而石少，汉、魏以后，石多而金亦无足甚重。其商周铭词载于经传者，皆转易今字，而古《仓》、《籀》之文不可见。汉许叔重纂《说文解字》，山川鼎彝之铭及秦刻石字并加摭采，此古文之赖以仅存者也。自是厥后，吉金乐石，间有流传，讲求者亦不乏人。至宋，而欧、薛、吕、洪、王、赵诸氏，藏获愈富，摹搨辨识，著录成书。沿至我朝，通儒辈出，人才特盛。前古之珍彝葆器，与夫残碑断碣，亦日出于土田榛莽间，罔弗精审详稽，识大识小，各勒为一编。纵世阅千年，经风霜兵燹，不免金销石泐之憾，而有后人以为之辑录，则往古之奇文异字，得以长存宇宙而不朽矣。从弟金澜，性耽金石，手所搜罗甚伙。暇考前人之编简，订异辨疑，不啻同堂质问，而昕夕肆力于其中。爰自三代以来，至汉、魏、六朝、唐、宋、元、明，以逮本朝诸家，凡为金石之学者，得三百余人，并有著述以传于世，即志一隅，说一事，无不备见于录，亦已综揽而无遗漏焉。夫畴人、印人，皆有为之传者，诚以其专精致力，不可使湮灭无闻。而况金石之古，世所宝贵，其裒聚论释，殚心尤勤，则由其人以求其书，由其书以考古之钟鼎敦彝、爵卣甗鬲之器，遐陬僻壤，高原古刹之碑刻，无不可以供人之摩挲，资人之津逮，而述作之精神，不至沉霾于后世。且经史之同异缪讹，亦得藉以证明。是则金澜之用意，可不谓

① 谷应泰《明史纪事本末》卷十四：“冬十月，上与侍臣论女宠、寺人、外戚、权臣、藩镇、四裔之祸，曰：木必蠹而后风入之，体必虚而后病乘之。国家之事亦由是矣。汉亡于外戚、阉寺，唐亡于藩镇、戎狄。然制之有道，贵贱有体，恩不掩义，女宠之祸何自而生？不牵私爱，苟犯政典，裁以至公，外戚之祸何由而作？阉寺职在使令，不假兵柄，则无寺人之祸。上下相维，大小相制，防壅蔽，谨威福，则无权臣之患。藩镇之设，本以卫民，财归有司，兵待符调，岂有跋扈之忧？至于御四裔，则修武备，谨边防，来则御之，去不穷追，岂有侵暴之虞？凡此数事，常欲著书，使后世子孙以时观省，亦社稷无穷之利也。”

深且厚欤？余故缀数语，以序其端。(《续修四库全书》第1489册)

李富孙《校经庼文稿》卷十七《周易集解跋》：存目。

李富孙《校经庼文稿》卷七《书日本论语集解后》：存目。

李富孙《校经庼文稿》卷七《重校卢刻易解后》：存目。

李富孙《校经庼文稿》卷七《旧抄说文系传跋》：小徐《说文系传》前人多称之，谓其学过于其兄。陈直斋《书录解题》言其援引精传，小学家未有能及之者。然予玩其书，援引虽博，不免冗驳之病，未能极其精核。近有段玉裁注本斯博而能精，直掩前人而过之，不无略有臆断之处，而据依经传，发明许义，询为许氏之功臣。其余讲《说文》者皆可废矣。(下略)

李富孙《校经庼文稿》卷十八《书群书拾补马氏经籍考后》：存目。

李富孙《校经庼文稿》卷十八《书日知录后》：《日知录》三十二卷，“三通”之精华也。从祖敬堂老人尝出是录以示富孙，曰：“熟此书，学术、经济、文章具焉。盖其于经史、典礼无不稽考详核，阐发精微，而其规画时事、国计民生，调悉利弊，上下古今，实能凿凿乎言其得失善败之故，后有作者起而行之，直可追三代之盛治，岂汉唐以下云乎哉?”吾里徐敬斋云：“《日知录》一书，内圣外王之学。抚世宰物，措之裕如。虽洪容斋《随笔》，王伯厚《纪闻》，皆不及也。”(下略)

冯登府

《清儒学案》卷一四四《柳东学案》：柳东治经，搜集遗说异文，疏证精密，于石经致力尤勤。普萃历代诸刻，及诸家考订之说，折衷求是，可称集成之书。同里李氏群从，志同道合，互相切劘。芗沚、杏邨研经，皆以精博称，与柳东相颉颃焉。〇冯登府，字云伯，号柳东，嘉兴人。嘉庆庚辰进士，改庶吉士，散馆授福建将乐县知县。抵任方两月，闻母病，即辞官归里。后改就教职，选补宁波府教授。在任数年，大吏重其才，将荐举之，力辞。因病乞归，寻卒。先生劬书力学，于两汉、唐、宋诸儒之经义，旁及诸子百家传注，靡不强识博通，而声音训诂尤为深邃。所著有《三家诗异文疏证》六卷、《补遗》三卷。以《毛诗》多假借字，三家《诗》多本字，因即宋王应麟书为之疏证，与传、笺互为发明。又著《三家诗遗说翼证》二十卷，皆胜范家相书。又著《论语异文考证》十卷，搜罗遗佚，并援前人之说，稽其同异，以阐明古义，诠释精审。又著《十三经诂答问》十卷、《石经考异》十二卷、《金石综例》四卷，并见称于时。他所著尚有《闽中金石志》十四卷、《象山县志》二十六卷、《金屑录》四卷、《石余录》四卷、《浙江砖录》一卷、《唐、宋词科题名录》一卷、《玉台书史补》六卷、《梵雅》一卷、《小謫仙馆摭言》十卷、《酌史岩摭谭》十卷。其编辑者，为《曝书亭集外稿》八卷、《清芬集》八卷、《梅里词辑》六卷。工古文诗词，著有《石经阁文集》八卷、《拜竹禽诗存》四卷、《种芸仙馆词》四卷、《钓船笛谱》一卷。（参史传、汪士侃、吴德旋撰《石经阁文集序》）

《清史列传·儒林传下二》：存目。①

《嘉兴府志·冯登府传》：冯登府，字柳东，嘉庆戊寅顺天举人，庚辰进士。以庶常改授江西将乐县知县，不两月，因亲病，解绶去，服阕。教授宁波，大吏复重其才，将荐举，力辞之。生平劬书媚学，著述等身。阮宫保元、徐侍郎士芬、李宫赞泰交皆文字至

① 详见中华书局本第18册，第5597页。

交，为刻《补考》、《三家诗异文释》、《金石综例》、《论语异文疏证》，其自谢诗有“新书难得故人刊”之句。诗宗金风亭长，坐咏勺园，寒釭暑簟，或吟輶所至，兼喜倚声，尤熟掌故。中年游闽，修《盐法志》、《福建通志》，名震海峤间。所著《玉堂分韵》、《南剑种花》、《勺园海峤》、《学易庵》等，分十集。

潘衍桐《两浙輶轩续录》卷二十九：冯登府，字云伯，号柳东，又号勺园，嘉兴人。嘉庆庚辰进士，官宁波教授。著《拜竹诗堪诗存》。《府志》：登府劬书媚学，著述等身。阮宫保元、徐侍郎士芬、李宫赞泰交皆文字至交。诗宗金风亭长，坐咏勺园，寒釭暑簟，或吟輶所至，兼喜倚声，尤熟掌故。中年游闽，修《盐法志》、《福建通志》，名震海峤间。《曝书杂记》：柳东石经文字疏证最密，近著《十三经诂答问》、《三家异义遗说》尚未授梓，自谓诂经颇有潜研、谢山所未及，《三家异义遗说》则当胜范氏家相所著书。《缉雅堂诗话》：柳东诗宗锡鬯，曾搜录曝书亭未刻稿为外集，所著经学书已刊入《学海堂经解》、《十三经诂答问》，近有刻本，颇涉破碎。其《闽中金石志》十四卷、《石余录》四卷、《唐、宋词科题名录》一卷、《玉堂书史补》六卷，皆未刻。《浙江砖录》曾见于焦山书藏，当与张氏燕昌《三吴古砖录》并传。

冯登府《汉三家诗异文疏证自序》：汉初传《诗》者四家，而鲁、齐、韩最先，三家并立学官，迨毛传行而遂微。《齐》亡于魏，《鲁》亡于晋，《韩》至唐犹存其遗说，每见于他书。昔朱文公尝语门人，《文选注》多《韩诗》章句，欲写出而未果。此王伯厚《诗考》所由作也。顾但存条目，通释缺如，盖未成之书。余稍加订正，厘为六卷、《补遗》三卷。至异字异义，其间与毛异者，虽不出三家，然汉儒传授，各有师承，不能确指为谁氏之说，并广为搜采，为《综补》十卷，以附于后，亦王氏例也。夫汉、魏以来，诸书所引，惟韩独多。而蔡邕之《石经》、《独断》，孔安国之《书传》，司马迁之《史记》，班固之《汉书》、《白虎通》，刘向之《说苑》、《新序》、《列女传》，包咸、何晏之《论语》，并本《鲁诗》。匡衡、翼奉、萧望之及景鸾图纬之说，皆为《齐诗》。其古义尚可考见。大约三家从今文，毛从古文；三家多正字，毛多假字。推乎通转之原，别乎形声之始，详究乎迁移变易之得失，其异者又未尝不同也。近范氏家相《三家诗拾遗》、赵氏怀玉《校韩诗外传》、卢氏文弨《补校诗考》、汪氏照《三家诗义证》、宋氏绵初《韩诗内传征》颇有阐发，不欲为雷同之学，专疏其异，以别于诸君云尔。①

李富孙《校经庼文稿》卷十一《论语异文考证序》：昔孔门弟子各记所闻论纂。《论语》，汉世有“齐”“鲁”之说。传《齐论》者，唯五阳名家；传《鲁论》者，唯张禹行于世，号《张侯论》，周氏、包氏并为章句，马融为之训。又有《古论语》，与《古文尚书》同出，孔安国为传。郑康成以《张侯论》参考《齐》、《古论》，为之注。魏何晏又据八家之说为《集解》，《齐论》旋亡。《古论》亦无师说。梁皇侃复引十三家说，为《义疏》，援证精详，亦可为后学所宗矣。夫自汉以来，历世千余年，其诸儒所称说，师资各别。至或有以己意增损其文，而后人传写，又不无讹谬。不特调解互异，而文字亦多

① 见《清儒学案》卷一四四。

不同。岂非学者所宜究心与？同里冯君云伯，覃研古学于齐、鲁、韩三家《诗》异文，洎汉、魏以下石经，已博考旁通，确为疏证。复以《论语》异文散见于经史、传注、诸子百家，以逮石刻，靡弗搜罗参校，萃为一编。并援前人之说，稽其同异之旨，以阐明古义。其称引既博，而诠释复精彩，用力可谓勤矣。今士子所谓习者，唯朱子《集注》一书，已足以资帖括，鲜有能旁涉注疏者。今得见是编，可以广见闻，通古训，而微言大义，孔门论纂之意，由此融贯而体察之，庸讵免于专己守残之陋矣乎！

陈寿祺《左海文集》卷一《冯勺园三家诗异文疏证序》：集考三家诗自贾景伯始，惜其书不传。张稚让《广雅》训诂多本三家诗，而齐、鲁无征，独《韩诗》间可考见耳。陆元朗音义采韩异字异义，又挂一而漏百，皆学问之大憾也。深宁叟掇拾零残，犹多舛误。晁说之、董彦远等往往持论不根。近世范家相则自郐以下矣。乾隆、嘉庆间儒者乃从事于此者众，然求其辨形声、核诂训，未有如勺园此编之精博不刊者也。勺园持以见示，留案头数月，未能研究其微，因先缀数语而归之。(下略)

陈寿祺《左海文集》卷七《冯勺园拜竹诗龛诗有序》：司马迁曰："诗三百篇大抵圣贤发愤之所为作也。"古之豪杰之士，不获乘时，奋其功名，然后穷然著书，思以立言自见于后世，下逮劳人思妇，忻愕忧愉，靡弗托诸山川草木……嘉兴冯君勺园束发能为有韵之文，中年治经，所著《三家诗考异》、《论语异文》、《石经补考》、《金石综例》咸精核绝伦。《拜竹诗龛诗存》，其余事耳。君由词垣出宰吾乡之将乐，不两月，自免去，君之志岂不欲有所设施其学而徒以文词鸣哉？然而勇退高蹈，不俟终日，其气节不当于流俗求之，则其文词宜亦非流俗所知也。……君平生最服膺金风亭长，有异世神交之契。（下略）

钟文烝

《清儒学案》卷一百八十一《子勤学案》:《穀梁》为孤经，自汉以来，治其学者绝鲜。嘉道间，丹徒柳氏、海州许氏始各有述作。子勤与同时，为《补注》，自言未见柳氏书，于许说仅采一条。专门之业，视柳氏、许氏致力较深焉。钟文烝，字朝美，又字伯媺，号子勤，嘉善人。道光丙午举人，候选知县。先生于学无所不通，其全力尤在《春秋》。初兼读“三传”，参稽互考，以为左氏博采国史书，详陈事迹，本末具见，为有功于经，但于经之取义，则罕有合。穀梁、公羊实得其传，穀梁尤得所传之正。传述经指，有在《论语》中者，有与《仪礼》、《礼记》诸经合者，有与《毛诗传》合者，文句多与《易》《彖》、《象传》相似。盖穀梁受业于子夏之门人，而为荀卿师。荀卿书中，如言师不越时，言天子以下庙数及赙赗禭含之义，诰誓盟诅交质子之文，诸侯相见使人居守，以大上为天子，皆本穀梁之说，渊源传受，确可依据。乃网罗众说，成《补注》二十四卷。自谓征引该贯，学郑君《三礼注》；以探索精密，学朱子《四书章句集注》、《或问》。凡《春秋》中不决之疑，今悉决之。其未经人道者，比于梅鷟之辨伪书，陈第之谈古韵。书成，又十年修饰畅隐，更为写定；复八年，语弟子为校勘刻行。其治他经，有《论语序详正》一卷,《删定阮福孝经义疏补》九卷。光绪初卒。(参史传、《穀梁传补注》)

《清史稿·儒林二》：钟文烝，字子勤，嘉善人。道光二十六年举人，候选知县。于学无所不通，而其全力尤在春秋。因沉潜反覆三十余年，成《穀梁经传补注》二十四卷。其书网罗众家，折衷一是。其未经人道者，自比于梅鷟之辨伪书、陈第之谈古韵，略引其绪，以待后贤。文烝兼究宋、元诸儒书，书中若释禘祫、祖祢谥法以及心志不通、仁不胜道、以道受命等，皆能提要挈纲，实事求是。又著《论语序详正》一卷。卒，年六十。

《嘉兴府志·钟文烝传》：钟文烝，字殿才。少负异禀，即通小学，年十二，应邑试，冠其军。道光丙午乡荐，再上春官，以知县注选，归，绝意仕进，日事著述。同治年，入江苏忠义局，与长洲陈奂、平湖顾广誉同任编纂，主讲敬业书院十二年，崇尚经学，尤究心《春秋》，谓穀梁子独得麟经遗意，杨注、范疏于本传无所发明，网罗折衷，成《穀梁传补注》一书，若禘祫、祖祢、谥法数大端，实事求是，共成二十四卷，沉潜反复二十余年，始出问世。少年撰述有《论语序说详正》、《乡党集说备考》、《河图洛书说》各一卷，均以婺源江氏为宗。甲子后，手自雠勘，存者有《乙闰录》四卷、《新定鲁论语》二十篇。①

钟文烝《春秋穀梁补注序》：鲁之《春秋》，鲁所独也。孔子之《春秋》，孔子所独也。鲁所独者，王礼所在，其史法较诸国为备。故石尚欲书《春秋》，当时以为重。孔子所独者，是非二百四十二年之中，修其辞以明其义，子游、子夏不能赞一辞，改一字。故梁、郑正其名，石鹢尽其辞。正隐治桓，皆卓然出于周初典策之上。夫梁、郑之事，旧文也，而名有所必正，则其加损旧文者可知矣。石鹢之事，微物也，而辞有所必尽，则大焉者可知矣。正隐治桓，揭两字于卷首，则全书悉可知矣。然而斯义也，左氏、公羊不能道，独穀梁子称述而发明之，实为十一卷大指总要之处。推之千八百事，无所不通，故《穀梁传》者《春秋》之本义也。盖尝论之，圣人既作《春秋》，书于二尺四寸之策，其义指，数千弟子自受之，自后递相授受，寻以为《传》。则《穀梁》之与《左氏》、《公羊》，宜若无大异者。而汉博士言《左氏》不传《春秋》，实以其书；号主记事，不若二家纯论经义，二家之中，公羊当六国之亡，穀梁去孔子近，则见闻不同。公羊五传至其元孙，当汉孝景时，始著竹帛。穀梁作传，亲授荀卿，则撰述亦不同。《公羊》为齐学，《穀梁》乃鲁学，则师承又不同。……故啖助谓《穀梁》意深；陆淳谓断义不如《穀梁》之精；孙觉谓以三家之说校其当否，《穀梁》最为精深；叶梦得谓《穀梁》所得尤多；胡安国谓义莫精于《穀梁》；蔡元定谓“三传”中道理，《穀梁》及七八分；某氏《六经奥论》谓解经莫若《穀梁》之密。而乾道中，浦江郑绮遂著《穀梁合经论》三万言，惜不可见矣。清兴，李文贞公光地变通朱子之学以治群经，其论《春秋》曰：“‘三传’好，《穀梁》尤好。”迨后，惠士奇父子倡古学于东南，亦云：“论莫正于《穀梁》。”其专宗《穀梁》者，溧水王芝藻而后，亦颇有人，而书皆不行。窃以国家二百年来，经籍道盛，宜有专门巨编，发前人所未发者。且以范注之略而舛也，杨疏之浅而庞也，苟不备为补正，将令《穀梁》之面目精采永为《公羊》、《左氏》所掩，谓非斯文之阙事乎哉？文烝年九岁、十岁时，先君子亲以“三传”全文授读，备承庭训，兼奉慈箴。后来博搜诸家书，见而记，记而疑，其甚疑者，则时时往来于心，不能自已。年将三十，始知《穀梁》源流之正，义例之精。数年之间，所见渐多，颇有所得，用是不揣梼昧，详为之注。存豫章之元文，撷助教之要义，繁称广引，起例发凡，敷畅简言，宣扬幽理，条贯前后，罗陈异同。典礼有征，诂训从朔，辞或旁涉，事多创通。窃谓《穀梁》解《春秋》，似疏而密，甚约而该，经固难知，传亦难读。学者既潜心于兹，又必熟精他经，融贯二传，备悉周、秦诸子及二千年说者之得失，然后补苴张皇，可无遗憾。以予浅学，盖未之逮，唯曰实事求是，而尽心平心，则庶几矣。夫不得于心，则不得于言。赵岐之拙，王弼之巧，皆失之不明。李鼎祚、卫湜之浩博，又苦于不断。予期于明且断而已矣。乙巳迄癸丑岁，稿立，己未岁，始有定本，直题《补注》，无取异名。疏卷二十，今二十有四。《左氏》、《公羊》之经异者，具列经下，并证明之。别为论经、传各若干条，冠书首焉。咸丰九年

① 见《碑传集补》卷四一。

己未夏五月乙未嘉善钟文烝朝美氏自序。①

沈善登《春秋穀梁补注书后》：存目。②

【附录】王懿荣《王文敏公遗集》卷二《胪陈本朝儒臣所撰十三经疏义请列学宫疏》(光绪十六年六月十六日)：奏为胪陈本朝儒臣所撰《十三经疏义》，请赐取列学宫，以光文治事。窃维：经者，径也。《易》、《书》、《诗》、《礼》、《春秋》，昌明博大，如日月之周乎天。注，犹泻也。毛、郑、何、赵、杜、范，广达疏通，如江河之行乎地，皆所以纲纪人伦，维持风俗，异教入而即湮，邪说来而遂化，遭时制宜，其用无穷。是以汉崇师法，十四博士并置学官。隋录名家，五千余卷同收甲部。唐孔颖达奉敕首编《正义》，宋邢昺受诏兼疏众经，斯诚前代之隆规，先儒之盛业，甄陶六合，整齐百家。我圣朝之有天下也，声教覃敷，敦崇经术，列圣建极，御纂尤繁。稽古同天，启两大精微之蕴。观文成化，定四方亿兆之心。昭云汉而为章，牖黔黎以至道。上行下效，经正民兴。臣伏见自乾隆以来，至于今日，海内经学，各有当家，剖析条流，发起隐漏，《十三经》说粲然将备，折衷求是，远迈汉、唐，时则有若湖北安陆儒臣李道平所撰《周易集解纂疏》、江苏阳湖儒臣孙星衍所撰《尚书今古文注疏》、长洲儒臣陈奂所撰《毛诗传疏》、安徽绩溪儒臣胡培翚所撰《仪礼正义》、江苏句容儒臣陈立所撰《春秋公羊传正义》、浙江嘉善儒臣钟文烝所撰《穀梁经传补注》、江苏宝应儒臣刘宝楠所撰《论语正义》、甘泉儒臣焦循所撰《孟子正义》、仪征儒臣阮福所撰《孝经义疏补》、山东栖霞儒臣郝懿行所撰《尔雅义疏》，其他经说以博通见表，不属疏义者不在此例，所有各书，或经进御览，或流布学校，可否请旨饬下各直省督抚，于各该员原籍所在即家征取定本，分咨各直省有书局之处，详细校勘，刊刻成函，将板片汇送国子监衙门存储，以便陆续刷印，颁行直省各学，嘉与士林，俾资讲习。元建康道遍牒九路镌全史，而命校官宋抚州库废册千箱墨群书以给多士，从此胶庠引重，袪金货漆字之私。将来华裔流传，识虎观鸿都之大，国之庥美，士之英华，何以逾此？惟大、小戴杂四大之文，因革殊制，左丘明综五方之史，闻见异辞，以较他经本为繁重。宝应儒臣刘文淇撰《左氏传正义》，业专一家，事历三世，行将写定。至《周礼》、《礼记》二书疏义，风闻江浙两省承学之士方事潜研，尚属草稿。一俟异日三书嗣出，并令各该省学臣随时疏报，由国子监官公同审详，与前各书义出一律，查照现案，请旨施行。**臣窃以疏家之义志在辅注，所从之注旨在善经，往往众说纷斥，一师墨守，侈主奴之迭见，任得失之并生。然家法严而后古义坚，门径清而后学派正，其能久远亦在于斯，惟斯诸臣学识兼长，野言既删，伪传复黜。见以博而理愈通，知以真而用弥切。虽集思广益，掎摭有待于后人，而抱阙守残，援据已赅。**夫先哲至如戴德纂记，爰及汉昭，比于群经，自为羼杂。然刘向目录业入经篇，宋代儒家已称显立，则有山东曲阜儒臣孔广森所撰《大戴礼记补注》援据精深，订卢辨之佚文，续康成之绪说，所当翼附尾随，如骖之靳。又如汉许慎《说文》一书，存六书之规躅，为群经之阶梯，有江苏金坛儒臣段玉裁所撰《说文解字段氏注》、山东安丘儒臣王筠所撰《说文句读释例》最为该洽，譬之杜林《训纂》之作，六艺略以兼存。元度《字样》之书，俪石经而并立，相应请旨，一并饬各该省由书局刊送国子监，附此次各经注后，依类印行，使我朝诸儒所纂经

① 见《续修四库全书》第132册，第332~334页。

② 详见《续修四库全书》第132册，第613~617页。

学、小学之书，頖水辟雍粹然并陈，一臻盛美。臣窃伏念魏、晋而后，《易》无完注，《书》无完经，真赝相参，夺讹踵起，中更荒废，如罹秦燔，千百儳言，无关闳旨，不遇我朝，君臣同德，千载一时，握玑镜以式九围，运斗枢而敷五教，何以索隐钩深，精穷奥业，存真截伪，澡雪前修，大义乖而复昌，微言绝而重续，符三代同风之盛，成儒者逢辰之期，乃知神圣化光，等百王而立教；风雅道著，合四海以来同。作述之美既彰，太平之望允塞。臣为阐扬文治起见，谨请代奏，伏乞皇上圣鉴谨奏。

光绪十五年六月十八日，奉上谕：翰林院编修王懿荣呈请续修《四库全书》，并胪陈本朝儒臣所撰《十三经疏义》，请饬取列学宫各一折，着俟《会典》纂辑告成后，由翰林院奏明请旨。钦此。

薛传均

《清儒学案》卷一五二《孟瞻学案·孟瞻交游·薛先生传均》：薛传均，字子韵，江苏甘泉人。诸生。少工骈文，斋丽冠侪辈。博览群籍，强记精识，于《十三经注疏》及《资治通鉴》功力尤深。注疏本手自校勘，发明毛、郑、贾、服之说，其魏、晋诸儒不守师法者概置焉。读史则研究治乱得失之故，于遗文琐事亦记诵靡遗。嘉定钱氏有《说文答问》，深明通转假借之义。先生博引经史以证之，成《说文答问疏证》六卷。又以《文选》中多古字，条举件系，疏通证明，为《文选古字通》十二卷。以家贫，就福建督学陈用光聘。陈见先生所著书，恨相见晚。以疾卒于汀州试院，年四十二。（参刘文淇撰《墓志》）

《清史稿·儒林三》：薛传均，字子韵，甘泉人。诸生。博览群籍，强记精识。就福建学政陈用光聘，用光见所著书，恨相见晚。旋以疾卒于汀州试院，年四十一。传均于《十三经注疏》功力最深，大端尤在小学，于许君原书，钩稽贯串，洞其义而熟其辞，嘉定钱大昕文集内有《说文答问》一卷，深明通转假借之义，传均博引经史以证之，成《说文答问疏证》六卷。又以《文选》中多古字，条举件系，疏通证明，为《文选古字通》十二卷。

《清史列传·儒林传下二》：薛传均，字子韵，甘泉人。诸生。少工骈文，斋丽冠侪辈。后博览群籍，强记精识，然沉潜谦退，不以所能自高。十赴乡试，辄报罢。以家贫，就福建学政陈用光聘。用光见所著书，恨相见晚。旋以疾卒于汀州试院，年四十一。传均于《十三经注疏》及《资治通鉴》功力最深，注疏本手自校勘，旁行斜上，朱墨烂然，于先儒训诂，抱残守阙，实事求是，未尝以臆窜改。读史则研究治乱得失之故，于遗文琐事，亦记诵靡遗。嘉定钱大昕《说文答问》深明通转假借之义，传均博引经史以证之，成《说文答问疏证》六卷。又以《文选》中多古字，条举件系，疏通证明，为《文选古字通》十二卷。①

① 详见中华书局本第18册，第5614页。

刘文淇《青溪旧屋文集》卷十《文学薛君墓志铭》：君讳传均，字子韵，扬州甘泉人。予与君同居郡城，又以嘉庆丁卯同补博士弟子，同肄业梅花书院，师事歙洪桐生先生，相善也。先生藏书至富，奖掖后进无不至；侧闻绪论，始自惭闻见弇陋。相勉为根柢之学，遂相约购书，积三载各得书五七千卷，有无相假阅，是非相质难者且十年。**君既博览群籍，强记精识，于《十三经注疏》及《资治通鉴》功力尤深，凡反复十数过。注疏本手自校勘，发明毛、郑、贾、服之说，其魏、晋诸儒不守师法者概置焉。读史则研究治乱得失之故，于遗文琐事亦记诵靡遗，而大端尤在小学，于许君原书，钩稽贯串，洞其义而熟其辞。**近今小学家推嘉定钱氏大昕及其从子坫、金坛段氏玉裁。君谓**段氏时杂臆说，钱氏较精审**。大钱文集内有《说文答问》一卷，深明通转假借之义，君博引经史以证之，成《说文答问疏证》六卷。又尝以《文选》中多古字，条举件系，疏通证明，为《文选古字通疏义》一书，甫草创，未就卷第。予每研艺，至偏旁疑似，音韵传讹者，必以质之君。君广引证佐，随方晓答，检书探核，悉如所言。盖君之肆力而深于古，先所成疏证钱氏之书，乃其一孔，而非君学之盛也。**君沉潜而谦退，不以所能自衒。十赴省试，辄报罢，岁科试亦屡抑。乡人鲜有知君者，而好学之志未尝少挫。君尝语余曰："富贵不敢期，但使有暇读书，则愿足矣。"盖闻造物之笃材也，常有所偏至，是以优于遇者绌于学。老师宿儒，常靳之禄利之途；然至如君之恬淡，求布衣蔬食终其身，以尽心于学，而亦卒不可得，则又何故哉！**君家素裕，自君之知读书也，忽中落，藉授读以糊口。童蒙十余人，环坐斗室，率顽劣呶呶，咈耳骚心，君抱书危坐，丹铅不去手，至生计日迫，无以给俯仰，乃就学使者聘，远游福建。府主阁学新城陈公用光，好善而重士，见君所著《说文答问疏证》，恨得君之晚，以质制军金匮孙公尔准，孙公叹为绝作，亟令小史录副。嗣按临汀州，君猝感热疾，卒于试院，实道光九年八月二十日也，得年四十有二。阁学厚殡之，遣使护其丧归，而留《疏证》稿本，板行闽中。将以还朝时，过扬授其孤孝钊。呜呼！君素性闲旷，依人非其所乐，以处境为生人极艰，始决绝去乡里。然所学既见知于府主，而闽中贤士大夫交相引重，是宜有以稍发舒其志。意而郁抑，恒不自得，半岁中，所得寄示诗辞，大都酸恻怆楚，余固已悲君之意气早衰，而卒不意其遽至奄忽也。伤已！然君之家居墨墨，无以自见。其厚君者，又皆困踬无聊赖，不足以张君之学。而躁进之士，每笑其迂拙，或至相引以为戒。君即老死牖下，谁为传其书而信其学乎？则其可悼痛更何如耶！君之丧至自闽，同人既乞泾县包君为表墓之文，于学行世系具详，余故叙述交游之旧，与君之郁郁无可告者，纳诸幽以志余痛。铭曰：已矣子韵复何言，贱近贵远信前论，身既殁矣名则存。

丁晏《颐志斋文集》卷九《薛子韵传》：君讳传均，字子韵，扬州甘泉人。笃志古学，于《十三经注疏》手自勘正，反复数十过，曾不少倦。尝谓："通经必先识字，小学不明，而欲通晓经术，譬犹航绝流断港而欲至于海也。"近人明小学者，推嘉定钱氏大昕、金坛段氏玉裁。段注《说文》多武断，颇逞臆说。钱氏较审，《文集》有《说文答问》一卷，举通转假借之义，未畅厥旨。君研精许书，博引经史，以证之，成《说文答问疏证》六卷。又以《文选》中多古字，马扬虽词赋家，然皆深明《苍》、《雅》之学，故能抉幽洞精，君排比钩稽，雅材好博，为《文选古字通疏义》，属草未就。君于《资治通鉴》肆力尤深，洞然于治乱得失之故，参互正史，穷源泝流，若指诸掌。尝病今之学者不先读温公书，而遽从事《纲目》，其于事之始末不能条举融贯，徒屑屑于褒贬义例，甚矣其疏也。君于学甚邃，顾不为世所知，仅得补诸生，学使者历试屡抑之，十赴省试，辄报罢，家故素封，自君锐意于学，家忽中落，中岁以后迫于窭贫，不得已，就闽学使之聘。学使新城陈公甚重君，见君所著《说文疏证》，恨识君晚，以质制府金匮孙公，制府叹为绝作，自是君稍稍为世知矣。校试汀洲，君猝感热疾，竟卒，年仅四十有二，惜哉！余初不识君，偶于同年包君诗训中见君评语，叹其精审。君闻之，亟引余为知己，并期后会，孰意包君溘逝，而君竟为之续。呜呼！力学如君，方冀策名清时，岸然自立，有所表见于世，不幸而困蹶牖下，为当世经师可矣，乃天不假之遇，而又夺之，骤相知如余，至欲一识面且不可得，又况摭其学行，以三寸秃管传播来兹，此岂可必之事乎？然君所著书，今已板行闽中，君之学固已传矣。君固谓余为知君者，余之谫陋无闻，不足以表君之学，其不辞而为之传者，亦藉以慰君之灵也。悲夫！①

包世臣《艺舟双楫》卷八附录二《清故文学薛君之碑》：道光九年八月二十日，甘泉薛君子韵殁于福建督学使者内阁学士新建陈用光汀州校士行署。先是，陈公读子韵所著《说文答问疏证》之书而善之，以质太子少保闽浙总督金匮孙尔准。孙公故小学家也，叹为绝伦，议相与板行之，以嘉惠闽士。猝遘此变，陈公慎于殡之礼，留《疏证》六卷稿本，而遣使护丧归扬州，厚资其葬。仪征刘文淇孟瞻检遗箧，得旧读《十三经》本，集录其丹黄手勘之语，约可二十卷，《闽游草》一卷，《文选古字通疏义》十二卷，草创未卒业。孟瞻与宝应刘宝楠楚桢、予族子孟开，约纂辑缮副以付其家。其家卜明年春袝于甘泉西郊十三里庙陶家冲祖墓。同人以子韵道赢时绌，不可不表也，以属予。予以谓子韵少工骈文，裔丽常冠侪辈，嗣与孟瞻及予弟季怀友善，因以次缔交于孟开、仲虞五人者，相结为本原之学。季怀、孟瞻、孟开治《诗》，攻毛、郑氏；仲虞治《易》，攻郑、虞氏；子韵治小学，攻许氏，皆旁通群籍，而据所业为本，砥砺以有成。近世昌许氏者，推嘉定钱氏、金坛段氏。段氏徒众尤盛，唯子韵究其得失而右钱氏。钱、段皆予旧识，备闻二老面商榷之辞，知子韵于斯业甚审也。**乾隆中，大兴朱氏首以许、郑之学劝天下，一变揣摩尘腐之习，继声务明高，而不别真伪，则捋撦断烂之弊兴，于是求士者反其道以为用，或揣摩尘腐之未能也，然遂衮衮跻清要，争言主持风会矣。四十年间风尚三变，故学者能有志于古百之一，志古而一再不当于有司，辄自疑迁业，其能坚定不惑以汔有成者又百之一。**予弱冠展侧江淮间，常自病盗虚声，无根柢，物色朴学，得阳湖黄乙生小仲，通《郑氏礼》，行不违其言；武进刘逢禄申受通《何氏春秋》、《虞氏易》，虽涉世迂疏，而好学出自天性；江都凌曙晓楼治《何氏春秋》、《郑氏礼》，困学而不厌；同邑胡世琦玉樵墨守郑氏，有缀残补缺之勤；嘉定潘鸿诰望之能错综许、郑，以适大义；丹徒柳兴宗宾叔治《诗》、《礼》、《史》、《汉》，能依雅训以捍俗说；楚桢之上世，故崇汉学，能不坠其家法；仪征汪穀小城，覃精许、郑，尤长于舆地；黟俞正燮理初通《郑氏礼》、《杜氏春秋》；乌程凌堃厚堂综汉义说《易》、《礼》、《春秋》数十万言，与理初并长推步算术。盖吴越英略，备于斯已。然必守许氏以推原贾、马、郑、服诂训者，卒莫如子韵之善。荀子曰："学不可以已，锲而不舍，金石可镂。"非必资性殊绝也。故曰，**古之学者为己，志乎古必违乎今，无望其速成，无诱于势利，乃蕲至乎古之人。**然而太史读功令，至于废书而叹者，不亦深悼郁滞矣。迹诸君子所学，此其志岂利禄之路哉？要其稽古自得，皆足

① 见《清代诗文集汇编》第587册，第236页。今按：此传与刘文淇所撰墓志铭多有雷同之处。

以有见于时，而成进士居馆职者，唯玉樵、申受。未几，玉樵竟出宰，不获乎上；申受左迁祠部，至十三年不得调。理初、望之、季怀获一解，连蹶春官，忧生之计更迫。余子则困诸生，无所合。而自道光纪年以后，小仲嗒然物化，季怀、小城相继奄忽。今年春夏之交，玉樵家食不禄，晓楼以养疴夺于道院，入秋而申受疫没京邸，子韵旅丧闽馆，右军所谓感兼伤痛，切心哀穷不已。又云，当今人物眇然雕落，可哀叹者，殆犹未至若斯之摧剥酸酷也。爰洒涕而系之曰：君年卌一讳传均，旧隶溧水今邗滨。迁邗再传璋琏琇，琏次子柄君其胄。以柄后璋璋有孙，孙知好学祖颜温。母李早世继杨慈，妻何淑慎君宜之。维君失职以学显，吁嗟中材何以勉。孝钊总角抱遗书，君子之泽自兹远。

陈用光《太乙舟文集》卷六《说文答问疏证序》：**余少时尝喜顾亭林论《说文》之学，谓学者能取其大而弃其小，择其是而违其非，乃为善学诚哉！**是言也，叔重生汉东京，去古虽较近，然其未尝亲见制字之人，而承其口讲指画，则与后之人一而已。及后见钱莘楣、王西庄、段懋堂、孙伯渊诸君子皆极尊许氏学，为之阐述其旨者，各有成书，而莘楣之说为尤善。其谓参商二字为连文，叔重非以商训参，诚足以释顾氏之疑矣。然视犬之字如画狗，狗，叩也，其词不雅驯，顾氏以为岂孔子之言，钱氏无以难之也。又过信《吴越春秋》弓生于弹，弹起古孝子之言，以为可证许氏吊从人持弓，会殴禽之训为可信。夫作《吴越春秋》者岂果在叔重之前乎？而乃引以为据乎？吾师姚姬传先生尝谓，《说文》日在草中为暮，其说近凿，用光亦以为然。《尔雅·释山》："山西曰夕阳。"郭注云："暮乃见日。"山之与草，高下悬绝矣，山虽未尝无草，而顾必以日在草中为训乎？吾师又谓许氏有功于字学，而未尝无失，小学之义容有许氏所未详，而汉儒尚有别传者。其说诚精当，吾谓许氏之学、后儒阐发许氏之学，皆当取其大而弃其小，择其是而违其非也。甘泉薛子韵，好学深思之士也，为《说文答问疏证》以阐发钱氏之旨，而亦有救正其失者。从余来闽，襄校文之役甚勤，且当余尝欲举其所疑于许氏者与之商榷，而行至汀州，痛其一病而殁，以为天之生好学之士，何不永其年以竢其成也。乃为梓行其《疏证》而为之序。时道光十一年八月望日也。

桂文灿《经学博采录》卷八：甘泉薛子韵秀才尝著《说文答问疏证》六卷，以博洽称。明经为之补笺，语多精审。道光庚寅，君应岁试，使者奇其文，询所学，博辨切至，遂举辛卯优行第一，贡成均。及抵都，则病嗽转成脚气，年仅五十，精力未衰，竟以五月二十日卒于都中。包季怀孝廉世荣，安徽泾县人也，嘉庆末治《毛诗》者十有四年，寒暑不辍……善取友，与甘泉薛传均子韵、仪征刘文淇孟瞻、旌德姚配中仲虞同志趣，讲贯至久，故论交尤笃。

桂文灿《经学博采录》卷十一：薛子韵茂才传均，扬州甘泉人也。为文裔皇典丽，常冠其侪。嗣与仪征刘孟瞻、泾县包季怀包孟开、旌德姚仲虞、宝应刘楚桢友善，相约共治经学，季怀孟开治《诗》，攻毛、郑氏，孟瞻治《春秋》，攻左氏，仲虞治《易》，攻郑、虞氏，楚桢治《论语》，攻何氏，茂才治小学，攻许氏，皆能旁通群籍，专精本业，砥砺以有成。近世治许氏学者推嘉定钱氏、金坛段氏。茂才左段右钱，著《说文答问疏证》六卷，取钱氏《潜研堂集》中答问《说文》之语，疏通证明之。道光九年，茂才应福建陈学使用光聘入闽，于八月二十日殁于汀州行署。先是，陈学使读茂才所著书而善之，质诸孙督部尔准，督部故小学家也，叹为博洽，议梓以行，猝遭此变。陈学使既尽殡礼，乃取《疏证》六卷，属惠安孙惕斋明经校刊之，而遣使护丧归扬州，厚资其家。刘孟瞻检遗箧得旧读《十三经》本，集录其丹黄手勘之语，约可二十卷，《闽游草》一卷，《文选古字通疏义》十二卷，草创未卒业，孟瞻与楚桢孟开约纂辑缮副，以付其家。说者谓道光初吴、越朴学之士，如阳湖黄乙生小仲通郑氏礼，行不违言；武进刘逢禄申受通何氏《公羊春秋》、虞氏《易》，久官京师，读书不懈；江都凌曙晓楼治何氏《公羊春秋》、郑氏《礼》，困学不厌；泾县胡世琦玉樵墨守郑氏，有缀残补缺之勤；嘉定潘鸿诰望之能错综许、郑，以适大义；丹徒柳兴恩宾叔治《诗》、《礼》，悉本雅训，尤深于《穀梁春秋》，所著《穀梁大义述》数十万言，千年绝学殆无遗义；仪征汪谷小城覃精许、郑，尤长于舆地；黟俞正燮理初通郑氏《礼》、杜氏《春秋》；乌程凌堃厚堂综汉义，说《易》、《礼》、《春秋》数十万言，所著《论语解义》及《周礼说》，共若干卷，并称精博，与理初并长推步算术。而必守许氏，以推原贾、马、郑、服诂训者，卒莫如子韵之善云。

张宗泰

《清儒学案》卷一百九十七《诸儒学案三·张先生宗泰》：张宗泰，字登封，号筠岩，江苏甘泉人。乾隆己酉，选拔贡生，朝考用知县，以父年高，请就教职，选授天长县教谕。训士以敦品绩学为先，修葺黉序，筹备乐舞，一一皆实力奉行。遇有水旱偏灾，奉委查验，务使实惠及民。无苛无滥，虽邻封亦皆亲历，不假手于胥吏。巡抚朱文正珪知其勤恪，欲保升知县，先生力辞。丁父忧，年已逾六十，丧葬悉依礼法。服阕，在籍候选。道光元年，乡人拟公举孝廉方正，复力辞。再选合肥县教谕，职事修举，与官天长时无异。引疾归，十二年卒，年八十三。著有《周官礼经注正误》一卷、《尔雅注疏本正误》五卷、《孟子七篇诸国年表》二卷、《竹书纪年校补》二卷、《质疑删存》三卷、《天长县志稿》十卷。又有《旧唐书疏证》、《新旧唐书合抄》、《春秋左氏传读本正误》、《乙部考日长编》、《新唐书天文志疏正》、《二十二史日食征》、《冬夏两至考》、《宋辽金元朔闰考》各若干卷。（参薛寿撰《家传》）

薛寿《张登封先生家传》：先生讳宗泰，字登封，号筠岩，扬州甘泉人。……年七十八。①

张宗泰《所学集自序》：余于凡百玩好，无所动心，顾独喜读书，如噉蜜然，中边皆甜，只觉有不尽之意味浸淫于胸臆间，而莫能自已也。里居时，苦于授徒，不获专致其功。道光二年春，选授修武县儒学教谕，官闲事简，始得肆其力于学问，朱墨点勘，靡间寒暑，率以日尽一卷为度，积二十年如一日，每读一书已，辄旁通交推，而以他所所读书为之证佐，又平日尝究心《四库全书提要》，窃仿其义例，或品其得失，或纠正其讹舛，或增补其所未备，约得文字若干篇。（下略）

---

① 详见《续碑传集》卷七十六，上海书店 1988 年版，第 2909~2910 页。

侯　康

《清儒学案》卷一百三十三《月亭学案下·月亭从游·侯先生康》：侯康，原名廷楷，字君模，番禺人。道光乙未举人。幼孤，好学，喜读史。家贫无书，母为称贷得钱，买"十七史"，读之。所为文章，仿南北朝体。阮文达辟学海堂课士，赏其文，由是知名。后乃研精《注疏》，尽通诸经，著《春秋古经说》二卷。谓"三传"经文颇有不同，以《左氏》与《公》、《穀》互校，则《左氏》义长者多。因参订而排比之，疏通证明，有足补毛氏奇龄之《春秋简书刊误》、段氏玉裁之《春秋左氏古经》所未备者。又以《礼》与《春秋》本相表里，"三传"中典制莫备于《左氏》，而义理莫精于《穀梁》，惟《公羊》杂出众师，较多偏驳。因作《穀梁礼证》，全书未竟，仅存丛稿五十余条，其弟度厘为二卷。群经小学亦皆有论说，而于史学致力尤勤。常欲仿裴注《三国志》例，尽注隋以前诸史。谓注史与修史异，注古史与注近史又异。史例贵严，史注宜博，注近史者群书大备，注古史者遗籍罕存，当日为唾弃之余，今日皆见闻之助，宜遇而存之。为《后汉书补注续》一卷、《三国志补注》一卷。又以隋以前古书今皆亡佚，致诸家著述湮没不彰。拟补撰后汉、三国、晋、宋、齐、梁、陈、魏、北齐、周十书《艺文志》而自注之，已成者有《补后汉书艺文志》四卷、《补三国艺文志》四卷。凡诸书已见本传及《隋》、《唐》、《宋志》、《释文叙录》者皆不著所出，其采自他书或附传者则著之，而他书复有可考证者亦备录焉。道光十七年卒，年四十。（参史传、陈澧撰《二侯传》、《横南遗书》伍崇曜跋）

《清史稿·儒林三》：侯康，字君谟，亦番禺人。道光十五年举人。少孤，事母孝。家贫，欲买书，母称贷得钱，买"十七史"，读之，卷帙皆敝，遂通史学。及长，精研《注疏》，湛深经术，与同里陈澧交最久。尝谓："《汉志》载《春秋》古经十二篇者《左经》也，经十一卷者《公》、《穀》经也。今以'三传'参校之，大要古经为优。《穀梁》出最先，其误尚寡。《公羊》出最晚，其误滋甚。"乃取其义意可寻者疏通证明之，著《春秋古经说》二卷。又治《穀梁》以证《三礼》，以《公羊》杂出众师，时多偏驳，排诋独多。著《穀梁礼证》，未完帙，仅成二卷。又仿裴松之注《三国志》例注史，尝曰：

“注古史与近史异，注近史者，群书大备；注古史者，遗籍罕存。当日为唾弃之余，今日皆见闻之助，宜过而存之。”因为《后汉书补注续》一卷，《三国志补注》一卷。后汉称续者，以有惠栋注；《三国志》杭世骏注未完善，故不称续也。又补后汉、三国《艺文志》，各成经、史、子四卷，余未成。又考汉、魏、六朝礼仪，贯串“三礼”，著书数十篇，澧尝叹以为精深浩博。十七年，卒，年四十。弟度，字子琴。与康同榜举人，以大挑知县分发广西，署河池州知州。广西贼起，度伐木为栅，因山势联络，坚固可守。贼退，以病告归，至家遂卒，年五十七。度洽熟经传，尤长礼学，时称“二侯”。嘉兴钱仪吉尝称其研核传注，剖析异同，如辨懿伯、惠伯之为父子，三老、五更之为一人。证明郑义，皆有据依。所著书为夷寇所焚，其说经文，刻学海堂集中。

陈澧《东塾集》卷五《二侯传》：侯君模，名廷楷，更名康，君模其字也，其先江南无锡人，祖金铉迁广东，为番禺人。君模幼孤，好学，喜读史。家贫无书，母张为稻贷得钱，买“十七史”，读之久，卷帙皆敝。爱南北朝诸史所载文章，为文辄效其体。阮文达公总督两广，开学海堂课士，赏其文，由是知名。后乃研精注疏，尽通诸经，而史学尤深。正史之外，旁搜群籍，仿裴松之注《三国志》例，注隋以前诸史。尝曰：“国初以梅氏《算书》、顾氏《读史方舆纪要》、李氏《南北史合抄》称‘天地人三奇书’。论者谓李书未可鼎足，吾书成，其将取而代乎?”又曰：**“注史与修史异，注古史与注近史又异。史例贵严，史注宜博。注近史者，群书大备；注古史者，遗籍罕存。当日为唾弃之余，今日皆见闻之助，宜过而存之。”**为《后汉书补注续》一卷、《三国志补注》一卷。《后汉》称“续”者，以有惠定宇《补注》。《三国志》杭大宗《补注》未完善，故不称“续”焉。又以隋以前古书多亡，著书者多湮没不彰，补撰《后汉三国晋宋齐梁陈魏北齐周十书艺文志》，而自注之。后汉、三国成经、史、子三部，余未成。尤好《左氏传》，谓近儒多尊贾、服而排杜解，然杜间有胜贾、服者。**儒者说经当求心之所安，毋徒博好古之名。**欲著书以持其平，亦未成。又治《穀梁传》，考其涉于礼者，为《穀梁礼证》。其余群经、小学皆有论说，多前儒所未及。又考汉、魏、六朝礼仪，贯串“三礼”，著书数十篇。为人孝友惇笃，性兼狂狷，质直疏易，喜饮酒，招呼朋好，谐谑间作。不治家人生产，至不识算子，惟以授徒自给，体气羸弱，不离药物，而读书恒至深夜，亦颇以此致疾云。以优贡生中道光乙未科举人，会试归，发病，逾年卒，年四十。弟度，同年举人，时称为两经师。〇子琴名廷椿，更名度，少贫困，佣书于外，夜归，置灯小几上，踞坐读书。儿女鸡犬环绕之，不厌也。年三十七，始为县学生员，与君模同年中举人，道光二十四年大挑一等，试用知县，分发广西，署河池州知州。州县官到任，馈金于上官，曰到任礼，时节馈金曰节礼，子琴以贫故，独不馈，知府衔之。广西贼起，河池州居万山中，无城郭，子琴伐木为栅，因山势联络，坚固可守。又使民十家为牌，民有从贼者，仿赵广汉缿筩法，使良民告奸民，十得六七。……遂告病归，甫至家，病卒。时咸丰五年五月，年五十七。子琴，静朴和厚，经传洽熟，尤长于礼学。自大挑后志在吏治，常读诸史循吏传及兵书，又以世风衰坏，采古书名言为一编，曰《述古轩家训》，在梧州，为贼所焚，其副本在番禺志书局，为夷寇所焚，遂无传焉。所著说经文，刻于《学海堂集》，又通算学，所著书亦散失。……陈澧曰：……时称侯家两经师云。余与二君居址相近，常相见，在京师同居，下第同归，情好最密。计自弱冠得交君模，始知治经是吾师也。子琴则同志，曰友者也，尝与君模戏言：“我后君死，当传君。”君模死，余为传，哭其殡而焚之。

子琴死，乃为合传。呜呼，使二侯君今犹在，年七十耳，而墓木拱矣。悲夫！

陈澧《东塾集》卷六《祭侯君模文》：存目。

杨钟羲《雪桥诗话》续集卷七：道光乙未，番禺侯康君模与弟度子琴同举于乡，时称侯家两经师。君模史学尤深，著作等身，治《穀梁传》，考其涉于礼者，为《穀梁礼证》，仿裴松之注《三国志》例，注隋以前诸史，其成者《后汉书补注续》一卷、《三国志补注》一卷，其读史诗如云："唐虞不可追，且莫谈揖逊。谁与袭其名，作俑始魏晋。纷纷争效尤，废兴曾不瞬。中惟唐宋朝，逆取守以顺。能开忠厚基，终享升平运。典午祚虽长，兵戈苦屠衅。或云牛继马，吕嬴宗已紊。谁言天网疏，施报理堪信。臣职固富修，君权须自振。咄哉燕王哙，欲学尧授舜。"质直疏易，肖其为人。阮文达尝令与周秩卿孝廉、郑萱坪明经、胡稻香茂才同辑《四书文话》。

陈澧《东塾集》卷三《穀梁礼证序》：《穀梁礼证》者，吾友侯君模孝廉未成之书也。甲午岁，余治《穀梁春秋》，君模出示此书，曰："此伤今为绝学，君当努力。吾方治诸史，未暇卒业也。异时君书成，当以此相付。"因举郑康成、服子慎说《左传》事语，相与欢笑。未几，而君模卒。今其弟子琴将刻君模遗书，属余序此编。追忆曩昔语，怆然出涕。君模之学，最精"三礼"，以"三礼"贯串汉、晋、南北朝诸史志，精深浩博，为诸儒所未有。此编虽未成之书，亦略见一斑矣。自君模之殁，忽忽十二年。余学业无所成就，尝欲撰《穀梁释例》，屡作屡辍，负良友于地下。近有镇江柳孝廉兴恩、杭州曹秀才籀于此传皆有所述。二君见君模书，当恨与君模并世而不得相见也。余异时得读二君书，或释例竟可不作，但使海内有人明此绝学，何必其书之出于己耶？君模以《礼证》相付，亦此意也。

伍崇曜《穀梁礼证跋》：存目。①

阮元《揅经室集》续三集卷三《四书文话序》：唐以诗赋取士，何尝少正人？明以四书文取士，何尝无邪党？**惟是人有三等，上等之人，无论为何艺所取，皆归于正；下等之人，无论为何艺所取，亦归于邪；中等之人最多，若以四书文囿之，则其聪明不暇旁涉，才力限于功令，平日所诵习惟程、朱之说，少壮所揣摩皆道理之文，所以笃谨自守，潜移默化，有补于世道人心者甚多，胜于诗赋远矣。**唐、宋诗话多，文话少，而明以来四书文话更少，非无话也，无纂之者也。余令学海堂诸生周以清、侯康、胡调德纂之，诸生共议，分二十四门编之：一原始，二功令，三格式，四法律，五体裁，六命题，七程文，八稿本，九选本，十墨卷，十一社稿，十二元灯，十三名誉，十四考核，十五师承，十六风气，十七兴废，十八流弊，十九起衰，二十假借，二十一咎毁，二十二谈薮，二十三轶事，二十四五经文，虽未甚精详，然已积卷帙矣。录成二部，一存粤东学海堂，一携归江南。盖江南遗文旧说为岭南所无者尚多，俟再令家塾子弟补成之。时甲申冬日。

章太炎《检论·清儒》：《穀梁传》惟侯康为可观（著《穀梁礼证》）。其余大氐疏阔。

---

① 详见《续修四库全书》第132册，第330页。

魏　源

《清儒学案》卷一百六十一《古微学案》：古微说经，本于常州庄氏，学术推迁，殆关运会。其经世之文，多洞中情事。至于治《元史》，策海防，彰往察来，蕲归有用，开咸、同以后著书风气，则时为之也。

《清史稿·文苑三》：魏源，字默深，邵阳人。道光二年，举顺天乡试。宣宗阅其试卷，挥翰褒赏，名藉甚。会试落第，房考刘逢禄赋两生行惜之。两生者，谓源及龚巩祚。两人皆负才自喜，名亦相埒。源入赀为中书，至二十四年成进士。以知州发江苏，权兴化。二十八年，大水，河帅将启闸。源力争不能得，则亲击鼓制府，总督陆建瀛驰勘得免，士民德之。补高邮，坐迟误驿递免。副都御史袁甲三奏复其官。咸丰六年，卒。源兀傲有大略，熟于朝章国故。论古今成败利病，学术流别，驰骋往复，四座皆屈。……又作《筹鹾篇》上总督陶澍，谓："自古有缉场私之法，无缉邻私之法。邻私惟有减价敌之而已。非裁费曷以轻本减价？非变法曷以裁费？"顾承平久，挠之者众。迨汉口火灾后，陆建瀛始力主行之。源以我朝幅员广，武功实迈前古，因借观史馆官书，参以士大夫私著，排比经纬，成《圣武记》四十余万言。晚遭夷变，谓筹夷事必知夷情，复据史志及林则徐所译《西夷四州志》等，成《海国图志》一百卷。他所著有《书古微》、《诗古微》、《元史新编》、《古微堂诗文集》。

魏耆《邵阳魏府君事略》：府君讳源，字默深，先世江西太和县人，于明初迁湖南邵阳之金潭。……嘉庆癸酉，二十岁，举明经。明年健宝卷煦公起复，入都，遂留从胡墨庄先生问汉儒家法。周石芳侍郎系英，偶见府君诗篇敦雅，四出揄扬，数日名满京师，中朝公卿争纳交焉。是时，问宋儒之学于姚敬塘先生学塽，学《公羊》于刘申受先生逢禄，古文辞则与董小槎太史桂敷、龚定庵礼部自珍诸公切磋焉。……善化贺耦庚制军长龄，为江苏布政使，延辑《皇朝经世文编》，遂留意经济之学。时巡抚为陶文毅公澍，亦以文章经济相莫逆，凡海运水利诸大政，咸与筹议。(下略)①

① 《魏源全集》2011 年版，第 14 册。

姚永朴《魏默深先生传》：魏先生讳源，字默深，先世由江西太和县迁居湖南之邵阳。……年十有五，补诸生，乃究心王阳明氏学，尤好读史。嘉庆十九年，以拔贡入都，复从胡先生承琪问汉儒学，姚先生学塽问宋儒学，又别受公羊学于刘先生逢禄，诗古文词则与董君桂敷、龚君自珍相切劘。萧山汤公金钊雅重之，尝造其寓。先生出迓，髯发如蓬，汤公愕眙，既知订《大学古本》，叹曰："吾子深造乃若是邪？"寻两中副榜。道光二年举顺天乡试。善化贺公长龄为江苏布政使，延辑《皇朝经世文编》，由是留心时务。九年纳赀为内阁中书，得遍观秘籍，由是又熟于国故朝章。二十四年成进士，以尝改知州，殿试后仍以知州发江苏用。明年权知东台县，为政平恕，民便之。又明年，丁母忧归。二十九年服阕，复权兴化县。……辞归，侨居兴化，寻卒。先生罕嗜欲，自博览群籍外，惟好游，轮蹄几遍域内。与客接，无多言，独至古今成败、国家利病、学术得失，则反复辨难，风起潮涌，不可遏，或未当，亦能虚以受人。尝至粤，闻陈君澧议其书，大喜，亟易所撰，与论交。因有感于英吉利构衅，述开国以来兵事，为《圣武记》十四卷。又考东西洋诸国地形，为《海国图志》一百卷。此外尚有《书古微》、《诗古微》、《公羊古微》、《曾子发微》、《子思子发微》、《高子学谱》、《孝经集传》、《孔子年表》、《孟子年表》、《小学古经》、《大学古本》、《两汉今古文家法考》、《明代兵食二政录》、《春秋繁露》、《老子》、《墨子》、《说苑》、《六韬》、《孙子》、《吴子注》及诗文集各若干卷，或行于世，或藏于家。论曰：昔乾隆中，有总督劾县令者，高宗知其人贤。会总督陛见，诘之，对曰："以书气重耳。"上曰："官气不可有。若书气，人之命脉，岂为牧令可无邪？"今观先生博极群书，而居官慈惠若此，益信高宗之言，洵千古用人者之蓍龟也。(下略)①

徐世昌《晚晴簃诗汇》卷一百四十七：魏源，字默深，邵阳人。道光乙巳进士，由内阁中书历官高邮知州。有《古微堂诗集》。诗话：默深淹博群书，熟于掌故，尤精舆地之学，与龚定庵齐名，时称龚魏。平生足迹遍天下，名山大川罔不游历，为文发抒心得，不蹈故常，奥如衍如，自成一格。作诗亦然。其雕镌造化，搥险凿幽之笔，能使山无遁形，水无匿响，凡难显之状，未道之景，一经摅写，如鼎铸象，如镜印影，自汉魏唐、宋以来，亦别为一体，盖其才大学博，不能以常格绳之也。

李元度《国朝先正事略》卷四十四、《国朝先正事略补编》卷一、《（光绪）湖南通志》卷一百八十八皆有传，存目。

何秋涛《朔方备乘》卷五十二《考订俄罗斯盟聘记叙》：臣秋涛谨案：《俄罗斯盟聘记》，系国朝魏源撰。魏源字默深，湖南邵阳县人，道光甲辰科会试中式乙巳恩科进士，官至高邮州知州。源为人博学多闻，尤熟于昭代掌故。原任江苏布政使贺长龄尝纂《皇朝经世文编》，其编辑体例悉出源手，时源年甫及壮，学问已淹贯如是。嗣因海氛不靖，源乃悉出藏书，考究四裔用兵诸事，以俄罗斯为北徼最著之国，采集康熙乾隆以来与中国交涉事迹为盟聘记一卷，考俄罗斯虽尝观光上国，而并无歃血定盟之仪，非如内外蒙古之设有盟长也。又我使臣曾假道彼国，以谕土尔扈特自定界，以后彼国亦无专使朝聘之事。魏源命名殊为未榷。兹备录其书，加以考订，附纠其失于此云。

何秋涛《朔方备乘》卷五十三《考订海国图志叙》：《海国图志》系国朝魏源撰。源

① 见《碑传集补》卷二十四。

仕履已见前卷，或谓讲地理者，于中国古今郡县犹多未能确指，况外夷乎？不知宇内之事无非以渐而开，其始莫不荒渺，必有人焉，留心采访，随时纪载，积久研核，可以得其梗概。历代正史必有四裔列传，往往记商贾之言，述传闻之说，职是故也。欧罗巴人旧撰有《四洲志》。道光年间，广东译出，经魏源搜采群籍，勒为图志，于岸国、岛国各情形条分缕析，便于检阅，但卷帙既繁，不免有疏舛之处，要当分别观之。其北洋俄罗斯志内裒辑之俄罗斯国总记《西域闻见录》诸书，兹编俱已分见各卷，故不复录惟于他书未载之事，类集于此，仍加考订，以期核实云。

魏源《古微堂集》外集卷一《书古微序》：《书古微》何为而作也？所以发明西汉《尚书》今、古文之微言大谊，而辟东汉马、郑古文之凿空无师传也。自伏生得《尚书》二十九篇于屋壁，而欧阳、夏侯传之，是为《今文尚书》。孔安国复得《古文尚书》四十五篇于孔壁，校今文多佚书十六篇。而安国从欧阳生受业，尝以今文读古文，又以古文考今文。司马迁亦尝从安国问故，是西汉今、古文本即一家，大同小异不过什一，初非判然二家也。自后汉杜林复称得漆书《古文尚书》，传之卫宏，贾逵为之作训，马融作传，郑玄注解，由是古文遂显于世，判然与今文为二，动辄诋今文欧阳、夏侯为俗儒，今文遂为所压。及东晋《伪古文》晚出，而马、郑亦废。国朝诸儒知攻东晋晚出古文之伪，遂以马、郑本为真孔安国本，以马、郑说为真孔安国说，而不知如同马牛之不可相及。今略举其不可信者数大端：《后汉·杜林传》言："林得漆书《古文尚书》一卷，常宝爱之，虽遭艰困，握持不离身。出以示宏曰：'林流离兵乱，常恐斯经将绝，何期诸生复能传之！'"此古文本所自出。考漆书竹简，每简一行，每行二十五字或二十二字。若四十五篇之《书》漆书于简，则其竹简必且盈车。乃谓仅止一卷，遭乱扶持不离，不足欺三尺孺子，其不可信者一。《汉书·儒林传》："孔氏有《古文尚书》，孔安国以今文读之，因以起其家，逸书得十余篇。"《艺文志叙》曰："孔安国悉得壁中书，以考二十九篇，得多十六篇。"而东汉诸儒亦谓佚十六篇绝无师说。夫孔安国以今文读古文之训，以古文考今文之本，未尝别自成家，其佚书之无师说，犹可言也。东汉古文，力排今文之本，而自有漆书之本；力排今文之说，而自有其师说，则必此佚十六篇者卓然皆有师说，而后可以压倒今文，何以今文无之者，古文亦无师说乎？十六篇既无师说，则其二十九篇之师说，既不出于今文，又出自何人？岂非阴袭其膏，阳改其面，而又反攻其背乎？段氏玉裁甚至谓："佚书增多十余篇，孔安国皆通其说，尽得其读，并此外壁中所出《尚书》，刘向《别录》、桓谭《新论》及《艺文志》所谓五十八篇者，孔安国亦尽得其读。"则是安国佚书较伏生更多三十篇，不止十六，何以史迁问故不传一字，而卫、贾、马、郑传古文者，即十六篇亦不传一字乎？矢口猖言，不顾其后，其不可信者二。……史迁为安国真古文之传，皎如天日。今马、郑《尧典》、《皋陶谟》、《微子》、《无逸》诸篇，无一说不与史迁相反。……岂史迁所传安国之古文，反不如杜林、卫宏杜撰之古文乎？后儒动以史迁之异马、郑者，挤之为"今文学"，岂孔安国亦今文非古文乎？西汉之古文与今文同，东汉之古文与今文异，上无师传，且皆反背师传，其不可信者三。西汉今、古文皆出伏生，凡伏生《大传》所言，欧阳必同之，大、小夏侯必同之，史迁所载孔安国说必同之。犹《诗》齐、鲁、韩三家实同一家，此汉儒师说，家法所最重。若东汉古文则不然，马融不同于贾逵，贾逵不同于刘歆，郑玄不同于马融。……孰古文，孰不古文乎？有师传、家法乎？无师传、家法乎？向壁虚造，随臆师心，不知传授于何人。其不可信者四。《儒林传》述："《古文尚书》，孔安国授都尉朝，朝授胶东庸生，庸生授清河胡常，常授虢徐敖，敖授琅玡王璜平中、平陵涂恽子真，子真授河南桑钦君长。"是安国之传授，与杜林、卫宏迥不相承。不知杜林所得之本，即安国壁中之本乎？伏生得自复壁，孔安国得自共王废宅，河内女子得自老屋。何以杜林本不言得自何所，其师说亦不言授自何人。其不可信者五。近世治《尚书》者，江声、王鸣盛多祖马、郑，孙星衍持平于西汉今、古文，而段玉裁则凡史迁本之异于马、郑者，皆挤为今文说，专以东汉向壁虚造之古文为真古文，且谓今文之说皆不如古文，而伏生、欧阳、夏侯、孔安国之微言大义几息灭于天下。予寻绎有年，深悉东汉杜林、马、郑之古文依托无稽，实先东晋梅《传》始作伪，不惟背伏生，背孔安国，而又郑背马，马背贾，无一师传可信。正犹《易》古文出自费直，费直《易》无章句，但以《彖》、《象》、《文言》、《系辞》解《易》，而郑传费氏《易》，则臆创为奢，支离穿凿，但借一先生之名以自盖其欺。其义理凡系君德者，必推而属之外事。故注《大学》、《康诰》、《尧典》之"明德"，则皆以为"自明其德"，及改注《尚书》，则义指"明用才俊之人"。《洪范》"沉潜刚克"，不言其德性之互济，而谓"专攻其阴潜之人，以防乱臣贼子"，违经害义，弊等申、韩。《君奭》篇则以召公不说周公，谓其"复辟以后，即当去位，不当专位固宠"。周公亦自自言："我不以后入迷，不为子孙计。"皆以世俗之腹度圣贤之心，视西汉今文学家谊不可同年而语。予既成《诗古微》二十二卷，复致力于《尚书》，坠绪茫茫，旁搜远绍，其得于经者，凡四大端：一曰补亡。谓补《舜典》而并补《汤诰》，又补《泰誓》三篇，《武成》二篇，《牧誓》一篇，以及《度邑》、《作洛》为《周诰》之佚篇。二曰正讹。如正《典》、《谟》，以"稽古"为"通三统"。正"放勋"、"重华"，"文命"为"有天下之号而非名"。正"毋丹朱敖"为"帝舜戒禹教子之训"，而非禹以"丹朱"戒舜……三曰"稽地"。如考禹河，而知有千年不决之渎，稽江双，而知下游有三江分流入海之口，上游有江在荆州夷陵有分作九江之事，中游至寻阳九派，不谓九江，且彭蠡在江北不在江南，而汉为北江之案定。……四案"象天"。知维斗为黄道极，旋绕乎赤道之北极，周建乎四时，终古无岁差。故可为外璇玑，亦可为大玉衡，而非北斗之玉衡。……天其复明斯道于世，尽黜伪古文十六篇，并尽黜马、郑之说，而颁西汉古谊于学宫矣乎？抑犹不可复明矣乎？先王之圣灵，尚其鉴之。咸丰五年正月，叙于高邮州。

魏源《古微堂集》外集卷一《诗古微序》：……《诗古微》何以名？曰：所以发挥齐、鲁、韩三家《诗》之微言大谊，补苴其罅漏，张皇其幽渺，以豁除《毛诗》美、刺、正、变之滞例，而揭周公、孔子制礼正乐之用心于来世也。……故《诗》之道，必上明乎礼、乐，下明乎《春秋》，而后古圣忧患天下来世之心，不绝于天下。学问之道，"不愤不启，不悱不发，不以一隅反三隅则不复"。余初治《诗》，于齐、鲁、韩、毛之说初无所宾主；顾入之既久，碍于此者通于彼，势不得不趋于三家；始于碍者卒于通，三家实则一家。积久豁然，全经一贯，朋亡蔀祛，若牖若告，愤、悱、启、发之功也，举一反三之功也；学问之道，固不可浅遇而可深逢者也。……深微者何？无声之礼乐志气塞乎天地，此所谓兴观群怨可以起之诗，而非徒章句之诗也。故夫溯流颓则涵泳少矣，鼓弦急则适志微矣。《诗》之道可尽于是乎？乌呼！以俟假年，以待来哲。

刘逢禄《刘礼部集》卷九《诗古微序》：……夫何家法区别之严若是？岂非今学之师

承远胜古学之凿空，非若左氏不传《春秋》，《逸书》、《逸礼》绝无师说，费氏《易》无章句，《毛诗》晚出，自言出自子夏，而《序》多空言，传罕大义，非亲见古序有师法之言与？……西汉专门传授之学，至东京而渐决藩篱。郑康成氏总群儒而通六艺，其学则于《礼》深，于《易》、《书》、《诗》、《春秋》浅。故注《礼》用今文，采韩说，及解《易》、《诗》，《书》、《春秋》乃皆舍今学而从古文，聊以创异门户，存一家之说。其后郑学大行，于是《齐诗》汉代即亡，《鲁诗》亡于西晋，与《易》、《书》之今文诸家同坠于地。《韩诗》、《公羊》虽存，自唐代已号绝学，而《韩诗》复亡于北宋。宁非东京诸儒阶之厉哉？而世之说者顾曰："三家《诗》多述本事，犹之不修之《春秋》也；《毛诗》则财以圣人之义法，犹之君子修之云尔。"果尔，则请以《春秋》义法覆之。《诗》何以《风》先乎《雅》？著《诗》、《春秋》之相终始也。风者，王者之迹所存也，王者之迹息，而采风之使缺，《诗》于是终，《春秋》于是始。《春秋》宗文王，《诗》之四始莫不本于文王。首基之以二《南》，《春秋》之"大一统"也，终运之以三《颂》，《春秋》之"通三统"也。《周南》终《麟趾》，《召南》终《驺虞》，《春秋》之"始元终麟"也。变风始于邶、鄘、卫，《春秋》之"故宋"也。《王》次之，《春秋》之"新周"也。变《雅》始于宣王之征伐，《春秋》之内诸夏而外吴楚也，《鲁颂》先乎《商颂》，《春秋》之寓王也。《颂》以《商》为殿者，谓救周之文敝，宜从殷之质也。托夏于鲁，明继周以夏，继夏以商，三王之道若循环，终则义始，《易》终《未济》之义也。王者因革损益之道，三王五帝不相袭，托王者于斯，一质一文，当殷之尚忠，敬文迭施，当夏之教也，是《春秋》之通义也。孔子序《书》特韫神指，纪三代，正稽古，列正变，明得失，等百王，知来者，莫不本子《春秋》，即莫不具于《诗》。故曰：《诗》、《书》、《春秋》其归一也。此皆删述之微言大义，毛序、毛传曾有一于此乎？则所谓子夏传之者，不足据矣。《诗》之为用，在于礼乐，而二雅、《小序》莫能详其祭祀、燕飨之所用，间《草虫》于《采蘋》，与《仪礼》乐章不合，则所谓太师次弟者，不足据矣。分邶、鄘、卫为三，与《左氏》不合，以《抑》诗为卫武刺厉，以《昊天有成命》之成王为成其王业之王，与《国语》不合；以宣王南仲伐俨狁为文王诗，与《大雅》及周、秦传记皆不合；则所谓国史序之者，又不足信矣。以齐、鲁、韩遗说质之，则数者往往符合，今文之师受远胜古文之凿空如此。郑、许皆古学，而笺《诗》辄用韩义以辅毛，《说文》引《诗》，亦三家多于毛，古学之不能废今文又如此。皇清汉学昌明，通儒辈出，于是武进张氏始治虞氏《易》，曲阜孔氏治《公羊春秋》，今文之学萌芽渐复。惟《书》则江、段、孙、王皆杂采马、郑、王、孔，无所决择。王氏反主郑说，以破古义，尤为慎缪。《诗》则顾（炎武）、阎（若璩）、胡（渭）、戴（震）皆致疑于毛学，而尚不知据三家古义，以正其源流。邵阳魏君默深治经，好求微言大义，由董子书以信《公羊春秋》，由《春秋》以信西汉今文家法。既为《董子春秋述例》，以阐董、胡之遗绪。又于《书》则专申《史记》、伏生《大传》及《汉书》所载欧阳、夏侯、刘向遗说，以难马、郑。于《诗》，则表章鲁、韩坠绪，以匡传、笺。既与予说重规叠矩，其所排难解剥，钩沉起废，则又皆足干城大道，张皇幽眇，申先师败绩失据之谤，箴后汉好异矫诬之疾。使遗文湮而复出，绝学幽而复明。其志大，其思深，其用力勤矣。（下略）

魏源《古微堂集》外集卷一《庸易通义》：**《中庸》之义，全通乎《易》**。而"未发之中"，"立天下之大本"者，原于《易》之"何思何虑"。各经所未泄之蕴，迥异《大学》以意、心、身为家、国、天下之本。盖彼为入学之门子言，乃文、行、忠、信，《诗》、《书》执礼之事，未及于尽心、知性、知天之事也。《论语》与弟子言，从不及《易》。即《孟子》七篇，《曾子》十篇，亦未尝一言及《易》，所谓“性与天道不可得而闻”者也，所谓“子罕言利、与命、与仁”者也。安溪李氏深于《易》，故其《中庸余论》于首篇专以《易》道发挥之，可谓精微广大，曲鬯旁通。予故广李氏之义，于《中庸》之通《易》者，标举数章于后。(下略)

魏源《古微堂集》外集卷一《两汉经师今古文家法考叙》：……今世言学，则必曰东汉之学胜西汉，东汉郑、许之学综六经，呜呼！二君惟六书、“三礼”并视诸经为闳深，故多用今文家法。及郑氏旁释《易》、《诗》、《书》、《春秋》，皆创异门户，左今右古。其后郑学大行，骎淫遂至《易》亡施、孟、梁丘，《书》亡夏侯、欧阳，《诗》亡齐、鲁、韩，《春秋》邹、夹、公羊、穀梁半亡半存，亦成绝学，谶纬盛，经术卑，儒用绌。晏、肃、预、谧、赜之徒，始得以清言名理并起持其后，东晋梅赜《伪古文书》遂乘机窜入，并马、郑亦归于沦佚。西京微言大义之学，坠于东京；东京典章制度之学，绝于隋、唐；两汉故训声音之学，熄于魏、晋；其道果孰隆替哉？且夫文质再世而必复，天道三微而成一著。**今日复古之要，由诂训、声音以进于东京典章制度，此齐一变至鲁也；由典章、制度以进于西汉微言大义，贯经术、故事、文章于一，此鲁一变至道也。**(下略)

章太炎《检论·清儒》：道光末，邵阳魏源夸诞好言经世，尝以术奸说贵人，不遇；晚官高邮知州，益牢落，乃思治今文为名高；然素不知师法略例，又不识字，作《诗》、《书古微》。凡《诗》今文有齐、鲁、韩，《书》今文有欧阳、大小夏侯，故不一致。而齐、鲁、大小夏侯，尤相攻击如仇雠。源一切掍合之，所不能通，即归之古文，尤乱越无条理。仁和龚自珍，段玉裁外孙也，稍知书，亦治《公羊》，与魏源相称誉。而仁和邵懿辰为《尚书通义》、《礼经通论》，指《逸书》十六篇、《逸礼》三十九篇为刘歆矫造，顾反信东晋古文，称诵不衰，斯所谓倒植者。要之，三子皆好姚易卓荦之辞，欲以前汉经术助其文采，不素习绳墨，故所论支离自陷，乃往往如谶语。惟德清戴望，述《公羊》以赞《论语》，为有师法。而湘潭王闿运遍注五经。闿运弟子，有井研廖平，自名其学，时有新义，以庄周为儒术，左氏为六经总传，说虽不根，然犹愈魏源辈绝无伦类者。

杨向奎《清儒学案新编·古微学案》：在中国传统的思想体系中，《公羊》是最容易接受外来影响而丰富其思想体系的学派。何休总结了这些内容，而刘逢禄发扬了这种总结。虽有孔广森的曲解，但后人并没有走入歧途。魏源、龚自珍出而接纳了当代西方思潮，推动了《公羊》的发展，也推动了变法维新思潮。①

① 见杨向奎《清儒学案新编》第四册，第233页。

郑　珍

《清儒学案》卷一百六十九《巢经学案》：黔中朴学，莫犹人蓝筚开山。巢经扩而大之，深研许、郑，不背程、朱，熟精“三礼”、六书，著述蔚然，宗旨正确。湘乡曾氏推为西南硕儒。郘亭博通，名相埒焉。郑珍，字子尹，号柴翁，遵义人。自幼精力过人，寓目辄能记诵。道光乙酉拔贡生，丁酉举人，大挑二等。凡三为教官，最后补荔选题训导。水苗攻城，县令病不能视事，先生募南丹厂工三百人，缒城出击，斩馘甚众，城赖以完。即弃官归，主讲湘川、启秀两书院。同治二年，有大臣论焉，诏以知县赴补江苏。未行，逾年卒，年五十有九。先生厌薄仕进，内行敦笃，事父母侍养，丧葬，无不竭致敬慎。少时，受知于学使者程侍郎恩泽，得为学之要，复从之于湖南。归而从府教授莫犹人与倚游，益闻本朝六七巨儒宗旨。其初致力许、郑二家之书，**以为不明传注，则经不能通，不明训诂，则传注不可得而读**。其于许、郑，信之尊之。苟有惑，则愤发潭思。又不合，则群综诸儒之说，旁参曲证，必求当于程、朱之义理而后已。如是者积三十余年，乃于“三礼”、六书涣然冰释，怡然理顺。谓经莫难读于《仪礼》，而昏、丧尤人道之至重，为《仪礼私笺》八卷，古制莫晦于《考工》，为《轮舆私笺》二卷、《凫氏图说》一卷。小学莫尊于《说文》，以段玉裁、严可均之说已备，为《说文逸字》① 二卷、《说文新附考》六卷。奇字莫详于郭忠恕《汗简》，而谬俗实多，为《汗简笺正》八卷。汉学莫盛于康成，为《郑学录》四卷。又著有《巢经巢经说》一卷、《亲属说》二卷、《说隶》一卷、《樗茧谱》一卷、《母教录》一卷、《文集》五卷、《诗集》九卷、《诗后集》四卷、《遗

① 说文逸字：清郑珍撰，二卷。刊行于咸丰八年（1858），书今传于世。《说文解字》遗逸的字，大徐已补十九个，但不完备。郑氏重新搜录，得一百六十五字，每字下作解说讨论。这些字有属《说文》写错的，有《说传》窜衍的，有大徐误增的，有各书所引以其他书冒许书之名的，有因讹改而与今本不符的，有今本讹改而与其他书中所引不符的，行韵谱归入俗体的。郑氏辑逸字，遗漏甚多，误采亦不少。书后有郑氏子知同所搜辑的二百九十二字，不属《说文》逸字，因此附录于后。（许嘉璐主编《传统语言学辞典》第 355 页）

诗》一卷。又有《深衣考》、《三十一家论语注辑补》、《钱氏经典文字考异》、《说文大旨》、《转注考》、《说文谐声》、《释名证读》、《世系一线图》、《先秦古书读》、《老子注》、《鹿忠节公无欲斋诗注》，多未脱稿。又撰《遵义府志》四十八卷，《播雅》二十四卷。（参黎庶昌撰《墓志》、子知同撰《行述》、王秉恩《郑征君遗著跋》）

《清史稿·儒林三》：郑珍，字子尹，遵义人。道光五年拔贡生。十七年举人，以大挑二等选荔波县训导。……同治二年，大学士祁俊藻荐于朝，特旨以知县分发江苏补用，卒不出。三年，卒，年五十九。珍初受知于歙县程恩泽，乃益进求诸声音文字之原，与古宫室、冠服之制。方是时，海内之士崇尚考据，珍师承其说，实事求是，不立异，不苟同。复从莫与俦游，益得与闻国朝六七巨儒宗旨。于经最深"三礼"，谓："小学有三：曰形，曰声，曰义。形则三代文体之正，具在《说文》。若《历代钟鼎款识》及《汗简》、《古文四声韵》所收奇字，既不尽可识，亦多伪造，不合六书，不可以为常也。声则昆山顾氏《音学五书》，推证古音，信而有征，昭若发蒙，诚百世不祧之祖。义则凡字书、韵书、训诂之书，浩如烟海，而欲通经训，莫详于段玉裁《说文注》，邵晋涵、郝懿行《尔雅疏》及王念孙《广雅疏证》。贯串博衍，超越前古，是皆小学全体大用。"其读《礼经》，恒苦乾嘉以还积渐生弊，号宗高密，又多出新义，未见有胜，说愈繁而事愈芜。故言"三礼"，墨守司农，不敢苟有出入。至于诸经，率依古注为多。又以余力旁通子史，类能提要钩玄。《仪礼》十七篇皆有发明，半未脱稿，所成《仪礼私笺》，仅有士昏、公食、大夫丧服、士丧四篇，凡八卷；而《丧服》一篇，反覆寻绎，用力尤深。又以《周礼·考工记》轮舆，郑注精微，自贾疏以来，不得正解，说者日益支蔓，成《轮舆私笺》三卷。尤长《说文》之学，所著《说文逸字》二卷、附录一卷、《说文新附考》六卷，皆见称于时。他著有《凫氏图说》、《深衣考》、《汗简笺正》、《说隶》等书。又有《巢经巢经说》、《诗抄》、《文抄》、《明鹿忠节公无欲斋诗注》。

黎庶昌《拙尊园丛稿》卷二《郑征君墓表》：先生讳珍，字子尹，晚号柴翁，姓郑氏。其先吉水人。七世祖益显为刘綎部将，以明万历庚子从平播綎班师，被论回卫，益显，领旧兵屯防水烟，遂为遵义人。……先生自幼精力之过绝人，寓目辄能记诵。余世父雪楼公以忧归自桐乡，多蓄典籍，先生以甥行学于舅家，悉令鼓箧读之，恒达旦夕，肘不离案，衣不解带，数年而学以大明。道光五年，选拔贡生，受知于歙县程侍郎恩泽侍郎，诏之曰："为学不先识字，何以读三代秦汉之书？"先生大感悟，益进求诸声音文字之原与古宫室冠服车舆之制方。是时海内崇尚考据，名曰汉学，从者波靡。先生师承其说，实事求是，不立异，不苟同，即已洞知诸儒者之弊。**治经宗汉，析理尊宋**。逾二年，复从侍郎于湖南。归而与府教授莫犹人先生游，益得与闻国朝六七巨儒宗旨。久之，经术益大涵肆，莫可殚诘。先生之为学，其孤诣有可得而言者矣。**其初，实致力于许、郑二家之书，以为不明传注，则经不能通；不明训诂，则传注不可得而读。其于康成、叔重信之惟恐不笃，尊宠之惟恐不及。既治三反，苟有惑，则发愤覃思，又不合，则群综诸儒之说，旁参曲证，必求一得当程、朱氏之义理而后已，如是者积三十余年，而先生之于"三礼"、六书乃始涣然怡然矣**。盖经莫难读于《仪礼》，昏、丧尤人道之至重，则为《仪礼私笺》。古制莫晦于考工，则为《轮舆私笺》、《凫氏图说》。小学莫尊于《说文》，以段玉裁、严可均二家之说綦备，则为《说文逸字》及《说文新附考》。奇字莫详于郭忠恕《汗简》，而谬俗实多，则为《汗简笺正》。汉学莫盛于康成，则为《郑学录》，每勘一疑，献一义，刊漏裁诬，卓然俟圣而不惑，斯亦天下之神勇也。先生尝以谓遵义汉牂柯地，自郡人尹珍从许慎应奉授经书图纬，教授南域，后遂无有经术发闻者，于是毅然以道真自命，故学成，而先生褎然为西南巨儒。以道光十七年丁酉举于乡，甲辰大挑二等，凡三为校官，最后补荔波县训导，适狆夷作乱，大举攻城，县令蒋嘉谷病不能视事，先生募南丹厂工三百人，署以军政，缒城出击，斩馘甚众，城赖以完，未几遂弃其官以归。先是，先生自得乡举后，即已厌薄仕进，惟从政于门内甚谨，存则授几授杖，以至视形听声，无不致敬，以勉于分所当为，没则附身附棺，以至继志述事，无不尽慎，以达乎心之所安。晚岁经营子午山庐于墓，次将浩然自得以终，不复与闻人间事。同治二年癸亥，乃用大臣密荐，诏赴江苏，以知县补用，未行而口疾作，遂以甲子九月十七日终于家，春秋五十有九。……先生之学鸿肆而核辩，经术所不能尽者，益播为诗古文辞，以昌大之。瑰奇孤邈，力辟陈常。论者以为汉学家所未有。撰著之书，已刊行者：《仪礼私笺》八卷、《轮舆私笺》二卷、《说文逸字》二卷、《说文新附考》六卷、《汗简笺正》八卷、《郑学录》四卷、《巢经巢经说》一卷、《巢经巢诗抄》九卷、《樗茧谱》一卷、《母教录》一卷。未刊者有《考工凫氏图说》、《说隶》、《亲属记》、《老子注》、《世系一线图》、《巢经巢文抄》、《无欲斋诗注》，凡若干卷。而《遵义府志》、《播雅》两书尤为邦人文献所系。往者吾读《国史·儒林传》，见高宗纯皇帝崇尚儒术，于时顾栋高、梁锡玙等皆以"经明学粹"下诏褒许，列于册首。如先生者，内而懿行集于身，外而经术显于众，以视栋高诸人孰为优劣，未易遽定。其可与于儒林邪？抑犹未邪？将以俟诸知言君子。①

郑知同《子尹府君行述》：**先生论学曰："尊德性而不道问学，此元、明以来，程、朱末流高谈性理，坐入空疏之弊。明于形下之器而不明于形上之道，近世学者矜考据，规规事物，陷溺滞重之弊。其失一也。程、朱未尝不精许、郑之学，许、郑亦未始不明程、朱之理，奈何歧视为殊途？偏执之害，后学所当深戒。"先生尝教子知同曰："朱子一生精力，尽在《四书集注》，根柢尽在《近思录》。吾五十以后，看二书道理，历历在目前滚过，稍涉影响，便有走作。"**尝欲为谈理一书，名曰《危语》。拟六十外始作之，未及属稿。先生论当代学术曰："《礼经》恒苦前儒聚讼，荧视惑听，赖有国初诸老，权衡得失，审当莫如郑康成。爰奉为产臬，反复参详，求明注说，不遽诘难，厥功不亚孔、贾。乾嘉以还，积渐生弊，号宗高密，又多出新义，未见有胜，十九舛驳。说愈繁而事愈芜，较前古为尤甚。故言"三礼"，墨守司农，不敢苟有出入。至于诸经，率依古注为多。宋后儒者喜变旧说，未免凭臆逞私，无足征信。国朝专力复古，事必根据，然后敢言。故若胡朏明考《禹贡》，陈长发阐毛、郑《诗》，张皋文通汉《易》之类，精确异常，独有千古，信吾师也。"先生尝曰："小学有三，曰形，曰声，曰义。形则三代文体之正，具在《说文》。若《历代钟鼎款识》及《汗简》、《古文四声韵》所收奇字，既不尽可识，亦多伪造，不合六书，不可以为常也。声则顾氏《音学五书》，推证古音，信而有征，昭若发蒙，诚百世不祧之祖。义则凡字书、韵书、训诂之书，浩如烟海。而欲通经训，莫详于段若膺《说文注》，邵二云、郝恂九《尔雅疏》，王怀祖《广雅疏》，贯穿博衍，超越前古，是皆小学全体大用。别有汉隶，学号专门，并当精识，然后兹学源流备举。"先生撰《遵义府志》，凡古今文献，搜罗殆尽，间涉全黔事迹。好古之士，欲考镜南中，争求是书，

① 见《续修四库全书》第1561册，又载《续碑传集》卷七四。

比之《华阳国志》。①

陈康祺《郎潜纪闻》卷十三：黔中夙鲜文学之士，自嘉庆间，独山莫犹人先生与俦教授遵义，以朴学倡导，风气遂开。其子友芝，字子偲，其高第弟子遵义郑珍，字子尹，尤相劘以许、郑之学，所诣极邃，世称“西南两子”。

黎汝谦《夷牢溪庐文抄》卷二《赵母郑宜人家述序》：宜人遵义郑氏，四川新宁县令赵君廷璜之配，余王姑之孙大姑之长女，于余为中表姊也。郑氏两世为黎氏婿。乾嘉之际，郑氏中衰，宜人之大父文清君以子婿尽室来依吾曾祖长山令君，僦居夷牢水上，且耕且读。文清君三子，长曰珍，字子尹，今世所称经师大儒郑征君者，年甫十二，貌尫瘠，授句读于塾师张先生之门。长山令君解组归，征君以外孙行来侍左右，警敏好学，头角崭然。年余，长山令君卒，吾大父雪楼公自浙江桐乡令艰归，征君复挟策问业，与吾世父伯庸君朝夕共砚，庶卧起，姿性颖悟，迈绝等伦，雪楼公奇其才，遂以长女配，年十八，大姑于归，征君旋选拔萃科，贡成均，从歙县程侍郎恩泽校士衡湘。(下略)

杨钟羲《雪桥诗话》卷十一：翁文端《巢经巢诗文序》云：往时歙县程侍郎以博闻强识负重望，尝典试岭南，所得士如番禺仪克中、陈澧、长乐温训，皆有时名，先后与余定交京师。仪君工诗精考据，惜早世，不竟其所学。陈君天才雄骏，于书靡不窥，近乃服膺许、郑。温君治古文词，力摹韩、柳，于近人不亚恽子居，然皆弗能为侍郎之文。其能为侍郎之文者，遵义郑子尹一人而已。子尹故侍郎视学黔中时所矜赏者也。生平研精“三礼”，习闻古宫室、冠服之制，通声均、训故之学，为文章古涩奥衍，大率如先秦以上诸子、汲冢坠简、两汉碑版文字。及马第伯《封禅记》之属，腐儒小生读之，或至口钳舌挢，实则真气流贯，非貌为魁纪公家言者。古近体诗简穆深厚，时见才气，亦有风致。其在诗派，于苏黄为近。要之，才从学出，情以性镕，盖于侍郎之文为具体矣。黔中惟子尹与莫孝廉友芝、张副贡琚、黎训导兆勋、傅孝廉䄉数人为能肆力于古，而子尹所造尤深。此序于子尹渊源所自，言之犂然。文端亦尝亲奉程侍郎之教，上下其议论者也。子尹，丁酉选拔贡生，出侍郎之门。

徐世昌《晚晴簃诗汇》卷一百三十九有传，存目。

郑珍《巢经巢经说·〈伪古文尚书〉误采〈左传〉》：存目。

郑珍《巢经巢文集》卷五《说文新附考自序》：《说文》新附字，徐氏意乎？非也，承诏焉耳。然实徐氏病。尽俗乎？非也。不先汉，亦不隋后。字，孳也，何俗乎尔！然则病徐氏何？病有二。有注为后人加者，外皆意古有矣，不知其正体《说文》具，未暇审。如讹变者具注中，至古有，《说文》俄空焉，亡矣。并有据若补录，善于戫趄等而不能，虽承诏，夫安不病！匪独病徐氏也，彼所附，世多即为《说文》，乱旧章，迷后学。好古者娇之，又不别其为脱写隶变，慨俗之，不屑道，则《说文》亦病焉。余为此，乃胪刊之，稽诸古，推著其别于汉，或变创于魏、晋六朝之际，使《说文》正字犁焉别出。逸者详前考，不复言。庶许君无遗漏之讥，亦令儿辈执经问字，知时俗增变原委云尔。

莫有芝《郘亭遗文》卷一《说文逸字后序》：据许君记十四篇字数，以徐铉本核之，文多于九千三百五十三者七十八，重文多于一千一百六十三者百一十六，解说少于十三万

① 见《巢经巢全集》之附录。

三千四百四十一者万七百四十二，是解说脱漏，而正文有羼附矣。然鼎臣校定，已就本书偏旁、叙例、注义增十九文，而偏旁逸者尚三十七。近段若膺氏注亦颇补逸，取鼎臣五文，又取楚金本、晁记唐本，合他引别增三十六。而自宋《集韵》、《类篇》，溯唐以前书，引在今本外犹伙。是正文脱漏，与解说等，岂都数传本误一二字欤？而本朝老辈言《说文》其株守鼎臣者，不敢一字溢出，虽唐已前明白引据，辄以铉无不信，宁依声取他代；其傅会私造者，又骋一时臆见，穿凿不经。夫二者之病，株守为轻，然其回护牵就，去傅会私造几何矣。子尹卅年前从程春海侍郎问故，誓通许学。见段、钱诸老书，证义虽备，而补正讹脱未有专力为者。浏览条记，分别审录，得凡百六十五文，谓之《说文逸字》。系以解说讨论，分为二卷。偏旁所逸，本书可定，犹取他征，外百二十余文，益有凭证。……此其致勤极慎，既末由蹈穿凿不根，亦无失于株守曲护，其功于南阁巨矣哉！……咸丰戊午大雪节。

黄宗羲[1]

《清儒学案》卷二《南雷学案》：南雷之学，最为博大，师事蕺山，以诚意、慎独为主。又病南宋以后讲学家空谈性命，不究训诂，教学者说经则宗汉儒，立身则宗宋学。平生以捍卫姚江自任，而于其末派派则痛斥至严，惧其乱真，不少假借，盖屹然为王学之干城焉。(下略)

《清史稿·儒林一》：黄宗羲，字太冲，余姚人。明御史黄尊素长子。尊素为杨、左同志，以劾魏阉死诏狱，事具《明史》。思宗即位，宗羲入都讼冤，至则逆阉已磔，即具疏请诛曹钦程、李实。会廷鞫许显纯、崔应元，宗羲对簿，出所袖锥锥显纯，流血被体；又殴应元，拔其须，归祭尊素神主前；又追杀牢卒叶咨、颜文仲，盖尊素绝命于二卒手也。时钦程已入逆案，实疏辨原疏非己出，阴致金三千求宗羲弗质，宗羲立奏之，谓："实今日犹能贿赂公行，其所辨岂足信？"于对簿时复以锥锥之。狱竟，偕诸家子弟设祭狱门，哭声达禁中。思宗闻之，叹曰："忠臣孤子，甚恻朕怀。"归，益肆力于学。愤科举之学锢人，思所以变之。既，尽发家藏书读之，不足，则抄之同里世学楼钮氏、澹生堂祁氏，南中则千顷堂黄氏、绛云楼钱氏，且建续抄堂于南雷，以承东发之绪。山阴刘宗周倡道蕺山，以忠端遗命从之游。而越中承海门周氏之绪，授儒入释，姚江之绪几坏。宗羲独约同学六十余人力排其说。故蕺山弟子如祁、章诸子皆以名德重，而御侮之功莫如宗羲。弟宗炎、宗会，并负异才，自教之，有"东浙三黄"之目。戊寅，南都作《防乱揭》攻阮大铖。东林子弟推无锡顾杲居首，天启被难诸家推宗羲居首。大铖恨之刺骨，骤起，遂按揭中一百四十人姓氏，欲尽杀之。时宗羲方上书阙下而祸作，遂与杲并逮。母氏姚叹曰："章妻、滂母乃萃吾一身耶？"驾帖未行，南都已破，宗羲踉跄归。会孙嘉绩、熊汝霖奉鲁王监国，画江而守。宗羲纠里中子弟数百人从之，号世忠营。授职方郎，寻改御史，作《监国鲁元年大统历》颁之浙东。马士英奔方国安营，众言其当诛，熊汝霖恐其挟国安为患也，好言慰之。宗羲曰："诸臣力不能杀耳！春秋之孔子，岂能加于陈桓，但

---

① 原文称黄宗羲以下为"其汉、宋兼采、确有心得者"。

不谓其不当诛也。”汝霖谢焉。又遗书王之仁曰：“诸公不沉舟决战，盖意在自守也。蕞尔三府，以供十万之众，必不久支，何守之能为?”闻者皆韪其言而不能用。至是孙嘉绩以营卒付宗羲，与王正中合军得三千人。正中者，之仁从子也，以忠义自奋。宗羲深结之，使之仁不得挠军事。遂渡海屯潭山，由海道入太湖，招吴中豪杰，直抵乍浦，约崇德义士孙奭等内应。会清师纂严不得前，而江上已溃。宗羲入四明山结寨自固，余兵尚五百人，驻兵杖锡寺。微服出访监国，戒部下善与山民结。部下不尽遵节制，山民畏祸，潜爇其寨，部将茅翰、汪涵死之。宗羲无所归，捕檄累下，携子弟入剡中。闻鲁王在海上，仍赴之，授左副都御史。日与吴钟峦坐舟中，正襟讲学，暇则注《授时》、《泰西》、《回回》三历而已。宗羲之从亡也，母氏尚居故里。清廷以胜国遗臣不顺命者，录其家口以闻。宗羲闻之，亟陈情监国，得请，遂变姓名间行归家。是年监国由健跳至滃洲，复召之，副冯京第乞师日本。抵长崎，不得请，为赋《式微》之章以感将士。自是东西迁徙无宁居。弟宗炎坐与冯京第交通，刑有日矣，宗羲以计脱之。甲午，张名振间使至，被执，又名捕宗羲。丙申，慈水寨主沈尔绪祸作，亦以宗羲为首。其得不死，皆有天幸，而宗羲不慑也。其后海上倾覆，宗羲无复望，乃奉母返里门，毕力著述，而四方请业之士渐至矣。戊午，诏征博学鸿儒。掌院学士叶方蔼寓以诗，敦促就道，再辞以免。未几，方蔼奉诏同掌院学士徐元文监修《明史》，将征之备顾问，督抚以礼来聘，又辞之。朝论必不可致，请敕下浙抚抄其所著书关史事者送入京，其子百家得预参史局事。徐乾学侍直，上访及遗献，复以宗羲对，且言：“曾经臣弟元文疏荐，惜老不能来。”上曰：“可召至京，朕不授以事。即欲归，当遣官送之。”乾学对以笃老无来意，上叹息不置，以为人材之难。宗羲虽不赴征车，而史局大议必咨之。《历志》出吴任臣之手，总裁千里遗书，乞审正而后定。尝论《宋史》别立《道学传》，为元儒之陋，《明史》不当仍其例。朱彝尊适有此议，得宗羲书示众，遂去之。卒，年八十六。**宗羲之学，出于蕺山，闻诚意慎独之说，缜密平实。尝谓明人讲学，袭语录之糟粕，不以六经为根柢，束书而从事于游谈。故问学者必先穷经，经术所以经世。不为迂儒，必兼读史。读史不多，无以证理之变化；多而不求于心，则为俗学。**故上下古今，穿穴群言，自天官、地志、九流百家之教，无不精研。所著《易学象数论》六卷、《授书随笔》一卷、《律吕新义》二卷、《孟子师说》二卷。文集则有《南雷文案》、《诗案》。今共存《南雷文定》十一卷、《文约》四卷。又著《明儒学案》六十二卷，叙述明代讲学诸儒流派分合得失颇详，《明文海》四百八十二卷，阅明人文集二千余家，自言与十朝国史相首尾。又《深衣考》一卷、《今水经》一卷、《四明山志》九卷、《历代甲子考》一卷、《二程学案》二卷，辑《明史案》二百四十四卷，又《明夷待访录》一卷，皆经世大政。顾炎武见而叹曰：“三代之治可复也!”天文则有《大统法辨》四卷、《时宪书法解新推交食法》一卷、《圆解》一卷、《割圆八线解》一卷、《授时法假如》一卷、《西洋法假如》一卷、《回回法假如》一卷。其后梅文鼎本《周髀》言天文，世惊为不传之秘，而不知宗羲实开之。晚年又辑《宋元学案》，合之《明儒学案》，以志七百年儒苑门户。宣统元年，从祀文庙。

《清史列传·儒林传下一》：存目。①

全祖望《鲒埼亭集》卷十一《梨洲先生神道碑文》：康熙三十四年，岁在乙亥，七月

① 详见中华书局本第17册，第5438~5441页。

初三日，姚江黄公卒。其子百家为之行略，以求埏道之文于门生郑高州梁，而不果作，既又属之朱检讨彝尊，亦未就，迄今四十余年无墓碑。然予读行略中，固嗛嗛多未尽者，盖当时尚不免有所嫌讳也。公之理学文章，圣祖仁皇帝知之，固当炳炳百世。特是公生平事实甚繁，世之称之者，不过曰始为党锢，后为遗逸。而中间陵谷崎岖，起军、乞师、从亡诸大案，有为史氏所不详者，今已再易世，又幸逢圣天子荡然尽除文字之忌，使不亟为表章，且日就湮晦。乃因公孙千人之请，捃摭公遗书，参以行略，为文一通，使归勒之丽牲之石，并以为上史局之张本。公之卒也，及门私谥之曰文孝。予谓私谥非古，乃温公所不欲加之横渠者，恐非公意，故弗称。而公所历残明之官，则不必隐，近观明史，于乙酉后诸臣，未尝不援炎兴之例大书也。公讳宗羲，字太冲，海内称为梨洲先生，浙江绍兴府余姚县黄竹浦人也。……公垂髫读书，即不琐守章句，年十四补诸生，随学京邸，忠端公课以举业，公弗甚留意也。每夜分秉烛观书，不及经艺。忠端公为杨、左同志，逆奄势日张，诸公昕夕遇从，屏左右论时事，或密封急至，独公侍侧，益得尽知朝局清流、浊流之分。……归，治忠端公葬事毕，肆力于学。忠端公之被逮也，谓公曰：**“学者不可不通知史事，可读《献征录》。”公遂自明十三朝实录上溯二十一史，靡不究心，而归宿于诸经。既治经，则旁求之九流百家，于书无所不窥者。**愤科举之学锢人生平，思所以变之。既尽发家藏书读之，不足，则抄之同里世学楼钮氏、澹生堂祁氏，南中则千顷斋黄氏，吴中则绛云楼□（钱）氏，穷年搜讨。游屐所至，遍历通衢委巷，搜鬻故书，薄暮，一童肩负而返，乘夜丹铅，次日复出，率以为常。是时山阴刘忠介公倡道蕺山，忠端公遗命令公从之游。而越中承海门周氏之绪余，援儒入释，石梁陶氏奭龄为之魁，传其学者沈国模、管宗圣、史孝咸、王朝式辈，鼓动狂澜，翕然从之。姚江之绪，至是大坏，忠介忧之，未有以为计也。公之及门，年尚少，奋然起曰：“是何言与！”乃约吴越中高材生六十余人，共侍讲席，力摧其说，恶言不及于耳。故蕺山弟子如祁、章诸公皆以名德重，而四友御侮之助，莫如公者。蕺山之学，专言心性，而漳浦黄忠烈公兼及象数，当是时拟之程邵两家。公曰：“是开物成务之学也。”乃出其所穷律历诸家相疏证，亦多不谋而合，一时老宿，闻公名者，竞延致之相折衷，经学则何太仆天玉，史学则（□）［钱］侍郎（□□）［谦益］，莫不倾筐倒庋而返。因建续抄堂于南雷，思承东发之绪。阁学文文肃公尝见公行卷，曰：“是当以大著作名世者。”都御史方公孩未①亦曰：“是真古文种子也。”……**公谓明人讲学，袭语录之糟粕，不以六经为根柢，束书而从事于游谈，故受业者必先穷经。经术所以经世，方不为迂儒之学，故兼令读史。又谓读书不多，无以证斯理之变化；多而不求于心，则为俗学。故凡受公之教者，不堕讲学之流弊。公以濂、洛之统，综会诸家：横渠之礼教，康节之数学，东莱之文献，艮斋、止斋之经制，水心之文章，莫不旁推交通，连珠合璧，自来儒林所未有也。**……公所著有《明儒学案》六十二卷，有明三百年儒林之薮也。经术则《易学象数论》六卷，力辨河洛方位图说之非，而遍及诸家，以其依附于《易》似是而非者为内编，以其显背于《易》而拟作者为外编。（下略）

全祖望《鲒埼亭集外编》卷四十四《答诸生问南雷学术帖子》：南雷自是魁儒，其受业念台时，尚未见深造，国难后所得日进，念台之学得以发明者，皆其功也。兼通九流百

① 方震孺（1585—1645），字孩未，号念道人，安徽寿州人。明万历四十一年（1613）进士。官至御史，有直声。

家，则又轶出念台之藩，而窥漳海之室，然皆能不诡于纯儒，所谓杂而不越者是也。故以其学言之：有明三百年无此人，非夸诞也。**惟是先生之不免余议者则有二：其一，则党人之习气未尽，盖少年即入社会，门户之见深入而不可猝去，便非无我之学；其一，则文人之习气未尽，不免以正谊明道之余技，犹留连于枝叶，亦其病也。**斯二者，先生殆亦不自知，时时流露，然其实为德性心术之累不少，苟起先生而问之，亦必不以吾言为谬。（下略）

陈鼎《留溪外传》卷六隐逸部下《黄梨洲传》：黄梨洲，名宗羲，字太冲，浙江余姚人。前朝中书科舍人也。能书工诗，博学通文章。父尊素，字白庵，以刚直故，死于逆珰，梨洲年少，痛父死，誓不与逆珰共戴天，怀一匕首，长二尺许，淬以毒药濡血，入即毙，走京师，变姓名，日夜坐卧于逆珰所居之左右，经岁不得间，乃抱匕首号泣，人不知其故也。既而崇祯立逆珰伏诛然后已，而梨洲心切切，以不得手刃逆珰为恨，至老且死，未尝须臾忘也。后以书学举中书科。明亡，遂隐居不仕，与子弟讲学。其学祖姚江，故杂而不纯。然其文章道义之声已走于天下矣。所为诗文多感慨悲歌之调，海内皆传诵之。当事屡以隐逸荐，诏书下征，累不就。及后有司敦迫，乃遁去山中，闭户不与时人通。数年而卒，年八十有七。外史氏曰：余尝读先生之文，淳朴浑厚，大有先秦、西汉风味；其于诗，则梁肉晋魏、咀嚼三唐得来者矣。至于高尚其志，不事王侯，有古隐君子风焉。

凌扬藻《蠡勺编》卷十七“黄太冲白冤”：存目。

全祖望辑《续耆旧》卷三十八、阮元《儒林传稿》卷一、《两浙輶轩录》卷一、《畴人传》卷三十六、江藩《国朝汉学师承记》卷八、钱林《文献征存录》卷二、李聿求《鲁之春秋》卷十、李元度《国朝先正事略》卷二十七、唐鉴《学案小识》卷十二《经学学案》、《（乾隆）鄞县志》卷十八、陶元藻辑《全浙诗话》卷四十、温睿临《南疆逸史》卷四十三、徐鼒《小腆纪传》卷五十三、翁洲老民《海东逸史》卷十八皆有传，存目。

黄宗羲《南雷文定三集》卷一《易学象数论序》：夫《易》者，范围天地之书也。广大无所不备，故九流百家之学俱可窜入焉。自九流百家借之以行其说，而于《易》之本意反晦矣。《汉·儒林传》：“孔子六传至菑州田何，《易》道大兴。”吾不知田何之说何如也。降而焦、京，世应、飞伏、动爻、互体、五行、纳甲之变，无不具者。吾读李鼎祚《易解》，一时诸儒之说，秽芜康庄，使观象玩占之理尽入于淫瞽方技之流，可不悲夫！有魏王辅嗣出而注《易》，得意忘象，得象忘言，日时岁月、五气相推，悉皆摈落，多所不关，庶几潦水尽而寒潭清矣。顾论者谓其以老、庄解《易》。试读其注，简当而无浮义，何曾笼落玄旨？故能远历于唐，发为《正义》，其廓清之功不可泯也。然而魏伯阳之《参同契》、陈希夷之图书，远有端绪。世之好奇者卑王注之淡薄，未尝不以别传私之。逮伊川作《易传》，收其昆仑旁薄者，散之于六十四卦中，理到语精，《易》道于是而大定矣。其时康节上接种放、穆修、李之才之传，而创为河图先天之说，是亦不过一家之学耳。晦庵作《本义》，加之于开卷，读《易》者从之。后世颁之学官，初犹兼《易传》并行，久而止行《本义》。于是经生学士信以为羲、文、周、孔其道不同。所谓象数者，又语焉而不详。将夫子之韦编三绝者，须求之卖酱桶之徒，而《易》学之榛芜盖仍如焦、京之时矣。自科举之学一定，世不敢复议。稍有出入其说者，即以穿凿诬之。**夫所**

谓穿凿者，必其与圣经不合者也。摘发传注之讹，复还经文之旧，不可谓之穿凿也。河图洛书，欧阳子言其怪妄之尤甚者，且与汉儒异趣，不特不见于经，亦是不见于传。先天之方位明与“出震齐巽”之文相背，而晦翁反致疑于经文之卦位。生十六，生三十二，卦不成卦，爻不成爻，一切非经文所有，顾可谓之不穿凿乎？**晦翁云：“谈《易》者，譬之烛笼，添得一条骨子，则障了一路光明。若能尽去其障，使之统体光明，岂不更好？”斯言是也。**奈何添入康节之学，使之统体皆障乎？世儒过视象数，以为绝学，故为所欺。余一一疏通之，知其于《易》本了无干涉，而后反求之程传，或亦廓清之一端也。

汪瑞龄《易学象数论序》：《易》之有象数，《易》之所以成《易》也。《大传》曰：“易者，象也。”又曰：“圣人立象以尽意。”以之弥纶天地，揆叙万类，舍象何由见《易》乎？本象以出数，亦因子以定象。故曰：“极其数，遂定天下之象。”象数于《易》，水之源，木之本也。然自汉以降，异说纷纷，焦、京之徒，以世应、飞伏诸说附入《太乙》、《洞极》、《潜虚》、《洪范内篇》，则窃易而改之；壬遁之徒，或用《易》卦，或不用《易》卦，要皆自谓有得于象数之精微，以附于彰往察来之列，究之于《易》，何与焉？《易》自有象数，而特非焦、京辈所云也。姚江梨洲夫子通天地人以为学，凡天官、地理以及九流术数，无不精究，慨象数之失其正，而为异说所淹汩也，作论辨之，论其倚附于《易》，似是而非者，析其离合，为内编三卷，论其显背于《易》，而自拟为《易》者，决其底蕴，为外篇三卷。瑞龄获受是书而卒业焉，因请于夫子而刻之。①

黄宗羲《南雷文定五集》卷一《明儒学案序》（改本）：盈天地间皆心也。人与天地万物为一体，故穷天地万物之理，即在吾心之中。后之学者，错会前贤之意，以为此理悬空于天地万物之间，吾从而穷之，不几于义外乎？此处一差，则万殊不能归一。夫苟工夫看到，不离此心，则万殊总为一致。学术之不同，正以见道体之无尽也。奈何今之君子，心欲出于一途，剿其成说，以衡量古今，稍有异同，即诋之为离经畔道，时风众势，不免为黄芽白苇之归耳。夫道犹海也，江、淮、河、汉以至泾、渭蹄涔，莫不昼夜曲折以趋之，其各自为水者，至于海而为一水矣。……今之好同恶异者，何以异是？有明事功文章，未必能越前代；至于讲学，余妄谓过之。诸先生学不一途，师门宗旨，或析之为数家，终身学术，每久之而一变。二氏之学，程、朱辟之，未必廓如，而明儒身入其中，轩豁呈露。用巫家倒仓之法，二氏之葛藤，无乃为焦芽乎？诸先生不肯以朦懂精神冒人糟粕，虽浅深详略之不同，要不可谓无见于道者也。余于是分其宗旨，别其源流，与同门姜定庵、董无休操其大要，以著于篇，听学者从而自择。（下略）

---

① 见《经义考》卷六十五。

黄宗炎

《清史稿·儒林一》：宗炎，字晦木。与兄宗羲、弟宗会俱从宗周游。其学术大略与宗羲等。著有《周易象辞》三十一卷、《寻门余论》二卷、《图书辨惑》一卷，力辟陈抟之学。谓《周易》未经秦火，不应独禁其图，至为道家藏匿二千年始出。又著《六书会通》，以正小学。谓扬雄但知识奇字，不知识常字，不知常字乃奇字所自出也。又有《二晦》、《山栖》诸集，以故居被火俱亡。康熙二十五年，卒，年七十一。

全祖望《鲒埼亭集》卷十三《鹧鸪先生神道表》：姚江黄忠端公有子五，其受业蕺山刘忠正公之门者三：伯子即梨洲先生，其仲则所谓鹧鸪先生者也，叔子曰石田先生。梨洲学最巨，先生稍好奇，而石田尤狷，天下以“三黄子”称之。鹧鸪先生讳宗炎，字晦木，一字立溪。崇祯中，以明经贡太学。其学术大略与伯子等，而奡岸几有过之。已卯秋试不售，与叔子约，以闭关尽读天下之书，而后出而问世。画江之役，先生兄弟尽帅家丁，荷殳前驱，妇女执爨以饷之，步迎监国于蒿坝。伯子西下海昌，先生留龛山以治辎重，所谓世忠营者也。事败，先生狂走。寻入四明山之道岩，参冯侍郎京第军事，奔走诸寨间。庚寅，侍郎军歼，先生亦被缚。侍郎之嫂，先生妻母也，匿于其家，又迹得之，待死牢户中。伯子东至鄞，谋以计活之。故人冯道济，尚书邺仙子也，嘅然独任其责，高旦中等为画策，而方僧木欲挺身为请之幕府。道济曰：“姑徐之，定无死法。”及行刑之日，旁。晚始出，潜载死囚随之，既至法场，忽灭火，暗中有突出负先生去者，不知何许人也。及火至，以囚代之。冥行十里，始息肩，忽入一室，则万户部履安白云庄也。一负之者，即户部子斯程也。鄞之诸遗民毕至，为先生解缚，置酒慰惊魂。先生陶然而醉，隔岸闻弦管声，棹小舟往听之，寻自取而调之，曰：“广陵散幸无恙哉！”未几，侍郎故部复合，先生复与共事，慈湖寨主沈尔绪又寄帑焉。伯叔二子交阻之，不得。申再遭名捕，伯子叹曰：“死矣！”故人朱湛侯、诸雅六救之而免。于是尽丧其资，提药笼游于海昌、石门之间以自给；不足则以古篆为人镌花乳印石；又不足则以李思训、赵伯驹二家画法，为人作画；又不足则为人制砚。其贾值皆有定，世所传卖艺文者，是也。其词多玩世，然壬寅高元发之难，浙东震动，先生所以营护之者不道余力，不以前事怵，盖其好奇如此。先生兄弟于象纬、律吕、轨革、壬遁之学，皆有密授。既自放，乃著《忧患学易》以存遗经，著《六书会通》以正小学。雅不喜先天、太极之说，其辨先天八卦方位曰："邵子引天地定位一章，造为先天八卦方位，谓天地定位者，《乾》南《坤》北也；山泽通气者，《艮》西北《兑》东南也；雷风相薄者，《震》东北《巽》西南也；水火不相射者，《离》东《坎》西也。夫所谓定位者，即天尊地卑而乾坤定之义，何以见其为南北也。山能灌泽成川，泽能蒸山作云，是谓通气，何以见其为西北、东南也。雷宣阳，风荡阴，两相逼薄而益盛，何以见其为东北、西南也。水火燥湿违背，然又有和合之用，故曰不相射，何以见其为东西也。盖邵氏所谓《乾》南《坤》北者，实养生家之大旨。谓人身本具天地，但因水润火炎，失其本体，是故损《乾》之中画以为《离》，塞《坤》之中画以为《坎》，乃后天也。今有取《坎》填《离》之法：浥《坎》水一画之奇，归《离》火一画之偶，如所谓炼精化气、炼气化神者，益其所不足，而《离》复返为《乾》，如所谓五色、五声、五味，凿窍丧魄者，损其所有余，而《坎》复返为《坤》，乃先天也。养生所重，专在水火，比之为天地。既以南北置《乾》、《坤》，不得不移《坎》、《离》于东西，亦以日月之方在东西也。火中木、水中金之说，盖取诸此。然而东南之《兑》，西北之《艮》，西南之《巽》，东北之《震》，直是无可差排，勉强位置。缘四卦者，在丹鼎为备员，非要道也，奈何以此驾三圣人之《易》而上之乎？"其辨横图曰："八卦既立，因而重之，得三画即成六画，得八卦即成六十四卦。何曾有所谓四画、五画、十六卦、三十二卦者？四画、五画成何法象？十六卦、三十二卦，成何贞悔之体？何不以三乘三，以八加八，直捷且神速乎？焦氏之《易》，传数不传理，其分为四千九十六卦，实统诸六十四卦。是一卦具六十四卦之占，非别有四千九十六卦之画也。两间气化，自有盈缩，阴阳或互有多少。夫物之不齐，物之情也。造化之参差，义理之所由以立也。如邵子是一定之《易》也，非不可典要之《易》也。故曰邵子乃求为焦、京而未逮者也。"其辨圆图曰："邵子以《乾》一、《兑》二、《离》三、《震》四为已生之卦，数往，顺天左旋。《巽》五、《坎》六、《艮》七、《坤》八为未生之卦，知来，逆天右旋。凿空立说，分卦背驰，数当以自一而下为顺，今反以四三二一为顺；以自八而上为逆，今反以五六七八为逆。"又曰："《易》数由逆成，若逆知四时之谓。然则《震》、《巽》、《兑》、《乾》无当于《易》，是冗员也。《易》道非专为历法而设，历法亦本无取乎卦。气至日闭关，偶举象之一节耳。今必以六十四卦配入二十四气，则亦须一气得二卦有奇，而后适均也。乃自冬至之后，阅《颐》、《屯》、《益》、《震》至《临》，凡十七卦，始得二阳，已是卯半，为春分矣。又阅《损》、《节》、《中孚》至《泰》，凡八卦，始得三阳，已是巳初，为立夏矣。从此阅《大畜》、《需》、《小畜》，而为《大壮》之四阳，是巳半为小满矣。乃阅《大有》，即为五阳之《夬》，是午初之芒种，即比连为六阳之《乾》，是午半之夏至。六阴亦然，何其不均也。邵子盖欲取长男代父、长女代母之义，以《震》、《巽》居中，《震》顺天左行，自《复》至《乾》三十二卦，遇《姤》而息；《巽》逆天右行，自《姤》至《坤》三十二卦，遇《复》而息。夫两间气运循环，其来也非突然而来，即其去，而来已豫征，其去也，非决然而去，即其来，而去已下伏。为得分疆别界如此？"其辨方图曰："方图之说曰：'天地定位，《否》、《泰》反类。山泽通气，《咸》、《损》见意。雷风相薄，《恒》、《益》起意。水火相射，《既济》、《未济》。'盖所谓十六事者，但取老长中少，阴阳正对，稍比诸图可观。然何不确守《乾》、《坤》一再三索之序，而演之为胜也。

且以西北置《乾》，东南置《坤》，又与先天卦位故武不同，何也?”其辨《皇极经世》曰：“邵子所云‘日月星辰，水火土石，寒暑昼夜，风雨露电，性情形体，草木飞走，耳目口鼻，声色臭味，元会运世，岁月日辰，皇帝王霸，《易》、《诗》、《书》、《春秋》’，似校《说卦》为详，然不知愈详而挂漏疏罔愈甚。”其《辨太极图说》曰：“河上公作无极图，魏伯阳得之以著《参同》者也。图自下而上，其第一层曰‘玄牝之门’，即极图之第五层也。其第二层曰‘炼精化气，炼气化神’，即太极图之第四层也。其第三层曰‘五气朝元’，即太极图之第三层也。其第四层曰‘取《坎》填《离》’，即太极图之第二层也。[其] 第五层曰‘炼神还虚，复归无极’，即太极图之第一层也。方士之秘，在逆而成丹，故自下而上。周子在顺而成人，故自上而下。夫老、庄以虚无为宗，静笃为用。今方士之术，又其旁门周子之图，穷其本而返之老、庄，可谓拾瓦砾而得精蕴者矣，但遂以为《易》之太极，则不可也。”自先天、太极之图出，儒林疑之者亦多，然终以其出自大贤，不敢立异，即言之，嗛嗛莫敢尽也，至先生而悉排之，世虽未能深信，而亦莫能夺也。

全祖望《续耆旧》卷三十九、阮元《儒林传稿》卷一、《两浙輶轩录》卷一、江藩《国朝汉学师承记》卷八、钱林《文献征存录》卷二、李元度《国朝先正事略》卷二十七、唐鉴《学案小识》卷十二《经学学案》、《小腆纪传》卷五十三、李聿求《鲁之春秋》卷十、张维屏《国朝诗人征略》卷三、冯金伯《国朝画识》卷一、翁洲老民《海东逸史》卷十八皆有传，存目。

黄宗炎《寻门余论自序》：宗炎七八岁时，随先忠端公于京邸，授《周易本义》，句读逾年，未能省大义。先公蒙难，愚方童稚，凡我先公理学之渊源、自得之精蕴实未尝窥其毫末也。迨乎稍长，我兄太冲先生命读王注、程传，时随行逐队，以图进取，不过为博士弟子之学，无所得于心也。间从蕺山夫子，与闻绪论，予蒙蔽甚深，虽夫子谆谆训诲，未能有所启发，每与执友陆文虎共阅郝仲舆先生《九经解》，其融会贯通，一洗前人训诂之习，然而可指摘之处颇多，遂有白首穷经之约。及文虎捐馆，丽泽零落，而予更遭风波震荡，患难剥剥，始觉前日之非，立身与物老而冲决，其困而不学之故乎？拟以五十之年，息绝世事，屏斥诗文，专功毕力，以补少壮之失。家贫苦饥，糊口四方，枵腹覃思，往往头眩，僵仆或有亿中，顿忘困苦，而姜子苍崖每出奇思，更相问难者亦十余年矣，因而随笔杂述，未能鳞次，姑命之曰《寻门余论》，见得门而入之难也。若夫书之传与不传，知我罪我，悉听来哲论定可矣。①

黄宗炎《图学辨惑自序》：《易》有图学，非古也，注疏犹是魏、晋、唐所定之书，绝无言及于此者。有宋图学之派出自陈图南，以为养生驭气之术，托诸大《易》，假借其乾坤水火之名，自申其说，如《参同契》、《悟真篇》之类，与《易》之为道截然无所关合，儒者得之，始则援墨入儒，卒之因假即真，奉螟蛉为高曾，甘自屈其祖祢，据朱子发经筵进表宋《易》之陈氏，亦犹汉之《易》学授受俱鼻祖于田子装。田氏之学传自圣门，历历可数，图学从来出自图南，则道家者流杂之大《易》，遂使天下靡然称为《易》、老，儒者极其崇奉，并讳其所谓老，专以《易》归之，亦可畏也。上古何尝有图？但文字未

① 见《经义考》卷六十五。

备，画为奇耦，示文字之造端尔。陈氏不识古文古字，误以为图也。文、周、孔子，文字大备，始得畅其所言，著之竹木，而义理昭然可睹，皆所以阐发古文古字之幽隐，破除其艰涩，以就夫坦夷。读《十翼》，正所以明显象爻辞象。明显象爻辞象，正所以追测卦画之古文古字也。创为三图，而欲掩包牺已露之面目，使天下后世重求之晦冥蒙昧之途，何殊却瓮飧而以茹毛饮血为至味，毁庐舍而以上巢下穴为适安也。秦焚《诗》、《书》，《易》独以卜筮得免。若有图，亦宜不禁，胡为偏遯而孤行方外？秦、汉之时，虽有黄老之学，亦只在民间，岂有与世间隔不通于学士大夫之理乎？此皆据其偏辞，无能强伸者也，非惑与？可不辨与？乃作《图学辨惑》。①

李富孙《校经庼文稿》卷十八《图学辨惑跋》：《图学辨惑》一卷，姚江黄晦木先生所作。以图出自陈图南，本养生驭气之术，托诸大《易》，假借乾坤水火之名，以自申其说，而于《易》绝无所关，故力辨之。予窃谓自华山道士陈抟创为诸图，又著龙鱼、河图诸篇，其词诞妄恍忽，文义不通，而后人入其个中，奉以为宝，其书遂流害后世，妄加圣经之上，可为一喟。此先生所为，不得不辨与？又案：河图之名见于《周易》、《尚书》、《鲁经》、《山海经》等书，大约是受命之宝。其形莫考若八卦之位、水火之次，《说卦》已明言之，何庸图也？厥后，邵古、刘牧、李溉之流遂改昔之河图为洛书，肊造今之所谓河图，又别撰太极、先天、后天诸图，实与《易》理豪不相涉。昔欧阳永叔以河图洛书怪妄尤甚，屡为说以黜之。嗟乎！五六百年来，尊之信之，孰能辨其惑哉？顾亭林先生尝云："希夷之图、康节之书，道家之《易》也。自二子之学兴，而空疏之人、迂怪之士举窜迹其中以为《易》，而其《易》为方术之书，于圣人寡过反身之学去之远矣。"② 此非与先生之论并千古卓识乎？且自宋以前无有言河图为八卦者，至郑玄、虞翻、荀爽、王肃之书皆无图，孔颖达、李鼎祚之书亦无图，非前人之智有不及也，惟谨守师承，而不敢伪作以欺世。然则读是书，不特以明创造之妄，亦足以发古今之蒙。后贤复起，当必有共辨其惑者。先生名宗炎，字晦木，太冲之弟，尝从山阴刘忠介公游，故学有原本。又有《周易象词》十九卷、《周易寻门余论》二卷、《太极图说辨》一卷，惜未睹其全书，竢再访而卒业焉。

程晋芳《勉行堂文集》卷五《图学辨惑跋》：晦木先生学有本源，于《易》理尤邃，既撰《周易象辞》十九卷、《寻门余论》二卷，复成兹一卷，以辨陈图南传授之谬。余少时读李鼎祚《易解》，每窃疑之。既乃得梨洲《易学象数论》，为之豁然心开，谓前人不我河汉也。然求难弟之书，竟不可得。乾隆乙未，始于浙省所进遗书中见之，盖与胡氏之《易图明辨》、程氏之《易通》皆能拨云雾于晦昧之余，使白日青天昭垂于千古矣。近吴郡一二儒生，复取汉人飞伏、世应之说及宋儒图象，反复研求，欲翻汉庭老吏已断成案，不亦难乎！经术正而人心正，所关于世道者诚不小也。

① 见王端履《重论文斋笔录》卷八，又见《经义考》卷六十五。

② 语见《日知录》卷一"孔子论《易》"条。

王夫之

《清儒学案》卷八《船山学案》：船山生当鼎革，隐居求志四十余年，是以成书最富。平生为学神契横渠，羽翼朱子，力辟陆、王，于《易》根柢最深。**凡说经必征诸实，宁凿毋陋**。囊括百家，立言胥关于人心世道。在清初诸大儒中，与亭林、梨洲号为鼎足。至晚季，始得同祀庙庑，昭定论焉。(下略)

《清史稿·儒林一》：王夫之，字而农，衡阳人。与兄介之同举明崇祯壬午乡试。张献忠陷衡州，夫之匿南岳。贼执其父以为质，夫之自引刀遍刺肢体，舁往易父，贼见其重创，免之，与父俱归。明王驻桂林，大学士瞿式耜荐之，授行人。时国势阽危，诸臣仍日相水火。夫之说严起恒救金堡等，又三劾王化澄，化澄欲杀之。闻母病，间道归。明亡，益自韬晦。归衡阳之石船山，筑土室曰观生居。晨夕杜门，学者称船山先生。所著书三百二十卷，其著录于四库者，曰《周易稗疏》、《考异》、《尚书稗疏》、《诗稗疏》、《考异》、《春秋稗疏》。存目者，曰《尚书引义》、《春秋家说》。夫之论学，以汉儒为门户，以宋五子为堂奥。其所作《大学衍》、《中庸衍》，皆力辟致良知之说，以羽翼朱子。于张子《正蒙》一书，尤有神契，谓张子之学上承孔、孟，而以布衣贞隐，无钜公资其羽翼；其道之行，曾不逮邵康节，是以不百年而异说兴。夫之乃究观天人之故，推本阴阳法象之原，就《正蒙》精绎而畅衍之，与自著《思问录》二篇，皆本隐之显，原始要终，炳然如揭日月。至其扶树道教，辨上蔡、象山、姚江之误，或疑其言稍过，然议论精严，粹然皆轨于正也。康熙十八年，吴三桂僭号于衡州，有以劝进表相属者，夫之曰："亡国遗臣，所欠一死耳，今安用此不祥之人哉！"遂逃入深山，作《祓禊赋》以示意。三桂平，大吏闻而嘉之，嘱郡守馈粟帛，请见，夫之以疾辞。未几，卒，葬大乐山之高节里，自题墓碣曰"明遗臣王某之墓"。当是时，海内硕儒，推容城、盩厔、余姚、昆山。夫之刻苦似二曲，贞晦过夏峰，多闻博学，志节皎然，不愧黄、顾两君子。然诸人肥遯自甘，声望益炳，虽荐辟皆以死拒，而公卿交口，天子动容，其著述易行于世。惟夫之窜身瑶峒，声影不出林莽，遂得完发以殁身。后四十年，其子敔抱遗书上之督学宜兴潘宗洛，因缘得入四库，上史馆，立传儒林，而其书仍不传。同治二年，曾国荃刻于江南，海内学者始得见其全书焉。

《清史列传·儒林传上一》：存目。①

余廷灿《存吾文稿·王船山先生传》：先生姓王氏，名夫之，字而农，号姜斋。先世本扬州高邮人，明永乐初有官衡州卫者，遂为衡州衡阳人。家世以军功显。父字武夷始以文学知名，中天启辛酉副榜。先生即其季子也。明既亡，隐于湘西之石船山，学者称船山先生。先生少负隽才，读书十行俱下，一字不遗。年二十四，与其兄介之同举崇祯壬午乡试，以道梗不赴会试。明年，张献忠陷衡州，设伪官，招降士绅，其不屈者缚而投诸湘江。先生走匿南岳双髻峰下，贼执其父以为质，先生引刀自刺其肢体，舁往易父，贼见其遍创也，免之，父子俱得脱。甲申，李自成陷北京，怀宗徇社稷，先生涕泣不食者数日，作《悲愤诗》。乙酉，我师下金陵，当是时，我朝既得两京，天下云集响应，而明之藩封、庶孽，奔窜于湖、湘、滇、黔、粤、闽间者，往往始称监国，继假位号，以恢复为名。先生少遭丧乱，未见柄用，及是顾念累朝养士深恩，痛悯宗社颠覆，诚知时势万不可为，犹且奋不顾身，慨然一出而图之。明藩有称隆武年号者，使其督师何腾蛟屯湖南，制相堵允锡屯湖北，两湖兵燹塞野，又岁大旱，时李自成死于九宫山，余党降者号为忠贞营，尚复蹂躏潜、汉间，汹汹有反侧之势，堵、何两人本措置无术，又相持不相能，先生忧其必败也，亟上书于司马章旷，请调和南北两军，以防溃变，司马不听，先生默而退，卒之贼党猖獗，司马以忧愤死，堵、何二人遘闵凶，而势不可支矣。丁亥，我师下湖南，先生南走桂林，大学士瞿式耜用疏特荐先生，以丁父忧请终制，既服阕，即就起行人司行人。是时桂藩驻肇庆国，命所系则瞿式耜与其少傅严起恒，然纪纲已大坏，独给谏金堡、丁时魁、刘湘客、袁彭年、蒙正发五人者，志在振刷，而内阁王化澄、悍帅陈邦傅、内竖夏国祥等为奸邪巨魁，深嫉此五人，目为宫庭五虎，逮系狱中，将置之死。先生约中舍管嗣裘走告，严起恒曰：诸君弃坟墓，捐妻子，一意从王于刀剑中，而党人杀之，则志士解体，虽欲效赵氏之明白，慷慨以亡国，谁与共亡者，起恒感其言，力请于廷，化澄党参起恒，先生亦三上疏参化澄，化澄恚甚，必欲杀先生，会有降帅高必正者救之，得不死，返桂林，复依瞿式耜，闻母病，间道归衡，至则母已殁。其后瞿式耜殉节于桂林，严起恒受害于南宁，先生知势愈不可为，遂决计老牖下矣。壬寅，闻缅甸亦覆没，明之藩封庶孽称监国假位号者至是殄尽，先生遂浪游于浯溪、郴州、耒阳、晋宁、涟邵间，所至人士慕从者辄益众，先生辄辞去，最后归衡阳之石船山，筑土室，名曰观生居。晨夕杜门，萧然自得，乃著《四书读大全说》、《周易内传》、《外传》、《大象解》、《诗广传》、《尚书引义》、《春秋世论》、《家说》、《续左氏传博议》、《礼记章句》，并诸经《稗疏》各若干卷，作《通鉴论》三十卷、《宋论》十五卷、《庄子解》、《庄子通》、《楚词通释》、《搔首问》、《俟解》、《噩梦》各种，又注释《老子》、《吕览》、《淮南》，评选古今诗各若干卷。自明统绝祀，先生著书凡四十年，其学深博无涯涘，而原本渊源，尤神契《正蒙》一书，于清虚一大之旨、阴阳法象之状、往来原反之故，靡不有以显微抉幽，晰其奥窔。其自序曰：谓之正蒙者，养蒙以圣，功之正也。圣功久矣大矣，而正之惟其始蒙者，知之始也。或疑之曰："古之大学，造之以《诗》、《书》、《礼》、《乐》，迪之以三德六行，皆日用易知简能之理，而《正蒙》推极夫穷神知化，达天德之蕴，则疑与大学异，则请释之。"

---

① 详见中华书局本第17册，第5266~5268页。

曰：大学之教，先王所以广教天下，而纳之轨物，使贤者即以之上达，而中人以之寡过，先王不能望天下以皆圣，故德其成人，造其小子，不强之以圣功，而俟其自得，非有吝也。抑古之为士者，秀而未离乎其朴，下之无记诵词章以取爵禄之科，次之无权谋功利苟且以就功名之术，其尤正者，无狂思陋测，荡天理，灭彝伦，而自矜独悟，如老聃、浮屠之邪说，以诱聪明果毅之士，而生其逸获神圣之心，则但习于人伦物理之当然，而性命之正自不言而喻。至于东周，而邪慝作矣，故夫子作《易》，而阐形而上之道，以显诸仁而藏诸用，而孟子推生物一本之理，以极恻隐羞恶辞让是非之所由生。故夫子曰："吾十有五而志于学。"所志者，知命、耳顺、不逾之矩也。知其然者，志不及之，则虽圣人未有得之于志外者也。故孟子曰："大匠不为拙工改废绳墨，羿不为拙射变其彀率。"宜若登天，而不可使逸获于企及也。特在孟子之世，杨、墨虽盈天下，而儒者犹不屑曲吾道以证其邪，故可引而不发，以需其自得。而自汉魏以降，儒者无所不淫，苟不抉其跃如之藏，则志之摇摇者，差之黍米，而已背之霄壤矣。此《正蒙》之所由不得不异也。**宋自周子出，而始发明圣道之所由，一出于太极阴阳人道生化之终始。二程子引而伸之，而实之以静一诚敬之功。然游、谢之徒且歧出，以趋于浮屠之蹊径，故朱子以格物穷理为始教，而檠括学者于显道之中，乃其一再传，而后流为双峰、勿轩诸儒，逐迹蹑影，沉溺于训诂，故白沙起而厌弃之，然而遂启姚江王氏阳儒阴释诬圣之邪说。**其究也为形戮之民，为阉贼之党，皆争附焉，而以充其无善无恶、圆融事理之狂妄，流害以相激而相成，则中道不立，矫枉过正，有以启之也人之生也。君子而极乎圣，小人而极乎禽兽，苟不知所以生，不知所以死，则为善为恶，皆非性分之所固有，职分之所当为，下焉者何弗荡弃彝伦，以遂其苟且私利之欲，其稍有耻之心，而厌焉者则见为寄生两间，去来无准，恶为赘瘤，善亦弁髦，生无所从，而名义皆属沤瀑，以求异于逐而不返之顽鄙，乃其究也，不可以终日，则又必佚出猖狂，为无缚无传之邪说，终归于无忌惮，自非究吾之所始，与其所终，神之所化，鬼之所归，效天地之正，而不容不惧，以终始恶能释其惑，而使信于学，故《正蒙》特揭阴阳之固有屈伸之必然，以立中道，而至当百顺之大经，皆率此以成，故曰**率性之谓道，天之外无道，气之外无神，神之外无化**……张子之学，上承孔、孟之志，下救来兹之失，如皎日丽天，无幽不烛，圣人复起，未有能易焉者也。惟其门人未有殆庶者，而当时巨公耆儒，如富、文、司马诸公，张子皆以素位隐居，而末繇相为羽翼，是以其道之行曾不得与邵康节之数学相与颉颃，而世之信从者寡，道之诚然者不著，是以不百年而陆子静之异说兴，又二百年而王伯安之邪说熺。其以朱子格物道问学之教争贞胜者，犹水胜火，一盈一虚，而莫适有定。使张子之学晓然大明，以正童蒙之志于始，则浮屠生死之狂惑不折而自摧，陆子静、王伯安之蕞然者亦恶能傲君子以所独知，而为浮屠作率兽食人之伥乎？**《周易》者，天道之显也，性之藏也，圣功之牖也。**阴阳动静，幽明屈伸，诚有之，而神行焉，礼乐之精微存焉，鬼神之化裁出焉，仁义之大用兴焉，治乱吉凶生死之数准焉。故夫子曰：弥纶天下之道，以崇德而广业者也。张子言无非《易》，立天，立地，立人，反经研几，精义存神，以纲维三才，贞生而安死，则往圣之传，非张子其孰与归？是故《正蒙》者，匠者之绳墨也，射者之彀率也。虽力之未逮，养之未熟，见为登天之难，不可企及，而志于是则可至焉，不志于是，未有能至者也。养蒙以是为圣功之所自定，而邪说之淫蛊不足以乱之矣。故曰《正蒙》也。戊午春，吴逆僭号于衡伪僚有以劝进表相属者。先生曰：某本亡国遗臣，所欠一死耳。今汝亦安用此不祥之人哉？遂逃入深山，作《祓禊赋》。吴逆既平湖南，中丞郑公端闻而嘉之，属郡守某馈粟帛请见，先生以病辞，受其粟，反其帛。未几，卒于石船山，葬大乐山之高节里。自题其墓曰“明遗臣王夫之之墓”。自铭曰：“抱刘越石之孤忠，而命无从致。希张横渠之正学，而力不能企。幸全归于兹丘，因衔恤以永世。”……赞曰：先生可谓笃信好学，蒙难而能正其志者。方明之亡，先生非不知事不可为，然且穷老尽气，奔窜于荒岩绝徼间，发说论，攻憸邪，终摈不用，而始隐伏著书，其志可哀也矣。若横渠以礼为堂，以易为室，所称四先生之学，柱立不祧者，而著《正蒙》一书，尤穷天地之奥，达性命之原，反经精义，存神达化，朱子亦谓其广大精深，未易窥测。先生究察于天人之故，通乎昼夜幽明之原，即是书畅演精绎，与自著《思问录》内外二篇，皆本隐之显，原始要终，朗然如揭日月。至其扶树道教，剖析数千年学术源流分合同异，自序中罗罗指掌，尤可想见先生素业。虽其逃名用晦，遯迹知稀，从游盖寡，而视真西山、魏了翁以降，姚、许、欧、吴诸名儒，仅仅拾洛、闽之糟粕以称理学，其立志存心，浅深本末相距何如也。学使宜兴潘太史宗洛称先生为前明之遗臣，我朝之贞士，是固然已。而其立文苑、儒林之极，阐微言绝学之传，则又有待于后之推阐先生者矣。

阮元《儒林传稿》卷一、钱林《文献征存录》卷六、李元度《国朝先正事略》卷二十七、唐鉴《学案小识》卷三《翼道学案》、徐鼒《小腆纪传》卷五十三、温睿临《南疆逸史》卷四十三、陈田《明诗纪事》辛签卷十三、邓显鹤《沅湘耆旧集》卷三十三、徐世昌《晚晴簃诗汇》卷十一皆有传，存目。

邓显鹤《南村草堂文抄》卷二《船山遗书目录叙》：右衡阳王先生著书五十二种，已见三十八种，都三百二十三卷。著录于四库者，曰《周易稗疏》四卷、《考异》一卷，曰《尚书稗疏》四卷，曰《诗稗疏》四卷、《考异》一卷，曰《春秋稗疏》二卷，凡六种。存目于四库者，曰《尚书引义》六卷，曰《春秋家说》三卷，凡二种。旧已刊者，曰《周易大象解》一卷，曰《春秋世论》二卷，曰《四书稗疏》一卷、《考异》一卷，曰《老子衍》一卷，曰《庄子解》三十三卷，曰《楚辞通释》十四卷，曰《正蒙注》四卷，曰《思问录》二卷，曰《俟解》一卷，凡十种。外文集、诗集、诗余、诗话复有数卷，皆奇零不成部帙，余俱抄本，其未见者，存佚不可知。旧刊之本，类坊刻，且日久漫漶，显鹤病之，尝慨然发愤，思购求先生全书，精审锓木，嘉惠来学，以是强聒于人，无应者。道光己亥，寓长沙，时方辑《沅湘耆旧集》，征求先生遗诗。一日，先生族裔有居湘潭名世全者，介其友欧阳君兆熊访余于城南旅寓，以先生诗集来，且具道先生六世孙承佺具藏□□①各种遗书于家，世全将谋寿诸梨枣。余大喜过望。次年春，遂开雕于长沙，以校雠之役，属吾邑人邹汉勋。其后二年，次第刊成《周易内传》十二卷、《周易大象解》一卷、《周易稗疏》二卷、《考异》一卷、《周易外传》七卷、《书经稗疏》四卷、《尚书引义》六卷、《诗经稗疏》五卷、《考异》一卷、《诗广传》五卷、《礼记章句》四十九卷、《春秋稗疏》二卷、《春秋家说》七卷、《春秋世论》五卷、《续春秋左氏传博议》二卷、《四书授义》三十八卷、《四书稗疏》二卷、《考异》一卷，大凡十八种，都百五十卷。书成，以全书目录寄示，显鹤乃僭书其后曰：班史有言：“古之儒者，博学虖六艺之

① 此处《续古文辞类纂》卷五作“先生”。

文。六学者，王教之典籍，先圣所以明天道，正人伦，致至治之成法。”自孔子殁而大道微，七十子之徒遗言坠绪，不绝如缕。遭秦燔灭，荡然无存。汉兴，收拾余烬，始立专门，各抱一经，私相授受，亦互相嫉妬。孔、郑诸儒始贯穿群籍，钻研训诂，迄其蔽也，杂于谶纬，堕于支离破碎。魏、晋以后，崇尚虚无，流为佛老，学术纷歧，世运榛塞，圣人之道唏矣。唐代义疏之作，具有端绪，而是非得失，未有折衷。宋世真儒出，群经乃有定论。至于近代，学者疾陋儒空谈心性，逸于考古，遂至厌薄程、朱，专考求古人制度名物以为博，甚则刺取先儒删落舛驳谬悠之论以为异，而一二天资高旷之士，又往往误于良知之说，敢为高论，狂瞽一世，著书愈多，圣道愈蔀。先生忧之，**生平论学，以汉儒为门户，以宋五子为堂奥，而原本源渊尤在《正蒙》一书，以为张子之学上承孔、孟之志，下救来兹之失，如皎日丽天，无幽不烛，圣人复起，未之能易**，惟其门人未有逮庶者，而当时巨公如富文、司马诸公，张子皆以素位隐居，末由相为羽翼，其道之行曾不得比于邵康节之数学，而世之信从者寡，道之诚然者不著，是以不百年而异说兴，又不二百年而邪说炽。其推本阴阳法象之状，往来原反之故，反复辨论，累千百言，所以归咎上蔡、象山、姚江者甚峻。或疑其言太过，要其议论精卓，践履笃实，粹然一轨于正，固无以易也。先生生当鼎革，自以先世为明世臣，存亡与共，甲申后崎岖岭表，备尝险阻，既知事之不可为，乃退而著书，窜伏祁、永、涟、邵山中，流离困苦，一岁数徙其处，最后乃定居湘西蒸左之石船山，筑观生居以终。故国之戚，生死不忘，其志洁而芳，其言哀以思，百世下犹将闻风兴起，况生同里闬，亲读其书者乎？当是时，海内儒硕，北有容城，西有盩厔，东南则昆山、余姚，而亭林先生为之魁。先生刻苦似二曲，贞晦过夏峰，多闻博学，志节皎然，不愧顾、黄两先生。顾诸君子肥遯自甘，声名益炳，羔币充庭，干旄在野，虽隐逸之荐，鸿博之征，皆以死拒，而公卿交口，天子动容，其志易白，其书易行。先生窜身瑶峒，绝迹人间，席棘饴荼，声影不出林莽，门人故旧又无一有气力者为之推挽。没后四十年，遗书散佚。其子敔始为之收辑推阐，上之督学宜兴潘先生，因缘得上史馆，立传儒林，而其书仍湮灭不传。后生小子致不能举其名姓，可哀也已！当代经师，后先生而起者无虑百十家，所言皆有根柢，不为空谈。盖经学至本朝为极盛矣，然诸家所著，有据为新义，辄为先生所已言者，《四库总目》于《春秋稗疏》曾及之，以余所见尤非一事，盖未见其书也。近时仪征相国衰辑国朝经解，刻于广南，所收甚广，独不及先生，其他更何论已？先生出处本末，略见潘宜兴、储六雅、全谢山、余存吾诸文集中。显鹤增辑《楚宝》，文苑亦有传，不具述，独详述先生学业之大者，著于篇，使世之读先生书者有所考焉。

王夫之《周易内传·发例》：伏羲氏始画卦，而天人之理尽在其中矣。上古简朴，未遑明著其所以然者，以诏天下后世。幸筮氏犹传其所画之象，而未之乱。文王起于数千年之后，以不显亦临、无射亦保之心得，即卦象而体之，乃系之彖辞，以发明卦象得失吉凶之所由。周公又即文王之彖，达其变于爻，以研时位之几而精其义。孔子又即文、周彖爻之辞，赞其所以然之理，而为《文言》与《彖》、《象》之《传》。又以其义例之贯通与其变动者，为《系传》、《说卦》、《杂卦》，使占者、学者得其指归，以通其殊致。盖孔子所赞之说，即以明《彖传》、《象传》之纲领，而《彖》、《象》二《传》，即文、周之彖爻，文、周之彖爻，即伏羲氏之画象。四圣同揆，后圣以达先圣之意，而未尝有损益也明矣。使有损益焉，则文、周当舍伏羲之画而别为一书，如扬雄《太玄》、司马君实《潜虚》、蔡仲默《洪范数》之类臆见之作。岂文、周之才出数子之下，而必假于义画使有损益焉？则孔至当舍文、周之辞而别为一书，如焦赣、京房、邵尧夫之异说。岂孔子之知出数子之下，乃暗相判而明相沿，以惑天下哉？由此思之，则谓文王有文王之《易》，周公有周公之《易》，孔子有孔子之《易》，而又从旷世不知年代之余，忽从畸人得一图一说，而谓为伏羲之《易》，其大谬不然审矣。世之言《易》者，曰《易》者意也，惟人之意而《易》在。呜呼！安得此大乱之言而称之哉！**此盖卜筮之家，迎合小人贪名幸利，畏祸徼福之邪心，诡遇之于锱铢之得丧，窥伺其情，乃侮圣人之言，违天地之经，以矜其前知。而学者因袭其妄，以之言微言大义之旨。如元亨利贞，孔子之言四德，非文王之本旨之类，竟以先圣通志成务，穷理尽性之制作，为《火珠林》鬻技之陋术，《易》之所以由明而复晦也。**篇中如此类者，不得已广为之辨。即象见彖，即彖明爻，即象爻明传，合四圣于一轨，庶几正人心，息邪说之意云。（下略）

钱澄之

《清儒学案》卷八《船山学案·船山交游·钱先生澄之》：钱澄之，原名秉镫，字饮光，晚号田间，桐城人。少以名节自励，巡按某旧为阉党，至郡谒文庙，诸生迎迓。先生扳其舆，数其秽行，巡按惧不敢较，由是名合于时。……晚庐墓躬耕，著书不出，卒年八十有二。著有《田间易学》十二卷。尝问《易》于黄石斋，究极象数，后乃研求义理，大旨以朱子为宗。又有《田间诗学》① 十二卷。**谓《诗》与《尚书》、《春秋》相表里，必考之“三礼”以详其制作，征诸“三传”以审其本末，稽之《尔雅》以核其名物，博之《竹书纪年》、《皇王大纪》以辨时代之异同，与情事之疑信，即今舆记以考古之图经，而参以平生所亲历**。其书以《小序》为主，所采诸儒论说，自《注疏》、《集传》外凡二十家。持论精核，于名物训诂、山川地理言之尤详。自谓《易学》、《诗学》成，思所以翊二经者。而得庄周、屈原，复著《庄屈合注》八卷。又有《藏山阁诗集》十卷、《文集》三十卷。(参《四库全书提要》、《先正事略》、马其昶撰《桐城耆旧传》)

《清史稿·遗逸一》：钱澄之，字饮光，原名秉镫，桐城人。少以名节自励。有御史巡按至皖，盛仪从，谒孔子庙，诸生迎迓门外。澄之忽前扳车，御史大骇，止车，因抗声数其秽行。御史故阉党，方自幸脱逆案，内惧不敢究其事。澄之以此名闻。是时复社、几社始兴，比郡中主坛坫者，宣城沈寿民，池阳吴应箕，桐城则澄之及方以智，而澄之又与陈子龙、夏允彝辈联云龙社，以接武东林。澄之体貌伟然，好饮酒，纵谈经世之略。尝思冒危难，立功名。阮大铖既柄用，刊章捕治党人，澄之先避吴中，妻方赴水死，事具《明史》。于是亡命走浙、闽，入粤，崎岖险绝，犹数从锋镝间支持名义，不少屈。黄道周荐诸唐王，授吉安府推官，改延平府。桂王时，擢礼部主事，特试，授翰林院庶吉士，兼诰敕撰文。指陈皆切时弊，忌者众，乃乞假，间道归里。结庐先人墓旁，环庐皆田也，自号曰田间，著《田间诗学》、《易学》。澄之尝问《易》道周，依京房、邵雍说，究极数学，后乃兼求义理。其治《诗》，遵用《小序》首句，于名物、训诂、山川、地理尤

---

① 此书卷首六篇：《诗总论》、《二南论》、《十五国风论》、《二雅论》、《三颂论》、《小序考》。

详。自谓著《易》、《诗》成，思所以翊二经者，而得庄周、屈原，乃复著《庄屈合诂》。盖澄之生值末季，离忧抑郁无所泄，一寓之于言，故以庄继《易》，以屈继《诗》也。又有《藏山阁诗文集》。卒年八十二。

《清史列传·儒林传下一》：……其学初从京房、邵康节入，故言数烦详，盖道周之余绪也。后乃讲求义理，参取《注疏》，及程《传》、《本义》，而本旨以朱子为宗。其说不废图，而以陈抟先天图及河洛二图皆因《易》而生，非《易》因此而作。图中奇偶之数，乃揲蓍之法，非画卦之本，持论极为允当。又著《田间诗学》十二卷，谓《诗》与《尚书》、《春秋》相表里，必考之"三礼"以详其制作，征诸"三传"以审其本来，稽之"五雅"以核其名物，博之《竹书纪年》、《皇王大纪》；以辨其时代之异同，与情事之疑信，即今舆记以考古之图经，而参以平生所亲历。共书以《小序》首句为主，所采诸儒论说，自《注疏》、《集传》外，凡二程、张子至明黄道周、何楷，共二十家，持论精核，无所攻亦无所主，而于名物训诂、山川地理，言之尤详。①

方苞《望溪集》文集卷十二《田间先生墓表》：先生姓钱氏，讳澄之，字饮光，苞大父行也。苞未冠，先君子携持应试于皖，反过枞阳，宿家仆草舍中，晨光始通先生，扶杖叩门而入，先君子惊问，曰："闻君二子皆吾辈人，欲一观所祈向，恐交臂而失之耳。"先君子呼余出拜，先生答拜。先君子跪而相支柱，为不宁者久之，因从先生过陈山人观颐，信宿其石岩。自是先生游吴越，必维舟江干，招余兄弟晤语，连夕乃去。先生生明季世，弱冠时有御史某，逆阉余党也，巡按至皖，盛威仪，谒孔子庙，观者如堵，诸生方出迎，先生忽前扳车，而揽其帷，众莫知所为，御史大骇，命停车，而溲溺已溅其衣矣。先生徐正衣冠，植立昌言以诋之，驺从数十百人皆相视莫敢动，而御史方自幸脱于逆案，惧其声之著也，漫以为病颠而舍之，先生由是名闻四方。当是时几社、复社始兴，比郡中主坛坫与相望者，宣城则沈眉生，池阳则吴次尾，吾邑则先生与吾宗涂山及密之、职之，而先生与陈卧子、夏彝仲交最善，遂为云龙社，以联吴淞，冀接武于东林。先生形貌伟然，以经济自负，常思冒危难以立功名。及归自闽中，遂杜足田间，治诸经课耕以自给。年八十有二而终。所著《田间诗学》、《田间易学》、《庄屈合诂》及文集行于世。先君子闲居，每好言诸前辈志节之盛，以示苞兄弟，然所及见，惟先生及黄冈二杜公耳。杜公流寓金陵，朝夕至吾家，自为儿童，捧盘盂以侍漱涤，即教以屏俗学，专治经书古文，与先生所勖不约而同。尔时虽心慕焉，而未之能笃信也。及先兄翻然有志于斯，而诸公皆殁，每恨独学无所取衷，而先兄复中道而弃。余每思父兄长老之言，未尝不自疚夙心之负也。二杜公之殁也，苞皆有述焉。而先生之世嗣远隔旧乡，平生潜德隐行，无从而得之，而今不肖之躯亦老死无日矣，乃姑志其大略，俾兄子道希以告于先生之墓，力能镌之，必终碣焉。乾隆二年十有二月望前五日，后学方苞表。

马其昶《桐城耆旧传》卷七《钱田间先生传第六十四》：钱先生讳澄之，字饮光，初名秉灯，字幼光，号西顽道人。父讳志立，字尔卓，明万历间诸生，师事赵枞江，学行甚高，尝辟馆，聚徒讲《易》。五子：秉镡，字幼安；秉锜，字湘之，并有文誉。先生其季也，少以名节自励，有御史某巡按至皖，盛仪从谒孔子庙，诸生迎迓门外，先生忽前扳车，御史大骇止车，因抗声，数其秽行，御史故阉党，方自幸脱逆案内惧不敢究其事，先

① 详见中华书局本第 17 册，第 5441~5442 页。

生以此名闻。是时，复社、几社始兴，比郡中主坛坫者，宣城沈眉生、池阳吴次尾，吾邑则先生及方盦山密之诸公，而先生又与陈卧子、夏彝仲辈联云龙社，以接武东林。先生体貌伟然，好饮酒，纵谈经世之略。尝思冒危难，立功名，南都立新主，阮大铖柄用，刊章捕治党人，先生于是亡命走浙闽，入粤崎岖绝险，犹数从锋镝间支持名义，不少屈。漳浦黄忠端公荐诸唐王，授吉安府推官，寻改延平府。桂王时擢礼部主事。己丑，特试授翰林院庶吉士，兼诰敕撰文，指陈皆切时弊，忌者众，乃乞假间道归里，结庐先人墓旁，环庐皆田也，自号曰田间。著《田间易学》十二卷、《诗学》十二卷，四库皆著录。卒年八十二。先生尝问《易》漳浦，依京房、邵康节说，究极数学，其后兼求义理。其治《诗》，遵用《小序》首句，于名物、训诂、山川、地理尤详。自谓著《易学》、《诗学》成，思所以翊二经者，而得庄周、屈原，乃复著《庄屈合诂》八卷。盖先生生值末季，故离忧抑郁，发愤著书，而以庄继《易》，以屈继《诗》也。又有《藏山阁诗集》十卷、《文集》三十卷。初，先生避祸吴中，长子法祖字孝则，随母方踪迹之，遇兵乱，方赴水死。先生后入闽，孝则家居，以盗入后母室，奔卫母，被盗死。从孙源启，字致一，号信斋；源逢，字湘舟，号铁华。兄弟齐声。信斋工绘事，书法宗华亭。铁华有《澡雪斋诗》。钱氏自田间以经学闻。……马其昶曰：先生负瑰特之才，郁无所试，以坟典自娱，研经为文，视先代诸公堂庑大别。望溪少时承其绪论，后遂蔚为儒宗。当先生众辱御史，其犹明之遗风哉！而卒以经学、文章开启学派，亦考流别者所宜知也。

朱彝尊《静志居诗话》卷二十二、阮元《儒林传稿》卷三、钱林《文献征存录》卷十、李元度《国朝先正事略》卷三十二、唐鉴《学案小识》卷十二《经学学案》、徐鼒《小腆纪传》卷五十五、罗正钧《船山师友记》卷四、冯桂芬《（同治）苏州府志》卷一百十二、《（光绪）重修安徽通志》卷二百二十二、马其昶《桐城耆旧传》卷七、徐世昌《晚晴簃诗汇》卷十六皆有传，存目。

徐乾学《憺园文集》卷二十《田间全集序》：三十年前，桐城姚经三尝手一编示余，为其同里钱饮光先生所撰《田间诗集》，余日夕讽诵，心仪其为人，已得读其文，则益慕之，恨不即造席奉教也。岁壬子冬，忽来都下，馆余座师龚端毅公家，因与订交欢甚。明年，余将出京，与叶讱庵、张素存诸公邀之共游西山萧寺，清宵剧谈，益悉其生平本末。暨余家居二年，再入都，以丁太夫人艰归。先生时访余庐居，或不至，亦因风便通殷勤焉。丁卯春，余在礼部，方有文史之役，即安得饮光先生北来一切与就正乎？分两月，光禄馔金寄枞阳，为治装，惟虑其老，不堪远涉耳，乃健甚，慨然脂车，既至，尽出所著书，所谓《田间易学》、《田间诗学》、《庄屈合诂》及诸诗文。读之，真定、宛平两相国及余季弟立斋皆笃好之，因谋为授梓以传。吾观古今著书，其人未有不穷愁者。先生自甲申变后，南都拥立新主，奸邪柄国，群小附之，浊乱朝政，而为之魁者，其乡人也，以夙负盛名之士，慷慨好持正论，与乡人迕，及其得志，修报复，固欲得而甘心焉。刊章捕治，将兴大狱，于是亡命走浙、闽，又自闽入粤，崎岖绝徼，数从锋镝间支持名义，所至辄有可纪，既岭外削平，穷年归隐，乃肆力著书，今且四十年矣。今夫《易》，圣人所谓忧患之书也，《泰》、《否》、《剥》、《复》诸卦为君子、小人消息倚伏之机；而《诗》之作也，则又多出于贞臣志士感慨激扬之怀，好贤如《缁衣》，恶恶如《巷伯》，皆有不容自已者。先生既穷而著书，乃尤致意于二经。又有取于蒙庄之旷达，悲正则之幽忧，手辑其书，为之诂释，其志足悯矣。其他游览纪载，投赠之作，无非原本此志，未尝苟作也。顷以校书至吴，寓余花溪草堂，且一年所，今年余乞归，迎余于惠山，年七十有九，登山渡涧，上下相羊，不异强壮少年，饮酒诙笑，与十五六年前无异。庄生曰："受命于地，惟松柏独也，在冬夏青青然。"则先生固人中之松柏，而其所为文亦犹夫凌霜犯雪之菁葱挺秀，非凡卉之可比拟也。余幸得官侍从历卿尹，兄弟受国恩至重，顾于青蝇、贝锦之诗恒兢兢焉。忧愁偪侧，不能终日，余特服先生能信心独行，卒自免于小人之机械，而余不能随时韬晦，以终脱于忧患。序其集，有深感焉。

钱澄之《田间诗文集》文集卷十二《通雅序》：往予与愚道人同学，时窃见其帐中恒有秘书，不以示人，闲捡而遽览之，则皆所手抄成帙，凡生平父师所诂，目所涉，窜句有可纪者，无不悉载，即一字之疑，一音之（谁）［讹］，一画之舛，亦必详稽传考，以求其至是。人言道人生平手不释卷，搦管处指为之胼，要其三十年心血尽在此一书矣。**书成，名曰《通雅》，犹之郑樵之为《通志》、马端临之为《通考》，以言其无不该也。**予尝谓道人曰："吾人读书观大义而已，若夫研阴阳之理，穷天人之故，考政事之得失，辨学术之异同，以及古今制度之异宜，中外风土之殊俗，如子所载者，吾以尽心焉。至于器数之末、诂释之烦、点画之细，世自有窜句博物之徒，子何以役志为?"道人曰："嘻!吾于此疑有夙习焉。吾小时即好为之。吾与方伎游，即欲通其艺也。遇物，欲知其名，物理无可疑者，吾疑之，而必欲深求其故也。以至于颓墙败壁之上有一字焉，吾未之经见，则必详其音义，考其原本，既悉矣，而后释然于吾心，故吾三十年间，吾目之所触，耳之所感，无不足以恣其探索而供其载记，吾盖乐此而不知疲也。"今道人既出世矣，然犹不肯废书，独其所著书多禅语，而会通以《庄》、《易》之旨，学者骤读之，多不可解。若所谓《通雅》，已故纸视之矣。姚子曰："《通雅》者，道人今日之唾弃，而昔日之秘藏也。既久秘而不章，今又弃焉。且天下闻道人之风，而欲学其学者甚众，今不以此书示人，而徒使惘惘慰瞀于不可解之书，岂其导世之本意乎？吾梓焉。"庄子称藐姑射之神人，其尘垢糠粃，犹将陶铸尧、舜。兹集固道人之糠粗，而姚子乐得而传之，吾知其所陶铸者广矣。

钱澄之《田间诗文集》文集卷十二《庄屈合诂自序》：吾著《易学》、《诗学》既成，盖广稽载籍，求古人之言足以翊二经者，更为详说之，以辅吾学之所不及，而得庄子、屈原。昔宋儒谓孟子善于《易》，然其书称引绝不及《易》，岂在战国之时已为卜蓍之书，士君子比之方技，不足称说耶？自庄子以《诗》、《书》、《礼》、《乐》及《易》、《春秋》列为道术后，遂有"六经"之称。而其称《易》也，曰："《易》以道阴阳。"则一语已抉其奥矣。吾观其书，其言内圣外王之道，一本于《易》。夫《易》之道，惟其时而已。庄子以自然为宗，而诋仁义、斥礼乐，訾毁先王之法者，此矫枉过正之言也。彼盖以遵其迹者，未能得其意；泥于古者，不能适于今；名为治之，适以乱之；因其自然，惟变所适，而《易》之道在是矣。春秋以来，士大夫相见赋诗言志。而能为诗者盖亦鲜矣。诗也者，性情之事也。屈子忠于君，以谗见疏，忧君念国，发而为词，反复缠绵，不能自胜，至于沉湘而死，此其性情深至，岂直与凡伯家父同日语哉？淮南王安曰："国风好色而不淫，小雅怨诽而不乱，《离骚》兼之。"亶其然乎？则以《庄》继《易》，以《屈》继《诗》，从而诂之。于二经之宗旨，庶益足以转相发挥。而谓之诂者，吾于《庄》不欲高谈玄远以更增其悠谬，于《屈》不敢强事穿凿以曲求其悲愤，惟是依文释义，使学者章句分明，以进窥其大旨之所在，犹是吾《易学》、《诗学》之义也。……吾谓《易》因乎时，《诗》本乎性情。凡庄子、屈子之所为，一处其潜，一处其亢，皆时为之耳。庄子之性情，于君父之间非不深至，特无所感发耳。《诗》也者，感之为也。若屈子，则感之至极者矣。合诂之，使学者知庄、屈无二道，则易知吾之《易学》、《诗学》无二义也。

钱澄之《田间诗文集》文集卷十二《周易结言序》：庄子曰："《易》以道阴阳。"阴阳之说，解者以喻小人君子，以有形者象无形者而定矣。夫阴阳二气迭为消长，其不容有羸诎于其间明矣。而圣人之作《易》也，每欲扶阳而抑阴，何也？圣人深知夫阳不能敌阴，君子不能敌小人，治日少而乱日多，……吾观其藏身之固而知其行，察其绪言之旨而知其学矣。

俞樾《春在堂全书·文续》卷二《沈肖岩田间诗学补注序》：**余治经不专主一家之学，意在博采众说，择善而从。尝谓"三礼"之学，名物制度，后俦推测，终不如汉儒近古，所得为多。《春秋》"三传"微言大义，汉儒亦有所受之，未可一概扫除。抱遗经而究终始。《易经》尤以汉学为是，后世杂以道家邪说创分先天、后天，不经甚矣。**虽紫阳颇用其说，未敢苟同。独至《诗》之一经，则发抒本乎性情，音节纯乎天籁，此何必拘拘于齐、鲁、韩之异同，毛、郑、孔之得失，汉学、宋学之门户哉？惟后人作诗，必有题目，而古人无之。是故国史采诗，诗必有序，序即可以当诗之题目矣。后人不信序说，于是有诗而无题，为说诗一大病。国朝钱饮光先生《田间诗学》一以《小序》为断，而于汉、唐以来诸家之说，无所偏主。其凡例曰："舍《序》说《诗》，非附会，即穿凿。"又曰："吾之从朱，犹之从毛、郑，取其是者而已。"窃谓治《诗》当以钱氏此言为法。其凡例又云："元、明三朝治《诗》数百家，以余所览，仅数十种。择其议论精当，能发昔人所未发者，具录之，余未能遍及。"然则先生采辑犹有所遗，此肖岩沈君所以有补注之作也。君，为先通奉君门下大弟子，官上虞校官。为人好学不倦，而尤致力于《诗》，博采唐、宋至昭代说经之书，凡有涉于《诗》学者，以补钱氏之所未备。中间遭值乱离，参预戎事，而卒未尝一日废。今年九月，访我于西湖诂经精舍，出此编见示。蝇头细字，无寸纸之隙，知其用力勤矣。辱君不弃，问序于余。余谓钱氏之书，《提要》，已称其精核，君又从而补之，则其精而且核所不待言。惟浅陋如余所著《群经平议》，亦刺取至数十条，殆昌黎所谓贪多务得，细大不捐者乎？然《诗》教至广，学者各得其所得，与他经不同，实有不必拘守一先生之说者，君与钱氏之意盖一揆也。世有深于《诗》者，请以此言质之。

徐璈

《清儒学案》卷一百三十八《墨庄学案·墨庄交游·徐先生璈》：徐璈，字六骧，号樗亭，桐城人。嘉庆甲戌进士，授户部主事。后以迎养，乞改官浙江，知寿昌、临海县事。官京师时，墨庄先生尝两为北海郑公生日祀于万柳堂，先后同祀者，有郝兰皋、朱兰坡、洪孟慈、马元伯、胡竹村、陈石士、陈硕甫、钱衎石、张彦惟、魏默深，多绩学之士，而先生皆与焉。生平邃于经术，著有《诗广诂》三十卷、《樗亭诗文集》若干卷。（参史传、胡培翚《研六室文抄》）

《清史列传·儒林》：徐璈，字六骧，安徽桐城人。嘉庆十九年进士，授户部主事。后以迎养，乞改官浙江，知寿昌、临海县事。璈邃于经术，官京师时，与诸名士相切劘。胡承珙公祭郑康成于万柳堂，时同会者朱珔、钱仪吉、魏源、胡培翚、张成孙、陈奂诸人，璈与焉。所为诗，惩卤莽、流易二弊，性情所抒，时有超诣。端木国瑚谓共有得于《葩经》温雅之旨。著有《诗广诂》、《樗亭诗文集》。

何绍基《（光绪）重修安徽通志》卷二百十八：徐璈，字六骧，桐城进士，由户部主事改知县，历浙江寿昌、山西阳城，兴利除害，考校学宫礼器音律，表章先哲，振拔寒畯。年六十，告归，两县民俱立生祠。璈于书无所不读。著有《诗经广诂》、《牖景录》、《河防类要》、《黄山纪胜》、《樗亭诗文集》，及编辑《桐旧诗集》凡九十八卷。（桐城县志、方东树文集、张遇春阳城徐璈祠书事）

方东树《考槃集文录》卷十《文林郎山西阳城县知县前户部主事徐君墓志铭》：君与余居同巷，学同术，少小相知，及壮而反疏，则以升沉之途异，而踪迹遂以契阔，幸老而同归乡里，方将与君燕谈乐饮，朝夕过从，而续夫少日亲知之好，以补中年睽别之情，胡仅七十日，初服未及理，而桑户遽返于真，在日之善不可忘，既殁之哀奚以塞？然则宜铭君者，非余而谁让也。君少好学问，于书靡所不窥，矻矻钻研，期为不朽之业。伯兄眉以经行称于时，君少从受学，固已超出侪辈，及成进士，起家为京外官，宜以文学名，而君顾复以政事显，贤者不可测，君子不名一器，于君信之。其为户部主事，本司职，兼漕务，君到部未久，句稽出苏松积年蒙隐未解银七十余万，咸称其能。凡官部曹缺有定而人众，补实恒稽迟，非十余年不得，然虽淹滞，固监司阶也，故士亦多乐留焉。君学习报满，当留部，念亲老，独不顾，决辞而归，为近地游以资菽水，历主亳州、徽州书院，因览黄山之奇，著《黄山纪胜》。旋以伯兄仲兄皆殁，亟谋禄养，乃乞改官，选授山西阳城县知县，以例改近省，授浙江寿昌县。寿昌距桐城水程非远，遂迎母太宜人于署，左右奉养者八年，年九十六，终于署。服阕，仍补阳城。居阳城六载，年甫逾六十，遽引疾归。君性强植，不能与世俯仰，尤不善伺应长官，故不乐终仕，尝自称曰："性不随时，才不周务，不堪世用也。"然居心仁恕，为政宽平不苛。其在寿昌也，劝民垦山地，兴立书院，修废举坠，事无滞者。在寿昌五年，调任临海，临邑狱讼殷繁，君处之裕如，反得以政闲著书。其在阳城也，邑有蝗，民以为神虫，弗敢扑。复有恶兽，伤人甚众民，又以为神兽而不敢捕。君吞蝗以示无畏，祷于神而捕恶兽，而两害悉除。邑有析城山，即成汤祷雨处，山有神泉，旱岁祷之辄应，营卒牧马于山，污神泉，而蹂民稼，民苦之，而不敢抗。君详陈其害于抚军，遂得禁止，故去官而民思之，生为立祠于山下。前去寿昌民，亦为立祠云。君讳璈，字六骧，号樗亭。上世于元至正中由婺源迁桐城，十四世祖讳良佐，明初由进士仕至陕西左布政使，事迹载邑志。曾祖讳铉，国子监生，妣石氏。祖讳志沅，赠文林郎，临海县知县，妣张氏赠孺人。考讳之柱，赠奉直大夫户部候补主事加一级，妣王氏，封太宜人。君中嘉庆十二年丁卯科江南乡试举人，十九年甲戌科二甲进士，授主事，分户部云南司行走，二十四年为会试弥封官，道光五年在寿昌为浙江乡试同考官。生于乾隆四十四年四月日，卒于道光二十一年正月日，享年六十三。配王孺人，生子二人，长某，殇，次某，早世，无子，以从兄子某嗣。女一人，适县学生叶某。侧室李生一子，周晬而殇。君著《诗经广诂》三十卷、《牖景录》六卷、《河防类要》六卷、《黄山纪胜》四卷、《樗亭文集》四卷、《诗集》八卷，皆已刊行。又选乡先辈诗四十二卷，名《桐旧集》，刻未成，而君殁。其余所撰尚伙，未刻者六种，未卒业者四种，皆藏于家。将以某年某月日葬于某乡某原，豫来请铭。铭曰：其任虽未究，而能则已试也。其书虽未显，而皆足名世也。我铭其幽，以永之于来禩也。

马其昶《桐城耆旧传》卷十：徐公讳璈，字六襄。其先元至正中由婺源迁桐城。十四世祖讳良佐，当元季，以进士至陕西左布政使。父讳之柱，少孤贫，育于外家。既长，辛勤治生，孝友刚介，家人惮焉。长子眉字六阶，工为文，乡举，早卒。公，其季子也。以父母恸伤兄，益自刻厉。嘉庆十九年进士，授主事，以母老，改外补浙江寿昌县，开种山地，兴书院，调山西阳城。蝗大起，民畏蝗，以为神，因取食蝗示无畏，民乃敢捕蝗扑灭，修葺文庙，依古制笾豆琴瑟之属，以乐章协宫商歌焉。居阳城六年，引疾归。民立祠祀之。行事率胸臆，不能伺应颜色，喜求民隐，与长官争是非。尝曰："性不随时，才不周务，不堪世用也。"因自号樗尹云。历主亳州、徽州书院，自少至老，纂述不辍，人服其精博。著《诗经广诂》三十卷、《牖景录》六卷、《河防类要》六卷、《黄山纪胜》四卷、《樗亭文集》四卷，又选乡先辈诗为《桐旧集》四十二卷，皆刊行。

洪颐煊《诗经广诂序》：桐城徐樗亭先生宰临海之明年，一日，出所撰《诗经广诂》一编以示颐煊，颐煊受而读之，见其蒐辑《诗》义，上自《春秋》内外传、先秦、两汉诸子以及齐鲁韩三家、王肃申毛之论、孙毓异同之评，莫不兼综条贯，其有诗义未尽者，复引宋、元、明诸家之说以补之，其用意可谓勤矣。余尝谓古人读经之法固贵专精，尤资

博览，非专精无以举其要，非博览无以集其成。(下略)①

徐璈《诗经广诂·例言》：……吴郡余氏萧客撰《古经解钩沉》，近金溪王氏谟又别出之，为《汉魏经翼》，凡非专门之经不与焉。愚谓隋唐以前说《诗》之言，见诸简册者，虽未著为何家之传、谁氏之学，要其根荄萌芽，多本于三家之指趣。今之采辑，较诸王、余、范、宋之书，盖增益十之六七。或与毛、卫异趣，或与郑、孔殊途，或韩、鲁已有主名，或申、齐未著明证，颜曰《广诂》，取诸昔人“《诗》无达诂”之义，庶以备解颐者之一隅耳。(下略)②

陈澧《东塾读书记》卷六：阮文达公《诗书古训》采诸经及诸古书说诗之语，亦朱子《集传》之意。徐氏璈《诗经广诂》亦然。徐氏所附之说多与朱子《集传》之说同，陈硕甫《毛诗疏》亦然。澧门人赵子韵皆摘出之。此可见《集传》之善。虽欲蔑弃之而不能也。

杨钟羲《雪桥诗话》三集卷十：桐城徐樗亭大令璈著《诗广诂》。姚伯山称其诗选格选字必归疏正。《游嵩山杂诗》云：“人寿不满百，木寿逾千年。同生不同植，羡尔完其天。穆穆嵩阳院，古柏汉所传。围以四十尺，荫以千亩廛。干旁列八枝，郁郁更芊芊。中天合九州，此象毋乃全。既无斧斤伐，亦绝熏香煎。所以餐霞人，遗世成飞仙。”《毛女洞》云：“骊山三月火扬尘，避乱栖岩阅世频。千载张超溪内水，呜声犹似怨秦人。”

---

① 见《续修四库全书》第69册，第364页。

② 详见《清儒学案》卷一百三十八。

朱鹤龄

《清儒学案》卷七《亭林学案下·亭林交游·朱先生鹤龄》：朱鹤龄，字长孺，吴江人。明诸生。颖敏嗜学，尝笺注杜甫、李商隐诗集，盛行于世。鼎革后，屏居著述。晨夕一编，行不知途路，坐不知寒暑，人或谓之愚，遂自号愚庵。尝自谓疾恶若仇，嗜古若渴，不妄受人一钱，不虚诳人一语云。初为文章之学，及与亭林友，亭林以本原相勖，乃湛思覃力于诸经注疏及先儒理学，以《易》理至宋儒已明，然《左传》、《国语》所载占法皆言象，《本义》精矣而未备，撰《易广义略》四卷。以蔡氏释《书》未精，斟酌于汉学、宋学之间，撰《尚书埤传》十七卷。以朱子掊击《诗·小序》太过，与同县陈启源参考诸家说，兼用启源说，疏通《序》义，撰《诗经通义》二十卷。以胡氏传《春秋》，多偏见凿说，乃合唐、宋以来诸儒之解，撰《春秋集说》二十二卷。又以杜氏注《左传》未尽合，俗儒又以林氏注紊之，详证参考，撰《读左日抄》十四卷。又有《禹贡长笺》十二卷，作于胡渭《禹贡锥指》之前，虽不及渭书，而备论古今利害，旁引曲证，亦多创获。又有《愚庵诗文集》。年七十余卒。(参史传)

《清史稿·儒林一》：朱鹤龄，字长孺，吴江人。明诸生。颖敏嗜学，尝笺注杜甫、李商隐诗，盛行于世。鼎革后，屏居著述。晨夕一编，行不识途路，坐不知寒暑。人或谓之愚，遂自号愚庵。尝自谓“疾恶如仇，嗜古若渴；不妄受人一钱，不虚诳人一语”云。著《愚庵诗文集》。初为文章之学，及与顾炎武友，炎武以本原相勖，乃湛思覃力于经注疏及儒先理学。以《易》理至宋儒已明，然《左传》、《国语》所载占法，皆言象也，本义精矣，而多未备，撰《易广义略》四卷。以蔡氏释书未精，斟酌于汉学、宋学之间，撰《尚书埤传》十七卷。以朱子掊击《诗·小序》太过，与同县陈启源参考诸家说，兼用启源说，疏通《序》义，撰《诗经通义》二十卷。以胡氏传《春秋》多偏见凿说，乃合唐、宋以来诸儒之解，撰《春秋集说》二十二卷。又以杜氏注《左传》未尽合，俗儒又以林氏注紊之，详证参考，撰《读左日抄》十四卷。又有《禹贡长笺》十二卷，作于胡渭《禹贡锥指》之前，虽不及渭书，而备论古今利害，旁引曲证，亦多创获。年七十余，卒。

《清史列传·儒林传下一》：……其《书元好问集后》云："好问于元，既足践其土，口茹其毛，即无反詈之理。乃今之讪诋不少避者，若欲掩其失身之事，以诳国人。非徒悖也，其愚亦甚。"其言盖指国初居心反复之辈，可谓知大义矣。(下略)

徐鼒《小腆纪传》卷五十三、阮元《儒林传稿》卷三、钱林《文献征存录》卷三、潘柽章《松陵文献》卷十、李元度《国朝先正事略》卷三十二、《（乾隆）江南通志》卷一百六十三、冯桂芬《（同治）苏州府志》卷一百六皆有传，存目。

朱鹤龄《愚庵小集》卷七《毛诗通义序》：《诗》之为道，以依永而宣苑结，以微辞而托讽谕，此非可以章句、训诂求也。章句、训诂之不足以言诗，为性情不存焉。然而古人专家之学代有师承，又非可凿空而为之说。汉、唐以来，《诗》家悉宗《小序》，郑夹漈始著《辨妄》，朱紫阳从之，掊击不遗余力。《集传》行而《诗序》几与赵宾之《易》、张霸之《书》同废。虽然，乌可废也。古人之书卷末多系以序，孔安国迁古文《书序》于各篇之首；王弼迁《易》彖、象、爻辞于各卦之中，毛公取《诗序》移置诗首，亦犹是也。《序》之出于孔子、子夏，出于国史与出于毛公、卫宏，虽无可考，然自成周至春秋数百年间，陈之太师，肄之乐工，教之国子，其说必有所自来。大约首句为《诗》根柢，以下则推而衍之。推衍者间出于汉儒，首句则最古不易。观于《六亡诗》之序止系以一言，则后序多汉儒所益明矣。观于毛公之传《宛丘》不同于《序》说，则首句非毛公所为亦明矣。序之文既最古，毛传复称简略，无所发明。郑康成以"三礼"之学笺《诗》，或牵经以配序，或泥序以传经，或赘词曲说，以增乎经与序所未有，支离胶固，举诗人言前之指、言外之意而尽汩乱之。孔仲达疏义又依回两家，无以辨其得失。则夫紫阳《集传》之出，大扫蒙翳而与以廓清，此亦势有必至也。虽然，毛、郑可黜，而《序》不可黜，黜《序》则无以为说《诗》之根柢，不得不循文揣义，断以臆解，较之汉、唐诸儒，虽明简近情，而诗人之微文奥旨已不可复识。此何异写生者取云孙之謦咳形容而追貌其祖先之面目？又何异听讼者去当时之契券证验而冥决以后代之爰书，求其不爽，必无幸矣！吾所谓凿空之说不可以言诗者，此也。虽然，《序》果一一可信乎？曰：《国风》、三《颂》，舍《序》其无诗矣。惟是《楚茨》、《信南山》至《采菽》、《隰桑》诸诗，皆正雅也，而《序》以为刺幽。卫武之《抑》，幽王世诗也，而《序》以为刺厉。凡若此类，实难免于学者之疑。吾以谓有不足疑者，孔子时去周公将五百年，太史掌记未亡，蒙瞍律吕未失，贤人君子弦诵未绝也，《雅》、《颂》犹残阙失次，反鲁始克正之。况经战国之云扰，秦政之燔灭，楚汉之龙战虎斗，能保无简编之淆乱者哉？《书》藏鲁壁，犹亡佚居半。《三百篇》特存于小儒曲学，占毕讽诵之流传，何独能一无讹舛、孔删如故哉？吾则以《楚茨》诸篇定属错简，《序》已非当时之旧，此又深有赖于紫阳之是正者也。语云："冢尺虽断，可定钟律。"序为诗之冢尺也尚矣。一汩于康成之胶滞，再汩于紫阳之斥排，将圣人所谓主文谲谏，厚人伦、美教化以至于动天地、感鬼神者，其终晦昧湮没而不可求已乎？余不敏，窃主古义而参诸家，于《序》之不可易而可信者为疏明之，其抵牾不可信者则详辨之，要以审定可否，综摄异同，使积蔽群疑，涣若冰释，庶通经之一助云尔。抑观《东莱诗记》所载朱氏云云，皆奉古序为金科。黄东发引晦庵新说亦多从《序》，然则废《序》言《诗》，特过信夹漈之故，初非紫阳本指乎？吾不敢以紫阳之《诗》有殊于孔氏之《诗》，又不敢以孔氏之《诗》而格夫紫阳之《诗》也。故参伍群说以折其衷焉。世之学者，其毋以余为输攻紫阳，斯可矣。

朱鹤龄《愚庵小集》卷七《尚书埤传序》：**六经之学，非训诂不明。然有训诂不能无异同，有异同不能无舛驳，他经皆然，《尚书》为甚。**盖《尚书》者，帝王之心法、治法所总而萃也。后世大典章、大政事，儒者朝堂集议多引《尚书》之文为断据，义解一讹，贻害非尠。如误解“用牲于郊牛二”，而世遂有主合祭天地及南郊北郊之说者矣。……传《书》岂易言哉？百篇之文，火于秦，残于汉。马融、郑玄、王肃之徒，开辟草昧，甚为简略。《古文孔传》晚出，《书》义稍显。孔颖达为之疏，虽正二刘之失，未惬学者之心。求其条贯群言，阐明奥指，信无逾于仲默《集传》者。但其意主于拨弃注疏，故名物制度之属不能无讹，笔力视紫阳《易》、《诗》二传亦多不逮，识者不能无憾焉。考明初令甲，本宗注疏，蔡《传》附之，后又以蔡《传》未精，命儒臣刘三吾等博采诸说，参互考订，名《书传会选》，颁诸学宫。其后《大全》行而此书遂废，又其后制科专取蔡氏而《大全》亦庋高阁。自首穷经，仍讹踵陋，读《禹贡》者，河渠迁改，眩若追风；陈《洪范》者，九敦相乘，迷如辨雾。此以攻经生章句，犹隔重山，况望其酌古准今，坐而论、作而行，卓然称有用之儒哉？余窃用愍叹，此《埤传》之所由作也。《记》曰：“疏通知远而不诬，《书》教也。”夫推之时务而有宜有不宜，不可谓通；试之异代而或验或不贻，不可谓逮。列朝经筵进讲必首及《尚书》，诚以三五以来，崇功广业，咸出其中，非徒古史记言、记事之体。**余之辑是书也，主诂义而兼及史家，胪群疑而断以臆说，务求为通今适用之学**，庶几孔堂之金石丝竹不尽至于销沉磨灭云尔。若以仲默之书群然尸祝，不应辄有异辞，则余且挢舌而退。夫仲默作传，已不尽同紫阳之说，何独疑于生仲默之后者哉？

朱鹤龄《愚庵小集》卷七《左氏春秋集说序》：《记》曰：“属辞比事而不乱，深于《春秋》者也。”今之说《春秋》何其乱与？则凡例之说为之也。自《左氏》立例，《公》、《穀》二氏又有例，啖、赵以下亦皆有例，言人人殊，学者将安所适从！……不得已，有变例之说。夫所贵乎例者，正取其一成而不可易。若前后游移，彼此乖午，何以示万世之绳准？呜呼！夫子作《春秋》，上明天道，下正人事，变化从心，安得有例？倒特史家之说耳。自隐、桓至定、哀二百四十二年间，载笔者既非一人，则或详或略，不免异辞，所见所闻，难于一概。就史法言之，尚无一成之例，而乃欲执后人之。例以按经，又欲屈圣人之经以从例，其可乎哉？然则如之何？亦曰求之《春秋》之所以作而已矣。夫子曰：“吾志在《春秋》。”又曰：“其义则丘窃取之。”何谓志？尊天子，内中国，讨乱臣贼子，尊王贱霸是也。何谓义？“善者吾进之，予之；恶者吾退之，夺之。彼善此者，吾犹进之，予之；纯乎恶者，吾亟退之，夺之”是也。志以义明，义以时立。春秋之始，诸侯骤强，则绌诸侯以扶天子；春秋之中，大夫专政，则绌大夫以扶诸侯；春秋之季，陪臣乱国，则又绌陪臣以扶大夫。而前之治楚，后之治吴、越，往往示其意于奖桓、文，爱宗国，爵齐、晋，宋、卫诸君之中。若此者，凡以尊天子也，明王道也。**一笔一削，盖皆随世变而为之权，世变异，则书法亦异，而岂有变例、正例之可求哉！后之说者，乃曰圣人有贬无褒，或又曰圣人初无褒贬。夫有贬无褒，则《春秋》为司空城旦之书，圣人宅心不应如是刻核，若无褒无贬，则全录旧史，是非不明，何以有“知我”、“罪我”之言，而能使乱臣贼子惧耶？吾故专以圣人之志与义为断，不能得乎圣人之志与义，则随事生说，辩愈繁而不可立教。能得乎圣人之志与义，则凡例诸说，何尝不可与圣经之微文奥旨相为发明？而近世儒者著论，乃欲尽举诸例而靡之，其亦固而不可通也已。**余为此书，主以《左氏传》，取杜注孔疏及公、穀、啖、赵数十家之论，聚而观之。参互权衡，稿凡数易，疢疾寒暑，腕不停书。虽未知于圣人之志与义若何，而古今诸儒支离胶固之说，刊剟无余，少以资学者经术、经世之助，庶几于“属辞比事而不乱”之旨，或有当云。

朱鹤龄《愚庵小集》卷七《读左日抄序》：《春秋》三“传”并立，《公》、《穀》乃经师之学，《左氏》独详于史事。盖古者史世其官，左氏必世为鲁史，如晋之董狐、齐之南史、楚之倚相，能尊信圣经而为之作传，广求列国诸史乘，管仲、晏婴、子产、叔向诸名卿佐之行事无不详；以及卜筮、梦占、小说杂家之言无不采。大事策书，小事简牍，闳稽逖览，综贯秩然。故其文章最为典则华赡，而后之儒者或病其诬，或病其浮夸，或病其立论多违理伤教则何也？夫子感获麟而作《春秋》，去梦楹不三载，其指趣未及显以示人。左氏之游圣门也晚，又未必与游、夏之徒上下其议论，则其舛驳而不醇者固宜有之。且左氏所称书、不书、先书、故书之类，皆本之旧典，为史家成法。**圣经则不可以史法拘，或事同而义异，或事异而义同，夫子盖有特笔存焉**。自不修《春秋》既亡，不知何者为笔，何者为削，各信胸臆，穿凿繁兴。至于绍兴之讲，进面说之，殽杂极矣。虽然，笔削所据惟事与文，左氏即间有舛讹，而胪陈二百四十二年史事则十得八九。杜元凯推校经传，亦极精详。学者诚淹通此书，研究事情，因以推求书法，一切刻深碎琐之见勿横据于胸中，而以义理折衷之，安在笔削之精意不可寻绎而得乎？今左氏之书家传户习，特其笔法简古，文之艰涩者，义之隐伏者，往往费人推索。元凯注既多未备，而孔仲达疏复卷帙繁重，学士家罕窥其书。东山赵子常特申不书之旨，辑为补注，多与经义相证发。余珍秘有年，复广演而博通之，疏瀹幽滞，辨正讹舛，自孔疏而下，弋获于刘原父、吕东莱、陈止斋、王伯厚、陆贞山、邵国贤、傅士凯者居多。又取春秋人物引绳墨而论断之，使学者知古今人材之盛莫过于春秋，兵法之精亦莫过于春秋，应变出奇，益人神智，读史者当有取焉。至于左氏全文明晓易见者，则概不之及。自愧谀陋，此不过备遗忘，资讨论而已。若欲从事圣经成一家之学，必如黄楚望所云：“**先以经证经，次引他经证，又次以经证传，又次以传证经，展转相证，更复出入群书**。”此非余力所能任也，姑存其说，以俟世之述作君子。

沈　彤

《清儒学案》卷六十一《果堂学案》："三礼"之学，清代最盛。有就一事物、一制度而著说者，如元和惠氏《明堂大道录》、《禘说》等书是也。果堂友于定宇，啧意五业（语见《督邮斑碑》——引者），乃取《周官》禄田、《仪礼》冠、昏等礼疏之，凡所发正，咸有义据。湛深经术，齐称定宇，允无愧焉。

《清史稿·儒林二》：沈彤，字果堂，吴江人。自少力学，以穷经为事。贯串前人之异同，折衷至当。乾隆元年，荐举博学鸿词，报罢。与修"三礼"及《一统志》。书成，授九品官。以亲老归。彤淹通"三礼"，以欧阳修有《周礼》官多田少、禄且不给之疑，后人多沿其说；即有辨者，不过以摄官为词。乃详究周制，撰《周官禄田考》，以辨正欧说，分《官爵数》、《公田数》、《禄田数》三篇，积算至为精密。其说自郑《注》、贾《疏》以后，可云特出。又撰《仪礼小疏》一卷，取《士冠礼》、《士昏礼》、《公食大夫礼》、《丧服》、《士丧礼》为之疏笺，足订旧义之讹。其《果堂集》十二卷，多订正经学之文，若《周官颁田异同说》①、《五沟异同说》②、《井田军赋说》③、《释周官地征》④等篇，皆援据典核。又撰《春秋左氏传小疏》、《尚书小疏》、《气穴考略》、《内经本论》。彤性至孝，亲殁，三年中不茹荤，不内寝。居恒每讲求经世之务，所著《保甲论》，其后吴德旋见之，称为最善云。卒，年六十五。

《清史列传·儒林传下一》：存目。

全祖望《鲒埼亭集》卷二十《沈果堂墓版文》：义门先生之学，其称高第弟子者，曰陈季方，曰陈少章，年来俱已陨丧，而吴江沈君果堂为之后劲。果堂为人醇笃，尽洗中吴名士之习，读书以穷经为事，贯穿古人之异同，而求其至是。其为文章，不务辞华，独抒

---

① 见《果堂集》卷一。

② 见《果堂集》卷一。今按：原题作《周官五沟异同说》。

③ 见《果堂集》卷一。今按：原题作《周井田军赋说》。

④ 见《果堂集》卷二。今按：《清史列传·儒林传下一》误分为二篇。

心得，顾暗淡自修，世无知之者，而果堂亦不甚求知于世。大科之役，有荐之者，始入京。方侍郎望溪、李侍郎穆堂皆称之。予亦由二公以识君。君生平有所述作，最矜慎，不轻下笔，几几有含毫腐颖之风。予以为非场屋之材，而君果以奏赋至夜半不及成诗而出，遂南归，兀兀著书。其论文足与二陈称敌手，其穷经则二陈有所不逮也。予往来江淮之上，道出中吴，必访君，君亦必出所著倾倒，就予互相证明。天子求明经之士，予以为果堂足副其选，而竟未有荐之待诏公车门下者。寒毡一席，泊如也。辛未之冬，君著《周官禄田考》方就，予自邗上归，吴之老友沈颖谷、陆茶坞、连耕石争留予，曰："果堂正盼子，欲以《周官禄田考》有所商榷。"予迫于岁暮，惧诸公诗酒留连之阻归棹也，是夜解维遽去，而寄声于茶坞曰："明春当与果堂为对床之语，并读其所新著之书。"不料及春，而予有岭外之行，参辰相去，音问不接。李生师稷南来告予曰："沈先生归道山矣。"呜呼，大江南北，相望二千余里，高材之士不少，然心知之契，可以析疑义，资攻错，而不徒以春华相驰逐者，则舍果堂之外，吾未之见。苟知君之将死，当弃百事而从之，亦安忍掉头不顾，成此孤负，是则痛心者矣。君讳彤，字冠云，苏之吴江县人。家世高门，在明中叶有二光禄称直臣。甲申而后，有以兄弟殉国难者。曾大父某。大父某。父某。君以吴江学诸生应征。生于某年月日，卒于某年月日。无子，以其从子为后。得年六十有四，葬于吴江之某原。尝纂吴江、农泽二县志。震泽故吴江之分邑也，君于二志经纬分合各有法，可以为天下分邑修志者之式。呜呼！交游凋谢，岁岁作哀挽，撰志铭，老泪为之枯竭，而予亦衰病日深。今年几死岭外，岁晏归来，一哭樊榭，再哭果堂，何以为情，乃重之以些词，曰：君于官礼，湛思精诣，待我论定，始以问世。昔我有言，幸防输攻，墨守倘发，恐难抗锋。感君之意，愧我爽约，序君之书，以忏前诺。

惠栋《松崖文抄》卷二《沈君果堂墓志铭》：乾隆十七年十月二十五日，吴江沈君果堂以疾卒。越两月，孤子培本将葬君于邑之朱村先垄，乞余铭其墓。君行谊卓绝，经传洽熟，推为纯儒。余与君交虽晚，而契独深。数年来，以道义相勖，学业相证，知余者莫君若，知君者亦莫余若也。其忍以不文辞哉？君讳彤，字冠云，别字果堂。系出吴兴，自元季迁吴江。七世祖汉明，正德庚辰进士，刑科给事中，以直谏忤旨，廷杖系诏狱，隆庆初赠太常寺少卿。六世祖嘉谟，五世祖倬，俱以孙若子贵，赠通奉大夫。高祖讳琉，万历乙未进士，山东兖东道。曾祖讳自南，国朝顺治乙未进士，山东蓬莱县知县，以清惠称。祖讳永智。考讳始树。生三子，君其辰也。君少方古，举止若成人。弱冠从学士何公焯游，始邃于理学。继而啧意五业，著《群经小疏》若干卷，凡所发正，咸有义据。侍郎方公苞绝重之。晚节尤精"三礼"，以《周官》分田制禄之法向多疑滞，因为列法数以明之，成《禄田考》三卷，二千年聚讼一朝而决。其为文神似昌黎，有《果堂集》十二卷。生平敦孝友，抚育诸弟，辛勤檝楫。亲丧居庐，称服称情。与人交，以至性相感，不侵然诺。呜呼！自古理学之儒滞于禀，而文不昌；经术之士汩于利，而行不笃。君能去两短，集两长，非纯儒之行欤？余行不逮君，而才亦诎，然好古所得，往往与君同。如《尚书》后出，古今通人皆知其伪，独无以郑氏二十四篇为真古文者，余撰《尚书考》，力排梅赜而扶郑氏，君见之，称为卓识。又《易》为王、韩所乱，汉法已亡，余学《易》二十年，集荀、郑、虞诸家之说，作《周易述》，先以数卷就正于君，君曰："此书成，道明矣。惜吾不及见也。"曩以君言戏耳，孰谓竟成谶耶？悲哉！悲哉！君之成《禄田考》也，读者疑信分焉，余为序而辩之，君笑谓余曰："子，吾之桓谭也。"君先举宏词科，报罢，最后余亦膺经术之荐，谒举主丹崖黄公，公询余天下通经之人孰为最，余首举君，黄公欲荐君而未果。此事余未语君，君亦弗及知。然余与君相契之深，不忍终默也。君生于康熙二十七年戊辰，得年六十有五。配顾孺人。无子，立从弟子培英以后。君女二：长适丁日曜，次适顾后澄。君之卒也，门人述其体行，谥曰文孝先生。铭曰：君敦善行，学不为人。群公休之，羔雁成群。既举大科，又预志局。君有远志，不肯录录。飘然归隐，辩章六经。钩稽官秩，识过康成。唯余与君，如夔与石。何期辰巳，一旦易箦。告谥于柩，以征大名。吾谁与归，爰志九京。

陈黄中《东庄遗集》卷三《沈征君彤传》：沈彤，字冠云，吴江人。七世祖汉明，正德中官刑科给事中，以直谏显。高祖琉，万历中官山东按察副使。曾祖自南，国朝顺治中知蓬莱县（著有《艺林汇考》二十四卷，收入《四库全书》——引者注），并以进士起家。祖、父皆潜德不仕。彤少自树立，家贫力学，从良师友游久，益泛滥百家，沉潜六艺。早岁藉远游养亲，中年两抵京师，一预礼馆编纂，一举博学鸿词科，以亲老南归，抵家而父已没，三年中衰麻哭泣，纤悉中礼，识者谓丧礼久废，数十年来未之见也。既投老，里门授徒，自给釜炊，朝夕不继，而著述益勤。有《群经小疏》若干卷、《果堂集》若干卷、《禄田考》及《杂著》若干卷。贫而好施，壮岁束修所入，尽以给亲族之尤乏者。生平坦直和易，人不忍欺，然中有畛域，其可否断如也。为文洁静有体，分寸合度。乾隆十七年十月二十五日卒，年六十有五。雅好佳山水，尝客南阳，经泰安，遍揽桐柏、岱宗之胜。在京师，未尝窥贵人门。时跨蹇驴，恣游西山，炎暑中辄数日一赁鸡栖车，观荷西苑，人莫不笑之。晚岁每入郡城，访其友陈黄中，主人出脱粟菜根，踧踖辞以窭，辄笑曰："余有水田三亩，不足供公家税。近恃卖文，日计以十三钱自给，已得饱腹著书，君又何谢为？"黄中以是益服其度。彤与黄中先后皆吴氏尚书房自出，又与文道先生偕游何学士焯之门，故黄中少以丈人行事之。乾隆初，为同举生，朝夕京邸，以文行相砥砺，亲厚无间，不复以执友自居。每有论撰，必通怀榷论。没之前数日，为宗人表墓文，寄令论定，黄中为易数语，且举欧阳修许尹洙者，称其简而有法，缄词在几，而凶问及门，惜其不及见，因哭之以诗，有曰："论高疑近拙，志大本非迂。"知彤者谓颇得其实云。论曰：孔子称善人，吾不得而见之，况三代以下乎？方彤在礼馆，中朝大官欲资其该洽，多嫭嫛煦妪之，彤性淳笃，辄为之尽，而实莫能推挽者，以故讫不得少施，然于彤何所轻重，惟是彤穷老无闷，经明行尊，德薰乡国，即轻陂儇薄者遇之，莫不勉为善言，阳为浮慕。中孚之吉，信及豚鱼，彤庶几近之矣。

江藩《国朝汉学师承记》卷二、钱林《文献征存录》卷四、李元度《国朝先正事略》卷三十三、冯桂芬《（同治）苏州府志》卷一百六、徐世昌《晚晴簃诗汇》卷七十二皆有传，存目。

沈彤《果堂集》卷五《周官禄田考序》：官之命者必有禄，禄必称其爵，而量给于公田，是《周官》法制之大端。其等与数之相当，在当时固彰彰可考也。自《司禄》籍亡，先、后郑注《内史》，专取诸《王制》，而本经之禄秩以晦。迨欧阳氏发"官多田寡，禄将不给"之疑，后之傅会者且踵为诬谤，即信《周官》者亦未得二者之等数，而此制几无从复显。余尝研求本经，旁览传记，得其端于《载师》之都邑，以为有义例可推，确征可佐，凡内外官之禄皆可得辨析整齐之，而前人之缪妄皆可得而破之。会吾友徐君灵胎撰《经济策》，举此相访，余为一陈梗概，灵胎谓曷不著书以尽阐其制？乃遂摅曩时所得，为《官爵数》、《公田数》、《禄田数》三篇，复为《问答》于每篇之后，反复委蛇，以明其所以定是数之故，而总名曰《周官禄田考》。夫自宋以来之稽官，有未及乡遂属吏者，今乃并郊野之吏而补之。其稽田，有不去山林、川泽、城郭等三之一者，今更通不易、一易、再易上中下之率，而二夫当一夫，则官益多而田益寡，宜禄之不给尤甚也。然以县都已下数等之田，食公卿大夫士数等之爵，非独相当，且供他法用而有余。是田禄与官爵之数，在本经曷尝抵牾？乃晦蚀且二千年，而莫之开阐，何也？凡定公田之数以井数，定禄之数以其等，定爵之数以序官，而定爵之等以命数，定录之等以爵等，亦以命数云。

沈彤《果堂集》卷八《书周官禄田考后》：惠君定宇之序余《周官禄田考》，并读者法数未该之疑而解之矣。既有疑，每篇之问答，与其所类及已详。《官爵篇》之补正经文可已。采传注恒剟截有异义，立证多以一例其余者，亦似是而非，不可以不解也。凡是书所定法数，其端固本于康成，而亦多注疏所未及。使问答诸条，不推极其义，而尽其类，则所以定是法敷者，不明不固，而不足为世所采用，故必至无可推而后已，而繁漫不计也。《官爵篇》之补正经文，虽于禄食大总数，无甚赢缩，然经者圣人之心，一字之讹阙，圣心即纤微不著，无所从考。斯无如之何。既考而知之矣，而不为补正，安乎？且即爵数而寡其讹阙，亦曷尝不善也？传注之说，杂而未纯，合于经者取之，不合者置之，或取而辨之，其义异于旧而于经合者，则亦取之。凡援引之法皆然，独是书而不宜然乎？圣人之法生于礼，等杀必有节，四达而准，非若后世之意为参差，不归于一。故每得一征，而其余皆可例推也。昔刘原父撰《春秋权衡》，始出多有疑之者，乃以其不能读，而自为序以解之。余非敢效原父也。念定宇之序，且欲疑者之共晓其义例，以究穷是书，而吾乃使其终于疑，而不与闻圣人之大法，则吾之著是书何为哉？故复自解而书其后。

惠栋《松崖文抄》卷一《周官禄田考序》：《周礼》之体大而难知者，莫甚于官禄。以《司禄》经亡，注家未得其法数，而后儒遂疑田与禄之不相当，且傅会者多也。吾友沈君果堂，博考精思，心通源委，乃著《周官禄田考》三卷。先列其法数，而复以义例左证阐明之。所谓法，官则员备而位定，田则去三之一而通二夫为一夫，禄则以井田多寡之等，当官爵高下之等也。所谓数，官则近六万人，公田则三十二万夫，禄则二十万夫有余也。盖自《周礼》既出，至今一千九百年，为是学者无虑数百家，其在官禄，要未有能辨析整齐若是者。余少沈君九年，兄事之。自谓好古与沈君同，而才不逮。读是书益信。或有疑其法数之列未该者，余以为凡古今之计数，有大、有小、有中，而计数之法，有常、有变，是书所列，皆法之常而数之中也。虽未足该变，而变者可以常推，中虽未足该大小，而大小者可以中测。此其义例，即取法本经，而非臆造。知疑者之未及审也，故并著之。

陈景云

《清儒学案》卷六十一《果堂学案·果堂交游·陈先生景云》：陈景云，字少章，吴县人。诸生，为义门入室弟子。义门门下著籍甚众，先生与果堂先生最著。汤文正公抚吴，试士拔第一，以应顺天试。入都不遇，馆于藩邸，三年辞归，时年四十，以母老，绝意宦游。笃于内行，亲丧每恸绝，祭必涕泗沾衣。外和内刚，不因人熟。晚岁名益高，迹益晦，终年杜门，足不蹋城市。朝齑暮盐，怡然也。凡经史子集、地理制度，下及稗官家，无不综览。尤深于史学，温公《通鉴》略能背诵，明三百年事能剖决得失。校勘古籍，一守义门之法。著有《读书纪闻》十二卷、《两汉订误》五卷、《三国志校证》三卷、《纲目辨误》四卷、《通鉴胡注正误》二卷、《纪元考略》二卷、《文选校正》三卷、《韩文校误》三卷、《柳文校误》三卷、《文集》四卷。（参《先正事略》）

《清史稿·文苑一》：（何焯）门人著录者四百人，吴江沈彤、吴县陈景云为尤著。景云，字少章。博闻彊识，能背诵《通鉴》。年十七，汤斌抚吴，试士拔第一。应京兆试，不遇。馆藩邸三年，以母老辞归，遂不出，以诸生终。少从焯游，焯殁，独系吴中文献几二十年。著有《读书纪闻》及《纲目》、《通鉴》、《两汉书》、《三国志》、《文选》、韩、柳集皆有订误，共三十余卷。文集四卷，亦简严有法。子黄中，字和叔。诸生。父子皆长史学，而黄中尤以才略自负。举乾隆元年博学鸿词，入都上书，论用人、理财、治兵三端。大学士陈世倌韪其言。顷之，诏求骨鲠之士，如古马周、阳城者，世倌欲荐之，谢不应。胡天游傲睨群士，独推服黄中。示以文，每发其瑕璺，未尝有忤也。尝病《宋史》芜杂，别撰纪传表百七十卷。又著《国朝谥法考》、《阁部督抚年表》。其卒也贫不能葬，或赙以金，妻张氏固却之，曰："奈何以贫故伤夫子义！"遂卖所居宅以营葬。

《清史列传·文苑二》：存目。

王峻《陈少章先生墓志铭》：吾吴昔多博闻好古、砥节励行之硕儒。本朝百年来，位不大而名最著者，则有义门何先生。何先生及门无虑数百人，其最相契，如晦翁之于蔡季通呼为老友者，是为少章陈先生。何先生殁后，先生独以名德见推，为中吴文献之重轻者几二十年。乾隆十二年十月十三日，以疾卒于家。典型凋谢，远近为之嗟叹。卜葬有日，故人门弟子咸谓先生有道而文，宜按古私谥之义，谥曰文道先生。其孤具状，征铭于余。按状，先生讳景云，少章其字，先世家常熟，代有闻人，所谓河东陈氏也。自曾大父天麟始迁郡城。大父明义，喜藏书，深禅理，多与明季遗民故老游。父治昌，慷慨尚义，拯人之急。母朱氏孺人。先生生而颖异。初就塾时，同塾诸儿所课皆能背诵。年十七，睢州汤文正公抚吴试士，拔置第一。十九，从义门先生游，益讲求通儒之学，穷究经史，昼夜无间，学遂大殖。父丧，服阕补吴江县学生。康熙癸酉试京兆，不售而归。再至京，馆藩邸，三年复辞，归时年甫四十，以母老，遂绝意宦游。后藩邸再遣使敦促，漕帅赫公命淮安守造庐延请，皆坚谢不赴。此先生出处不苟之大略也。其为学，如饥渴之于饮食，终日丹铅不离手。凡经史四部书，从源及委，贯串井然，地理、制度，考据尤详，下及稗官说家，无不综览，而尤深于史学，早岁温公《通鉴》略能成诵，前明三百年事谈之更仆不倦，若身列其间，能剖决其豪芒得失。为文章简严有法。所著有《读书纪闻》十二卷、《纲目辨误》四卷、《两汉订误》五卷、《国志校误》三卷、《韩文校误》三卷、《柳文校误》三卷、《文选校正》三卷、《通鉴胡注正误》二卷、《纪元考略》二卷、文集四卷，皆能有功前哲，嘉惠后来。其他少时帖括之文，及应聘所修《通志》等书，非先生所留意，故不复纪也。性孝友，居父母忧，每动辄绝。岁时祭享，必涕泗沾衣。与人交，有始终。外和内刚，不因人热。所居老屋数楹，朝虀暮盐，人不能堪，处之怡然。晚岁名益高，迹益晦，终年杜门，足不踏尘市。盖先生视世绝少可语，世亦鲜知之者，所谓不食之硕果，读书之种子，岂与世之工鞶帨、营华膴者争一时之得失哉？享年七十有八。配吴儒人先卒。子男二：升长，州县学生，黄中，吴县学生，入国子监。女一，归国子生张尔朴。孙男四：庆曾、文雍、文宽、庆余。以是年十二月某日葬于吴山北麓之新阡，奉吴孺人祔。黄中为人耿介，博学有文，为先生克家子。以余不能取容当世，顾独重焉。余虽不获亲炙先生，然与其子交深且久，遂不敢以不文辞。铭曰：惟道与文，立德立言，于时不偶，于古独肩。彼富贵者，磨灭忽焉。先生有书，后世永传。吴山之麓，郁郁新阡。我铭幽宫，征在万年。①

沈廷芳《文道先生传》：先生讳景云，字少章，吴中人也。世为常熟名族，称河东陈氏。曾祖天麟始迁郡城。祖明义，明季避寇尹山，偕里中李灌园侍御、遂宁李如石明府结莲社之契，号称长者。父治昌，慷慨尚义。先生自幼善读书就傅吴太守绮家，太守奇之，尝举同塾儿所课，辄能背诵，盖已耳熟之矣。稍长，属文宿儒器重。汤文正公斌巡抚江南，试士拔置第一。继从何学士焯讲求通儒之学，学益大殖。学士叹曰：昔朱晦翁呼蔡季通为老友，余愧晦翁，而子实季通也。寻补县学生。康熙癸酉应京兆试，假馆王文靖公熙第，诸公重其名，咸愿与交，先生峻谢，不事投谒，既不售，归。再至京，馆藩邸，以道自重。三载复辞归，以母老不出，藩邸再遣使敦促，漕帅某公命淮安守造庐延请，俱弗赴。乃益穷究经史，参互考订，丹黄甲乙，寒暑罔间。其汲汲于学，犹水火之于人，不可一日缺。凡古今载籍，洞悉源委，贯串靡遗。于地理、典制尤极研晰，即丁字部书，莫不关览，于前明事迹，更若身列其间，烛照而数计也。为文精核而有体要。著文集四卷、《读书纪闻》十二卷、《纲目订误》四卷、《两汉举正》五卷、《韩柳点勘》八卷、《群经

① 见《湖海文传》卷五十五，又见四库本《韩集点勘》书后附录，题为《清故文道先生墓志铭》，文末题“虞山后进王峻顿首拜撰”。

刊误》四卷、《文选举正》六卷、《通鉴胡注举正》十卷、《纪元要略》二卷，皆能发前人之覆，为后学津梁。有何学士所不逮者，学士每以疑义问先生，先生曰："是出某书某卷第几页几行。"阅之无不合，问辄如响应，以是服其博闻强识云。秉性孝友，与人以诚，外和而内刚，名高而迹晦，为江左儒林之宗。晚岁杜门，足绝城市，朝野望之岿然。既卒，故人门弟子征贞曜文表之义，私谥曰文道先生。赞曰：国朝通儒，首称顾征君炎武，厥后江表文献独推先生，盖有道而能文，实征君之伯仲也。余少慕先生，及与其子黄中举词科，得闻先生论议，益叹其学之闳深。黄中学行超卓，有国士风，古称硕儒有后，其信然哉！其信然哉！年家子仁和沈廷芳拜撰。①

【附录】彭绍升《陈东庄先生传》：陈先生名黄中，字和叔，自号东庄谷叟，吴县诸生也。父景云，字少章，博文强识，以儒术名吴中。先生自少通敏，为学长于史，深究前代治乱往复所由，以达于当世之务。乾隆初，应博学宏词科，廷试被黜，乃纵游，南临洞庭，登衡山，东浮钱唐，入闽，北驰驱燕齐河岱间，学益精当。是时上即位数年，锐意赓续列圣治绩，绍往古绝业，中外大臣承明德，争延致天下豪俊，虚已访时政阙失，而先生尤为大学士海宁陈公所知，既先生上书陈公，论用人、理财、养兵数大事，其言通达治体，凿凿切利病，无少讳。顷之，有诏求骨鲠质朴之士，如古马周阳城者，陈公奇先生，欲以先生应诏，属先生友招以书，先生辞焉。先是，先生客湖南巡抚幕府，土苗或小警，巡抚欲兴师剿之属，先生缮奏章，先生曰："此召乱也。抚而辑之，其可。"弗听，先生辞焉，遂行，已而苗叛，用兵期年乃靖。先生初至京师，最善山阴贡士胡天游，天游，故奇士，负才气，傲睨当世士，鲜当意者，顾独为先生屈，所著文必以示先生，先生辄为发其璺，别其良，以示天游，未尝不相视而笑也。天游豪宕自喜，不肯寻尺度，为势要所排斥，竟穷死。而先生介然有节概，谨去就，严取舍之辨，然其穷与天游等，年四十余，杜门著书，无儋石之储，泊如也。里党间落落不相中，卒为人所构，下县狱，厪而得免。又一年，以疾终，年五十有九。居尝恨《宋史》芜杂，是非混，失平则，发奋删其繁累，搜讨两宋先正旧闻，折其中，成《宋史稿》一百七十卷。又著《新唐书刊误》三卷、《国朝谥法考》三卷、《殿阁部院年表》六卷、《督抚年表》六卷、《诗文集》四卷。其殁也，贫甚至，不能治丧具，姻党以金赙者，妻张氏固却之，曰："奈何以贫故伤夫子义！"鬻居以葬。子三：文雝、文宽、文德。②

李元度《国朝先正事略》卷三十三、冯桂芬《（同治）苏州府志》卷八十八皆有传，存目。

黄彭年《陶楼文抄》卷九《读史琐言序》：读史之法有三：一曰纂辑，属辞比事，如《通鉴纪事本末》、《十七史详节》、《古今纪要》之类是也；一曰考据，正讹补阙，如《通鉴考异纲目订误》、《旧闻证误》、《廿二史考异》之类是也；一曰评论，论断得失，如《历朝通略学史》、《史纠》之类是也。三者之中，惟评论最易，亦惟评论最难。俗儒鲰生，罕见寡闻，横生臆说，则见为易；比例古事，准酌人情，折衷至当，则见为难。故史家评论必兼纂辑、考据，不得侈为空言，犹治狱者必明律法、习故事也。

---

① 见四库本《韩集点勘》书后附录。

② 见王昶《湖海文传》卷六十五。

张尚瑗

陈和志《（乾隆）震泽县志》卷十九：张尚瑗，字弘蘧，石里人。康熙二十七年进士，改庶吉士，告归，以四十二年入京，补试，散馆名列二等，是年二等皆以知县用，遂出为赣州府兴国知县。丁内艰归。尚瑗初好庾子山集，熟《文选》、唐人集，工诗及骈体文。中岁自悔，专为古文辞，晚年究心《春秋》“三传”及《国语》、《国策》，于批注多所补正，名曰《三传折诸》、《二语折诸》。《三传》已刊行，《二语》藏于家。雍正九年卒，年七十六。生平以书卷为行厨，出入必载与偕。学博识强，一时鲜匹。在兴国撰《潋水志林》。又承当事命，修《赣州府志》，并为诸名宿所叹服。既罢官江右，当事聘为豫章书院长。尚瑗创立条教，以古学摩切诸生，凡所奖拔，后皆成名，若周学健、帅念祖其最著者，江右人至今称其有知人之鉴云。

沈德潜《清诗别裁集》卷十七：张尚瑗，字弘蘧，江南吴江人。康熙戊辰进士，官翰林院庶吉士，改江西兴国县知县。○损持太史诗风神未足，沉著有余，犹书家之颜平原、柳诚悬也。生平宗法昌黎，故尤工古体。诗稿止镌游闽粤作，今全稿散失矣，深为惋惜。○去官后，笺疏诸经甚富，已镌者有《三传折诸》。

赵宏恩《（乾隆）江南通志》卷一百六十五：张尚瑗，字宏蘧，吴江人。康熙戊辰进士，选庶吉士，改兴国知县。自幼英异，老益嗜学。诗文古雅，尤好奖借后进，虽才长一艺，亦津津乐道之。

万斯大

《清儒学案》卷三十四《鄞县二万学案上》：悔庵诸子，咸以显学知名于世。南雷恒叹，浙东门风之雄，莫过万氏。充宗一意治经，长于《春秋》、“三礼”。其治《春秋》，多以礼释，犹高密之用礼注《易》笺《诗》，不失汉儒家法。季野入京，人重其史学。洎为传是纂《礼经通考》，又以其余为《丧礼疑辨》、《庙制折衷》，乃知其故深于经。盖庭闻师说，昆季同之，群从衍之，仍世相传，屹然为万氏学焉。（下略）

《清史稿·儒林二》：万斯大，字充宗，鄞县人。父泰，明崇祯丙子举人，与陆符齐名。宁波文学风气，泰实开之。以经史分授诸子，使从黄宗羲游，各名一家。斯大治经，以为**非通诸经不能通一经；非悟传注之失，则不能通经；非以经释经，则亦无由悟传注之失**。其为学尤精《春秋》、“三礼”。于《春秋》则有专传论世、属辞比事、原情定罪诸义；于“三礼”则有论社、论禘、论祖宗、论明堂泰坛、论丧服诸义；其辨正商、周改月改时，周诗周正，及兄弟同昭穆，皆极确实。《宗法》十余篇，亦颇见推衍。答应抪谦书，辨治朝无堂，尤为精核。根柢“三礼”，以释“三传”，较宋、元以后空谈书法者殊。**然其说经以新见长，亦以凿见短。置其非，存其是，未始非一家之学**。斯大性刚毅，慕义若渴。明臣张煌言死后，弃骨荒郊，斯大葬之南屏。父执陆符死，无后，斯大为葬其两世六棺。所著有《学春秋随笔》十卷、《学礼质疑》二卷、《仪礼商》三卷、《礼记偶笺》三卷、《周官辨非》二卷。康熙二十二年，卒，年六十。

《清史列传·儒林传下一》：……康熙二十二年，卒，年五十一。①

黄宗羲《南雷文定》卷八《万君斯大墓志铭》：“五经”之学，以余之固陋，所见传注，《诗》、《书》、《春秋》皆数十家，“三礼”颇少，《仪礼》、《周礼》十余家，《礼记》自卫湜以外亦十余家，《周易》百余家，可谓多矣。其闻而未见者尚千家有余，如是则后儒于经学可无容复议矣。然《诗》之《小序》、《书》之今古文、“三传”之义例至今尚无定说。《易》以象数、谶纬晦之于后汉，至王弼而稍霁，又以老氏之浮诞，魏伯阳、陈

① 详见中华书局本第17册，第5464页。

抟之封气晦之，至伊川而欲明，又复以康节之图书先后天晦之。《礼经》之大者，为郊社、禘祫、丧服、宗法、官制，言人人殊，莫知适从。**士生千载之下，不能会众以合一，由谷而之川，川以达于海，犹可谓之穷经乎？自科举之学兴，以一先生之言为标准，毫秒摘抉，于其所不必疑者而疑之，而大经大法反置之而不道。童习自守，等于面墙。圣经兴废，上关天运。然由今之道，不可不谓之废也。**此吾于万充宗之死，能不恸乎？充宗讳斯大，吾友履安先生之第六子也。其家世详余先生志中。充宗生逢丧乱，不为科举之学，湛思诸经，以为：“**非通诸经，不能通一经；非悟传注之失，则不能通经；非以经释经，则亦无由悟传注之失。”何谓通诸经以通一经？经文错互，有此略而彼详者，有此同而彼异者，因详以求其略，因异以求其同，学者所当致思者也。何谓悟传注之失？学者入传注之重围，其于经也无庸致思，经既不思，则传注无失矣。若之何而悟之。何谓以经解经？世之信传注者过于信经。**试拈二节为例。八卦之方位载于经矣，以康节“离南坎北”之臆说，反有致疑于经者。“平王之孙，齐侯之子”，证诸《春秋》，一在鲁庄公元年，一在十一年，皆书王姬归于齐。周庄王为平王之孙，则王姬当是其姊妹，非襄公则威公也，毛公以为武王女、文王孙，所谓平王为平正之王，齐侯为齐一之侯，非附会乎？如此者层见叠出。充宗会通各经，证坠缉缺，聚讼之议，涣然冰泮。奉正朔以批闰位，百注遂无坚城，而老生犹欲以一卷之见申其后息之难，宜乎如腐朽之受利刃也。所为书曰《学礼质疑》二卷、《周官辨非》二卷、《仪礼商》二卷、《礼记偶笺》三卷。初辑《春秋》二百四十卷，烬于大火，复辑，绝笔于昭公，丁灾甲阳，草各一卷。其间说经者居多。《万氏家谱》十卷。噫，多矣哉！**学不患不博，患不能精**。**充宗之经学，由博以致精，信矣其可传也。然每观古人著书，必有大儒为之流别，而后传远，如蔡元定诸书，朱子言造化微妙，唯深于理者能识之。**吾与季通言而不厌也，故元定之书人皆敬信。陈澔之《礼记集说》、陈栎之《礼记解》，吴草庐曰：“二陈君之说礼，无可疵矣。”故后皆列之学官。自蕺山先师梦奠之后，大儒不作，世莫之宗，墙屋放言，小智大黠，相煽以自高，但有讲章，而无经术。充宗之学，谁为流别？余虽叹赏，而人亦莫之信也。充宗为人刚毅，见有不可者，义形于色，其嗜义若饥渴。张苍水死国难，弃骨荒郊，充宗葬之南屏，使余志之。《春秋》野祭，盖不异西台之哭焉。父友陆文虎，甬中所称陆万是也。虎文无后，两世之丧，皆在浅土，充宗葬其六棺，凡所为皆类此，不以力绌只轮而自阻也。崇祯癸酉六月六日，其生也；康熙癸亥七月二十六日，其卒也。娶陆氏。子一人，诸生，经能世其学。充宗之卒，余许铭其墓，以郑禹梅之《跛翁传》尽其大指，故阁笔者久之，而经累请不已，又二年，始克为之。

阮元《儒林传稿》卷二、《两浙𬭚轩录》卷七、李元度《国朝先正事略》卷三十二、唐鉴《学案小识》卷十二《经学学案》、徐鼒《小腆纪传》补遗卷六十九、穆彰阿《（嘉庆）大清一统志》卷二百九十三、《（乾隆）鄞县志》卷十七、《（民国）杭州府志》卷一百七十、徐世昌《晚晴簃诗汇》卷四十皆有传，存目。

黄宗羲《南雷文定》卷一《学礼质疑序》：**六经皆载道之书，而礼其节目也。**当时举一礼，必有一仪，要皆官司所传，历世所行，人人得而知之，非圣人所独行者，大而类禋巡狩，皆为实治，小而进退揖让，皆为实行也。战国、秦、汉以来，相寻于干戈智术之中，佥以为不急而去之。数百年之耆旧既尽，后生耳目不接久矣。汉儒煨烬之余，掇拾成编，错陈午割，得此失彼，又何怪其然乎？郑康成最号通博，而不知帝王大意，随文附会，辄形笺传。有宋儒者继起，欲以精微之理该其粗末，三代之弥文缛典皆以为有司之事矣。朱子亦常修《仪礼》经传，不过章句是正，于其异同淆乱，固未弹驳而使之归于一也。其时唐说斋创为经制之学，茧丝牛毛，举三代已委之刍狗，以求文、武、周公、成、康之心，而欲推行之于当世。薛士隆、陈君举和齐斟酌之为说，不皆与唐氏合，其源流则同也。故虽以朱子之力，而不能使其学不传，此尚论者所当究心者也。吾友万充宗为履安先生叔子，锐志经学，六经皆有排纂，于“三礼”则条其大节目，前人所聚讼者，甲乙证据，摧牙折角，轩豁呈露，昌黎所谓及其时而进退揖让于其间者也。此在当时顾人人所知者，于今则为绝学矣。不谓晚年见此奇特。其友魏方公为之先刻数卷，充宗以为质疑者，欲从余而质也。余老而失学，群疑填膈，方欲求海内君子而质之，又何以待质充宗，亦姑以其所得，参考诸儒，必求其精粗一贯，本末兼该，凿然可举而措之，无徒与众说争长于黄池，则所以救浙学之弊，其在此夫。

万斯大《学礼质疑序》：《学礼质疑》者何？大自丁未学礼以来，心有所疑，取其大者，条而说之，而质之吾师梨洲先生者也。始大请于先生曰：“学《礼》有疑，求之《注疏》而不得，求之唐、宋以来诸儒而又不得，以经说礼，其可乎？”先生曰：“然。”又请于先生曰：“《易》、《书》、《诗》、《春秋》而下，《左》、《国》、《公》、《穀》去古为近，可择而取也。外此如《汲冢竹书》之类，非古而托之于古，附会多而确据少，置而不道其可乎？”先生曰：“然。”大于是**首取《戴记》诸篇相对，次取《仪礼》与《戴记》对，次取《易》、《书》、《诗》、《春秋》及《左》、《国》、《公》、《穀》与二礼对。见其血脉贯通，帝王制度约略可考**。用因所得，窃著于篇。**因叹礼之为礼，发为恭敬辞让之心，而将之以俎豆玉帛，行之以登降拜跪**。在淳古之世，人皆学礼，毋或自外，然犹恐其徒习乎末，而不得其原。故又戒之曰：“礼之所尊，尊其义也。其数可陈也，其义难知也。”于乎先王之礼教如此。三代而降，圣人不作，礼制废阙，义固不明，数亦难考，赖《仪礼》、《礼记》稍存一二大概，而诸经诸传有可以旁通而互见者。先儒立说，不能通贯，往往拘文牵义，杂以谶纬。又其陋者，于周说穷，即推为殷、夏。就其所见，知其一而不知其二，得乎此而不可通乎彼。嗟乎！礼数之未知，何足以明礼义？大不自揣，私谓**礼教宏深，学者务使《礼经》与诸经传逐节关通，如大海之潮，百川支港，周流灌注，从是而求之，庶有以得乎恭敬辞让之原，而因以见先王制礼之意焉**。①

全祖望《鲒埼亭集外编》卷二十三《春秋辑传序》：**《春秋》笔削之旨，如高山深谷，不易窥探，故有为“三传”之所不得，而啖、赵见之者，有为啖、赵之所不得，而宋、元诸家迭相诘难而见之者。甚矣夫会通之难也**。往者，姚江黄征君以经学大师倡教浙东西之间，尝欲推广房审、权曾稑、卫湜诸君之绪，大修群经，而首从事于《春秋》，先令其徒荟萃大略，辑为丛目，只篇首“春王正月”一条，草卷至五大册，犹未定。征君笑曰：“得无为秦延君之说尚书乎？”度难以成编而止。万充宗先生者，征君之高弟也，不以为然，退而独任其事，取其重复者，去之，繁芜者删之，分别门户，芧区而爪畴，辑成二百四十卷。一夕为大火所烬，征君为之怅然。时先生方纂《礼记解》，既毕，复重辑之，而先生已病，犹矻矻不倦，至昭公而绝笔。方易箦时，顾左右而言曰：“吾魂魄中不

① 载乾隆二十三年刊《经学五书》卷首。检四库本《学礼质疑》，卷首无此序。

了季武子立后一事，仿佛刘原父权衡在目前也。”呜呼，士为科举之学，遗经长束高阁，官羊市饼，总不识为何物。先生竭膏肓之力，继之以死，可谓志士也已。故征君为先生作哀词，拟之于宗汝霖之呼渡河。先生之书卷帙既繁，尝令嗣子九沙编修，辑其自得之言，为《学春秋随笔》四卷，已行于世。岁在己酉，予从编修借抄全本，归安姚世钰欲使予续成之。予曰：“昔林少颖解《尚书》，于《洛诰》而下未备。东莱补之，自《秦誓》以逆泝焉。至今两家之书皆孤行，而实合璧也。顾予何人，敢援东莱之例？无已，请以俟诸异日。”因即书以为序。

陆嘉淑《礼记偶笺序》：万子充宗作《学礼质疑》，四方之士争传诵之，以为薛士隆，陈君举不及也。已复著《礼记偶笺》及《仪礼商》、《周官辩非》诸书。勾稽穿穴，考同订异，往往栉比字句之微，爬搔疏证，以发古人之覆，真足为先儒之诤友焉。嘉淑每读其书，未尝不叹其参订之详，思虑之细，裁识之精，卓然度越于寻常也。……顾充宗尝著《春秋说》百余万言，裒然成集矣，不戒于火。而“三礼”则散文别帙，散为数书，盖其疏麟经也，荟蕞诸家之文，小列同异，无使絓漏而已。至于二戴之庞杂，《周官》之讹谬，正以《仪礼》之文，而或缺或隐。……窃意六经自马、郑以后，更千余年数百家之推辩，虽义理无穷，而大指已尽。今得充宗所解驳，皆先儒未发之秘，洞若观火，而了无格阂，乃知遗文剩义要自无尽，善读书者自得之，相证于千载之上，无不可也。（下略）①

陈光绰《礼记偶笺序》：古之为礼者，蕲无歉于心而后安焉。今之为礼者，蕲无异于俗而已，不计其心之安焉否也。微天下之知礼者，其孰为告之。今使告之曰：若所为悖于古之礼，则辨者必竞于辞，讷者必忿于色也。若告之曰：古礼之攸得者奚若？今礼之攸失者奚若？则智者固深喻于其心，愚者亦未必不求通于其义也，孰谓今天下之不可以礼训也。虽然，礼之不明也久矣。《檀弓》、《曾子问》诸篇，习礼者谓无裨于制举业，而未尝一寓目焉，故求穷经者，于文士之中百不得一，求知礼者，于经师之中十不得一也。余来京师，得季野万子《读礼附论》而诵之，窃服膺乎万子之知礼焉。万子谓慈母之丧三年，重父命也，父在，为母期而有祥有禫，以达子之志也——此明乎古礼之意者也；谓主以依神庙以藏主，而知结茅为蕝之诞也，由许、郑之言误之——此正乎言礼之失者也；遭丧不祭，礼也，而今皆祭，且疑不祭之恝于怀也，万子欲言祭，则睽于礼，欲言不祭，则骇于俗，乃申张子之言曰：三年之丧期而可祭，期之丧既葬而可祭，此酌乎古今之攸宜者也。汉文帝之令大红十五日，小红十四日，纤七日，言既葬之后，廷臣之服宜然也，而后世嗣君用之，万子曰：“此非嗣君之礼也。”是能明乎史以言礼者也。魏、晋之时，守令卒官掾史辄制斩衰，抑过矣。万子曰：“为旧官服者宜吊服而加麻。”此审乎礼而无过者也。古者于师心丧三年，万子乃曰：“当齐衰三月。”此因仪礼之有友丧而推乎其意者也。闻丧而未成丧者多矣，万子曰：“闻丧而哭，以当袭，次日又哭，以当敛，又次日三哭，以当大敛。”此有裨于今礼之所未备者也。……使天下之为礼者，得其论而深思之，以蕲无歉于其心，安见今人之不古若哉？闻万子所著撰甚富，余所见只数篇，而其言之足以羽翼“三礼”者已如此。推万子之意，将率天下之士与之行古人之礼，惜乎士之未见其论，或

① 载乾隆二十三年刊万斯大《经学五书》卷首。

见之未及展数纸而欠伸欲卧，万子亦无如之何。余故胪述其言，将以谂夫天下之学礼者。①

夏之蓉《半舫斋古文》卷五《禘祫辨误序》：自传注之学兴，由汉、唐、宋以来，迄于元明之代，说经者亡虑数百家，然去古日远，各守师说，是其所是，非其所非，牵合支离，动多舛驳，而议礼尤如聚讼。约言之，有二失焉：轻诋昔贤，横施武断，失则悖也；笃信讲师，唯千喏百，失则陋也。悖与陋，虽有过不及之殊，其足以亡经则一尔。往者四明万季野先生著《学礼质疑》、《仪礼商》、《礼记偶笺》诸书，考据精核，义疏凿然。黄梨洲称其由博致精，发前人所未发，盖本其学力所到抉经之心，而约其旨，非徒以空言垂后者，是亦近代之经师也。

万斯大《周官辨非自序》：世称《周礼》周公所作，吾考鲁史克有言，先君周公制《周礼》，曰："则以观德，德以处事，事以度功，功以食民。"今观《周礼》无此言，则知周公之《周礼》已亡，而今之所传者，后人假托之书也。先儒信之者什七，疑之者什三。只缘《周礼》二字当头，且知就《周礼》言《周礼》，侂侗读过，不加精析，遂惊叹其学贯天人，经纬万事，推与《仪礼》、《礼记》并立为三。愚则谓，此书所载止详诸官职掌，其法制典章取校于"五经"、《论》、《孟》，殊多不合。夫不合于"五经"、《论》、《孟》，则是非有在矣。天下是非有一定，无两可。以《周礼》为是，将以"五经"、《论》、《孟》为非乎？使其不合于"五经"、《论》、《孟》，而所措施者无伤于国体，无害于民生，即不置是非焉亦可也，乃其猥琐不经，掊克无艺，一由其道，丧亡之至，如影随形，迂儒犹曰："此周礼也，无可议。"或且曰："此不善用《周礼》之过，非《周礼》之过。"呜呼！震于虚名而忘其实祸，直谓之无是非之心可也。不特此也，吾就其本文详析，多自相谬戾，弊害丛生，不可一日行于天下。周公之书，决不如此。故断然还其名曰《周官》。诸不合于"五经"、《论》、《孟》者，取而辨之，得若干条。虽然，置其非而存其是，典章法制乃有可观。（下略）②

万经《学春秋随笔序》：存目。③

焦循《雕菰楼集》卷十五《代阮侍郎撰万氏经学五书序》：岁乙卯，某承命视学两浙，丁教授杰以万君《经学五书》请某（余——阮序）序，将以广其传，且使浙之士知所重也。按黄梨洲之（阮序删"之"）序云："充宗姑以其所得，参考诸儒，必求其精粗一贯，本末兼该，凿然可举而措之。无徒与众说争长黄池，则所以救浙学之弊者，其在此夫！"黄氏此言，其有见于浙之学者务于攻击前儒，因发其端，以正之与？窃谓争之说有二端：未深核乎众说之本原，私臆所属，求胜先正，此不可者也；力学之久，积疑成断，了然有得于心，以补正前人之阙与误，此学经者所不可废也。西汉经学初兴，各承师说。东汉郑康成出，于杜子春、郑大夫（诸儒——阮序）诸注之外，折以己说，而经赖以明。熊安生以"三礼"授徒，于先儒所未悟者（阮序删"者"），皆发明之，孔颖达撰《礼记正义》，半取于是，而经赖以明。他如刘炫《规杜》、孙毓《评毛》，同异并呈，是非互见。鉴以磨砻而愈光，丝以涚沤而益熟。孔子曰："当仁不让于师。"不让者，争之谓也。吾恐浙

① 见《经义考》卷一百四十六，又见《（乾隆）鄞县志》卷二十一。

② 见《周官辨非》卷首，载《续修四库全书》第78册，第402页。

③ 详见《续修四库全书》第139册，第237页。

之学者，执梨洲之说，习为精粗本末之空谭，随声附和，于先儒指趣明奉之而阴置之，不敢言其非，亦莫能道其是，则攻诘之弊息而高阁(悠悠荒蔑——阮序）之弊起矣。万氏之学，以经释经，不苟同于传注，其说郊禘(祀——阮序)、宗法诸制度，及《春秋随笔》、《周官辨非》两书，立体严正，析理精密，其迹似争，而实(阮序删“实”)非数十年冥索之功，未易有此。某(余——阮序）读其书，甚有望乎浙之士奋然自励，不以攻击为长，亦不以浮游相尚(孤陋自废——阮序)，进求(探——阮序）乎圣贤立说之旨，以求会乎汉、唐注疏之通，则(苟能有——阮序）嗣万君而起者，吾有取焉（余将虚左席以礼之——阮序)。①

卢见曾《雅雨堂集》文集卷一《重刻万充宗先生经学五书序》：四明万生福携其大父充宗先生所著“经学五书”见示，中间言礼者四：《学礼质疑》四卷、《礼记偶笺》三卷、《仪礼商》二卷、《周官辨非》一卷，言《春秋》者一：《学春秋随笔》十卷。按其作书之日，则《春秋》为康熙辛酉后所成，而礼学、“四书”尤生平所注意，其哲嗣授一先生为次第版行之者也。万生云：“乾隆庚申三月，其家复不戒于火，遗书尽为煨烬。此册从友人插架携归者。先人著述如一发之引千钧，倘遂因此灭绝，则某之罪滋大，亟谋诸同志，重梓以广其传。”而乞余一言为之序。窃惟先生为梨洲黄公入室弟子，故其学皆务实践，覃研经典，务去剿说雷同、傅会穿凿之病。其立说以为：“非通诸经，则不能通一经；非悟传注之失，则不能通经；非以经释经，则亦无由悟传注之失。”因是由博致精，而深求乎造化之微妙，凡所解驳，悉发前人所未发，出马、郑后千余年，数百家辩论之外，故虽老师宿儒，读其书者无不心折首肯，而信其必传于后无疑也。先生纂《春秋》凡得二百四十二卷，癸丑秋毁于火，不留只字。兹编所载，乃辛酉馆于海昌陈氏所作者。陈氏力能著书，故先生搜罗更倍，心力耗竭。癸亥七月，至昭公，而先生遽捐馆矣，赍恨以殁，年甫五十有一。其一生具载梨洲先生墓志铭及郑禹梅梁所著《跛翁传》中，而郡邑又各志其行事，若惟恐失其人者，则先生之人与先生之学其不朽惟均也，顾不幸再毁于火，流传久远，尚将有爱慕之者抉剔出之，况其殁世未久遗书尚存，忍令其浮沉散失而莫之或顾者乎？余嘉万生之志，为助其刻资之半，而重为序之。

徐时栋《烟屿楼文集》卷一《春秋规万序》：吾乡万充宗先生著《经学五书》，其中《学春秋随笔》，始隐公，讫昭公，凡十卷。前年，余尝取而读之，有畅然意满者，有于鄙意未合者，辄以己见笔之书眉。若乃经书元年谓诸侯之僭（隐元）；书夫人孙齐不称姜氏，谓绝其族属（庄元)；书纳子纠，谓予以嗣君之称，而纠遂为兄（庄九)；书夫人氏无姜字，谓别于生称（僖元)；书晋侯伐郑，谓州蒲之父（成十)；书暨齐平，谓鲁与齐平（昭七)；以至论桓公不书王（桓三)；论庄公与齐惧（庄十三)；与其纳币（庄二十三)；论仲孙来鲁（闵元)；论叔武盟践士（僖二十八)；论左氏记赵盾（宣二)；与立武宫（成六)；论袁克葬故主（昭八)；论意如出君（昭二十五)；则皆私心大以为不然者。阑外行旁，驳诘几遍。是时，及门刘艺兰方主我家塾，谓实有发前人所未发者，不第为万氏诤友而已，当别录为书，以示学者。忽忽三四年，亦既忘之。今秋曝书，重见评本，周视一过，略有增益，而黚乙既多，或难循览。因授意寿儿，命之抄录。寿乃录稿付书人，

① 又见乾隆十三年《经学五书》本，二者异同见括号，阮元之序末署：“嘉庆元年正月上元日，仪征阮元序。”

厘为三卷。缮写既毕，请余命名。窃取刘氏《规杜》之义，名之曰《春秋规万》。嗟乎！充宗先生尝两纂《春秋传》，所见传说数十百家，撷精掇华，断以己见，以为是十卷之书。此其浸渍之深，若染羽者之七入而纁也；其簸蹂之精，若舂米者之七升而侍御也，而后生小子乃欲从而益之墨而去其粃焉，抑何不自量耶？昔刘氏之规杜也，岂不谓胜杜万万哉？乃杜解传之后，世立之学官，而刘规无传书，孔氏疏杜解，或引刘说，后人始得见刘书崖略，而因之以为持平。前余尝蓄此书，今并忘作者姓名，记是邵姓，然则杜解固不因刘规而损，而刘说乃转藉杜书以存也。今余名余书以“规万”，他日有读万氏随笔者，亦或参引吾说而质正之，则余书未必不因之而传，此余所以名“规万”之私意，而岂信能规之也乎？艺兰方在杭州，而吾老友陈君子相善观书，精于抉择，往吾妄有所著，必君为我论定之，今将以缮本示君，故缕述其著书之由与名书之意于卷端，君盍亦不厌详，尽以规我乎？艺兰归来，当共与快读之也。同治九年八月十二夜子初，时栋书。

万斯同

《清儒学案》卷三十五《鄞县二万学案下》：万斯同，字季野，学者称石园先生。悔庵先生八子，先生其季也。……卒于京师，年六十四，门人私谥曰贞文。（参史传、全祖望撰《传》、钱大昕撰《传》、方苞撰《墓志》、钱林《文献征存录》）

《清史稿·文苑一》：万斯同，字季野，鄞县人。父泰，生八子，斯同其季也。兄斯大，儒林有传。性彊记，八岁，客坐中能背诵《扬子法言》。后从黄宗羲游，得闻蕺山刘氏学说，以慎独为宗。以读书励名节，与同志相劘切，月有会讲。博通诸史，尤熟明代掌故。康熙十七年，荐鸿博，辞不就。初，顺治二年诏修《明史》，未几罢。康熙四年，又诏修之，亦止。十八年，命徐元文为监修，取彭孙遹等五十人官翰林，与右庶子卢君琦等十六人同为纂修。斯同尝病唐以后史设局分修之失，以谓专家之书，才虽不逮，犹未至如官修者之杂乱，故辞不膺选。至三十二年，再召王鸿绪于家，命偕陈廷敬、张玉书为总裁。陈任本纪，张任志，而鸿绪独任列传。乃延斯同于家，委以史事，而武进钱名世佐之。每覆审一传，曰某书某事当参校，顾小史取其书第几卷至，无或爽者。士大夫到门咨询，了辩如响。尝书抵友人，自言："少馆某所，其家有列朝实录，吾默识暗诵，未敢有一言一事之遗也。长游四方，辄就故家耆老求遗书，考问往事，旁及郡志、邑乘、私家撰述，靡不搜讨，而要以实录为指归。盖实录者，直载其事与言，而无可增饰者也。因其世以考其事，覈其言而平心察之，则其人本末可八九得矣。然言之发或有所由，事之端或有所起，而其流或有所激，则非他书不能具也。**凡实录之难详者，吾以他书证之。他书之诬且滥者，吾以所得于实录者裁之。虽不敢具谓可信，而是非之枉于人者盖鲜矣**。昔人于《宋史》已病其繁芜，而吾所述将倍焉。非不知简之为贵也，吾恐后之人务博而不知所裁，故先为之极，使知吾所取者有所捐，而所不取，必非其事与言之真，而不可溢也。"①又以："马、班史皆有表，而后汉、三国以下无之。刘知幾谓得之不为益，失之不为损。不知史之有表，所以通纪、传之穷者。有其人已入纪、传而表之者，有未入纪、传而牵连

---

① 《清史列传》此下尚有一段文字论建文事。

以表之者。**表立而后纪、传之文可省，故表不可废。读史而不读表，非深于史者也。**”尝作《明开国讫唐、桂功臣将相年表》，以备采择。其后《明史》至乾隆初大学士张廷玉等奉诏刊定，即取鸿绪史稿为本而增损之。鸿绪稿，大半出斯同手也。平生淡于荣利，修脯所入，辄以周宗党。故人冯京第死义，其子没入不得归，为醵钱赎之。尤喜奖掖后进。自王公以至下士，无不呼曰万先生。李光地品藻人伦，以**谓顾宁人、阎百诗及万季野，此数子者，真足备石渠顾问之选**。而斯同与人往还，其自署则曰“布衣万某”，未尝有他称也。卒，年六十。著《历代史表》，创为《宦者侯表》、《大事年表》二例。又著《儒林宗派》。

《清史列传·儒林传下一》：存目。①

黄百家《万季野先生斯同墓志铭》：存目。②

全祖望《鲒埼亭集》卷二十八《万贞文先生传》：贞文先生万斯同，字季野，学者称为石园先生，鄞人也，户部郎泰第八子。少不驯，弗肯帖帖随诸兄，所过多残灭，诸兄亦忽之，户部思寄之僧舍，已而以其顽，闭之空室中。先生窃视架上有明史料数十册，读之甚喜，数日而毕。又见有经学诸书，皆尽之。既出，因时时随诸兄后，听其议论。一日，伯兄斯年家课，先生欲豫焉。伯兄笑曰：“汝何知?”先生答曰：“观诸兄所造，亦易与耳。”伯兄骤闻而骇之，曰：“然则吾将试汝。”因杂出经义目试之，汗漫千言，俄顷而就。伯兄大惊，持之而泣，以告户部曰：“几失吾弟。”户部亦愕然曰：“几失吾子。”是日，始为先生新衣履，送入塾读书。逾年，遣请业于梨洲先生，则置之绛帐中高坐。先生读书，五行并下，如决海堤，**然尝守先儒之戒，以为无益之书不必观，无益之文不必为也，故于书无所不读，而识其大者。**康熙戊午，诏征博学鸿儒，浙江巡道许鸿勋以先生荐，力辞得免。明年开局修《明史》，昆山徐学士元文延先生往。时史局中征士，许以七品俸，称翰林院纂修官，学士欲援其例以授之。先生请以布衣参史局，不署衔，不受俸。总裁许之。诸纂修官以稿至，皆送先生覆审，先生阅毕，谓侍者曰：“取某书某卷某叶有某事当补入，取某书某卷某叶某事当参校。”侍者如言而至，无爽者。《明史稿》五百卷皆先生手定，虽其后不尽仍先生之旧，而要其底本足以自为一书者也。先生之初至京也，时议意其专长在史。及昆山徐侍郎乾学居忧，先生与之语丧礼，侍郎因请先生纂《读礼通考》一书，上自国恤，以讫家礼，“十四经”之笺疏，“廿一史”之志传，汉、唐、宋诸儒之文集、说部，无或遗者，又以其余为《丧礼辨疑》四卷、《庙制折衷》二卷，乃知先生之深于经。侍郎因请先生遍成五礼之书二百余卷。当时京师才彦雾会，各以所长自见，而先生最暗淡，然自王公以至下士，无不呼曰“万先生”。而先生与人还往，其自署只曰“布衣万斯同”，未尝有他称也。安溪李厚庵最少许可，曰：“吾生平所见不过数子，顾宁人、万季野、阎百诗，斯真足以备石渠顾问之选者也。”先生为人和平大雅，而其中介然。故督师之姻人方居要津，乞史馆于督师少为宽假，先生历数其罪以告之；有运饷官以弃运走，道死，其孙以赂乞入死事之列，先生斥而退之。钱忠介公嗣子困甚，先生为之营一衿者累矣，卒不能得，而先生未尝倦也。父友冯侍郎跻仲诸子没入勋卫家，先生赎而归之。不矜意气，不事声援，尤喜奖引后进，惟恐失之，于讲会中，惓惓三致意焉，盖躬

① 详见中华书局本第17册，第5464~5466页。

② 详见《续修四库全书》第1415册，第441~442页。

行君子也。卒后，门人私谥曰贞文。所著有《补历代史表》六十四卷、《纪元会考》四卷、《宋季忠义录》十六卷、《南宋六陵遗事》二卷、《庚申君遗事》一卷、《河源考》四卷、《儒林宗派》八卷、《石鼓文考》四卷、《文集》八卷。而《明史稿》五百卷、《读礼通考》一百六十卷别为书。今其后人式微，多散佚不存者。先生在京邸，携书数十万卷，及卒，旁无亲属，钱翰林名世以弟子故，衰绖为丧主，取其书去，论者薄之。予入京师，方侍郎灵皋谓予曰："万先生真古人，予所见前辈谆谆教人为有用之学者，惟万先生耳。自先生之卒，蕺山、证人之绪，不可复振，而吾乡五百余年攻愧、厚斋文献之传，亦复中绝，是则可为太息者矣。"先生之志，姚人黄百家、闽人刘坊、吴人杨无咎皆为之，黄志最核。其后方侍郎为之表，则尤失考据，至谓先生卒于浙东（斯言不见本表，而见于梅定九墓文中），则是侍郎身在京师，乃不知先生之卒于王尚书史局中，而曰"欲吊之而无由"，其言大可怪。侍郎生平于人之里居、世系多不留心，自以为史迁、退之嫡传皆如此，乃大疏忽处也。又谓先生与梅定九同时，而惜先生不如定九得邀日月之光，以为泯没，则尤大谬。先生辞征者再，东海徐尚书亦具启，欲令以翰林院纂修官领史局，而以死辞之。盖先生欲以遗民自居，而即以任故国之史事报故国，较之遗山，其意相同，而所以洁其身者，则非遗山所及，况定九乎？侍郎自谓知先生，而为此言，何其疏也！

刘坊《天潮阁集》卷一《万季野先生行状》：忆坊已巳冬得交明州①万季野先生于昆山相国京邸，同晤者为刘子继庄。其时京师骛名之士，风传二先生博闻尔雅，学无不窥。刘则喜游，每旦兴必出，或夕不返，每欲访者，则必托万先生致意，然后留身以待先生，则自朝至旰，一编丹铅，不置客来会者，或经史制度，或人物得失，闳论崇议，锋辨四出，娓娓如数家珍，言某人某事如何，某时某官某地建置如何，检书按之，词语未尝少误。客去，复理前业不倦。或数日一往答，来者遇诸途，问之，无异在寓。坊以久放风尘，所交四方知名士不胜屈指，惟先生辨析不穷，数往候之，谈天末数百年事，一如其素所历，以是独服膺先生，称为近今学者之冠②。明年，昆山归里，继庄以馆俸之得，抄史馆秘书无算，持归苏之洞庭，将约同志为一代不朽之业。既归吴，未几③身殁，其书散失于门人交友处，予与先生扼腕久之。先生遂为京江泽州所留，移置江南馆中，间二年，先生不自得，抑抑思归，索予诗为赠，已而未果，告予曰："吾之衷，惟君知之。往岁继庄之言不践，仆所以濡忍于此。念先世九代胜国世勋，至先人中崇祯丙子乡试，于是旧业顿隳，我十一世祖斌从明太祖起兵定天下，太祖④赐今名，命长守滁州，十七年天下已定策……得受三等之封，世袭指挥佥事。洪武五年，从左副将军文忠征进沙漠，战死阿鲁浑河。十世祖钟，奉命备倭宁波，于是遂为鄞人，赐第今府学之东，建文元年御靖难师，战死大兴之花园。九世伯祖武，年少袭职，罣吏议，不自廿，从黔国征交趾，以湔耻，战死檀舍江，时年廿三，无嗣。于是九世祖文遂复佥事职，年廿二，率舟师，备倭大战莲花洋，逐之出牛头洋，至桂门，夜见二灯悬水上，遥望之，以为贼艘也，引弩中之灯息，而波涛大作，遭覆溺死，所见之炬盖龙目也。龙怒甚，搅海沉舟，至今桂门有射龙

① "明州"，《续修四库全书》本《石园文集》卷首无此二字。

② "近今学者之冠"，《续修四库全书》本《石园文集》卷首作"未有"。

③ "未几"，《续修四库全书》本《石园文集》卷首作"不久"。

④ 《续修四库全书》本《石园文集》卷首此下有"知其才"。

将军祠。我二祖将材不恒，而不得永其年。……”先生讳斯同，字季野，晚号石园。……生于前明崇祯十一年正月廿四日戌时，卒于康熙四十一年四月初八日京邸。……著书数十种，有《儒林宗派》八卷、《庙制图考》四卷、《读礼通考》九十卷，为徐司寇乾学所纂刻于徐氏传是楼中，《周正汇考》八卷、《群书疑辨》十二卷、《石经考》二卷、《明通鉴》若干卷，散失。《明史列传》二百卷，存史馆中。《明史表》十三卷、《明历朝宰辅汇考》八卷、《明史河渠考》十二卷、《补历代史表》已刻五十三卷、未刻若干卷、《历代纪元汇考》八卷、《宋季忠义录》十六卷、《南宋六陵遗事》一卷、《庚申君遗事》一卷、《昆仑河源考》二卷、《石鼓文考》一卷、《书学汇编》二十四卷、《难难》一卷、散失诗文集八卷、明乐府二卷。至于表传之作，与安魂泉壤，则有待于当世阐微显幽之君子。①

方苞《望溪先生文集》卷十二《万季野墓表》：季野姓万氏，讳斯同，浙江四明人也。其本师曰念台刘公。公既殁，有弟子曰黄宗羲梨洲，浙人闻公之风而兴起者多师事之，而季野与兄充宗最知名。季野少异敏，自束发未尝为时文，故其学博通，而尤熟于有明一代之事。年近六十，诸公以修《明史》延致京师，士之游学京师者争相从问古仪法，月再三会，录所闻，共讲肄，惟余不与，而季野独降齿德而与余交。每曰：“子于古文信有得矣。然愿子勿溺也。唐、宋号为文家者八人，其于道粗有明者，韩愈氏而止耳。其余则资学者以爱玩而已，于世非果有益也。”余辍古文之学，而求经义自此始。丙子秋，余将南归，要余信宿其寓斋，曰：“吾老矣，子东西促促，吾身后之事豫以属子，是吾之私也，抑犹有大者，史之难为久矣，非事信而言文，其传不显。李翱、曾巩所讥魏、晋以后贤奸事迹并暗昧而不明，由无迁、固之文是也。**而在今则事之信尤难，盖俗之偷久矣。好恶因心，而毁誉随之。一室之事，言者三人，而其传各异矣，况数百年之久乎？故言语可曲附而成，事迹可凿空而构，其传而播之者，未必皆直道之行也。其闻而书之者未必有裁别之识也。非论其世，知其人，而具见其表里，则吾以为信，而人受其枉者多矣。吾少馆于某氏，其家有列朝实录，吾默识暗诵，未敢有一言一事之遗也。长游四方，就故家长老求遗书，考问往事，旁及郡志邑乘、杂家志传之文，靡不网罗参伍，而要以实录为指归。盖实录者，直载其事与言，而无可增饰者也。因其世以考其事，核其言，而平心以察之，则其人之本末可八九得矣。然言之发，或有所由事之端，或有所起，而其流或有所激，则非他书不能具也。凡实录之难详者，吾以他书证之；他书之诬且滥者，吾以所得于实录者裁之。虽不敢具谓可信，而是非之枉于人者盖鲜矣。**昔人于《宋史》已病其繁芜，而吾所述将倍焉，非不知简之为贵也，吾恐后之人务博而不知所裁，故先为之，极使知吾所取者有可损，而所不取者，必非其事与言之真而不可益也。子诚欲以古文为事，则愿一意于斯，就吾所述，约以义法，而经纬其文，他日书成，记其后曰：此四明万氏所草创也。则吾死不恨矣。因指四壁架上书曰：“是吾四十年所收集也。逾岁，吾书成，当并归于子矣。”又曰：“昔迁、固才既杰出，又承父学，故事信而言文。其后专家之书，才虽不逮，犹未至如官修者之杂乱也。譬如入人之室，始而周其堂寝匽湢焉，继而知其蓄产礼俗焉，久之其男女少长性质刚柔轻重贤愚无不习察，然后可制其家之事也。**官修之史，仓卒而成**

① 见《碑传集补》卷四十四。又见《续修四库全书》第1415册，第438~440页，载《石园文集》卷首。

于众人，不暇择其材之宜与事之习，是犹招市人而与谋室中之事耳。吾欲子之为此，非徒自惜其心力，吾恐众人分操割裂，使一代治乱贤奸之迹暗昧而不明，子若不能，则他日为吾更择能者而授之。”季野自志学，即以明史自任，其至京师，盖以群书有不能自致者，必资有力者以成之，欲竟其事，然后归。及余归，逾年而季野竟客死，无子弟在侧，其史稿及群书遂不知所归。余迍邅轗轲，于所属史事之大者既未获从事，而传志之文亦久而未就。戊戌夏六月，卧疾塞上，追思前言，始表而志之，距其殁盖二十有一年矣。季野行清而气和，与人交，久而益司爱敬。其殁也，家人未尝讣余，余每欲赴其家吊问而未得也，故于平生行迹莫由叙列，而独著其所阐明于史法者。季野所撰本纪列传凡四百六十卷，惟诸志未就，其书具存华亭王氏，淮阴刘永祯录之过半而未全，后有作者可取正焉。

钱大昕《潜研堂集》文集卷三十八《万先生斯同传》：万先生斯同，字季野，鄞人。高祖表，明都督同知。父泰，明崇祯丙子举人。鼎革后，以经史分授诸子，各名一家，先生其少子也。生而异敏，读书过目不忘。八岁，在客座中背诵扬子《法言》，终篇不失一字。年十四五，取家所藏书遍读之，皆得其大意。余姚黄太冲寓甬上，先生与兄斯大皆师事之，**得闻蕺山刘氏之学，以慎独为主，以圣贤为必可及。**是时甬上有“五经会”，先生年最少，遇有疑义，辄片言析之。束发未尝为时文，专意古学，博通诸史，尤熟于明代掌故，自洪武至天启实录，皆能暗诵。尚书徐公乾学闻其名，招致之，其撰《读礼通考》，先生预参定焉。会诏修《明史》，大学士徐公元文为总裁，欲荐入史局，先生力辞，乃延主其家，以刊修委之。元文罢，继之者大学士张公玉书、陈公廷敬、尚书王公鸿绪，皆延请先生有加礼。先生素以《明史》自任，又病唐以后设局分修之失，尝曰：“昔迁、固才既杰出，又承父学，故事信而言文，其后专家之书，才虽不逮，犹未至如官修者之杂乱也。譬如入人之室，始而周其堂寝匽湢，继而知其蓄产礼俗，久之，其男女少长，性质刚柔、轻重、贤愚，无不习察，然后可制其家之事。若官修之史，仓卒而成于众人，不暇择其材之宜与事之习，是犹招市人而与谋室中之事也。吾所以辞史局而就馆总裁所者，惟恐众人分操割裂，使一代治乱贤奸之迹暗昧而不明耳。”又曰：“史之难言久矣，非事信而言文，其传不显。……吾少馆于某氏，其家有列朝实录，吾读而详识之。**长游四方，就故家长老求遗书，考问往事，旁及郡志邑乘、杂家志传之文，靡不网罗参伍，而要以实录为指归。盖实录者，直载其事与言，而无所增饰者也。因其世以考其事，核其言，而平心察之，则其人之本末十得其八九矣。然言之发或有所由，事之端或有所起，而其流或有所激，则非它书不能具也。凡实录之难详者，吾以它书证之，它书之诬且滥者，吾以所得于实录者裁之，虽不敢谓具可信，而是非之枉于人者鲜矣。**昔人于《宋史》已病其繁芜，而吾所述将倍焉，非不知简之为贵也。吾恐后之人务博，而不知所裁，故先为之极，使知吾所取者有可损，而所不取者，必非其事与言之真而不可益也。”**建文一朝无实录，野史因有逊国出亡之说，后人多信之，先生直断之曰：“紫禁城无水关，无可出之理，鬼门亦无其地。**《成祖实录》称：‘建文阖宫自焚，上望见宫中烟起，急遣中使往救，至已不及，中使出其尸于火中，还白上。’所谓中使者，乃成祖之内监也，安肯以后尸诳其主？而清宫之日，中涓嫔御为建文所属意者，逐一毒考，苟无自焚实据，岂肯不行大索之令耶？且建文登极二三年，削夺亲藩，曾无宽假，以至燕王称兵犯阙，逼迫自殒，即使出亡，亦是势穷力尽，谓之逊国可乎？”由是建文之书法遂定。在都门十余年，士大夫就问无虚日，每月两三会，听讲者常数十人，于前史体例，贯穿精熟，指陈得失，皆中肯綮，刘知幾、郑樵诸人不能及也。马、班史皆有表，而后汉、三国以下无之，刘知幾谓得之不为益，失之不为损。先生则曰：“**史之有表，所以通纪传之穷。有其人已入纪传而表之者，有未入纪传而牵连以表之者。表立而后纪传之文可省，故表不可废，读史而不读表，非深于史者也。**”康熙壬午四月卒，年六十。所著《历代史表》六十卷、《纪元汇考》四卷、《庙制图考》四卷、《儒林宗派》八卷、《石经考》二卷，皆刊行。又有《周正汇考》八卷、《历代宰辅汇考》八卷、《宋季忠义录》十六卷、《六陵遗事》一卷、《庚申君遗事》一卷、《群书疑辨》十二卷、《书学汇编》二十二卷、《昆仑河源考》二卷、《河渠考》十二卷、《石园诗文集》二十卷，予皆未见也。乾隆初，大学士张公廷玉等奉诏刊定《明史》，以王公鸿绪史稿为本而增损之，王氏稿大半出先生手也。

全祖望《续耆旧》卷七十八、阮元《儒林传稿》卷二、《两浙輶轩录》卷七、徐鼒《小腆纪传》补遗卷六十九、徐世昌《晚晴簃诗汇》卷四十皆有传，存目。

沈大成《学福斋集》文集卷二《万季野先生群书辨疑序》：甬东之万氏以经学世其家，充宗、季野两先生所著尤富。其精言奥论，为昆山徐尚书采刻《读礼通考》者几于什之三四。然充宗先生之书版行已久，季野先生犹弆而有待，学者每以为憾。今春，其从孙近蓬路出广陵谋刻先生《群书辨疑》，曰家所藏仅八卷，尚佚其四，属为访寻。余行箧中有完本，因举以归之。明珠复还，当非偶然。此书将显于时矣。先生此书总为卷十二，其所辨《易》、《书》、《诗》、《春秋》、《礼》诸经，最详于丧礼、丧服，其次则禘袷、庙制，又其次则金石文字暨诸史，而末则以先所传者终焉。先生之用心勤矣。夫读书不能无疑，鹘突不解，久则轖结于中，若症瘕然。虽有文挚，不为功。又或穿凿傅会，率臆武断，其病人尤甚。是故先生每读一书，必为之反复辨论，期乎至当而后已。沛然若江河之流，昭昭然若象纬之丽天，填填然若洊雷之启蛰，而授杖于盲者也。其裨益学者闳矣哉！先生之学，浩无涯际，虽此书不足以尽先生，然自此而求观先生，亦可推一而知十焉。余生晚，不获从先生游，幸与近蓬为同志之友，习闻两先生之绪论，今又喜睹此书之传，辄忘衰陋，僭缀数语，亦乘韦之义也。

黄宗羲《南雷文定四集》卷之一《补历代史表序》：**自科举之学盛，而史学遂废**。昔蔡京、蔡卞当国，欲绝灭史学，即《资治通鉴》板亦议毁之，然而不能。**今未尝有史学之禁，而读史者顾无其人，由是而叹人才之日下也。忆余十九、二十岁时，读二十一史，每日丹铅一本，迟明而起，鸡鸣方已，盖两年而毕**。然付性鲁钝，一传未终，已迷其姓氏者，往往有之。朱子云：“思虑计画者，魂之为也；记忆辨别者，魄之为也。”固知余之魄弱也。先忠端公就逮时，途中谓某曰：“汝近日心粗，不必看时文，且将架上《献征录》涉略可也。”自后三年，始读二十一史，因先公之言也。**夫二十一史所载，凡经世之业亦无不备矣**，然其间缺略甚多。司马迁创为本纪、志、八书，即志、表、列传，诸史皆因之，后汉即有志而无表，三国表、志并无矣。以南朝而言，晋、宋、齐、梁、陈皆无表，梁、陈并无志也；以北朝而言，魏、齐、周、隋皆无表，齐、周并无志也。唐之志、表极详，五代既无表，而《司天》、《职方》二《考》，则《律历》、《五行》、《地理》三《志》之略，其他不能及。宋、辽、金、元志、表俱备。然据所可考者作表，不计详略，岂非读史者之憾乎？是故**杜氏《通典》、郑樵《通志》、《文献通考》皆足以补史志之缺文**。而补表者，古今以来无其人也。宋谢翱尝采独行作《秦汉之际月表》，今亦亡矣。即以志而论，传世久远，亦多错误。如《汉 · 律历志》“统毋”误为“统法”，“见月法”误为“月法见”，“月日法”误为“日法”，至于除法尤为错乱，余推冷州鸠七律方为之改正。《后汉 · 律历志》所列元纪蔀章之法，以《乾凿度》较之，大概不合，同出于四分，而《凿度》可推，历志不可推，其为误也多矣。余友万季野读书，五行并下，弘羊潜计安世默识，季野准之，诚不足怪，而尤熟于明室之典故，诏修《明史》，总裁令其以白衣领事，见之者无不咨其博洽，尝补二十一史表五十四卷，朝士奇之，欲与刊行，诚不朽之盛事也。余忆崇祯己巳，于陈眉公坐上遇许子洽，有《明馆阁九卿表》初成，见之以为奇书，此不过目前一代之考索，而季野能追考于千载之上，岂不谓尤奇耶？**嗟乎！元之亡也，危素趋报恩寺，将入井中，僧大梓云：“国史非公莫知，公死，是死国之史也。”素是以不死。后修《元史》，不闻素有一词之赞。及明之亡，朝之任史事者众矣，顾独借一草野之万季野以留之，不亦可慨也夫！**①

万斯同《石园文集》卷六《书唐玄宗改古文尚书为今文诏后》：存目。

万斯同《石园文集》卷六《再书唐玄宗改古文尚书为今文诏后》：存目。

万斯同《石园文集》卷六《五经皆有古文说》：存目。

万斯同《石园文集》卷七《与钱汉臣书》：存目。

万斯同《石园文集》卷七《大学辨业序》：存目。

章太炎《检论 · 清儒》：然自明末有浙东之学，万斯大、斯同兄弟，皆鄞人，师事余姚黄宗羲，称说《礼经》，杂陈汉、宋，而斯同独尊史法。其后余姚邵晋涵、鄞全祖望继之，尤善言明末遗事。会稽章学诚为《文史》、《校雠》诸通义，以复歆、固之学，其卓约近《史通》。而说《礼》者羁縻不绝。定海黄式三传浙东学，始与皖南交通。其子以周作《礼书通故》，三代度制大定，唯浙江上下诸学说，亦至是完集云。

① 四库本将末段改为：“余向读史时，尝有意为斯事，忽忽未果，嘉季埜之克成余志也，故为叙之如此。”

万　经

《清儒学案》卷三十五《鄞县二万学案下·二万家学·万先生经》：万经，字授一，号九沙，充宗子。康熙癸未进士，官编修。南雷移证人书院于鄞，申明蕺山之学，先生侍席末，与闻其教。晚年，增补充宗《礼记集解》数万言，《春秋》定、哀二公未毕，又续纂数万言。又重修季野《列代纪年》。又续纂兄言《尚书说》、《明史举要》，皆先代未成之书。乾隆初，举博学鸿词科，不就。年八十二，家遭大火，遗书悉焚，终日涕洟，自以为负罪先人。逾年卒。著有《分隶偶存》二卷。(参史传)

《清史稿·儒林二》：斯大子经，字授一。黄宗羲移证人书院于鄞，申明刘宗周之学。经侍席末，与闻其教。及长，传父、叔及兄言之学。又学于应撝谦、阎若璩。康熙四十二年，成进士，选庶吉士，散馆授编修。五十年，充山西乡试副考官。五十三年，提督贵州学政。及还，以派修通州城工，罄其家。素工分隶，经乃卖所作字，得钱给朝夕。晚增补斯大《礼记集解》数万言。《春秋》定、哀二公未毕，又续纂数万言。又重修斯同《列代纪年》，又续纂兄言《尚书说》、《明史举要》。皆先代未成之书。乾隆初，举博学鸿词科，不就。年八十二，家遭大火，遗书悉焚。经终日涕洟，自以为负罪先人。逾年，卒。著有《分隶偶存》二卷。

《清史列传·儒林传下一》：存目。①

全祖望《鲒埼亭集》卷十六《提督贵州学政翰林院编修九沙万公神道碑铭》：乾隆六年正月二十四日，前提督贵阳学使翰林九沙万公卒于家。先是，公尝自葺年谱，谦词令身后不必求志表之文。至是，公之妇弟钱君中盛谓终不可废也，长君承天属予序次之。余于公为十世通家子弟，少陪杖履，又叨同馆后进，况生平知己之感，至深且重，其曷敢辞。但考之今制，墓道之礼，五品以上用碑，五品以下用碣，此唐、宋以来故制，莫之易也。而馆阁诸臣，自明以来，资望最隆，五品以上其仪视尚书，五品以下其仪视侍郎；而今制，直省学臣，其仪视督抚称三院，则其得用碑无可疑者，故予于公丽牲之石，特令准五

① 详见中华书局本第17册，第5466~5467页。

品以上之仪。按：公讳经，字授一，别署九沙。先世为凤阳府定遗县人。明初从龙功臣斌之后。斌之子钟，以世袭，始为宁波卫人。钟子武，武弟文，相继袭指挥，死王事，世所称“四忠”者也。又四世，而为中府都督同知、淮安总兵表，以儒将私淑新建之学，世所称鹿园先生者也。又二世，而为左府都督众事、福建总兵邦孚，是为公曾祖，生户部主事泰，是为公祖，始丧其世职，为宁波府鄞县人。户部八子并有名，而殊尤者三人：其一为公择先生斯选，其一为充宗先生斯大，其一为季野先生斯同。公为充宗先生子。初，鹿园先生二世葬于杭之西溪，及充宗先生开讲于杭，遂以守墓定居，故公长于杭。少随诸父读书。南雷黄子方移证人书院于鄞，申明蕺山之学，公择先生兄弟最称高座，公剑负侍于席末，豫闻格物传心之教。诸父著书满屋，公不假外求，耳濡目染，已成学海，一切世俗之占毕，不得一至前，此固非下户小生之所能望也。于是受“三礼”说数十万言、《春秋》说数十万言于充宗先生，又受“三礼”说数十万言于季野先生，受《易》说数十万言于世父正符先生斯祯，受《尚书》说数千言于从兄言，又受辟佛之说数万言于公择先生，此其经学也。受《明史》纪传三百卷及《列代史表》数十种于季野先生，受《明史纲目》及《崇祯长编》于从兄言，此其史学也。而公又叩性理之学于应征士嗣寅，求汉隶原委于郑君谷口，参考《通鉴地里笺释》于阎征士百诗，其博且精也。公成康熙癸未造士，选入翰林。……寻授编修。前侍郎桐城方公时以株连之祸被禁，莫敢保出之者，公奋然送状西曹，遂释之，此其友朋急难之义也。寻主山西试事。……公之归也，家既罄，萧然如布衣，卖所作隶字，得钱给朝夕。于是，增补充宗先生《礼记集解》又数万言；《春秋》定、哀二公未毕，又续纂数万言，少尝取从兄《尚书说》辑成一编，至是又整顿之，以成万氏经学。从兄《明史举要》未毕，续纂二十余卷；又重修季野先生《列代纪年》，以成万氏史学。又辑九沙《分隶偶存》，此其晚年著述之目也。公虽布衣疏食，而见义必为，未尝少衰。苍水张公墓道将圮，公竭力修之；苍水固充宗先生所葬，公于上巳、重九必为设祭，此其继志之孝也。……公虽笃老，而神明清吉，步履康强，饮酒尚可数斗，犹时时为人作隶字。自去冬家遭大火，靡有剩遗。充宗先生未刻之书，如《礼记集解》、《春秋明辨》皆烬焉，其他秘抄之本，不可数也。公于是终日涕洟①，眠食俱减，自以为负罪先人，拟之夷伯之震，而驯至大病不可起。生于顺治十有六年正月十有三日，得年八十有三。……公为人春容大雅，不激不随，尤喜引掖后进：其于杭人，物色今编修杭君世骏于髫年，以为郑渔仲之流；荒落如予，公引为忘分忘年之契，吹嘘不啻口出。晚年大火之后，家无儋石，而故人沈峙公之死，贫无以殓，公为之遍告于有力者以赙之，其古道若此。呜呼！老成凋谢，枌社黯然，又岂仅哭其私而已哉！其铭曰：西溪之渚，万树古梅。昔年从公，秦亭徘徊。今年哭公，古梅同哀。邹、施、秦、许，半已蒿莱。先茔八叶，世泽未衰。暗香述影，旧德所培。

阮元《儒林传稿》卷二、《两浙輶轩录》卷十五、李元度《国朝先正事略》卷三十二、《（民国）杭州府志》卷一百七十皆有传，存目。

陆燿《切问斋集》卷六《分隶偶存序》：翰墨之道虽微，非精其术者不能言，言亦不足以传。信若蔡中郎之九势、钟太传之十二意，至于今学士大夫不能增损一字，盖共用功

① 涕洟：涕泪俱下；哭泣。

也深，故收效也远。周非稍涉其藩篱而辄能不朽者也。至乃有军之学算法，再传季海之家，遭名三叶，一门师授，奕世同光，又古今不可必得之数，其中隐显绝续之机，往往有默司其柄者，非复人力所能与焉。两东九沙万先生胚胎家学，于读书考古而外，复覃精于分隶之书。余童年即尝奉其零缣断楮，为家藏珍秘笈来守济南，乃得与先生之孙幽初共事一方。一日，出先生所辑《分隶偶存》见示，公余披读再三，信先生之精于斯艺，能皆萃戚书，以嘉惠后学，无异中郎太傅之用心，而幽初复能阐扬其事，寿诸梨枣，以公同好，抑亦何愧王徐之子孙乎？固念先君子昔日亦酷嗜作隶，每得汉人一碑，临摹不数百遍不辍，持论以光和为宗，下此者弗尚也。余不能仰继先人余业，读幽初所刻之书，而益滋内愧，且以叹立言传信之难，而世济共美如先生之家者为不多见也。爰为之序。

全祖望

《清儒学案》卷六十九《谢山学案上》：谢山为学，私淑南雷，精治经史，博极群书。尤熟于明事，凡永乐靖难，忠贤当祸，东林始末，唐、桂遗闻，皆能抉其隐微。平生留意乡邦文献，于明季里人之死难者，必为之辨诬征实，作碑志铭传，以存其人。**数百年来，浙东学派以重根柢、尚志节为主，南雷开其先，万氏继之，全氏又继之。**风气绵延，迄今**弗替，其效远矣。**(下略)

《清史稿·儒林二》：全祖望，字绍衣，鄞县人。十六岁能为古文，讨论经史，证明掌故。补诸生。雍正七年，督学王兰生选以充贡，入京师，旋举顺天乡试。户部侍郎李绂见其文，曰："此深宁、东发后一人也！"乾隆元年，荐举博学鸿词。是春会试，先成进士，选翰林院庶吉士，不再与试。时张廷玉当国，与李绂不相能，并恶祖望，祖望又不往见，二年，散馆，置之最下等，归班以知县用。遂不复出。方词科诸人未集，绂以问祖望，祖望为记四十余人，各列所长。性伉直，既归，贫且病，饔飧不给，人有所馈，弗受。主蕺山、端溪书院讲席，为士林仰重。二十年，卒于家，年五十有一。祖望为学，渊博无涯涘，于书无不贯串。在翰林，与绂共借《永乐大典》读之，每日各尽二十卷。时开《明史》馆，复为书六通移之，先论艺文，次论表，次论忠义、隐逸两列传，皆以其言为韪。生平服膺黄宗羲。宗羲表章明季忠节诸人，祖望益广，修枌社掌故、桑海遗闻以益之，详尽而核实，可当续史。宗羲《宋元学案》甫创草稿，祖望博采诸书为之补辑，编成百卷。又七校《水经注》，三笺《困学纪闻》，皆足见其汲古之深。又答弟子董秉纯、张炳、蒋学镛、卢镐等所问经史疑义，录为《经史问答》十卷。**仪征阮元尝谓经学、史才、词科三者得一足传，而祖望兼之。**其《经史问答》，实足以继古贤，启后学，与顾炎武《日知录》相埒。晚年定文稿，删其十七，为《鲒埼亭文集》五十卷。弟子同县蒋学镛，字声始。乾隆三十六年举人。从祖望得闻黄、万学派，学镛尤得史学之传。

《清史稿列传·儒林传下一》：存目。①

---

① 详见中华书局本第 17 册，第 5486~5487 页。

严可均《铁桥漫稿》卷七《全绍衣传》：全祖望，字绍衣，号谢山，小字阿补，鄞人。年十四，补诸生，始谒学宫。至名宦乡贤祠，见谢太仆三宾、张提督杰木主，曰："此反复卖主贼。"捶之不碎，投頖池。雍正七年，充选贡入都。上书礼部侍郎方苞论《丧礼或问》，侍郎异之，由是声称藉甚。十年，举进士不第，工部侍郎李绂见其行卷，曰："深宁、东发后一人也。"十二年，诏开鸿博大科，膺荐者二百余人集都下，祖望誉最高，徐相国屡招致之，不往，遂深嫉之。乾隆元年成进士，改庶吉士，十月大科朝试，相国以祖望故，特奏凡经保荐而已成进士入词林者，不必再与鸿博之试。祖望负气为《五六天地之中合赋》，拟进卷二首，抉《汉志》、《唐志》之微，出与试诸人右，当事者益嫉之。明年，散馆列下等，外补。祖望性伉直，不能容物。先尝患齿痛，妻张因事相规笑，曰："此雌黄人物之报也。"卒不改，至于放黜。既南归，丁外内艰，服除，不复谒选。性好聚书，弱冠时登范氏天一阁、谢氏天赐阁、陈氏云在楼，遇希有之本，辄借抄。入都，抄书不辍，坐是困乏，以行箧书二万卷质于黄监仓，然犹就《永乐大典》取所欲见而不可得者。分例为五，一经，二史，三志乘，四氏族，五文集，签抄之。及放归重登天一阁，借抄不辍。家益贫，饔飧或不给，冬衣袷衣，唯韩江马氏稍赒济之。主讲蕺山书院，不数月，与绍守不协，固辞归。后主讲端溪书院，年余以病归。乾隆二十年卒，年五十一。……祖望经学、史学、诗文雅擅众长，生平服膺黄宗羲。宗羲著述甚多，其最传者《南雷文定》，于残明碧血刻意表章。祖望踵南雷之后，亦刻意表章，详尽而核实，可当续史。其七校《水经注》，半在赵一清本中。《困学纪闻三笺》，嘉庆初屠继序得本，梓于广，再梓于浙。学政阮芸台得《经史问答》，史梦蛟得手定本《鲒埼亭集》，并梓于浙。外集、诗集亦渐次梓行。余观古今宿学，有文章者，未必本经术；通经术者，未必具史裁。服、郑之与迁、固，各自沟浍，步趋其一，足千古矣。祖望殆兼之，致难得也。当事者不善护持，至使终身放废，人既阨之，天亦阨之。然而不朽著述，久必发扬，仕不公卿，何关轻重？自祖望殁后，至今五十余年，其遗书出而盛行，知不知皆奉为浙学之冠。故为之传，俟史臣之述文苑者采焉。

袁枚《随园诗话》卷六：全祖望，字谢山①，以丙辰春闱先入词馆，故九月间不与鸿博之试。丁巳散馆外用，谢山不乐，赋诗呈李穆堂侍郎云："生平坐笑陶彭泽，岂有牵丝百里才。秫未成醪身已去，先几何待督邮来？"有乩仙传谢山为钱忠介公后身者，故有《举子》诗云："释子语轮回，闻之辄加嗔。有客妄附会，云我具夙根。琅江老督相，于我乃前身。一笑妄应之，燕说谩云云。"按：谢山年三十六，方娶满洲学士春台之女，逾年举子。时忠介公后人名芍亭者，侵晨入贺。谢山惊曰："何知之神前？"芍亭曰："夜来寒影堂中，不知何人扬言曰：'谢山得子。'故来贺耳。"此事，朱心池为余言之。余悔在都见谢山时，不曾一问。

阮元《儒林传稿》卷三、《两浙輶轩录》卷二十二、钱林《文献征存录》卷五、李元度《国朝先正事略》卷三十四、李斗《扬州画舫录》卷四皆有传，存目。

阮元《揅经室集》二集卷七《全谢山先生经史问答序》：**经学、史才、词科，三者得一，足以传，而鄞县全谢山先生兼之。**先生举弘博科，已官庶常，不与试，拟进二赋，抉

① 今按：全祖望，字绍衣，号谢山（袁枚误以为字）。

《汉志》、《唐志》之微，与试诸公皆不及，精通经史故也。予视学至鄞，求二万氏、全氏遗书及其后人。慈溪郑生勋奉先生《经史问答》来，往返寻绎，实足以继古贤，启后学，与顾亭林《日知录》相埒。吾观象山、慈湖诸说，以空论敌朱子，如海上神山，虽极高妙，顷刻可见，而卒不可践。万、全之学出于梨洲而变之，则如百尺楼台，实从地起，其功非积年工力不成。噫！此本朝四明学术所以校昔人为不惮迂远也。①

杭世骏《道古堂文集》卷九《全谢山鲒埼亭集序》：谢山全氏有其乡前辈浚仪、慈溪两先生之学，而才足以振其滞，口能道其胸之所记，手能疏其口之所宣，牢笼穿穴，揉杂万有，其匆可及也已。虽然，仆窃闻之：德，产之致也；精微，礼之内心也。德发扬诩，万物其外心也。德胜文，厚积而薄发；文不胜德，侈言无验，华言而不实，多言而躁之。数者之过，谢山微之。谢山其知惕矣乎！高一世之才，而不闻道经郛史，廓壹切驵贩，折杨皇荂，升歌于清庙，诸于绣褔，被袨于岩廊，于五行为妖，于文辞为罪，馁才贫学，怖河汉而惊鬼神，渊粹之儒咥其笑矣。夫诗以抒情，情荡则辞溺；文以伸理，理屈则辞支。苟有胸而无心，曷克己以复礼？张衡自嗛于皮传，庄生取譬于輀囊。往蹇来连，诮均苓耳。谢山志锐而气充，粪溲章句小生，独以仆为盐石。仆虽重惟其得已于言乎？浚之乎诗书之源，不敢夸毗以炫世。游之乎仁义之广，不敢坚僻以畔圣。烦言碎辞，皆有根核。美章秀句，无假藻斧。区区之诚，若是而已。至于平昔研辨之文，已见集中，兹则不复以赘也。

焦循《雕菰集》卷十八《书鲒埼亭集后》：全谢山太史得恶疾，就医于扬州。虽与马氏交，而为之延医治药，日视疾不少间者，江都朱自天也。朱是时家中落，而为太史费不赀，百计求已其疾，奔走忧劳，不啻骨肉。太史临归，泣谢曰："吾死有知，当投君家作儿孙以报耳！"因相传自天之孙介福为谢山后身，虽里巷不经之言，然足以知未之相待者厚也。太史门人董氏作年谱，称在扬寓马氏之灵经堂，而朱事不一字及之，岂太史归未尝言之耶？抑言之而年谱讳其事耶？**元和惠征士栋，尝病于扬州，需参莫措，汪对琴比部慨然独持赠，费千金。惠病起，以所撰《后汉书训纂》酬之。今鹭亭冯先生所刻《后汉书补注》，即此本也。此事世亦鲜知之者。**朱名重庆，性简傲，好作诗，时称"东城狂士"。

李慈铭《越缦堂文集》卷六《书鲒埼亭集外编·萧山毛检讨别传后》（同治元年）：西河固非醇儒，而谢山骂之不遗余力，至讦发其阴私，亦几为市井无赖之叫嚣矣。所云先赠公者，乃谢山之祖父，一村老农耳，何由而知西河学问之底蕴？其言岂可据哉？至篇中所列西河诸误，诚不能为之解。予尝谓西河史学实疏，又因恶宋儒性理空疏之学，不读其书，遂并宋以后之史俱似未读，此所以来后人之讥弹。要其经学、文章，不特吾郡之冠，亦天下之杰也。善乎阮文达之序《西河全集》曰："议者以检讨好辨善詈，且以所引证索之本书，间有不合。予谓**善论人者略其短而著其功，表其长而正其误**。若苛论之，虽孟、荀无完书矣。**有明三百年，以时文相尚，其弊庸陋谫僿，至有不能举经史名目者**。检讨首出，于东林、蕺山空文讲学之余，以经学自任，大声疾呼，而一时之实学顿起。其推溯太极、河洛在胡朏明之先，发明荀、虞、干、侯之《易》在惠定宇之先，于《诗》驳申氏之伪，于《春秋》指胡氏之偏，"三礼"、《四书》所辨正尤博。至于古文诗词，后人得其一，已足以自立于千古，而检讨犹不欲以留于世，则其长固不可以一端尽矣。其引证间

① 今按：《四部丛刊》本与此稍异。

有讹误，则以检讨强记博闻，不事翻检之故，恐后人欲订其误，毕世不能也。”云云。可谓先得我心者。平情论之，谢山乙部之学固精于西河，至甲部则中可容数十人焉。公是公非，自在天壤，如其论定，以俟后贤。

萧穆《敬孚类稿》卷七《跋严修能评阅鲒埼亭集外编》：此编亦为赵季梅教授所藏。其卷五《明淮扬监军道佥事谥节愍鄞王公神道碑铭》已载前集卷六，卷十三《射龙将军庙碑》即前集卷五《射龙将军扬波辞》，卷三十五《元翰林学士王文定公神道碑跋》即前集卷三十八《王秋涧神道碑跋》，惟呜呼以下小异，严氏皆一一标出，宜存彼删此。其评卷一《西安学宫石经赋》篇法句法扫地都尽，师心自用，遂至于此，可以为戒。又篇中小注据《七略》,《熹平石经》有《毛诗》六卷，有康成《尚书》八卷、《春秋左氏》经文一卷，以为未之前闻。今按：全氏实不免为臆说。其评卷十二《钱唐龚隐君生传》以为俗笔之尤，集中已有圹志，宜存彼删此。评《萧山毛检讨别传》云：“自修史立传之外，古来未有专作一文以攻讦人之过恶者。南雷所作《丰南禺别传》，但书其痴騃之情状，以供噱噱，末幅始出正论，罪其侮经，下笔时自有斟酌，其体格则游戏小品也。今谢山取毛氏之丑态劣行，不惜铺张数千言，殆学南雷而失之。”其评卷十六诸记云：“谢山雅不屑以文人自居，其意欲自厕于讲学之流，其梗概以是卷见之，吾不敢知其于道所得深浅果何如，顾其表章之功诚有足尚者。”评卷十九《薛文清公画像记》云：“当时于公若不死，将委蛇朝班邪？抑弃官归山邪？曹石之害于公，正于公心之所乐。使文清力争，固未必得如志，假若得如志，将使于公何以自处乎？余以为此固未足为文清病。韩忠武何以不力救岳武穆？明知事势万万不能耳，若强而行之，祸必有大于此。”评卷四十四《答诸生问南雷学术帖子》云：“梨洲前朝遗老，又以理学自居，然其晚节颓唐潦倒，至使海宁有公愤文字以相痛诋，其集中如‘鲁栗降贼而回籍’者，魏学濂降贼不得志而自缢者，皆竭力谀墓。又于鲁王官左副都御史即以母在不死，唯有活埋躬耕一法，而乃委蛇时贵，以为此固出于大不得已，吾不知之矣。”又卷四十九记许都事据《陈忠裕公年谱》，驳其所纪所论多纰缪失实，亦最有见。其他纠正，多中肯綮，间有未合，亦并录存，以俟他时论定之。

全祖望《鲒埼亭集外编》卷三十八《汉经师论》：存目。

全祖望《鲒埼亭集外编》卷三十八《唐孔陆两经师优劣论》：杭君堇浦问于予曰：“有唐一代，绝少经师。求其博通诸经，不为专门之学者，只惟孔、陆二家。然《正义》、《释文》并传于今，而华川王氏议学宫之祀，只及孔，岂以《释文》不过小学，而《正义》能见其大欤?”予曰：“仲达亦安敢望德明？仲达之在东都，为隋皇泰主太常博士，时有道士桓法嗣献《孔子闭房记》，以为王世充受命之符，世充即命仲达与其长史韦节杨续撰禅代仪。仲达此事可以比美新之大夫矣。其时德明亦为国子助教，世充遣其子玄恕师之，德明不应，服巴豆卧称病，玄恕就其家，行束修礼，跪拜床下，德明对之，遗利竟不与语，斯其人视仲达为何如？果谁得为圣人之徒欤？仲达仕唐，颇著风节，有谏太子承干之功，则以在太宗之世，故欲铮铮自见也。是所谓治世乱世与时屈伸者也。且世充暴人也，徐文远为其师，犹拜伏见之。德明以一国子先生拒之，可谓大勇矣。**至《正义》之书，依违旧注，不能有所发明，汉、晋经师异同之说芟弃十九，令后世无所参考。愚尝谓《正义》出而经学之隘自此始**，且当时讨论之人甚多，仲达不过为书局之长官，故以其名属之。其后为马嘉运辈所驳正者又不知几何，非出其一人之手。德明《释文》力存古儒笺故，未可忽也。予故谓如德明者可以从祀。”董浦曰：“然。”请书之，作《孔陆优劣论》。

全祖望《鲒埼亭集外编》卷三十八《三家易学同源论》：存目。

全祖望《鲒埼亭集外编》卷三十九《前汉经师从祀议》：存目。

全祖望《鲒埼亭集外编》卷四十《毛诗初列学官考》：存目。

全祖望《鲒埼亭集外编》卷四十《周礼正岁正月考》：存目。

全祖望《鲒埼亭集外编》卷四十八《左氏谥说》：存目。

全祖望《鲒埼亭集外编》卷四十八《文说》：**作文当以经术为根柢**。然其成也，有大家，有作家。譬之山川名胜，必有牢笼一切之观，而后可以登地望；若一丘一壑之佳，则到处有之。然其限于天者，人无如之何也。唐、宋八家而后，作家多，大家不过一二。周平园、楼攻愧力为恢张，微近于廓。水心则行文有蹊径，同甫尤多客气，其余瘦肥浓淡，得其一体而已。有元一代，规矩相承，而气魄差减。明初集大成者惟潜溪，中叶以后真伪相半，虽最醇者莫如震川，亦尚在水心伯仲之间。独蒙叟雄视晚明，而拟之潜溪，逊其春容大雅之致，此又有随乎国运而不自知者。语曰：**文章，天地之元气**，岂不信哉！

全祖望《鲒埼亭集外编》卷二十七《子夏易传跋尾》：《子夏易传》，唐开元中，曾诏列于学宫，同帖正经，以试多士。刘知幾争之曰：“《汉·艺文志》、《易》十三家，无《子夏传》。至《七录》始有《子夏传》六卷，或曰韩婴作，或曰丁宽作。然据《汉志》，韩《易》二篇，丁《易》八篇，求其符会，事殊隳刺。岂非后来假凭，前哲必欲行用，深以为疑。”诏下儒臣集议，司马贞等以为，《七略》有《子夏传》，不行已久，荀勖《中经簿》四卷，《隋志》梁时六卷，今二卷。则错谬多矣。王俭《七志》引《七略》云，《易传》子夏二篇，韩氏作，而今题载薛虞记。秘库有之。传文指趣质略，无益后学，于是停止帖经。然则今所行十一卷，固属赝本，即《七略》以来之书，亦依托耳。孙坦《周易析蕴》欲以汉之杜子夏当之，《书录解题》谓其无据。夫曰韩，曰丁，曰薛，其见于前人著录者尚难审定，况臆度耶？十一卷之颠末，已见于纳兰成氏之跋，余故追溯其旧本而略记之，并取《释文》、《正义》、《集解》所引附列之，因以笑张弧之疏略焉。

全祖望《鲒埼亭集外编》卷二十三《荆公周礼新义题词》：《三经新义》尽出于荆公子元泽所述，而荆公门人辈皆分纂之，独《周礼》则亲出于荆公之笔。盖荆公生平用功此书最深，所自负以为致君尧、舜者俱出于此，是固熙丰新法之渊源也，故郑重而为之。蔡绦以为政和秘阁所藏，其书法如斜风细雨，定为荆公手迹，其后国学颁行之，板为国子司业莆田黄隐所毁，世间流传遂少，仅见王氏《订义》所引而已。而明《文渊阁书目》所有，当犹属政和底本。顾世之人无从见，今则无矣。相传昆山徐尚书雕《经解》，以千金购之不能得。雍正乙卯，予于《永乐大典》中得之，亟喜而抄焉。会修“三礼”，予因语局中诸公，令抄《大典》所有经解，而荆公书尤为眉目，惜其地、夏两官①已佚，终不得其足本也。荆公解经，最有孔、郑诸公家法。言简意核，惟其牵缠于《字说》者，

① 地官：古代六官之一。《周礼·地官·序官》：“乃立地官司徒，使帅其属而掌邦教，以佐王安扰邦国。”郑观应《盛世危言·农功》：“稽古帝王之设地官司徒之职，实兼教养。”夏官：官名。《周礼》载周时设置六官，以司马为夏官，掌军政和军赋。

不无穿凿，是固荆公一生学术之秘，不自知其为累也。盖尝统荆公之经学而言之，《易传》不在三经之内，说者谓荆公不惬意而置之。然伊川独令学者习其书。……朱子于《尚书》推四家，荆公与焉，且谓其不强作解事。而《礼记》之方、马数家，亦禀荆公之意而为之者，至今《礼记》注中不能废。《尔雅》成于陆氏，而以其余为《埤雅》，既博且精，彼其门人，所著尚有不可掩者如此至。若《春秋》之不立学官，则公亦以其难解而置之，而并无“断烂朝报”之说，见于和靖语录中所辨。予观《宋志》，荆公尝作《左氏解》二卷，则非不欲立明矣。荆公又尝与陈用之、许允成解《论》、《孟》，然则去其《字说》之支离，而存其菁华，所谓六艺不朽之妙，良不可雷同而诋也，而况是书又荆公所最属意者乎？荆公之书，五官而已。有郑宗颜者，采其说，别注《考工记》二卷，今《新义》已缺其二，而《考工》尚有存者，并附之。

徐乾学

《清儒学案》卷三十三《健庵学案》：康熙朝，文治昌明，儒臣承流宣化。其最著者，提倡理学，则有熊孝感；荟纂群经，则有李安溪。而健庵博识多通，史学舆地，礼制掌故，延纳众长，规模闳大，乾嘉学派之先声，于此肇焉。(下略)

《清史稿》列传五十八：徐乾学，字原一，江南昆山人。幼慧，八岁能文。康熙九年，一甲三名进士，授编修。十一年，副蔡启僔主顺天乡试，拔韩菼于遗卷中，明年魁天下，文体一变。坐副榜未取汉军卷，与启僔并镌秩调用。寻复故官，迁左赞善，充日讲起居注官。……为《读礼通考》百二十卷，博采众说，剖析其义。服阕，起故官。充《明史》总裁官，累迁侍讲学士。二十三年，乾学弟元文以左都御史降调……是年冬，乾学进詹事。二十四年，召试翰詹诸臣，擢乾学第一，与侍读韩菼、编修孙岳颁、侍讲归允肃、编修乔莱等四人并降敕褒奖赏赉。寻直南书房，擢内阁学士，充《大清会典》、《一统志》副总裁，教习庶吉士。……诏采购遗书，乾学以宋、元经解、李焘《续通鉴长编》及唐《开元礼》，或缮写，或仍古本，综其体要，条列奏进，上称善。时乾学与学士张英日侍左右，凡著作之任，皆以属之。学士例推巡抚，上以二人学问淹通，宜侍从，特谕吏部，遇巡抚缺勿预推。未几，迁礼部侍郎，直讲经筵。……二十六年，迁左都御史，擢刑部尚书。二十七年，典会试。初，明珠当国，势张甚，其党布中外，乾学不能立异同。至是，明珠渐失帝眷，而乾学骤拜左都御史，即劾罢江西巡抚安世鼎，讽诸御史风闻言事，台谏多所弹劾，不避权贵。明珠竟罢相，众皆谓乾学主之。时有南、北党之目，互相抨击。……二十八年，元文拜大学士，乾学子树穀考选御史。副都御史许三礼劾乾学："律身不严，为张汧所引。皇上宽仁，不加谴责，即宜引咎自退，乞命归里。又复优柔系恋，潜住长安。乘修史为名，出入禁廷，与高士奇相为表里。物议沸腾，招摇纳贿。其子树穀不遵成例，朦胧考选御史，明有所恃。独其弟秉义文行兼优，原任礼部尚书熊赐履理学醇儒，乞立即召用，以佐盛治。乾学当逐出史馆，树穀应调部属，以遵成例。"诏乾学复奏，乾学疏辨，乞罢斥归田，并免树穀职。疏皆下部议，坐三礼所劾无实，应镌秩调用。三礼益恚，复列款讦乾学赃罪，帝严斥之，免降调，仍留任。是年冬，乾学复上疏言：

"臣年六十，精神衰耗，只以受恩深重，依恋徘徊。三礼私怨遑忿，幸圣主洞烛幽隐。臣方寸靡宁，不能复事铅椠。且恐因循居此，更有无端弹射。乞恩终始矜全，俾得保其衰病之身，归省先臣丘陇，庶身心闲暇。原比古人书局自随之义，屏迹编摩，少报万一。"乃许给假回籍，降旨褒嘉，命携书籍即家编辑。二十九年春，陛辞，赐御书"光焰万丈"榜额。……三十年，山东巡抚佛伦劾潍县知县朱敦厚加收火耗论死，并及乾学尝致书前任巡抚钱钾庇敦厚。乾学与钾俱坐是夺职。自是龂龁者不已。……三十三年，谕大学士举长于文章学问超卓者，王熙、张玉书等荐乾学与王鸿绪、高士奇，命来京修书。乾学已前卒，遗疏以所纂《一统志》进，诏下所司，复故官。

韩菼《资政大夫经筵讲官刑部尚书徐公乾学行状》：公讳乾学，字原一，号健庵。其先远有代序，详公弟大学士立斋公状中。公生而颖异，八岁而能文，为顾尚书锡畴所知。十三而通"五经"，尝赋《苏台怀古》及《宝剑篇》、《丙魏优劣论》，伯父中允公开禧亟赏之，置几案以勉群从子弟。既为诸生，即慨然有当世之志，于书无不窥，原原本本，以求措诸实用，一旦出，可挈而付若左契也。试辄冠其侪，吴中文社故盛公为之领袖，寻贡入太学，声益起，海内贤士大夫皆倾心焉。顺治庚子举顺天乡试，又十年为康熙庚戌，举礼部殿试，以进士第三人及第，授内宏文院编修，寻改三院，为翰林院，仍为编修。壬子主试顺天。公常病士子治经义骫骳屈曲，以趋时好，率卤莽苟且，侥幸一得，人材将日坏。时立斋公方为祭酒，以古学倡，已骎骎向方。公入闱，以独赏为公鉴，以吐故为研真，酌万派以一源，扫荒途于正道，主者心苦，更甚于作者之惨淡也，往往怜收既落之才，即遗卷中有一佳言迥句，咨嗟吟讽，以失之为恨。同主试者，德清石斋蔡先生，雅服公，一惟公之从榜出，文体一变，以至于今，识者咸诸功不减欧阳子也。会有摭公取副榜，不及汉军者坐降级归，乙卯复原官，明年升右赞善，冬顾太夫人卒。先是，公为孝廉，而丧赠公，哀毁甚，三年不内寝，丧葬一以礼。及丧太夫人，如之，谓未葬，读丧礼，既葬，读祭礼，近世阙不讲学，士大夫罕能举其物，本根不立，为人道祸，乃辑比自古以来及于挽近脱文戚敬之宜，经以"三礼"，纬以史，本于王朝，达于野，始于皋复，讫于除谨，于大经详于曲，守其故常，通于变，为《读礼通考》一书。丧三年间，无斯须去斯礼，而不徒以言也。服除，补故官。明年充日讲起居注，复充《明史》总裁官，以赞善充史馆总裁，非常数也。盖自是公益受知于上矣。又三年，升翰林院侍讲。明年升侍讲学士。寻升詹事府詹事。乙丑升内阁学士兼礼部侍郎。公在阁中，遇事可否，便便言不一及私，或有呫嗫耳语者，常哂之，时愀然有忧色也。上有问，必据实以对惟谨，不求苟合。当秋决时，手狱辞常数十纸，反复求其可生。上宽仁于法，司奏当即报可者及期必一一咨访，公对甚悉，大要归于平恕，以广上恩，多得请，然有不可者必持之，亦不轻出也。时公奉命日直南书房，辰入阁中，理事毕，即入直，从容文墨，亦时有所献纳，云学士例推巡抚，上特旨公与桐城张公俱勿推，以置左右备顾问也。又命教习庶吉士。明年转礼部侍郎，教习如故。公在部，一切礼制酌古准今，有不便者，多所厘正。皇太子出阁讲学，诸大礼仪及北海祀典俱公所定也。尝请崇节俭，辨等威，因申衣服之禁，使上下有章。又请停岁贡，廷试以免远涉。又请改学臣半年解册之例，俟岁科试汇报以除烦费。公谓礼以教孝为本，丧逾三月遽释服，及举殡演戏非礼之大者。满洲京朝官颇沿习未改，疏请禁止，以崇风化。……时公奉命总裁《大清一统志》、《大清会典》及《明史》，凡领三馆，又被命纂辑历代安危治乱之迹，有关政事者，名曰《鉴古辑览》，又命选自周秦以来至元明之文，分正、外、别三集，名曰《古文渊鉴》。所领著作之任既多，不威则莫不敢告劳，而于部事益详慎无所苟也。今大学士伊公时为尚书，尝虚怀以听公，公尝曰："我固非仅署纸尾画诺者。"然非伊公，亦安发纾也。寻充经筵讲官，时讲官无阙员，而礼部以开经筵日期请，上特解某讲官以授公，及进讲，敷陈经义，发明为多，上动容称善。(下略)①

王晫《今世说》卷六企羡：徐健庵负俊才，好交乐善，于士类尤极推奖。宇内之人群归之，如百川之赴巨海。徐名乾学，字原一，庚戌探花及第，官赞善，与弟果亭、立斋并以文章显名当世，时号"三徐"。学博才雄，与之游，恂恂谦谨，言论所及，为艺林所宗。

法式善《槐厅载笔》卷三、唐鉴《学案小识》卷十三《经学学案》、张维屏《国朝诗人征略》卷八、徐世昌《晚晴簃诗汇》卷三十六、《（乾隆）江南通志》卷一百六十五、冯桂芬《（同治）苏州府志》卷九十五皆有传，存目。

沈钦韩《幼学堂诗文稿》文稿卷二《书读礼通考》：昆山徐原一《读礼通考》，淹贯该洽，盖自杜佑以后未有之书也。卷帙既繁，不无小误，其一百十四卷引《明太祖实录》云：洪武四年九月丙辰，册故元太傅中书右丞相河南王王保保女弟为秦王樉妃，时妃有父丧，上命廷臣议之。礼部尚书陶凯奏，大功以下虽庶人亦可成昏，况王妃无服？徐氏讥之，以为陶凯身为礼臣，不能规正三年之丧，达于天子，乃云无服，何忍言悖礼至此也。愚按：王保保其舅察罕养为己子，察罕之死在顺帝至正二十二年，何为洪武四年其女弟尚有父丧？及考《太祖实录》，则云妃有外王父丧，乃知徐氏所见之本有脱文尔。外王父之服小功，凯所据者大功之末可以嫁子，不为失礼。徐氏所见误本，一时不能辨正，宁不知王保保为何人，其父为何人，而遽令一代创业之主与其制作之臣同受不韪，询乎著书者不可以卤莽，尤不可以不通史学也。**宋、元以来，倾轧于注疏者至矣，国初学者尚沿其习，万斯大、顾湄辈意不在于规，而主乎詈，若蒙师之训童子然。甚者往往剜肉为疮，以施其砭炙，虽口如布谷，吾恐一空之智不足窥礼堂之藩也。徐氏于是书，凡有异论采摭靡遗，其推元之敖继公为尤至，若欲祧郑而祖敖，异矣哉！**余谓敖氏穿窬之黠者耳，其说《仪礼》大约与郑异同参半，同者固已攘取之而干没其本来，异者又不欲讼言之，若疑谳所自，及设阳捭阴阖之文，坚似是而非之说，使人不以为空疏，反以为达礼，堕其云雾而不之觉，然有识者观之，捋撦割裂，辟戾衡决，咿嚘叹呜，潦倒粗沽，等诸下里伪物而已，其幸存至今，适丁厌故喜新之会，兼为《仪礼》者至少，学士大夫不暇治经，何从而衡其浅深得失哉？然儇给者遂欲以积薪处之，是一手而掩万目也。徐氏综数千年之大典，为实事求是之学，而以卮言吊诡殽其间，亦狃于俗习，而不之思尔。如吕坤之书号为《四礼疑》者，则舍儒而攻圣者也，如之何而列之也？②

彭元瑞《恩余堂辑稿》卷一《修补通志堂经解序》：昆山徐相国汇说经家诸书锓为《通志堂经解》，迄今年久板日朽佚，计阙者百数十篇，废摹印者二十余年，坊贾或累数年，罕售一帙，盖经学之不讲也久矣。坐肆而鬻，按籍而求，惟讲章、时文二者是骛。**词**

① 见《碑传集》卷二十。今按：中华书局本第683页误为第483页。如此误植，再版时当改正。

② 见《续修四库全书》第1499册，第180~181页。

章之士，又以撦摭类书为急。计一二好古之儒，或博览史籍，至经则倦而思卧矣。**盖史事新而易识，经学湛而难入**。质性所近，其大较然也。予视学三年，每令诸生默写经文，中鲜讹误者百不得一二，至通《注疏》者绝无其人，矧诸家之籍乎？作之者与汇而传之者之苦心如是，而仅以听之浥烂脱失至于不可收拾，可慨也！江苏按察使、今刑部侍郎光山胡公慨然起而任之，取校旧本，残者补之，漫漶者厘之，于是《通志堂经解》复为完书。公先君子少宗伯为天子旧学之臣，邃于《周易》。公少孤能读父书，胸有根柢，以文学发为事业，是举有功于经学不尠，抑今典学高深，文治醲粹，海内秘籍上《四库全书》馆至万余种，多有出于徐氏所刊之外者，诏付开雕，拭目大备，公将以是为扬诩先声，要素始事也夫！

童槐《今白华堂诗录补》卷一《题通志堂经解后》：经文如江河，疏义等潢潦。万派汇一源，厥功在善导。戴圣创经解，独力开窔奥。笺注及传说，诸家各树纛。"五经"叔重名，"九经"那律号。得间竞发难，一字亦相报。宋儒虽尚简，精力靡不到。说经而经亡，任彼凡咮噪。所虑卷帙纷，泛似溢秋涝。纳兰佳公子，层澜回既倒。执戟侍明光，抱经敦夙好。坛席延五鹿，异本共传告。成此众说郛，径路达四隩。综列三千年，绵蕝俨门楣。皇、贾、马、郑辈，出入恣排奡。缅怀通志堂，堂室期独造。

叶德辉《书林清话》卷九《纳兰成德刻通志堂经解之一》：国初人刻书亦有高下。纳兰成德之《通志堂经解》表章宋、元人遗书，其功诚不可没，然主裁者无卓识，而门户之见过深，凡诸家经解，非程、朱一派则削而不录，又其所刻本有宋、元旧本可据，而全不取，以校勘观何义门焯批阅目录注文，则当时之草草可知矣。若曹寅所刻《小学五种》、《楝亭十二种》，又为内府刻《全唐诗》，则固胜于纳兰成德远甚，然不如张士俊《泽存堂五种》摹仿宋刻，极肖极精。自明至国朝，刻工如此之精研者盖亦尠矣。

叶德辉《书林清话》卷九《纳兰成德刻通志堂经解之二》：《通志堂经解》本为徐乾学所刻，何焯所校《通志堂经解目录》，屡称东海，是当时并不属之纳兰成德也。乾隆五十年二月二十九日奉上谕："《四库全书》馆进呈补刊《通志堂经解》一书，朕阅成德所作序文，系康熙十二年，计其时成德年方幼稚，何以即能淹通经术？向即闻徐乾学有代成德刻《通志经解》之事，兹令军机大臣详查成德出身本末，乃知成德于康熙十一年壬子科中式举人，十二年癸丑科中式进士，年甫十六岁，徐乾学系壬子科顺天乡试副考官，成德由其取中，夫明珠在康熙年间柄用有年，势焰熏灼，招致一时名流如徐乾学等互相交结，植党营私，是以伊子成德年未弱冠，夤缘得取科名，自由关节，乃刻《通志堂经解》以见其学问渊博。**古称皓首穷经，虽在通儒，非义理精熟，毕生讲贯者，尚不能单心阐扬，发明先儒之精蕴，而成德以幼年薄植，即能广搜博采，集经学之大成，有是理乎**？更可证为徐乾学所裒辑，令成德出名刊刻，俾藉此市名邀誉，为逢迎权要之具耳。夫徐乾学、成德二人品行本无足取，而是书荟萃诸家，典赡赅博，实足以表章六经，朕不以人废言，故命馆臣将版片之漫漶断烂阙者补刊齐全，订正讹谬，以臻完善，嘉惠儒林，但徐乾学之阿附权门，成德之滥窃文誉，则不可不抉其隐微，剖悉原委，俾定论昭然，以示天下后世。着将此旨录载书首。"盖纳兰即明珠之子，当时徐乾学、高士奇与之结纳，故徐为作序，盛推其校刻之功，其言虽不免过于夸侈，然纳兰成德究为贵介中有才德者。世传所著《饮水词》、《侧帽词》，饶有宋人风格。平生与无锡词人顾梁汾贞观交契。吴汉槎兆骞以科场案牵连，谪戍宁古塔，顾寄吴《金缕曲》词，为纳兰见之，读之泣下，白于明珠，以展转地道，赦归，其人其事皆艺林美谈。然则《通志堂经解》一书，或不必尽为徐所代刻，百年公论，后世自有知者。今小说有《红楼梦》一书，其中宝玉或云即纳兰。是书为曹寅之子雪芹孝廉作，曹亦内府旗人，以同时人纪同时事，殆非架空之作。今《通志堂全书》初印者全部绝少，乾嘉间如孙星衍《孙祠书目》、倪模江《上云林阁书目》所载缺种极多，吾藏初印全本两部，可以睥睨诸君矣。

叶德辉《书林清话》卷九《纳兰成德刻通志堂经解之三》：姚元之《竹叶亭杂记》云：《通志堂经解》纳兰成德容若校刊，实则昆山徐健庵家刻本也。高宗有成德借名、徐乾学逢迎权贵之旨。成德为明珠之子，徐以其家所藏经解之书，荟而付梓，镌成德名，携板赠之，序中绝不一语及徐氏也。书中有宋孙莘老《春秋经解》十五卷，而目录中无之，山东朱鸢湖在武英殿提调时，得是本，以外间无此书，用活字板印之，盖以通志堂未曾付刻也。其时校是本者为秦编修敦甫恩复，秦家有通志堂刻本，持以告朱，朱愕然，不知当日目中何以缺此也。秦云据其所见为目中所无者尚不止此，岂是书有续刻欤？吾按是书随刻随印，亦随时排目，故其目录有多寡之不同。据邵注《四库书目》亦云：林栗《周易经传集解》三十六卷，当时已经刊成，因栗曾劾朱子，遂毁其板，然则目录与刻书之不合，信有之矣。

朱彝尊《曝书亭集》卷三十四《读礼通考序》：礼有五，丧祭重矣。曲台之《记》、石渠之《论议》，于丧礼尤详焉。晋人崇尚庄、老，宜其自放礼法之外，而于丧礼变除假宁之同异，独断断辨难。若杜预、卫瓘、袁准、孔伦、陈铨、刘逵、贺循、环济、蔡谟、刘德明、葛洪、孔衍之徒，均有撰述。宋、齐以降，言凶礼者不乏。自唐徙五礼之名，置凶礼第五，于时许敬宗、李义甫上《显庆新礼》，以为凶礼非臣子所宜言，去《国恤》一篇。自是天子凶礼遂阙，宜柳宗元以不学讪之也。迨宋讲学日繁，而言礼者寡，于凶事少专书。朱子《家礼》盛行于民间，而世之儒者于国恤不复措意，其仅存可稽者，杜氏《通典》、马氏《通考》已焉。呜呼！慎终追远之义，辍而不讲，斯民德之日归于薄矣。刑部尚书昆山徐公，居母忧，读《丧礼》，撰《通考》一书，再期而成。寻于休沐之暇，浏览载籍，又增益之，凡一百二十卷。摭采之博而择之精，考据之详而执之要，此天壤间必不可少之书也。当孝庄太皇太后崩，公时由礼部侍郎迁都察院左都御史，仍直史馆。自初丧及启殡，礼无纤巨，天子惟公是咨。公斟酌古今之宜，附中使入奏，悉中条理。盖公于是书默识于心，宜其折衷靡不当，上结主知，诚稽古之效矣。公归田后，开雕是书。**彝尊因劝公并修吉、军、宾、嘉四礼，庶成完书。公喜剧，即编定体例，分授诸子。方事排纂，而公逝。**又二年，先以刊完丧礼行世。彝尊夙承公命作序，至是乃书其大略。若全书纲要，公发凡举例，已详言之。后之览者可以见公用力之勤也已。康熙三十有五年夏四月几望，秀水朱彝尊序。

张穆《阎潜丘先生年谱》：《四库全书提要》：《资治通鉴后编》一百八十四卷，国朝徐乾学撰。是编以元明人《续通鉴》者，陈桱、王宗沐诸本大都年月参差，事迹脱落，薛应旂所辑虽稍见详备，而如改《宋史》周义成军为周义，以胡瑗为朱子门人，疏谬殊甚，皆不足继司马光之后。乃与鄞县万斯同、太原阎若璩、德清胡渭等排比正史，参考诸书，作为是编，草创甫毕，欲进于朝，未果而殁。今原稿仅存，惟阙第十一卷。书中多涂乙删改之处，相传犹若璩手迹也。《困学纪闻》卷十九：开禧追贬秦桧，周南代草制，下笺云："《南迁录》、《宾退录》驳之，近《渔洋文略》驳之，信多子虚亡是之辞，然载遣秦桧事却可信，余取以补《续通鉴》，稿置传是楼云。”陆清献日记：“庚午十月初一会姜西溟，言徐健庵修《宋元通鉴》，甚觉掣肘，盖以南北朝为疑也。”彭躬庵《传是楼藏书记》：“庚申暮春，余因顾子景范、陆子拒石得登昆山徐公之传是楼，楼十楹，跨地亩许，特远人境，无附丽，启后牖，几席与玉峰相接，中置庋阁七十有二，高广径丈有五尺，以藏古今之书，装潢精好，次第胪序，首经史，以宋版者正位南面，次有《明实录》奏议，多抄本，又次诸子百家、二氏方术、稗官野乘齐谐，靡不具备，曲直从横，部勒充四阿，各有标目。”

缪荃孙《云自在龛随笔》卷三：阎百诗著《资治通鉴后编》一部三十七册，抄本。

包世臣《小倦游阁集》卷八《与沈小宛论礼书》：**徐氏《读礼通考》一书，世臣读之才三四卷，便批谬百出，而置之不卒业，何遂推许之至于如是耶**？世臣再拜。

俞樾《春在堂杂文》四编卷五《重刻憺园集序》：《国史儒林传》以顾亭林先生为首。读其书，笃信紫阳，不为陆、王异说所夺，则自宋以来儒者相承之嫡派也。于经史古义注疏旧说爬罗剔抉，不遗一字，则又本朝治汉学者之先河也。至于朝章国典、吏治民风、山川形胜、闾阎疾苦，博考而详询之，原原本本，如示之掌，则永嘉诸儒犹有未逮，而百余年来老师宿儒未有讲求如先生者。呜呼！是宜为**一代儒林之冠**矣。健庵徐公，先生之甥也，其所学一出于先生。所著《读礼通考》一书，宏纲细目，条理秩然，为秦氏《五礼通考》所自出，至今与秦氏之书并为言礼者所不能废，乃其所著《憺园集》则行世者颇鲜，学士大夫往往有不得见者。余读其集，有云：“**学程、朱者，切实平正，不至流弊。阳明之说，善学则为江西诸儒，不善学则龙溪、心斋矣**。”是其论学宗旨与亭林同。至其议礼诸篇，如论北郊之古无配位，论文庙从祀诸贤当以时代为次，皆卓然悬日月而不刊，信乎公之学出于亭林先生也。集中有修《明史》条例，有修《大清一统志》条例，可知国初大著作体裁皆公所定。亭林先生穷老著书，不获见用于世，而公则遭际盛时，从容坐论，出其所学，以润色皇猷，此乃时为之，而公与先生之学固不以是为优劣也。胪青金君尝宰昆山，先生与公皆其邑人也。胪青既刻《亭林先生年谱》与《归震川先生年谱》、朱柏庐先生《毋欺录》并行，而又购得公《憺园全集》，镂版行世，以广其传。余衰且病，不足复言学术，而亭林先生之书，则自幼喜读之。今读《憺园集》，原本经史，议论名通，可以配亭林之书而无愧，所谓酷似其舅者欤？胪青为邑宰于斯，以表章先贤为急，斯真知所先后者。自兹以往，《憺园全集》与《亭林遗书》并行于世，承学之士得以增长其学识，开祐其见闻，然则胪青之刻是集其功为不浅矣。

陆元辅

《清儒学案》卷四《桴亭学案下·桴亭交游·陆先生元辅》：陆元辅，字翼王，嘉定人。黄陶庵弟子，博文朴行。家多藏书，陆清献官嘉定，每借阅罕见之本。与桴亭论道，桴亭称其邃于理学。娄水之间，并称“二陆”。（参《三鱼堂笔记》、《桴亭文集》）

《清史列传·儒林传上一》：陆元辅，字翼王，江苏嘉定人。康熙十八年，召试博学鸿儒，罢归。少师同同里黄淳耀，在直言社中，小有指摘，必痛悔流涕，淳耀称其学行。尤研精经术，常夏夜斗室中，聚蚊如雷，同学过之，见元辅危坐读《仪礼》，汗流被肘，呼之不应，因劝少休。元辅曰：“果热耶？吾心入书中，不自觉也。”明亡，弃诸生，以经学教授。宋德宜、徐乾学、徐元文、叶方蔼皆以兄礼事之，力趣入都。都中士大夫就质经义典故，无虚日，称陆先生而不名。宛平王崇简、孙承泽，蔚州魏象枢，江宁王弘泽皆遣子弟授经。常购宋、元、明人经说至数十种，泝其渊源，剖其得失，辄为题跋。秀水朱彝尊《经义考》多取其言为据。又常为纳兰性德撰《合订删补大易集义粹言》、《陈氏礼记集说补正》二书，共百余卷。先后客京师几二十年。其论学虽本淳耀，晚益充实，不杂佛、老。常与友人书，谓：“**‘六经’，千圣之道法；‘四书’，六籍之精华。当循序致精，一一返诸己**。”自早年以存诚主敬自励，至老而自强不息，有得于濂溪所云学圣以一为要者，期自寡欲造于无欲，以实践斯言。又论：“明代理学以方正学、薛文清、胡敬斋、罗整庵为正，白沙之后流为甘泉，阳明之后流为龙溪、近溪、泰州、卓吾、山农、心隐。狂澜既倒，回之者惟无锡高忠宪、顾泾阳，东莞陈清澜，闽中陈仲好，武水陈几亭数贤。至若周海门《圣学宗传》一书，并驱伏羲以来诸圣贤俱入二氏，尤无忌惮。后有真儒，火其书可也。”陆陇其宰嘉定，见元辅称以为博闻朴实君子。常为友人校阅，同事有抹鲁人司原句者，恐直言之不悦，因曰：“依稀记得此语出《左传》。”令取韵书查得之。陇其曰：“元辅直而婉，处世之良法也。”笃于师友，淳耀殁，图其像悬之室，晨起必肃揖，并搜其遗稿付梓。所自著有《十三经注疏类抄》、《续经籍考》、《明季争光录》、《菊隐纪闻》及文集。三十年，卒，年七十五。

张云章《朴村文集》卷十四《菊隐陆先生墓志铭》：呜呼！道之不明也，经学之传失也。经学之失传，世无员侯以为之师也。古者通天地人之为儒，而天地人三才之道，大小远近，高下精粗，莫不该贯于六籍，学之者，有以知夫道义之全体事理之当然，以至名物象数之间，莫不究极焉，而有以考夫。然以之授业解惑，为大师，为都讲，群学者北面而宗事之，非虚也已。后世溺于举业家言，用其至浅陋之说，以取世资而干禄利，经学之传似存而实亡。先圣之道之泯没于天下久矣。吾邑菊隐先生姓陆氏，名元辅，字翼王，今之大师都讲也。先生为嘉定之新泾里人，初就傅，即知向学。塾师授四子书，节略传注，先生默识其余，不遗一字，既长，取《十三经注疏》伏而读之，章通句解，横竖钩贯，寒暑昼夜，无所间，尝夏夜酷热，斗室中蚊聚如雷，同学者造先生，先生方危坐读《仪礼》，执笔丹黄，汗流被肘，呼之不应，因前劝先生曰："郁蒸如此，盍少休乎?"先生曰："果热耶?吾心入书中，不自觉。"其勤学如此。方是时，明之末造，黄陶庵先生以文章模楷天下，邑中儒先皆节义磊落，经行修明。通政侯公广成时以宦游去其乡，有弟曰雍瞻先生，与通政名相埒。有子曰元演、元瀞、元洁，陶庵有弟曰渊耀，以及夏先生云蛟、唐先生全昌，相与结为直言社，人置一册，日必札记其言动，与所学之有疑有得，相见则出以相咨考，不以闇暗自欺，不为软媚之谈以相取悦，而先生师事陶庵，励志尤切，社中诸友咸敬惮焉。陶庵尝品其及门曰："翼王以敦笃之姿，为精微之学，惟日孜孜，常若不足。苟一言之不合于道，一行之不得其中，小经指摘，立自刻责，饮食都忘，甚至泫然垂涕，吾党之能受尽言，未有如翼王者也。"其见称如此。明亡，兵至嘉定，城陷之日，陶庵以下相与抗节致命，其存者惟雍瞻与先生。先生少时亦师雍瞻。两人者，以为可以无死，号泣去之，相保于乡之厂头，雍瞻以其孙檠及开国受业于先生，居无何，雍瞻亦被逮，逮急时先生念巢倾卵覆师友之谊，当使死者复生，生者不愧，急排其闼，挟檠与俱，且视所藏书，有侯氏先世及广成父子之遗文，与夫雍瞻所作，搜取凡数十束，载小舟潜去，间道入越中，旋闻雍瞻亦以死殉位而哭，事平，乃与檠俱返，而侯氏家集亦藉先生得完。先生脱去博士弟子籍分，将潜深伏澳，以布衣老矣。而当世大人先生以其经师必欲力致之，先生念己于前朝未有禄仕，出亦无害，而以贫故，糊口四方，亦非不义之粟，故以礼来聘者，先生不之拒，于太仓则太原王氏，昆山则东海徐氏、南阳叶氏，长洲则广平宋氏，而东海公乾学力趣先生入都，则又有宛平王公崇简、孙公承泽、蔚州魏公象枢、江宁王公弘泽，皆虚己授餐，或俾子弟执经焉，先生所主，既皆海内巨室大家，发其藏书，益资闳览，每拥皋比，则前后书卷屹然如城，手披口吟，午夜不撤，门人侍侧者，欠伸思睡。先生取其所业，反复诠解，朗诵数过，无不蹶然起，又往往遍借异书，手自缮录，腕脱不倦，积多至千卷。先生于是遂博极天下之书。康熙十七年，诏举博学鸿儒，前大学士吴公正治首以先生名荐，州县敦迫，至京，先生念异时师友尝抱隐痛，又既弃诸生，不欲违初心，召试，诡不入格，又多规切语，主者得之，不敢献。然先生辈三四人，诸公雅重其名，因奏未与选者，年近七十以上，加中书、正字等衔以宠之。时先生年六十有三，具以实对，遂罢去。二十一年，大冶余公国柱巡抚江南，延先生为二子师，先生自讲诵而外，语不涉私，顾吴中有大利害，必一一力陈，无所靳，颇有助于兴除。余公治吴有声，内召以都察院，复邀先生偕入，一二年，遂参政府，所举措渐不洽众望。先生年将髦，重听甚绝，不知外论云何，顾时对余公侃然方格进迂阔语，既而过所知言，曰："吾主人位冠人臣，来者多耳属，而语似不为流芳事也。"将辞之南下，余公遽以劾罢，复留徐公所期年而归，先生前后客京师几二十年，诸公贵人争罗致之，虑不可得，海内名人魁士咸欲就先生质经义，今天子向意儒术，甲子、乙丑之间，累召文学侍从臣亲试赋、诗、记、说、箴、铭等，或有所征用，故实欲考其所从出，或时被顾问，惧不能对，咸退而咨先生，先生为具道某书其事辄举其词，与其首尾，即检书以验，无一误者，人各如其意所欲得。先生德成行尊，士大夫相语，往往称陆先生，虽不举其字，而知必其人也。先生对客乐易可亲，而严凝内持，虽卿相之尊，视之不过如平交，而吾吴中如故相国宋公德宜、徐公元文、侍郎叶公方蔼及原任尚书今徐公乾学，皆以兄礼事先生，先生终无所让。束修所入，大半用以购书。在京师有书数千卷，力不能致之家，以是欲去，而徘徊者二三年。生平未尝妄取，未尝假贷，既归，贫不自给，复馆徐公家，然以年力渐惫，不能客外，乞所代辑书以归。云章往视之，先生殆病矣，犹矻矻事编纂不少休，语云章曰："余于书有所未卒业者若干种，与志所欲为稍稍裒聚而未编次者。今老矣，子能为我续成之乎？"云章唯唯，缩踖而退，时云章亦馆于徐公家，先生病亟时，以相国之丧，不克还视先生，比至，而先生易箦，实康熙三十年九月十四日也。先生子宗潍方客京师，向所受业者侯君开国迎云章，相与恸哭，经纪其丧，发书报徐公，赖其赙以殡殡之，皆以礼题其铭旌，曰清征君前文学陆菊隐先生。鸣呼！先生已矣，学失其传，人丧厥师……搜其遗稿于劫灰之余，而梓以行世。其周旋侯氏之难，而保雍瞻一孙于流离琐尾之余，皆人所难者。学本陶庵，而晚益克实，不杂佛、老，博综子、史，惟欲资以发明经训，有所要归。尝与友人书，谓大经千圣之道法，'四书'、'六籍'之精华，当循序致精，一一返诸己。自早年以存诚主敬自励，至老而自强不息，有得于濂溪所云"学圣以一为要"者，期自寡欲进于无欲，以实践斯语。**又论明代理学，以方正学、薛文清、胡敬斋、罗整庵为正，白沙之后流为甘泉，阳明之后流为龙溪、近溪、泰州、卓吾、山农、心隐，狂澜既倒，回之者惟无锡高忠宪、顾泾阳、东莞陈清澜、闽中陈仲好、武水陈几亭数贤**。至若周海门《圣学宗传》一书，并驱伏羲以来诸圣贤俱入二氏，尤无忌惮，后有真儒，火其书可也。鸣呼！可以知先生为学之大较矣。所著有《十三经注疏类抄》若干卷、《续经籍考》若干卷、《明季争光录》若干卷、《菊隐纪闻》若干卷、《文集》若干卷，尝欲辑本邑文献，未有成书。又**《经籍考》虽经编次，而欲重加论列，以续马端临之后，此先生未竟之志也。**(下略)

王昶《春融堂集》卷六十四《陆元辅传》：陆元辅，字翼王，嘉定人。先世王姓，居北城。父昌期以掾起家，署太平府司狱，申明冤滥，调番禺沙湾巡检。初至，获渠盗，上官辄以贿纵。昌期乃以稿缚投海中，盗少息。番禺人祀之名宦。元辅为黄淳耀门人，在直言社中小有指摘，必痛悔流涕，淳耀称其学行。后弃诸生，博览载籍，益研精于经术。康熙十七年，举博学鸿词。抵京，梦见淳耀与语，入试不终卷而罢。馆京师文学侍从之臣，每承顾问，有僻事未能对者，辄访之。元辅口答手疏，莫不晓畅而去。购宋、元、明人经说至数十种，泝其渊源，剖其得失，辄为题跋。朱彝尊《经义考》多取其言为据。子宗潍，字维水，太学生，复姓王。诗文一轨于法，有固穷之操。卒年八十。

秦瀛《已未词科录》卷六、沈德潜《清诗别裁集》卷六、张维屏《国朝诗人征略》卷五、《（嘉庆）直隶太仓州志》卷二十八、《（乾隆）江南通志》卷一百六十四皆有传，存目。

徐嘉炎

《清儒学案》卷三十九《潜丘学案·潜丘交游·徐先生嘉炎》：徐嘉炎，字胜力，嘉兴人。康熙十八年，召试博学鸿儒，授检讨，历官内阁学士。先生强记绝人，九经诸史均能成诵。潜丘善争，见先生，每折服之。先生在史馆中，著作迥异恒人。二十年，王师收滇、黔，群臣皆献颂。先生亦仿《铙歌鼓吹曲》，自圣人出，至文德舞，因事立名，凡二十四章。二十四年元夕，圣祖于南海大放灯火，使臣民纵观，又作《红门花火记》，皆称旨。尝侍直，上命背诵《咸有一德》，全篇不失一字，至“厥德靡常”数语，则敛容奏曰：“臣不敢诵。”上为嗟异。又问宋元祐三党诸人是非，先生数诸人姓名始末及先儒论断优劣，语甚详。特赐御书临苏轼诗一卷。后以疾告归。著有《抱经斋集》二十卷。（参史传）

《清史稿·文苑一》：徐嘉炎，字胜力，秀水人，明兵部尚书必达曾孙。幼警敏，强记绝人。既，试鸿博，授检讨。康熙二十年，王师收滇、黔，嘉炎仿《铙歌鼓吹曲》，撰《圣人出至文德舞》二十四章以献；又四年元夕，圣祖于南海大放灯火，纵臣民使观，嘉炎复应制撰记：皆称旨。尝侍直，命背诵《咸有一德》，终篇不失一字。至“厥德靡常”数语，则敛容读之，帝为悚异。又尝问宋元祐党人是非，嘉炎举诸人姓名始末，及先儒评骘语甚悉。特赐御临苏轼诗一卷，廷臣拜赐御书自此始也。累擢内阁学士，兼礼部侍郎，充《三朝国史》及《会典》、《一统志》副总裁。有《抱经斋集》。

李元度《国朝先正事略》卷三十九《彭羡门先生事略》：徐君嘉炎，字胜力，号华隐，秀水人。由监生授检讨。在史馆中，著作多不与人同。辛酉，王师收滇黔，群臣献颂甚伙，胜力独仿《铙歌鼓吹曲》，自圣人出至文德舞止，凡二十四章，每章因事立名，与缪袭、韦昭、何承天辈相上下。乙丑元夕，上于南海子大放灯火，使臣民纵观，群臣皆有诗，独胜力作《红门花火记》，皆称旨。官内阁学士。有《抱经斋集》二十卷。

嵇曾筠《（雍正）浙江通志》卷一百七十九：徐嘉炎，《嘉兴府志》：字胜力，嘉兴人。举博学宏词，授检讨。庚午主贵州试，称得人。累官内阁学士，兼礼部侍郎。嘉炎书过目终身不忘，凡奇书逸典，鸿览之士未睹记者，辄就咨焉。著《抱经斋集》。

杨钟羲《雪桥诗话》续集卷二：徐胜力阁学，为敬可从子，有《抱经斋集》五十卷。其《丹阳怀古》云："云帆历历下三吴，怅望孙郎起霸图。忆昔北来曾得士，居然南面已称孤。横江楼橹随新月，夹岸旌旗拥故都。京口两山明灭在，夕阳春去见啼乌。寂寂修陵草色中，萧梁事业有遗宫。城连铁瓮千山绕，地接金坛四塞通。古木枝头迷杜宇，明霞天半落征鸿。青丝白马同生日，隔代还应礼志公。"《玉宸观》云："深山楼阁拥仙官，桧柏苍苍入殿寒。废井但从沙际识，残碑多半雨中看。炉烟夜拂黄金座，云气晴低白玉坛。福地久传人不到，遗踪何处觅金丹。"均见才力。侍讲幄九载，圣祖尝命背诵《咸有一德》，朗诵终篇，不失一字。至"厥德不常"数语，则敛容奏曰："臣不敢诵。"上为嗟异。尝赐绝句诗一首云："玉台词藻重徐陵，经笥由来博雅称。每见趋陪鹓鹭侧，神仙风度在觚棱。"

秦瀛《己未词科录》卷二、沈德潜《清诗别裁集》卷十二、张维屏《国朝诗人征略》卷十一、徐世昌《晚晴簃诗汇》卷四十一皆有传，存目。

惠周惕

《清儒学案》卷四十三《研溪学案》：惠氏之学，以博闻强记为初基，以尊古守家法为究竟。其治经要旨，纯宗汉学，谓汉经师之说，当与经并行。朴庵筚路蓝缕，研溪、半农继之，益宏其业，至松崖而蔚为大师。传授渊源，自当以世为序，以明一家之学。（下略）

《清史稿·儒林二》：周惕邃于经学，为文章有矩度。著有《易传》、《春秋问》、《三礼问》及《砚溪诗文集》。其《诗说》二卷，谓大、小雅以音别，不以政别；谓正雅、变雅美刺错陈，不必分《六月》以上为正，《六月》以下为变；《文王》以下为正，《民劳》以下为变；谓二《南》二十六篇，皆房中之乐，不必泥其所指何人；谓天子诸侯均得有颂，《鲁颂》非僭，其言并有依据。清二百余年谈汉儒之学者，必以东吴惠氏为首。惠氏三世传经，周惕其创始者也。

《清史列传·儒林传下一》：惠周惕，原名恕，字元龙，江苏吴县人。父有声，以九经教授乡里，与徐枋善。周惕少从枋游，又曾受业于汪琬。康熙十八年，举博学鸿儒科，丁忧，不与试。三十年，成进士，改翰林院庶吉士。散馆以知县用，选直隶密云县知县，卒于官。（下略）

郑方坤《惠吉士周惕小传》：惠周惕，字符龙，吴县人。通经积学，治古文，有名于时。汪尧峰先生引为入室弟子。其说《诗》尤解人颐，著书三卷，博而不芜，辨而不诡于正，可谓毛、郑之功臣，而夹漈、紫阳之诤子矣。盖其学问根柢，于一时辈流中，与同郡严思庵相骖驾，故能原原本本，卓然成一家之言，不徒鞶帨为工，如明季诗人仅以五七言著已也。辛未成进士，与庶常选，辇下诸老为木天庆得人。嗣以不练习国书，外调密云令，邑当出关孔道，值王师北征，掌需旁午，马瘏仆痡，艰苦万状，卒侘傺忧懑以死。昔刘须溪谓：“**士方少时，志科举，辛勤过古人，不知心血之耗。及其得也，或陆沉州县，或流落边塞。坐念场屋，何心至此。**”今觐砚溪之才，与其末路之所以蹭蹬者，追诵前言，可为雪涕。诗有《北征》、《红豆》、《峥嵘》、《呓语》等集，衔华佩实，老气横秋，盖亦瓣香于苏、陆诸家，而得其髓者。稍加编次，而录其尤者于左。①

江藩《惠吉士记》：惠周惕，字符龙，一字研溪，吴县人。先世居扶风，远祖元祐徙洛阳……七传至伦始迁吴县东渚村，五传至洪，洪年至一百五岁，吴下所称百岁翁是也。洪生万方，万方生有声，有声生周惕。有声字朴庵，明岁贡生，与同里徐枋友善，以九经教授乡里，尤精于诗。研溪先生少传家学，又从徐枋、汪琬游，工诗古文词。既壮，阨于贫，遍游四方，与当代名士交，秀水朱彝尊亟称之，文名益著。康熙辛未成进士，选庶吉士，因不习国书，改密云知县，卒于官。著有《易传》、《春秋问》、《三礼问》、《诗说》及《砚溪诗文集》。子士奇，字天牧，晚年自号半农人、研溪先生。梦东里杨文贞公来谒，已而生先生，遂以文贞之名名之。年十二，即能诗，有“柳未成阴夕照多”之句，为先辈所激赏。**二十一为诸生，不就省试，或问之，曰：“胸中无书，焉用试为？”乃书志力学，晨夕不辍，遂博通六艺，九经、诸子及《史》、《汉》、《三国志》皆能暗诵，尝与名流宴集，坐中有难之者曰：“闻君熟于《史》、《汉》，试为诵《封禅书》。”先生朗诵终篇，不遗一字，众皆惊服。**戊子乡试第一，明年成进士，选庶吉士，散馆授编修。癸巳乙未会试，两充同考官。……庚子主湖广乡试，冬奉命督学广东，雍正元年癸卯命留任三年。……于是毅然以经学倡，三年之后，通经者多，文体为之一变。又谓今之校官，古博士也。博士明于古今，通达国体。今校官无博士之才，弟子何所效法？……丁未五月奉旨修镇江城，以产尽停工，罢官。乾隆元年，奉旨调取来京引见，以讲读用所欠修城银两，得宽免。丁巳六月补侍读。戊午以病告归。辛酉三月卒，年七十有一。先生邃深经术，撰《易说》六卷、《礼说》十四卷、《春秋说》十五卷。其论《易》曰：“《易》始于伏羲，盛于文王，大备于孔子，而其说犹存于汉。不明孔子之《易》，不足与言文王；不明文王之《易》，不足与言伏羲。舍文王、孔子之《易》，而远问庖牺，吾不知之矣。汉儒言《易》，如孟喜以卦气，京房以通变，荀爽以升降，郑康成以爻辰，虞翻以纳甲，其说不同，而指归则一，皆不可废。今所传之《易》出自费直，费氏本古文，王弼尽改为俗书，又创为虚象之说，遂举汉学而空之，而古学亡矣。易者，象也。圣人观象而系辞，君子观象而玩辞，六十四卦皆实象，安得虚哉？”其论《春秋》曰：“《春秋》三传事莫详于《左氏》，论莫正于《穀梁》。韩宣子见《鲁春秋》，曰：‘周礼尽在鲁矣。’然则《春秋》本周礼以记事也。左氏褒贬皆春秋诸儒之论，故纪事皆实，而论或未公。公羊不信国史，惟笃信其师说，师所未言，则以意逆之，故所失常多。要之，左氏得诸国史，公、穀得之师承，虽互有得失，不可偏废。后世有王通者，好为大言以欺人，乃曰：‘三传作而《春秋》散。’于是啖助、赵匡之徒争攻“三传”，以伸其异说。**夫《春秋》无《左传》，则二百四十年盲焉如坐暗室之中矣。《公》、《穀》二家，即七十子之徒所传之大义也。后之学者当信而好之，择其善而从之。**若徒据《孟子》‘尽信书不如无书’之说，力排而痛诋之，吾恐“三传”废而《春秋》亦随之而亡也。**《左氏》最有功于《春秋》，《公》、《穀》有功兼有过。学者信其所必不可信，疑其所必无可疑，惑之甚者也。**”其论《周礼》曰：“《礼经》出于屋壁，多古字古音。经之义存乎训，识字审音，乃知其义，故古训不可改也。康成注经皆从古读，盖字有音义相近而讹者，故读从之。后世不学，遂谓康成好改字，岂其然乎？康成“三礼”、何休《公羊》多引汉法，以其去古未远，故借以为说。

① 见《碑传集》卷四十六。

贾公彦于郑注如飞茅、扶苏、薄借綦之类皆不能疏，所读之字亦不能疏，辄曰从俗读，甚违不知盖阙之义。夫汉远于周，而唐又远于汉，宜其说之不能尽通也，况宋以后乎？**周秦诸子其文虽不尽雅驯，然皆可引为礼经之证，以其近古也。**”……所著有《红豆斋小草》、《咏史乐府》及《南中集》、《采莼集》、《归耕集》各一卷，《人海集》四卷、《时术录》一卷，海内学者称为红豆先生。**初，研溪先生由东渚村迁居郡城东南香溪之北，郡城东禅寺，有红豆一株，相传白鸽禅师所种，老而枯矣，至是时复生新枝，研溪先生移一枝植阶前，生意郁然，僧睿目存为绘《红豆新居图》**，自题五绝句，又赋《红豆词》十首，和者二百余人。四方名士过吴门者，必停舟访焉，因自号红豆主人，所以乡人称研溪先生曰“老红豆先生”，半农先生曰“红豆先生”，松崖先生曰“小红豆先生”。①

阮元《儒林传稿》卷二、钱林《文献征存录》卷五、江藩《国朝汉学师承记》卷二、沈德潜《清诗别裁集》卷十七、《（乾隆）江南通志》卷一百六十五、冯桂芬《（同治）苏州府志》卷八十二皆有传，存目。

杨向奎《三惠学案》：先生深于经学，有《易传》、《春秋问》、《三礼问》及《砚溪诗文集》。其《诗说》三卷，谓大、小雅以音别，不以政别，谓正雅、变雅，美刺错陈，不必分《鹿鸣》以下为正，《六月》以下为变，《文王》以下为正，《民劳》以下为变。谓二《南》二十六篇皆房中之乐，不必泥其所指何人。谓天子诸侯均得有颂，鲁颂非僭。其言有据，盖不同于中古说《诗》者之固守，而开近代说《诗》之先声者。所谓“开近代说《诗》之先声”即以朴实训诂说《诗》，而非儒家理学之附会。②

① 见《碑传集》卷四十六。

② 见《清儒学案新编》第三卷，第106页。

黄叔琳

《清儒学案》卷六十二《健余学案·健余交游·黄先生叔琳》：黄叔琳，字昆圃，大兴人。康熙辛未一甲二名进士，授编修，累迁刑部侍郎。出为浙江巡抚，除巨猾，黜贪墨，赈灾民，兴水利，政绩甚著。为忌者诬劾，免官。乾隆初，复起，历山东按察使、布政使，内擢詹事，复坐事罢。晚以重赴琼林宴，加侍郎衔。乾隆二十一年卒，年八十五。先生自少年研究性理、经世之学，有醇儒风。扬历中外，以兴贤育才为己任，负人伦鉴，所识拔多绩学端士。谓世道之隆替，人才之消长为之也。撰述至老不倦，所著有《砚北易抄》、《诗经统说》、《夏小正传注》、《史通训故补注》、《文心雕龙辑注》、《颜氏家训节抄》、《砚北杂录》诸书。（参《先正事略》、《学案小识》）

《清史稿》列传七十七：黄叔琳，字昆圃，顺天大兴县人。康熙三十年一甲三名进士，授编修，累迁侍讲。丁父忧，服除，起原官，迁鸿胪寺少卿。五迁刑部侍郎。雍正元年，调吏部。命偕两淮盐政谢赐履赴湖广，与总督杨宗仁议盐价，革除陋规，从所请。……旋授浙江巡抚。时御史钱廷献请濬浙江东西湖，蓄水灌田，命叔琳会总督满保勘议。……叔琳疏荐人才，有廷臣尝言于上者，上疑叔琳请托先容，谕戒郑重。会有言叔琳赴湖广时，得盐商赇，俾充总商，及为巡抚，庇海宁陈氏仆；其弟御史叔璥巡视台湾，过杭州，仆哄于市，叔琳皆以罪商，有死者，商为罢市。上命解叔琳任，遣侍郎李周望与将军安泰分案按治。安泰等奏叔琳以陈氏仆与商争殴，逮商杖毙，事实，无与叔璥事，亦未尝罢市。周望等奏叔琳贷金盐商，非行贿，上命毋穷究。三年，命赴海塘效力。乾隆元年，授山东按察使。……二年，迁布政使。四年，丁母忧。服除，授詹事。以在山东误揭属吏讳盗，夺官。叔琳登第甫二十，十六年，重遇登第岁，命给侍郎衔。二十一年，卒，年八十三。叔琳富藏书，与方苞友。苞治诸经，叔琳皆与商榷。子登贤，字筠盟。乾隆元年进士，授户部主事。累迁左副都御史，督山东学政。康熙间，叔琳来督学，立三贤祠，祀胡瑗、孙复、石介，以式诸士。后六十年，登贤继之，训士遴才，皆循叔琳训。四十九年，卒。

戈涛《黄昆圃先生传》：先生讳叔琳，字昆圃，大兴人。始生，具夙慧。成童，即通四书五经。从学饶仲如，研穷性理之奥，又从吴述庵究经史学。年二十，以康熙辛未探花及第，列馆职，益自淬厉，与卫既齐讨论宋人语录，恂恂然有醇儒风，见者不觉春为少年鼎甲也。嗣历讲读，晋卿贰，司文衡，秉节钺，落职复起，屏藩山左，詹事春宫，公余常手一编，以至耄耋不废。当督学山东时，毅然以兴贤育才为己任，捐修三贤祠于泰山之麓，奉宋胡安定、孙明复、石徂徕歆荐如旧，俾学者知所景从。又兴复白雪、松林两书院，延师儒，选才隽，捐备膏火，造士多穷经敷用之英，翕然称盛。其巡抚浙江也，翦除巨恶，辩释冤狱，灾伤则恤之，贪墨则黜之，尤以荐贤为重。……其余名士宿儒，建树接踵，未可悉数。先生善识天下才俊，方望溪为诸生时来谒，一见称莫逆交，凡望溪所著《周礼》、《春秋》之学，皆与先生往复捐画无少闲。……生平著述有《砚北易抄》，阐发河洛之精蕴；《诗经统说》，折衷群说之异同；《夏小正传注》、《史通训故补注》、《文心雕龙辑注》、《颜氏家训节抄》、《砚北杂录》，则于经济学术各有指归，纂言粹美，著语精纯，有功儒林岂小补哉？计先生自五岁入塾，享寿八十有五，盖二万九千日中无日不学也，可谓纯荐君子矣。

李元度《国朝先正事略》卷十、魏一鳌《北学编》卷四、唐鉴《学案小识》卷十一《待访录》、沈兆沄《篷窗附录》卷上、沈德潜《清诗别裁集》卷十七、《（道光）济南府志》卷三十七、冯桂芬《（同治）苏州府志》卷一百十二、《（光绪）顺天府志》卷一百一、《（民国）杭州府志》卷一百二十一皆有传，存目。

卢文弨《抱经堂文集》卷五《砚北杂录序》：晋傅休奕有言："年八十而不倦于书籍者，吾于胡孔明见之。"《蜀志》亦称向巨达年逾八十，手自校书，刊定谬误，积聚篇卷，于时最多，开门接宾，诱纳后进，但讲论古义，不干时事。载籍中如此二人者不恒有，吾乃今得见之于昆圃先生。先生今年亦当胡孔明、向巨达之年矣，而其学亦无不相似。吾窃于先生之行事，而知先生之学非近今之所能及也。先生任山东提学时，于潜德绩学之士亟亟表章之，唯恐不至。若安丘刘直斋（源渌）之《读书日记》、济南张稷若（尔岐）之《仪礼句读》、邹平马宛斯（骕）之《绎史》，皆宇宙不可少之书，今皆盛行于世，而其源则自先生发之。又尝主江南试，副者适以忧归，先生一人入闱，合通场万余卷而遍阅之。初得任翊圣（启运）卷，若不可于意，已从分校者请，取而覆阅，乃亟称善，卒拔之，至今人士以为美谈。噫！此非识之精而中之虚者能然乎？**夫识不精，中不虚，则是非鲜当，而有固执之患，学虽博，君子亦奚取焉？先生师友皆当世名流，然或各持一意，格不相入，而先生独能不执一见，唯善是从。是先生之学之博，皆先生之识之精、中之虚为之，而非夫人之偶有一得沾沾自喜者所得而并其美也。**今诸老先后徂谢，而先生独岿然健在，优游岁月，恒手一编。是诸君子之菁英不尽泯灭于斯世者，皆于先生是赖。然则天之独昌其年于先生者，岂无意哉！适先生属文弨编校《砚北杂录》，竟，遂漫缀数语于余简云。

方苞

《清儒学案》卷五十一《望溪学案》：阮文达辑清一代经解，不收望溪之作；盖汉、宋显分门户也。望溪学宗宋儒，于宋、元人经说，荟萃折衷其义理，名物、训诂则略之。馆修《三礼义疏》，义例出其手定。文章源于经术，姚氏惜抱承其绪，传衍甚远，桐城文派，遂为一代大宗。(下略)

《清史稿》卷七十七：方苞，字灵皋，江南桐城人。父仲舒，寄籍上元，善为诗，苞其次子也。笃学修内行，治古文，自为诸生，已有声于时。康熙三十八年，举人。四十五年，会试中式，将应殿试，闻母病，归侍。五十年，副都御史赵申乔劾编修戴名世所著《南山集》、《孑遗录》有悖逆语，辞连苞族祖孝标。名世与苞同县，亦工为古文，苞为序其集，并逮下狱。五十二年，狱成，名世坐斩。孝标已前死，戍其子登峄等。苞及诸与是狱有干连者，皆免罪入旗。圣祖夙知苞文学，大学士李光地亦荐苞，乃召苞直南书房。未几，改直蒙养斋，编校御制乐律、算法诸书。六十一年，命充武英殿修书总裁。世宗即位，赦苞及其族人入旗者归原籍。雍正二年，苞乞归里葬母。三年，还京师，入直如故。居数年，特授左中允。三迁内阁学士。苞以足疾辞，上命专领修书，不必诣内阁治事。寻命教习庶吉士，充《一统志》总裁、《皇清文颖》副总裁。乾隆元年，充《三礼义疏》副总裁。命再直南书房，擢礼部侍郎，仍以足疾辞，上留之，命免随班行走。复命教习庶吉士，坚请解侍郎任，许之，仍以原衔食俸。……高宗命苞选录有明及本朝诸大家时艺，加以批评，示学子准绳，书成，命为《钦定四书文》。……苞年已将八十，病日深，大学士等代奏，赐侍讲衔，许还里。十四年，卒，年八十二。……苞为学宗程、朱，尤究心《春秋》、"三礼"，笃于伦纪。既家居，建宗祠，定祭礼，设义田。其为文，自唐、宋诸大家上通太史公书，务以扶道教、裨风化为任。尤严于义法，为古文正宗，号"桐城派"。

雷鋐《方望溪先生苞行状》：先生姓方氏，讳苞，字灵皋，号望溪，先世桐城人。……康熙戊申四月望日先生生。年四岁，逸巢公尝以鸡鸣时起如厕，适大雾，以"鸡声隔雾"命属对，即应曰："龙气成云。"十岁师兄百川先生，遍诵经书古文。家贫，冬无复襦屦，穿行雪中，两指恒见，迹益厉学，相勉为孝弟。弱冠游京师，安溪李文贞公见其文，曰："当与韩、欧争等列，北宋后无此人也。"当是时巨公贵人方以收召后学为务，天下士负声望者聚京师，旬讲月会，率数十百人，独先生不与，公卿非礼，先生终不枉见。己卯举乡试第一，丙戌成进士，榜未发，闻太夫人病，疾遽驰归。丁亥逸巢公卒，辛卯以《南山集》事牵连逮赴诏狱，狱辞上，同系者皆惶惧，先生阅《仪礼注疏》终不辍。癸巳二月，圣祖仁皇帝命以戴名世案牵连者并免罪，隶汉军，旋召入南书房，试湖南平苗碑文，越三日，试时和年丰庆祝赋，越五日，试《黄钟为万事根本论》，每奏一篇，上未尝不嘉叹。……壬戌春，先生衰病乞休，恩赐翰林院侍讲，以四月出都。……十八日甲午卒，子孙奉遗命以敛，时年八十有二。先生既卒之三日，鋐以省亲过金陵，哭于殡宫。先生质行介节，生徒各纪所闻，散在四方，卒难收拾，乃粗举其立身本末为行状云。所著《周官集注》、《礼记析疑》、《春秋通论》、文集行于世，删订昆山经解《仪礼注》，俱有成书，未刻，藏于家。①

全祖望《鲒埼亭集》卷十七《前侍郎桐城方公神道碑铭》：古今宿儒，有经术者或未必兼文章，有文章者或未必兼经术，所以申、毛、服、郑之于迁、固，各有沟浍。唯是经术、文章之兼固难，而其用之是为斯世斯民之重，则难之尤难者。前侍郎桐城方公庶几不愧于此……公平日最讲丧礼，以此乃人伦之本。丧礼不行，世道人心所以日趋苟简，谆谆为学者言之。而是时皇上大孝，方欲追践古礼，公因欲复古人以次变除之制，随时降杀，定为程度，内外臣工亦各分等差，以为除服之期。……又言淡巴菰出外番，近日中原遍种之，耗沃土以资无益之产，宜禁之。其言颇近于迂阔，益为九列中口实。……**公少而读书，能见其大，及游京师，吾乡万征君季野最奇之，因告之曰："勿读无益之书，勿为无益之文。"公终身诵以为名言。自是一意穷经，其于通志堂徐氏所雕九经，凡三度芟薙之，取其粹言而会通之。**不喜观杂书，以为徒费目力，玩物丧志，而无所得。其文尤峻洁，未第时，吾乡姜编修湛园见之曰："此人吾辈当让之出一头地者也。"然公论文，最不喜班史、柳集，尝条举其所短而力诋之，世之人或以为过，而公守其说弥笃。诸经之中尤精者为"三礼"，晚年七治《仪礼》（严评：灵皋之说《仪礼》，可谓经之蠹），已登八秩，而日坐城北湄园中，屹屹不置；次之为《春秋》，皆有成书。间读诸子，于荀、管二家别有删定本，皆行于世。其在京师，后进之士挟温卷以求见者，户外之履，昕夕恒满。然公必扣以所治何经，所得何说，所学者谁氏之文，盖有虚名甚盛，而答问之下，舌挢口噤，汗流盈颊，不能对一词者，公辄愀然不乐，戒其徒事于驰骛。故不特同列恶公，即馆阁年少以及场屋之徒多不得志于公，百口谤之，是则古道所以不行于今日也。(下略)

沈廷芳《望溪先生传》：方先生讳苞，字灵皋，其先桐城人也。……先生生四岁，父尝鸡鸣起，值大雾，以"鸡声隔雾"命对，即应曰："龙气成云。"稍长，从兄舟学，博究六经百氏之书，更相勖以孝弟。弱冠，游太学，安溪李文贞公见其文，叹曰："韩、欧复出，北宋后无此作也。"时天下士集京师，投谒无虚日，公卿争相汲引，先生非先焉不往，益见重诸公间。中康熙丙戌会试，未殿试，母疾，遽归，适丁外艰。缘序《南山集》下诏狱，狱具，圣祖命以戴名世案牵连者免罪，编旗籍，方爰书上。时同系皆惶惧，先生阅《仪礼》自若，人咸服其定力。俄召入南书房，试文者三，每奏御，辄嘉叹。会修

① 见《碑传集》卷二十五。

《乐律历算书》，移蒙养斋，监修为诚亲王，王性严，承事者多获呵责，先生侃侃不阿，遇事持正，王敬之，延为五子师，乃置王子座东向，己南面坐，始就讲，旋充武英殿总裁。世宗即位，放先生暨族人还里，诏曰："朕以方苞故，宥其全宗。苞功德不细矣。"先生闻诏感泣。以母卒未葬，请假归，既事还朝，召见，因弱足不任行，世宗师二内侍翼至殿陛顾视，叹者久之。雍正九年，特授中允，期月间三迁至内阁学士，教习庶吉士，督修《一统志》。乾隆元年，入直南书房，擢礼部右侍郎。二年复教习庶吉士，兼文颖馆、经史馆、三礼馆总裁。先生自惟受三朝厚恩，起罪疾，余济列卿贰，皆仅以文学报，既在部，得与廷议，乃言田文镜所定地丁钱粮四月完半之害，请复旧制。……以衰病乞休，赐侍讲衔归，归八年卒，年八十有二。……晚号望溪，学者称望溪先生。沈廷芳曰：先生其今之古人欤？**廷芳昔受经邸第，见先生著缁布小冠，衣褞袍，凭白木几，笺经不稍休。与门弟子讲论，肫肫以"六经"之言质诸行弟子，若侍伏生、申公侧，穆然起忠敬也。及立朝蹇谔，多与时抵牾，然天子独鉴其心无欺。**非先生之硕学忠诚，恶能得此哉！恶能得此哉！①

马其昶《桐城耆旧传》卷八《方望溪先生传第八十七》：方先生讳苞，字灵皋，号望溪。曾祖按察司副使，讳象乾，避乱居江宁。祖讳帜，岁贡生。父讳仲舒，号逸巢，国子监生，与黄冈杜茶村兄弟、同县钱饮光友善，著诗三千余篇，三子，长百川，次先生，皆有大名。先生官至侍郎矣，而海内学者言德行、文章、经术三者必推先生，故皆称望溪先生。先生少贫厉学，安溪李公光地、长洲韩公菼见其文，盛相推挹，称为北宋后无有。年三十二，始举江南乡试弟一，逾七年，为康熙四十五年试进士弟四，且廷试朝论翕然，期其一甲，闻母疾，遽归，李公驰使止之，不可。丁父忧，寻坐为编修戴名世序《南山集》，《南山集》悖逆，逮下刑部狱，在狱二年，著《礼记析疑》、《丧礼或问》。狱具论死，上曰："方苞学问，天下莫不闻。"署勿论，李公亦力救之。出狱，隶籍汉军，命白衣入直南书房，撰文称旨，移蒙养斋，编修乐律，上命与诸皇子游。自成亲王以下，皆呼为先生，充武英殿修书总裁。世宗嗣位，赦还原籍。初蒙恩出狱，即迎母致养，母丧，还葬，服除，授左中允，再迁翰林院侍讲学士。孙公嘉淦以刑部侍郎为顺天府尹，兼祭酒，以劲直见忌，有自王邸来属先生劾奏即以代，不然与同祸，拒不可，数日，孙公竟被劾下狱，先生言于文端公鄂尔泰曰："孙侍郎以非罪死，公复何颜坐中书。"文端为解乃免。十一年擢内阁学士，充《一统志》总裁，校订《春秋日讲》。高宗登极，将追践古礼，行三年之丧，诏群臣详议，先生因欲复古以次变除之制，臣工分差等，除服，礼部尚书魏公廷珍上其议，大臣或不便，事寝，先生时领书局，就直庐持服未再期不出所教习庶吉士，二十七日内斋宿馆舍，无敢饮酒食肉者，他部院未能也。时田文镜方得上眷，先生奏文镜定征收地丁银限四月完半，十月讫无益国课，而农民苦累，请宽期六月完半，讫十一月仍旧，便又请岁饥有司得擅发仓谷平粜，勿拘存七粜三之例，皆议行。寻命选录明以来四书文颁天下，为士子程式。充《三礼义疏》副总裁。二年迁礼部右侍郎，以足疾辞。诏数日一赴部平决大事，又时奉独对，上方有意大用，而先生亦思以经术饰治，自初直南书房时，安溪李公方在阁，徐公蝶园为总宪，遇朝政得失，辄启告二公，引义侃侃，二公夙重先生，虽不能尽从，未尝不钦其高论，至是益感三朝恩厚，起罪废列卿贰求所以为不世之

① 见《碑传集》卷二十五。

报，奏言通计古今食货之源，见民生所由日就匮乏者数端，因请禁烧酒，禁种烟草，禁粟米出外洋，饬佐贰官，督民树畜，绅士相度浚水道，十年后可致饶给。又奏请矫除积习，兴起人才，愿皇上以时延见廷臣，别其邪正，明示好恶，取人必以其类，为招凡九卿督抚中深信其忠诚无欲者，悉命举其所知，继以试验，破瞻徇绳，赃私加廉俸久任，其声绩茂著者，则时赐金帛，进爵秩，而尤以六部之职各有其实，非独循例奉法而已。必慎简卿贰，各责以实，使日夜训厉，其僚属随时进退之，则中材咸自矜奋。其指如此，当时以其言迂阔，不甚伟异也。又尝欲仿朱子《学校举贡议》，**分经史为三科，《诗》、《书》、《易》附《大学衍义》，《春秋》附《通鉴纲目》，"三礼"附《文献通考》**，以疑义课士，不能行。及教习庶吉士，因请改定馆课，及散馆则例仍议格不行。初，河督某故与先生善，其后违众开毛城铺，台省争之，至下狱，先生奏河督之愎，河督大恨，礼部荐一赀郎入曹，亲王莅部许之，先生以故事，礼部必甲乙科不肯平署，王亦怒，会新拜泰安为转臣，召尚书魏廷珍为总宪，或谓是皆方侍郎所为，由是忌者日众。凡所陈奏，皆合口梗之河督，因劾方某尝手书托致其门生河上事，上意稍不直之。先生自知孤立，乞解任，许之，仍教习庶吉士，充经史馆总裁。及庶常散馆，先生请补后到者，试遂被劾徇私坐免，仍在三礼馆修书。先是高安朱文端公疾革，谓先生曰："子性刚而言直，吾前于众中规子，谓子幸衰疾于世，无求假而年减一纪，尚有国武子之祸，欲诸公谅子之无他，而不以世情相拟耳宾实，既殁，吾病不支，子其惧哉!"宾实者，杨公名时字也。先生竟以是废。及《周官义疏》成，以衰疾求解书局，赐侍讲衔，归里。建宗祠，定祭礼，作祠规祠禁，设祭田以其余周子姓艰窭婚丧之不能举者。年八十有二卒，祀乡贤。先生为学一本宋儒程、朱之说，以求之遗经，尤究心《春秋》、"三礼"，以谓礼者先王磨砻德性，而起教于微眇，使人益深于人道。若夫考世变之流极，窥圣心之裁制，则《春秋》之义具焉。自少以至笃老，无一日不读经，其治经不为苛细，小辨详诵本经及传注，而求其义理于空曲交会之中，笃于伦纪其立身，一依礼经，遇忌日必废食，遭期功丧必准古礼，宿外寝，以弟椒涂亡，病未视敛，终身恨之，且卒遗命袒右臂自罚。**先生长身怯瘦，面微有瘢痕，目视若电，厉言正色，后生惮不敢见。**安溪李公入相，先生问："自国朝以科目登兹位者几人?"公屈指五十余人。先生曰："甫六十年而至五十余人，其不足重明矣。愿公更求其可重者。"时魏公廷珍在坐，退而曰："斯人吾未前见，无怪人不乐闻其言也。"其论文严于义法，非扶道教、裨风化者不苟作。读其文，知其深于经，有中心恻怛之诚。其著书曰《周官集注》十二卷、《周官析疑》三十六卷、《考工记析疑》四卷、《周官辨》一卷、《仪礼析疑》十七卷、《礼记析疑》四十六卷、《丧礼或问》一卷、《春秋通论》四卷、《春秋直解》十二卷、《春秋比事目录》四卷、《诗义补正》八卷，《左传义法举要》、《史记注补正》、《删定管子》《荀子》《离骚正义》各一卷，《奏议》二卷、《文集》十八卷、《集外文》十卷，《补遗》四卷，又四卷。删定《通志堂宋元经解》，二十年始毕业，未刊行，无传本。……马其昶曰：先生最负天下大名，顾亦多谤议，至今有之。湘乡曾文正公曰："望溪古文辞为清二百余年之冠，其经术虽乾嘉后诸家诋之，曾无损毫末，**独其经世之学持论过高**。同时自朱文端、杨文定数公外，多见谓迂远，余弟国荃尝拟疏请从祀孔庙。昔望溪于乾隆初请祀汤文正公，未行，至道光三年汤公果祀。望溪志行殆伯仲汤公，跻之两庑，无愧色。"湘乡实近代知言君子，不妄许，而吾友郑杲东父以其义犹未尽推其经术深，而病其经世之学，将令天下终不用经术治世乎？凡先生之言有可以经世者，其深于经术者也，有未可以经世者，其于经术犹疏者也。其论如此，余并著之。

袁枚《随园诗话》卷二：本朝古文之有方望溪，犹诗之有阮亭①：俱为一代正宗，而才力自薄。近人尊之者，诗文必弱；诋之者，诗文必粗。所谓佞佛者愚，辟佛者迂。

钱林《文献征存录》卷四、李元度《国朝先正事略》卷十四、唐鉴《学案小识》卷七《守道学案》、徐世昌《晚晴簃诗汇》卷五十七、《（光绪）重修安徽通志》卷一百七十七皆有传，存目。

方苞《望溪集》文集卷一《读古文尚书》：先儒以《古文尚书》辞气不类今文，而疑其伪者多矣。抑思能伪为是者谁与？夫自周以来，著书而各自名家者，其人可指数也。言之近道莫若荀子、董子。取二子之精言而措诸《伊训》、《太甲》、《说命》之间，弗肖也。而谓左丘明、司马迁、扬雄能为之与？而况其下焉者与？然则其辞气不类今文，何也？尝观《史记》所采《尚书》于"肆觐东后"，则易之曰"遂见东方君长"，"太子朱启明"则曰"嗣子丹朱开明"，"有能奋庸熙帝之载"则曰"有能成美尧之事者"，如此类，不可毛举，因是疑古文易晓，必秦、汉间儒者得其书，苦其奥涩，而稍以显易之辞更之，其大体则固经之本文也。《无逸》之篇，今文也，试易其一二奥涩之语，则与古文二十五篇之辞气其有异乎？迁传儒林曰："孔氏有《古文尚书》，而安国以今文读之，遂以起其家逸书。"而安国自序其书，谓科斗书废已久，时人无能知者，以所闻伏生之书考论文义，定其可知者，增多二十五篇。夫古文既不可知，仅就伏生之书以证而得之，则其本文缺漫，及字体为伏生之书，所不具者，不得不稍为增损以足其辞，畅其指意，此增多二十五篇，所以独为易晓，而与伏生之书异与？然则迁所云以今文读之者，即余所谓以显易之辞通其奥涩，而非谓以隶书传之也。②

方苞《望溪集》文集卷一《读周官》：呜呼！世儒之疑《周官》为伪者，岂不甚蔽矣哉？《中庸》所谓尽人物之性，以赞天地之化育者，于是书具之矣。盖惟公达于人事之始终，故所以教之养之任之治之之道无不尽也。惟公明于万物之分数，故所以生之取之聚之散之之道无不尽也。运天下犹一身，视四海如奥阼，非圣人而能为此乎？**然自汉何休、宋欧阳修、胡宏皆疑为伪作，盖休耳熟于新莽之乱，而修与宏近见夫熙宁之弊，故疑是书晚出，本非圣人之法，而不足以经世也。**莽之事不足论矣，熙宁君臣所附会以为新法者，察其本谋，盖用为富强之术，以视公之依乎天理以尽人物之性者，其根源较然异矣。就其善者，莫如保甲之法，然田不井授，民无定居，而责以相保相受，有罪奇邪相及则已利害分半，而不能无拂乎人情矣。修与宏不能明辨安石所行本非《周官》之法，而乃疑是书为伪，是犹惩覆颠而废舆马也。是书之出千七百年矣，假而战国、秦、汉之人能伪作，则《冬官》之缺，后之文儒有能补之者乎？不惟一官之全，小司马之缺有能依仿四官之意以补之者乎？其所以不能补者，何也？则事之理有未达，而物之分有未明也。呜呼！三王致治之迹，其规模可见者独有是书，世变虽殊，其经纶天下之大体卒不可易也。若修与宏

---

① 阮亭：即王士禛。袁枚《随园诗话》卷二云："阮亭先生，自是一代名家。惜誉之者，既过其实；而毁之者，亦损其真。须知先生才本清雅，气少排奡，为王、孟、韦、柳则有余，为李、杜、韩、苏则不足也。"

② 方苞于经学辨伪未曾入门。古文家喜以文气揣摩真伪，但都不入法。

者，皆世所称显学之儒，而智不足以及此，尚安望为治者笃信而见诸行事哉？必此之疑，则惟安于苟道而已。此余所以尤痛疾乎后儒之浮说也。①

方苞《望溪集》文集卷一《周官辨伪一》：凡疑《周官》为伪作者，非道听途说而未尝一用其心，即粗用其心而未能究乎事理之实者也。然其间决不可信者，实有数事焉。《周官》九职贡物之外，别无所取于民；而《载师》职则曰："近郊十一，远郊二十而三，甸稍县都皆无过十二。"市官所掌惟廛布与罚布；而廛人之絘布、总布、质布别增其三。夏、秋二官驱疫，禬蛊，攻狸蠹，去妖鸟，驱水虫，所以除民害，安物生，肃礼事也；而以戈击圹，以矢射神，以方书厌鸟，以牡橭、象齿杀神，则荒诞而不经。若是者，揆之于理则不宜，验之于人心之同然则不顺，而经有是文，何也？则莽与歆所窜入也。盖莽诵六艺，以文奸言；而浚民之政，皆托于《周官》。其未篡也，既以"公田口井"布令，故阮篡下书，不能遽变十一之说，而谓汉法名三十税一，实十税五，则其意居可知矣。故歆承其意而增窜（闾师）［载师］之文，以示《周官》之田赋本不止于十一也。莽立山泽、六筦、榷酒、铸器，税众物以穷工商；故歆增窜廛人之文，以示《周官》征布之目，本如是其多也。莽好厌胜，妖妄愚诬，为天下讪笑；故歆增窜方相、壶涿、硩蔟、庭氏之文，以示圣人之法，固如是其多怪变也。夫歆颂莽之功，既曰"发得《周礼》，以明因监"，而公孙禄数歆之罪，又曰"颠倒'五经'，使学士疑惑"，则此数事者，乃莽与歆所窜入决矣。然犹幸数事之外，五官具完，圣人制作之意，昭如日星；其所伪托，按以经之本文，而白黑可辨也。古者，公田为居，井灶场圃取具焉，国赋所入，实八十亩；《孟子》及《春秋传》所谓十一，乃总计公私田数以为言；若周之赋法，不过岁入公田之谷，并无所谓十一之名也，又安从有"二十而三"与"十二"之道哉？（闾师）［载师］之法，通乎天下，又安有近郊、远郊、甸稍、县都之别哉？载师职所以特举国宅、园廛、漆林，以田赋之外，地征惟此三者耳。今去"近郊十一"至"无过十二"之文，而载师职固辞备而义完矣。《周官》之田赋，更无可疑者矣。周之先世，关市无征；及公制六典，商则门征其货，贾则关市征其廛；盖以有职则宜有贡，又惧所获过赢，而民争逐末耳。肆长之敛总布，盖总一肆买赊官物所入之布而敛之，非别有是征也。若质布则本职无是，絘布则通经无是也。今去"絘布、质布、总布"之文，而廛人职固辞备而义完矣。《周官》之市征，更无可疑者矣。方相氏之索室驱疫也，庭氏之射妖鸟也，硩蔟氏之覆妖鸟之巢也，乃圣人明于幽明之故而善除民惑也。害气时作，妖鸟夜鸣，人之所忌，其气焰足以召疾殃，故立为经常之法，俾王官帅众而驱之，引弓而射之，则民志定，其气扬而夭厉自息矣。夫疫可驱也，而"蒙熊皮，黄金四目"，与莽之遣使"负鷩"、"持幢"何异乎？……其它更无可疑者矣。凡世儒所疑于《周官》者，切究其义，皆圣人运用天理之实。惟此数事，揆以制作之意，显然可辨其非真，而于莽事，则皆若为之前辙而开其端兆，然则非

① 杨向奎《清儒学案新编》第三卷《望溪学案》："书之'伪'与'不伪'缺乏严格定义，如谓原《周官》出于周公，则今传《周礼》（即《周官》）肯定是伪书，如谓《周官》有部分实录，部分虚构，则此书不伪。望溪谓《周官》出于周公，其体大思精，非周公不可，但其中有刘歆伪窜。望溪之说实无是处。谓何休以《周官》为伪，乃休熟于莽篡，故疑《周官》，而欧阳修、胡宏则悚于宋熙宁变法，故疑《周官》，亦望风扑影之谈。……所谓何休、胡宏之疑《周官》亦就书论书，非必有关时事。方苞始深文周纳，以莽篡及熙宁新法影射《周官》，于是疑《周官》者遂皆具政治意图矣。乃贻今文学派以强证，而刘歆之罪不容诛矣。"（《清儒学案新编》第三卷第 34 页）

歆之窜入而谁乎？昔程子出《大学》、《中庸》于《戴记》，数百年以来莫有异议。朱子斥《诗小序》，虽有妄者欲复开其喙，而信从者稀矣。惜乎！是经之大体，二子断为非圣人不能作，而此数事未得为二子所薙芟也。虽然，**理者，天下之公也；心者，百世所同也**。然则姑存吾说以，俟后之君子，其可哉!①

方苞《望溪集》文集卷一《周官辨伪二》：存目。

方苞《望溪集》文集卷四《礼记析疑序》：自明以来，传注列于学官者，于《礼》则陈氏《集说》，学者弗心餍也。壬辰、癸巳间，余在狱，箧中惟此本，因悉心焉。始视之若皆可通，及切究其义，则多未审者，因就所疑而辨析焉。盖礼经之散亡久矣，群儒各记所闻，记者非一时之人，所记非一代之制，必欲会其说于一，其道无由。第于所指之事，所措之言，无失焉斯已矣。然其事多，略举一端，而始末不具，无可稽寻。其言或本不当义，或简脱而字遗，解者于千百载后意测而悬衡焉，其焉能以无失乎？注疏之学，莫善于"三礼"，其参伍伦类，彼此互证，用心与力可谓艰矣。宋、元诸儒因其说而细绎焉，其于辞义之显然者亦既无可疑矣，而隐深者则多未及焉。用此知古书之蕴，非一士之智，一代之学，所能尽也。然惟前之人既辟其径途，而言有端绪，然后继事者得由其间而入焉。乃或以已所得，瑕疵前人，而忘其用力之艰，过矣。余之为是学也，义得于记之本文者十五六，因辨陈说而审详焉者十三四，是固陈氏之有以发余也。既出狱，校以卫正叔《集解》，去其同于旧说者，而他书则未暇遍检。盖治经者，求其义之明而已，岂必说之自己出哉？后之学者，有欲汇众说而整齐之，则次以时代，而录其先出者可矣。

方苞《望溪集》文集卷四《周官析疑序》：《周官》一书，岂独运量万物，本末兼贯，非圣人不能作哉？即按其文辞，舍《易》、《春秋》、文、武、周、召以前之《诗》、《书》，无与之并者矣。盖道不足者，其言必有枝叶。而是书指事命物，未尝有一辞之溢焉。常以一字二字尽事物之理，而达其所难显，非学士文人所能措注也。**凡义理必载于文字，惟《春秋》、《周官》则文字所不载，而义理寓焉。盖二书乃圣人一心所营度，故其条理精密如此也。尝考诸职所列，有彼此互见而偏载其一端者，有一事而每职必详者，有略举而不更及者，有举其大以该细者，有即其细以见大者，有事同辞同而倒其文者。始视之若樊然淆乱，而空曲交会之中，义理寓焉。圣人岂有意为如此之文哉？是犹化工生物，其巧曲至而不知其所以然，皆元气之所旁畅也。观其言之无微不尽，而曲得所谓如此，况夫运量万物，而一以贯之者乎？余初为是学，所见皆可疑者，及其久也，义理之得恒出于所疑**。因录示生徒，使知世之以《周官》为伪者，岂独于道无闻哉？即言亦未之能辨焉耳。②

---

① 杨向奎《清儒学案新编》第三卷《望溪学案》："《周官》所载制度，有确属宗周制度而无疑者，如井田。《周官》中井田之国野有别，甿之身份及劳役租与实物租之分开，都非后人所能伪造者。六官制变，虽个别职称多见于宗周文献及彝器中，但系统制度与之不类；五等爵制亦然。此乃春秋战国时据当对实际情况，想象为之。若礼制包括礼仪、信仰及迷信行为，大体可信。以此，我们认为《周礼》可信，亦不可全信，也就是'真伪参半'，'真'是宗周是真，'伪'是战国时人之所为，但与歆、莽无涉。望溪此说，实开清代今文经学之法门，此后刘逢禄遂倡刘歆伪造《古文经》说，如《周礼》、《左传》，清末康有为更张大其说，而有《新学伪经考》，泛滥无所止矣。"（《清儒学案新编》第三卷第36页）今按：方苞的辨伪方法可以归纳为"理"与"心"二法、实为自由心证，并非实证。

② 今按：此序已将其辨伪方法自行否定，仍然是从义理出发。

方苞《望溪集》文集卷四《周官集注序》：朱子既称："《周官》遍布周密，乃周公运用天理熟烂之书。"又谓："颇有不见其端绪者。"学者疑焉，是殆非一时之言也。盖公之"兼三王以施四事"者，具在是书。其于人事之始终，百物之聚散，思之至精，而不疑于所行，然后以礼、乐、兵、刑、食货之政，散布六官，而联为一体。其笔之于书也，或一事而诸职各载其一节，以互相备，或举下以该上，或因彼以见此。其设官分职之精意，半寓于空曲交会之中，而为文字所不载。迫而求之，诚有茫然不见其端绪者。及久而相说以解，然后知其首尾皆备，而脉络自相灌输，故叹其遍布而周密也。余尝析其疑义，以示生徒，犹苦旧说难自别择，乃并纂录，合为一编。大旨在发其端绪，使学者易求。故凡名物之纤悉，推说之衍蔓者，概无取焉。**盖是经之作，非若后世杂记制度之书也。其经纬万端，以尽人物之性，乃周公夜以继日穷思而后得之者。学者必探其根原，知制可更而道不可异。**有或异此，必蔽亏于天理，而人事将有所穷，然后能神而明之，随在可济于实用。其然，则是编所为发其端绪者，特治经者所假道，而又岂病其过略也哉！

方苞《望溪集》文集卷四《春秋直解序》：自程、朱二子不敢以《春秋》自任，而是经为绝学矣。夫他书犹孔子所删述，而是经则手定也。今以常人自为一书，其旨意端绪必有可寻，况圣人之不得已而有言者乎？盖屈折经义以附传事者，诸儒之蔽也，执旧史之文为《春秋》之法者，传者之蔽也。圣人作经岂豫知后之必有传哉？使去传，而经之义遂不可求，则作经之志荒矣。旧史所载事之烦细及立文不当者，孔子削而正之可也。其月日、爵次、名氏，或略或详，或同或异，策书既定，虽欲更之，其道无由，而乃用此为褒贬乎？**于是脱去传者诸儒之说，必义具于经文始用焉，而可通者十四五矣。然后以义理为权衡，辨其孰为旧史之文，孰为孔子所笔削，而可通者十六七矣。**余之始为是学也，求之传注而樊然殽乱，按之经文而参互相抵，盖心殚力屈，几废者屡焉，及其久也，然后知经文参互及众说殽乱而不安者，笔削之精义每出于其间，所得积多，因取传注之当者，并己所见，合为一书，以俟后之君子。其功与罪，则非蒙者所能自定也。

章太炎《訄书·清儒》：文士与经儒始交恶。而江淮间治文辞者，故有方苞、姚范、刘大櫆，皆产桐城，以效法曾巩、归有光相高，亦愿尸程、朱为后世，谓之桐城义法。（戴）震为《孟子字义疏证》，以明材性，学者自是疑程、朱。**桐城诸家，本未得程、朱要领，徒援引肤末，大言自壮**(案：方苞出自寒素，虽未识程、朱深旨，其孝友严整躬行足多矣。诸姚生于纨绔绮襦之间，特稍恬惔自持，席富厚者自易为之，其佗躬行，未有闻者。既非诚求宋学，委蛇宁靖，亦不足称实践，斯愈庳也)，故尤被轻蔑。范从子姚鼐，欲从（戴）震学；震谢之，犹亟以微言匡饬。鼐不平，数持论诋朴学残碎。其后方东树为《汉学商兑》，徽章益分。

陈厚耀

《清儒学案》卷三十七《勿庵学案·陈先生厚耀》：陈厚耀，字泗源，泰州人。康熙四十五年进士。大学士李光地荐其通天文算法，召见，试以三角形令求中线，又问弧背尺寸，先生具札进，称旨。四十八年，扈行垫周，圣祖问北极出地高下及地周、地径、地圆，先生具举以对。旋以母老就苏州教授。未逾年，召入南书房，授中书科中书。寻命与梅瑴成修书蒙养斋，赐算法诸书及西洋仪器。书成，授翰林院编修。五十三年，丁母艰，赐帑银，命江南织造经纪其丧。服阕，晋国子监司业，转左谕德。五十七年，充会试同考官。次年，以老乞致仕。六十一年卒，年七十五。先生以天算之法治《春秋》，尝补杜预为《春秋长历》十卷。其凡有四：一曰历证。备引《汉书》、《续汉书》、《晋书》、《隋书》、《唐书》、《宋史》、《元史》、《左传注疏》、《春秋属辞》、《天元历理》诸说，以证推步之异。其引《春秋属辞》，载杜预《论日月差谬》一条，为《注疏》所无。又引《大衍历义春秋历考》一条，亦《唐志》所未录。二曰古历。以古法十九年为一章，一章之首，推合周历正月朔日冬至前列算法，后以《春秋》十二公纪年横列为四章，纵列十二公，积而成表，以求历元。三曰历编。举《春秋》二百四十二年，推其朔闰及月之大小，而以经传干支为证佐，述丝说而考辩之。四曰历存。以古历推隐公元年正月庚戌朔，杜氏《长历》则为辛巳朔，乃古历所推之上年十二月朔，谓元年以前失一闰。盖以经传干支排次知之。如预之说，元年至七年中，书日者虽多不失，而与二年八月之庚辰、四年二月之戊申又不能合。且隐公三年二月己巳朔日食，桓公三年七月壬辰朔日食，亦皆失之。盖隐公元年以前非失一闰，乃多一闰。因定隐公元年正月为庚辰朔，较《长历》退两月。推至僖公五年止，以下朔闰一一与杜历相符，故不复续推。先生明于历，所推较预为密。又撰《春秋战国异辞》五十四卷、《通表》二卷、《摭遗》一卷、《春秋世族谱》一卷。马氏为《绎史》，兼采“三传”、《国语》、《国策》，先生则皆摭于五书之外，独为其难。《氏族》二书，与顾栋高《大事表》互证，《春秋》氏族之学几乎备矣。又著《礼记分类》、《孔子家语注》、《十七史正讹》诸书。（参史传、《畴人传》）

《清史稿》卷四百八十一儒林二：陈厚耀，字泗源，泰州人。康熙四十五年进士，官苏州府学教授。大学士李光地荐其通天文、算法，引见，改内阁中书。上命试以算法，绘三角形，令求中线及弧背尺寸，厚耀具札以进，皆如式。授翰林院编修，入直内廷。厚耀学问渊博，直内廷后，兼通几何算法，于是其学益进。迁国子监司业，转左春坊左谕德。以老乞致仕，卒于家。厚耀以天算之法治《春秋》，尝补杜预《长历》为《春秋长历》十卷，其凡有四：一曰历证。备引《汉书》、《续汉书》、《晋书》、《隋书》、《唐书》、《宋史》、《元史》、《左传注疏》、《春秋属辞》、《天元历理》诸说，以证推步之异。其引《春秋属辞》载杜预论日月差谬一条，为注疏所无。又引《大衍历义》春秋历考一条，亦《唐志》所未录。二曰古历。以古法十九年为一章，一章之首，推合周历正月朔日，冬至前列算法，后以《春秋》十二公纪年，横列为四章，纵列十二公，积而成表，以求历元。三曰历编。举《春秋》二百四十二年，推其朔闰及月之大小，而以经、传干支为证佐，述杜预之说而考辨之。四曰历存。[以] 古历推隐公元年正月庚戌朔，杜氏《长历》则为辛巳朔，乃古历所推上年十二月朔。谓元年以前失一闰，盖以经、传干支排次知之。厚耀则谓如预之说，元年至七年中书日者，虽多不失，而与二年八月之庚辰、四年二月之戊申又不能合。且隐公三年二月己巳朔日食、桓公三年七月壬辰朔日食，亦皆失之。盖隐公元年以前非失一闰，乃多一闰。因定隐公元年正月为庚辰朔，较《长历》退两月，推至僖公五年止，以下朔、闰，一一与杜历相符，故不复续推焉。又撰《春秋战国异辞》五十四卷、《通表》二卷、《摭遗》一卷、《春秋世族谱》一卷。邹平马骕为《绎史》，兼采"三传"、《国语》、《国策》，厚耀则皆摭于五书之外，独为其难。氏族一书，与顾栋高《大事表》互证，《春秋》氏族之学几乎备矣。厚耀又著《礼记分类》、《十七史正讹》诸书，今不传。

《清史列传·儒林传下一》：存目。①

李元度《国朝先正事略》卷三十三《陈泗源先生事略》：陈先生厚耀，字泗源，江苏泰州人。康熙四十五年进士，官苏州府教授。学问渊博，李文贞荐其通天文算法，引见改内阁中书。圣祖命试以算法，绘三角形，令求中线，及问弧背尺寸。先生具札进，称旨，命入直内廷，授编修，与梅文穆毂成同修书，尝召至御座旁，教以几何算法，先生学益进。上尝问曰："汝能测北极出地高下否?"对曰："遇春秋二分，用仪器测之可得高度。若余节气，又有加减之异，然亦不准，何也？地上有朦气之差，以人目视之，有升卑为高，映小为大之异，故以浑仪测之多不合，惟在天度数则不差耳。"……上称善。累迁司业左谕德，以老疾致仕，卒于家。先生治《春秋》，尤究心天算，尝补杜预《长历》为《春秋长历》十卷，其凡有四，一曰历证。备引《汉书》、《续汉书》、《晋书》、《隋书》、《唐书》、《宋史》、《元史》、《左传注疏》、《春秋属辞》、《天元历理》、《历法新书》诸说以证推步之异。……二曰古历。以古法十九年为一章，一章之首，推合周历正月朔日冬至，前列算法，后以春秋十二公纪年，横列为四章，纵列十二公，积而成表，以求历元。三曰历编。举《春秋》二百四十二年一一推其朔闰及月之大小，而以经传干支为证佐，皆述杜预之说而考辨之。四曰历存。以古历推隐公元年正月庚戌朔。杜氏《长历》则为辛巳朔，乃古历，所推之上年十二月朔，谓元年之前失一闰，盖以经传干支推次知之。先生则谓，如预之说元年至七年中书者，虽多不失，而与二年八月之庚辰、三年十二月之庚

① 详见中华书局本第17册，第5470~5471页。

戌、四年二月之戊申又不能合，且隐公三年二月己巳朔日食、桓公三年七月壬辰朔日食亦皆失之，盖隐公元年以前非失一闰，乃多一闰，因退一月就之定隐公元年正月为庚辰朔，较长历实退两月，推至僖公五年止，以下朔闰因一一与杜历相符，故不复续载焉。杜预书惟以干支递排，而以闰月小建为之迁就。先生明于历法，故所推较预为密。盖非惟补其阙佚，并能正其讹舛，于考证之学极为有裨。治《春秋》者不可少此编矣。又撰《春秋战国异辞》五十四卷、《通表》二卷、《摭遗》一卷、《春秋世族谱》一卷。邹平马宛斯骕为《绎史》，兼采"三传"、《国语》、《国策》，先生则皆摭于五书之外，尤独为其难。《氏族》一书，与顾复初栋高《大事表》互证，则《春秋》氏族之学几乎备矣。此外尚有《礼记分类》、《十七史正讹》诸书，今不传。

阮元《儒林传稿》卷三、《畴人传》卷四十一、江藩《国朝汉学师承记》卷七、钱林《文献征存录》卷三、唐鉴《学案小识》卷十二《经学学案》、张维屏《国朝诗人征略》卷十九、徐世昌《晚晴簃诗汇》卷五十七、《（乾隆）江南通志》卷一百六十六皆有传，存目。

吴廷华

《清儒学案》卷六十五《堇浦学案·堇浦交游·吴先生廷华》：吴廷华原名兰芳，字中林，仁和人。康熙甲午举人，内阁中书，历官福建海防同知。乾隆初，荐修“三礼”，方侍郎苞、李侍郎绂并相契重，悉以考订属焉。委以“三礼”礼节四图，检诸儒旧图增删补辑，多正敖氏之讹，十年乃成。初在福建时，穿穴注疏，著《三礼疑义》，至是数易其稿。以《仪礼》一书，叙次质直，自一字至十数字，句多奇零不整，且监本与石经各有脱误，郑注与贾疏不免轇輵，谓读者之失有二：**句读不明，则句可移缀，上下往往宾主易位，东西乖方；章次不分，则礼之始终度数，与宾尸介绍、冠服、玉帛、牲牢、尊俎之陈，如满屋散钱，毫无条贯。**章句之不知，又何论义疏也？用是删繁取约，补脱勘讹，撰《章句》十七卷。一篇之中，画其节目，一节之内，析其句读。如士冠礼筮日戒宾，虽仍贾疏及《仪礼》，经传通解所分之次，而更按其节次分为六章，筮日戒宾四节为第一章，冠前之礼初加三加四节为二章，正冠之礼礼子命字醴宾诸节为三章，四章冠毕余礼，令展帙者知某事在某礼之前，某事在某礼之后。十七篇节目，了如指掌。其训释多本郑、贾笺疏，间亦采他说，附案以发明之。《丧服》一篇，尤为教孝要道，更加详审。列朝服制亦兼附焉。此书行世，为学礼者之阶梯。《三礼疑义》诸书卷帙浩繁，未刊，振绮堂汪氏藏其稿，凡百数十卷。（参《四库全书提要》、子寿祺撰《仪礼章句跋》及严杰跋）

《清史列传·儒林传下一》：吴廷华，字中林，浙江仁和人。康熙五十三年举人，由内阁中书出为福州府海防同知。乾隆初，荐修“三礼”，在馆几十年。二十年，卒，年七十四。廷华通诸经，尤深“三礼”。居官以经术饰吏治。暹罗入贡，世宗以三品服宠陪臣，及归，欲以属礼接郡守。廷华曰：“春秋之义，王人虽微，序诸侯上。使者秩虽高，陪臣也。”暹罗使为屈。琉球国贡硫磺，归挟中土物，关吏持之急。廷华引《周礼》环人送迎，门关无讥，及野庐氏第禁不时不物，为请关吏谢之。修“三礼”时，分辑诸国，发秘府所藏诸儒礼图七十余家，详审同异，多所订正。著《仪礼章句》十七卷，以张尔岐《仪礼句读》过于墨守郑注；王文清《仪礼分节句读》，其笺注失之太略。因折衷先儒，补所未备，于丧礼为详审。又有《三礼疑义》、《曲台小录》、《东壁书庄集》。①

陈黄中《东庄遗集》卷三《奉政大夫福州府同知吴先生墓志铭》：汉自孝武表章六经，尊崇儒术，由是公卿大夫士吏彬彬，多文学之士。班固以为禄利使然，旨哉言乎！**自禄利之途开，而学、行遂判而为二，穷经守正者往往与时龃龉，而曲学希世者每颔颃而取富贵，故守正如董生、申公等，甚者胥靡，其次下吏，而公孙丞相、匡衡、韦贤父子、张禹、孔光诸人并以媕婀取宰相，自后若熊安生、许康佐、陈旸、高闶等皆顽钝谄佞，而史家无识，以其服儒衣冠，传先王语，犹并列之儒林传。盖经术之伪，上以钓显位，下以博名高。汉代以后，宜乎经说愈多而经愈晦**。若余所见，中林吴先生其庶几穷经守正之士矣。先生学醇论高，含咀诸经，精洽贯串，“三礼”之学尤为专家。雍正初以乙科官内阁中书舍人。居二年，出为福州府海防同知，以经术缘饰吏治，侃侃不阿。……乾隆二十年八月二十日卒，年七十有四。所著《三礼疑义》、《仪礼章句》、《曲台小录》、《东壁书庄集》凡若干卷。先生讳廷华，中林其字也。先世自休宁迁海盐，今为钱塘人。……虽未获尽读先生所著书，然知其为质直好义之君子也，乃分符疾罢，**礼馆十年，皓首穷经，矻矻不倦。先生之遇亦蹇失，然著书满家，归老湖山，啸歌自得，视董、申诸公未为不幸。区区青紫及当世名又何足为先生轻重哉**？寿祺将以某年月日葬先生于某所，奉其外舅椒园之状来请铭。铭曰：六经初厄秦火燔，汉更利禄汩其原。诗礼发冢笑漆园，或饰六艺文奸言。折角五鹿乘朱轓，三经新义尊玙璠。断烂朝报谁更翻，“三礼”聚讼尤争喧。伟哉先生理丝棼，欲从九派探昆仑。继公崇义图纷纭，大手笔定如斫轮。“五礼”秩秩肃骏奔，十年礼局宁迍邅。拂衣一笑西湖滨，遗经独抱贻后昆。经师循吏传八闽，千秋万岁此铭存。

李榕《（民国）杭州府志》卷一百三十八：吴廷华，字中林，钱塘人。康熙五十三年举人，学醇论高，含咀诸经，贯串三礼，尤为专家。雍正初，官内阁中书，授福州府海防同知，以经术缘饰吏治，侃侃不阿。暹罗国初入贡，以三品服宠其使，既晋秩，欲以属礼接郡守。廷华折之曰：“《春秋》之义，王人虽微序，诸侯上使者秩虽高，犹陪臣也。”……其居官引经持正多类此。久之，以疾致仕。乾隆元年，用大臣荐，修三礼。廷华曰：**“《周礼》、《仪礼》多为后人参杂，宜识其真伪。《礼记》出于汉儒，多与古不合，当辨其是非。《注疏》舛缪者，经有明据，则证以经，无则集众说而折衷之。”**总裁韪其言。在馆十年，用力最深。其分缉诸图，请发秘府所藏诸儒礼图，得七十余家，详审同异，多所订正，书成，归掌崇文书院。又以《仪礼》一书句读笺注，前人或病疏略，因折衷先儒，补张氏《仪礼句读》、王氏《仪礼分节句读》之失，每篇之中分其节次，每节之内析其句读，训释多本郑笺、贾疏，亦间采他说，以发明之，于丧礼尤精密，为晚年之书，以寿终。（《东庄遗集》、《学案小识》）

阮元《两浙輶轩录》卷十五、钱林《文献征存录》卷四、唐鉴《学案小识》卷十二《经学学案》、沈德潜《清诗别裁集》卷二十三皆有传，存目。

---

① 见中华书局本第 17 册，第 5475 页。

胡　煦

《清儒学案》卷四十七《沧晓学案》：沧晓覃精《易》学四十余年，其持论酌于汉学、宋学之间，与朱子颇有异同。然《易》道广大，非一人所能尽。朱子作《本义》，尝欲有所改定，而自言未暇整顿，则后人辨订，亦未始非朱子之志也。

《清史稿》卷七十七：胡煦，字沧晓，河南光山人。初以举人官安阳教谕。治《周易》，有所撰述。康熙五十一年，成进士，散馆授检讨。圣祖闻煦通《易》理，召对乾清宫，问河洛理数及卦爻中疑义。煦绘图进讲，圣祖赏之，曰："真苦心读书人也。"五十三年，命直南书房。上方纂《周易折中》，大学士李光地为总裁，命煦分纂。寻命直蒙养斋，与修《卜筮精蕴》。五十七年，迁洗马，与修《卜筮汇义》。转鸿胪寺少卿。六十一年，迁光禄寺少卿，再迁鸿胪寺卿。雍正元年，擢内阁学士。……五年，擢兵部侍郎，兼署户部。时诸部院每于员外增置佐正员治事，煦协理副都御史，又协办礼部侍郎。八年，命直上书房，充《明史》总裁。九年，授礼部侍郎。旋以衰老夺官。十年，河东总督田文镜劾煦长子孟基本邱氏子，冒姓，以官卷得乡举，下部议黜。乾隆元年，煦诣阙召见，命还原衔，复孟基举人，赐其幼子季堂荫生。煦疾作，卒于京师，赉银五百治丧，赐祭葬。煦正直忠厚，所建白必归本于教化。……他所陈奏，如广言路，裕积储，汰浮粮，省冗官，平权量，多切于世务。乾隆间，高宗诏求遗书，征煦著述。时季堂官江苏按察使，以煦著《周易函书》进。五十九年，特命追谥，谥文良。

彭启丰《芝庭诗文稿》文稿卷六《资政大夫礼部左侍郎胡公墓志铭》：乾隆三十八年，皇帝下诏求遗书，依古暨今耆硕著撰后先并出，更谕河南抚臣，以前礼部侍郎胡煦究心理学，所著《周易函书》独不在列，命续举以进。于是海内之士咸仰圣天子褒崇古学，发微阐幽，光昭文治于无穷也。其时胡公子季堂方官江南按察使，既刻公遗文行世，属启丰为之序，复以公前葬时墓志之文阙焉，更属次公行事而为之铭。启丰故以廷试辱公知，在翰林时又隶公教习，饫公之德，不忘于心，遂不敢以不文辞。谨按：公讳煦，字沧晓，号紫弦，河南光山人。其先自江西迁湖广之麻城，后由麻城迁河南之光山。五世祖讳靖，前明嘉靖乙卯举人，官辽阳通判，笃于行谊。子敏，即公之高祖也。曾祖讳某，遵化县诸生。祖讳演，亦诸生，早卒。妣喻氏，抚子二，一先卒，一即公父，讳之杞……母高氏，赠淑人。公少而好学，能文章。康熙二十三年举于乡，官安阳教谕。五十一年成进士，时年五十八矣。居常究心《周易》，得图书一贯之旨。胪传后引见澹宁居，即自陈所学，圣祖叩以河洛理数，公条对甚悉，选庶吉士，自后屡召见，问卦爻中疑义，命画图以讲。圣祖曰："真苦心读书人也。"旋以检讨直南书房。五十四年充会试同考官。五十六年典湖广乡试，寻转司经局洗马，迁鸿胪寺少卿，再迁正卿。雍正元年授内阁学士，兼礼部侍郎。明年，典顺天武乡试。五年，授兵部侍郎，摄户部侍郎，阅会试回避卷，殿试读卷官，教习庶吉士。明年协理都察院左副都御史，又摄刑部右侍郎。七年典顺天武乡试。八年充明史总裁官，直上书房，以兵部侍郎，特旨知贡举。是秋又知武贡举。九年转礼部左侍郎，六月罢职归。公为人正直忠厚，其所建白，必以教化为先务，尤愿朝廷重农桑，缓刑罚，先仁义而后功利。……公之善《易》，世固多知之，独其施于家国政事之大者，其言或不尽闻于时，能传道之者鲜矣。启丰谨备论之，使人知公之所以善《易》者于是乎在，故能邀三朝圣主之知，至没身而不替，宁独以其训诂章句之业而已。公卒以元年九月十三日，年八十有二。娶陈氏封淑人，赠夫人，以十四年十二月二十三日合葬于青龙河乏源。(下略)①

钱陈群《香树斋诗文集》文集续抄卷五《诰授通议大夫晋赠资政大夫礼部左侍郎胡公神道碑》：光山宗伯胡紫弦先生殁三十余年，少子季堂以荫蒙恩，由顺天通守历剧郡，荐擢观察，秉臬江苏，遇国大庆，既已赠封其亲。念先生暨德配张夫人合窆青龙河阡亦已二十四年矣，臬使以孤露孱弱，克自树立，宦迹所至，以循良著。三吴道冲土沃，狱讼滋繁，而刑政端平明允，属吏承流化亦大洽。会诏求遗书，上习知先生为中州理学醇儒，尤邃于《易》，命豫中大吏即家录上，适臬使属序先生所著书，悉校以进，因并请予补为碑文，论撰其美，而明揭诸阡，昭恩荣教来孝礼也。先生讳煦，字沧晓，号紫弦，先世自豫章迁楚，迁豫，占籍光山，代有闻人。父之杞，工诗画，善岐黄术，有阴德，以先生贵，赠通议大夫内阁学士兼礼部侍郎，母高氏赠淑人。先生生有异禀，知嗜学，多深沈之思。幼读《太极图》，见有阴阳纠纽，循环回抱之势，创为一图，与图书卦章相为经纬表里。年十八，志益奋，功益专，凡古人说《易》之书，靡不甄综，以求融合乎四圣之旨，遂以《易》学终其身。康熙甲子登贤书，授安阳教谕。戊子分校山左，迨壬辰始成进士。馆选时，自陈能通《周易》，时大学士李文贞公《易》理精详，廷臣未有出其右者，圣祖命与先生讲《易》，无以难也，屡蒙召问，三接于澹宁居。甲午，同杨公名时召见乾清宫画图讲《易》，问答数千言，有"苦心读书人"之褒，载先生所记《召对录》甚备。是岁入直南书房，乙未充会试同考官，丁酉典湖广乡试。先是，试官命九卿保举，至先生，圣祖问左右，知为李旭升所保，谕曰："朕止信得此人。"由是廷议引重，不数年，由坊局迁卿寺。壬寅赐宴，老臣奉旨，年六十以上许乘舆至景运门燕坐，乾清宫站台，先生与焉，寻升内阁学士，兼礼部侍郎。典甲辰顺天武乡试。丁未进《耕耤诗》、《河清赋》，世宗极赏之，升兵部侍郎，署户部侍郎。阅会试，回避卷，充殿试读卷官，教习庶吉士。次年协理都察院左副都御史，又署刑部右侍郎，再典己酉顺天武乡试。庚戌命在上书房行走。两知文武贡举，充

① 见清乾隆刻增修本，又见王昶《湖海文传》卷五十二。

《明史》总裁官。辛亥转礼部左侍郎，罢职归。今上御极之元年，先生入觐阙廷，诏给原衔回籍，疾卒，京邸赐赙赐祭，恩礼有加，盖先生骑箕时年八十有二三。子俱早殁，无嗣，季即臬使才八岁，蓄无长物，亲无期功，手泽遗书未有所付托，先生之宗祏且不绝如线，卒赖先生冢子长垦。妻节孝甘，茹荼集蓼，鞠之育之，揞就衰之门绪，启未坠之家声。论者谓天之所以报绩学善人者如此其不爽，呜呼可以为世劝矣！先生立朝风节，具见所存奏疏，皆有裨国计民生，其他著述，推阐《易》学，出其绪余，皆卓然可传。顾治《易》尤深博无涯涘。今所存《函书》多至百十卷，往往深造自得，不屑屑蹈先儒臼科。我朝经学昌明，宗工辈出，一洗前代纂修《大全》，废《注疏》不采，专攘宋、元人成书之陋。御纂、钦定诸经，以次程式艺林，而国初说经之家，如孙退谷少宰抄周藩灌甫遗籍，成《五经翼》二十卷，纳兰容若侍卫取温陵曾氏、隆山陈氏一十八家《易》义，合订成书八十卷，较之先生其所诣浅深必有能辨之者。予后先生数年入词馆，辱先生有忘年之契。又五十余年，得见令子臬使季堂，能读父书，善承先志，将必益大，其施以仰副九重眷倚，用推原所以章显先生之学者，皆足征圣朝孝治之隆，俾其子孙世世仰之，而系之诗曰：伊洛渊源，苞符奥秘。经师人师，道隆圣代。维岳降神，阏父之裔。国重老成，乡称早慧。独抱韦编，敦心默识。静观象材，日思爻系。自汉以来，郑王同异。二百十三，部分宋志。其在于今，十存一二。上遡故微，下该传义。以象串理，久而融会。月窟天根，周情孔思。晋有阿蒙，形诸梦呓。唐则邇叟，恍传符契。五音九弄，六甲八节。妙悟天然，引伸触类。甲子将周，才登上第。论《易》殿中，画图瑶砌。圣祖颔之，相臣面试。眷注有由，向用不次。入篷月卿，出奉星使。玉尺是持，枢衡是畀。皭然生平，出处一致。卅载公车，十年卿贰。始教安阳，以经造士。晚佐秩宗，寅清著美。天恩如环，赏延于世。薪续将熸，俾尔昌炽。孝妇令子，显扬终遂。物蒙必亨，道屯必泰。我作诗辞，更申易旨。世禄之家，劝善无怠。

李元度《国朝先正事略》卷十五、唐鉴《学案小识》卷十二《经学学案》皆有传，存目。

胡煦《葆璞堂集》文集卷一《周易函书序》：方今诗书大备，圣道昭明，汉、唐、宋明诸儒蔚起，宜无复有遗文剩义俟诸后学考稽诠释矣。然日新而不已者，文之运；日出而不穷者，道之理。……**然六经皆载道之书，而《周易》实具天人性命之理。《周易》止卦爻之设，而图象实括始终本末之全。**会图征象而至理斯存，未有弃图置象而孤标至理者也。夫图象犹形也，理犹影也，影即形而存，无形而影于何起？图象犹日月也，理犹光明也，光明即日月而具，无日月而光明何生？乃自王弼扫象，一归诸理，宋儒因之，象失其传，由来久矣。来矣鲜生诸儒之后，独能上追虞、荀，广搜博览，益其未备，订其舛讹，务使理由象出，亦可谓好学深思，不为理障者矣。第于本源有所未探，则顾小而遗大，拘末而弃本者犹不免焉。煦复从而斟之酌之，损之益之，其有未备未当者，又复合诸卦象，揆诸小象，证以先天诸图，及《系》、《说》、《杂》、《序》诸传，总折衷经文，以求至当，断不敢徇传而弃经，溺理而遗象，故于其中谬误渗漏者又复得十之二三，以此征象，庶云备乎！（下略）

顾宗泰《月满楼诗文集》文集卷九《葆璞堂诗集序》：……光山胡少宗伯沧晓先生精

探《周易》，其学浩博无涯涘。**夫《易》俯仰天地，远取近取，卦象之中，即通比兴之义。先生于学《易》之暇，时时发为诗歌，涵畅道德，吟咏性情，息于理者深，故得于心者妙；得于心者妙，故抒于言者远。**不袭汉、唐面貌，而于宋人理趣不绳削而自合，故无论少壮行藏，林泉朝庙，而悠然写襟，期近风雅，有以造乎诗之至境也。不务采色，夸声音，而务焉夸焉者之万莫能逮也。(下略)

王懋竑

《清儒学案》卷五十二《白田学案》：自朱、陆有异同之辨，而为陆学者于朱子每多诬罔，《阳明晚年定论》其尤著者也。白田读朱子书数十年，于朱子生平，为学诲人，次第本末，条析精研，订为《年谱》四卷，俾有志朱学者，不致为异说所迷眩。其有裨圣道，较之《闲辟录》、《学蔀通辨》二书，直远出其上矣。述《白田学案》。〇王懋竑，字予中，宝应人。……乾隆六年卒，年七十四。**先生性恬淡，少尝谓友人曰："老屋三间，破书万卷，生平志愿，于斯足矣。"**归里后，**杜门著书。以明李默所定《朱子年谱》多删改原编，与《晚年定论》、《道一编》暗合，因取《文集》、《语类》等书，条析而精研之，以正年月之后先，旨归之同异，订为《年谱》四卷、《考异》四卷、《附录》二卷。未第时即编是书，至易箦前数日乃成。大旨在辨为学次序，以攻姚江之说。**又著有《白田草堂存稿》二十四卷，内杂著八卷，于《朱子文集》、《语类》考证尤详。……他著有《朱子文集注》、《朱子语录注》、《读经记疑》、《读史记疑》。（参史传、《四库全书总目》、钱大昕撰传）

《清史稿·儒林一》：王懋竑，字予中，宝应人。少从叔父式丹学，刻励笃志。精研朱子之学，身体力行。康熙五十七年，成进士，年已五十一。乞就教职，补安庆府学教授。雍正元年，以荐被召引见，授翰林院编修，在上书房行走。二年，以母忧去官，特赐内府白金为丧葬费。懋竑素善病，居丧毁瘠，服阕就职。旋以老病乞归，越十六年，卒。懋竑性恬淡，少尝谓友人曰："老屋三间，破书万卷，平生志愿足矣！"归里后，杜门著书。校定《朱子年谱》，大旨在辨为学次序，以攻姚江之说。又所著《白田杂著》八卷，于《朱子文集》、《语类》考订尤详。谓《易本义》前九图、筮仪，皆后人依托，非朱子所作。其略云："朱子于《易》有《本义》，有《启蒙》，与门人讲论甚详；而此九图，曾无一语及之。九图之不合《本义》、《启蒙》者多矣，门人何以绝不致疑也？《本义》之叙画卦云：'自下而上，再倍而三以成八卦；八卦之上各加八卦，以成六十四卦。初不参邵子说。至《启蒙》则一本邵子，而邵子所传止有先天方圆图，其伏羲八卦图、文王八卦图，则以经世演《易》图推而得之。同州王氏①、汉上朱氏《易》②，皆有此二图，《启蒙》因之。至朱子所自作横图六则注《大传》及邵子语于下，而不敢题曰伏羲六十四卦图，其慎如此。今直云："伏羲八卦次序图、伏羲八卦方位图、伏羲六十四卦次序图、伏羲六十四卦方位图，是孰受而孰传之耶？乃云伏羲四图，其说皆出邵氏，邵氏止有先天一图，其八卦图后来所推，六横图朱子所作。以为皆出邵氏，是诬邵氏也。"又云："邵氏得之李之才，李之才得之穆修，穆修得之希夷先生。此明道叙康节学问源流如此。汉上朱氏以先天图属之，已无所据；乃今移之四图，若希夷已有此四图也，是并诬希夷也。文王八卦，《说卦》明言之，《本义》以为未详，《启蒙》别为之说，而不以入于《本义》。至于'乾，天也，故称乎父'一节，本义以为揲蓍以求爻，《启蒙》以为'《乾》求于《坤》，《坤》求于《乾》，与《乾》为首两节，皆文王观于已成之卦，而推其未明之象，与《本义》不同。今乃以为文王八卦次序图，又孰受而孰传之耶？卦变图，《启蒙》详之，盖一卦可变为六十四卦，《彖传卦》变偶举十九卦以说尔。今图、卦变皆不合，其非朱子之书明矣。"其说为宋、元儒者所未发。又考证诸史，谓："《孟子》七篇，所言齐王皆湣王，非宣王。孟子去齐，当在湣王十三四年。下距湣王之殁，更二十五六年，孟子必不及见。《公孙丑》两篇，称王不称谥，乃其元本，而梁惠王两篇称宣王，为后人所增。《通鉴》上增威王十年，下减湣王十年，盖迁就伐燕之岁也。"可谓实事求是矣。

《清史列传·儒林传上二》：……归里后，杜门著书，以明李默所定《朱子年谱》多删改原编，与《晚年定论》《道一编》暗合，因取《文集》、《语类》等书，条析而精研之，以正年月之后先、旨归之同异，订为《年谱》四卷、《考异》四卷、附录二卷。未第时，即编是书，至易箦前数日乃成。大旨在辨为学次序，以攻姚江之说。同邑朱泽沄潜心朱学，据《答南轩书》云："敬贯动静，而以静为本。"谓必从主敬以透主静消息，懋竑辨之曰："人之有动静也，犹其有呼吸也。静则必动，动则必静。论其循环，则有互根之妙；论其时节，则有各致之功。朱子《已发未发说》作于己丑，有以静为本之说。甲午、乙未以后，不复主此说矣。主静之旨出于濂溪，而朱子丙申作《濂溪书堂记》，己亥作《隆兴祠记》，癸卯作《韶州祠记》，癸丑作《邵州祠记》，俱不一言主静。盖敬可以贯动静，而静不可以该动，专言静则偏矣。……"③

钱大昕《潜研堂集》文集卷三十八《王先生懋竑传》：王先生懋竑，字与中，宝应人。世为儒家。叔父式丹，以诗文知名海内，宋尚书荦巡抚江南，选刻《江左十五子诗》，以式丹为首。康熙四十二年登进士第一人，授翰林院修撰，世所称数村先生者也。先生少从叔父学，即自刻厉，笃志经史，耻为标榜声誉。康熙戊子举乡试，又十年成进

---

① 同州王氏著有《易说》，文渊阁四库本卷首提要云："是书《宋志》不著录，其名见晁公武《读书志》，但称同州王湜，而不详其始末。张世南《游宦纪闻》称：'康节先生《皇极经世》其学无传，此外有所谓太乙数，渡江后有北客同州免解进士王湜潜心是书，作《太一肘后备检》三卷，为阴阳二遁绘图一百四十有四，上自帝尧以来，至绍兴六年丙辰云云'是南宋初人矣。"

② 汉上朱氏即宋朱震，撰《易传》十一卷、《卦图》三卷、《丛说》一卷，文渊阁四库本卷首提要云："震字子发，荆门军人。政和中登进士第，南渡后赵鼎荐为祠部员外郎，官至翰林学士。事迹具《宋史》本传。是书题曰汉上，盖因所居以为名。"今按：《清史列传》亦有类似表述，而王钟翰点校本此处标点竟然作"同州王氏《汉上朱氏易》"，误合为一。

③ 详见中华书局本第 17 册，第 5366~5368 页。

士，年已五十一矣。在吏部乞就教职，授安庆府学教授。雍正元年秋，以荐被召，引见，特授翰林院编修，在上书房行走。……以老病辞归，时年未六十也。**性耿介恬淡，少时尝谓友人曰："老屋三间，破书万卷，平生志愿于斯足矣。"归田后杜门著书，当路要人，虽素亲厚，未尝以竿牍及之。同年生高星源尝谓之曰："君无过人处，但本色耳。"**晚年较定《朱文公年谱》，于《文集》、《语类》考订尤详。谓《易本义》前九图、《筮仪》及《家礼》皆后人依托，非文公所作。……先生于诸史皆有考证，实事求是，不为抑扬过当之论。……先生撰述，已刻者《白田草堂集》廿四卷、《朱子年谱》若干卷。《读史记疑》，则予尝于金陵严氏斋见之。

王箴听《文林郎翰林院编修予中王公行状》：本贯扬州府宝应县曹村乡贰鄙。曾祖讳有容，恩贡生，江西泰和县知县。妣杜氏、季氏。祖讳凝鼎，岁贡生，候选儒学训导。妣刘氏。父讳式旦，廪生，赠文林郎、翰林院编修。妣刘氏封孺人。先府君讳懋竑，字予中。先世自苏州迁居宝应，累代有隐德。曾祖泰和公始治进士业，为令，有惠爱在民，至今讴思之。祖训导公，博学笃行，仅以明经老。父编修公，缵承前绪，工文章，与弟楼村公齐名，而享年不长，未展其业，后以府君官翰林，赠如官。府君幼禀异质，颖悟绝人，九岁能点阅史鉴，初为文，已惊其长老。编修公生府君一人，笃爱之，教以读经书，期成远大器。府君克承庭训，自少已卓卓有所造就。乙丑，县试拔第一，文出，邑人争相传诵，时年十有八。编修公寻即世，府君哭泣哀慕，不欲生，羸弱多恙，因刘太孺人过忧，乃强节哀遵礼，廪廪保身体，惧无以承先志，自练祥至服除，奉太孺人侍，晨昏不暂离，常追痛编修公之不逮事，而仰继泰和公训导公之箋烈，思发扬光大，以显前而传后者，历数十年如一日也。戊辰，受知于督学永平高公，拔第一，补郡附学生。先是，郡县试皆第一，逾年又拔第一，补廪膳生。自是受知于海宁许公、遂宁张公、阳城张公、磁州张公、蔚州魏公，率在五名以上，而韩城张公又拔第一。府君文誉噪一时。凡岁科两试，文购让者群奉为模楷，邑前辈咸谓科名可立致，而府君夷然不以介意也。府君有志于洛、闽之学，从暗修作工夫，绝不自表襮。而穷经论史，不由师传，能揭其蕴奥，极其波流。博闻强识，精思详辨，而壹折衷于朱子，则自其少而规模盖已早定矣。桐城望溪方公年逾冠，来馆吾邑，府君与讲古文之学，方公熟于唐、宋八家，府君更上追《左》、《国》、《史》、《汉》，究其源流本末，方公惊喜，相与订交焉。府君家贫，资馆谷以赡养，而教督学徒以道谊启导，不颛颛帖括之工。丙子岁，出馆于梁溪胡公复庵家。胡公，武陵人，寓居梁溪，家多古书，凡□□（原文如此）府君尽发其藏，读之两年，益得扩所未闻，而以违离太孺人往来频频，隔阔时日辞归，授徒里中，馆念堂乔公家十余年。乔公家藏书尤富，府君力所不能致者，皆得纵观，甚乐之。先是，画川乔公为邑先达，操知人鉴，最称许府君，命其季子念堂公与府君联文会，约同会芳图乔公、燕堂朱公、西轩王公、鹿沙刘公、从伯岸堂公共七人倡应切劘，寒暑无所间。府君少从叔大父楼村公学，读书为文，多资指授，而徒伯岸堂公与府君后出齐名，更以德义相劝勉，不徒于文字逞奇。府君蕴畜闳深，益自敛藏，耻为标榜，而同时知名者多愿与府君纳交。一日，就试海陵，阖郡能文者云集，亦有吴中人士错处其间，会宜兴礼执储公同与宴，唯心折府君，席散归，以诏其弟子洪君苏游，曰是未有第二人也。闻者以为知言。府君攻举子业，不屑揣摩场屋，而屡试迍（这）［邅］，无所合，守其道不变。庚午、癸酉俱报罢，丙子、己卯以病不与试，壬午、乙酉又俱报罢，至戊子方叨乡荐，时年四十有一。主考孝咸屠公、宛平王公、同考会稽王公俱极叹赏，置第十，榜发，人咸为府君贺，府君无喜意，唯博太孺人一笑以为欢，而追思编修公之不及见，涕泪下不可止。己丑，赴礼部试，是科韩城张公主坛坫，凡出其门者皆洋洋称意，府君独静默自守，时楼村公官京师，声望籍甚，有持关节与府君者，极以家贫亲老为言，府君终婉谢不受，卒不遇以归。壬辰，以病中道而返。癸巳，逢恩科，进京，同年诸相好有见招者，力以相劝，府君钥书云：硁硁之守，岂肯以垂老而易之？朱子有云："朋友相爱之情，季通不挫之志，可谓两得之矣。"生平愧怍多端，庶几仰希古人之万一。至诸先生相待之意，则铭感于中，不敢忘也。比三场卷荐而不售，府君略无悔意。逮乙未，则相好者知其坚而不可转矣，故无见招者，府君意甚乐，三场卷又荐不售，府君曰："后此茫茫，未知如何崛强，犹昔要终无变计耳。"戊戌，举进士，距乡荐十年，总裁武进赵公、遂宁张公、胶州王公、诸城李公、同考钱塘沈公、楚中邹公俱极叹赏，置第十一，榜发，众咸以为鼎甲可望，府君殊不然之，曰：**"天下事多出意外。余今岁之捷，岂人所料？一切以命自安，则胸中浩然，略无所事矣。"**乃辇下诸公力相推挽，有来索数次者，府君皆力辞不送门帘，曰："余非以为高，只自信得命耳。"后诸公知府君所持坚不可夺，嘱某中书于殿试卷转抄八字，委曲相爱，乃至如此，而暗开疑忌，翻致阻挠，信乎有命焉。并人之所能与也。时读卷如安溪李公、仁和汤公、常熟蒋公皆深加奖许，已置进呈之列，卒抑不与，遂置第二甲第十名，后仁和公出，仍以府君对策为第一，语坐客曰："某虽不列一甲，然才名震一时矣。"又问念堂乔公："某得无怅然否？"乔公云："若此时怅然，前必不肯不送门帘矣。"仁和公亦为一笑。府君寄示箴听等曰："余生平过误，亦多只此一事，自谓无愧古人。年已五十，更复何求？黄陶庵先生有言：'人只羡三年中之人，不知更有数十年之人、数百年之人。'此语殊足念也。"是年四月，圣祖仁皇帝驾往热河，十有回宫畅春苑，引见，府君奏会试十一名，音少低，命再奏掌院徐公代奏，遂不点。先是两掌院嘱府君染须改年，岁府君坚执不从，其不与馆选，卒不以此之故，府君之信命愈洒然矣。数日后，太仓王公、常熟蒋公先后荐三人，俱准选入，而府君不得与，盖府君皆未一往，又值蒋公五十诞辰，或约府君往祝，府君亦谢不往，有笑府君拙者，府君曰："余居长安中半年，拖泥带水，而不折木，以此自幸。近日争奇斗捷，全不讲此，然余正为天地间留此一脉。窃谓所系颇重。'风雨如晦，鸡鸣不已'，盖尝诵此二语，今日要无憾也。"时有考选中书之说，府君决意不就，曰："余之不馆选，原以伉直失之，而复于此有所牵染，所谓辞十万而受万，夫人知其不可矣。"比分派教习，到馆即告终养以归，馆师鱼门郑公不可，仍准给假，府君径归，腊月抵家，以趋侍太孺人为大乐。太孺人喜动颜色，自此承顺，朝夕饮食，衣服调护，惟谨一切躬亲之，盖几不复有入仕之想矣。越辛丑，教习期满，府君依依侍太孺人，不忍离，值太孺人起居违和，愈忧惶不自安适，遂宁张公奉命往江南过吾邑，召府君促以北行，府君陈情求改教职，遂宁公曰："是在我愿成君孝思，倘得善地，迎养高堂，是君志也。"府君得不往。辛丑冬，选授安庆府学教授，府君奉太孺人以壬寅八月六日莅任，已逾限，例将罚俸，安庆守张公禀于中丞李公请预题前数日以报，府君辞云："荷盛意感甚，但初为师长，于此而即与书役辈共为欺蔽，犯古人追改日月涂擦文字之戒，宁用本日罚俸，非所恤也。"太守笑颔之。初至，凡呈禀概却不收，属邑怀宁令先有二事批学中，府君至即为移回，誓不于此取一文也。……府君尝谓："经学自朱子而大明，所谓'言六艺者折衷于夫子'。元、明诸儒解经者，病于疏略，或患芜杂。其矫然特出者，多一用己意自名所学。明永乐中，修《五经大全》，大较以朱子为宗，而去《仪礼》、《周礼》，专重《礼记》。《春秋》尽废《左氏》、《公羊》、《穀梁》，非朱子之指。其所载朱子语皆割裂删削，且有脱漏，而于诸儒之论，去取一无所准。今宜更加删定《注疏》，为程、朱所自出，其言名物度数所当具列；至诸儒则辨其异同，考其离合，精择而慎取之。而凡朱子之言，详考备载，不可以遗也。”府君之论经，规模意例大略如此。其于《易》也，守朱子“交易”、“变易”之旨。交易以图言，变易以筮言。所以上究圣人作《易》之本旨，下济生人观象玩占之实用。孔子之说有不同于文王、周公之说者，原不可合并。即文王、周公，亦时自变其例，不当牵合以为说。而象之立有所自来，今则有可解者，有不可解者，亦不能以尽推所宜，通其大意。经二卷，传十卷，当追复已正之古《易》以遗其旧，而今刻《本义》前载九图，后列筮仪，皆非朱子所有，乃后之人以《启蒙》依仿为之，又杂以己意，而失其本指者，所宜订正。朱子意不满于《易本义》，恐其中尚合修改宋、元诸儒之论，亦有可补《本义》之缺者。如卦变以反对言，当从俞玉吾说，四德非古语，当从李微之说，此类皆宜详考。他若项氏《玩辞》、吴氏《纂言》，穿凿破碎，往往有之，不可以不辨。①

阮元《儒林传稿》卷三、《淮海英灵集》丙集卷一、李元度《国朝先正事略》卷三十一、唐鉴《学案小识》卷四翼道学案、沈德潜《清诗别裁集》卷二十四皆有传，存目。

王懋竑《白田杂著》卷一《论尚书叙录》：元临川吴氏作《尚书叙录》，前载今文，而别系古文于后，其后为《纂言》，则尽去古文，而独注今文二十八篇。明震川归氏因其说，亦为《叙录》，而《纂言》则未之见，乃以其意厘为今文。归氏书今亦未之见也。余尝以两《叙录》考之，大都辨古文之伪，其说皆是，而亦不免小误。盖伏生之书出于壁藏，以多所亡失，仅存二十九篇，而晁错往受其学，原非口授，两汉《儒林传》所载甚详。至《书序》云：“伏生失其本经，口以传授。”卫宏序云：“伏生使其女传言教错，错所不知，以意属读。”明与《儒林传》不合，乃一手伪作，互相印证以饰其伪，其为谬妄显然。至《泰誓》后得，据陆氏《释文》自在二十九篇之外，为三十篇。《艺文志》古经四十六卷，以三十篇合之，安国增多十六篇，正得此数。张霸《百两篇》当时已废不行，与古经初无所涉，亦自明白可按。吴氏力攻古文，而反引《书序》、卫序以断——伏生谓今文二十八篇乃伏生所口授，而晁错所属读者，又谓古经即张霸伪书。归氏亦谓伏生垂如线之绪于女子之口，又谓古经汉世之伪书，班、《史》以别于经，不以相混，是皆为颜注、孔注所误，可谓目察秋毫而不见其睫也。安国增多之书略见于《史记》、班《志》，其文多断续不可考，必有讹缺。王莽时虽立学官，旋以废罢。东汉又重谶纬之学，是以其书不传焉。郑诸儒皆未之见，而东晋所上之书疑为王肃、束皙、皇甫谧辈所拟作，其时未经永嘉之乱，古书多在，采摭缀缉，无一字无所本，特其文气缓弱，又辞意不相连属，时事不相对值，有以识其非真，而古圣贤之格言大训往往在焉，有断不可以废者。凡分别古今文之有无自朱子始，而朱子于《周礼·王会解》已自发其例，蔡《传》亦朱子所命，而不及见其成，疑当更有所厘正。如吴氏之前载今文，而别系古文于后，若《纂言》一决而去之，则大不可也。至于姚方兴之二十八字，昔人已明言其伪，直当黜之无疑。敢因两《叙录》而申论之。又考郑注，逸书别有《舜典》、《大禹谟》、《益稷》等篇，虽得之

① 详见《碑传集》卷四十八。

传闻，恐为安国之旧，微言奥论，必有一二存者，而散亡磨灭，无一语见于世。韩退之云："平生千万篇，金薤垂琳琅。流落人间者，泰山一毫芒。"典谟训诰之重万万，非诗篇比也，而百不传其一二，使后世不得见二帝、三王之全。呜呼惜哉！○《泰誓》在二十九篇之外，则伏生书少一篇。疑是《书序》、《史记》本纪多载，《书序》又有与今《书序》不同者。或是伏生所传也。郑注有亡书，有逸书，亡书即壁内所藏，亡失数十篇，逸书则逸而不传，盖安国书也。朱子尝言，或者以为今文自伏生女口授晁错时失之，则先秦古书所引之文皆已如此，固已不信口传之说，而又有暗诵者，偏得其难，而考文者反得其所易之语，此偶有所未及察，故曰义理无穷，精力有限，朱子于临殁尚修《楚辞》注，改《大学·诚意章》注，其孳孳不已如此，后之人偶有一得之见，而断然自信，不复致疑，抑未知于古人何如也。

王懋竑《读书记疑》卷一：秦焚书，《易》以卜筮独存。汉兴，诸儒传授不绝，宜其完整异于诸经，而以今考之，则固不然。伏羲画八卦，见于《系辞》，其益为六十四卦，史迁以为文王，而据《周易》，三《易》经卦皆八，其别有六十四，则已传自夏商，非始于文王也。卦爻之辞，旧以为文王所系，而爻辞所称多文王后事，故以为周公。凡此两汉诸儒皆无相传确说，后人各以意推言之耳。《系辞》中颇有疑义，《序卦》、《杂卦》尤难晓解。自费直、郑康成以后篇第更复淆乱，其与焚而复出之经固无以大异也。施、孟、梁丘诸《易》今不可见，王、韩之注于象数愈阔略，其使商瞿以来相传之旨不大白于后也，汉魏诸儒皆与有责焉耳。《春秋传》其言以《周易》筮之者，所举皆今象爻之辞，其他繇辞有不尽出于《周易》者，然未尝指言以《连山》筮之，以《归藏》筮之也。《连山》、《归藏》其名见于《周官》，而《春秋内外传》则无之。《洪范》言卜筮最详，则商以上固有书，但后《周易》传，而前此之《易》遂不可考耳。

王懋竑《读书记疑》卷一：《易序》非程子作也。其云："散之在理，则有万殊统之；在道，则无二致。"分理与道为二，与程子语不类。太极者，道也。两仪者，阴阳也。意虽无误，语却疏矣。至云："未形未见者不可以名求。"尤为乖剌，与《易传序》迥然各别，断断非程子作也。上下篇义亦非程子作，俱不载伊川文集，后人妄增入之。元鄱阳董氏又以此二篇载于《易传》之前，明初《大全》因而不改，贻误后学，不可不辨。

顾栋高

《清儒学案》卷五十六《震沧学案》：有清一代经学，以汉学为盛，而康、乾两朝御纂诸经，汉、宋兼采。乾隆中，荐举经学，为一时旷典，被擢者皆宋学也。其中震沧规模较大，最孚时论，同举者附列焉。述《震沧学案》。○顾栋高，字震沧，又字复初，号左畲，无锡人。康熙辛丑进士，授内阁中书。雍正中引见，以奏对越次罢职。乾隆十五年，诏中外大臣荐举经明行修之士，所举凡四十除人，先生为邹侍郎一桂所举。高宗严其选，惟先生及陈祖范、吴鼎、梁锡玙四人被擢，并授国子监司业，论者谓名实允孚焉。先生以年老下任职，会皇太后万岁，入京祝嘏，特召见，命内侍扶掖奏对。……二十四年卒于家，年八十一。先生学出于紫超高氏，治经于《春秋》最深。著《春秋大事表》五十卷，舆图一卷，附录一卷。以列国诸事比而为表，曰时令，曰朔闰，曰长历拾遗，曰疆域，曰列国爵姓及存灭，曰列国地理犬牙相错，曰都邑，曰山川，曰险要，曰官制，曰姓氏，曰卿大夫世系，曰刑赏，曰田赋军旅，曰吉礼，曰凶礼，曰宾礼，曰军礼，曰嘉礼，曰王迹拾遗，曰鲁政下逮，曰晋中军，曰楚令尹，曰宋执政，曰郑执政，曰争盟，曰交兵，曰城筑，曰四裔，曰天文，曰五行，曰“三传”异同，曰阙文，曰吞灭，曰乱贼，曰兵谋，曰引据《诗》、《书》、《易》三经，曰杜注正讹，曰人物，曰列女，凡百三十一篇，条理详明，考证典核。其辨论诸篇，多发前人所未发。《毛诗类释》二十一卷，续编三卷，采录旧说，发明经义，与但考故实、体同类书者有殊。《尚书质疑》二卷，不载经文，不训释经义，惟标举疑义，大抵多据臆断。又有《大儒粹语》二十八卷，合宋、元、明诸儒门径而一之，援新安以合金溪，为调停之说。又有《毛诗订诂》三十卷，《仪礼指掌宫室图》若干卷，《司马温公年谱》十卷，《王荆公年谱》五卷，《万卷楼文集》十二卷。（参史传、《学案小识》、《锡金合志》）

《清史稿·儒林一》：顾栋高，字震沧，无锡人。康熙六十年进士，授内阁中书。雍正间，引见，以奏对越次，罢职。乾隆十五年，特诏内外大臣荐举经明行修之士，所举四十余人，惟大学士张廷玉、尚书王安国、侍郎归宣光举江南举人陈祖范，尚书汪由敦举江南举人吴鼎，侍郎钱陈群举山西举人梁锡玙，大理寺卿邹一桂举栋高。此四人，论者谓名实允孚焉。寻皆授国子监司业。栋高以年老不任职，赐司业衔。皇太后万寿，栋高入京祝嘏，召见，拜起令内侍扶掖。栋高奏对，首及吴敝俗，请以节俭风示海内，上嘉之。陛辞，赐七言律诗二章。二十二年，南巡，召见行在，加祭酒衔，赐御书“传经耆硕”四字。二十四年，卒于家，年八十一。**所学合宋、元、明诸儒门径而一之，援新安以合金溪，为调停之说，著《大儒粹语》二十八卷**。又著《春秋大事表》百三十一篇，条理详明，议论精核，多发前人所未发。《毛诗类释》二十一卷、《续编》三卷，采录旧说，发明经义，颇为谨严。其《尚书质疑》二卷，多据臆断，不足以言心得。大抵栋高穷经之功，《春秋》为最，而《书》则用力少也。

《清史列传·儒林传下一》：……栋高少与同里蔡德晋、金匮吴鼎精心经术，尤嗜《左氏传》，遇拂意，家人置《左传》于几上，则怡然诵之，不问他事。……**其学合宋、元、明诸儒门径而一之，援新安以合金溪，为调停之说，著有《大儒粹语》二十八卷**。①

程晋芳《勉行堂诗集》卷二《怀人诗十八首》之四：麟经传大义，璀璨如日华。后儒昏不知，聚讼同鸣蛙。伟哉左畬翁，白首穷搜爬。董子不窥园，伏生老无牙。以兹视古人，风尚何以加。廓然云翳清，灼灼舒晴霞。一编走四极，功绩靡津涯。此老今硕果，身影无欹斜。衣垢懒濯澣，但颂酒德嘉。两目虽短视，青灯涂嫩鸦。出门不识路，归途忘其家。后生笑腐儒，末俗堪咨嗟。岂以太古音，俪彼筝笛琶。（无锡顾栋高字震沧，一字左畬）

阮元《儒林传稿》卷一、钱林《文献征存录》卷五、李元度《国朝先正事略》卷三十四、唐鉴《学案小识》卷十三《经学学案》、诸可宝《畴人传三编》卷一、徐世昌《晚晴簃诗汇》卷九十一皆有传，存目。

顾栋高《春秋大事表总序》：忆栋高十一岁时，先君子静学府君，手抄《左传》全本授读曰：“此二十一史权舆也，圣人经世之大典于是乎在，小子他日当志之。”……二十一，先君见背，读《仪礼丧服》，旁及《周官》、《戴记》，而于《春秋》未暇措手，年二十七八执笔学为古文，始深识《左氏》文章。……雍正癸卯岁蒙恩归田，谢绝势力，乃悉发架上《春秋》诸书读之。知胡氏之《春秋》多有未合圣心处，盖即开章“春王正月”一条而其背违者有二：其一谓《春秋》以夏时冠周月。是谓夫子以布衣而擅改时王之正朔。其一谓“不书即位”为首黜隐公，以明大法。是夫子以鲁臣子而贬黜君父也。其余多以复仇立论，是文定之《春秋》，而非夫子之《春秋》，非夫子之《春秋》即非人心同然之《春秋》。又春秋强兼弱削，战争不休，地理为要。学《春秋》而不知地理，是盲人罔识南北也。雨雹霜雪，失时为灾，搜田城筑，非时害稼，时日尤重。学《春秋》而不知时日，是朝菌不知晦朔也。用是不揣愚陋，覃精研思，废寝与食，家贫客游，周历

① 详见中华书局本第17册，第5476页。《四库全书总目》卷九十七：“《大儒粹语》二十八卷，国朝顾栋南撰。栋南字季任，又字未余，吴江人。是书摘录周子、二程子、张子、杨时、谢良佐、吕大临、尹焞、罗从彦、李侗、胡宏、朱子、陆九渊、张栻、吕祖谦、黄干、蔡沈、陈淳、真德秀、许衡、薛瑄、王守仁、陈献章、胡居仁、顾宪成、高攀龙、刘宗周二十八家讲学之语，汇为一编。诸儒门径各殊，栋南合而一之，大旨援新安以合金溪，为调停之说者也。”《清文献通考》、《清通志》皆系之顾栋南。《（同治）苏州府志》、《（乾隆）江南通志》亦著录顾栋南《大儒语录》。

燕、齐、宋、鲁、陈、卫、吴、楚、越之墟，所至访求春秋地理，足所不至，则询之游人、过客、舆夫、厮隶，乃始创意为表，为目五十，为卷六十有四。首列《时令表》，明商、周皆改时改月，以正胡氏及蔡氏《书传》之非；于《吉礼表》详列十二公即位，或不书即位，明夫子当日皆是据实书，以正圣人以天自处贬削君父之谬；列《朔闰》及《长历拾遗》二表，以补杜氏之《长历》。而《春秋》二百四十二年之时日屈指可数，列《疆域》及犬牙相错五表，以补杜氏之土地名，而《春秋》一百四十国之地里聚米可图；郊禘社雩，崩薨卒葬，搜田大阅，会盟聘享，逆女纳币，杂然繁多，列《吉凶宾军嘉五礼表》，以纪《春秋》天子诸侯礼仪上陵下僭之情形；税以足食，赋以足兵，乃鲁税亩而田制坏，作丘甲而兵制亦坏，列《田赋军旅表》，以志强臣窃命，损下剥上之实；霸统兴而王道绝，周室夷为列国，霸统绝而诸侯散列国，淆为战征，列《争盟》凡五，《交兵》凡七，以纪《春秋》盛衰始终，矜诈尚力，强弱并吞之世变；晋楚争衡，互为胜负，其当国主兵事者，左氏备载其人，列《晋中军楚令尹表》，以志二国盛衰强弱之由；宋、郑为天下之枢，晋、楚交争，宋、郑尤被其害，子产有辞，而诸侯是赖，向戌为弭兵之说，而中夏遂靡，列《宋郑二执政表》，以志二国向背；关于天下之故，周室颓纲，鲁亦守府，自襄王锡晋南阳而势益不振，鲁自僖公赐费而季日益强，列《王迹拾遗》、《鲁故下逮》二表，以志周、鲁陵迟，尾大不掉之渐；禘即祫，祫即禘，一祭二名，而朱子取赵伯循说，谓祭始祖所自出，殊不知帝喾原非稷契之父，《生民》《长发》皆商周尊祖禘祀之乐歌，断无称母而不称父之理，著《禘祫说》，以明《戴记》祭法大传之诬；去姜存氏，去氏存姜，不成文理，杜、孔已断为阙文，宋儒谓各有意义，殊不知文姜、哀姜之罪恶，岂待去其姓氏而明，况上下截去一字，人复知为谁某，圣人无此弄巧文法以俟后人推测之理，列《阙文表》，以一扫后儒穿凿支离之病；“三传”各执一说，党枯护朽，此是彼非，使学者茫然歧路，靡所适从，列《三传异同表》，酌以义理，衷于一是，以袪后日说经雷同偏枯之弊；蛮夷戎狄，种类杂出，地界既殊，称名复混，列《四裔表》，别其部落，详其姓氏，以正史迁允姓姬宗目为兄弟之妄；战争滋兴，技巧益甚，决机两陈，制变无方，列《兵谋表》，以志孙武、吴起、《六韬》、《三略》之始；文王囚羑里而演《周易》，周公成王业而作《诗》、《书》，一时学士大夫占筮决疑，歌诗赠答，引物知类，千里同风，列《三经表》，以志汉、宋儒者经说传义之祖；大河迁徙，从古不常，而周定五年河徙系己未，为鲁宣之七年，《春秋》以河为境者，六国独系于卫，列《河未徙》与《已徙》二图，以志《春秋》与《禹贡》河流迁变之自。此皆有关于经义之大者。既著《叙论》百余首，复编口号，以便学者之记诵。盖余之于此泛滥者三十年，覃思者十年，执笔为之者又十五年，始知两先生于此用心良苦，先母舅霞峰先生博稽众说，无美不收，高先生独出心裁，批隙导窾，要皆能操戈入室，洞彻阃奥，视宋儒之寻枝沿叶，拘牵细碎者，盖不啻什伯远矣。余小子钝拙无似，得藉手以告其成，以无负先君子提命之旨，与两先生衣被沾溉、耳濡目染之益，谨述其缘起，以识于首简，命之曰《春秋大事表》云。

顾栋高《春秋左传杜注正讹表叙》：昔杜元凯作《春秋释例》，世人未之重，独挚虞赏之曰：“左丘明本为《春秋》作传，而《左传》遂自孤行。《释例》本为传设，而发明何但左氏，当亦孤行。”至今百世，遂为定论。然愚尝受其书而反复之，杜氏之最精且博者，莫如作长历以正《春秋》之失闰，作土地名以考列国之地理，其学诚绝出古今，至其解释经传，不无龃龉，而其最大者尤在昭十五年周景王葬穆后，传注曰，天子诸侯涂妄当在卒哭，复于隐元年宰晅归赗，昭十二年子产辞享礼，二传疏通而证明之。杜氏释经既误，遂以此断据朝廷大典为一代定制，后世谓杜氏短丧，其详俱见《晋志》。考晋泰始十年，武元杨皇后崩既葬，博士张清议皇太子宜从权制除丧即吉，陈逵议以为宜终服三年，有诏更详议，时预为尚书，建议以为日者，天子、诸侯三年之丧始同齐斩。既葬除丧服，谅阍以居，心丧终制，不与士庶同礼。皇太子宜卒哭除衰麻，以谅阍终制。卢钦魏舒问预证据所依。预云，周公不言高宗服丧三年，而曰谅阍三年，比释服心丧之文也。叔向不讥景王法丧而讥其晏乐，已早明既葬应除，而违谅阍之制也。《春秋》晋侯享诸侯，子相郑伯，时简公未葬，请免丧以听命，君子谓之得礼。宰晅来归惠公仲子之赗，传曰吊生不及哀，此皆既葬除丧服，谅阍之证，学者未之思耳。丧服诸侯为天子亦斩衰，岂可谓终服三年耶？非必不能，乃事势不得，故知圣人不虚设不行之制，因遂具议为奏。奏上，诏从其议。皇太子卒哭除衰麻，时预议初出，内外多怪之，或谓其违礼以合时，预乃使傅士殷畅博采典籍，为之证据以垂示将来，呜呼！元凯历事至久，读书至深，亲见当世行三年丧者，多饮酒食肉，宴乐嫁娶，不循轨则，况以天子之丧，勒令天下士庶皆从重服，势必小人皆违法犯禁，君子皆循名失实。以为制不称情，读《春秋》而见当日诸侯之例皆既葬成君，列于会望。不知此自当时之失礼，非先王本制也。欲执此为定制，令上下可通行，为短丧者立赤帜，论者谓其得罪名教，岂过论哉。呜呼！元凯释《春秋》，而至倡为短丧，欧阳永叔援《仪礼》，而至倡为两本二父，经术之误，害于政事，于古同病，不可不戒之。谨条列其注《左》数条与其当日所建白，列诸简端。令后世考古者知别择焉。辑《春秋左传杜注正讹表》第四十八。

顾栋高《毛诗订诂》卷一“关雎”条：案毛、郑谓后妃求淑女，看程子及谌氏若水二条，是辨其妄矣。乃华氏犹致疑于《集传》之言，反若有取于毛、郑之说，窃以为未然也。如陆堂之说，只是诗人代写文王忧乐之情，宜如此耳，原不必实有是事。大抵诗与骚一例，其言多拟诸形容，不嫌过甚。……亦只是设言耳，岂有实哉？读者勿以辞害志可也。今人多以忧乐于文王身上难说，遂以为宫人思得后妃，又或以为太任择妇。细玩孔子说不淫不伤，自宜从夫妇男女上立说。若是姑之择妇，又何淫伤之有？毕竟《集传》之言，程子及吕氏皆同，为断不可易，不必更求新义也。欧阳首辟《序》说，为朱子先驱，其言多可采者，乃其自为说多未安。如此篇以为刺诗，且曰：“先勤其职，而后乐，故曰乐而不淫；其思古以刺今，而言不指切，故曰哀而不伤。”则失之远矣。陆氏谓：“不遍观汉以后诸儒之说，不知《集传》之妙。”知言哉！

姚文田《邃雅堂集》卷二《春秋大事表序经序》：文田自束发受《春秋》，窃苦其难读，及见诸家说经，以为一字增损皆有义例，而又予夺褒贬，言人人殊，于是益瞀乱回惑而无主也。其后见朱子有直书其事之言，向之众难塞胸者豁然以解，然犹未敢信之坚也。嘉庆已未岁，文田由中书舍人蒙恩改官翰林，与修《高宗纯皇帝实录》，时距高庙践阼之初盖已六十五年，昔之勋戚旧臣更无一人在者，上特敕满汉大学士尚书等八人为正副总裁官，而大司空南昌彭文勤公实主其事。于是先拟进书法条例，遂移取内外记注、六科史书暨内阁旧贮文簿章疏，选派儒臣，分年编辑。其时契勘诸书，即有时日歧异，姓氏错互，且多残缺者。既在廷无可咨访，则又分咨中外各衙门，检取原案以求信实，而其覆到，一以岁久，册籍霉烂为言。后五年，文勤下世，继之者为今大司农歙县曹公。未几，曹公视学江右，再继者为前少宰萍乡刘公。总理之人既凡三易，至于分纂诸臣更不能详举矣。迨书成之日，体例杂糅，繁简殊异，上乃载命词臣专司画一，竟以简策繁多，有不能覆定者，皆如其旧。文田自初设馆至蒇事实皆与焉，然后知作史之难固如是也。夫以国家中外乂安，车书一统，典籍未尝散亡，政教未尝废缺，上有继志述事之君，下有博闻通达之臣，然堇堇数十年之间，而记载犹不能出于一，况春秋二百四十余年？当是时，王室不纲，列邦多故，加以纪载各殊，赴告不一。鲁史据文直书，以存其事而已。洎乎孔子修之，其本无者既不敢增，其本阙者亦不能补，则一皆仍其旧文，读者乃执一字之繁简，而辄妄生异说，岂通方之论哉？今以经文言之，如同一锡命也，而庄元年则称王，文元年则称天王，成八年则称天子；同一弑逆也，而郑髡顽、楚麇、齐阳生则但书“卒”，莒庶其晋州蒲薛比则称“弑”，以国宋杵臼、齐商人莒密州，又系国以人，余率举其臣下之名，臣子无贬斥君父之理，弑逆无可从隐讳之条，则举其大者，而他可知已。无锡顾震沧先生撰《春秋大事表》，取十二公之纪，分为五十门，采辑众说而平决之，大率以朱子之言为本，洵可谓卓识矣。其中颇有诋诃《左氏》，以为妄撰者。愚谓《左氏》与《公》、《穀》不同，《公》、《穀》乃后世经生之言，故其文抉摘经字，多生异论。如《穀梁》于桓之书王牵涉宋曹，支离实甚。自昭三十二年至哀六年，书仲孙何忌者十二，独定六年冬传写脱何字，公羊遂以为讥。二名虽前后文亦不照矣。《左氏》于叙事则首尾完备，于战伐则疆域可稽，于世族则子系不紊，此必有所依据以为本，而非能凿空为之者。虽其事亦或难信，如夷姜、齐姜之类，当由其传闻过差，而直以为左氏私说，未敢以为然也。要其书攘剔榛蔓，宣明大义，实为有功于圣人。惜卷帙繁重，学者未易遍读。楚雄太守包君敏前官开封分守时，政余多暇，复取顾书之散见各类者，仍依经以为次，辑其要论，件系于后，间亦参附己意，多能匡顾氏之不逮。文田借读再周，喜其文简而义明也，趣之授梓，以惠来学，而犹恐世之说经者牵于众论而不能决也，故举昔之所身亲者而详告之。

程晋芳《勉行堂文集》卷四《书春秋大事表后》：《春秋大事表》五十卷，故国子监祭酒顾先生震沧撰。凡为表五十有一，舆图、论叙、口号错见其中。方癸亥、甲子间，先生馆于余家，余亲见其著稿，稿成，辄举以示余，时尚未尝得其半也。及戊辰、己巳间遂有成书，又举以畀余，且曰：“是书之成，门人华师道与有力焉。如《朔闰表》、《长历拾遗表》非我所能为，盖华生笔也，未知生前能见兹书刊刻否？”又数年，先生以经明行修蒙恩授国子监司业。丁丑岁，又授祭酒衔，而书亦次第刊成。又三年，先生殁矣。余于是书所深取者，《朔闰》、《长历》、《犬牙相错》、《都邑》、《三传异同》、《阙文》、《杜注正讹表》七篇。若《人物》、《列女表》及口号，则每与师道共观，先生以为二表，可不作。口号可改为附论，不必悉为有韵之文。先生初则颔之，卒弗从也。要之，世之读是书者，取其典核可已。其毕生用心于此，故收名也远，宜与宋之程公说《春秋分记》并传不倍也。

杨椿《孟邻堂文抄》卷五《春秋大事表序》：乾隆己巳春，从子遂曾以无锡顾震沧手书并所著《春秋大事表》邮寄于余，请为之序。序曰：昔之言《春秋》者，莫善于义，莫不善于例。义者，宜也。例则舞文弄法吏所为，非《春秋》教也。自汉胡母生著《公羊条例》，廷尉张汤用之以治大狱，丞相公孙弘以其义绳臣下，江都相董仲舒撰《决事比》，于是公羊家以《春秋》之义为狱吏例矣。穀梁氏因之。《左氏》后出，经生恐不得立于学官，仿《公》、《穀》二家为书不书之例，引孔子君子之言附益之，后儒未詧，谓皆出于邱明。杜预集传中诸例为《释例》十五卷四十部，而习《春秋》者，益但知有例，不复知有义矣。司马迁云："《春秋》文成数万，其指数千。"指者，胡母生例也。张晏曰："《春秋》才万八千字。"李焘曰："今更阙一千二百四十八字。"则《春秋》文脱落，盖甚于他经，后人欲于月日、名字、爵号、氏族之间，以一二字同异为圣人褒贬，且云："五经"之有《春秋》，犹法律之有断例，岂不谬哉？先儒谓《公》、《穀》深于理，而事多谬，《左氏》熟于事，而理未明，叙事亦多失实。夫《公》、《穀》考事之疏，不必言矣。至以祭仲出君为行权，卫辄拒父为尊祖，无父无君已甚，犹谓深于理乎？《左氏》则见闻之广、纪述之详，后之读者尚能发为至论，况其自为之，焉有所见之不明、所叙之失实如昔贤所讥者乎？……是岁夏四月戊寅朔，武进同学弟杨椿。

杨椿《孟邻堂文抄》卷五《毛诗订诂序》：《毛诗订诂》，余友无锡顾复初先生所作也。今年春，先生与余胥会京师，出其书，属为之序。余惟《毛诗》序传得失，先儒论之详已，而义或尚未尽者，则风雅正变之说锢之也。孔子恶郑声之乱雅乐。雅者，正也。《大戴礼·投壶篇》：雅二十六篇，其八篇可歌：《鹿鸣》、《狸首》、《鹊巢》、《采蘩》、《采苹》、《伐檀》、《白驹》、《驺虞》，则不特小雅为雅，召南、魏诗亦为雅，不特文、武、成王之诗为雅，后世刺贪、刺不留贤之诗亦雅矣，奚正变之分也。且即有正变，二南太师所陈，周之盛时乐，王为王朝新乐。邶、鄘十一国之诗，周衰各国自作之乐，序谓之家殊俗国异政者，以正变分之或可。豳诗为周公作，或他人美周公作，何王道之衰？礼义废，政教失，而目之为变风乎？二雅则孔子自正，各得其所者也。《民劳》、《板》、《荡》、《抑》、《宾之初筵》与《书》之《召诰》、《洛诰》、《酒诰》、《无逸》、《立政》何异？《六月》、《采芑》、《江汉》、《常武》与《书》之《甘誓》、《费誓》又何异？《采菽》、《崧高》、《韩弈》与《书》之《康诰》、《文侯之命》复何异？《楚茨》、《信南山》、《甫田》、《大田》与颂之《臣工》、《噫嘻》、《丰年》、《载芟》、《良耜》更何异？而概以为变雅乎？若云以美刺分，《淇澳》、《缁衣》美卫、郑之二武公，小雅《车攻》、《四诗》，大雅《云汉》六诗皆美宣王者也，何以亦为变乎？若云以时世分，周颂作于周初，鲁颂僖公时作，何独不分正变乎？夫发言为诗，比音为乐，雅乐无正变，则诗自无正变。三百五篇中，美之者固正，刺之者亦未始非正。千五六百年道有升降，俗有污隆，其诗无一不正者也。孔子曰："《诗》三百，一言以蔽之，思无邪。"无邪者，正变则不能无邪矣。余向持此论，读先生书，博而要，简而明，深幸其与余合也。为序之如此。乾隆十七年春正月丁亥，武进同学弟杨椿序。

蔡德晋

《清儒学案》卷六十七《味经学案·蔡先生德晋》：蔡德晋，字宸锡，号敬斋，无锡人。雍正丙午举人。乾隆初，杨文定名时领国子监，荐授学正。教士有法，迁工部司务。持躬廉介，俸薄，贫勿恤也。其学覃精“三礼”，合《仪礼》、《周礼》为礼经。《周礼》以六官为序，而《考工记》不冠以《冬官》。《仪礼》以五礼为序，而阙军礼。又补《逸礼》八篇。为《礼经本义》三十九卷，戴则删芜去复。博采周、秦、两汉之书，及先圣格言之有关于礼者，为《礼传本义》二十卷。又辑《通礼》五十六卷，积四十年，十易稿而后成。又著《诗经集义》十六卷。味经辑《五礼通考》，敬斋已先卒，深以不及商订为惜，书中数采其说焉。（参《锡金合志》）

《清史稿·儒林二》：蔡德晋，字仁锡，无锡人。雍正四年举人。乾隆二年，礼部尚书杨名时荐德晋经明行修，授国子监学正，迁工部司务。德晋尝谓横渠以礼教人，最得孔门博约之旨，故其律身甚严。其论“三礼”多前人所未发。著《礼经本义》十七卷、《礼传本义》二十卷、《通礼》五十卷。

《清史列传·儒林传下一》：存目。①

王昶《湖海诗传》卷四：韩德晋，字宸锡，无锡人。雍正四年举人。官工部司务。《蒲褐山房诗话》：宸锡先生精通“三礼”，常分门别类，以次相从，采掇钩贯，凡五十余册，功未竟而殁。秦文恭公少与同学，得其本而增修之，证以历朝史事，补以宋元诸儒之说。今所传《五礼通考》，虽续健庵尚书《读礼通考》之遗，实则据先生书为蓝本。今其书割裂之余，无有存者。诗亦非所长。今存一首，而附记其经学之渊深如此。（下略）

阮元《儒林传稿》卷三、钱林《文献征存录》卷四、李元度《国朝先正事略》卷三十三、唐鉴《学案小识》卷十三《经学学案》皆有传，存目。

---

① 详见中华书局本第 17 册，第 5479 页。

陈祖范

《清儒学案》卷五十六《震沧学案·震沧交游·陈先生祖范》：陈祖范，字亦韩，号见复，常熟人。雍正癸卯举人。是年秋，举行会试，中式。同县蒋相国廷锡重其学行，将援之高第，先生遂托足疾，不与廷试。归里，键户读书，终不复出赴试。居数年，诏各行省设书院以教士，大吏争延之主讲，训课有法。或一二年辄辞去，曰："士习难醇，师道难立。且此席似宋时祠禄，仕而不遂者处焉。吾不求仕，而久与其列，为汗颜耳。"乾隆十五年，诏举经学，张相国廷玉、王尚书安国、归侍郎宣光交章荐之，褎然居首。以年老不任职，赐国子监司业衔。十八年卒于家，年七十有九。所著《经咫》一卷，膺荐时进呈御览，高宗亲批其卷，谓"论谛祭一条为有识，论古今服制不同一条为得用礼之体"。又有《掌录》二卷、文集四卷、诗集四卷。先生于学，务求心得。论《易》不取先天之学，论《书》不取梅赜，论《诗》不废《小序》，论《春秋》不取义例，论《礼》不以古制违人情，皆通达之论。同县顾主事镇传其学。（参史传、《先正事略》、《经咫》）

《清史稿·儒林一》：陈祖范，字亦韩，常熟人。雍正元年举人，其秋，礼部中式，以病不与殿试。归僦廛华汇之滨，楗户读书。居数年，诏天下设书院以教士，大吏争延为师，训课有法。或一二年辄辞去，曰："**士习难醇，师道难立**。且此席似宋时祠禄仕而不遂者处焉。吾不求仕，而久与其列，为汗颜耳。"荐举经学，祖范褎然居首，以年老不任职，赐司业衔。乾隆十八年，卒于家，年七十有九。所撰述有《经咫》一卷，膺荐时录呈御览；《文集》四卷、《诗集》四卷、《掌录》二卷。祖范于学，务求心得。论《易》不取先天之学，论《书》不取梅赜，论《诗》不废《小序》，论《春秋》不取义例，论《礼》不以古制违人情，皆通达之论。同县顾主事镇传其学。

《清史列传·儒林传下一》：存目。①

钱大昕《潜研堂集》文集卷三十八《陈先生祖范传》：陈先生祖范，字亦韩，自号见复，常熟人。少习举业，有师法。年廿三，补县学生，岁科试辄占高等，弟子著录者日

① 详见中华书局本第17册，第5477页。

众。雍正元年，黄侍郎叔琳典试江南，中式皆一时名士，先生与嘉定张公鹏翀、宜兴任公启运、当涂徐公文靖才尤高，试文传诵遍海内。其秋试礼部中式，乡先达有欲翼而起之者，忽足蹇，不得预殿试，归里。明年补行正科，当赴廷对，亲朋皆力劝之，先生曰："吾少无温饱之心，徒劳苦，奚为者，及今尚可止，过此则义不当止，势又不得自止矣。"于是僦廛华汇之滨，键户读书，生徒裹粮相从，与吟社诸老倡和，月一宴集。居数年，有诏天下设书院以教士，诸大吏闻先生通儒，争先延请为师，先生勉应之。在苏州紫阳书院三年，训课有法，士子至今思之。又主徐州之云龙、安庆之敬敷、扬州之安定，或一年，或二年，辄辞去，曰："士习难醇，师道难立，且此席似宋时祠禄，仕而不遂者处焉，吾不求仕而久与其列，为汗颜耳。"乾隆十五年，天子崇尚经术，特诏内外大臣荐举经明行修之士，于是雅知先生者交章列荐。明年，上命阁部大臣于所举中核其名实允孚者，得四人，先生褎然居首，其三人则无锡顾栋高、金匮吴鼎、介休梁锡玙也，得旨皆授国子监司业。先生与顾公以年老不任职，即家拜受新命，朝野咸以为异数云。又三年，卒于家，年七十有九。所撰述有《经咫》一卷、文集四卷、诗集四卷、《掌录》二卷。先生于学，务求心得，不喜驰骋其说，与古人争胜，尤耻剿袭成言以为己有，盖合于《论语》之君子儒焉。(下略)

陈祖范《自序》：予以康熙丙辰年五月二十日生。妣许孺人先产二男，殇女兄二，予行三。王母韩，曾王母范。府君切顾本之思，名予祖范，字亦韩，自字曰见复。生九岁，府君挈往娄门寒碧家塾。十二岁，孺人弃世，随侍出外，率问岁一归省王父，自为经义，所亲炙者，郭述堂、严思庵、韩宗伯，学不纯师，粗得端绪而已。十九，援室孙氏。廿一岁，子鋆生。廿三，补弟子员。廿四，生澻。廿七，食廪。是年，丧妻。继娶朱氏，时予三十岁。三十以上，零丁寒苦，枵腹而束手，乡里之所笑悯也。朱氏性行与予协，较明敏，赖其助，开门授徒，徒益集。府君年高，修脯足以养心安之，日课之隙，谓寝舍侍眠食，老人时扶杖过书垫，婆娑庭树，闲为后生小子论居心治身之道、人伦日用之方，谆谆忘卷，曰："汝先生徒教人作时文，噫未也。"三十七岁，府君弃世。……至四十八，遇改元，恩□忧，举于乡，秋贡于礼部，乡先达有欲翼而起之者，足忽蹇，不与殿诫，遂归。明年为甲辰正科，私自揣念年力向衰，才智无有当途，岂须一我而必支离虱其间哉？本无温饱之心，徒自劳苦，奚为者。咄休矣，劝行者苦口，大都谓浮图将含尖乏海，已傍岸，岂有止理？予曰："及今尚可止，过此则义不当止，势又不得自止。"既已拒外论，坚持己意，于是僦廛华汇之滨，混迹耕渔，新旧生徒，裹粮相从，吟社诸老翁月一宴集，间有良朋自远而至，如李介轩、储六雅、沈归愚、张天扉、释借山辈延缘苇问，相送柴门，殊有伊人宛在之致。久之，昭文令劳尊三邀为新志，寻而制府尹公聘修通志。辛亥秋，舍江村往省，曾自此形迹又在隐见间矣。雍正十年，天下开设旧院，当事谬探虚声，连有山长之招，或辞焉，或就焉。辞者云南五华、广东端溪、江宁钟山，就者苏之紫阳、徐之云龙、安庆之敬数、扬州之安定。任紫阳前后三年，云龙一年，敬敷、安定皆一年有半，强而后往，终岁便辞，辞不获已，再往，旋托故舍去。所以然者，士习难醇，师道难立，大惧上负诏首，下贻物议也。又此席有似宋时祠禄仕而不遂者处焉，吾不求仕，而久与其列，为汗颜耳。六十一岁，继主亡，后有妾生子三，安祉，增生，平于世务；艺南、无一，晓诗文辞翰，粗晓而未工，大抵矜慎持择之意胜，而适时便口则不足，局于才，偏于性也。其为人也，于道无万分之合，而鄙情侯志庶几湔除一二焉。今七十加三，即旦暮入地，不为无年，即复捍几年，不过尔尔。闲中追忆，笔而存之。①

法式善《槐厅载笔》卷十四、阮元《儒林传稿》卷一、钱林《文献征存录》卷五、李元度《国朝先正事略》卷三十三、唐鉴《学案小识》卷十四《经学学案》、沈德潜《清诗别裁集》卷二十七、徐世昌《晚晴簃诗汇》卷六十五、冯桂芬《（同治）苏州府志》卷一百皆有传，存目。

陈祖范《司业文集》卷二《春秋职官考略序》：读《春秋左氏传》者，若稽田然，垦刈划蠡，相寻于其上也。如鱼鳞，或仿纪传法，以人叙，或仿书志法，以事叙，矜更乱其编年之体，而使左氏先经始事，后经终义，种种苦心，末由而见，甚无谓也。又有搴撷其腴词藻语，内锦囊而秘帐中者，此亦文士之极思矣。然不已锐乎？贤者识其大者。职官同异，其大者也。程君启生为《考略》，其名与《周礼》合者，可证《周礼》，非未行之书名为《周礼》所无者，如将军、左相、尉氏、庶长、不更之类，识后代官名所自始。为左氏学者多矣，无及此者。昔也遁，而今也获，可以为善读书者法。

华希闵《春秋职官考略序》：唐虞命官，羲和而外，九官十二牧，其周官《周礼》之权舆乎？云鸟纪官，《春秋传》独能言，尧以前考职官者，莫之或先矣。吾友金陵程子启生，取《春秋》列国官名与《周礼》异同者，悉本《注疏》标而出之，使读者开卷了如。其用不独在读《左》，而兼在周、秦升降之故。异于周者莫如晋、楚，楚无论矣，晋姬姓国也，变若是棘哉？三晋分而秦并六国矣，迹其分职，而见微知著，亦论世之资也。书凡三卷，曰数国共有之官，曰一国自有之官，曰晋军政表。表晋，表其所以分也，旨深矣。启生又撰《左传人名辨异》三卷，自一名两称以至八称者，悉综列其名之下，较蜀冯继先氏《春秋名号归一图》尤核。锡山华希闵书。②

陈祖范《司业文集》卷二《易翼述信序》：**“五经”传述多可疑。**《书》疑后出之古文，然大义无害。《诗》疑朱子废《小序》，《礼》疑于异同之聚讼，《春秋》疑四传之互有得失。《易》脱秦火，独为完备，以其义蕴精微广大，精微则求而愈有，广大则无所不通。术家主数，流于星历、灾异。儒家主理，至与庄、老同称。唐《正义》屏诸说之纷纠，独行辅嗣，《易》道一为清夷。宋有邵数、程理之分，数出京、焦之上，直追太始，理达日用行事，不堕玄虚。朱子兼综两家，成《本义》，微畸尚邵焉。窃谓《易》解不同，与他经异。他经之说，或全非经义，而害于经。说《易》者虽不同，要皆经中所有，特不宜专主，以蔽全经耳，何也？**精微则求而愈有，广大则无所不包也。**然以夫子学《易》寡过之旨准之，则断乎程《传》为长矣。彖象传“君子以”六十有四，举凡天文、地理、物象一一引归身心之间，而得其切近融合受益利用处，学者诚于此求之，羲、文、周、孔真我师也。何必高谈先天为（义昼）[羲画]追所自出？何暇旁求直日、纳甲、生克、虚旺之小数哉？吾夫子不雅言《易》，今学士偏喜言《易》，论著之多，几于家田、何而人虞、郑。《易》道其日益昌明乎？若夫谨于立说，不苟同，不立（巽）[异]，不冥搜于文字之前，不缠缚于形象之内。主翼以明经，而不歧后圣于先圣。王介山先生《易翼述信》之作，斯为足尚矣。先生自言幼稚读《易》，即致疑，老始信而有述，中间

① 见郑澍若辑《虞初续志》卷七。

② 载乾隆间刻本《春秋识小录》。又载《延绿阁集》卷六。

数十年，家居官守，应事接物，舟车传舍之间，《易》义未尝一息去怀，盖其于《易》也，惟务自得，不轻著书，异乎世之苟作以求知者。**子惟读经病不能疑，因而不求甚解，蔑由取信，又病凿空生疑，与轻于自信，与疑而终不底于信，皆为灭裂于学者也。先生之于《易》，能疑又能信**，大略与费氏以《系辞》、《文言》解说上下经体例相近。费氏无章句，而先生有成书，嘉惠来学多矣。

顾镇《陈司业全集序》：**道之显者谓之文，道不足而以文自标，于是乎袭史、汉，貌唐、宋，猎取肤末，以自欺而欺人，皆无预于文之数者也。昔归熙甫当王、李盛时，独抱遗经于荒江老屋之间，而后学宗之如昌黎、庐陵，无他，道存焉耳。见道明则无游辞，信道笃则无饰说，不得已而后言，故言不可废，不得已而后辨，故辨不可胜**。有道德而能文章，熙甫而后，非先生其谁属？先生前易箦数日，邮书示镇，兢兢于说经之难，述作之不可苟，因及生平所著，若《经咫》，若《掌录》，若诗，若文，皆手自删治，录有成本，他日或付诸梓，戒勿失其矜慎持择之意，其重自顾藉亦爱道而坚护之也。今先生之长君道光汇萃诸种，都为一帙，谨承定本刊布，以镇辱契最深，谓当有言以志其后。自惟学术芜陋，愧负师门，而先生著述之大旨，要于见道明而信道笃，则镇夙昔所服膺，而自谓无失言者也。《经咫》、《掌录》，诸先生言之备矣，不复论，论其文之继熙甫而起者，实有道趣以流溢其间，而非世所尚之徒文也。后之读先生集者，果能潜心涵泳焉，其亦可因文见道也夫！①

陈祖范《司业文集》卷二《易翼述信序》：五经传述多可疑。《书》疑后出之故，然大义无害；《诗》疑朱子废《小序》，《礼》疑于异同之聚讼，《春秋》疑回传之互有得失。《易》脱秦火，独为完备，以其义蕴精微广大。精微则求而愈有，广大则无所不通。术家主数，流于星历灾异。儒家主理，至与庄、老同称。唐《正义》屏诸说之纷纠，独行辅嗣，《易》道一为清夷，宋有邵数、程理之分。数出京、焦之上，直追太始；理达日用行事，不堕玄虚。朱子兼综两家，成《本义》，微畸尚邵焉。窃谓《易》解不同，与他经异，他经之说或全非经义而害于经。说《易》者虽不同，要皆经中所有，特不宜专主以蔽全经身。何也？精微则求而愈有，广大则无所不包也。然以夫子学《易》寡过之旨准之，则断乎《程传》为长矣。彖象传“君子以”六十有四，举凡天文、地理、物象一一引归身心之间，而得其切近融合受益利用处，学者诚于此求之，羲、文、周、孔真我师也，何必高谈先天，为羲画追所自出？何暇旁求直日纳甲先克虚旺之小数哉？（下略）

今按：陈祖范《司业文集》中有《六艺论》、《五经赞》、《续礼记述》、《春秋职官考略序》等文皆与经学相关，存目。

---

① 见《湖海文传》卷三十。

任启运

《清儒学案》卷五十三《钓台学案》：钓台学综汉、宋，而以朱子为归。所著书皆存古义，通训诂，考制度，阐义理。《四库提要》称其“不愧穷经之目，虽专主汉学者不相非薄”，盖所得粹矣。述《钓台学案》。任启运，字翼圣，号钓台，荆溪人。雍正癸丑进士。通籍时，年已六十有四。会世宗问有精通性理之学者，张尚书照以先生名上。特诏与同荐八人延试，问《太极图》大旨，进呈御览称善。于胪唱前一日引见，特授翰林院检讨，在阿哥书房行走，专授皇子读，不与翰詹考试。世宗恩礼有加。尝问及内典，以未学对。上曰：“朕知卿非尧、舜之道不陈耳。”高宗御极，仍命直书房，充日讲起居注官，累迁侍读学士、左佥都御史、宗人府丞，充三礼馆副总裁。乾隆九年卒，年七十五。先生少时，博览强记，诸子百家，靡不探讨。已以泛滥无益，乃一意治经。其学宗朱子，尤深于“三礼”。尝谓：“诸经已有子朱子传，独未及礼经。”乃著《肆献祼馈食礼》三卷。以《仪礼》特牲、少牢、馈食礼皆士礼，因据“三礼”及他传记之有关“三礼”者推之。不得于经，则求诸注疏以补之。凡五篇，一曰祭统，二曰吉蠲，三曰朝践，四曰正祭，五曰绎祭。其名则取《周礼》“以肆献祼享先王，以馈享先王”之文。较之黄榦所续祭礼更精密。又《宫室考》十三卷，于李如圭《释宫》之外，别为类次，曰门，曰观，曰朝，曰庙，曰寝，曰塾，曰宁，曰等威，曰名物，曰门大小广狭，曰明堂，曰方明，曰辟雍。考据精确。又《礼记章句》十卷，以《大学》、《中庸》朱子既成《章句》，则《曲礼》以下四十七篇，皆可厘为章句，但所传篇次序列纷错，爰仿郑康成序《仪礼》例，更其前后，并为四十二篇。其有关伦纪之大，而为秦、汉、元、明轻变易者，则众著其说，以俟后之论礼者酌取。晚著《周易洗心》九卷，谓读《易》当先观图，不外《论语》“五十以学《易》”之言。文、周卦画自羲图出，羲图自河、洛出。五十者，图、书之中也。然诠释经义，观象玩辞，实不尽从图、书。生解文句，异同亦多。从马、郑、王弼、王肃诸家之本，即有不从，亦注某本作某，以存古义，非竟舍经谈数。又有《尚书章句内篇》五卷、《外篇》二卷、《尚书传注》四卷、附一卷、《四书约旨》十九卷、《孝经章句》十卷、《清芬楼遗稿》四卷、《孟子时事考》、《夏小正注》、《逸书补》、《竹书证传》、《竹书纪年考》、《白虎通正讹》、《女教经传通纂》、《史要》、《女史通纂》、《田赋考》、《同姓名考》、《记事珠》、《家礼酌》、《任氏世录》、《任氏史册备考》各若干卷。(参德保、任泰、吴德旋撰传、《先正事略》、《四库提要》、《钓台遗书》已刻待访书目)

《清史稿·儒林二》：任启运，字翼圣，宜兴人。少读《孟子》，至卒章，辄哽咽，大惧道统无传。家贫，无藏书，从人借阅。夜乏膏火，持书就月，至移墙不辍。事父母孝以闻。年五十四，举于乡。雍正十一年，计偕至都，会世宗问有精通性理之学者，尚书张照以启运名上。特诏廷试，以"太极似何物"对，进呈御览，得旨嘉奖。会成进士，遂于胪唱前一日引见，特授翰林院检讨，在阿哥书房行走。**上尝问以"朝闻夕死"之旨，启运对以"生死一理，未知生，焉知死"。上曰："此是贤人分上事，未到圣人地位。从此作去，久自知之。"逾年抱疾，赐药赐医，越月谢恩，特谕绕廊而进。面称："知汝非尧、舜，不敢以陈于王前。"**务令自爱。令侍臣扶掖以出，且遥望之。高宗登基，仍命在书房行走，署日讲起居注官，寻擢中允。乾隆四年，迁侍讲，晋侍讲学士。七年，擢都察院左佥都御史。八年，充三礼馆副总裁官，寻升宗人府府丞。九年，卒于赐第，年七十五。赐帑金治丧具，赐祭葬。启运学宗朱子，尝谓诸经已有子朱子传，独未及《礼经》，乃著《肆献祼馈食礼》三卷。以《仪礼》特性、少牢、馈食礼皆士礼，因据"三礼"及他传记之有关王礼者推之，不得于经，则求诸注疏以补之，凡五篇：一曰《祭统》，二曰《吉蠲》，三曰《朝践》，四曰《正祭》，五曰《绎祭》。其名则取《周礼》"以肆献祼享先王，以馈食享先王"之文，较之黄榦所续祭礼更为精密。又《宫室考》十三卷，于李如圭《释宫》之外别为类次：曰门，曰观，曰朝，曰庙，曰寝，曰塾，曰宁，曰等威，曰名物，曰门大小广狭，曰明堂，曰方明，曰辟雍，考据颇为精核。《仪礼》一经，久成绝学，启运研究钩贯，使条理秩然，不愧穷经之目。又《礼记章句》十卷，以《大学》、《中庸》，朱子既成章句，则《曲礼》以下四十七篇，皆可厘为章句。但所传篇次序列纷错，爰仿郑康成序《仪礼》例，更其前后，并为四十二篇。其有关伦纪之大，而为秦、汉、元、明轻变易者，则众著其说，以俟后之论礼者酌取。外有《周易洗心》九卷、《四书约指》十九卷、《孝经章句》十卷、《夏小正注》、《竹书纪年考》、《逸书补》、《孟子时事考》、《清芬楼文集》等书。其《周易洗心》则年六十时作，观象玩辞，时阐精理。启运研穷刻苦，既受特达之知，益思报称。年七十二，犹书自责语曰："孔、曾、思、孟，实惟汝师。日面命汝，汝顽不知，痛自惩责，涕泗涟洏。呜呼老矣，瞑目为期。"及总裁三礼馆，喜甚，因尽发中秘所储，平心参订，目营手写，漏常二十刻不辍。论必本天道，酌人情，务求合朱子遗意，而心神煎耗，竟以是终。十四年，诏举经学，上谕有"任启运研穷经术，敦朴可嘉"之语。三十七年，命中外蒐集古今群书，高宗谕曰："历代名臣，洎本朝士林夙望，向有诗文专集及近时沉潜经史，原本风雅，如顾栋高、陈祖范、任启运、沈德潜辈，亦各著成编，并非剿说卮言可比。均应概行查明，在坊肆者或量为给价，家藏者或官为装印。至有未经镌刊只系抄本存留者，不妨抄录副本，仍将原本给还。庶几副在石渠，用储一览。"于是上启运所著书四种，入四库中。

阮元《儒林传稿》卷三、钱林《文献征存录》卷四、李元度《国朝先正事略》卷三十四、唐鉴《学案小识》卷十三《经学学案》、冯桂芬《（同治）苏州府志》卷一百十二皆有传，存目。

任启运《周易洗心序》：《易》者，圣人洗心藏密之书也，而以为卜筮作，岂其然哉？子曰："以言者尚其辞，以动者尚其变，以制器者尚其象，以卜筮者尚其占。"曰："圣人以此洗心，退藏于密。"盖以言以动，乃君子下之用《易》；以洗心，则圣人之用《易》也。自河出图，洛出书，而伏羲十言之教作，曰乾、坤、坎、离、震、艮、巽、兑、消、息。浑然一图，目击而心喻焉耳。嗣后开之代图以画，或演为《连山》，或演为《归藏》，文字渐兴，要于义未尽。文王参取二书，更互演绎，然后六十四卦之名定；作为彖辞，以明内外二体、用九用六之大旨。周公又析六爻，观其承、乘、应、变互易，而后万物之情，凡所为爱恶相攻，远近相取，情伪相感，千态万状，无不毕见其中。而以至一驭至繁，以至常待至变，则非洗心莫由也。孔子惧人仅以文辞视之、卜筮用之也，故于大象，指其学之之实曰："君子以自强不息。"此即《大学》"明明德"之功。曰："以厚德载物。"即《大学》"亲民"之事也。曰："多识前言往行，以格物而致知。"曰："见善则迁，有过则改，所以诚意。"曰："惩忿窒欲。"曰："言有物，行有恒，以修身而齐家。"余若建国、亲侯、制度、作乐、慎行、治历诸事，基于童蒙育德，极于天地之辅相裁成，治平大法略具，而独无一卦及正心。周公《咸》、《艮》二卦，取象人身。《咸》之四曰："憧憧往来。"明动之遇。《艮》之四曰："艮其限，危熏心。"明心之过，言其失养，不言所养，而子《大象传》独于正心未及。非不及也，心者天地万物之统会，举天地万物有一物不若于道，即于吾心有未安；吾一息不与天地万物相通，即于吾心有未尽。故举天地万物，而吾与之各安其位，各得其所，乃吾心之所为正。而子于《系传》一言以蔽之曰："圣人以此洗心，退藏于密。"见六十四卦之皆所以正心。心之体如是其大，正之之功如是其精深浩博而未有涯也，顾其为要则总不外《论语》"五十以学《易》"之一言。文、周卦画自羲图出，羲图自河、洛出。五十者，图书之中也。……学《易》不以五十，失其本矣。周公教人用九、用六，此刚柔之分，消息之端，《易》之用也。孔子自言以五以十，此刚柔之合，消息之原，《易》之本也。由五达十，斯显诸仁，非藏胡显；去十存五，仍藏诸用，即用即藏。盖舍五十，无以洗心藏密矣。运不敏，学《易》有年，初取周公之爻，观其参，观其伍，观其变，颇有以识小象所由殊。继取文王之卦，观其错，观其综，观其《易》，渐有以识大象所由立。**既由爻象反之图、书，乃恍然于洗心藏密之旨，而知孔子之五十学《易》，即尧、舜执中之旨也**。夫孔子，大圣人也，韦编且三绝矣，然犹止言可以无大过。心愈密，辞愈危，圣人望道，未见之心，固如是也。运何人哉！小过遇也，大过颠也，日用而不知，惟是日惕之心，终吾身焉已矣。

任启运《清芬楼遗稿》卷二《尚书内外篇章句序》：孔子删《书》，断自唐虞，定修己治人之大法。毁于秦火儒者，谓古书三千二百四十篇，自黄帝始。孔子删之，存百有二十，以百二篇为《尚书》。十八篇为《中候》。……汉兴，伏生始传《尚书》。伏生，故秦博士，其所传虞、夏之书四，曰《帝典》，曰《皋陶谟》，曰《禹贡》，曰《甘誓》；商之书五，曰《汤誓》，曰《盘庚之诰》，曰《高宗肜日》，曰《西伯戡黎》，曰《微子》；周之书十有九，曰《牧誓》，曰《洪范》，曰《金縢》，曰《大诰》，曰《多方》，曰《康诰》、《酒诰》、《梓材》，曰《召诰》、《洛诰》，曰《多士》，曰《君奭》，曰《立政》，曰《无逸》，曰《顾命》，曰《吕刑》，曰《文侯之命》，曰《费誓》，曰《秦誓》，凡二十八篇。……考其事，玩其文，通其意，反复紬绎，为《章句》若干卷。信者著之，疑者阙焉。①

任启运《清芬楼遗稿》卷二《礼记章句序》：世传“五经”旧矣，然《礼记》固非孔子定也。孔子删《诗》、《书》，定《礼》、《乐》，赞《周易》，修《春秋》。四经其在，而《礼》独湮没，惜哉！……或曰：“治天下大法，具在《周礼》，是宜经。”然作圣门庭阃奥，**若《大学》、《中庸》，探礼乐本原；若《礼运》、《乐记》，其言多与《易传》、《诗》、《书》相表里；而《曲礼》、《少仪》、《内则》，尤治身治家要法。**非是，即《周礼》何以行哉？……《月令》、《王制》，间杂秦、汉，要亦掇之虞、夏、商、周为多。**《传》曰：“礼与时宜。”学者苟综所闻，得圣人之意，因时进退，而以道为权，虞、夏可师，秦、汉亦可监也，何必成周？汉注、唐疏多附会，要所援据，杂而不越，义蕴殊可寻。**宋朱子作《大学》、《中庸章句》，精粹越诸儒，然自是汉儒之学微矣。学者牵于所闻，或饰虚辞以自遁，不务会通，而妄相訾謷，奚益？**夫圣人之礼，将以宰天地，顺万物，其事行于班朝莅官之地，而其义皆寄诸学者诵说讨辨之中。**学者之讨辨，极于微渺，而后施之铢黍，不爽其衡。儒者之论荒而悠谬，渐浸于朝，宁自秦、汉，以逮元、明，非议《周礼》而轻变之，本末失衡，轻重倒置。君臣之交坏于秦，父子之恩薄于汉，唐为母三年，而夫妇之序废，明为妾母服斩，而嫡庶之分淆。中乎人心，沿乎风俗，虽一时议政者过，要亦学者讲不精、理不明之致也。故曰：“礼之义明，而万事可得而理矣。”（下略）

任启运《清芬楼遗稿》卷一《太极似何物对》：孔子言《易》有太极。太极有乎？何以象之，周敦颐言无极而太极，太极本无极。太极无乎？又何以象之？太极，形而上者也。物，形而下者也。以有形者象无形，得其似，已失其真。请举先儒所举似者而略陈之。曰如木之根。此由阴阳五行之分而推所自来之本于一极也。似也。如其说，不疑未分以前明有一极之可指乎？曰如浮图之顶。此由阴阳五行之合而推其究竟之终为一极也。似也。如其说，不疑既合之后乃有一极之可见乎？曰太极乘阴阳为动静，若蚁之在磨焉。以明太极之不杂于阴阳也。似也。然不疑有阴阳别有太极，且与阴阳并立为三乎？故臣谓有形之物之皆不足以举例也。无已，则月印万川之说乎？物物各得一太极，而浑然太极之体，原未尝动之妙可会也。然万川皆月，究非真月之有形也。有形之终不足以有无形也。（下略）

任启运《清芬楼遗稿》卷一《九卦说》：存目。

任启运《清芬楼遗稿》卷二《孝经章句序》：存目。

任启运《清芬楼遗稿》卷三《明堂说》：存目。

任启运《清芬楼遗稿》卷三《音律说》：存目。

俞樾《春在堂杂文》四编卷六《任钓台先生尚书约注序》：国朝任钓台先生，以理学名儒贯通经学。所著《周易洗心》、《宫室考》、《肆献祼馈食礼》、《礼记章句》、《孝经章句》、《四书约旨》、《女教》、《经传通纂》诸书，皆著录于四库。其他《白虎通正讹》、

① 见《续修四库全书》第1424册。今按：《清儒学案》于此文稍有删节。

《竹书证传》、《竹书纪年考逸》、《夏小正注》、《孟子时事考》、《任氏家礼酌》、《任氏史册备考》、《同姓名考》、《记事珠》等书皆行于世，而独《尚书约注》四卷世鲜传本。虽其门人文庄公德保为作家传，备载先生诸书，而此书亦不及焉。今年正月，其族孙筱沅中丞以抄本付剞劂，而属余为之序，始得读之，乃知此实先生家塾读本也。其书先列目录，每篇之下注明伏生本、梅赜本，则其于古文之伪了然矣。盖先生兼通汉、宋之学，非墨守宋儒成说者也。其注杂取诸家之说，融会成文，颇便诵读。《禹贡》读冀州二字绝句，则从古本；《武成》篇不用《注疏》本，不用蔡《传》本，而用归有光考定本，可见其择善而从，无偏主矣。其解《盘庚》篇自曰"我王来"至"底绥四方"，谓此皆民言，则先生之自为一说，不入之注，而列之上方，盖其慎也。余束发读《尚书》，即用蔡《传》本，而《禹贡》一篇，先祖南庄府君有手抄本，其注初不知出自何人，以其便于诵读，故余课孙儿陛云即用此本，今乃知即先生《约注》也。其间小有异同，又不知谁为增减矣。经文旁有圈点，盖兼论其文，上方所载诸家说亦文评也。或谓圣经不当以文章论，然世传苏老泉《孟子》评本已先之矣。《尚书》聱牙难读，得先生此本，则读者喜其文法之妙，而忘其句读之艰，或亦教初学之一法乎？即此可见其为家塾读本也。盖先生此书不列于所著诸书之内，故当日不以奏御，而四库亦不著录，然实为家塾读本，则筱沅中丞之刻此书以行世，其嘉惠后学为无穷矣。

章太炎《检论·清儒》：而徇俗贱儒，如朱彝尊、顾栋高、任启运之徒，瞢学冥行，奋笔无怍，所谓乡曲之学，深可忿疾，譬之斗筲，何足选也！

江　永

《清儒学案》卷五十八《慎修学案上》：婺源江氏与元和惠氏同时并起，其后治汉学者皆奉为先河。婺源之学，一传而为休宁，再传而为金坛、高邮。其学派传衍，比于惠氏，为尤光大矣。述《慎修学案》。○江永字慎修，婺源人。岁贡生。数十年键户授徒，为人和易，处乡党以孝悌仁让为先，人多化之。尝一至江西，一游京师。已归家居，而朝廷求经术之儒，有欲进其所为书且举之者，则以颓老辞。先生为学，长于比勘，明于步算、钟律、声韵，而于"三礼"尤深。以朱子晚年治《礼》，为《仪礼经传通解》，未就，虽黄氏、杨氏相继纂续，犹多阙漏，乃为之广摭博讨，一从《周官》大宗伯吉、凶、军、宾、嘉五礼之次，名曰《礼经纲目》，凡数易稿而后定。(下略)

《清史稿·儒林二》：江永，字慎修，婺源人。为诸生数十年，博通古今，专心《十三经注疏》，而于"三礼"功尤深。以朱子晚年治礼，为《仪礼经传通解》，书未就，黄氏、杨氏相继纂续，亦非完书，乃广摭博讨，大纲细目，一从吉、凶、军、嘉、宾五礼旧次，题曰《礼经纲目》，凡八十八卷，引据诸书，厘正发明，实足终朱子未竟之绪。**尝一至京师，桐城方苞、荆溪吴绂质以《礼经》疑义，皆大折服①**。读书好深思，长于比勘，明推步、钟律、声韵。岁实消长，前人多论之者，梅文鼎略举授时而亦疑之。永为之说，"当以恒气为率，随其时之高冲以算定气，而岁实消长勿论"，其说至为精当。其论黄钟之宫，据《管子》、《吕氏春秋》以正《淮南子》。其论古韵，"平、上、去三声皆当为十三部，入声当为八部，而三代以上之音，始有条不紊"。晚年读书有得，随笔撰记。谓："《周易》以反对为次序，卦变当于反对取之。否反为泰，泰反为否，故小往大来，大往小来，是其例也。凡曰来、曰下、曰反，自反卦之外卦来居内卦也。曰往、曰上、曰进、曰升，自反卦之内卦往居外卦也。"又谓："兵、农之分，春秋时已然，不起于秦、汉。证以《管子》、《左传》，兵常近国都，野处之农固不隶于师旅也。"其于经传稽考精审，多类此。所著有《周礼疑义举要》七卷、《礼记训义择言》六卷、《深衣考误》一卷、

① 笔者读书不细心，曾经撰文称江永未曾外出游学，大谬不然，特此更正。

《律吕阐微》十卷、《律吕新论》二卷、《春秋地理考实》四卷、《乡党图考》十一卷、《读书随笔》十二卷、《古韵标准》四卷、《四声切韵表》四卷、《音学辨微》一卷、《河洛精蕴》九卷、《推步法解》五卷,《七政衍》、《金水二星发微》、《冬至权度》、《恒气注历辨》、《岁实消长辨》、《历学补论》、《中西合法拟草》各一卷,《近思录集注》十四卷、《考订朱子世家》一卷。乾隆二十七年,卒,年八十二。弟子甚众,而戴震、程瑶田、金榜尤得其传。

《清史列传·儒林传下一》:存目。①

吴骞《愚谷文存》卷十《婺源令冯君传》:邑儒江慎修永绩学通经,著《礼书纲目》八十五卷,流传未广,君手为撰序,并缮录一部进上,而别抄其副藏于家。盖其吏治原本经术,故多卓然可观,非懂以刀笔从事为能者也。

曾国藩《曾文正公书札》卷七《复夏弢甫》:**乾嘉以来,士大夫为训诂之学者薄宋儒为空疏,为性理之学者又薄汉儒为支离。鄙意由博乃能返约,格物乃能正心**。必从事于礼经考核,于三千、三百之详博,稽乎一名一物之细,然后本末兼该,源流毕贯。虽极军旅战争食货凌杂,皆礼家所应讨论之事。故尝谓江氏《礼书纲目》、秦氏《五礼通考》可以通汉、宋二家之结,而息顿、渐诸说之争。

刘大櫆《海峰文集》卷六《江先生传》:先生始就外傅,见邱氏补《大学衍义》之书,其中征引《周礼》,即求取《周礼》全文诵之,自是旁通《十三经》,而于《礼经》尤深。谓朱子《仪礼通解》虽屡经续辑,尚多阙遗,乃广搜前载,为《礼经纲目》八十八卷,而古礼灿然可观。其平生所为书,于《周礼》则有《疑义举要》,于《戴记》则有《深衣考误》、《训义择言》,于《春秋》则有《地理考实》。又精于天官星历,其书则有《历学补论》、《七政衍》、《金水二星发微》、《冬至权度恒气注历辨》、《岁实消长辨》,于乐则有《律吕阐微》,于音韵则有《音学辨微》、《古韵标准》、《四声切韵表》,于步算则有《推步法解》、《中西合法拟草》。其外又有《论语琐言》、《乡党图考》、《近思录集注》、《读书随笔》,凡书二十余编,共百余卷,藏于家。呜呼,可谓多矣!盖先生生而好古,而穷不见用于世,则益专其心于远稽遐览,终身乐之,无休暇,其于古之制度名物必参互而得其据证,先生未之辨明,则其说具载方册之中,而人顾莫之见,及先生指以示人,则人皆恍然自失,而不啻其心所欲言,信乎其为博闻强识之君子也。先生家故贫,其居乡,尝称《春秋传》丰年补败之义,以语乡人,乃相与输谷若田,立义仓,行之三十年,而先生之乡其民不知有饥岁。尝一至京师,朝廷方开"三礼"之馆,卿士预修"三礼"者就质所疑,先生为置辨,皆畅然意满称善。其后有欲以先生之书荐闻于朝者,先生自顾年老,无可复用,而京师旧游皆凋谢,乃感怆辞避,卒不就。先生年八十二,其卒乾隆二十七年三月十三日也。自六经遭秦火而亡,而诗书传记之文,学者如蒙云翳,犹赖有山泽逸遗之士,穷年兀兀于其中,递相推测隐度,盖其义有自汉儒修补以来,历魏、晋、唐、宋、元、明二千余岁,代加排阐,直至今日而始明者,则夫经生之维系于斯世岂浅小哉!先生存则颓然一老,力学于深岩绝壑之间,朝士大夫无过而问者。先生没则斯文沦丧,后生新进猝有志于学问,于何执经而请业焉。此士之迍邅憔悴,为举世之所不为者。闻先生之卒,不能不盡然流涕以悲也。先生婺源之江湾人,姓江氏,名永,字慎修。

① 详见中华书局本第17册,第5490~5492页。

慎修先生穷经绩学，而一世不遇，与德清胡先生朏明正同。此文足为吐气，递相推测，隐度有直，至今日而始明者，至公至当，可百世以俟圣人。

戴震《戴东原集》卷十二《江慎修先生事略状》：先生姓江氏，名永，字慎修，婺源之江湾人。少就外傅，时与里中童子治世俗学。一日见明邱氏《大学衍义补》之书，内征引《周礼》，奇之，求诸积书家，得写《周礼》正文，朝夕讽诵。自是遂精心于前人所合集《十三经注疏》者，而于“三礼”尤功深。先生以朱子晚年治礼，为《仪礼经传通解》，书未就，虽黄氏、杨氏相继纂续，犹多阙漏，其书非完，乃为之广摭博讨，一从《周官经》大宗伯吉、凶、军、嘉、宾五礼旧次，使三代礼仪之盛，大纲细目，井然可睹，于今题曰《礼经纲目》，凡数易稿而后定。值朝廷开馆定《三礼义疏》，纂修诸臣闻先生是书，檄下郡县，录送以备参订，知者亦稍稍传写。先生读书好深思，长于比勘，步算、钟律、声韵尤明。处里党，以孝弟仁让躬先。其于宣城梅氏所言岁实消长，见歧未定也，则正之曰：“日平行于黄道，是为恒气、恒岁，实因有本轮、均轮①、高冲之差而生盈缩，谓之视行。视行者，日之实体所至，而平行者，本轮之心也。以视行加减平行，故定气时刻，多寡不同；高冲为缩末、盈初之端，岁有推移，故定气时刻之多寡，且岁岁不同，而恒气、恒岁实终古无增损也。当以恒者为率，随其时之高冲以算定气，而岁实消长可弗论。犹之月有平朔、平望之策，以求定朔、定望，而此月与彼月，多于朔策几何，少于朔策几何，俱不计也。”于《管子》书五声徵、羽、宫、商、角之序，《吕氏春秋》称伶伦作律，先为黄钟之宫，次制十二筒，以别十二律，则据以正《淮南·天文训》及《汉书·律历志》之谬。其说曰：“黄钟之宫，黄钟半律也，即后世所谓黄钟清声是也。唐时风雅十二诗谱，以清黄起调毕曲，琴家正宫调，黄钟不在大弦，而在第三弦，正黄钟之宫为律本遗意，亦声律自然，今古不异理也。《国语》伶州鸠因论七律而及武王之四乐，夷则、无射曰上宫，黄钟、大簇曰下宫。盖律长者用其清声，律短者用其浊声。古乐用钧之法既亡，而因端可推。《韩子·外储篇》曰：‘夫瑟以小弦为大声，大弦为小声。’虽诡其词以讽，然因是知古者调瑟之法。黄钟、大吕、大簇、夹钟、姑洗、仲吕、蕤宾用半而居小弦；林钟、夷则、南吕、无射、应钟用全而居大弦，此皆合之以《管》、《吕》论声律相生者，始明也。”先生言乐律，实汉以降二千年莫知关究者。如此为书以论。古韵起于吴才老，而昆山顾氏据证尤精博。先生则谓**顾氏考古之功多，审音之功浅**。正顾氏分十部之疏，而分平、上、去三声皆十三部，入声八部。虞属鱼、模，又分之以属侯、幽，顾氏未之知也。先属元、寒，又分以属真、谆，而真以后十有四韵之当分为二，考之《三百篇》，用韵画然，顾氏未之审也。萧至豪四韵之读如今音者，一部也，又分以属侯、幽，在《三百篇》亦画然，而顾氏未审也。覃至盐属添、严，又分以属侵，自侵已后九韵，以侈、敛当分为二，犹之、真以后当分十有四韵为二也，顾氏亦一之。侯之正音近幽，顾氏不之审，而转其读以从虞。先生盖欲弥缝其书。《易·象》言“往来上下”者，后儒谓之卦变，说人人殊。先生曰：“《周易》以反对为序次，卦变当于反卦取之，否反

① 本轮：古希腊天文学家托勒密的宇宙体系学说认为，地球是不动的中心，太阳和行星环绕地球运行。为了说明行星视运动现象，认为每个行星在一个小圆上作等速运动，这个小圆叫做“本轮”。同时又假设本轮的中心在一个大圆上绕地球作等速运动，这个大圆叫做“均轮”。清人所编的《历象考成》里均轮也译作“本天”。

为泰，泰反为否，故曰小往大来，曰大往小来，是其例也。凡曰来、曰下、曰反者，自反卦之外卦来居内卦也；曰往、曰上、曰进、曰升者，自反卦之内卦往居外卦也。”后儒皆言“古者寓兵于农，井田废而兵农始分”。先生曰：“考之春秋时，兵农固已分矣。管仲参国伍鄙之法，齐三军出之士乡十有五，公与国子、高子分率之，而鄙处之农不与也。为农者治田供税，不以隶于师旅也。乡田但有兵赋，无田税，似后世之军田、屯田，此外更无养兵之费。晋之始惟一军，既而作二军，作三军，又作三行，作五军，既舍二军，旋作六军，以新军无帅而复三军。其既增又损也，盖除其军籍，使之归农。若军尽出于农，则农民固在，安用屡易军制乎？随武子曰：‘楚国荆尸而举，商农工贾，不败其业。’此农不从军之证也。鲁之作三军也，季氏取其乘之父兄子弟尽征之。孟氏取半焉，以其半归公。叔孙氏臣其子弟，而以其父兄归公。所谓子弟者，兵之壮者也；父兄者，兵之老者也；皆其素在军籍，隶之卒乘者，非通国之父兄子弟也。其后舍中军，季氏择二，二子各一，皆尽征之而贡于公。若民之为农者，出田税自仍然归之君。故哀公曰：‘二吾犹不足。’三家虽专，亦惟食其采邑，岂尝使通国之农尽属己哉？阳虎壬辰戒都车，令癸巳至，此又兵常近国都之证。其野处之农，固不为兵也。”后儒为《深衣图考》者至数十家，大体相踵“裳交解十二幅”之讹，而续衽、钩边，致滋异说。先生以《玉藻》篇明言衽当旁，则非前后之正幅也。以郑康成注曰：‘衽谓裳幅所交裂也。’则在旁名衽者交裂，而余幅不交裂也。续衽者，裳之左旁，连合其衽；钩边者，裳之右旁，别用布一幅斜裁之，缀于后衽之上，使钩曲而前，以掩裳际，汉时谓之曲裾。故康成注曰：‘钩边若今曲裾也。’经传中制度名物，先生必得其通证举视此。盖先生之学，自汉经师康成后罕其俦匹。生平论著之梗概，如上数事亦足以见矣。卒年八十有二。所著书：《周礼疑义举要》六卷、《礼记训义择言》六卷、《深衣考误》一卷、《礼经纲目》八十八卷、《律吕阐微》十一卷、《春秋地理考实》四卷、《乡党图考》十一卷、《读书随笔》十二卷、《古韵标准》六卷、《四声切韵表》四卷、《音学辨微》一卷、《推步法解》五卷，《七政衍》、《金水二星发微》、《冬至权度恒气注》、《历辨》、《岁实消长辨》、《历学补论》、《中西合法拟草》各一卷，《近思录集注》十四卷。先生尝一游京师，以同郡程编修恂延之至也。三礼馆总裁、桐城方侍郎苞素负其学，及闻先生，愿得见，见则以所疑《士冠礼》、《士昏礼》中数事为问，先生从容置答，乃大折服。而荆溪吴编修绂，自其少于礼仪功深，及交于先生，质以《周礼》中疑义，先生是以有《周礼疑义举要》一书。此乾隆庚申、辛酉间也。后数年，程、吴诸君子已殁，先生家居寂然。值上方崇奖实学，命大臣举经术之儒，时婺源县知县陈公有子在朝为贵官，欲为先生进其书，来起先生。先生自顾颓然就老，谓无复可用，又昔至京师，所与游皆无在者，愈益感怆，乃辞谢。而与戴震书曰：“驰逐名场非素心。”卒不能强起。其后戴震尝入都，秦尚书蕙田客之，见书笥中有先生历学数篇，奇其书。戴震因为言先生。尚书撰《五礼通考》，摭先生说入观象授时一类，而《推步法解》则取全书载入，憾不获见先生《礼经纲目》也。先生家故贫，其居乡，尝援《春秋传》丰年补败之义语乡之人，于是相与共输谷若田，设立义仓，行之且三十年，一乡之民不知有饥。**自古积粟之法，莫善于在民，莫不善于在官，使民自相补救，卒无胥吏之扰，此先生善于为乡之人谋者。**乾隆二十七年五月，休宁戴震次先生治经要略、著书卷数。先生生于康熙辛酉年七月十七日，卒于乾隆壬午年三月十三日，遗书二十余种，缮写成帙，藏于其家。书未广播，恐就逸坠，不得集太史氏，敢以状私于执事。谨状。

王昶《春融堂集》卷五十五《江慎修先生墓志铭》：**余友休宁戴君东原，所谓通天地人之儒也，常自述其学术实本之江慎修先生。**乾隆二十七年三月，先生卒。是年，东原举于乡。明年，来京师，求所以志先生者，卒卒不果。又十余年，余自蜀还朝，而东原以荐授庶吉士，校理四库馆书。于是取所自为状，及汪世重等年谱，而属余铭之。先生名永，字慎修，安徽婺源县人，居县之江湾。……乾隆二十八年，命秦文恭公蕙田修《音韵述微》，公奏先生精韵学，诏取《古韵标准》、《四声切韵表》进呈，以备采择。公又自取《推步法解》入于《五礼通考》。至戴君总校四库书①，乃尽取先生二十种写之，以藏秘府。先生弟子著籍者甚众，而戴君及金君榜尤得其传。自朱子起婺源，其后如李燔、陈淳之辈，咸以道学通经名后世。越五百余年，而先生复出，虽终老跧伏，不见知于世②，而其言深博无涯涘，昭晰群疑，发挥巨典，探圣贤之秘，以参天地人之奥。厥后戴君诸人继之，其道益大以光。先生殁，大兴朱学士筠督学安徽，以先生从祀朱子于紫阳书院，天下以为公。先生以某年月日葬于婺源之某里。铭曰：仰以观天，俯以察地。中贯六经，圣贤所萃。析之综之，会而通之。上推发敛，圆则九重。或解其颐，或折其角。遂倾闻人，用启来学。弗耀弗施，山颓木陨。筦道之枢，厥功不泯。肃肃严祀，配于紫阳。后有吊者，睇此崇冈。

余廷灿《存吾文稿·江慎修永传》：江永，字慎修，婺源人，家于江湾。好深沉之思，其学孤起草泽中。由究穷《十三经注疏》而入，尤覃心“三礼”，于制度、名物之寓于训诂，涉于九数、六书者，皆旁参造极，得其制作所本。始以是读书，善比勘，于步算、钟律、声韵尤精。其论岁实消长也，宣城梅氏归之高冲，近冬至则渐消，过冬至则渐长，亦歧莫能定。永则正之曰：日平行于黄道，是为恒气、恒岁实终古无增损者，而因有本轮、均轮、高冲。本轮属于黄道，循黄道而右，所谓平行者；均轮以近本轮，心为最近；高冲又极近，为最卑者之差以生赢缩，则谓之视行。视行岁岁微有移徙，即定气时刻之多寡，亦岁岁不同。今当以恒者为准，而高冲为缩末、赢初之端，则但随其时之高冲以算定气，而岁实消长可勿论。犹之月有平朔、平望之策，以求定朔、定望，而此月与彼月，多于朔策几何，少于朔策几何，俱不计也。其说简易直捷如此……自吴才老作《韵补》，而昆山顾氏炎武又上下古今，考其同异，订其是非，作《音学五书》，天下翕然尊之。永则谓其过信古人韵缓不烦解字之说，于天、田等字皆无音，其《古音表》部分亦多未当，盖考古之功多，审音之功浅，于是分平、上、去三声皆为十三部，入声分为八部，以正顾氏之疏，而虞属鱼、模者，分之以属侯、幽，先属元、寒者，分之以属真、谆，萧至豪四韵之读如今音，为一部者，又分之以属侯、幽，覃至盐属添、严者，分之以属侵，又真以后十有四韵之当分为二，侵已后九韵以敛、侈当分为二。此皆考之《三百篇》，用韵画然者，而顾氏皆略之。盖顾氏凿疏巨手，在奠高山大川，别古今州部封域，而支港分合，壤地孤离，则永又能沟割其毘连交错，亦羽翼顾书，有功古韵者。……所著书：《周礼疑义举要》六卷、《礼记训义择言》六卷、《深衣考误》一卷、《礼经纲目》八十八卷、《律吕阐微》十一卷、《春秋地理考实》四卷、《乡党图考》十一卷、《读书随

① 戴震从未总校《四库全书》，此说不确。

② 此说亦不确。

笔》十二卷、《古韵标准》六卷、《四声切韵表》四卷、《音学辨微》一卷、《推步法解》五卷，《七政衍》、《金水二星发微》、《冬至权度恒气注历辨》、《岁实消长辨》、《历学补论》、《中西合法拟草》各一卷，《近思录集注》十四卷。其同志戴震恐久就坠失，次其治经事略，并整齐遗书二十余种，藏于其家。廷灿因据事略传之曰：自江永以注疏之学传经，一时戴东原震亦以《说文》、《尔雅》之学起休宁，若宫商应和，于是汉经师硕儒授受微言遂大显于世，而好者颇稀。永既死，震入都，客秦尚书蕙田所，箧衍中携永一二著述，尚书方集《五礼通考》，见而奇之，乃摭其说入观象授时一类，而《推步法解》则取全书载入，且深惜其不得见《礼经纲目》者。其后，大兴朱学士筠视学安徽，锐意以兴起《注疏》、《说文》之学厉士，乃躬拜奠婺源故士江永主，祠入乡贤，而所著《乡党图考》、《古韵标准》近亦稍稍刊布矣。然传者一二，不传者尚压架阁，束墨漫纸，刓其终饱蠹鱼啮蚀，徒留书目在人间乎？抑后世复有子云而蕴蕴积久之业自不可掩其实而发其光乎？

钱大昕《潜研堂集》文集卷三十九《江先生永传》：江先生永，字慎修，婺源人。少就外傅，与里中儿治世俗学。一日，见邱濬《大学衍义补》，书中多征引《周礼》，奇之，求诸积书家，得写《周礼》正文，晨夕讽诵。为诸生数十年，键户授徒，束修所入，尽以购书，遂博通古今，尤专心于《十三经注疏》。自壮至老，丹黄不去手。**尝一游京师，同郡程编修恂延主其邸**，桐城方侍郎苞素以“三礼”自负，闻先生名，愿一见，见则以所疑《士冠礼》、《士昏礼》中数事为问，先生从容置答，乃大折服。荆溪吴编修绂于《仪礼》功深，及交先生，质以“三礼”中疑义，往复辩难，叹曰：“先生非常人也。”休宁戴震少不誉于乡曲，先生独重之，引为忘年交。震之学得诸先生为多。乾隆壬午岁三月十三日卒，年八十有二。所著有《周礼疑义举要》六卷、《礼记训义择言》六卷、《深衣考误》一卷、《礼经纲目》八十八卷、《律吕阐微》十一卷、《春秋地理考实》四卷、《乡党图考》十一卷、《读书随笔》十二卷、《古韵标准》六卷、《四声切韵表》四卷、《音学辩微》一卷、《推步法解》五卷、《七政衍》、《金水二星发微》、《冬至权度》、《恒气注历辨》、《岁实消长辨》、《历学补论》、《中西合法拟草》各一卷，《近思录集注》十四卷。读书好深思，长于比勘，于步算、钟律、声韵尤明。(下略)

郑虎文《吞松阁集》卷二十九《为徽州守汪梦龄作婺源江先生从祀紫阳书院朱子祠碑记》：存目。(清嘉庆刻本)

陈作霖《可园文存》卷七《中国机器学家考》：婺源江秀才永，字慎修，能制奇器。家中耕田悉用木牛。行城外，骑一木驴，不食不鸣，人以为妖。笑曰：“此武侯成法，非妖也。”又置一竹筒，中以玻璃为盖，以钥开之，向筒话毕即闭，传千里，开筒而耳，其音宛在，不啻面谈也。

阮元《儒林传稿》卷三、《畴人传》卷四十二、钱林《文献征存录》卷五、江藩《国朝汉学师承记》卷五、李元度《国朝先正事略》卷三十四、唐鉴《学案小识》卷五《翼道学案》皆有传，存目。

江永《礼书纲目自序》曰：礼乐全经废缺久矣。今其存者，唯《仪礼》十七篇，乃礼之本经，所谓“周监二代、郁郁乎文”者，此其仪法度数之略也。《周礼》为诸司职掌，非经曲正篇①，又逸其《冬官》，盖周公草创未就之书。《礼记》四十九篇，则群儒所记录，或杂以秦、汉氏之言，纯驳不一。其冠、昏等义，则《仪礼》之义疏耳。自“三礼”而外，残篇逸义亦或颇见于他经。《论语》、《孟子》、《尔雅》、《春秋》内外传、《大戴》等书，诸子则管子、荀况，汉儒则伏生、贾谊、刘向、班固之徒，亦能记其一二，然皆纷纶散出无统纪。至于声律器数，则又绝无完篇。《乐记》但能言其义，已失其数矣。夫礼乐之全，虽不可复见，然以《周礼·大宗伯》考之，礼之大纲有五，吉、凶、宾、军、嘉皆有其目。其他通论制度之事，与夫杂记威仪之细者，尚不在此数。乐则统于大司乐，律同度数，铿锵鼓舞，亦必别有一经，与礼相辅。窃意制作之初，当如《仪礼》之例，事别为篇，纲以统目，首尾偕贯，条理秩然，所谓“经礼三百，曲礼三千”者，此也。散佚之余，《仪礼》正篇犹存二戴之记者，如投壶、奔丧、迁庙、衅庙之类，已不可多觏。其他或一篇杂录吉凶，一事散见彼此，又或殷、周异制，纪载互殊，学者末由观其聚，则亦不能会其通。夫礼乐之全，已病其阙略，而存者又病其纷紊，此朱子《仪礼经传通解》所为作也。朱子之书，以《仪礼》为经，以《周官》、《戴记》及诸经史杂书辅之。其所自编者，曰家礼，曰乡礼，曰学礼，曰邦国礼，曰王朝礼，而丧、祭二礼属之勉斋黄氏。其篇类之法，因事而立篇目，分章以附传记，宏纲细目于是灿然；秦、汉而下，未有此书也。顾朱子之书修于晚岁，前后体例亦颇不一。王朝礼编自众手，节目阔疏，且未入疏义。黄氏之书，丧礼固详密，亦间有漏落；祭礼未及精专修改，较丧礼疏密不伦。信斋杨氏有《祭礼通解》，议论详赡，而编类亦有未精者。盖纂述若斯之难也。永窃谓是书规模极大，条理极密，当别立门目以统之，更为凡例以定之，盖裒集经传，欲其该备而无遗；厘析篇章，欲其有条而不紊。尊经之意，当以朱子为宗；排纂之法，当以黄氏丧礼为式。窃不自揆，为之增损，隐括以成此编。其门凡八，曰嘉礼，曰宾礼，曰凶礼，曰吉礼，皆因《仪礼》所有者而附益之；曰军礼，曰通礼，曰曲礼，皆补《仪礼》之所不备；乐一门居后。总百单六篇，八十有五卷，并首三卷，共八十八卷。凡三代以前礼乐制度，散见经传杂书者，收罗略备，而篇章次第较《通解》尤详密焉。屡易稿而书成。姑缮写本文及旧注一通，名曰《礼书纲目》。若夫贾、孔诸家之疏，与后儒考证之说，文字繁多，力不能写，且以俟诸异日。呜呼！礼乐之书，精微广大，前贤勤勤补缀，具有深旨，末学何敢与知，顾敢以其謭陋之识，辄改已成之绪，盖欲卒朱子之志，成礼乐之完书，虽侪妄有不辞也。世之君子取《通解》正续三书，参之是编，考其本末，究其离合异同之故，或亦谅永之心也夫。

张鉴《冬青馆集》乙集卷五文五《礼书纲目序》：《礼经》于六籍尤繁难治。朱子在经筵，曾有乞修“三礼”之札，未果行。晚年乃亲定《仪礼经传通解》一书，大旨以古十七篇为主，而取《礼记》及群经子史所载，有及于礼者皆附于其下，草创虽定，未遑删改，故以丧、祭二礼属勉斋黄氏为之。勉斋续编一准朱子遗说，然尚有未定，复以其书授信斋杨氏，而后粗有端绪。“三礼”之难成也如是。至于品节度数，尚待后人之补掇，复数百年于兹矣。婺源老儒江慎修先生有忧之，乃取紫阳遗书，别立门目，更为凡例，补其缺者，固多弼其违者，亦不少增损隐括，成此一编。此编向已录入《四库全书》，其卷帙烦重，人间转抄希少，顾世所传先生著作，如《群经补义》、《乡党图考》，譬诸九鼎一

① 曹元弼认为：“此语未允。”

裔，非其绝诣。先生生平、著作略见于戴庶常东原所撰《家传》，而此编又举世所愿读而不可得者，是可慨也。先生没后，高第弟子如金修撰辅之、程孝廉易田屡谋剞劂而中辍，最后得婺源俞君荆玉独任其事，遂鸠工开雕，将卒事，其孙锦波以易田孝廉为介，来丐序。余因思此学既为绝学，而其书又为古今不可少之书，非特嘉惠后来，亦以卒朱子未竟之绪，其业可不谓伟欤？夫《仪礼》难读，古今通论。昔嘉兴冯氏尝刻秀水盛君庸三《仪礼集编》，余既序而行之矣。今复得是编，益叹我国家运际昌明，经术之盛，莫之比并。明人如此经无一字者，而鸿编巨制若斯之伙，儒者苟因两家之说，沿而上之，蕲至于三代之制度不难矣。

汪廷珍《礼书纲目序》：婺源俞君鸣玉、荆玉刻江先生《礼书纲目》八十五卷成，邮书问序于余。余受而读之，盖此书述作之意，先生自序备言之矣，承朱子之学而不苟同于朱子，《四库全书提要》表明之矣，懵学如余，安敢赞一辞乎！**顾窃惟六籍之在后世，实而可据者，莫如《礼》，繁而多缺者，亦莫如《礼》，何者？《易》之象占，《诗》之美刺，《春秋》之褒贬，皆隐而难测，虽人自为说，自谓得之，则未知果为其本义否也。**《书》义实而辞奥，文字、句读古今各殊，唐人《正义》惟据伪孔传为本，郢书燕说，盖时有之。独礼之为教，切于人事，辞显而义实，加之郑氏之学于礼最精，南北学者咸传其业，虽后儒之说间有异同，要其大旨无相绝远，此笃志好古之儒所尤究心者也。惟是礼仪三百，威仪三千，名物浩博，节文烦重，后儒循习，杂而不贯，虽发明一义，时有可观，罕能观其会通，究其终始。且惟其烦也，秦火之后，先王之全经亡失殆尽，其《逸礼》五十六篇，传于汉世及大、小戴所记之外，别有逸篇者，今亦不传，只高堂生十七篇仅存一线，其余旁见《礼记》及他说者，又或杂而不醇，散而无纪。于此而欲明先王之礼，不亦难乎！夫繁者不可不有以统之，缺者不可不有以补之，此朱子《经传通解》之书所为作也。顾朱子精力尽于《四书》，是书之作在晚年衰病之余，取成众手，故欲统其烦而例或不一，欲补其阙而多有所遗，即所定家学诸礼，尝欲重为整顿而末暇。而丧、祭之礼，又黄氏、杨氏所续成，虽于礼学各有发明，而体制不无错出，其势然也。先生有见于此，于是取朱子之意而别为义例，其分门则以大宗伯五礼为之纲，益以通礼、曲礼，终以乐律，条举例系，纲举目张，而烦者有统矣。其纂辑也，以古经为主，经不足，补以传记，又不足，则旁证以诸家之说，巨细咸备，正变不遗，而缺者可补矣。先王之全经虽不幸不得见于后世，而由是循类而求之，错综以通之，其节目之精密，规模之博大，犹可略见。而天下后世有志于修己治人之学者，咸得以观其会通而措之事业焉。斯则先王之礼得朱子而不坠，朱子之志得先生而后成。呜呼！此岂寻常经生之书，频断于章句、训诂间者所可比哉？先生于学无所不窥，而大旨归于实事求是，于前人之说择善而从，无所徇亦无所矫。其于声韵也，取顾氏之考古，而益以审音，其于推步也，因梅氏之致精而补其遗缺；其于乐律也，大旨主朱载堉，而起算则依密率，其作是书犹此志也。读者诚取其书，沉潜而反复焉，当有以知前贤，后贤不得已著作之苦心。而俞君传述启翼之功为不可没也已。嘉庆十有五年岁次庚午秋七月，淮安后学汪廷珍序。①

江永《周礼疑义举要》卷六：《周礼》本是未成之书，阙《冬官》，汉人求之不得，

① 载《广州大典》第一辑《广雅丛书》第3册，第2~3页。

以《考工记》补之，恐是当时原阙也……《考工记》东周后齐人所作也。其言秦无庐郑之刀，厉王封其子友始有郑，东迁后以西周故地与秦，始有秦；故知为东周时书。其言橘逾淮而北为枳，鸜鹆不踰济，貉逾汶则死，皆齐鲁间水。而终古戚速稗茭之类，郑注皆以为齐人语，故知齐人所作也。盖齐鲁间精物理、善工事而工文辞者为之。

杨向奎《清儒学案新编·婺源学案》：戴（震）、程（瑶田）、金（榜）俱出江门，戴、程俱为朴学大师兼思想家，为乾嘉汉学之不祧祖先。盖乾嘉学派上承清初诸大师之百家争鸣局面，由博返约。清初承明季心学而有所修订，或由王转朱，或调和朱、王，或反朱、王而立新声，统治者，如康熙，则提倡理学，用以笼络人心而安定社会秩序，于是有“理学名臣”辈出，结果是**在上者鼓吹理学，而在下者反对理学**。鼓吹者、反对者皆未能忘情于理学，以致有汉宋兼通之学者出现。奠定朴学基础的吴惠栋及皖江永莫不如此，以有戴震、程瑶田之发扬光大。……因为惠栋、江永朴学而兼及理学，所以他们的继承者戴震在这两方面都有所发扬而光大之。所以我们以为戴震以后的汉学实集吴、皖两派之大成，汉、宋兼及，但后来的发展走向偏枯，段与二王，虽为朴学大师，已经忘了宋学，一直到清末之孙诒让仍然如此，至章太炎而改弦更张，非朴学所能范围，但其治学方法依旧，在方法上亦能开辟新途径者则推王国维。同时朴学两大师章太炎与王国维，一为结束既往，一为开辟未来。①

① 见杨向奎《清儒学案新编》第五册，第2~3页。

汪绂

《清儒学案》卷六十三《双池学案》：双池居贫守约，力任斯道之传。其为学涵泳六经，博通礼乐，不废考据，而要以义理为折衷。恪守朱子家法，与江氏慎修学派同中有异。慎修因东原为之后先疏附，及身大显。双池遗书经百余年始得刊行，学术显晦，固有其时欤？（下略）

《清史稿·儒林一》：汪绂，初名烜，字灿人，婺源人。诸生。少禀母教，八岁，《四子书》、“五经”悉成诵。家贫，父淹滞江宁，侍母疾累年，十日未尝一饱。母殁，绂走诣父，劝之归。父曰：“昔人言家徒四壁，吾壁亦属人。若持吾安归？”叱之去。绂乃之江西景德镇，画碗，佣其间。然称母丧，不御酒肉。后飘泊至闽中，为童子师。及授学浦城，从者日进。闻父殁，一恸几殆，即日奔丧，迎榇归。绂自二十后，务博览，著书十余万言，三十后尽烧之。自是凡有述作，凝神直书。自六经下逮乐律、天文、地舆、阵法、术数无不究畅，而一以宋五子之学为归。著有《易经诠义》十五卷、《尚书诠义》十二卷、《诗经诠义》十五卷、《四书诠义》十五卷、《诗韵析》六卷、《春秋集传》十六卷、《礼记章句》十卷、《或问》四卷、《参读礼志疑》二卷、《乐经律吕通解》五卷、《乐经或问》三卷、《孝经章句》一卷。其《参读礼志疑》多得经意，可与陆陇其书并存。绂之论学，谓学不可不知要。然所以得要，正须从学得多，后乃能拣择出紧要处。谓《易》理全在象数上乘载而来。谓《书》历象、《禹贡》、《洪范》须著力去考，都是经济。谓《诗》只依字句吟咏，意味自出。谓看《周礼》，须得周公之心，乃于宏大处见治体之大，于琐屑处见法度之详。谓《春秋》非理明义精，殆未可学。谓“格物”之“格”训“至”，如书言“格于上下”、“格于皇天”，皆“至到”之义。上文“致知”字为“推致”，则“格物”为“穷至物理”甚明。谓“性与天道不可得闻”，直是不可得闻，陆、王家因早闻性天，而未尝了悟，又果于自信，遗害后人也。谓周子言“一”，言“无欲”，程子言“主一”，言“无适”，微有不同。周子所谓“一”者天也，所谓“欲”者人也。纯乎天，不参以人，“一”者即无欲也。程子所谓“一”者事也，所谓“适”者心也。一其心余所事，而不强事以成心，无适之谓“一”也。当时大兴朱筠读其书，称其信乎以人任己，而颉颃古人。其后善化唐鉴亦称其功夫体勘精密，由不欺以至诚明。绂初聘余江，比归娶，江年二十八矣。江尝语诸弟子曰："吾归汝师三十年，未尝见一怒言、一怒色也。"乾隆二十四年，卒，年六十八。子思谦，增生，毁卒。同县余元遴传其学。

朱筠《笥河文集》卷十一《婺源县学生汪先生绂墓表》：婺源为我家文公之故里，宋、元、明以来，巨师魁儒，绳绳相续，流风未湮，于今见者，实惟假莘汪先生、江湾江先生尤著。筠在京师，早闻江先生名。比奉命视学来江南，试徽州，征其书，尽读之而善。会有求书之诏，即具以闻，旋檄府建主祔祀紫阳书院，风示学官弟子，俾之向学。既癸巳八月，再试徽士婺源，学廪膳生余元遴抱持其师汪先生之遗书十余帙来献，且言曰："元遴之师绂，乐贫守道，著述过身，其书可传，其行可享，殁嗣斩焉，善人将惧，元遴敢奔告待命于下执事。"余发书卒读，其书与江先生埒，且闻诸府人汪先生之行，视汪先生无不及也，于时博议偏举文公之徒，得十五氏，暨汪先生悉为之主位十有六，诹以八月二十日迎主书院，补祀诸儒之次。是日，筠躬莅将事，诸生毕来，又进诸生分录其遗书，行上书局，显厥隐德，府之士佥曰："宜哉！"元遴复言曰："先生之鬼其不馁，顾敝家无子孙祀者。先生其卒馁，谨具书事实列上，请刻石表诸墓道，尚识来者。"筠曰然。乃文以表之，而召诸生之工隶书者歙闽道隆书文上石。按：先生讳烜，其为诸生之名曰绂，字灿人，小字重生，号双池，婺源之北乡假莘里人。四世祖应蛟，故明户部尚书，谥清简。曾祖元会，祖斯涵，父士极。母江孺人。自清简公后，再世家业中落，父以贫窭出游，久之不归。母贤且知书，先生初生能言，母江即口授四子书、五经，八岁悉成诵，自是读书禀母之教，未尝从师。比弱冠，母病卧累年，先生日夜侍疾，家益贫，十日未尝遇一饱，母殁，敛毕，闻父淹滞江宁，先生走为父，泣劝之归。父曰："昔人曰家徒四壁，吾壁亦属人，若持吾安归乎？"叱之去。戒主者毋与若食，乃泣而归。比归，益无以自活，乃之江西江而浮梁之景德镇设官置窑，所在百工食焉，先生书碗佣其间，然称母丧，不御酒肉，群佣以为笑，时时作苦吟，以写其哀，则交侮骂之。先生去，之乐平，馆石氏，逾年亦去。当是时，先生飘泊上饶、万年、永丰之间，踪迹无所定止，辄自广信绿岭度仙霞关，之闽中，持一幞被，鹑衣蓬累而行，行岭滩中十余里，或二十里，逆旅主人不内，则顿宿野庙中，乞食以往，过枫岭，有陈总兵者闻而异之，延为子师，执礼甚恭。先生课诗书，间教之礼射，卒伍争请为弟子，后因艺得官以去者有之。陈总兵去枫岭，先生授学浦城。浦城为福建、江西、浙江之会，三省之士，熏德慕化，从者日进。先生闻父卒于江宁，即日奔丧，一恸几殆，迎榇而归，与母合葬。先生自二十以后，著书十余万言，旁览百氏九流之书。三十后，尽烧之。资敏强记，过目在心，自是凡有述作，息神庄作，振笔直书，博极两汉、六代诸儒疏义，元元本本，而一以宋五子之学为归。六经皆有成书，下逮乐律、天文、地舆、阵法、术数，无所不究畅，卓然传于后。所著《尚书诠义》十二卷、《诗经诠义》十五卷、《四书诠义》十五卷、《春秋集传》十六卷、《礼记章句》十卷、《或问》四卷、《参读礼志疑》二卷、《孝经章句》一卷、《乐经律吕通解》五卷、《乐经或问》三卷、《读阴符经》一卷、《读参同契》一卷、《读近思录》一卷、《读读书录》一卷、《先儒晤语》二卷、《琴谱》一卷，皆筠及见者。又有《易经诠义》十五卷、《山海经》九卷、《理学逢源》十二卷、《诗韵析》六卷、《物诠》八卷、《策略》四卷、《读困知记》一卷、《读问学录》一卷、《医林辑略探源》九卷、《戍炭谈兵》、《六壬数论》若干卷、《大风集》六卷、文集六卷、诗六卷。先生卒，顾书而叹曰："著书如此而不传乎?”元遴谨收录而藏之于家。至是来献。呜乎!先生非元遴则书亦不传也。先生生平不为应试学,然尝以制义教弟子。年五十余,诸兄弟强之试,受知于故礼部侍郎筠,座师满洲嵩寿公持其卷曰:“是当焚香煎茶读之。”自是文词稍稍称于人,然竟死,无知其学者。先生见客,庄坐无俗语,有所质,必更端尽其意。游艺之余,画山水松竹,尤工熟精篆书,及于幕印间自刻一印,其文曰:“天下多名山,其人安在家?”贫岁饥无米,市豆屑,炊之作食,未尝告人,曰:“士人辄语人贫,人纵怜我,我可受邪?”遘疫作呓语,侍疾者听之,皆说经也。饮酒累数十杯不醉,接人以和,逮臧获,惟恐伤之。初,先生聘于江,客闽久不相闻,江之兄嫂欲改议,江闻以死誓,乃不敢言。比归先生,先生年三十二,江年二十八矣。先生每自外归,呼江曰某娘,谨答曰先生归矣,江生女嫁余,而死有遗女,抚于江,与之卧起,他日先生宿客于书馆,而入居内,幼女骇曰:“岂有男子与妇人同床者乎?”邻人传以为语。江尝语诸弟子曰:“吾归汝师三十年,未尝见一怒言,一怒色,然后知先生之居室果克敬以和也。”先生以乾隆二十四年九月卒,距生于康熙三十一年七月,年六十有八。子思谦,县学增生,读书能文章,应省试归,后先生殁三日毁卒。一孙先三月殇。思谦妻詹刲肱肉以疗舅,不起。思谦又卒,叹曰:“天道如此邪?”其腊竟自经以殉。元遴乃与同门檐大山先生从孙文藻婿余熊照谋卜葬先生于里中阳边山麓,而子妇附其旁。(下略)

李元度《国朝先正事略》卷三十四、唐鉴《学案小识》卷四《翼道学案》皆有传,存目。

汪绂《双池文集》卷五《易经诠义序》:**《易》言时中之道,圣人所为寡过之书。在天涵理而著象,在物成象而寓理,故上圣得理而显象,其次因象而观理,其次乃即事以求理。得理而显象,圣人之作《易》也;因象而观理,读《易》之方也;即事以求理,卜筮之事也。理备于未始有事之先,故君子静则观其象而玩其辞,用显于事物之机,故君子动则观其变而玩其占,学易之道,不外此耳。**秦火之烈,《易》以卜筮得存。汉儒类以《易》为卜筮之书,而不知其本原之有在,以故焦、京流于术数,流于术数而《易》之体亡矣。汉、魏之间,王、何始遗象数,而专于言理。理非用不显,不显于用,则理非理,以故王、何入于虚无,入于虚无而《易》之用又以亡矣。自周子作《太极图说》、《易通》,程子作《易传》,主于言理,而《易》之理明。邵子演先天图,而《易》之象著。朱子集诸子之大成,而象数宗邵子,义理主周、程,于是体用备呈,时中之义大明,而人人得以寡过。朱子之功,不继四圣而为五哉?顾乃《太极图说》见毁于象山,《易传》受诋于袁枢,邵《图》见非于林栗。当朱子之时,而异说已纷然若此。朱子《本义》专以卜筮释经,又作《启蒙》以翼后学,乃象占之说、卦变之图。后世妄儒又纷纷异言,将以呶呋朱子,何以为也?窃谓**《易》之体通于神明,《易》之用显于卜筮,自非上圣,不能心与《易》合,动与时行。**其次必因事求理,而后能得乎中,故古人有事必稽于卜筮。稽于卜筮,非求之术数,以为前知,乃使人因象观理,由是以得上天之训,而行事之际可以无失乎中也。执卜筮而忘体,《易》晦,并卜筮而遗之,《易》或几乎熄矣。然则朱子之大明终始,而使人人得以改过者,其功正在以卜筮释经,妄儒何足以与知之?绂生朱子之乡,承太傅清简之家学,有志于寡过焉而未之逮,于兹有年矣。忆甫八岁时,戏析竹枝以排八卦,先母见之曰:“八卦有断有连,汝所排皆连画,妄也。”对曰:“儿以仰体为阳画，俯体为阴画也。”先母曰：“是得其意者矣。”又尝观《卦变图》曰：“此自下而上，阴阳每交，易一画也。”父兄奇之曰：“孺子他日其能神明于《易》乎？”乃亡何，家贫废学，游食四方，荏苒四十余年，终身过中，于《易》曾无一得，矧敢出其说以质人，谓足以厕先儒之席欤？顾自念幼嗜是书，又重辜父兄之望，迩年重复研几，因续《诗》、《书诠义》稿成，自书所得，非敢谓足以发明先圣之所未发，而阐紫阳宗风，然信好殷怀，或亦可因之以见志。若乃时下说经，专供制艺伎俩，而深然者则又离经畔道，穿凿怪隐，以诋诽先儒为事，此则绂之所深羞而切恶也，其遑效之！①

汪绂《双池文集》卷五《书经诠义序》：经生家《尚书》为难。绂幼嗜《易》，而王父及先严家世治《诗》，故九龄遂以《诗》授，《书》、《易》未遑及也。顾母家自外祖及诸舅皆以《尚书》教于乡塾，而绂经书皆自母膝受，以故授《诗》之余，母间以《书》义讲，得通大意。窃谓《书》亦匪难，未若《易》之深远也。舞勺时从乡先达游，问以古文真伪及《禹贡》水道，绂对不能悉，退而赧然，知《书》未易言矣。探讨《尚书》，乃自伊始高祖清简公为明司徒，时值戎事方殷，讲论天下形势舆籍颇详，而曾祖光禄公研于星经历史，二者皆幸有传言，故羲和诸章及《禹贡》皆非所难。周诰殷盘，辞謷牙耳，难不在是，**二典三谟、九畴洪范、伊周微言与大《易》、《中庸》相为表里，天人之际性命之原也。而唐虞受禅，汤武征诛，伊尹营桐，周公避谤，其间非得圣人之心，何以知圣人之处事？不察于性命本原之地，又安足以知圣人之心？**难矣哉！诵其诗，读其书，不知其人，可乎？是以贵论世也。其所以本之心而施之政者，何以事异而道同也。则四代之书难莫甚矣。《诗》、《易》皆有朱《传》，而《书》传成于九峰，此今人所多疑也。朱子门人英贤众矣，而《书传》独属之蔡子。蔡子必深于《书》矣，是蔡《传》即朱《传》，何庸疑者。明太祖自用师心，始毁蔡《传》，多有未安，而命儒臣有《尚书会纂》、《孟子节文》之著，自是而家为异说，畔蔡《传》者若无尤焉。噫，不知量矣！异说纷纭，折衷靡定，此治书之所以愈难也。故绂有志及书，亦时多困窒，而心有所得，亦随笔识之。其于大原多所未会，辍而专四子，于《尚书》且置之，未遑深研矣。乃于《四子书》中亦时旁悟知六经皆无异指，暇复披阅《尚书》，读蔡《传》，豁然有心得。庚戌岁手录《四书诠义》，辛亥、壬子《诗》义亦就，因复及《尚书》，翻阅前所笔识，觉可自信殊多，更成《诠义》一编，思为蔡翼，无徒谓难，亦非敢曰易。敢告穷经之士曰：**此非举业书，不徒君相责吾天命，有《易》吾性情，有《诗》吾心身，有《书》吾动作，有《礼》吾云为，皆凛于《春秋》四代之书，二帝三王之政，**即家庭而行之，何必天下“六经”之难，其难同此以为难，斯难之至，但求《尚书》作何解，非难之至也。

汪绂《双池文集》卷五《书经诠义后序》：存目。

汪绂《双池文集》卷五《诗经诠义序》：《诗》以理性情，乃学《诗》者不求之性情切近之地，而求之训诂章句之文，异矣！训诂章句所以释经，循而求之，不无一得。而窃怪今之学《诗》者，则徒曰以做八股，当如何取神，如何刻划，如何点缀，如何巧切，其于圣人以《诗》垂教之旨复何与焉？则又异也。学《诗》而果有得，八股何难于工？乃今之窃取科名者，复不求解于经，而徒事掇拾前人余唾，记几篇饤饾时文，彼此抄袭，

① 见《续修四库全书》第1425册。今按：此文与《清儒学案》所收《周易诠义初稿序》颇有不同。

不又异之甚乎？更可异者，儒生有志经学，则前圣微言之所托，而后世效法之所承也，已而二三名士巨公又不肯循朱《传》以释经，而自用师心，私立意见，搜爬旧序，以矜博闻，徒与朱子为难，使后学惑瞀，茫无适从，抑又何也！朱子《诗传》，字字皆以意逆志而后出之，是以能拔乎旧序之说，而独抉作者之心，至精至纯，无少遗憾，所谓死者可作，当无不首肯而心服焉者也。彼一味粗浮，不能以意逆志，而徒泥时世之远近，狥旧说之浮游，欲以得诗人之意，而体夫先王先圣以《诗》垂教之旨也，不其难哉？使其果如朱子言，而章句以纲之，训诂以纪之，讽咏以昌之，涵濡以体之，而察之性情隐微之地，审之言行枢机之始，则亦当恍然信朱《传》之至精至纯，而一字不可移易也矣。绂顷者辑《四书诠义》，而兹因得以复从事于《诗》，故略序意，以列简端，使一世不好吾无问焉，而或者经学有传人，则虽藏之名山，其亦必光怪陆离之不可掩夫。

汪绂《双池文集》卷五《春秋集传序》：《春秋》，鲁史也，圣人修之，而孟子谓之曰“作”。诚以大义微辞，圣人所独断，而非徒记载之文也。然谓鲁史旧文，而斟酌其是非，以垂后世之法，圣人然也。谓逐句逐字而改易增损之，以某字为褒，某字为贬，使后世之人多方以求合，而莫测其意之所存，圣人当不尽然也。窃谓鲁史旧文，亦非漫无矩矱。其间如内不书弑，公出书孙之类，皆旧史遗法，与晋乘楚书各异，是为周公之典。故韩起来聘，见鲁《易象》、《春秋》，而曰周礼尽在鲁矣。第二百四十二年之间，史不一手，文有烦简得失之殊，于是仲尼修之，以复周公之旧。其有特笔断自圣心，则如春正书王，河阳书狩，桓正不王，定元无正，稷成宋乱，澶渊宋灾故之类，是为直著讥贬，大义昭然，无劳曲说也。其余则不过属辞比事，是非功罪，按事可考，而劝惩已寓乎其中。但于今旧史不存，无从考据，而知其何者为孔子之所笔削矣。唯左氏记事详明，故读经必以左史为案。公、穀二氏所述之事，见闻异辞，难足据矣。然左氏所断之辞，所发之例，实多于理背谬，确有不可从者。公、穀辞义甚辨，而各以其意揣度圣心，则得之者半，失之者亦已过半矣。及汉、唐、宋诸儒，乃各是其所是，或援此以击彼，或合异以为同。**朱子谓：“圣人心事正大光明，必不如注疏家之穿凿。”苏氏谓：“诸儒说《春秋》，多似舞文之狱吏。”**不其然哉！程叔子《传》，胡氏多宗用之。胡《传》大义炳朗，辞气昌明，远驾汉、唐诸儒之上，而“三传”得所折衷矣。然立义时或迂疏，而辞旨每多烦复。如元年而责以体元之义，周正而冠以夏令之时，齐桓首倡霸业，多为曲护之辞，鲁桓两阙秋冬，何与诛赏之柄？……是亦以胸有成见，加之附会，而逐字求深过泥之故失之。故朱子亦时于胡《传》有不满焉。迄乃《大全》所载宋、元诸儒议论，亦多可补胡氏之阙。而要之各出意见，得失相参。在鄙意常思有所折衷，而未敢率尔珥笔也，然存心亦有年矣。今功令一遵胡氏，治《春秋》者不敢少出已见，又场屋命题多所忌讳，乃记取冠冕数题，略撮胡、左大旨，持以应试，虽经文且不曾遍读，况胡《传》乎？**夫经降而从传，传降而为时文，时文又降而为剿袭，而尚诩然以经生自鸣也，不亦羞乎！**予甚悯焉。**谓欲以发明经意，自当求之于经。通经以传为阶，自当博综于传。传之立义各殊，自当折衷于一。一无可执，断之以理。理无定是，衡之以中。中无定体，参之以时。时有不同，案之于事。圣人之道，时中而已。随事顺理，因时处宜，《春秋》笔削，不以是乎？**是以敢斟酌四传而去取之，时或断以己意，**宁浅而无深，宁直而毋曲，序事必综本末，论事必于周详，有疑则宁阙，毋敢凿也。**其所取用不过数家，足以发明经义而止。余俱从略，不欲其烦眶矜博故也。（下略）

汪绂《双池文集》卷五《礼记章句序》:《小戴》四十九篇，大抵纯驳相杂，盖汉儒传记之属耳。而自汉以来，并列学宫，莫之或易。下及元、明，设科取士，皆唯以《戴记》，而《周礼》、《仪礼》盖不与焉，傎矣！**然《仪礼》先圣之法，而行礼者贵得圣人之心。无得于圣人之心，则节文亦末焉已尔。**《戴记》虽不能皆纯，而古人遗意与夫先圣微言有传之未失其真者，则皆有礼乐精义所存。是以由《曲台》而《大戴》，由《大戴》而《小戴》，亦既愈汰愈严。今《大戴》余篇犹存，而程、朱自《小戴》表章《学》、《庸》，遂以绍千圣相传之道统，知《小戴》之获列于经，非无谓也。况世远言湮，经残礼废，而情深服古之儒，志在践履先王，以求陶淑其身心，以昭周、孔之训，其因文而得意，因略而得详者，舍是书其曷从也哉！或曰："《小戴》中亦惟《学》、《庸》耳。今既撮出二篇，则其余未见尚于《大戴》者。"余曰："不然。《学》、《庸》固醇乎其醇，而余若《曲礼》、《内则》、《少仪》，则皆筋骸之范围，为学者一言一动之所不可废。其《丧礼》大小诸记，及《冠》、《昏》、《祭》、《乡射》、《燕》诸义，则又尽节目之详，绎前圣制作之意，实羽翼《仪礼》，而相需以并传。《学》、《乐》二记，雅驯深纯，无容訾毁。由是言之，则非《大戴》遗篇所可及，明矣。顾先儒之治《小戴》者，郑注既祖谶纬，孔疏一于附会，皇、熊漫滥，鲜有可观。是无论《戴记》之驳者愈远愈离，即其中之所谓纯者亦因之而尽驳。宋儒程、张，虽乃时发精义，而未尝统为折衷。朱子既看《仪礼》有序，而欲因经附传，斯《记》庶几就理。未克成书，以付黄勉斋。然勉斋所手定，又似与朱子旧说稍殊。要于二礼全书，亦未遑详为梳栉也。外此，则荆国既多矫诬，蓝田未免束缚，方氏附会为多，石梁批剥过当。余若辅氏、饶氏、应氏、吴氏之徒，各有发明，而刘氏时多粹语，陈氏考据详慎，时为特出者欤？独是制科《戴记》取士，于是士虽名为习《礼》，徒矜羔雁先资，遂至武林之《集解》，凡遇丧礼，皆尽行删阙，是宜乎云庄之浩然兴叹也。草庐多所纷更，果于自用，虽今人有崇事其说者，于鄙意则未敢惬焉。要以平易纯正，则宁取云庄为最，但陈注或杂引他说，不为折衷，或随手摭援，不顺文义，而其间择之未精，语之未详者，亦所时见。绂每读之，而有不能释然于心者，常欲更为搜剔，以示来兹，而又以质本愚蒙，观览不广，诚恐适滋固陋之讥，是以更欲需之岁月。乃吾徒有请者曰："必求观览之广，则毕世其何穷也？圣贤只有此心，当于理焉合矣。"予既颔之，因即云庄旧注，略复搜辑绍闻，更参鄙见，斟酌去取，别为章句，手录成书。虽所取用，不过数家，深惭孤陋，然前圣作述之心，及高堂生、萧奋、孟卿、后苍、二戴相传说礼之意，与夫学礼者身心之范，或亦其有得焉，以无戾于先儒也乎？若乃因经附传，而合斯记于《仪礼》，则窃有志也，而姑待焉。亦以《小戴》为今日习礼专经，故莫若详于是焉，以斯为《仪礼》之筏也。篇次悉因旧本，毋若应删吴裂。至其所以去取之故，是非之辨，有非《章句》所能悉载者，则又窃附朱子《四书或问》之例，别著《或问》一编，以尽其说。世有取此书而阅之者，或亦可以为《仪礼》之阶，而资风教之一助；更取《或问》而阅之，其亦可以知绂之心矣。

王　坦

王坦《琴旨自跋》：向在吴门，与吴子荷友论音律，荷友善箫笛，闻余论一弦为徵，因以管音旋宫通之，弦音旋宫以五调命为七调。此知其一，不知其二者也。余为之反复辨难，终无以破其惑。今是书成，于旋宫转调一篇，畅发鄙意，惜荷友已逝不及见也。他如姜白石之《七弦琴图说》、朱子之《琴律》所言弦音亦有未安，并述其概而辨论之，聊以备愚者千虑之一得。后有审音之士，或不以为轻议前贤也。①

许天球《端阳后五日燕集补堂，听通州王吉途坦弹琴，即题（所著《琴旨》、《后琴旨》，已收入《四库全书》）》：雅音欣闲作，倾耳最心降。夜迥林猿啸，风清石涧淙。奇书人不识，妙指世无双。何况消长夏，吟侪倚竹窗。②

焦循《雕菰集》卷六·读书三十二赞·《琴旨》（王吉途，名坦，南通州人）《黄钟通韵》（都四德文乾氏，长白人）：黄钟小素，三因四开，以三应五，独下一徽，定为宫声，音得所归。**吉途之说，是造于微**。阳律管合，阴律琴谐，以六互一，七均不违，有正无变，顺逆是维。文乾之说，夫其庶几。

《四库全书总目》卷三十八：《琴旨》二卷，国朝王坦撰。坦字吉途，南通州人。

---

① 见《琴旨》卷下。

② 见《淮海英灵集》乙集卷一。

徐文靖

《清儒学案》卷五十《位山学案》：位山力学穷经，老而弥笃。其治《禹贡》、《竹书》，于胡、孙两家有所补正，号为精密。皖中学者，于江、戴未兴之前，言考据者，推位山焉。述《位山学案》。徐文靖，字位山，号禺尊，当涂人。雍正癸卯举人。乾隆丙辰，荐试鸿博。辛未，又荐举经学。壬申会试后，以年老，特授翰林院检讨，寻假归，卒年九十余。先生贯串经史，择善而从，不墨守先儒，亦不妄加排诋。著《禹贡会笺》十二卷，因胡氏渭《禹贡锥指》所已言，更推寻所未至。首列《禹贡》山水总目，以《水经》所载为主，附论于下。次为图十有八，各系以说。书中皆先引蔡《传》，而博据群害，断以己意，辨证之文，较《锥指》益为精密。又著《周易拾遗》十四卷，大旨宗程子《易传》，而于汉、唐诸家亦多发明。又诸《竹书纪年统笺》十二卷，作于孙之騄《考定竹书》以后，本沈约旧注为之引证推阐，凡考正地理，订明世系，视之騄书为详。又著《山河两界考》十四卷，前八卷本唐僧一行之说，广采群籍以为之证，自卷九以下，则自为续补，取《尧典》之中星言四象，取《禹贡》之南条、北条言两戒，取《春秋纬》之旦建、昏建，言斗魁治内、杓治外，取《史记》之中国山川言云汉起于东井、没于尾箕，取《素问》之《五帝大论》言帝墟，取《史记》之《律书》言水、火、金、木治季、孟月，皆详于考古，不涉占验。又著《管城硕记》三十卷，推原《诗》、《礼》诸经之论，旁及子、史、说部，语必求当。鄞全氏祖望见之，服其考据精博。所为诗赋，别为《志宁堂稿》二卷。（参史传、夏炘撰《别传》、《四库全书提要》）

《清史稿·文苑二》：徐文靖，字位山，当涂人。父章达，以孝义称乡里。文靖务古学，无所不窥。著述甚富，皆援据经史。雍正改元，年五十七，始举江南乡试。侍郎黄叔琳典试还朝，以得“三不朽士”自矜，盖指文靖及任启运、陈祖范也。乾隆改元，试鸿博，不遇。詹事张鹏翀以所著《山河两戒考》、《管城硕记》进呈，赐国子监学正。十七年，征经学，入都。会开万寿恩科，遂与试，年八十六，以老寿赐检讨，给假归。卒，年九十余。其所著又有《周易拾遗》、《禹贡会笺》、《竹书统笺》诸书。

穆彰阿《（嘉庆）大清一统志》卷一百二十一：徐文靖，当涂人，雍正癸卯举人。乾隆初，举经学，授检讨，刻苦力行，研贯经史百家，耄年犹据案著书不辍。年九十余乃卒。著有《经言拾遗》、《禹贡会笺》、《竹书纪年统笺》、《山河两戒考》、《管城硕记》等书行世。

钱林《文献征存录》卷五：徐文靖，字容尊，号位山，当涂人。雍正元年，文靖及荆溪任启运、常熟陈祖范同举江南乡试，主司黄叔琳诧曰："吾得三经师矣。"乾隆元年，举博学鸿词，又举经学，授检讨。文靖好寻究舆图方志，因胡渭《禹贡锥指》作《会笺》及《山河两戒考》十八卷，旁探《山海经》、《竹书纪年》，以补渭之疏略。又采摭汉魏诸家《易》说证《易本义》，为《周易拾遗》，又抄《诗》、《礼》经论，并寻子、史、说部，成《管城硕记》三十卷，鄞县全祖望称其精博。尝与语邵子《三十六宫说》引据淹博，文靖曰："君不读《击壤集》诗乎：'物外洞天三十六，都疑布在洛阳中。小车春暖秋凉日，一日只能移一宫。'是非三十六宫之明文乎？天根月窟，老氏之微言也。三十六宫，图经之洞天福地也。其必以《复》、《姤》之说文之者，其犹《参同》必以《乾》、《坤》、《坎》、《离》分气值日，而究之《参同契》之用《易》，非圣人作《易》之旨也。"祖望甚服之。文靖又有《皇极经世考》。其《竹书统笺》十二卷，学士卢文弨叙而行之。文靖亦工诗，常有句云，"守业愿为清白吏，著书羞傍草元人"，"酒缘斋日陈三雅，茶为眠时试一枪"，皆典雅可诵。年九十余乃卒。

阮元《儒林传稿》卷三、李元度《国朝先正事略》卷三十四皆有传，存目。夏炘撰《徐位山别传》，待考。

徐文靖《禹贡图自序》：《周公职录》曰："黄帝受命，风后授图，割地布九州。"是九州本依图而立也。《水经注》曰："禹理水观于河，见白面长人，鱼身，授禹河图而还于渊。"是禹之治水，亦依图而治也。自是而后，夏少康使商侯冥治河，帝杼十三年，冥死于河。殷祖乙避河迁耿，二年圮于耿，复迁于庇。求如《禹贡》之治水，难矣！郑樵《通志》曰："桀焚黄图，夏图所繇尽亡也。"《尔雅》九州，说者皆以为商制，图无闻焉。周图书大备，大司徒掌天下土地之图，周知九州之地域；司险掌九州之图，知山林川泽之阻。汉人关，收秦图书，得具知天下阸塞。武帝时，齐人延年上书，言河出昆仑，经中国注渤海，是其地势西北高而东南下，可按图书观地形，令水工准高下开大河上领出之胡中。明帝永平中，议治汴渠，上引乐浪人王景问水形便，因赐景《山海经》、《河渠书》、《禹贡图》。《禹贡》之有图，尚已！后世图事阙略，晋司空裴秀惜之，乃覃思著《禹贡地域图》十有八篇，其制图之体有六：一曰分率，二曰准望，三曰道里，四曰高下，五曰方邪，六曰迂直。悉因地制形。王隐《晋书》曰："裴秀为司空，作《禹贡地域图》。事成奏上，藏于秘府。"为时名公诚有所慕而云也。唐《大衍》"山河两戒"，取《禹贡》论"三条四列"之说，而不及图。程大昌撰《禹贡论》，绘图三十有一，郑东卿著《尚书图》，《禹贡山泽图》二十有五，然皆未有见。余家藏有《六经图》，《禹贡图》一二而已。又所藏宋大观中《地理指掌图》，其中有帝喾及尧《九州图》、舜《十二州图》、《禹迹图》，然胪列当时郡县于《禹贡》山泽，六十余地不能备载。少尝见艾千子《禹贡图》，简而能该，第从前讹误尚未驳正。章氏本清《图书编》，名山大泽皆有图，不专为《禹贡》设，故虽有图而不精。近见王太史箬林刻乃祖《禹贡图》，胡氏朏明《禹贡》山泽间有图，而图之前后左右少有脉络可寻，此图《禹贡》者所以难也。陆氏文裕曰："余尝欲取今之州县，推而上之，会于《禹贡》之命名，以著古今之离合迁改为一书。"志诚伟哉！余窃有志而未逮，顾已为《禹贡会笺》一书，又何能已于图也？爰列图若干于前，并以图说附注之，稍吁其讹误。如此后之君子，按图而兴感，思大禹明德之远，而不为小智之凿，则又《会笺》绘图者之私愿夫！

卢文弨《抱经堂文集》卷九《竹书纪年统笺跋》：岁辛未，余馆北平黄昆圃先生家。先生门下士知名者众，顾独诧癸卯主江南试所得三人，曰任翼圣（启运）、陈亦韩（祖范）、徐位山（文靖）。此三人者，其学皆博而醇，且曰：**"人但侈榜中有状元，孰若得一二不朽之士哉！"**任既宦达，名益著，陈、徐亦并以经学征，陈老不至，徐君年亦八十五矣，健，独应征。此书乃其近著也。一日，徐君来，先生令余出见。先生家多客而独徐见者，此先生待余意不薄也。他日至其馆，犹握三寸管，低头著书不辍云。此《纪年统笺》者，徐君所著书之一也。《纪年》旧有沈休文注，乃后人取《宋书·符瑞志》附益之，非注也。今徐君始与之疏通证明，疑者得以涣然冰释。然他书引《纪年》文，自晋建国以来，以晋君始立之年为元，战国时则以魏君始立之年为元，而今本皆一以周王之元为元，疑后人改之，非其本真也。然各本并同，亦无由复其旧矣。《史记》注中又往往以年表为纪年，非此纪年也。昔谯周作《古史考》以纠史迁之谬，司马彪条《古史考》中凡百二十二事为不当，多据《汲冢纪年》之义。今余方著《史记续考证》，未竟，得此书以相参(覆)［覈］，庶可无憾矣。

全祖望《鲒埼亭集外编》卷四十一《与徐征君惠山论春秋指掌图帖子》：前日于堇浦座上得见足下，因读所著《山河两戒考》，本诸经之星野，参以列史之方舆，芋区瓜畴，了然在目，为之动容。近日读书人，东涂西抹伎俩，穷老尽气，不过稍驾帖括而上之，至于词章之学而止。及见足下所著，以为不知人世间尚有此等书卷也。其中有一事失于考索者，世所传《东坡春秋指掌图》，其为赝本，不必复问，但古人原有以为东坡作者，足下以为胡身之之讹，恐未然也。《朱子语录》已言其伪，是先于身之矣。足下因其中载大观年间都邑，又有或问于蒙之语，遂定以为侯文穆，则误之甚者。古人之称蒙犹愚也，岂必自道其名之谓哉？愚考《宋史·艺文志》，有李瑾《春秋指掌图》十卷，又张杰《春秋指掌图》二卷，此皆唐人之书，而李氏则分门抄取释例正义，并及刘炫、陆淳之书，张氏亦以类纂，在今日恐皆不存。陈直斋书目则有《地理指掌图》一卷，蜀人税安礼撰。元符中欲上之朝，未及而卒，书肆所刊多不著其姓氏。按安礼乃山谷弟子，然今所指为东坡书者，固不止地里，而税氏所作亦非春秋之封域，况元符又在大观之前，至于《崇文书目》、《中兴馆阁书目》总未尝及是书，而合之文穆本传及《东都事略》诸种并不言其有所述作，是可以决然知非侯氏之书也。**夫古今文献之失所证者，阙之可也，必求其人以实之，则有不免于后世之抨弹者。**居常与堇浦言，注书如师古，可以为百世圭臬。即如臣瓒姓氏，其说不一，惟以为傅姓近之，盖傅尝受诏校中秘书《穆天子传》，而今注中所引多出汲冢中语，然师古尚疑之而不敢质也，斯可谓慎之至者矣。以足下用功之勤，与夫书之卓然可传也。偶然遗误之处，将启读者之疑，故敢为足下言之，以当负暄之愚，足下其是正之。

徐文靖《管城硕记自序》：余株守一经，不能尽蓄天下之书，罗古今之富，凡耳目所经涉者，不过数千卷书耳。而姿禀愚钝，又不能博闻强记，积贮逾时，纵穷年翻阅，掩卷辄忘。回忆平生，枵腹如故。不得已而托之管城子，假以记室，凡经传、子史、骚赋、杂集，遇有疑信相参，先后互异者，则速为濡毫摛翰，类聚部分，寸积铢累，裒为一集，凡三十卷。于《易》也，远稽乎子夏，旁揽乎康成、辅嗣以及程传。其于《书》也，兼采乎古文、今文，暨日记、裨传，以纠正蔡氏之讹。其于《诗》也，仍宗《毛序》，悉有证据，所与朱《传》契合者，惟数十篇。《春秋》以《左氏》为主，《公》、《穀》附之。胡康侯以夏时冠周月，开卷差谬，余亦可知。**“三礼”以《周礼》为经，《仪礼》为纬，而《礼记》则二礼之传注**。《楚辞》为《诗》之变体，故次于经。而逸注浅陋，如“该秉朴牛”之类，贻误千载，莫究其非。史学、字学、诗赋、杂集，共有抄录笺注沿袭承认者，一皆参伍折衷，悉记共有可信无可疑。夫天地之大，载籍之繁，认误频仍，不可殚述。余亦颇择其善者识其大者而已。周公《释诂》曰：“硕，大也。”《小雅》曰：“蛇蛇硕言，出自口矣。”朱子谓：“善言之出于口，宜矣。”是善且大兼赅者，无过于硕。郭弘农叙述《方言》，品为硕记，意亦有见于此乎？顾《方言》者，一方之言也。拘于一方而不能相通，如宋、齐之间之所谓硕，而他或以为嘏、为介、为夏、为京者，此类是也。**以姿禀愚钝之人，目不睹古今之富，而妄欲择其善者，识其大者，是亦方隅之见而已矣。**爰遂名之曰“硕记”，而又不敢没管城之劳，因并弁之于首云。时乾隆九年，岁在甲子，孟春上元日，当涂徐文靖位山自识。

孙嘉淦《管城硕记序》：**读古人之书，而自谓了了无可致疑，此其人正不可与论古。盖好古而能信圣人也，蓄疑求信以期进于圣人之道者，学者事也**。此徐生《管城硕记》所由撰与？硕者何？实也，大也。《易》之《大畜》曰：“笃实辉光。”又曰：“多识前言往行以畜其德。”则硕之义也。今是记于《易》、《诗》、《书》、《春秋》、“三礼”传注，上而仪象，下而山川名物，以及于诸子百家，遇有可疑，一一而取证，皆有所考究。先之前人之言以为端，加之案以发其义，著之事以征其实。博引群书，捃摭秘册，或一说数十说，必求其正且大，使之有可信无可疑而后已。则诚可以为记之硕者。**余尝谓士人读书，但当息心静气以折衷理之至是，初不必毛举他人之短，以矜一己之长。然或经传、子史、事理、名物，讹以传讹，转相承袭，初学不知而信为诚然，贻误将来，伊于胡底！夫古人校书，不厌详慎**，而或至未免激烈，如所谓《左氏膏肓》、《穀梁废疾》、《公羊墨守》，而又有“针”者、“起”者、“发”者。至《新唐书》之《纠缪》，《通鉴》之《辨误》，小颜之《匡谬正俗》，则似尊己过高，而贵人以谬误者太显。今但云“硕记”，其所为是正可否，裒集古人之成说，祛疑从信，而不敢妄参己意以自诩诩然夸论古之识者。余以为有当于圣贤之旨，殆可与进于道也。而或者疑之，谓扬子云作《方言》，郭景纯注之，复为之叙，以为洽见之奇书，不刊之硕记。今自云“硕记”，可乎？余曰不然。扬子《太玄》曰“我心孔硕”，《崧高》之诗曰“吉甫作颂，其诗孔硕”，是皆自以为硕者。于徐生何疑焉？徐生向留心著述，其所著《禹贡证发》、《山河两戒考》诸书，久已见称于世。余于是记，益信其读书好古，蓄疑求信，洵可与进于道也。爰欣然搦管而为之叙。皆乾隆二年，岁次丁巳，春仲中游之吉，年家眷侍生合河孙嘉淦题于燕山宅舍。

程廷祚

《清儒学案》卷十一《习斋学案·习斋私淑·程先生廷祚》：程廷祚，初名石开，字启生，号绵庄，上元人。诸生。少好辞赋，从外舅陶氏得颜、李之书，读而好之。时习斋已殁，乃作《闲道录》，上书恕谷，致愿学之意。既而恕谷南游，先生过从问学，《书存学编后》云：“**古之害道出于儒之外，今之害道出于儒之中**。习斋先生崛起燕、赵，当四海倡和、翕然同风之日，乃能折衷至当，而有以斥其非。五百年间，一人而已。”于是确守其学，以博文约礼为进德居业之功，以修己治人为格物致知之要，礼、乐、兵、农以及天文、舆地、食货、河渠，莫不穷源究委，旁涉与吾儒异者而辩之。出入于梨洲、亭林，而以习斋为主。读书极博，皆归于实用。乾隆初，征试博学鸿词，十六年，荐举经学，皆报罢。自试鸿博后，不再应科举。自号青溪居士，卒年七十有七。著有《易通》六卷、《大易择言》三十卷、《彖爻求是说》六卷、《尚书通义》三十卷、《诗说》二十卷、《论语说》四卷、《周礼说》四卷、《禘说》二卷、《春秋识小录》三卷、《文集》二十卷、《诗集》二十卷。(参史传)

《清史稿》卷四百八十儒林一：程廷祚，字启生，上元人。初识武进恽鹤生，始闻颜、李之学。康熙庚子岁，塨恭南游金陵，廷祚屡过问学。读颜氏《存学编》，题其后云：“**古之害道，出于儒之外；今之害道，出于儒之中**。颜氏起于燕赵，当四海倡和翕然同气之日，乃能折衷至当，而有以斥其非，盖五百年间一人而已。”故尝谓为颜氏，其势难于孟子，其功倍于孟子，于是力屏异说，以颜氏为主，而参以顾炎武、黄宗羲。故其读书极博，而皆归于实用。乾隆元年，举博学鸿词。至京师，有要人慕其名，嘱密友达其意，曰：“主我，翰林可得也。”廷祚拒之，卒报罢。十六年，上特诏举经明行修之士，廷祚又以江苏巡抚荐，复罢归。卒，年七十有七。著《易通》六卷、《大易择言》三十卷、《尚书通议》三十卷、《青溪诗说》三十卷、《春秋识小录》三卷、《礼说》二卷、《鲁说》二卷。

《清史列传·儒林传上一》：……廷祚深于经学，能确然言其所言，无所依附。尝曰：“**墨守宋学，已非；墨守汉学，尤非。**”其论《易》，力排象数，惟以义理为宗，于汉人爻变、互体、飞伏、纳甲诸法，宋人河洛、先天诸图及乘承比应诸例，悉扫而空之。著《大易择言》三十六卷、《易通》十四卷、《易说辨正》四卷。他著又有《尚书通议》三十卷、《青溪诗说》二十卷、《礼说》二卷、《春秋识小录》九卷、《鲁论说》四卷。于《书》攻毛奇龄《古文冤词》之说，于《春秋》考官名、地名、人名，颇为精核。**惟学宗颜、李，好非议程、朱。后桐城姚鼐见所著书，称廷祚好学深思，博闻强识，而持论稍偏，与休宁戴震颇相似云。**①

程晋芳《勉行堂文集》卷六《绵庄先生墓志铭》：余自壬午入都，与族祖绵庄先生别，嗣是一岁中，必书问五六，至虽间隔数千里，不啻执手觌面之勤也。丙戌夏致书，去秋冬又连致书，竟无所答，既乃闻其病甚，今年四月，忽得正月八日手书，字迹端好如平时，书中无别语，第劝余作归计耳。阅四日，族兄德著书来，并以先生讣至，盖前书先生绝笔也。呜呼！真儒徂谢世，所其悲匪余一人，族好之深，知己之痛也，乃不待其孤之请，垂涕为铭，以贻先生之弟南耕，俾勒诸石，曰：程氏系出广平郡，在周为大司马伯乔休父封于程，以国为氏。西晋末元，谭公为新安太守，以事罢官，卒葬新安，是为新安一世祖。其后子孙蕃昌，新安遂为程氏望。先生为宋咸淳宰相谥文清元凤公十五世孙。祖某，自新安之槐塘迁金陵。父京萼，字韦华，能诗工书，遯迹不仕，年近六十，始娶氏安人，举二子，先生其家嗣也。初名默，后更名廷祚，字启生，别号绵庄。生有异质，读书过目辄背诵。髫龀时不妄语言，好正襟危坐，论古今忠孝大节。韦华公家极贫，恒书屏幅易薪米，日闭户课两儿，俾习洒扫应对之节。客来进鸡黍，侍立左右，如古弟子职。凡“十三经”、“二十二史”、《骚》、《选》、诸子百家之书无不读。先生年十五，有父执过访，知其才，令作《古松赋》，日未移晷，得数千余言，乃大惊叹，谓韦华公有子也。弟南耕长于史，而先生游好在六经。韦华公卒，免丧，偕弟一试而补博士弟子。恒自谓文所以辅道，自汉、唐以来，儒生泥典故为训诂，学而不能变化以随时，其高谈性命者，又或蹈袭空疏，罕裨实用，于是以博文约礼为进德修业之功，以克己治人为格物致知之要，天文、舆地、食货、河渠、兵农、礼乐之事，靡不穷委探源，旁及六通四辟之书，得其所与吾儒异者而详辨之，盖自国初黄梨洲、顾亭林两先生殁后，百有余年，大儒统绪几绝，继之者惟先生，然久试场屋辄不利。雍正十三年，举博学鸿词科，安徽巡抚王公铉以先生应诏，乾隆元年至京师，有要人慕其名，欲招致门下，属密友达其意曰：“主我，翰林可得也。”先生正色拒之，卒不往，亦竟试不用，归江宁，时年四十有五，自此不应乡举，杜门却扫，以书史自娱。南耕有经世才，佐大僚幕数十年，所得脯修与先生共之，无少别异。先生乃得专其力，益肆志于经书。自王辅嗣注《易》，扫图纬之霾尘，迨宋、元诸儒尊希夷河洛、图书、互卦、变卦、卦气之说，杂焉交陈。又或拘执爻位、阴阳、乘、承、比、应之体，著书愈多，《易》学愈晦。先生乃著《易通》，后又成《大易择言》三十卷，晚年又为《彖爻求是说》六卷，《易》学于是乎大备。始先生少时见西河毛氏《古文尚书冤词》，袒护梅氏书，乃为《古文尚书冤冤词》以攻之，又著《晚书订疑》，推拓其说，别成《尚书通议》三十卷、《青溪诗说》二十卷、《鲁论说》四卷、《春秋识小录》三卷、《礼说》二卷，其于古今笺疏家钩贯融会，如素所蓄物，取而别其精粗良楛，以进退位置之，领以神悟，发前人未发之覆，徐而按之，于理窾无纤悉违也。同时方少宗伯望

① 见中华书局本第 17 册，第 5330~5331 页。按：省略部分与《清史稿》大同小异。

溪、钟员外励暇皆研究经学，于先生折服特深，有疑义恒相与质证。乾隆十六年，上特诏举经明行修之士，先生以江苏巡抚雅公荐入都，复报罢，归时年六十有一矣。后十年，弟南耕老且聋，不能远游，食指益繁，用是竭蹷，先生处之泊如也。其状貌温粹，志清而行醇，动止必蹈规矩，与人居不为崖岸，而自不可犯。以家近青溪，生平出处与刘𪩘兄弟相类，晚年乃自号青溪居士云。余之识先生也，当乾隆元年，北上过淮，执余手，孜孜勉以问学。自是三十余年，先生游淮扬，必主余家。余应试江宁，必与先生昕夕聚首。其得稍有识知，窃附于文人学士之末者，皆先生教也。尝恨绝学无传，每成一书，必翻覆示余，俾定其可否。洎衰且病，则悉抄所著书，付余谨藏之。呜呼，余之颠顿寡植，尚能俾先生传耶？然天既畀先生以绝世之姿，又阨以遭逢，引伸其岁月，使殚思磨精，羽经翼传，则所以假手于斯人者，非无故也。余之力固不足以传先生，先生固自有其可传者，知必不泯没也。所著自群经而外，有诗二十卷、文二十卷，藏于家。生于康熙三十年辛未三月二日，卒于乾隆三十二年丁亥三月二十二日，享年七十有七。娶陶氏，无子。弟南耕以次孙兆晋为先生主后。某年月日葬于某乡某里之原。铭曰：掜义摭文，与古际也。雅扬诰宣，弗泯迹也。粹乎大醇，玉金节也。阨厥遇以侈其传，穷则弥达也。

戴望《颜氏学记》卷九“绵庄征君程先生廷祚”：程先生廷祚，字启生，别字绵庄，初名默，后更今名。其先为新安望族。远祖元凤，相宋度宗朝。传十五世，为先生祖某，始迁江宁，寄籍上元，遂为上元县人。父京萼，字韦华，能诗工书，遁迹不仕，年近六十，始取妻，生二子，先生其长也。生有异质，读书过目成诵，髫龀时不妄语言，好正襟危坐，论古今忠孝大节。韦华公家极贫，恒书屏幅易薪米，日闭户课子，俾习洒扫应对之节。客来进鸡黍，侍立左右，如古弟子职，凡群经诸子、史汉骚选之书无不读。年十五，有父执过访，知其才，令作《古松赋》，日未移晷，得数千余言，由是知名。先生弟嗣章，长史学，而先生游好在六经。韦华公卒，免丧，偕弟出应试，补诸生，旋识武进恽处士鹤生，始闻颜、李之学，上书恕谷先生，致愿学之意。康熙庚子岁，恕谷南游金陵，先生屡过问学，读颜氏《存学编》，题其后云：“古之害道出于儒之外，今之害道出于儒之中。习斋先生起于燕、赵，当四海倡和、翕然同风之日，乃能折衷至当，而有以斥其非。盖五百年间一人而已。”故尝谓为先生者其势难于孟子，而其功倍于孟子。读其书，则其语言、行事之实可得而知也。**于是确守其学，力屏异说，以博文约礼为进德居业之功，以修己治人为格物致知之要**，礼乐、兵农、天文、舆地、食货、河渠之事莫不穷委探原，旁及六通四辟之书，得其所与吾儒异者而详辩之。**盖先生之学，以习斋为主，而参以梨洲、亭林，故其读书极博，而皆归于实用**。雍正十三年，举博学鸿词科。安徽巡抚王鋐以先生应诏乾隆元年，至京师，有要人慕其名，欲招致门下，属密友达其意曰：“主我，翰林可得也。”先生正色拒之，卒不往，遂以此报罢，时年四十有五。自此不应乡举，杜门却扫，以书史自娱，而尤注力于《易》，不喜汉儒互卦、卦变、卦气及宋元河洛图书、太极诸说，唯取王辅嗣、程正叔、项安世及近时李文贞公观象数书，著《易通》六卷、《大易择言》三十卷，晚年又为《彖爻求是说》六卷。同时惠征君栋昌明荀、虞氏《易》，颇不然之，谓恕谷注《周易》，专由象数以推人事，尚宗汉儒古法，而先生几欲废象，未免为王、程二家所锢，背其师说。先生闻之，亦无以难也。少岁时见西河毛氏《古文尚书冤词》祖护梅氏书，乃为《古文尚书冤冤词》以攻之，既删定其稿，为《晚书订疑》，又推拓其说，别成《尚书通议》三十卷，又著《青溪诗说》二十卷、《论语说》四卷、《周礼说》四卷、《禘说》二卷，主万充宗氏之言。《春秋识小录》三卷，同时沈征士彤、钟员外晼皆推重先生经学，有疑恒相与质证。乾隆十六年上特诏举经明行修之士，先生以江苏巡抚雅公荐入都，复报罢归。乾隆三十二年三月二十三日卒于家，年七十有七。无子，弟嗣章以次孙兆晋为先生主后云。先生状貌温粹，志清而行醇，动止必蹈规矩，与人居不为厓岸，而自不可犯。以家近青溪，生平出处与刘巘兄弟相类，晚年乃自号青溪居士。所著自群经而外，又有文二十卷、诗二十卷。先生没后，其《易学》及《春秋识小录》采进四库，书登诸著录，而诗书皆未板行，今则兵燹以后恐归亡佚，并其《易通》等书亦未见，唯《论语说》及文集犹有传者，而子求其集不可得，廑见其《论语说》及《晚书订疑》写本而已。窃尝论：**自嘉、道以来，师资道丧，而皖北巨公，始以文人末流妄附讲学，断断于程、朱及非程、朱之辩，实则于程、朱遗书亦从未研究，不过鼓时文余习，侈张俗说，附其余光，以邀众好已耳。不学之徒喜其说为捷径，从者如归市，于是毒焰所煽，几满天下，至今未已。**当时先生群从不能审决白黑，至属巨公为序其文集，纯以虚谬之谈，思驾乎自得之学之上，可为愤疾者也。先生尝谓：**墨守宋学者非，墨守汉学者为尤非。**绳以信古传述之义，其言固不能无失。而其说经则亦多自是之弊，较之二庄、惠、戴诸家相去甚远，然终非空疏浅薄不求实事者比。况其德望行业，又卓卓为乡人师表，彼巨公之非之固无伤于先生，适足以形其丑陋耳。夫以布衣无名位之人，历年既久，而至今其乡人士犹尸祝，称道弗衰，亦可见先生之流泽长矣。彼文人附俗之流，何足与于斯哉？因次先生传，而纵论之如此，冀以语世之特立君子焉。

袁枚《小仓山房文集》卷四《征士程绵庄墓志铭》：有清征士绵庄先生，以乾隆丁亥三月二十三日启手足于白门之如意桥，将葬，其同征友袁枚为志其墓曰：六经之道，如帝都然：仰而朝宗者，舟帆马车，各以其具行，要其能至已耳。惟力之至大者乃卓然独往，而无所附依，或张市禁而申之曰："必取庸于某某而后可。"嘻其惑矣！吾友绵庄深于经者也，卓然独往者也，且能至者也。其初博存百家，宣究其意，已而贯穿合并，精思诣微，著《易》、《诗》、《书》、"三礼"、《鲁论》，的的然言其所言，非先儒所言。其言曰："墨守宋学，已非；有墨守汉学者，为尤非。孟子不云'君子深造之以道'，欲其自得之乎？"又曰："**宋人毁孙复疏经多背先儒。夫不救先儒之非，何以为孙复**？"其言如此，其著述可知。先生名廷祚，字启生。年十四，作《松赋》七千余言，惊其长老。弱冠，举茂才，屡闵于有司，遂弃科举，专治经，一切星经、地志、乐律、礼仪，元元本本，识其大者。性端静迂缓，其衣冠传先王语，人见之如临高山，气为之肃。乾隆元年，天子开鸿词科。十五年，征穷经耆老。江南大府荐先生应诏，天下闻之不喜，先生得荐，喜荐者得先生，然先生嶷嶷自立，足绝公卿门，虽两如京师，卒不遇，乘弇栈归。余同试保和殿，通数语，已而官白下，相与为忘年交，得谢后买山随园，所居宅相邻益亲，每读书疑必质先生，先生有所作，必袖来，或遣苍头索跋语，人疑两人异好尚，胡为交颇欢。因念唐时韩、柳治文章，殷、陆治经，所学不同，而韩、柳集中折服乃尔，况余不及韩、柳，而先生远过殷、陆，则余之降心以从者宜也。然先生诚何所昵而殷殷于余耶？岂不以孤奏咸池之音肯一过听者已难得耶？又岂不以年已颓暮，荷道甚重，不得不择一后死者望其能张而传之耶？呜呼！今遗墨尚存，先生不可复见，而余亦将老矣。淮安有先生族孙鱼门，恢奇多闻，每假馆余所，三人连日夜语，蝉嫣不忍别，或漏尽送先生出，则两人者重剪灯，对数海内人物，必首先生，数毕，又未尝不欷歔叹息，忧先生之衰。今先生果卒，而鱼门亦远官京师，凭其棺而哀者独余耳。夫天之岁月原不能为贤者假借。先生卒时，年已七十七矣，似可殁而宁焉，然终竟生人如是，不使一日居石渠东观，羽仪我圣朝，而又不使知所藏何山，所传何人，竟溘然以归冥漠。然则贤人之在世，与其毕生甘苦，可以光日月，垂宇宙者，果不足恃，如飘风轻云之一过而已耶？天下学者闻之，宜何如悲，又岂独余与鱼门乏泪涔涔下也。……铭曰：儒林文苑古无界，谁欤划开成两戒。先生先兼后割爱，抱经见圣升堂拜。闻呼参乎唯而退，群儒稷稷立门外。两荐于天神所介，谁之不如命为拟。高文典册垂金薤，黄河千年清可待。恐此人如未必再，请碣其原志所在，冢旁草生尽书带。

汪由敦《大易择言序》：日月无不照也，江河无不流也；容光之照皆日月，涓滴之流归河海，《易》之为书，何独不然？先天后天，文王不必同于伏羲；元亨利贞，宣尼亦不必同于文王。汉之言《易》者三家，田何、京、费，皆立于学官。宋之传《易》者，程子、朱子，言理、言数并行而不悖。若语其所同者，六子统于《乾》《坤》，《乾》《坤》该于易简。《乾》易知也，《坤》易从也。崇阳而抑阴，尚健而后顺，贵君子而贱小人，喜中正而恶不当位，趋亨吉而避悔吝，则全经之大旨，而诸儒之释经者，亦不能外乎是也。至其辞义之间，或有博奥而难知，于是经解之家纷然杂出。然而非有数十年穷经之功者，求一言之几乎道而不可得也。我圣祖皇帝御纂《周易折中》，纯粹以精用集大成。皇上道统躬膺，加意是经，更命儒臣详加搜采，一时通经学古之士不乏其人。曾被征荐上元绵庄程君，著有《易通》一书，又有《大易择言》，分别诸家之说，而间以所心得之见，附著于篇，类多前贤所未发。如以健、顺、动、入、陷、丽、止、说为八卦之本义，奉之以阐明爻象，而不入于穿凿名象之纠纷；又力破承、乘、比、应之旧解，而据依《系辞传》辩贵贱者存乎位之旨，只以本爻本位自为发挥。盖宪章有在，复能以经解经，其深造自得，不为苟同，古今说《易》者虽多，吾见亦罕矣。顾读其书，觉于程《传》、《本义》时有未合。窃谓程、朱之《易》，于圣人学《易》寡过之道，已为纯密，程君亦岂有出其范围？其不同者，辞义训诂之间耳。夫义理无穷，使程、朱复生，亦未必不以为起予，而程君亦断非师心而蔑古可知矣。所谓如日月之无不照，江河之无不流，皆大《易》之道，冒乎天下者为之也。余恐学者读《择言》之书而有疑也，故书其语弁诸简端。①

王步青《已山先生文集》文集卷一《春秋识小录序》：上元程君启生，今之博物君子也。读古人书，其大者既讲求义法，得其指归，下至一名一物亦必辨析旧闻，证明同异，尝撰《春秋识小录》三书，于列国职官，采《左氏传》与《周礼》相疏证，而地理之沿革、名氏之错陈，各为辨异，若指掌然，非其潜心好古，细大不捐，奚以至是？（下略）

程廷祚《青溪文集》卷六《青溪诗说自序》：忆儿时，先君子口授以《诗》，声若管弦金石，洋洋盈耳，私心窃以为乐。稍长，知求训诂，又为疏通大义，间导以方言常语，令人輾然颐解，由是愈益好《诗》。弱冠以后，得汉、唐笺疏而读之，近逮宋、元儒者之书，久之不能辨其同异。……居恒读《诗》，不敢懈，间有所得，则私识之，忽焉不知老之将至。癸酉春月，乃取其可自信者，编为一帙，寄家蕺园于都门。蕺园以札覆于余曰："今之解《诗》者，类能于十五《国风》别出意见，以驳紫阳之误，君独于南风雅颂尤多创获，此诚不可及也。"窃谓解《诗》与解诸经不同，盖《易》与《春秋》、《尚书》主于明理切事。事与理则有一定，而不可以为其来无方也。若《诗》之作于当时者，兴会

① 载《四库珍本初集·大易择言》卷首。

所寄，旨趣遥深，今已事远年湮，难以稽考。孟子云："不以文害辞，不以辞害意，以意逆志，是为得之。"故凡说《诗》者，苟不倍于理，而足以感人之性情，皆可必其传世。虽当日之意指，或未必与我同，而吾说之可存者自在也。今人于解《诗》，欲求一定之说，或谓朱《传》无一字之讹，或谓《毛序》言言皆确，此皆不得"以意逆志"之旨者也。而其于解《易》也，反谓大《易》之体，无所不包，曲说卮词皆可质证，何其执见之颠倒也？故尝谓君之《易》必传，而《诗》亦必传，以《易》独选其精微，而《诗》之会心者远也。(下略)①

程晋芳《勉行堂文集》卷五《青溪诗说跋》：《青溪诗说》十五卷，家绵庄撰。先生之学，邃于《易》，既屡著《易》，又为《书》、《诗》解诂。于《诗》不专主《注疏》，亦不曲从宋学，凡解注者固宜如是。其言周南当属文王，不当系之周公，至召南属召公者，地去岐周渐远，服召公之化，即服文王也，似有特见。《静女》一篇，谓是思贤，而非男女之相慕。于桧之《羔裘》，取颍滨之说，以为桧君好盛服，故以其朝服燕，而以其朝天子之服朝过矣，而非大恶也，盖讳其大恶，而以微罪行，犹孔子之膰肉也。《候人》正毛传以候人为贤者之误。于《南陔》六诗，力辨有声无诗之误。于"至于太原"，谓是雍之原隰。于"裳裳者华"，取朱氏善说，以为讲武既毕，天子与诸侯燕之诗。于"维天之命"，谓是祭文王之诗，序谓告太平，义颇迂滞。于"天作"以为祫祭，皆确有所见。如是者至多，足以垂世矣。惟昊天有成命，谓是日至南郊所用，似犹笃信窦公所献之文，余于先生亲炙者深，然不敢曲从也。②

程晋芳《勉行堂文集》卷二《晚书订疑后序》：国朝诸儒承草庐吴氏、震川归氏、旌川梅氏之绪言，力辨梅氏《古文尚书》之伪。其尤明晰不可夺者，阎（伯）［百］诗之《尚书古文疏证》、惠定宇之《古文尚书考》；佐之者，家绵庄之《晚书订疑》也。先是，西河毛氏力主古文非伪作，撰《古文尚书冤词》。绵庄后起，别撰《古文尚书冤冤词》以攻毛氏，晚年复成是书，然未见《古文疏证》也。其后余购《疏证》以赠之，绵庄读竟，叹曰："此与吾心适同，有胜我者，有与我异者。"其说载于中卷，盖于阎、惠二家之外，别辟门径，而足以补所未及。书凡三卷，卷上自《史》、《汉》载《古文尚书》之由，至孟子所见之《武成》尚存，凡十二条，卷中《书序》及《辨尚书古文疏证》二条，卷下《杂论晚书》二十五篇，附录今古文《尚书》授受源流二条。前有绵庄自序。余又曾见惠定宇为之序，而此本未及载也。夫攻梅书者，大抵以《泰誓》三篇讦詈过甚，与张霸之伪书等。又尔有嘉谋嘉猷则入告，尔后于内尔乃顺之，于外曰斯谋斯猷，惟我后之德，非古君臣质直之道。黄氏梨洲已约略言之。又《君陈》以下四篇皆平熟之言，如出一手，此其可议者也。尊梅书者则以"人心惟危"十六字为圣学心传，《说命》三篇有儒家气象，而阎氏、惠氏于凡人所共信者一一指所由来，绵庄亦类是。要之，梅书虽后起伪作，自是晋人之书。今人于唐、宋人文集且宝贵之，况六朝以上乎？其中嘉言正论颇有来历，当与伏书分别观之，未可悉弃也。近儒沈冠云谓梅书虽伪，终不至废，学者亦不必虑其废也。知言哉！然儒生读书不辨真伪，占毕囫囵，则又不可矣。

程晋芳《勉行堂文集》卷五《尚书通议跋》：《尚书通议》二十八卷、《通议补》二

① 见《清代诗文集汇编》第269册，第92~93页。

② 见《续修四库全书》第1433册。

卷，家绵庄先生著。专主今文，一篇为一卷。前列白文，次乃论说。其疑无若丹朱傲一节，鄙见适同。又论治水先后于九州之次第见之，可谓一语破的矣。又论《禹贡》非专为贡献而名，辨四海之所包者。《广洪范议》曰："在天者莫大乎五行，在君者莫大乎五事，在朝廷者莫大乎八政五纪，皇极三德，稽疑生万民者莫大乎庶征福极。"又辨周公未尝诛管叔。于《康诰》绍闻衣德言，谓为千古圣学之纲领，即《虞书》之所谓稽古也。又谓成王于周公礼在不臣家人之礼存焉。而于《立政》一篇常伯常任准人诸官，辨之尤晰且确。十二州、九州因革之故，亦颇详尽。《通议补》中谓《多方》作而周人始为政于天下，故继之以《立政》。又谓翼室非居忧之所，初丧权居于此，至七日而居于先王之殡宫，皆所谓读书见其大者，近人罕有其匹也。惟以洞庭为九江，此余所未敢从耳。余壬午赴京师，先生手此以畀余，余略检一遍，越十一年，治《尚书》，始详读之，为识其要于末云。

程廷祚《青溪文集》卷十六《易通自序》：危者使平，易者使倾，天之命也，《易》之道也。吉凶悔吝，其端不可穷，待其至而图之，则无及也。是兴神物，以前民用，圣人教天下，以忧患而已矣，以忧患生其心，则天德为我用。天德为我用，则能知天下之险阻，而自致于无咎之地。是故极天下之赜者，存乎卦；鼓天下之动者，存乎辞，其大指可一言而尽也。知者居而安焉，乐而玩焉，而天下无余事矣。愚者不能然，则使以尊天敬神之意，致谨于蓍策而不敢肆，亦何在而非《易》之本教与？春秋以前，晦于卜筮，孔子作传，深明观象玩辞之法。乃由秦、汉以来异端曲学窜伏其中，不可致请多笺疏之作，日增月盛，各自执其所是，而《易》几为天下裂。廷祚生乎二千余年之后，观群言之淆乱，始尝泛滥求之，而窃有疑焉，以为三圣人之设卦系辞，当必有其故，清夜思之，不知涕之无从。既有所见，不能自已。爰自乾隆丙辰，迄于庚申，五易寒暑，著《易通》如干卷，乃尽去旧说之未安者，以求合于孔子之说，以上溯乎包羲、文王之意，而冀其万有一得。呜呼！《易》之所以前民用者，其指固可一言尽矣。而何以儒者之说，乃纷纷若是耶？岂人情皆好怪而恶常，苟以其说为可悦，既涉于谬悠，入于支离，而不自知其害道耶？廷祚不敏，有志而未逮也。若乃明《易》之本教，以还絜静精微之旧，则俟诸后之君子云尔。

程廷祚《易通·论爻辞非周公作》："《易》之兴也，其当殷之末世、周之盛德邪？当文王与纣之事邪?"观此，则彖爻之辞皆文王所系，《大传》有明文矣。司马迁、扬雄、班固之说皆同，其后有谓爻辞多文王以后事。孔颖达曰：如《升卦》王用亨于岐山，武王克殷，始追号文王为王。又如箕子之明夷，武王观兵之后，箕子始被囚奴，文王不宜豫言之。按：天子祭天下名山大川，岐山虽在周之封内，殷人得而祭之，如以王为谓文王，则《易》之言王多矣，岂皆谓文王邪？至箕子之晦其明，又岂因囚奴而始见乎？泥亦甚矣。又引韩宣子适鲁见《易象》云：吾乃知周公之德。夫左氏之言反以为据，而《大传》之明文何以遂忘之邪？乃马融、陆绩诸儒忽谓爻辞出于周公，而王辅嗣因之，至于今不改。大抵后儒之言《易》，多不信孔子，又不独此也。彖主于言象，爻主于言变，圣人有以见天下之动，而观其会通，以行其典礼，是故《易》之大用，惟在于爻，若系彖而不及爻，则文王所作为无用之书矣。吴氏沆曰："谓箕子明夷非文王之言则可，若以一语可疑遂转为周公则不可(《易璇玑》)。"俞氏琰亦以爻辞为非周公作(《易集说》)。

程廷祚《晚书订疑》卷下《杂论晚书二十五篇》：昔汉武之世，民间于伏生二十八篇之外，复得《泰誓》献之，博士传以教人。其辞浅鄙，非古书也。东汉马融起而疑之曰："吾见书传多矣。凡诸所引，今之《太誓》皆无此言。"赵岐注《孟子》亦云："今之《太誓》篇后得以充学，故不与古《太誓》同。诸传记引《太誓》，皆古《太誓》也。"观于二子之论，则《书》之见疑于世者岂无故乎？考晚出之《书》，自《左传》、《国语》以及先秦诸子所引，注家指为"逸书"者，悉皆攟摭，囊括罔有或遗，此盖惩马氏之讥《太誓》，而欲以此必天下之信从也。然吾于此独有疑焉。夫《书》有百篇，除伏、孔所得，其逸者尚四十二篇，今《书》传所引皆在二十五篇，而无在四十二篇者，何也？且先秦以前《书》传，不存者多矣。何以引二十五篇者则皆存，而不引者则皆亡也。虞、夏、商之书，《书》传所引者多犹能宏深，周书自《旅獒》以后，《书》传所引者少，即不能宏深，书篇之短长，系乎引用之多寡，又何也？**然则晚书以采集补缀为功，而投人以瑕，即在于是，将谓季长复生，能俯首而无疑乎？夫以千古之遗文坠语，而能组织为篇，各成体制，此非殚见洽闻，丰文赡辞之士，固有所不逮也**。是以出最晚而行最横，观其一篇之中，嘉言谠论，层见叠出，令读者欢欣鼓舞，而忘倦视伏书反若过之，然筋弛脉缓，外有余而内不足，无上古浑噩淳朴之风，赝之不可为真，有灼然者，全创造之时代与其人茫无可考。窃尝思之，盖昔之儒者闵《尚书》之残缺，而补亡、拟作未尝自以为古文之晚出也，何则？彼诚欲伪安国之《书》，岂不知十六篇之说昭昭载于《史》、《汉》而为此二十五篇哉？数之不符，正以明其非伪，乃无识者妄以编入《尚书》，作序作传，托之安国，全于情见势诎，而缘饰弥缝，无所不用其极，此皆非曩之补拟者所能逆睹也。呜呼！陋儒之害可胜道哉！运回数极，宜有变更，今于攟摭书传诸语，略加指明如左云。

车　文

清朱克敬《暝庵二识》：唐代博学宏词与诸科并列，不甚贵异。我朝则为特科，二百年间仅再举行，而得人最盛，一时儒彦彬彬，媲两汉焉。余尝考其姓名，作《征士记》二篇。……河南五人：襄城万邦荣，字西田，著《红崖草堂诗集》；洛阳张雄图，字砺山；祥符阎式鑛，字□□；祥符朱超，字□□；太康车文，字彬若。

今按：车文事迹已不可考。

吴　鼐

《清儒学案》卷五十六《震沧学案·吴先生鼎》：兄鼐，字大年。乾隆元年，杨尚书名时以经学荐，会于是年成进士，授工部主事。以父忧归，寻卒。著有《易象约言》二卷、《洪范集注》一卷、《仪礼集说》一卷、《春秋修注》四卷、《三正考》二卷、《朱门授受录》十卷、《未发质疑》五卷、《律吕源流》十二卷。

《清史稿·儒林一》：兄鼐，亦通经，深于《易》、“三礼”。

《清史列传·儒林传下一》：存目。①

杨钟羲《雪桥诗话续集》卷五：金匮吴鼎易堂，乾隆辛未荐举经学，以举人授司业，历官侍讲。撰有《易例举要》、《十家易象集说》及《东莞学案》。**无锡黄可亭挽侍讲诗：“清余两鬓雪，贫剩一囊书。”**兄鼐亦通经，有《三正考》、《易象约言》。

《四库全书总目》卷十：《易象约言》无卷数，国朝吴鼐撰。鼐字大年，无锡人。乾隆丙辰进士，官工部主事。是书诠释文句，颇为简明。惟自序言：考究先儒，更定诸本，而从其是者。然以《文言》分上、下，而《彖辞》、《象辞》反不分上、下，又每卦彖辞以卦名割系卦画之下，每爻又于句中截断，体例似皆未允。至于《参同契》称“日月为易”，虞翻注虽亦引之，然核以《说文》“易”字，实不从日、月。今其末册既以悬象著明，画☉为图，而又以此字大书于卷首，据为宗旨，亦泥古太甚也。

《四库全书总目》卷二十九：《三正考》二卷，国朝吴鼐撰。鼐有《易象约言》，已著录。《春秋》以周正纪时，原无疑义。唐刘知幾始有春秋用夏正之说。至宋儒泥行夏之时一言，遂是非蜂起。元李濂著《夏周正辨疑》，明张以宁著《春王正月考》，而经义始明。鼐复取两家之说，节其繁冗，益以近儒所论，补所未备，驳胡氏、蔡氏改月不改时及诸儒时月俱不改之说，以明《左氏》王周正月之旨，辨证极有根据。其中“三正通于民俗”一条，所引陈廷敬、蔡德晋诸说，于三代诸书所纪年月差互之处，一一剖其所以然，更足以破疑似之见。虽篇帙无多，而引证详明，判数百年纷纭轇轕之论，于经学亦为有功矣。

---

① 详见中华书局本第 17 册，第 5477 页。

吴 鼎

《清儒学案》卷五十六《震沧学案·吴先生鼎》：吴鼎字尊彝，号易堂，金匮人。乾隆甲子举人。十五年举经学，授国子监司业，累迁翰林院侍读学士。大考，降左春坊左赞善，迁翰林院侍讲，休致归。熟精《易》理、“三礼”，著《易例举要》二卷，仿《周易折中》卷义例益加推衍，上卷多辑先儒之说，下卷多出己意，凡一百四十八条，惟不及互卦、卦变二义。自序云“已详《中爻考》、《卦变考》中”，而二考不载书中。又著《易象集说》九十卷，采宋俞琰、元龙仁夫、吴澄、胡桂、明来知德、钱一本、唐鹤征、高攀龙、郝敬、何楷十家之说。其论辨去取，别为附录十卷。盖以汉、唐旧说略备于李鼎祚《周易集解》，宋儒新说略备于董真卿《周易会通》，惟元、明诸解未有专汇一书，裒此十家，以继二书之后。《易堂问目》四卷，以“六经”疑义綦多，“三礼”为甚，条举大端，设为问答，论定商榷，以示归宿，膺荐时并呈御览。又《东莞学案》专攻陈建《学蔀通辨》而作。弟熙，乾隆丁巳进士，官武义知县。亦通经，著有《律悟》一卷、《律问》八卷。(参史传、《学案小识》、《锡金合志》)

《清史稿·儒林一》：吴鼎，字尊彝，金匮人。乾隆九年举人。授司业，洊擢翰林院侍讲学士，转侍读学士。大考降左春坊左赞善，迁翰林院侍讲，旋休致。所撰有《易例举要》二卷、《十家易象集说》九十卷。裒宋俞琰、元龙仁夫、明来知德等十家《易》说，以继李鼎祚、董楷之后。其《东莞学案》，则专攻陈建《学蔀通辨》作也。梁锡玙，字确轩，介休人。雍正二年举人，亦授司业，与吴鼎同食俸办事，不为定员。乾隆十七年，命直上书房，累迁詹事府少詹事。大考降左庶子，擢祭酒，坐遗失书籍镌级。膺荐时，以所撰《易经揆一》呈御览。鼎、锡玙并蒙召对，面谕曰：“汝等以是大学士、九卿公保经学，朕所以用汝等去教人。是汝等积学所致，不是他途幸进。”又曰：**“穷经为读书根本。但穷经不徒在口耳，须要躬行实践。汝等自己躬行实践，方能教人躬行实践。”**鼎、锡玙顿首祇谢。又奉谕：“吴鼎、梁锡玙所著经学，着派翰林二十员、中书二十员，在武英殿各誊写一部进呈。原书给还本人。所有纸札、饭食皆给于官。着梁诗正、刘统勋董理其事。”稽古之荣，海内所未有也。

《清史列传·儒林传下一》：存目。①

唐鉴《学案小识》卷十三《经学学案·金匮吴先生》：先生讳鼎，字尊彝，号易堂，乾隆辛未荐举经学，历官侍讲。著《易例举要》二卷，仿《周易折中》，卷首义例而益加推衍，上卷多辑先儒之说，下卷多出己意，凡一百四十八条，惟不及互卦、卦变二义。其自序云："已详《中爻考》、《卦变考》中。"而二考不载书中。又撰《十家易象集说》九十卷，采宋俞琰、元龙仁夫、吴澄、胡一桂、明来知德、钱一本、唐鹤征、高攀龙、郝敬、何楷十家之说，其论辨去取，别为附录十卷，盖以汉、唐旧说略备于李鼎祚《周易集解》，宋儒新义略备于董楷《周易会通》，惟元、明诸解则未有专汇一书者，因裒此十家以继二书之后。其《东莞学案》，则攻陈清澜《学蔀通辨》作也。是先生学术之非也。兄鼐，亦通经，著有《三正考》二卷，取元李濂《夏周正辨疑》、明张以宁《春王正月考》，节其繁冗，补所未备，以明左氏王周正月之旨，辨证极有根据。又有《易象约言》。

陈康祺《郎潜纪闻二笔》卷八：无锡顾祭酒少治春秋，笃好左氏学，昼夜研诵，辄未暂辍，偶怀忿懥，家人以《左传》一卷置其几上，怡然诵之，不问他事。自壮至老，勤勤订述，常若不及。夏月闭户，不见一客，卸衣解袜，据案玩索，膝摇动不止，每仰视屋梁而笑，人知其一通毕矣。介休梁詹事著有《易经揆一》，始被荐，即录上之，高宗嘉焉，敕将梁锡屿所著经学，翰林、中书各誊写一部，纸札给于官。金匮吴侍讲鼎所著《易例举要》、《东莞学案》亦奉谕著录四库。我圣朝尊经重道，疏逖不遗，宜乾嘉后朴学蔚兴。继四先生而起者，家许、马而人郑、孔也。

钱林《文献征存录》卷五：吴鼎，字尊彝，与兄鼐并通"三礼"。鼎又治《周易》。乾隆九年举人，十六年荐举经学，授司业，累迁侍讲学士，因事降侍讲。鼎尝依唐李鼎祚《周易集解》例，辑宋俞琰、元龙仁夫、明来知德等十家为《十家易象说》，又有《易例举要》、《东莞学案》，皆著录于四库书。

阮元《儒林传稿》卷一、李元度《国朝先正事略》卷三十四皆有传，存目。

---

① 详见中华书局本第17册，第5477页。

赵 佑

《清儒学案》卷七十八《朗夫学案·朗夫交游·赵先生佑》：赵佑，字启人，号鹿泉，仁和人。乾隆壬申进士，改庶吉士，授编修，官至都察院左都御史。先生五岁而孤，家甚贫。有劝废学者，其母执父命不可，遂能砥砺，以成素业。服官四十余年，清敏自矢。充山东乡试正考官，两充江西乡试正考官，历任山东、江西、安徽、福建学政。使车所莅，甄录试卷，夜以继日，晚年遂患目眚，然日晡时，犹于窗下映光校文，不少休。性严厉，每面斥人过，然自处则甚谦下。著有《尚书质疑》二卷、《尚书异读考》六卷、《诗细》十二卷、《陆氏诗草木鸟兽虫鱼疏校正》二卷、《读春秋存稿》四卷、《春秋三传杂案》十卷、《四书温故录》十一卷、《逸书考》□卷、《读书杂识》三卷、《朱传异同考》三卷、《清献堂诗文集》十卷。嘉庆五年卒，年七十有四。（参史传、《杭州府志》）

李元度《国朝先正事略》卷四十二：同时赵鹿泉先生名佑，字启人，仁和人。后东皋先生十年成进士，亦由编修历官左都御史，屡典文衡，工品藻，文望与东皋埒，同以制举业名天下。著有《清献堂集》。

阮元、杨秉初等《两浙輶轩录补遗》卷五：赵佑，字启人，一字鹿泉，仁和人。乾隆壬申进士，历官左都御史。著有《清献堂集》。俞宝华曰："先生性严毅，而礼谦下。视学皖江时，余因与其表甥陈震亨复亨交，遂获晋谒，谈次，颇见称赏。先生以制义名海内，诗不多见。今从其族侄湘帆觅得一册，为皖江使署所作，亟登数首，以志遇合有因云。"

王端履《重论文斋笔录》卷九：仁和赵鹿泉先生佑，乾隆壬申进士，官都察院左都御史。经术文章，士林景仰。骈体文不多作，《清献堂集》所载只寥寥数篇，不能成卷，然布置妥贴，吐属天然，真能合唐、宋诸家为一手，非貌袭六朝者所能望其肩背也。

周寿昌《思益堂日札》卷四"赵鹿泉先生爱才"条：《雪泥书屋稿》，山东栖霞牟陌人明经庭所著制义，笔墨翛然，读之如从汉、魏人语其人之过也。题文后自记一则，述赵鹿泉先生佑事，足见前辈爱才之深，而君才诚不愧为所爱也，因全录之。记云：此乙巳十月科覆试卷也，吾师仁和赵鹿泉先生视学东省五年，余再与科试，一与丙午决科，大课每一文成，先生大声赏叹，见谓第一秀才，而意尤惓惓于此文，每言及辄以未及发刻为憾也。先生海内名家，一时文士所共禀仰，得其一顾，增荣益观。余以陋质，过蒙拂拭，人皆为余喜，余独自惧，何者？墙高基下，声大实微，如遂萎弃，同彼秋草，上累先生知人之明，诟弥深耳。果然，不敏淹留无成，年行长大，惭负师门。丙午后十年，以优生一诣京师，谒先生于虎盘桥邸第，于时先生已衰病甚，目不见物，犹捋臂大呼，为余不平，已而问及妻子忾息素业，又曰：“汝乙巳年试卷尚在吾箱中，吾能诵之。”因朗朗倍诵，数行直下。余自违教先生后，飘泊文场，颠顿辛苦，数诎人下，余常顾视，夷然不为动色，至是复见先生，听其言，感动流涕，不能成一语而退，后仓卒东归，不及再谒，又四年，而先生没矣。先没十许日，有吾乡人谒选入京者，往问疾榻前，先生伏枕论文，言及此艺，终未发刻，究竟欠他一笔帐，且属告余刻稿时必自刻之。又曰：**“文章与科第是各自一事也”**。此客与余不相识，因家松严兄以书报余。书至，而先生没两月矣。呜呼！先生嗜文如癖，爱才如命，穷士一艺而以为遗言，但余自愧无似，诚不足以当此意也。近年来，不欲复以文章求知于人，独好观经史群书，或当以赞论之功，仰副先生器许之意，庶几昌黎所云“玉未献而足未刖者”，计亦先生所乐闻也。而曩所为文未尽可弃，聊复裒集成卷，传之其人，俾知先生为余扼腕叫呼二十年，或有由也。此等少年小试之文，非心精所在，多从刊落，惟此艺以先生所不忘，特录存之，以志余于先生之门受知深厚，意气之感所不能忘也云尔。自记文如此，古气盘郁，足见一毛，第如自记中经史群书论赞云云，当有他著，惜未见，徐当访之。

穆彰阿《（嘉庆）大清一统志》卷二百八十六、《（道光）济南府志》卷二十九皆有传，存目。

李祖陶《国朝文录》之《清献堂文录》卷一《**清献堂稿文录**引》：《清献堂集》，仁和赵鹿泉先生著。先生于乾隆戊申、己酉两吾江乡试，随留视学，一时文章□者搜罗殆尽，流风遗韵，迄今犹传播士林。予少时读其时文，见其有力如虎，能于五家外别开生面，知其必深于古。而全稿久未得见，近岁馆龙泉始于石园李氏得之所著说经之书，如《尚书质疑》、《诗细》、《读春秋存稿》、《春秋三传杂案》及《四书温故录》诸书，类皆根柢《注疏》，以古健之笔，判异同之案，大义卓然，不支不泛，非他考据家搜讨丛碎，无关典要者所能及也。古文不以体分，而以年次。自谓欲以考其阅历之先后，说经之作，既已分编，故散体文仅存十卷，大都戛戛独造，绝不依傍古人，且翦截浮芜，不使一闲文冗字，而高深雄杰之气象，浑灏流转之机，神既郁勃，而盘回亦完足而酣畅，异矣哉！世之以坛坫自雄者，皆未之及也。说经之作多自成文，可与李穆堂集中考解论说相配，然既已别行，亦不具录，今惟录本集之文为二卷。

赵佑《**四书温故录**自序》：**《五经》则待《四书》毕而后习者也。其在《四书》，以《五经》为故。读《四书》不进之以《五经》，不足以通《四书》也**。其在《四书集注》，以古注疏为故。读《集注》不兼之以古疏注，不足以见紫阳采集之精，体经明道之功。凡诸儒之勤，勤于注之疏之者，亦均自故出，均有功于其间，而所见之分诣不同，故其所得仅止于肤末，而至有纰缪显然之失，以俟朱子善求故用故而不泥于故，为之去非存是，旁罗众说，举其大纲，析其微奥，而后称集成焉。故遵朱者，不易之定典也。世之学者，或偶凭一隅之异同，妄矣陋矣，虽然，凡故异乎朱子而纰缪显然者，既非读之不足以见其有同乎朱子，而仍不及朱子或较过于朱子，与夫虽异夫朱子而未尝不足以备学者质疑析难，参今注所不逮者，则亦皆朱子之所以俟学者之善求而自得之，初无碍乎其遵朱者也。佑读《论》、《孟》注疏，越数四，始敢稍点笔其中，随他见闻，以时存记，期乎免遗忘，备质证，广启迪，久乃别录出之，或篇或段，不拘章句节次，不多分卷。《学》、《庸》裁数篇，末为重辑赵岐《孟子章指》，统名之曰《四书温故》。案：温，寻也，寻，重也，于文寻作㷓，古作燅，皆以寒更温之，于义取诸《复》“天地之理莫大于复”，寒则闭，温则生，故终则有始，君子以之温故而知新，故无穷也。温亦无穷也，特患乎知有故而不温，日求新而反失故，则寒矣。寒未有能生者也。奚新之足云。学者其慎毋谓故可寒哉！时乾隆五十二年，太岁在丁未，六月五日，我生初之岁月日也。书于保安寺街。○可为读书之法，视毛西河辈天渊矣。①

李慈铭《越缦堂文集》卷五《复王益吾祭酒书》：赵鹿泉《四书温故录》，其书亦不名家法，而所言多确实，考据亦博。

沈兆沄辑《篷窗附录》卷上：钱塘曰：“**士君子读书宜务知大者远者，而其余俱可略也。是故于经宜考圣王之制作，而不必溺于训诂之说。于史宜观豪杰之谟略，而不当纤悉于事迹同异之间**。”仁和赵鹿泉先生佑，乾隆壬申进士，仕至左都御史。曾视学直隶、江西、山东，以工制艺名，而经学湛深，著述颇富，其已刊行者：《尚书质疑》二卷、《尚书异读考》六卷、《诗细》十二卷、《陆氏草木疏校正》二卷、《读春秋存稿》四卷、《春秋三传杂案》十二卷、《四书温故录》十一卷。未刊者：《逸书考》一卷、《读书杂识》三卷、《诗经朱传异同考》三卷。案：《后汉书》赵晔著《诗细》，蔡邕至会稽，读《诗细》而叹息，以为长于《论衡》。今无传本，鹿泉先生盖窃取其义云。(清咸丰刻本)

赵佑《尚书质疑》卷上《尚书古今文说一》：先儒多疑《古文尚书》之伪，予尝缉综其说，盖莫甚于元、明，至有横加诋斥，如辟异端，于其私刻，止存今文二十八篇，而古文则全削去者。复有形诸奏牍，请专以今文立学取士者，从而辨之者亦非一家，以今西河毛氏《冤词》为最勤。然片言折衷，莫善于安溪李氏、望溪方氏。李论难易，精矣。方则曰：“能伪为是者谁与？自周以来，著书而各自名家者，其人可指数也。言之近道，莫若荀子、董子，取二子之精言，而措诸《汤诰》、《伊训》、《说命》之间，弗肖也，而况其下焉者欤？”呜呼，此语出而昭如日星焉②，用哓哓聚讼为？有归安沈树德者，予偶见其私稿书说一篇，虽未名于时，其末曰：“《尚书》什九皆圣人之言，而古文二十五篇中如《禹谟》、《虺诰》、《汤诰》、《咸有一德》、《说命》，或言心，言中，或言性，或言德，或言学，尤文之醇乎醇者，而必以字句平易疑之，岂圣贤之言必艰深险涩而后可耶？”可谓明辨晢矣。窃因是究而论之，夫人立言而著之于书者，将以自见而传后也。荀、董之伦是也。姑无论魏、晋士大夫之为学，不足以语于斯。即使当此之时而果有人焉，具是言心，言中，言性，言德，言学之学与识，其为祖周、孔，孙程、朱，明矣，则何不自成一编著其邑里姓氏授受之本，上之朝，传之其人，而必蹈袭陈言，依托古体，身

① 见《国朝文录》之《清献堂文录》卷一，《续修四库全书》第1670册。又见《清献堂集》卷八，载《清代诗文集汇编》第360册，第654页。

② 今按：方苞此语实为昏话，不足为凭。以昏昏之语为昭昭之言，赵氏亦大谬矣。

名既隐而不彰，不得享是书之福，转徒以供后人之集矢，苟非至愚，断不出此。愚于此者，必不能智于彼。则夫书之所言，其必非有能伪为之也。益信孟子曰："诵其诗，读其书，不知其人，可乎？是以论其世也。"**或者不察，乃执文字之常格，以律古经，其窾愈多，而见则愈陋**，甚且举而归诸皇甫谧之徒，吾恐谧如有知，且当一听然曰："何修而得此谬誉于千载下也？"

赵佑《尚书质疑》卷上《尚书古今文说二》：安溪先生之言曰：人之于《书》也，其钩棘聱牙者，诵数必多；诵数多者，著心必坚牢永久。安知伏生偏得其难者，非正因难而得者哉？至于孔《书》之反易，盖其甚难者。孔氏既以为不可悉知，而还之书府矣，则所传皆可知者也，此其所以平易也。又曰：伏生之《书》，其女口授有讹音，而晁错不敢改，既行于汉四百年，则益莫之改也，故难者愈难。孔壁自其校出，时间或增减，以通文义者有之，又藏久而后显，安必传者无润色于其间哉？故易者愈易。论之平允，无逾此矣。然犹姑因众说而为之辞耳。其实伏生之《书》固不尽难。韩子曰："周诰殷盘，诘屈聱牙。"山堂章氏曰："典、谟、贡、范，同出于生，而明白坦亮如故，独盘诰有艰深焉。且史未尝言伏生有记诵口授事也。"案《史记·儒林传》：秦时焚书，伏生壁藏之，其后兵起流亡，汉定天下，伏生求其书，亡数十篇，独得二十九篇，即以教于齐鲁之间。《汉书·艺文志》同。则是伏书亦出自壁中，自有传本，当时秦令急，藉壁藏以逃搜索者，非独孔鲋伏故为秦博士，盖亦写而藏之，并非读而记之。当孝文未使掌故往受之先，而伏已出其书，为山东大师久矣。其谓失其本经，口以传授，乃出安国序中语，而卫宏定《书序》，复有老不能正言，使其女传言教错之文，诸说因之，意所谓口授传言者，亦止授以属读大义，并非全不执经。观颖达于安国序疏显有出入，诸家徒此以讹传讹，使人不得不服西河考辨之强。夫唯其非读而记之也，是以亡失者即不能记，然且九共帝告尚有一二语，奇零偶及存《大传》中，唯其写而藏之也，以其写用秦隶，故为今文，而竹简多年易致剥烂，不特亡者无考，即其现存安免脱误，此固不待语音之转易，而知其难者也。迨至孔壁之出，则又转资今文，以相参校。其校之也艰，自不能无假借增减，而又传之也。私故有润色，洵情理之易明也。但此论又毛氏所不肯持耳。**盖朱子之疑古文，亦以其容有他人润色之处，原非谓易读者必皆伪也，故于论难易一说，则以盘诰之类为一时告语百姓，杂以方言，而遂记录者，《微子》、《蔡仲之命》、《冏命》之属，或出当时做成诏诰文字，如后世词臣所为者，后之人徒借口伏生偏记难而不记易一语，不复细别其所以然，于是古文纯乎伪撰，而讼不可胜诘矣**。然而就朱子之言，则亦未能无过。朱子曰："《大禹谟》、《说命》、《高宗肜日》、《西伯戡黎》、《泰誓》，凡易读者，皆古文，岂有数百年壁中物不讹损一字？"夫《肜日》、《戡黎》自今文耳，是适足以证伏生之非偏记难矣，且亦安计其讹损否耶？《孝经》、《论语》同出孔壁，未尝讹损，而今不以为疑。《逸周书》七十一篇讹损多矣，而今罕以为信。可见真伪之全不系是也。况古又何尝不讹损也。《五歌》之"帅彼天常"，《盘庚》之"恶之易也"，《左传》有之，《盘庚》之"若德明哉"，《酒诰》之"王曰封唯曰若圭璧无逸之厥兆天子爵伏传述之"，而今书则皆无，且如《武成》一篇，先儒既谓其错乱不可晓，是皆传受多而称说异，湮置久而考订疏，吁，亦足慨矣！吾故曰：今文不尽难，古文亦不尽易，不可以不察也。毛氏力辨古文，极多快论。又据《隋·经籍志》，晋世秘府所存，有《古文尚书》经文，断梅赜所上止是安国之传，非古文已亡，意谓今书定是校出旧本，并采徐仲山《传是斋日记》，谓汉功令今文，立学称《尚书》，古文不立学，故称《逸书》，非诸儒全未之见，其断贾、马、郑所注古文，乃杜林所传漆书本，非张霸之《百两》，尤足订颖达以来之误。但其大意专在绌朱伸己，偏蔽时多，且好以与人谩骂为说经，自失著作之体，学者自可览《西河全集》而得之。鹿泉又记。

赵佑《读春秋存稿》卷四《胡传举正序》：予尝为《春秋胡传举正》六卷，序曰：佑自十二岁受《春秋》，塾师即以胡氏传先授读之，曰："令甲之所主也。"后二年，从王素心夫子游，读《左传》，听讲大义而惑焉，时时以质于先生之前，先生更命取《公》、《穀》二传读之，参其离合，始知胡氏所主为传者，大都出于《公》、《穀》什四五，而《左氏》裁二三，自出新意复二三焉。其所主之经文，则《左氏》十之七，而亦时依《公》、《穀》本，杂乎其中。案：《春秋》三家鼎峙，非但传说各不相师，经文亦不相袭，故异同日滋，然既单行别出，非可苟合，代远言湮，益难确断。昔之学者咸奉《左》为大宗，自当以其经本为正，而《公》、《穀》有可采存，则附见其下，以资参佐可矣。胡氏必欲并而一之，忽彼忽此，不南不北，则适成为胡氏之《春秋》而已。此皆宋儒之勇于作古，乃其蔽之大者。"三传"注疏，杜、孔最优，范次之，何最劣。胡氏兼综立说，就其取舍，何尝无得于扶世立教之义，良亦不肯为随声附影之流，盖本以进讲，而专在格君，特不免信心，而过于求圣，至称圣人有改制行权之事，显乖为下不倍之道，周身之防，但不至为何休之黜周王鲁而已。是以朱子讥之，后儒议之，几同集矢。顾自元、明，尊为功令，据以取士，久而未改。宋高宗时，胡传虽经奏进，当时命题试士，实用"三传"，《礼部韵略》后附条例可考也。《元史·选举》载延佑新制，始以《春秋》用胡安国传，定为功令。汪克宽《春秋纂疏》全以胡为主。至明，虽以经文命题，实以传语立义。元人合题之制，尚考经文之异同；明则割传中一字一句，牵连无理。我朝《汇纂》于胡氏不情失当之处，始多所驳正。乾隆初年，又刊除乡会试合题之例焉。然俗学言经旨终未敢出胡范围，持衡者不免两端，甚至村塾名为诵"五经"，而止知胡氏《春秋》，不知《左传》者。经文亦多删并者。若其温故知新，各抒所见，要亦无嫌异同。每积此心，以读"三传"注疏，至十数，复而后敢涉笔其间，齿行老矣。学无已时，惟筌蹄之未忘，冀飞虫其亦获，因复取先授之胡氏传，加点勘焉，既竟，乃别录之，名仿唐郭氏《易》例，曰"举正"。汲古阁《十三经注疏》刊本，世所称善，而舛误时多。此胡传音注在传下者，皆毛氏集诸儒为之；其经下者，即所题林尧叟括例始末者也。林氏贯穿经传，虽非尽善，发明多胜于胡，附载至当然，亦时杂以他注之文，非尽林氏之旧。又自《左传》有杜林合注之本行，坊刻时时误杜为林，误林为杜，毛氏因之，遂以转易失实。今虽未暇悉校，稍正其文字，约十之四，亦各随案附识焉。此乾隆四十五年庚子夏事也。越岁癸丑，实维圣天子寿考作人之五十八年，益务昌明经学，特允廷臣之议，乡会试《春秋》文依《左氏》经传本事命题，兼参《公》、《穀》之说，罢胡安国传不用，五百年来支离牵勉之习为之一清，士林莫不称快。则是六卷之私，抑亦可以无庸矣。惟其三家经文异同掺杂，至今坊俗流传未有定本，盖亦即事有渐不能无待者，谨书其略，而附存之于此。

顾　镇

《清儒学案》卷五十六《震沧学案·亦韩弟子·顾先生镇》：顾镇，字佩九，号古湫，又号虞东，昭文人。乾隆十五年荐举经学，后成甲戌进士，授国子监助教，迁宗人府主事，年老乞休。先后主金台、游文、白鹿、钟山诸书院，善教士。卒年七十三。初师事陈先生亦韩，研经有心得，本师说而恢张之。著《虞东学诗》十二卷，其《诗》说大旨，以讲学诸家尊《集传》而抑《小序》，考古诸家又申《小序》而疑《集传》，构衅不解者四五百年，乃作是书，以调停两家之说。纪文达亟称之，四库经部诗类所采，以是书为殿，用破门户之见云。又著有《三礼札记》。（参史传、《四库全书提要》、袁枚撰《墓志》）

《清史列传·儒林传下一》：顾镇，字备九，江苏常熟人。乾隆三年举人。十五年，大学士蒋溥以经学荐，十九年成进士，补国子监助教，迁宗人府主事，以年老乞归。镇少从陈祖范游，砥行绩学，尤深《诗》、《礼》。尝以讲学诸家尊《集传》而抑《小序》，博古诸家又申《小序》而疑《集传》，乃调停两家之说而解其纷，著《虞东学诗》十二卷。又以本朝庶孙为祖庶母服功，令无明文，陈祖范《经思》极陈宜称之义，明当服三年，而《读礼通考》所载，言人人殊。镇乃引《礼经》曰“父之所不降，子亦不降也”。定服三年，作两议千余言，时以为允。归后主讲金台、白鹿、钟山书院，诲诱不倦。兼工古文，同年友袁枚时就讲业。天性孝友，父殁，水浆不入口。恩从子、寡嫂甚挚。卒，年七十三。所著《三礼札记》，未成。有《虞东文录》八卷、《诗》二卷、《支溪小志》、《钱法考》诸书。

袁枚《小仓山房文集》卷五《虞东先生墓志铭》：乾隆十五年，天子诏举穷经之士，公卿大夫知膺此选者之难也，举海内士仅五十余，而大学士蒋文恪公首以虞东先生荐。先生姓顾，名镇，字佩九，居苏州昭文县。县有虞山，学者因号为虞东先生。乾隆戊午举人，甲戌进士，补国子监助教，迁宗人府主事，充玉牒馆纂修，年老乞休，以原官卒于家。先是，虞山陈见复先生以邃学清望设教紫阳，先生往执弟子礼惟敬，一切经解史义往复辨难，穴诣微，得古人所未有。见复先生死，先生驾其说而恢张之，以经师名天下。先设教金台书院，再设教游文书院、白鹿书院，而终之以钟山书院。先生惇良介朴，善诲人。每阅文数百卷，旁乙横抹，蒿目龟手，一字不安，必精思而代易之，至烛烬落数升，血喀喀然坌涌，而蚕眠细书，犹握管不止。余尝劝其少休，诺而不辍。然学者领其意旨，往往速飞，以故遥企尘躅，踊膝踠足而至者，如望目光，听建鼓而趋。本朝庶孙为祖庶母服功，令无明文。昆山徐氏《通考》言人人殊，先生为定三年服，引《礼经》曰："父之所不降，子亦不降也。"作两议千余言，词甚辨，群儒无以难也。貌端厚，有腹，尺丰下而髯。恩从子寡嫂甚挚，常夜坐，有邻人子窥其垣，先生麾使去，不以告人，其人惭，卒为善士。所著《虞东学诗》十二卷、《三礼札记》十帙、古文诗若干。其先为吴丞相醴陵侯之后。妻吴氏，诰封恭人。长子言远，次询。铭曰：年之不如，而京兆同举。才之不如，而临终推许。曰以吾生平累汝。呜呼！先生抱经而处无失，于今有得于古寿七十三。葬正月五。门生书碑，门童负土，支村之西，露字之坞。①

单学傅《海虞诗话》卷五：顾主事镇，字备九，号虞东，乾隆十九年进士，官宗人府主事。家支塘，其先细二翁元初被征，由上虞避地居此，作诗有"吾贞所志在西山"句，手植红豆于庄，曾属东涧。虞东所居曰补溪草堂，著书颇多。《虞东学诗》十二卷，四库采列经部，《提要》略谓镕铸群言，具有根柢，汉学、宋学能斟酌以得其平，一无闲然。诗亦雅健，《登盘山》云："嵯峨千仞剑门山，谢屐当年迴未攀。百道泉光翻海窟，三盘地势接天关。寻云何处高人隐，扶杖曾看御辇还。指点卫公临眺处，剑台零落藓花斑。"

唐鉴《学案小识》卷十三《经学学案》、冯桂芬《（同治）苏州府志》卷一百一、徐世昌《晚晴簃诗汇》卷八十四皆有传，存目。

钱大昕《潜研堂集》文集卷二十四《虞东学诗序》：古今说《诗》者多矣，吾独有味乎孟氏"以意逆志"之一言。是言也，凡说《诗》者皆知之而能言之。然或是古而非今，或袭新而遗故，一己之偏未能悉化，虽自谓得古人之志于千载之后，而以辞害志者固已多矣。**古人有引《诗》，有说《诗》。引《诗》者主于明事，不主于释诗，所谓赋诗断章不必尽合乎诗之本旨也。说《诗》者因其词而论其世，而知其人，则非通儒不能。**《孟子》七篇之中，引《诗》凡数十条，至以"忧心悄悄"言孔子，以"肆不殄厥愠，亦不陨厥问"言文王，引伸触类，无所不可。及其说《小弁》，推本亲亲之仁；说"溥天之下"四语，推言劳于王事，不得养其父母；其言曲而中，于当日诗人情事，无不曲肖，夫是之谓善说《诗》。常熟顾古湫先生，通经名宿，尤长于《诗》，自传、笺、正义、集传而外，凡宋、元、明及近人言毛诗者，靡不博涉而精采之，撰为《虞东学诗》若干卷，斟酌古今，不专主一家言，义有可取，虽迩言必察，若与经文违戾，虽儒先训诂，亦不曲为附和，偶出新意，间者颐解，以为得未曾有。又尝病世人诂经，多剿袭成说以为己有，故虽一字一句必标其本书。盖不以一己之意为是，而必求诸古今之公论，以推诗人之志，设孟氏而在，其必谓之善说诗矣。（下略）

纪昀《纪文达公遗集》文集卷八《诗序补义序》：余于癸巳受诏校秘书，殚十年之力，始勒为《总目》二百卷，进呈乙览。以圣人之志，藉经以存。**儒者之学，研经为本，**

① 又见《碑传集》卷六十。

故经部尤纤毫不敢苟。凡《易》之象数、义理，《书》之今文、古文，《春秋》之主传、废传，《礼》之王、郑异同，皆别白而定一尊，以诸杂说为之辅。惟《诗》则托始《小序》，附以《辨说》，以著争端所自起；终以范蘅洲之《诗渖》、姜白岩之《诗序补义》、顾古湫之《虞东学诗》，非徒以时代先后次序应尔也。盖《诗》之构争久矣，王肃首起而驳郑，王基遂踵而难王，孙毓复申王说，郑统又明郑义，其书今并不传，其逸文散见诸书者，已纷纭轇轕矣。至宋，而庐陵、颍滨小立异同，未显攻也。郑樵始发难端，而朱子和之，是为新学。范处义力崇旧说，而吕祖谦、严粲等遥应之，是为古学。于是《尊序》、《废序》为不可破之门户。两派之中，遂横决而旁溢。一为王质《诗总闻》之派，主于冥思力索，翻空出奇，是新学之变本加厉者也。一为何楷《诗世本古义》之派，主于论世知人，穿凿附会，是古学之逐影失形者也。其间互有短长，不能偏废，故朋党互轧，未有已时。余作《诗类总序》，有曰："**攻汉学者，意不尽在于经义，务胜汉儒而已；伸汉学者，意亦不尽在于经义，愤宋儒之诋汉儒而已。各挟一不相下之心，而又济以不平之气，激而过当，亦其势然欤**？今以范氏之书持王、何两派之平，以姜氏、顾氏之书持《小序》、《集传》之平，六七百年朋党之习，舍是非而争胜负者，其庶几少息矣乎？"顾氏书已有刊本，范氏、姜氏之书均无力付梨枣。今白岩之孙能世其家学，念先人著作得登石渠天禄之藏，而不能遍播于海内，将南归，拮据谋剞劂，乞序于余。余谓是书《四库总目》已著录，无庸为床上之床，惟著其以近时著作得为千古经师殿，则说《诗》之正脉在是书可知矣。独范氏之书，仅副本贮翰林院库，卷帙繁重，无传写者，闻其子孙尚颇读书，傥亦能如姜君之表章先德乎？余老矣，拭目望之。

《四库全书总目》卷十六：《虞东学诗》十二卷，国朝顾镇撰。镇字备九，号古湫，常熟人。常熟，古海虞地，镇居城东，故又号曰虞东。乾隆甲戌进士，官至宗人府主事。是书大旨以讲学诸家尊《集传》而抑《小序》，博古诸家又申《小序》而疑《集传》，构衅者四五百年，迄无定论，故作是编，调停两家之说，以解其纷。所征引凡数十家，而欧阳修、苏辙、吕祖谦、严粲四家所取为多。虽镕铸群言，自为疏解，而某义本之某人，必于句下注其所出。又《集传》多阐明义理，于名物、训诂、声音之学皆在所略。镇于是数端，亦一一考证具有根柢，盖于汉学、宋学之间能斟酌以得其平。书虽晚出，于读《诗》者不为无裨也。案：诸经之中，惟《诗》文义易明，亦惟《诗》辨争最甚。盖《诗》无达诂，各随所主之门户，均有一说之可通也。今核定诸家，始于《诗序辨说》，以著起衅之由；终于是编，以破除朋党之见。凡以俾说是经者，化其邀名求胜之私而已矣。是编录此门之大旨也。

顾镇《虞东学诗·诗说·序说上》：《诗》之有《序》，如头面之著眉目，非是即不复省释为何人，故曰学《诗》而不求《序》，犹入室而不由户也。顾本书既不著作者姓氏，史传所述又言人人殊，大约信《序》者必欲推之卜氏，而疑《序》者必欲斥为卫宏，二者亦皆有之，而皆非也。子夏之生，去《诗》亡甚远，安能臆度而为之《序》？韩愈氏谓智不及者，笃论也。卫宏后子夏千数百年，顾以子夏之智所不及者，而凿空为之，其又安能乎？二者之失，可一言蔽已。盖《序》之由来，本于国史，《序》中已明言之，惟采诗之官，本其得于何地，审其出于何人，究其主于何事，上之国史，国史于是采案，所以缀词其端，以授大师，而登之弦歌，藉非当日随事纪实，则虽孔子之圣，无以知之，而况于子夏、况于卫宏乎？程纯公所以深信《小序》，而断其为国史所作无疑也。然以为二者亦皆有之，何班固之传毛也？曰：毛公之学，自谓出于子夏，而《家语》称子夏习于《诗》而通其义，注家举《毛诗序》实之，而萧统信焉，遂取《关雎》一序编之《文选》，而题为子夏。《隋志》所谓先儒相承者也。不知子夏特习之，而传其说耳。即使子夏为之，亦必据乎国史，而不能自以其察言。经师推崇所学，欲援子夏以为重，后儒沿而成讹，此其实也。若敬仲学于谢曼卿，曼卿之学出于毛公，其渊源盖有所自，传习之余，纂述所闻，以相证验，理宜有之。《隋志》谓更加润溢者是已，而范史直以为宏作《诗序》，则不察之过也。程泰之曰：发《序》两语，古《序》也。两语以外，续而申之者，宏《序》也。古《序》与宏《序》混，并无别耳。今读其词，往往反复烦重，非出一人之手。其为卫宏等之集录，殆非臆论。颖滨苏氏欲止存其首之一言，庶几得其体要者矣。要之，《序》不必为子夏作，而终不可废。不必尽出于卫宏，而亦有附会牵合者。求之本经，参诸群籍，择其义炳事白者而从焉可也。

顾镇《虞东学诗·诗说·序说下》：有问于子者曰："《序》之本于国史，子既信之笃矣，然子朱子谓《周礼》太史之属掌书而不掌诗，其说云何？"曰："古者联事通职，更相参佐，故瞽蒙职讽诵，而小史主定之，若内史受纳，访以诏王听治，则诗亦纳访之一也。外史掌四方之志及三皇五帝之书，则《序》之所陈亦志记之属，而前朝之典在焉。国家图籍隶于史氏，自古及今未之或改。言书则群籍皆在，未必诗之不在所掌也。"问者曰："子之说说已，而六诗之教掌于太师，则掌诗自有其人，于国史乎何居？"曰："太卜实掌三《易》，而韩宣子观书于太史，见《易象》与《春秋》，岂非太师、太卜特掌其教与法，而书则藏之太史者乎？"曰："国史既作《诗序》，而《序》中复言国史，明乎得失之迹，岂自为之而自赞之欤？"曰："此汉儒所附益也。国史所题者，发端两言，所谓古《序》者也。余则毛公、卫宏随所见闻而加之润溢者。前之说著已，子何疑于是？"曰："然则程子谓《大序》非圣人不能作者，何复与前说相戾也？"曰："是篇所引多圣人之遗言，故程子尊之，而非谓《序》果圣人作也。若夫《大序》之名原于皇甫谧、沈重而成于萧统之《文选》，于义无取。孔氏《正义》云：诸序皆一篇之义，而此为篇端，故特以《诗》之大纲总举于此。范氏《明序篇》云：《关雎》为一经之首，并论《三百篇》之大指，犹《易》《乾》、《坤》之有《文言》，故特详焉，而程子沿于旧名，目为《大序》，则亦无以关要义而不加察尔。朱子割其首尾，以为《小序》，而'自诗者志之所之'以下为《大序》，亦似于诸序中多添一序，不若尽去大小之名，而但别自古《序》经师之说，则得失判然，无庸费辞矣。今观朱子所辨多《序》下附益之言，经师训诂之谬，非尽《序》之失也。《序》之失者，间亦有之。盖经师流传，历年久远，断文错简，未免沿讹，口授耳承，岂无乖舛？一二之违，不掩八九之合，故愚于《序》说固不敢迂词曲说以狥其失，亦不敢以偶然纬缅，遂因噎而废食也。"

梁章钜《退庵随笔》卷十四：近代注《毛诗》者，以乾隆间常熟顾镇之《虞东学诗》十二卷为最善。大抵以讲学诸家尊朱《传》而抑《小序》，博古诸家又申《小序》而疑朱《传》，故调停两家之说以解其纷，所征引凡数十家，而欧阳公及苏子由、吕东莱、严坦叔四家之说为多。其某义本之某人，必于句下注其所出。又朱《传》多阐明义理，而是编于名物、训诂、声音之学亦一一考证详明，盖能持汉学、宋学之平。书虽晚出，于读诗者不为无裨，惜坊间未见刻本，所当急谋重梓，以广其传者也。①

马荣祖《力本文集》卷四《顾古湫文集序》：常熟顾古湫先生之与余交也，愈久愈笃。同寓京邸，一日不见，辄相思，或别余远适，则惘惘如有所失，未别而即计日以订其来。余顽钝，无所通晓古湫之知余，或甚于余之自知而信余，则过于余之自信，盖其为人若此，则其文可知也。庚午出都，荏苒四稔，计定交以来，其别离未有若是之久者。今春寄示近作，索予弁言二千里外，如共情话。其文变而益奇，奇矣而益醇，且王譬之山河大地亭毒愈厚，故其云烟草木愈出而愈不穷，指云烟草木为山与地不得，索山与地于云烟草木之外亦滋不得也。

周春《耄余诗话》卷二：《四库全书》采近时人著述甚少，通计不过十余人，而余甲戌同榜得三人焉：顾古湫镇、姜白岩炳章、范蘅洲家相。皆晓岚先生力也。尤可异者，三人二甲联名，姜第十，顾十一，范十二，其书著录亦相联。顾有《虞东学诗》十二卷，姜有《诗序补义》二十四卷，范有《诗渖》二十卷。同时仰屋著书不知凡几，而三人得列金匮石室之藏，岂非幸乎？就中蘅洲为最幸，古湫、白岩并前辈朴学，当之无愧色也。西庄诗云："毋于广坐逢人说，著述无如我榜高。"信然！

杨钟羲《雪桥诗话续集》卷五：常熟顾备九撰《虞东学诗》十二卷，以宋学家尊《集传》而抑《小序》，汉学家又申《小序》而疑《集传》，因斟酌于两家而解其纷。钱坤一《题顾孝廉镇毛诗札记后》云："子夏不序诗，昌黎语初揭。夹漈攻已厉，雪山废何决。断断紫阳翁，序既颇采列。淫奔二十四，自作得无媟。遂令后贤心，于此未能折。沈重与范睦，源流各疏别。要之毛公学，近古少颃颉。康成收三家，尚欲补其缺。逆志不以辞，亦惟援据切。孝廉家补溪，笺传独穿穴。"备九之先细二翁，上虞人。元初程文海奉诏访求人材，以名应被征，乃避地常熟东补溪之上，自卜葬地，得老桧一株，曰："吾宋人，得托宋树下，无恨矣。"有诗云："吾贞所志在西山，芙蓉庄红豆一本。"嘉靖初，顾曲江、耿光自南海移植，后属于钱，名红豆庄，树伐且四十年，后仍归顾氏。《复长孙枝且盈把故坤一》诗有云："其先宋遗民，作歌见风烈。芙蓉之荒庄，红豆春可撷。"时乾隆戊辰，方以学正荐，十五年，蒋文恪以经学荐，累官宗人府主事，卒年七十三。其南游在癸亥之秋，邵叔勉有《送顾古湫同年之荆南序》，坤一又有《题顾孝廉洞庭秋泛图诗》。

---

① 见《续修四库全书》第1197册。今按：此条抄袭《四库提要》。梁章钜当谥为文抄公，其书多系抄袭而成。

许宗彦

《清儒学案》卷一百二十二《仪征学案中·许先生宗彦》：许宗彦，初名庆宗，字积卿，号周生，德清人。父祖京，乾隆己丑进士，官至广东布政使。学宗程、朱，治经贵通大意，晚乃治《说文》，有《经述》八卷。先生生有异质，九岁能读经史，善属文。嘉庆己未成进士，授兵部主事。就官两月，即以亲老移疾归。事亲曲尽孝敬，执亲丧尽礼，遂不复仕。居杭州，杜门读书。其学务求六经大义，持汉、宋学者之平，不屑屑校雠文字、辨析偏旁训诂，不乐掇拾零残经说，不惑于百家支离蔓衍、迂疏寡效之言，讨论经史，皆稽古证今，独具神识，有补经义。著有《鉴止水斋文集》二十卷。会试出阮文达之门，后为姻家。文达重其学行，采其说入《学海堂经解》。（参阮元撰传、陈寿祺撰《墓志》）

《清史稿·儒林三》：许宗彦，字积卿，德清人。九岁能读经史，善属文。侍郎王昶爱其才，作《积卿字说》以赠。嘉庆四年进士，授兵部主事。就官两月，以亲老遽引疾归。亲殁，卒不出。居杭州，杜门以读书为事。其学无所不通，探赜索隐，识力卓然，发千年儒者所未发。考周五庙二祧，以为周制五庙之外，别有二祧，为迁庙之杀，以厚亲亲之仁；宗庙之外别立祖宗，与禘、郊同为重祭，以大尊尊之义。诸经无文、武二庙不毁之说，误始于韦玄成，而刘歆因之，郑康成亦因之。祧者迁庙，乃谓为不迁之庙，名实乖矣。又考文、武二世室①，以为周文、武皆配于明堂太室，故有文武世室之号。孔颖达误谓伯禽称文世室，周公称武世室。以《公羊传》周公称太庙、鲁公称世室、群公称宫证之，舛甚。又考《禹贡》三江，以为《汉志》言“分江水首受江，东至余姚入海”。夫

---

① 世室：(1) 即明堂。《礼记·明堂位》唐孔颖达题解：“蔡邕《明堂月令章句》：‘明堂者，天子大庙，所以祭祀。夏后氏世室，殷人重屋，周人明堂。’飨功养老，教学选士，皆在其中。”(2) 指宗庙。《周礼·考工记·匠人》：“夏后氏世室，堂修二七，广四修一。”郑玄注：“世室者，宗庙也。”《公羊传·文公十三年》：“世室者何？鲁公之庙也。周公称大庙，鲁公称世室，群公称宫。此鲁公之庙也，曷为谓之世室？世室，犹世室也，世世不毁也。”

曰“分江水”，曰“首受江”，则非南江之正流可知；曰“东至余姚入海”，则非在吴入海可知，与《禹贡》三江无与。又考太岁、太阴，以为太岁者，岁星与日同次斗杓所建之辰也。太阴始寅终丑，太岁始子终亥。《汉·律志》曰：“太初元年，岁前十一月朔旦冬至，岁在星纪婺女六度，岁名困敦。”此太岁始子之确证。武帝诏曰：“年名焉逢、摄提格。”此太阴始寅之确证。《汉书·天文志》始误以甘、石之言太阴者系之太岁，而与太初之太岁遂差两辰，乃以为星有赢缩①，非矣。又说六书转注，以为从偏旁转相注。《说文》曰：“转注者，建类一首，同意相受，考老是也。”《后序》曰：“其建首也，立一为端。”即建类一首之谓也。如示为部首，从示之偏旁，注为神祇等字，从神祇注为祠、祀、祭、祝等字，展转相注，皆同意为一类。戴震指《尔雅》诂训为转注，而不知诂训出于后来，非制字时所豫有也。段玉裁引戴说，又言《尔雅》字多假借，而不知假借者本无其字，今如“初”、“哉”、“首”、“基”之训，非本无首字，而假“初”、“哉”诸字以当之也。其他所著学说，能持汉、宋儒者之平。《礼论》、《治论》诸篇，皆稽古证今，通达政体。尤精天文，得泰西推步秘法，自制浑金球，别具神解。尝援纬书四游以疏本天高卑，而知不同，必非浑圆之理。考《周髀》北极璇玑，以推古人测验之法。七政皆统于天，而知东汉以前用赤道，不用黄道，为得诸行之本。论日左右旋一理，以王锡阐解黄道右旋、赤道平行，戴震分黄极②为二行，其说颇不分明，为剖析之，洞彻微妙，皆言天家所未及。性孝友，慎于交游，体羸而神理澄淡，见者皆肃然敬之。仪征阮元，会试举主也，重其学术行谊，以子女为姻家。

《清史列传·儒林传下二》：存目。③

阮元《揅经室集》二集卷二《浙儒许君积卿传》：许君名宗彦，字积卿，又字周生，浙江德清人。（《明史·儒林传》）许孚远之后。曾祖镇，康熙壬辰翰林院编修，江西南昌府知府。祖家驹，乾隆丁卯举人，西安学教谕。父祖京，已丑进士，内阁中书，广东布政使。母胡氏。君生有异质，九岁能读经史，善属文。时中书君主刘文正公家，文正公见君，甚器之。青浦王公昶爱其才，作《积卿字说》，载《春融堂集》。君十岁即不从师，经史文章皆自习之。乾隆丙午举于乡，嘉庆己未成进士，授兵部车驾司主事。是科得人最盛。朱文正公曰：“**经学则有张惠言等，小学则有王引之等，词章则有吴鼒等，兼之者宗彦乎**？”君性孝友，偶以礼部试离亲左右即泣不忍别。随父任先意承志，曲尽孝力；事兄，事女兄，皆悌爱肫挚。虽性情和平，神理澄淡然，见者皆肃然敬之。尝训诸子曰：“**读书人第一须使此心光明正大，澄清如止水，无丝毫苟且私曲，不可对人处。**”故名所居曰鉴止水斋。君自入兵部后两月，即以亲老引病归。丁母忧，复丁父忧，既免丧，犹栾栾然，恶衣疏食，恬淡无宦情，遂不复仕。居杭州，杜门以读书为事。君于学无所不通，探赜索隐，识力卓然，发千年儒者所未发，是为通儒。所著有《鉴止水斋文集》十二卷、

① 赢缩：进退。《国语·越语下》：“得时无怠，时不再来，天予不取，反为之灾，赢缩转化，后将悔之。”韦昭注：“赢缩，进退也。”《史记·天官书》：“岁星赢缩，以其舍命国。所在国不可伐，可以罚人。其趋舍而前曰赢，退舍曰缩。”司马贞《索隐》：“案：《天文志》曰‘凡五星早出为赢，赢为客；晚出为缩，缩为主人。五星赢缩，必有天应见杓也’。”

② 太阳在一年中运行的轨迹叫做黄道，如果把黄道当成赤道来建立坐标系的话，这个坐标系就叫黄道坐标系，黄道坐标系的南北两个极点就叫北黄极和南黄极。

③ 见中华书局本第18册，第5570~5572页。

诗八卷。集多说经之文，其学说能持汉、宋儒者之平。……凡旧说之不合者，颇致辩焉。其他如《日行》诸解，辨王寅旭、戴震之误。《礼论》、《治论》诸篇，稽古证今，通达政体。文虽不多，然皆独具神识，未经人道，有补于圣贤经义者，始著于篇，异乎俗儒之连篇累牍卑庸无裨于世者。君以嘉庆二十三年十二月二十二日卒于杭州，年五十有一。……元与君丙午同举于乡，己未会试，元副朱文正公，为君座主，又以子女为姻家，学术行谊，相契最深，故为传焉。

阮元《梁恭人传》：恭人姓梁氏，名德绳，号楚生，兵部车驾司主事德清周生许君宗彦配也。驾部年十九，与予同举丙午科乡试。予齿长驾部四岁。后十有三年，予副朱文正公典己未科会试，驾部甫成进士，是科得人称最盛。驾部以经学冠其曹，既分部视事，甫三月，以亲老乞归，不复仕，家事悉弗问，皆恭人主之，以故驾部益得覃研经史疑义，兼精于天文算法，杜门却扫，优游林泉者凡二十载。予于驾部相契深，且素重恭人贤。所生女娶为予五子妇，因知恭人之贤，而才又最悉。恭人为文庄相国女孙，冲泉少司空之女，虽出于簪缨贵族，而不骄不侈，能以礼法自持。许氏族亦盛，恭人上事姑嫜，下襄夫子，九族之人无闲言。初，恭人侍其舅方伯公粤东任所，重姑蔡太夫人在堂，性严厉，恭人颇得其欢心。方伯公与胡夫人尤爱怜之，既而方伯公告养，僦居杭，不十年，先后俱弃养，经营丧葬，半出恭人赞襄之力。岁戊寅，驾部又不禄，时侧室子孟与叔早出继，恭人命与仲三人分居于德清旧宅，曰先人庐墓之所在，子若孙安可违耶？所生子延敬、延瀔与侧室子延润均未逮成童，恭人延名师以教之，所与交必通名于恭人，察其有器识文艺者而后命之交。吴薇客太史甫人泮，恭人即决其不凡，招与伴诸子读，又申之以婚姻，恭人之识鉴诚加人一等矣。诸子秉恭人教，咸克自成立，而恭人事事亲操持，如驾部在时，不使纷心于家政，食指日繁，家计渐不给，然恭人综理之，井井有条，裕如也。遇义举，无不赞成。亲戚有告急者，恒捐簪珥以助之。延敬屡蹶于场屋，援例以府同知赴闽，迎恭人就养，未及一载，殁于官，恭人抚遗孤善长，挈归杭，复如所以教其子者以教孙。庶长子兆奎先登辛巳科贤书，延润则由钱塘籍以己亥科举于乡，延瀔及善长并占仁和籍为学官弟子，名誉啧啧贤士大夫口，恭人顾之有喜色，督责仍不少宽。恭人处富贵若贫贱，安不忘危，积劳数十年，而心力至是盖交瘁矣。今岁春，延润计偕北上，道出广陵，谒予，问恭人起居，犹健饭，未几，骤闻讣，延瀔旋寓书于予，乞为传。呜呼！天何不再使恭人见其子若孙掇巍科，跻清班，而延瀔辈思报庇赖之恩当如何，无忝所生，更有以慰恭人于地下也。恭人平生无世俗之好，唯耽吟咏，自幼随宦，身行万里半天下，且得江山之助，著有《古春轩诗草》。恭人有女兄适于汪，早卒，遗女端，恭人鞠养之，授以诗，尝选明一代人之诗而评定之，足阐明史是非，亦恭人之教也。恭人生于乾隆辛卯年十月初五日卯时，卒于道光丁未年三月初八日子时，年七十有七，以其年十月二十二日祔葬于留下花家山驾部之茔，距驾部下世已三十载矣。①

陈寿祺《左海文集》卷十《驾部许君宗彦墓志铭》：国家自康熙己未、乾隆丙辰皆有鸿博科，以罗天下贤俊瑰奇之士。嘉庆己未，虽未试鸿博，然是科进士人才之盛，论者谓不在康熙、乾隆两大科下。其中卓荦兼赅众长者，莫如武进张皋文与德清许周生。皋文从修撰歙金辅之问故，邃于《易》、《礼》，为古文词，上追杨、班、韩、柳。周生擩染其乡

① 见《碑传集补》卷五十九。

黄太冲、万充宗、季野、胡渭生、毛大可、朱锡鬯、全绍衣、杭大宗诸先进之泽，又与当世通儒名德程易畴、钱晓征、段若膺、姚姬传、王兰泉诸尊宿游，上下议论，益湛深经术，其学务求六经大义，深观自汉以来二千年治乱得失，究古今儒术隆替、文章真伪，不屑屑校雠文字，辨析偏旁训诂，不乐掇拾零残经说，不惑于百家支离曼衍、迂疏寡效之言，讨论经史，多精诣，考周五庙二祧，以为周制五庙之外，别有二祧为迁庙之杀，以厚亲亲之仁，宗庙之外，别立祖宗，与帝郊同为重祭，以大尊尊之义。诸经无文武二庙不毁之语，误始于韦元成，而刘歆因之，郑康成又因之。祧者，迁庙，乃谓为不迁之庙，名实乖矣。考文武二世室，以为周文武皆配于明堂太室，故有文武世室之号，孔颖达误谓伯禽称文世室，武公称武世室，以《公羊传》周公称太庙，鲁公称世室，群公称宫证之，舛甚。考太岁、太阴，以为太岁者岁星，与日同次斗杓所建之辰也，太阴始寅终丑，太岁始子终亥。……说六书转注，以为从偏旁转相注。《说文》曰："转注者，建类一首，同意相受，考、老是也。"《后序》曰："其建首也，立一为端。"即建类一首之谓也。……戴东原指《尔雅》诂训为转注，而不知诂训出于后来，非制字时所豫有也。段懋堂申戴说，又言《尔雅》字多假借，而不知假借者本无其字，今如"初"、"哉"、"首"、"基"之训非本无"始"字，而假"初"、"哉"诸字以当之也。其闳辨卓识，披抉纰缪，虽大师魁儒，卒无以易之。君通天算，在岭南尝问西法于富郎济亚之，以其学来者，援《书纬考灵曜》说四游，以疏本天高卑，而知不同心，非浑圆之理。考《周髀》北极璇玑以推古人测验之法，七政皆统于天，而知东汉以前用赤道不用黄道为得诸行之本论，日左右旋一理，而知戴东原分黄道、黄极为二行，王寅旭解黄道右旋、赤道平行之失，详所著《太阳行度解》，洞彻微妙，皆言天家所未及。君又工为古文诗词，善鼓琴。幼至冠，随父宦游，既通籍，念亲老兄亡，不敢违养，而仕就官一月，遽引疾归。亲殁，卒不出。此其仁孝而遗荣利也。今宫保总督仪征公，君座主也，抚越时尤重君，继之以婚姻，然君岁时未尝轻至府门也。还观君所以立身制行，具有本末，所论经谊，未尝不发千古之覆。文章深博，实抗有明作者。呜呼！是于越士足以蹑梨洲而跨堇浦，岂独一时之魁能冠伦者哉？所慨者，君与张皋文咸天才绝特，慨然有用世之志，而两人位既不显，年又止于强艾，不得施其所学以济于时，斯不能不为天下人才惜也。君少多病，四十以外渐衰，伤于哀乐，卧疾久，枕上自作挽诗二章，庶几赵台卿、陶元亮之风。易箦前一日，作诗词意惝恍，若有所见。呜呼，君其奚适耶？安归耶？抑亦精灵不可磨灭，仍返于崧岳之间耶？是未可知也。余辱与君同谱相知爱，君既逝，其孤延宷等赴于闽，且谂余曰：先君子有集二十卷，生时锓其半，其半方属谏庵舅氏编校，他日将寄请刊石之文于长者。逾年，余君良执金匮孙平叔以福建按察使入觐，道过杭州，携其集还授寿祺，曰：君宜为周生志墓。寿祺不能辞，乃撮君文学之大者著于篇，而为之系与铭。系曰：君讳宗彦，本名庆宗，登第改今名，字积卿，一字周生，浙江德清人，寓杭州如松坊。先世自明初居湖州乌巾山，号乌山许氏。六世祖孚远，南京兵部右侍郎，谥恭简，载《明史・儒林传》。少弟绍远始居城东，号县东许氏。曾大父镇，康熙五十一年翰林，江西南昌府知府。大父家驹，乾隆十二年举人，十九年明通西安教谕。考祖京，三十三年省元，四十年进士，由内阁中书历官广东布政使。妣胡夫人，生子二，君其仲也，举乾隆五十一年乡试，嘉庆四年进士，兵部车驾司主事，二十三年十一月二十二日卒，其生以乾隆三十三年正月元日，春秋五十有一。夫人梁氏，内阁大学士讳诗正谥文庄公孙女，工部侍郎讳敦书女。生子延敬、延珏。筵吴氏生子兆奎、延寀、延泽。簉陈氏生子延凯。女四，长殇，次适监察御史休宁孙球之子承勋，次适阮福仪征公子也。簉崔氏生女一，字翰林院侍读学士胡敬之子琮。君卒之六年，为道光三年，以十月二十日葬杭州留下镇之花家山。铭曰：出不违亲，处不干人，孰污其身？学善言天，文如渊泉，恶逃于禅？抱才怀宝，未行吾道，如何速老？花山之墟，下马山隅，行人勿渝。①

诸可宝《畴人传三编》卷二：许宗彦，字积卿，又字周生，德清人。嘉庆四年进士，改兵部车驾清吏司主事。是科得人最盛，出大兴文正公、仪征文达公两太傅之门。性孝友，自入兵部后两月，即以亲老引病归，两执亲丧，无宦情，遂不复仕，名所居曰鉴止水斋，杜门以读书为事，垂二十年，卒于杭州，年五十有一。于学无所不通，探赜索隐，识力卓然发千年儒者所未发，是为通儒。所著有《鉴止水斋文集》十二卷，多说经之文。尤精天文，得泰西推步秘法，自制浑金球，别具神解。……论曰：许驾部之随任广州也，与欧罗巴人习得其推步粗术，顾其时，谈天家诸书尚未尽译行中土也。驾部之解日行曰：日不及天之度，即恒星过之之度。此一度归于日之右旋，则恒星左旋，适满一周，而无余度。推步所重，惟在日行，而藉恒星以纪其躔舍。遂借恒星左旋之度为日右旋之度耳。若从左旋立算，则日行每日一周，与不行等，当置日为不动，而寒暑昼夜之推迁皆计恒星之行以定之，亦未始不可通也。是说也，非即泰西所主地球自转行星绕日乎？……在驾部时，虽彼国学者固亦有所未知也。由是观之，吾人之用心特患其不专且挚耳，谁谓神明才智竟居欧罗巴后哉？有志之士宜思所奋兴已。

王昶《春融堂集》卷三十五《许积卿字说》：许子庆宗，性聪颖，异于常人。年十一，则已能诵"五经"、《史》、《汉》及韩、柳、欧、苏文。放笔为诗与论，皆文从字顺，骎骎窥作者户牖。岁戊戌正月，其尊甫春岩观察将携以赴滇，抠衣肃拜，来而请曰："愿有以字也。"于是字之曰积卿。六经言庆者屡矣，而以阳为善，以善为庆之说，备于《周易》。《坤》之卦，由从阳以丧朋也，而三日出震因之，故曰"乃终有庆"。《丰》之五，能来处尊阳之位，以自光显也，故曰"来章有庆"。《履》与《颐》之上，《困》之二，《兑》之四，皆因阳而善，《大畜》与《晋》与《睽》之五，失位变而之阳，故象亦得称庆也。虽然，善不积不足以成名。《文言》言"积善之家，必有余庆"，盖自卦气起《中孚》，阅六日七分为一候，阅三候为一气，以《临》以《泰》以《大壮》，则阳气日积，雷雨并作，草木甲坼，由此见天地之亨嘉焉，况于人之法乾用事者欤？夫积之义大矣，泰山之溜穿石，单极之统断干推之。积土为山，积水为海，旦暮积谓之岁。涂之人百姓，积善而全尽谓之圣人。古之学者，日就月将，缉熙光明。自比年入学，迄于论学取友，知类通达，如蛾子时术，然皆积之谓也。荀子曰："大事之至也希，其县日也浅，其为积也小；小事之至也数，其县曰也博，其为积也大。"谓小善为无益而勿为也，能积微以至于著哉！许子嗣是以往，聪颖勿以恃，文字勿以矜。乾乾积善，驯至乎阳德之亨，如庙之墙焉宗。子是以禔禧迪吉，盖不俟龟焦蓍揲而知也审矣。春岩观察，天下善士也，告以斯言，必将辟弭而诏，有以进积卿也夫！

董沛《六一山房诗集》诗续集卷七《许周生驾部宗彦玉印诗为其哲孙季仁太守善长作》：我读鉴水集，拳拳殊服膺。**鸿富包众有，论学持其平。斟酌汉宋间，勿启水火争。**

① 见《续修四库全书》第1496册，又见《碑传集》卷六十。

下视山霄流，相去判莛楹。先生不可作，无由侍门庭。流传此玉印，亦动思古情。此印谁所造，千载光荧荧。先生往省父，得之滇南行。方围准汉尺，约可四寸赢。昆刀篆两字，平列曰周生。先生爱不释，宝若彝鼎铭。为之更旧字（先生本字积卿），借彼前人灵。藏书廿万卷，卷端识分明。翰墨布天下，钤尾当题名。佹失旋佹得，似有神物凭。歌咏志欣赏，毋负金石盟。后来遘兵燹，狂寇窜杭城。垣宅已焦土，图籍皆飘零。文孙保此印，太璞犹完贞。先人手口泽，世世同遗经。斋宿观赵璧，宴享夸楚珩。我见在豫章，一豁双目睛。深宵耿奇彩，上烛牛斗星。或恐张雷徒，疑作干镆精。

舒位《乾嘉诗坛点将录》：没遮栏许周生。宗彦字积卿，德清人。嘉庆己未进士，官兵部主事。著《鉴止水斋文集》十二卷、《诗》八卷。

李元度《国朝先正事略》卷四十四、潘衍桐《两浙輶轩续录》卷二十、王昶《湖海诗传》卷四十一、张维屏《国朝诗人征略》卷五十五、徐世昌《晚晴簃诗汇》卷一百十四皆有传，存目。

许宗彦《鉴止水斋集》卷十四《转注说》：**六书之来古矣。指事、象形、形声、会意，皆指造字之始言之，则假借、转注亦出于造字之始可知也。或分事、形、声、意为体，假借、转注为用者，非也。假借者，假此字为彼字，假其体也。转注者，由一字为数字，由数字为数十百字，从偏旁转相注，亦言体也。**小学家言转注者尤多歧说，考之《说文》，则所言极明白易晓，而学《说文》者求深而反失之。祭酒曰：“转注者，建类一首，同意相受，考、老是也。”后叙曰：“其建首也，立一为端。”即建类一首之谓也。如示为部首，从示之偏旁，注为神、祇等字，从神祇，注为祠、祀、祭、祝等字从祠、祀、祭、祝，复注为祓、禧、禠、祜等字，展转相注，皆同意为一类，其偏旁悉从示，故示为建类之首。许君举考、老以见例，是已注字之见经传者。《周礼·天官注》于虞中为置字之通用，《考工记》以注鸣者为咮字之通用，皆非本义。《诗·大雅·丰水东》注孟子禹掘地而注之海，又禹疏九河，瀹济、漯，而注之海，决汝、汉，排淮、泗，而注之江，此注字之正解。《说文》：“注，灌也。”注本言水相输灌通流，字之从一首相注，亦犹水之从一原相注尔，所谓同意相受，盖如水之受水也。他如《左传》言“跗注”，言“又注”，《尔雅》言注“旄首”，皆以相属为义。转注之字亦有属于部首之义矣。是故事、形、声、意四者字之所由造，有假借则可以转移，而无强造之病，有转注则有所依附，而无虚造之患。今之言转注者，不求之于偏旁字体，而求之于诂训字义，释转注为互训，谓如《尔雅》之《释诂》，不知诂训出于后来，若造字时，欲造一字，而先有一字以释之，则此字可不造，造字至简，虽必不可阙之字，而其体无从生，则不得已而假借为之，岂有以数十字而当一字之用者乎？三代以后，字体递变，古今语异，讹字渐多，施之于文，不可遽晓，于是而有诂训，非制字时所预有也。东汉以前，释古人之书者，曰解，曰说，曰传，曰故，曰章句，曰解故，曰说义，无曰注者。自郑氏始有笺注之名，以后乃多作注，而欲以此当六书之转注，恐非笃论。注字之本义明，而后转注可得而言，祭酒之旨可得而绎。余与徐君养原论此事，因记其语于篇，俟知言者择焉。

许宗彦《鉴止水斋集》卷十一《诂经精舍文集序》：吾浙夙称人文渊薮，当国初时，若黄太冲、胡渭生、万充宗之于经，万季野、吴志伊之于史，袁惠子、徐敬可之于算，张绣虎、朱锡鬯、姜西溟、查悔余之于诗古文，并流美方来，希风曩哲。继之者，全谢山、吴中林、杭堇浦诸先生，咸方闻博物，著述垂范，山川灵淑之气，有所甚泄，必有所蓄，蓄之久且复泄，而风尚少靡，不能无待而兴。吾师阮云台先生以名世之德，为人伦藻鉴，先是视学两浙，以行谊经术厉士，士风旷然一变。既奉命镇抚是邦，纲举目张，百为具理，鲸鲵就戮，江海如砥，爰于湖壖立诂经精舍，祀许洨长、郑司农两先师，择十一郡端谨之士尤好古力学者萃处其中，相与讲明雅训，兼治诗古文辞。公暇亲为点定，并请王兰泉、孙渊如两先生为之主讲。阅二年，得文集若干卷。夫自汉以来二千余年，治经之家，说经之书，莫可选计，闻见日积，聪明日新，近世通人所考正往往罾，汉儒所未发，何论孔、陆。宗彦尝读吾师《揅经室集》，以今法推周幽王六年十月朔正入食限，知毛传为是，郑笺属之厉王为非，又以明堂、太庙、辟雍同地为上世未备，宫室之制是以黄帝曰合宫封禅泰山，亦上世大典礼，其时未有史策之文，朝觐之节，故七十二代之兴咸合诸侯于泰山下，以定天位，因刻石其上，以纪有天下之号。秦、汉所为袭其名，而未察其实也，斯并神游皇古，理衷前圣，郑、贾复生，无以易斯谊已，诸君幸承指授，师法宏远，故能识精而思锐，不惑于常解。兹集所载，于古今学术洞悉本原，折衷无偏，实事求是，足以发明坠义，辅翼经史。其余诗古文，或咀六代之腴，或挹三唐之秀，风标峻上，神韵超然，盖吾师因其质之所近以裁之，而诸君亦各能以长自见。览斯集者，犹探珠于沧瀛，采玉于昆阆也。诸君其益进而不已，蕲至古之立言者，以称吾师教育盛心，庶几国初前辈之风，复见今日山川灵淑所泄其在斯乎？其在斯乎？①

许宗彦《鉴止水斋集》卷十六《原学》：古之所谓学者，将以明道而行之也，所谓道者，内足以善其身心，外推之家国天下而无弗遵，民咸被其利；可文、可武、可经、可权，莫有窒于行者；明于造化，察于事变，洞于人情，以闲则止，以建则立。圣人以是著六经，示后世。孔子曰："诵《诗》三百，授之以政，不达，使于四方，不能专对，难多亦奚以为？"又曰："兴于《诗》，立于《礼》，成于《乐》。"然则圣人之教学也，期于有用焉耳。今之治经者，吾惑焉。其言曰：**"圣人所以明道者，辞也；所以成辞者，字也。由字以通其辞，由辞以通其道，有必渐。"**然字有篆隶之异，有古今之殊，考之《苍》、《雅》，攻其训诂，其有不通，又必博稽载籍，展转引伸以说之。一字之谊，纷纭数千言，冗不可理，而相推以为古学。夫六书特小学之一耳，古之时，唯年十五以下为之，今则穷老毕精竭虑于此，而犹不能尽通。将由是以考其辞，复由辞以知其义，而期于道之成，则虽假以彭、聃之寿，而亦有所不能及矣。孟子不云乎："不以文害辞，不以辞害志。"今**之学者，奈何不求圣人之志，而专务其文辞也？然而不为是者，则群斥以为空疏。夫学之虚实，至易明也，积之内，见之外，行其所学，而贤不肖皆见焉。言其所学，而贤不肖皆可知焉。斯之谓实学矣。联牍殚翰，返之心，无当于仁义礼智之数，推之家国天下，一无所施之，执人人而告之，茫然不知其所谓，则真所谓迂疏寡效者也。**且夫圣人之道，未尝一日亡于天下。三代以下，凡治平之世，其君若臣，夙夜勤事，进贤能，退不肖，求乂安，百姓生养得其所；及其衰乱，贤者在下，持名义，抑贪伪，扶风教，使弗至大坏者，盖莫不有六经之意存焉，则皆圣人之学也。汉之世去三代未远也，有以《诗》谏者矣，以《书》行水者矣，以《春秋》断讼者矣，曾治文字者而能之乎？夫六书亦何尝非学，而以为高出前世诸儒之上，必如是而后焉学，则惑之甚也。假令学者仅识今之文字，不通

① 《续修四库全书》第1492册。今按：此序作于嘉庆六年。

古训及其声音，独能得六经之大义而明之，其于行己独善，不害为原、季；明先王之道，考前古之法度，不害其为贾、董也。**故夫声音诂训之于学，譬土壤之于泰山，滑流之于河海，有之不为多，无之不为损也。**经营于土壤者，不知泰山之高者也；汩没于细流者，不知河海之大者也。坐井观天，而云天专在于是，不亦陋乎！夫敝不极则不返其始也，一二专己者倡之，群焉以为新奇可喜而慕之，继焉则相与为名而摭拾以仿效之：盖数十年于兹矣，其亦可以倦而知返乎？返之宜何从？曰："于《易》研消长之义，于《书》察治乱之迹，于《诗》辨邪正之介，于《礼》见圣人制事之大经，于《春秋》见圣人制事之大权，于《乐》观阴阳进退，万物变化自然之理。有为己之力，而无求人知之念，斯君子之学以致其道者也。斯六经之所以切于人，万世而不可废者也。"

许宗彦《鉴止水斋集》卷十四《鉴止水斋记》：嘉庆甲子岁，始构书舍于杭城如松坊宅之东偏。学士梁公谂之曰：家有废院多石，以畀子，可移植焉。东偏地庳，撤小屋，坏其墙，以为高缺，南一隅，帖以石，宛然池矣。有曹生者，为架岩壑，迭坡陀面，东筑堂五楹，曰鉴止水斋。斋后循廊西得三楹，曰华藏室。池之外，缭以短垣，外有大树二株，高数十尺，轩其前曰比青。凡斋轩室皆有阁，阅岁乃毕，而余得栖迟偃息于其间。余不肖，幼承先人之训，读周公、孔子之书，深观自汉以来二千年政事治乱得失，究古今儒术隆替、文章真伪，窃不自揆，思竭虑毕能，效其区区以佐圣化之万一。志奢才狭，屡踬场屋，锋颖挫折，洎得一第，而二亲垂老，一兄先亡，不敢违养而仕，就官一月，即引病归，冀以童孺色笑，长依耆耋之年，何图衅祸所招，灵祇降割，崩擗失据，神死形留。生平所怀，烟销冰释。少便多病，四十以外，遂同衰暮，暑既畏日，寒复怯风，加以怔忪间作，遗忘更甚，浮沉乡里之间，常若不逮，况堪为当世用耶？犹赖先人余荫，得杜门息影，与树石为伍，颓然嗒然，不知天之高、地之厚也。夫古之人，或有肥遁保名，抗节不仕，或耽精篇籍，遗弃世荣，又有嗜山水之趣，不乐入市朝者，而余皆非其人也。幸际圣世，又忝宦族，早以仕进为业，固非岩居谷饮者流。读书粗涉浅近，尤不乐偏旁缀缉之学，足力疲苶，不任登陟，直以志气耗铄，精力脆弱，悠悠岁时，一无所就，同于池鱼檐鹊，飞游闲散之地，毕其生年而已矣。后之览者，傥亦有感于斯文也。

黄式三

《清儒学案》卷一百五十三《儆居学案上》：儆居博综群经，尤长“三礼”，谨守郑学而兼尊朱子，尝谓：“**读书而不治心，犹百万兵而自乱之**。”子以周，少承家学，以为三代下之经学，汉郑君、宋朱子为最，而汉学、宋学之流弊，乖离圣经，尚不合于郑、朱，何论孔、孟六盖绍述庭闻焉。从子以恭、孙家岱，俱能传其学。东南称经师者，必曰黄氏。盛矣！述《儆居学案》。〇黄式三，字薇香，定海人。岁贡生。父兴梧，性严。先生事亲孝，先意承志，恒得欢心。尝应乡试，母裘暴病卒于家，驰归恸绝，誓不再赴试。父老病，卧床数年，衣食沫洗，必躬亲之；比殁，持丧以礼；其后，每值祭日，涕泣不能自已，终身如一日。至其弥留告别，欲以定省疏缺，补之泉壤间，其言绝痛。昆弟相见，白首怡怡，盖孝友出于天性也。于学不立门户。治《易》，曰卦辞、爻辞一意相承，六十四卦爻辞同者，亦一意相承。又释《系辞》衰世之意，谓“伏羲世衰而神农作，《易》之兴也，其于中古乎”？中古谓神农也，以此申郑君神农重卦之义。治《春秋》，作《释救执》、《释人》、《释名》、《释盗》、《释杀》、《释归入》、《释以》，以订杜预《释例》之谄。于《礼》论郊稀、论学校，谨守郑学。其说明堂则云：“明堂之制，见于《考工记·匠人》，汉师郑君犹有疑义。”辨之曰：“夏后氏世室，堂修二七，当作堂修七。殷度以寻，堂修七寻；周度以筵，堂修七筵；则夏度以步，堂修七步。郑君以堂修七步为隘，注有‘令堂修十四步’之文，假令之辞也。而后人乃依此作二七字。《隋书·宇文恺传》言《记》文云：‘堂修七，雠校古书，并无二字。’此为得其实也。”读史喜《文献通考》，而时论定马氏之阙失。同治元年卒，年七十四。著有《论语后案》二十卷（后改名《管窥》）、《易释》四卷、《尚书启蒙》四卷、《诗丛说》一卷、《诗序说通》二卷、《诗传笺考》二卷、《春秋释》二卷、《周季编略》九卷、《汉郑君粹言》□卷、《儆居集经说》四卷、《史说》四卷。（参史传、谭献撰《别传》）

《清史稿·儒林三》：黄式三，字薇香，定海人。岁贡生。事亲孝，尝赴乡试，母裘暴疾卒于家，驰归恸绝。父老且病，卧床笫数年，衣食沫洗，必躬亲之。比殁，持丧以礼，誓不再应乡试。于学不立门户，博综群经，治《易》治《春秋》，而尤长“三礼”。

论禘郊、宗庙，谨守郑学。论封域、井田、兵赋、学校、明堂、宗法诸制，有大疑义，必厘正之。有《复礼说》、《崇礼说》、《约礼说》。尝著《论语后案》二十卷，自为之序。他著有《书启蒙》四卷、《诗丛说》一卷、《诗序说通》二卷、《诗传笺考》二卷、《春秋释》二卷、《周季编略》九卷、《儆居集经说》四卷、《史说》四卷。同治元年，卒，年七十四。子以周，从子以恭，俱能传其学。以周，本名元同，后改今名，以元同为字。同治九年优贡。旋举于乡，大挑以教职用，补分水县训导。以学臣奏加中书衔，以教授升用，旋选处州府教授，而年已七十，遂不就。**以周笃守家学，以为三代下之经学，汉郑君、宋朱子为最。而汉学、宋学之流弊，乖离圣经，尚不合于郑、朱，何论孔、孟？有清讲学之风，倡自顾亭林。顾氏尝云："经学即是理学。"乃体顾氏之训，上追孔、孟之遗言，于《易》、《诗》、《春秋》皆有著述，而"三礼"尤为宗主。**所著《礼书通故》百卷，列五十目，古先王礼制备焉。又以孟子学孔子，由博反约，而未尝亲炙孔圣。其间有子思子，综七十子之前闻，承孔圣以启孟子，乃著《子思子辑解》七卷。**而举子思所述夫子之教，必始于《诗》、《书》，而终于礼、乐，及所明仁义为利之说，谓其传授之大旨，是深信博文约礼之经学，为行义之正轨，而求孟子学孔圣之师承，以子思为枢轴。**暮年多疾，因曰："加我数年，《子思子》辑解成，斯无憾！"既，书成而疾瘥，更号哉生。江苏学政黄体芳建南菁讲舍于江阴，延之主讲。**以周教以博文约礼、实事求是，道高而不立门户。**宗源瀚建辨志精舍于宁波，请以周定其名义规制，而专课经学，著录弟子千余人。卒，年七十有二。

谭献《复堂文》卷二《黄先生传》：黄先生名式三，字薇香，浙江定海人。祖必悌，父兴梧。先生事亲孝，父性严，先意承志，恒得欢心。尝应乡试，母裘暴病卒于家，驰归恸绝，誓不再赴试，以岁贡生终。于学不立门户，博综群经。治《易》，言卦辞、爻辞一意相承，六十四卦爻辞同者亦一意相承。又释《系辞》衰世之意，谓伏羲世衰而神农作，《易》之兴也，其于中古乎？中古谓神农也，以此申郑君神农重卦之义。治《春秋》，作释救执、释人、释名、释盗、释杀、释归入、释以，以订杜预《释例》之讹。先生宗郑氏，尤长于"三礼"，论郊禘，论学校，谨守郑学。其说明堂则云："明堂之制见于《考工记·匠人》，汉师郑君犹有疑义。辨之曰'夏后氏世室堂修二七'，当作'堂修七'。殷度以寻，堂修七寻；周度以筵，堂修七筵；则夏度以步，堂修七步。郑君以堂修七步为隘，注有'令堂修十四步'之文，假令之辞也，而后人乃依此作'二七'字。《隋书·宇文恺传》言《记》文云'堂修七'，譬校古书，并无二字。"此为得其实也。先生撰《易释》四卷、《书启蒙》三卷、《诗丛说》一卷、《叙说通》二卷、《诗传笺考》二卷、《春秋释》二卷、《论语后案》二十卷，惟《论语后案》排字印行。吴县吴钟骏、上元朱绪曾、镇海刘灿、慈溪王约，皆以为汉、宋持平之书，可垂国胄。作《求是斋记》曰："**天假我一日，即读一日之书，以求其是。**"作《畏轩记》曰："**读经而不治心，犹百万之兵而自乱之。**"盖自道云。读史喜《文献通考》，而时论定马氏之阙失。尝应聘佐军幕府，主以外寇问，作《御外寇议》，问者色沮。先生曰："不从此言，数年后必有大寇。"事果验。年七十二，乃作《知非子传》曰："人各有职。士无职，以治经为天职。其治之也，必以畏圣言、侮圣言为悬衡，洞见得失，用不敢剿说雷同，而卒以行不掩言为咎。"至是而先生之学大成。越二年，得偏痹疾。病革，挽手欲起，诸子扶之。命书别语，告兄弟、宗族、门弟子，端坐卒。子以愚，道光乙酉副榜贡生；以巽，议叙从九品；以周，优行廪生，能世其学。江东称经师者，必曰黄氏。先生殁五年，督学泰兴吴存义读其遗书，与巡抚菏泽马新贻会奏，入祀乡贤祠。

施补华《泽雅堂文集》卷五《定海黄先生别传》：仁和谭君廷献为《定海黄先生家传》，其于学问之旨盖详矣。至于叙述生平尚有缺者，盖先生非今所谓学人也。先生自赴省试，母暴卒于家，归而号恸几绝，时父茂才君老矣，先生依依侍寝服，终不适私室。茂才君卧病数年，衣食沐洗一以身亲，比卒，持丧以礼。其后每值祭日，涕泣不能自已，行之终身，常如一日，至其弥留告别，欲以定省疏缺补之泉壤间，其言绝痛。先生盖古之诚孝人也。昆弟相见，白首怡怡。又以余力修辑《黄氏家谱》，敬宗合族，其推于诚孝有如此。居闲处默，反验此心，阴阳消长，悚然危惧，谓寂守于内，非入学之道。年六十二，仿唐韩愈作《五箴》，提呼惕息，老而愈确，而居心乐易，不立崖岸。凡亲戚僚友之有问者，子弟之请业请益者，告之一出于诚，故乡人服其义，而后生之造就尤众。穷居无位表见者少，而当世之务筹之甚审。尝曰：**“士当思孔颜所乐，又当思孔颜所忧。”**为《兵制十策》，欷歔于海上之事，凡所经画，烛照数计不啻也。惜当时无用其言者。先生既殁十二年，其子以周之友乌程施补华读其遗书，与其生平行谊得之于以周者，从而论之曰：《十略》之作，经术明，人事备，斟酌诸儒，并包六艺，岂非乾嘉以来通才大雅之俦欤？若夫修于其身，教于其乡，而谋于军国，一以诚孝为之本，推之以应经法，今所谓学人无能似之者。作《黄先生别传》，以补谭氏之缺。先生名式三，字薇香，定海岁贡生。

潘衍桐《两浙輶轩续录》卷二十八：黄式三，字薇香，定海岁贡，崇祀乡贤。谭献《传略》：先生事亲至孝，尝赴乡试，母卒驰归，恸绝，誓不再应试于学。博综群经，不立门户。《论语后案》出，识者以为汉、宋持平之作。尝佐军幕，作《备外寇议》，言如蓍蔡。年七十二，作《知非子传》，谓“士以治经为天职，遇异义，必以畏圣言、侮圣言为衡，得失自知，乃不敢剿说雷同”，盖至是而学大成矣。越二年，得痹疾病，甚欲起诸子扶之，命书别语告兄弟宗族，端坐而逝。子以周，同治庚午举人，能世其学。江东称经师者必曰黄氏云。著经史说十余种（未刻）、《论语后案》二十卷。○《缉雅堂诗话》：儆居先生自叙《周季编略》云：“网罗散失之文，搜寻遗逸之士，使周季之衰犹见周德之留遗千六百载以后。”识高心长，近世著述家未有也。生平讲学不立门户，尤长“三礼”，得康成深处，所谓研精覃思，学者所宗，此其人与？

俞樾《春在堂随笔》卷四：黄君式三，字薇香……黄君初不相知，同治初吴和甫学使，余同年生也，按试宁波，以明堂考命题，有定海诸生黄以周据《隋·宇文恺传》以《考工记》“夏后氏世室堂修二七”，“二”为衍文。学使讶其与余《群经平议》说同，诘所自来，乃以其父式三所著《明堂步筵说》进，学使即录其说寄余吴中，并曰：“可附《群经平议》第十四卷后。”余因黄君虽亦以“二”为衍文，然其说实与余异，故未附入。其时黄君下世久矣，学使报满，引疾归，不久亦卒，而其来书犹存箧衍，偶一披览，既喜黄君所见之略同，又重违学使拳拳之意，因节录其大略于此云：《考土记》曰：“夏后氏世室堂修二七。”《隋书·宇文恺传》言记文云“堂修七”，雠校古书，并无“二”字。式三案：殷度以寻，堂修七寻，周度以筵，堂修七筵。夏度以步，堂修七步。郑君康成以堂修七步为隘，注有令堂修十四步之文，假令之辞也。而后人乃依此作二七字。宇文恺所见，固得其实也。《记》云广四修一者，以修七步三分之堂，室之修各得二步又三分之一，堂室之广，有四步者，其修则一也。《记》云五室三四步四三尺，中大室，南明堂，北玄堂①，广四步三尺，其余堂室广三步四尺也。《记》云门堂三之二室三之一者，明堂周垣有四门，以三之二为门之堂，以三之一为门之室，堂之左右为室，所谓塾也。记云周人明堂，东西九筵，南北七筵，凡室二筵。凡室者，四隅之室，非大室也。记文止言四隅之室二筵，而大室与四正堂之丈尺自明。以此推之，大室东西五筵，南北三筵，明堂、玄堂东西五筵，南北二筵，青阳总章东西二筵，南北三筵，四隅室广修皆二筵，合之为东西九筵，南北七筵，画之为图，井然有理矣。先生著述甚富，有《易释》、《尚书启蒙》、《诗序通说》、《传笺通说》、《传笺通考》、《春秋释》、《周季编略》、《炳烛录》、《郑君粹言》、《朱吕问答》、《儆居文集》，俱未刊行。惟《论语后案》曾以聚珍版印之，和甫处有一本，余未见也。

杨钟羲《雪桥诗话》三集卷十：定海黄薇香明经，博综群经，尤长“三礼”。年七十二，作《知非子传》，谓士各有职，士无职，以治经为天职，其治之也，必以畏圣言、侮圣言为悬衡，洞见得失，不敢剿说雷同，而卒以行不掩言为咎。《读贾子》云：“汉文本贤主，贾生臣亦忠。如何史迁记，引与屈贾同。椒兰意或妒，绛灌人非庸。改正易服色，兴礼修辟雍。凿圆枘乃方，竽好瑟何工。自从长沙征，只问鬼神供。九事论时务，三复皆冬烘。长策书肝纸，忧怀入髓封。以后遂默默，此情想悰悰。烹鲜让老聃，吮痈宠邓通。蝇营狗亦苟，磬罄钟长空。潜思春秋学，莫思盲左攻。秦时火焰烈，汉初日朦胧。拭观仍眯目，疾呼难振聋。上续荀张绪，下开服杜功。一发千钧引，单传万代宗。承委谁溯源，咏者嗫嚅翁。”施均甫谓薇香穷居无位，表见者少，而当世之务筹之甚审，尝佐军幕，作《御外寇议》，惜当世无用其言者。录此诗以见其经世之志。

徐世昌《晚晴簃诗汇》卷一百二十三：存目。

黄式三《易释》卷四《书惠氏周易述后》：唐李氏鼎祚作《周易集解》，序云“刊辅嗣之野文，补康成之逸象”，读其书，郑君注甚略，独详虞仲翔之说耳。近儒李氏安溪撰《周易观象通论》，以宋学为宗，郑、虞皆其所弃也。自惠半农撰《易说》，宗仰汉学，始撤安溪之藩篱，而虞说之支离者，亦复龂龂辨之，可谓实事求是，不阿所好者矣。厥后，惠定宇撰《周易述》，专以虞氏为宗，有虞注所未备者，则采取李解中之别说以足之，由是虞氏学大行于世，而张氏皋文、焦氏里堂亦相继宗虞，适得有力者崇奖其书，人遂视若拱璧，莫敢指其瑕者。王氏伯申《经义述闻》初刻再刻，略言《周易述》之谬，及晚年足本，乃畅言虞氏月体纳甲②本丹家傅会之说，非《易》之本义，其说爻之象，舍本卦而求于旁通刚爻，而从柔义消卦，而以息解，适滋天下之惑。以旁通说象及大象，显与经

---

① 玄堂：北向的堂。古天子冬月所居。《吕氏春秋·季冬》：“天子居玄堂右个。”高诱注：“玄堂，北向堂也。”隋杜台卿《玉烛宝典·十月孟冬》：“蔡雍孟冬章句曰……天子居玄堂左个，北曰玄堂，玄者黑也，其堂嚮玄，故曰玄堂。”

② 纳甲：谓天干分纳于八卦。即乾纳甲壬，坤纳乙癸，震纳庚，巽纳辛，坎纳戊，离纳己，艮纳丙，兑纳丁。相传出于《京氏易传》，后代卜筮家以干支与卦爻，五行、五方相配，本此。宋沈括《梦溪笔谈·象数一》：“《易》有纳甲之法，未知起于何时，予尝考之，可以推见天地胎育之理。乾纳甲壬，坤纳乙癸者，上下包之也，震巽坎离艮兑，纳庚辛戊己丙丁者，六子生于乾坤之包中，如物之处胎甲者。”清恽敬《答姚秋农书》：“汉人纳甲之说，以月之升降方位配八卦，虽可比附，乃术家之一端，假《易》以传，不知卦气之自然。”

违。今世言《易》者，多宗虞氏，而不察其违失，非求是之道。王氏父子世尊汉学，其说《易》则力辟汉儒，荀氏外降、郑君爻辰诸说，矫枉过正盖有之，而廓清虞氏之学，非如拨云雾而见日乎？然崇奖惠氏《周易述》诸书者，其力足以耸动天下之耳目，越久不衰，而惠氏半农未注全《易》，坊间所行之王氏《述闻》亦非足本，而《易》道之霾晦于今日为可悯也。**昔王西庄问戴东原曰："子之学于定宇何如？"东原曰："不同。定宇求古，吾求是。"西庄用东原之言而转之曰："求古即所以求是，舍古无是。"式三亦用西庄之言而转之曰："求是必于古，而古未必皆是。"**

黄式三《论语后案原叙》：《论语》之始出于秦火后也，曰《鲁论》，曰《齐论》，曰《古论》。篇目不同，文字亦异，学者各守师说，不合不公。自张子文兼读齐、鲁，采获所安，诸儒为之语曰："欲为论，念张文。"其后郑君康成就《鲁论》篇章考之齐、古，以为之注，当时尤贵之。魏末，何平叔与夏侯太初、荀奉倩、王辅嗣之徒，竞为清谈，祖尚虚无，是以六经为糟粕者也，而作《集解》以行于世。晋、宋、齐、梁媚佛成俗，圣教不明，儒者借列、庄之语以译释典，复援圣经贤传以文饰之，**其始以儒乱释，其终遂以释乱儒**。皇氏《义疏》，黜郑君之注而宗何，有由来矣。邢氏疏，只删皇氏之疏而就简耳。自朱子注既出，六百余年之儒说，群奉正宗，后之人补辑郑君之遗逸，考校何氏之异同，纷纷藉藉，各明专家，卒未闻有继汉轶魏，实能驾朱子上者，则朱子之所得大且多，虽愚者亦能臆测而知之也。虽然汉、魏诸说之醇，有存于何氏之解，皇、邢之疏，及陆氏《释文》诸书，而不可尽废者。诸经注疏，与子、史中杂引经文，及诸说解，有可拾其遗而补其阙者，元、明数百年遵朱子注，有能发明之而纠正之者。**近日大儒，实事求是，各尽所长，有考异文者，精训诂者，辨声类者，稽制度名物者，撰贤事迹者；有考检身心，辨析王霸，学务见其大者，有不惑于异端，复明析于儒之近异端，学务得其正者。凡此古今儒说之会萃，苟有裨于经义，虽异于汉郑君、宋陈子，犹宜择其是而存之。**试士者或遵一说，以范举业，或亦不尽拘，况说经何可拘哉？式三不揣固陋，搜讨各书，体六经异师，是非不可偏据之意，过而黜之，不如过而存之。于是广收众说，间附已意，书成，名之曰《后案》。**夫近日之学，宗汉、宗宋，判分两戒。**是书所采获，上自汉、魏，下逮元、明，以及时贤，意非主为调人，说必备乎众是。区区之忱，端在于此，而分门别户之见，不敢存也。顾惟圣道闳深，经绪纷迹，人之精力学问各有限量，奚以终穷？尚有疏略，俟诸来哲，如积薪尔。

夏炘《述朱质疑》卷十《与定海王薇香明经论〈**论语后案**〉书》：恭读大著《论语后案》两册，虽未窥全豹，已得闻纂述之大旨矣。书中云："余平生服膺宋诸儒之说。"令弟叙云："余四兄于程、朱所著之书遍读而徐悟之。"则今日能为程、朱之学者，舍先生其谁与？**夫程、朱之释经，虽不敢谓其字字句句尽得圣人之意，然其大者固得之矣。大莫大于性道诸说，于性道诸说而不得，何以为程、朱？金溪、姚江之焰今时已息，而《孟子字义疏证》又复恣其诋毁，不谓精博如先生，而亦偶有取于其说也。**又程、朱虽未能便是圣人，然皆颜、曾之侣，王佐之才，使其得位行政，皆可以制礼作乐，复三代之盛。古之一名一物无关重轻者，朱子多因仍旧说，至于郊禘大礼，非圣人不能作，非亚于圣人者不能心知其意。程子谓鲁之郊禘，成王之赐，伯禽之受，皆非也。义蕴宏深，于此等言而可驳，则乱臣贼子接迹天壤矣。周公身为王臣，与孔子异代师表，何得比而同之？朱子取赵伯循之说以言禘，而禘说大定，在伯循不过一得之智，而大贤声入心通，沛然莫之能御，所谓集诸儒之大成也。遍检诸经之言禘者，玩其本文及上下文义，何尝有一语及天？……炘窃谓**《论语》一书包罗天地，囊括古今，见仁见知，原不妨各抒心得，但其宏纲大义不可有违，庶几能继往圣之心，阐先贤之蕴，而示后学之正轨也**。相去千余里，不能北面请益，谨献其疑于左右，惟先生察之。

黄式三《春秋释》卷四《乱贼惧春秋说》：孟子言："孔子作《春秋》，而乱臣贼子惧。"疑之者曰："弑逆元凶曰：揭其策以示于前，而不惧也。且春秋以后，乱贼不绝于史册，安见其能惧乎？"式三曰："此钱竹汀、顾震沧论之矣。"疑者曰："读钱、顾二论，而未谕也，盍言其要？"式三曰："崔杼之杀史，宁殖之愧策，皆以恶名为惧者也。后世有忍于崔宁者不可得知，如犹是崔宁也者。读《春秋》而不惧也鲜矣。且孔子之修《春秋》，非特直书弑逆而使之惧也。直书弑逆，董狐等犹能为之，而孔子则能逆折臣子觊觎之心。夫古今乱贼未必不欲为善良也，积骄成侈，积侈成专，积专成忍，有骑虎不下之势，而遂为不轨者比比也。春秋之法，会盟、征伐，懔懔乎名分之不苟，于乱贼之人恶其后之所终，先于会盟、征伐诸事溯其始之所启，使为君父而读是书者，知凝霜即坚冰之渐而早绝之，而臣子之读是书者，知骄侈之渐必至弑逆，苟有不忍之心，当先绝其未萌之祸。后世之乱贼不绝，由《春秋》之义不明也。**礼节民性，不学礼者毁之。乐和民情，不知乐者乖焉**。后世以《春秋》为断烂朝报，奚怪乱贼之接踵也邪？"

章太炎《检论·清儒》：黄式三为《论语后案》，时有善言，异于先师，信美而不离其枢者也。

陈　澧

《清儒学案》卷一百七十四《东塾学案上》：自阮文达治粤，提倡学术，人材蔚兴，东塾后起，尤为大师。兼以郑君、朱子为宗主，通汉、宋之邮，意在补偏救敝，不为无益无用之学，其宗旨特为醇正。述《东塾学案》。陈澧，字兰甫，号东塾，番禺人。道光壬辰举人。九岁能为诗文，及长，凡天文、地理、乐律、算术、小学，无不研究。中年读诸经注疏、子、史及朱子书，日有课程。六应礼部试，未第。大挑铨授河源县训导，到官两月，即告归。为学海堂学长，历数十年，晚主讲菊坡精舍，以经史实学教士，勉诸生笃行立品，成就甚众。光绪七年，疆吏疏陈耆年硕德，请加褒异。诏嘉其学行纯笃，足以矜式士林，予五品卿衔。八年卒，年七十有二。先生尤好读《孟子》，以为孟子所谓性善者，人性皆有善，荀、扬辈皆不知也。读郑氏诸经注，以为郑氏有宗主，复有不同，中正无弊，胜于许氏《异义》、何氏《墨守》之学。魏、晋以后，天下大乱，圣人之道不绝，惟郑学是赖。读《后汉书》，以为学汉儒之学，尤当学汉儒之行。读朱子书，以为国朝考据之学源出朱子，不可反诋朱子。又以为国朝考据之学盛矣，犹有未备者，宜补苴之。于汉学、宋学能会其通，谓汉儒言义理无异于宋儒，宋儒轻蔑汉儒，及近儒尊汉儒而不讲义理，皆失之，著《汉儒通义》七卷。晚年寻求大义及经学源流、正变得失所在而论赞之，外及九流、诸子、两汉以后学术，著《东塾读书记》二十一卷。于乐律、音韵尤能贯通古今，折衷求是，著《声律通考》十卷、《切韵考》六卷、又《外篇》三卷。谓地理之学，当自水道始，知汉水道，则可考汉郡县，著《汉书水道图说》七卷。他注有《水经注提纲》四十卷、《水经注西南诸水考》三卷、《说文声类表》十七卷、《三统术详说》三卷、《弧三角平视法》一卷、《琴律说》一卷、《申范》一卷、《摹印述》一卷、《东塾集》六卷。(参《自述》、《文集》、史传)

《清史稿·儒林三》：陈澧，字兰甫，番禺人。道光十二年举人，河源县训导。澧九岁能文，复问《诗》学于张维屏，问经学于侯康。凡天文、地理、乐律、算术、篆隶无不研究。中年读诸经注疏、子、史及朱子书，日有课程。初著《声律通考》十卷，谓："《周礼》六律、六同皆文之以五声，《礼记》五声、六律、十二管还相为宫，今之俗乐有七声而无十二律，有七调而无十二宫，有工尺字谱而不知宫、商、角、徵、羽。惧古乐之遂绝，乃考古今声律为一书。”又《切韵考》六卷、《外篇》三卷，谓：“孙叔然、陆法言之学存于广韵，宜明其法，而不惑于沙门之说。”又《汉志水道图说》七卷，谓地理之学，当自水道始，知汉水道则可考汉郡县。其于汉学、宋学能会其通，谓：“汉儒言义理，无异于宋儒，宋儒轻蔑汉儒者非也。近儒尊汉儒而不讲义理，亦非也。”著《汉儒通义》七卷。晚年寻求大义及经学源流正变得失所在而论赞之，外及九流诸子、两汉以后学术，为《东塾读书记》二十一卷。**其教人不自立说，尝取顾炎武论学之语而申之，谓：“博学于文，当先习一艺。《韩诗外传》曰‘好一则博’，多好则杂也，非博也。读经、史、子、集四部书，皆学也，而当以经为主，尤当以行己有耻为主。**”为学海堂学长数十年。至老，主讲菊坡精舍，与诸生讲论文艺，勉以笃行立品，成就甚众。光绪七年，粤督张树声、巡抚裕宽以南海朱次琦与澧皆耆年硕德，奏请褒异，给五品卿衔。八年，卒，年七十三。他著有《说文声表》十七卷、《水经注提纲》四十卷、《水经注西南诸水考》三卷、《三统术详说》三卷、《弧三角平视法》一卷、《琴律谱》一卷、《申范》一卷、《摹印述》一卷、《东塾集》六卷。

李柏荣《魏源师友记》卷六：陈澧，字兰甫，广东番禺人。道光十二年举人，河源县训导。九岁能为诗文。及长，与同邑杨荣绪、南海桂文耀为友，复问诗于张维屏，问经学于侯康。凡天文、地理、乐律、算术、古文、骈文、填词、篆、隶、真、行书，无不研究。中年读诸经注疏、子、史及朱子书，日有课程，遂辍作诗。初著《声律通考》十卷，又著《切韵考》六卷、《外篇》三卷。其于汉学、宋学能会其通。谓：“汉儒言义理，无异于宋儒。宋儒轻蔑汉儒者，非也；近儒讲汉而不讲义理，亦非也。”因著《汉儒通义》七卷。晚年寻求大义及各家源流、正变、得失所在，为《东塾读书记》若干卷。于《礼》宗郑注，以为最精；《易》则辟虞氏之注，谓“多不可通，所言卦象尤纤巧”。《春秋公羊》以叔术为贤者，此公羊之谬，不宜墨守。何劭公注有穿凿之病。“三传‘各有得失。知“三传”之病，而后可以治《春秋》；知杜、何、范注、孔、徐、杨疏之病，而后可以治“三传”。为学海堂长数十年。至老，主讲菊坡精舍，与诸生讲论文艺，勉以笃行立品，成就甚众。吾邵魏默深著《海国图志》初成，中有可议者。澧论辨之后，默深至粤，见而大悦，遂与定交，并改其书。光绪八年卒，年七十三。著述除上录外，尚有《说文声表》十七卷、《水经注提纲》四十卷、《水经注西南诸水考》三卷、《三统术详说》三卷、《弧三角平视法》一卷、《琴律谱》一卷、《申范》一卷、《摹印述》一卷、《东塾集》六卷。

谭宗浚《希古堂集》乙集卷四《陈兰甫夫子七十寿序》：存目。

黄钟骏《畴人传四编》卷八、徐世昌《晚晴簃诗汇》卷一百三十七、丁绍仪《国朝词综补》卷三十八皆有传，存目。

陈澧《自述》：余年六十有二，大病几死。**自念死后，书我墓石者，虚誉而失其真，则恧矣。生平无事可述，惟读书数十年，著书百余卷耳。**病愈乃自述之，或者寿命犹未艾乎，他时当有续述也。述曰：陈澧，字兰甫。先世江南上元人，祖考捐职布政使司理间，迁广东番禺。考候补知县，生二子，长讳清，次则澧也。年十岁，知县君卒。年十五，伯兄卒。十七，督学翁文端公考取县学生。明年，录科第一，同时诸名士皆出其下，文端公命入粤秀书院肄业。山长陈先生厚甫，赏誉之。与桂星垣、杨浦香为友。复问诗学于张南山先生，问经学于侯君模先生。年廿二，举优行贡生。廿三，中举人。六应会试不中，大挑二等，选授河源县学训导，两月告病归。拣选知县，到班不愿出仕。请京官职衔，得国子监学录。为学海堂学长数十年，至老为菊坡精舍山长，英伟之士多出其门焉。少好为诗，及长弃去，泛滥群籍。**中年读朱子书，读诸经注疏、子、史，日有课程。尤好读《孟子》，以为《孟子》所谓性善者，人性皆有善，荀、杨辈皆未知也。读郑氏诸经注，以为郑学有宗主，复有不同，中正无弊，异于许氏《异义》、何氏《墨守》之学。魏、晋以后，天下大乱，而圣人之道不绝，惟郑氏礼学是赖。读《后汉书》，以为学汉儒之学，尤当学汉儒之行。读朱子书，以为国朝考据之学源出朱子，不可反诋朱子。又以为国朝考据之学盛矣，犹有未备者，宜补苴之。**著《声律通考》十卷，谓古有十二宫，且有转调，今俗乐惟存七调，然古律尺度俱在，可考历代乐声高下。晋十二笛可仿而制，唐《鹿鸣》、《关雎》十二诗谱可按而歌，而古乐不坠于地。又著《切韵考》六卷，外篇三卷，谓孙叔然、陆法言之学，存于《广韵》，宜明其法，而不惑于沙门之说。又著《汉书地理志水道图说》七卷，谓地理之学当自水道始。知《汉志》水道，则可考汉郡县，以及于历代郡县。又著《汉儒通义》七卷，谓汉儒善言义理，无异于宋儒。**宋儒轻蔑汉儒者，非也。近儒尊汉儒而不讲义理，亦非也。**①其余有《说文声表》十七卷、《水经注提纲》四十卷、《三统术说》三卷、《弧三角说》一卷、《琴律说》一卷、文集若干卷。生平不欲为文章，然有为先人而作者，及为亲友碑传事迹不可没者，故过而存之。晚年所著书曰《东塾读书记》，今未成。性疏直平易，颇厌俗事，惟好与学者谈论不倦。值贼乱夷乱，家计不给，晏如也。生四子：宗谊、宗侃、宗询、宗颖。宗谊早卒，宗侃生子庆稣为其后。同治十年二月述。

陈澧《汉儒通义序》：**汉儒说经，释训诂，明义理，无所偏尚。宋儒讥汉儒讲训诂而不及义理，非也。近儒尊崇汉学，发明训诂，可谓盛矣。**澧以为，**汉儒义理之说，醇实精博，盖圣贤之微言大义往往而在，不可忽也。**谨录其说，以为一书。汉儒之书，十不存一，今之所录，又其一隅，引伸触类，存乎其人也。**节录其文，隐者以显，繁者以简，类聚群分，义理自明，不必赞一辞也。**② **窃冀后之君子，祛门户之偏见，诵先儒之遗言，有益于身，有用于世，是区区之志也。若门户之见不除，或因此而辩同异，争胜负，则非澧所敢知矣。**

陈澧《切韵考序》：自孙叔然始为反语，双声迭韵，各从其类，由是诸儒传授，四声韵部作焉。而陆氏《切韵》实为大宗。盖自汉末以至隋代，审音之学具于斯矣。唐季沙门始立三十六字母，分为等子字母之名，虽由梵学，其实则据中土切音。然音随时变，隋以前之音至唐季而渐混，字母等子以当时之音为断，不尽合于古法。其后切语之学渐荒，儒者昧其源流，猥云出自西域。至国朝嘉定钱氏、休宁戴氏起而辨之，以为字母即双声，等子即迭韵，实齐、梁以来之旧法也，二君之论既得之矣。澧谓切语旧法，当求之陆氏

---

① 今按：一部中国学术史，其实也是一部相斫史。今人所撰学术史多回避冲突，淡化矛盾，亦非良策。

② 今按：此法甚佳。本书外编实用此法。重要部分文字加粗，尤可窥见古人之面貌与心迹，虽不赞一辞，亦致无上敬意也。

《切韵》,《切韵》虽亡，而存《广韵》。乃取《广韵》切语上字系联之，为双声四十类，又取《切韵》下字系联之，每韵或一类、或二类、或三类、四类，是为陆氏旧法。隋以前之音异于唐季以后，又钱、戴二君所未及详也。于是分列声韵，编排为表，循其轨迹，顺其条理，惟以考据为准，不以口耳为凭，必使信而有征，故宁拙而勿巧。若夫《广韵》之书，非陆氏之旧,《广韵》复有二种，近代传刻又各不同，乃除其增加，校其讹异，虽不能复见陆氏之本，尚可得其体例，又为通论以畅其说。盖治小学必识字音，识字音必习切语，故著为此书，庶几明陆氏之学，以无失孙氏之传焉。后出之法，是为余波，别为外篇，以附于末。

陈澧《东塾读书记》卷二：范文正公云："王者采人，岂无其要？孔子之辨门人，标以四科，一曰德行，二曰政事，三曰言语，四曰文学。以四科辨之，思过半矣。"（推委臣下论）司马文正公云："人之才性各有所能，或优于德而啬于才，或长于此而短于彼，是故孔门以四科论士，汉室以数路得人。"（乞以十科举士札子）二公论人才皆以四科。可见，**四科者，王者所以治天下也，不可缺一也。**《续汉书·百官志》注引应劭《汉官仪》曰："世祖诏丞相故事四科取士：一曰德行高妙，志节清白；二曰学通行修，经中博士；三曰明达法令，足以决疑，能案章覆问，文中御史；四曰刚毅多略，遭事不惑，明足以决，才任三辅，令皆有孝弟廉公之行。"

陈澧《东塾集》卷三《礼记质疑序》：经学难者"三礼"。国朝经学极盛，诸经师林立，而兼治"三礼"者盖寡。湘阴郭公兼治"三礼"，著书百卷，先以《礼记质疑》若干卷寄示，且命为序。澧读之匝月，想见公之读书：一句一字，注目研思，紬绎乎礼文，反复乎注疏，必求心之所安而后已；其有未（岳麓书社陈戍国先生点校本作"不"）安，则援据群经、稽核六书而为之说。故有可以（陈先生点校本无"可以"）易注者，有可以（陈先生点校本无"可以"）易疏者，有可（陈先生点校本无"可"）与注疏兼存者，于国朝经师中卓然为一家。其以封疆大吏退归田里而精治经学，则昔之经师所未有也。近者经学衰矣。求治经者于韦布中，犹不可多得也。有大吏为经师，庶可以振而兴之。儒者读书，出则募（陈先生点校本作"办"）天下之事，处则兴天下之学。办事必藉权位，兴学则得自为之。**礼学虽难，然《记》有之曰："难者不避人。"人皆避难就易，经学安得不衰与？**且公之书多与注疏异义，而题曰"质疑"，又示学者以谦慎之意。为其难，复存其慎，尤可以持风气于不敝。公昔抚粤，下交于澧。今以书命序，推许太过，澧不敢当（陈先生点校本有"也"），为序因以为谢。（陈先生点校本注明"同治十二年十二月番禺陈澧序"）

陈澧《东塾集》卷三《说文声表序》：上古之世，未有文字。人之言语，以声达意。声者，肖乎意而出者也。文字既作，意与声皆附丽焉。**象形、指事、会意之字，由意而作者也；形声之字，由声而作者也。声肖乎意，故形声之字其意即在所谐之声**。数字同谐一声，则数字同出一意。孳乳而生，至再至三，而不离其宗焉。澧少时读《说文》，窥见此意，以为《说文》九千余字，形声为多，许君既据形分部，创前古所未有，若更以声分部，因声明意，可以羽翼许书。乃以暇日为之编次，以声为部首，而形声之字属之。其属字之次第，则以形之相益为等级，以意之相引为先后，部首之音相近者，其部亦以类聚。依段氏古韵，定为十七卷。其后读戴东原书，知其尝劝段氏为此书，**谓以声统字，千古奇作**。窃自幸所见，不谬于前人。又闻姚文僖公及张皋文、钱溉亭皆尝为此，求其书读之，钱氏书不可得，姚氏书改篆为隶，张氏书则为古韵而作，与澧所编之意不同，遂存此编，弗忍弃也。澧尝欲为笺附于许君解说之下，以畅谐声同意之旨。其后更涉他学，不暇为此，姑俟异日。古人有自悔其少作者，澧编此书，年未三十，然本昔人之意，非自出臆见，虽未必为奇作，世之治小学者或有取焉，不必悔也。其书有等级，故名曰声表。吾友桂君星垣见而爱之，欲刻于版，而属澧自序其意，遂笔于卷端云尔。

金武祥《粟香随笔》粟香五笔卷八《陈京卿书》：徐固卿孝廉出示陈兰甫京卿致其尊人子远太守各函，皆《东塾集》所未载者，有云：“**自宋以来学术迭变，固由风气之转移，亦由门户之争竞，有争竞故有兴衰。然门户之争总不出孔门之四科：德行，道学传也；言语，文苑传也；文学，儒林传也；政事，则大而将相、小而循吏传是也。四科之人，皆天下所不可无，故孔门兼收而不偏废，尤不交争，争则有胜负，有胜负则必偏废，偏废则天下受其害矣。**近著《四科论》一篇，以明此意，欲学者各因所长以成其学。然言语、政事、文学固断不可无德行，而德行、言语、政事又断不能不由学而入。**德行、文学即宋学、汉学两派也。此两派者，其末流之弊，皆入于无用，然使四科之人不交争而偏废，则空山之中有一二腐儒拱手而谈理学，埋头而治章句，皆大有益于世，无用即是有用。惟独以一端倡率天下而靡然从之，则或为空疏，或为繁碎，不但无用，且有害矣。**”又云：“小学者，古人十五岁以前之学也。十五岁以前既明乎此，故十五而入大学，三年通一艺，三十而六艺皆通也。百年来儒者之治小学，为唐、宋诸儒所不及，然所著书往往精深浩博，但可为知者道，中人之资不能领解，读不终卷而置之矣。澧尝谓：近儒之讲小学，乃真白首而不能穷者，非古人所谓小学也。以汉儒之学之盛，而班孟坚尚以为禄利使然。今求禄利者既不借此，而稍稍有志者读此等书，又苦不得其门而入，此学术所以不振，虽以乾嘉中大师数辈倡明之，而今已渐衰也。**夫学问之事，莫难于入门，既入其门，则稍有智慧者必知其有味而不肯遽舍，在乎老师宿儒引而入之。入门者多，则此道日昌。其能深造者为通儒，不能深造者亦知其大略，而不至于茫昧，而文学彬彬矣。故精深浩博之书反不如启蒙之书之为功较大，而独恨百年以来未有著此等书者也。**”又云：“近时硕学魁儒，著书精博者多，而可以开初学耳目者甚少。**是以新学小生，一见古书，便惊若望洋，无由寻其门径。**澧前数年即欲与子琴大令同著小学之书，极精深而出以极简极浅，庶几可以开发初学。其实所谓小学者，正是如此，能成此等书，其功正不小耳。”

萧穆《敬孚类稿》卷六《跋东塾读书记》：番禺陈兰浦先生《东塾读书记》十卷，平正切实，乃生平绩学有得之言。近人说部之书无以加也。其读朱子之书诸条，近代为汉、宋之学者可以知大儒本领，非他儒所易企矣。朱子作张魏公行状，多为后人所议。陈先生历引《朱子语类》卷一百三十一及一百三十三论魏公等条以明之，盖后人不能全读朱子之书，即读陈先生所记，可以无疑。朱子非因与张南轩之交而曲为魏公回护矣，惟引朱子为张敬夫画像赞有云“汲汲乎其干父之劳”，赞其子而云“干父尤为直笔”，此尚未明朱子作赞本旨，此用干父，乃用古谊。《易・序卦传》：“蛊者，事也。”虞翻、李鼎祚之书皆主干父之事，能承先轨堪任为解。《颜氏家训・治家篇》亦主此义。……盖唐以前诸家所述干父之文均宗古谊。宋以后乃有解干蛊为能盖父之愆如舜、禹之事者，即朱子著经，多与先儒有所不合，至其寻常诗文，引用故事必宗古义，不肯自我作古。观其注《诗》“青青子衿”，以为淫奔之诗，及作《白鹿洞赋》有曰：“广青衿之学校。”则仍用古义可以知之矣。朱子与张敬夫为道义至交，敬夫当日与朱子书，尝攻朱子为学之病，敬夫殁后，朱子订其文集，凡有书札，一一录存，以志良友切磋之谊。其为像赞，所云汲汲乎其干父之劳者，只是赞其能干父之事，能承先轨之意，断不至云干父为能盖父之愆，以伤亡友之心可知也。当时为魏公行状，朱子尚未深知李忠定事实，只凭敬夫所为魏公事实为之，后见光尧实录，乃知其误，而卒不删此状，亦并不涂改此状，亦存不伤亡友之心之意可知也。朱子既知李忠定之事实，不欲更为李公传状，后为李丞相奏议后序，何等推尊。序中所云谗间蜂起，遭谗以去者，而魏公之参劾忠定亦未尝不包罗在内。盖两公之是非，朱子原知，后人所共知之，不必待已之显白，大贤之所为固如是也。惜陈先生已逝，不及以此义质之。

章太炎《检论·清儒》：晚有番禺陈澧，善治声律、《切韵》，为一家言。当惠、戴学衰，今文家又守章句，不调洽于佗书，始鸠合汉、宋，为《通义》及《读书记》，以郑玄、朱熹遗说最多，故弃其大体绝异者，独取小小翕盍，以为比类。此犹剪豪于千马，必有其分刌色理同者。澧亦絜行，善教授，诸显贵务名者多张之。弟子不能传其声律韵书，稍尚记诵，以言谈剿说取人。及翁同龢、潘祖荫用事，专以谀闻召诸小儒；学者务得宋、元雕椠，而昧经记常事。清学始大衰。仲长子曰："天下学士有三奸焉。实不知，详不言，一也；窃他人之说，以成己说，二也；受无名者，移知者，三也。"

江　沅①

《清儒学案》卷七十六《艮庭学案·艮庭家学·江先生沅》：江沅，字子兰，一字铁君，艮庭孙，贡廷子。优贡生。金坛段大令玉裁侨居苏州，先生出入其门者数十年。段著《六书音均表》，发明平、上、入分合相配，曰："此表惟江叔沄祖孙达其意耳，外此恐无人知之。"先生先著《说文释例》，后段属以其《十七部谐声表》之列某声某声者为纲而件系之，声复生声，则依其次第，为《说文解字音韵表》② 十七卷，凡段氏之讹者，亦加驳正焉。尝从彭进士绍升游，得古文之法。又工填词。先后一游闽、粤，余则里居教授时为多。卒年七十二。（参《苏州府志》）

《清史稿·儒林二》：沅，字子兰。金坛段玉裁侨居苏州，沅出入其门者数十年。沅先著《说文释例》，后承玉裁嘱，以段书十七部谐声表之列某声某声者为纲，而件系之；声复生声，则依其次第，为《说文解字音均表》，凡十七卷。沅于段纰讹处略笺其失，其言曰："**支、脂、之之为三，真、臻、先与谆、文、欣、魂、痕之为二，皆陆氏之旧，而段氏矜为独得之秘，严分其界以自殊异。凡许氏所合韵处，皆多方改使离之，而一部之与十二部，亦不使相通。**故皕之读若秘，改为逼肊之乙声，删去声字；必之弋亦声，改为八亦声，而于开章一篆说，解'极一物'三字，即是一部、十二部、十五部合韵之理，于是绝不敢言其韵。直至亥字下重文说之也，十二、十三两部之相通者，惟民、昏二字为梗。故力去昏字，以就其说。畀字囟声，十五部也，缌从畀得声，而缌即古綦字，在一部，遂改畀字为甶声，以避十五部与一部之合音。**凡此皆段氏之症结处也。**"③ 又曰：

---

① 《经解入门》原文称"治经学必先治小学，以上诸老皆然。而小学之尤深者"，因顾炎武、臧琳、臧镛堂、江永、江声前面已有传，此不赘述。下同。

② 说文解字音韵表：清江沅撰。十七卷。今传于世。此书按段玉裁古韵十七部，取《说文》所收字，按古韵编次。此书对弘扬段氏古音学起到积极作用。（许嘉璐主编《传统语言学辞典》第349页）

③ 此段点明段玉裁音韵学的死穴。乾嘉考据学家如段玉裁者往往未能严格遵循学术规则，甚至篡改、隐匿证据，留下了诸多的遗憾。

“段氏论音，谓古无去。故谱诸书，平而上入。沅意古音有去无入，平轻去重，平引成上，去促成入。上、入之字，少于平、去，职是故耳。北人语言，入皆成去，古音所沿，至今犹旧，非敢苟异，参之或然。”沅当时面质玉裁，亲许驳勘①，故有不同云。卒，年七十二。

冯桂芬《（同治）苏州府志》卷八十四：江沅，字子兰，声（见元和）孙。优贡生。为文好窈渺之思，屡试于乡，不得当而岁科试辄冠侪偶。平生最精《说文》。金坛段玉裁作《说文解字注》，多所商榷。尝以《说文》五百四十部从段氏《音均表》十七部编之字，为之注，凡段氏之讹者加驳正焉。篆书自名一家。尝从彭进士绍升游，得古文之法。又工填词，先后一游闽、粤，余则里居教授时为多。卒年七十有二。（朱绶传）与沅同时齐名，有顾元熙、李福、蔡云、顾见、长洲蔡见。元和李福字备五，为诸生，以科举文教授里中，及门多登第，而福晚年始预乡荐，屡上春官不第，就职州同以卒，生平最工书，书法在虞、褚之间。同时又有管英字俊三，文名亦相亚，为人跅弛。嘉庆丙子举人，未及会试而卒。

江沅《说文解字音均表·弁言》：……指事、象形、会意、形声四者，用以造字之法也。转注、假借二者，字既造而用之之法也。数字一义为转注，一字数义为假借，其说不可易矣。转注、假借二者，不能见于错画之中，则其为用字之法，又何疑哉！其不可以《说文解字》之部首当“建类一首”之义，凡某之属皆从某当“同义相受”之义者，许氏“建类一首”二语，解古人转注之意，非申己所作《说文解字》之例也。许氏遵古六书而作《说文解字》，非六书之义因《说文解字》而后有也。转注、假借之义在《周礼·保氏》，《说文解字》之分别部居在后汉，安有周之保氏为后汉许氏作《说文解字》例哉！是故《尔雅》之“始也”、“君也”等为“建类一首”，“初、哉、首、基”，“林、烝、天、帝”等为“同意相受”，东原戴氏之说，诚如日月之出，而爝火可息矣……支、脂、之之为三，真、臻、先与谆、文、欣、魂、痕之为二，皆陆氏之旧也。段氏谓前此未有发明其故者，遂矜为独得之秘，故于《说文解字》严分其介，以自殊异。凡许氏所合韵处，皆多方改使离之，而一部之与十二部亦不使相通，故“㘝”之读若“秘”改为“逼”，“肊”之“乙声”删去“声”字，“必”之“弋亦声”改为“八亦声”……凡此皆段氏之症结处也。(下略)②

石韫玉《独学庐稿》五稿卷二《江铁君制义序》：制义为文章之一体，所托甚高，其体代孔、孟立言，非三代以上之书不敢述，非寻常论说之文所可同日语也。近日操觚之家，不守先民矩矱，以致文章日敝，**而约举文章之敝，大略有三：读书不多也，析理不精也，用心不深也。惟读书多，然后能达天人之奥。惟析理精，然后能探圣贤之蕴。惟用心深，然后能去陈言而发新义，否则，稗贩于房书闱义之中，相与习成，雷同剿袭之说而已矣。**江子铁君为先辈叔云先生之文孙，少承家训，修学好古，既长从彭尺木、汪爱庐两先

---

① 段玉裁致陈寿祺书称：“子兰与顾千里，苏之二俊也。”《答黄绍武书》亦云：“徐心田、许周生、戴金溪、江铁君、李四香、臧在东皆学者也。”(见《经韵楼集》卷十二)

② 见《续修四库全书》第1560册，又见《清儒学案》第2932~2936页。

生游，观摩奋厉，务蕲深造古人堂奥，最后游于钱辛楣先生之门，闻其微言绪论，所学益有根柢。其所为文，一以先正为宗，虽不谐于世俗之好，弗顾也。尝集有明至今三百年以来诸名家之稿，详加抉择，取其合者手录之，裒然成帙，于斯事可谓三折肱矣。予尝谓**文章有难易两途，若班、扬文之难者也，欧、苏文之易者也**。即以制义而论，为其难者文止、大力诸公是也，为其易者大士、陶庵诸公是也。予生平为文，往往出之以易，而江子好为其难，趋向不同，然而交相善也。善乎庄生之论斫轮也，曰："与其甘而不固，毋宁苦而不入。"若江子之文，殆宁居其苦，而弗屑于甘者与？江子积平生所作，仅二百篇，其及门之士将付诸梓人，余因以荒言引其端，将以告夫当世操觚者。

龚自珍《己亥杂诗》：铁师讲经门径仄，铁师念佛颇得力。似师毕竟胜狂禅，师今迟我莲花国。原注：江铁君沅是予学佛第一导师。先予归一年逝矣。千劫无以酬德，祝其疾生净土。

钱　绎

《清儒学案》卷八十四《潜研学案下·潜研家学·钱先生绎》：钱绎，初名东墉，字子乐，一字以成，号小庐。诸生。少承家学，尝以诸经句读征引家互有异同，据武亿《经读考异》，参稽群籍，为《十三经断句考》。弟侗治《方言》，未竟而卒。先生取其遗稿，删补厘正，为《方言笺疏》。又著《尔雅疏证》、《说文解字读若考》、《字诂类纂》并《释大》、《释小》、《释曲》诸篇，触类引申，时称精博。工诸体书。卒年八十。

《清史稿·儒林二》：东垣与弟绎、侗，皆潜研经、史、金石，时称"三凤"。尝与绎、侗及同县秦鉴勘订《郑志》，又与绎、侗、鉴及桐乡金锡鬯辑释《崇文总目》，世称精本。

《清史列传·儒林传下一》：绎，初名东墉，字以成。少承家学，尝以诸经句读征引家互有异同，据武臆原本参稽群籍，折中至是，为《十三经断句考》。又著《方言笺疏》十三卷，五方之民，言语不通，循声译字，字虽无定而音理可推。是书于展转互异处，寻其音变之原，古人以声释文之旨于斯大启。他著有《说文解字读若考》三卷、《阙疑补》一卷、《释大》、《释小》各一卷、《释曲》一卷、《训诂类纂》① 一百六卷。②

《清续文献通考》卷二百六十《经籍考四》：《方言笺疏》十三卷，钱绎撰。绎初名东墉，字以成，一字小庐，江苏嘉定人。

李兆洛《养一斋文集》卷三《钱子乐〈十三经断句〉序》：授句读，童子师事也，言学者或略焉。夫经之为书，托于文字，传于声音，显于训诂，定于章句。因文以记音，音别而后求训焉；累文以成句，句别而后求章焉。独文为训，连文而殊，孤句立解，累句而异。句者，文字、声音、诂训之会，而发挥事理，斐然成章之所始也。故大学始事即曰离经。离之而后能合之也。独字不可诵，句而后可诵，声之引也。声之引资乎气，当讽诵

① 《书目答问》作《字诂类纂》。

② 见中华书局本第 17 册，第 5504 页。

时，缓急出入，周疏迟速，高下之节出焉，而气随之，而心之解悟因之。善讽诵者，句读明而义理自见，入于耳而不烦于言，气为之也。气之所为眇矣，能授诸神而达之于心。古人诵诗，即以学乐。即诗之句读，而乐之曲直、繁缛、节奏一以贯之也。古人之文如其口语，句读即其辞气云尔。辞气得，则诵其文如闻其语。故殷盘周诰号为诘屈，讽诵之久，心神爽然，有心能领之而口不能传之者焉。至于义理之释，凭于字句，一字之上属下属，一句之或绝或连，其差甚微，违迕斯大。刘歆《移让博士》已有分文析字之讥。虎观诸儒，此类弥广。康成以下，经师竞出。新致几于望文生义，各以意属，而持之成理，或末师贤于往故，此又多师之藉也，而徒以为童子师之事乎哉？众家泛滥，荟萃为难。钱君子乐综而辑之，条流既通，探索皆遍，其所依正，必衷于当，可以审疑似，辨异同，寻古师之真，启方来之悟，裨益于讲贯者多矣。曩吾友庄君卿山欲成《十三经异文》一书，本之《释文》，旁诹诸家，断自唐以上形声之异，皆备著之，惜其中道赍志。先生此书已将断手，或更策高第弟子集录而订成之，则小学之支裔，备治经之纲领，揭当贤于梳栉服、贾，爬罗崔、庾，为一家之学者，谬附起予，幸垂心焉。

钱绎《方言笺疏自序》：《方言笺疏》之作也，余弟同人实首创之，未及成而即世。其本藏之箧笥者，十有余年，及赋梅侄弱冠后，始出以示余。余阅其本，简眉牍尾，如黑蚁攒集，相杂于白趁趁之中，几不可复辨。余悯其用力之勤，而惧其久而散佚也，乃取而件系之，条录之，凡未及者补之，复出者删之，未尽者详之，未安者辨之，或因此而及彼者，则触类而引伸之。譬之筑室，其基址、材木、陶埴之资，则同人已具之。若阴阳向背、体立覆盖、墙垣黝垩、户牖门橛，则予实成之。竭数年心力，始得脱稿。自后时加厘正而涂乙篡改者，又十之六。书成后，间嫌有繁冗处，思欲更为删节，重复抄写。多事卒卒，殊少暇晷，兼之手战目眩，不能捉管，盖是时余年亦已耄矣。同邑吴子啸庾，与余为忘年交，于侪辈中独好训诂之学。余出此稿示之，嘱为参订，颇有条理，且录清本贻余，后为寿阳祁相国索去。吴子又为余录有此本，我子孙其弆之，毋任鼠伤虫蚀也。昔毛西河有弟纂《易传》，未卒业而殁，西河为续成之，今所传《仲氏易》即其本也。余之学视西河，无能为役，而事适相类，亦愈以增鸰原之戚矣。爰述其缘起，及成书之本末如此。时咸丰建元辛亥仲春嘉定钱绎自序。

毛岳生《方言笺疏序》：嘉定钱少詹事辛楣先生，问学闳深，达于天人，为海内硕儒。先生之弟可庐征士三子，长既勤东垣，次子乐绎，季同人侗。俱有文行，余皆识之。而与子乐尤习。子乐以开敏之材智，承家学之渊源，究穷经术，先后成《十三经汉学句读》、《孟子义疏》。又与弟同人疏扬子《方言》，都二十余万言，义沉而体大，识邃而说创。又工篆、隶、真书，当其雅质，往往不愧汉、唐人。性和易谦慎，长者多言其似少詹事、征士二先生。先大父简州公与二先生交厚，先子又学于少詹事，子乐固余丈人行，年齿又长，而素重余。自少至今，讲说日亲，遂成故旧。余屡远游，以性寡合，知友不过数人，家居则惟子乐、敦夫、子仁、子劭、子仁之兄损之丈与贤子潜夫而已。子仁家西溪上，与子乐诸贤居近。余居城中，少远。远游归，辄主子仁家。子仁昆仲父子喜宾客谈燕，诸贤亦乐就，余益往复论辨理道文学，务穷极奥赜浩博。或不合，率固争执不下，气至理得，则又互规美矜异。酒酣，则间纵谈神仙鬼怪，或征引故老琐事里谚相戏嘻为乐。窃谓古之直谅多闻，与魏、晋贤者聚处莫过焉。既而损之丈、子劭、潜夫先后亡，敦夫为教谕，官颖州之太和。里居惟余与子仁、子乐三人，虽问寻旧乐，而豪纵之气多不如前，甚至默然相对，移时别去，不特死生存亡之痛，有慨于中，而三人亦衰病，畏剧谈狂饮，颓然老矣。嘉庆十八年，余与子乐同应乡试。子乐瞩为其《农夫像赞》，已诺之，忽忽二十七八年，子乐屡以为言。道光二十年六月望后，余自苏州归，重见于子仁家，复固乞之。夫子乐文学著述之精赡，余诚不逮。至于困踬伏处，蒙时俗讪笑，为儿曹辈所侮，二人无异焉。然则赞子乐者，莫余宜也。词曰："学通古训，艺高儒雅。谦谢方闻，退甘椎野。形颀而眉庞，目耽而言讷。儒也农欤？迷邮之楬。"宝山毛岳生。

钱　侗

《清儒学案》卷八十四《潜研学案下·潜研家学·钱先生侗》：钱侗，初名东野，字同人，号赵堂。嘉庆中，召试赐缎，充文颖馆校录，授知县，以忧归卒。少即以《大学》郑注校朱子《章句》，能举其同异。治《说文》，通历算，竹汀撰《宋辽金元四史朔闰考》未竟，先生证以群书及金石文字，凡非月朔而有干支可推者，如生日、圣节、射柳、击球、御殿、游幸、廷试皆有一定日期。又伪齐用金正朔，其朔可考，金必相同。计补辑一千三百余条，废寝食而后成。王侍郎昶撰《金石萃编》，所论地理、官制多采先生说。又著《孟子正义》、《九经补韵考证》、《说文音韵表》、《说文重文小笺》、《说文孳乳表》、《方言义证》、《释声》、《吴语诠》、《群经古音钩沉》、《正名录》、《至圣世系表》、《金石录》、《续隶释》、《赵堂日记》、《历代钱币图考》、古《钱待访录》、《集古印证》、《斯乐堂诗文集》、《蓬莱山馆诗草》。子师璟字子宋，著《钱氏艺文志》。（参《续畴人传》诸书）

《清史稿·儒林二》：侗，字同人。于历算之学，亦能究其原本。大昕撰《宋辽金元四史朔闰考》，未竟而卒，侗证以群书、金石文字，增辑一千三百余条。日夕检阅推算，几忘寝食，卒因是感疾而殁。

《清史列传·儒林传下一》：侗，字同人。诸生。嘉庆十三年，淀津召试二等，赏大缎。充文颖馆校录。十五年举人，议叙知县。侗于《说文》用力致深，精讲韵学，熟于古音之通转。尝征集群书同物异名之文，比而释之，为释声八卷。其序曰："言小学者有二端：曰故训，《尔雅》、《说文》之属是也；曰声音，《释名》之属是也。**有文字然后有训诂，而声音实在文字之先。故言小学必通训诂，言训诂必先识字，欲识字必先审声音。**所谓声者，萌芽于二仪初判之时，广益于草昧既开之后，非后世四声、七音、三十六母之说也。周公制《尔雅》有《释诂》，言训独无释声与名者，是以刘氏广之《释名》一书。"又曰："《论语》'必也正名乎'，《记》曰'书同文'。天下古今之名之文，可正而同也。天下古今之听音，则莫能一也。夫声随人变，则字亦随之俱变，书传所纪，异言殊俗，纷更错杂，新学后进，罔识据依。甚者不知督邮为独摇，而疑神农尚无此官，不知文无即靡芜，而谓当归以赠羁旅，此《释声》之书所以继《释名》而作也。”又曰：“《尔雅》而外，以为言故训者，首推许慎；言声音者，当宗刘熙，取其诠释诸名，俱以声为定准。盖有得乎六书形声之旨者，而彼所释必据声音以求故训，此所释则皆以声音概文字，故命名尔殊也。”其书冥思苦索，积年乃成。又有《群经古音钩沉》四卷、《正名录》四卷、《九经补韵考》二卷、《说文音韵表》五卷、《重文小笺》二卷、《孳乳表》二卷、《方言义证》六卷、《吴语诠》六卷。侗于历算之学，亦能究其原本，大昕撰《宋辽金元四史朔闰考》，未竟而卒。侗证以群书、金石、文字，增辑一千三百余条，日夕检闻推算，几忘寝食，卒因是感疾而殁。他著有《金石录》四十卷、《续隶续》三卷、《古钱待访录》二卷、《乐斯堂文集》。①

姚椿《钱同人墓志铭》：吾友同人，学近于古，又欲有用于世，其意不欲徒为今之学。自其家世父兄皆以巨人长德服海内，君少涵长濡，质与俱化，沉笃好问，早如成人，又资于世之名公卿贤士大夫，以成其业，故年逾弱冠，而遂有闻于远迩。君未尝自足，弥益不怠，卒以勤学笃行死，名不及上第，年不及中寿，书未及成，而学未见其竟也，悲夫！悲夫！君于学通训诂，自其少时，即能以《礼记》郑注校朱注《大学》同异，其后卒为《孟子正义》书，尤精讲韵学，熟于古音之通借，以为古人声即寓义，于物皆然。于《说文》用力致深。予初见君于青浦王侍郎家，君方为侍郎纂《金石萃编》，侍郎称其才。予每过侍郎家，未尝不与君倾倒极论也。其后复见君于京师，既而西行，奉讳归，则闻君以天津召试列二等，赐内府文绮，充补文颖馆校录，又举顺天乡试。越三年，以亲忧归，归二年而卒，嘉庆二十年十一月也，年三十有八。君讳侗，太仓州嘉定人。父征君大昭，举今上元年特科孝廉方正，世所称可庐先生者也。征君虽不仕，而其名与其兄詹事公埒。生子三人，皆有名，君其季也。君貌不苟合，然亦以和接物，遇事即不肯推诿。嘉庆十一年，岁饥，君佐征君治邑赈事，甚有条理。越八年，复饥，亦如之。先是，赵君曾令嘉定与君相引重，及后摄宝山，君贻书以成法告之，赵君用其言，两邑之民交欢于道。君伯兄东垣以松阳知县居忧书来，言曰：“君知吾弟者，宜有云。”予以为，传之久且远者，莫如铭宜。予文固不足以重君，然而松阳君所以诿诿之意，与子所以哀君之心固不可诬也，故为铭。铭曰：呜呼！学既博，郁莫发。仕有阶，卒未达。藏虽深，名不遏。嗟我铭，著毫末。②

阮元《畴人传》卷第四十九：侄侗，字同人，嘉庆十五年举人，书馆议叙，以知县选用。性颖悟，精于考核，于历算之学亦能究其原本。先是，大昕因元修《辽史·天文志》有《闰考》、《朔考》，爰仿其例，撰《宋辽金元四史朔闰考》，将及成书，遽捐馆舍。侗念其遗稿未全，不忍弃没，更取正杂诸史，复加编次，证以群书金石中之有关于四朝者，参互考订，凡书数百种，金石二千通，翻阅厘补，其非月朔而有干支可以逆推者，如各帝之生日、圣节金之射柳及击球并御常武殿临幸东宫元之廷试皆有一定日期，又如伪齐刘豫用金正朔，其朔可考，金必相同，计所增者一千三百余条，日夕检阅推算，几忘寝食，卒因此感受寒邪成疾。易箦时，犹喃喃道甲子不绝口。（《四史朔闰考》）

平步青《霞外攟屑》卷五“字号假借同音”条：字形离合者，如刘侗字同人，李楷

① 详见中华书局本第17册，第5504~5505页。

② 见《碑传集补》卷四十。今按：诿诿，嘱托。

字皆木，尤侗字同人，汪价字介人，蒋伊字尹人，朱筠字竹均，钱侗字同人之类。

王昶《湖海诗传》卷三十八《题钱同人策蹇访碑图》：断碣残碑半草莱，零星只字等琼瑰。一鞭遥指斜阳里，不为寻梅得得来。〇搜奇嗜古本家风，雅与欧阳结习同。他日书成应自笑，十年辛苦万山中。

彭兆荪《小谟觞馆诗文集》诗集卷七《错刀图歌为钱同人侗作并序》：嘉定钱子同人，承其尊甫可庐先生及世父竹汀先生家学，覃研文字，旁逮吉金乐石所遗，性嗜古钱，搜罗尤富，著《钱币考》若干卷。间取张平子“美人赠我金错刀”诗意，绘图索题，为赋此诗。〇黄标紫标奉骄王，十囊五囊入枣郎。铜山迮壁等聚秽，抱丸举眼多蜣蜋。世间风汉乃有子，直视泉刀作图史。铸币上溯商周秦，谱录旁搜董洪李。苔花土晕纷锵然，古香摩挲众制妍。市儿傍瞰或大噱，争抵三百青铜钱。天涯同调谁殊俗，绝代蛾眉在空谷。绘图略比瑶华贻，却立嫣然鬓云绿。素心名士托倾城，河间姹女空满籝。千秋断璧零珪意，一种明珠翠羽情。书生结习真无那，贮箧开元半规破。狂思平子报琼瑶，侈拟班生谈食货。展绡笑与呼真真，别有闲愁赋感春。一个金钱是谁掷，年年只解卜离人。

谢启昆

《清儒学案》卷八十九《惜抱学案下·惜抱交游·谢先生启昆》：谢启昆，字蕴山，南康人。乾隆辛巳进士，改庶吉士，授编修。出为镇江、扬州、宁国知府，历江南河库道、浙江按察使、山西、浙江布政使，擢广西巡抚。博闻强识，早以文学名。及外任，明决吏事，所持坚正。尤善于理财，时各行省多缺帑，调剂郡县利病，立法以赢绌相补，所莅能完久亏之额。在广西，治民抚猛，筑湘、滩之堤以为民利，民戴之。嘉庆七年卒，年六十六，祀名宦祠。著有《西魏书》、《小学考》、《树经堂集》、《广西通志》。(参惜抱撰《墓志》)

《清史稿·文苑一》：谢启昆，字蕴山，南康人。乾隆二十五年进士。由编修简镇江知府，后至广西巡抚，卒官。尝筑湘、漓二江之堤，详见本传。又修《广西通志》，阮元言可为省志法。启昆以《魏书》专主东魏，不载西魏四主，《北史》亦无纠正，乃作《西魏书》十二篇。

姚鼐《惜抱轩文集》后集卷七《广西巡抚谢公墓志铭并序》：公讳启昆，字蕴山，世居江西南康之苏步，公后徙居南昌南郭，乃以苏潭为自号云。公于乾隆二十五年庚辰科会试中式，次年殿试，以朝考第一名选庶吉士，年二十五。乾隆三十一年授编修，既而充国史纂修官、日讲起居注官，出为镇江府知府，又知扬州府、宁国府，擢授江南河库道、浙江按察使、山西布政使，调浙江布政使。今上亲政，命为广西巡抚，凡三载，嘉庆七年六月乙丑终于位，年六十六。公为知府时，即明决于吏事，所持坚正，上官虽异意而不能夺，屡以善绩称于江淮矣。及为藩司，其时各省官帑多缺，或公私相胥，阅历数官，前后援倚，所亏愈多，不可补复。公持身廉洁，而智能究郡县利病之多寡，立法以其赢绌相补，任使尽其能，操纵当其时，故莅不数年，无造怨于吏民，而能完久亏之额。……其卒也，以盛暑步祷雨致疾。上闻甚悼惜，赐金治丧，又诏赐祭葬。其后广西士民呈于大府，请以公入祀名宦之祠。公自少本以文学名，博闻强识，尤善为诗，其才宏赡精丽，兼具唐、宋名家之体。所为《树经堂集》若干卷，杂古文四卷，《西魏书》若干卷，《小学考》若干卷，晚成《广西通志》若干卷，则士谓公文学、吏治盖兼存于其中焉。(下略)

王昶《湖海诗传》卷二十二：谢启昆，字蕴山，号苏潭，南康人。乾隆二十五年进士，官至广西巡抚。有《树经堂诗集》。〇《蒲褐山房诗话》：蕴山为覃溪少卿入室弟子，笃信师说，故宦辙所至，留心著撰。在京口、邗江，遇古迹，题咏而表章之。又得秋帆制军《史籍考》未全之本，补缀成书，凡若干卷。至桂林，作《粤西金石志》，与覃溪《粤东金石志》并行。又招县丞王尚珏、孝廉方正胡虔等修《广西通志》，微显阐幽，搜罗博洽。为诗不名一家，而详于咏史，足资后来考证。

李斗《扬州画舫录》卷一：谢启昆，字蕴山，南康人。进士，入翰林，出为扬州太守，扶养士气，主持风雅者数年。嗣升河库道，晋浙江按察使司、山西布政使司。文章经术为一时宗仰。著有《西魏书》，可补正魏收之阙。书之梗概，吾友凌仲子进士廷堪叙之最详。(下略)

张维屏《国朝诗人征略》卷三十七、徐世昌《晚晴簃诗汇》卷九十皆有传，存目。

谢启昆《小学考自序》：古者书必同文，政先正名。小学为经艺、王政之本，故自幼习书计，至于成人授经，三年而通一艺，三十而“五经”立。《尔雅》出周、孔之徒，以正名物。《三仓》、《急就》迭兴，而汝南许君集其大成。孙叔然，受业北海郑君门人，始作翻切，学者务极其能，于是音训之书备焉。盖小学本附群经，汉之《七略》、《艺文》，梁、隋之《七录》、《经籍》皆然。秀水朱氏撰《经义考》，有功经学甚巨，但止详《尔雅》，余并阙如。**吾师翁学士覃溪先生**作《补正》，又欲广小学一门，时为予言之。余惟国家稽古右文，广收载籍，汇为《四库全书》，群经之后，次以小学，敕误诸书即谨载焉，郁乎盛矣。乾隆乙卯，启昆官浙江按察使，**得观文澜阁中秘之书，经始采辑为《小学考》**。后复由山西布政使移任浙江，从政之暇，更理前业，成书五十卷，卷首恭录敕谕；次训诂，则续《经义考》尔雅类，而推广于《方言》、《通俗文》之属也；次文字，则《史篇》、《说文》之属也；次声韵，则《声类》、《韵集》之属也；次音义，则训读经史百氏之书。训诂、文字、声韵者，体也；音义者，用也。体用具而后小学全焉。《大戴礼记》鲁君“欲学小辨，以观于政”。孔子曰：“《尔雅》以观于古，足以辨言。”是小学通于为政，经术致用之儒必有取尔矣。助为辑录者，桐城胡征君虔及海宁陈鳣。鳣，余所举士也。时嘉庆戊午夏季，越五年壬戌，重加厘定，乃付板削焉。

钱大昕《潜研堂集》文集卷二十四《小学考序》：**六经皆载于文字者也，非声音则经之文不正，非训诂则经之义不明**。《尔雅》一编，肇始于周公，故《诗》赞仲山甫之德，则曰“诂训是式”；宣尼告鲁哀公，亦云“《尔雅》以观于古”。厥后，七十子之徒、叔孙通、梁文诸人递有增益，如“张仲孝友”、“瑟兮僩兮”、“谑浪笑傲”之类是也。后儒执此数言，疑为汉人缀集，各出新意以说经，而经之旨去之弥远矣。自仓颉创作文字，而黄帝因之以正名百物，古之名，今之字也。古文、籀、篆体制虽变，而形、声、事、意之分师传具在，求古文者，求诸《说文》足矣。后人求胜于许氏，拾钟鼎之坠文，既真赝参半，逞乡壁之小慧，又诞妄难凭，此名为尊古，而实戾于古者也。声音固在文字之先，而即文字求声音，则当以文字为定。字之义取于孳，形声相加，故六书唯谐声为多。后人不达古音，往往舍声而求义，穿凿傅会，即二徐尚不能免，至介甫益甚矣。古人之意不传，而文则古今不异，**因文字而得古音，因古音而得古训，此一贯三之道，亦推一合十之道也**。《汉志》以小学入《六艺略》，后之志艺文者莫不因之。秀水朱氏《经义考》博稽传注，作述源流，最为赅洽，而小学独阙，好古者有遗憾焉。方伯南康谢公蕴山枕葄经史，博综群言，早岁紬书东观，得窥金匮石室之藏，既而典大郡，陟监司，公务之余，铅椠未尝去手。每念通经必研小学，而古今流别，议论纷如，乃遵秀水之例，续为《小学考》。顷岁领藩两浙，人和年丰，海壖绥靖，**文澜阁颁赐中秘书，职在典守，时得寓目，乃出旧稿，参以新得**，分训诂、文字、声韵、音义为四门，为卷凡五十，既成，贻书见示，读之两阅月而毕。彬彬乎！郁郁乎！采摭极其博，而评论协于公，洵足赞圣世同文之治者乎！(下略)

翁方纲《复初斋文集》卷二《小学考序》:《小学考》者，补秀水朱氏《经义考》而作也。朱氏之《考》既类次《尔雅》二卷，而形声训故之属阙焉，是后学之责也。顾南原自言《隶辨》一书为解经而作，意固善矣。往者学人狃于帖括之习，沿塾师音义，几不识古字古训为何物。迩年士大夫则又往往侈谈复古，博稽篆、籀、古隶，审定《说文》、《尔雅》，阐形声订同异，而于童年肄诵经书实义或转不之省。某尝谓:“近日考古嗜博者，每求之六合之外，而遗于耳目之前。”嘉兴王惺斋有言:“今人为文，弃韩、欧诸家所用之字，而好辨许祭酒重文、张次立附字，此学者之大患也。”昔宋鄱阳洪氏续《急就》，类《滂喜》，自以为博识矣，其究也徒启滥觞之弊，于复古乎何有？然平心论之，学者鉴彼兔园册子，局束见闻，则又不得不引伸类长，旁极而摹据之。**夫学问之实，惟在识力正定而已。苟其识力之不正也，务博之失，与苟简之弊均也。如其气足以内养，力足以自充，则与其陋也宁博，与其臆断也无宁稽古矣。**曩在馆下，每以此事谂吾谢子，今三十余年，而谢子从政之余，果克裒辑成书。是其养气有余，而识力正定之验也。读是编者，幸勿忘其为解经而作，则得之矣。

姚鼐《惜抱轩诗文集》文集卷四《小学考序》:六艺者，小学之事，然不可尽之于小学也。夫九数之精，至于推步天运，冥测乎不得目睹之处，遥定乎前后千百载不接之时，而不迷于冥茫，不差于毫末，此术家之至学，小子所必不能也。**夫六书之微，其训诂足以辨别传说之是非，其形音上探古圣初制文字之始，下贯后世迁移转变之得失，此博闻君子好学深思者之所用心，小子所不能逮也。**至于礼乐，则固圣贤述作之所慎言，尤不得以小学言矣。然而谓之小学者，制作讲明者君子之事，既成而授之，使见闻之端于幼少者，则小子所能受也。今夫行万里穷山海者，纪其终身之所履，艰危劳苦之所仅获，以告于居不出于室中者，可以一日而尽得也。夫小学者，因亦若是而已。秀水朱锡鬯检讨尝作《经义考》，载说经之书既备，而不及小学。今南康谢蕴山方伯以为，小学实经义之一端，为论经始肇之事。且礼乐则言之大广，射御则今士所不习，九数则诚术家专门之所为，惟书文固人人当解，学者须臾不能去，非专门之事也。前世好古之儒固多究心于斯；至于今日，其书既众，或因旧闻而增深，或由创得而迈古，虽其间粹驳浅深，为者或不必尽同，然而彼皆欲自为其艰危劳苦，而授小子以逸获之道，其人其志固皆不可泯也。因辑汉以来言文字训诂形音之书，至于今日英才博学所撰，举载于编，凡若干卷，名之曰《小学考》，以补朱氏之所未备。其言笔势八法者，乃弃不录，以其无关于经学也。考成，以其书示某。某诚嘉方伯有不遗众善采辑之美意，又以为能尽大人君子之心，乃能授其教于小子。方伯之用心如此，异日助成国家礼乐之修，其亦有望也与？嘉庆三年八月，桐城姚某序。

俞樾《春在堂杂文》四编卷七《重刻小学考序》:国朝秀水朱氏撰《经义考》，《尔雅》二卷外，凡形声训故之书皆未著录。于是南康谢氏继之有《小学考》之作。其首二卷谨录我朝奉敕撰著之书，此外分为四类，曰训诂，曰文字，曰声韵，曰音义。每一书之下，详载其原序及各史著录、诸家评论之语，一如朱氏体例而加详焉。故虽止小学一门，而为书至五十卷，可谓博矣。夫士不通经，不足致用。而非先通小学，无以通经。宋、元以来士大夫高谈性命，声音训诂未及讲求。王荆公固作《字说》者，而霸字从西从雨，茫然不知。王伯厚博极群书，而孝、孷二字误合为一。然则小学之衰久矣。加之里塾之师乌焉莫辨，好奇之士向壁虚造。……卫元嵩《元包经》多用古文奇字……徒足以疑误后学而已。国朝经术昌明，承学之士始知由声音、文字以求义理，于是家有洨长之书，人习《说文》之学。而此书实自来言小学者之钤键，欲治小学不可不读此书。吾浙自阮文达创建诂经精舍，奉许、郑二先师栗主①于讲堂，使学者知欲治郑学，必先治许学。自是以来，吾浙彬彬多通经之彦矣。（下略）

【今按】马其昶《桐城耆旧传》卷十：胡征君讳虔，字雒君，号枫原，袭参司业从孙也。……家贫，客游为养，与南康谢公启昆交莫逆。谢为布政巡抚，必请与偕，遂相从终始，**为代纂《西魏书》、《小学考》、《广西通志》**。

【附录】

姚鼐《惜抱轩文集》卷三《西魏书序》：当拓跋氏之衰，朝廷失政而边镇横，武夫暴兴而国柄移，天子寄居，亟立亟废。盖高欢一人，而援立之帝三焉：安定废而孝武兴，孝武奔而孝静立。计其得失之故，虽不甚相远，而以时论之，则孝静固始为孝武之臣也。魏收书外孝武而以天平为正，岂理也哉？南康谢蕴山观察，旧居史职，出剖郡符，问以退处数年之暇，慨魏收之失当，撰《西魏书》二十卷，以正其失，可谓勤学稽古、雅怀论世者矣。吾观李延寿《北史》本纪，录孝武于东魏孝静之前，而不曰西魏，意盖以收为非者。然拓跋自崔浩被诛，史笔回罔，故纪道武以往事多侈词。又自道武以前二十余世，率加以皇帝之号。延寿因之，不能正也。今观察所纪，仅在其末二十五年事，固有延寿之得而无其失者。然延寿自序言“见别史千余卷”，今时代远隔，泯亡无一存，不获使观察据之以考稽同异而裁定焉。惜哉！惜哉！读者知其网罗放失述作之志，存焉可也。

焦循《雕菰集》卷八《西魏书论》：《西魏书》，谢蕴山先生所撰也。乾隆乙卯秋，遇桐城胡雒君于金陵，雒君以是书见遗。于时谭者或疑之，盖未识著书之体也，因为之辨。议者云：正统之传，自汉、魏而晋、宋、齐、梁，以至于陈，作《西魏书》，是无梁、陈也。夫如是，是不独《西魏书》可不作，而魏收之《魏书》、李百药之《北齐书》、令狐德棻之《周书》均可以废，何也？非正统之所在也。夫魏自晋世开基，历年永久，与有河洛，视梁、陈以篡窃得国，短促偏安，有以过之，岂梁、陈所得而统之乎？亦犹辽之承于唐，传金及元，非宋所得而统也。且《春秋》，鲁史也，孔子修之，内鲁而外诸国，岂谓鲁可以统诸国乎？主客之势然也。推之以言乎说经，唐人撰《正义》，于郑康成、王弼、杜预诸君，主此则客彼，主彼则客此，其体有如是也。下之如元人之曲，近代之时文，无不以主客为体裁。学究衍阳虎、淳于髡之言，未有不以孔、孟为外者，岂真敢外孔、孟哉？其体然也。乃独于《西魏书》疑之，亦为不善悟矣。司马迁，汉人也，作

---

① 栗主：古代练祭所立的神主。用栗木做成，故称“栗主”。后通称宗庙神主为“栗主”。

《项羽本纪》。陆游，宋人也，作《南唐书》。况生千百年后而作《西魏书》乎？正统之辨，莫严于昭烈之于孙、曹。余尝以是通诸后世，以为萧詧犹在，不可帝陈，晋立太原，未当尊郭。以是言之，则姚氏之《陈书》可废矣。唐得天下于隋，隋承魏、周者也，宜内魏而外梁、陈，唐时南北诸史并列，不使偏废，又何疑于《西魏书》之作乎？况《西魏书》之作，所以夺北齐之统，无与于梁、陈。祖梁、陈之篡窃而外魏，复祖高氏之篡窃而外西魏，为此论者，不独于著书主客之体有不明，并大公大义之所在亦不暇顾也。

刘　淇

《清史稿·文苑一》：刘淇，字武仲，汉军镶白旗人。弟汶，举人。受知世宗，时有“二难”之目。著《周易通说》、《禹贡说》、《助字辨略》、《堂邑志》、《卫园集》。

王元启《济宁图记人物列传》：刘汶，字鲁田，其先确山人。父毓秀避乱避辽左，更姓何。顺治十一年副榜贡生，历官山东按察使，奉命招抚川陕有功，率葬济宁，遂家焉。汶性敏悟，读书一过不忘。经史外，九流百氏，靡不综览。康熙二十六年，以复州卫籍中山东乡试，年十八。会有言汶父辽东人，宜隶汉军，遂改入旗籍。年二十五，绝意仕进，慨然有求道之志，遂尽弃所学，返而求之六经，著《原命》、《原新》及《诚者圣人之本》、《无极而太极》诸论，皆自成一子。年三十二，受知圣祖，赐复姓，得还居济宁，守坟墓。……汶兄淇，字卫园，工为诗古文，与汶同受知于世宗，当时有二难之目。

陶梁《红豆树馆书画记》卷七：《济宁州志》：刘淇，字龙田，一字武仲。生有异禀，学问博洽，诗歌记传皆卓然名家，书法会萃众体，自成一格，画亦称逸品。著《卫园集》。

刘淇《助字辨略自序》：构文之道，不过实字、虚字两端，实字其体骨，而虚字其性情也。盖文以代言，取肖神理，抗坠之际，轩轻异情，虚字一乖，判于燕越，柳柳州所由发哂于杜温夫者邪！且夫一字之失，一句为之蹉跎；一句之误，通篇为之梗塞；讨论可阙如乎！蒙愧颛愚，义存识小。闲尝博求众书，捃拾助字，都为一集，题曰《助字辨略》。其类凡三十：曰重言，曰省文，曰助语，曰断辞，曰疑辞，曰咏叹辞，曰急辞，曰缓辞，曰发语辞，曰语已辞，曰设辞，曰别异之辞，曰继事之辞，曰或然之辞，曰原起之辞，曰终竟之辞，曰顿挫之辞，曰承上，曰转下，曰语辞，曰通用，曰专辞，曰仅辞，曰叹辞，曰几辞，曰极辞，曰总括之辞，曰方言，曰倒文，曰实字虚用。其释训之例凡六：曰正训，曰反训，曰通训，曰借训，曰互训，曰转训。……凡是刺旧诂者十七，参臆解者十三。班诸四声，因以为卷。既取虚用，故“之”训“往”，“而”、“若”训“汝”之属，虽虚犹实，悉无载焉。至于元曲助字，纯用方言，无宜阑入。他日别为一编，以附卷尾。

大都古辞韵语，往体今言，义各有归，淆用斯舛，能自得之，庶几善变耳。他如辨体制，研风尚，溯流穷源，枝分节解，则有挚虞《文章流别》、刘勰《文心雕龙》之属，述之备矣，所不赘焉。确山刘淇撰。

刘毓崧《通义堂集》卷二《助字辨略跋》：确山刘南泉先生撰《助字辨略》五卷，自序谓间尝博求众书，捃拾助字，都为一集，其类凡三十，其训释之例凡六，班诸四声，因以为卷。嘉兴钱氏泰吉《曝书杂记》云："引据该洽，实为小学之创例。"近时王伯申尚书著《经传释词》十卷，其撰著之意略同此书，诂训益精密，然创始之功不能不推刘君也。今按，此书曾于康熙五十年为海城卢氏承琰所刊，卢氏序云："爰付开雕，公之区内。"其序系康熙五十年九月所撰，而传播未远，故高邮王文简公亦未获见，然《经传释词》所言往往与此书暗合。……然则此书洵足与《释词》相为表里，岂非治小学之士所当宝贵者欤？若夫同一援据旧文也，《释词》必举其最初，而此书不必尽从其朔。……同一发明通假也，《释词》能穷其究竟，而此书未能尽获其源。……此则草创之阔疏，不及大成之美备。然后来虽云居上，而先觉终不可忘。卢氏序云："夫《尔雅》诸训，匪不昭融，至于助言，盖乃不备。自有书契以还，未有发其缄縢，而导夫先路者。此吾友确山刘氏武仲《助字辨略》之作，所为汲汲也。"**譬诸吴氏棫、陈氏第讲求古韵，远不若亭林之宏通。吴氏澄、梅氏鷟辨证古文，迥不如潜丘之综核。而好古绩学者未尝不称许其书，不得因大辂具而遂鄙椎轮，藻火兴而遽遗韦韨矣。**至于《释词》所述者，上自九经三传，下迄周、秦、西汉之书，而东汉以还则概从其略。此书所述者，自经传、诸子、《史》、《汉》以外，旁涉近代史书、杂说、文字、诗词。……盖《释词》以经传为主，故采录不多。此书以助字标名，故胪陈较广。缘体裁小异，斯去取有殊耳。然此书虽搜罗甚富，而断限最严。元曲之词绝不阑入。自序云："至于元曲助字，纯用方言，无宜阑入。他日别为一编，以附卷尾。"今按此编今无传本，其为辑而弗成，抑系成而弗刊，与刊而弗传，不可考矣。方音之字亦不轻收。……故详赡而不入于芜，博洽而不流于杂。后之人诚能循其条目，触类旁通，则东汉以后、宋元以前之书，其词气异同，均能洞悉，其为功也大矣。咸丰乙卯秋，故南河总督赠右都御史聊城杨公得传抄之本，深重其书，复念南泉先生迁居济宁，有同乡之谊，爰分清俸，特为重刊。延秀水高君伯平精校授梓。毓崧获见是本，因综括书中大指，揭其要而申言之，以告世之愿读此书者焉。①

钱泰吉《甘泉乡人稿》卷五《跋助字辨略》：得此书二十余年矣。冯柳东尝欲见夺未之付也。今年硖川蒋生沐见余《曝书杂记》中述此书，假抄其副，为重装见还。因记己亥春仲乡先哲王先生元启与胡书巢论修《济宁州图记书》云："前见堂邑志中所论代编一款，知为有学有识之士。近代百年间少有能如此存心、如此考究者。因欲得此一书阅之，猥蒙即以见赠云云。"见《祇平居士集》卷十七。当即谓刘南泉淇所撰之志。《济宁图记》，祇平居士所修者，不知刻否？当访求《图记》及《堂邑志》，则刘君之生平大略可见。祇平居士《济宁州图记》稿本为金岱峰所藏，假余两年矣。戊申正月，朱述之明府绪曾、罗镜泉广文以智借抄此书，乃从图记检寻刘君事文，仅附见于其弟汶传中，云淇字卫园，工为诗古文，与汶同受知于世宗，当时有二难之目。艺文志中亦仅录《卫园集》及《堂邑志》。《卫园集》不著卷数，《堂邑志》二十卷，录其述例一条。然则此书祇平

① 见《助字辨略》书末。

居士亦未见其晦塞，盖已久矣。

钱泰吉《甘泉乡人稿》卷七：二十年前见苕估持书目，有《助字辨略》，谓是乡学究启悟童蒙，俾免杜温夫之诮尔。及得其书而读之，则先秦两汉旧籍，引据该洽，实为小学书之创例。撰人为确山刘淇武仲。凡五卷。自序谓其类三十，曰重言，曰省文，曰助语，曰断辞，曰疑辞，曰咏叹辞，曰急辞，曰缓辞，曰发语辞，曰语已辞，曰设辞，曰别异之辞，曰继事之辞，曰或然之辞，曰原起之辞，曰终竟之辞，曰顿挫之辞，曰承上，曰转下，曰语声，曰通用，曰专辞，曰仅辞，曰叹辞，曰几辞，曰极辞，曰总括之辞，曰方言，曰倒文，曰实字虚用。释训之例凡六，曰正训，曰反训，曰通训，曰借训，曰互训，曰转训。班诸四声，因以为卷。其书刊于康熙五十年，海城卢承琰撰序，谓所著尚有《周易通说》、《禹贡说》若干卷，谨检《四库总目》，俱未著录，则刘君所著鲜传本矣。后读陆朗夫先生《切问斋文抄》第十五卷《录堂邑志赋役论》，乃知刘君一字龙田，号南泉，济宁人。有《卫园集》、《皇朝经世文编》、《爵里考》。同近时王伯申尚书著《经传释词》十卷，其撰著之意略同此书，诂训益精密，然创始之功不能不推刘君也。

张　昭

《清儒学案》卷七下《亭林学案下·张先生弨》：张弨，字力臣，山阳人。诸生。精六书，谨守许慎之说。家贫，隐于贾。博雅嗜古，尤究心金石，考定精密。亭林《音学五书》成，属任校写，本《说文》正字体，酌古今之间，与其二子叶增、叶箕手书之。(参史传、《亭林文集》)

《清史列传·儒林传下一》：张弨，字力臣，江南山阳人。诸生。受业于顾炎武，精六书之学，尝校娄机《汉隶字源》，为之序，谨守许慎家法。家贫，隐于贾。博雅嗜古，尤究心金石。尝乘江水退，藉落叶仰读《瘗鹤铭》，证为顾况书。家藏古鼎彝甚富，后虽聋废，而考证弥勤。亭林《音学五书》成，弨所写定。

朱彝尊《曝书亭集》卷五十《书张处士〈瘗鹤铭辨〉后》：石墨之传于今，有难以骤读者，《天发神谶石》断而为三，《瘗鹤铭》裂而为四，又失其腹，由是释文不符，**览古者阙其疑可也**。移易增益其辞，不可也。曩在白下，得祥符周雪客《神谶碑考》，既序而传之矣。淮阴张力臣乘江水归壑，入焦山之麓，藉落叶而仰读《瘗鹤铭》辞，聚四石绘作图，联以宋人补刻字，伦序不紊，且证为顾逋翁书。盖逋翁故宅虽在海盐之横山，而学道句曲，遂移居于此。集中有《谢王郎中见赠琴鹤诗》。鹤殆出于性所好，斯瘗之作铭，理有然者。自处士之图出，足以息众说之纷纶矣。力臣名弨，精书法，尝为顾处士炎武写《广韵》及《音学五书》，手摹家藏鼎彝款识遗，予惜不营生产，没后尽散失，并传刻枣木，悉归之闽人，可叹也。

徐鼒《小腆纪传》卷五十八：张弨，字力臣，淮安山阳人。父致中，为复社领袖，尊经博古，家贫，而储金石文颇富。弨承家学，弃诸生，不就试，躬历焦山水澨，手拓《瘗鹤铭》而考证之。又入陕谒唐昭陵，遍览从葬诸王公表碣，潜珉断石，必三复而联络之。顾炎武开雕《音学五书》于淮上，弨与子叶增、叶箕任校写之役。炎武尝云："精心六书，信而好古，吾不如张力臣。"

杨钟羲《雪桥诗话》续集卷一：张力臣，山阳诸生，号亟斋。以卖书画为生。亭林所著书多属其校刻。精六书之学，贫而耆古，多集金石文字，有《昭陵六骏图赞》、《焦山瘗鹤铭考》、《济宁学宫汉碑释文》。亭林《寄张文学弨》诗："冬来寒更剧，淮堰比何如。遥忆张平子，孤灯正勘书。江山双鬓老，文字六朝余。愁绝无同调，蓬飘久索居。"时淮上有筑堤之役也。《音学五书》，力臣手自缮写，二子叶增、叶箕与校刻之役。李天生寄力臣诗："一代儒宗同所向，印须金石正皇初。"徐健庵《题力臣小像》云："奇字扬云未渺茫，茂先家法在巾箱。对君转复思元叹，洒泪风前诵渭阳。"力臣亡，子其以板质于李安溪，卷首有曹能始序，作于崇祯癸未，盖亭林纂辑此书几三十年。

钱林《文献征存录》卷二、江藩《国朝汉学师承记》卷一、秦瀛《己未词科录》卷六、《（乾隆）江南通志》卷一百六十三、震钧《国朝书人辑略》卷一、彭蕴璨《历代画史汇传》卷二十六、冯金伯《国朝画识》卷三皆有传，存目。

丁晏《颐志斋文集》卷五《张力臣先生遗集序》：吾乡张力臣先生修学好古，研精许叔重书，尤嗜吉金贞石，手拓其文，考证详核。顾亭林先生《答汪苕文书》云："精心六书，信而好古，吾不如张力臣。"……所著有《学志草》、《学山草》、《理学孱守录》、《经济源流》、《虽遥阁随抄》，皆不传。其传者，力臣所刻《符山堂诗》一卷，亦希有之本矣。（下略）

吴玉搢

《清儒学案》卷六十七《味经学案·吴先生玉搢》：吴玉搢，字藉五，号山夫，江苏山阳人。贡生。官凤阳府训导。精于小学，著《别雅》五卷，取字体之假借通用者，各注所出，为之辨证。通古籍之异同，疏后学之凝滞，犹可考见汉、魏以前声音文字之概，非俗儒剽窃之书所能仿佛也。又著有《说文引经考》、《六书述部叙考》、《金石存》、《山阳志遗》诸书。初为卢雅雨幕客，后入京师，味经聘之，助修《五礼通考》，成书盖资其力。(参史传、《扬州画舫录》)

《清史稿·儒林二》：玉搢，字藉五。官凤阳府训导。著《山阳志遗》、《金石存》、《说文引经考》、《六书述部叙考》。又著《别雅》五卷，辨六书之假借，深为有功，非俗儒剽窃所能仿佛也。

《清史列传·儒林传下一》：吴玉搢，字籍五，江南山阳人。廪贡生。精小学，著《别雅》五卷，考古书文字之异，取字体之假借通用者，系韵编次，各注所出，为之辨证，非俗儒剽窃所能及。又著《金石存》、《说文引经考》、《六书述部叙考》、《山阳志遗》。①

杨钟羲《雪桥诗话》三集卷五：国朝淮人考据推阎百诗，六书之学推张力臣。其后，吴山夫学博能嗣响两家，著有《金石存》、《正字通正》、《山阳志遗》、《别雅》等书。秦文恭纂《五礼通考》，皆山夫为之校正。文恭尝语人云："吾来京师，得三异人，山夫其一也。"阮唐山司寇称其诗硬语盘空，有性情，有卷轴，如幽燕老将，气韵沉雄，然律诗多有失之过硬者。(下略)

唐鉴《学案小识》卷十四《经学学案·山阳吴先生》：先生讳玉搢，字山夫，贡生，官训导。著《别雅》五卷，取字体之假借通用者，依韵编之，各注所出，而为之辨证，于考古深为有功。惟是古人用字有同声假借，有转音变异，有别体重文，同声转音，均宜入之。而此书挂漏甚伙，然就所征引，足以通古籍之异同，疏后学之疑滞，犹可以考见

① 详见中华书局本第 17 册，第 5463 页。

汉、魏以前声音、文字之概。是固小学之资粮、艺林之津筏，非俗儒剽窃之书所能仿佛也。

阮葵生《茶余客话》卷二十一：吴山夫学有本原，馆秦树峰司寇家，《五礼通考》皆其手订者。树峰尝言得三异人，山夫其一也。丙子丁丑授八旗教习，作《十忆诗》，一时传诵。内有《忆手抄山阳耆旧诗》二首，其小序有足存者，录于后：吾淮诗人自汉枚都尉始，其诗即《古诗十九首》中之十首也。十九首为古诗鼻祖，而半出都尉手，宜淮诗之传世多矣。乃汉、魏、唐、宋尚有传人，自元以后兵燹之余，无可指名者。有明三百年流传亦鲜，则以无网罗放佚汇而辑之以传者，此乡党后死者责也。予求之数十年，于宋、元得三家，于明得数十家，或刻集，或写本，或从他本刺取，或从书画题跋录出，几数千首，虽未尽卓然可传，而精光亦断不可磨没，乃手自抄写，积为五大册，仿元氏《中州集》意，人各详其姓字、官阀、时代先后，间编次其逸事，名曰《山阳耆旧诗》。将上附枚乘、陈琳、赵嘏、张耒诸集，合而梓之，以存吾淮一方文献。又得本朝人集十余种，抄录未竟，以出游置之至今，为胸中一未了事。虽余力薄，未必即能有成，然藏壑之舟，有力者负之以趋，不难也。特恐儿子辈不知爱惜，使予数年心力付之飘风劫火，功未就而稿已莫逭，即得好事者再为裒辑，益日远而日难矣。山夫著书甚富，已刻者仅《别雅》一种，乃其少作，晚年自言其书不足观。以予所见，尚有《六书引经考》、《六经述部序辨》、《金石存》、《正字通正》、《山阳志丛辨》（此已附刻邑志中）、《四朝黄河图说》、《删定潜丘札记》，皆卓然可传者。其所藏金石碑版文尤富。其《山阳耆旧诗》五大册，予于壬寅岁假归，适先生孙松与紫坪子馑琰同入学，因屡得往返索其遗书，止存《耆旧诗》二大册耳。予购得之，以待好事者补辑之。（下略）

韩梦周《吴山夫先生传》：先生姓吴氏，名玉搢，字藉五，号山夫，淮之山阳人。父定谧，康熙甲子举人，官广德州学正。母某氏。先生八九岁即喜辨识古字，积数十年久且专，遂成一家学。淮安为江南名区，地大而多材。国朝以来，风尚屡变，初竞为诗歌古文词，既又究切于制义，南北方学者各以声气相应，或客其地，相与讲劘，以成业，以故淮多知名士。先生稍后出，独究心于六书，合异同之迹，析传流之变。形声既明，训诂斯定。因以考辨经义，纠谬正讹，遂大得其指归。当是时，淮安诸老辈相继凋谢，先生岿然独重于时。平生著述不下十余种，而《说文引经考》、《金石存》、《别雅》、《六书述部叙考》为功尤伟。先生孤怀独寄，人莫测其所存，尝南浮大江，衍流所极，访求逸士，历险探幽冀，出往古秘奥，又以穷冬匹马走塞上，登居庸关，考山川阻夷，就戍卒野老询古战争胜败处，徘回丛莽落日中，至竟日不得食，搜其碑刻而还，先生抱所学既无用于世，晚乃以明经训导凤阳。时士人多汩于俗学，与语不即解，不能广其传，故尝顾子慨然太息，恐其学之久且湮也。家贫甚，父殁，母年暮，先生日率诸弟就榻前笑语以为乐，后为鲜民，虽笃老，睹先人手口泽，未尝不流涕。所著诗古文词，不为锲刻，而自中理有集三十卷藏于家。年七十有六以卒。子初枚、次枚。论曰：韩退之有言，为文须识字，故尝宝蓄蝌蚪书。又尝登岣嵝山，索禹碑，表彰石鼓，欲侪之二雅。乃知古通人学士未有不究心于此者。①

① 见《碑传集补》卷四十五。按：鲜民，指无父母穷独之民。语本《诗·小雅·蓼莪》："鲜民之生，不如死之久矣。"笃老，谓衰老已甚。

郭麐《灵芬馆诗话》续诗话卷三：山夫先生深于六书金石之学，终身毕力于此，有《说文引经考》、《六书述部叙考》、《金石存》等书，闻皆为波臣取去，可惜也。其《春暮怀人》云："作恶东风尽日吹，又将春去向天涯。短檠独听三更雨，孤枕难安一字诗。久客不堪多病后，怀人偏在落花时。山中樱笋今应熟，梦里从君一举卮。"《遣闷》云："乳燕频来蘸绿波，游丝飞絮奈愁何。人过四十风情减，客到三春旧梦多。马角功名真诞谩，鹅笼身世易蹉跎。日长惟仗抄书力，送尽双丸似掷梭。"他如"板桥霜滑少人迹，古渡月斜多雁声"，"雪岭不逢南去雁，风林难定后栖乌"，"烟花北里横塘外，金粉南朝落照边"，"水阁依然余旧梦，僧楼重到识前缘"，掩抑之词，悱恻之调，读之者知非一日食面一日食不托①者也。先生有《忠武军符歌》……此歌悲壮激烈，以词长不录，录其序，以记古物云尔。山夫长君冠雅，名初枚，诗笔亦工，五言如"海气犹蒸日，云边已挂星"，"选胜客初健，看山眼倍明"，七言如《登凤阳城楼》云："清时山外无风鹤，落日平原放马牛。"语皆警策。

项樟《玉山文抄》卷一《吴山夫十忆诗序》：昔人谓："诗缘情而绮靡。"非绮靡之词，即可谓之诗也，必视乎情之所属何如耳。盖虽地隔千百里，时历数十年，而缠绵悱恻之情，有动于中，则咏歌以传之，反复以伸之，比类相感，若不自知其所以然者，岂徒月露风云，偶尔寄兴哉？余自服官来，由蜀而楚而晋，虽雪泥鸿爪，向之所欣，已为陈迹，而燕居之暇，偶一忆之，如白帝夔州之胜，黄河太华之雄，匡庐彭蠡之奇，玉簪峨眉之秀，凡风土人物，以及一名一器，前所系情而浏览者，时星罗棋布于心目间，而惜乎不能缘情而达，一一见诸诗也。山夫吴君，博学有年，多著作。余童试时即相与订交，嗣以宦途睽违，而公余检箧，犹时读其篇什，未能忘。今余守凤阳，山夫亦以司训同城，此殆天假之缘乎？因得公余话旧，出历宦旧作商订，而山夫亦出京师时所作《十忆诗》一册示余。余读而爱之，又从而绎之，露濡霜凄，则杯棬之情也，暮云春树，则缟纻之情也，如茧斯抽，如蕉斯剥，则择精语详，好古越俗之情也。嗟乎！长安都会之地，作者如林，或同官倡和，触景讴吟，往往不必情之所钟，而欣于所遇，侈为靡丽之词，以标时艳，而故园风景转有忽不及道者。君独举先世手泽之遗，与夫平生师友、金石图籍所尝精心搜讨者，低徊追忆，而唱叹扬扢于风雅，岂非深得诗人缘情之旨者与？余荒于笔墨久矣，簿尘鹿鹿，懒事推敲，追溯旧游，尚多怦然于中，而欲见诸诗句者，倘得宽我以岁月，假我以林泉，异日与山夫归老故乡，从容吟啸，则余之所忆，又将藉山夫以传矣，其即兹编为约，可乎？

江藩《国朝汉学师承记》卷一有传，存目。

吴玉搢《金石存自序》：人不多读古人书，只身负笈，行万里外，而能舐笔伸纸，著书成一家言，殆必无也。予生平足迹所至，南逾江，北涉大河，远不过二千里。名山大川，都邑繁会，既少所经历，又以家贫不能购异书。为博士弟子，习章句之业，即"五经"、子、史亦未暇数数浏览，矧禹陵宛委、金匮石室之藏乎？然性喜涉猎，又苦善忘，往往有所见闻，辄肆笔纂录。至金石文字，尤私心所酷嗜。弱冠以后，孳孳收集，虽力有不逮，然目之所遇，亦无遗弃。较之欧阳、洪、赵所储，不过十一，而以辨经史之疑，订

① 不托：汤饼的别名。

传注之失，考古文、篆、隶、行、楷讹俗递变之由，亦已略具。至于遐方绝域、山颠水涯之所遗，固有未能尽致之恨，而识见弇陋，未足抉疑发覆，则不学之过，未敢自匿其短也。比而辑之，庶不使二十余年之用心付之飘风劫火，且或者老不废学，见闻渐广，启视故缄，亦足以验今昔之进退云尔。①

盛大士《蕴愫阁文集》卷七《金石存跋》:《金石存》十五卷，集三代碑碣遗文钟鼎铭款，自汉暨唐，兼收并蓄，始于《商祖癸彝铭》，终于《牛夫人造像碑书》，系山阳吴山夫先生玉搢所辑。近有刊本，字画精工，为艺林鸿宝。**此本乃绵州李调元所刻。序云得此书于京师琉璃厂肆，不著撰人姓名，青浦王兰泉先生云:“此吾乡博学宏词赵君讳搢撰述，因亟以书名归之。”**盖因搢字同名，传闻各异。绵州刻本之误也。山夫著《金石存》外，有《别雅》、《说文引经考》、《六书部叙考》、《正字通正》、《山阳志遗》、《山阳耆旧诗》诸书。乾隆甲午，诏修《四库全书》，征海内博物洽闻之士入京供纂修，征书中有山夫名，而已先没矣。其名与任东涧先生相埒。东涧精理学，山夫精考订，皆山阳之遗献也。

王昶《春融堂集》卷四十五《跋函海所刻金石存》:吴君玉搢，淮安山阳人，生平好古。撰《金石存》十五卷，于乾隆三年自为序以记之。余与其弟玉镕会试同年，故见其书，录而藏之。后三十年，余在西安，闻绵州李君羹堂调元刊《函海》，此书刻于其中，谓为无名氏作，余寓书以告之。今《函海》刻成，则以是书为赵搢所编，且谓赵氏是吾乡人，曾于乾隆初年以博学鸿词荐，是时所举鸿词未尝有赵搢，而吾乡所荐鸿词亦未有其人，且谓其别字钝根老人，未审错误何以至于斯也。

丁晏《颐志斋文集》卷三《吴山夫先生说文引经考跋》:《说文》旧有二徐之解，于经训罕能贯通。戴侗、赵宧光之徒尤多诡更臆造。至《正字通》出，纰缪恶劣，小学榛芜极矣。近之好古学者，稍知尊信《说文》，然而墨守太过，据小篆以改隶书，则亦通人之所不取也。(下略)

---

① 见《函海》本，又见《湖海文传》卷二十九。

潘　耒

《清史稿·文苑一》：潘耒，字次耕，吴江人。生而奇慧，读书十行并下，自经史、音韵、算数及宗乘之学，无不通贯。康熙时，以布衣试鸿博，授检讨，纂修《明史》。上书总裁，言要义八端："宜搜采博而考证精；职任分而义例一；秉笔直而持论平；岁月宽而卷帙简。"总裁善其说，令撰《食货志》，兼他纪传。寻充日讲起居注官，修《实录》、《圣训》。尝应诏陈言，谓："建言古无专责，梅福以南昌尉言外戚，柳伉以太常博士言程元振，陈东以太学生攻六贼，杨继盛以部曹劾严嵩。本朝旧制，京官并许条陈。自康熙十年宪臣奏请停止，凡非言官而言事为越职。夫人主明目达聪，宜导之使言。今乃禁之，岂盛世事？臣请弛其禁，俾大小臣工各得献替，庶罔上行私之徒，有所忌而不敢肆。于此辈甚不便，于国家甚便也。其在外监司守令，遇地方大利弊，许其条奏。水旱灾荒，州县官得上闻。如此，则民间疾苦无不周知矣。"更请许台谏官得风闻言事，有能奋击奸回者，不次超擢，以作敢言之气。二十三年，甄别议起，坐浮躁降调，遂归。耒有至性，初被征，辞以母老，不获命，乃行。既除官，三牒吏部，以独子请终养，卒格于议，不果归。逮居丧，哀毁骨立。少受学同郡徐枋、顾炎武。枋殁，周恤其孤孙，而刻炎武所著书，师门之谊甚笃焉。四十二年，圣祖南巡，复原官。大学士陈廷敬欲荐起之，力辞而止。平生嗜山水，登高赋咏，名流折服。有《遂初堂集》。又因炎武《音学五书》为《类音》八卷。炎武复古，耒则务穷后世之变云。

沈彤《征仕郎翰林院检讨潘先生耒行状》：曾祖志伊，明广西布政使司右参政。祖锡祚，明湖广布政使司理问。父凯一，皇赠日讲官、起居注翰林院检讨、江南苏州府吴江县潘耒年六十三状。先生字次耕，又字稼堂，晚自号止山居士。生而聪警善记，或试之历日，过目倍诵，不舛落一字。比长，复得顾炎武、徐枋、王锡阐、吴炎、兄柽章诸君为之师友数年，于经籍、子史、诗赋、古文词、历算、声音之学课习讨论，遂无不洞达。暇则游览名山大川，尚志廓情，不慕荣禄。康熙十七年，征博学鸿词之士。左谕德庐琦、刑部主事谢重辉以先生名上。先生以母老固辞，终不获命而行，抵都，召试体仁阁，擢二等第二，除翰林院检讨，纂修《明史》。先生又牒吏部，以独子终养请代题，三请三格，乃受职。先生谓：**“有明三百年史事繁委，宜博采而精于考证，分任而一其义例，秉笔严而论平，岁月宽而帙简。”**遂作议以上总裁，然之令撰《食货志》而兼订他纪传。自洪武及宣德五朝，具有成稿。十九年诏更定殿廷乐章，先生首上议，增五事，时逆藩悉定井，献《平蜀》、《平滇》二赋，公卿传诵，进充日讲官，知起居注，兼纂修《世祖章皇帝实录》、《圣训》。初，博学鸿词之士之官翰林，入史局也，多进士出身。尝为官，而朱彝尊、严绳孙二君与先生皆自布衣与选，及日讲官起居注之添设，而三人亦同入直。又馆阁应奉文非出三人手，院长不谓然，用是资格自高者，既莫不忌此三人。而先生又精敏敢言，每同列质所疑，辄援据经史百子，横从应答，无少逊避，故忌者于先生视朱、严二君尤甚。甄别议起，遂坐浮躁降调。先生在翰林五年，至是归里。四十二年之春，圣祖仁皇帝南巡，复先生原官。越三年，圣祖又南巡。大学士陈公廷敬时扈驾，相见欲荐起先生，先生曰：“止！止！止！吾初志也。吾分也。”赋《老马行》以谢，竟不复出。先生家居凡二十余年，遭母丧，哀毁骨立。哭其兄若弟，过时而悲。赎其兄之子为民边外者，婚嫁殡葬其亲故之尤贫无力者，皆罄所储为之。其游览名山大川，视布衣时益多，其乐之而形于诗文亦益甚。晚岁惟究心《易》象数与历算之学。以四十七年九月廿九日病卒。平生慕古人之崇德尚功，勋陈谟猷，以济时匡俗，而非己之位所得为。则遇其得为者，莫不劝厉，有不得遂，辄忧虞不乐。至出处进退，又必辨之明，持之严，虽达可有为，不肯或苟。其性行如此，故所为诗若文，多扶树风节，裨于治道，卓然有立。于声音反切，幼而神悟，及往来四方，尽通其变，乃著《类音》八卷，以补订前古音学之讹阙。其诗集十六卷、文集二十卷、别集四卷，合名《遂初堂集》，与《类音》并刻行世。其《明五朝史稿》若干卷，藏于家。適子其炳，既述先生行，乞铭于陈公廷敬；又十余年，乃属彤为之状，以备史馆作文苑传之采择。敢撰次其历官行事如右。谨状。①

沈彤《皇清敕授征仕郎日讲官起居注翰林院检讨潘先生传》：潘耒，字次耕，幼孤，资禀颖异，尝阅历日一过，能背诵。及长，于群经、诸史、九流之书无不读，诗赋、古文辞无不能，而性好山水，往游燕、赵，因与一时名人交相讨论题咏。康熙十七年，以博学鸿词征试，除翰林检讨，纂修《明史》，既授职。谓明更三百年，史事繁委，宜博采而精于考证，分任而一其义例，秉笔严而论平，岁月宽而帙简，作议以上总裁，并然之，令撰《食货志》，兼订纪传。自洪武以下五朝，皆其所定。上平逆藩，耒献《平蜀》、《平滇》两赋，上称赏，公卿传诵，论者拟诸李白云。进充日讲官，知起居注，兼纂修《世祖实录》、《圣训》。复为会试同考官，得士十二人，皆天下选，而名益起，忌者亦益众，竟以甄别，议坐浮躁，降调而归。耒初被征，以母老力辞不获命乃行，除官后又牒吏部，以独子终养请代题者三，卒不得请，乃受职，遂迎母养之，及去职，母殁，终三年未尝见齿，后乃遍游罗浮、天台、雁荡、武夷、黄庐、中岳诸名山，尽穷其胜，各为诗若文记之。四十二年，耒已家居，上南巡，复耒原官。阅三年，上又南巡，大学士陈廷敬扈驾，欲荐起耒，耒固辞乃止。耒于声韵反切有神悟，审五方之音，而能得其会通。著《类音》八卷，以为旧字母三十六有复有漏，今删五，增十九，成五十母，各具阴阳，而列以喉、舌、腭、齿、唇之序。旧四呼以音就字，无定准，今各母各韵并列四呼，字缺而音悉全，旧分类互有得失。今统有字无字之音，辨其全分，分平、上、去为二十四类，入为十类，即少

① 载《碑传集》卷四十五。

摄多正转、从转、旁转、别转，条理井然，旧切同母同韵之字皆通用，今同母之中必用同呼同转，同韵之中必用元音，分阴阳，盖皆得天然之音，而无有讹阙。论者谓于古今音学中实成一家言。晚究《易》象数，有心得，著论十三篇。所为文甚多，往往禆治体、风教与乡邑之利病。盖耒尝师事同郡顾炎武、徐枋，实禀承其教。其史学则自少得诸兄柽章，赋学则耒所自得也。耒诗文共四十卷，名《遂初堂集》。自京师来归，凡二十余年。年六十三卒。①

秦瀛《己未词科录》卷三、钱林《文献征存录》卷四、沈德潜《清诗别裁集》卷十二、张维屏《国朝诗人征略》卷十一、徐世昌《晚晴簃诗汇》卷四十二、张联元辑《天台山全志》卷十三、《（乾隆）江南通志》卷一百六十五、冯桂芬《（同治）苏州府志》卷一百六皆有传，存目。

顾炎武《亭林文集》卷四《与潘次耕书》：**著述之家最不利乎以未定之书传之于人。**昔伊川先生不出《易传》，谓是身后之书。即如近日力臣札来，《五书》改正约有一二百处。……举此二端，则此书虽刻成，而未可刷印，恐有舛漏以贻后人之议。**马文渊有言："良工不示人以璞。"今世之人速于成书，躁于求名，斯道也将亡矣。**前介眉札来索此，原一亦索此书，并欲《日知录》，我报以《诗》、《易》二书今夏可印，其全书再待一年，《日知录》再待十年，如不及年，此"年"字如赵孟"不复年之年"，则以临终绝笔为定，彼时自有受之者，而非可豫期也。《诗》云："如切如磋，如琢如磨。"此之谓也。

潘耒《遂初堂集》文集卷六《日知录序》：**有通儒之学，有俗儒之学。学者将以明体适用也，综贯百家，上下千载，详考其得失之故，而断之于心，笔之于书，朝章国典、民风土俗，元元本本，无不洞悉，其术足以匡时，其言足以救世，是谓通儒之学。若夫雕琢辞章，缀辑故实，或高谈而不根，或剿说而无当，浅深不同，同为俗学而已矣。**自宋迄元，人尚实学，若郑渔仲、王伯厚、魏鹤山、马贵与之流，著述具在，皆博极古今，通达治体，曷尝有空疏无本之学哉？明代人才辈出，而学问远不如古。自其少时鼓箧读书，规模次第已大失古人之意。名成年长，虽欲学而无及。间有豪隽之士，不安于固陋，而思崭然自见者。又或采其华而弃其实，识其小而遗其大。若唐荆川、杨用修、王弇州、郑端简，号称博通者，可屈指数，然其去古人有间矣。昆山顾宁人先生，生长世族，少负绝异之资，潜心古学，九经诸史略能背诵，尤留心当世之故，实录奏报，手自抄节，经世要务，一一讲求。当明末年，奋欲有所自树，而迄不得试，穷约以老。然忧天闵人之志，未尝少衰，事关民生国命者必穷源溯本，讨论其所以然。足迹半天下，所至交其贤豪、长者，考其山川风俗、疾苦利病，如指诸掌。精力绝人，无他嗜好，自少至老，未尝一日废书，出必载书数簏自随。旅店少休，披寻搜讨，曾无倦色。有一疑义，反复参考，必归于至当。有一独见，援古证今，必畅其说而后止。当代文人才士甚多，然语学问，必敛衽推顾先生。凡制度典礼有不能明者，必质诸先生；坠文轶事有不知者，必征诸先生。先生手画口诵，探源竟委，人人各得其意去。天下无贤不肖，皆知先生为通儒也。先生著书不一种，此《日知录》，则其稽古有得，随时札记，久而类次成书者。凡经义史学、官方吏治、财赋典礼、舆地艺文之属，一一疏通其源流，考正其谬误。至于叹礼教之衰迟，伤风

① 载《碑传集》卷四十五。

俗之颓败，则古称先，规切时弊，尤为深切著明，学博而识精，理到而辞达。是书也，意惟宋、元名儒能为之，明三百年来殆未有也。耒少从先生游，尝手授是书。先生没，复从其家求得手稿，较勘再三，缮写成帙，与先生之甥刑部尚书徐公健庵、大学士徐公立斋谋刻之而未果。二公继没，耒念是书不可以无传，携至闽中。年友汪悔斋赠以买山之资，举畀建阳丞葛受箕，鸠工刻之以行世。**呜呼，先生非一世之人，此书非一世之书也！**魏司马朗复井田之议，至易代而后行。元虞集京东水利之策，至异世而见用。**立言不为一时，**《录》中固已言之矣。异日有整顿民物之责者，读是书而憬然觉悟，采用其说，见诸施行，于世道人心实非小补。如第以考据之精详，文辞之博辨，叹服而称述焉，则非先生所以著此书之意也。

潘耒《遂初堂集》文集卷二《画卦不本图书论》：存目。
潘耒《遂初堂集》文集卷二《四象非五行论》：存目。
潘耒《遂初堂集》文集卷二《九六七八论》：存目。
潘耒《遂初堂集》文集卷二《参天两地论》：存目。
潘耒《遂初堂集》文集卷二《易图论》：存目。
潘耒《遂初堂集》文集卷二《九图十书论》：存目。
潘耒《遂初堂集》文集卷三《卦德论》：存目。
潘耒《遂初堂集》文集卷三《卦位论》：存目。
潘耒《遂初堂集》文集卷三《卦气论》：存目。
潘耒《遂初堂集》文集卷十《顾亭林先生六十寿序》：存目。
潘耒《遂初堂集》文集卷十《钱饮光八十寿序》：存目。

任兆麟

《清儒学案》卷五十三《钓台学案·象先家学·任先生兆麟》：任兆麟，原名廷麟，字文田，号心斋，纯仁先生子，太学生。幼承家训，又从彭二林、钱竹汀、褚鹤侣诸先生游。嘉庆元年，举孝廉方正，以侍养辞。后应阮文达公之聘，为其二子师。先生自经传子史、音韵古籀及诗古文，无不研索。尝于《书大传》检出《王居明堂礼》，孔疏检出《中溜礼》，以为殷礼之仅存，河间《乐记》乃毛公所述，王禹所传，至北齐信都芳厘定九篇；《孝经》终于立身，逸文出自山右，即本钓台《章句》为之注；《齐论》《问王》、《知道》二篇，出于任城，补入述记；《孟子》伐燕，宣、愍本二事，燕哙为易王名，《外书》四篇载及燕昭，为孟氏门人所记，类多确核。**虽好古经说，而笃信朱子，故辨东原《原善》之作，以为未闻圣道**。辟莲泾书堂祀尹和靖。订家范，立教规，以求躬行之实。以宋后说《诗》者异同杂糅，集周迄隋诸家之说不背于《序》者，为《毛诗通说》二十卷。以《春秋》"三传"缺一不可，辑啖、赵、程、张诸说有裨"三传"者，为《春秋本义》十二卷。又著《夏小正注》四卷，《孝经本义》、《孟子时事略》、《弟子职注》、《小尔雅注》、《声音表》、《弦歌古乐谱》、《石鼓文集释》、《寿者传》各一卷，《虎阜志》十卷，《有竹居集》诗四卷、文九卷。辑《尸子》四卷、《四民月令》一卷、《襄阳耆旧传》三卷、《文章始》一卷、《述记》四卷。又为族兄子田订正《苍颉篇》二卷、《三苍》一卷。又有《仪礼大要》、《大戴礼记注》。（参史传、顾日新撰《有竹先生集序》）

《清史列传·儒林传下一》：兆麟，原名廷麟，字文田，震泽籍。太学生。嘉庆元年，举孝廉方正，以侍养辞。祖德成，字象先；父思谦，字纯仁：俱诸生，有学行。德成著《白鹿洞规大义》、《澹宁文稿》。思谦著《易要》、《诗谱》、《中星考》、《经笥堂文集》、《薛胡语要》、《皇极经世钤解》。兆麟承家学，博闻敦行，又从长洲褚寅亮、彭绍升游。自经传子史、音韵古籀及诗古文，皆颖悟解脱，心契其妙，为王鸣盛、钱大昕所重。金坛段玉裁先与兆麟兄大椿、基振游，后居苏州交兆麟，有"三任"之目。兆麟虽好古经说，然谓：**"论典章名物在考证，论性道则无庸。东原博于考证，而《原善》之作，究未闻圣学宗旨。**"尝辟莲泾精舍，祀尹和靖，立教规，讲经义经世之务，以宋以后说诗者异同杂糅，集周迄隋诸家之说，不背于《序》者，为《毛诗通说》二十卷，以《春秋》“三传”缺一不可，辑啖、赵、程、张诸家说有裨“三传”者，为《春秋本义》十二卷。又著《夏小正注》四卷，《尸子附录》四卷，《孟子时事略》、《孝经本义》、《小尔雅注》、《弟子职注》、《声音表》、《古乐谱》、《石鼓文集释》各一卷，其《夏小正注》移“主夫出火”在三月，移“时有见梯始收”在五月，复补“采芑”、“鸡始乳”① 二条，鸣盛称其确当。又以课授生徒，编录三代、两汉之书，为《述记》四卷。共诗文曰《有竹居集》，凡十三卷。②

冯桂芬《（同治）苏州府志》卷一百三十八：任兆麟《尚书古今叙录》、《毛诗通说》、《仪礼大要》、《春秋本义》、《孝经本义》、《夏小正补注》、《孟子时事略》、《朱子粹言》、《弦歌古乐谱》、《声音表》、《石鼓考》、《任氏述记》（褚寅亮序）、《四民月令》、《文田诗集》。

李元度《国朝先正事略》卷三十五《任子田先生事略》：任先生大椿……族弟兆麟尝采获百五十条为《字林考逸补正》云。兆麟字文田，一字心斋（周中孚《郑堂读书记》作“号心斋”——引者），震泽诸生，举孝廉方正。尝注《夏小正》，本郑仲师《周官注》，移“主夫出火”一条在三月，又移“时有见稊始收”一条在五月，又补入“采芑”、“鸡始乳”二条，王西庄序以为确当。所著曰《有竹居集》。

钱林《文献征存录》卷九、江藩《国朝汉学师承记》卷六、徐世昌《晚晴簃诗汇》卷一百十五：存目。

卢文弨《抱经堂文集》卷八《夏小正补注书后》：夏、商之书，传者无几，学者往往以不克尽见为憾。然即其零间断简求之，则古先圣王之大经大法，又未尝不可得而见也。戴氏之传《夏小正》，可谓精矣。所辨析不过字句之间，而有以通乎作者之本意。**夫古人元非若后世之求工于文也，然道德有于身，则明天时，察物理，通人事，立国制，无在非性命之旨寓焉，而文自从之矣。**济阳张尔岐稷若氏，采金仁山之注附于传，而又为之说。今昆圃黄先生复因其本增订之，以传于世。吾观先生之说也，于“绥多女士”见夏道尊命，近人而忠焉；于“豺祭兽”见夏之先赏后罚、先禄后威焉；于其终篇再书陨麋角，而以为圣人扶阳抑阴之意，故于夏不言陨鹿角，且证之以《易》《姤》、《复》之义焉；则微独一代之大经大法，如公田入学之制可以考见，而并其精微之蕴亦如将见之，岂非读书之善者哉？此书明王廷相、杨慎皆有纂辑，余未之见。见先生之说，当无以过之矣。有一二舛误，盖校者之未审云。乾隆十六年五月八日识。

王鸣盛《夏小正补注序》：存目。③

周中孚《郑堂读书记》卷二十二：《孟子时事略》一卷，《心斋十书》本，国朝任兆麟撰。兆麟字文田，号心斋，震泽人。文田以《史记·孟子列传》略焉不详，阎百诗诸家所著论辩不一，莫知所从，爰采诸家之说之确核者以成是编，略不称年谱，而称时事略者，重时事，不重生卒也。考校精详，穿穴经史，不特可补赵邠卿之所未备，而郝楚望

① 鸡始乳：大寒之日鸡始乳，表示母鸡可以开始孵化小鸡了。

② 见中华书局本第 17 册，第 5511 页。

③ 详见陈鸿森辑《王鸣盛西庄遗文辑存》，载《嘉定王鸣盛全集》第 11 册，第 423~424 页。

敬、谭梁生贞默辈之歧途交出，一旦示以周行矣。前有乾隆丙申自序及江子屏藩序，末有潘榕皋奕隽题辞。

周中孚《郑堂读书记》卷四十九：《弦歌古乐谱》一卷，《心斋十书》本，国朝任兆麟撰。文田讨论乐律之学，尤究心于琴，爰作是谱，先辑诸儒之论，为略说，次以元次山补古乐词，而终以自所作《陋巷操》，并详其音律，皆折衷前人，确有依据，非属臆说。惜其所诠甚略，未能使人人可以拊冰丝，作一再引，于以还淳反朴，陶写心性，歌咏太平也。前有乾隆癸卯自序及潘裕皋弈隽序，末有沈蕙孙缜跋。

宋鉴

《清儒学案》卷三十九《潜丘学案·宋先生鉴》：宋鉴，字符衡，号半塘，安邑人。乾隆戊辰进士，选授浙江常山县知县，调补鄞县。在任七年，以廉能擢广东南雄府通判，历署连州知州、澳门同知及潮阳县事，所至有政声，士民为立生祠，颂遗爱焉。以亲老乞养归，囊无长物，惟携书数千卷而已。先生生而颖悟，善读书，湛深经术。尝以潜丘所著《古文尚书疏证》文词曼衍，而文不尔雅，因重辑为《尚书考辨》四卷。尤精小学，谓：**"经义不明，由小学不讲也；小学不讲，则形声莫辨，而训诂无据矣！《说文解字》乃小学之祖也，取而疏之，治经者其有所津逮乎！"**乃采经史、《方言》、《释名》、《玉篇》、《广韵》、《水经注》诸书，为《说文解字疏》，而以附借备三门增益之，详赡博辨，甚有条理。他所著有《易见》、《尚书汇抄》、《汉书地理考》及诗文集。子葆淳，字帅初，号芝山。乾隆癸卯举人，官隰州学正，后改国子监助教。学问淹通，究心金石，于隶书、行、楷、山水皆入能品，能传其家学。（参史传、《汉学师承记》）

《清史列传·儒林传下一》：宋鉴，字符衡，山西安邑人。乾隆十三年进士，官浙江常山知县，调鄞县。莅鄞七年，以廉能升广东南雄府通判，署连州知州，又署澳门同知、潮阳知县。所至有政声，以亲老告归，囊无长物，惟书数千卷而已。鉴经术湛深，尤精小学。尝以阎若璩《古文尚书疏证》文诃曼衍而不尔雅，重辑《尚书考辨》四卷，又以经学不明，由于小学不讲，乃采经史、《方言》、《释名》、《玉篇》、《广韵》、《水经注》诸书，为《说文解字疏》，益以附、借、备三门，详赡博辨，甚有条理。他著有《易见》、《尚书汇抄》、《汉书地理考》、诗文集。子葆淳，乾隆四十八年举人，隰州学正、国子监助教，能传其学。

钱林《文献征存录》卷五：宋鉴，字元衡，安邑人。乾隆十三年进士，浙江常山知县，量移于郑，擢判广东南雄。好言小学，尝谓："小学不讲，则形声莫辨，训诂无据。"乃采经史、《方言》、《释名》、《玉篇》、《广韵》、《水经注》诸书，为《说文解字疏》，甚有条理。更为益以附备二说。……鉴又有《易见》、《尚书类抄》、《尚书考辨》、《汉书地理考》及诗文集，藏于家。

周春《耄余诗话》卷一：乾隆癸酉四月，余谒安邑宋半塘夫子于鄞署，食奉化江珧柱①，观范氏天一阁藏书，有诗纪之。时野栢太夫子迎养署中。太夫子以少鸿胪致仕，家居，讲明理学。晚年撰《忆往编》，即年谱也。是年云："癸酉五十九岁，海宁周春来问学。"（载余临别五古一篇）夫子戊寅，迁南雄郡倅，癸未告养，己亥年五十有六而卒。夫子精《说文》之学，所著书未刊行。已刊者《尚书考证》四卷，盖不信《古文尚书》者也。世兄葆淳，字帅初，号芝山，以孝廉官广文，壮岁弃官遨游，庚子主余家者半月，为余作画甚多，嗣后足迹遍东南，晚携妾侨寓邗上，不复归晋，湖海间莫不知有宋芝山也。

杨钟羲《雪桥诗话》三集卷八：安邑宋野柏少卿在诗服膺曹月川之学。子半塘通判鉴传潜丘之学，著有《周易见》、《尚书考辨》。芝山助教葆淳，半塘子也。乙巳赴隰州学博任，翁正三送以诗云："京华十载客，司铎万山中。蒲子传尧迹，桑津考晋宫。雪融泉水合，春伫涧花红。待尔研经切，来披杏苑风。理学兼经义，趋庭早得师。独推书画艺，未尽友朋规。衣袖千峰挹，家园万里随。不徒过古绛，为我剔苔碑。"江子屏称芝山淹通，工诗古文，爱金石书画，皆入能品，能传其家学者也。

江藩《国朝汉学师承记》卷一、李元度《国朝先正事略》卷三十二皆有传，存目。

方东树《汉学商兑》卷中之下：宋鉴《说文解字疏序》曰："经学不明，小学不讲也；小学不讲，则形声莫辨，训诂无据。说文者，小学之祖也。"〇今世学者奉此为宝训，海内治《说文》者，专门异派，纷然并作，无虑数十家，所以标宗旨，峻门户，示信学者，上援通儒，下震流俗，无过此学矣。夫谓治经不可不先通小学，及《说文》之有功于小学，诚不易之论，顾吾独疑小学之书盛于秦、汉之际，传注先师亦在是时，故称汉儒于名物训诂最得则是，是时无不明之小学，即无不明之经义。经义、小学既明矣，又待于后来之许叔重，何也？借谓西京诸儒皆不能明，则《说文》既作，魏、晋以下，六朝南北诸儒所得应无不精详，唐人悉取而订为义疏矣。而经义至今犹有未明者，何也？谓今学者须讲明小学，以求通经义，则是汉、魏以来诸儒于小学经义均尚未明也。汉儒于训诂既尚未明，则何以又谓之汉儒训诂名物制度尽得圣道之传也？反复详究，进退无据。**夫训诂未明，当求之小学是也。若大义未明，则实非小学所能尽。今汉学宗旨必谓经义不外于小学，第当专治小学，不当空言义理，以此欲蓦过宋儒而蔑之，超接道统，故谓由考核以通乎性与天道，由训诂以接夫唐、虞、周、孔正传，此最异端邪说，然亦最浅陋，又多矛盾也。**汉、魏诸儒无不通小学，而其释经犹多乖违者，非小学未深，政以大义未明故也。故自宋以来及近世汉学家，皆各为书以相驳异，但**宋儒所异，异其义理，汉学家所异，异其训诂形声**。而汉学之徒其旨则以汉儒纵有谬误，所说亦有本。宋儒所说大义义理皆为凿空，故深以为之罪。而思所以易宋儒之说者，舍小学、《说文》又别无具，故其为说如是云云也。考许君自序，缘秦初作隶书而古文绝，汉初犹试讽籀，书试八体，其后尉律不课，小学不修，莫达其说。宣、平以后，张敞、杜业、扬雄诸儒通其学，著《训纂篇》等书，始稍稍略复存之。及新莽居摄，甄丰颇改定古文一乱，而壁书及张苍所献

① 珧柱：俗称干贝，是江瑶（贝壳类动物）的柱头肉（就是它的闭壳肌）。为一种海鲜食品原料，多晒干，故称干瑶柱、干贝。

《左氏春秋传》及郡国所得山川古文，时人不识，共相非訾，诡更正文，向壁虚造，变乱常行，不合孔氏古文，谬于篆、籀再乱，故博采通人，考之贾逵，作《说文》以理群类，解谬误，晓学者，达神旨，其书以秦篆为本，合以史籀、大篆及古文。……今汉学考证家谓西京诸儒以未有《说文》，得壁经而不能读，致使经义不明，是倒乱也。其谬一。许君本以经古文解说文字，非以文字训诂经义。今谓经义不明，由于不讲小学形声训诂，亦倒乱也。其谬二。许君所训诂形声及引经古文诸儒之说，其已著者既明矣，其所未著，是许君原无此说，今谓经义不能明，当求之《说文》，虽推广旁求，亦间得通贯妙证，然固非全经大义，尽乎此学也。其谬三。许君所引经文，多有一字殊见，如《易》既引"以往吝"，又引"以往遴"，《书》既引"旁逑孱功"，又引"旁救僝功"，"方鸠僝功"，《诗》既引"亵袢"①，又引"绁袢"，《论语》既引"色孛如也"，又引"色艴如也"，此类甚多，当由经师各承一家之学，各以所见为定本，是以不合，而许君亦不能定之。今于许君所不能定，而欲求之《说文》以定之，益以惑矣。其谬四。《说文》既作，复作《五经异义》，则许氏未尝以专用《说文》足证经矣。其谬五。郑氏为注经之宗，然不本之《说文》，偶有所引，甚少。臧玉林云："郑于《周官·考工》引《说文》证戈胡勾倨一条。"陈寿祺云："郑君注《仪礼·既夕礼》、《小戴礼·杂记》、《周礼·考工记》尝三称之。"则于郑学之不能通者，不可求之《说文》矣。②

---

① 亵绊：内衣。《说文·衣部》："亵，私服。从衣，埶声。《诗》曰：'是亵绊也。'"按，今本《诗·墉风·君子偕老》作"绁袢"。

② 章太炎《检论·清儒》：东树亦略识音声训故，其非议汉学，非专诬谰之言。然东树本以文辞为宗，横欲自附宋儒，又奔走阮元、邓廷桢间，躬行佞谀，其行与言颇相反。然汉学自三数大师外，亦多拘牵之见。《诗》宗毛公是也，顾未能简异郑《笺》。郑《笺》多杂三家，文义又辄戾不调，将何取焉？《易》宗孟氏，乃因《说文》叙中有《易》孟氏为古文之说，不知其为文误，而强切为先秦师说。其于费氏，又重郑轻王，不悟王《易》多同马氏，古文家说固然。王、郑言《易》，其高下亦奚啻霄壤乎！又王肃虽多诬造，然其探本贾、马之说，尚为古文旧谊，与康成杂糅今古有殊。今人宁尊郑氏而黜贾、马，其见已鄙，酿嘲之由，宜在兹乎！

朱文藻

《清儒学案》卷八十一《兰泉学案·朱先生文藻》：朱文藻，字映漘，仁和人。诸生。少嗜学，渔猎百家，精六书，自《说文》以下，及钟鼎款识，无不贯串源流。又通史学，凡纪传、编年、纪事、通典诸书，辄能考其缺略，审其是非。王文端公杰延至京第，助校《续西清古鉴》。后游山左，阮文达公元时为督学，与之商订金石，为成《山左金石志》。又自为《济宁金石志》。兰泉先生修《西湖志》，俾之分纂。其为《金石萃编》，属以搜采题跋，商榷考证。其后书成，又与钱同人共任校写，盖始终其事也。嘉庆十一年卒，年七十一。所著有《续礼记集说》、《说文系传考异》①、《东城小志》、《东皋小志》、《青乌考原》、《金箔考》、《苔谱》、《萍谱》、《东轩随录》、《碧溪丛抄》、《碧溪诗话》、《碧溪草堂诗文集》，多未刊行。(参史传、《金石萃编》跋)

潘衍桐《两浙輶轩续录》卷十五：朱文藻，字映漘，号朗斋，仁和诸生。著《碧溪草堂诗集》。梁同书传略：朗斋馆振绮堂汪氏，任校雠之役。汪氏富藏书，自是所学日益，文名日盛。业师沈耕寸先生衰疾困顿，躬汤药、视寒暖者十余年，及卒，为营丧葬，行谊类汉人。黄司马易招游山左，时阮督学元、孙兵备星衍同任一方，笃嗜金石，与之商订搨本甚富，成《山左金石志》，又分编《两浙輶轩录》，分纂《嘉兴府志》。王少司寇昶复招君于三泖渔庄，纂辑《金石萃编》、《大藏圣教解题》各若干卷，以少寇下世，不及竟。著有《续礼记集说》、《碧溪草堂诗文集》、《碧溪诗话》、《碧溪丛抄》、《东轩随录》、《东城小志》、《东皋小志》、《青乌考原》、《金箔考》、《苔谱》、《萍谱》，并藏于家。其《说文系传考异》已抄入《四库全书》中。(下略)

王昶《湖海诗传》卷三十八、张维屏《国朝诗人征略》卷四十二、徐世昌《晚晴簃

① 说文系传考异：南唐徐锴作《说文系传》四卷，岁久散佚，世罕传本，已非一日。(汪)宪以所见影宋抄本，参以今本《说文》，旁参所引诸书，证其异同，以成此书。该书于所见传本，讹者正之；其不可解者，则异说并存，以俟后人核定。(许嘉璐主编《传统语言学辞典》第354页)今按：此书作者并非汪宪，应为朱文藻，详见余嘉锡《四库提要辨证》。

诗汇》卷一百十、震钧《国朝书人辑略》卷六、李格《（民国）杭州府志》卷一百四十五皆有传，存目。

胡敬《崇雅堂文抄》卷一《朱朗斋先生碧溪草堂诗集序》：余辑施澹珍外舅诗既毕，商与碧溪草堂诗合刊焉，题曰《东里两先生遗集》。或谓："君外舅诗豪迈有侠气，朗斋先生诗醇朴，有宋儒风，畦径各不同，何取乎合？"应曰：两先生少时同居东园，相友善，晚复申以婚姻，且皆敬从业师，诗不同，而出处交契同，是宜合也。吾浙近代学赡而集巨者推竹垞老人。敬未知先生之学之赡于竹垞何如，而著作等身则相抗，当代名公卿重先生之学，前后延辑各书几载在山舟学士传中者不更述，所自撰集序、碑记各体，无虑数百万言。其文如澄川不波，滐漾无际，又如平冈逦迤，境旷衍易，登陟不作，绝巘危崖，构虚架空，形势俾读者往复寻绎，餍而饫之，不觉其卷帙之繁重，诗特其绪余耳，然篇什亦极富。自乾隆己卯讫壬子，古今体数以千计。癸丑后未录入者尚不在此数。大旨主详述，事迹多自注，足资考证，不屑屑模范山水，蹈江湖家流派。间或追步韩、苏险韵，则应试及咏古作为多。敬不敏，何敢定先生之诗？应删应存，尝质正于友人黄芗泉。今所刊，多半芗泉所审定也。中岁馆振绮堂汪氏，其家藏书甲杭郡，先生为勘校群籍，见闻日广，学日进，书法古茂，而敏得秘简及故旧诗文，必手录握管，矻矻终夕不倦，健步善饭，与人交重然诺，托以事可任者，始终不负。足迹所到，北抵燕，南抵闽，西抵江右，所到识与不识，闻其名愿交恐后，省闱屡蹶，终老牖下，他人处此当若何愤懑，而先生诗和平恬适，不以境遇扰其心，斯学养裕也。身后家益落，草堂亦就圮，幸集藏敬家，得免散佚。惜乎敬垂老家贫，不能悉举以付梨枣，所刊诗仅一鳞片甲，名挂先生门下，无力为之表章，负愧实甚。文章光气不磨灭，后世其尚有欧阳永叔其人也乎？先生诗与外舅畦径不同，犹之与竹垞文亦华实不同，而同归可传也。既合刊，或以府君与先生垂髫交，少时亦同居东园，君为澹珍先生婿，君从子又为其孙婿，两世婚姻，何不合三先生诗成一编，为东里添掌故？应曰：府君诗久刊行，检遗稿可存者尚多，如补刊以齿序，当在外舅后、先生前，子姑俟之。

梁学昌《庭立记闻》卷三：朱映潺与范建其师坐谈，举宋人解《论语》二条，以南子是南蒯非卫灵夫人，老彭是老子之侧训彭为旁，非彭祖，不知宋人为谁。曰：此孙履斋《示儿编》之说也。孙名奕，与东坡同时，坡集有《次韵孙职方苍梧山》诗。履斋说经多新别，不足为准。唯解《周书》文王卑服颇有意义。其言云："文王知君臣之分不可犯也，故卑躬以服事殷而已。唯其卑以事殷，则安时处顺，得以日勤于民田之事，岂先儒所谓卑其衣服者所得而尽焉。"

陈文述《颐道堂集》诗选卷二十一《碧溪草堂怀朱朗斋（朗斋名文藻，博学能文，熟于武林掌故）》：万卷图书不下楼（琅嬛赠句），半生踪迹在林丘。田园杂兴留新咏，京洛知交忆旧游。何处水轩湾浴鹄，谁家湖墅馆盟鸥。草堂一角沙河上，黄叶萧萧暮雨秋。

吴颖芳

梁同书《频罗庵遗集》卷九《翟晴江先生传》：吾郡城东北门曰艮山，居艮山门之外，同时以博通称者有两人焉，一为先生，其一则西林吴先生。吴先生不应举子业，惟古是耽，所著《歈豳录》、《说文理董》①。读古之士知好之，特不若先生撰述之勤且富耳。吴先生奉释氏教，于内典尤精。而先生则不信西方圣人之说，尝自言，童子时读书塾中，有僧过其门，适塾师外出，率众童子持棓往击僧，僧踉跄走避，封公见而挞之。先生曰：吾恶其秃也。故虽甚好书，卒不喜瞿昙氏之书。其不同如此。呜呼！此可以观先生矣。

王昶《春融堂集》卷六十五《吴西林先生小传》：吴先生颖芳，字西林，居仁和之临江乡，故自号临江乡人。其称于释氏，则曰“树虚”云。先世居徽州休宁之黄源。高祖继泉，曾祖珍之，祖君容，父岐生。先生少则端重沉默，寡言笑，年十五而孤，一赴童子试，为隶所诃曰：“是求荣而先辱也。”自是不复应试，壹志于读书。尝怪郑氏樵《通志》务与先儒为难，于是取《六书》、《七音》、《乐略》，一一从流而溯其源。其用力则自乐始，谓律管音调，诸儒能致其说，而不能习其器，俗工能习其器，而不能得其说，遂以为不可究诘。案典籍，证众器，成《吹豳录》五十卷。次及六书，尊许氏之说，谓今本《说文》取一字为篆书，而细书为注，其实许氏原文上下相连，皆当作大书。如鹂黄为仓庚之名，后人不知，乃误读为黄，仓庚也。又许氏所列文字，间有未备，每于说中见之，如某字从某，则所从之字可以补正文。成《说文理董》四十卷。因六书而及音韵，谓字读有古音，有正音，经传反切皆经先儒审定，不可执后人口音以取证。成《音韵讨论》四卷。又因《说文》而考制字之原，分类六，曰观象于天，曰观法于地，曰近取诸身，

① 说文理董：清吴颖芳撰。三十卷。该书尊许氏《说文》之说，而于转注一义，尤阐其奥。书中先为凡例，畅论其指，后疏许说。认为今本《说文》，取一字为篆书而细书其说为注，而不知许氏原文上下相连，皆当贯通其说。如“鹂黄”为仓庚之名，后人误读为“黄仓庚”之类。又认为许氏所列文字，间有未备，每于说解中见之，如某字从某，则所从之某字即可补为正文。（许嘉璐主编《传统语言学辞典》第351页）

曰远取诸物，曰视鸟兽之文，曰与地之宜，各溯其所从始，而沿其孳生。成《文字源流》六卷。又取钟鼎文字有成篇可读者，释其文，笺其义，详论其前后倒互之例，读之皆能文从字顺。成《金石文释》六卷。少与厉征君鹗交，基之学诗。于是上溯汉、魏，下及唐、宋诸大家，熟读详玩，成一诗数，改而后定，编为《临江乡人集》四卷。古文尚平易，诗余尚婉曲，所作不多，皆不存。祖父以赀雄乡里，及先生窭甚，蔬食饮水，忻如也。村居闭户，不求人知，与厉征君往还桑塍麦陇间，辨难不已，过者听之不知作何语也。晚年名益著，通政使雷公鋐视学两浙，鸣驺访之，索《太极讲义》而去。武进庄公存与典试浙江，事竣，肩舆出郭，索其《律管诸解》，即《吹豳录》中之一二类也。兼通释典，著《唯识论文释》二卷，又即论中条例，指授学者，谓之五要须知。更有《观所缘缘论释》、《因明入正理论后记》、《因明正理门论》各一卷。东城余庵僧莲饮、西城慧安寺僧超尘，各受其书而传之。撰《昭庆律寺志》十卷，又同寺僧辑《律议法数》三十二卷，又次释藏中精语名曰《大藏摘髓》，又为辨利院撰志四卷，院中有观世音像五十三轴，先生搜采数十年，足一百八轴，因作《藏画记》一卷。取《尔雅》、《博物志》、《本草》诸书，证其同异，聚物之解毒者，得百余种，造为丸，名曰“绿髓”，疗创肿立愈，惜其方不传。……卒于乾隆四十六年辛丑二月二十七日，距生于康熙四十一年二月二日，年八十。所著书门人项墉及仁和诸生朱文藻等校录之，以藏于家。(下略)

钱林《文献征存录》卷五：吴颖芳，字西林，仁和人。祖父世业商贾，家本富逸。颖芳幼耽吟诵，独以静默自喜。年十五，遭亲丧，悲泣，居垩室，不问人事，主财货者互为奸诈，损其赀之五六，知之，绝不与较，箧中积称贷券并取焚之，曰：家所自有，不有之矣。而向人索所有，其能有乎？尝一赴县试，为隶役所诃，以为大辱，自此割断举业，无仕进意。居城之东北，屋舍数楹，池圃桑竹，占屋之半。与征君厉鹗善，至则款之，或与纵步畦垅间，闲话史传旧事，人有过而听者，不测其何语也。蔬菜薪櫄果实之属，不出门而具，客坐稍久，浊醪先进，继以精品，又制一小筒，写赏花、垂钓、围棋、赋诗、弹琴、吹笛十数事，每事为一签，置筒中，每探一签，以与客，不听客去，务使竭欢，人亦爱其通率，为之流连不已。如是者有年。年八十，终于家。有《临江乡人诗》六卷。诗尚清约。其自序云：“**古人读书，不专务词章，偶尔流露，讴吟仅抒所蓄之一二，其胸中所蕴渊乎其莫测也。递降而下，倾写渐多。逮至元、明，以十分之学，作十分之诗，无余蕴矣。次焉者或溢其量以出，故其经营之处，时露不足，如举重器。虽同一运用，而劳佚之态各殊。古人胜于近代，可准是以观也。**”子象乾、象鼎，邑诸生，善守门业，均能世其清德。

阮元《两浙輶轩录》卷二十六、张维屏《国朝诗人征略》卷二十五、陶元藻《全浙诗话》卷四十九、《（民国）杭州府志》卷一百四十五、徐世昌《晚晴簃诗汇》卷七十八皆有传，存目。

庄　炘

赵怀玉《亦有生斋集》文卷十九《清故奉政大夫陕西邠州直隶州知州庄君墓志铭》：君姓庄氏，讳炘，字景炎，一字似撰，似撰之字尤著。先世有秀九者，自金坛迁武进，遂为武进人。四传至襗，明弘治中进士，官山东布政司参政，家始大。曾祖骞，考职州同。祖学愈，直隶开州知州。父蓉缞，国子监生，赠如君官。君幼聪颖，为开州君钟爱，尝以珍玩赐诸孙，君无所取，独乞旧本兰亭，开州器之。既冠，连遭祖父丧，哭泣过哀，目左成漏管。乾隆十六年，召试二等第一，其后三遇召试，皆二等第一。三十三年戊子中顺天乡试副榜贡生，出大兴朱学士筠之门，时年虽三十余，已屡摈场屋，且母年高，亟谋禄养，乃就职直隶州州判。初，君为诸生时见赏于晋宁李侍郎因培，所至声籍甚至。是毕抚部沅奏留陕西。四十年逆回苏，四十三乱君司奏节署事平，历摄宜君、富平、鄠县事，以母忧归，免丧，借补渭南县丞，复摄朝邑、郿县、盩厔事。其在盩厔，缉获邻境要犯，特旨以知县题补，是年补咸宁县知县。五十五年擢兴安府汉阴通判。五十八年署乾州直隶州知州。五十九年署兴安府知府。兴安去省会远，山谷居民良莠杂处，君廉，得白莲教头目萧贵敛钱聚众，设计钩捕之，按问得其为逆状，遂置之法。既而楚蜀蔓延，兴安独无事。嘉庆元年署咸阳知县，泥河贼王全礼作乱，总督宜绵公以君练于兵事，檄赴军营，叙功赏戴蓝翎。二年迁邠州直隶州知州，仍留军中。是年冬，教匪屯聚兴安之光头山，郡守运饷远出督抚，以君谙汉南情形，守御非君不可。于是明年正月再摄兴安郡事。……因而疾作，遂回邠州，既痊，权凤翔府事，堵御陇州有功，复权榆林府事。九年仍回邠州。十一年，年七十有二矣，子逵吉方为咸宁令，因乞休就养。十八年，逵吉卒，乃携两孙归。初逵吉卜筑于城北之局前，将为君娱老地，至是始得入居焉。……生平著述，舟行汉江，为水渗漏，丧失过半。今掇拾所存，有文六卷，诗犹七百余首。综予与君交几六十年，直亮多闻，初终罔闻。君逝后，忽忽若有所失。回念少日过从之人已鲜有存者，能不悲哉！君生雍正十三年十二月十七日，卒嘉庆二十三年五月十六日，春秋八十有四。配蒋氏，封宜人。子二：逵吉，陕西潼关厅同知；勒埔，皆先君卒。女一，婿曰张浩。孙二：钤、锴。以嘉庆二十三年十二月乙丑，与蒋宜人合葬于鸣凤乡邹区之原，礼也。铭曰：君之未遇，能介所守。洎乎入官，经纬兼负。学贯百氏，策裕六韬。珥貂之华，用酬厥劳。故寿考而遂首丘者，偿之没齿；不能取之于其子者，有孙可俟。

李元度《国朝先正事略》卷三十五：同时为汉学者有庄君炘，字虚庵，乾隆戊子副榜，官知州。深于声音训诂之学，校刻《淮南子》，为之注。

江藩《国朝汉学师承记》卷四、徐世昌《晚晴簃诗汇》卷九十三皆有传，存目。

李　威

《清儒学案》卷八十五《大兴二朱学案·李先生威》：李威，字畏吾，龙溪人。乾隆戊戌进士，由刑部主事官至广东廉州府知府。师事笥河先生十有一年，尝为从游记以志厓略。讲求六书，著有《说文定本》十五卷。晚宗陆王之学，为《岭云轩琐记》。其警切处，读者比之吕氏《呻吟语》云。（参史传）

《清史列传·儒林传下一》：李威，字畏吾，福建龙溪人。乾隆四十三年进士，改刑部主事，官至廉州府知府。威从朱筠游，传其学。尝争辨筠前，不以为忤。著有《说文定本》十五卷。晚讲陆、王之学，与桐城姚莹最契，以为所谈不足为外人道也。著《岭云轩琐记》，警切似《呻吟语》，惟每引圣人至精之理，与佛氏相比附。桐城方东树为删节以行。

《漳州市志·芗城区志》：李威，字畏吾，号凤岗，龙溪人。清乾隆四十三年（1778年）进士，时遇父被陷入狱，闻即归里愿代父罪，感动当政释之。伴其父母相继去世后，始入官刑部郎中，后为广州知府。引退后主讲丹霞书院，暇时读书不倦。威九十寿终，著有《说文解字定本》共十五卷。

江藩《国朝汉学师承记》卷四：李威，字畏吾。深于六书之学，著有《说文解字定本》十五卷。戊戌进士，今官广东廉州府知府。

张维屏《国朝诗人征略》二编卷三十九：李威，字畏吾，号凤冈，福建龙溪人。乾隆四十三年进士，官广州府知府。有《无名子诗存》。君成进士，以主事用，在刑部二十余年。出为粤东知府，调首府，君守广州。时方承平，粤东号殷富之区，而广州亦素称膴仕，君乃澹于仕宦，引疾辞官，制府蒋公攸铦、方伯曾公燠皆欲挽留，而君退意已决矣。君至京师，自营生圹。将老焉，一日忽不怿，慨然思返故乡，适闽有举子下第出都，君与之偕行，家人知之，追至中途，而君归志又决矣。君原配，所出子孙皆在闽。既旋里，杜门不预外事，惟以读书赋诗自娱。道光壬辰，重宴鹿鸣。丙申卒，寿八十余岁。君孙婿谢仰泉茂才鸿猷以君诗稿见示，因摘其警句刻之，并约举其事略如此。（《松心文抄》）《凤冈先生诗》云："朱子晚年悔，来者犹可追。"自注云："朱子六十岁言，向时止论文义，于日用欠检点。”又答张敬夫书云：“**平日解经多是推寻文义，近方知汉儒说训诂之善。使人以训诂玩索经文，意味深长。**”先生晚年喜看朱子书，观所引两条可见朱子自悔其生平著述未善，未尝自以为是也。(《松心日录》)

杨钟羲《雪桥诗话》卷九：任子田、李凤冈皆朱竹君弟子。……凤冈一字畏吾，龙溪人。深于六书之学，著有《说文解字定本》。守广州日，上游方大倚用，忽一夜，避妻子手书，乞退居都下十年，一日思返漳州，复不告家人，尽弃其业，只身南下。年八十二，犹如壮夫，登山必穷其颠。初不拄杖，著书数十卷，言天人事物之理。姚石甫谓：“**明世王龙溪讲学出入二氏，今则李畏吾著书力通儒释，皆心学也**。”石甫《登芝山谒道原堂诗》：“北溪东湖已后死，配食衣冠肃堂址。烟楼撞破又何人，前龙溪王今有李。”《感怀杂诗》云：“**撒手悬崖李广州，功名家世尽浮沤。纷纷讲道争朱陆，不及青山自在游**。”

方东树《考槃集文录》卷一《原理二》：近世妄庸巨子，既无所知，又无忌惮，著书痛诋言理，毋虑都数十百家，实皆恶其害己也，肆其狂吠，托为公论，以自为蔑理之地。余既略条之于《汉学商兑》中，兹复摘一二则于此，俾学者知余非刻论也。龙溪李威，字畏吾，乾隆戊戌进士，历官广东廉州府知府，著《岭云轩琐记》四十一卷，其中不无心得可取之言，但大旨宗李卓吾，力诋宋儒，尤斥理学。其言曰：“有宋儒者斤斤然守一理字、敬字，以道学相标榜，惟朱子后来颇自悔，故为不可及。”按：此言诬矣！朱子之书始终可考。若朱子悔言理字、敬字，何以为朱子？乃以此推朱子为不可及，妄矣。又曰：“孟子言仁、义、礼、智四端，明明属于心，不出于性，而诸儒主伊川之言，以四者为性中之理。伊川平生执个理字，到此无处安排，便把来纳在性上。彼所谓理者，彻上彻下都使得着，何独以性为理乎？不从孟子，而从伊川，谓之有见，吾不能知。”又曰：“理字见于三代典籍者，皆谓条理，未有以为至精至完，无所不具，无所不周，为万事万物之祖者也。**孔门授受，不言及理，何独至宋儒乃把理字做个大布袋，精粗巨细无不纳入其中，至于天亦以为即理，性亦以为即理，却于物物求其理，凡说不来者则以为必有其理，凡见不及者则以为断无此理，从此遂标一至美之名曰理学，竟为古昔未开之门庭，不亦异哉**？”又曰：“伊川曰：大抵人有身便有自私之理，宜其与道难。一夫既自私矣，安得理在此？可见其于一理字到处摆不来，口角时时流露也。”愚谓此条乍看似足令伊川哑口，其实乃诐辞也。夫自私固无理在，然非理，孰别自私？自私非理，非理以理而显，如南针失位，终以子午而定。伊川语虽似有小疵，而义实广大胜足，勿以言害辞、辞害意，可也。永嘉见六祖，言次，六祖曰：“汝甚得无生之意。”永曰：“无生岂有意邪？”六祖语与伊川此语气正相似。且如郑氏曰：“性即理也。”而《乐记》有曰：“性之欲也。”岂可曰理之欲邪？古人文字多如此。妄人轻薄，不足与庄论也。

姚莹《东溟文集》文后集卷十《方植之金刚经解义十种书后》：呜呼！是方植之之所作也。植之尝为《汉学商兑》矣，以近世汉学诸贤妄毁宋儒，且诬圣道，故力申考辨，而圣道以明。又尝为《书林扬觯》矣，以无识之人妄事著书，故详言古人不肯苟作与夫不得已而有作之旨。是二书者可谓精于立言矣，曷为而有此作哉？律原以为不应横决至此，诚哉畏友之言也。余不解佛，顾尝粗观其书，植之谓他人无可语此者，时时以其说示余。律原贻书责余，谓不当更扬其波，善哉良友之言也！然吾观植之自言学佛，夫植之岂真学佛者哉？毋亦有所激愤而为之乎？植之理究天人，学穷今古，行年七十八矣，曾不知是书得罪于天下乎？且与其所自著书大异，胡不畏天下以彼其矛刺其盾者，将不止汉学诸贤也。昔吾以闽人李畏吾《岭云轩琐记》示植之，植之非之，谓沿王龙溪之邪说也，曷为自蹈之，且更有甚焉耶？凡此皆常人之所能知，而谓植之有未知乎？嗟呼，是可深悲也矣！韩退之辟佛者也，而深敬浮屠大颠。程子、朱子嗣道统者也，而谓佛说近理。岂佛说之精妙果有与吾儒相契合者欤？（下略）

钮树玉

《清史稿·儒林二》：钮树玉，字匪石，吴县人。笃志好古，不为科举之业，精研文字声音训诂。谓《说文》悬诸日月而不刊者也，后人以新附淆之，诬许君矣。因博稽载籍，著《说文新附考》六卷、《续考》一卷。又著《说文解字校录》三十卷①。树玉后见玉裁书，著《段氏说文注订》八卷，所驳正之处，皆有依据。

冯桂芬《（同治）苏州府志》卷八十三：钮树玉，字蓝田，一字匪石，洞庭东山布衣。通六书之学。著《说文考异》。时金坛段氏注初行，多以已说强傅古义，树玉别著《段氏说文注订》。又精音律，与青浦王侍郎昶欲以八音调合宫商，俾复古乐，而未果。事母至孝，母老病聋，常为孺子戏以悦之。母至九十四终，树玉年亦六十有六，而哀慕不衰。(梁章钜墓志）子宝顺，福建沙县典史。值大水，平粜躬亲，按户发给，厝棺漂没，劝捐埋瘗无算，百姓德之。迁南平县县丞。(家述）

李斗《扬州画舫录》卷十：钮树玉，字匪石，元和人。业贾，贩木棉，舟船车骡之间，必载经史以随，归则寂坐一室，著书终日。每负贩往来，必经邗上，留与邑中经学之士讲论数日，乃去。

徐世昌《晚晴簃诗汇》卷一百十五：钮树玉，字匪石，吴县人。有《匪石山人诗》。诗话：匪石洞庭布衣，为钱少詹弟子，专治《说文》，名其家，作小篆，寓规矩于生动，与同时诸名辈游，诗才清出，亦朴学者所难。《感兴》诸篇盖深慨于当时学术风尚，言外雅有微旨。

---

① 说文解字校录：清钮树玉撰。作者认为《说文解字》自经李阳冰刊定，辄有改易。由宋以来，艺林奉为圭臬。唯大徐定本今流传最广者乃毛氏翻刊本，而毛本又经后人妄下雌黄，率以其所知改所不知，古义遂微。因此著此书，以宋本《说文》及《五音韵谱》、《集韵》、《类篇》正毛氏之失，以《说文系传》、《韵会举要》正大徐本之失，以《玉篇》正阳冰之失。书中以《玉篇》为主，旁及诸书所引，悉录其异，互相参考。该书是研究《说文》的一部比较重要的参考书。（许嘉璐主编《传统语言学辞典》第346页）

梁章钜《钮山人墓志铭》：训诂之学，至本朝为极盛。乾隆中，嘉定钱竹汀宫詹主讲苏州紫阳书院，以汉学倡后进，而钮山人以《说文》学称于时。山人家吴县之洞庭山，素饶于赀，至山人而贫。方为童子时，稍稍从乡塾师读。所禀异常儿，既以生计迫，贾齐、鲁间，则日以赢钱聚书，恒夜篝灯，从帐中读，久之帐尽黑，而山人通六书矣。归游宫詹门，学益进，商榷古今，及辩论金石文字，各有创获。宫詹器之，不以弟子礼相待。著《说文新附考》及《说文考异》。是时为《说文》学者，天下推金坛段氏，山人亦重段氏学，而不欲强为己说以傅合古义，乃别著《段氏说文注订》六卷，有匡正而无掊击，识者韪之。山人力为学，家益贫，出游于世，落落寡所合，惟钱塘陈曼生官溧阳时居最久，外此则阳湖孙渊如观察、桐城张古腴太守尤有周旋之雅者也。**余初读山人书，疑为古人，比官江苏，知尚健在，亟访之，苍颜白发，有古儒者气象，接其言论，退然如不能出诸口，及考辨经史，侃侃岳岳，又能不苟为同异。方延之宾馆，将以旧学相质，乃不数日，山人遽以病归，归又数日，而山人卒矣。**山人之学精于《说文》，因及金石文字。于音律独有微诣，老伶工半字之差亦能正之。尝与青浦王兰泉侍郎欲以八音乐器调合宫商，俾复古乐。善篆隶书，无一笔苟作，复以其法作真楷书，劲秀绝特。**诗工五言，亦简远有味。盖山人忘情利达，举世间一切累心之事土苴去之，皆不足损益其读书之乐。粝食粗衣，至于没齿，优游俯仰，粹然成一家之学。古所称忍饥诵经，颐道不倦者，殆其人也。**抑又闻山人事母孝。母老病聋，山人常为孺子形，多方以悦之。母以九十四寿终，山人之年亦六十有六矣，而哀慕不衰。呜呼！此余所以尤重山人欤？山人姓钮氏，讳树玉，字蓝田，晚著《非石子》上中下篇，学者称为非石先生。祖本立，父怀宏，皆潜德不仕。山人生于乾隆二十五年，卒于道光七年九月十七日，年六十有八。娶翁氏，先卒。子二人：宝顺，官福建古田县典史；次宝安。女子子三人。孙一人。墓在古坞山麓祖茔昭位，以道光八年二月十四日葬。铭曰：糗糒不充，游如转蓬，孰穷乎？而振愚发蒙，儒林所宗，孰通乎？而莫厘之峰，白云青松，惟先生之幽宫。①

缪全孙《碑传集补》卷三十九：钮树玉，字匪石，吴县人。居东洞庭，隐于贾。笃志好古，不为科学之业，精研文字声音训诂。谓《说文》悬诸日月而不刊者也。后人以新附淆之，诬许君矣。因博稽载籍，著《说文新附考》六卷、《□□□□（说文新附）续考》一卷。又著《说文解字校录》三十卷。树玉后见玉裁书，著《段氏说文注订》八卷，所驳正之处皆有依据。② ○徐承庆，字梦祥，元和人。乾隆五十一年举人，官至山西汾州府知府。著《段注匡谬》十五卷。其攻瑕索瘢，尤胜钮氏之书，皆力求其是非，故为吹求者。

杨钟羲《雪桥诗话》三集卷十一：钮非石，吴县布衣，家莫厘峰下。精于小学，著有《段注说文订》并《说文新附考》。善音律，江左士大夫家燕会无虚日，歌者满堂，必延之上座，手执坛板，为顾误焉。曹葛民《广文诗》："洞庭西去片帆斜，绿树深藏处士家。想见白头饶醉态，一灯夜雨唱琵琶。"

---

① 见缪全孙辑《碑传集补》卷四十。

② 钱林《文献征存录》卷九："（袁）廷梼事亲以孝闻，少孤，母自教之，诗文清峭，无凡俗之累。尝以《说文》新附有误增之字，据经子古书证之，其本字已具于《说文》，为《说文新附考》七卷，又为《说文解字校录》三十卷。"今按：钱氏将钮树玉之书归于袁氏名下，未免张冠李戴。

钱大昕《潜研堂集》文集卷二十四《说文新附考序》：存目。

清曾钊《面城楼集抄》卷二《钮非石〈段氏说文注订〉序》（代阮云台先生作）：段氏之学，精于《诗》音，其注《说文》，皆以十七部绳之。余谓十七部可以读《诗》三百篇，而不可以读《说文》。盖《三百篇》作于周，《说文》作于汉，相距数百年，其音读有流变者，势也。何以证之？《三百篇》用韵，其韵在之咍部，斯在支部，而《说文》斯从其声。……夫《三百篇》皆孔子弦歌之，以合乎韶武者也，而犹音读不能尽同，况《说文》乎？执《三百篇》以绳《说文》，必合无是理也。余生平治《说文》，服膺段氏注，而颇疑其辄删声字为武断，欲考汉时音读以订之，怀志未就。道光四年夏，吴县钮君以所著《段氏说文注订》邮示属叙。余读其辨驳段氏之增删篆文，迻易部弟，皆凿凿有据，信而好古，其谓十七部不可以绳《说文》，尤与余同。**夫《说文》者，“五经”之钤键，“六艺”之津梁也。自唐、宋迄明，蓁芜甚矣。非段氏之专决，不足以发挥窔奥；非钮君之严谨，亦不足以辨别正讹。**二者皆为古义耳，岂操入室之戈，奋争名之笔者乎？余乐段氏有诤友，而《说文》学将更明也。因略举汉读之不合《三百篇》者书于简端，以复钮君。倘居多暇日，更剌取谐声之字遍考之，其为功许氏何如也。

臧庸《拜经堂文集》卷四《别钮匪石序（癸丑季冬）》：君壬子春过常，造顾子述。子述来告曰：“有钱少詹高弟子吴县钮匪石至，足下愿见其人乎？”余欣然就尚志斋相晤，然未识君为何如人也。逾时来余室，与纵论今之名儒，余首以金坛段明府为问。今年三月望日，君又过常造余。未几，余至吴门，访段明府，未值，因王光禄、王西林而寓于袁氏主人，又恺敦伦好古士也，以《十三经》校勘见委，余初于《易》、《书》、《诗》、《尔雅》粗有所订，余经夺他事未暇，至是又校“三礼”、“三传”、《经典释文》、《群经音辨》等，明府归，或录其副，虽因人成事，猝尔未有定本，余怀亦稍慰矣。利薄功溥之事，固儒者所乐为也。君之寓与袁氏止一水之间，因得晨夕过从，始悉君之学行而订交焉。君研求声音诂训，寄身商贾间，朴厚明质，务实不务名，是余所雅敬者。**闻今海内有通儒二人，一嘉定钱少詹，一金坛段明府。近皆为吴人所得，君故从游少詹获交明府者也。以二人为师，顾千里为友，更加三字之功，一曰“勤”，二曰“细心”，君之学必卓然有成。**兹于游楚北，君咏诗十二韵以赠。余勿能诗，因序与君两载之交情为别。

钮树玉《说文新附考跋》：《说文》新附四百二字，又增入正文一十九字，徐氏辩正俗书中未然者七字，凡四百二十八字。经典相承且见于汉碑者十有七八，而《说文》不著，要非漏略也。尝泛检群书，兼得之师友，为《新附考》六卷、《续考》一卷。自顾浅陋，必多乖谬，幸专门名家得纠正焉。嘉庆元年六月，录毕于洞庭山中，因叙其概。吴县钮树玉。

魏茂林

法式善《清秘述闻续》卷十四：宗人府主事魏茂林，字宾门，福建龙岩人。己巳进士。

法式善《清秘述闻续》卷十四：刑部主事魏茂林，字笛生，福建龙岩人。己巳进士。

法式善《清秘述闻续》卷十四：刑部郎中魏茂林，字宾门，福建龙岩人。己巳进士。

《（光绪）广州府志》卷四十五：（嘉庆二十三年戊寅万寿恩科）副考官、内阁中书魏茂林，字笛生，福建龙岩州人。嘉庆己巳进士。

戴熙《习苦斋古文》卷二《房师魏笛生先生七十寿序》：熙隶门下才十年尔，诸门生隶门下者，熙为晚。今年冬，届吾师七十寿辰，诸门生官京秩者将寄一言介寿，以属熙，谢不敏，再三乃述诸门生意，遥祝而言曰：立言之体，当举其大，不遗其小。不遗其小，而舍其大，不如举其大而略其小之愈也。世之乡先生登上寿，称觞而进者，类皆历叙爵秩之显，附会其事，骈丽其词，以夸一时而荣一乡矣。彼詹詹小言，固不足陈太君子之前。夫非谓大君子爵秩之显，不足以夸一时荣一乡也，第可夸荣者不独在是，而爵秩不足言。盖建树之伟，有度越寻常者。吾师少时即受知恩雨堂侍郎，暂为学生，旋登乡会试榜，由内阁中书舍人迁宗人府主事，再迁刑部主事，擢员外晋郎中。所在知名。初领刑曹，决疑狱，出老吏右，上官倚重，委总办秋审，充律例馆提调，尝一典广东试，三校礼闱，典试广东，垂二十年。熙前年至广东，缙绅学士犹啧啧称道衡鉴之精，闻熙出门下，辄以能文见拟。礼闱得人之盛，三校三冠同列，最后壬辰榜得人最少溢额，分拨他考官者犹七八人，京察一等，出为河间府知府，调保定府知府，寻分巡通州运河道，所隶任皆繁剧，日以无事而百废具举，大吏恃为左右手，爵秩如是，建树如是，洵足以夸而荣之矣。大矣！虽然，熙犹以为此吾师之小者，亦不足尽之。请更言其大。盖师初入学时，熙有二十九，门类海探源之辑，通籍后，遂著《易贯》六卷、《礼因》一卷、《骈雅训纂》十六卷、《文法一揆》六卷、《广腋天部》四卷、《三十五科同馆诗赋解》十四卷、《重校袁文笺补》四卷，又《帐中编略》若干卷。自秦、汉、六朝以来，经、史、子集诸大部荟萃贯串，搜罗剔抉，丹黄而甲乙者数十年于兹，既去官，益加振葺，节次竣功，盖著述之富又如此。大哉！此寿世之业也。师之信今而传后者在是，天之所以成就之者当亦在是。且夫寿世者大，而寿其身者犹小。闻吾师比岁居大江北山水胜处，与田舍翁烟波叟相往还，然犹目不辍细书，手不辍细字，孳孳矻矻，惟日不足，神明精力，有壮盛所不逮者。熙以为，他日为期为颐既信而有征，酌大斗，祈黄耇，固已不乏其人，不必为吾师祝，惟寿世之业自今以往当更有日进无疆者，是宜传之永永年代，而非世俗颂祷之词所能称也。熙是以独举寿世一言为祝，而他皆略云。

郭尚先①《郭大理遗稿》卷八《魏笛生比部五十寿序》（代）：今皇帝肇极之六年，集天下贡士八千人于礼部试之，特命我笛生夫子以刑部郎为同考官，永叔知举，有资梅圣俞之参详；敬舆知人，无待梁补阙之通榜。搜岩采干，披榛得兰。研寻丹文，矜惜翠墨。万金新曲，酬以水部之诗；三寸清衔，慎于山公之牍。……抛白者感知，勒红者佩教也。吾夫子行年五十有四，今岁秋仲，实师母夫人五十设帨②之辰。古人于燕乐之会，则必有上寿之仪；称愿之私，则必有长生之颂。……先是，我太夫子进廷公，习莱芜侯积算之经，得辛文子就时之策；清风五两，来观甓社之湖；明月二分，遂卜扬雄之宅。夫子降邹阳之十七世，继吏部之二百年，神禫为神，轲录其志。曼倩册万字，别搜海外之书；尉律九千文，更觃梦中之篆。尔乃启谟觞之别馆，得水绘之荒园，楼台已非，城郭犹是，登高能赋，对酒当歌，鱼鸟亲人，烟霞供养，中宵梵响，华严之字可寻，申旦灯光，勾漏之丹已转。迨归家衖，众谓奇童，濯足则万象在旁，振鬣则群马尽喑。剑一挥而毕白，钱万选而独青。战文者有一范之畏焉，相士者有四夔之目焉。已而举秋赋，隽春官，集凤池，司鸾诰，典谟紬校，一目十行，纶綍传宣，一日三制，笔惊风雨，几疲十吏之书，文赡卿云，益曜五华之色。代君房之草样，何待于葫芦。校臣向之书字，不迷乎梋桤。退食多暇，问字鼎来，削垩成风，聚沙得雨……莫不理顺而冰释，虚往而实归，继而簜节远驰，珠搜合浦，琐闱初校，玉采昆山，照以光明，烛励以精进幢，坐之以春风，授之以秋驾……服郑经师，未播文章之誉；欧苏文府，或谢考证之长。书簏富矣，而蹇于运思；镜源博矣，而艰于裁制。我夫子信学者之山渊，大匠之规矩者欤？（下略）

郭尚先《郭大理遗稿》卷三《魏笛生同年六十寿序》：曩岁笛生比部五十初度，其门下士谋称寿，以寿文属余。笛生门下士能文什伯于余者相望，顾过爱余，谓余能知其为人，必欲余文。今兹六十，乃邮书五千里，复以见属。笛生信爱余，顾何足知笛生哉？笛生少时才望震耀，恩雨堂侍郎视闽学，倾倒甚。余时已仰之。既同隽乡会试，踪迹日益密，见其𢧐析旧籍，旁行斜上，朱墨皆满，或手自录之，储如束笋，余颇疑其过劳者。其后同居两载，每纵谈至宵分，如浮洞庭，入武夷，奥衍深远，预乎无际。又如山东老父指陈桑麻利害，无语不实，乃大骇服。从游者甚众，稍得指授，立见殊观。尝典广东乡试，再分校礼闱，得士极盛。然其教人断断勖以践履，闻者固仰其素行，而所言又皆平易近

① 郭尚先（1785—1832），字元开，号兰石，福建莆田人。嘉庆十四年（1809）进士，历任乡试考官、国史馆纂修、文渊阁校理、四川学政、左赞善、光禄寺卿。道光十二年（1832）春，诏授大理寺卿、礼部右侍郎，专司学政吏考之事。郭尚先一生博学多艺，著有《增默庵文集》、《增默庵诗集》、《芳坚馆题跋》、《使蜀日记》等。

② 设帨：古礼，女子出生，挂佩巾于房门右。《礼记·内则》："子生，男子设弧于门左，女子设帨于门右。"郑玄注："帨，事人之佩巾也。"后用以指女子生辰。

人，故乐从其教。初由中书再擢至刑部主事，意颇不适，谓幼所未习，老且至虑，不相中，受事月余，有疑狱莫得要领，笛生徐出一言，则立服。或问其故，曰：诚无不动者。古者色听、气听之说甚微，诚以求之而已。律令世轻世重，滞其迹则一快吏能办之。苟知其意，则不必有意从轻，比而受者恒自谓不冤，于是上官倚赖甚，迁员外郎，进郎中，总办秋审，充律馆提调，京察一等，诏以道府用，赐对深荷奖厉，其长于治事也又如此。余惟造物之赋才异哉，或专一事而不足，或兼数事而有余，或长于言而瞀于事，或笃于古而阂于今，子丑大略者课细，则疑抱奇能者遇坦或绌。独笛生若规矩然，为洪为纤，为勾股，为旁要，无所不范，其学其才，微特余知之，天下莫不知之。至其未施之蕴，莫可涯量，余又乌足以知之哉！余官翰林二十余年，不知世有所谓劳剧事。入蜀数月，须鬓立改，比有自都来者，为言笛生容颜益少，然则岂特其学与才得天之厚，即其精神强固，亦曷可及哉！余更两三月将晤笛生，先寄数语，以当寄酬，笛生谓余为能知之否也。

郭尚先《郭大理遗稿》卷二《题魏笛生同年水绘园读书图二首》：积卷崔僬室，林深老屋幽。二分明月地，十载少年游。鹏运风初厚，鸿飞雪尚留。朱陈两检讨，可许占千秋。当日宾朋盛，春声落雉皋。花同金谷满，人比玉山豪。陈迹风轮转，初禅法界高。因君谈旧事，怀古首频搔。

顾凤毛

《清儒学案》卷一百二十《里堂学案·顾先生凤毛》：顾凤毛字超宗，江苏兴化人。乾隆四十九年南巡，召试列二等，戊申副榜贡生。父九苞，字文子，乾隆辛丑进士。通经，长于《诗》、《礼》，著述不传。先生受经于祖母任，年十一通“五经”。及长，与里堂同学。先生学音韵、律吕于嘉定钱溉亭塘，撰《楚辞韵考》。又撰《毛诗集解》、《董子求雨考》、《三代田制考》，未成而卒，年二十七。里堂营其丧，作《招亡友赋》，哭之，又为作传。（参里堂撰传、阮元撰《焦循传》、江藩撰《汉学师承记》）

《清史稿·儒林三》：顾凤毛，字超宗，江苏兴化人。乾隆四十九年，南巡召试列二等，五十三年，副榜贡生。父九苞……凤毛亦受经于祖母，年十一，通“五经”。及长，与焦循同学，循就凤毛问难，始用力于经。凤毛又学音韵、律吕于嘉定钱塘，撰《楚辞韵考》、《入声韵考》、《毛诗韵考》，皆得塘旨。又撰《毛诗集解》、《董子求雨考》、《三代田制考》，未成而卒，年二十七。卒后，循理其丧，作《招亡友赋》，哭之。

《清史列传·儒林传下二》：存目。①

焦循《雕菰集》卷二十一《顾小谢传》：小谢名凤毛，字超宗，小谢别字也，扬州兴化县人。父九苞，以通经名儒，中乾隆辛丑科进士，卒于天津。超宗幼聪俊，襁褓中，祖母任口授唐诗，率能成诵。十一岁能解说经书，尝作天文、地里、礼乐、国玺诸论，和鲍参军《行路难》诗，时人奇之。十八应童子试，解《毛诗》“吁嗟乎驺虞”，反复数千言，补弟子员。二十丁父艰，时家贫乏，兼连岁荒歉，养祖母、母，尽力谋食，不恤劳瘁。**然性傲直，非所悦见，则瞑目俯首诺诺然。闻论说有大谬者，起指袖笑曰：“吓!”坐是忌者不一人，超宗固自若也。**甲辰南巡，召试，钦赐二等。乙巳丁祖母艰，同郡郑君兆珏延之，讲《毛诗》于家塾。超宗以馆谷稍可救贫，潜坐不出，披索经史，每夜寤，默诵日所读书，或不记忆，必起燃烛，熟之乃已。不好世俗名，凡倡和酬答，拒之不应。

① 见中华书局本第 18 册，第 5589 页。

有所得，不示人。然问之者随举一事一物，皆能溯其源流，及其说之异同，历历辨之，无遗漏。当是时，经学之盛，莫过江南，钩深索隐，各自树立。起宗于笺注义疏不为异同，惟以强记博览，坚守先儒之学，然间有论断，未尝不精核简要，厌服众心。先是，己亥五月，今相国诸城刘公督学科试，余与超宗同入学，已而同食饩，乃时与之亲。明年，余与超宗皆丁大故。起宗时时来湖中，居半九书塾中，抵足夜语。**里有与余不相能者，各负气相角，超宗切责余曰："奈何外用其神若此？倘先下之，彼出不意，怨即解。胸有此累，何以为学？"值怨家寿日，超宗趋余往拜祝。超宗盖不徒益余学问，而规正处己接物之道如此，不愧直谅多闻也。**丁未，同在郡城，时时相过，或同床寝，尝月夜煮菱角烹茗，谭论至三鼓。明年戊申夏月，超宗病疟。起宗素读古医书，颇泥其法，自用药疗治。及冬十一月，游吴中归，忽变哮喘，遂殁于郡城王君思雷家，年二十有七。时甫中副车，传闻闱中已前列第四人，以对策诋王肃及伪孔安国《书传》而抑之，亦命也夫？自病至死十余日，始则医药之繁，继则棺衾哭泣之凶，王君不以为忌，且多方谋之，君子以为长者，王君也。学音韵、律吕于嘉定钱教授塘，撰有《楚辞韵考》、《入声韵考》、《毛诗韵考》，皆得钱君之指，又撰《毛诗集解》、《童子求雨考》、《三代田制考》，均未成。呜呼！超宗将渡江过余，拥被夜谭，谓余曰："吾得一训导官，可供母，则闭户著书矣。然素羸，必不寿。吾死，赖子以传。"时无病，距死时二十日也。

焦循《雕菰集》卷二十三《书江都两生》：乾隆辛丑、壬寅之间，余宿西门外都天庙中，有为僧司洒扫而夜读书者，叩之，为徐姓，西南乡董家老坝人。寺僧曰："其家麦农，不欲其为儒而困苦之，故逃于此，志儒，不肯易也。"奇之。戊申冬十一月，吾友顾超宗病殁于郡城，徐来佐殓事，引一人至，曰："此周生，素慕顾君为人，生未获一见，今闻其殁，来与尸晤。"两人遂与尸共卧一宿而去。时徐与周同读书都天庙中，颇不为世俗学。明年，同入学为生员，徐以妹妻周，其气谊甚相得，然不合则争，争而至于詈，詈之不已，至于相殴流血，旁人莫能解也。两生皆好古，而性戆。徐与黄承吉应乡试省中，黄偶论算学，徐不能答，明日入场缴白卷出，疾趋市中，购算学书归，习之一年，与昔所论者发之，而黄已忘前事矣。周生为"三礼"学甚专，所著书草稿尺许。每戴破帽布衫，不系带，携其书行市中，见者以为狂。徐素患心疾，每旦服牛肉，医以地黄治之，大剧，又投以人参、硫黄，遂死。徐既死，周益狂，每面斥人，行市中，无有与语者，生亦不屑与人语也，已而亦死。各蓄书数千卷，至是皆散失。悲哉！徐名复，字心仲。周名室辅，字维周。两生死，如两生之狂且戆者稀矣。然而两生死求其孜孜，于实学中务有得于己，而不于于人，又不禁太息于两生之戆而狂也。

焦循《雕菰集》卷四《哭顾超宗》：翘首徒然问太虚，思君几次泪沾袽。一生辛苦但谋口，半死沈吟犹读书。果是奚囊病昌谷，恨无遗颂出相如。早知才大婴天妒，也卧湖滨作老渔。十年相处作交游，死后丰神想处留。傲物每张青白眼，养亲时作稻粱谋。更无谠论来双耳，尚有讥言到九幽。自是众人皆欲杀，而今犹未惬心不。舆尸两世尤堪痛，白发衰亲正倚门。半榻残灯横病骨，一湖寒水隔秋魂。纵然命蹇何应死，说到名传岂易言。郭有道碑吾不愧，文章今且为君论。

阮元《淮海英灵集》丁集卷四：顾凤毛，字超宗，号小谢，兴化人。父九苞，通经学，尤深"三礼"，中乾隆辛丑进士，卒。超宗受祖母教，十一岁通"五经"，尝作天文、地理、礼乐、国玺诸论，和鲍参军《行路难》诗，时人奇之。十八应童子试，经解驺虞数千言，补弟子员，家贫，岁歉，力养祖母。甲辰，应南巡，召试钦取二等，中戊申副榜。超宗于笺注疏义不为异同，惟强记博览，株守先儒之学。然间有议论，未尝不精核简雅，厌服众心。卒于扬州。所撰《楚词均考》、《入声均考》、《毛诗集解》、《董子求雨考》等书，皆未成，求其诗稿不得，惟得廿字，录之。

桂文灿《经学博采录》卷四：顾君小谢，名凤毛，字超宗，小谢别字也，扬州兴化县人。父九苞以通经名儒中乾隆辛丑科进士，卒于天津。超宗少聪俊，襁褓中祖母任口授唐诗，率能成诵。十一岁，能解说经书。尝作天文、地理、礼乐、国玺诸论，和鲍参军《行路难》诗，时人奇之。年十八，应童子试，解《毛诗》“吁嗟乎驺虞”，反复数千言，补儒学生。甲辰，南巡，召试，钦取二等。自后披索经史，每夜寤默诵日所读书，或不记忆，必起燃烛，熟之乃已。不好世俗名，凡酬和诗词拒之不应，有所得，不示人，然问之者随举一事一物，皆能溯其源流，及其说之异同，历历辨之，无遗漏。当是时，大江南北经学竞起，钩深索隐，各自树立，超宗于笺注义疏不为异同，惟以强记博览，坚守先儒之学，然间有论断，未尝不精核简要，厌服众心。年二十七，卒。时甫中副榜贡生，传闻闱中本拟前列第四人，以对策诋王肃及伪孔安国《书传》而抑之，亦命也。夫超宗本学音韵、律吕于嘉定钱教授塘，撰有《楚词韵考》、《入声韵考》、《毛诗韵考》，皆得钱君之指。又撰《毛诗集解》、《童子求雨考》、《三代田制考》，俱未成云。

江藩《国朝汉学师承记》卷七、李元度《国朝先正事略》卷三十六、李斗《扬州画舫录》卷三皆有传，存目。

程　敦

武亿《授堂文抄》卷二《秦汉瓦当文字记跋尾》：……歙程君彝斋著《秦汉瓦当文字记》一卷，由同时数君子所搜辑，恐其众之易于亡佚，乃各录所从，并附以旧闻，其说多可依。然程君于八风寿存当谓八字笔画疏少，故与风字合为一，见古人缪篆分布之妙。岁戊申冬十有一月某日。

郑虎文《吞松阁集》卷二十七《程彝斋文题辞》：槐塘程生敦，少尝客苏杭间，从其贤士大夫游，好子史百家之言，而薄制科文为不足学，超然有高世之志，归而读不疏园主人汪君在湘《西湖纪游》，心折，曰："不意柳州近出吾里。"遂往师在湘。在湘固尝受经学于婺源江氏永，受古文法于桐城刘氏大櫆，兹土之学者也。既见生，大嗟赏之，复进生于余，学为制科文。余老病荒陋，无以益生也，而生终不喜作时文，时强之乃作，作辄离奇变灭，绝出笔墨町畦之外，非埋头兔园册子者胸腹间物，世故目生狂者，余曰："生不狂，生其狂于文者欤？"一年在湘病殁，属课其幼子于生，生遂去，故所得止此。呜呼，在湘可谓知人，能得士矣。

凌廷堪《校礼堂诗集》卷五《程彝斋招同王石曜工部小集》：在昔东原氏，曾将汉学论。二君能入室，六艺得专门。著述书盈笥，谐谈酒满尊。晴窗忘昼永，重与溯渊源。

胡 重

钱泰吉《甘泉乡人稿》卷七：秀水胡菊圃丈重精于《说文》，其所著书凡十种，金君孝柏为刻《说文字原韵表》①。菊圃尝得惠半农、松厓父子及惠氏同邑人胡竹厂孝廉士震与其子仲沄所校汲古阁本《说文》，其弟子沈茂才世枚以五色笔录于简端，间附菊圃校语，今在吾友金岱峰衍宗处，余方借录。

金忠淳《题胡菊圃重蒹葭话旧图》：西溪窈且深，乃在山之麓。伊人结同心，面流构茅屋。秋水助微吟，山月待宵读。一旦蹑云梯，双清剩梅竹。寥寥六十秋，胜事指樵牧。今披尺幅图，风流忽在目。不惜买山钱，相约缘俱宿。他时鼓棹来，芦渚倾醽醁。②

黄丕烈《士礼居藏书题跋记》卷六：《藏春诗集》余向收吕无党手抄本，亦出天顺刻，每叶十八行，行十六字，疑为照明刻抄本，然中多阙字阙文，必刻本漫漶，故抄亦如之。顷书友自禾中归为我购此本。槜李曹氏倦圃藏书，而为胡菊圃手校者。据菊圃跋以为精审之至。所补脱文，悉由雕本，以较吕抄，其善多矣。书三册，其值番饼三枚。重为装潢并记。辛未十月二十有六日复翁。**始得此书，不知胡重为何人。适禾中友松门戴五来访，余询之，则其人尚在，盖以钱塘人而寄居禾中者。视其校此书时所记岁月，在乾隆丙戌，松门云年已七旬，则校此时尚在壮岁，用心雠勘，自是我辈一流人物，惜未能晤对一堂，为古书讨厥源流耳。**复翁又记。

---

① 《说文字原表》，清胡重撰。一卷。书今存。此书取《说文解字》五百四十部首。依顾炁《五音韵谱》顺序编排。每字之下无说解，无注释，间标读音。嘉庆十六年（1811）刊行。《说文字原韵表》，书名。清胡重编。二卷。成书于嘉庆十六年（1811）。此书取《说文》五百四十部首按韵编排，意在初学者便于寻检。以一百零七韵为序，各韵之下又以二百零六韵分，四声相从，《说文》部首分系其下，注其卷次上下，正其形体，审其声音。此书于宋李焘《说文解字五音韵谱》有继承，李书与《说文》徐铉本声音不尽合，胡氏依许慎读若、谐声、段玉裁注等细核之，一一理董，各注于本部之下。此书有《许学丛书》本，《丛书集成初编》据以影印。（许嘉璐主编《传统语言学辞典》第355页）

② 见徐世昌《晚晴簃诗汇》卷八十五。

胡祥麟

《清儒学案》卷七十八《朗夫学案·朗夫从游·胡先生祥麟》：胡祥麟，字仁圃，秀水人。嘉庆癸酉举人。少从朗夫先生游，讲求实学，好深湛之思。读张氏惠言《周易虞氏义》，衍其义为《易消息图说》数万言。警石尤推重其所为古今体诗。（参《嘉兴府志》、《曝书杂记》）

《清史列传·儒林传下二》：胡祥麟，字仁圃，浙江秀水人。嘉庆十八年举人。少游吴江陆耀幕，讲求实学，治经好深沉之思。得张惠言《虞氏易义消息》，思索屡月，衍其说为《虞氏易消息图说》一卷。性鲠直，自名其斋曰省过。嘉兴钱泰吉目为诤友。道光三年，卒。诗学杨铁崖、李西涯，有《省过斋诗钞》。①

钱泰吉《甘泉乡人稿》余稿卷一《胡仁圃诗稿跋》：嘉庆甲戌之秋，余始识仁圃于我家之药房，遂订交。自是仁圃屡应会试，归辄过从。余言动有失，仁圃必微言规戒，不少恕。余尝谓："我友之善规我过者，钱塘吴穌村而外，以同里张尧民及仁圃为最深切。"盖时忆规过之言，数十年未尝一日忘，若评骘诗文，不为虚誉，则相与订交时要约之一端也。今赵实轩与仁圃及门诸君子校刊遗稿，友人沈莲溪既序之矣，余于穌村、尧民、仁圃之遗著不能传录，尝著其大略于《曝书杂记》，实轩欲刻余《杂记》中论仁圃语于诗稿之末，因附识数语以见。余不能传播执友之遗著，老而无成，盖不独有愧于实轩矣。

钱泰吉《曝书杂记》卷二：秀水胡仁圃祥麟，嘉庆癸酉举人。少闻陆朗夫中丞绪论，喜观《切问斋文钞》，讲求实学，尤好为深湛之思。得张惠文《周易虞氏义》及《虞氏消息》读之，思索累月，几废寝食，衍其说为数万言，以示余，惜未及抄录。仁圃故善病，至是病益甚，竟不起，道光三年某月日也。仁圃自名其斋曰省过，于朋友之过亦必规，而规余尤切。仁圃没后，遗稿在其妻弟赵实轩明经华恩处。余于《虞氏易》茫然不得其解，不能证明仁圃之书。其所为古今体诗，则于朋侪中为最工。

---

① 详见中华书局本第 18 册，第 5570 页。

严元照

《清儒学案》卷一百十九《铁桥学案·铁桥交游·严先生元照》：严元照，字修能，号九能，归安人。诸生。治经史务实学，见知于朱文正、阮文达二公。绝意进取，居石冢村，筑芳茀堂，聚书数万卷，多宋、元椠本。著《尔雅匡名》八卷，旁罗异文轶训，钩稽疏证，补邢《疏》所不逮。又有《娱亲雅言》八卷，《悔庵文抄》、《诗抄》、《词抄》，于词尤工。晚移居德清。（参《湖州府志》）

《清史稿·儒林三》：严元照，字九能，归安人。十岁能为四体书，补诸生。仪征阮元、大兴朱珪深赏之。熟于《尔雅》，作《匡名》八卷，旁罗异文轶训，钩稽而疏证之。著有《悔庵文抄》、《诗抄》、《词抄》、《娱亲雅言》等书。

许宗彦《鉴止水斋集》卷十七《三文学合传》：诸生汪家禧，仁和人，杨凤苞、严元照，归安人。仪征阮侍郎元督学浙江，三人并以高才生受知。嘉庆四年，侍郎巡抚浙江，立诂经精舍，招致三人在其中，家禧年最幼，而沉笃锐敏，好学尤甚，性谦下，常若不及。……元照生而识字，四岁能作大书，八龄据案作诸体书，求书者盈户外，江南以为奇童。性倜傥，不乐市井。所著有《悔庵文抄》、《诗抄》、《词抄》、《娱亲雅言》、《尔雅匡名》等书，皆可传。嘉庆二十二年，家禧自闽中归，得疾而殁，无子。其次年，元照亦殁，三人者皆方闻强记，有守君子人也。

钱大昕《潜研堂集》文集卷四十五《严半庵墓志铭》：予与归安严文学元照交有年矣。予假馆吴门，相去仅两日程，闻其家多藏书，而尊人善教子，乘兴欲往访之，辄以事阻不果。今冬，元照墨缞至予馆舍，稽颡而言曰："吾父以今年六月十三日弃养，行且卜葬，思所以不朽吾亲者，惟先生之文是赖。"予辞不获已，乃即其行状稍诠次之。按吴兴严氏本贯平江之嘉定，明洪武初有达卿者避乱至归安之石冢村，始占籍焉。……年四十始得子元照，甚慧，三四岁即能作擘窠书，君喜甚，思所以教子者，则曰："浮而不实，非学也。"于是聚书数万卷，遇宋、元椠本，不惜重价购之。元照既长，延名师督课，举业之外，兼及群籍。既入胶庠，有名矣，则又曰：**"博而不精，非学也。士以通经为本，穷经必通训诂，而文字声音则又训诂之所由出，舍古训而以意说经，大道之多歧必始此**

矣。"元照遵其训，于是有《娱亲雅言》之作。每辨论古义，必进质于君，而后笔之。遇有排击先儒过当者，则又诫之曰："辨而争胜，非学也。议论深刻，非徒招忌，亦恐损福，不愿汝曹效之也。"元照以高才生，试行省屡踬，人或以为病，君则曰："穷达自有命耳。古人以少年登科为不幸，姑尽其在我可矣。"噫！今世教子弟者，汲汲于利禄，读世俗浮滥之文数百首，便可弋获，视通经学古之儒，指为迂阔，何怪乎士风之日薄乎！予故举君之教子以为法。君讳树萼，字茂先，一字半庵，年六十有七，以嘉庆五年六月十三日卒。(下略)

段玉裁《经韵楼集》卷八《娱亲雅言序》：以说部为体，不取冗散无用之言。取古经史子集，类分而枚举，其所知以为书，在宋莫著于《困学纪闻》，当代莫著于《日知录》。近日好学之士多有效之者，而莫著于偃师武大令虚谷《群经义证》，次则吾友严君久能《娱亲雅言》。余尝以为，学者记所心得，无忘所能，可以自课，可以持赠同人，莫善于是。顾为之者，其弊有二：一曰好为异说，一曰剿说雷同，皆中无所得，藉是邀名，自谓知古学而已。闻之东原师曰："知十而皆非真知，不若知一之为真知也。"洞彻其本末，㔟剖其是非，核诸群书而无硋，反之吾心而帖然。一字一句之安妥，亦天地位、万物育之气象也。久能所说皆得诸真知，故近以自娱娱亲，远以娱人，涣然冰释，怡然理顺，其传世行后无疑也。夫人有心得之处，超乎古人者，必恨古人不我见，抑余以为古人有言有为，未尝不思后之人处，此必有善于我者，未尝不恨后之人不可见也。《困学纪闻》一书，近儒何义门、阎百诗、全谢山、钱晓征皆为补阙纠缪，《日知录》亦多有经近人是正者。伯厚、亭林捉笔时岂不知有此乎？岂不叹惜其不可见乎？今久能之书，有同志诸友梁耀北、徐心田、许周生、臧在东辈皆为之研摩商榷，力争铢黍，夹注于行间，此又不俟后之人为之。伯厚、亭林知此，必恨当日之未能集思广益有如是也。抑余又以为，考核者，学问之全体，学者所以学为人也。故考核在身心性命、伦理族类之间，而以读书之考核辅之。今之言学者，身心伦理不之务，谓宋之理学不足言，谓汉之气节不足尚，别为异说，簧鼓后生，此又吾辈所当大为之防者。然则余之所望于久能者，勿以此自隘，有志于考核之大而已矣。

钱大昕《潜研堂集》文集卷二十五《严久能娱亲雅言序》：今海内文人学士，穷年累月肆力于铅椠，孰不欲托以不朽？而每若有不敢必者，予谓可以两言决之，曰："多读书而已矣，善读书而已矣。"胸无万卷书，臆决唱声，自夸心得，纵其笔锋，亦足取快一时。而沟浍之盈，涸可立待。小夫惊而舌挢，识者笑且齿冷，此固难以入作者之林矣。亦有涉猎今古，闻见奥博，而性情偏僻，喜与前哲相龃龉。说经必诋郑、服，论学先薄程、朱，虽一孔之明非无可取，而其强词以求胜者，特出于门户之私，未可谓之善读书也。唐以前说部，或托齐谐、诺皋之妄，或扇高唐、洛浦之颓波，名目猥多，大方所不屑道。自宋沈存中、吴虎臣、洪景卢、程泰之、孙季昭、王伯厚诸公，穿穴经史，实事求是，虽议论不必尽同，要皆从读书中出，异于游谈无根之士，故能卓然成一家言，而不得以稗官小说目之焉。苕溪严久能氏，少负异才，濡染家学，所居芳茮堂，聚书数万卷，多宋、元椠本。久能寝食于其间，漱其液而哜其胾，中有所得，质之尊人茂先翁，许诺而谨书之，积久成帙，名之曰《娱亲雅言》，贻书乞予序其端。夫古之娱亲者，牵车负米，奔走千百里，契阔跋涉，以谋菽水之欢。而严氏之娱，近在庭闱，以图籍为兼珍，以辩难为舞彩，此其娱有出于文绣膏粱之外者矣！以读书为家法，而取之富，而择之精，吾恶能测久能之所至哉！

许宗彦《鉴止水斋集》卷十一《尔雅匡名序》：外弟严子九能熟于《尔雅》，作为《匡名》八卷，旁罗异文，轶训钩稽而疏证之，微独邢祭酒有不逮，抑亦可以为著作之功臣矣。夫**《尔雅》与六书相经纬**。六书者，造字之例，源于上古经也。《尔雅》者，辨言之书，肇于有周纬也。书契之兴，取凡民所恒言者而形之。文有此字之用，乃制此字之文，文成而义见，本无待于诂训也。三代以还，文胜其质。方音流变，学士增润，字之义或不尽如其文，则非诂训弗能明矣。《尔雅》之作，荟萃群言，归之近正，使考古无所惑，临文有所守，故曰《尔雅》以观于古，足以辨言矣。若夫六书为制字之纲领，帝王改易字体，必依此六者为法，仰观俯察，近取远取，指事、象形居其最先；形声、会意、转注必合两文以成之，又居其次；而犹有不能虚造者，则假借以济其穷。象形、形声之字最多，故家祭酒云：依类象形，谓之文；形声相益，谓之字也。祭酒于指事、象形、会意、假借皆明言之，独形声、转注无专指之字，非略之也，盖所谓某声者，即形声，所谓凡某之属皆从某者，即转注。曩戴吉士以考、老二字互相训，因推《尔雅》诂训为转注。宗彦窃不以为然。《尔雅》如“初”、“哉”、“首”、“基”十余名，虽皆训“始”，然各有所从之部，非以“始”为建首。又“初”、“哉”诸字各有本义，各自其所从之部首而生，亦不受意于“始”，其不可为转注明矣。段大令懋堂，今之精六书者也，序九能书，申戴氏之说，而又言《说文》与《尔雅》诂训有不能同者，由六书之有假借也。经典字多假借，而《尔雅》仍之。宗彦则谓：“假借者，本无其字，今如‘初’、‘哉’、‘首’、‘基’之训‘始’，非本无‘始’字，而假‘初’、‘哉’诸字以当之也。”段又云：“《说文解字》无假借。若然，则《说文》止五书，无六书矣。”《说文》韦字解云：“借以为皮韦字。”安得谓《说文》无假借也？特不若段所说耳。六书假借主于形体，唐人有《请改六书表》云：“假借者，谓本无其字，假用音者也。”遂请凡所假音并加新字，可知假借与诂训无涉矣。典谟雅颂，修辞致饰，必异恒言，沿及后来，新奇日出，铣溪虬户，又岂可以六书之假借蔽之哉？依大令言，《尔雅》之字为假借，而义为转注，是假借，非转注，不明合二者为一，而于二者之本旨胥失之矣。宗彦愚瞢，不敢雷同阿附，辄疏所见以告，九能其有以教我也。

《缘督庐日记抄》卷五：初六日，得香生书送来《简明目录》四册，周季贶批本；又卢抱经《读史札记》一卷，劳季言从严修能本传录此本，又出自季言……后有严修能跋云：“抱经先生生平喜校书，所校不下万卷。其立意在爱惜古人，启迪来学，而于己之名望无与也。故所自著书唯《钟山札记》四卷，生前所刻，后来又纂《龙城札记》，未竣而殁。今所刻三卷，非全书也。余去岁在杭州，孙颐谷侍御言先生读史亦有札记一册，未得付刻，因以授余。余属宋君斗为录此副本，斗为即诿余校勘，余受之五月余矣，因以余间为校一过，此书非先生经意之作，然立说殊精审。中有赵敬夫夹签，赵亦先生之老友也，因并附著于简端，而以书归斗，为吁知已云亡，不可复见。展卷庄读，曷禁怦怦。嘉庆四年己未孟夏朔后二日，私淑门人严元照谨记。”

严元照《蕙櫋杂记》：象山阳明之学，说者谓近于禅，诚是；而世之人同儒释者，辄喜援其语以为证，则学者之过也。独不观莲池尊者《竹窗随笔》乎？其言曰：“新建创良知之说，是其识见学力深造所到，非强立标帜，以张大其门庭者。然好同儒释者，谓即是佛说之真知，则未可。”又曰：“《孔丛子》云：‘心之精神是谓圣。’杨慈湖平生学问以是为宗，然更浅于良知，均之水上波耳。”尊者剖判真确，绝不假借，凡改头换面以簧鼓众听者，皆尊者之罪人也。有宋诸儒，自元以后最尊奉朱子，驳难者虽亦不少，顾未有若毛西河检讨之甚。检讨著《四书改错》一书，攻讦朱子，向刻《西河合集》中，后惧祸抽出，余曾一见其书，深文丑诋，不遗余力。卢抱经学士尝曰：“微论其所言非也，即其气象，已迥与儒者不侔矣。”斯定论也。其中唯贬抑圣门错二卷不无可取，盖宋儒于孔门诸贤自颜、曾外不无贬抑过当，有以召后人之议论也。本朝经学之盛，迥出唐、宋。《周易》则惠氏栋之《述》，《尚书》则王氏鸣盛之《后案》、江氏声之《集注》，《左传》则梁氏履绳之《左通》，《周礼》则惠氏士奇之《礼说》，《仪礼》则张氏尔岐之《郑注句读》，《大戴礼》则孔氏广森之《补注》，《尔雅》则邵氏晋涵之《正义》，斯皆前古所未有者。若《方言》则戴氏震之《疏证》、卢氏文弨之《校本》，《广雅》则钱氏大昭之《疏义》、王氏念孙之《疏证》，皆善本也。又如赵邠卿之《孟子章句》向阙章指，皇侃《论语义疏》亦久佚，今复出于世，是学者之幸也。

严元照《娱亲雅言》卷五：**汉儒经师家法，建安丧乱之后渐失其传。如何晏于经学本无所得，其撰《论语集解》，兼采众说，不欲墨守一师之言，两汉专门名家之学自兹遂破。**且汉时《论语》鲁、古并行，诸家授受本各不同，若于一章之内，文字训解专主一家，犹之可也。今其书杂陈众说，一章而载三四家说，以致前后衡决不相检照者甚多，如“未若贫而乐道”，郑本无“道”字，故其注曰：“乐谓志于道。”孔本有道字，故其注两言乐道。两注并存，而经文“道”字之有无遂莫能定矣。“子在齐，闻韶，三月不知肉味。”周生烈曰：“闻习韶乐之盛美，故忽于肉味也。”如周解，则不图为乐之至于斯，乃叹美之辞，非别有所指也。何氏于下文又载王肃曰：“不图作韶乐至于此。此，此齐也。”于是郭象、江熙、范宁皆以为夫子伤慨之辞，虽不知于经之指归何若，而周、王两说固已不可合矣。下章古之贤人也，郑从古作贤仁，故其主云：孔子以伯夷、叔齐贤且仁。《集解》于经文既定作贤人，又载郑氏“贤且仁”之语，不反成吊诡乎？如斯之类，尚难枚举，姑记所疑以谂同学。

严元照《娱亲雅言》卷五：**古书叙述言辞，有两人之言总蒙一“曰”字者，有一人之言重一“曰”字者。**《孟子》自范之齐章内“孟子曰”三字是重文起义，亦犹《礼记》（哀公问）孔子遂言曰之例也。赵氏章句分为两章（别有章指，故知分为两章）。《集注》合为一章，而以“孟子曰”三字为羡文，恐皆非是。

严元照《娱亲雅言》卷六：**古人故训有一训而兼两义者，其义或相近，或较然不同，只以字之形声假借其义，更可通贯。**兹摘《释言》篇以见例。如“律、遹，述也”，《释诂》以循训遹，《说文》以循训述，郑氏注《周礼·春官》典同云：“律，述气者也。”注《礼记·中庸》云：“律，述也。”其义如此，而律、遹、述三字与聿、曰二字互相通借，邵氏《正义》详之，是又皆为语助词矣。……凡若此类，以五经注疏考之，尚难枚举，故训展转通贯，所谓言非一端而已，循是而求之，乃可得故训之原委。后世义有虚实之分，音有动静之别，析之弥烦，则失之弥远，而古人并训、通训之法乃蒙然不省矣。

钱　馥

阮元《两浙輶轩录》卷三十四：钱馥，字广伯，号绿窗，海宁人。著《小学庵遗稿》。邵志纯曰：绿窗课徒里中，不乐仕进，精于考订，尤善六书音韵之学。卢抱经、段懋堂、王西庄、孙贻谷诸先生皆与之交。

阮元《定香亭笔谈》卷二：海宁钱馥，布衣也，精于六书小学。年四十矣，余欲以弟子员屈之，不就试，旋卒。其友邵右庵志纯拾其余论，为书一卷。右庵，余所举孝廉方正士也，古文有法。秦小岘观察深于古文，于右庵有深契焉。

周春《耄余诗话》卷五：门人钱馥，字广伯，好《说文》之学。余授以字母，多所悟入。**学宗杨园**①。诗不多作，馆省中，邵氏与卢抱经及梁耀北、杭羲寅辈游，见闻日进。生不好为时文，年三十外即弃去，不应试。嘉庆丁巳，云台先生闻其名，令人劝其应试，而生坚不肯出，不愿一衿也，时颇高之。未几，病卒，年甫四十三，止一子，生家路仲里云。

周广业《蓬庐文抄》卷五《与钱绿窗》：州城邂逅，转瞬两旬。初拟郡试时藉图快晤，奈贱体虽似渐可，而足力颇疲，且过节即欲遐征，连日水宿，恐非所宜，惟久违麈教为怅耳。晤松霭先生，知兄坚谢名途，矫然高举，此正学力坚固处，不第可惩躁抑竞已也，可喜可贺！居室善言，千里斯应，信矣！拙著卤莽付梓，又遇粗工，改不胜改，幸赖良友是正。前奉托之稿，谅已寓目，将来赴桐，即须汇修，希即见掷，诸费清神，容日面谢。文宗现考四明，丁小雅想已回署。去冬曾谆嘱欲得桐川新志，特购赠之。此书价直甚高，故不能遍及存之案头，祈先赐阅，亦可藉此指教也。《莪亭复音》俟拙刻竣时同寄矣。

陈鳣《简庄诗文抄》卷六《祭钱广伯文》：维嘉庆元年十一月壬寅朔越二十二日癸亥，姻愚弟陈鳣率子门下缌服婿箕，谨以清酌庶羞之仪，致祭于清故处士钱君广伯亲家之灵，曰：呜呼钱君，吾乡贤人。天胡不吊，遽殒其身。死而不朽，孰谓之夭。韩子斯言，

---

① 《清儒学案》卷五《杨园学案》将钱馥列入“杨园私淑”。

实能见道。忆自束发，学舍相遭。偕兄伯均，与余定交。未几伯兄，欧血而卒。一棺未葬，时时叹息。惟路仲里，即郑公乡。门停车辙，问字满堂。庭内双亲，阶前诸弟，曰有三乐，今则已矣。君之爱女，字余长儿。山颓木坏，将何所依。以君人品，长身皙白，笑言不苟，粹然完璧。以君学问，穿穴百家，发为文章，佩实衔华。杨园之道，不绝如缕，力为□（此处字迹模糊不清，难以辨识——引者）章，得所宗主。六书七音，更属专门，谐声会意，缕析条分。**汉儒训诂，宋儒义理，一以贯之，各从其是**。声名藉甚，见赏宗工。自安韦布，引嫌不从。适馆于杭，交游益盛。文字友朋，毕生性命。人亦有言，用志太专。穷日废寝，不永其年。余忖度之，修短有数。一息尚存，业不容误。方将瞑目，尚尔谈经。二三知己，反复丁宁。昔岁卢亡，今兹邵没，君又继之，搥心刺骨。过读书室，瞻台笠图，上伤垂白，下叹藐孤。余有所为，将伯是赖。一朝长别，命也无奈。生刍一束，诔词一篇，祭告灵床，泣涕涟涟。哀哉尚飨！

《（民国）杭州府志》卷一百三十八有传，存目。

吴寿旸《拜经楼藏书题跋记》卷一《字鉴》：《字鉴》二册，钱绿窗处士校本。先君子购藏识后云："此亡友钱广伯处士遗书也。广伯生平尤精究小学，所校正《字鉴》及郭氏《汗简》，予昔尝从之借校。今广伯既没，遗书尽散，予偶见苕贾携示数种，皆手泽宛然，亟以善值购而藏之。每一披对，不禁泫然。要奉裒各赋诗以悼焉，并识于此。嘉庆癸亥三月。吴某时年七十有一。"又一本张刻先君子手录，钱处士校语于上，并书简端云："李氏《字鉴》深有功于小学，惜刊本率多讹舛。余友钱君广伯精究六书，尤明《说文》之学，间为之考核偏旁，校正亥豕，并以匡李之失……使作者复生，亦当心折，此小学庵中第一善本，爰照录于此本，并识其大凡云。兔床吴某。"

臧庸《拜经堂文集》卷二《刻通俗文序》：忆昔年尝手录一篇，就正于吾友钱君广伯。广伯校勘精致，纠绳切当，于身后镛堂始及见之，今录定多从之焉。广伯有《小学庵遗稿》四卷，其弟子钱塘邵书稼欲为付梓，尝乞学使少司农仪征阮公作序。兹赖林君之力，《通俗文》得版行，而《小学庵遗稿》未审何时付梓，又不能起广伯读《通俗文》而覆校之也，不胜质亡之戚矣。镛堂附记。

沈道宽

徐世昌《沈道宽传》：沈道宽，字栗仲，大兴人。嘉庆九年举人，二十五年进士，以知县用，历权湖南宁乡、道州、茶陵、耒阳，补酃县知县。……道光十二年调署耒阳，寻补桃源，久之去官归。初，道宽家贫，橐笔游津沽、中州、岭南、山左。擅诗歌，工书画，尤精于字母声音之学。尝病《玉篇》、《广韵》内切语上字多用类隔，当改音和……著《六书糠粃》三卷，上卷《篇韵类隔》，辨析音理，不爽毫厘，中卷《篇韵正误》，凡载籍之谬脱，点画之讹舛，一一考订，下卷《正误拾遗》，则旁及俗书伪体、讹音歧笔，悉取而纠正之，其用力勤且密矣。**道宽又以讲学家盛气陵人，贻祸家国，折衷《论语》，定其是非。如论程伊川、论张德远、论学统，均足以发迂儒之瞶聋，定学术之真伪，著《论语比》一卷。**又以琴理失传，王坦《琴旨》紧弦换调一说沿讹袭谬，苏璟春《草堂谱》傅会一弦领调，改前人之法，别立名目，又谓变宫、变徵不可入律，遗误后人甚多，于是重为订定，以世俗工尺字言之，使人入易晓，著《操缦易知》一卷。又以谈诗者之聚讼，无过性灵、格律，舍性灵而言格律，是为土木形体，舍格律而言性灵，必至偭弃规矩。浅人自矜已得，论甘忘辛，万不足信。著《六义郛郛》一卷。道宽书法，一缣片纸，人得之珍如拱璧。其论书与翁方纲之《唐碑选》、包世臣之《艺舟双楫》相似，著《八书筌蹄》一卷。晚年侨寓长沙，与湘南人士订文字交，觞咏无虚日。咸丰三年，长沙戒严，移寓扬州。扬州陷，复徙泰州而卒，年八十二。所著又有《话山草堂文集》一卷、《话山草堂诗抄》四卷、《话山草堂词抄》一卷。①

方浚颐《二知轩文存》卷三十《赠通奉大夫沈公家传》：公姓沈氏讳道宽，字栗仲，先世居浙之鄞县，高祖绍玑，妣氏戴，曾祖钧，妣氏张，皆有隐德。考谦偕其兄素迁居顺天大兴，遂占籍焉。谦公补学官弟子，以誊录议叙，选江西大庾县典史。妣氏张，生公兄弟三人，齿居仲，幼读书聪颖过人，举茂才，试辄优等食饩。嘉庆九年应京兆试，中式举人。时谦公弃养久，家贫，橐笔作诸侯宾客，始游津沽，继而中州、岭南，抵于山左，当

① 见《碑传集补》卷二十三。

道皆争相延致，声称藉甚，如是者十余稔。二十五年始成进士，以知县用分发湖南。道光元年摄宁乡，二年摄道州，均有政声，三年补鄙县，五年茶陵邓阜山蛟为民患，公奉檄办赈，全活无算。八年调权茶陵州，十年回任，十一年充乡试同考官。……十二年调权耒阳，是冬调补桃源。十八年以事去官，侨寓长沙，与湘南人士订文字交，觞咏流连，殆无虚日，以宰官而作名士，擅诗歌，工书画，求者踵门不绝，画不肯轻作，书则一缣片楮，人得之珍如拱璧云。又善抚琴弈棋，精于篆刻，旁及星命之学，靡不研究入微。迨咸丰二年，粤贼犯楚，长沙戒严，遂买舟东下，侨寓扬州。三年贼陷金陵，复徙居泰州。是年九月卒，年八十有二。公配刘夫人，继配高夫人。子敦兰，道光丙午举人，考取内阁中书、户部郎中、陕西道御史，擢江苏常镇通海兵备道，加布政使衔，三代赠如敦兰官。①

震钧《国朝书人辑略》卷九：沈道宽，字栗仲，顺天大兴人。嘉庆庚辰进士，官湖南知县。工书画，求者踵门不绝，画不肯轻作，书则一缣片纸，人得之珍如拱璧。（方浚颐《沈公家传》）沈栗仲善琴工书，报慈寺壁间多其手迹。有集瘗鹤铭字贻寺僧联。（《抱遗草堂诗注》）②

张之洞《（光绪）顺天府志》卷一百二十六：沈道宽《论语比》一卷，存光绪三年刊本。道宽事迹详《先贤传》。是编因讲学家盛气凌人，贻祸家国，折衷《论语》，定其是非，如论程伊川、论张德远、论学统均极痛快，实足以发迂论之聩聋，定学术之真伪，不沾沾为《鲁论》疏通证明也。《六书糠粃》三卷，存刊本。《话山草堂文集》一卷，存。集中《书学统后》二文、《元祐党籍论》与《论语比》相出入，而论之尤畅，余文亦落落自喜，不甚依附桐城派者。《话山草堂诗抄》四卷，存。道宽诗出入于玉溪、山谷之间，而学问淹雅，词气宽博，诗人之诗也。《话山草堂词抄》一卷，存。道宽词笔蜿丽清新，逼真玉田、白石。

程恩泽《程侍郎遗集》卷三《吾同年友沈栗仲取炎陵旁梓为琴。以予好谈琴理，以为雅似，因举一赠焉予。学之三月，不成声，将辍，乃漫谓栗仲曰："琴理予已得，虽不能操缦，何伤？"栗仲曰："凡精微必始于器数。今舍器数，究精微，譬若舍实践谈性命。禅门所竞，儒门所呵也？曷囊琴以待知者。"我钥庭先生能弹而无琴，我蓄琴而不能弹，因举以转赠，以还栗仲之约，于其行以诗媵之》：炎陵之梓西潮弦，其声来自秋云巅。秋月泊水水泊天，十指以外皆流泉。沈侯鼓琴得琴理，不在弦声不在指。夜深危坐尽一卷，其味醰醰与琴似。无成与亏弹不成，我欲虚盗渊明声。沈侯轻笑姑舍是，不入器数焉识器。数精大弦琅琅老，鹤鸣细弦哑哑雏。鹤清似断似续似，欲罢不得罢，魂梦已压江潮行。此时无声有太息，天外凤皇当户立。香炉茗椀俱静好，翠竹红梅各颜色。我友能弹不轻弹，神理悉与琴相关。太虚惟漠惟澹泊，下视人世殊咸酸。手修太平润鸿业，只在殿角熏风间。快雪封条拭琴漆，送琴出门杲杲日，思君重话寥天一。

① 见《续修四库全书》第1557册，又见《碑传集补》卷二十三。

② 见《续修四库全书》第1089册。

苗　夔

《清儒学案》卷一百七《鹤皋学案·苗先生夔》：苗夔，字先麓，肃宁人。幼即嗜六书、形声之学，读《说文》，若有夙悟。已，又得《音学五书》，慕之弥笃。年二十余，已有纂述。道光辛卯举优贡生。高邮王氏父子闻其说，以礼先之，遂与畅论音学源流，由是誉望日隆。先生以为，许书多有为后人妄删或附益者，乃订正《说文》声类八百余事，为《说文声订》① 二卷。又以顾氏所立古音表十部宏纲已具，然犹病其太密，而戈、麻既杂，西音不应别立一部，于是并耕、清及蒸、登于东、冬部，并歌、戈于支、脂部，定以七部，隐括群经之韵为《说文声读表》② 七卷。又以古音点定《说文》建首五百四十字，为《说文建首字谊》一卷。《诗》自郑笺而后不能专主古音，然有未尽改者，乃采戚氏之《汉学谐声》、《诗经正读》，无锡安氏之《均征》，为《毛诗韵订》十卷。春圃先生视学江苏，致之幕下，及还京师，乃醵金刻之。他著有《说文声读考》、《集韵经存》、

① 《说文声订》：清苗夔撰。二卷。成书于道光二十一年（1841）。苗氏在校订徐锴《说文解字系传》同时，借以订大小徐二本《说文》谐声的说解而成此书。此书先出徐锴本所说，加以案语。案语取徐铉本及姚文田《说文声系》参照，订“声”字的脱、衍。跟当时通行说法一样，苗氏也认为二徐由于不达古音，往往删去许慎说解中的“声”字。其所补的“声”字有不少本不当补，即本非声而苗氏误以为谐声。其中突出的是苗氏的“建首字声例”。他认为，二文相配，就是一形一声；如果部首以外的“文”不是声，那么这部首就是亦声。如“祭”字示亦声，“苗”字艸亦声。苗氏又常把双音节的义训附会为以反切为训。如《玉部》：“瑛，玉光也”，就认为“玉”“光”二字切“瑛”。这些都不足信。苗氏古音仅分七部（见《说文声读表》），又疏于双声对转等音理，错误也就难免。（许嘉璐主编《传统语言学辞典》第 351~352 页）

② 《说文声读表》：清苗夔撰。七卷。成书于嘉庆十二年（1807），刊于道光二十二年（1842）。此书以苗氏古韵七部安排《说文》九千余字，以见其音读。每个韵部自为一卷，以谐声系统相连贯，重文相附。苗氏所订古韵七部为：东冬钟江耕清青蒸登第一，支指之微齐佳皆灰咍歌戈麻半尤半第二，鱼虞模侯第三，真谆臻文欣元魂痕寒桓删山先仙第四，萧宵爻（肴）豪幽第五，阳唐庚第六，侵以下九韵第七。此书有一个很大的缺点，是据变化了的字形分析六书，离析拼凑，强以为声。（许嘉璐主编《传统语言学辞典》第 352 页）

《韵补正》、《经韵钩沉》、《广籀》诸书，未见刊行。先生虽处困约，而与张石洲、何愿船、陈颂南、何子贞、曾涤生诸先生往覆辨论，有以自怡。咸丰七年卒，年七十有五。遗命葬书丛中，其子乃择书之尤嗜者纳棺中殉焉。(参史传、曾国陪撰墓志铭)

《清史稿·儒林三》：苗夔，字仙簏，肃宁人。幼即嗜六书形声之学，读许氏《说文》，若有夙悟。已，又得顾炎武《音学五书》，慕之弥笃。曰："吾守此终身矣！"举道光十一年优贡生，高邮王念孙父子礼先于夔，由是誉望日隆。夔以为许叔重遗书多有为后人妄删或附益者，乃订正《说文》八百余字，为《说文声订》二卷。顾氏音学所立古音表十部，宏纲已具，然犹病其太密，而戈、麻既杂西音，不应别立一部。于是并耕、清、青、蒸、登于东、冬，并戈、麻于支、齐，定以七部，隐括群经之韵。字以声从，韵以部分，为《说文声读表》七卷。《诗》自毛传、郑笺而后，主义理者多，主声均者少，虽有陆元朗《诗经音义》，亦不能专主古音，然古音时有未尽改者。夔治《毛诗》，尤精于谐声之学，尝以齐、鲁、韩三家证毛，而又以许洨长之声读参错其间，采太平戚氏之《汉学谐声》、《诗经正读》，无锡安氏之《均征》，为《毛诗均订》十卷。咸丰丁巳五月，卒，年七十有五。

曾国藩《曾文正公詩文集》文集卷三《苗先簏墓志铭》：君讳夔，字先簏，肃宁苗氏。自幼读书即异常童，不好为科举文艺，而窃耆六书形声之学，读许氏《说文》，若有夙悟。精研而力索，滞解而辄昭已。又得顾处士炎武《音学五书》，慕之弥笃，曰："吾守此终身矣。"年二十余，即纂《毛诗韵订》，继又纂《广籀》一书。授徒穷乡，制艺试帖之属，不中有司程度，学子稍稍引去，君益冥心孤往，孑焉寡俦，闲之河间城外，得汉时君子馆砖，又得开元瓦于献王墓旁，私独欣喜，以为神者饷我，以慰寂寞，久之。道光十年，县令王君闻而敬异，聘君主讲翼经书院。明年，为学使沈侍郎维镐所知，举辛卯科优贡生。高邮大儒王氏念孙父子闻君之说，礼先于君，遂与畅论音学源流，由是誉望日隆，督学使者争欲致之幕下，与共衡校初随编修汪君振基、衡文山西继随祁文端公寯藻衡文江苏，所至甄拔宿儒，周览山水，又以其暇编摩撰述，从事于其所谓声韵之学。道光二十一年，祁公还京师，乃醵金刻君所著《说文声订》若干卷、《说文声读表》七卷、《毛诗韵订》十卷、《建首字读》一卷。……又数年，侍读冯君誉骥视学山东，国藩荐君偕往役，未毕而先归，于是君亦齿衰而倦游矣。道光之末，京师讲小学者，卿贰则祁公及元和吴公钟骏，庶僚则道州何绍基子贞、平定张穆石舟、晋江陈庆镛颂南、武陵胡焯光伯光泽、何秋涛愿船。君既习于祁公，又与诸君倾抱写诚，契合无间，子贞尝命工图已及石舟及君三人貌，蓑笠而处田间，盖三人者，皆同年优贡，又皆有逸士之风，谓宜与负耒者伍也。君既泊然无营，暇则徒步造访诸君，与辨论前世音学暨近人江、戴、段、孔诸家部分之多寡，意指之得失，褎讯亭决，穷日夜不倦，闲亦过余剧谈。归自山东，余从容问："东士亦有研究《说文》者乎？有得见吾子著述者乎？"曰："有之。""何以知之？"曰："吾书中有自称'夔按'云者，东人称引及焉，曾不知夔之为谁氏名也。"则相与拊掌大笑。君徐又曰："吾家有憨童，昨者日晏，吾责竖子何不具食，童辄报以钱物罄矣，欲以何具，吾柔声谢之，童乃不逊竟去，吾今方躬治爨耳。"则又相与大笑。盖君处困约有以自怡如此。他日君又语余曰："吾穷于世久矣，甘之若饴，死无所恨，独平生著书尚有数种未及刊刻，不能无耿耿于怀。"自余咸丰初出京，展转兵间，至同治七年，重入都门。昔之与君游者十人，盖八九死。君之嗣子玉璞来告，君以咸丰七年五月初七日逝矣，春秋七十有五。抱君所著书，曰《说文声读考》者，曰《集韵经存》者，曰《韵补正》者，曰《经韵钩沉》者，述君遗命，谓当送国藩观览，且以铭墓之文相属。君且死，戒其子必葬我众书丛中。其子乃择君生平尤嗜之书纳诸棺中以徇。呜呼，斯亦笃古之征已。铭曰：视以多歧而瞢，听以杂奏而聋。技之精者，不能两工。苦思专壹，可与天通。课形而得声，勘异而得同。黜陟百氏，惟许君是崇。胡学之旁达，而遇之不丰。抱此孤赏，永奠幽宫。

桂文灿《经学博采录》卷十一：苗夔，字仙麓，亦字先路，河间肃宁人也。道光辛卯优行贡生，居京师二十余年，老宿名流每以文学相质难。又尝佐学幕于江苏、山东，凡学使拔识古学之士，君每乐于襄校云。博览群书，专为《说文》谐声之学。所著有《说文建首字读》、《说文声订》、《说文声读表》、《毛诗韵订》，共若干卷。咸丰壬子之夏，识君于都门。询以道光中叶艺林佚事，娓娓不倦。又询以所见群书古本，历数无遗，可谓耄而好学矣。其《毛诗韵订》似顾亭林之《诗本音》，《说文声读表》似姚文僖之《说文声系》。惟顾亭林分古音为十部，君则只分为东、支、鱼、真、萧、阳、侵七部。或序其书谓："昔之言音苦其疏，今之言音苦其密。太密则必有扞格不通之处，不通而变为合韵。类近之说，是无异一堂区为两室，不许其隔垣对语，而许其越户相从也。"又谓："君笃守亭林十部之说，而于十部之疏舛纠葛者，析疑解滞，首首入贯。盖亭林当椎轮之始，犹旁资众说，不无杂越。君则一以洨长为宗，惟专故精云。"其《说文建首字读》订句长短不齐，有句有韵，又有间句韵、隔句韵，皆据七部以订古韵。尝谓："今人音读无一不误，皆由魏、晋反语大行，讲韵学者徒守婆罗门书，不知寻求仓颉六书之谐声而致故。"所著《说文声订》据七部古音以改《说文》原书声而以为非声、非声而以为声者，共八百余字。而《建首字读》仍取大徐切语，并取《玉篇》、《唐韵》、《集韵》、《韵补》以下诸书之切语与己合者以订古韵，是虽不信《切韵》，而仍不能废切语也。然其所说亦有精确者。(下略)

祁寯藻《说文声订叙》：不达古音，不可以读古书，何论文字制作之原也。顾昔之言音苦其疏，今之言音苦其密。太密则必有扞格不通之处，不通而变为合韵、类近之说，是无异一堂区为两堂，不许其隔垣对语，而许其越户相从也，疑于以今律谳古狱矣。河间苗君仙麓笃守亭林十部之学，而于十部之疏舛纠葛者，折疑解滞，首首入贯。盖亭林当椎轮之始，犹旁资众说，不无杂越，苗君则一以洨长为宗，惟专故精也。二徐兄弟皆治《说文》，皆不达古音，然楚金第谦存案语，鼎臣则辄刊声字。今以《系传》校之，知许书为大徐所点窜者指不胜偻，犹幸小徐书存，间足相证耳。寯藻前视学江苏，假得景抄《系传》宋本于元和顾氏，念汪、马本至为潦草，更事剞劂。而苗君适在幕中，乃属其于校勘异同外，别撰《声订》若干条，缀诸小徐书后。夫谐声者，六书之一事也，汉以前学者盖皆无疑于此。亭林于二千载下独寻坠绪，实有兴灭继绝之功。后学补苴其罅漏可也，变乱其条理不可也。若苗君者，庶乎亭林之功臣欤！寯藻乐得小徐之书，稍复许君之旧，更乐得苗君之说，以会顾学之通。爰为醵金，叙而行之。道光二十一年冬十一月，寿阳祁寯藻叙。①

① 祁寯藻：《祁寯藻集》，三晋出版社 2011 年版，第 1 册第 648 页。今按：苗夔相对于顾炎武，实为开倒车。祁氏之言不足为据。

祁寯藻《说文声读表叙》：昔虙戏①一画阔天，苞符泄焉。皇颉造书契，百官以治，万民以察，盖取诸《夬》。夬者，决也，刚决柔也。又夬者，诀也，书有读法秘诀也。……至郑庠《古音辩》、吴棫《韵补》，皆苦经韵难读，寤周、孔自有周、孔之韵，则非近世之所谓韵，而始费此钩稽也。明三山陈第《毛诗古音考》力辨叶韵之非。昆山顾炎武本之为《诗本音》，复作《古音表》，为十部②。其后婺源江永十三部③，东原戴震十六部④，金坛段玉裁十七部⑤，

---

① 虙戏：亦作"虙羲"。即伏羲。

② 据许嘉璐主编《传统语言学辞典》第128页称："顾氏的古音学成就主要有四。第一，主陈第古诗无叶音之说，全面考订《诗经》古音，开清人研究《诗经》古韵之先河。分古韵十部：东、支、真、萧、歌、阳、耕、蒸、侵，其中歌、阳、耕、蒸四部成为定论。第二，据古韵文、谐声、异读等材料，主张入声配阴声（侵部除外）。第三，除韵文外，还以谐声偏旁求古韵部之分合。第四，方法上离析《唐韵》，支别派析，归纳古韵十部。无论在材料上和方法上，顾氏都为古音研究奠定了基础。顾氏在古音学上也有不足之处。首先，他认为今音和谐的韵文，就是古读本如此。其次，于审音较疏。"

③ 据许嘉璐主编《传统语言学辞典》第170页称："江氏在音韵学方面，既精于审音，又长于考古，于今音、等韵、古音方面都有很深的造诣。在古音研究中，江氏能排除异说，继顾氏而起，就顾氏之书而弥缝其说。第一，立古韵平上去各十三部：东、脂、鱼、真、元、萧、歌、阳、耕、蒸、尤、侵、覃（上去分合与之相应）。入声八部。与顾氏相比，其分部特点有三：1. 真以下十四韵分为二；2. 侵以下九韵分为二；3. 分萧、宵、肴、豪、尤、幽为二，侯与虞半合尤。较顾氏十部多文、覃、尤三部。这是他在古音学上的第一贡献。第二，据文字谐声，知声音有对转。第三，声调上主张"数韵同一入"。后两点对戴震主张古音阴阳入三声相配、孔广森推阐阴阳对转之说，有启迪之功。第四，方法上确定了以《诗》为主，以经传骚子为佐的考古标准，由此区别正音与方音，审古今之流变。江氏在古韵分部上的不足是不能分别药、铎，反不如顾氏。"

④ 今按：戴震"十六部"之说不确。据许嘉璐主编《传统语言学辞典》第50页称："戴氏初分古韵十三类，与江永所分大体相当，乾隆三十八年改定《声韵考》时，分七类二十部。四十年定为九类二十五部，以影纽字标目，阴阳入三声相配……戴氏的贡献，首先是提出阴阳入三声相配，以入声为相配枢纽的理论。这是发展了江永的'数韵同一入'之说而成，而对孔广森的'阴阳对转'说有直接影响。第二，由于阴阳人三声的鼎立，入声也就宣告独立。所以黄侃认为，锡、质、铎、屋、药、职、合、帖数部为戴氏所立。第三，根据阳声与阴声配对的整齐性，从段玉裁第十五部中独立出祭部，以配元部。第四，提出声、韵通转的理论。……戴氏在古音学上的疏失，首先是有些韵部相配不当。他认为歌、戈收喉，本与阳声相近，因以歌配鱼、铎。又，以阳配宵、药，皆不妥。其次，段氏已分幽、侯为二，真、谆为二，戴氏反而不分。这些疏失其中有一很主要的原因，是戴氏过于依据今音、等韵来推定古音的面貌。"

⑤ 据许嘉璐主编《传统语言学辞典》第68页称："他著《六书音均表》，通过离析《诗经》和群经用韵，把古音学理论建立在可靠的文献材料基础上，取得了重要成果。他的古音研究成就主要表现在四个方面：一是依据《诗经》和群经用韵，分古韵为六类十七部，并依据声音的远近分合的次第从新加以排列；二是'支'、'脂'、'之'三部分立，认为此'三部自唐以前分别最严'，为当时和后世的音韵学者所公认，这是段氏在古音学上的一大创见；三是对'四声'的意见和前人不同，提出'古无去声'说，认为周秦时代仅有三声，即平上入，到魏晋时代才渐有去声字，去声字是由上声、入声而来；四是宏扬顾炎武、江永以谐声偏旁求古韵的方法，提出'同声必同部'的理论。段氏的古音研究，不守前人窠臼，注重文献材料，大胆创立新说，能够做到信而有征。钱大昕以为凿破混沌，后易其体例，增以新加，十七部盖如归也。戴震伟其所学之精，云自唐以来讲韵学者所未发。"

曲阜孔广森十八部①，高邮王念孙②、歙县江有诰③之各二十一部，皆费尽毕生精力，力复周、孔经韵，始稍得其梗概。就中而定一尊，则顾氏犹近之。嘉庆乙丑，余以经解、诗赋受知于陈荔峰师，师勉以河间《毛诗》即韵书之祖，亦《诗》之原而《乐》之宗也。丙寅得顾氏《音学五书》读之，复得大兴朱学士筠重刊《说文叙》，谓近日顾氏炎武修绍绝业，学者所宗。丁卯授徒，课《毛诗》，悉遵《诗本音》，独于《斯干》末章之裼，《玄鸟》末章之祁，叹为本节声韵砥柱。《小弁》首章，《巧言》末章，并以斯字领韵，更无忽然改韵之理。顾氏分戈、麻别为一部之说，心觉未安。……祁春圃尚书刻余《说文声订》，凡六朝、五代以来传刊《说文》者多非其人，人每以周、沈音韵改许君声读，古籀倒乱，及省声亦声之类，《声订》已详言之，兹不更赘。此书字以声从，韵以部分，若网在纲，有条不紊。北齐黄门侍郎颜之推家训所谓“使不得误，误则觉之者”此也。此以声定韵，韵准之以《三百篇》，尊周、孔也；经约之以九千字，溯苍、籀也；文非许不录，瓣香祭酒也；韵定七部，宗迭铭，而乐则韶舞也。洪洞李子德谓亭林韵学直接周、孔，吾谓许君声学直通苍、籀，自魏、晋至今，藐晦二千有余载矣。唐以《说文》、《字林》试士，李阳冰外，求涉此学者盖尠。宋大徐际雍、熙之盛日，从事《说文》，不知许君以声学冠古今也。我朝稽古右文，崇尚小学，孙渊如谓今世多深于《说文》之学者，

---

①　据许嘉璐主编《传统语言学辞典》第193页称：“孔氏立古韵十八部，阴声九部：原（元）、丁（耕）、辰（包括真、文）、阳、东、冬、缦（侵）、蒸、谈；阴声九部：歌、支、脂、鱼、侯、幽、宵、之、合。各以阴阳相配而可以对转。孔氏在古音学上有两大贡献：1. 东、冬分立；2. 推阐阴阳对转之说。东、冬之分，深为段玉裁所推许，后来学者也多从其说。孔氏又指出冬与侵近，对后人有启发。阴阳对转之说，兆于江永、戴震的阴阳入三声相配，孔氏推阐其说而成一家之言。阴阳对转的理论，对古音之间的一些相通、文字假借、词义训释等，能给予音理上的说明，把声音关系、意义关系的研究，开始从规律上加以认识。孔氏的古音学说有一大错误，即认为古无入声。此外，侵以下九韵分为谈侵两部，而缉以下九韵统为一部即合部，并以合配谈，以宵配侵，也是不妥当的。”

②　据许嘉璐主编《传统语言学辞典》第391页称：“其研究古音至为精到，除分古韵支、脂、之为三与段玉裁不谋而合外，更分至、祭、盍、缉为四，皆前辈诸家所未及。著《毛诗群经楚辞古韵谱》二卷，分东、蒸、侵、谈、阳、耕、真、谆、元、歌、支、至、旨、祭、盍、缉、之、鱼、侯、幽、宵为二十一部；晚年又分东、冬为二，则共分古韵为二十二部。”

③　据许嘉璐主编《传统语言学辞典》第170页称：“以顾炎武、江永、段玉裁之书为宗，初分古韵二十部。后见孔广森书，从其东、冬分立之说，得古韵二十一部：一之、二幽、三宵、四侯、五鱼、六歌、七支、八脂、九祭、十元、十一夕、十二真、十三耕、十四阳、十五东、十六中（冬）、十七蒸、十八侵、十九谈、二十叶、廿一缉。入声配阴声。跟段氏比较，江氏古韵分部独见有三：1. 祭部；2. 叶部；3. 缉部。三者都与王念孙合，也与戴震合。江氏主张宵部、侯部有入声，也都与王念孙合。对入声与平上去三声的相配，江氏一以谐声偏旁及《诗》、《骚》平入同用之章为据，凡古人独用的去入韵，则别立，完全脱离《广韵》之窠臼。江氏初以为古无四声。道光二年（1822）所作《唐韵四声正》则已认为古有四声，只是古人所读之声与后人不同，有古在此声而陆氏误收入彼声者，有古一字数声而陆法言不全收者。江氏还认为，古韵并非每部凿定四声，有的四声具备，有的四声不全：江氏又精于今音、等韵之学。江氏古音学有一较大不足之处，即坚持‘质术栉物迄没屑’不分。”按：江有诰（？—1815），字晋三，号古愚。歙县人。无意科举，杜门读书。著有《音学十书》。段玉裁曾将江氏对于古韵学的成就列于顾、江、戴，段、孔之末。

归安姚文僖《说文声系》①，乌程严孝廉可均《说文声类》②，皆声袭旧本之谬，韵与经乖，系而不系、类而不类者有之。今彻底澄清，其有旧本声谬，未能一线串起者，思之思之，鬼神通之，天之未丧斯文，幸何如之。以声为纲，韵已按部而就班，字则支分而派别，经可穷流以溯源，将见“六经”明而唐、虞三代之声教可复也。借以仰追皇颉造书契，官治民察之盛，不难再见于今日，必如此而后庶可稍慰郑、吴、陈、顾诸君子尊经复古之苦心也夫!③

何绍基《东洲草堂文抄》卷四《村谷论心图记》：余与河间苗仙露、平定张石舟皆以道光辛卯充优贡生。明年壬辰，十八行省与斯选者以朝考咸集京师，同岁生一聚各散去，惟此三人者，志相合，学相砥，闲冷野逸，性相似也。两君皆绝意名场，余幸掇科第，入词垣，然或居或游，踪迹恒聚于京师，素心樽酒，稽经诹史，过从罔间者，先后将十八九年矣。仙露常独居直隶新馆，积书围身，不携一仆，布衣麦食，苍然如北方老农。石舟屡迁其居，最后居门楼胡衕，与在余西砖老屋之西相距仅百步，借书闲话，疑事相质，日或三四过。余仿竹垞作《烟雨归耕图》，石舟亦效之，余和其诗，有“东柯西枝两田父，所居城中似城外”之句，三人意契，盖可知矣。余因作《村谷论心图》，貌此三人，藉草田间闲闲泄泄，人见之者无不谓相宜称也。图作于戊申之秋，适仙露有济南之游，越岁己酉夏，余使粤东，石舟集同人仪我于顾祠，岁暮使旋，石舟已前殁，余旋以母忧归湘。至今咸丰壬子七月始入都，八月即有使蜀之役，与仙露数相见，临别见谓曰：“吾老且病，不知子贞三年使旋，尚能见仙露否?”余怆默不能答。适检书簏，展阅是卷，忽凄然泪落，不胜今昔存亡之感叹。前此三人合并之，久为天假以缘，顿如隔世，不可复得也。石舟既

① 《说文声系》：清姚文田编。十四卷。成书于嘉庆九年（1804）。又有《标目》一卷。此书依大徐本以求《说文》谐声系统。据《说文》十四卷篇第，依次取其谐声偏旁，以得声之字相系；声子又为声母的，递次缀于后。重文相从。每字下注明卷次。姚氏不赞同段玉裁合韵之说及孔广森对转之说，他要以《说文》谐声，参证经籍以求古音。由此再比较谐声与古用韵二者，以见古韵部之相通关系。于是先作是书求《说文》谐声，以为基础；由此书进而撰《古音谐》、《古转音略》二书。姚氏认为，同谐声有同部的，也有因递为声母，相隔远而异部的。这应是就《诗》韵与《说文》谐声不能尽合之现象而发。实际上，有许多本非声而《说文》以为声的，当时不少古音学者都不能辨，姚氏也不例外，由此求得的谐声系统，并不尽合于古。用以求古韵部之间的关系，这个谐声系统就不十分可靠。此书对当时及稍后一些古音学者产生过直接影响。(许嘉璐主编《传统语言学辞典》第352~353页)

② 《说文声类》：清严可均编撰。成于嘉庆七年（1802）。分上下二篇。此书据《说文》谐声系统研究古音。取许书九千余字，以声为经，以形为纬。上篇阴声八类，下篇阳声八类。每类借二百零六韵韵目建立标题，以声子系声母，声子又为声母的，系缀其后。重文相从。以谐声为分类标准，谐声在此类而转入他类的，逐一标明；因谐声而散见在他类，但该入此类的，则收在此类后。每类后面据重文、读若和谐声转入他类者，论该类与他类的通转。严氏古韵阴声八类是：之、支、脂、歌、鱼、侯、幽、宵；阳声八类是：蒸、耕、真、元、阳、东、侵、谈。入声附阴声。阴阳对转，可以合为八类；相邻部类相转相通，又大合为四类。各类之间顺逆互转，首尾循环。“其合也一统无分，其分也毫厘有辨”。该书盖主段氏“同声必同部”之说而作。并冬于侵，使侵与幽相配，谈与宵配，乃继孔广森之说而有意弥缝之。此书最大毛病在于各类之间可辗转互通，以至几乎无所不通。《说文》中有不少本非声而以为声的，严氏依而不辨，其通转的依据并不很可靠。此外，以缉、合以下九韵专附于谈，跟侵以下九韵分为二类的做法不一致。(许嘉璐主编《传统语言学辞典》第352页)

③ 见《清儒学案》卷一百七。今按：苗氏认为顾氏古韵十部太密，而定为七部，后人多嫌其疏谬，章太炎、黄侃以下多不取其说。

未及题一字，仙露有送行诗，即请书于卷。余携置肩舆中，每至行馆，辄展视，愈惘惘而愈不能置，盖与吾仙露、石舟无一日不相见也。余交游最广，石舟狷，次之，仙露狷甚，又次之，然两君所善者，则无不与余善。……壬子九月廿四日，记于徐沟县行馆，日落渐寒，呵陈书竟。

陈庆镛《籀经堂类稿》卷二十《苗仙露检韵图记》：古音久失其传。《颜氏家训·音韵篇》云："古今言语、时俗不同，著述之人，楚夏各异。苍颉训诂，反稗为逋卖，反娃为于乖。《战国策》音刎为免，《穆天子传》音谏为间，《说文》音戛为棘，读皿为猛，《字林》音看为口甘反，音伸为辛，《韵集》以成仍宏登合成两韵，为奇益石，分作四章。李登《声类》以系音羿，此例甚广。"今欲追溯古音，非好学深思不能得也。吾友仙露精于六书、音韵，确守顾氏亭林之学，多能引伸而证明，积数十年于斯，著有《说文声订》、《声度表》诸书，近当将次付梓。余过从，出所绘《检韵图》一册，属余题，益以知用力之所在矣。夫古韵之学，一失于梁沈约纽字之图，再失于唐神珙字母之说。至明陈季立创始古音，而我朝顾氏沿流溯源，得千古绝学之传，著为《音学五书》，斯道大备。盖古无所谓韵出口成声，声成文谓之韵。郑康成注"六经"，高诱解《吕览》、《淮南》，许叔重造《说文》，刘熹制《释名》，始以譬况、假借证音字，而古语与今殊别，其间轻重清浊犹未可晓，加以外言、内言、急言、徐言、读若之类，其义已足。自韵书蜂出，而今读与古读绝相远。今仙露一一拨而归之正，岂非音学中一大快事。或疑古无"韵"字，段氏茂堂以"均"代"韵"，几于刘郎之不敢题糕。（下略）

参考文献

【注】外编部分的征引文献已随文出注，因为数量过大，不再列入此处。

阮元、王先谦主编：《清经解·清经解续编》，凤凰出版社，2005
刘晓东等主编：《清经解三编》，齐鲁书社，2011
林庆彰主编：《民国时期经学丛书》，台中文听阁图书有限公司，2008—2009
赵尔巽总纂：《清史稿》，中华书局，1977
王钟翰标点：《清史列传》，中华书局，1987
电子版《文渊阁四库全书》，香港迪志公司与上海人民出版社共同开发
电子版《中国基本古籍数据库》，北京大学开发
《钦定四库全书总目》（整理本），中华书局，1997
《续修四库全书总目提要》，中华书局，1993
孙殿起：《贩书偶记》，上海古籍出版社，1982
来新夏：《书目答问汇补》，中华书局，2011
柯愈春：《清人诗文集总目提要》，北京古籍出版社，2001
杨忠等：《清人别集总目》，安徽教育出版社，2000
杨廷福、杨同甫：《清人室名别称字号索引》增补本，上海古籍出版社 2001
陈玉堂：《中国近现代人物名号大辞典》续编，浙江古籍出版社 2001
沈乃文主编：《中国古籍总目·经部》，中华书局，2012

*　　　　*　　　　*

顾炎武：《顾炎武全集》，上海古籍出版社，2011
朱彝尊原撰，林庆彰等主编：《经义考新校》，上海古籍出版社，2010
阎若璩：《尚书古文疏证》，上海古籍出版社，2010
钱大昕：《嘉定钱大昕全集》，江苏古籍出版社，1997
戴震：《戴震全书》，黄山书社，2010

段玉裁：《经韵楼集》，上海古籍出版社，2008
王念孙：《读书杂志》，上海古籍出版社，2014
王引之：《经义述闻》，凤凰出版社，2010
阮元：《揅经室集》，中华书局，2006
王筠：《说文释例》，中华书局，1987
江藩：《国朝汉学师承记》，中华书局，1983
龚自珍：《龚定庵全集类编》，中国书店，1991
俞樾等：《古书疑义举例五种》，中华书局，2005
俞樾：《春在堂全书》，凤凰出版社，2010
张之洞：《张之洞全集》，武汉出版社，2008

* * *

顾颉刚：《顾颉刚学术文化随笔》，中国青年出版社，1998
周予同：《中国经学史讲义》，上海文艺出版社，1999
张舜徽：《清人文集别录》，中华书局，1963
李庆：《顾千里研究》，上海古籍出版社，1989
司马朝军：《四库全书总目研究》，社会科学文献出版社，2004
司马朝军：《四库全书总目编纂考》，武汉大学出版社，2005
司马朝军：《四库全书总目精华录》，武汉大学出版社，2007
司马朝军：《辅轩语详注》，华东师范大学出版社，2010
司马朝军：《续修四库全书杂家类提要》，商务印书馆，2013
司马朝军：《日知录汇校集释》，凤凰出版社（待刊）
司马朝军：《清代经师经义通考》（待刊）
司马朝军：《清代文人专题研究》（待刊）
司马朝军：《四库提要汇校汇辑汇考》（待刊）

后　　记

本书缘起于1999年的那场关于《经解入门》真伪问题的学术争鸣，我因此一发而不可收拾，撰写了一系列辨伪论著，“辨伪癖”也与日俱增，对于辨伪公案展开了无休止的考辨。在撰写此书的过程中，我始终被两种精神所鼓舞。

其一曰“漆永祥精神”。北京大学中文系漆永祥教授在清代学术史研究方面做了若干有益的工作。其博士学位论文《乾嘉考据学研究》下了一番苦功，但也有不少地方立异以鸣高，以偏纠偏，如否定文字狱与乾嘉考据学的关联，否定乾嘉时代的辨伪学成就，持之似乎有据，但言之难以成理。特别值得关注的是，他率先在《中国语文》上发表了《俞樾〈古书疑义举例〉系袭江藩〈经解入门〉而成》一文，将《经解入门》卷一《古书疑例第七》与《古书疑义举例》作了比较后，认为“俞樾之条例与江氏之说有着惊人的相似，甚至可以说是完全雷同”，进而断定“《古书疑义举例》是袭江藩之条例而成”，“《古书疑义举例》之大纲细目全袭江书而成定无可疑”。一石激起几层浪，学界为之哗然。但对漆永祥文章的批评之声也随之而起。漆氏为自己的失误一再向学界检讨，早在1999年5月在台湾“中央研究院文哲所”“乾嘉经学研讨会”上他就郑重道歉，2000年6月在北京外国语大学举办的“中国语言学史研讨会”上再次公开道歉，并以《读书不谨的一次教训》为题公开发表。他说：

> 现在看来，拙文发言太易，又相信误本，导致以讹传讹。现趁此次会议机会，再次向学界前辈与时贤澄清事实，并致以深深之歉意！如果对此次教训加以总结的话，首先当然是笔者学力不逮，用心不细，未能认真推敲，发言太易。

在学术研究中难免出现错误。但如何对待自己所犯错误，态度可能大不一样。君不见，文过饰非者有之，怨天尤人者有之，迁怒于人者有之，转嫁于人者有之，反唇相讥者有之，压制批评意见者亦有之。“逞一时之血气，与前贤争锋”，固乃学术研究之大忌。漆氏未尊师训，但他不文过饰非，不迁怒于人，而是严于律己，勇于作出自我批评。

其二曰“许苏民精神”。南京大学中国思想家研究中心许苏民教授学贯中西，以治明清哲学史与思想史蜚声学坛，著述甚丰，他是当今学界不可多得的文化巨擘。许先生在《朴学与长江文化》一书中有如下表述：

> 至于百余年来在学界流传颇广的署名“江藩”所作《经解入门》一书，经谷建先生博考论定，实系清末民初学者所造伪书，证据确凿，无可辩驳。(第 141 页)

当然，谷建博士的证据尚嫌不足，结论也不太准确，本书已经做了更为细致深入的探讨。谷建博士的文章引起了许苏民先生的关注，许先生在自注中又加以申说：

> 《经解入门》一书，有光绪十四年（1888）上海鸿宝斋石印袖珍本，光绪十九年(1893) 广西书局重印本，光绪上海同文书局《五经汇解》本，1932 年上海文化学社版方国瑜校点本，1990 年天津市古籍书店影印本等等。拙著原稿曾据以论江藩的经学方法论。幸得申屠炉明先生赐教，告知已有谷建先生撰《经解入门辨伪》一文，考明《经解入门》一书系伪作，故将拙作中论及该书的内容全部删去。……在此，谨向申屠炉明先生和谷建先生致以诚挚的谢意。(第 141 页)

当我读到上述文字时，为之肃然起敬！一般学者善于掩盖自己的错误，家丑不可外扬，讳莫如深。而苏民先生采取了完全相反的态度，不是藏拙，而是自暴其丑。他完全可以进行冷处理，回避谈论自己尚未造成任何不良反响的错误。只有严肃认真的学者才敢于进行严肃认真的自我批评，这也是一个成熟学者对学术高度负责的态度。这是一种学术良知，也是一种可贵的学术精神，姑且命之曰“许苏民精神”。

在商业大潮席卷之下，上述两种精神皆已成为稀罕之物。“熙熙攘攘，皆为利往。”利字当头，利益驱使，东方造假烟，南方造假酒，西方造假药，北方造假奶。诸如假蛋、假茶、假油之类，不一而足，层出不穷。假货猛于虎，泛滥已成灾，天下黎民百姓无不遭其毒害。我们不幸步入一个拼命造假的时代，一个没有道德底线的时代，一个肆意作伪的时代。此种造假之风也日益渗透到学术界，学界乱象惨不忍睹，学者普遍丧失了底线，不讲道德，不择手段，学风因此一度呈现浮躁、浮夸、浮浅、浮华之势。浮而不实，哗众取宠，显然有悖于实事求是之治学宗旨。

400 年前，李卓吾呼唤赤子之心。今天，我们仍然呼唤赤子之心。“漆永祥精神”也好，“许苏民精神”也罢，都是敢于担当，勇于认错，均不失其赤子之心。在传统人文学术式微之际，在中国学人集体失语之时，我们由此看到了中国学术复兴的一丝希望。